dictionnaire analogique

répertoire
des mots par les idées
des idées par les mots

dictionnaire analogique

sous la direction de
Georges Niobey
secrétaire général de la rédaction des dictionnaires Larousse

avec la collaboration de
Thomas de Galiana
écrivain scientifique

Guy Jouannon
professeur honoraire

René Lagane
maître de conférences à l'université de Paris-X (Nanterre)

FRANCE LOISIRS
123, boulevard de Grenelle, Paris

Édition du Club France Loisirs, Paris,
avec l'autorisation des Éditions Larousse

Distributeur exclusif au Canada : les Éditions Françaises Inc.

ISBN 2-7242-6069-4

AVANT-PROPOS

• Qu'est-ce qu'un dictionnaire analogique?

C'est un dictionnaire dans lequel les mots sont groupés selon leurs rapports de sens, et le premier dictionnaire analogique en date, celui de P. Boissière, avait pour but d'être un répertoire « des mots par les idées et des idées par les mots ». Son rôle est de remédier aux défaillances de la mémoire, à la déficience verbale, soit en faisant rappeler des mots oubliés, soit en faisant découvrir des mots inconnus par le jeu des analogies; chaque mot trouvé en fait découvrir d'autres.

• Historique des dictionnaires analogiques Larousse.

En 1862, P. Boissière publia son Dictionnaire analogique de la langue française, *au sujet duquel R. L. Wagner a écrit, dans son ouvrage intitulé « les Vocabulaires français » (Librairie Didier, Paris, 1967), que c'est « un ouvrage fondamental et qui présente un type de lexicographie encore inconnu alors ».*

En 1936, Ch. Maquet fit paraître un nouveau dictionnaire analogique, qu'il présenta comme une réduction et comme une refonte du dictionnaire de P. Boissière et à propos duquel il écrivit «Du dictionnaire de Boissière nous gardons le plan général, les grandes divisions et les intentions [...] les remaniements sont tels que les deux ouvrages, tout en se proposant le même but, diffèrent profondément dans la réalisation. »

Aujourd'hui nous avons le plaisir d'offrir au public un ouvrage dont la conception n'est pas différente des deux précédents quant au fond, mais dont la présentation est tout à fait autre.

Comme dans les deux dictionnaires précités, nous avons conservé le système des mots-centres autour desquels se groupent les termes qui ont entre eux un certain nombre de rapports : analogie, synonymie, extension, dérivation, composition. Les mots dérivés et composés sont présentés en petites capitales (cf. par exemple courage, courageux, courageusement, décourager, encourager; peuple, peupler, peuplement, populaire; produire, production, producteur, productif, productivité, *etc.). De plus, dans la liste des mots analogiques, nous avons souvent donné une définition ou, du moins, une explication, une précision concernant la construction de verbes ou d'adjectifs, et nous avons ajouté des exemples qui permettent de saisir le mot dans un contexte linguistique ou sociolinguistique et, ainsi, d'employer le terme propre à l'expression de la pensée. Ces exemples ont l'avantage d'éclairer le lecteur sur le choix du mot cherché, car un mot n'a de sens que relativement à d'autres. Lorsque le mot-centre est polysémique, ce qui est le cas le plus fréquent, l'article est divisé en un certain nombre de paragraphes qui permettent de saisir et les principales acceptions et les différents emplois du mot. Les mots présentent ainsi des champs sémantiques qui donnent l'éventail des principaux sens. L'utilisateur de ce dictionnaire a de ce fait une vue globale, synthétique du mot. Il n'est donc pas nécessaire de lire tout un développement pour rencontrer le mot cherché. Les caractères gras de chaque paragraphe retiennent l'attention et délimitent la recherche. Le souci de faciliter la consultation de ce dictionnaire nous a conduits à ne pas multiplier les renvois ; nous avons préféré les répétitions, sachant par expérience que les utilisateurs des dictionnaires n'ont pas toujours la patience de se reporter aux renvois indiqués.*

L'ouvrage est composé de deux parties : la première, dans laquelle les mots-centres font l'objet d'un article, est la partie la plus importante ; la seconde comprend un index groupant environ 15000 mots qui renvoient aux mots-centres. Nous avons également ajouté un certain nombre d'illustrations qui suppléent au manque de définitions.

• À qui s'adresse ce dictionnaire ?

Ce dictionnaire a été conçu comme un ouvrage didactique, comme un instrument utile pour l'apprentissage de la langue française sous tous ses aspects. Il s'adresse donc avant tout aux élèves de l'enseignement du premier et du second degré ; aux enseignants, qui pourront y trouver matière à les guider dans leurs recherches de vocabulaire et à construire différents exercices ; aux étrangers qui désirent apprendre le français ou perfectionner leurs connaissances du vocabulaire français ; à tous les francophones en général qui sont amenés par profession ou par occasion à rédiger un rapport, un discours, une lettre administrative, etc. En un mot à toutes les personnes qui utilisent la langue française comme moyen d'expression.

• Étendue et importance des mots recensés dans le dictionnaire

Le nombre des mots-centres étudiés dans le dictionnaire de Ch. Maquet est d'environ 2000 ; nous en avons ajouté plusieurs centaines, concernant spécialement des sciences et des techniques nouvelles, et nous avons donné une importance plus grande à certains aspects de la vie contemporaine, notamment à la culture, aux sports, aux spectacles, etc.

Les principaux thèmes développés dans ce dictionnaire ont pour objet l'homme, *ses aspects physiques, physiologiques, biologiques (les parties du corps, les sensations, les maladies, les soins), ses diverses activités vitales (alimentation, respiration, reproduction), ses gestes, ses mouvements, son activité intellectuelle (conscience, esprit, intelligence, raison, mémoire, langage, littérature, philosophie), professionnelle (employé, ouvrier, agriculteur, artisan, fonctionnaire, médecin, pharmacien, etc.), sa vie psychique, affective, morale, religieuse; les rapports de l'homme et de la société : l'organisation politique, sociale, économique, industrielle; le droit, la justice, le travail, l'éducation, les divers degrés d'enseignement, l'éducation, les relations des hommes entre eux : l'amour, l'amitié, la sympathie, l'antipathie, la haine, la violence; les relations internationales, la guerre, la paix, la défense nationale, l'armée, les différentes armes, etc.*

Nous avons également consacré un certain nombre de mots-centres aux sciences (mathématiques, physique, chimie, astronomie, géographie, histoire, etc.) et aux techniques (imprimerie, tissage, bijouterie, horlogerie, orfèvrerie, photographie, etc.), principalement aux techniques nouvelles (astronautique, radio, télévision, télécommunications), aux astres, à la Terre, au monde, à la nature, à l'air, à l'eau, au feu, aux animaux, aux plantes, aux métaux, aux moyens de transport (automobile, avion, bateau, chemin de fer), aux voyages, au tourisme, aux sports, aux spectacles, aux vêtements, aux tissus, à divers objets (meuble, sac, siège, table, etc.). Le vocabulaire des arts et des beaux-arts a fait aussi l'objet de plusieurs articles (musique, jazz, cinéma, architecture, peinture, sculpture, danse). Nous avons fait figurer au nombre des mots-centres des notions telles que l'espace, le temps, la quantité, la qualité, la bonté, la charité, la vérité, etc.

• Niveaux de langue

Dans ce dictionnaire, à côté des mots de la langue écrite contemporaine, il y a des termes et des expressions de la langue familière (notés fam.), *c'est-à-dire de la langue parlée courante, de la langue de la conversation de gens cultivés ou moyennement cultivés et de la langue écrite un peu libre.*

Les mots de la langue populaire (notés pop.) *n'ont pas été écartés. Cette appellation «populaire» ne correspond pas à une notion sociopolitique, mais plutôt socioculturelle : il s'agit de termes de la langue de la conversation soit de personnes moyennement cultivées, soit de personnes cultivées, mais qui ne surveillent pas leur langage et dont l'expression est plutôt réaliste, assez crue, qui ne s'imposent aucune retenue, souvent sous l'influence d'un certain goût, d'un certain snobisme ou par souci d'expressivité ou de modernité. Quant aux mots argotiques, ils sont relativement peu nombreux, ce sont des termes employés dans certains milieux professionnels, scolaires, universitaires, militaires, artistes, etc.*

Nous espérons avoir donné un instrument indispensable à tous ceux qui veulent apprendre la langue française et utile à tous ceux qui veulent se perfectionner dans l'utilisation du lexique français, enfin un livre qui incite à consulter les dictionnaires usuels (dictionnaires encyclopédiques ou dictionnaires de langue) en éveillant des curiosités et en faisant découvrir des aperçus nouveaux.

Georges NIOBEY

A

abaisser

Diminuer la quantité, la valeur d'une chose. *Abaisser un tarif.* Diminuer. Réduire. Faire baisser.

ABAISSEMENT. Diminution. Baisse.

Enlever de la puissance, de l'autorité. *Abaisser un peuple, un pays.* Affaiblir. Abattre.

Traiter d'une manière outrageante. *Abaisser quelqu'un.* Rabaisser. Humilier. Mortifier. Faire honte. Blesser l'amour-propre.

ABAISSEMENT. Humiliation. Mortification. Affront. Honte. Camouflet. Vexation.

ABAISSANT. Humiliant. Mortifiant. Dégradant. Avilissant.

S'abaisser. Perdre de sa dignité. S'avilir. Se dégrader. Se déconsidérer. Se rabaisser. Se discréditer. S'humilier. Se ravaler. Se déshonorer. Déchoir. Déroger. / *S'abaisser à* (et l'inf.). Condescendre. Daigner.

abandonner

(de l'anc. franç. *à bandon,* au pouvoir de)

Abandonner une personne. *Abandonner un mari, une femme.* Quitter. Laisser. / Lâcher. Laisser tomber (fam.). Planter là (fam.). Plaquer (pop.). *Abandonner un ami.* Délaisser. Négliger. Oublier. Tourner le dos. Se détourner. *Abandonner un enfant.* Exposer (abandonner un enfant dans un lieu isolé). / Enfant trouvé. / Enfants assistés. Assistance publique.

ABANDON. *Etre dans l'abandon.* Etre seul, esseulé. / *Vivre dans l'abandon.* Isolement. Oubli. Délaissement.

S'abandonner. *S'abandonner au désespoir. S'abandonner à la joie.* Se laisser aller à. Se livrer à / (Absol.) Se laisser aller physiquement. Se détendre. Se relaxer (fam.).

Abandonner une chose. *Abandonner un droit, un bien.* Céder. Donner. Léguer. Renoncer à. Se dessaisir. Se désister. / *Abandonner une foi, une religion.* Abjurer. Apostasier. Renier. / Abjuration. Apostasie. / Apostat. Renégat. *Abandonner le pouvoir.* Renoncer à la souveraineté. Déposer la couronne. Abdiquer. / Abdication. / Se démettre. Remettre sa démission. Démissionner. Résigner ses fonctions. / Cession de pouvoir. Passation de pouvoirs. / Démissionnaire. *Abandonner le combat.* Battre en retraite. Reculer. Décrocher. Lâcher pied. Flancher (fam.). / Mettre bas les armes. Capituler. Se rendre. Se soumettre. / Capitulation Reddition. Soumission. Armistice. Suspension. Trêve. / *Abandonner un poste.* Déserter. Fuir. Trahir. Passer à l'ennemi. / Désertion. Fuite. Trahison. / Déserteur. Fuyard. Transfuge. Traître. *Abandonner un lieu.* Evacuer. Déguerpir. Déloger. Se retirer. Disparaître. S'enfuir. *Abandonner une occupation, un travail, une affaire, un projet.* Renoncer à. Délaisser. Négliger. Plaquer (pop.). Ne plus s'occuper de. Se désintéresser. Se détacher. / Laisser en plan, en rade (fam.), à l'abandon. Liquider (fam.). En avoir assez (fam.). Jeter le manche après la cognée. / Classer une affaire. Déclarer forfait.

ABANDON. *Abandon de biens.* Cession. Don. Legs. Renonciation. Dessaisissement. Désistement.

abattre

(du lat. pop. *abattuere*)

Faire tomber. *Abattre un mur, une maison.* Démolir. Détruire. Raser. / *Abattre des quilles.* Renverser. / *Abattre un arbre.* Couper. Déraciner. / *Abattre un avion.* Descendre (fam.).

Faire tomber en donnant un coup mortel. *Abattre un homme.* Tuer. Assassiner. / *Abattre un animal.* Assommer. Tuer. Egorger. Mettre à mort.

ABATTAGE. Abattage d'un arbre à la scie, à la hache.

S'abattre. Tomber. Tomber brutalement. S'écrouler. S'affaisser. S'effondrer. / *S'abattre sur.* Se jeter sur. Se précipiter sur. Fondre sur.

Faire perdre le courage, l'énergie. *Abattre quelqu'un* (en parlant d'un événement, d'une mauvaise nouvelle). Décourager. Démoraliser. Désespérer. / Ebranler. Démonter. Déconcerter. Désarçonner. Couper, casser bras et jambes.
Se laisser abattre. Se laisser aller. Faiblir. Flancher. / Relâchement. Dégoût.
ABATTEMENT. Découragement. Démoralisation. Désespoir. Dépression.

Ôter les forces physiques. *Abattre* (en parlant de la fièvre, de la maladie). Affaiblir. Déprimer. Accabler. Fatiguer. Anéantir. Terrasser.
Etre abattu. Etre exténué, à bout de forces, à la limite de ses forces. Etre à bout de souffle. N'en pouvoir plus. Ne plus tenir debout. Avoir les jambes coupées. Etre à plat (fam.), vidé (pop.).
ABATTEMENT. Affaiblissement. Fatigue. Accablement. Anéantissement.

abeille

(du lat. pop. *apicula;* en gr. *melissa*)

Insecte vivant en colonie et produisant le miel et la cire. Abeille sociale. Abeille domestique. Avette (vx). Mouche à miel (dialect.). / Abeille sauvage. Guêpe. Frelon. Bourdon.
Colonie d'abeilles. Essaim. / Reine ou mère. Vol nuptial. Pondeuse. Œufs. Couvain. / Ouvrières. Femelles. / Mâles ou faux bourdons. / Butineuse. / Pollen. / Nectar. / Butiner.

Élevage des abeilles. Apiculture. / Rucher. Ruche à rayons fixes. Ruche en paille, en osier, en liège. Ruche en bois. Ruche à rayons mobiles, ou cadres. / Corps de la ruche. Plateau (fond de la ruche). Toit. Entrée ou trou de vol.

Miel. Récolte du miel. Gâteau ou rayon de miel. Cellule ou alvéole. Gelée royale. / Extraction. Séparation du miel de la cire. / Miel de tilleul, d'acacia, de trèfle, de sarrasin, d'oranger, de citronnier. Miel blanc. Miel roux. Miel des Alpes, du Gâtinais, de Provence, des Vosges, etc. / Hydromel (boisson faite avec du miel et de l'eau). / Confiserie au miel. Nougat. Pain d'épice.

Matériel de l'apiculteur. Masque de tulle. Enfumoir. Lève-cadres. Couteau à désoperculer. Extracteur (appareil pour extraire le miel). Maturateur (appareil pour faire reposer le miel). / Cérificateur (appareil pour extraire la cire). Cire gaufrée.

Relatif à l'abeille, au miel. Apicole. Apiaire. / Apidés (famille d'insectes hyménoptères). / Apiphile. / Apicultural. / Plantes mellifères. Mélisse (plante). / Miellaison. Mellification. Miellée. Emmieller. Mielleux. Melliflue (doux comme le miel). / Mélissographie (traité sur les abeilles). Mélissographe.
Abeilles de l'Hymette. Aristée (fils d'Apollon qui apprit aux hommes à élever les abeilles).

abominable

(du lat. *abominabilis,* de *ab,* loin de, et *omen, ominis,* présage)

Qui inspire de l'horreur, de la répulsion. *Un crime abominable.* Monstrueux. Affreux. Horrible. Atroce. / *Un procédé abominable.* Ignoble. Infâme. Dégoûtant. Répugnant. Odieux.
ABOMINATION. Horreur. Exécration.
Avoir en abomination. Abominer. Détester. Abhorrer. Avoir en horreur. Exécrer.

Très mauvais (fam.). *Un temps abominable.* Vilain. Détestable. Exécrable. Epouvantable. Affreux. Horrible.
ABOMINABLEMENT. Extrêmement. Très. Horriblement.

abondance

(du lat. *abundantia,* de *unda,* flot)

Grande quantité de choses. *Abondance de biens.* Profusion. Surabondance. Pléthore. Masse. / *Abondance de paroles.* Flux. Débordement. Flot.
Donner en abondance (en parlant d'une personne). Donner largement, copieusement, généreusement, profusément, à pleines mains. Combler. Couvrir de. Prodiguer. Répandre. Ne pas compter. / *Donner en abondance* (en parlant d'une chose). Donner beaucoup, à foison. Etre fertile, prospère, luxuriant, riche.
Avoir en abondance. Avoir à profusion, à souhait, à discrétion, à gogo (fam.), en masse, à la pelle (fam.), à revendre. Regorger de.
ABONDANT. Surabondant. Débordant. Pléthorique. / Copieux. Plantureux.
ABONDER. Pulluler. Foisonner. Grouiller. Fourmiller. Etre en grande quantité, en masse. / Couler à flots. Etre inépuisable, intarissable. Surabonder.
ABONDAMMENT. Beaucoup. En grande quantité. Copieusement.

Ressources importantes, considérables. *Vivre dans l'abondance.* Prospérité. Opulence. Fortune. / Ne manquer de rien. Avoir à satiété. / *Un pays d'abondance.* Pays de cocagne.

abréger

(du bas lat. *abbreviare*, de *brevis*, court)

Diminuer la durée, l'étendue d'une chose. *Abréger un discours, un texte.* Raccourcir. Ecourter. Réduire. Condenser. Elaguer. Tronquer. Tailler (dans). Faire des coupures. / Exposer brièvement. Résumer. Analyser. Récapituler.

ABRÈGEMENT. Raccourcissement. Réduction. / Abrègement d'un mot par apocope, par aphérèse.

Ouvrages abrégés. Ouvrage élémentaire. Abrégé. Compendium. Epitomé. / Précis. Aide-mémoire. Mémento. Résumé. Digest. / Anthologie. Extraits. Morceaux choisis. Chrestomathie.

Formes abrégées. Aperçu. Compte rendu. Résumé. / Plan d'une œuvre. Esquisse. / Schéma. / Sommaire. Tableau synoptique.
En abrégé. En bref. En gros. En résumé.

Écriture abrégée. Sténographie. Sténographe. Sténotypie. Sténotypiste. / Style télégraphique.

ABRÉVIATION. Monogramme. Chrisme. Initiales. / Sigle. / Signe abréviatif.

abri

(de l'anc. franç. *abrier*, mettre à couvert)

Endroit qui protège des intempéries ou du danger. Chercher, trouver un abri. Aménager, creuser un abri.

Lieux d'abri pour les hommes. Maison. Toit. Habitation. Logement. Foyer. Gîte. / Asile. Refuge. / Cabane. Case. Hutte. Tente. Igloo ou iglou. / *Abri secret.* Cachette. / Abri souterrain. Abri atomique. Caverne. Grotte. Antre. / Auvent. Porche. Aubette. Préau. Marquise. Véranda. Abri-bus (nom déposé).

Abris marins. Port. Havre. Rade. Bassin. Baie. Anse. Crique. / Ancrage. Mouillage.

Abris militaires. Fortification. Fort. Forteresse. Fortin. Rempart. Muraille. / Casemate. Blockhaus. Retranchement. / Barricade. / Tranchée. Galerie. Boyau. / Tour. Tourelle. Blindage. / Baraquement. Guérite. Guitoune (pop.).

Abris pour les animaux. Etable. Ecurie. Bergerie. Porcherie. Poulailler. Niche. Cabane. Clapier. / Terrier. Garenne. Rabouillère. Gîte. / Repaire. Bauge. Tanière. Trou. / Ruche. / Aire. Nid.

Abris pour des objets, des marchandises, des plantes. Garde-meuble. Entrepôt. Magasin. / Hangar. Garage. Remise. Resserre. / Grange. Grenier. Silo. / Abrivent. / Serre. Châssis. Claie. Cloche. Paillasson.

Ce qui sert à protéger. Vêtement. / Parapluie. Ombrelle. Parasol. / Rideau. Tenture. Store. Moustiquaire.

ABRITER. Protéger. Défendre. Garantir. Préserver. Couvrir. Camoufler. Garer. Loger. / Mettre en sûreté, en lieu sûr, hors d'atteinte, hors de danger. Mettre sous clef. Cacher. Planquer (pop.). / S'abriter du soleil, de la pluie (se protéger, se préserver de).

absence

(du lat. *absentia*, de *abesse*, être loin de)

Le fait de ne pas être dans un lieu où l'on pourrait ou devrait être. *Absence de son domicile.* Sortie. Disparition. Fugue. Escapade. / *Constater, remarquer l'absence de quelqu'un.* Ne trouver personne. Trouver porte close, visage de bois (fam.). Se casser le nez (fam.). Faire buisson creux.

ABSENT. *Etre absent.* Etre parti. Etre sorti. Etre en voyage. Ne pas être chez soi. / Etre disparu, introuvable, invisible, envolé (fam.).

S'absenter. Partir. Sortir. S'en aller. Disparaître. S'éclipser.

Absence d'un lieu de travail. Interruption de service. Congé de maladie. / Congé pour convenances personnelles. Autorisation d'absence. Convalescence.

S'absenter. S'absenter pour un motif personnel. Prendre un congé. / S'absenter sans raison valable. Manquer. Faire l'école buissonnière.

ABSENT. *Etre porté absent.* Manquant.

ABSENTÉISME. *Un taux élevé d'absentéisme à l'école.* Manque d'assiduité. / Absentéiste.

Absence en justice. Défaut de comparution. Contumace. Non-comparution. / Ne pas se présenter. Faire défaut. Etre défaillant. Etre condamné par défaut.

ABSENT. Contumace ou contumax. Défaillant. Non-comparant.

Manque de ce qui est nécessaire ou désirable. *Absence d'ordre, d'autorité.* Carence. Défaut. / *Absence d'attention.* Etourderie. Distraction. Inattention. / *Absence de mémoire.* Lacune. Défaillance. Oubli. Amnésie. Trou de mémoire (fam.). / *Avoir des absences* (fam.). Etre distrait.

absolu
(du lat. *absolutus,* achevé, parfait)

Qui est sans contrôle et sans limitation. *Pouvoir absolu.* Illimité. Inconditionné. Souverain. Arbitraire. Despotique. Tyrannique. Dictatorial. Totalitaire.

ABSOLUTISME. Autocratie. Despotisme. Césarisme. Dictature. Tyrannie. Fascisme.

Qui ne comporte ni restriction ni réserve. *Confiance absolue. Dévouement absolu.* Entier. Complet. Total. Intégral.

ABSOLUMENT. Entièrement. Complètement. Totalement. Tout à fait.

Qui ne supporte aucune opposition. *Un caractère absolu.* Autoritaire. Entier. Intransigeant. Dogmatique. / *Un ton absolu.* Impérieux. Cassant. Tranchant.

abstenir (s')
(du lat. *abstinere,* se tenir éloigné)

Ne pas faire volontairement quelque chose. *S'abstenir d'une chose.* Se passer de. Se priver de. Renoncer à. Ne pas faire usage de. Ne pas toucher à. *S'abstenir de* (et l'inf.). Eviter de. S'empêcher de. S'interdire de. Se refuser à. Se garder de. Se dispenser de. Se retenir de. / *S'abstenir de parler.* Se taire. / *S'abstenir de manger, de boire.* Jeûner. Faire abstinence. Faire carême. / *S'abstenir de voter.* Ne pas prendre part à un vote. / Abstention. Abstentionnisme. Abstentionniste.

ABSTINENCE. Privation (d'aliments, de boissons, de plaisirs).

Mots composés avec le préfixe « non ». Non-agression. Non-alignement. Non-belligérance. Non-engagement. Non-exécution. Non-intervention. Non-usage. Non-violence.

abstrait
(lat. *abstractus*)

Qui ne représente pas le monde matériel, sensible. *Un terme abstrait* (ex. : vérité, bonté, fraternité, charité). *Art abstrait.* Non figuratif. / Cubisme. Tachisme.

ABSTRACTION. Idée. Notion. Concept. / *Faire abstraction de.* Ecarter (par la pensée). Négliger. Laisser de côté. Ne pas tenir compte de.

Qui est difficile à comprendre. *Un texte abstrait, un auteur abstrait.* Obscur. Abstrus. Abscons. Subtil. Hermétique.
ABSTRAITEMENT. Obscurément.

absurde
(du lat. *absurdus,* contraire au sens commun)

Contraire à la raison, au sens commun. *Un raisonnement absurde.* Déraisonnable. Illogique. Aberrant. Insensé. Extravagant. Stupide. Inepte. Incohérent. Abracadabrant. Saugrenu. / *Etre absurde.* Ne pas tenir debout (fam.).

Qui parle ou agit d'une manière déraisonnable. *Un homme absurde.* Insensé. Inepte. Fou. Extravagant. Stupide.

ABSURDITÉ. Ineptie. Aberration. Nonsens. Extravagance. Insanité. Sottise. Stupidité. Incohérence. Illogisme. Déraison. Folie.

académie
(du gr. *acadêmia,* jardin d'Académos [où Platon enseignait])

Société littéraire, scientifique ou artistique. Fonder une académie. / Académie française. Académie de médecine, de chirurgie, de pharmacie. Académie de marine. Académie des beaux-arts. Institut de France (réunion des cinq Académies) : Académie française, Académie des inscriptions et belles-lettres, Académie des sciences, Académie des sciences morales et politiques, Académie des beaux-arts.

Relatif à une académie. Etre candidat à l'Académie française. Briguer un fauteuil. / Cooptation (nomination d'un membre nouveau par les membres de l'assemblée). / Etre reçu sous la coupole. / Discours de réception. Récipiendaire. Habit vert (costume brodé de rameaux d'olivier). Bicorne. Epée. / *Membre d'une académie.* Académicien. Membre associé, correspondant. / Directeur. Chancelier. Secrétaire perpétuel.

ACADÉMIQUE. Conformiste. Conventionnel.

acariâtre

Qui aime à crier, à contrarier. Grincheux. Hargneux. Acrimonieux. Bougon. Grognon. Atrabilaire (vx). Revêche. Intraitable. Insociable. Invivable. Quinteux. Acerbe. Agressif. Querelleur. / *Une femme acariâtre.* Chipie. Mégère. Harpie. Pie-grièche. Teigne.

ACARIÂTRETÉ. Acrimonie. Hargne. Grogne (fam.). Rogne (fam.).

accabler
(de l'anc. franç. *chabler,* écraser)

Faire supporter une chose pénible. *Accabler de fatigue.* Fatiguer. Exténuer. Harasser. Epuiser. Ereinter (fam.). Claquer (pop.). / *Accabler d'impôts.* Ecraser. Pressurer. Grever. / *Etre accablé de travail.* Etre surchargé, submergé. Ne savoir où donner de la tête. Etre débordé.
Accabler d'injures. Abreuver. Injurier. Dire des infamies. Traîner dans la boue. Mettre plus bas que terre. Vouer aux gémonies.

ACCABLANT (en parlant de la chaleur, du temps). Lourd. Etouffant. Suffocant. Orageux. / *Témoignage, argument accablant.* Ecrasant. Lourd. Irréfutable.

ACCABLEMENT. Abattement. Epuisement.

accélérer
(du lat. *accelerare,* de *celer,* rapide)

Rendre plus rapide. *Accélérer un travail.* Activer. Presser. Hâter. Précipiter. Mettre les bouchées doubles (fam.). / *Accélérer la marche.* Allonger le pas. Forcer, presser le pas. / Augmenter la vitesse. Aller plus vite, à toute vitesse, à pleins gaz, à fond de train. / Presser le mouvement. Faire vite. Se dépêcher. Se hâter. Se presser. Se grouiller (pop.). Se manier (pop.).

ACCÉLÉRATION. Hâte. Précipitation. / *Accélération en fin de course.* Sprint.

ACCÉLÉRATEUR. *Pédale d'accélérateur.* Champignon (fam.).

accepter
(du lat. *acceptare,* recevoir)

Consentir à prendre, à recevoir ce qui est offert, proposé. *Accepter un cadeau.* Vouloir bien de. / *Accepter de* (et l'inf.). Consentir à. Donner son accord, son agrément. Acquiescer. Se laisser faire. / *Accepter volontiers, d'emblée, de bon cœur, avec plaisir, avec enthousiasme.* Prendre au mot. Approuver. Dire oui. Dire amen. Ne pas refuser. Accéder aux désirs de quelqu'un. / Se déclarer prêt à. Ne pas se faire prier.

ACCEPTATION. Consentement. Accord. Approbation. Acquiescement. Assentiment.

ACCEPTABLE. *Une offre acceptable.* Recevable. / Assez bon. Passable. Admissible. Correct. Satisfaisant. Valable.

Admettre une personne. *Accepter quelqu'un.* Recevoir. Accueillir. / Admission. Réception. Accueil.

Se soumettre à quelque chose. *Accepter une épreuve.* Se résigner. Supporter. Subir. Souffrir. Endurer. / Obéir.

ACCEPTATION. Résignation. Obéissance.

accessoire
(du lat. *accessorius,* de *accedere,* ajouter)

Se dit de ce qui s'ajoute à la chose essentielle. *Un détail accessoire.* Secondaire. Complémentaire. Subsidiaire. De moindre importance. Négligeable.

ACCESSOIRE (n. m.). Accessoires de théâtre, de cinéma, de télévision. / Accessoires d'automobile. / Accessoiriste.

ACCESSOIREMENT. Secondairement.

accident
(du lat. *accidens,* de *accidere,* arriver, survenir)

Événement malheureux entraînant des dommages matériels ou corporels. *Accident de la route, d'automobile.* Collision. Choc. Tamponnement. Dérapage. Embardée. Tête-à-queue. / *Accident de montagne.* Chute. / *Accident du travail.* Blessure. Chute. Glissade, etc. / *Accident de chemin de fer.* Déraillement. Télescopage. Catastrophe ferroviaire. / *Accident d'avion.* Catastrophe aérienne. / *Accident de navigation.* Naufrage. Sinistre. / *Accident mortel.* Noyade. Hydrocution. Electrocution. Asphyxie. Intoxication.

ACCIDENTÉ. Victime d'un accident. Blessé.

ACCIDENTER. Blesser. Endommager dans un accident.

ACCIDENTEL (qui résulte d'un accident). Mort accidentelle.

ACCIDENTELLEMENT. Mourir accidentellement (par suite d'un accident).

Lutte contre les accidents. Méthodes de protection, de prévention. Sécurité routière. Protection civile. Dispositifs de secours.

Événement fortuit et malheureux, plus ou moins important. *Les accidents de l'existence.* Difficultés. Vicissitudes. Malheur. Contretemps. Ennui. Mésaventure. Tuile (fam.). / Coup dur. Coup de chien. Sale coup.

ACCIDENTEL (dû au hasard). Fortuit. Imprévu.

ACCIDENTELLEMENT. Par accident. Par hasard. Fortuitement. A l'improviste.

accompagner

(de *à* et de l'anc. franç. *compain,* compagnon)

Aller avec quelqu'un. *Accompagner une personne.* Conduire. Mener. Reconduire. Raccompagner. Faire un bout de conduite (fam.). / *Accompagner partout.* Suivre. Flanquer. Etre sur les talons, être pendu aux basques (de quelqu'un). Suivre comme une ombre. S'attacher aux pas de. Ne pas quitter d'un pas.
Accompagner pour protéger ou surveiller. Chaperonner. Suivre. Escorter. / Faire route avec quelqu'un. Naviguer, voyager de conserve.

Personnes qui accompagnent. Accompagnateur. Guide. Cicerone. / Dame de compagnie. Fille ou demoiselle d'honneur. Duègne. Chaperon. / Chevalier, cavalier servant. Sigisbée. Menin (vx). / Garde. Garde du corps. Gardien. Gorille (fam.). / Escorte. Suite.

Ajouter une chose à une autre. *Accompagner une réponse d'un geste.* Adjoindre. Compléter. Ajouter. Joindre.

S'accompagner (en parlant de choses). Aller avec. Se produire en même temps. Coïncider. Coexister.

accomplir

(de *à* et du lat. *complere,* remplir)

Mettre à exécution. *Accomplir une bonne action. Accomplir de grandes œuvres.* Faire. Exécuter. Effectuer. Réaliser. Opérer. Mener à terme. Conduire à son terme. / *Accomplir une mauvaise action.* Commettre. Perpétrer. / Fait accompli (sur lequel on ne peut revenir).

ACCOMPLISSEMENT. Exécution. Réalisation. / Perpétration.

Faire ce qui est prescrit, commandé. *Accomplir son devoir, sa tâche.* Remplir. Satisfaire à. S'acquitter de. / *Accomplir un ordre.* Exécuter. / *Accomplir un commandement.* Observer. Obéir à. Se conformer à.

accord

(de *accorder;* lat. pop. *accordare,* de *cor, cordis,* cœur)

Accord d'opinion. *Un accord général, unanime.* Communauté d'idées, de vues. Consensus. / *Etre d'accord. Tomber d'accord.* Etre du même avis. Abonder dans le sens de quelqu'un. / *Donner son accord.* Approbation. Acceptation. Consentement. Acquiescement. Assentiment. Autorisation. / Approuver. Accepter. Consentir. Acquiescer. Autoriser.

Accord de sentiments. *Faire régner l'accord entre des personnes.* Entente. Bonne entente. Harmonie. Concorde. Paix. Relations cordiales. Camaraderie. Sympathie. Amitié. Fraternisation. Fraternité. Affinité de goûts, de sentiments. Compatibilité d'humeur.

S'accorder. Vivre en accord, en parfait accord. S'entendre. Sympathiser. Etre, vivre en bonne intelligence. Faire bon ménage. / Etre en bons rapports. Fréquenter. Frayer avec. Ne faire qu'un. Etre bien assortis. / *Cesser de vivre en accord.* Se brouiller. Se fâcher. Cesser d'être amis. / *Se remettre d'accord.* Se réconcilier. Faire la paix. Se raccommoder. Se rabibocher (fam.).

Accord d'intérêts. Arrêter, régler les termes d'un accord. / Négocier, conclure, passer, ratifier, signer un accord.
Accord commercial, professionnel. Marché. Transaction. / Conclure un marché. Taper dans la main. Toper. / *Accord à l'amiable.* Arrangement. Compromis. Conciliation. Accommodement (vx). « Modus vivendi ». / Communauté d'intérêts. Association. / *Accord international.* Convention. Pacte. Alliance. Traité.
Accord secret. Complicité. Complot. Conjuration. Conspiration. Collusion.

S'accorder. Etre d'accord. Faire cause commune. Agir dans le même sens. Agir de concert. Se donner le mot. Etre de connivence. Etre de mèche (fam.). Marcher la main dans la main. S'entendre comme larrons en foire. / Clique. Coterie.

Accord de choses entre elles. *Accord des couleurs, des lignes. Accord entre les parties d'une œuvre.* Conformité. Convenance. Correspondance. Concordance. Proportion. Equilibre. Harmonie.

S'accorder. Aller bien. Cadrer. Convenir. Correspondre. S'équilibrer. / Etre assorti. S'assortir. Faire le pendant. / *Qui peut s'accorder avec autre chose.* Compatible. Conciliable.

Accord entre les sons, entre les mots. *Accord consonant.* Consonance. / *Accord dissonant.* Dissonance. / Accord parfait, imparfait. Accord arpégé, plaqué. / Harmonie. Eurythmie. / Plaquer un accord. / Accord en genre et en nombre.

ACCORDER (un instrument). Accordeur. Accordoir.

accouchement

Le fait de mettre un enfant au monde. *Avant la naissance.* Période prénatale. Conception. Gestation. Grossesse. Etre enceinte. Porter un enfant. Attendre un enfant. Attendre un heureux événement (fam.). Maternité. / Interruption de grossesse. Fausse couche. Avortement. Manœuvres abortives.

Le fait d'accoucher. Parturition. Accouchement normal, à terme (270 jours de grossesse). Accouchement prématuré (entre le 180e et le 260e jour). Couveuse. / Accouchement fœtal. Douleurs de l'enfantement. Etre en mal d'enfant. Etre dans les douleurs. Etre en travail. / Contractions utérines. Dilatation du col. Rupture de la poche des eaux. Liquide amniotique. Présentation céphalique du fœtus. Présentation pelvienne. Expulsion du fœtus. Ligature, clampage du cordon ombilical. / Délivrance. Expulsion du placenta, des membranes, du délivre.

Relatif à l'accouchement. Obstétrique (partie de la médecine relative aux accouchements). Accouchement sans douleurs. Accouchement psycho-prophylactique. / *Accouchement facile.* Eutocie. / *Accouchement difficile.* Dystocie. Fers. Forceps. Opération césarienne. Embryotomie. / Fièvre puerpérale. / Maternité. Clinique. Bébé. Nouveau-né. Nourrisson. Garçon. Fille. Jumeaux. Triplés. Quadruplés. Quintuplés. Sextuplés. Septuplés. Octuplés. / Relever de couches. Relevailles. / Période post-natale.

Accoucher. Mettre au monde. Donner le jour à. / Accoucher une femme (l'aider à mettre un enfant au monde).

Accouchée. Parturiente. Primipare (qui accouche pour la première fois). Multipare.

Accoucheur. Médecin-accoucheur. Sage-femme.

accusation

(du lat. *accusatio*)

Accusation d'un crime ou d'un délit. *Dresser, formuler une accusation contre quelqu'un.* Accuser. Appeler, assigner, attaquer, citer, déférer, traduire quelqu'un en justice, devant les tribunaux. Porter plainte. Dénoncer. Intenter une action contre quelqu'un. Poursuivre. Faire comparaître. Citer à comparaître.

Procédure. Acte d'accusation. Chef d'accusation. Grief. Enquête. Information. Instruction. Prévention. Inculpation. *Se défendre d'une accusation.* Se justifier. Fournir un alibi. Prouver son innocence. / *Réfuter une accusation.* Décharger un accusé. Déclarer innocent. Mettre hors de cause. Innocenter. Disculper. Acquitter. Absoudre. / Accuser à tort, injustement, faussement. / Reconnaître l'innocence. Réhabiliter. Blanchir. / Demander, obtenir réparation. / Réhabilitation.

Accusation d'une chose condamnable ou fâcheuse. *Accusation de mensonge, de négligence, de paresse.* Reproche. Critique. Incrimination. Imputation. / Reprocher. Incriminer. Mettre en cause. S'en prendre à. Critiquer. Mettre sur le compte. Rendre responsable. Mettre sur le dos de. Imputer. Attribuer.

Accusation malveillante. *Accusation infamante, fausse, mensongère, injuste, odieuse.* Calomnie. Diffamation. Dénigrement. Critique. / Calomnier. Diffamer. Dénigrer. Dire du mal de. Vilipender. Dire pis que pendre. Attaquer, ternir, noircir la réputation de. Nuire. Mettre à l'index. Clouer au pilori. Crier haro sur. Jeter la pierre à.

acerbe

(du lat. *acerbus,* aigre)

Qui cherche à blesser. *Une critique acerbe. Un ton acerbe.* Mordant. Blessant. Caustique. Incisif. Agressif. Acrimonieux. Piquant. Apre. Virulent. Sarcastique.

Acerbité. Acrimonie. Aigreur. Apreté. Agressivité. Causticité. Virulence.

acheter

(du lat. pop. *accaptare ;* lat. class. *emere, emptum*)

Se procurer en échange d'une somme d'argent. *Acheter des marchandises en gros, au détail. Acheter au comptant, à crédit, à terme, à tempérament.* Acquérir. Se procurer. / Acheter au prix fort. Acheter cher, à prix d'or. / Acheter avec réduction. Acheter bon marché, à vil prix. / Acheter au rabais, en discutant du prix. Marchander.

Acheter une marchandise pour la rendre rare. Accaparer. Rafler (fam.). Enlever. / Accaparement. Accapareur. / *Acheter des marchandises d'occasion.* Brocanter. *Acheter à l'étranger.* Importer. / Importation. / *Acheter le concours, la complicité de quelqu'un. Acheter de faux témoins.* Payer. Soudoyer. Stipendier.

Achat. Acquisition. Emplette. / Rachat. / Vente à réméré (avec droit de rachat).

Réméré. Faculté de réméré. / Racheter.
ACHETEUR. Acquéreur. Chaland (vx). Client. Clientèle. Achalandage. / Preneur. Enchérisseur. Adjudicataire. Commissionnaire. / Droit de préemption (priorité donnée à un acheteur).

acide

(du lat. *acidus*)

Qui a une saveur piquante. *Un goût acide.* Aigrelet. Sur (vieilli et dialect.). / *Légèrement acide.* Acidulé. Suret (vieilli et dialect.). Acescent (qui devient acide). / Vert. / Verdelet. / Acéteux.
Rendre acide. Acidifier. / Acidification. / Acidifiant. / Eventé. / *Devenir acide.* Aigrir. Tourner. / Se piquer.
ACIDITÉ. Aigreur. Acescence.

Choses acides. Vinaigre. Verjus. Citron. Groseille. Oseille, etc. / Solution acide. Ferment. Moisissures.

Acides chimiques. Acides faibles. Acides forts. / Acides organiques. Acides inorganiques. / Acides aromatiques. Acides gras. Acides aminés ou aminoacides. / Hydracide (formé avec un métalloïde). Oxacide ou oxyacide (contient de l'oxygène). / Acide chlorhydrique (anciennement esprit-de-sel ou acide muriatique). / Acide nitrique ou azotique (eau-forte). Eau régale (mélange des deux acides précédents). / Acide sulfurique (vitriol). / Acide phénique (phénol). / Acide acétique. / Acide carbonique. / Acide citrique. / Acide formique. / Acide lactique. / Acide picrique. / Acide salicylique. / Acide stéarique.
ACIDITÉ (par opposition à basicité). Acidimétrie. Acidimètre. / Potentiel hydrogène ou échelle du pH (mesure de la force des acides et des bases).

acquérir

(du lat. *acquirere, acquisitum*)

Devenir propriétaire d'une chose. *Acquérir par achat.* Acheter. Se procurer. *Acquérir par échange.* Troquer. Echanger. / Troc. Echange. / *Acquérir par succession, par donation.* Hériter. / Héritage. Donation. Don. Libéralité. Acquêt.
ACQUISITION. Achat. Emplette. Commissions (fam.).
ACQUÉREUR. Acheteur.

Arriver à posséder quelque chose. *Acquérir des connaissances.* Apprendre. S'instruire. Se cultiver. / *Acquérir de la gloire, de la renommée.* Obtenir. Recueillir. Conquérir. Gagner.
ACQUIS. Instruction. Connaissances. Savoir. Erudition. Culture. Bagage (fam.). / Expérience. Pratique.

actif

(du lat. *activus*, de *agere*, agir)

Qui agit, qui accomplit un travail effectif. Population active (population capable d'avoir une activité laborieuse). Vie active (période pendant laquelle une personne exerce une activité productive).

Qui a de l'efficacité (en parlant d'une chose). *Un remède actif.* Agissant. Efficace. Energique.
ACTIVITÉ. Occupation. Métier. Profession. Fonction.
INACTIF. INACTION (v. OISIF).

Qui aime l'action. *Un homme actif.* Energique. Vif. Dynamique (fam.). Expéditif. Travailleur. Laborieux. Entreprenant. Plein d'entrain, d'ardeur. Qui a l'esprit d'entreprise, d'initiative.
ACTIVITÉ. Energie. Ardeur. Dynamisme (fam.). Vitalité. Vivacité. Promptitude. / *Déployer une grande activité.* S'activer. S'agiter. S'affairer. Se démener. Se dépenser. Avoir le feu sacré. Se remuer. Se donner du mal. Se donner de la peine.
ACTIVEMENT. Energiquement.

action

(du lat. *actio*, de *agere*, agir ; en gr. *praxis, pragma*)

Tout ce qu'on fait. *Accomplir une action.* Acte. / Travail. Ouvrage. Œuvre. Besogne. Tâche. / Mouvement. Geste. / Champ d'action. Sphère d'activité. / *Action en faveur de quelqu'un.* Intervention. Démarche. / *Action d'éclat.* Exploit. Prouesse. Trait de courage. / *Action exercée sur quelqu'un.* Influence. Ascendant.
Actions plus ou moins blâmables. Agissements. Manœuvres. Menées. Intrigues. Manigances. / *Mauvaise action.* Méfait. Crime. Faute. Forfait (littér.). Délit. / *Action irréfléchie.* Coup de tête. Foucade.

Façons d'agir. Procédé. Moyen. Méthode. Manière. Errements.
Mettre un projet, une décision à exécution. Exécuter. Effectuer. Réaliser. Produire. Créer. Fabriquer. Procéder à. Entreprendre. Se lancer dans. / *Empêcher d'agir.* Contrecarrer. Contrarier. Lutter contre. S'opposer. / *Agir en faveur de quelqu'un.* Intervenir. S'entremettre. Intercéder. / *Agir sur quelqu'un.* Impressionner. Influencer. Influer.

Action personnelle. S'activer (v. ACTIF). / En faire à sa tête (fam.).

Action commune. Agir en commun, ensemble, de concert. S'associer. Collaborer. Coopérer. Participer à. Prêter son concours. / Faire cause commune. S'allier. S'unir. / Se coaliser. Conspirer. / Etre de connivence. S'entendre. / Aller de concert (ou de conserve). Accompagner. / Association. Collaboration. Coopération. / Associé. Collaborateur. Participant. / Alliance. Adhésion. / Allié. Adhérent. / Conspiration. Coalition. / Entente. Union. Concertation.

actuel

(du bas lat. *actualis,* agissant)

Qui a lieu maintenant. *La période actuelle. Le monde actuel.* Présent. Contemporain. En cours. / *Un problème actuel.* D'actualité. A la mode. Au goût du jour. / *Mode actuelle.* Moderne. Dernier cri.

ACTUALITÉ. Le temps présent. Notre époque. / *S'intéresser à l'actualité.* Se tenir au courant. Etre à la page. Etre dans le vent (fam.). / *Actualités.* Emission, film d'actualités. Nouvelles. Informations. Nouvelles de dernière heure. Flash de dernière minute.

ACTUELLEMENT. Présentement. En ce moment. A l'heure qu'il est. Aujourd'hui. De nos jours. Maintenant. Ces temps-ci. Par les temps qui courent. / *Hic et nunc.*

INACTUEL (qui n'est pas actuel). Intemporel. / Passé. / Futur. A venir. Avenir. / Démodé. Désuet. Suranné. Vieux.

adapter

(du lat. *adaptare,* de *aptus,* apte)

Rendre une chose propre à un usage, à une destination. *Adapter une chose à une autre.* Accorder. Mettre en accord. Approprier. Proportionner. Mettre en harmonie. Arranger. Conformer. Ajuster.

ADAPTATION. Adéquation.

S'adapter (en parlant d'un être, d'un végétal). S'accoutumer. S'habituer. S'acclimater. Se faire à. S'accommoder. Se familiariser. S'assimiler. Se prêter aux circonstances.

ADAPTATION. Acclimatation. Accoutumance. Habitude. Accommodation. Assimilation.

ADAPTÉ. Approprié. Adéquat. Idoine. / *Bien adapté à un but, à un usage.* Commode. Pratique.

ADAPTABLE. Accommodable. Acclimatable. Assimilable.

administrer

(du lat. *administrare,* servir)

Diriger les affaires d'un organisme politique. *Administrer un département, une commune.* Contrôler. Surveiller. / Contrôle. Surveillance.

ADMINISTRATION. Fonction publique. Services publics. Administration centrale, régionale, départementale. / Préfecture. Canton. Commune. Municipalité.

Diriger ses affaires ou celles d'un autre. *Diriger une entreprise industrielle, commerciale, un domaine.* Gérer. Régir (vieilli). Faire marcher (fam.).

ADMINISTRATION. Gestion. Direction. Contrôle. Surveillance. / Gérance.

ADMINISTRATEUR. Gérant. Directeur. Gestionnaire. Régisseur. Intendant.

ADMINISTRATIF. Service administratif.

admirer

(du lat. *admirari*)

Avoir de l'admiration pour quelqu'un ou pour quelque chose de beau, de grand, de sublime. *Admirer une personne, une action, un paysage.* Trouver beau, merveilleux, sublime. S'extasier. S'émerveiller. S'enthousiasmer. / Etre ébahi, ébloui, émerveillé. Etre, rester bouche bée.

ADMIRATION. Eblouissement. Emerveillement. Ravissement. Enthousiasme. / *Admiration de soi-même.* Narcissisme.

ADMIRABLE. Beau. Merveilleux. Magnifique. Splendide. Ravissant. Eblouissant. Incomparable. Extraordinaire. Prodigieux. Superbe. Sublime.

ADMIRATEUR. Passionné. Fervent. Amoureux. Enthousiaste. / Enragé. Fou. Fanatique. Fan (fam.).

ADMIRATIF. Emerveillé. Ebahi. Ebloui. Ravi.

adopter

(du lat. *adoptare,* de *optare,* choisir)

Prendre légalement pour enfant. Père adoptif. Adoptant. / Enfant adoptif. Adopté. / Filiation adoptive.

Acte d'adoption. Adoption simple (l'adopté continue d'appartenir à sa famille d'origine). Adoption plénière (l'adopté cesse d'appartenir à sa famille d'origine).

Faire sienne une chose. *Adopter une mode, un langage.* Suivre. Choisir. Prendre. Opter pour. / *Adopter un projet de loi.* Approuver. Sanctionner.

adorer
(du lat. *adorare*)

Rendre un culte. *Adorer Dieu. Adorer une divinité, des idoles.* Honorer. Glorifier. Vénérer.

ADORATION. *Adoration des idoles.* Idolâtrie. / *Adoration des images.* Iconolâtrie. / *Gestes d'adoration.* Génuflexion. Agenouillement. Révérence. Prostration. Prosternement. Prosternation.

Aimer passionnément. *Adorer une personne.* Etre très épris de. Etre fou de. Aduler. Idolâtrer. / *Adorer une chose* (fam.). Etre friand de. Raffoler de. Se passionner pour. / *Adorer* (et l'inf.). Se plaire à. Etre content de. Etre ravi de.

ADORATION. Passion. Idolâtrie. Vénération.

ADORABLE (fam.). Charmant. Exquis. Délicieux. Ravissant.

ADORATEUR. Amoureux passionné. Admirateur.

adversaire
(du lat. *adversarius,* de *adversus,* contre)

Personne qui est opposée à une autre. *Repousser l'adversaire dans un combat.* Ennemi. Agresseur. Attaquant. Assaillant. / *Adversaire acharné.* Ennemi mortel. / *Lutter contre un adversaire dans une compétition, dans un débat.* Concurrent. Challenger (sport). Rival. Prétendant à un titre. Antagoniste (littér.). / *Répondre à un adversaire dans un débat.* Contradicteur. Opposant. Polémiste.

aérodynamique
(du gr. *aêr, aêros,* air, et *dunamis,* force)

Science des effets mécaniques de l'air sur les corps en mouvement. Aérothermodynamique (échauffement par l'air des corps en mouvement).

Installations. Soufflerie ou tunnel aérodynamiques. / *Sortes de souffleries :* en circuit ouvert, en circuit fermé (soufflerie à retour), verticale; subsonique, supersonique, hypersonique (soufflerie à rafales). / Veine. Chambre d'expérience. Balance aérodynamique. / Maquette aérodynamique. Profil. Angle d'incidence.

Grandeurs mesurées. Portance (force de sustentation). Traînée (résistance à l'avancement). Polaire (portance en fonction de la traînée). / Moments. Roulis. Lacet. Tangage. / Onde de choc. Mur du son. Bang ou détonation balistique. / Mur thermique ou mur de la chaleur.

Relatif à l'aérodynamique. *Profil aérodynamique.* Qui offre peu de résistance à l'air. Caréné. Fuselé.

aéronautique
(du gr. *aêr, aêros,* et *nautês,* navigateur)

Science et technique de la navigation aérienne. Aéronautique civile, militaire. Aéronavale (au service de la marine). / Aéronef (toute machine volante). / Aéroporté. Aérotransporté. Héliporté (par hélicoptère).

Techniques aéronautiques. Construction aéronautique. Aérodynamique. Aérotechnique (comprend les deux disciplines précédentes). / Avionique ou aéroélectronique (électronique appliquée à l'aéronautique). / Industrie aérospatiale (commune à l'aviation et à l'astronautique). / Avionneur (constructeur d'avions). / Motoriste (constructeur des moteurs).

Moins lourds que l'air. Aérostation. / Ballons et dirigeables.

Plus lourds que l'air. Aviation. / Aérodyne (tout appareil plus lourd que l'air). Avion. Hydravion. Planeur. Modèle réduit. / Girodyne (tout appareil à voilure tournante). Hélicoptère (sustentation et propulsion par un même rotor). Autogire (rotor libre et propulsion par hélice). Giravion (rotor moteur pour la sustentation et propulsion indépendante).

Vol dans l'espace extra-terrestre. Astronautique. / Fusée. Astronef ou cosmonef. Satellite habité. / Vol spatial. Vol balistique.

Installations et services. Infrastructure. Aéroport. Base aérienne. Aides à la navigation.

V. AÉROSTATION. AVIATION. ASTRONAUTIQUE.

aérostation
(du gr. *aêr, aêros,* et *statos,* qui se tient)

Étude, construction et manœuvre des aérostats. Aérostat (aéronef moins lourd que l'air). / Montgolfière (nom primitif). Ballon libre. Ballon stratosphérique (à nacelle étanche). Ballon captif. Saucisse. Ballon de barrage. / Aérostier. Aéronaute.

Le ballon et ses éléments. Enveloppe. Panneau de déchirure. Soupape. Manche. Filet. Pattes-d'oie. Nacelle.

Ancre. Guide-rope. Lest. / Ballon dirigeable. Dirigeable souple, semi-rigide, rigide. Zeppelin. Enveloppe ou carène. Ballonnets. Stabilisateur. Gouvernails de profondeur et de direction. Cabines. Machinerie.

Phases du vol. Gonfler. Lester. Délester ou lâcher du lest. Ascension. Force ascensionnelle. / Mât d'amarrage.

affaire

(de *à* et de *faire*)

Ce qui occupe, concerne quelqu'un. *Connaître son affaire.* Travail. Tâche. Besogne. / *Etre l'affaire de quelqu'un.* Regarder. Concerner. Intéresser. Toucher. Etre du ressort de. / Dépendre de. / Obligation. Devoir. / *Se mêler d'une affaire.* Se charger de. S'occuper de. / *Etre à son affaire.* Etre heureux. Se plaire à. Bicher (fam.).
Une affaire de (cœur, argent, etc.). Problème. Question.

Situation difficile. *Une sale affaire. Affaire délicate, épineuse.* Embarras. Difficulté. Complication. Ennui. Situation embarrassante, dangereuse, critique. / *Arranger une affaire.* Différend. Contestation. Discussion. Démêlé. Querelle. / *Etouffer une affaire.* Scandale.

Objet d'un débat judiciaire. *Juger une affaire. Plaider une affaire.* Cause. Procès. Litige. Instance. / *Saisir le tribunal d'une affaire.* Attaquer. Poursuivre.

Activité commerciale. *Lancer, gérer une affaire.* Commerce. Entreprise. Etablissement commercial. / Brasseur d'affaires. / *Homme d'affaires peu scrupuleux.* Affairiste. Spéculateur. / *Conclure, régler une affaire.* Marché. Transaction. / *Une bonne affaire. Une affaire.* Marché avantageux.

Ce qui concerne les intérêts publics ou privés. *Les affaires de l'Etat. Affaires étrangères.* Diplomatie. Relations internationales. / Diplomate. Ministre des Affaires étrangères. Chargé d'affaires.
Régler, arranger ses affaires. S'occuper de. / *S'immiscer dans les affaires d'autrui.* Se mêler de. S'entremettre. Intervenir. / *Homme d'affaires.* Avocat. Avoué. Notaire.

affectation

(du lat. *affectatio,* recherche)

Manière d'être ou d'agir qui n'est pas naturelle. *Manifester de l'affectation dans les paroles, les actes.* Ostentation. Etalage. Recherche. Apprêt. Exagération. Grandiloquence. Emphase. Pose. Prétention. Sophistication.

AFFECTER. *Affecter l'enthousiasme, la bonhomie.* Afficher. Etaler. Simuler. Feindre. / *Affecter de* (et l'inf.). Faire semblant de. / Faux-semblant. Attitude de commande. Simulation. Chiqué (fam.). Comédie.

Affectation de vertu, de pudeur. Puritanisme. Pruderie. Pudibonderie. Bégueulerie. / Puritain. Prude. Bégueule. / Une sainte-nitouche. / Etre collet monté. / Avoir des œillères, l'esprit étroit.

Affectation de savoir, d'érudition. Pédantisme. Cuistrerie. Omniscience. / Pédant. Cuistre. Omniscient. Bel esprit (vx). / Ton doctoral, pédantesque, pontifiant.

Affectation de valeur, d'importance. Vantardise. Fatuité. Vanité. Orgueil. Fanfaronnade. / Suffisance. Présomption. Prétention. Hâblerie. Bluff (fam.). Outrecuidance. Pose. Raideur. Morgue. Arrogance. / Vantard. Fanfaron. Hâbleur. Fat. Infatué. Orgueilleux. Vaniteux. Suffisant. Prétentieux. Outrecuidant. Présomptueux. Bluffeur (fam.). Poseur. Bêcheur (fam.). / Affecter, prendre, se donner de grands airs. Faire l'important. Se rengorger. Se pavaner.

Affectation de manières. Afféterie (vieilli). Minauderie. Mièvrerie. Attitude maniérée, apprêtée, empruntée, compassée, pincée, étudiée, sophistiquée.

Affectation de langage. Recherche. Purisme. Raffinement. / Marivaudage. Préciosité. Euphuisme. Gongorisme. Concetti. / Style apprêté, ampoulé, emphatique, grandiloquent, maniéré, contourné, tarabiscoté, précieux, pompeux. / Emphase. / Faiseur de phrases. Phraseur.

Affectation d'élégance. Dandysme (vieilli). / Dandy. Gandin. Gommeux. Snob. Snobinette (fam.). Minet. Minette. / Suivre la mode. Donner le ton. / Etre pomponné, bichonné (fam.). Etre tiré à quatre épingles (fam.).

1. affecter

(de l'anc. franç. *afaitier,* préparer)

Destiner une chose à un usage déterminé. *Affecter une somme d'argent à quelque chose.* Consacrer. Attribuer.

AFFECTATION. Destination. Attribution.
DÉSAFFECTER (faire changer la destination première). Désaffecter une église. / Désaffectation.

Désigner une personne à une fonction. *Affecter quelqu'un à un poste.* Nommer. Choisir. Muter.

AFFECTATION. Nomination. Mutation. / Poste d'emploi.

2. affecter

(du lat. *affectare,* avec influence de *affectus,* sentiment)

Provoquer une émotion. *Affecter quelqu'un* (en parlant d'une chose pénible). Impressionner. Toucher. Emouvoir. Frapper. Peiner. Attrister.

affection

(du lat. *affectio*)

Sentiment tendre à l'égard d'une personne. Amitié. Tendresse. Attachement. Amour. Passion. / *Avoir, ressentir, éprouver de l'affection.* Aimer. Chérir. / *Inspirer de l'affection à quelqu'un.* Plaire. Etre en faveur auprès de. Etre dans les bonnes grâces de. Avoir la sympathie de. Se concilier les cœurs. Etre populaire. / Etre aimable, plaisant, sympathique.

AFFECTUEUX. Doux. Aimant. Tendre.

AFFECTUEUSEMENT. Tendrement. Chèrement.

Dispositions affectueuses. Inclination. Penchant. Sympathie. Estime. Prédilection. Préférence. / Sensibilité. Sentiment. Cœur. Cordialité. Camaraderie. Familiarité.

affirmer

(du lat. *affirmare*)

Donner pour certain. *Affirmer une chose.* Assurer. Certifier. Soutenir. Attester. Prétendre. Garantir. Avancer. Proclamer. Déclarer. Alléguer. Maintenir. Protester de. Prouver. Démontrer. Confirmer. Donner comme sûr. Etre certain.

Affirmer solennellement. Jurer. Se porter garant. En mettre sa main au feu. Donner sa tête à couper.

AFFIRMATION. Assurance. Certitude. Preuve. Démonstration. Proclamation. Déclaration. Allégation. Confirmation. Garantie. Attestation.

AFFIRMATIF. Positif. / Catégorique. Ferme.

AFFIRMATIVEMENT. Positivement.

Formules d'affirmation. Oui. Si. Mais si. Que si (fam.). / Assurément. Sûrement. Bien sûr. Pour sûr (fam.). Parfaitement. Certainement. Evidemment. / En vérité. Vraiment. Franchement. Positivement. Sans mentir. / Parole d'honneur. Sur ma vie. Sur ma tête. Dieu m'est témoin. Que je meure si, etc.

affreux

(de l'anc. provenç. *afre,* horreur)

Qui provoque de la frayeur, de l'épouvante. *Un spectacle, un cri affreux. Un affreux cauchemar.* Effrayant. Horrible. Effroyable. Epouvantable. Terrible.

Très laid. *Un visage affreux.* Hideux. Repoussant. Monstrueux. Répugnant.

Très désagréable (fam.). *Un temps affreux.* Abominable. Détestable. Exécrable. Epouvantable. Horrible. / *Un affreux individu.* Vilain. Méchant. Détestable. Dégoûtant. Répugnant. Ignoble.

AFFREUSEMENT. Horriblement. Terriblement. Extrêmement. Excessivement.

agacer

Provoquer de l'irritation. *Agacer quelqu'un.* Enerver. Irriter. Crisper. Excéder. Horripiler. Exaspérer. Impatienter.

AGACEMENT. Enervement. Irritation. Crispation. Horripilation. Exaspération.

AGAÇANT. Enervant. Irritant. Crispant. Horripilant. Exaspérant.

Harceler légèrement. *Agacer une personne.* Taquiner. Importuner. Asticoter. Embêter (fam.). Tarabuster. Tourmenter. / *Agacer un animal.* Exciter. Mettre en colère.

Chercher à plaire. *Agacer un homme* (en parlant d'une femme). Aguicher. Provoquer. Allumer (fam.). / Allumeuse (fam.). Aguicheuse. Frôleuse. / *Agacer une femme* (en parlant d'un homme). Lutiner.

AGACERIE. Avance. Provocation. Coquetterie. / Aguichant. Aguicheur. Provocant.

âge

(du lat. *aetas, aetatis*)

Les âges de l'homme. Premier âge. Bas âge. Enfance. Petit enfant. Bébé. Poupon. / Garçon. Fillette. / Gamin. Gamine. / Vertes années. / Age de raison. / Adolescence. Jeunesse. / Jeune homme. Jeune fille. / Age ingrat. Puberté. Garçon, fille pubère. / Age nubile. / Maturité. Age mûr. / Adulte. Homme fait. / Femme. Age canonique. / Retour d'âge. Age critique. / Vieillesse. / Vieillard. Vieux. Vieille. Personne d'âge. Personne âgée. Croulant (arg.). / Sénescence. Sénilité. Sénile. / Gérontologie (étude de la vieillesse).

Temps écoulé depuis la naissance. Avoir tel âge. Atteindre l'âge de. / Porter bien son âge. Paraître son âge. / Etre dans la fleur de l'âge. Etre dans sa vingtième année. / Aller sur (ses) trente ans. Monter en graine. Avancer en âge. Prendre de l'âge. Etre entre deux âges. / Friser la quarantaine, la cinquantaine. Avoir cinquante ans sonnés, révolus. Avoir soixante ans. / Vieillir. Etre sur son déclin. Décliner. Etre chargé d'années. / Quadragénaire. Quinquagénaire. Sexagénaire. Septuagénaire. Octogénaire. Nonagénaire. Centenaire.
Premier-né. Aîné. Aînée. / Cadet, Cadette. / Puîné. Puînée. / Dernier-né. Dernière-née. Benjamin. Benjamine.

Ensemble de personnes ayant le même âge en même temps. Génération. La génération présente. / Les générations passées. / Les générations futures. Postérité.

Âge légal. Age réel. / Minorité. Mineur. / Majorité. Majeur. / Emancipation. Emanciper. / Avoir l'âge requis. / Dispense d'âge. / Ancienneté. Bénéfice de l'âge. / Droit d'aînesse. Primogéniture.

Les âges de l'humanité. Préhistoire. / Paléolithique. Mésolithique. Néolithique. Age de la pierre. / Age des métaux (du fer, du bronze). Protohistoire. / Histoire. Antiquité. Moyen Age. Temps modernes. Epoque contemporaine.
Mythologie. Age d'or (règne de Saturne; période d'abondance, de bonheur). Age d'argent (règne de Jupiter). Age d'airain et âge de fer (temps de calamités).

agent

(du lat. *agens,* celui qui fait une action)

Personne qui agit pour autrui. Représentant. Intermédiaire. Homme de confiance. Homme de paille. Bras droit. Négociateur. Agent de liaison. / Agent secret. Espion. Indicateur. / Agent double. / Agent provocateur. Agitateur. Fauteur de troubles. Meneur.

Employé d'un service public ou d'une entreprise privée. Agent d'administration. / Agent diplomatique. Diplomate. Ambassadeur. Ministre plénipotentiaire. Agent consulaire. Consul. Chargé d'affaires. Administrateur. / Intendant. / Fonctionnaire d'autorité, de gestion. Agent comptable. Agent de l'Etat, des collectivités locales.

Agent de la force publique. Agent de police. Gardien de la paix. Gendarme.

Agent d'affaires. Homme d'affaires. / Agent d'assurances. Agent de publicité. Régisseur. Gérant. Fondé de pouvoir.

AGENCE. Cabinet d'affaires. Bureau.

Agent de finance. Agent de change. Remisier. Coulissier. Changeur. / Agent comptable. Trésorier. Receveur.

Agent de commerce. Voyageur de commerce. Commis voyageur. Représentant. Placier. / Agent commercial. Courtier. Démarcheur. Commissionnaire. Mandataire. Entrepositaire. Dépositaire. Expéditionnaire. Consignataire. / Agent maritime.

Personne ou chose qui produit une action. Cause. Principe. Moteur. Ame. / Animateur. Protagoniste. / Agent naturel, atmosphérique, mécanique, chimique.

agile

(du lat. *agilis,* de *agere,* agir)

Qui a de l'aisance et de la rapidité dans les mouvements. *Une personne agile. Un animal agile.* Léger. Souple. Vif. Leste. / Agile comme un chat, comme un chamois, comme un singe, comme une panthère. / *Un pas agile.* Allègre. Alerte.

AGILITÉ. Aisance. Souplesse. Vivacité. Légèreté. Rapidité. Promptitude. Célérité.

AGILEMENT. Rapidement. Promptement. Avec légèreté, souplesse. Allègrement.

agiter

(du lat. *agitare,* de *agere,* pousser)

Remuer vivement en divers sens. *Agiter un objet.* Secouer. / *Agiter en levant.* Brandir. / *Agiter les bras, les jambes.* Balancer. / *Agiter un liquide.* Brasser. Battre. Mélanger. Mêler.

S'agiter. Ne pas tenir en place. Aller et venir. Se trémousser. Gesticuler. Gigoter (fam.). Bouger. S'exciter. Se démener. S'affairer. Se débattre.

AGITATION. Animation. Affairement. Remue-ménage. Grouillement. Précipitation. / Bruit. Tumulte. Turbulence. Branle-bas.

AGITÉ. *Un débat agité.* Mouvementé. Orageux. Tumultueux. / *Un enfant agité.* Turbulent. Remuant. Vibrion (fam.).

Causer de l'excitation, une émotion. *Agiter les esprits* (en parlant d'un événement). Emouvoir. Ebranler. Exciter. Tourmenter. Préoccuper. Inquiéter. Tracasser. Travailler. Révolutionner.

AGITATION. Emotion. Excitation. Frénésie. Nervosité. Inquiétude. Souci. Préoccupation. Tourment. Tracas. / *Agitation collective, populaire.* Effervescence. Excitation. Fermentation. Fièvre. Remous. Trouble. Insurrection. Soulèvement. Sédition. Fomentation.

AGITÉ. Excité. Fiévreux. Inquiet. Soucieux. Préoccupé. Nerveux. Tourmenté.

AGITATEUR. Factieux. Fauteur de troubles.

agréable

(de *agréer,* trouver à son gré)

Qui plaît. *Une personne agréable.* Aimable. Charmant. Affable. Accueillant. Accommodant. Sociable. Sympathique. Chic (fam.). / *Un physique agréable.* Plaisant. Attirant. Gracieux.

Un lieu, un séjour agréable. Plaisant. Charmant. Ravissant. Enchanteur. / *Un spectacle agréable.* Amusant. Attrayant. Captivant.

AGRÉMENT. Attrait. Charme. / *Les agréments de la vie.* Bien-être. Confort. Amusement. Divertissement. Plaisir.

AGRÉABLEMENT. Avec plaisir.

agriculture

(du lat. *ager, agri,* champ, et *cultura,* culture)

Culture de la terre pour la production des végétaux et des animaux utiles à l'homme. Cultiver la terre. Cultivateur. Agriculteur. Paysan. Laboureur (vx). / Grande culture. Petite culture. Culture mécanisée. / Culture intensive, extensive. Monoculture. Polyculture.

Exploitation agricole. Exploitant. Exploiter. Faire valoir une terre. / Métairie. Métayer. Métayage. / Elevage du bétail. Nourrir. Soigner. / Eleveur. Herbager. Elever. / Ferme. Fermier. Fermage. / Producteur. Production. Produire.

Économie rurale. Modernisation rurale. Remembrement. / Agronomie. Agronome. / Comice agricole. Foire. Foire-exposition. Marché. / Coopératives agricoles. / Syndicat agricole.

Terres. Terre lourde, compacte. Terre légère, meuble, sablonneuse. Terre grasse. Terre maigre. / Terre arable, cultivable, labourable. Terre fertile. Terre pauvre, stérile. Terre inculte. / Terres sableuses ou siliceuses, calcaires. Terres argileuses ou fortes, humifères, franches. / Champ. Prairie. Pré. Emblavure (terre ensemencée). Guéret (terre labourée). Jachère (non ensemencée temporairement). / Ségala (terre à seigle).

Préparation du sol. Défricher. Essarter. Défoncer. Effondrer. Essoucher. Extirper les racines. Ecobuer (brûler les herbes et fertiliser le sol avec les cendres). / Ameublir. Rendre meuble. Retourner. / Fertiliser. Amender. Engraisser. / Chauler. Fumer. Marner. Biloquer (donner un premier labour). Hiverner (labourer avant l'hiver). / Alterner les cultures. Assoler. Dessoler. / Cassaille (premier labour). Assolement. Rotation. Cultures dérobées. Dry-farming. Sole (terre à culture alternée).

Labourage. Labourer (creuser et retourner la terre avec un instrument aratoire). Labour. / Labour en billons (ados). Billonner. Billonnage. Labour en planches. Labour à plat. Labour profond, moyen, léger. / Tranchée faite par la charrue. Sillon. Rayon (vx). Raie. Enrue. / Enrayer (tracer le premier sillon). Dérayer (tracer le dernier sillon). Enrayure. / Etremper (labourer plus ou moins profondément). Egratigner (labourer superficiellement). Façons superficielles. Déchaumage. Scarifiage. Hersage. Roulage. Emottage. Binage. Buttage.

Autres travaux des champs. Emblaver (semer du blé). Emblavure. Semailles. / Repiquer. Planter. Biner. Butter. Sarcler. / Moisson. Récolte. Cueillette. Arrachage. / Drainer. Drainage. / Irriguer. Irrigation. / Fenaison. Fourrage.

Culture de la vigne. V. VIGNE. / Horticulture. V. JARDIN.

Matériel agricole. Machines aratoires. Machines pour l'entretien des cultures. Machines de récolte. / Arracheuse. Arracheuse-nettoyeuse. Botteleuse. Brise-mottes ou croskill. Buttoir. Charrue à traction animale, à traction mécanique. Charrue traînée, portée. Charrue à soc, à disques. Cultivateur (charrue pour labours superficiels). Décolleteuse. Démarieuse. Distributeur d'engrais. Epandeur de fumier. Extirpateur. Faucheuse. Herse. Houe sarcleuse. Moissonneuse-lieuse. Moissonneuse-batteuse. Motoculteur. Planteuse. Planteuse-repiqueuse. Plombeur (rouleau). Poudreuse. Pulvérisateur. Ramasseuse-presse. Râteau. Râteau-faneur. Rouleau. Scarificateur (instrument pour briser la surface durcie de la terre). Semoir. Tracteur, etc.

Matériel d'intérieur de ferme. Aéro-engrangeur. Aplatisseur. Broyeur. Concasseur. Coupe-racines. Cuiseur. Elévateur. Epailleur. Hache-paille. Nettoyeur. Séparateur-aspirateur. Tarare. Trayeuse mécanique. Trieur. Ventilateur-aérateur.

Enseignement agricole. *Enseignement supérieur agricole.* Institut national agronomique. Ecole nationale vétérinaire. Ecole nationale d'agriculture. Ecole nationale des eaux et forêts. Ecole nationale du génie rural. Ecole nationale des industries agricoles et alimentaires. Ecole nationale d'enseignement ménager. *Enseignement agricole du second degré.* Lycée agricole. Ecoles régionales d'agriculture. Ecoles spécialisées (industrie laitière, élevage ovin, etc.). Ecole d'enseignement ménager agricole.

agrumes

(de l'ital. *agrumi,* de *agro,* acide)

Nom collectif des fruits du genre « citrus ». Orange. Citron. Mandarine. Clémentine. Pamplemousse. Grape-fruit ou pomelo. Cédrat. Bergamote. Bigarade. Citrus (arbres qui produisent les agrumes). Oranger. Citronnier. Mandarinier. Clémentinier. Pamplemoussier. Cédratier. Bergamotier. Bigaradier.

AGRUMICULTURE. Agrumiculteur.

Produits. Jus d'orange, de citron, de pamplemousse. Orangeade. Citronnade. Limonade. / Zeste (petit morceau d'écorce d'orange, de citron). / Confiture. / Liqueurs. Curaçao (liqueur d'oranges amères). / Industrie des parfums. Néroli (extrait de fleurs d'oranger).

aide

(de *aider;* lat. *adjutare*)

Action, manière d'aider. *Accorder, apporter son aide.* Appui. Assistance. Soutien. Protection. Patronage. Intervention. Recommandation. Médiation. Piston (fam.). Services. Bons offices. / *Aide financière.* Subvention. Subsides. Allocations. Prêt. / Bienfait. Aumône. Charité. / *A l'aide de.* Au moyen de.

AIDER. *Aider quelqu'un dans un travail.* Prêter son concours. Seconder. Apporter sa contribution, son appui. Collaborer. Coopérer. / Donner un coup de main (fam.). Epauler. / Collaboration. Coopération. / *Aider quelqu'un dans une situation difficile ou pénible.* Venir à son secours. Porter secours. Venir à sa rescousse. Donner la main. Tendre la main. Prêter main-forte. Prêter une main secourable. Protéger. Appuyer. Patronner. Recommander. Pistonner (fam.). / Rendre service. Obliger. / Tirer d'affaire. Remettre à flot. Renflouer. Dépanner (fam.). / Prendre soin de. Soutenir. Consoler. Soulager. Délivrer. Sauver.

Personne qui aide. *Un, une aide.* Auxiliaire. Adjoint. Assistant. Second. Collaborateur. Bras droit. Coadjuteur. / / Bienfaiteur. Protecteur. Libérateur. Consolateur. Providence. / Assistance publique. Aide sociale. Aide médicale. Entraide.

aigle

(du lat. *aquila;* en gr. *aetos*)

Oiseau rapace de grande taille. Aigle royal. Aigle impérial. Aigle criard. Aigle tacheté. Aigle pêcheur ou balbuzard. Aigle de mer ou pygargue. / Aiglon (petit de l'aigle). / Roi de l'air, des oiseaux. Oiseau de Jupiter.

Relatif à l'aigle. Aire (nid). Airer (faire son nid). / Serres (griffes). / Trompeter. Glatir (cri). / Yeux d'aigle. Regard d'aigle. Profil d'aigle. / Aiglure (tache rousse sur le plumage). / Aquilin (en forme de bec d'aigle). / Aétite (pierre d'aigle, variété d'oxyde ferrique). / Homme supérieur. Génie. Phénix. / Aigle de Meaux (Bossuet). Aigle de Pathmos (saint Jean l'Evangéliste).

Aigle héraldique. Aiglette. Alérion (sans bec ni patte). Aigle bicéphale. Aigle éployée (en ailes ouvertes).

aigre

(du lat. *acer, acris*)

Qui a une acidité désagréable. *Un goût aigre.* Aigrelet. Piquant. / *Un liquide aigre.* Tourné. Piqué.

AIGREUR. Saveur aigre. / Devenir aigre. Tourner.

AIGRIR. Altérer. Faire tourner.

Qui est désagréable par sa vivacité aiguë. *Une voix aigre. Un son aigre.* Criard. Sifflant. Perçant. Glapissant. / *Un vent aigre.* Froid. Glacial. Glacé. Vif. Piquant. / *Un ton aigre.* Acerbe. Acrimonieux. Piquant. Sec. Cassant. Acariâtre. Revêche. Mordant.

AIGRI. Amer. Irritable. Agressif.

AIGREUR. Acreté. Amertume. Acrimonie. Irritation. Animosité.

aigu

(du lat. *acutus;* en gr. *oxus*)

En parlant de la forme. Pointu. Piquant. / Angle aigu. Triangle acutangle. Acutangulaire. / Animal acuticaude, acuticorne, acutirostre, oxydactyle. / Plante aculéiforme, acuminée, acutifoliée, acutilobée.

En parlant d'une voix, d'un son. *Très aigu*. Suraigu. / *Aigu et désagréable*. Criard. Perçant. Déchirant. Glapissant. Crissant. / *Produire un bruit aigu et désagréable*. Crier. Percer, déchirer les oreilles. Glapir. Crisser. / *Aigu et prolongé*. Grinçant. / Grincer. Grincement. / *Aigu et intense*. Strident. Stridence. / Stridulant (insectes). Striduler. Stridulation. / *Aigu et sifflant*. Striduleux (médecine). / Voix de fausset, de crécelle. Oxyton (se dit d'un mot qui a l'accent d'intensité sur la dernière syllabe). Paroxyton. Proparoxyton.

En parlant d'une douleur, d'un mal. Vif. Piquant. Violent. Cuisant. ACUITÉ. *Acuité d'une douleur*. Intensité. Paroxysme (moment aigu d'une maladie, d'un état affectif). Paroxystique.

En parlant de l'esprit. Vif. Pénétrant. Subtil. Perspicace. Sagace. ACUITÉ. *Acuité d'esprit*. Perspicacité. Subtilité. Sagacité. Finesse. Pénétration.

aiguille

(du bas lat. *acucula,* dimin. de *acus,* aiguille)

Petite tige d'acier pointue à une extrémité et percée à l'autre. Aiguille à coudre, à repriser, à broder. Aiguille de machine à coudre. / Aiguille longue, demi-longue, courte, droite, courbe. / *Parties d'une aiguille*. Corps. Pointe. Tête, chas ou œil. Gouttière. Rainure.

Fabrication. Fil d'acier. Laminage. Tréfilage. Calibrage. Recuit. / Dressage. Découpage. Empointage. Estampage. Perçage. Moulage. Trempe. / Polissage. Nickelage. / Mise en paquets.

Usage. Coudre. Piquer. / Enfiler. Désenfiler. / Aiguillée.

Travaux à l'aiguille. Point. Dentelle. Broderie.

Accessoires. Etui. Aiguillier. Porte-aiguilles. Pelote. Dé. Enfile-aiguille.

Aiguilles diverses. Aiguille de relieur, de bourrelier. / Aiguille à pointe carrée. Carrelet. / Aiguille à broder, à piquer. / Aiguille à larder. / Passe-lacet. / Aiguille à tricoter (à pointe et à tête, ou à pointe aux deux extrémités).
Aiguille de chirurgie. Aiguille pleine. Aiguille à suturer et à ligatures. / Aiguille creuse. Aiguille à ponctions. Aiguille à injections hypodermiques et intramusculaires, à injections intraveineuses. Aiguille à acuponcture. Aiguille d'or (action yang tonifiante). Aiguille d'argent (action yin calmante).

Tige métallique terminée en pointe. Aiguille de pendule, d'horloge. Aiguille de montre. Grande aiguille. Petite aiguille. Trotteuse. / Avancer, retarder les aiguilles. / Aiguille aimantée de boussole. / Aiguille de balance.

Ce qui se termine en pointe. Aiguille de chemin de fer. / Aiguillage. Aiguiller. Aiguilleur. / Aiguille de rocher. Pic. Piton. / Flèche de clocher. / Feuille aciculaire des conifères. Aiguille de pin.

aiguiser

(du lat. pop. *acutiare,* de *acutus,* tranchant)

Rendre tranchant. *Aiguiser un outil*. Affiler. Affûter. / Affilage. Affûtage. Aiguisage ou aiguisement. / Appointir. Appointissage. Blanchir à la lime. Dégrossir. / Donner le fil, le tranchant. Emoudre. Emoulage. Emorfiler. Emorfilage. / Repasser. Repassage. / User à la meule.

AIGUISEUR. Affûteur. Coutelier. Emouleur. Gagne-petit (vx). Rémouleur. Repasseur.

Matériel. Meule. Meule-boisseau. / Affûteuse. / Coticule. Queux (pierre à aiguiser). / Aiguisoir. / Fusil. / Pierre à rasoir. Cuir à rasoir. / Tourne-fil. / Potée d'émeri, d'étain. / *Meule de rémouleur*. Chevalet. Hausset. Rabat-eau. Pédale ou moteur. Roue. Sellette. Auge.

aile

(du lat. *ala ;* en gr. *pteron*)

Organe du vol chez les oiseaux, les insectes. *Ailes d'oiseaux*. Aileron (extrémité de l'aile). Os. Moignon (partie charnue). Fouet (partie motrice). / Envergure (étendue des ailes déployées). / Plume. / Bout d'aile. / Penne ou rémige (grande plume). Rémige primaire, secondaire. / Tectrice (plume à la base des pennes). / Couverture (plume du dos de l'aile). / Kiwi ou aptéryx (oiseau qui ne possède que des ailes rudimentaires). / Déployer les ailes. Battre des ailes. Battement d'ailes. / Prendre l'essor. S'envoler. / Voler. / Planer. Faire le large. / Voler à tire-d'aile. / Avoir les ailes rognées. / Traîner de l'aile. Battre de l'aile. *Ailes d'insectes*. Elytre. Fourreau. Frein. / Brachélytre. / Brachyptère. Macroptère. / Coléoptère. Hyménoptère. Lépidoptère. / Aptère. Diptère. Tétraptère.

Qui a rapport à l'aile. Aile de moulin (voilure). / Aile d'automobile (garde-boue). / Aile d'hélice (branche). /

Aile d'avion. / Aile de bâtiment (côté). / Aile d'armée (flanc). / Aliforme. / Aligère. / Alipède. / Talonnières (de Mercure). / Animal chiroptère (qui a des ailes formant main). / Temple diptère (à deux rangs de colonnes).

Locutions diverses. Avoir du plomb dans l'aile (être gravement atteint). / Battre de l'aile (être dans une situation difficile, être mal en point). / Rogner les ailes à quelqu'un (réduire son autorité, ses moyens d'action). / Voler de ses propres ailes (se passer de l'aide d'autrui).

aimable

(du lat. *amabilis*)

Qui cherche à faire plaisir. *Une personne aimable.* Affable. Agréable. Accueillant. Bienveillant. Charmant. Obligeant. Complaisant. Gentil. Délicat. Sociable. Attentionné. Prévenant. Avenant. Sympathique. Amène (littér.). Chic (fam.). / *Aimable et souriant.* Gracieux. / Accorte (se dit d'une employée aimable et gracieuse).

AMABILITÉ. Affabilité. Bienveillance. Gentillesse. Complaisance. Délicatesse. Prévenance. Douceur. Aménité.

aimer

(du lat. *amare ;* en gr. *philein*)

Éprouver de l'affection pour quelqu'un. S'attacher à. Chérir. Avoir un faible pour. Avoir de la sympathie pour. Avoir à la bonne (pop.). / Flirter. Conter fleurette. Faire les yeux doux. Faire la cour. / *Aimer ardemment, passionnément, à la folie.* Adorer. Aduler. Idolâtrer. Etre fou de. Avoir dans la peau (pop.). En pincer pour (pop.). En tenir pour (fam.). Avoir le béguin (pop.).

Personne qui aime ou qui est aimée. Ami. Amie. / Amoureux. Amoureuse. / Chevalier, cavalier servant. Soupirant. Adorateur. / Partisan. Fanatique. *Un être aimé.* Bien-aimé. Chéri. / Amant. Maîtresse. Favorite. / Chouchou. Enfant gâté. Préféré. Coqueluche (fam.). Idole.

Avoir du goût pour quelque chose. *Aimer l'étude, le sport, la musique, etc.* S'intéresser à. Trouver du plaisir à. Prendre plaisir à. Affectionner. Goûter. Se passionner pour. / *Aimer le vin, la bonne chère.* Etre amateur de. Etre friand de. Se régaler de. Raffoler de. / *Aimer* (et l'inf.). Se plaire à. Etre content de. Etre ravi de. Etre heureux de.

Mots à élément « phile ». Philanthrope. Bibliophile. Anglophile, etc. ; ***et à élément « mane ».*** Bibliomane. Mélomane. Anglomane, etc.

air

(du lat. *aer ;* en gr. *aêr, aêros*)

Fluide gazeux constituant l'atmosphère. Composition de l'air : azote ou nitrogène ; oxygène ; gaz rares (argon, crypton, hélium, néon, xénon) ; impuretés (vapeur d'eau, gaz carbonique, etc.). / Pression, humidité, température de l'air. / Baromètre. Hygromètre. Thermomètre.

L'air et la respiration. L'air de la mer, de la montagne. Air ambiant. Grand air. Plein air. / Air vicié, pollué. Pollution de l'air. / *Renouveler l'air d'une pièce.* Aérer. Donner de l'air. / Aérage. Aération. Aérateur. / Air conditionné. Climatisation. Ventiler. Ventilateur. *Air vital.* Respirer. Inspirer. Expirer. Souffler. Souffle. Respiration. Inspiration. / Air pur. Air respirable. / *Aspirer de l'air frais.* Humer. / Arrêt de la respiration. Asphyxie. / Respiration artificielle. Bouche-à-bouche. Ballon d'oxygène. Inhalateur. Tente à oxygène. Poumon d'acier.

Applications. Aérium. / Aérosol. / Pneumothorax. / Aérographe. / Air comprimé. Air liquide. Gaz (de l'air) liquéfiés. / Pneumatique (bandage). / Vide. Pompe. Ventouse.

Relatif à l'air. Microbe aérobie (qui a besoin de l'air pour vivre), anaérobie (qui peut vivre sans air). / Aérologie. Aérien. / Aérophagie.

ajouter

(de l'anc. franç. *ajoster,* du lat. *juxta,* auprès ; en lat. *addere, additum*)

Mettre en plus. *Ajouter une chose à une autre.* Joindre. Adjoindre. / Compléter. / *Ajouter de l'eau à son vin.* Additionner. Etendre. Couper. / *Ajouter un passage à un texte, à un ouvrage.* Insérer. Intercaler. / *Qui s'ajoute inutilement.* Superfétatoire. Superflu. / Superfluité.

AJOUT. AJOUTÉ. Addition. Addenda. Additif. Complément. Adjonction. Rallonge. Surplus. Supplément.

Dire en plus. *Ajouter à ce qu'on a dit.* Dire encore. Dire en outre. / *Ajouter à ce qu'un autre a dit.* Amplifier. Exagérer. Enchérir. Surenchérir. Grossir. Rajouter. En remettre (fam.). / Amplification. Enchérissement. Surenchérissement. Grossissement.

alcool

(de l'ar. *al-khul,* antimoine pulvérisé)

Liquide obtenu par la distillation des boissons et des jus fermentés. Alcool à 60, à 90 degrés. Alcool absolu (100 degrés). / Alcool éthylique. Eau-de-vie. / *Mauvais alcool.* Tord-boyaux (pop.).

Fabrication des alcools. Distillation. Distillerie. Distiller. / *Instrument servant à mesurer le degré d'alcool.* Pèse-liqueur. Alcoomètre. / *Fabricant d'alcool.* Distillateur. Bouilleur de cru.

Alcools naturels. Distillation du vin, du cidre, des marcs, des fruits. / *Eaux-de-vie de vin.* Armagnac. Cognac. Fine champagne. / *Eau-de-vie de cidre, de poiré.* Calvados. / *Eaux-de-vie de fruits.* Kirsch. Prune. Mirabelle. / *Eau-de-vie de marc.* Marc.

Alcools industriels. Distillation de jus fermentés de betterave, de grains (orge, seigle, maïs, riz), de canne à sucre, de pomme de terre, etc. / *Eau-de-vie de grain.* Whisky. Gin. Genièvre. Vodka. Kummel. / *Eau-de-vie de canne à sucre.* Rhum. / *Eau-de-vie de riz.* Arack.
Alcool dénaturé (rendu impropre à la consommation). / Alcool à brûler.

Boissons sucrées et aromatisées à base d'alcool. Liqueurs. / Liqueur digestive. Digestif. Spiritueux.
Principales liqueurs. Anis. Anisette. Bénédictine. Cassis. Chartreuse. Cherry. Crème de cacao, de moka. Crème de noyau. Curaçao. Guignolet. Marasquin. Menthe. Mirabelle. Prunelle, etc.
Liqueurs de ménage. Liqueur de cassis, de cerise, de coing, de framboise, de noyaux (pêche, abricot), etc. Ratafia.
Fabricant de liqueurs. Distillateur. Liquoriste. / *Fabrication des liqueurs.* Par distillation. Par infusion ou macération. Par addition d'essences. / Sirop. / Filtrer. Concentrer. Aromatiser. / *Service à liqueurs.* Cabaret. Cave à liqueurs.

Effets de l'alcool. Porter à la tête. Enivrer. / Capiteux. Enivrant. Ivresse. Ebriété. / Alcoolisme. Ethylisme. Alcoolique. S'alcooliser. Delirium tremens. Folie. Cirrhose du foie. / Alcoolémie (présence d'alcool dans le sang). / Alcootest ou alcotest.

aliment

(du lat. *alimentum,* de *alere,* nourrir)

Tout ce qui sert de nourriture. Aliment mangeable, agréable, appétissant. / Aliment immangeable, répugnant, écœurant. / Aliment délicat, léger, digestible, digeste (fam.). / Aliment grossier, lourd. / Aliment nourrissant, nutritif, substantiel, riche. / Aliment solide, liquide. / Aliment gras, maigre. / Aliment d'origine animale, d'origine végétale.

ALIMENTATION. *Denrées alimentaires.* Viande. Poisson. Volaille. Gibier. Œufs. Légumes. Fruits. Lait. Fromages. Salades. Epices. Riz. Pain. Pâtes. Pâtisserie.

ALIMENTER. Nourrir. Entretenir. Faire subsister. Donner à manger. / *S'alimenter.* Se nourrir. Se sustenter.

Composition des aliments. Protides (matières albuminoïdes, azote). Lipides (matières grasses). Glucides (sucres, féculents). Sels minéraux. Eau. Vitamines.

Action, manière d'alimenter, de s'alimenter. Alimentation. / *Régime alimentaire.* Végétarisme (exclut la viande, mais permet lait, beurre, œufs). Végétarien. Végétalisme (exclut tous les aliments qui ne proviennent pas des plantes). Régime macrobiotique. / Diététique (étude de l'hygiène alimentaire). Diététicien.

aller

(du lat. ***ambulare***)

Se déplacer d'un lieu à un autre. *Aller à pied.* Marcher. / *Aller et venir.* Déambuler. Se promener. Marcher de long en large. Faire les cent pas. Baguenauder (fam.). / *Aller avec quelqu'un.* Accompagner. / *Aller devant quelqu'un.* Précéder. Devancer. / *Aller derrière quelqu'un.* Suivre. / *Aller en arrière.* Reculer. Marcher à reculons. Revenir sur ses pas. Rebrousser chemin. Rétrograder. / *Aller vite.* Courir. Filer. Aller comme le vent. Marcher à toute vitesse. / *S'en aller.* Quitter un lieu. S'éloigner. Partir. / *Aller voir quelqu'un.* S'adresser à. Solliciter. / Rendre visite à. / *Aller vers quelqu'un pour lui parler.* Aborder. Accoster.

Se diriger vers un lieu de destination. *Aller à la campagne, à la mer, à la montagne.* Se rendre à. Gagner. Partir pour. S'acheminer. Faire route vers.

Être dans tel ou tel état de santé, d'évolution. *Aller bien, aller mal* (en parlant d'une personne). Se porter. / Aller doucement, doucettement, cahincaha. / *Aller mieux.* Se rétablir. Reprendre des forces. Reprendre du poil de la bête (fam.). Se remettre. / *Aller bien, aller mal* (en parlant d'une chose). Evoluer de telle ou telle façon. / *Aller bien.* Prospérer. Marcher (fam.).

Être adapté de telle ou telle façon. *Aller bien* (en parlant d'une chose). Convenir. S'accorder avec. Cadrer. / *Ne pas aller ensemble* (en parlant de choses). Détonner. Jurer. Contraster désagréablement. Faire une disparate. Produire une discordance.

allumer

(du lat. pop. *alluminare,* de *lumen, luminis,* lumière)

Mettre le feu à quelque chose. *Allumer du bois.* Enflammer. / *Allumer un incendie.* Embraser. Incendier. / Pyromane (personne qui a la manie d'allumer des incendies). Incendiaire. Pyromanie.

Ce qui sert à allumer un feu. Allumette. Briquet. Allume-feu. Bois. Brindilles. Copeaux. Fagot. / Allumage. / Allumeur.

Rendre lumineux. Allumer une lampe, une bougie. / *Allumer un local.* Eclairer. Eclairage (v. ce mot).

allure

(de *aller*)

Manière de marcher, de se déplacer (en parlant d'une personne, d'un animal). *Allure légère, dégagée, décontractée. Allure grave, posée, lourde, pesante.* Démarche. Marche. Pas. Train. / Aller au pas. Aller cahin-caha, clopin-clopant. / Clopiner. Boiter. Traîner la jambe. / Gambader. Sauter. Sautiller. / Se dandiner. Se déhancher. Se tortiller. / Se pavaner. / Marcher droit. Marcher de travers, en écrevisse. / Marcher sur la pointe des pieds. / Marcher à pas comptés, à petits pas, à grands pas, à grandes enjambées, à pas de géant.

Vitesse de déplacement. *Aller à toute allure.* Aller à toute vitesse, à bride abattue, à fond de train, à perdre haleine. Courir comme un zèbre, comme un lévrier, comme un lièvre. Piquer un sprint. Accélérer, précipiter, ralentir l'allure. / Aller bon train, grand train. Un train d'enfer. / Mener le train. Ralentir le train. Un train de sénateur.

Aller, partir au trot, au petit trot, au grand trot. Trotter. Passer du trot au galop. / Prendre le galop. Partir au galop. Galoper. Aller, trotter l'amble (allure d'un quadrupède qui se déplace en levant en même temps les deux jambes du même côté).

Aller au pas. Pas ordinaire, accéléré, cadencé, redoublé, de charge, de chasseur, de course, de gymnastique.

Attitude. *Avoir de l'allure, belle allure.* Prestance. Air. Aspect. Maintien. Port. Dégaine (fam.). Tenue. Touche (pop.). / Savoir se présenter. Présenter bien (fam.).

alpinisme

Sport des ascensions en montagne. *Personne qui pratique l'alpinisme.* Alpiniste. Ascensionniste. Escaladeur. Grimpeur. Rochassier (spécialiste dans l'escalade des rochers). Glaciériste (spécialiste du glacier). Varappeur (spécialiste de la technique d'escalade).

Aspects de la montagne. Sommet. Crête. Faîte. / *Sommet pointu.* Pic. Piton. Aiguille. Dent. / *Sommet arrondi.* Ballon. Mamelon. Gendarme (petit sommet). / Face. Versant. Arête. Eperon. Corniche. Paroi. Ressaut (rupture de pente). Dalle (plaque lisse). Mur (ressaut vertical). Vire (palier très étroit). / Couloir. Cheminée. Dièdre (fissure en forme de livre ouvert). Surplomb. A-pic. Barre. Passage. Brèche (passage dans une chaîne rocheuse ou dans une barre). / Pont de neige. Glacier. Névé. Sérac. Moraine. Crevasse. Rimaye (crevasse entre le rocher et la glace). Calotte (dôme couvert de neige). / Rocher. Fissure. Prise. / Haute montagne. / Montagne à vaches (peu escarpée).

Ascension. Course. Excursion. Une première. / Marche d'approche. Refuge. Bivouac. Bivouaquer. / *Itinéraire.* Voie d'arête. Voie de couloir. Voie de face. Voie directe. Voie normale. Voie classique. Passage clef. / Caravane. Cordée. Guide. Premier (chef) de cordée. Sherpa. / Escalader. Grimper. Ascensionner.
Cotation des difficultés. Six degrés (du plus facile au plus difficile, pour l'escalade naturelle) Quatre degrés (pour l'escalade artificielle).

Technique. *Escalade naturelle ou libre.* Escalade intérieure. Progression par opposition des mains et des pieds, des mains, des pieds, des jambes. Ramonage (appui du dos et des mains sur une paroi et des pieds sur l'autre). / S'encorder. S'assurer. Filer la corde. Assurer un coéquipier. Assurer sec. Donner du mou.
Escalade artificielle. Pitonner. Pitonnage. Rappel. Tailler des marches (dans la glace). Cramponnage. / Tyrolienne (corde assujettie entre deux points rocheux et utilisée comme un pont). / Pendule. / Faire de la varappe. Varapper.

Dangers. Eboulements. Chutes de pierres. Avalanches. / Mauvais temps. /

Accidents. Dévisser ou dérocher (faire une chute).
Caravane de secours. Sauveteurs. Hélicoptère.

Matériel. Piolet. Corde (de chanvre, de Nylon). Crampons. Etrier. Marteau. Pitons. Mousquetons. Sac à dos (ou tyrolien). Cordelette. Baudrier. Anneau de corde. Broche à glace. Casque. Lunettes de glacier. Matériel de bivouac. Aliments de survie. Sac de couchage. Tente. / Altimètre.

altérer

(du bas lat. *alterare,* de *alter,* autre)

Changer en mal. *Altérer la santé.* Affaiblir. Miner. Détraquer. / Abîmer (fam.). / Rendre malade. / Affaiblissement. Indisposition. Maladie.
Altérer des couleurs. Flétrir. Ternir. / Décoloration. / *Altérer des denrées.* Avarier. Gâter. Pourrir. Détériorer. Endommager. Décomposer. / Avarie. Pourriture. Détérioration. Décomposition. / *Altérer un métal, une roche.* Attaquer. Piquer. Corroder. Ronger. Eroder. / Corrosion. Erosion.
Altérer les mœurs. Corrompre. Dépraver. Pervertir. / Corruption. Dépravation. Perversion. / *Altérer l'amitié.* Modifier. Affaiblir. Atténuer. Compromettre. Ebranler. / Affaiblissement. Atténuation.

Changer pour tromper. *Altérer un texte, un récit.* Tronquer. Défigurer. / *Altérer la vérité.* Déguiser. Déformer. Fausser. Travestir. / Mentir.
Altérer des monnaies. Adultérer (vx). Falsifier. Contrefaire. / Adultération (vx). Falsification. Contrefaction. Contrefaçon. / Contrefacteur. Faussaire.
Altérer des liquides, des marchandises. Mouiller (le lait). Dénaturer. Falsifier. Frelater. Truquer. / Mouillage. Dénaturation. Frelatage. Falsification. Truquage.

aluminium

(de *alumine,* lat. *alumen, aluminis,* alun)

Métal blanc, léger, très malléable. *Alliages légers.* Aciéral. Alpax. Aludur. Alumag. Cupro-aluminium. Duralinox. Duralumin. Hydronalium. Magnalium. Scléral.

Minerais et composés. Alumine (oxyde). Bauxite (hydroxyde). Cryolite ou cryolithe (fluorure). / Aluminates. Sels aluminiques. / Aluminosilicates, silicates d'aluminium : argiles (v. CÉRAMIQUE), gemmes (v. PIERRE). / Alun (sulfate d'aluminium et de potassium). Alunite. Aluminifère (qui contient de l'alumine). / Alunifère (qui contient de l'alun).

Traitements avec l'aluminium. Aluminiage ou aluminure (des miroirs). Aluminothermie (obtention de hautes températures).

amas

Ensemble confus de choses accumulées en tas. *Amas de ferraille, de ruines.* Tas. Amoncellement. Entassement. Monceau. Masse. / *Amas de paperasses.* Pile. Fatras. / *Amas de sable.* Dune. / *Amas de neige.* Congère. / *Amas de feuillage, de fleurs.* Jonchée.

AMASSER. *Amasser des matériaux, des marchandises.* Accumuler. Amonceler. Entasser. Mettre en réserve. Emmagasiner. Stocker. / *Amasser des documents.* Rassembler. Réunir. Recueillir. / *Amasser de l'argent, une fortune.* Thésauriser. Capitaliser. / *Argent amassé.* Magot. Trésor. Bas de laine.

ambition

(du lat. *ambitio*)

Désir de gloire, d'honneurs, de succès. *Avoir de l'ambition.* Prétention. Visées. Vues. Envie. / *Une ambition démesurée, sans bornes.* Convoitise. Passion. Mégalomanie. Soif des honneurs. Poursuite des honneurs.

AMBITIONNER. Désirer. Convoiter. Aspirer à. Prétendre à. Viser à. Guigner (fam.). Poursuivre. Briguer.

AMBITIEUX. Prétentieux. Présomptueux. Arriviste. Intrigant. Insatiable. Mégalomane. / *Menées ambitieuses.* Manœuvres. Manigances. Intrigues.

âme

(du lat. *anima,* souffle ; en gr. *psukhê*)

Principe spirituel de l'homme. *Nature de l'âme.* Substance incorporelle, immatérielle, immortelle. Emanation, étincelle divine. / Principe vital. / Immortalité de l'âme. Vie future.

L'âme et le corps. Compénétration de l'âme et du corps. / *Corps et âme.* Tout entier. / *Rendre l'âme.* Rendre l'esprit. Mourir.

L'âme après la mort. Les âmes des morts. Mânes. Ombres. / Evocation des esprits (âmes des défunts). Spiritisme. Spirite. Périsprit (enveloppe matérielle de l'âme). Corps astral.

Doctrines sur l'âme. Spiritualisme. Matérialisme. Animisme. Métempsycose (transmigration des âmes).

Principe de la vie mentale, affective et morale. *Etat d'âme.* Etat de conscience. Sentiment. Fait, phénomène psychique. / *Paix de l'âme.* Sérénité. Ataraxie. / *Force d'âme.* Fermeté. Energie. Trempe. Caractère. Volonté. / *Grandeur d'âme.* Bonté. Générosité. Magnanimité. / Une âme noble, généreuse, vertueuse. Une âme de héros. / *Avoir la mort dans l'âme.* Etre peiné, affligé, désespéré.

amener
(de *à*, et de *mener*)

Faire venir avec soi en un lieu. *Amener quelqu'un chez soi.* Mener. Ramener. Conduire. Attirer.

S'amener (pop.). Arriver. Venir. Rappliquer (pop.). Radiner (pop.). Se pointer (pop.).

Faire venir un être, une chose jusqu'à un endroit. *Amener quelqu'un en un lieu.* Conduire. Porter. Transporter. / *Amener des marchandises par bateau, par avion, par route, par voie ferrée.* Apporter. Acheminer. / *Amener une voiture au garage.* Conduire.

Avoir pour conséquence. *Amener du bonheur, du malheur, des ennuis, des difficultés* (en parlant d'une action, d'un événement). Entraîner. Apporter. Attirer. Causer. Occasionner. Susciter. Provoquer.

amer
(du lat. *amarus*)

Qui a une saveur rude et ordinairement désagréable. *Un goût, un fruit, un liquide amer.* Acre. Saumâtre.

AMERTUME. Acreté.

Choses amères. Les amers (médicaments). / Absinthe. Chicorée. Chicotin. Gentiane. Rhubarbe. Houblon. Aloès. Strychnine. Quinine. / Fiel (de bœuf, de certains poissons). / Levain. Levure. *Apéritifs.* Bitter. Vermouth. Quinquina.

Qui cause du chagrin. *Un souvenir, un regret amer.* Affligeant. Pénible. Triste. Douloureux. Cruel. Cuisant.

AMERTUME. Affliction. Peine. Dépit. Découragement. Chagrin. Tristesse. Douleur.

AMÈREMENT. Vivement. Beaucoup.

Qui exprime l'acrimonie. *Une raillerie amère. Un homme amer* (fam.). Acerbe. Acrimonieux. Blessant. Offensant. Piquant. Fielleux. Sarcastique.

AMERTUME. Aigreur. Acrimonie. Ironie. Sarcasme. Acerbité. Apreté.

amitié
(du lat. *amicitia*)

Sentiment d'affection entre deux êtres. *Avoir de l'amitié pour quelqu'un.* Inclination. Sympathie. Attachement. Affection. Tendresse.

Rapports d'amitié. *Liens d'amitié.* Accord. Entente. Union. Camaraderie. Cordialité. Fraternité. Intimité. Familiarité. Relations. Fréquentation.
Refroidissement de l'amitié. Brouille. Fâcheries. Mésentente. Rupture.

Nature des amitiés. Amitié étroite, intime, fidèle, constante, éprouvée, franche, sincère, fraternelle, réciproque, chaude, ardente, dévouée, tendre, solide, indéfectible, véritable. / Amitié fausse, trompeuse. / Amitié particulière (relations, liaison de caractère passionnel entre des personnes de même sexe).

Relations amicales. Eprouver de l'amitié. Prendre quelqu'un en amitié. Se prendre d'amitié. Se concilier l'amitié de quelqu'un. / Contracter, nouer amitié avec quelqu'un. S'attacher. Se lier d'amitié. Se lier. / Conserver, entretenir, cultiver l'amitié. Cimenter l'amitié. / Etre bien avec quelqu'un. Ne faire qu'un. Etre en bons termes. Se voir. Se fréquenter. Fraterniser. Cousiner (fam.). Frayer (fam.).
Rompre une amitié. Se brouiller. Se fâcher. Rompre. / *Renouer une amitié.* Se réconcilier. Renouer. Se raccommoder (fam.). Se rabibocher (fam.).

Les amis. Ami d'enfance. Ami de jeunesse. Bon ami. Vieil ami. / Couple ou paire d'amis. Alter ego. Frère. Inséparables. / Familier. Confident. Ami intime. Camarade. Compagnon. Copain (fam.). / Vieille branche (pop.). Pote (pop.). Poteau (pop.).

amour
(du lat. *amor ;* en gr. *erôs*)

Affection vive pour quelqu'un. *Avoir, concevoir de l'amour.* Attachement. Tendresse. Inclination. Passion.
Amour de Dieu. Amour divin, mystique. Adoration. Dévotion. Culte. Piété. Ferveur.
Amour du prochain. Charité. Philanthropie. Altruisme. / *Amour des membres de la famille.* Amour paternel, maternel, filial, fraternel. Amour conjugal. / *Amour de soi.* Egoïsme. Narcissisme. Egotisme

Sentiment passionné pour une personne de l'autre sexe. *Eprouver, ressentir de l'amour.* Aimer. S'attacher. S'éprendre de. Etre épris de. S'enamourer. S'amouracher de. S'embéguiner de. S'enticher de. Se toquer de (fam.). / Avouer, déclarer son amour. Offrir son cœur. / *Inspirer de l'amour.* Plaire. Attirer. Charmer. Captiver. Fasciner. Ensorceler. Séduire. Tourner la tête (fam.). Taper dans l'œil (pop.). / *Témoigner son amour.* Donner des baisers. Faire des caresses. Faire l'amour (fam.). Accorder ses faveurs. / *Filer le parfait amour.* Roucouler. / Ebats amoureux. Oaristys.

Nature de l'amour. Amour chaste, platonique, pudique, innocent. Amour spirituel. / Amour ardent, passionné, violent. / Amour physique, charnel, sensuel. / *Amour subit.* Coup de foudre. / *Amour passager.* Amourette. Caprice. Flirt. Passade. Toquade (fam.). Béguin (pop.). / Amour ancillaire (relations galantes, liaisons avec des servantes). / *Aventure amoureuse.* Idylle.

Mythologie et littérature. *Dieux, déesses de l'Amour.* Eros. Cupidon. Aphrodite. Vénus. / Littérature érotique. / Erotisme. Erotiser. Erotisation.

Attachement profond à quelque chose. *Amour de la liberté, de la vérité, des arts, etc.* Goût. Passion.

analogie

(du gr. *analogia,* correspondance)

Rapport de ressemblance entre des êtres ou des choses. *Analogie de goûts, d'idées, de sentiments entre des personnes.* Affinité. Similitude. Conformité. Communauté. Accord.
Analogie de nature, de structure, de forme entre des choses. Ressemblance. Correspondance. Rapport. Relation. Corrélation. Conformité. Convenance. Lien. Parenté. / Association d'idées. / *Raisonnement par analogie* (opération mentale qui consiste à conclure d'une ressemblance à une autre). Induction.

ANALOGIQUE. Dictionnaire analogique (v. AVANT-PROPOS).

ANALOGUE. Semblable. Pareil. Comparable. Assimilable. Voisin. Proche. Correspondant.

analyse

(du bas lat. *analysis;* gr. *analusis,* décomposition)

Décomposition d'un tout en ses éléments. *Analyse d'une substance, d'un corps.* Dissociation. Réduction. Résolution. / Analyse bactériologique, sérologique, histologique. / *Analyse du sang.* Examen. / Laboratoire d'analyses.
Analyse grammaticale (étude de la nature et de la fonction des mots). Sujet. Verbe. Complément. / *Analyse logique* (étude des propositions d'une phrase). Proposition principale. Proposition subordonnée.
Analyse d'une œuvre littéraire. Examen. Compte rendu. Résumé. Abrégé.
Analyse des sentiments. Etude. Introspection. / Psychanalyse. Psychanalyste ou analyste.

ANALYSER (décomposer un tout par l'examen). Dissocier. Diviser. Disséquer. Prélever. / *Analyser une substance, un document.* Examiner. Etudier. / *Analyser un ouvrage littéraire.* Résumer. Rendre compte. Disséquer.

ANALYTIQUE. Esprit analytique. / *Méthode analytique.* Expérimentation.

Analyse chimique. Analyse qualitative (nature des constituants). / Analyse quantitative (proportions des constituants). Analyse pondérale ou gravimétrique (pesée des combinaisons). Analyse volumétrique (volume des solutions titrées). / Analyse immédiate (séparation des constituants). / Analyse élémentaire (portant sur les éléments). / Analyse minérale. Analyse organique (des composés du carbone). / Analyse spectrale. Analyse électronique, neutronique.
Analyse thermique (des alliages). Dosage. Réduction. Coloration. Dissolution. Réaction à la goutte, à la touche. Fusion. Précipitation. Absorption. Combustion. Dyalise. Calcination. Pyrogénation. Diffraction. / Echantillon. Indicateur. Eprouvette. Carotte. Préparation. / Voie sèche, humide. / Chromatographie. / Microchimie (examen au microscope).

Analyse mathématique. Analyse numérique, géométrique. / Analyse combinatoire, harmonique, infinitésimale, matricielle, tensorielle, vectorielle.

Analyse statistique. Analyse factorielle, harmonique. / *Analyse progressive ou séquentielle.* Echantillon. / Analyse de variance, de covariance.

Analyse économique. Analyse quantitative, statistique. / *Analyse qualitative.* Aspects. Motivations. / Analyse dynamique, statique.

Analyse des tâches (qualification du travail). Analyse de bureau (organisation des tâches). / Analyse du travail (détail des opérations à effectuer). / Observation instantanée. Chronométrage.

anatomie

(du lat. *anatomia,* du gr. *anatomê,* dissection)

Étude de la structure des êtres organisés. *Divisions de l'anatomie.* *Anatomie descriptive.* Ostéologie (étude des os). Arthrologie (étude des articulations). Myologie (étude des muscles). Histologie (étude des tissus). Angiologie (étude des vaisseaux). Neurologie (étude des nerfs). Splanchnologie (étude des viscères). Syndesmologie (étude des ligaments).
Anatomie topographique. Anatomie médico-chirurgicale, ou anatomie appliquée. / Anatomie comparée : anatomie pathologique macroscopique ou microscopique. / Anatomie radiologique. / Anatomie végétale.

Travail anatomique. Disséquer. Dissection. / Amphithéâtre. Table. Dalle. Marbre. / Prosecteur (préparateur d'anatomie). Scalpel. Sujet. Squelette. Pièce anatomique. / Vivisection.
ANATOMISTE. Disséqueur ou dissecteur.

Aspect du corps d'un être (fam.). *L'anatomie d'une personne. Une belle anatomie.* Morphologie. Formes. Conformation.

âne

(du lat. *asinus;* en gr. *onos*)

Animal domestique, plus petit que le cheval, employé comme monture et comme bête de trait ou de somme. Baudet. Bourricot (fam.). / Roussin d'Arcadie. / *Femelle de l'âne.* Anesse. Bourrique. / *Petit de l'âne.* Anon. Bourriquet. Bourricot. / Bardot (produit d'un cheval et d'une ânesse). Mulet, mule (produit d'un âne et d'une jument). / *Ane sauvage.* Onagre. Hémione.

Relatif à l'âne. Anier (conducteur d'ânes). / Bât. Bâter. Anée (charge). / Braire. Braiment (cri). Hi-han. / Monter à âne. / Baudouinage (accouplement). Baudouiner.

Personne ignorante. Ane bâté. Bête. Idiot. Stupide. Balourd. Sot. Imbécile. Bourrique (fam.). Aliboron. Baudet.

ÂNERIE. Bêtise. Sottise. Stupidité.

Locutions diverses. Têtu, entêté comme un âne. Faire l'âne pour avoir du son (faire le niais pour avoir un renseignement utile). / Etre comme l'âne de Buridan (hésiter entre deux partis à prendre). / Coup de pied de l'âne (odieuse attaque lancée par un faible contre un adversaire déjà terrassé). / Pont aux ânes (ce que personne ne doit ignorer). / Bonnet d'âne. / Passer du coq à l'âne (passer sans transition d'un sujet à un autre).

anéantir

(de *néant;* en lat. *nihil*)

Faire disparaître entièrement. *Anéantir une armée, un peuple, une race.* Faire mourir. Faire périr. Massacrer. Faucher. Décimer. Exterminer. Atomiser.
ANÉANTISSEMENT. Destruction. Disparition. Ecroulement. Mort. Ruine. Perte. Effondrement. Extinction. Extermination. Atomisation. Génocide.

Réduire à rien. *Anéantir les efforts de quelqu'un.* Annihiler. Ruiner. Paralyser. Neutraliser. S'opposer à. Tenir en échec.

Mettre dans un état d'abattement complet. *Anéantir* (en parlant d'une mauvaise nouvelle). Accabler. Abattre. Atterrer. Consterner. / *Anéantir* (en parlant d'un effort, d'une tâche). Epuiser. Exténuer. Harasser. Ereinter (fam.). Esquinter (pop.). Crever (pop.).
ANÉANTISSEMENT. Abattement. Accablement. Epuisement. Prostration. Stupeur.

ange

(du lat. *angelus;* gr. *aggelos,* messager)

Être purement spirituel, intermédiaire entre Dieu et l'homme. *Anges de lumière.* Esprits célestes. Armée, légions, milices célestes. Paradis. / Pain des anges. Eucharistie. / *Reine des anges.* La Vierge Marie. / Ange gardien. Ange tutélaire. Bon ange.
Anges des ténèbres. Anges déchus. Démons. Diables. Lucifer. Satan. Belzébuth.

Hiérarchie et chœurs. Séraphins. Chérubins. Trônes. / Dominations. Vertus. Puissances. Principautés. Archanges. Anges.

Anges particuliers. Michel (vainquit Satan). Raphaël (conduisit Tobie). Gabriel (fit l'annonce à Marie).

Locutions diverses. Un ange de douceur, de vertu, de bonté. / Avoir une patience d'ange, d'archange. / Un air, une douceur angélique, archangélique, séraphique. / Un petit ange (en parlant d'un enfant). Angelot. Chérubin. Rire aux anges (se dit d'un enfant qui, en dormant, a l'air de rire). / Etre aux anges (être heureux, ravi, enchanté). / Comme un ange (à la perfection).

angle
(du lat. *angulus ;* en gr. *gônia*)

Figure formée par deux lignes ou deux surfaces qui se coupent. *Eléments d'un angle.* Sommet. Côtés. Ouverture. Bissectrice. Arête (de polyèdre). Faces. Sinus. Cosinus. Tangente. Cotangente.

Angles divers. Angle rectiligne, curviligne, mixtiligne. Angle aigu, droit, obtus, plat. Angle plan. Angle rentrant. Angle saillant. Angle dièdre. Angle solide, ou polyèdre. Angle au centre. Angle de contingence. Angle de torsion. / Angles adjacents, alternes, complémentaires, correspondants, opposés par le sommet, supplémentaires. Angle intérieur, extérieur. *En optique.* Angle d'incidence, de polarisation, de réfraction. / *En balistique.* Angle de route, de tir. Angle mort. / *En astronomie.* Angle horaire. Angle de position. Hauteur d'un astre. Latitude. Longitude. Déclinaison. / *En aéronautique.* Angle d'attaque. Angle d'incidence. / *En anatomie.* Angle facial. Angle visuel.

Figures à angles. Triangle. Polygone. / Dièdre. Trièdre. Polyèdre.

Choses qui présentent des angles. Ligne brisée. Avant-bec. Pan coupé. Cap. Recoin. Ecoinçon (meuble de coin). Enfoncement. Commissure. Coude. / *Angle d'une rue, d'une maison.* Coin. Encoignure. Tournant. / *Angle d'une pierre, d'une planche.* Arête. Biseau. Biais. Chanfrein. / Visage anguleux (à arêtes vives). / Pierre angulaire (à l'angle extérieur d'un bâtiment).

Mesure des angles. Goniologie. Goniométrie. Trigonométrie. Triangulation. Trisection. / Inclinaison. Obliquité. Ouverture. / Degré. Minute. Grade. Radian. Stéradian. / *Instruments de mesure des angles.* Equerre. Rapporteur. Alidade, Goniomètre. Goniographe. Sextant. Théodolite. Dérivomètre.

angoisse
(du lat. *angustia,* étroitesse)

Vive inquiétude. *Eprouver de l'angoisse.* Anxiété. Crainte. Peur. Epouvante. Frayeur. Tourment. Affres. Transes.
ANGOISSER. Oppresser. Etreindre, serrer le cœur, la gorge. Inquiéter. Affoler. Tourmenter.
Etre angoissé. Etre anxieux, tourmenté, effrayé, épouvanté. Etre dans les transes.
ANGOISSANT. Effrayant. Epouvantable. Affolant.

animal
(du lat. *animal;* en gr. *zôon*)

Être doué de mouvement, de sensibilité, mais privé de raison. *Elever un animal.* Bête. / *Ensemble des animaux d'une région.* Faune. / *Etude des animaux.* Zoologie (v. ce mot).

animer
(du lat. *animare,* de *anima,* souffle)

Donner du mouvement, de la vie. *Animer une conversation.* Entretenir. Egayer.

S'animer (en parlant d'une personne). S'agiter. S'échauffer. S'exciter.
ANIMATION. Mouvement. Activité. Vie.
ANIMÉ. *Un être animé.* Vivant. Doué de vie.

Communiquer de l'ardeur, de l'enthousiasme. *Animer une équipe, une entreprise.* Encourager. Stimuler. Aiguillonner. Relancer. Faire marcher. Donner de l'essor, de l'impulsion. Insuffler du courage.
ANIMATION. Chaleur. Ardeur. Enthousiasme. Passion. Flamme. Entrain. Ambiance.
ANIMATEUR. Boute-en-train.

Pousser à agir. *Animer quelqu'un* (en parlant d'un sentiment, d'une passion). Diriger. Mener. Aiguillonner. Inspirer. Pousser.

année
(du lat. *annus*)

Temps d'une révolution de la Terre autour du Soleil. Commencement de l'année. Nouvel an. / Fin ou bout de l'année. / Année en cours, révolue, échue. / Année civile. Millésime. / Année tropique (365 j 5 h 48 mn 46 s). Année sidérale (365 j 6 h 9 mn 9 s). / Année embolismique. / Année astronomique. / Année bissextile. / Année climatérique (tous les sept ans) [vx]. / Année sabbatique (tous les sept ans). / Année séculaire (fin de siècle). / Année scolaire, universitaire, théâtrale.

Périodes. Millénaire. Centenaire. Cinquantenaire. Siècle. Décennie. Lustre (cinq ans). / Olympiade (quatre ans). / Septennat. / Biennale.

Relatif à l'année. Annales. / Annuité. / Annuaire. / Anniversaire. Annuel. Bisannuel. Trisannuel. / Biennal. Triennal. Quadriennal. Quinquennal.

Septennal. Décennal. Vicennal. Centennal. Semestre. Semestriel. / Trimestre. Trimestriel. / Mois. Mensuel. / Saison. Equinoxe. Solstice. / Date. Calendrier. Ephéméride. Agenda. Almanach.

annoncer

(du lat. *annuntiare,* de *nuntius,* nouvelle)

Faire savoir quelque chose. *Annoncer une nouvelle.* Faire connaître. Apprendre. Déclarer. Publier. Proclamer. Divulguer. Porter à la connaissance. Communiquer. Signaler. / *Annoncer partout.* Clamer. Claironner. Crier. Chanter sur les toits. / *Annoncer un événement futur.* Prédire. Prophétiser.

ANNONCE. Communication. Communiqué. Divulgation. Proclamation. Nouvelle. Message. Déclaration. Avis. Avertissement. / *Annonce publicitaire.* Réclame. Prospectus. Programme. Affiche. Dépliant.

Être le signe de quelque chose. *Annoncer le beau temps, la pluie* (en parlant de l'état du ciel, du baromètre). Indiquer. Marquer. Faire pressentir. Laisser deviner. Présager. Promettre.

ANNONCE. Signe. Indice. Présage. Augure.
ANNONCIATEUR. Avant-coureur.

annuler

(du lat. *annullare,* de *nullus,* nul)

Déclarer ou rendre nul, sans effet. *Annuler un contrat.* Résilier. / Résiliation. Clause commissoire. / *Annuler un mariage.* Casser. Dissoudre. Cassation. Dissolution. / Empêchement dirimant (qui annule). / Divorcer. Divorce. / *Annuler une loi.* Abroger. Abolir. Rapporter. / *Annuler une peine.* Abolir. Supprimer. Abolition. Suppression. / *Annuler une élection.* Invalider. Invalidation. / *Annuler un arrêt, un jugement.* Infirmer. Casser. Rapporter. Infirmation. Cassation. / Vice de forme. Entaché de nullité. / *Annuler un droit.* Forclore. Rendre caduc. / Se périmer. Tomber en désuétude. / Forclusion. Prescription. Péremption. / *Annuler un compte, une dette.* Régler. Liquider. Amortir. Eteindre. Règlement. Liquidation. Amortissement. Extinction. / *Annuler une parole donnée, un engagement.* Retirer sa promesse. Reprendre sa parole. Se dédire. Se rétracter. Se désavouer. Rompre, dénoncer un traité. / *Annuler un ordre.* Contremander (vx). Contrordre. / Tenir pour non avenu. Lever une consigne, une défense. / *Annuler une commande, une invitation.* Décommander. Désinviter.

antipathie

(du gr. *antipatheia,* de *anti,* contre, et *pathos,* affection)

Sentiment irraisonné qui provoque un éloignement instinctif à l'égard d'une personne. *Une antipathie naturelle, invincible.* Aversion. Répulsion. Dégoût. Répugnance. Incompatibilité d'humeur.
Avoir, éprouver de l'antipathie pour quelqu'un. Ne pas pouvoir sentir, souffrir, voir, supporter, blairer (pop.). Détester. / Bête noire (fam.) [personne pour laquelle on a de l'antipathie].

ANTIPATHIQUE. Désagréable. Déplaisant. Répugnant. Repoussant. Détestable.

apercevoir

Voir soudainement ou voir au loin. *Apercevoir nettement, confusément.* Distinguer. Discerner. Découvrir. Repérer. / *Apercevoir rapidement, pendant peu de temps.* Entrevoir. Entr'apercevoir.

Remarquer. *Apercevoir les beautés d'un texte.* Constater. Découvrir. Percevoir. Saisir. Pénétrer. Sentir.

APERÇU. Vue générale. Idée. Approximation. Esquisse. Echantillon.

S'apercevoir. *S'apercevoir de quelque chose. S'apercevoir que.* Avoir conscience de. Prendre conscience de. Se rendre compte que. Remarquer. Réaliser.

apparaître

(du lat. ecclés. *apparescere*)

Se montrer aux regards. *Apparaître* (en parlant d'une personne ou d'une chose). Paraître. S'offrir à la vue. Se manifester. Se montrer. Se faire voir. Se présenter. Se distinguer. Venir. Arriver. Survenir. Poindre. Emerger. Surgir. Se dessiner. Se détacher.

APPARENT. Visible. Ostensible. Distinct. *D'une façon apparente.* En évidence. Bien en vue. / Etre en évidence. Attirer l'œil, le regard, la vue. / Se mettre en évidence. Se faire remarquer.

APPARITION. Manifestation. Arrivée. Venue. / Vue. Vision. / Esprit. Fantôme.

Se révéler à l'esprit. *Apparaître* (en parlant d'une chose abstraite). Se présenter à l'esprit, à la pensée. Se faire jour. Se dégager. Tomber sous le sens. Se dévoiler. Se découvrir. / *Faire apparaître.* Mettre en évidence. Montrer. Démontrer. Mettre en lumière, en relief, en vedette. Souligner. Faire ressortir.

APPARENT. Clair. Manifeste. Evident.

apparence
(de *apparaître*)

Ce qu'on voit d'une personne ou d'une chose. *Se fier aux apparences. Juger sur l'apparence.* Aspect. Air. Extérieur. Mine. Physionomie. Physique. Tournure. Surface. Dehors. Façade. Enveloppe. Vernis. Teinte. / *Sauver, garder les apparences.* Convenances. Bienséance. *En apparence.* Extérieurement. Apparemment.

Apparence trompeuse. *Une fausse apparence.* Semblant. Faux-semblant. Illusion. Mirage. Feinte. Simulacre. Frime (fam.). Façade. / Hypocrisie. Duperie. Trompe-l'œil. Masque. Simulation.
APPARENT (qui n'existe qu'en apparence). Fictif. Faux. Feint. Illusoire. Trompeur.

appartenir
(du bas lat. *adpertinere,* être attenant)

Être la propriété de quelqu'un. *Appartenir à une personne* (en parlant d'un être, d'une chose). Etre à. Etre le bien de. Etre le privilège de. Dépendre de.

S'appartenir. Ne dépendre que de soi-même. Etre libre, indépendant. Etre son maître.

Être le propre de quelqu'un (impers.). Etre l'affaire, le rôle de. Etre du devoir de. Incomber à. Retomber sur.

Faire partie de. *Appartenir à une vieille famille.* Etre né, issu de. Descendre de. / *Appartenir à une association.* Adhérer. Etre membre de. Etre inscrit. Etre affilié. / *Appartenir à* (en parlant d'une question, d'une affaire). Relever de. Etre du domaine de. Concerner.
APPARTENANCE. Affiliation. Adhésion.

appeler
(du lat. *appellare*)

S'adresser à quelqu'un en se servant de la voix, du geste, d'un instrument. *Appeler quelqu'un de loin.* Héler (un porteur, un taxi). / *Appeler en faisant des signes, des gestes.* Interpeller. Apostropher. / *Appeler au secours, à l'aide.* Lancer un S. O. S. / *Appeler un domestique.* Sonner. / *Appeler au téléphone.* Téléphoner. Donner un coup de fil (fam.). *Cris d'appel.* A moi ! Au secours ! / Eh ! Hé ! Hem ! Hep ! Holà ! Ohé ! Allô !
APPEL. Appel téléphonique. / *Appel du regard.* Œillade. / *Battre, sonner l'appel.* Sonnerie.

Faire venir à soi. *Appeler un animal.* Siffler. Appeler (en vénerie). Grailler. Hucher. / Appeler des oiseaux. Appelant.

Instruments servant à appeler. Appeau. Pipeau. / Cloche. Sonnette. / Corne. Trompe. Sifflet.

Prier quelqu'un de venir. *Appeler une personne près de soi.* Demander. Mander (vx). Faire venir. Convoquer.
APPEL. Invitation. Convocation. / *Faire appel à quelqu'un.* Avoir recours à. S'adresser à. Solliciter. / Sollicitation.

Appeler quelqu'un en justice. *Appeler à comparaître.* Citer. Assigner. Assignation. Mandat de comparution.

Appeler quelqu'un à une fonction. Nommer. Désigner. Elire. Choisir. / Nomination. Election. Choix.

Appeler sous les drapeaux. Convoquer. Incorporer. Mobiliser.
APPEL. *Appel de la classe, du contingent.* Recrutement. Recensement. Incorporation. Mobilisation.

Rendre nécessaire (en parlant d'une chose). *Appeler la sévérité de quelqu'un.* Demander. Réclamer. Exiger.

Donner un nom à quelqu'un, à quelque chose. *Appeler une personne de tel nom.* Nommer. Prénommer. Baptiser. Surnommer. / *Appeler une chose de telle façon.* Qualifier. / *Appeler les choses par leur nom.* Ne pas mâcher ses mots. Avoir un langage franc et direct. Ne pas avoir peur des mots.
APPELLATION. Désignation. Dénomination. Mot. Qualificatif. Vocable.

appétit
(du lat. *appetitus,* désir ; en gr. *orexis*)

Désir de manger. *Avoir de l'appétit.* Avoir faim. / *Un bon appétit, un appétit de loup.* Fringale (fam.). Voracité. Gloutonnerie. / *Un appétit insatiable, excessif, maladif.* Boulimie. / Boulimique. *Donner de l'appétit.* Creuser (fam.). / *Mettre en appétit. Exciter l'appétit.* Allécher. Affrioler (vx). Affriander (vx). Mettre l'eau à la bouche. / *Qui ouvre, stimule l'appétit.* Apéritif.
Manger sans appétit. Chipoter (fam.). Pignocher (fam.). Manger du bout des dents. / *Manque d'appétit.* Anorexie. / Anorexigène (médicament propre à diminuer l'appétit).
APPÉTISSANT. Alléchant. Croustillant.

Mouvement de l'être vers ce qui satisfait un besoin, un instinct. *Appé-*

tits naturels. Tendance. Instinct. Inclination. Désir. Appétence. Envie. / *Appétit sexuel.* Sensualité. Concupiscence.

applaudir
(du lat. *applaudere*)

Battre des mains en signe d'approbation, d'admiration. *Applaudir quelqu'un.* Acclamer. Ovationner. Bisser. Saluer d'applaudissements. Faire une ovation. Rappeler.

APPLAUDISSEMENT. Acclamation. Ovation. Battement de mains. Claquement de mains. Salve d'applaudissements. Tonnerre, tempête d'applaudissements. / Un ban. Un bis. Un bravo. Des vivats. Encouragements.

APPLAUDISSEUR. Claqueur. Claque. Chef de claque. Supporter.

Formules et cris. Bien ! Très bien ! Bravo ! A merveille ! Bis ! Courage ! Vive ! Hourra ! Hip hip hip hourra !

Manifester son approbation à quelque chose. *Applaudir à un projet.* Approuver. Louer. Encourager. Se réjouir de.

S'applaudir. Se louer. Se féliciter de. Se flatter de. Etre heureux de.

appliquer
(du lat. *applicare*)

Mettre une chose sur une autre de manière qu'elle la recouvre et y adhère ou y laisse une empreinte. *Appliquer un cachet sur une lettre.* Mettre. Poser. Apposer. / *Appliquer du métal sur du bois.* Plaquer. Placage. Plaqué. / *Appliquer de la peinture sur un mur.* Etendre. Etaler. / *Appliquer une échelle contre un mur.* Appuyer. Accoter. *Appliquer sa main sur la figure de quelqu'un* (fam.). Frapper. Battre. Donner un coup. / *Appliquer une gifle à quelqu'un.* Administrer. Lancer. Envoyer. Assener. Flanquer (fam.). Coller (fam.).

APPLICATION. Pose. Mise.

Employer une chose à une certaine fin. *Appliquer une méthode, un procédé.* Utiliser. Faire usage de. Mettre en pratique. / *Appliquer un traitement à un malade.* Adapter.
Appliquer un règlement, une loi. Mettre à exécution. / *Appliquer une peine, une sanction.* Infliger.

APPLICATION. Emploi. Utilisation. Mise en pratique.

S'appliquer. *S'appliquer à* (en parlant d'une chose). Intéresser. Concerner.

appliquer (s')

Apporter toute son attention à quelque chose. *S'appliquer à* (et un nom). Se donner à. / *S'appliquer à* (et l'inf.). Chercher à. Rechercher à. S'attacher à. S'évertuer à. S'efforcer de. S'employer à. S'acharner à.

APPLICATION. Attention. Soin. Diligence.

APPLIQUÉ. Zélé. Sérieux. Consciencieux. Travailleur.

apporter
(du lat. *apportare,* de *ad,* vers, et *portare,* porter)

Porter avec soi en un lieu. *Apporter une chose à quelqu'un.* Mettre à sa disposition. Donner. Amener (fam.).

Contribuer pour sa part à quelque chose. *Apporter un bien en mariage.* Fournir. Donner. Procurer.

APPORT. Participation. Ecot. Quote-part. Contribution. Concours.

Faire preuve de. *Apporter du soin, de l'attention à quelque chose.* Montrer. Manifester. Témoigner. Faire voir. Employer. Prendre. Mettre.

Être cause de quelque chose (en parlant d'une personne ou d'une chose). *Apporter un changement.* Causer. Provoquer. Entraîner. Susciter. Amener. Occasionner. Faire naître. / *Apporter un soulagement.* Soulager. Adoucir. / *Apporter des obstacles, des ennuis.* Entraver. Contrecarrer.

apprécier
(du bas lat. *appretiare,* évaluer, de *pretium,* prix)

Déterminer la valeur de quelqu'un ou de quelque chose. *Apprécier diversement une personne.* Estimer. Juger. Considérer.

APPRÉCIATION. Jugement. Avis. Opinion. Point de vue. / Observation. Note.

Déterminer une mesure quelconque. *Apprécier une distance.* Evaluer. Calculer. / *Apprécier correctement.* Avoir le compas dans l'œil (fam.).

APPRÉCIATION. Evaluation. Estimation. Calcul.

Accorder de la valeur à quelqu'un, à quelque chose. *Apprécier une personne.* Estimer. Priser. Juger favorablement. Avoir bonne opinion de. / *Apprécier la musique, la poésie.* Aimer. Goûter. Etre sensible à. / *Apprécier un lieu, un séjour.* Trouver du plaisir, du charme.

Faire ses délices de. Se plaire à. / *Apprécier un mets, un vin.* Trouver bon, agréable. Aimer. Se régaler de. Se délecter. Savourer. / *Ne pas apprécier à sa valeur réelle.* Déprécier. Mésestimer.

apprendre

(du lat. *apprehendere,* saisir)

Acquérir la connaissance de quelque chose. *Apprendre une langue, une science, un art.* Etudier. Assimiler. Se mettre, se fourrer (pop.) dans la tête. Absorber. Ingurgiter. Avaler. / *Apprendre par cœur, lentement.* Répéter. Rabâcher (fam.). / *Apprendre à fond.* Approfondir. Potasser (fam.). / *Apprendre superficiellement.* Se donner une teinture de. *Apprendre un métier.* Faire son apprentissage. S'initier. S'exercer à. Se mettre au courant. Se faire la main. Se mettre à la coule (fam.). / Apprenti. Arpète (pop.). / Apprentissage. Stage. Stagiaire. / *Apprendre à faire quelque chose.* S'exercer à. S'habituer à.

Connaître par une information. *Apprendre une nouvelle.* Etre informé. Etre mis au courant. Etre instruit de. Etre renseigné de. / *Avoir appris quelque chose de quelqu'un.* Tenir de.

Donner la connaissance de quelque chose. *Apprendre à quelqu'un une langue, une science, un art.* Enseigner. Instruire. Expliquer. Démontrer. / *Apprendre à quelqu'un à* (et l'inf.). Montrer. / *Apprendre à quelqu'un les éléments d'une science, d'un art.* Initier. Débrouiller. Débuter (fam.). / *Apprendre la politesse.* Eduquer. / *Qui vise à apprendre quelque chose.* Didactique.

Porter à la connaissance de quelqu'un. *Apprendre une nouvelle à quelqu'un.* Avertir. Informer. Aviser. Mettre au courant. Renseigner. Annoncer. Dire. Communiquer. Faire savoir. Indiquer.

apprivoiser

(du lat. pop. *apprivitiare,* de *privatus,* particulier, personnel)

Rendre moins sauvage, moins craintif. *Apprivoiser un animal.* Domestiquer. Dresser. Dompter. / *Apprivoiser un serpent.* Charmer. / *Apprivoiser un oiseau de proie.* Affaiter. / *Apprivoiser quelqu'un.* Rendre plus sociable, plus familier. Adoucir. Civiliser. Amadouer. / *Qui n'est pas apprivoisé.* Farouche. Sauvage.

APPRIVOISEMENT. Domestication. Dressage. Domptage.

approcher

(bas lat. *appropriare,* de *prope,* près)

Mettre auprès de quelqu'un, de quelque chose. *Approcher une chose d'une personne.* Avancer. Rapprocher. Mettre tout près. Mettre contre. Mettre en contact. Joindre. Juxtaposer.

Venir près de quelqu'un, de quelque chose. *Approcher, s'approcher d'un lieu.* S'avancer vers. Aborder. Accoster. / *Approcher une personne.* Aborder. Avoir accès auprès de. Fréquenter. Voir. Vivre auprès de. Vivre avec.

APPROCHE. Arrivée. Venue. Rencontre. Fréquentation. Relations. Contact.

APPROCHABLE. Abordable. Accessible.

Être sur le point d'atteindre. *Approcher du but.* Toucher à. Arriver à. / *Approcher de très près.* Frôler. Friser.

approuver

(du lat. *approbare*)

Donner son accord à quelque chose. *Approuver une demande.* Accepter. Consentir. Vouloir bien. Acquiescer. Permettre. Autoriser. Agréer. / *Approuver une décision.* Donner carte blanche, son blanc-seing. Dire amen.

APPROBATION. Acceptation. Acquiescement. Assentiment. Accord. Consentement. Agrément. Autorisation. Permission.

Partager l'avis de quelqu'un. *Approuver une personne.* Abonder dans le sens de. Etre du même avis. Partager l'opinion, les sentiments de. Entrer dans les vues de. Tomber d'accord avec. Se rallier à l'opinion de. Etre partisan de. Donner son suffrage à. Faire cause commune. Faire chorus.

APPROBATEUR. Partisan. Consentant. Béni-oui-oui (fam.).

Trouver bon, acceptable. *Approuver le comportement de quelqu'un.* Trouver admissible, plausible, juste. Admettre. Trouver à son gré. Souscrire à. Apprécier. Applaudir. Louer. Se déclarer content, satisfait.

Formules d'approbation. A la bonne heure ! Bravo ! C'est bien. Volontiers. De tout cœur. Soit.

APPROBATEUR. Favorable. Consentant. / Approbatif.

DÉSAPPROUVER. Blâmer (v. ce mot).

Sanctionner. *Approuver un projet de loi, un décret.* Ratifier. Entériner. Confirmer. Homologuer. / Signer un contrat. Lu et approuvé. Vu et approuvé.

APPROBATION. Ratification. Entérinement. Homologation.

appuyer

(du lat. pop. *appodiare,* de *podium,* support)

Faire reposer sur un support. *Appuyer un mur.* Soutenir. Maintenir. Consolider. Etayer. Etançonner. Arc-bouter. / *Appuyer une chose contre une autre.* Appliquer. Poser, placer contre. Adosser. Accoter.

S'appuyer (sur une chose). S'accouder. S'adosser. S'accoter. S'arc-bouter.

APPUI. Point d'appui. Base. Support. Pieu. Echafaudage. Pilotis. / Arc-boutant. Contrefort. Jambe de force. Mur de soutènement. Butée de mur. / Charpente. Etai. Etançon. Etrésillon. / Colonne. Pilier. Poteau. Cariatide. Console. Corbeau. Modillon. / Taquet. Tasseau. / Tuteur. Rame. Echalas. Eclisse. / Chevalet. Tréteau. Pupitre. / Bâton. / Appui-tête. Appui-main. Appui-bras. Accoudoir.

Apporter son aide à quelqu'un, à quelque chose. *Appuyer une personne.* Aider. Protéger. Patronner. Recommander. Pistonner (fam.). Soutenir. Assister. Intervenir en faveur de.

APPUI. Soutien. Aide. Protection. Patronage. Recommandation. Piston (fam.). Intervention. Assistance. Secours. Concours.

Exercer une pression sur quelque chose. *Appuyer sur un mécanisme.* Presser sur. Peser sur. / *Appuyer sur* (en parlant d'une chose). Porter sur. Reposer sur. Etre posé sur. Retomber sur. Etre soutenu par.

Rendre plus sûr. *Appuyer une affirmation sur une preuve.* Fonder. Faire reposer sur. Confirmer. Corroborer. Renforcer.

après

(du bas lat. *ad pressum ;* lat. class. *post ;* en gr. *meta*)

Dans le temps. Après-midi. Après-guerre. Après-demain.

Qui a lieu après. Plus tard. Ultérieur. Ultérieurement. / Postérieur. Postériorité. Postérieurement. / Métachronisme ou parachronisme. / Postdater. Postdate. / Postcure. / Postopératoire. / Postsynchronisation. Postsynchroniser. / Posthume. / *Venir après.* Suivre. Suite. Suivant. Second. / Séquence. / Séquelle. / Succéder. Succession. Successeur. Successif. Successivement. / S'ensuivre. Subséquent. Subséquemment. Conséquence. Consécutif. Consécutivement. / *Vivre après.* Survivre. Survie. Survivant. / Postérité. Descendance.

Dans l'espace. Post-scriptum. Postface. / *Mettre, placer après.* Postposer. Postposition. / Au-delà de. Par-delà. Là-dessous. Ci-dessous. Ci-après. Derrière. Plus loin.

arbitre

(du lat. *arbiter*)

Personne chargée de régler un différend. *Nommer, désigner un arbitre.* Conciliateur. Médiateur. Amiable compositeur. Expert. Juge. / Prud'homme. Conseil de prud'hommes (pour les différends d'ordre professionnel). / Dispacheur (pour les assurances maritimes). / Conseil d'arbitrage.

Personne chargée de veiller à la régularité d'épreuves sportives. Arbitre d'un match, d'une compétition. Commissaire (pour une course).

ARBITRER. Juger. Trancher. Décider.

ARBITRAGE. Sentence ou décision arbitrale. Procès-verbal d'experts. Compromis. Clause.

arbre

(du lat. *arbor;* en gr. *dendron*)

Plante dont la tige est un tronc chargé de branches. Arbre indigène. Arbre exotique. / Arbre forestier. Arbre de haute futaie. Baliveau. / Arbre fruitier. Haute tige. Demi-tige. Basse tige. Sauvageon. / Doucin (pommier sauvage). / Arbre franc (à fruits doux). / Arbre d'ornement. / Arbre nain. / Arbrisseau (entre 3 et 6 m de hauteur). Arbuste (entre 20 cm et 3 m de hauteur). / Arbre vert. Arbre à feuilles persistantes, pérennes. Arbre à feuilles caduques.

Parties des arbres. Pied. / Tige. Tronc. Fût. / Houppier. / Branche. Branchage. / Charpente (grosses branches). Rameau. Ramure. / Feuille. Feuillage. / Ecorce. / Pousse. Scion. Drageon. Bourgeon. / Fleur. / Souche. Racine. / Sève.

Traitement des arbres. Arboriculture. Arboriculteur. / Sylviculture. Sylviculteur. / Pépinière. Pépiniériste. / Jardinier. / Planter en plein vent, en espalier, en cordon. / Plant. Plant de noyaux. Plant de graines. Sujet. / Greffer. Greffe. Greffon. Incision. / Tailler. Taille. / Pincer. / Elaguer. Elagueur. Emonder. Emondeur. / Déplanter. Déraciner. / Couper. Coupe. / Abattre. Abattage. Dessoucher. Essoucher. Essouchage. Arrachis. / Peuplement. Reboiser.

Reboisement. Soucheter. Souchetage. Soucheteur. / Essarter. Essart.

Plantations diverses. Allée. Charmille. Cordon. Rideau. Avenue. Berceau. Labyrinthe. / Massif. Bosquet. Bouquet d'arbres. / Quinconce. / Cabinet de verdure. Tonnelle. / Plantation arbustive. Jardin d'agrément. Jardin anglais. Jardin japonais. Jardin exotique. Arboretum. / Bois. Forêt. Sylve. Boqueteau. Terrain boisé. Futaie. Taillis. Fourré. Hallier. Buisson. Broussailles. Haie.

Maladies ou défauts. Gouttière (fente de sécheresse). Gélivure. Gélif. Chancre. Chancreux. Broussin (excroissance). Cadran (fente au tronc). Cadrané. Rabougrissement. Rabougri. Abroutissement. Abrouti. Loupe. Loupeux. Têtard. Tortillard. Arbre noueux, écuissé (éclaté), sec, encroué, mort.

Principales espèces. *Arbres forestiers.* Chêne. Hêtre. Orme. Châtaignier. Peuplier. Tremble. Bouleau. Charme. Erable. Cèdre. Mélèze. Pin. Epicéa. Sapin. Chêne-liège. Robinier. Coudrier. Acajou. Baobab. Hévéa. Thuya. Palissandre. Campêche. Copaïer. Gaïac. Giroflier. Teck. Sycomore. Frêne.
Arbres fruitiers. Abricotier. Amandier. Cerisier. Mûrier. Néflier. Pêcher. Poirier. Pommier. Prunier. Cognassier. Olivier. Noyer. Figuier. Châtaignier. Oranger. Citronnier. Pamplemoussier. Mandarinier. Dattier. Pistachier. Grenadier. Caroubier. Avocatier. Manguier. Sagoutier. Muscadier. Goyavier. Palétuvier. Kola. Cacaoyer. Arbre à pain. Arbre à beurre.
Arbres d'ornement. Arbre de Judée. Palmier. Arec ou aréquier. Latanier. Tilleul. Acacia. Mimosa. Marronnier. Platane. Ypréau. Hêtre rouge. Saule. Chêne vert. Sycomore. Aubépine. Cyprès. If. Laurier. Faux poivrier. Eucalyptus. Tulipier. Magnolia. Paulownia. Bouleau. Sorbier. Sophora. Catalpa. Séquoia.
Arbrisseaux et arbustes. Groseillier. Bambou. Bananier. Bourdaine. Bruyère. Buis. Caféier. Cassisier. Câprier. Alisier. Cornouiller. Cotonnier. Cytise. Genévrier. Genêt. Houx. Myrte. Osier. Prunellier. Rhododendron. Sureau. Troène. Vigne. Arbousier. Fusain. Tamaris. Camélia. Lilas. Aucuba. Forsythia. Mahonia. Seringa

Relatif à l'arbre. Dendrographie. Dendrologie. Dendrométrie. Dendrophile (insecte). Dendroïde (forme).
Arbuscule. / Arborescent. Arborisation (dessin naturel ressemblant à des ramifications). Arboricole.
Dryade, hamadryade (divinités des arbres). / Arbre de Noël. Arbre de la liberté, de la Libération, de mai. / Arbre généalogique.

architecture
(du lat. *architectura*)

Art, science et technique de la construction, de la restauration, de l'aménagement des édifices, des ouvrages d'art. *Architecture religieuse.* Cathédrale. Eglise. Temple. Chapelle. Basilique. Mosquée. / Campanile. Flèche. Clocher. Clocheton. Minaret.
Architecture civile. Edifices publics. Hôtel de ville. Palais de justice. / Edifices scolaires. Ecole. Lycée. Université. / Edifices sanitaires. Hôpitaux. / Edifices sportifs. Gymnases. Stades. / Edifices de spectacles. Théâtres. Cinémas. / *Habitation humaine.* Construction. Bâtiment. Bâtisse. Immeuble. Building. Gratte-ciel. Tour. Grand ensemble. Résidence. Palace. Château. Pavillon. Maison. / Travaux publics. Ponts, ports, etc. / *Architecture militaire.* Fortifications.
Architecture urbaine ou urbanisme. Plan, ordonnance des rues, des places, des jardins publics.

Arcs et ogives. Arcature. Cintre. Arceau. Piédroit. Voûte. Clef de voûte. Contre-clef. Sommier. Claveau ou voussoir. Intrados. Extrados. Voussure. / Arc-boutant. Contrefort. / Arc-doubleau. / Arcade en plein cintre, en fer à cheval. Arcade aveugle, géminée, ternée.
Arc en accolade, en talon. Arc aigu ou en lancette. Arc angulaire ou brisé. Arc bombé ou en segment de cercle. Arc déprimé. Arc en doucine. Arc ellipsoïdal ou elliptique. Arc équilatéral ou en tiers-point. Arc extradossé. Arc flamboyant ou contourné. Arc formeret. Arc infléchi ou à contre-courbures. Arc lancéolé. Arc en ogive ou gothique. Arc outrepassé ou en fer à cheval. Arc en plein cintre ou roman. Arc rampant. Arc surbaissé ou en anse de panier. Arc surhaussé, exhaussé ou surmonté. Arc trilobé. Arc Tudor.
Ogive. Ogive équilatérale ou en tiers-point. Ogive lancéolée. Ogive surbaissée ou surhaussée. Croisée d'ogives. Voûte d'ogives sexpartite. Voûte en étoile.

Ordres et styles. *Ordres.* Dorique. Ionique. Corinthien. Composite. Etrusque. Toscan.
Architectures. Egyptienne. Assyrienne. Mycénienne. Grecque. Byzantine. Romaine. Romane. Gothique. Lombarde. Mauresque. Musulmane ou arabe. Hin-

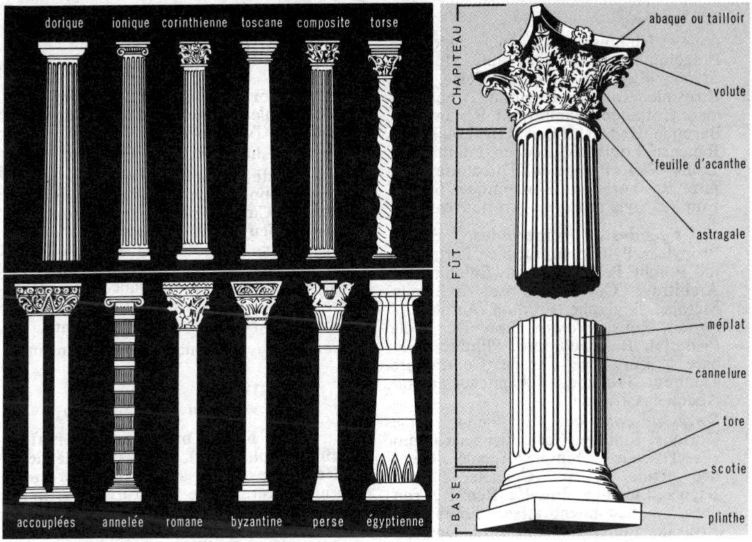

COLONNES

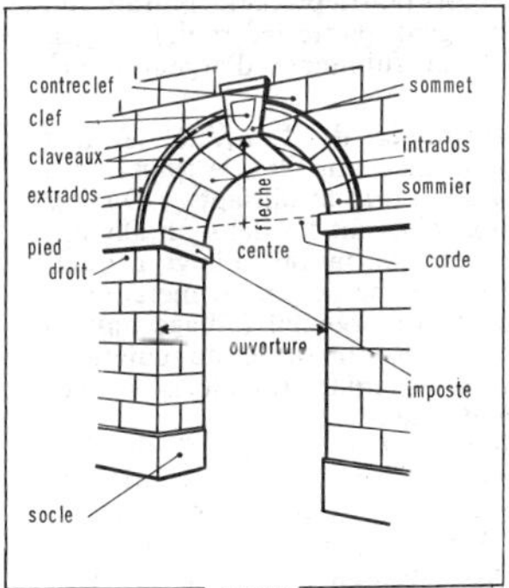

ENTABLEMENT

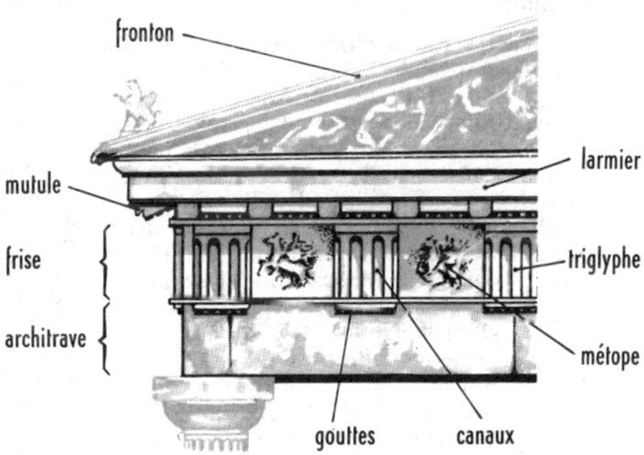

ARCS

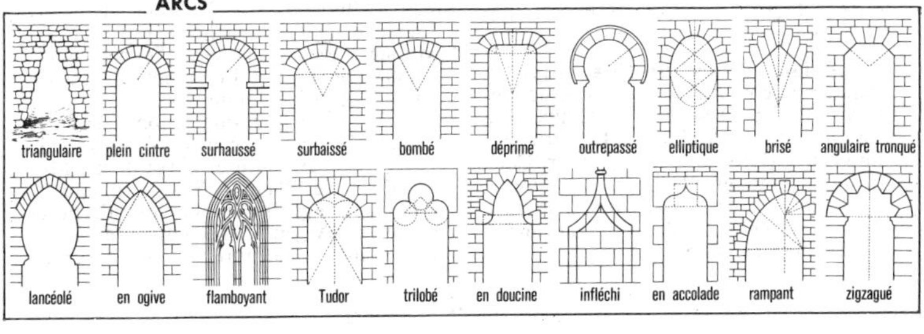

doue. Chinoise. Khmère. Japonaise. Précolombienne. / Classique. Moderne. *Styles.* Egyptien. Assyrien. Perse. Grec. Etrusque. Romain. Byzantin. Arabe. Roman. Gothique. Flamboyant. Renaissance. Baroque. Henri II. Louis XIII. Louis XIV. Régence. Louis XV. Rococo. Pompadour. Louis XVI. Pompéien. Directoire. Empire. Restauration. Romantique. Second Empire. Style moderne. Art nouveau.

Façades et colonnades. Entrée. Propylées. Pylône. Frontispice. Porte. Portail. Porche. Perron. Parvis. / Entablement. Architrave. Corniche. Frise. Archivolte. Métope. Triglyphe. Fronton. Acrotère.
Parties d'une colonne. Base. Dé. Socle. Piédestal. Bosel ou tore. Plinthe. Stylobate. / Fût. Tige. Escape. Contracture. Tambour. Tronçon. / Chapiteau. Tailloir. Abaque. Astragale.
Sortes de colonnes. Egyptienne. Perse. Dorique. Ionique. Corinthienne. Composite. Toscane. / Simple. Accolée. Géminée. Unie. Torse. Cannelée. Striée. Baguée. Endentée. Fuselée. Renflée. Tronquée. / Commémorative. Triomphale. Rostrale. Funéraire. / Pilastre. Dosseret. Demi-colonne. / Obélisque. Monolithe. Cippe. Stèle. Colonnette. Balustre. / Statue en forme de colonne. Caryatide (statue de femme). Atlante (statue d'homme). Télamon.

Motifs décoratifs. Acanthe. Arabesques. Astragales. Bandes. Bâtons rompus. Besants. Billettes. Boucles. Boutons. Câble. Canaux. Chapelet. Chevrons. Coquilles. Culots. Cul-de-lampe. Damier. Dards. Denticules. Dents de scie. Ecailles. Enroulements. Entrelacs. Etoiles. Festons. Feuillages. Flots. Fuseaux. Godrons. Gouttes. Grecque. Guirlande. Imbrications. Losanges. Mascaron. Médaillon. Moulure. Méandres. Natte. Nébulés. Nielles. Olivier. Ondes. Oves. Palmettes. Perles. Piécettes. Pointes de diamant. Postes. Quintefeuille. Rais-de-cœur. Rayures. Rinceaux. Rosaces. Roses. Ruban. Semis. Spires. Stalactites. Têtes-de-clou. Têtes plates. Tore de laurier. Torsade. Trèfles. Tresse. Vermiculures. Volutes.

Relatif à l'architecture. Architectonique (technique de la construction). Devis. Projet. Dessin. Plan. Coupe. Elévation. Epure. / Architecte. Constructeur. Bâtisseur. Maître d'œuvre. / Bâtir. Construire. Entretenir. Réparer. Restaurer. / Ecole des beaux-arts. Ecoles d'architecture. / Architectural. / Urbanisme. / Architecte urbaniste.

ardeur

(du lat. *ardor,* de *ardere,* brûler)

Température élevée. *L'ardeur du soleil.* Chaleur vive, brûlante. Chaleur étouffante. Touffeur (vx).

ARDENT. Chaud. Brûlant. Etouffant.

Grande vivacité. *Travailler avec ardeur.* Application. Energie. Entrain. Courage. Cœur. Enthousiasme. Zèle. / Avoir le feu sacré. / *S'appliquer avec ardeur à une tâche.* Se donner. Se consacrer. Se livrer. / *Ardeur impétueuse.* Fougue. Impétuosité. Pétulance.

ARDENT. Enthousiaste. Vif. Fougueux. Impétueux. Nerveux (fam.). Pétulant.

ARDEMMENT. Vivement. Passionnément.

argent

(du lat. *argentum ;* en gr. *argyros*)

Métal blanc, brillant, très malléable (symb. : Ag). *Minerais.* Blende, galène et pyrite argentifères. / Argent corné ou cérargyrite (chlorure). / Argyrose. Argyrite ou argentite (sulfure). Argent blanc (plomb argentifère). / Argent natif. / Feuille d'argent. Paillette.
Principaux composés. Bromure et iodure d'argent (photographie). Argent colloïdal ou collargol (antiseptique). Nitrate ou azotate d'argent (pierre infernale). Argent fulminant ou fulminate d'argent (détonant).

Métallurgie de l'argent. Argent fin. Argent de coupelle (le plus dur). Argent bas (au titre insuffisant). / Deniers (proportion d'argent fin dans un alliage). / Inquart ou quartation (alliage à quart d'or). / Amalgame (argent et mercure). / Electrum ou or argental (alliage naturel avec l'or). / Ruolz (avec du cuivre et du nickel). Alfénide (maillechort avec 20 p. 100 d'argent).
Séparation de l'argent. Amalgamation. Coupellation. Cyanuration. Liquation ou pattinsonage. Raffinage électrolytique. / Essai. / Aloi (titre). Poinçon. Marque.

Objets d'argent. Argenterie. Orfèvrerie. Bijouterie. / Vaisselle d'argent. Vaisselle plate. Argentier (meuble). / Monnaie. Pièces d'argent. / Damasquiner. Damasquinage. / Fil d'argent. Argent en coquilles (pour enluminures).
Métal argenté (par opposition à l'argent massif). Vermeil (argent doré). Argenter. Argentage. Argenture. Argenteur. Médaille saucée. Plaquer. Plaqué. Plaqueur. / Argent anglais, chinois (maillechorts argentés). Argent faux (cuivre argenté). Argentan (maillechort imitant l'argent).

Toute espèce de monnaie. *Avoir de l'argent.* Etre aisé. / *Avoir beaucoup d'argent.* Etre riche. Fortuné. Cossu (pop.). / *Etre dépourvu d'argent, sans argent.* Etre pauvre, indigent. / *Aimer l'argent.* Etre un homme, une femme d'argent. Etre cupide. Avoir le culte de l'argent. Adorer le veau d'or. / *Amasser de l'argent.* Etre avare. / *Donner de l'argent.* Délier les cordons de sa bourse. Les lâcher (pop.). / Semer son argent. Jeter l'argent par les fenêtres. Etre prodigue. / *Termes pop.* Fric. Flouse. Braise. Blé. Galette. Oseille. Pèze. Pognon. Picaillons. Grisbi, etc.

arme

(du lat. *arma ;* en gr. *hoplon*)

Instrument dont on se sert pour attaquer ou pour se défendre. *Sortes d'armes.* Armes de guerre. Armement. Equipement. / Armes offensives. Armes défensives. Armes de parade. Armes courtoises. Armes d'honneur. / Armes portatives. Armes tractées. Armes sur affûts automoteurs. / Armes individuelles. Armes collectives. / Dépôt d'armes. Arsenal. / Faisceau d'armes. / Système d'armes. / Trophée d'armes. Collection d'armes. Panoplie.
Armes spéciales. Arme chimique ou biologique. Arme atomique ou nucléaire. Armes stratégiques. Armes tactiques.
Armes de main (armes blanches). Epée. Sabre. Glaive. Couteau. Baïonnette. Coutelas. Poignard. Stylet. Kriss.
Armes de choc. Massue. Masse d'armes. Marteau d'armes. Bâton. Canne. Cassetête. Coup-de-poing. Matraque.
Armes d'hast (dont le fer est monté sur une hampe). Lance. Pique. Hallebarde. Pertuisane. Epieu. Faux. Hache d'armes. Framée. Francisque.
Armes de jet. Javelot. Dard. Sagaie. Boomerang (arme de jet qui revient à son point de départ). Harpon. Arc. Arbalète. Fronde. Baliste. Catapulte.
Armes à feu. Arquebuse. Mousquet. Fusil. Carabine. Pistolet. Revolver. Mitrailleuse. Mitraillette. Pistolet mitrailleur. Fusil mitrailleur. / Armes à percussion, à répétition. Armes automatiques et semiautomatiques. / Canon. Obusier. Lanceroquettes. Lance-flammes. Bazooka.
Machines de guerre (v. ARTILLERIE).

Projectiles. Pierre. Plomb. Flèche. Bombe. Boulet. Balle. Obus. / Missile ou engin spécial. Projectiles autopropulsés. Torpille. Fusée. Roquette. Missile.

Usage des armes. *Manier une arme.* Dégainer. Rengainer. Mettre en position. Se battre à l'arme blanche. / Porter les armes. Port d'armes. Etre en armes. Etre armé de pied en cap. Etre armé jusqu'aux dents. / Présenter les armes. / Prise d'armes. / Courir aux armes. / *Passer quelqu'un par les armes.* Fusiller. / *Abandonner, mettre bas, poser les armes.* Capituler. / *Rendre les armes.* Cesser le combat. Capituler avec armes et bagages. / Suspension d'armes. Trêve. / Cessation des hostilités. Armistice. / Faire des armes. Faire de l'escrime (v. ce mot).

ARMEMENT (action d'armer). Course aux armements. Limitation, réduction des armements. / Désarmement. Désarmer.

ARMER. *Armer une personne, un pays.* Pourvoir d'armes.

armée

(de *armer ;* en lat. ***exercitus ;*** **en gr.** *stratos*)

Ensemble de personnes réunies pour exécuter une action militaire. *Une armée de mercenaires, de volontaires.* Troupe. Bande. Milice (vx). / *Combattant d'une armée irrégulière.* Irrégulier. Franctireur. Partisan. Résistant. Maquisard. / *Convoquer, rassembler une armée* (autref.). Enrôler. Lever. Racoler. Recruter. / Ban. Arrière-ban. Levée. Levée en masse. Enrôlement. Racolage.

Ensemble des forces militaires d'un pays. Armée nationale. Armée de métier. Armée permanente. / Armée active. Armée de réserve. Armée de terre. Armée de mer (v. MARINE). Armée de l'air (v. AVIATION). Armée coloniale. Troupes indigènes. Supplétifs. / Force armée. Force classique ou conventionnelle. Force nucléaire. Force de frappe ou de dissuasion. Force d'intervention. Force du territoire.
Recrutement. Appel. Classe. Conscription. Sélection. Conseil de révision (vx). Contingent. Engagement. Rengagement. / Service national. Service militaire. Service de la coopération. Service d'aide technique. / Troupes de ligne, d'élite, de choc, d'assaut. Troupes aéroportées. / Réserves. Renforts. / Ecoles de formation, d'application, de spécialités. Corps de contrôle des armées.

Armement. Matériel de guerre. Munitions. Arsenal. Magasin. Etablissement militaire. Manufacture.

Subdivisions. a) *Territoire.* Zone de défense. Région militaire, maritime, aérienne. Division militaire. Secteur. Quartier. Sous-quartier. Arrondissement maritime.

ARMÉE DE TERRE

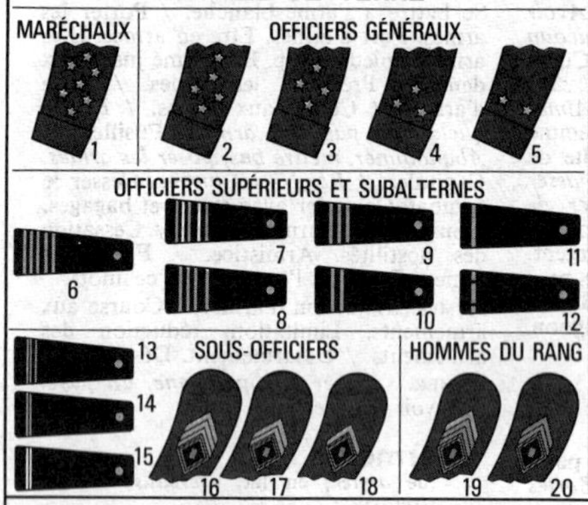

1. Maréchal de France; 2. Général d'armée; 3. Général de corps d'armée; 4. Général de division; 5. Général de brigade; 6. Colonel; 7. Lieutenant-colonel; 8. Chef de bataillon ou d'escadron (s); 9. Capitaine; 10. Lieutenant; 11. Sous-lieutenant; 12. Aspirant; 13. Major; 14. Adjudant-chef; 15. Adjudant; 16. Sergent-chef ou maréchal des logis-chef; 17. Sergent ou maréchal des logis (de carrière); 18. Sergent ou maréchal des logis; 19. Caporal-chef ou brigadier-chef; 20. Caporal ou brigadier.

MARINE NATIONALE

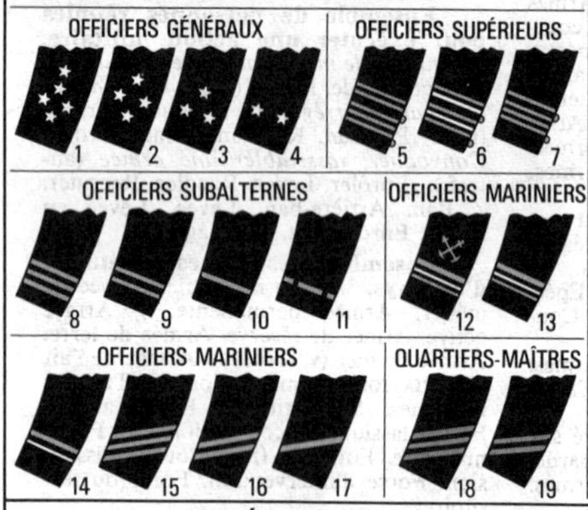

1. Amiral (équivaut à général d'armée); 2. Vice-amiral d'escadre (général de corps d'armée); 3. Vice-amiral (général de division); 4. Contre-amiral (général de brigade); 5. Capitaine de vaisseau (colonel); 6. Capitaine de frégate (lieutenant-colonel); 7. Capitaine de corvette (chef de bataillon ou commandant); 8. Lieutenant de vaisseau (capitaine); 9. Enseigne de vaisseau 1re classe (lieutenant); 10. Enseigne de vaisseau 2e classe (sous-lieutenant); 11. Aspirant (aspirant); 12. Major (major); 13. Maître principal (adjudant-chef); 14. Premier maître (adjudant); 15. Maître (sergent-chef); 16 et 17. Seconds maîtres de 1re et 2e classe (sergent); 18. Quartier-maître de 1re classe (caporal-chef); 19. Quartier-maître de 2e classe (caporal).

ARMÉE DE L'AIR

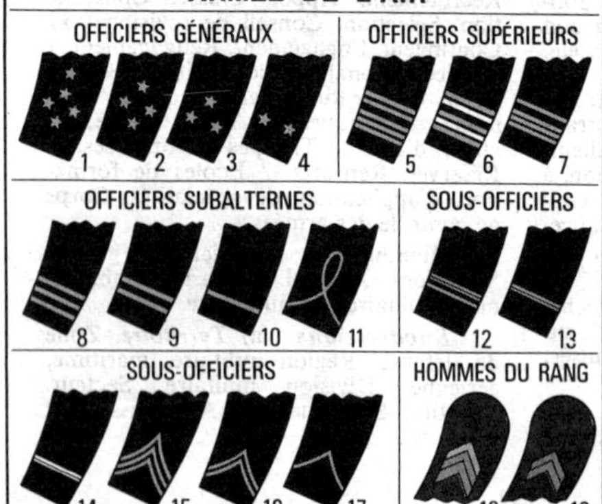

1. Général d'armée aérienne; 2. Général de corps aérien; 3. Général de division aérienne; 4. Général de brigade aérienne; 5. Colonel; 6. Lieutenant-colonel; 7. Commandant; 8. Capitaine; 9. Lieutenant; 10. Sous-lieutenant; 11. Aspirant; 12. Major; 13. Adjudant-chef; 14. Adjudant; 15. Sergent-chef; 16. Sergent (de carrière); 17. Sergent; 18. Caporal-chef; 19. Caporal.

b) *Formation militaire.* Unité. Groupement. / Groupe d'armées. Armée. Corps d'armée. Division. Brigade. Régiment. Bataillon. Escadron. Compagnie. Batterie. Peloton. Section. / Escadre. Groupe, escadrille, escadron aériens. / Centre d'instruction. / Armée navale. Escadre. Division. Flottille. Escadrille.

Commandement. Chef des armées. Chef de l'Etat. Ministère de la Défense nationale. Secrétariat général de la Défense nationale. Conseil supérieur de la guerre, de la marine, de l'armée de l'air. Etat-major des armées. Etat-major de l'armée de terre, de l'armée de l'air, de la marine. Délégation ministérielle à l'armement. Quartier général. Officier. Sous-officier. Officier marinier. Caporal. Brigadier. Quartier-maître. Soldat. Marin. / Avancement au choix, à l'ancienneté.

Structure de l'armée. *Armes.* Arme blindée-cavalerie (v. BLINDÉS). Artillerie. Aviation. Infanterie. Marine (v. ces mots).

Gendarmerie. Gendarmerie nationale. Gendarmerie départementale. Gendarmerie mobile. Légion. Groupement. Brigade. Maréchaussée (vx). Prévôté. Garde de Paris. Garde républicaine mobile (vx). Gendarmerie maritime, de l'air.

Génie. Génie maritime (v. MARINE). Génie de l'air. Génie amphibie, aéroporté. Service des travaux du génie. Chefferie. Service militaire des chemins de fer. Ponts. Engins mécaniques du génie. Mines, etc. / Sapeur. Mineur. Pontonnier.

Intendance. Intendant militaire. Ordinaire. Service de la solde, des subsistances, de l'habillement. Officier d'administration du service de l'intendance.

Matériel. Service de récupération, d'évacuation, d'entretien. Service du matériel de l'armée de l'air. Service du matériel de l'armée de terre. Equipe de dépannage, de réparation, d'évacuation. Maintenance.

Santé. Service de santé. Médecin-chef. Médecin général. Officier de santé (vx). Officier d'administration du service de santé des armées. Brancardier. Infirmier. / Agrégé du Val-de-Grâce. Médecin des hôpitaux des armées. Pharmacien-chimiste des armées. Vétérinaire-biologiste des armées. / Hôpitaux militaires. Poste de secours. Voiture sanitaire. Ambulance. Antenne chirurgicale. / Ecole du service de santé militaire (Lyon). Ecole principale du service de santé de la marine (Bordeaux).

Train. Train des équipages (vx). Transports militaires terrestres. Circulation routière. Régulatrice routière. Groupe de transport. Transport sanitaire. Transport ferroviaire, naval, aérien.

Transmissions. Signaux. Radar. Radio-téléphonie. Optique. Téléphone. Radio. Télégraphiste. Guerre électronique. Brouillage. Réception. Intrusion. Antibrouillage. Télétype. Talkie-walkie. Câbles hertziens. Réseau filaire. Liaisons. Ecoute. Station.

Vie militaire. Affectation à une unité. Garnison. Caserne. Quartier. Chambrée. / Campement. Camp. Cantonner. Cantonnement. Baraquement. / Tente. Bivouaquer. Bivouac. / Billet de logement. / Consigner.
Poste. Avant-poste. Poste de combat. / Manœuvre. Marche. Halte. Ronde. Patrouille. / Fourniment. Armes. Outils. Sac. Gamelle. Bidon. / Soldat. Recrue. Combattant. Réserviste. / Libérer. Libération. Démobiliser. Désarmer. Rentrer dans ses foyers. / Désertion. Déserteur. Poilu (vx). Ancien combattant. Pension militaire. Invalide. Grand invalide de guerre (abrév. G. I. G.).
Décorations. Médaille militaire. Citation à l'ordre. Croix de guerre. Croix de la valeur militaire. Croix du combattant.

Relatif à l'armée. Militaire. Militarisme (prépondérance de l'armée). Caporalisme. Césarisme. / Militariste. Antimilitariste. Objecteur de conscience. Militariser. Militarisation. / Interarmées (commun aux armées de terre, de mer ou de l'air). Interarmes (commun à plusieurs armes). / Art militaire (v. GUERRE).

armoire
(du lat. *armarium*)

Meuble fermé de portes et servant à ranger des objets divers. Armoire en bois, en métal. / *Armoire à linge, à vêtements.* Garde-robe. Penderie. / *Armoire de salle à manger.* Buffet. / *Armoire à livres.* Bibliothèque. / *Armoire à casiers.* Fichier. Cartonnier. / *Armoire à médailles.* Médaillier. / *Petite armoire d'angle.* Encoignure.

Parties d'une armoire. Corps. Portes ou vantaux. Montants. Pieds. Tiroirs. Planches, tablettes ou rayons. Corniche ou fronton. Serrure. Taquet.

armure
(du lat. *armatura,* armement)

Armure d'homme. Harnois de joute, de tournoi, de guerre, de parade.

Pièces d'une armure. *Tête.* Casque. / *Sortes de casques.* Armet. Barbute.

Bassinet. Bourguignotte. Cabasset. Capeline. Cervelière. Coiffe de mailles. Heaume. Morion. Salade. / *Parties d'un casque.* Aigrette. Panache. Crête. Plumet. Plumail. Cimier. Crinière. Chenille. Mentonnière. Lambrequin. Visière. Vue. Frontal. Mézail. Gorgerin. Grilles. Nasal. Ventaille. Couvre-nuque. Timbre.
Cou et épaules. Bavière. Spallière ou épaulière. Camail. Colletin. Hausse-col.
Tronc. Cuirasse. Cotte de mailles. Cotte d'armes. Braconnière. Brigantine. Haubert. Haubergeon. Broigne. Gonne. Jaque. Jaseran. Halecret. Corselet. Plastron. Pectoral. Dossière. Pansière. / Défaut de la cuirasse (espace non protégé entre les deux plaques de devant et de derrière de la cuirasse). / *Armer, revêtir d'une cuirasse.* Cuirasser. Barder.
Bras et main. Brassard. Cubitière. Canon. Gantelet. / Bouclier. Ecu. Targe. Pavois. Rondache.
Jambe. Cuissard. Cuissot. Tassette. Genouillère. Jambière. Grève. / *Pied.* Soleret. Poulaine.

Armure de cheval. Cotte de mailles. Têtière. Chanfrein. Bardes (de gorge, de crinière, de croupe, tonnelle ou culière, de poitrail). Flancois (pièce du flanc). / Auferrant (cheval bardé).

arracher
(du lat. *exradicare,* de *radix, radicis,* racine)

Retirer du sol. *Arracher un arbre, une plante.* Déterrer. Déraciner. Essoucher. Déplanter. Extirper. / *Arracher de mauvaises herbes.* Défricher. Sarcler. Essarter. Débroussailler.
ARRACHAGE. Déracinement. Essouchement. Défrichement. Sarclage. Essartage.

Enlever, tirer avec plus ou moins d'effort. *Arracher une dent.* Extraire. Extraction. Avulsion. Evulsion. / *Arracher la peau.* Ecorcher. Erafler. Egratigner. Erailler. Excorier. / *Arracher des poils.* Epiler. Epilation. Epilatoire. / *Arracher radicalement une tumeur.* Extirper. Extirpation. Eradication. / *Arracher les plumes d'une volaille.* Plumer.
Arracher les feuilles d'un arbre. Effeuiller. Effeuillaison. / *Arracher les raisins d'une grappe.* Egrapper. / *Arracher les grappes qui restent après la vendange.* Grappiller. / *Arracher une feuille d'un carnet.* Détacher. / *Arracher quelque chose des mains de quelqu'un.* Enlever. Prendre. Oter.
Arracher quelqu'un à un danger. Tirer de. Soustraire à. / *Arracher quelqu'un à un état, à une situation.* Détourner. Ecarter. Eloigner. Faire sortir. Sortir (fam.).
ARRACHEMENT. Déchirement. Souffrance.

Instruments et outils servant à arracher. Arrache-racines. Déplantoir. Arracheuse (de pommes de terre). / Arrache-clou. Arrache-moyeu. / Tenailles. Pince. Davier (pince pour arracher les dents).

Obtenir avec peine. *Arracher un aveu, de l'argent.* Soutirer. Obtenir de force. Extorquer. S'emparer de.

S'arracher. *S'arracher quelqu'un.* Rechercher, se disputer la présence, la société, la compagnie d'une personne.

arranger
(de *à* et de *ranger*)

Disposer d'une manière qui convient. *Arranger un appartement.* Aménager. Installer. Ordonner. Ranger. Agencer. / *Arranger un plat.* Préparer. Accommoder. / *Arranger les mots d'une phrase.* Assembler. Grouper. Construire. Ordonner. / *Arranger sa coiffure.* Ajuster.
ARRANGEMENT. Aménagement. Agencement. Rangement. Ordonnance. / Préparation. Accommodation.

Régler par un accord. *Arranger une affaire, un différend.* Terminer. Régler. Conclure. Aplanir une difficulté.

S'arranger (en parlant d'une affaire). Se terminer heureusement, avantageusement. / *S'arranger* (en parlant de personnes). Se mettre d'accord. S'entendre.
ARRANGEMENT. Accommodement. Conciliation. Transaction. Compromis.
ARRANGEANT. Accommodant. Conciliant.

Remettre en état. *Arranger une machine, une maison.* Réparer. Retaper (fam.). Restaurer. / *Arranger un texte.* Remanier. Retoucher. Modifier. Corriger.
S'arranger (en parlant d'une situation). Aller mieux. Se tasser (fam.).

Convenir. *Arranger quelqu'un* (en parlant d'une chose). Contenter. Satisfaire. Plaire. / Faire l'affaire de.

S'arranger. Se débrouiller. Se tirer d'affaire. / *S'arranger* (pour). Prendre ses dispositions (pour). / *S'arranger de quelque chose.* S'accommoder de. Se contenter de.

arrêter
(du lat. pop. *arrestare,* s'arrêter)

Empêcher d'avancer, d'agir. *Arrêter un passant.* Aborder. Accoster. /

Arrêter un animal, un véhicule. Faire rester sur place. Immobiliser. Stopper. Bloquer. / *Arrêter un voleur.* Attraper. Appréhender. Capturer. Empoigner. Mettre la main sur. Procéder à une arrestation. Agrafer (pop.). Cueillir (pop.). Poisser (pop.). Ramasser (pop.).
Arrêter (en parlant d'une difficulté). Entraver. Paralyser. Contrarier. Faire obstacle. Faire obstruction. Tenir en échec.

S'arrêter. Cesser d'avancer. Ne pas aller plus loin. Rester. S'immobiliser. Rester sur place. Stopper. / Faire halte. Rester en chemin. Stationner. Séjourner. / Jeter l'ancre (fam.). Mouiller. / *Passer sans s'arrêter.* Brûler une étape, une station. Brûler un signal, un feu rouge.
Lieux d'arrêt. Etape. Escale. Halte. Station. Relais.

Faire cesser un mouvement, une action. *Arrêter la progression d'une chose.* Enrayer. Juguler. / *Arrêter un mouvement d'insurrection.* Contenir. Réprimer. Endiguer. Mettre fin à. / *Arrêter un écoulement.* Etancher.

S'arrêter. Cesser. / *S'arrêter de travailler momentanément.* S'interrompre. Se reprendre. Se reposer. Reprendre souffle. Reprendre haleine. Dételer (fam.). / *S'arrêter de travailler définitivement.* Abandonner une activité. Prendre sa retraite. Se retirer (des affaires). / *Ne pas s'arrêter.* Continuer. Ne pas décesser (fam.). / *Sans s'arrêter.* Sans discontinuer. D'une traite. D'affilée.

ARRÊT. *Temps d'arrêt.* Pause. Interruption. Intervalle. Intermède. Intermittence. Entracte. Repos. Répit. / *Arrêt des hostilités.* Armistice. / *Arrêt dans un combat.* Suspension d'armes. Trêve. / *Sans arrêt.* Sans cesse. Sans relâche. Sans interruption. Continuellement.

Prendre une décision. *Arrêter un choix.* Prendre un parti. Se décider. Se déterminer. / *Arrêter un marché.* Conclure.
ARRÊT. ARRÊTÉ. Décision. Jugement.

arrière

(du lat. *ad,* vers, et *retro,* en arrière)

Dans le temps. Arrière-saison. Arriéré. / Postérieur. Postériorité. Postérieurement. / Postdate. Postdater. / Passé. / Regard en arrière. Rétrospection. Rétrospectif. Rétrospectivement.

Dans l'espace. Arrière-port. Arrière-plan. Arrière-corps d'un bâtiment. Arrière-cour. Arrière-boutique. / Arrière-main. Arrière-train. Derrière. Dos. / *Partie postérieure d'une chose.* Fond. Dossier. Derrière. Envers. Revers. Verso.

Dans la marche. *Aller en arrière.* Aller à reculons. Reculer. Reculade. Recul. / Rebrousser chemin. Revenir. Retourner sur ses pas. Retour. / Refluer. Reflux. / Lâcher pied. Perdre du terrain. Battre en retraite. Se retirer. Se replier. Repli. / Rétrograder. Régression. / Faire machine, marche arrière (locomotive, automobile). / Arrière-garde. Fermer la marche. Suivre. Marcher sur les talons (de quelqu'un).

Dans les actions. *Pencher, rejeter la tête en arrière.* A la renverse. / A rebrousse-poil. / Rétractile. Rétrograde. *Pousser en arrière.* Acculer. Acculement. Refouler. Refoulement. Repousser.

Dans les pensées, les opinions, les paroles. Arrière-pensée. / Faire un retour sur soi-même. Faire son examen de conscience. / Revenir sur ce qu'on a dit. Se dédire. Se rétracter. Rétractation. Dédit. / Se reprendre. Faire marche arrière. / Réactionnaire. Rétrograde.

arriver

(du lat. pop. *arripare,* de *ad,* vers, et *ripa,* rive)

Parvenir au lieu de destination (en parlant d'une personne ou d'une chose). *Arriver chez soi.* Etre rendu. Atteindre. / *Arriver au port, à la gare, à l'aérodrome.* Débarquer. Atterrir. Descendre du train, de l'avion.
Arriver avant quelqu'un. Précéder. Devancer. Gagner de vitesse. / *Arriver derrière, après quelqu'un.* Suivre. / *Arriver en grand nombre.* Affluer. Envahir. / *Arriver d'un endroit.* Venir de. / *Arriver à l'improviste.* Surprendre. Tomber du ciel. Survenir. Débarquer (fam.). / *Arriver à propos.* Tomber bien. / *Arriver mal à propos.* Tomber mal. / *Arriver vers quelqu'un, chez quelqu'un.* Se présenter. S'amener (pop.). Rappliquer (pop.).

ARRIVÉE. Venue. Au débotté (au moment où l'on arrive). / *Arrivée de marchandises.* Arrivage.

Parvenir à un état. *Arriver à un certain âge, à une situation.* Atteindre. Toucher. / *Arriver à ses fins. Arriver* (absol.). Réussir. Percer. Briller. Avoir du succès.

ARRIVISTE. Intrigant. / Arrivisme.

Avoir lieu. *Arriver* (en parlant d'un événement). Se produire. Se réaliser. Se passer. Se voir. Survenir. Echoir. Advenir. Se rencontrer. Se trouver. / *Qui peut arriver.* Possible. Eventuel (v. ces mots).

arrogance
(du lat. *arrogantia*)

Estime excessive de soi et mépris des autres. *Manifester de l'arrogance.* Fierté. Fatuité. Hauteur. Prétention. Présomption. Suffisance. Outrecuidance. Dédain. Mépris. Orgueil insolent. Morgue.
ARROGANT. Fier. Important. Hautain. Supérieur. Fat. Suffisant. Outrecuidant. Prétentieux. Présomptueux. Rogue. Dédaigneux. Méprisant.

arroser
(du lat. *arrorare,* de *ros, roris,* rosée)

Répandre de l'eau ou tout autre liquide sur quelque chose. *Arroser des fleurs, une pelouse.* Mouiller. Humecter. Asperger. Bassiner. / *Arroser abondamment.* Inonder.
Se faire arroser (fam.). Se faire mouiller, tremper, doucher par la pluie.
ARROSAGE. Aspersion. Bassinage.

Couler à travers une région, une ville. *Arroser* (en parlant d'une rivière, d'un fleuve). Traverser. Irriguer.
ARROSEMENT. Irrigation.

Ce qui sert à arroser. Arrosoir. Lance à jet. Tourniquet. Tuyau. / Arroseuse. Arroseuse-balayeuse. / Seringue. / Irrigateur. / Siphon. Canal d'irrigation, de dérivation. Rigole. Saignée.

art
(du lat. *ars, artis ;* en gr. *technê*)

Ensemble de connaissances et de règles d'action dans un domaine déterminé. Art oratoire. Art militaire. Art médical. Art dentaire. Art vétérinaire. Art dramatique. Art culinaire.
Les règles d'un art. Technique. Discipline. Métier. Profession. / *Un homme de l'art.* Un technicien. Un médecin. / Ouvrage d'art (construction [pont, tunnel, etc.] nécessaire pour l'établissement d'une route, d'une voie ferrée).
Arts libéraux (au Moyen Age). Grammaire, dialectique, rhétorique (trivium). Arithmétique, géométrie, histoire, musique (quadrivium). / *Arts mécaniques.* Arts et manufactures. Arts et métiers. Arts ménagers.

Moyen habile de faire quelque chose. *Avoir l'art de* (et l'inf.). Adresse. Habileté. Savoir-faire. Manière. Façon. Don. Secret. Chic (fam.). / *Art de tromper.* Ruse. Artifice. / *Art de se faire des relations.* Entregent.

Expression d'un idéal de beauté. Œuvre d'art (œuvre qui manifeste une recherche esthétique). / Beaux-arts : peinture, sculpture, gravure, architecture, musique, chorégraphie. / Arts décoratifs (ou arts industriels, arts mineurs) : ameublement, ébénisterie, orfèvrerie, joaillerie, verrerie, céramique, tapisserie, ferronnerie, etc. / Arts plastiques : dessin, peinture, sculpture. / Septième art : cinéma. / Musée. Pinacothèque. Glyptothèque. Cabinet d'estampes, de médailles.

Doctrines et écoles d'art. Conception du beau. Esthétique. Equilibre des proportions. Harmonie des formes, des couleurs. / Art antique, byzantin, roman, gothique, Renaissance, classique, romantique, réaliste, naturaliste, impressionniste, moderne, cubiste, figuratif, abstrait ou non-figuratif. Pop'art. Op'art. / Classicisme. Romantisme. Impressionnisme. Expressionnisme. Fauvisme. Surréalisme. Cubisme. Futurisme.

articulation
(du lat. *articulus ;* en gr. *arthron*)

Assemblage et mode de jointure des os. Articulation immobile : synarthrose ou suture. Articulation semi-mobile : amphiarthrose, ou symphyse. Articulation mobile : diarthrose.
Attache. Jointure. Ligament. Ménisque. Condyle. Cartilage. Synoviale. Capsule articulaire. Capsule synoviale. Synovie. / Coude. Genou. Rotule. Hanche. Poignet. Cheville. Clavicule.

Maladies. Arthropathie. Arthrite (inflammation d'une articulation). Rhumatisme. Rhumatisme articulaire aigu. Arthrite aiguë. Arthrite chronique. Arthritisme. Goutte.
Arthrose (affection sans inflammation). Arthrose de la hanche ou coxarthrie. Arthrose du genou, des mains et des pieds. Arthrose vertébrale. Cervicarthrose (région cervicale). Lombarthrose (région lombaire). Hydarthrose (épanchement de synovie). / Arthrodynie (douleur articulaire vague).
Accidents et traitements chirurgicaux. Entorse. Exarticulation. Luxation. Déboîtement. Ankylose. / Arthrectomie (opération dans laquelle on enlève la capsule articulaire). Arthrodèse. Arthrotomie. Arthroplastie.

artifice
(du lat. *artificium,* art, adresse)

Moyen habile pour déguiser la nature ou la vérité. *Les artifices de la* *toilette. User d'artifice.* Feinte. Subterfuge. Finesse. Tour. Truc (fam.). Manège. Piège. Combinaison. Astuce. Ruse. Stratagème. Combine (fam.).

artificiel

(du lat. *artificialis,* de *artifex,* artisan, créateur)

Fait par l'homme et non par la nature. *Un lac artificiel.* Fabriqué. Inventé. Imité. / *Un bouquet de fleurs artificielles.* Factice. Postiche. Faux.

Qui manque de naturel. *Une vie artificielle. Un plaisir artificiel.* Factice. Frelaté. Sophistiqué. Illusoire. Trompeur. Truqué.

artillerie

(de l'anc. franç. *artiller,* munir d'engins de guerre)

Matériel de guerre comprenant les bouches à feu et leurs munitions. Artillerie de campagne, de montagne, de siège. / Artillerie légère. Artillerie lourde, à grande puissance. / Artillerie hippomobile, motorisée, tractée, sur voie ferrée. / Artillerie de tranchée. Artillerie d'assaut, blindée. / Artillerie navale. / Artillerie antiaérienne. Artillerie antichar. / Artillerie télépointée, télécommandée, téléguidée.

Machines de guerre. Bélier. Baliste. Catapulte. Scorpion. Onagre. Mangonneau. Hélépole.
Anciens canons. Bombarde. Couleuvrine. Emerillon. Faucon. Fauconneau. Cardinale. Caronade. Pierrier. Bâtarde. Serpentin. Espingole.
Projectiles. Boulets de pierre. Boulets de fer. Mitraille. Carreau (trait d'arbalète à quatre pans).

Matériel moderne. Bouche à feu. Pièce. Canon. Canon long. Canon de campagne. Canon rayé. Canon de petit, de moyen, de gros calibre. Canon court. Obusier. Mortier. Canon sans recul. Canon atomique. Canon à gaz léger. Lance-roquettes. Canon automoteur. Canon automouvant.
Projectiles. Obus. Fusée. Projectile autopropulsé. Engins balistiques. Roquette. Engin autoguidé, téléguidé. Missiles sol-sol, sol-air, air-sol, air-air, air-mer, mer-air, mer-surface. Rampe de lancement. Ogive. / Obus fusant, explosif, percutant, à balles ou à mitraille. Shrapnell. Obus à charge creuse. Obus toxique (ou à gaz), incendiaire, atomique. / Douille. Culot. Amorce. Fusée-détonateur.

Canon. Affût. Tube. Volée. Bouche. Ame. Culasse à coin, à vis. / Canon multitube, à tubes jumelés. Frette (cercle d'acier qui renforce les tubes). Frein récupérateur. Tourillons. Flasques. Flèche. Anses. Bêches. / *Appareils de pointage.* Collimateur. Télémètre. Goniomètre. Hausse.
Emploi et tir. Mettre en batterie. Démasquer une batterie. / Tir direct, indirect, vertical, tendu, plongeant. Tir de préparation, de destruction, de neutralisation. Barrage roulant. Tir de contre-préparation. Tir de barrage. Tir de contre-barrage. / Polygone. Champ de tir. / Angle de tir. Ligne de tir. Trajectoire. Parabole. / Portée utile, pratique. Réglage du tir. Correction du tir. / Balistique (science permettant la préparation et l'étude du tir). Balistique intérieure, extérieure. / Régler un tir. Pointer. Viser. Pointage. Visée. / Battre une zone. Bombarder. Mitrailler. Pilonner. Arroser un objectif. Coup de semonce. Salve. Canonnade. Bombardement. Mitraillage. Mise à feu. / Téléguidage. Radioguidage. Radar (appareil de repérage au son). Radariste.

Partie de l'armée spécialisée dans le service des canons. *Soldat affecté dans l'artillerie.* Artilleur. Canonnier. Servant. Pointeur. Chef de pièce. Pourvoyeur. / Batterie. Groupe. Groupement. Régiment. Division d'artillerie.

artiste

Personne qui pratique les beaux-arts. Peintre. Peintre-verrier. Sculpteur. Graveur. Compositeur. Musicien. Chorégraphe. Décorateur.

Qualités artistiques. Inspiration. Génie. Talent. Don. Dispositions. Vocation. / Technique. Métier. Savoir-faire. Manière. Façon. Facture. Style. / Habileté. Coup de patte (fam.). Chic (fam.).

Personne qui interprète une œuvre théâtrale, musicale, cinématographique. Acteur. Comédien. Artiste dramatique, lyrique. / Musicien. Virtuose. / Vedette. Star. Etoile. / Imprésario (personne qui s'occupe de la vie professionnelle d'un artiste).

Personne qui a le sentiment du beau, le goût des arts. *Etre un artiste. Un peuple artiste.* Esthète. Connaisseur. Une personne de goût.

Relatif à l'artiste. Artistique. Artistiquement. Artistement.
Culte de l'art. / Maître. Elève. / Atelier. Modèle. Motif. Amateur. / Protecteur des arts. Mécène.

aspect
(du lat. *aspectus,* de *aspicere,* regarder)

Manière dont une personne ou une chose apparaît à la vue. *Aspect d'une personne.* Air. Apparence. Allure. Extérieur. Physionomie. Physique. Mine. / *Aspect d'un paysage.* Apparence. Vue. Spectacle.

Point de vue sous lequel une chose (abstraite) se présente. *Considérer, examiner une question sous différents aspects.* Angle. Face. Côté. Perspective. Jour. / *Sous cet aspect.* Sous ce rapport. De ce point de vue.

assembler
(du lat. *assimulare,* de *simul,* ensemble)

Mettre ensemble. *Assembler des couleurs.* Unir. Assortir. Arranger. Harmoniser. Combiner.
ASSEMBLAGE. Assortiment. Arrangement. Harmonisation. Combinaison.

Réunir des choses pour les faire tenir ensemble. *Assembler les feuillets d'un livre.* Réunir. Attacher. Brocher. Relier. / *Assembler les parties d'un vêtement.* Coudre. / *Assembler des pièces de bois, de métal.* Emboîter. Encastrer. Enchâsser. Clouer. Cheviller. Sertir. Visser. Boulonner. River. Souder. Coller. / *Assembler en entrelaçant.* Episser. Episssure. / *Assembler les pièces d'une machine, d'un mécanisme.* Monter. Ajuster.
ASSEMBLAGE. Montage. / Bâti. Armature. Charpente. / Mosaïque. Marqueterie. / Puzzle (jeu de patience composé d'éléments à assembler).

assez
(du lat. pop. *ad satis,* lat. class. *satis*)

Autant qu'il faut. (Avec un adjectif, un adverbe, un verbe.) *Une maison assez grande. Avoir assez mangé.* Suffisamment. Comme il faut. Ni trop ni trop peu. Ni peu ni prou (vx). / *Donner assez.* Donner en suffisance. Rassasier. Satisfaire. Contenter.

Autant qu'il en faut. (Avec un nom.) *Avoir assez d'une chose.* Avoir en quantité suffisante. Avoir le nécessaire. Ne manquer de rien. Avoir en suffisance. Avoir son content. Avoir à satiété. N'en pas vouloir plus. Avoir son soûl. Etre rassasié, comblé.

Plus qu'il n'en faut. *En avoir assez d'une chose* (fam.). En être saturé, sursaturé. Etre excédé. En avoir par-dessus la tête (fam.). En avoir marre (pop.). En avoir ras le bol (pop.). / *Plus qu'assez.* Trop. / *C'est assez. C'en est assez. Assez!* Cela suffit. N'en parlons plus.

Passablement. (Avec un adjectif, un adverbe.) *Une femme assez jolie. Chanter assez bien.* Plutôt. Pas mal.

assidu
(du lat. *assiduus,* de *assidere,* être assis auprès)

Qui se trouve régulièrement là où il doit être. *Un élève, un employé assidu.* Exact. Ponctuel. Régulier. Appliqué. Zélé. Consciencieux.
ASSIDUITÉ. Ponctualité. Exactitude. Régularité. / *Manque d'assiduité.* Absentéisme.
ASSIDÛMENT. Régulièrement.

Qui est fréquemment auprès de quelqu'un. *Etre assidu auprès d'une femme.* Faire la cour. Courtiser. Flirter. Conter fleurette. / Etre le chevalier servant.
ASSIDUITÉ. Fréquentation. / *Assiduités.* Empressement auprès d'une femme.

Qui témoigne de la constance. (En parlant d'une chose.) *Travail assidu.* Régulier. Soutenu. Suivi. Consciencieux. Sérieux. / *Présence assidue.* Constant.

association
(du lat. *associare,* de *socius,* compagnon)

Groupement en général. *Constituer une association.* Groupe. Société. / Association financière, commerciale. (V. SOCIÉTÉ.) / Statuts. Président, secrétaire, trésorier d'une association. Membre. Membre bienfaiteur. Adhérent. Sociétaire.

S'associer. S'affilier. Adhérer. Affiliation. Adhésion. / Mettre en commun. Fusionner. Fusion. Union. Concentration.
ASSOCIÉ. Partenaire. Collaborateur. Adjoint. Confrère. Collègue. / *Prendre pour associé.* S'adjoindre. S'attacher.

Association politique. Parti. Groupe. Comité. Ligue. Club. Fédération. Confédération. Cartel. Coalition. Alliance. Entente. Union. Formation. Mouvement.

Association philanthropique. Société d'entraide. Société de bienfaisance.

Association sportive. Amicale. Club. / Sportif. Joueur. Athlète.

Association professionnelle. Syndicat. Syndicat ouvrier, patronal. Syndicat de producteurs. Corporation. / Ordre des médecins, des avocats, des vétérinaires. / Association d'étudiants. /

Chambre des notaires, des avoués, des huissiers. / Syndicalisme. Syndicaliste. / Se syndiquer. Syndiqué.

Association religieuse. Confrérie. Archiconfrérie. Communauté. Congrégation. Congréganiste. Société. Couvent. Conventuel. Compagnie.

Association d'États. Alliance. Confédération. Communauté. Ligue. Union. Organisation des Nations unies (O. N. U.). Société des Nations (vx).

assurance

(de l'anc. franç. *assurer,* mettre en sécurité, en confiance)

Confiance en soi. *Avoir de l'assurance.* Hardiesse. Sang-froid. Calme. Courage tranquille. Aplomb. Autorité. Esprit d'entreprise. Sentiment de sécurité. Optimisme. Sûreté de soi. / *Perdre son assurance.* Se démonter. Perdre son sang-froid. S'affoler. Etre décontenancé, déconcerté, embarrassé, intimidé, désemparé.

ASSURÉ. *Air assuré.* Sûr de soi. Calme. Confiant. Optimiste.

Contrat par lequel on est mis à l'abri d'un risque. Assurances de personnes, de dommages, de responsabilité. / Assurance sur la vie. Assurance contre les accidents et l'invalidité. Assurance contre l'incendie, le vol, les dégâts des eaux, la mortalité du bétail. / Assurance automobile. Assurance tous risques. Assurance multirisque. / Assurances terrestres. Assurances maritimes. Contrat d'assurance. Police. Prime. Cotisation. Surprime. Ristourne. Bonus. Malus. / Dommages. Sinistres. Risques locatifs. Risques de mer. Avarie.

ASSURER. *Assurer une maison.* Garantir, protéger, couvrir par une assurance.

Compagnie d'assurances. Assurances mutuelles. / Portefeuille. Agent d'assurances.

ASSUREUR. Expert. Expertise. Expertiser. Dispacheur. Actuaire. Table de mortalité.

astre

(du lat. *astrum ;* en gr. *astron*)

Corps céleste de forme déterminée. Etoile. Soleil. Planète. Terre. Astéroïde. Satellite. Lune. Comète.

Objets célestes (formes quelconques). Les galaxies et (avec majuscule) la Galaxie (visible sous la forme de Voie lactée). Sortes de galaxies : spirale, barrée, planétaire, irrégulière. / Nébuleuse (matière à l'état gazeux). Nébuleuse obscure (sac à charbon). Nuage interstellaire. / Radiosource (corps céleste émettant des ondes radio-électriques). / Quasar (quasi-étoile). Pulsar.

Groupements d'astres. Univers. Cosmos. Métagalaxie. Nébuleuse primitive. / Amas de galaxies. Amas local (auquel appartient la Galaxie). Amas d'étoiles. Amas globulaire. Constellation.

Particularités des astres. Globe. Aplatissement du globe. Disque. Hémisphères : visible et invisible; nord et sud, septentrional et austral; est et ouest, oriental et occidental. Croissant. Terminateur (limite de l'ombre). Limbe (bord du disque). Anneau (de Saturne). Bandes (des grosses planètes). Calottes polaires. Pôles. Equateur. Parallèles. Méridiens. Axe de rotation.

Mouvements des astres. V. ASTRONOMIE.

Relatif aux astres. Astral. Sidéral. Stellaire. Planétaire. Cosmique. Lunaire. Solaire. Intersidéral. Interplanétaire. / Astronomie. / Galactique. / Luire. Briller. Scintiller. / Astrolâtrie (culte des astres). / Astrologie. / Astrophysique. (V. aussi ASTRONAUTIQUE.)

astrologie

(du gr. *astrologia,* de *astron,* astre, et *logos,* science)

Art de prédire les événements d'après l'examen des astres. Astromancie (divination par les astres). Lire dans les astres. Prédire l'avenir. / Thème natal ou généthliaque. Erection d'un thème. Horoscope. Position des planètes et des maisons au moment de la naissance.

ASTROLOGUE. Devin. Magicien. Cabaliste.

Zodiaque (zone circulaire de la sphère céleste). Signes du zodiaque : Bélier (21 mars). Taureau (21 avril). Gémeaux (22 mai). Cancer (22 juin). Lion (23 juillet). Vierge (23 août). Balance (23 septembre). Scorpion (23 octobre). Sagittaire (22 novembre). Capricorne (21 décembre). Verseau (21 janvier). Poissons (20 février). / Décan.

Planètes. Soleil. Mercure. Vénus. La Lune. Mars. Jupiter. Saturne. Uranus. Neptune. Pluton.

Relation des signes du zodiaque et des planètes. Bélier gouverné par Mars. Taureau par Vénus. Gémeaux par Mercure. Cancer par la Lune. Lion par le Soleil. Vierge par Mercure. Balance par Vénus. Scorpion par Pluton. Sagittaire par Jupiter. Capricorne par Saturne.

Verseau par Uranus. Poissons par Neptune. / *Position d'une planète d'après les signes du zodiaque.* Domicile. Exaltation. Exil. Chute.

Maisons astrologiques. Domification (division du zodiaque en douze zones d'influence). Attributions des douze maisons : première (le monde du moi, la vie) ; deuxième (le monde de l'avoir, la fortune) ; troisième (le monde des contacts immédiats ; rapports avec les proches) ; quatrième (le monde familial ; les parents) ; cinquième (le monde créatif ; enfants, œuvres) ; sixième (le monde domestique ; le travail, la santé) ; septième (le monde du complémentaire ou de l'opposé ; mariage ; les ennemis) ; huitième (le monde des crises ; la mort) ; neuvième (le monde du lointain ; les voyages) ; dixième (le monde social ; la profession) ; onzième (le monde des affinités ; les amitiés) ; douzième (le monde de l'épreuve ; maladies, échecs). Hyleg (point du thème natal qui régit la vitalité). Aphète (annonce la vie). Anérète (régit la mort).
Aspect (angle formé par les rayons émanés de deux planètes et se rencontrant à la Terre). Conjonction. Opposition (180°). Trigone (120°). Carré (90°). Sextil (60°). / Signes maléfiques : opposition et carré. Signes bénéfiques : trigone et sextil. Signes indifférents : conjonction.

astronautique

(du gr. *astron,* astre, et *nautikê,* navigation)

Science qui a pour objet l'étude de la navigation spatiale. Cosmonautique. Cosmologie. Astronomie. Astrophysique. / Cosmos. Espaces interplanétaires, interstellaires, intersidéraux.

Fusées. *Technique.* Fusée chimique (à liquide ou à poudre), atomique ou nucléaire, ionique, à plasma. Fusée composite, gigogne ou à étages. Fusée-vernier ou fusée corrective. Accélérateur ou fusée auxiliaire. Fusée porteuse ou lanceuse. Rétrofusée ou fusée de freinage. / Etage. Ogive. / Poussée. Impulsion spécifique. Rapport de masse. / Ergol. Propergol. Biergol ou diergol. Hypergol. Bloc de poudre.
Lancement. Cosmodrome ou astrodrome (complexe, ensemble d'installations pour le lancement d'une fusée). Pas de tir. Plate-forme ou rampe de lancement. / Chronologie ou compte à rebours. / Lanceur. Guidage. Injection, mise sur orbite ou satellisation. Point d'abandon. Téléguidage. Poursuite ou traquage. / Trajectographie. Télémesure. Télécommande. Stabilisation. Attitude.

Engins spatiaux. Satellite artificiel : de défilement, stationnaire, synchrone ; équatorial, polaire ; habité, récupérable, actif, passif ; météorologique, relais, ou de télécommunications. / Plate-forme spatiale ou station orbitale. Planétoïde ou planète artificielle. / Fusée-sonde. Sonde spatiale. Astrosonde. / Astronef, cosmonef ou vaisseau cosmique. Vaisseau ou véhicule spatial. Capsule. / Batterie solaire. Pile à combustible.

Le vol spatial. Accélération. / Décélération. / Apesanteur. / Réallumage. / Alunissage. Alunir. Atterrissage. / Vol balistique. / Rendez-vous spatial. / Freinage par rétropropulsion. Rentrée. Echauffement cinétique. / Orbite. Apogée, apolune, aphélie. Périgée, périlune, périhélie. Période. Point neutre. Ellipse de transfert. / Première vitesse cosmique. Vitesse parabolique. Vitesse d'évasion ou de libération. Vitesse caractéristique. Vitesse résiduelle.
Astronaute. Cosmonaute. / Combinaison spatiale. Scaphandre spatial.
Martiens, Sélénites, Vénusiens (habitants hypothétiques de Mars, de la Lune, de Vénus). / Pluralité des mondes habités.

astronomie

(du gr. *astron,* astre, et *nomos,* loi)

Science des corps célestes. *Branches.* Astronomie de position ou astronomie fondamentale. Astrométrie. Astrophysique. Cosmogonie (formation des objets célestes). Cosmologie (lois générales de l'Univers). Mécanique céleste. Radio-astronomie. Uranographie (description du ciel).

Installations et instruments. Observatoire. Coupole. Tour solaire. Planétarium (reproduction cinématographique des mouvements des astres). / Lunette ou réfracteur. Télescope ou réflecteur. Astrographe, chambre de Schmidt, caméra ou télescope électronique (instruments photographiques). Théodolite. / Montures. Cassegrain. Coudé. Equatorial. Cercle méridien. Instrument des passages. Cercle mural. Lunette zénithale. Axe polaire. Axe de déclinaison. / Optique. Oculaire. Objectif. Miroir. Ouverture. Micromètre. Aberration. Distorsion. Parallaxe. Magnitude (visuelle, photographique, absolue).
Autres instruments. Cælostat. Héliostat. Sidérostat. Coronographe. Astrolabe impersonnel. Photomètre. Pyrhéliomètre. Polarimètre. Radiomètre. Radiotélescope. Interféromètre. Bolomètre. Sonde spatiale. / Analyse spectrale. Spectrographe. Spectrohéliographe. Spectrophotomètre. Spectroscope. Microphotomètre. Spectres d'émission et d'absorption. Raies spectrales (de Fraunhofer, de Lyman, de Balmer). Décalage vers le rouge (effet Doppler-Fizeau).
Instruments anciens. Arbalète. Flèche. Sextant. Sphère armillaire.

Les mouvements des astres et leurs mesures. Expansion de l'Univers. Fuite ou récession des galaxies. Gravitation universelle. Apex (point vers lequel se dirige le Soleil) et antapex. Zodiaque. / Tables astronomiques. Ephémérides. Almanach. Bureau des longitudes. Bureau international de l'heure (v. CALENDRIER, HEURE, TEMPS). Carte du ciel. Catalogues d'étoiles, de nébuleuses.
Parsec. Année de lumière. Unité astronomique (distance moyenne Terre-Soleil). / Rotation. Translation. Orbite (v. PLANÈTES). Orbe (plan délimité par l'orbite). Mouvements direct (sens contraire à celui des aiguilles de la montre) et rétrograde (sens de ces mêmes aiguilles). / Mouvements ascendant et descendant. / Mouvements (des étoiles) propre et apparent. / Lever. Cours ou course. Passage au méridien. Culmination. Coucher. Amplitude ortive et occase. Cercles diurne et horaire (ou de déclinaison). / Solstice. Equinoxe. Précession des équinoxes.
Coordonnées sur les globes : longitude, latitude, équateur, parallèles, méridiens. / Coordonnées géocentriques. / Coordonnées célestes : écliptique, équateur céleste, horizon, zénith, nadir, azimut, hauteur angulaire, cercle de hauteur, distance zénithale ; angle horaire, déclinaison, distance polaire, digression.
Coordonnées équatoriales : ascension droite, ascension oblique, déclinaison. / Coordonnées écliptiques : longitude et latitude écliptiques, colures. / Coordonnées galactiques, héliocentriques, sélénocentriques. / Parallaxe. Déplacement parallactique. Anomalie. Perturbation. Equation annuelle du temps. Avance séculaire. (V. aussi ASTRE, ÉTOILE, LUNE, PLANÈTE, SOLEIL.)

Relatif à l'astronomie. Astronome. Radio-astronome. Astrophysicien. Uranie (Muse de l'astronomie).
Systèmes du monde : de Pythagore, de Ptolémée, de Copernic, de Tycho Brahé. Hypothèses cosmogoniques : de Descartes, de Kant, de Laplace, de Weizsäcker, de Lemaître, d'Einstein.
Intergalactique. Intersidéral. Interstellaire. Interplanétaire. Universel. Cosmique. Spatial. Extra-terrestre. (V. aussi ASTRE.)

athlétisme

(de *athlète ;* gr. *athlêtes,* de *athlon,* combat)

Ensemble de sports individuels comprenant les courses, les sauts, les lancers. *Personne qui pratique l'athlétisme.* Athlète. Coureur. Sauteur. Perchiste. Discobole. Lanceur de poids, de javelot, de marteau.

Courses. Courses plates. Courses de vitesse : 100 mètres, 200 mètres, 400 mètres. / Courses de demi-fond : 800 mètres, 1 500 mètres, mile anglais (1 609 m) et 2 000 mètres. / Courses de fond : 5 000 mètres, 10 000 mètres. Cross-country. Marathon (42 km). / Courses de relais : 4×100 mètres et 4×400 mètres. / Courses de haies : 110 mètres et 400 mètres. Steeple-chase : 3 000 mètres. / Starting-block (cale de départ pour les courses à pied). Témoin. / Starter. Pistolet. / Ordres. A vos marques ! Prêt ! Partez ! Faux départ. Elimination. Photo-finish. / Courir en couloir. Passer le témoin. Chausser les pointes (fam.).

Sauts. Saut en longueur. Triple saut. Saut en hauteur. Saut à la perche.

Lancers. Lancement du poids. Lancement du javelot. Lancement du disque. Lancement du marteau.

Pentathlon (5 épreuves : 200 mètres, 1 500 mètres, saut en longueur, lancement du disque, du javelot).

Décathlon (10 épreuves : 100 mètres, 400 mètres, 1 500 mètres, 110 mètres haies, saut en hauteur, en longueur, à la perche, lancement du poids, du disque, du javelot).

atmosphère

(du gr. *atmos,* vapeur, et *sphaira,* sphère)

Enveloppe gazeuse d'un astre. Air. Espace aérien (par opposition à l'espace interplanétaire). Couches atmosphériques : troposphère, stratosphère, mésosphère, thermosphère, homosphère, hétérosphère, ionosphère, exosphère.

Relatif à l'atmosphère. Aérologie. Aéronomie. Météorologie. Aérodynamique. Aéronautique. / Machine pneumatique. Pompe aspirante. Ventouse. / Baromètre. Hygromètre. Thermomètre. Radiosonde. / Phénomènes atmosphériques (v. MÉTÉOROLOGIE). / Vent. / Masse, colonne, trou d'air.

Air d'un lieu. *Atmosphère étouffante. Atmosphère douce.* Température. Climatiser (maintenir l'atmosphère dans des conditions déterminées). Climatisation. Air conditionné.

Milieu dans lequel on vit. *Atmosphère agréable. Atmosphère pénible.* Ambiance. Climat. Entourage. Environnement. Sphère. Société. / Aura (atmosphère qui semble entourer un être ou envelopper une chose).

atome

(du gr. *atomos,* qui ne peut être divisé)

La plus petite particule d'un corps pur. Matière. Molécule. Ion. Atome ionisé. Radical. Corpuscule. Particule. Antiparticule. Noyau. Nuage électronique. Couche d'électrons. Octet. Electron de valence. Plasma.

Particules. Baryons. Nucléons : proton et antiproton, neutron et antineutron. Hypérons : particules lambda, sigma, ksi, oméga. / Mésons : pi ou pion, ka ou kaon. / Leptons : neutrino; électron ou négaton; antiélectron ou positon. / Photons. Rayons alpha, bêta et gamma. Rayons X. Rayons cathodiques. Rayons canaux ou positifs. Rayons cosmiques. / Compteurs et détecteurs de particules. Compteur de Geiger-Muller. Spinthariscope. Compteur à scintillation. Chambres de Wilson, à bulles, à étincelles.
Accélérateurs de particules. Accélérateurs linéaire, de Van de Graaff. Cyclotron. Bêtatron. Bévatron. Synchroton. Synchrocyclotron.

Science atomique. Physique nucléaire ou atomique. Chimie nucléaire ou atomique. Atomistique. Nucléonique. / Hautes énergies. / Atomiste. Physicien atomique. Nucléonicien.
Energie atomique ou nucléaire. Radioactivité naturelle, artificielle. Radio-actif. / Bombardement. / Transmutation. Désintégration spontanée. Fission. Bipartition (en deux fragments). Spalliation (nombreux fragments). Fusion. / Isotope radio-actif, radio-isotope ou radio-élément. Traceur. Neutron lent, thermique. / Elément fissile (apte à la fission). Elément fertile (apte à devenir fissile). / Combustible nucléaire. Barreau. Gaine. Modérateur. Bouclier. / Réacteur nucléaire. Pile atomique. Bouilleur. Pile couveuse. Réacteur surgénérateur ou surrégénérateur. Fluide caloporteur.

Applications. Centrale nucléaire ou atomique. Bombe atomique. Bombe A (réaction de fission). Bombe H ou bombe à hydrogène ou thermonucléaire (réaction de fusion). / Propulsion nucléaire ou atomique. / Gammagraphie. / Bombe au cobalt. Cobaltothérapie. Irradiation. Gammathérapie. Bêtathérapie.

atroce

(du lat. *atrox,* de *ater,* noir)

Qui est d'une grande cruauté. *Une vengeance atroce. Un crime atroce.* Affreux. Horrible. Epouvantable. Abominable. Monstrueux. Barbare. Odieux.

ATROCITÉ. Barbarie. Cruauté. Férocité. Sauvagerie. / Crime. Monstruosité.

ATROCEMENT. Cruellement. Férocement. Sauvagement.

Qui est très pénible à supporter. *Une souffrance atroce.* Insupportable. Intolérable. Epouvantable. Terrible (fam.). Affreux.

ATROCEMENT. Affreusement. Epouvantablement. Effroyablement. Terriblement.

attacher

(de *à* et de l'anc. franç. *tache,* agrafe)

Maintenir au moyen d'une attache, d'un lien. *Attacher des choses ensemble.* Assembler. Réunir. / *Attacher des bêtes de trait à un véhicule.* Atteler. / *Attacher avec des agrafes, des boutons, des épingles, des lacets.* Agrafer. Boutonner. Epingler. Lacer. Nouer. / *Attacher avec une amarre, une corde, une ficelle, un lien.* Amarrer. Arrimer. Corder. Ficeler. Lier. Ligoter.

S'attacher (à quelque chose). Adhérer. S'accrocher. Se cramponner. S'agripper.

ATTACHE. Bouton. Epingle. Chaîne. Corde. Cordon. Ficelle. Courroie. Sangle.

Lien. Lacet. Ruban. Nœud. Agrafe. Trombone.

Établir un lien moral. *Attacher* (en parlant d'un lien d'affection). Lier. Unir. Retenir.

ATTACHEMENT. Inclination. Affection. Amitié. Amour. Tendresse. Fidélité. Constance.

ATTACHANT. Touchant. Attirant.

S'attacher. *S'attacher à quelqu'un.* Eprouver de l'affection, de l'amitié, de l'amour. Se lier. S'enticher. / *S'attacher à* (et l'inf.). S'efforcer de. S'appliquer à. Chercher à. Viser à. Tendre à.

attaque

(de *attaquer ;* ital. *attacare,* commencer ; en lat. *aggressio*)

Commencement d'opérations militaires. *Lancer une attaque.* Assaut. Charge. Offensive. Choc. / *Attaque brusque.* Débarquement. Coup de main. Irruption. / *Attaque aérienne.* Raid. Bombardement. / *Attaque d'un navire.* Abordage.

ATTAQUER. Déclencher une attaque. Passer à l'attaque. Assaillir. / Commencer les hostilités. Engager l'action, la lutte, le combat. Ouvrir le feu. / Donner l'assaut. Charger. Passer à l'offensive, à la contre-offensive, à la contre-attaque. / Se jeter sur. Tomber sur. S'abattre sur. Se précipiter sur. / *Attaquer de tous côtés.* Cerner. Investir. Entourer. Envelopper. Encercler. / *Attaquer un navire.* Aborder.

ATTAQUANT. Assaillant. Agresseur (qui attaque le premier).

Acte de violence. *Attaque à main armée.* Hold-up. Attentat. Guet-apens. Agression. / *Attaque pour piller.* Razzia. Incursion. Descente.

ATTAQUER. *Attaquer quelqu'un.* Se jeter, se lancer, se précipiter, se ruer, tomber sur quelqu'un. Assaillir. Agresser. Sauter à la gorge. Frapper. Battre. Assommer. Rouer de coups. Tirer sur quelqu'un. Dévaliser. / *Individu qui attaque.* Agresseur. Malfaiteur. Bandit. Gangster.

Propos, écrits malveillants. *Répondre à une attaque.* Accusation. Critique. Dénigrement. Imputation. Incrimination. Diffamation. Calomnie. Médisance. / Injure. Insulte. Provocation. Raillerie. Moquerie. Invective. Sortie.

ATTAQUER. *Attaquer quelqu'un.* Chercher querelle. Chercher noise. Entreprendre quelqu'un. Prendre à partie. / Agacer. Tourmenter. Asticoter. Provoquer. Se frotter à. / Jeter la pierre. Critiquer. Mettre en cause. Suspecter. Incriminer. S'en prendre à. / Calomnier. Médire de. Traîner dans la boue. / Injurier. Insulter. Invectiver. / *Qui est porté à attaquer.* Agressif. Batailleur. / Agressivité.

Mal subit. Attaque d'apoplexie, de paralysie, de goutte. / Accès de folie. Crise d'épilepsie. Crise de nerfs. Crise d'appendicite, d'asthme, de rhumatismes. Crise cardiaque. Accès de toux. Quinte.

atteindre

(du lat. *attingere,* toucher)

Arriver au niveau de quelqu'un, de quelque chose. *Atteindre une personne.* Joindre. Rejoindre. Rattraper. / *Atteindre un lieu.* Parvenir. Arriver. Gagner. / *Atteindre un objet.* Prendre. Attraper. Saisir. / *Atteindre un prix, une valeur.* Monter à. S'élever à. / *Atteindre un but, un objectif.* Toucher. / *Atteindre un idéal. Atteindre à la perfection.* Accomplir. Réaliser.

Réussir à toucher quelqu'un. *Atteindre quelqu'un* (en parlant d'une personne, d'une chose). Blesser. Frapper. / *Etre atteint.* Touché par un mal. Malade. Mal en point. / *Atteindre quelqu'un dans ses sentiments.* Offenser. Blesser. Choquer. Porter un coup. Emouvoir. Troubler. Remuer. / *Atteindre au vif.* Piquer.

ATTEINTE. Portée. / *Hors d'atteinte.* Loin. A l'abri. / *Atteinte d'un mal.* Attaque. Crise. / *Atteinte à l'honneur, à la réputation.* Attaque. Insulte. Injure. Outrage. Diffamation. / *Porter atteinte à la réputation, à l'honneur.* Diffamer. Discréditer. Déshonorer. / *Atteinte à un droit.* Acte, mesure attentatoire. Violation.

attendre

(du lat. *attendere,* faire attention)

Rester dans un lieu, dans une situation, jusqu'à l'arrivée d'une personne ou d'une chose. *Attendre quelqu'un sur son passage.* Faire le guet. Etre à l'affût. Etre aux aguets. / *Attendre avec impatience.* S'impatienter. / *Attendre en file.* Faire la queue. / *Attendre longtemps.* Languir. Se morfondre. Faire antichambre. Moisir (fam.). Faire le pied de grue (fam.). Faire le poireau (fam.). Poireauter (pop.). Prendre racine (fam.). Croquer le marmot.

Attendre à plus tard. Etre, rester dans l'expectative. Différer. Surseoir. / Remettre, reporter à plus tard. Renvoyer. Temporiser. Laisser venir. Atermoyer.

ATTENTE. Station. Pause. / *Salle d'attente.* Antichambre. Parloir.

Faire attendre. *Faire attendre quelqu'un.* Faire languir, lanterner. Faire droguer (fam.). Faire tirer la langue. / Etre en retard. Tarder. / *Faire attendre quelque chose.* Différer. Retarder. Surseoir. Remettre. Faire désirer.

Compter sur quelqu'un ou sur quelque chose. *Attendre une personne.* Compter sur l'arrivée de. Escompter la venue de. / Attendre après quelqu'un (fam.). Attendre avec impatience. / *Attendre quelque chose.* Compter sur. / *Attendre quelque chose de quelqu'un.* Espérer. Souhaiter.

ATTENTE. Expectative. Espoir. Souhait.

S'attendre. *S'attendre à quelque chose.* Escompter. Prévoir. Pressentir.

ATTENDU. INATTENDU (v. PRÉVOIR).

attention

(du lat. *attentio,* de *attendere,* faire attention ; en gr. *prosexis*)

Concentration de l'esprit sur un être ou sur une chose. *Attention intérieure.* Introspection. Réflexion. Méditation. / *Attention soutenue, profonde, persévérante.* Application. Tension d'esprit. / *Concentrer son attention.* S'absorber. S'abstraire. Se concentrer. S'appliquer. Se donner, se livrer tout entier à. / Eviter la distraction, l'étourderie.

Attention spontanée ou volontaire. *Prêter attention à. Porter son attention sur.* S'intéresser à. Considérer. *Faire attention à.* Arrêter son esprit sur. S'arrêter à. Fixer sa pensée sur. Remarquer. Observer. Examiner. Etudier. / Tenir compte de. / Avoir égard à. / *Faire attention.* Etre sur ses gardes. Prendre garde. Faire gaffe (pop.). *Considérer avec attention.* Approfondir. Creuser. Etudier, examiner à fond. Se pencher sur. Aller au fond des choses. Se casser la tête. Se creuser la cervelle (fam.). / Aprosexie (incapacité de fixer son attention). / *Manque d'attention.* Inattention (v. ce mot).

ATTENTIF. Appliqué. Sérieux. Vigilant.

Attention provoquée. *Exciter, éveiller, forcer, retenir, captiver l'attention.* Attirer les regards. Tenir en haleine, en éveil. Frapper, accaparer l'esprit. / *Attirer l'attention.* Signaler. Souligner. Faire sensation. Faire impression. / *Qui fait sensation.* Sensationnel. Spectaculaire. / *Qui retient l'attention.* Captivant. Prenant.

Attention sensorielle. Arrêter, fixer les yeux, le regard sur quelqu'un ou sur quelque chose. Regarder de près. Regarder avidement. Dévisager. Ouvrir les yeux. Suivre des yeux. Surveiller. Veiller à. / Etre aux aguets. Etre à l'affût. Epier. / Ecouter attentivement. Prêter, dresser l'oreille. Etre suspendu aux lèvres de quelqu'un. Etre très attentif. Etre tout yeux, tout oreilles. / Toucher. Tâter. Palper. / Sentir. Flairer. / Goûter. Déguster. Savourer. Apprécier.

Attitude prévenante. *Donner des marques d'attention à quelqu'un.* Amabilité. Gentillesse. Prévenance. Délicatesse. Obligeance. Sollicitude. Empressement. Egards. / *Etre plein d'attentions pour quelqu'un.* Etre aux petits soins.

ATTENTIONNÉ. Prévenant. Empressé. Délicat.

attirer

(de *à* et de *tirer;* en lat. *trahere, tractum*)

Tirer, faire venir à soi. *Attirer quelqu'un dans un lieu.* Conduire. Entraîner. Amener. / *Attirer des partisans.* Recruter. Racoler. Inviter à venir. / *Attirer au moyen d'un appât, d'un appeau, d'un leurre.* Amorcer. Appâter. Appeler. Leurrer. / *Attirer en flattant le goût, l'odorat.* Allécher. Affriander. / *Attirer l'air dans les poumons.* Aspirer. Inspirer. Humer. / *Attirer un liquide dans la bouche.* Boire. Laper. Sucer. / *Attirer l'œil, le regard, l'attention.* Eveiller, retenir l'attention. Accrocher.

ATTRACTION. *Attraction magnétique.* Magnétisme. / *Attraction moléculaire.* Affinité des molécules. Gravitation universelle. / *Attraction des êtres.* Sympathie. Affinité. Attrait.

ATTRACTIF. Force attractive de l'aimant. / Attirant. Captivant.

Exercer un attrait. *Attirer quelqu'un par sa bonté.* Attacher. Gagner. Entraîner. / *Attirer par son charme.* Plaire. Charmer. Captiver. Fasciner. Séduire. Ravir. / *Attirer par des promesses, des paroles flatteuses.* Appâter. Allécher. Tenter. / *Attirer par des apparences, des manières séduisantes.* Fasciner. Aguicher. / *Attirer par des artifices, des espérances vaines.* Enjôler. Leurrer. Berner. Abuser. Duper. Tromper. Mystifier.

ATTIRANCE. Attraction. Penchant. Inclination. Goût. Sympathie.

ATTRAIT. Charme. Enchantement. Fascination. Tentation. / *Les attraits d'une femme* (littér.). Charmes. Beauté. Appas (littér.). Sex-appeal (fam.).

ATTIRANT. Attrayant. Attachant. Tentant. Plaisant. Engageant. Insinuant. Alléchant. Aguichant. Affriolant (fam.). Captivant. Ensorcelant. Fascinant. Séduisant. Enchanteur. Enjôleur.

Amener quelque chose d'heureux ou de fâcheux. *Attirer la sympathie.* Concilier. Valoir. Faire obtenir. Procurer. / *Attirer des ennuis.* Causer. Amener. Occasionner. Déclencher. / *Attirer la haine.* Exciter. Provoquer.

S'attirer. *S'attirer des reproches.* Encourir. S'exposer à.

attitude

(de l'ital. *attitudine*)

Manière de se tenir. *Une attitude élégante, gracieuse. Une attitude nonchalante, gauche.* Tenue. Maintien. Pose. Position. Posture. Port. Contenance. Démarche.

Manifestation extérieure d'un sentiment. *Une attitude ferme, décidée, réservée.* Allure. Air. Manières. / *Prendre une attitude fière, arrogante.* Se redresser. Porter la tête haute. Bomber la poitrine. Se pavaner. Se rengorger. Regarder de haut. Regarder du haut de sa grandeur (fam.). / *Avoir une attitude humble.* S'effacer. Marcher la tête basse. Manquer d'assurance.

Manière d'agir. *Approuver, critiquer l'attitude d'une personne.* Conduite. Comportement. Disposition. Position.

attraper

(de *à* et de *trappe*)

Arriver à prendre. *Attraper un voleur.* S'emparer de. Mettre la main sur. Appréhender. Arrêter. Saisir. Surprendre. Pincer (fam.). Piquer (fam.). Coincer (fam.). Choper (pop.). Poisser (pop.). / *Attraper du gibier.* Prendre au piège. Happer. Capturer. / *Attraper une balle au bond.* Saisir. Intercepter. / *Attraper le train, l'autobus.* Réussir à atteindre. Prendre. / *Attraper un style, une manière d'écrire, de peindre.* Imiter. Reproduire. Pasticher. Chiper (fam.).

Surprendre désagréablement. *Attraper quelqu'un.* Tromper. Abuser. Duper. Se jouer de. Mystifier. Faire marcher (fam.). Leurrer. Emberlificoter. Posséder (fam.). Avoir (fam.). Rouler. Refaire. / *Se laisser attraper.* Mordre à l'hameçon (fam.). Gober le morceau (fam.). Tomber dans le panneau. / *Etre (bien) attrapé.* Eprouver une déception.

ATTRAPE. Farce. Bon tour. Attrape-nigaud (fam.). Bateau (fam.). Mystification. Canular. Niche. Poisson d'avril. Plaisanterie.

Subir quelque chose de fâcheux. *Attraper une maladie.* Contracter. Etre atteint. Faire (fam.). / *Attraper un coup.* Recevoir. Ecoper (fam.).

Adresser de vifs reproches. *Attraper quelqu'un* (fam.). Gronder. Sermonner. Réprimander. Chapitrer. Disputer (fam.). Houspiller. Secouer les puces (pop.). Passer un savon (fam.). Enguirlander (fam.). Engueuler (pop.).

ATTRAPADE (fam.). Réprimande. Abattage (fam.).

attribuer

(du lat. *attribuere*)

Donner en propre à quelqu'un, à quelque chose. *Attribuer un prix, une récompense.* Accorder. Donner. Décerner. Octroyer. Gratifier. / *Attribuer une dignité.* Conférer. / *Attribuer une qualité.* Qualifier. Reconnaître. / *Attribuer un nom.* Nommer. Dénommer. Appeler. Désigner. / *Attribuer de l'importance, du prix à quelque chose.* Attacher. Donner. Accorder.

ATTRIBUTION. Octroi. Collation. Qualification. Dénomination. Désignation.

S'attribuer. *S'attribuer une chose.* Se donner. S'adjuger. Revendiquer. Se vanter (de). Se targuer (de). / *S'attribuer une chose sans y avoir droit.* S'arroger. S'approprier. S'emparer (de). Usurper.

Destiner à quelqu'un. *Attribuer une part dans un héritage.* Adjuger. Assigner. Départir. Doter. Réserver pour. / *Attribuer des crédits à un ministère.* Affecter. Allouer.

ATTRIBUTION. Dotation. Affectation. Allocation.

Considérer comme étant la cause. *Attribuer un mérite à quelqu'un.* Appliquer. Reporter sur. Prêter. Reconnaître. / *Attribuer un acte blâmable.* Accuser. Rendre responsable. Imputer. Incriminer. Mettre sur le compte, sur le dos de quelqu'un. Faire retomber sur. Rejeter sur. / Accusation. Imputation. Incrimination.

audace

(du lat. *audacia,* de *audere,* oser)

Disposition ou mouvement qui porte à des actions difficiles ou dangereuses. *Montrer de l'audace.* Courage. Bravoure. Energie. Intrépidité. Cran (fam.). / *Une audace excessive.* Témérité. *Faire preuve d'audace.* Affronter le danger. Montrer du sang-froid, un courage

à toute épreuve. Faire preuve d'héroïsme. / *Payer d'audace.* S'aventurer. N'avoir pas froid aux yeux. Prendre des risques. S'exposer. Se jeter tête baissée. Risquer le paquet (fam.). Agir sans hésiter, sans sourciller, sans broncher. / *Avoir l'audace de* (et l'inf.). Oser. Se risquer à.
AUDACIEUX. Courageux. Hardi. Brave. Héroïque. Energique. Décidé. Intrépide. Entreprenant. / *Trop audacieux.* Aventureux. Imprudent. Téméraire. Casse-cou. Risque-tout.
AUDACIEUSEMENT. Avec courage.

Hardiesse insolente. *Avoir de l'audace.* Aplomb. Effronterie. Sans-gêne. Impertinence. Impudence. Désinvolture. Toupet (fam.). Culot (pop.). / *Ne pas manquer d'audace.* Se montrer d'une familiarité excessive. Faire preuve de cynisme. Ne douter de rien. / *Avoir l'audace de* (et l'inf.). Avoir le front de. Se permettre.
AUDACIEUX. Effronté. Impudent. Impertinent. Désinvolte. Osé. Culotté (pop.). Gonflé (pop.).

augmenter

(du bas lat. *augmentare,* accroître)

Augmenter les dimensions d'une chose. *Augmenter la longueur, la largeur.* Allonger. Agrandir. Elargir. Etirer. / Allongement. Agrandissement. Elargissement. Etirage. / *Augmenter la hauteur.* Elever. Surélever. Hausser. Rehausser. Remonter. / Elévation. Rehaussement.
Augmenter le volume. Distendre. Gonfler. Amplifier. / Distension. Gonflement.
Augmenter la durée. Allonger. Prolonger. Faire traîner en longueur. / Prolongation.

Augmenter en dimension. *Augmenter en longueur, en durée.* Allonger. Croître. S'accroître. S'étendre. Grandir. / Allongement. Croissance. / *Augmenter de volume.* Grossir. Enfler. Gonfler. Se dilater. / Dilatation. Turgescence. Tumescence.

Augmenter la quantité d'une chose. *Augmenter sa fortune.* Accroître. Arrondir. / S'enrichir. Amasser. Thésauriser. / *Augmenter un nombre.* Additionner. Multiplier. Doubler. Tripler. Quadrupler. Décupler. Centupler. / Multiplication. Doublement. / *Augmenter un prix.* Majorer. / Majoration. Hausse. Enchère. Surenchère.

Augmenter en quantité. *Augmenter de prix.* Devenir plus cher. Renchérir. Enchérir (vx).
AUGMENTATION. Renchérissement. Hausse. Montée des prix.

Augmenter l'importance, l'intensité d'une chose. *Augmenter la force, l'énergie.* Remonter. Fortifier. Intensifier. Accentuer. Renforcer. / *Augmenter un mal.* Aggraver. Aggravation. / *Augmenter la vitesse.* Accélérer. Forcer. Sprinter. / Accélération. Sprint.

Augmenter en qualité. *Augmenter en importance.* Devenir plus important. Croître. Grandir. Progresser. S'étendre. Gagner du terrain. / *Augmenter en intensité.* Devenir plus intense, plus fort. S'intensifier. Se renforcer. S'accentuer. Aller crescendo.

austère

(du lat. *austerus*)

D'une grande sévérité. *Un homme austère.* Dur. Rigoriste. Rigoureux. Ascète. Puritain. Stoïcien. / *Une vie austère.* Ascétique. Spartiate. Frugal. Sobre. / *Un air austère.* Grave. Sévère. Sec. Raide. Rigide.
AUSTÉRITÉ. Rigorisme. Ascétisme. Puritanisme. Stoïcisme.

Dépourvu d'ornements. *Une maison austère. Un style austère.* Simple. Nu. Dépouillé. Froid. Glacial.

automatisme

(du gr. *automatos,* qui se meut de soi-même)

Dispositif qui se substitue à l'homme. Mécanisme (rouages, ressorts, etc.). Automatisme électronique (circuits électriques).

Relatif à l'automatisme. Automation (technique fondée sur l'emploi d'automatismes). Automatisation (substitution de la machine à l'homme). Mécanisation (emploi de machines). Automatique (qui opère par soi-même). Automaticité (qualité de ce qui est automatique). Automatiser (rendre automatique). Mécaniser.
Cybernétique (art du « gouvernement » assuré par des machines). Réaction. Rétroaction (la machine est commandée par son propre débit). Cycle automatique. Chaîne cybernétique. / Informatique.

Éléments des automatismes. Information. Lecteur, capteur, détecteur (thermostat, thermomètre, manomètre, palpeur, cellule photo-électrique).
Traitement de l'information : cerveau électronique, programmation, mémoire, intégrateur, différenciateur, comparateur.

/ Décision : commande, régulation. Régulateur. / Action : action en retour, action par tout ou rien, action permanente, relais, servomécanisme. / *Moyens de programmation et de mémoire.* Ruban perforé, carte perforée. Perforatrice, poinçonneuse, tabulatrice, trieuse. Mémoires magnétiques : à disques, à tambour, à ruban, à tores de ferrite.

AUTOMATE (machine qui imite les actes des êtres animés). Robot. Androïde (automate à figure humaine). Jaquemart. Machine à sous. / *En parlant d'une personne.* Robot. Pantin. Marionnette.

AUTOMATIQUE. Machinal. Involontaire. Inconscient. Spontané. Mécanique.

AUTOMATIQUEMENT. Mécaniquement.

AUTOMATISER. *Automatiser quelqu'un.* Mécaniser. Faire devenir un robot.

automobile

(du gr. *autos,* soi-même, et du lat. *mobilis,* mobile)

Véhicule à quatre roues muni d'un moteur qui assure sa propulsion. Voiture de tourisme. Auto (fam.). / Autocar. Autobus. Bus (fam.). / Camion. Poids lourd. Fourgon. Camionnette. Fourgonnette. / Tracteur. / *Termes familiers.* Bagnole. Tacot. Teuf-teuf. Tire (argot). / *Puissance d'une automobile.* Chevaux. Cylindrée.

Parties d'un véhicule automobile. *Châssis.* Amortisseurs. Suspension. Direction. Volant. Voie. Empattement. Essieux. Fusées. Roues. Pneu. Chambre. Réservoir. Transmission. Cardan. Pont arrière. Différentiel. / Freins à tambour. Freins à disque. Frein à main ou de secours.
Moteur. Moteur à explosion (v. ce mot).
Boîte de vitesses. Sélecteur de vitesses. Première, deuxième, troisième, quatrième, cinquième vitesse. Marche arrière. Embrayage. Embrayage automatique. / Leviers. Pédales. Accélérateur. Champignon (fam.).
Carrosserie. Caisse. Capot. Calandre. Auvent. Ailes. Pare-brise. Déflecteur. Lunette arrière. Glaces. Vitres. Custodes. Portières. Hayon. Sièges. Plage arrière. Toit. Capote. Toit ouvrant. Coffre. / Ventilation. Chauffage.

Types de voitures. Conduite intérieure. Cabriolet. Limousine. Berline. Coach. Roadster. Break. Coupé. Landaulet. Décapotable. Familiale. Commerciale. Ambulance. Voiture de sport. Voiture de course.

Accessoires. Phares. Phares antibrouillard. Cataphotes. Clignotants. Feux de position, de gabarit, de route, de croisement, de stationnement. Feu stop. Feux de détresse.
Tableau de bord. Indicateur de vitesse. Compteur. Compte-tours. Jauge à essence. Thermomètre. Rétroviseur. Ceinture de sécurité. Clé de contact. Antivol. Essuie-glaces. Lave-glaces. Dégivreur. Plaque d'immatriculation, de nationalité. Numéro. Klaxon (nom déposé). Avertisseur sonore, optique. Pare-chocs. Enjoliveurs. Manivelle. Cric. Carte routière. Trousse à outils. Porte-bagages. Galerie. / Housse. Couverture. Plaid. Paillasson. Tapis.

Conduite. Mettre le contact, le starter. Partir à froid. Laisser tourner le moteur. Partir à chaud. Mettre en marche. Démarrer. Accélérer. Tenir le volant. Conduire. Piloter. / Débrayer. Point mort. Embrayer. Etre en prise. Prise directe. Passer les vitesses. Changer de vitesse. Rétrograder. Double débrayage. Faire patiner l'embrayage. / Braquer. Virer. Négocier un virage (fam.). Quitter la file. Déboîter. Doubler. Dépasser. Dépassement. Faire une queue de poisson. Faire des appels de phare. Accélérer. Appuyer sur le champignon (fam.). Pédale à fond (fam.). Avoir le pied au plancher (fam.). Rouler à tombeau ouvert, à pleins gaz. Lever le pied.
Observer les signaux. Tenir sa droite. Passer au vert. / Brûler un feu rouge, un stop. Refuser la priorité. Franchir une ligne continue.
Ralentir. Freiner. Bloquer. S'arrêter. Manœuvrer. Se garer. Braquer. Redresser. Ranger la voiture. Couper le contact.
Accidents. Perdre le contrôle. Déraper. Capoter. Chavirer. Culbuter. Se retourner. Tête-à-queue. Embardée. Tonneau. Collision. Télescopage. / Etre en panne. Crevaison. Crever (fam.). Couler une bielle. Dépannage. Dépanneuse. Réparation.

AUTOMOBILISTE. Conducteur. Chauffeur. Routier. / Chauffard (fam.). Fou de la route (fam.). Fou du volant (fam.).
Auto-école. Code de la route. Permis de conduire. Carte grise. Vignette. Attestation d'assurance.
Prévention routière. Secours routier. Antenne de secours. Police de la route. Motard (fam.).

Entretien. Roder. Rodage. Vidanger. Graisser. Vidange. Graissage. Réparer. / Faire le plein. Station-service. Poste d'essence. / Garage. Box. Parking ou parc de stationnement.

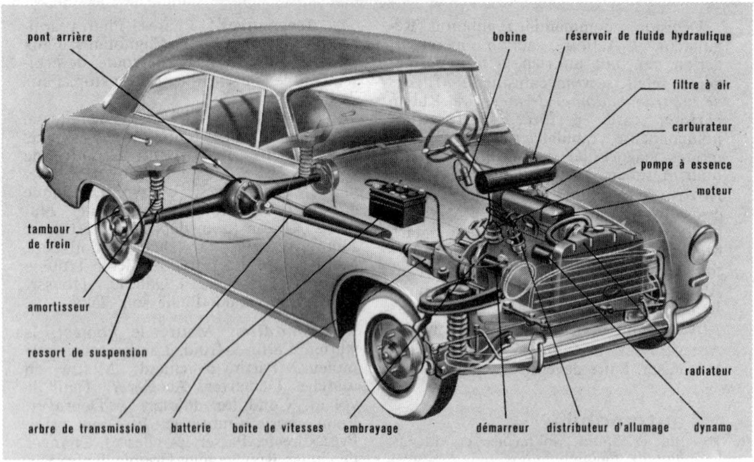

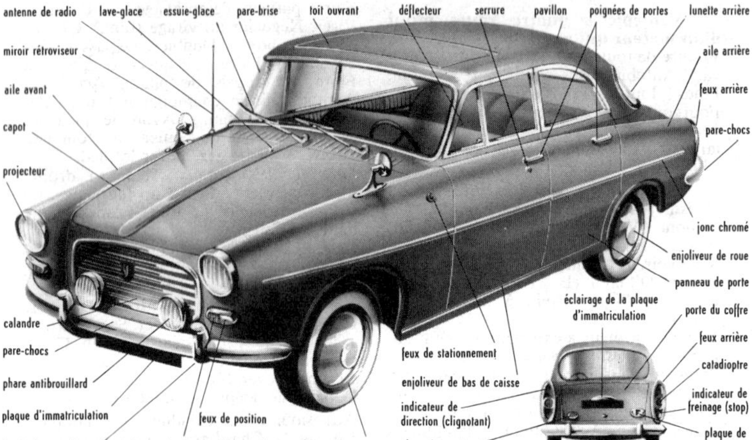

CARROSSERIES

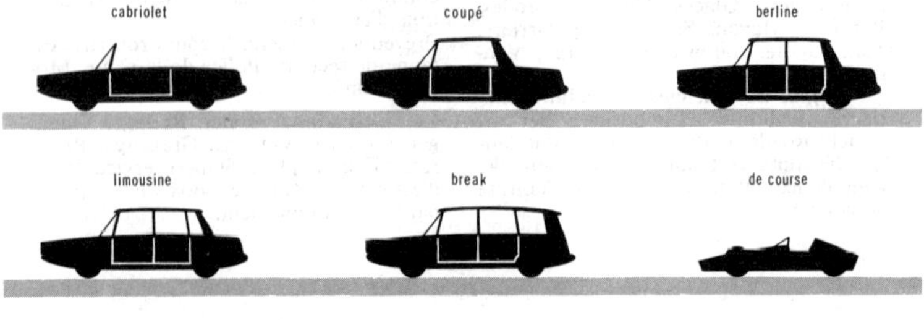

Qualités d'une voiture. Confortable. Avoir des reprises. Etre nerveuse, silencieuse. Tenir la route (rouler sans se déporter dans les virages, aux grandes vitesses).

AUTOMOBILISME. Sport automobile. Courses. / Circuit. Autodrome. Pilote. / Rallye. Gymkhana. Stock-car. / Karting. Kart.

autorité

(du lat. *auctoritas,* de *auctor,* auteur)

Droit ou pouvoir de commander. *L'autorité d'un chef, d'un supérieur, d'un père.* Pouvoir. Puissance. Commandement. / *Autorité suprême.* Souveraineté. *Imposer son autorité.* Faire la loi. Imposer sa volonté. / *Abuser de son autorité.* Tyranniser. Opprimer. / *Exercer l'autorité.* Commander. Ordonner. Diriger. Administrer. Tenir en main. Gouverner. *D'autorité.* Sans consulter personne. De façon impérative. / *De sa propre autorité.* Sans autorisation.

AUTORITAIRE. Sévère. Strict. Intransigeant. Absolu. Impératif. Despotique. Pète-sec (pop.). / Tyran. Despote. / *Air, ton autoritaire.* Cassant. Impératif. Dominateur.

Régime autoritaire. Absolutisme. Autoritarisme. Despotisme. Dictature. Césarisme. Totalitarisme. Tyrannie. / *Caractère d'une personne autoritaire.* Autoritarisme. Volonté de domination.

Personnes qui exercent l'autorité. Autorités civiles, militaires, religieuses. Gouvernement. Administration.

Pouvoir de s'imposer aux autres. *Jouir d'une grande autorité.* Crédit. Influence. Considération. Prestige. Réputation. / *Avoir de l'autorité sur quelqu'un.* Ascendant. Influence. Empire. Emprise. Domination.

avaler

(de *à* et de *val*)

Faire descendre par le gosier. *Avaler une gorgée d'eau, une bouchée de pain.* Absorber. Déglutir. Ingérer. / Absorption. Déglutition. Ingestion. / *Avaler en aspirant.* Gober. / *Avaler d'un trait.* Manger, boire avec avidité, gloutonnement. Engloutir. Engouffrer. Ingurgiter. Enfourner. Lever le coude. / *Avaler de travers.* S'étouffer.

Locutions diverses. Avaler ses mots en parlant (prononcer d'une manière indistincte). Avaler des couleuvres (subir des vexations). Avoir avalé sa langue (garder le silence). Avoir l'air de vouloir avaler quelqu'un (regarder d'un air menaçant). Vouloir tout avaler (être fougueux, présomptueux). Ravaler sa salive (se taire). Avaler un livre (le lire d'une traite). Faire avaler quelque chose à quelqu'un (fam., faire accroire).

AVALEUR. Avaleur de sabres, de grenouilles.

avancer

(du lat. pop. *abantiare,* de *abante,* avant)

Aller en avant. *Avancer rapidement.* Aller, marcher à grands pas, à pas de géant. / *Avancer lentement.* Se déplacer, marcher pas à pas. Se traîner. Aller comme une tortue. / *Avancer* ou *s'avancer vers quelqu'un.* Approcher. Venir. / *Avancer dans un travail, une tâche.* Progresser. / *Faire avancer un travail.* Faire progresser. Amener à son terme.

AVANCE. Marche. Progression.

AVANCEMENT. Progrès. / Promotion.

Être placé en avant. *Avancer* (en parlant d'un mur, d'un toit, d'une maison). Faire saillie. Saillir. Dépasser. Déborder. Surplomber.

AVANCE. Saillie. Avancée. Dépassement. Surplomb.

Pousser, porter en avant. *Avancer la main.* Tendre. Allonger. / *Avancer un objet.* Approcher. Rapprocher.

Faire avant le moment prévu. *Avancer un départ.* Anticiper. Devancer. Brusquer. Précipiter. / *Avancer un paiement.* Payer par avance. / *Avancer de l'argent.* Prêter.

AVANCE. *Avance d'argent.* Acompte. Provision. Arrhes.

A l'avance. D'avance. Par avance. En avance. Avant. Auparavant.

Donner pour vrai. *Avancer un argument, une hypothèse.* Soutenir. Affirmer. Prétendre. Alléguer. Dire. Formuler. Enoncer. Suggérer. Mettre en avant.

S'avancer. Aller trop loin dans ses propos. S'engager à l'excès. Se hasarder. Se risquer.

avant

(du lat. pop. *abante ;* de *ab* et *ante,* avant ; lat. class. *prae ;* en gr. *pro*)

Dans le temps. Avant-première. Avant-guerre. Avant-veille. Antan. / Ancien. Antérieur. Antériorité. / Précédent. Prédécesseur. Précéder. / Antécédent. /

Antidater. Antidate. / Devancer. Devancier. / Préexister. Préexistence. / Préhistoire. Protohistoire. / Antérieurement. Auparavant. / Au préalable. Préalablement. / D'abord. *A priori.*

Qui se dit avant. Préambule. Préface. / Prémisses. Préliminaires. / Prolégomènes. Prologue. Avant-propos. Introduction. / Préavis. Prévenir. / Précité. Susdit. / Prénom. Prénommé.

Qui se fait, qui a lieu par avance. Anticipé. Anticiper. Anticipation. / Préfabriqué. Préscolaire. Prénatal. Prénuptial. Préopératoire. Présélection. / Préparer. Préparation. Préparatif. Préparatoire. / Prévention. Préventif. / Avant terme. Prématuré. / Précoce. / Prédisposition. / Préemption. / Précaution. / Prélèvement. / Prélude. / Prodrome. / Provision. / Avant-projet. / Avant-goût.

Qui anticipe l'avenir. Pressentiment. Pressentir. Prémonition. Prémonitoire. / Préjuger. / Présupposer. / Préfigurer. / Prédire. Prédiction. / Préconcevoir. Préconçu. / Prédéterminer. / Présager. / Prospectif. Prospective. / Pronostiquer. Pronostic. / Prophétiser. Prophétie. Prophétique.

Dans l'espace. Avant-bras. Avant-corps (d'un bâtiment). Avant-port. Avant-scène. Avant-toit. / Avancée. / Poste avancé. Avant-poste. / Devanture. / Préfixe. Préfixer. Préfixation. / *Mettre en avant.* Antéposer. Antéposition.

Qui va devant. Avant-coureur. Précurseur. Guide. Eclaireur. Pionnier. / Avant-garde. Tête de colonne.
Aller en avant. Marcher devant. Ouvrir la marche. Marcher en tête. / Prendre les devants. Devancer. Dépasser. / Frayer le chemin. Guider. Eclairer. / Avoir de l'avance. Avancer. Progresser. / Passer le premier. Tenir la tête. / Priorité. Préséance. Primauté. / Progression. Progrès.

avantage

(de *avant*)

Ce qui donne de la supériorité. *Avantage de l'âge, de l'expérience, de la fortune, de la situation.* Prérogative. Bénéfice. Privilège. Supériorité. Primauté. Don. Chance. Atout. Faveur.
Accorder un avantage à un adversaire. Rendre des points. / *Avoir l'avantage sur quelqu'un.* Etre le plus fort. Damer le pion (fam.). / *Avoir l'avantage de* (et l'inf.). Honneur. Bonheur. Plaisir. Joie. Satisfaction.
AVANTAGER. Favoriser. Privilégier. Doter.
AVANTAGEUX. Bon. Favorable. Flatteur.
AVANTAGEUSEMENT. Favorablement.
DÉSAVANTAGE. Inconvénient. Handicap.
DÉSAVANTAGER. Handicaper. Défavoriser.

Ce qui donne du profit. *Procurer un avantage à quelqu'un.* Bénéfice. Profit. Gain. Intérêt. / *Avantage pécuniaire.* Rémunération. Rétribution.
AVANTAGEUX. Intéressant. Profitable. Rentable. Lucratif.

avare

(du lat. *avarus*)

Qui a la passion de l'argent. Avaricieux (littér.). Fesse-mathieu (vx). Harpagon. Grippe-sou. Pleure-misère. Pingre. Vieux ladre. Vieux grigou. Chien. Rat. Radin (fam.). Rapiat (fam.). / Apre au gain. / Avide. Intéressé. Affamé d'argent. Insatiable. Rapace. / Econome à l'excès. Parcimonieux. Chiche. Regardant. / Usurier. Vampire. Vautour (fam.). Requin (fam.). Grappilleur. Thésauriseur.
AVARICE. *Avarice sordide, crasse.* Avidité. Amour de l'argent. Soif de l'or. Lésinerie. Parcimonie. Pingrerie. / Apreté au gain. Rapacité. Usure. Mercantilisme.

Attitude de l'avare. Amasser de l'argent. Entasser. Thésauriser. Remplir son coffre, son bas de laine. Regratter sur tout. Grappiller. Adorer le veau d'or. Regarder à la dépense. Compter ses sous. Etre dur à la détente (fam.). Serrer les cordons de sa bourse. Lâcher (son argent) avec un élastique (fam.). Lésiner. Mégoter (pop.). Veiller sur ses sous. Donner à regret. Ne pas attacher son chien avec des saucisses (fam.). / Vivre chichement, cupidement, parcimonieusement, sordidement.

avenir

(de *à* et de *venir;* en lat. *futurum*)

Temps futur. *Songer à l'avenir.* Futur. Temps prochain. Lendemain. / *Dans un proche avenir.* Demain. Bientôt. Sous peu. Prochainement. Dans quelques jours. Avant longtemps. / *Dans un avenir indéterminé.* Un jour ou l'autre. Ultérieurement. Plus tard. / *A l'avenir.* Par la suite. Dorénavant. Désormais. / Futurisme. Futuriste. / Futurologie. Futurologue.

Ce qui doit arriver. *Connaître l'avenir.* Evénements ultérieurs, postérieurs. / *Prévoir l'avenir.* Pressentir. Entrevoir. Deviner. / *Prédire l'avenir.* Prophétiser. Pronostiquer. Augurer. / *Prédiction de l'avenir.* Divination. Astrologie. Prédiction. Pronostic. Prévision.

Personne qui prédit l'avenir. Augure. Devin. Prophète. Diseuse de bonne aventure. Chiromancienne. Cartomancienne. Voyante. Astrologue.

Situation future d'une personne. *Préparer son avenir.* Carrière. Situation.

aventure

(du lat. pop. *adventura*, de *advenire*, arriver)

Ce qui arrive d'imprévu, d'extraordinaire. *Raconter une aventure.* Incident. Fait. Evénement. Affaire (fam.). Histoire (fam.). / *Une aventure fâcheuse, malheureuse, désagréable.* Mésaventure. Malchance. Tuile (fam.). / *Aventure galante.* Passade. Intrigue. / *Aventure amoureuse, tendre.* Idylle.

A l'aventure. Au hasard. Sans but. / *D'aventure. Par aventure.* Par hasard.

Entreprise hasardeuse. *Tenter une aventure, l'aventure.* Risque. Hasard. Chance. Fortune. Sort.

S'aventurer. Se risquer. S'embarquer. S'engager. Se lancer.

AVENTUREUX. (En parlant d'une personne.) Hardi. Audacieux. Téméraire. Imprudent. / (En parlant d'une chose.) Hasardeux. Risqué. Aléatoire.

AVENTURIER. Homme sans aveu. Intrigant. Faiseur (fam.). / (Autref.) Pirate. Corsaire. Mercenaire. Flibustier.

avertir

(du lat. pop. *advertire*, tourner vers; lat. class. *monere, monitum*)

Faire connaître. *Avertir quelqu'un d'une chose.* Faire savoir. Mettre au courant. Informer. Annoncer. Apprendre. Prévenir. Aviser. Faire souvenir. Rappeler.

AVERTISSEMENT. Information. Communiqué. Communication. Signal. / Prémonition. Présage. Pressentiment. Signe prémonitoire.

AVERTISSEUR. *Appareils avertisseurs.* Sonnette. Timbre. Sifflet. Klaxon.

Faire des recommandations. *Avertir quelqu'un de faire attention.* Mettre en garde. Attirer l'attention. Prévenir. Signaler. / Donner des conseils, des avis. Conseiller. Recommander. Suggérer. Crier gare, casse-cou.

AVERTISSEMENT. Admonition. Monition. Conseil. Suggestion. Mise en garde.

Faire une réprimande. Admonester. Blâmer. Rappeler à l'ordre.

AVERTISSEMENT. Admonestation. Remontrance. Coup de semonce. Blâme. Sanction disciplinaire. Rappel à l'ordre.

aveugle

(du lat. médical *aboculus*, de *oculus*, œil; lat. class. *caecus*; en gr. *tuphlos*)

Qui est privé de la vue. Aveugle de naissance. Aveugle-né. / *Devenir aveugle.* Perdre la vue.

AVEUGLER. Rendre aveugle. Crever les yeux. / Empêcher de voir. Gêner, troubler la vue. Eblouir.

AVEUGLETTE (à l'). *Marcher à l'aveuglette.* Sans y voir clair. A tâtons.

État d'une personne aveugle. Cécité. Amaurose (affaiblissement ou perte totale de la vision).

Causes de la cécité. Trachome (affection de la cornée). Kératite (durcissement du globe oculaire). Cataracte (opacification du cristallin). Lésions du nerf optique. Accidents. Blessures.

Secours aux aveugles. Hospice national des Quinze-Vingts. Institut des jeunes aveugles. Association Valentin-Haüy. / Ecriture Braille. / Chien d'aveugle. Bâton d'aveugle. Canne blanche.

Qui est privé de discernement. *Etre aveugle.* Avoir un bandeau, un voile sur les yeux. Avoir des œillères. Manquer de clairvoyance, de lucidité.

AVEUGLER. Troubler. Egarer. / Cacher, dissimuler la réalité.

AVEUGLEMENT. Egarement. Passion. Trouble. Illusion. Erreur.

AVEUGLÉMENT. A l'aveuglette. Sans discernement. Sans réflexion.

aviation

(du lat. *avis*, oiseau)

Tout ce qui concerne la navigation aérienne. Aviation militaire. Aviation civile : aviation commerciale, aviation de tourisme.

Aviation militaire. Armée de l'air. Aviation d'observation, de reconnaissance, de chasse, d'appui, de bombardement, de transport, de combat. Aviation stratégique. Force de frappe. Aviation tactique. Aviation légère de l'armée de terre. Aviation légère de l'armée de l'air.

Avions militaires. Chasseur. Chasseur d'intervention ou intercepteur. Chasseur-bombardier. Bombardier lourd. Bombardier léger. Hélicoptère.

Aéronautique navale ou aéronavale. Aviation embarquée. Porte-avions. Appontage. Miroir d'appontage. Piste oblique.

Batman. / Hydravion. Porte-aéronefs. Porte-hélicoptères.
Personnel. Personnel navigant. Aviateur. Observateur. Navigateur. Moniteur. / Equipage. Commandant de bord. Pilote. Radio-navigant. Mécanicien.
Personnel non navigant. Rampant (fam.). Fusilier. Commando de l'air. Commissariat de l'air. Corps du contrôle de l'aéronautique militaire. Radariste. Missilier.
Organisation. Base aérienne. Force aérienne. Région aérienne. Défense aérienne. Station-radar. / Commandant. Escadre. Escadrille. Escadron. / Aéroporté. Aérotransporté. Héliporté. / Parachutiste.
Ecole de l'Air. Ecole militaire de l'Air. Ecole nationale supérieure d'aéronautique. Ecole des pupilles de l'air.

Aviation commerciale. Compagnie aérienne. Ligne aérienne. / Trafic aérien. Trafic international. Trafic interne ou liaisons métropolitaines. Ligne postale. Transport de passagers, de marchandises. Trafic long-courrier, moyen-courrier, court-courrier. / Escale. Transit.
Appareils. Avion de ligne. Avion long-courrier, court-courrier, moyen-courrier. Airbus. Avion gros porteur. Avion moyen porteur. Avion postal. Avion-cargo. Avion-citerne ou avion ravitailleur. Charter (avion affrété à la demande). / Flotte aérienne. Parc d'avions.
Personnel. Equipage. Pilote. Copilote. Radio. Hôtesse de l'air. Steward.

Aviation de tourisme. Aviation légère et sportive. / Aéro-club. Enseignement aéronautique. Brevet élémentaire des sports aériens. / Vol à voile. Planeur. Vélivole (qui pratique le vol à voile).
Aéromodélisme (construction de modèles réduits d'avions).

Pilotage et phases du vol. Mettre les gaz. Décoller. Monter. Prendre de l'altitude. Voler. Survoler. Plafonner. Voler à la vitesse de croisière. Franchir le mur du son. / Virer. / Cabrer. / Réduire les gaz. Descendre. Piquer. / Atterrir. Atterrir en catastrophe (dans des conditions très difficiles, pour éviter un accident). Amerrir. / Ressource. / Roulis. Tangage. Lacet. / Décrochage. Vol plané.
Vol acrobatique. Acrobatie aérienne. Vrille. Tonneau. Piqué. Looping ou boucle. Chandelle. Glissade sur l'aile. Descente en feuille morte. Retournement. Renversement. Immelmann. Vol en rase-mottes.

Installations et services. Aérodrome. Camp ou terrain d'aviation. Aéroport. Héliport (pour hélicoptères). Hydrobase. Hydroaéroport (pour hydravions). Altiport.
Aire de manœuvre. Bande (contient la piste). Piste (pour l'atterrissage et l'envol). Doublet (deux pistes parallèles). Aire d'attente (à l'entrée de la piste). Chemins de roulement (voies de circulation entre les pistes et autres aires).
Installations terminales. Aérogare. Services de police et de douane. Salles d'attente et de repos. Point de rencontre (où se réunissent les voyageurs d'un même vol). Aire de trafic (stationnement des avions en partance). Poste de trafic (celui qu'occupe l'avion dans cette aire). / Unité de trafic (1 000 passagers ou 100 t de fret). Rotation (aller et retour). Kilomètres-passagers. Tonnes-kilomètre. Sièges-kilomètre. / Zone industrielle. Hangars. Ateliers.
Bloc technique. Tour de contrôle. Aides radio-électriques. Radar. Systèmes d'atterrissage aux instruments I. L. S. et G. C. A. (v. NAVIGATION). / Balisage. Phare d'aérodrome. Manche à air. Biroute (fam.). / Service de météorologie.

avide
(du lat. *avidus,* qui désire ardemment)

Qui a un désir ardent de quelque chose. *Avide d'apprendre, de savoir, de connaître quelque chose.* Curieux. Empressé. Désireux. Impatient.
Avide de gloire, d'honneurs. Ambitieux. Passionné. / Ambition. Passion. Convoitise. / *Avide de gain, d'argent.* Cupide. Avare. Rapace. Apre au gain. / *Avide de nourriture.* Affamé. Vorace. Glouton. Insatiable. Goinfre. / *Manger avec avidité.* Gloutonnerie. Voracité. Gourmandise. Goinfrerie.
AVIDITÉ. Curiosité. Désir. Impatience. Soif. Cupidité. Rapacité. Apreté.
AVIDEMENT. *Manger avidement.* Gloutonnement. Voracement.

avion
(du lat. *avis,* oiseau)

Appareil de navigation aérienne dont la sustentation est assurée par des ailes. *Types d'appareils.* Aérodyne (tout appareil plus lourd que l'air). Aéronef (toute machine volante). / Avion sans moteur. Planeur. / Avion sans pilote. Avion-cible. / Bombe volante. / Appareils à hélice. Avion monomoteur, bimoteur, trimoteur, quadrimoteur. / Appareils

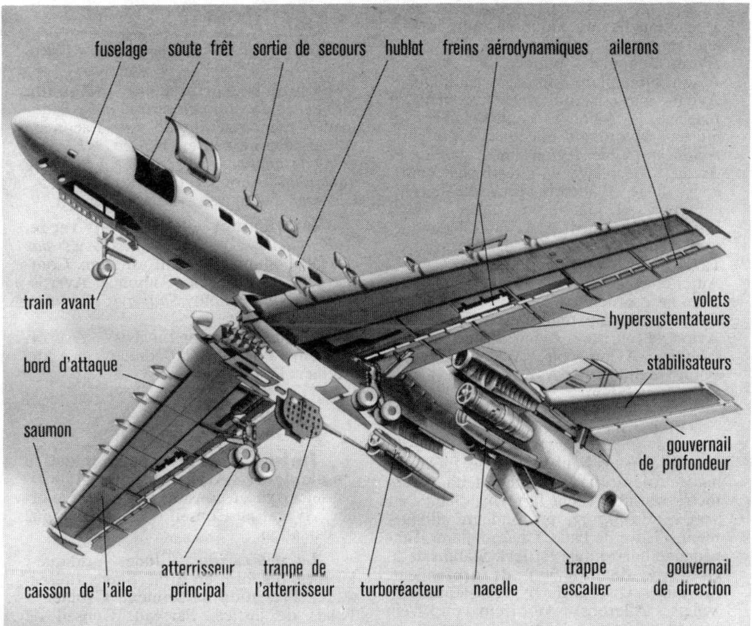

CARAVELLE

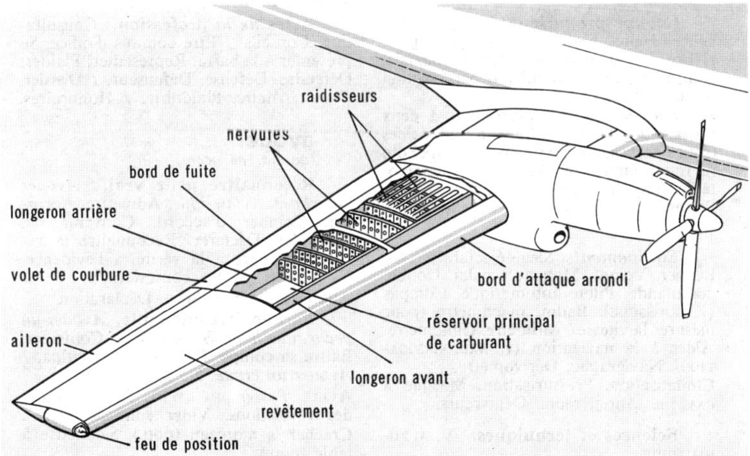

AILE

à réaction. Avion monoréacteur, biréacteur, quadriréacteur.
Avion monoplace, biplace, multiplace. / Avion monoplan, biplan, sesquiplan. / Avion-canard (stabilisateur à l'avant du fuselage). / Avion sans queue. Aile volante. / Hydravion à coque, à flotteurs. Avion amphibie. Avion embarqué.
Avion à décollage et atterrissage court, à décollage et atterrissage vertical. Hélicoptère. / Avionnette ou aviette. / Avion léger. Avion lourd. / Avion subsonique, supersonique. / Avion-fusée. / Zinc (pop.). Taxi (pop.). Coucou (fam.).
Autonomie. Rayon d'action. Plafond. Vitesse de croisière.
Emplois. Avions militaires (v. AVIATION). Avion de tourisme. Avion de ligne. Avion sanitaire. Avion-école. Avion-citerne ou avion ravitailleur. / Kamikaze (avion-suicide au Japon).

Éléments constitutifs. *Cellule.* *Voilure* ou *surfaces portantes.* Aile. Aile cantilever (sans haubans) basse, médiane, haute. Aile droite, en flèche, delta, à géométrie variable (dont la forme change en vol). / Envergure, profondeur, allongement, dièdre de l'aile. Charge alaire. Empennage horizontal, vertical. Stabilisateur. Gouverne de direction, de profondeur. Elevon. / Dispositifs hypersustentateurs. Volets. Ailerons. Aérofrein ou frein aérodynamique.
Fuselage. Nez. Capot. Carlingue. Cockpit. Poste de pilotage. Cabine. Soute. Trappe-escalier.

Groupe propulseur. Propulseur à hélice. Hélice bipale, tripale, quadripale. Hélice à pas variable. Hélice coaxiale, contrarotative. / Propulsion par réaction (v. MOTEUR).
Train d'atterrissage. Atterrisseur à deux roues, tricycle, monotrace à balancines (roues en tandem). Atterrisseur à diabolo (à roues jumelées). Atterrisseur escamotable. Béquille. Roulette de queue. / Skis. Patins. Flotteurs. / Freins. Parachute-frein.

Équipements. Siège éjectable. / Palonnier. Volant. Manche à balai. Double commande. Pilote automatique. Compas (v. BOUSSOLE). Badin, machmètre (pour mesurer la vitesse). Altimètre. Clinomètre. Aides à la navigation (v. RADIONAVIGATION). Navigraphe. Dérivomètre.
Climatisation. Pressurisation. Masque à oxygène. Antigivreurs. Dégivreurs.

Sciences et techniques. V. AÉRONAUTIQUE.

avis

(de [*ce m'est*] *à vis;* lat. *mihi est visum,* il m'a semblé bon)

Opinion exprimée par quelqu'un. *Donner, faire connaître son avis.* Sentiment. Opinion. Point de vue. Façon de voir. Façon de penser. Pensée. / *Être de l'avis de quelqu'un. Se ranger à l'avis de quelqu'un.* Abonder dans le sens de. / *Changer d'avis.* Se raviser. Se déjuger.

Information donnée ou reçue. *Avis officiel. Avis au public. Avis par affiche.* Communiqué. Information. Communication. Nouvelle. Annonce. Avertissement. Notification. / *Sauf avis contraire.* Sauf contrordre.
AVISER (informer par un avis). Avertir. Prévenir. Porter à la connaissance de. Notifier. Faire savoir.

avocat

(du lat. *advocatus*)

Juriste qui représente en justice les plaideurs. Avocat stagiaire. Avocat-conseil. Avocat consultant. Avocat d'office. Avocat au Conseil d'Etat, à la Cour de cassation.

La profession. Etudes juridiques. Licence, doctorat en droit. Stage. Présentation. Prestation de serment. Cabinet. Palais de justice. Barreau. Conseil de l'ordre. Bâtonnier. Conférence des avocats. Révocation. Radiation. / Parlote (local où les avocats s'entretiennent au palais). / Costume. Robe. Epitoge. Toque.

Actes de la profession. Consultation. Conseils. / Etre commis d'office. Se présenter à la barre. Représenter. Plaider. Défendre. Défense. Défenseur. / Dossier. Cause. Affaire. Plaidoirie. / Honoraires.

avouer

(du lat. *advocare*)

Reconnaître pour vrai. *Avouer une chose. Avouer que.* Admettre. Accorder. Tomber d'accord. Convenir de. Concéder. Déclarer. Reconnaître la vérité. Se rendre à la vérité, à l'évidence. Ne pas nier. Ne pas contester.
AVEU. Reconnaissance. Déclaration.

Reconnaître une faute. *Avouer un péché, une faute.* S'accuser de. Confesser. Battre sa coulpe. Faire son mea-culpa. / *Avouer un crime.* Ne pas cacher.
AVEU. *Passer aux aveux.* Révéler. Faire des révélations. Vider son sac (fam.). Cracher le morceau (pop.). Se mettre à table (pop.).

B

bagage (s)
(de l'angl. *bag*, sac, ou du scand. *baggi*, paquet)

Ensemble des objets qu'on emporte avec soi en voyage. Affaires. Vêtements. Linge. Chaussures. / Appareil de photo. Caméra. / *Un bagage encombrant.* Attirail (fam.). Fourniment. Fourbi (pop.). Bazar (pop.). / *Faire ses bagages.* Faire ses malles. Faire sa valise.

Ce qui contient les affaires qu'on emporte. Malle. Malle de cabine. Cantine. Mallette. Valise. Fourre-tout. Sac de voyage. Sac à dos ou sac d'alpinisme. / Serviette. Attaché-case. Sacoche.

Transport des bagages. Porte-bagages. Galerie. Coffre à bagages (automobile). / Fourgon. Chariot. Camion. Camionnette. / Soute à bagages. / Transport par voie de terre, par voie ferrée, par mer, par air. / Portage. Porteur. Bagagiste. Commissionnaire. / Expédition. Enregistrement. Bulletin. Excédent. Consigne. Livraison. Messageries.

bagarre
(du provenç. *bagarro*, tumulte)

Échange d'injures et de coups. *Provoquer, déclencher une bagarre.* Bataille. Rixe. Mêlée. Echauffourée.

Se bagarrer. Se battre. En venir aux mains. Echanger des coups. En découdre (littér.). Se colleter (fam.). S'empoigner. Se taper dessus (pop.). Se bûcher (pop.). Se tabasser (pop.). Se crocheter (pop.). Se bigorner (pop.).
BAGARREUR. Batailleur. Querelleur.

Lutte, polémique violente. *Aimer la bagarre* (fam.). Querelle. Dispute.

bagatelle
(de l'ital. *bagatella*, tour de bateleur)

Objet de peu de valeur. *Acheter une bagatelle.* Babiole. Amusette. Bibelot. Colifichet. Brimborion. Bricole (fam.).

Chose sans importance. *Se fâcher pour une bagatelle.* Rien. Vétille. Fadaise. Futilité. Bêtise (fam.). Broutille. / *Perdre son temps à des bagatelles.* Muser. Musarder. Flâner. Traîner.

bain
(du lat. *balneum*)

Immersion du corps ou d'une partie du corps dans un liquide. Bain chaud, froid, tiède. / *Bain de mer, de rivière.* Baignade. / *Bain très court.* Trempette (fam.).
Costume de bain. Maillot. Caleçon. Slip. Deux-pièces. Bikini. Monokini. / Bonnet. / Serviette. Sortie de bain. Peignoir. / Cabine de bain.

Se baigner. Prendre un bain. Nager. Barboter (fam.). Faire trempette (fam.). / Station balnéaire. Bord de la mer. Plage. / Piscine. Petit bain. Grand bain. / Bains-douches publics. / Baigneur.

Hygiène et traitement par les bains. Bain entier. Bain local. Demi-bain. Bain de siège. Bain de pieds. / Douche en pluie, horizontale, descendante. Douche écossaise (alternativement chaude et froide).
Bains médicamenteux. Balnéation. Balnéothérapie. Hydrothérapie. / Bain alcalin. Bain au permanganate de potassium. Bain sinapisé (farine de moutarde). Bain sulfureux. Bain d'eau minérale, etc.
Bain de vapeur. Etuve. Bain finnois ou sauna. Bain turc, maure. Hammam. / Bains (solides) de boues minérales.
Etablissement thermal. Faire une cure thermale. Station thermale. Curiste. / Thalassothérapie (emploi thérapeutique des bains de mer). / *Bains de soleil.* Héliothérapie. Bronzer. Brunir. Bronzage. Brunissage.
Bains romains. Thermes. Frigidarium. Tepidarium. Caldarium.

Matériel de bains. Salle de bains. Salle d'eau. Installation sanitaire. Baignoire. Appareil à douches. Tub. Bidet. / Chauffe-eau.

baisser
(du lat. pop. *bassiare*)

Mettre à un niveau plus bas. *Baisser un levier, un store.* Abaisser. Descendre. Faire descendre. Rabattre.

Se baisser. *Se baisser* (en parlant d'une chose). S'abaisser. Descendre. / Abaissable.

Diriger vers le sol. *Baiser la tête.* Courber. Pencher. Incliner. Fléchir. / *Baisser les yeux.* Regarder vers la terre.

Se baisser. S'incliner. Se courber. Se pencher.

Diminuer la force, l'importance, la valeur d'une chose. *Baisser la voix, le ton.* Parler moins fort. Parler à voix basse. / *Baisser le prix d'une marchandise.* Vendre moins cher. Vendre au rabais.

BAISSE. *Baisse d'un tarif, d'une redevance.* Abaissement. Diminution.

Diminuer de hauteur, de force, de valeur. *Baisser* (en parlant de la mer). Descendre. Refluer. / Marée descendante. Reflux. Jusant. / *Baisser* (en parlant du jour, des forces d'une personne). Décliner. Décroître. Faiblir. / *Baisser* (en parlant d'une personne). S'affaiblir. Décliner. Perdre de sa vigueur, de ses forces. / *Baisser* (en parlant d'une marchandise, d'un tarif). Valoir moins cher. S'effondrer.

BAISSE. *Baisse des prix.* Diminution. Rabais. / *Baisse des cours à la Bourse.* Chute. Effondrement. Krach.

balance
(du lat. *bis,* deux fois, et *lanx,* plateau)

Instrument qui sert à peser. *Balance à bras égaux.* Balance à colonne. Balance à fléau. Trébuchet. Balance de Roberval. / *Balance à levier* (*à bras inégaux*). Bascule. Bascule romaine. Bascule du commerce, de Quintenz, à curseur. Pont-bascule. / *Balance à ressort.* Peson (dynamomètre à ressort).

Balances spéciales. Pesette (pour monnaies et bijoux). / Pèse-lettre. Pèse-denrées. Pèse-bébé. Pèse-personne. / Balance automatique. Balance enregistreuse.

Balances scientifiques. Microbalance. Balance à fil de torsion. Balance électromagnétique. Balance hydrostatique. Balance aérodynamique. Gravimètre (pour mesurer la pesanteur).

Éléments des balances. Colonne. Fléau. Couteaux. Plateaux. Aiguille. Crochet. Poids. Tablier ou plate-forme. Levier. Contrepoids. Cadran.

Usage d'une balance. Pesée. Peser. Peseur. / Tare. Tarer. Equilibrer. Contrebalancer. / Trébucher (faire pencher la balance).

Qualités et défauts d'une balance. Fidélité (la même pesée donne toujours le même résultat). Justesse (équilibre parfait avec deux masses égales dans les deux plateaux). Précision et sensibilité (une faible surcharge dans un plateau provoque un grand déplacement de l'aiguille). Balance folle (qui bascule à la moindre surcharge).

balancer
(de *balance*)

Remuer alternativement d'un côté et de l'autre. *Balancer un objet.* Faire osciller. Faire aller et venir. Faire aller de droite et de gauche. / *Balancer un enfant dans un berceau.* Bercer. / *Balancer les bras, les jambes.* Agiter. Mouvoir. / *Balancer doucement la tête.* Dodeliner. Branler.

BALANCEMENT. Mouvement de va-et-vient, de bascule. Oscillation. Battement. Roulis (de babord à tribord). Tangage (d'avant en arrière). Lacet (mouvement de locomotive). / *Etre agité d'un balancement saccadé.* Bringuebaler.

BALANÇOIRE. Escarpolette. Fauteuil à bascule. Rocking-chair.

Se balancer. *Se balancer* (en parlant d'un bateau). Rouler. Tanguer. / *Se balancer en marchant.* Se dandiner. Se tortiller. Se déhancher. / Dandinement. Déhanchement.

Jeter. *Balancer quelque chose à la tête de quelqu'un* (fam.). Envoyer. Lancer. Flanquer (fam.).

Se débarrasser de quelque chose ou de quelqu'un (fam.). *Balancer de vieux livres, de vieux meubles.* Bazarder (fam.). Vendre. Jeter. / *Balancer un employé* (fam.). Renvoyer (v. ce mot).

balayer
(de *balai,* mot breton signif. *genêt*)

Nettoyer avec un balai. *Balayer une pièce.* Nettoyer. Donner un coup de balai. / *Balayer la poussière.* Enlever. / *Balayer les rues.* Enlever les ordures.

BALAYEUR. Eboueur. Boueur. Boueux (fam.). / Balayeuse mécanique. Arroseuse-balayeuse.

BALAYURES. Ordures. Détritus. Immondices. Déchets.

BALAI. Balai de crin, de genêt, de chiendent, de bouleau, de paille (de riz, de sorgho, de coco), de Nylon, de soie. Balai à franges. / Balai-brosse. Balai mécanique. Aspirateur-balai. / Tête-de-loup. / Faubert, vadrouille (balais de bateau). / Petit balai. Balayette.

Faire disparaître. *Balayer les nuages* (en parlant du vent). Disperser. Chasser. / *Balayer tout sur son passage.* Emporter. / *Balayer des obstacles, des préjugés.* Ecarter. Rejeter. Repousser. Supprimer. Se débarrasser de.

Se séparer de quelqu'un. *Balayer du personnel* (fam.). Renvoyer.

balle et ballon

(de l'ital. *palla, pallone*)

Boule élastique utilisée dans de nombreux jeux. Jouer à la balle, au ballon. / *Envoyer, lancer, passer une balle.* Crosser (au hockey). / *Arrêter une balle.* Bloquer. Contrôler. Cueillir au vol.. Recevoir. Prendre la balle au bond, à la volée. / Relancer. Renvoyer. / Faire des balles (échanger des balles sans compter les points). / Balle au camp, au chasseur, au mur.
Balle de caoutchouc durci. Balle mousse. Balle de Celluloïd, de liège. / Ballon en cuir, en caoutchouc. Vessie.

Golf. Golfeur. / Terrain ou links. Course. Parcours. Obstacles naturels (ruisseaux, mamelons, bosquets). Obstacles artificiels. Bunkers (creux sablonneux). / 18 trous (quelquefois 27 ou 36). Fairway (surface gazonnée). Green (pelouse d'arrivée). Rough (surface non entretenue). Approche. Putt (coup joué sur le green).
Matériel. Balle. / Canne ou club. Cannes en bois : driver, brassie, spoon, cleek. / Cannes à têtes métalliques : driving iron, midiron, midmashie, mashie iron, mashie, spade mashie, mashie niblick lofter, niblick, wedge, putter. / Tee (petit support pour la balle sur les départs).
Frappe de la balle. Grip (position des mains). Stance (position des pieds). / Drive (coup long). Swing (mouvement de balancement du joueur qui frappe la balle).
Camp. Joueur. Partenaire. Caddie (porteur de cannes). / Par (score théorique d'un bon joueur). Bogey (score du joueur ordinaire). Scratch score (score d'un joueur à handicap zéro). / Partie. Medal play (addition des coups de chaque trou). Match play (compétition par trou). / Golf miniature ou petit golf.

Hockey sur gazon. Hockeyeur. Equipe (11 joueurs). Terrain (longueur 91,40 m, largeur entre 50 et 55 m). Lignes de côté. Lignes de but. Ligne du centre. Lignes des 22,90 m. Lignes des 6,40 m. Cercle d'envoi. / Crosse ou stick. / Crosser la balle. Coup franc. Coup de coin ou corner. Coup de pénalité.

Pelote basque. Joueur. Pelotari, ou pilotari.
Jeux directs (adversaires placés face à face). Plaza. Terrain ou cancha (80 à 110 m de long, 17 m de large). Rebot. Ligne médiane (paso marra). Butoir. Mur de rebot. Carré du barne. / Buteur. Refileur.
Jeux de blaid ou jeux indirects (face à un fronton fermé). Fronton. Trinquet. Sare (filet). Berritz (balle à remettre). Main nue. Pala (palette en bois). Paleta. Raquette argentine. Petit chistera (gant) ou yoko-garbi. Grand chistera.

Tennis ou lawn-tennis. Court. Terrain (23,77 m de long ; 8,23 m de large ; deux couloirs de 1,37 m pour le double). / Terre battue. Ciment. Gazon roulé. Plancher en bois. / Filet (91,5 cm de haut). Câble. Poteau. / Ligne de côté. Ligne de service. Ligne de fond.
Coups. Service (mise en jeu). Coup droit (ou drive). Revers. Volée. Volée haute. Volée basse. Demi-volée. Smash (coup assené pour écraser la balle). Smasher. Lob (chandelle). Lober. Chop (coup droit coupé). Drop-shot ou amorti. Passing-shot (drive ou revers très rapide). / Couper une balle. Lifter. Lift. Effet. / Balle let (qui touche le filet).
Simple (partie à deux joueurs). Double (partie à quatre joueurs). / Balle de service. Serveur ou servant. Relanceur. / Jeu (15. 30. 40. Egalité. Avantage). Manche ou set. / Coupe Davis. / Tournoi open. / Joueur, joueuse de tennis. Tennisman, tenniswoman (vx).
Raquette. Cadre. Cordes (boyau de Nylon). Cordage. Tension. / Presse-raquette.

Jeu de paume. *Longue paume.* Terrain en plein air (70 à 80 m de long et 14 m de large). Corde (ligne qui sépare les deux parties du terrain). Partie à enlever. Partie à terrer.
Courte paume. Jeu carré (vx). Jeu du dedans et du tambour (le seul pratiqué de nos jours). Terrain clos et couvert (28,50 m de long et 9,50 m de large).

Tennis de table ou ping-pong. Table (274 cm de long et 152 cm de large). Coups (comme au tennis). Raquette pleine (revêtue de caoutchouc). Balle en Celluloïd. / Pongiste (joueur).

Basket-ball (balle au panier). Basketteur. Equipe (5 joueurs : 2 ailiers, 2 arrières, 1 centre; 7 remplaçants). / Terrain. Plancher (longueur, 24 à 28 m; largeur, 13 à 15 m). Ligne de fond (ou de bout). Ligne de touche. Ligne médiane. Cercle central. Cercle restrictif. Ligne des coups francs. Couloir des lancers francs. / Panneaux. Poteaux. Paniers.
Partie (deux mi-temps de 20 mn). Marque (1 panier : 2 points; 1 coup franc : 1 point). / Passer. Dribbler. Pivoter. / Lancer franc. Tir au panier. / Touche.

Football. Ballon rond. Footballeur. Equipe (11 joueurs : 2 avants, 4 demis, 4 arrières, 1 gardien de but ou goal). *Terrain* (entre 90 et 120 m de long, entre 45 et 90 m de large). Ligne de but. Ligne de touche. Ligne médiane. Centre. Surface de but. Surface de réparation. Portique. Bois. But. Cage (fam.). Lucarne (chacun des angles supérieurs du portique). Barre. Montant.
Partie (deux périodes de 45 mn, arrêt de 15 mn ou mi-temps). Arbitre. Juges de touches. Ramasseur de balle. Coup d'envoi. Coup de pied de but. Coup de pied de coin ou corner. Hors-jeu ou offside. Coup franc. Coup de réparation ou penalty. Point de réparation (à 11 m du but). Passe. Dribbling ou dribble. Tackle. Feinte. Shoot (vx). Tir (au but). / Passer. Dribbler. Feinter. Contrôler. Bloquer. Botter. Tirer (au but). Shooter (vx). Marquer un adversaire. Marquer un but. Se démarquer. Faire une tête. Marquer de la tête. Bétonner.

Handball. Equipe de 11 joueurs. Terrain (de 90 à 110 m de long, 55 à 65 m de large). Surface de but. Ligne des 14 m. Ligne : de secteur, de milieu. Cercle d'engagement. / Equipe de 7 joueurs. Terrain (de 30 à 50 m de long, de 15 à 25 m de large). Marque du jet de 7 m. Ligne de jet franc.

Rugby. Ballon ovale. Rugbyman. / Jeu à 15 (1 arrière, 4 trois-quarts [2 centres, 2 ailiers : trois-quarts centre et trois-quarts aile], 2 demis [de mêlée, d'ouverture], 8 avants [pack]). Pilier. Talonneur. Troisième ligne. Deuxième ligne. Première ligne. / Terrain (entre 95 et 100 m de long; de 66 à 68,57 m de large). Ligne de ballon mort. En-but. Lignes de but. Lignes des 22, des 10, des 5, des 50 m. Poteaux. Barre.
Partie (deux périodes de 40 mn, arrêt de 5 mn). Coup d'envoi. Coup de renvoi. Coup franc. Coup de pied de pénalité. Coup de pied tombé ou drop-goal. Coup de pied à suivre. En-avant. Passe en avant. Rebond. Hors-jeu. Arrêt de volée. Passe. Placage. Plaquer. Touche : longue, courte. Mêlée. Sortie de but. Renvoi aux 22 m. / Points. Essai (3 points, au rugby à 15). Essai transformé (2 points supplémentaires). But (3 points). / Aller à l'essai. Marquer : en coin, entre les poteaux. / Jeu à 13 (6 avants au lieu de 8). Tenu.

Volley-ball. Volleyeur. / Terrain (18 m de long, 9 m de large). Filet. Poteaux. Surface de service. Ligne de fond. Ligne d'attaque. Ligne centrale. / Equipe (6 joueurs et remplaçants).
Partie. Manche (15 points). / Service. Passes. Smash. Contre. Mur. Lob.

banal

Très commun. *Un cas banal.* Courant. Fréquent. Insignifiant. Qui se voit partout.

Sans originalité. *Une réflexion banale. Un raisonnement banal.* Ordinaire. Plat. Quelconque (fam.). / *Un sujet banal.* Rebattu. Usé. Eculé (fam.).
Tenir des propos banals. Dire des banalités.
BANALEMENT. *Agir banalement.* Faire comme tout le monde. Suivre les chemins, les sentiers battus.
BANALITÉ. Platitude. Poncif. Cliché. Lieu commun.

1. bande
(du germ. *binda,* lien)

Morceau de papier, de tissu, de cuir, etc., plus long que large, qui sert à maintenir, à recouvrir quelque chose. *Bandes d'étoffe.* Bandeau. Bandelette. Bande de pansement. Cordon. Galon. Lé. Sangle. Ruban. Lien. Patte d'étoffe. / *Bandes de cuir.* Buffleterie. Baudrier. Bandoulière. Ceinture. Courroie. Lanière.

Objets en forme de bande. Bandereau (de trompette). Banderole ou flamme (pavillon). Brassard. Echarpe. Etole. Ephod. Fanon (de mitre). Diadème. Serre-tête. Patte d'épaule. Bretelle. Jarretière. Jarretelle. Sautoir. Sous-pied. / Bande de terrain. Plate-bande.
Bande magnétique. Bande perforée. Bande sonore. / Bande dessinée, illustrée.
BANDAGE (ensemble de bandes chirurgicales). Bandage simple, composé. Bandage de protection, de contention, de compression. Bandage circulaire, oblique, croisé en T, croisé en X, en bourse, en

spires ou spica. / Bandage mécanique, orthopédique. Ceinture. Corset. Suspensoir. Bandage herniaire.

BANDER. *Bander une plaie, une blessure.* Panser. Ligaturer.

BANDAGISTE. Orthopédiste. / Orthopédie.

2. bande

(de l'ital. *banda*)

Groupe de personnes, d'animaux qui vont ensemble, qui sont réunis. *Une bande de touristes, d'écoliers.* Rassemblement. Foule. Troupe (vx). Ribambelle. Caravane. Cohorte. / *Une bande de voleurs.* Gang. / *Faire bande à part.* Se tenir à l'écart. / *Une bande secrète de malfaiteurs.* Maffia (ou mafia). / *Une bande d'oiseaux.* Volée. Compagnie. / *Une bande de chiens.* Meute.

bandit

(de l'ital. *bandito,* hors la loi)

Individu qui se livre à des attaques à main armée. Malfaiteur. Gangster. Malfrat. Truand. Voleur. Cambrioleur. Pillard. Racketteur. Pirate de l'air. Criminel. Assassin. / *Termes anciens.* Flibustier. Routier. Malandrin. Bandoulier. Chauffeur. Brigand. Gibier de potence. Pirate. Ecumeur de mer. Escarpe. Apache.

Méfaits des bandits. Attaque à main armée. Agression. Hold-up. Rapt. Enlèvement. Kidnapping. / Vol. Cambriolage. Fric-frac (pop.). Casse (argot). / Viol. / Pillage. / Brigandage. Chantage. Racket (extorsion de fonds sous la menace). Prise d'otages. / Meurtre. Crime.

BANDITISME. Gangstérisme. Brigandage.

Individu malhonnête, sans moralité (fam.). Chenapan. Sacripant. Vaurien. Mauvais sujet. Mauvais garnement. Scélérat (vx). Filou. Fripon. Crapule. Voyou. Homme de sac et de corde.

banque

(de l'ital. *banca,* comptoir de changeur)

Commerce de l'argent. Institut d'émission. Banque d'émission. Banque de France. Etablissement de crédit. Banque d'affaires. Banque de crédit à long et moyen terme. Banque de dépôts. Banque centrale. Etablissement financier. Marché financier. Marché monétaire. Banque populaire. Caisse d'épargne.

Banquier. Bancaire. Financier. Finance. Siège. Place. Succursale. Guichet. Agence. Sous-agence. Comptoir. Bureau de quartier. / Démarcher. Démarchage. Démarche. / Conditions. Intérêt. Commission. Tarif. Taux. Barème. Couverture. Provision. Signature. Dossier. Bordereau. Liquidités. Trésorerie.

Compte. Compte courant. Mouvement de compte. Compenser. Chambre de compensation. Prélever. Prélèvement. Novation. Opposition. Echéance. Arrêté de compte. Position. Solde. Contre-passation. Apurer. Apurement.

Paiement. Acquit. Caisse. Caissier. Encaisse. Fonds. Espèces. Papier-monnaie. Billet de banque. Coupure. Monnaie. Devise. Monnaie fiduciaire. Monnaie scripturale.

Dépôt. Dépôt à vue. Dépôt à terme. Compte à préavis. Déposer. Déposant. Créditeur. Epargne. Avoir. Disponible. Disponibilités. Livret. Bon de caisse. Appoint. Exigibilités. Blocage de compte. Compte bloqué.

Crédit. Crédit à court terme, à moyen terme, à long terme. Crédit de campagne. Crédit à l'exportation. Crédit documentaire. Crédit d'équipement. Crédit-bail. Crédit de fonctionnement.

Financer. Financement. Avance sur titres, sur marchandises, sur marché, sur encaissements. Facilités de caisse. Ouverture de crédit. Prêt. Découvert. Débit. Débiteur. Agio. Emploi. Remploi. Confirmation. Fonds de roulement. Besoins en fonds de roulement. Exigible. Amortir. Amortissement.

Engagement. Risque. Sûreté. Garantie. Gage. Caution. Couvrir. Couverture. Assurance-crédit. Chef de file. Pool bancaire.

Papier. Billet à ordre. Effet. Lettre de change. Traite. Traite documentaire. Broche. Warrant. Warranter. Warrantage. Tirer. Tirer à vue. Tireur. Tiré. Accepter. Acceptation. Avaliser. Aval. Avaliste. Endos. Endosser. Endossement. Endosseur. Endossataire. Portefeuille. Nourrir. Pension. Echéance. Cavalerie. Bancable. Escomptable. Escompter. Escompte. Escompteur. Mobilisable. Mobiliser. Mobilisation. Eligible. Réescomptable. Réescompter. Réescompte. Plancher. Plafond. Présenter. Rembourser. Remboursement. Renouveler. Renouvellement. Protestable. Protester. Protêt. Recours du porteur.

Services. Chèque. Carnet de chèques. Chéquier. Barrer. Barrement. Remise. Remettant. Versement. Coffre-fort. Garde de titres. Droits de garde. Transfert. Virement de titres.

Carte de crédit. Chèque de voyage ou traveller's cheque. Change. Lettre de crédit. Accréditif. Accréditeur. Accrédité. Mandat. Domicilier. Domiciliation. Domiciliataire. Remise documentaire. Présenter. Présentation. Encaisser. Encaissement. Recette. Avis d'encaissement. Virement. Prélever. Prélèvement. Avis de prélèvement.

Opérations financières. Syndicat. Syndicataire. Emission. Placer. Placement. Souscription. Emprunt. Annuité. Amortir. Amortissement. Rembourser. Remboursement. Classement de titres. Regroupement. Recouponnement. Renouvellement. Transfert.

baptême

(du gr. *baptisma*, action de baigner)

Sacrement de la religion chrétienne. Donner, conférer le baptême. / Baptême par immersion (dans la primitive Eglise). Baptême par affusion (eau versée sur la tête du baptisé). Baptême par aspersion (eau jetée sur la personne du baptisé). / Ondoiement (baptême sans les rites et les prières). / Catéchumène (personne qui se prépare au baptême).
L'eau baptismale (eau naturelle). Le sel. Le saint chrême (mélange d'huile et de baume). / Robe baptismale. Chrémeau (bonnet). / Fonts baptismaux. Baptistère. / Registre baptistaire. Extrait de baptême.
BAPTISÉ. Enfant de Dieu et de l'Eglise. / Vœux et engagements. Renoncer à Satan, à ses pompes, à ses œuvres. / Filleul, filleule.

Répondants. Parrain. Marraine. Parrainage. Tenir un enfant sur les fonts baptismaux.

Sectes religieuses. Anabaptistes (jugent nul le baptême des enfants). Baptistes (le baptême ne doit être conféré qu'aux adultes).

barbare

(du lat. *barbarus;* en gr. *barbaros*, étranger)

Qui agit avec brutalité, cruauté. *Un peuple barbare.* Cruel. Inhumain. Féroce. Vandale. Non civilisé.
Les invasions barbares. Cimbres. Teutons. Huns. Vandales. Ostrogoths. Wisigoths. / Horde. Tribu.
BARBARIE. Férocité. Cruauté. Sauvagerie. / *Retour à la barbarie.* Vandalisme. Déportations massives. Génocide.

Contraire aux règles, aux usages d'une époque, d'une civilisation. *Des manières barbares. Un comportement barbare.* Rude. Incorrect. Grossier.

barbe

(du lat. *barba;* en gr. *pôgôn*)

Poils du menton, des joues. Avoir de la barbe. / *Barbe naissante.* Duvet. Poil follet. / Barbe fournie, dure. Barbe de sapeur. / Barbe rare, clairsemée. / Barbe blanche, chenue. / *Visage sans barbe.* Imberbe. Glabre. Menton vierge. / *Un homme à barbe.* Barbu. / *Se faire la barbe.* Se raser. / Rasoir à main (lame rentrant dans le manche). / Cuir à rasoir. Blaireau. Savon, crème à raser. / Rasoir mécanique, de sûreté (à lame amovible). / Rasoir électrique.

Port de la barbe. Porter toute sa barbe. Laisser pousser sa barbe. Tailler sa barbe. / Barbe longue, touffue. Barbe fourchue, à deux pointes / *Petite barbe en pointe.* Barbiche. Barbichette (fam.). Bouc. Impériale (petite touffe de poils sous la lèvre inférieure). / Barbe carrée. Barbe en collier, en fer à cheval. Collier. / Favoris (poils qu'on laisse pousser sur les joues). Côtelettes (vx). Pattes de lapin. Rouflaquettes (pop.).
Poils de la lèvre supérieure. Moustache. Moustaches à la gauloise, en croc. Bacchantes ou bacantes (pop.). / Lisser, tortiller sa moustache. / Moustachu.

barre

(du lat. pop. *barra*)

Pièce de bois, de métal longue et étroite. *Une barre de bois* Baguette. Bâton. / *Barre de fer.* Levier. Tige. / *Barre d'une fenêtre.* Croisillon. Meneau. / *Barre d'une grille.* Barreau. / Barre du gouvernail (levier qui l'actionne).
BARRER. *Barrer une route.* Couper. Boucher. Obstruer. / *Barrer un bateau.* Diriger. Gouverner. / Barreur.

Ligne en forme de barre. *La barre d'un T. Une barre de soustraction.* Trait. / Bâton (trait vertical des enfants qui apprennent à écrire).
BARRER. *Barrer un mot, un nom.* Rayer. Supprimer. Effacer. Biffer.

Objets en forme de barre. Arbre (en mécanique). Axe. Barre de direction (d'une automobile). Barre fixe. Barres parallèles (en gymnastique). Barreau (de chaise). Barreau (d'échelle). Perche.

bas adj. adv. et n.
(du bas lat. *bassus,* bas et gros)

Qui a peu de hauteur (dans l'espace, dans l'échelle des sons). *Un mur bas.* Peu élevé. Ecrasé. / *Un ton bas.* Grave. / *Parler à voix basse.* Chuchoter. Murmurer. Marmonner. Dire des messes basses.

Incliné vers le sol. *Marcher la tête basse.* Penché. Baissé.

Peu élevé dans l'échelle des valeurs, dans la hiérarchie. *Bas prix.* Modéré. Modique. Vil. Inférieur. Moindre. Bon marché.

Qui manque de dignité. *Basse besogne.* Indigne. Avilissant. Dégradant. / *Basse flatterie. Basse complaisance.* Servile. Lâche. Plat. / *Basse vengeance.* Infâme. Honteux. Ignoble. Odieux. Abject. Vil.

BASSEMENT. Honteusement. Lâchement. Ignoblement. Abjectement. Indignement. Platement. Servilement.

BASSESSE. Abjection. Honte. Infamie. Abaissement. Avilissement. Lâcheté. Servilité. Platitude. Turpitude. Vilenie.

Bas (adv.). *Mettre bas les armes.* Déposer / *Mettre plus bas.* Baisser. Abaisser. Descendre. / *Parler bas.* A voix basse. / *Etre bien bas* (en parlant d'une personne). Etre bien malade. Abattu. Prostré. Déprimé.

Mettre bas (en parlant des femelles de certains animaux). Faire un petit, des petits. / *Mise bas.* Parturition.

À BAS. *Tomber à bas de son cheval.* Faire une chute. / *Mettre, jeter à bas.* Renverser. Abattre. Démolir.

Bas (n. m.). *Le bas d'un mur.* Base. Pied. Assise. Soubassement. Partie inférieure. / *Des hauts et des bas.* Alternatives de moments heureux et malheureux.

base
(du lat. et du gr. *basis,* point d'appui)

Partie inférieure d'un corps sur laquelle il repose. *Base d'une construction, d'un édifice.* Fondations. Infrastructure. Assise. Assiette. Sous-œuvre. Soubassement. / *Base en saillie.* Embase. Empattement.

Base d'une colonne. Support. Piédestal. Tablier de piédestal. Stylobate (base de colonnade). Tore (moulure à la base d'une colonne). / *Base d'une statue.* Socle. Piédouche.

Principe fondamental. *La base d'un raisonnement.* Point de départ. Principes. / *La base d'une science, d'un système.* Assise. Fondement. Substrat. Origines. Commencement. / *La base d'une chose abstraite.* Support. Source. Clef de voûte. Pierre angulaire. Pivot. Centre. / *Ce qui sert de base à un jugement.* Critère.

BASER (faire reposer sur une base). *Baser un témoignage sur des faits.* Etablir. Fonder. Echafauder. Appuyer.

Se baser. S'appuyer. Se fonder. Partir de.

bateau
(de l'anc. angl. *bât ;* en lat. *navis ;* en gr. *naus*)

Engin ou appareil destiné à la navigation. *Termes généraux.* Bâtiment (construction navale flottante). Navire (bâtiment important ; terme juridique, administratif). Embarcation (petit bateau allant à la voile, au moteur ou à l'aviron). Vaisseau (bateau de guerre ancien). Esquif (littér.). Nacelle (poét.). Nef (vx). *Termes familiers.* Rafiot. Hourque. Baille.

Types de bateaux. Bateau de guerre. Bateau de commerce ou bateau marchand. Bateau de transport, de pêche. Bateau de plaisance, de promenade.

Bateau à voile, à moteur, à vapeur, à propulsion nucléaire. Bateau à aile portante, ou hydroptère, ou aquaplane. Bateau à réaction ou hydrojet. Bateau à coussin d'air. Aéroglisseur. Hydroglisseur. Bâtiment naviguant à l'aviron ou embarcation.

Bateau à fond plat, à fond de verre. Bâtiment à double coque ou catamaran. Bateau à triple coque ou trimaran. Sous-marin. Submersible. Bathyscaphe. Bâtiment amphibie. / Bateau ponté et non ponté.

Bateaux de guerre contemporains. Porte-avions. Porte-hélicoptères. Croiseur. Frégate. Corvette. Escorteur. Aviso. Patrouilleur. Chasseur, ou dragueur de mines. Vedette rapide. Bâtiment lance-missiles. Bâtiments et chalands de débarquement. Transport de chalands de débarquement. Bâtiment de soutien logistique. Navire-atelier. Navire pétrolier, ravitailleur d'escadre. Sous-marin de chasse ou d'attaque. Sous-marin lance-missiles. Bâtiment de servitude. Transport de personnel ou de troupes.

Embarcations. Barque. Radeau. Chaloupe. Baleinière. Doris. Prame. Plate. Annexe. Youyou. / Embarcation de sauvetage. Canot pneumatique. Canot automobile. Vedette. Hors-bord.

Bateaux de commerce ou *bateaux marchands.* Paquebot. Steamer (vx). Trans-

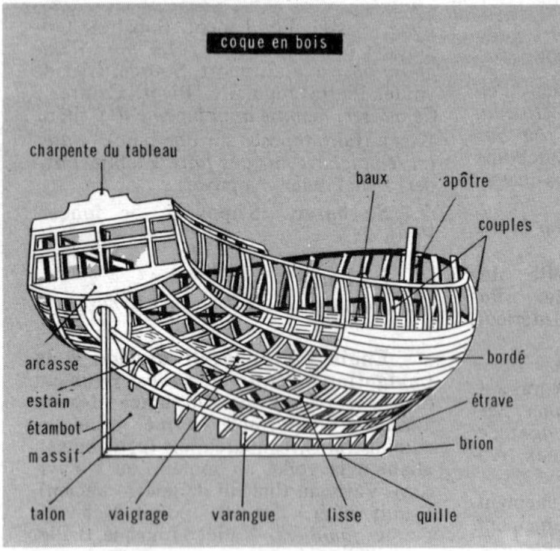

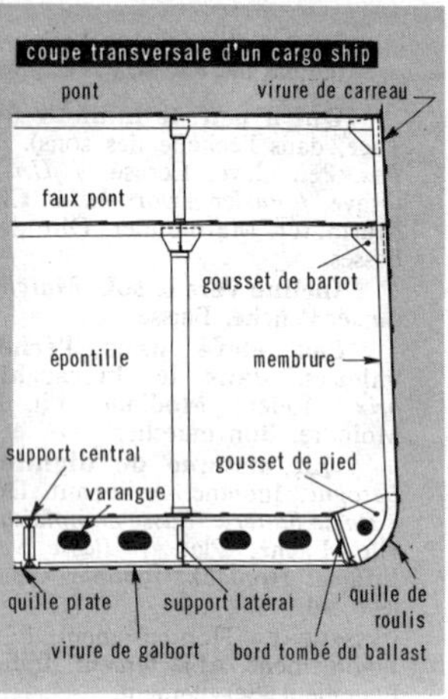

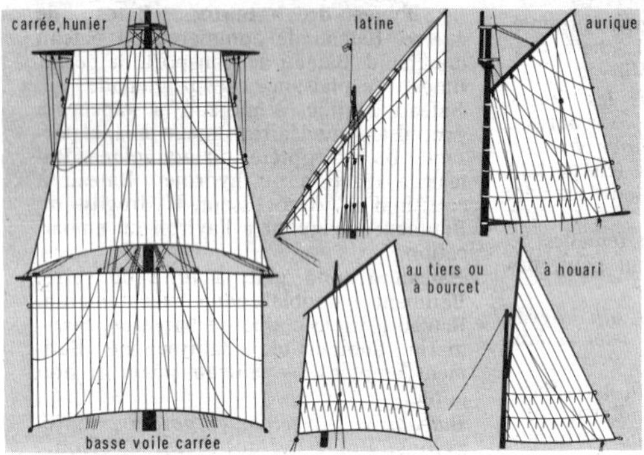

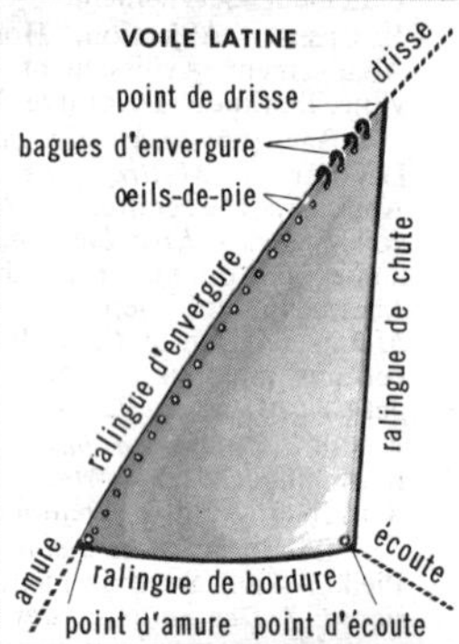

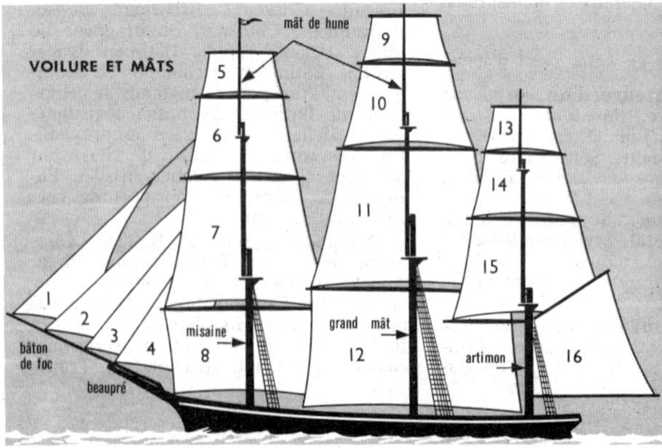

1. Clinfoc
2. Petit foc
3. Grand foc
4. Trinquette
5. Petit cacatois
6. Petit perroquet
7. Petit hunier
8. Misaine
9. Grand cacatois
10. Grand perroquet
11. Grand hunier
12. Grand-voile
13. Cacatois de perruche
14. Perruche
15. Perroquet de fougue
16. Brigantine

1. Grand-voile
2. Artimon
3. Foc
4. Spinnaker
5. Voile d'étai

VOILURE

6. Grand mât
7. Mât d'artimon
8. Bôme de grand-voile
9. Bôme d'artimon
10. Tangon de spinnaker
11. Barres de flèche
12. Guignol

ESPARS

LES ÉLÉMENTS DU GRÉEMENT

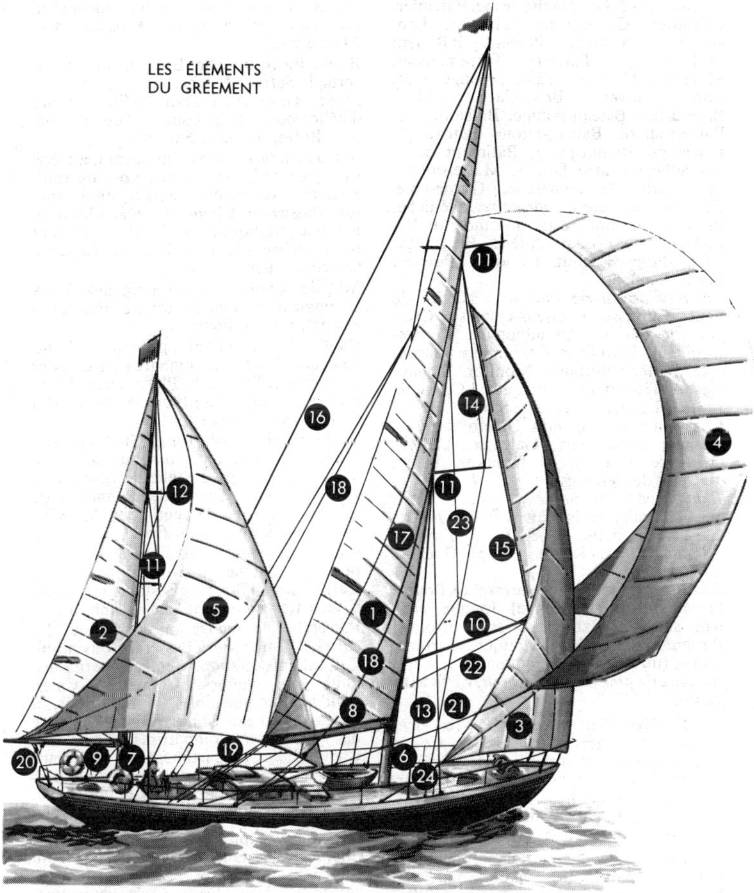

13. Bas-haubans
14. Galhauban
15. Draille de foc
16. Pataras

GRÉEMENT DORMANT

17. Balancine
18. Bastaque
19. Écoute de grand-voile
20. Écoute d'artimon
21. Écoute de spinnaker
22. Bras de spinnaker
23. Hale-haut de tangon de spinnaker
24. Écoute de foc

GRÉEMENT COURANT

atlantique. Paquebot mixte. Car-ferry. Ferry-boat. Cargo. Transporteur de vrac. Minéralier. Charbonnier. Bananier. Cargo frigorifique. Navire porte-containers, porte-barges. Pétrolier ou tanker. Bateau-citerne. Pinardier (fam.). Méthanier. Butanier. / Long-courrier. Caboteur.
Bateaux de pêche. Navire-usine. Baleinier. Chalutier. Cap-hornier. Thonier. Langoustier. Sardinier. Pinasse. Bâtiment chalutant par l'arrière. Terre-neuvier. Morutier. Chalutier saleur, congélateur.
Bateaux divers. Brise-glace. Câblier. Bateau-feu. Bateau-pompe. Bateau-porte. Bateau-phare. Bateau-pilote. Bateau de sauvetage. Remorqueur. Bâtiment océanographe. Gabarre. Drague. Marie-salope. Sous-marin de recherche. Garde-côte.
Batellerie fluviale et portuaire. Péniche. Péniche automotrice ou automoteur. Remorqueur. Pousseur. Allège. Bac. Chaland. Barge. Bachot. Gondole. Ponton. Bateau-mouche.
Bateaux de guerre anciens. Navire de ligne. Cuirassé. Croiseur-cuirassé. Croiseur de bataille. Dreadnought. Contre-torpilleur. Torpilleur. Canonnière. Garde-côte. Batterie flottante. Monitor. Bateau-piège. Trois-ponts. Frégate. Corvette. Flûte. Lougre. Brûlot. Sloop. Brick. Chasse-marée. Brigantin. Galère : birème, trirème, quadrirème. Galéasse. Galion. Caravelle. Caraque. / Drakkar, knorr, (bateaux des Vikings).
Bateaux de commerce à voile. Trois-mâts barque, trois-mâts carré. Quatre-mâts. Cinq-mâts. Goélette à huniers. Clipper. Cotre. Ketch. Sloop. Goélette franche.
Bateaux exotiques. Chebec (arabe). Boutre (océan Indien, mer Rouge). Jonque, sampan, sambok (Extrême-Orient). Pirogue. Pirogue à balancier. Felouque. Tartane, caïque (turc). Kayak (esquimau).
Bateaux de plaisance et de course. V. NAUTISME.

Parties d'un bateau. Œuvres vives (partie immergée) ou carène. Coque (ensemble de la charpente et des bordés). Œuvres mortes (partie émergée). Fardage. Superstructures. Emménagements. Mâture. Gréement. Armement. Drome. / Bâbord (côté gauche). Tribord (droit).

Coque. Coque en bois, à bouchains ronds, à bouchains vifs. Coque en fer, rivée ou soudée. Cuirasse. Blindage. Ligne de flottaison. Tirant d'eau. Marques de franc-bord. Déplacement. Jauge, brute ou nette. Port en lourd. Tonnage. Tonneaux. Tonture. Devers. / Monocoque. Multicoque. / Quille. Avant. Proue (désuet). Etrave. Bulbe. / Arrière. Poupe (désuet). Etambot. / Tableau. Pavois. Couples. Membrures. Virure. Varangues. Carlingue. Guirlande. Bordé. Barrot. Lisses. Serres. Vaigre. Vaigrage. Epontille. Liston. / Cloison étanche. Double fond. Compartiment. Ballast. Coque étanche d'un sous-marin, ou coque épaisse. Massif. Kiosque. Bau. Maître bau.
Barre. Barre franche. Barre à roue. Gouvernail. Safran. Mèche. Gouvernail compensé. Gouvernail actif. Hélice. Arbre d'hélice ou arbre de couche. Tube d'étambot. Butée. Hublot. Sabord.
Superstructures. Château : avant, arrière. Bloc passerelle. Timonerie. Roof ou rouf. Passerelle supérieure, de navigation. Aileron. Passavant. Cheminée. Mât aérien ou antenne (radio-radar). Gaillard d'avant ou d'arrière (désuet). Dunette (désuet). Couronnement. Plat-bord.
Mât de pavillon. Drisse à signaux. Feux de navigation. Feu de brume. Feu additionnel. Feu de poupe.
Pont d'envol. Pont principal. Pont-château. Pont des embarcations. Pont promenade. Spardeck. Plage avant. Plage arrière. Boulevards (porte-avions). Ilot (porte-avions). Entrepont.
Ecubier. Brise-lame. Hiloire. Bossoir d'embarcation. Porte-manteau. Rambarde. Filière. Garde-corps. Echelle de coupée, de pilote. Tangon. Tire-veille. Panneaux de cale. Shelter. Tape de ventilation. Manche, ou bouche à air. Dalot. Gatte.
Emménagements. Chambre (marine nationale). Cabine (marine marchande). Carré des officiers. Poste d'équipage. Couchette. Cadre. Hamac. Cambuse.
Passerelle de navigation. Chambre des cartes. Timonerie. Passerelle aviation. Central information. Central opérations. Puits aux chaînes. Coqueron. Cales. Soutes à combustibles, à munitions, à vivres. Cale à eau. Compartiment chambre des machines. Compartiment machine. Chaufferie. Compartiment du réacteur. Hangar (porte-avions ou porte-hélicoptères). Entrepont. Coursive. Echelle. Sas. Porte étanche. Claire-voie. Ecoutille.

Armement. Apparaux. Ancres. Grappins. Chaînes. Cabestan. Bitte. Guindeau. Treuil. Radeaux. Bouées et brassières de sauvetage. Béquilles. Gaffe. Corne de brume. Phoscar. Fusée. Bossoir. Chaumard.
Accastillage. Pouliage. Poulie. Taquet. Filoir. Estrope. Emerillon. Manille. Ridoir. Cap de mouton. Cosse. Cabillot. Croc à échappement.

Gréement. *Gréement dormant* (ou manœuvres dormantes). Bôme. Tangon. Etais. Haubans. Bas-haubans. Galhauban. Draille. Pataras. Martingale. Gambe. Enfléchures. Haussière ou aussière. Pointe. Garde. Traversière. Cartahu. Tire-veille. *Gréement courant* (ou manœuvres courantes). Drisse. Ecoute. Bras. Amures. Hale-bas. Hale-haut. Hale-à-bord. Palan. Bouline. Cargue point. Cargue fond. Garcette. Basses. Filière. Pantoire. Bastaque. Balancine.

Mâture. Espars : mâts et vergues. / Mâter un bateau. Démâter. / Mât de fortune.
Mâts d'un navire à voile. Bout-dehors. Beaupré. Mât de misaine. Grand mât (avant, central, arrière). Mât d'artimon. Mâts supérieurs : de hune, de cacatois, de flèche, de perruche, de perroquet, de fougue, d'artimon, de trinquet.
Mâts d'un navire à propulsion mécanique. Mât avant, arrière. Mât tripode, bipode. Mât de charge. Mack (mât cheminée). / Mât à pible (d'un seul tenant) : pied, portant, étambrai, guindant, flèche, fusée, pomme. Mât composé : bas mât, emplanture, guindant, jottereaux, hune, élongis, barres, clefs, chouquet, tête, flèche, fusée, pomme. Profil d'un mât. Mât en bois, en aluminium, en alliage léger.
Vergues. Bôme. Gui. Corne. Vergue de misaine. Grand vergue (avant, arrière). Vergue de hunier, de cacatois, de perroquet. Guibre.

Voilure (ensemble des voiles d'un navire). *Porter toute sa voilure.* Toile. / Surface vélique (surface des voiles portées).
Types de voiles. Voile carrée. Voile aurique. Voile houari. Voile au tiers. Voile livarde (ou à la livarde). Voile latine. Bermudien ou marconi.
Nom des voiles. Avant ou beaupré : foc, petit foc, grand foc, faux foc, clinfoc, bonnette, trinquette, tourmentin.
Voiles du mât de misaine : misaine, petit hunier, petit perroquet, petit cacatois, bonnette.
Voiles du grand mât : grand-voile, grand-flèche, grand hunier, grand perroquet, grand cacatois, grand-voile d'étai.
Voiles d'artimon : brigantine, tapecul, perroquet de fougue, perruche, cacatois de perruche. Flèche d'artimon. Flèche en cul. Voile de cape, de fortune.
Parties d'une voile. Guindant. Bordure. Ralingue. Chute. Point d'amure. Point de drisse. Point d'écoute. Laize. Chaîne. Trame. Embu. Creux. Œil. Cosse. Patte et garcette de ris. Gousset de latte. Latte. Cabillot ou chavillot. Coulisseau. / Voile en coton, en Tergal, en Nylon.

Construction, réparation, entretien d'un bateau. Mettre en chantier. Mettre sur cale. Lancer. / Chantier naval. Arsenal. / Mettre au sec. Mettre à l'eau. Mettre à flot. Caréner. Carénage. Radoub. Forme ou cale de construction. Forme ou bassin de carénage, ou de radoub. Calfater. Dock flottant. Berceau. Ber. Vasière.
Armer. Désarmer. Gréer. Dégréer. Rincer. Suifer. Peindre. Mettre en réserve. Hiverner. Hivernage. / Changer de pavillon.

bâton

(du bas lat. *bastum ;* en lat. class. *baculus, fustis ;* en gr. *rhabdos*)

Long morceau de bois rond servant à divers usages. *Bâton servant d'appui.* *Marcher avec un bâton.* Canne. / *Bâton d'infirme.* Béquille. / *Bâton de pèlerin.* Bourdon. / *Bâton d'alpiniste.* Piolet. Alpenstock (vx). / *Bâton de berger.* Houlette. / *Bâton avec étrier* (ou fourchon). Echasses.

Bâton servant à frapper. Matraque. Trique. Férule (vx). / *Gros bâton.* Masse (vx). Massue. Gourdin. / *Long bâton.* Gaule. / *Petit bâton mince.* Badine. Stick. Jonc. Houssine (vieilli). / Baguette de tambour. / *Frapper avec un bâton.* Bâtonner. Matraquer. Fustiger. / *Coups de bâton. Volée de coups de bâton.* Bastonnade.

Objets en forme de bâton. Rouleau à pâtisserie. / Bâton d'alignement. Jalon. Piquet. / Bâton de chaise. / Queue de billard. / Thyrse (des Bacchantes). / Baguette de sourcier. Rhabdomancie. / Baguette d'escamoteur. / Manche à balai.

Symbole du commandement, de l'autorité. Sceptre (insigne du pouvoir royal). Crosse d'évêque. Bâton de maréchal. Baguette de chef d'orchestre.

battre

(du lat. *battuere*)

Battre (une personne, un animal) avec violence. Assener, administrer, donner, envoyer, flanquer (pop.) des coups. / Administrer une bonne, une sévère correction. Corriger. / Frapper. Porter la main sur. Malmener. Maltraiter. *Battre quelqu'un à coups de poing, de pied.* Assommer. Etriller. Rosser. Casser la figure. Frapper à bras raccourcis, comme un sourd. Ne pas y aller de main morte. Battre comme plâtre. Bourrer, rouer de coups. Lyncher. Lynchage. Correction. Volée (fam.). Volée de bois vert. Raclée (fam.).

Expressions populaires. Arranger. Arranger comme il faut. Cogner. Casser la gueule. Flanquer une danse, une dégelée, une rossée, une peignée, une frottée, une ratatouille, une rouste, une tournée, une trempe. / Rentrer dedans. Tomber sur le paletot, sur le casaquin. Tanner le cuir. Passer à tabac. Tabasser. Flanquer un gnon, un marron, une châtaigne, un ramponneau.

Se battre. Echanger des coups. En venir aux mains. Se bagarrer. Se colleter. Se crêper le chignon. Se tabasser (pop.).

BATAILLEUR. Bagarreur. Querelleur.

BATAILLE. Bagarre. Rixe. Mêlée. Echauffourée. Pugilat. Empoignade.

Battre quelqu'un légèrement. Donner, administrer, envoyer une gifle, un soufflet (littér.), une claque, une calotte (fam.), une taloche (fam.), une tape, une pichenette, une chiquenaude. / Gifler. Taper. Souffleter (littér.). Confirmer (fam.). Claquer. Calotter (fam.). Talocher (fam.). / Donner une fessée. Fesser.

Mots populaires. Baffe. Beigne. Giroflée à cinq feuilles. Mornifle. Pain. Tarte. Torgnole.

Battre des choses. *Battre des tapis.* Taper. Epousseter. / *Battre le blé.* Egrener. / Battage. Moissonneuse-batteuse. Fléau (vx). / *Battre le beurre.* Baratter. / *Battre des œufs.* Mêler. Brouiller. / *Battre le fer.* Marteler. / *Battre le tambour.* Tambouriner. Batterie. / *Battre les buissons, la campagne.* Fouiller. Explorer.

Battre un adversaire. *Battre un ennemi.* Vaincre. Triompher de. Défaire (littér.). L'emporter. Avoir le dessus, l'avantage. / *Battre à plates coutures.* Enfoncer. Ecraser. Flanquer une pile (pop.). / *Battre un concurrent.* Gagner. Damer le pion.

BATAILLE. *Livrer une bataille.* Combat. / *Perte d'une bataille.* Défaite. Echec. Revers.

bavard

(de *bave,* au sens de « babil »; en lat. *loquax,* de *loqui,* parler)

Qui parle beaucoup. Loquace. Volubile. Verbeux. Discoureur. Jaseur. Palabreur. Baratineur (pop.). / Bavard comme une pie, comme un perroquet. / *Une femme bavarde.* Commère. Caillette. *Etre bavard.* Avoir la langue bien pendue, bien affilée. N'avoir pas la langue dans sa poche. Etre un moulin à paroles. Avoir une fière tapette (fam.). Avoir une bonne, une fameuse platine (fam.).
Bavard dans ses écrits. Prolixe. Diffus. Phraseur.

BAVARDER. Discourir. Palabrer. Jaser. Papoter. Caqueter. Jacasser. Jaspiner (arg.). Baratiner (pop.).

BAVARDAGE. Loquacité. Bagout. Caquet. Papotage. Caquetage. Cailletage. Baratin (pop.). / Garrulité (envie constante de bavarder). Logorrhée (besoin irrésistible de parler). Verbiage. Prolixité. Verbosité. Blablabla (fam.). / Et patati, et patata.

Qui commet des indiscrétions. Cancanier. Rapporteur. Mouchard (fam.). Indiscret. Potinier.

BAVARDER. Cancaner. Jaser. Potiner. Avoir la langue trop longue. Ne pas savoir tenir sa langue.

BAVARDAGE. V. INDISCRÉTION.

beau

(du lat. *bellus ;* en gr. *kallos*)

Qui fait éprouver un plaisir esthétique; agréable à voir (en parlant d'un être ou d'une chose). *Une belle fille. Un beau garçon.* Joli. Superbe. Eblouissant. Ravissant. / Beau comme le jour, comme un astre, comme un dieu. / *Etre beau. Etre belle.* Avoir un physique harmonieux, sculptural, fait à peindre. / Avoir une belle taille, une belle prestance. / Fait au tour, au moule. Bien fait. Bien proportionné. Bien découplé. Bien balancé (fam.). Bien roulée (pop.). Bien baraqué (pop.). Girond (pop.).
Un bel homme. Un beau jeune homme. Un Apollon. Un Adonis. Un Antinoüs. Un Narcisse. / Un bellâtre (bel homme fat). / *Une belle femme. Une belle fille.* Un beau brin de fille. Une beauté. Une Vénus. Une nymphe. Une déesse. Un ange de beauté. / *Un bel enfant.* Un amour. Un cupidon. Un chérubin.
Un beau paysage. Un beau spectacle. Pittoresque. Merveilleux. Magnifique. Splendide. Enchanteur. Féerique.

BEAUTÉ. *Beauté humaine.* Vénusté (littér.). Eclat. Elégance. Beauté du diable (beauté de la jeunesse). Beauté rare, ravissante, éblouissante. Beauté naturelle. Beauté factice, sophistiquée. / *Concours de beauté.* Reine. Miss. / *Se faire, se refaire une beauté* (fam.). Se maquiller. Se farder. / *La beauté d'un visage.* Joliesse. Grâce.

EMBELLIR. Rendre beau. Devenir beau.

Qui provoque l'admiration (en parlant d'une chose morale). *Une belle action. Un beau geste.* Grand. Noble. Elevé. Digne. Généreux. Glorieux. Admirable. Magnifique. Sublime.

Qui est parfait, réussi dans son genre (en parlant d'une œuvre littéraire, artistique). Bien composé. Bien fait. Incomparable. Magistral. Passionnant. Chef-d'œuvre. / *Un beau voyage.* Agréable. Magnifique. Merveilleux. Chic (fam.). / *Un beau temps.* Superbe. Radieux. Splendide. / *Un beau match.* Spectaculaire.

Qui est important. *Une belle fortune. Un beau revenu.* Grand. Considérable. Gros. Formidable (fam.). Fabuleux. Coquet.

Composés avec l'élément « calli- ». Calligraphie. Calligraphier. Calligraphe. Callipyge (qui a de belles fesses).

beaucoup

Idée de quantité. (Devant un nom au plur.) *Beaucoup de personnes.* Nombre de. Bon nombre de. Plein de (fam.). Moult (vx). Bien des. Maint (littér.). Par dizaines. Des centaines. Des milliers. Des mille et des cents. Des millions. / Un grand nombre. Une masse. Un tas. Une armée. Une légion. Un bataillon. Une flotte. Une multitude. Une flopée (pop.). Une foultitude (fam.). / *Beaucoup de paroles.* Un flot. Un torrent. Une avalanche. Un débordement.
(Devant un nom au sing.) *Avoir beaucoup d'argent.* Abondamment. Enormément. A foison. A profusion. / Regorger. Avoir à satiété. A la pelle (fam.).

Composés avec l'élément « multi- ». Multicellulaire. Multicolore. Multiforme. Multimillionnaire. Multiplan. / ***Elément « pluri- ».*** Pluricellulaire. / ***Elément « poly- ».*** Polyandre (qui a plusieurs maris). Polyandrie. Polychrome. Polyculture. Polygamie. Polyglotte.

Idée d'intensité. (Avec un verbe.) *Manger, boire beaucoup.* Copieusement. Abondamment. Plantureusement. A satiété. A tire-larigot (fam.). / *Donner beaucoup.* Largement. Généreusement. A pleines mains. A profusion. En veux-tu, en voilà (fam.). A gogo. / *Travailler beaucoup.* Enormément. Comme un cheval (fam.). Comme quatre. / *S'amuser beaucoup.* Follement. Rudement. Terriblement (fam.). Formidablement (fam.). Drôlement. Bigrement (fam.). / *S'intéresser beaucoup à quelque chose.* Vivement. Prodigieusement. Follement. Passionnément. Singulièrement.

bénir

(du lat. *benedicere*)

Accorder sa grâce (en parlant de Dieu). *Bénir le juste.* Protéger. Récompenser.
BÉNÉDICTION. Grâce. Protection. / *Bénédiction du ciel.* Evénement heureux. Bienfait.

Appeler la protection de Dieu (en parlant du prêtre, du pasteur). Bénir un mariage, des fidèles. / Bénédiction nuptiale. / *Bénir une église.* Consacrer. / *Bénir un objet* (médaille, chapelet, etc.). Asperger d'eau bénite. / Pain bénit.

Exprimer sa gratitude. *Bénir le Seigneur.* Remercier. Louer. Glorifier. / *Bénir un bienfaiteur.* Manifester sa reconnaissance. Remercier.

berger

(du lat. pop. ***berbicarius*, de *berbex*,** brebis ; en lat. class. *pastor*)

Personne qui garde des moutons ou du bétail. Berger, bergère. Pâtre. / *Petit berger.* Pastoureau, pastourelle (littér.). / *Personne qui garde des bœufs, des vaches.* Bouvier. Vacher. Gardian (en Camargue).

Vie des bergers. Mener paître un troupeau. Garder un troupeau. / *Endroit où paissent les troupeaux.* Herbage. Pacage. Pâturage. Alpage. / Transhumance. / Parquer. Parcage. / *Maison, cabane de berger.* Chalet. Buron.
Bâton de berger. Houlette. / *Instrument de musique des bergers.* Flûte. Flageolet. Pipeau. Musette. Cornemuse. Cor des Alpes. Ranz (air des bergers suisses). / Chiens de berger. V. CHIEN.

Bergeries littéraires. Poésie bucolique, pastorale. Idylle. Eglogues (de Virgile, de Ronsard). Bucoliques (de Théocrite, de Virgile). / Bergeries (de Racan). / Pastourelle (chanson de bergère). Villanelle (chanson, poésie pastorale).
Noms de bergers. Daphnis. Tircis. Tityre. Colin. Guillot, etc. / *Noms de bergères.* Chloé. Amaryllis. Galatée. Estelle, etc.

besoin

Nécessité d'origine naturelle ou sociale. *Besoin physique, physiologique,* *instinctif*. Appétit. Appétence. Exigence. / *Besoin de nourriture*. Faim. / Besoins naturels (faim, soif, sommeil, etc.). / *Un besoin artificiel, factice*. Exigence. Goût. *Eprouver, ressentir un besoin. Satisfaire, assouvir un besoin*. Envie. Désir. / *Satisfaire un besoin pressant. Faire ses besoins* (triv.). Se soulager. Uriner. Aller à la selle.

Avoir besoin de quelqu'un, de quelque chose (en parlant d'une personne). Ressentir, éprouver la nécessité, l'utilité de quelqu'un, de quelque chose. Avoir envie de. Désirer. Attendre (après). Ne pouvoir se passer de. Etre dans l'obligation de. Etre obligé de. / *Ne pas avoir besoin d'une personne, d'une chose*. N'avoir que faire de.

Avoir besoin de quelque chose (en parlant d'une chose). Vouloir. Réclamer. Exiger. / Etre besoin (littér.). Etre nécessaire indispensable.

État de privation. *Etre dans le besoin*. Gêne. Pauvreté. Indigence. Misère. Dénuement.

BESOGNEUX (vx). Pauvre. Indigent. Malheureux. Misérable. Miséreux.

bétail
(de *bête*)

Ensemble des animaux d'une ferme (la volaille exceptée). *Têtes de bétail*. Troupeau. Cheptel. / *Bétail sur pied*. Cheptel vif. Bestiaux. / Bêtes de trait. Bêtes à cornes. Bêtes à laine.
Gros bétail. Cheval. Jument. Poulain. / Ane. Baudet. Anesse. Anon. / Mulet. Mule. / Bovins. Taureau. Bœuf. Vache. Génisse. Veau.
Petit bétail. Ovins. Bélier. Mouton. Brebis. Agneau. / Porcins. Porc. Verrat. Truie. Pourceau. Porcelet. / Caprins. Bouc. Chèvre. Chevreau.
Elevage, entretien du bétail. Nourrissage. Sélection. Elever. Eleveur.

Reproduction. *Animal reproducteur*. Géniteur. Etalon. Taureau. Baudet. Bélier. Verrat. Bouc. / Insémination artificielle.

Abris. Ecurie. Etable. Vacherie. Bergerie. Porcherie.

Nourriture. Nourrissage. Nourrisseur. Engraisser. Engraissement. Embouche. / Pâturage. Herbage. Pré. Prairie naturelle, artificielle. Fourrage. Paille. Foin. Racines. Tourteaux. / Auge. Abreuvoir. / Hivernage. Stabulation (séjour à l'étable). Estivage. Transhumance. / Foires et marchés.

bête n. et adj.
(du lat. *bestia*)

Tout être animé autre que l'homme. Animal. / *Bête de somme*. Ane. Mulet. / *Bête de trait*. Bœuf. Cheval. / *Bêtes à cornes*. Bœuf. Vache, etc / *Bêtes noires* (en vénerie). Sanglier. Marcassin. / *Bêtes fauves* (en vénerie). Cerf. Chevreuil. Chamois. Bouquetin. Daim. / *Bêtes puantes*. Blaireau. Putois. Fouine. / Animaux domestiques. Bétail. / Bête de race. Pedigree (extrait généalogique). / *Petite bête*. Bestiole. Insecte.
Vétérinaire (personne qui soigne les bêtes malades).

BESTIAL. Animal. Brutal.

BESTIALITÉ. Brutalité. Grossièreté.

Qui manque d'intelligence, de jugement, de bon sens. Sot. Idiot. Imbécile. Crétin. Balourd. Stupide. Abruti (fam.). Inepte. Bébête. Pauvre d'esprit.
Etre bête. Avoir l'esprit obtus. Etre borné, bouché (fam.). Bouché à l'émeri. Etre bête comme ses pieds, bête à manger du foin.

BÊTISE. Sottise. Idiotie. Imbécillité. Ineptie. Niaiserie. Balourdise. Stupidité. Crétinisme. Crétinerie. / *Faire une bêtise*. Sottise. Maladresse. Imprudence. Bourde (fam.). Gaffe (fam.). Faire des siennes. En faire de belles. / *Dire une bêtise*. Anerie. Stupidité. Bourde (fam.). Ineptie. Idiotie. Absurdité. Insanité.

BÊTIFIER. Dire des bêtises. Faire la bête. Faire le sot. Dérailler (fam.). Déraisonner. Débloquer (pop.).

BÊTEMENT. Sottement. Stupidement. Naïvement. Idiotement.

ABÊTIR. Abrutir (fam.). Faire tourner en bourrique (fam.). Crétiniser. Ahurir.

ABÊTISSANT. Abrutissant. Crétinisant.

Termes familiers désignant une personne bête. Andouille. Ane. Animal. Ballot. Bécasse. Benêt. Bêta. Bêtasse. Bourrique. Bûche. Buse. Cloche. Cornichon. Couenne. Croûte. Croûton. Cruche. Dinde. Dindon. Emplâtre. Ganache. Godiche. Gourde. Huître. Moule. Nouille. Oie. Pantoufle. Pécore. Pochetée. Savate. Serin. Souche. Tourte. Veau, etc.

beurre
(du lat. *butyrum*)

Aliment gras extrait du lait de vache. Beurre frais. Beurre salé. Beurre demi-sel, sans sel. / Beurre rance. Rancir. Rancidité ou rancissure. Rancissement.

Fabrication. Lait. Ecrémage (force

centrifuge). Crème. Ensemencement (ferments). Maturation. Barattage. Lavage. Délaitage ou délaitement. Malaxage. Moulage. Emballage. Conditionnement. / Laiterie. Beurrerie. Fromagerie.

Composition du beurre. Corps gras (84 à 86 p. 100). Eau (13 à 16 p. 100). Acide butyrique. / Babeurre (liquide blanchâtre qui reste après le barattage).

Sortes de beurre. Beurre fermier. Beurre laitier. Beurre pasteurisé. / Beurre artificiel. Margarine. / Beurre de karité.

Usages. Beurrer. Beurrée (vx). Tartine. / Beurrier. Pot à beurre. / Cuisine au beurre. Faire blondir. Beurre blanc, noir, noisette, maître d'hôtel. / Friture. / Pâtisserie au beurre.

Relatif au beurre. Butyreux (qui a l'apparence du beurre). Butyrique. Butyromètre (appareil indiquant la richesse du lait en matière grasse).

Bible

(du lat. *biblia,* livres sacrés)

Recueil de textes inspirés. Saintes Ecritures. Ecriture sainte. Livre de la Révélation. Ancien Testament. Nouveau Testament. / Bible hébraïque (23 livres). Bible chrétienne (73 livres).

Bible hébraïque. 1° *La Loi* (Tora), 5 livres : Genèse, Exode, Lévitique, Nombres, Deutéronome.
2° *Les Prophètes antérieurs :* Josué, Juges, Samuel I et II. *Les Prophètes postérieurs :* Isaïe, Jérémie, Ezéchiel, Osée, Joël, Amos, Abdias, Jonas, Michée, Nahum, Habacuc, Sophonie, Aggée, Zacharie, Malachie.
3° *Les Hagiographes :* Psaumes, Proverbes, Job, Cantique des Cantiques, Ruth, Lamentations de Jérémie, Ecclésiaste, Esther, Daniel, Esdras, Néhémie, Paralipomènes ou Chroniques I et II.

Bible chrétienne. *Ancien Testament.* *Pentateuque :* Genèse, Exode, Lévitique, Nombres, Deutéronome.
Les livres historiques. Josué. Juges. Ruth. Samuel. Rois. Le livre des Chroniques. Le livre d'Esdras et Néhémie. Livres de Tobie, de Judith, d'Esther. Premier et deuxième livre des Maccabées.
Les livres poétiques et sapientiaux. Livre de Job. Les Psaumes. Les Proverbes. L'Ecclésiaste. Le Cantique des Cantiques. Le livre de la Sagesse. L'Ecclésiastique.
Les livres prophétiques. Isaïe. Jérémie. Les Lamentations. Le livre de Baruch. Ezéchiel. Daniel. Les douze prophètes : Osée, Joël, Amos, Abdias, Jonas, Michée, Nahum, Habacuc, Sophonie, Aggée, Zacharie, Malachie.

Nouveau Testament. Evangiles. Evangile selon saint Matthieu, selon saint Marc, selon saint Luc, selon saint Jean. Les synoptiques (les Évangiles de saint Luc, saint Marc, saint Matthieu). Les Actes des Apôtres. Epîtres de saint Paul : Aux Romains, Aux Corinthiens, Aux Galates, Aux Ephésiens, Aux Philippiens, Aux Colossiens, Aux Thessaloniens, A Timothée, A Tite, A Philémon, Aux Hébreux. Epîtres catholiques de saint Jacques, de saint Pierre, de saint Jean, de saint Jude. Apocalypse.

Science biblique. Livres authentiques, apocryphes, deutérocanoniques (reconnus plus tard). / Canon (catalogue des Ecritures). Canonique. / Exégèse (explication critique). Anagogie (interprétation figurée). Gloses. Glossateur. Herméneutique (règles d'interprétation). Sens littéral. Sens spirituel. / Les Septante (version grecque de la Bible). Vulgate (version latine). / Verset. Stichométrie (division en versets).

bicyclette

(de *bi,* deux, et de *cycle,* du gr. *kuklos*)

Véhicule à deux roues mû par un système de chaîne et de pédales. Se promener à (ou en) bicyclette. Faire de la bicyclette. Pédaler. / Cyclisme.

Parties d'une bicyclette. Roue avant. Roue arrière. Jante. Rayon. Pneu. Chambre à air. Boyau. / Cadre. Fourche. Tube de direction. / Potence. Guidon. Timbre avertisseur. / Pédalier. Pédale. Plateau. Chaîne. Pignon. Roue libre. Changement de vitesse. Dérailleur. / / Freins. / Selle. / Dynamo. Phare. Feu arrière. Catadioptre. Garde-boue. / *Accessoires.* Porte-bagages. Sacoche. Clefs. Démonte-pneu. Pince-pantalons. Bidon. Rétroviseur. Câble antivol. Stabilisateur. Pompe. Raccord. Cale-pied, etc.

Entretien. Graisser. Graissage. / / Crever. Etre à plat. Réparer un pneu, un boyau. Mettre une pièce. Rustine (nom déposé). Colle ou dissolution. Changer de boyau.

Sports de la bicyclette. Cyclisme professionnel. Cyclisme amateur.
Cyclisme sur route. Course par étapes. Tour national ou régional (de France, d'Italie, d'Espagne, etc.). Etape. Course contre la montre. Critérium (épreuve éliminatoire).
Cyclisme sur piste. Vélodrome. Piste.

Corde. Course de vitesse, de demi-fond, de fond. Poursuite (deux coureurs partent de points diamétralement opposés de la piste). Course à l'américaine (équipe de coureurs se relayant). Course des six jours. Course derrière motos. Derny.
Cross cyclo-pédestre. Cyclo-cross. Cyclotourisme. Cyclotouriste.
Cyclistes. Routier (cycliste sur route). Pistard (sur piste). Coureur de vitesse. Sprinter. Coureur de fond. Stayer (demi-fond derrière moto). Entraîneur. Grimpeur. Descendeur. / Sur-place (dans les courses de vitesse). Sprint (accélération à l'arrivée). Echappée. Peloton. Maillot jaune (le premier coureur au classement général du Tour de France), rose (au Tour d'Italie). Lanterne rouge (le dernier coureur). Voiture-balai.

Relatif à la bicyclette. *Ancêtres de la bicyclette.* Célérifère. Draisienne. Bicycle. Grand bi. Vélocipède. / Braquet ou développement (rapport de multiplication entre le pédalier et le petit pignon). Cycle (terme commercial). Tandem (bicyclette à deux sièges). Tricycle. Cyclomoteur (bicyclette équipée d'un moteur de moins de 50 cm^3 de cylindrée). Vélomoteur (de 50 à 125 cm^3).
Appellations familières. Petite reine. Bécane. Vélo. Clou (vieille bicyclette).

bien adv. et adj.
(du lat. *bene*)

D'une manière satisfaisante, avantageuse, agréable. • Adv. *Bien travailler.* Correctement. Convenablement. Comme il faut. Comme il convient. / *Bien parler.* Eloquemment. / *Bien employer son temps.* Utilement. Avantageusement. / *Aller bien.* Etre en bonne santé. (En parlant d'une chose.) Convenir. Etre seyant. / *Etre bien vu.* Etre estimé, considéré. Avoir bonne réputation.
Très bien. Admirablement. Excellemment. Parfaitement. A la perfection. A merveille. Merveilleusement. A ravir.

D'une manière conforme à la morale, à la sagesse. *Bien agir. Se bien conduire.* Correctement. Convenablement. Honnêtement. Décemment. Honorablement. Dignement. Raisonnablement. Sagement. Judicieusement. / *C'est bien fait.* C'est juste. C'est mérité.

Marque l'intensité, la quantité. (Avec un adjectif, un verbe, un adverbe, un nom.) *Bien aimable. Bien souvent.* Très. Fort. Tout à fait. Extrêmement. Infiniment. Enormément. Profondément. Fameusement. Drôlement (fam.). Bigrement (fam.). / *Bien manger. Avoir bien de la chance.* Abondamment. Enormément. Copieusement. / (Renforçant une affirmation.) *C'est bien fini.* Vraiment. Réellement. Véritablement.

• Adj. *Etre bien avec quelqu'un.* Etre en bons termes. Vivre en bonne intelligence. Entretenir de bonnes relations. / *Etre bien. Se trouver bien. Se sentir bien* (en parlant d'une personne). En bonne santé, à l'aise, dans une position agréable. / *Une jeune fille bien. Un homme bien.* Honnête. Sérieux. Consciencieux. Distingué. Comme il faut. Irréprochable. / (En parlant d'un être ou d'une chose.) Qui a un physique, une apparence agréable. Beau. Joli. Agréable. Plaisant. / *C'est bien d'agir ainsi.* Bon. Convenable. Raisonnable. / *Tout est bien qui finit bien.* Satisfaisant. Parfait.

bien n. m.
(du lat. *bonum*)

Ce qui possède une valeur morale. *Discerner le bien du mal.* Devoir. Vertu. Le juste. L'honnête. / Le vrai bien. Bien suprême. Le souverain bien. Le bien par excellence. / *Un homme de bien.* Honnête. Intègre. / En tout bien tout honneur (dans une intention honnête).

Ce qui procure avantage, satisfaction. *Le bien commun. Le bien particulier.* Bonheur. Intérêt. Utilité. Profit. Bien-être. / *Faire du bien.* Apporter du soulagement. Etre profitable. Procurer du plaisir. / *Un bien précieux.* Avantage. Bienfait. / *Faire le bien, du bien.* Faire la charité. Etre bon, charitable, généreux, altruiste, philanthrope.
Les biens de ce monde. Les biens temporels. Les biens terrestres. / *Les biens du ciel.* Grâces. Faveurs. Bienfaits. Bénédictions. Dons.

Ce qui constitue le mérite, la perfection. *Le mieux est l'ennemi du bien.* Perfection. Idéal. Supériorité. Excellence. / *Dire du bien de quelqu'un.* Faire des éloges. Parler favorablement, avantageusement. / *Mener à bien.* Réussir. / *Prendre en bien.* Du bon côté. / *Voir tout en bien.* Etre optimiste. Optimisme.

Ce qu'on possède. *Avoir du bien, des biens.* Fortune. Richesse. Avoir. Argent. Capital. Patrimoine. Propriété. Domaines. / Biens publics. Biens privés. / Biens meubles (animaux, mobilier, fonds de commerce, actions mobilières, etc.). Biens immeubles (biens-fonds, sol, bâtiments, arbres, récoltes, etc.). / Biens corporels (susceptibles d'appropriation). Biens incorporels (les droits). / Biens dotaux (apportés par une dot). Biens paraphernaux (qui ne font pas partie de la dot). / Biens vacants (sans propriétaire).

bien-être

Sensation agréable résultant de la satisfaction des besoins physiques. *Une impression de bien-être.* Contentement. Satisfaction. Aise. Euphorie. Détente. Soulagement. Calme / *Eprouver du bien-être.* Se sentir bien. Se trouver bien. Etre à son aise.

Situation de fortune qui permet de satisfaire les besoins matériels. *Accroître son bien-être.* Aisance. Situation matérielle. / Commodités de la vie. Confort. / *Amélioration du bien-être.* Mieux-être. / Etre à l'aise. Etre à l'abri du besoin. Navoir pas de soucis pécuniaires.

bienfait

Bien que l'on fait à quelqu'un. *Accorder, dispenser ses bienfaits. Accepter, recevoir un bienfait.* Don. Faveur. Aumône. Secours. Libéralités. Bons offices. Largesses. / *Souvenir d'un bienfait reçu.* Reconnaissance. Gratitude.
Faire du bien à quelqu'un. Venir en aide, au secours. Secourir. Assister. Rendre service. Donner l'hospitalité. Faire la charité. Se dévouer aux malheureux. Etre dévoué, généreux, charitable.
BIENFAITEUR. Donateur. Protecteur. Mécène. Philanthrope.
BIENFAISANCE. *Œuvres de bienfaisance.* Bureau d'entraide. Crèche. Ouvroir. Patronage. Assistance publique. Hospice.

Action heureuse d'une chose. *Les bienfaits de l'instruction, de la science.* Avantage. Utilité. Service.
BIENFAISANT. Salutaire. Utile. Profitable. Bénéfique.

bienveillance

Disposition favorable envers une personne. *Manifester, montrer, témoigner de la bienveillance à quelqu'un.* Bonté. Affabilité. Amabilité. Complaisance. Indulgence. Clémence. Humanité. Douceur. Mansuétude. Magnanimité. / *Se concilier la bienveillance de quelqu'un.* Grâces. Faveurs.
BIENVEILLANT. Bon. Humain. Clément. Favorable. Affable. Aimable. Complaisant. Conciliant. Compréhensif. Indulgent. Magnanime. / *Trop bienveillant.* Débonnaire. Faible. / *Une parole bienveillante. Un ton bienveillant.* Aimable. Doux. Engageant.

bière

(du néerl. *bier*)

Boisson fermentée préparée avec de l'orge et du houblon. *Variétés de bières.* Bière forte. Double bière. / Petite bière. / Bière blonde. Bière brune. / Bières du Nord, de Lorraine, d'Alsace. / Bière de Munich. Bière de Pilsen. / Bières belges. Lambic. Gueuse. Faro. / Bières anglaises. Pale ale. Stout. Porter. / Cervoise (bière ancienne). / Saki (bière de riz). / Bière de qualité inférieure. Bibine (fam.).

Fabrication. Orge. Amidon. Houblon. Acide carbonique. Eau. / Malterie. Brasserie.
Orge germée ou malt. Maltage. Nettoyage. Calibrage. Trempage. Germination. Touraillage (arrêt de la germination). Dégermage. Ensilage du malt. / Brassage. Concassage du malt. Empâtage ou hydratation. / Trempe. Brassage par infusion, par décoction, mixte. / Touraillon. Drèche (marc). / Cuisson, ou houblonnage. Refroidissement. / Fermentation du moût. Levure. / Filtration. Soutirage. / Mise en fûts, en bouteilles.

Matériel. Broyeurs à cylindres. Cuve-matière. Touraille. Cuve-filtre. Filtre-presse. Cuve à bouillir. Bac refroidisseur. Réfrigérant. Echangeur. Filtre à masse. Soutireuse isobarométrique.

Vente. Brasserie. Café. Buvette. / Bock. Double bock. Demi. Chope. Moos (2 litres). Canette. Formidable (fam.). Bière de ménage. Bière à la pression. Tirer la bière. Mousser. Mousse. Faux col.

bijou

(du bret. *bizou,* anneau, de *biz,* doigt)

Objet précieux par la matière ou par le travail et servant à la parure. *Bijou de grande valeur.* Joyau.

Sortes de bijoux. *Bagues.* Anneau. Alliance. Jonc. Chevalière. Solitaire. Marquise. / *Motifs d'oreilles.* Boucles. Pendants. Clips. Dormeuse. / *Bracelets.* Gourmette. Bracelet à breloques. Montre. / *Clips-corsage.* Broche. Barrette. Agrafe. Epingles. / *Colliers.* Chaîne de cou. Jaseran. Sautoir. Rivière. Collier de chien. Collerette. / *Parure.* Bandeau. Ferronnière. Aigrette. Diadème. Couronne. / *Pendentifs.* Châtelaine. Croix. Cœur. Médailles. Médaillon. Maintenon. Jeannette. Pendeloque.

Travail. Lapidaire. Graveur. Ciseleur. Sertisseur. Nielleur. Guillocheur. Fondeur. Chaîniste. Baguiste. Dessinateur. Maquettiste. Polisseur.
Repousser. Dérocher. / Monter. Montage. Monture. / Sertir. Sertissure. / Braser. Brasure. / Souder. Soudure. / Ciseler. Ciselure. / Graver. Gravure. / Nieller. Niellure. / Damasquiner. Damasquinage. / Polir. Polissage. / Dépolir. Dépolissage. / Mater. Brunir. Brunissage. / Marteler. Scier. River. Limer. / Dorer. Dorure. Rhodier. Rhodiage. / Déverdir. Déverdissage. / Mettre en forme. Former. Poncer. Fondre. Godronner. Godrons. Festonner. Festons. Emboutir. Emboutissage. Cliver. Facetter. Brillanter. Brillantage. Filigraner. Filigrane. Griffer. Griffe. Entailler. Entaille.

Outils. Balancier. Bouterolle. Brucelles ou précelles. Brunissoir. Cadran. Chalumeau. Compas. Palmer. Cambroir. Etau. Marteau. Matoir. Scies. Porte-scie, ou coupe-fil. Equarrissoir. Ciselet. / Limes : plates, cylindriques, triangulaires, demi-jonc, queue-de-rat, dos d'âne, feuille de sauge. / Pinces : plates, pointues, rondes, longues, courtes, à feu. / Fraises : creuses, coniques, cylindriques. / Echoppes : plates, rondes. Onglettes. Burin. / Laminoir. Barre à étirer. Filières. Triboulet. Maillet. Equerre. Fausse équerre. Mandrin. Cisoires. Loupe. Calibre. Pierre à huile. Brosse à peau.

Matières. *Pierres de bijouterie.* Gemmes. Pierreries. / *Pierres précieuses.* Diamant. Emeraude. Saphir. Rubis. / *Pierres fines.* Agate. Aigue-marine. Améthyste. Calcédoine. Chrysobéryl. Chrysolithe. Grenat. Hyacinthe. Jade. Œil-de-chat. Opale. Péridot. Spinelle. Topaze. Tourmaline. Turquoise. Zircon. Jargon (variété jaune de zircon). / *Autres pierres.* Béryl. Corindon. Cristal de roche. Jaspe. Lapis-lazuli. Malachite. Marcassite. Obsidienne. Onyx. Pierre de lune. Quartz rose. Sanguine. Sardoine. Perle. Pierre synthétique (fabriquée avec des éléments naturels). Pierre fausse (imitation en verre ou en plastique). Strass (verre à base de plomb).
Tailles : Ancienne, anglaise. Brillant. Rose. Emeraude. Marquise, ou navette. Poire. Cabochon. Demi-lune. Trapèze, ou nez de veau. Cabochon carré, ou cushion. Carré à angle. Ovale. Triangle. Baguette. Rond.
Grosseurs. Mêlé. Petit mêlé. Semence.
Métaux. Platine. Or. Argent. Vermeil. Cuivre. Maillechort. Laiton. Acier. Aluminium. Rhodium. Iridium. Palladium. Osmior, ou plator, ou or gris. Doublé or ou argent. Plaqué or ou argent.

Vente. Bijoutier. Joaillier. Diamantaire. / *Faux bijou.* Imitation. Simili. Toc (fam.). / Contrôle. Marque. Poinçon. / Carat (un cinquième de gramme).

billard
(de *bille*)

Jeu pratiqué sur une table spéciale avec des billes. Faire une partie de billard. Faire un billard (fam.). / Académie de billard.
La table de jeu. Drap. Tapis. Bandes. Queue. Procédé (rondelle de cuir à l'extrémité de la queue). Talon, ou masse. / Billes blanches. Bille rouge. Craie bleue, ou bleu.
Billard chinois. Billard japonais. Billard anglais. Billard hollandais. Billard russe.

Le jeu. Partie. Match. Poule. / Série. Reprise. / *Diverses sortes de coups.* Bloquer. Coup bloqué. / Jouer par la bande. Bricoler. / Caramboler. Carambolage. / Coller. Décoller. Décollement. / Chicane. Contre. Coup dur. / Doublé. Triplé. Doubler. Tripler. / Mettre de l'effet. Effet rétrograde, ou rétro. / Coulé. / Crochet. / Masser. / Prendre la bille en tête, en plein, en dessous, sur le côté. Prendre la bille fin (ou fine). / Manque de touche. / Coup de raccroc. / Piquer la bille. / Faire fausse queue. Queuter. / Rentrée. / Sauter. / Partie au cadre.

biologie
(du gr. *bios,* vie, et de *logos,* science)

Science des êtres vivants. Biosphère (milieu terrestre, aquatique et aérien, siège de la vie). / Vie. Animalité. Végétation. / Vie latente. Reviviscence, ou anabiose (retour à la vie active après la vie latente). / Vie en symbiose (de deux organismes d'espèces différentes en association). / Organisme végétal, animal. Organe. / Fonctions de nutrition (digestion, respiration) et de relation (muscles, système nerveux, organes des sens).
Biologique. Biologiste. / Vivant. Organique. / Animal. Végétal.

Théories sur la vie. Biogenèse. / Animisme (l'âme, cause des phénomènes vitaux). Vitalisme (principe vital distinct de l'âme et de l'organisme). Organicisme (la vie résulte des organes eux-mêmes). Dualisme (l'être est fait de matière et d'esprit). Monisme, ou unicisme (l'être est fait d'une seule substance). Mécanisme (la vie résulte de phénomènes physico-chimiques). / Animiste. Vitaliste. Organiciste.

Disciplines biologiques. Anatomie. Anthropologie. Biochimie. Biogéographie (phytogéographie et zoogéographie). Biométrie. Biophysique. Botanique. Cytologie. Ecologie (rapports des êtres avec leur milieu). Embryologie. Génétique. Histologie. Microbiologie. Paléontologie. Pathologie. Physiologie. / Tératologie. Zoologie.
Biologie générale. Biologie cellulaire. Cytologie (étude de la cellule). Cytobotanique. Cytozoologie. Cytochimie. Cytogénétique.
Cellule. Organites (constituants de la cellule). Membrane. Cytoplasme. Mitochondrie. Lysosome. Appareil de Golgi. Centriole. Paraplasme. Vacuole. Inclusion. Ergastoplasme. Osmose. Métabolisme. Cyclose (mouvements internes). / Division cellulaire. Amitose (division directe). Mitose (division indirecte). Caryodiérèse. / Méiose. Ovocyte. Spermatocyte.
Embryologie. Œuf (ovule fécondé). Embryon : morula, blastula, gastrula (stades successifs). Fœtus (embryon humain après soixante jours). / Différenciation sexuelle. Dimorphisme sexuel. / Amnios. Allantoïde. Chorion. Cavité amniotique (poche des eaux). Placenta. Cordon ombilical.
Vivipare (naît développé). Viviparité. / Ovipare (naît d'un œuf pondu avant l'éclosion). Oviparité. / Ovovivipare. / Embryogenèse. Ontogenèse (développement, de l'œuf à l'adulte). Embryologiste ou embryologue.
Génétique (science de l'hérédité). Hérédité (transmission des caractères d'une génération à l'autre). / Chromosome. Gène. / Acides aminés (désoxyribonucléique ou A. D. N., adénosinetriphosphorique ou A. T. P., ribonucléique ou A. R. N.). / Caractère dominant. Caractère récessif. Maladie héréditaire. / Mutation. Mutant. / Généticiste. Généticien.
Reproduction (v. ce mot).

Évolution des espèces. Fixisme (les espèces n'ont pas évolué depuis leur création). Evolutionnisme (les êtres vivants se transforment et donnent des espèces nouvelles). Lamarckisme (évolution due à l'influence du milieu). Darwinisme (sélection naturelle). Mutationnisme (des mutations créent les espèces nouvelles).
Fixiste. Evolutionniste. Darwiniste. Darwinien. Lamarckien. Mutationniste.

bizarre

(de l'ital. *bizarro,* capricieux)

Qui s'écarte de l'usage ou de l'ordre commun. *Une idée bizarre. Un raisonnement bizarre.* Baroque. Curieux. Drôle. Biscornu. Abracadabrant. Surprenant. Etonnant. Saugrenu. Farfelu. Singulier. Paradoxal. Anormal. Inhabituel. Extraordinaire. Marrant (pop.). / *Une mode bizarre.* Excentrique. Etrange. Extravagant. Grotesque. Ridicule. Hétéroclite.

BIZARRERIE. Drôlerie. Excentricité. Singularité. Etrangeté. Extravagance.

BIZARREMENT. Curieusement. Etrangement. Drôlement.

Qui a un comportement surprenant. *Un homme bizarre.* Original. Capricieux. Changeant. Fantasque. Lunatique. Maniaque. Excentrique. Farfelu. Drôle. Extravagant. / *Un individu bizarre.* Olibrius. Phénomène. Numéro (fam.). Drôle d'individu, de zèbre, de pistolet, de type, de numéro (fam.). Energumène.

BIZARRERIE. Drôlerie. Manie. Maniaquerie. Excentricité. Extravagance.

blâme

(de *blâmer ;* lat. pop. *blastemare*)

Jugement défavorable sur la conduite de quelqu'un. *S'attirer, encourir, recevoir un blâme.* Désapprobation. Réprobation. Critique. Grief. Admonestation. Avertissement. Remontrance. Reproche. Réprimande. Rappel à l'ordre. *Infliger un blâme à un fonctionnaire, à un élève.* Sanction. Réprimande.

BLÂMER. *Blâmer les agissements d'une personne. Blâmer quelqu'un de (ou pour) son attitude.* Désapprouver. Désavouer. Réprouver. Flétrir. Condamner. Critiquer. Incriminer. Censurer (vieilli). Faire grief. Jeter la pierre. Réprimander. Rappeler à l'ordre. Stigmatiser.

BLÂMABLE. Répréhensible. Critiquable. Condamnable.

blanc

(du francique **blank,* brillant ; en lat. *albus, candidus ;* en gr. *leukos*)

Qui est d'une couleur rappelant celle de la neige ou du lait. *Un teint*

blanc. Pâle. Blême. Blafard. Hâve. / *Avoir la peau blanche.* Clair. / Leucoderme (se dit de la race blanche).
Un peu blanc. Blanchâtre. / *Blanc-jaune.* Crème. / *Blanc laiteux.* Lactescent. Opalin. Ivoirin. / Neigeux (blanc comme de la neige). Lilial (qui a la blancheur du lys). / Chauffé à blanc. Incandescent.
Commencer à devenir blanc (en parlant des cheveux). Grisonner. Grisonnant. Poivre et sel (fam.). Platiné (blond presque blanc, en parlant des cheveux).

BLANCHEUR. Pâleur. / Canitie (état des cheveux devenus blancs). / Chenu.
Albugo (tache blanche de la cornée, des ongles). / Albinisme. Albinos. / Albumen (blanc de l'œuf). / Albâtre. / Aube.
Leucocytes (globules blancs). Leucocytose. Leucémie.

Qui n'est pas sali, pas souillé. *Du linge blanc.* Propre. Net. Immaculé. / *Une feuille blanche. Un bulletin blanc.* Qui n'est pas écrit. Vierge.
Blanc comme neige (en parlant de quelqu'un). Innocent. Candide. Pur. Virginal.
BLANCHIR. *Blanchir quelqu'un.* Déclarer innocent. Disculper. Innocenter.

blanchir
(de *blanc*)

Rendre propre. *Blanchir du linge.* Nettoyer. Laver.

BLANCHISSAGE. Faire la lessive. Savonner. Essanger. Couler la lessive. Faire bouillir. Brosser. Rincer. Etendre. Sécher. / Brossage. Rinçage. Azurage. Essorage. Etendage. Séchage.
Cuvier (vx). Lessiveuse. Machine à laver. Savon. Lessive. Eau de Javel. Détersif. Détergent. Produit lessiviel.

BLANCHISSERIE. Buanderie. Lavoir. Bateau-lavoir. Salle d'eau. / Essoreuse. Séchoir. Etuve.

BLANCHISSEUSE. Lavandière (vx). Laveuse (vx).

Rendre blanc. *Blanchir un mur à la chaux.* Chauler. / *Blanchir des textiles.* Décolorer. / Raffiner (le sucre).

BLANCHIMENT. *Blanchiment du coton.* Flambage. Dégommage. Débouillissage. Rinçage. Essorage. Azurage. / Blanchiment du lin, de la laine, de la soie, de la pâte à papier, des peaux.

Devenir blanc. *Blanchir de peur, de colère.* Pâlir. Blêmir.

BLANCHISSANT. Pâlissant. Blêmissant.

BLANCHISSEMENT. Blêmissement.

blé

Plante dont le grain sert à la fabrication du pain. *Sortes de blé.* Blé barbu. Blé sans barbe. / Blé tendre (pauvre en gluten). Blé dur (riche en gluten). / Blé d'automne. Blé de printemps. / *Parties d'une pousse de blé.* Racines. Tige. Feuilles. Epi. Epillets.

Cycle végétatif. Germination. Levée. Tallage (production des talles issues de bourgeons situés à l'aisselle des feuilles). Montée. Epiaison. Floraison. Maturation.

Parasites et maladies du blé. *Plantes nuisibles.* Nielle. Coquelicot. Ivraie. Chardon. Chiendent.
Maladies parasitaires. Carie. Chardon. Ergot. Piétin. Rouille (jaune, brune, noire).
Accidents dus à la pluie, au vent, à la chaleur. Verse. Echaudage.

Culture. Récolte. V. CÉRÉALES.

blessure
(du francique **blettjan,* meurtrir ; en lat. *vulnus, vulneris ;* en gr. *trauma*)

Lésion résultant d'un coup, d'un choc. Blessure légère, superficielle. Blessure profonde, grave, mortelle.

Plaies et contusions. *Plaie saignante.* Egratignure. Eraflure. Ecorchure. Entaille. Coupure. Balafre. Estafilade. Morsure. / Plaie en séton (faite par un projectile qui entre et ressort sous la peau sans entamer les muscles). / *Trace d'une blessure.* Cicatrice.
Plaie contuse. Contusion. Meurtrissure. Bosse. Bleu. Ecchymose. / *Instrument contondant* (qui blesse sans couper). Bâton. Marteau. Massue. Matraque.

BLESSER. Battre. Frapper. Mordre. Balafrer. Ecorcher. Couper. Entailler. Déchiqueter. Percer de coups. Piquer. Echarper (fam.). Amocher (pop.). / Contusionner. Meurtrir. / Etre blessé légèrement, grièvement, mortellement. / Etre blessé par une arme à feu, d'un coup de couteau. Etre criblé de blessures. Etre accidenté. Etre estropié.
Un grand blessé. Un blessé léger. Un blessé de guerre. Un mutilé. Un invalide. / *Les blessés de la face.* Gueules cassées.

Luxations et fractures. Désarticulation. Distorsion. Déboîtement. Déhanchement. Entorse. Froissement. Elongation. Foulure. / Fracture. Fracture comminutive. Impaction. Fêlure. / Casser, fracturer, fêler, rompre, fracasser un membre.

Atteinte morale. *Blessure d'amour-propre.* Offense. Vexation. Humiliation. Froissement. Coup.
BLESSER. Offenser. Froisser. Humilier. Piquer, toucher au vif. Mortifier. Vexer.

Relatif aux blessures. Vulnérable (qui peut être blessé). Vulnérabilité. Invulnérable. Invulnérabilité. / Choc traumatique (consécutif à une blessure). Traumatologie (partie de la médecine, de la chirurgie consacrée aux blessures).

bleu

(du francique *blao;* en gr. *kuanos*)

Une des sept couleurs fondamentales du spectre, entre le vert et l'indigo. *Légèrement bleu.* Bleuâtre. Bleuté. Céruléen. / *Bleu clair.* Bleu d'azur. Bleu ciel. Bleu horizon. Bleu Nattier. Bleu lavande. / *Bleu vif.* Bleu (de) roi. Bleu d'outremer. / *Bleu pâle.* Bleu pervenche. Bleu pastel. / *Bleu-vert.* Pers (en parlant des yeux). Bleu pétrole. Bleu canard. Bleu turquoise. / *Bleu foncé.* Bleu marine. Bleu nuit. / *Bleu-noir.* Bleu ardoise. *Teindre en bleu.* Bleuter. / *Devenir bleu.* Bleuir. Bleuissement.

Choses bleues. *Bleus végétaux.* Indigo. Tournesol. / *Bleus minéraux.* Bleu de Prusse. Bleu d'outremer. Bleu de cobalt. Cyanure de fer. Cyanite (silicate d'aluminium). Bleu de smalt.
Pierres bleues. Lapis-lazuli, ou lazulite. Marbre turquin. Aigue-marine. Saphir. Turquoise. / *Fleurs bleues.* Bleuet. Myosotis. Iris. Pervenche. Lavande.
Un bleu (marque sur la peau à la suite d'un coup). Ecchymose. / Cyanose. Maladie bleue (troubles cardiaques).

blindés

(de *blinde,* de l'allem. *blinden,* aveugler)

Chars de combat. Artillerie d'assaut. Tank (vx). Char d'assaut. Char lourd, moyen, léger. Char amphibie, aérotransportable.

Engins blindés. Automitrailleuse. Chenillette. Canon automoteur. Tank destroyer. Half-track. Véhicule transport de troupes. Chasseur de char. Engin semi-chenillé. Scout-car.

Parties d'un blindé. Chenilles. Patins. Tourelle. Tourelleau. Episcope (dispositif optique utilisé pour voir à l'extérieur). Blindage. Canon. Galet. Barbotin. Caisse. Chemin de roulement. Fente de visée.

Emploi des blindés. Chef de char. Equipage. Pilote d'engin blindé. / Obstacle, tir antichar. Mine. Engin. Roquette antichar. / Division blindée. Division mécanisée. Division cuirassée. / Corps blindé. Armée blindée. / Ecole d'application de l'arme blindée. / Vague de chars. / A défilement de tourelle.

boire

(du lat. *bibere*)

Avaler un liquide quelconque. *Boire de l'eau, du vin.* Prendre. Absorber. Ingurgiter. / *Boire pour apaiser sa soif.* Se désaltérer. Se rafraîchir.

Façons de boire. *Boire à petites gorgées, à petits coups.* Buvoter (fam.). Siroter. Goûter. Déguster. Savourer. / *Boire à longs traits.* Lamper. / *Boire d'un trait.* Faire cul sec (pop.). Siffler (une bouteille, un verre) [fam.]. / Boire à la régalade (en faisant couler le liquide dans la bouche sans que le récipient touche les lèvres). Boire à même la bouteille, au goulot. Boire à la ronde. Boire au tonneau. / S'en jeter un derrière la cravate (pop.). Ecluser (pop.). Sabler le champagne. / Faire des libations, de joyeuses libations.

BUVABLE. Potable. Sain.

BUVEUR. Buveur d'eau, de vin, de cidre.

Boire par passion. Aimer, caresser la bouteille (fam.). / *Boire beaucoup.* Lever le coude. Boire comme un chantre, comme une éponge, comme un trou. Boire sec. Boire à tire-larigot. Pomper (fam.). Biberonner (fam.). Picoler (pop.). Pinter (pop.). Avoir le gosier, la dalle en pente (pop.).
Abuser des boissons alcooliques. S'enivrer. Se cuiter (pop.). Se soûler. Prendre une cuite, une biture (pop.). Etre ivre. Etre soûl, en état d'ébriété. / Ivresse. Ivrognerie. / Tenir le coup (boire beaucoup sans s'enivrer).
Personne qui boit avec excès. Buveur. Alcoolique. Pilier de café, de bistrot. / Alcoolisme. Delirium tremens. / Lutte contre l'alcoolisme. Ligue antialcoolique. Abstème (vx; qui ne boit pas de vin).

Usages. *Offrir à boire.* Payer une tournée (fam.), une consommation, un verre, un pot (fam.), un canon, un litre, un kil (arg.). / Arroser (fam.; offrir à boire à l'occasion d'un heureux événement). Vin d'honneur. / *Boire à la santé de quelqu'un.* Porter un toast. / Trinquer (choquer les verres avant de boire). A votre santé. Prosit. Tchin Tchin (fam.). / Faire le trou normand (boire du calvados entre deux plats).

Récipients pour boire. Gobelet. Timbale. Verre à vin, à liqueurs. Verre à dégustation. Tâte-vin. / Verre à bordeaux, à bourgogne. / Verre à champagne. Coupe. Flûte. / Chope. Bock. / Moque (pour le cidre). Tasse, etc.

bois

(du lat. pop. *boscus;* en lat. class. *lignum;* en gr. *xylon*)

Matière dure qui constitue le tronc, les branches et les racines des grands végétaux. *Structure du bois.* Cœur. Moelle. Couches concentriques. Rayons médullaires. Aubier. Ecorce. Liège. Liber. Cambium. Faisceaux libéro-ligneux. Veine. Sève. / Cellulose. Lignine. / *Diverses sortes de bois.*
Bois déligné (de sciage à quatre côtés). Bois de fente. / Bois gris (de chauffage non écorcé). Bois pelard (écorcé). / Bois d'œuvre. Grume. Bille. / Bois sec, vert, mort. / Bois blanc, tendre. Bois dur, gras. / Bois amélioré. Bois reconstitué. / Bois commun. Bois fin.
Bois de feu, d'industrie, de marine, de mine. Bois à pâte. Bois de résonance. Bois de teinture. Bois de placage.
Défauts du bois. Broussin. Cadranure. Entre-écorce. Flache. Frotture. Gale. Gélivure. Loupe. Lunure. Madrure. Malandre. Nœud. Œil-de-perdrix. Ronce. Roulure. Vermoulure. / Bois pouilleux (échauffé), filandreux, noueux, tortillart. / Se déjeter. Travailler. S'échauffer. Se vermouler.

Abattage et transport. Abattre. Abattage mécanique, à la main. Abattis. / Façonnage. Déboiser. Déboisement. / Essarter. Essartage. / Vente. Coupe. / Stéréométrie. Dendrométrie. Cubage. Toisé. / Mètre à pointes. Ficelle. Dendromètre. / Bûcheron. / Hache. Coin. Entaille. / Scies. Passe-partout. Scie mécanique. Scie à ruban. Tronçonneuse. Tronçonnage. / Ecorçage.
Traînage. / Griffes. Cric. Chaîne à patin. / Manipulation mécanique. / Transport par triqueballe, par diable, par fardier, par chariot, par bateau. / Schlittage. Glissoire. Schlitte. / Téléphérage. Câbles. / Flottage à bûches perdues, en trains. / Débardage. Débarder. Débardeur.

Industrie du bois. *Travail du bois.* Charpente. Menuiserie. Ebénisterie. Boissellerie. Tonnellerie. Charronnage. Déroulage. Placage. Tournage. Vannerie. Marqueterie. / Boiserie. Lambris. Moulure. Lames de parquet. Huisserie. Membrure. / Planche. Planchette. Latte. Douvain. Merrain. / Feuilles de placage. Panneaux de contre-plaqué. / Sablière. Madrier. Poutres. Pannes. Chevrons. Solives. / Boiser. Boisage. Etai de mine. Poteau de mine. Ecoperche. Boulin. / Traverses de chemin de fer.

Sous-produits du bois. Distillation du bois. Pyroligneux : acide acétique, alcool méthylique. Goudron. Essence de pin. / Liège. Tanin et extraits tannants. / Résines. Laques. / Pâte à papier. Cellulose. / Colorants.

Bois de chauffage. Bois combustibles. Chêne. Charme. Hêtre. Bouleau. Frêne. Orme. / Fendeur de bois. Casseur de bois. / Merlin. Coin. / Scieur de bois. Scier en deux, trois, quatre traits. / Bûches. Quartiers. Rondins. / Fagot. Cotret. Margotin. Broutilles. Falourde. Bourrée. Copeaux. / Corder. Cordeur. Mouler. Stère. Corde. Brasse. Voie. / Bûcher. Chantier. / Combustibles. Charbon de bois. Lignite.

Essences. *Bois feuillus.* Abricotier. Faux acacia (robinier). Ailante. Alisier blanc, ou alouchier, et torminal. Amandier. Anis. Aune ou aulne, ou verne. Bouleau. Buis. Cerisier. Charme. Châtaignier. Chênes : commun, chevelu, vert, rouge d'Amérique. Chêne-liège. Citronnier. Cormier. Cornouiller. Cytise. Epinevinette. Erable sycomore. Frêne. Fusain. Hêtre. Houx. Marronnier. Merisier. Micocoulier. Mûrier. Noyer. Olivier. Orme. Peupliers blanc et noir. Platane. Poirier. Pommier. Prunier. Robinier. Sureau. Tilleul. Tremble. Tulipier de Virginie.
Bois résineux. Cèdre. Cyprès. Epicéa. Genévrier. Genévrier de Virginie. If. Mélèze. Pins : sylvestre, laricio, maritime d'Alep, cembro (arolle), Weymouth. Pitchpin. Sapin. Sapin de Douglas (pin de l'Oregon). Séquoia. Thuya.
Bois tropicaux et exotiques. Acajou véritable (Amérique). Acajous africains. Faux acajous. Amarante. Amboine. Amourette. Angélique. Avodiré. Ayous. Azobé. Balsa. Bilinga. Bois de rose. Bossé. Bubinga. Caliatour. Camagoan. Campêche. Citron. Dibétou. Douka. Doussié. Ebène. Framiré. Gaïac. Hickory. Iroko. Limba. Makoré. Moabi. Movingui. Muscadier. Niangon. Niové. Okoumé. Olon. Ovoga. Ozigo. Padouk. Palissandre. Palmier. Samba. Santal. Sapelli. Satiné. Sipo. Tchitola. Teck. Tiama. Tola. Wacapou. Wengé. Zingana. Macassar.

Relatif au bois. Ligneux. Lignicole. Lignification. Se lignifier. Lignite. Xylographie (gravure sur bois). Xylophone. / Animaux xylophages. Artison. Cossus, appelé aussi *gâte-bois, perce-bois*. Ver. Vrillette. Taret (mollusque qui creuse des galeries dans les bois immergés).

boisson

(du bas lat. *bibitio*, de *bibere*, boire)

Tout ce qui se boit. *Une boisson tonique*. Remontant. Cordial. / *Une boisson ayant des propriétés particulières*. Breuvage. / *Absorber, prendre, avaler une boisson*. Boire. / *Boisson de saveur exquise*. Nectar.

Boissons naturelles. Eau de source. Eau fraîche. Eau filtrée. / Eau de Seltz. / Eaux minérales. Vichy. Saint-Galmier. Evian. Contrexéville. Vittel, etc.

Boissons alcooliques. Bière. Cidre. Vin. / Alcools. Spiritueux. Eaux-de-vie de vin, de cidre, de poiré, de fruits. Eau-de-vie de canne à sucre. Rhum. Tafia (vx). / Apéritifs. Vermouth. Anis. Cocktail. / Digestifs. Liqueurs. Pousse-café (fam.). / Punch. Grog. / Elixir.

Boissons sucrées. Sirop. Jus de fruits. Orgeat. Limonade. Orangeade. / Emulsion. Julep. / Lait de poule (aux œufs). Lait d'amandes. / Chocolat à l'eau, au lait. / Rafraîchissements. / Coco. / Liquides acidulés. Soda. Boissons aromatisées. / Boissons glacées. Café liégeois.

Infusions. Café. Café noir. Café au lait. Café crème. Café turc. Café express. Thé. Thé de Chine, de Ceylan. Maté. / Décoction. Tisane. Infusion. Camomille. Verveine. Tilleul. Menthe. / Eau de riz.

boîte

(du lat. pop. *buxida*, coffret)

Récipient en bois, en carton, en métal, en porcelaine, en matière plastique, etc., de forme et de dimensions variables. *Parties d'une boîte*. Fond. Parois. Couvercle. Charnière. Serrure. *Boîte de grandes dimensions*. Caisse. Coffre.

Boîtes spéciales. *Boîte à bonbons*. Bonbonnière. Drageoir. / *Boîte à bagues, à bijoux*. Baguier. Coffret. / *Boîte à ouvrage*. Nécessaire, trousse de couture. / *Boîte à poudre*. Poudrier. / *Boîte à fiches*. Classeur. Fichier. / *Boîte à argent*. Tirelire. Cagnotte. Tronc (d'église). / Custode (boîte servant à mettre une hostie consacrée, pour l'exposer, la transporter). / Boîte de (à) couleurs. Boîte de (à) compas. / Boîte à outils. Boîte à onglets. / Boîte d'allumettes.
Boîte aux lettres. / Boîte à lait, à thé, à café, à sel, à épices. / Boîte de conserve. / *Boîte à tabac*. Tabatière. Pot à tabac. Etui à cigares, à cigarettes. / *Boîte à ordures*. Poubelle.

boiter

(origine obscure ; en lat. *claudicare*)

Marcher en inclinant le corps d'un côté plus que de l'autre ou alternativement des deux côtés. *Boiter du pied droit, du pied gauche. Boiter des deux pieds*. Clopiner. Claudiquer. Clocher (vx). Traîner la jambe. Se déhancher. / *Boiter légèrement*. Boitiller. / *Avancer en boitant*. Clopin-clopant. / *Bâton pour se soutenir*. Canne. Béquille.
BOITERIE (infirmité d'un être qui boite). Claudication. Démarche claudicante.
BOITEUX. Bancal. Estropié. Eclopé. Invalide. Infirme. Béquillard (fam.). Bancroche (pop.).

bon

(du lat. *bonus*)

Qui possède toutes les qualités propres à sa nature, à sa destination (en parlant des êtres et des choses). *Un bon garçon*. Sérieux. Irréprochable. Réfléchi. Sage. Aimable. Dévoué. Facile à vivre. Sociable.
Un bon conseil. Judicieux. Sage. Prudent. Salutaire. Souverain. / *Une bonne affaire. Un bon marché*. Avantageux. Intéressant. Profitable. Rentable (fam.).

Qui aime à faire du bien. Charitable. Humain. Altruiste. Philanthrope. Généreux. Dévoué. Secourable. Serviable. Complaisant. Bienveillant. / Indulgent. Compréhensif. Clément. / Conciliant. Accommodant. Chic (fam.). / *Trop bon*. Débonnaire. Bonasse. Crédule. Naïf. Faible.
BONTÉ. Générosité. Charité. Altruisme. Philanthropie. Dévouement. Serviabilité. Complaisance. Bienveillance. / Indulgence. Clémence. Compréhension. / Débonnaireté (littér.). Crédulité. Naïveté. Faiblesse.

Qui a de la bonté et de la simplicité. *Une bonne fille. Un bon garçon*. Brave. Serviable. Gentil. Complaisant. Obligeant. Généreux.

Qui remplit bien son rôle, ses fonctions. *Un bon père. Un bon* *ouvrier*. Sérieux. Consciencieux. Honnête. Dévoué. Actif. Laborieux. Travailleur.

Conforme aux lois de la morale, à la vertu. *Une bonne action*. Louable. Méritoire. Généreux. Beau. Noble. / *Une bonne conduite*. Digne. Vertueux. Honorable. Modèle. Exemplaire. Irréprochable. Edifiant.

Qui procure de la satisfaction, des avantages. *Une bonne nouvelle*. Agréable. Heureux. Favorable. / *Une bonne situation. Un bon emploi*. Avantageux. Intéressant. Stable. Sûr. Lucratif.

Agréable au goût, à l'odorat. *Un bon plat*. Succulent. Savoureux. Exquis. / *Une bonne odeur*. Agréable. Suave. Délicieux.

Qui est bien fait (en parlant d'une œuvre littéraire ou artistique). *Un bon livre*. Intéressant. Instructif. Bien écrit. / *Un très bon livre*. Excellent. Remarquable. Passionnant. Captivant. / *Un assez bon film*. Passable. Convenable. Acceptable. Moyen.

bonheur

(de *bon* et de l'anc. franç. *heur*, chance)

État de complète satisfaction. *Un bonheur parfait, ineffable*. Contentement. Euphorie. Plaisir. Félicité. Enchantement. Ravissement. Joie. Délices. / *Le bonheur céleste*. Béatitude. Paradis.
Jouir du bonheur. Etre heureux, radieux. Etre bien aise. Etre ravi, enchanté. Etre au comble de ses vœux. Etre comblé. Nager dans la joie. Etre au septième ciel. Eudémonisme (recherche du bonheur).

Événement heureux, favorable. *Un bonheur inespéré*. Chance. Aubaine. Bonne aubaine. Veine (fam.). Heureux hasard. Bonne fortune. Heur (vx). Faveur du sort. Réussite. Succès.
Au petit bonheur. Au petit bonheur la chance. Au hasard. / *Par bonheur*. Heureusement. / *Porter bonheur*. Porter chance. / *Porte-bonheur*. Fétiche. Mascotte. Amulette. Gri-gri. Talisman.

bord

(du germ. *bord*, bord d'un bateau)

Côté d'un bateau. Tribord (côté droit). Bâbord (côté gauche). / Roulis (balancement d'un bateau d'un bord sur l'autre). Rouler bord sur bord. / *Monter à bord*. S'embarquer.
ABORDER. Attaquer. Eperonner. / Heurter accidentellement.
ABORDAGE. Attaque. Assaut. / Collision.

Extrémité d'une surface. *Le bord d'une table*. Côté. Pourtour. / *Le bord d'un cours d'eau*. Rive. Berge. / *Le bord de la mer*. Littoral. Côte. Rivage. Plage. Grève. / *Le bord d'un bois*. Orée. Lisière. / *Le bord d'un puits*. Margelle. / *Le bord d'un livre*. Tranche. / *Le bord d'une feuille de papier*. Marge. / *Le bord d'une plaie*. Lèvre. / *Le bord d'un chapeau, d'une botte*. Retroussis. / *Le bord replié d'un vêtement*. Revers. / *Le bord intérieur d'un plat, d'une assiette*. Marli ou marly. / *Bord en saillie*. Rebord.
BORDER. Longer. S'étendre le long de.

Ce qui occupe, garnit le bord d'une chose. Bordure. Tour. Entourage. / *Bordure d'un tableau*. Cadre. Encadrement. Cartouche. *Bordure d'un vêtement*. Liséré. Passepoil. / *Bordure d'une pièce de monnaie*. Carnèle. / *Trait qui borde*. Filet. / *Ornement qui borde*. Moulure. Torsade. Cimaise. Feston. Effilé. Frange. / Volant. Galon. Retroussis. / *Bordure d'arbres*. Haie. Ligne. Rangée. Cordon. *En bordure*. Le long. Sur le bord.
BORDER (garnir le bord d'une chose). Entourer. Encadrer. Festonner. Ourler.

bosse

Déviation de la colonne vertébrale. Cyphose. Gibbosité.
BOSSU. Gibbeux (vx). / *Bossus légendaires*. Polichinelle. La fée Carabosse. Esope. Triboulet.

Protubérance naturelle chez certains animaux. La bosse du dromadaire, du bison, du zébu. Les bosses du chameau.

Grosseur ronde. *Se faire une bosse en tombant*. Enflure. / *Ne rêver que plaies et bosses*. Etre batailleur. / *Bosse du crâne*. Protubérance. / *Avoir la bosse de* (fam.). Don. Aptitude. / Phrénologie (étude des bosses du crâne).
BOSSELER (déformer un objet par des bosses). Cabosser. Bossuer (vx). / Bosselure.

Saillie sur une surface. *Bosse d'un terrain, d'une route*. Eminence. Irrégularité. Monticule. Dos-d'âne.

botanique

(du gr. *botanê*, plante)

Partie de l'histoire naturelle qui a pour objet l'étude des plantes. *Botanique générale*. Morphologie, ou organographie. Anatomie végétale. Histologie. Cytologie. / Physiologie végétale, ou

FEUILLES

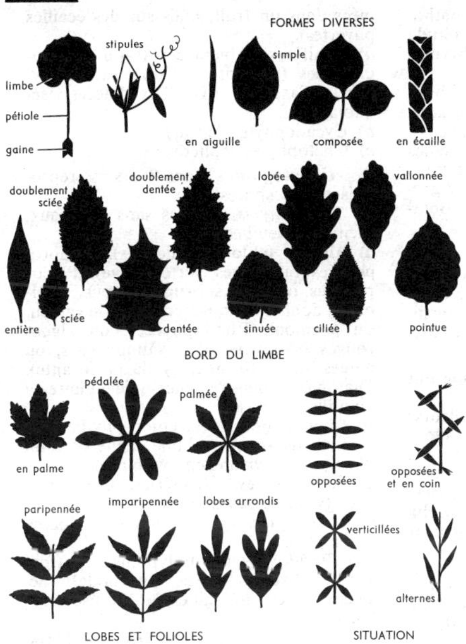

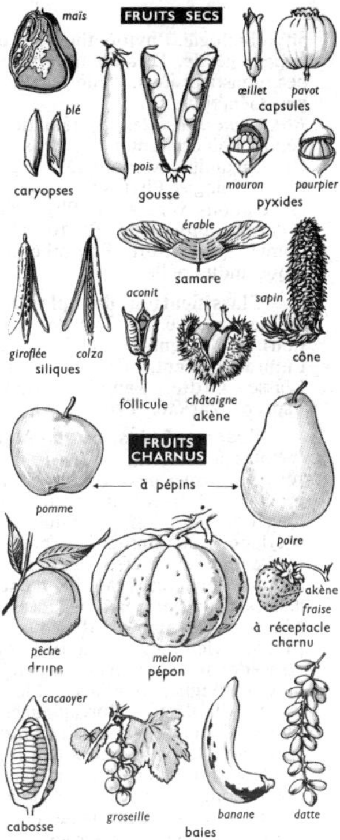

FLEURS

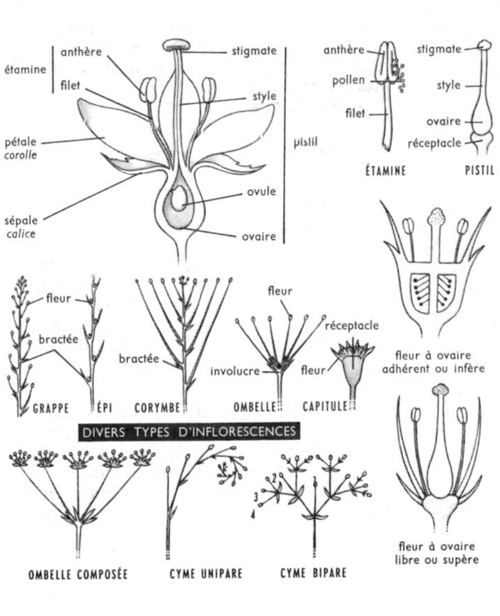

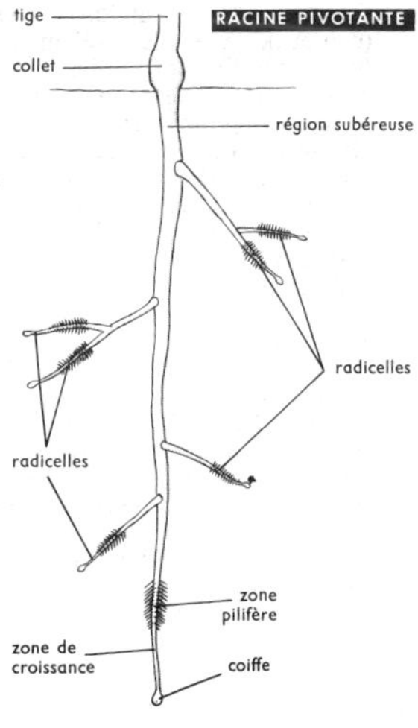

phytobiologie. Phytopathologie, ou pathologie végétale. Tératologie végétale (étude des monstruosités). / Biologie. Embryologie. Génétique.
Botanique spéciale. Systématique. Philogénie. Paléobotanique. / Phanérogamie. Cryptogamie. Mycologie. Algologie. / Phytoécologie. Phytosociologie (étude des associations végétales). Phytogéographie.
Botanique appliquée. Phytotechnie. Agronomie. Sylviculture. Phytothérapie. Botanique industrielle.

Classification des plantes. Taxinomie (science des lois de la classification). / Règne végétal. / Flore. / Embranchement. Sous-embranchement. Classe. Ordre. Famille. Tribu. Genre. Espèce. Variété. Type.

Spermaphytes, ou phanérogames (plantes à graines).
A. *Angiospermes* (plantes à fleurs; graines enfermées dans un fruit clos).
a) Monocotylédones (graine à un seul cotylédon). Graminacées (blé). Liliacées (poireau). Palmiers (dattier). Aracées (arum). Lemnacées (lentille d'eau). Orchidacées (vanillier). Broméliacées (ananas). Musacées (bananier). Roseaux.
b) Dicotylédones (plantule à deux cotylédons). Acéracées (érable). Ampélidacées (vigne). Araliacées (lierre). Bétulacées (bouleau). Borraginacées (bourrache). Cactacées (cactus). Cannabinacées (chanvre). Caprifoliacées (sureau). Célastracées (houx). Chénopodiacées (betterave). Composées (laitue). Convolvulacées (liseron). Corylacées (noisetier). Crassulacées (joubarbe). Crucifères (chou). Cucurbitacées (melon). Droséracées (drosera). Ebénales (ébène). Ericacées (bruyère). Euphorbiacées (hévéa). Fagacées (chêne). Gentianales (gentiane). Géraniacées (géranium). Guttiféracées (thé). Hippocastanacées (marronnier). Juglandacées (noyer). Labiacées (menthe). Malvacées (coton). Mimosacées (mimosa). Moracées (mûrier). Myrtacées (eucalyptus). Nymphéacées (nénuphar). Oléacées (olivier). Ombellifères (carotte). Papavéracées (coquelicot). Papilionacées (trèfle). Pipéracées (poivrier). Plantaginacées (plantain). Polygonacées (rhubarbe). Primulacées (primevère). Renonculacées (bouton-d'or). Ribésiacées (groseillier). Rosacées (pommier). Rubiacées (café). Rutacées (oranger). Salicacées (saule). Saxifragacées (hortensia). Scrofulariacées (digitale). Solanacées (pomme de terre). Ulmacées (orme). Urticacées (ortie). Violacées (violette).
B. *Gymnospermes* (graines non enfermées dans un fruit, mais sur des écailles ouvertes).
a) Conifères. Abiétacées (sapin). Araucariacées (araucaria). Cupressacées (cyprès). Taxacées (if). Taxodiacées (séquoia).
b) Cycadophytes (cycas).
c) Gnétophytes (éphédra).

Cryptogames (sans fleurs; se reproduisent par spores).
A. *Thallophytes* (plantes sans vaisseaux, racines ni feuilles).
a) Algues (chlorophylliennes). Chlorophycées ou algues vertes (ulve). Phœophycées ou algues brunes (fucus, laminaire, dont le mélange constitue le varech, ou goémon). Rhodophycées, ou algues rouges (rhodymenia). Cyanophycées, ou algues bleues (nostoc, hyella perforante). Diatomées (algues brunes unicellulaires à coquille siliceuse).
b) Champignons (non chlorophylliens).
c) Lichens (formés d'une algue et d'un champignon vivant en symbiose).
B. *Schizophytes.* Bactéries. Cyanophycées (v. ci-dessus *algues*).
C. *Bryophytes.* Hépatiques. Mousse (sphaigne).
D. *Ptéridophytes.* Polypodiacées (fougères). Lycopodiacées (lycopode). Sélaginellacées (sélaginelle). Equisétacées (prèle).

Travaux pratiques. Botaniser. Botaniste. / Herboriser. Herborisation. Herborisateur. / Dessiccation des plantes. Herbier.
Jardin botanique. Jardin des plantes. Arboretum. Phytotron. Serre. / Naturaliste. / Préparations. Laboratoire. Loupe. Microscope. Coupes.
V. FEUILLE, FLEUR, FRUIT.

botte

Chaussure qui enferme le pied et la jambe. *Parties d'une botte.* Tige. Talon. Semelle. Contrefort. Collier. Revers. Retroussis. Genouillère. Tirants.
Diverses sortes de bottes. Bottes molles. Bottes fortes. Bottes de caoutchouc. Bottes de cuir. / Bottes à l'écuyère, à l'anglaise, à la hussarde, à chaudron. Bottes Chantilly. / Bottes d'égoutier, de marin, de jockey. / Demi-botte. / Bottillon. / Bottine.

Relatif à la botte. Botter. Bottier. / Coiffer une botte (y mettre une genouillère). / Botter à cru (sans bas ni chaussettes). / Débotter. Au débotté (au moment où l'on arrive). / Tire-botte. Embauchoir.

Locutions diverses. Graisser ses bottes (se préparer à partir). Lécher les bottes (flatter bassement). A propos de bottes (sans motif sérieux). Avoir du foin dans ses bottes (avoir beaucoup d'argent). Bottes de sept lieues.

bouche

(du bas lat. *bucca;* en lat. class. *os, oris;* en gr. *stoma*)

Cavité placée à la partie inférieure de la face. *Parties de la bouche.* Cavité buccale. Muqueuse buccale. Plancher buccal. / Mâchoire. Maxillaire. Arcades dentaires. Dents. Denture. Dentition. Gencives. / Muscles buccinateurs. / Joues. / Lèvres. Coins. Commissure. / Langue. / Palais. Voûte palatine. Vestibule de la bouche. Voile du palais. Piliers du voile. Isthme du gosier. / Arrière-bouche. Pharynx. Muqueuse pharyngienne. Glotte. Luette. Amygdales. Glandes salivaires.

États de la bouche. Avoir la bouche fraîche. / Avoir la bouche amère, mauvaise, pâteuse. Avoir la gueule de bois (pop.).

Maladies de la bouche. Aphtes. Gingivite. Pyorrhée alvéolaire. Muguet. Stomatite. / Stomatologiste (spécialiste des maladies de la bouche). Stomatologie. Stomatoscope.

Actions de la bouche. Respirer. Bâiller. Souffler. / Avaler. Manger. Mastiquer. / Boire. Se rincer la bouche. Se gargariser. / Sucer. Mordre. Baver. Cracher. Roter (pop.). / Rire. Sourire. Embrasser. Donner, prendre, recevoir un baiser. / Parler. Chanter. Crier.
Fermer la bouche de quelqu'un. Faire taire. Bâillonner. / Rester bouche bée.

Locutions diverses. Rester sur la bonne bouche (s'arrêter après quelque chose d'agréable). Garder pour la bonne bouche (pour la fin). Une fine bouche (gourmet). Etre porté sur la bouche (gourmand). Faire venir l'eau à la bouche (exciter l'envie). Faire la petite bouche (faire le délicat). Avoir la bouche en cœur (prendre des manières affectées). De bouche à oreille (de vive voix et directement). Passer, voler de bouche en bouche. Rester bouche cousue.

Relatif à la bouche. Buccal. Oral. Palatal. / Prendre un médicament par la voie buccale ou orale. « Per os. »

Cavité buccale de certains animaux. Bouche du cheval, de certains poissons. Pour les autres animaux : gueule, bec, trompe, suçoir.

Ouverture. *Bouche de métro, d'un four.* Entrée. Orifice. / Bouche d'égout. / Bouche d'arrosage. Bouche d'incendie. Prise d'eau. / Bouche de chaleur d'un calorifère.

boucher

(de l'anc. franç. *bousche,* touffe de paille)

Remplir une ouverture. *Boucher un trou.* Combler. Remblayer. / *Boucher les trous d'un mur.* Obturer. Mastiquer. Jointoyer. / *Boucher une voie d'eau.* Aveugler. Etancher. Colmater. Tamponner. / *Boucher à l'émeri.* Boucher hermétiquement. Luter. / *Boucher les fentes d'un bateau.* Etouper. Calfater. / *Boucher les fentes d'une fenêtre.* Calfeutrer. *Boucher une bouteille.* Capsuler. Cacheter.
Ce qui sert à boucher. Bouchon. Capsule. Cheville. Fausset. Robinet. Cannelle. / Bouche-bouteilles.

Empêcher un passage. *Boucher une porte, une fenêtre.* Condamner. Murer. / *Boucher une canalisation, un conduit.* Obstruer. Engorger. / Engorgement. Obstruction. / Occlusion intestinale (arrêt des matières contenues dans l'intestin).
Boucher une rue (en parlant d'un grand nombre de véhicules). Encombrer. Embouteiller. / Encombrement. Embouteillage. Bouchon (fam.).

boucherie

(de *boucher,* celui qui vend de la viande de bouc)

Commerce de la viande. *Animaux de boucherie.* Bovins. Bœuf. Vache. Taureau. Veau. / Ovins. Mouton. Brebis. Agneau. / Porcs. / Cheval. Ane. Mulet.

Abattage des animaux. *Lieu d'abattage.* Abattoir. / *Locaux de stabulation.* Bouverie. Bouvril. Bergerie. Porcherie.
Mise à mort. Etourdissement de l'animal. Electrocution. Anesthésie. / *Instruments.* Merlin. Maillet. Pistolet d'abattage. Masque à cheville percutante. Pince d'abattage (avec électrodes).
Egorgement. Saignage. Echaudage. Dépouillement. Eviscération. Dépeçage. / Egorger. Saigner. Echauder. Dépouiller. Eviscérer. Dépecer. / Abatteur. Tueur.
Abattage casher (selon les rites de la religion juive). Schoheth (saigneur). Bodek (inspecteur).
Découpage en quartiers. Marquage des

quartiers. / Contrôle sanitaire. Vétérinaire. / Stockage en chambre froide.

Vente de la viande en gros. Vente à la cheville (crochet). Chevillard (boucher faisant la vente en gros).
Quartiers de viande. Quatre quartiers. / Cinquième quartier. Abats. Issues.
Abats. Tête. Cervelle. Langue. Ris. Poumon ou mou (fam.). Cœur. Foie. Rognons. Mamelle. Pieds. Sang. / Viscères digestifs (abats blancs). Estomac (en cuisine : gras-double, tripes). Intestins (saucisse, saucisson, andouille, andouillette). Crépine.
Issues. Peau. Poils. Cornes. Sang. Os. Caillette (présure). Vessie. Déchets ou nivets (pour gélatine, colle, noir animal, engrais, etc.).
Organes et liquides opothérapiques (pour traitement par les glandes et les tissus animaux). Foie. Pancréas. Corps thyroïde. Capsules surrénales. Thymus. Ovaires. Testicules. Sang. Bile.

Vente de la viande au détail. Boucherie. Boucherie chevaline, hippophagique. / Boucherie casher (où l'on vend de la viande d'animaux abattus selon les rites de la religion juive). / Boucher. Bouchère. Garçon boucher. Etalier.
Préparation de la viande. Découpage. Dépeçage. Désossement. / Parer la viande. Barder. Ficeler.
Matériel. Etal. Billot. Tables. Vitrine réfrigérée. Réfrigérateur. Chambre ou armoire frigorifique. Tringle de fer à dents-de-loup. Pendoir. Crochets. Balance. Allonges.
Outillage. Hachoir. Couperet. Scies. Couteaux. Feuille à fendre. Boutique (étui pour les couteaux).

Sortes de viandes. *Première catégorie.* Morceaux à rôtir ou à griller. / *Deuxième catégorie.* Morceaux à griller ou à braiser. / *Troisième catégorie.* Morceaux à bouillir ou à ragoûts.

Viande de bœuf. *Première catégorie.* Filet. Faux filet. Aloyau. Culotte. Romsteck. Gîte à la noix. Entrecôte. / *Deuxième catégorie.* Bavette. Côtes découvertes. Macreuse. / *Troisième catégorie.* Flanchet. Poitrine. Collier. Jarret. Jumeau. Plat de côtes. Griffe. Paleron.
En cuisine. Chateaubriand. Côte de bœuf. Rosbif. Bifteck. Steak. Tournedos. Pot-au-feu. Bœuf à la mode. Bœuf bourguignon. Sauté de bœuf. Bœuf miroton. Museau de bœuf. Bœuf en daube. Estouffade de bœuf. / Bœuf de conserve. Corned beef. Singe (arg. militaire).

Viande de veau. *Première catégorie.* Quasi. Cuisseau (comprenant la noix et la rouelle). Carré couvert. Longe. / *Deuxième catégorie.* Epaule. Basses côtes. / *Troisième catégorie.* Tendron. Collet. Jarret. Poitrine.
En cuisine. Escalope. Paupiette. Blanquette. Fricandeau. Amourettes (moelle épinière). Osso buco.

Viande de mouton. *Première catégorie.* Gigot. Carré. Filet. Côtelettes premières. Côtelettes couvertes. / *Deuxième catégorie.* Epaule. Haut de côte. Côtelettes découvertes. / *Troisième catégorie.* Collet. Poitrine. Flanchet.
En cuisine. Baron d'agneau (la selle et les deux gigots). Ragoût de mouton. Haricot de mouton. Navarin. Epigrammes (morceaux de poitrine braisée). Méchoui.

boucle

(du lat. *buccula,* petite joue)

Anneau. Boucles d'oreilles. Pendants d'oreilles. / Anneau de quai. Echaudi. / Mousqueton (anneau à ressort).

BOUCLER. Boucler la boucle. Parcours en boucle. Looping.

Agrafe. Boucle de ceinture, de ceinturon, de soulier, de courroie. / Ardillon (pointe d'une boucle).

BOUCLER. Attacher, serrer avec une boucle.

Spirale. *Boucle de cheveux.* Bouclette. Accroche-cœur. Anglaises. Frison. Frisette. Frisure. Indéfrisable. Ondulation.
Boucle d'un cours d'eau. Sinuosité. Méandre.

bouder

Manifester son mécontentement par une attitude maussade. *Bouder de colère, de dépit.* Etre fâché. Etre de mauvaise humeur. Faire la moue. Faire la grimace. Faire la tête (fam.). Bougonner.
Bouder quelqu'un. Faire grise mine. Etre en froid. Battre froid.
BOUDERIE. Fâcherie. Mauvaise humeur.
BOUDEUR. Grognon. Bougon. Renfrogné. Maussade. Dépité. / *Air boudeur.* Rechigné.

boue

(du gaulois **bawa*)

Terre détrempée sur le sol. *La boue des chemins, des rues.* Fange (littér.). Gâchis. Margouillis. Gadoue. Ga-

douille (pop.). Crotte (fam. et vx). / Marcher, patauger, barboter dans la boue. *Salir avec de la boue.* Eclabousser. / *Couvrir de boue.* Salir. Crotter. / Sale. Crotté. *Enlever la boue.* Brosser. Décrotter. / Brossage. Décrottage. / Paillasson. Décrottoir. Gratte-pieds.
BOUEUX (plein de boue, en parlant d'un chemin, d'une rue). Fangeux.

Dépôt au fond des eaux stagnantes. *La boue d'un étang, d'un marais, d'un marécage.* Vase. Limon. Bourbe. Tourbe. Fange (littér.). / *Endroit plein de boue.* Bourbier. Fond vaseux, limoneux, fangeux.
Enlever la boue d'un ruisseau. Curer. / *Débarrasser un port de sa vase.* Draguer. Dragueur. Cure-môle.
S'enfoncer dans un bourbier. S'embourber. S'enliser. S'envaser. / *Tirer d'un bourbier.* Désembourber.
Boues radio-actives. Dépôts pélagiques. Boues bleues, vertes, rouges, grises, blanches.

bouillir

(du lat. *bullire,* faire des bulles)

Être en ébullition. *Bouillir à gros, à petits bouillons.* Bouillonner. Bouillonnement. Bulles. Vapeur. / *Commencer à bouillir.* Frémir. Chanter. / *Bouillir à petit feu.* Mijoter. Mitonner.
EBULLITION (état d'un liquide soumis à la chaleur). Bouillonnement.

Préparer par ébullition. Faire bouillir de la viande, des légumes. / Viande bouillie. Pot-au-feu. Bouilli. / Bouillon de légumes. Potage. Soupe. Consommé. Velouté. Bouillon gras, maigre / Court-bouillon (bouillon pour le poisson). / *Passer à l'eau bouillante.* Ebouillanter. Blanchir (des légumes).
Faire bouillir du vin, du cidre. Distiller. / Bouilleur de cru.
BOUILLIE. Bouillie de farine de céréales. Gaudes (maïs). Polenta (semoule).
BOUILLOIRE (récipient pour faire bouillir de l'eau). Coquemar. Samovar.

boulangerie

(d'un ancien picard *boulenc,* celui qui fabrique le pain en boule)

Fabrication et commerce du pain. *Boutique du boulanger.* Boulangerie. Boulangerie-pâtisserie. / Boulanger. Boulangère. / *Garçon boulanger.* Mitron. Gindre (vx). / La boulange (fam.). / Boulangerie militaire. Manutention (vx).

Fabrication du pain. Panification. Farine panifiable. Levain. Levure. / Fournil (endroit où l'on pétrit la pâte). *Pétrissage.* Mélange de la farine avec du levain (ou de la levure) et du sel. Délayage. Bassinage. Malaxage. / Fraser (briser la pâte). Contre-fraser. / Frase. Contre-frase. Pesée. Façonnage.
Fermentation. Levage de la pâte. / Pâte douce (pour pain de fantaisie). Pâte bâtarde (la plus utilisée). Pâte ferme (pour petits pains).
Cuisson. Chauffage du four. Enfournement. Chauffer. Enfourner. Faire cuire. / Défournement. Défourner. / Fournée.
Croûte. Mie. Talon. Baisure, ou biseau (endroit où deux pains se sont touchés dans le four). Coquille.

Matériel. Pétrin. Huche. Maie (vx). Pétrin mécanique. Malaxeur. / Tamis. Blutoir. Etouffoir. Tour. Rouleau. Coupe-pâte. Dépeçoir. Doroir.
Four. Four à bois, à houille, à gaz, au gas-oil. Four électrique. Four rotatif. Four continu. Four permanent. Four roulant. Four de campagne. / Bois de boulange. Fournilles. / Ecouvillon. Ebraisoir. Râble ou rouable. Fourgon. Pelle à enfourner. / Paneton, ou banneton. / Comptoir. Couteau à pain. Brosse à pain.

Variétés de pain. Pain blanc. Pain bis. Pain complet. / Pain de ménage (vx). Pain de campagne (au levain). / Pain de fantaisie. / Pain de munition (fabriqué pour l'armée). Pain biscuité. / Pain de régime (sans sel). Pain de mie. Pain au lait, aux raisins. / Pain anglais. Pain viennois. Pain brioché.
Pain chaud. Pain frais. Pain tendre. Pain croustillant. Pain mollet. Pain rassis. Pain dur. / Durcir. Rassir.
Croissant. Galette. Fouace. Biscuit. Biscotte. Gressin. Longuet. Bretzel. Pain braisé. / Pain azyme.

Formes. *Pain rond.* Couronne. Miche. Boule. Pain boulot. Tourte (vx). / *Pain long.* Ficelle. Baguette. Flûte. Bâtard. / *Pain fendu.* Pain marchand de vin. Pain polka. Pain natté. Pain à épis.

Usage du pain. Alimentation panaire. Manger du pain. / Planche à pain. Corbeille à pain. Panetière. Couteau à pain.
Couper. Rompre. Tailler (vx). / Ecroûter. Emietter. / Griller. Rissoler. / Beurrer. / Tremper. / Chapeler (râper la croûte). Paner.
Morceau de pain. Tranche. Chanteau. Quignon. Bouchée. Lichette. Mouillette. Croûte. Croûton. Entame. / Tartine. Beurrée (vx). / Pain rôti, grillé. Rôtie.

Toast. Croûton. Croustade. / Canapé. Chapon. / Croûte de pain râpé. Chapelure. Miettes. / *Préparation au pain.* Soupe. Panade.

Locutions diverses. Promettre plus de beurre que de pain (faire des promesses exagérées). Pour une bouchée de pain (pour un prix dérisoire). Retirer le pain de la bouche. Avoir du pain sur la planche (avoir beaucoup de travail à faire). Manger son pain blanc le premier (être tout d'abord dans des circonstances avantageuses). Mettre au pain sec.

boule
(du lat. *bulla*)

Corps sphérique. Boule de neige. / *Boule de fil, de laine.* Peloton. Pelote. *Se mettre en boule.* Se blottir. Se pelotonner. Se recroqueviller. Se replier. Se ramasser. / *Rouler comme une boule.* Bouler. / *Tomber en se roulant en boule.* Faire un roulé-boulé.

Objets en forme de boule. Bille. Boulette. Bulle. Globe. Pilule. Pompon. Balle. Bulteau (arbre taillé en boule).

Jeux de boules. Boule de quilles. Boule de croquet. Maillet. Cochonnet. Avoir la boule. Coup de début. / Jouer à l'appui. Jouer fort. Piéter. Poquer. Noyer sa boule. Pointer. Tirer. Faire un carreau. / Boulodrome. Pétanque.
Bowling (jeu de quilles et de boules).

bouleverser

Mettre dans un désordre complet. Mettre sens dessus dessous. Déranger. Renverser. Mettre à sac. Chambarder (fam.). Chambouler (fam.). Ravager. Saccager. / *Chercher en bouleversant.* Farfouiller (fam.).

BOULEVERSEMENT. Désordre. Remue-ménage. Chambardement (fam.). Ravage. Saccage.

Apporter un changement profond. *Bouleverser* (en parlant d'un événement politique, social). Changer. Modifier. Révolutionner. Chambarder (fam.).

BOULEVERSEMENT. Modification. Changement. Chambardement (fam.).

Causer une émotion violente. *Bouleverser* (en parlant d'une mauvaise nouvelle). Emouvoir. Ebranler. Mettre en émoi. Remuer. Retourner. Troubler. Consterner. Atterrer. Affoler.

BOULEVERSANT. Emouvant. Consternant.

bourru

Qui manque d'amabilité. *Un homme bourru.* Désagréable. Bougon. Grognon. Rude. Brusque. Grincheux. Hargneux. Revêche. Acariâtre. Ours mal léché. Misanthrope. Peu sociable.
Se montrer bourru. Rabrouer. Rudoyer. Malmener. Brusquer. Froisser. Choquer. Envoyer promener (fam.). Rembarrer. / Mauvais accueil. Rebuffade. Brusquerie. Rudoiement.

Bourse
(de *Van der Burse,* marchand à Bruges)

Marché des valeurs mobilières ou des marchandises. Bourse de commerce. Bourse de valeurs. Place boursière. Parquet. Corbeille. Agent de change. Charge. Cautionnement. Fonds de garantie. Compagnie des agents de change. Chambre syndicale des agents de change. Syndic. Adjoint. Commission des opérations de Bourse. Boursier.
Actionnaire. Capitaliste. Opérateur. Marché. Négociation. Transaction. Opération. Opération au comptant. Opération à terme. Achat. Acheter. Acheteur. Vente. Vendre. Vendeur. Se racheter. Hausse. Boom. Baisse. Krach. Tenue.
Epargner. Epargne. Epargnant. Placer. Placement. Portefeuille. Jouer. Spéculer. Spéculation. Spéculateur. Répartition. Coupon. Compte. Relevé de compte. Liquidité. Gain. Perte. Endettement. Ruine.

Opérations de Bourse. Admission à la cote. Introduction. Introduire. Note d'information. Cote officielle. Coter. Cotation. Criée. Opposition. Casier. Cours. Ecart de cours. Cours touché. Marché au comptant. Marché à terme ferme. Marché à terme conditionnel. Marché à prime « Dont ». Ecart de prime. Pied de prime. Echelle de prime. Marché à option. « Avec. » Stellage. Option du double. Hors-cote. Offre publique d'achat (O.P. A.). Offre publique d'échange.
Donneur d'ordre. Remisier. Ducroire. Ordre. Ordre au mieux. Ordre limité. Ordre au premier cours. Ordre stop. Ordres liés. Passation. Contre-passement. Offre. Demande. Contrepartie. Engagement. Quotité. Découvert. Couvrir. Couverture. Acompte. A valoir.
Ferme. Fermeté. Réaction. Irrégulier. Compensation. Application. Arbitrer. Arbitrage. Arbitragiste. Intervention. Carnet. Bordereau. Courtage. Impôt de Bourse.
Réaliser. Apurer. Apurement. Solde.

Exécuter. Exécution. Avis d'opéré. Position. Réponse des primes. Liquider. Liquidation générale. Report. Reporter. Cours de compensation. Position de place. Déport. Lever. Levée de titres. Livrer. Livraison de titres. Remise. Règlement. Compte de liquidation. Débit. Virement de titres. Applications. Cession directe. Cédant. Cessionnaire.

Valeurs mobilières. Droit d'agrément. Part sociale. Part de fondateur. Titre. Papier. Coupure. Titre nominatif. Certificat nominatif. Titre au porteur. Nominal. Pair. Valeur nominale. Regroupement.
Conversion. Mise au nominatif. Transfert. Virement de titre. Endosser. Endossement. Taux de rendement. Coupon. Détacher. Avoir fiscal. Crédit d'impôt. Droits de garde. Emettre. Emission. Lancer. Lancement. Prime d'émission. Appoint. Syndicat. Syndicataire.

Actions. Action d'apport. Action de capital. Action de jouissance. Action privilégiée. Actionnaire. Associé. Actionnariat. Apporteur. Libérer. Versement libératoire. Amortir. Amortissement. Capitaliser. Capitalisation boursière.
Appel de fonds. Augmentation de capital. Emission. Souscripteur. Droit de souscription. Irréductible. Réductible. Rompu. Promesse d'action. Assimilation. Distribution. Action gratuite. Droit d'attribution. Bénéfice. Boni. Dividende.

Obligations. Emprunt. Créancier. Obligation à lot. Obligation indexée. Obligation participante. Obligation convertible. Obligation échangeable. Obligataire. Intérêt. Rembourser. Amortir. Amortissement. Tirage. Rachat en bourse.

Rentes. Rente perpétuelle. Rente amortissable. Bon du Trésor. Annuité. Arrérages. Consignation. Amortir. Amortissement. Tirage.

Marché des changes. Change. Changer. Changeur. Droit cambiaire. Cambiste. Devise. Devise-titre. Lettre de change. Chèque de voyage. Traveller's cheque. Accréditif. Couvrir. Couverture. Versement. Coter le certain. Coter l'incertain. Arbitrer. Arbitrage. Arbitragiste. Balance des paiements. Trésorerie. Cavalerie. Intervention.

Marché de l'or. Essai. Essayeur. Fondeur. Bulletin d'essai. Barre. Lingot. Napoléon. Demi-napoléon. Aigle. Double-aigle. Demi-aigle. Croix suisse. Vreneli. Union latine. Souverain. Intervention.

boussole

(de l'ital. *bussola,* petite boîte de buis)

Instrument dont l'aiguille magnétique indique le nord et qui sert à s'orienter. *Eléments d'une boussole.* Aiguille aimantée. Rose des vents. Pivot. Chape. Cuvette. Suspension à la Cardan. Habitacle. Compensateur magnétique. / *Indications de la boussole.* Cap. Rhumb. Inclinaison. Déclinaison. Déviation de l'aiguille.

Sortes de boussoles. Boussole de déclinaison, d'inclinaison, de variations. Boussole d'arpenteur, ou boussole topographique. Déclinatoire. / Compas. Compas liquide. Compas à main. Compas renversé. / Compas gyroscopique. Radiocompas (v. NAVIGATION).
Ancêtres de la boussole. Calamite. Marinette.

bout

Partie extrême d'une chose (dans le sens de la longueur). *Le bout d'une table.* Extrémité. / *Le haut bout d'une table.* Place d'honneur.
Bout pointu. Pointe. / *Garniture placée au bout d'une canne, d'un parapluie.* Embout. Virole. / Le gros bout, le petit bout d'une lorgnette, d'une queue de billard. / *Mettre bout à bout.* Joindre. Abouter. Rabouter. / *Couper le bout d'une planche.* Ebouter. Raccourcir.

Fin d'un espace, d'une durée. *Le bout d'un chemin. Le bout d'une année.* Limite. Terme.
Etre au bout d'une activité. Achever. Terminer. / *Etre à bout de forces,* ou, absol., *être à bout.* Etre fatigué, épuisé, éreinté. N'en plus pouvoir. / *Venir à bout d'un travail.* Achever. Finir. / *Venir à bout de quelqu'un.* Vaincre. Triompher. Mater. Maîtriser.
Jusqu'au-boutiste (personne qui va jusqu'au bout de ses opinions). Jusqu'au-boutisme.

Partie, fragment d'une chose. *Un bout de pain.* Morceau. Quignon. Chanteau (vx). / *Un bout de viande.* Tranche. Lichette (fam.).

bouteille

(du lat. pop. *butticula,* dimin. de *buttis,* tonneau)

Récipient servant à contenir des liquides. *Parties d'une bouteille.* Anneau. Collet. Col. Goulot. Ventre. Panse. Cul, ou fond.

Bouteilles diverses. *Bouteille de verre, de grès, de faïence, de plastique.* Carafe. Carafon. Cruche. Cruchon. Pichet. / *Bouteille en métal, en cuir.* Bidon. Gourde. / *Bouteille isolante.* Thermos (nom déposé). / Bouteille ronde, carrée, plate, ovoïde. / Bouteille bordelaise, bourguignonne, champenoise. Bouteille à vin d'Alsace, à liqueurs, à porto, etc.
Bouteille clissée. Fiasque. Dame-jeanne. Tourie. Bonbonne. / *Bouteille de bière.* Canette. / *Bouteille d'un litre.* Litre. / *Demi-bouteille.* Fillette (pop.). / *Petite bouteille.* Flacon. Fiole. Burette. Flasque.
Bouteilles de champagne (75 cl). Magnum (2 bouteilles). Jéroboam (4 bouteilles). Réhoboam (6 bouteilles). Mathusalem (8 bouteilles). Salmanazar (12 bouteilles). Balthazar (16 bouteilles). Nabuchodonosor (20 bouteilles). Muselet (armature métallique d'une bouteille de champagne).

Relatif à la bouteille. Laver. Rincer. Egoutter. / Lavage. Rinçage. Egouttage.
Mettre en bouteilles. Embouteiller (vx). Embouteillement. / Entonnoir. Remplisseuse. / Boucher. Bouchon. Bouche-bouteilles. Boucheuse. Capsule. Capsulateur. Cire. Cacheter. Habillage. Etiquette. / Déboucher. Tire-bouchon. Décapsuler. Décapsuleur. / Vide-bouteille. / Panier à bouteilles. Porte-bouteilles. Casier.

bouton

Petite pièce fixée sur un vêtement pour en assurer la fermeture ou pour servir d'ornement. Bouton de chemise, de veste, de pantalon. Bouton de col, de manchettes. / Bouton à trous, à queue. / Bouton-pression.
Matière. Bouton de bois, d'os, de corozo, de métal, de porcelaine, de verre, de céramique, de nacre, de matière plastique.
Attacher, fermer avec des boutons. Boutonner. / Boutonnière. Bride. Brandebourg. / Boutonnage. Déboutonner. Détacher. / Se déboutonner.

Pièce d'un mécanisme servant à ouvrir ou à fermer. *Bouton de porte, de serrure.* Poignée. / Bouton de sonnette. / *Bouton électrique.* Commutateur. Interrupteur. / Bouton d'appareil de radio, de télévision. Poussoir (montre).

Petite excroissance qui, sur une plante, donne naissance à une tige, à une fleur, à une feuille. Bouton à feuilles, à fruit. Bourgeon. Bouton floral. Bouton à fleur. Eclosion de boutons. / Boutonner (se couvrir de boutons, en parlant d'une plante).

Petite enflure de la peau. Pustule. Vésicule. Elevure (vx ou dialect.). / Boutons d'acné, d'herpès. Boutons de fièvre. Boutons de jeunesse. Eruption de boutons. *Se couvrir de boutons.* Boutonner (fam.). BOUTONNEUX (couvert de boutons). Pustuleux.

bovins

(du lat. ***bovinus***, de ***bos***, bœuf)

Ensemble des animaux appartenant à l'espèce bovine. Bovidés. Bœuf. Vache. Taureau. Veau. Génisse.
Bœuf (terme générique pour toute l'espèce bovine). Bœuf de labour. Bœuf de trait. Bœuf de boucherie. Bœuf gras. / Jeune bœuf. Bouvillon.
Vache. Vache laitière. / Mamelle. Pis. Tétine. Trayon (bout du pis). / Traire. Tirer le lait. Traite. Mulsion. Traite manuelle. Traite mécanique. Trayeuse.
Vache amouillante. Vêler. Vêlage.
Veau. Veau de lait. Veau de rivière (nourri dans les prairies de la Seine). Broutard (veau qui mange de l'herbe). / Velot (veau mort-né). / Génisse. Taure.
Taureau. Taurillon (jeune taureau). Taureau muselé (qui porte un anneau). / Taurin. / Taureau de combat. Tauromachie (v. COURSES DE TAUREAUX).

Races bovines. Race normande, charolaise, pie rouge de l'Est, hollandaise, limousine, Maine-Anjou, flamande, parthenaise, gasconne. Race de Salers, d'Aubrac. Race armoricaine, bretonne pie noir, blonde des Pyrénées, garonnaise, tarentaise (ou tarine), ferrandaise. Race du Quercy, brune des Alpes, bazadaise, vosgienne, corse. Race du Mézenc, des Pyrénées centrales. Race froment du Léon, de Durham. Race bleue du Nord, bordelaise. Race de la Camargue, de Jersey. Herd-book (livre généalogique des bovins).

Particularités des bovins. Cornes. Mufle. Babines. Barbillons. Fanons. / Estomac à quatre compartiments : panse, bonnet, feuillet, caillette. / Ruminant. Ruminer.
Cri. Beuglement. Mugissement. Meuglement. / Beugler. Meugler. Mugir.

Relatif aux bovins. Etable. Bouverie. Bouvril (à l'abattoir). / Joug. Collier. / Toucheur de bœufs (celui qui les conduit). Bouvier. / Elevage. Engraissement. Embouche. Engraisseur. Emboucheur. Nourrisseur.
Insecte des bœufs. Tique. / Pique-bœuf (oiseau qui cherche les parasites sur les

bœufs). / Baudruche (pellicule faite avec le gros intestin du bœuf).
Bovinés (mammifères voisins du bœuf). Bison. Zébu. Buffle. Bufflonne. Bufflon. Buffletin.

Expressions familières et proverbiales. Travailler comme un bœuf. Souffler comme un bœuf. Mettre la charrue avant les bœufs.

branche

(du lat. pop. *branca,* lat. class. *ramus*)

Ramification des tiges des arbres, des arbustes. *Sortes de branches.* Branche charpentière. Mère branche. / *Branche fruitière.* Coursonne. / *Petite branche.* Rameau. Branchette. Brindille. Broutille (vx). / Moignon (ce qui reste d'une branche coupée). / *Branches nouvelles.* Pousse. Scion. Jet. Rejet. Rejeton. / *Branche de vigne.* Pampre. Sarment. / *Ensemble des branches d'un arbre.* Branchage. Bois. Ramée. Ramure. /Brisées (branches rompues par le veneur).
Arbre branchu (qui a beaucoup de branches). / Fourche. Embranchement (endroit où un tronc se divise). / Se ramifier (se diviser en plusieurs branches). Ramification.

Arboriculture. *Branche repiquée.* Bouture. Bouturer. Bouturage. Marcotte. Marcotter. Marcottage. / Provigner (marcotter la vigne). Provignage. Provignement.
EBRANCHER (couper les branches d'un arbre). Elaguer, émonder (couper les branches inutiles). / Elagage. Emondage. / Tailler. Taille. / Bourrée. Fagot.

Ramification. *Les branches d'une artère, d'une veine.* Division. Ramification. / *Les branches d'une galerie.* Souterrain. Voie. / *Branche de raccordement d'une autoroute.* Bretelle. / *Les branches d'une science.* Spécialité. Discipline. Section. / *Les branches d'une famille, d'un arbre généalogique.* Lignée. Parenté. / Se ramifier. Se diviser. Se subdiviser.

bras

(du lat. *brachium*)

Membre supérieur de l'homme (de l'épaule à la main). Bras droit. Bras gauche. / Avant-bras (du coude au poignet).
Os du bras. Humérus. Radius. Cubitus. / *Muscles du bras.* Biceps. Triceps. Deltoïde. / *Articulations du bras.* Poignet. Coude. Aisselle. Epaule. / Olécrane (saillie du coude). / Etre droitier, gaucher. Manchot (privé d'un bras). Moignon. / Relatif au bras. Brachial.

Mouvements, gestes des bras. Pronation (paume de la main en dessous et pouce à l'intérieur). Supination (mouvement contraire).
Serrer dans ses bras. Etreindre. Enlacer. Embrasser. / Donner le bras. Aller bras dessus, bras dessous. / Rester les bras croisés. Bras ballants. / Ouvrir, tendre les bras à (vers) quelqu'un. Recevoir à bras ouverts. / Transporter à bras. Brassée. / Tenir à bout de bras. / Saisir à bras-le-corps (par le milieu du corps).

Ornements. Bracelet. Gourmette. / Brassard. Crêpe. Galon. Chevron.

Locutions diverses. A tour de bras, à bras raccourcis (de toute sa force). Avoir le bras long (avoir de l'influence, du crédit). / Couper bras et jambes (empêcher d'agir, décourager). / Etre en bras (fam.), en manches de chemise (sans veston).

brave

(de l'ital. *bravo,* courageux)

Qui ne craint pas le danger. *Un soldat brave.* Courageux. Vaillant. Audacieux. Intrépide. Hardi. Héroïque. / *Faux brave.* Fanfaron. Bravache. Matamore. Capitan. Fier-à-bras.

BRAVOURE. Courage. Vaillance. Intrépidité. Héroïsme.

BRAVER. *Braver la mort, le danger.* Affronter. Défier.

Qui fait preuve de bonté. (Placé avant le nom.) *Une brave femme. Un brave homme.* Bon. Généreux. Dévoué. Complaisant. Serviable. Obligeant. Gentil.

briller

(de l'ital. **brillare,** s'agiter ; en lat. ***lucere, splendere***)

Émettre, réfléchir une lumière vive. *Briller* (en parlant du Soleil). Luire. Resplendir. / *Briller* (en parlant des étoiles). Scintiller. / *Briller comme le feu.* Etinceler. Flamboyer. / *Briller en produisant des reflets.* Chatoyer. Iriser. Miroiter. Irradier. Eblouir. Réverbérer. Reluire. Refléter. Brasiller (en parlant de la mer). / *Briller d'un vif éclat.* Rutiler.
Faire briller des objets. Lustrer. Astiquer. Vernir. Vitrifier. Cirer. Encaustiquer. Faire reluire. Glacer. Patiner. Moirer. Vermillonner. Brillanter.

BRILLANT. *Une surface brillante. Un objet brillant.* Luisant. Eclatant. Etincelant. Phosphorescent. Scintillant. Eblouissant. Resplendissant. Chatoyant. Miroitant. Coruscant (littér.). Rutilant. / *Un visage brillant de bonheur.* Radieux. Rayonnant. Resplendissant.

Attirer l'attention par ses qualités. *Briller à un examen.* Se distinguer. Se faire remarquer. Faire des étincelles (fam.). Rupiner (fam.).
Briller dans le monde, dans une société. Avoir du prestige. Jouer un grand rôle. Faire figure de grand personnage. Attirer les regards. Faire sensation. Réussir. Obtenir des succès. Faire florès. Avoir du renom, de la réputation. Etre au pinacle.
Briller par son esprit, ses reparties. Etre spirituel.
BRILLANT. *Une cérémonie brillante. Un spectacle brillant.* Grandiose. Fastueux. Somptueux. / *Un brillant mariage.* Riche. / *Un esprit brillant.* Distingué. Fin. Intelligent. Vif. Spirituel. Etincelant. Pétillant. / *Une brillante situation.* Remarquable. Enviable. Magnifique. / *Une affaire brillante.* Prospère. Florissant. / *Un élève brillant.* Doué. Remarquable.

briser

(du lat. pop. *brisare,* d'origine gauloise)

Mettre en menus morceaux. *Briser un vase.* Casser. Mettre en pièces. Réduire en miettes. Fracasser. Pulvériser. / *Briser une porte.* Enfoncer. Défoncer. Fracturer.
BRIS. Effraction. Brisure. / Destruction. / *Reste d'une chose brisée.* Débris. Morceau. Fragment. Eclat. / Débris de bouteille. Tesson.
Brise-tout. Brise-fer (qui casse les objets les plus solides).

Se briser. *Se briser avec violence.* Eclater. Exploser. Sauter.

Anéantir. *Briser le courage, l'énergie.* Abattre. Décourager. Accabler. Désespérer. / *Briser de fatigue.* Harasser. Ereinter. Epuiser. / *Briser la carrière de quelqu'un.* Détruire. Anéantir. / *Briser le cœur. Fendre le cœur.* Affliger. Bouleverser. Désoler. Attrister.
Briser une grève. Faire échouer. / Briseur.

broderie

Ornement exécuté sur une étoffe. Broderie à l'aiguille, au crochet. / Broderie à la machine. Broderie mécanique (sur des métiers industriels).

Diverses sortes de broderies. *Broderies blanches* (avec du fil, du coton, du cordonnet sur un tissu). Broderie pleine, ou plumetis. Broderie ajourée, ou broderie anglaise, Madère, Richelieu, Colbert.
Broderie de couleur (soie, coton, fils d'or, d'argent, etc.). Broderie lamée. Broderie d'Ombrie. Broderie persane (soie, or, pierres précieuses). Broderie de métal. Broderie d'ornements d'église. / Broderie en application, en surapplication, en relief, en guipure.
Broderie sur canevas. Tapisserie. Broderie d'ameublement.

Travail. *Faire de la broderie.* Broder. / Entoiler. Tracer. Poncer. / Appliquer. Brocher. Engrêler. / Chamarrer. Chiner. Festonner. / Rembourrer. Remplir. / Galonner. Glacer. / Guiper. Lisérer. Ombrager. Piquer. Escamoter les fils. Passer les laissés et les pris. Damasser. Soutacher. / *Personne qui brode.* Brodeur. Brodeuse.
Points. Point d'arête, de bouclette, de bourdon, de toile, de croix, de chaînette, d'épine, de feston, de Hongrie, de Malte, de mosaïque, d'orge, de sable, de poste, de nœuds, de grébiche, de Paris, de trait, de tige, de vannerie.
Point guipé, damassé, couché, lancé, natté, noué, perlé, roman, turc. / Broderie de Lunéville. Point de Beauvais.
Motifs. Bouillons. Brandebourgs. Croisillons. Festons. Feuillage. Fleurs. Frisons. Jaseron. Jours. Liséré. Nervure. Œil-deperdrix. Œillets. Ourlets à jour. Picot. Piqûres. Pois. Pommettes. Rivière. Vermicelle.
Outillage et matières. Métier sur pieds, sur tréteaux, à pinces. Tambour. Cadre. Ensouple (cylindre). Lattes. / Poinçon. Broche. Dé. Onglet. Aiguille à broder. Crochet à broder. Navette.
Fond. Toile. Canevas. / Dessin. Tracé. Patron.
Matières diverses. Fils. Fil d'or. Fil d'argent, de cuivre, d'aluminium. / Soie. Soie floche. Soie d'Alger. / Cordonnet. Coton. / Cartisane. Ganse. Lacet. Galon. Soutache. Clinquant. Cannetille. Paillettes. Perles.

brosse

Ustensile servant à frotter, à nettoyer. Une brosse dure, rude. Une brosse douce, souple.

Brosses diverses. Brosse à habits, à chapeaux. Brosse à chaussures. Décrottoire. Polissoire, ou brosse à reluire. / Brosse double. / Brosse à ongles. Brosse

à dents. Brosse à cheveux. / Brosse à barbe. Blaireau.
Brosse pour nettoyer les bouteilles. Goupillon. / *Brosse pour nettoyer les armes à feu.* Ecouvillon. / Brosse à parquet. Balai-brosse. / Epoussette. Tête-de-loup. / Brosse métallique. Etrille. / Brosse à cheval, en chiendent, en soies. / Brosse à machines. / Ramasse-miettes.
Brosse de peintre. Pinceau. Queue-de-morue. Brosse à lessiver, à réchampir, à spalter, à badigeon. Brosse coudée.

Fabrication. Brosserie fine. Grosse brosserie. / Monture. Trous, ou loquets. Garniture. Touffes. Manche. Dos.
Chiendent. Poil de martre, de putois, de blaireau (grisard). Fibre de Nylon. Soie de porc, de sanglier. Fil métallique.

Usages. *Nettoyer avec une brosse.* Brosser. Brossage. Brosseur. Donner un coup de brosse. / Décrotter. Décrottage. Décrotteur. / Cirer. Cireur. Faire reluire. / Frotter. Frotteur. / Etriller. / Epousseter. Epoussetage. Epousseteur.

brouillard

Amas de gouttelettes d'eau formant un nuage près du sol. *Brouillard léger.* Brume. Brume blanche. Brume sèche. Banc de brume. / *Brouillard épais, dense.* Brouillard à couper au couteau. Purée de pois. Crasse. Brouillard polluant, givrant.
Brouillard d'advection, d'évaporation, de mélange, de rayonnement. / Frimas. Gelée blanche. Givre. / *Brouillard qui se condense en pluie.* Bruine. Brouillasse. Crachin. / *Faire du brouillard.* Bruiner. Brouillasser (fam.). Crachiner.

Relatif au brouillard. Temps bruineux, brumeux, caligineux. / Ciel couvert, nuageux, bouché, embrumé.
S'embrumer. S'abattre. Tomber. Se résoudre en pluie. Se lever. Se dissiper. / Dissipation. Eclaircie. / Brumal. / Brumaire (mois du brouillard).
Dispositif antibrouillard. Radar. Guidage radio-électrique (pour les avions). / Phares antibrouillard.

broyer

(du germ. *brekan,* briser)

Réduire en parcelles très petites. *Broyer des couleurs.* Réduire en poudre. Porphyriser. Pulvériser. / *Broyer en frappant avec un pilon.* Piler. Egruger. Triturer. / *Broyer avec un moulin.* Moudre. / *Broyer des pierres.* Concasser. / *Broyer avec ses dents.* Mâcher. Déchiqueter. Croquer.
BROYAGE. Egrugeage. Trituration. Pulvérisation. Concassage.

Appareils pour broyer. Broyeur. Concasseur. Egrugeoir. Pilon. Moulin. Presse. / Broie (vx). Mortier. Molette. Meule. Rouleau.
Choses broyées. Concassure. Gravier. Gravillon. Poudre. Farine. / Hachis. Miettes. Pulpe.

bruit

(de *bruire ;* lat. pop. *brugere*)

Son produit par des vibrations irrégulières. *Faire du bruit en parlant.* Crier. Parler fort. Hurler. Vociférer. Brailler. Gueuler (pop.). / *Fatiguer par le bruit.* Assourdir. Abasourdir. Etourdir. Ahurir. Assommer. Crever le tympan. / *Marcher sans bruit.* Doucement. Discrètement. Silencieusement. A pas feutrés.
BRUITAGE (production de bruits artificiels au théâtre, à la radio). Bruiteur. Bruiter.

Bruits de personnes. *Un bruit de voix, de dispute, de querelle.* Eclat de voix. Cris. Clameur. Huées. Hourvari. Vociférations. Hurlement. / Cacophonie. Brouhaha. Boucan (fam.). Bastringue (pop.). Tumulte. Tapage. Vacarme. Ramdam (pop.). Sabbat. Bacchanale. Tohu-bohu. Charivari. Tintamarre. Chahut. Chambard (fam.). Foire (pop.). Chabanais (arg.). Barouf (pop.). / Chahuter.
Bruits respiratoires. Souffle. Soupir. Toux. Eternuement. Hoquet. Ronflement. Râle.
Bruits gastro-intestinaux. Borborygme. Gargouillement ou gargouillis. Rot (pop.). Renvoi. Eructation. Vent (fam.). Pet (triv.). Vesse (triv.). / Gargouiller (en parlant des intestins). Eructer. Roter (triv.). Péter (triv.). Vesser (triv.).
BRUYANT. Criard. Braillard (fam.). Turbulent. Tapageur. Gueulard (pop.).
BRUYAMMENT. A grand bruit.

Bruits d'animaux. Bourdonnement. / Ramage. Gazouillement. Gazouillis. Pépiement. / Cornage. Ebrouement (éternuement du cheval). / Cris particuliers d'animaux : v. CRI.

Bruits de choses. *Bruit léger.* Bruissement. Clapotement. Clapotis. Gazouillement. Gazouillis. Cliquetis. Cliquètement. Froissement. Frôlement. Frou-frou ou froufrou. / Bruire. Clapoter. Gazouiller. Cliqueter. Froisser. Frôler. Froufrouter. / *Bruit aigu ou sec.* Battement. Clappement. Claquement. Craquement. Craquètement. Crépitement. Crissement. Grincement. Grésillement. Pétillement. Sifflement. Chuintement. /

Battre. Clapper. Claquer. Craquer. Craqueter. Crépiter. Crisser. Grincer. Grésiller. Pétiller. Siffler. Chuinter. / *Bruit sourd.* Bourdonnement. Grondement. Roulement. Ronronnement. Vrombissement. Ronflement. / Bourdonner. Gronder. Rouler. Ronronner. Vrombir. Ronfler. / *Bruit retentissant.* Coup de tonnerre. Explosion. Déflagration. Détonation. Fracas. Eclatement. Pétarade. / Exploser. Détoner. Eclater. Pétarader.

Onomatopées. Boum. Cric crac. Pif paf. Pan pouf. Vlan. Zim. Plouc. Plouf. Pouf. Floc. Ding dong. Drelin drelin. Flic flac. Tac tac. Toc toc. / Flonflon. Crincrin. Frou-frou. Glouglou. Patatras. Tic-tac. Tam-tam. Badaboum, etc.

Nature des bruits. Aigu. Aigre. Perçant. Strident. Criard. Nasillard. / Retentissant. Assourdissant. Etourdissant. Ahurissant. / Eclatant. Fort. Tonitruant. Infernal. / Rauque. Sourd. Confus. / Faible. Etouffé. Plaintif. / Sec. Crépitant.

Instruments à bruit. Grosse caisse. Tambour. Tambourin. Timbales. Cymbales. Triangle. Chapeau chinois. / Cloche. Clochette. Sonnette. Timbre. Grelot. / Corne. Trompe. Klaxon. Avertisseur. / Claquette. Claquoir. Cliquette. Castagnette. Crécelle. / Sifflet. Sirène. Signaux acoustiques. Tam-tam.

Lutte contre le bruit. Assourdir, amortir, étouffer les bruits. / Se boucher les oreilles. / Imposer le silence. / Insonoriser. Insonorisation. Isolation phonique.

brûler

Détruire par l'action du feu. *Brûler de vieux papiers.* Jeter au feu. Mettre le feu (à). Livrer aux flammes. Consumer. Faire un autodafé (fam.). / *Brûler une maison, une forêt.* Incendier. Réduire en cendres. / Incendiaire. Pyromane.
Brûler un cadavre. Incinérer. Incinération. Crémation. / Four crématoire. / *Brûler un condamné.* Livrer au supplice du feu. / Autodafé. / *Le fait de brûler par l'action du feu.* Combustion. Ignition. Calcination.

Être détruit par le feu. *Brûler lentement, rapidement* (en parlant d'un combustible). Flamber. Se consumer.

Soumettre à l'action du feu. *Brûler du café.* Griller. Torréfier. / Torréfaction. Brûloir. Torréfacteur. / *Brûler les tissus organiques.* Cautériser. Cautérisation. / Cautère. Thermocautère. / *Qui brûle les tissus organiques.* Caustique. Corrosif.

Employer comme combustible. *Brûler du bois, du charbon, de la tourbe, du lignite, du gaz, du mazout, de l'essence.* Utiliser pour le chauffage.
Combustibles solides naturels. Bois. Houille. / *Combustibles liquides.* Pétrole. Essence. Kérosène. Mazout. Fuel-oil ou fuel. Gas-oil. Alcool. / *Combustibles gazeux.* Gaz. Butane. Propane.

INCOMBUSTIBLE (qui ne brûle pas). Incombustibilité.

Altérer par l'action du feu, de la chaleur. *Brûler du linge.* Roussir. Cramer (pop.). / *Brûler un rôti.* Calciner. Carboniser. Calcination. Carbonisation. Goût, odeur de brûlé. / *Etre brûlé par le Soleil.* Desséché. Grillé.

Causer une sensation de brûlure. *Brûler la gorge* (en parlant d'une boisson). Irriter. Cuire. / *Se brûler avec de l'eau chaude.* S'ébouillanter. S'échauder.

BRÛLURE. Cloque. Ampoule. Vésicule.

BRÛLANT (en parlant d'un liquide). Bouillant. Très chaud.

brun

(du bas lat. *brunus*)

Couleur sombre entre rouge foncé et noir. *Un tissu brun.* Marron. Chocolat. Bistre. Tabac. / *Des cheveux bruns.* Châtain. / *Brun jaunâtre.* Kaki. / *Brun-roux.* Auburn. / *Teint brun.* Bronzé. Hâlé. Basané. / *Brun-rouge.* Acajou. Bai (en parlant d'un cheval). Mordoré (brun chaud avec reflets dorés). / Brunâtre (qui tire sur le brun). / Brunet. Brunette.

BRUNIR. Bronzer. Hâler. Basaner. Boucaner. / Brunissage. Brunissement. Brunisseur. Brunissoir.

brusque

(de l'ital. *brusco,* rude)

Qui agit d'une manière soudaine et avec une certaine rudesse. *Un homme brusque.* Vif. Nerveux. Impétueux. Fougueux. Violent. Brutal. Bourru. Sec. Cassant. Rude.

BRUSQUERIE. Rudesse. Nervosité. Vivacité. Violence. Brutalité.

BRUSQUER. Rudoyer. Malmener. Maltraiter. Secouer. Brutaliser. Rabrouer. Repousser. Rembarrer. Traiter sans ménagement.

Qui se produit d'une manière soudaine. *Une attaque brusque. Un arrêt brusque.* Inattendu. Imprévu. Subit. Soudain. Précipité. Inopiné.

Un geste, un mouvement brusque. Secousse. Saccade. A-coup. Bond. Choc. Sursaut. Soubresaut.

BRUSQUEMENT. Soudainement. Subitement. Tout à coup. Inopinément. De but en blanc. A brûle-pourpoint.

BRUSQUER. *Brusquer une décision.* Hâter. Précipiter.

brut

(du lat. *brutus*)

Qui est à l'état naturel. *Matière brute.* Vierge. / *Bois brut. Diamant brut. Marbre brut.* Non travaillé. Non poli. / *Or brut.* Natif. / *Sucre brut. Pétrole brut.* Non raffiné. / *Coton brut.* Ecru. / *Soie brute.* Grège. / Champagne brut (qui n'a pas subi la deuxième fermentation). / Poids brut (poids total).

brute

(du lat. *brutus*)

Personne violente et grossière. Brutal. Cruel. Sauvage. Méchant. Barbare. / *Frapper comme une brute.* Assommer. Etourdir. Cogner.

BRUTALISER. Battre. Malmener. Maltraiter. Rudoyer. Molester.

BRUTALEMENT. Sans ménagement. Grossièrement. Rudement. Durement. Violemment.

BRUTALITÉ. Dureté. Rudesse. Violence. Bestialité.

bureau

(de *bure*, tapis de table)

Table sur laquelle on écrit. Bureau en bois (chêne, acajou, etc.). Bureau métallique. / Bureau Louis XIV, Louis XV, Louis XVI, Empire. / Bonheur-du-jour (petit bureau en vogue au XVIIIe s.). Bureau ministre. Bureau à cylindre. / Tablettes. Abattants. Tiroirs.

Pièce de travail. Cabinet (vx). / *Bureau d'un homme d'affaires.* Cabinet d'affaires. Agence. / *Bureau d'un médecin.* Cabinet médical. / Homme de bureau (qui mène une vie sédentaire). / *Meubles de bureau.* Bibliothèque. Armoire. Classeur. Fichier. Table. Secrétaire.

Lieu de travail des employés d'une administration, d'une entreprise. *Bureau d'un ministère.* Chef de service. Chef de bureau. Sous-chef de bureau. / Rédacteur. Adjoint administratif. Secrétaire. Commis. Archiviste. Documentaliste. / Garçon de bureau. Huissier. Appariteur.

Employé de bureau. Bureaucrate. Rond-de-cuir. Gratte-papier (fam.). Scribouillard (pop.). / Bureaucratie. Bureaucratique. Bureaucratisation. / *Ensemble des bureaux, des services affectés à une tâche.* Organisme.

Bureau d'une société, d'une entreprise. Gérant. Fondé de pouvoirs. Secrétaire de direction. Secrétaire de rédaction. Comptable. Sténo-dactylo. Sténotypiste. Standardiste.

Établissement d'intérêt public. Bureau de poste, des contributions. Guichet d'un bureau. / *Bureau de tabac.* Débit. Recette. Buraliste.

Ensemble des personnes qui dirigent une association, une assemblée. Bureau d'un syndicat, d'un parti. / *Membres d'un bureau.* Président. Vice-président. Secrétaire. Trésorier.

Machines de bureau. *Dactylographie.* *Machine à écrire :* de bureau, portative ; électrique, à tête d'impression. / Chariot. Cylindre d'impression. Espace. Marge. Marginateur. Ruban. Typaire. Barre porte-type. Frappe. Tête. Clavier. Touche. Espacement. Arrière. Tabulateur.

Télétypie. Téléimprimeur, téléscripteur ou télétype. Télex (réseau d'abonnés). / Sténotype. / Dictaphone (nom déposé).

Reprographie. Duplication (sans négatif intermédiaire). Polycopie (à gélatine). Duplicateur à stencil, à alcool (hectographique), offset.
Photocopie (avec cliché intermédiaire). Thermocopie. / Microfilm (la bande). Microcopie (chaque image). Microfiche (classement de plusieurs vues). Microlecteur (projecteur des vues). / Tireuse de plans. Papier Ozalid. / Photocopier. / Polycopier. Reproduire. Microfilmer.

Correspondance. Machine à courrier (plie les papiers ; ouvre et cachette les enveloppes). Machine à adresser (imprime les adresses). Machine à affranchir. Pèse-lettre. Agrafeuse. Perforateur.

Mécanographie. Machine à calculer. Calculatrice imprimante, non imprimante. Additionneuse. Additionneuse-soustractrice. Multiplicatrice (fait aussi les divisions).
Machine comptable (calcule et écrit) : numérique (libellé abrégé), alphanumérique (textes illimités) ; facturière (pour factures) ; classeuse totalisatrice (classe, endosse, totalise le montant des chèques).
Machines à cartes perforées, à bandes perforées. Carte ou bande perforée. Perforation. Colonne. Rangée. / Perforatrice, ou poinçonneuse (cartes). Perforateur

(bandes). Trieuse. Tabulatrice (lit et imprime).
Pour les machines électroniques, v. CALCUL.

but

Point visé au tir. Cible. Objectif. Point de mire. Carton. Silhouette. / Viser. Pointer. Coucher en joue. Ajuster. Tirer. / *Toucher, atteindre le but.* Faire mouche. Mettre dans le mille.

Point que l'on se propose d'atteindre. *Le but d'un voyage.* Terme. / Atteindre le but (parvenir, arriver au but).
But de jeu. Limite (v. BALLE, BALLON). / Tirer au but. / Gardien de but.

Ce que l'on se propose d'obtenir. *Tendre à un but.* Objectif. Visée. Objet. Fin. / *Avoir pour but.* Intention. Dessein. Propos. / *Poursuivre un but.* Avoir en vue. Chercher à. Prétendre à. Tâcher de. Viser à. Se proposer de. Diriger ses efforts vers. / *Tendre au même but.* S'accorder. Converger. Concourir. / *Atteindre le but. Parvenir au but.* Aboutir. Réussir. / Finalité (le fait de tendre à un but).

Expression du but. Propositions finales. / *Conjonctions finales.* Afin que. Pour que. De peur que. De manière que. Afin de. / *Prépositions et locutions prépositives.* Pour. A l'effet de. Dans le but de. Dans le dessein de. En vue de.

cacher
(du lat. pop. **coaticare*, comprimer, serrer; lat. class. *celare, occultare;* en gr. *kruptein*)

Soustraire à la vue. *Cacher un être animé, une chose.* Dissimuler. Faire disparaître. Dérober à la vue. Mettre sous clef, en sûreté. Enfermer. Serrer (vieilli). Camoufler (fam.). Planquer (pop.). / *Cacher dans la terre.* Enterrer. Enfouir. / *Cacher un objet volé.* Receler. Recel. Receleur.
CACHE. CACHETTE. Coin. Recoin.

Se cacher. Disparaître. Se dérober. Ne pas se montrer. Jouer à cache-cache. S'embusquer (fam.). Se planquer (pop.). Se blottir. Se terrer. Se nicher. Se clapir (lapin). Se motter (perdrix).

Empêcher de voir (avec un sujet désignant une chose). Masquer. Dissimuler. Voiler. Envelopper. Couvrir. Arrêter la vue. Boucher la vue. Occulter.

Soustraire à la connaissance. *Cacher ses actions.* Agir en cachette, en secret, en catimini, en tapinois, clandestinement, furtivement, subrepticement, à la dérobée, à l'insu de quelqu'un. / *Cacher son jeu.* Dissimuler ses projets.
CACHÉ. Secret. Clandestin. Occulte.
CACHOTTERIE. Action occulte, clandestine, furtive, subreptice, secrète.

Ne pas manifester. *Cacher ses sentiments. Cacher une émotion, ses soucis.* Déguiser. Dissimuler. Garder pour soi. Ne pas dire. Ne pas faire connaître. / *Cacher la vérité.* Taire. Celer. Mettre la lumière sous le boisseau.
CACHOTTIER. Renfermé. Secret. En dessous. Sournois. Hypocrite.

cadavre
(du lat. *cadaver;* en gr. *nekros*)

Corps d'un homme mort. Corps. Dépouille mortelle. / *Restes de cadavre.* Os. Ossements. Squelette.
Un mort. Un noyé. Un suicidé. Un supplicié. Un pendu. Un macchabée (pop.). Morgue. Institut médico-légal. Autopsie.
CADAVÉREUX. Teint cadavéreux. Odeur cadavéreuse.
CADAVÉRIQUE. Lividité, rigidité cadavérique.

Relatif au cadavre. Nécrophage (qui se nourrit de cadavres). Vampire. Goule. / Nécromancie. Nécromancien. Nécromant (vx).
Danse macabre. / Gémonies (à Rome, endroit où l'on exposait les cadavres des condamnés).

Corps d'un animal mort. Carcasse. / *Cadavre de bête en putréfaction.* Charogne.
Enfouir. Brûler. Ecorcher. / Empailler. Naturaliser. / Empaillage. Taxidermie. Naturalisation.

cadre
(de l'ital. *quadro*, carré)

Ce qui entoure un objet. *Le cadre d'un tableau, d'un miroir.* Encadrement. Bordure. Baguette.
ENCADRER. Encadreur.

Ce qui environne un espace, une personne. *Le cadre d'une maison, d'une propriété.* Site. Décor. Situation. / *Vivre dans un certain cadre.* Milieu. Entourage. Atmosphère. Ambiance. Environnement.

Personnel d'encadrement. *Les cadres d'un régiment.* Officiers et sous-officiers. / *Les cadres d'une administration, d'une entreprise.* Ingénieurs. Agents de maîtrise.
ENCADRER. Encadrer une troupe.

café
(de l'ar. *gahwa*)

Graine du caféier. *Variétés.* Arabica. Robusta. Moka. Bourbon. / Café vert (non grillé).
Préparation. Torréfaction. Grillage. / Torréfier. Griller. Brûler. / Torréfacteur. Brûloir. / Café en grains. Moudre du café. / Café en poudre. Café lyophilisé.
CAFÉIER. Plantation de café. Caféière, ou caférie. Planteur.

Boisson obtenue par infusion de café moulu. Faire du café. Passer du café. Filtrer. / *Récipients.* Cafetière. Percolateur. Filtre.
Tasse à café. Soucoupe. Cuiller à café. Sucrier. / Verser le café. Servir le café. Prendre du café. Boire du café. Amateur de café. / Café noir. Jus (pop.). Café au lait. Café crème. Café express. Café turc. Café liégeois. / Café à la chicorée. / *Mauvais café.* Lavasse (pop.). Jus de chaussette (pop.). / Mazagran (café servi dans un verre). / *Café mêlé d'eau-de-vie.* Café arrosé. Gloria (fam. et vx). Bistouille ou bistrouille (pop.). / Canard (morceau de sucre trempé dans du café). / Pousse-café (fam.).

Établissement où l'on consomme du café ou d'autres boissons. *Aller au café.* Bar. Buvette. Brasserie. Cafétéria. Bistrot (pop.). Estaminet (vieilli ou régional). Troquet (pop.). Débit de boissons (terme administratif). / *Café mal tenu.* Boui-boui. Gargote. Caboulot (pop.).
Patron de café. Cafetier. Tenancier. Mastroquet (vx). / Garçon de café. / Prendre une consommation à la terrasse, à l'intérieur, au comptoir. Zinc (pop.). / *Personne qui fréquente les cafés.* Pilier de café (fam.). Pilier de bistrot (pop.).

Relatif au café. Caféine (alcaloïde contenu dans le café, le thé, le cacao, la noix de kola). Caféisme (intoxication par le café). / Décaféiner.

cajoler

(de l'anc. franç. *gaioler,* crier en parlant du geai, de la pie)

Avoir des paroles, des manières tendres et caressantes à l'égard d'une personne. *Cajoler un enfant, une femme.* Câliner. Caresser. Choyer. Gâter. Mignoter. Dorloter. / Se montrer tendre, prévenant. Etre plein d'attentions. Etre aux petits soins.
CAJOLERIE. Câlinerie. Caresse. Gâterie. Tendresse.
CAJOLEUR. Câlin. Caressant. Tendre.

calamité

(du lat. *calamitas*)

Grand malheur qui atteint une collectivité, une personne. *La guerre est une calamité.* Fléau. Désastre. Catastrophe. / *Une infirmité est une calamité.* Malheur. Misère. Grande infortune.
CALAMITEUX. Malheureux. Désastreux. Catastrophique.

calcul

(du lat. *calculus,* caillou servant à compter)

Opération par laquelle on trouve le résultat de la combinaison de plusieurs nombres. Calcul algébrique, arithmétique, décimal, différentiel, digital, électronique, fonctionnel, infinitésimal, intégral, logarithmique, matriciel, mental, opérationnel, tensoriel, vectoriel. / Calcul des dérivées, des différences finies, des probabilités, des quaternions, des résidus, des variations. / Comptabilité. Comptable. Compte. / Statistique. Sondage. Mathématiques. Arithmétique. Algèbre. / Algorithme. Chiffre. Nombre.

Opérations (de calcul). Problème. Donnée. Inconnue. Résultat. / Décompte. Comput. Calculer. Compter. Compte. Dénombrer. Dénombrement. / Chiffrer. Chiffrage. Evaluer. Evaluation. / Supputer. Supputation. Estimer. Estimation. / Calculer de tête (mentalement). / Calcul approximatif. Approximation. Première approximation. / Compte rond (sans fraction). / Calcul exact. / Calcul erroné, inexact. Mécompte. Erreur de calcul.

Règles de calcul. Règles d'arithmétique. Les quatre règles. / Preuve. Preuve par neuf. / Règle de trois. Règle d'intérêt. Règle proportionnelle. / Logarithme.

Addition. Additionner. Ajouter. Faire la somme. Totaliser. / Total. Montant. Somme. / S'élever à. Monter à.

Soustraction. Soustraire. Retrancher. Déduire. / Retenir. Retenue. / Poser. / Reste. Différence.

Multiplication. Multiplier. Doubler. Tripler. Quadrupler. Quintupler. Sextupler. Septupler. Octupler. Décupler. Centupler. / Facteurs : multiplicateur, multiplicande. / Produit. Multiple. Plus petit commun multiple. / Table de multiplication, de Pythagore.

Division. Diviser. Partager en parties égales. / Diviseur. Plus grand commun diviseur. Dividende. Quotient. Reste. / Abaisser un chiffre. / Divisibilité. Divisible.

Fractions. Fraction ordinaire, décimale. Nombre décimal. Nombre fractionnaire. / Termes. Numérateur. Dénominateur. / Barre. / Simplification. Fraction irréductible (réduite à sa plus simple expression). / Réduction au même dénominateur. Réduire une fraction.

Puissances et racines. Puissance. Exposant. / Elever un nombre au carré (ou carrer), au cube, à la puissance en(n)ième. / Racine. / Radical (signe). Indice. / Extraire la racine carrée, cubique, en(n)ième d'un nombre.

Autres opérations. Nombre positif, négatif, imaginaire. / Fonction. Equation. Equation du premier, second, troisième degré, etc. / Monôme. Binôme. Trinôme. Polynôme. Inconnue. Déterminant. Coefficient. Racine. Quantité algébrique. Valeur numérique. Egalité. Expression algébrique entière, rationnelle. Equation rationnelle, irrationnelle. Mise en équation. Discussion. Résolution. Abaisser une équation. Carrer une équation. Intégrer une fonction. / Intégration des différentielles. Algèbre linéaire. Algèbre des matrices. Algèbre des tenseurs. Ensemble. Groupe.

Moyens et appareils de calcul. Compter sur les doigts. Dactylonomie. / Barème. Table. Abaque. Boulier. / Règle à calcul.
Calcul mécanique. Machines à calculer de bureau. Machines comptables et machines à cartes perforées.
Calcul électronique. Calculateur ou calculatrice électronique. Calculateur digital (nombres représentés par des impulsions électriques). Calculateur analogique (nombres représentés par les variations de courants électriques). Ordinateur (calcule suivant un programme et prend des décisions logiques).

Information. Traitement de l'information. Bit (unité d'information). / Système binaire. Codage. Code. Coder l'information. Chiffrer. Transcodeur (traduit l'information en binaire). Langage de la machine : Algol. Cobol. Comit, etc. / Programme. Programmateur. Programmation. / Alimentation. Bande perforée. Carte perforée. / Mémoire : à disques, à tambour magnétique, à tores, à tubes. / Virgule fixe, flottante.

calendrier

(du bas lat. *calendarium,* livre d'échéances)

Système de division du temps en années, mois, jours. *Etablir un calendrier.* Chronologie.

Systèmes de calendriers. *Calendrier solaire.* Année tropique (365 jours, 5 heures, 48 minutes, 46 secondes). Jour. Mois. Année. Jour intercalaire. Année bissextile. Calendrier grégorien (1582). / *Calendrier lunaire.* Calendrier musulman. / *Calendrier luni-solaire.* Calendrier israélite, grec. Année commune (douze mois). Année embolismique (treize mois).

Calendrier romain. Calendes (1er jour du mois). Nones (7 de mars, mai, juillet, octobre ; 5 des autres mois). Ides (15 de mars, mai, juillet, octobre ; 13 des autres mois). / Fastes et féries (jours de fête). / Réforme de Jules César. Calendrier julien (46 av. J.-C.). Années de confusion. Jours complémentaires. Années bissextiles.
Noms des mois. Januarius. Februarius. Martius. Aprilis. Maius. Junius. Julius ou Quintilis. Augustus ou Sextilis. September. October. November. December.

Calendrier grec. Hécatombaiôn (juillet). Metageitniôn (août). Boédromiôn (septembre). Puanepsiôn (octobre). Maimaktêriôn (novembre). Poseideôn (décembre). Gamêliôn (janvier). Anthestêriôn (février). Elaphêboliôn (mars). Mounukhiôn (avril). Thargêliôn (mai). Skirophoriôn (juin).

Calendrier israélite. Nisan (mars-avril). Iyyar (avril-mai). Sivân (mai-juin). Tammuz (juin-juillet). Ab (juillet-août). Elul (août-septembre). Tishri (septembre-octobre). Marheswan (octobre-novembre). Kislev (novembre-décembre). Tebet (décembre-janvier). Shebat (janvier-février). Adar (février-mars).

Calendrier musulman. Muharram. Safar. Rabī-al-'awwal. Rabī-ath-thani. Djumādā-al-'awwal. Djumādā-th-thani. Radjab. Cha'ban. Ramadan. Chawwāl. Dhu-al-qa'ada. Dhū-al-hidjdja.

Calendrier républicain (1793-1805). *Mois* (commençant, selon les années, entre le 18 et le 24). Vendémiaire (septembre). Brumaire (octobre). Frimaire (novembre). Nivôse (décembre). Pluviôse (janvier). Ventôse (février). Germinal (mars). Floréal (avril). Prairial (mai). Messidor (juin). Thermidor (juillet). Fructidor (août). / Décades. / *Jours.* Primidi. Duodi. Tridi. Quartidi. Quintidi. Sextidi. Septidi. Octidi. Nonidi. Décadi. / Sansculottides (jours fériés). / Fabre d'Eglantine (donna leurs noms aux mois du calendrier républicain).

Calendrier ecclésiastique ou ***liturgique.*** Comput ecclésiastique. Date de Pâques. Comput pascal. Lettre dominicale. Cycle solaire. Indication romaine. Nombre d'or. Epacte. Ordo. / Fêtes mobiles.

Tableau des jours et des mois. *Consulter un calendrier.* Almanach. Annuaire. Agenda. Ephéméride. / Lunaison. Equinoxe. Lever et coucher des astres. Saisons. / Calendrier perpétuel. / Annuaire du bureau des longitudes.

calme n. et adj.
(de l'ital. *calma*)

Absence d'agitation, de bruit. *Le calme de la mer.* Calme plat. Bonace. / *Le calme après la tempête.* Accalmie. Embellie. / Calmir (devenir calme, en parlant de la mer). / *Le calme de la campagne.* Tranquillité. Silence. Paix.

Apaisement de la douleur, des sens. *Un moment de calme.* Repos. Répit. Rémission. Soulagement. Détente. Contentement.

Maîtrise de soi. *Conserver, garder son calme.* Sérénité. Tranquillité. Impassibilité. Imperturbabilité. Placidité. Patience. Pondération. Flegme. Sang-froid. Quiétude. Ataraxie.

Qui n'est pas agité, troublé. *Une personne calme.* Tranquille. Impassible. Imperturbable. Paisible. Flegmatique. Placide. Froid. Posé. Rassis. Pondéré. Maître de soi. Patient. / *Rester calme.* Se contenir. Se modérer. Garder son sang-froid. Se maîtriser. Se contrôler.

CALMEMENT. Tranquillement. Paisiblement. Impassiblement. Imperturbablement. Posément. Froidement.

calmer

Rendre moins intense. *Calmer une douleur.* Apaiser. Adoucir. Alléger. Atténuer. Lénifier. Soulager. Assoupir. Endormir. / Adoucissement. Atténuation. Assoupissement. / *Calmer la soif.* Etancher. Assouvir. Désaltérer. / *Calmer une inquiétude.* Faire cesser. / Rassurer.

CALMANT. Analgésique. Sédatif. Lénifiant. Hypnotique. Tranquillisant.

Rendre quelqu'un plus calme. Apaiser. Rassurer. Rasséréner. Consoler. / *Calmer des manifestants.* Rétablir l'ordre. Mettre le holà (fam.). Dompter la colère. Mater.

Se calmer. Redevenir maître de soi. Se remettre. Reprendre son sang-froid. Se contenir. Se modérer. Se posséder.

calomnie
(du lat. *calumnia*)

Accusation grave et mensongère. *Une odieuse, une infâme calomnie.* Accusation. Attaque. Allégation. Mensonge. Diffamation. Délation. Cancan (fam.). / Inventer, fabriquer, forger des calomnies.

CALOMNIER. Accuser faussement, injustement, à tort. Attaquer. Diffamer. Déchirer. Déshonorer. Noircir. Salir l'honneur, la réputation. Traîner dans la boue.

CALOMNIATEUR. Diffamateur. Détracteur. Imposteur. Mauvaise langue. Méchante langue. Langue de vipère.

CALOMNIEUX. Diffamatoire. Faux. Mensonger. Inique. Injuste.

camarade
(de l'esp. *camarada,* camarade de chambrée)

Personne liée à une autre par suite d'activité commune. *Camarade d'étude, de pension.* Condisciple. Compagnon. Ami. / *Camarade de bureau, de travail.* Collègue. Copine (pop.). / *Camarade de table.* Commensal. / *Camarade de jeu.* Partenaire. / *Camarade d'enfance, de régiment.* Copain (fam.). / *Un vieux camarade.* Une vieille branche (fam.). Connaissance (fam.). Relation. Pote (pop.). *Etre camarade(s). Vivre en camarade(s).* Vivre ensemble, en commun, côte à côte. Fraterniser. Se fréquenter. S'attacher à. Se lier à. Etre inséparable(s).

CAMARADERIE. Familiarité. Amitié. Bonne intelligence. Bonnes relations.

camp
(de l'ital. *campo ;* en lat. *campus* et *castra*)

Terrain sur lequel des troupes sont installées. *Camp militaire.* Campement. Bivouac. Cantonnement. Castramétation (établissement d'un camp) [vx]. / Camp d'instruction. Camp de manœuvres. Camp léger. Camp fortifié. Camp retranché. Circonvallation. Retranchements. Tranchées. / *Camp d'aviation.* Aérodrome. Hangars. Pistes. Ateliers. / Tente de campement. Guitoune (arg.). / Bivouaquer. Cantonner. / Lever le camp. Décamper.

Lieu où sont placées d'autorité certaines catégories de personnes. *Camp de prisonniers.* Oflag (camp d'officiers). Stalag (camp de sous-officiers et de soldats). / Barbelés. Baraquements. / Commando. / Camp de concentration. Concentrationnaire. / Camp de déportation, d'internement. Goulag. Camp de réfugiés.

Terrain aménagé pour camper. Camp fixe. Camp volant. Camping itinérant (voiture, cyclomoteur, bicyclette). Camping pédestre. Camping nautique. / Camping sauvage (camp non aménagé). Camping résidentiel. Camping avec caravane. Caravaning. Remorque. Caravanier.

Camping-car. / Camping aménagé. Alimentation en eau. Installations sanitaires. / Village de toile. / Camper. Campeur.

Matériel de campement. Tente. Tente monomât. Canadienne (toit à deux pentes). Tente carrée. Tente pneumatique. / Auvent. Abside. Toile. Nylon. / Mât. Piquets. Tendeurs. Tapis de sol. / Dresser, monter, planter une tente.
Matériel de cuisine. Réchaud. Gamelle. Assiettes. Bidon. Marmite. Vache à eau (récipient en toile). Table pliante. Boîte à vivres, etc.
Matériel de couchage. Lit de camp. Matelas pneumatique. Sac de couchage. / Trousse médicale. Sac à dos. Sacoches.

campagne

(du bas lat. *campania;* lat. class. *rus, ruris*)

Étendue de pays occupée par les champs et où les habitations sont dispersées. *Habiter la campagne.* Cambrousse (pop.).

Aspects de la campagne. Pays accidenté. Colline. Vallée. Val. Coteau. / Pays plat. Plaine. Plateau. Rase campagne. / Paysage. Panorama. Vue. Site.

Campagne cultivée. Champ. Pièce de terre. Chaume (champ où reste le chaume). Labours. Guérets (champs labourés). Essarts (terres défrichées). Emblavure. Ségala (terre à seigle).
Prairie. Pré. Herbage. Pâturage. / Clos. Enclos. Closeau (vx). Closerie. Haie. Fossé. / Bocage. / Verger. / Vignes.

Campagne habitée. Bourg. Village. Hameau. Lieu-dit./Manoir. Ferme. Chaumière. / Maison de campagne. Maison de plaisance. Maison de « week-end ». Résidence secondaire. Cottage. Villa. Pavillon. Bastide (maison de campagne en Provence).

Biens de campagne. Bien-fonds. Tréfonds (sous-sol). / Propriété. Ferme. Métairie ou borde. / Lopin de terre. / Terre. Sol. Terrain. Glèbe (vx). / Cadastre. / Remembrement. Plan parcellaire.

Gens de la campagne. Agriculteur. Cultivateur. Gentleman-farmer. Fermier. Métayer. Eleveur. Herbager. Ouvrier agricole. Tâcheron. Vigneron. Berger. / Paysan. Paysanne. / Notabilité. Notable. Hobereau. Châtelain.

Relatif à la campagne. Rural. Campagnard. Champêtre. Rustique. Agreste. / *Economie rurale.* Agricole. / Ruraux (les paysans).

canal

(du lat. *canalis,* de *canna,* roseau)

Cours d'eau artificiel. Canal de navigation. Canal fluvial, maritime, interocéanique. Canal d'estuaire (pour éviter un passage dangereux). Canal latéral (le long d'une rivière). / Canal de jonction (de deux bassins). Canal de point de partage (à la limite de deux bassins).
Canal d'irrigation. / Canal de drainage, d'assèchement. / Canal de dérivation (pour régulariser). / Canal d'amenée (pour alimenter une usine). Bief (pour alimenter un moulin). Canal de fuite (sert à écouler les eaux d'une usine hydraulique).

Canaux navigables. Voie d'eau. / Bief (entre deux écluses). / Chenal. Pertuis (passage étroit). / Plafond. Section. / Bassin. Gare. Port fluvial. Quai. / Berge. Chemin de halage, de contre-halage. Franc-bord (espace au-delà du chemin de halage). / Pont-canal. / Ascenseur ou élévateur à bateaux.
Ecluse. Bief supérieur (à l'amont). Bief inférieur (à l'aval). Eclusée. / Porte. Chambre (espace où se meuvent les portes). / Sas ou bassin. Bajoyer (mur latéral). Busc (mur à l'amont). Radier (fond). Renard (fissure, fuite). / Vannes. Vannage. Vantelle (des portes). Aqueduc (pour remplir ou vider le sas) de tête, latéral, larron.

Relatif aux canaux. Ouvrir, creuser un canal. Etablir un canal. Canaliser. / Canalisation. Canalisable. / Barrage. Aménagement d'un canal. Clayonnage. Balisage. / Entretien d'un canal. Curage. Dragage. Désenvasement. / Curer. Draguer. Désenvaser.

canalisation

Dispositif permettant le passage d'un liquide, d'un fluide. Conduit. Conduite. Buse. Tuyau. / Rigole. Coupure. Saignée. / Drain. Chatière (pour vider un bassin). / Griffon (ouverture par où jaillit une source). / Caniveau. Cassis.

Canalisations d'une maison. Conduite d'eau, de gaz, de vapeur, d'électricité. / Colonne, canalisation sèche (pour lances d'incendie). / Branchement. Colonne montante. Prise. Robinet. / Tout-à-l'égout. Siphon. Vide-ordures. / Canaux de vidange. Chéneau. Gouttière. Gargouille. Noue. Cornière. / Conduit de fumée, d'aération.
Egouts. Branchement particulier, de bouche, de regard. Siphon. / Egout.

Radier ou cunette. Banquette. / Collecteur (de plusieurs rues). Emissaire (évacuation hors des villes). / Curage. Autocurage. Ringard. Boule de bois. Bateau-vanne. Wagon-vanne.

Canalisations pour le transport et la manutention. Oléoduc ou pipe-line (produits pétroliers). Gazoduc (gaz). Oxyduc (oxygène pour la sidérurgie). / Aspirateur (manutention de matières en vrac)./Echeneau (pour métaux en fusion).

canard

(origine obscure ; en lat. *anas, anatis*)

Oiseau aquatique palmipède. Anatidés (famille). Lamellirostres (sous-ordre).

Diverses sortes de canards. *Canards domestiques.* Cane. Caneton. Canardeau (plus vieux que le caneton). / Canard de Barbarie, de Rouen, de Pékin. Coureur indien. Kaki-campbell.
Canards sauvages. Halbran (jeune). Colvert. Siffleur. Souchet. Pilet. Tadorne. Milouin. Morillon. Mulard (hybride). Sarcelle. Macreuse.

Relatif au canard. Canarderie ou canardière (lieu où l'on élève des canards). / Barboter. / Cancaner. Nasiller. Canqueter (crier). / Canarder (chasser). Canardière (fusil). / Chasse à l'affût, à la hutte, à l'appelant, au trictrac, à la glanée, à la passée. / Froid de canard. / Migration. Migrateur.
Cuisine. Canard à la rouennaise, aux navets, à l'orange, au sang, etc. / Aiguillettes. / Foie de canard. Pâté de canard.

caoutchouc

Matière élastique fournie par la coagulation de la sève de certaines plantes. *Caoutchouc,* ou *plante caoutchoutière.* Hévéa. Ficus elastica. Landolphia. Euphorbia. Manihot. Taraxacum. / Saignée.

Caoutchouc naturel, ou ***caoutchouc de plantation.*** Latex. Scrap (coagulat contenant des débris d'écorce). Plaques de coagulat. / Caoutchouc brut. Slab (plaques avec du latex non filtré). Feuille fumée. Crêpe (feuille de latex filtré).

Caoutchouc synthétique (ou ***élastomère de synthèse***). « Buna » S, ou styrène (à base de butadiène et de styrène). « Buna » N, ou caoutchouc nitrile (butadiène et acrylonitrile). Caoutchouc butyle (isobutylène et isoprène). Néoprène (polymère du chloroprène).

Utilisations. Gomme élastique. / Caoutchouc mousse (à alvéoles). Caoutchouc spongieux (alvéoles communicants). Caoutchouc cellulaire (alvéoles indépendants). / Caoutchouc vulcanisé (au soufre). Ebonite. / Dissolution. Bandage. Pneumatique. Imperméable. Snow-boot. Gomme à effacer. Tuyau.

CAOUTCHOUTER. Vulcaniser. Imperméabiliser.

CAOUTCHOUTAGE. Vulcanisation. Imperméabilisation.

CAOUTCHOUTEUX (qui a la consistance du caoutchouc).

capable

(du bas lat. *capabilis,* de *capere,* susceptible de comporter)

Qui a la possibilité de faire quelque chose. *Capable de* (et un inf.). Apte à. Propre à. Fait pour. De taille à. A même de. En état de. Susceptible de.

Qui a de l'habileté, de la compétence. *Un homme capable.* Compétent. Qualifié. Adroit. Habile. Expert. Entendu.

CAPACITÉ. Aptitude. Disposition. Compétence. Habileté. Talent. Intelligence. Valeur. Envergure.

caprice

(de l'ital. *capriccio*)

Volonté soudaine, irréfléchie et passagère. *Agir par caprice.* Bon plaisir. Fantaisie. Envie. Manie. Humeur. Saute d'humeur. Lubie. Extravagance. Coup de tête. Toquade (fam.). Foucade. / *Céder aux caprices de quelqu'un.* Faire ses quatre volontés.

CAPRICIEUX. Lunatique. Fantasque. Extravagant. Maniaque. Quinteux. Changeant. Instable. Versatile.

Amour subit et de peu de durée. *Avoir un caprice pour quelqu'un.* Amourette. Béguin (fam.). Toquade (fam.). Passade. Flirt.

Inconstance de certaines choses. *Les caprices de la mode, de la chance.* Instabilité. Variations. Changements. Vicissitudes (vx).

CAPRICIEUX. Irrégulier. Changeant. Inconstant. Variable.

caractère

(du lat. *character ;* en gr. *kharaktêr,* empreinte, marque)

Ensemble des dispositions, des manières d'agir et de sentir propres à une personne. *Un caractère affectueux,*

tendre, passionné. Un caractère bizarre. Un caractère indépendant. Naturel. Nature. Tempérament. Idiosyncrasie.
Avoir bon caractère. Etre doux, docile, facile, aimable, affable, accommodant, complaisant, ouvert, sociable. / Un caractère égal, uni. Un caractère en or.
Avoir mauvais caractère. Etre brusque, bourru, hargneux, acariâtre, emporté, agressif, violent, susceptible, coléreux, irascible, irritable, ombrageux, revêche. / Un sale caractère. Un caractère affreux, exécrable. Un fichu (fam.) caractère. Un caractère de chien.

Troubles du caractère. Psychoses. Névroses. / Maladies de la personnalité. Agressivité. Angoisse. Apathie. Impulsivité. / Cyclothymie (passage alternatif de la gaieté à la tristesse).

Relatif au caractère. Caractérologie (étude du caractère). Caractériel (qui a des troubles du caractère). Inadapté. / Connaissance, analyse du caractère d'après l'écriture : graphologie ; d'après la forme du crâne : phrénologie ; d'après les traits du visage : physiognomonie.

Force morale. *Avoir du caractère.* Fermeté. Energie. Détermination. Volonté. Personnalité. Maîtrise de soi.
Qui a du caractère. Ferme. Energique. Déterminé. Volontaire. Tenace. Stoïque.
Qui manque de caractère. Veule. Faible. Mou. Lâche. / Veulerie. Faiblesse. Mollesse. Lâcheté.

Signe distinctif. *Caractère d'une chose.* Marque. Trait. Caractéristique. Aspect. Indice. Qualité. Particularité.

CARACTÉRISER. Distinguer. Définir. Marquer. Qualifier. Préciser. Déterminer. Spécifier. / Caractérisation.

CARACTÉRISTIQUE. Typique. Spécifique. Essentiel. Déterminant.

caresser

(de l'ital. *carezzare,* chérir, de *caro,* cher)

Toucher en signe d'affection, de tendresse. *Faire des caresses. Couvrir, manger de caresses.* Embrasser. Bécoter (fam.). Serrer dans ses bras. Presser sur son cœur. Câliner. Cajoler. Etreindre. Enlacer. Effleurer. Frôler. Chatouiller. Titiller (littér. ou plaisant). / *Caresser sensuellement.* Peloter (pop.). Tripoter (pop.). / *Caresser un animal.* Flatter.

CARESSE. Baiser. Embrassement. Câlinerie. Cajolerie. Chatterie. Effleurement. Frôlement. Chatouillement. Titillation. / Papouille (pop.). Chatouille (fam.). Pelotage (pop.).

CARESSANT. Affectueux. Tendre. Câlin. Cajoleur.

carré

(du lat. *quadratus*)

Figure ayant quatre côtés égaux et ses angles droits. Quadrilatère. Diagonale. Angles droits. / Quadrature.

Relatif au carré. Donner une forme carrée. Carrer. / Former le carré. / Diviser en carrés. Craticuler. Craticulation. Méthode des moindres carrés. / Quadrillage. Quadrillé.
Equarrir. Equarrissage. / Carre. / Carrure. Epaules carrées. / *Carré de jardin.* Planche. / Damier. Echiquier. / Voile carrée (rectangulaire et transversale). / Carreau (vitre). / Carreler. Carreau (brique). / Carrelet (filet). Carré magique.

carte

(du lat. *charta,* papier)

Feuille de papier ou de carton indiquant le nom d'une personne, son adresse, etc. Carte d'identité. Papiers. / Carte d'étudiant. Carte d'électeur. Carte de priorité. Carte de circulation. Carte grise. / Carte de visite. Bristol. / Porte-cartes (portefeuille où l'on range différents papiers).

Petit carton portant sur une face diverses figures en couleur et utilisé dans certains jeux. Carte à jouer. Brème (arg.). Par-devant (côté figure). Etresse ou mainbrune (feuille centrale). Tarot (dos).
Jeu de cartes. Jeu de piquet (32 cartes). Jeu complet (52 cartes). Jeu de tarot (78 cartes). / Cartes tarotées. / Cartes biseautées. Fausses cartes. / Biseauter. Maquiller. Truquer.
Couleurs. Mineures. Trèfle. Carreau. / Majeures. Cœur. Pique.
Cartes hautes. As. / Figures. Rois : Alexandre (trèfle), César (carreau), Charles (cœur), David (pique). Dames ou reines : Argine (trèfle), Rachel (carreau), Judith (cœur), Pallas (pique). Valets : Lancelot (trèfle), Hector (carreau), Lahire (cœur), Hogier (pique). / Dix. / *Cartes basses.* Du neuf au deux. / Joker (carte à laquelle on peut attribuer telle ou telle valeur).
Tour de cartes. Réussite. Patience.

Accessoires. Boîte à jeu. Paquets de cartes. / Table à jeu. Table de bridge. / Tapis. Pion. Jeton. Chip (de plus petite valeur). Plaque. Fiche. Tableau. Sabot.

Maniement des cartes. Une partie de cartes. Manche. Belle. Revanche. / Joueur. Partenaire.
Battre, mêler les cartes. / Couper. Coupe. Faire sauter la coupe. / Donner, distribuer les cartes. Faire. Distribution. Donne. Maldonne. Fausse donne. / Retourner une carte. Retourne. / Talon (reste de cartes après distribution).
Annonces. Annoncer. Parler. / Passer parole. / Ecarter. Demander. / Tirer une carte. Filer ses cartes (les découvrir lentement dans sa main). Amener une carte. / Atout. Désigner l'atout. / Contrer. Surcontrer. Contre. / Tenir le coup.
Jeu de la carte. Premier, dernier en cartes. Avoir la main (jouer le premier). Entamer. Entame. Rentrée. Abattre, étaler, montrer une carte. / Couvrir une carte. / Se défausser. Filer les cartes. Défausse. / Se garder. Carte gardée. / Battre atout. Ne pas fournir à l'atout. Monter. Renonce. / Couper. Surcouper. / Charger (fournir une forte carte). / Faire l'impasse. / Etre en fourchette. / Jouer son va-tout. / Découvrir, abattre son jeu. Jouer cartes sur table. / Faire la vole (toutes les levées). Faire, être capot (aucune levée). / Faire, avoir la carte (le plus grand nombre de levées). Perdre la carte. Faire cartes égales.
Marque. Marquer. Démarquer. / Pli. Levée. / Compter les points. Points d'annonce. Points de jeu. / Cave (argent qu'on met devant soi). / Gagner. Perdre. Etre décavé. Se refaire. / Tricher. Tricheur. Filouter (fam.). Filou.

Jeux de cartes. Bataille. Bonneteau. Boston.
Belote (roi et dame d'atout). Rebelote. Tierce : majeure, mineure. Quatrième ou cinquante. Quinte ou cent. Cent ou carré d'as, de rois, de dames, de dix. Cent cinquante de neufs. Deux cents de valets (les quatre valets dans la même main). Dix de dernière ou (fam.) de der'. Y aller (accepter l'atout indiqué par la retourne). Passer. / Belote bridgée. Belote aux enchères.
Bésigue (réunion de la dame de pique et du valet de carreau). Double, triple bésigue. Brisque (as et dix). / Bésigue chinois.
Bouillotte. Cave. Décavé. Tapissier. Carre. Se carrer. Doubler le tapis. Se contrecarrer. Tricarrer. Quadricarrer.
Bridge. Plafond. Contrat. Bridgeur. Equipes (Nord-Sud, Est-Ouest). Robre (deux manches, plus belle éventuellement). Honneurs (as, roi, dame, valet, dix). Singleton (seule carte d'une couleur dans la même main). Doubleton (deux cartes). Chicane (aucune carte).
Levées : d'honneurs, de distribution. Evaluer sa main (la valeur de son jeu). Avoir une belle main, une main faible. Enchères. Ouverture. Trick (levée demandée en plus des six plis de base). Enchérir. Surenchérir. Réponse interrogative. Arrêt. Sans-atout. Contre. Contre d'appel. Surcontre. Jouer la manche. Jouer un contrat partiel. Demander, réussir le grand, le petit chelem (treize ou douze levées). Etre vulnérable, non vulnérable (avoir ou non déjà gagné une manche). Vulnérabilité. Chuter (ne pas réaliser le contrat demandé). Chute. Bien joué (prime pour contrat demandé et réussi). Fit (soutien dans la couleur annoncée). Misfit. Jump (enchère à saut, élevée).
Bicolore (jeu où dominent deux couleurs dans la même main). Tricolore (trois couleurs). Etre, faire le mort. Tournoi. Duplicate (par deux équipes de quatre joueurs). Par paires. Arbitre.
Manille : muette, avec un mort, aux enchères, coinchée. / Manille (dix). Manillon (as).
Piquet. Talon. Ecart. Cartes blanches (sans figure). Dix de blanc. Séquence. Tierce. Quatrième. Quinte. Seizième. Dix-septième. Dix-huitième. Brelan. Quatorze (quatre cartes de même valeur). Carte. Payer la carte. Pic. Repic. Quatre-vingt-dix. / Piquet normand (à trois). / Piquet voleur (à quatre).
Poker. Cave. Unité de cave. Ouverture. Mise. Ecart. Etre servi (ne pas demander de cartes). Blind (enjeu). Surblind. Pot. Relance. Relancer. Relanceur. Passer. Suivre. Voir. Poule. Bluff. Paire. Brelan. Séquence ou quinte. Flush ou floche. Full. Carré ou poker. Quinte floche.
Tarot. Oudlers ou bouts. Vingt-et-un d'atout. Petit (un d'atout). Excuse. / Rois. Dames. Cavaliers. Valets. / Mise, ou mouche. Engrener (augmenter les mouches). / Ecart. / Passe. Prise. Pousse. Garde. Renonce. / Chelem. / Mener le petit au bout.
Autres jeux de cartes. Canasta. Ecarté. Hoc. / Hombre. Bête hombrée. / Impériale. Faire l'impériale tournée, tombée, blanche. / Mariage ou brisque. Menteur ou marmite. Nain jaune. Polignac. / Rami. Gin-rummy ou gin-rami. / Rams. Reversi ou brelan. Trente-et-un. Triomphe. Whist.
Tarots divinatoires. Arcanes majeurs. Batelier. Papesse. Impératrice. Empereur. Pape. Amoureux. Chariot. Justice. Ermite. Roue de fortune. Force. Pendu.

Mort. Température. Diable. Maison-dieu. Etoile. Lune. Soleil. Jugement. Monde. Mat ou fou. Arcanes mineurs.

Jeux de cartes avec banquier. Baccara. Banque. Bassette. Chemin de fer. Lansquenet. Pharaon. Trente-et-quarante. Vingt-et-un.
Banquier. / Banque. Tenir la banque. Faire sauter la banque. / Banco. / Pontes. Etre en cartes.

Locutions diverses. Avoir, donner, laisser carte blanche (possibilité d'agir, de décider). Brouiller les cartes (compliquer une affaire). Château de cartes (échafaudage de cartes). Jouer cartes sur table (être franc, loyal). Jouer sa dernière carte (faire une dernière tentative). / Dessous des cartes (ce qui est inconnu, secret).

Représentation conventionnelle d'une région, d'un pays. Carte de géographie. / Carte géologique, géomorphologique. / Carte marine. Carte bathymétrique. / Carte routière.

cas
(du lat. *casus,* événement)

Ce qui arrive ou peut arriver. *Un cas normal, prévu. Un cas grave, important.* Fait. Evénement. Incident. Situation. Circonstance. / *Un cas fortuit, imprévu.* Hasard. Eventualité. Possibilité. / *Un cas de guerre.* Casus belli.
Un cas prévu par la loi. Acte. Circonstance. / Un cas de conscience (difficulté sur un point de religion, de morale). / Casuistique. Casuiste.
En pareil cas. En ce cas. Alors. / *En aucun cas.* Quoi qu'il arrive. / *En tout cas.* De toute façon.

casser
(du lat. *quassare,* de *quatere,* secouer)

Mettre en morceaux. *Casser un verre, une bouteille.* Briser. / *Casser avec violence, avec bruit.* Fracasser. / *Casser une branche, une chaîne.* Rompre. / *Casser du bois.* Fendre. / *Casser une porte.* Enfoncer. Fracturer. Défoncer. / *Casser avec les dents.* Ecraser. Croquer. Broyer.

Expressions familières et populaires. *Casser la croûte, une croûte.* Manger. / *Casser la figure, la gueule* (pop.). Battre. Donner des coups. / *Casser du sucre sur le dos de quelqu'un.* Calomnier. Médire. Dénigrer. Critiquer. / *Casser le morceau* (pop.). Avouer. Dénoncer. / *Casser sa pipe* (pop.). Mourir. / *Casser la tête, les oreilles.* Etourdir. Fatiguer. / *Casser les pieds* (pop.). Ennuyer. Importuner.

CASSE. Bris. Fracture. Effraction. Défoncement. Rupture.

CASSEMENT ou CASSE (n. m.) [arg., cambriolage]. Fric-frac (pop.).

CASSEUR. Casseur de pierres. / Destructeur. Démolisseur. Vandale.

CASSANT. CASSABLE. Fragile. / Incassable.

Mettre hors d'usage. *Casser une machine, un appareil, un outil.* Détériorer. Endommager. Détraquer. Abîmer (fam.). Esquinter (fam.). / *Casser la pointe* (d'un crayon, d'une aiguille). Epointer. / *Casser le bord d'un récipient, la lame d'un couteau.* Ebrécher. / *Casser l'angle d'un meuble.* Ecorner. / *Casser un meuble.* Disloquer. Démantibuler. / *Casser les dents d'un peigne, d'une scie.* Edenter.

CASSE. Mettre une voiture à la casse (à la ferraille, au rebut).

CASSURE (endroit où un objet est cassé). Fente. Fêlure. Brèche. Ebréchure.

Causer une fracture. *Se casser un bras, une jambe.* Fracturer. Briser. Fêler. / Fracture complète, incomplète. Fêlure.

Déclarer nul. *Casser un jugement, une sentence.* Annuler. Abroger. / *Casser un mariage.* Rompre.

CASSATION. Annulation. / Rupture.

Destituer de ses fonctions. *Casser un fonctionnaire, un officier.* Démettre. Déposer. Révoquer. Limoger (fam.). / Destitution. Démission. Déposition. Révocation. Limogeage (fam.).

catastrophe
(du gr. *katastrophê,* bouleversement)

Événement qui a des conséquences tragiques. *Une catastrophe épouvantable.* Bouleversement. Drame. Désastre. Calamité. Cataclysme. / *Une catastrophe aérienne, ferroviaire, minière.* Accident.
Qui est réchappé d'une catastrophe, d'un accident. Rescapé. Indemne. Sauvé. Sain et sauf.

CATASTROPHIQUE. Effroyable. Affreux. Epouvantable. Dramatique.

catholicisme
(du gr. *katholikos,* universel)

Ensemble des dogmes, des institutions de l'Eglise catholique. L'Eglise catholique, apostolique et romaine. / *Ensemble des catholiques.* Catholicité. / Eglise militante (les fidèles). Eglise

souffrante (les âmes du purgatoire). Eglise triomphante (les saints du ciel).
Excommunier (retrancher de la communion de l'Eglise). Anathématiser. Excommunication. Anathème. / Orthodoxie. / Hérésie. Hérétique. Relaps (retombé dans l'hérésie après l'avoir abjurée). / Modernisme (mouvement préconisant une nouvelle interprétation des dogmes en accord avec l'exégèse moderne). Aggiornamento (renouvellement de l'Eglise romaine). / Progressisme (attitude des partisans d'une évolution de l'Eglise). Progressiste. / Intégrisme (attitude des catholiques opposés à toute évolution). Intégriste.

Instruction des fidèles. Doctrine. Dogme. Théologie. Morale catholique. / Catéchisme. Catéchèse. Catéchiser. / Annoncer l'Evangile, la parole de Dieu. Evangéliser. Prêcher. / Evangélisation. Propagation de la foi. Missionnaire. / Prédication. Prône (vx). Sermon. Homélie. Prédicateur. Orateur sacré. / Séminaire. / *Sources de la Révélation.* L'Ecriture. La Bible. Ancien Testament. Nouveau Testament. La Tradition. / Les Apôtres. Les Douze. Les Pères de l'Eglise. Patrologie. Patristique. Docteurs.

Sacrements (v. ce mot).

Hiérarchie. Pape. Cardinal. Archevêque. Evêque. Vicaire apostolique. Préfet apostolique. Vicaire général. Archidiacre. Archiprêtre. Doyen. Curé. Vicaire. Clercs. Clerc tonsuré. Diacre. Sous-diacre. Portier. Lecteur. Exorciste. Acolyte. Séminariste. / Clergé séculier (qui vit dans le monde). Clergé régulier. Religieux (v. ce mot).
Les laïques. Laïcat. Les ouailles (vieilli).
Ordres. Entrer dans les ordres. Conférer les ordres. Ordonner. Ordination. Ordinand (qui reçoit un ordre). Ordinant (qui confère un ordre). Consacrer.
Ordres majeurs. Sous-diaconat. Diaconat. Prêtrise. / Ordres mineurs. Ostiariat (portier). Lectorat (lecteur). Exorcistat (exorciste). Acolytat (acolyte).
Costume ecclésiastique. Soutane. Soutanelle. Douillette. Costume de clergyman.

Messe. Saint sacrifice. Messe basse. Messe chantée. Grand-messe. Messe solennelle. Messe paroissiale. Messe anniversaire. / Aller à la messe. Assister à la messe. Entendre, suivre la messe. / Dire, célébrer la messe. Officier. Célébrant. Officiant. Prêtre. / Biner (célébrer deux ou plusieurs messes le même jour). / Répondre, servir la messe. Servant. Enfant de chœur. / Tala (arg., qui va à la messe).
Ornements sacerdotaux. Vêtements liturgiques. Aube. Amict. Etole. Chasuble. Chape. Dalmatique. Tunique. Mozette. Surplis. Rochet. Camail. Pallium. Aumusse.
Objets sacrés. Autel. Pierre d'autel. Tabernacle. Pavillon. Custode. Canons d'autel. Missel. Evangéliaire. Ostensoir. / Vases sacrés. Calice ou coupe. Ciboire. Patène. / Linges sacrés. Corporal. Pale. Purificatoire. / Pain azyme. Hostie. / Vin. Burettes. / Manuterge. / Luminaire. Cierges. Chandelier.
Moments de la messe. Liturgie de la parole. Introït. Kyrie. Gloria. Collecte ou oraison. Epître. Lectures. Graduel. Verset alléluiatique. Séquence. Evangile. Homélie. Credo. / Liturgie eucharistique. Offertoire. Lavabo. Secrète. Préface. Canon. Mémento. Consécration. Elévation. Pater. Communion du prêtre. Communion des fidèles. Post-communion. Bénédiction.

cause
(du lat. *causa ;* en gr. *aitia*)

Être ou chose qui produit une action. *La cause suprême, universelle.* Dieu. / Cause efficiente, déterminante. / *Cause finale.* But. / *La cause d'un phénomène, d'une situation.* (En parlant d'une chose.) Origine. Genèse. Source. Point de départ. Principe. Fondement. Objet. / (En parlant d'une personne.) Auteur. Agent. Artisan. Responsable. Promoteur. Initiateur. Instigateur. Provocateur.
CAUSER. Occasionner. Amener. Attirer. Susciter. Provoquer. Donner naissance à. Faire naître. Etre responsable de. Etre pour quelque chose dans.
CAUSAL (qui se rapporte à une cause). Lien causal. / Causalité (rapport de la cause à l'effet). / Etiologie (recherche des causes des maladies).

Ce pourquoi on fait quelque chose. *La cause d'une action.* Raison. Motif. Mobile. Motivation. Objet. Prétexte.

Expression de la cause. *Prép.* et *loc. prép.* De. Par. Pour. A cause de. En raison de. Par suite de. / *Loc. conj.* Comme. Parce que. Puisque. Attendu que. Vu que. Etant donné que. Sous prétexte que.

Affaire judiciaire. *Plaider, défendre, juger une cause.* Procès. Affaire. Cas. / *Mettre en cause.* Citer. Appeler. Accuser. Attaquer. Suspecter. / *Avoir, obtenir gain de cause.* Avoir, obtenir satisfaction. L'emporter. / *En tout état de cause.* Quoi qu'il en soit. / *Etre en cause.* Etre l'objet d'un débat. Etre concerné.

Ensemble des intérêts à soutenir. *Combattre pour une cause.* Parti. Cas. Affaire. / *Prendre fait et cause pour quelqu'un.* Défendre. Soutenir. / *Faire cause commune.* S'associer. S'unir. Se liguer.

cavalerie

Partie d'une armée qui combattait à cheval. Cavalerie légère. Cavalerie de ligne. Cavalerie lourde. / *Soldat appartenant à la cavalerie.* Cavalier.
Cavaliers anciens. Argoulet. Carabin. Carabinier. Chevalier. Chevau-léger. Cosaque. Croate. (Royal-cravate). Eclaireur. Estradiot. Gendarme. Lancier. Mameluk. Mousquetaire. Reître (allemand). Uhlan (allemand). Vedette (sentinelle). / Chasseur à cheval. Guide. Chasseur d'Afrique. Spahi. Cuirassier. Dragon. Hussard.
Cavaliers modernes. Arme blindée cavalerie. Cadre noir.

Formations. Cavalerie de ligne. Cavalerie légère. Grosse cavalerie. Dragons portés. / Brigade. Régiment. Escadron. Peloton. Equipe d'éclaireurs.

Évolutions. Boute-selle (sonnerie). Charge. En fourrageurs. / Chevauchée. Reconnaissance. Patrouille. Cavalcade. Carrousel. Fantasia.

Termes spéciaux. *Grades.* Maître. Sous-maître. Ecuyer. Cornette. Mestre de camp. Chef d'escadron(s). Maréchal des logis. Brigadier.
Etendard (emblème). Guidon. Cornette.
Equipement. Chabraque (housse). Sabretache./Coiffure. Shako. Colback. Chapska. Dolman. Pelisse. Casaque. Trousse.
Armes. Carabine. Pistolet. Mousqueton. Lance. / Epée. / Sabre. Bancal. Latte. Cimeterre.

céder
(du lat. *cedere*, s'en aller)

Laisser (une chose) à quelqu'un. *Céder son tour, sa place.* Donner. Abandonner. Passer. Refiler (pop.). / *Céder du terrain.* Battre en retraite. Reculer. Lâcher pied. Capituler. S'avouer vaincu. S'enfuir. / *Céder un fonds de commerce.* Vendre. Se dessaisir. / *Céder moyennant une contrepartie.* Echanger. Troquer.
CESSION. Vente. Transfert. Echange. Troc.
CESSIBLE. Négociable. Transférable.

Ne pas résister. *Céder aux prières, aux caprices de quelqu'un.* Se laisser fléchir. Se laisser faire. Acquiescer. Consentir. Fermer les yeux. / *Céder à la force.* Faiblir. Plier. Fléchir. Mollir. / *Céder à la tentation.* Succomber. Se laisser aller. / *Céder à la raison.* Entendre raison. Acquiescer. Se résigner. Obéir. Se soumettre. Se départir de ses prétentions.
Céder de guerre lasse. Renoncer à résister. Mettre les pouces. S'incliner. Obtempérer. Se rendre. Renoncer. Capituler. Caler (fam.). Caner (pop.).
Ne pas vouloir céder. S'entêter. S'obstiner. Regimber. Se rebeller. Se révolter. Tenir bon. / *Faire céder.* Attendrir. Fléchir. Ebranler. Toucher. Emouvoir. / *Qui cède facilement.* Accommodant. Souple. Malléable. Docile. Discipliné. De bonne composition. Arrangeant. Indulgent. Compréhensif. / *Qui cède trop facilement.* Faible. Bonasse. Débonnaire. Sans volonté. Sans énergie.
Qui ne cède pas facilement. Ferme. Dur. Intransigeant. Inexorable. Impitoyable. Implacable. Inébranlable.

Ne pas résister à un effort (en parlant d'une chose). *Céder sous le poids d'une charge.* Plier. Ployer. Fléchir. Se courber. S'affaisser. S'infléchir. Lâcher. / Ploiement. Fléchissement. Affaissement.

célèbre
(du lat. *celeber*)

Qui jouit d'une grande réputation. *Un homme célèbre.* Connu. Illustre. Renommé. Réputé. Considéré. / *Un lieu, un événement célèbre.* Historique. Légendaire. Mémorable. / *Un acte célèbre.* Glorieux. Immortel.
Se rendre célèbre. Acquérir de la célébrité. Se faire un nom, un renom. S'illustrer. Se distinguer. Passer à la postérité.
CÉLÉBRITÉ. Renommée. Gloire. Réputation. Notoriété. Popularité.

cellulose

Matière constitutive de la membrane cellulaire des végétaux.
Composés de la cellulose. Acétate de cellulose, acétylcellulose, ou acétocellulose (ester acétique). / Alcalicellulose (traitée par des lessives). Viscose (solution d'alcalicellulose). Cellulose mercerisée (viscose lavée). Cellophane (pellicule d'hydrate de cellulose). / Ethylcellulose (plastique dérivé de l'alcalicellulose). / Nitrocellulose. Nitrate de cellulose (ester nitrique). Celluloïd (plastifié par le camphre). / Propionate de cellulose (ester propionique).

Relatif à la cellulose. Cellulosique. Cellulolysant (qui détruit la cellulose). Cellulase (enzyme digestif). Collodion (solution cellulosique). / Liqueur de Schweitzer (solvant de la cellulose). Vernis cellulosique (v. PEINTURE). / Pâte à papier (v. PLASTIQUE et TISSU).

cent

(du lat. *centum ;* en gr. *hecaton*)

Idée de multiplication. Centaine. Centuple. / Centenaire. Centennal. / Centurie. Centurion. Centenier. Centumvir. / Siècle. Séculaire. / Quintal. Hécatombe (sacrifice de cent bœufs). / Hectare. Hectogramme. Hectolitre. Hectomètre. Hectowatt, etc.

Idée de division. Centième. Centésimal. Centime. / Centiare. Centigrade. Centilitre. Centimètre, etc. / Quarteron (quart de cent). / Pour cent. Pourcentage.

centre

(du lat. *centrum*)

Point situé à égale distance de tous les points de la ligne ou de la surface extérieures, ou à l'intersection des axes de symétrie. Le centre d'une circonférence, d'une sphère. Le centre de la Terre. / Centre de gravité, de poussée.

Ce qui est vers le centre d'un espace. *Le centre d'un pays. Le centre d'une pièce.* Milieu. / *En plein centre.* Cœur. / Le centre d'une assemblée. / Centriste. Centrisme.
Qui tend à éloigner du centre. Centrifuge. Force centrifuge. / Centrifugeur ou centrifugeuse (appareils). / Centrifuger. Centrifugation. / *Qui tend à amener vers le centre.* Centripète.
CENTRAL (qui est au centre). *Partie centrale d'une cible.* Mille.
CENTRER (placer au centre). / Centrage.

Lieu d'aboutissement ou de rayonnement. *Un centre d'influence, d'action.* Siège principal. Base. / *Un centre urbain.* Ville. Agglomération. / *Un centre commercial, industriel.* Complexe.
Réunir des êtres, des choses en un centre. Concentrer. Rassembler. Grouper. / Centraliser. / Concentration. Convergence. / Rassemblement. Groupement. Réunion. / Centralisation.
Déconcentrer. Déconcentration. / Décentraliser. Décentralisation.

Point essentiel. *Le centre d'un débat, d'une question.* Fondement. Base. Cœur. / *Centre d'intérêt.* Thème. / Mot-centre. Mot-clef.
CENTRAL. Fondamental. Capital. Essentiel.

céramique

(du gr. *keramon,* argile)

Fabrication des objets de terre cuite à base d'argile, des faïences, des porcelaines. *Produits céramiques poreux.* A pâte rougeâtre : poteries vernissées, alcarazas, faïence stannifère. / A pâte blanche : faïence fine, cailloutage, terre de pipe. / *Produits céramiques imperméables.* Porcelaine. Grès cérame. / Cermet (céramique à liant métallique).

Matières premières. Argile (silicate d'aluminium). Kaolin (le plus pure). Argile grasse (très plastique), maigre (peu plastique). Argile fusible, vitrifiable (peu fusible), réfractaire (infusible). Marne ou argile calcaire. Argile figuline (marne peu calcaire). Argile à grès cérame. Grès fin, artificiel ou composé (argile réfractaire avec un fondant). Terre à porcelaine (kaolin brut). Terre à poterie, à potier (argile douce, façonnable sans eau). / Argilière. Marnière. Grésière.
Eléments non plastiques. Ciment. Sable. Quartz. Chamotte (argile déjà cuite). / Fondant. / Feldspath. Craie. / *Métaux employés dans les couleurs céramiques.* Cuivre. Chrome. Etain. Or, etc.

Outillage. Tour à potier. Arbre. Girelle. Tournette. Attelle. / Tournoir. Payen. Palette. Fuseau. Crochet. Gâchoir. Chablon (calibre). Molette. Perçoir. Rasette. Tournassin.
Briqueterie. Briquetier. / Faïencerie. Faïencier. Gréserie. Poterie. Potier. / Tuilerie. Tuilier.

Préparation. Purification des argiles : triage, lavage. / Dégraissement (diminution de la plasticité). / Délayage. Délayeur (cuve à brassage mécanique). / Voguer ou voquer l'argile (la pétrir). / Pourrissage (vieillissement des pâtes). Pâte. Barbotine (pâte liquide).

Façonnage. Coulage (d'une pâte liquide). / Pressage. Tournage. Ebauchage (à la main). Tournassage (fini au tour). Moulage. Calibrage (moulage à la machine). Filage (extrusion en continu). / Séchage. Pièce crue.
Refrayer (unir au doigt). Embourrer (boucher les trous). Retouper (refaire). Habiller. Garnir.

Décoration. Emaillage. Couverte (émail transparent). / Engobe (pâte colorée). Engober (enduire d'engobe). Engobage. / Glaçure (enduit vitrifiable pour imperméabiliser). Glaçure grésillée (à petits points mats). Majolique ou maïolique (glaçure colorée). / Cerné (filet pour empêcher les couleurs de se mélanger).

Cuisson. Monocuisson (en une fois). Deuxième, troisième cuisson.
Four continu, discontinu. Tettin (bouche du four). Fausse tire (cloison). Echappade (séparation). Casette ou cazette (boîte réfractaire pour protéger la pièce à cuire). / Encaster (enfourner). / Petit feu (pour déshydrater l'argile). Grand feu (cuisson principale).
Biscuit (pièce cuite, non émaillée). Dégourdi (porcelaine de première cuisson, non émaillée).

Relatif à la céramique. Céramographie (histoire de la céramique). Vase céramographique (vase orné de peintures). Céramiste (qui s'occupe de céramique).

cercle

(du lat. *circulus ;* en gr. *kuklos)*

Surface plane limitée par une courbe dont tous les points sont à égale distance de son centre. Ligne circulaire. Circonférence. Circonférentiel (ligne). Contour. / Diamètre. Rayon. / Sécante. Cosécante. / Sinus. Cosinus. / Tangente. Cotangente. Tangent. Tangentiel. / Quadrant. / Quadrature. Secteur. Segment. Calotte.
Rectification. / Inscrire. Inscription. / Circonscrire. Circonscription. / Cercles concentriques ou homocentriques. / Excentricité. Excentrique. / Epicycle. / Couronne. Cycloïde. / Orbe. Orbiculaire. / Orbite. Orbital. Orbitaire. / Lune. Lunule.
Cercle polaire. Tropique. Equateur. Méridien. Parallèle. / Colures.

Choses circulaires. Abside. Amphithéâtre. Anneau. Arc. Arceau. Auréole. Bague. Bracelet. Cerceau. Cerne (des yeux). Cintre. Cirque. Collerette. Collier. Courbe. Disque. Frette. Halo. Périphérie. Rond. Rondelle. Rosace. Rotonde. Roue. Rouleau. Roulette. Sphère. Tour. Virole. Zone.
Mouvement circulaire. Tourner. Faire tourner. Cercler. Encercler. Sens giratoire. / Tour. Révolution. Rotation. / Faire cercle. / Lover un câble.

Instruments et mesures. Compas. Rapporteur. Quadrant. Sextant. Simbleau (cordeau).
Degré. Grade. Minute. Seconde. Radian. / Complément d'un arc. Supplément d'un arc. / Aire du cercle. / Le pi.

V. ASTRONOMIE et TOPOGRAPHIE.

céréales

(du lat. *cerealis,* de ***Cérès,*** **déesse des** moissons)

Plantes dont le grain sert à l'alimentation de l'homme ou des animaux. *Culture des céréales.* Céréaliculture. Céréaliculteur. / Céréalier. Production céréalière.

Céréales diverses. Blé ou froment. Orge. Avoine. Sarrasin ou blé noir. Seigle. Méteil. Maïs. Sorgho. Riz. Millet.

Culture. Préparation de la terre. Labourage. Labour. Labourer. Chauler les terres, les semences. / Emblaver. Emblavement. Emblavure. Semer. Semence. Semeur. Semoir. / Herser. Hersage. / Rouler. Roulage. / Travaux d'entretien. Désherbage. Pulvérisation de désherbants, de solutions liquides.

Récolte des céréales (spécialement du blé, de l'orge, de l'avoine). Moisson. / Couper les blés. Moissonner. Faucher. Faucheur. Faucheuse. Faux. / Moissonneuse-batteuse. Lieuse-batteuse. Gerbe. Javelle. / Tas de blé. Meule. Moyette. / Batteuse mécanique. Fléau (vx). Aire. / Van. Vanner. / Grenier. Silo. Grange. / Engranger. Ensiler. Engrangement. Ensilage.
Garde-messier (personne qui garde les moissons). / *Ramasser les épis laissés par les moissonneurs.* Glaner. Glaneur. Glane. Glanure. / Messidor (mois des moissons).

cérémonie

(du lat. *caeremonia*)

Cérémonie religieuse. Solennité religieuse. Fête liturgique. Service religieux. Messe. Office. / Cérémonie d'un baptême, d'un mariage, d'un enterrement. / Sacre d'un évêque. Intronisation. Installation.
Cérémonial (livre contenant les règles liturgiques). Rituel. Cérémoniaire (dirige la cérémonie religieuse). / Officier. Célébrer.

Cérémonie publique. Fête publique. Fête nationale. Anniversaire. Commémoration. Centenaire. Inauguration / *Grandes cérémonies.* Pompe. Gala. Cortège. Parade. Défilé. Réception. / *Tenue, habit de cérémonie.* Grand uniforme. Habit. / *Règles établies pour les cérémonies.* Cérémonial. Etiquette. Protocole. Décorum.

Formes de politesse excessives. *Faire des cérémonies.* Façons. Manières. Simagrées. Saluts. Singeries. Affectation. Salamalecs. Formalités. Chichis (fam.).

Histoires (pop.). / *Recevoir sans cérémonie.* Simplement. Sans façon. A la bonne franquette (fam.). En toute simplicité.

CÉRÉMONIEUX. Obséquieux. Formaliste. Affecté. Guindé. Collet monté.

cerf

(du lat. *cervus ;* en gr. *elaphos*)

Mammifère ruminant vivant en troupeaux dans les forêts. Chasser le cerf. Chasse à courre. / Biche (femelle). Harde, harpail ou harpaille (troupe de cerfs et de biches).

Vie du cerf. Jeune cerf. Faon (jusqu'à 6 mois). Hère (de 6 mois à un an). Daguet (2 ans). Seconde tête (3 ans). Troisième tête (4 ans). Quatrième tête (5 ans). Dix-cors jeunement (5 à 6 ans). Grand dix-cors (7 à 8 ans). Grand vieux cerf (10 à 12 ans).
Prendre un buisson (choisir un lieu de retraite).

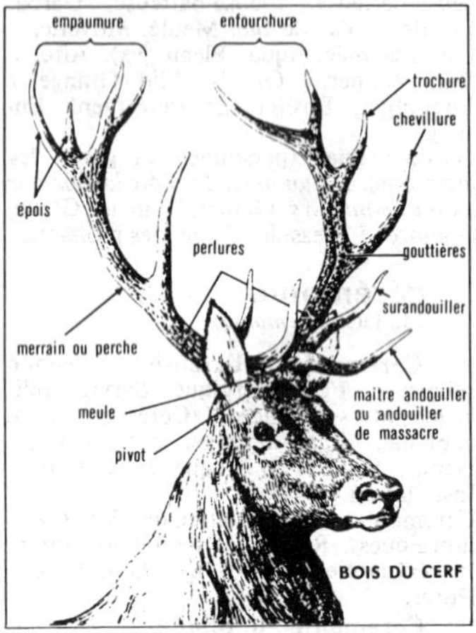

BOIS DU CERF

Frayer ses cornes (frotter). Brosser (faire du bruit dans les branches avec ses bois). / Pays. Fort. Chambre. Reposée (endroit où le cerf se repose). / Erre (allure). Faux-marcher. Se méjuger ou ambler (mettre le pied de derrière hors de la trace du pied de devant).
Viander (se nourrir). Viandis. Gagnage (endroit où le cerf va chercher sa nourriture). / Cervaison (époque où le cerf est le plus gras). / Muser (rechercher les biches). / Brame ou bramement (cri). Bramer. Raire ou reer. / Ravaler (vieillir).

Corps du cerf. Bouche. Larmier (fente au-dessous des yeux). Cimier (croupe). Jambe (entre talon et ergots). Eponge (talon). Hampe (poitrine). Folilet (épaule). Daintiers (testicules). Numbles ou nombles (muscles des cuisses). Excréments. Fumées.

Tête du cerf. Ramure. Bois. Pivot (os frontal). Dague ou broche (premier bois). Merrain ou perche. Andouiller (ramification en forme de corne). Maître andouiller ou andouiller de massacre. Meule (base des bois). Pierrures (aspérités sur la meule). Surandouiller. Perlure (excroissance). Gouttière (sillon). Empaumure. Enfourchure. Trochure. Epois. Refait (nouveau bois). Cor (andouiller). Chevillure (un des andouillers). Velours (peau sur les bois).
Tête couronnée (andouillers ou épois en couronne). Tête paumée (en forme de paume). Chandelier. Tête bizarde (forme irrégulière). Portée (hauteur des cors). Former sa tête. Jeter sa tête, ou ses bois (changer de tête). Refaire sa tête (attendre que les bois repoussent). / Première tête. Deuxième tête. / Muer. Mue. / Massacre (tête séparée du corps).

Cerfs divers. *Cervidés.* Axis. Elan. Orignal. Caribou. Renne. Tragélaphe. Sika. Daim. Chevreuil. Wapiti. Sambar.

cerise

(du lat. pop. *ceresia*)

Petit fruit charnu à noyau. *Cerises à saveur acidulée.* Cerise anglaise. Belle de Choisy. Belle de Chatenay. Marasque. Impératrice Eugénie. Reine Hortense. Montmorency. Griotte du Nord. / *Cerises à saveur douce.* Bigarreaux. Gros cœuret. Napoléon. Reverchon. Guignes. / *Petite cerise sauvage.* Merise.

Relatif à la cerise. Cerisier. Bigarreautier. Guignier. Merisier. Cerisaie. / Cérasine (gomme). / Laurier-cerise. / *Eau-de-vie à base de cerises.* Kirsch. / *Liqueurs à base de cerises.* Marasquin. Guignolet. / Cerisette (boisson). / Cerises à l'eau-de-vie. Confitures de cerises. Conserves de cerises. / Clafoutis (tarte aux cerises).

certain

(lat. pop. *certanus,* de *certus,* assuré)

Qui est considéré comme vrai. *Un fait certain. Il est certain que...* Assuré. Sûr. Evident. Manifeste. Positif.

Incontestable. Indéniable. Indiscutable. Vrai. Avéré. Réel. Authentique. Exact.
CERTAINEMENT. Assurément. Sûrement. Vraiment. Réellement. Bien sûr. Evidemment. Manifestement. Indiscutablement. Incontestablement. Sans conteste.
CERTITUDE. Vérité. Evidence. Authenticité. Réalité.

Qui considère une chose comme vraie. *Certain d'une chose.* Sûr. Assuré. Convaincu. Persuadé.
Etre certain. Tenir de bonne source. Parler savamment. Parler en connaissance de cause. Etre fondé à dire, à croire.
CERTITUDE. *Certitude absolue, mathématique, intuitive.* Conviction. Assurance. Persuasion.

certifier

(du lat. *certificare,* de *certus,* certain, et *facere,* faire)

Garantir la certitude d'une chose. Assurer. Donner l'assurance. Affirmer. Garantir. Confirmer. / Attester. Témoigner. / Authentifier. Légaliser. / Faire foi. / Breveter.
Affirmation. Garantie. Témoignage. Confirmation. / Copie certifiée conforme. Légalisation. Authentification. / Brevet. / Référence.

Certificats. Certificat authentique, légalisé. / Certificat de vie, de domicile, de propriété. / Certificat médical. Certificat prénuptial.
Certificat d'études primaires, d'aptitude professionnelle (C. A. P.). Certificat d'aptitude pédagogique. Certificat d'aptitude à l'enseignement secondaire (C. A. P. E. S.), à l'enseignement technique (C. A. P. E. T.). Certificat d'études supérieures (licence).

Brevets et diplômes. Acte. Patente. Titre. Permis. Autorisation. Licence. Reconnaissance. Parchemin (fam.). Peau d'âne (fam.). / Conférer un diplôme. Diplômer. / Impétrant (qui a obtenu un diplôme).
Brevet d'invention. Brevet s. g. d. g. Brevet d'importation. Office national de la production industrielle.
Brevet d'études du premier cycle (B. E. P. C.). Brevets de l'enseignement technique. Brevet sportif populaire. / Brevets de spécialité (armée, aéronautique, marine).
Diplôme de bachelier, de licencié. Diplôme d'études supérieures. Diplômes professionnels. Diplômes des grandes écoles.

cerveau

(lat. *cerebellum ;* en gr. *egkephalos)*

Masse nerveuse contenue dans le crâne de l'homme. *Structure du cerveau.* *Encéphale* (ensemble des centres nerveux contenus dans la boîte crânienne). Bulbe rachidien. Substance blanche externe. Substance grise interne.
Cervelet. Lobes latéraux ou hémisphères cérébelleux. Lobe médian ou vermis. Pédoncules cérébelleux. Substance grise externe. Substance blanche interne.
Isthme de l'encéphale. Protubérance annulaire ou pont de Varole. Tubercules quadrijumeaux ou lobes optiques. Pédoncules cérébraux. Epiphyse ou glande pinéale. Hypophyse ou glande pituitaire. Couches optiques. Corps strié.
Cerveau (neuf dixièmes de l'encéphale). Hémisphères cérébraux. Scissure interhémisphérique. Ventricules latéraux. / Substance grise externe. Ecorce cérébrale ou cortex. Cellules pyramidales. Cellules polymorphes. Neurones d'association. / Substance blanche. Fibres à myéline. Fibres d'association. Fibres commissurales. Fibres de projection. Scissure de Sylvius. Scissure de Rolando. Scissure perpendiculaire. Lobe frontal. Lobe occipital. Lobe temporal. Lobe pariétal. Circonvolutions (trois dans les lobes occipital, pariétal et temporal ; quatre dans le lobe frontal).
Union des deux hémisphères. Corps calleux. Trigone cérébral. / *Méninges.* Duremère. Arachnoïde. Pie-mère.

Fonctions du cerveau. Centre moteur. Centre des fonctions intellectuelles. / Localisations cérébrales. Aires motrice, psycho-motrice, psycho-sensitive, visuelle, psycho-visuelle, auditive, psychoauditive, gustative. Centres d'articulation du langage, des mouvements, de l'écriture, de la compréhension des mots écrits, de la compréhension des mots parlés.

Maladies du cerveau. Traumatismes. Tumeurs : épendymaire, choroïdienne, méningée. Gliomes. Abcès. / Accidents vasculaires. Hémorragie cérébrale. Congestion cérébrale. Apoplexie. Ramollissement cérébral. Encéphalites : aiguë, infantile. Méningites : cérébrospinale, tuberculeuse, syphilitique, purulente. / Troubles psychiques. Maladies mentales. Maladies nerveuses.
Traitements et soins. Electro-encéphalogramme. Neurologie. Psychiatrie. Neuropsychiatrie. / Psychochirurgie. Neurochirurgie.

cesser

(du lat. *cessare*)

Prendre fin. *Cesser* (en parlant d'une douleur, d'une tempête). S'apaiser. Se calmer. Perdre de son intensité. S'arrêter. Disparaître. Finir. / *Cesser* (en parlant d'une chose quelconque). S'arrêter. Se terminer. / *Cesser d'être en usage.* Tomber en désuétude. Passer de mode. / *Faire cesser une querelle.* Arrêter. Mettre le holà. / *Faire cesser un abus, une injustice.* Supprimer. Détruire. / *Faire cesser l'effet d'une loi, d'une institution.* Annuler. Abroger. Abolir.
CESSATION. Arrêt. Apaisement. Rémission. Relâche. Répit. Disparition. / *Cessation d'une bataille.* Trêve. / *Cessation d'une guerre.* Arrêt des hostilités. Armistice. Cessez-le-feu.
INCESSANT. Continu (v. ce mot).

Mettre fin à quelque chose. *Cesser un travail, une conversation.* Arrêter. Abandonner. / *Cesser de* (et l'inf.). S'arrêter de. / *Cesser le combat, la lutte.* Abandonner. Renoncer à. Lâcher pied. Reculer. Battre en retraite. Mettre bas les armes.
Cesser de marcher (en parlant d'une personne). S'arrêter. Reprendre haleine. Reprendre son souffle. / *Cesser de marcher* (en parlant d'une machine, d'un appareil). Ne plus fonctionner. Tomber en panne. Etre détraqué. Etre arrêté.
Cesser de parler. Se taire. / *Cesser d'être en colère.* Se calmer. S'apaiser. / *Cesser de fumer, de boire.* Se déshabituer. Se désaccoutumer. / *Cesser d'aimer.* Se détacher. Se déprendre. / *Cesser une activité, ses fonctions.* Prendre sa retraite. Se retirer. / *Cesser de vivre.* Mourir. Expirer. S'éteindre.
Ne pas cesser de. Continuer. Ne pas décesser (fam.).

Cesser momentanément. *Cesser une activité pour quelque temps.* Interrompre. Suspendre. / *Cesser de travailler pendant quelque temps.* Prendre des vacances. Suspendre son activité. Se reposer. Se mettre en grève. Faire grève. Etre en chômage. / *Cesser par intervalles.* S'interrompre.
CESSE. *Sans cesse.* Sans arrêt. Sans répit. Sans relâche. A tout moment. Continuellement. Toujours. / *N'avoir de cesse que...* Insister, persister jusqu'à ce que...

chagrin n. et adj.

Douleur morale. *Un chagrin profond, cruel, déchirant.* Affliction. Peine. Malheur. Deuil. Désolation. Souffrance. / *Se consumer de chagrin.* Etre au désespoir. Avoir le cœur brisé. Etre abattu, accablé, affligé, consterné. Porter sa croix. Etre au supplice.

Blessure d'amour-propre. *Un petit chagrin. Un chagrin passager.* Contrariété. Ennui. Déception. Déboire. Désappointement. Désagrément. Dépit. Mécontentement. Déplaisir (littér.).
CHAGRINER. Contrarier. Faire de la peine. Désoler. Attrister. Fâcher. Ennuyer. Affliger. Tourmenter. Tracasser.

Qui exprime la tristesse, la morosité. *Un air chagrin. Un visage chagrin.* Maussade. Mélancolique. Sombre. Morose. Triste. Lugubre.

chaîne

(du lat. *catena ;* en gr. *desmos*)

Lien fait d'une suite d'anneaux, de maillons entrelacés. *Chaînes d'usages divers.* Chaîne calibrée (pour poulies à empreintes). Chaîne carrée (anneaux pliés en deux). Chaînes Galle, à rouleaux et de Vaucanson (engrènent avec des roues dentées). Chaîne en gerbe (maillons en huit). Chaîne plate (à anneaux aplatis). Chaîne en S (chaînons pliés en S).
Chaîne d'abordage. Chaîne d'ancre. Chaîne d'attelage (pour wagons). Chaîne d'arpenteur (pour mesurer un terrain). Chaîne coupante (scie à maillons coupants). Chaîne de sûreté.
Chaînes d'ornement. Chaîne de montre. Chaîne de cou. Châtelaine. Collier. Sautoir. Jaseran (à mailles d'or ou d'argent très fines). Ferronnière (chaînette entourant la tête et attachée sur le front par une pierre précieuse). Gourmette.

Relatif à la chaîne. Anneau, maillon ou chaînon. Maille (de chaîne d'ancre). Maille à étai (renforcée). / Manille (anneau ouvert, pour l'assemblage). Emerillon (pour éviter les tours). / Maillon (30 m de chaîne). / Calibre (grosseur du fer des mailles). / Puits à chaînes (d'un navire). Etalingure (fixation de la chaîne d'ancre à ce puits).
Chaînetier ou chaîniste (spécialiste en chaînes de bijouterie). Chaînier (forgeron de chaînes). / Chaînette (courbe). / Transmission desmodromique (par chaîne, sans glissement).

Chaîne industrielle. Chaîne de fabrication, de montage, d'usinage. / Travail à la chaîne (le produit à fabriquer se déplace automatiquement). Chaîne libre. Chaîne commandée.

Privation de la liberté. *Attacher une personne, un animal avec une chaîne.* Enchaîner. Menottes (pour un prisonnier). / *Condamner à la chaîne.* Chaînes de forçat, de bagnard, de galérien. Fers. Boucle. Alganon (petite chaîne fixée autour du cou). Fillettes du roi (chaîne et boulet au pied du galérien sous Louis XI).
Vivre dans les chaînes. Esclavage. Captivité. Asservissement. Servitude. Joug. / *Rompre ses chaînes.* Se libérer. S'affranchir.

chair
(du lat. *caro, carnis;* gr. *sarx, sarkos*)

Tissu musculaire. *Avoir la chair ferme. Etre bien en chair.* Dodu. Replet. Gras. Potelé. Rebondi. Etoffé. / Charnu (en parlant des lèvres, de la bouche). / Avoir de l'embonpoint. Avoir des bourrelets de chair. Adiposité. Obésité.
Une chair blanche, rose, éclatante. Une chair dorée, satinée. / Une masse de chair. Une chair molle, flasque, avachie. / *Couleur de la chair.* Carnation. Teint. / Incarnat (rouge vif).
Déchirure dans la chair. Blessure. Ecorchure. Plaie. / *Tailler dans la chair.* Opérer. Amputer. Charcuter (fam.). / *Enflure des chairs, des tissus.* Bouffissure. Tuméfaction. Intumescence. Tumeur. / *Excroissance de chair.* Caroncule.
DÉCHARNÉ. Très maigre. Etique.
ECHARNER (ôter la chair d'une peau).

Partie comestible des animaux, des végétaux. *Une chair fine, délicate, tendre.* Viande. / Carnivore (qui se nourrit de chair). Carnassier (qui se nourrit de chair crue). / *Chair à pâté, à saucisse.* Viande hachée. / *La chair d'un fruit.* Pulpe. / Fruit charnu. Pulpeux.

Le corps (par opposition à l'esprit). Souffrir dans sa chair. / Mortifier sa chair. Mortification. Ascétisme.
Le Verbe fait chair. Christ. Incarnation. Résurrection de la chair.

Le corps, siège des instincts. *Les désirs de la chair.* Sensualité. Concupiscence. / *Instinct sexuel.* Sexualité. Libido. / Œuvre de chair (union charnelle de l'homme et de la femme). / Fornication (péché de la chair).
CHARNEL. *Enveloppe charnelle.* Corporel. Matériel. / *Un désir charnel.* Sensuel. Sexuel. / *Amour charnel.* Physique. / Relations sexuelles.
CHARNELLEMENT. Aimer charnellement. Connaître charnellement.

chaleur
(du lat. *calor;* en gr. *thermon*)

Température élevée d'un corps. Chaleur solaire. / Energie thermonucléaire. Fission. Fusion. Plasma. / Chaleur animale. Métabolisme de base (production calorique de l'organisme). Thermorégulation (adaptation de l'organisme à la température ambiante). / Chaleur végétale. / Géothermie. Géothermique (concerne la chaleur interne du Globe). Feu central (notion abandonnée).
Thermodynamique. Thermochimie. Chaleur spécifique. Capacité calorifique. Chaleur latente. Conduction. Conductibilité. Corps diathermane (bon conducteur de la chaleur). Corps athermane (mauvais conducteur de la chaleur). Corps réfractaire (résistant aux fortes chaleurs). / Calorifuge (isole contre la déperdition de chaleur). Isolation thermique.
Echange de chaleur. Dégradation de l'énergie (par sa conversion en chaleur). Adiabatique (sans échange de chaleur avec l'extérieur). / Energie rayonnante. Pouvoir émissif. Radiation. Rayonnement thermique (rayons infrarouges). Pouvoir absorbant. / Lignes isothermes.
Combustion. Chaleur de réaction. Calcination. Dilatation. Fusion. Liquéfaction. Ebullition. Evaporation. Caléfaction. Réverbération.
Calorimétrie (mesure des quantités de chaleur). / Thermométrie (mesure des températures). Thermomètre.
CHAUD. *Très chaud.* (en parlant d'un liquide). Bouillant. Brûlant. / *Ni chaud ni froid.* Tiède. / *Un endroit très chaud.* Four. Fournaise. Etuve. Touffeur (vx).

Température élevée de l'atmosphère. *Chaleur accablante, torride, lourde, suffocante, sèche.* Température. Temps. Canicule. Caniculaire. Eté. Vague de chaleur. / *Chaleur humide.* Temps doux. Tiédeur. Moiteur.
Effets de la chaleur. Fièvre. Coup de soleil. Insolation. Sueur. / *Etre incommodé par la chaleur.* Suer. Etre en nage. Suffoquer. Etouffer. Bouillir. Griller. Cuire. Rôtir.
Traitement des maladies par la chaleur. Héliothérapie. Thermothérapie. Eaux thermales. Thermalisme.
CHAUD. *Un climat chaud.* Tropical. Torride.

Ardeur des sentiments, de l'action. *Parler avec chaleur.* Animation. Ardeur. Enthousiasme. Exaltation. Ferveur. Passion. Véhémence. Impétuosité. / Feu. Fièvre de l'action.

Jeter feu et flamme. S'enflammer. Bouillir d'impatience. Brûler de (et l'inf.). / *Avoir le sang chaud, la tête chaude.* Etre impétueux, irascible.
Chaud (qui montre de l'ardeur, de l'enthousiasme). *Un chaud partisan.* Enthousiaste. Ardent. Fervent. Passionné. Fanatique. Zélé. Emballé (fam.).
Chaudement. Avec ardeur, énergie, vivacité.
Chaleureux. *Accueil chaleureux.* Enthousiaste. Empressé.
Chaleureusement. Avec enthousiasme.

chambre
(du lat. *camera*)

Pièce d'une habitation, et spécialement pièce où l'on couche. Chambre d'enfants. Chambre à coucher. / Chambre de bonne. Chambre mansardée. / *Petite chambre.* Chambrette. Cellule. / Alcôve (enfoncement ménagé dans une chambre pour un ou plusieurs lits) [vx]. / Ruelle (espace entre le mur et le lit ou entre deux lits). / *Pièce où couchent plusieurs personnes.* Dortoir. Chambrée (pour les soldats).
Mobilier d'une chambre. Lit. Armoire. Penderie. Garde-robe. Placard. Table de nuit. Descente de lit. Carpette.
Chambre meublée. Chambre avec cabinet de toilette, salle de bains. Chambre à un lit, à deux lits. / Louer une chambre.
Termes populaires ou argotiques. Piaule. Turne. Carrée. Crèche. Taule.

Relatif à la chambre. Garder la chambre (ne pas sortir par suite de maladie). / Valet de chambre. Femme de chambre. / Camérier (officier de la chambre du pape ou d'un cardinal). Camériste (en Italie, en Espagne, dame au service d'une princesse; [fam.] femme de chambre).

Assemblée législative. Chambre des députés. Assemblée nationale. Dissoudre la Chambre. / Chambre des communes, Chambre des lords (en Grande-Bretagne). / Bicamérisme ou bicaméralisme (système politique à deux assemblées). Monocamérisme ou monocaméralisme.

Subdivision d'un tribunal. Chambre des appels correctionnels. Chambre civile. Chambre criminelle. Chambre d'accusation.

Organisme professionnel. Chambre de commerce. Chambre d'agriculture. Chambre des notaires, des avoués, des huissiers. Chambre de métiers. Chambre syndicale.

Cavité. Chambre de l'œil. / Chambre claire (pour dessiner). / Chambre noire, obscure (photographie). / Chambres d'ionisation : chambre de Wilson, à bulles, à étincelles (pour photographier les particules atomiques). / Chambre sourde ou anéchoïque (sans réverbération sonore). / Chambre d'explosion, de combustion (des moteurs). / Chambre à air (pneumatique). / Chambre des armes (pour loger les cartouches). / Chambre de chauffe (chaufferie). / Chambre froide. / Chambre de distillation (industrie chimique). / Chambre d'écluse. / Chambre des machines, des pompes, de navigation (des navires). / Chambre de mine (vide laissé par l'extraction du minerai).

chameau
(du lat. *camelus*)

Grand mammifère ruminant ayant une ou deux bosses sur le dos. Chamelle (femelle). Chamelon. Chamelet. / Chameau d'Asie (deux bosses). / Chameau d'Afrique. Dromadaire (une bosse). Méhari (dressé pour les courses). Vaisseau du désert. / Blatérer (crier). Baraquer (s'agenouiller).
Chamelier. Méhariste. / Caravane. Caravanier. / Caravansérail. Fondouk.

champignon
(du lat. pop. [*fungus*] *campaniolus*, champignon des champs; en gr. *mukês*)

Végétal dépourvu de racine, de tige, de feuilles, de chlorophylle. Thallophytes. Vie hétérotrophe. / Saprophytes. Parasites. Symbiose. Mycorhize (association par symbiose aux racines de certains arbres).
Parties d'un champignon. Volve ou bulbe. Pied. Anneau. Chapeau. Lamelles : écartées, émarginées, adhérentes, décurrentes. Pores. Spores. / Thalle (appareil végétatif). / Mycélium (ensemble du filament constituant le thalle).
Champignons à lamelles. Agarics. Amanites. Clitocybes. Coprins. Cortinaires. Entolomes. Gomphides. Hygrophores. Lactaires. Lépiotes. Marasmes. Mucidules. Mycènes. Paxilles. Pholiotes. Pleurotes. Rhodopaxilles. Russules. Strophaires. Tricholomes. Volvaires.
Champignons à pores. Bolets. Polypores.
Champignons à aiguillons. Hydne. Pied-de-mouton.
Champignons à rides. Chanterelle ou girolle. Trompette-des-morts.

Champignons de formes variées. Champignons en forme de poire, de sphère, d'étoile, d'oreille, de coupe. Morille. Truffe.

Classification. ***Champignons supérieurs.*** *Basidiomycètes.* Agaric. Amanite. Bolet. Cèpe. Champignon de couche. Chanterelle ou girolle. Clavaire. Lactaire. Mousseron. Oronge. Rouille. Russule. Vesse-de-loup. Volvaire.
Ascomycètes. Aspergile. Ergot du seigle. Helvelle. Levures. Morille. Oïdium. Penicillium. Truffe.

Champignons inférieurs, ou siphomycètes. *Oomycètes.* Mildiou (de la vigne). Mucor (du pain moisi). Phytophore.
Myxomycètes. Fuligo. Plasmodiophore.

Champignons comestibles. Agaric boule-de-neige. Amanite rougeâtre, ou golmote. Bolet blafard. Cèpe de Bordeaux. Champignon de couche, de Paris, ou agaric cultivé. Coprin chevelu. Coucoumelle. Coulemelle. Girolle ou chanterelle. Hygrophore ponceau. Lactaire délicieux. Lépiote élevée. Marasme d'Oréade. Morille. Mousseron. Nonette voilée. Oronge vraie. Palomet. Pezize. Pied-bleu. Pied-de-mouton. Russule charbonnière. Tricholome équestre. Trompette-des-morts. Truffe, etc.

Champignons mortels ou vénéneux. Amanite panthère. Amanite phalloïde. Amanite printanière. Amanite tue-mouches. Amanite vireuse. Bolet Satan. Clavaire élégante. Clitocybe du bord des routes. Entolome livide. Lépiote brune. Pleurote de l'olivier. Ergot du seigle, etc.

Culture des champignons. Champignon de couche. / Carrière. Champignonnière. / Meules. Fumage. Lardage. Gobetage. / Blanc de champignon. / Champignonniste.

Relatif aux champignons. Fongicide (qui détruit les champignons). Anticryptogamique. Fongiforme. Fongicole. Fongoïde. Fongueux. Fongosité.
Mycologie (étude des champignons). Mycologique. / Mycologue. / Mycoderme. Mycose. Mycosis. / Mycothèque. / Mycophage. Mycophile. Mycothérapie.

chance

(du lat. pop. *cadentia,* de *cadere,* tomber)

Ensemble de circonstances favorables. *Croire, ne pas croire à la chance.* Sort. Hasard. Fortune (littér.). Bonne fortune. / *Mettre la chance de son côté.* Mettre des atouts dans son jeu. / *Avoir de la chance.* Avoir de la veine (fam.), du pot (pop.). Avoir la baraka (marocain). Avoir le vent en poupe. / *Porter chance.* Porter bonheur.
Calculer ses chances. Probabilités. Possibilités. / *Il y a des chances.* C'est probable.
CHANCEUX. Favorisé du sort. Fortuné (vx). Né sous une bonne étoile. Né coiffé. Veinard (fam.). Verni (pop.).
MALCHANCE. Adversité. Déveine (fam.). Guigne (fam.). Poisse (pop.).
MALCHANCEUX. Infortuné. Misérable.

changer

(du bas lat. *cambiare ;* en lat. class. *mutare*)

Rendre autre ou différent. *Changer les lois, les institutions.* Modifier. Réformer. Rénover. Renouveler. Transformer. / *Changer de fond en comble.* Bouleverser. Chambarder (fam.). Chambouler (pop.). / *Changer un texte.* Remanier. Corriger. Altérer. Dénaturer. *Changer sa voix.* Contrefaire. Déguiser. / *Qui ne sera plus changé.* Définitif.

Devenir autre, différent. *Changer* (en parlant d'une personne ou d'une chose). Se modifier. Se transformer. Evoluer. Varier. / *Changer en mieux.* S'améliorer. Se corriger. S'amender. / *Changer en pire.* Empirer. S'aggraver. Se détériorer. / *Qui ne change pas.* Immuable. Invariable. Constant. Fixe.
CHANGEANT (en parlant d'une personne). Versatile. Inconstant. Instable. Fantasque. Fluctuant. Capricieux. Volage. / Girouette. Caméléon. Protée.
CHANGEMENT. Modification. Mutation. / *Changement complet.* Renouvellement. Rénovation. Réforme. / *Changement progressif.* Evolution. Transition. Gradation. / *Changement en mieux.* Amélioration. Progrès. / *Changement en mal.* Aggravation. Altération. Perversion. / *Changement dans un texte.* Remaniement. Correction.

Transformer. *Changer une chose en une autre.* Convertir. Transmuer (rare). / *Changer l'aspect, la nature d'une personne.* Métamorphoser. Rendre méconnaissable. Transfigurer.
CHANGEMENT. Transformation. Transmutation. Métamorphose. Transfiguration.

Remplacer. *Changer une chose, un être contre* (ou *pour*) *un(e) autre.* Troquer. Echanger. Donner. Céder. Abandonner. / *Changer de personnel.* Remplacer.

Substituer. / *Changer d'appartement.* Déménager. / *Changer d'opinion, d'avis.* Varier. Se dédire. Se rétracter. Revenir sur ce qu'on a dit. / *Changer de direction.* Tourner. Modifier sa route. Virer de bord. / *Changer de vêtements.* Se changer. / *Changer de peau, de plumage.* Muer.

Déplacer. *Changer une chose de place.* Déranger. Transférer. Transplanter. Transposer. Intervertir. / *Changer un fonctionnaire de poste.* Déplacer. Muter. / *Changer de poste avec quelqu'un.* Permuter. / *Changer de place.* Remuer. Aller ailleurs. Se déplacer. Bouger.

chanson

(du lat. *cantio,* de *cantus,* chant)

Petite pièce de vers qui se chante sur un air populaire. *Parties d'une chanson.* Strophe. Couplet. Refrain. Ritournelle. / Composer une chanson. / Parolier (auteur des paroles). / Ecrire la musique d'une chanson. / Compositeur. Chanson gaie. Chanson triste. / Chanson d'amour. Chanson de charme. Chanson sentimentale. Romance. / Chanson à boire. Chanson bachique. / Chansonnette (petite chanson). Comptine (chanson d'enfants). / Chanson satirique. / Chansonnier (auteur de chansons satiriques). Cabaret. Théâtre de chansonniers. / Chansonner (railler par une chanson). / Tube (fam., chanson à succès). Hit-parade (palmarès des chansons à succès). / Rengaine (chanson ressassée).
Chansons anciennes. Ballade. Barcarolle. Berceuse. Cantilène. Carole. Cavatine. Complainte. Ronde. Chanson de toile.

chant

(du lat. *cantus;* en gr. *melos, ôdê*)

Art de la musique vocale. *Exercice de chant.* Solfège. Gamme. Intonation. Inflexion. Vocalises. Roulades. Trilles. Passages. / Accents. Appui. Attaque. Appoggiature. Liaison. Articulation. Phrasé. / Bel canto. / A cappella. Exercer, travailler, cultiver sa voix. / Moduler. Filer des sons. Vocaliser. Solfier.
Chant à une voix. Monodie. / Partie. Solo. Unisson. / *Chant à plusieurs voix.* Polyphonie. Duo. Trio. Quatuor vocal. Chœur. Choral. Canon. Faux-bourdon.
CHANTER. *Chanter juste.* Chanter en mesure, en cadence. / *Chanter faux.* Détonner. / *Chanter à mi-voix, à bouche fermée.* Fredonner. / *Chanter à pleine voix, à tue-tête.* Crier. Brailler. S'égosiller. Beugler. / *Chanter, réciter sur une seule note.* Psalmodier. / *Commencer à chanter.* Entonner. Attaquer.

Airs de chant. Aria. Ariette. Arioso. Aubade. Sérénade. Tyrolienne. Chanson (v. ce mot).
Musique vocale. Opéra. Opéra-comique. Opérette. / Mélodie. Mélopée. Lied (Lieder, au plur.). Cantabile. / Récitatif.

Chants religieux. Chant ambrosien. Chant grégorien. Plain-chant. / Antienne. Prose. Hymne (n. fém.). Psaume. Cantique. Motet. Répons. Choral. Cantate. Oratorio. Negro spiritual. / Maîtrise. Manécanterie. Schola cantorum. Chorale. Psallette. Maître de chapelle. / Chantre. Choriste. / Lutrin. Antiphonaire.

Chants antiques. Chœur. / Strophe. Antistrophe. Epode. Ode. / Mélopée. Nénies. Thrènes (chants funèbres). Epithalame (chant nuptial). Péan (chant guerrier). Elégie (chant plaintif). Bucoliasme (chant de bergers). Scolie (chanson à boire). / Chorège. Coryphée.

Chanteurs et voix. Exécutant. Interprète. Artiste. / Cantatrice. Prima donna. Diva. / Soliste. Choriste.
Voix. Organe vocal. Voix juste. Voix fausse. / Voix de poitrine, de tête, de gorge. Voix de fausset. / Portée de la voix. Registre de la voix. Tessiture.
Voix de femmes. Soprano aigu. Soprano. Mezzo-soprano. Contralto. Coloratur.
Voix d'hommes. Haute-contre. Ténor léger. Ténor. Baryton élevé ou basse-taille. Baryton. Basse. Basse profonde.

charbon

(du lat. *carbo, carbonis*)

Combustible solide, d'origine végétale, noir et très riche en carbone. *Sortes de charbons.* Charbon animal ou noir animal (os carbonisés). Charbon de bois ou charbon végétal. Charbon de cornue (extrait du gaz). Charbon de terre, charbon minéral ou charbon fossile.
Combustible. Matières volatiles. Cendres. Mâchefer. / Escarbille.
Charbonnaille (menu charbon). Charbon aggloméré ou moulé. Aggloméré. Briquette. Boulet. / Charbon activé ou actif (rendu très absorbant). / Electrode (de charbon ou de graphite).

Charbon de bois. Charbon végétal. / Charbonnette, ou charbonnage (bois débité). / Charbonnière, faulde ou place à charbon (emplacement des meules). Fabrication sur place en meule, en car-

bonisateur. / Fabrication industrielle en cornue (four vertical), en tunnel (four horizontal). Dégoudronneuse. / Charbonnier. Charbonnerie.
Charbon fort (bois durs). Charbon doux (bois tendres et résineux). / Fumeron. Charbon roux (incomplètement carbonisé). / Charbon à poudre (de bourdaine). Noir d'Espagne (liège brûlé). Fusain (de l'arbrisseau du même nom).

Charbon de terre. Charbon minéral ou fossile. Houillère ou charbonnage. Houiller. Houilleux. Houillification.
Houille. Houille maigre (peu de matières volatiles), demi-grasse, grasse (beaucoup de matières volatiles). Houille flambante grasse, sèche. / Coke. Semi-coke. Cokéfaction. Cokéfiable. Cokéfiant. Cokerie. / Tout-venant. Tête-de-moineau ou gailletin (morceaux moyens). Gailleterie (gros morceaux). Fines (moins de 6 mm). Poussier (moins d'un millimètre).
Anthracite (très pauvre en matières volatiles). Charbon anthraciteux (moins dur que l'anthracite). Anthracite artificiel (houille semi-distillée).
Lignite (plus récent que la houille). / Charbon brun (lignite proche de la houille). Ligniteux.
Tourbe (de formation contemporaine). Tourbe des marais. Tourbe fibreuse (superficielle), limoneuse (boueuse), mottière (en mottes). Tourbe dopplérite (gélatineuse). / Tourbière (gisement). Tourbeux. Tourbier (qui contient de la tourbe). Tourbier (ouvrier). / Louchet (bêche). Pré d'étente.

Carbone. Carbone cristallisé (graphite, diamant). Carbone amorphe. Carbone 14 ou radiocarbone.
Noir de carbone, noir de fumée (pigment). / Noir de gaz ou carbon black (de gaz naturel). / Noir d'acétylène
Chimie organique (composés du carbone). Carbonate. Carboné. Carbure. Hydrocarbure. / Anhydride carbonique ou gaz carbonique. Oxyde de carbone. Carbonyle.

Relatif au charbon. Carbonifère. / *Transformer en charbon.* Carboniser. Carbonisation. / Carbonade (viande grillée sur des charbons). / *Noircir avec du charbon.* Charbonner. / Charbonneux.
Marchand de charbon. Charbonnier. Bougnat (pop.).

charcuterie
(de *chair* et de *cuit*)

Commerce de la viande de porc et de viandes cuites. *Opérations de charcuterie.* Débiter, découper, parer un porc. / Saler. Salage. Saloir. / Hacher menu. / Cuire. Cuisson. / Fumer. Fumage. / Fumoir. Laboratoire.
Instruments. Tranche-lard. Couteaux divers. Boudinière. Hachoir. Feuille.

Produits. Porc. Quartiers. Panne. / Viande de porc. Cochonnaille (fam.). / *Morceaux à rôtir, à griller.* Côtelettes. Grillades. Filet. Epaule. Jambon. / *Morceaux à bouillir.* Poitrine. Jarret. Jambonneau. / Lard. Barde. Lardon. Lard salé. Lard fumé. Bacon. Salé. Petit salé. / Jambon. Jambon salé. Jambon fumé. Jambon d'York, de Bayonne, de Paris, de Mayence, de Prague.
Andouille. Andouillette. / Boudin. Boudin noir. Boudin blanc. / Chair à saucisse. Saucisse. Saucisson. Cervelas. Mortadelle. Chipolata. Crépinette. / Hure. Pieds de porc. / Rôti de porc. / Pâté de porc en terrine, en croûte. Galantine. Rillettes. Fromage de tête. Pâté de foie. Pâtés de volaille, de gibier.
Foie gras. Pâté de foie gras. Terrine de foie gras. Confit. / Saindoux.

charge
(de *charger ;* lat. pop. *carricare,* de *carrus,* char)

Ce que peut porter une personne, un animal, un moyen de transport. *Une charge légère, pesante.* Fardeau. Poids. Faix (vx). / *La charge d'un âne.* Anée. / *La charge d'une charrette, d'une brouette.* Charretée. Brouettée. / *La charge d'un navire.* Cargaison. / *La charge d'un camion.* Chargement. / Lège (se dit d'un bateau vide ou incomplètement chargé).
CHARGER. *Charger un navire.* Arrimer. / *Charger à l'excès.* Surcharger.

Ce qui pèse sur quelqu'un. *Etre une charge pour une personne.* Gêne. Incommodité. Servitude. / Gêner. Incommoder. / Supporter de lourdes charges. / *Charge sociale, familiale.* Obligation. Imposition. Redevance.
CHARGER. Grever. Accabler. / *Charger de dettes.* Obérer. Endetter.

Fonction dont on est responsable. *Charge d'officier ministériel.* Emploi. Fonction. Poste. Place. / *S'acquitter de sa charge.* Mission. Attribution. Mandat. / *Prendre en charge.* S'occuper de. Prendre la responsabilité de. Assumer.
CHARGER. *Charger quelqu'un de.* Ordonner. Déléguer. Préposer à. Confier le soin de. / *Se charger de quelqu'un, de quelque chose.* S'occuper de.

Ce qui pèse sur un accusé. *Une charge accablante.* Grief. Accusation. Preuve. Indice. / Témoin à charge.

Exagération visant à ridiculiser. *Une charge comique. Un portrait en charge.* Caricature. Plaisanterie. Satire.

CHARGER. *Charger un portrait.* Caricaturer. Outrer. Forcer.

Attaque impétueuse. *Une charge à la baïonnette.* Assaut. Offensive. / *La charge d'un fauve.* Poursuite.

CHARGER. Attaquer. Assaillir. Foncer sur. Poursuivre.

charité

(du lat. *caritas,* de *carus,* cher)

Amour du prochain. *Agir par charité.* Bonté. Humanité. Générosité. Bienfaisance. Altruisme. Philanthropie. Fraternité. Dévouement. Commisération. Miséricorde. Pitié. Indulgence. Complaisance. / *Charité chrétienne.* Amour de Dieu et du prochain. / Caritatif.

CHARITABLE. Bon. Humain. Généreux. Miséricordieux. Secourable. Obligeant. Complaisant. Serviable. Dévoué. Philanthrope. Altruiste.

Charité en action. *Faire la charité.* Faire l'aumône. Donner des secours. Faire du bien. Venir en aide. Secourir. Porter secours. Assister. Protéger. Donner l'hospitalité. Héberger. Se dévouer aux malheureux. / Recueillir des dons. Quêter. Offrir, donner son obole.

CHARITABLE. *Personne charitable.* Providence des malheureux. Frères et sœurs de Saint-Vincent-de-Paul. Petites Sœurs des pauvres. Sœur de charité. Dame de charité. Dame patronnesse. Salutiste.

Œuvres charitables. Œuvres de bienfaisance. Œuvres philanthropiques. Fondation pieuse ou charitable. Assistance publique. Aide sociale. Service d'entraide. Bureau d'aide sociale. Armée du Salut, etc. / Crèche. Patronage. Ouvroir. Asile. Hospice. Foyer.

Demander la charité. Tendre la main. Vivre d'aumônes. Mendier. Mendigoter (pop.). Faire la manche (pop.). Mendiant. Clochard. Gueux. Chemineau. Mendigot (pop.).

charlatan

(de l'ital. *ciarlatano,* de *ciarlare,* parler avec emphase)

Celui qui exploite la crédulité publique. *Les boniments d'un charlatan.* Hâbleur. Imposteur. Cabotin. / Démagogue.

CHARLATANERIE. CHARLATANISME. Hâblerie. Forfanterie. Démagogie. / Charlatanesque.

Celui qui a de prétendus remèdes merveilleux. Guérisseur. Rebouteux. Empirique (vx). Marchand d'orviétan (vx).

charme

(du lat. *carmen,* formule magique)

Ce qui plaît, ce qui attire. *Le charme d'un paysage, d'une conversation.* Agrément. Attrait. Plaisir. Délice.

Le charme d'une personne. Grâce. Elégance. Séduction. Fascination. / *Les charmes d'une femme.* Attraits. Appas (littér.). Sex-appeal (fam.).

CHARMER. *Charmer* (en parlant d'une personne). Attirer. Ravir. Enjôler. Fasciner. Subjuguer. Séduire. Envoûter. / *Charmer* (en parlant d'une chose). Emerveiller. Enchanter. Captiver. Enthousiasmer. Transporter. Envoûter.

CHARMANT. *Charmant* (en parlant d'une personne). Aimable. Agréable. Affable. Gentil. Charmeur. / *Charmant* (en parlant d'une chose). Gentil. Délicieux. Joli. Captivant. Ravissant. Merveilleux. Enchanteur. Fascinant. Ensorcelant. Envoûtant. Séduisant.

charpente

(du lat. *carpentum,* sorte de char)

Assemblage de pièces de bois ou de fer qui forment le bâti d'une construction. Charpente en bois. Charpente métallique.

Pièces principales. Aisselier. Arbalétrier. Arêtier. Bâti. Blochet. Cage. Carcasse. Chanlatte. Chantignole. Chapeau. Chevêtre. Chevêtrier. Chevron. Colombe. Comble. Faux comble. Comble mansardé. Contre-fiche ou contrevent. Contre-latte. Corbeau. Corniche. Coyau. Coyer. Croisillon. Croupe. Décharge. Doubleau. Echantignole. Empannon. Enrayure. Entrait. Entretoise. Epaulement.

Ci-contre : 1. Trave à queue ; 2. Coupe plate ; 3. Assemblage à plat joint à rainure et languette ; 4. Entaille à vif ; 5. Assemblage à queue-d'aronde ; 6. Moise ; 7. Embrèvement carré ; 8. Enfourchement droit ; 9. Assemblage à double tenon ; 10. Enture à mi-bois ; 11. Trave carrée ; 12. Trait de Jupiter des charpentiers, à clef ; 13. Embrèvement découvert ; 14. Entaille à mi-bois en croix ; 15. Assemblage à onglet à enfourchement ; 16. Trait de Jupiter des charpentiers, boulonné ; 17. Assemblage à plat joint à rainure et fausse languette ; 18. Assemblage à tenon et mortaise.

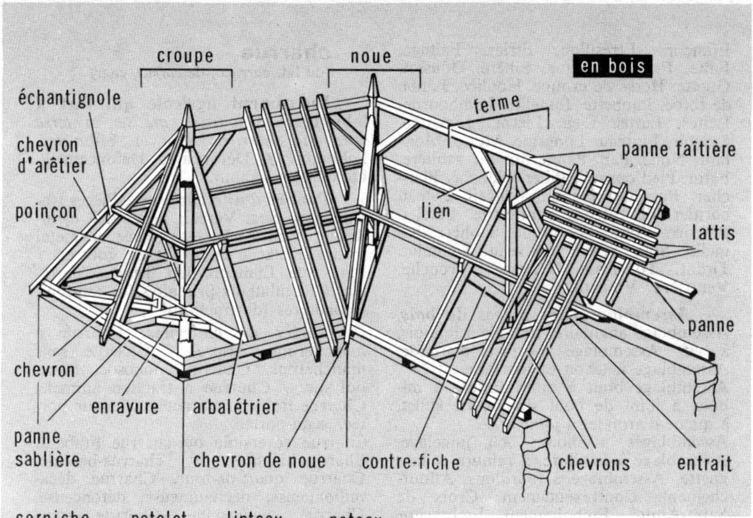
en bois
croupe
noue
échantignole
ferme
chevron
d'arêtier
panne faîtière
poinçon
lien
lattis
panne
chevron
enrayure
arbalétrier
panne
sablière
chevron de noue
contre-fiche
chevrons
entrait

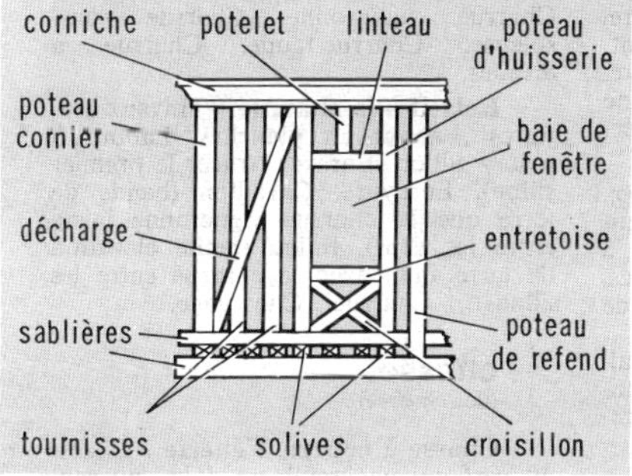
corniche
potelet
linteau
poteau
d'huisserie
poteau
cornier
baie de
fenêtre
décharge
entretoise
sablières
poteau
de refend
tournisses
solives
croisillon

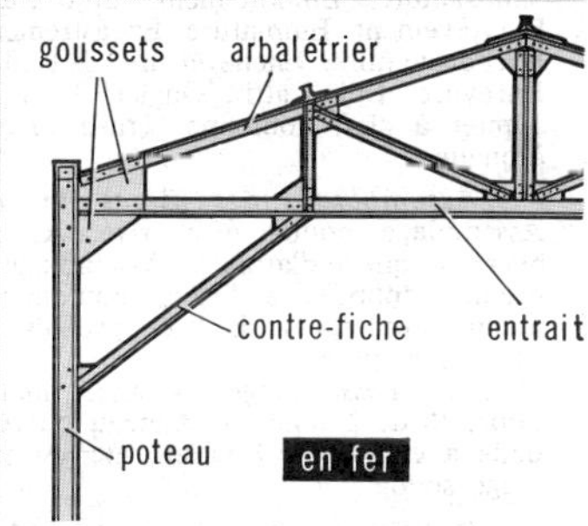
goussets
arbalétrier
contre-fiche
entrait
poteau
en fer

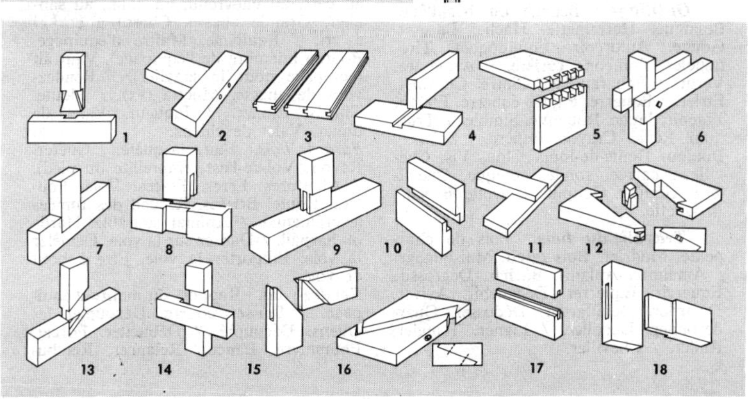
1
2
3
4
5
6
7
8
9
10
11
12
13
14
15
16
17
18

Etançon. Etrésillon. Etrier. Faîtage. Faîte. Faîteau. Ferme. Filière. Gousset. Guette. Herse de croupe. Houlice. Jambe de force. Jambette. Jumelles. Lambourde. Lattes. Lattis. Lien. Lierne. Limande. Linçoir. Linteau. Longrine. Moise. Montant. Noue. Pan. Panne faîtière, sablière. Patin. Pied cornier. Pilier. Planche. Plancher. Poinçon. Pointal. Poitrail. Poteau cornier, de refend, d'huisserie. Potelet. Potence. Poutre. Poutrelle. Sablière. Semelle. Sole. Solive. Soliveau. Sommier. Tirant. Tournisse. Traverse. Tronche. Ventrière. Voussoir.

Assemblages des pièces de bois. Assemblage angulaire. Entaille à mi-bois, à vif. Assemblage à queue-d'aronde. Assemblage à tenon et mortaise.
Assemblage bout à bout. Enture à mi-bois, à joint de bout simple, en sifflet, à queue-d'aronde, à joint brisé.
Assemblages à moises, ou jumelage. Assemblage à feuillure, à rainure et languette. Assemblage à tourillons. Affourchement. Contreventement. Croix de Saint-André. Emboîtement. Embrasure. Embrèvement. Empatture. Encastrement. Enchevauchure. Enchevêtrure. Enlaçure. Enrayure. Epi. Lattis. Onglet. Trait de Jupiter à clef, boulonné Trave carrée, à queue.

Assemblages des pièces de *fer*. Assemblage boulonné et rivé. Assemblage à queue-d'aronde. Assemblage à oreilles doubles, à brides boulonnées, à cornières. Assemblage de profilés, de poutres et poteaux.
Organes d'assemblage. Gousset métallique. Bride à boulons. Anneau ou rondelle à crampons. Boulons, etc. Assemblage soudé.

Outillage. Bédane ou bec-d'âne. Besaiguë. Herminette. Hache. Laceret. Gouge. Amorçoir. Equilboquet. Tire-boucles. Poinçon. Tarière. / Armature. Vérin. / Echafaudage. Cintre. Chevalet. Etrier. / Equerre. Fausse équerre. Etelon. Traçoir. Jauge. Rouanne. Simbleau. Trusquin. Règle. Crayon. Repère. / Scie. Boulon. Dents-de-loup. Clou. Vis. Cheville : carrée, ronde, conique. Chevillette. Goujon. Goupille. Clavette. Broche. Broquette.

Travail du bois. Bois de charpente. Madrier. Bois refait. Maisonnage. / Amaigrir. Aplanir. Bûcher. Dégrossir. Equarrir. Equerrer. Dégauchir. Aviver. Délarder. Débillarder. Dédosser. Quarderonner. Décoller. / Ligner. Tringler. Ruiler. / Cheviller.

charrue

(du lat. *carruca,* de *carrus,* char)

Instrument agricole qui sert à labourer. *Retourner, creuser la terre avec une charrue.* Défoncer. Effondrer. Labourer. / Défonçage. Défoncement. Labourage. Labour.

Parties d'une charrue. Pièces travaillantes. Soc. Versoir hélicoïdal, cylindrique. Coutre. Rasette (pièce de métal incurvée placée en avant du coutre). / Bâti. Age. Etançon. Sep. Talon. Contre-sep. / Régulateurs primaires (de tension), secondaires (de traction).

Sortes de charrues. Charrue à mancherons. Araire. / Charrue sans mancherons. Charrue monosoc, bisoc, polysoc. / Charrue à traction animale. Charrue traînée ou tractée. Charrue portée, semi-portée.
Charrue réversible ou charrue brabant. Charrue-balance ou charrue-bascule. Charrue quart-de-tour. Charrue décavaillonneuse, déchaumeuse, défonceuse. Charrue vigneronne. Charrue sous-soleuse. Charrue-taupe. Charrue à disques.

Relatif à la charrue. Travaux aratoires. Labour en planches. Labour à plat. / Sillon. Enrayer (tracer le premier sillon). Enrayure. Cavaillon (bande de terre que la charrue vigneronne laisse entre les ceps). Billon (petite élévation de terre faite avec la charrue entre les sillons). / Charruer. Charruage.

chasse

(de *chasser*)

Chasse à courre. ***Vénerie***. Chasse au cerf, au chevreuil, au daim, au sanglier. Grande chasse. Chasse à cor et à cri. / Equipage. Maître d'équipage. Bouton (membre de l'équipage). Vautrait (équipage pour le sanglier). / Rendez-vous de chasse. Muette (vx). / Meute. Chiens. Limier. / Piqueur. Valet de limier. Valet de chiens.
Faire le bois. Faire la quête. / Quêter. Revoir. Vol-ce-l'est (empreinte du pied). / Abattures. Erres. Traces. Voie. Foulées. Route. Brisées. Recueil des fumées (excréments). / Animal courable. Harde ou harpail. / Danser sur la voie. Démêler la voie. Emporter la voie. Etre à bout de voie.
Rendez-vous. Rapport du maître d'équipage. / Laisser courre. Découpler les chiens. Découplé. / Débucher. Forcer. Poursuivre. Lancer. Relancer. Rembu-

cher. / Appuyer les chiens (les encourager).
Cris. Taïaut ! Couais. Tout couais ! Vlô ! (pour le sanglier).
Ruses et défauts. Battre le change. Mettre en défaut. Donner le change. Garder le change. Prendre le change ou faire valoir le change. Dépister. Se forlonger. / Doubler ses voies. Fortitrer. Refuir. / Faire hourvari. Rameuter les chiens. / Battre l'eau.
Hallali. Animal malmené. Porter la hotte. Etre sur ses fins. Etre aux abois. / Servir (mettre à mort au couteau [dague] ou à la carabine). Accouer (couper le jarret) [vx].
Curée. Curée chaude. Curée froide. Curée aux flambeaux. Honneurs du pied. Nappe (peau). / Coffre (partie du cerf donnée aux chiens). Daintiers (testicules du cerf). Massacre (tête de cervidé séparée du corps).
Trompes. Fanfares. Sonneries.

Chasse à tir. Chasse en battue. Chasse à l'approche. Chasse à l'affût, à la passée. Chasse à l'appeau. / Battues de lièvres, de perdreaux, de faisans, de sangliers. / Traqueurs. Rabatteurs. / Battre un bois, des buissons. Faire buisson creux (ne trouver aucune bête). / Chasse au rabat.
Affût. Buisson. Hutte. Gabion. / Gîte. Remise. Réserve. Garenne. / Tirés. / Chien courant. Chien d'arrêt. / Débusquer. Dégîter. Faire lever. Rapporter. / Déguerpir. Débouler.
Ajuster. Viser. Tirer à l'arrêt, au déboulé, au vol, au jugé, au posé. Faire coup double. Doublé. Coup du roi.
Fusil. Carabine. Munitions. Balle. Cartouche. Chevrotine. / Gibecière. Carnier. Carnassière.

Chasse au furet, aux engins. Furet putoisé. Furet albinos. / Fureter (chasser au furet). Furetage. Bourse ou poche (lapins).
Filets. Panneau. Hallier. Carrelet. Tirasse. / Piéger. Piégeage. Tendre des pièges. Mue. Nasse. Trappe. / Piège à palette, à appât. / Appeau. Appelant.
Braconnier. Braconner. Braconnage. Collet. Lacet. Gluaux. Pipée.

Chasse au vol. *Oiseaux de haute volerie,* ou *rameurs.* Falconidés. Faucon. Faucon pèlerin. Gerfaut. Sacre. Lanier. Hobereau.
Oiseaux de basse volerie, ou *de bas vol,* ou *voiliers.* Accipitridés. Autour. Epervier.

Relatif à la chasse. Ouverture, fermeture de la chasse. Permis de chasse. Société de chasse. Action de chasse. Louer une chasse. Repeupler une chasse. / Garde-chasse. / Cynégétique (art de la chasse). Partie de chasse. Retour de chasse. Exploit cynégétique. Tableau de chasse (ensemble du gibier abattu). / Revenir bredouille.
Actéon (métamorphosé en cerf par Artémis). Diane. / Saint Hubert.
CHASSEUR. Chasseuse, chasseresse. / Grand chasseur. Nemrod.

chasser

(du lat. pop. *captiare* [lat. class. *captare*], chercher à prendre)

Poursuivre des animaux pour les tuer ou les capturer. Chasser le cerf, le lapin, le lièvre, l'ours, le sanglier. / Chasser à courre. Chasser aux engins. / Chasser sans permis ou avec des engins prohibés. Braconner. / Chasser des papillons.

Faire partir par la force ou par un acte d'autorité. *Chasser un ennemi.* Faire fuir. Mettre en fuite. Déloger. Débusquer. Refouler. Repousser.
Chasser un importun. Econduire. Mettre dehors. Congédier. Expulser. Envoyer promener (fam.). Mettre à la porte. Vider (pop.).
Chasser quelqu'un de son pays. Bannir. Exiler. Proscrire. Déporter. / Bannissement. Exil. Proscription. Déportation.

Faire disparaître. *Chasser des soucis, des ennuis.* Dissiper. Balayer. Bannir.

chasteté

(du lat. *castitas*)

Vertu d'une personne qui s'abstient des plaisirs charnels illicites pour son état. *Pratiquer la chasteté.* Pureté. Ascétisme. Austérité. / Fidélité conjugale. / Chasteté féminine. Honnêteté (vx).
Faire vœu de chasteté (en parlant d'un prêtre, d'un religieux, d'une religieuse). S'abstenir de tout plaisir charnel. Observer la continence.
CHASTE. Pur. Vierge. Innocent. Vertueux. Pudique. / Continent. / Vestale.
CHASTEMENT. Vertueusement. Purement. Pudiquement.

chat

(du bas lat. *cattus;* en lat. class. *felis*)

Petit mammifère carnivore de la famille des félidés. Chat domestique. Chat commun. Chat de gouttière (fam.).

/ Matou (mâle). Chatte. Chaton (petit). / *Chat redevenu sauvage.* Haret. / *Chats sauvages.* Chat-tigre ou margay. Chat-pard ou serval.

Races de chats. *Chats à poil court.* Chat européen (couleur unie, tricolore, marbré, tigré). Chartreux. Siamois. Abyssin. Chat de l'île de Man (sans queue). / *Chats à poil long.* Persans. Persan à yeux orangés (couleur unie, couleurs mélangées, marbré). Persan à yeux bleus. Persan à yeux verts.

Relatif aux chats. Moustache. Griffes rétractiles. Yeux fendus. Echine souple. / Miauler. Ronronner. Feuler (grogner). / Faire le gros dos. Faire patte de velours. Se farder. / Chatonner.
Catgut (boyau). / Chatière (trou à chat). / Cataire (herbe). / Chatterie. Faire la chattemite. / Chatoyer. Chatoiement.
Appellations familières. Minet. Minette. Minou. Mistigri. Raton. Raminagrobis. Grippe-minaud. Maître Mitis.

Mammifères carnassiers ayant pour type le chat. *Félidés.* Tigre. Lion. Panthère. Once. Lynx. Guépard. Puma ou cougouar. Ocelot. Jaguar. Jaguarondi.

Locutions diverses. Mon petit chat (terme d'affection). A bon chat, bon rat (bien attaqué, bien défendu). Donner sa langue au chat (renoncer à deviner). Acheter chat en poche (sans examiner la marchandise). Chat échaudé craint l'eau froide (redoute ce qui a déjà nui). La nuit, tous les chats sont gris (dans la nuit, il est facile de se tromper). Bouillie pour les chats (se dit de ce qui est confus, incompréhensible). Etre, vivre comme chien et chat (en désaccord). Avoir un chat dans la gorge (être enroué). Ecrire comme un chat (d'une manière illisible). Toilette de chat (sommaire). Le chat parti, les souris dansent. Ne réveillez pas le chat qui dort.

château
(du lat. *castellum*)

Demeure seigneuriale. Château du Moyen Age. Château fort.
Parties d'un château fort. Enceinte. Fossé. Douve. Cunette. / Pont-levis. Porte. Herse. Sarrasine (sorte de herse). Poterne (porte secrète). / *Tours.* Tour de guet. Tour d'angle. Tour à bec. Tour flanquante. Tour chaperonnée. Poivrière. Donjon (tour la plus élevée) ou maîtresse-tour. Tourase. Beffroi.
Couronnement. Créneaux. Embrasure. Merlon (petit pilier). Mâchicoulis (balcon crénelé). Echauguette (guérite en pierre). Hourd (échafaudage en bois au sommet d'une tour). Courtine (espace entre deux tours). Chemin de ronde. / *Ouvertures.* Meurtrières. Archères. Arbalétrières. Barbacane. Bretèche. V. FORTIFICATION. / Oubliettes (souterrains).

Résidence royale ou princière. *Le château de Versailles, de Fontainebleau.* Palais. / Les châteaux de la Loire. Cour (résidence du roi et son entourage). Roi. Courtisans. / Courtisanerie.

Grande et belle demeure à la campagne. *Habiter un château.* Castel. Gentilhommière. Manoir.
CHÂTELAIN. Gentilhomme campagnard. Hobereau.

chauffer
(du lat. pop. **calefare ;* lat. class. *calefacere*)

Élever la température d'un corps. *Chauffer de l'eau.* Faire bouillir. Mettre sur le feu. / *Chauffer un aliment.* Faire cuire. / *Chauffer trop fort.* Surchauffer. Calciner. Griller.
Tremper dans l'eau chaude. Echauder. Ebouillanter. Mettre au bain-marie.
Chauffer un métal. Porter au rouge. Chauffer à blanc. Porter à incandescence.
CHAUFFAGE. *Appareils de chauffage.* Poêle. Brasero. Calorifère. Radiateur. Chauffage central. Chauffage par accumulation. / Chaufferette. / Chauffe-lit. Bassinoire. Bouillotte. / Chauffe-bain. Chauffe-eau. / Chaudière.
Chambre de chauffe. Chaufferie.

chaussure

Tout ce qui entoure et protège le pied. ***Sortes de chaussures.*** Chaussure montante. Chaussure basse. Chaussure à lacets, à élastiques, à boucle, à fermeture à glissière. / Chaussure de sport. Chaussure de football, de basket, de tennis, de ski.
Soulier d'homme, de femme. / Brodequin (chaussure de marche). Godillot (chaussure militaire). / Mocassin. Escarpin. / Botte. Bottine. Snow-boot. Bottillon. Après-ski. / Sandale. Espadrille. Sandalette. / Sabot. Galoche. Socque. / Pantoufle. Babouche. Mule. / Savate. Chausson de danse. Ballerine. / Cothurne (chaussure des acteurs tragiques grecs). Brodequin (chaussure des personnages comiques).

Détail de la chaussure. Tige. Semelle. Talon : haut, bas, plat, à aiguille, bottier, Louis XV. / Empeigne. Contrefort. Cambrure. Quartier. Trépointe. Tranchefile. Bout. Claque. Doublure. / Tirant. Œillets. Barrette. Crochets. Languette. / Lacet. Cordons. Elastiques. Fermeture à glissière. Boucles.

Fabrication. Chausseur. Bottier. Cordonnier. Gnaf (pop. et vx). Bouif (pop.). Sabotier. Savetier (vx). / Cordonnerie.
Tailler le cuir. Battre. Monter. Clouer. Piquer. Coudre. / Découpage. Montage. Piquage. Cambrage. Finissage. Astiquage.

Matières. Cuir. Vache. Box-calf. Chevreau. Daim. Reptile. / Cuir verni. Crépin. Satin. Velours. / Caoutchouc. Crêpe. Bois. / Clous. Chevilles. Broquettes. / Ligneul ou chegros. Poix.

Outils. Alêne. Besaiguë. Compas. Ebourroir. Forme. Gouge. Lime. Lissoir. Mailloche. Marteau (à clouer, à battre). Pinces (à monter, à emporte-pièce). Rabot d'emboîtage. Râpe d'emboîtage. Roulette. Tranchet. Saint-crépin (vx). Pied de (ou en) fer.
Machines. Etau. Presses. / Barre à bandes sans fin. / Lisseuse. Œilleteuse.

Entretien. Raccommoder. Recoudre. Ressemeler. Rapiécer. Raccommodage. Ressemelage. / Chaussures percées, éculées, déformées.
Brosser. Décrotter. Cirer. / Cirage. Crème. Vernis. / Astiquer. Faire reluire.

Relatif aux chaussures. Pointure. Chausser du... / Botter. Déchausser. Débotter. Lacer. Délacer. Chausse-pied. Corne. Embauchoir. / Chaussure sur mesure. Chaussure de confection.

Locutions diverses. Trouver chaussure à son pied (personne ou chose qui convient). Etre dans ses petits souliers (être inquiet, dans l'embarras).

chauve-souris

Mammifère à ailes membraneuses. Chiroptères (ordre). / Insectivore. Frugivore. / Vol battu. Membrane alaire ou aliforme. Eperon. / Oreillon. Tragus. Ultrasons. / Griffes.

Mégachiroptères (grandes chauves-souris frugivores). Roussette. Chien ou renard volant (roussette géante). Céphalote. Epomophore. Harpie. Macroglosse.

Microchiroptères (petites chauves-souris carnivores). Vespertilions : barbastelle, minioptère, murine, noctule, oreillard, pipistrelle, sérotine. Mégaderme. Molosse. Rhinolophores : grand fer-à-cheval, petit fer-à-cheval. Vampire ou fer-de-lance.

chef

(du lat. *caput*, tête)

Personne qui est à la tête, qui commande. *Le chef d'une entreprise.* Directeur. Patron. / *Le chef d'une école, d'un parti.* Fondateur. Animateur. Dirigeant. Responsable. Leader. Chef de file.
Le chef d'un Etat. Roi. Monarque. Souverain. Empereur. Prince. Président de la République. / *Chef de gouvernement.* Premier ministre. Président du Conseil. *Chef de l'Eglise catholique.* Pape. / *Chef d'un ordre religieux.* Supérieur. Général. Abbé général.
Chef de famille. Maître de maison. / *Chef de chantier, d'atelier, de rayon, d'équipe.* Ingénieur. Contremaître. Agent de maîtrise. Cadre.
Chef de gare, de station, de canton, de dépôt, de train. / *Chef de bord.* Commandant de bord. / *Chef d'état-major.* Commandant d'armes.

Hiérarchies diverses. Ordre hiérarchique. Voie hiérarchique.
Armée. Officiers généraux, supérieurs, subalternes.
Enseignement. Recteur. Inspecteur général. Inspecteur d'académie. Inspecteur départemental de l'enseignement du premier degré. Proviseur. Directeur de collège. Directeur d'école.
Magistrature. Procureur général. Procureur de la République. Substitut. Président de chambre. Conseiller. Juge.
Administration. Chef d'un ministère. Ministre. Chef de cabinet. Chef de bureau. Chef de service.

Titres anciens ou étrangers. Dynaste. Ephore. Exarque. Harmoste. Stratège. Tétrarque. / Centurion. Consul. Préteur. Proconsul. Propréteur. Questeur Tribun. / Doge. Duce. Podestat. / Caudillo. / Brenn. Vergobret.
Seigneur. Suzerain. Vassal. / Führer. Gauleiter. Landgrave. Margrave. Burgrave. / Barine. Hetman. Hospodar. Magnat. Staroste. Voïvode.
Pharaon. Raïs ou reis. Soudan. / Négus. / Agha. / Bachaga. Bey. Caïd. Calife. Capitan pacha. Cheikh. Chérif. Dey. Emir. Grand seigneur. Grand vizir. / Grand Moghol. Maharadjah. Nabab. Radjah. / Mandarin. / Mikado. Shogun. Taiko. Taïcoun. / Khédive. Pacha. Padichah. Séraskier. Sultan. Vizir. / Cacique. Sachem.

chemin de fer

Moyen de transport utilisant la voie ferrée. *Voyager en chemin de fer. Prendre le chemin de fer.* Train. / Ferroviaire (relatif au chemin de fer). Réseau ferroviaire. Trafic ferroviaire.

Réseaux. Ligne de chemin de fer. / Itinéraires internationaux. Grandes relations. Grandes lignes. Lignes secondaires. Lignes de banlieue.
Régions. Réseau. Société nationale des chemins de fer français (S. N. C. F.). Chemin de fer souterrain. Métropolitain. Métro (fam.). / Chemin de fer aérien. Monorail. Aérotrain (sur coussin d'air). Turbotrain. / Chemin de fer à crémaillère (rail denté). Funiculaire.

Voie. Voie ferrée. Voie normale (1,435 m). Voie métrique (0,60 à 1,06 m). Voie unique, double. / Tracé. Profil. Surécartement (dans les courbes). Dévers (surélévation du rail extérieur). / Plateforme. Remblai. Tranchée. Superstructure. Ballast.
Rail. Barre longue (plusieurs rails soudés). Rail à patin ou rail Vignole : patin, âme, champignon. Rail à double champignon. Rail à gorge ou rail Broca. / Contre-rail. / Crémaillère.

Pose et entretien. Traverse en bois, en fer, en béton armé. Travelage (ensemble de traverses). / Selle. Semelle. Tire-fond. Coin. Coussinet. Crapaud. Eclisse. Eclissage. Joint de dilatation. Anticheminement ou arrêt de cheminement (pour empêcher le glissement du rail sur les traverses). / Train de pose (train outillé pour poser la voie).
Révision (de la voie). Soufflage du ballast. Dégarnisseuse-cribleuse. Bourreuse. / Wagon de secours (dégagement de la voie après déraillement). / Voiture d'expérience (vérification de l'état de la voie). Voiture dynamométrique. / Train désherbeur (aspersion d'herbicides). / Train de secours (en cas d'accident). Train-parc (avec matériel de chantier et logement du personnel). Draisine.

Appareils de voie. Poste d'aiguillage. Enclenchements. Leviers d'itinéraires. Aiguille. Levier de manœuvre.
Balisage. Signalisation. Signaux. Sémaphore. Disque. Bloc-système. Crocodile. Canton (entre deux sémaphores). Signal avancé. Signal d'arrêt : absolu. différé. / Voie libre, ouverte. Voie fermée, bloquée. Marche à vue. / Cloche électrique. Indicateur de vitesse.
Voie électrifiée. Suspension caténaire. Fil porteur. Pendule. Fil de contact.
Plaque tournante. Transbordeur. Butoir ou heurtoir. Croisement. Bifurcation. Embranchement.
Passage à niveau. Barrière. Passage à cabrouets (passage plan entre deux trottoirs de gare). Passage inférieur. Pont de chemin de fer. Passage supérieur. Pont routier. Passerelle. / Viaduc. Tunnel.

Traction. Traction à vapeur, électrique, Diesel. / Matériel roulant : locomotive, wagon (transport de marchandises, de bestiaux, etc.), voiture (transport de personnes). / Caisse. Châssis. Roulement (essieux). / Tampon. Truck. Bogie. Frein. / Roue. Bande de roulement. Boudin. Boîte à huile.
Locomotive à vapeur. Locomotive compound (à plusieurs cylindres inégaux). Locomotive électrique. Locomotive Diesel. Locomotrice (Diesel ou électrique; moyenne puissance). Locotracteur (Diesel; faible puissance). Autorail. Automotrice. Micheline.

Voitures. Compartiment. Banquette. Couloir. Portière. Passerelle et soufflet d'intercirculation. / Voiture-couchettes. Voiture-lits. Voiture-restaurant. Voiture-salon. Voiture panoramique.

Wagons. Wagon couvert. Wagon plat. Wagon à faces ouvrantes (chargement rapide des colis). Fourgon. Benne. Plate-forme. / Wagon à bestiaux. Wagon-écurie. / Wagon-foudre. Wagon-citerne. Wagon-réservoir. / Wagon frigorifique. / Wagon-tombereau. Wagon-trémie. / Wagon postal. Wagon-poste. / Wagonnet. Berline. / Wagonnage (transport par wagons).

Trains. Trains réguliers, facultatifs, spéciaux. Train de luxe. Train rapide. Train express. Train direct. Train omnibus. Tortillard (fam.; petit train d'intérêt local). Train-balai (le dernier de la nuit desservant une banlieue). / Trains de voyageurs, de messageries, de marchandises, mixtes (voyageurs et marchandises). / Trains autos-couchettes. / Car-ferry. Convoi. Rame de wagons, de voitures.

Exploitation. Gare. Station. Halte. / Gares d'embranchement, de raccordement, de bifurcation, de passage, de transit. Gare terminus ou tête de ligne. Gare frontière. Gare maritime. Gare de marchandises. Gare de triage.
Voie principale. Contre-voie. Voie de passage (pour le train qui passe sans s'arrêter). Voie bord à quai (dans les ports de mer). Voie de service. Voie de garage. / Passage souterrain. Cour. Marquise. Hall. Salle des pas perdus. Salle d'attente. Salle des bagages. Consigne.

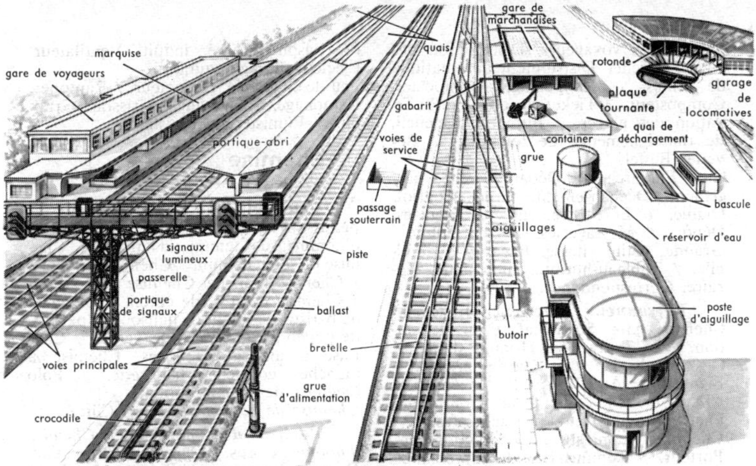

gare de marchandises
marquise
quais
rotonde
gare de voyageurs
garage de locomotives
plaque tournante
gabarit
quai de déchargement
container
portique-abri
voies de service
grue
passage souterrain
bascule
aiguillages
réservoir d'eau
signaux lumineux
piste
passerelle
portique de signaux
ballast
poste d'aiguillage
butoir
bretelle
voies principales
grue d'alimentation
crocodile

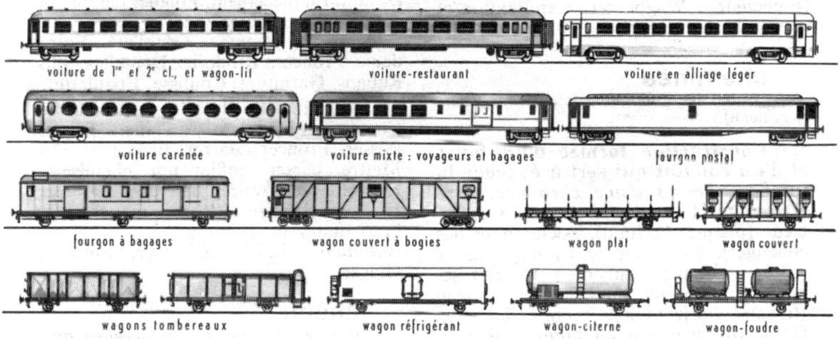

voiture de 1re et 2e cl., et wagon-lit
voiture-restaurant
voiture en alliage léger
voiture carénée
voiture mixte : voyageurs et bagages
fourgon postal
fourgon à bagages
wagon couvert à bogies
wagon plat
wagon couvert
wagons tombereaux
wagon réfrigérant
wagon-citerne
wagon-foudre

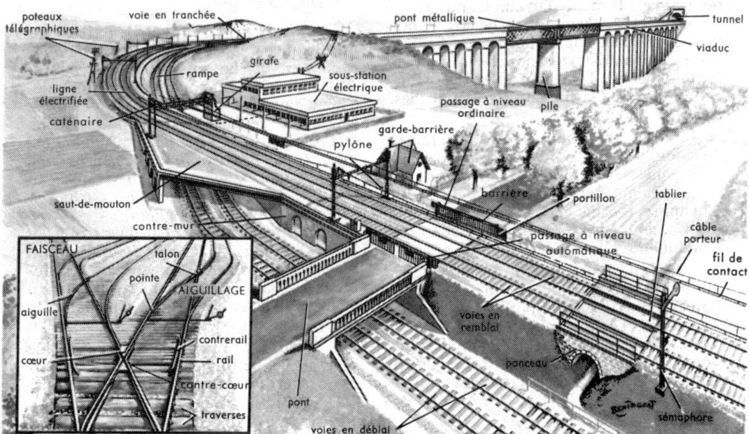

poteaux télégraphiques
voie en tranchée
pont métallique
tunnel
viaduc
girafe
rampe
sous-station électrique
ligne électrifiée
pile
passage à niveau ordinaire
caténaire
garde-barrière
pylône
barrière
portillon
tablier
saut-de-mouton
câble porteur
contre-mur
passage à niveau automatique
fil de contact
FAISCEAU
talon
pointe
AIGUILLAGE
aiguille
voies en remblai
contrerail
cœur
rail
ponceau
contre-cœur
traverses
pont
sémaphore
voies en déblai

Service des voyageurs. Distribution des billets. Guichet. Distributeur automatique de billets. / Compostage. Composter. Composteur. / Ticket de quai. / Réservation des places. / Bureaux d'accueil, de renseignements, de tourisme. / Buvette. Buffet.
Quai. Embarcadère. Débarcadère. / Chargement. Déchargement. Grue. Chariot. Diable. / Enregistrement des bagages. Dépôt. / Messageries. Poste. Colis. / Grande, petite vitesse. Bagages à domicile. / Tableau-horaire. Indicateur. Horaire. Correspondance.

Personnel. Directeur. Ingénieur. Chef de gare. Sous-chef. Chef de station. Chef de traction. Homme d'équipe. Ouvrier de la voie. Garde-barrière. / Signaleur. Aiguilleur. / Mécanicien. Chauffeur. Chef de train. Contrôleur. Facteur. Serre-frein ou garde-frein. / Cheminot. Lampiste. / Commissionnaire. Porteur. / Commissaire de surveillance. Inspecteur. / Wagonnier (manutention et nettoyage des wagons).

cheminée

(du bas lat. *caminata,* de *caminus,* fourneau)

Construction formée d'un foyer et d'un conduit qui sert à évacuer la fumée. *Parties d'une cheminée.* Atre ou foyer. Hotte. Cœur (fond). Contrecœur (plaque du fond). Socle (base des jambages). Pied-droit ou jambage. Joues (côtés intérieurs). Encadrement. Ebrasement. Chambranle ou manteau. Linteau (traverse horizontale). Rebord. Tablette. Gorge (du manteau au faîte). / Rideau ou trappe. Tablier. Tuyau. Conduit.
Garniture de cheminée. Chenets. Marmouset (chenet triangulaire avec figure). Hâtier ou landier (grand chenet à crochets). Pelle. Tisonnier. Soufflet. Pincette. Grille. Garde-feu. Pare-étincelles. Ecran. / Crémaillère.

Sortes de cheminées. Cheminée de salon. Cheminée de cuisine. Cheminée prussienne (portative). Cheminée de forge. Cheminée de chauffage central.
Cheminée d'usine. / Cheminée de locomotive, de navire. / Cheminée d'aération. Conduit de fumée.

Le feu. Faire du feu. Allumer. Coin du feu. / Combustibles. Bois. Bûche. / Panier à bois. / Charbon. Seau à charbon. / Cendres. Tison. Fumeron. Suie.
Tirer. Ronfler. Fumer. / Appareil fumivore. / Dépoussiérage. / Tirage. Tirage naturel. Tirage artificiel, mécanique. Tirage aspiré, forcé, induit. Ventilateur. Ejecteur. Tirage équilibré.
Feu de cheminée. Extincteur. / Ramoner. Ramonage. Ramoneur. Hérisson. Grappin. / Fumisterie. Fumiste.

chemise

(du bas lat. *camisia*)

Vêtement que l'on porte sur la peau. *Sortes de chemises.* Chemises d'homme, de femme, d'enfant. / Chemise de jour, de nuit. / Chemise de sport. / Chemise blanche. Chemise de couleur. / Chemise de soie, de coton, de flanelle, de batiste, de linon, de nansouk, d'oxford, de popeline, de Nylon, de Tergal. / Chemise à manches longues. Chemise à manches courtes. Chemisette. / Polo (chemise de sport en tricot).
Chemise de pénitent. Haire. Cilice.

Parties de chemises. *Chemise d'homme.* Corps. Plastron. Encolure. Col. Devant. Empiècement. Poignet (simple ou double). Manchette. Pan.
Chemise de femme. Décolleté. Entredeux. Fronces. Broderie. Dentelles. Plis. Rubans. Garniture. Coulisse. Epaulette.

Relatif à la chemise. Chemiserie. Chemisier. Lingerie. / Tailler. Piquer. Plisser. Froncer. Garnir. Broder.
Mettre, passer, enfiler une chemise. / Enlever, ôter, retirer une chemise.
Etre en chemise. Etre en manches, en bras (fam.) de chemise.
Entretien. Laver. Repasser. Empeser. Glacer.

chêne

(du bas lat. *cassanus ;* en lat. class. *quercus ;* en gr. *drys*)

Grand arbre dont il existe de nombreuses espèces. *Chênes à feuilles caduques.* Chêne rouvre. Chêne pubescent ou chêne blanc. Chêne pédonculé. Chêne tauzin. Chêne chevelu. Vélani. / *Chênes à feuilles persistantes.* Chêne vert ou yeuse. Chêne-liège. Chêne kermès. / *Chênes exotiques.* Chêne rouge d'Amérique. Chêne zéen (Afrique du Nord). / Cupulifères (famille). / Chaton. Cupule (enveloppe du gland).
Chêneau (petit chêne). Chênaie (forêt de chênes). Taillis de chênes. Garrigue.
Dryades (nymphes protectrices des forêts). Hamadryade (nymphe qui naissait et mourait avec un arbre). Cueillette du gui par les druides.

Produits. Bois de charpente, de menuiserie, de tonnellerie. Lames de parquet. Merrain. Huisserie.

Gland (fruit). Gland doux. Glandée (récolte de glands).
Ecorce. Tan. Vélanèdes (cupules tannantes du vélani). Quercitron (colorant jaune). / Noix de galle.

cher

(du lat. *carus,* aimé ; coûteux)

Qui inspire une grande tendresse. *Un être cher.* Aimé. Chéri. Adoré.

CHÉRIR. Aimer. Affectionner. Porter dans son cœur.

CHÈREMENT. Affectueusement. Tendrement.

Qui est d'un prix élevé. *Un objet cher.* Coûteux. Onéreux. Dispendieux. / *Très cher.* Ruineux. Inabordable. Exorbitant. Excessif. Hors de prix. / Prix fantastique, faramineux (fam.). / Coup de fusil (pop.). Coup de barre (pop.).

CHERTÉ. Prix élevé.

RENCHÉRIR (devenir plus cher). Enchérir (vieilli). Augmenter.

RENCHÉRISSEMENT. Enchérissement (vieilli). Augmentation.

chercher

(du bas lat. *circare,* aller autour ; lat. class. *quaerere, quaesitum*)

Essayer de trouver. *Chercher un être animé.* Rechercher. Aller à la recherche, à la découverte. Se mettre en quête. Battre la campagne, les bois, les buissons. Explorer. Ratisser. Aller en reconnaissance. Patrouiller. / *Chercher une chose, un objet perdu.* Fouiller. Farfouiller (fam.). Fureter. Fourrager (fam.). *Aller chercher quelqu'un.* Aller au-devant. Aller quérir. Faire venir. Prendre quelqu'un chez lui. / Recherche. Investigation. Enquête. Quête (vx).

Essayer de découvrir. *Chercher la solution d'un problème.* Calculer. Réfléchir. Se pencher sur (fam.). Examiner. Etudier.

CHERCHEUR. Savant. Scientifique.

Essayer d'obtenir. *Chercher une place, un emploi, un poste.* Courir après. Ambitionner. Briguer. / *Chercher à* (et l'inf.). S'efforcer de. S'évertuer à. Essayer de. Tendre à. Viser à. Tenter de. Tâcher de.
Chercher à connaître, à savoir. S'enquérir. S'informer. Interroger. Questionner. Interviewer. Ecouter aux portes. Etre aux écoutes, aux aguets, à l'affût.

cheval

(du lat. pop. *caballus;* en lat. class. *equus;* en gr. *hippos*)

Animal domestique qui sert de monture et de bête de trait. Equidés (famille). / Jument (femelle). / Poulain. / Pouliche. / Cheval entier. Etalon : approuvé, autorisé, accepté. / Hongre (castré).
Cheval de course, de polo, de selle, de concours, de chasse, d'armes, de bât. / Cheval de trait léger, de gros trait. Carrossier. Limonier.

Extérieur du cheval. Type : rectiligne, convexe, concave.

Avant-main. Balancier (encolure et tête). / *Tête.* Oreilles. Toupet (prolongement de la crinière sur le front). Front. Chanfrein. Epine sus-nasale. Bout du nez. Egout nasal. Poils tactiles. Parotides. Tempes. Salières. / Yeux : cerclés, vairons (iris gris perle). Orbites. Paupières. Cils. Conjonctive. Corps clignotant (cartilage mobile). / Arêtes zygomatiques. Joues. Plat, poche de la joue. Naseaux. Souris (cartilage). Gorge. Auge. Ganaches. Pouls. Menton. Houppe. Barbe. Passage de la gourmette. / Bouche. Lèvres. Commissures. / Dents : caduques (de lait), de remplacement ou d'adulte, persistantes, rasées, nivelées. Incisives : pinces, mitoyennes, coins. Crochets (canines). Surdents (pointes sur les molaires). Barres. Canal (logement de la langue). Langue. Palais.
Encolure. Crinière : double (tombant de chaque côté). Gouttière jugulaire. Saignée. Coup de hache (séparation marquée entre encolure et garrot). Coup de lance (petite dépression musculaire en avant de l'épaule). / Muscles : fléchisseurs (mastoïdo-huméral), extenseurs, rotateurs, abaisseurs, releveurs. Angulaire de l'épaule. Transversaire du cou.
Membre antérieur. Pointe de l'épaule. Angle scapulo-huméral. Epaule. Bras. Avant-bras. Châtaigne. Coude. Pointe du coude. Genou. Canon. Métacarpien : principal, rudimentaire. Bride : radiale, carpienne. / Tendons. Extenseurs. Fléchisseurs : suspenseur, perforant, perforé. / Boulet. Paturon. Pli du paturon. Couronne.
Pied. Sabot. Corne. Bourrelet périoplique. Périople (sorte de vernis naturel). Gouttière. Paroi. Pince. Mamelles. Quartiers. Talons ou arcs-boutants. Face plantaire. Bord. Cordon. Sole. / Fourchette. Pointe. Lacunes : latérales, médiane. Branches. Glômes. Corps. / Os : de la

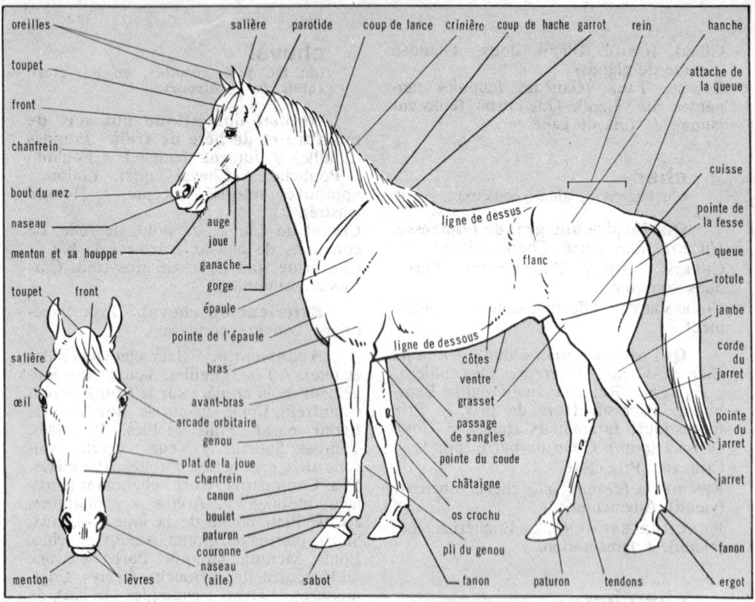
oreilles
salière
parotide
coup de lance
crinière
coup de hache
garrot
rein
hanche
toupet
front
attache de la queue
chanfrein
cuisse
bout du nez
pointe de la fesse
naseau
auge
ligne de dessus
joue
menton et sa houppe
ganache
flanc
queue
gorge
rotule
toupet
front
épaule
jambe
pointe de l'épaule
ligne de dessous
corde du jarret
salière
bras
côtes
ventre
avant-bras
grasset
pointe du jarret
œil
arcade orbitaire
passage de sangles
genou
plat de la joue
pointe du coude
chanfrein
jarret
châtaigne
canon
boulet
os crochu
paturon
couronne
pli du genou
fanon
naseau (aile)
menton
lèvres
sabot
fanon
paturon
tendons
ergot

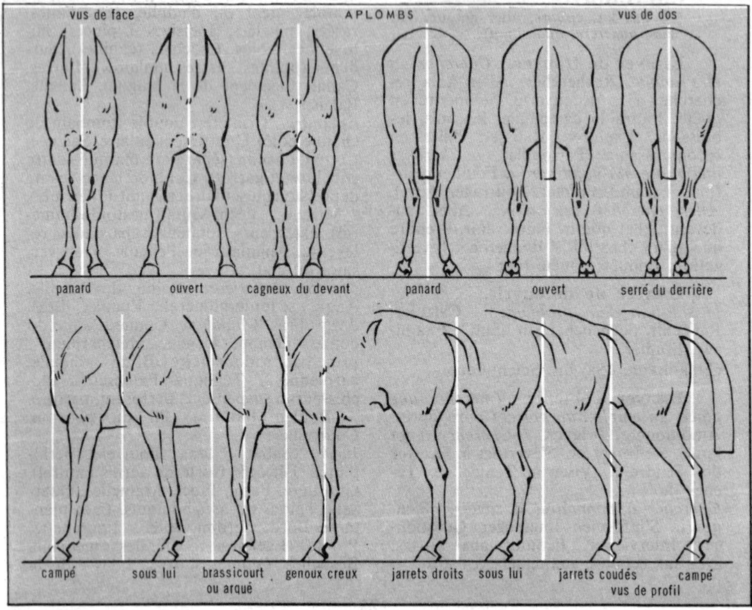
APLOMBS
vus de face
vus de dos
panard
ouvert
cagneux du devant
panard
ouvert
serré du derrière
campé
sous lui
brassicourt ou arqué
genoux creux
jarrets droits
sous lui
jarrets coudés
campé
vus de profil

couronne, naviculaire, du pied. / Tissu (ou chair) : feuilleté, velouté, cannelé.

Corps. Ligne de dessus. Garrot. Dos. Rein. Poitrail. Ars. Interars. / Passage des sangles. / Côtes : longues, sternales, asternales. / Ventre. Flanc. Creux, fuyant, corde du flanc. / Aine. Bourses. Fourreau. Verge. / Vulve. Mamelles. / Anus. Périnée. Raphé. / Queue : à tous crins ou « en balai », en sifflet.

Arrière-main. Ligne sacrée. Ligne de la croupe. Croupe. Hanche. Bosse du saut (angle ou pointe de la croupe).
Membre postérieur. Cuisse. Fesse. Grasset. Rotule. Crête du tibia. Jambe. Jarret. Pointe, pli, corde, creux du jarret. Psoas.

Aplombs au poser (position de repos). *Réguliers.* Appuis francs. / *Irréguliers :* du devant, du derrière.
Cheval sous lui. Campé. Panard. Cagneux. Jarretier (jarrets rapprochés). Serré du bas. Pinçard. / Genou : brassicourt (porté en avant), arqué, effacé, de mouton, renvoyé ou creux, cambré, en X ou de bœuf. / Bouleté. Bouleture. / Paturon : droit-jointé, court-jointé, haut-jointé.

Silhouette. Modèle. Points de force. Rayons. / Bréviligne. Ramassé. / Longiligne. Elancé. / Médioligne.
Beautés. Bien proportionné. Harmonieux. Equilibré. Bien suivi. Bien soudé. Bien établi. Bien dans son dessous (membres solides). Qui a du chef (belle tête). Bien coiffé (belles oreilles). / Epaule longue, oblique. / Qui a de la branche (balancier long). Près de terre (poitrine profonde). Qui a de la bricole (poitrine large). / Cheval qui a un beau carré de derrière. Bien culotté. Jument faite en mère (qui a une croupe harmonieuse). / Qui a des lignes (rayons plus longs que larges). Qui a du gros, de l'étoffe (rayons plus larges que longs). Qui a du sang (de l'énergie).
Défauts. Disproportionné. Qui manque d'équilibre naturel. Décousu. Heurté. Haut du devant. Fait en montant, en girafe. / Bas du devant. Fait en descendant, en plongeant, en brouette. / Etriqué. Plaqué (manque d'ampleur). Léger dans ses dessous (membres grêles). Trop enlevé. Loin de terre. / Cylindrique. Fait en tuyau de poêle. / Bon ou mauvais corsage (corps plus ou moins fort).

Robes. *Robes simples* (une couleur). Blanc. Alezan : fauve, roux, doré, clair, cuivré, foncé, lavé. Café au lait. Noir.
Robes composées (deux couleurs séparées, l'une sur le corps, l'autre noire aux crins et aux extrémités). Bai : rouge, cerise, clair, châtain, acajou, marron, foncé, brun. Isabelle. Souris : cendré, clair, foncé. / (Deux couleurs mélangées sur le corps, les crins et les extrémités). Gris : clair, foncé, fer, tourdille, vineux. Aubère : clair, foncé, pêchard (fleur de pêcher), mille-fleurs. Louvet. / (Trois couleurs). Rouan. / (Deux robes). Pie : noir, alezan, bai, rouan, etc.
Particularités des crins, des robes. Argenté. / Jais : mal teint. Zain. / Moiré ou miroité. Pommelé. Rubican. Aubérisé. Rouanné. Neigé. Grisonné. Moucheté. Herminé. Truité. Charbonné. Tisonné. Bordé. Estompé. Soupe au lait. Tigré. / Crins lavés.

Particularités. *Tête.* Marques en tête : quelques poils en tête ; irrégulièrement, légèrement, très largement en tête ; en tête en croissant, en cœur. Pelote. Etoile. Losange. / Liste : fine, large, régulière, interrompue, déviée, bordée, truitée, mouchetée. Belle face (tout le devant de la tête blanc). / Nez : moucheté, marbré de ladre. / Nez de renard. / Cap de Maure.
Corps. Ventre de biche. / Raie de mulet. / Zébrures.
Membres. Balzane : petite, grande, chaussée, haut-chaussée ; régulière, irrégulière, dentelée, en pointe, truitée, mouchetée, herminée. / Trace, principe de balzane.

Races. *Sauvages.* Kertak. Tarpan. Pottok d'Espelette. Mustang.
De sang. Mongol. Arabe. Barbe (ou berbère). Arabe-barbe. Camargue. Pur-sang anglais. Anglo-arabe. Lipizzan.
Demi-sang. Normand. Anglo-normand. Charolais. Vendéen. Trotteur : français, Orlof, de Norfolk. Selle français. Hunter (irlandais). Hanovre. Trakehner. Frison. Cleveland bai. Hackney. Cob. Oldenbourg. Corse.
Trait. Comtois. Postier breton. Aragonais. Catalan. Du Jutland. Du Schleswig. Norique : d'Oberland, de Pintzgau. Silésien. Poméranien. Balte. Percheron. Du Maine. Boulonnais. Ardennais. Brabançon. Flamand. Du Nord. De l'Auxois. Rhénan. Shire. Clydesdale. Suffolk.
Poneys. Landais. Shetland. Highland. New-Forest. Welsh. Connemara. Islandais. Huzul (polonais). Haflinger (autrichien). Quarter horse (nord-américain). Dulmen (Westphalie). Criollo (argentin). Genet. Pinto. Palomino.

Élevage. Haras. Station d'étalons. Service des remontes. / Chef de race. / Boute-en-train. Souffleur. / Jumenterie. Poulinière. Jument mulassière. Nourrice. Jument suitée (qui allaite son produit).

Premier produit. Foal (jusqu'à 1 an). Yearling (de 1 an à la fin de la 2ᵉ année). Faire la monte. Saillir. Etalonner. / Monte. Saillie. / Pouliner (mettre bas). Carte de saillie. / Pedigree. Souche. Lignée. Origine. Certificat d'origine. / Croisement. Sélection. / Stud-book. / Signalement. Papiers. Eleveur. / Naisseur (propriétaire de la mère à la mise bas). Etalonnier. / Stud-groom. / Vétérinaire. / Valet d'écurie. / Maquignon. / Maréchal-ferrant. (V. ÉQUITATION.)

Écurie. Stalle. Box. Litière. Râtelier. Mangeoire. Abreuvoir. Bat-flanc. Porte-bride.

Nourriture. Fourrage. Paille. Avoine : concassée. Barbotage. Mash. Chaff (mélanges d'aliments plus ou moins liquides). / Picotin. Ration. / Cheval bien avoiné. / Mettre au vert (au pré).

Pansage. Bouchonnage. Bouchon. / Etrille. / Brosses : en chiendent, en soies. / Epoussette. / Lustrage. Eponge. Peigne. Couteau de chaleur (lame souple pour éliminer la sueur). / Tonte. Tondeuse. / Curetage. Cure-pied. / Graissage du pied. Goudronnage.
Marquer. Anglaiser. Bretauder. / Courtauder. / Natter.

Accessoires. Œillères. / Surfaix. / Genouillères. Guêtres. Flanelles. / Anneaux. / Chapelets (de caoutchouc). / Cloches. / Muselière. Tord-nez. Caveçon. Collier antitiqueur. / Panier.

Vices rédhibitoires. Boiterie ancienne intermittente. Boiter. / Cornage chronique (obstacle à la respiration). Corner. / Emphysème pulmonaire, ou pousse. « Coups de fouet » (soubresauts). Poussif. / Immobilité. / Fluxion périodique des yeux. / Tic proprement dit (appui des pinces sur le bord de la mangeoire, aérophagie avec bruit guttural), avec ou sans usure des dents.

Tics. Habitudes vicieuses. Balancement de l'ours. / Léchage. Langue pendante. / Encenser. Prendre les branches du mors. / Mordre. / Gratter continuellement. / Se cabrer. Frapper du devant. / Ruer. Ruade. Rueur. / Donner des coups de pied. Botter (fam.). / Tirer au renard. Rétiver. Rétif. / Faire des difficultés : au pansage, au sanglage, au ferrage. / Se déferrer. / Se croiser au repos. / Se coucher en vache. / Tiqueur. / Coucher les oreilles. / Fouailler.

Tares. *Dures* (osseuses). Osselets (exostose). Forme (ostéite). / Suros (tumeur du canon) : simples, chevillés (deux par deux), en chapelet, en fusée, calés (résorbés). Soreshine (empâtement du canon). / Courbe (exostose) du jarret. / Eparvin (du jarret) : calleux, sec. / Jarde, jardon (périostoses) du jarret.
Molles (synoviales). Vessigon (hydarthroses). Molette (épanchement) : cerclée (du boulet). Eponge (tumeur accidentelle du coude). Capelets (hygromas : tumeur fluctuante) du jarret. / Solandres (crevasses larges). Malandres (du genou).
Diverses. Albugo (tache blanche de la cornée). Jetage (écoulement nasal). Mal d'encolure ou de nuque (nécrose). Mal de garrot (phlegmon). / Epaule : clouée (rivée au corps), chevillée (raideur persistante), coulée, froide (raideur accidentelle ou temporaire). Ecart chronique. Boiterie. / Genou : atteintes. / Claquage du canon. Cheval chauffé. / Prises de longe (au paturon). Crapaudine (de la couronne). / Rein : rognonné (blessé par la selle), voussé (raide et contracté). / Flanc : cordé, retroussé. Hernie. / Météorisme (absorption d'air chez le tiqueur). / Monorchidie. Cryptorchidie. / Paralysie de la queue. / Hanche : coulée (pointe plus basse d'un côté). Décrochement de rotule. Allonge ou écart (entorse). / Jarret : cerclé (éparvin plus jarde). / Crapaud. / Javart.

Défectuosités. *Tête :* de brochet, de rhinocéros, de vieille (décharnée), busquée, de lièvre, moutonnée. / *Oreilles :* cassées, clabaudes, fendues, d'âne, de cochon. Oreillard, ou mal coiffé. Ecouteux (qui pointe les oreilles en avant). / *Œil :* de cochon (petit et gras), de bœuf (gros). Borgne. Sur l'œil (peureux). / *Bouche :* fraîche (écumeuse), dure, perdue (insensible). / *Lèvres :* pendantes. / Commissures : trop hautes. / *Dents.* Bec-de-perroquet (défaut de contact entre les incisives). Bréhaigne (jument qui a des crochets). Bégu (qui a du retard dans le rasement des dents). / *Encolure :* courte, épaisse, grêle, penchée, rouée, renversée ou de cerf, mal sortie ou mal greffée, tombante, de cygne. / Cheval faux devant. / *Garrot :* empâté, noyé.
Epaule : droite, courte, décharnée ou plaquée, chargée (trop charnue), noyée. / *Canon :* grêle. / *Tendon :* claqué, failli. / *Boulet :* cerclé (exostose), rond (empâté). / *Pieds :* de mulet, plats, longs en pince, à sole plate, en sabot chinois, cerclés (boursouflés), pinçards (appui sur la pince), rampins (paroi presque verticale, talons très hauts), bots, panards (pince tournée en dehors), cagneux (appui exagéré sur la pince et la mamelle ex-

ternes), talus (appui excessif sur les talons avec relèvement de la pince), dérobés (déchiquetés, bord inférieur de la muraille éclaté par places), à talons fuyants.
Dos : ensellé, de carpe, de mulet. / *Ventre :* avalé ou de vache (tombant, très volumineux), levretté (« manque de boyau »). / *Flanc :* long, creux, efflanqué. / *Queue :* en lapin, collée ou vissée, plantée comme une pomme (horizontalement). / *Croupe :* avalée ou en pupitre (fortement oblique), coupée (ischions courts), tranchante ou de mulet (manque de largeur). / *Fesse :* maigre ou de grenouille. / Raie de misère (sillon accentué entre cuisse et fesse). / *Jarret :* noué, bancal, clos, crochu, vacillant. / Jarreté.

Relatif au cheval. Hippologie. / Hippisme. Hippique. Hippiatrie. Hippiatre. / Hippodrome. / Hippomobile. / Equestre. / Chevalin. / *Termes fam.* ou *pop.* Dada (enfantin). Bourrin. Canasson. Carne. / *Termes anciens.* Destrier. Palefroi. Haquenée. Roussin. Courtaud. Sommier. Bidet d'allures. Coursier. Rosse. Haridelle.

cheveu

(du lat. *capillus ;* en gr. *thrix, trikhos*)

Poil qui recouvre la peau du crâne de l'homme. Système pileux. Cuir chevelu. / *Structure d'un cheveu.* Racine. Bulbe. Pointe./Chevelure. Mèche. Touffe. Epi. Toupet. / *Aspect des cheveux.* Cheveux souples, fins, bien plantés. / Cheveux épais, touffus, drus, fournis. / Cheveux rares, clairsemés. / Cheveux bouclés, ondulés, frisés, crépus, cotonnés. / Cheveux raides, hérissés. / Cheveux plats.
Avoir beaucoup de cheveux. Avoir tous ses cheveux. / Chute des cheveux. Perdre ses cheveux. Se dégarnir. Se déplumer (fam.). Calvitie. Etre chauve.
Couleur des cheveux. Blond. Blondin. Blondine. / Doré. Mordoré. / Rouge. Roux. Rousseau. Poil de carotte. / Noir. Noir d'ébène, de jais, de corbeau. / Brun. Brunâtre. Brunet. Brunette. / Châtain. Châtain clair, foncé. Châtain roux. Auburn. / Gris. Grison (vx). Grisonnant. Poivre et sel. / Blanc. Chenu (blanc par la vieillesse). Canitie (blanchiment dû à l'âge).
Maladie des cheveux. Alopécie. Plique, ou trichoma. Eczéma. Impétigo. Pelade. Teigne. Gourme. Pellicules. Favus. Séborrhée. / Pelé. / Teigneux.

Soins de la chevelure. Faire les cheveux. Coiffer. / Couper. Tailler. Rafraîchir. Effiler. Désépaissir. Tondre. Raser la tête, la nuque. Couper ras.
Peigner. Brosser. Démêler. Tresser. Natter. Torsader. Etager. Retaper. Bichonner. / Boucler. Friser. Calamistrer. Crêper. Cranter. Papilloter. Mettre en plis. Teindre. Poudrer. Pommader. Lisser.
Coupe. Taille. / Lotion. Shampooing. Friction. Lavage de tête. / Brûlage. / Frisure. Indéfrisable. Permanente.
Coiffeur. Perruquier (vx). Artiste capillaire. Figaro (fam.). Merlan (pop.). / Capilliculteur. Capilliculture.
Coiffure. Accroche-cœur. Ailes de pigeon. Guiches. Anglaises. Bandeaux. Boucles. Cadenette (vx). Cadogan. Chignon haut, bas, à la grecque. / Coques. Franges. Frisons. Houppe. Houppette. Mèches. Ondulations. Plis. Raie. Rouleaux. Torsades. Tresse. Macaron.
Cheveux courts. / Cheveux longs. Tignasse (fam.). Crinière (fam.). Cheveux épars, flottants. Cheveux au vent. / Cheveux tirés. / Coiffure à la Titus, à la malcontent, en brosse, à la Jeanne d'Arc, à la chien, aux enfants d'Edouard, etc. / Hirsute. Echevelé. Ebouriffé. Cheveux en bataille, en broussaille. Mal peigné. Dépeigné. Décoiffé.
Accessoires. Peigne. Démêloir. Brosses. / Rouleaux. Papillotes. Bigoudis. Epingles. Pinces. / Fer à friser. Fer à onduler. / Casque. Sèche-cheveux. Séchoir. / Filet. Résille. Catogan. Barrette. / Teinture. Henné. / Pommade. Brillantine. Fixatif. Laque. Cosmétique. / Ciseaux. Tondeuse. Rasoir.
Perruques. Poupée. Passée. Coiffe à perruque. / Champignon. Bilboquet. / Perruque à marteaux, à nœuds, à ailes de pigeon, ronde, etc. Binette. / Cheveux artificiels. Faux cheveux. Postiche. Moumoute (fam.). / Tour de cheveux.

Locutions diverses. Fendre ou couper les cheveux en quatre (chicaner). Se faire des cheveux (s'inquiéter). Tenir à un cheveu (à peu de chose). Faire dresser les cheveux (inspirer de l'horreur). Tiré par les cheveux (forcé). Trouver un cheveu (difficulté). Se prendre aux cheveux (se quereller). S'arracher les cheveux (être furieux, désespéré). Arriver, venir comme des cheveux sur la soupe (arriver mal à propos, à contretemps).

chèvre

(du lat. *capra*)

Mammifère ruminant à cornes et à menton garni de barbe. Caprinés (sous-famille des ruminants comprenant les chèvres et les moutons). / Bouc (mâle). Bique (chèvre) [fam.]. Chevrette (petite chèvre). / *Petit de la chèvre.* Chevreau. Cabri. Biquet. / Bêler, bégueter, chevroter (cri). / Chevreter (mettre bas).

Races de chèvres. Race des Alpes. Race d'Angora. Chèvre du Cachemire ou du Tibet, de Murcie, de Nubie, du Poitou, des Pyrénées, de Syrie. Chèvre maltaise. Chèvre naine. Chèvre chamoisée. Chèvre sauvage. Bouquetin. Ibex. / Rupicaprins. Chamois. Isard. Hémitrague.

Relatif à la chèvre. Caprin. Race caprine. / Chevrier (gardeur de chèvres). Chèvrerie. / Cabriole (saut de chèvre). Cabrioler. / Chabichou, chevret, chevretin, ou chevreton (fromages). / Hircosité (odeur de bouc). Hircin.
Cachemire. Camelot (tissu). Mohair (poil de chèvre angora). / Chevreau (cuir). Chevrotin. Maroquin. / Peau de bouc. Outre. / Chèvrefeuille (plante).
Dieux capripèdes ou chèvre-pieds (qui ont des pieds de chèvre). Pan. Sylvains. Faunes. Satyres. / Bouc émissaire.
Chevroter (parler, chanter d'une voix tremblotante). Chevrotement. Chevrotant.

chevreuil
(du lat. *capreolus*)

Mammifère ruminant voisin du cerf, mais plus petit. Cervidés (famille). / Chevrette (femelle). Chevrillard, ou faon (petit). Chevrotin (au-dessous de six mois). Brocard (chevreuil mâle d'un an). / Broches (bois). Enflure (première pousse). / Raire, ou réer, ou bramer (cri). Chasse à courre, en battue, à l'approche, à l'affût, à l'appeau. / Chevrotine (balle, gros plomb pour tirer le chevreuil). / Venaison. Cuissot. Filet.

chic n. et adj.

Facilité pour faire quelque chose. *Avoir le chic pour.* Adresse. Habileté. Art. Doigté. Maestria. Savoir-faire. Ingéniosité. / Peindre, dessiner, travailler de chic (sans modèle, sans préparation).

Aspect élégant d'une personne, d'une chose. *Avoir du chic.* Elégance. Distinction. Grâce. Classe. Originalité. Allure (fam.).

Qui a de l'élégance. *Un homme chic.* Bien habillé. Bien mis. Soigné. Tiré à quatre épingles. Elégant. Distingué. Gracieux. / *Des gens chics. Une réception chic.* Sélect.

Qui témoigne de la bienveillance (fam.). *Etre chic avec quelqu'un* (fam.). Aimable. Bon. Bienveillant. Brave. Compréhensif. Généreux. Serviable. Complaisant. Obligeant. Gentil. Sympathique.

chicane

Difficulté suscitée dans un procès. *User de chicane.* Avocasserie (fam.). Manœuvres, procédés dilatoires. / *Gens de chicane.* Avoué. Huissier.
CHICANER. Avocasser (fam.). Soulever, provoquer des incidents. Incidenter. Faire opposition. S'inscrire en faux.
CHICANEUR. Procédurier. Processif (vx).

Contestation mal fondée, pointilleuse dans une discussion. *Chercher chicane. Aimer la chicane.* Contradiction. Discussion. Contestation. Vétille. Ergoterie. Ergotage. Pinaillage (pop.). Chinoiserie. / Détour. Subterfuge.
CHICANER. Contredire. Discuter. Contester. Epiloguer. Ratiociner. Chipoter (fam.). Ergoter. Discutailler (fam.). Pinailler (pop.). Vétiller (vx). Pointiller (vx). / Chercher la petite bête (fam.). Faire, soulever des difficultés. Faire des histoires (fam.). Couper, fendre les cheveux en quatre. / *Se chicaner.* Se chamailler. Se taquiner. Se disputer (fam.).
CHICANIER. CHICANEUR. Ergoteur. Discuteur. Discutailleur. Pinailleur (pop.). Chinois. Raisonneur. Coupeur de cheveux en quatre. Pointilleux. Vétilleux.

chien
(du lat. *canis ;* en gr. *kuôn, kunos*)

Animal domestique dont il existe de nombreuses races. Canidés (famille). / Chienne. Lice (femelle d'un chien de chasse). Chiot (petit).
Chien de race. Pedigree (généalogie d'un chien de race). / *Chien mâtiné.* Corniaud. Bâtard. Roquet. / *Termes fam.* ou *pop.* Cabot. Toutou. Clebs. Clébard. / Chien sauvage. Dingo. Cabéru.

Corps du chien. Campé. Reinté. Etristé (qui a de bons jarrets). Etriqué. Epointé (cuisse tassée). Harpé.
Poil. Poil long. Poil ras. Soie. / *Robe.* Zain (couleur uniforme sans aucun poil blanc). Noir. Blanc. Rouge. Roux. Fauve. Doré. Souris. Gris. Bleu. / Bringé (marqué de bandes noires). Rouanné. Pie. Noir et feu. / Mantelure (poil d'une couleur différente sur le dos).
Gueule ou *bouche.* Dents (42). Mâchoire supérieure et mâchoire inférieure : 6 incisives (pinces, mitoyennes, coins), 2 canines (crochets ou crocs), 8 prémolaires. Mâchoire supérieure : 4 molaires. Mâchoire

inférieure : 6 molaires. / Museau. Nez. Truffe (bout du nez). Babines.
Oreilles. Bien coiffé. Oreillé (à grandes oreilles). Monaut (qui n'a qu'une oreille). Essorillé.
Yeux. Vairon (de couleur différente).
Pattes. Ergot. Eperon. / Pattu. Pataud.
Queue, ou *fouet :* en balai, en trompette. Courtaud. Anoure (sans queue).

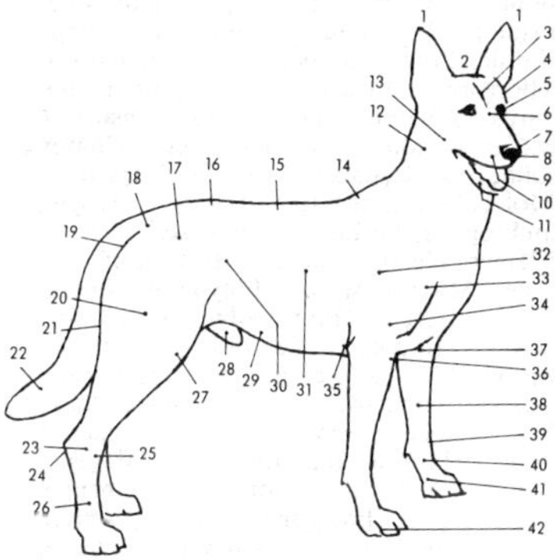

1. Oreilles; 2. Nuque; 3. Front; 4. Sourcils; 5. Œil; 6. Stop; 7. Truffe; 8. Narine; 9. Langue; 10. Lèvre supérieure; 11. Lèvre inférieure; 12. Cou; 13. Joue; 14. Garrot; 15. Dos; 16. Rein; 17. Hanche; 18. Croupe; 19. Pointe de la fesse; 20. Cuisse; 21. Fesse; 22. Queue; 23. Jarret; 24. Pointe du jarret; 25. Pli du jarret; 26. Métatarse (improprement appelé « tarse »); 27. Grasset; 28. Fourreau; 29. Ventre; 30. Flanc; 31. Côtes; 32. Epaule; 33. Pointe de l'épaule; 34. Bras; 35. Pointe du coude; 36. Pli du coude; 37. Ars et interars; 38. Avant-bras; 39. Genou (carpe); 40. Métacarpe; 41. Pied; 42. Doigts.

Races, types de chiens. ***Chiens de chasse.*** CHIENS COURANTS. *Français.* Saint-Hubert. Grand bleu, petit bleu de Gascogne. Gascon-saintongeais. Levesque. Billy. Ariégeois. Griffon nivernais, vendéen. Basset artésien-normand, bleu de Gascogne. / *Anglais.* Fox-hound. Harriers. Beagle. / *Suisses.* Lucernois. Bernois. / Lévriers : Lévriers anglais. Greyhound. Wolfhound. / Russes. Barzoï. / Afghan. / Arabe, ou sloughi.
CHIENS D'ARRÊT. *Français.* Braques : Braque d'Auvergne, du Bourbonnais. Braque français. Braque Saint-Germain. / Braque allemand. / Epagneuls : Epagneul français, breton, picard, bleu de Picardie, Pont-Audemer. Griffon à poil dur. *Anglais.* Pointer. Setter anglais. Setter irlandais. Setter écossais, ou gordon. Cocker. / Retrievers : Labrador. Golden retriever. / Terriers : Fox à poil ras, à poil dur. Fox-terrier. Irish-terrier. Welsh-terrier. Scottish-terrier. Basset allemand, ou teckel.

Chiens de bergers. *Français.* Beauceron ou Bas-Rouge. Briard. Berger de Picardie. Berger des Pyrénées. Labrit. Berger du Languedoc, de Savoie.
Berger allemand. / *Bergers belges.* Groenendael. Malinois. Tervueren. / *Berger anglais.* Bobtail. / *Berger d'Ecosse.* Colley. / *Berger italien.* Bergamasque. / Berger russe.
Bouviers : Bouvier des Flandres, des Ardennes. Bouvier des Pyrénées. / Bouvier allemand. Rotweiler. / Bouvier bernois, hongrois.

Chiens de garde. Danois. Dogue allemand. Dogue de Bordeaux. Mastiff (ou dogue anglais). Boxer. Bull-dog. Schnauzer. Dobermann. Chow-chow.

Chiens de compagnie. Caniche. Bichon. Bouledogue. Carlin. Epagneuls nains. Griffon belge. Pékinois. Pinsher. Loulou. Dalmatien. Levrette d'Italie. Brabançon. Chihuahua. Papillon. Yorkshire.

Autres chiens. *Chiens de montagne.* Saint-Bernard. Chien de montagne pyrénéen. Terre-neuve. / *Chien de traîneau.* Esquimau. / *Chien de course.* Lévrier. Chien policier. Chien d'armée. Chien d'aveugle.

Actions du chien. Aboyer. Aboiement. Aboi (vx). / Gronder. Glapir. Japper. Grogner. Jappement. Grognement. / Happer. Laper. Gueuler (saisir). / Faire le beau. Lécher. Caresser.
Chasser. Flairer. Quêter. Arrêter. Barrer. Bourrer. Piller. Briller. Rapporter. Halener. Rencontrer. / Eventer la voie. Empaumer la voie. Dérober la voie. Bricoler. Rabattre ses voies. / Prendre le change. Prendre le contre-pied. Etre en défaut. Relever le défaut. Donner. Mener. Coiffer. Faire carnage. Rebaudir.
Garder. Etre de bonne garde. Ramener le bétail.

Traitement du chien. Chenil. Niche. / Muselière. Collier. Laisse. Grelot. Plaque d'identité. / Attacher. Museler. Mettre à l'attache. Tenir en laisse. Dresser.
Toilettage. Tondre. Etriller. Peigner. Brosser. Epucer. / Essoriller.

Maladies. V. VÉTÉRINAIRE.

Reproduction. Etre en chaleur, en chasse. Lacer (couvrir une chienne). Mâtiner. / Chienner (mettre bas). Portée. Chiennée. Laitée (portée d'une chienne de chasse).

Relatif au chien. Canin. Race canine. Exposition canine. Faim canine (vx). / Canicule. Caniculaire.
Cynégétique (art de la chasse). Cynodrome (piste pour les courses de lévriers). Cynologie. Cynologue. Cynophilie. Cynophile. Cynotechnie. Cynocéphale. Cynoglosse. / Cynique. Cynisme.

Locutions diverses. Temps de chien (très mauvais). Vie de chien (difficile, misérable). Caractère de chien (hargneux, très mauvais). Coup de chien (difficulté). Avoir du chien (en parlant d'une femme, avoir du charme, de l'attrait) [fam.]. Entre chien et loup (quand la nuit commence à tomber, au crépuscule). Se regarder en chiens de faïence (d'un œil fixe et irrité). Recevoir quelqu'un comme un chien (très mal). Faire le chien couchant (se montrer obséquieux, flatteur). Garder à quelqu'un un chien de sa chienne (lui garder rancune). Malade comme un chien (très malade).

chiffon

Morceau de tissu usé. *De vieux chiffons.* Vieux linge. / Chiffons de laine, de coton, de soie, de lin. / Vieux vêtements. Haillons. Loques. Guenilles.
Commerce des chiffons. Ramasser des chiffons. Ramassage. Poubelle. Hotte. Crochet. / Chiffonnier. Biffin (arg.). Chiffonnière. / Chiffonnier en gros. / Trier. Détordre des chiffons.

Vêtements froissés. *Mettre en chiffon.* Chiffonner. Froisser. Friper. Mettre en tapon. / Défroisser. Défriper.

chimie

(du lat. médiév. ***chimia,*** **de** ***alchemia,*** **d'origine ar.)**

Science qui étudie les transformations des corps en d'autres corps différents. Alchimie (avant la chimie scientifique). Alchimiste. / Chimie générale. Chimie physique. Chimie analytique. Chimie descriptive. Chimie minérale, ou inorganique. Chimie organique (composés du carbone). Chimie biologique, ou biochimie. Chimie macromoléculaire. Chimie nucléaire. / Chimie appliquée. Chimie industrielle. Chimie agricole. Chimie pharmaceutique, ou médicale. Chimie légale (appliquée à la justice).
Notation atomique. Symbole. Formule. Numéro atomique. Masse atomique. Atome-gramme. Molécule-gramme, ou mole. Masse moléculaire. Nombre d'Avogadro. / *Méthodes.* Analyse (séparation des constituants). Synthèse (combinaison des composants). Induction. Déduction.

État des corps. Matière. Echantillon naturel. Matière artificielle, synthétique. / Corps pur. Espèce chimique. Principe immédiat. / Elément. Corps simple. Corps composé, ou combinaison. Allotropie (plusieurs formes d'un même corps). / Solide. Liquide. Gaz. Plasma. / Mélange homogène, hétérogène. Phases solide, liquide, gazeuse. / Fluide. Vapeur.
Molécule. Atome. Ion. Radical : alcoyle, aminogène, carboxyle, hydroxyle, etc. / Elément électropositif, électronégatif. Isotope. / Macromolécule. Polymère (dimère, trimère, etc.). Haut polymère. Chaîne ouverte, fermée. / Cellules. Cristaux.
Métal. Métaux alcalins, alcalino-terreux (terres rares). Métalloïde. / Acide. Base. Sel. Halogène (chlore, fluor, brome et iode). Haloïde (combinaison halogène-métal). / Corps amorphe, isomorphe, polymorphe (dimorphe, trimorphe, etc.). / Corps hydraté. Corps binaire, ternaire, univalent, bivalent ou divalent, trivalent, quadrivalent. / Etat naturel. Etat naissant. / Ferment. Résidu. Précipité. Essence. Esprit. Extrait. Solution.

Propriétés des corps. Affinité moléculaire. Agrégation. / Acidité. Basicité. / Solubilité. Fusibilité. Hydratation. Cohésion. Conductibilité. Odeur. Saveur. Isomérie. Polymérie. Densité. Masse atomique. Poids atomique. Température de fusion, d'ébullition. / Radio-activité. Fission. Fusion. / Valence. Liaison. Volume moléculaire.
Corps soluble, insoluble, odorant, inodore, sapide, insipide, clivage, friable, fusible, volatil, bon ou mauvais conducteur, fissible, etc.

Opérations chimiques. Alliage. Calcination. Catalyse. Cémentation. Chromatographie. Coagulation. Combinaison. Combustion. Composition. Concentration. Cristallisation. Décantation. Désagrégation. Dessiccation. Désoxydation. Dissolution. Distillation. Dosage. Ebullition. Essai quantitatif. Evaporation. Fermentation. Fluidification. Fusion. Hydrolyse. Lessive. Lévigation. Lixiviation. Minéralisation. Précipitation. Réduction. Saturation. Solidification. Stratification. Sublimation. Substitution. Transmutation. Volatilisation. Volumétrie.

CLASSIFICATION DES ÉLÉMENTS CHIMIQUES

Chaque case du tableau correspond à un élément, dont on trouve le nom, le symbole, le numéro atomique (nombre d'électrons de l'atome) en haut à gauche, la masse atomique en haut à droite.
Les électrons de l'atome sont disposés en couches successives; les éléments qui figurent sur une même ligne, ou période, comportent le même nombre de couches, une seule pour l'hydrogène et l'hélium, 2 pour la période suivante, qui va du lithium au néon, et ainsi de suite.
Les éléments placés dans une même colonne verticale contiennent le même nombre d'électrons pour la couche externe, depuis 1 pour la colonne de l'hydrogène jusqu'à 8 pour celle de l'hélium; ils présentent de grandes analogies.
Une seule case a été réservée aux métaux des terres rares (lanthanides), éléments très voisins dont le détail est donné plus bas; il en est de même pour les éléments qui suivent le radium (actinides).

1 1 **H** HYDROGÈNE																	2 4 **He** HÉLIUM
3 6,9 **Li** LITHIUM	4 9 **Be** BÉRYLLIUM											5 10,8 **B** BORE	6 12 **C** CARBONE	7 14 **N** AZOTE	8 16 **O** OXYGÈNE	9 19 **F** FLUOR	10 20,2 **Ne** NÉON
11 23 **Na** SODIUM	12 24,3 **Mg** MAGNÉSIUM											13 27 **Al** ALUMINIUM	14 28,1 **Si** SILICIUM	15 31 **P** PHOSPHORE	16 32,1 **S** SOUFRE	17 35,5 **Cl** CHLORE	18 39,9 **A** ARGON
19 39,1 **K** POTASSIUM	20 40,1 **Ca** CALCIUM	21 45 **Sc** SCANDIUM	22 47,9 **Ti** TITANE	23 51 **V** VANADIUM	24 52 **Cr** CHROME	25 54,9 **Mn** MANGANÈSE	26 55,8 **Fe** FER	27 58,9 **Co** COBALT	28 58,7 **Ni** NICKEL	29 63,5 **Cu** CUIVRE	30 65,4 **Zn** ZINC	31 69,7 **Ga** GALLIUM	32 72,6 **Ge** GERMANIUM	33 74,9 **As** ARSENIC	34 79 **Se** SÉLÉNIUM	35 79,9 **Br** BROME	36 83,8 **Kr** KRYPTON
37 85,5 **Rb** RUBIDIUM	38 87,6 **Sr** STRONTIUM	39 88,9 **Y** YTTRIUM	40 91,2 **Zr** ZIRCONIUM	41 92,9 **Nb** NIOBIUM	42 96 **Mo** MOLYBDÈNE	43 96 **Tc** TECHNÉTIUM	44 101,7 **Ru** RUTHÉNIUM	45 102,9 **Rh** RHODIUM	46 106,7 **Pd** PALLADIUM	47 107,9 **Ag** ARGENT	48 112,4 **Cd** CADMIUM	49 114,8 **In** INDIUM	50 118,7 **Sn** ÉTAIN	51 121,8 **Sb** ANTIMOINE	52 127,6 **Te** TELLURE	53 126,9 **I** IODE	54 131,3 **Xe** XÉNON
55 132,9 **Cs** CÆSIUM	56 137,4 **Ba** BARYUM	57 à 71 TERRES RARES SÉRIE DES LANTHANIDES	72 178,6 **Hf** HAFNIUM	73 180,9 **Ta** TANTALE	74 183,9 **W** TUNGSTÈNE	75 186,3 **Re** RHÉNIUM	76 190,2 **Os** OSMIUM	77 193,1 **Ir** IRIDIUM	78 195,2 **Pt** PLATINE	79 197,2 **Au** OR	80 200,6 **Hg** MERCURE	81 204,4 **Tl** THALLIUM	82 207,2 **Pb** PLOMB	83 209 **Bi** BISMUTH	84 210 **Po** POLONIUM	85 210 **At** ASTATE	86 222 **Rn** RADON
87 221 **Fr** FRANCIUM	88 226 **Ra** RADIUM	89 à 103 ÉLÉMENTS RARES SÉRIE DES ACTINIDES															

LANTHANIDES														
57 138,9 **La** LANTHANE	58 140,1 **Ce** CÉRIUM	59 140,9 **Pr** PRASÉODYME	60 144,3 **Nd** NÉODYME	61 145 **Pm** PROMÉTHÉUM	62 150,4 **Sm** SAMARIUM	63 152 **Eu** EUROPIUM	64 156,9 **Gd** GADOLINIUM	65 159,2 **Tb** TERBIUM	66 162,5 **Dy** DYSPROSIUM	67 164,9 **Ho** HOLMIUM	68 167,2 **Er** ERBIUM	69 169,4 **Tm** THULIUM	70 173 **Yb** YTTERBIUM	71 175 **Lu** LUTÉCIUM

ACTINIDES				
89 227 **Ac** ACTINIUM	90 232,1 **Th** THORIUM	91 231 **Pa** PROTACTINIUM	92 238,1 **U** URANIUM	93 237 **Np** NEPTUNIUM

TRANSURANIENS									
94 242 **Pu** PLUTONIUM	95 243 **Am** AMÉRICIUM	96 243 **Cm** CURIUM	97 249 **Bk** BERKÉLIUM	98 249 **Cf** CALIFORNIUM	99 253 **Es** EINSTEINIUM	100 255 **Fm** FERMIUM	101 256 **Mv** MENDÉLÉVIUM	102 **No** NOBÉLIUM	103 **Lw** LAWRENCIUM

Analyse chimique : qualitative, quantitative. / Synthèse. Synthétique. / Manipuler. Manipulation. / Expérimenter. Expérience. / Préparer. Préparation. / Electrolyse. Electrolytique. / Agent chimique. Action. Réaction.
Chimiste. Préparateur. Manipulateur. Laborantin. Laborantine.
Laboratoire. Paillasse. Alambic. Ballon. Centrifugeur. Cloche. Flacon. Matras. Moufle. Récipient. Eprouvette. Cristallisoir. Agitateur. / Cornue. Creuset. Coupelle. Capsule. / Fourneau. Four électrique. Lampe à alcool. Réchaud à gaz. Brûleur. Bec. Chalumeau. / Tube. Tube à essai. Tube en V. Tubulure. Tuyau. Aludel. Siphon. / Eudiomètre. Dessiccateur. / Défécateur hermétique.

Corps simples et composés. *Corps simples.* V. page précéd. table de Mendeleïev (classification périodique des éléments chimiques).

Composés minéraux. *Acides* (v. ce mot).
Bases. Anhydride basique. / Soude. Potasse. Ammoniaque. Alcali caustique. Chaux hydratée, etc. / Milieu basique (excès de chaux, dolomie, magnésie).
Sels. Sel marin. / Sel acide, neutre, basique. / Carbonate. Sulfate. Acétate. Oxalate. Nitrate. Phosphate. Chlorate. Chlorure, etc. / Ether-sel, ou ester. / Alun. Ammoniac. Borax. Nitre. Salpêtre.
Oxydes. V. OXYGÈNE.
Alliages. V. MÉTAL, ALUMINIUM, CUIVRE, etc. (selon la nature du métal de base).

Composés organiques. Série acyclique, série grasse (à chaîne ouverte), aliphatique. Série cyclique (chaîne fermée). Série aromatique (à noyau benzénique). / Carboxyle. / Fonctions multiples. / Noyaux complexes.
Alcools. Eau-de-vie. Esprit-de-vin. Alcool à brûler. Alcool primaire, secondaire, tertiaire. / Alcool éthylique, méthylique, propylique, butylique, éthylénique, aromatique. / Alcool saturé, absolu, solidifié. / Polyalcool. Glycérine.
Carbures. Hydrocarbures (v. aussi PÉTROLE). Bitume. Naphte. Gaz naturel. Méthane. Ethane. Propane. Butane. / Méthylène. Ethylène. Propylène. Butène. / Acétylène. Anthracène. Anthraquinone. Benzène. Benzine. Naphtalène. Naphtaline. Terpène. Terpine. / Phénol.
Aldéhydes. Aldéhyde formique (formaldéhyde), acétique (acétaldéhyde, ou éthanal), crotonique, benzoïque (benzaldéhyde), salicylique, cinnamique. / Furfurol. Paraldéhyde. / Oses, ou sucres aldéhydiques (aldoses). Glucose. Galactose. / Vanilline. Pipéronal.
Amides. Amide primaire, secondaire, tertiaire. / Acétamide. Acétanilide. Formiamide. Benzamide. Anilide. Acide hippurique. Urée.
Amines. Amine primaire, secondaire, tertiaire, acyclique. / Méthylamine. Ethylamine. Arylamine. Aniline. Toluidine. Xylidine. Naphtylamine. Diphénylamine.
Cétones. Cétone simple, mixte, aliphatique, aromatique, cyclique, terpénique. / Acétone. Propione. Butyrone. Cétone de Michler. Camphre. / Oses, ou sucres cétoniques (cétoses).

Composés de synthèse. Carbures métalliques. Carbure de calcium, de silicium, de titane, de tungstène. / Produit artificiel (créé par l'homme, par opposition à naturel). Produit de synthèse (artificiel, mais fabriqué avec des composants naturels). Matière synthétique. Produit de laboratoire.

chirurgie

(du lat. *chirurgia,* du gr. *kheirourgia,* de *kheir,* main, et *ergon,* travail)

Partie de la médecine qui consiste à pratiquer des opérations. Chirurgie expérimentale, opératoire. Chirurgie générale. Chirurgie cardiaque, digestive, urinaire, gynécologique, osseuse. Neurochirurgie. Chirurgie plastique, esthétique, restauratrice. / Petite chirurgie. / Cryochirurgie (destruction des tissus par le froid).

CHIRURGIEN. Opérateur (vx). Assistant. Anesthésiste. Instrumentiste (présente les instruments).

Opération chirurgicale. Acte opératoire. Intervention chirurgicale. Intervention à cœur ouvert, sous hibernation artificielle.
Anesthésie générale, locale. Anesthésier. Insensibiliser. Endormir. / Ablation. Amputation. Biopsie (prélèvement pour analyse). Excision. Exérèse. Extraction. Incision. Résection. Section. Trépanation. Curetage. Eradication. Enucléation. Ruginage (raclage des os). / Paracentèse (ponction).
Anastomose (abouchement de deux vaisseaux ou conduits). / Greffe. Anaplastie, ou homogreffe (tissus du patient). Hétérogreffe, ou hétéroplastie (tissus d'une autre personne). Transplantation d'organes. Greffon. Donneur. Rejet. / Prothèse. / Cathétérisme. Dilatation. Extension. / Ligature. Suture. Cautérisation.
Opérer. Amputer. Exciser. Extraire. Sectionner. Réséquer. Trépaner. Greffer.

Aboucher. Ligaturer. Suturer. Obturer. Clamper (obturer avec une pince). Cautériser. Scarifier. / Choc opératoire. Transfusion. Ranimation. / Opéré. Patient.
Différentes sortes d'opérations. Appendicectomie (ablation de l'appendice). / Artériectomie (résection d'un segment d'artère). / Artériotomie (incision d'une artère). / Bronchotomie (incision du larynx ou de la trachée). / Césarienne. / Cholécystectomie (ablation de la vésicule biliaire). / Cystectomie (ablation de la vessie). / Gastrectomie (ablation de l'estomac). / Gastrotomie (opération qui consiste à ouvrir l'estomac). / Hystérectomie (ablation de l'utérus). / Kératoplastie (greffe de la cornée). / Laparotomie (incision de la paroi abdominale). / Laryngotomie (section du larynx). / Lithotritie (trituration des calculs). / Néphrotomie (section du rein). / Neurotomie (section d'un nerf). / Ostéotomie (section d'un os). / Ovariectomie (ablation d'un ovaire ou des ovaires). / Phlébotomie (incision d'une veine). / Pneumotomie (incision du poumon). / Trachéotomie (incision de la trachée).
Suffixes : -tomie (pour l'incision) et -ectomie (pour l'ablation ou l'action d'enlever).

Installations et matériel. Bloc opératoire (locaux et matériel). Salle d'anesthésie. Appareil d'anesthésie. Masque respiratoire.
Salle d'opération. Table d'opération. Billard (fam.). Scialytique (n. déposé; appareil d'éclairage qui supprime les ombres). Table à instruments, à pansements. / Rein artificiel. Cœur-poumon artificiel. Electrocardiographe.
Salle de stérilisation. Champ opératoire (serviettes stériles autour de la peau).
Instruments et matériel. Bistouri. Ciseaux. Lancette. Stylet. Scie. Trépan. / Curette. Rugine. Scarificateur. / Lithotriteur. Pinces. Davier (pour tenir les os). / Dilatateur. Erigne, ou érine (pince à crochets). Spéculum. / Galvanocautère. Thermocautère. / Agrafe. Pince à agrafer. Aiguille. Catgut (filament de boyau). / Sonde. Cathéter. Mèche. Drain. Tampon. / Attelle. Plâtre. Bande. Compresse. Ouate. Coton. Sparadrap. Gaze.

choc

(de *choquer;* de l'angl. *to chock* ou du néerl. *schokken*)

Contact brusque et plus ou moins violent entre des objets ou des êtres animés. *Le choc de deux véhicules.* Collision. Accrochage. Tamponnement. Télescopage. Carambolage. / *Choc de deux navires.* Abordage. / *Choc de deux épées.* Cliquetis. / *Recevoir un choc.* Coup. Heurt. Secousse. / *Donner un choc.* Heurter. Cogner. Choquer (vx). / *Dispositif pour amortir les chocs.* Pare-chocs. Butoir. Amortisseur. Tampon.
Heurter une voiture. Accrocher. Tamponner. Emboutir. / *Se donner un choc.* Se cogner. Donner, taper contre. / Se heurter. S'entrechoquer.

Rencontre violente de personnes. *Choc de deux armées.* Affrontement. Lutte. Bataille. Combat. / *Troupe, unité de choc.* Commando. / *Soutenir le choc de l'adversaire.* Résister. Tenir bon. / *Succomber sous le choc.* Abandonner la lutte. Battre en retraite. Reculer. Se rendre. Capituler. Se soumettre.
Choc des idées, des opinions. Rencontre. Conflit. Opposition.

Émotion violente et brusque. *Donner, causer un choc.* Commotion. Traumatisme. Coup. Stress.
CHOQUER. Emouvoir. Agiter. Affecter. Troubler. Saisir. Bouleverser. Traumatiser. Commotionner. Stresser.

chocolat

(de l'espagnol *chocolate*)

Substance alimentaire faite d'amandes de cacao broyées avec du sucre. Cacaoyer (arbre). Cacaoyère (plantation). Cabosse (fruit). Fève, ou amande de cacao.

Fabrication du chocolat. Triage, criblage des amandes. Nettoyage. Torréfaction. Décorticage. Broyage de la pâte. Mélange du sucre. Raffinage des pâtes. Boudinage. Moulage. Démoulage. Pliage. Empaquetage. / *Ingrédients.* Sucre. Vanille. Cannelle. Fécule. / Amandes douces. Noisettes. Lait.

Usages du chocolat. Chocolat à croquer. Tablette. Plaque. Bouchée. Bonbon. Crotte. Truffe. / Chocolat au lait, à l'eau. Chocolat liégeois. Chocolat viennois. / Entremets au chocolat. Gâteau au chocolat. Crème au chocolat. Mousse au chocolat. Biscuits au chocolat.

Relatif au chocolat. Chocolaterie (fabrique). Chocolatier (fabricant). Chocolaté (parfumé au chocolat).
Beurre de cacao (substance grasse éliminée des amandes de cacao). Théobromine (alcaloïde extrait du cacao). Cacaoté.

choisir

(du gotique *Kausjan,* goûter, éprouver; en lat. *eligere, electum;* en gr. *eklegein*)

Donner la préférence à une personne, à une chose. *Choisir en votant.* Elire. / *Choisir un ami, une femme.* Jeter son dévolu sur (fam.). / *Choisir des joueurs.* Sélectionner. Retenir. / *Choisir avec soin.* Trier sur le volet. / *Choisir quelqu'un pour une fonction.* Nommer. Désigner. / *Choisir une profession.* Embrasser. / *Choisir un genre de vie.* Adopter. Préférer.
CHOIX (action de choisir). Election. Désignation. Nomination. Sélection. Promotion au choix. Tri. / *Ecarter à la suite d'un choix.* Eliminer. Exclure. Rejeter. Expulser. / Elimination. Exclusion. Rejet. Expulsion.
CHOIX (ensemble de choses choisies). *Un choix de livres, d'objets.* Collection. Sélection. Assortiment. / *Un choix de poésies, d'écrits en prose.* Recueil. Anthologie. Florilège. Chrestomathie (morceaux choisis d'auteurs anciens).
CHOISI. *Un monde choisi.* Raffiné. Elégant. Sélect (fam.). / *Société choisie.* Elite. Fine fleur (fam.). Gratin (fam.).

Relatif au choix. Eclectique (qui choisit ce qui lui paraît bon). Eclectisme. / Sélectif. Electif. / Arbitraire. Partial. Partialité. Subjectif. Subjectivité.

Prendre une décision. *Choisir entre plusieurs partis.* Opter. Se décider. Se prononcer. S'arrêter à. Se fixer sur. S'engager. Prendre un parti. Prendre parti. Se déterminer.
CHOIX. Option. / *Choix entre deux partis.* Alternative. Dilemme. / Décision. Résolution. Détermination.

chose

(du bas lat. *causa;* lat. class. *res*)

Tout ce qui existe d'une manière concrète ou abstraite. *Les choses humaines, les choses d'ici-bas.* Univers. Monde. / *Fabriquer une chose.* Objet. Instrument. Outil. Appareil. / *Une petite chose.* Babiole. Bagatelle. / *Acheter des choses pour manger, pour boire, pour s'habiller.* Aliments. Denrées alimentaires. Boissons. Vêtements. Affaires. / *Un tas de choses.* Attirail. Fourniment. Fourbi (pop.). / *Une chose quelconque.* Machin (fam.). Truc (fam.). Bidule (fam.). / *S'attacher aux choses.* Biens. Richesses.
Regarder les choses en face. Aller au fond des choses. Réalité. Le réel. / *Avoir une chose en tête, dans l'esprit.* Idée. Pensée. Projet. Dessein. Plan.

Ce qui a lieu, ce qui se fait. *Une chose grave. Une chose sans importance.* Evénement. Fait. Affaire. / *Etre au courant des choses.* Situation. Actualité. / *Etat actuel des choses.* « Statu quo ». / *Etat de choses.* Circonstance. Conjoncture. Contexte. / *Apprendre une chose.* Nouvelle.
Faire, accomplir une chose. Action. Acte. / *Une chose banale.* Banalité. / *Une chose remarquable, exceptionnelle.* Exploit. Prouesse. Performance.
Dire une chose. Répéter la même chose. Parole. Propos. Discours. / *Des choses aimables.* Amabilités. Gentillesses. Galanteries. / *Des choses choquantes.* Grivoiseries. Obscénités.

Locutions diverses. Avant toute chose (d'abord, premièrement). Faire quelque chose (s'occuper; avoir du travail; avoir de l'importance [en parlant d'une chose]). Prendre quelque chose (manger ou boire un peu). Dire quelque chose (n'importe quoi). Etre pour quelque chose dans (contribuer à, prendre part à). Arriver quelque chose à quelqu'un (difficulté, ennui, accident). Peu de chose, pas grand-chose (presque rien). Dire bien des choses à quelqu'un (faire, présenter ses compliments). Parler de choses et d'autres (de sujets divers). Faire bien les choses (bien traiter ses invités; ne pas lésiner sur la dépense). Manger de bonnes choses (des mets succulents). Etre tout chose (fam.) [être mal à l'aise, décontenancé].

Christ et christianisme

(du gr. *khristos,* oint)

Personne du Christ. Jésus. Jésus-Christ. Fils de Dieu. Fils de l'homme. Fils de David. Fils de Marie. / Agneau de Dieu. Agneau pascal. Emmanuel. / Le Galiléen. Le Nazaréen. / Dieu fait homme. L'homme-Dieu. Le Verbe. Le Messie, l'oint du Seigneur. Le Rédempteur. Le Sauveur du monde. / Le Crucifié.
Chrisme (monogramme formé des deux premières lettres XP). Labarum (étendard de Constantin portant un chrisme). / Monogrammes : IHS. INRI. / Ikhthus.

Vie du Christ. Annonciation. Annonce faite aux bergers. Nativité. Noël. Epiphanie. Adoration des mages.
Circoncision. Présentation au Temple. Fuite en Egypte. Le Baptême. La tentation. Les marchands du Temple. La

Samaritaine. Les miracles (une quarantaine) : Noces de Cana. Pêche miraculeuse. Guérisons. Résurrections, etc. Les paraboles. Les disciples. La Cène. Le jardin des Oliviers. Judas. Pilate. Caïphe. Reniement de saint Pierre.
Passion. Flagellation. Couronnement d'épines. La croix. Le calvaire. Golgotha. La crucifixion. Descente de la croix. Mise au tombeau.
La résurrection. Les apparitions. L'ascension.

Doctrine du Christ. Monothéisme. La sainte Trinité. Le Père. Le Fils. Le Saint-Esprit. / La Bible. Le Nouveau Testament. / Le Précurseur. Saint Jean-Baptiste. Les Apôtres : André. Barthololomé. Jacques le Majeur. Jacques le Mineur. Jean. Jude. Matthieu. Judas. Mathias (remplaça Judas). Pierre. Philippe. Simon le Zélote. Thomas. / Saint Paul (l'Apôtre des gentils, des nations). / L'Evangile. Les évangélistes. Jean. Luc. Marc. Matthieu.
Mission du Christ. Accomplissement des prophéties. / Amour de Dieu. Amour du prochain. / Charité. Pauvreté. Humilité. Rémission des péchés. Pardon des offenses. / Les mystères. Les sacrements. La vie éternelle. / L'Eglise. Les Pères. Le vicaire de Jésus-Christ (le pape).
CHRÉTIENTÉ (ensemble des chrétiens). Catholicisme. Protestantisme. / Catholiques. Protestants. Orthodoxes. Arméniens. Coptes. Maronites. Chrétiens judaïsants.
CHRISTOLOGIE (partie de la théologie relative à la personne du Christ). Christique.

cidre

(du lat. ecclés. *sicera,* boisson enivrante)

Boisson obtenue par la fermentation du jus de pomme. *Pommes à cidre.* Pommes de première saison, ou pommes tendres; pommes de deuxième saison, ou pommes demi-dures; pommes de troisième saison, ou pommes dures. Pommes douces, douces-amères, amères, acides.

Fabrication. Récolte des pommes. Stockage. Triage. Lavage. Broyage, ou râpage. Pulpe. / Cuvage. Pressurage. Deuxième pressurage, ou rémiage. Pressoir. Maie. Lits. Claies. Toiles. / Marc. Moût. / Défécation. Clarification. Chapeau. Lie. / Cidre déféqué. Soutirage. Fermentation. Cidre sec. / Arrêt de fermentation. Centrifugation. Filtration. Cidre doux. / Mise en tonneaux, en bouteilles.

Sortes de cidres. Cidre fermier. / Cidre industriel. Pasteurisation. Gazéification. / Cidre mousseux. Prise de mousse. Cidre bouché. Champenoise (bouteille). / Cidre pur jus. / Cidre marchand (5°). Petit cidre (3°). Boisson de cidre (3°). Piquette (fam.). / Cidre sec. Cidre doux. Gouleyant (agréable à boire). / Bolée de cidre.
Défauts. Acescence. Graisse. Amertume. Framboisé. / Casses.
CIDRERIE. Industrie cidricole. / Eau-de-vie de cidre. Calvados.

ciel

(du lat. *caelum ;* en gr. *ouranos*)

Espace infini qui s'étend au-dessus de nous et dans lequel se meuvent les astres. *La voûte du ciel.* Firmament. / *Points du ciel.* Nadir. Zénith. Horizon (ligne qui semble séparer le ciel de la terre). / *Endroits du ciel où le soleil se lève, se couche.* Est. Ouest.
Etude du ciel. Astronomie. Cosmographie. Uranographie (vx).
Etats du ciel. Ciel bleu. Ciel clair. S'éclaircir. Eclaircie. / Ciel brumeux. Ciel bas. S'assombrir. Se couvrir. / Arc-en-ciel.
CÉLESTE. *Corps céleste.* Astre. Etoile. Planète. / Météore (corps céleste qui traverse l'atmosphère terrestre). Astéroïde. Etoile filante. Bolide.

Séjour de Dieu et des bienheureux. *Aller au ciel. Monter au ciel.* Paradis. Séjour céleste. Royaume de Dieu. Royaume éternel. / *Saints du ciel.* Eglise triomphante. / *La reine du ciel.* La Vierge Marie.
CÉLESTE. *Bonheur céleste.* Bonheur éternel. Félicité éternelle. Béatitude du ciel. Eternité bienheureuse.

Puissance divine. *Remercier le ciel.* Providence. / *Bénédiction du ciel.* Faveur. Grâce.

Locutions diverses. A ciel ouvert (en plein air). Tomber du ciel (arriver à l'improviste). Remuer ciel et terre (employer toutes sortes de moyens pour arriver à un but). Etre au septième ciel (être dans le ravissement).

cinéma

(du gr. *kinêma,* mouvement)

Art de composer et de réaliser des films. Cinéma muet. Cinéma parlant. Cinéma d'amateur, d'essai. Cinéma scientifique. Cinéma en couleur, en relief.

Œuvre cinématographique. Film. Bande. / Vue. Image. / Scénario. Synopsis. Découpage. Scène. Séquence. Plan. Dialogue. Gag. Suspense. / Distribution. Générique. Titre. Sous-titre. Sous-titrage. / Production. Réalisation. Adaptation. / Produire. Adapter. Porter, mettre à l'écran. / Scénariste. Dialoguiste. Adaptateur.
Différentes sortes de films. Film muet, sonore, parlant. Film de long, de moyen, de court métrage. Long-métrage. Moyen-métrage. Court-métrage. Film en noir, en couleur. / Film comique. / Dessins animés. / Film d'animation. Film historique. Film documentaire. Film d'actualités. Film d'enseignement. Film éducatif. Film publicitaire. / Film à grand spectacle. Superproduction. / Western. / Film policier. / Film érotique, pornographique. / Film en version originale, intégrale. / Remake (nouvelle version d'un film).

Opérations. Réaliser un film. Filmer. Tourner. Tournage. Premier tour de manivelle. Mise en scène.
Prise de vues. Champ. Contre-champ. / Enregistrement du son. Bruitage. Musique. Mixage des sons. Copie du son. Développement du film son. Développement du négatif. Sélection des prises de vues. Développement du positif.
Projection au studio. Visionner. Montage du film positif. Copie des deux bandes (son et image) sur un seul film positif. Développement du positif. Première copie.

Procédés. Accéléré. Ralenti. / Gros plan. Premier plan. Plan américain. / Flash-back. Flou. Fondu. Fondu enchaîné. Dégradé. / Truc. Truquage. / Synchronisation. Postsynchronisation. Doublage. Supervision. Surimpression. Transparence. Travelling. Panoramique.
Personnel. Cinéaste. Producteur. Réalisateur. Directeur de production. Metteur en scène. Directeur artistique. Script-girl. Caméraman. Chef opérateur. Aide-opérateur. Directeur de la photographie. / Ingénieur du son. Régisseur. Chef électricien. Chef machiniste. Cadreur. Accessoiriste. Ensemblier. Perchman. Clackman. Habilleuse. Maquilleuse. / Superviseur. Monteur. Monteuse.
Acteurs. Artiste. Vedette. Star. Etoile (vx). Jeune premier. Jeune première. Monstre sacré. Starlette. Vamp. Doublure. / Figurant. Cascadeur. Figuration.
Matériel. Pellicule. Film de 70, 35, 16, 9,5, 8 millimètres. Super huit. Double huit. / Caméra. Zoom. Magnétophone. Microphone. Bande magnétique. Piste sonore. / Plateau. / Perche. Girafe. Grue. Claquette. Projecteur. Spot. Réflecteurs. / Décors. Extérieurs. Studio.
Projection. Exploitant. Exploitation. / Programmation. Programmer. Programmeur. Distribution. Circuit de distribution. Distributeur. / Coupures. Censure. Censurer, interdire un film. / Exclusivité. Appareil à projection. Ecran. Ecran panoramique. Cinémascope. Cinérama. / Ciné (fam.). Salle obscure (fam.). / Matinée. Soirée. / Permanent.

Relatif au cinéma. Cinématographe (vx). Cinématographie (vx). Cinématographier. Septième art. / Cinémathèque. Filmothèque. / Cinéphile. Cinéphobe. Ciné-club. / Festival cinématographique. Oscar (prix). / Filmologie. Expressionnisme. Cinéma-vérité. Néoréalisme. Nouvelle vague.

cinq
(du lat. *quinque ;* en gr. *pente*)

Dérivés de cinq. Le cinq du mois. Le cinq de pique. / Cinquième. Cinquièmement. Cinquante. Cinquantaine (nombre). Cinquantenier. / Cinquantaine (âge). Cinquantenaire. Cinquantième.

Dérivés de « quinque ». Quinconce. Quinquennal. Quintefeuille. / Quinaire. Quine. Quinte. / Quintette. / Quintessence. / Quintidi. / Quintupler. Quintuple. Quintuplé. / Quintillion. / Quintivalent. / Quinquagénaire.

Dérivés de « pente ». Pentaèdre. Pentagone. Pentamètre. Pentathlon. Pentapétale. Pentasyllabe. Pentacorde. Pentarchie. Pentarque. Penthémimère. Pentecôte (cinquante jours après Pâques). Pentateuque.

circonstance
(du lat. *circumstantia,* de *circumstare,* entourer)

Ensemble des faits qui accompagnent un événement. *Remarquer, observer, examiner les circonstances d'un fait.* Condition. Modalité. Données. / *Circonstance particulière d'un événement.* Détail. Circonstances atténuantes, aggravantes. Particularité.
Circonstances grammaticales. Complément circonstanciel de temps, de lieu, de cause, de condition, de conséquence, de but, etc. / Conjonctions et adverbes de circonstance.
CIRCONSTANCIER (exposer les circonstances d'un fait). Préciser. Détailler. / *Récit circonstancié.* Détaillé.

Ce qui caractérise un moment donné. *Agir selon les circonstances.* Situation. Conjoncture. Contexte. Etat de choses. Occasion. / *Circonstances difficiles, critiques.* Mauvaise passe. Position difficile. / *Concours de circonstances.* Coïncidence. Occasion. Eventualité. Hasard. / *Circonstances favorables.* Chance. / *Profiter de la circonstance.* Aubaine. Occasion.
En pareille circonstance. Dans le cas présent. En l'occurrence. / *Dans les circonstances actuelles.* Par le temps qui court. Actuellement. / *Les circonstances présentes.* Actualité. / *De circonstance.* Opportun. A propos. / Opportunité.

circonvenir
(du lat. *circumvenire,* entourer)

Agir avec ruse sur quelqu'un. *Circonvenir un juge.* Embobeliner, ou embobiner (fam.). Entortiller (fam.). Emberlificoter (fam.). Endormir (fam.). Tromper. Abuser (vx).

cirque
(du lat. *circus*)

Sorte de théâtre circulaire où ont lieu des spectacles équestres et acrobatiques. Cirque ambulant, forain. / Ménagerie. Cavalerie. / Tente. Mâts. Chapiteau. Piste. Gradins. Loges.
Personnel. Acrobate. Equilibriste. Trapéziste. Dompteur. Dresseur. Funambule. Danseur de corde. Jongleur. Illusionniste. Ecuyer. Ecuyère. / Auguste. Clown. Pitre. Ventriloque.
Exercices. Acrobaties. Saut périlleux. Trapèze volant. / Exercices équestres. Voltige. / Tours d'agilité. Tours d'adresse. Jonglerie aux boules, assiettes, cerceaux, etc. Tours de prestidigitation. Tours de force. Travail au tapis. Exercices d'équilibre. / Animaux savants. Animaux dressés.

Cirque romain. Hippodrome. Arène. Bornes. Barrières. Carrière. / Courses de chevaux, de chars. Auriges (cochers).
Amphithéâtre. Gradins. Travées. Portiques. Vomitoires (portes de sortie). Podium (endroit où se plaçaient les sénateurs).
Jeux. Naumachie (représentation d'un combat naval). Sylve (cirque transformé en forêt où l'on tuait des animaux).
Combats. Gladiateurs. Laniste (marchand et instructeur des gladiateurs). Bestiaires ou belluaires (combattaient contre les bêtes féroces). Rétiaires (armés d'un filet et d'un trident). Essédaires (combattaient sur des chars). Mirmillons (portaient un casque orné d'un poisson). / *Morituri te salutant.* / Pouce baissé. Pouce levé.

ciseau
(du lat. pop. *cisellus,* de *caedere,* couper)

Outil tranchant à l'une de ses extrémités. *Parties d'un ciseau.* Lame. Biseau. Chanfrein. Collet. Embase. Soie. Manche.

Sortes de ciseaux. *Ciseau de menuisier, d'ébéniste, de charpentier.* Bédane. Ebauchoir. Gouge. Poinçon. / *Ciseaux de sculpteur.* Gradine. Hougnette. Riflard. Rondelle. / *Ciseaux de ciseleur et de graveur.* Ciselet. Gouge. Burin. Grattoir. Matoir. Molette. Godronnoir. Onglet. Ovoir. Berceau. Pointe. Ecartoir. Repoussoir. / *Ciseau de chirurgie.* Ciseau-burin. Ciseau à discission. / *Petit ciseau d'orfèvre.* Cisoir. / Ciseau à froid, à déballer. / Ciseau à querner (pour préparer l'ardoise).
CISELER (tailler du métal, de la pierre avec un ciseau). Buriner. Graver. Entailler. Sculpter. / *Art de ciseler.* Toreutique.

Outil tranchant à deux branches. *Parties d'une paire de ciseaux.* Branches : mâle, femelle. Anneaux. Tranchant. Pointe. Vis. Entablure (point de jonction des deux branches). Bouton.
Couper avec des ciseaux. Tailler. Trancher. Ebarber.

Sortes de ciseaux. Ciseaux de coupeur. Ciseaux de couture. Ciseaux à boutonnières, à broderie. Carrelet. / Ciseaux à ongles. Ciseaux de poche. / Ciseaux de chirurgie. Ciseaux coudés. Ciseaux à cuillers. / Sécateur. Forces. Forcettes. Ciseaux à découper. / Ebarboir.
Gros ciseaux pour des matières dures. Cisaille. / Cisaille d'établi. Bourriquet (support). / Cisaille à main. Cisailles à haies, à chantourner, à tôle. Cisaille de relieur. Cisaille de chirurgie. / Coupe-boulons.
Cisaille circulaire. Cisaille à lames, à guillotine. / Cisailleuse. / Cisoires (tôlerie). / Cisaille à air comprimé, à billette, pour profilé.
CISAILLER (couper avec des cisailles). Cisaillement. Cisaillage.

citron
(du lat. *citrus,* citronnier)

Fruit jaune clair ayant un goût acide. *Produits.* Jus de citron. Ecorce de citron. Zeste (partie la plus extérieure de l'écorce). / Citronné. Citronner. / Citronnat (conserve). / Citron pressé. Citronnade. Limonade. Citronnelle (liqueur). / Confiture de citrons. / Acide citrique. Citrate.

civiliser
(du lat. *civilis,* de *civis,* citoyen)

Faire passer de l'état primitif à un certain degré d'évolution. *Civiliser un peuple.* Eduquer. Dégrossir. Affiner. Policer. / *Civiliser quelqu'un* (fam.). Rendre poli, aimable, gracieux, sociable.

CIVILISATION. Evolution. Progrès. Culture. / Civilisateur.

clair
(du lat. *clarus,* clair, brillant)

Qui répand ou qui reçoit beaucoup de lumière. *Un feu clair.* Vif. Resplendissant. / *Un métal clair.* Brillant. Eclatant. Etincelant. / *Un local clair.* Lumineux. / *Un ciel clair.* Pur. Sans nuages.

CLARTÉ. Clair de lune. Luminosité. / *Une grande clarté.* Embrasement. Eblouissement. / *Faible clarté.* Lueur. Clair-obscur. / *Répandre de la clarté.* Eclairer. Luire. Briller.

Qui laisse passer la lumière. *Un verre clair.* Transparent. Translucide. Diaphane. Brillant. Net. / *De l'eau claire. Un liquide clair.* Limpide. Pur.

CLARTÉ. Transparence. Diaphanéité. Limpidité. Pureté.

D'une couleur peu marquée. Peu foncé. / *Bleu clair.* Azur. Céruléen. / *Brun clair.* Kaki. Châtain. / *Jaune clair.* Crème. Citron. / *Vert clair.* Vert émeraude. Smaragdin.

Peu épais. *Un tissu clair.* Lâche. / *Une sauce claire.* Liquide. Peu consistant. / *Un vin clair et léger.* Clairet. / *Des cheveux clairs. Un gazon clair.* Peu abondant. Peu fourni. Clairsemé. Rare. / *Un bois clair.* Peu touffu.

Bien timbré. *Une voix claire. Un son clair.* Cristallin. Sonore. Argentin. Aigu.

Facile à comprendre, à deviner. *Un exposé clair.* Lumineux. Net. Intelligible. Précis. Explicite. / *Une preuve claire.* Manifeste. Evident. / *Un esprit clair.* Pénétrant. Perspicace. Lucide.

CLARTÉ. Précision. Netteté. Limpidité. Lucidité. Pénétration. Perspicacité.

CLAIREMENT. Lumineusement. Intelligiblement. Nettement. Explicitement. Catégoriquement.

CLARIFIER (rendre plus clair). Eclaircir. Elucider. Débrouiller. Démêler. Tirer au clair. Expliciter.

CLARIFICATION. Eclaircissement. Elucidation. Débrouillement. Démêlage.

classe
(du lat. *classis,* classe de citoyens)

Ensemble de personnes de même condition ou de même fonction sociale. *Les différentes classes de la société.* Catégorie. Groupe. Caste. / Echelle sociale. Hiérarchie sociale. Rang social. Situation sociale.
Les hautes classes. Aristocratie. Noblesse. Le grand monde. Homme, femme du monde. / *Les classes privilégiées.* La classe possédante. Capitalisme. Capitaliste. Patronat. Magnats. / *La classe dirigeante.* Gouvernement. Gouvernants. / *Les classes moyennes.* Bourgeoisie commerciale, industrielle, intellectuelle. Cadres. Fonctionnaires. Employés. / *Classe paysanne.* Paysans. Paysannat. Paysannerie. Ruraux. / *Classe ouvrière.* Classes laborieuses. Ouvriers. Prolétaires. Prolétariat. Petites gens. Sous-prolétariat. / *Basses classes.* Populace. Populo (pop.). / Lutte des classes (une des notions fondamentales du marxisme).

SE DÉCLASSER. Se mésallier. Déchoir.

Ensemble d'êtres ou de choses ayant des caractères communs. *Une classe d'individus.* Catégorie. Sorte. Espèce. / La classe des oiseaux, des mammifères. / *Division d'une classe.* Sous-classe. / *Subdivision d'une classe.* Ordre. Groupe. Famille. / *Des bateaux de même classe.* Type.

CLASSER (ranger par catégories). Répartir. Diviser. Cataloguer. Répertorier. / Ranger. Ordonner.

CLASSEMENT. Classification. Ordre.

Différence de rang ou de valeur entre des personnes ou des choses. Inspecteur, préfet de première classe. / *Un musicien de grande classe.* Talent. / Une voiture de chemin de fer de seconde classe. / *Avoir de la classe* (fam.). Distinction. Elégance. Race. Valeur.

Groupe d'élèves qui suivent le même enseignement. Classes enfantines, classes terminales. / Sauter une classe. Redoubler une classe. / *Faire ses classes.* Etudes. / *Aller en classe.* Suivre des cours. / *Livre de classe.* Classique.

Groupe de jeunes gens appelés au service militaire. Classe de recrutement. Classe de mobilisation. / *Appeler une classe.* Contingent. / *Etre de la classe* (fam.). Etre libérable.

cloche
(du bas lat. *clocca*)

Instrument de métal que l'on fait sonner en le frappant avec un marteau ou un battant. Les cloches d'une église. / *Grosse cloche.* Bourdon.
Parties d'une cloche. Panse. Gorge. Faussure. Pince. Cerveau. Calotte. Pont. Anses. Couronne. / Bride. Bélière. Brayer. Battant. Chasse.
Métal d'une cloche. Alliage de cuivre et d'étain. Acier et nickel. / Tonalité, timbre d'une cloche. / *Fonte d'une cloche.* Fonderie. / Tracé. Moulage. / Moule. Noyau. Fausse cloche. Chape. / Coulée.
Montage d'une cloche. Empoutrerie. Mouton. Sommier. Demi-roue.
Baptême d'une cloche. Inscription campanaire.
CLOCHER. Campanile. Beffroi. Clocheton. / Abat-son.

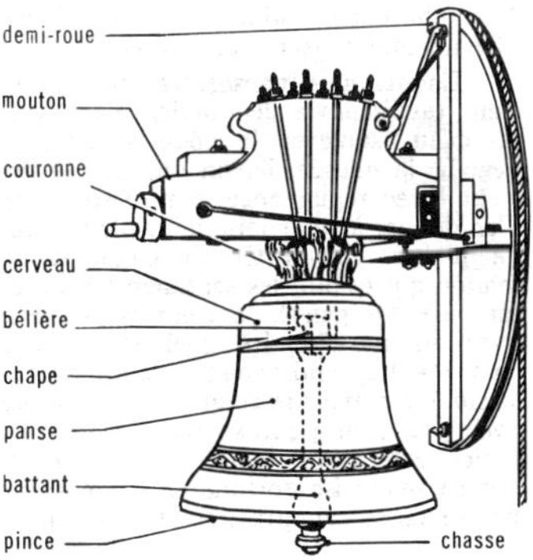

Son des cloches. Sonner. Mettre en branle. Sonnailler. Brimbaler. Sonner à toute volée. / Sonnerie. Mécanisme. / Sonner la messe, les vêpres, l'angélus, le glas. Sonner le couvre-feu, le tocsin. / Tinter, ou copter (frapper seulement d'un côté). Tintement. Tintinnabuler (sonner, en parlant d'une cloche, d'un grelot). / Carillonner. Carillon (ensemble de cloches accordées à différents tons). Carillonneur. Sonneur.

Petites cloches. Clochette. Campane. Sonnaille. Clarine. Grelot. / Sonnette. Timbre. / Sonnette électrique. / Clochettes de jaquemart.

Locutions diverses. Son de cloche (opinion d'une ou de plusieurs personnes). Qui n'entend qu'une cloche n'entend qu'un son (pour être bon juge, il faut entendre les deux parties). Déménager à la cloche de bois (en cachette). Sonner les cloches à quelqu'un (pop.) [le réprimander vertement].

clôture
(du lat. pop. **clausitura*; lat. class. *clausura*)

Ce qui sert à clore un espace. *Entourer d'une clôture.* Clôturer. Clore. Enclore. / Enclos.

Clôture d'une propriété, d'un terrain. Mur de clôture. Porte de clôture. / *Clôture en bois.* Barrière. Montants. Lisses (planches horizontales). / *Clôture à claire-voie.* Palissade. / *Clôture faite d'arbres, d'arbustes.* Haie. Haie vive. Charmille. / *Clôture métallique.* Grille. Grillage. Treillage. Fils de fer barbelés. / Clôture électrique. / Artichauts, épis, chardons (pointes empêchant l'escalade).

Clôture d'un couvent. Enceinte (où les religieux sont cloîtrés).

Clôture d'un magasin. Rideau de fer. Devanture.

Ce qui termine une chose. *Clôture d'une session, d'un scrutin, d'une séance, d'une délibération.* Fin. / Discours de clôture.

CLÔTURER. *Clôturer une séance, un débat.* Clore. Mettre fin à. Terminer. Achever. Finir.

clou
(du lat. *clavus*)

Petite tige de métal à pointe et à tête qui sert à fixer quelque chose. *Sortes de clous.* Clou à tête homme, à tête plate, à tête ronde, à bouton couronné. Clou bombé. Fausse vis. Aile-de-mouche. Bec-de-cane. Caboche. Cabochon. Pointe de Paris. Semence. Conduit (clou en U à deux pointes). Cavalier. Clou à crochet. Piton. Patte-fiche.

Emploi des clous. Clous à bateau. Clous à plafonner, à latter. Clous à parquet. Clous à ardoises. Clous de fer à cheval. Clous à penture. Clous de doublage. Clous de chaussures. Clous de cordonnier. Clous de maçon. Clous de tapisserie, de décoration, d'ameublement. / Clous de chirurgie : lisses, pleins, creux, longs, droits, contre-coudés, à ailettes. Passage clouté (garni de clous).

CLOUER (fixer avec des clous). Clouage. / Cramponner. / Araser. Noyer. Noyure. / Etêter. / Rabattre.

CLOUTER (garnir de clous). Cloutage. Marteau. / Cloueuse. / Cloutière (boîte à clous compartimentée).

DÉCLOUER. Arracher. / *Outils.* Tenailles. Tire-clou. Chasse-pointe. Chasse-clou.

cœur

(du lat. *cor, cordis ;* en gr. *kardia*)

Muscle situé entre les poumons et qui est l'organe moteur de la circulation du sang. *Anatomie du cœur.* Base. Pointe. Cœur droit. Cœur gauche. Oreillette droite. Oreillette gauche. Ventricule droit. Ventricule gauche. Valvule droite, ou valvule tricuspide. Valvule gauche, ou valvule mitrale. Valvules sigmoïdes. *Structure de la paroi du cœur.* Tuniques. Endocarde. Myocarde. Péricarde.

Rythme cardiaque. Battements. Pulsations. Pouls. Palpitations. / Systole (contraction) auriculaire. Systole ventriculaire. Diastole (dilatation). / Arythmie (irrégularité du rythme cardiaque). Bradycardie (ralentissement du rythme cardiaque). Tachycardie (accélération des battements).
Système nerveux intracardiaque. Nerfs modérateurs. Nerfs accélérateurs.

Maladies du cœur. Cardiopathie. Coronarite. Thrombose artérielle. Infarctus du myocarde. Angine de poitrine. Endocardite. Insuffisance mitrale. Rétrécissement mitral. Insuffisance aortique. Insuffisance cardiaque. Insuffisance ventriculaire. Myocardite. Péricardite. / *Maladies congénitales.* Rétrécissement de l'artère pulmonaire. Rétrécissement aortique, ou sténose de l'isthme de l'aorte. Communication interventriculaire, interauriculaire. Dextrocardie (transposition du cœur à droite).
Traitement chirurgical. Commissurotomie mitrale. Péricardectomie. Valvulotomie. Résection de la sténose de l'aorte. / Intervention à cœur ouvert, à cœur fermé. / Greffe. Cœur artificiel.
Remèdes cardiaques. Huile camphrée. Caféine. Digitaline. Belladone. Cardiotonique. Stimulant.

Dispositions affectives et morales. *Aimer de tout son cœur. Donner son cœur.* Affection. Attachement. Amour. Tendresse. Passion. / Affectueux. Attaché. Aimant. Tendre. Passionné. / Cœur d'artichaut (fam. ; volage). Affaire de cœur (intrigue amoureuse). / *Avoir le cœur sur la main* (fam.). *Avoir du cœur. Avoir bon cœur. Avoir un cœur d'or.* Etre bon, généreux, bienveillant, compatissant, charitable, dévoué, sensible, humain. / Bonté. Générosité. Bienveillance. Compassion. Charité. Dévouement. Sensibilité. Humanité. Délicatesse.
Aller droit au cœur. Toucher. Emouvoir. / *Briser, déchirer, fendre le cœur.* Causer une grande douleur. / *Un cœur de pierre, de marbre, de glace. Un sans-cœur.* Dur. Insensible. Inhumain. Cruel. Féroce. Barbare. / *De bon cœur. De grand cœur.* Volontiers. Avec plaisir. / *Parler à cœur ouvert.* Sincèrement. Franchement. / Se fier. Se confier.

CORDIAL. Bienveillant. Sympathique. Chaleureux. Spontané. Sincère.

CORDIALITÉ. Bienveillance. Sympathie. Chaleur. Spontanéité. Sincérité.

CORDIALEMENT. Sincèrement. Chaleureusement. Sympathiquement. Amicalement.

Relatif au cœur. Précordial. Cardiologie. Cardiologue. Cardiogramme. Electrocardiogramme. Cardiographie. / Stéthoscope. Stimulateur cardiaque externe, interne (ou pacemaker).

Locutions diverses. Avoir mal au cœur (avoir envie de vomir). Faire mal au cœur, soulever le cœur (exciter le dégoût, la nausée, l'aversion). A contrecœur (avec répugnance, contre son gré). S'en donner à cœur joie (jouir pleinement de quelque chose). Cri du cœur (exclamation qui traduit les sentiments les plus intimes). De gaieté de cœur (volontiers, avec plaisir). Prendre quelque chose à cœur (l'entreprendre avec ardeur, enthousiasme). En avoir le cœur net (s'informer avec précision pour savoir à quoi s'en tenir). Par cœur (de mémoire). Faire contre mauvaise fortune bon cœur (ne pas se laisser abattre par les revers).

coffre

(du lat. *cophinus*)

Meuble de forme rectangulaire, à couvercle. *Parties d'un coffre.* Fond. Couvercle. Parois. / Charnière. Obronnière. / Serrure. Houssette. Fermoir. Moraillon. / Portant. Main. / Tiroir. Casier. Compartiments. / Garniture. Tourillon. Rosette, ou rose (petit clou à tête ronde).

Espèces de coffres. Bahut. Banneton. Bétuse (à avoine). Boîte. Caisse. Caissette. Caisson. Carton. Cassette. / Coffre à bagages, à bois, à charbon, à linge. / Coffre-fort. / *Petit coffre.* Coffret. Ecrin. / Huche. Maie. Pétrin. / Malle. Mallette. Cantine. Valise. / Cercueil ou bière. / Reliquaire. Tabernacle. Châsse.

Relatif au coffre. *Fabricant de coffres.* Malletier. Bahutier. Coffretier. / *Mettre dans un coffre.* Enfermer. Ranger. Serrer (vx).

coiffure

Ce qui sert à couvrir, à orner la tête. *Porter une coiffure.* Se couvrir la tête. / *Garder sa coiffure.* Rester couvert. / *Ne pas porter de coiffure.* Etre nu-tête. Etre en cheveux.

Coiffure d'homme. Couvre-chef (fam., plaisant). / *Chapeau mou.* Feutre. Taupé. Chapeau tyrolien. / *Chapeau haut de forme.* Haut-de-forme ou haute-forme. Huit-reflets. Gibus. Claque. / *Chapeau de paille.* Canotier. Panama. Manille. Bangkok. Bolivar. / *Chapeau rond.* Melon. Cape. / Béret. Casquette. Fez. Turban. / *Chapeau à cornes.* Bicorne. Tricorne. / *Chapeau de marin.* Suroît. Bousingot (vx). / Galure, ou galurin (pop.). Faluche (béret d'étudiant).
Coiffure ecclésiastique. Barrette. Mitre. Tiare. Chapeau de cardinal.
Coiffure militaire. Béret. Bonnet (de marin). Calot. Chéchia. Képi. Shako. Chapska.
Coiffure de magistrat. Mortier. Toque.

Coiffure de femme. Toque. Feutre. Chapeau de paille. Bibi (fam.).
Chapeaux anciens. Capote. Capeline. Cabriolet. Charlotte. Bavolet. / *Coiffure du Moyen Age.* Hennin. Attifet. Escoffion.
Coiffure sans fond. Diadème. Couronne. Serre-tête. / Mantille. Voile. Turban.
Coiffe bretonne, normande, sablaise, arlésienne, alsacienne, lorraine, auvergnate, boulonnaise, bourguignonne, vendéenne, etc. / Bonnet. Bonnet tuyauté. Bonnet plissé.

Éléments de coiffures. Carcasse. Passe. Coiffe. Bords. Retroussis.
Matière. Velours. Soie. Feutre. Fourrure. Paille. Sparterie. Peluche. / *Garniture.* Bordure. Galon. Ganse. Bourdalou. Cordon. / Aigrette. Dentelles. Plumes. Plumet. Pompon. Cocarde. / Brides. Mentonnière. Barbes.

Art de coiffer. Chapellerie. Magasin de modes. Modiste. Chapelier. Garnir un chapeau. Essayer. / Conformateur. / Chapeauter (fam.).
COIFFANT (qui coiffe bien). Seyant.

coin

(du lat. *cuneus;* en gr. *sphên, sphenos*)

Pièce de bois ou de fer triangulaire. *Sortes de coins.* Cale. Fendoir. Angrois (de manche d'outil). Moellonnier (de maçon). Patarasse (de calfat). Pipes (à meule). Pommelles (de carrière). Rossignol (à mortaise).
COINCER (assujettir avec des coins). Serrer. Immobiliser. Fixer. / Coincement. Coinçage.
En forme de coin. Cunéiforme. / Cunéirostre. / Os sphénoïde (os du crâne).

Angle rentrant ou saillant. Recoin. Encoignure. Coin de rue. Coin du feu. / Coins de la bouche, des yeux. Commissures. / Ecoinçon (surface triangulaire ou meuble triangulaire).
Jouer aux quatre coins. / *Se cacher dans un coin.* Se rencogner. Se blottir.

Petit espace. *Se retirer dans un coin.* Lieu. Endroit. Localité. / *Coin perdu, isolé.* Trou (fam.). Bled (fam.). Pays perdu. / *Aller au petit coin* (fam.). Cabinets.

colère

(du lat. médical *cholera;* lat. class. *ira*)

État affectif violent et passager. *Accès, crise, mouvement de colère.* Irritation. Emportement. Exaspération. Ire (vx). Courroux (littér.). / *Une colère violente. Une colère bleue. Une colère noire.* Fureur. Furie. Rage. / *Se mettre en colère. S'abandonner à la colère. Piquer une colère* (fam.). S'indigner. S'irriter. Monter sur ses grands chevaux. Prendre la mouche. Se fâcher. Se fâcher tout rouge. S'emporter. S'échauffer. Eclater. Exploser. Ne plus se posséder. Sortir de ses gonds. Etre hors de soi.
Etre prompt à se mettre en colère. Etre irascible, irritable, coléreux, colérique (vx), querelleur, vif, emporté. Avoir la tête chaude. Avoir la tête près du bonnet. Monter comme une soupe au lait (fam.).
Etre en colère. Etre furieux, furibond,

courroucé (littér.), indigné, outré, révolté, irrité. Enrager. Rager. Fumer (fam.). Fulminer. Maronner (fam.). Râler (fam.). / Ne pas décolérer (ne pas cesser d'être en colère).

Manifestations de la colère. Bouillir (de colère). Etre dans le feu de la colère. Etre rouge, cramoisi, pourpre de colère. Etre blanc, blême de colère. / Etre au paroxysme de la colère. Ecumer (de rage). Suffoquer. Bondir de rage. Trembler. Frémir. Trépigner. / Montrer les dents. Grincer des dents. Serrer les poings. / Voir rouge. Avoir les yeux brillants de fureur. Avoir les yeux exorbités. *Manifester sa colère par des paroles, par des cris.* Pester. Jurer. Blasphémer. Injurier. Vociférer. Tempêter. Tonitruer. Pousser des cris, des hurlements, des rugissements. / Eclats. Injures. Gros mots. Jurons. Blasphèmes.

Provoquer la colère. *Allumer, exciter, soulever la colère. Mettre en colère.* Agacer. Aigrir. Enerver. Porter, taper (fam.) sur les nerfs. Crisper. Exaspérer. Révolter. Indigner. Ulcérer. Fâcher. Courroucer (vx). Irriter. Faire enrager. Echauffer la bile. Faire bondir. Pousser à bout (fam.).

colle

(du lat. *colla*)

Matière gluante utilisée pour joindre des objets et les faire adhérer. Colle liquide. Colle pâteuse. / Tube de colle. Pot de colle. Pinceau à colle.
Colles animales. Gélatine du sang, des os, de la peau. Colle forte (extraite des peaux à tanner). Colle de peaux, ou colle au baquet (extraite des peaux de lapin, de chevreau, de daim). Colle d'os. Colle forte, ou colle de menuisier (extraite des tissus osseux). Colle de poisson, ou ichtyocolle (extraite des déchets de poisson, de la vessie natatoire de certains poissons). Colle de caséine (extraite du lait), ou colle à froid.
Colles végétales. Colle d'amidon, dite « colle américaine ». Colle de pâte (à la farine ou à l'amidon). Colle de gluten. Colle de caoutchouc et de gutta-percha. Gomme arabique. Gomme adragante.
Colles minérales. Colles extraites du silicate de sodium. Laques. Ciments.
Colles mixtes. Solution de caoutchouc dans la benzine. Solution de gélatine dans l'eau. Dissolution.
Substances analogues. Bouillie. Détrempe. Empois. Gélatine. Glu. Goudron. Mastic. Poix. Résine.

COLLOÏDE (corps qui a l'apparence de la colle). Colloïdal.

Usages de la colle. *Fixer, faire tenir, faire adhérer avec de la colle.* Coller. / Collage. Adhérence. / Colleur. / *Enduire de colle.* Encoller. Encollage. *Coller, joindre avec du mastic.* Mastiquer. Masticage. / *Enduire de glu.* Engluer. Engluage. / *Enduire de poix.* Poisser. / *Appliquer une toile peinte sur une surface avec de la colle forte.* Maroufler. Maroufle. Marouflage. / Peinture à la colle. Détrempe.

Effets de la colle. Coller. Tenir. Adhérer. Poisser. / Collant. Gluant. Poisseux. / Adhésif. / Ruban adhésif. Sparadrap. Chatterton.

collection

(du lat. *collectio*, de *colligere*, réunir)

Ensemble d'objets réunis par curiosité, par goût ou dans une intention documentaire. *Une collection de photos.* Album. / *Une collection de livres, de disques.* Bibliothèque. Discothèque. / *Une collection de médailles, de plantes.* Médaillier. Herbier. / *Une collection de tableaux.* Galerie. / *Une collection d'armes.* Panoplie.

COLLECTIONNER. Réunir. Amasser. Grouper. Entasser. Ramasser.

COLLECTIONNEUR. Philatéliste (timbres-poste). Philatélie. Numismate (médailles). Numismatique. Bibliophile, bibliomane (livres). Bibliophilie. Bibliomanie. Discophile. Discophilie. Tyrosémiophile (boîtes de fromage). Tyrosémiophilie. Erinnophilie (recherche de vignettes non postales). Œnosémiophile (étiquettes de bouteilles de vin). Œnosémiophilie. Lépidoptérophile (papillons). Lépidoptérophilie. Lithophile (pierres). Lithophilie, etc.

colonie

(du lat. *colonia*)

Territoire distinct d'une nation et placé sous sa dépendance. *Colonie de peuplement, d'exploitation. Colonie stratégique.* Protectorat. Possession. / Etablissement. Comptoir. Factorerie. Concession. / Mandat. Tutelle. / Métropole. Mère patrie.

COLONIAL. Empire colonial. Pays d'outre-mer. / Denrées coloniales.

COLONISER (fonder une colonie). Colonisation. / Colonisateur. Pionnier. Planteur. / Pied-noir.

Administration. Administration directe. Administration indirecte. Législation coloniale. / Gouverneur. Résident.

COLONIALISME. Impérialisme. / Anticolonialisme. / Néo-colonialisme. Néo-colonialiste. / Décoloniser. Décolonisation. Décolonisateur.

Population. Colon. /Indigène. Autochtone. / Créole. Homme de couleur. Sang-mêlé. Métis. Mulâtre. Mulâtresse. Quarteron. Octavon.
Assimilation. / Discrimination. Racisme. Ségrégation. Apartheid. Ségrégationisme. Ségrégationiste.

combat

(de *combattre,* bas lat. *combattuere ;* en lat. *pugna ;* en gr. *makhê*)

Action d'adversaires, d'armées qui se battent. *Combat terrestre, aérien, naval.* Bataille. Engagement. Abordage. Combat offensif. Combat défensif. / *Aller, marcher au combat.* Baroud (arg.). Casse-pipe (pop.). / *Livrer un combat. Engager le combat.* Attaquer. Monter à l'assaut. Assaillir. Charger. Recevoir le baptême du feu (aller au combat pour la première fois). / Mêlée. Rencontre. Corps à corps. Bataille rangée. Choc. / *Combat acharné, sanglant, sans merci.* Massacre. Carnage. Tuerie. Boucherie. / *Combat peu important.* Echauffourée. Escarmouche.

COMBATTRE. Se battre. / *Combattre avec acharnement.* Lutter. Se défendre. Vendre chèrement sa vie. Résister farouchement. / Remporter l'avantage, la victoire. Vaincre. L'emporter de haute lutte. / Gagner. Gagner sans coup férir.
Perdre le contact. Se replier. Reculer. Fuir. Cesser le combat. Décrocher. / Défaite. Déroute. Débandade. Débâcle. / Etre fait prisonnier. Captivité.
Champ de bataille. Champ d'honneur.

COMBATTANT. Soldat. Poilu.

COMBATIVITÉ (ardeur à combattre). Pugnacité (littér.). Moral. Ardeur.

COMBATIF. Pugnace (littér.). Agressif.

Lutte sportive. *Combat de boxe.* Rencontre. / *Disputer un combat.* Boxer.

Sports de combat. *Boxe.* Boxeur. Amateur. Professionnel. / *Catégories.* Mouche (48 à 51 kg). Coq (51 à 54 kg). Plume (54 à 57 kg). Léger (57 à 60 kg). Super-léger ou welter (60 à 63,5 kg). Mi-moyen (63,5 à 67 kg). Super-mi-moyen (67 à 71 kg). Moyen (71 à 75 kg). Mi-lourd (75 à 81 kg). Lourd (au-dessus de 81 kg). / *Equipement.* Gants. Protège-dents. Coquille ou ceinture protectrice. / *Déroulement du combat.* Ring. Cordes. Cloche. Gong. Reprises ou rounds. / Challenger (celui qui cherche à enlever son titre à un champion). / *Coups.* Crochet. Direct. Swing (coup horizontal porté latéralement). Uppercut (coup donné de bas en haut). / La garde. Garde haute, basse. Se mettre en garde. / Avoir du punch. / Jeu de jambes. / Entraînement. Punching-ball. Saut à la corde. / Disputer un combat. Gagner. Remporter la victoire aux points, par knock-out (mise hors de combat d'un boxeur resté plus de dix secondes à terre). Aller au tapis. Knock-down. Groggy (étourdi par les coups). / Entraîneur. Soigneur. Manager.

Lutte. Lutte gréco-romaine. Lutte libre. Catch. Pancrace (vx). / Lutteur. Catcheur. / Karaté. / Judo. Prises. Projection. Immobilisation. Clés. Strangulation. / Judoka (personne qui pratique le judo). Judo-gi (costume). Ceinture blanche (pour les débutants), jaune, orangée, verte, bleue, marron, noire. Dan (degré de qualification pour les ceintures noires).

combinaison

(du bas lat. *combinatio,* arrangement)

Assemblage d'éléments dans un ordre ou selon des proportions déterminés. *Combinaison de lignes, de couleurs.* Arrangement. Agencement. Disposition. Composition. / *Combinaison de sons.* Accord. Harmonie. / *Combinaison d'idées.* Association. Synthèse.

COMBINER. Arranger. Agencer. Disposer. Composer. Associer. Assortir.

Ensemble de moyens concertés en vue d'un résultat. *Chercher une combinaison pour réussir.* Arrangement. Manœuvre. Stratagème. Machination. Manigance. Système. Truc (fam.). Artifice. Combine (pop.).

COMBINER. Arranger. Organiser. Elaborer. Préparer. Concerter. Méditer. Imaginer. / Manigancer. Machiner. Trouver.

COMBINARD (fam.). Débrouillard. Astucieux. Roué. Malin.

comédie

(du lat. *comœdia*)

Pièce de théâtre qui excite le rire. Comédie de caractères. Comédie de mœurs. Comédie d'intrigue. Comédie-ballet. Comédie héroïque. Comédie larmoyante. / *Comédie légère.* Vaudeville. / *Comédie populaire, grossière.* Farce.

COMIQUE. Pièce comique. / *Acteur comique.* Bouffon. Pitre. Clown.

Attitude hypocrite ou capricieuse. *Jouer la comédie.* Se composer une attitude. Affecter certains sentiments. / Hypocrisie. Mensonge. Feinte. Simulation. Apparence trompeuse.
Faire une (la) comédie (en parlant d'un enfant). Etre désagréable, capricieux, insupportable. Faire un caprice (fam.).
COMÉDIEN. Hypocrite. Farceur.

comète

(lat. *cometa,* du gr. *komêtês,* chevelu)

Astre nébuleux qui décrit, autour du Soleil, des orbites très allongées. Astre chevelu. Astre errant. Comète chevelue, barbue, à plusieurs queues. / Tête. Noyau. Chevelure. Queue. / Orbite. Trajectoire. Périhélie. Aphélie. Période. / Pression de radiation. / Désagrégation. Système cométaire. / Comètes périodiques, de Halley, d'Encke, de Biela, de Brooks.

commander

(du lat. pop. *commandare ;* en lat. class. *imperare ;* en gr. *arkhein*)

Exercer une autorité sur quelqu'un. *Commander des soldats, une équipe.* Diriger. Conduire. Mener. Donner des ordres.
Commander une chose à quelqu'un. Commander à quelqu'un de (et l'inf.). Ordonner. Prescrire. Enjoindre. Imposer. Obliger. Sommer. Intimer l'ordre de. Donner l'ordre de. / *Pouvoir de commander.* Autorité. Direction. Pouvoir. / Porter la culotte [fam.] (se dit d'une femme qui commande dans un ménage).
COMMANDEMENT. *Obéir à un commandement.* Ordre. Injonction. Prescription. Sommation. / *Ton de commandement.* Impératif. Impérieux. Tranchant. / Impérativement. Impérieusement.

Composés en -archie. Monarchie. Oligarchie (régime dans lequel le pouvoir est exercé par un petit nombre). Dyarchie. Anarchie (absence d'autorité).

Demander une chose à un fabricant, à un fournisseur. *Commander un meuble, un vêtement.* Retenir. Faire fabriquer. Faire confectionner.
COMMANDE. Ordre d'achat. / Marchandise commandée. / *Somme versée lors d'une commande.* Arrhes. Acompte. / *Annuler une commande.* Décommander.

Agir sur quelque chose. *Commander* (en parlant d'un mécanisme). Faire fonctionner. Déclencher. Mettre en mouvement, en marche.
COMMANDE. Organe de transmission. Câble. Bielle. Levier. Volant. / Commande de direction, de profondeur (avion).
Tenir les commandes (au fig.). Diriger. Avoir la haute main sur. / Poste de commande. Poste de direction.

commencer

(du lat. pop. *cominitiare,* de la racine *initium,* commencement)

Faire la première partie d'une chose. *Commencer un travail.* Entreprendre. Mettre en train. Ebaucher. Esquisser. Entamer. Démarrer (fam.). / *Commencer une affaire, une entreprise.* Lancer. Créer. Fonder. Instituer. Se lancer (fam.). S'engager (fam.). S'embarquer (fam.). / *Commencer un débat, une discussion.* Aborder. Ouvrir. / *Commencer une conversation.* Amorcer.
Commencer un combat. Engager. / *Commencer à combattre.* Attaquer. Entrer en campagne. / *Commencer des hostilités.* Déclencher. Ouvrir.
Commencer l'instruction d'un élève. Donner les premières leçons. Initier. Débuter (fam.).
Commencer à, de [rare] (avec l'inf.). Se mettre à. Se prendre à. / *Commencer à paraître* (en parlant du jour). Poindre. Apparaître. Se lever. / *Commencer à pousser* (en parlant de plantes). Sortir de terre. Lever. / *Commencer à être.* Devenir.
Commencer par (avec un nom ou un inf.). Faire d'abord. Attaquer (fam.).
COMMENCEMENT. *Le commencement d'une action.* Point de départ. Origine. Source. Principe. / *Le commencement d'un travail.* Début. Mise en train, en route. / *Le commencement d'une œuvre littéraire, artistique.* Ebauche. Esquisse.
COMMENÇANT. Débutant. Novice. Apprenti. Bleu (fam.). Bizut (arg.).

Entrer dans sa première partie. *Commencer bien, mal* (en parlant d'une chose). Débuter. Partir. Démarrer. Se mettre en train. S'emmancher (fam.).
COMMENCEMENT. *Le commencement du monde.* Création. Genèse. Origine. / *Le commencement de la vie.* Naissance. Enfance. / (Au fig.) Seuil. Matin. Printemps. / *Le commencement du jour.* Aube. Aurore. / *Le commencement d'une œuvre musicale.* Prélude. Ouverture. / *Le commencement d'un livre.* Introduction. Préface. Avertissement. Avant-propos. Prolégomènes. / *Le commencement d'un mot.* Initiale. / *Le commence-*

ment d'un discours. Exorde. Préambule. Entrée en matière. Prologue.
Les commencements d'une science. Principes. Eléments. Rudiments. Base. Source.

Faire une chose le premier. Entreprendre. Mettre en train. Préparer. Avoir, prendre l'initiative de quelque chose. Faire les premiers pas. Prendre les devants. Donner le coup d'envoi.
Ouvrir la voie. Tracer, frayer la route. Donner le signal. Donner l'exemple. Mettre en branle. Essuyer les plâtres. Attacher le grelot. Avoir l'étrenne de. Etrenner. Inaugurer. / *Personne qui commence.* Initiateur. Précurseur. Novateur. Pionnier. Promoteur.

Relatif au commencement. Initial. Primitif. Original. / Elémentaire. Rudimentaire. Primordial. / *Au commencement.* Au début. Initialement. De prime abord. / *Le commencement et la fin* (en parlant de Dieu). Alpha et Oméga.

commerce

(du lat. *commercium,* de *merx, mercis,* marchandise)

Achat, vente, échange de marchandises, de denrées ou d'espèces. *Sortes de commerces.* Commerce intérieur. Commerce extérieur. / Commerce libre. Commerce réglementé. / Commerce de gros, de demi-gros, de détail.

Profession commerciale. Commerçant. Négociant. Marchand. Grossiste. Détaillant. Débitant. Patenté. Boutiquier (péjor.).
Directeur. Gérant. Chef de rayon. Caissier. Comptable. Employé. Vendeur. Vendeuse. Commis. Factrice. Magasinier. Livreur. Expéditeur. Emballeur.
Brocanteur. Revendeur. Fripier. Maquignon. / Marchand forain. / Camelot. Colporteur.
Agent commercial. Sous-agent. Représentant. Voyageur de commerce. Placier. Courtier. Commissionnaire. Correspondant. Mandataire. Transitaire. Dépositaire. Concessionnaire. Consignataire.

Organisation commerciale. Fonds de commerce. Magasin. Boutique. Bazar. Supermarché. Hypermarché. Drugstore. / Point de vente. Succursale.
Hôtel des ventes. Halle. Marché. Foire. / Production. Industrie. Usine. Firme. Fabrique. Coopérative de production, de consommation. Bureaux. Siège social.
Etre dans les affaires. S'établir. Fonder une maison. Succéder. Successeur. / Ouvrir, tenir un magasin, une boutique. Raison sociale. Nom commercial. Patente. Bail. Immatriculation au registre du commerce.
Accaparer. Accaparement. Monopoliser. Monopole. Truster. Trust. Consortium. Holding. / Débouchés. Relations.
Livraison. Expédition. Transports. Frais de port. Franc de port. Lettre de voiture. Messageries. / Livrer. Expédier.

Opérations commerciales. Actes de commerce. Banque. Lettre de change. Nantissement. Etudes de marché. Marketing. Prospection. Prospecter.
Faire des affaires. Commercer. Acheter. / Achat. Négoce. Commerce. Trafic. Echanges. / Fournisseur. Commande. Offre et demande. / Acheteur. Client. Chaland (vx). Clientèle. Achalandage. Chalandise. Commission. Droit de commission.
Articles. Marchandises. Echantillons. Marque. Sous-marque. Article démarqué. Label. Griffe. / Cours. Mercuriale. Cote. Tarif. Prix courant. / Surfaire.
Vendre. Revendre. Débiter. / Vente. Revente. Débit. / Faire l'article. Avoir du bagou (fam.), du baratin (pop.). Bonimenter. / Démonstrateur. Démonstration. Dégustation. Essai gratuit. / Offres de service. Faire la place. Faire le porte-à-porte. Représentation. / Achalander. Etaler. Etalage. / Occasions. Soldes. Braderie. Primes. Réclame. Publicité. Slogans publicitaires. Catalogue. Prospectus. / Vendre au comptant, à crédit, à terme, à tempérament.

Finance commerciale. Capital. Commandite. Fonds de roulement. Fonds de garantie. Actif. Passif. Bilan. Compte bancaire ou postal. / Comptabilité. Caisse. Comptes. Tenue des livres. / *Livres obligatoires.* Livre journal. Livre d'inventaire. / *Livres facultatifs.* Grand livre. Livre de caisse. Livre de banque, etc. Copie de lettres. Livre de factures. Brouillard.
Créditer. Crédit. Créditeur. / Débiter. Débit. Débiteur. / Compte courant. / Agio. Agiotage. Spéculer. Spéculation. Se couvrir. Couverture. Dépôt. Warrant. / Opérations. Courtage. Commission. Change. / Effet de commerce. Billet. Traite. Lettre de change. / Facture. Escompte. Remise. Ristourne. Acquit.
Chiffre d'affaires. Bénéfices. Marge bénéficiaire. Profits et pertes. Intérêts. / Impôts. Timbres. / Banqueroute. Faillite. Déposer son bilan. Concordat. Liquidation.

Commerce extérieur. Commerce international. / Libre-échange. Libre-échangisme. Libre-échangiste. / Protection.

Protectionnisme. Prohibition. Droits protecteurs. Contingentement. / Exporter. Exportation. Exportateur. Prime à l'exportation. Dumping. Débouchés. / Importer. Importation. Importateur. / Export-Import.
Echanges internationaux. Relations économiques. / Fréter. Affréter. Fret. Transit. Douane. Embargo. / Trêve douanière. Union douanière. Communauté économique européenne. Marché commun. Centre national du commerce extérieur. Banque française du commerce extérieur. / Balance commerciale. Balance des paiements. Zone franc. Devises. Fonds monétaire international. Contrôle des changes. Office des changes. Accords de compensation. / Port de commerce.

Administration et jurisprudence. Ministère du Commerce. Conseil supérieur du commerce. Conseiller du commerce. Chambre de commerce. Chambre des métiers. / Consulat. Consul. Attaché commercial. / Bulletin commercial.
Tribunal de commerce. Code de commerce. Agréé. Juge consulaire. Délégué consulaire. Juré de commerce. Syndic. Liquidateur.

Relatif au commerce. Commercial. Commercialement. / *Mettre en vente un produit.* Commercialiser. Commercialisation. / *Commerce clandestin, illégal.* Trafic. Marché noir. Trafiquer. Trafiquant. / *Commerce malhonnête.* Mercantilisme. Mercanti. Mercantile.

commission

(du lat. *commissio,* de *committere, commissum,* confier)

Ce qu'on demande à une autre personne de faire pour soi. *Charger quelqu'un d'une commission.* Achat. Emplette. Course. Message. Service.
COMMISSIONNAIRE (personne qui fait des commissions). Coursier. Chasseur. Groom.

Marchandises achetées. *Rapporter des commissions.* Provisions. Emplette. Achats.

Pourcentage accordé à un intermédiaire commercial. *Toucher une commission.* Remise. Rémunération. Courtage.

Réunion de personnes chargées d'une question, d'une affaire. *Une commission d'enquête.* Comité. Délégation. Mission. / Commissionner.

commun

(du lat. *communis ;* en gr. ***koinos***)

Qui appartient, qui se rapporte à plusieurs. Nom commun. / *Un mur commun.* Mitoyen. Mitoyenneté. / Copropriétaire. Copropriété. / *Goûts communs. Caractère commun.* Semblable. Analogue. Comparable. Identique. Même. / *Point commun.* Ressemblance. Similitude. Analogie. Rapport.
Œuvre commune. Travail commun. Collectif. / Collaboration. Coopération. / *Mener une action commune. Faire cause commune.* S'associer. S'allier. S'unir. Se joindre. Se grouper. Se concerter.
Travailler en commun. En collaboration. En équipe. Ensemble. De concert.
COMMUNAUTÉ. Groupe. Groupement. Rassemblement. Association. Société. / Cénobite (religieux vivant en communauté). Cénobitisme. / Communautaire.

Qui appartient, qui s'applique au plus grand nombre. *Le bien, l'intérêt commun.* Général. Public. / *Le sens commun.* Le bon sens. / *La langue commune.* Courant. Usuel. / *D'un commun accord.* Unanimement. A l'unanimité.
Le commun des mortels. Le plus grand nombre. La masse. La foule. *Vulgum pecus.*
COMMUNAUTÉ. Collectivité. / *Communauté nationale.* Etat. Nation. Patrie.
COMMUNISME (théorie selon laquelle les biens appartiennent à la communauté). Collectivisme. Marxisme. Marxisme-léninisme. Socialisme. Etatisme. Egalitarisme. Société sans classes.

Qui se rencontre fréquemment. *Une variété commune de fruits.* Ordinaire. Répandu. / *Une expression commune. Un style commun.* Banal. Prosaïque. Courant. Quelconque. / *Lieu commun.* Cliché. Banalité. Poncif. Sentier battu.
COMMUNÉMENT. Ordinairement. D'ordinaire. Généralement. Couramment.

Qui manque de distinction, d'originalité, d'élégance. *Des manières communes.* Vulgaire. Quelconque.

communiquer

(du lat. *communicare*)

Faire connaître quelque chose. *Communiquer une nouvelle, un renseignement, un avis.* Publier. Transmettre. Divulguer. Donner. Annoncer. Révéler. Faire savoir. Informer. / *Communiquer ses sentiments.* Confier. Livrer. Révéler.

Faire part de. Extérioriser. Manifester. Montrer. Exprimer.

COMMUNICATION. Diffusion. Publication. Transmission. Divulgation.

COMMUNIQUÉ. Information. Bulletin. Avis. Annonce. Renseignement. Note. Nouvelle. Message. Dépêche.

COMMUNICATIF (qui communique facilement ses sentiments, ses idées). Ouvert. Expansif. Confiant. Causant (fam.).

Faire passer d'une personne, d'une chose à une autre. *Communiquer une maladie.* Donner. Passer. Inoculer. Contaminer. Infecter. / Contagion. / *Communiquer sa chaleur* (en parlant du Soleil). Transmettre. / Transmission.

Être en rapport (en parlant d'une personne ou d'une chose). *Communiquer avec un ami.* Etre en relation avec. Correspondre.

COMMUNICATION. Correspondance. Rapport. Relation. Liaison. / *Communication téléphonique.* Coup de téléphone (fam.). Coup de fil (fam.). / *Communication télégraphique.* Télégramme. / Télécommunications (v. ce mot). / Voie de communication (v. VOIE).

comparer

(du lat. *comparare,* même sens)

Examiner les ressemblances et les différences. *Comparer une personne, une chose avec une autre.* Mettre en parallèle, en balance, en regard. Rapprocher. Etablir, faire un parallèle. / *Comparer une copie avec une autre, avec un original. Comparer des textes.* Confronter. Collationner. Conférer. Vidimer.

COMPARAISON. *Comparaison de textes, d'écritures.* Confrontation. Collationnement. Collation. Recension. Rapprochement.

Établir un rapport d'égalité. *Comparer une personne, une chose à une autre.* Assimiler. Identifier. Mettre au même niveau.

COMPARABLE. Assimilable. Analogue.

INCOMPARABLE. Inégalable. Unique. Semblable. Egal. Pareil.

COMPARAISON. Procédé littéraire. Image. Métaphore. Figure. Allusion. Allégorie. Parabole. / *Eléments de comparaison.* Rapport. Relation. Ressemblance. Analogie. Similitude. Parité. / *Terme de comparaison.* Commune mesure. Echantillon. Modèle. Parangon.

En comparaison de. Auprès de. Par rapport à. Relativement à. En proportion de. / Par comparaison. Comparativement.

Expressions de comparaison. *Adverbes.* Autant. Aussi. Plus. Moins. Comme. De même. A l'instar de. *Conjonctions.* Ainsi que. De même que. Aussi ... que. Tant que. Si ... que. Plus ... que. Moins ... que. D'autant plus que. D'autant moins que, etc. / *Degrés de comparaison.* Comparatif. Superlatif.

compenser

(du lat. *compensare,* peser ensemble)

Équilibrer un effet par un autre. *Compenser un inconvénient par un avantage, un mal par un bien.* Dédommager. Corriger. Rétablir l'équilibre. Contrebalancer. Egaliser. Neutraliser. Racheter. / *Compenser une perte par un gain.* Rentrer dans ses frais.

COMPENSATION. *Compensation entre les pertes et les gains.* Egalisation. Equilibre. Balance. Neutralisation.

Compensation matérielle. Compensation pécuniaire. Dédommagement. Indemnité. Dommages et intérêts. Indemnité compensatrice. / *Compensation morale.* Consolation. Satisfaction. Réparation. / *En compensation.* En échange. En revanche. Par contre. En contrepartie.

compétence

(du lat. *competentia,* rapport exact)

Aptitude d'une autorité publique à effectuer certains actes. *Compétence d'un maire, d'un préfet.* Pouvoir. Autorité. Attribution. Qualité. / *Etendue d'une compétence.* Juridiction. Ressort.

Connaissance approfondie en une matière. *Avoir de la compétence.* Capacité. Habileté. Science. Expérience. Qualification. Savoir-faire.

COMPÉTENT. Qualifié. Capable. Expert. Connaisseur. Fort. Calé (fam.). Emérite.

INCOMPÉTENT. V. IGNORANT.

compétition

(du lat. *competitio,* candidature rivale)

Recherche du même résultat par deux ou plusieurs personnes. *Etre, se trouver en compétition avec quelqu'un.* Concurrence. Rivalité. Opposition.

COMPÉTITIF. *Prix, produit compétitif.* Concurrentiel. / Compétitivité.

Compétition sportive. *Participer à une compétition.* Epreuve. Match. Coupe. Championnat. Critérium. Poule.

COMPÉTITEUR. Adversaire. Concurrent. Challenger. Rival. Emule.

complaisance
(de *complaire;* lat. *complacere,* plaire)

Disposition à faire plaisir, à rendre service. *Témoigner de la complaisance.* Amabilité. Bonté. Bienveillance. Empressement. Prévenance. Obligeance. Serviabilité. Galanterie. Attentions. / *Basse complaisance.* Servilité. / *Avoir des complaisances.* Accorder des faveurs. Etre indulgent, débonnaire.

COMPLAISANT. Aimable. Bon. Bienveillant. Attentionné. Plein d'attentions. Aux petits soins. Prévenant. Galant. Empressé. Serviable. Obligeant. Arrangeant.

Satisfaction d'amour-propre. *Se regarder avec complaisance.* Plaisir. Délectation. Contentement. Satisfaction. Suffisance. Narcissisme. Autosatisfaction.

complet
(du lat. *completus,* achevé)

À quoi rien ne manque. *Une série, une collection complète.* Entier. Intégral. / *Une étude complète.* Exhaustif. / *Un échec complet.* Total. Absolu.

COMPLÈTEMENT. Entièrement. Intégralement. En totalité. De A à Z. D'un bout à l'autre. Jusqu'au bout. « In extenso ». / Totalement. Absolument. Littéralement. / *Traiter complètement un sujet.* A fond. Exhaustivement.

COMPLÉTER. *Compléter des connaissances, un enseignement.* Perfectionner. Parfaire. Accroître. Augmenter. Enrichir. Combler ses lacunes. Se recycler. / *Compléter une documentation.* Achever. Parachever.

COMPLÉMENT (ce qui est ajouté pour compléter). *Complément à un ouvrage.* Appendice. Addenda. / *Complément d'une somme.* Appoint. / Complémentaire.

INCOMPLET. Inachevé. Fragmentaire.

Tout à fait rempli. *Un train complet.* Plein. Comble. Bondé. Surchargé. Bourré (fam.).

COMPLÈTEMENT. *Remplir complètement.* Faire le plein.

Remarquable en son genre. *Un athlète complet. Un homme complet.* Accompli. Achevé. Parfait.

compliqué
(du lat. *complicatus,* embarrassé)

Formé d'éléments nombreux et diversifiés. *Un appareil compliqué.* Complexe. / Complexité.

Difficile à comprendre, à réaliser. *Une affaire compliquée. Un problème compliqué.* Embrouillé. Alambiqué. Confus. Obscur. Trouble. Nébuleux. / Un travail compliqué (qui n'est pas simple).

Qui recherche la difficulté. *Un homme compliqué.* Qui n'aime pas la simplicité. Ergoteur. Ratiocineur (littér.).

COMPLIQUER. *Compliquer une situation, un problème.* Embrouiller. Obscurcir. Entortiller. Emmêler. / *Compliquer inutilement.* Chinoiser. Ratiociner. Ergoter. Chercher midi à quatorze heures.

COMPLICATION. Embarras. Difficulté. Contretemps. Problème (fam.). Anicroche. Aggravation. Chinoiserie.

complot

Projet concerté contre l'existence d'une personne, d'une institution. *Faire, former, préparer un complot. Ourdir, tramer un complot.* Conspiration. Conjuration. Faction. Machination. Attentat. Putsch. Pronunciamiento. Coup d'Etat. / Découvrir, déjouer un complot. Dévoiler, éventer un complot. / Tremper dans un complot.

COMPLOTER (monter un complot). Conspirer. Machiner. / *Comploter de tuer quelqu'un.* Attenter à la vie.

COMPLOTEUR (membre, meneur d'un complot). Conspirateur. Conjuré. Factieux. Séditieux. Fauteur de troubles.

Manœuvres secrètes contre quelqu'un. *Le complot d'une coterie.* Cabale. Intrigues. Manigances. Micmac (fam.). Menées sourdes, secrètes. Ligue. Coalition. Plan secret. Coup monté.

COMPLOTER. Mener une campagne. Se coaliser. Se liguer.

comportement
(de *comporter;* du lat. *comportare,* supporter)

Manière d'agir, de se conduire. *Un comportement curieux, bizarre. Un comportement normal.* Attitude. Conduite. Manières. Allure. Air. Réaction. / *Un comportement habile, rusé, pour arriver à ses fins.* Manège. Agissements. Manœuvre. Artifice. Rouerie. Machination.

Se comporter. Réagir. Se conduire. Manœuvrer. / *Se comporter habilement.* Savoir manœuvrer. Savoir y faire (fam.).

composer
(du lat. *componere*)

Former un tout en assemblant des éléments. *Composer une équipe, une société.* Constituer. Former. Organiser. Faire. / *Composer un plat, un remède.* Préparer. Confectionner. Fabriquer.

COMPOSITION. Constitution. Formation. Organisation. / Combinaison. Association. Synthèse. Structure. / Préparation. Confection. Fabrication.

Produire une œuvre littéraire, artistique. *Composer un livre, un poème, une œuvre musicale.* Elaborer. Ecrire. Rédiger. Créer. / *Personne qui compose de la musique.* Compositeur. Musicien.

COMPOSITION. Elaboration. Ecriture. Rédaction. Création.

Se composer (en parlant d'une chose). Etre formé de. Etre composé de. Comprendre. Comporter. Consister en.

comprendre
(du lat. *comprehendere*, saisir)

Contenir en soi (en parlant d'une chose). *Comprendre un certain nombre de pièces* (en parlant d'une maison). Compter. Comporter. Renfermer. Se composer de.

COMPRIS. *Y compris.* Contenu.

Saisir par la pensée le sens, la raison, la nature de quelque chose. *Comprendre une explication, un problème.* Saisir. Suivre. Déchiffrer. Assimiler. Piger (pop.). / *Comprendre une langue étrangère.* Entendre. Savoir parler. Savoir traduire. Mordre à. / *Comprendre les motifs d'une action.* Saisir. Voir. Apercevoir. Concevoir. S'expliquer. Se rendre compte. Réaliser. Se faire une idée de. / *Faire comprendre.* Faire voir. Montrer. Expliquer.

COMPRÉHENSION (aptitude à comprendre). Intelligence. Entendement. Comprenette (fam.).

COMPRÉHENSIBLE. Accessible. Intelligible. Concevable. Clair. Simple. Evident.

INCOMPRÉHENSIBLE. Inconcevable. Impensable.

Approuver l'attitude d'une personne. *Comprendre quelqu'un.* Admettre, approuver la conduite, le comportement de quelqu'un. Trouver raisonnable.

Se comprendre. S'entendre. S'accorder. Vivre en bonne intelligence.

COMPRÉHENSIF (qui comprend les autres). Bienveillant. Indulgent. Souple. Tolérant. Large d'idées. Compatissant.

COMPRÉHENSION. Bienveillance. Indulgence. Souplesse. Tolérance. Largeur d'idées.

compromettre
(du lat. juridique *compromittere*)

Mettre dans une situation critique. *Compromettre une personne en l'engageant dans une entreprise contraire aux lois, à la morale.* Discréditer. Déconsidérer. Faire du tort. Porter préjudice. Desservir. Exposer. / *Compromettre une femme.* Nuire à la réputation de.

COMPROMISSION. *Compromission avec des gens malhonnêtes.* Collusion.

COMPROMETTANT. Critique. Dangereux. Risqué.

compte
(de *compter ;* lat. *computare*)

Calcul d'une quantité. *Faire le compte des dépenses, des recettes.* Calcul. Addition. / *Faire le compte d'une population.* Recensement. Dénombrement. / Recenser. Dénombrer.

COMPTER. Calculer. Chiffrer. Evaluer.

Locutions diverses. Compte rond (sans fraction). Compte d'apothicaire (exagéré). A bon compte (à un prix avantageux, à bon marché). Au bout du compte, tout compte fait (tout bien considéré). Trouver son compte à quelque chose (y trouver profit, avantage, bénéfice, intérêt). Etre loin du compte (se tromper). Régler son compte à quelqu'un (lui faire un mauvais parti). Rendre compte de quelque chose (expliquer, justifier). Rendre des comptes (rapporter ce qu'on a fait, vu, entendu). Se rendre compte de [et un nom], que [et un verbe] (s'apercevoir de, comprendre).

État des recettes et des dépenses. *Comptes d'une société.* Comptabilité. Comptabilité en partie simple. Comptabilité en partie double. / *Eléments de comptabilité.* Avoir. Actif. Valeurs immobilières. Valeurs d'exploitation. Valeurs réalisables. Valeurs disponibles. Crédit. Profit. / Passif. Doit. Débit. Déficit. Reliquat. / Capital. Espèces. Valeurs. / Bilan. Etude des bilans. Ratio.

Comptes divers. Compte de capital. Compte des profits et pertes. Compte de retour. Compte de bilan. Solde de compte. / Chapitre d'un compte. Poste.

/ Compte courant. Compte en banque. / Compte de gestion. Compte de matières. Compte de retour. Compte de deniers. Compte moral. / Compte d'exploitation générale.

Opérations comptables. Ouvrir un compte. Tenir un compte. Apostiller un compte. Coucher une somme sur un compte. Assurer un compte. Affirmer un compte. Débattre un compte. / Passer, porter, mettre en compte. Comptabiliser. Imputer. Facturer. / Pointer les parties d'un compte. / Vérifier un compte. Apurer. Apurement. / Relever un compte. Relevé de compte. Bordereau de compte. / Arrêter, solder, balancer un compte. / Approuver un compte. Donner quitus. Fermer un compte. Arrêter, clore un compte.

Livres de comptes. Documents comptables. Livres comptables. / *Livres obligatoires.* Livre journal. Livre d'inventaire. Grand livre. Brouillard. / *Livres facultatifs* ou *livres auxiliaires.* Livre des achats. Livre des ventes. Livre de caisse. Livre de banque. Livre des effets à payer. Livre des effets à recevoir. Livre des opérations diverses. / Ecritures comptables. Journalisation. / Expert-comptable (personne qui organise, vérifie les comptabilités). Chef comptable. Comptable.

concession

(du lat. *concessio,* de *concedere,* céder)

Action de mettre à la disposition de quelqu'un. *Concession d'un droit, d'un privilège. Concession d'un terrain.* Cession. Octroi. Don.

CONCÉDER. Donner. Accorder. Attribuer. Céder. Octroyer.

Abandon d'un droit, d'un point en discussion. *Faire une concession à un adversaire, à un interlocuteur.* Désistement. Renoncement. / *Concession mutuelle.* Compromis. Transaction. Composition. / *Faire des concessions.* Transiger. Composer. / *Etre de bonne composition.* Etre arrangeant, accommodant.

CONCÉDER. Admettre. Convenir. Avouer. Reconnaître. Accorder.

conclusion

(du lat. *conclusio,* de *concludere,* conclure)

Le fait de réaliser une affaire. *La conclusion d'un accord.* Règlement. Solution. Arrangement. Réalisation.

CONCLURE. *Conclure un marché.* Régler. Arrêter. / *Conclure un accord.* Passer. / *Conclure un traité.* Signer.

Partie terminale d'une œuvre littéraire. *La conclusion d'un discours.* Fin. Péroraison. Epilogue. / *Conclusion d'une fable.* Morale.

Conséquence tirée d'un raisonnement, d'un fait. *La conclusion d'une démonstration.* Déduction. / *Tirer une conclusion d'un événement.* Leçon. Enseignement.

En conclusion. En somme. Somme toute. Donc. Ainsi.

CONCLURE. Déduire. Démontrer. Arguer. Inférer.

concret

(du lat. *concretus,* solide)

Qui peut être perçu par les sens. *Un phénomène concret.* Perceptible. Sensible. Réel. Positif. Apercevable. Visible. Tangible. Palpable. Audible.

CONCRÉTISER. *Concrétiser une idée.* Matérialiser. Réaliser. Préciser. Formuler. / Concrétisation.

CONCRÈTEMENT. En réalité. En fait. Pratiquement.

condamner

(du lat. *condemnare*)

Frapper d'une peine. *Condamner un accusé.* Punir. Sanctionner (fam.).

CONDAMNATION. Peine. Punition. Sanction. / *Condamnation de droit commun.* Amende. Prison. Emprisonnement. Détention criminelle à temps, à vie. Réclusion criminelle à temps, perpétuelle. / *Condamnation politique.* Exil. Bannissement. Déportation. Indignité nationale. / *Condamnation religieuse.* Excommunication. Anathème. Interdit. Anathématisation.

Blâmer fortement. *Condamner une personne, une action. Condamner un usage, l'emploi d'un mot.* Désapprouver. Critiquer. Trouver à redire. Désavouer. Réprouver. Stigmatiser. Flétrir.

CONDAMNATION. Blâme. Désapprobation. Critique. Désaveu. Réprobation. Stigmatisation. Flétrissure.

CONDAMNABLE. Blâmable. Critiquable. Répréhensible.

Empêcher l'usage de quelque chose. *Condamner la vente d'un produit.* Interdire. Prohiber. Défendre. Proscrire. / *Condamner une porte.* Fermer. Boucher. Murer.

Obliger à une chose pénible. *Condamner quelqu'un à l'immobilité.* Forcer. Obliger. Astreindre. Contraindre.

condescendre
(du lat. *condescendere,* se mettre au niveau de quelqu'un).

Consentir à faire quelque chose par complaisance ou par bonté (littér.). *Condescendre à une invitation.* Accepter. / *Condescendre aux désirs de quelqu'un.* Accéder. Consentir. Se rendre. Se prêter. / *Condescendre à* (et l'inf.). Daigner. Avoir la bonté de. Vouloir bien.
CONDESCENDANCE. Complaisance (vieilli). / Hauteur. Supériorité. Arrogance.
CONDESCENDANT. *Un air condescendant.* Hautain. Supérieur. Protecteur.

condition
(du lat. *condicio*)

État dans lequel se trouve une personne, une chose. *Etre dans de bonnes, dans de mauvaises conditions pour...* Situation. Position. Circonstances. / *En bonne condition physique, intellectuelle.* Forme. Etre en forme, en bonne forme. Etre en pleine forme (fam.). / *Améliorer la condition des classes pauvres.* Sort. Existence. / *Une personne de condition modeste.* Classe. Rang social. Echelle sociale. / *Conditions favorables pour une expérience.* Climat. Terrain. Atmosphère. Milieu.

État dont dépend la réalisation d'une chose. *Les conditions d'un traité, d'un accord, d'un marché.* Clause. Stipulation. Convention. / *Dicter, imposer, signifier ses conditions.* Prétentions. Exigences. / *Condition « sine qua non »* (sans laquelle on n'obtient pas ce qu'on désire). Indispensable. Nécessaire.
CONDITIONNEL (qui dépend de certaines conditions). Hypothétique. Contingent.
CONDITIONNER (être la condition de quelque chose). Commander. / *Etre conditionné par.* Dépendre de.

conduire
(du lat. *conducere*)

Mener avec soi. *Conduire un enfant en classe.* Emmener. Accompagner. *Conduire un aveugle.* Guider. Diriger / *Se laisser conduire.* Etre docile, obéissant. *Conduire un animal.* Mener. Faire aller.
CONDUCTEUR. *Conducteur de troupeaux.* Berger. Gardien. / *Conducteur d'éléphants.* Cornac.

Assurer la direction d'un véhicule, d'un aéronef, d'une embarcation. *Conduire une voiture, un avion.* Diriger. Piloter. / *Conduire un bateau.* Gouverner.
CONDUCTEUR. *Conducteur d'une voiture, d'un camion, d'un poids lourd.* Chauffeur. Automobiliste. Camionneur. Routier. / *Conducteur d'une locomotive.* Mécanicien. / *Conducteur d'autobus.* Machiniste. / *Conducteur de tramway.* Wattman (vx). / *Conducteur d'une voiture à cheval.* Cocher. Automédon, ou phaéton (par plaisanterie). Charretier. Voiturier.

Orienter l'action d'une personne. *Conduire au succès.* Mener. Amener. Diriger. Guider. / *Conduire au désespoir.* Pousser. Entraîner. Réduire. Acculer.

conduite

Action de conduire. *La conduite d'une personne.* Accompagnement. / *Faire un bout de conduite à quelqu'un* (fam.). Accompagner sur un court trajet. / *La conduite d'une voiture.* Direction. / *La conduite d'un avion, d'un navire.* Pilotage. / *La conduite des affaires de l'Etat.* Gouvernement. / *La conduite d'une affaire.* Charge. Soin. Direction.

Manière d'agir. *Approuver, blâmer, juger la conduite d'une personne.* Actions. Agissements. Comportement. Attitude. Tenue. Façon de faire. Faits et gestes. Genre de vie. / *Adopter une ligne de conduite.* Règle de vie.
Bonne conduite. Bonnes mœurs. / *Une mauvaise conduite.* Conduite relâchée, débauchée, immorale, dissolue, déréglée, honteuse, libertine, scandaleuse, licencieuse. Inconduite. Débauche.
Acheter une conduite (fam.). Mener une vie plus régulière. Rentrer dans la bonne voie. S'amender.

Se conduire. *Se bien conduire.* Mener une vie honnête, régulière, irréprochable, exemplaire, édifiante. Pratiquer la vertu. Etre vertueux. / *Se mal conduire.* Avoir de mauvaises mœurs. Mener une vie relâchée (v. ci-dessus).

confiance
(du lat. *confidentia*)

Sentiment d'assurance de la personne qui se fie à quelqu'un ou à quelque chose. *Une confiance limitée, mitigée. Une confiance ferme, inébranlable, absolue, totale, entière.* Croyance. Foi. Crédit. / *Confiance excessive.* Crédulité. Naïveté. / *Confiance en l'avenir.*

Espérance. / *Confiance dans le dénouement favorable d'une situation.* Optimisme. / *Manque de confiance dans l'issue favorable d'une situation, d'un conflit.* Pessimisme. Défaitisme.
Avoir confiance, mettre sa confiance dans une personne, dans une chose. Se fier à. Croire. Se confier (vx). / *Faire confiance. Accorder sa confiance.* S'en remettre à. S'en rapporter à. Se livrer à. S'abandonner à. Compter sur. Se reposer sur. / *Avoir la confiance de quelqu'un.* Etre l'intime. Etre le confident. / *Personne de confiance.* Personne sûre, fidèle. Personne de parole. / *En confiance. En toute confiance.* Sans crainte. / *Confiance dans un matériel.* Fiabilité. Sûreté de fonctionnement. / Fiable.

CONFIANT. Expansif. Communicatif. / *Trop confiant.* Crédule. Naïf. Dupe.

Confiance en soi. Assurance. Audace. Hardiesse. Sang-froid. Aplomb. Autorité. Maîtrise de soi. Esprit d'entreprise. / *Confiance excessive en soi.* Outrecuidance. Présomption. / Outrecuidant. Présomptueux. / *Avoir confiance en soi.* Se fier à soi-même. Se faire fort de. / *Ne plus avoir confiance en soi.* Perdre son assurance (v. ce mot).

Confiance dans la solvabilité de quelqu'un. Crédit. Faire crédit à quelqu'un. / Achat, vente à crédit.

confier

(du lat. *confidere,* avoir confiance)

Remettre une personne, une chose aux soins de quelqu'un. *Confier un enfant à une personne.* Laisser. Donner à garder. Donner à surveiller.

Dire en secret à quelqu'un. *Confier un projet à un ami.* Révéler. Communiquer. Dire en particulier. Souffler à l'oreille. Communiquer sous le sceau du secret.

Se confier. Se livrer. S'épancher. S'abandonner. Ouvrir son cœur.

CONFIDENCE. Epanchement. Effusion. Abandon. Révélation. Secret. / *Dire en confidence.* Secrètement.

CONFIDENT. Ami intime. Affidé.

CONFIDENTIEL. Particulier. Secret.

CONFIDENTIELLEMENT. En secret.

confirmer

(du lat. *confirmare,* de *firmus,* ferme, solide)

Donner de la force (littér.). *Confirmer une institution. Confirmer une règle* (en parlant d'une exception). Renforcer. Affermir. / *Confirmer quelqu'un dans une résolution.* Encourager. Conforter (littér.). Fortifier. Faire persister dans.

Rendre une chose certaine. *Confirmer une nouvelle, un fait, un témoignage.* Corroborer. Garantir. Assurer. Certifier. Attester.

CONFIRMATION. Corroboration. Garantie. Assurance. Attestation. Preuve. Vérification.

Se confirmer (en parlant d'une nouvelle, d'un événement). S'avérer.

Donner une valeur légale, officielle. *Confirmer un acte, un jugement.* Attester. Authentiquer. Authentifier. Légaliser. Entériner. Ratifier. Sanctionner. Valider. Vidimer.

CONFIRMATION. Attestation. Légalisation. Entérinement. Authentification. Ratification. Validation. Sanction.

confiserie

(de *confire ;* lat. *conficere,* préparer)

Commerce des produits à base de sucre fabriqués et vendus par les confiseurs. *Spécialités de la confiserie.* Chocolaterie. Bonbonnerie. Pastillage. Pralinage.

Confiseur. Chocolatier. Glacier. Confiturier. Pastilleur.

Travail du confiseur. Cuire le sucre. Cuisson au lissé, au perlé, au soufflé, au boulé, au cassé. / Griller, rissoler dans le sucre. / Glacer au sucre. / Faire candir. / Confire.
Façonner des pâtes de fruits. Couler des sirops. Faire des glaces, des confitures, des gelées, des conserves, des pièces décoratives, des pièces montées.
Travailler le sucre. Battre. Etirer. Malaxer. Découper. Mouler. / Travail à la main. Travail mécanique.
Matériel. Fourneau. Bassines. Tamis. Tambour. Turbines. Poche à douille. Moules. Sorbetière. Pastilleuse, etc.
Ingrédients. Vanille. Angélique. Pistache.

Confitures. Confitures de fraises, framboises, abricots, groseilles, prunes, mirabelles, oranges, citrons, rhubarbe, pommes, coings, cassis, myrtilles ou airelles, mûres, cerises, etc. / Raisiné (confiture de raisin).
Gelée de cerise, de groseille, d'orange, de pomme, etc.

Fruits. Fruits confits. Marrons glacés. / Ecorces de fruits. Orangeat (écorce d'orange). Pâtes de fruits, de réglisse.

Cotignac (pâte de coings). / Fruits déguisés (petits fruits enrobés de sucre). / Conserves de fruits. Fruits au jus. Fruits desséchés.

Sucreries. Friandises. Bonbons au sucre cuit. Bonbons anglais. Bonbons acidulés. Bonbons fourrés. Sucre d'orge. Sucre de pomme. Sucre candi. Candis. Berlingots. / Fondants. Caramels mous. Nougats. Pralines. Pastilles. Dragées. Nonpareille (très petite dragée). Tablettes. Petits fours. / Chocolats. Calissons. Rahat-loukoum ou lokoum. Nougatines. Gommes, etc. / Bonbonnière. Drageoir. / Boîte. Sac. Cornet.

Glaces et sirops. Sorbets. Parfaits. Cassates. / Glaces pralinées. Tranches napolitaines. Glaces à la vanille, à la fraise, au citron, etc. / Café et chocolat glacé. Café liégeois. Riz glacé.
Préparations sirupeuses. Sirop de citron, de grenadine, d'orgeat, de fraise, d'orange, d'abricot, etc. / Sodas.

confondre
(du lat. *confundere*, mêler, détruire)

Remplir d'un grand étonnement. *Confondre quelqu'un* (en parlant d'une chose). Stupéfier. Consterner. Déconcerter. / *Rester confondu.* Interdit. Stupéfait.

Mettre quelqu'un hors d'état de répondre. *Confondre un menteur.* Réduire au silence. Démasquer.

Prendre un être pour un autre, une chose pour une autre. *Confondre des jumeaux. Confondre des objets.* Se tromper. Se méprendre.
CONFUSION. Erreur. Méprise. Quiproquo.

conforme
(du lat. *conformis*, semblable)

Qui correspond à un modèle. *Une copie conforme à l'original.* Identique. Semblable. Pareil.
CONFORMITÉ. Concordance. Correspondance. Identité. Rapport. Ressemblance. Similitude.
CONFORMÉMENT. Selon. D'après. Suivant. En conformité.

Qui s'accorde avec quelque chose. *Un genre de vie conforme à un but.* Adapté. En accord avec. Approprié. Adéquat. / *Conforme à la morale.* Bon. Moral. Honnête. Louable. / *Conforme à la raison.* Juste. Raisonnable. Logique. / *Conforme à la vérité.* Vrai. Authentique. Exact. Certain. Véritable.

CONFORMER. Adapter. Approprier. Ajuster. Faire correspondre. Faire cadrer.

Se conformer. *Se conformer aux circonstances.* Se plier. S'adapter. S'assujettir. Se modeler sur. Se régler sur. / ***Se*** *conformer à un règlement.* Obéir. Se soumettre. Observer.
CONFORMISME (le fait de se conformer aux usages, aux idées, à la morale d'un milieu). Traditionalisme. / Conformiste. Traditionaliste.
NON-CONFORMISME. ANTICONFORMISME. Indépendance. Originalité. / Non-conformiste. Anticonformiste. Indépendant.

confus
(du lat. *confusus*, de *confundere*, mêler)

Qui manque de clarté. *Un souvenir confus.* Vague. Obscur. Indistinct. Imprécis. / *Un raisonnement confus.* Embrouillé. Compliqué. Amphigourique. Alambiqué. Inintelligible. Filandreux. Nébuleux. Vaseux (fam.). / *Un esprit confus.* Brouillon. Indécis. / *Un bruit confus de voix.* Brouhaha. Charivari. Rumeur.
CONFUSION. Imbroglio. Brouillamini (vx). Méli-mélo. Embrouillamini (fam.). Salade (fam.). / Confusionnisme (entretien de la confusion dans les esprits).
CONFUSÉMENT. Indistinctement. Vaguement. Obscurément. Inintelligiblement.

Qui manifeste un certain trouble. Penaud. Embarrassé. Troublé. Déconcerté. Gêné. Honteux. Intimidé. / *Etre confus.* Ennuyé. Fâché. Désolé. Navré. / Faire des excuses. S'excuser. Regretter.
CONFUSION. Embarras. Trouble. Gêne. Honte.

connaître
(du lat. *cognoscere, cognitum*)

Connaître une chose. *Avoir une idée de quelque chose.* *Connaître sa force, ses défauts.* Avoir conscience de. / *Connaître un fait, une nouvelle.* Etre au courant. Etre informé. Avoir connaissance de. / *Connaître l'avenir.* Prévoir. Deviner. / Agnosticisme (doctrine selon laquelle ce qui est au-delà de l'expérience est inconnaissable). / Agnostique.
Faire connaître une nouvelle, un renseignement. Mettre au courant. Informer. Apprendre. Divulguer. Communiquer. Publier. Propager. Répandre. / ***Faire*** *connaître un sentiment.* Exprimer. Manifester. Extérioriser. Marquer. Témoigner.
CONNAISSANCE. Information. Renseignement. / *Connaissance imparfaite.* Aperçu.

Avoir la pratique d'une chose. *Connaître une langue étrangère. Connaître son métier.* Savoir. Posséder. Etre habile en. / *Connaître à fond. Connaître sur le bout du doigt.* Etre versé dans. Etre compétent, qualifié. Etre calé (fam.). / *S'y connaître.* S'y entendre.

CONNAISSEUR. Expert. Compétent. Spécialiste. Technicien.

CONNAISSANCE. *Connaissance élémentaire, superficielle.* Notions. Rudiments. Teinture. Vernis. / *Posséder des connaissances.* Instruction. Savoir. Culture. Erudition. Acquis. Bagage (fam.).

Connaître une personne. *Connaître de vue.* Pouvoir identifier. / *Connaître quelqu'un.* Etre en relation avec. Pouvoir juger son caractère, ses qualités, ses défauts. Avoir des accointances avec. / *Faire connaître un artiste.* Lancer.
Se faire connaître. Acquérir de la réputation, de la célébrité, de la notoriété.

CONNAISSANCE. *Faire connaissance avec quelqu'un.* Se rencontrer. Entrer en relation. Se lier. S'aboucher (fam.). *Une connaissance* (personne que l'on connaît). Relation. Compatriote. Pays (fam.).

conquérir

(du lat. *conquirere,* chercher à prendre)

Soumettre par les armes, par la force. *Conquérir un pays.* Vaincre. Dominer. Assujettir. Se rendre maître de.

CONQUÊTE. Soumission. Prise. Victoire.

CONQUÉRANT. Vainqueur. Conquistador.

Attirer à soi. *Conquérir quelqu'un par son charme, sa gentillesse. Conquérir les cœurs.* Gagner. Charmer. Séduire. Captiver. Envoûter. Subjuguer.

CONQUÊTE. Séduction. Envoûtement.

CONQUÉRANT. *Un air conquérant.* Fat. Prétentieux.

consacrer

(du lat. *consecrare*)

Rendre sacré en dédiant à Dieu. *Consacrer une église.* Bénir. Dédier. / *Consacrer un évêque.* Sacrer. / *Consacrer un prêtre.* Ordonner. / Consacrer le pain, le vin (changer les espèces du pain et du vin au corps et au sang de Jésus-Christ). / *Consacrer sa vie à Dieu.* Vouer.

CONSÉCRATION. *Consécration d'une église.* Bénédiction. Dédicace.

Destiner uniquement à l'usage d'une chose, au service d'une personne. *Consacrer sa jeunesse à l'étude* Donner. Employer. Sacrifier. Vouer. / *Consacrer son temps à quelqu'un.* Accorder.

Se consacrer. *Se consacrer à un projet, à une cause.* Se donner. Se dévouer. S'employer. Se livrer.

Revêtir d'un caractère durable. *Consacrer une coutume, un mot par l'usage.* Ratifier. Sanctionner. Entériner. Confirmer. / *Terme consacré.* Habituel. Courant.

conscience

(du lat. *conscientia,* connaissance)

Conscience psychologique. CONNAISSANCE DE SOI. Conscience claire. Conscience obscure, vague. Conscience spontanée. Conscience réfléchie. / Etat de conscience. Fait de conscience.
Conscience individuelle. Conscience collective. / Liberté de conscience. Convictions. Opinions. Croyances. Tolérance.
Avoir conscience de quelque chose. Connaître. Sentir. Ressentir. / *Prendre conscience d'une chose.* S'apercevoir de. Remarquer. Se rendre compte de.
Perdre conscience. S'évanouir. / *Reprendre conscience.* Reprendre connaissance. Revenir à soi.

CONSCIENT. Lucide.

INCONSCIENT. Machinal. Automatique. Instinctif. Irréfléchi. Spontané.

INCONSCIEMMENT. Machinalement. Automatiquement. Instinctivement.

CONSCIEMMENT. Avec lucidité.

Relatif aux états de conscience. Psychique. Psychisme. / Psychanalyse (investigation de la vie psychique inconsciente). / Psychanalyser. / Psychanalyste ou analyste. / Introspection.

Conscience morale. CONNAISSANCE DU BIEN ET DU MAL. Sens moral. Lumière intérieure. / Voix de la conscience. / Conscience droite, délicate, scrupuleuse, juste, pure. / Conscience large, élastique, trouble, corrompue. / Parler, agir selon (ou contre) sa conscience. / *Cas de conscience.* Question de morale ou de religion. Casuistique. Casuiste. / Examen de conscience. / *Avoir de la conscience.* Honnêteté. Probité. Intégrité. Droiture. / *Avoir une faute sur la conscience.* Se reprocher. Regretter. Se repentir. / Regret. Remords. Repentir. Contrition. / *En conscience. En toute conscience.* Honnêtement. Franchement.

CONSCIENCIEUX (en parlant de quelqu'un). Honnête. Intègre. Scrupuleux. Sérieux. Délicat. Appliqué.

Consciencieux (en parlant de quelque chose). Exact. Minutieux. Soigné.
CONSCIENCIEUSEMENT. Sérieusement. Honnêtement. Avec application. Avec zèle.

conseil

(du lat. *consilium,* projet, conseil)

Avis donné à quelqu'un. *Un bon conseil. Un conseil judicieux, sage, prudent.* Suggestion. Exhortation. Recommandation. Avis. Invitation. Avertissement. Admonition. Leçon. / *Un mauvais conseil. Un conseil dangereux.* Incitation (à la désobéissance, à la révolte). / *Donner de mauvais conseils.* Pousser au mal. Tenter. Séduire. Inciter au mal. / *Avoir le droit de donner des conseils.* Avoir voix au chapitre. / *Ecouter, suivre les conseils de quelqu'un.* Prêter l'oreille à. Se laisser mener. Se laisser entraîner. / *Tenir compte des conseils.* Ecouter les leçons. / *Demander conseil à quelqu'un.* Consulter.
CONSEILLER (donner des conseils). Exhorter. Pousser à. Inciter à. Engager. Avertir. / *Conseiller quelque chose à quelqu'un.* Recommander. Suggérer. Inspirer. Insinuer. Prêcher. / *Conseiller de ne pas faire.* Déconseiller. Dissuader. Détourner. Raisonner. / Dissuasion. Dissuasif.
CONSEILLER (personne qui donne des conseils). Guide. Directeur de conscience. Conseilleur (vx). / *Conseiller d'un personnage officiel, d'un parti.* Eminence grise. Gourou.
Personne de bon conseil. Mentor. Egérie. Bon génie. / Avisé. Prudent. Sagace. Réfléchi. Sage. / *Personne qui donne de mauvais conseils.* Mauvais génie. Tentateur.

Ensemble de personnes qui délibèrent, donnent leur avis sur des affaires publiques ou privées. *Les membres d'un conseil.* Assemblée. Juridiction. Réunion. Organisme. / *Tenir conseil.* Se réunir (pour délibérer). Se consulter.

consentir

(du lat. *consentire*)

Vouloir bien. *Consentir à quelque chose. Consentir que, à ce que* (et le subj.). Accepter. Approuver. Autoriser. Admettre. Permettre. Acquiescer à. Souscrire à. / *Consentir avec réticence, bon gré mal gré.* Se résigner. Céder.
CONSENTANT. *Etre consentant.* Etre d'accord. Se prêter à. Ne pas s'opposer à. Ne pas demander mieux. Marcher (pop.).
CONSENTEMENT. *Accorder, donner, refuser son consentement.* Acceptation. Accord. Agrément. Acquiescement. Adhésion. Assentiment. Permission. Autorisation. / *Consentement unanime.* Commun accord. Unanimité. Consensus.

conséquence

(du lat. *consequentia,* suite, succession)

Suite d'une action, d'un événement. *Une conséquence heureuse, malheureuse. Une conséquence directe, indirecte.* Effet. Résultat. Suite. Contrecoup. Répercussion. Incidence. Retentissement. Réaction. Retombée. Impact. Séquelle. / *Avoir pour conséquence.* Occasionner. Causer. Amener. Entraîner. Valoir. / *Avoir d'heureuses conséquences.* Procurer des avantages. Etre utile, avantageux, profitable. / *Tirer à conséquence.* Avoir de l'importance. / *Ne pas tirer à conséquence.* Etre sans inconvénient.
De conséquence. D'importance. Grave. Sérieux. Important. / *Sans conséquence.* Sans importance.
CONSÉCUTIF. *Un fait consécutif à quelque chose.* Qui suit. Qui résulte de.

Ce qui découle d'un principe, d'un fait. *Une conséquence logique, nécessaire.* Conclusion. Déduction. Suite logique. / *Par voie de conséquence. En conséquence.* De ce fait. Pour cette raison.
CONSÉQUENT. Logique. Rationnel.

Expression de la conséquence. *Conjonctions.* Donc. Partant. Aussi. C'est pourquoi. De sorte que. En sorte que. Si bien que. / *Adverbes.* Ainsi. Par conséquent. Par suite. / *Prépositions.* Par suite de. D'où. / Proposition consécutive.

conserver

(du lat. *conservare,* même sens)

Maintenir en bon état. *Conserver sa santé, ses forces.* Garder. Entretenir. Préserver. Sauvegarder. Ménager.
CONSERVATION. Garde. Maintien. Préservation. Sauvegarde.

Ne pas perdre. *Conserver la mémoire, le souvenir d'une personne.* Faire durer. Entretenir. Perpétuer. Immortaliser. / *Conserver son calme, son sang-froid.* Garder. Ne pas se départir de.

Empêcher qu'une chose ne se gâte. *Conserver des aliments.* Frigorifier. Congeler. Surgeler. Confire.

Conserve. *Conserves alimentaires.* Conserves de viande, de poisson, de légumes, d'œufs, de fruits, de potages en poudre, de plats cuisinés. Produits surgelés. Viandes frigorifiées, congelées. / *Usine de conserves.* Conserverie.

Procédés de conserve. Réfrigération. Congélation. Surgélation. Lyophilisation. Dessiccation. Déshydratation. / Fumage. Viande boucanée. / Salage. Saumure. / Stérilisation, ou appertisation. Autoclave. Autoclave continu. / Macération dans le vinaigre, l'alcool, les vapeurs d'anhydride sulfureux. Faire macérer. / Confire au vinaigre, au sel, au sucre. / Faire mariner. Marinade. / Fermentation (choucroute). / Enrobage dans l'huile, la paraffine, le papier, les matières plastiques.
Boîtes de conserve. Bocaux. Flacons. Fermetures, bouchons hermétiques. / *Appareils frigorifiques.* Glacière. Réfrigérateur. Freezer. Congélateur.
Scorbut (maladie causée par un usage excessif de conserves). Botulisme (maladie causée par des conserves avariées).

considérer
(du lat. *considerare,* examiner)

Regarder longuement, attentivement. *Considérer une personne, un objet.* Observer. Examiner. Fixer. Dévisager. Détailler. Tourner les yeux sur. Admirer. Contempler.

Examiner attentivement. *Considérer une situation, une affaire, un point de vue.* Etudier. Analyser. Approfondir. Envisager. Voir. Observer. Tenir compte de. Prendre en considération. Prendre garde à. Songer à. Avoir égard à. / *Considérer que...* Estimer. Croire. Juger. Trouver. / *Considérer à part un objet de pensée.* Abstraire. / Abstraction. / Abstrait (qui est le résultat d'une abstraction). Idée abstraite. / Abstracteur.
CONSIDÉRATION. Examen. Etude. Analyse. Réflexion. Observation. Remarque. / Manière de voir, de juger. Point de vue. Opinion. / *En considération de.* A cause de. En raison de. Eu égard à.

Juger de telle façon. *Considérer comme* (et un nom ou un adjectif). Tenir pour. Prendre pour. Juger comme.
CONSIDÉRÉ. *Bien considéré* (en parlant de quelqu'un). Réputé. Estimé.
CONSIDÉRATION. Estime. Egard. Déférence. / *Jouir de la considération générale.* Renommée. Crédit.
DÉCONSIDÉRER. Discréditer. Perdre (de réputation). Couler (fam.).

consistance
(de *consister,* lat. *consistere,* se tenir ensemble)

Degré de dureté, de solidité d'un corps. Une consistance molle, pâteuse, visqueuse, dure, élastique. / *La consistance de l'huile, de la cire, des chairs.* Fermeté. Dureté. Fluidité. Cohésion.
Donner de la consistance. Raffermir. Epaissir. Corser. Durcir. Solidifier.
CONSISTANT. Dur. Ferme. Solide. Epais.

consoler
(du lat. *consolare*)

Atténuer la peine, la douleur de quelqu'un. *Consoler un malheureux, un malade.* Réconforter. Rassurer. Soulager. Apaiser. Calmer. / Essuyer, sécher les larmes. / Adoucir, diminuer, alléger, atténuer le chagrin de quelqu'un. / Redonner du courage. Faire reprendre courage. Remonter (fam.). Rendre l'espoir.
CONSOLATION. Apaisement. Adoucissement. Allègement. Soulagement. Réconfort.
CONSOLANT. Réconfortant. Rassurant. Apaisant. Calmant. / Consolateur.

consommer
(du lat. *consummare,* faire la somme)

Utiliser pour la satisfaction de ses besoins. *Consommer des aliments.* Manger. Se nourrir de. / *Consommer de l'eau, du vin.* Boire. Absorber. Ingurgiter. / *Consommer de l'électricité, du gaz.* Utiliser. Brûler. Employer.
CONSOMMATION. Usage. / *Consommation dans un café.* Boisson. Rafraîchissement.
CONSOMMATEUR. Acheteur. Client. Usager.

Utiliser une source d'énergie (en parlant d'une machine, d'un appareil). *Consommer de l'essence, de l'huile.* Brûler. Dépenser (fam.).

constant
(du lat. *constans,* de *constare,* s'arrêter)

Qui ne change pas. *Constant dans ses affections. Amour constant.* Fidèle. Persévérant.
CONSTANCE. Fidélité. Persévérance. / *Constance dans ce qu'on entreprend.* Opiniâtreté. Ténacité. Volonté. Patience.
INCONSTANT. Changeant. Instable.
INCONSTANCE. Instabilité. Versatilité.

Qui persiste dans son état. *Phénomène constant.* Continuel. Permanent. Persistant. Durable. Invariable.
CONSTANCE. Continuité. Permanence. Persistance. Invariabilité. Immutabilité.
CONSTAMMENT. Continuellement. Sans cesse. Toujours. En permanence.

constater
(du lat. *constare,* être certain)

Établir la réalité d'une chose. *Constater un fait.* Observer. Voir. Noter.

Enregistrer. Découvrir. Remarquer. Reconnaître. Vérifier. Se rendre compte. / *Constater par écrit.* Consigner.

CONSTATATION. Observation. Examen. Consignation. / *Constatation d'huissier.* Constat.

consterner
(du lat. *consternare,* abattre)

Jeter dans un abattement profond. *Consterner* (en parlant d'un événement, d'une nouvelle). Abattre. Bouleverser. Atterrer. Terrasser. Anéantir. Epouvanter. Stupéfier. Abasourdir. / Désoler. Affliger.

Un air consterné. Atterré. Epouvanté. Catastrophé (fam.). Effondré. Abasourdi. Stupéfié. / Affligé. Désolé. Navré.

CONSTERNATION. Abattement. Bouleversement. Stupeur. Stupéfaction. Anéantissement. Epouvante. Chagrin. Désolation.

CONSTERNANT. Affligeant. Désolant. Epouvantable. Lamentable.

constituer
(du lat. *constituere,* établir)

Former quelque chose en rassemblant des éléments. *Constituer une association. Constituer un gouvernement.* Former. Composer. Créer. Fonder. Organiser. Monter. Mettre sur pied.

CONSTITUTION. Formation. Organisation. Composition. Etablissement. Création. Fondation. Institution. / Assemblée constituante. / Constitution politique.

CONSTITUTIONNEL. Constitutionnalité. / Constitutionnellement.

Être l'élément essentiel. *Constituer une faute* (en parlant d'une intention). Consister dans. Représenter. Caractériser.

CONSTITUTIF. Fondamental. Essentiel. *Partie constitutive.* Partie intégrante. Essence. Substance. Matière.

Concourir, avec d'autres éléments, à former un tout. *Constituer un ensemble* (en parlant de parties). Faire. Composer. Former.

CONSTITUANT. Composant. / Ingrédient.

construire
(du lat. *construere,* élever)

Élever sur le sol en assemblant des matériaux. *Construire une maison, un immeuble.* Bâtir. Elever. Edifier. / *Construire une ville.* Fonder. Créer. / *Construire un monument.* Elever. Eriger.

CONSTRUCTION (action de construire). Edification. Erection. / Viabilité (ensemble des travaux d'aménagement [adduction d'eau, de gaz, d'électricité, égouts, voirie] à exécuter avant toute construction). / Viabiliser (un terrain). / Terrain constructible.

CONSTRUCTION (ce qui est construit). Maison. Immeuble. Pavillon. Bâtiment. Bâtisse. Edifice.

CONSTRUCTEUR. Entrepreneur de construction. Architecte. Bâtisseur. Promoteur.

Faire en assemblant des pièces. *Construire des automobiles, des bateaux, des avions.* Fabriquer. Produire. / Construire en série, avec des éléments préfabriqués. Fabriquer à la chaîne.

CONSTRUCTION. Fabrication. Production. Montage. Assemblage. / Constructions électriques, mécaniques. / Usine. Fabrique. Chantier de construction navale.

CONSTRUCTEUR. Fabricant.

Établir sur des bases, selon des règles. *Construire une théorie, un système.* Elaborer. Fonder. Imaginer. Inventer. Forger. / *Construire un roman.* Créer. Composer. Faire. Ecrire. / *Construire une phrase, un mot.* Composer. Agencer. Assembler. Forger. / *Construire une figure géométrique.* Dessiner.

contact
(du lat. *contactus,* de *tangere,* toucher)

État de corps qui se touchent. *Former un contact.* Adhérence. Contiguïté. / *Etablir un contact.* Toucher. Joindre. Appliquer. Faire adhérer. Coller. / *Surface de contact.* Tangence. Point de tangence. / *Tenir fortement par un contact.* Adhérer.

Relation entre des personnes. *Rechercher le contact des gens honnêtes.* Fréquentation. Rencontre. Rapports. Dialogue. / *Prise de contact.* Entrevue. / *Etre en contact avec quelqu'un.* Fréquenter. Rencontrer. Coudoyer. Etre le familier, l'intime de.

CONTACTER (entrer en contact avec quelqu'un). Rencontrer. Joindre. Toucher.

CONTAGION (transmission d'une maladie par contact direct). Contamination. / Contagieux. / Contagiosité.

conte

Récit d'aventures imaginaires. *Lire un conte.* Histoire. Historiette. / *Petit conte.* Nouvelle. / Contes merveilleux, fantastiques. Contes populaires.

Contes de fées. / *Personnages de contes.* Prince charmant. Ogre. Sorcière. Enchanteur. Fée. / *Genres apparentés au conte.* Fable. Légende. Saga.

Recueils de contes. *Décaméron* (de Boccace). *Heptaméron* (Marguerite de Navarre). Contes des *Mille et Une Nuits. Contes* de La Fontaine. *Contes* de Perrault, de Mme d'Aulnoy, de Grimm. *Contes* d'Andersen. *Contes du lundi* (Daudet). *Contes philosophiques* de Voltaire. *Contes drolatiques* de Balzac.

CONTER. Raconter. Narrer. Relater. Rapporter. Faire le récit de.

CONTEUR. Narrateur.

contenir

(du lat. *continere*)

Avoir en soi (en parlant d'une chose). *Contenir une substance* (en parlant d'un récipient). Renfermer. / *Contenir tant de pages, de chapitres* (en parlant d'un livre). Comprendre. Comporter. Etre composé de.

CONTENANT. Emballage. Récipient. Vase. Container. Caisse. Boîte. Enveloppe. Sac. Panier. Corbeille. Valise. Malle, etc.

CONTENU. Teneur.

Avoir une certaine capacité. *Contenir tant de litres* (en parlant d'un récipient). Mesurer. Tenir. / *Contenir tant de places* (en parlant d'un local). Pouvoir recevoir. Tenir.

CONTENANCE. Capacité. Volume. Mesure.

Avoir une certaine étendue. *Contenir tant de mètres carrés, d'ares, d'hectares* (en parlant d'un terrain). Mesurer. S'étendre sur. Comprendre. Etre composé de.

CONTENANCE. Etendue. Superficie. Aire. Surface.

Tenir dans certaines limites. *Contenir une foule.* Maintenir. Maîtriser. Retenir. Empêcher d'avancer. Endiguer. / *Contenir une émotion, sa colère, sa joie.* Réprimer. Refouler. Refréner. Etouffer.

CONTENTION. Répression.

Se contenir. Se maîtriser. Se dominer. Se retenir. Se modérer.

CONTENANCE. Attitude. Allure.

content

(du lat. *contentus*)

Qui ne souhaite rien de plus, rien de mieux. *Content de quelque chose.* Satisfait. Ravi. Enchanté. Heureux. / *Etre content de quelque chose.* Trouver agréable. Aimer. Etre bien aise de. / *Content de quelqu'un.* Satisfait de son travail, de sa conduite. / *Très content de soi.* Vaniteux. Orgueilleux. Présomptueux. Suffisant.

CONTENTEMENT. Plaisir. Satisfaction. Joie. Bonheur. Félicité. Ravissement. / *Manifester son contentement.* Etre gai, joyeux, radieux. Boire du petit-lait (fam.). *Contentement de soi.* Autosatisfaction.

MÉCONTENT. Insatisfait. Contrarié. Ennuyé. Fâché. Furieux. De mauvaise humeur. Grognon.

MÉCONTENTEMENT. Contrariété. Ennui. Insatisfaction. Déplaisir. / *Manifester son mécontentement.* Grogner. Bougonner. Ronchonner (fam.). Grommeler. Maugréer. Bouder. Pester. Rager. Râler (fam.). Rouspéter (fam.). Maronner (fam.).

CONTENTER. Satisfaire. Combler. Faire plaisir. Plaire. / *Se contenter d'une chose.* S'arranger. S'accommoder. Avoir assez. Ne demander rien de plus. / *Facile à contenter.* Arrangeant. Accommodant. Conciliant. Coulant (fam.). Sociable. Traitable. / *Difficile à contenter.* Exigeant.

MÉCONTENTER. Contrarier (v. ce mot).

contester

(du lat. *contestari*, plaider en produisant des témoins)

Refuser de reconnaître quelque chose. *Contester un droit, un titre.* Discuter. Dénier. Mettre en discussion. / *Contester un fait.* Douter de. Mettre en doute, en question, en cause. Controverser. Nier. / Chicaner. Contredire.

CONTESTATION. Débat. Controverse. Discussion. Dénégation. Mise en cause. Mise en discussion. / Différend. Démêlé. Difficulté. Chicane.

CONTESTABLE. Douteux. Discutable. Litigieux.

SANS CONTESTE. Sans contredit. Incontestablement. Assurément. Certainement.

INCONTESTABLE. Sûr. Certain. Indéniable. Indiscutable. Indubitable. Flagrant. Evident. Avéré.

Refuser les institutions, l'ordre social établi. Entrer en lutte. Se révolter. Se rebeller. Regimber.

CONTESTATION. Refus d'une idéologie.

CONTESTATAIRE. Protestataire. Révolté.

continu

(du lat. *continuus*, de *continere*, tenir ensemble)

Qui n'est pas interrompu dans le temps ou dans l'espace. *Un bruit, un* *mouvement continu.* Continuel. Ininterrompu. Constant. Persistant. Incessant. Sempiternel. Perpétuel. / *Un effort continu.* Constant. Durable. Permanent. Soutenu. Assidu. Suivi. Prolongé. / *Une ligne continue. Un trait continu.* Ininterrompu. Plein. Sans vide.

CONTINÛMENT. Sans interruption. Sans arrêt. Sans discontinuer. Sans désemparer. Constamment. Du matin au soir. Continuellement (v. ci-dessous).

CONTINUELLEMENT. Sans cesse. Sans relâche. Sans répit. Tout le temps. A chaque instant. A tout moment. A tout bout de champ. Perpétuellement.

CONTINUITÉ. Persistance. Constance. Permanence. Persévérance. Ininterruption. / *Solution de continuité.* Interruption. Coupure. Brisure. Rupture. Hiatus.

DISCONTINU. Coupé. Divisé. / Intermittent. Temporaire. / Discontinuité.

continuer

(du lat. *continuare*)

Ne pas interrompre dans le temps ou dans l'espace. *Continuer un travail.* Poursuivre. Donner suite. / *Continuer jusqu'au bout.* Achever. / *Continuer un usage, une tradition.* Perpétuer. / *Continuer une voie.* Prolonger. Etendre. / *Continuer à* ou *de* (et l'inf.). Persister. Persévérer. / *Empêcher quelqu'un de continuer.* Arrêter. Stopper.

CONTINUATION. Poursuite. Prolongation. / Prolongement. Extension.

Ne pas s'interrompre. *Continuer* (en parlant d'une chose). Durer. Se prolonger. Se poursuivre. Ne pas cesser.

contraction

(du lat. *contractio,* de *contrahere,* resserrer)

Diminution du volume, de la longueur d'un corps. *Contraction des muscles.* Rétraction. Crispation. Constriction. Raccourcissement. Resserrement. Raidissement. Raideur. Rigidité. / *Contraction prolongée.* Contracture. / *Contraction permanente.* Tétanos. / *Contraction violente.* Crampe. Spasme.

Contraction des muscles du visage. Rictus. Trismus (des mâchoires). Grimace. / Mouvements péristaltiques (des intestins). Mouvement systolique (du cœur). Systole.

CONTRACTER. Raidir. Crisper. Tasser. Serrer. Comprimer. Froncer.

DÉCONTRACTER. Relâcher. Détendre. Décrisper. / *Se décontracter.* Se détendre. Se relaxer. Se décrisper.

DÉCONTRACTION. Relâchement. Relaxation. Décrispation.

CONTRACTILE. *Mouvement contractile.* Rétractile. Spasmodique. / Contractilité.

CONSTRICTEUR. Muscle constricteur. Sphincter.

contrainte

(de *contraindre ;* lat. *constringere,* serrer)

Entrave à la liberté d'action. *Employer la contrainte contre quelqu'un.* Force. Pression. Coercition. Violence. / *Contrainte morale.* Règle. Discipline. Loi. Règlement. / *Contrainte sociale.* Convenances. Bienséance. Retenue. Pudeur.

CONTRAINDRE. Forcer. Obliger. Astreindre. Imposer. Ordonner. Exiger. Sommer. Mettre le couteau sur (sous) la gorge. Forcer la main. Lier les mains.

État de contrainte. *Vivre dans la contrainte.* Asservissement. Assujettissement. Esclavage. Servitude. Joug. Oppression. Sujétion. Tutelle. / Avoir les mains liées. Agir contre son gré, malgré soi, à son corps défendant.

CONTRAIGNANT. Astreignant. Pénible.

contraire adj. et n.

(du lat. *contrarius*)

Directement opposé (en parlant des choses). *Sens contraire.* Opposé. Inverse. / *Revenir en sens contraire.* Rebrousser chemin. Faire demi-tour. Faire marche, machine arrière. Renverser la vapeur. Faire volte-face. / *Brosser en sens contraire.* A rebrousse-poil. / *D'une manière contraire à l'usage.* A rebours. / *Contraire* (en parlant de propositions). Contradictoire. Antithétique. Antinomique. / Paradoxe (opinion contraire à l'opinion commune). / *Mot de sens contraire.* Antonyme. / *Deux partis contraires.* Adverse. Antagoniste.

Le contraire. L'inverse. L'opposé. Le jour et la nuit. / *Dire le contraire de quelqu'un.* Contredire. / Contradiction. / Contradicteur. / Esprit de contradiction.

Au contraire. Loin de là. En revanche. Par contre. A l'opposé.

CONTRAIREMENT. *Agir contrairement à un règlement.* Contrevenir. Déroger. Désobéir. Transgresser. Enfreindre.

Qui s'oppose à quelque chose (en parlant de choses). *Vent contraire.* Défavorable. / *Un aliment contraire à la santé.* Nuisible. Préjudiciable. Mauvais. Néfaste. Contre-indiqué.

Mots composés avec les préfixes *anti-, contre-, im-, in-, irr-*. Antiaérien, antialcoolique, antiraciste, antisémite. Contre-attaque, contre-courant, contredire, contre-jour, contre-offensive, contre-révolution, contresens, contre-projet. Immoral, immortel, imparfait, impossible. / Inattention, incassable, inconfortable, incorrect, inégal, insensible. / Irrégulier, irresponsable, etc.

contrarier

Exercer une action contraire. *Contrarier les projets de quelqu'un.* S'opposer à. Contrecarrer. Combattre. Entraver. Gêner. Contrer (fam.). Faire, mettre obstacle à. Empêcher. Aller contre, à l'encontre de. S'élever, se dresser contre. Réagir contre. Résister à. Nuire à. Se refuser à. Riposter.

Causer du mécontentement. *Contrarier* (en parlant d'une personne ou d'une chose). Mécontenter. Chagriner. Désoler. Chiffonner (fam.). Ennuyer. Fâcher. Embêter (fam.). Irriter. Agacer. / Faire faire de la bile, du souci.

CONTRARIÉTÉ. Déplaisir. Mécontentement. Déception.

CONTRARIANT (en parlant d'une personne). Susceptible. Difficile. Acariâtre. Pointilleux. / (En parlant d'une chose). Ennuyeux. Fâcheux. Agaçant.

contrôler

(de *contre-rôle*, registre tenu en double)

Soumettre à une vérification. *Contrôler un compte.* Examiner. Vérifier. Inspecter. Pointer. / *Contrôler la presse.* Censurer.

CONTRÔLE. Examen. Vérification.

CONTRÔLEUR. Vérificateur. Inspecteur.

Se contrôler. Se maîtriser. Se dominer. Se contenir.

CONTRÔLE. *Contrôle de soi.* Maîtrise de soi.

convenable

(de *convenir*)

Qui convient à une action, à une situation. *Un moment convenable.* Bien choisi. Opportun. Favorable. Propice. Approprié. Adéquat. « Ad hoc ». Idoine.

Dont on peut se contenter. *Un salaire convenable. Une note, un prix. convenable.* Correct. Passable. Suffisant.

CONVENABLEMENT. Honnêtement. Correctement. Suffisamment.

Conforme à la bienséance. *Une tenue convenable. Un habillement convenable.* Correct. Bienséant. Séant. Décent. Comme il faut.

CONVENABLEMENT. Correctement. Décemment.

convenance

(de *convenir*)

Ce qui convient à quelqu'un. *Vivre, travailler à sa convenance.* A son gré. A sa guise. A son goût. Comme on l'entend. Comme cela plaît. / Congé pour convenance personnelle.

Ce qu'il convient de dire ou de faire en société (au plur.). *Observer, respecter les convenances.* Savoir-vivre. Bienséance. Correction. Décence. Politesse. Galanterie. Courtoisie. Les bonnes manières. Le bon ton. Les usages. Le décorum. Les conventions. Etiquette.
Observer les convenances. Etre poli, courtois, galant. Etre bien élevé, bien éduqué.
Manquer aux convenances. Manquer d'éducation. Faire preuve de sans-gêne, d'incorrection. Choquer. Scandaliser.
Conforme aux convenances. Convenable. Bienséant. Décent. Correct. Séant.
Contraire aux convenances. Inconvenant. Choquant. Cynique. Déplacé. Incorrect. Malséant. Incongru.

convenir

(du lat. *convenire*, être d'accord)

Convenir à une personne. (Auxil. *avoir.*) Arranger. Plaire. Aller. Etre à la convenance de quelqu'un. Agréer. Seoir (littér.). / Etre conforme aux goûts de quelqu'un. Faire l'affaire. Botter (fam.).

CONVENANCE. Gré. Goût. Commodité.

Convenir à une chose. Etre approprié à. Aller avec. Cadrer avec. Correspondre.

Convenir de quelque chose. (Auxil. *être* ou *avoir.*) *Convenir d'un fait.* Reconnaître. Avouer. Admettre. / *Ne pas convenir de quelque chose.* Contester. Refuser. Nier. / *Convenir d'une date, d'un prix.* Se mettre d'accord. Tomber d'accord. S'entendre. Faire affaire. Décider.

CONVENU. Décidé. Fixé. Résolu. Réglé.

CONVENTION (v. ce mot).

DISCONVENIR (emploi négatif). *Ne pas disconvenir d'une chose.* Ne pas contester. Ne pas nier. Admettre. Reconnaître.

convention
(du lat. *conventio,* accord)

Engagement réciproque entre des personnes, des Etats. *Etablir, conclure une convention.* Accord. Arrangement. Compromis. Contrat. Engagement. Pacte. Entente. / *Convention commerciale.* Marché. Affaire. / *Convention internationale. Convention diplomatique.* Traité. Alliance. Concordat. Protocole. / Obligations contractuelles. / Contrat unilatéral, synallagmatique ou bilatéral. / Contrat consensuel, mutuel ou réciproque. / Contrat de mariage. / Contrat de travail. Convention collective. / Contrat d'assurance. / *Convention d'un accord, d'un contrat.* Clause. Stipulation. Condition. Disposition. Article. / *Qui n'existe que par convention.* Fictif. / *Valeur fictive d'une monnaie.* Conventionnel. / Vente fictive.
S'engager par contrat, par convention. Contracter. / Contracter un marché, une assurance, un pacte, une alliance. / Dresser un contrat. Instrumenter. / Contractant. Parties contractantes.

CONVENTIONNÉ (lié par un accord avec la Sécurité sociale). Médecin conventionné. / Conventionnement.

Accord convenu à l'intérieur d'un groupe. *Conventions sociales.* Convenances. Bienséance. Savoir-vivre.

CONVENTIONNEL (admis par convention). *Valeur conventionnelle. Signe conventionnel. Langage conventionnel.* Arbitraire. Convenu.

conversation
(du lat. *conversatio,* fréquentation)

Échange de paroles entre deux ou plusieurs personnes. *Amorcer, engager, entamer la conversation avec quelqu'un.* Entretien. / *Conversation familière.* Bavardage. Parlote (fam.). / *Conversation entre deux personnes.* Dialogue. Tête-à-tête.
Conversation secrète. Aparté. Conciliabule. / *Conversation diplomatique.* Conférence. Colloque. Pourparlers. Concertation. Echange de vues.

CONVERSER (avoir une conversation avec quelqu'un). Dialoguer. Parler. S'entretenir. Causer. Conférer. Deviser (vx). / *Converser familièrement.* Bavarder.
Personne qui converse avec une autre. Interlocuteur. / *Langue de la conversation.* Langue familière. Expression, locution familière. Mot familier.

convulsion
(du lat. médical *convultio*)

Contraction soudaine des muscles. Bâillement. Eternuement. Toux. / Haut-le-corps. Sursaut. Tressaillement. / Spasme. / Tremblement. / Carphologie (mouvement convulsif des doigts). / Grincement, craquètement des dents. / Sanglot. Hoquet. / Convulsion tonique (persistante). Convulsion clonique (irrégulière).

CONVULSIF. *Mouvement convulsif.* Spasmodique. Nerveux. / *Rire convulsif.* Fou rire.

CONVULSIVEMENT. *S'agiter convulsivement.* Nerveusement.

CONVULSER. Crisper. Tirailler. Contracter.

CONVULSÉ. *Un visage convulsé par la peur.* Bouleversé. Décomposé. Révulsé.

Crise nerveuse. Attaque de nerfs. Crise de nerfs. Epilepsie. Haut mal (vx). / Crise épileptiforme. Eclampsie. Pâmoison. Syncope. / Eréthisme.

copier
(de *copie ;* lat. *copia,* abondance)

Reproduire un écrit. *Copier un texte, de la musique.* Transcrire. Recopier. Reproduire. / Prendre en note. Noter. Relever. / Recopier. Mettre au net.
Copier un devoir (en parlant d'un élève). Transcrire frauduleusement. Tricher. / Copiage (fam.). / Copieur.

COPIE. Double. Reproduction. Photocopie. Fac-similé. / Polycopie. / *Copie d'un acte.* Duplicata. / *Copie d'un contrat, d'un jugement.* Ampliation. Grosse. Expédition. / Grossoyer. Expédier.

COPISTE. Scribe. Clerc.

Reproduire par imitation. *Copier une œuvre d'art, une œuvre littéraire.* Imiter. Contrefaire. / *Copier exactement, servilement.* Calquer. Plagier. Démarquer. Pasticher.

COPIE. Reproduction. Imitation. Contrefaçon. Réplique. / Calque. Plagiat. Démarquage. Pastiche.
Plagiaire. Démarqueur. Pasticheur. Contrefacteur.

Chercher à ressembler à quelqu'un. *Copier les manières, le langage d'une personne, d'une société.* Imiter. Reproduire. Mimer. Contrefaire. Singer. / Snobisme. Snob (V. IMITER).

coquillage
(du lat. *concha ;* en gr. *ostrakon*)

Mollusque dont le corps est revêtu d'une coquille. *Parties des coquillages.* Acétabule. Bouche. Branchie. Byssus (touffe filamenteuse de certains mollusques bivalves). Charnière. Cloison. Columelle (axe des coquilles spirales). Drap marin (revêtement corné). Epiderme. Epiphragme (opercule temporaire). Fascie (bande colorée). Manteau. Nacre. Ombilic. Opercule. Perle. Pied. Pointe. Siphon. Spire. Tentacule. Test. Trompe. Valve.

Relatif aux coquillages. Mollusques. Malacologie (étude des mollusques). / Conchyliologie (étude des coquillages). Conchyliculture. / Ostréiculture (élevage des huîtres). Mytiliculture (élevage des moules). Héliciculture (élevage des escargots). / Fruits de mer.
Banc de coquillages. / Falunière (carrière à falun). Falun (terre de coquilles). / Lumachelle (marbre contenant des débris de coquilles fossiles). / Calcaire coquillier. / Coquillart. / Coquillet (pierre contenant des coquillages). / Chimoine (ciment de coquilles).

Principaux coquillages. *Univalves.* Bernicle, bernique ou patelle. Bigorneau, vigneau, vignot ou littorine. Buccin. Calliostoma. Casque. Cérithe. Cône. Conque, ou triton. Escargot. Fissurelle. Fuseau. Lamellaire. Limnée. Mitre. Murex, ou rocher. Ormeau, ormet ou oreille de Saint-Pierre. Natice. Nérite. Olive. Paludine. Pied-de-pélican. Porcelaine, ou cyprée. Pourpre. Scalaire. Terèbre. Troque. Truncatelle. Turbo. Volute.
Bivalves. Bénitier, ou tridacne. Coque, bucarde ou cardium. Coquille Saint-Jacques, peigne ou pecten. Couteau, ou solen. Huître. Jambonneau, ou pinna. Lime. Moule. Mulette, ou unio. Palourde, ou clovisse. Pétoncle. Praire, ou vénus. Spondyle. Strombe. Taret.

corbeau
(du lat. *corvus*)

Grand oiseau noir ou gris. Grand corbeau. Corbeau noir. / Corbillat ou corbillot (petit du corbeau). / Corbeautière. / *Cri.* Croasser. Croassement.

Corvidés. Corneille commune. Freux. Grolle. Corneille mantelée. Choucas. Chocard. / Corneillon, corneillard ou cornillas (petits des corneilles, des freux ou des choucas). / Pie. / Geai.
Cri. Crailler. Grailler. / Craillement.

corde et cordage
(du lat. *chorda ;* gr. *khordê,* boyau)

Assemblage de fils tordus ensemble ou tressés. ***Diverses sortes de cordes.*** *Grosse corde.* Filin. Câble. / Cordage (corde, câble servant au gréement, à la manœuvre de machines, d'engins). / *Petite corde.* Ficelle. Cordelette. Lisse. / *Corde pour lier.* Lien. / *Corde pour capturer un animal sauvage.* Lasso. / Cordeau (pour tracer des lignes droites). Seizaine (pour emballage). / Cordelière. Cordon. Corde chapelière. Fil à gorre. Ficelle à fouet. / *Ligne.* Ligne de loch. Ligne de sonde. Ligne de tambour.
Corde à boyau. / Corde de nerfs. / Corde filée. / Corde de semple, de rame, de filet. Corde incordée.

Cordages. *Principaux cordages.* Amarre. Amure. Aussière ou haussière. / Balancine. Bastaque. Bosse. Bouline. Brague. Bras. / Câble. Cablot. Cargue. Cartahu. Cravate. / Draille. Drisse. / Ecoute. Elingue. Erse. Erseau. Estrope. Etai. / Filière. Fune. / Galhauban. Garant. Garcette. Genope. Grelin. Guinderesse. / Halebas. Halebreu. Hauban. / Manœuvre (dormante, courante). Martingale. / Orin. / Pantoire. Pataras. / Raban. Ralingue. Remorque. Retenue. / Saisine. Sous-barbe. / Tire-veille.

Fabrication. Corderie. Cordier. / *Matières.* Fibres végétales. Chanvre d'Europe, chanvre de Manille, ou abaca. Agave (sisal). Fibre de coco. Jute. Lin. Papier torsadé. Coton. / Fibres artificielles. Nylon. Dacron. / Fils métalliques. / Fabrication manuelle. Fabrication mécanique.
Filage ou filature. Duite ou fil de caret. Ame. Brin. Toron. Matton. / Commettage (réunion de plusieurs fils de caret).
Instruments. Rouet. Touret ou dévidoir. Chevalet ou râtelier.
Machines. Fileuse (machine fixe). Coureuse (machine mobile). Machine à toronner, à câbler. Cylindre à lisser.
Opérations. Habiller. Fourrer. Congréer. Goudronner. Polir. Lustrer. Episser.

Maniement des cordes, des câbles, des cordages. *Attacher avec une corde.* Lier. Arrimer. Serrer. Corder. Cercler. Ficeler. / Encorder. Estroper une poulie. / Amarrer. Etalinguer. / *Tordre en forme de corde.* Corder. Cordeler. Cordonner. Tortiller. / *Plier en rond.* Gléner. Lover. Rouler. / Tirer. Haler. Rabaner. / S'user. Raguer. S'étriper.

Engins et objets à cordes, à câbles, à cordages. Appareil de levage. Palan.

Poulie. Treuil. / Filet. Chalut. Ligne de pêche. / Fronde. Baliste. Catapulte. / Corde à sauter, à grimper. Corde à nœuds. Corde lisse.

Fil de boyau, d'acier, etc., que l'on fait vibrer dans certains instruments de musique. Instruments à cordes grattées, pincées (guitare), frottées (violon, alto, violoncelle, contrebasse). / Instruments à cordes d'un orchestre : violon, alto, violoncelle, contrebasse. (V. MUSIQUE.)

corne

(du lat. *cornu ;* en gr. *keras*)

Excroissance dure et pointue qui pousse sur la tête de certains animaux. Bêtes à cornes (bœuf, vache, chèvre). / Corne de zébu, de bélier, de bouc, de mouflon, de chamois, de gazelle, d'antilope, de rhinocéros. Corne de licorne.
Animal cornu, haut encorné, bas encorné, longicorne./Chèvre mousse (sans cornes). Vache dagorne (à corne rompue). / Corne persistante. Corne caduque. / Encorner (blesser à coups de cornes).

Objets en forme de corne. Corne d'abondance. / Corne d'Ammon (ammonite). / Bicorne. Tricorne. / Cor. Cornemuse. Corne d'appel. / Rhyton (vase antique en forme de corne). / Cornet. Cornet de papier. Cornette. / Objet cornu, biscornu.

corps

(du lat. *corpus ;* en gr. *sôma*)

Aspect du corps humain. Corps bien fait, bien bâti, bien proportionné, bien charpenté, bien découplé, bien conformé. Corps élancé, souple, élégant. / Corps trapu, épais, ramassé, lourd, boulot. / Une forte corpulence. Carrure. Embonpoint. Obésité. / Corps malingre, chétif, frêle, maigre. / Taille mince, fine. Taille de guêpe. / Stature. Conformation. / Allure. Attitude. Maintien. Physique. / Visage. Figure. / Teint.

Parties extérieures. *Tête.* Front. Menton. Joues. Oreilles. Yeux. Bouche Nez. / Cou.
Tronc. Epaules. Buste. Thorax. Torse. Poitrine. / Dos. Colonne vertébrale. Vertèbres. / Côtes. / Bassin. Hanches. Lombes. Ceinture. Ventre. Bas-ventre. Aine. Giron. Fesses. Derrière. Cul (pop.) Croupion (pop.). Pétard (pop.). Croupe (fam.).
Membres. Bras. Mains. Jambes. Pieds. / Peau. Epiderme.

Parties intérieures. Cerveau. / *Viscères.* Cœur. Foie. Estomac. Reins. Rate. Intestins. Vessie. / *Vaisseaux.* Veines. Artères. / *Organes des fonctions.* Appareil circulatoire, respiratoire, digestif, génital. / Chair. Tissus. Muscles. Membranes. Articulations. / Sang. / Graisse. / Nerfs. / Squelette. Os. Cartilages. Dents.

Relatif au corps. Anatomie. Pièces anatomiques. / Somatologie (vx) [étude de l'organisme]. Psychosomatique (médecine qui étudie les maladies physiques liées à des causes psychiques). Physiologie. Médecine. / Expérience *in anima vili.* / Concrétions. / Sécrétions. Excrétions. / Sens. Sensations. / *Ensemble des caractères somatiques congénitaux d'un individu.* Constitution. Tempérament. Complexion.

CORPOREL. Somatique. Physique. Matériel. / Incorporel.

CORPORELLEMENT. Matériellement. Physiquement.

Locutions diverses. Corps et âme (entièrement). Corps à corps. A son corps défendant (malgré soi). A corps perdu (avec impétuosité).

correspondre

(du lat. *correspondere*)

Être en rapport de conformité, de symétrie. *Correspondre à la vérité.* Concorder. S'accorder. Représenter / / *Correspondre aux désirs.* Répondre. Satisfaire. / *Ne correspondre à rien* Etre sans fondement. / *Correspondre exactement.* Coïncider. / S'harmoniser. Aller. Convenir. / Etre symétrique. Faire pendant. / Equivaloir.

CORRESPONDANCE. Rapport. Accord. Concordance. Corrélation. Réciprocité. Conformité. Ressemblance. Affinité. Analogie. / *Correspondance dans le temps.* Synchronie. Simultanéité. Coïncidence. / *Correspondance entre des lignes, des formes.* Symétrie. Proportion.

Avoir des relations, des communications. *Correspondre avec quelqu'un.* Echanger des lettres. Avoir des relations épistolaires. Ecrire. / S'écrire.
Correspondre (en parlant de lieux). Communiquer. / Communication. / *Voie, moyen de communication.* Route. Chemin. Rue. Passage. / Pont. Passerelle. / Galerie. Couloir.

CORRESPONDANCE. Lettres. Courrier. / Chronique de journal. Reportage.

CORPS HUMAIN

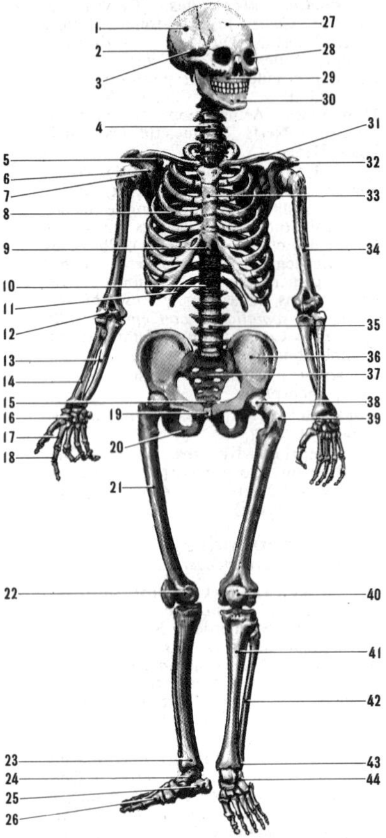

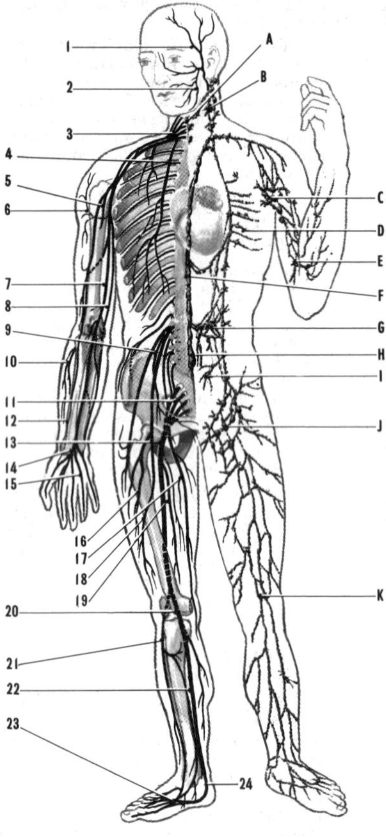

SQUELETTE 1. Pariétal; 2. Occipital; 3. Temporal; 4. Vertèbres cervicales; 5. Apophyse coracoïde; 6. Omoplate; 7. Tête de l'humérus; 8. Côtes. 9. Appendice; xiphoïde; 10. 12e vertèbre dorsale; 11. 12e côte; 12. Trochlée; 13. Cubitus; 14. Radius; 15. Coccyx. 16. Carpe; 17. Métacarpe; 18. Phalanges; 19. Symphyse pubienne; 20. Ischion; 21. Fémur; 22. Condyle fémoral; 23. Malléole interne; 24. Astragale; 25. Calcanéum; 26. Métatarse ; 27. Frontal; 28. Orbite; 29. Maxillaire supérieur; 30. Maxillaire inférieur; 31. Clavicule; 32. Acromion; 33. Sternum; 34. Humérus; 35. 3e vertèbre lombaire; 36. Os iliaque; 37. Sacrum; 38. Tête du fémur; 39. Grand trochanter; 40. Rotule; 41. Tibia. 42. Péroné; 43. Malléole externe; 44. Cuboïde

SYSTÈME NERVEUX 1. Nerf facial : branche frontale; 2. Nerf facial : branche maxillaire; 3. Plexus brachial; 4. Nerf pneumogastrique; 5. Nerf brachial cutané externe; 6. Nerf circonflexe; 7. Nerf médian; 8. Nerf cubital; 9. Plexus lombaire; 10. Nerf radial; 11. Plexus sacré; 12. Nerf musculo-cutané; 13. Grand sciatique. 14. Nerf médian; 15. Branches terminales; 16. Nerf du biceps; 17. Nerf saphène interne; 18. Nerf fémoro-cutané; 19. Nerf du demi-membraneux; 20. Nerf sciatique poplité interne; 21. Nerf sciatique poplité externe; 22. Nerf tibial postérieur; 23. Branches terminales; 24. Nerf plantaire externe .

SYSTÈME LYMPHATIQUE A. Chaine ganglionnaire du cou; B. Ganglions cervicaux; C. Ganglions du creux axillaire; D. Ganglions viscéraux du thorax; E. Ganglion épitrochléen; F. Canal thoracique; G. Ganglions abdominaux; H. Citerne de Pecquet; İ. Ganglions iliaques; J. Ganglions inguinaux; K. Ganglion poplité

CORPS HUMAIN

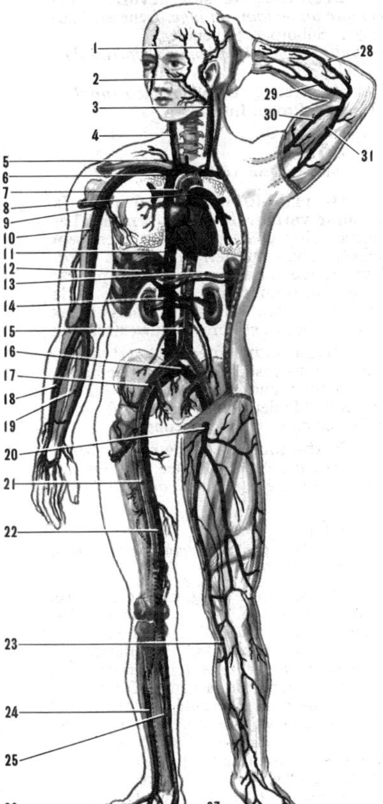

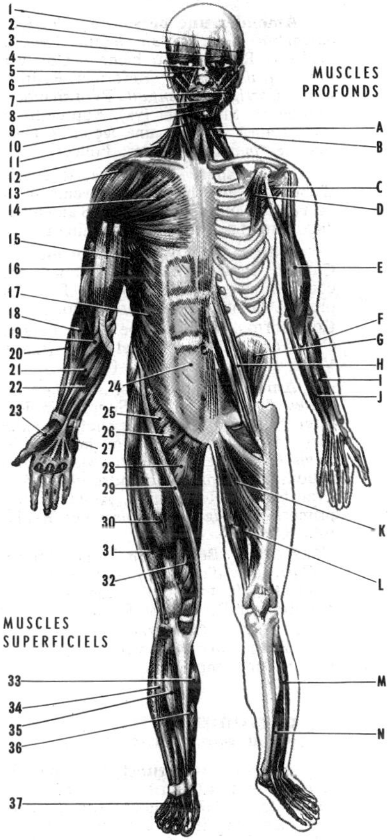

CIRCULATION DU SANG 1. Artère temporale; 2. Veine faciale; 3. Veine jugulaire interne; 4. Artère carotide; 5. Tronc thyro-bicervico-scapulaire; 6. Tronc brachio-céphalique veineux; 7. Crosse de l'aorte; 8. Artère pulmonaire; 9. Artère et veine axillaires; 10. Artère humérale; 11. Veine cave inférieure; 12. Veine porte; 13. Artère et veine spléniques; 14. Veine rénale; 15. Aorte; 16. Veine iliaque primitive; 17. Artère iliaque primitive; 18. Artère cubitale; 19. Artère radiale; 20. Crosse de la saphène; 21. Artère fémorale; 22. Veine fémorale; 23. Veine saphène interne; 24. Artère péronière; 25. Artère tibiale postérieure; 26. Artère plantaire interne; 27. Arcade veineuse dorsale du pied; 28. Veine cubitale superficielle; 29. Veine radiale superficielle; 30. Veine céphalique; 31. Veine basilique

MUSCLES PROFONDS 1. Frontal; 2. Temporal; 3. Orbiculaire des paupières; 4. Transverse du nez; 5. Petit zygomatique; 6. Grand zygomatique, 7. Masséter; 8. Orbiculaire des lèvres; 9. Triangulaire des lèvres; 10. Houppe; 11. Sterno-cléido-mastoïdien; 12. Trapèze; 13. Deltoïde; 14. Grand pectoral; 15. Grand dentelé; 16. Biceps brachial; 17. Grand oblique; 18. Long supinateur; 19. Rond pronateur; 20. Premier radial; 21. Grand palmaire; 22. Petit palmaire; 23. Muscles de l'éminence thénar; 24. Grand droit de l'abdomen; 25. Psoas; 26. Pectiné; 27. Muscles de l'éminence hypothénar; 28. Moyen adducteur; 29. Grand couturier; 30. Droit antérieur; 31. Vaste externe; 32. Vaste interne; A. Omo-hyoïdien; B. Scalènes; C. Sous-scapulaire; D. Petit pectoral; E. Biceps brachial; F. Court supinateur; G. Iliaque; H. Psoas; I. Fléchisseur propre du pouce; J. Fléchisseur commun des doigts; K. Moyen adducteur; L. Grand adducteur.

MUSCLES SUPERFICIELS 33. Jumeau interne; 34. Long péronier latéral; 35. Jambier antérieur; 36. Soléaire; 37. Muscles pédieux; M. Extenseur commun des orteils; N. Extenseur propre du gros orteil

corriger
(du lat. *corrigere*, redresser)

Amender une personne. *Corriger quelqu'un.* Guérir d'un défaut. Rendre meilleur. Ramener au bien. / *Corriger son mauvais caractère.* Réformer. Redresser. / *Corriger un enfant.* Réprimander. Reprendre. Morigéner (vx). Apprendre à vivre (fam.). Donner une leçon. / *Corriger les mœurs.* Civiliser. Policer.

Se corriger. Se défaire, se guérir d'une mauvaise habitude. Revenir dans la bonne voie. S'améliorer. S'amender.
INCORRIGIBLE. Invétéré. Impénitent.

Infliger une punition corporelle. Châtier. Battre. Frapper. Donner des coups. Fouetter. Gifler. Fesser. Tirer les oreilles. Donner, taper sur les doigts.
CORRECTION. Coups. Tape. Gifle. Fessée. Coups de fouet, de martinet. Volée (fam.). Volée de bois vert. Raclée (fam.).

Amender une chose. *Corriger les fautes d'un texte.* Biffer. Supprimer. Raturer. / *Corriger un manuscrit, une épreuve typographique.* Retoucher. Revoir. Réviser. Rectifier. / Apporter des modifications. Remanier. Refondre. Modifier. Transformer. Retravailler. Ajouter. Supprimer. / *Corriger sommairement.* Replâtrer. Retaper.
CORRECTION. Biffure. Surcharge. Rature. / *Correction d'auteur.* Retouche. Remaniement. Refonte. Modification. Addition. Suppression. Replâtrage. Retapage (fam.).
CORRECTEUR. *Correcteur dans un examen.* Examinateur. / Correcteur réviseur. Correcteur d'imprimerie.

corrompre
(du lat. *corrumpere, corruptum*)

Altérer (une substance) par la décomposition (littér.) *Corrompre de la viande* (en parlant de la chaleur). Pourrir. Putréfier. Avarier. Décomposer. Gâter. Abîmer (fam.). / *Corrompre de l'eau.* Polluer. Empoisonner. Infecter.
CORRUPTION. Décomposition. Putréfaction. Pourriture / Empoisonnement. Pollution.

Altérer la pureté de quelque chose. *Corrompre le goût, le langage.* Déformer. Dénaturer. Altérer.

Porter au mal. *Corrompre la jeunesse.* Perdre. Dépraver. Pervertir.
CORRUPTION. Dépravation. Perversion. / *Corruption des mœurs.* Décadence. Dérèglement. Perversité. Débauche.
CORRUPTEUR. Malfaisant. Destructeur.

Détourner de son devoir. *Corrompre un témoin, un juge.* Acheter. Soudoyer. Suborner. Stipendier.
CORRUPTIBLE. *Un homme corruptible.* Vénal.
INCORRUPTIBLE. *Un juge incorruptible.* Honnête. Probe. Intègre.

côte
(du lat. *costa*, côté)

Os plat du thorax qui relie la colonne vertébrale et le sternum. Les douze paires de côtes. Vraies côtes (sept paires; unies au sternum par les cartilages costaux). Fausses côtes (trois paires; reliées au sternum par le cartilage de la septième côte). Côtes flottantes (deux paires; courtes et libres à leur extrémité).

Relatif aux côtes. Costal. Intercostal. Sous-costal. Surcostal. / Se briser, se fracturer une côte. Fracture. / Point de côté (douleur dans les côtes). / Se tenir les côtes (rire beaucoup).

Partie inclinée d'une route. *Monter une côte.* Pente. Montée. Raidillon. / *Descendre, dévaler une côte.* Descente.

côté
(du lat. pop. **costatum*; lat. class. *latus, lateris*)

Partie droite ou gauche d'un être, d'une chose. *Se coucher sur le côté.* Flanc. / Les côtés d'un meuble. / *Les côtés d'un bateau.* Tribord. Bâbord. / *S'incliner sur le côté* (en parlant d'un bateau). Donner de la bande. Gîter. / *Le côté d'une route.* Bas-côté. Accotement. / *Le côté d'un bâtiment.* Aile. / *Les côtés de la scène d'un théâtre.* Côté cour (côté droit par rapport aux spectateurs). Côté jardin (gauche). / *Qui est situé sur le côté d'une chose.* Latéral. / Unilatéral. Bilatéral.
Etre aux côtés de quelqu'un. Auprès. Près. Contre. / Côtoyer. Coudoyer.

À côté. *Marcher à côté de quelqu'un.* Accompagner. Marcher côte à côte. Coudoyer. / *Appuyer sur un côté.* Accoter. / *Placer une chose à côté d'une autre.* Juxtaposer. Accoler.
Qui est à côté. Contigu. Tangent. Attenant. Voisin. Mitoyen. Proche. Adjacent. Le long de. / *Un à-côté.* Supplément. Chose secondaire, annexe.

De côté. *Marcher de côté.* De biais. De travers. En oblique. / *Regarder quelqu'un de côté.* De profil.

Se jeter de côté. Faire un écart. / *Mettre de l'argent de côté.* Economiser. Epargner. / *Laisser de côté.* Négliger. Abandonner. Ne pas tenir compte de. Faire abstraction de. / *Mettre de côté.* Garder. Réserver. Mettre en réserve.

Ligne limitant une surface. Angle. / *Figure à quatre côtés.* Quadrilatère. / *Figure à trois côtés.* Triangle. Equilatéral (trois côtés égaux). Isocèle (deux côtés égaux). / Unilatéral (un seul côté). Bilatéral (deux côtés). / Latéralement.

Face opposée d'une chose. Surface. / *Côtés d'une feuille de papier.* Recto. Verso. / Opistographe (écrit des deux côtés). / *Côtés d'une pièce de monnaie.* Face, ou avers. Pile, ou revers. / *Côtés d'une étoffe.* Endroit. Envers.

Aspect de la nature d'une personne, d'une chose. *Le bon côté de quelqu'un.* Valeur. Qualité. Mérite. Générosité. Bonté. Charité. / *Le mauvais côté.* Défaut. Travers. / *Le bon côté d'une chose.* Avantage. Agrément. Profit. Utilité. / *Le mauvais côté d'une chose.* Inconvénient. Désavantage. Désagrément.

Partie de l'espace considérée par opposition aux autres. Amont (vers la source d'un cours d'eau). Aval (vers l'embouchure). / Orient (côté du lever du Soleil). Occident (côté du coucher). / *De tous côtés.* De toutes parts. Çà et là. / *Du côté de.* Vers. Dans la direction de. Aux environs de.

Parenté. *Du côté paternel, maternel.* Origine. Ascendance. / Ligne directe. Ligne collatérale.

coton

(de l'ar. *koton*)

Duvet soyeux de la graine du cotonnier. Cotonnier (plante du genre *gossypium*). Cotonnier herbacé, ou nankin (fibre courte). Cotonnier des Barbades (fibre longue). Cotonnerie (culture ; plantation). / Capsule. Coton (duvet de la capsule). / Coton brut, ou coton en laine. / Balle de coton.

Préparation. Industrie cotonnière. / Cotonnerie (lieu de préparation). / Egrenage (séparation des graines). Egreneuse. / Coton courte soie. Coton longue soie. Fleuret (coton de première qualité). Linter (fibres courtes). Jannequin (médiocre). Bourre de coton.

Emploi. Coton filé. Coton à coudre, à repriser, à broder, etc. (v. FIL). / Cotonnades (v. TISSU).
Ouate commune ou chiffonnière (de vieux tissus). Ouate fine (déchets du cardage). Ouate pour pansements (de fibres neuves). Ouate ou coton hydrophile. Coton cardé.
Huile de coton (des graines). / Cellulose (substance constitutive du coton). / Coton-poudre (coton nitré), ou pyroxile (vx), fulmicoton, etc. (v. EXPLOSIF). COTONNEUX (semblable au coton).

cou

(du lat. *collum*)

Partie du corps qui unit la tête au tronc. *Anatomie du cou.* Os hyoïde. / Vertèbres cervicales (sept). Atlas (première vertèbre). Axis (deuxième vertèbre). Cartilage cricoïde. Cartilage thyroïde (ou pomme d'Adam). / Glande thyroïde. Thymus. / Trachée. Œsophage.
Arrière du cou. Nuque. / *Muscles du cou.* Muscles rotateurs. Splénius. Grand complexus. Petit complexus. / Muscles fléchisseurs. Sterno-cléido-mastoïdien. Scalènes. Trapèze. Angulaire de l'omoplate. / Muscle peaucier du cou.
Vaisseaux sanguins. Artère carotide. Veines jugulaires. / Ganglions lymphatiques.
Maladies du cou. Adénite (inflammation des ganglions lymphatiques). Anthrax (tumeur inflammatoire). Goitre (développement excessif du corps thyroïde). Arthrose cervicale ou cervicarthrose. Torticolis.
Formes du cou. Cou court. Cou robuste. Cou de taureau. / Cou long. Cou de cygne.

Ce qu'on met au cou. *Bijou de cou.* Collier. Chaîne. Châtelaine. Sautoir. Pendentif. Rivière de diamants. Rang de perles.
Collerette. Collet. Col. Faux col. Cravate. Tour de cou. Fichu. Echarpe. Foulard. Pointe. Cache-col. / Fraise. Fraisette. Gorgerette. Gorgerin. Guimpe. Rabat. Hausse-col.
Carcan (collier de fer auquel on attachait un criminel). Cangue.

Relatif au cou. Cervical. Vertébral. Intervertébral. Intercervical. / Col (de récipient). / Encolure (grosseur du cou ; partie du vêtement qui entoure le cou).
Serrer le cou. Tordre le cou. Etrangler. Strangulation. / *Couper le cou.* Décapiter. Décapitation. Décollation. / Décolleter (découvrir le cou et les épaules). Se décolleter. Décolletage. Décolleté.

Locutions diverses. Se rompre, se casser le cou. / Sauter au cou, se jeter au cou de quelqu'un (l'embrasser avec effusion). / Prendre ses jambes à son cou (détaler). / Laisser la bride sur le cou (laisser toute liberté). / Se mettre la corde au cou (se mettre dans une situation désespérée; fam., se marier).

couche
(de *coucher*)

Matière étendue. *Couche de plâtre, de ciment.* Enduit. Revêtement. Crépi. / Enduire. Revêtir. Crépir. Couvrir. / *Couche de peinture.* Impression. / Badigeon (lait de chaux). Badigeonner. / *Appliquer une couche* (de peinture, de vernis). Etaler. Etendre. Passer. / Pellicule (couche mince). Film. / *Couche de métal.* Argenture. Dorure. Nickelage. Chromage. / Argenter. Dorer. Nickeler. Chromer.

Disposition à plat. Couche horizontale, parallèle. / Banc de sable. Gisement de houille. Filon. / Lit de pierre. Assise. / Strate (couche sédimentaire). / Stratification (disposition en couches superposées).
Déliter. Cliver (diviser dans le sens des couches). / Délitage. Clivage.

coucher
(du lat. *collocare,* placer, étendre)

Étendre. *Coucher un blessé, un malade.* Allonger. / *Etre couché à terre.* Gésir. / *Coucher quelque chose.* Placer horizontalement. / Supination (renversement sur le dos).

Mettre sur le côté. *Coucher un meuble.* Incliner. Pencher. Renverser. Mettre sur chant. / *Coucher des plantes.* Plier (en parlant du vent). Renverser. Verser.

Mettre au lit. *Coucher un malade.* Aliter. Alitement.

Se coucher. S'étendre. S'allonger. / Se mettre au lit. Se glisser sous les draps. / Se coucher tard. Se coucher tôt, de bonne heure. / Se mettre au lit (par suite de maladie). S'aliter.

S'étendre pour se reposer. *Coucher dans un lit.* Dormir. Gîter. / *Coucher dehors.* Coucher à la belle étoile. Coucher sur la dure. Coucher sous la tente.
Coucher sur le dos. Coucher à plat ventre. Coucher en chien de fusil (en repliant les genoux). / Coucher tête-bêche. / Décubitus (position du corps sur un plan horizontal). / *Coucher avec quelqu'un.* Partager sa chambre, son lit. / Coucherie (pop.).
DÉCOUCHER (coucher hors de chez soi).
COUCHAGE. *Matériel de couchage.* Literie. Lit. / *Sac de couchage.* Duvet.

coudre
(du lat. *consuere*)

Assembler, attacher par une suite de points faits avec du fil et une aiguille. Coudre ensemble deux morceaux de tissu. Coudre un bouton.

Travail de couture. *Coudre à grands points.* Bâtir. Faufiler. Baguer. / Piquer à la machine. Piqûre. / Surjeter. Surjet. / Remplier. Rempli (pli fait à une étoffe pour la raccourcir, la border). / Border. Bordure. / Ourler. Ourlet. Rabattre. / Pincer. Pince. Froncer. Fronce. / Broder. Broderie. Ruché. Passepoil. / Raccommoder. Rapiécer. Rapetasser. Ravauder. Stopper. Repriser. / Reprise. Reprise perdue. Stoppage. Rosette. / Marquer. Marque. / Boutonnière. Bride.

Matériel. Aiguilles. Dé à coudre. Epingles. Ciseaux. Fil. Bobine. / Machine à coudre. Piqueuse. Surjeteuse. / Fournitures. Garnitures. Mercerie. / Nécessaire à couture. Sac à ouvrage. Etui. Pelote à épingles. Doigtier. Œuf à repriser. / Patron. Mannequin.

Points. *Points usuels.* Point coulé. Point devant. Point arrière. Point de côté. Point main. Point machine. / Point d'arrêt, de bâti, de boutonnière, de chausson, de faufil, d'ourlet, de piqûre, de reprise, de surfil, de surjet.

couler
(du lat. *colare,* filtrer; en gr. *rhein*)

Aller d'un lieu à un autre d'un mouvement continu (en parlant d'un liquide). Se déverser. S'écouler. / *Couler d'une source.* Sourdre. / *Couler vers un même point* (en parlant de cours d'eau). Confluer. / *Couler dans une région.* Arroser. Baigner. / *Couler en s'étalant.* Se répandre. Déborder. Circuler. S'extravaser (en parlant d'un liquide organique). S'épancher. / *Faire couler.* Soutirer. Transvaser. Tirer. Passer. Filtrer. Verser. / *Ne pas couler.* Stagner. Stagnation. / Stagnant.
Qui coule facilement. Fluide. Liquide. / Fluidité. Liquidité.
ECOULEMENT. Déversement. Epanchement. Flux. / Sécrétion. Excrétion.

Laisser échapper un liquide (en parlant d'un récipient). Fuir. Se vider.

Couler avec force. Jaillir. Gicler. Ruisseler. / Jaillissement. Jet. Ruissellement. / Torrent. / Geyser. / Cataracte. Cascade. Chute d'eau. / *Qui coule à flots.* Torrentiel. Torrentueux.

Couler par gouttes. Dégoutter. Dégouliner. Goutter. S'égoutter. Suinter. Exsuder. / Suppurer. / Dégoulinement. Exsudation. / Suppuration. / Compte-gouttes. Stiligoutte.

couleur

(du lat. *color;* en gr. *chrôma*)

Impression produite sur l'œil par la lumière, variable selon la nature du corps. *Couleurs prismatiques* (du spectre lumineux). Ultraviolet (invisible). Violet. Indigo. Bleu. Vert. Jaune. Orangé. Rouge. Infrarouge (invisible). / Couleurs simples. Couleurs composées. / *Couleurs fondamentales.* Jaune. Rouge. Bleu. / Synthèse additive, soustractive. / Couleur complémentaire (jointe à une autre, donne le blanc). Vert (complémentaire du rouge). Bleu (complémentaire de l'orangé). Violet (complémentaire du jaune). / Couleurs interférentielles. Cercle chromatique. Triangle des couleurs.

Modalité des couleurs. Gamme. Ton. Tonalité. Teinte. Demi-teinte. Nuance. Gradation. Reflet. Luminance. Saturation. / Coloris. Email (héraldique).
Qui a des couleurs variées. Bigarré. Bariolé. Panaché. Chiné. Jaspé. Diapré. Moucheté. Tacheté. Truité. Tigré. / Bigarrure. Bariolage. Panachage. Jaspure. Diaprure. / *Qui présente les couleurs de l'arc-en-ciel.* Irisé.
Couleur de la peau, du teint. Carnation. Pigmentation. / *Couleur des poils, des plumes.* Pelage. Robe. Plumage.

Aspect des couleurs. Coloration. / Eclat. / Couleur claire. / Couleur foncée, sombre. / Couleur éclatante, vive, gaie. / Couleur chaude (où domine le rouge, le jaune). Couleur froide (où domine le bleu, le violet). / Couleur mate. Couleur brillante. / Couleur pâle, terne, triste. / Couleur crue, criarde, voyante. / Haut en couleur. Coloré. Poussé. / Couleur fraîche, tendre. / Couleur neutre. / Couleur changeante. Versicolore. / Couleur chatoyante. Couleur à reflets. Irisé. Moiré. Moirure. Mordoré. / Couleur franche, nette. / Couleur tirant sur.

Technique des couleurs. Couleur (pigment minéral). Colorant (soluble, pour teindre). / Couleurs végétales, animales, minérales (pigments). / *Couleurs naturelles. Colorants artificiels* (v. TEINDRE). / Chromatisme (ensemble des couleurs). Chromatographie. Colorimétrie. / Chromatiser. Chromolithographie. Chromotypographie. Chromophotogravure. Chromiste.

Substance colorante. *Appliquer, étaler de la couleur.* Colorer. Colorier (spécialement du papier). Enluminer. Peindre. Barbouiller (fam.). / Barioler. Teinter. Moirer. Panacher. / Fondre. Dégrader. / Farder. Tatouer. Peinturlurer (fam.).
Se décolorer (perdre sa couleur). Déteindre. Pâlir. Ternir. Foncer. S'altérer. Tourner. Virer. Se faner. Passer. / Couleur délavée, passée, déteinte.

Relatif à la couleur. *D'une seule couleur.* Unicolore. Monochrome. / *De deux, de trois couleurs.* Bicolore. Tricolore. / *De plusieurs couleurs.* Multicolore. Polychrome. / *Sans couleur.* Incolore. / Colorimètre (instrument servant à mesurer le degré de coloration d'un liquide).

Vision des couleurs. Chromatopsie (perception des couleurs). Achromatopsie (absence de perception des couleurs). Dyschromatopsie (difficulté de distinguer les couleurs). / Daltonisme (impossibilité de distinguer le vert et le rouge). Daltonien.

couper

(de *coup;* en lat. class. *secare*)

Séparer avec un instrument tranchant. *Couper de l'herbe, du foin.* Faucher. / *Couper les céréales.* Moissonner. / *Couper des cheveux ras.* Tondre. Raser. / *Couper d'un seul coup.* Trancher. / *Couper net.* Sectionner. / *Couper un arbre.* Abattre. / *Couper du tissu.* Tailler. / *Couper maladroitement.* Charcuter (fam.). Taillader. Déchiqueter.

Couper par morceaux. *Couper de la viande.* Découper. Dépecer. / *Couper un gâteau.* Partager. / *Couper le premier morceau d'un pain.* Entamer. / *Couper en menus morceaux.* Hacher. / *Couper en tranches minces.* Emincer. / *Couper en tronçons.* Tronçonner. / *Couper un arbre en planches, en bûches.* Débiter. Fendre.

Ôter en coupant. *Couper la tête d'un arbre.* Ecimer. Etêter. / *Couper les branches d'un arbre.* Ebrancher. Elaguer. Emonder. Tailler. / *Couper la tête d'un condamné.* Trancher. Guillotiner. Décapiter. Exécuter. / *Couper les oreilles.*

Essoriller. / *Couper un membre.* Amputer. Mutiler. / Ablation. Amputation. Mutilation. / *Couper les organes de la génération.* Châtrer. Castrer. / Castration. Castrat.

Faire une incision. *Couper dans le vif* (en chirurgie). Inciser. Ouvrir. / *Enlever en coupant.* Exciser. Excision. / *Couper superficiellement.* Scarifier. Scarification.

Se couper. Se balafrer. S'entailler. Se taillader. S'écorcher.

COUPURE. Entaille. Balafre. Estafilade.

Passer en travers de quelque chose (en parlant d'une voie, d'une ligne). Croiser. Traverser. Intersecter. / Croisement. Intersection. / Sécante (droite qui coupe une ligne courbe).

Interrompre la continuité d'une chose. *Couper une route.* Barrer. / *Couper un passage dans un texte.* Retrancher. Supprimer. Abréger. Ecourter. Censurer. *Couper une communication téléphonique. Couper la parole.* Interrompre.

COUPURE. Interruption.

courage

Ardeur dans l'action. *Travailler avec courage.* Energie. Ardeur. Vigueur. Entrain. Enthousiasme.

COURAGEUX. Energique. Dynamique. Ardent. Décidé. Résolu.

COURAGEUSEMENT. Energiquement. Ardemment. Résolument.

ENCOURAGER. Stimuler. Exciter. Applaudir. Aiguillonner. Soutenir. / *Encourager à* (et l'inf.). Pousser. Engager. Inciter. Exhorter.

ENCOURAGEMENT. Stimulation. Applaudissement. Compliment. Approbation. Soutien. Exhortation. Incitation.

ENCOURAGEANT. Stimulant. Exaltant.

DÉCOURAGER. Démonter. Démoraliser. Ecœurer. Dégoûter. Accabler. Abattre. Désespérer. Rebuter. Couper bras et jambes.

DÉCOURAGEMENT. Accablement. Ecœurement. Abattement. Démoralisation. Cafard (fam.).

DÉCOURAGEANT. Décevant. Démoralisant. Désespérant. Ecœurant.

Énergie morale dans le danger, la souffrance. *Lutter, se battre avec courage.* Bravoure. Vaillance. Héroïsme. / *Supporter une épreuve avec courage.* Fermeté. Force d'âme. Constance. Cran (fam.). Stoïcisme. / *Manquer de courage au moment d'agir.* Flancher. Mollir. Se dégonfler (fam.). / Bon, mauvais moral (disposition à supporter plus ou moins bien les dangers, les difficultés).

COURAGEUX. Brave. Vaillant. Crâne. Valeureux. Héroïque. Stoïque. / *Courageux jusqu'à la témérité.* Casse-cou. Téméraire. Intrépide. Indomptable.

COURAGEUSEMENT. Bravement. Vaillamment. Héroïquement. Stoïquement.

courbe

(du lat. *curvus*, courbé).

Ni droit ni composé de lignes droites. Arqué. Arrondi. Bombé. Busqué. Cambré. Cintré. Circulaire. Concave. Contourné. Convexe. Coudé. Courbé. Crochu. Curviligne. Ovale. / Gauche. Déjeté. De guingois. De travers. En lacet. / Galbé. Renflé. Incurvé. Infléchi. Replié. Tordu. Tors. Tortu. Voûté. / Sinueux. Ondulé. Gondolé. Flexueux. Tortueux.

Lignes courbes. Arc. Arcature. Arceau. Arche. / Arcade. Archivolte. / Dôme. Coupole. / Cintre. Voûte. / Rond. Galbe. / Boucle. Arabesque. Feston. Ove. Volute. Spirale. Ondulation. Orbite. / Sinuosité. Circonvolution. Méandre. Lacis. Spire. / Virage. Tournant.

Courbes géométriques. Courbe plane (contenue dans un plan). / Sections coniques. Hyperbole. Parabole. Ellipse. Circonférence. / Spirale. Ovale. Sinusoïde. Cycloïde. Conchoïde. Epicycloïde. / Courbe gauche ou à double courbure (n'est pas contenue dans un plan). Hélice.

Dessin de courbe. Décrire, tracer, rectifier une courbe. / Compas. Ellipsographe. Curvimètre. Curvigraphe. Pistolet. / Intégrer une courbe. Intégromètre.

Relatif aux courbes. Centre. Foyer. / Coordonnées. Abscisse (axe des x). Ordonnée (axe des y). / Grand axe. Petit axe. / Tangente. Sécante. / Arc. Branche. Asymptote. / Equation de la courbe. Courbe du premier, deuxième, troisième degré. Parabolique. Elliptique. Hyperbolique. Sinusoïdal.

courber

(du lat. *curvare*)

Rendre courbe. *Courber une branche, une barre de fer.* Arquer. Cintrer. Couder. Plier. Ployer. Recourber. Incurver. Replier. Infléchir. Tordre. / *Courber une pièce de bois, de métal.* Déformer. Fausser. Déjeter. Gondoler. Voiler. Gauchir.

Courber la tête. Fléchir. Incliner. Pencher. / (Au fig.) Se soumettre. Céder.
COURBURE. Arcure. Cintrage. Pliure. / Gauchissement. Voilement. Fléchissement. Flexion. Inclinaison.

Se courber. (En parlant des personnes.) *Se courber pour saluer.* S'incliner. Faire la révérence. Faire des courbettes. Se prosterner. / Se voûter. Se casser. / (En parlant des choses.) Se plier. Se couder. Se recourber. Se tordre. Se déformer. Se voiler. Gauchir. Se gondoler. Se déjeter.

courir
(du lat. *currere*)

Aller vite (en parlant d'un être animé). Courir à toutes jambes, à perdre haleine, comme un dératé. Prendre ses jambes à son cou. Courir à toute allure, à fond de train, à bride abattue, ventre à terre. Piquer un sprint. / Courir comme un lièvre, comme un zèbre. / Aller comme le vent. Fendre l'air. Filer à toute vitesse. Dévorer l'espace. / Trotter. Galoper ([fam.] en parlant d'une personne).
S'enfuir, partir en courant. Détaler. S'élancer. Se précipiter. Bondir. Filer.
Aller vite (sans précisément courir). Se dépêcher. Se hâter. Se presser. Presser le pas. Se démener.

Expressions familières et populaires. Se trisser. Se carapater. Se caleter. Cavaler. Dropper. Foncer. Jouer des flûtes. Se grouiller (pop.). Se manier, ou se magner (pop.). Se manier le train (pop.).

Chercher à obtenir, à atteindre. *Courir après les honneurs, la gloire.* Chercher. Rechercher. Aspirer (à). / *Courir après quelqu'un.* Rechercher la société d'une personne. Importuner. / *Courir après une femme.* Poursuivre de ses assiduités. Faire une cour assidue.

Se répandre (en parlant d'un bruit, d'une nouvelle). Se propager. Se communiquer. Circuler. / *Faire courir un bruit.* Annoncer. Répandre. Divulguer. Colporter. Raconter.

Aller souvent (dans un lieu, auprès d'une personne). *Courir les bals, les spectacles.* Fréquenter. / *Courir les magasins.* Faire des courses, des commissions (fam.). Faire du shopping. / *Courir les filles.* Fréquenter assidûment. Courir le guilledou, la prétentaine. Courailler.
COUREUR (de filles). Volage. Débauché. Cavaleur. / *Coureuse.* Femme, fille de mœurs légères.

couronne
(du lat. *corona*)

Insigne de la puissance. Couronne royale. Couronne impériale. Diadème. / Couronne de fer des rois lombards. / Tiare. Trirègne (du pape).
COURONNER. Ceindre la couronne. / Couronnement. / Tête couronnée.

Couronnes héraldiques. Couronne royale, aulique, impériale. Couronne de prince, de duc, de marquis, de comte, de vicomte, de baron, de chevalier.
Couronne fermée (de roi, d'empereur). Couronne ouverte. / Couronne cintrée, à fleurons, perlée, radiale, taurelée. Tortil.

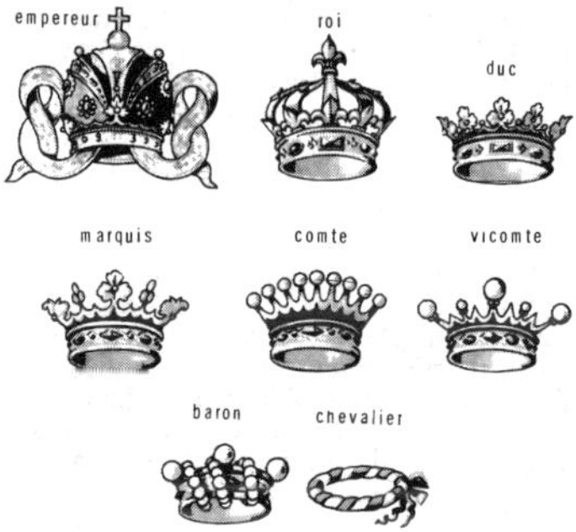

Cercle de fleurs, de feuillage entrelacés. Couronne de fleurs, de roses. Couronne de mariée, de communiante. / *Tresser une couronne.* Guirlande.
Couronne funéraire, mortuaire. Couronne de fleurs artificielles.

Signe de mérite. *Décerner une couronne.* Récompense. Prix. / Couronne de laurier. Lauriers. Lauréat.
COURONNER. *Couronner un lauréat, un ouvrage.* Récompenser. Décerner un prix.

courroie
(du lat. *corrigia*)

Bande étroite d'une matière souple servant à attacher, à lier quelque chose. Courroie de cuir, de caoutchouc, etc.

Courroies d'équipement. Baudrier. Ceinturon. Ceinture. Bandoulière. Bretelle. Jugulaire. / Buffleterie. / Boucle. Anneau. Ardillon.

Courroies de harnachement. Rênes. Guides. / Longe. Plate-longe. / Bricole. Traits. / Etrivières. / Sangle. Sanglons. Sous-ventrière. Martingale.

Autres courroies. Attache. Lien. / Sandow (n. déposé). / Laisse. Couple. *Courroie de machine.* Courroie de transmission. Brin conducteur, menant. Brin conduit, mené, lâche, mou.

cours d'eau

(de *cours* et d'*eau;* en lat. *flumen, fluvius;* en gr. *potamos*)

Sortes de cours d'eau. *Petit cours d'eau.* Ruisseau. Ruisselet. Ru. Torrent. Gave (torrent pyrénéen). Ravine (vx). / Rivière (se jette dans un autre cours d'eau). / Fleuve côtier (se jette dans la mer). Fleuve (conduit à la mer l'eau de plusieurs rivières). Fleuve international.
Fleuve navigable, non navigable. / Affluent. Bras. Marigot (bras qui se perd dans les terres). / Arroyo (chenal reliant deux cours d'eau). Oued.

Lits et profils. Ravin. Rigole. Chenal. / Profil en long. Profil transversal. Section mouillée. / Fond. Bas-fond. Fosse. Gué. Ile. Banc de sable. Alluvion. Lais (partie d'un lit abandonnée). / Berge. Bord. Rive. Chemin de halage. / Gorge. Pertuis (étranglement). / Rapide. Saut. Chute d'eau. Cascade. Cascatelle. Cataracte. / Boucle. Coude. Méandre. / Confluence. Confluent. Bec. / Défluviation (changement de lit). Capture (détournement des eaux d'une rivière par une autre qui s'en est rapprochée).
Bassin (aire d'alimentation d'un cours d'eau). Source. / Cours supérieur, ou haut cours. Cours inférieur, ou bas cours. Embouchure. Bouche. Delta. Estuaire. / Mascaret. Barre. / Amont (partie d'un cours d'eau comprise entre un point considéré et la source). Aval (côté vers lequel descend un cours d'eau).
Lits artificiels. Canal. / Digue. Levée (digue parallèle à la rive). Quai. Barrage. / Ecluse (v. CANAL). Curer. Curage. Draguer. Dragage. Faucarder (couper les herbes aquatiques).

Écoulement de l'eau. Eau courante. Eau vive. / Couler. S'écouler. Se jeter dans. / Filet d'eau. Ruissellement. Ruisseler. / Torrentiel. Torrentueux. / Remous. Tourbillon.
Crue. Débordement. Inondation. / Croître. Grossir. Sortir de son lit. Déborder. Inonder. / Affouiller. Affouillement. Eroder. Erosion. Raviner. Ravinement. Entraîner. Charrier. Ensabler. Ensablement. / Alluvions. Atterrissements. / Geler. Se congeler. Se prendre. Embâcle. Débâcle. Débâcler. Glace. / Etiage (niveau le plus bas). Baisser. Etre à sec.
Débit (volume d'eau par seconde). Module (débit moyen annuel). Hydraulicité (module de l'année rapporté à celui d'une longue période). / Régime (variations annuelles propres à un fleuve). Régime glaciaire, nival, pluvial, nivo-pluvial, pluvio-nival.
Echelle d'eau ou d'étiage. Fluviographe. Fluviomètre (appareil servant à mesurer la hauteur de l'eau). / Débitmètre. Déversoir calibré (mesure du débit). / Courantomètre. Courantographe. Moulinet hydrométrique (mesure de la vitesse du courant).

Relatif aux cours d'eau. Potamologie (science des cours d'eau). Hydrologie fluviale (régimes et débits). / Hydraulique, hydrodynamique fluviales. Hydrographie (géographie des cours d'eau). Hydrogéologie (étude des eaux souterraines). / Les Eaux et Forêts. Les Ponts et Chaussées.
Fluvial. Fluviatile. / Hydrographique. Hydrographe. / Hydrologique. Hydrologue, ou hydrologiste. / Hydraulique. Hydraulicien. / Hydronymie.

course

Action de courir. *Accélérer, ralentir sa course.* Allure. Train. / *Pas de course.* Pas de gymnastique. Pas accéléré.

Action de parcourir un espace. *Faire une course en montagne.* Excursion. Promenade. Marche. Randonnée. / Parcours. Trajet.

Épreuve de vitesse. *Participer à une course.* Courir. / *Accélérer en fin de course.* Sprinter. Sprint.
Course à pied (v. ATHLÉTISME). / Course à bicyclette (v. ce mot). / Course de bateaux (v. NAUTISME).
COUREUR. *Coureur de fond.* Stayer. / *Coureur de vitesse.* Sprinter.

courses de chevaux

Différentes sortes de courses. Course au galop : plate, d'obstacles, de haies, de steeple(-chase). / Course au trot : attelé ou au sulky, monté ou « sous la selle ». / Classique. / Poule de produits. / Derby. / Semi-classique. / Prix de série. / Course : à conditions, à poids pour âge, en partie liée (au trot seulement). / Critérium. / Omnium. / International. / Handicap : limité, dédoublé. / Réclamer (pour chevaux à vendre). / Prix mixte (handicap pour chevaux à réclamer).

Organisation des courses. Société de courses. / Propriétaire. / Ecurie de courses. / Commissaires. / Juges à l'arrivée. / Starter. / Handicapeur.
Entraîneur. / Jockey. / Driver. / Gentleman(-rider). / Amateur. Apprenti. / Cavalière. Amazone. / Recevoir sa licence.
Equipement. Casaque. Toque. Brassards. Echarpe. Bombe. Bottes. Cravache.

Champ de courses. Hippodrome. / Turf. / Pesage. / Pavillon (à Longchamp). / Tribunes. Gradins. / Vestiaire des jockeys. / Salle des balances (où s'effectue la pesée). / Paddock. / Enclos (espace réservé aux accrédités : propriétaires, entraîneurs, etc.). / Pelouse. Pelousard (fam.). / Piste : intérieure, extérieure, ronde, moyenne, petite. Raquette. / Terrain : bon, léger, collant, lourd, sec, dur. / Pénétromètre. / Parcours. / Lice. / Corde : à gauche, à droite. / Ligne droite. / Tournant.
Obstacles. Haie vive, ou « balais ». Barrière : fixe, mobile. Double barrière. Rivière : des tribunes, du « huit » (à Auteuil). Brook (large fossé plein d'eau). / Talus en terre. Banquette irlandaise. Mur en pierre. Bull-finch (talus surmonté d'une haie). Rail ditch and fence (fossé précédé d'un muret et d'un rondin, et suivi d'une haie). Open ditch (fossé suivi d'une haie). / Oxer (fossé précédé et suivi d'une haie).

Cheval de course. Galopeur. / Sauteur. Hurdle-racer (sur les haies). / Steeple-chaser (sur les gros obstacles). / Trotteur. Stayer. / Flyer. / Miler (sur 1 600 m). Vieux routier. / Maître d'école. / Maiden (qui n'a jamais gagné). / Inédit (jamais couru). / Encore vert (pas aguerri). / Crack. / Hack (cheval réformé qui sert de monture à l'entraîneur).

Préparation à la course. Centre d'entraînement. / Garçon d'écurie, de voyage. Lad. Premier garçon. / Van.
Débourrage. Dressage. Débourrer. Dresser. / Entraînement. Entraîner. / Mécaniser (un sauteur, un trotteur). / Amener, maintenir en condition, en forme.
Engager. Engagement. / Droit d'entrée (d'inscription à une course). / Déclarer forfait. / Courir un cheval.

Conditions de la course. Qualification. / Surcharge. / Décharge (poids inférieur au poids officiel, dû à la monte d'un apprenti). / *Echelle des poids.* Top-weight (poids le plus élevé ; cheval qui le porte). Bottom-weight (poids le moins élevé ; cheval qui le porte).
Recul (au trot, distance supplémentaire à parcourir, proportionnelle aux sommes gagnées par le cheval). / Avance (due à la monte d'un apprenti, au trot). / Echelons de départ (au trot). / Place à la corde. / Tirage au sort.
Programme officiel. / Numéro. / Monte (jockey). / Cheval de jeu (qui fait le train pour un compagnon d'écurie). / Vivant (cheval que l'on court pour essayer de gagner). / Mort (que l'on court sans conviction). / Walk-over.

Déroulement de la course. Se mettre en selle. / Faire le poids. / Avoir les premières, les secondes montes. / Monter aux ordres (suivant les directives du propriétaire ou de l'entraîneur). / Se rendre au départ. / Défilé. / Canter (galop, trot d'essai). / Haie d'essai. / Starting-gate. Elastiques. Stalles, ou « boîtes » de départ. Départ à l'autostart. / Etre sous les ordres (du starter).
Prendre un départ volant. / Faire le train (mener). / Avoir la science du train. / Avoir une bonne main. / Se relever (sur les étriers, pour ralentir son cheval gêné ; ne plus imposer d'effort à un cheval battu). / Etre enfermé. / Ouvrir, fermer la corde. / Reprendre son cheval (le ralentir pour le laisser souffler). / Déboîter. / Faire les extérieurs (le parcours le plus éloigné de la corde). / Tirer son cheval (le retenir pour l'empêcher de gagner). / Soutenir son cheval. Monter aux bras (aider l'action du cheval par un vigoureux accompagnement des bras). / Cravacher. / Pointer. / Placer une bonne pointe finale.
Rush. / Ligne d'arrivée. Poteau. / Photographie. Photo finish. / Arrivée serrée. / Dead-heat (ex aequo). / Enlever la décision. / Etre battu sur le poteau. / Défendre la place. / Rentrer aux balances (être dans les cinq premiers). / Réussir le hat-trick, ou « coup de chapeau » (gagner trois épreuves dans la même réunion). / Distances à l'arrivée : nez, tête, courte tête, encolure, courte encolure. / Longueur. Demi-longueur. / Chronométrage. / Réduction kilométrique. / Record.
Contrôle filmé. / Distancement (d'un trotteur fautif). / Réclamation (déposée par un jockey ou un entraîneur pour irrégularité). / Enquête d'office (des commissaires). / Sanction. / Rétrograder. / Déclasser. / Distancer (un trotteur pour allures irrégulières). / Pénaliser. /

Donner un avertissement. / Frapper d'une amende. / Suspendre. / Retirer la licence. / Le rouge est mis (l'ordre d'arrivée est officiellement confirmé).

Locutions se rapportant au comportement du cheval. Porter du plomb (un gros poids mort). / Rendre du poids (en porter plus que les autres). / Recevoir du poids (en avoir moins à porter que les autres). / Rendre de la distance (au trot, partir derrière les autres). / Avoir du gros (manquer de préparation). / Ecumer. / Etre passé de forme. / Avoir de l'influx (être en forme). / Rester au poteau. / S'enlever. Se désunir. Eclater (pour un trotteur, prendre le galop). Figurer (bien courir). / Refuser de s'employer. / Se battre contre la main de son jockey. / Etre rogue (difficile). / S'appuyer sur son mors. Tirer (aller de l'avant). / Pencher. Obliquer. / S'appuyer sur un concurrent. / Echapper à la main. / Dérober. / Avoir de la tenue (être doué pour les longues distances). / Manquer de tenue. / Trotter carré (dans des allures très régulières).
Faire une faute (mal sauter un obstacle; pour un trotteur, prendre un temps de galop). / Raser l'obstacle. / Boire l'obstacle. / Accrocher. / Glisser à la réception. / Se croiser les jambes. / Désarçonner son jockey. / Culbuter.
Cantérer (l'emporter facilement). / Gagner de toute une distance (de plusieurs longueurs). / Etre dopé. Doping. Dopage.

Le jeu. Parier. Spéculer. / Turfiste. Sportsman. / Parieur. Joueur. Spéculateur. / Martingale. / Tuyau (fam.). Combine (fam.). / Faire le papier (étudier les performances).
Tableau d'affichage. / Engagés. / Partants. / Non-partants. / Cote. Sous-cote. / Partir avec une surcote. / Cotier. / Totalisateur. / Favori. / Outsider. Toquard (fam.). / Grosse cote. / Faire égalité (rapporter une somme égale à la mise). / Payer pour un cheval (miser à une cote inférieure à égalité). / Prise (grosse somme misée sur un cheval en une seule fois). / Jouer, suivre la prise. / Suiveur. / Rapport. / Pari : au livre (en Grande-Bretagne). / Bookmaker (preneur de paris au livre). / Pari mutuel urbain (P. M. U.). / Pari mutuel hippodrome (P. M. H.). / Guichet. / Ticket. / Pronostic. Pronostiqueur. / Jeu : simple, gagnant, placé, à cheval (gagnant et placé). / Report. / Jumelé. / Couplé. / Combinaisons. / Pari trio. / Triplet. / Tiercé. « Tiercéiste ». / Quarté. / Agence « course par course ». / Sweepstake.

courses de taureaux

Différentes sortes de courses. Corrida exécutée par un torero. Becerrada ou capea (course villageoise, avec des taurillons). Novillada (jeunes bêtes et toreros non consacrés). Course portugaise (exclusivement à cheval). Course landaise (pas de mise à mort; des vaches au lieu de taureaux). Course provençale (on doit enlever la cocarde fixée au front ou au garrot d'un jeune taureau).

Cirque où se déroule la course. Arènes ou plaza. Sol (partie de l'amphithéâtre exposée au soleil). Sombra (partie à l'ombre). Chapelle (où le torero fait sa prière). Infirmerie. Vestiaire. / Ecuries (pour les chevaux). Corral (cour des taureaux). Toril (où l'on isole les taureaux avant la course). Chiquero (box où chaque taureau attend dans l'obscurité). Arène, ruedo ou redondel (piste circulaire). Barrera (enceinte en bois de l'arène). Estribo (marche-pied dans la barrera permettant de la sauter). Burladero (abri pour le torero). Talanquera (palissade limitant l'amphithéâtre). Callejon (couloir où se tiennent les toreros, entre la barrera et la talanquera). Tribune présidentielle.

Toreros. Quadrille. Toreador (vx). Matador ou espada (chef de la quadrille). Novillero (non consacré, combat de jeunes taureaux). Picador (à cheval). Peones (à pied); capeador (travaille le taureau avec la cape; banderillero (pose des banderilles); puntillero (achève le taureau); mozos (valets de piste). / Rejoneador (à cheval, combat le taureau jusqu'à la mort).

Costumes et instruments. Habit de lumière (broché or pour le matador; argent pour les peones). Chaquetilla (boléro), calzones (pantalon). Montera (coiffure). Cape (étoffe pour faire les passes). Muleta (étoffe pour fatiguer le taureau). Banderilles (dard pour mater la bête). Estoc (épée). Verduzo (épée pour le coup de grâce : taureau resté debout). Puntilla ou cachetero (poignard pour le coup de grâce : taureau par terre). / *Equipement du picador.* Mona (armature métallique protégeant les jambes). Pica, rejon (lances en bois). Puya (pointe métallique de la pica).

Taureaux. Ganaderia (élevage). Mayoral (chef). Vaquero (gardian). Torada (manade). Casta (lignée). Divisa (rubans aux couleurs de l'éleveur plantés sur le garrot). Tienta (essai des taureaux).

Bicho. Taureau bravo (de combat). Trapéo (bel aspect). Encierro (action de conduire les taureaux jusqu'à la plaza).
Becerro (taurillon de moins de 2 ans; courses d'amateurs). Novillo (jeune taureau de moins de 4 ans pour novilleros). Toro (taureau de 4 à 6 ans).

Phases de la course. Paseo (défilé des quadrilles). Lidia (combat). Terreno (domaine du taureau ou du torero). Tercio (chacune des trois parties du combat). / Suertes (figures exécutées) : passe, molinete, véronique, chicuelina, manoletina, etc.; suertes de vara (passes de cape), de banderilles, de muerte (mise à mort). / Mise à mort. Brindis (le torero dédie le taureau à la personne de son choix). Faena. Jeux de muleta (placent le taureau dans la meilleure position). Volapié (attaque par le torero). Estocade. Pinchazo (estoc arrêté par un os). Descabello (coup de grâce : taureau resté debout). Puntillazo (coup de grâce au taureau couché). Arrastre (taureau traîné hors de la piste). / Cogida (le torero est atteint par la bête). Quite (parade avec la cape pour protéger le torero en danger). / Avoir une, deux oreilles, la queue (recevoir ces parties de la bête en témoignage d'un bon travail).

Relatif aux courses de taureaux. Tauromachie. / Aficionado (amateur averti). Espontaneo (amateur qui fait irruption dans l'arène pour montrer son talent). / Alternative (investiture d'un novillero l'élevant au rang de matador). / Toréer.

court

(du lat. *curtus;* en gr. *brakhus*)

Court dans l'espace. Peu étendu. / *Un manteau court.* Petit. / *Un veston trop court.* Etriqué. / *Une jupe très courte.* Minijupe. / *Un nez court et plat.* Camus. Aplati. Ecrasé. / *Des cheveux coupés très courts.* Ras. / Bréviligne (qui a les membres courts). Brachymélie (brièveté des membres).
Qui a la taille courte. Petit. Courtaud. Trapu. Ramassé. / Nain. Nabot. / Court-vêtu (qui porte des vêtements courts).

Court dans le temps. Qui passe très vite. Ephémère. Momentané. Temporaire. Transitoire. Fugitif. Fugace. / *Un court moment.* Instant. Minute. Seconde. / *Trouver le temps court.* Bref. / *En un temps très court.* En peu de temps. En un clin d'œil.

Court dans l'expression. *Un livre court. Un court récit.* Bref. Concis. Succinct. Sommaire. Laconique. / (En parlant du style.) Lapidaire. Télégraphique. Elliptique. / Brachylogie (emploi d'une expression elliptique). Brièveté. Concision. Laconisme. Ellipse.
Brièvement (en peu de mots). Succinctement. Laconiquement. Compendieusement (vx).
Raccourcir. (En parlant de l'espace ou de la durée). Ecourter. Couper. Diminuer. Réduire. Resserrer. / (En parlant d'un texte, d'un récit.) Abréger. Résumer. Tronquer. Faire des coupures.

Locutions diverses. Etre à court de (manquer de, n'avoir pas assez de). Prendre quelqu'un de court (ne pas laisser le temps de réfléchir, de réagir; prendre à l'improviste, au dépourvu). Couper court (faire cesser brusquement). S'arrêter court (brusquement).

couteau

(du lat. *cultellus*)

Instrument tranchant composé d'une lame et d'un manche. *Parties d'un couteau.* Lame. Mitre (rebord transversal d'un couteau à lame fixe). Soie, ou queue. Bascule (partie saillante du talon de la lame). Onglet. Virole. Manche, ou poignée. Platines (côtés). / *Parties d'une lame.* Tranchant. Dos. Pointe. Talon.

Couteaux divers. ***Couteaux à usages domestiques.*** *Couteaux fermants ou pliants.* Couteau à virole. Couteau de poche. Canif. Couteau à plusieurs lames. / Eustache (arg. et vx). Surin (arg. et vx).
Couteaux non fermants. Couteau de table. Couteau de cuisine. Couteau à découper, à dépecer. Couperet. Hachoir. Tranchelard. / Couteau à beurre, à fromage, à pain. Couteau-scie. / Couteau à poisson. / Couteau à légumes. Eplucheur. Epluche-légumes.

Outils ou instruments divers. *Couteaux de chirurgie.* Bistouri. Scalpel. Lancette. Flamme. / Coupe-cor. / Couteau de peintre. Couteau à palette (spatule des peintres). / Couteau de vitrier. / *Couteau à greffer.* Greffoir. Serpette. Ecussonnoir. / *Couteau de tanneur, de corroyeur.* Couteau à dérayer, à doler. / *Couteau d'apiculteur.* Désoperculateur. / *Couteau à papier.* Coupe-papier. / Grattoir (petit couteau pour gratter les taches, l'écriture).

Armes. Coutelas. Couteau-poignard. Dague. Couteau à cran d'arrêt. Navaja (à lame effilée et à cran d'arrêt). Machette (grand coutelas utilisé en Amérique du Sud). / Couteau de chasse.

Fabrication. Forgeage. Limage. / Trempe. Recuit. / Emoulage. Affinage. Polissage. / Montage ou assemblage. / Coutellerie. Coutelier.

Relatif au couteau. Aiguiser (v. ce mot). / Ecrin à couteaux. Coutelière. Trousse. / Porte-couteau. / Gaine. Etui.

Locutions diverses. Etre à couteaux tirés (être en mauvais termes avec quelqu'un). Avoir le couteau sous (ou sur) la gorge (être contraint d'agir contre son gré). Mettre le couteau sous (ou sur) la gorge. Retourner le couteau dans la plaie (aviver une peine). Jouer du couteau (se battre avec un couteau). Suriner ou chouriner (arg. et vx ; tuer à coups de couteau). Figure en lame de couteau (allongée, très mince).

couvrir
(du lat. *cooperire*)

Appliquer une chose pour protéger, pour cacher. *Couvrir une maison.* Recouvrir. / Couvrir un toit d'ardoises, de tuiles, de zinc. Couverture (v. TOIT). / *Couvrir d'une bâche.* Bâcher. / *Couvrir de peinture.* Peindre. / *Couvrir d'un enduit, de ciment, de plâtre.* Revêtir. Enduire. Cimenter. Plâtrer. Crépir. Revêtement. Crépi. / *Couvrir les murs de papier, de tapisserie, de tenture.* Tapisser. / *Couvrir d'un métal.* Argenter. Dorer. Cuivrer. Nickeler. Chromer. Métalliser. Etamer. Galvaniser. / Argenture. Dorure. Nickelage. Plaqué. Etamage, etc.
Couvrir le visage. Cacher. Dissimuler. / *Couvrir d'un voile, d'un masque.* Voiler. Masquer. / *Couvrir les yeux d'un bandeau.* Bander. / *Couvrir un enfant.* Vêtir. Habiller.

Se couvrir. Se vêtir. / *Se couvrir chaudement.* S'emmitoufler.

Ce qui sert à couvrir des personnes. Vêtements. Coiffure. Chapeau. Couvre-chef (vx). Couvre-nuque. / Couverture de voyage. Plaid. / Couverture de lit. Couvre-pieds. Courtepointe.

Ce qui sert à couvrir une chose. Bâche. Banne. Couvercle. Cloche. Enveloppe. Housse. / Couverture d'un livre. Couverture brochée, cartonnée. Couvre-livre. Jaquette. Liseuse.

Parsemer d'une grande quantité de choses. *Couvrir une table de papiers.* Recouvrir. Charger. / *Couvrir un vêtement d'objets brillants, de décorations.* Consteller. Chamarrer. / *Couvrir de feuillage, de fleurs.* Joncher. / *Couvrir de boue.* Eclabousser. Salir. / *Couvrir une surface* (en parlant de choses). Etre répandu. Submerger. Joncher.

Se couvrir (en parlant du ciel, du temps). S'assombrir. S'obscurcir. Se charger (de nuages).

cracher

Rejeter la salive, les mucosités de la bouche. *Cracher par terre. Cracher dans un récipient.* Expectorer. / *Termes pop.* Graillonner. Glavioter. Molarder. / Salive (liquide produit par les glandes salivaires dans la bouche). / *Salive qui coule de la bouche.* Ecume. Bave. / Ecumer. Baver.

CRACHAT. Salive. Mucosité. / *Termes pop.* Graillon. Glaviot. Molard. / Postillon (fam., jet de salive). Postillonner. / Crachoir.

CRACHEMENT. Expectoration.

CRACHOTER (cracher souvent). Crachotement.

Projeter quelque chose de la bouche. *Cracher de l'eau.* Rejeter. / *Cracher du sang.* Rendre. Vomir.

créer
(du lat. *creare*)

Tirer du néant. *Créer le monde, l'homme* (en parlant de Dieu). Faire. Former. Donner l'être, la vie, l'existence.

CRÉATION. Monde. Univers. / Genèse (récit de la création). / Commencement.

CRÉATEUR. Dieu. Démiurge. Le grand architecte de l'univers. Principe. Cause.

CRÉATURE. Homme. Femme.

Faire quelque chose qui n'existait pas. *Créer une œuvre littéraire, scientifique, artistique.* Imaginer. Composer. Inventer. / *Créer un mot.* Forger. Fabriquer. Trouver. / *Créer un établissement commercial, financier.* Fonder. Etablir. Organiser. / *Créer un ordre religieux.* Instituer. Constituer.

CRÉATEUR. Inventeur. Innovateur. Promoteur. Auteur. Père.

CRÉATION. Fondation. Réalisation. Etablissement. / Découverte. Invention. Innovation. / Œuvre. Ouvrage.

CRÉATIF. *Esprit créatif.* Inventif.

CRÉATIVITÉ. Aptitude à créer, à inventer. Pouvoir créateur. Invention.

Être cause de quelque chose. *Créer des ennuis à quelqu'un.* Occasionner. Causer. Susciter. Provoquer. Engendrer. Etre la source de. Etre générateur de.

creuser

Rendre creux. *Creuser le sol.* Défoncer. Piocher. Fouiller. Terrasser. Excaver. / *Creuser la terre pour cultiver.* Bêcher. Labourer. Retourner. / Bêchage. Labourage. / *Creuser* (en parlant de l'eau). Affouiller. Caver. Miner.
Creuser intérieurement. Evider. / *Creuser les bords d'un tissu.* Echancrer.

Faire en creusant. *Creuser un trou, un puits, un fossé, une galerie, un tunnel.* Forer. Ouvrir. Percer.
CREUSEMENT. Forage. Percement. Ouverture.

Donner une forme concave. *Creuser les reins.* Cambrer. / Creuser les joues.

Réfléchir profondément. *Creuser un problème, une question.* Approfondir. Etudier. Explorer. Pénétrer. Examiner de plus près. S'appesantir (sur). / Se creuser la tête. Se creuser la cervelle (fam.). Se casser la tête.

creux adj. et n.

(du lat. pop. **crossus ;* lat. class. *cavus*)

Qui présente un vide plus ou moins profond. *Un arbre creux.* Evidé. Vide. / *Avoir l'estomac creux.* Avoir faim. / *Parties creuses.* Cavité. Enfoncement. Renfoncement. Sinus. Fente. Entaille. Ouverture.
Creux du sol. Excavation. Trou. Fossé. / Affaissement. Effondrement. Crevasse. / Anfractuosité. Antre. Caverne. Gorge. Grotte. / Dépression. Val. Vallée. Vallon. Poljé. / Flache. Fondrière. Ornière. / Affouillement. Aven. Gouffre. Ravin. Précipice. Abîme. / Golfe. Baie. Anse. Crique. / Tranchée. Retranchement. Galerie. Sape.

Qui présente une surface creuse. Concave. Rentrant. / *Chemin creux.* Encaissé. / *Joues creuses.* Maigre. Amaigri. / *Yeux creux.* Enfoncé.
Surface creuse. Concavité. / *Creux de la main.* Paume. / *Creux de l'estomac.* Epigastre. / *Creux du cou.* Salières (fam.). / *Creux de la surface de la peau.* Ride. Pli. Gerçure./Patte-d'oie (rides au coin de l'œil). / Plisser. Rider. / *Creux des yeux.* Cerne. / *Creux à la surface du bois, du métal.* Cannelure. Rainure. Ciselure.

Vide d'idées. Tête creuse. / *Paroles creuses. Discours creux.* Verbiage. Verbalisme. Phraséologie. Logomachie. / Inanité. Néant. Futilité.

cri

(de *crier ;* du lat. pop. *critare* [de *quiritare*], appeler les citoyens au secours)

Son émis par la voix. *Pousser, jeter un cri.* Eclat de voix. Clameur. Vocifération. / *Laisser échapper un cri.* Se plaindre. Gémir. Geindre. Se lamenter. Vagir (en parlant d'un nouveau-né).

Cri violent. Cri aigu, perçant, strident, déchirant, épouvantable. / *Cri de fureur, de colère.* Hurlement. Rugissement.
CRIER. *Crier à pleine gorge, à tue-tête.* Beugler. Brailler. S'égosiller. S'époumoner. Percer les oreilles. Corner aux oreilles. Tonner. Tonitruer. Hurler. Rugir. Gueuler (pop.). / Crier comme un sourd, comme un putois, comme un damné, comme un fou, comme un enragé, comme un forcené, comme un perdu.
CRIARD. Braillard. Tapageur. Gueulard (pop.).

Cri modéré. *Cri sourd, étouffé, inarticulé.* Plainte. Gémissement. Lamentation. Vagissement.

Cri d'approbation. Acclamation. Ovation. Ban. Bravo. Vivat. / Acclamer. Ovationner.

Cri de mécontentement, de désapprobation. Invective. Protestation. Récrimination. Huées. Sifflets. Tollé. Gueulante (pop.). / Invectiver. Protester. Clabauder. Réclamer. Criailler. Récriminer. Gueuler (pop.). / Conspuer. Huer. Siffler. Crier haro (sur).

Cris exclamatifs. S'exclamer. Exclamation. / Interjection. Oh ! Ah ! Hip ! hip ! hip ! hourrah ! Bravo ! Bis ! Ollé ou olé !

Cris des animaux. *Âne.* Braire. Braiment. / *Bélier.* Blatérer. / *Bœuf et vache.* Beugler. Meugler. Mugir. Beuglement. Meuglement. Mugissement. / *Brebis et mouton.* Bêler. Bêlement. / *Buffle.* Souffler. Beugler. / *Cerf et daim.* Bramer. Raire. Brame. Bramement. / *Chacal.* Japper. Jappement. / *Chameau.* Blatérer. / *Chat.* Miauler. Ronronner. Miaulement. Ronronnement. / *Cheval.* Hennir. S'ébrouer. Hennissement. Ebrouement. / *Chèvre.* Bêler. Bégueter. Bêlement. Béguètement. / *Chien.* Aboyer. Hurler. Clabauder. Japper. Donner de la voix. Aboiement. Hurlement. Clabaudage.

Jappement. / *Crocodile.* Lamenter. Vagir. / *Eléphant.* Barrir. Baréter. Barrissement. / *Grenouille.* Coasser. Coassement. / *Lapin.* Clapir. Couiner. Clapissement. Couinement. / *Lièvre.* Vagir. Vagissement. / *Lion.* Rugir. Rugissement. / *Loup.* Hurler. Hurlement. / *Ours et porc.* Grogner. Grognement. / *Renard.* Glapir. Glapissement. / *Sanglier.* Grommeler. / *Serpent.* Siffler. / *Souris.* Chicoter. / *Tigre.* Râler. Feuler. Rauquer. Feulement. Râlement. Rauquement.
Aigle. Trompeter. Glatir. / *Alouette.* Grisoller. Tirelirer. / *Bécasse.* Crouler. / *Butor.* Butir. / *Caille.* Courcailler. Margotter. Courcaillet. / *Canard.* Cancaner. Nasiller. Coin-Coin. / *Chouette.* Ululer. Chuinter. Ululement. Chuintement. / *Cigogne.* Glottorer. Craqueter. Craquer. Craquettement. / *Coq.* Chanter. Coquériquer. Cocorico. / *Corbeau.* Croasser. Croassement. / *Corneille.* Crailler ou grailler. Babiller. / *Coucou.* Coucouler. / *Cygne.* Trompeter. Siffler. / *Dindon.* Glouglouter. Glouglou. / *Faisan.* Criailler. / *Fauvette et mésange.* Zinzinuler. / *Geai.* Cajoler. / *Grue.* Craquer. Glapir. Trompeter. / *Hibou.* Huer. / *Hirondelle.* Trisser. / *Huppe.* Pupuler. / *Jars.* Jargonner. / *Merle.* Flûter. Siffler. Sifflement. / *Milan.* Huir. / *Moineau.* Pépier. / *Oie.* Cacarder. / *Perdrix.* Cacaber. / *Pie.* Jacasser. Jaser. / *Pigeon.* Roucouler. / *Poule.* Caqueter. Glousser. Crételer (après avoir pondu). Caquetage. Gloussement. / *Poulet.* Piailler. Piauler. / *Rossignol.* Chanter. Rossignoler. Gringotter. / *Tourterelle.* Gémir. Roucouler. Gémissement. Roucoulement. / *Oiseaux divers.* Chanter. Gazouiller. Ramager.
Abeille. Bourdonner. / *Cigale.* Striduler. / *Grillon.* Grésiller. Grésillonner.

crime

(du lat. *crimen,* accusation)

Infraction que la loi punit d'une peine afflictive et infamante. Crime passionnel, abominable, exécrable, atroce, horrible, odieux, crapuleux, monstrueux. *Commettre, perpétrer un crime.* Assassinat. Meurtre. Homicide. Parricide. Fratricide. Infanticide. Empoisonnement. Viol. Enlèvement d'un mineur de moins de quinze ans. Rapt. Kidnapping. Vol à main armée. Vol qualifié. Incendie volontaire. Pillage. Attaque à main armée.
Crime contre l'Etat ou ses représentants. Attentat. Trahison. Complot. Crime politique. Crime contre la sûreté de l'Etat. Espionnage.
Crime de guerre. Génocide. Atrocités.

CRIMINEL. Assassin. Meurtrier. Homicide. Parricide. Matricide (rare). Infanticide. Fratricide. Ravisseur. Kidnappeur. Truand. / Brigand. Bandit. Gangster. / Malfaiteur. Voleur. Empoisonneur. Incendiaire. Pyromane. Traître. / *Termes anciens.* Scélérat. Gibier de potence. Homme de sac et de corde.

Action judiciaire. Accusation. / Confrontation de témoins. / Instruction. / Responsabilité. Circonstances atténuantes. Circonstances aggravantes. Preuves convaincantes. Culpabilité. Verdict. / Condamnation. / Acquittement.
Peine criminelle. Peine de mort. Réclusion criminelle à temps, à perpétuité. Détention criminelle, politique (à perpétuité, à temps). / Dégradation civique. / Interdiction de séjour. / Arrêté d'expulsion. Bannissement. / Recours en grâce. Gracier.
Tribunaux. Juridiction criminelle. Cour d'assises. Cour de sûreté de l'Etat.

crise

(du lat. médiév. *crisis;* en gr. *krisis,* décision)

Manifestation aiguë d'un trouble physique ou moral. *Une crise d'appendicite, de rhumatisme. Une crise cardiaque.* Attaque. Atteinte. / Quinte, accès (de toux). Poussée (de fièvre). / Jour, phase, période critique (qui décide de l'issue d'une maladie). / *Crise de nerfs. Crise de rage.* Accès. Convulsion. Piquer une crise (de colère). / *Une crise de mélancolie.* Spleen. Cafard (fam.). Bourdon (pop.).

Période de désarroi. *Crise économique.* Marasme. Récession. Malaise. Impasse. / Crise financière. Crise ministérielle. / *Crise internationale.* Tension. Guerre froide. / *Crise de la moralité.* Décadence. Déchéance. Ruine.

cristal

(du lat. *crystallis;* en gr. *krustallos,* glace)

Minéral limité naturellement par des faces planes. Cristal naturel. Cristal artificiel. / Cristallisation par : fusion, sublimation, dissolution et évaporation, dissolution à chaud et refroidissement, électrolyse.

Systèmes cristallins. Système cubique, quadratique, ou quaternaire, orthorhombique, hexagonal, ou sénaire, rhomboédrique, ou ternaire, clinorhombique, ou binaire, triclinique, ou asymétrique ou anorthique.

Axe de symétrie. Angles dièdres et polyèdres. / Holoédrie. Mériédrie. Holoèdre. Mérièdre. Hémièdre. Tétartoèdre. Ogdoèdre. / Réfraction. Biréfringence. / Clivage. / Substances isomorphes, dimorphes, polymorphes. Dimorphisme. Isomorphisme. / Dendrite. / Cristal de roche, ou quartz. / Fer-de-lance. / Prisme. / Table. / Cristaux aciculaires, lenticulaires, hyalins, squamiformes, prismatiques, géniculés. / Arbres de Diane (argent), de Mars (fer), de Saturne (plomb), de Vénus (cuivre). / Rose des sables (macle de gypse). / Spath.

Constitution des cristaux. Cristallisation. Cristalliser. Cristallin. / Sels. / Concrétions. / Cavités cristallifères. Druse. Géode.
Parties des cristaux. Base. Face. Facette ou troncature. Lame. Lamelle. Noyau. Rangée. Plan réticulaire. / Structure atomique, moléculaire, ionique. Réseau cristallin. / Macle (bloc de plusieurs cristaux). / Raphide (cristal intracellulaire).

Étude des cristaux. Cristallogénie. Cristallographie. Cristallométrie. Cristallonomie. Cristallotomie. / Minéralogie. / Chimie. / Goniométrie. Diffraction des rayons X. / Cristallisoir.

Relatif aux cristaux. Cristallière (mine). Cristallifère. / Cristalloïde. / Cristallophysique. / Destrogyre. Sénestrogyre. / Cristal artificiel. / Cristal de Baccarat, de Bohême, de Venise. V. VERRE.

critique adj.
(du lat. *criticus,* qui marque une crise)

Qui décide du sort de quelqu'un. *Moment, période, instant critique.* Décisif. Crucial.

Qui peut amener un événement malheureux. *Situation critique.* Difficile. Grave. Alarmant. Dangereux. Dramatique.

critique adj. et n.
(du gr. *kritikê,* art de juger)

Qui examine la valeur d'une œuvre. *Analyse critique. Etude critique.* Examen. / Esprit critique (qui n'accepte aucune assertion sans un examen préalable). / *Sens critique.* Bon sens. Discernement. Perspicacité. Jugement.

Jugement porté sur une œuvre littéraire, artistique, scientifique. *Faire la critique d'un livre, d'une pièce.* Appréciation. Examen. Analyse. Compte rendu.

Jugement défavorable. *Mériter une critique.* Observation. Remarque. Blâme. Réprimande. Reproche. / *Une critique sévère.* Ereintement. Diatribe. Abattage (fam.). / *Une critique malveillante ou ironique.* Commentaire.

Personne qui juge. *Critique littéraire, théâtral, cinématographique.* Commentateur. Aristarque (critique éclairé). Zoïle (critique envieux). Censeur.

critiquer
(de *critique*)

Juger en faisant ressortir les défauts des personnes ou des choses. *Critiquer les actions, l'attitude de quelqu'un.* Blâmer. Désapprouver. Dénigrer. Décrier. Désavouer. Réprouver. Censurer (vieilli). Gloser (vieilli). Trouver mauvais. Trouver à redire. Jeter la pierre. / *Critiquer injustement.* Calomnier.
Critiquer durement, avec violence. Stigmatiser. Flétrir. Ereinter (fam.). Esquinter (pop.). Démolir (fam.). Bêcher (fam.). Débiner (pop.). Taper (sur) [fam.]. Dauber (sur). Déblatérer. Vitupérer.

CRITIQUABLE. Blâmable. Condamnable.

CRITIQUEUR. Dénigreur. Détracteur.

croire
(du lat. *credere*)

Considérer une chose comme vraie. *Croire quelque chose. Croire ce que dit quelqu'un.* Admettre, regarder comme vrai. Etre certain. Etre sûr. Croire dur comme fer. / *Croire facilement, naïvement.* Avaler. Gober (fam.). Marcher (fam.). Prendre pour argent comptant. Mordre à l'hameçon. Etre dupe. Avaler la pilule. Etre poire (fam.). *Ne pas en croire ses yeux, ses oreilles.* Etre étonné, surpris. Ne pas en revenir. / *Faire croire quelque chose à quelqu'un.* Persuader. Convaincre. / *Faire croire ce qui n'est pas vrai.* Faire accroire. Faire avaler. Monter un bateau, un canular. Abuser de la crédulité. Mystifier.

CRÉDULE (qui croit trop facilement). Confiant. Naïf. Candide. Simple. Jobard. Gobe-mouches. Gobeur (fam.). Gogo.

CRÉDULITÉ. Candeur. Naïveté. Jobardise.

Considérer une chose comme vraie ou vraisemblable, possible. *Croire que* (et l'ind.). *Croire* (et l'inf.). Estimer. Penser. S'imaginer. Etre convaincu. Etre persuadé. Présumer. Supposer. Conjecturer. Soupçonner. Partager une opinion. Reconnaître que. Avoir dans l'idée que. / *Croire à une chose. Croire à la parole, aux promesses de quelqu'un.* Ajouter foi. Adhérer à. Se fier à. Se rallier à. Donner, accorder du crédit. Donner créance (vieilli). / *Croire à la guerre.* Considérer comme possible.

CROYANCE. Conviction. Confiance. Assurance.

CROYABLE. Digne de foi. Vraisemblable. Imaginable. Probable. Admissible. Possible. Plausible. Concevable. Pensable. Recevable. Crédible (littér.). Valable.

INCROYABLE. V. INIMAGINABLE.

CRÉDIBILITÉ (caractère de ce qui est croyable). Crédit. Créance (vieilli). Vraisemblance. Possibilité. Probabilité.

Tenir une personne pour sincère, véridique. *Croire quelqu'un. Croire en quelqu'un. Croire une personne sur parole.* Avoir confiance. Faire confiance. Se fier. S'en rapporter à. Prendre au sérieux.

Avoir la foi religieuse. *Croire en Dieu. Croire au Messie.* Avoir foi en l'existence de Dieu.

CROYANCE. Conviction. Foi. Credo.

CROYANT. Fidèle. Pratiquant. Pieux.

INCROYANT. Non-croyant. Athée. Mécréant. Libre penseur. Impie (vx).

INCROYANCE. Non-croyance. Athéisme. Libre pensée. Indifférence.

Être convaincu de l'existence d'un être, de la valeur, de l'efficacité d'une chose. *Croire au diable.* Etre sûr (de son existence). / *Croire à la médecine.* Etre sûr (de ses effets).

croître

(du lat. *crescere*)

Se développer en grandeur. *Croître* (en parlant d'un être, d'une plante). Grandir. Grossir. Forcir (fam.). Se développer. Pousser.

CROISSANCE. Développement. Pousse.

Se développer en importance. *Croître* (en parlant d'une chose). *Croître en volume, en intensité, en durée, en étendue.* S'accroître. Augmenter. S'étendre. Allonger. Rallonger. Grossir. Enfler. Redoubler. S'agrandir.

CROISSANCE. Accroissement. Crue. Augmentation. Progression. Extension. Essor. / Crescendo (en croissant).

croix

(du lat. *crux, crucis*)

Gibet sur lequel Jésus-Christ fut mis à mort. Croix de la Passion. Arbre, pied de la Croix. La sainte Croix. Portement de la Croix. Chemin de la Croix. Golgotha. Calvaire. / Inscription sur la Croix. INRI. / Crucifixion. Crucifiement. Mise en croix. Le Crucifié. Descente de la Croix.

Symbole chrétien. Calvaire. / Croix processionnelle. Croix funéraire. / Crucifix. Croix papale. Croix pastorale. / Signe de la croix. Se signer. / Croisé. Croisade. / Se croiser. / Porter sa croix (supporter ses épreuves avec résignation).

Diverses formes de croix. Croix égyptienne, latine, grecque, papale. Croix de Saint-André (en X). Croix de Saint-Antoine (en T). Croix de Lorraine. / *Bras, traverse, branche d'une croix.* Croisillon. / Croix ansée ou potencée. Croix ancrée. Croix tréflée, fleurdelisée, recerclée. / Croix gammée. Svastika.

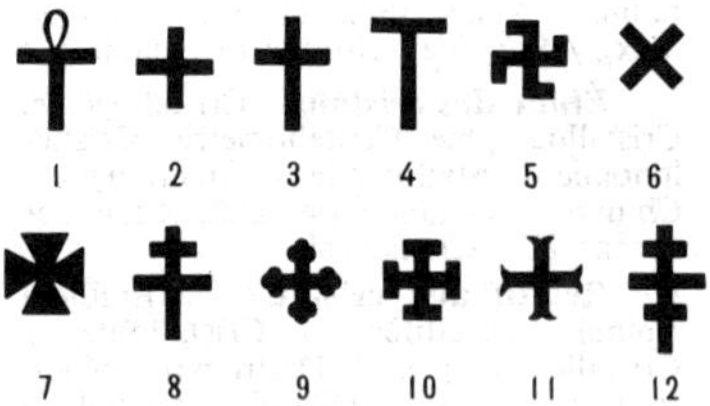

1. Egyptienne; 2. Grecque; 3. Latine; 4. En tau; 5. Gammée; 6. De Saint-André; 7. De Malte; 8. De Lorraine; 9. Tréflée; 10. Potencée; 11. Ancrée; 12. Papale.

Décoration. Croix de Malte. Croix de Saint-Louis. Croix de la Légion d'honneur. Grand-croix. Croix de guerre, etc.

Bijou en forme de croix. Jeannette. Croix de diamants, de pierreries.

Disposition en forme de croix. Plan cruciforme d'une église (en forme de croix).

CROISER. Croiser les jambes, les mains. / *Croiser le fil d'un tissu.* Entrecroiser. Entrelacer. / *Se croiser* (en parlant de voies). Se couper. / *Se croiser* (en parlant de véhicules, de personnes). Aller en sens contraire.

CROISEMENT. *Croisement du fil d'un tissu.* Chaîne. Trame. / *Croisement de voies.* Carrefour. Bifurcation. Embranchement. Intersection. / Plante crucifère. / Incision cruciale. / Chiasme. / Mots croisés. / Cruciverbiste. Mots-croisiste. / Rimes croisées. / Cruciféracées.

cru
(lat. *crudus,* saignant; en gr. *ômos*)

Qui n'est pas cuit. *Un morceau de viande presque cru.* Bleu. Saignant. / *Des légumes, des fruits crus.* Crudités. / Omophage (personne qui mange de la viande crue). Omophagie.

Que rien n'atténue. *Une lumière crue. Un éclairage cru.* Brutal. Violent. / *Un coloris cru.* Vif. / *Un récit cru.* Réaliste.

CRÛMENT. Brutalement. Sèchement. Rudement. Tout net. Sans ménagement.

CRUDITÉ. Brutalité. Réalisme.

Qui choque les bienséances. *Une plaisanterie crue. Un conte un peu cru.* Leste. Grivois. Choquant. Salé. Licencieux. Grossier.

cruel
(du lat. *crudelis,* de *cruor,* sang)

Qui se plaît à faire souffrir. *Un être cruel.* Dur. Barbare. Sauvage. Féroce. Sadique. Sanguinaire. Buveur de sang. Altéré de sang. Tigre. Vampire. / Brute. Tortionnaire. Monstre. Marâtre. Masochiste. / Bourreau. Boucher. Persécuteur. Exterminateur. Fléau du genre humain. Criminel de guerre.

CRUAUTÉ. Férocité. Barbarie. Sauvagerie. Sadisme. Atrocité. Brutalité.

CRUELLEMENT. Durement. Brutalement. Férocement. Sauvagement. Atrocement.

Qui fait souffrir par sa dureté. (En parlant d'une personne.) Inhumain. Dénaturé. Insensible. Impitoyable. Mauvais. Méchant. Sans entrailles. Sans cœur. Sans pitié. / Implacable. Inexorable. / Tyrannique. Draconien. Intolérant. Odieux. / Tyran. Despote.

(En parlant d'une chose.) *Une mort, une peine, une perte, une séparation cruelle.* Atroce. Douloureux. Affreux. Horrible. Epouvantable. Insupportable. Intolérable. Cinglant. Déchirant.

CRUAUTÉ. Dureté. Inhumanité. Insensibilité. Méchanceté. Inexorabilité.

crustacés
(du lat. *crusta,* croûte)

Classe d'arthropodes à carapace articulée et à deux paires d'antennes vivant dans les eaux douces ou marines. *Anatomie des crustacés.* Carapace. Test. Chitine et calcaire (substances de la carapace). / Tête. / Anneaux ou segments. Thorax. Céphalothorax (tête soudée avec des anneaux). Rostre (prolongement de la carapace au-dessus de la tête). Abdomen. Telson (dernier anneau, sans appendices).

Appendices. / Article (élément articulé d'un appendice). / Antennes. Grandes antennes. Petites antennes, ou antennules. / Pattes thoraciques. Pattes abdominales. Pattes locomotrices ou ambulatoires. Pattes natatoires. Pinces. / Uropode (appendice terminal servant à la natation). / Branchies. Pattes branchiales.

Yeux composés. Pédoncule oculaire. / *Pièces buccales.* Mandibule. Premières mâchoires, ou maxilles. Secondes mâchoires, ou pattes-mâchoires, ou maxillipèdes. Palpe.

Sous-classe des crustacés inférieurs (anciennement : entomostracés). *Branchiopodes* (pattes aplaties et lobées). Apus. Artémia. Daphnie. / *Branchiures* (parasites des poissons). Argule, ou pou des poissons. / *Cirripèdes* (vivent fixés; six paires de pattes formant un cirre, ou panache recourbé). Anatife. Balane, ou gland de mer. Pouce-pied. / *Copépodes* (partie postérieure sans membres; longue fourche caudale). Calige. Cyclope. Lernée. / *Ostracodes* (carapace bivalve enveloppant tout le corps). Cypris.

Sous-classe des crustacés supérieurs. Malacostracés (tête soudée au thorax; abdomen distinct).

Ordre des *isopodes* (sans carapace; corps aplati). Aselle. Cloporte. Ligie.

Ordre des *amphipodes* (corps comprimé latéralement). Caprelle. Crevettine, gammare ou crevette d'eau douce. Cyamus, ou pou des baleines. Talitre, ou puce de mer. Orchestie.

Ordre des *stomatopodes* (pattes ravisseuses dentelées). Squille.

Ordre des *décapodes* (cinq paires de pattes ambulatoires, dont certaines peuvent porter des pinces. Macroures (abdomen très développé). Cigale de mer. Ecrevisse. Homard. Langouste. Langoustine. Crevettes : bouquet ou salicoque (crevette rose); crevette grise. / Anomoures (abdomen mou et sans appendices). Bernard-l'ermite ou pagure. Birgue ou crabe des cocotiers. Cénobite. Galatée. / Brachyoures (abdomen court et replié). Araignée de mer, ou maïa. Crabe. Crabe chinois (d'eau douce). Crabe enragé. Etrille. Gécarcin (crabe terrestre). Tourteau, dormeur, poing-clos.

Relatif aux crustacés. Crustacéen. Carcinologie, ou crustacéologie (science des crustacés). Crustacéologue. Carcinologiste, ou carcinologue.

Homard à l'américaine ou à l'armoricaine. Buisson d'écrevisses. Bisque d'écrevisses ou de crustacés (potage).

cuir

(du lat. *corium,* peau)

Peau d'animal tannée et préparée pour différents usages. Peau brute, ou cuir vert. Sauvagine (peau à fourrure). Bisquin, ou agnelin (peau de mouton avec sa laine). / Cuir tanné ou fini.

Parties d'une peau. Patte. Flanc. Collet. Culée. / Côté fleur (poil). Côté chair. / Croupon. / Déchets. Issues. Rognures. Effleurures.

Peaux de mammifères. Agneau. Âne. Bœuf. Cheval. Chien. Chevreau. Mouton. Porc. Vache. Veau. / Buffle. Cerf. Zèbre. Sanglier. Chamois. Daim. Phoque. Morse. / *Peaux de reptiles.* Lézard. Iguane. Crocodile. Serpent. / *Peaux de poissons.* Requin. Roussette (galuchat).

Conservation des peaux brutes. Salage. Séchage. / Cuirs salés. Cuirs salés secs. Cuirs secs.

Cuirs spéciaux. Parchemin (peau de mouton, d'agneau, de chèvre très mince). / Vélin (peau de veau très fine). / Cuir battu. Cuir lissé. Cuir lissé battu. / Cuir cylindré. / Cuir verni. / Cuir maroquiné (cuir de bouc ou de chèvre tanné). / Cuir de Russie (traité à l'huile de bouleau). / Chagrin (peau d'âne, de mulet, de chèvre légèrement tannée). Boxcalf. Chevreau glacé. / Basane.

Cuir artificiel (déchets de cuir, matières plastiques, etc.).

Fabrication du cuir. *Tannage.* Cuir fort. Cuir de bœuf, de vache. / Traitements préparatoires. Trempe, ou travail de rivière. Lavage des peaux. Trempage. Reverdissage. Foulage. Craminage (étirage au couteau). Epilage. / Pelanage (traitement par lait de chaux). Ebourrage. Ecallage (suppression des parties inutiles). / Echarnage. Egalisation. Sciage. Cœursage (adoucissement des grains de la peau). Refendage. Déchaulage. Foulonnage. Cuir en tripe (prêt pour le tannage).

Tannage végétal. Basserie. Refaisage. Mise en fosse. Séchage. / Tannage minéral, ou tannage au chrome. / Tannage aux tanins synthétiques.

Corroyage. Cuir souple. Cuir en croûte. / Foulage. Essorage. Butage. Dérayage. Assouplissement à la paumelle ou à la marguerite. Etirage ou mise au vent. / Huilage. Mise en huile côté fleur et côté chair. / Nourriture des cuirs au tonneau. Mise en suif (cuirs de bourrellerie). / Séchage. Dégraissage. Blanchissage. Cirage. Vernissage. Teinture. Graissage. / Peau de vache ou de veau. / Cuir lissé. Cuir cylindré. Cuir d'œuvre ou de molleterie.

Mégisserie. Peaux de chevreau, d'agneau, de mouton. / Reverdissage. Pelanage. Foulage. Epilage. Ebourrage. Echarnage. Mise en confit (bain de son aigri). Déchaulage. Mise en pâte. Recoulage à l'alun. Séchage. / Palissonnage. Parage. / Cuir de cordonnerie de luxe. Peaux de reliure, de ganterie.

Chamoisage. Peaux de chamois, chevreuil, daim, mouton, agneau, etc. / Tannage à l'huile. Foulage. Mise à l'étuve. Dégraissage. Parage.

Hongroyage. Peaux de bœuf, de vache. / Tannage à l'alun et au sel marin. / Mise en suif. Mise à l'étuve. / Cuir de bourrellerie (harnais, courroies, etc.).

Matières et outillage. Tanin. Ecorce de chêne, d'épicéa, de bouleau, de mimosa. / Tan. Bois de châtaignier, de chêne, de micocoulier. / Jus. Jusée (liquide tannant). / Matières grasses (suif, saindoux, huiles diverses, paraffine). / Chrome. Alun. / Œufs. Farine. / Orge. / Chaux (pelain). / Bain. Cuvelée.

Cuve. / Pelain. / Coudret. / Tonneau. / Turbulent. Douve. / Fosse. / Chevalet. / Butoir. / Echarnoir. / Paumelle. / Cœurse. / Marguerite. / Etire. / Palisson. / Drayeuse. / Machine à écharner. / Machine à ébourrer. / Refendeuse. / Moulins à fouler, à coudrer. Coudreuse.

cuire

(du lat. *coquere*)

Rendre propre à l'alimentation par l'action de la chaleur. *Cuire des légumes.* Blanchir. Faire bouillir. Echauder. Faire revenir. / *Cuire de la viande.* Faire sauter. Rissoler. / Rôtir. Griller. / Frire. Fricasser. / Havir (dessécher par un feu trop vif). / Cuire à l'étouffée, en daube, à l'étuvée. Braiser.

Devenir propre à l'alimentation par l'action de la chaleur. *Cuire à petit feu.* Mijoter. Mitonner. / *Cuire trop fort.* Brûler. Cramer (pop.). Attacher. Bouillir. Réduire.

CUISSON. *Degrés de cuisson* (en parlant d'un morceau de viande). Etre saisi, saignant, bleu (à peine cuit). A point. Bien cuit.

CUIT. *Trop cuit.* Brûlé. Desséché. Calciné. Cramé (pop.). Racorni.

cuisine

(du bas lat. *cocina,* de *coquere,* cuire)

Action ou manière de préparer les aliments. Art de faire la cuisine. Art culinaire. Gastronomie. / Recette de cuisine. / Livre de cuisine. / La cuisine française, anglaise, allemande, italienne, russe, chinoise, etc.

Aliments préparés. Une cuisine simple, rustique. / Une cuisine fine, bourgeoise. / *Une cuisine de gargote.* Ratatouille (pop.). / *Aimer la bonne cuisine.* Aimer la bonne chère. / *Amateur de bonne cuisine.* Gourmet. Gastronome.
Faire la cuisine. Préparer les repas. Cuisiner.

Opérations culinaires. *Préparer la viande.* Parer. Barder. Larder. Entrelarder. Enrober. Paner. Emincer. Piquer. Hacher. / Mariner. / Préparer une volaille (v. ce mot).
Cuisson. Faire revenir. Faire sauter. Flamber. Griller. Rôtir. Frire. Fricasser. Rissoler. Gratiner.

Préparer des légumes. Eplucher. Gratter. Couper en dés. / Blanchir. Echauder. / Faire revenir.
Cuisson. Faire bouillir. Ecumer. Braiser. Etuver. Cuire à l'étouffée. Passer.

Assaisonnement, condiments. Sel. Poivre. Epices. Aromates. / Saler. Poivrer. Epicer. Aromatiser. Saupoudrer. / *Condiments acides.* Vinaigre. Câpres. Cornichons. Pickles, etc. / *Condiments âcres.* Ail. Echalote. Ciboule. Civette. Oignon. Poireau, etc. / *Condiments aromatiques.* Anis. Cerfeuil. Fenouil. Muscade. Persil. Safran. Sauge, etc.

Sauces. *Sauces brunes.* Sauce espagnole. Sauce tomate, etc. / *Sauces blanches.* Sauce béchamel. Sauce suprême. Velouté, etc. / *Sauces composées.* Sauce bordelaise, bourguignonne, bretonne, genevoise, normande, provençale, etc. / *Sauce froide.* Sauce mayonnaise. / Matières grasses. Beurre. Graisse. Huile. Margarine. Saindoux, etc.
Arroser. Mouiller. Glacer. Déglacer. Dégraisser. Napper. / Lier une sauce. Corser. / Allonger.

Matériel. Four. Fourneau. Cuisinière. / Réchaud. / Barbecue. / Appareils à gaz, à mazout. Appareils électriques. Appareils mixtes.
Batterie de cuisine. Casseroles. Autocuiseur. Poêle. Bassine. Friteuse. Faitout. Marmite. Cocotte. / Daubière. Poissonnière. Turbotière. / Rôtissoire. Lèchefrite. Broche. Coquille. Gril. / Bouilloire. Bouillotte. Coquemar. Cafetière. Percolateur. Théière. / Brûloir. Moulin à café. / Boîtes à épices. Salière. Poivrière. / Passoire. Presse-purée. Ecumoire. Egouttoir. Presse-citron. Moulin à légumes. Broyeur. Batteur. Mélangeur. Malaxeur. / Couteaux. Lardoire. Tranchelard. / Couperet. Hachoir. Hache-viande. / Cuillers. Cuiller à pot. Louche. Fourchette. / Bain-marie. Moule. Tourtière. Terrine. Plats. Assiettes. Ramequins.
Office. Dressoir. Buffet de cuisine. Gardemanger. Réfrigérateur.

Personnel. Cuisinier. Cuistot (fam.). Chef. Maître queux. Maître coq. Cuisinière. Cordon-bleu. / Maître d'hôtel. Restaurateur. Rôtisseur. / Aide de cuisine. Garçon. Marmiton. Gâte-sauce. Fille de cuisine. / Plongeur. Laveuse.

cuivre

(du lat. *cyprium* [*aes*], bronze de Chypre ; en gr. *khalkos*)

Métal rouge-brun (élément de numéro atomique 29). *Minerais cuprifères.* Cuivre natif. / Cuprides. Atacamite. Azurite. Bornite, ou cuivre panaché. Chalcopyrite, ou pyrite cuivreuse. Chalcosine, ou cyprite. Chrysocolle. Cuprite. Enargite. Malachite. Mélaconite. Tétraédite, ou cuivre gris.

Métaux cuivreux. Cuivre noir (non purifié). Cuivre rouge (pur). Cuivre affiné. Cuivre électrolytique (très pur). Cuivre recuit. / Laiton, ou cuivre jaune (avec du zinc). Potin. Similibronze. Tombac. / Bronze (avec de l'étain). Airain. Bronze phosphoreux. Bronze d'art. Chrysocale (bronze doré). Bronze parisien (10 p. 100 de zinc). / Maillechort (avec du nickel et du zinc). / Cuivre blanc (avec du zinc et de l'arsenic).
Cupro-alliages (sans nom particulier). Cupro-aluminium (ou bronze d'aluminium). Cuprochrome. Cupronickel, ou Monel, constantan, etc.

Composés du cuivre. Composé cuivreux (cuivre univalent). Composé cuivrique (bivalent). / Cuprate. / Cuproxyde. / Cuivre bleu (carbonate). / Cuivre gris (sulfure). / Verdet. Vert-de-gris. / Couperose bleue (sulfate). Bouillie bordelaise (solution de sulfate).

Relatif au cuivre. Cuprifère. / Cuprique. / Cuivrer. Cuivrage. / Chalcographie (graphure sur cuivre). / Age du bronze. / Bronzage. Bronzer. / Cuivré (qui a la couleur, la sonorité du cuivre). / Cuivrerie.

culte
(du lat. *cultus ;* en gr. *latreia*)

Hommage religieux rendu à Dieu, à une divinité, aux saints. *Culte de Dieu.* Culte de latrie. / *Culte de la Vierge Marie.* Culte d'hyperdulie. Culte marial. / *Culte des saints.* Culte de dulie. / *Culte des images.* Iconolâtrie. / *Culte des idoles* (représentations des divinités). Idolâtrie. Fétichisme. / Idolâtre. Fétichiste.

Ensemble des cérémonies par lesquelles on rend hommage à Dieu, à la divinité. Culte catholique, protestant, israélite, musulman. / Liturgie. Rite. Service divin. Office. Prière. / *Ministre du culte.* Prêtre. Pasteur. Rabbin. / *Edifice consacré au culte.* Eglise. Chapelle. Temple. Synagogue. Mosquée. / Denier du culte (contribution volontaire des catholiques pour l'entretien des prêtres).

CULTUEL (relatif au culte). Association cultuelle. Edifice cultuel.

Amour fervent pour quelqu'un ou pour quelque chose. *Vouer un culte à une personne.* Adoration. Admiration. Vénération. Adulation. / *Rendre un culte à quelqu'un.* Adorer. Admirer. Vénérer. Aduler. Idolâtrer. / Idole (personne qui est l'objet d'une sorte de culte). / Culte de la personnalité (attitude d'admiration à l'égard d'une personne).
Le culte du passé, de la patrie. Amour. Attachement.

culture
(du lat. *cultura*)

Culture de la terre, de certaines plantes. *Culture des champs.* Agriculture. / *Culture d'une ferme, d'un domaine.* Exploitation. / *Culture des céréales.* Céréaliculture. / *Culture de la vigne, des agrumes.* Viticulture. Agrumiculture. / *Culture des fleurs, des jardins.* Floriculture. Horticulture.

CULTIVER. *Cultiver un champ.* Labourer. Fertiliser. Ensemencer. / *Cultiver des plantes.* Semer. Faire pousser. Soigner.

CULTURAL (relatif à la culture des terres).

INCULTE (qui n'est pas cultivé). Désertique. Aride. En friche. A l'abandon. / *Etendues incultes.* Lande. Brande. Garrigue. Maquis. Causse. / Désert. Jungle. / Steppe. Toundra. Jachère (terre momentanément inculte). / Mauvaises herbes. Broussailles. Epines. Chardons. Orties. Roseaux. Joncs. Ajoncs. / Pierraille. *Rendre propre à la culture.* Défricher. Débroussailler. Essarter. Echardonner. Essoucher. Epierrer.

Culture intellectuelle. *Culture de l'esprit, de l'intelligence.* Instruction. Savoir. Connaissances. Bagage (fam.). / Culture générale. Erudition. / Culture littéraire, philosophique, scientifique, artistique. / Ensemble de faits de civilisation propres à un groupe social (connaissances, croyances, morale, art, coutumes, etc.). / Maison de la culture. / Acculturation (assimilation d'une culture).

CULTIVER. *Cultiver son intelligence, sa mémoire.* Développer. Former. Entretenir. Perfectionner. / *Se cultiver.* S'instruire. Etudier. Apprendre. Se recycler.

CULTIVÉ. Savant. Lettré. Erudit.

INCULTE (sans culture). Ignorant. Ignare. Grossier (vx). Barbare. Primitif.

CULTUREL (relatif à la culture). Affaires culturelles. Attaché culturel.

curieux adj. et n.
(du lat. *curiosus,* avide de savoir)

Désireux de connaître. *Un esprit curieux.* Avide d'apprendre./*Etre curieux.* Chercher à savoir, à comprendre. Examiner. Observer. Fouiller. Interroger. Chercher. / Chercheur.

CURIOSITÉ. Avidité, soif de connaître. / *Exciter, éveiller la curiosité.* Intriguer.

Qui manque de discrétion. *Un homme trop curieux.* Indiscret. Importun. / *Etre curieux.* Ecouter aux portes. Fureter. Fouiner (fam.). Mettre, fourrer (pop.) son nez partout. Se mêler de tout. S'ingérer. S'immiscer dans les affaires d'autrui. Tirer les vers du nez (fam.). / *Un curieux* (v. INDISCRET).

CURIOSITÉ. Indiscrétion. Sans-gêne.

Qui éveille l'intérêt, l'attention; qui surprend, qui pique la curiosité. *Un fait curieux.* Bizarre. Drôle. Etrange. Etonnant. Surprenant. Incompréhensible. / *Un objet curieux.* Rare. Unique. / *Un homme curieux.* Bizarre. Original. Singulier. Drôle.

CURIOSITÉ. *Une curiosité.* Chose rare. / Boutique de curiosités.

CURIEUSEMENT. Etrangement. Bizarrement.

Personne qui désire voir, savoir. *Un attroupement de curieux.* Badaud. Flâneur. Gobe-mouches. / Badauder. Flâner. / Badauderie.

D

danger

(du lat. pop. *dominiarium*, pouvoir de dominer; en lat. class. *periculum*)

Situation qui menace l'existence. *Un danger inévitable, imminent.* Péril. / *Voir le danger.* Piège. Traquenard. Embûches. Chausse-trape. Coupe-gorge. Epée de Damoclès. Ecueil. Récif.
Etre en danger. Etre dans une situation grave, menaçante, scabreuse, périlleuse, critique. Avoir le couteau sur (ou sous) la gorge. Etre dans la gueule du loup. Danser sur un volcan. Etre sur la corde raide. / *Courir un danger.* Risque. / Risquer sa vie. Jouer sa vie. S'aventurer. Exposer sa vie. S'exposer.
Donner l'alarme. Crier gare. Crier sauve-qui-peut. Lancer un S. O. S.
Echapper au danger. Se tirer d'affaire. L'échapper belle. Etre hors d'atteinte. Etre sain et sauf, indemne. / *Abri contre le danger.* Refuge. Lieu sûr. Sauvegarde.
DANGEREUX. (En parlant d'une chose.) Périlleux. Risqué. Aventureux. Hasardeux. / (En parlant d'un être.) Méchant. Malfaisant. Redoutable. Traître. / Brebis galeuse.
DANGEREUSEMENT. *Etre blessé dangereusement.* Grièvement. Gravement.

danse

(de *danser*; du francique *dintjan, se mouvoir de-ci, de-là; en gr. *chorein*)

Forme d'expression gestuelle instinctive ou rituelle. *Danses primitives.* Danses animalières, de chasse. Danses de fertilité (danses des semailles et des moissons). Danses d'envoûtement (vaudou). Danses curatives. Danses astrales, funéraires. Danses guerrières. Danses récréatives.

Danses antiques. *Danses religieuses* (cariatide, thiase, géranos). *Danses profanes* (kormos, bibasis, apokinos, kômos, morphasmos, emmelies). *Danses guerrières* (prosodion, ou enoplion, gymnopédies [Sparte], pyrrhique). Danses satyriques, dionysiaques, orgiastiques. / Floralies. Lupercales. Palilies. Hyporchème (en l'honneur d'Apollon ou d'Artémis). Cordax. Sikinnis.

Danses hébraïques (essentiellement religieuses). Fête de l'Eternel. Danse du roi David. Danse en l'honneur de Jephté. Culte du Veau d'or. Danse de Salomé.

Danses hindoues. Bharat natyam. Kathak (origine sacrée). Kathakali (thèmes littéraires). Manipuri (scènes de la vie de Krishna).

Suite de pas exécutés selon un certain rythme. *Danses anciennes.* XVe-XVIe s. : Bourrée. Sarabande. / XVIe-XVIIe s. : Branle. Gaillarde. Gavotte. Pavane. Volte. / XVIIe s. : Chaconne. Courante. Forlane. Gigue. Menuet. Passepied. Rigaudon. / XVIIe XVIIIe s. : Contredanse. / XVIIIe s. : Carmagnole. Passacaille. Tambourin. Valse viennoise.

Danse de société ou ***danse de salon.*** XIXe s. : Cracovienne. Mazurka. Polka. Quadrille américain (*Square dance*). Quadrille des lanciers. Cancan, ou chahut, puis french-cancan. Boléro. Habanera. Scottisch. Boston. / XXe s. : Java. Cake-walk. Matchiche. Tango. Fox-trot. Biguine. Conga. Samba. Baiao. Black-bottom. Charleston. Shimmy. One-step. Paso doble. Rumba. Mambo. Calypso. Meringué. Slow. Boogie-woogie. Rock and roll. Bossa nova. Madison. Twist. Sirtaki. Surf. Jerk.

Art théâtral. *Le spectacle.* Ballet (œuvre chorégraphique composée pour être représentée sur une scène). Livret, ou argument. Musique de ballet. Interprètes (danseurs, danseuses). Corps de ballet. Compagnie de ballet (troupe fixe ou itinérante). Répétition. Maître de ballet.
Scène. Lieu scénique. Mise en scène. Décors. Coulisses. Rampe. Lumières. Eclairagiste. Rideau.
Costumes. Tutus. Maillots académiques. Perruques. Chaussons de pointe, chaussons souples. Chaussures. Bottes. Sandales.

Programme. Distribution. Premier rôle. Création. Première mondiale. Générale. Première. Reprise. Nouvelle version. Répertoire. / Cachet. Feu (indemnité pour une représentation supplémentaire).

L'œuvre. *Les genres et les formes.* Ballet abstrait (sans argument), ballet d'action (avec argument), ou pantomime. Ballet blanc, ou romantique. Ballet de cour. Ballet à entrées. Ballet équestre. Ballet mascarade. Ballet sériel, solfégé, expérimental. Ballet symphonique.
Chorédrame. Comédie-ballet. Entremets. Opéra-ballet. Oratorio-ballet. Tragédie lyrique, ou tragédie-ballet.
Expressionnisme. Romantisme. Modernisme. Avant-garde. Art total.

Les parties. Entrée. Adage. Coda. Final. / *Pas.* Pas d'action. Grand pas de deux. Variation. / Enchaînement. Figure. Défilé (présentation du corps de ballet au public).

Art de composer des danses et des ballets. Chorégraphie. Chorégraphe. Choréauteur. / *Ecriture de la danse.* Chorégraphie. Notation. Notateur. Labanotation. Sténochorégraphie.

Technique de la danse. En-dehors (principe fondamental) [résulte d'une disposition morphologique naturelle, ou acquise, de pouvoir orienter pieds et jambes vers l'extérieur]. / Positions (chacune des différentes manières de poser les pieds et de placer les bras les uns par rapport aux autres).

Pas, positions et mouvements. Arabesque. Attitude. / Assemblé. / Brisé. Coupé. Echappé. Failli. Fondu. / Glissade. Jeté. Relevé. Tombé. / Battement. / Batterie. Battu. / Cabriole. / Contretemps. Soubresaut. / Déboulé. / Dégagé. Détiré. Développé. Ecart. Enveloppé. / Entrechat. / Fouetté. Pirouette. Tour. Tour en l'air. / Porté. / Révérence. / Rond-de-jambe. / Sisonne, ou sissone. / Pointe. Demi-pointe. / Style aérien, terre à terre. Elévation. Ballon.
Battre (exécuter un saut battu, faire passer une jambe devant l'autre au cours d'un saut). Détailler (mettre en valeur un geste, un pas). Enchaîner. Fondre. Forcer. Grouper (ramener les jambes à la hauteur du torse en sautant). Marquer (esquisser les pas au cours d'une répétition). Ouvrir (forcer l'en-dehors). Piquer la pointe (la poser directement sur le sol).
Studio. Glace. Barre. Milieu. Collophane. Entraînement. Classe. Leçon. Se placer (prendre la position de départ d'un mouvement). Préparation (temps précédant le pas proprement dit). / Diagonale. Manège. Série.
Ecole de danse. Conservatoire. Professeur. Professeur invité.

Sortes de danses. Danse classique, danse académique, ou danse d'école. Danse populaire, ou danse folklorique. / Danse noble, de caractère, de demi-caractère, burlesque. / Danse rythmique, acrobatique. Danse à claquettes. / Danse libre. Danse moderne. / Danse d'élévation. Danse horizontale.

Danseur, danseuse. Bien, mal placé. Ouvert. / *Etre en dehors.* Avoir la jambe tournée naturellement vers l'extérieur. / *Etre en dedans.* Avoir les pointes des pieds tournées vers l'intérieur.
Elève. Rat. Artiste invité ou en représentation (artiste étranger à la troupe avec laquelle il danse un nombre limité de représentations).
Hiérarchie. Quadrilles. Coryphées. Sujets. Premiers danseurs et premières danseuses. Etoiles. / Ballerine. / *Prima ballerina assoluta.* Etoile internationale.
Girl. Boy (danseuse, danseur de revue de music-hall). / Danseur mondain.

Danses populaires ou folkloriques. Danse du ventre (Afrique du Nord). Danse du scalp (Indiens du Dakota). Danse des derviches tourneurs (Arabie, Turquie). Carnavalito, cueca (Argentine). Landler, tyrolienne (Autriche). Barong, legong (Bali). Fandango, godalet (Pays basque). Matelotte, cramignole (Belgique). Klondike cancan (Canada). Alborado, alegrias, jota, malagueña, sardane, seguidilla, sévillane, zambra, zapateado (Espagne). Real de Virginie (Etats-Unis). Czardas (Hongrie). Saltarella, tarentelle (Italie). Yugen (Japon). Malinche, los Negritos (Mexique). Gopak (Russie).
FRANCE. *Bretagne :* Bal à deux, dérobée, jabadao. *Massif central :* Bourrée, montagnarde, périgourdine, pélélé (Limousin). *Franche-Comté :* Fricassée. *Provence :* Danse des tisserands, farandole.
Flamenco (danse, chant et musique).

Lieux où l'on danse. Théâtre. Opéra. Music-hall.
Bal. Bal costumé, travesti. Bal masqué. / Soirée dansante. Surprise-partie. Garden-party. Sauterie. Surboum (fam.).
Salle de bal. Dancing. / Bal champêtre. Bal public. Guinguette. Bastringue. / Cabaret dansant. Dîner dansant. Thé dansant. / Discothèque ou disco (fam.).

Locutions diverses. Danse de Saint-Guy (chorée). Recevoir, donner une danse (une volée de coups). Entrer dans la danse (fam.) [participer à une action violente; commencer à agir]. Mener la danse (fam.) [diriger une action violente; commander]. / Faire danser l'anse du panier (majorer le prix payé, en parlant d'un commissionnaire, d'un domestique). Danser d'un pied sur l'autre (hésiter). Ne pas savoir sur quel pied danser (ne pas savoir ce qu'il convient de faire). Faire danser quelqu'un (fam.) [le malmener]. Danser sur une corde raide (se livrer à une entreprise difficile ou risquée). Marcher en danseuse (avoir une démarche souple et légèrement sautillante). Faire tapisserie (se dit d'une femme qui, dans un bal, n'est pas invitée à danser).

date

(du lat. médiév. *data* [*littera*], [lettre] donnée)

Indication du jour, du mois, de l'année où un événement s'est produit. *Mettre une date sur un écrit.* Quantième (désignation du jour du mois). Millésime. / Date de naissance. Date d'anniversaire. Date certaine. Date historique.
Antidate (date antérieure à la date réelle). Postdate (contraire). / Erreur de date. Anachronisme. / Prendre date. Fixer une date. / « Sine die » (sans fixer de date). / Tomber tel ou tel jour. Echoir. Echéance.
DATER. Mettre, indiquer une date. / *A dater de.* A compter de. A partir de. / Antidater. Postdater. / Datation. / Dateur. Horodateur.

Époque où un fait s'est produit. *Date ancienne. Date récente.* Temps. Epoque. Ere. Période. / Chronologie (science des dates, des faits historiques). / *Coïncidence de date.* Synchronisme. Concordance. Simultanéité.
DATER. *Dater* (en parlant d'un fait). Faire date. Avoir de l'importance. Marquer. / *Dater* (en parlant d'une chose). Etre démodé, suranné. / *Dater de.* Exister depuis telle époque. Remonter à.

débarrasser

Dégager de ce qui embarrasse. *Débarrasser une rue, une route.* Dégager. Déblayer. Désencombrer. / *Débarrasser un conduit obstrué.* Déboucher. Désengorger. Désobstruer. / *Débarrasser un terrain des mauvaises herbes.* Désherber. Sarcler. Débroussailler. / *Débarrasser un liquide de ses impuretés.* Purifier. Filtrer. Epurer. / *Débarrasser une table.* Desservir. Enlever les couverts, les plats. / *Débarrasser un arbre des branches inutiles.* Tailler. Elaguer. Emonder. / *Débarrasser quelqu'un d'un fardeau.* Enlever. Oter. / Décharger. Soulager. / *Débarrasser quelqu'un d'un importun.* Délivrer.

Se débarrasser. *Se débarrasser de quelqu'un.* Congédier. Renvoyer. Expulser. Se séparer de. / *Se débarrasser de vieilles affaires, de vieilleries.* Jeter. Balancer (fam.). Bazarder (fam.). Liquider (fam.). Vendre. Brader. Se défaire de. / Mettre au rebut. Mettre au rancart.
DÉBARRAS (endroit où l'on se débarrasse de choses qui encombrent). Cabinet de débarras. Grenier. Cagibi (fam.).

débauche

Dérèglement de conduite. *Vivre dans la débauche.* Dévergondage. Désordre. Inconduite. Immoralité. Vice. Dérèglement. Déportements. Mœurs dissolues, relâchées. Perdition. Perversion. Perversité. Libertinage. Luxure. Stupre. Impudicité.

Actes de débauche. *Se livrer à la débauche.* Se dévergonder. Faire la bombe, la noce, la vie (fam.). Faire bamboche. Faire la bamboula (fam.). Bambocher. Faire des orgies. / Jeter son bonnet par-dessus les moulins. / Polissonner.
Prostitution. Se prostituer. / Proxénétisme. Proxénète. Maquereau (pop.). Entremetteur. Entremetteuse. Marlou. Souteneur. Ruffian. / Mauvais lieu. Maison de passe. Maison de prostitution. Bordel (pop.). Lupanar (littér.). / Traite des blanches. / Milieu (groupe social formé des individus vivant des revenus de la prostitution, des vols). / Truand.
Exciter à la débauche. Corrompre. Séduire. Dépraver. / Racoler. Faire le trottoir. Vagabondage spécial. Racolage.
DÉBAUCHÉ. *Un débauché.* Bambocheur. Noceur. Viveur. / Séducteur. Don Juan. Lovelace. / Coureur de filles, de jupons. Dragueur (arg.). Dépravé. Perverti. Dévergondé. / Luxurieux. Libidineux. Vicieux. Paillard (vx). Ribaud (vx). Libertin (vx).
Une débauchée. Femme de mauvaise vie. Femme légère. Femme galante. Demi-mondaine. / Fille publique. Fille de joie. Prostituée. Putain (pop.). Respectueuse. Péripatéticienne. Hétaïre. Courtisane. Grue. Cocotte. Poule. Catin. Ribaude. / Coureuse. Noceuse. Gourgandine.

décadence

(du lat. médiév. *decadentia*, de *cadere*, tomber)

Acheminement vers la ruine. *La décadence d'une société, d'une époque.* Déchéance. Chute. Décrépitude. Déclin. Dégringolade (fam.). Dégénérescence. Déliquescence. Ecroulement. Ruine. / *Etre en décadence. Tomber en décadence.* Baisser. Déchoir. Dégénérer. Se dégrader. S'avilir. S'abâtardir.

décence

(du lat. *decentia*, de *decere*, convenir)

Respect des convenances. *Garder une certaine décence.* Bienséance. Tenue. / *Etre vêtu avec décence.* Réserve. / *La décence dans les paroles.* Tact. Discrétion. Pudeur.

DÉCENT (conforme à la décence). Convenable. Bienséant. Séant. Réservé. Pudique. Correct.

INDÉCENT (contraire à la décence). Incorrect. Impudique. Inconvenant. Incongru. Licencieux. Obscène. Scabreux. Malpropre. Gaulois. Graveleux. Grivois.

décevoir

(du lat. *decipere, deceptum*, tromper)

Tromper quelqu'un dans son attente. Désappointer. Surprendre. Attraper (fam.). Trahir. Défriser (fam.). Dépiter. Refaire (fam.).

DÉCEPTION. Désappointement. Déconvenue. Mécompte. Désillusion. Ennui. Déboire. Désenchantement. Mauvaise surprise. / Dépit. / *Eprouver une déception.* Déchanter (fam.). Rabattre de ses prétentions.

DÉCEVANT. Trompeur.

déchirer

(de l'anc. franç. *eseirer*, du francique **skerian*, partager ; en lat. *lacerare*)

Mettre en morceaux, en lambeaux. *Déchirer du papier, un tissu.* Lacérer. Déchiqueter. Dilacérer (vx).

DÉCHIRURE. Accroc. Fente. Déchiqueture. Lacération.

Se déchirer. *Se déchirer la peau.* Erafler. Egratigner. Erailler. Entamer. Ecorcher. Se labourer (le visage). / *Ecorcher légèrement.* Excorier.

DÉCHIRURE. Eraflure. Egratignure. Eraillure. Blessure. Ecorchure. Plaie. Excoriation.

Causer une douleur physique ou morale. Déchirer la poitrine (en parlant d'une toux). / *Déchirer le cœur.* Fendre le cœur. Affliger. Attrister. Arracher le cœur. Désoler.

DÉCHIRANT. *Un spectacle déchirant.* Triste. Douloureux. Pénible. Navrant.

DÉCHIREMENT. Chagrin. Douleur. Affliction. Arrachement.

Dire du mal de quelqu'un. *Déchirer son prochain. Déchirer à belles dents.* Médire. Critiquer. Calomnier. Diffamer. Bêcher (fam.).

Troubler par des divisions. *Déchirer un pays.* Partager. Diviser. Scinder.

DÉCHIREMENT. Division. Scission.

décider

(du lat. *decidere*, trancher)

Déterminer ce qu'on doit faire. *Décider quelque chose.* Arrêter. Fixer. Décréter. / *Décider de* (et l'inf.). Prendre la résolution, la détermination de. / *Etre décidé à.* Etre résolu, déterminé à.

Se décider. Prendre un parti. Adopter une solution. / *Se décider à* (avec un nom ou un inf.). Se résoudre à. Se déterminer à. / *Se décider pour.* Se prononcer. Choisir. Opter. Fixer son choix. / *Avoir de la peine à se décider.* Barguigner. Tergiverser. Atermoyer. Hésiter.

DÉCISION. Détermination. Parti. Résolution. / *Faire preuve de décision.* Courage. Energie. Caractère. Volonté. Fermeté. Hardiesse. Audace.

DÉCIDÉ. *Un homme décidé.* Volontaire. Plein d'assurance. Ferme. Hardi. Audacieux. / *Un ton décidé.* Net. Tranchant. Convaincu.

Porter un jugement sur une question en discussion. *Décider un point de droit. Décider de quelque chose.* Juger. Trancher. Résoudre. Régler.

DÉCISION. *Décision judiciaire.* Jugement. Verdict. Sentence. Conclusion. Arrêt. / *Décision administrative. Décision ministérielle, préfectorale.* Décret. Arrêté. Ordonnance. Règlement.

Amener quelqu'un à prendre un parti. *Décider quelqu'un à quelque chose.* Persuader. Convaincre. Entraîner. Pousser.

DÉCISIF (qui résout une difficulté). *Argument décisif.* Concluant. Convaincant. Irréfutable. Péremptoire. / *Moment décisif.* Important. Déterminant. Capital. Crucial.

déclarer
(du lat. *declarare*)

Faire connaître nettement, officiellement. *Déclarer ses intentions, ses sentiments.* Annoncer. Dire. Indiquer. Révéler. Publier. Proclamer. Avouer. / Informer. Porter à la connaissance de. Affirmer. Prétendre. Professer.

DÉCLARATION. Annonce. Révélation. Proclamation. Manifeste. / Aveu. Affirmation. Profession de foi.

Se déclarer. Se prononcer. S'expliquer. Donner son avis.

décomposer
(de *dé* et de *composer*)

Séparer en éléments. *Décomposer une substance.* Dissocier. Diviser. Désagréger. / *Décomposer une phrase en éléments.* Analyser. Réduire. Disséquer.

DÉCOMPOSITION. Division. Séparation. Désagrégation. / Analyse.

Altérer en désorganisant. *Décomposer une matière organique.* Corrompre. Putréfier. Gâter.

Se décomposer. Moisir. Aigrir. Pourrir. Faisander (en parlant du gibier).

DÉCOMPOSITION. Altération. Corruption. Putréfaction. Pourriture.

déconcerter
(de *dé* et de *concerter*)

Jeter dans l'incertitude, l'étonnement. *Déconcerter* (en parlant d'une parole, d'une action). Décontenancer. Dérouter. Désorienter. Embarrasser. Etonner. Surprendre. Troubler. Faire perdre contenance. Désemparer.

DÉCONCERTANT. Déroutant. Surprenant. Etonnant. Troublant. Bizarre. Imprévu.

DÉCONCERTÉ. Désorienté. Etonné. Surpris. Désarçonné. Désemparé. Confondu.

décorer
(du lat. *decorare*, orner)

Mettre des accessoires destinés à agrémenter. *Décorer un appartement, une pièce.* Embellir. Enjoliver. Agrémenter. Orner. / *Ce qui sert à décorer un édifice, un intérieur.* Décor.

DÉCORATION. Embellissement. Ornementation. / *Eléments de décoration.* Sculpture. Peinture. Mosaïque. Fresque. Marqueterie. Tapisserie. Tentures. Draperies. Ameublement, etc.

DÉCORATEUR. Ornemaniste. Ensemblier.

DÉCORATIF. Ornemental.

Attribuer une distinction honorifique. *Décorer un militaire, un civil.* Médailler.

DÉCORATION. Médaille. Croix. Ruban. Rosette. Collier. Palmes. Plaque. Cordon. Crachat (fam.). / Légion d'honneur. Médaille militaire. Croix de guerre. Médaille de la Résistance. Croix de la Libération. Palmes académiques. Mérite agricole. Mérite civil.
Etre chamarré de décorations. Avoir la poitrine couverte, bardée, constellée de décorations. / Porter une décoration à la boutonnière, en sautoir (en collier).

découper
(de *dé* et de *couper*)

Diviser en morceaux. *Découper un rôti.* Couper. / *Découper une cuisse, une aile de volaille.* Lever. Détacher. / *Découper un gâteau.* Partager. Couper. / *Découper maladroitement.* Hacher. Déchiqueter. Charcuter.

DÉCOUPAGE. *Découpage de la viande.* Dépeçage. Equarrissage.

DÉCOUPOIR (instrument servant à découper). Tailloir (plat de bois à découper). Couteau, service à découper.

Couper selon un dessin, un tracé. *Découper du papier, du métal.* Tailler. / Festonner. Faire des jours en lingerie. / Créneler. Denteler. / *Découper du bois, du métal selon un profil donné.* Chantourner.

DÉCOUPE. Empiècement (en lingerie).

DÉCOUPAGE. Dessin, image à découper.

DÉCOUPURE. *Découpure d'une broderie.* Feston. Jour. / Dentelure. Crénelure.

DÉCOUPEUSE (machine à découper).

découvrir
(du bas lat. *discooperire*)

Enlever ce qui couvre. *Découvrir un récipient.* Enlever le couvercle. / *Découvrir une maison.* Enlever la toiture. / *Découvrir une partie du corps.* Laisser voir. Dénuder.

Se découvrir. Se déshabiller. Se dévêtir. / *Se découvrir la gorge, la poitrine.* Se décolleter. Se débrailler. / *Se découvrir* (en parlant d'un homme). Enlever sa coiffure. Se tenir découvert. Rester tête nue.

Apercevoir au loin. *Découvrir un paysage.* Voir. Apercevoir. Discerner. Remarquer.

Arriver à connaître une personne, une chose cachée ou ignorée. *Découvrir un coupable.* Trouver. Démasquer. Dépister. Mettre la main sur. / *Découvrir un trésor, un gisement.* Mettre au jour. Détecter. / *Découvrir un secret.* Deviner. Percer. Pénétrer. / *Découvrir la cause de quelque chose.* Connaître. Comprendre. Déceler. Saisir. / *Découvrir un remède.* Inventer. Créer. / *Découvrir un théorème, une loi naturelle.* Trouver. / *Découvrir un pays lointain.* Reconnaître. Explorer.

DÉCOUVERTE. Invention. Trouvaille. / Exploration. Reconnaissance.

DÉCOUVREUR. Savant. Inventeur. Explorateur.

décrire

(du lat. *describere, descriptum ;* en gr. *graphein*)

Représenter dans son ensemble un être ou une chose, soit par écrit, soit oralement. *Décrire une personne, un lieu.* Dépeindre. Peindre. Brosser, faire le portrait de. / *Décrire un fait, un événement.* Dire. Raconter. Exposer. Retracer. Faire voir. Expliquer. / *Décrire en détail.* Développer. Détailler.

DESCRIPTION. Portrait. Peinture. / *Description physique d'une personne.* Signalement. Fiche signalétique. / *Description d'un fait, d'un événement.* Récit. Narration. Scène. Tableau. Exposé. Rapport. Développement. Compte rendu. Résumé. / *Description incomplète.* Aperçu. Ebauche. Esquisse. Croquis.

Composés en « graphie ». Topographie (description d'un lieu). Géographie. Cosmographie. Biographie. Ethnographie. Océanographie, etc.

DESCRIPTIF (qui décrit, qui évoque). *Style descriptif.* Evocateur.

défaire

Supprimer ce qui a été fait. *Défaire une construction.* Démolir. Abattre. / *Défaire une installation.* Démonter. / *Défaire ce qui est cousu.* Découdre. Débâtir. Dépiquer. / *Défaire ce qui est cloué, vissé.* Déclouer. Dévisser. / *Défaire un paquet.* Déficeler. Dépaqueter. Déballer. Ouvrir. / *Défaire une coiffure.* Décoiffer. Dépeigner.

Détacher les pièces d'un vêtement. *Défaire sa cravate, un nœud.* Dénouer. / *Défaire les boutons d'un vêtement.* Déboutonner. / *Défaire ses souliers.* Délacer. / *Défaire ses vêtements.* Se déshabiller. Se défaire.

Se défaire. *Se défaire de quelqu'un.* Renvoyer. Congédier. Licencier. Expulser. Eliminer. Ecarter. Se débarrasser de. Se séparer de. / *Se défaire de quelque chose.* Jeter. Balancer (fam.). Abandonner. Bazarder (fam.). Vendre. Donner. Echanger. / *Se défaire d'un défaut, d'une mauvaise habitude.* Perdre. / Se déshabituer. Se corriger.

défaut

(part. passé du verbe *défaillir,* manquer ; en lat. *vitium*)

Manque de ce qui est nécessaire. *Défaut de méthode, d'organisation.* Absence. Carence. / *Défaut d'attention.* Inattention. Distraction. / *Faire défaut.* Manquer. / Déficience. Insuffisance. Manque. Pénurie.

A défaut de. En l'absence de. Faute de. Au lieu de.

Etre en défaut. Ne pas observer un règlement. Commettre une infraction.

Imperfection matérielle. *Défaut dans une pièce de métal.* Paille. / *Défaut dans un diamant, dans une pierre précieuse.* Crapaud. / *Défaut de fabrication.* Malfaçon. Défectuosité. / *Défaut dans une œuvre littéraire, artistique.* Maladresse. Gaucherie. / *Qui présente des défauts, des malfaçons.* Défectueux. Mauvais.

Imperfection physique. *Défaut du corps, du visage.* Malformation. Difformité. Anomalie. Tare. / Vice de conformation. Vice rédhibitoire (qui peut annuler une vente).

Imperfection morale. *Un grave défaut. Un défaut léger. Un vilain défaut.* Tare. Travers. Ridicule. Mauvais penchant. Vice. Faiblesse. / Péché mignon. Faible (n. m.). / *Un homme sans défaut.* Parfait. Irréprochable.

défendre

(du lat. *defendere*)

Apporter un soutien lors d'une attaque. *Défendre un pays, un peuple.* Aider. Secourir. Venir au secours de. Se porter au secours de. Venir à la rescousse. / *Défendre une cause, une doctrine, un parti.* Soutenir. Se prononcer pour. Prendre fait et cause pour. Intervenir pour. Faire l'apologie de. / *Défendre ses droits, ses intérêts.* Sauvegarder. Faire valoir.

Se défendre. Résister. Lutter. Riposter. Parer les coups. / *Se défendre courageusement, vaillamment.* Vendre chèrement sa vie. / *Se défendre contre les intempéries.* Se garantir. Se préserver. S'abriter.

DÉFENSE. Protection. Secours. Aide. Soutien.

Moyens de défense. Armes. Armement. Fortifications. Retranchements. Tranchée. Abri. / Défense contre avions. Défense passive.

DÉFENSEUR. Allié. Protecteur. Soutien. / *Défenseur d'une cause.* Champion. Avocat. Partisan. Intercesseur. Serviteur. Tenant. Apôtre.

Apporter un soutien par la parole ou par des écrits. *Défendre un accusé.* Plaider pour. Prendre la défense de. Intercéder pour.

DÉFENSE. Plaidoirie. Plaidoyer. / Excuse. Justification.

DÉFENSEUR. Avocat. Avoué.

Se défendre. *Se défendre de* (et l'inf.). Nier. Se disculper. Réfuter. Répondre. Riposter. Se justifier.

définir

(du lat. *definire,* délimiter, déterminer)

Faire connaître par une formule précise ce qu'est une chose. *Définir un mot.* Donner sa signification, ou ses significations. / *Définir une idée.* Préciser. Caractériser. Spécifier.

DÉFINITION. Explication. Signification. Sens.

Indiquer avec précision. *Définir le but d'une action.* Expliquer. Préciser. Faire connaître. Déterminer.

DÉFINITION. Précision. Explication. Détermination. Description. Analyse.

DÉFINISSABLE. Déterminable. Explicable.

INDÉFINISSABLE. Indéterminable.

dégager

Dégager de ce qui recouvre. Déballer. Dépaqueter. Désemballer. / Dénuder. Déshabiller. Dévoiler. Dévêtir. Déchausser. Déganter. / Déboucher. Décacheter. Décapuchonner. Décapsuler. Déharnacher. Débâter. / Débarbouiller. Nettoyer. Décaper. Désencroûter. Décrasser. Désembuer. Dérouiller. / Découvrir. / Défricher. / Développer.

Dégager de ce qui retient. Débloquer. Déchaîner. Désenchaîner. Détacher. Désentraver. Dételer. Dépêtrer. / Délier. Débander. Déboucler. Déboutonner. Débrider. / Desceller. Déverrouiller. Déclouer. Décoller. Décrocher. Dégainer. Dégommer. / Dégrafer. Délacer. Démailloter. Démuseler. Dénouer. Dévisser. Détortiller. Désenclouer. Dessertir. Dessouder. / Lâcher. Larguer. Débrayer.

Dégager d'une obligation. Acquitter. Acquit. Quittance. Etre quitte. Donner quitus. Donner décharge. / Affranchir. Affranchissement. / Remettre une dette. Remise. / Dégrever. Dégrèvement. Exonérer. Exonération. Exempter. Exemption. / Relever d'un vœu. Dispense. / Lever une opposition. Rendre sa parole.

Dégager d'une situation critique. Délivrer. Délivrance. / Libérer. Libération. Libérateur. Tirer d'embarras. Tirer une épine du pied. / Sauver. Salut. Sauveur. / Racheter. Rachat. Rédemption. Rédempteur. / Soustraire à. / Guérir.

Produire une émanation. *Dégager une odeur, un parfum.* Exhaler. Répandre. Emettre. Produire.

DÉGAGEMENT. Emanation. Effluve. Exhalaison. Odeur. Bouffée. / Fumet. Vapeur. Miasme. Effluence.

dégât

(de l'anc. franç. *degaster,* du lat. *devastare,* ravager)

Dommage causé à des choses. *Constater des dégâts.* Détérioration. Dégradation. Dévastation. Saccage. Ravage. Pillage. Destruction. Ruine.

Causer des dégâts. Endommager. Abîmer (fam.). Détériorer. Dégrader. Dévaster. Ravager. Piller. Saccager. Détruire. Anéantir.

dégoût

(de *dé* privatif et de *goût*)

Répugnance pour certains aliments. *Surmonter son dégoût.* Répulsion. Horreur. Ecœurement. Haut-le-cœur. Nausée. / Faire la grimace.

Interjection de dégoût. Pouah !

DÉGOÛTER (causer du dégoût). Donner la nausée, des haut-le-cœur. Faire mal au cœur. Soulever le cœur. Donner envie de vomir. Ecœurer.

DÉGOÛTÉ. *Faire le dégoûté.* Faire le délicat, le difficile.

Répugnance pour quelqu'un ou pour quelque chose. *Témoigner du dégoût à une personne.* Aversion. Antipathie. Répulsion. Horreur. / *Avoir du dégoût pour une chose.* Répugnance. Répulsion. Horreur. Haine. Dégoûtation (pop.). / *Dégoût de la vie.* Ennui. Lassitude. Amertume. Mélancolie. Accablement. Ecœurement. Désenchantement. Blasement. Spleen.

DÉGOÛTER (inspirer du dégoût). Ecœurer. Répugner. Révolter. / Décourager. Oter l'envie (de). Détourner.

DÉGOÛTÉ. *Dégoûté de la vie.* Blasé. Aigri. Désenchanté. Déçu. Lassé. Fatigué de tout. / N'avoir goût à rien. En avoir assez. En avoir marre (pop.).

dégoûtant

Qui inspire du dégoût physiquement. *Un aliment dégoûtant.* Peu ragoûtant. Ecœurant. Immangeable. Infect. / *Une maison dégoûtante. Un logement dégoûtant.* Malpropre. Repoussant. Sale. Sordide. Ecœurant. Immonde.

DÉGOÛTAMMENT (fam.). *Manger dégoûtamment.* Salement. Malproprement.

Qui inspire du dégoût moralement. *Un individu dégoûtant.* Antipathique. Répugnant. Ignoble. Odieux. / *Un acte dégoûtant.* Honteux. Répugnant. Abject. Horrible. Révoltant. Innommable. Inqualifiable. / *Un récit dégoûtant.* Sale. Grossier. Grivois. Licencieux. Ordurier.

degré

(du lat. pop. ***degradus*** ; lat. class. ***gradus***)

Marche (littér.). *Suite de degrés servant à monter, à descendre.* Escalier. / *Degré d'une échelle.* Echelon. / *Degré d'un amphithéâtre.* Gradin. Rang. Rangée. / *Monter ou descendre les degrés.* Gravir pas à pas.

Hiérarchie. *Degrés de l'échelle sociale.* Echelon. Etape. Rang. Position. Niveau. Classe. / Classer. Hiérarchiser. Classement. Hiérarchisation. / *Degrés à l'intérieur d'une profession.* Echelons. / Monter en grade. Avoir de l'avancement. Gradé. / Dégrader. Dégradation. Rétrograder. Rétrogradation.

Intensité. *Degré d'une qualité, d'un défaut.* Point. Stade. Phase. / *Le plus haut degré de la célébrité.* Apogée. Summum. Comble. Faîte. Sommet. Le plus haut période (littér.). / *Le plus haut degré d'un sentiment, d'une sensation.* Paroxysme. Paroxystique. / Au plus haut point. Au plus fort de. / *Le plus haut degré.* Maximum. Maximal. / *Le plus bas degré. Le dernier degré.* Minimum. Minimal. / *Progression par degrés.* Gradation. Gradation ascendante. Gradation descendante.

Degrés de signification des adjectifs. Positif. Comparatif. Superlatif.

Par degrés. Graduellement. Progressivement. Par paliers. Par étapes. Successivement. Au fur et à mesure. Petit à petit. De proche en proche. De plus en plus. De moins en moins.

Mesure. *Degrés d'un thermomètre.* Graduation. / *Diviser en degrés.* Graduer. / *Degrés d'un angle.* Minute. Seconde. Tierce. Quarte. / Quadrant (quart de la circonférence). Grade (centième partie d'un quadrant). Décigrade. Centigrade. Milligrade. / *Degré d'un liquide alcoolique.* Poids. Titre.

déguiser

(de ***dé*** et de ***guise,*** manière d'être)

Habiller quelqu'un de manière à le rendre méconnaissable. *Déguiser un enfant.* Travestir. Affubler. Accoutrer.

DÉGUISEMENT. Travestissement. Affublement. Accoutrement. Travesti. Masque. / Chienlit (déguisement grotesque ; mascarade).

Changer dans l'intention de tromper. *Déguiser sa voix.* Contrefaire. Dénaturer. Modifier. / *Déguiser son écriture.* Falsifier. / *Déguiser la vérité.* Altérer. Farder. Dissimuler. / Mentir.

DÉGUISEMENT. Dissimulation. Feinte. Artifice. Fard. / *Sans déguisement.* Ouvertement. Franchement.

délai

(de l'anc. franç. ***deslaier,*** différer)

Temps accordé pour faire quelque chose. *Exécuter un travail pour le délai fixé.* Date. / *Expiration, fin d'un délai.* Echéance. Terme. / Echoir.

Temps supplémentaire accordé pour faire quelque chose. *Demander, obtenir un délai.* Prolongation. Prorogation. Sursis. Remise. Répit. Atermoiement. Moratoire. / Délai de faveur. Délai de grâce. Délai péremptoire.

Accorder un délai. Proroger. Surseoir. Reporter. Différer. / *Se donner un délai.* Remettre. Renvoyer. Atermoyer. Reculer. Faire traîner. / Moyen dilatoire. / Procrastination (tendance à remettre au lendemain). / *Dont le délai est expiré.* Forclos. Périmé.

Sans délai. Immédiatement. Sans attendre. Sur-le-champ. Tout de suite. / *A bref délai.* Dans peu de temps. Rapidement. Sous peu.

délicat

(du lat. *delicatus*)

Qui cause une sensation agréable. *Un mets délicat.* Fin. Délicieux. Exquis. Surfin. Raffiné. Recherché. / Savoureux. Succulent. / Du nanan (fam.).

DÉLICATESSE. Finesse. Saveur. Succulence.

Exécuté avec adresse. *Un travail délicat. Un bijou délicat.* Fin. Léger. Elégant. / Fait avec soin. Soigné. Fignolé. Ciselé. Perlé. Léché (fam.).

DÉLICATESSE. Légèreté. Elégance. Raffinement.

Qui a une constitution fragile. *Un enfant délicat.* Faible. Fragile. Frêle. Mince. Menu. Malingre. Chétif. / *Une santé délicate.* Fragilité. Faiblesse.

Qui présente des difficultés. *Une affaire délicate. Un problème délicat.* Difficile. Embarrassant. Complexe. Compliqué. / *Une situation délicate.* Critique. Dangereux. Scabreux.

Doué d'une grande sensibilité. *Un homme délicat.* Aimable. Gentil. Prévenant. Sensible. Courtois. Fin. Distingué. Raffiné. / Qui a du tact. Qui a de la discrétion.

DÉLICATESSE. Amabilité. Gentillesse. Prévenance. Attentions. Petits soins. / Tact. Discrétion. Pudeur.

Qui fait preuve de scrupule. *Un homme délicat. Une conscience délicate.* Très honnête. Probe. Intègre. Scrupuleux.

DÉLICATESSE. Honnêteté. Probité. Intégrité. Scrupule.

Difficile à contenter. *Faire le délicat.* Se montrer exigeant. Faire la petite bouche.

délice (s)

(du lat. *delicium, deliciae,* plaisir)

Plaisir vif et délicat. *Un délice* (littér.) [en parlant d'une chose]. Joie. Félicité. Enchantement. Ravissement. Régal. Délectation. / *Les délices de la campagne, de la lecture.* Charme. Jouissance. / *Lieu de délices.* Paradis. Eden. Eldorado.

DÉLICIEUX (en parlant d'un être ou d'une chose). Très agréable. Charmant. Fascinant. Ravissant. Grisant. Exquis. Délectable. Adorable (fam.). / (En parlant d'un mets.) Succulent. Savoureux. Exquis. / (En parlant d'une odeur, d'un parfum.) Suave. Délicat.

délire

(du lat. *delirium,* de *delirare,* sortir du sillon)

Égarement de l'esprit causé par la fièvre, l'ivresse, des troubles de la personnalité. *Accès de délire.* Divagation. Hallucination. / *Délire alcoolique.* « Delirium tremens ». / *Délire des grandeurs.* Mégalomanie. Paranoïa. / Délire de persécution. Délire onirique, paranoïaque. / Délire aigu, chronique.

DÉLIRER. Divaguer. Déraisonner. Extravaguer (vx). Déménager (fam.). Battre la campagne (fam.). Dérailler (fam.).

Agitation extrême. *Le délire d'une foule.* Enthousiasme. Frénésie. Surexcitation. Exaltation. Transport. Exultation.

DÉLIRANT. Frénétique. Effréné. Extravagant. Fou.

délit

(du lat. *delictum,* de *delinquere,* commettre une faute)

Infraction punie de peines correctionnelles. *Commettre un délit.* Homicide involontaire. Abandon de famille. Menaces. Injures. Coups et blessures involontaires. Violence à fonctionnaire ou à magistrat (dans l'exercice de ses fonctions). Fraude électorale. Faux en écriture. Chantage. / Grivèlerie (escroquerie consistant à consommer sans payer dans un restaurant, un café). Vol sans violence. Incendie involontaire. Attentat public à la pudeur. Adultère. / Proxénétisme (le fait de tirer des revenus de la prostitution). Vagabondage. Conduite en état d'ivresse.

Action judiciaire. Accusation. Instruction. Circonstances atténuantes. Circonstances aggravantes. Culpabilité. / Verdict.

Peines correctionnelles. Emprisonnement à temps. Interdiction à temps des droits civiques. Amende.

Relatif au délit. Corps du délit (élément matériel de l'infraction). Flagrant délit (infraction constatée au moment où elle est commise). Quasi-délit (faute causant un dommage à autrui sans intention de nuire).

DÉLINQUANT (qui commet un délit). Coupable.

DÉLINQUANCE (ensemble des délits et des crimes). Criminalité.

DÉLICTUEUX (qui a le caractère d'un délit). Un fait délictueux.

demander
(du lat. *demandare,* confier)

Faire connaître son désir. *Demander un conseil, une autorisation.* Souhaiter. Désirer. / *Demander une faveur, une aide.* Solliciter. Implorer. Supplier. / *Demander l'aumône.* Mendier. Mendicité. / *Demander avec insistance.* Réclamer. Revendiquer. / *Demander humblement et avec insistance.* Quémander. / *Demander à cor et à cri.* Harceler. Importuner.

Demander un poste, un emploi. Postuler. Chercher à obtenir. / Etre candidat. Poser sa candidature. Faire acte de candidature. Se mettre sur les rangs.

DEMANDE. Adresser, formuler, présenter une demande. / *Exaucer une demande.* Désir. Souhait. / Faire la grâce, la faveur de. / *Humble demande.* Prière. Supplique. Imploration. Requête. / *Demande revendicative.* Réclamation. Revendication. Desiderata. / *Demande d'argent.* Appel de fonds. / *Ecrit exprimant une demande d'intérêt général.* Pétition. Doléances. / Pétitionner. / Pétitionnaire.

DEMANDEUR. Solliciteur. Quémandeur.

Faire connaître sa volonté. *Demander de* (et l'inf.) *Demander que* (et le subj.). Commander. Prier. Ordonner. Sommer. Enjoindre. Exiger. Prescrire. Imposer. Vouloir. / *Demander un travail, une marchandise à un fabricant, à un commerçant.* Commander. / *Demander à quelqu'un de venir.* Appeler. Convoquer. Mander (vieilli). Faire venir. Inviter. / *Demander beaucoup à quelqu'un.* Etre exigeant. / *Ne pas demander mieux.* Vouloir bien. Consentir volontiers. Etre d'accord. Etre ravi, content.

DEMANDE. *Demande impérative.* Ordre. Commandement. Sommation. Injonction.

Faire connaître ce qu'on désire savoir. *Demander un renseignement à quelqu'un.* Questionner. Interroger. Consulter. / Chercher à savoir. S'informer.

DEMANDE (vieilli). Question.

Se demander. Se poser une question. Réfléchir. Hésiter. Délibérer. Etre perplexe, hésitant, embarrassé, indécis.

Nécessiter (avec un sujet nom de chose). *Demander réflexion* (en parlant d'une situation). Réclamer. Exiger. Requérir.

démolir
(du lat. *demoliri,* de *moles,* masse)

Détruire une construction en faisant tomber successivement les parties qui la composent. *Démolir une maison, un bâtiment, un mur.* Abattre. Mettre à bas. Raser. / *Démolir une fortification.* Démanteler.

DÉMOLITION. Destruction. / Décombres. Gravats. Eboulis. / Démolisseur.

Mettre en pièces. *Démolir un meuble, un appareil.* Casser. Briser. Détraquer (fam.). Déglinguer. Disloquer. Bousiller (pop.). Mettre hors d'usage.

Détruire entièrement. *Démolir une institution, un régime.* Abolir. Faire table rase de. / *Démolir une doctrine. Démolir l'autorité de quelqu'un.* Supprimer. Saper. Anéantir. / Démolir quelqu'un (ruiner sa réputation, son crédit).

DÉMOLITION. Destruction. Suppression. Abolition. Ruine. Perte.

DÉMOLISSEUR. Destructeur.

dénigrer
(du lat. *denigrare,* noircir)

Parler avec malveillance de quelqu'un ou de quelque chose. *Dénigrer un auteur, une œuvre.* Critiquer. Attaquer. Discréditer. Déprécier. Déconsidérer. Décrier. Déblatérer (contre). Médire. Débiner (pop.). Dauber (sur). Vilipender (littér.).

DÉNIGREMENT. Critique. Médisance. Attaque.

DÉNIGREUR. Détracteur. Contempteur.

dénoncer
(du lat. *denuntiare,* faire savoir)

Désigner comme coupable. *Dénoncer un suspect.* Signaler. Vendre (fam.). Dévoiler, faire connaître, révéler le nom de. Donner (pop.). Moucharder (fam.). Cafarder (fam.). Rapporter (fam.).

DÉNONCIATION. Délation. Mouchardage (fam.). Cafardage (fam.).

DÉNONCIATEUR. Délateur. Indicateur. Mouchard (fam.). Cafard (fam.). Mouton (fam.). Espion. Rapporteur. Sycophante (vieilli). Donneur (pop.).

dent
(du lat. *dens, dentis;* en gr. *odous, odontos*)

Organe dur implanté dans les mâchoires et servant à la mastication des aliments. *Ensemble des dents.* Dentition. Denture (vx). / Alvéole (cavité de la mâchoire). / *Dents du maxillaire supérieur, du maxillaire inférieur.* Incisives (4). Canines (2). Prémolaires (4).

Molaires (6). / *Première dentition.* Dents de lait (20 dents). Percer ses dents. Faire ses dents. Quenotte (dent d'enfant). / *Deuxième dentition.* Dents de sagesse (3e molaire). / Arcade dentaire.
Parties d'une dent. Couronne. Collet. Racine(s). / *Structure d'une dent.* Ivoire, ou dentine. Email. Cément. / *Pulpe dentaire.* Artère. Vaisseaux capillaires. Veine. Nerf. Apex (extrémité de la racine). / Parodonte (ensemble des tissus reliant la dent au maxillaire).
Avoir de belles dents. Etre bien endenté. / Surdent (dent qui chevauche).

Action des dents. Mâcher. Mastiquer. Broyer. Déchirer. / Mordre. Mordiller. Déchiqueter. / Mâchonner. Chiquer. Croquer.
Serrer les dents. Grincer, crisser des dents. Claquer des dents.

Maladies des dents. Mauvaise dent. Dent cariée ou gâtée. Dent creuse. Carie. Pyorrhée. Parodontose. / Mal de dents. Odontalgie. Rage de dents. Abcès. / Névralgies dentaires. / Chute des dents. Branler. Tomber. Etre brèche-dent (avoir perdu une ou plusieurs dents de devant). Edenté. Chicot.

Soins dentaires. Préservation, traitement de la carie dentaire. / Obturation d'une dent cariée. Plombage (fam.). Amalgame. Aurification. / Plomber (fam.). Aurifier. / Couronne. Reconstitution coronaire. Incrustations : inlay, onlay. / Dent à pivot. / Fausse dent. Dent artificielle.
Reconstitution d'une arcade par prothèse fixe. Bridge. / Reconstitution d'une arcade par prothèse mobile. Dentier. Râtelier (fam.). Plaque. Crochets.
Arracher une dent. Extraire. / Extraction. / Insensibiliser. Anesthésier. / Anesthésie locale, régionale, générale.

Hygiène dentaire. Nettoyer les dents. Brosser. Détartrer. / Dentifrice. Eau, poudre dentifrice. / Cure-dent.

Art dentaire. Chirurgien-dentiste, ou dentiste. Dentisterie. Dentisterie opératoire. Chirurgie bucco-dentaire. Stomatologie. Stomatologiste, ou stomatologue. / Parodontologie (étude et traitement des lésions des tissus).

Instruments. Miroirs. Sondes. Précelles. / Lancettes. Grattoirs. / Excavateurs. Ciseaux à émail. Fraises. Pièce à main. Contrangle. / Spatule à ciment. Plaques de verre. Spatules-fouloirs. Fouloirs. Brunissoirs. Mortier à amalgame. Pilon. / Ecarteurs. Porte-empreintes. / Tire-nerfs, ou sondes barbelées. Bourre-pâte. Lentulos. Sondes lisses. Sondes-équarrissoirs. / Disques en vulcanite-Carborundum, diamantés. Meules. / Daviers. Elévateurs. Bistouris. Seringues anesthésiques.

Locutions diverses. Manger, croquer, mordre à belles dents (avec appétit). Manger du bout des dents (sans appétit). Rire du bout des dents (d'un rire forcé). Ne pas desserrer les dents (se taire obstinément). Déchirer à belles dents (critiquer, dénigrer violemment). Donner un coup de dent (médire). Avoir une dent contre quelqu'un (de la rancune). Avoir les dents longues (être avide). Montrer les dents (menacer). Avoir la dent [pop.] (avoir grand-faim). Etre sur les dents (être épuisé, harassé). Prendre le mors aux dents (s'emballer, en parlant d'un cheval; s'emporter, en parlant d'une personne). Avoir la dent dure (être acerbe, caustique; critiquer sévèrement). Œil pour œil, dent pour dent.

Choses en forme de dent. Came. Cheville. Cran. Créneau. Découpure. Denticule. Feston. Languette. Pointe, etc.

Objets à dents. Pignon. Outil bretté. Crémaillère. Cric. Roue dentée. Dentelle. Dentelure. Endentelure. Engrêlure. Engrenage. Fourche. Fourchette. Peigne. Râteau. Trident. Scie. Mur crénelé. Fil barbelé.

Dents d'animaux. Crocs (chien). Broches (sanglier). Défenses (éléphant). Crochets (serpent). Fanons (baleine).

dentelle
(de *dent*)

Tissu à jours formant des motifs décoratifs. Fond ou réseau d'une dentelle. / Dentelle sans fond. Guipure. / Empiècement de dentelle. Incrustation de dentelle. / Dentelle plissée, froncée, tuyautée. / *Fabrication de la dentelle.* Dentellerie. Dentellière.

Outillage. Métier. Métier tournant. Carreau, ou coussin. / Aiguille. Fuseau. Navette. Crochet. / Vélin. Patron. Dessin. Parchemin. / Pince. Bobinoir. Guipoir. Tambour. / *Matières.* Fil. Coton. Nylon. Soie. Or. Argent.

Dentelle à la main. *Dentelle à l'aiguille.* Point coupé. Point mat. Point mignon. Point de bride, de feston, de gaze, de rempli, de tulle. Point d'Alençon, d'Argentan, de Bruxelles, de Burano, d'Espagne, de France, de Raguse, de Sedan, de Turquie, de Venise.

Dentelle au fuseau. Point d'araignée, d'esprit, de grille, de mariage, de neige, quadrillé, de rose, à la vierge. Point de Chantilly, de Dieppe, de Gênes, de Hollande, de Lille, de Malines, de Milan, de Paris, du Puy, de Valenciennes.
Dentelle au crochet. Point d'ananas, de Beauvais, d'écaille, de côtes, de fourrure, d'Irlande, piqué, de rose. Point russe, tunisien. Point de bride, demi-bride, double-bride.
Dentelle à la navette. Frivolité. Dentelle à la fourche. Mignonnette. Gueuse. Lacis.

Dentelle à la machine. Dentelle à la mécanique. Dentelle d'imitation.

dépasser
(de *dé* et de *passer*)

Laisser derrière soi, en allant plus vite. *Dépasser une personne. Dépasser un véhicule.* Doubler. Devancer. Gagner de vitesse. Distancer. Semer (fam.). Gratter (fam.). / *Dépasser un bateau sur une voie fluviale.* Trémater.
DÉPASSEMENT. Doublement. Trématage.

Excéder en dimensions. *Dépasser un alignement.* Déborder. Saillir. Sortir de. Surplomber.

Aller au-delà de quelque chose. *Dépasser une limite, un but.* Franchir. Passer. Mordre (sur). / *Dépasser un droit, un pouvoir.* Outrepasser. Excéder. / *Dépasser les bornes de ce qui est permis.* Exagérer. Abuser. Charrier (pop.).

dépendre
(du lat. *dependere*)

Être conditionné par une personne, par une chose. *Dépendre de quelqu'un* (en parlant d'une chose). *Dépendre d'une cause, de circonstances.* Etre lié à. Etre subordonné à. Tenir à. Résulter de. Provenir de.
DÉPENDANCE. Rapport. Liaison. Relation. Corrélation. Enchaînement. Causalité. Interdépendance. / Subordination. Subjonctif. / Condition. Conditionnel.

Être sous l'autorité de quelqu'un. *Dépendre d'un chef.* Relever de. Etre subordonné à. Etre sous la coupe de. Etre au pouvoir de. Etre à la merci de. / *Dépendre d'une juridiction, d'une administration.* Etre du ressort de. Ressortir à.
DÉPENDANCE. Subordination. Pouvoir. Empire. Domination. Servitude. Assujettissement. Joug. Tutelle. Oppression. Sujétion. Esclavage. Servage.
Dépendances d'une propriété. Tenants et aboutissants. Appartenances.
DÉPENDANT. Soumis. Subordonné. Sujet. / Tributaire.
INDÉPENDANT. Libre. Autonome.
INDÉPENDANCE. Autonomie. Liberté.

dépense
(du lat. *dispensa*)

Emploi d'argent pour se procurer quelque chose. Une dépense utile, nécessaire. Une dépense inutile, superflue. / *Engager une dépense.* Frais. Débours. / *Faire face à une dépense.* Payer. Débourser. Rembourser. Régler. / *Dépense imprévue.* Faux frais. Extra. / Dépense voluptuaire (pour le luxe). / *Régler les dépenses.* Tenir la bourse. Tenir les cordons de la bourse. / *Regarder à la dépense.* Lésiner. Mégoter (pop.). Etre avare, avaricieux. Etre parcimonieux. / *Eviter toute dépense inutile.* Etre économe. Economiser.
DÉPENSER. Débourser. Payer. / *Sans dépenser d'argent.* Gratuitement. Sans bourse délier.
DISPENDIEUX (qui nécessite une grande dépense). Coûteux. Onéreux.

Dépenses personnelles. *Calculer sa dépense.* Compter. Etablir son budget. Equilibrer son budget. Joindre les deux bouts. / *Subvenir aux dépenses de quelqu'un.* Entretenir. Verser une pension, une rente. Aider pécuniairement.
Payer les dépenses de quelqu'un. Défrayer. Décharger de ses frais. Indemniser. Dédommager.
Impenses (dépenses pour l'entretien d'un immeuble).

Dépenses collectives. *Somme versée pour une dépense commune.* Ecot. Quote-part. Participation. Cotisation. Contribution. / Payer à frais communs. Participer. Cotiser. Se cotiser. Contribuer. Faire bourse commune.
Etablissement des dépenses et des recettes. Comptabilité. Bilan. / Comptable. Intendant. Caissier. Econome. / *Dépenses légales.* Impôts. Impositions. Contributions directes et indirectes. Taxes. Taxations (établies pour restreindre les dépenses). / *Excédent des dépenses sur les recettes.* Déficit. Perte. / *Excédent des recettes sur les dépenses.* Gain. Bénéfice.

Dépenses excessives. Faire de grandes, de folles dépenses. Faire des dépenses effrénées. Ne pas regarder à la dépense. / *Goût de la dépense.* Prodigalité. Dissipation.

DÉPENSER. *Dépenser sans compter.* Dissiper, gaspiller, dilapider son argent. Semer son argent. Jeter l'argent par les fenêtres. Se ruiner. Dévorer sa fortune. Engloutir des sommes énormes. Mener la vie à grandes guides. Manger son bien (fam.). Manger son blé en herbe. Avoir un train de vie très élevé. Faire des folies. Brûler la chandelle par les deux bouts.

DÉPENSIER (qui aime la dépense). Dissipateur. Prodigue. Gouffre. Panier percé.

dépit
(du lat. *despectus,* mépris)

Contrariété causée par une déception. *Concevoir du dépit.* Désappointement. Déception. Amertume. Aigreur. Rancœur. Ressentiment. / *Ressentir, éprouver du dépit.* Enrager. Rager. Etre furieux. Pester. Râler (fam.). Bisquer (pop.). En faire une jaunisse (fam.). / *Qui cause du dépit.* Rageant. Contrariant. Irritant. Râlant (fam.). / *Exclamations exprimant le dépit.* Zut! Flûte!

DÉPITER (causer du dépit). Contrarier. Chagriner. Décevoir. Froisser. Vexer.

déplaire
(lat. pop. *displacere,* de *placere,* plaire)

Causer du dégoût. (En parlant d'une chose.) Etre désagréable, pénible. Dégoûter. Répugner. Rebuter. Ennuyer. (En parlant d'une personne.) Encourir l'antipathie, l'aversion, la répugnance, la haine. Etre la bête noire. / Ne pas pouvoir sentir, souffrir.

DÉPLAISANT. Désagréable (v. ce mot).

Causer de la contrariété. (En parlant d'une personne ou d'une chose.) Ennuyer. Contrarier. Fâcher. Indisposer. Blesser. Choquer. Froisser. Offusquer. Vexer. Peiner. Offenser.

DÉPLAISANT. Désagréable (v. ce mot).

DÉPLAISIR. Contrariété. Désagrément. Mécontentement. Amertume.

déposer
(de *dé* et *poser*)

Mettre, laisser en un endroit. *Déposer un fardeau.* Décharger. Poser. Mettre à terre. / *Déposer les armes.* Cesser le combat. / *Déposer quelqu'un chez lui.* Mettre. Laisser.

DÉPÔT. *Dépôt d'ordures.* Décharge. Dépotoir. / Patine (dépôt qui se forme sur certains objets anciens).

Mettre en lieu sûr. *Déposer des marchandises dans un magasin.* Entreposer. Emmagasiner. Stocker. / *Déposer de l'argent à la banque.* Remettre. Verser.

DÉPÔT. *Dépôt d'argent.* Versement. Remise de fonds. / Déposant. / *Dépôt de marchandises.* Entrepôt. Magasin. Stock. / Dépositaire. Stockiste.

dépourvu

Qui ne possède pas quelque chose. Sans. / *Dépourvu de qualités, d'intérêt.* Dénué. Exempt. / *Dépourvu d'argent.* Démuni. A court de. Sans le sou. / Pauvre. / *Etre dépourvu de quelque chose.* Manquer de.

Au dépourvu. A l'improviste. Sans avertir. Sans être préparé, averti.

déprimer
(lat. *deprimere,* presser de haut en bas)

Diminuer les forces physiques ou morales. *Déprimer quelqu'un* (en parlant d'une chose). Affaiblir. Abattre. Démoraliser. Décourager.

DÉPRESSION. Affaiblissement. Abattement. Mélancolie. / *Dépression nerveuse.* Alanguissement. Langueur. Asthénie. Adynamie. Anxiété. Découragement.

DÉPRIMANT. Affaiblissant. Débilitant. Décourageant. Démoralisant.

DÉPRESSIF. Débilitant. / Antidépresseur.

déranger
(de *dé* et de *ranger*)

Déplacer ce qui est rangé. *Déranger les livres d'une bibliothèque, des papiers.* Mettre en désordre. Déclasser. Intervertir. Chambarder. Bouleverser.

DÉRANGEMENT. Désordre. Déclassement. Chambardement. Bouleversement. Remue-ménage. Pagaille (fam.).

Troubler le fonctionnement, le déroulement normal de quelque chose. *Déranger un appareil, un mécanisme.* Dérégler. Détraquer. Déglinguer (fam.). / *Déranger le temps* (en parlant d'une intempérie). Changer. Détraquer. Brouiller. Gâter. Perturber. / *Déranger les projets de quelqu'un.* Contrecarrer. Contrarier.

DÉRANGEMENT. Dérèglement. Perturbation. / Arrêt de fonctionnement.

Interrompre les occupations ou le repos de quelqu'un. *Déranger une personne dans son travail.* Gêner. Importuner. Ennuyer. Distraire. Troubler.

DÉRANGEMENT. Interruption. Gêne. Ennui.

Se déranger. Quitter sa place, ses occupations.

dernier

(du lat. pop. *deretranus;* lat. class. *ultimus;* en gr. *eskhatos*)

Qui vient après tous les autres. ***Dans le temps.*** *L'an dernier.* Précédent. Passé. / *La dernière mode.* Récent. Nouveau. / *Le dernier d'une famille.* Le plus jeune. Le dernier-né. Benjamin. Cadet. *Derniers instants.* Moment suprême. / *Avoir le dernier mot.* Définitif. Décisif. / *La dernière chance.* Ultime. / Ultimatum (dernière proposition comportant une sommation). / Eschatologie (v. THÉOLOGIE).
DERNIÈREMENT. Récemment. Il y a peu de temps.

Dans l'espace. Dernier d'un rang, d'une série. / *Marcher le dernier.* Fermer la marche. / *Etre le dernier.* Etre au bout. Etre à la queue.
Pénultième (avant-dernier). Antépénultième (qui précède l'avant-dernier).

Extrême. *Dernier degré.* Le plus haut. Le plus grand. / *Le dernier degré d'une sensation, d'un sentiment.* Paroxysme. Exacerbation. / *Le dernier choix.* Le plus bas. / *Le dernier des soucis.* Le moindre.

désaccord

(de *dés* et de *accord*)

Désaccord entre des personnes. *Un grave, un léger désaccord.* Malentendu. Mésentente. Mésintelligence. Brouille. Brouillerie (vx). Discorde. Contestation. Dissentiment. Fâcherie. Division. Zizanie. Opposition. Dissension. Tiraillement. Friction. / *Désaccord entre des époux.* Incompatibilité d'humeur. Désunion. / Rupture. Divorce. Séparation de corps. Séparation de biens.
Etre en désaccord avec quelqu'un. Etre brouillé. Vivre en mésintelligence. S'accorder comme chien et chat. Faire mauvais ménage. / Différer d'avis, d'opinion. Divergence d'opinion. / Entretenir, semer la zizanie. Etre un brandon, un ferment de discorde.

Désaccord entre des choses. *Désaccord entre des lignes, des couleurs.* Disproportion. Asymétrie. Dissymétrie. Disparate. Défaut d'harmonie. Désordre. Contraste. Discordance. / *Désaccord entre des idées.* Incohérence. Inconséquence. Opposition. / *Désaccord en musique.* Discordance. Cacophonie.

désagréable

(de *dés* et de *agréable*)

Qui déplaît par son attitude. *Un homme désagréable.* Antipathique. Déplaisant. Détestable. Exécrable. Insupportable. / Impoli. Insolent. Arrogant. Bourru. Brusque. Rude. Désobligeant. / Contrariant. Agaçant. Hargneux. Acariâtre. Ours mal léché. / Mauvais. Odieux.

Qui déplaît par son aspect. *Un visage désagréable.* Laid. Disgracieux. Ingrat. Rébarbatif.

Qui est pénible à supporter. *Un goût désagréable.* Aigre. Amer. Fade. Insipide. Ecœurant. Infect. / *Une odeur désagréable.* Fétide. Nauséabond. Incommodant. Putride. / *Un son désagréable.* Discordant. Criard. Agaçant. / *Une nouvelle désagréable. Un événement désagréable.* Ennuyeux. Fâcheux. Contrariant. Malencontreux. Embêtant (fam.). / *Un travail désagréable.* Ennuyeux. Fastidieux. Rebutant. / *Un temps désagréable.* Mauvais. Maussade. Triste. Abominable (fam.). Affreux. Infect. Vilain. Moche (fam.). / *Une sensation, une impression désagréable.* Insupportable. Intolérable. Pénible. / *Une remarque, un ton désagréable.* Déplaisant. Désobligeant. Vexant.
DÉSAGRÉMENT (une chose désagréable). Difficulté. Contrariété. Ennui. Souci.

descendre

(du lat. *descendere*)

Aller du haut vers le bas. *Descendre en courant. Descendre un escalier.* Dévaler. Dégringoler (fam.). / *Descendre d'une monture, d'un véhicule.* Mettre pied à terre. / *Descendre d'un bateau, d'un avion.* Débarquer. / *Descendre à l'hôtel, chez des amis.* Loger. Habiter.
Descendre (en parlant de l'eau, de la mer). Baisser. Décroître. Diminuer de niveau. Se retirer. / *Descendre* (en parlant d'un astre). Baisser. Se coucher.
Descendre (en parlant d'un vêtement). S'étendre vers le bas. Pendre. / *Descendre* (en parlant d'une route, d'un terrain). Etre en pente. / *Faire descendre une chose.* Abaisser. Baisser. Tirer vers le bas.
DESCENTE (action de descendre). Dégringolade (fam.). / Côte. Colline. Pente.

Tirer son origine de quelqu'un. *Descendre d'une famille célèbre, humble.* Etre issu de. Venir de.

DESCENDANCE. Origine. Souche. Filiation. Généalogie. Extraction (vx).

DESCENDANT. Arrière-petits-enfants. Enfants. Fils. Fille. Petits-enfants. Petit-fils. Petite-fille. Petit-neveu. Petite-nièce.

Faire irruption. (En parlant de troupes, d'assaillants.) Attaquer. Assaillir. Débarquer. Envahir. Se ruer.

DESCENTE. Attaque. Irruption. Incursion. Raid.

Porter vers le bas. *Descendre un objet.* Déposer. Mettre à terre, par terre.

Faire tomber (fam.). *Descendre un avion.* Abattre. / *Descendre un oiseau.* Tuer.

désert

(du lat. *desertus;* gr. *erêmos*)

Zone aride et inhabitée. Désert chaud. Désert froid. Steppes. Toundras. / *Désert du Sahara.* Oasis. Sables. Dunes. Erg (région couverte de dunes). Roches. Reg. Hamada (plateau pierreux). / Mirage. / Simoun. Sirocco. / Déserts du Kalahari, d'Arabie, du Colorado, etc. *Prospection des déserts.* Irrigation. Exploitation du sous-sol. Voies de pénétration. / Nomadisme. Immigration localisée. / Vaisseau du désert (chameau).

DÉSERTIQUE. Inculte. Aride. / Aréique.

Endroit peu habité. Pays perdu. Lieu retiré, écarté, éloigné, abandonné, solitaire, vide, dépeuplé. Endroit sauvage. / Bled (fam.). Trou (fam.).

désir

(de *désirer,* du lat. *desiderare,* regretter l'absence de)

Tendance vers la possession ou la réalisation de quelque chose. *Désir raisonnable, réfléchi.* Aspiration. Souhait. / *Désir de bien faire.* Bonne volonté. / *Désir de savoir.* Curiosité. / *Désir intense, ardent, violent, irrésistible, passionné.* Attrait. Attirance. Inclination. Penchant. Envie. Passion. / *Désir passager, momentané.* Caprice. Fantaisie. / *Désir instinctif, irraisonné, physique.* Besoin. Appétit. Appétence (vx). Instinct. Tendance. / *Désirs charnels.* Appétits sexuels. / *Eveiller, exciter le désir.* Concupiscence. Sensualité. Convoitise de la chair. / *Regarder avec convoitise.* Avaler, manger, dévorer des yeux. *Désir immodéré, cupide, insatiable. Désir de la fortune, des richesses.* Convoitise. Cupidité. Avidité. Soif. Passion. / *Désir de la gloire.* Ambition.

DÉSIRER. Avoir envie de. **Vouloir.** Souhaiter. / *Désirer vivement, ardemment.* Brûler de. Griller d'envie. / *Désirer la liberté.* Aspirer à. Tendre à. Viser à. / *Désirer le succès, une dignité, un titre.* Ambitionner. Espérer. Briguer. Rêver de. Soupirer après. / *Désirer le bien d'autrui.* Convoiter. Envier. Guigner. / *Désirer les honneurs.* Courir après. Rechercher.

DÉSIRABLE. Enviable. Souhaitable. Intéressant. Tentant. / Attrayant. Appétissant. Séduisant.

désoler

(du lat. *desolare,* laisser seul)

Causer une très grande peine. *Désoler quelqu'un* (en parlant d'un événement malheureux, d'une mauvaise nouvelle). Affliger. Peiner. Consterner. Attrister. Accabler.

DÉSOLATION. Affliction. Peine. Consternation. Détresse.

DÉSOLANT. Affligeant. Consternant.

Causer de la contrariété. *Désoler quelqu'un* (en parlant d'un ennui, d'un contretemps). Contrarier. Chagriner. Fâcher (littér.). Ennuyer. Mécontenter. Irriter. Navrer.

DÉSOLANT. Contrariant. Ennuyeux. Fâcheux. Navrant. Embêtant (fam.).

désordre

(de *dés* et de *ordre*)

Désordre dans un lieu, dans un groupe, dans une collectivité. Confusion. Chaos. Tohu-bohu. Fatras. Fouillis. Gâchis. Pastis (fam.). Pagaille. Salade (fam.). Salmigondis (fam.). Méli-mélo. / *Mettre du désordre.* Mettre sens dessus dessous. Déranger. Désorganiser. Bouleverser. Chambarder (fam.). Chambouler (fam.). / Brouiller. Embrouiller. Mêler. Emmêler. Enchevêtrer. Farfouiller. / *Désordre dans une administration.* Désorganisation. Pagaille. Gabegie. / *Désordre dans les rangs d'une armée.* Désarroi. Débandade. Déroute. Sauve-qui-peut. Panique. / *Assemblée, réunion où règne le désordre.* Pétaudière. Cour du roi Pétaud. Enfer. Pandémonium. *En désordre.* Pêle-mêle. A la débandade. En pagaille. A la traîne. Sens dessus dessous. / *Local en désordre.* Capharnaüm. Bric-à-brac. Bazar (fam.). Fourbi (fam.). Taudis. Bordel (pop.). Foutoir (triv.).

DÉSORDONNÉ. *Agir d'une façon désordonnée.* Cafouiller (fam.). / Cafouillis. Cafouillage. / Cafouilleur ou cafouilleux.

Désordre dans l'esprit. Manque de suite dans les idées. Incohérence. Embrouillement. Embrouillamini (fam.). Brouillamini (vx). / Déraillement. Divagation. Elucubration. Egarement. Trouble. Confusion.
Divaguer. Dérailler. Déraisonner. Débloquer (pop.). Battre la campagne. Parler à tort et à travers. Passer du coq à l'âne. Elucubrer. Radoter. Rabâcher.
DÉSORDONNÉ. Brouillon. Décousu. Confus.

Désordre dans la conduite. Conduite irrégulière, désordonnée, dissolue. Débauche. Vie licencieuse. Dissipation. Dérèglement. / Faire les quatre cents coups (fam.). Courir la pretentaine, le guilledou.

Désordre social. *Fomenter, provoquer des désordres.* Agitation. Trouble. Emeute. Bagarre. Tumulte. Anarchie. Bouleversement. Chambard. / *Fauteur de désordre.* Provocateur. Agitateur. Trublion.

dessin

(de *dessigner,* du lat. *designare,* représenter)

Représentation d'un être, d'une chose sur une surface à l'aide de moyens graphiques. Dessin linéaire, graphique, géométrique. Dessin d'architecture, d'imitation, d'ornement. Dessin industriel. Dessin topographique. / Composition décorative. / Coupe. Plan. Elévation. / Dessin de face, de profil. Dessin coté. Dessin éclaté, écorché.
Dessin d'après nature, d'après le modèle, d'après la bosse (bas-relief ou ouvrage de sculpture en relief). Dessin à main levée. Croquis. Dessin à vue.
Dessin au trait. Dessin grené, pointillé. Dessin ombré. Dessin à un crayon. Dessin aux deux, aux trois crayons (sur du papier teinté). Dessin à la plume. Dessin au fusain. Crayonné. Dessin minute. Dessin à l'effet. / *Premières formes de dessin.* Esquisse. Ebauche. Etude.

Genres de dessins. Paysage. Nature morte. Vue. / Silhouette (dessin de profil exécuté en suivant l'ombre projetée par le visage). Portrait. / Diagramme. Epure. Schéma. Carte. Signage (de vitraux). / Illustration. Gravure. Image. Vignette. / Motif. Ornement. Arabesque. Poncif. / Dessin comique, humoristique, satirique. Charge. Caricature.

Matériel. Crayon. Porte-mine. Fusain. Pastel. Bistre. Sépia. Encre de Chine. Mine de plomb. Sanguine. Gouache. / Plume. Tire-ligne. Godet. Pinceau. Ponce. Estompe. Fixatif. / Album. Carton. Cadre. Planche. Planchette. Selle. Mannequin. / Règle. Double décimètre. Té. / Pistolet. Equerre. Rapporteur. Traçoir. Curvigraphe. Curvimètre. Compas : à pointe sèche, à verge, à balustre, à trois branches. Compas porte-crayon. Compas de réduction ou de proportion. Carreau. Treillis. Pantographe. Chambre claire. Diagraphe. / Calque. Décalque. Transparent. Gomme. Grattoir. Burin. / Papier à dessin, à lavis. Bristol. Papier Canson. Papier d'Arches. Papier millimétré.

Travail. Dessiner. Crayonner. Croquer. Esquisser. Profiler. / Chiner. Colorier. Hacher. Laver. Ombrer. Pointiller. Estomper. Damasser. / Dresser, lever un plan. Rapporter. Coter. Relever. Tracer. Projeter. Craticuler (tracer une grille de petits carrés sur un dessin qu'on veut copier). Réduire. Calquer. Décalquer.
Configuration. Contours. Perspective géométrique et cavalière. Méplat. Rehaut. Ombre. Profil. Projection. Raccourci. Réduction. Levé de plan. Relevé. Lignes. Tracé. / Hachures. Pointillé. Tireté. Grené. Couleur. Lavis. / Développement. Echelle. Légende.
DESSINATEUR. Dessinateur industriel. Dessinateur d'études, d'exécution. Maquettiste. Designer. Cartographe. Lithographe. / Décorateur. Ornemaniste. Modéliste. / Paysagiste. Portraitiste. Caricaturiste.

destin

(de *destiner ;* en lat. *fatum*)

Puissance mystérieuse qui fixerait le cours des événements. *La loi du destin. Les arrêts du destin.* Fatalité. Fatum. / *Croyance au destin.* Fatalisme. / Les Parques (filles du Destin) : Clotho, Lachésis, Atropos.
Qui est imposé par le destin. Fatal. Inévitable. / *Marqué par le destin.* Fatidique.

Existence humaine considérée comme indépendante de la volonté. *Echapper, se dérober à son destin.* Destinée. Fortune. / *Suivre son destin.* Sort. Etoile. / S'abandonner à sa destinée. C'était fatal. C'était écrit. / *Prédire le destin de quelqu'un.* Avenir. / Horoscope. / Etre né sous une bonne ou une mauvaise étoile.

destiner

(du lat. *destinare*)

Fixer d'avance. *Destiner un emploi, une fonction à quelqu'un.* Réserver. Garder. Attribuer. Assigner. / *Destiner une chose à un usage.* Affecter. Réserver.
DESTINATION. Emploi. Affectation. Utilisation. Usage.

Orienter quelqu'un vers une occupation, vers un état. *Destiner quelqu'un à une profession.* Diriger. Conseiller.
DESTINATION. Mission. Vocation.

destituer

(du lat. *destituere,* priver)

Priver quelqu'un de sa charge, de ses fonctions. *Destituer un fonctionnaire.* Révoquer. Démettre. Relever de ses fonctions. Donner congé. Mettre à pied. / *Destituer un officier.* Dégrader. Limoger (fam.). Casser. / *Destituer un ministre.* Renvoyer. Dégommer (fam.). / *Destituer un souverain.* Détrôner. / *Destituer provisoirement.* Suspendre.
DESTITUTION. Révocation. Congé. Dégradation. Limogeage (fam.). Suspension.

détacher

Séparer de ce qui attache. *Détacher un chien de sa chaîne.* Déchaîner. Désenchaîner. / *Détacher un cheval d'une charrette.* Dételer. / *Détacher une barque.* Désamarrer. / *Détacher une remorque.* Décrocher. / *Détacher ce qui était attaché avec un lien.* Délier. Déficeler. Délacer. / *Détacher de la tige d'un végétal.* Cueillir. / *Détacher un vêtement.* Déboutonner. Dégrafer.

Séparer d'un ensemble, d'un groupe. *Détacher une feuille d'un carnet.* Enlever. Arracher. / *Détacher les pétales d'une fleur.* Effeuiller. / *Détacher un passage d'un ouvrage.* Extraire. Isoler. / *Détacher un militaire, un fonctionnaire.* Envoyer. Déléguer. Dépêcher.

Éloigner. *Détacher ses yeux d'un spectacle.* Détourner. Distraire. Arracher.

Se détacher. *Se détacher de quelqu'un.* Se désaffectionner. Oublier. Devenir indifférent. / *Se détacher de quelque chose.* Se désintéresser. Renoncer à. / *Se détacher d'un ensemble* (en parlant d'une chose). Ressortir. Trancher. Se découper.
DÉTACHEMENT. Désintérêt. Indifférence.

détail

(de *dé* et de *tailler,* couper par morceaux)

Vente par petites quantités. Un commerce de détail. Prix de détail.
DÉTAILLER (vendre au détail). Débiter. / Détaillant. Débitant (vx).

Circonstance particulière d'un événement. *Connaître les détails d'un fait.* Particularités. Eléments.
DÉTAILLER. Circonstancier. Préciser.

Elément, partie quelquefois accessoire d'un ensemble. *Travailler, soigner les détails.* Ciseler. Fignoler (fam.). Lécher (fam.). / *Un détail sans importance.* Bagatelle. Vétille. Broutille.

détériorer

(du lat. *deteriorare,* de *deterior,* pire)

Mettre en mauvais état. *Détériorer un meuble, une machine.* Endommager. Abîmer (fam.). Démolir. Déglinguer (fam.). Esquinter (pop.). Amocher (pop.). / *Détériorer un appareil.* Détraquer. Dérégler. Mettre hors d'usage. / *Détériorer un édifice.* Dégrader. Délabrer. / *Détériorer un vase.* Ebrécher. Fêler. / *Détériorer sa santé.* Délabrer. / *Détériorer des vêtements.* Déchirer. Froisser. Friper. Salir. Tacher. Souiller. / *Détériorer ou détruire volontairement du matériel.* Saboter. / *Détériorer* (en parlant d'un acide, de la rouille). Attaquer. Corroder. Brûler. Rouiller. Ronger.

Se détériorer (en parlant d'une situation). Empirer. Se dégrader. S'aggraver. Prendre une mauvaise tournure.
DÉTÉRIORATION. Dégât. Dommage. Sabotage. Dégradation. / Déchirure. Tache. Souillure. / Brûlure. Corrosion.

déterminer

(du lat. *determinare,* marquer des limites)

Indiquer avec précision. *Déterminer le sens d'un mot.* Définir. Préciser. Caractériser. Spécifier. / *Déterminer une mesure, une distance.* Evaluer. Estimer. Apprécier. Calculer. Mesurer.
DÉTERMINATION. Définition. Précision. Caractérisation. Evaluation. Estimation.
DÉTERMINÉ. Fixé. Certain. Précis. Défini. Arrêté. Réglé.

Faire prendre une résolution. *Déterminer quelqu'un à agir.* Décider. Amener. Engager. Conseiller. Pousser. Persuader. Entraîner. Inviter. Encourager. Porter à.

DÉTERMINATION. Décision. Résolution. Autodétermination.

INDÉTERMINATION. Indécision. Doute. Incertitude. Irrésolution.

DÉTERMINÉ. Décidé. Résolu. Délibéré.

Être cause de quelque chose (avec un sujet nom de chose). *Déterminer un événement.* Causer. Provoquer. Occasionner. Produire. Amener. Déclencher. / Relation de cause à effet. / Déterminisme. Déterministe.

DÉTERMINANT. *Elément, motif déterminant.* Important. Capital. Prépondérant.

détester

(du lat. *detestari,* exécrer)

Avoir en horreur. *Détester une personne, une chose.* Ne pas aimer. / Avoir de l'aversion, de la répulsion, du dégoût (pour quelqu'un, pour quelque chose). / Ne pas pouvoir supporter, sentir, souffrir une personne. / Ne pas pouvoir voir, blairer (pop.), encaisser (pop.) quelqu'un. / Haïr. Abominer. Exécrer. Abhorrer. Honnir.

DÉTESTABLE. Abominable. Exécrable. Odieux. / Dégoûtant. Répugnant. Ecœurant. / Désagréable. Mauvais. Affreux.

DÉTESTATION (vx). Abomination. Exécration. Horreur. Haine.

détour

Trajet qui n'est pas direct. *Détours d'un cours d'eau.* Sinuosité. Méandre. Boucle. Contour. / *Détours d'une route.* Tournant. Courbe. Coude. Virage. Sinuosité. / Virage en épingle à cheveux. / *Détours d'une rue, d'une galerie.* Labyrinthe. Dédale. Circonvolution. Zigzag. Angle. / *Plein de détours.* Sinueux. Tortueux. Flexueux. Anguleux. Dédaléen. Labyrinthique.

DÉTOURNER. *Détourner un cours d'eau.* Dériver. Détournement. Dérivation. / *Détourner la circulation.* Dévier. Déviation. / *Détourner un navire, un avion.* Dérouter. Déroutement.

Action de s'écarter de la voie directe. *Faire un détour.* Crochet / Allonger le chemin. S'égarer. Dévier. Obliquer.

DÉTOURNER. *Détourner quelqu'un de sa route. Dérouter* (vx). / *Détourner du devoir, du droit chemin.* Dévoyer. Dévergonder. Corrompre. Pervertir.

Moyen indirect de faire ou de dire quelque chose. *Détour pour arriver à ses fins.* Faux-fuyant. Biais. Subterfuge. Ruse. Manège. Manigance. Tergiversation. Diversion. Echappatoire. Conduite louche. / *User de détours.* Louvoyer. Biaiser. Manigancer. Tergiverser. Chicaner. Intriguer.

Détours dans l'expression, la pensée. Circonlocution. Périphrase. Digression. Equivoque. Amphigouri. Fausse excuse. Cachotterie. Réticence. Restriction mentale. Sophisme. Mauvaise raison. / *S'exprimer sans détours.* Sans ambages. Clairement. Franchement. Sincèrement. Simplement. Tout bonnement.

Plein de détours (en parlant du langage). Amphigourique. Filandreux. Compliqué. Confus. Tortueux. Embrouillé. Entortillé.

DÉTOURNER. *Détourner la conversation.* Changer. Rompre les chiens. / *Détourner une question.* Eluder. Esquiver. Escamoter. Répondre en Normand. Tourner autour du pot. Tournailler. Equivoquer. Embrouiller. Entortiller. Conter des histoires. Plaider le faux pour savoir le vrai.

détresse

(du lat. pop. *districtia,* étroitesse)

État d'abandon, de solitude. *Un sentiment de détresse. Etre accablé par la détresse.* Angoisse. Désarroi. Affliction. Désespoir. Douleur.

Situation poignante, critique. *Etre dans la détresse.* Misère. Malheur. Dénuement. Indigence. / *Un navire en détresse.* Perdition. / Signal de détresse. S. O. S.

détruire

(du lat. *destruere*)

Faire disparaître. *Détruire une construction, une ville, un monument.* Abattre. Démolir. Jeter, mettre à bas. / *Détruire de fond en comble.* Démanteler. Raser. Anéantir. / *Attaquer les bases d'une construction pour la détruire.* Miner. Saper. / *Détruire par bombardement.* Bombarder. / *Détruire par le feu.* Brûler. Incendier. Réduire en cendres. / (En parlant d'un cyclone, d'un tremblement de terre.) Dévaster. Ravager. / (En parlant d'une armée, d'une bande.) Saccager. Piller. Mettre à sac. / (En parlant d'une substance caustique.) Attaquer. Entamer. Corroder. Ronger.

DESTRUCTION. Démolition. Démantèlement. Disparition. Suppression. Anéantissement. Dévastation. Saccage. Pillage. Dégât. Ruine.

DESTRUCTEUR. Dévastateur. Démolisseur. Casseur. Barbare. Vandale.

DESTRUCTIBLE (qui peut être détruit). Biodégradable. / Destructibilité. Biodégradabilité.

Mettre fin à quelque chose. *Détruire un régime politique, un gouvernement, une société.* Renverser. Abattre. Supprimer. Miner. Saper. Désintégrer. Liquider (fam.). / *Détruire une légende.* Faire cesser. Faire disparaître. Eliminer. / *Détruire un argument.* Réfuter. Repousser. / *Détruire une illusion.* Dissiper. Enlever. Oter. / *Détruire un espoir.* Annihiler. Réduire à néant. Faire disparaître. / Décevoir.

DESTRUCTION. Renversement. Disparition. Suppression. Elimination. / Annihilation. Ecroulement. Ruine. Effondrement.

Faire périr. *Détruire des animaux nuisibles.* Faire mourir. Tuer. Exterminer. Massacrer. Décimer. Anéantir.

DESTRUCTION. Extermination. Massacre. Tuerie. Carnage. Hécatombe.

dette

(du lat. *debita,* de *debere,* devoir)

Somme d'argent que l'on doit à quelqu'un. *Contracter une dette.* Emprunter. Taper (fam.). / *Faire des dettes.* S'endetter. S'obérer. / Etre criblé de dettes. Etre chargé de dettes. Etre obéré. / Dette criarde (réclamée avec insistance). / *Reconnaissance de dette.* Engagements. Exigibilité. / Echéance. Terme. / *Mise en demeure de payer une dette.* Contrainte. Sommation. / Capital d'une dette. Principal. / Emprunt. / Prêt.

Payer, acquitter, régler, rembourser une dette. Rendre l'argent emprunté. Boucher un trou (fam.). / Amortir une dette. Eteindre une dette. Etre solvable. / *Etre hors d'état de payer ses dettes.* Insolvable. Insolvabilité. Banqueroute. Faillite. Saisie. / Concordat (remise d'une partie d'une dette). / Remise d'une dette.

DEVOIR. *Devoir de l'argent.* Avoir à payer. / Redevoir.

DÉBITEUR (personne qui contracte une dette). Emprunteur.

DÛ. *Payer son dû.* Ce que l'on doit. Dette. / Redû.

Sortes de dettes. Dette civile. Dette alimentaire. Dette commerciale ou consulaire. Dette hypothécaire. Dette chirographaire (non garantie par une hypothèque). Dette exigible. Dette caduque. Dette publique (à la charge de l'Etat). Dette intérieure. Dette flottante (à court terme). Dette inscrite ou dette consolidée (à long terme). Dette perpétuelle, remboursable. Dette viagère.

Créance. Créance commerciale. Créance douteuse, litigieuse. / Créance chirographaire. Créance exigible. Créance privilégiée. Créance solidaire. / Recouvrer une créance. / Effets. Billets. Reconnaissance. Traite. / Créancier. / Etablissement de crédit. Banque (v. ce mot).

deux

(du lat. *duo;* en gr. *duo, amphi, dis* [deux fois])

Réunion de deux. *Tous les deux.* L'un et l'autre. / *L'un des deux.* L'un ou l'autre. / Duo (composition musicale pour deux voix ou deux instruments). / Duettiste. / Combat singulier. Duel. / *Assembler deux à deux.* Coupler. Jumeler. Accoupler. / Couplage. Jumelage. Accouplement. / *Assortir par paire ou par couple.* Apparier. Appariement. / Mariage. Marier.

Hermaphrodite (qui a les deux sexes). Métis (issu de deux races). Bâtard. Hybride. / Jumeau. Jumelle. Gémellité (cas où se présentent des jumeaux). / Paire. / Dualisme (doctrine qui admet deux principes irréductibles). / Dualité (caractère de ce qui est double).

Situation dans laquelle il y a deux possibilités. Alternative. Dilemme.

Doublement et redoublement. *Rendre double.* Doubler. Doublage. Doublement. / *Double d'une copie, d'un acte.* Duplicata. / Duplex (système de télécommunication qui permet d'envoyer et de recevoir des messages en même temps; appartement sur deux étages). / *Doubler une classe.* Redoubler. Recommencer. / Géminé (qui est en double, en parlant de colonnes, de couronnes). / Martingale (doublement d'une mise au jeu). / Dédoubler (partager en deux). Diviser. Partager. Dédoublement. / Mitoyen (qui appartient à deux propriétaires). Mitoyenneté.

Second. Deuxième. Secundo. Deuxièmement.

Composés en « amb- » ou en « amphi- ». Ambidextre. Ambigu. Ambivalent. Amphibie. Amphibologie. Amphisbène (serpent fabuleux à deux têtes). Amphibiens.

Composés en « bi- ». Biceps. Bicéphale. Biennal. Bifurcation. Bigame. Bilingue. Bimane. Bimoteur. Biner. Binocle. Binôme. Bipède. Biplan. Biréacteur. Bisannuel. Bissac. Bissectrice. Bisser. Bivalent. Bivalve. Besson (jumeau).

Composés en « di- ». Dichotomie

(partage d'honoraires entre deux médecins). Dilemme. Diphtongue. Diplopie. Diptère. Dissyllabe. Distique.

Locutions diverses. Arme à deux tranchants (qui peut se retourner contre celui qui l'emploie). Courir deux lièvres à la fois (entreprendre plusieurs choses en même temps). Manger à deux râteliers (tirer profit de plusieurs situations). Faire d'une pierre deux coups (obtenir deux résultats d'un seul acte). En moins de deux (fam.) [très vite]. Ne faire ni une ni deux (se décider rapidement). Mot à double sens (qui peut être compris de deux façons différentes ; amphibologie). Jouer (le) double jeu (agir de deux façons pour tromper ; duplicité, hypocrisie, fausseté). Argument à double tranchant (qui peut avoir deux effets opposés).

développer

Rendre plus fort, plus important. *Développer des muscles.* Fortifier. Accroître. Augmenter. Amplifier. Faire grossir. / *Développer l'intelligence.* Former. Cultiver. / *Développer des connaissances.* Enrichir. Approfondir. / *Développer une affaire, une entreprise.* Agrandir. Etendre. Faire prospérer.
DÉVELOPPEMENT. *Développement des connaissances.* Approfondissement. Enrichissement. / Culture. Formation. / *Développement d'une affaire.* Extension. Essor. Progrès. Prospérité.

Exposer en détail. *Développer un sujet, une question.* Traiter. Expliquer. Décrire. Exposer. / *Développer d'une manière excessive.* Délayer (fam.). Amplifier. S'étendre longuement. Etre long, prolixe, verbeux. Se perdre, se noyer dans les détails.
DÉVELOPPEMENT. Exposé. Discours. Narration. Récit. Description. Dissertation. / *Développement qui s'écarte du sujet.* Digression. Parenthèse.

devoir v.

(du lat. *debere*)

Être dans l'obligation de faire quelque chose. *Devoir* (et l'inf.). Falloir. Avoir à. Etre astreint à. Etre obligé de. Etre contraint de. Etre forcé de. Etre tenu de. / Etre tenu à (et un nom).

devoir n.

(du v. *devoir ;* en gr. *deon, deontos*)

Ce qui est imposé par une loi morale, sociale ou religieuse. *Remplir, accomplir son devoir.* Obligation. Prescription. Impératif. / *Satisfaction du devoir accompli.* Bonne conscience. / Homme de devoir (qui respecte l'obligation morale). / *Devoir d'état. Devoir professionnel.* Responsabilité. Déontologie (médicale). / Devoirs envers Dieu. Devoirs religieux. / *Devoirs envers son prochain. Devoirs de justice. Devoirs de charité.* Aide. Assistance. Secours. / Devoirs de l'amitié, de la reconnaissance. / Rendre les derniers devoirs à quelqu'un (l'accompagner à sa dernière demeure). / Devoirs civiques. Devoirs du citoyen. / Devoirs envers la patrie. Devoirs militaires. / *Qui accomplit ses devoirs avec conscience.* Consciencieux. Honnête. Droit. Franc. Loyal. Intègre. Probe. Délicat. Scrupuleux.

dévoué

(de *dévouer ;* lat. *devovere,* consacrer)

Qui fait tous ses efforts pour être utile, agréable à quelqu'un. *Un ami dévoué.* Serviable. Complaisant. Obligeant. Bienveillant. Empressé. Zélé. Fidèle.
DÉVOUEMENT. Bienveillance. Complaisance. Bonté. Cœur. Désintéressement. Zèle. Empressement. Abnégation. Sacrifice. Don de soi. / *Faire preuve de dévouement.* Se dévouer. Se consacrer. S'attacher. Se donner. Se sacrifier.

diable

(du lat. *diabolus ;* en gr. *daimôn*)

Ange déchu révolté contre Dieu. Satan. Le démon. Ange des ténèbres. Lucifer. Prince des ténèbres. Esprit du mal. Le Malin. L'Esprit immonde. Le Tentateur. Le Séducteur. Le Maudit. Cornes du diable. Pied fourchu. Fourche du diable. / Enfer.

Autres démons. Belzébuth. Asmodée. Mammon. Bélial. Azazel. Lilith. Méphistophélès. Baphomet. Hulda. / *Dieux malfaisants.* Ahriman (Perse). Çiva (Inde).

Influence du démon. Démonologie. Démonographie. Démonomanie. / Diablerie. Satanisme. Manichéisme (croyance selon laquelle le bien et le mal sont deux principes fondamentaux égaux et antagonistes). / Possédé du démon. Energumène (vx). Démoniaque. / Pacte avec le diable. Vendre son âme. / Sabbat (assemblée de sorciers présidée par le diable).
Exorciser (chasser le démon par des formules et des cérémonies). Exorcisme. Exorciseur ou exorciste.

Relatif au diable. Diable incarné. Diable déchaîné. / Pauvre diable. Bon diable. Bon petit diable. Diablotin. Diablesse. / Incube (démon masculin censé s'unir avec une femme). Succube (démon féminin). / Diabolique. Satanique. Démoniaque. Diablesse. Démone.

Locutions diverses. Ne croire ni à Dieu ni à diable (être mécréant). Avoir le diable au corps (commettre toutes sortes de méfaits). Crier comme un diable (très fort). La beauté du diable (de la jeunesse). Du diable, de tous les diables (excessif, extrême). A la diable (sans soin). Tirer le diable par la queue (manquer d'argent). Envoyer quelqu'un au diable (se débarrasser de lui, l'envoyer promener). Habiter au diable, au diable Vauvert (dans un endroit éloigné). Se faire l'avocat du diable (plaider une cause considérée comme mauvaise). Suppôt de Satan, du diable (démon, personne très méchante).

dictionnaire

(du lat. *dictionarium;* en gr. *lexicon*)

Recueil de mots classés généralement par ordre alphabétique avec leurs sens, leurs emplois. *Dictionnaire abrégé ou spécialisé.* Lexique. Vocabulaire. Glossaire. / Dictionnaire de langue. / Dictionnaire encyclopédique (contient des noms propres et des renseignements historiques, géographiques, etc.). / Encyclopédie (ouvrage traitant des connaissances humaines dans un ordre alphabétique ou méthodique). / Dictionnaire étymologique, analogique. / Dictionnaire des synonymes, des antonymes (ou contraires). / Dictionnaire de la musique, de la médecine, de la marine, des termes juridiques, etc.
Dictionnaire de l'Académie (1694, 1718, 1740, 1762, 1798, 1835, 1877, 1932). / Dictionnaire de Richelet (1680), de Furetière (1690), de Trévoux (1704, 1721, 1732, 1743, 1752, 1771), de Littré (1863), de P. Larousse (1866). Dictionnaire général (1890), Trésor de la langue française (1971), etc.

Relatif au dictionnaire. Lexicographie (composition des dictionnaires). Lexicographe. Lexicographique. / Lexicologie (étude du vocabulaire). Lexicologue. Lexicologique. / *Composition d'un dictionnaire.* Article. Entrée. Adresse. / Ordre alphabétique. Ordre de dérivation. / Rédaction. Correction. Mise en pages. Iconographie. / Rédacteur. Correcteur. Metteur en pages. Dessinateur. Illustrateur.

Dieu

(du lat. *deus;* en gr. *theos*)

Être suprême. Cause première. Le Grand Etre. L'Eternel. L'Increé. L'Infini. Le Tout-Puissant. L'Omniscient. L'Omniprésent. La Perfection. Le Principe universel. Le Souverain Bien. La Vérité suprême. / Le Créateur. Le Grand Architecte. L'Organisateur du monde. Le Démiurge. L'Auteur de la nature.

Dieu dans la religion chrétienne. Première personne de la Trinité. Le Seigneur. Le Père éternel. / *Le fils de Dieu.* Jésus-Christ. L'Homme-Dieu. / *La mère de Dieu.* La Vierge Marie. / *Les commandements de Dieu.* Décalogue. / *Le royaume de Dieu.* Paradis. Ciel. Le royaume céleste. / Le Bon Dieu (fam.). La Providence divine. / *Croire en Dieu.* Avoir la foi. / Non-croyant. Athée. Incroyant. Libre penseur. / Blasphémer le nom de Dieu. / *Demander pardon à Dieu.* Se repentir. / *La parole de Dieu.* Ecriture (sainte). / Religion. Culte. Révélation. Prophéties. / *Vertus théologales.* Foi. Espérance. Charité.

Dieu dans la religion hébraïque. Yahveh, ou Jéhovah. Adonaï. / Le dieu d'Abraham, d'Isaac, de Jacob. Le saint des saints. Le Tout-Puissant. Le Roi du ciel et de la terre. / Roi des rois. Le Dieu des armées. Dieu de vérité, de justice, de miséricorde.

Théories sur la divinité. Déisme, ou théisme (croyance en Dieu sans admettre la révélation). / Monothéisme. Polythéisme. Panthéisme. Athéisme. Paganisme.

Relatif à Dieu. Divin. Divinité. Diviniser. Déifier. / Divinisation. Déification. / Déicide (meurtre ou meurtrier de Dieu). / Théocratie (gouvernement exercé par les prêtres). Théologie (science de Dieu et de la religion). Théodicée (théologie rationnelle). Théosophie.

différent

(du lat. *differens;* en gr. *allos, heteros*)

Qui n'est pas semblable. *Un objet différent d'un autre.* Dissemblable. Distinct. / *De valeur différente.* Inégal. Plus grand. Majeur. Supérieur. / Plus petit. Moindre. Inférieur.

DIFFÉRENCE. Dissimilitude. Dissemblance. Disparité. Disproportion. / Inégalité. Infériorité. Supériorité.

Qui est autre, qui s'oppose. *Un*

avis différent. Opposé. Contraire. Divergent. / *De nature différente.* Allogène. Hétérogène. / *Formé d'éléments différents.* Composite. Hétéroclite. Disparate. / *C'est tout différent.* C'est autre chose. C'est une autre histoire (fam.).
Etre différent. Se différencier. Etre discordant. Trancher. Jurer. / *Devenu différent.* Modifié. Changé. Transformé.
DIFFÉRER. S'opposer. Se distinguer. / *Différer* (en parlant d'opinions). Diverger.
DIFFÉRENCE. *Différence d'opinions, d'idées.* Opposition. Divergence. Désaccord. Discordance. Antinomie. Incompatibilité. / *Une différence légère, imperceptible.* Nuance. / *Une différence profonde.* Abîme. Fossé.
DIFFÉRENCIER. Distinguer. Séparer.
DIFFÉRENCIATION. Distinction. Séparation. Départ.

difficile
(du lat. *difficilis*)

Difficile à faire, à réaliser. *Un travail difficile.* Ardu. Malaisé. Dur. Laborieux. Pénible. / Travail d'Hercule. / *Une opération, une entreprise, une affaire extrêmement difficile.* (Par exagér.) Impossible. Infaisable. Irréalisable. / *Un endroit, un sommet d'accès difficile.* Escarpé. Abrupt. Raide. Inabordable. Inaccessible. / *Une route, un chemin difficile.* Raboteux. Impraticable. Rempli d'obstacles.
DIFFICILEMENT. Péniblement. Malaisément. Laborieusement. Avec peine.
DIFFICULTÉ. *Avoir de la difficulté à, pour* (et l'inf.). Peine. Mal. Embarras. Gêne. / *Rencontrer une difficulté.* Obstacle. Empêchement. Résistance. Opposition. Complication. Problème. Aria (fam.). / Tomber sur un os, un pépin, un bec (pop.).

Composés en « dys- ». Dyslexie (difficulté à lire). Dyspnée (difficulté à respirer). Dysurie (difficulté à uriner). Dyspepsie (digestion difficile). Dysménorrhée (menstruation difficile). Dysorthographie (difficulté à apprendre l'orthographe). Dystocie (accouchement difficile).

Difficile à comprendre. *Un problème difficile. Un texte difficile à traduire.* Dur. Abstrus. Abscons. Subtil. Epineux. Compliqué. Inintelligible. Confus. Embrouillé. Calé (fam.). Trapu (fam.). Coton (fam.). / *Une affaire, un cas difficile à élucider.* Obscur. Mystérieux. Enigmatique. Sibyllin. Ténébreux. / Enigme. Grimoire. Rébus. Logogriphe. / *Une écriture difficile à lire.* Illisible. Indéchiffrable. / Gribouillis. Gribouillage.
DIFFICULTÉ. Complexité. Subtilité. Obscurité.

Difficile à supporter. *Une situation difficile.* Délicat. Embarrassant. Inquiétant. / *Un moment difficile.* Pénible. Douloureux. Triste. / Un mauvais moment. Une mauvaise passe. Une période d'épreuves, de tracas, de soucis, d'ennuis.
DIFFICULTÉ. *Avoir des difficultés matérielles, financières.* Ennuis, tracas, soucis, problèmes d'argent.

Difficile à vivre. *Un homme difficile.* Contrariant. Exigeant. Intraitable. Acariâtre. Irascible. Ombrageux. Susceptible. Agressif. Querelleur. Difficultueux (vieilli). Mauvais coucheur. Pénible (fam.).
DIFFICULTÉ. *Faire des difficultés.* Contester. Chicaner. Discuter. Controverser. Chercher chicane. / *Avoir des difficultés avec quelqu'un.* Différend. Contestation. Démêlé. Discussion. / Avoir maille à partir. / *Etre en difficulté avec quelqu'un.* Désaccord. Mésentente.

Difficile à contenter. *Se montrer difficile.* Exigeant. Maniaque. Pointilleux. Intransigeant. / *Faire le* (*la*) *difficile.* Faire la petite bouche. Faire le dégoûté, le renchéri, le dédaigneux.

difforme
(du lat. médiév. *difformis,* de *forma,* forme)

Qui est mal conformé. Mal fait. Disgracié. Contrefait. Malbâti (fam.). Tordu. Tors. Déjeté. De guingois. De travers. Dégingandé. / Infirme. Bossu. Boiteux. Pied-bot. Cul-de-jatte. / Rachitique. Nabot. Nain. Pygmée. Avorton.
DIFFORMITÉ. Déformation. Anomalie. Malformation. Infirmité.

digestion
(du lat. *digestio ;* en gr. *pepsis*)

Ensemble des transformations que subissent les aliments dans le tube digestif. *Parties du tube digestif.* Bouche. Pharynx. Œsophage. Estomac. Intestin. / *Glandes digestives.* Glandes salivaires. Glandes parotides, sous-maxillaires, sublinguales. Glandes gastriques. Pancréas. Foie. Glandes intestinales. / *Sucs digestifs.* Enzymes.

Mécanisme de la digestion. *Phénomènes mécaniques.* Mastication des aliments. Broyage, trituration par les dents. Insalivation (imprégnation par la salive). / Bol alimentaire. Déglutition. / Mouvements péristaltiques de l'œsophage. / Digestion gastrique. / Digestion intestinale. Mouvements péristaltiques.

Phénomènes chimiques. Ptyaline, ou amylase salivaire. / *Suc gastrique.* Eau. Sels minéraux. Acide chlorhydrique. Enzymes. Pepsine. Présure, ou labferment. Lipase. / Chyme.
Suc pancréatique. Amylase. Maltase. Lipase pancréatique. Trypsine. / Action de la bile. / *Suc intestinal.* Eau. Sels minéraux. Maltase. Sucrase. Lactase. Lipase. Erepsine. Entérokinase. / Chyle.

DIGÉRER. *Bien digérer.* Bien passer (en parlant d'un aliment). / Eupepsie (bonne digestion).

DIGESTIBLE (facile à digérer). Digeste (fam.). Léger.

DIGESTIF (qui facilite la digestion). Liqueur, tisane digestive. / *Plantes digestives.* Anis. Badiane. Camomille. Petite centaurée. Coriandre. Fenouil. Matricaire. Mélisse. Menthe. Sauge. Verveine.

DIGESTIBILITÉ (qualité d'un aliment, d'une boisson facile à digérer). Légèreté.

INDIGESTE (difficile à digérer). Lourd. Qui pèse sur l'estomac.

Gênes et douleurs de la digestion. Pesanteur d'estomac. Apepsie (impossibilité de digérer). Dyspepsie (digestion difficile). Bradypepsie (digestion lente). / Arrière-goût. Aigreurs. Tiraillements. / Eructation. Eructer. Roter (pop.). Rot (pop.). Régurgitation. Renvoi. / Flatuosité. / Crampes. / Hoquet.

INDIGESTION. Rester sur l'estomac. Avoir l'estomac barbouillé. Avoir mal au cœur. Haut-le-cœur. Nausée. Vomissement. Vomir.

dignité

(du lat. *dignitas*)

Fonction qui donne à quelqu'un un rang éminent. *Conférer une dignité.* Promotion. Investiture. / Promouvoir. Investir.
Dignité ecclésiastique. Canonicat. Episcopat. Cardinalat. Papauté. Pontificat. / *Dignité civile.* Royauté. Vice-royauté. Sultanat. Principat. Chancellariat. / *Dignité militaire.* Maréchalat.

DIGNITAIRE. *Dignitaire de l'Eglise.* Chanoine. Evêque. Cardinal. Pape. / *Dignitaire civil.* Roi. Vice-roi. Sultan. Prince. Chancelier. / Grand officier, grand-croix (dans l'ordre de la Légion d'honneur). / *Dignitaire militaire.* Maréchal.

Respect que mérite quelqu'un. *La dignité de la personne humaine.* Grandeur. Noblesse.

Respect de soi. *Avoir de la dignité. Manquer de dignité.* Amour-propre. Honneur. Fierté. / *Dignité dans l'attitude, les manières.* Gravité. Sérieux. Retenue. Réserve.

DIGNE. *Un air digne.* Grave. Respectable. Posé. Sérieux.

DIGNEMENT. Bien. Très bien. Honorablement. Noblement.

diminuer

(du lat. *diminuere*)

Diminuer les dimensions d'une chose. *Diminuer la longueur d'une planche.* Raccourcir. Réduire. / *Diminuer la largeur d'un vêtement.* Rétrécir. Rapetisser. / *Diminuer l'épaisseur d'un objet.* Amincir. Amaigrir. Amenuiser. Elégir, ou allégir. Dégrossir. Rogner. / *Diminuer la longueur d'un texte.* Abréger. Raccourcir. Ecourter. Condenser. Résumer. Tronquer.
Diminuer le volume d'une chose. Comprimer. Contracter. Dégonfler. Resserrer. / Compression. Contraction. Réduction. Dégonflement.

DIMINUTION. Raccourcissement. Réduction. / Rétrécissement. Rapetissement. / Abrègement. Résumé. / Amincissement. Amaigrissement. Amenuisement. Dégrossissement.

Diminuer en dimension. *Diminuer de hauteur.* Baisser. Descendre. S'affaisser. / *Diminuer de volume.* Dégonfler. Désenfler. / *Diminuer* (en parlant des jours). Décroître. Décliner.

DIMINUTION. Dégonflement. Désenflure. Détumescence. / Décroissance.

Diminuer la quantité, la valeur d'une chose. *Diminuer le poids d'une charge.* Alléger. Soulager. Décharger. / *Diminuer un prix.* Réduire. Abaisser. Baisser. / *Diminuer une monnaie.* Dévaluer. Dévaloriser. Déprécier. / *Diminuer les impôts.* Baisser. Alléger. Dégrever. / *Diminuer la vitesse.* Freiner. Modérer. Ralentir.
Diminuer les forces d'un être animé. Affaiblir. Amoindrir. Alanguir. Amollir. Déprimer. Fatiguer. Epuiser. Exténuer.

DIMINUTION. Rabais. Remise. Escompte. Réduction. Discount. / Dévaluation. Dévalorisation. Dépréciation. / Allègement. Baisse. Dégrèvement. / Affaiblissement. Alanguissement. Amoindrissement. Amollissement. Dépression. Fatigue. Epuisement. Exténuation. Asthénie. Adynamie.

Diminuer en quantité, en valeur, en intensité. *Diminuer* (en parlant des prix). Baisser. S'effondrer. / *Diminuer* (en parlant des forces). Décroître. Décliner. Faiblir. / *Aller en diminuant.* Decrescendo. Diminuendo. / *Qui va en diminuant.* Dégressif.

Diminuer la qualité, la force, l'intensité d'une chose. *Diminuer les qualités d'une race.* Abâtardir. Altérer. Appauvrir. / Abâtardissement. Altération. Appauvrissement. / *Diminuer un mal, une douleur.* Adoucir. Apaiser. Calmer. Endormir. / Adoucissement. Apaisement. / *Diminuer l'intensité d'un son, d'une lumière.* Atténuer. Modérer. Adoucir. / Atténuation. Modération. Adoucissement.

DIMINUTIF. Suffixes de diminutifs. *Suffixes de noms et d'adjectifs :* -eau, -elle, -et, -etet, -eteau, -ille.
Suffixes de verbes : -eter, -iller, -iner, -oter, -otter, -onner.

diplomatie

(de *diplôme ;* lat. *diploma,* document officiel)

Science et pratique des relations internationales. Etudier la diplomatie. / *Se destiner à la diplomatie.* Carrière diplomatique ou Carrière.

Institutions. Ministère des Affaires étrangères. Ambassade. Nonciature. Légation. Consulat. Agence consulaire. Chancellerie détachée. / Mission. Députation. / *Relations internationales.* Bureau international. Société des Nations (vx). Organisation des Nations unies. Unesco. Commission permanente. Commissions internationales. Secrétariat. Conseil de sécurité. Assemblée générale. / Audience. Réception. Entretien. Conférence. Congrès. Réunion au sommet. Réunion des chefs de gouvernement, des ministres des Affaires étrangères. / Voie diplomatique.
Accréditer. Commissionner. Dépêcher. Déléguer. Mandater. Parapher. Signer. Contresigner. Ratifier. / Parlementer. Echanger des vues. / Langue officielle. Langues diplomatiques.
Lettres de créance, de recréance. Exequatur. Exterritorialité. Instructions. Pouvoirs. Passeports. Sauf-conduit. Rappel. Immunité diplomatique. Valise diplomatique. Courrier.
Corps diplomatique et consulaire. Agent, représentant diplomatique ou consulaire. Diplomate. Ambassadeur. Nonce. Consul. Ministre. Plénipotentiaire. Chargé d'affaires. Conseiller. Secrétaire. Attaché.

Actes diplomatiques. Traité de paix. Traité de commerce, d'établissement, d'extradition. Accord par échange de lettres. Alliance. Protectorat. Annexion. Signature. Ratification. Articles de traité. Dénonciation d'un traité. / Ultimatum. Déclaration de guerre. Trêve. Armistice. / Négociations. Médiation. Bons offices. Mémorandum. Dépêche. Note. Note verbale. Télégramme. Acte (au sens de traité). Aide-mémoire. / Actes préliminaires. Protocole. Instruments de ratification. Concordat. Convention. Pacte. Charte. / Livre de couleur (bleu, jaune, blanc, vert).

dire

(du lat. *dicere*)

Exprimer sa pensée par le langage oral ou écrit. *Dire un mot, quelques mots.* Enoncer. Proférer. Placer. Prononcer. / Parler. S'exprimer. / *Dire son avis, son opinion.* Donner. Emettre. / *Dire ses projets, ses intentions.* Dévoiler. Présenter. Indiquer. Déclarer. / *Dire des injures, des grossièretés.* Débiter. Dégoiser (fam.). Lancer. Cracher (fam.). Sortir (fam.). / *Dire toujours la même chose.* Répéter. Redire. Ressasser. Rabâcher. Radoter. / Redite. Répétition. Refrain. Rengaine (fam.). / *Dire le contraire de ce que dit quelqu'un.* Contredire. Démentir. Désavouer. / *Dire le contraire de ce qu'on a dit.* Se dédire. Se rétracter. Se désavouer. / *Dire que...* Affirmer. Assurer. Certifier. Soutenir. Prétendre. Alléguer. / *Dire dans une lettre.* Ecrire. Annoncer. Faire savoir. Faire part de. Mettre au courant, au fait. Informer.
Dire tout bas. Chuchoter. Murmurer. Susurrer. / *Dire tout haut.* Crier. S'écrier. Corner aux oreilles. / *Ne rien dire.* Se taire. Ne pas ouvrir la bouche. Ne pas desserrer les dents. Rester bouche cousue. Ne pas souffler mot. / *Sans rien dire.* Sans crier gare. Sans avertir.
INDICIBLE (qu'on ne peut dire). Inexprimable. Ineffable. Inénarrable. Inracontable. Indescriptible. Extraordinaire.

Faire connaître un fait. *Dire une nouvelle.* Annoncer. Apprendre. Communiquer. Raconter. Conter. Narrer. / Informer. Renseigner. / *Dire partout une nouvelle.* Répandre. Divulguer. Propager. Publier. Crier sur les toits. / *Dire ce qu'on a vu, entendu.* Rapporter. Relater. Détailler. Développer. Enumérer. /

Rapport. Relation. Compte rendu. Témoignage. Les dires d'un témoin. / *Dire d'une manière discrète.* Parler à demi-mot, à mots couverts. Donner à entendre. Laisser entendre. Sous-entendre. Insinuer. Faire allusion. / *Dire ce qu'on avait caché.* S'ouvrir (de). Avouer. Se déboutonner (fam.).
Dire (avec un sujet nom de chose). Indiquer. Montrer. Dénoter. Vouloir dire. Signifier. / Etre agréable. Plaire. Tenter.

Faire connaître sa volonté. *Dire de* (et l'inf.). Ordonner. Commander. Donner, intimer l'ordre de. / Assigner. Aviser. Notifier. Signifier. / *Dire de venir.* Demander. Mander (vieilli). Appeler. Convoquer. Inviter.

diriger

(du lat. *dirigere, directum,* aligner)

Faire aller dans une direction. *Diriger un être, une chose.* Acheminer. Envoyer. Expédier. Aiguiller. Pousser (vers). Conduire. Mener. Emmener. Ramener. / Montrer, indiquer le chemin. Guider. Piloter. / Mettre sur la voie, sur la bonne voie. / Guide. Cicerone.
Diriger un véhicule. Conduire. Piloter. Manœuvrer. Braquer. Virer. Appuyer à droite, à gauche.

Se diriger (vers). Aller (vers). S'avancer. S'acheminer. Marcher. Gagner. / Diriger ses pas (littér.). Porter ses pas. Faire route. / Faire voile. Mettre le cap (sur). / *Se diriger d'après un repère.* Se guider. / *Se diriger dans une mauvaise direction.* Se fourvoyer. / *Se diriger vers un point commun* (en parlant de choses). Converger.

DIRECTION. Orientation. Sens. Ligne. / *Dans toutes les directions.* Dans tous les azimuts (fam.).

Tourner dans une direction. *Diriger un projecteur.* Orienter. Braquer. / *Diriger vers le haut.* Lever. Elever. / *Diriger vers le bas.* Baisser. Pencher. Incliner. / *Diriger une arme (vers).* Viser. Ajuster. Pointer. Coucher en joue. Bornoyer (viser en fermant un œil). / Collimation (action de viser dans une direction déterminée). / *Diriger ses yeux (vers).* Regarder. Porter son regard.

Être à la tête. *Diriger une affaire, une société, une entreprise.* Gérer. Administrer. / *Diriger des travaux.* Etre préposé (à). / *Diriger un mouvement, un parti.* Animer. Mener. Etre à la tête (de). / *Diriger les affaires publiques.* Gouverner. Conduire. Avoir en main. Avoir la haute main (sur). Déterminer le pouvoir politique. / *Vouloir tout diriger.* Commander. Régenter. Etre le maître. / *Tout diriger dans une maison* (en parlant d'une femme). Porter la culotte (fam.).

DIRECTION. Gestion. Administration.

DIRECTEUR. Patron. Administrateur. Président. Président-directeur général. Gérant. Directeur commercial, administratif, technique. / *Directeur de travaux.* Conducteur. / *Directeur d'un lycée.* Proviseur.

DIRIGEANT. *Dirigeant d'un parti, d'un mouvement.* Animateur. Responsable. Leader. Chef. / *Les dirigeants.* Gouvernants. Gouvernement. Chef de l'Etat.

Exercer une direction morale. *Diriger la conscience de quelqu'un.* Exercer une influence. Conseiller. Avertir. Influencer. Suggérer. Inspirer. Entraîner. / *Diriger les études d'un élève.* Instruire. Former. S'intéresser (à). Suivre. Surveiller.

DIRECTEUR. Directeur de conscience. Confesseur. / Mentor. Egérie. Bon génie.

DIRECTIVES. Instructions. Ligne de conduite.

discerner

(du lat *discernere,* distinguer)

Percevoir distinctement. *Discerner une couleur.* Voir. Reconnaître. Distinguer. Identifier. / *Discerner un bruit.* Entendre. Percevoir.

DISCERNABLE. Visible. Perceptible. Identifiable. Distinct.

INDISCERNABLE. Imperceptible. Indistinct.

Faire la distinction entre des choses. *Discerner le vrai du faux, le bien du mal.* Différencier. Distinguer. Démêler. Séparer. Discriminer. / *Discerner la beauté d'un texte.* Saisir. Sentir. Apprécier.

DISCERNEMENT. *Le discernement de la vérité d'avec l'erreur.* Discrimination. Distinction. Séparation. Départ. / *Agir avec discernement. Manquer de discernement.* Bon sens. Jugement. Réflexion. Circonspection.

discipline

(du lat. *disciplina,* enseignement)

Ensemble de règles de conduite. *Une discipline sévère, rigoureuse.* Règle. Règlement. / *Se plier à la discipline.* Obéir. / *Manquer à la discipline.* Désobéir. / *Absence de discipline.* Désordre. Pagaille (fam.).

DISCIPLINER. Eduquer. Former. Dresser.
DISCIPLINÉ. Soumis. Obéissant. Docile.
DISCIPLINAIRE. *Peine, sanction disciplinaire.* Blâme. Punition.
INDISCIPLINE. Désobéissance. / *Esprit d'indiscipline.* Indocilité. Insubordination. Insoumission.
INDISCIPLINÉ. Désobéissant. Indocile.

Ce qui est l'objet d'étude. *Enseigner une discipline.* Matière. Science. / / *Discipline littéraire, scientifique.* Etude.
PLURIDISCIPLINAIRE. Enseignement pluridisciplinaire. Pluridisciplinarité.

discours
(du lat. *discursus,* conversation)

Paroles échangées dans la conversation. *Perdre son temps en discours.* Conversation. Bavardage. Parlote (fam.). Baliverne. Sornette. Faribole (fam.). / *Discours creux, vide de sens.* Verbiage. Logomachie. / *Discours interminable et oiseux.* Palabre. Discussion. / *Discours mensonger, trompeur.* Boniment. Baratin (fam.). Bobard. Blague (fam.).
DISCOURIR. Converser. Bavarder. Palabrer. Discutailler (fam.). Baratiner (fam.). Disserter. Pérorer. Laïusser (fam.).

Paroles prononcées en public. Faire, prononcer, lire, improviser un discours. / *Discours académique. Discours de réception.* Conférence. Causerie. Allocution. Message. / *Discours politique.* Harangue. Proclamation. Manifeste. Déclaration. Adresse. / *Discours religieux.* Sermon. Prédication. Prêche. Homélie. Oraison funèbre. Prône (vieilli). / *Discours pour la défense de quelqu'un.* Plaidoirie. Plaidoyer. Apologie. / *Discours à la louange de quelqu'un.* Panégyrique. Apologie. Eloge. Compliment. / *Discours d'accusation.* Réquisitoire. Philippique. Catilinaire. / *Petit discours de circonstance.* Speech (fam.). Topo (fam.). Laïus (fam.). Toast. Improvisation. / *Discours embrouillé, confus.* Galimatias. Amphigouri. Pathos.

Manière de faire un discours. *Parties d'un discours.* Exorde. Proposition (v. ÉLOQUENCE). Division. Narration. Confirmation. Réfutation. Péroraison. / Prononcer un discours. Monter à la tribune. Parler. / Manier la parole. Parler d'abondance. / Improviser. Débiter. Réciter. / Plaider. / Monter en chaire. Prêcher. / Haranguer. Exhorter. / Invectiver. / Complimenter. Louer. Flatter. Glorifier. / Persuader. Convaincre. Toucher.

Orateurs. *Orateur politique.* Tribun. Harangueur (vx). Debater. / *Orateur sacré.* Prédicateur. Prêcheur. Prédicant. / Panégyriste. Apologiste. / Conférencier.

discrétion
(du lat. *discretio,* discernement)

Qualité d'une personne qui agit ou parle avec retenue. *Avoir de la discrétion.* Réserve. Retenue. Modération. Mesure. Tact. Circonspection. Délicatesse. Pudeur. Décence.
DISCRET (qui fait preuve de discrétion). Réservé. Circonspect. Modéré. Délicat. / *Se montrer discret.* Savoir garder un secret. Se taire. Ne rien divulguer. Etre muet comme une tombe. / *Dire de façon discrète.* Parler à demi-mot, à mots couverts. Laisser entendre. Donner à entendre. Insinuer. Faire allusion.
DISCRÈTEMENT. En cachette. En catimini. Sans bruit. En douce (fam.).

discuter
(du lat. *discutere,* agiter)

Échanger des arguments opposés sur un sujet. *Discuter avec quelqu'un, en assemblée.* Conférer. Tenir conseil. / *Discuter avec un adversaire.* Parlementer. Négocier. / *Discuter sur des choses insignifiantes.* Discutailler (fam.). Ergoter. Epiloguer. Pinailler (pop.). / *Discuter un prix.* Marchander. / *Manière de discuter, de présenter des arguments.* Dialectique. Argumentation. Raisonnement.
DISCUSSION. *Discussion sur des détails.* Ergotage. Verbiage. Argutie. Pinaillage (pop.). / *Discussion violente.* Différend. Contestation. Controverse. Querelle. Prise de bec (fam.). Dispute (fam.). / *Discussion interminable et oiseuse.* Palabre.
DISCUTEUR. Raisonner. Discutailleur (fam.). Pinailleur (pop.).

Examiner quelque chose dans un débat. *Discuter une question, d'un projet.* Agiter. Etudier. Débattre. Controverser. Délibérer. Peser le pour et le contre. / *Discuter en vue d'une action commune.* Se concerter.
DISCUSSION. Débat. Délibération. Echange de vues. Examen. Concertation.

Ne pas reconnaître. *Discuter la compétence de quelqu'un. Discuter le bien-fondé d'une décision.* Contester. Mettre en question. Mettre en cause. Critiquer. Douter de. Mettre en doute. / *Discuter un ordre.* Ne pas obéir. Protester. Récriminer.
DISCUTÉ. Controversé. Critiqué.
DISCUTABLE. INDISCUTABLE (v. CONTESTER).

disloquer
(du lat. médic. *dislocare,* déboîter)

Déplacer les parties d'une articulation. *Disloquer un membre.* Déboîter. Désarticuler. Démettre. Luxer. Tordre. DISLOCATION. Déboîtement. Luxation. Désarticulation. Entorse.

Séparer violemment les parties d'un ensemble. *Disloquer un meuble, une machine.* Disjoindre. Désassembler. Désunir. Déboulonner. Dessouder. Détraquer. Démantibuler. Déglinguer (fam.). DISLOCATION. Désassemblage. Désunion. Disjonction.

Se disloquer (en parlant d'un groupe). Se séparer. Se disperser. DISLOCATION. Dispersion. Séparation.

disparaître
(de *dis* et de *paraître*)

Cesser d'être visible. *Disparaître* (en parlant d'une chose). Echapper aux regards. Se soustraire aux regards, à la vue. Se dérober. Etre perdu de vue. S'éclipser. / Se cacher. Etre dissimulé. Etre caché. Etre invisible. Etre égaré (en parlant d'un objet). / S'envoler (fam.). Se volatiliser (fam.). / Se coucher (en parlant du Soleil, de la Lune). / *Disparaître* (en parlant de la brume, du brouillard). S'évaporer. Se dissiper. / *Disparaître* (en parlant d'éléments pathologiques). Se résorber. / Résorption.
Faire disparaître un objet. Soustraire à la vue. Escamoter. Cacher. Emporter. Enlever. Prendre. Dérober. / *Faire disparaître une trace.* Détruire. Supprimer. Effacer. / *Faire disparaître une tache.* Enlever. Oter. / Détacher.

Cesser d'être en un lieu. *Disparaître de son domicile.* S'en aller. S'absenter. Partir de. Quitter. / Partir en hâte, furtivement. S'éclipser. S'esquiver. Fuir. Mettre la clef sous la porte. Se sauver. / Etre enlevé, kidnappé.
DISPARITION. Départ. Absence. Retraite. Fuite. / Escapade. Fugue. / Rapt.

Cesser d'être, d'exister. Cesser de vivre. Mourir. Ne plus être. S'éteindre. Quitter ce monde. / *Disparaître en mer.* Périr en mer. Faire naufrage. Se noyer. / Etre porté disparu. / Un disparu. / (En parlant d'un navire.) Sombrer. Couler. Se perdre. Périr corps et biens. Faire naufrage. / *Faire disparaître entièrement.* Anéantir (v. ce mot). / *Faire disparaître une entreprise, un parti.* Absorber. Neutraliser. Phagocyter.
Disparaître (en parlant d'une illusion, d'un espoir). S'anéantir. S'évanouir. S'en aller en fumée. / *Disparaître* (en parlant d'une crainte, d'un souci). S'effacer. Se dissiper. / *Disparaître* (en parlant d'une mode, d'un usage). Etre abandonné. Ne plus être en vogue. / *Qui disparaît peu à peu, graduellement* (en parlant d'une chose). Evanescent. / Evanescence.
Faire disparaître une difficulté. Lever. Résoudre. Vaincre. / *Faire disparaître un doute, un scrupule.* Balayer. Dissiper. / *Faire disparaître le chômage, un déficit.* Résorber. Supprimer.
DISPARITION. Mort. / Fin. Suppression. Effacement.

dispenser
(du lat. *dispensare,* distribuer)

Donner à chacun sa part en distribuant quelque chose (littér.). *Dispenser des bienfaits.* Donner. Départir. Accorder. Octroyer. Répandre.
DISPENSATEUR (littér.). Répartiteur. Distributeur.

Libérer quelqu'un d'une obligation. *Dispenser d'un vœu.* Dégager. Soustraire. / *Dispenser d'impôts.* Exempter. Exonérer. Dégrever.
DISPENSE. Exemption. Exonération. Immunité. Franchise. / Autorisation.

disperser
(lat. *dispergere, dispersum,* répandre)

Répandre çà et là. *Disperser des papiers.* Eparpiller. Disséminer. Parsemer. Semer (fam.).
DISPERSION. Eparpillement. Dissémination. / Rayonnement. Irradiation. Diffusion. Lumière diffuse. / Aberration (des rayons lumineux).

Se disperser (en parlant de la lumière). Se diffuser. Se propager. Diverger. Rayonner. Irradier.

Répartir de divers côtés. *Disperser des soldats.* Installer çà et là. Séparer. Répartir. / *Disperser une collection* (livres, œuvres d'art). Vendre aux enchères. Vendre à l'encan. / *Disperser son attention, ses efforts.* Eparpiller. S'occuper de plusieurs tâches à la fois. / Se disperser (s'occuper à des activités trop diverses).
DISPERSION. Dissipation. Eparpillement.

Mettre en fuite. *Disperser une foule, des manifestants.* Repousser. Ecarter. Mettre en débandade.
DISPERSION. Mise en fuite. Fuite. Déroute. Débandade. Débâcle.

Se disperser. Partir, aller de tous côtés, à la débandade. S'égailler. S'enfuir. Se débander. / (En parlant d'un cortège, d'une réunion.) Se séparer. Se disloquer.

disposer
(du lat. *disponere*)

Mettre dans un certain ordre. *Disposer des objets, des meubles dans une pièce.* Placer. Installer. Poser. Mettre. Répartir. / *Disposer avec ordre, harmonie.* Agencer. Assembler. Arranger. Combiner. Composer. Ranger. Ordonner. Assortir. Grouper. Distribuer. Coordonner. Dresser. / *Disposer en ligne, en croix.* Aligner. Croiser. / *Disposer à la manière des tuiles d'un toit.* Imbriquer.

DISPOSITION. Installation. Répartition. Position. / Agencement. Assemblage. Arrangement. Combinaison. Composition. Ordonnancement. Distribution. Coordination. Montage. / Alignement. Croisement. / Imbrication.

Faire ce que l'on veut d'une chose, d'un être. *Disposer d'une somme d'argent.* Posséder. Avoir à son usage. Avoir à sa disposition. Pouvoir se servir de. / *Disposer de soi.* Etre libre, indépendant. Etre son maître.

DISPOSITION. *Etre à la disposition de quelqu'un.* Etre aux ordres de. Etre au service de. Etre prêt à aider. Etre disposé à donner satisfaction.

DISPONIBLE (En parlant d'un être, d'une chose). Libre. / Indépendant. Autonome. Qui n'est engagé, ni lié par rien.

DISPONIBILITÉ. Liberté. Indépendance.

disposition
(du lat. *dispositio*)

Manière d'être physique. Etat de santé. Condition physique. / *Etre en bonne disposition.* Aller bien. Se sentir bien. / *Etre en mauvaise disposition.* Aller mal. Se sentir mal.

DISPOS. *Frais et dispos.* Alerte. Vif. Gaillard. Ingambe. Allègre.

INDISPOSITION. Malaise. Indigestion.

INDISPOSÉ. Légèrement souffrant. / Indisposée (se dit d'une femme qui a ses règles).

Manière d'être morale. Etat d'esprit. / *Etre en bonne disposition.* Etre de bonne humeur. Etre bien luné. Avoir de l'entrain. / *Etre dans de mauvaises dispositions.* Etre de mauvaise humeur. Etre mal luné. Manquer d'entrain.

DISPOSÉ. *Bien disposé à l'égard de quelqu'un.* Bienveillant. Favorable. Animé de bons sentiments. Rempli de bonnes intentions. Bien intentionné. Chic (fam.). / *Mal disposé envers quelqu'un.* Malveillant. Hostile. Défavorable. Malintentionné.

Qualité naturelle. *Avoir des dispositions pour une science, un art, une activité. Disposition innée.* Don. Génie. Aptitude. Facilité. Talent. Goût. Vocation. / *Disposition au bien ou au mal.* Inclination. Tendance. Penchant. Propension. Instinct. / *Qui a des dispositions pour.* Qualifié pour. Apte à. Capable de. Bon pour. Fait pour. Né pour. / *Qui a des dispositions innées, naturelles.* Doué. Surdoué.

distance
(du lat. *distantia*)

Longueur qui sépare des choses ou des personnes. Intervalle. Etendue. Ecart. Ecartement. Espace. Espacement. / Longueur. Hauteur. Largeur. Profondeur. / *Distance d'un lieu à un autre.* Chemin. Trajet. Etape. Course. Trotte (fam.). / *Distance en ligne droite.* A vol d'oiseau. / *Calculer, évaluer une distance.* Mesurer. Apprécier. / *Commander à distance.* Télécommander. / *Tenir à distance.* Empêcher d'approcher. / *Garder, tenir ses distances.* Empêcher la familiarité. / Se montrer distant. Réservé. Froid.

Distance entre les corps célestes. Aphélie. Périhélie. Apogée. Périgée.

A une faible distance. Près. A proximité. / *A une grande distance.* Loin. A perte de vue. / *Placé de distance en distance.* Ecarté. Espacé. Echelonné.

DISTANT (situé à une certaine distance). Eloigné. Lointain. / Equidistant (à une égale distance).

DISTANCER. Laisser derrière soi. Devancer. Dépasser. Semer (fam.).

Intervalle entre deux moments. *Distance entre deux époques.* Eloignement. Ecart. / *A distance.* Avec le recul du temps.

distillation
(du lat. *distillare,* de *stilla,* goutte)

Séparation, par la chaleur, des composants d'un liquide, des gaz d'un solide. *Matières distillables.* Produit volatil (qui se vaporise facilement). / Moût. Vin. Cidre. Mélasse. Marc. Pomme de terre. Grain. / Bois. Houille. Pétrole.

Opérations. Distillation en vase clos. / Distillation par entraînement. Distillation fractionnée (plusieurs produits à la fois). / Distillation de la houille. Distillation sèche (dégazéification partielle du charbon). Distillation sous vapeur (dégazéification poussée). Distillation continue, discontinue. / Distillation du pétrole. Topping, ou distillation atmosphérique. Distillation sous vide.

DISTILLER. Rectifier. Redistiller, ou cohober (distiller un distillat). / Raffiner (distiller du pétrole). / Volatiliser, vaporiser (un liquide). Sublimer. / Condenser (les substances vaporisées).

Appareils distillatoires. Cornue. Distillateur (de laboratoire). / Alambic. Cucurbite (chaudière). Chapiteau (couvercle). Col-de-cygne. Réfrigérant. Bac. Serpentin. Régulateur de degré. Alcoomètre. / Colonne de distillation. Colonne à plateaux. Plateau. Calotte. Condenseur. Réfrigérant. Séparateur. Récupérateur de chaleur. Eprouvette.
Distillation de la houille. Four. Cornue. Gazomètre. Condenseur. Epurateur.

Produits de la distillation. Produits de tête (les premiers et plus volatils), de queue (les derniers). / Distillat. / Alcool. Spiritueux. / Essences naturelles. / Produits pétroliers légers (essence, gasoil, etc.) et lourds (huiles, bitumes, etc.).

Résidus. Pyroligneux (distillation du bois). Eaux ammoniacales. Goudron. Coke. Vinasse (résidu des moûts).

distinction

Elégance dans les manières, dans l'attitude. *Avoir de la distinction.* Aisance. Education. Courtoisie. Raffinement. Urbanité. Galanterie. Classe (fam.).
DISTINGUÉ. Bien élevé. Bien éduqué. Courtois. Délicat. Galant. Elégant. Raffiné. Racé.

distinguer
(du lat. *distinguere*)

Percevoir nettement. *Distinguer une personne, une chose.* Apercevoir. Voir. Reconnaître. Discerner.
DISTINCT. Visible. Discernable.
DISTINCTEMENT. Clairement. Nettement.

Reconnaître une personne, une chose d'une autre. *Distinguer deux jumeaux, deux couleurs.* Discerner. Différencier. / *Ne pas distinguer.* Confondre.
DISTINCT. Reconnaissable. Remarquable.
DISTINCTION. *Faire une distinction entre deux personnes, deux choses.* Différence. Différenciation. Discrimination. Départ.

Faire reconnaître (en parlant d'une chose). *Distinguer l'homme de l'animal* (en parlant de la raison). Différencier. Caractériser.
DISTINCTIF (qui permet de distinguer). Propre. Particulier. Typique. Caractéristique. Spécifique. Spécial. Individuel.

Se distinguer. Se rendre célèbre. Se faire connaître. S'illustrer. Se signaler.
DISTINGUÉ. *Un écrivain distingué.* Célèbre. Brillant. Eminent.
DISTINCTION. *Une distinction honorifique.* Décoration. Marque d'honneur, d'estime.

distraire
(du lat. *distrahere,* tirer en sens opposé)

Détourner une personne de ses occupations. *Distraire quelqu'un de son travail.* Déranger. Interrompre. Ennuyer. Importuner. Troubler. / *Distraire un camarade.* Dissiper. Rendre inattentif.
DISTRACTION. Inattention. Inapplication.
DISTRAIT. Inattentif. Etourdi. Rêveur.

Faire passer le temps agréablement. Divertir. Amuser. Egayer. Désennuyer. Délasser. Détendre. Faire rire.
DISTRACTION. Divertissement. Amusement. Délassement. Récréation. Passetemps. Jeu. Détente. Partie de plaisir.
DISTRAYANT. Divertissant. Amusant. Plaisant. Drôle. Récréatif.

distribuer
(du lat. *distribuere*)

Donner à des personnes prises séparément. *Distribuer des vivres, des vêtements.* Répartir. Partager. / *Distribuer avec profusion.* Prodiguer. / *Distribuer du travail à des employés.* Assigner. Attribuer. / *Distribuer des cartes.* Donner. / *Distribuer des prix, des récompenses.* Octroyer. Accorder. Attribuer. / *Distribuer au hasard.* Eparpiller. Disperser.
DISTRIBUTION. Répartition. Partage. Don. Remise.

Fournir en divers endroits. *Distribuer l'eau, l'électricité.* Amener. Conduire. Procurer. / Conduite. Canalisation. Tuyau. Tube. Colonne. / Distributeur automatique.

Répartir selon un certain ordre. *Distribuer les chapitres d'un livre.* Ordonner. / *Distribuer les pièces d'un appartement.* Répartir. Diviser. Aménager. Agencer. Arranger. / *Distribuer les couleurs dans un tableau.* Disposer. / *Distribuer des êtres, des objets en espèces, classes, catégories.* Ranger. Classer. Classifier.
DISTRIBUTION. Ordre. Ordonnance. / Division. Répartition. Classement. Classification. / Disposition. Agencement.

divination

(du lat. *divinaetio*, de *divinare*, prédire ; en gr. *manteia*)

Connaissance de ce qui est caché, par des moyens magiques, mystérieux. *Divination de l'avenir.* Prédiction. Révélation. Prophétie. / *Signe qui permet de prévoir l'avenir.* Présage. Augure. Auspices. / *Annoncer, dévoiler l'avenir.* Augurer. Prophétiser. Vaticiner. Rendre des oracles. / Vaticination.

Art de la divination. Art divinatoire. Art augural. Lire dans les astres. Astrologie. Astromancie. Horoscope. / Interprétation des rêves. Oniromancie. / Dire la bonne aventure. Tirer les cartes. Tarot. Voyance. Double vue. / Chiromancie (divination par les lignes de la main). Arithmonancie (par les nombres). Rhabdomancie, ou radiesthésie (par des baguettes). Géomancie (par des points tracés sur la terre). / Nécromancie (évocation des morts). Esprits. Tables tournantes. / Spiritisme. Magie. Médium. Ectoplasme. / Extase. Inspiration. Fureur prophétique.

Devins et oracles. Interprètes des dieux. Chresmologue. Aruspice. Astrologue. Augure. / Magicien. Mage. Nécromant. Sorcier. Sorcière. Chiromancien. Cartomancien. / Voyant. Vaticinateur. / Pythonisse. Voyante. Devineresse.
Devins anciens. Calchas Tirésias. Amphiaraüs. Cassandre. Carmenta. Les Sibylles. Pythie de Delphes. Pythonisse d'Endor. Trophonios.
Oracles. Delphes. Didyme. Ténédos. Délos. Olympie. Dodone. Epidaure. Préneste.

Connaissance de ce qui est caché, par des moyens naturels. Intuition. Inspiration. Instinct. Prescience. Pressentiment. Prémonition. / Perspicacité. Sagacité. Clairvoyance. / Pronostic. Prévision. Conjecture. Hypothèse. / Prévision du temps. Météorologie.

DEVINER. Préjuger. Augurer de. Présumer. Conjecturer. / Interpréter des signes. Lire entre les lignes. / Entrevoir. Imaginer. Pressentir. Se douter de. Soupçonner. / Avoir l'intuition, le pressentiment. Voir de loin. Prévoir. Flairer. Subodorer. Avoir du nez (fam.). Avoir du flair (fam.). / Deviner les intentions de quelqu'un. Voir venir. / Découvrir. Trouver la solution. Résoudre.

DEVINETTE. Charade. Rébus. Enigme. Logogriphe (énigme qui consiste à deviner plusieurs mots formés des mêmes lettres).

diviser

(du lat. *dividere, divisum*, partager)

Séparer en plusieurs parties. *Diviser une somme d'argent.* Partager. Fractionner. Distribuer. / *Diviser un tronc d'arbre.* Débiter. Tronçonner. / *Diviser avec un instrument tranchant.* Couper. Découper. Trancher. Fendre. Sectionner. / *Diviser en éléments.* Dissocier. Décomposer. / *Diviser une propriété, un terrain.* Démembrer. Morceler. Lotir.

DIVISION. *Divisions politiques, administratives.* Circonscription. Province. District. Département. Arrondissement. Canton. Commune. / Zone. Subdivision.
Division de la société. Famille. Tribu. Clan. Caste. Classe. Catégorie sociale.
Division d'un écrit. Acte. Scène. / Livre (d'un traité). Chant (d'un poème). Tome (d'un ouvrage). / Chapitre. Article. Alinéa. Paragraphe. Colonne. Entrefilet. / Passage. Morceau. Fragment. Episode. Phrase. / Strophe. Couplet. Verset.
Division d'un objet. Compartiment. Case. Casier. / Partie. Pièce. / Alvéole. Loge. Cellule. / Degrés de graduation.
Division d'un corps en éléments. Partie. Portion. Fragment. Fragmentation. Fraction. Fractionnement. / Section. Segment. Segmentation. Fission./Molécule. Atome.
Division d'une propriété. Démembrement. Morcellement. Lotissement.

Provoquer la désunion entre des personnes. *Diviser une collectivité, un groupe* (en parlant d'une opinion, d'une question). Opposer. Désunir. Brouiller. / Diviseur (personne qui divise).

DIVISION. Désunion. Désaccord (v. ce mot).

dix

(du lat. *decem ;* en gr. *deka*)

Composés de l'élément « dix ». Dixième. Dizain. Dizaine. Dizenier. Dix-sept. Dix-huit. Dix-neuf.

Composés de l'élément « decem ». Décembre. Décemvir. Décemvirat. Décennie. Décennaire. Décennal. Décuple. Décupler.

Composés de l'élément « déca- ». Décade. Décadi. Décaèdre. Décagone. Décagramme. Décalitre. Décalogue. Décaméron. Décamètre. Décan. Décapode. Décasyllabe. Décadaire. Bidécadaire.

Composés de l'élément « déci- ». Décigramme. Décilitre. Décimal. Décimale. Décimer. Décimètre. Décime. Décistère. / Dîme.

docteur
(du lat. *doctor*)

Personne qui est pourvue du plus haut grade universitaire. Docteur ès lettres, ès sciences. Docteur en droit, en science politique et ès sciences économiques. Docteur en médecine, en théologie. Docteur *in utroque jure* (droit civil et droit canon). Docteur vétérinaire. / Docteur *honoris causa.*

DOCTORAT. Doctorat d'Etat. Doctorat d'université. Doctorat du troisième cycle. / Thèse. Soutenance. Mention honorable, très honorable.

Personne qui exerce la médecine. *Appeler un docteur auprès d'un malade.* Médecin. Toubib (pop.). Doctoresse (fam. et peu usité).

doctrine
(du lat. *doctrina,* de *docere,* enseigner)

Ensemble de croyances ou d'opinions. *Doctrine religieuse, politique, philosophique, morale.* Dogme. Théorie. Système. Thèse. Idéologie. / *Doctrine fausse.* Hérésie. Erreur.

Personne qui adhère à une doctrine. Adepte. Partisan. Tenant. Disciple. / Déviationnisme (le fait de s'écarter de la doctrine d'un parti). Déviationniste.

ENDOCTRINER (chercher à gagner quelqu'un à une doctrine). Catéchiser. Influencer. Conseiller. Embobiner (fam.). / Chambrer. Faire la leçon. / Endoctrinement. / Doctrinaire. / Doctrinal.

doigt
(du lat. *digitus;* en gr. *daktulos*)

Chacune des parties mobiles qui terminent les mains et les pieds de l'homme. *Doigts de la main.* Pouce. Index. Majeur, ou médius. Annulaire. Auriculaire, ou petit doigt. / *Doigts de pied.* Orteils.

Structure des doigts. *Os des doigts.* Phalanges. Phalangines. Phalangettes. / Ongles. / Doigts longs, fuselés, fins. / Doigts courts, boudinés, spatulés. / Face palmaire. Face dorsale. / Muscles fléchisseurs, extenseurs. Os sésamoïdes (des jointures). / Racine des doigts. Bout des doigts.

Macrodactyle (qui a de grands doigts). Brachydactyle (qui a des doigts courts). Isodactyle (qui a des doigts égaux). Didactyle (deux doigts). Tridactyle (trois doigts). Tétradactyle (quatre doigts). Syndactyle (qui a les doigts soudés). Adactyle (qui n'a pas de doigts). Polydactyle (qui a des doigts en surnombre).

Usage des doigts. Prendre. Toucher. Caresser. Tâter. Palper. Tripoter (fam.). Pincer. Effleurer. / Donner une chiquenaude, une pichenette. / Jouer d'un instrument. Pizzicato (jouer en pinçant les cordes). / Dactylographier. Dactylographie. Dactylographe. Sténodactylographie. / Dactylologie (art de communiquer au moyen des doigts). / Dactylonomie (art d'exprimer des nombres par la position des doigts). / Prestidigitation. Prestidigitateur. / Doigter. Doigté.

Relatif aux doigts. Digital. Interdigital. / Digité (en botanique, se dit de ce qui est découpé en forme de doigt). / Digitiforme. / Empan (mesure du pouce au bout du petit doigt). Dactyloscopie (examen des empreintes digitales).

Maux de doigt. Panaris. Mal blanc. Tourniole. Envie. Engelures. Onglée. / *Etui qui protège le doigt.* Dé. Doigtier. Onglet.

Locutions diverses. Le doigt de Dieu (manifestation de sa puissance). Un doigt de (une petite quantité). Avoir des doigts de fée (être d'une adresse merveilleuse). Toucher du doigt (être près de trouver). Mettre le doigt dessus (trouver). Savoir, connaître sur le bout du doigt (parfaitement). Du bout des doigts (avec précaution). Se mettre le doigt dans l'œil (se tromper). Se mordre les doigts (regretter). Ne pas remuer le petit doigt (ne rien faire). Etre comme les doigts de la même main (être très unis). Obéir au doigt et à l'œil (très strictement). Y mettre les quatre doigts et le pouce (fam.) [saisir avidement].

dominer
(du lat. *dominari,* de *dominus,* maître)

Avoir sous son autorité. *Dominer un peuple.* Diriger. Soumettre. Asservir. Assujettir. Subjuguer (vx). Etre maître de.

DOMINATION. Pouvoir. Autorité. / *Etendre, exercer sa domination.* Empire. Suprématie. Hégémonie. Prépondérance. / *Une domination tyrannique.* Oppression. Tyrannie. Despotisme. Dictature. Asservissement. Assujettissement. Joug. Tutelle.

DOMINATEUR. *Un caractère dominateur.* Autoritaire. Despote.

Être plus fort. *Dominer un adversaire.* Surpasser. Surclasser. Ecraser (fam.). Avoir le dessus, l'avantage. L'emporter sur. Etre supérieur à. Triompher. / *Dominer sa douleur, sa colère.* Contenir. Maîtriser. Surmonter.

Se dominer. Se contenir. Se maîtriser. Se contrôler. Se posséder.

Être placé au-dessus de quelque chose. *Dominer* (en parlant d'une construction). Surmonter. Se dresser au-dessus de. / Eminence. Hauteur. Point culminant.

Être plus important. *Dominer* (en parlant d'êtres, de choses). Etre plus nombreux. Avoir plus d'influence. L'emporter. Prédominer. Prévaloir.

DOMINANT. *Elément, caractère dominant.* Prépondérant. Principal.

dommage

(de l'anc. franç. *damage,* du lat. *damnum,* dommage)

Perte subie par quelqu'un ou par quelque chose. Dommage matériel. Dommage moral. / *Eprouver, subir un dommage* (en parlant d'une personne). Préjudice. Tort. Atteinte. / *Qui n'a éprouvé aucun dommage.* Indemne. Sain et sauf. / *Dommage causé à des choses.* Dégât. Ravage. Dégradation. / *Dommage survenu à des marchandises.* Avarie. Perte. / Au détriment de (au préjudice de, au désavantage de).

ENDOMMAGER (causer un dommage à une chose). Détériorer (v. ce mot). / *Endommager gravement.* Ravager. Saccager. Dévaster. Anéantir. Détruire.

DOMMAGEABLE (qui cause un dommage). Préjudiciable. Nuisible. Fâcheux. Néfaste.

DÉDOMMAGER (réparer un dommage). Indemniser. Payer. Rembourser. Compenser.

DÉDOMMAGEMENT. Dommages-intérêts. Indemnisation. Indemnité. Réparation.

Chose fâcheuse. *C'est dommage. C'est bien dommage.* Regrettable. Fâcheux. Triste. Ennuyeux. Navrant. Malheureux. Désolant. Embêtant (pop.).

dompter

(du lat. *domitare*)

Réduire à l'obéissance. *Dompter un animal sauvage.* Dresser. Apprivoiser.

DOMPTAGE. Dressage. Apprivoisement.

DOMPTEUR. Dresseur. Belluaire.

DOMPTABLE (qui peut être dompté). / Indomptable. Inapprivoisable. Féroce.

Soumettre à son autorité, à sa puissance. *Dompter des rebelles.* Mater. Maîtriser. Triompher de. Vaincre. / *Dompter les forces de la nature.* Domestiquer. Maîtriser.

INDOMPTABLE. Invincible. Irréductible.

donner

(du lat. *donare,* faire un don)

Mettre en la possession de quelqu'un. *Donner un cadeau à quelqu'un.* Offrir. / *Donner un prix, une récompense.* Accorder. Attribuer. Décerner. Octroyer. / *Donner de l'argent aux pauvres.* Faire l'aumône, la charité. / *Donner un pourboire.* Gratifier de. / *Donner la pièce.* Graisser la patte (fam.). / *Donner généreusement.* Prodiguer. Se dépouiller. / *Donner par testament.* Léguer. / *Donner une part dans un lot, dans un legs.* Affecter. Assigner. Attribuer. Donner en partage. Départir. / *Donner contre, pour de l'argent.* Vendre. Céder. Adjuger. Livrer. Fournir. Rétrocéder. / *Donner en échange.* Echanger. Troquer. Passer. Faire passer.

Se donner. Se dévouer. Se vouer. Se consacrer. Faire don de soi. / (En parlant d'une femme.) Accorder ses faveurs.

DON (chose donnée). Legs. Donation. / Offrande. / Modeste offrande. Obole. / Secours. Subvention. / Présent. Cadeau. Corbeille de mariage. / Etrennes. Gratifications. Pourboire. Bakchich. Pot-de-vin. Dessous-de-table. / Faveur. Gracieuseté. Fleur (pop.). / *Demander et recueillir des dons.* Quêter. / Collecte. Quête. / *Un don inné.* Disposition (v. ce mot).

DONNEUR. Donneur de sang. / Donateur (personne qui fait un don). Donataire (personne qui reçoit un don).

Mettre à la disposition de quelqu'un. *Donner l'hospitalité, du travail.* Fournir. Procurer. / *Donner le bras, la main.* Offrir. Tendre. / *Donner à manger, à boire.* Servir. Apporter. / *Donner du pain à un convive.* Passer. / *Donner des cartes.* Distribuer. / *Donner à son destinataire.* Remettre. / *Donner son opinion, son avis.* Dire. Communiquer. Exposer. / *Donner un renseignement, des explications.* Fournir. / *Donner son nom.* Indiquer. Dire. / *Donner un ordre.* Intimer. Signifier. Notifier. / *Donner des arguments, des preuves.* Fournir. Apporter. Produire. / *Donner une punition.* Infliger.

Être l'auteur, la cause de quelque chose. *Donner du plaisir, de la joie.* Fournir. Procurer. / *Donner du souci, des inquiétudes.* Causer. Susciter. / *Donner des coups.* Assener. / *Donner des fruits* (en parlant d'un arbre). Produire. Rapporter. / *Donner de l'importance, du prix, de la valeur.* Attribuer. Accorder. Attacher. / *Donner lieu, matière à.* Causer. Provoquer. / *Donner pour certain.* Affirmer. Prétendre.

dos

(du lat. *dorsum ;* en gr. *nôtos*)

Partie du corps humain qui s'étend des épaules jusqu'aux reins. ***Anatomie du dos.*** Colonne vertébrale. Rachis. Axe rachidien. Omoplates. Lombes. Région lombaire. / *Le bas du dos.* Sacrum. Coccyx. Derrière. Fesses. Postérieur.
Epine dorsale. Vertèbres dorsales (12). Vertèbres lombaires (5). Vertèbres sacrées (5). Sacrum. Vertèbres coccygiennes (3 ou 4). Coccyx. / Moelle épinière.
Parties d'une vertèbre. Corps vertébral. Trou vertébral. Canal rachidien. Apophyse épineuse. Apophyse transverse. Apophyse articulaire. Trou de conjugaison. / Disque intervertébral / Hernie discale.
Muscles du dos. Grand dorsal. Long dorsal. V. CORPS (Illustration).

Maladies du dos. *Déformation de la colonne vertébrale.* Bosse. Cyphose (dos rond). Lordose (exagération de la cambrure lombaire). Scoliose (déviation du rachis). / Rachitisme. Rachialgie. Lombalgie. Lumbago. / Avoir le dos rond, voûté, courbé. Se voûter. Se courber. Se déjeter. Etre plié, cassé en deux.

Partie supérieure du corps d'un animal. Monter sur le dos d'un cheval, d'un âne. / *Le dos d'un lapin.* Râble. / Faire le gros dos (en parlant d'un chat, le relever en le courbant).

Le dos d'une chose. *Le dos de la main.* Revers. / Le dos d'une cuiller (partie extérieure convexe). / *Le dos d'une feuille de papier.* Verso. / Endos (mention portée au dos d'un chèque, d'un effet de commerce). Endosser. Endossement. Endosseur.

Relatif au dos. Dorsal. / Se coucher sur le dos. Décubitus dorsal. / Etre large du dos. Etre carré des épaules. Carrure. / Tomber sur le dos. Tomber à la renverse. / *Mettre dos à dos.* Adosser. / S'adosser. / Dossard (carré d'étoffe que les coureurs, les joueurs d'une équipe portent sur le dos).
Notomèle (monstre qui a un ou deux membres accessoires sur le dos). Notonecte (punaise d'eau qui nage sur le dos).

Locutions diverses. Tourner le dos à quelqu'un ou à quelque chose (être placé devant, aller dans une direction opposée). Tourner le dos à quelqu'un (cesser de le fréquenter). Se mettre quelqu'un à dos (s'en faire un ennemi). Avoir bon dos (supporter les railleries sans se fâcher). Etre sur le dos de quelqu'un (le surveiller sans relâche). Mettre quelque chose sur le dos de quelqu'un (l'en rendre responsable). En avoir plein le dos (pop.) [être excédé, ne plus pouvoir supporter une personne ou une chose]. Agir dans le dos de quelqu'un (sans le prévenir). L'avoir dans le dos (pop.) [ne pas réussir]. Renvoyer deux personnes dos à dos (ne donner gain de cause à aucune). Ne pas y aller avec le dos de la cuillère (agir sans ménagement).

douane

(de l'anc. ital. *doana,* de l'ar. *diouan,* registre)

Administration chargée de percevoir les taxes sur les marchandises importées ou exportées. Ligne de douanes. Rayon frontière. Rayon des côtes. Penthière (zone confiée à la surveillance d'une brigade de ligne). Port franc. Zone franche. / Autorisation d'importation. Contingentement. / Prohibition d'importation, d'exportation. / Barrière douanière. Protectionnisme. / Accord douanier. Union douanière. Marché commun.

Administration et personnel. Directeur général. Conseil d'administration. / Administration régionale. Directeur. Inspecteurs. Receveurs. Vérificateurs. Contrôleurs. / Bureaux. / Brigades mobiles (ou de ligne). Capitaine. Lieutenant. Brigadier. Sous-brigadier. Préposé. Gabelou (fam.).

Droits et frais. Droits d'importation. Droits d'exportation. / Système tarifaire. Tarif autonome. Tarif conventionnel. Double tarif (tarif général, tarif minimal). / Taxes. / Droits spécifiques. Droits *ad valorem* (d'après la valeur de la marchandise). Drawback (restitution des droits perçus). / Congé. Acquit-à-caution. Passe-debout. Passavant. Triptyque (carnet de passage d'une automobile). / Transit. / Droits de transit, de statistiques, de magasinage et de garde, de passeport, de quai. Taxes locales de tonnage.

Opérations. *Opérations bénéficiant d'une suspension des droits.* Transit ordinaire. Transit international. Entrepôt fictif. Entrepôt réel. Admission temporaire. / Importation. Exportation. Réexportation. / Douaner. Plomber. Estampiller. Entreposer. / Visiter. Visite. Fouiller. Fouille. Sonder. Sondage. / Jauger. Mesurer. Vérifier. / Confiscation. Saisie. Procès-verbal. Contravention. Amende. / Déclaration. / Contrebande. Fraude. /

Dédouaner. Dédouanement. / Fraudeur. Contrebandier.

douleur

(du lat. *dolor;* en gr. *algos*)

Sensation pénible causée par l'irritation des nerfs sensitifs. *Douleur physique.* Mal. Souffrance. Algie. Bobo (dans le langage des enfants).
Degrés de la douleur. Douleur intense, vive, aiguë, violente, cuisante. Douleur atroce, insupportable, intolérable, horrible. / *Paroxysme de la douleur.* Supplice. Torture. Martyre. / Souffrir atrocement, terriblement, affreusement, horriblement. / Douleur légère, anodine, bénigne. Douleur supportable, tolérable, passagère.

Formes de la douleur. Douleur interne, externe. / Douleur profonde, sourde, pénétrante. / Douleur brusque, fulgurante./Douleur erratique (qui change de place), irradiante (qui se propage). / Douleur lancinante (en coups de lance), térébrante (en coups de pointe).
Brûlure. Irritation. Démangeaison. Prurit. / Elancement. Tiraillement. / Courbature. Rhumatisme. / Mal au cœur. Nausée. Envie de vomir. / Etouffement. Oppression. Crispation. Spasme. Contraction. Crampe, etc.
Douleurs de la tête, des dents, du dos, de l'estomac, etc. (v. ces mots).

Manifestations de la douleur. Plainte. Soupir. Gémissement. / Grimace. / Crispation. / Sanglot. Larme. / Cri. Hurlement. / *Cri de douleur.* Aïe! Ouille! / Se plaindre. Soupirer. Gémir. / Se crisper. Pleurer. Sangloter. / Crier. Hurler. Se tordre de douleur.
Qui calme la douleur. Analgésique. Antalgique. Narcotique. / Analgésie. Antalgie.

Causer de la douleur. Faire souffrir. Faire mal. / Cuire. Brûler. / Démanger. Piquer. / Elancer. Lanciner. Travailler. Tirailler. / Indolore (qui ne cause aucune douleur). / *Sensible à la douleur.* Douillet. / Douilletterie.
Suppression de la sensibilité à la douleur. Anesthésie. Insensibilisation. Narcose. / Anesthésier. Insensibiliser. / Anesthésiant. Narcotique.
Dur à la douleur. Stoïque. Impassible. Courageux. / Se raidir, se cuirasser contre la douleur.

DOULOUREUX (qui fait mal). *Un point douloureux.* Sensible. Endolori.

DOLORISME (doctrine qui attribue de la valeur à la douleur). Doloriste. / Masochisme (attitude d'une personne qui trouve du plaisir dans la douleur). Masochiste.

Sentiment pénible. *Douleur morale.* Souffrance. Chagrin. Affliction. Peine. Déchirement. Désolation. Tristesse. Détresse. Angoisse. Transes. / Remords. Repentir. Contrition. / *Une vie de douleur.* Calvaire. / *Raviver une douleur.* Retourner le fer, le couteau dans la plaie. / *Participer, prendre part à la douleur de quelqu'un.* Compatir. / Sympathie. Condoléances. / Compatissant.

DOULOUREUX (qui cause de la douleur). Pénible. Affligeant. Cruel. Déchirant.

DOULOUREUSEMENT. Cruellement. Atrocement.

doute

(de *douter,* du lat. *dubitare,* hésiter; en gr. *skeptesthai*)

État d'incertitude. *Délivrer, tirer quelqu'un d'un doute.* Indécision. Incertitude. Perplexité. Hésitation. Embarras. Irrésolution. Indétermination. / *Laisser planer un doute.* Obscurité. Ombre. / *Doute méthodique, philosophique.* Scepticisme. / *Doute religieux.* Incertitude. Incroyance. Incrédulité. Manque de foi. / Libre penseur. Esprit fort.
Mettre en doute. Contester. Nier. Refuser de croire. Mettre en question. / Révoquer en doute. Elever des doutes. / *Sans aucun doute, sans nul doute.* Certainement. Assurément. Sûrement. Vraiment. Réellement. Nettement. / *Sans doute. Sans doute que.* Probablement. Vraisemblablement.

DOUTER (être dans le doute). Se demander. Hésiter. Etre sceptique, perplexe, indécis, incertain, hésitant.

DOUTEUX (qui laisse dans le doute). Incertain. Improbable. Hypothétique. Problématique. Aléatoire. Sujet à caution.

DUBITATIF (qui exprime le doute). Un ton dubitatif. Une réponse dubitative. / Dubitativement.

INDUBITABLE. Indiscutable. Incontestable. Hors de doute. Certain. Sûr. Evident.

INDUBITABLEMENT. Certainement.

Manque de confiance. *Avoir un doute, des doutes au sujet de quelqu'un, de quelque chose.* Soupçon. Suspicion. Méfiance. Défiance. Appréhension. Crainte. / Soupçonner. Suspecter.

douter (se)

Avoir un pressentiment. *Se douter de quelque chose. Se douter que.*

Pressentir. Soupçonner. Deviner. Supposer. Imaginer. Penser. Croire. Avoir un soupçon. Considérer comme probable. S'attendre à.

doux
(du lat. *dulcis*)

Agréable au goût. *Un fruit doux.* Sucré. / *Cidre doux. Vin doux.* Non fermenté. Liquoreux. Sirupeux. Onctueux. / *Un mets trop doux.* Douceâtre. Fade. Fadasse (fam.). Ecœurant.

DOUCEUR. *Douceur du miel.* Suavité

ADOUCIR. *Adoucir un liquide amer.* Sucrer. Edulcorer.

Agréable au toucher. *Un tissu doux.* Moelleux. Soyeux. Cotonneux. Lisse. / *Une peau douce.* Satiné. Velouté. Duveteux. / *Un lit doux.* Moelleux. Mou. Douillet. / *Une douce caresse. Un doux contact.* Léger. Délicat.

Agréable à l'ouïe. *Des sons doux.* Harmonieux. Mélodieux. / *Une voix douce. Un ton doux.* Caressant. Charmant. Enchanteur.

Agréable à l'odorat. *Un doux parfum.* Suave. Délicieux. Exquis.

DOUCEUR. Suavité.

Qui est modéré. *Un éclairage doux.* Tamisé. / *Une teinte douce.* Pâle. / *Un climat doux.* Tempéré. / *Une pente douce.* Faible. Peu incliné.

ADOUCIR. *Adoucir une expression.* Tempérer. Estomper. Corriger. / Euphémisme. Litote. / *Adoucir une peine, une douleur.* Alléger. Apaiser. Calmer. Diminuer. Lénifier. Emousser. Soulager. / *Adoucir une peine de prison.* Mitiger. Atténuer. Tempérer. / *S'adoucir, se radoucir* (en parlant du temps). Devenir plus doux.

ADOUCISSEMENT. RADOUCISSEMENT (de la température). Redoux.

Qui cause un sentiment de bien-être, de contentement. *Un doux souvenir.* Agréable. / *Une vie douce.* Calme. Tranquille. Paisible. Serein. Facile. / *Se la couler douce* (fam.). Vivre des jours heureux. Ne pas se faire de souci.

Qui fait preuve de patience, de bienveillance. Calme. Patient. Paisible. Affable. Gentil. Aimable. Bon. Humain. Bienveillant. Conciliant. Indulgent. Coulant (fam.). Tolérant. Un homme doux comme un agneau, comme un mouton. Une femme douce comme une colombe. /*Un enfant doux.* Obéissant. Docile. Sage. Facile. Discipliné.

Qui exprime la douceur. *Un doux visage.* Gracieux. Souriant. / *Un doux regard.* Caressant. Tendre. Câlin. / Faire les yeux doux.

DOUCEUR. Patience. Gentillesse. Affabilité. Amabilité. Bonté. Bienveillance. Indulgence. Clémence. Mansuétude. / *D'une douceur affectée.* Mielleux. Tout sucre tout miel. Doucereux. Mièvre. Papelard. / Faire la chattemite (fam.).

ADOUCIR. *Adoucir les mœurs.* Humaniser. Civiliser. Policer.

douze
(du lat. *duodecim ;* en gr. *dôdeca*)

Composés de l'élément « douze ». Douzième. In-douze. Douzaine. Grosse, ou douze douzaines.

Composés de l'élément « duodecim ». Duodécimal. Duodécime. Duodécennal. Duodénum (intestin qui a douze travers de doigt).

Composés de l'élément « dôdéca- ». Dodécaèdre. Dodécagone. Dodécapitale. Dodécasyllabe. Dodécanèse.

drapeau
(de *drap*, bas lat. *drappus ;* en lat. class. *vexillum* et *signum*)

Pièce d'étoffe adaptée à une hampe, à un mât et portant les couleurs et les emblèmes d'une nation, d'une organisation, etc. *Sortes de drapeaux.* Drapeau national. Drapeau bicolore, tricolore. / Drapeau blanc (d'une troupe qui demande à parlementer). Drapeau rouge (emblème révolutionnaire). Drapeau noir (des pirates, des anarchistes).

Drapeaux militaires. Fanion. Pavillon. / *Termes anciens.* Etendard. Guidon. Bannière. Banderole. Oriflamme. Flamme. Enseigne. Pennon. Gonfalon. Cornette. / Aigles (romaines, impériales, etc.). Labarum (étendard de Constantin).

Parties du drapeau. Hampe, ou bâton. Epart(t) (bâton qui soutient le pavillon). Etamine (étoffe). Battant, ou guindant (hauteur de l'étoffe d'un pavillon). Canton (quartier ou compartiment d'un drapeau multicolore). Cravate (morceau d'étoffe attaché à la partie supérieure de la hampe). / Bout de hampe. Pomme de flamme. Cartouche. Pique. Baudrier. Brayer (bretelle pour soutenir la hampe). Gaine. Etui.

Relatif au drapeau. Arborer un drapeau. Amener, hisser le pavillon, les

couleurs. / Pavoiser (orner de drapeaux). Mettre en berne (en signe de deuil). / Planter le drapeau. Sonner au drapeau. Salut aux couleurs. / Baisser pavillon (s'avouer vaincu, céder).
Porte-drapeau. Porte-étendard. / *Termes anciens.* Cornette. Enseigne. Gonfalonier. Vexillaire. / Vexillologie (étude des drapeaux). Vexillologue. / Pavillonnerie (atelier où l'on confectionne les pavillons de navires). Pavillonneur.

dresser

(lat. pop. *directiare,* de *directus,* droit)

Mettre dans une position verticale ou voisine de la verticale. *Dresser un mât.* Planter. / *Dresser une échelle contre un mur.* Elever. / *Dresser la tête, le buste.* Lever. Redresser.

Se dresser. Se mettre debout. Se lever. Se hausser. / *Se dresser* (en parlant des poils, des cheveux, etc.). Rebiquer (fam.). Se redresser.

DRESSAGE. Montage. Installation.

Disposer selon un certain ordre. *Dresser la table.* Installer. Préparer. Mettre le couvert.

Rendre droit et plat. *Dresser une planche.* Aplanir. Dégauchir. Redresser. / *Dresser une pierre.* Equarrir.

Mettre par écrit. *Dresser un plan, une liste.* Etablir. Faire. / *Dresser un contrat.* Rédiger.

DRESSEMENT. Etablissement.

Amener un être à faire facilement quelque chose. *Dresser un cheval.* Apprivoiser. Mater. Débourrer. / *Dresser un animal sauvage.* Dompter. / Affaîter (dresser un faucon).
Dresser quelqu'un. Traiter sévèrement. Plier à une discipline stricte.

DRESSAGE. Affaîtage ou affaîtement (dressage d'un faucon). / Débourrage.

DRESSEUR. Dresseur de chiens. / *Dresseur de fauves.* Dompteur. / *Dresseur de faucons.* Fauconnier.

Mettre en opposition. *Dresser une personne contre une autre.* Exciter. Braquer. Monter.

Se dresser. S'opposer. S'élever. S'insurger. Résister. Faire face à.

droit adj. et n.

(du lat. *directus;* en gr. *orthos*)

Qui est sans courbure, sans déviation. *Une ligne droite. Un chemin tout droit.* Rectiligne. Direct. / *En droite ligne.* Directement. Sans détour. Tout droit. / Orthodromie (route la plus directe suivie par un navire ou un avion). / Rectitude (caractère de ce qui est en ligne droite).

Perpendiculaire à l'horizontale. Orthogonal. / *Un arbre droit. Un mur droit.* Vertical. D'aplomb.

Mettre, tenir droit. Mettre d'aplomb. Planter debout. Mettre sur pied. Planter. Ficher. / Dresser. Eriger. Erection. Lever. Hérisser. Relever. / *Se tenir droit.* Garder l'équilibre. / Se cabrer.

Qui est du côté opposé au cœur. Bras droit. / *Main droite.* Dextre (vx). / Plante dextrovolubile. / Dextrogyre (qui tourne de la gauche vers la droite). / Tribord (côté droit d'un bateau).

Droite (n. f.). La droite d'une assemblée (ensemble de ceux qui siègent à la droite du président et qui appartiennent aux partis conservateurs). / Droitier. / Hue ! huhau ! (cris du charretier pour faire tourner les chevaux à droite).

Qui agit conformément à la morale. *Un homme droit.* Juste. Honnête. Franc. Loyal. Probe. Equitable. Impartial. Sincère.

DROITURE. Honnêteté. Franchise. Rectitude. Loyauté. Probité. Equité. Impartialité. Sincérité.

droit n.

(du bas lat. *directum ;* lat. class. *jus, juris*)

Pouvoir de faire quelque chose conformément à certaines lois, à certains règlements. *Exercer son droit. Revendiquer son droit.* Pouvoir. Qualité. Possibilité. Faculté. / *Donner un droit.* Autorisation. Permission.

Les droits de la personne humaine. Droits absolus. Droits relatifs. Droits politiques. / Droits civils. Droits extra-patrimoniaux. Droits de l'homme. Droits patrimoniaux. Droits réels. Droit de propriété. Droits personnels (ou de créance).

Ensemble des lois réglant les rapports des hommes en société. Droit naturel. / Droit positif.

Droit public. *Droit constitutionnel.* Nation. Peuple. Constitution. Pouvoir législatif, exécutif. Pouvoir judiciaire. Rapports de l'individu et de la puissance publique. Libertés publiques. Libertés individuelles (de conscience, du travail, des associations, de l'enseigne-

ment, de la presse). / Elections. Vote. / Plébiscite. Référendum.
Droit administratif. Organisation administrative. Ministres. Préfets et sous-préfets. Maires. Conseils municipaux. / Domaine public. Expropriations. Réquisitions. / Domaine privé. / Fonction publique. Situation, nomination, avancement, hiérarchie des fonctionnaires. / Etablissements publics. / Police. Sûreté nationale et police judiciaire. / Tribunaux administratifs. Conseil d'Etat. Conseil de préfecture. Cour des comptes. /Finances publiques. Budget. Emprunt. Impôts. Trésor. Intervention économique de l'Etat.
Droit pénal. Infractions. Crime. Délit. Contravention. / Délinquance. Récidive. Complicité. / Procédure pénale. Dénonciation. Plainte. Instruction préparatoire. Juge d'instruction. / Organisation de la répression des infractions. Tribunaux. / Peines. Circonstances aggravantes et atténuantes. Prescription. Grâce. Amnistie. Réhabilitation.
Droit international public. Coutume internationale. Jurisprudence internationale. / Les Etats. Etat simple. Union d'Etats, Etats protégés. Etats associés. Territoire sous tutelle. L'Organisation des Nations unies. Cour de justice internationale. Organismes européens. / Conflits internationaux. Arbitrage. Bons offices. Médiation. / Modes de solution violents. Guerre. Mesures de rétorsion et de représailles. / Le droit de la guerre. Neutres. Belligérants. Traités de paix. Modes de solutions pacifiques.

Droit privé. *Droit civil.* Les personnes. Actes de l'état civil. Naissance. Mariage. Décès. / Divorce. Séparation de corps. / Filiation légitime, naturelle. Légitimation. Adoption. / Parenté et alliance. Puissance paternelle. / Les incapables. Tutelle. Conseil judiciaire.
Le patrimoine. Les biens et les obligations. Différentes sortes de biens. Droits réels. Propriété. Usufruit. / Principaux contrats. Les sûretés. Solidarité. Cautionnement. Nantissement. Hypothèque. / Contrats de mariage. / Testaments. / Successions. / Donations.
Droit commercial. Actes de commerce. / Immatriculation au registre du commerce. Tenue des livres de commerce. / Propriété commerciale. Sociétés commerciales. / Bourse de valeurs. Bourse de commerce. / Contrats commerciaux. Courtage. Commission. / Effets de commerce. Lettre de change et billet à ordre. Warrant. / Chèque. Compte courant. / Faillite. Règlement judiciaire. Liquidation des biens. Banqueroute.
Droit du travail. Droit collectif du travail. Convention collective. Droit des syndicats. Syndicats de salariés. Syndicats de patrons. / Droit de grève. / Règlement des conflits collectifs du travail. Conciliation. Arbitrage. Médiation. / Comité d'entreprise. Intéressement du personnel aux résultats de l'entreprise. Participation. / Droit individuel du travail. Contrat de travail. Obligations réciproques des salariés et de l'employeur. Accord d'entreprise. Certificat de travail. / Réglementation du travail. Durée du travail. Hygiène et sécurité du travail.
Droit international privé. Condition civile des étrangers. Nationalité. Situation des étrangers. Naturalisation. Admission. Expulsion. Immigration.
Droit rural. Remembrement. Statut des baux.
Droit maritime. Armateur. Affrètement.
Autres droits. Droit aérien. Droit forestier. / Droit social. Droit syndical. / Droit économique. / Droit canon ou canonique.

Redevance. *Percevoir un droit. Acquitter un droit.* Taxe. Imposition. Impôt. / Droit de péage. Droit d'enregistrement, de timbre. / Droits de douane. / Droit d'ancrage, de bassin. Droit de tonnage. / Droits d'auteur. / Droit des pauvres (somme perçue sur les spectacles, les jeux).

Relatif au droit. Etudes de droit. Etudes juridiques. Capacité. Licence. Doctorat. Agrégation. / Juriste. Jurisconsulte. / Juridiction. / Jurisprudence.

drôle

(du néerl. *drol,* lutin)

Qui fait rire. *Une chose drôle. Un être drôle.* Amusant. Comique. Gai. Plaisant. Cocasse. Risible. Bouffon. Drolatique. Impayable. / *Termes pop.* Marrant. Bidonnant. Tordant. Rigolo.
DRÔLERIE. Bouffonnerie. Cocasserie.

Qui paraît bizarre. *Trouver quelqu'un, quelque chose drôle.* Curieux. Anormal. Surprenant. Etonnant. Etrange. Insolite. Singulier. / *Une drôle d'affaire, d'aventure* (fam.). Rocambolesque. Fantastique. / *Un drôle d'homme.* Bizarre. Farfelu. Extravagant. Branquignol (fam.). / *Un drôle d'individu* (fam.). Un drôle de moineau, de coco, de pistolet. Un triste sire. / Faire une drôle de tête (fam., rester stupéfait).

Qui est extraordinaire (fam.). *Une*

drôle de patience. Un drôle de courage. Grand. Enorme. Rude. Remarquable. Fameux. Sacré (fam.).
DRÔLEMENT (fam.). Beaucoup. Très. Rudement. Diablement. Vachement (pop.).

druide

(du lat. *druida,* du gr. *drus,* chêne)

Prêtre gaulois ou celte. Collège des druides. / Grand druide. / Eubage, ou ovate (druide astronome devin ou sacrificateur). / Barde (poète sacré). Rote (instrument de musique des bardes). Druidesse. Velléda (druidesse germanique).

Religion des druides. Druidisme. / Dieux gaulois. (V. MYTHOLOGIE.) / Gui sacré. / Sacrifices humains. / Métempsycose (doctrine selon laquelle l'âme peut passer dans plusieurs corps).

Pierres druidiques (monuments mégalithiques). Menhir (pierre levée). Dolmen (pierre posée). Cairn (monticule fait de pierre et de terre). Cromlech (enceinte de monolithes verticaux). / Allée couverte. Alignements. / Tumulus (élévation de terre sur un tombeau). Galgal (tumulus renfermant une crypte).

dur

(du lat. *durus;* en gr. *sklêros*)

Qui résiste au toucher, à la pression. *Un métal, un bois dur.* Résistant. Solide. Consistant. Ferme. / Dur comme du fer, comme du bronze, comme de la pierre. / *Viande dure.* Coriace. Filandreux. / *Pain dur.* Rassis. / *Une barbe dure.* Rude. Rêche. Rugueux. / *Des mains dures.* Calleux. / *Partie dure de la peau.* Induration.
DURCIR. Affermir. Raffermir. / Racornir. Dessécher. / *Se durcir* (en parlant des tissus des artères). Se scléroser.
DURCISSEMENT. *Durcissement d'un tissu.* Induration. Sclérose. / Sclérodermie.
DURETÉ. Consistance. Fermeté.
INDURATION. *Induration de la peau.* Callosité. Cal. Durillon. Cor aux pieds. Oignon.

Désagréable au goût. *Un vin, un cidre dur.* Acre. Apre. Amer. Désagréable. / Ecorcher le gosier.

Qui demande un effort physique ou intellectuel. *Une montée dure.* Rude. Raide. / *Un travail dur.* Pénible. Fatigant. Ereintant. / *Un problème dur à résoudre.* Difficile. Trapu (fam.).
Avoir la tête dure. Comprendre difficilement, ou ne pas vouloir comprendre. Etre bouché (fam.), borné. Avoir l'esprit obtus. Etre entêté, têtu.

Pénible à supporter. *Une vie dure.* Difficile. Malheureux. Rude. Austère. / Une vie de chien, de galérien. Manger de la vache enragée. / *Etre élevé à la dure.* Sévèrement. / *Une saison dure. Un dur climat.* Rigoureux. Rude. / *Un dur combat.* Acharné. Furieux. Farouche.
DURETÉ. Rigueur. Rudesse.

Qui supporte facilement la douleur. *Dur à la peine, au mal.* Courageux. Endurant. Stoïque. Impassible.
ENDURCIR. *Endurcir à la fatigue, à la souffrance.* Affermir. Aguerrir. Cuirasser. Entraîner.

Qui ne se laisse pas émouvoir, attendrir. *Un homme dur avec (envers, pour) les autres.* Insensible. Impitoyable. Inexorable. Implacable. Intransigeant. Pas commode. Sévère. Strict. Exigeant. Intraitable. Tyrannique. Inhumain. Mauvais. Méchant. Vache (pop.). / Avoir un cœur de pierre, de roche. Etre sans cœur. / *Un enfant dur.* Désobéissant. Difficile. Indiscipliné. Indocile. Turbulent. Capricieux. Coléreux.
DURETÉ. Insensibilité. Intransigeance. Sévérité. Méchanceté.
DUREMENT. *Traiter durement.* Rudoyer. Malmener. Maltraiter. Brutaliser.

Qui manifeste de la dureté. *Un ton dur.* Sec. Acerbe. Rude. Cassant. Brutal.

durer

(du lat. *durare*)

Avoir une certaine durée. *Durer* (en parlant d'une action, d'un état). S'étendre sur. / *Durer longtemps.* Se prolonger. Se perpétuer. S'éterniser. Traîner en longueur. N'en plus finir. / *Durer* (en parlant de la température). Se maintenir. / *Faire durer.* Entretenir. Prolonger. Perpétuer. Pérenniser.
Qui dure toujours. Continuel. Incessant. Interminable. / Qui n'a pas de fin. Eternel. Immortel. Perpétuel. Sempiternel. / *Qui ne dure qu'un temps limité.* Temporaire. Provisoire. Transitoire. Momentané. Passager. / *Qui dure peu de temps.* Court. Bref. / *Qui dure très peu de temps.* Ephémère. Fugace. Fugitif.
DURABLE (qui dure longtemps). Stable. Permanent. Impérissable. Indestructible. Tenace. Vivace. Pérenne (vx).
DURABILITÉ. Persistance. Stabilité.
DURÉE. Espace de temps. Période. Laps de temps. / *Courte durée.* Instant. Moment. Minute. Seconde. / *Durée sans fin.* Eternité. Perpétuité. Pérennité. Immortalité.
DURANT. Pendant. Au cours de.

E

eau

(du lat. *aqua;* en gr. *hudôr*)

Liquide incolore, inodore, transparent, composé d'hydrogène et d'oxygène. *Les trois états de l'eau.* Glace. Eau. Vapeur. / Eau vive. Eau courante. Cours. Courant. / *Cours d'eau.* Fleuve. Rivière. Torrent. Ruisseau. Filet d'eau. / Eau claire, limpide, transparente. / Eau naturelle. Eau pure. / Eau crue. Eau dure. / Eau douce. Eau salée, saumâtre. Eau croupie. Eau trouble, bourbeuse, vaseuse, fangeuse.

Chute d'eau. Cascade. Cataracte. / Eau jaillissante. Geyser. / Eau de roche. Veine. Fontaine. / Eau dormante. Eau stagnante. Eau croupissante. Marais. Mare. Flaque. Chott. Lagune. Etang. Lac. / Grêle. Neige. / Pluie. Déluge. Trombe d'eau. Ondée. Rosée. Brume. Gouttes. Gouttelettes. / Inondation. Tourbillon. Remous. Bouillons. / Nappe d'eau souterraine. Nappe phréatique. Source. Puits artésien. / Humidité. Suintement.

Emploi thérapeutique de l'eau. Hydrothérapie. Balnéothérapie. Crénothérapie (traitement par les eaux de source).

Médication. Eau minérale. Eaux sulfureuses, chlorurées, sodiques, alcalines, arsenicales, calciques, magnésiennes, ferrugineuses. / Faire une cure thermale. Aller aux eaux. Une ville d'eaux. Curiste. Bain hydrominéral.

Garde et transport. Bassin. Pièce d'eau. Plan d'eau. / Réservoir. Barrage. Canal. Aqueduc. Conduite. Canalisation. Citerne. Puits. Pompe. Fontaine. Abreuvoir. Lavoir. / Aquarium. Piscine. / Adduction d'eau. / Prise d'eau. Poste d'eau. Tuyau. Branchement. Siphon. Robinet. Filtre. Brise-jet.

Bouteille. Carafe. Bidon. Vache à eau. Cruche. Cruchon. Alcarazas. Aiguière.

Usages de l'eau. Boisson. Eau potable. Eau de table. Eau gazeuse. / *Traitement des eaux.* Eau polluée. Clarification. Filtrage. Epuration. Stérilisation. Chloration. Javellisation. / Clarifier. Filtrer. Stériliser. Epurer. Javelliser.

Usages domestiques, hygiéniques. Laver. Lavage. Arroser. Asperger. / Etendre d'eau. Dilution. Tremper son vin. Couper. / Prendre un bain. Se baigner. Se doucher. / Se jeter à l'eau. Plonger. Nager. / Immerger. Imbiber.

Usages liturgiques. Eau baptismale. Eau bénite. / Baptiser. Ondoyer.

Usages industriels. Houille blanche (énergie fournie par les barrages). Houille bleue (des mers). Houille verte (des cours d'eau). / Eau lourde. / Moulin à eau. Turbine.

Science de l'eau. Molécule H_2O. / Eau oxygénée, ou peroxyde d'hydrogène (H_2O_2). / Hydroxyle OH. / Hydrologie. Hydrographie. Hydrodynamique. Hydrométrie. Hydrostatique. Hygrométrie. Océanographie. Limnologie (lacs). Hydrogenèse. Hydrogéologie. Hydraulique. Captage de l'eau. Les Eaux et Forêts.

Relatif à l'eau. Aquosité. Aqueux. / Hydratation. Hydraté. Hydrater. Hydratant. / Déshydrater. Déshydratation. / Hydrotimétrie. / Anhydre (sans eau). Hydrique. Humide. / Aquatique. Aquiculture. / Marécageux. Lacustre. Fluvial. Fluviatile. Torrentiel.

Eaux mères. Eaux résiduaires. / Eau-de-vie. / Eau régale. / Eau de toilette.

Hydrogène. / Hydromel. / Hydrocéphale. / Hydropique. / Hydrophobe. / Hydrophile. / Ondine. Naïade.

Sourdre. Jaillir. Affleurer. Dégoutter. Suinter. Couler. S'écouler. / Stagner. Croupir. / Perte. Résurgence. / Onduler. Ondulation. Ondulé. Ondé. / Aller au fil de l'eau, à la dérive, à vau-l'eau.

Faire venir l'eau à la bouche (salive). / Etre en eau (en sueur).

éblouir

Troubler la vue. (En parlant du soleil.) Aveugler. Blesser la vue. Offusquer la vue (vx). Donner le vertige. /

Envoyer des reflets qui éblouissent. Miroiter. Etinceler. Réverbérer.

ÉBLOUISSEMENT. Aveuglement. / Syncope. Vertige.

ÉBLOUISSANT. Brillant. Eclatant. Aveuglant.

Susciter l'admiration. (En parlant de la beauté.) Emerveiller. Fasciner. Séduire. Faire tourner la tête.

ÉBLOUISSANT. Merveilleux. Séduisant. Fascinant.

ÉBLOUISSEMENT. Emerveillement. Fascination.

Troubler le jugement. *Eblouir quelqu'un par ses succès, ses richesses.* Etonner. Emerveiller. Etourdir. Epater (fam.). Jeter de la poudre aux yeux. En mettre plein la vue (pop.). Bluffer (fam.). Eberluer. Monter le coup (fam.).

écarter

(du lat. pop. *exquartare,* partager en quatre)

Mettre des choses à une certaine distance des autres. *Ecarter les doigts, les jambes.* Séparer. Desserrer. / *Ecarter les plants d'un semis.* Espacer. / *Ecarter les lèvres d'une plaie.* Elargir.

ÉCARTEMENT. ÉCART. Distance. Eloignement. Séparation. Espace. Intervalle.

Tenir éloigné. (Avec un complément désignant une personne.) *Ecarter quelqu'un d'un milieu, d'un groupe.* Repousser. Exclure. Eliminer. Renvoyer. Mettre à l'écart. Tenir à l'écart. Mettre en quarantaine. Boycotter. Reléguer. / *Ecarter une personne de son pays natal.* Exiler. Bannir. Chasser. Reléguer (vx). / *Ecarter un rival.* Evincer. Eliminer.

(Avec un complément désignant une chose.) *Ecarter un objet d'un autre.* Eloigner. Mettre à part. / *Ecarter une idée pénible.* Repousser. Chasser. Bannir. / *Ecarter un soupçon.* Faire disparaître. Dissiper. Supprimer.

S'écarter. (En parlant des personnes.) S'éloigner. Se ranger. S'effacer. Céder la place. S'ôter. / Se tenir à l'écart. Vivre à l'écart. Vivre à part, dans l'isolement. / Marginal (individu qui se tient ou est tenu à l'écart d'une société). / *S'écarter du droit chemin.* S'égarer. Se fourvoyer. Dévier. / *S'écarter d'une question.* Faire une digression.

(En parlant des choses.) Diverger. Irradier. Rayonner. Se ramifier.

ÉCART. *Ecart de conduite.* Dévergondage. Incartade. Frasques. Fredaines. / *Ecart de langage.* Impertinence. Insolence. Impolitesse. Inconvenance. Incorrection. Insulte. Grossièreté. Injure.

échapper

(du lat. pop. *excappare,* sortir de la chape)

Quitter quelqu'un par la force ou la ruse. *Echapper à un gardien, à un surveillant.* S'en aller. Partir.

S'échapper. S'enfuir. S'évader. Se sauver. Prendre la clef des champs. Prendre la poudre d'escampette (fam.).

ESCAPADE. Fugue. Evasion. Fuite.

Ne pas être atteint ou concerné par quelque chose. *Echapper à un danger.* Eviter. Réchapper. / *Echapper à un travail pénible, à une corvée.* Couper à. Se soustraire à. Tirer au flanc (pop.). / *Echapper à une difficulté.* Esquiver. Eluder. / *Echapper à la règle.* Faire exception.

RESCAPÉ (qui a échappé à un accident). Indemne. Sain et sauf.

ÉCHAPPATOIRE. Prétexte. Dérobade. Ruse. Subterfuge. Faux-fuyant.

Ne pas être perçu, compris par quelqu'un. *Echapper à la vue, au regard, à l'attention.* Ne pas être vu, remarqué. / *Laisser échapper une faute.* Ne pas voir. Laisser passer. / *Laisser échapper une parole.* Dire par mégarde, par inadvertance.

Cesser d'être tenu. *Echapper des mains* (en parlant d'un objet). Glisser. Tomber.

échecs

(altér. de *eschac,* du persan *shah,* roi)

Jeu dans lequel les déplacements des seize pièces d'un joueur sur un damier ont pour objet de s'emparer du roi de l'adversaire. Partie d'échecs. Tournoi d'échecs.

Le matériel des échecs. *Echiquier, ou damier.* Cases (trente-deux blanches et trente-deux noires). Notation (des cases par des chiffres et des lettres). Aile (moitié droite ou gauche de l'échiquier). Colonne (ligne de huit cases verticales). Rangée (ligne horizontale). Diagonale (ligne oblique). Coin (case angulaire).

Pièces. Figure (toute pièce autre que le pion). Roi. Dame, ou reine. Fou. Cavalier. Tour. Pion. / Pièces majeures, ou lourdes (dame, tour). Pièces mineures, ou légères (fou, cavalier). / Portée (nombre de cases que peut parcourir une pièce).

Le jeu des échecs. *Joueur.* Appariement (désignation des adversaires dans un tournoi). Les blancs, les noirs (le joueur qui a les pièces de cette couleur).

Grand maître (joueur de premier rang). Maître (fort joueur).
Partie. Partie à avantage (état d'infériorité initial pour le meilleur joueur). Partie par correspondance (ou par téléphone, etc.). Partie ou jeu à l'aveugle (sans regarder l'échiquier). / Avoir le trait (être le premier à jouer).
Coup (transport d'une pièce à une autre case). Adouber (toucher ou jouer la pièce avec droit de la laisser où elle était). Prise ou capture. Prendre (s'emparer d'une pièce adverse). Echange (prise réci-

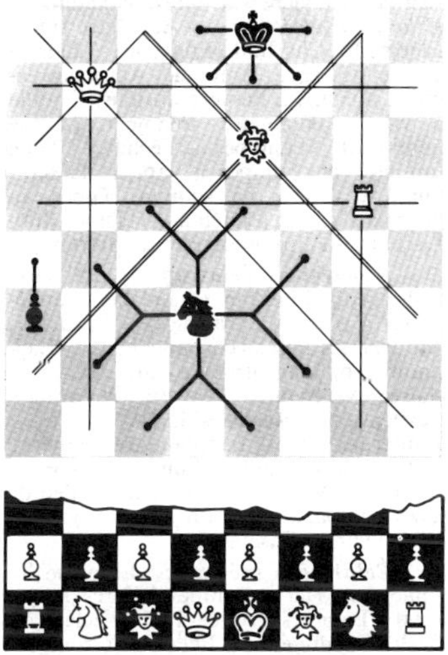

En haut, marche des diverses pièces sur l'échiquier. En bas, disposition des pièces au début de la partie.

proque de pièces). Sacrifice, ou gambit (perte volontaire d'une pièce). Contre-gambit. Coup forcé. Attaque. Fourchette (attaque double). Protection d'une pièce par une autre. Répétition (retour à une position antérieure). Séquestration (refoulement de l'adversaire à une case d'où il ne peut plus sortir). Position (situation de l'ensemble des pièces à un moment donné). Jeu fermé (les pions se bloquent mutuellement). Jeu ouvert.
Début (1re phase du jeu). Ouverture (1er coup avec un pion). Pion arrière (resté en arrière). Pion avancé. Pion bloqué, ou fixé (empêché d'avancer). Pions doublés (deux de la même couleur, dans la même colonne). Pion isolé (non défendu par un autre). Pion soutenu (défendu). Chaîne (plusieurs pions en diagonale). Coup d'attente (sans but fixe). Roc (coup qui place le roi dans un coin protégé). Roquer. Déroquage. Déroquer (empêcher le roc).
Développement (2e phase). Fianchetto (installation d'un fou sur l'aile). Mat du Lion (le plus court : en deux coups). Mat du Berger (très court). Déblaiement (suite de coups pour éliminer des pièces gênantes). Aller à dame, damer (avancer un pion à la 8e case). Promotion (atteindre cette case, où le pion est changé pour une autre pièce au choix). Ajournement (suspension d'une partie trop longue).
Fin de partie (3e phase). Obstruction (une pièce empêche l'adversaire de s'installer dans une case). Roi dépouillé (isolé). Echec (le roi, à la portée d'une pièce adverse, doit être protégé). Echec double (deux pièces se trouvent faire échec simultanément). Couverture. Couvrir (interposer une pièce pour protéger le roi). Menace (entraîne le mat après un nombre de coups connu d'avance). Parade (empêche la menace). Echec et mat (le roi ne peut être défendu : la partie est finie). Partie nulle (aucun des deux rois ne peut être mat). Pat (aucun coup n'est possible pour l'un des joueurs : partie nulle). Abandon (un joueur s'avoue vaincu avant d'être mat).
Analyse (étude d'une partie *a posteriori*). Problème (partie à achever à partir d'une situation imaginaire). Compositeur, ou problémiste (maître qui imagine des problèmes).

échelle
(du lat. *scala*)

Appareil composé de deux montants parallèles reliés par des barreaux et servant à monter ou à descendre. *Mettre une échelle debout.* Dresser. / *Appuyer une échelle contre quelque chose.* Accoter. / Monter sur une échelle, à une échelle.

Sortes d'échelles. Echelle simple. Echelle double. Echelle volante. Echelle à coulisse. Echelette. / Echelle de corde. Corde à nœuds. / Echelier, ou rancher (montant avec chevilles). / Echelle à crampons, à crochets. Escabeau (petite échelle pliante d'appartement). / Echelle à incendie. Echelle mécanique orientable. Echelle escamotable. / (Dans la marine.) Echelle de dunette, de cale. Echelle de coupée (pour l'embarquement des passagers). Echelle de pilote.

Parties des échelles. Branches. Bras. Montants. / Barreaux. Traverses. Echelons. Crampons. Entures. Enfléchures (échelons de cordage).

Relatif à l'échelle. *Monter à une échelle.* Escalader (vx). / Faire la courte échelle. / *Echelle sociale.* Hiérarchie. Rang. Position. Etre en haut, en bas de l'échelle. / Echelle numérique (cartes). Echelonner. / Echelle des sons. Echelle diatonique. Echelle chromatique.

Locutions diverses. Tirer l'échelle après quelqu'un (reconnaître sa supériorité). Monter à l'échelle (prendre au sérieux une plaisanterie, se fâcher). Sur une vaste échelle (en grand, dans des proportions importantes).

échouer

Toucher le fond et ne plus pouvoir naviguer. (En parlant d'un bateau.) Donner de la bande. Talonner. Draguer. Labourer. S'enfoncer. S'engraver. S'ensabler. S'envaser.
DÉSÉCHOUER. Renflouer. Remettre à flot. ECHOUAGE (acte volontaire). ECHOUEMENT (acte involontaire).

Ne pas réussir. (En parlant d'une personne.) *Echouer dans un projet.* Ne pas atteindre le but. Achopper, ou s'achopper (vx ou littér.). Buter sur l'obstacle. Manquer son coup. Trébucher. Laisser échapper l'occasion. Tomber sur un bec (fam.). Se casser le nez (fam.). / Perdre la partie. Etre capot. Avoir le dessous. Faire fiasco. Faire chou blanc. Etre bredouille. Ramasser une veste (fam.). / *Echouer à un examen.* Rater. Ne pas être reçu. Etre collé (fam.). Etre recalé (fam.).
(En parlant d'une chose.) Manquer. Rater. Avorter (fam.). Tourner mal. S'en aller en eau de boudin. Aller à vau-l'eau. / *Faire échouer un projet.* Torpiller (fam.).
Manque de réussite. Echec. / *Essuyer un échec.* Insuccès. Défaite. Revers. Déception. Désappointement. Déconvenue. Déboire. / Fiasco. Faillite. Avortement. / *Tenir en échec.* Empêcher d'agir. Mettre en difficulté. / *Echec d'une pièce de théâtre.* Four. Bide (argot).

éclairage

(de *éclairer*)

Action ou moyen d'éclairer. *Eclairage naturel.* Jour. A giorno. / *Eclairage artificiel.* Eclairage direct (lumière venant de la source). Eclairage indirect (lumière réfléchie par le plafond ou un mur). / Eclairage public. Illumination.
Eclairage par combustion. Torche. Flambeau. / Chandelle. Bougie. Cierge. / Acide stéarique. Paraffine. Cire. Suif. / Lampe à mèche. Lampe à huile. / Lampion. Bec. Mèche. / Lampe à pétrole. Quinquet. Socle. Réservoir. Crémaillère. Verre. Globe. / Pétrole lampant. Kérosène. / Lampes à gaz ou à vapeur. Bec à gaz. Papillon. Gaz d'éclairage. / Lampe à incandescence. Bec Auer. Manchon. / Lampe à acétylène. Carbure de calcium.
Eclairage électrique. Arc électrique. Electrode. Charbon. Etincelle. / Lampe à incandescence. Ampoule. Ampoule dépolie, opaline, à lumière du jour. Douille à vis, à baïonnette. Filament. Lampe demi-watt. / Lampes à décharge. Tube luminescent. Lampes à vapeur de mercure, à vapeur de sodium. Tubes au néon, à l'argon, à l'hélium. / Tubes fluorescents. Lampe fluorescente. Starter.

Appareils d'éclairage. Luminaire. / Bougeoir. Bobèche. Chandelier. Candélabre (à plusieurs branches). / Moucher. Mouchettes (ciseaux à moucher). / Eteignoir. Applique. Bras de mur. / Lampadaire. Abat-jour. / Lustre. Plafonnier. Suspension. / Réglette-bloc.
Lanterne. Fanal. Lampion, ou lanterne vénitienne. Girandole. Lumignon. Lampe de poche. Veilleuse. / Réverbère. Bec de gaz. Lampadaire. / Projecteur. Spot. / Réflecteur. Diffuseur.

Éclairages spéciaux. Enseigne lumineuse. / Herse. Rampe (théâtres, magasins). / Lampe survoltée. Lampe-éclair, ou flash. Poudre-éclair. Eclair électronique, magnésique (photographie). / Phare. Phare de recul. Phare antibrouillard. Eclairage en code, ou feux de croisement. Feux de route (automobiles). / Lampe de mineur. Lampe de sûreté à flamme, électrique (mines). / Phare maritime. Phare à feu fixe. Phares à éclipses, à occultations (navigation). / Lamparo (pêche). / Eclairage scialytique (sans ombres portées, employé en chirurgie).

éclairer

(du lat. *exclarare,* de *clarus,* clair)

Répandre de la lumière. *Eclairer une pièce.* Allumer. / *Eclairer d'une vive lumière.* Illuminer. / Illumination. / *Eclairer* (en parlant d'une source lumineuse). Luire. Briller. Etinceler.

Mettre une personne en état de

comprendre. *Eclairer quelqu'un sur une question.* Informer. Instruire. Guider. Renseigner. / *Eclairer une personne qui est dans l'erreur.* Détromper. Désabuser. Ouvrir les yeux. Dessiller les yeux.

éclat

(de *éclater*)

Intensité de ce qui est lumineux ou coloré. *L'éclat d'une lumière.* Clarté. Brillance. Luminance. / *L'éclat d'une étoile.* Magnitude. / *L'éclat du regard.* Luminosité. / *L'éclat d'un coloris. L'éclat du teint.* Vivacité. Fraîcheur. / *Qui manque d'éclat.* Terne (v. ce mot).

ECLATANT. Brillant. Lumineux. Coruscant (littér.). Eblouissant.

Caractère de ce qui est brillant, fastueux. *L'éclat d'une fête.* Magnificence. Faste.

ECLATANT. Resplendissant. Fastueux. Magnifique.

économie

(du lat. *oeconomia;* du gr. *oikos,* maison, et *nomos,* administration)

Organisation de la production et de la consommation des richesses. *Facteurs de la production.* Agriculture. Commerce. Industrie. Circulation des richesses. Monnaie. Crédit. Banques. Echanges internationaux. / Economie fermée. Autarcie. / Consommation. Dépense. Epargne.

Doctrines économiques. Libéralisme. Conservatisme. Individualisme. Socialisme. Collectivisme. Etatisme. Dirigisme. / Science économique (science qui a pour objet la production, la répartition et la consommation des biens matériels). / Economiste (spécialiste d'économie politique).

Gestion où l'on évite toute dépense inutile. *Esprit d'économie.* Modération. Mesure. Epargne. Prévoyance. / *Economie excessive.* Avarice. Mesquinerie. Lésine (vx). Mégotage (pop.). / *Economie domestique.* Tenue des comptes. Livre de raison (vx). Equilibre du budget.

Ce qui est économisé. *Economie d'argent, de temps. Economie d'effort.* Gain. Avantage. / *Economie de bouts de chandelle* (économie sur de petites choses). Parcimonie.

Economies (argent mis de côté). Réserve. Bas de laine (fam.). Magot (fam.). / Tirelire. Cagnotte. / Placer ses économies. Caisse d'épargne.

ECONOMISER. *Economiser son argent.* Epargner. Mettre de côté. Mettre à gauche (fam.). Garder une poire pour la soif. Se restreindre. Se priver. Calculer. Compter. / *Economiser de façon excessive.* Lésiner. Regarder à la dépense. Mégoter (pop.). Donner au compte-gouttes (fam.). / *Economiser son temps, ses forces.* Epargner. Ménager.

ECONOMIQUE. Avantageux. Pas cher. Bon marché.

ECONOME. Epargnant. Prévoyant. / *Econome à l'excès.* Parcimonieux. Chiche. Lésineur (vieilli). / Parcimonieusement. Chichement. Mesquinement.

ECONOMIQUEMENT. Avantageusement. A bon marché. A peu de frais.

écouter

(du bas lat. *ascultare,* en lat. class. *auscultare*)

Faire attention à ce qu'on entend. *Ecouter un discours, de la musique, des bruits.* Tendre l'oreille. Prêter l'oreille. S'appliquer à entendre. / Tenir le crachoir à quelqu'un (fam., l'écouter sans pouvoir dire un mot).

ECOUTE. *Prendre l'écoute. Etre, rester à l'écoute.* Audition. / *Etre aux écoutes.* Ecouter attentivement.

ECOUTEUR. *Ecouteur aux portes.* Indiscret.

Accueillir favorablement ce que dit quelqu'un. *Ecouter les conseils d'une personne.* Suivre. Tenir compte de. / *Ecouter ses parents* (en parlant d'un enfant). Obéir. Céder.

écraser

Exercer sur un corps une pression qui l'aplatit ou le brise. *Ecraser un insecte avec le pied.* Aplatir. Ecrabouiller (pop.). / *Ecraser une noix avec ses dents.* Croquer. / *Ecraser des fruits, du blé dans un moulin.* Broyer. Moudre. / *Ecraser du sel, du poivre.* Triturer. Egruger. Pulvériser. / *Ecraser de l'ail.* Piler. Pétrir. / *Ecraser une personne avec un véhicule.* Renverser. Tuer.

Faire succomber sous une charge, sous une force excessive. *Ecraser quelqu'un de travail.* Accabler. / *Ecraser d'impôts.* Charger. Surcharger. / *Ecraser un peuple.* Opprimer. Asservir. Assujettir. / *Ecraser un adversaire.* Anéantir. Piler (pop.). Battre à plate couture (fam.).

ECRASANT. Accablant. Fatigant. Ereintant. / Assujettissant.

ÉCRASEMENT. Accablement. Anéantissement. Destruction.

écrire

(du lat. *scribere* ; en gr. *graphein*)

Exprimer sa pensée au moyen de signes graphiques. *Ecrire un mot, une phrase. Ecrire un nom sur un carnet.* Inscrire. Noter. / *Ecrire un article, un livre.* Rédiger. Composer. Produire. Publier. / *Ecrire des choses sans valeur.* Ecrivailler. Ecrivasser. / *Ecrire sous la dictée.* Transcrire. / *Ecrire pour la seconde fois.* Récrire. Copier. Recopier.
Ecrire avec application. Calligraphier. Mouler ses lettres. / *Ecrire d'une manière illisible.* Griffonner. Gribouiller. Barbouiller. / *Faire des corrections en écrivant.* Corriger. Rayer. Raturer. Biffer. Surcharger. / *Déguiser son écriture.* Contrefaire. Falsifier. Maquiller un texte. / *Ecrire en marge.* Emarger. / *Annotation mise en marge.* Apostille. / Apostiller. / Ecrire à la main. / Manuscrit. / *Ecrire à la machine.* Dactylographier.

Informer par lettre. Faire savoir. Annoncer. / *Ecrire à quelqu'un.* Envoyer une lettre. Correspondre avec.

Écriture. *Eléments de l'écriture.* Signes. Caractères. Alphabet. Lettres. Consonnes. Voyelles. / Majuscules. Minuscules. / Idéogrammes. Pictogrammes. Hiéroglyphes. Runes (anciens caractères des Scandinaves).
Ecriture idéographique, hiéroglyphique. Ecriture syllabique, phonétique. / Ecriture boustrophédone, ou boustrophédon (qui va de droite à gauche et de gauche à droite). / Ecriture cunéiforme. / Ecriture script (qui imite les caractères d'imprimerie). / *Ecriture chiffrée.* Cryptographie. Code. / Coder. Codage. / Sténographie. Sténotypie. / Sténographier. Sténotyper. Sténotypiste.

Principes d'écriture. Ligne. Interligne. Alinéa. Accolade. Renvoi. Astérisque. / Ponctuation (v. ce mot). / *Accents.* Aigu. Grave. Circonflexe. Tréma.

Sortes d'écritures. Ecriture fine, serrée. Ecriture large, moyenne, grosse. Ecriture arrondie, anguleuse. Ecriture droite, penchée. Ecriture montante, descendante. / Belle écriture. Belle main d'écriture (vx). Calligraphie. / *Ecriture illisible, indéchiffrable.* Gribouillage. Griffonnage. Pattes de mouches. / Grimoire (texte illisible).

Matériel d'écriture. Ecritoire (vx). Encre. Encrier. Plume. Porte-plume. Stylo. Crayon. Crayon à bille. / Papier. Cahier. Registre. Agenda. Carnet. Bloc. / Tableau noir. Ardoise. Craie. / Sous-main. Transparent. Buvard. / Grattoir. / Table. Pupitre. Bureau. / Machine à écrire. Pâte à polycopier. Stencil.

Termes anciens. Style (poinçon pour écrire sur les tablettes). Tablettes (planchettes d'ivoire, de cire). Diptyques (tablettes attachées ensemble). Roseau. Codex (tablette de bois). / Palimpseste (manuscrit gratté et recouvert d'une nouvelle écriture). Parchemin. Papyrus.

Écrits. *Ecrits pour informer le public.* Affiche. Ecriteau. Proclamation. Appel. Note. Manifeste. Pétition. / Etiquette. Inscription. Enseigne. Prospectus. Programme. Tract. Pancarte. / *Ecrit servant de preuve, de renseignement.* Document. Papier. Pièce. Procès-verbal. Certificat. Attestation. Diplôme. Dossier. Contrat. Convention. Traité. / *Ecrit portant une autorisation.* Permis. Autorisation. Passeport. Laissez-passer. Congé.
Ecrit autographe, ou autographe (n. m.) [écrit de la main de l'auteur]. Original. Manuscrit. Testament olographe. Créance chirographaire. / Double. Duplicata. / Texte. Teneur. / Ecrit anonyme. Ecrit signé. / Lettre. Missive. Epître (ironique). Mot. / Billet. Billet doux. / Document sans valeur. Chiffon de papier.
Œuvre littéraire, scientifique. Etude. Mémoire. Traité. Essai. / Ouvrage. Production. Publication. Volume. / *Ecrit polémique, diffamatoire.* Pamphlet. Diatribe. Satire. Libelle. Factum.
Brouillon. Copie. Minute (écrit qui reste chez le notaire ou le greffier). Minuter. / Grosse (copie en gros caractères). Grossoyer.

Écrivains. Homme de lettres. Auteur. Littérateur. Romancier. Essayiste. / *Mauvais écrivain.* Ecrivailleur. Ecrivassier. Plumitif. / Polygraphe (qui écrit sur des sujets variés).

Relatif à l'écriture. Graphie. Graphique. / Système graphique. Alphabet. Graphisme (caractères particuliers d'une écriture). Graphologie (connaissance du caractère d'après l'écriture). Graphologue. / Paléographie (connaissance des écritures anciennes). Epigraphie (étude des inscriptions). / Orthographe. Orthographique. Orthographier. / Déchiffrer. Décrypter. / « Lapsus calami » (faute faite en écrivant). / Opisthographe (qui est écrit au recto et au verso). Agraphie (perte de la capacité d'écrire).

éducation
(du lat. *educatio*)

Ensemble des moyens propres à développer les facultés physiques, morales et intellectuelles. Education familiale, religieuse. / *Education des enfants, de la jeunesse.* Formation. / Pédagogie (science de l'éducation). / *Education scolaire.* Enseignement. Instruction. / *Education physique.* Gymnastique. / *Education littéraire, scientifique, artistique, musicale.* Connaissances. Culture. Bagage (fam.). / *Maison d'éducation.* Institution. Ecole. Pensionnat. Collège.

EDUCATEUR. Maître. Précepteur. Enseignant.

EDUCATIF. *Mouvement éducatif.* Scoutisme.

EDUQUER. Former. Elever. Donner de bons principes.

Connaissance et pratique des bons usages d'une société. *Avoir de l'éducation. Manquer d'éducation.* Politesse. Savoir-vivre. Distinction. Bonnes manières. Convenances. Bienséances.
Bien éduqué. Bien élevé. Poli. Distingué. Raffiné. / *Mal éduqué.* Mal élevé. Impoli. Insolent. Grossier. Pignouf (fam.). Butor. Ours mal léché. Malappris (vieilli).

effacer
(de *é* et de *face ;* en lat. *delere*)

Faire disparaître ce qui est écrit, marqué. *Effacer un mot dans un texte. Effacer un nom sur une liste.* Supprimer. Biffer. Barrer. Rayer. Raturer. Corriger. Passer un trait sur. / *Effacer une tache.* Enlever. Oter. Gratter. Gommer. / *Effacer une inscription.* Oblitérer. Détruire. / Fruste. / *Effacer une couleur.* Faner. Faire passer. Ternir. Décolorer. Deleatur (signe de suppression, en imprimerie). Palimpseste (parchemin gratté et recouvert d'une nouvelle écriture).

EFFACEMENT. Suppression. Biffure.

EFFAÇABLE (qui peut s'effacer). Délébile.

INEFFAÇABLE. Indélébile.

Faire disparaître moralement. *Effacer un souvenir.* Oublier. Ne plus se souvenir. / *Effacer le passé.* Faire table rase. / *Effacer une erreur, une faute.* Réparer. Racheter. Passer l'éponge. / *Effacer un péché.* Absoudre. Pardonner.

S'effacer (en parlant d'une personne). *S'effacer pour laisser passer quelqu'un.* S'écarter. Se retirer. Laisser la place. / *S'effacer devant quelqu'un.* Se montrer humble, modeste. Se faire tout petit. S'incliner. S'écraser (pop.). / *S'effacer* (en parlant d'une chose). Disparaître.

EFFACÉ. Modeste. Humble.

effet
(du lat. *effectus,* de *efficere,* accomplir)

Ce qui résulte d'une cause. *L'effet d'une action, d'un remède.* Résultat. Conséquence. Suite. Réaction. Contrecoup. Issue. Retentissement. Impact. / *Produire, faire son effet.* Agir. Réussir. Opérer. Réagir. Atteindre son but. / *Avoir pour effet de.* Produire. Causer. Occasionner. Déterminer. Engendrer. / *A cet effet.* Dans cette intention.

EFFICACE. *Moyen, remède efficace.* Efficient. Bon. Souverain. Salutaire. / *Un homme efficace.* Capable. Compétent.

EFFICACITÉ. Efficience. Action. Puissance. Pouvoir. Propriété. Force.

INEFFICACE. Inopérant. Vain. Nul.

EFFECTIF (qui se traduit par un effet). Réel. Positif. Concret. Certain.

EFFECTIVEMENT. Réellement. Assurément. Certainement. En effet. Véritablement.

Impression produite sur quelqu'un. *Faire de l'effet, son effet.* Sensation. Impression. / Effet littéraire, oratoire, théâtral./*Viser à l'effet. Rechercher l'effet.* Impressionner. Toucher. Frapper. Attirer, captiver l'attention, le regard. / *Agir sous l'effet de la menace, de la colère.* Action. Influence. Empire.

effort

Application des forces physiques, intellectuelles et morales à un but. *Un effort physique.* Musculaire. / *Faire un grand effort.* Suer sang et eau. En mettre un coup (fam.). Donner un coup de collier. / *Un effort de mémoire, de compréhension. Un effort intellectuel.* Concentration. Application. Attention. Réflexion. Tension de l'esprit.
Faire des efforts. Faire tous ses efforts. Se donner du mal, de la peine. S'escrimer. S'appliquer. S'évertuer à. Essayer. Tenter. S'efforcer de. Remuer ciel et terre. Se débattre. Lutter. / *Sans effort.* Facilement. Sans peine, sans difficulté.

égal
(du lat. *aequalis, aequus ;* en gr. *isos*)

Qui a même quantité, même valeur, même qualité. *Un être, un objet égal à un autre.* Identique. Equivalent. Pareil. Semblable. Similaire. / *Traiter d'égal à égal.* Sur un pied d'égalité. Aller de pair.

EGALITÉ. Identité. Equivalence. Parité. Similitude. / Péréquation. / *Etre à égalité.* Ex aequo. Etre manche à manche.

EGALEMENT. Pareillement. De même. Semblablement. Autant. A l'avenant.

EGALISER (rendre égal). Equilibrer. Ajuster. Compenser. Contrebalancer. / Egalisation. Egalisateur.

EGALER (être égal). Equivaloir. Valoir. Atteindre. Rivaliser avec.

Composés en « équi- » et « pari- ». Equidistant. Equilatéral. Equinoxe. Equipollent. Equivalent. / Equivalence. / Parisyllabe. Parisyllabique.

Composés en « iso- ». Isocèle. Isochrone. Isomorphe. Isotherme.

Qui ne varie pas. *Marcher d'un pas égal.* Constant. Régulier. Invariable. / *Etre d'humeur égale.* Calme. Tranquille.

égarer

Mettre hors du droit chemin. *Egarer un voyageur.* Dérouter. Fourvoyer. Désorienter. Perdre. / (En parlant d'une influence, d'une lecture.) Aveugler. Dérouter. Ecarter, détourner du bien, de la vérité. Dévergonder. Pervertir.

EGAREMENT. Erreur. Aberration. Aveuglement. Fourvoiement. / *Egarement d'esprit.* Divagation. Dérangement.

Perdre momentanément. *Egarer une chose.* Ne pas retrouver. Oublier. / *Egarer un dossier.* Adirer.

S'égarer. (Au pr. et au fig.) Se perdre. Faire fausse route. Se fourvoyer. Perdre son chemin. S'écarter du bon sens, de la vérité. Se perdre dans des digressions. Elucubrer. Elucubration.

Etre égaré. Etre désorienté. Etre dépaysé. Ne pas se reconnaître. Etre dérouté. Etre perdu.

Église

(du lat. *ecclesia ;* en gr. *ecclêsia,* assemblée)

Assemblée de fidèles. Eglise primitive. / Eglise catholique, apostolique et romaine. Eglise latine. Catholicité. / Œcuménisme. / Eglise orthodoxe grecque ou d'Orient. / Eglise gallicane. / Eglises réformées. / Eglise schismatique. / Giron de l'Eglise. / Eglise militante (les fidèles). Eglise triomphante (les saints du ciel). Eglise souffrante (les âmes du purgatoire).

Gens d'Eglise. Clergé. Ecclésiastique. Prêtre. Clerc. / Curé. Vicaire. Chapelain. Desservant. Chanoine. Diacre. Ministre du culte. / Ecclésial. Maître de chapelle. Organiste. La maîtrise. Manécanterie. Chorale. Chantre. Choriste. / Maître des cérémonies. Bedeau. Suisse. / Enfant de chœur. Acolyte. Thuriféraire. Sacristain. Sacristine.

Édifice religieux. Maison de Dieu. Maison du Seigneur. Lieu saint. / Cathédrale. Basilique. Eglise paroissiale. Chapelle. Oratoire. / Eglise conventuelle. Prieuré. Moutier (vx). / Eglise collégiale, patriarcale, pontificale, métropolitaine. / Eglise abbatiale. Abbaye. / Eglise succursale. Annexe. / *Bénédiction d'une église.* Consécration. Vocable. Dédicace. Saint patron.

Parties d'une église. Parvis. Narthex. Façade. Porche. Portail. Tympan. Trumeau. Bas-reliefs. / Tours. Clocher. Campanile. Flèche. / Nef. Vaisseau. Travée. Abside. Chevet. Transept. Bascôtés. Ailes. Galerie. Triforium. Arcades. Déambulatoire. Sacristie. / Autel. Tabernacle. Confession (place des reliques). Maître-autel. Retable. Autel latéral. Chapelle. / Chœur. Sanctuaire. Ambon. Jubé. / Caveau. Crypte. / Pilier. Colonne. Chapiteau. / Voûte. Dôme. Pinacle. / Arcs. Ogives. Rose. Rosace. / Vitraux. Verrières. / Fonts baptismaux. / Chaire. Tribune. Clôture.

Eglise romane, gothique. Eglise Renaissance, baroque. Eglise moderne.

Mobilier. Confessionnal. / Stalles. Miséricorde (planche d'appui). Agenouilloir. Prie-Dieu. Bancs. Chaises. / Luminaire. Candélabre. Chandelier. Flambeau. Cierge. / Orgue. Harmonium. Lutrin. / Vestiaire. Chapier. / Chemin de croix. Tableaux. / Baldaquin. / Bénitier. / Cloche. / Tronc.

Objets du culte. Croix. Crucifix. Bannière. / Châsse. Reliquaire. Reliques. Saint-chrême. Saintes huiles. / Vases sacrés. Ciboire. Calice. / Ostensoir. / Ornements sacerdotaux. / Eau bénite. Goupillon. / Voile. Patène. / Encensoir. Encens.

Gestion d'une église. Cure. Chapitre. Fabrique. Conseil curial, paroissial. Marguillier (vx). / Paroisse. Desserte. / Registres. Cartulaire (chartes). / Offrandes. Quêtes. Fondations pieuses.

égoïsme

(du lat. *ego,* moi)

Attachement excessif à soi, à ses intérêts. *L'égoïsme d'une personne, d'une classe sociale.* Individualisme. Intérêt personnel. / Egocentrisme (tendance

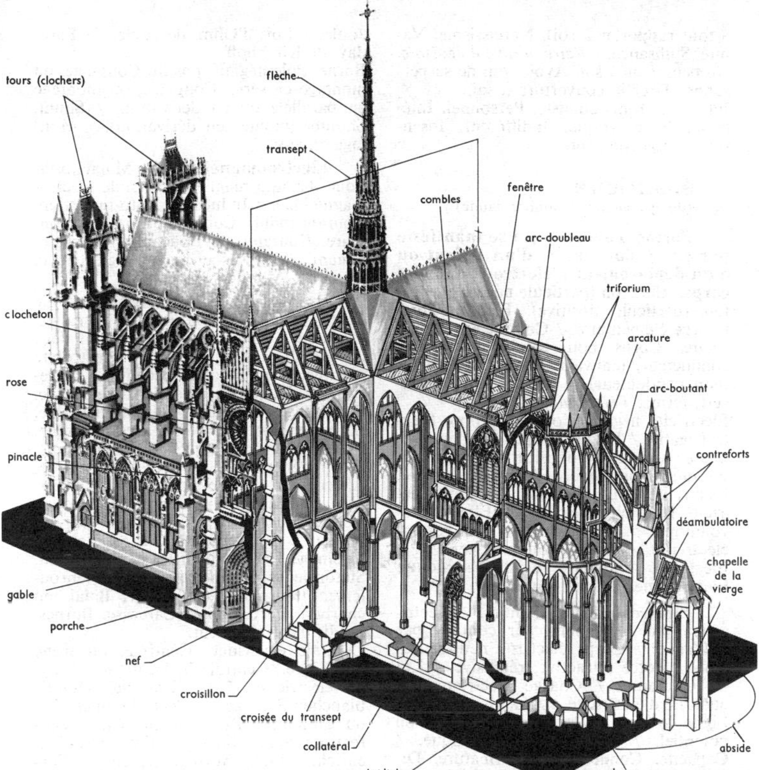

Ci-dessus, plan et coupe d'une église gothique. *Ci-dessous*, plans d'églises en forme de croix latine et de croix grecque.

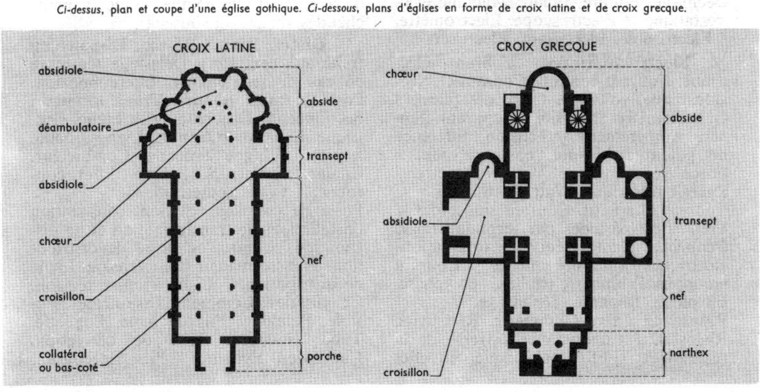

à tout rapporter à soi). Narcissisme. Vanité. Suffisance. / *Faire preuve d'égoïsme.* Ne penser qu'à soi. Avoir soin de sa personne. Tirer la couverture à soi.
EGOÏSTE. Individualiste. Personnel. Intéressé. Egocentrique. Indifférent. Insensible. / Egoïstement.

électricité

(du gr. *êlektron,* ambre jaune)

Forme d'énergie qui se manifeste par suite d'un excès, d'un défaut ou d'un déplacement d'électrons dans les corps. Electron (particule négative). Proton (particule positive). Electron libre. Charge élémentaire. / Conducteur d'électricité. Corps bon conducteur, semi-conducteur, mauvais conducteur, isolant (non conducteur). / Circuit. Circuit ouvert, fermé. Terre. Masse.
Electricité négative, ou vitrée (vx). Electronégatif. / Electricité positive, ou résineuse (vx). Electropositif. / Electricité statique, dynamique. / Electricité animale. Electricité atmosphérique. / Photo-électricité. Effet photo-électrique. Effet photovoltaïque. / Piézo-électricité. / Thermo-électricité. / Electroluminescence. / Electricité granulaire (v. ÉLECTRONIQUE). Electrologie. Electrotechnique.

Électrostatique. Ambre. / Electrisation par frottement, par contact, par influence. / Corps électrisé, neutre, isolant. / Force attractive, répulsive. / Loi de Coulomb. / Charge électrique, ou quantité d'électricité. / Champ électrique. Ligne de force. / Potentiel. Différence de potentiel. / Pression électrostatique. / Capacité. Condensateur. Armature. Diélectrique (isolant). Bouteille de Leyde. / Décharge. Foudre. Eclair. Machine électrostatique. / Electroscope. Electromètre. / Electrisable. Electrisant. Electriser.

Electrocinétique. Courant électrique. Courant continu. Courant électro-galvanique, voltaïque (celui des piles). / Galvanomètre. Intensité du courant. Ampère. Ampèremètre. / Tension (différence de potentiel). Haute, basse tension. / Force électromotrice. Volt. Voltmètre. / Energie électrique. Watt. Wattmètre.
Courant alternatif. Courant sinusoïdal. / Fréquence (périodes par seconde). Basse fréquence. Haute fréquence (oscillations électriques). Intensité efficace. / Courant monophasé, biphasé, triphasé, polyphasé. En phase. Déphasé, déphasage.
Résistance. Ohm. Ohmmètre. Résistivité. Rhéostat. / Conductance (inverse de la résistance). / Effet calorifique, ou effet Joule. / Lois d'Ohm, de Joule, de Faraday, de Kirchhoff.
Borne. Pôle négatif, positif. Couplage, ou montage en série. Couplage, ou montage en parallèle ou en dérivation. / Shunt. Shunter (monter en dérivation). / Montage en étoile.

Electromagnétisme. Magnétostatique. Champ magnétique. Onde électromagnétique. / Induction. Auto-induction. Courant induit. Courant primaire, secondaire. Courants de Foucault. / Electro-aimant. / Machine magnéto-électrique. Dynamo. Alternateur.

Production de l'électricité. Energie électrique. / Pile. Pile sèche. Electrolyte. Charbon. / Accumulateur. Accumulateur au plomb, à l'argent-zinc, à électrolyte solidifié. Accumulateur alcalin. / Batterie. Bac. Plaque positive, négative. Borne. Bouchon. / Chargeur. / Photopile. Pile, ou batterie solaire. / Pile à combustible. / Générateur isotopique. / Thermocouple. Electrogénérateur. / Magnéto. Dynamo. Alternateur. Turbo-alternateur (alternateur entraîné par une turbine). Groupe électrogène (générateur entraîné par un moteur à explosion). / Masse polaire. / Bobinage. Enroulement. Inducteur. Induit. Stator (enroulement fixe). Rotor (enroulement tournant). Collecteur. Balai, ou charbon. Excitation. / Carcasse. Bornes. Poulie d'entraînement.
Centrale électrique. Centrale, ou usine thermique. / Centrale hydraulique, ou hydro-électrique. Hydro-électricité. Houille blanche. Barrage. / Centrale nucléaire, ou atomique. Réacteur nucléaire. Barreau de combustible. Uranium. Uranium enrichi. Filière. Surrégénérateur. / Centrale marémotrice (barrage rempli par les marées). Centrale géothermique (vapeurs chaudes venant du sous-sol).

Distribution. Réseau. Dispatching (relié aux centrales). Délestage (coupure en cas de restrictions). Interconnexion. Poste de transformation. Transformateur. Sectionneur. Disjoncteur. / Ligne électrique. Ligne de transport. Ligne à haute tension. / Ligne aérienne. Conducteur. Chaîne d'isolateurs. Pylône. Effet couronne. / Câble souterrain.
Poste de couplage. Station, sous-station (installations de transformation et de distribution). Centre, ou poste de distribution. Transformateur basse tension. Ligne de distribution. / Ligne à basse tension. Canalisation. Compteur. Disjoncteur. Fusible. Plomb. / Fils de ligne. Baguette. Tube. Isolateur. Boîte de dérivation. Connexion. Epissure. / Prise de courant

bipolaire, tripolaire. Socle. Bornes. Fiche mâle, femelle, multiple. Douille à vis, à baïonnette, à interrupteur, sur prise de courant. Douille voleuse. Douille étanche (pour intempérie). / Interrupteur. Va-et-vient (2 interrupteurs combinés). Commutateur. / Survolteur. Dévolteur.

Applications de l'électricité. Electrochimie. / Electrolyse. / Cation (ion négatif). Anion (ion positif). Electrolyte (bain). / Electrode. Cathode. Anode. / Electrolyseur. Cuve électrolytique. Voltamètre.
Electrométallurgie. Electrosidérurgie. / Electrodéposition. Galvanoplastie. Chromage, nickelage, cadmiage, etc. / Electroraffinage. Affinage électrolytique (des métaux). / Electrothermique (chauffage par résistance ou par induction). / Electrosoudure. / Electro-érosion et électroformage (méthodes d'usinage).
Traction électrique. Electrobus. Trolleybus. / Electromécanique. Electromoteur, électropompe, électrovanne, etc. / Machine électrocomptable (v. BUREAU). / Equipement électrodomestique, ou électroménager. / Electro-acoustique (v. SON et RADIO-ÉLECTRICITÉ). Eclairage électrique. Electrobiologie. Electrophysiologie. / Electrodiagnostic. Electrothérapie. / Courant faradique. Courant de haute fréquence. / Diathermie, ou darsonvalisation. / Electrocardiographie. / Electrocautère. / Electrocoagulation. / Electrochirurgie. / Electrochoc. / Electro-encéphalographie. / Electronarcose.

Relatif à l'électricité. Electrisation. Electrique. Electrisable. Electrification. Electrifier. / Electricien. Electrotechnicien. / Electrocution. / Décharge électrique.

électronique

(de *électron*)

Technique fondée sur l'emploi des déplacements d'électrons libres. *Généralités.* Electron. Electron libre. Bande de valence. / Effet photo-électrique. Effet thermo-électronique, ou thermoïonique. / Amplification. / Détection. / Redressement. / Câblage. / Electronicien.

Composants électroniques. Bobine. Résistance. Thermistance. Varistance. Potentiomètre. / Condensateur, ou capacité. Condensateur variable. / Quartz piézo-électrique. / Mémoire électronique. / Circuit imprimé. Circuit intégré (nombreux composants sur une plaquette). / Circuit logique (pour calculateurs électroniques). / Canon à électrons. / Lentille électronique.
Tube électronique. Lampe. / Rayons cathodiques (faisceau électronique). / Cathode, ou filament. Anode, ou plaque. Grille (module le faisceau d'électrons). / Lampe amplificatrice, détectrice. / Valve, ou diode. Triode, tétrode, pentode, etc. (3, 4, 5, etc., électrodes). / Magnétron. Klystron. Tube à ondes progressives. / Tube photomultiplicateur (rend les images plus brillantes). Tube photo-électrique (convertit la lumière en électricité). / Tube compteur (compte les impulsions). / Oscilloscope, ou oscillographe cathodique (fournit des images sur le fond formant écran). / Supericonoscope. Image orthicon. Vidicon (tube pour caméras électroniques).
Transistor. / Semi-conducteur. Germanium. Silicium. / Trou (charge positive). / Cristal P, cristal N. Barrière de potentiel. / Jonction. Emetteur. Collecteur. Base.

Applications de l'électronique. Radio-électricité. / Calcul électronique. Ordinateur. / Optique électronique. Caméra électronique (télévision). Microscope électronique. / Electro-acoustique et musique électronique. / Télécommande. / Avionique (applications à l'aviation). / Allumage électronique (automobiles). / Automatisation.
Voir aussi : CALCUL, ÉLECTRICITÉ, RADIO-ÉLECTRICITÉ, SON.

élégance

(du lat. *elegantia,* de *elegans,* qui sait choisir, ou bien choisi)

Dans les formes, les proportions. *Elégance d'un être animé, d'une chose.* Grâce. Harmonie. Beauté. / Pureté, harmonie des formes. Galbe. Ligne. Vénusté. / Sveltesse. Finesse.

ELÉGANT. Joli. Gracieux. Délicat. / Bien fait. Bien proportionné. Bien taillé. Bien découplé. / Fin. Svelte. Fringant.

Dans les manières, l'attitude. *Avoir de l'élégance.* Aisance. Distinction. Classe (fam.). / Courtoisie. Raffinement. Urbanité. / *Elégance affectée.* Maniérisme. Recherche. Affectation.
Elégance d'un procédé. Délicatesse. Habileté. Adresse. Ingéniosité.

ELÉGANT. Distingué. Raffiné. Courtois. Délicat. / *Public élégant.* Sélect. Choisi.

Dans l'habillement. *Elégance de bon ton.* Goût. Chic (fam.). Cachet. / *Elégance recherchée.* Dandysme.

ELÉGANT. Bien habillé. Bien mis. Soigné.

Chic (fam.). Tiré à quatre épingles. Pomponné. / Bien ficelé (pop.). Bien fringué (pop.). / Vêtement de bonne coupe. / Etre à la mode. Smart (vx). Fashionable (vx).
Elégants de jadis et de naguère. Incroyable. Mirliflore. Muscadin. Merveilleux. Lion. Dandy. Gandin. Gommeux. Zazou. / *Elégants d'aujourd'hui.* Minet. Minette (fam.). Play-boy.

Dans le langage. *S'exprimer avec élégance.* Aisance. Raffinement. Atticisme. / Avoir un style. / *Elégance recherchée.* Fioritures. Concetti. Maniérisme.

élément
(du lat. *elementum*)

Partie constitutive d'une chose. *Les éléments d'un ensemble. Elément préfabriqué d'un meuble.* Partie. Composant. Morceau. Pièce. / *Formé d'éléments divers.* Hétérogène. Hétéroclite. Disparate. Composite.
Les quatre éléments (chez les Anciens). L'eau, la terre, l'air et le feu. / Les forces de la nature.

Premiers principes d'une science, d'une technique. *Les éléments de la chimie, de la physique.* Rudiments. Notions. Fondements. L'a b c.

ELÉMENTAIRE. Rudimentaire. Simple. Fondamental. Essentiel.

élevage
(de *élever*)

Ensemble des soins donnés à des animaux pour assurer leur développement, leur reproduction. *Elevage du bétail.* Nourrissage. Engraissement. Sélection. Croisement. / *Elevage des poissons, du brochet, des écrevisses.* Pisciculture, ésociculture, astaciculture. / *Elevage des coquillages, des moules, des huîtres, des escargots.* Conchyliculture, mytiliculture, ostréiculture, héliciculture. / *Elevage des volailles, des faisans, des pintades.* Aviculture, faisanderie, méléagriculture. / *Elevage des petits animaux destinés à la recherche scientifique.* Pulliculture.

ELEVEUR. Nourrisseur. Herbager. Engraisseur.

ELEVER. Nourrir. Sélectionner. Engraisser. / Embouche ou pré d'embouche (prairie pour engraisser les bestiaux).

éloge
(du bas lat. *eulogium ;* du gr. *eulogia,* louange)

Paroles ou écrit par lesquels on vante les mérites de quelqu'un. *Recevoir des éloges. Décerner des éloges. Accepter un éloge.* Louange. Compliment. Félicitation. Congratulation. Approbation. / *Eloge exagéré, dithyrambique.* Dithyrambe. / *Faire l'éloge de quelqu'un.* Louer. Dire du bien de. Juger favorablement. Vanter.

ELOGIEUX. Flatteur. Louangeur. Avantageux. / *Discours élogieux.* Panégyrique.

ELOGIEUSEMENT. Favorablement. Avantageusement.

éloquence
(du lat. *eloquentia,* de *loqui,* parler)

Don de la parole. *Eloquence naturelle.* Facilité d'expression, d'élocution. / *S'exprimer avec éloquence.* Chaleur. Flamme. Vigueur. / *Eloquence abondante, facile.* Faconde. Loquacité. Abondance verbale. Verbiage. Bagou (fam.). / Avoir la parole facile. / Improviser. Improvisation. Improvisateur.

Art oratoire. Art de prouver, de toucher, de plaire. / Rhétorique (art de bien parler, chez les Anciens). / *Divisions de la rhétorique.* Invention. Disposition. Elocution. / *Moyens oratoires.* Preuves. Arguments. Lieux communs. Précautions oratoires. / *Parties d'un discours.* Exorde. Proposition (sommaire du sujet). Division (points principaux). Narration (exposé des faits). Confirmation (preuves des allégations). Réfutation. Péroraison. / Elocution. / Style. Rythme. Période.

ELOQUENT. Convaincant. Persuasif. / Emouvant. Touchant. Impressionnant. Pathétique. / Enthousiaste. Enflammé. / (En parlant d'un geste, d'un regard). Parlant. Expressif. Significatif.

Formes d'éloquence. *Eloquence politique.* Tribune. / *Eloquence religieuse.* Chaire. / *Eloquence judiciaire.* Barreau. / Eloquence académique.

emballage
(de *emballer*)

Ce qui sert à envelopper une marchandise pour la transporter ou la mettre en vente. *Sortes d'emballage.* Emballage de protection. / *Emballage de présentation, de décoration.* Conditionnement.
Emballage métallique, en plastique. Container ou conteneur. / *Emballage en bois, en osier, en jonc, en roseau.* Panier. Banne. Bourriche. Corbeille. Cageot. Caisse. Caissette. Billot. Plateau. / Emballage en carton plat, ondulé. / *Emballage en papier, en matière plastique, en*

toile. Boîte. Sac. Poche. Sachet. Cornet. Pochette, etc.

Accessoires. Paille. Fibre de bois. Sciure. Liège. Ouate. / Papier. Etiquette. / Agrafe. Attache. Carrelet (aiguille à pointe quadrangulaire). / Corde. Ficelle. Ruban. Bolduc.

Mettre dans un emballage. Emballer. Empaqueter. Conditionner. Ensacher. Emboîter. Envelopper. / Fermer un paquet. Corder. Lier. Ficeler. Capitonner. / Emballeur. Empaqueteur. / Layetier (fabricant d'emballages).

embarras

(de l'ital. *imbarazzare*, du lat. *barra*, barre)

Embarras dans l'esprit. *Mettre dans l'embarras. Sortir d'embarras.* Hésitation. Perplexité. Incertitude. Indécision. Irrésolution. / *Avoir l'embarras du choix.* Alternative. Dilemme.

EMBARRASSANT. *Question embarrassante.* Colle (fam.).

EMBARRASSÉ. Perplexe. Hésitant. Indécis. Incertain. / *Embarrassé par une question.* Interdit. Interloqué. Etonné. Décontenancé. Dérouté. Désorienté. Démonté. Déconcerté. Désarçonné. Réduit *à quia.* / Rester court. Etre en peine pour répondre. Ne savoir que dire.

EMBARRASSER. *Embarrasser* (en parlant d'une demande). Troubler. Déconcerter. Désorienter. Décontenancer. Interloquer.

S'embarrasser. *S'embarrasser dans ses explications.* Balbutier. Bredouiller. Bégayer. S'empêtrer. S'enferrer. Patauger. Perdre le fil de son discours. S'embrouiller. S'embarbouiller. Bafouiller (fam.). / Langage obscur, embrouillé, entortillé, confus, compliqué, emberlificoté.

Embarras dans l'action. *Etre dans l'embarras.* Ne savoir que faire. Ne savoir sur quel pied danser, à quel saint se vouer, de quel côté se tourner. / Etre dans ses petits souliers. Etre au pied du mur. / Etre désemparé. / Etre réduit aux expédients. Etre aux cent coups. Se sentir acculé. / *Embarras d'argent. Embarras financiers, pécuniaires.* Gêne. Pénurie d'argent. / *Se tirer d'embarras.* Se dépêtrer. Se débrouiller (fam.). / *Tirer quelqu'un d'embarras.* Aider. Secourir.

EMBARRASSANT. *Une situation embarrassante.* Difficile. Délicat. Scabreux. / Difficulté. Ennui. Complication. Embêtement (fam.). Pétrin. Moment critique, crucial.

EMBARRASSÉ. Intimidé. Troublé. Gêné. Interdit. Confus. Penaud. **Mal à l'aise.** / *Air embarrassé.* Emprunté. Gauche. Empoté (fam.). Engourdi. Constipé (fam.).

emboîter

(de *en* et de *boîte*)

Faire entrer une chose dans une autre. *Emboîter des tuyaux.* Aboucher. Joindre. Assembler. Ajuster. Engager dans. / *Emboîter un tenon dans une mortaise.* Embréver. Emmortaiser. / *Faire entrer dans une monture.* Enchâsser. Encastrer. Sertir. / Engrener. Engrenage.

EMBOÎTAGE. Emboîtement. Abouchement. Jonction. Assemblage. / Anastomose (abouchement de deux conduits organiques). Anastomoser.

émotion

(du lat. *emotio*, de *emovere*, mettre en mouvement)

Agitation passagère qui met le trouble dans l'esprit et dans l'organisme. Eprouver, ressentir une émotion. / *Une émotion vive, intense, poignante.* Trouble. Bouleversement. Emoi. Commotion. Choc. Stress. Saisissement. Affolement. Agitation. Désarroi. Effervescence. / *Une émotion douce, tendre, légère, délicate.* Impression. Sentiment. Tendresse. Attendrissement. Emoi.

EMOUVOIR (troubler par une émotion). Impressionner. Saisir. Bouleverser. Troubler. Emotionner (fam.). Affoler. Consterner. Remuer. Retourner. Révolutionner. / Toucher. Attendrir. Affecter. Apitoyer. Ebranler. Fléchir. Aller au cœur.

EMOUVANT. Impressionnant. Bouleversant. Poignant. Palpitant. Saisissant. Dramatique. Tragique. / Touchant. Attendrissant.

EMOTIF (qui réagit vivement à une émotion). Impressionnable. Sensible. Nerveux. Hyperémotif.

EMOTIVITÉ. Impressionnabilité. Sensibilité. Nervosité. Hyperémotivité.

émousser

(de *é* et de *mousse*, non tranchant)

Rendre moins coupant, moins pointu. *Emousser une épée, un fleuret.* Moucheter. Boutonner. / Mouche. Bouton. / *Emousser la pointe d'un couteau.* Arrondir. User la pointe. Epointer.

Armes émoussées. Armes courtoises. Lance mornée. Morne (anneau). Fleuret moucheté. Epée rabattue (sans tranchant ni pointe).

Rendre moins vif. *Emousser l'esprit, le jugement, la sensibilité.* Diminuer. Affaiblir. Endormir. Engourdir. Paralyser.

empêcher

(du bas lat. *impedicare,* de *pedica,* piège ; lat. class. *inhibere, inhibitum ; prohibere, prohibitum*)

Faire obstacle à quelque chose. *Empêcher un mariage.* S'opposer à. Mettre un veto. / *Empêcher l'accès à un lieu.* Fermer. Boucher. Condamner. Murer. Barrer un passage. / *Empêcher la circulation.* Bloquer. Arrêter. Couper. Stopper. / *Empêcher la vente d'un produit.* Interdire. Défendre. Prohiber. Mettre l'embargo./ *Empêcher un complot.* Déjouer. Faire échouer. Etouffer une conspiration. / *Empêcher un fait psychique de se produire.* Inhiber. / *Empêcher de voir.* Boucher la vue. Cacher.
EMPÊCHEMENT. Obstacle. Opposition. Veto. Défense. Prohibition. Inhibition. Blocage.

Faire obstacle à l'action de quelqu'un. *Empêcher quelqu'un de faire quelque chose.* Contrecarrer. Retenir. Gêner. Détourner de. Contraindre. Rogner les ailes. Lier les mains. Paralyser. Tenir en échec. / *Empêcher de parler.* Couper la parole. Interrompre. Faire taire.
EMPÊCHEMENT. Contretemps. Difficulté. Entrave. Ennui. Complication. Anicroche (fam.). Problème.

S'empêcher. *S'empêcher de* (et l'inf.). Se retenir. Se défendre. S'abstenir de.

emphase

(du gr. *emphasis,* apparence)

Exagération dans le ton, l'attitude. *Réciter avec emphase.* Grandiloquence. Affectation. Déclamation.
EMPHATIQUE. *Ton emphatique.* Théâtral. Déclamatoire. Tragique. Mélodramatique. / Doctoral. Dogmatique. Sentencieux. / Pontifiant. Magistral. Pédant. / Solennel. Prétentieux. / *Prendre une attitude emphatique.* Pontifier. Faire l'important. Chercher à éblouir. / Air gourmé, guindé, empesé.

Exagération dans l'expression. *Parler avec emphase.* Hyperbole. Clinquant. Pathos. / S'écouter parler. Employer de grands mots, des mots ronflants. Pérorer.
EMPHATIQUE. *Style emphatique.* Ampoulé. Boursouflé. Apprêté. Solennel. Hyperbolique. Pompeux. Grandiloquent.

emploi

(de *employer*)

Action, manière d'employer. *Faire un bon, un mauvais emploi d'une chose.* Usage. Utilisation. / Mode d'emploi. Notice. / *Emploi du temps.* Horaire. Programme.

Activité rétribuée d'une personne. *Chercher, solliciter un emploi.* Place. Situation. Travail. Gagne-pain. / Demande, offre d'emploi. Demandeur d'emploi. Bureau de placement. / *Pourvoir d'un emploi.* Placer. Caser (fam.). / *Rétribution d'un emploi.* Appointements. Salaire. / *Emploi bien rémunéré et demandant peu de travail.* Sinécure. Fromage (fam.). Planque (pop.). Filon (pop.).
Renvoyer d'un emploi. Congédier. Mettre à la porte. Licencier. Remercier. Donner son compte. / *Quitter son emploi.* Prendre sa retraite. / Retraité. Pensionné. / *Etre sans emploi.* Etre en chômage. Etre sur le pavé. / Chômeur. Allocations, indemnité de chômage. / Plein-emploi (ou plein emploi). / Sous-emploi.

employé

Personne qui exerce un emploi dans le commerce, l'industrie, une administration, etc. *Employé de commerce.* Vendeur. Vendeuse. Commis. Garçon de café. Serveur. Serveuse. Barman. Barmaid. Garçon épicier, boucher, coiffeur. / Employé de banque. / *Employé de bureau.* Secrétaire. Dactylo. Sténodactylo. Bureaucrate. Gratte-papier (fam.). Rond-de-cuir (fam.). Scribouillard (pop.). / *Employé d'une administration publique.* Fonctionnaire. / *Employé des Postes.* Facteur. Facteur-receveur. Préposé. / *Employé des chemins de fer.* Cheminot. / Employé de mairie. / *Employé d'église.* Bedeau. Suisse.
Employé(s) de maison. Gens de maison. Domestique (vieilli). Bonne. Nurse. Femme de chambre. Cuisinier. Cuisinière. Lingère. Femme de ménage. Valet de chambre. Chauffeur. / *Employé qui fait des courses, des achats.* Garçon de courses. Coursier. Commissionnaire. Chasseur (restaurant, hôtel). Groom.

employer

(du lat. *implicare,* engager)

Employer une chose. *Employer des instruments, des matériaux.* Utiliser. Se servir de. / *Employer une méthode, un procédé.* Appliquer. Mettre en œuvre, en pratique. / *Employer pour la première fois.* Etrenner. / *Employer utilement.* Mettre à profit. / *Employer avec économie, avec mesure.* Epargner. Ménager. / *Employer son habileté, la ruse.* Recourir à. Avoir recours à. / *Employer son talent, son influence.* Exercer. Mettre en jeu. User de. / *Employer son temps, son activité.* Passer. Consacrer. Dépenser.

Employer une personne. *Employer des ouvriers.* Donner du travail, un emploi. Occuper. Embaucher. Engager.
EMPLOYEUR. Patron. Singe (arg.). / Patronat. / Patronal.

énergie

(du bas lat. *energia;* en gr. *energeia,* force en action)

Force physique ou morale. *Avoir de l'énergie.* Vigueur. Vitalité. Force. Dynamisme. Tonus. / *Travailler avec énergie.* Ardeur. Cœur. Courage. Entrain. Enthousiasme. / D'arrache-pied. Sans désemparer. / *Supporter une épreuve avec énergie.* Courage. Force d'âme. Fermeté. Cran (fam.). Volonté. / *Protester avec énergie.* Véhémence. Violence. Fougue. Emportement. / *Poursuivre une entreprise avec énergie.* Persévérance. Constance. Opiniâtreté. Ténacité.
ENERGIQUE (qui a de l'énergie). Courageux. Audacieux. Hardi. Ferme. Actif. Dynamique. / *Caractère énergique.* Résolu. Décidé. Bien trempé. Volontariste. / Maître homme. Maîtresse femme.
ENERGIQUEMENT. Audacieusement. Hardiment. Fermement. Résolument.

Force agissante d'une chose. *Diverses formes d'énergie.* Energie mécanique, thermique, hydraulique, chimique, électrique, nucléaire, géothermique, marémotrice, éolienne, animale ou musculaire. / Energie interne. Energie potentielle. Energie cinétique. / Conservation de l'énergie. Dégradation de l'énergie. / *Unités d'énergie.* Erg. Joule. Kilogrammètre. Watt.
ENERGÉTIQUE (qui donne de l'énergie). Aliment énergétique. Ressources énergétiques.

énerver

(du lat. *enervare,* de *nervus,* nerf)

Agir fortement sur les nerfs. *Enerver quelqu'un* (en parlant d'un être ou d'une chose). Exciter. Irriter. Agacer. Crisper. Excéder. Exaspérer. Horripiler. Hérisser. Tourmenter. / Faire perdre patience. Mettre à bout de nerfs. Porter sur les nerfs. Taper sur les nerfs (fam.). Taper, courir, porter sur le système (fam.)
ENERVEMENT (état d'une personne énervée). Excitation. Agacement. Crispation. Irritation. Impatience. Agitation. Exaspération. Horripilation. Hérissement. Effervescence. Ebullition. Nervosité.
ENERVÉ. Excité. Agité. Nerveux.
ENERVANT. Irritant. Agaçant. Crispant. Exaspérant. Horripilant.

S'énerver. S'exciter. S'irriter. Se tourmenter. S'impatienter. S'affoler. Perdre la maîtrise, le contrôle de ses nerfs.

enfant

(du lat. *infans;* en gr. *pais, paidos*)

Être humain qui est dans la première partie de sa vie. *Petit enfant.* Bébé. Bambin. Poupon. Poupard. / Garçon. Garçonnet. / Fille. Fillette. / *Enfant turbulent, insupportable, terrible* (fam.), *espiègle, effronté.* Diable. Diablotin. Garnement. Coquin. Polisson. Fripon. Touche-à-tout. Galopin. Vaurien. / (Termes fam.) Gamin. Gamine. Gosse. Marmot. / (Termes pop.) Môme. Mioche. Lardon. Loupiot. Mouflet.

Puériculture. Naissance. Nouveau-né. Né viable. / Né avant terme. Prématuré. Couveuse. / Enfant mort-né. Mortinatalité. / *Enfant chétif, malingre.* Avorton (fam.). / Maternité. / Consultation prénatale, postnatale. / Crèche. Pouponnière. Garderie. Dispensaire. Infirmerie. Ecole de puériculture.
Alimentation. Allaitement. / *Enfant élevé, nourri au sein.* Nourrisson. / Donner le sein. / Téter. Tétée. / *Bonne d'enfant.* Nourrice. Nurse. / Elever au biberon, à la cuillère. / Sevrer. Sevrage. Bouillie.
Vêtements. Layette. Langes. Couches. Couche-culotte. Barboteuse. Brassière. Bavette. Cache-brassière. Chaussons. / Emmailloter. Démailloter. / Burnous. Nid-d'ange. Bonnet. / *Lit d'enfant.* Berceau. Bercelonnette. Moïse. / Bercer. Dorloter. / *Jouets d'enfant.* Joujou. Hochet. Poupée. Baigneur. Animaux en peluche, en caoutchouc, etc. / *Voiture d'enfant.* Landau. Poussette.
Cris. Vagissements. Vagir. / *Langage de l'enfant.* Babil. Gazouillement. Balbutiement. / Babiller. Gazouiller. Balbutier.
Maladies des enfants. Croup. Diphtérie. Coqueluche. Varicelle. Scarlatine. Diarrhée. Rougeole. Rubéole. Oreillons, etc.
Spécialiste des maladies infantiles. Pédiatre. Pédiatrie.

Éducation et instruction. Elever, éduquer, former un enfant. / Réprimander, gronder un enfant. / Pédagogie.

Croissance. Développement physique. Développement affectif. Développement mental. Age mental. Quotient intellectuel. Enfant précoce, surdoué. Enfant arriéré. / Ecole maternelle. Jardin d'enfants. Cours élémentaire. Cours moyen. Cours supérieur. / Instituteur. Institutrice. / Précepteur. Gouvernante. Jardinière d'enfants.

L'enfant et ses parents. Filiation (lien de parenté entre l'enfant et ses parents). *Donner la vie à un enfant.* Concevoir. Engendrer. Donner le jour. Procréer. Mettre au monde.
Parents de l'enfant. Ascendance. Père. Mère. Famille. / Enfant légitime. / *Enfant naturel.* Enfant de l'amour. Bâtard. Enfant adultérin. Reconnaître un enfant. / Enfant adoptif. Adoption. / *Enfant trouvé.* Champi (vx). / Premier-né. Aîné. / Cadet. Puîné. / Dernier-né. Benjamin. Culot (fam.). Tardillon (né longtemps après ses frères et sœurs). / Jumeaux. / Enfant unique. / Orphelin. / Paternité. Désaveu de paternité. / Tutelle. Pupille. / Emancipation. Majeur. Mineur.
Descendance. Postérité. Progéniture. Lignée. / Descendant. Fils. Fille. Petit-fils. Petite-fille. Petits-enfants. Rejeton (fam.). / Ribambelle d'enfants. Marmaille (fam.).

Relatif à l'enfant. Infantile. Infantilisme. Enfantin. Puéril. / Enfantillage. Puérilité. Gaminerie. / *Faire l'enfant.* Badiner. S'amuser à des choses puériles, futiles. Gaminer.

enfer
(du lat. *inferi*)

Lieu souterrain habité par les ombres des morts (mythol. gréco-lat.). Champs Elysées (séjour des âmes vertueuses). Tartare (séjour des méchants). / Hadès, ou Pluton (dieu des Enfers). Perséphone, ou Proserpine (sa femme).
Filles de l'enfer (tourmentent les méchants). / *Les Euménides, ou Furies.* Alecto. Mégère. Tisiphone. / *Les Parques.* Clotho. Lachésis. Atropos. / *Les juges.* Minos. Eaque. Rhadamante. / *Les fleuves.* Styx. Cocyte. Achéron. Phlégéthon. Léthé. / Les sombres bords. / Charon (nocher qui faisait passer le Styx). Cerbère (chien à trois têtes qui gardait l'entrée). / L'empire des morts. Les ombres. Séjour des ombres. Les sombres rivages. Les mânes. / *Suppliciés célèbres.* Tantale. Danaïdes. Sisyphe. Tityos.

Lieu destiné au supplice des damnés (relig. chrét.). *Peines de l'enfer.* Peine du dam (privation de la vue de Dieu). Peine du sens, ou du feu. / *Les puissances de l'enfer.* Le diable. Satan. Démons. / Pandémonium (lieu où s'assemblent les démons). / Expiation. Damnation. Les damnés. Les maudits. Les réprouvés. Le feu éternel. La géhenne. L'abîme.

Relatif à l'enfer. Infernal. / Puissances infernales. Esprits maléfiques.

enfermer

Mettre en un lieu fermé. *Enfermer un être animé.* Claustrer. Cloîtrer. Confiner. Séquestrer. Claquemurer. Boucler (fam.). / *Enfermer un malfaiteur.* Emprisonner. Ecrouer. Coffrer (pop.). / *Enfermer un fou.* Interner. Mettre dans une maison d'aliénés. Hôpital psychiatrique. / *Angoisse d'être enfermé.* Claustrophobie. / Claustration. Séquestration.

S'enfermer. S'isoler. Se calfeutrer. Se barricader. Se cloîtrer. Se claustrer.

Mettre en lieu sûr. *Enfermer des papiers, de l'argent.* Mettre sous clef. Serrer (vx). / Coffre-fort. Armoire. Coffre. Coffret.

engager
(de *en* et de *gage*)

Lier par une promesse ou par une convention. *Engager quelqu'un* (en parlant d'un contrat, d'une signature). Obliger. Contraindre. Forcer. Assujettir. Astreindre.

Prendre quelqu'un à son service. *Engager un employé.* Embaucher. / *Engager des soldats.* Recruter. Enrôler.

Faire entrer dans un lieu, dans une situation. *Engager une clef dans une serrure.* Mettre. Introduire. Enfoncer. / *Engager des capitaux dans une affaire.* Investir. Placer. / *Engager quelqu'un dans une entreprise.* Embarquer. Entraîner. / *Engager sa réputation, sa responsabilité.* Exposer. Risquer. Aventurer. / *Engager le combat.* Livrer. Attaquer. / *Engager des négociations.* Entreprendre. / *Engager la conversation.* Entamer. Commencer.

Tenter d'amener quelqu'un à quelque chose. *Engager une personne à* (et un nom ou un inf.). Inciter. Exhorter. Inviter. Pousser. Presser. Conseiller. Encourager.

ENGAGEANT. Attrayant. Attirant. Alléchant. Séduisant.

S'engager. *S'engager à* (et un nom ou un inf.). Promettre. S'obliger à. Jurer. Faire le serment de. Se faire fort de. / *S'engager dans une affaire.* S'embarquer.

S'aventurer. Se lancer. Entreprendre. / *S'engager dans une situation embarrassante.* S'empêtrer.

ENGAGEMENT. Promesse. Serment. Contrat. / *Engagement dans l'armée.* Recrutement. Enrôlement.

engourdi

(de *engourdir,* de *en* et de *gourd;* lat. *gurdus,* balourd)

Privé de mouvement et de sensibilité. *Un membre engourdi.* Raide. Rigide. Perclus. Paralysé. Inerte. Immobile. Ankylosé. / *Engourdi par le froid.* Gourd. Transi. Insensible.

ENGOURDISSEMENT. Torpeur. Somnolence. Léthargie. / Raideur. Paralysie. / *Engourdissement des doigts.* Onglée.

ENGOURDIR. Paralyser. Immobiliser. Ankyloser.

Privé d'intelligence. *Avoir l'air engourdi.* Stupide. Hébété. Empoté (fam.). Balourd. Lourdaud. Imbécile. Abruti (fam.).

ENGOURDISSEMENT. *Engourdissement de l'esprit, des facultés intellectuelles.* Hébétude. Balourdise. Abrutissement (fam.). / Atonie. Indolence.

DÉGOURDIR. Délurer. Désencroûter. Dessaler. Déniaiser.

enjôler

(de *en* et de *geôle*)

Abuser de la crédulité d'une personne par des paroles, des manières flatteuses. *Enjôler quelqu'un.* Tromper. Duper. Embobeliner (fam.). Embobiner (fam.). Ensorceler. Envoûter. Subjuguer. Fasciner. Séduire. Conquérir. Entortiller (fam.). Empaumer (fam.).

ENJÔLEUR. Ensorceleur. Séducteur. Trompeur. Charmeur. Fascinateur.

ENJÔLEMENT. Tromperie. Embobelinage (fam.). Ensorcellement. Entortillage (fam.).

enlever

(de *en* et de *lever;* en lat. *auferre, ablatum*)

Enlever une chose de sa place. *Enlever un meuble.* Retirer. Oter. Déplacer. Emporter. / *Enlever les mains de ses poches.* Sortir. / *Enlever le couvert.* Desservir. Débarrasser la table. / Déplanter. Déterrer. Déraciner, etc.

Enlever ce qui couvre, protège. *Enlever ses vêtements.* Retirer. Quitter. Se débarrasser de. / Se dévêtir. Se déshabiller. Se découvrir. Se dénuder. / *Enlever ses chaussures, ses gants.* Se déchausser. Se déganter. / *Enlever sa coiffure.* Se décoiffer. Se découvrir. / *Qui peut être enlevé ou remis à volonté.* Amovible / Déboucher. Décacheter. Décapsuler.

Enlever ce qui orne, garnit. *Enlever la dorure, l'argenture.* Dédorer. Désargenter. / *Enlever le contenu d'un vase.* Vider. / *Enlever un chargement.* Décharger. Débarder. Délester. / *Enlever des meubles.* Démeubler. / Dégarnir.

Enlever ce qui retient. Dégager (v. ce mot).

Enlever ce qui gêne, salit. Débarrasser. Désencombrer. Déblayer. / Nettoyer. / Décrasser. Débarbouiller. Dégraisser. Décrotter. Décaper. Dérouiller. / Sarcler. Désherber.

Enlever une partie d'un ensemble. *Enlever un membre.* Couper. Sectionner. Arracher. Amputer. Retirer. Ablation (en chirurgie, action d'enlever). / Désosser. / Effeuiller. / Elaguer. Emonder. Etêter. *Enlever un passage d'un texte.* Retrancher. Supprimer. Deleatur (signe de suppression). / *Enlever un nom d'une liste.* Rayer. Radier. Supprimer. Eliminer. Faire disparaître. / *Enlever une somme d'une autre.* Retrancher. Soustraire. Diminuer. Déduire. Défalquer.

Enlever par force ou par ruse. *Enlever un enfant, une femme.* Emmener. Ravir. Kidnapper (un enfant). / *Enlever ses biens à quelqu'un.* Déposséder. Dépouiller. Spolier. Prendre. Dérober. Voler. Extorquer. Rafler. Dévaliser. Confisquer. Exproprier. / *Enlever à quelqu'un la possession, la jouissance d'une chose.* Priver.

ENLÈVEMENT. Rapt. Kidnapping. / Ravisseur. / Rançon.

ennemi

(du lat. *inimicus*)

Personne qui a de la haine pour quelqu'un. *Un ennemi farouche, inconciliable.* Adversaire. Rival. Antagoniste. / Un ennemi mortel, juré, déclaré. / *Vivre en ennemis.* Etre à couteaux tirés. / Guerre froide.

INIMITIÉ. Haine. Aversion. Hostilité. Animosité. Malveillance.

Personne qui a de l'aversion pour quelque chose. *Ennemi de la violence. Ennemi de l'alcool.* Opposé à. Hostile.

Défavorable. / *Etre ennemi de quelque chose*. Détester. Haïr. Réprouver.

Ceux contre lesquels on est en guerre. *Affronter l'ennemi.* Adversaire. / *Battre l'ennemi.* Vaincre. Etre vainqueur. Triompher. Remporter la victoire. Gagner une bataille. Gagner la guerre. / *Mettre l'ennemi en fuite*. Repousser. Chasser. Disperser. / *Passer à l'ennemi.* Déserter. Désertion. / Déserteur. Transfuge. / *Tomber aux mains de l'ennemi.* Etre prisonnier. / *Se rendre à l'ennemi.* Capituler. Abandonner le combat. Capitulation. / *Etre tué à l'ennemi.* Mourir au champ d'honneur. / Hostilités (opérations de guerre). Conflit. Guerre.

ennui

(de *ennuyer,* bas lat. *inodiare,* de *odium,* haine, aversion, dégoût)

Ce qui cause de la contrariété. *Avoir des ennuis. Donner, susciter un ennui.* Désagrément. Souci. Inquiétude. Préoccupation. Tracas. Aria (fam.). Cassement de tête (fam.). Embêtement (fam.). / Difficulté. Problème. Complication. Anicroche (fam.). Pépin (fam.). Tuile (fam.). / Déboire. Déception. Déconvenue. / *Ennuis d'argent.* Soucis. Gêne.

ENNUYER. (Sujet nom de chose.) Chagriner. Contrarier. Déplaire. Mécontenter. Chiffonner (fam.). Embêter (fam.). / Désoler. Inquiéter. Tracasser. Tourmenter. Préoccuper. Soucier. / (Sujet nom de personne.) Importuner. Agacer. Fatiguer. Assommer. Tourmenter. Taquiner. Harceler. / (Express. fam.) Barber. Canuler. Bassiner. Embêter. Empoisonner. Tanner. / (Express. pop.) Casser les pieds. Faire suer. Enquiquiner. Courir sur le haricot. Scier le dos.

ENNUYEUX. Désagréable. Contrariant. Désolant. Fâcheux. Navrant. Inquiétant. Embêtant (fam.). Empoisonnant (fam.).

Lassitude morale. *Un ennui profond, mortel. Chasser, dissiper l'ennui.* Mélancolie. Idées noires. Cafard (fam.). Tristesse. Spleen. Nostalgie. Langueur. Accablement. Abattement. Hypocondrie (vx). Neurasthénie. / *Ennui de vivre.* Dégoût de la vie. Blasement. Découragement. / Mal du siècle.

ENNUYER. Fatiguer. Lasser. Endormir. Barber (fam.). Raser.

ENNUYEUX (en parlant d'une personne et d'une chose). Désagréable. Fastidieux. Fatigant. Lassant. Monotone. Pénible. Insupportable. Rébarbatif. / Embêtant (fam.). Assommant (fam.). Rasant (fam.). Barbant (fam.). Endormant. Soporifique. Insipide. / (En parlant d'une personne.) Déplaisant. Importun. Fâcheux. Canulant (fam.). Casse-pieds (pop.). Raseur (pop.).

S'ennuyer. Se morfondre. Languir. S'embêter (fam.). / Etre dégoûté. Etre blasé. N'avoir goût à rien.

énorme

(du lat. *enormis,* de *e,* hors de, et *norma,* règle)

Qui a des proportions démesurées. *Une taille énorme. Un poids énorme.* Colossal. Gigantesque. Anormal. Extraordinaire. Démesuré. / *Personne d'une corpulence énorme.* Géant. Mastodonte. Eléphant (fam.).

Qui est d'une grandeur, d'une importance inhabituelle. *Une énorme difficulté.* Immense. Formidable (fam.). Inouï. Incroyable. Insurmontable. / *Une fortune énorme.* Colossal. Phénoménal. Fabuleux. Fantastique. Incalculable. / *Une bêtise, une maladresse énorme.* Rare. Inouï. Incommensurable. Monumental. Pyramidal (vx). / *Un travail énorme.* Grand. Etonnant. Surhumain. Terrible (fam.). Cyclopéen. De Romain, de Titan. Titanesque.

ENORMÉMENT. Beaucoup. Très. Extrêmement. Immensément. Formidablement (fam.). Incroyablement. Fabuleusement. Excessivement. Exagérément.

ENORMITÉ. *Dire une énormité.* Sottise. Bêtise. Absurdité. / *Commettre une énormité.* Bévue. Maladresse. Extravagance. Impair. Gaffe (fam.).

enseignement

(de *enseigner,* lat. pop. *insignare,* signaler)

Organisation. Enseignement du premier degré, du second degré. Enseignement supérieur. / Enseignement public. Enseignement libre, privé, confessionnel. / Ecoles privées sous contrat d'Etat.

Enseignement supérieur. V. UNIVERSITÉ.

Enseignement du second degré. Lycée de garçons, de jeunes filles. Lycée mixte. Lycée d'Etat, ou national. Enseignement classique, moderne, technique. Classes de grammaire, de lettres, de sciences, de philosophie, de mathématiques. Premier et deuxième cycle. / Collèges d'enseignement secondaire. Collèges d'enseignement général. Enseignement long. Enseignement court.

Enseignement du premier degré. Classes enfantines. Ecoles maternelles. Jardins d'enfants. Cours préparatoire. Cours moyen. Cours supérieur.
Ecoles techniques. Ecoles professionnelles. Ecoles pratiques de commerce et d'industrie. / Ecole des sourds-muets, des jeunes aveugles, de rééducation.

Enseignement spécialisé et grandes écoles. Ecoles normales supérieures (rue d'Ulm, Sèvres, Saint-Cloud, Fontenay-aux-Roses), de l'enseignement technique, d'éducation physique. / Ecole polytechnique. Ecole des mines. Ecole navale. Ecole spéciale militaire interarmes. Ecole centrale des arts et manufactures. Ecole nationale d'administration. Ecole de l'air. / Ecole des hautes études commerciales. Ecoles supérieures de commerce. / Ecoles nationales ou nationales supérieures : Chartes. Langues orientales. Arts et métiers. Chimie. Electricité. Electronique. Mécanique. Géologie appliquée. Beaux-Arts. Arts décoratifs. Eaux et forêts. Génie rural. Haras. Vétérinaire. Agriculture. Recherche agronomique. Enseignement ménager. Pétrole. Postes et télécommunications. Statistique. Douanes. Service du Trésor. Impôts. Ponts et chaussées. Sciences géographiques. Aéronautique. Génie maritime. Aviation civile. Ecoles dentaires. Ecoles militaires. / Institut des sciences politiques, des sports, d'art et archéologie, agronomique. / Conservatoires : des arts et métiers, de musique, d'art dramatique.

Pédagogie. Institut national de recherche et de documentation pédagogique (I. N. R. D. P.). Instituts professionnels d'enseignement secondaire (I. P. E. S.). Formation des maîtres. / Méthodes directives. Cours magistral. / Méthodes actives. Non-directivité. Expression libre. Débat. Travail en équipe. Méthodes audio visuelles. / Pédagogue. Educateur.

Corps enseignant. Recteur. Inspecteur général. Inspecteur d'académie. / Proviseur. Censeur. Principal. Directrice de lycée. Directeur d'école. Econome, ou intendant. Préfet des études. / Professeur. Professeur auxiliaire. Maître auxiliaire. Délégué rectoral. / Instituteur. Institutrice. Maître, maîtresse d'école (vx). Surveillant. Pion, pionne (fam.). Titulaire. Auxiliaire. Suppléant. Honoraire. / Rectorat. Inspectorat. Provisorat. Directorat. Professorat. Censorat.

ENSEIGNER. *Enseigner une discipline.* Apprendre. Professer.

Vie scolaire. Cours. Conférences. Classes. Etudes. Devoirs. Leçons. Explications. Exercices. Compositions. Copies. Corrections. Interrogations. Colles. / Places. Notes trimestrielles. Bulletin hebdomadaire. Tableau d'honneur. / Livret scolaire. Concours. Examen. Prix. Diplôme. / Salle de classe, de cours. Etude. Dortoir. Réfectoire. / Gymnase. Cour de récréation. Terrain de jeux. Préau. / Parloir. / Chaire. Bureau. Pupitre. Table. Tableau noir. / Sortie. Rentrée. Vacances. Congés. Promenade. / Discipline scolaire. Conseil de discipline. Sanctions. / Scolarité. Scolariser. Scolarisation.
Lycéen. Collégien. Ecolier. Externe. Interne, ou pensionnaire. Elève. Potache (argot). Condisciple. Camarade. Bizuth (argot). / Fruit sec. Cancre.

Diplômes. Certificat d'études primaires (C. E. P.). / Diplôme de fin d'études. Brevet d'études du 1er cycle (B. E. P. C.). / Baccalauréat. / Certificat d'aptitude professionnelle (C. A. P.). Brevet d'études professionnelles (B. E. P.). Brevet de technicien.

ensemble adv.

(du lat. pop. *insimul,* lat. class. *in,* dans, et *simul,* ensemble)

L'un avec l'autre, les uns avec les autres. *Faire quelque chose ensemble.* En commun. Conjointement. De concert. Collectivement. De conserve. / *Préparer ensemble.* Concerter. Combiner. / *Aller ensemble* (en parlant de choses). S'harmoniser. S'accorder. S'assortir. Etre compatible. / *Mettre ensemble des personnes ou des choses.* Réunir. Rassembler. Grouper. Joindre. Assembler.

L'un avec l'autre et en même temps. *Partir ensemble, arriver ensemble* (en parlant de personnes ou de choses). Simultanément. / *Qui a lieu en même temps qu'un autre* (en parlant de faits). Simultané. Concomitant. Synchrone. / Simultanéité. Concomitance. Concordance. Synchronisme.

ensemble n.

Réunion de personnes ou de choses formant un tout. Totalité. Somme. Masse. / *L'ensemble des habitants d'un pays.* Population. / *L'ensemble des employés d'une usine.* Personnel. / *L'ensemble des médecins.* Corps médical. / *L'ensemble des instituteurs, des professeurs.* Corps enseignant.

Un ensemble de personnes. Groupe. Groupement. Réunion. Collectivité. Masse. / *Un ensemble de choses.* Collection. Assemblage. Quantité. Série.

entaille

(de *entailler*)

Coupure profonde qui enlève une partie. *Entaille droite. Entaille en biseau. Entaille à queue d'aronde.* Cran. Encoche. Echancrure. / *Entaille d'assemblage.* Mortaise. Rainure à dent. / *Entaille dans un arbre.* Greffe. Incision.

Incision profonde dans les chairs. *Se faire une entaille au doigt.* Coupure. Blessure. Balafre. Estafilade. Taillade.

ENTAILLER. Couper. Blesser. Taillader.

entasser

(de *en* et de *tas*)

Mettre en tas. *Entasser des choses.* Réunir. Amonceler. Empiler. Amasser. Accumuler. Collectionner. Emmagasiner. / *Entasser de l'argent.* Economiser. Amasser. Thésauriser.

ENTASSEMENT. Amoncellement. Tas. Amas. Pile. Pyramide. / *Entassement de cadavres.* Charnier.

Réunir dans un espace étroit. *Entasser des êtres dans un endroit.* Serrer. Presser. Tasser. Encaquer (fam.).

entendre

(du lat. *intendere*, porter son attention vers)

Percevoir par le sens de l'ouïe. *Entendre une voix, un bruit.* Distinguer. Discerner. Ouïr (vx). / *Entendre difficilement, avec peine.* Avoir l'oreille dure. Etre un peu sourd. / *Perception des sons.* Audition. / *Perceptible par l'oreille.* Audible. Audibilité. / Son. / Acoustique.

Entendre parler d'une chose. Entendre dire. Apprendre. Savoir par ouï-dire. / *Faire entendre une parole, un mot.* Dire. Enoncer. Emettre. Exprimer.

Percevoir par l'intelligence (langue littér.). *Entendre une langue étrangère.* Comprendre. Saisir. / *Entendre un mot, une phrase.* Interpréter. Donner un sens. / *Faire entendre.* Expliquer. Montrer. Indiquer. / *Laisser entendre.* Laisser deviner. Insinuer. / *Entendre une plaisanterie.* Goûter. Apprécier. / *Entendre bien que...* Reconnaître. Admettre.

ENTENDEMENT. *Dépasser l'entendement.* Esprit. Intelligence. Jugement.

SOUS-ENTENDRE. Ne pas dire expressément. Faire comprendre. Insinuer.

SOUS-ENTENDU. Allusion. Insinuation.

Prêter attention. *Entendre les raisons de quelqu'un. Entendre un accusé.* Ecouter. Prêter l'oreille. / *Entendre la messe.* Assister. / *Se faire entendre pour un engagement* (en parlant d'un artiste). Auditionner. / Audition. Essai. / *Se faire entendre sur une scène.* Chanter. Jouer d'un instrument. Interpréter un rôle.

Avoir l'intention. *Entendre que... Entendre* (et l'infinitif). Vouloir. Exiger. Prétendre. / Désirer. Préférer.

S'entendre. ENTENTE. V. ACCORD.

enterrement

(de *enterrer*)

Ensemble des cérémonies accomplies pour la mise en terre d'une personne décédée. *Assister à l'enterrement de quelqu'un.* Inhumation. Obsèques. Funérailles. / Rendre les derniers devoirs.

Opérations funèbres. Fermer les yeux. Veiller un mort. Veillée mortuaire. / Embaumer. Embaumement. Ensevelir. Ensevelissement. Linceul. Suaire. Sindon (du Christ). Le saint suaire. / Bière. Cercueil. Mettre en bière. / Médecin légiste. Acte de décès. Permis d'inhumer. / Pompes funèbres. Ordonnateur. Faire-part de décès. Frais funéraires.

Cérémonie funèbre. Maison mortuaire. Exposition du corps. Convoi. Cortège funèbre. Corbillard. Fourgon mortuaire. Croque-mort (fam.). / Couronnes. Gerbes. Poêle. Cordons du poêle. / Honneurs funèbres. Oraison funèbre. Panégyrique. / Vocero (chant funèbre). Voceratrice (Corse).

Cérémonie religieuse. Service funèbre. Glas. Office des morts. Messe des morts. Messe de requiem. Luminaire. Chapelle ardente. Catafalque (estrade sur laquelle on place un cercueil). Sarcophage (représentation d'un cercueil dans une cérémonie funèbre). / Donner l'absoute. *De profundis. Dies irae. Requiem aeternam. Libera.*

Sépulture. Cimetière. Champ du repos. / Monument. Mausolée. Chapelle funéraire. Crypte. / Tombe. Tombeau. Caveau. Fosse. Cénotaphe (tombeau à la mémoire d'un mort et qui ne contient pas son corps). / Pierre tombale. Gisant. Dalle. Entourage. Croix. Cippe. Stèle. Tertre funéraire. Eminence. / Cyprès. / Concession temporaire, à perpétuité. / Inscription. Epitaphe. Ci-gît. Ici repose.

ENTERRER. Inhumer. Porter, mettre en terre. / Exhumer (retirer un cadavre de la terre). Déterrer. / Exhumation.

Le deuil. Prendre le deuil. Porter le deuil. Etre en deuil. Grand deuil. Petit deuil. Demi-deuil. / Durée du deuil. Quitter le deuil. / Vêtements noirs. Voile. Crêpe. / *Signes de deuil.* Drapeaux en berne. Fusils renversés.

Termes antiques. Pyramide. Mastaba. Hypogée. Momie. / Nécropole. Columbarium. Catacombes. Sarcophage (cercueil de pierre). / Pleureuses. Chants funèbres. Xénie. Thrène. / Tumulus. Cairn (chez les Celtes).

entêté

Qui est trop attaché à ses opinions, à ses désirs. Têtu. Obstiné. Coriace. Tenace. Buté. Cabochard (fam.). / Entêté comme une mule, comme un âne. / *Enfant entêté.* Indocile. Indiscipliné. Incorrigible. Capricieux.

ENTÊTEMENT. Obstination. Persistance. Ténacité. Indocilité. Inflexibilité. / *Avec entêtement.* Obstinément.

S'entêter. S'obstiner. Se buter. Résister. Ne pas céder. Ne pas démordre. Persister. Ne vouloir rien entendre.

enthousiasme

(du gr. *enthousiasmos,* transport divin)

Mouvement qui porte à agir. *Travailler avec enthousiasme.* Ardeur. Entrain. Zèle. Passion. / Avoir le feu sacré. *Enthousiasme poétique.* Exaltation. Lyrisme. Verve poétique.

ENTHOUSIASTE. Passionné. Ardent. Fervent. Empressé. Emballé (fam.). Chaud.

Mouvement qui porte à admirer, à se réjouir. *Déchaîner l'enthousiasme. Accueillir avec enthousiasme.* Joie. Allégresse. Chaleur. Frénésie. Fureur. Délire. / *Enthousiasme aveugle, irréfléchi.* Engouement. Emballement.

ENTHOUSIASTE. *Accueil enthousiaste.* Chaleureux.

ENTHOUSIASMER (remplir d'enthousiasme). Passionner. Galvaniser. Exalter. Enflammer. Emballer (fam.). Enchanter. Ravir.

S'enthousiasmer. Se passionner. S'emballer (fam.). S'engouer. S'enticher. Se toquer (fam.). S'enflammer. S'exalter. S'exciter. Se récrier d'admiration.

entier

(du lat. *integer*)

Se dit d'un être ou d'une chose dont on n'a rien retranché. *Un cheval entier* (qui n'est pas châtré). Etalon. / *Un pain entier.* Intact. / *L'œuvre entier d'un artiste.* Intégral. Complet. Tout le, toute la. / Totalité. Intégralité.

Se dit de ce qui est considéré dans sa totalité (temps, espace). *Un jour entier.* Complet. Tout un. / *Dans le monde entier.* Partout.

Se dit de ce qui est dans sa plénitude, sans restriction. *Une liberté entière. Un entier dévouement.* Total. Absolu. Sans réserve.

ENTIÈREMENT. Complètement. Absolument. Pleinement. Totalement. Tout à fait. Parfaitement. / *En entier.* Intégralement. In extenso. Du début jusqu'à la fin. De fond en comble.

Se dit d'une personne qui n'admet aucune restriction. *Un caractère entier.* Entêté. Obstiné. Têtu. Absolu. Catégorique. Intraitable.

entourer

(de *en* et de *tour;* en lat. *circum,* autour; en gr. *peri*)

Mettre autour. *Entourer un terrain d'une clôture.* Clore. Clôturer. Enclore. / *Entourer quelqu'un de ses bras.* Embrasser. Serrer. Etreindre. Enlacer. Ceinturer. / *Entourer d'une garniture, d'une bordure.* Garnir. Border. / *Entourer d'une enveloppe.* Envelopper. / *Entourer d'un lien, d'une ficelle, d'une corde.* Lier. Ficeler. Corder. Rouler autour. Envelopper. Entortiller.

Être placé autour. *Entourer* (en parlant d'une clôture). Enclore. Fermer. / Ceindre. Enserrer. / Environner.

Choses qui entourent. Cercle. Circonférence. Anneau. Zone. / Couronne. Courroie. Ceinture. Cordon. / Bordure. Châssis. Cadre. Pourtour. / Alentours. Environs. Périphérie. Périmètre. Péristyle.

Mouvement autour. *Faire le tour de.* Tourner. Contourner. / *Voyage circulaire.* Périple. Circuit. / Circumpolaire.

Se tenir auprès de quelqu'un. *Entourer une ville* (en parlant d'un ennemi). Encercler. Cerner. Assiéger. Attaquer. Investir. / *Entourer un ami.* Approcher. Environner. Accompagner. Se presser autour de.

ENTOURÉ (en parlant de quelqu'un). Recherché. Adulé.

ENTOURAGE. Compagnie. Société. Voisinage. Voisins. Proches. / Ambiance. Atmosphère. Milieu. Environnement. / Aura (atmosphère qui semble entourer un être ou envelopper une chose).

entraîner
(de *en* et de *traîner*)

Emmener avec soi. *Entraîner quelqu'un dans un lieu.* Mener. Diriger. Conduire. Tirer. Attirer. Pousser. Traîner avec soi, après soi. / (En parlant d'un cours d'eau). Emporter. Charrier.

Pousser vers quelque chose. *Entraîner quelqu'un dans une action.* Engager. Déterminer. Décider. Persuader. Convaincre. / *Se laisser entraîner.* Embarquer. / (En parlant d'un orateur.) Emballer. Transporter. Charmer.
ENTRAÎNEMENT. Enthousiasme. Emballement. / Pente. Courant. Impulsion. Elan.
ENTRAÎNEUR. *Entraîneur d'hommes.* Chef. Animateur. Conducteur. Meneur.

Avoir pour conséquence. *Entraîner des dépenses.* Causer. Occasionner. Amener. Provoquer.

Préparer à une compétition. *Entraîner un athlète, un cheval.* Exercer.
ENTRAÎNEMENT. Préparation.
ENTRAÎNEUR. *Entraîneur d'une équipe, d'un athlète.* Moniteur. Instructeur. Manager.

entrelacer
(de *entre* et de *lacer*)

Croiser une chose avec une autre. *Entrelacer des fils, des rubans.* Entrecroiser. Tisser. Tresser. Natter. Tricoter. Episser.

S'entrelacer. S'entremêler. S'enchevêtrer. Se mêler. Se confondre.

Choses entrelacées. Entrelacs. Nœud. Epissure. / Filet. Mailles. Réseau. / Tissu. Tricot. Dentelle. / Natte. Tresse. / Treillis. Treillage. Claie.

entreprendre
(de *entre* et de *prendre*)

Commencer à exécuter. *Entreprendre un travail.* Mettre en train, en route. Mettre sur le métier. Prendre l'initiative de. Mettre en branle. Démarrer. / *Entreprendre une discussion.* Entamer. Engager. Aborder un sujet. / *Entreprendre une guerre.* Déclencher. Engager le combat. / *Entreprendre un procès.* Intenter. / *Entreprendre de faire quelque chose.* Essayer. Tenter. Chercher à. S'efforcer de. / *Entreprendre une affaire.* Se charger de. S'engager, se lancer, s'embarquer dans. Lancer. Monter.
ENTREPRISE. Action. Affaire. Opération. Travail. Ouvrage. Œuvre. / Tentative. Essai. / *Entreprise hasardeuse, aventureuse, périlleuse.* Aventure. Equipée.

entreprise
(de *entreprendre*)

Unité économique de production. Entreprise agricole, industrielle, minière. / Entreprise commerciale, financière. / Entreprise privée, coopérative, publique. / Entreprise familiale. Petite entreprise. Moyenne entreprise. Grande entreprise. / *Monter une entreprise. Diriger une entreprise.* Affaire. Commerce. Industrie. Etablissement. Exploitation. Usine. Fabrique. / *Association, groupement d'entreprises.* Trust. Cartel. Entente. Holding.

Organisation d'une entreprise. Président-directeur général. Directeur général adjoint. / Directeur technique. Etude et analyse du travail. Contrôle de gestion. Fabrication. Chef de fabrication. Bureaux, ateliers de fabrication. / Directeur administratif. Service financier. Service du personnel. Contentieux. Comptabilité générale. Approvisionnements. Achats. Directeur commercial. Bureaux d'études commerciales. Marketing. Services des ventes et après ventes. Gestion des stocks de produits finis. / *Chef d'une entreprise.* Patron. Entrepreneur. Industriel. Artisan. / Paternalisme (attitude paternelle d'un chef d'entreprise).

entrer
(du lat. *intrare*)

Aller dans un lieu. (En parlant d'une personne ou d'une chose.) *Entrer dans une maison.* Pénétrer. S'introduire. Rentrer. Avoir accès. Passer dans. / *Entrer dans un chemin.* S'engager dans. S'embarquer dans. / *Entrer subrepticement.* Se faufiler. Se glisser. S'insinuer. S'infiltrer. / *Entrer rapidement, en coup de vent, en trombe.* Se précipiter. Se lancer. Se jeter. S'engouffrer. Faire irruption. / *Entrer en force.* Se frayer un passage. Forcer le passage. Faire une trouée, une percée.
Entrer dans un pays (en parlant d'un ennemi). Envahir. Occuper. S'emparer de. Prendre possession. / Envahissement. Invasion. Raid. Razzia. / *Entrer* (ou *rentrer*) *dans un obstacle.* Percuter. Tamponner.
ENTRÉE. *Entrée d'un lieu.* Accès. Approche. Abord. / Grille. / Porte. Seuil. Vestibule. Antichambre. Hall. / *Entrée d'un bois.* Orée.

Faire entrer. *Faire entrer une personne dans un lieu, dans une société.*

Introduire. Présenter. Faire admettre. / *Faire entrer des marchandises.* Introduire. Importer. / *Faire entrer une clef dans une serrure.* Mettre. Engager dans. Pousser dans. / *Faire entrer un clou dans un mur.* Enfoncer. Planter. Ficher. / *Faire entrer dans un liquide.* Plonger. Verser. Immerger. / *Faire entrer dans l'organisme.* Inoculer. Instiller.

Faire entrer une chose dans une autre pour l'y incorporer. Emboîter. Encastrer. Insérer. / Mettre dans une monture. Enchâsser. Incruster. Sertir. / Encadrer. Intercaler. Insérer. / Greffer.

Mettre à l'intérieur. *Entrer une voiture dans un garage.* Introduire. Rentrer.

Se mettre dans une situation sociale, dans un état. *Entrer dans une profession.* Embrasser. Choisir. / *Entrer dans les ordres, en religion.* Etre ordonné. Se faire religieux. / *Entrer dans une société, dans un parti.* Adhérer. S'affilier. S'inscrire. / Adhésion. Affiliation.
Entrer en colère. Se livrer. Se plonger. / *Entrer dans les vues, dans les idées de quelqu'un.* Partager. Abonder dans son sens.

Prendre part à quelque chose. *Entrer dans une affaire, dans une société.* Participer. Collaborer. Coopérer. / *Entrer dans une équipe.* Faire partie de. / *Entrer indûment dans les affaires d'autrui.* S'ingérer. S'immiscer. Intervenir. Se mêler. / *Personne qui entre quelque part sans y être invitée.* Intrus. Importun. Indésirable.

entretenir

Tenir dans le même état. *Entretenir un feu.* Alimenter. Surveiller. / *Entretenir des relations avec quelqu'un.* Cultiver. / *Entretenir une agitation, des troubles.* Fomenter. / Fomentation. Fomenteur. Fauteur. / *Entretenir l'amitié de quelqu'un.* Faire durer. Faire persister. / *Entretenir de la rancune.* Nourrir.

Maintenir en bon état. *Entretenir un bâtiment, une route.* Conserver. Prendre soin de. / *Entretenir un jardin.* Cultiver. / *Entretenir son corps, sa santé.* Soigner. / *Entretenir sa mémoire.* Exercer.

Fournir ce qui est nécessaire à la subsistance d'une personne, d'une collectivité. *Entretenir une famille.* Nourrir. Elever. Faire vivre. Faire subsister. Avoir à sa charge. Assumer la dépense. / *Femme entretenue.* Demi-mondaine.
ENTRETIEN. Subsistance. Alimentation.

entrevue

Rencontre concertée entre des personnes. *Une longue, une brève entrevue.* Entretien. Conversation. Tête-à-tête. Dialogue. Audience. Interview. Rendez-vous. Visite. / *Avoir une entrevue avec quelqu'un.* Rencontrer. Contacter (fam.). S'entretenir avec. Conférer. Parler. Converser. / *Accorder une entrevue.* Recevoir. Donner audience.

envahir

(du lat. pop. *invadire*, pénétrer)

Occuper brusquement par la force. *Envahir un pays, une région* (en parlant d'une armée). Prendre. Conquérir. S'emparer de. Se rendre maître de.
ENVAHISSEMENT. Invasion. Occupation.
ENVAHISSEUR. Occupant.

Occuper entièrement. *Envahir un lieu* (en parlant d'êtres, de plantes). Se répandre dans. Faire irruption. Remplir. Couvrir. / *Envahir* (en parlant de l'eau). Inonder. Submerger. / *Envahir* (en parlant du feu). Gagner. S'étendre. Se communiquer.
ENVAHISSANT. *Un individu envahissant.* Importun. Sans gêne. Indiscret.

envelopper

Entourer d'une chose qui couvre. *Envelopper un meuble.* Couvrir. Recouvrir. / *Envelopper un paquet.* Emballer. Enrouler. Entortiller. / *Envelopper un enfant.* Emmailloter. Emmitoufler.

Enveloppes végétales. *Enveloppe d'un arbre.* Ecorce. / *Enlever l'écorce.* Ecorcer. Décortiquer. / *Inciser l'écorce.* Baguer. Gemmer. / *Enveloppes florales.* Calice. Corolle. Périanthe. Involucre. / *Enveloppe des fruits.* Bogue (de châtaigne). Coque. Coquille. Brou (de noix). Cupule. / *Enveloppe des graines.* Gousse. Cosse. Capsule. Péricarpe. / Volve (de champignon). Tunique (de bulbe).

Enveloppes animales. Carapace. Coquille. Ecaille. Cuirasse. Test. Tégument. / Coque. Cocon (des chrysalides).

Enveloppes du corps humain. Peau. Epiderme. / *Enveloppe d'un organe.* Membrane. Tunique. Capsule. Muqueuse. / Péricarde (du cœur). Péritoine (de l'abdomen).

Enveloppes d'objets divers. Etui. Gaine. Housse. / Poche. Sac. Taie. / Emballage. Container. / Bâche. Toile.

envie
(du lat. *invidia,* désir, jalousie)

Désir de ce qu'une autre personne possède. *Exciter l'envie.* Jalousie. / *Eprouver de l'envie envers quelque chose.* Désirer. Convoiter. Souhaiter pour soi.

ENVIER (porter envie à). *Envier quelqu'un.* Jalouser.

ENVIEUX. Jaloux. Avide. Cupide.

ENVIABLE. Désirable. Tentant. Souhaitable.

Désir d'avoir ou de faire quelque chose. *Faire naître une envie. Donner (une) envie.* Désir. Convoitise. / *Envie brûlante, une furieuse envie.* Démangeaison. Fureur. / *Une envie capricieuse.* Lubie. Caprice. / *Avoir envie de.* Désirer. Convoiter. Vouloir. / *Faire envie.* Tenter. Exciter le désir. / Satisfaire une envie.

Besoin organique. *Envie de manger.* Faim. / *Envie de boire.* Soif. / *Envie de vomir.* Nausée. Mal au cœur. / *Envie de dormir.* Sommeil.

envisager

Examiner une chose sous tel ou tel aspect. *Envisager les conséquences d'une décision.* Considérer. Tenir compte. Prendre en considération. Peser. Mesurer.

Former un projet. *Envisager quelque chose. Envisager de* (et l'inf.). Projeter. Penser à. Songer à. Prévoir.

envoûter
(de *en* et de l'anc. franç. *vout,* visage)

Exercer une opération magique consistant à pratiquer, sur une figurine de cire ou sur un animal représentant une personne, des blessures dont elle est censée ressentir les effets. *Envoûter quelqu'un.* Ensorceler.

Exercer un attrait irrésistible. *Envoûter quelqu'un* (en parlant d'une personne ou d'une chose). Ensorceler. Captiver. Subjuguer. Fasciner. Séduire.

ENVOÛTEMENT. Ensorcellement. Enchantement. Charme. Fascination. Séduction.

ENVOÛTANT. Ensorcelant. Captivant. Fascinant. Séduisant.

envoyer
(du bas lat. *inviare,* parcourir ; lat. class. *missum, mittere*)

Envoyer une personne. *Envoyer quelqu'un en un lieu.* Faire partir. Faire aller. / *Envoyer en mission.* Déléguer. Dépêcher. Mandater. Députer (vx). / Députation (vx). Délégation. Mission. *Envoyer quelqu'un promener.* Envoyer au diable, au bain (fam.). Chasser. Econduire. Congédier. Renvoyer. Rembarrer.

ENVOYÉ. *Envoyé porteur d'un message.* Courrier. Messager. Estafette. Exprès. / *Envoyé représentant un pays.* Délégué. Emissaire. Représentant. Agent. Ambassadeur. Parlementaire. Plénipotentiaire.

Envoyer une chose. *Envoyer une lettre, un paquet.* Expédier. Adresser. Mettre à la poste. Diriger sur.
Envoyer une balle. Lancer. Jeter. Renvoyer. / *Envoyer un coup.* Donner. Décocher. Allonger. Flanquer (fam.).

ENVOI. Expédition. Colis. Lettre. Message. Pli. Mandat. / Dépêche. Télégramme.

ENVOYEUR. Expéditeur.

S'envoyer. *S'envoyer un repas* (fam.). Manger. / *S'envoyer un verre de vin* (fam.). Boire. S'enfiler (fam.). / *S'envoyer un travail* (fam.). Faire. Se taper (pop.). Se farcir (pop.).

épais
(du lat. *spissus ;* en gr. *pachus*)

Se dit d'une chose considérée par rapport à la longueur et à la largeur. *Un livre épais.* Gros. / *Un papier épais.* Fort. Solide. Résistant. / Pachyderme (qui a la peau épaisse).

EPAISSEUR. Grosseur.

Se dit d'une chose dont les éléments sont serrés. *Un feuillage épais.* Touffu. Serré. Fourni. Compact. / *Des cheveux épais.* Dru. Abondant. / *Un liquide épais.* Consistant. Pâteux. Sirupeux. Visqueux. / *Brouillard épais.* Dense. A couper au couteau.

EPAISSEUR. Densité. Consistance.

EPAISSIR (rendre épais). Condenser. / *Epaissir une sauce.* Lier.

EPAISSIR (devenir épais). Figer. Coaguler. Se condenser. Cailler. Prendre corps.

EPAISSISSEMENT. Figement. Coagulation. Caillement. Caillot.

Qui a des formes massives. *Un homme épais.* Gros. Massif. Mastoc. Court. Trapu. Râblé. / *Traits épais.* Empâté. / *Lèvre épaisse.* Charnu.

EPAISSIR. Grossir. S'alourdir. Engraisser.

Qui manque de finesse. *Esprit épais.* Lent. Lourd. Pesant. Obtus.

EPAISSEUR. Lenteur. Lourdeur.

épaule

(du lat. *spathula,* spatule, diminutif de *spatha,* épée ; en gr. *ômos*)

Partie du corps humain par laquelle le bras s'attache au tronc. ***Anatomie de l'épaule.*** *Os de l'épaule.* Omoplate. Clavicule. Tête de l'humérus. / Acromion (apophyse qui prolonge l'épine de l'omoplate). Apophyse coracoïde. / Aisselle (cavité au-dessous de l'épaule). Axillaire (relatif à l'aisselle). / Ligament trapézoïde, conoïde, coracoïdien, acromio-coracoïdien. / Cavité glénoïde de l'omoplate.
Muscles. Deltoïde. Sus-épineux. Grand pectoral. Grand dorsal. Grand rond. Petit rond. Sous-épineux. Sous-scapulaire.
Forme des épaules. Avoir les épaules larges, épaisses, carrées, musclées. / Largeur des épaules. Carrure. / Avoir des épaules tombantes, effacées, fuyantes. / Avoir la tête enfoncée, engoncée dans les épaules.

Accidents et maladies. Luxation. Arthrite de l'épaule. Epaule ballante (le bras pend inerte le long du tronc).

Locutions diverses. Hausser les épaules, lever les épaules (manifester son mécontentement, son mépris). Faire quelque chose par-dessus l'épaule (avec négligence). Donner un coup d'épaule (aider).
EPAULER. *Epauler un fusil.* Appuyer contre l'épaule. / *Epauler quelqu'un.* Aider. Soutenir. Assister. Recommander. Appuyer.

épée

(du lat. *spatha*)

Arme formée d'une longue lame d'acier emmanchée dans une poignée. *Parties d'une épée.* Poignée. Pommeau. Fusée. Coquille. Soie. Talon. / Garde. Pas-d'âne. Ecusson. Quillon. Calotte. Pontet. Faible de la lame (extrémité de la lame). Fort de la lame (partie voisine de la garde). Fil. Pointe ou estoc. Arête. Nervure. Evidement. Carré (face de la lame). Dos. Plat. Tranchant. / Garniture.

Sortes d'épées. Epée longue, épée courte. Epée à deux mains. Epée de chevet. Epée de parade. Epée de combat. Epée rabattue. Epée baïonnette. / Epée électrique. Fleuret.
Epées anciennes. Alfange. Braquemart. Brette. Carrelet. Claymore (épée écossaise). Colichemarde. Croisette. Espadon. Estoc. Estramaçon. Flamberge. Rapière. Glaive (vx et littér.)
Durandal (épée de Roland). Joyeuse (de Charlemagne). Flamberge (de Renaud de Montauban). Haute-Claire (d'Olivier).

Maniement de l'épée. *Mettre l'épée à la main.* Dégainer. / *Tirer l'épée.* Croiser le fer. Pointer. Estoquer. / *Frapper avec l'épée.* Pourfendre. Embrocher. Percer. Transpercer. Enfoncer jusqu'à la garde. / S'enferrer. / Brandir. Faire sauter. Fausser. / Rengainer. Rendre son épée.
Escrime. Cliquetis. Coup d'estoc. Estocade. Coup de pointe. Coup de taille. Echarpe. Coup de revers.
Escrimeur. Epéiste. Bretteur. Spadassin. Pourfendeur. Fine lame.

Port de l'épée. Baudrier. Ceinturon. Bélière. Dragonne. Fourreau. Bouterolle. Pendant. Nœud d'épée. / Ceindre l'épée. Porter l'épée. / Boutonner. Moucheter. Démoucheter. Fourbir.

épice

(du lat. *species,* denrée)

Substance d'origine végétale servant à assaisonner les mets. Aromate. Condiment. Quatre épices (mélange de cannelle ou de gingembre, de girofle, de muscade et de poivre noir). / *Plantes et substances aromatiques.* Poivre blanc. Poivre noir. Paprika. Piment. Poivron. / Cannelle. Muscade. Vanille. Anis. Cumin. Curcuma. Cari. Genièvre. Coriandre. / Bétel. Cubèbe. Gingembre. Moutarde. Safran. / Thym. Laurier. Clou de girofle. Sauge.

Vente et usage. Epicerie. Epicier. Epicière.
EPICER (assaisonner avec des épices). Aromatiser. Condimenter. Poivrer. Pimenter. Safraner. Donner du goût, du montant, du piquant. Relever. / Salade. Marinade. Poivrade. / Poivrière. Boîtes à épices.

épidémie

(lat. *epidemia,* du gr. *epidêmos,* qui circule dans le pays)

Maladie qui atteint dans un même lieu et en même temps un grand nombre d'êtres. *Causes.* Microbe. Bacille. Virus. / Miasmes. Exhalaisons méphitiques (toxiques et puantes). Méphitisme. Pestilence. / Porteur de germe. Vecteur. Propagation. Contagion. Contamination. Infection. / Se communiquer. Contagionner. Infecter. Régner. Sévir. Ravager. / Endémie (maladie particulière à un pays). Mal endémique. Pandémie (épidémie qui s'étend à un continent, au monde entier). / Epizootie (épidémie qui frappe les animaux).

Les épidémies. Peste. Choléra. Fièvre jaune, ou vomito-negro. Dysenterie. / Amibiase. Bilharziose. Fièvres paludéennes. Paludisme. Filariose. Maladie du sommeil. / Lèpre. / Fièvre typhoïde. Typhus exanthématique. / Diphtérie. Croup. Oreillons. / Variole. Rougeole. Fièvre scarlatine. / Grippe. Suette miliaire. Poliomyélite, etc. / Epidémiologie.
Pestiféré. Cholérique. Typhique. Varioleux. Rougeoleux. Grippé.

Moyens de protection. *Prophylaxie.* Assèchement des marais. Insecticides. Gambusie (poisson qui détruit les larves des moustiques). / Asepsie. Aseptiser. Antisepsie. Antiseptique. Antiseptiser. Vaccinothérapie. Vacciner. Vaccination. Vaccin. Sérothérapie. / Fumigation. Désinfection. Désinfecter. Etuves.
Lazaret (endroit où l'on isole les voyageurs contagieux, ou supposés tels). Quarantaine (isolement). Cordon sanitaire (ligne de postes de surveillance). / Certificat de vaccination.

épine
(du lat. *spina;* en gr. *akantha*)

Piquant de certaines plantes, de certains animaux. Spinescent (en forme d'épine). / Inerme (se dit d'une plante sans épines). / Echarde (fragment d'épine ou de bois enfoncé sous la peau).

Plantes à épines. Epine blanche. Aubépine. Epine noire. Prunellier. Epinevinette. / Eglantier. Rosier. Ronces. Houx. / Cactus. Cactées. Aloès. Figuier d'Inde. Cierge du Pérou. Nopal. / Acanthe. Chardon. / Acacias. Ajonc, etc.
Epinier ou épinaie (endroit où croissent des épines). Broussailles. Essarts. Friches. Haie. Buisson. / Maquis. Scrub.

Animaux à épines. Echidné. Echinodermes. Acalèphes. Scyphozoaires (ortie de mer). Epinoche. Hérisson. Porc-épic. Oursin, etc. / Spinigère (qui porte des épines).

épingle
(du lat. *spinula,* petite épine)

Petite tige métallique pointue à une extrémité et terminée à l'autre par une tête. *Sortes d'épingles.* Epingle à tête plate, à tête ronde. Drapière. Camion (très petite). / Epingle de bureau. Epingle d'entomologiste.

Objet servant à attacher, à fixer. Epingle de sûreté. Epingle anglaise ou de nourrice. Epingle double. / Epingle à cheveux. / Epingle à linge.

Usage. Carte. Boîte. Pelote. Sébile. / *Attacher, fixer, maintenir avec des épingles.* Epingler. / Epinglage.

Fabrication. Epinglerie. Epinglier. / *Matières.* Acier doux. Acier dur trempé. Cuivre. Laiton. / Botte de fil.
Machine Bohin. Mâchoires à billes. Dresserie rotative. / Tréfilage. Frappe de la tête. Meulage de la pointe. Empointage. / Trempe. Nickelage. Polissage.

Locutions diverses. Monter en épingle (mettre en relief). Tiré à quatre épingles (vêtu avec soin). Tirer son épingle du jeu (sortir habilement d'une difficulté). Coup d'épingle (blessure d'amour-propre). Virage en épingle à cheveux (très serré).

éprouver
de *é* et de *prouver*)

Soumettre à une expérience. *Eprouver les qualités, la valeur d'une personne.* Expérimenter. Essayer. Mettre à l'épreuve.
EPREUVE. *Epreuves d'un examen.* Epreuves écrites. Ecrit. Devoir. Composition. / Epreuves orales. Oral. Interrogation. Colle (fam.). / *Epreuve sportive.* Compétition. Match. Rencontre.

Soumettre à une épreuve. *Eprouver quelqu'un* (en parlant d'un deuil, d'une perte). Frapper. / *Etre durement éprouvé.* Malheureux. Infortuné.
EPREUVE. *Supporter une grande épreuve.* Affliction. Souffrance. Peine. Malheur. / *Endurer toutes sortes d'épreuves.* Tribulations. Traverses (littér.). / Porter sa croix. En voir de toutes les couleurs (fam.). / *Epreuve vexatoire.* Brimade.
EPROUVANT. Difficile à supporter.

Connaître par expérience. *Eprouver une difficulté.* Rencontrer. Se heurter à. / *Eprouver du bien-être. Eprouver de l'angoisse.* Ressentir. Sentir. Avoir. / *Eprouver de l'affection.* Aimer. / *Eprouver de la peine.* Souffrir. Supporter. Subir.

épuiser
(de *puits;* en lat. *exhaurire, exhaustum*)

Vider entièrement de son contenu. *Epuiser une source, un réservoir.* Assécher. Tarir. Vider. Mettre à sec. / *Epuiser une terre.* Appauvrir. Amaigrir. Rendre stérile. / Epuiser une mine, une carrière (en extraire tout le minerai, toute la pierre). / *Epuiser un stock de marchandises.* Vendre entièrement. Ecouler. Dégarnir. / Inépuisable. Intarissable.

Utiliser en totalité. *Epuiser des vivres, des provisions.* Consommer. Dépenser. Absorber. Venir à bout de. / *Epuiser la patience de quelqu'un. Epuiser quelqu'un par des bavardages, des questions.* Excéder. Assommer. Exaspérer. Mettre à bout.
Epuiser un sujet. Traiter à fond. / Travail exhaustif. Etude exhaustive. / Exhaustivement.

Affaiblir extrêmement. *Epuiser quelqu'un* (en parlant d'une maladie). Affaiblir. Anémier. Abattre. User. / (En parlant d'un travail, d'un effort.) Harasser. Esquinter (fam.). Exténuer. Vider (fam.). Crever (pop.). Ereinter. Tuer (fam.).
EPUISANT. Harassant. Exténuant. Ereintant. Esquintant (fam.). Crevant (pop.).
EPUISEMENT. *Epuisement des forces.* Affaiblissement. Accablement. Faiblesse. Abattement. Anémie. Débilité. Anéantissement. Dépérissement. Langueur.

équilibre

(du lat. *aequilibrium,* de *aequus,* égal, et *libra,* balance)

État d'un corps qui, sollicité par des forces égales et contraires, reste en repos. Equilibre stable. Equilibre instable. Equilibre indifférent. / *Equilibre des forces.* Statique. / *Equilibre des liquides.* Hydrostatique.
EQUILIBRER. *Equilibrer des forces contraires.* Compenser. Contrebalancer. / *Equilibrer une balance.* Stabiliser.

Position verticale stable. *Equilibre du corps.* Aplomb. Assiette. / *Perdre l'équilibre.* Pencher. Chanceler. Tituber. Trébucher. Tomber. / *Exercice d'équilibre.* Acrobatie.
EQUILIBRISTE. Acrobate. Funambule.

Juste proportion entre des choses. *Equilibre des lignes, des volumes* (dans une peinture, une sculpture). Symétrie. Correspondance. Proportion. Harmonie. Eurythmie. / *Equilibre des forces politiques.* Accord. Balance. Stabilité. Pondération. / Equilibre physique, mental.
EQUILIBRÉ. *Un homme équilibré.* Pondéré. Sage. Sain. Solide.
EQUILIBRER. *Equilibrer des avantages et des inconvénients.* Balancer. Egaler.
DÉSÉQUILIBRE. Disproportion. Inégalité.
DÉSÉQUILIBRER. Déstabiliser.

équiper

(de l'anc. nordique *skipa,* arranger)

Pourvoir de ce qui est nécessaire. *Equiper un soldat.* Habiller. Armer.
EQUIPEMENT. Habillement. Tenue. Uniforme. Effets. Matériel. Sac. Fourniment. Attirail. Barda (pop.). Fourbi (pop.). / Armement. Fusil. Mousqueton.
Equiper un navire. Armer. Gréer. / *Equiper un local, un atelier, une usine.* Aménager. Outiller. Installer. / *Equiper une région, un pays.* Industrialiser. Développer. / Industrialisation. Développement.
EQUIPEMENT. Armement. Gréement. / Aménagement. Installation. / Matériel. Appareillage. Outillage.

équitation

(du lat. *equitatio,* de *equitare,* monter à cheval)

Art de la conduite et de l'utilisation du cheval. *Sports équestres.* Concours de dressage. Concours complet. / Jumping. Steeple-chase. Cross-country. / Rallye. Randonnée. Raid. / Cavalcade. / Chevauchée. / Chasse à courre. / Polo. / Manège. Carrière. Piste. Allée cavalière. / Couloir d'obstacles.
Ecuyer. Créat (sous-écuyer). / Ecuyère. / Instructeur. Maître de manège. Moniteur. Monitrice. / Palefrenier. / Cavalier. Cavalière. Amazone.

Équipement. Cape. Bombe. / Culotte de cheval. Jodhpur. / Bottes. / Cravache. Stick. / Chambrière. / Eperons : prince de Galles, à molette, à col d'oie, à passes, à boîte.

Selle. Selle d'armes. Selle anglaise. Selle Danloux (pour l'obstacle). Selle à piquer / Sangle. Sanglons. Contre-sanglons.
Parties de la selle. Pommeau. / Siège. Faux siège. / Troussequin. / Arçons. Bandes d'arçons. / Arcade. / Rembourrage. Matelassure. Bourrelets antérieurs, postérieurs. / Petits quartiers. Quartiers. Faux quartiers. / Porte-étrivières. Couteau (fermeture du porte-étrivière). Etrivières. Pendants d'étrivières. Passants d'étrivières. / Fontes.
Tapis de selle. Peau de mouton. / Pad (protège le garrot).

Étriers. Œil. / Branches. / Plancher, semelle ou grille.

Bride. Têtière. Frontal. Sous-gorge. Montants de bride. / Porte-mors. Bridon. Filet. Muserolle. Nose-band.

Embouchures. Mors de filet. Anneaux. Canons. Brisure. / Filet à aiguilles. Filet Chantilly. Filet Verdun. Filet releveur, ou gag.
Mors de bride. Anneau porte-mors, ou banquet. Branches. Canon (relie les branches). Passage, ou liberté de langue (partie incurvée du canon). Gourmette. Crochets de gourmette. Fausse gourmette. Dés de la fausse gourmette. Œil de la fausse gourmette. Anneaux de rênes. / Mors Pelham. Mors Lhotte. Mors anglais. Mors à pompe.

Enrênements. Rênes de filet. / Rênes de bride.
Enrênement de dressage. / Rênes Colbert (pour travail à la longe). Caveçon. Chambon. / Rênes allemandes. Rênes Barnum. / Martingale fixe. Martingale à anneaux.

Actions du cavalier. Harnacher. / Brider. / Seller. / Sangler. Ressangler. / Se mettre en selle. / Monter à cheval. / Sauter à cheval. Chausser les étriers. Régler les étrivières. / Monter : long, court, à l'américaine (très court), à cru (sans selle), en amazone, en croupe, en gendarme (pointe des pieds en dehors).
Faire des assouplissements. / Avoir des jambes. / Donner de l'impulsion. / Eperonner. Attaquer. / Soutenir. / Pince (force des jambes). Assiette (stabilité sur la selle). Liant (bon accompagnement des mouvements du cheval). / Jambe « isolée » (agissant seule). / Main : fixe, moelleuse, dure. / Trot assis. Trot enlevé, ou « à l'anglaise ». Trot, galop en suspension. / Aides (moyens par lesquels un cavalier agit sur son cheval) : naturelles (jambes, poids du corps, etc.), artificielles (cravaches, éperons, etc.), diagonales, latérales. / Accord des aides. / Indépendance des aides.

Dressage. Travail : à pied ou « hors la selle », à la longe, à la main ou en bridon, aux longues rênes, aux piliers, monté. / Leçon du montoir. Assouplissements. Décontraction de mâchoire. / Flexions : latérales, directes.

Actions de rênes. Tenue des rênes. / Rênes : longues, courtes, ajustées. Ajuster. / Raccourcir. Tendre. Rendre. Reprendre. / Jouer avec les rênes. / Laisser filer, ou glisser les rênes (pour une extension d'encolure).
Effets de rênes. Rêne d'ouverture, directe d'opposition, contraire ou d'appui, contraire d'opposition en avant ou en arrière des épaules.

Figures de manège. Travail en reprise, individuel. / Tourner piste à main gauche ou droite. / Doubler. / Changer de main. / Contre-changement de main. / Ligne brisée, serpentine. / Face à gauche, à droite. / Demi-tour. / Volte. Demi-volte. Demi-volte renversée. / Huit de chiffre. / Tourner : large, serré, de pied ferme. / Départ de pied ferme (au trot, au galop). / Arrêt.
Voltige de pied ferme, au pas, au galop. / Surfaix à crampons.

Équitation académique. Airs bas, relevés, de fantaisie. / Basse école. / Haute école.
Flexion de nuque. / Ramener. / Descente de main. / Rassembler. / Demi-arrêt. / Travail sur le cercle, sur deux cercles, de deux pistes. / Tête au mur. / Croupe au mur. / Epaule en dedans. / Hanche en dedans. / Appuyers.
Pas d'école, espagnol. / Entrepas. / Trot en extension, écouté (bien cadencé), troussé (antérieurs bien relevés). / Galop écourté, cadencé. / Changement de pied (au galop) au temps. / Pirouette renversée (volte sur les épaules).
Passage. / Piaffer. / Carrousel. / Quadrille.

Sauts d'école. Ballottade. Cabriole. Courbette. Croupade. Levade. Pesade. Mésair (cabrer de haute école).
Reprise des sauteurs. / Cadre noir (Saumur). / Ecole de Vienne (lipizzans).

Allures. Airs. / Action. / Foulée. / Battue (bruit du poser). Temps (durée entre deux battues). / Cadence. Poser. Lever. / Bipède latéral, diagonal.
Allure aisée, allongée, belle, brillante, coulante, coulée, étendue, haute, naturelle, rasante, rassemblée, relevée, sautée. Allure irrégulière, vicieuse.

Saut. Foulée d'appel. / Engagement des postérieurs. / Appui. / Détente. Enlever. / Fléchissement ou retroussement des antérieurs. / Planer. / Bascule. / Retombée ou arrivée. Réception. / Poser. / Action du balancier (de l'encolure).
Franchise. / Défense. Ecart. Dérobade. Refus. / Glissade. Chute.

Obstacles. *Jumping.* Obstacles droits ou verticaux. / Avec ou sans pied (barre d'appel). Larges. Combinés : doubles, triples. Cavaletti. Barre de Spa. Barrière. Haie barrée. Mur. Palanques. Oxer. Saint-georges. Stationnata. Rivière.
Concours complet. Banquette. Butte. Chapeau-de-gendarme. Contre-bas. Contre-haut. Fossé. Gué. Haie vive. Mur en pierre. Passage de route. Stère (de rondins). Talus. Trakehnen.

Actions du cheval. S'acculer. Acculement. / Aller au pas. / Aller l'amble.

Ambler. Ambleur. / S'appuyer sur son mors. / S'atteindre. S'attraper. Se donner des atteintes (coups avec les fers). / Aubiner (galoper des antérieurs en trottant des postérieurs, ou inversement). Aubin. / Avoir de l'action, du brillant. / Battre à la main. Encenser. / Billarder (jeter un membre vers l'extérieur puis le ramener en dedans). / Se bercer (balancer le corps latéralement). / Bondir (détendre les antérieurs avant les postérieurs). / Bourrer (se lancer brusquement en avant). / Broncher (faire un faux pas). / Brousser un obstacle (passer à travers la partie supérieure). / Buter. / Se cabrer. Cabrade. / Caracoler. / Chauvir des oreilles. / Chopper (céder d'un membre antérieur). / Se couper. S'entrecouper. / Se croiser (placer un antérieur, ou un postérieur, en avant de l'autre). / Se défendre. Défenses. / Démonter son cavalier. / Se dérober. Dérobade. / Désarçonner (son cavalier). / S'ébrouer. / Faire un écart. / S'emballer. / S'embarrer. / Emmener. Embarquer (fam.). / S'encapuchonner. / S'enchevêtrer. / Eventer (lever le nez). / Faucher (traîner une jambe en demi-cercle). / Forger (au trot, heurter la pince d'un postérieur contre le fer d'un antérieur). / Se friser (frapper le pied au poser avec celui qui est encore au lever). / Fringuer. / Galoper sur le bon pied, à faux. Galopade. / Glisser. / Harper, ou éparviner (fléchir d'un jarret, ou lever un postérieur plus haut que l'autre). / Se juger ou se couvrir (poser un postérieur sur la trace d'un antérieur). Se méjuger ou se mécouvrir (poser un postérieur au-delà de la trace de l'antérieur). Se déjuger ou se découvrir (poser un postérieur en deçà de la trace de l'antérieur). / Lever les épaules. / Marcher en ligne. / Piaffer. Piaffement. / Porter au vent (relever la tête). / Prendre la main. / Prendre le mors aux dents. / Quoailler. / Raser le tapis. / Reculer. / Ruer. Ruade. / Sauter. Sautiller. Faire des sauts-de-mouton. / Stepper (donner, au trot, beaucoup d'extension aux antérieurs). / Se tailler. S'entre-tailler. / Tirer. / Traquenarder. Traquenard (mélange trot et amble). / Se traverser des épaules, des hanches (les porter de travers). / Trotter sur le bon diagonal. Trotter à faux. Trottiner. Trottinement. / Trousser (lever trop les antérieurs). / Tutoyer un obstacle (fam.) [le toucher sans le renverser]. / Virevolter. / Volter.

Relatif au cheval. Calme. / En avant. / Droit. / Sur la main. / Dans la main. / En avant de la main. / Derrière la main. / Derrière les jambes. / Equilibré. / Placé ou « mis » (en équilibre parfait, au repos). / Franc du collier. / Vif. Fougueux. Fringant. / Généreux. Chaud. / Paresseux. Froid. Quinteux (rétif). / Rogue (difficile). / Bouleux (court et trapu, résistant).

Relatif au cavalier. Aller ventre à terre. / Aller à bride abattue. / Brûler le pavé. / Casser du bois (fam.) [renverser un obstacle]. / Courir à francs étriers. / Se faire emmener (ou embarquer [fam.]). / Piquer des deux. Faire feu des quatre fers. / Vider les étriers, les arçons.

équivoque (adj. et n.)

(du lat. *aequivocus,* à double sens, de *aequus,* égal, et *vox,* parole)

Qui peut être compris de plusieurs manières. *Expression équivoque. Mot équivoque.* Ambigu. Amphibologique. Obscur. Imprécis. Enigmatique.

EQUIVOQUE. Ambiguïté. Amphibologie. Double sens. Obscurité. Enigme. Malentendu. / *Sans équivoque.* Sans ambages. Clairement.

Qui suscite la méfiance. *Conduite équivoque. Personnage équivoque.* Douteux. Suspect. Louche. Inquiétant. / *Milieu équivoque.* Interlope.

EQUIVOQUE. Incertitude. Doute. Suspicion.

errer

(du lat. *errare*)

Aller çà et là. *Errer à l'aventure.* Aller et venir. Aller au hasard. Aller de côté et d'autre. Marcher sans but. Se promener. Se balader (fam.). Flâner. Muser. Musarder. Faire le badaud. Déambuler. Vadrouiller (fam.). Traînasser. Battre le pavé. / *Errer à la recherche d'aventures galantes.* Draguer (fam.). / Divaguer. Divagation (en parlant d'animaux domestiques errant sur la voie publique).

Ne pas avoir d'habitation fixe. *Errer sur les chemins. Errer à travers la campagne.* Vagabonder. Rôder. Marauder. Trimarder (pop.). Etre sans domicile fixe. N'avoir ni feu ni lieu. / Vagabond. Rôdeur. Maraudeur. Trimardeur (pop.). Chemineau. Clochard. / Errer dans les rues. Coucher sous les ponts. / Balluchon. Bâton. Besace. Vêtements en haillons.

ERRANT. Mener une vie errante. Chevalier errant. Juif errant. / *Peuple errant.* Nomades. Bohémiens. Gitans. Romanichels. / Nomadisme. Roulotte. Tente.

erreur

(du lat. *error,* de *errare,* se tromper)

Action de se tromper. *Erreur commune, fréquente.* Bévue. Méprise. Faute. / Malentendu. Quiproquo. / *Erreur de jugement.* Aberration. / *Commettre une erreur.* Se tromper. Se méprendre. S'abuser. S'égarer. Se leurrer. S'illusionner. Faillir (littér.). Croire indûment. Se fourvoyer. Avoir tort. / Prendre une personne, une chose pour une autre. Confondre. / *Se tromper lourdement.* Se blouser (fam.). Se mettre le doigt dans l'œil (fam.). Avoir la berlue. Prendre des vessies pour des lanternes. Se fiche(r) dedans (pop.). Se gourer (pop.). / *Qui peut se tromper.* Faillible. Faillibilité. / *Qui ne peut pas se tromper.* Infaillible. Infaillibilité.

Etat d'une personne qui se trompe. *Etre dans l'erreur. Reconnaître son erreur.* Aveuglement. Aberration. Illusion. Mensonge. Fausseté. / Hérésie (en matière de foi). / *Persistance dans l'erreur.* Impénitence. / *Tirer d'une erreur.* Détromper. Désabuser. Désillusionner. Ouvrir les yeux. Dessiller les yeux. / *Revenir d'une erreur.* Se détromper. Se désabuser.

Action faite mal à propos. *Une erreur volontaire, involontaire. Une erreur commise par ignorance.* Faute. Maladresse. Etourderie. Imprudence. Bavure (fam.). Oubli. Omission. Bêtise. Bourde (fam.). Enormité (fam.). Anerie. Sottise. Brioche (fam. et vx). Boulette (fam.). Impair. Gaffe (fam.). Gourance (pop.). Faux pas. Pas de clerc. / *Erreur de jeunesse.* Ecart de conduite. Dérèglement. Incartade. Inconduite. Egarement. Extravagance. Folie. Fredaine. Frasques.

Faute contre les règles d'une science, d'un art. *Une erreur de calcul.* Inexactitude. Faute. / *Erreur dans un compte.* Mécompte. / *Erreur de date.* Anachronisme. Métachronisme. Antidate. Postdate. / *Erreur typographique. Erreur d'impression.* Coquille. Doublon. Mastic. Bourdon. / *Liste des erreurs.* Errata. / *Erreur dans une traduction.* Inexactitude. Faux sens. Contresens. Non-sens. / *Qui contient des erreurs.* Inexact. Faux. Erroné. Fautif.

érudit

(du lat. *eruditus,* de *erudire,* dégrossir)

Personne qui possède des connaissances étendues en littérature ou en histoire. *Consulter un érudit.* Lettré. Humaniste. Savant. Cultivé. Puits de science.

ERUDITION. Connaissances. Culture. Science. Savoir. Humanisme. / Humanités.

esclave

(du lat. médiév. *sclavus,* de *slavus,* slave ; lat. class. *servus*)

Personne qui n'est pas de condition libre. *Esclave à Sparte.* Ilote. / Ilotisme. / Captif (prisonnier devenu esclave). / Esclave romain. Esclaves publics. Esclaves privés. / Saturnales (à Rome, fêtes pendant lesquelles les esclaves étaient servis par leurs maîtres). / *Esclave au Moyen Age.* Serf. Serf attaché à la glèbe. / Eunuque (esclave d'un sérail). / Odalisque (femme esclave en Orient). *Commerce des esclaves. Marché d'esclaves.* Traite des Noirs. / *Marchand d'esclaves.* Négrier. / Esclave marron (fugitif).

ESCLAVAGE. Captivité. Servitude. Servage. Etre dans les fers. / *Délivrer de l'esclavage.* Affranchir. Emanciper. Manumission (affranchissement). Emancipation. / *Abolition de l'esclavage.* Abolitionnisme.

ESCLAVAGISME. Esclavagiste. Antiesclavagiste.

Personne soumise aux volontés d'une autre. *Etre l'esclave de quelqu'un.* Valet. Serviteur. Domestique.

ESCLAVAGE. Servitude. Asservissement. Assujettissement. Joug. Tyrannie. Oppression. Domination. / *Réduire à l'esclavage.* Asservir. Assujettir. Enchaîner. / *Tomber en esclavage.* Perdre sa liberté. Aliéner sa liberté.

Personne qui subit l'empire d'une chose. *Etre esclave de ses habitudes, de ses passions.* Prisonnier.

ESCLAVAGE. Contrainte. Sujétion. Chaîne. Dépendance.

escrime

(ital. *scrima,* du germ. *skrimjan,* protéger)

Art du maniement du fleuret, de l'épée, du sabre. *Faire de l'escrime.* Faire des armes. / Académie d'armes. Salle d'armes. Maître d'armes. / Escrimeur. / Ferrailler (se battre au sabre ou à l'épée). / Ferrailleur. Bretteur. / Cliquetis (bruit des armes). / Bouton ou mouche (petite boule au bout du fleuret).
Tenue d'escrimeur. Veste. Plastron. Masque. Gants. Crispin (manchette de cuir). Chaussons.

Positions. Salut des armes. Garde haute. Garde basse. Se mettre en garde.

FLEURET
MASQUE
en garde de face
touche sur fente longue malgré parade en prime
en garde de trois quarts
POSITIONS DES MAINS
prime
seconde
tierce
quarte
quinte
sixte
septime
octave
supination
corps à corps
coup fourré
pointe au corps et parade
ÉPÉE
MASQUE
arrêt en ligne haute sur un coup bas en « rassemblant »
attaque à la face et esquive par retrait du corps
croisé au flanc
feinte basse pour faire baisser la garde adverse en pointillé 2e temps, touche
prise de fer sur le bras fendu coup droit au corps
SABRE
MASQUE
coup de côté et parade
assaut, revers et parade
garde de tierce

/ Prime. Seconde. Tierce. Quarte. Quinte. Sixte. Septième. Octave. / Ligne haute (positions : sixte, tierce, quarte, quinte). Ligne basse (octave, seconde, septième, prime).

Mouvements. Appel. Attaque. Déploiement du bras. Fente. Développement. Engagement. Offensive. Attaque en flèche. / *Variétés d'attaques.* Reprise. Remise. Redoublement. Contre-riposte. Contre-temps. / Parade. Riposte. / Défensive. Contre. Contre-offensive. / Dégagement. / *Coups précédant une attaque.* Battement. Pression. Froissement. Liement. Enveloppement. Croisé. / Feinte. / Appeler. Battre du pied. Engager. Attaquer. S'allonger. Porter une botte. Se couvrir. Se fendre. Se découvrir. Appuyer la botte. / Pointer. Couper. Parer. S'effacer. Marcher. Rompre (marcher en arrière). Passer. S'écraser. Volter. Toucher. / Rabattre. Désarmer. S'effacer.

Coups. Coup droit. Coup fourré. Coupé. Coup d'arrêt. Coup de manchette (coup de poignet). Coup de revers. Echarpe (coup en travers). Coup pour coup. Touche.

escroquer
(de l'ital. *scroccare,* décrocher)

Obtenir quelque chose par un moyen frauduleux. *Escroquer de l'argent à quelqu'un.* Tirer. Soutirer. Extorquer. Carotter (pop.). / *Escroquer quelqu'un.* Voler. Estamper (fam.).

ESCROQUERIE. Filouterie. Fraude. Tromperie. Abus de confiance. Carambouillage.

ESCROC. Filou. Aigrefin. Voleur. Estampeur. Carotteur. Carambouilleur.

espace
(du lat. *spatium*)

Étendue indéfinie qui contient tous les objets. Espace à une dimension. Espace à deux, trois dimensions. / Espace visuel, tactile.

Étendue des airs. *Fendre l'espace. Voler dans l'espace.* Ciel. Atmosphère.

Étendue de l'univers hors de l'atmosphère terrestre. *Lancer une fusée dans l'espace.* Cosmos. / Espace cosmique. Espace interstellaire. / Cosmonaute. Astronaute.

SPATIAL (relatif à l'espace). Conquête spatiale. Engin spatial.

Étendue en surface. *Un espace étroit. Un vaste espace.* Superficie. Etendue. Place. Emplacement. / *Donner plus d'espace.* Etendre. Agrandir.

SPACIEUX (qui occupe un grand espace). Vaste. Etendu.

Distance entre deux personnes, deux choses. *Un grand, un petit espace.* Intervalle. Distance. Ecart. Ecartement. Interstice. Vide.

ESPACER (laisser de l'espace entre des choses). Ecarter. Eloigner.

Durée qui sépare deux moments. *Un court, un long espace de temps.* Intervalle. Laps de temps.

ESPACER (séparer par un intervalle de temps). Echelonner. Etaler.

espèce
(du lat. *species,* nature)

Nature propre à un certain nombre d'êtres ou de choses. *Des livres, des outils de toute espèce.* Sorte. Genre. / *Des affaires de même espèce.* Ordre. Nature. / *Des gens de même espèce.* Catégorie. Condition. Classe. Etat. Acabit (fam.). Engeance. / Congénère. Pareil. Semblable.

Ensemble d'êtres ou de choses se distinguant des autres par des caractères communs. Les espèces animales. Les espèces végétales. / *L'espèce humaine.* Les hommes. L'humanité. / Classification. Embranchement. Classe. Ordre. Famille. Genre. Race, ou variété. Type. / *Conservation de l'espèce.* Reproduction. Génétique. / *Evolution des espèces.* Evolutionnisme. Transformisme. Darwinisme. *Une espèce d'arbre.* Essence. / *Croisement d'espèces différentes.* Hybridation. Métissage. / Hybride. Métis.

SPÉCIFIQUE (propre à une espèce). Spécial. Particulier. / Spécificité. / Spécifiquement.

espérer
(du lat. *sperare*)

Souhaiter la réalisation de ce qu'on désire. *Espérer une récompense.* Attendre. Escompter. Compter sur. S'attendre à. / *Faire espérer, laisser espérer.* Faire entrevoir. Promettre.

Espérer (avec un infinitif). Croire. Compter. Penser. Avoir la persuasion. Etre persuadé. / *Espérer que* (et l'indicatif). Souhaiter. Aimer à croire. / *Espérer en* (quelqu'un, quelque chose). Avoir confiance. Mettre sa confiance.

ESPOIR (le fait d'espérer). Espérance. Désir. Souhait. / *Donner de l'espoir.* Encourager. / *Ferme espoir. Espoir inébranlable.* Certitude. Conviction. Assurance. / *Fol espoir. Faux espoir. Vain espoir. Espoir fallacieux, trompeur, chimérique.*

Chimère. Illusion. Rêve. Utopie. Leurre. / *Tromper quelqu'un dans ses espérances.* Décevoir. Désappointer. Désenchanter. / *Espoir déçu.* Déception (v. DÉCEVOIR).

DÉSESPÉRER (perdre l'espoir). Se décourager.

DÉSESPOIR. Découragement. Abattement. Désespérance. Chagrin. Affliction. Désolation. Détresse. Angoisse. / *Réduire au désespoir.* Décourager (v. ce mot). / *S'abandonner au désespoir.* Se désespérer. Se tourmenter. S'affliger. Se désoler.

DÉSESPÉRANT. Décourageant. Démoralisant. Affligeant. Désolant.

espion

(de l'ital. *spione,* de *spiare,* épier)

Personne qui cherche à surprendre les secrets de quelqu'un. Indicateur. Mouchard (fam.). Mouton (argot).

ESPIONNER. Observer. Surveiller. Guetter. Pister. Filer. Epier.

Personne qui cherche à surprendre les secrets d'une puissance étrangère. Agent secret. / Agent double (au service de deux puissances rivales).

ESPIONNAGE. *Service d'espionnage.* Deuxième Bureau. Intelligence Service. Surveillance du territoire. Cinquième colonne (fam.). / Surveillance d'un espion. Contre-espionnage. / Espionnite (manie de ceux qui voient des espions partout).

esprit

(du lat. *spiritus;* en gr. *noos, psychê*)

Être immatériel. *Un pur esprit.* Dieu. / *Un esprit céleste.* Ange. / *Esprit du mal, des ténèbres.* Diable. Démon.

Être imaginaire. *Esprit follet.* Lutin. Farfadet. / *Esprit, génie de l'air.* Elfe. Sylphe. Sylphide. Djinn. / Korrigan (esprit malfaisant des légendes bretonnes). Kobold (mythologie germanique).

Ame d'un mort, dans l'occultisme. *Croire aux esprits.* Revenants. Fantômes. / *Evocation des esprits par l'intermédiaire d'un médium.* Spiritisme. Nécromancie. / Esprit frappeur (v. FRAPPER). Table tournante (v. TOURNER).

Principe de la vie intellectuelle et de l'activité réfléchie de l'homme. *Troubler l'esprit.* Conscience. Moi. Ame. / *Agir sur l'esprit de quelqu'un.* Inspirer. Suggérer. Persuader. / Sain de corps et d'esprit. / *Simple d'esprit.* Arriéré. Débile mental. / *Avoir l'esprit ailleurs.* Etre distrait. Etre dans la lune (fam.). / *Etat d'esprit.* Mentalité. / Présence d'esprit (aptitude à agir, à parler avec à-propos).

SPIRITUEL. Psychique. Mental. Intellectuel. / Spirituellement. / Spiritualité.

Faculté de connaître et de penser. *Cultiver, développer son esprit.* Intelligence. Intellect. Entendement. / *Avoir présent à l'esprit.* Mémoire. / *Passer par l'esprit.* Tête. Cervelle (fam.). / *Ce qui est présent à l'esprit.* Idée. Image. / *Activité, opérations de l'esprit.* Pensée. Réflexion. Compréhension. Connaissance. Jugement. Invention. / *Vue de l'esprit.* Idée chimérique, utopique. / Acuité, finesse, vivacité d'esprit. / Esprit prompt, vif, lucide, profond, subtil, inventif. / Esprit pratique, ingénieux. / Esprit lent, lourd, borné, obtus.

Aptitude. *Esprit d'observation, d'analyse.* Don. / Esprit critique. Esprit de finesse, de géométrie. Esprit de décision, d'à-propos.

Manière de penser, de sentir, d'agir. *L'esprit d'une personne, d'une société, d'une époque.* Mentalité. Caractère. Mœurs. Moralité. / Esprit chicanier, pointilleux, outrancier. / Esprit chagrin, triste, enjoué. / Esprit étroit, mesquin. Esprit retors, rusé. / *Etroitesse, petitesse, bassesse d'esprit.* Mesquinerie. / Esprit large, généreux. / Esprit faux (incapable de juger correctement). / *Avoir bon esprit.* Etre bienveillant, discipliné. / *Avoir mauvais esprit.* Etre malveillant, indiscipliné.

Impulsion qui oriente l'activité. *Esprit de paix, de justice, de charité. Esprit d'indépendance, de révolte.* Intention. But. Dessein. Volonté. / *Avoir le bon esprit de.* Avoir la bonne idée de.

Vivacité de l'intelligence. *Avoir de l'esprit.* Finesse. Subtilité. / *Trait d'esprit. Mot d'esprit.* Pointe. Saillie. Boutade. / *Réponse pleine d'esprit.* Sel. Piquant. / *Faire de l'esprit.* Etre spirituel, / Humour (forme d'esprit qui présente la réalité sous des aspects insolites ou plaisants, d'une manière ironique).

SPIRITUEL. Fin. Brillant. Vif. Malicieux. Piquant. Plaisant. Humoristique.

Relatif à l'esprit. Sciences relatives à l'esprit. Sciences noologiques. / *Etude de l'esprit.* Psychologie. / L'esprit et la matière. Idéalisme. Spiritualisme. Matérialisme.

essayer

(du lat. pop. *exagiare,* peser)

Soumettre à un essai. *Essayer un remède, une machine.* Expérimenter. Tes-

ter. / *Essayer une voiture.* Examiner. / *Essayer un moteur.* Contrôler. Vérifier. / *Essayer un vin.* Goûter. Déguster. / Essayer un vêtement. / Essayage. Essayeur.
ESSAI. Epreuve. Expérience. Expérimentation. Vérification. Contrôle. Test. / Banc d'essai. / Essais statiques. Essais en vol. Vol d'essai. Pilote d'essai. / Prototype. Maquette. Modèle réduit. / Résistance des matériaux.

Faire des efforts pour atteindre un résultat. *Essayer de* (et l'infinitif). S'efforcer de. Tâcher de. Tenter de. Chercher à. Faire son possible pour.
ESSAI. Tentative.

essentiel
(du lat. *essentialis*)

Qui est absolument nécessaire. *Une condition essentielle.* Indispensable. Obligatoire.

Qui est très important. *Un fait essentiel. Un principe essentiel.* Capital. Principal. Fondamental. Primordial. / *L'essentiel.* Le principal. L'important.
ESSENTIELLEMENT. Principalement. Avant tout. Absolument. Au plus haut point.

esthétique adj.
(du gr. *aisthêtikos,* perceptible par les sens)

Qui se rapporte au beau. Jugement esthétique. Création esthétique. Plaisir esthétique. / *Doué de sens esthétique.* Qui a du goût. Artiste. Esthète. Connaisseur. Appréciateur.

Qui a un certain caractère de beauté. *Une forme esthétique. Un geste, un mouvement esthétique.* Beau. Parfait. Pur. Harmonieux. Gracieux. Plein de grâce. Bien équilibré.

esthétique n.

Caractère de ce qui est beau. *L'esthétique d'un corps, d'un visage. L'esthétique d'une œuvre d'art.* Beauté. Harmonie des formes. Harmonie des couleurs. Equilibre des proportions. Grâce. Pureté. Raffinement.

Science du beau. Esthétique architecturale, picturale, sculpturale, musicale, littéraire. / Philosophie de l'art.

Esthétique industrielle. Modeler un objet. Donner à un objet une forme élégante. Présenter sous un aspect attractif, séduisant. Conditionnement élégant. Design.
ESTHÉTICIEN. Concepteur. Modéliste. Styliste. Maquettiste. Designer.

Chirurgie esthétique. Chirurgie plastique, correctrice. Opération de rajeunissement. Lipectomie (ablation de la graisse de l'abdomen). Mastopexie (relèvement des seins). Rhinoplastie (correction de la forme du nez) [v. VISAGE].

Esthétique du visage. *Personne qui donne des soins d'esthétique.* Esthéticien. Esthéticienne. / Institut de beauté.

estimer
(du lat. *aestimare*)

Déterminer la valeur d'une chose. *Faire estimer une œuvre d'art.* Expertiser. Attribuer une valeur. Evaluer. / *Estimer au-dessous de sa valeur.* Sous-estimer. Sous-évaluer. / Sous-estimation. Sous-évaluation. / *Estimer au-dessus de sa valeur.* Surestimer. Surévaluer. Exagérer. Surfaire. / Surestimation. Surévaluation. Exagération. / *Estimer une distance au juger.* Calculer, évaluer approximativement. Calculer à l'estime, au pifomètre (fam.).
ESTIMATION. Expertise. Evaluation.

Avoir telle opinion sur une personne, sur une chose. *Estimer une personne, une chose à son juste mérite.* Apprécier. Juger. / *Estimer une personne, une chose indispensable, utile, nécessaire.* Juger. Trouver. Tenir pour. Considérer comme. Regarder comme. / *Estimer que.* Penser. Croire. Etre d'avis que. Présumer.

Avoir bonne opinion d'une personne. *Estimer quelqu'un.* Apprécier. Considérer. Aimer. / *Etre estimé.* Etre considéré. Avoir la cote. / *Estimer l'œuvre de quelqu'un.* Faire cas de. Priser. Goûter. Attacher du prix à. / *Ne pas estimer à sa juste valeur.* Mésestimer. Déprécier. Méconnaître (v. ce mot).
ESTIME. *Estime pour quelqu'un.* Considération. Déférence. / *Témoigner de l'estime.* Avoir de la déférence. Témoigner du respect. Rendre hommage.
ESTIMABLE (digne d'estime). Respectable. Honorable. Recommandable.

estomac
(du lat. *stomachus;* en gr. *gaster, gastéros*)

Vaste poche située dans la partie supérieure de la cavité abdominale. *Anatomie.* Partie supérieure ou portion verticale. Partie inférieure ou portion horizontale. Petite courbure ou côté droit. Grande courbure ou côté gauche. / Cardia (orifice communiquant avec l'œsophage). Pylore (orifice communiquant

avec le duodénum). / Creux de l'estomac, ou épigastre. / *Parois de l'estomac.* Tunique musculaire. Couche sous-muqueuse. Péritoine.
Glandes gastriques. Glandes du fundus. Glandes du type pylorique. Chorion (zone conjonctivo-vasculaire et réticulaire).

Maladies et troubles de l'estomac. Avoir l'estomac fragile, délabré, paresseux. / *Douleurs d'estomac.* Gastralgie. Sensation de gêne, de pesanteur. Tiraillements. Brûlures. Crampes. / Embarras gastrique. Indigestion. / Dyspepsie (difficulté à digérer). / Aérophagie. / Gastrite aiguë, chronique. Gastro-entérite. / Ptôse de l'estomac. Dilatation. Volvulus de l'estomac. / Sténose (rétrécissement) du pylore. Sténose médio-gastrique. / Tumeurs. Sarcomes. Fibromes. Adénomes. / *Perforation de l'estomac.* Péritonite. / Syphilis gastrique. Tuberculose gastrique. Ulcère. Cancer.

Relatif à l'estomac. Digestion. Gastronomie. Gastronome. / Gastrologie. Gastro-entérologie. Gastrocèle (hernie). Gastrectomie (ablation de l'estomac). Gastrotomie (action d'ouvrir l'estomac). / Stomachique. Stomacal.

Locutions diverses. Estomac d'autruche (qui digère tout). Avoir l'estomac dans les talons (grand faim). Avoir de l'estomac (fam., audace). Etre estomaqué (fam., étonné).

établir
(du lat. *stabilire,* de *stabilis,* stable)

Fixer en un lieu. *Etablir une maison de commerce, une usine.* Construire. Bâtir. Fonder. Créer. Monter. Implanter. / *Etablir un camp.* Installer. / *Etablir sa demeure, sa résidence.* Fixer. Installer. ETABLISSEMENT (action d'établir). Construction. Fondation. Création. Implantation. / *Etablissement commercial.* Maison de commerce. Boutique. Magasin. Fonds de commerce. / *Etablissement industriel.* Usine. Entreprise. Atelier. Firme. Fabrique. / *Etablissement scolaire.* Lycée. Collège. Institution. / *Etablissement hospitalier.* Hôpital. Clinique. Maison de santé. Maternité. Hospice.

S'établir. Habiter. S'installer. Se fixer. / Exercer une activité commerciale.

Mettre en vigueur. *Etablir une loi, un régime. Etablir un usage.* Instaurer. Créer. Instituer. Fonder. Eriger.
ETABLISSEMENT. Instauration. Fondation. Création. Institution. Mise en vigueur, en application.

Fonder sur des bases, sur des preuves. *Etablir sa réputation, sa fortune.* Edifier. Elever. Asseoir. / *Etablir une règle, un principe.* Fonder. Poser. Baser (fam.). / *Etablir le sens d'un mot.* Préciser. Fixer. / *Etablir une liste, un compte.* Dresser. Faire. Calculer. Arrêter. / *Etablir un fait.* Prouver. Démontrer. / Preuve. Démonstration. / *Un fait établi.* Avéré. Reconnu. Démontré. Acquis. Certain.

état
(du lat. *status*)

Manière d'être d'une personne. Etat physique, intellectuel, moral. / Etat de santé. Etat général. / *En bon état.* En bonne santé. Aller bien. / *Etat grave.* En mauvaise santé. Aller mal. Empirer. / Etat intéressant (fam. ; se dit d'une femme enceinte). / Etat de fureur, de crise. Etat d'agitation. / *Etre dans tous ses états.* Etre agité, affolé. / *Etat d'esprit.* Disposition. Mentalité. / *Etat de conscience.* Sensation. Sentiment. / *Etat d'âme.* Sentiment. Impression. / Etat de grâce. / Etat de péché. / *En état de.* En mesure de. Capable. Décidé. Disposé. / *Hors d'état de.* Incapable.

Manière d'être d'une chose. *Machine, instrument en bon état.* Capable de fonctionner, de servir. / *Objet en mauvais état.* Défectueux. Détérioré. / *Maison, édifice en mauvais état.* Délabré. *Mettre en état.* Préparer. Mettre au point. / *Remettre en état.* Réparer. Rétablir. / Etat d'une affaire, d'une question. / *Etat de choses.* Situation. Condition. Circonstance. Conjoncture. Statu quo (état actuel des choses). / *Etats successifs d'une chose.* Evolution. Marche. Progression. Développement. / *En tout état de cause.* Dans tous les cas. Quoi qu'il en soit.

Liste énumérative. *Etat des dépenses, des recettes. Etat détaillé. Dresser un état.* Bilan. Tableau. Description. Inventaire. Exposé. Compte rendu. Résumé. / Liste. Statistique. / *Faire état de.* Mettre en avant. Se fonder sur.

Situation juridique, sociale d'une personne. *Etat de parent, d'époux.* Parenté. Alliance. Mariage. Célibataire. Marié. Divorcé. Veuf. / Etat civil. / *Actes de l'état civil.* Naissance. Adoption. Mariage. Divorce. Décès. / *Etat de fortune.* Etat de prospérité, de dénuement. Situation. Condition. Existence.

Autorité souveraine s'exerçant sur un peuple. Chef de l'Etat. / *Homme d'Etat.* Homme politique. / *Affaires de* *l'Etat. Administration des affaires de l'Etat.* Gouvernement. Pouvoirs publics. Pouvoir central. Ministère. Administration. / *Finances de l'Etat.* Trésor public. Fisc. Impôts. / *Enseignement d'Etat.* Enseignement public. / *Coup d'Etat* (conquête ou tentative de conquête du pouvoir par des moyens illégaux). Pronunciamento. Putsch. / *Emprise de l'Etat.* Etatisme. Dirigisme. / Etatiste. Dirigiste.

ETATISER (faire administrer par l'Etat). Nationaliser. / Etatisation. Nationalisation.

Territoire administré par un gouvernement. *Un grand Etat. Un petit Etat.* Pays. Puissance. Nation. Royaume. Empire. / Etat fédéral. Confédération d'Etats. / *Relations entre Etats.* Relations internationales. Affaires étrangères. Diplomatie.

éteindre

(du lat. *extinguere, extinctum*)

Faire cesser de brûler. *Eteindre un feu.* Etouffer. / *Eteindre un incendie.* Combattre. Maîtriser. Circonscrire.

EXTINCTION. *Extinction d'un incendie.* Avertisseur d'incendie. Pompe. Motopompe. Bateau-pompe. Bouche d'incendie. Prise d'eau. / Lance. Tuyau. Echelles. Hache. / Pompier. Sapeur-pompier. Casque. Masque à gaz. / Coupe-feu. Pare-feu. Contre-feu. / Extincteur.

Faire cesser de briller, de brûler. *Eteindre une bougie, une lampe.* Souffler. / Eteignoir. / *Eteindre le gaz, l'électricité.* Fermer.

EXTINCTION. Black-out (extinction des lumières). Couvre-feu.

Faire disparaître. *Eteindre la soif* (littér.). Calmer. Apaiser. Etancher. / *Eteindre l'ardeur, l'enthousiasme.* Affaiblir. Détruire. Anéantir. / *Eteindre un droit.* Annuler. / *Eteindre une dette.* Amortir. Acquitter. / *Eteindre l'éclat des yeux.* Effacer. / *Regard éteint.* Morne. Sans expression.

INEXTINGUIBLE. *Rire inextinguible.* Fou rire.

étendre

(du lat. *extendere, extensum*)

Étendre en longueur, en largeur. *Etendre les bras, les jambes.* Allonger. Tendre. Etirer. / *Etendre de tout son long.* Allonger. Coucher. / *Etendre un métal à la filière.* Etirer. Laminer. / *Etendre les ailes.* Déployer. Eployer. Ouvrir. / Déferler une voile. / *Etendre un tapis, un tissu.* Développer. Déplier. Dérouler. / *Etendre du linge.* Mettre à sécher. / Etendage. Etendoir.

EXTENSIBLE. Ductile. Elastique.

EXTENSIBILITÉ. Ductilité.

EXTENSEUR (appareil pour l'extension musculaire). Exerciseur.

EXTENSION. Allongement. Etirement. Développement. Pandiculation (le fait d'étendre les bras en bâillant). / Etirage. Laminage. Tréfilage.

S'étendre. Se coucher. S'allonger. S'étaler. Se vautrer.

Etendre sur une surface. *Etendre une substance.* Etaler. Appliquer. Couvrir. Recouvrir. / Enduire. Badigeonner. Peindre. / *Etendre ses branches, ses racines.* S'étaler.

Rendre plus grand. *Etendre son action, son influence, ses connaissances.* Augmenter. Développer. Agrandir. Amplifier. Accroître. Elargir.

S'étendre (en parlant d'une chose). Prendre de l'extension. Prendre de l'ampleur. Se développer. Croître. Augmenter. Progresser. / Se répandre. Couvrir. / Embrasser. / S'appliquer.

EXTENSION. Accroissement. Augmentation. Agrandissement. Développement. Progression. Progrès.

étendue

Dimension en superficie. *Une vaste étendue. Une étendue limitée.* Surface. Espace. / *L'étendue d'un champ.* Contenance. Grandeur. / *Qui a une grande étendue.* Vaste. Spacieux. Long. Large. Etendu. Ample. Immense.

Importance. *L'étendue d'un travail.* Ampleur. Longueur. / *L'étendue d'un phénomène.* Importance. Portée. / *L'étendue des connaissances.* Sphère Etendu. Ample. Immense.

étoile

(du lat. *stella*)

Astre doué d'un éclat propre. *Sortes d'étoiles.* Etoile naine, géante, supergéante. / Etoile variable. Etoile nouvelle, ou nova. / Etoile multiple. Etoile binaire. Compagnon planétaire. / Eclat. Grandeur. Etoile de 1re, de 2e, de 3e... grandeur. Luminosité ou magnitude absolue, photographique, visuelle. / Etoile bleue, rouge, jaune. / Etoile polaire. / Quasar. Pulsar.

Relatif aux étoiles. Galaxie. Voie lactée. Amas d'étoiles. Constellation. / Carte du ciel. Catalogue d'étoiles. / Sidéral. Stellaire. Interstellaire. / Zodiacal. / Etoilé. Constellé. / Scintiller. Scintillation.

Constellations importantes. *Zodiaque.* Bélier. Taureau. Gémeaux. Cancer. Lion. Vierge. Balance. Scorpion. Sagittaire. Capricorne. Verseau. Poissons. / Aigle. Andromède. Carène. Cassiopée. Grand Chien. Petit Chien. Cocher. Cygne. Dauphin. Dragon. Hercule. Lyre. Orion. Grande Ourse. Petite Ourse. Persée. Poisson austral, etc.

Étoiles les plus brillantes. Le Soleil. Sirius. Canopus. Alpha du Centaure. Véga. Capella. Arcturus. Rigel. Procyon. Achernar. Bêta du Centaure. Altaïr. Bételgeuse. Alpha de la Croix du Sud. Aldébaran.

étonner

(lat. pop. *extonare,* frapper du tonnerre)

Frapper l'esprit par quelque chose d'extraordinaire, d'inattendu. (En parlant d'une personne ou d'une chose.) Surprendre. Frapper. Renverser (fam.). Suffoquer. Stupéfier. Sidérer (fam.). Interloquer. Couper le souffle (fam.). Abasourdir. / *Etonner par la beauté, par la grandeur.* Eblouir. Emerveiller. Epater (fam.). Estomaquer (fam.). / *Etre étonné.* Etre surpris. Tomber de son haut. Tomber des nues. Rester bouche bée. Rester interdit, abasourdi, ébahi, estomaqué, pantois, stupéfait, sidéré (fam.), consterné, décontenancé, soufflé (fam.), baba (fam.). N'en pas croire ses yeux, ses oreilles.

ETONNEMENT. Surprise. Ebahissement. Stupéfaction. Abasourdissement. Ahurissement. / *Etonnement profond.* Stupeur.

ETONNANT. Surprenant. Extraordinaire. Stupéfiant. Suffocant. Renversant. Bizarre. Etrange. Singulier. Fantastique. Abasourdissant. Ahurissant. Formidable (fam.). Epoustouflant (fam.). Incroyable. Inconcevable. Inimaginable. Inattendu.

Expression de l'étonnement. Ah! Bon! Ciel! Diable! Diantre! Eh! Ha! Heu! Dieux! Oh! Quoi! Comment! Eh bien! Ça alors! Fichtre! / Est-il possible?

étourdi

(du lat. pop. *exturditus,* de *turdus,* grive)

Qui agit sans réflexion. Ecervelé. Evaporé. Irréfléchi. Hurluberlu. Etourneau. Inattentif. Distrait. Brouillon. Inconséquent. / Tête en l'air. Tête folle. Tête sans cervelle. Tête de linotte.

ETOURDERIE. Irréflexion. Inattention. Distraction. Légèreté. Inconséquence. Bévue. Maladresse. Inadvertance.

ETOURDIMENT. A la légère.

étourdir

(de *étourdi*)

Faire perdre plus ou moins l'usage des sens. *Etourdir un être animé.* Assommer. Sonner (pop.). / Groggy (étourdi par des coups). / (En parlant du vin.) Enivrer. Tourner la tête.

ETOURDISSEMENT. Syncope. Evanouissement. Défaillance. Vertige. Trouble.

Fatiguer par le bruit, le bavardage. Assourdir. Incommoder. Casser les oreilles. Ahurir (fam.). Abrutir (fam.).

ETOURDISSANT. Assommant. Fatigant.

étranger adj. et n.

(du lat. *extraneus;* en gr. *xenos*)

Qui est d'une autre nation. *Travailleur étranger.* Immigré. Migrant. / *Etranger de passage.* Touriste. / *Ville remplie d'étrangers.* Cosmopolite. / Xénophile (qui aime les étrangers). Xénophilie. / Xénophobe (qui déteste les étrangers). Xénophobie. Racisme. / *Etranger sans nationalité.* Apatride. Heimatlos. / Extranéité (qualité d'étranger).

Relations avec l'étranger. Affaires étrangères. Droit international public et privé. / Relations culturelles. Echanges scolaires. Villes jumelées.

Quitter un pays pour s'installer à l'étranger. Emigrer. S'expatrier. / Emigration. Emigrant. / *Entrer dans un pays étranger pour s'y établir.* Immigrer. Immigration. / Immigrant. Réfugié. Résident. Métèque (péjor.). / Naturaliser (conférer à un étranger la nationalité du pays où il réside). Naturalisation. / Permis de séjour. / Extrader (livrer un malfaiteur qui se trouve à l'étranger). Extradition.

Envoyer de la marchandise à l'étranger. Exporter. Exportation. Exportateur. / *Faire venir des marchandises de l'étranger.* Importer. Importation. Importateur.

Qui est d'une autre région, qui ne fait pas partie d'une famille, d'un groupe. *Accueillir un étranger.* Inconnu. Horsain (vx et dialectal). / *Se sentir étranger dans un milieu.* Isolé. Différent.

Qui n'a pas de part à une chose. *Etranger à un art, à une science.* Ignorant.

Profane. / *Etranger à un sentiment.* Indifférent. Insensible. Fermé. Imperméable.

étroit
(du lat. *strictus;* en gr. *stenos)*

Qui est peu large. *Un sentier, un chemin étroit.* Resserré. / *Un vêtement étroit.* Etriqué. Juste. Collant. Qui manque d'ampleur. / *Poitrine étroite.* Mince. Menu. / *Face étroite d'un parallélépipède.* Chant (d'une brique, d'une poutre). / *Passages étroits.* Détroit. Chenal. / Pertuis (vx). Goulet. Défilé. Boyau. Gorge. Ruelle. Venelle. Sentier.

RÉTRÉCIR (rendre étroit). Resserrer. Amincir. Diminuer la largeur.

ETROITESSE. Rétrécissement. Resserrement. Etranglement. Sténose (en parlant d'un organe, d'un conduit).

Qui est peu étendu. *Un espace étroit.* Petit. Exigu. Restreint. Limité. / *Etre à l'étroit.* Dans un espace trop petit. / *Au sens étroit d'un mot.* « Stricto sensu ». A la lettre.

ETROITESSE. Exiguïté. Petitesse.

Qui manque de compréhension et de tolérance. *Un esprit étroit.* Borné. Mesquin. Incompréhensif. Intolérant. Bégueule.

ETROITESSE. *Etroitesse d'esprit.* Mesquinerie. Incompréhension. Intolérance.

Qui lie fortement. *Une étroite union.* Intime. Serré. / *Une étroite obligation.* Strict. Rigoureux.

ETROITEMENT. Intimement. / Strictement. Rigoureusement.

étude
(du lat. *studium,* ardeur, étude)

Application de l'esprit pour acquérir des connaissances. *L'étude d'une langue, d'une science, d'un art.* Apprentissage. / *Les études primaires, secondaires, supérieures.* Enseignement. Scolarité.

ETUDIER. Apprendre. S'instruire. / *Etudier à fond.* Approfondir. / *Etudier avec acharnement.* Potasser (fam.). Piocher (fam.). / Etudiant. Scolaire. Estudiantin.

STUDIEUX. Appliqué. Sérieux.

Application de l'esprit pour observer et comprendre les choses. *L'étude de la nature, des astres.* Physique. Astronomie. / *L'étude des textes.* Philologie. / *L'étude du langage.* Linguistique. / *L'étude de l'esprit.* Psychologie. / *L'étude d'un texte.* Explication. / *L'étude d'un manuscrit, d'un projet.* Examen. Analyse. Suffixe *-logie.* Biologie. Géologie. Sociologie. Entomologie. Neurologie. Etc. Suffixe *-nomie.* Astronomie. Métronomie.

ETUDIER. *Etudier la nature.* Observer. / *Etudier une affaire.* Analyser. Approfondir.

Ouvrage traitant d'une matière spéciale. *Une étude littéraire, philosophique.* Travail. Essai. Traité.

eucharistie
(du gr. *eucharistia)*

Sacrement dans lequel, selon la religion catholique, Jésus-Christ est réellement présent sous les apparences du pain et du vin. *L'institution.* La pâque. Le Cénacle. La Cène. / Les espèces (ou apparences) du pain et du vin. Corps et sang du Christ. Agneau pascal. Sacrement de l'autel. / *Doctrine catholique.* Présence réelle. Concomitance. Coexistence. Transsubstantiation. / *Doctrine luthérienne.* Impanation. Consubstantiation.

La communion. Hostie. Pain. Pain des anges. Calice. Ciboire. Coupe. / Consacrer le pain et le vin. Consécration. Elévation. Fraction du pain. / Communier. Communion. Communion spirituelle. Communion sous les deux espèces. / Communiant. / Sainte table. Viatique.

Le saint sacrement. Exposition. Adoration perpétuelle. / Procession. Sacre. Fête-Dieu. Reposoir. / Ostensoir. Lunette. Dais. / Bénédiction. Salut solennel.

évacuer
(du lat. *evacuare,* vider)

Rejeter de l'organisme. *Evacuer du sang, de la bile par la bouche.* Cracher. Vomir. / *Evacuer des liquides organiques.* Excréter. Eliminer. / *Evacuer de l'urine.* Uriner. Pisser (fam.). / *Evacuer des matières fécales.* Déféquer. Aller à la selle.

EVACUATION. Elimination. Excrétion. Crachement. Vomissement.

Faire sortir un liquide d'un lieu. *Evacuer l'eau d'un bassin.* Déverser. Vider. Vidanger. Faire écouler.

EVACUATION. Ecoulement. Déversement. Dégorgement. Vidange.

Faire sortir quelqu'un d'un lieu. *Evacuer des blessés, des malades d'un hôpital.* Faire partir. Emporter. Emmener.

Cesser d'occuper un lieu. *Evacuer une position* (en parlant d'une troupe). *Evacuer un local.* Abandonner. Quitter.

Se retirer. Décamper. Décaniller (fam.). Vider les lieux (fam.). Déguerpir.

évanouir (s')

(du lat. pop. *exvanire ;* lat. class. *evanescere*)

Perdre connaissance. *S'évanouir* (en parlant d'une personne). Défaillir. Perdre conscience. Se trouver mal. Avoir une syncope. Tomber dans les pommes (pop.). Tourner de l'œil (fam.).

EVANOUISSEMENT. Défaillance. Faiblesse. Syncope. Pâmoison (vx ou plaisant).

Disparaître sans laisser de traces. *S'évanouir* (en parlant d'une chose). S'effacer. S'évaporer. S'éclipser.

EVANOUISSEMENT. Disparition. Effacement. Fading (évanouissement d'un son).

EVANESCENT. Fugitif. / Evanescence.

événement

(du lat. *evenire,* arriver)

Ce qui arrive. *Evénement historique, authentique.* Fait. / *Evénement diplomatique.* Affaire. / *Evénement heureux.* Chance. Bonheur. Succès. / *Evénement malheureux.* Mésaventure. Accident. Catastrophe. Calamité. Drame. Tragédie. Désastre. Malheur. Cataclysme. / *Evénement inattendu, fortuit.* Incident. Contretemps. Coup de théâtre. / *Rencontre d'événements.* Circonstance. Occasion. Conjoncture. Coïncidence. / *Evénement qui survient dans le déroulement d'une action, dans le cours de quelque chose.* Péripétie. Episode. / *Evénement peu important.* Incident.

Façons d'arriver. Advenir. Avoir lieu. Survenir. Tomber bien ou mal. / Venir. Intervenir. Echoir. / Se passer. Se produire. Se réaliser. Se faire. / Se présenter. Se trouver. / Eclater. Surgir. S'élever.

EVENTUEL (qui peut arriver ou non). Possible. Incertain. Hypothétique. Aléatoire. Imprévisible. Contingent.

EVENTUALITÉ. Incertitude. Contingence. Possibilité. Hypothèse.

EVENTUELLEMENT. Le cas échéant. A l'occasion.

Suite d'événements. Aventure. Affaire. / *Suite d'événements heureux et malheureux.* Vicissitudes. Cours des choses. / *Récit d'événements réels ou imaginaires.* Anecdote. Historiette. / *Récit d'événements historiques.* Histoire. Annales. Chronique.

évêque

(lat. *episcopus ;* du gr. *episkopos,* surveillant)

Dignitaire de l'Église qui a la direction spirituelle d'un diocèse. *Titres des évêques.* Evêque résidentiel ou ordinaire. Evêque titulaire (sans juridiction). Evêque « in partibus » (vx). Evêque métropolitain. Evêque suffragant (sous l'autorité du métropolitain). Evêque auxiliaire. Evêque coadjuteur. / Archevêque. / Primat. Primatie. / Prélat. Pasteur. Successeur des Apôtres.

Dignité. Episcopat. / Nomination. Bulle (lettre du pape qui institue un évêque). Institution canonique. Investiture. / Consacrer. Sacrer. / Sacre. Installation. Intronisation. / Monseigneur. Son Excellence.

Cathédrale. Trône. Faldistoire (siège liturgique). Dais. / *Insignes pontificaux.* Mitre. Fanons (pendants de la mitre). Bâton pastoral. Crosse. / *Costume de l'évêque.* Soutane violette. Rochet. Mozette, ou camail violet. Calotte. Barrette. Mantelet. / Anneau pastoral. Croix pectorale. Armoiries.

Fonctions épiscopales. Pouvoir d'ordre. / Ordonner. Ordination. Ordinant. Dimissoire. Lettre dimissoriale. / Bénédiction. Confirmer. Confirmation. / Synode épiscopal. Conférence épiscopale.

Administration. Siège épiscopal. Evêché. Palais épiscopal. Evêché suffragant. Diocèse. Diocésain. / Archevêché. Métropole. Chapitre. Chanoines titulaires. / Direction des fidèles. Les ouailles (vx). Mandements. Ordonnances. Œuvres diocésaines. / Nominations ecclésiastiques. Surveillance. Censure. / Juridiction ecclésiastique. Officialité. / Excommunier. Excommunication. / Mense épiscopale. / Grand vicaire. Vicaire général. Vicaire capitulaire. Vicaire épiscopal.

évident

(du lat. *evidens,* de *videre,* voir)

Immédiatement visible par l'esprit. *Une preuve évidente. Un fait évident.* Manifeste. Visible. Clair. Palpable. Patent. Sûr. Certain. Indéniable. Indubitable. Indiscutable. Flagrant. / *Etre évident.* Crever les yeux. Sauter aux yeux. Tomber sous le sens. / *Chose évidente.* Lapalissade. Truisme.

EVIDENCE. Vérité. Réalité. Certitude.

EVIDEMMENT. Certainement. Assurément. Bien sûr. Manifestement. Incontestablement. Indéniablement. Visiblement.

éviter
(du lat. *evitare*)

S'efforcer de ne pas rencontrer une personne, une chose. *Eviter un bavard, un importun.* Fuir. S'éloigner de. S'écarter de. / *Eviter un obstacle.* Esquiver. Passer à côté de. / *Eviter un projectile.* Parer. Se protéger contre.

S'efforcer de ne pas subir quelque chose. *Eviter un accident, un mal.* Echapper à. Ecarter. Détourner. Empêcher. Prévenir. Se préserver de. Se prémunir contre. Se garantir de. / *Eviter un travail pénible, une corvée.* Se soustraire à. Se dérober à. Se dispenser. Couper à (fam.). Esquiver. / *Eviter une difficulté.* Eluder. Supprimer. / *Eviter de* (et l'inf.). Se garder de. S'abstenir de. Se dispenser de.
Eviter quelque chose à quelqu'un. Epargner. Dispenser. Décharger. Libérer.
INÉVITABLE. Inéluctable. Fatal.

évolution
(du lat. *evolutio,* action de dérouler)

Passage d'un état à un autre. Evolution lente, rapide. Evolution continue. / *Evolution de la matière, des êtres vivants.* Transformation. Changement. Mutation. Transmutation. / *Evolution sociale, économique, politique, culturelle. Evolution des événements.* Développement. Progression. Progrès. Devenir. Marche. Tournure. Cours. Processus.
EVOLUER. Changer. Progresser. Se modifier. Se transformer. / Se développer. Prendre telle tournure. Etre en passe de. / *Ne pas évoluer.* Stagner. / Stagnation. Immobilisme. Inertie. Sclérose. / *Qui n'évolue pas.* Stationnaire. / Statique. Sclérosé.
EVOLUÉ. Cultivé. Civilisé. Policé. Raffiné.

Transformation d'une espèce en une autre. *Théorie de la fixité des espèces.* Fixisme. Linné. / *Théorie de l'évolution.* Evolutionnisme. Transformisme. Lamarckisme. Darwinisme. Mutationnisme.

évoquer
(du lat. *evocare,* appeler, faire venir)

Rappeler à la mémoire. *Evoquer un souvenir, le passé.* Rappeler. Remémorer. Faire revivre. Réveiller.
EVOCATION. Rappel. Remémoration. Anamnèse (évocation volontaire).

Faire apparaître à l'esprit. *Evoquer un paysage.* Décrire. Représenter. Peindre. / *Evoquer un problème, une question.* Aborder. Discuter. Poser. Effleurer. / (Avec un sujet nom de chose.) Suggérer. Faire penser à.
EVOCATION. Représentation. Description. Peinture. / Association.
EVOCATEUR. Descriptif. Suggestif.

exact
(du lat. *exactus,* accompli)

Conforme à la réalité, à la vérité. *Un compte rendu exact. Un récit exact.* Réel. Vrai. Véridique. Juste. Sincère. / *Une copie exacte.* Authentique. Textuel. / *Traduction exacte.* Fidèle. / *Mot exact.* Propre. Juste. Convenable. Idoine (fam.). / *Connaissance exacte.* Précis. Sûr. Rigoureux.
EXACTITUDE. Justesse. Vérité. Véridicité. Fidélité. Sincérité. Authenticité.
EXACTEMENT. *Reproduire exactement.* Fidèlement. Textuellement. / *Exactement semblable.* Tout à fait. Parfaitement.

Qui arrive à l'heure convenue. *Un homme exact.* Ponctuel. Régulier. / Etre à l'heure. Heure militaire.
Exact dans ses paiements. Scrupuleux. Consciencieux. / Payer ponctuellement. Recta (fam.). Payer rubis sur l'ongle.
EXACTITUDE. Régularité. Ponctualité.

exagérer
(du lat. *exaggerare,* entasser)

Donner aux choses une importance, des proportions excessives. *Exagérer les conséquences d'une action.* Grossir. Amplifier. Forcer. / *Exagérer un récit.* Ajouter des détails. Broder. / *Exagérer ses mérites.* Se vanter. Fanfaronner. Bluffer (fam.). Se faire valoir. Se faire mousser. / *Exagérer la gravité d'une situation.* Dramatiser. / *Exagérer une caricature.* Forcer. Outrer. / *S'exagérer les difficultés d'un travail.* Se faire un monde de. Faire une montagne de.
EXAGÉRATION. Amplification. Broderie. Galéjade. / Fanfaronnade. Vantardise. Hâblerie.

Dépasser la mesure. Aller trop loin. Abuser. Dépasser, franchir les bornes. Charrier (pop.). Pousser (pop.). Attiger (pop.).
EXAGÉRATION. Abus. Démesure. Outrance.
EXAGÉRÉ. *Un prix exagéré.* Excessif. Exorbitant. Astronomique. Fou (fam.). / *Un bénéfice exagéré.* Surfait. / *Une attitude exagérée.* Outré. Affecté.
EXAGÉRÉMENT. A l'excès. Trop.

exalter
(du lat. *exaltare,* élever)

Faire de grands éloges de quelqu'un ou de quelque chose. *Exalter les mérites d'une personne.* Vanter. Louer. Glorifier. Magnifier (littér.). Célébrer. Elever aux nues. Porter aux nues. Mettre sur le pavois.
EXALTATION. Louange. Glorification.

Élever à un haut degré d'intensité. *Exalter le courage de quelqu'un.* Animer. Exciter. Relever. Ranimer. Réchauffer. Stimuler.
EXALTANT. Excitant. Stimulant. Encourageant.

Inspirer de l'enthousiasme. *Exalter une foule, un auditoire.* Enflammer. Enthousiasmer. Emballer. Soulever. Transporter. Electriser. Galvaniser. Passionner.
EXALTATION. Effervescence. Griserie. Frénésie. Agitation. Passion.
EXALTÉ. Passionné. Fanatique.

examiner
(du lat. *examinare ;* en gr. *skopein)*

Considérer avec réflexion. *Examiner un problème, une question.* Etudier. Analyser. Se pencher sur. / *Examiner à fond.* Approfondir. Fouiller. Scruter. Eplucher. Disséquer. / *Examiner superficiellement.* Effleurer. Survoler. Parcourir. Feuilleter. / *S'examiner soi-même. Examiner sa conscience.* Descendre en soi-même. Rentrer en soi-même. / *Examiner une œuvre littéraire, un texte.* Analyser. Juger. Faire la critique de. / *Examiner une affaire en commun.* Discuter. Délibérer. Débattre. / *Examiner la valeur d'une chose.* Evaluer. Estimer. Expertiser. / *Examiner le pour et le contre.* Considérer. Comparer. Peser.
EXAMEN. Analyse. Critique. Compte rendu. Critique de texte. Collation. Recension. / *Examen de soi-même.* Introspection. Analyse. Examen de conscience. / *Examen collectif d'une question.* Discussion. Délibération. Débat. / *Examen destiné à apprécier.* Estimation. Appréciation. Evaluation. Expertise.

Regarder avec attention. *Examiner quelqu'un.* Regarder. Dévisager. Contempler. / *Examiner de la tête aux pieds.* Toiser. / *Examiner un malade.* Ausculter. Palper. / *Examiner un objet, un appareil.* Observer. Inspecter. Toucher. Scruter. / *Examiner un document, un manuscrit.* Lire. Déchiffrer. Dépouiller. Compulser.
EXAMEN. *Examen d'un malade.* Auscultation. Palpation. Exploration. Percussion. / *Examen d'une substance, d'un appareil.* Essai. Expérience. Test.
Suffixes ***-scope, -scopie.*** Endoscope. Gyroscope. Kaléidoscope. Laryngoscope. Microscope. Ophtalmoscope. Périscope. Spectroscope. Stéthoscope. Télescope. / Cranioscopie. Dactyloscopie. Microscopie. Radioscopie, etc.

Examen légal. Instruire une affaire. Instruction. Enquête. Information. / Contre-enquête. / Enquêter. Jusqu'à plus ample informé. / Contrôler. Vérifier. / Contrôle. Vérification.

Examen scolaire. Commission d'examen. Jury. Examinateur. Correcteur. Interrogateur. / Interroger. / Epreuves écrites, orales. Ecrit. Oral. / Questions. Interrogations. Réponses. / Correction des épreuves. Notes. / Concours. / Passer un examen. Se présenter à un examen. / Etre admissible, admis, reçu. / Mention très bien, bien, passable. / Etre ajourné, refusé, recalé, collé (fam.). / Etre repêché (fam., être admis ou reçu, bien que n'ayant pas obtenu le nombre de points requis). / Docimologie (étude scientifique des examens).

excellent
(du lat. *excellens,* de *excellere,* être supérieur)

Qui atteint un degré de supériorité, de perfection. *Excellent* (en parlant d'un être ou d'une chose). Très bon. Supérieur. Parfait. Exquis. Délicieux. De première qualité. De choix. Inégalable. Hors (de) pair. Fameux. Merveilleux. Sans pareil. Sensationnel. Formidable (fam.).
EXCELLENCE. Supériorité. Perfection. Précellence (littér.).
EXCELLER (en parlant d'une personne). Etre fort. Etre habile. Briller. Se distinguer. Triompher. Se surpasser.
EXCELLEMMENT. Admirablement. Parfaitement.

exception
(du lat. *exceptio,* de *excipere,* retirer)

Action de mettre à part. *Faire une exception pour quelqu'un.* Dérogation. Passe-droit.
EXCEPTER. Mettre à part. Ecarter. Négliger. Retrancher. Retirer. Séparer. Exclure. Mettre de côté. Faire abstraction de. Ne pas tenir compte de.
EXCEPTÉ. A l'exception de. A l'exclusion

de. Hors (vx). Hormis. Sauf. Non compris. A part. A la réserve de. / *Excepté que*. Si ce n'est que. Sauf que.

Ce qui est en dehors de l'usage. *Exception à une loi, à une règle*. Anomalie. Irrégularité. Particularité. Singularité. / *Une exception grammaticale*. Cas anomal, aberrant.

EXCEPTIONNEL. *Cas exceptionnel*. Inaccoutumé. Insolite. / *Mesure exceptionnelle*. Extraordinaire. Spécial. / *Une chance exceptionnelle*. Inattendu. Inespéré. Formidable (fam.). / *Un talent exceptionnel*. Rare. Unique. Etonnant. / *Un être exceptionnel*. Remarquable. Supérieur. Sans pareil. Hors pair. Inégalable.

excès

(du lat. *excessus*, de *excedere*, sortir de, dépasser)

Trop grande quantité. *Un excès de poids*. Excédent. Surplus. / *Un excès de sensibilité*. Exagération. / *Excès de vitesse*. Dépassement. / *Excès de couleurs, d'ornements*. Profusion. Surabondance. Pléthore. Etalage. Luxe. Débauche (fam.). Surcharge. / *Excès de dépenses*. Prodigalité. / *Tomber d'un excès à un autre*. Extrémité. Extrême.

A l'excès. Avec excès. Excessivement (vx). Trop. Par trop. A outrance. Sans mesure. Exagérément. Outre mesure. Immodérément. Démesurément. Outrageusement.

Ce qui dépasse la mesure. *Un excès de table*. Intempérance. Orgie. Ripaille. Beuverie. Gueuleton (pop.). Soûlographie. / *Faire des excès*. Faire bombance. Festoyer. / *Excès dans les plaisirs*. Débauche. Dévergondage. Dérèglement. Plaisirs immodérés. Luxure. Orgie. / *Excès dans l'expression de la pensée*. Emphase. Redondance. Prolixité. Exagération. Hyperbole. Outrance. Incontinence de langage. Superfluité (vx). / *Qui est en trop dans un discours*. Superflu. Redondant. Inutile. Oiseux. / *Excès de langage*. Absence de retenue. Impertinence. Incorrection. Inconvenance. / Grossièreté. Injures. / *Excès de travail, de fatigue*. Surmenage. / *Excès de pouvoir*. Abus. Actes de violence. Sévices. / Cruauté. Actes d'injustice.

EXCESSIF (qui dépasse la mesure). *Une taille, une grosseur excessive*. Enorme. Démesuré. Monstrueux. / *Une abondance excessive*. Pléthorique. / *Un prix excessif*. Exorbitant. Fou (fam.). Astronomique. Fabuleux. / *Un éloge excessif*. Exagéré. Outré. Dithyrambique. Hyperbolique. Emphatique. / *Un usage excessif*. Abusif. / *Une dépense excessive*. Immodéré. Effréné. / (En parlant d'une personne.) *Un caractère excessif*. Extrême. Incapable de modération. / (Avant le nom, dans la langue familière, superlatif de *grand*.) *Une excessive gentillesse*. Extrême. Immense.

EXCESSIVEMENT. Extrêmement. Enormément. Fabuleusement. Prodigieusement. Incroyablement. Très (v. ce mot).

(Préfixes ***outre-, ultra-, sur-, hyper-***.) Outrecuidance. Outrecuidant. Outrepasser. Outrer. Outrance. / *Ultra*. Ultramoderne. Ultra-chic. / *Sur*. Surabondance. Surabondant. Surabonder. Suraigu. Surajouter. Suralimenter. Surcharger. Surchauffer. Surestimer. Surexciter. Surexposer. Surfaire. Surpeuplement. Surpeuplé. / *Hyper*. Hypernerveux. Hypersensible. Hypersécrétion. Hypertension. Hypertrophie.

exciter

(du lat. *excitare*, mettre en mouvement)

Provoquer une réaction dans l'organisme ou dans l'esprit. *Exciter le rire, les larmes, la jalousie, la curiosité*. Causer. Faire naître. Susciter. Eveiller. / *Exciter la pitié*. Attendrir. Apitoyer. / *Exciter l'enthousiasme, l'admiration*. Enthousiasmer. Charmer. Ravir. Exalter. Transporter. Emballer (fam.). Fanatiser. / *Exciter quelqu'un*. Mettre en colère. Contrarier. Irriter. Fâcher. Exaspérer. / *Exciter une personne contre une autre*. Dresser. Braquer. Monter. Opposer. / *Exciter une personne*. Eveiller le désir sexuel. Troubler. Allumer. Aguicher. Agacer. Provoquer. / Agacerie. Coquetterie. Provocation.

Exciter un animal. Agacer. Taquiner. Asticoter (fam.). Aiguillonner. / *Exciter un cheval*. Eperonner. Fouetter. Cravacher.

EXCITANT. Attrayant. Appétissant. Provocant. / Aphrodisiaque. Capiteux. Erotique.

EXCITÉ. Agité. Enervé. Nerveux. Dans tous ses états (fam.).

EXCITATION. Agitation. Exaspération. Enervement. / *Excitation intellectuelle*. Enthousiasme. Exaltation. / *Excitation sexuelle*. Désir. Ardeur.

Rendre plus vif. *Exciter la colère*. Aviver. Exacerber. / *Exciter l'appétit*. Ouvrir. Aiguiser. / *Exciter l'activité psychique*. Remuer. Passionner. Agiter. Emouvoir. Exalter. Plaire. Emoustiller. /

Exciter le courage, l'ardeur de quelqu'un. Stimuler. Presser. Doper. Donner un coup de fouet. Réconforter.

EXCITATION. Agitation. Ardeur. Exaltation. Effervescence. Surexcitation. Enthousiasme. Ravissement. Eréthisme.

EXCITANT. Attrayant. Engageant. Plaisant. Passionnant. Enivrant. Tentant. Séduisant.

EXCITANT (n. m.). Stimulant. Réconfortant. Remontant. Dopant ou doping. Tonique.

Pousser à quelque chose. *Exciter quelqu'un au travail.* Encourager. Exhorter. Inciter. Pousser. / *Exciter au mal.* Entraîner. Pousser. Tenter. / *Exciter à la révolte. Exciter des mécontents.* Soulever. Ameuter. Déchaîner.

EXCITATION. Encouragement. Exhortation. Emulation. Entraînement.

Activer, provoquer un phénomène. Exciter un électro-aimant, une dynamo, un moteur (envoyer un courant). / Excitateur. / Exciter un atome, une molécule (déplacer l'orbite des électrons).

exclure

(du lat. *excludere*)

Ne plus admettre dans une collectivité. *Exclure quelqu'un d'un parti, d'un syndicat, d'une association.* Evincer. Eliminer. Chasser. Renvoyer. Radier. Rayer. Expulser. Mettre à la porte. Révoquer. Frapper d'ostracisme. Mettre en quarantaine. Boycotter. Vider (fam.).

EXCLUSION. Eviction. Renvoi. Elimination. Radiation. Révocation. Expulsion. Boycottage. Mise en quarantaine. Ostracisme.

EXCLUSIVE. *Prononcer l'exclusive contre quelqu'un.* Déclarer, décider l'exclusion.

Rejeter comme incompatible. *Exclure une hypothèse.* Ecarter. Excepter. Repousser. Eliminer. Négliger. Rejeter. Faire abstraction de. Ne pas tenir compte de. Laisser de côté. / (Avec un sujet nom de chose.) Etre incompatible, inconciliable, impossible. Empêcher.

S'exclure (en parlant de choses). S'annuler. Se neutraliser. S'annihiler.

EXCLUSIF. *Privilège exclusif.* Personnel. Propre. Particulier. / (En parlant d'une personne.) Egoïste. Absolu. Entier. Partial.

EXCLUSIVEMENT. Uniquement. Seulement.

EXCLUSIVITÉ. Propriété exclusive. Monopole.

excréments

(du lat. *excrementum ;* en gr. *skôr, skatos, kopros*)

Résidus de la digestion évacués par les voies naturelles.

Excréments humains. Bol fécal. Déjections. Selles. Matière fécale. Fèces. Matières. Evacuation alvine. / Bran (vx). Breneux (vx). Merde (triv.). Merdeux (pop.). Chiasse (pop.). Caca (enfantin). Colombin (pop.). Etron (pop.). Méconium (excréments du nouveau-né). Excrémentation.

Excréments des animaux. Ambre gris (de cachalot). Bouse (de vache). Chiure (de mouche). Colombine (de pigeon). Cordylée (de lézard). Crotte (de lapin, de lièvre, etc.). Crottin (de cheval). Emeut (de faucon). Fiente (d'oiseau). Fumées (de cerf). Guano (d'oiseaux de mer). Laissées (de loup). Litière (de ver à soie). / Fumier.

Évacuation des excréments. Défécation. Besoins. / Avoir envie. Faire ses besoins. Avoir le ventre libre. Se soulager. Aller à la selle. Evacuer. Déféquer. Poser culotte (pop.). Faire (fam.). Chier (triv.). / Anus. Cloaque. Rectum.
Cabinets. Lieux d'aisances. Latrines. Petit endroit (fam.). Petit coin (fam.). Commodités (vx). Garde-robe (vx). Water-closets. Lavabos. Toilettes. / Chiottes (pop.). Goguenots (pop.). Feuillées (militaire). / *Appareils.* Cuvette. Siège. Couvercle. Chasse d'eau. / Vase de nuit. Pot de chambre. Bassin. Seau hygiénique. Tinette.
Fosse d'aisances. Fosse septique. Tout-à-l'égout.

Maladies. Colique. Colliquation. Courante (pop.). Dévoiement. Diarrhée. Dysenterie. Entérite. Epreinte (fausse envie). Fermentation intestinale. Flux cœliaque. Flux de ventre. Lienterie. Intoxication alimentaire. / Constipation. Obstruction intestinale. Tranchées.

Soins. Purger. Purgation. Purge. Purgatif. Copragogue. Laxatif. Lavement. Clystère. Douche intestinale. Douche ascendante. / Remède astringent, antidiarrhéique. Suppositoire. Charbon végétal.

Relatif aux excréments. Excrémentiel. Excrémenteux. / Coprologie. Coprolalie. Stercologie. Stercoral. Stercoraire. / Scatologie. Scatologue. Scatologique. Scatophage. Coprophage.

excuse

(de *excuser,* lat. *excusare,* mettre hors de cause)

Moyen de défense, de justification. Une excuse valable, plausible, légitime, admissible, acceptable. / *Alléguer, fournir, donner une excuse.* Raison. Explication. Justification. / Expliquer sa conduite. Se justifier. / *Une excuse pour se dispenser.* Prétexte. Motif. Echappatoire. / Invoquer. Prétexter. Arguer de. / *Donner comme excuse.* Exciper de.

EXCUSER. Défendre. Prendre la défense. Disculper. Blanchir. Absoudre. Pardonner. Passer l'éponge.

EXCUSABLE. Pardonnable. Justifiable.

Regrets. Accepter, recevoir les excuses de quelqu'un. / *Faire des excuses. Présenter ses excuses.* S'excuser. Demander pardon. Regretter. Témoigner des regrets. Faire amende honorable. / *Exiger des excuses.* Demander réparation.

exemple

(du lat. *exemplum*)

Personne ou chose digne d'être imitée. *Servir d'exemple. Etre un exemple.* Modèle. Parangon (vx). / *Un bon exemple.* Un exemple à suivre. / *Un mauvais exemple.* Un exemple à éviter. / *Suivre l'exemple de.* Imiter. Suivre le chemin, les traces. / *Montrer l'exemple. Donner l'exemple.* Commencer le premier. Tracer le chemin. Frayer le chemin. Faire école. Mettre en branle. Donner le branle. / *Contagion de l'exemple.* Imitation. Entraînement. / Entraîner. Pousser.

A l'exemple de. Comme. A l'image de. A l'instar de.

EXEMPLAIRE (qui peut servir d'exemple). Edifiant. Vertueux. Pieux. Parfait.

EXEMPLAIREMENT. Vertueusement.

Ce qui peut servir d'avertissement. *Prendre une sanction pour l'exemple. Faire un exemple.* Punir. Châtier.

EXEMPLAIRE. *Punition, châtiment exemplaire.* Sévère. / Exemplarité (d'une peine).

Ce qui sert à confirmer. *Alléguer, citer en exemple.* Preuve. Echantillon. Spécimen. Aperçu. / *Exemple de grammaire.* Paradigme. Modèle. / *Exemple tiré d'un auteur.* Citation.

exempt

(du lat. *exemptus,* part. passé de *eximere, exemptum,* affranchir)

Qui est affranchi d'un service commun. *Exempt du service militaire.* Dispensé. Réformé. / *Exempt de droits, d'impôts.* Exonéré. Déchargé. / *Exempt d'une obligation.* Dégagé.

EXEMPTER. Dispenser. Exonérer. Décharger. Tenir quitte.

EXEMPTION. Dispense. Privilège. Exonération. Immunité.

Qui est préservé de quelque chose. *Un homme exempt de défauts.* Dépourvu. A l'abri de. / Sans.

exercer

(du lat. *exercere*)

Soumettre à une activité, à un entraînement. *Exercer quelqu'un à quelque chose.* Habituer. Former. Plier. / *Exercer un animal.* Dresser. / *Exercer sa mémoire.* Cultiver. Développer.

S'exercer. S'entraîner. S'essayer.

EXERCICE. Apprentissage. Application. / *Exercice physique.* Mouvement. Gymnastique. Sport. / *Exercices militaires.* Manœuvres.

Mettre en usage. *Exercer son pouvoir, son autorité.* Commander. Donner des ordres. / *Exercer son droit.* Faire valoir. User de. / *Exercer une surveillance, un contrôle.* Surveiller. Contrôler.

Mettre en pratique. *Exercer une profession, un métier.* Pratiquer. / *Exercer des fonctions.* S'acquitter de. Remplir.

EXERCICE. *L'exercice d'un art.* Pratique. / *Etre en exercice.* Activité. Service.

exiger

(du lat. *exigere, exactum,* faire payer)

Demander impérativement. *Exiger ce qui est dû.* Réclamer. Revendiquer. Requérir. / *Exiger que* (et le subjonctif). Ordonner. Commander. Sommer.

EXACTION (le fait d'exiger plus qu'il n'est dû). Concussion.

EXIGENCE. Demande. Revendication. Réclamation.

EXIGEANT. Difficile à contenter. Maniaque. Pointilleux. Tâtillon. Insatiable. Intraitable. Tyrannique.

Rendre indispensable (avec un sujet nom de chose). Nécessiter. Imposer. Réclamer. Commander. Demander. Requérir. Obliger à.

EXIGENCE. Contrainte. Obligation. Impératif. Ordre.

exister
(du lat. *existere,* de *sistere,* être placé)

Avoir une réalité. (En parlant d'une personne ou d'une chose.) Etre. / *Exister avant.* Préexister. / *Commencer à exister.* Naître. / *Exister en même temps, ensemble.* Coexister. Coexistence. / *Exister encore. Continuer à exister* (en parlant d'une chose). Demeurer. Persister. Durer. Subsister. Continuer. / *Ne plus exister* (en parlant d'un usage, d'une loi). Ne plus avoir cours. Ne plus être en vigueur. Etre périmé, désuet. / *Cesser d'exister.* Disparaître. / *Exister quelque part.* Se trouver. Se rencontrer. Se voir. Régner. Y avoir. / *Qui peut exister en même temps, qui peut s'accorder avec autre chose.* Compatible. Conciliable. Compatibilité. / Incompatible. Incompatibilité.
Personne ou chose qui n'existe pas. Mythe. Etre imaginaire, fabuleux, chimérique, fantastique. / *Ce qui n'existe pas ou n'existe plus.* Néant. Non-être.

Ce qui existe. Univers. Monde. Nature. Les êtres et les choses. / Les êtres vivants. L'être humain. Créature. Personne. Individu. / Le moi. Ontologie (science de l'être).
Une chose. Objet. Fait. Evénement. Affaire. Phénomène. Réalité. / *La chose en soi.* Noumène. Substance. / *Etre de raison.* Entité. Abstraction.
EXISTENCE (le fait d'être). *Avoir conscience de son existence.* Etre (n. m.). / L'être et le non-être. Essence (nature de l'être). / Existentialisme (doctrine selon laquelle l'existence précède l'essence).
EXISTANT (qui a une existence, une réalité). Réel. Positif. Effectif.
INEXISTANT. Irréel. Chimérique. Néant. / Moins que rien.

Être en vie. Vivre. Etre sur terre. Etre au monde. / *Cesser d'exister.* Mourir.
EXISTENCE. *Mener une existence heureuse, active.* Vie. Mode de vie. / *Donner l'existence.* Vie. Jour. / Mettre au monde. Engendrer.

expérience
(du lat. *experientia,* de *experiri, expertum,* faire l'essai de)

Essai visant à étudier un phénomène. *Une expérience de physique, de chimie.* Expérimentation. Essai. Recherche. Vérification. Observation. / *Expérience sur des animaux vivants.* Vivisection. / *Soumettre à une expérience.* Expérimenter. Essayer. Eprouver. Rechercher. Vérifier. Observer. Tester.
Fondé sur une expérience scientifique. Expérimental. / Méthode, recherche expérimentale. / Expérimentalement.

Connaissance acquise par la pratique. *L'expérience d'un métier, d'une technique, d'un art.* Habitude. Pratique. Usage. / *Faire l'expérience d'une chose.* Essayer. Eprouver. Goûter de. Tâter de. / *Connaître par l'expérience.* Constater. Reconnaître. Se rendre compte. Réaliser. / *Fondé sur l'expérience.* Empirique. / Empiriquement. / Empirisme.
Qui a de l'expérience. Expert. Compétent. Averti. Connaisseur. Exercé. Expérimenté. Chevronné. Rompu (à). Versé (dans). / *Personne sans expérience.* Apprenti. Novice. Débutant. Commençant. Inexpérimenté.

expliquer
(du lat. *explicare,* développer)

Faire comprendre par un développement. *Expliquer un texte.* Commenter. Paraphraser. Gloser (vx). / Eclaircir. / *Expliquer un auteur ancien.* Traduire. / *Expliquer un théorème.* Démontrer. / Démonstration. / *Expliquer le fonctionnement d'une machine.* Indiquer. Apprendre. Montrer. Renseigner. / *Expliquer un rêve.* Interpréter. / Onirologie. Onirologue.
EXPLICATION. Version. / Commentaire. Glose. Paraphrase. Eclaircissement. Indication. Renseignement. / Notice. / *Explication de l'Ecriture.* Exégèse. Herméneutique. / Note. Annotation. Remarque. Scolie (note d'un auteur ancien).

Faire connaître en détail. *Expliquer ses intentions, ses projets.* Exposer. Annoncer. Déclarer. Communiquer. Dévoiler. Dire. Raconter. / Mettre au courant. Renseigner. S'étendre sur. / *Expliquer une affaire compliquée.* Elucider. Expliciter. Démêler. Débrouiller.
S'expliquer. Faire connaître sa pensée, son opinion. Donner des éclaircissements.
EXPLICATION. Eclaircissement. Renseignement. Mise au point. Compte rendu. Déclaration.

Faire connaître la cause d'une chose. *Expliquer une décision, une attitude.* Justifier. Motiver. Donner la raison de. / Justification. Motivation. / *Expliquer un fait, un phénomène.* Décrire. Rendre compte. Mettre en lumière.
S'expliquer. *S'expliquer quelque chose.* Comprendre la raison, la cause de.

exploiter
(du lat. *explicitare*, déployer)

Mettre en valeur une source de richesse matérielle. *Exploiter une terre, une propriété.* Cultiver. Faire valoir. / *Exploiter une mine, un brevet.* Tirer parti de. / *Exploiter un talent.* Utiliser. Faire valoir.
EXPLOITATION. Culture. / Ferme. Propriété. Domaine.
EXPLOITANT. Cultivateur. Fermier. Métayer.
Tirer un profit abusif d'une personne ou d'une chose. *Exploiter un client.* Estamper (fam.). Rançonner. Ecorcher (fam.). Faire payer trop cher. / *Exploiter un employé.* Abuser de. Rémunérer insuffisamment. Mal payer.
EXPLOITEUR. Profiteur.

explorer
(du lat. *explorare*, examiner)

Parcourir un pays dans un but déterminé. *Explorer une région pour en connaître la topographie, les mœurs, les ressources.* Visiter. Reconnaître. Etudier. Prospecter.
EXPLORATION. Reconnaissance. Prospection. Découverte. Recherche.
EXPLORATEUR. Voyageur. Navigateur. Chercheur. Prospecteur. / Mission, expédition scientifique.

explosion
(du lat. *explosio*, action de huer)

Action d'exploser. *Explosion d'un obus, d'une mine.* Déflagration. Eclatement. / *Le bruit d'une explosion.* Détonation. Fracas. Crépitation. Pétarade. / Choc. Souffle. / *Explosion d'une bombe atomique.* Désintégration. / Champignon atomique.
EXPLOSER. Eclater. Voler en éclats. Sauter. Partir. Se désintégrer. / Plastiquer (faire exploser, détruire à l'aide de plastic). / Plastiquage (ou plasticage). Plastiqueur.
Explosifs. Dynamite. Nitroglycérine. Mélinite. Lyddite. Tolite, trinitrotoluène ou T. N. T. Cheddite. Panclastite. Fulminates. Cordeaux détonants. Explosifs à air liquide. Explosifs chloratés, nitrés, nitratés, perchloratés.
Poudre noire. Poudre au picrate. Coton-poudre. Fulmicoton. Plastic. Pyroxyle, ou poudre sans fumée. Cordeau Bickford.
Explosifs nucléaires. Corps fissiles. Plutonium. Uranium. Fusion (bombe H). Hydrogène./Bombe atomique (bombe A). Onde de choc. Onde explosive. Détonation par influence.
Manifestation soudaine et violente. *Une explosion de joie, d'enthousiasme.* Débordement. / *Une explosion de cris, d'injures.* Tempête. Vociférations.
EXPLOSER (en parlant d'une personne). Crier. Tempêter. Eclater. Fulminer. Tonner. Tonitruer. Ne plus se contenir. Ne plus pouvoir se maîtriser.

exposer
(du lat. *exponere, expositum*, mettre en vue)

Présenter de manière à mettre en vue. *Exposer des marchandises.* Montrer. Etaler. Mettre en vue. / Etalage. Devanture. Vitrine. / Etalagiste.
EXPOSITION. Montre. Présentation. / *Exposition de peinture, de sculpture.* Salon. Galerie. / Vernissage. Inauguration d'une exposition. / *Exposition industrielle, agricole.* Foire. Salon. / Exposant.
Présenter avec des explications. *Exposer une question.* Expliquer. Développer. Traiter. Communiquer. / *Exposer un fait.* Conter. Dire. Raconter. Ecrire. Décrire. Retracer. Détailler.
EXPOSÉ. Développement. Description. Rapport. Récit. Analyse. Compte rendu. / Conférence. Leçon.
Placer dans une certaine direction. *Exposer une maison au sud.* Orienter. Tourner vers. / *Exposer une pellicule à la lumière.* Impressionner. / *Exposer à la chaleur.* Présenter. Diriger vers.
Mettre dans une situation critique, dangereuse. *Exposer sa vie, sa réputation.* Risquer. Compromettre. Jouer. Hasarder.
S'exposer. Courir un risque. Se mettre dans une situation critique. S'aventurer. / *S'exposer au danger.* Braver. Affronter.

exprimer
(du lat. *exprimere*)

Faire connaître sa pensée, ses sentiments par le langage parlé ou écrit, par les gestes. *Exprimer son opinion.* Dire. Exposer. Enoncer. Faire entendre. Expliquer. Traduire. Rendre. Manifester. / *Qui exprime formellement la pensée, la volonté de quelqu'un.* Exprès (dans quelques locutions : volonté expresse, condition expresse).
S'exprimer. Parler. Se faire comprendre. Formuler sa pensée. / *Qui s'exprime avec clarté, sans équivoque.* Explicite. Net. Clair. Précis. *Manière de s'exprimer oralement.* Elocution.
EXPRESSION. Mot. Tour. Tournure. Locu-

tion. / Idiotisme (expression propre à une langue). / *Expression figurée.* Métaphore. Figure. Image.
EXPRESSIF. *Geste expressif.* Significatif. Eloquent. Parlant. / *Regard expressif.* Vivant. Animé. Mobile.

extérieur adj. et n.

(du lat. *exterior*)

Qui est au-dehors. *Partie extérieure d'une chose.* Externe. / *Politique extérieure.* Etrangère. / *Commerce extérieur.* Exportations. / *Le monde extérieur.* Objectif.
L'extérieur d'une chose. Le dehors. Surface. Superficie. Périphérie. Bord. / Extra-muros (hors de la ville).

Qui se voit du dehors. *Un défaut extérieur.* Visible. Apparent. Manifeste. / *L'aspect extérieur d'une personne.* Apparence. Allure. Air. Abord. Manière. Le dehors.
EXTÉRIORISER. *Extérioriser ses sentiments.* Manifester. Exprimer. Montrer. / Extraverti ou extroverti. Extraversion ou extroversion. / *Qui extériorise ses sentiments sans retenue.* Exubérant. Expansif. Démonstratif.
EXTÉRIEUREMENT. Au-dehors. Apparemment.

extraordinaire

Qui est en dehors de l'usage ordinaire, normal. *Une séance, une réunion extraordinaire. Un budget extraordinaire.* Inhabituel. Spécial. Exceptionnel.

Qui étonne par sa rareté, son étrangeté. *Un événement extraordinaire.* Bizarre. Etrange. Curieux. Inexplicable. Insolite. Anormal. Singulier. Stupéfiant. Unique. Sans exemple. Sans précédent. Sans pareil. / *Une chance, un bonheur, un hasard extraordinaire.* Prodigieux. Merveilleux. Fantastique. Epique. Invraisemblable. Incroyable. / *Une chaleur extraordinaire.* Torride. Extrême. / *Un froid extraordinaire.* Glacial. Très vif. Un froid de canard, de loup. / *Un fait extraordinaire.* Miracle. Prodige. Mystère. Phénomène. / *Un récit extraordinaire et incohérent.* Abracadabrant. / *Un costume extraordinaire.* Excentrique. Extravagant. Grotesque.

Qui est au-dessus du niveau ordinaire. *Une taille extraordinaire.* Immense. Démesuré. Enorme. Colossal. Gigantesque. / *Une beauté extraordinaire.* Exceptionnel. Remarquable. Admirable. Eblouissant. Merveilleux. Sublime. / *Un spectacle extraordinaire.* Merveilleux. Féerique. Fantastique. / *Un talent extraordinaire.* Immense. Sensationnel. Formidable (fam.). Hors ligne. Terrible (fam.). / *Un succès extraordinaire.* Sensationnel. Etonnant. Prodigieux. Inouï. Etourdissant. Epoustouflant (fam.). / *Un homme extraordinaire.* Exceptionnel. Supérieur. Inégalable. Hors pair. / Génie. Surhomme. Phénix. Oiseau rare (ironique).
EXTRAORDINAIREMENT. Exceptionnellement. Au plus haut point. Eminemment. Fabuleusement. Terriblement (fam.).

extrême

(du lat. *extremus*)

Qui est tout à fait au bout (dans l'espace et dans le temps). *Partie extrême d'un objet.* Terminal. / Extrême droite. Extrême gauche (dans une assemblée). / *Partie extrême d'un pays.* Fin fond. / *Extrême limite.* Dernier. / *Date extrême.* Ultime. / « In extremis » (au dernier moment).
EXTRÉMITÉ. *Extrémité d'une chose.* Bout. Fin. Bord. Bordure. Pointe. / *Extrémité d'un arbre, d'une montagne.* Haut. Sommet. Cime. Faîte. Crête. / *Extrémité d'une tour.* Flèche. / *Extrémité d'une tige.* Sommité. / *Extrémité d'un champ.* Lisière. Limite. / *Extrémité d'un pays.* Frontière. Confins. / *Extrémité d'une ligne de transports.* Terminus. / *Extrémité de la Terre.* Pôles. / Extrémités d'une personne (pieds et mains).
La dernière extrémité. La fin de la vie. Le terme de la vie. Les derniers moments. Agonie. Mort. / Extrême-onction ou sacrement des malades (sacrement administré aux catholiques en danger de mort).

Qui est à un très haut degré. *Extrême bonté. Un plaisir extrême. Un extrême enthousiasme.* Exceptionnel. Extraordinaire. Sublime. Ineffable. Indicible. Inexprimable. / *Un extrême désir.* Profond. Passionné. / *Une extrême douleur.* Epouvantable. Affreux. Atroce. Horrible. Abominable. / *Un froid extrême.* Très intense. Excessif. / *Une extrême intensité.* Paroxysme. Summum. Maximum. Le comble.

Qui dépasse la mesure. *Un homme extrême en tout.* Excessif. Outrancier. / *Opinions extrêmes.* Extrémisme. Jusqu'au-boutisme. Extrémiste.
EXTRÊMEMENT. Très. Extraordinairement. Exceptionnellement. Infiniment. Immensément. Fabuleusement. / Horriblement. Terriblement (fam.). / Au plus haut point. Au superlatif. Au possible. Au dernier degré. En diable. Au suprême degré.

F

fable
(du lat. *fabula,* récit)

Récit en vers ou en prose d'où l'on tire une moralité. *Apprendre, réciter une fable.* Apologue. / Les fables grecques d'Esope. Les fables latines de Phèdre. Les fables de La Fontaine, de Florian. Les fables en prose de Fénelon.
FABLIER (recueil de fables).
FABULISTE (auteur de fables).

face
(du lat. pop. *facia ;* lat. class. *facies*)

Partie antérieure de la tête de l'homme. *Se cacher, se voiler la face.* Figure. Visage. / Faciès (aspect du visage). / *Regarder quelqu'un en face.* Dans les yeux. / *Etre en face de quelqu'un.* Devant. Face à face. Vis-à-vis.
FACIAL. Nerf facial. Angle facial.

Partie antérieure d'une chose. *La face d'une monnaie.* Avers. / Jouer à pile ou face (côté qui porte la figure).

Chacun des côtés d'une chose. *Les six faces d'un cube. La face interne, externe d'un objet.* Surface. / *Les faces d'un diamant.* Facette. / Chant (la face la plus étroite d'un objet et dans le sens de la longueur).

Manière dont une chose se présente. *Considérer une chose sous certaines faces.* Point de vue. Côté. Angle. Apparence. Aspect.

fâcher
(du lat. *fastidiare,* éprouver du dégoût)

Mettre dans un état d'irritation. *Fâcher quelqu'un.* Irriter. Agacer. Indigner. Exaspérer. Cabrer. Mettre en colère. *Etre fâché contre quelqu'un.* Etre monté contre. Tenir rigueur. En vouloir à. Avoir du ressentiment. Avoir sur le cœur.

Se fâcher. S'irriter. S'emporter. Se mettre en colère. Prendre la mouche. Avoir un mouvement d'humeur. / *Se fâcher pour un rien.* Etre susceptible, chatouilleux. Se vexer. / *Se fâcher d'une plaisanterie.* Se froisser. Se formaliser. Ne pas comprendre, ne pas entendre (une plaisanterie).

Causer du mécontentement. *Fâcher quelqu'un* (littér.). Mécontenter. Déplaire. Contrarier. Chagriner. Indisposer. Ennuyer. Peiner.
Etre fâché de (et l'inf.), *que* (et le subj.). Mécontent. Contrarié. Ennuyé. Peiné. Navré. Désolé. / Regretter. Etre au regret.
FÂCHEUX. Désagréable. Ennuyeux. Malencontreux. Contrariant. Embêtant (fam.).

Se fâcher. *Se fâcher avec quelqu'un.* Se brouiller. Se séparer. / *Etre fâché avec quelqu'un.* Etre en désaccord. Etre en froid. Battre froid. Etre brouillé. Tourner le dos. Etre mal avec. Etre en mauvais termes. Etre à couteaux tirés.
FÂCHERIE. Désaccord. Brouille. Mésentente. Mésintelligence. Rupture.

facile
(du lat. *facilis*)

Facile à faire, à réaliser. *Un travail facile.* Aisé. Simple. Enfantin. Elémentaire. Faisable. Réalisable. / Qui n'exige aucun effort. Simple comme bonjour. / *C'est facile.* C'est un jeu d'enfant. C'est du billard (fam.). Ça se fait tout seul. Ce n'est pas la mer à boire. Ça va comme sur des roulettes (fam.). / *Un endroit d'accès facile.* Accessible. Abordable.
FACILITÉ. *Accomplir une tâche avec facilité.* Aisance. Habileté. Adresse. Brio. / *Solution de facilité.* Moyen commode. / *Pour des raisons de facilité.* Commodité. / *Avoir de la facilité pour.* Disposition. Aptitude. Don. / *Donner à quelqu'un toutes facilités pour...* Moyens. Possibilités.
FACILEMENT. Sans peine. Sans effort. Aisément.
FACILITER (rendre plus facile). *Faciliter le travail de quelqu'un.* Aplanir les difficultés. Préparer les voies. Mâcher la besogne. Frayer le chemin. Aider.

Facile à comprendre. *Un texte facile à traduire. Une question facile.* Intelligible. Compréhensible. Clair. Simple. Elémentaire. / *Etre facile.* Etre à la portée de tous. Pont aux ânes (ce qui est connu de tous).

Facile à supporter. *Une vie facile.* Agréable. Sans souci.

Facile à vivre. (Avec un complément ou négativ.) *Une personne facile à contenter. Un homme facile avec ses subordonnés.* Arrangeant. Accommodant. Doux. Indulgent. Tolérant. Conciliant. Serviable. Malléable. Souple. / Avoir bon caractère. / *Ne pas être facile.* Ne pas être commode. Etre sévère, dur, exigeant, intraitable. / *Une femme facile.* Qui se laisse courtiser. Qui accorde facilement ses faveurs.

factice

(du lat. *facticius,* artificiel)

Qui est fait artificiellement. *Un diamant factice.* Faux. Imité. Synthétique. / *Du marbre factice.* Stuc. / *Une chevelure factice.* Postiche. / Carporama (exposition de fruits factices).

Qui n'est pas naturel. *Un plaisir, un enthousiasme factice.* Artificiel. Faux. Forcé. De commande. D'emprunt.

FACTICEMENT. Artificiellement.

FACTICITÉ. Manque de naturel.

faculté

(du lat. *facultas,* aptitude, capacité, de *facere,* faire)

Possibilité de faire quelque chose (littér.). *Avoir, laisser à quelqu'un la faculté de choisir.* Pouvoir. Possibilité. Liberté. Moyen.

FACULTATIF (que l'on peut faire ou non).

FACULTATIVEMENT. A volonté.

Pouvoir naturel d'exercer une certaine fonction. *La faculté de penser* (vx). Activité mentale. *Faculté d'attention, de travail.* Don. Disposition. Capacité. Aptitude. / *Faculté de l'âme* (vx). Intelligence. Sensibilité. Volonté. Mémoire. Raison. / *Ne plus avoir toutes ses facultés.* Etre gâteux. Gaga (fam.). Tombé en enfance. / Gâtisme.

fade

(du lat. pop. *fatidus*)

Qui manque de saveur. *Une boisson fade. Un mets fade.* Insipide. Plat. Désagréable. Douceâtre. Fadasse. / *Etre fade.* Manquer d'assaisonnement (sel, poivre, moutarde, vinaigre, ail, oignon, huile, fines herbes, laurier, thym, etc.).

FADEUR. *La fadeur d'un aliment.* Insipidité.

Qui manque d'éclat. *Une couleur fade.* Terne. Pâle. Délavé. / *Une beauté fade.* Sans relief.

Qui manque de caractère, d'intérêt. *Un livre fade.* Inintéressant. Ennuyeux. Fastidieux. / *Compliment fade.* Insignifiant. Plat. Conventionnel. Banal. Médiocre.

FADEUR. Fadaise. Platitude. Médiocrité.

FADAISE. Niaiserie. Baliverne. Bagatelle. Faribole.

faible

(du lat. *flebilis,* pitoyable)

Qui manque de force physique. *Une personne faible.* Débile. Chétif. Anémié. Anémique. Chancelant. Languissant. / Fragile. Frêle. Fluet. Délicat. Malingre. / Patraque (fam.). Mal hypothéqué (fam.). / *Etre très faible.* Affaibli. Epuisé. Alangui. N'avoir plus de souffle.

FAIBLESSE. Débilité. Anémie. Asthénie. Adynamie. Déficience. Fatigue. Affaiblissement. Amollissement. Abattement. Dépression. Epuisement. Langueur. / *Etre pris d'une faiblesse.* Défaillance. Evanouissement. Syncope. Pâmoison.

AFFAIBLIR (rendre faible). Débiliter. Abattre. Déprimer. Alanguir. Fatiguer. Epuiser. Anéantir. Exténuer. / *S'affaiblir.* Perdre des forces. Défaillir. Décliner. Dépérir. S'anémier. S'étioler.

Qui manque de solidité, de résistance. *Une planche faible.* Mince. Fragile. Frêle. / Fragilité. Minceur.

Une personne faible. Sans force. Sans défense. Incapable de résister. Impuissant. Désarmé. / *Se montrer faible.* Céder. Plier. Avoir le dessous. / Etre victime.

FAIBLEMENT. *Agir faiblement.* Mollement.

Qui manque de capacité intellectuelle. *Un élève faible.* Médiocre. Peu doué. / *Très faible.* Mauvais. Nul. Nullard (fam.). Cancre. / *Faible d'esprit.* Déficient. Simple d'esprit. Débile mental.

FAIBLESSE. Insuffisance. Médiocrité. Nullité.

Qui est peu considérable. *Un faible bruit.* Léger. Imperceptible. Etouffé. / *Une faible lueur.* Pâle. Terne. Peu intense. / *Un faible espoir.* Petit. Vague.

FAIBLEMENT. *Eclairer faiblement.* Vaguement. A peine.

Qui manque d'énergie, de fermeté. *Un homme faible.* Mou. Apathique. Inerte. Aboulique. Sans volonté. Velléitaire. Pusillanime. Veule. Lâche. Indécis. Inconstant. / Peureux. Craintif. Timide. / *Etre faible avec quelqu'un.* Débonnaire. Bonasse. Facile. / *Se montrer trop faible.* Se laisser mener. Se laisser faire. Se laisser tondre la laine sur le dos.

FAIBLESSE. Mollesse. Apathie. Inertie. Laisser-aller. Aboulie. Pusillanimité. Lâcheté. Veulerie. Manque d'énergie. / Débonnaireté. Facilité. Complaisance.

faillite

(de l'ital. *fallito,* de *fallire,* manquer)

Situation d'un commerçant, d'un débiteur qui cesse ses paiements. *Faire faillite. Etre en faillite.* Banqueroute. Déconfiture. Ruine. Débâcle. / Liquidation des biens. Concordat.

Manque de réussite. *Faillite d'une entreprise, d'un projet.* Echec. Insuccès.

faim

(du lat. *fames ;* en gr. *limos*)

Besoin de manger. *Avoir faim. Avoir grand-faim. Avoir très faim* (fam.). Avoir l'estomac, le ventre creux, vide. Avoir l'estomac dans les talons. Etre affamé. Avoir la dent (pop.). / *Donner faim.* Appétit. Envie de manger. / Creuser (fam.). / *Faim dévorante.* Faim canine. Faim de loup. Boulimie. Fringale (fam.). / *Calmer, apaiser, satisfaire, assouvir sa faim.* Manger. / *Manger à sa faim.* Satiété. / Se rassasier. / Rester sur sa faim (ne pas manger à satiété).

Privation de nourriture. Souffrir de la faim. Mourir de faim. Crever de faim (pop.). / *Faire souffrir de la faim.* Affamer. / Famine. Disette. / Se priver de nourriture. Jeûner. / Jeûne. Carême. Ramadan.

FAMÉLIQUE. Miséreux. Meurt-de-faim. Affamé. Crève-la-faim (pop.).

faire

(du lat. *facere*)

Créer. (En parlant de Dieu.) *Faire l'homme à son image.* Tirer du néant. Faire naître. Donner l'existence. / (En parlant de l'homme, de la femme [langue familière].) *Faire un enfant.* Engendrer. Procréer. Mettre au monde. Donner le jour à. / Faire un enfant à une femme (pop., la rendre enceinte, l'engrosser [pop.]). / (En parlant des femelles d'animaux.) *Faire des petits.* Mettre bas. / Parturition.

Faire un livre, un poème, une chanson. Composer. Ecrire. / *Faire un tableau.* Peindre. / *Faire une statue.* Sculpter. / *Manière dont une œuvre d'art est faite.* Facture. Technique. Style. / *Faire une loi.* Instituer. Instaurer. Etablir.

Suffixes *-urge, -urgie.* Démiurge. Dramaturge. Thaumaturge. / Dramaturgie.

Construire. *Faire une maison.* Bâtir. Edifier. / *Faire une machine.* Construire. Fabriquer. / Construction.

Fabriquer. *Faire une pièce mécanique.* Façonner. Modeler. Former. Forger. Usiner. / *Faire des vêtements.* Confectionner. / Fabrication. Confection. Façon. / Fabrique. Atelier. Usine. Manufacture. / Fabricant. Facteur d'orgues, de pianos. Industriel. Artisan.

Produire. *Faire du blé, de la betterave.* Semer. Cultiver. Récolter. / Production. Rendement. / Producteur.

Exercer une activité. *Faire un travail.* Entreprendre. Se charger de. Exécuter. Réaliser. / *Faire un métier.* Exercer. Avoir une occupation. Travailler. / S'occuper à. Vaquer à ses occupations. / *Faire ce qu'on a commencé.* Achever. Terminer. Finir. Mener à bonne fin. / *Faire tout le travail.* S'envoyer (pop.). Se taper (pop.). / *Faire bien son travail.* S'appliquer. Fignoler. Parfaire. / Travailler avec soin, avec conscience. / *Faire une besogne à la hâte.* Au plus vite. A la six-quatre-deux (fam.). A la va vite. Expédier. Bâcler. Trousser. Saboter. / *Avoir beaucoup à faire.* Etre très occupé. Etre débordé, submergé, surchargé. / *N'avoir rien à faire.* Etre désœuvré. Inoccupé. Oisif. Inactif. N'avoir pas d'occupation. Etre sans travail. Chômeur. / *Ne rien faire.* Ne rien fiche(r) (fam.), foutre (pop.). Coincer la bulle (argot). Etre paresseux, fainéant, feignant (pop.), flemmard (pop.), cossard (pop.). / *Faire ses études. Faire du droit. Faire sa médecine* (fam.). Etudier. / *Faire une licence, un doctorat.* Préparer. / (En parlant d'un commerçant.) *Faire le gros, le demi-gros.* Vendre. Débiter.

FAISABLE. Réalisable. Exécutable. Possible. / *Très faisable.* Facile. Simple. Elémentaire.

Accomplir une action. *Faire une bonne action.* Exécuter. Réaliser. Effectuer. / *Faire une mauvaise action.* Commettre. / *Faire un acte criminel.* Perpétrer. / *Faire un discours, une conférence.* Prononcer. / *Bien faire.* Bien agir. / *Ne pas faire ce qu'on a promis.* Se dédire. Se rétracter. Revenir sur sa promesse. /

Faire son devoir. S'acquitter de. Remplir. / *Faire quelque chose pour quelqu'un.* Aider. Secourir. Assister. Seconder. Soulager. Soutenir. Protéger. Epauler. / *Faire les caprices de quelqu'un.* Satisfaire. / *Façon de faire.* Manière. Procédé. Comportement. Attitude. Conduite. / *Faire des gestes, des grimaces.* Gesticuler. S'agiter. Grimacer. / *Faire un trajet, un circuit.* Parcourir. / *Faire une région* (fam.). Visiter. Parcourir pour visiter. / *Faire du football, du tennis.* Pratiquer. / *Faire du cheval* (fam.). Monter à cheval. / Equitation. / *Ne faire que* (et l'inf.). Faire seulement. Ne pas cesser de. / *Ne faire que de.* Venir de (exprime un passé récent).

Exercer une action, produire un effet. *Faire du bien, du tort à quelqu'un. Faire des dégâts.* Occasionner. Provoquer. Etre cause de. / *Faire quelque chose à quelqu'un* (sujet désignant une chose). Impressionner. Emouvoir. Ebranler. / *Ne rien faire à quelqu'un* (sujet désignant une chose). Laisser indifférent. / *Ne rien faire* (sujet désignant une chose). Etre sans importance. / *Faire* (et un inf.). Etre cause que.

Arranger d'une certaine manière. *Faire un lit.* Mettre en ordre (draps et couvertures). / *Faire la vaisselle.* Nettoyer. / *Faire une chambre.* Balayer. Ranger. / *Faire sa barbe.* Se raser. / *Se faire les ongles.* Nettoyer. Vernir. / *Faire ses chaussures.* Frotter. Cirer. Astiquer. / *Faire la cuisine.* Cuisiner. Préparer, accommoder des mets.

Exercer le rôle, les fonctions de. *Faire le père, le jeune premier* (dans un spectacle). Remplir, tenir le rôle de. Jouer. Représenter. / *Faire le domestique, la bonne.* Remplir les fonctions de.

Prendre telle attitude. *Faire le malin, l'important. Faire le sourd, l'ignorant.* Imiter. Contrefaire. Simuler. Faire semblant. Feindre. Jouer à. Se faire passer pour. / Le faire au bluff, au sentiment, à l'estomac (fam., agir d'une certaine manière pour en imposer, tromper).

Présenter tel aspect. (Avec un adjectif ou un adverbe.) *Faire jeune, vieux. Faire riche, misérable.* Avoir l'air. Paraître. Donner l'impression de. / *Faire bien.* Aller. Convenir. Etre adapté, approprié, adéquat. Avoir belle allure. / Etre seyant. Etre correct.

Avoir telle mesure, telle valeur. *Faire tant de mètres, de litres, de grammes.* Mesurer. Avoir telle dimension. Contenir. Peser. / *Faire tel prix.* Valoir, Evaluer. Coûter. / Deux et deux font quatre (égalent quatre).

Se faire. *Se faire* (en parlant de quelque chose). Etre réalisé, exécuté. Etre en usage. / Ne pas se faire (être contraire aux convenances). / *Se faire du souci. S'en faire* (fam.). Se tourmenter. Se tracasser. / *Se faire à* (et un nom ou un inf.). S'habituer à. / *Se faire* (et un adj. ou un nom). Commencer à être. Devenir. / *Se faire que* (impersonnel). Arriver.

fait

(du lat. *factum*, de *facere*, faire)

Action de faire. *Répondre d'un fait.* Action. Acte. / *Prendre quelqu'un sur le fait.* En train de faire quelque chose. En flagrant délit. En faute. Surprendre. / *Voies de fait.* Violence. Coups. / *Haut fait.* Acte mémorable. Exploit. Prouesse. / Les faits et gestes de quelqu'un (ses activités, sa conduite).

Ce qui arrive. *Un fait habituel, normal, courant. Un fait rare, unique.* Evénement. Cas. Chose. Affaire. Incident. Aventure. Phénomène. / *Rapporter un fait.* Anecdote. Histoire. / *Fait divers.* Chose, nouvelle peu importante.

Ce qui existe réellement, effectivement. *Juger d'après un fait.* Réalité. Réel. / *Constater, vérifier un fait.* Phénomène. / *C'est un fait.* C'est une chose réelle, certaine, sûre, vraie.
En fait. En réalité. Réellement. Effectivement. Véritablement.

familier

(du lat. *familiaris*, de *familia*, famille)

Qui fréquente assidûment une personne, un lieu. *Etre familier de quelqu'un, d'une famille.* Ami. Camarade. Intime. / *Un familier d'un endroit.* Habitué.

FAMILIARITÉ. Amitié. Camaraderie. Intimité. Fréquentation.

Que l'on connaît bien. *Une voix familière. Un visage familier.* Connu. / *Une tâche familière.* Dont on a la pratique. Aisé. Facile.

FAMILIARISER. Habituer. Accoutumer. Entraîner.

Qui manque de réserve dans ses manières. *Trop familier avec quelqu'un.* Trop libre. Désinvolte. Cavalier. / *Trop familier avec une femme.* Entreprenant.
FAMILIARITÉ. Désinvolture. Libertés. Privautés. / Taper sur le ventre (fam.). Etre à tu et à toi.

famille

(du lat. *familia ;* en gr. *genos*)

Succession des personnes ayant une même origine. *Etre né d'une famille illustre, obscure, humble.* Origine. Souche. Sang. Extraction (vx). / *Issu d'une famille noble.* Lignée. Lignage (vx). / *Famille noble.* Dynastie. Maison. / Généalogie (suite d'ancêtres qui établit une filiation). / Arbre généalogique. / Ascendance. Ascendants. Ancêtres. Aïeux. / Descendance. Postérité. Descendants. / Génération. Progéniture. Enfant. Petits-enfants.

Ensemble des personnes liées par le mariage ou la filiation. *Degrés de parenté.* Trisaïeul(e). Trisaïeuls. / Bisaïeul(e). Bisaïeuls. Arrière-grand-père. Arrière-grand-mère. Arrière-grands-parents. Arrière-petits-enfants. Arrière-petit-fils. Arrière-petite-fille. / Aïeul(e). Aïeuls. Grand-père. Grand-mère. Grands-parents. Petits-enfants. Petit-fils. Petite-fille. / Grand-oncle. Grand-tante. / Père. Mère. Fils. Fille. / Beau-père. Belle-mère. Gendre ou beau-fils. Belle-fille ou bru. Oncle. Tante. Neveu. Nièce. / Cousin. Cousine. Cousin germain. Oncle, tante à la mode de Bretagne (cousin germain du père ou de la mère). / Petits-neveux. Petits-cousins. Arrière-neveux. Arrière-cousins.
Air de famille. Ressemblance. / Aptitude héréditaire. Atavique. Atavisme. / *Biens de famille.* Patrimoine. Succession. Héritage. / *Nom de famille.* Patronyme. Nom patronymique. / *Vie de famille. Fêtes de famille.* Naissances. Mariages. Noces d'argent, d'or, de diamant (v. MARIAGE). Anniversaires. / *Famille formant un groupe fermé.* Clan. Caste. / *Entrer dans une famille.* S'allier. Alliance.

Ensemble de personnes apparentées vivant sous un même toit. *Membres d'une même famille.* Père. Mère. Enfant(s). Maisonnée. / Demeure familiale. Toit paternel. Foyer. Maison. Chez-soi. Bercail (littér.). Pénates (littér.). / *Famille nombreuse.* Tribu. Marmaille.

Droit familial. *Chef de famille.* Mari. / Autorité paternelle. / Droits des époux. Droits des enfants. / Enfant légitime, consanguin, utérin. Enfant adoptif. / Etat civil. Livret de famille. / Abandon de famille. / Conseil de famille. Tuteur. Tutelle. Curatelle. Curateur.

fanatique

(du lat. *fanaticus,* inspiré, en délire)

Partisan trop ardent d'une doctrine, d'une religion. *Le zèle d'un fanatique.* Exalté. Sectaire. Intolérant. Zélateur. Illuminé.

FANATISME. Intolérance. Sectarisme.

FANATISER. *Fanatiser un peuple, un auditoire.* Exalter. Enflammer. Exciter. Electriser.

Personne qui a une passion, une admiration excessive pour quelqu'un ou quelque chose. *Fanatique d'un art, d'un sport.* Enthousiaste. Passionné. Fervent. Enragé. Fou. / Admirateur, admiratrice d'une vedette. Fana (fam.). Fan (fam.). Fou (fam.). Adulateur. Adulatrice.

FANATISME. Enthousiasme. Exaltation. Emballement. Passion. Adulation.

fantaisie

(du lat. *fantasia* ou *phantasia*)

Désir passager, capricieux. *Satisfaire une fantaisie.* Envie. Caprice. Désir. Lubie. Extravagance. / *Agir, vivre à sa fantaisie.* A son gré. A sa guise. A sa volonté. Selon son goût, son humeur. Comme on l'entend. Comme il nous plaît.

FANTAISISTE. Original. Bohème. / Fumiste. Amateur. Dilettante. / (En parlant d'une chose.) Sans fondement. Peu sûr. Erroné.

Faculté de créer librement. *Donner libre cours à sa fantaisie.* Imagination.

fantastique

(du bas lat. *phantasticus,* de *phantasia,* imagination)

Qui est créé par l'imagination. *Un être, un animal fantastique.* Imaginaire. Irréel. Fabuleux. Fantasmagorique. / *Le fantastique* (en littérature, dans les arts, au cinéma). Principaux thèmes : Les fantômes. Les vampires. Les monstres. La magie. Les diableries. Les rêves. La science-fiction.

Qui paraît invraisemblable. *Un monde fantastique.* Extraordinaire. Bizarre. / *Un spectacle fantastique.* Merveilleux. Féerique. / *Un succès fantastique.* Incroyable. Invraisemblable. Inimaginable. Etonnant. Extraordinaire. Sensationnel. Prodigieux. Phénoménal. Formidable (fam.). Terrible (fam.).

FANTASTIQUEMENT. Fabuleusement. Incroyablement.

fantôme

(du lat. *phantasma*)

Apparition surnaturelle d'une personne morte. *Maison hantée par un fantôme.* Revenant. Spectre. Ombre. /

Ame en peine. Ame errante. / Esprits. Larves ou lémures (âmes errantes des méchants, selon les Romains). / Vampire (fantôme qui suce le sang des vivants). Strige. Goule. Lamie. / Danse macabre / Vision.

FANTOMATIQUE. Spectral.

FANTASMAGORIE (spectacle où l'on faisait voir des fantômes par des illusions d'optique). / Fantasmagorique.

farce

Tour plaisant que l'on joue à quelqu'un. *Faire une farce.* Niche. Attrape. Facétie. Plaisanterie. Mystification. Canular (fam.). / *Monter une farce.* Monter un bateau (fam.). Mystifier. Charrier (pop.). S'amuser aux dépens de quelqu'un. Abuser de la crédulité de quelqu'un.

FARCEUR. Plaisantin. Espiègle. Facétieux. Mystificateur. Mauvais plaisant.

farine

(du lat. *farina*)

Poudre blanche obtenue par la mouture de graines de céréales. *Farine de blé.* Farine de blé dur, de blé tendre. Farine fromentée. / Fleur de farine. Folle farine. / Farine première, deuxième, troisième, quatrième ou fourragère. Farine de gruau. Farine panifiable. / Semoule. Recoupe ou remoulage. Son. Issues.

Composition. Eau. / Glucides : Amidon. Dextrines. Saccharose. Glucose. Cellulose. / Protides ou matières azotées : Gluten. Albumine. Acides aminés. / Lipides ou matières grasses. / Substances minérales: Phosphate. Potassium. Magnésium. / Enzymes (amylase). / Vitamines.

Autres farines. Farine de seigle, d'avoine, de sarrasin, d'orge. / Farine de chènevis, de graine de lin, de moutarde, etc. / Farine de manioc. Cassave. / Fécule de tapioca, d'arrow-root, de pomme de terre, de riz, etc. / Semoule.

Fabrication de la farine. Meunerie. Meunier. Minoterie. Minotier. / Alvéographe (appareil permettant de déterminer les qualités d'une farine). / Moudre. Mouture. Moulin à cylindres ou à meules. / Nettoyage des grains. Broyage. Sassage. Blutage. Convertissage. Stockage. / Nettoyer. Broyer. Bluter. / Broyeur. Convertisseur. Sasseur. Blutoir. Tamis. Plansichter. / Féculerie. Féculier. / Semoulerie. Semoulier. Amidonnerie. Amidonnier.

Relatif à la farine. Pâte. Bouillie. / Fariner. Enfariner. Saupoudrer. / Farineux. Farinacé. Furfuracé (qui a l'aspect du son). Glutineux. / Panification. / Charançon.

fatal

(du lat. *fatalis*, de *fatum*, destin)

Qui doit arriver inévitablement. *Un jour fatal. Un moment fatal.* Inévitable. Immanquable. Inéluctable.

FATALEMENT. Forcément. Inévitablement. Obligatoirement. Inéluctablement.

FATALISME. Acceptation. Passivité. Résignation. C'était écrit.

Qui est cause de malheur. *Un acte fatal pour quelqu'un.* Funeste. Néfaste. Nuisible. Malheureux. / Une femme, une beauté fatale (à laquelle on ne peut résister et qui peut être une cause de ruine, de perdition).

fatiguer

(du lat. *fastigare*)

Causer une fatigue physique ou intellectuelle. *Fatiguer quelqu'un* (en parlant d'un travail). Accabler. Epuiser. Ereinter (fam.). Exténuer. Harasser. Surmener. / (Termes pop.) Vanner. Claquer. Crever. Esquinter. / *Fatiguer par des cris, des bruits.* Etourdir. Assommer. Ahurir (fam.). Assourdir. Abrutir (fam.).

Etre fatigué. Las. Epuisé. Ereinté (fam.). Exténué. Fourbu. Courbatu. Courbaturé. Moulu. Flapi (fam.). Harassé. Recru, mort, brisé de fatigue. Surmené. / (Termes pop.) Vanné. Vidé. Claqué. Crevé. Pompé. Esquinté. / N'en pouvoir plus. Etre à bout.

FATIGANT. *Travail fatigant.* Dur. Pénible. Epuisant. Ereintant. Exténuant. Harassant. / (Termes pop.) Claquant. Crevant. Esquintant. / Vie de galérien, de forçat. Collier de misère. / *Bruit fatigant.* Assourdissant. Ahurissant. Etourdissant. Assommant.

FATIGUE. *Légère fatigue.* Lassitude. / *Grande fatigue.* Epuisement. Ereintement (fam.). Surmenage. Harassement. Accablement. Abattement. Anéantissement. / *Fatigue cérébrale, intellectuelle.* Cassement de tête. Surmenage. Anémie cérébrale. Amnésie. / *Faire cesser la fatigue.* Délasser. Reposer. Défatiguer.

Se fatiguer. *Se fatiguer par un travail excessif.* Se tuer de travail. Trimer. Peiner. Se crever (pop.). / *Ne pas se fatiguer.* Ne pas se fouler (pop.). Ne pas se casser (pop.). Se la couler douce (pop.). / *Se fatiguer à* (et l'inf.). S'échiner.

Lasser par l'ennui, l'importunité.

Fatiguer un auditoire. Ennuyer. Lasser. Endormir. Raser (fam.). / *Fatiguer par des demandes, des plaintes, un bavardage.* Importuner. Ennuyer. Enerver. Agacer. Exaspérer. Harceler. Tanner (fam.). Bassiner (fam.). Empoisonner (fam.). / (Express. pop.) Casser les pieds. Faire suer. *Fatigué de quelqu'un, de quelque chose.* Lassé. Dégoûté. Excédé. Saturé. Blasé. / En avoir par-dessus la tête (fam.).

FATIGANT. Lassant. Ennuyeux. Fastidieux. Assommant. Importun. Barbant (fam.). Rasant (fam.). Raseur (fam.).

faute

(du lat. pop. *fallita,* action de faillir; lat. class. *culpa*)

Manquement à une obligation morale. *Expier, réparer une faute.* Mauvaise action. Méfait. Crime. Forfait (littér.). Forfaiture. Trahison. Mensonge. / *Une faute insignifiante.* Peccadille. / *Commettre une faute.* Etre en défaut. Faillir. / *Faire une faute* (en parlant d'une femme ou d'une fille). Fauter. Se laisser séduire. Faire un faux pas. / Chute. Faiblesse. Défaillance. / *Avoir le regret de ses fautes.* Se repentir. Regretter. Venir à résipiscence. / *Retomber dans la même faute.* Récidiver. / Récidive.

FAUTIF. Coupable. / Culpabilité (état d'une personne coupable). / Culpabiliser (donner un sentiment de culpabilité). / Déculpabiliser.

Manquement à la morale religieuse. Péché. Péché mortel. Péché véniel. / Confesser, avouer ses fautes. Battre sa coulpe. / *Regret, repentir d'une faute.* Contrition. Attrition. / *Pardonner les fautes.* Absoudre. / Absolution.

Manquement à une obligation juridique. *Faute contractuelle, délictuelle.* Délit. Quasi-délit. / *Etre en faute.* Se mettre dans son tort. Enfreindre, transgresser, violer la loi. / Infraction. Contravention. / *Considérer comme coupable d'une faute.* Inculper. Inculpation. Inculpé. / Disculper. Innocenter. Blanchir. / Récidiver. Récidive. Récidiviste. Cheval de retour (fam.). / Complice.

Manquement aux règles d'une science, d'un art. *Faute de calcul, d'orthographe.* Erreur. Inexactitude. / *Faute de prononciation.* Pataquès. Cuir. Lapsus (linguae). / *Faute de grammaire. Faute de langage.* Incorrection. Barbarisme. Solécisme. Lapsus (calami, linguae). / *Faute dans une traduction.* Inexactitude. Impropriété. Faux sens. Contresens. Non-sens. / *Faute d'impression. Faute typographique.* Coquille (fam.). / *Liste des fautes.* Errata.

Degrés d'une faute. Légère, vénielle, excusable, pardonnable, réparable. / Grave, lourde, blâmable, énorme, inexcusable, irréparable, impardonnable, irrémissible.

Action due à l'imprudence, à la maladresse. *Faute de tactique.* Erreur. / *Faute de jugement.* Bévue. Maladresse. Imprudence. Gaffe (fam.). Impair. Bourde (fam.). / *Faute d'inattention.* Etourderie. Oubli. Omission.

Responsabilité d'une action. *Rejeter une faute sur quelqu'un. Imputer une faute à quelqu'un.* Rendre responsable. Accuser. Déclarer coupable. / Etre cause de. / *Par la faute de.* A cause de.

Le fait de manquer d'une chose. (Dans quelques expressions.) *Faute d'argent, de temps.* Par manque de. / *Faute de mieux.* A défaut de. / *Sans faute.* Immanquablement. Certainement. A coup sûr. / *Ne pas se faire faute de.* Ne pas s'abstenir de. Ne pas se priver de.

faux adj. et n.

(du lat. *falsus;* en gr. *pseudos*)

Contraire à la vérité. *Un faux renseignement. Un faux bruit.* Inventé. Controuvé. Inexact. Mensonger. Apocryphe. Imaginaire. / *Une fausse nouvelle.* Canard (fam.). / *Une idée fausse.* Chimérique. / *Un faux motif.* Mal fondé. Insoutenable. Irrecevable. Sans fondement. / *Distinguer le vrai d'avec le faux.* Erreur. Mensonge. Illusion. Fausseté. / *Accuser à faux.* Faussement. Injustement.

FAUSSETÉ. *Démontrer la fausseté d'une accusation, d'une nouvelle.* Inexactitude. Erreur.

FAUSSEMENT. Injustement. A tort.

FALSIFIER. *Falsifier un texte, la pensée de quelqu'un.* Déformer. Dénaturer. Fausser. Altérer. Travestir.

FAUSSER. *Fausser le sens d'un texte.* Interpréter faussement. Falsifier.

Non conforme à la réalité. *Un faux diamant. Un bijou faux.* Artificiel. / *Un objet faux.* Simili. Imitation. Toc. / *Une fausse barbe. De faux cheveux.* Factice. Postiche. / *De la fausse monnaie. Une fausse signature.* Falsifié.

FALSIFIER. *Falsifier de la monnaie, un document.* Contrefaire. Imiter. Démarquer. Truquer (fam.). Maquiller (fam.). / *Falsifier un produit.* Frelater.

FALSIFICATION. Contrefaçon. Imitation. Démarquage (fam.). Truquage (fam.).

FAUSSAIRE. Faux-monnayeur. Contrefacteur
Un faux nom. Supposé. D'emprunt. Pseudonyme. / *Une fausse date.* Antidate. Postdate. / *Une fausse vertu. Une fausse dévotion.* Simulé. Feint. Affecté. Factice. / *Une fausse joie. Un faux espoir.* Fallacieux. Illusoire. Fictif. Vain. Mal fondé. / *Un faux prophète.* Prétendu.
Suffixe *pseudo-*. Pseudo-savant.

Contraire à certaines règles, à la logique. *Une opération fausse. Un calcul faux.* Inexact. Erroné. / Un vers faux. / Une note fausse. / *Chanter faux.* Détonner. / *Un raisonnement faux.* Illogique. Absurde. Boiteux. / Sophisme. Paralogisme. / Avoir l'esprit, le jugement faux (être incapable de juger correctement).

Qui dissimule ses sentiments. *Un homme faux.* Fourbe. Sournois. Hypocrite. Menteur. / Comédien. Cabotin. / Un faux frère. Faux comme un jeton. Un faux jeton.
FAUSSETÉ. Hypocrisie. Fourberie. Mauvaise foi. Déloyauté. Faux-semblant.

faveur
(du lat. *favor*)

Disposition bienveillante. *Gagner la faveur de quelqu'un.* Bienveillance. Amitié. Aide. Appui. Protection. Préférence. Prédilection. / *Jouir de la faveur d'une personne.* Considération. Crédit. / Etre dans les bonnes grâces. Etre persona grata. Etre dans les petits papiers (fam.). / *Perte de la faveur.* Disgrâce. Défaveur. Discrédit. Décri. / *Obtenir la faveur du public.* Popularité. / *Etre en faveur* (en parlant d'une mode, d'un usage). Vogue.

Marque de bienveillance, de préférence. *Solliciter, demander une faveur. Accorder une faveur.* Grâce. Permission. Autorisation. Dispense. Exemption. Privilège. Distinction honorifique. / *Tour de faveur.* Passe-droit. / *Combler de faveurs.* Bienfaits. Avantages. Prérogatives. / *Faveurs d'une femme.* Marques d'amour. Complaisance. / *Accorder ses faveurs* (en parlant d'une femme). Se donner.
FAVORITISME. Prédilection. Népotisme (privilèges accordés à sa famille par un grand personnage). Partialité. Préférence.
FAVORISER (agir en faveur de quelqu'un ou de quelque chose). Aider. Soutenir. Protéger. Apporter son aide, son soutien. Avantager. / Privilégier. Se montrer partial. Avoir un faible pour. Préférer. Chouchouter (fam.). Gâter. Bien traiter. Choyer.
DÉFAVORISER. Désavantager (v. AVANTAGE).
FAVORI. Préféré. Protégé. Gâté. Chouchou (fam.). / Favorite (maîtresse d'un roi). / Mignon (favori du roi Henri III).
FAVORABLE. (En parlant d'une personne.) Bienveillant. Compréhensif. Indulgent. / (En parlant d'une chose.) Propice. Opportun. Avantageux. Bon. / *Etat le plus favorable pour obtenir un résultat.* Optimum.
DÉFAVORABLE. (En parlant de quelqu'un.) *Opposé* (v. ce mot). / (En parlant de quelque chose.) *Contraire* (v. ce mot).
FAVORABLEMENT. *Accueillir favorablement une demande.* Agréer.

fécond
(du lat. *fecundus*)

Qui est capable de reproduire. *Une femelle très féconde.* Prolifique.
FÉCONDATION. Reproduction. Génération. Conception. / Féconder.
FÉCONDITÉ. Prolificité.

Qui produit beaucoup. *Un auteur fécond.* Inventif. Créateur. Inépuisable. / *Etre fécond.* Publier. Ecrire. Pondre (fam.). / *Travail fécond.* Fructueux. Productif.
FÉCONDITÉ. Production. Productivité.

féliciter
(du bas lat. *felicitare,* rendre heureux)

Témoigner à une personne que l'on prend part à sa joie. *Féliciter quelqu'un pour un succès, un mariage.* Complimenter. Congratuler.
FÉLICITATIONS. Compliments. Congratulations.

Se féliciter. S'estimer heureux. Se réjouir. Se louer. S'applaudir.

Adresser des compliments à quelqu'un. *Féliciter quelqu'un pour son travail, sa conduite.* Complimenter. Louer. Applaudir. Couvrir de louanges, d'éloges.
FÉLICITATIONS. Eloges. Compliments.

femelle
(du lat. *femella,* petite femme)

Animal du sexe apte à être fécondé. La femelle et le mâle. / *Nom donné à la femelle de certaines espèces d'animaux.* Biche. Brebis. Cane. Hase. Guenon. Jument. Laie. Truie. Vache. / Femelle en rut, en chaleur.
Accouplement de la femelle et du mâle. Copulation. Reproduction (v. ce mot). / Fécondation (fusion d'un gamète mâle et d'un gamète (femelle). / Fécondation,

insémination artificielle. / Mettre bas. Faire des petits (fam.). / Mise bas. Parturition.

femme
(du lat. *femina; en gr. gunê*)

Être humain du sexe féminin. *Etapes de la vie d'une femme.* Enfance. Fillette. Fille. Jeune fille. Age nubile Vieille fille. / Fiancée. Epouse. Mère. Maman. Mère célibataire.

Caractères physiologiques. Formation. Puberté. Règles. Menstruation. Menstrues. Ovulation. / Devenir femme. Concevoir. / Conception. Femme enceinte. Grossesse. Gestation. Porter son enfant dans son sein. / Maternité. Faire ses couches. Accoucher. Enfanter. Mettre au monde. Donner le jour à. / Allaiter. Donner le sein. / Femme féconde. Femme stérile. / Age critique. Ménopause.
Beauté de la femme. Charme. Chic. Elégance. Grâce. Distinction. Eclat. Séduction. Attrait. Appas (littér.). Vénusté. Sex-appeal. Chien (pop.).

Compagne de l'homme. Epouse. Amie. Maîtresse. Concubine. / (Termes fam. ou pop.) Bobonne. Pépée. Souris. Nana. Gonzesse. / *Courir les femmes.* Courailler (fam). Coureur. / *Avoir des relations avec une femme.* Copuler (fam.). Coïter (fam.). / Accorder ses faveurs. Se donner. / *Posséder, avoir* (fam.) *une femme.* Obtenir ses faveurs. Connaître (style biblique). / Fornication (relations sexuelles entre des personnes non mariées). Forniquer.

Types de femmes. Une blonde. Une brune. Une brunette. Une rousse. / Une femme agréable, plaisante, accorte, gracieuse, distinguée, chic, élégante. / *Une belle femme.* Une femme belle comme une déesse, comme une nymphe. Une femme d'une beauté éclatante. / *Une femme bien faite.* (Express. pop.) Bien bâtie, bien balancée, bien roulée. Une pin-up. / *Une femme forte, corpulente, plantureuse.* Gaillarde. / *Une femme d'allure masculine, autoritaire.* Gendarme. Dragon. Hommasse. Virago.
Une femme laide. Laideron. Mocheté (pop.). / *Une femme grande et maigre.* Sauterelle (fam.). Grande bringue (pop.). Planche à pain. / *Une femme malpropre et désagréable.* Souillon. Maritorne. / *Une femme acariâtre, hargneuse, méchante.* Chipie. Harpie. Furie. Mégère. Garce (fam.). Vipère (fam.).
Une femme caressante, câline. Chatte. / *Une femme jalouse, féroce.* Tigresse. Panthère. Hyène. / *Une femme aguicheuse, provocante, facile.* Allumeuse. Coureuse. Gourgandine. Grisette (vx). Lorette (vx). / *Une femme de mauvaise vie, de petite vertu. Femme vénale.* Prostituée. Cocotte (fam.). Catin (fam.). Putain (pop.). Courtisane (littér.). Hétaïre (littér.). Péripatéticienne. Respectueuse.
Une maîtresse femme. Une femme de tête. / *Une femme sotte.* Dinde. Bécasse. Oie. / *Une femme sotte et prétentieuse.* Pécore. Pimbêche. Péronnelle. / *Une femme affectée et prude.* Mijaurée. Bégueule. Sainte-nitouche. / *Femme bavarde.* Pie. Caillette.

Condition sociale et professionnelle. Maîtresse de maison. Mère de famille. Ménagère. / *Femme qui travaille dans un bureau.* Secrétaire. Dactylo. Sténodactylo. / *Employée de commerce.* Vendeuse. Caissière. Facturière. Mécanographe. / *Employée dans une maison de couture* (v. VÊTEMENT). / Employée de maison. / *Femme qui travaille dans une usine, un atelier, à la campagne.* Ouvrière. Paysanne. / *Femme de lettres.* Auteur. Ecrivain. Bas-bleu. / Professeur. Docteur (femme médecin). Institutrice. Avocate. / Actrice. Artiste. Comédienne. Vedette.

Titres de femmes. Madame. Mademoiselle. / Reine. Impératrice. Princesse. Duchesse. Marquise. Comtesse. Vicomtesse. Baronne. / Amirale. Maréchale. Générale. / Préfète. Sous-préfète.

Relatif aux femmes. Féminisme. Féministe. Féminité. Féminiser. Efféminer. Efféminé. / Monogamie. Polygamie. / Gynécée (appartement des femmes chez les Grecs). / Harem. Sérail (chez les musulmans). Odalisque (femme d'un harem). / Gynécologie (médecine de la femme). Gynécologue. / Gynécocratie (gouvernement des femmes). / Misogyne (qui méprise ou déteste les femmes).

fenêtre
(du lat. *fenestra*)

Ouverture faite dans un mur pour laisser pénétrer l'air et la lumière; cadre muni de vitres servant à fermer cette ouverture. Fenêtre haute, basse. Fenêtre carrée, rectangulaire, ronde, ovale.

Diverses sortes de fenêtre. Fenêtre à un battant, à deux battants. / Fenêtre à croisée. Fenêtre à guillotine, à soufflet, en accordéon. / Fenêtre glissante, basculante, pivotante. Fenêtre à la canadienne, à la française, à l'italienne (à plusieurs châssis s'ouvrant par rotation autour d'un axe). Une fenêtre gisante ou mezzanine (plus large que haute). Fenêtre dormante (qui ne s'ouvre pas). / Imposte (partie vitrée au-dessus d'une fenêtre). / *Petite fenêtre dans un toit.* Lucarne. Œil-de-bœuf. Tabatière. / Vasistas (petit vantail mobile dans une fenêtre).

Maçonnerie. *Partie inférieure.* Mur d'appui ou appui. Allège (au-dessous de l'appui). / *Partie supérieure.* Linteau. Plate-bande. Traverse. Sommier. / *Parties latérales.* Jambage. Pied-droit. Dosseret. / Tableau (parement de l'épaisseur du mur). Ebrasement (partie biaise du mur). Enseuillement (hauteur de l'appui). / Baie. Trumeau (partie de mur entre deux fenêtres). Embrasure.
Balcon. Garde-fou. Moucharabieh (balcon formant avant-corps devant une fenêtre). Balustrade. Barre d'appui.

Menuiserie. Cadre. Châssis dormant. Abattant. Battant. Vantail. Battement. / Chambranle. Montant. Coulisse. Croisillon. Traverse dormante. Petit-bois. Meneau. Feuillure (entaille dans les montants). / Jet d'eau. Reverseau.

Ferronnerie. Crémone. Espagnolette. Crochet. Lasseret (piton dans lequel tourne l'espagnolette). Panneton. Targette. Crampon. / Penture. Paumelle. / Fiche. Broche. Charnière. / Tourniquet. Birloir.

Protection. Contrevent. Volet. Jalousie. Persienne. Rideau métallique, de lattes de bois, en bois articulé. Store. / Grille. Barreaux. Grillage. Treillage. / Calfeutrage. Bourrelet. Joint métallique.

Garniture. Carreau. Vitre. Vitrail. / Rideaux. Double rideau. Brise-bise. Vitrage. / Embrasses. Porte-embrasses. Cantonnière. / Tringles. Potences. Cordons de tirage.

Relatif à la fenêtre. Fenestrage ou fenêtrage (disposition des fenêtres). / Condamner. Boucher. Aveugler. Fenêtre aveugle. / Pratiquer. Percer. / Jour. Vue. Vue de côté. Boucher les vues. / Défenestration (action de jeter par la fenêtre). Défenestrer.

fente

(du lat. pop. *findita,* de *findere,* fendre)

Ouverture étroite en long. *Fente à la surface d'un corps.* Coupure. Cassure. Brisure. Déchirure. Fissure. Strie. Crevasse. Sillon. / Solution de continuité. / *Fente dans les chairs.* Coupure. Incision. Entaille. Estafilade. Gerçure. Crevasse. / Rhagade (fente aux commissures des lèvres). / *Fente dans un mur.* Lézarde. Fissure. / *Fente causée par le gel, la sécheresse* (dans le bois, les pierres). Gélivure. Gerce. / Etonnement (fente dans un diamant). / Déhiscence (ouverture, en botanique). Fruit déhiscent. / Grigne (fente dans un pain). / Boutonnière.
Boucher les fentes d'une porte, d'une fenêtre. Calfeutrer. / *Boucher les fentes d'un plancher, d'un bateau.* Calfater (avec du brai, du goudron).
FENDRE. Couper. Inciser. Diviser. Séparer. Déchirer. / Bois de refend (scié en long). Eclisse. / *Outils pour fendre le bois.* Hache. Merlin. Coins (en bois, en fer).
Se fendre. S'ouvrir. S'entrouvrir. S'écarter. Se déchirer. Se disjoindre. Se crevasser. Se lézarder. Se fissurer.

Fente superficielle. *Fente légère dans un objet cassant.* Fêlure. Craquelure. Fendillement. Fêlure en étoile. / Porcelaine truitée.
Se fendre. Se fêler. Se craqueler. Se fendiller. S'étoiler.

Fendre en épaisseur. *Fendre de l'ardoise.* Cliver. Déliter. / Fendage. Clivage. Délitage. Délitement. Délitation. / S'exfolier (se détacher par lamelles). S'écailler. / Exfoliation. / Roche schisteuse (mica, ardoise, phyllade). Strate (couche géologique). Roche stratifiée. Stratification. / Fissile (qui peut se fendre).

fer

(du lat. *ferrum ;* en gr. *sidêros*)

Métal d'un gris bleuâtre, le plus important pour son utilisation industrielle. *Minerais de fer.* Hématite rouge, fer oligiste ou ferret. Hématite brune ou minette. Magnétite. Sidérose ou fer spathique.
Composés ferreux (valence 2) et ferriques (valence 3). / Composés à préfixe *ferro-* (fer bivalent) et à préfixe *ferri-* (fer trivalent).

Métallurgie du fer. Sidérurgie. Sidérurgiste. Maître de forges. / Aciérie. Aciériste. Aciérage. Aciérer. / Fonderie. / Laminoir, laminage. / Tréfilerie. Tréfilage (v. MÉTALLURGIE).

Fonte (fer brut cassant; plus de 2,5 p. 100 de carbone). / Fonte aciérée, d'affinage, de moulage. Fonte blanche, grise, malléable, phosphoreuse, trempée.

Sortes de fer. Fer Armco (très pur). Fer battu (laminé par martelage). Fer-blanc. Fer doux. Fer électrolytique.

Fer coulé, fondu (obtenu par fusion). Fer forgé. / Fer galvanisé (revêtu de zinc). / Fer carbonyle. Fer réduit (obtenu en poudre, par réduction d'oxydes). Fer fritté. / Ferro-alliage (avec addition d'autres métaux). Ferro-aluminium, ferrochrome, ferromanganèse.

Acier (fer à moins de 1,8 p. 100 de carbone ; dur et malléable). / Structure à ferrite, perlite, cémentite, austénite, martensite, sorbite. / Acier à aimant. Acier allié ou spécial (additionné d'autres métaux). Acier Bessemer, Thomas, Martin (obtenu avec ces convertisseurs, ou fours). Acier maraging. Acier L D (Linz-Dusenstrahlen). Acier de construction. Acier à coupe rapide ou acier rapide ou à outil (pour les machines-outils). Acier inoxydable. Acier réfractaire. / Aciers extra-doux (moins de 0,15 p. 100 de carbone), doux (0,15 à 0,25 p. 100), demi-doux (0,25 à 0,40 p. 100), demi-dur (0,40 à 0,60 p. 100), dur (0,60 à 0,70 p. 100) et extra-dur (plus de 0,80 p. 100).

Produits. Lingot. Gueuse (lingot de fonte). Brame (ébauche d'acier pour la fabrication de la tôle). Billette (lingot d'acier laminé). Barre. / Profilés en U, en T, en double T. Cornière. Palplanche. / Fer plat, rond, carré. / Laminé. Tôle. / Fil de fer. / Paille de fer (copeaux).

Relatif au fer. Ferblanterie. Ferblantier. / Ferrage. Ferrer. / Ferraillage (armature pour béton). Ferrailler. Ferrailleur. / Ferraille. Ferratier ou ferrailleur (marchand de ferraille). / Ferré. Ferrement. Ferronnerie. Ferronnier. Ferrugineux. Ferrure. / Rouille. / Quincaillerie. Quincaillier.
Fer (outil coupant). / Fer à cheval. Fer à dorer. Fer à repasser. / Age du fer.

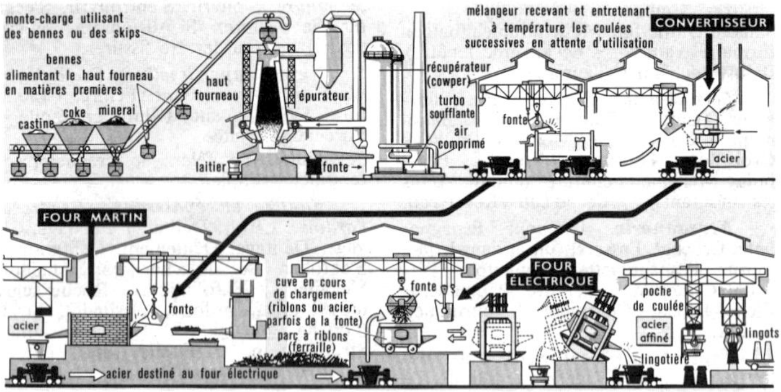

ferme adj. et adv.
(du lat. *firmus*)

Qui a de la consistance. *Une chair ferme. Un sol ferme.* Dur. Consistant. Résistant.

FERMETÉ. Dureté. Consistance.
AFFERMIR (rendre plus ferme). Raffermir.
FERMEMENT. Avec force. Vigoureusement.

Qui a de l'assurance. *Un pas ferme.* Assuré. Décidé. / Etre ferme sur les arçons, sur les étriers. Bien en selle. / *Une main ferme.* Solide. Vigoureux.

FERMETÉ. Assurance. Aplomb. Sûreté.

Qui fait preuve de courage. *Etre ferme dans le danger.* Courageux. Intrépide. Imperturbable. Inébranlable. Impassible. Impavide. Stoïque. / Maître de soi. Ferme comme un roc. / *Tenir ferme.* Tenir bon. Résister. Ne pas broncher. / *De pied ferme.* Courageusement. Hardiment. Résolument.

FERMEMENT. Courageusement. Imperturbablement. Stoïquement.
FERMETÉ. Courage. Intrépidité. Calme. Impassibilité. Cran. Résistance. Sang-froid. Force d'âme.

Qui fait preuve d'autorité, de résolution. *Etre ferme avec quelqu'un.* Energique. Inflexible. Résolu. Intransigeant. Décidé. Tenace.

FERMETÉ. Energie. Ténacité. Intransigeance. Inflexibilité. Autorité. Rigueur. Poigne (fam.).

ferme n.

Exploitation agricole. *Une grande ferme.* Domaine. / Métairie (ferme exploitée selon le système du métayage). Closerie ou borderie (petite métairie). Mas (ferme provençale). / *Ferme américaine.* Ranch. / Fazenda. Hacienda (Amérique du Sud). / Ferme modèle. Ferme école. / Fermette (petite ferme aménagée en maison de campagne). / Sovkoze (en U.R.S.S., ferme-pilote appartenant à l'Etat). Kolkoze (ferme collective). / Kibboutz (ferme collective en Israël).

FERMIER. Métayer. Exploitant. Cultivateur.

Locaux d'habitation. Chambres. Salle commune. Salle. Cuisine. / Salle d'eau. Buanderie. / Grenier. Cave. Cellier. Bûcher.

Locaux d'exploitation. *Logement des animaux.* Etable. Bouverie. Vacherie. / Bergerie. / Porcherie. Toit à porcs. Soue (dialectal). / Ecurie. / Basse-cour.
Disposition intérieure. Etable à un rang. Etable à deux rangs tête au mur. Etable à deux rangs tête à tête. / Stalle. Séparation. Bat-flanc. / Couloir d'alimentation. Passage. Rigole.
Tenue de l'étable. Vacher. Berger. / Etabler. Etablage (rétribution). / Stabulation (séjour à l'étable). / Grenier à foin. Fenil. Abat-foin. Fourrage. / Litière. Fumier. / Panser. Soigner. Nourrir.

Hygiène du logement des animaux. Emplacement et orientation. Sol. Sous-sol. Aération et ventilation. Eclairement. / Aménagement intérieur. Mangeoire. Crèche. Râtelier. Auge. Couloirs de service, d'alimentation. / Rigole à purin.
Fumière. Aire à fumier. Fosse à purin.

Locaux annexes. Salle de préparation des aliments du bétail. Laiterie. Grange. / Local de stockage des pommes de terre, des betteraves. / Grenier à grains. Silos à grains. Silos à fourrages verts, à pulpes. Silo-fosse. Silo-cuve. Silo-tour.

Locaux pour véhicules. Remise. Charretterie. Garage. Stockage des carburants. Hangar à matériel. Atelier.

Fermage. Statut du fermage. Baux ruraux. / Propriétaire. Bailleur. / Location. Locataire. Preneur. / Prix du fermage. Durée du bail. / Droit de renouvellement. Droit de préemption. / Métayage (partage des fruits et des récoltes avec le propriétaire). / Bail à fermage. Bail à métayage. Bail à colonage-partiaire. Bail à cheptel.

fermer
(du lat. *firmare*, rendre ferme)

Empêcher le passage par une ouverture. *Fermer une porte.* Clore (littér.). / *Fermer solidement.* Barricader. / *Fermer avec un cadenas, un verrou.* Cadenasser. Verrouiller. / Fermer à clef. Fermer à double tour. / *Fermer une école, une faculté.* Suspendre les cours. / *Fermer un théâtre.* Suspendre les représentations. / *Mettre, tenir dans un lieu fermé.* Enfermer.

FERMETURE (action de fermer). *Fermeture d'un magasin.* Cessation d'activité. / *Fermeture d'une porte.* Serrure. Clef. Verrou. Loquet. Cadenas. Barre (vx).

Rapprocher les parties d'un organe, les éléments d'un objet. *Fermer les yeux, les paupières.* Ciller. Cligner. / *Fermer la main, les doigts, les jambes.* Serrer. / *Fermer la bouche à quelqu'un.* Bâillonner. Faire taire.
Fermer une lettre. Cacheter. Sceller. / *Fermer une malle, une valise.* Boucler. / *Fermer un vêtement.* Boutonner. Agrafer.

Ce qui sert à fermer. Fermoir. Fermail. / Agrafe. Fibule. / Fermeture à glissière. / Fermeture hermétique (aussi étanche que possible).

Empêcher l'accès d'un lieu, à une situation. *Fermer une route.* Barrer. Boucher. / *Fermer définitivement une porte, une ouverture.* Condamner. Murer. / *Fermer une carrière à quelqu'un.* Rendre inaccessible.

FERMÉ. Milieu fermé (où l'on pénètre difficilement). / *Visage fermé.* Peu communicatif. / *Etre fermé à quelque chose.* Inaccessible à. Insensible à. Rebelle à.

fertile
(du lat. *fertilis*)

Qui produit beaucoup. *Sol fertile.* Productif. Fécond (littér.). Terre riche, excellente. Bon terrain. Sol généreux. Pays de cocagne.
Etre fertile. Produire. Rapporter. Donner en abondance, à profusion.

FERTILITÉ. Fécondité. Richesse. Productivité.

FERTILISER. Engraisser. Fumer. Amender.

FERTILISATION. Amendement. Chaulage. Plâtrage. Marnage.
FERTILISANT. Engrais animal, végétal, chimique.

Qui abonde en quelque chose. *Imagination, esprit fertile. Homme fertile en expédients.* Ingénieux. Inventif. Subtil. Industrieux (littér.). Habile. Adroit.

fête

(du lat. [*dies*] *festa,* [jour de] fête)

Fêtes publiques. Réjouissances publiques. / *Fête patronale. Fête de village.* Assemblée. Ducasse. Frairie. Vogue. Redoute. / *Fête de charité.* Kermesse. / *Fête foraine.* Foire. Carnaval. / *Fête sportive.* Courses. Régates. Fantasia. Fête aérienne. / *Fête folklorique.* Danses. / Festival. Représentation théâtrale. Gala. Festivités.
Fête nationale (14 juillet). Fête légale. Fête du Travail (1er mai), de la Victoire (1945), de Jeanne d'Arc, de l'Armistice (1918), des Mères. / Jour chômé.

Fêtes particulières. Anniversaire de naissance. Baptême. Communion. Mariage. Noces d'argent (V. MARIAGE). / Saint patron. / Réunion. Réception. Bal. Soirée. Garden-party. Banquet. / *Faire la fête.* Festoyer. / Compliments. Cadeaux.

Fêtes religieuses. *Chrétiennes :* Noël. Pâques. Ascension. Pentecôte. Assomption. Toussaint. / Fêtes fixes. Fêtes mobiles. / Pèlerinage. Pardon. / Fêtes juives (V. JUDAÏSME). Fêtes musulmanes (V. ISLAMISME).

Célébration. *Célébrer une fête.* Fêter. / Célébration solennelle. Solennité. / Cérémonie. Commémoration. / Comité des fêtes. Programme. / Pavoiser. Drapeaux. Oriflammes. Guirlandes. / Illuminer. Illuminations. Projections lumineuses. Fontaines lumineuses. Grandes eaux. Feu de joie. Feu d'artifice. Son et lumière. / Musique. Orchestre. Fanfare. Concerts. / Défilé de chars, de cavaliers. Cavalcade. Corso fleuri. Majorettes. / Salves. Ovations. Danses. Bals. Mascarades. Retraite aux flambeaux. / Prendre part, figurer à une fête. S'amuser. / Serpentins. Confettis. / Manèges. Balançoires, etc.

feu

(du lat. *focus ;* en gr. *pur, puros*)

Dégagement de chaleur et de lumière produit par la combustion d'un corps. Production du feu par frottement, percussion. / *Prendre feu.* Brûler. S'enflammer. Flamber.

Allumage et entretien. *Allumer un feu.* Allume-feu. Allumette. Briquet. Copeaux. Fagot. Margottin. / *Entretenir le feu.* Attiser. Tisonner. Souffler. Fourgonner. / Attisoir. Tisonnier. Soufflet. Fourgon. Pelle. Pincettes. Râble.

Combustibles. V. BRÛLER.

Appareils à feu. Fourneau. Poêle. Calorifère. Cheminée. Chaufferette. Bassinoire. Réchaud. Brasero. / Phare. Fanal. Balise. Feu de signalisation. Signal lumineux (V. SIGNAL). / Lampe. Flambeau. Torche (V. ÉCLAIRAGE).

Entretien, réparation d'un appareil de chauffage. Fumisterie. Fumiste. / Tirer. Tirage. Régler le tirage. / Ventilateur. Ejecteur. / Appareil fumivore.

Effets du feu. Brûlure. / Combustion. Ignition. Calcination. / Calciner. Brûler. Réduire en cendres. / Embraser. Embrasement. Enflammer. Inflammable. Inflammabilité. Ininflammable. Ignifuge (qui rend ininflammable). Ignifuger. Ignifugeage. Ignifugation. / Jaillissement. Grisou. Détonation. Explosion. / *Grand feu qui se propage en causant des dégâts.* Incendie. Sinistre. / Incendiaire. Pyromane. / *Mettre le feu à quelque chose.* Faire brûler. / Consumer. Ravager. Dévorer.

Aspects du feu. Flamme. Tourbillon de flammes. Jet de flamme. / Feu vif. Flambée. Flamboiement. / Grand feu. Fournaise. Brasier. / Flammèche. Bluette. Etincelle. Flammerole. / Tison. Fumeron. Braise. Cendres. / Lumière. Lueur. Scintillement. / Fumée. Flamber. Flamboyer. Briller. Etre ardent. Scintiller. Luire. / Pétiller. Crépiter. / Couver.

Emplois du feu. Chauffer. Se chauffer. Chauffage. / Chauffer à blanc, au rouge. / Incinérer. Incinération. Four crématoire. / Flamber. Flambage. / Brûler. / Brûlage. / Cuire. Saisir. Rôtir. Torréfier. / Cautériser. Cautère. Pointes de feu. / Feu de camp. Feu de joie. Feu de la Saint-Jean. Feu grégeois. Autodafé. / *Arts du feu.* Ferronnerie. Verrerie. Emaux. Céramique. Pyrogravure.
Eclairer. Illuminer. / Eclairage. / Feux réglant la circulation. Feux d'un véhicule, d'un bateau, d'un avion.

Extinction du feu. V. ÉTEINDRE.

Sciences et croyances. Pyrométrie. Pyromètre. Pyrotechnie. Pyrogenèse. / Calorie. Thermie. / Calorique.
Adorateur du feu. Pyrolâtre. Pyrolâtrie. / Azer (feu adoré des mages). Guèbres. Parsis. Mazdéisme. / Vesta. Mithra. Vulcain. Cyclopes. Prométhée. / Salamandre.

/ Enfer. Flammes éternelles. / Pyromancie.

Locutions diverses. A petit feu (tout doucement). Etre entre deux feux (entre deux menaces). Tout feu tout flamme (plein d'ardeur). Faire feu de tout bois (user de tous moyens). Faire long feu (échouer). Ne pas faire long feu (ne pas durer longtemps). Feu de paille (chose de peu de durée). Jouer avec le feu (être imprudent). Mettre à feu et à sang (saccager). Mettre le feu aux poudres (déclencher une catastrophe, des sentiments violents). Jeter de l'huile sur le feu (aviver, attiser une querelle). Donner le feu vert (toute liberté d'action). Péter le feu (fam.) [être plein d'ardeur]. Avoir le feu au derrière (pop.) [être pressé].

feuille

(lat. *folium ;* en gr. *phullon*)

Organe végétal fixé sur la tige par un pétiole. ***Développement, évolution des feuilles.*** Feuillaison. Verdir. Verdoyer. Pousser. Pousse des feuilles. S'épanouir. / Touffu. Feuillu. / Plante follipare. / Feuilles persistantes, caduques.
Chute des feuilles. Défeuillaison. Défoliation. S'effeuiller. Se défeuiller. Se dépouiller. Arbre dépouillé, dénudé. Défoliant.
Maladies des feuilles : Frisolée. Cloque. Galle. Jaunisse. Mosaïque. Blanc. / Phylloxéra.

Éléments des feuilles. Aisselle (angle du pétiole avec la tige). Carde ou côte (nervure comestible). Chlorophylle. Cuticule. Digitation (découpure du bord). Duvet. Epiderme. Face interne, externe. Gaine. Ligule. Limbe ou lame. Lobe. Nervure. Nœud. Parenchyme. Pétiole ou queue. Pétiolule (de foliole). Rachis (nervure principale). Sinus. Stipule. Stomate. Veines et veinules (nervures secondaires). Vrilles.
Feuille simple. Feuille composée. / Bouton. Bourgeon. Bractée. Foliole. Follicule.

Disposition des feuilles. Foliation. Phyllotaxie. / Plante anisophylle (qui a des feuilles inégales), aphylle (sans feuilles). / Feuilles solitaires, géminées, alternes ou éparses, amplexicaules, cornées, opposées, verticillées, chevauchantes, confluentes, engainantes, englobées, conniventes, perfoliées, sessiles (sans pétiole), décurrentes, fasciculées, imbriquées, radicales, terminales, etc.
Nutation (orientation selon la lumière).

Aspect et forme des feuilles. Acéreuse (pin). Acuminée. Auriculée. Bifide. Charnue. Ciliée. Circinée. Convolutée. Cordiforme (tilleul). Crénelée. Crépue (mauve). Cunéiforme. Cuspidée. Dentée ou (plus souvent) dentelée (châtaignier). Digitée (marronnier). Enervée. Ensiforme ou gladiée (iris). Entière. Epineuse (houx). Hastée. Involutée. Laciniée. Lancéolée. Ligulée. Linéaire. Lobée. Multifide. Palmatinervée. Palmilobée (érable). Palmiséquée (fraisier). Palmée. Palmifide (ricin). Panachée. Parallélinervée. Pédalée. Pennatilobée (chélidoine). Pennatiséquée (cresson). Peltée (capucine). Pennée ou pinnée (robinier). Penninervée (charme). Pétiolée. Sagittée (sagittaire). Sinuée (chêne). Stimuleuse (ortie). Stipulée. Tridentée. Trinervée. Uninervée. Vaginante. Vrillée, etc. (Voir illustration à l'article BOTANIQUE.)

Morceau mince et plat d'une matière quelconque. Feuille de papier, de carton, de métal. / *Endroit, envers d'une feuille de papier.* Recto. Verso. / *Assemblage de feuilles de papier.* Cahier. Bloc. Livre.

Relatif aux feuilles. Feuillage. Phylloïde. Folié. Foliacé. / S'exfolier. Exfoliation. / Feuilletage. Feuilelté. / Effeuiller. Effaner. Erusser (effeuiller les pousses des arbres). Ecôter. / Phyllophage. / Phyllanthus / Frondaison. Ramée (vx). Treille. Charmille. Tonnelle.
Feuilles ornementales. Arabesques. Moresques. Rinceaux. Festons. Guirlandes. Palmes. Feuilles d'acanthe, de laurier, de chêne.

fidèle

(du lat. *fidelis,* de *fides,* foi, confiance)

Qui remplit ses engagements. *Fidèle à* (ou envers) *quelqu'un.* Loyal. Dévoué. / *Etre fidèle à sa parole.* Tenir ses promesses. Faire face à ses engagements. / Homme de parole. / *Serviteur fidèle* (vx). Honnête. Scrupuleux.
FIDÉLITÉ. Loyalisme. Dévouement. Probité. / Bonne foi. Foi jurée. Confiance.

Qui manifeste un attachement constant. *Ami fidèle.* Sûr. Sincère. Vrai. / Mari, femme fidèle (qui ne trompe pas). / *Amitié fidèle.* Solide. Durable.
FIDÉLITÉ. Attachement. Constance. / Chasteté conjugale.

Conforme à un modèle, à la vérité. *Copie fidèle.* Conforme. / *Récit, compte rendu fidèle.* Exact. Vrai. Authentique. Sincère. / *Souvenir fidèle.* Durable. / Mémoire fidèle (qui retient avec exactitude).
FIDÉLITÉ. Exactitude. Véracité. Authenticité.

FIDÈLEMENT. Exactement. Scrupuleusement.

fier

(du lat. *ferus*, sauvage)

Se dit de quelqu'un qui laisse voir par son attitude qu'il se croit supérieur aux autres. Hautain. Dédaigneux. Prétentieux. Arrogant. Distant. Méprisant. Suffisant. Fier comme Artaban. / Fiérot. Fat. Faraud.
Faire le fier. Prendre de grands airs. Regarder de haut. Prendre un air conquérant. Faire l'important. Faire le faraud. Pontifier. Se pavaner. Se rengorger. Se faire remarquer. Faire des embarras (fam.). Crâner (fam.). Faire de l'esbroufe, de l'épate (fam.).
FIERTÉ. Prétention. Orgueil. Suffisance. Hauteur. Dédain. Arrogance.

Qui montre de la satisfaction. *Fier de ses succès, de sa force. Fier de quelqu'un.* Content. Satisfait. Heureux. / *Se montrer fier.* Eprouver de la joie. Se réjouir. S'enorgueillir.
FIERTÉ. *Une juste fierté.* Contentement. Satisfaction.

Qui a le sentiment de sa dignité (littér.). *Trop fier pour* (et un inf.). Digne. Noble.
FIERTÉ. Amour-propre. Dignité.
FIÈREMENT. Dignement. Bravement. Courageusement.

fièvre

(du lat. *febris ;* en gr. *puretos*)

État maladif caractérisé par l'élévation de la température du corps. *Un accès, une poussée de fièvre. Avoir de la fièvre.* Température (fam.). Hyperthermie. / Brûler, bouillir de fièvre. Feu de la fièvre. / Trembler, grelotter, frissonner de fièvre. / Sueur. Cauchemar. Délire.
FIÉVREUX (qui a de la fièvre). *Etat fiévreux.* Fébrile. / Pouls fébrile. Pouls accéléré.

Sortes de fièvres. Fièvre aiguë. Fièvre intermittente, récurrente, oscillante, ondulante. / Fièvre chronique. / *Médicament contre la fièvre.* Fébrifuge. Antipyrétique. Antithermique.

Maladies fébriles. Fièvres éruptives. Scarlatine. Rougeole. Rubéole. Variole. Varicelle. / Fièvre puerpérale. Fièvre de lait. / Fièvre typhoïde. / Fièvre jaune. / Fièvre paludéenne. Malaria. Paludisme. Les fièvres (fam.). / Fièvre de Malte, ou brucellose.

Vive agitation. *Discuter avec fièvre.* Ardeur. Chaleur. Agitation. Excitation. Fébrilité. Surexcitation. Tension. Exaltation. Enervement. Frénésie.
FÉBRILE. Agité. Nerveux. Impatient. Excité. Surexcité.
FIÉVREUSEMENT. Fébrilement.

fil

(du lat. *filum*)

Fibre continue ou assemblage tors de fibres ou de brins. *Fibre textile naturelle.* Abaca (dit « chanvre de Manille »). Agave. Aloès. Chanvre. Coton. Jute. Laine. Lin. Phormium. Ramie. Raphia. Sisal. Soie. / Amiante (fibre minérale).
Fibre artificielle. V. TISSU.

Filature. Ouverture des balles. / Préparation des fibres. Démêlage. Epuration. Nappe de fibres. Mise en ruban. Régularisation du ruban. Affinage du ruban. Doublage (union de plusieurs rubans). Mèche (ruban faiblement tordu). Filage (torsion de la mèche). Bobinage. Dévidage. / Apprêt. Vaporisage.

Préparation du chanvre et du lin. Rouissage (macération). Rouissoir (lieu). Rouir. / Broyage. Broyeuse. Teillage (séparation des fibres). Teilleuse.
Carder. Peigner. Etirer. Retordre. Rouir. Teiller. / Filer. Bobiner. Dévider. / Fileur. Filetier. Cardeur. Bobineur.

Machines pour filatures. Chargeuse ou brise-balles. Ouvreuse (ouvre la fibre brute). Batteur (épure et assouplit). Carde. Peigneuse (peigne et fait le doublage). Banc d'étirage. Etireuse (amincit le ruban). Banc à broches. Broche (tord le ruban). Bobine. Continu à filer ou métier à filer (torsion finale). / Filature manuelle. Quenouille. Quenouillée. Rouet.

Sortes de fils. Brin (fil simple). Fil (plusieurs brins). / Fil câblé (à brins retors retordus). Fil continu (brins non coupés), discontinu (à fibres courtes). Fil plat ou mouliné (2 ou 3 brins peu tors). Fil retors (plusieurs fils retordus ensemble). / Filé (fil pour le tissage). Fil de chaîne (très tordu), de trame (floche ou peu tordu). / Fil gazé (dont on a brûlé le duvet), mercerisé (rendu brillant), écru (sans teinture). / Fil jaspé, vergé (bariolé). / Fil bobiné. Fil dévidé (en écheveau). / Numéro (longueur en kilomètres de un kilo de fil). Tex (poids en grammes de 1 000 m de fil).

Relatif au fil. Chanvrier (relatif au chanvre). Etoupe. Fibreux. Filage. Filament. Filamenteux. Filasse. / Chènevière. Chènevis. Chènevotte. / Linier (relatif au lin).

Fils métalliques. Tréfilage. Tréfilerie. Tirage ou tirerie (de métaux précieux). / Banc à étirer. Dévidoir. Filière. Bobine. / Fil à machine (avant tréfilage). Fil de fer. Corde à piano. Fil écroui ou dur. Fil recuit.

fille

(du lat. *filia*)

Enfant ou jeune personne du sexe féminin. Une petite, une grande fille.

Condition naturelle. Petite fille. Fillette. Gamine (fam.). Gosse (fam.). / Grande fille. / Jeune fille. Jouvencelle (vx). / Fille aînée. / Fille cadette. Benjamine. / Pubère. Impubère. / Formation. Se former. Etre formée. Menstruation. Menstrues. Règles.
Jeune fille ingénue, innocente. Oie blanche. Pucelle (fam.). Vierge. / *Fille délurée, déniaisée.* Garçonne. Fille aux allures garçonnières. Demi-vierge. / Une belle fille. Une jolie fille. Un beau brin de fille. / *Une très jeune fille.* Tendron (fam.). / *Une très jeune fille au physique attrayant.* Nymphette.

Condition sociale. Demoiselle. Ecolière. Lycéenne. Etudiante. Apprentie. Arpète (pop.). Midinette. Jeune ouvrière. Jeune paysanne. / Célibataire. Nubile (en âge d'être mariée). Nubilité. Fiancée. / Doter une fille. Dot. / Coiffer sainte Catherine (atteindre l'âge de 25 ans sans être mariée). Fille mère (vieilli). Mère célibataire. / Vieille fille.
Fille de joie. Fille des rues. Fille publique. Fille vénale. Prostituée. Call-girl. / Courir les filles. Courir le guilledou.

fin

(du lat. *finis,* fin, pris adjectivement)

Qui est d'une extrême petitesse. *Du sable fin.* Menu. Petit. / *Une pointe fine.* Aigu.

Qui a peu d'épaisseur. *Un cheveu fin.* Ténu. / *Un tissu fin.* Mince. Léger. Vaporeux. Arachnéen. / *Une taille fine.* Svelte. Elancé. Allongé. / Sylphide.
FINESSE. Minceur. Ténuité.

Qui est de qualité supérieure. *Un vin fin.* Extra. Superfin. / *Une perle fine.* Précieux. / *Or fin.* Pur. Affiné.

Capable de percevoir les moindres nuances de pensées, de sentiments. *Une personne fine. Un esprit fin.* Subtil. Intelligent. Perspicace. Sagace. Délié. Pénétrant. Clairvoyant.

Qui dénote de la finesse. *Une pensée, une remarque fine.* Spirituel. Ingénieux.
FINESSE. Subtilité. Intelligence. Perspicacité. Sagacité. Pénétration. Clairvoyance. / Esprit de finesse.

Capable de percevoir les plus légères impressions. *Oreille fine. Odorat, nez fin.* Sensible. / *Un fin gourmet. Une fine gueule* (fam.). *Un fin connaisseur.* Expert. Raffiné.
FINESSE. Acuité (auditive, olfactive).

Qui est adroit et rusé. *Se croire fin.* Habile. Astucieux. Malin. Futé. Avisé. Averti. Diplomate. / Finaud. Matois. Rusé. Retors. / Finauderie. Malice.
Jouer au plus fin. Finasser. / Finasserie.

finance

Fonds publics. Ministère de l'Economie et des Finances. / Direction générale du budget, du Trésor, de la dette publique, des impôts, des douanes et des droits indirects, des finances extérieures, des affaires commerciales, de la comptabilité publique. / Ministre des Finances. Grand argentier (fam.).
Cour des comptes. Caisse des dépôts et consignations. Caisse d'amortissement. Caisses de péréquation. Caisse nationale des marchés de l'Etat. Crédit foncier de France. Caisse d'épargne. / Trésor public. / Trésorerie générale. Trésorier payeur. / Recette des Finances. Receveur. / Perception. Percepteur. / Officier payeur. Contrôleur. Enregistrement. Receveur. / Inspection des Finances. Inspecteur des Finances. / Inspection des impôts directs. Inspecteur.
Charges de l'Etat. Budget national. Budget économique. Dettes consolidées. Dette flottante. Grand livre. Liste civile. Dotations. Mandats. / Emprunt d'Etat. Conversion. / Fiscalité. Fisc. Impôts. Taxes. / Monnaie. Papier-monnaie. Monétiser les billets.

Fonds privés. Société. Capital. Capitalisation. Capitaliser. / Bailleur de fonds. Commanditaire. Commanditer. Commandite. / Mise de fonds. Placement. Prêts. Hypothèques. Revenus. Fonds social. / Comptabilité. Recettes. Paiements. Effets de commerce. / Bénéfices. Pertes. Déficit.

Relatif à la finance, aux finances. *Fournir des fonds, des capitaux.* Financer. Payer. Financement. / Autofinancement. / Financier. Capitaliste. Banquier. Voir BANQUE, BOURSE.

finir
(du lat. *finire*)

Mener à son terme. *Finir un travail.* Achever. Terminer. Mettre la dernière main à. Mener à bonne fin. / *S'appliquer à finir une tâche.* Fignoler. Parfaire. Parachever. Polir. Lécher (fam.). / Finition. Finissage. / Finisseur. / *Finir une querelle, une discussion.* Cesser. Arrêter. / *Finir de* (et l'inf.). S'arrêter de. S'interrompre. / *Finir une séance.* Clore. Lever. / *Finir sa vie. Finir ses jours.* Mourir. Périr. Disparaître. Arriver au terme de sa vie.

En finir avec quelque chose. Résoudre. Régler. Apporter une solution.

FIN. Terme. Limite. / *La fin de la vie.* Mort. / *Mettre fin à ses jours.* Se tuer. Se donner la mort. Se suicider. / *La fin du jour.* Crépuscule. / *La fin d'un discours.* Conclusion. Péroraison. Epilogue. / *La fin d'une séance.* Clôture. / *La fin des temps.* Consommation des siècles. / *A la fin.* Finalement. Enfin. En définitive. / *Sans fin.* Indéfiniment. Interminablement. Continuellement. / *Mettre fin à quelque chose.* Faire cesser. Arrêter.

Arriver à son terme (dans le temps ou dans l'espace). *Finir* (en parlant d'une chose). Se terminer. S'achever. Cesser. S'arrêter. / *Prendre fin.* Expirer. / *Qui ne doit jamais finir.* Eternel. Impérissable. Indestructible. Perpétuel. Pérenne (littér.). Interminable. Sempiternel. / *Fini* (en parlant du temps). Passé. Disparu. Révolu.

FIN. Bout. Extrémité. Point final. Terminus. / Terminaison. Désinence. / *Qui n'a pas de fin.* Indéfini. Illimité. Immense.

FINAL. Terminal. Extrême. Ultime. Dernier.

fixe
(du lat. *fixus*, de *figere*, fixer)

Qui ne se déplace pas. *Point fixe.* Immobile. / *Poste fixe.* Inamovible.

FIXEMENT. *Regarder fixement* (v. FIXER).

Qui ne change pas. *Douleur, mal fixe.* Persistant. Constant. Continu. Stationnaire. Immuable. / Douleur, mal chronique. / *Couleur fixe.* Inaltérable. / *Idée fixe.* Obsession.

FIXITÉ. Constance. Permanence. Immuabilité.

Réglé d'une façon définitive. *Date, jour fixe.* Déterminé. Défini. Invariable. Irrévocable. / *Revenu fixe.* Régulier. Assuré.

fixer
(de *fixe*)

Maintenir en place. *Fixer un tableau au mur.* Accrocher. Pendre. Suspendre. / *Fixer solidement.* Assujettir. Immobiliser. Assurer. Caler. Arrimer. / *Fixer avec des clous, des chevilles, des boulons, des vis, des rivets.* Clouer. Cheviller. Boulonner. Visser. River ou riveter. / *Fixer avec de la colle, avec du ciment.* Coller. Cimenter. Sceller. / *Fixer en soudant.* Braser. Souder. / *Fixer un pieu.* Ficher. Planter.

Fixer les yeux sur quelqu'un, sur quelque chose. Arrêter. Attacher. / *Fixer quelqu'un.* Regarder fixement. Regarder avec insistance. Dévisager. / *Fixer quelque chose.* Regarder avec attention. Observer. / *Fixer un souvenir dans sa mémoire.* Graver. Retenir.

Se fixer. *Se fixer en un lieu.* S'installer. S'établir.

Régler d'une façon déterminée. *Fixer une date, un jour.* Arrêter. Déterminer. Assigner. Préciser. / *Fixer la valeur d'un objet.* Déterminer. Estimer. / *Fixer un horaire, un programme.* Etablir. Régler. / *Fixer des conditions.* Formuler. Poser. / *Fixer les attributions de quelqu'un.* Délimiter.

FIXATION. Détermination. Réglementation.

flatter
(du francique *flat*, plat)

Louer quelqu'un de façon exagérée pour lui plaire. *Flatter une personne.* Complimenter. Louer. Encenser. Aduler. / *Flatter bassement, servilement.* Flagorner. Faire sa cour. Ramper. S'aplatir. Faire le valet. Avoir l'échine souple. / (Express. fam.) Lécher les bottes. Faire des courbettes. Faire du plat. Peloter.

FLATTERIE. Louange. Compliment. / Flagornerie. Courbettes. Coups d'encensoir. Génuflexions. / Servilité. Lèche (fam.).

FLATTEUR. Louangeur. Complimenteur. Flagorneur. Encenseur. Enjôleur. Adulateur. Thuriféraire. Obséquieux. Lécheur (fam.). Mielleux. Doucereux. Patelin.

Être agréable à quelqu'un. *Flatter l'amour-propre, l'orgueil.* Faire plaisir. Toucher. Ravir. / *Etre flatté de quelque chose.* Etre content, satisfait. Etre fier. Etre sensible à. / *Flatter les yeux, les oreilles* (en parlant d'une couleur, d'une musique). Plaire. Charmer. Caresser.

FLATTEUR. Agréable. Elogieux.

Faire paraître plus beau. *Flatter*

quelqu'un (en parlant d'un portrait, d'une coiffure). Embellir. Avantager. Idéaliser.

FLATTEUR. Avantageux.

Se flatter. *Se flatter de* (et l'inf.). Prétendre. Se faire fort de. Etre persuadé de. / Se féliciter. Se vanter. Se targuer de. Tirer vanité, orgueil, satisfaction de quelque chose.

flatulence

(du lat. *flatus*, gaz)

Accumulation de gaz dans le tube digestif provoquant le ballonnement et des troubles digestifs. Borborygme, gargouillement ou gargouillis (bruits produits par le déplacement des gaz dans l'abdomen). Flatuosité. Ventosité (vx). / *Emission des gaz gastro-intestinaux.* Eructation. Rot (pop.). Pet (pop.). Vent (fam.). Vesse (pop.). / Eructer. Roter (pop.). Péter (pop.). Vesser (pop.). Loufer (argot). / *Maladie flatulente.* Aérophagie. Aérocolie. / Renvois. / Carminatif (qui fait expulser les gaz). / *Plantes carminatives.* Anis. Fenouil. Mélisse. Sauge.

fléchir

(du bas lat. *flecticare ;* lat. class. *flectere,* plier)

Faire plier peu à peu sous un effort, une pression. *Fléchir le corps. Fléchir un membre.* Courber. Plier. Ployer. / *Fléchir le genou.* S'agenouiller. / *Sentir ses jambes fléchir.* Plier. Céder. Faiblir.

FLÉCHISSEMENT. Flexion. Courbure. / Fléchisseur.

FLEXIBLE. Souple. Elastique. Pliable.

Faire céder peu à peu. *Fléchir un maître, un juge, un supérieur.* Toucher. Attendrir. Adoucir. Ebranler. / *Se laisser fléchir.* Se laisser vaincre, gagner. Capituler. Céder.

FLEXIBLE. Malléable. Docile.

INFLEXIBLE. Ferme. Impitoyable. Inexorable. Implacable. Inébranlable. Intransigeant.

fleur

(du lat. *flos, floris ;* en gr. *anthos*)

Partie d'une plante servant à la reproduction, formant un ensemble de couleurs et souvent odorante. *Eléments des fleurs.* Aile. Appendice. Bouton. Bractée. Bractéole. Calice. Calicule. Capuchon. Carène. Collerette. Cordon. Corolle (Limbe. Gorge. Tube). Corollule. Disque. Ecailles. Eperon. Etendard ou pavillon. Fane. Fleuron. Foliole. Glume ou balle. Glumelle. Gynophore. Hampe. Induvie. Involucre. Involucelle. Labelle ou sabot. Lame. Lèvre. Lobe. Nectaire. Onglet. Paillette. Papilles. Pédicelle. Pédoncule. Périanthe. Pétale. Réceptacle. Sépale. Spathe. Valve.

Fécondation. *Androcée.* Etamine (organe mâle). Filet. Anthère. Pollen. Pollinisation. / Adelphie. / Monandre. Diandre. Heptandre. Gynandre.
Gynécée. Pistil (organe femelle), simple, composé. Style. Carpelle. Stigmate. Papilles. Ovaire. Ovule. Placentaire. / Monogynie. Monogyne. Digyne, etc.
Fleur simple, double. Fleur unisexuée, mâle, femelle, androgyne, hermaphrodite, neutre, monocline, dicline, monoïque, dioïque.

Caractères des fleurs. Abortive. Ambigène. Amentifère. Anisopétale. Apérianthée. Apétale. Caduque. Composée. Corolliflore. Dasystémone. Décidente. Décidue. Eleuthérogyne. Epistaminée. Flosculeuse. Fugace. Gamopétale. Instaminée. Irrégulière (zygomorphe). Météorique. Monopétale. Péristaminée. Pétalée. Pétalipare. Polypétale. Régulière (actinomorphe). Thalamiflore. Tubulée. Unipétale. Valvée. / Odorante. Inodore.

Formes et aspects. Fleur anomale. Campanulée. Caryophyllée. Ciliée. Cruciforme. Dentée. Diffuse. Echancrée. Entière. Fastigiée. Infundibuliforme. Labiée. Panachée. Papilionacée. Radicée. Résupinée. Sessile. Stipitée. Terminale. Tubuleuse. Urcéolée. Verticillée.

Disposition des fleurs. Aigrette. Capitule. Chaton. Corymbe. Cyme. Epi. Epillet. Grappe. Ombelle. Panicule. Sertule. Spadice. Thyrse. Trochet. Verticille. / Fleurs accolées, agrégées, alternes, conglomérées, opposées, radiées, solitaires.

Principales fleurs. Achillée. Aconit. Ageratum. Alcée ou rose trémière. Amarante. Amaryllis ou belladone. Améthyste. Ancolie. Anémone. Angélique. Aristoloche. Arum. Asphodèle. Aster. Aubépine. Azalée. / Balsamine. Basilic. Bégonia. Belle-de-jour. Belle-de-nuit. Bétoine. Bleuet. Boule-de-neige. Bouton d'or. Bruyère. / Calcéolaire. Camélia. Camomille. Campanule. Capucine. Centaurée. Chèvrefeuille. Chrysanthème. Cinéraire. Clématite. Colchique. Coquelicot. Coréopsis. Crête-de-coq. Crocus. Cyclamen. Cytise. / Dahlia. Datura. Digitale. / Edelweiss. Eglantine. Euphorbe. / Fraxinelle. Fritillaire. Fuchsia. / Garance. Gardénia. Genêt. Gentiane. Géranium. Giroflée. Glaïeul. Glycine. Gueule-de-loup. / Héliotrope. Hémérocalle. Hortensia. Hysope. / Immortelle. Iris. Ixia. / Jacinthe. Jasmin. Jonquille. Joubarbe. / Laurier-rose. Lavande. Lilas. Lis. Liseron. / Magnolia. Marguerite. Marjolaine. Mauve. Mélilot. Mélisse. Menthe. Millefeuille. Millepertuis. Mimosa. Mouron. Muguet. Myosotis. Myrte. / Narcisse. Nénuphar. Nymphéa ou nénuphar blanc. / Œillet. Œillet d'Inde. Orchidée. / Pâquerette. Passiflore. Pavot. Pélargonium. Pensée. Perce-neige. Pervenche. Pétunia. Phlox. Pied-d'alouette. Pissenlit. Pivoine. Pois de senteur. Primevère. / Reine-des-prés. Reine-marguerite. Renoncule. Réséda. Rhododendron. Romarin. Rose. / Saponaire. Sauge. Scabieuse. Sensitive. Seringa. Silène. Soleil. Souci. / Thym. Trèfle. Tubéreuse. Tulipe. / Valériane. Véronique. Verveine. Violette. Volubilis. / Yucca. / Zinnia.

Vie des fleurs. Fleur diurne, nocturne, éphémère, printanière, estivale, lucinocte, solaire. / Préfloraison. Estivation. Floraison ou fleuraison. Anthèse. / Eclore. S'épanouir. Eclosion. Epanouissement. Fleurir. / Défleurir. / Défloraison ou défleuraison. Marcescence. Marcescent (qui se flétrit). Efforaison. Arrière-fleur.
Culture des fleurs. Jardin. Jardinier. / Floriculture. Bulbiculture. Graine. Plant. Bouture. Caïeu. Oignon. Rejeton. Griffe. / Corbeille. Plate-bande. Massif. Parterre. Fleur en pot. Pot de fleurs.

Relatif aux fleurs. Bourgeon florifère, floripare. / Couvrir de fleurs. Parsemer, émailler de fleurs. Fleurir une table. Jardinière (vase). / Fleuron. Damassure. Fleur de lis. Fleurdelisé. / Fleur bleue (sentimental). Conter fleurette. / Langage des fleurs. / Jeux Floraux. Floréal (mois). / Floralies. / Anthophile. / Fleuriste. Bouquetier. / Couronne. Bouquet. Guirlande. Feston. Gerbe.

flûte

(du provençal *flaüto*)

Instrument de musique formé d'un tube creux percé de trous sur sa longueur. *Sortes de flûtes.* Flûte à bec. Flûte traversière, ou traversière. Petite flûte. Flûte grave. Flûte droite. Fifre.
Parties d'une flûte. Embouchure. Trous. Clefs. Patte. Bec. Anche. Cuivrette (anche de cuivre). / Ancher. Emboucher. / Flûtiste. Flûte (artiste).

Instruments analogues. Clarinette. Clarinette basse. Hautbois. Cor anglais. Flageolet. Larigot. Chalumeau. Musette. Galoubet. Pipeau. Flûte de Pan ou syrinx.

foi

(du lat. *fides,* de *fidere,* avoir confiance)

Confiance en quelqu'un ou en quelque chose. *Un homme digne de foi.* Crédit. Créance (vx). / *Avoir foi en une personne.* Se fier à. Croire à. / *Faire foi* (en parlant d'une chose). Prouver. Témoigner. / *Bonne foi de quelqu'un.* Franchise. Honnêteté. Droiture. Loyauté. Sincérité. / *Mauvaise foi.* Malhonnêteté. Déloyauté. Duplicité. Perfidie.

Le fait de croire en Dieu, en un dogme. *Une foi vive, ardente, agissante.* Croyance. Conviction. / La foi du charbonnier (foi naïve, simple). / *Article de foi. Profession de foi.* Credo. Symbole des Apôtres. Symbole de Nicée. / *Répandre, propager la foi.* Prêcher. / Prédication. Catéchisme. / *Zèle déployé pour la propagation de la foi.* Prosélytisme. Apostolat. / Prosélyte.

foie

(du lat. [*jecur*] *ficatum,* foie d'oie engraissée avec des figues ; en gr. *hepar, hepatos*)

Glande volumineuse située dans la partie supérieure droite de l'abdomen et sécrétant la bile. *Structure du foie.* Lobes droit, gauche, antérieur, postérieur. Lobules. / Ligaments suspenseur, coronaire, triangulaire. / Sillons latéraux. Sillon transversal (hile). / Canaux hépatiques. Canal cystique. Canal cholédoque. / Capillaires biliaires. / Vésicule biliaire. / Artère hépatique. Veine porte. Veines hépatiques. Veine cave. / Bile. Glycogène. Glycogenèse. Cholestérol (liquide complexe élaboré surtout par le foie). / Fiel (bile des animaux).

Fonctions. Fonctions biliaire, uropoïétique, glycogénique, adipogénique, adipolytique, fibrinogénique, hématolytique, hématopoïétique, martiale (fer).

Maladies. Hépatalgie (douleur localisée au foie). Coliques hépatiques. Calculs biliaires. Cholécystite. / Hépatites. Cirrhose. Cirrhotique. Sclérose. Scléreux. Diabète. Hépatocèle. Ictère ou jaunisse. Cancer du foie. / Douve (du mouton). / Hépatologie (étude du foie).

foncé

(de *fond*)

Se dit d'une couleur sombre. *Un ton foncé.* Chargé. Profond. / *Un teint foncé.* Brun. Bistre. Basané. Olivâtre. /

Bleu foncé. Bleu marine. Turquin (vx). / *Rouge foncé. Vert foncé* (v. ROUGE. VERT). / *Devenir foncé.* Foncer. Brunir.

fonction

(du lat. *functio,* accomplissement)

Exercice d'un emploi, d'une charge. *Entrer en fonction. Exercer, remplir des fonctions.* Activité. Occupation. Profession. Situation. Emploi. Tâche. Travail. Service. Poste. / Fonction publique. Fonction d'administration, de gestion. Secteur public. Secteur privé. / *Nommer, élire, désigner, appeler à une fonction.* Charge. Mission. Délégation. Mandat. / *Les fonctions du sacerdoce.* Ministère. / Introniser. Intronisation. / *Remplir les fonctions de président, de directeur.* Présider. Diriger. Présidence. Direction. Administrer. Gérer. Administration. Gestion. / *Résigner ses fonctions. Se démettre de ses fonctions.* Démissionner. Démission. Démissionnaire. Prendre sa retraite. Quitter sa place. S'en aller. / Cumul (union en une même personne de plusieurs fonctions). Cumuler. Cumulard.

Action propre à un organe ou à un groupe d'organes. Fonction du cœur, du foie. / *Fonctions de nutrition.* Digestion. Circulation. Respiration. Excrétion. / Appareil digestif, circulatoire, respiratoire, excréteur. / *Fonctions de relation.* Système nerveux. Organes des sens. Appareil musculaire. / *Fonctions de reproduction.* Appareil génital.

fonctionnaire

(de *fonction*)

Agent d'une administration publique. Fonctionnaire amovible, inamovible. Haut fonctionnaire. / *Fonctionnaire subalterne.* Employé. Commis. Auxiliaire. / Remplaçant. Suppléant. Stagiaire. Intérimaire. Surintérimaire. / Serviteur de l'Etat. Budgétivore (fam.). / Contractuel (employé d'un service public non fonctionnaire). Vacataire.

Position d'un fonctionnaire. Recrutement. Concours. Titres. Emplois réservés. / Activité. Disponibilité. Poste. Emploi. / Nommer à un poste, nomination. Déléguer, délégation. / Placer. Caser (fam.). Déplacer. Remplacer. / Titulariser, titularisation. Promouvoir, promotion. Muter, mutation. / *Relever de ses fonctions.* Dégrader. Destituer. Suspendre. Interdire. Révoquer. Mettre à pied. Casser. Limoger (fam.). / Suspension. Dégradation. Destitution. Interdiction. Révocation. Limogeage (fam.). / Mettre à la retraite. Mettre en disponibilité, en non-activité. / Retraité. Pensionné. Honoraire. Emérite (vx).

Exercice des fonctions. Entrer en fonction. Prendre possession de son poste. Exercer, remplir une fonction. Occuper un emploi. / Hiérarchie. Ordre hiérarchique. Voie hiérarchique. / Avancer. Monter en grade. Tableau d'avancement. Avancement à l'ancienneté, au choix. / Classe. Catégorie. Echelon. Echelle indiciaire. / Etre en activité, en disponibilité. / Suppléer. Remplacer. Faire l'intérim. Permuter. / Attributions. Compétence. Ressort. / Rétribution. Traitement. Emoluments. / Prendre sa retraite. / *Fautes d'un fonctionnaire dans l'exercice de sa charge.* Malversation. Concussion. Détournement de fonds publics. Forfaiture. Prévarication. Exaction. Abus de pouvoir. Trafic d'influence. / Prévaricateur. Concussionnaire.

fonctionner

(de *fonction*)

Accomplir une fonction, une action. *Fonctionner* (en parlant d'une machine, d'un mécanisme). Marcher. Aller. / *Faire fonctionner un appareil, une machine.* Actionner. Manœuvrer. Mettre en mouvement. Se servir de. / *Remettre en état de fonctionner.* Réparer. Régler.

FONCTIONNEMENT. Marche. Action. Travail. / *Fonctionnement d'une entreprise.* Activité. Marche. Organisation. / *Fonctionnement d'un organe.* Action. / *Déranger le fonctionnement d'un appareil.* Détraquer. Dérégler. Détériorer. Déglinguer (fam.). / *Arrêt de fonctionnement d'une machine.* Panne. / *Empêcher le fonctionnement d'un service, d'une machine.* Saboter. Détériorer. / Sabotage.

fond

(du lat. *fundus;* en gr. *bathos*)

Partie la plus basse, la plus profonde de ce qui est creux. *Le fond d'une bouteille.* Cul. / *Liquide au fond d'un tonneau.* Lie. Résidu. / *Le fond d'une cartouche.* Culot. / *Le fond d'un puits.* Bas. / *Le fond d'une vallée.* Bas. Bas-fond. Cuvette. / Cale (espace entre le pont et le fond du bateau). Fond de cale. Sentine. / *Cale à charbon.* Soute.
Le fond de la mer, d'une rivière. Basfond. Haut-fond. Hauteur d'eau. Profondeur. / *Les grands fonds.* Les grandes profondeurs océaniques. Abysses. Fosses. Abîmes. / Bathysphère, bathyscaphe (ap-

pareils pour explorer les profondeurs sous-marines). / Bathymétrie (mesure de la profondeur de la mer). Bathymétrique. Bathymètre. / *Toucher le fond* (en parlant d'un bateau). Echouer. / *Couler au fond.* S'engloutir. Sombrer. S'abîmer.

DÉFONCER (enlever, briser le fond d'une chose). Enfoncer. Eventrer.

Partie opposée à l'entrée, située en arrière. *Le fond d'un local, d'un meuble.* Arrière. / Renfoncement. Recoin. / *Le fond des terres.* Arrière-pays. Pays perdu. Région inaccessible, impénétrable. Fin fond.

Ce qui sert de base ou d'appui. *Construire sur un fond solide. Un fond argileux, sableux.* Sous-sol. / *Le fond d'une tapisserie.* Canevas. / *Le fond d'une dentelle.* Réseau. / *Le fond d'un écu, d'un tableau.* Champ.

Ce qui est l'élément intime, essentiel. *Le fond du cœur, de la pensée.* Dedans. Recoin. Le for intérieur. / *Le fond de la conscience.* Secret. Mystère. / *Un fond* (ou *fonds*) *d'honnêteté, de générosité.* Conscience. Bonté. Charité. / *Le fond d'une question, d'un débat.* Nœud. Centre. Cœur. / *Le fond d'une œuvre.* Sujet. Thème. Contenu. Matière.

FONDAMENTAL. Essentiel. Capital. / *Elément fondamental.* Base. Substrat. Principe. Essence. Substance. Fondement.

Au fond, dans le fond. En réalité. / *A fond.* Complètement. Entièrement. Pleinement. Exhaustivement. Profondément. Intimement. Foncièrement. Radicalement. / A bloc. / *Qui va au fond des choses.* Pénétrant. Subtil. Perspicace.

FONDEMENT. *Rumeur sans fondement.* Consistance. Certitude. / *Crainte sans fondement.* Raison. Motif. Sujet. Justification.

FONDÉ. *Opinion fondée. Reproche fondé.* Justifié. Motivé. / *Etre fondé à* (et l'inf.). Avoir de bonnes raisons pour.

fondre

(du lat. *fundere, fusum,* répandre, faire couler)

Rendre liquide. *Fondre un métal, du beurre.* Liquéfier. / *Qui peut fondre.* Fusible. Fusibilité.

FUSION. Liquéfaction.

Passer de l'état solide à l'état liquide. *Fondre* (en parlant de la neige, de la glace). Se liquéfier. Devenir liquide.

FONTE. Liquéfaction.

Se désagréger dans un liquide. *Fondre* (en parlant du sucre, du sel). Se dissoudre. / Dissolution. Dissolvant.

FONDANT. Bonbon fondant. / *Fruit fondant.* Juteux. / Fondue (mets préparé avec du fromage fondu).

Mêler une ou plusieurs choses entre elles. *Fondre deux ouvrages en un seul.* Réunir. Grouper. Amalgamer. Incorporer. / *Fondre des couleurs, des tons.* Mélanger. Mêler. Unir. Adoucir. Dégrader.

Se fondre. Se réunir. Fusionner. Se confondre.

FUSION. Réunion. Combinaison. / *Fusion de sociétés.* Union. Entente. Absorption. Concentration. Fusionnement. Trust. Holding.

fonds

(du lat. *fundus,* bien-fonds, domaine)

Désignation de certains biens immeubles. *Acheter, vendre, gérer un fonds de commerce.* Etablissement commercial. Magasin. Boutique. Débit. / Bien-fonds (propriété, maison, fonds de terre, etc.).

FONCIER. Propriété foncière (qui constitue un bien-fonds). / Propriétaire foncier (qui possède un bien-fonds).

Capital dont quelqu'un dispose. *Emprunter, prêter des fonds.* Argent. Capitaux. Espèces. / Mise de fonds. / *Bailleur de fonds.* Commanditaire. / Commanditer. / *Employer des fonds afin d'en tirer un revenu.* Placer. Investir. / Placement. Investissement.

fontaine

(du lat. pop. *fontana,* de *fons, fontis,* source)

Eau vive qui vient d'une source. *Sortes de fontaines.* Fontaine jaillissante. Puits artésien. / Fontaine intermittente. / Source vauclusienne. Résurgence. / Fontaine pétrifiante. / Fontaine jaillissante, jaculatoire (qui produit un jet élevé). / Jet d'eau. Grandes eaux. Fontaines lumineuses.

Construction qui donne issue à des eaux amenées par canalisation. Fontaine filtrante. Borne-fontaine. Fontaine Wallace. / *Parties d'une fontaine.* Bassin. Bac. Vasque. Coupe. / Mascaron. Robinet. Cannelle. / Pied. Support. Piédestal. / Trop-plein. Décharge.

force

(du lat. *fortia*)

Force corporelle. *Avoir de la force.* Vigueur. Robustesse. Résistance. Vitalité. / *Perdre de ses forces.* S'affaiblir. S'anémier. S'étioler. Dépérir. Devenir faible. / *Redonner des forces.* Fortifier. Réconforter. Remonter. Ragaillardir (fam.). Revigorer. Remettre sur pied. Vivifier. Tonifier. / *Aliment, remède qui donne des forces.* Fortifiant. Reconstituant. Stimulant. Cordial. Tonique. / *Retrouver ses forces.* Se rétablir. Se remettre. Reprendre du poil de la bête (fam.). Reprendre le dessus. Se requinquer (fam.). / *Etre en pleine force. Etre dans la force de l'âge.* Homme fait. Adulte. / *Manque de force.* Faiblesse. Asthénie. Adynamie.

FORT. Robuste. Résistant. Vigoureux. Solide. Costaud (fam.). Bien charpenté. Bien bâti. Bien constitué. Bien taillé. Bien découplé. Athlétique. Musclé. Membru. Bien membré. Carré des épaules. / *Un homme très fort.* Hercule. Colosse. Géant. Malabar (pop.). / *Etre très fort.* Avoir du nerf, du biceps, de la poigne. Avoir des bras de fer, des bras d'acier. Etre fort comme un bœuf, comme un cheval. / Types d'hommes forts : Hercule. Samson. Milon de Crotone.

Qualité de ce qui est résistant. *La force d'une planche, d'une étoffe.* Solidité. Résistance. Robustesse. / *Qui manque de force* (en parlant d'un végétal). Rabougri. Chétif.

FORT. Solide. Résistant. Robuste. Inusable. / *Rendre plus fort.* Renforcer. Consolider. Affermir. Etayer.

Puissance. *La force d'un parti, d'un gouvernement.* Pouvoir. Puissance. Autorité. Influence. / Puissant. Influent. / *La force d'un son.* Intensité. / Intense. / Voix forte. Sonore. Claironnante. Stridente. Voix de stentor. / Forcer la voix. Crier à tue-tête. Tonitruer. / *La force du vent, de la tempête.* Violence. Fureur. / Violent. Impétueux. / *La force d'un remède.* Efficacité. Action. Effet. / Remède efficace, souverain. Remède drastique. / *La force d'un vin.* Degré d'alcool. Vin capiteux, généreux. Vin alcoolisé. / *Donner de la force à un vin.* Corser. / Avoir du corps. / *Café fort.* Concentré.

Capacité intellectuelle ou technique. *La force d'un élève.* Niveau intellectuel. Connaissances. / *La force d'un joueur, d'un athlète.* Talent. Habileté.

FORT. Doué. Capable. Habile. Bon. Excellent. Calé (fam.). Imbattable. Incollable (fam.). Fortiche (pop.). / As. Crack (fam.). Champion.

Force morale. *Force de volonté. Force de caractère. Force d'âme.* Courage. Fermeté. Energie. Volonté. Cran. Ténacité. Sérénité. Vertu.

FORT. Courageux. Energique. Ferme. Volontaire. Tenace. / Caractère inflexible, bien trempé.

Contrainte. *Céder à la force. Résister à la force.* Violence. Oppression. Coercition. Tyrannie. / Mesure coercitive. / *A toute force.* Absolument. Par tous les moyens. A tout prix. / *Prendre une femme de force.* Violer. Abuser de. Faire violence. Violenter.

FORCER. Contraindre. Obliger. Astreindre. Réduire. Condamner.

Force en physique. V. MÉCANIQUE et ÉLECTRICITÉ.

forêt

(bas lat. *forestis* ; lat. class. *silva* ou *sylva, nemus, oris*)

Vaste étendue de terrain couverte de bois. Une forêt épaisse, touffue. / *Forêt vierge, équatoriale.* Jungle. Brousse. / Forêt d'Etat. Forêt domaniale. / Forêt privée. / *Petite forêt.* Bois. / Petit bois. Boqueteau.

Accès. Route forestière. Chemin forestier. / Allée. Cavée (chemin creux). Laie (route étroite). Tortille ou tortillère (allée sinueuse). Sentier. Layon. Rondon (sentier couvert). Percée. Coupe-feu. Trouée. Escarre (trouée faite en abattant des arbres). Carrefour. Rond-point. / Lisière. Orée.

Aspect de la forêt. Futaie (groupe d'arbres élevés). Jeune futaie (de 80 à 150 ans). Haute ou vieille futaie (de 150 à 300 ans). Bois marmenteau (qu'on ne coupe jamais). / Pied d'arbre ou brin. Pied cornier (qui marque la limite d'une coupe). Parois (arbres qui servent de séparation aux coupes).

Plant (groupe d'arbres plantés). Chênaie. Hêtraie. Ormaie. Frênaie. Boulaie. Saulaie. Pinède. Sapinière. / Essence feuillue, résineuse. Essence à feuilles caduques, à feuilles persistantes.

Taillis (arbres de faible dimension, jusqu'à 36 ans). Baliveau (arbre réservé lors de la coupe). Lais (jeune baliveau). / Fourré. Gaulis (branches d'un taillis qu'on a laissées croître). Pueil (jeune taillis). Cépée (1 an ou 2 ans). / Sous-bois. Mort-bois (épines, ronces, menu bois). Broussailles. Buisson. Epiniers. / Clairière. Eclaircie. / Breuil (bois clôturé où les bêtes se retirent). Bois mort. Bois vif. Chablis (arbres abattus par le vent).

Exploitation. Sylviculture. Sylviculteur. Industrie sylvicole. / Boiser. Boisement. Peupler. Peuplement naturel, artificiel. Peuplement complet, serré,

clair. Peuplement clairiéré, interrompu. Planter. Plantation. Repeuplement. Repeupler. Reboiser. Reboisement. / Canton (certaine étendue d'une forêt). Feuille (pousse ou produit d'une année). Réserve. Vente (partie qui doit être coupée). Exploiter. Exploitation. Aménager (régler la coupe). Aménagement. Balivage (choix des baliveaux). Furetage (coupe des plus gros arbres). Etaillissage (coupe des pousses faibles). Coupe. Coupe sombre ou d'ensemencement (suppression d'une partie des arbres d'un massif pour permettre l'ensemencement de nouveaux arbres). Coupe claire (coupe sévère ne laissant que des arbres clairsemés). Coupe réglée (abattage périodique d'une portion de bois déterminée). Révolution (intervalle entre coupes). Age (nombre d'années entre les coupes). / Eclaircir. Essarter. Tailler. Débrousser.
Abattage. Abattis. Déboiser. Déboisement. / Marquer ou marteler. / Embûcher (commencer la coupe). Recéper (couper près du sol). Recépage. Essoucher. Dessoucher.
Récolement (visite après la coupe). Souchetage (visite et compte des souches). / Bûcheron. Boquillon (vx).

Administration. Conservateur des Eaux et Forêts. Garde forestier. Garde-bois. Garde-chasse. Garde-marteau. Garde-vente. Code forestier. Forestage (droit relatif aux forêts [vx]). Parcours et vaine pâture (droit de faire paître des bestiaux dans une forêt). / Affouage (droit de prendre du bois de chauffage dans une forêt). Glandage (droit de faire manger les glands par ses porcs).

Culte des forêts. Divinités sylvicoles, némorales. Diane (déesse de la Chasse). / Dryades. Hamadryades (nymphes). / Silvain ou sylvain (dieu des Forêts). Faunes. Satyres. Silènes. Silvains ou sylvains (dieux champêtres). / Culte des druides.

forge
(du lat. *fabrica,* atelier)

Atelier où l'on travaille les métaux au feu et au marteau. Ferronnerie. Serrurerie. Clouterie. Armurerie. Maréchalerie. / Forge de campagne. Forge portative. Forge volante.

Outillage. Fourneau. Hotte. Foyer. / Soufflerie. Soufflet. Tuyère. Ventilateur. / Enclume. Bigorne. Billot. Etampe (pièce pour former des empreintes). Tranche (pour couper le fer). / Marteau. Marteau à main, à deux mains. Frappe-devant. / Mandrin. Dégorgeoir. / Poinçon. Poinçonneuse. Martinet. Mouton. / Tenailles. Pinces. Davier. / Fourgon (à feu). / Presse mécanique, hydraulique.

Travail. Forger. Forgeage. Forger à froid. Ecrouir. Forger à chaud. Contre-forger. / Corroyer. Cingler. / Battre le fer. Bigorner. Etamper. Matricer. Estamper. Souder. Soudure. Braser. Brasure. / Donner une chaude (feu ardent). / Trempe. Recuit. / Fer forgé. Fer battu. Mise (pièce à souder). Moine (boursouflure). / Forgeron. Frappeur. / Maréchal-ferrant. Ferrer un cheval.

forme
(du lat. *forma; en gr. morphê, eidos*)

Aspect que présente un objet, un être. *La forme d'un bâtiment, d'un animal, d'un végétal.* Apparence. Dehors. Extérieur. Aspect. Conformation. / *Forme régulière.* Symétrie. / *Forme irrégulière.* Asymétrie. Irrégularité. / *Sans forme.* Informe. Amorphe. / *De même forme.* Isomorphe. Semblable. / *Analogie de formes.* Ressemblance. Similitude. / *Etude des formes.* Morphologie.
Changer de forme. Se transformer. Se métamorphoser. / Transformation. Métamorphose. Avatar. / *Qui peut prendre deux ou plusieurs formes.* Dimorphe. Polymorphe. Multiforme. Protéiforme.
Forme d'un vêtement. Coupe. Façon. / *Forme du corps humain.* Anatomie. Silhouette. Ligne. Galbe. Allure. Modelé. / *La beauté des formes.* Plastique. / Formes élégantes, gracieuses, sveltes. Formes rondes, grassouillettes, épanouies. / Epouser, mouler les formes (en parlant d'un vêtement). / *Avoir de belles formes.* Etre bien fait, bien taillé, bien conformé, bien proportionné. Fait au tour, au moule. / (Express. fam.) Bien roulé. Bien fichu. Bien balancé. / Avoir de la ligne.
DIFFORME. (V. ce mot.)
MALFORMATION (congénitale). / Déformation (acquise).

Manière dont une chose (abstraite) se présente. *Les formes de l'énergie.* Aspect. Modalité. Variété. Etat. / *Les formes de l'activité humaine.* Manière. Façon. Mode. Genre. / *Les formes successives d'une idée, d'une civilisation.* Plan. Degré. Stade. Etape. / *Une forme de société.* Type. Sorte. / *Forme de gouvernement.* Régime. Organisation. / *Prendre une certaine forme.* Allure. Tournure. / Tourner.

Manière d'exprimer une pensée. *La forme d'un texte. Une forme poétique,* *classique*. Expression. Langage. Ecriture. Style.

FORMEL. Beauté formelle. Analyse formelle. / Formalisme (souci de la forme).

Manière d'agir, de se conduire suivant des règles convenues. *Respecter les formes*. Usages. Savoir-vivre. Bienséance. Convenances. Conventions. Règles établies. / *Mettre les formes. Dans les formes*. Manières polies, courtoises. / *Pour la forme*. Par respect des usages. / *Les formes de l'étiquette*. Cérémonial. Protocole. / *Attachement aux formes, aux conventions*. Formalisme. / Formaliste. Cérémonieux. Protocolaire. Pointilleux. Vétilleux. / *Etre choqué par un manquement aux formes*. Se formaliser. Se vexer. S'offusquer. Se scandaliser.

Manière d'exécuter un acte juridique. *Forme légale, prescrite*. Formalité. Règle. Formule. Procédure. / En forme. En bonne forme. En bonne et due forme. / *Vice de forme*. Cause de nullité.

Condition physique, intellectuelle (fam.). *Etre en pleine forme. Etre en forme*. Dans de bonnes conditions. Frais et dispos. En bonne santé. Etre en possession de tous ses moyens. / Méforme (mauvaise condition physique).

former

(du lat. *formare*)

Faire exister. *Former l'homme, la nature* (en parlant de Dieu). Faire. Créer. Donner l'être. / *Former une idée, un projet*. Concevoir. Imaginer. Elaborer. / *Former un mot*. Fabriquer. Forger. Composer. / *Former un gouvernement, une société*. Instituer. Fonder. Créer. Etablir. Organiser.

FORMATION. *Formation du monde*. Création. Genèse. / *Formation d'un mot*. Composition. Création. / Formant (élément de formation). / *Formation d'un projet*. Conception. Elaboration. Imagination. / *Formation d'un gouvernement*. Etablissement. Fondation. Institution.

Donner une certaine forme à quelque chose. *Former un objet*. Façonner. Modeler. Mouler. / *Former une lettre*. Tracer. Ecrire. / *Bien former ses lettres*. Calligraphier. / *Former une phrase*. Construire.

DÉFORMER (altérer la forme). *Déformer une pièce de bois, de métal*. Courber. Tordre. Gauchir. Voiler. / *Déformer un vêtement, des chaussures*. Avachir (fam.).

DÉFORMATION. Courbure. Torsion. Gauchissement. Voile. / Anamorphose (image déformée donnée par un miroir courbe).

Façonner l'esprit, les aptitudes d'une personne. *Former un enfant*. Elever. Eduquer. Instruire. / *Former l'intelligence*. Développer. Cultiver. / *Former un athlète*. Entraîner. Exercer. Discipliner.

Se former. S'instruire. Se cultiver. Apprendre un métier. / Self-made man (homme qui s'est formé lui-même).

FORMATEUR. Educatif. / Profitable. Utile.

FORMATION. *Formation littéraire, scientifique*. Culture. Instruction. Connaissances. / *Formation d'un enfant*. Education. / Pédagogie. / *Formation professionnelle*. Apprentissage.

Concourir à faire un ensemble. *Former un tout. Former un groupement, une collectivité, une équipe, un parti*. Composer. Constituer.

FORMATION. *Formation politique*. Parti. Organisation. / *Formation sportive*. Equipe. / *Formation militaire*. Unité. Groupe. / *Formation musicale*. Orchestre.

Avoir telle forme. (Avec un sujet nom de chose.) *Former un angle, une courbe*. Faire. Dessiner. Présenter.

Formes géométriques. V. GÉOMÉTRIE.

Suffixe « -forme ». Uniforme. Multiforme. Aculéiforme (d'aiguillon). Cunéiforme (de coin). Fusiforme (de fuseau).

Suffixe « -oïde ». Ellipsoïde. Hélicoïde (de limaçon). Ovoïde (d'œuf). Sphéroïde. Trapézoïde.

formule

(du lat. *formula*, dimin. de *forma*, forme)

Forme déterminée que l'on est tenu ou convenu d'employer pour exprimer une chose. *Formule légale. Formule judiciaire*. Libellé. Intitulé. / *Formule diplomatique*. Langage. Style. / *Formule sacramentelle*. Paroles rituelles. / Formule de politesse. Formule épistolaire. / Formule mathématique, chimique, pharmaceutique.

FORMULER. *Formuler une demande, une réclamation*. Etablir. Exposer. Expliciter. Rédiger. Libeller. / *Qui est réellement formulé* (en parlant d'une clause, d'une condition). Explicite. Formel.

FORMULAIRE (recueil de formules).

Manière d'exprimer une idée au moyen de mots particuliers. *Une formule originale. Une formule habituelle*. Expression. Tournure. Locution. Phrase.

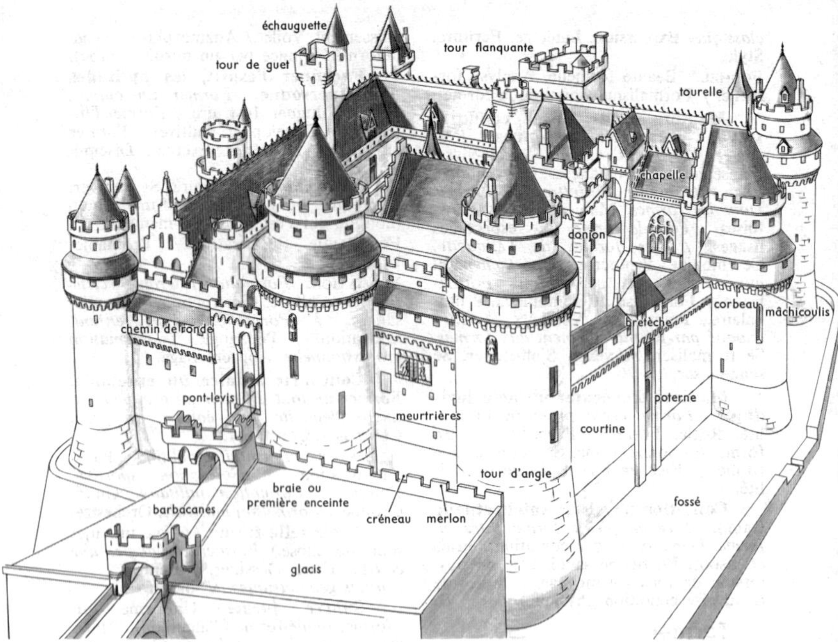
échauguette
tour flanquante
tour de guet
tourelle
chapelle
donjon
corbeau
mâchicoulis
chemin de ronde
bretèche
pont-levis
poterne
meurtrières
courtine
tour d'angle
braie ou
première enceinte
fossé
barbacanes
créneau
merlon
glacis

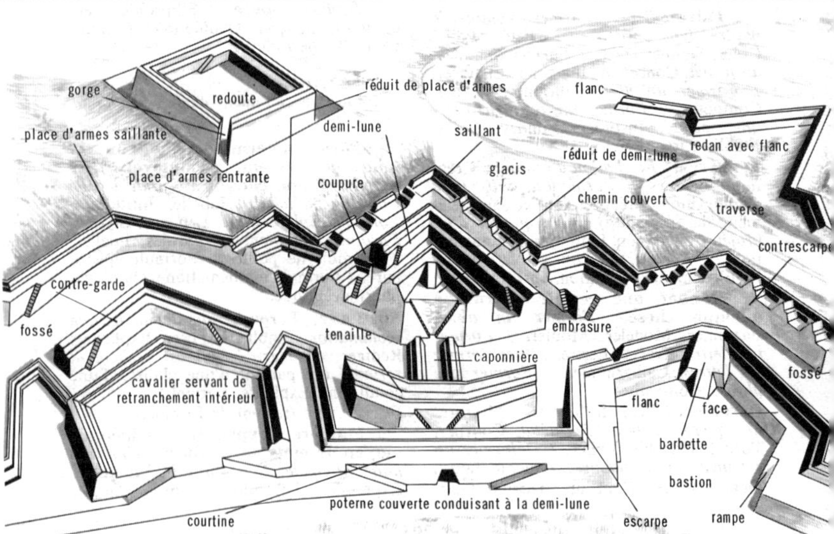
gorge
redoute
réduit de place d'armes
flanc
place d'armes saillante
demi-lune
saillant
redan avec flanc
réduit de demi-lune
glacis
place d'armes rentrante
coupure
chemin couvert
traverse
contrescarpe
contre-garde
fossé
embrasure
tenaille
caponnière
fossé
cavalier servant de
retranchement intérieur
flanc
face
barbette
bastion
poterne couverte conduisant à la demi-lune
courtine
escarpe
rampe

/ *Une formule exprimant une intention morale.* Sentence. Précepte. Maxime. Aphorisme. / *Formule toute faite.* Cliché. / *Formule publicitaire.* Slogan. Devise.

FORMULER. *Formuler ses sentiments.* Exprimer. Emettre. Dire.

FORMULATION. Expression.

Manière de procéder pour arriver à un résultat. *Trouver une formule pour résoudre une difficulté.* Moyen. Procédé. Méthode. Combinaison. / *Formule de paiement.* Mode.

fortification

(du lat. *fortificatio,* de *fortis,* fort)

Lieu fortifié. Place forte. Forteresse. Citadelle. Bastille. Château fort.

Ouvrages de fortification. Ouvrage de défense avancé, à couronne, à cornes. Redan (angles saillants et rentrants). Réduit. Place d'armes. Glacis. Mur. Muraille. Fossé. Escarpe. Contrescarpe. Rempart. Boulevard. Enceinte. Fossé. / Place d'armes saillante, rentrante. Demi-lune. Réduit de demi-lune. Lunette. Sortie. Chemin couvert. Barbette. Bastion. Courtine. Tenaille. Orillon. Caponnière. Cavalier. Rampe (plan incliné). Fort. Fort détaché. Fort d'arrêt. Fortin. Casemate. Batterie. Parapet. Tourelle à éclipse (coupole blindée). Casemate à canons, à mortiers. Blockhaus. / Obstacles antichars. Dents-de-dragon. Champs de rails.

Fortification de campagne. Camps retranchés. Contrevallation. Retranchement. Tranchée.
Tranchée double, à crochets, droite, tournante. Abri. Sape. Boyau de communication. Trou individuel. Tranchée-abri. / Défilement. Epaulement. / *Obstacles.* Fils de fer barbelés. Mines. Chevaux de frise. Trous à loup. Gabionnage. Gabion. Fascines. Pieux. Palissade. Palanque. / Terre-plein. Talus. Revêtement. Parados. Parapet. Banquette de tir. Berme. / Barricade.
Creuser une tranchée. Terrasser. Saper. Se retrancher. Se barricader. / Miner un terrain. / Camouflage. Camoufler.

Attaque et défense d'une place. Siège d'une ville, d'une place forte. Travaux de siège. Approches. Travaux d'approche. Cheminement. Circumvallation. / Machines de guerre. Grosse artillerie. Canon. Batteries. / *Mettre le siège devant une ville.* Assiéger. Investir. / Blocus. Investissement. / Donner l'assaut. Brèche. Escalade. Emporter d'assaut. Prendre une ville. / Défense. Contre-approches. / Travaux de défense. / Battre la chamade (avertir l'ennemi qu'on veut capituler). / Place imprenable, inexpugnable.

fortune

(du lat. *fortuna ;* en gr. *ploutos*)

Événement ou suite d'événements heureux ou malheureux. *Chercher fortune.* Aventure. / *Bonne fortune.* Chance. / *Mauvaise fortune.* Adversité. / Faire contre mauvaise fortune bon cœur (se résigner). / *De fortune* (se dit de ce qui est improvisé, réalisé avec les moyens dont on dispose). *Installation, réparation de fortune.* Provisoire.

Ensemble des biens qui appartiennent à une personne, à une collectivité. *Gérer sa fortune. Accroître, augmenter sa fortune.* Biens. Patrimoine. Capital. Ressources. Avoir. / *Grosse fortune.* Opulence. Richesse. / *Fortune moyenne.* Aisance. / *Perdre sa fortune.* Se ruiner. Faire faillite, banqueroute. Ploutocratie (gouvernement exercé par les plus fortunés). Ploutocrate.

FORTUNÉ. Riche. Enrichi. Aisé (qui possède assez de fortune pour vivre facilement).

fou

(origine obscure ; en lat. *insanus*)

Qui est atteint de troubles mentaux. *Devenir fou. Enfermer, interner un fou.* Dément. Malade mental. Déséquilibré. Aliéné. Obsédé. Schizophrène. Psychopathe. / *Etre fou.* Avoir perdu la raison. N'avoir plus sa tête. / *Maison de fous* (vx). Asile d'aliénés. Hôpital psychiatrique. Cabanon (fam.). Petites-maisons (vx).

FOLIE. Démence. Aliénation. Maladie mentale. Psychose. Schizophrénie.

Qui agit d'une manière déraisonnable. *Devenir fou. Se conduire comme un fou.* Détraqué. Anormal. Désaxé. Dérangé. Insensé. Bizarre. Ecervelé. / (*Termes fam.*) Fada. Timbré. Piqué. Déboussolé. / (*Termes pop.*) Dingo. Dingue. Cinglé. Cintré. Sonné. Siphonné. Toqué. Tapé. Maboul. Marteau. Tordu. Toc-toc. Loufoque. Louftingue. Cinoque. Schnock. / *Un peu fou.* Braque (fam.). Fantasque. Etourdi. Follet. Fou-fou.
Etre fou. Déraisonner. Divaguer. Dérailler (fam.). Dire des insanités. Débloquer (fam.). Déménager (fam.). Avoir perdu la raison, la tête. Avoir perdu la boussole (fam.), la boule (pop.). Avoir

une araignée au plafond. Travailler du chapeau (fam.). Battre la campagne. Battre la breloque. Délirer.
FOLIE. Déraison. Insanité. Aberration. Egarement. Aveuglement. Inconscience. Délire. Divagation. Maboulisme (pop.).

Contraire à la raison. *Une folle tentative. Un geste fou.* Absurde. Déraisonnable. Insensé. Démentiel. Aberrant. Hasardeux. Dangereux. / *Personne qui se livre à des gestes fous, excessifs.* Energumène. Forcené.
FOLIE. Absurdité. Extravagance. Aberration. / Sottise. Bêtise. Coup de tête. Toquade. / *Faire des folies.* Faire des siennes. Ecarts de jeunesse. Frasques. Fredaines.

Qui a une passion extrême pour quelqu'un ou pour quelque chose. *Etre fou d'une personne.* Epris. Entiché. Idolâtre. / Adorer. Aduler. Idolâtrer. / *Etre fou de quelque chose.* Fanatique. Mordu. Passionné. / Raffoler.
FOLLEMENT. Extrêmement. Très. Passionnément. Eperdument. A la folie.

Qui est extraordinaire (fam.). *Un succès fou.* Immense. Prodigieux. Enorme. Fantastique.

foudre

(du lat. *fulgur*)

Décharge électrique aérienne accompagnée d'une vive lumière (éclair) et d'une violente détonation (tonnerre). ***Eclair.*** Eclair de chaleur ou épars. Fulguration. / Eclair fulminant (à ligne très nette). Eclair arborescent ou ramifié. Eclair en chapelet, en boule, en nappe. / Feu du ciel. / Eclairer (faire des éclairs). / Zébrer le ciel.

Tonnerre. Coup de tonnerre. / Tonner. Gronder. Rouler. Eclater. / Grondement. Roulement. / Tomber.
FOUDROYER (frapper de la foudre). Foudroiement. Foudroyant.

Relatif à la foudre. Paratonnerre. Chaîne. Parafoudre. Perd-fluide. / Orage. / Voix de tonnerre. Voix tonitruante. / Fulminer. Fulminant. / Coup de foudre (amour subit). / Fulgurant (brillant; rapide comme l'éclair).

fougue

(de l'ital. *foga,* fuite précipitée, emprunté au lat. *fuga,* fuite)

Ardeur impétueuse. *La fougue de la jeunesse. La fougue d'un orateur.* Elan. Feu. Impétuosité. Emballement. Exaltation. Emportement. Exubérance. Frénésie. Pétulance. Véhémence. Violence.
FOUGUEUX (qui a de la fougue). Impétueux. Emballé. Emporté. Endiablé. Exalté. Bouillant. Bouillonnant. Frénétique. Exubérant. Véhément. Violent. / Avoir le sang chaud.
FOUGUEUSEMENT. Frénétiquement. Impétueusement. Véhémentement.

foule

(de *fouler,* presser, serrer; en lat. *multitudo;* en gr. *ochlos*)

Grand nombre de personnes réunies en un lieu. *Une foule nombreuse, compacte.* Affluence. Monde. Attroupement. Rassemblement. / *S'adresser à une foule.* Assistance. Auditoire. Assemblée. Public. / *Foule en marche.* Cortège. Procession. Défilé. Troupe. / Ochlophobie (peur, aversion de la foule).

Mouvements de foule. Accourir. Affluer. Déferler. Se rassembler. / Encombrer. Grouiller. Fourmiller. Se répandre. Pulluler. / Se presser. Se pousser. Se serrer. S'entasser. Se mêler. Se bousculer. / Onduler. / S'écouler. Refluer. / Se disperser. S'égailler.
Flot. Presse. / Mêlée. Bousculade. Flux. Déferlement. Reflux. Vagues. Cohue. Grouillement. / *Fendre la foule.* Jouer des coudes. / Se mêler à la foule. Prendre un bain de foule.

Groupe d'êtres humains en général. *Aimer la foule. Fuir la foule.* Multitude. Masse. / *Flatter la foule.* Peuple. Populo (pop.). / Démagogie. Démagogue. / *Psychoses de la foule ou psychoses collectives.* Hallucinations collectives. Panique. Hystérie collective. Emeutes.

Grand nombre de personnes ou de choses de même catégorie. *Une foule d'enfants, de jeunes gens.* Multitude. Armée. Légion. Bande. Ribambelle. Kyrielle. Foultitude (fam.). Flopée (pop.). / *Une foule d'idées, de projets.* Quantité. Masse. Collection. Tas (fam.). / *En foule.* En masse. En grand nombre.

four

(du lat. *furnus*)

Enceinte fortement chauffée pour cuire, fondre ou transformer des matières. ***Sortes de fours.*** Four intermittent. Four continu. / Four rotatif. Four-tunnel. / Four basculant.
Four de boulanger. Four portatif ou de campagne (militaires en campagne). / Four industriel. Four à réverbère (à voûte chauffée). Four Martin (affinage

de l'acier). Four Pit (à réchauffer les lingots). Four à sole. Fours électriques à arc, à résistance, à induction. Four électrolytique. Four à carboniser (le bois). Four à coke. / Fourneau (fond ou calcine des mélanges). Bas fourneau, haut fourneau (pour obtenir la fonte). / Four de verrerie. Fours à chaux, à ciment, etc. Four de cuisinière. Four mobile ou portatif (se pose sur un feu). / Four solaire (miroir concentrant les rayons du soleil). / Four Pasteur (stérilisation).

Éléments des fours. Bouche (entrée). Gueulard (de haut fourneau). Porte, trappillon ou regard. Autel (tablette en avant de l'entrée). / Laboratoire (contient les matières). Sole (fond). Cuve, ventre, étalage (haut fourneau). Cornue, chambre de distillation (matières en vase clos). / Dôme ou chapelle (voûte). / Cheminée.
Chaufferie. Foyer. Brûleur. Grille. Cendrier. Carneau (pour le passage des flammes). / Soufflante. Tuyère (injection d'air). Réchauffeur. Récupérateur de chaleur. / Registre. Régulateur. Thermostat.
Pelle à enfourner. Enfourneuse. Trémie de chargement. Chargeuse. Skip (benne glissant sur un châssis incliné et servant à alimenter les fours verticaux). Défourneuse.

Opérations. Séchage. Cuisson. Grillage. Torréfaction. Cokéfaction. Distillation. Fusion. Emaillage. / *Réactions chimiques.* Réduction. Cracking (pétroles). / Charger. Enfourner. Enfournage. / Défourner. Défournage. / Fournée. / Coulée.

fournir
(du francique *frumjan,* exécuter)

Pourvoir de ce qui est nécessaire. *Fournir des denrées alimentaires.* Approvisionner. Ravitailler. Livrer. Vendre.
Fourni (en marchandises). Approvisionné. Achalandé.

Se fournir. S'approvisionner. Se ravitailler. Se servir. Faire ses achats, ses commissions, ses courses.

FOURNITURE. Approvisionnement. Ravitaillement.

FOURNISSEUR. Commerçant. Détaillant. Ravitailleur. / *Fournisseur habituel.* Attitré.

Mettre à la disposition de quelqu'un. *Fournir une aide, un secours, un renseignement.* Donner. Apporter. Procurer. / *Fournir un argument, un alibi.* Alléguer. / *Fournir des papiers d'identité.* Présenter. Montrer.

Produire. *Fournir un effort, un travail.* Faire. Accomplir. / *Fournir des fruits, des récoltes.* Donner. Porter. Rapporter.

fourrage
(du francique *fodar,* paille)

Toute substance végétale servant à la nourriture du bétail. Fourrage vert. Herbe. / Fourrage sec. Foin. Paille.
Prairie naturelle. Herbage. Pâturage. Alpage. / *Plantes fourragères.* Herbe. Graminacées (v. PRAIRIE). / Sorgho. Maïs. Chou fourrager.
Tubercules et racines. Pomme de terre. Topinambour. Betterave. Rutabaga. Carotte. / *Sous-produits utilisés comme fourrages.* Tourteaux. Mélasses. Pulpes, etc.

Récolte. Fenaison. / Fauchaison. Fauchage. Faucher. Coupe. Couper. Andain (ligne formée par les herbes coupées). / Fanage. Faner. Faneur. Sécher. Séchage. Râteler. Râtelage. Râteau. / Mise en tas. Meule. Mulon (dialectal). Veillotte (dialectal). / Ramasser. Ramassage. / Botteler. Botteleur. Botteleuse. / Rentrer le foin. / Grenier à foin. Fenil. / Silo. Ensiler. Ensilage.

Usage. Mettre à l'herbe. Mettre au vert. / *Donner du fourrage.* Affourager. Affouragement. / *Nourriture donnée au bétail.* Provende. Pâture. Ration. / Râtelier. Abat-foin. Mangeoire. / Hachoir. Hache-paille. Coupe-racines. Dépulpeur.

fourrure
(de *fourrer,* du francique *fôdr,* fourreau)

Peau d'animal garnie de son poil, préparée pour servir de vêtement, de doublure. *Principales fourrures.* Agneau des Indes. Astrakan noir, gris. Breitschwanz (variété d'astrakan). Castor. Chèvre. Chinchilla. Fouine. Gazelle. Hermine. Lapin. Léopard. Lièvre. Loup. Loutre. Lynx. Marmotte. Martre. Mouflon. Mouton. Ocelot. Opossum. Ours. Ourson. Panthère. Pékan. Petit-gris. Phoque. Poulain. Ragondin. Rat musqué. Renard commun, bleu, noir, argenté, blanc. Sconse ou skunks. Singe. Taupe. Tigre. Vair. Vigogne. Vison. Zibeline. Zorille (zorrino). Yémen (chevreau d'Arabie).

Préparation des fourrures. Echarnage des peaux. Apprêt ou tannage. Foulonnage. Séchage. Dégraissage. Battage. Dolage. Teinture. Lustrage. Nettoyage. Brillantage. Veloutage. / (Pour certaines peaux.) Rasage. Epilage. / Coupe. Assemblage. Egalisage. Montage. Ouatinage. Doublage.

FOURREUR. Fourreur créateur. Fourreur de détail. Fourreur confectionneur. / Apprêteur. / Lustreur. Pelletier.
FOURRER (doubler, garnir de fourrure). Fourrage.

Utilisation des fourrures. Manteau. Etole. Col de fourrure. Manchon. Toque. Parements. / *Vêtement doublé de fourrure.* Canadienne. Pelisse. Douillette. Parka, etc.
Insectes qui mangent les fourrures. Mite. Teigne. Dermeste. / Détérioré. Mangé. Mité. Rongé.

fragile
(du lat. *fragilis,* de *frangere,* briser)

Qui se casse, se détériore facilement. *Un objet, un mécanisme fragile.* Cassant. Cassable. Peu solide.

Qui est de constitution faible. *Un enfant fragile.* Délicat. Faible. Frêle. Débile. Chétif. / *Une santé très fragile.* Précaire. Chancelant. / *Etre très fragile.* N'avoir que le souffle.
FRAGILITÉ. Débilité. Faiblesse. Chétivité ou chétiveté.

Qui manque de solidité. *Un échafaudage fragile.* Instable. Branlant. Mal assuré. Peu sûr. Château branlant. Château de cartes.
(Avec un mot abstrait.) *Bonheur fragile. Pouvoir fragile.* Précaire. Inconstant. Instable. Passager. Ephémère. Temporaire. Caduc. Ne faire que passer. S'évanouir. Disparaître rapidement. Ne tenir qu'à un fil. / Feu de paille. Déjeuner de soleil.
FRAGILITÉ. Précarité. Instabilité. Inconstance. Inconsistance.

frais
(du francique *frisk*)

Qui est légèrement froid. *Un air frais. Un vent frais.* Frisquet (fam.). / *Prendre le frais.* Respirer l'air frais.
FRAÎCHEUR. Température fraîche. / A la fraîche (au moment où il fait frais).
FRAÎCHIR (devenir frais). Se rafraîchir.
RAFRAÎCHIR (rendre plus frais). Rafraîchir une boisson, un aliment. / Rafraîchissements (boissons fraîches, fruits frais).
RAFRAÎCHISSANT. Désaltérant.

Qui est d'origine ou d'apparition récente. *Une trace de pas toute fraîche.* Récent. Nouveau. / *Une nouvelle toute fraîche.* De dernière heure.
Du pain frais. Du beurre frais. Nouvellement produit, fabriqué. / *Du poisson frais.* Non conservé.

Qui a de l'éclat, de la jeunesse, de la vitalité. *Un teint frais.* Coloré. Rose. Fleuri. / *Un vieillard encore frais.* Vert. / *Se sentir frais et dispos.* Reposé. En forme (fam.).

franc
(du francique *frank*)

Qui s'exprime, agit ouvertement. *Un homme franc.* Droit. Sincère. Catégorique. Net. Loyal. Honnête. / *Un caractère franc. Un ton franc.* Ouvert. Spontané. Direct. Carré (fam.).
Etre franc avec quelqu'un. Agir sans détour. Parler en face. Aller droit au fait. Dire son fait. Jouer cartes sur table. Ne pas mâcher ses mots. Appeler un chat un chat. Ne pas chercher midi à quatorze heures. / Avoir son franc-parler (liberté de langage, absence de réserve dans ses paroles).
FRANCHISE. Loyauté. Sincérité. Honnêteté. Droiture. Spontanéité. Simplicité.
FRANCHEMENT. Sincèrement. Loyalement. Simplement. Purement et simplement. Tout bonnement. Carrément. Ouvertement. Sans détour. Sans ambages. Sans arrière-pensée. Sans équivoque. Sans ambiguïté. Sans réticence. / Clairement. Nettement. Catégoriquement. / Vraiment. Certainement. Indiscutablement.

Qui n'est pas douteux. *Une couleur franche. Un ton franc.* Net. Simple. Sans mélange. / *Vin franc.* Naturel. Pur.

franc-maçonnerie
(de l'angl. *free mason,* maçon libre)

Association internationale de caractère philanthropique. *Organisation.* Grande Loge ou Grand Orient. Rite moderne ou français. Grand Orient de France. Grand Collège des rites. / Rite ancien et accepté ou écossais. Grande Loge de France. Suprême Conseil (loges du 4ᵉ au 33ᵉ degré). / Grande Loge mixte. Droit humain. / Loge (au moins 7 personnes). Vénérable (président). Surveillant (2). Orateur. Secrétaire. Maître des cérémonies. Grand expert. Hospitalier. Couvreurs. Sacres. Trésorier, etc.
Temple (lieu de réunion). Pas-perdus (salle qui précède le temple). / Réception. Admission à la lumière. Initiation. Epreuves. / Mot sacré. Mot de passe. Mot de semestre. Tuiler (reconnaître chaque membre avant son entrée dans le temple). / Signes maçonniques. Symboles ou emblèmes : Triangle. Compas. Equerre. Niveau. Tablier. Truelle. / Bijou (décoration de chaque grade). /

Tenue. Atelier. Convent (assemblée générale).

Membres. Franc-maçon. Maçon. Frère Trois-Points (fam.). / Grand maître (chef suprême dans un pays). / Apprenti. Compagnon. Maître (premiers grades ou grades symboliques). / Apprenti. Compagnon. Maître. Elu. Ecossais. Chevalier d'Orient. Prince rose-croix (7 grades selon le rite français ou moderne).
Rite écossais (33 grades). Loges de perfection (4e au 14e degré). Maître secret (4e degré). Maître élu des neuf (9e degré). Grand maître architecte (14e degré). Grand élu de la voûte sacrée, parfait et sublime maçon (14e degré). / Chapitre (15e au 18e degré). Chevalier rose-croix (18e degré). / Aréopages (19e au 30e degré). Chevalier kadosch (30e degré). Suprêmes Conseils (31e au 33e degré). Grand inspecteur, inquisiteur, commandeur, Sublime prince du royal secret, Souverain grand inspecteur général.

frapper

Donner des coups. *Frapper quelqu'un au visage.* Gifler. Claquer (fam.). Souffleter. Donner une gifle, des gifles. Taper (fam.). / *Frapper à coups de pied, de poing.* Battre. Rosser. Malmener. Maltraiter. Molester. Lever, porter la main sur quelqu'un. Assener, donner, porter un coup, des coups. / *Frapper avec un fouet.* Fouetter. Flageller. Fouailler. / *Frapper avec une cravache, un bâton.* Cravacher. Bâtonner. / Fustiger. / *Frapper avec un poignard.* Poignarder.

Toucher plus ou moins rudement. *Frapper le visage* (en parlant de la pluie). Cingler. Fouetter. Meurtrir. / *Frapper un obstacle* (en parlant d'un projectile). Tomber sur. Percuter. / *Frapper à une porte.* Heurter (vx). Tambouriner (fam.). / *Frapper légèrement, à petits coups.* Tapoter (fam.).

FRAPPEUR. Esprit frappeur (qui manifeste sa présence en frappant contre les meubles). Typtologie (communication des esprits frappeurs).

Atteindre d'un mal, d'un châtiment. *Frapper de paralysie.* Atteindre. / *Frapper d'une amende.* Condamner. / *Frapper un coupable.* Châtier. Punir.

Affecter d'une certaine impression. *Frapper* (en parlant de ce qu'on voit, de ce qu'on entend). Impressionner. Etonner. Surprendre. / *Frapper l'œil, le regard.* Attirer. Accrocher. Sauter aux yeux. / *Frapper d'horreur, de crainte.* Saisir. Méduser. / *Frapper quelqu'un* (en parlant d'un malheur). Affecter. Emouvoir. Commotionner. Traumatiser. Donner un choc, une commotion.

FRAPPANT. Ressemblant. Etonnant. Eclatant. Evident.

Se frapper (fam.). S'inquiéter. Se faire du souci. Avoir mauvais moral.

fraude

(du lat. *fraus, fraudis,* tromperie)

Action faite dans l'intention de tromper, d'échapper à l'application d'une loi, d'un règlement. *Fraude électorale. Fraude fiscale.* Tromperie. Escroquerie. Dol. Vol. Resquille (fam.). Tricherie. Triche (fam.). / *Fraude dans la vente de marchandises.* Falsification. Contrefaçon. Arnaque (pop.).

FRAUDER (commettre une fraude). Voler. Carotter (fam.). Escroquer. Resquiller (fam.). Tricher. Arnaquer (pop.).

FRAUDEUR. Carotteur (fam.). Escroc. Resquilleur (fam.). Tricheur. Arnaqueur (pop.).

FRAUDULEUX (entaché de fraude). *Moyen frauduleux.* Malhonnête. Déloyal.

FRAUDULEUSEMENT. Malhonnêtement.

fréquent

(du lat. *frequens*)

Qui arrive souvent. *Un phénomène fréquent. Un cas fréquent.* Courant. Habituel. Commun. Constant. Ordinaire. / *Un mot fréquent dans une conversation.* Usuel. Répété. Réitéré.

FRÉQUENCE. Répétition. Constance. Réitération.

FRÉQUEMMENT. Souvent. D'ordinaire. Généralement.

fréquenter

(du lat. *frequentare*)

Fréquenter une personne. *Fréquenter un camarade.* Voir fréquemment. Rencontrer souvent. Avoir, entretenir des relations suivies. Avoir des rapports avec. Frayer avec. Hanter (vx). / Aller chez quelqu'un. Etre reçu. Etre de la maison. Etre un familier. / *Fréquenter un milieu, une société.* Avoir des accointances avec. Côtoyer. Approcher. Avoir accès auprès de. Pratiquer (vx). / *Fréquenter ses voisins.* Voisiner. / *Fréquenter une jeune fille.* Avoir des relations sentimentales. Flirter. Courtiser. Faire sa cour à. / Flirteur. / *Fréquenter les filles.* Courir. Courailler. / Coureur. / *Fréquenter la canaille, des gens de mœurs douteuses.* S'encanailler. S'acoquiner avec.
Personne que l'on fréquente. Ami. Com-

pagnon. Camarade. / Fréquentation. Relations. Voisinage. Entourage.

FRÉQUENTATION (le fait de fréquenter une personne, un lieu). Contact. Abord. Approche. Pratique. Commerce (vx).

Fréquenter un lieu. *Fréquenter un cercle, un café.* Aller habituellement, souvent dans. / *Fréquenter les bals, les spectacles.* Courir (les bals, etc.). / *Personne qui fréquente un lieu.* Habitué. Client. / Pilier (de cabaret, de bistrot). *Endroit fréquenté.* Passant. Encombré.

frère et sœur

(du lat. *frater, soror*)

Degré de parenté. Frère germain (né du même père et de la même mère). / Frère consanguin (né du même père). Frère utérin (né de la même mère). Demi-frère. / Frères jumeaux. / Frère aîné, cadet, puîné (vx). / Frères de lait. Frère adoptif. / Frangin (pop.). Frérot (fam.). / Beau-frère.
Sœur germaine. / Sœur consanguine. Sœur utérine. Demi-sœur. / Sœurs jumelles. / Sœur aînée, cadette, puînée (vx). / Sœur de lait. / Sœur adoptive. / Frangine (pop.). / Belle-sœur.

Relatif au frère et à la sœur. Fraternel. Sororal (rare). / Consanguinité. / Droit d'aînesse. Primogéniture. / Inceste (amours d'un frère et d'une sœur). Incestueux. Incestueusement. / Fratricide (meurtre d'un frère ou d'une sœur).

FRATERNITÉ. *Fraternité humaine.* Relations amicales, humaines. / Union fraternelle. Charité. Amour du prochain. Entente. Concorde.

FRATERNEL. Secourable. Charitable. Généreux. Cordial. Sympathique. / Amical. Affectueux.

FRATERNELLEMENT. Entre camarades.

FRATERNISER. S'entendre. Se fréquenter. Frayer. Sympathiser. Etre camarade.

froid adj.

(du lat. *frigidus ;* en gr. *kruos*)

Qui est à basse température. Eau froide. / *Un air froid.* Vif. Piquant. / *Un vent très froid.* Glacé. Glacial. / *Un hiver froid.* Rude. / *Légèrement froid.* Frais. Frisquet (fam.). / Repas froid. Viande froide.

Qui manque de sensibilité, d'enthousiasme. *Un tempérament froid.* Flegmatique. Calme. / *Une femme froide.* Frigide. / Frigidité (absence de plaisir sexuel). / *Un cœur froid.* Insensible. Sec. Dur. / *Un orateur froid.* Monotone. Ennuyeux. Terne. Plat. Languissant.

FROIDEUR. Flegme. Calme. / *Témoigner de la froideur.* Antipathie. / *Battre froid.* Faire grise mine.

FROIDEMENT. Sans émotion. Avec une grande insensibilité. Sans passion. Sans enthousiasme.

Qui fait preuve d'indifférence. *Rester froid dans le danger.* Imperturbable. Impassible. Marmoréen. / *Un air froid. Un abord, un ton froid.* Grave. Sérieux. Réservé. Distant. Indifférent. Glacial. Réfrigérant. Glaçant.

FROIDEUR. Impassibilité. Imperturbabilité. Sang-froid. Réserve. / Indifférence. Détachement.

FROIDEMENT. Fraîchement.

froid n.m.

Absence de chaleur. Température basse. Froidure (vx). / Un froid sec, humide. Un froid intense. Un grand froid. Un froid vif, piquant, pénétrant, cuisant, polaire. Un froid noir, âpre. / Un froid de loup, de chien, de canard (fam.). / *Faire froid.* Faire frisquet (fam.). / Geler à pierre fendre.
La saison du froid. Hiver. / Intempéries. Pluie. Grêle. Neige. Frimas. Givre. Giboulée. Glace. Verglas. Bise glaciale. / Vague de froid. Abaissement de la température.

Effets du froid. Le froid pince, pique, saisit, engourdit. / *Avoir froid.* Etre transi. Etre frigorifié (fam.). Etre gelé. Avoir le visage bleu, rouge, violet, pâle de froid. / Trembler de froid. Claquer des dents. Grelotter. Trembloter. Frissonner. / Avoir la chair de poule. / Avoir les mains gourdes. Avoir l'onglée. Souffrir d'engelures, de gerçures, de crevasses. / *Craindre le froid.* Etre sensible au froid. Etre frileux. / *Prendre froid.* Attraper froid, un chaud et froid. Se refroidir. S'enrhumer. Prendre un refroidissement. Etre atteint d'une congestion.

Usages du froid. Conservation des denrées alimentaires. Réfrigération. Congélation. Cryodessiccation. Mélange cryogène ou réfrigérant (par ex. eau et sel). Frigoriste (technicien des installations frigorifiques). Frigo (viande frigorifiée) [fam.]. / Appareils frigorifiques. Réfrigérateur. Fluide frigorigène (ammoniac, Fréons, etc.). Absorbeur. Compresseur. Evaporateur. Congélateur. Freezer. / Cryostat (à gaz liquéfiés). Glacière. /

Alcarazas, gargoulette (vases poreux servant à rafraîchir les liquides). / Rafraîchir des aliments, des boissons. Rafraîchissements. Glace. Crème glacée. Boisson glacée. Champagne frappé.

Production du froid. Cryogénie (production des basses températures). Climatisation. Climatiser. Ventilation. Ventilateur. Cryologie.
Thérapeutique par le froid. Cryothérapie. Hibernation artificielle.

Absence d'affection, d'amitié. *Etre en froid avec quelqu'un.* Mésentente. Mésintelligence. Désaccord. Brouille. Bouderie. Fâcherie (vx).

fromage

(du lat. pop. *formaticum;* lat. class. *caseus;* en gr. *tyros*)

Aliment obtenu par la fermentation du lait. ***Variétés de fromages.*** *Fromages frais.* Fromage blanc. Fromage à la pie. Demi-sel. Petit-suisse. Double-crème.
Fromages affinés à pâte molle et croûte moisie. Camembert. Cancoillotte. Brie. Coulommiers. Carré de l'Est. / *Fromages à pâte molle et croûte lavée.* Géromé. Munster. Pont-l'Evêque. Livarot.
Fromages à pâte ferme (avec moisissure à l'intérieur). Roquefort. Bleu d'Auvergne. Gex ou bleu du Jura. Septmoncel. Sassenage. Gorgonzola.
Fromages à pâte ferme pressée, non cuite. Cantal. Hollande. Fourme. Reblochon. Port-Salut. Saint-Nectaire. Saint-Paulin. Mimolette. / *Fromages à pâte ferme pressée et cuite.* Comté. Gruyère. Emmenthal. Parmesan. Vacherin.
Fromages à pâte dure. Fromages de chèvre : Chabichou. Chevrotin. Crottin de Chavignol.
Fromages fondus. Crème de gruyère, d'emmenthal.

Fabrication. *Formation du caillé.* Brassage du lait. Présure. Emprésurage. Coagulation. Emiettement. Salage. / Cuisson.
Egouttage. Persillage. Moulage. Séchage sur claies, en séchoir. / *Affinage.* Mise en cave. Cave de maturation. / Meule. Pain. Pâte. Croûte. Yeux. / Egoutter. Sonder. Presser. Mouler. Affiner.
Ustensiles. Moules. Formes. Cannelon. Caserel. Caseret. Caserette. / Claies. Eclisse. Clayon. Cagerotte. Faisselle. / *Outils.* Tranche-caillé. Moussoir.
Fromagerie. Laiterie. Fruitière (Savoie). Buron (Auvergne). / Fromager. Buronnier. Maître-fruitier.

Relatif au fromage. Ferments lactiques. Moisissure. Pénicillium. / Caséine. Caséinier. Caséeux. / Se piquer (en parlant d'un fromage). Couler. Se miter. Grouiller de vers. / *Mets au fromage.* Fondue. Quiche. Canapé au fromage. Ramequin. Gnocchi. Gratinée. / Fromageux. Tyroïde (qui a l'aspect du fromage).

frotter

(du lat. pop. *frictare*)

Passer, en appuyant, une chose sur une autre. *Frotter un meuble.* Essuyer. / *Frotter fort.* Appuyer. / *Frotter deux pierres pour produire du feu.* Battre le briquet. / *Frotter doucement.* Caresser. Frôler. Effleurer. Chatouiller. / *Frotter, pétrir avec les mains.* Masser. Frictionner. Friction. / *Frotter une allumette.* Gratter. Allumer. / Frottoir. / Abraser (user par frottement).

Produire un frottement. *Frotter* (en parlant d'organes mécaniques). Gripper. Se gripper.

FROTTEMENT. Friction. / *Usure par frottement.* Abrasion. Rodage. / *Frottement anormal des pièces d'un mécanisme.* Grippage.

Rendre plus propre, plus brillant. *Frotter du linge.* Brosser. Nettoyer. / *Frotter des objets pour les faire briller.* Astiquer. Fourbir. Briquer (fam.). / *Frotter un parquet.* Encaustiquer. Cirer. / Frotteur. / *Frotter en grattant.* Racler. Gratter. Râper. / *Frotter le poil d'un cheval.* Bouchonner. Etriller. Panser. / *Frotter pour polir.* Limer. Poncer. Roder. Egriser (le diamant). / Egrisée (poudre).

fruit

(du lat. *fructus;* en gr. *karpos*)

Partie d'une plante qui apparaît après la fleur et qui contient les graines. ***Différentes sortes de fruits.*** *Fruits charnus.* Baies : Fruits à pépins. Grain de raisin. Groseille. Pomme. Poire. Orange. Melon. Potiron. / Drupes : Fruits à noyau. Cerise. Prune. Pêche. Abricot. Noix.
Fruits secs déhiscents. Follicules : Ancolie. Pied-d'alouette. / Gousses : Pois. Haricot. Fève. / Siliques : Chou. Giroflée. / Capsules : Iris. Tulipe. Violette. Primevère. Pavot. / Pyxides : Mouron rouge.
Fruits secs indéhiscents. Akènes : Sarrasin ou blé noir. Clématite. Gland. Faine. Châtaigne. / Samares : Fruit de l'orme. / Caryopse : Grain de blé.

Fruits simples / Fruits composés. Grappe. Régime.
Fruit doux, sucré. / Fruit acide, acidulé, aigrelet, sur (vx), suret (vx), amer. / Fruit vert, pas mûr. / Fruit mûr, blet. / Fruit avarié, pourri, véreux. / Fruit meurtri, talé. / Fruit aqueux, juteux. / Chair (ou pulpe) cotonneuse, farineuse. / Chair pierreuse, graveleuse, grumeleuse. / Fruit odorant, parfumé.

Parties d'un fruit. Arille. Capsule. Carpelle. Cellule. Cloison. Cœur. Columelle. Coque. Côte. Cupule. Diaphragme. Duvet. Ecale. Ecorce. Endocarpe. Epicarpe (ou peau). Hile ou ombilic. Loges. Mésocarpe. Noyau. Peau. Pédoncule. Pépin. Péricarpe. Pruine. Pulpe. Queue. Réceptacle. Valve. Zeste.

Récolte. Se nouer. Nouaison. Nouure. / Mûrir. Maturation. Maturité. Véraison. Aoûter. Aoûtement.
Fruits précoces. Primeurs. / Fruits tardifs. / Avorter. Avortement. Couler. Coulure. Tomber. / Cueillir. Cueillette. Cueillaison. / Gauler. Effruiter. / Vendanger. Vendange. / Meurtrir. Taler. Cotir (vx). Défleurir (ôter le velouté).

Consommation. Dessert. / Beignet. Compote. Gelée. Confiture. Marmelade. Tarte. Salade, macédoine de fruits. / Conserves. Fruits confits. Fruits glacés. Fruits congelés. Fruits tapés. / Fruits secs. Mendiants. / Sirop. Jus de fruits. Vin. Cidre. Liqueurs. / Distiller. Bouillir. / *Préparer pour la consommation.* Peler. Enucléer. Dénoyauter. Enucléation. Ecaler. / Equeuter. / Découper. / Corbeille de fruits. Compotier.

Principaux fruits. Abricot. Airelle. Amande. Ananas. Arbouse. Avocat. / Banane. Brugnon. / Cacao. Café. Calebasse. Câpre. Caroube. Cassis. Cenelle. Cerise. Châtaigne. Citron. Clémentine. Coing. Corme. Cornouille. / Datte. / Faine. Figue. Fraise. Framboise. / Goyave. Grenade. Groseille. / Kaki. / Litchi. / Mandarine. Mangue. Marron. Merise. Mûre. Muscade. Myrtille. / Nèfle. Noisette. Noix. Noix de coco. / Olive. Orange. / Pamplemousse. Pastèque. Pêche. Pistache. Poire. Pomme. Prune. Prunelle. / Raisin.
Fruits légumiers. Aubergine. Citrouille. Melon. Courge. Courgette. Tomate. Cornichon.

Relatif aux fruits. *Principes actifs des fruits.* Fructose. Suc. Vitamine. Pectine. / Carpologie. Pomologie. / Carpophage (mangeur de fruits). Carporama (exposition de fruits factices). / Fructifier. Fructification. Fructifère. / *Culture des fruits.* Arboriculture. Verger. Arbre fruitier. / Fruiterie. Fruitier. Fruitière. / Frugivore. / Fruité (qui a le goût de fruit). Fructidor (mois). Pomone (déesse). / *Parasites.* Bupreste. Pucerons. Cochenilles. Anthonomes. Carpocapses. Ceratitis.

fuir

(du lat. pop. *fugire ;* lat. class. *fugere)*

S'éloigner pour échapper à une personne, à une chose. *Fuir de sa maison. Fuir devant quelqu'un.* Partir. S'en aller. Quitter. Disparaître. Prendre la fuite. S'enfuir. Se sauver. Lever le pied. Mettre la clef sous la porte. Jouer la fille de l'air (fam.). Prendre la clef des champs. Se barrer (pop.). Se tirer (pop.). / *Fuir de chez quelqu'un sans prévenir.* Filer, partir à l'anglaise. Brûler la politesse. / *Fuir* (en parlant d'une troupe). S'enfuir. Battre en retraite. Lever le camp. Fiche(r) le camp (fam.). Plier bagage. Lâcher pied. Evacuer un pays. Vider les lieux. / Se retirer en fuyant. Se débander.
Fuir précipitamment. Se sauver. Déguerpir. Décamper. Détaler. Décaniller (fam.). Prendre ses jambes à son cou. Prendre la poudre d'escampette (fam.). Caleter (pop.). Se débiner (pop.). Jouer des flûtes (fam.). Se trisser (pop.).
Faire fuir. Chasser. Déloger. Eloigner. Mettre en fuite. Repousser. Mettre en déroute. Disperser.
FUYARD. Fugitif. / Evadé.
FUITE. *Fuite rapide, désordonnée.* Débandage. Déroute. Panique. Sauve-qui-peut. Débâcle. / *Fuite d'une population devant l'ennemi.* Exode. / *Fuite d'un enfant, d'un adolescent.* Fugue. Escapade. Disparition du foyer familial. / Fugueur.

Chercher à échapper à quelque chose. *Fuir devant ses responsabilités.* Se dérober. Se défiler. Se récuser. S'esquiver. Se soustraire à.
FUITE. Dérobade. Défaite (littér.). Faux-fuyant. Excuse. Echappatoire. Subterfuge.

S'échapper par une fente étroite ou cachée. *Fuir* (en parlant d'un liquide). Couler. S'écouler. Passer. Suinter.

Laisser échapper un liquide, un fluide. *Fuir* (en parlant d'un récipient). Perdre. Etre percé. Etre poreux.
FUITE. Ecoulement. Perte. Déperdition. / Fente. Fissure.

Chercher à éviter une personne, une chose. *Fuir quelqu'un. Fuir la présence d'une personne.* Se cacher. / *Fuir* *le monde.* Abandonner. Quitter. Se retirer. Disparaître. / *Fuir un danger.* Eviter. Se soustraire à. / *Fuir une responsabilité.* Esquiver. Eluder.

fumée

(du lat. *fumus*)

Produit gazeux, plus ou moins épais, que dégage un corps en combustion. ***Etats de la fumée.*** Fumée épaisse, légère, vaporeuse. / Fumée noire, grise, bleuâtre. / Fumée âcre, irritante, suffocante. / Ruban de fumée. Nuage. Flocon. Panache. Flot. Tourbillon. Volute. Arabesques. Ronds. / S'envoler. Monter. Se rabattre. Tourbillonner. Se dissiper.

Production de la fumée. Cheminée. Foyer. Atre. Incendie. / Fumerolles (d'un volcan). / Produits volatils. Evaporation. Buée. Vapeur. / Encens. Cierge. Bougie. / Exhalaison. Bouffée. / Tabac. Pipe. Cigare. Cigarette. / Fumeur. Dégager de la fumée. Fumer. / Fumigène (qui produit de la fumée). / Fumivore (qui absorbe la fumée).

FUMISTE (installe, répare les appareils de chauffage). Fumisterie.

Action de la fumée. *Fumer de la viande.* Boucaner. Boucanier. / *Viande fumée.* Boucan. Pemmican. / *Fumer du poisson.* Saurer ou saurir. Saurisserie. Saurisseur. / Hareng saur. Saurin (hareng nouvellement séché). Sauris (saumure de hareng). Haddock (aiglefin fumé). / *Remplir de fumée.* Enfumer. Enfumage. / *Production de fumées, de vapeurs dans un but thérapeutique, hygiénique.* Fumigation. Désinfection. Inhalation. / Fumiger (rare). Désinfecter. Assainir.

fureur

(du lat. *furor,* folie)

Passion démesurée. *La fureur du jeu.* Manie. Acharnement. Rage. / *A la fureur.* Passionnément. Follement.

Faire fureur (en parlant d'une mode, d'une nouveauté). Succès. Vogue. Engouement.

Colère violente. *Accès, crise de fureur.* Irritation. Emportement. Exaspération. Rage. Explosion. / *Entrer en fureur.* S'emporter. Eclater. Exploser. Tempêter. Rager. Fulminer.

FURIEUX. Exaspéré. Déchaîné. Furibond. Furibard (fam.). Furax (fam.). Hors de soi. / *Fou furieux.* Forcené. Energumène.

Manifestation de la fureur. V. COLÈRE.

Extrême violence. *Se battre avec fureur.* Impétuosité. Acharnement. Violence. Furie. / Mer en furie (très houleuse).

FURIEUX. *Combat furieux.* Acharné. Violent.

fusée

(de *fuser,* déflagrer longuement)

Engin à réaction propulsé par les gaz que dégage le mélange de substances combustibles et comburantes.

Sortes de fusées. Fusée spatiale. Fusée simple. Fusée à étages ou fusée composite. / Lanceur d'engins spatiaux ou, simplement, lanceur. / Fusée-sonde (exploration de l'atmosphère). Fusée ionosphérique. / Missile. Engin spécial. Roquette. / Fusée éclairante. Fusée de signalisation. Fusée lance-amarre. / Avion-fusée. / Fusée paragrêle.

Fusée à liquides. Fusée à propergol solide ou fusée à poudre. / Fusées à propulsion chimique, nucléaire, ionique.

Structure et éléments des fusées. Fusée sèche (complète, mais réservoirs vides). / Ogive, tête ou coiffe. Charge utile. / Etage. Jupe de raccordement (entre étages). Boulons explosifs (séparation des étages). / Moteur-fusée. Couronne d'injection. Allumeur. Chambre de combustion. Col. Tuyère.

Propergol. Ergol combustible. Oxydant ou ergol comburant. / Diergol ou biergol (à deux ergols). Lithergol (un ergol liquide, un autre solide). / Monergol (un seul ergol). / Hypergol ou propergol hypergolique (s'allume spontanément). / Alimentation par refoulement. Alimentation par pompage. Turbopompe. Générateur de gaz (actionne la turbopompe). Electrovanne. / Propergol solide. Bloc de propergol.

Case à instruments. / Fusées auxiliaires. Accélérateur ou booster (complément de puissance au décollage). Rétrofusée (pour le freinage). Fusée vernier. Fusées ou éjecteurs (de gaz comprimés) de manœuvre, de correction de la trajectoire, de stabilisation.

Opérations avec les fusées. Montage. Contrôle. Avitaillement. Chronologie ou compte à rebours. Mise à feu. Lancement. Décollage. / Vol propulsé. Séparation, éjection ou largage des étages. Vol balistique (sur la lancée, moteurs arrêtés). Rallumage ou réallumage des moteurs.

Trajectographie. Télémesure. Traquage ou poursuite. Station de poursuite, de télémesure, de télécommande. Autoguidage. Téléguidage. Contrôle de l'altitude. Correction de trajectoire. / Satellisation, mise en orbite ou injection sur une orbite. Lancement d'un engin spatial. / Retombée (d'un étage). Rentrée (dans l'atmosphère, venant de l'espace).

Relatif aux fusées. Masse initiale. Masse finale. Rapport des masses (initiale et finale). Poussée (puissance). Impulsion spécifique (valeur énergétique d'un propergol). Vitesse d'éjection (des gaz). Vitesse finale (après arrêt des moteurs). / Fuséologie. Fuséologue. / Pyrotechnie. Artificier.

fusil

(du lat. pop. *focilis* [*petra*], [pierre à] feu, de *focus*, feu)

Arme à feu portative. Fusil de guerre. Fusil à aiguille. Fusil à percussion, à capsule ou à piston (milieu du XIXe s.). / Fusil Chassepot (1866). / Fusil à tabatière (1867). / Fusil Gras (1874). / Fusil Lebel (1886). / Fusil mitrailleur (1915). / Fusil automatique (1949). / Mitraillette. Pistolet mitrailleur. / Rifle. Carabine 22 long rifle. / Flingue ou flingot (argot).

Premières armes à feu portatives. Canon à main (fin du XIVe s.). Couleuvrine (XVe s.). Arquebuse à croc, à mèche, à rouet (XVe s.). Haquebute (arquebuse primitive). Mousquet (milieu du XVIe s.). / Pistole (XVIe s.). Pistolet. Carabine. Escopette (XVIe s.). Espingole (XVIe s.). Tromblon (XVIIIe s.). Mousqueton (XVIIIe s.). Biscaïen (gros mousquet).

Parties d'un fusil. Fût. Crosse. Poignée. Battant. / Platine à rouet, à silex, à batterie, à percussion. / Canon lisse, rayé, cannelé. / Culasse mobile. Chien. Cran d'arrêt. Percuteur. Levier. Cylindre. Détente. Pontet. Ressort de gâchette. Tête mobile. Boîte de culasse. Chargeur. Chambre. Extracteur. Ejecteur. / Hausse. Mire. Œilleton. Grenadière. Guidon. / Ame. / Bassinet. Batterie. Cheminée. Baguette (dans les anciens fusils).

Fusil de chasse. Fusil à chiens (vx). Fusil hammerless (sans chiens). / Fusil chokebore (dont le canon est rétréci à l'extrémité). / Fusil à canon basculant, à canon fixe. Fusil à canons juxtaposés, à canons superposés. / Fusil automatique (pour gibier d'eau). Canardière. / Calibre (12, 16, 20). / Fusil de précision. Fusil à lunette.

Fabrication. Armurerie. Armurier. Arquebusier. Monteur-équipeur. Fourbisseur. / Forer un canon. Forage. Fraiser. Aléser. Alésage. / Fourbir. Bronzer. Damasquiner. / Enture (du fût). Calibrer. Calibrage.

Charge. Charger. Décharger. Charger à plomb, à balle. Recharger. / *Munitions.* Poudre. Balles. Chevrotines. Grenaille. Dragée. Cendrée. / Cartouche. Amorce. Capsule. Bourre. / Chargeur. / Poudrière. Tire-balle. Baguette. / Moule à cartouches. Mandrin. Sertisseur.

Accessoires. Lunette. Baïonnette. Fourreau. / Bretelle. Cartouchière. Giberne (vx). / Botte (boîte à fusil). / Râtelier. / Ecouvillon.

Tir. Etre à l'arrêt. Armer. Epauler. Ajuster. Viser. Bornoyer (viser en fermant un œil). / Ligne de mire. / Coucher, tenir en joue. / Doigt sur la détente. Faire feu. Détonation. Décharge. / Tirer. Tirailler. Tirer à la cible. Tirer à bout portant, au vol, à l'affût, au jugé. / Tir de groupement. Tir au but. Tir groupé. Tir précis. Tir juste. / Tirer à blanc. / Coup de fusil. Coup de feu. Faire mouche. Coup du roi. Salve. Feux de file, de peloton. Feux croisés. / Fusillade. / Arquebusade. / Champ de tir. Stand. / Fusiller. Passer par les armes. Brûler la cervelle. Flinguer (pop.). / / Partir. Eclater. / Canarder (faire feu d'un endroit où l'on est à couvert). / Faire long feu. Rater. Reculer. Recul. / Désarmer un fusil. / Portée.

Relatif au fusil. Fusilier. Tirailleur. Chasseur. / Carabinier. Mousquetaire. / Mettre les fusils en faisceaux. Former les faisceaux. Rompre les faisceaux. / *Port de l'arme.* Porter en bandoulière, sur l'épaule. / Bourrer (pousser avec la crosse). Bourrade.

futile

(du lat. *futilis*, dépourvu de sérieux)

Qui est dépourvu de sérieux, d'importance, de valeur. *Une discussion futile. Un entretien futile.* Frivole. Vide. Sans intérêt. Inconsistant. Creux. / *Dire des choses futiles.* Baliverne. Fadaise. Faribole. Billevesée. Sornette. / *Un prétexte futile.* Puéril. Enfantin. Insignifiant. Vain. / *Une chose futile.* Bagatelle. Futilité. Rien. Broutille. Amusement. / *Un objet futile.* Babiole.

FUTILITÉ. *La futilité d'un discours.* Insignifiance. Nullité. Vide. Inanité.

Qui s'attache à des choses futiles, vaines. Frivole. Superficiel. Léger. Inconstant. Volage. / Frivolité. Légèreté. Insouciance. Inconstance. Enfantillage. Puérilité.

G

gâcher
(du francique **waskan*, laver)

Faire grossièrement. *Gâcher un travail.* Bâcler. Saboter. Massacrer. Cochonner (fam.). Bousiller (fam.). Saloper (pop.). Torchonner (pop.). Faire à la diable.
GÂCHAGE. Malfaçon. Bâclage. Sabotage. Bousillage (fam.).
GÂCHEUR. Saboteur. Bousilleur (fam.).

Faire un mauvais emploi de quelque chose. *Gâcher son temps, son argent.* Gaspiller. Dissiper. Perdre. Mal employer. / *Gâcher sa vie.* Manquer. Rater. / *Gâcher un don, un talent.* Galvauder. Ne pas tirer parti de.
GÂCHIS. GÂCHAGE. Gaspillage. Mauvais usage. Galvaudage.
GÂCHEUR. Gaspilleur. Prodigue. Dépensier. Dissipateur.

gagner
(du francique *waidanjan*, se procurer de la nourriture ; en lat. *lucrari*)

Acquérir un profit matériel. *Gagner de l'argent.* Toucher. Empocher. / Gagner sa vie facilement, difficilement. Gagner son pain. / Gagne-pain. Emploi. / Gagne-petit. / (En parlant d'un commerçant.) *Gagner beaucoup. Gagner gros.* Faire des affaires. S'enrichir. Faire son beurre (fam.). Remplir ses poches. S'engraisser. Faire sa pelote (fam.). / *Gagner au jeu. Gagner la partie.* Encaisser. Ramasser. Rafler. Faire sauter la banque. Nettoyer le tapis. / Faire Charlemagne (se retirer du jeu après avoir gagné). / Gagner à la loterie. / Numéro, billet gagnant. / *Gagner quelqu'un au jeu* (littér.). Battre. Vaincre.
GAIN (ce que l'on gagne par son travail). Salaire (v. ce mot). Appointements (employés). Traitement (fonctionnaires). Emoluments (officiers ministériels). Solde (militaires). Honoraires (professions libérales). Cachet (artistes). Vacations (experts, documentalistes, etc.). / *Gain d'un marchand, d'un commerçant.* Bénéfice. Profit. Rapport. Boni. Revenant-bon. / *Aimer le gain, le profit.* Lucre (littér.). / *Etre âpre au gain.* Avare. Avide. Cupide. Grippe-sou. Usurier. Vautour. Requin. / Faire argent de tout. / *Qui procure un gain, un profit, un bénéfice.* Lucratif. Fructueux. Rentable (fam.).
Gain illicite. Gratte (fam.). Tour de bâton. Pot-de-vin. / Fricoter. Grappiller.

Obtenir un avantage. *Gagner un prix, une course.* Remporter. Enlever. / *Gagner une bataille.* Remporter une victoire. Vaincre. Triompher. / *Gagner quelqu'un de vitesse.* Devancer. Dépasser. / *Gagner du terrain.* Avancer. Progresser. / *Gagner la confiance, l'amitié de quelqu'un.* Acquérir. Obtenir. Capter. S'attirer. / *Gagner quelqu'un à une cause.* Rallier. Convertir. Persuader. Convaincre. / *Gagner un procès.* Avoir gain de cause. / *Gagner du temps, de la place.* Economiser. / (Ironiquement.) *Gagner une maladie, un rhume.* Contracter. Prendre. Attraper (fam.).
Gagner à (et un infinitif). Retirer un avantage, un profit. / *Gagner en* (et un nom). *Gagner en hauteur.* Grandir. S'élever. Croître. / *Gagner en largeur, en surface.* S'étendre. Augmenter.

Atteindre un lieu, une position. *Gagner un endroit.* Se diriger vers. Arriver. Se rendre à. Toucher. / *Gagner de nouveau un lieu.* Regagner. Rejoindre. / (En parlant d'une chose.) Se propager. Se répandre. / Envahir. S'emparer de.

gai
(du gotique *gaheis*, vif, rapide)

Qui est de bonne humeur. Joyeux. Enjoué. Content. Réjoui. Souriant. Rieur. Folâtre. Badin. Guilleret. Emoustillé. Jovial. Hilare. / *Un homme gai.* Boute-en-train. Roger bon temps. Un gai luron. Un joyeux drille. Un bon vivant. / Légèrement ivre. Emoustillé. Eméché.
GAIETÉ. Joie. Enjouement. Entrain. Bonne humeur. Hilarité. Jovialité. Vivacité. Alacrité.
GAIEMENT. Joyeusement.

Qui exprime la gaieté. *Un visage gai.* Souriant. Réjoui. Epanoui. Emerillonné. / *Une réunion gaie. Un repas gai.* Animé. / *Propos gai et un peu leste.* Gaudriole. Gauloiserie. Grivoiserie.

Qui inspire de la gaieté. *Un livre gai. Un spectacle gai.* Amusant. Divertissant. Comique. Drôle. / *Une couleur gaie. Un ton gai.* Clair. Frais. / *Un temps gai.* Agréable. Ensoleillé.

galant

(de l'ancien français *galer,* s'amuser)

Qui est empressé, prévenant avec les femmes. *Se montrer galant.* Complaisant. Aimable. Attentionné. Courtois. Délicat. Gentil.

GALANTERIE. Complaisance. Amabilité. Délicatesse. Courtoisie. Gentillesse. Petits soins. Attentions. Egards. / Belles manières. Offrir le bras. Baiser la main. Adresser, présenter ses hommages.

Qui est relatif aux relations sentimentales et amoureuses. *Aventure galante. Rendez-vous galant.* Amoureux. / *Des propos galants.* Marivaudage. Badinage. Conter fleurette. / *Femme, fille galante* (vx). Femme légère, entretenue. *Avoir des aventures galantes.* Courir la prétentaine. / *Errer à la recherche d'aventures galantes.* Draguer (fam.). Dragueur. / *Un galant* (vieilli). Amant. Amoureux. Soupirant. Chevalier servant. Sigisbée. Céladon. / Coureur. Séducteur. Don Juan.

GALANTERIE. *Manège de galanterie.* Courtiser. Faire la cour. Fréquenter. Tourner autour d'une femme. Serrer de près. / Flirter. Flirt. Intrigue amoureuse. Liaison. Aventure.
Demi-monde (monde de la galanterie). / Demi-mondaine.

galerie

(de l'ital. *galleria*)

Lieu de passage situé à l'extérieur ou à l'intérieur d'un bâtiment. *Galerie à arcades. Galerie à colonnes.* Portique. Cloître. Narthex. / Propylée. Préau. Promenoir. / *Galerie autour d'un bâtiment.* Péristyle. / *Galerie vitrée.* Véranda. / *Galerie dans une église.* Jubé ou ambon. Triforium. / *Galerie dans un théâtre.* Balcon. / *Galerie supérieure.* Paradis (vx). Poulailler (fam.).
Galerie sur la façade d'une maison. Loggia. Balcon. / *Galerie à l'intérieur d'une maison.* Couloir. Corridor. / Mezzanine (galerie entre deux étages dans une salle de spectacle, dans une gare, dans un appartement, etc.).

Passage souterrain. *Galerie de mine.* Descenderie (galerie en pente). Taille (où l'on extrait du minerai). Galerie de fortification. Tunnel.

Ensemble de spectateurs, d'auditeurs. *Amuser la galerie.* Public. Auditeurs. Auditoire. Assistance.

gant

(du francique *want*)

Partie de l'habillement qui couvre la main et chaque doigt séparément. *Sortes de gants.* Gant d'homme, de femme. / Gant à crispin, à manchette. Gant fourré. / Mitaine (couvre la main à moitié). Moufle (gant où le pouce seul est séparé).
Gant de peau, de chevreau, de chamois, de daim, de chien, de castor, etc. Gant de Suède. / Gants de laine, de fil, de soie, de filoselle, de Nylon, de tricot, de caoutchouc. / Gants blancs, noirs, de couleur. / Gants brodés, glacés. / Gants parfumés. Gants à la frangipane. / Gants longs, mi-longs, courts.
Gantelet (couvert de lames de fer, faisait partie de l'armure). Gant d'escrime, de boxe. / Gant de chirurgie. / Gant de travail. Manique. Paumelle. / Gant de toilette. Gant de crin.

Fabrication. Gants découpés au gabarit. Gants tissés au métier. / Dépecer. Parer. Etavillon (pièce découpée). Paissonner (étendre la peau). Paisson (outil). Déborder (étirer). Doler (amincir). Dresser un gant. / Coudre. Cousoir. Piquer. Raffiler (arrondir le bout).

Parties d'un gant. Carabin (petit morceau de peau qui fait la jonction des doigts). Fourchette (morceau de peau en V). Empaumure (ce qui couvre la paume). Carreau (petit losange cousu au bas de la fourchette). Chape (partie d'une mitaine qui couvre le dos de la main). Doigts. Poignet. Fente. Bras.

Vente. Ganterie. Gantier. Bonneterie. Rayon de gants. / Paire de gants. Boîte à gants. / Pointure. / Ganter. Déganter. / Renformer (ouvrir un gant). Baguette à gants ou renformoir. / *Acheter un gant pour compléter la paire.* Apparier. Appareiller. Rapparier. Rappareiller.

Locutions diverses. Aller comme un gant (convenir parfaitement). Prendre des gants (agir avec précaution). Jeter le gant (défier, provoquer). Relever le gant (accepter un défi). Se donner des gants (se vanter).

garantir

(du francique *warjan,* donner comme vrai)

Assurer, sous responsabilité, quelque chose à quelqu'un. *Garantir un salaire, un paiement.* Promettre. / *Garantir une machine.* Répondre de.

GARANTIE. *Bon de garantie.* Certificat. / Garantie légale, conventionnelle. Garantie de droit, de fait. Garantie réelle, personnelle. / *Donner, fournir une garantie.* Aval. Caution. Cautionnement. Fidéijussion (caution de celui qui se porte garant de la dette d'un autre). / Couverture. Hypothèque. Nantissement. Gage.

GARANT. *Se porter garant.* Responsable. / Cautionner. Avaliser.

Donner pour certain. *Garantir un succès.* Promettre. / *Garantir un fait.* Attester. Affirmer. Certifier. / *Garantir un document.* Assurer l'authenticité de.

Mettre à l'abri de quelque chose de fâcheux. *Garantir du vent, du froid, du soleil.* Préserver. Protéger. Abriter. / *Garantir contre un risque.* Assurer par une garantie. Couvrir.

Se garantir. Se mettre à l'abri, en sûreté. Se prémunir. Se précautionner.

GARANTIE. Sûreté. Sauvegarde. Protection.

garçon

Enfant du sexe masculin; jeune homme ou homme relativement jeune.

Condition naturelle. Fils. / *Petit garçon.* Garçonnet. Gamin. Gosse (fam.). / *Jeune garçon.* Adolescent. Jeune homme. Jouvenceau (vx). / Impubère. Pubère. / Puberté. / *Un beau garçon.* Adonis. Apollon. Un beau gars (fam.).

Condition sociale et professionnelle. Ecolier. Etudiant. Apprenti. / Employé. Commis. Garçon coiffeur, boulanger, boucher. / *Garçon de café.* Barman. Serveur. / *Garçon de courses.* Coursier. Livreur. / *Garçon de restaurant, d'hôtel.* Groom. Chasseur. / *Garçon d'écurie.* Lad.

Vieux garçon. Célibataire. / Garçonnière (appartement de garçon).

Mauvais garçon. V. VAURIEN.

garde

Protection militaire. Avant-garde. Arrière-garde. / Avant-poste. Postes. / Défense. Blockhaus. Garnison. Fortification. Fossé. Mines antichars. / Couverture. Rideau de troupe. Lignes de défense. / Escorte. Cortège.

Service de garde. Etre de garde. Prendre la garde. / Monter la garde. Etre de faction. / Corps de garde. Poste de garde. / Consignes. Qui-vive. Mot d'ordre. Contre-mot. / Piquet. Guérite. / Factionnaire. Sentinelle. Vedette. Planton. / Garde montante. Garde descendante. Relever la garde. Parade. / Ronde. Contre-ronde. Patrouiller. Patrouille. Reconnaître. Reconnaissance. Guetter. Guet. Guetteur. Radar de guet. Asdic. / Etre de quart. Faire le quart. / Avion de surveillance. Avion en alerte. / Surveillance du territoire. Protection civile.

Corps de troupe. Garde royale. Gardes-françaises. Gardes-suisses. Gardes du corps. / Garde impériale. / Garde nationale. / Garde municipale. Garde républicaine. Garde mobile. Gendarmerie. Compagnies républicaines de sécurité. Police. / Garde-côte. Douaniers. Garde-frontière.

garder

(du germanique **wardon,* attendre)

Prendre soin d'un être, d'une chose. *Garder un enfant.* Veiller sur. / Nurse. Baby-sitter. / Garderie. Baby-sitting. / *Garder un malade.* Donner des soins. / Garde-malade. Infirmière. / *Garder des animaux.* Surveiller.

GARDE. Surveillance. Protection.

GARDIEN. *Gardien de troupeaux.* Berger. Bouvier. Gardian. Cow-boy. Gaucho. Vacher. Chevrier. Porcher. Gardeur, gardeuse (de porcs, de dindons). / *Gardien d'une maison, d'un hôtel, d'une propriété.* Concierge. Portier. / *Gardien sévère.* Cerbère. Dragon. / *Gardien du sérail.* Muet du sérail. Eunuque. / Garde-chasse. Garde-pêche. Garde champêtre.

Mettre à l'abri de quelque chose (littér.). *Garder quelqu'un du mal, de la tentation.* Protéger. Préserver.

GARDE. *Etre sur ses gardes.* Etre aux aguets. / *Mettre en garde.* Avertir. Prévenir. / *Mise en garde.* Conseil. Avertissement. / *Prendre garde.* Faire attention. Faire gaffe (pop.).

Se garder. Se garder de (et un nom). *Se garder des bavards, des flatteurs.* Se méfier de. / *Se garder de* (et un inf.). S'abstenir de. Eviter soigneusement de.

Empêcher quelqu'un de s'en aller. *Garder un prisonnier.* Détenir. Garder à vue. Tenir sous sa garde. / *Garder une personne enfermée.* Séquestrer. Claustrer. / *Garder quelqu'un auprès de soi.* Retenir.

GARDIEN. *Gardien de prison.* Surveillant. Geôlier. Garde-chiourme (pop.).

Ne pas quitter. *Garder un vêtement sur soi.* Conserver. / *Garder la chambre, le lit.* Rester dans. Demeurer dans. Ne pas sortir.

Conserver pour soi. *Garder de l'argent.* Epargner. Economiser. Mettre de côté. / Ne pas se dessaisir de. / *Garder un objet volé.* Recéler. Recel. / *Garder un secret.* Ne pas dévoiler. Ne pas divulguer. Taire.

Continuer à avoir. *Garder le souvenir d'une personne, d'une chose.* Ne pas perdre. Faire durer. Entretenir. Perpétuer. Immortaliser. / *Garder son calme.* Ne pas se départir de. / *Garder la tête haute. Garder les yeux baissés.* Tenir.

Mettre en réserve, en lieu sûr. *Garder de la nourriture, de la boisson.* Conserver. Mettre de côté. / Garde-manger. Réfrigérateur. Frigorifique. *Garder des marchandises.* Stocker. Emmagasiner. / Entrepôt. Dock. Magasin.

garnir

(du francique *warnjan,* protéger, munir)

Pourvoir d'éléments destinés à protéger. *Garnir un navire de canons.* Armer. Armement. / *Garnir de plaques d'acier.* Cuirasser. Blinder. / *Garnir d'un revêtement.* Couvrir. Revêtir. Plaquer. Boiser. Tapisser. Matelasser. Cercler. Clayonner. Carreler. Crépir.

GARNITURE. *Garniture métallique.* Couverture. Calandre. Ferrure. Bouterolle. Virole. Embout.

Pourvoir des choses nécessaires. *Garnir une maison de meubles.* Meubler. / Meublé. Garni (vx, appartement meublé). / *Garnir un siège.* Canner. Pailler. Rempailler. Capitonner. Rembourrer. / *Garnir une bibliothèque.* Remplir. / *Garnir un mât, une voile.* Gréer.

Pourvoir de choses accessoires ou destinées à orner. *Garnir un manteau de doublure, de fourrure.* Doubler. Fourrer. Ouatiner. / *Garnir de broderies, de passementeries.* Broder. Passementer. Soutacher. / *Garnir d'objets d'art.* Orner. Agrémenter. Décorer. / *Garnir une volaille.* Farcir. / *Garnir un plat de viande.* Mettre des légumes autour. / Assiette garnie (vx). Assiette anglaise (assortiment de viandes froides).

GARNITURE. Garniture de foyer, de cheminée (v. ce mot).

gaspiller

Faire un mauvais usage de quelque chose. *Gaspiller de l'argent.* Dilapider. Dissiper. Prodiguer. Dépenser avec profusion. Manger (fam.). Croquer (fam.). Claquer (pop.). Jeter par les fenêtres. / *Gaspiller des provisions.* Consommer inutilement. Gâcher. / *Gaspiller son temps.* Perdre. / *Gaspiller un talent.* Galvauder. Gâcher. Mésuser de (littér.).

GASPILLAGE. Dilapidation. Dissipation. Prodigalité. Gabegie. / Galvaudage. Gâchis.

GASPILLEUR. Dépensier. Dilapidateur. Dissipateur. Prodigue. Panier percé. / Gâcheur.

gâter

(du lat. *vastare,* ravager)

Altérer en pourrissant. *Gâter de la viande, des fruits* (en parlant de la température). Avarier. Abîmer. Pourrir. Putréfier.

Se gâter. *Se gâter* (en parlant de fruits, de denrées alimentaires). Blettir. Moisir. Rancir. Fermenter. Se décomposer. Se putréfier. / Viande avancée, faisandée. / Fruit blet. / *Se gâter* (en parlant des dents). Se carier. / Carie. / *Se gâter* (en parlant du temps). Devenir mauvais. Se brouiller. / (En parlant d'une situation.) Prendre une mauvaise tournure. Devenir dangereux. Se détériorer. Se dégrader. Empirer.

Priver de ses avantages naturels (littér.). *Gâter un paysage, un visage.* Enlaidir. Défigurer. / *Gâter un don, un talent.* Diminuer. Affaiblir. Anéantir. / *Gâter l'esprit, le jugement.* Déformer. Fausser. Dégrader. / *Gâter un plaisir, une joie.* Gâcher. / *Gâter la vie.* Empoisonner (fam.).
Gâter une affaire. Tout gâter. Compromettre. Gâcher. Faire échouer.

Traiter avec trop d'indulgence. *Gâter un enfant.* Choyer. Dorloter. Mignoter. Pourrir (fam.). Passer ses caprices. Satisfaire ses fantaisies. Faire ses quatre volontés (fam.). Chouchouter (fam.).

Traiter avec délicatesse. *Gâter une personne.* Combler de prévenances. Etre aux petits soins. Etre plein d'attentions. Bien recevoir. Faire fête. Se mettre en frais.

GÂTERIE. Gâteries. Cadeaux. Friandises.

gauche adj. et n.

(de l'anc. franç. *guenchir,* faire des détours; en lat. *sinister*)

Qui présente une déformation. *Une planche, une règle gauche.* Tordu. Dévié. Déformé. De travers.

GAUCHIR. SE GAUCHIR. Se déformer. Se tordre. Se courber. Se voiler.

GAUCHISSEMENT. Déformation. Déviation.

Qui fait preuve de maladresse. *Un homme gauche.* Maladroit. Malhabile. Godiche. Embarrassé. Empoté. Lourd. Balourd.

GAUCHERIE. Maladresse. Embarras. Lourdeur.

GAUCHEMENT. Maladroitement.

Qui est situé du côté du cœur. *Bras gauche. Main gauche.* Senestre (vx). / *Qui se sert de la main gauche.* Gaucher. / *Côté gauche d'un bateau.* Bâbord. / Plante sénestrovolubile. / Sénestrogyre (qui tourne de droite vers la gauche).

Gauche (n. f.) *La gauche* (dans une assemblée, ensemble de ceux qui siègent à la gauche du président et qui ont des opinions progressistes). / Gauchisant. / Gauchiste. Gauchisme. / *Un homme de gauche.* Progressiste. Radical. Socialiste. Communiste (V. POLITIQUE).

gaz

(du lat. *chaos*)

Un des trois états de la matière caractérisé par l'absence de cohésion entre les molécules. *Physico-chimie des gaz.* Fluide. Mécanique des fluides. / Liquéfaction (passage à l'état liquide). Sublimation (passage de l'état solide à l'état gazeux). Compressibilité. Compression. Dilatation. Expansion. Détente. Elasticité. / Absorption (d'un gaz par un liquide ou un solide). Adsorption (fixation sur un liquide ou un solide). Volatilité. Volatilisation.

Volume. Densité (rapportée à celle de l'air). Pression. Masse volumique. Nombre d'Avogadro (molécules par molécule-gramme). / Lois de Mariotte et de Gay-Lussac. Gaz parfait (conforme à ces lois). / Loi de Bernouilli (énergie cinétique des gaz). / Loi de Dalton (sur les mélanges gazeux).

Gazométrie. Manomètre. Eudiométrie (analyse des mélanges gazeux). Eudiomètre. / Machine pneumatique. Pompe à vide.

Gaz communs. Gaz de l'air : azote, oxygène; argon, néon, hélium, krypton, xénon (gaz rares); ozone (oxygène triatomique). / Acétylène. Anhydride carbonique ou gaz carbonique (CO_2). Oxyde de carbone (CO). / Chlore. Ethylène. Gaz ammoniac. Hydrogène.

Gaz des marais (méthane et gaz carbonique). Gaz tonnant (hydrogène et oxygène). Grisou.

Applications des gaz. Gaz combustibles. / Gaz de ville ou (vx) d'éclairage. Gaz à l'air, gaz pauvre ou de gazogène (oxyde de carbone et azote). Gaz de cokerie. Gaz à l'eau (hydrogène et oxyde de carbone). Gaz riche (plus de 4 000 calories au mètre cube). / Gazéification ou distillation de la houille. Cornue. Four à coke. Gazogène. Barillet. Condenseur. Laveur. Epurateur. Gazomètre.

Hydrocarbures gazeux. / Gaz naturel. Gaz humide. Dégazolinage. Déshydratation. Gazomètre souterrain. Gaz liquéfiés : méthane, butane, propane. / Acétylène. Carbure de calcium.

Aérostation. Gaz plus légers que l'air. Hydrogène. Hélium. / Air comprimé. Freins, vérins, pneumatiques, etc. / Anesthésie. Chlorure d'éthyle. Cyclopropane. Protoxyde d'azote. / Boissons gazeuses. Gaz carbonique dissous. / Cryogénie et froid industriel. Air liquide. Azote, hélium liquides. Fréon (réfrigérateurs). Gaz ammoniac. Glace ou neige carbonique (gaz carbonique solidifié). / Gaz de combat (arsine, ypérite). Gaz asphyxiant, défoliant, lacrymogène, sternutatoire, suffocant, toxique, vésicant, délétère. / Masque à gaz. Chambre à gaz.

Relatif au gaz. Gazéiforme. Gazeux. Gazier. / Emaner. Se dégager. Vapeurs. Bulles. / Gaz gastro-intestinaux (V. FLATULENCE). / Comprimer. Faire le vide. Gazé. Gazéifiable. Gazéificateur. Gazéifier. Gazier (employé). Gazoduc. Liquéfier.

géant

(lat. *gigas, gigantis;* du gr. *gigas, gigantos*)

Personne de très grande taille. Colosse. Malabar (fam.). Hercule. Ogre.

GIGANTISME (développement démesuré de la taille). Acromégalie. Hypermégalie.

Se dit d'un être dont la taille dépasse la moyenne. *Un animal géant. Un arbre géant.* Colossal. Enorme. Immense. Gigantesque.

Être fabuleux, né de la Terre et du Ciel. *La guerre des Géants.* Gigantomachie.

Géants célèbres. Antée. Atlas. Briarée. Cacus. Cyclopes. Hercule (ou

Héraclès). Titans. Gargantua. Goliath. Samson. Stentor. Typhon.

gêner

(de l'anc. franç. *gehine*, torture)

Causer un malaise physique. *Gêner* (en parlant de souliers, de vêtements). Serrer. Engoncer. Empêtrer. / Gêner aux entournures (partie du vêtement où s'ajuste la manche, emmanchure).

GÊNE. Trouble physique. Malaise. Difficulté.

Causer du désagrément. *Gêner quelqu'un* (en parlant d'une personne). Importuner. Déranger. Ennuyer. / *Gêner* (en parlant d'une chose). Incommoder. Indisposer. Déplaire. Embêter (fam.).

GÊNE. Dérangement. Ennui. Incommodité. / Nuisance (v. NUIRE).

GÊNANT. Déplaisant. Désagréable. Ennuyeux. Incommodant. / Envahissant.

GÊNEUR. Importun. Raseur (fam.). Fâcheux (littér.). Casse-pieds (pop.).

Entraver l'action d'une personne. *Gêner quelqu'un dans ses mouvements, ses projets.* Embarrasser. Encombrer. Empêcher. Nuire. Faire obstacle. Mettre des bâtons dans les roues.

GÊNE. Obstacle. Entrave. Embarras.

GÊNANT. Embarrassant. Encombrant.

Mettre dans une situation financière embarrassante. *Gêner* (en parlant d'une dépense). Mettre à court d'argent.

GÊNE. Pénurie. Manque d'argent. Pauvreté. / *Etre dans la gêne.* Etre à court d'argent. Ne pas être en fonds (fam.). Etre serré (fam.).

Causer une impression d'embarras. Troubler. Intimider. Faire perdre contenance. / *Un air gêné.* Gauche. Emprunté. Contraint. / *Etre gêné.* Etre mal à l'aise. Ne pas savoir où se mettre. Ne pas se sentir à l'aise. Avoir le trac (fam.).

GÊNE. Trouble. Intimidation. Embarras.

Se gêner. S'imposer une contrainte. Se contraindre. / *Ne pas se gêner.* Prendre ses aises.

SANS-GÊNE (adj. et n.). *Etre sans-gêne.* Désinvolte. Effronté. Impoli. Culotté (pop.). / *Agir avec sans-gêne.* Désinvolture. Effronterie. Culot (pop.).

général

(du lat. *generalis*, qui appartient à un genre)

Qui s'applique à un ensemble de personnes ou de choses. *Une règle générale, une loi générale. Un phénomène général.* Constant. Habituel. Courant. Ordinaire. Dominant.

GÉNÉRALEMENT. Habituellement. Couramment. Ordinairement. D'ordinaire. En règle générale. En général.

GÉNÉRALISER. *Généraliser un usage.* Universaliser. Etendre. Répandre.

GÉNÉRALISATION. Universalisation. Extension.

GÉNÉRALITÉ. Majorité. La plupart.

Qui s'applique à tous les individus d'un groupe social. *Intérêt général. Le bien général.* Commun. / *Responsabilité générale.* Collectif. / *Une opinion générale.* Unanime.

généreux

(du lat. *generosus*, de bonne race)

Qui fait preuve de désintéressement, de dévouement. *Un homme généreux.* Bon. Humain. Charitable. Bienveillant. Dévoué. Fraternel. / Sensible. Indulgent. / *Se montrer généreux.* Se dévouer. S'oublier. Se sacrifier.

GÉNÉROSITÉ. Désintéressement. Don, oubli de soi-même. Abnégation. Renoncement. Sacrifice. Bonté. Charité. Dévouement. Bienveillance. Indulgence. Grandeur d'âme. Magnanimité. Oblativité.

Qui donne largement. *Une personne généreuse.* Charitable. Secourable. Donnant. Libéral. Large.

GÉNÉROSITÉ. Charité. Libéralité. Largesse. Munificence.

GÉNÉREUSEMENT. Largement. Grassement. Abondamment. Sans compter.

Qui manifeste l'excellence de sa nature. (En parlant d'une chose.) *Un vin généreux.* Corsé. Tonique. / *Un sol généreux.* Fertile. Riche. Productif.

génie

(du lat. *genius*, divinité tutélaire ; don naturel)

Être mythique ou personne ayant une influence bonne ou mauvaise sur quelqu'un. *Le bon, le mauvais génie d'une personne.* Bon, mauvais ange.

Être surnaturel doué d'un pouvoir magique. *Les génies de l'air, des bois, des eaux.* Djinn. Elfe. Sylphe. Sylphide. Farfadet. Lutin. Gnome. Ondin. Ondine. / Fée.

Ensemble de caractères distinctifs. *Le génie d'un peuple, d'une race, d'une langue.* Caractère. Esprit. Nature.

Aptitude naturelle et supérieure pour créer, inventer; personne qui possède cette aptitude. *Avoir du génie. Génie poétique, musical.* Don. Disposition. Aptitude. Talent. / *Le génie du commerce, des affaires.* Bosse (fam.).

GÉNIAL. Exceptionnel. Supérieur. Extraordinaire. / Esprit inventif. Ingénieux. Habile. / Ingéniosité. Habileté.

genou

(du lat. *genu*)

Articulation de la cuisse et de la jambe. *Anatomie du genou.* Condyles fémoraux. Cavités glénoïdes tibiales. Ligaments latéraux, croisés. Ménisques. Rotule. Région rotulienne (partie antérieure). / Jarret. Creux poplité (partie postérieure). / Synovie (séreuse articulaire). Tendon rotulien.

Mouvements. S'agenouiller. Fléchir les genoux. Se mettre à genoux. Tomber à genoux. Mettre un genou en terre. / Génuflexion.

Locutions diverses. Etre à genoux (agenouillé). Etre aux genoux de quelqu'un (être soumis). Etre sur les genoux (fatigué). Tomber aux genoux de quelqu'un (supplier). Se jeter aux genoux (se soumettre). Plier, fléchir les genoux (s'humilier). Embrasser les genoux (exprimer sa gratitude). Faire du genou à quelqu'un (frôler son genou).

Malformations. Genu valgum (genoux tournés en dedans, très rapprochés; fam., genoux cagneux). Genu varum (genoux tournés en dehors, très écartés; fam., jambes arquées). Rhumatismes. Goutte. Arthrite. Hydarthrose ou synovite (épanchement de synovie). Entorse. Déchirure méniscale. Tumeur blanche.

Relatif au genou. Agenouilloir. Prie-Dieu. / Géniculation (courbure en forme de genou). Genouillère.

genre

(du lat. *genus, generis,* origine)

Groupe d'êtres qui se ressemblent par certains caractères essentiels. Le genre et l'espèce. / *Le genre humain.* L'humanité. Les hommes.

GÉNÉRIQUE. *Terme générique.* Commun. Général.

Ensemble des caractères communs à un groupe de choses. *Des objets, des marchandises de tout genre.* Sorte. Espèce.

Façon d'agir, de se conduire de quelqu'un. *Ne pas apprécier le genre d'une personne.* Comportement. Conduite. Allure. Tenue. Manières. Façon de s'habiller, de parler. / *Genre de vie.* Manière de vivre.

Avoir bon genre. Etre bien élevé. / *Avoir mauvais genre.* Etre mal élevé, impoli, sans-gêne. / *Faire du genre.* Affecter certaines manières. Etre maniéré.

gentil

(du lat. *gentilis,* de race)

Qui plaît par son aspect. *Une petite fille gentille. Un gentil petit garçon.* Gracieux. Charmant. Plaisant. Mignon. / (En parlant de quelque chose.) Charmant. Mignon. Agréable.

GENTILLESSE. Grâce. Charme. Joliesse.

Qui plaît par son amabilité, sa délicatesse. *Etre gentil avec quelqu'un.* Aimable. Complaisant. Obligeant. Prévenant. Délicat. Généreux. Chic (fam.). / *Se montrer gentil avec quelqu'un.* Avoir des attentions délicates. Avoir des égards. Etre aux petits soins.

GENTILLESSE. Amabilité. Complaisance. Obligeance. Prévenance. Délicatesse. Douceur. Ménagement. Bienveillance. Générosité. Indulgence.

GENTIMENT. Aimablement. Complaisamment.

géographie

(du gr. *gê,* terre, et *graphein,* décrire)

Science qui a pour objet la description des phénomènes physiques, biologiques, humains à la surface du globe. Géographie physique. Géomorphologie. Climatologie. Hydrographie. Hydrologie. Limnologie. Relief du sol. Biogéographie. / Géographie humaine. Démographie. Géographie économique et sociale. / Géographie régionale. / Ethnographie. Ecologie (étude des milieux où vivent les êtres vivants et de leurs rapports avec les milieux). / Paléogéographie. Phytogéographie. / Géologie. Pédologie. Orographie. / Topographie. Cartographie.

Situation géographique. Coordonnées terrestres. Coordonnées célestes. Géodésie. / Points cardinaux (v. ce mot). / Hémisphère. Zénith. Nadir. / Longitude. Latitude. Degrés. Méridien. Parallèle. / Pôles. Polaire. Circumpolaire. / Equateur. Equatorial. / Ligne équinoxiale. / Tropiques. Cancer. Capricorne. / Climat océanique, continental. Zones. Zones glaciale, tempérée, torride.

Représentation géographique. Carte. Plan. Carte murale. Carte en relief.

Atlas. Mappemonde. Planisphère. Portulan. Sphère. Globe. Géorama. / Cartes de référence. Carte topographique. Planimétrie. Altimétrie. Carte d'état-major. Cartes chorographiques, hydrographiques. Cartes thématiques, climatiques ou spéciales. Cartes routières, administratives, océanographiques, marines. / Cartes géographiques, économiques, historiques.

Cartographie. Triangulation. Généralisation. Dresser, faire une carte. / Echelle graphique ou numérique. Légende. Projection conforme, équivalente. Plan. / Orienter une carte. Pointer une carte. / Photographie aérienne. Photogrammétrie. Cartographie automatique.

Aspects géographiques. Continents. Parties du monde. Pays. Contrée. Région. / Etat. Province. Département. Arrondissement. Canton. Commune. Enclave. / Ville. Capitale. Chef-lieu. Bourg. Village. Hameau.
Mer. Océan. / Côte. Littoral. Rivage. Promontoire. Cap. Pointe. Plage. Dune. Falaise. Ecueil. Récif. / Golfe. Baie. Rade. Crique. Port. / Ile. Ilot. Presqu'île. Péninsule. Isthme. Archipel. / Détroit. Passe. Goulet.
Cours d'eau. Fleuve. Rivière. Torrent. Ruisseau. Oued. / Cours. Confluent. Estuaire. Source. Embouchure. Delta.
Montagne. Mont. Volcan. Chaîne. Massif. Pic. Sommet. Ballon. Aiguille. Crête. Col. Hauteur. Colline. Plateau. Défilé. Gorge. Seuil. / Vallée. Talweg. Val. Vallon. Combe. Bassin. Dépression. Plaine. / Lac. Lagune. Etang. Marais. Chott. / Désert. Oasis. Steppe. Maquis. Garrigue. Savane. Prairie. Toundra. / Forêt. Bois.

Pays ou régions et habitants. Abyssinie. Abyssin. / Afghanistan. Afghan. / Afrique. Africain. / Afrique du Nord. Nord-Africain. / Afrique du Sud. Sud-Africain. / Albanie. Albanais. / Algérie. Algérien. / Allemagne. Allemand. / Alpes. Alpin. / Alsace. Alsacien. / Amérique. Américain. / Amérique du Nord. Nord-Américain. / Amérique du Sud. Sud-Américain. / Andalousie. Andalou. / Andes. Andin. / Andorre. Andorran. / Angleterre. Anglais. / Anjou. Angevin. / Annam. Annamite. / Antilles. Antillais. / Aquitaine. Aquitain. / Arabie. Arabe. / Aragon. Aragonais. / Arcadie. Arcadien. / Argentine. Argentin. / Arménie. Arménien. / Artois. Artésien. / Asie. Asiatique. / Auge (vallée). Augeron. / Australie. Australien. / Autriche. Autrichien. / Auvergne. Auvergnat.
Bade. Badois. / Basque (pays). Basque. Basquais. / Bavière. Bavarois. / Béarn. Béarnais. / Beauce. Beauceron. / Belgique. Belge. / Bengale. Bengali. / Berbérie. Berbère. / Berri. Berrichon. / Bigorre. Bigourdan. / Birmanie. Birman. / Biscaye. Biscayen. / Bocage. Bocain. / Bohême. Bohémien. / Bolivie. Bolivien. / Bosnie. Bosniaque. / Boukharie. Boukhare. / Bourgogne. Bourguignon. / Brabant. Brabançon. / Brandebourg. Brandebourgeois. / Brésil. Brésilien. / Bresse. Bressan. / Bretagne. Breton. / Brie. Briard. / Bulgarie. Bulgare.
Calabre. Calabrais. / Californie. Californien. / Cambodge. Cambodgien. / Canada. Canadien. / Canaries. Canarien. / Castille. Castillan. / Catalogne. Catalan. / Caucase. Caucasien. / Caux. Cauchois. / Cerdagne. Cerdan. / Cévennes. Cévenol. / Ceylan. Cinghalais. / Chaldée. Chaldéen. / Champagne. Champenois. / Chanaan. Chananéen. / Chili. Chilien. / Chine. Chinois. / Chypre. Chypriot. / Cochinchine. Cochinchinois. / Congo. Congolais. / Corée. Coréen. / Corfou. Corfiote. / Cornouaille. Cornouaillais. / Corse. Corse. / Côte-d'Ivoire. Ivoirien. / Crète. Crétois. / Crimée. Criméen. / Croatie. Croate. / Cuba. Cubain.
Dacie. Dace. / Dahomey. Dahoméen. / Dalmatie. Dalmate. / Danemark. Danois. / Danube. Danubien. / Dauphiné. Dauphinois. / Délos. Délien. / Doride. Dorien.
Ecosse. Ecossais. / Egypte. Egyptien. / Epire. Epirote. / Equateur. Equatorien. / Espagne. Espagnol. / Estonie. Estonien. / Ethiopie. Ethiopien. / Etrurie. Etrusque. / Eubée. Eubéen. / Europe. Européen.
Finlande. Finlandais. Finnois. / Flandre. Flamand. / Forez. Forézien. / Formose. Formosan. / France. Français. / Franche-Comté. Franc-Comtois. / Frioul. Forlan. / Frise. Frison.
Gabon. Gabonais. / Galatie. Galate. / Galice. Galicien. / Galilée. Galiléen. / Galles. Gallois. / Gange. Gangétique. / Gascogne. Gascon. / Gaule. Gaulois. / Géorgie. Géorgien. / Germanie. Germain. / Gévaudan. Gabalitain. / Gex. Gessien. / Ghana. Ghanéen. / Gironde. Girondin. / Grèce. Grec. / Groenland. Groenlandais. Esquimau. / Groix (île de). Groisillon. / Guadeloupe. Guadeloupéen. / Guatémala. Guatémalien ou Guatémaltèque. / Guernesey. Guernesais. / Guinée. Guinéen.
Hainaut. Hainuyer. / Haïti. Haïtien. / Hanovre. Hanovrien. / Hawaii. Hawaiien. / Hébrides. Hébridéen. / Hollande. Hollandais. / Honduras. Hondurien. / Hongrie. Hongrois.

Ibérie. Ibère. / Illyrie. Illyrien. / Inde. Indien. / Indochine. Indochinois. / Ionie. Ionien. / Irak ou Iraq. Irakien. / Iran. Iranien. / Irlande. Irlandais. / Islande. Islandais. / Israël. Israélien. / Italie. Italien.

Jamaïque. Jamaïquain. / Japon. Japonais. / Java. Javanais. / Jersey. Jersiais. / Jordanie. Jordanien. / Judée. Juif. / Jura. Jurassien. / Jutland. Jutlandais.

Kabylie. Kabyle. / Katanga. Katangais. / Kurdistan. Kurde.

Laconie. Laconien. / Landes. Landais. / Languedoc. Languedocien. Occitanien. / Laos. Laotien. / Laponie. Lapon. / Latium. Latin. / Lesbos. Lesbien. / Lettonie. Letton. / Liban. Libanais. / Libéria. Libérien. / Libye. Libyen. / Limousin. Limousin. / Lituanie. Lituanien. / Locride. Locrien. / Lombardie. Lombard. / Lorraine. Lorrain. / Luxembourg. Luxembourgeois. / Lydie. Lydien.

Macédoine. Macédonien. / Madagascar. Malgache. / Madère. Madérien. / Maghreb. Maghrébin. / Maine. Manceau. / Majorque. Majorquin. / Malabar. Malabare. / Malaisie. Malais. / Mali. Malien. / Malte. Maltais. / Mandchourie. Mandchou. / Maroc. Marocain. / Martinique. Martiniquais. / Maurice. Mauricien. / Mauritanie. Mauritanien. / Médie. Mède. / Méditerranée. Méditerranéen. / Médoc. Médoquin. / Messénie. Messénien. / Mexique. Mexicain. / Minorque. Minorquin. / Moldavie. Moldave. / Moluques. Moluquois. / Monaco. Monégasque. / Mongolie. Mongol. / Monténégro. Monténégrin. / Moravie. Morave. / Morbihan. Morbihanais. / Morvan. Morvandeau.

Navarre. Navarrois. / Népal. Népalais. / Nicaragua. Nicaraguayen. / Niger. Nigérien. / Nigeria. Nigérian. / Noirmoutier. Noirmoutrin. / Normandie. Normand. / Norvège. Norvégien. / Nouvelle-Zélande. Néo-Zélandais. / Nubie. Nubien. / Numidie. Numide.

Océanie. Océonien. / Ombrie. Ombrien. / Ouganda. Ougandais. / Oural. Ouralien.

Pakistan. Pakistanais. / Palatinat. Palatin. / Palestine. Palestinien. / Panama. Panaméen. / Papouasie. Papou. / Paraguay. Paraguéen. / Patagonie. Patagon. / Pays-Bas. Néerlandais. / Péloponnèse. Péloponnésien. / Perche. Percheron. / Périgord. Périgourdin. / Pérou. Péruvien. / Perse. Persan. / Phénicie. Phénicien. / Philippines. Philippin. / Phocide. Phocidien. / Phrygie. Phrygien. / Picardie. Picard. / Piémont. Piémontais. / Poitou. Poitevin. / Pologne. Polonais. / Poméranie. Poméranien. / Portugal. Portugais. / Pouille. Apulien. / Provence. Provençal. / Prusse. Prussien. / Pyrénées. Pyrénéen.

Québec. Québécois. / Quercy. Quercinois. / Quiberon. Quiberonais. / Ré (île de). Rhétais. / Réunion. Réunionnais. / Rhin. Rhénan. / Rhodésie. Rhodésien. / Rouergue. Rouergois ou Rouergat. / Roumanie. Roumain. / Roussillon. Roussillonnais. / Russie. Russe.

Saba. Sabéen. / Saintonge. Saintongeais. / Samnium. Samnite. / Sardaigne. Sarde. / Sarre. Sarrois. / Savoie. Savoyard. / Saxe. Saxon. / Scandinavie. Scandinave. / Scythie. Scythe. / Sénégal. Sénégalais. / Serbie. Serbe. / Siam. Siamois. / Sibérie. Sibérien. / Sicile. Sicilien. / Silésie. Silésien. / Slovénie. Slovène. / Sologne. Solognot. / Somalie. Somali(s). / Soudan. Soudanais. / Suède. Suédois. / Suisse. Suisse. / Sumatra. Sumatrien. / Syrie. Syrien.

Tessin. Tessinois. / Texas. Texan. / Tchécoslovaquie. Tchécoslovaque. / Terre de Feu. Fuégien. / Terre-Neuve. Terre-Neuvien. / Thaïlande. Thaïlandais. / Thessalie. Thessalien. / Thrace. Thrace. / Tibet. Tibétain. / Togo. Togolais. / Toscane. Toscan. / Touraine. Tourangeau. / Transylvanie. Transylvain. / Tripolitaine. Tripolitain. / Tunisie. Tunisien. / Turquie. Turc. / Tyrol. Tyrolien.

Ukraine. Ukrainien. / Valachie. Valaque. / Valais. Valaisan. / Valois. Valésien. / Vaucluse. Vauclusien. / Vaud. Vaudois. / Venaissin (comtat). Comtadin. / Vendée. Vendéen. / Venezuela. Vénézuélien. / Viêt-nam. Vietnamien. / Virginie. Virginien. / Vosges. Vosgien.

Wallonie. Wallon. / Westphalie. Westphalien. / Wurtemberg. Wurtembergeois.

Yémen. Yéménite./Yeu (île d'). Ilien. / Yougoslavie. Yougoslave. / Zaïre. Zaïrois. / Zélande. Zélandais.

Villes et habitants. Abbeville. Abbevillois. / Agen. Agenais. / Aix-en-Provence. Aixois ou Aquisextain. / Ajaccio. Ajaccien ou Ajacéen. / Albi. Albigeois. / Alençon. Alençonnais. / Alès. Alésien. / Alexandrie. Alexandrin. / Alger. Algérois. / Ambert. Ambertois. / Amiens. Amiénois. / Ancenis. Ancenien. / Les Andelys. Andélisien. / Angers. Angevin. / Annecy. Annecien. / Antibes. Antibois ou Antipolitain. / Anvers. Anversois. / Arcachon. Arcachonnais. / Argelès. Argelésien. / Argentan. Argentanais. / Arles. Arlésien. / Arras. Arrageois ou Artésien. / Athènes. Athénien.

/ Auch. Auchois. / Auray. Alréen. / Aurillac. Aurillacois. / Autun. Autunois. / Auxerre. Auxerrois. / Avranches. Avranchin.

Babylone. Babylonien. / Bagnoles. Bagnolais. / Bâle. Bâlois. / Bar-le-Duc. Barrésien. / Barcelone. Barcelonais. / Bar-sur-Aube. Barrois. / Bayeux. Bayeusain ou Bajocasse. / Beaune. Beaunois. / Beauvais. Beauvaisien. / Belfort. Belfortain. / Bergame. Bergamasque. / Bergerac. Bergeracois. / Berlin. Berlinois. / Bernay. Bernayen. / Berne. Bernois. / Besançon. Bisontin. / Béziers. Biterrois. / Biarritz. Biarrot. / Blois. Blésois. / Bordeaux. Bordelais. / Boulogne. Boulonais. / Bourges. Berruyer. / Brest. Brestois. / Briançon. Briançonnais. / Brioude. Brivadois. / Brive. Brivois ou Briviste. / Bruges. Brugeois. / Bruxelles. Bruxellois. / Byzance. Byzantin.

Cadix. Cadissien. / Caen. Caennais. / Cahors. Cadurcien. / Calais. Calésien. / Calvi. Calvais. / Cambrai. Cambrésien. / Cannes. Cannois. / Carcassonne. Carcassonnais. / Carthage. Carthaginois. / Castres. Castrais. / Chalon-sur-Saône. Chalonnais. / Châlons-sur-Marne. Châlonnais. / Chambéry. Chambérien. / Chamonix. Chamoniard. / Charleroi. Carolorégien. / Charolles. Charollais. / Chartres. Chartrain. / Châteaudun. Dunois. / Château-Chinon. Château-Chinonais. / Châteauroux. Castelroussin. / Château-Salins. Castelsalinois. / Château-Gontier. Castrogontérien. / Château-Thierry. Castrothéodoricien. / Cherbourg. Cherbourgeois. / Clermont. Clermontois. / Cluny. Cluninois. / Colmar. Colmarien. / Concarneau. Concarnois. / Condom. Condomois. / Constantine. Constantinois. / Constantinople. Constantinopolitain. / Corbeil. Corbeillais. / Corfou. Corfiote. / Corte. Cortenais. / Coulommiers. Columérien. / Courbevoie. Courbevoisien. / Coutances. Coutançais. / Cracovie. Cracovien.

Dax. Dacquois. / Die. Diois. / Dieppe. Dieppois. / Dijon. Dijonnais. / Dinan. Dinannais, Dinandois ou Dinandiens. / Dole. Dolois. / Douai. Douaisien. / Douarnenez. Douarnenézien ou Douarneniste. / Dreux. Drouais ou Durocasse. / Dunkerque. Dunkerquois.

Elbeuf. Elbeuvien ou Elbovien. / Embrun. Embrunois. / Epernay. Sparnacien. / Ephèse. Ephésien. / Epinal. Spinalien. / Etampes. Etampois. / Evian. Evianais. / Evreux. Ebroïcien. / Exideuil. Exidolien.

Falaise. Falaisien. / Ferrare. Ferrarois. / La Ferté. Fertois. / Fez. Fassis. / La Flèche. Fléchois. / Florac. Floracois. / Florence. Florentin. / Foix. Fuxéen. / Fontainebleau. Bellifontain. / Fougères. Fougerais. / Francfort. Francfortois. / Fribourg. Fribourgeois.

Gap. Gapençais. / Gênes. Génois. / Genève. Genevois. / Gien. Giennois. / Gisors. Gisorsien. / Gourdon. Gourdonnais. / Granville. Granvillais. / Grasse. Grassois. / Gray. Graylois. / Grenade. Grenadin. / Grenoble. Grenoblois. / Guérande. Guérandais. / Guingamp. Guingampois.

Havane. Havanais. / Le Havre. Havrais. / Héliopolis. Héliopolitain. / Honfleur. Honfleurais. / Hyères. Hyérois.

Issoire. Issoirien ou Issorien. / Issoudun. Issoldunois. / Jérusalem. Hiérosolymitain.

Landerneau. Landernien. / Langres. Langrois. / Lannion. Lannionais. / Laon. Laonnais. / Laval. Lavallois. / Libourne. Libournais. / Liège. Liégeois. / Lille. Lillois. / Limoges. Limougeaud. / Lisieux. Lexovien. / Livourne. Livournais. / Londres. Londonien. / Longwy. Longovicien. / Lons-le-Saulnier. Lédonien. / Lorient. Lorientais. / Loudun. Loudunois. / Lourdes. Lourdais. / Louvain. Lovanois. / Louviers. Lovérien. / Lucerne. Lucernois. / Luçon. Luçonnais. / Lucques. Lucquois. / Lunéville. Lunévillois. / Lure. Luron. / Lyon. Lyonnais.

Mâcon. Mâconnais. / Madrid. Madrilène. / Mamers. Mamertin. / Le Mans. Manceau. / Mantes. Mantais. / Mantoue. Mantouan. / Marseille. Marseillais. / Martigues. Martiguois. / Mauléon. Malléonien. / Mauriac. Mauriacois. / Mayence. Mayençais. / Mayenne. Mayennais. / Meaux. Meldien. / Melun. Melunois. / Memphis. Memphite. / Menton. Mentonnais. / Metz. Messin. / Mézières. Macérien. / Milan. Milanais. / Millau. Millavois. / Modène. Modénois. / Mons. Montois. / Montargis. Montargois. / Montauban. Montalbanais. / Montbard. Montbardois. / Montbéliard. Montbéliardais. / Montélimar. Montilien. / Mont-de-Marsan. Montois. / Montevideo. Montévidéen. / Montpellier. Montpelliérain. / Morlaix. Morlaisien. / Mortain. Mortainais. / Moscou. Moscovite. / Moulins. Moulinois. / Mulhouse. Mulhousien. / Munich. Munichois. / Muret. Muretin. / Mycènes. Mycénien.

Namur. Namurois. / Nancy. Nancéien. / Nantes. Nantais. / Nantua. Nantuatien. /

Naples. Napolitain. / Narbonne. Narbonnais. / Nazareth. Nazaréen. / Neufchâtel. Neufchâtelois. / Nevers. Nivernais. / New York. New-Yorkais. / Nice. Niçois. / Nîmes. Nîmois. / Ninive. Ninivite. / Niort. Niortais. / Nogent. Nogentais. / Novare. Novarois. / Noyon. Noyonnais. / Nuits. Nuiton. / Numance. Numantin.

Oran. Oranais. / Orange. Orangeais. / Orléans. Orléanais. / Ostende. Ostendois. / Ouessant. Ouessantais ou Ouessantin. / Oxford. Oxonien.

Padoue. Padouan. / Paimbœuf. Paimblotin. / Paimpol. Paimpolais. / Palerme. Palermitain. / Palmyre. Palmyrien. / Pamiers. Appaméen ou Appamien. / Pampelune. Pampelunien. / Paris. Parisien. / Parme. Parmesan. / Pau. Palois. / Pavie. Pavesan. / Pérouse. Pérugin. / Persépolis. Persépolitain. / Pézenas. Piscenois. / Philadelphie. Philadelphien. / Pise. Pisan. / Ploërmel. Ploërmelais. / Poissy. Pissiacais. / Poitiers. Poitevin. / Poix. Poyais. / Poligny. Polinois. / Pontarlier. Pontissalien. / Pont-à-Mousson. Mussipontain. / Pontivy. Pontivien. / Pont-l'Abbé. Pont-l'Abbiste. / Pont-l'Evêque. Pontépiscopien. / Prades. Pradéen. / Prague. Pragois. / Provins. Provinois. / Le Puy. Podot ou Ponot.

Quillebeuf. Quillebois. / Quimper. Quimpérois. / Quimperlé. Quimperléen. / Rambouillet. Rambolitain. / Ravenne. Ravennate. / Redon. Redonnais. / Reims. Rémois. / Remiremont. Romarimontain. / Rennes. Rennais / Rethel. Rethélois. / Riom. Riomois. / Rive-de-Gier. Ripagérien. / Roanne. Roannais. / Rochefort. Rochefortais. / La Rochelle. Rochelais. / Rodez. Ruthénois. / Rome. Romain. / Romorantin. Romorantinois. / Roubaix. Roubaisien. / Rouen. Rouennais. / Ruffec. Ruffécois.

Sablé. Sabalien. / Sables-d'Olonne. Sablais. / Saint-Amand. Amandinois. / Saint-Brieuc. Briochin. / Saint-Claude. Saint-Claudien. / Saint-Cloud. Clodoaldien. / Saint-Denis. Dionysien. / Saint-Dié. Déodatien. / Saint-Dizier. Bragard. / Sainte-Foy. Foyen. / Sainte-Menehould. Menehouldien. / Saint-Emilion. Saint-Emilionnais. / Saint-Gaudens. Saint-Gaudinois. / Saintes. Saintais. / Saint-Etienne. Stéphanois. / Saint-Flour. Sanflourain. / Saint-Germain. Saint-Germinois. / Saint-Jean-d'Angély. Angérien. / Saint-Lô. Saint-Lois. / Saint-Malo. Malouin. / Saint-Mihiel. Sammiellois. / Saint-Nazaire. Nazairien. / Saint-Omer. Audomarois. / Saint-Pol-de-Léon. Léonnais. / Saint-Quentin. Saint-Quentinois. / Saint-Servan. Servannais. / Saint-Valery. Valéricais. / Saint-Yrieix. Arédien. / Salé. Salétain. / Salerne. Salernitain. / Salins. Salinois. / Samarie. Samaritain. / Sancerre. Sancerrois. / Santorin. Santorinois. / Saragosse. Saragossain. / Sardes. Sardien. / Sarlat. Sarladais. / Sarrebruck. Sarrebruckois. / Sartène. Sartenais. / Saumur. Saumurois. / Sceaux. Scéen. / Sedan. Sedanais. / Ségeste. Ségestain. / Ségovie. Ségovian. / Segré. Segréen. / Semur. Semurois. / Senlis. Senlisien. / Sens. Sénonais. / Sète. Sétois. / Séville. Sévillan. / La Seyne. Sédénien. / Sienne. Siennois. / Smyrne. Smyrniote. / Sodome. Sodomite. / Soissons. Soissonnais. / Spa. Spadois. / Sparte. Spartiate. / Spolète. Spolétan. / Strasbourg. Strasbourgeois. / Sybaris. Sybarite. / Syracuse. Syracusain.

Tanger. Tingitan. / Tarare. Tararais. / Tarascon. Tarasconnais. / Tarbes. Tarbais. / Tarente. Tarentin. / Tarragone. Tarragonais. / Thèbes. Thébain. / Thiers. Thiernois. / Tivoli. Tiburtin. / Tolède. Tolédan. / Tonnerre. Tonnerrois. / Toul. Toulois. / Toulon. Toulonnais. / Toulouse. Toulousain. / Tourcoing. Tourquennois. / Tournay. Tournaisien. / Tournon. Tournonais. / Tournus. Tournusien. / Tours. Tourangeau. / Tréguier. Trégorrois ou Trégorois. / Trente. Trentin. / Trèves. Trévire. / Trévise. Trévisan. / Trévoux. Trévoltien. / Trieste. Triestin. / Troie. Troyen. / Troyes. Troyen. / Tulle. Tulliste. / Tunis. Tunisois. / Turin. Turinois. / Tyr. Tyrien.

Ussel. Ussellois. / Uzès. Uzétien. / Valence. Valentinois. / Valenciennes. Valenciennois. / Valognes. Valognais. / Vannes. Vannetais. / Vence. Vencien. / Vendôme. Vendômois. / Venise. Vénitien. / Verdun. Verdunois. / Vérone. Véronais. / Versailles. Versaillais. / Vervins. Vervinois. / Vesoul. Vésulien. / Vevey. Veveysan. / Vézelay. Vézelien. / Vicence. Vicentin. / Vichy. Vichyssois. / Vienne. Viennois. / Villers-Cotterêts. Cotteréziens. / Vimoutiers. Vimonastérien. / Vire. Virois. / Vitré. Vitréen. / Voiron. Voironnais. / Yssingeaux. Yssingealois ou Yssingeavier. / Zurich. Zurichois.

géologie

(du gr. *gê*, terre, et *logos*, science)

Science qui a pour objet l'étude de la composition de la structure et de l'évolution de la Terre. Géologie dynamique. / Géologie appliquée. Prospection. Détection. Sondage. / Physique du globe. Géophysique. Pétrographie (étude des roches). Pédologie (étude des sols). Sédimentologie. / Minéralogie. / Orogénie. Tectonique (étude de la structure de l'écorce terrestre). / Paléontologie (étude des fossiles). Stratigraphie ou géologie historique. / Etude de la préhistoire.

Divisions des temps géologiques. Ere. Période. Etage ou âge. / Formation marine, terrestre, d'eau douce.
Ere primaire. Précambrien. / Paléozoïque : Cambrien. Silurien. Ordovicien. Dévonien. Carbonifère. Permien.
Ere secondaire. Mésozoïque : Trias. Jurassique. Crétacé.
Ere tertiaire. Paléocène : Eocène. Oligocène. Néocène. Miocène. Pliocène.
Ere quaternaire. Pléistocène. Holocène.

Phénomènes géologiques. Phénomènes volcaniques, sismiques, orogéniques. Affaissement. Alluvions. Anticlinal. Aven. Bassin. Blocs erratiques. Bombements. Caverne. Cirque. Combe. Claya. Cluse. Crêt. Dépôt. Dérive des continents. Diaclase. Discordance. Dissolution. Dune. Dyke. Erosion. Faille. Filon. Fossé d'effondrement. Fossile. Fracture. Géoïde. Géosynclinal. Gisement. Gouffre. Karst. Marmite de géants. Moraine. Nappe aquifère. Oolithes. Plage. Plissements. Sédimentation. Séismes. Soulèvements. Stratification. Synclinal. Volcan.

Formations. *Roches sédimentaires.* Argile. Calcaire. Craie. Conglomérat. Dolomie. Faluns. Grès. Grès rouge. Gypse. Marne. Meulière. Phosphorite. Poudingue. Sables, sablons. Tuffeau.
Roches métamorphiques. Ardoise. Gneiss. Marbre. Micaschiste. Phyllade. Schiste.
Roches cristallines endogènes ou éruptives. Basalte. Diorite. Granit. Péridotite. Porphyre.

géométrie

(lat. *geometria*)

Discipline mathématique qui traite des lignes, surfaces et volumes.
Divisions de la géométrie Géométrie analytique (fondée sur l'algèbre). Géométrie cinématique (points en mouvement). Géométrie descriptive (projection sur deux plans perpendiculaires). Géométrie différentielle (a recours au calcul infinitésimal). Géométrie élémentaire (limitée, sans recours aux coordonnées). Géométrie plane ou à deux dimensions (opère dans un plan). Géométrie de l'espace ou à trois dimensions. Géométrie à *n* dimensions (dans un espace mathématique de plus de trois dimensions). Géométries euclidienne (fondée sur les parallèles d'Euclide), non euclidienne (rejette le postulat des parallèles), hyperbolique (remplace ce postulat par celui de Lobatchevski).

Lignes, surfaces et solides. Axe. Système de coordonnées. Segment. Vecteur. / Point. Centre. Foyer. Lieu des points. / Base. Côté. Sommet. Apothème. Médiane. Diagonale. Génératrice. Hauteur. Coupe. Section. / Aire. Volume. / Plan. Profil. Elévation.
Ligne. / Angle. Courbe. Circonférence. Surface. / Polygone. Triangle. Quadrilatère. Carré. Rectangle. Parallélogramme. Losange ou rhombe (vx). Trapèze. Trapézoïde. Pentagone (5 côtés), hexagone (6), heptagone (7), octogone (8), ennéagone (9), décagone (10), etc. Polygone étoilé. / Cercle. Ellipse. / Surface de révolution. Surface développée (d'un solide).
Solide. / Volume. / Sphère. Ellipsoïde de révolution. Cône. Cylindre. / Polyèdre. Face. Sommet. Arête. Diagonale. Dièdre. Trièdre. / Pyramide. Tétraèdre (4 faces), octaèdre (8), dodécaèdre (12), icosaèdre (20). / Prisme. Parallélépipède. Cube. / Tronc de cône, de prisme, de pyramide.

Propriétés des figures et des solides. Convergence, divergence. Homographie, homologie, homothétie. Parallélisme. Symétrie, asymétrie, dissymétrie. Tangence.
Régulier, irrégulier. Concave, convexe. Complémentaire. Convergent, parallèle, divergent. Droit, oblique. Rectiligne, curviligne. Réciproque. Tronqué. Tangent. Sécant.
Formes géométriques. Droit. Courbe. Brisé. / Long. Oblong. Large. Epais. Mince. / Carré. Rectangulaire. Triangulaire. Circulaire. Ovale. Cubique. Rond. Sphérique. Cylindrique. Conique. Prismatique. Elliptique. Parabolique, etc.

Opérations géométriques. Dessiner. Tracer (une ligne). Abaisser (une perpendiculaire). Construire (avec la règle et le compas). / Inscrire (une figure à l'intérieur d'une autre). Circonscrire. Projeter (sur un plan). Projection. / Appliquer. Superposer. / Rabattre (faire tourner un plan). / Développer (une surface). / Transformation. Involution. Inversion.

Relatif à la géométrie. Géométral. Géométralement. Géométrique. Géométriquement. Géométriser. / Géomètre. Dessinateur. Arpenteur. Topographe.
Dessin. Plan. Carte. Graphique. Dia-

gramme. / Perspective. Topographie. Trigonométrie. / Compas, règle (v. DESSIN). Equation d'une courbe.

geste
(du lat. *gestus*)

Mouvement du corps, porteur ou non d'une signification. *Geste naturel. Geste conventionnel. Geste lent, brusque.* Mouvement. Attitude. / *Geste instinctif, machinal.* Tic. / *Gestes affectés, apprêtés, contraints.* Manières. Minauderies. Simagrées. / *Langage par gestes.* Mimique. Pantomime. Dactylologie (avec les doigts).

GESTUEL. Langage gestuel.

Faire des gestes. *Faire un geste de la main.* Signe. / *Geste de la tête.* Hochement. Hocher la tête (la tourner de haut en bas ou de droite à gauche). / Clin d'œil. Œillade. Jouer de la prunelle (fam.).

GESTICULER (faire beaucoup de gestes). Gesticulation. / Agiter les bras, les jambes. Faire des contorsions, des grimaces. Grimacer. / Se dandiner. Sauter. Sautiller. Gigoter (fam.).

Qui fait beaucoup de gestes. Exubérant. Expansif. Démonstratif.

gibier
(du francique *gabaiti,* chasse au faucon)

Tous les animaux que l'on prend à la chasse. *Le grand gibier.* Cerf. Chevreuil. Daim. Sanglier. / *Le petit gibier.* Lièvre. Lapin. Faisan. Perdrix. Caille. Bécasse. Râle. Alouette. Grive. Ortolan. Pigeon. Palombe. / *Gibier de montagne.* Ours. Lièvre variable ou lièvre blanc. Bouquetin. Chamois ou isard. Coq de bruyère ou tétras. Lagopède. Bartavelle. Gelinotte. / *Gibier d'eau.* Canards. Sarcelle. Pilet. Siffleur. Col-vert. Souchet. Tadorne. Milouin. Milouinan. Morillon. Macreuse. Harle. / Oies (bernache, cendrée, rieuse). / Bécasseau. Bécassine. Chevaliers. Pluviers. Courlis. Vanneau. Poule d'eau. Avocette. / *Gibier à fourrure.* Blaireau. Renard. Loutre. Martre. Fouine. Hermine. Belette. Putois. Venette. Lynx. Rat musqué.

GIBOYEUX (se dit d'un pays riche en gibier).

Gibier d'outre-mer. *Gibier d'Afrique.* Eléphant. Rhinocéros. Hippopotame. Phacochère. Potamochère. Hylochère. Zèbre. Ane sauvage. / Buffle. Mouflon Bouquetin. Eland de Derby. Eland du Cap. Koudou. / Bubale. Damalisque. Gnou. / Hippotrague. Oryx. Addax. / Les kobs. / Gazelle. Girafe. Okapi. / Lion. Léopard ou panthère d'Afrique. Guépard. Hyène. / *Gibier d'Asie.* Gaur. Gayal. Bauteng. Buffle. / Eléphant. / Tigre. / Léopard. Panthère. Safari (expédition de chasse en Afrique).

glace
(du lat. *glacia*)

Eau congelée par le froid. *Une masse de glace.* Glacier. Névé. Sérac (crevasse). Moraine. Mer de glace. / *Glaces flottantes.* Glaces polaires. Banc de glace. Banquise. Iceberg. Inlandsis. / Embâcle (amoncellement de glaçons). Fonte des glaces. Débâcle. Dégel. / Glaciologie (étude des glaciers). Glaciologue. / Glaciation. Période glaciaire.

Transformer en glace. Geler. Gelée. Givre. Frimas. Grêle. Grêlon. Grésil. Verglas. / Arborisation (représentation de végétaux sur les vitres). / Dégivrer. Dégivrage. Dégivreur. / *Glace artificielle.* Fabrication : Glacière. Frigorifique. Réfrigérateur. / *Convertir en glace.* Congeler. Congélation. Glaçon. / *Refroidir à la glace artificielle.* Glacer. Frapper.

Sports de glace. ***Patinage artistique.*** *Figures fondamentales.* Dehors avant. Dehors arrière. Dedans avant. Dedans arrière. / *Figures imposées.* Huit. Changements de carre. Trois. Double trois. Boucle. Bracket. Rocker. Contre-rocking. Changement de carre (trois, double, boucle, bracket). Paragraphe (trois, double trois, boucle, bracket). / *Figures libres.* Pirouette. Flying sit spin. Arabesque. Axel. Salchow. Flip. Lutz. Ritterberger. Grand aigle. / *Danse.* Pas chassé. Pas croisé. Mohawk. Chocktaw. / Patinage de vitesse. / Hockey sur glace. / Bobsleigh. / Luge. / Curling.

glande
(du lat. *glandula ;* en gr. *adên, adenos*)

Organe dont la fonction est de produire une sécrétion. *Formes de glandes.* Glandes acineuses simples ou composées (glandes en grappe). Glandes tuberculeuses.

Principales glandes. *Glandes ouvertes ou exocrines* (déversent à l'extérieur leurs produits). Glandes mammaires, salivaires, lacrymales, sébacées, cérumineuses, sudoripares. Glandes de l'estomac, de l'intestin. / *Glandes closes ou endocrines* (produisent des hormones). Glande pituitaire ou hypophyse. Thyroïde. Parathyroïdes (parathormone). Capsules surrénales. Gonades. Thymus. / *Glandes mixtes, exocrines et endocrines.* Foie. Pancréas. Testicules. Prostate. Ovaire.

Produits des glandes. Lait. Salive. Larme. Mucus. Sébum. Sperme. / *Hormones.* Hormone corticale, corticosurrénale. Cortisone. Corticostérone. Cortine. / Hormone hypophysaire (somatotrope), diabétogène. Stimuline. / Hormone thyroïdienne. Thyroxine. / Hormone pancréatique. Insuline. / Hormone gonadotrope. Hormone femelle. Folliculine. Œstrone. Progestérone. / Hormone mâle. Androstérone. Testostérone.

Maladies des glandes. *Maladies thyroïdiennes.* Goître. Thyroïdite. Myxœdème. / *Maladies parathyroïdiennes.* Acromégalie. Gigantisme. Infantilisme. Nanisme. / Adénite. Adénopathie. Ganglions (fam.). Adénome. Troubles glandulaires, hormonaux.

Fonctions des glandes. Glandes digestives (salivaires, pancréatiques, hépatiques). Glandes reproductrices (ovaires, testicules). Glandes nutritives (foie, pancréas, thyroïde, thymus). Glandes éliminant les déchets de la nutrition (foie, reins). Glandes à rôle défensif (sébacées, sudoripares, lacrymales).

Opothérapie (emploi thérapeutique des glandes). Hormonothérapie.

glisser

(du francique *glidan*)

Se déplacer d'un mouvement continu sur une surface lisse. *Glisser sur la glace.* Patiner. Patineur. / *Glisser sur la neige.* Skier. Ski. Skieur. / *Glisser sur une pente.* Se laisser aller. Ne pouvoir se retenir. / Glissade. / *Glisser sur du verglas* (en parlant d'un véhicule). Déraper. Chasser. Dérapage. / Pneu antidérapant.

Glisser des mains (en parlant d'un objet). Echapper. Tomber. / Glissement.

Ce qui fait glisser. Surface polie. Parquet ciré. Glace. Verglas. Glissoire. Patinoire. / Pavé gras. Chaussée humide. / Huile. Graisse. Lubrifiant. Métal antifriction. / Glissière. Coulisse. Coulisseau. Rainure.

Faire passer, faire entrer doucement, adroitement. *Glisser une main dans sa poche.* Introduire. Passer. Engager. / *Glisser un mot à l'oreille de quelqu'un.* Dire. Communiquer. Souffler.

Se glisser. S'introduire. Se faufiler. S'insinuer. Entrer, pénétrer subrepticement, habilement. / Vent coulis (v. VENT).

gloire

(du lat. *gloria;* en gr. *doxa*)

Célébrité étendue et éclatante. *Une gloire durable, éternelle, immortelle, immarcescible. Rechercher la gloire. Mépriser la gloire.* Renommée. Lustre. Eclat. Honneur. / *Amour, désir de la gloire* Ambition. / *Se couvrir de gloire.* Se distinguer. Se signaler. / *Titre de gloire.* Mérite. Action méritoire. Action mémorable, glorieuse.

GLORIEUX. Célèbre. Eclatant. Renommé. Réputé. Fameux. Illustre. Immortel. Mémorable.

GLORIFIER. *Glorifier une personne, une chose.* Honorer. Exalter. Louer. Célébrer. Magnifier. Immortaliser. / *Glorifier à l'égal d'un dieu.* Diviniser. Déifier. / Divinisation. Déification. Apothéose. / Porter aux nues. Porter au pinacle. Mettre sur le pavois. / Lauriers. Couronnes. Trophées. Acclamations. Vivats. Ovations.

Se glorifier. Se faire gloire de. Tirer gloire de. S'enorgueillir. Se flatter. Se louer. S'applaudir. Se vanter. Se prévaloir. Se targuer.

Éclat de la grandeur. *La gloire de Dieu.* Majesté. Splendeur. / *La gloire éternelle.* Béatitude. Sainteté. Glorification. / *La gloire d'un pays.* Prestige. Rayonnement. Lustre.

GLORIFIER. *Glorifier Dieu.* Louer. Bénir. / Glorification. Louange. / Hosanna. Gloria. Doxologie (prière à la gloire de Dieu).

gonfler

(du lat. *conflare,* de *flare,* souffler; en gr. *oidein*)

Faire augmenter de volume (à l'aide de l'air, d'un gaz, etc.). Gonfler un ballon. / *Gonfler sa poitrine.* Bomber. / *Gonfler ses joues.* Faire bouffer. / *Gonfler ses narines.* Dilater. Enfler.

Gonfler le ventre (en parlant d'aliments). Distendre. Dilater. Ballonner. Météoriser. / *Gonfler le visage, les traits.* Boursoufler. Bouffir. Congestionner. / *Gonfler à la suite d'un coup, d'une blessure.* Tuméfier. Tuméfaction.

GONFLÉ (en parlant du visage). Bouffi. Boursouflé. Vultueux.

GONFLEMENT. Dilatation. Distension. Ballonnement. Enflure. Œdème. Bouffissure. Fluxion. / Boursouflure.

Augmenter de volume. *Gonfler* (en parlant d'une pâte). Lever. / *Gonfler* (en parlant d'une partie du corps). Grossir. Enfler. Devenir turgescent, tumescent, intumescent. / Turgescence. Tumescence. Intumescence.

GONFLÉ. *Rester gonflé* (en parlant d'un tissu, d'une matière légère). Bouffer. / Bouffant.

gorge

(du lat. pop. *gurga ;* lat. class. *guttur*)

Partie antérieure du cou. *Sauter à la gorge de quelqu'un. Serrer la gorge.* Cou. Sifflet (fam.). Kiki (pop.).

Partie supérieure de la poitrine d'une femme (littér.). *Une gorge ferme. Blancheur d'une gorge.* Poitrine. Seins. / *Se découvrir la gorge.* Se décolleter. Décolleté. / Se débrailler (fam.). / Gorgerette (autrefois collerette de femme). / Soutien-gorge.

Cavité intérieure du cou. Gosier. / Arrière-bouche. Pharynx. / Pharynx supérieur, buccal, inférieur. Luette. Amygdales. Piliers. / Larynx. Os hyoïde. Ligament thyroïdien. Cartilage thyroïde, cricoïde, aryténoïde. Glotte. Epiglotte. Membrane thyro-hyoïdienne. Cordes vocales (v. VOIX). / Trachée-artère. / Œsophage. / Carotide. Vaisseaux jugulaires. Nerfs glosso-pharyngien, pneumogastrique, spinal, hypoglosse, grand sympathique.

Maladies de la gorge. Amygdalite. / Angine. Angine couenneuse, membraneuse, gangréneuse. Esquinancie. / Diphtérie. Diphtérique. Croup. / Laryngite. / Pharyngite. / Glottite. / Trachéite. Trachéocèle. Trachéosténose. / Goitre. Goitreux. Strumosité. / Enrouement. Enroué. Gorge irritée.

Soins. Laryngologie. Oto-rhino-laryngologie. / Laryngoscopie. Laryngoscope. / Staphylotomie. Trachéotomie. / Collutoire. Gargarisme. Inhalation. / Badigeonner. Se gargariser. / Sérothérapie. Sérum. / Aérosol.

Coups à la gorge. Prendre à la gorge. Serrer la gorge. Mettre le couteau sur (ou sous) la gorge. / Etrangler. Etrangleur. Strangulation. Lacet. / Couper la gorge. Couper le cou. Guillotiner. / Hache. Guillotine. / Egorger. Egorgement. Egorgeur. / Pendre. Pendaison. Potence. Hart (corde servant à pendre un condamné). / Etouffer. Suffocation.

Relatif à la gorge. Respiration. Phonation. Déglutition. / Gorger. Gorgée (nourriture de faucon). Rendre gorge (rendre la nourriture avalée, en parlant du faucon). / Ingurgiter. Ingurgitation. Gaver. Engaver. Engouer (vx). / Se rengorger. Bouler (pigeon). Enfler sa gorge (serpent). Gorge-de-pigeon (couleur). / Voix gutturale. Consonnes gutturales (phonétique).
Avoir la gorge sèche (avoir soif). Faire des gorges chaudes (se moquer). Rire à gorge déployée (sans retenue). Rendre gorge (restituer).

gouffre

(du bas lat. *colpus ;* en gr. *kolpos*)

Vaste cavité très profonde. *Gouffre sans fond. Gouffre béant.* Fosse. Fosse abyssale. Abysse. Abîme. / Précipice. Crevasse. / *Termes régionaux désignant des gouffres.* Aven. Doline. Emposieu. Bétoire. / Gouffre de Padirac, de la Henne-Morte, etc.

Relatif au gouffre. Plonger dans l'abîme. Abîmer (vx). / Spéléologie (exploration des gouffres, des grottes). Spéléologue.

gourmand

Qui aime les bonnes choses et mange beaucoup. *Etre gourmand de quelque chose.* Friand. Amateur. / *Un gros gourmand.* Glouton. Goinfre. Goulu. Vorace. Ripailleur. / *Un gourmand raffiné.* Gourmet. Gastronome. Délicat. Fine bouche. Fine gueule (fam.).
Etre gourmand. Aimer la bonne chère, les bons morceaux, la bonne table. Etre porté sur la bouche (fam.). / Faire bonne chère. Faire bombance. Se régaler. Festoyer. Faire ripaille. Ripailler. Goinfrer.
GOURMANDISE. Gloutonnerie. Avidité. Goinfrerie.

goût

(du lat. *gustus*)

Sens par lequel on perçoit les saveurs. *Organes du goût.* Langue. Palais. / Papilles gustatives de la langue. Nerf gustatif. / Gustation (perception des saveurs). Sensibilité gustative. / Avoir le goût fin, délicat, raffiné. / Perversion, dépravation du goût. Goût dépravé. Malacie (vx).
GOÛTER (apprécier par le goût). Déguster. Savourer. / Dégustation. Dégustateur. / *Goûter à quelque chose.* Prendre. Manger. Boire.

Sensation produite sur l'organe du goût. *Goût d'un mets.* Saveur. Fumet. Sapidité (rare). / *Goût d'un vin* (v. VIN). / *Variété de goûts.* Acide. Aigre. Sur (vx). Suret (vx). / Amer. Acre. Apre. Racler le gosier. / Doux. Sucré. Moelleux. / Douceâtre. / *Qui a un goût agréable.* Appétissant. Succulent. Savoureux. Délicieux. Exquis. / *Manger avec goût.* Appétit. / Flatter le goût. / *Qui n'a pas de goût.* Insipide. Fade. Fadasse. / *Relever le goût d'un mets.* Assaisonner. Saler. Epicer. Poivrer. / Goût salé, épicé, relevé. Piquer la langue. / *Qui a un goût désagréable.* Acre. Fort. Rance. Saumâtre.

Ecœurant. Dégoûtant. / *Qui a perdu son goût.* Eventé (en parlant d'un vin).

Penchant qui attire vers quelqu'un ou vers quelque chose. *Montrer du goût pour un art, pour une science.* Aptitude. Disposition. Vocation. Don. Talent. / *Prendre goût à quelque chose.* S'intéresser à. / *Avoir un goût très vif pour quelque chose.* Aimer. Adorer (fam.). Etre amateur de. / *Trouver quelqu'un, quelque chose à son goût.* Aimer. Etre attiré. Etre amoureux. / Attirance. Attrait. Désir. / *Etre au goût de.* Plaire. Etre agréable. Dire (fam.). Chanter (fam.). Apprécier. Estimer. Etre au gré de. A la convenance de. / *N'avoir de goût à rien.* Etre dégoûté, blasé, désenchanté, revenu de tout.

Aptitude à discerner ce qui est beau et ce qui est laid. *Former, affiner le goût. Se fier à son goût.* Sens esthétique. Sens du beau. / *Avoir bon goût. Avoir du goût. Avoir le goût sûr, délicat.* Etre doué de sens esthétique, artistique. Artiste. Esthète. / *Avoir mauvais goût. Manquer de goût.* Etre dénué de sens esthétique. / Béotien. / Avoir des goûts communs, vulgaires. / Affinité de goûts (manière de juger, d'apprécier commune).

goutte

(du lat. *gutta*)

Très petite quantité de liquide. Goutte d'eau. Grosse goutte. Petite goutte. / *Très petite goutte.* Gouttelette. / Goutte de rosée. / Goutte de sang. Goutte de sueur. / *Suer à grosses gouttes.* Transpirer abondamment. / Goutte de plomb, de mercure. Goutte de métal fondu. / *Arroser, verser par gouttes.* Asperger. / Aspersoir. Goupillon. / *Réduire en gouttelettes.* Pulvériser. Vaporiser. Atomiser. / Pulvérisation. Vaporisation. / Pulvérisateur. Vaporisateur. Atomiseur.

Mère goutte (ce qui tombe d'un pressoir avant le pressurage).

GOUTTER (couler goutte à goutte). Dégoutter. Dégouliner. S'égoutter. / Dégoulinade. Dégoulinement. Egouttage ou égouttement. Egoutture. / *Egouttoir à bouteilles.* Porte-bouteilles. / *Egouttoir à fromages.* Clisse. Clayon. Faisselle. / *Ecoulement goutte à goutte.* Stillation. Stilligoutte (compte-gouttes). Stillatoire. / Perfusion en goutte-à-goutte.

Très petite quantité de boisson. *Une goutte d'eau, de vin, de bière.* Larme. Doigt. / *Boire la goutte* (fam.). Boire un petit verre d'alcool.

gouverner

(du lat. *gubernare,* diriger)

Exercer le pouvoir politique. *Gouverner un pays, un Etat.* Diriger. Conduire. Tenir les rênes du pouvoir. / *Manière de gouverner.* Gouvernement. Politique.

GOUVERNEMENT. *Gouvernement établi, reconnu, régulier, légal.* Autorité. Pouvoir politique. / *Former un gouvernement.* Ministère. Cabinet. / *Chef du gouvernement.* Premier ministre. Président du conseil (vx). / Ministre. Secrétaire d'Etat. Sous-secrétaire d'Etat. / Formes de gouvernement (v. POLITIQUE). / Constitution (ensemble des lois fondamentales organisant le gouvernement d'un pays).

GOUVERNANT. Dirigeant. Homme d'Etat.

GOUVERNEMENTAL. *Equipe gouvernementale.* Ministériel. / Antigouvernemental.

grâce

(lat. *gratia,* de *gratus,* agréable ; en gr. *kharis*)

Ce qu'on accorde à quelqu'un pour lui être agréable. *Demander, solliciter une grâce. Obtenir une grâce.* Faveur. Avantage. Bienfait. Don. Gracieuseté. / *Les bonnes grâces de quelqu'un.* Bienveillance. Faveurs. Amitié. Bonté. Protection. / *Etre en grâce auprès de quelqu'un.* Jouir de la considération de quelqu'un. Etre « persona grata ».

Aide surnaturelle accordée par Dieu. *Demander, obtenir la grâce de Dieu.* Secours. Bénédiction. Don. / Grâce habituelle ou sanctifiante. Grâce actuelle. / Coopérer à la grâce. Perdre la grâce. / A la grâce de Dieu (comme il plaira à Dieu, sans autre secours). / *Etat de grâce.* Pureté. / *Doctrines de la grâce.* Jansénisme. Molinisme. Pélagianisme. Thomisme. / Charisme (don spirituel extraordinaire accordé par l'Esprit-Saint).

Action de reconnaître un bienfait. *Rendre grâce.* Remercier. Reconnaître un bienfait. / *Action de grâces.* Remerciement. Reconnaissance. / *Grâce à Dieu.* Dieu merci. Heureusement. Par bonheur.

Remise d'une peine, d'une dette. *Demander grâce.* Miséricorde. Indulgence. Pitié. / *Implorer la grâce.* Supplier. Supplique. / *Recours en grâce.* Requête. / *Droit de grâce.* Amnistie. / *Faire grâce à quelqu'un de quelque chose.* Pardonner. Excuser. Absoudre.

Coup de grâce. Donner le coup de grâce. Achever (un condamné).

Ce qui plaît dans l'attitude, les mouvements d'un être animé. *La*

grâce d'une femme, d'un enfant. La grâce d'une gazelle, d'une biche. Charme. Beauté. Vénusté (littér.). Légèreté. Souplesse. Sveltesse. / *Marcher, danser avec grâce.* Aisance. Elégance. Distinction. / *Les Grâces.* Les Charites. / Les trois Grâces : Aglaé. Euphrosyne. Thalie.
Faire quelque chose de bonne grâce. Avec amabilité, gentillesse, aménité, affabilité. / Aimablement. Volontiers. De bon gré.
GRACIEUX (qui a de la grâce). Charmant. Elégant. Distingué. Attrayant. Beau. Joli. / Svelte. Délicat. Gracile.

grain
(du lat. *granum*)

Fruit ou semence d'une céréale. Grain de blé, de maïs, d'orge, d'avoine. / *Enlever le grain de l'épi.* Egrener. Battre. / Battage. Egrenage. Criblage. Vannage. Triage. / Vanner. Trier. Cribler. / Egreneuse. Crible. Van. Trieuse. / Paille. Balle (envloppe du grain).
Conservation du grain. Grange. Grenier. Silo. / *Mesure à grain.* Boisseau (vx).

Fruit de certaines plantes. Grain de groseille. Grain de raisin. Grain de poivre, de café. / Egrapper (détacher les grains de la grappe). Egrapper des raisins, des groseilles. / Egrappage. Egrappoir. / Ecosser des haricots.

Petite chose arrondie. (En pharmacie.) *Petit grain.* Granule. Petite pilule. / *Grain de sable, de poussière.* Parcelle. Corpuscule. / *Grain de métal.* Grenaille. / *Grain de plomb.* Dragée. Cendrée.
Grain d'un cuir, d'une étoffe. Aspect grenu ou grené. / Granuleux. Granulaire. Greneler. Grener (une peau).

Très petite quantité d'une chose (abstraite). *Un grain de vanité, de bon sens.* Once. Pointe. Atome. / *Avoir un grain.* Etre un peu fou.

graine
(du lat. *grana*)

Partie d'une plante à fleurs qui sert à la reproduction. *Eléments.* Aigrette. Albumen. Aleurone. Arête. Arille. Balle. Barbe. Caroncule. Cellule. Chalaze. Cloison. Coléoptile. Cordon. Cosse. Cotylédon. Embryon. Endosperme. Endostome. Epi. Episperme. Exostome. Funicule. Gemmule. Germe. Glume. Hile. Leucoplaste. Lobule. Loge. Membrane. Micropyle. Noyau. Nucelle. Nucléoplasme. Ombilic. Oosphère. Ovaire. Ovule. Pépin. Périsperme. Placenta. Plumule. Prostype. Radicule. Raphé. Réceptacle. Sarcoderme. Spermoderme. Spore. Suspenseur. Suture. Tégument. Testa. Trophosperme. Tunique. Utricule. Valve. Vasiducte. Vitellus.

Manutention. Battre. Battage. Dépiquer. Dépiquage. Cribler. Trier. Criblure. / Décortiquer. Décortication. Egrener. Egrenage. / Ecosser. Ecaler. / Grainetier. Graineterie.

Graines usuelles. Céréales. Blé. Orge. Avoine. Sarrasin. Seigle. Maïs. / Millet. Mil. Chènevis. / Anis. Badiane. Cardamome. Coriandre. Cumin. Carvi. / Sénevé. Graine de lin. / Haricot. Pois. Lentille. Fève. Ers. / Œillette. Linette. Sésame. / Poivre. Riz. Café, etc.

grammaire
(lat. *grammatica*)

Étude des formes des éléments d'une langue et de leurs relations. *Différentes sortes de grammaires.* Grammaire générale. Grammaire normative. Grammaire historique. Grammaire comparée. Grammaire descriptive. Grammaire structurale. Grammaire générative. / *Fautes de grammaire.* Barbarisme. Solécisme.

Sons et lettres. Morphologie. Phonétique. Phonème (élément sonore du langage articulé ayant valeur distinctive). V. LINGUISTIQUE.

Formes grammaticales. ***Parties du discours.*** *Mots variables.* Nom ou substantif. Nom propre. Nom commun. Nom collectif. / Article. Article défini, indéfini, partitif. / Adjectif. Adjectif qualificatif. Degrés de signification. Positif. Comparatif. Superlatif. Adjectif numéral, possessif, démonstratif, relatif, interrogatif et exclamatif, indéfini. / Pronom. Pronom personnel, possessif, démonstratif, relatif, interrogatif, indéfini. / Verbe. Verbe transitif, intransitif, transitif indirect. Verbe pronominal. Verbe impersonnel. Verbe défectif. Verbe auxiliaire. / Conjugaison. Radical. Terminaisons. Nombre et personne. / Forme active, passive, pronominale. / Modes. Modes personnels : Indicatif. Impératif. Conditionnel. Subjonctif. Modes impersonnels : Infinitif. Participe. Gérondif. / Temps. Temps simples : Indicatif présent, imparfait. Passé simple. Futur simple. Conditionnel présent. Impératif présent. Subjonctif présent, imparfait. Infinitif présent. Participe présent. / Temps composés : Passé composé. Plus-que-parfait. Passé antérieur. Futur antérieur. Conditionnel passé. Impératif passé. Subjonctif passé, plus-que-parfait. Infinitif passé. Participe passé. Temps surcomposés.

Genres. Masculin. Féminin. / *Nombres.* Singulier. Pluriel.

Mots invariables. Adverbe. Adverbe de manière, de temps, de lieu, de quantité, d'affirmation, de négation, de doute. Locutions adverbiales. Degrés de signification. / Conjonction. Conjonction de coordination, conjonction de subordination. Locutions conjonctives. / Préposition. / Interjection.

Syntaxe. *Structure de la phrase simple.* Proposition. Eléments d'une proposition. Sujet. Verbe. Objet. Complément d'objet direct, indirect. / Complément d'attribution ou complément d'objet second. / Attribut. Attribut du sujet, de l'objet. / Complément d'agent. Complément circonstanciel (cause, temps, lieu, manière, but, conséquence, destination, instrument, origine, accompagnement, prix, matière, partie, mesure). / Accord. Construction. Juxtaposition. Coordination. Subordination. / Inversion. Ellipse. Anacoluthe. Syllepse.

Structure de la phrase complexe. Différentes espèces de propositions. Proposition indépendante, principale, subordonnée. / Propositions participes (ou participiales). Propositions subordonnées circonstancielles de but, de cause, de concession ou d'opposition, de conséquence, de condition, de comparaison. Proposition relative. Proposition infinitive. / Correspondance des temps. / Discours indirect.

Analyse. Analyse grammaticale (étude de la nature et de la fonction des mots). Analyse logique (étude des propositions d'une phrase).

Signes orthographiques. Accent orthographique (aigu, grave, circonflexe). Tréma. Cédille. Apostrophe. Trait d'union. / Signes de ponctuation (point, point-virgule, virgule, deux-points, points de suspension, d'interrogation, d'exclamation, parenthèse, crochet, guillemet, tiret).

grand adj. et n.

(du lat. *grandis ;* en gr. *megas*)

Qui dépasse les dimensions ordinaires (en hauteur, largeur, etc.). *Un homme très grand.* Immense. Géant. / Grand flandrin. Grand diable. Grand escogriffe. Grand dadais. / *Un homme grand et mince.* Svelte. Elancé. / *Un homme grand et maigre.* Asperge. Echalas. Perche. / Taille élevée. Haute stature. / *Un grand arbre.* Haut. Elevé. / *Un grand pied. Un grand bras.* Long. / *Un grand trou.* Profond. / *Un grand local.* Spacieux. / *Un grand champ.* Vaste. Etendu. / *Un grand édifice.* Imposant. Monumental. Colossal. Enorme.

Qui a atteint toute sa taille. *Un grand garçon. Une grande fille.* Adolescent. Adolescente. / *Une grande personne.* Adulte.

GRANDIR. Se développer. / (En parlant d'une plante.) Pousser. Croître. / Croissance. Pousse. / (En parlant d'une chose.) Augmenter. S'accroître. S'étendre.

AGRANDIR (rendre plus grand). *Agrandir une ouverture.* Elargir. / *Agrandir un trou.* Approfondir. Creuser plus avant. / *Agrandir un domaine.* Etendre. Développer.

AGRANDISSEMENT. Elargissement. Extension. Développement. / Approfondissement.

Qui dépasse la moyenne (en quantité, qualité). *Une grande fortune. Un grand capital.* Gros. Beau. / *Une grande foule.* Nombreux. Beaucoup de gens. / *Un très grand nombre.* Infini. Incommensurable. Illimité. Maximal. / *Un grand froid. Un grand vent.* Vif. Intense. Terrible. Violent. / *Un grand secours. Un grand effort.* Considérable. Important. Enorme. / *Un grand succès.* Extraordinaire. Eblouissant. Sensationnel. Prodigieux. / *Un grand chagrin. Un grand malheur.* Atroce. Terrible.

Avoir grand-faim, grand-soif. Beaucoup. Très. Enormément. / *Un grand buveur. Un grand joueur.* Gros.

GRANDEMENT. *Se tromper grandement.* Beaucoup. Tout à fait. / *Faire les choses grandement.* Généreusement. Sans rien épargner.

GRANDEUR. Importance. Etendue. Ampleur. Intensité.

Qui est au-dessus des autres par la condition, le rang. *Un grand personnage.* Important. Considérable. / Personnalité. Notable. Notabilité. Haut dignitaire. Manitou. Gros bonnet (fam.). Ponte (fam.). / *Les grands. Les grands de la terre.* Nobles. Aristocrates. Magnats. Potentats. / *Le grand monde.* La haute société. / *Une grande puissance. Un grand pays.* Puissant. Riche. Développé.

GRANDEUR. Pouvoir. Puissance. Force. Prospérité. Richesse.

Qui se distingue des autres par ses qualités intellectuelles ou morales, son mérite, etc. *Un grand écrivain. Un grand penseur. Un grand artiste.* Remarquable. Eminent. Supérieur. Illustre. Célèbre. Renommé. / *Un grand homme.*

Génie. Héros. / *Une grande âme. Un grand cœur.* Généreux. Magnanime. / *Une grande action.* Magnifique. Noble. Sublime.

GRANDEUR. *Grandeur d'âme.* Générosité. Magnanimité. / *Aimer, rechercher les grandeurs.* Honneurs. Gloire. / *Le goût, la folie des grandeurs.* Mégalomanie. Mégalomane.

gras

(du lat. *crassus,* épais; en gr. *lipos, stear, steatos,* graisse)

Qui a beaucoup de graisse. (En parlant d'une personne, d'un animal.) Adipeux. Replet. Rebondi. Bouffi. Rond. Rondelet. Obèse. Ventru. Ventripotent (fam.). Gras à lard (fam.). / *Assez gras.* Grassouillet. Dodu. Potelé. Bien en chair.

Etat d'une personne grasse. Embonpoint. Empâtement. Rondeur. Obésité. Rotondité (fam.). Adiposité. Polysarcie. / Stéatopygie (développement excessif du tissu graisseux dans la région fessière). Stéatopyge. / Stéatose. / Lipectomie (ablation de la graisse de l'abdomen). / Lipome (tumeur graisseuse).

ENGRAISSER (devenir gras). Grossir. Forcir. S'empâter. Prendre de l'embonpoint. Faire du lard (fam.). Prendre du ventre (fam.). Avoir un double, un triple menton.

Sali, taché de graisse. *Cheveux gras.* Graisseux. Huileux. Poisseux. Sale.

DÉGRAISSER (enlever des taches de graisse). Nettoyer. Détacher. Laver. / Dégraissage. Nettoyage. / Détacheur. Dégraisseur. Teinturier. / Détachant (produit pour détacher).

Qui contient de la graisse. *Matière grasse.* Graisse. / *Corps gras.* Lipides (en chimie).

Graisses animales, végétales. *Couche de graisse.* Panne. / *Graisse de porc.* Lard. Lardon. Saindoux. Axonge. Oing ou oingt (vx). / *Graisse de bœuf, de mouton.* Suif. / Blanc de baleine. Graisse de phoque, de morse. / *Graisse animale ou végétale.* Beurre. Butyrine. Margarine. Beurre de karité. / *Graisse à frire.* Friture. Graillon. / *Résidus de graisse fondue.* Rillons. Cretons.

Graisses minérales. Stéarine. Oléine. Vaseline. Paraffine. Glycérine. Savon. Onguent. / Cambouis (huile ou graisse noircie par le frottement).

GRAISSER (enduire de graisse, d'un corps gras). Lubrifier. Huiler. Oindre (vx). / Graissage. Lubrification. Huilage. / Lubrifiant. / Burette. Graisseur. Pistolet. Pompe à graisse. / Boîte à graisse.

Qui a la consistance, l'aspect de la graisse, de l'huile. *Un liquide gras.* Onctueux. Huileux. Gluant. Visqueux. Mucilagineux. Sirupeux. / Doux. Velouté.

gratification

(du lat. *gratificatio,* libéralité)

Somme d'argent donnée en plus de ce qui est dû. *Accorder une gratification.* Cadeau. Récompense. Avantage. Gracieuseté. Libéralité. / *Gratification donnée à un employé, à un garçon de café.* Pourboire. Pièce. / *Gratification de fin d'année.* Etrennes. / *Gratification remise à des ouvriers, à des employés, à des vendeurs.* Prime. Guelte. / *Gratification illicite, cachée.* Pot-de-vin. Dessous-de-table. Bakchich (ou bakschich).

gratter

(du francique *kratton*)

Frotter avec quelque chose de dur. *Gratter une planche.* Racler. / *Gratter un mur.* Ravaler. / *Gratter la terre* (en parlant d'un animal). Fouiller. Remuer.

GRATTAGE. Raclage. Ravalement. / Grattoir. Raclette. Racloir. / Gratture. Raclure.

Se gratter (gratter une partie de son corps). Gratte-dos. / *Sensation qui provoque le besoin de se gratter.* Démangeaison. Prurit. Irritation. / Démanger.

Faire disparaître. *Gratter une inscription.* Effacer. Enlever.

Obtenir un avantage. *Gratter sur la dépense* (fam.). Faire de petits bénéfices. Grappiller. / Grappilleur.

GRATTE (fam.). Petit profit. Gain illicite. Tour de bâton. Pot-de-vin.

gratuit

(du lat. *gratuitus*)

Que l'on ne paye pas. Enseignement gratuit. / *Entrée gratuite.* Libre. / *Aide, collaboration gratuite.* Bénévole. Gracieux. Désintéressé. / Bénévolat (le fait d'accomplir quelque chose gratuitement).

GRATUITÉ. Désintéressement.

GRATUITEMENT. Gratis. « Gratis pro Deo ». Gracieusement. A titre gracieux. Bénévolement. Sans payer. A l'œil (pop.).

Qui n'a pas de preuve, de justification. *Une hypothèse gratuite. Une affirmation, une accusation gratuite.* Arbitraire. Non fondé. Mal fondé. Hasardeux. Injustifié. Incertain. / *Acte gratuit.* Irrationnel. Sans raison. Sans motif. Sans motivation. Immotivé.

GRATUITEMENT. Sans fondement. Sans preuve.

grave
(du lat. *gravis*)

Qui agit avec réserve et dignité. *Un homme grave. Un grave personnage.* Digne. Sérieux. Posé. Réfléchi. Sévère. / *Un air, un visage grave.* Imposant. Raide.
GRAVITÉ. *Gravité naturelle.* Dignité. Retenue. Sérieux. Réserve. / *Gravité affectée.* Componction. Raideur. Froideur. / Air compassé, gourmé, empesé, solennel. Attitude hiératique, figée. / Ton sentencieux, doctoral, emphatique.

Qui a de l'importance. *Une raison grave. Un motif grave.* Sérieux. Important. Valable.
GRAVITÉ. *La gravité d'une question, d'un problème.* Importance.

Qui peut avoir des suites fâcheuses. *Une situation grave. Un cas grave.* Critique. Tragique. Dramatique. Dangereux. Alarmant. / *Faute grave. Péché grave.* Mortel.
GRAVITÉ. *La gravité d'une situation.* Danger. Péril. / La gravité d'une maladie (son caractère dangereux). / La gravité d'une faute (degré de culpabilité).
AGGRAVATION. *L'aggravation d'un mal, d'une situation.* Recrudescence. Complication.
GRAVEMENT. *Gravement malade.* Dangereusement. / *Gravement blessé.* Grièvement.
AGGRAVER (rendre plus grave). *Aggraver un mal, une crise.* Aviver. Exacerber. / *S'aggraver* (en parlant de l'état d'un malade, d'une situation). Empirer. Se détériorer. Se dégrader. / Circonstance aggravante (qui augmente la gravité d'un acte).

Qui occupe le bas de l'échelle musicale. *Un son grave. Une voix grave.* Profond. Caverneux. Sépulcral. / Contralto (la plus grave voix de femme). / Basse.

gravure
(du francique *graban*, creuser)

Art de reproduire par incision un dessin sur une matière dure. *Sortes de gravures.* Gravure originale. Gravure d'interprétation. Gravure en fac-similé.

Procédés de gravure. *Gravure en creux sur métal, ou taille-douce.* Gravure au burin. Gravure sur cuivre, ou chalcographie. Gravure sur acier, ou sidérographie. / Gravure à l'eau-forte. / Gravure au lavis. / Gravure à l'aquatinte. / Gravure à la pointe sèche. / Gravure au pointillé. / Gravure à la manière noire, ou mezzo tinto. / Gravure à la roulette, dite « en manière de crayon ». / Gravure au vernis mou. / Gravure sur verre, ou hyalographie. / Gravure sur pierre, ou lithographie.
Gravure en relief sur bois. Gravure sur bois, ou xylographie. Gravure sur bois de fil, ou taille d'épargne. / Gravure sur bois debout, ou gravure à teintes. / Gravure en relief sur métal ou en manière criblée (procédé abandonné depuis la fin du XVe s.).

Matériel. Alésoir. Berceau (outil d'acier pour faire le grain). Bloc. Boësse (outil à ébarber). Bouterolle, ou tarière (poinçon fixé au touret). Brunissoir. Burin. Canif, ou canivet. Charnière. Ciment. Ciselet. Dressoir. Eau-forte. Echoppes. Echoppe plate. Echoppe ronde. Echoppe rayée, ou vélo. Flatoir (marteau de ciseleur). Gouge. Godronnoir. Grattoir. Lancette. Langue-de-chat. Matoir. Mixtion. Onglet (burin plat). Perloir. Planche (plaque de cuivre, de bois, etc.). Contre-planche. Poinçon. Racloir. Touret (tour pour graver les pierres fines). Vernis dur, mou.

Opérations. Tailler. Taille (incision faite avec le burin). Contre-taille. Entretaille. / Boësser (ébarber). / Border. / Buriner. / Champlever (creuser au burin ce qui est dessiné sur le métal). / Ciseler. Ciselure. / Creuser. / Découvrir la planche. / Dessiner. / Ebarber (enlever les inégalités). / Ebaucher. / Echopper. / Egratigner. Egratignure. / Enluminer (colorier). Enluminure. / Filer (faire couler l'eau-forte dans le tracé). Fouiller. / Frapper un trait. / Godronner. / Grener (faire le grain). / Hacher. Contre-hacher. / Historier (enjoliver de gravures). / Piquer. / Poinçonner. / Pointiller. Pointillage. / Rentrer (repasser le burin). / Repousser (faire sur une feuille mince des traits creux d'un côté et en relief de l'autre). / Touches fortes, tendres. / Tracer.
Empâtement (manière de rendre le moelleux des chairs). Griffonnis (gravure imitant un dessin à la plume). Guillochis (ornement composé de traits ondés qui s'entrecroisent). / Bavochure (manque de netteté). Godron (ornement en forme d'œuf allongé). / Grené. / Grignotis (hachures tremblées). / Hachures. / Mâchonné. / Pointillé. / Rehauts (blancs dans la gravure). / Trait (ligne tracée).

Graveur. Aquafortiste. Aquatintiste. Lithographe.

Ouvrage, travail du graveur. Estampe (image imprimée avec une planche gravée). Image. Illustration. Frontispice. Cul-de-lampe. Vignette. / Une gravure. Exemplaire. Œuvre (ensemble des gravures d'un artiste). / Passe-partout (planche gravée). Portefeuille (collection d'estampes).
Epreuve. Epreuve avant la lettre, après la lettre. Lettre blanche, grise, noire. / Epreuve grise, neigeuse, brillante. Empreinte. / Venir bien. Belle pâte. Venir mal.

Pierres gravées. Glyptique (gravure sur pierres fines). Glyptographie. Antique (pierre gravée ancienne). Scarabée. Camaïeu. Camée (pierre sculptée en relief). / Lithoglyphie. Intaille (pierre sculptée ou gravée en creux). Ectype (empreinte d'un cachet, d'une médaille). Glyptothèque (collection de pierres gravées ; musée de sculpture).

greffe

Pousse d'une plante que l'on fixe dans une autre plante. Sujet ou porte-greffe. Sauvageon. / Greffon. Ecusson. Scion. / *Sortes de greffes.* Greffe par approche. Greffe par rameau détaché. Greffe en fente, en fente double, en couronne, en fente anglaise, en flûte. / Greffe par bourgeon ou greffe en écusson.

GREFFER. Ecussonner. Enter (vx).

GREFFAGE. Ecussonnage. / Ligature. Pansement des plaies de greffage.

GREFFOIR. Ecussonnoir. Fendoir.

grimace
(du francique *grima,* masque)

Contorsion du visage involontaire ou pour faire rire. *Grimace convulsive, nerveuse.* Tic. / *Grimaces comiques. Grimaces d'un clown.* Singeries.

GRIMACER (faire des grimaces). Faire le singe, le bouffon, le pitre, le clown, le zouave. Gonfler ses joues. Cligner de l'œil. Tirer la langue. Faire un pied de nez. Faire les cornes. Rouler les yeux. / Gesticuler.

GRIMAÇANT. Visage grimaçant. / Grimacier.

Manifestation de dégoût, de douleur. *Faire la grimace.* Manifester son mécontentement. Faire la moue. Se renfrogner. Prendre un air renfrogné, rechigné. / *Grimace de douleur.* Contraction des muscles du visage. Crispation. Rictus. Contorsion. / *Faire la grimace.* Tordre la bouche. Grincer des dents. Crisser des dents. Crisper le visage.

Gestes affectés. *Faire des grimaces* (littér.). Simagrées. Manières. Minauderies. Chichis (fam.). / Minauder. Faire des mines.

gris
(du francique *gris*)

D'une couleur intermédiaire entre le noir et le blanc. *Des cheveux gris.* Argenté. Poivre et sel. / *Gris clair.* Gris argenté. Gris pâle. Gris tourterelle. / *Gris foncé.* Gris ardoise. Gris-bleu. / Gris tourdille (en parlant d'un cheval). Gris-jaune. / Grisâtre (qui tire sur le gris).

GRISAILLE (peinture monochrome en camaïeu gris). [Au fig.] Monotonie. Tristesse. Mélancolie.

GRISONNER (devenir gris). Grisonnement. Grisonnant.

grivois

Qui est d'une gaieté assez libre, un peu osée. *Une chanson grivoise. Un conteur grivois.* Egrillard. Gaillard. Gaulois. Cru. Leste. Léger. Licencieux. Graveleux. Salé. Polisson.

GRIVOISERIE. Gauloiserie. Gaudriole. Gaillardise.

gros
(du lat. pop. *grossus*)

Qui dépasse le volume ordinaire. *Un gros paquet.* Volumineux. Enorme. / *Un gros livre.* Epais. / (En parlant d'une personne.) Fort. Corpulent. Enorme. Epais. Massif. Rond. Rondelet. Obèse. Ventru. Ventripotent. / *Gros et gras.* Empâté. Replet. Bouffi. Boursouflé. / *Gros et grand.* Costaud (fam.). Colosse. Mastodonte. Maous (pop.). / *Gros et court.* Trapu. Boulot. Pataud (fam.). Patapouf (fam.). Poussah (fam.). / *Une grosse femme.* Une grosse dondon. Pot à tabac. Bonbonne. / Macrocéphale (qui a une grosse tête). / *Qui a de gros membres, de grosses joues, de gros seins, de grosses lèvres, de grosses fesses.* Membru. Joufflu ou mafflu. Mamelu. Lippu. Fessu. / *Une grosse lèvre.* Epais. Charnu. / *De gros yeux.* Globuleux. / *Un gros ventre.* Rond. Rebondi. Bombé.

GROSSIR (devenir gros). Epaissir. S'empâter. Engraisser. Prendre du poids.

GROSSEUR. *Grosseur du corps humain.*

Corpulence. / Embonpoint. Rondeur. Obésité.

Qui dépasse le volume habituel (après le nom). *Avoir un genou gros.* Enflé. / *Avoir le ventre gros.* Gonflé. Ballonné.

GROSSEUR. Enflure. Gonflement. Ballonnement. Tumeur. Excroissance. Boule. Bosse.

GROSSIR (devenir gros). Enfler. Gonfler. Se tuméfier. Devenir tumescent, intumescent, turgescent, turgide. Se dilater. Se distendre. / Tumescence. Intumescence. Turgescence.

Qui a des proportions importantes. *Une grosse fortune. Un gros héritage.* Considérable. Important. / *Un gros travail.* Grand. Enorme. / *Une grosse voix.* Grave. Fort. / *Un gros chagrin.* Profond. Grand. / *Grosse faute.* Grave.

En gros. En grandes dimensions. En grande quantité. / En substance. En abrégé. Dans l'ensemble. Grosso modo. Globalement. Sans entrer dans le détail.

GROSSIR. *Grossir un événement, une affaire.* Amplifier. Exagérer. Dramatiser.

Qui a une situation importante. *Un gros banquier.* Riche. Opulent. Influent. / *Un gros bonnet* (fam.). *Une grosse légume* (pop.). Magnat. Huile (fam.). Ponte (fam.).

Qui manque de finesse, de raffinement. *Du gros vin.* Ordinaire. Du gros rouge (fam.). / *Gros rire.* Vulgaire. / *Gros bon sens.* Solide. Simple. / *Gros mot.* Mot grossier. Grossièreté. Injure. Insulte.

grossier
(de *gros*)

Qui est de basse qualité. *Un tissu grossier. Un aliment grossier.* Ordinaire. Commun. / Du gros pain. Du gros vin. / *Un travail grossier.* Mal élaboré. Sommaire. Informe. Fait sans soin.

GROSSIÈREMENT. *Un travail fait grossièrement.* Sans soin. A la six-quatre-deux (fam.). Sommairement. Rudimentairement.

Qui dénote un esprit peu subtil. *Une erreur, une ruse grossière. Un mensonge, un artifice grossier.* Maladroit. Gros. Cousu de fil blanc.

Qui manque de finesse, de délicatesse, d'éducation. *Un visage aux traits grossiers.* Lourd. Epais. / *Un homme grossier de formes.* Massif. Mastoc. Taillé à coups de hache. / *Un homme grossier dans ses manières.* Balourd. Lourd. Lourdaud. Mal dégrossi. Fruste. Rustre. Rustaud. / *Grossier personnage.* Malotru. Goujat. Malappris. Mufle. Butor. Paltoquet (vx). Pignouf (fam.). Ostrogoth. Voyou. / *Personne grossière. Individu grossier.* Impoli. Incorrect. Effronté. Insolent. Mal embouché.

GROSSIÈREMENT. *Répondre grossièrement.* Impoliment Effrontément. Insolemment.

GROSSIÈRETÉ. Impolitesse. Incorrection. Effronterie. / Goujaterie. Muflerie. Butorderie.

DÉGROSSIR. Affiner. Civiliser. Eduquer.

Qui choque les bienséances. *Terme grossier.* Inconvenant. Choquant. Malséant. Malhonnête. Malsonnant. Dégoûtant. Cru. Ordurier. Obscène. / *Histoire, plaisanterie grossière. Récit grossier.* Gaulois. Grivois. Licencieux. Epicé. Salé. Incongru. Scatologique. / *Femme grossière.* Poissarde. Harengère.

GROSSIÈRETÉ. Gros mot. Juron. Gauloiserie. Obscénité. Ordure. Incongruité. Scatologie. Saleté. Cochonnerie (pop.). Cochonceté (pop.).

grotte
(de l'ital. *grotta;* en lat. *crypta, spelunca ;* en gr. *spêlaion, troglê*)

Cavité naturelle dans les rochers, sous terre. *Explorer une grotte.* Caverne. Balme ou baume (en provençal). Excavation. Antre. / Chambre (grand espace dans une grotte). / Stalactites (concrétions aux voûtes des grottes). Stalagmites (concrétions sur le sol). Rivière souterraine. Siphon (passage noyé entre deux chambres). / Grotte préhistorique. / Habitant des cavernes. Troglodyte. / Peintures rupestres. / Spéléologie (exploration, étude des grottes). Spéléologue.

groupe
(de l'ital. *gruppo,* assemblage)

Ensemble d'êtres se trouvant dans un même lieu. *Un groupe de curieux, de badauds.* Attroupement. / *Groupe de coureurs.* Peloton. / *Groupe de touristes, d'étrangers.* Bande. / *Groupe d'oiseaux.* Volée. Compagnie.

Ensemble de personnes ayant quelque chose en commun. *Groupe humain.* Société. Collectivité. Communauté. Classe. Corps. Famille. Groupement. Association. / *Groupe fermé. Groupe de personnes ayant des idées, des goûts, des intérêts communs.* Caste. Coterie. Clan. / *Groupe littéraire, artistique.* Ecole. Cénacle. Chapelle. / *Groupe* *financier, industriel.* Société. Trust. Holding. / *Esprit de groupe.* Esprit grégaire. Moutonnier. / Grégarisme. / *Etude des divers groupes humains, de leurs caractères anthropologiques, sociaux.* Ethnologie. Anthropologie. / Ethnologue. Anthropologue.

Ensemble de choses rapprochées ou ayant des caractères communs. *Un groupe d'étoiles.* Constellation. / *Groupe d'îles.* Archipel. / *Groupe de maisons.* Agglomération. Bourg. Village. Hameau. Grand ensemble. / *Groupe de corps chimiques.* Catégorie. Espèce. Classe. Famille.

GROUPER (réunir en groupe). *Grouper des personnes ou des choses.* Rassembler. Concentrer. Ranger. Rapprocher. Mettre ensemble. Réunir. Masser.

Ensemble de personnes groupées. Groupement. / *Groupement politique.* Parti. Rassemblement. Union. Mouvement. Coalition. Bloc. Front. / *Groupement syndical.* Association. Fédération. Confédération. Syndicat.

Groupement de choses. Réunion. Concentration. Accumulation. Collection. / Groupage (réunion de colis ayant une même destination).

guérir

(du germanique *warjan;* en lat. *curare*)

Délivrer d'un mal physique ou moral. *Guérir un malade.* Sauver. Arracher à la mort. Apporter, donner ses soins à. Soigner. Traiter. Soulager. / Opérer. Remettre un membre. / *Guérir une maladie.* Délivrer de. / *Guérir d'un défaut.* Corriger. Débarrasser. / Médecin. Spécialiste. Chirurgien. Guérisseur. Rebouteur ou rebouteux. / Traitement curatif (qui a pour objet de guérir).

GUÉRISSABLE. Curable. / Inguérissable. Incurable.

Être délivré d'un mal physique. *Guérir d'une maladie.* Recouvrer la santé. Aller mieux. Réchapper de. S'en tirer (fam.). En réchapper. Se remettre. Se rétablir.

GUÉRISON. *Etre en voie de guérison.* Reprendre des forces. Recouvrer ses forces. / Convalescence. Convalescent.

guerre

(du francique *werra;* en lat. *bellum;* en gr. *polemos*)

Lutte armée entre des États, entre des groupes sociaux. *Sortes de guerres.* Guerre nationale. Guerre mondiale. Guerre civile. Guerre de religion. / Guerre sainte. Croisade. / Guerre sur mer. Guerre de course. Guerre sous-marine. / Guerre révolutionnaire. Guerre de partisans. Guérilla. / Guerre subversive. Guerre psychologique. Guerre des ondes. Guerre des nerfs. Guerre froide. / Guerre offensive. Guerre défensive. / Guerre totale. Guerre atomique ou nucléaire, biologique, chimique. / Guerre éclair. / Guerre d'usure. / *Déclencher une guerre.* Conflit. Lutte armée. Conflagration.

Art de la guerre, art militaire. Stratégie (partie de la science militaire qui a pour objet la conduite générale de la guerre et la défense d'un pays). Grande stratégie. Stratégie opérationnelle, générale, globale. / Tactique (art de combiner l'emploi des moyens au combat). Tactique aérienne, navale. / Logistique (ce qui est relatif au ravitaillement, aux transports). Plan de campagne. Recherche opérationnelle. / Dissuasion. Crédibilité. Fiabilité.

Formations. Colonne. Déploiement. Front. Lignes. Ailes. Flanc. Centre. Arrières. Dispositif. Vagues d'assaut. Dernier carré. Base.

Fortification. Fort. Ouvrages. Tranchée. Sape. Siège. Ligne d'arrêt.

Organisation de la défense nationale. Armée nationale. Armée de métier. / Armée active. Armée de réserve. Défense du territoire. Défense aérienne. / Recrutement. Conscription. Mobilisation. / Ministère de la Défense nationale. Commandement. Etat-major. / Armée. Armée de terre. Aviation. Marine. Force de frappe, de dissuasion, d'intervention. Intendance. Train. Economie de guerre. Mobilisation économique.

Faits de guerre, opérations de guerre. Offensive. Défensive. / Expédition. Approche. Découverte. Attaque. Prise de contact. Contre-attaque. Défense. / Occuper un pays, une position, des lignes, des tranchées. / Manœuvres. Mouvements. Marches. Marches forcées. Contre-marches. Progression. / Bataille. Combat. Engagement. Charge. / Baroud (pop.). Casse-pipe (pop.). / Investissement. Siège. Blocus. / Assaut. Escalade. / Débarquement. Coup de main. Embuscade. Infiltration. Quadrillage. Percée. Avance. Invasion. Occupation. Pacification. / Ruse de guerre. Stratagème. Diversion. / Raid. / Largage. Parachutage. / Maraude. Razzia. Pillage. Ravages. / Représailles. / Fusillade. Canonnade. Bombardement. / Massacre. Carnage. Tuerie. / Champ d'honneur. Champ de bataille. / Succès. Victoire. / Hauts faits. Exploits. Actions d'éclat. / Echec. Défaite. Déroute. Débâcle. Décrochage. Repli. Retraite. / Résistance. / Prise de guerre. Butin. / Dommages de guerre.

Les hommes à la guerre. Combattant. Mobilisé. Engagé volontaire. / Guerrier. Héros. / Militaire. Soldat. Marin. Aviateur. Parachutiste. / Troupes. Renforts. Réserves. / Stratège. Tacticien. Grand capitaine. Chef. / L'adversaire. L'ennemi. / Les braves. Les poilus. / Les lâches. Fuyard. / Vainqueur. Vaincu. Prisonnier. / Transfuge. Déserteur. / Embusqué. Planqué (pop.). / Objecteur de conscience. / Espion.

Phases de la guerre. Déclaration de guerre. Etat d'alerte. Préalerte. Alerte. Mobilisation. Pied de guerre. Entrée en guerre. / Prendre les armes. Faire la guerre. Porter la guerre. Se battre. / Etat de siège. / Théâtre de la guerre, des opérations. Ouvrir, cesser les hostilités. / Parlementer. Parlementaire. Trêve. Armistice. / Capituler. Capitulation. Se rendre. Déposer les armes. Honneurs de la guerre. / Vaincre. Remporter la victoire. / Traité de paix. / Avant-guerre. Après-guerre. Entre-deux-guerres.

Relatif à la guerre. *Qui aime la guerre.* Belliqueux. Guerrier. / Bellicisme (amour de la guerre). Belliciste. / Belligérance. Belligérant. Non-belligérant. Non-combattant. Neutre. / Allié. Coalition. / Casus belli (acte de nature à provoquer une guerre). / Polémologie (étude sociologique de la guerre). / Défaitisme. Défaitiste. / Profiteur de guerre. / Escalade (accroissement des moyens militaires). Désescalade.

guitare

(de l'esp. *guitarra*)

Instrument de musique à six cordes. *Parties d'une guitare.* Caisse. Manche. Table. Rosace (ouverture au milieu de la table). Chevalet (support des cordes sur la table). Cordes (*mi, la, ré, sol, si, mi*). Etendue de trois octaves. Chevilles. Boutons. Sillet (support des cordes au bout du manche).
Guitare hawaïenne. Guitare électrique. / Jouer, pincer de la guitare. Battre. Batterie (manière de jouer). / Plectre ou médiator (lamelle d'écaille, d'ivoire utilisée pour faire vibrer les cordes de la guitare, de la mandoline, etc.). / Guitariste. Citharède (chez les Anciens).
Instruments analogues. Cithare. Luth. Lyre. Mandoline. Banjo. Guiterne. Balalaïka. Sistre.

gymnastique

(du lat. *gymnasticus ;* du gr. *gumnos,* **nu**)

Ensemble d'exercices physiques ayant pour but de fortifier et d'assouplir le corps. Education physique et sportive. / Gymnastique de chambre. / Gymnastique analytique. Méthode suédoise. / Gymnastique synthétique. Méthode Démeny. / Méthode naturelle. Hébertisme. / Gymnastique corrective, orthopédique. Kinésithérapie. Kinésithérapeute. / Gymnastique rythmique. / Gymnastique artistique de compétition (à mains libres, aux agrès). / Gymnaste. / Gymnase. Salle. Stade.

Appareils. Exerciseur. Extenseur. Haltères. Massues. Poids. / Barre fixe. Barres parallèles. Barre à disques. / Echelle simple, horizontale, dorsale. Echelle de corde. / Corde lisse. Corde à nœuds. Corde à lutter. / Poutre horizontale. Passe-rivière. Tremplin. / Portique. Trapèze. Anneaux. Perche fixe, oscillante. / Mur d'assaut. / Mât. / Echasses. / Cheval-arçons.

Exercices. *Exercices naturels* (d'après Hébert). Marche. Course. Saut. Grimper. Lancer. Lever. Défense (lutte et boxe). Natation. / Flexion. Circumduction. Extension. Elévation. / Appui. Equilibre. Rétablissement. / Saut en hauteur, en longueur. / Pas gymnastique (pas de course cadencé). Course de vitesse, de fond. / Lancement du disque, du poids. / Lever des poids, des barres. / Escalade. / Suspension. / Assouplissements. / Exercices respiratoires. / Jiu-jitsu. Judo. / Gymnastique acrobatique. Voltige.

Gymnastique sportive. *Compétitions féminines.* Exercices au sol. Poutre d'équilibre. Saut de cheval ou cheval-sautoir. Barres asymétriques. / *Compétitions masculines.* Exercices au sol. Cheval-arçons. Saut de cheval. Anneaux. Barres parallèles. Barre fixe.

Termes antiques. Palestrique (lutte, pugilat, course, saut). Orchestique (danse). / Gymnasiarque (chef du gymnase). / Pancrace (lutte libre). Pugilat (boxe). / Athlète. Pugiliste. Pancratiaste. Discobole. / Ceste (gant garni de plomb pour le pugilat). / Sphéristère (lieu pour jouer à la paume). / Agonothète (celui qui présidait aux jeux sacrés). / Lieux d'exercices : Académie. Palestre. Lycée. Gymnase. Stade. / Arène. Cirque. / Jeux gymniques. Jeux Olympiques, Pythiques, Isthmiques, Néméens. / Gymnaste (celui qui formait les athlètes).

H

habile

(du lat. *habilis,* facile à manier)

Qui fait preuve d'habileté physique. Adroit. Agile. Vif. Leste. Prompt. / *Habile des deux mains.* Ambidextre.

Habileté. Adresse. Dextérité. Aisance. Maîtrise. Facilité. / *Montrer de l'habileté.* Avoir la main sûre. Avoir le coup d'œil. Avoir le chic pour (fam.). Main de maître. / *Habileté naturelle, innée.* Don. Aptitude. Disposition. / Tour d'adresse. Prestidigitation. Escamotage. Illusion. Passe-passe. Truc (fam.).

Habilement. Adroitement. Expertement.

Devenu habile par la pratique. *Un artisan, un technicien habile.* Expert. Compétent. Expérimenté. Capable. Excellent. Fort (en). Entendu. Rompu (à). Versé (dans). / *Etre habile dans un art, une science.* Exceller dans. S'y connaître. S'y entendre. Etre au courant, à la hauteur, à la coule (pop.). / Spécialiste. As (fam.). Champion. Phénix.

Habileté. *Habileté acquise.* Talent. Savoir-faire. Compétence. Capacité. Expérience. / *Habileté d'un musicien.* Virtuosité. Brio. / *Les habiletés d'un métier.* Procédé. Ficelle. Artifice. Truc (fam.). / *Manque d'habileté.* Impéritie. Incapacité.

Habile dans les relations sociales. Fin. Malin. Diplomate. Perspicace. Avisé. Clairvoyant. / Ingénieux. Débrouillard. Dégourdi. Futé. / Rusé. Roué. Roublard (fam.). Fine mouche. / *Une intervention habile.* Diplomatique. Politique. / *Se montrer habile.* Savoir y faire. Se tirer d'affaire, d'embarras. S'en sortir (fam.). Retomber sur ses pieds. Se débrouiller. Avoir du flair. Avoir de l'intuition. Avoir plusieurs cordes à son arc.

Habileté. *Faire preuve d'habileté.* Finesse. Diplomatie. Doigté. Clairvoyance. Perspicacité. Ingéniosité. Tact. Elégance. / *Habileté à se conduire dans le monde.* Entregent. / *Habileté sans scrupule.* Rouerie. Ruse. Roublardise (fam.).

habiller

Couvrir de vêtements. *Habiller un enfant.* Vêtir. / *Habiller quelqu'un d'une façon grotesque, ridicule.* Affubler. Accoutrer. Attifer. Harnacher (fam.). Fagoter (fam.). / *Bien habillé.* Bien mis. Tiré à quatre épingles. Elégant

S'habiller. Se vêtir. / *Termes pop.* Se nipper. Se fringuer. Se saper.

Habillage (action d'habiller). L'habillage d'un acteur. / Habilleuse. / Habilleur.

Habillement. Costume. Habits. Effets. Vêtement (v. ce mot). / *Habillement grotesque.* Accoutrement. Affublement. Attifement. Déguisement.

Déshabiller. Dévêtir. Dénuder (rare, sauf à la forme pronom.). / Déshabillage. / *Se déshabiller.* Enlever, ôter, quitter ses vêtements. Se mettre tout nu.

habiter

(du lat. *habitare*)

Avoir sa demeure en un lieu. *Habiter à la ville, à la campagne. Habiter Paris, la province.* Vivre. Résider. Demeurer. Séjourner. Elire domicile. Rester. Etre domicilié. Loger. Nicher (fam.). Crécher (pop.). / *Habiter avec quelqu'un.* Cohabiter. / *Aller habiter dans un endroit.* S'établir. Se fixer. / Passer l'été. Estiver. / Estivant. / Passer l'hiver. Hiverner. / Hivernant. / Ne pas avoir de domicile. N'avoir ni feu ni lieu. Etre vagabond. Errer. Vagabonder.

Habitation (le fait d'habiter en un lieu). *Habitation en commun.* Vie en commun. Cohabitation. / *Ensemble des conditions d'habitation.* Habitat. Habitat rural, urbain. Habitat groupé, dispersé.

Habitant. V. pays.

Lieux où l'on habite. Maison. Domicile. Demeure. Logement. Résidence. Pied-à-terre. Logis (vx). Appartement. Chambre. Studio. Meublé. Garni (vx). Garçonnière. Carrée (pop.). Turne (pop.). Piaule (pop.). / *Habitation provisoire.* Gîte. Toit. Abri. Baraque. Baraquement. / *Habitation rurale.* Ferme. Métairie. Mas (v. MAISON). / *Habitation de montagne.* Chalet. / *Habitation à plusieurs étages.* Immeuble. / *Habitations à bon marché.* H. B. M. (vieilli). *Habitations à loyer modéré.* H. L. M. *Habitations rudimentaires.* Cabane. Cahute. Hutte. Tente. Réduit. Cagna. Gourbi. / *Habitations étrangères, exotiques.* Isba (russe). Datcha (russe). Yourte (mongole). Igloo (esquimau). Wigwam (hutte ou tente indienne). Ajoupa (hutte indienne). Bungalow (maison indienne). Case. / *Habitation mal tenue.* Taudis. Bouge.

habitude

(lat. *habitudo,* manière d'être)

Manière personnelle ou collective d'agir, de penser, de sentir. *Une habitude invétérée, enracinée. Une douce, une vieille habitude.* Manie. Marotte. Dada. Tic. / *Habitude néfaste. Mauvaise habitude.* Mauvais pli. Errements. / *Les habitudes d'une province, d'un pays.* Mœurs. Usages. Coutumes. Us et coutumes. Tradition. Règle. Mode.

La force de l'habitude. *Habitude d'agir, de penser toujours de la même manière.* Routine. Train-train. Chemin battu. / *Par habitude.* Machinalement. Automatiquement. Mécaniquement.

HABITUEL (qui est devenu une habitude). *Geste, mouvement habituel.* Machinal. Automatique. Familier. / *Procédé habituel.* Constant. Courant. Ordinaire. Chronique. Passé en usage. Très fréquent. Quotidien. Traditionnel. Usuel. Normal. Classique. Routinier. Coutumier. / *Un mot, un style habituel.* D'usage. Consacré.

INHABITUEL. Anormal. Inaccoutumé. Insolite.

HABITUELLEMENT. D'habitude. D'ordinaire. En général. Ordinairement. Généralement. Normalement. Communément. Couramment.

Aptitude acquise par l'expérience. *L'habitude du travail, de l'effort. L'habitude des plaisirs. L'habitude du danger.* Accoutumance. Adaptation. Entraînement. Endurcissement. Endurance. Acclimatement. Insensibilisation. Immunisation. Mithridatisation (accoutumance aux poisons). / *Avoir l'habitude de faire un travail.* Expérience. Pratique. / *Qui ne renonce pas à une habitude.* Incorrigible.

HABITUER. *Habituer quelqu'un à quelque chose.* Accoutumer. Entraîner. Dresser. Eduquer. Instruire. Apprendre. Initier. Former. Exercer. Rompre à. Familiariser. Endurcir. / Apprivoiser (un animal).

DÉSHABITUER (changer les habitudes de quelqu'un). Désaccoutumer. Dépayser.

RÉHABITUER. Raccoutumer. Réadapter.

S'habituer. Acquérir, contracter une habitude. Prendre l'habitude de. S'accoutumer. S'adapter. S'acclimater. Se faire à. S'accommoder. Se familiariser. Prendre le pli. Se mettre au courant. S'initier à.

HABITUÉ. Adapté. Accoutumé. Familiarisé. Dressé. Rompu à.

Un habitué d'un commerçant. Client. Chaland (vx). Pilier (de bistrot). / *Un habitué d'une maison.* Familier.

hache

(du francique *happia*)

Instrument servant à couper et à fendre. *Parties d'une hache.* Manche. Tête. Tranchant. Taillant. Marteau (dos).

Sortes de haches. *Hache de tonnelier.* Cochoir. Doloire. Aissette. Hachereau (en forme de marteau). / *Hache de charpentier.* Herminette. / *Hache de bûcheron.* Cognée. Merlin. / Hachette. Couperet. / Hache d'incendie. Hache de sapeur. / Hache d'abordage. / *Hache d'armes.* Francisque. Tomahawk (Indiens). / Hache du bourreau.

Relatif à la hache. Hacher. Trancher. Tailler. Fendre. Débillarder (le bois). Equarrir. Couper, réduire en menus morceaux. / Hachoir. Hache-viande. Hachis. / Hache-paille. Hache-légumes.

haine

(du francique *hatjan ;* en lat. *odium ;* en gr. *misos*)

Sentiment qui porte à vouloir du mal à quelqu'un. *Avoir, éprouver, concevoir, ressentir de la haine.* Aversion. Répulsion. Horreur. Abomination. Exécration. Inimitié. Hostilité. / Misanthropie. Misogynie (mépris ou haine des femmes). / Androphobie (haine des hommes, en parlant d'une femme). Xénophobie (haine des étrangers). / *Ferments de haine. Sentiments qui engendrent la haine.* Jalousie. Envie. Orgueil. Mépris. Racisme.

Haine farouche, déclarée, implacable, invétérée, sourde, profonde, ardente, vive, acharnée, mortelle, jurée, tenace.

HAÏR. Détester. Honnir. Exécrer. Abhorrer. Abominer. / *Haïr à outrance. Haïr comme la peste.* En vouloir à. Avoir une dent contre. Ne pas pouvoir sentir. Avoir dans le nez (fam.). Fuir comme la peste. / Prendre en grippe. Etre mal avec. Etre comme chien et chat. Etre à couteaux tirés. / Nourrir sa haine. Distiller son venin.

HAINEUX (porté à la haine). Rancunier. Malveillant. Vindicatif. / *Ecrit, propos haineux.* Fielleux. Venimeux. / Libelle. Pamphlet. Factum. / Haineusement.

HAÏSSABLE (qui excite la haine). Odieux. Exécrable. Abominable. Détestable. Ignoble. Infâme. Méchant.

Excitation à la haine. Aigrir les esprits. Exciter les passions. Animer, soulever, prévenir contre. / Irriter. Exaspérer. Indisposer. / Désunir. Diviser. Envenimer. / Vouer aux gémonies. Dire pis que pendre.

Manifestations de la haine. Querelles. Disputes. Discorde. / Désaccord. Mésintelligence. Dissensions. Divisions. Troubles. / Colère. Irritation. Ressentiment. Rancune. Vengeance. / Imprécations. / Brouille. Fâcherie. Rupture. Scission. / Répugnance. Répulsion. Dégoût. Mépris. / Actes criminels. Attentats. Violences. / Guerre.

harceler

(forme pop. pour *herseler,* de *herser*)

Soumettre à des attaques répétées. *Harceler un ennemi.* Poursuivre. Presser. Talonner. Mettre l'épée dans les reins. / *Harceler quelqu'un de questions, de réclamations.* Assaillir. Importuner. Empoisonner. Asticoter. Agacer. Embêter (fam.). Tarabuster.

HARCÈLEMENT. Tir de harcèlement. / *Guerre de harcèlement.* Guérilla.

HARCELANT. Empoisonnant (fam.).

hardi

(de l'anc. franç. *hardir,* rendre dur)

Qui ne se laisse pas intimider. Décidé. Energique. Courageux. Audacieux. Brave. Intrépide. / *Trop hardi.* Téméraire. Risque-tout.

HARDIESSE. Assurance. Audace. Energie. Fermeté. Courage. Bravoure. Intrépidité.

HARDIMENT. Courageusement. Bravement. / *Aller hardiment au-devant de quelqu'un, d'un danger.* Affronter. Braver. S'exposer. Faire front. Faire face.

ENHARDIR. Donner de l'assurance. / / *S'enhardir.* Prendre de l'assurance.

Qui est trop libre. *Un jeune homme hardi.* Effronté. Impertinent. Sans-gêne. Désinvolte.

HARDIESSE. Effronterie. Désinvolture. Sans-gêne. Impertinence.

hargneux

(de *hargne;* du francique **harmjan,* injurier)

Qui est d'humeur chagrine, désagréable. Grincheux. Bougon. Grognon. Maussade. Acariâtre. Quinteux. Acrimonieux. Atrabilaire (vx). / *Une femme hargneuse.* Chipie. Mégère. Harpie. Teigne. Pie-grièche. / *Chien hargneux.* Qui aime à mordre. Méchant. Roquet.

Qui n'est pas sociable. Difficile à vivre. Mauvais coucheur. Insupportable. Inabordable. Agressif. Querelleur. Rageur. / Revêche. Bourru. Ours mal léché. Roquet (fam.).

Se montrer hargneux. Bougonner. Grogner. Ronchonner. Grommeler. Criailler. Rabrouer. Chercher chicane. / Se disputer. Se quereller. Se chamailler. Se chicaner.

HARGNE. Agressivité. Rogne (fam.). Grogne (fam.).

harmonie

(du lat. *harmonia,* accord)

Suite de sons agréable à l'oreille. *L'harmonie d'un chant.* Eurythmie. / *L'harmonie des mots.* Combinaison. Arrangement. Euphonie. / *L'harmonie des phrases, du style, des périodes.* Rythme. Cadence. Nombre (vx).

HARMONIEUX. Mélodieux. Suave. / Cadencé. Rythmé.

Accord entre les diverses parties d'un ensemble. *L'harmonie d'un tout, d'un système.* Ordre. Organisation. Equilibre. Cohésion. Economie des parties. / *Harmonie des proportions, des volumes. Harmonie dans une œuvre plastique, en architecture.* Agencement. Balancement. Pondération. Symétrie. / *Harmonie des couleurs.* Combinaison. Assortiment. Disposition. Association. / *Harmonie d'un visage.* Régularité. Symétrie. Grâce.

HARMONIEUX. Organisé. Equilibré. Proportionné. Cohérent. / Beau. Esthétique.

HARMONISER (mettre en harmonie). Arranger. Accorder. Equilibrer. Faire concorder. Ordonner. Coordonner.

S'harmoniser (être en harmonie). Convenir. S'accorder. Correspondre. Cadrer. Aller ensemble. Aller (fam.).

Accord entre plusieurs personnes. *L'harmonie dans une famille, dans une société.* Entente. Paix. Union. Concorde. Bonne intelligence. / *Harmonie de vues, de sentiments.* Conformité. Communauté. Unanimité. Consensus. / *Vivre en harmonie.* S'entendre. S'accorder. Sympathiser. Etre d'accord.

harnais

(de l'anc. scandinave *her-nest,* provision d'armée)

Ensemble des pièces composant l'équipement d'un cheval de trait. *Mettre le harnais.* Brider. Harnacher. Atteler. / Atteler en flèche, en arbalète, à la Daumont. / *Enlever le harnais.* Déharnacher. Dételer. Débrider.
Sellerie. Sellier. Bourrellerie. Bourrelier.

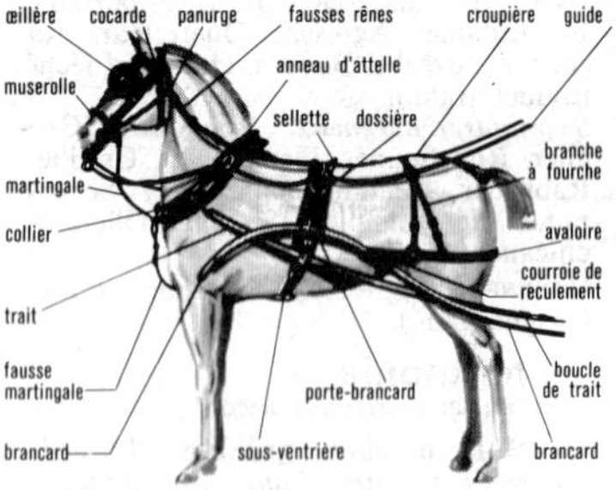

Équipement d'un cheval de trait. Collier. Bricole. / Bride. Têtière. Frontal. Muserolle. Mors. Bossette. Gourmette. Sous-gorge. Sous-barbe. Œillères. Panurge. / Dossière. Sellette. Surdos. Sous-ventrière. Surfaix. Porte-brancard. / Guides. Grandes guides. Anneau d'attelle. / Croupière. Courroie de reculement. Avaloire. Culeron. Bacul. Culière. / Trait. Courroie. Porte-trait. Boucles.

hasard

(de l'arabe *az-zahr,* le dé; en lat. *alea*)

Cause attribuée aux événements inexplicables logiquement. *Les caprices du hasard.* Sort. Fatalité. Destin. Fortune (vx). / *Jeux de hasard.* Loterie. Dés. Roulette. Baccara. Cartes, etc.

Par hasard. Fortuitement. Accidentellement. / *Au hasard.* N'importe où. A l'aventure. N'importe comment. / Sans réflexion. Inconsidérément. Au petit bonheur. / *A tout hasard.* Quoi qu'il arrive. / *Qui arrive ou semble arriver par hasard.* Fortuit. Inattendu. Imprévu. Accidentel. Inopiné. / Phénomène stochastique (qui dépend du hasard à un certain niveau).

Événement imprévu et inexplicable. *Un heureux hasard.* Chance. Aubaine. Veine (fam.). Occasion. / *Un hasard malheureux.* Malchance. Déveine (fam.). / *Coup de hasard.* Concours de circonstances inattendu.

HASARDER (livrer au hasard). *Hasarder sa vie, sa réputation.* Risquer. Exposer. Aventurer. / *Se hasarder.* Se risquer. S'aventurer.

HASARDEUX (qui expose à des hasards, à des risques). Aléatoire. Risqué. Dangereux.

haut

(du lat. *altus*)

Qui a une grande dimension dans le sens vertical. *Un haut mur.* Elevé. Grand.

HAUTEUR. *La hauteur d'un mur, d'une tour.* Elévation. Altitude. / *Une hauteur.* Colline. Coteau. Plateau. Eminence. Monticule. Tertre.

HAUSSER. *Hausser un mur.* Exhausser. Surhausser. Surélever. Rehausser.

HAUT (n. m.). *Le haut d'une montagne.* Sommet. Cime. Crête. / *Le haut d'une maison.* Faîte.

HAUT (adv.). En un endroit élevé. / *Aller en haut.* Monter. / *Porter, mettre en haut.* Lever. Elever. Hisser. Guinder (mar.). Monter. / Voler haut (à une altitude élevée).

Dirigé vers le haut. *Marcher la tête haute.* Dressé. Relevé.

Qui est élevé dans l'échelle des sons, des degrés d'intensité. *Une note haute. Un ton haut.* Aigu. Suraigu. / *Voix haute.* Soprano. Ténor. Alto. / Pousser les hauts cris. / *Parler d'une voix haute.* Sonore. Retentissant. Eclatant. / *Avoir le verbe haut.* Parler fort. / *De haut prix.* Coûteux. Cher. / *Un haut salaire.* Elevé.

HAUT (adv.). Avec intensité. / *Parler haut.* Fort. / *Dire tout haut sa pensée.* Franchement. Ouvertement. Publiquement. / Clamer.

HAUTEMENT. *Déclarer hautement.* Tout haut. Publiquement. Ouvertement. Franchement.

Qui est élevé sur le plan social ou intellectuel. *Un haut fonctionnaire.* Important. / *La haute société. La haute* (pop.). Aristocratie. / *Une haute intelligence.* Supérieur. Eminent. / *Calcul d'une haute précision.* Extrême.

HAUTEUR. *Hauteur de vues. Hauteur de la pensée.* Elévation. Noblesse. Grandeur.

hébété

(de *hébéter,* lat. *hebetare,* émousser)

Qui est dans un état de torpeur, d'engourdissement des facultés intel-

lectuelles. *Avoir l'air hébété. Un regard hébété.* Ahuri. Abruti (fam.). Abêti. Stupide.

Hébétude ou **hébétement.** Ahurissement. Abrutissement (fam.). Engourdissement. Inertie mentale.

héraldique

(du bas lat. *heraldus,* héraut)

Science des armoiries, du blason. *Signes héraldiques.* Armes. Armoiries (emblèmes propres à une famille, à une personne, à une communauté). Armes parlantes (où le nom est représenté par l'objet correspondant). Armorial (recueil d'armoiries). Emblème (figure symbolique). / Ecu (partie essentielle des armoiries). Champ (surface de l'écu). Formes de l'écu : amande, toupie, triangle, rond, en losange, etc. Pièces (divisions de l'écu engendrées par des lignes verticales, horizontales, diagonales ou courbes). / Rebattements (répétitions des pièces ou des divisions de l'écu). Meubles (être humain, animal réel ou imaginaire, ou tout objet représenté sur l'écu). Armes à enquerre (présentant une irrégularité faite à dessein). / Emaux (teintes du blason). Ecusson (petit écu au centre de l'écu). Canton (petit quartier de l'écu). / Attributs (particularités de disposition). Héraldiste (spécialiste de science héraldique).

L'écu. *Points de l'écu.* Dextre. Senestre. Chef. Pointe. / Canton dextre du chef. Point du chef. Canton senestre du chef. / Flanc dextre. Cœur ou abîme. Flanc senestre. / Canton dextre de la pointe. Pointe (de la pointe). Canton senestre de la pointe.

Partitions de l'écu. Parti. Coupé. Tranché. Taillé. Ecartelé. Ecartelé en sautoir. Gironné. Tiercé, en fasce, en chevron, en pal, en barre, en pointe.

Couleurs. Emaux. Gueules (rouge). Pourpre (violacé). Azur (bleu). Sinople (vert). Sable (noir). / Métaux. Or. Argent. / Fourrures et pannes. Hermine. Contre-hermine. Vair. Contre-vair.

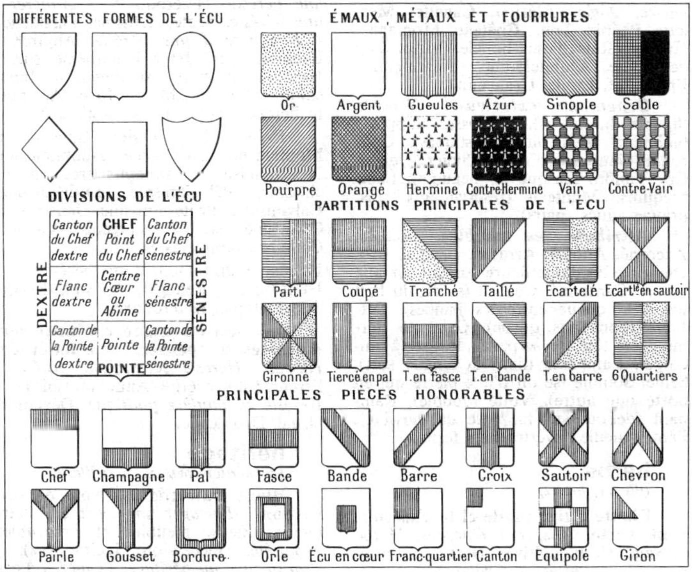

Pièces héraldiques. Chef. Champagne. Pal. Fasce. Bande. Barre. Croix. Sautoir. Chevron. Pairle. Gousset. Bordure. Orle. Ecu en cœur. Franc-quartier. Escarre. Canton. Points équipollés. / Vêtement. Chape. Chausse. Embrasse. Mantel. Giron.

Rebattements. Palé. Vergette. Fasce. Burelles. Barre. Bande. Cotices. Jumelles. Chevronné. Contre-fascé. Echiqueté. Losangé.

Attributs des pièces et des partitions. Aiguisé (extrémités taillées en pointe). Ajouré. Alésé (qui ne touche pas les bords). Bastillé (garni de créneaux). Bretessé (garni de créneaux de chaque côté). Denché (en dents de scie). Denté. Denticulé. Crénelé. Engrêlé (bordé de dents fines). Nébulé (chargé d'un nuage). Ondé. Rempli. Resarcelé (bordé d'une orle, ou filet). Vidé. Potencé (se dit d'une croix dont chaque branche a la forme d'un T).

Meubles. Besant. Tourteau. Billette. Macle. Croissant. Fleur de lis. Griffon. Licorne. Salamandre. Sirène. Sauvage. Dextrochère. Tête de Maure. Foi. Aquilon. Lion. Léopard. Hure. Rencontre. Agneau pascal. Dauphin. Couleuvre. Aigle. Alérion. Canette. Merlette. Phénix. Tour. Château. Montagne. Huchet Rais d'escarboucle. Vires. Cep de vigne. Quintefeuille. Tiercefeuille. Epis. Clef. Etoile. Crancelin.

Ornements extérieurs. Tenants (figures humaines). Terrasse. Supports (animaux réels ou fantastiques). Couronne. Soutiens (objets). Cimier. Devise. Cri. Timbre (casque ou heaume). Lambrequins. Manteau (réservé aux rois, princes, ducs, pairs).

Attributs des meubles. Accolé. Accorné. Adossé. Arraché. Becqué. Brochant (se dit d'une figure passant sur une autre). Cantonné. Couard (se dit du lion ayant la queue entre les jambes). Diffamé (lion sans queue). Gringolé (terminé en tête de serpent). Issant (à mi-corps). Lampassé (dont la langue sort). Semé. Sommé (se dit d'une pierre qui en porte une autre). Volté (double). Rampant (debout sur la patte de derrière). Pâmé (gueule ouverte et œil fermé).

herbe

(du lat. *herba*)

Plante à tige molle et le plus souvent verte. *Espèces d'herbes.* Herbe sauvage. Herbe cultivée. Herbes des prairies, des pelouses. / *Graminées.* Agrostis. Crételle. Fétuque. Flouve. Fromental. Ray-grass. Nard. Paturin. Vulpin, etc. *Fines herbes.* Cerfeuil. Persil. Ciboulette. Civette. Estragon. / Pimprenelle. / Herbes potagères (autref. : salade, légumes). / Herbes médicinales, officinales. / *Herbes marines.* Algues. Goémon. / *Mauvaises herbes.* Chiendent. Ivraie, etc.

Lieux garnis d'herbe. Gazon. Pelouse. Parterre. Banc de gazon. / Boulingrin. Allée verte. Tapis vert. Vertugadin (glacis de gazon). / Herbage. Pâturage. Prairie. Pré. Savane.

Relatif à l'herbe. *Ensemencer d'herbe.* Enherber. Gazonner. / *Enlever les mauvaises herbes.* Désherber. Sarcler. / Herbivore. Paître. / Herbager. / Faucher. Andain. / Faner. Fourrage. / *Recueillir des herbes pour les étudier.* Herboriser. Herborisation. Herborisateur. Herbier. / Herboristerie. Herboriste. Simples (plantes médicinales). / Herber le linge (étendre sur l'herbe). / Herbeux. Herbu. / Herbicide.

hérésie

(lat. *haeresis,* du gr. *hairesis,* choix)

Opinion, doctrine religieuse condamnée par l'Église. *Enseigner une hérésie.* Hétérodoxie. / *Adhérer à une hérésie.* Secte. Schisme. Dissidence. / *Renoncer à une hérésie.* Abjurer. / Excommunier. Jeter l'anathème sur. / Excommunication. Anathème. / Inquisition (tribunal établi au Moyen Age pour rechercher et châtier les hérétiques).

Principales hérésies. Gnosticisme. Montanisme. Arianisme. Adoptianisme. Nestorianisme. Monophysisme. Manichéisme. Pélagianisme. Luthéranisme. Calvinisme. Protestantisme. Jansénisme. Quiétisme, etc. / Albigeois. Vaudois. Cathares. Iconoclastes.

HÉRÉSIARQUE (auteur d'une hérésie).
HÉRÉTIQUE. Renégat. Apostat. Relaps. Schismatique. Hétérodoxe.

Opinion ou usage contraire aux manières de penser, aux habitudes reçues. *Hérésie scientifique, littéraire.* Erreur. Contrevérité. Anticonformisme. / *Hérésie en matière politique.* Déviationnisme. Dissidence.

héritage

(de *hériter,* bas lat. *hereditare*)

Biens transmis par voie de succession. *Partager un héritage.* Patrimoine. Biens, meubles et immeubles. Propriété. Succession. Hoirie (vx). / *Transmettre un héritage.* Léguer. / Legs. Donation. Donataire. Donateur. / *Faire un héritage. Recueillir, recevoir un héritage.* Hériter. / *Exclure d'une succession.* Déshériter. Exhéréder.

Répartition d'une succession. *Successeur.* Successeur régulier, irrégulier, anomal. Successible (apte ou habile à succéder). Successibilité. / Saisine (droit à la possession d'un héritage). / Héritier réservataire (légitime). / *Ordre*. Descendants légitimes, légitimés ou adoptifs. Ascendants privilégiés (père et mère). Collatéraux privilégiés (frères et sœurs et leurs descendants). Ascendants ordinaires (grands-parents et arrière-grands-parents). Collatéraux ordinaires (oncles, tantes, cousins). Conjoint survivant. / Ligne paternelle. Ligne maternelle. / Succession indivise (dont le partage n'est pas fait entre les héritiers).

Transmission d'une succession. Acceptation d'une succession. Renonciation. Acceptation sous bénéfice d'inventaire. Pétition d'hérédité. / Succession vacante. Curateur. / Acte de décès. Notaire. Acte de notoriété. Déclaration de succession. Actif (biens et créances). Passif (ensemble de dettes et de charges). Partage. Droits de mutation, de succession. Taxe successorale. Enregistrement.

hésiter

(lat. *haesitare*)

Être dans un état d'incertitude. *Hésiter avant d'agir. Hésiter sur ce qu'on doit faire.* Attendre. Tergiverser. Atermoyer. Se demander. Se tâter le pouls (fam.). Se tâter (fam.). Tourner autour du pot. Ne savoir que faire. Tâter le terrain. Avoir de l'appréhension. Appréhender. / Etre incertain, indécis. / *Hésiter avant d'acheter*. Marchander. Chipoter. / *Sans hésiter*. Carrément.

HÉSITATION. Indécision. Incertitude. Perplexité. Embarras. Doute. Réticence. Tergiversation. Atermoiement. / *Sans hésitation*. Hardiment. Résolument. Franchement. Carrément. Rondement. D'une manière décidée, résolue.

HÉSITANT. V. INDÉCIS.

Marquer de l'indécision par un arrêt. *Hésiter devant l'obstacle* (en parlant d'un cheval). Broncher. / *Hésiter en parlant*. Bégayer. Balbutier. Bafouiller (fam.). Bredouiller. Chercher ses mots. / *Hésiter en récitant*. Anonner.

heure

(du lat. *hora*)

Espace de temps égal à la vingt-quatrième partie du jour. *Heures diverses*. Heure sidérale (fondée sur la durée d'une rotation de la Terre). Heure solaire vraie. Heure solaire moyenne. Heure de temps universel. Heure locale. / Heure légale. Heure d'été. / Fuseaux horaires. Bureau international de l'heure. Equation du temps.

Divisions. Minute. Seconde. / Quart. Demie. Trois quarts. / Les vingt-quatre heures. Midi. Minuit. / Heures antiques ou planétaires (12 de jour, 12 de nuit). / *Heures canoniales*. Matines. Laudes. Prime. Tierce. Sexte. None. Vêpres. Complies. / Livre d'heures (livre de prières).

Indications. Cadran solaire. Cadran d'horlogerie. Aiguilles. Marquer l'heure. Horloge. Montre. Pendule. / Sonner. Sonnerie. Timbre. / Signaux horaires. / Horographie (art de tracer des cadrans solaires). Gnomonique. Horométrie.

HORAIRE (relatif à l'heure, à une heure). Vitesse horaire. / (N. m.). Tableau indiquant des heures.

Locutions diverses. Heure sonnante, militaire, précise. Heure H (fixée pour une opération). / Heure avancée, tardive, indue. / De bonne heure (à une heure matinale; avant l'époque normale). / A la bonne heure (très bien). Etre à l'heure (ponctuel). N'avoir pas d'heure (pas d'horaire régulier). Heures creuses (où l'activité est réduite). Dernière heure (moment de la mort). Sur l'heure (à l'instant même, sur-le-champ, immédiatement). / Tout à l'heure (dans un moment ou il y a un moment). Etre payé à l'heure. Salaire horaire.

heureux

(de *heur*, lat. *augurium*)

Qui jouit du bonheur. *Un homme heureux*. Satisfait. Ravi. Enchanté. Bien aise. / *Etre heureux comme un roi*. Etre au comble de ses vœux. Etre comblé. / Mener une existence heureuse. Couler des jours heureux. Etre comme un coq en pâte. Etre comme un poisson dans l'eau. Ne pas se faire de souci. / *Epoque heureuse*. Age d'or. / *Temps heureux*. Prospère. Florissant. Fortuné (vx).

Qui traduit le bonheur. *Un visage, un air heureux*. Radieux. Rayonnant. Ravi. Epanoui.

Qui est favorisé par le sort. *Etre heureux au jeu*. Chanceux. Veinard (fam.). Verni (pop.). / *Avoir la main heureuse*. Réussir. Etre né coiffé. Etre né sous une bonne étoile. Etre bien loti. / *Heureux caractère*. Optimiste. Sans-souci.

Qui est favorable. *Un heureux hasard. Un heureux présage*. Bénéfique. De bon augure. Avantageux.

HEUREUSEMENT. Favorablement. Avantageusement. Bien.

hiérarchie

(lat. ecclés. *hierarchia;* du gr. *hieros,* sacré, et *arkkein,* commander)

Classement des fonctions, des dignités, des pouvoirs à l'intérieur d'un groupe social, d'une communauté. *La hiérarchie militaire, administrative. La hiérarchie ecclésiastique.* Ordre. Rang. Subordination. Echelle. Echelon. Grade. / Cadres supérieurs. Chefs.

HIÉRARCHIQUE (relatif à la hiérarchie). Voie hiérarchique. / Hiérarchiquement.

Ordre et subordination dans un ensemble. *Hiérarchie des droits, des devoirs. Hiérarchie des valeurs.* Classification. Classement. Degré. Echelonnement.

HIÉRARCHISER. Ordonner. Classer. Echelonner. Subordonner.

HIÉRARCHISATION. Classement. Echelonnement.

hirondelle

(du lat. *hirundo*)

Oiseau migrateur à bec court et fendu, aux ailes longues et pointues. *Variétés d'hirondelles.* Hirondelle de cheminée. Hirondelle de fenêtre. Hirondelle de rivage. Hirondelle de mer ou sterne. Glaréole (hirondelle des marais). Martinet (ressemblant à une grosse hirondelle). Salangane (hirondelle de Malaisie). Nid d'hirondelle (nid de salangane fait d'algues). Aronde ou arondelle (ancien nom de l'hirondelle).

Hirondeau (petit de l'hirondelle). Trisser (rare) ou gazouiller (crier).

histoire

(du lat. *historia*)

Ensemble des événements relatifs à une période, à l'évolution de la pensée, d'une science, d'un art, etc. Histoire universelle, générale. Histoire ancienne. Préhistoire. Protohistoire. Histoire moderne. / Histoire sainte. Histoire sacrée. / Histoire romaine. Histoire grecque. / Histoire du Moyen Age, des Temps modernes. Histoire contemporaine. / Histoire d'un peuple, d'une société. / Histoire des religions. Histoire de la philosophie, de la littérature, de la peinture, de l'architecture, etc.

Connaissance, relation des événements du passé. Etudier l'histoire. Ecrire l'histoire. / *Sciences annexes de l'histoire.* Archéologie. Paléographie (science des écritures anciennes). Diplomatique. Epigraphie (science des inscriptions). Chronologie. Numismatique (science des monnaies). Sigillographie (étude des sceaux). Ethnographie. Ethnologie.

Sources de l'histoire. Documents écrits. Archives. Annales. Chroniques. Mémoires. Commentaires. Récits. Souvenirs. Journaux. Revues. / Monuments. Inscriptions.

HISTORIQUE (relatif à l'histoire). Vrai. Réel. / Mémorable. Célèbre.

Auteurs d'ouvrages d'histoire. Historien. Chroniqueur. Mémorialiste. Historiographe (auteur chargé officiellement d'écrire l'histoire de son temps). / *L'histoire d'un homme.* Biographie. Biographe. / *Ecrire sa propre histoire.* Autobiographie. Souvenirs. Mémoires.

Travail de l'historien. Classement, dépouillement des documents. Exposer, ressusciter le passé. / Souci de la vérité, de l'authenticité. Impartialité. Objectivité.

Récit d'événements réels ou imaginés. *Conter, raconter une histoire.* Anecdote. Récit. / *Histoire légendaire.* Conte. Légende. / *Histoire pour rire.* Plaisanterie. Blague (fam.). Boutade. Galéjade. Facétie. / *Inventer, forger une histoire.* Mensonge. Fable. Conte. Baliverne.

Suite d'événements; ce qui arrive à quelqu'un. *Raconter ses histoires. Le héros, l'auteur d'une histoire.* Aventure. Affaire. / *Faire des histoires* (fam.). Difficultés. Manières. Façons. Faire la comédie. / *S'attirer une histoire* (fam.). Ennui. Complication.

homme

(du lat. *homo;* en gr. *anthrôpos, anêr, andros*)

Membre de l'espèce humaine. Mammifère supérieur. Station verticale. Bimane. Bipède. / *Origine de l'homme.* Anthropoïde. Préhominiens (intermédiaires entre les singes et les hommes). Hominiens (v. PRIMATES).

Groupes sociaux. Groupe blanc ou leucoderme. Groupe noir ou mélanoderme. Groupe jaune ou xanthoderme. / Brachycéphale (crâne court). Dolichocéphale (crâne allongé). / Prognathe (maxillaires proéminents). Orthognathe.

Vie de l'homme. Naissance. Enfance. Adolescence. Maturité. Vieillesse. Mort. / Bébé. Nourrisson. Enfant. Garçon. Fille. / Adolescent. Jeune homme. Jeune fille. / Adulte. Homme. Femme. / Vieillard. Vieux. Vieille.

Ensemble des hommes. Humanité. Population. Peuplement. / *Répartition des hommes.* Démographie. Habitat. Pays.

Connaissance de l'homme. Vie psychologique. Vie mentale. Vie intellectuelle, affective, active (v. PSYCHOLOGIE). / Vie morale.
Relations entre les hommes. Société. Classes sociales. Le prochain. Nos semblables. Nos frères. Autrui. / Philanthropie. Fraternité. Misanthropie. Misogynie. Androphobie. Racisme.
L'homme et la religion. Créature. Mortel. Pécheur. Croyant. Pratiquant. Incroyant. Athée. Libre penseur.

Être humain du sexe masculin. *Ages de l'homme.* Enfant. Garçon. Jeune homme. Adolescent. Vieux. Vieillard. / *Un homme.* Individu. Bonhomme (fam.). Type (fam.). Gars (pop.). Mec (pop.). / *Homme marié.* Epoux. Mari. / *Homme célibataire.* Garçon.

Types d'hommes. *Un bel homme.* Adonis. Apollon. / *Un homme fort.* Hercule. Taillé en athlète. Costaud (pop.). / *Un homme gros et court.* Pataud. Patapouf (fam.). Poussah. / *Un homme gros et gras.* Ventru. Ventripotent. Pansu (fam.). / *Un homme grand et maigre.* Echalas. Perche. / *Un homme grand et ridicule.* Dépendeur d'andouilles. Grand flandrin. / *Un homme petit.* Nabot. Nain. Avorton (fam.). Homuncule ou homoncule (vx).
Un homme à femmes. Don Juan. Séducteur. Coureur. Coq du village. / *Homme vierge.* Puceau (fam.). / *Homme qui courtise une femme.* Amoureux. Prétendant. Soupirant. Amant. / *Homme entretenu par une femme.* Gigolo. / Coqueluche des femmes (homme aimé, admiré par elles).
Les hommes. Le sexe fort. / *Homme courageux, hardi, énergique.* Viril. / Virilité. Virilement. Viriliser. / *Homme délicat, distingué, raffiné.* Gentleman.

Conditions sociales et professionnelles. *Homme d'Etat.* Chef d'Etat. *Homme politique.* Ministre. Député. Sénateur. / *Homme d'Eglise.* Ecclésiastique. Ministre du culte. / *Homme de loi.* Avocat. Avoué. Juriste. Légiste. / *Homme de lettres.* Ecrivain. Littérateur. / *Homme de la terre.* Paysan. Agriculteur. / *Homme de mer.* Marin. Loup de mer. / *Homme de guerre.* Militaire. / *Homme de troupe.* Soldat. / *Homme d'affaires* (v. AFFAIRES). Brasseur d'affaires. Affairiste. Businessman.

Relatif à l'homme. Humain. Humaniser. Humanisation. / Humanisme. Humaniste. Humanitaire. Humanitarisme. / *Le genre humain.* Humanité. / *Sciences humaines.* Anthropologie. Psychologie. Sociologie. Ethnologie. Androïde. Androgyne. Anthropomorphe (rappelle la forme humaine). Anthropomorphisme. Anthropophagie. Anthropophage. Anthropolâtrie (culte rendu à un homme). Anthropoïde. Anthropopithèque (v. SINGE). Anthrophobie (v. HAINE).

honnête

(du lat. *honestus*, honorable)

Qui se conforme aux lois de la probité, du devoir. *Un homme honnête.* Intègre. Droit. Loyal. Probe. Franc. Irréprochable. Incorruptible. Scrupuleux. Respectueux du bien d'autrui.

HONNÊTETÉ. Intégrité. Loyauté. Probité. Franchise. Droiture. Conscience.

HONNÊTEMENT. Loyalement. Franchement.

MALHONNÊTE. Déloyal. Trompeur. Voleur. / *Un commerçant malhonnête.* Trafiquant. Escroc. Fripouille. Fripon. Canaille. / *Un financier malhonnête.* Véreux. / Maffia (association, coterie de gens plus ou moins malhonnêtes).

MALHONNÊTETÉ. Improbité. Déloyauté. Friponnerie. Canaillerie.

Qui est conforme à la probité, au devoir. *Un moyen, un procédé honnête.* Moral. Bon. Louable. Sérieux.

Qui peut être estimé comme satisfaisant. *Un travail honnête. Une honnête moyenne. Un résultat honnête.* Convenable. Satisfaisant. Honorable. Passable. Moyen. / *Un prix honnête.* Raisonnable. Normal.

HONNÊTEMENT. Suffisamment. Honorablement. Convenablement. Passablement.

honneur

(du lat. *honos, honoris*)

Sentiment de sa dignité. *Compromettre son honneur. Défendre, venger son honneur.* Dignité. Respect de soi-même. Fierté. / *Affaire d'honneur.* Duel. / Point d'honneur. Parole d'honneur. Homme d'honneur. / *En tout bien tout honneur.* Avec des intentions honnêtes, pures. / *Faire honneur à ses engagements.* Etre fidèle. Tenir ses promesses.

DÉSHONNEUR. Honte. Indignité. Infamie. Ignominie.

DÉSHONORER (porter atteinte à l'honneur de quelqu'un). Discréditer. Déconsidérer. Déprécier. Avilir. Salir. Flétrir.

DÉSHONORANT. Honteux. Avilissant. Humiliant. Dégradant.

Estime due au mérite. *Acquérir de l'honneur.* Considération. Gloire. Estime. Réputation. Renom. Célébrité. Renommée. Mérite. / *Faire honneur à quelqu'un.* Valoir de la considération. / *Etre à l'honneur de quelqu'un.* Eloge. / *Champ d'honneur.* Champ de bataille.
HONORABLE (qui mérite d'être honoré). Estimable. Digne. Respectable.
HONORABLEMENT. Bien. Dignement. Avantageusement.

Marques de distinction. Faire beaucoup d'honneur, faire un grand honneur à quelqu'un. / *Rechercher les honneurs.* Dignités. Grandeurs. Privilèges. Titres honorifiques. / Parvenir aux honneurs. Etre au faîte des honneurs.
En l'honneur de quelqu'un. Pour rendre honneur. En hommage. / Pour fêter. Pour célébrer un événement. / *Faire à quelqu'un l'honneur de.* Grâce. Faveur.
HONORER (rendre honneur à). *Honorer Dieu.* Adorer. Rendre un culte. / Adoration. Honneurs divins. / *Honorer quelqu'un.* Estimer. Respecter. Révérer. / *Honorer la mémoire de quelqu'un.* Glorifier. Célébrer. / *S'honorer de* (et un nom ou un inf.). S'enorgueillir de. Se faire gloire de. Tirer vanité de.
HONORIFIQUE (qui confère des honneurs). *Distinctions honorifiques.* Décoration. Insigne. Légion d'honneur. Croix d'honneur. Prix d'honneur.

honte

(du francique **haunita;* en lat. *pudor*)

Déshonneur humiliant. *La honte d'un crime, d'un scandale.* Infamie. Bassesse. Abjection. Turpitude. Souillure. / *Faire honte.* Adresser des reproches, des remontrances. Humilier. Mortifier. / *Couvrir de honte.* Flétrir. Stigmatiser. Vouer à l'opprobre. Vouer à la détestation. Honnir (vx). Conspuer. Montrer du doigt. Huer. / *Se couvrir de honte.* Se couvrir d'opprobre. Se déshonorer. Démériter. S'avilir. Déchoir. Tomber bien bas. Forfaire à l'honneur.
HONTEUX (qui cause de la honte). Avilissant. Déshonorant. Dégradant. Infamant. Ignominieux. Scandaleux. / Abject. Bas. Ignoble. Dégoûtant. Infâme. Abominable. Odieux. Révoltant.

Sentiment pénible de son déshonneur, de sa bassesse, de son indignité. *Avouer, cacher sa honte.* Humiliation. Confusion. Dégoût de soi. / *Eprouver de la honte.* Regret. Remords. Repentir. / *Fausse honte.* Respect humain. Retenue. Timidité. Gêne. Embarras.
HONTEUX (qui éprouve de la honte). Confus. Penaud. Piteux. Déconfit. Quinaud (vx). / *Etre tout honteux.* Rougir. Devenir cramoisi. Baisser la tête. Avoir l'oreille basse. / Se cacher. N'oser se montrer.
EHONTÉ (inaccessible, insensible à la honte). Cynique. Impudent. Effronté. Insolent. Dévergondé. / Cynisme. Impudence. Effronterie. Insolence. Dévergondage. / Avoir perdu toute honte. Avoir toute honte bue. / *Mentir sans honte.* Vergogne. Pudeur. Scrupule. Retenue. / Effrontément. Insolemment. Impudemment. Cyniquement.

hôpital

(du lat. *hospitalis* [*domus*], [maison] où l'on reçoit des hôtes)

Établissement public où l'on soigne les malades. Hôpital civil. Hôpital militaire. / Hôpital général. Hôpital spécial. Maternité. Hôpital psychiatrique. Sanatorium. Préventorium. / Hôpital privé. Clinique. Maison de santé. Policlinique (clinique établie aux frais d'une commune). Polyclinique (clinique où sont donnés divers soins). / Hospice (établissement où l'on reçoit les vieillards, les malades incurables). Asile (vx).
HOSPITALISER (admettre dans un hôpital). Hospitalisation.

Organisation. *Personnel médical.* Médecins. Chirurgiens. Assistants. Internes. Externes. / *Personnel chargé des soins.* Personnel hospitalier. Infirmière. Infirmier. Aide. / Fille de salle. Garçon de salle. / *Bâtiments d'un hôpital.* Pavillons. / *Salles d'un hôpital.* Salles de consultation. Salles des malades. Salle d'opération. Bloc opératoire. Chambres. / Dispensaire. / Laboratoire.

Services d'un hôpital. Médecine générale. Maladies contagieuses. Cardiologie. Rhumatologie. Gastro-entérologie. Gynécologie. Neurologie. Pédiatrie. Ophtalmologie. Oto-rhino-laryngologie. Dermatologie. Traumatologie, etc. / Chirurgie. Chirurgie osseuse, pulmonaire. Chirurgie du cœur. Neurochirurgie. / Radiographie.
Enseignement de la médecine. Enseignement clinique. Centre hospitalier universitaire (C. H. U.).

Administration. Ministère de la Santé. Assistance publique. Conseil de surveillance. Directeur. Econome. Employé de bureau.

horloge

(gr. *hôrologion*, de *hôra*, heure)

Instrument qui indique ou enregistre l'heure. ***Horloges :*** à poids, à ressort, électrique à pendule, électrique à balancier, électronique ou à quartz (à piézo-électricité), atomique (résonance des atomes), pneumatique, à remontage barométrique. / Horloge de table, de parquet (meuble posé sur le sol). Horloge à cartel ou murale. Horloge monumentale (édifices). Pendule (petite horloge qu'on pose sur un meuble). Pendulette (portative). / Horloge à carillon. Horloge à répétition. Coucou. Réveille-matin ou réveil. Horloge parlante (sur appel téléphonique).
Horloge à équation (donne le temps vrai et le temps moyen). Horodateur (imprime la date et l'heure).

Montres. Montre de poche. Montre-bracelet. / Montres : à remontage automatique (par les déplacements du poignet), électrique à diapason, électrique à quartz. / Montre datographe (indique le jour). Montre de plongée, ou étanche. / Montre à sonnerie, à répétition (sonne lorsqu'on pousse un bouton), à réveil. / Montre à savonnette (dont le verre est protégé par un couvercle en métal).
Compteur de temps (temps écoulé après le déclenchement). Chronographe (donne, au moins, le cinquième de seconde). Chronomètre (précis à toutes températures). Montre de marine (chronomètre donnant l'heure avec la précision indispensable pour les observations astronomiques et les calculs de navigation).
Chronographe (enregistre les durées). Chronotachymètre (indique la vitesse horaire). Compteur horokilométrique (mesure le temps et la distance). Garde-temps (enregistre le début et la fin d'une expérience). Tachymètre ou compte-tours. Tachygraphe (enregistre la vitesse). Taximètre.

Instruments anciens. Gnomon (d'abord bâton planté dans le sol), ou cadran solaire. Chandelle (graduée). Horloge à eau, ou clepsydre. Horloge de sable, ou sablier. / Oignon. Œuf de Nuremberg (première montre, presque sphérique). / Cartel (pendule murale). / Montre à clef.

Mécanismes d'horlogerie. Boîtier (enveloppe de métal d'une montre). Lunette. Verre. Cuvette (fond de la montre). / Cage (armature). Mouvement (ensemble des mécanismes). / Plaque. Platine (supports des rouages). Coq (platine du balancier).
Moteur. Poids. Contrepoids (horloges). / Ressort moteur. Tambour. Barillet (contient le ressort). Fusée. Cliquet. Remontoir. Rochet. Masse oscillante (remontage automatique). / Remonter. Remontage.
Echappement (entretien le mouvement). Echappements : à ancre, à chevilles, à cylindre, électromagnétique, libre, à recul ou à roue de rencontre, à repos, à réveil. / Régulateur (rend uniforme le mouvement). Pendule ou balancier pendulaire. Verge (tige du balancier). Lentille (poids fixé à la verge). / Balancier. Ressort spiral. Pierre ou levée. Palette. Ancre. / Compensateur (annule les effets des écarts de la température). / Rosette (petit cadran portant le réglage de l'avance et du retard). Aiguille de rosette. Avancer. Retarder. Mettre à l'heure.
Rouages. Rouage démultiplicateur. Minuterie (pour les divisions de l'heure). Cadrature (transmet le mouvement aux aiguilles). / Roues : d'armage (transmet à une roue à cliquet le mouvement de la masse oscillante d'une montre à remontage automatique), de chaussée (porte l'aiguille des minutes), d'échappement, de rencontre. / Croisée (rayons d'une roue). / Battement (bruit produit au passage d'une dent de la roue d'échappement). Tic-tac ou tictac (bruit de l'échappement). Tictaquer.
Sonnerie. Chaperon, ou roue de compte (déclenche la sonnerie). Timbre. Clochette. Carillon. Jaquemart. Répétition. Surprise (pour régler la sonnerie).
Appareil indicateur. Cadran. Aiguille. Petite aiguille (heures). Grande aiguille (minutes). Aiguille trotteuse (secondes). Guichet (regard où apparaissent des chiffres).

Relatif à l'horlogerie. Heure. Minute. Seconde. / Horloger. Horlogerie. Pendulier (monteur de mouvements). Horographe (trace des cadrans). Rhabiller (réparer). Rhabillage. / Horométrie. Horométrique. Chronométrie. Chronométrer. Chronométrage. Chronométrique. / Donner, marquer, indiquer, sonner l'heure. Distribution électrique de l'heure. / Etre en avance, en retard.

horreur

(du lat. *horror ;* en gr. *phobos*)

Violente impression de peur. *Un cri d'horreur.* Peur. Epouvante. Effroi. Terreur. / *Etre muet, pâle d'horreur.*

Etre glacé d'horreur. Avoir la chair de poule. Avoir le frisson. Frissonner. Frémir. Trembler. V. PEUR.

HORRIFIER (saisir d'horreur). Effrayer. Epouvanter. Terrifier. Figer le sang. Méduser. Pétrifier.

HORRIBLE (qui fait horreur). Affreux. Hideux. Effroyable. Horrifiant. Atroce. Epouvantable.

Suffixe *-phobie, -phobe.* V. PEUR.

Sentiment de profond dégoût. *L'horreur d'un crime, de la guerre.* Abjection. Infamie. Atrocité. Cruauté. / *Faire horreur.* Dégoûter. Ecœurer. Révolter. Indigner. / Dégoût. Aversion. Répugnance. Répulsion. / *Ressentir de l'horreur. Avoir horreur de.* Détester. Abominer. Haïr. Exécrer. Abhorrer.

HORRIBLE (qui remplit d'horreur, de dégoût). Monstrueux. Révoltant. Horrifiant. Infâme. Abominable. Exécrable. Intolérable. Terrible.

HORRIFIER (surtout au passif). *Etre horrifié.* Etre dégoûté, écœuré, révolté, indigné.

Acte, parole infâme. *Commettre une horreur.* Monstruosité. Atrocité. Cruauté. / *Dire des horreurs.* Obscénité. Grossièreté.

hôte

(du lat. *hospes,* otage)

Personne qui donne l'hospitalité. Maître de maison. Amphitryon (littér.). / Hôtesse. Maîtresse de maison. / *Donner l'hospitalité.* Accueillir. Recevoir chez soi, à sa table. Inviter. Donner le vivre et le couvert. Héberger. Loger.

Qui pratique l'hospitalité. Hospitalier. Accueillant. Bienveillant. Généreux. Charitable.

Personne qui reçoit l'hospitalité. (En ce sens pas de féminin.) *Etre l'hôte de quelqu'un.* Invité. Convive. Commensal. / *Recevoir l'hospitalité.* Loger. Etre reçu. / Logement. Abri. Refuge.

hôtel

(du lat. *hospitale,* chambre pour les hôtes)

Maison meublée où on loge les voyageurs. *Catégories d'hôtels.* Grand hôtel. Hôtel de luxe. Palace. / Hôtel-restaurant. Hostellerie ou hôtellerie. Hôtel sans restaurant. Auberge (vx). Pension de famille. Motel. / Auberge de (la) jeunesse. / Hôtel borgne. Hôtel malfamé. / Classes d'hôtels. Etoiles (deux étoiles, trois étoiles...).

Parties d'un hôtel. Réception. Bureau. Hall. / Salons. Chambres. Salle de bains. / Salle à manger. Service. Carte. Menu touristique. Menu gastronomique. Spécialités. / Cuisine. Office. Cave. Garage.

Personnel. Hôtelier. Aubergiste. Restaurateur. / Portier. Concierge. Réceptionnaire. / Femme de chambre. Lingère. / Chasseur. Groom. / Maître d'hôtel. Serveur. Serveuse. / Chef de cuisine. / Bagagiste. Cuisinier. Aide de cuisine. Plongeur. / Caviste. Sommelier. Garçon d'ascenseur.

Clients. Voyageur. Touriste. Client de passage. Client attitré. Pensionnaire. Habitué. / Descendre à l'hôtel. Séjourner à l'hôtel. Prendre pension. Prendre ses repas. / Coucher. Passer la nuit. Nuitée (nuit passée à l'hôtel). / Note d'hôtel. Addition. Compte. Service. Taxes. Pourboires. / Coup de fusil (note exagérée). Ecorcher (fam.), estamper (fam., faire payer trop cher).

huer

(de *hue,* onomatopée)

Pousser des cris de réprobation. *Huer quelqu'un.* Conspuer. Couvrir de huées. Crier haro. / Ameuter contre. / Siffler. / Chahuter (fam.).

HUÉES. Clameurs. Vociférations. Charivari. / Sifflets. Tollé général. Chahut (fam.).

huile

(lat. *oleum*)

Substance grasse, liquide aux températures ordinaires. Huiles animales, végétales, minérales, synthétiques. Huile alimentaire ou comestible. Huile : vierge (pure, extraite mécaniquement), de froissage (de première pression), raffinée (améliorée chimiquement), de table (mélange de plusieurs huiles), hydrogénée (épaissie, pour l'incorporer à la margarine).

Huile acide (pour savonnerie). Huile essentielle, ou essence (parfumerie et pharmacie). Huile médicinale. Huile purgative. / Huiles pour peintures : brute ou ordinaire (naturelle), cuite (traitée par la chaleur), siccative, sulfonée, sulfurée.

Huiles minérales : brute (pétrole brut), blanche ou médicinale. Huile de paraffine, de vaseline. Kérosène ou huile lampante. / Huile lubrifiante ou de graissage. Huile multigrade. Huile détergente (entraîne les déchets solides). Huile neutre (peu visqueuse). / Huile isolante ou de transformateur. / Huile lourde, ou gas-oil. / Huile de schistes.

Huile aromatique, dense, empyreumatique (âcre), épaisse, épurée, fluide, fruitée, légère, lourde, visqueuse, volatile.

Matières donnant de l'huile comestible. *Plantes oléagineuses.* Arachide. Blé (germes). Cocotier; noix de coco; coprah ou copra (pulpe desséchée). Colza. Cotonnier (graine). Faine (fruit du hêtre). Karité. Maïs (germes). Navette. Noyer; noix. Œillette. Olivier; olive. Palmier à huile; pulpe du fruit (huile de palme); noyau du fruit (huile de palmiste). Sésame. Soja. Tournesol.
Huiles pour d'autres usages. Amandes amères. Anis (essence). Aleurite (huile de toung). Aspic ou lavande (essence). Cade. Camphre. Croton. Lin. Fleur d'oranger (néroli). Ricin. Térébenthine. Poissons. Foie de morue. / Pied de bœuf.

Élaboration des huiles. Huilerie. Moulin. Extraction (à la presse). Première pression. Seconde pression. Distillation. Extraction par solvant.
Obtention de l'huile vierge. Lavage. Décorticage. Dénoyautage. Broyage. Broyeur. Malaxage. Pressage. Pressoir. Presse hydraulique. / Décantation. Centrifugation (sépare l'eau). Filtration. Claircir (filtrer avec du papier).
Huile raffinée. Raffinage (ôte le goût trop fort). Insolubilisation des mucilages. Désacidification. Lavage. Séchage. Décoloration ou blanchissage. Désodorisation sous vide. / Tourteau. Marc. Résidu.
Huiles minérales. Distillation sous vide. Distillat (huiles légères et moyennes). Désasphaltage du résidu (huile lourde). Extraction (par solvant). Déparaffinage. Décoloration. / Mélange d'hydrocarbures paraffiniques, naphténiques et aromatiques avec des additifs (inhibiteurs d'oxydation, etc.). V. PÉTROLE.

Relatif aux huiles. Densité. Oléomètre (mesure la densité). Viscosité. Odeur. Acidité. Point de congélation. Point d'éclair (température d'inflammabilité). / Huileux. Oléagineux. Matière grasse. / Oléicole. Oléiculture.
Huiler. Huilage. Déshuiler. / Graisser. Lubrifier. Lubrifiant. Graissage. Burette. Cambouis. / Ensimer. Ensimage (huilage des fibres textiles). / Saponifier.
Oléocalcaire (liniment). Oléolat (solution huileuse). Oléorésine (mélange naturel d'essences et de résines). / Huile sainte ou saintes huiles. Oindre. Onction. / Peinture à l'huile. / Huilier (service de table). Guédoufle (huilier formé de deux flacons arqués). / Rancir. Rancissement.

huit

(du lat. *octo*)

Dérivés de « huit ». Huitain. Huitaine. Huitième.

Dérivés de « octo ». Octante. Octave. Octavo. Octobre. Octidi. Octuple. Octogénaire. Octacorde. Octaèdre. Octogone. Octogonal. Octopétale, etc.

huître

(du lat. *ostrea*)

Mollusque marin comestible. ESPÈCES D'HUÎTRES. *Huître ordinaire ou plate.* Huître de Marennes, de La Tremblade, de Cancale, d'Ostende. Belons. / Huître portugaise, ou gryphée. Pied-de-cheval. / *Huître perlière.* Méléagrine. Pintadine. / Huîtres blanches, vertes. Claires. / Ostréidés ou ostracés (famille).
Parties d'une huître. Coquille. Valves. Charnière. Manteau. Nacre. Palpes labiaux. Muscle pour l'ouverture et la fermeture de la coquille.

Pêche et élevage. Banc d'huîtres. Draguer (racler le fond pour pêcher). Drague. Dragueur. / Ostréiculture. Ostréiculteur. Amareyeur (ouvrier travaillant dans les parcs). / Parquer. Parc. / Naissain (embryons ou larves des huîtres). Claires (bassins d'eau douce où l'on fait verdir les huîtres). / Verdir. Verdissement. Détroquage (action d'enlever l'huître de son support pour la porter dans le parc d'engraissement). Engraissement. / Tuiles. Ruches. Collecteurs. Cueillette. / Bourriche. Cloyère. Ecaillère. Ecailler. / Gober une huître.

humble

(du lat. *humilis,* bas, près de la terre)

Qui s'abaisse volontairement. *Un homme humble.* Modeste. Effacé. Réservé. / *Devenir humble.* S'humilier (au sens religieux). / *S'humilier devant Dieu.* S'anéantir. S'abaisser.

HUMILITÉ. Modestie. Simplicité. Effacement.

HUMBLEMENT. Modestement. Simplement.

Qui est de condition sociale inférieure. *Une humble famille. Un humble employé.* Simple. Petit. Obscur. Pauvre. / *Les humbles.* Les petits. Petites gens. Le peuple. / Prolétaire. Prolétariat.

Qui marque l'abaissement volontaire. *Un air, un ton humble.* Timide. Embarrassé. / *Avoir une attitude humble.* Baisser les yeux. Courber le front, la tête. S'incliner. Se tenir à l'écart. S'effacer.

HUMBLEMENT. Timidement. Avec humilité.

Qui est sans éclat. *Un humble métier.* Modeste. Obscur. / *Un humble présent.* Pauvre. Petit.

humeur

(du lat. *humor,* liquide)

Ensemble des dispositions, des tendances dominantes chez une personne. *Humeur chagrine, difficile. Humeur douce, accommodante.* Caractère. Tempérament. Naturel. / Incompatibilité d'humeur. / *Egalité d'humeur.* Equanimité (littér.). Sérénité. Impassibilité. / Saute d'humeur (changement brusque d'humeur). / *Qui a des sautes d'humeur.* Lunatique. Changeant. Capricieux. Fantasque. / *Agir par humeur.* Caprice. Fantaisie. Impulsion.

Disposition momentanée du caractère. *L'humeur du moment.* Etat d'esprit. / *Etre d'humeur à.* Disposé. / *Bonne humeur.* Gaieté. Entrain. Enjouement. / *Etre de bonne humeur.* Gai. Content. Joyeux. Enjoué. Bien luné. *Mauvaise humeur.* Irritation. Hargne. Colère. Tristesse. Grogne (fam.). Rogne (fam.). Maussaderie. Bouderie. / *Etre de mauvaise humeur.* Mécontent. Triste. Irritable. Maussade. Revêche. Hargneux. A cran (fam.). / Humeur massacrante, exécrable. / *Manifester sa mauvaise humeur.* Bougonner. Grogner. Criailler. Grommeler. Maugréer. Rabrouer. Ronchonner (fam.). Se fâcher. Envoyer promener (fam.). Rager. Râler (fam.).

humide

(du lat. *humidus ;* en gr. *hugros*)

Imprégné d'eau, de liquide. *Objet humide.* Mouillé. / *Très humide.* Trempé. / *Légèrement humide* (en parlant de la peau). Moite. Moiteur. / *Temps humide.* Brumeux. / *Terrain humide.* Marécageux.

HUMIDITÉ. *Humidité de l'air.* Brouillard. Brume. Bruine. Crachin. Pluie. / *Se détériorer sous l'influence de l'humidité.* Moisir. Chancir.

HUMIDIFIER (rendre humide). Mouiller. Humecter. Arroser. Asperger. Baigner. Imprégner. Tremper. / Humidification. Humectation. Arrosage. Aspersion. Bain. Imprégnation. / Humidifuge. Hydrofuge. Hygromètre (appareil pour mesurer le degré d'humidité de l'air). Hygrométrie. Hygroscope (hygromètre d'absorption). Hygroscopique.

humilier

(du lat. ecclés. *humiliare,* de *humilis,* bas, près de la terre)

Rabaisser d'une manière blessante. *Humilier quelqu'un.* Abaisser. Diminuer. Déconsidérer. Mortifier. Vexer. Offenser. Faire honte. Ecraser. Aplatir (fam.).

HUMILIATION. Abaissement. Déconsidération. Mortification. Vexation. Offense. Affront. Honte. Avanie.

HUMILIANT. Mortifiant. Blessant. Vexant.

HUMILIÉ. Mortifié. Honteux. Confus. Penaud.

S'humilier. *S'humilier devant les puissants, les riches.* Courber l'échine. Fléchir le genou. Se mettre à plat ventre. Ramper. S'aplatir.

hygiène

(du gr. *hugieinon,* santé)

Ensemble des principes et des pratiques ayant pour but la conservation et l'amélioration de la santé. Hygiène individuelle. / *Hygiène corporelle.* Propreté. Soins. / *Hygiène alimentaire.* Diététique. Régime. / *Hygiène publique.* Salubrité. / *Mesures d'hygiène.* Mesures prophylactiques, sanitaires. Prophylaxie. Assainissement. Antisepsie. Désinfection. Antipollution.

HYGIÉNIQUE (favorable à la santé). Sain. Hygiéniquement.

HYGIÉNISTE (spécialiste des questions d'hygiène).

hypocrite

(lat. *hypocrita,* du gr. *hypocritês,* acteur, comédien)

Se dit d'une personne qui affecte des sentiments qu'elle n'a pas. *Un homme hypocrite.* Faux. Dissimulé. Fourbe. Menteur. Imposteur. Sournois. Comédien. Faux jeton. Cauteleux. Cabotin. Flatteur. Sainte-nitouche. Faux dévot. Tartufe. Pharisien. Cagot. Papelard (vx).

HYPOCRISIE. Fausseté. Dissimulation. Fourberie. Duplicité. Supercherie. Mensonge. Simagrée. / Tartuferie. Cagotisme. Pharisaïsme. Papelardise (vx).

Qui dénote de l'hypocrisie. *Air, ton hypocrite.* Mielleux. Doucereux. Affecté. Enjôleur. Patelin (vx). / *Attitude hypocrite.* Agir en dessous, sournoisement. Jouer la comédie. Cacher son jeu. / Simuler. Feindre. Dissimuler. Contrefaire. / Enjôler. Entortiller. Tromper. Capter la confiance.

HYPOCRITEMENT. Sournoisement. Déloyalement. Faussement.

I

idéal adj. et n.

(du bas lat. *idealis*)

Qui n'existe que dans la pensée. *Une existence idéale.* Théorique. / *Un monde idéal.* Imaginaire. Fictif. / Idéalisme. Idéaliste.

Qui atteint la perfection. *Une beauté idéale. Un être idéal.* Parfait. Merveilleux. Rêvé (fam.).

IDÉALEMENT. Parfaitement. Merveilleusement.

IDÉALISER (donner un caractère idéal à). Embellir. Styliser. Flatter.

IDÉALISATION. Embellissement.

Perfection que l'on tend à réaliser. *Idéal moral, intellectuel. Avoir un idéal.* But. / *Idéal irréalisable.* Utopie.

idée

(du lat. *idea*)

Représentation abstraite d'un être, d'une chose. *L'idée de Dieu. L'idée de temps, d'espace, de justice, de loi.* Notion. Concept. / *Expression imagée d'une idée.* Symbole. Emblème. Allégorie. / *Donner une idée de quelque chose.* Aperçu. Vue élémentaire, sommaire. Exemple. Echantillon. / *Avoir une haute idée de soi, de sa personne.* Etre infatué. Fat. Prétentieux. Orgueilleux. Vaniteux. Imbu de soi-même. / *Avoir, se faire une idée de quelque chose.* Se représenter. Se figurer. S'imaginer. Concevoir. Comprendre. / *N'avoir aucune idée sur quelque chose.* Ne rien savoir. Etre tout à fait ignorant. Ignare. / *Association d'idées.* Evocation. Rapprochement. Suggestion. Attraction. / Rapport. Analogie. Similitude.

Idée qui s'impose sans cesse à l'esprit. Idée fixe. Obsession. Manie. Hantise. Marotte. Dada (fam.). / *Se faire des idées.* Imaginer des choses fausses, irréalisables. Se faire des illusions.

L'idée de (et l'inf.). Pensée. Perspective. / *Avoir idée que* (fam.). Imaginer. Avoir l'impression. Avoir le pressentiment.

Conception à réaliser. *Suivre son idée.* Dessein. Projet. Plan. Inspiration. / *Une idée de génie. Une idée ingénieuse.* Trouvaille. Invention. Découverte. / *Idée d'une œuvre littéraire, musicale.* Fond. Donnée. Thème. Sujet. / *Agir à son idée.* Guise. Fantaisie.

Manière de penser, de juger. *Avoir une idée sur quelque chose.* Opinion (v. ce mot). / *Une idée préconçue.* Préjugé. Prévention. Idée « a priori ». / *Les idées d'un philosophe, d'un écrivain.* Système. Doctrine. Théorie. / *Système d'idées, d'opinions d'un parti, d'un groupe.* Idéologie. / *Idées politiques, religieuses, littéraires.* Opinions. Croyances. / *Avoir des idées larges.* Etre compréhensif. Libéral. / *Avoir des idées étroites.* Etre borné. Incompréhensif. Mesquin. Intolérant. / *Qui a des idées avancées.* Révolutionnaire. Progressiste. / *Qui a des idées arriérées.* Rétrograde. Réactionnaire. / *Idée reçue.* Préjugé (v. PRÉJUGER).

Fonction d'élaboration des idées. *Avoir dans l'idée que. Oter de l'idée. Se mettre dans l'idée. Venir, revenir à l'idée.* Esprit. Pensée. / Songer à. Penser à.

ignorant

(du lat. *ignorans*)

Qui manque d'instruction, de savoir. *Un homme ignorant.* Illettré. Ignare. Inculte. / *Un élève ignorant.* Mauvais élève. Cancre. Borné. Nul. Nullité. Nullard (fam.). Arriéré. Crétin. Bête. « Minus habens ». Ane. Aliboron. / *Un homme ignorant et grossier.* Barbare. Béotien. / *Etre ignorant.* Ne rien savoir. Ne savoir ni lire ni écrire. Analphabète.

IGNORANCE. *Ignorance crasse.* Ignorance totale, grossière. / *Tirer de l'ignorance.* Décrasser. Dégrossir. Instruire.

IGNORANTISME (doctrine de ceux qui considèrent l'instruction comme nuisible). Obscurantisme.

Qui manque de connaissances ou de pratique. *Ignorant dans une science, dans un art.* Inexpérimenté. Profane. Novice. Béjaune (vx). / *Ignorant dans l'exercice d'une profession.* Incompétent. Incapable. Maladroit. Malhabile.

IGNORANCE. Inexpérience. Incompétence. Incapacité. Impéritie (littér.)

IGNORER. Ne pas savoir. Ne pas connaître.

île

(du lat. *insula* ; en gr. *nêsos*)

Étendue de terre entourée d'eau de tous côtés. *Petite île.* Ilot. / *Groupe d'îles.* Archipel. / Atoll (amas de coraux formant une île). Lagune (étendue d'eau centrale). / Presqu'île (île rattachée au continent par un côté). / *Grande presqu'île.* Péninsule.

Delta (île triangulaire à l'embouchure d'un fleuve). / Isthme (bande de terre entre deux mers et réunissant deux terres).

Habitant d'une île. Insulaire. Ilien (habitant d'une île bretonne). / Insularité.

illusion

(du lat. *illusio,* de *illudere,* se jouer de)

Erreur de perception. *Illusion des sens. Illusion visuelle, tactile. Illusion d'optique.* Aberration. Erreur. Trompe-l'œil. Mirage. Vision. Hallucination.

ILLUSIONNISME (art de créer l'illusion par des tours d'adresse, des trucages). Prestidigitation. / Illusionniste. Prestidigitateur.

Erreur de jugement ou de raisonnement. *Entretenir quelqu'un dans une illusion.* Chimère. Rêve. Leurre. Utopie. Songe. / *Faire illusion.* Tromper. Duper. Bluffer (fam.). Eblouir. Epater (fam.). En mettre plein la vue (fam.). Jeter de la poudre aux yeux. Leurrer.

ILLUSOIRE (qui peut faire illusion). Chimérique. Trompeur. Vain. Fallacieux.

ILLUSOIREMENT. Fallacieusement.

S'illusionner. Se faire des illusions. Se bercer d'illusions. Se leurrer. Se tromper. S'abuser. S'aveugler. Se faire des idées (fam.).

DÉSILLUSIONNER (dissiper les illusions). Décevoir. Désappointer. Dégriser. Dessiller les yeux.

DÉSILLUSION. Déception. Désenchantement. Déboire. Désappointement.

DÉSILLUSIONNÉ. Blasé. Dégoûté.

image

(du lat. *imago* ; en gr. *eikôn*)

Représentation d'un être ou d'une chose par l'effet de phénomènes optiques. *Une image photographique.* Cliché. Epreuve. Photographie. / Image de cinéma. / *Transmission des images à distance.* Télévision. Bélinogramme. / *Image déformée.* Anamorphose.

Représentation d'un être ou d'une chose par les arts graphiques ou plastiques. Une image ressemblante, fidèle. / *Un album d'images.* Dessin. Illustration. Vignette. Reproduction. Gravure. Lithographie. Estampe. / Iconographie. Iconographique. / Décalquer une image. Décalcomanie. / *Image d'Epinal.* Imagerie. Imagier. / Image pieuse. / *Culte des images.* Iconolâtrie. Idolâtrie. Fétichisme. / *Briseur d'images.* Iconoclaste. / Iconoclasme ou iconoclastie.

Reproduction exacte ou analogique d'un être ou d'une chose. *Etre l'image de quelqu'un.* Portrait. Ressemblance. / *Etre l'image de quelque chose.* Représentation. Expression. Evocation. Tableau. Description. Symbole. Emblème. Figure. / Représenter. Evoquer. Exprimer. Désigner. Symboliser.

Manière de rendre une idée plus sensible. *S'exprimer par des images.* Métaphore. Figure. Comparaison. Allégorie. / *Image biblique, évangélique.* Parabole. / *Image banale.* Cliché.

IMAGÉ. *Style imagé.* Coloré. / *Langage imagé.* Figuré. / Sens figuré d'un mot.

Représentation dans l'esprit d'un être ou d'une chose. *Image visuelle, auditive. Evoquer une image.* Souvenir. / *Image des rêves.* Vision. / *Image effrayante.* Spectre. Fantôme. / *Image trompeuse.* Illusion. / *Image qui s'impose sans cesse à l'esprit.* Obsession. Hantise. / *Image de marque* (représentation, opinion que le public a d'une firme, d'une personne). Réputation.

imagination

(du lat. *imaginatio* ; en gr. *phantasia*)

Faculté d'évoquer des images. *Revoir par l'imagination une personne, une chose.* Mémoire. Imagination reproductrice. / Se représenter. Evoquer un souvenir. Revivre le passé. Se remémorer.

Faculté de combiner des images nouvelles. Imagination fertile, féconde, débordante. Imagination vagabonde. / *S'abandonner à son imagination.* Rêverie. Fantaisie. / Folle du logis. / Rêver. / *Imagination créatrice.* Intelligence. Invention. / *Imagination poétique, artistique, musicale.* Inspiration. Création. / *Création de l'imagination pour échapper à la réalité.* Fantasme (ou phantasme).

IMAGINATIF (qui a de l'imagination). Rêveur.

IMAGINER. *Imaginer un être, une chose.* Se représenter. Se figurer. / *Imaginer que.* Croire. Penser. Concevoir. Comprendre. Supposer. Conjecturer. Admettre. / Inventer. Créer. Trouver. Combiner. Fabriquer. Forger. Fabuler. / *Imaginer de* (et l'infinitif). Avoir l'idée de. S'aviser de.

S'imaginer. Se représenter. Se figurer. Avoir une idée de. / Se persuader. Croire à tort. Se monter la tête.

IMAGINAIRE (qui est créé par l'imagination). Irréel. Fictif. Illusoire. Utopique. Chimérique. Fantasmatique. / Légendaire. Mythique.

IMAGINABLE (que l'on peut imaginer, concevoir). Concevable. Compréhensible. Admissible. Vraisemblable. Pensable.

INIMAGINABLE. Inconcevable. Incroyable. Impensable. Invraisemblable. Extraordinaire.

Chose imaginaire. *Se repaître d'imaginations.* Illusion. Chimère. Fiction. / *Une pure imagination.* Invention. Fabulation. Mensonge. Absurdité.

imiter
(du lat. *imitari*, en gr. *mimeisthai*)

Chercher à faire la même chose que quelqu'un. *Imiter les gestes d'une personne.* Contrefaire. Simuler. Mimer. Copier. Singer. Reproduire. / *Imiter d'une façon grotesque.* Caricaturer.

IMITATION. Mimique. Singerie. / *Imitation exagérée.* Caricature. Charge. / *Esprit d'imitation. Instinct d'imitation.* Esprit moutonnier. Moutons de Panurge. Coutume. Mode. / Faire comme tout le monde. Se laisser entraîner.

Prendre pour modèle. *Imiter une œuvre.* S'inspirer de. Emprunter à. Faire d'après. Faire à la manière de. / *Imiter plaisamment.* Pasticher. Parodier. / *Imiter servilement.* Plagier. Copier.

Imiter quelqu'un. Suivre l'exemple de. Marcher sur les pas de. Aller sur les traces de. Suivre les brisées de. Se former sur.

IMITATION. Reproduction. Copie. Calque. Contrefaçon. Plagiat. Démarquage. / Parodie. Pastiche. / *A l'imitation de.* A l'exemple de. Sur le modèle de. A l'instar de. A la manière de.

IMITATEUR. Copiste. Copieur. Plagiaire. Contre-facteur. / Snob (qui imite les personnes qui passent pour distinguées). Snobinard (fam.). Snobinette (fam.). Snobisme.

Présenter l'apparence de quelque chose. *Imiter* (en parlant d'une chose). Ressembler à. Faire l'effet de.

IMITATION. Simili. Toc (fam.). Faux. / Chose artificielle, factice. / (En parlant d'un animal.) Mimétisme (propriété de certains animaux de se rendre semblables au milieu environnant). Mimétique.

immédiat
(du bas lat. *immediatus*)

Qui précède ou suit sans intervalle. *Prédécesseur, successeur immédiat. Voisinage immédiat.* Direct. Tout proche.

Qui a lieu maintenant. *Départ immédiat.* Imminent.

IMMÉDIATEMENT. Tout de suite. A présent. A l'instant. Maintenant. Instantanément. Sur-le-champ.

immense
(du lat. *immensus*, sans limite)

Dont l'étendue est très grande. *Un terrain immense.* Etendu. Spacieux. Vaste. Illimité. / *Une taille immense.* Gigantesque.

IMMENSITÉ. Espace. Infini.

Qui est très considérable par l'importance, la quantité. *Une immense fortune. Un immense succès.* Enorme. Colossal. Fabuleux. Gros. Prodigieux. Formidable (fam.). / *Un effort immense.* Incommensurable. Gigantesque.

IMMENSÉMENT. Extrêmement. Colossalement. Prodigieusement. Fabuleusement. Incommensurablement.

immobile
(du lat. *immobilis*, privé de mouvement)

Qui ne remue pas. (En parlant d'un être.) *Rester immobile.* Inerte. Inanimé. Inactif. Engourdi. / *Se tenir immobile.* Rester en place. Ne pas bouger. Rester tranquille. Demeurer impassible. / *Immobile de stupeur.* Stupéfait. Sidéré. Figé. Médusé. Paralysé. Pétrifié. / (En parlant d'une chose.) *Une eau immobile. Un lac immobile.* Stagnant. Dormant. Croupissant.

IMMOBILITÉ. Inertie. Inactivité. Repos.

IMMOBILISER. Fixer. Assujettir. Attacher. Amarrer. Bloquer. Retenir. Coincer. River. Visser. / *Immobiliser un véhicule.* Arrêter. Stopper. / *Immobiliser un bateau.* Amarrer. Ancrer. / *Etre immobilisé par la maladie.* Garder la chambre. Rester au lit. Etre cloué au lit.

Qui n'évolue pas. *Une doctrine, un dogme immobile.* Invariable. Immuable. Statique. Figé.

IMMOBILISME. Stagnation. Sclérose.

impartial

Qui est sans parti pris. *Un juge, un critique, un arbitre, un examinateur impartial.* Juste. Equitable. Intègre. Objectif. Neutre. Désintéressé. / *Se montrer impartial.* Etre ni pour ni contre. Etre sans prévention, sans préjugés. Ne pas faire de faveurs. Ne pas faire de distinction. Ne pas avoir de préférence. Ne pas avoir deux poids deux mesures.

IMPARTIALITÉ. Justice. Equité. Intégrité. Objectivité.

IMPARTIALEMENT. Equitablement. Objectivement. / *Traiter, juger impartialement.* Sans acception de personne.

impassible
(lat. *impassibilis*)

Que rien n'émeut, ne trouble. *Impassible dans la souffrance.* Calme. Indifférent. Imperturbable. Flegmatique. Froid. / *Impassible dans le danger.* Inébranlable. Impavide. Intrépide. Stoïque.

IMPASSIBILITÉ. Calme. Indifférence. Imperturbabilité. Froideur. Flegme. / Impavidité. Intrépidité. Stoïcisme. Ataraxie.

important
(ital. *importante,* du lat. *importare*)

Qui est considérable par la quantité, la valeur, la conséquence. *Une somme importante. Un nombre important.* Grand. Fort. Elevé. Enorme. / *Une question importante. Une affaire importante.* Grave. Sérieux. De conséquence. / Affaire d'Etat. Affaire capitale. / *Un événement important.* Marquant. Décisif. Crucial. / *Une date importante.* Mémorable. / *Un progrès important.* Considérable. Notable. Appréciable. Remarquable. Sensible. / *Un projet important.* Grand. Vaste. / *Un rôle plus important.* Prépondérant. / *Qui n'est pas important.* Insignifiant (v. ce mot). / *Les gens peu importants.* Menu fretin. / *La ville la plus importante d'un pays.* Capitale. Métropole. Chef-lieu. / *Très important. Le plus important. De première importance.* Capital. Fondamental. Essentiel. Primordial.

IMPORTANCE. Grandeur. Etendue. Portée. Ampleur. Valeur. / Gravité. Conséquence.

IMPORTER (avoir de l'importance pour quelqu'un). Intéresser. Compter. Concerner. Regarder. Toucher.

Qui a une grande influence par sa position sociale. *Un homme important.* Influent. Considérable. / *Un personnage important.* Notable. Notabilité. Gros bonnet (fam.). Grosse légume (pop.). Huile (pop.). Potentat. Magnat de l'industrie, de la finance. Manitou (fam.).

IMPORTANCE. Influence. Crédit. Prestige.

Qui veut paraître plus considérable qu'il ne l'est. *Avoir, prendre un air important.* Infatué. Gourmé. Guindé. Raide. Arrogant. Suffisant. Avantageux. Prétentieux. Vaniteux. Fat.

Faire l'important. Pontifier. Se rengorger. Se pavaner. Affecter, prendre de grands airs. Crâner. Plastronner. Poser. Faire des embarras. Viser à l'effet. Parader.

importun
(du lat. *importunus,* fâcheux)

Qui déplaît par des paroles, par des actions hors de propos. *Un personnage importun. Un visiteur importun.* Déplaisant. Ennuyeux. Fatigant. Indiscret. Insupportable. / *Termes fam.* ou *pop.* Embêtant. Collant. Rasant. Tannant. Bassinant. Canulant. Empoisonnant. Enquiquinant.

Un importun. Fâcheux (littér.). Indiscret. Gêneur. Intrus. Trouble-fête. / *Termes fam.* ou *pop.* Crampon. Rasoir. Casse-pieds. Enquiquineur. Poison.

IMPORTUNER. *Importuner quelqu'un par sa présence.* Fatiguer. Ennuyer. Déranger. Assommer. Excéder. / *Termes fam.* ou *pop.* Canuler. Barber. Casser les pieds. Faire suer. Embêter. Enquiquiner. Empoisonner. / *Importuner par ses assiduités.* Harceler. Talonner. Etre sur le dos, sur les talons. Etre après quelqu'un (fam.). Etre collant, gluant.

impossible

Qui ne peut se faire, se produire, être atteint, réalisé. *Un travail impossible.* Irréalisable. Infaisable. Inexécutable. / *Matériellement impossible.* Au-dessus des forces, des possibilités humaines. Surhumain. / *Problème impossible.* Insoluble. / Quadrature du cercle. / *Projet impossible.* Chimérique. Utopique. Insensé.

IMPOSSIBILITÉ. Incapacité. Empêchement.

Difficile à imaginer. *Une aventure impossible* (fam.). Bizarre. Extravagant. Inattendu. Ridicule. Invraisemblable. Inimaginable. Saugrenu.

impôt

(lat. *impositum*, de *imponere*, imposer)

Prélèvement monétaire effectué par l'État sur les ressources, sur les biens des particuliers. *Sortes d'impôts.* Contribution. Imposition. Taxe. Droit. Redevance. Patente. / Prestation. / Impôt national. Impôt départemental, communal. / Taxe foncière sur les propriétés bâties, non bâties. Taxe d'habitation. Taxe professionnelle. / *Impôts directs.* Impôt sur le revenu. / *Impôts indirects.* Taxe sur le chiffre d'affaires, sur les transactions, sur les boissons, les spectacles, les transports, sur la circulation des marchandises imposables. / Droits d'enregistrement et de timbre. Taxe sur la valeur ajoutée (T. V. A.).

Répartition des impôts directs. Assiette de l'impôt (matière assujettie à l'impôt). Base d'imposition. / Matière imposable. Impôt personnel. Surtaxe progressive. Impôt sur le revenu des personnes physiques. Revenus fonciers (sur terres et bâtiments). Bénéfices agricoles. Bénéfices industriels ou commerciaux. Bénéfices non commerciaux (professions libérales). Traitements et salaires. Revenus des valeurs mobilières. / Revenu global brut. / Revenu global net. / Quotient familial. / Déclaration des revenus. Forfait. Crédit d'impôt. / Impôt sur les bénéfices des sociétés. Avoir fiscal.

Perception, recouvrement de l'impôt. Emission d'un rôle. Mise en recouvrement. Avertissement. Acompte. Tiers provisionnel. / Non-paiement. Poursuites administratives, judiciaires. Sommation sans frais. Sommation avec frais. Contrainte. Saisie. Vente.

Direction générale des impôts. Contributions directes. Percepteur. Bureau de perception. Direction générale des douanes et des droits indirects. Receveur buraliste. Receveur particulier. Contrôle fiscal. Inspecteur. Contrôleur.

Relatif à l'impôt. Fiscal. Droit fiscal. Charges fiscales. Régime fiscal. Fiscalité. Budget. / Dégrèvement fiscal. / *Alléger, diminuer les impôts.* Dégrever. / *Décharger d'impôts.* Exonérer. Exonération. / *Répartition des impôts.* Péréquation. / *Etablir un impôt. Frapper d'un impôt.* Imposer. Taxer. / Imposition. Taxation. Imposable. / *Augmenter les impôts. Grever d'impôts. Imposer d'une façon exagérée.* Surimposer. Ecraser. Accabler. Pressurer. Surcharger. / *Personne qui paie des impôts.* Contribuable. Assujetti. Imposé. Redevable.

impression

(du lat. *impressio*, action de presser)

Effet produit sur quelqu'un. *Une impression de chaleur, de froid.* Sensation. / *Une impression agréable, délicieuse, exquise.* Caresse. / *Une impression désagréable.* Dégoût. Répugnance. / Irriter. Déplaire. Dégoûter.

Une impression de tristesse, de crainte. Une impression de joie, de beauté. Sentiment. / *Une impression vive, soudaine.* Trouble. Saisissement. / *Impression au sujet d'une personne, d'une chose. Une bonne, une mauvaise impression.* Opinion. Appréciation. / *Avoir l'impression de* (et l'infinitif), *que* (et l'indicatif ou le subjonctif). Avoir la sensation, le sentiment de quelque chose. Croire. S'imaginer. / *Donner l'impression de* (et l'infinitif), *que* (et l'indicatif ou le subjonctif). Donner la sensation, le sentiment de. Faire l'effet de. Paraître.

IMPRESSIONNER (produire une impression sur quelqu'un). Emouvoir. Toucher. Frapper. Ebranler. Troubler. Saisir. Bouleverser. / *Faire une forte impression.* En imposer. Intimider. Inspirer, commander le respect. / *Faire impression.* Faire sensation. Susciter l'intérêt. Provoquer l'admiration, l'étonnement.

IMPRESSIONNANT. Emouvant. Effrayant. Imposant. Grandiose.

IMPRESSIONNABLE (qui est facilement impressionné). Sensible. Emotif. Influençable.

imprimerie

(du lat. *imprimere*, presser sur)

Art de reproduire sur du papier des textes et des images. Typographie (forme imprimante en relief). / Lithographie ou planographie; offset (formes imprimantes lisses). / Héliogravure; gravure en taille-douce (forme imprimante en creux). / Flexographie (impression aniline pour emballages divers). / Sérigraphie (écran de soie servant de pochoir). / Xylographie ou impression tabellaire (textes gravés sur bois). / Timbrage-relief, gaufrage ou estampage (impression en relief).

Labeur (impression de livres). Presse (périodiques). Travaux de ville (les autres impressions). Reprographie, polycopie (v. BUREAU). / Edition. Livre. Publication. Journal. Revue. Imprimé. Prospectus. Brochure. Affiche. / Bilboquet (ouvrage de ville). / Imprimeur. Maître imprimeur. Prote général (directeur technique).

Caractère typographique. Lettre. Type. Caractère (jeu de lettres d'un style donné). Force du corps ou, simplement, corps (hauteur du dessin de la lettre sur l'imprimé). Epaisseur ou chasse (largeur du dessin de la lettre). Œil (partie imprimante en relief). Talus (partie creusée). Approche (blanc entre deux lettres). Cran (encoche pour indiquer le sens). / Calligraphe (dessine lettres et signes). Poinçon gravé. Matrice (creusée avec le poinçon, pour couler les lettres). Machine à fondre. Fondeuse automatique. Matière (alliage pour lettres). / Police (jeu de lettres et signes d'un caractère). Grandes, petites capitales (majuscules). Bas-de-casse (minuscules). Chiffres. Lettres supérieures et inférieures. Ponctuation. Signes divers. / Casse (tiroir à caractères). Cassetin (compartiment pour une lettre). Haut de casse (partie majuscules). Bas de casse (partie minuscules). Casse carcasse (gros caractères en bois ou en plastique). / Point typographique, point Didot ou, simplement, point (unité égale à 0,375 mm). Cicero ou douze (12 points).

Classification des caractères. Caractères de labeur (textes ordinaires), de fantaisie (titres commerciaux), d'affiche (souvent en bois ou en plastique). / Traits caractéristiques d'un style : queue (des lettres longues), plein (trait vertical de l'œil), délié (trait fin, non vertical), obit (trait léger qui couronne b, d, h, i, j), empattement (trait fin horizontal inférieur des f, p, etc.). / Variantes d'un style : romain (lettre droite), italique (lettre penchée), demi-gras (trait un peu épais), gras (épais), étroit (largeur réduite), large (largeur accrue). / Logotypes (lettres liées).
Familles de caractères : elzévir (empattement triangulaire), didot (empattement filiforme), égyptienne (empattement rectangulaire), antique (sans empattement). Écritures : gothique (débuts de l'imprimerie), romain, garamond, bodoni (variante de romain), etc. / *Autre classification :* manuaires (imitent les caractères du Moyen Age), humanes (dérivent de la romaine), garaldes (typographie classique), réales (inspirées du XVIIIe siècle), didones (genre didot et bodoni), mécanes (empattement rectangulaire), linéales (sans empattement), incises (inspirées des inscriptions latines), scriptes (écriture manuelle).

Ornements. Filets : maigre, quart-gras, demi-gras ; azuré, cadre, double, grave, mat, ombré, ondulé, pointillé, tremblé. Filets coupants de découpage (boîtes pliantes), de perforage (pour carnets à souches), raineurs ou fouleurs (marquent un pli). / Accolade. / Lettrine (lettre initiale, ornée). Vignette. Cul-de-lampe (vignette en fin de chapitre).
Blancs (pour les espaces sans impression). Blancs de justification (séparent les mots pour compléter la ligne). Espace (nom féminin en typographie). Cadratin (blanc carré), demi-cadratin (moitié moins large que haut), cadrat (bloc allongé). / Interligne (n. f., sépare les lignes). Lingot (bloc pour espacer les titres, compléter les pages, etc.).

Composition (assemblage des lettres pour former les lignes). *Composition manuelle.* Atelier de composition. Prote (chef d'atelier). Compositeur, typographe ou typo (fam.). / Copie (texte à composer). Préparation de la copie (marche à suivre). Code typographique. Composteur (instrument pour former les lignes). Typomètre (règle graduée en douzes et en millimètres). Lève-ligne (pour vider le composteur). Lignomètre (règle graduée servant à compter les lignes). Pince. Galée (plateau sur lequel le compositeur place les lignes composées).
Meuble à galées (composition à conserver). Casseau (pour initiales, vignettes, chiffres et signes diacritiques). Bardeau (pour caractères de labeur). Rang (meuble ou pupitre à casses). Interlignier (casier à interlignes). Filetière (meuble à filets). / Coupoir (coupe interlignes et filets). / Justification (longueur de la ligne). Justifier (jouer sur les espaces pour obtenir cette longueur). Calibrage (décompte des lettres d'une ligne). Ligne pleine. Ligne creuse, à cadrats ou boîteuse (fin d'alinéa). / Alignement. Parangonnage (compensation de l'écart de grandeur de deux corps). / Compostée (contenu du composteur). Galée (paquet de composition). Ligature du paquet.
Composition mécanique. Linotype. Intertype. Teletypesetter (compose à distance). Ligne-bloc. / Linotypiste. Claviste lino. Lino ou fonctionnaire (argot de la presse). / Monotype (lignes à caractères séparés). Claviste mono. / Clavier. Bande perforée. Matrice. Magasin à matrices. Système de distribution (des matrices). Fondeuse. Plomb lino, plomb mono (ensemble de la composition).
Composition photographique. Photocomposition. Photocomposeuse. / Composition programmée par ordinateur. Fotosetter. Linofilm. Lumitype. Monophoto. Phototitreuse.

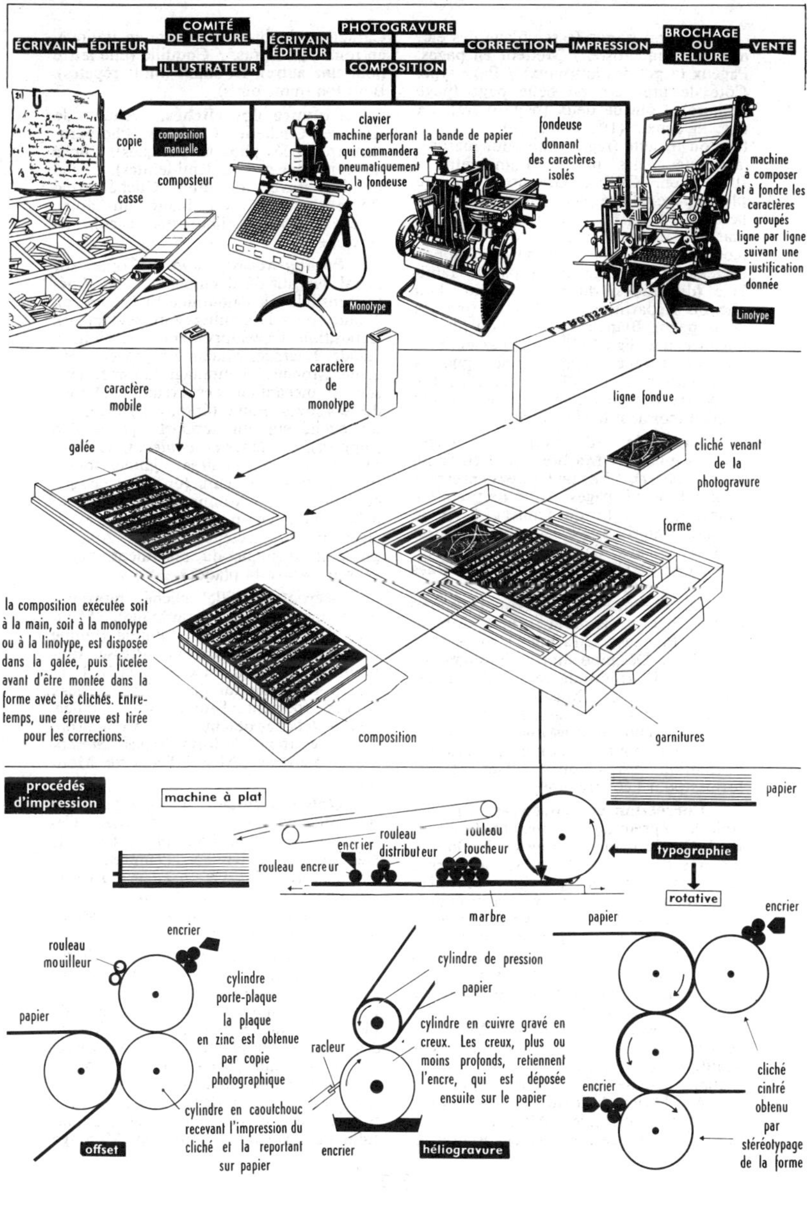
ÉCRIVAIN
ÉDITEUR
COMITÉ DE LECTURE
ILLUSTRATEUR
ÉCRIVAIN ÉDITEUR
PHOTOGRAVURE
COMPOSITION
CORRECTION
IMPRESSION
BROCHAGE OU RELIURE
VENTE
copie
composition manuelle
composteur
casse
clavier
machine perforant la bande de papier qui commandera pneumatiquement la fondeuse
Monotype
fondeuse
donnant des caractères isolés
machine à composer et à fondre les caractères groupés ligne par ligne suivant une justification donnée
Linotype
caractère mobile
caractère de monotype
ligne fondue
galée
cliché venant de la photogravure
forme
la composition exécutée soit à la main, soit à la monotype ou à la linotype, est disposée dans la galée, puis ficelée avant d'être montée dans la forme avec les clichés. Entretemps, une épreuve est tirée pour les corrections.
composition
garnitures
procédés d'impression
machine à plat
papier
encrier
rouleau distributeur
rouleau toucheur
rouleau encreur
typographie
marbre
rotative
papier
encrier
rouleau mouilleur
encrier
cylindre porte-plaque
la plaque en zinc est obtenue par copie photographique
papier
cylindre en caoutchouc recevant l'impression du cliché et la reportant sur papier
offset
cylindre de pression
papier
cylindre en cuivre gravé en creux. Les creux, plus ou moins profonds, retiennent l'encre, qui est déposée ensuite sur le papier
racleur
encrier
héliogravure
encrier
cliché cintré obtenu par stéréotypage de la forme

Mise en pages (assemblage des éléments). Maquettiste. / Metteur en pages. Pageux (argot des journaux). / Page type. Côté de première ou belle page (page impaire). Côté de deux (page paire). La une, la deux... (1re, 2e... page).
Pige ou réglette (règle plate pour mesurer la hauteur des pages). Lignomètre. / Illustration. Cliché. Gravure. Gravure pleine page. Cliché plein papier ou à fond perdu (remplit la page sans laisser de marges). Légende (des figures). / Plomb (composition). Mise en placards. Colonne de texte. / Montage (d'une page). Habillage (disposition du texte autour d'un cliché). Répartition des blancs (marges de la page). Blanchir (ajouter du blanc). Chasser une ligne (la faire passer à la colonne suivante). Gagner une ligne (la faire passer à la colonne précédente). Ligne de tête (contient le folio). Ligne de pied (contient la signature).

Imposition (disposition des pages selon le pliage). Marbre (table en fonte pour imposer). / Forme (châssis enserrant le plomb de ces pages). Côté de première (imprime le recto du papier). Côté de seconde (imprime le verso). / Châssis ou ramette (cadre de la forme). Lingot (pièce de métal servant à remplir les vides du châssis). Lingotier (casier à lingots). Serrage. Pré-mise en train ou protométrie (réglage précis de la forme). Comparateur. Planeuse. Marbre à registre. / Epreuve. / Désimposition (démontage de la forme). Distribution (remise des lettres dans leurs casses). Mastic (mélange des caractères dans les cassetins). / Cellotexte ou cello (impression sur support transparent pour le montage, servant à l'exécution des plaques offset et des formes pour héliogravure).

Correction des épreuves. Pressier (fait les épreuves). Correcteur (les corrige). Corrigeur (les corrige sur le plomb). / Correction sur le plomb, sur le marbre (sur la forme), sous presse. / Première typographique ou épreuve en première (corrigée à l'atelier). Epreuve en placards, ou première d'auteur (parfois suivie d'une 2e, 3e, etc.). Epreuve en pages, ou en bon à tirer (à signer par l'auteur). Epreuve en tierce (dernière épreuve). Morasse (épreuve d'une page de journal).
Signe d'appel (sur la faute). Signe de renvoi (dans la marge). Symbole rectificatif. / Deleatur (signe de suppression). Lambda (signe d'addition). Ajout ou ajouté (addition de texte sur l'épreuve). / Transposer. Intercaler. Aligner. Ligne à rentrer. / Espacer. Resserrer. Réunir. / Caractères à changer. Mettre en italique, en romain, en gras. / Coquille (une lettre pour une autre). Doublon (mots répétés). Bourdon (mots omis).

Gravure des clichés. Atelier de gravure. Clicherie. Clichage. Photogravure (procédés photomécaniques). Cliché au trait (sans gris ni demi-teintes). Cliché de similigravure ou simili. Cliché tramé (toutes nuances, du blanc au noir). Cliché détouré, silhouetté, carré, en cercle, etc.

Photogravure typo. Copie sur métal. Négatif du document. Plaque (métal sensibilisé à l'albumine bichromatée). Trame (pour la similigravure seulement). Exposition. Développement. / Gravure à l'acide. Encrage. Machine à graver. Bain acide. Morsure. Toupillage (approfondissement mécanique des creux). / Tirage des épreuves. Fumé (épreuve). / Montage du cliché sur un support épais. Bloc (support). / *Clichés en couleurs.* Trichromie. Couleurs primaires : jaune, rouge, bleu. Filtres sélecteurs (un pour chaque couleur). Quadrichromie (impression supplémentaire en noir). / Photogravure électronique. Lecteur optique. Analyse photo-électronique du document. Stylet graveur (grave la plaque).

Stéréotypie (le cliché reproduit toute une forme typographique). Moulage de la forme. Flan humide (feuille de cellulose ou de carton). Presse. Empreinte. / Fonte (coulée du cliché). Fondeuse. Autoplate (fait des clichés courbes). Moule (portant l'empreinte). Coulée. Stéréo (cliché obtenu). / Terminaison. Nickelage (pour de forts tirages). Stéréonickel. Rabotage. Mise à l'équerre. Montage.

Galvanoplastie. Empreinte. Cuve de galvanoplastie. Anode (cuivre). Cathode (empreinte). Electrolyte. Coquille (réplique en cuivre de l'empreinte). / Etamage (couche d'étain au verso de la coquille). Doublage (épaisseur de plomb sur l'étain). / Terminaison. Dressage. Rabotage. Biseautage.

Lithographie et offset. Pierre lithographique. Photolithographie (photogravure sur pierre sensibilisée). / Métallographie (plaque métallique au lieu de pierre). Plaque. Report (reproduction du document sur la plaque) par dessin direct ou par décalque. Pierre-matrice. Epreuve à report. Chine, hydrochine (papier à épreuves). Presse à décalquer. Plaque de tirage. / Report photomécanique. Typon (film du texte ou des images). **Montage**

des typons. Plaque de zinc (sensibilisée au bichromate). Copie du montage (sur la plaque).

Héliogravure. Diapositifs (texte et images). Montage. Copie sur papier charbon. Insolation. Trame. Copie de trame. Développement. Gravure du cylindre. Chromage (pour les forts tirages).

Phototypie. Montage des négatifs, des documents. Dalle de verre (sensibilisée au bichromate). Insolation ou copie. Développement ou désensibilisation.

Impression. Presse ou machine à imprimer. / Encrage. Encrier. Rouleaux preneurs (prennent l'encre), distributeurs (la transmettent), toucheurs (encrent la forme). / Marbre (supporte la forme). Calage de la forme. Mise en train (réglage de la forme). / Feuille blanche ou d'impression (papier vierge). Marger (placer le papier sur la machine). Marge manuelle. Marge automatique. Margeur. Pinces (saisissent le papier). Taquets (guident la feuille). / Impression en noir, en couleurs. Trichromie, quadrichromie (trois, quatre couleurs). Réception (des feuilles imprimées). / Tomber à l'heure (achever un journal sans retard).
Presse à platine (forme verticale ; papier appliqué par une platine). / Presse à cylindre (papier entraîné par un cylindre presseur). Cylindre d'impression. Presse en blanc (imprime un seul côté de la feuille). Presse en double ou à retiration (les deux côtés sont imprimés). / Presse rotative (impression en continu de papier en bobines). Cylindre porte-clichés (forme cylindrique). Cylindre d'impression (presse le papier sur la forme). / Presse offset. Rouleaux encreurs. Rouleaux mouilleurs. Cylindre de plaque (forme d'impression). Cylindre de blanchet (reçoit l'empreinte reportée de la plaque avant l'impression du papier). Cylindre de marge (presse le papier contre le blanchet). Cylindre de réception (de la bande imprimée). / Presse pour héliogravure. Bac à encre fluide. Cylindre gravé (en creux). Cylindre de pression.

Façonnage (finition des imprimés). Rognage (pour mettre au format). Refente (coupure du papier en deux). Massicot (machine à couper le papier). Massicotier. Massicotage. Chutes (déchets). Rognure (chute inutilisable). / Brochage. Reliure.

impulsion

(du lat. *impulsio,* action de pousser)

Action de pousser. *Transmettre une impulsion.* Mouvement. Poussée. / *Communiquer une impulsion.* Mettre en mouvement. Mettre en branle. Mouvoir. Pousser. Remuer. Agiter. / *Donner une impulsion aux affaires.* Essor. Animation.

Action de pousser à faire quelque chose. *L'impulsion des sentiments, du désir.* Force. Elan. Appel. Excitation. Entraînement. / *Une impulsion aveugle, irrésistible.* Tendance. Penchant. Mouvement. Pulsion. Instinct.

IMPULSIF (qui cède à ses impulsions). Irréfléchi. Emporté. Violent. Fougueux. / Impulsivement.

IMPULSIVITÉ. Fougue (v. ce mot).

inattention

Manque d'attention. Distraction. Négligence. Légèreté. Inapplication. Irréflexion. Inconséquence. / *Dans un moment d'inattention. Par inattention.* Par inadvertance. Par mégarde. Par méprise. / *Un instant d'inattention.* Absence. / *Une faute d'inattention.* Etourderie. Oubli. Omission. « Lapsus linguae » (faute faite en parlant). « Lapsus calami » (faute faite en écrivant).
Ne pas faire attention. N'écouter que d'une oreille. Etre distrait. Etre dans les nuages (fam.). Etre dans la lune (fam.). Etre ailleurs. Oublier. Agir à l'aveuglette, sans réfléchir, inconsciemment.

INATTENTIF. Distrait. Etourdi. Ecervelé. Irréfléchi. Inconscient. Tête de linotte. Etourneau. Hurluberlu. Tête creuse. Inappliqué.

incapable

Qui n'a pas la possibilité de faire quelque chose. *Incapable de* (et l'inf.). Inapte à. Inhabile (littér.). / *Incapable de comprendre.* Inintelligent. Inepte. Bête. Sot. Stupide. Imbécile. / *Incapable de procréer.* Impuissant. Eunuque. / *Incapable de faire du mal.* Inoffensif.
Etre incapable de faire quelque chose. Ne pas pouvoir. Etre dans l'impossibilité. Etre hors d'état. Ne pas être fait pour. Ne pas être en mesure de. Ne pas être fichu de (fam.).

INCAPACITÉ. Inaptitude. Inhabileté.

Qui n'a pas l'aptitude nécessaire. *Un homme incapable.* Incompétent. Ignorant. Inintelligent. Nul. Maladroit. / *Un incapable.* Bon à rien. Propre à rien. Nullité. Nullard (fam.). Zéro. Pauvre homme. Pauvre type (fam.). Mazette. Ganache. Jean-foutre (pop.).

INCAPACITÉ. Incompétence. Ignorance. Impéritie (littér.).

incertain

Qui n'est pas sûr. *Un résultat incertain. Un événement incertain.* Douteux. Aléatoire. Problématique. Hypothétique. Contingent. / *Temps incertain.* Variable. / *Un renseigement incertain.* Vague. Imprécis.

Qui manque de décision. *Incertain de ce qu'on va faire.* Perplexe. Embarrassé. Indécis. Hésitant. Irrésolu.

INCERTITUDE. Doute. Perplexité. Embarras. Hésitation. Indécision. / *Jeter dans l'incertitude de ce qu'il faut dire, faire ou penser.* Déconcerter (v. ce mot).

inciter
(du lat. *incitare*)

Engager vivement à quelque chose. *Inciter quelqu'un à une chose. Inciter à* (et un infinitif). Encourager. Exhorter. Inviter. Convier. Pousser. Exciter. Stimuler. Entraîner. Conseiller.

INCITATION. Encouragement. Exhortation. Excitation. Stimulation. Instigation.

INCITATEUR (rare). Instigateur. Excitateur.

inconnu adj. et n.
(du lat. *incognitus*)

Qui n'est pas connu. *Un mot inconnu.* Ignoré. / *Un pays inconnu.* Inexploré. / *Un ouvrage d'un auteur inconnu.* Anonyme. Anonymat. / Anonymement. / *Rester inconnu.* Caché. Dans l'ombre. Oublié. / Voyager incognito (sans être connu). Garder l'incognito (rester inconnu). / *Un monde inconnu.* Mystérieux. Secret.

Un inconnu. Etranger. Monsieur X. On ne sait qui. Un tel. Nouveau venu. / *L'inconnu.* Le nouveau. L'inédit.

inconvénient
(lat. *inconveniens,* qui ne convient pas)

Chose fâcheuse. *Subir des inconvénients. Un inconvénient grave, léger.* Empêchement. Ennui. Obstacle. Risque. Danger. / *Remédier à un inconvénient.* Désavantage. Désagrément. Handicap. / *Les avantages et les inconvénients.* Le pour et le contre. Le bon et le mauvais côté.

incorrect

Qui est contraire aux règles de la grammaire. *Un terme incorrect.* Impropre. Barbare.

INCORRECTION. Impropriété. Faute. Barbarisme. Solécisme.

Contraire à la bienséance. *Une tenue incorrecte. Un comportement incorrect.* Indécent. Inconvenant. Débraillé. / *Etre incorrect avec quelqu'un.* Impoli. Grossier. Impertinent.

INCORRECTION. Inconvenance. Indécence. Sans-gêne. / Impolitesse. Grossièreté. Impertinence.

indécis

Qui a de la peine à se décider. *Se montrer indécis.* Perplexe. Hésitant. Embarrassé. / *Caractère indécis.* Timoré. Irrésolu. Faible. Vacillant. Ondoyant. Fluctuant.

INDÉCISION. Perplexité. Hésitation. Embarras. Incertitude. Irrésolution. Indétermination.

Qui n'est pas bien déterminé. *Une forme indécise. Une couleur indécise.* Difficile à distinguer. Vague. Imprécis. Indéterminable. Indistinct.

Qui n'est pas décidé (littér.). *Une question indécise. Un point indécis.* Non résolu. Non tranché. Douteux. Incertain.

indifférent
(du lat. *indifferens*)

Qui ne s'intéresse ni aux personnes ni aux choses. *Indifférent à l'égard de quelqu'un.* Insensible. Froid. Inhumain. / Cœur sec. Cœur de pierre. / *Indifférent à l'égard de tous, de tout.* Insouciant. Négligent. Indolent. Egoïste. Blasé. Dégoûté. Je-m'en-fichiste. / *Air indifférent.* Détaché. Dédaigneux. / *Indifférent à un événement, à une situation.* Impassible. Inattentif. Insouciant. Froid. / *Indifférent au danger.* Imperturbable. Impassible. Impavide. Endurci. Cuirassé.

INDIFFÉRENCE. Sécheresse de cœur. Froideur. Impassibilité. / Insouciance. Négligence. Egoïsme. Détachement. Dédain. Je-m'en-fichisme. / *Vivre dans l'indifférence.* N'être touché par rien ni par personne. Se désintéresser de. Se détacher de. Ne pas attacher d'importance à. Se moquer, se fiche(r) [fam.], se foutre (pop.) de tout.

Indifférent en matière de religion. Non-croyant. Incroyant. Athée. Agnostique. Libre penseur. / Indifférence. Incroyance. Athéisme. Agnosticisme. Indifférentisme.

Qui ne provoque aucun intérêt. *Une chose indifférente.* Sans importance. Sans intérêt. / *Parler de choses indifférentes.* Parler de la pluie et du beau temps. / *Une personne indifférente.* Qui ne touche pas. Qui n'inspire aucun sentiment amoureux.

INDIFFÉRER (fam., être indifférent à quelqu'un). Laisser froid. Ne faire ni chaud ni froid. Etre égal. Importer peu. / Peu importe. Peu m'en chaut.

indignation
(du lat. *indignatio*)

Sentiment de colère causé par une action injuste, immorale. *Manifester son indignation.* Révolte. Colère. Ecœurement. Dégoût. / *Qui remplit d'indignation.* Révoltant. Choquant. Dégoûtant. Ecœurant. Indigne. Scandaleux.

INDIGNER (provoquer l'indignation). Révolter. Choquer. Ecœurer. Dégoûter. Scandaliser.

INDIGNÉ. Outré. Choqué. Scandalisé.

S'indigner. Se fâcher. S'emporter. S'irriter.

indiquer
(du lat. *indicare*)

Faire connaître une personne ou une chose. *Indiquer une personne.* Dire le nom de quelqu'un. Donner l'adresse de. Enseigner (vx). / *Indiquer un moyen, un remède.* Fournir. Apprendre. / *Indiquer une direction, un chemin.* Faire voir. Désigner. Signaler. Mettre sur la voie. / *Indiquer l'heure* (en parlant d'une montre, d'une horloge). Marquer; (en parlant d'une personne.) Dire.

INDICATION. Renseignement. Avis. Tuyau (fam.). Directive.

INDICATEUR. Poteau indicateur. Plaque, borne indicatrice. Panneau de signalisation. / Horaire. / Dénonciateur (v. POLICE).

Faire connaître l'existence, le caractère d'une personne ou d'une chose. (En parlant d'une chose.) Révéler. Manifester. Démontrer. Dénoter. Annoncer. Signaler. Traduire. Trahir. / Faire voir. Montrer. Prouver. Attester.

INDICATION. Signe. Marque. Indice. Preuve.

indirect

Qui n'est pas en ligne droite. *Un itinéraire indirect.* Détourné. / Un chemin détourné. Crochet. Circuit. Déviation. / Aller de côté. Côtoyer. Louvoyer.

Qui comporte des détours. *Des propos indirects.* Allusion. Insinuation. Sous-entendu. / Insinuer (v. ce mot). / Voies, moyens détournés.

INDIRECTEMENT. *Agir indirectement.* Louvoyer. Biaiser. Tourner une difficulté. / Faux-fuyant. Echappatoire. Diversion. / Agir par personne interposée. Médiation.

indiscret
(lat. ***indiscretus,*** **incapable de discerner)**

Qui manque de discrétion, de réserve. *Un homme indiscret.* Curieux. Importun. Sans-gêne. Insupportable. Fouineur (fam.). Fouinard (fam.). Fureteur. Intrus. Ecouteur aux portes. Touche-à-tout. / *Une question indiscrète.* Déplacé. Inconvenant. Malséant.

Se montrer indiscret. Manquer de tact. Mettre son nez partout. Fureter. Toucher à tout. Déranger. Fouiner (fam.). Ecouter aux portes. / Se mêler des affaires d'autrui. S'immiscer, s'ingérer dans une affaire. Questionner. Presser de questions. Tirer les vers du nez. / Gêner. Barber (fam.). Raser (fam.). Importuner.

INDISCRÉTION. Curiosité. Sans-gêne.

Qui ne sait pas garder un secret. *Un homme indiscret.* Bavard. Cancanier (fam.). Commère. Concierge (fam.). Pipelette (fam.). Potinier (fam.). Rapporteur. Mouchard (fam.).

Etre indiscret. Avoir la langue trop longue. Ne pas savoir tenir sa langue. Bavarder. Rapporter. Moucharder (fam.). / Parler à tort et à travers. Parler inconsidérément. Faire des cancans (fam.). Cancaner (fam.). Jaser (fam.). Commérer (fam.). Potiner (fam.).

INDISCRÉTION. Bavardage. Racontar (fam.). Commérage. Potin (fam.). Ragot (fam.). Cancan (fam.).

individu
(du lat. *individuus,* qui est indivisible)

Être humain. *L'individu et la société. L'individu et l'Etat.* Personne. Homme. Femme. / *Les individus.* Les gens. / *Ensemble d'individus unis par une communauté de langue, de culture, de civilisation.* Ethnie.

INDIVIDUEL (relatif à l'individu). Personnel. Particulier. Propre. / Subjectif.

INDIVIDUALISER (différencier par des caractères individuels). Distinguer.

INDIVIDUALISME. Goût de l'indépendance.

INDIVIDUALITÉ. Particularité. Originalité.

INDIVIDUALISTE. Personnel.

INDIVIDUELLEMENT. Séparément. A part. En particulier.

Personne quelconque. *Un individu.* Homme. Quidam. / *Termes fam.* Type. Gars. Gaillard. Bougre. Citoyen. / *Termes pop.* Mec. Gonze. / Un drôle d'individu (v. DRÔLE).

indulgence

(du lat. *indulgentia*)

Disposition à pardonner, à excuser. *Demander, solliciter l'indulgence de quelqu'un.* Bienveillance. Clémence. Bonté. Grâce. Pardon. Générosité. Humanité. Compréhension. Douceur. Mansuétude. Miséricorde. Tolérance. / *Indulgence excessive.* Faiblesse. Complaisance. Débonnaireté. Facilité. Mollesse.

INDULGENT. Bienveillant. Clément. Bon. Généreux. Humain. Compréhensif. / *Trop indulgent.* Complaisant. Mou. Débonnaire. Facile.
Se montrer indulgent. Avoir pitié. Fermer les yeux. Excuser. Tolérer. Passer sur. Pardonner. Oublier. Ne pas tenir rigueur de. / *Etre trop indulgent pour un enfant.* Gâter. / Gâterie.

industrie

(du lat. *industria*, activité)

Ensemble des activités ayant pour objet de transformer des matières, de fabriquer des produits, d'exploiter les mines et les sources d'énergie. *Industries diverses.* Grande, moyenne, petite industrie. Industrie artisanale. / Industrie lourde. Industrie légère. Industrie extractive ou minière, charbonnière. Industrie métallurgique. Sidérurgie. Industries mécaniques et électriques. Constructions navales et aéronautiques. Industrie du bâtiment et des travaux publics. Industries chimiques. Industries agro-alimentaires. Industries d'équipement. Industrie textile. Habillement et travail des étoffes. Cuirs et peaux. Bois et ameublement. Transports. Industrie de précision. Industrie du livre. Industrie aérospatiale. Industrie atomique, etc.

Matières premières. *Matières d'origine végétale.* Fibres textiles. Coton. Lin. Jute. Bois. Caoutchouc, etc. / *Matières d'origine animale.* Laine. Peaux. Os. Corne. Ivoire. / *Matières d'origine minérale.* Minerais. Charbon. Pétrole. / Fer. Aluminium. Cuivre. Plomb. Zinc. Nickel. Chrome. Soufre. Potasse. Sel. Phosphate, etc. / Semi-produits. Produits finis. Eléments préfabriqués.

Organisation industrielle. Industrie nationalisée. Industrie privée, capitaliste. / *Etablissement industriel. Exploitation industrielle.* Entreprise. Usine. Fabrique. Manufacture. Atelier. Fonderie. Filature. Raffinerie, etc. / *Personnel.* Directeur. Patron. Maître de forges. Ingénieur. Technicien. Cadre. Contremaître. Chef d'équipe. Chef de chantier. Ouvrier. Manœuvre.
Outillage. Machines. Equipements. Métiers. / Force motrice. Vapeur. Force hydraulique. Electricité. Energie nucléaire. Moteurs. / Automatisation.

Relatif à l'industrie. *Equiper d'industries.* Industrialiser. Industrialisation. / Exploiter. Produire. Fabriquer. Confectionner. / Construire à la chaîne. Fabriquer en série. Préfabriquer. / *Concentration d'industries.* Trust. Cartel. Holding (entreprise qui en contrôle d'autres). Filiale. Entreprise multinationale. / Industrialisme (prépondérance de l'industrie dans l'activité économique). Industrialiste.

inégal

Qui n'est pas égal en quantité, dimension, valeur. *Etre de taille, de force inégale.* Différent. Distinct. / *Figures dont les côtés sont inégaux.* Triangle scalène. Trapèze. / *Vers inégaux.* Vers libres. / *Un partage inégal.* Disproportionné.

INÉGALITÉ. Différence. Déséquilibre. Disproportion. Disparité.

Qui n'est pas uni. *Surface inégale.* Rude. Rugueux. Rêche. Grenu. / *Terrain inégal.* Raboteux. Caillouteux. Rocailleux. Bosselé. Accidenté. Montueux. Abrupt.

INÉGALITÉ. *Inégalité d'une surface.* Aspérité. Rugosité. Grenu. / *Inégalité de terrain.* Accident. Dénivellation. Bosse. Monticule. Eminence. Saillie. Ressaut. Anfractuosité. Creux. Ornière.

Qui n'est pas constant. *Un rythme inégal.* Irrégulier. Saccadé. / *Un pouls inégal.* Capricant. Arythmique. / *Un caractère inégal.* Changeant. Instable. Versatile. Lunatique. Bizarre. Capricieux. Fantasque. / *Un auteur inégal.* Irrégulier. Variable.

INÉGALITÉ. *Inégalité d'humeur.* Caprice. Lubie. Fantaisie.

infanterie

(de l'anc. ital. *infanteria,* de *infante,* enfant)

Ensemble des troupes chargées de la conquête, de l'occupation et de la défense du terrain. Division, brigade, régiment, bataillon, compagnie, section d'infanterie. / Infanterie de ligne (vx). Infanterie légère (vx). Infanterie aéroportée, parachutiste, motorisée, mécanisée. Infanterie alpine. Infanterie de la marine (anciennement coloniale). Corps francs. Légion étrangère. Commandos. / La reine des batailles. La biffe (pop.).

Soldats de l'infanterie. Fantassins. / Gens de pied ou piétons (vx). Archer et franc-archer. Arbalétrier. Arquebusier. Lansquenet. Piquier. Mousquetaire. Grenadier. Tirailleur. Voltigeur. Zouave. / Chasseur à pied. Chasseur alpin. Fusilier. Légionnaire. Parachutiste. Pionnier. Mitrailleur. Observateur. Guetteur. / Biffin (pop.).

Armement. (Autref.) Lance. Hallebarde. Esponton. Pique. Arc. Arquebuse. Mousquet. / (Temps modernes.) Baïonnette. Grenade. Fusil. Fusil mitrailleur. Pistolet mitrailleur. Pistolet. Bazooka. Lance-roquettes antichars. Canon d'infanterie.

infection

(du bas lat. *infectio,* action d'infecter)

Pénétration et développement dans l'organisme de germes microbiens. *Transmettre, communiquer une infection.* Contagion. Contamination.

INFECTER. Contaminer. Contagionner. / *Infecter une plaie.* Envenimer.

Maladies infectieuses. *Eruptives.* Rougeole. Rubéole. Scarlatine. Varicelle. Variole. Erysipèle.

Non éruptives. Blennorragie. Charbon. Choléra. Coqueluche. Diphtérie. Angine diphtérique. Laryngite diphtérique, ou croup. Fièvre typhoïde. Typhus exanthématique. Typhus récurrent. Fièvre jaune. Grippe. Mélitococcie ou brucellose ou fièvre de Malte. Méningite cérébrospinale. Oreillons. Peste. Poliomyélite. Rhumatisme articulaire aigu. Syphilis. Tétanos. Tuberculose, etc.

Maladies parasitaires. Bilharziose. Dysenterie amibienne. Filariose. Helminthiase. Ladrerie ou cysticercose. Maladie du sommeil. Mycose. Paludisme ou malaria. Trichinose, etc.

inférieur adj. et n.

(du lat. *inferior*)

Qui est situé au-dessous. *Partie inférieure d'une construction, d'un mur.* Base. Le bas. / *Face inférieure d'une chose.* Dessous. Envers. Verso. / *Partie inférieure d'une maison.* Sous-sol. Cave.

Préfixe *sous-*. Sous-jacent. Sous-marin. Sous-vêtement. Sous-pied. Soucoupe. Souterrain.

Préfixe *sub-*. Sublingual. Subcostal. Subtropical. Substrat.

Préfixe *hypo-*. Hypoderme. Hypoglosse.

Qui a une valeur moins grande. *Un prix inférieur.* Moindre. / *Tout à fait inférieur.* Médiocre.

Qui occupe un rang moins élevé, dans une classification, dans une hiérarchie. *Commander à un inférieur.* Subalterne. Subordonné. / Sous-chef. Sous-intendant. Sous-préfet. Sous-directeur. Sous-officier. / En second rang. Vice-président. Vice-amiral. / *Etre sous l'autorité de.* Etre sous les ordres de. Dépendre, relever de. Etre sous la coupe de. Servir. Obéir.

INFÉRIORITÉ (situation inférieure). *Maintenir en état d'infériorité.* Subordination. Dépendance. Tutelle. Soumission. Servitude. Sujétion. / *Mettre en état d'infériorité.* Désavantager. Défavoriser. Handicaper. / Sentiment, complexe d'infériorité (impression d'être inférieur aux autres, incapable d'atteindre un but, un idéal).

infidèle

(du lat. *infidelis*)

Qui n'est pas fidèle à ses engagements, dans ses sentiments. *Infidèle à sa parole* (littér.). Déloyal. Traître. Perfide. Parjure. / Ne pas tenir ses engagements. Manquer à sa parole. Revenir sur sa promesse. Désavouer sa promesse. / Se dédire. Se rétracter. Se désavouer. Faire faux bond. Se parjurer.

Infidèle en amour. Volage. Inconstant. Coureur. Courailleur. Léger. Cœur d'artichaut (fam.). / *Mari dont la femme est infidèle.* Cocu (pop.). / Cocuage. Cocufier.

INFIDÉLITÉ. Inconstance. Adultère. Liaison. Aventure galante. / Amant. Maîtresse. / *Faire des infidélités.* Courailler (fam.). Tromper. Donner des coups de canif dans le contrat (fam.).

Qui manque à la vérité. *Une traduction infidèle. Un récit infidèle.* Inexact. Erroné. Faux.

INFIDÉLITÉ. Inexactitude. Erreur.

INFIDÈLEMENT. Inexactement. Faussement.

infirme

(du lat. *infirmus,* faible)

Qui ne jouit pas de toutes ses facultés physiques. *Infirme des jambes.* Boiteux. Eclopé. Cul-de-jatte. / *Infirme à la suite d'une blessure, d'un accident.* Estropié. Impotent. Blessé. Invalide. Handicapé. / Blessé de la face. Gueule cassée (militaire). / Manchot (qui n'a qu'un bras). / *A qui on a enlevé un membre.* Amputé. Mutilé. / *Privé de la faculté de se mouvoir.* Perclus. Paralysé. Grabataire (presque toujours alité). / Borgne. Aveugle. Sourd.

INFIRMITÉ. Invalidité. / Cécité. Surdité. Surdi-mutité. Claudication. Boiterie. Paralysie. Impotence, etc. Cacochyme (de santé débile). Valétudinaire.

influence

(du lat. *influentia,* de *influere,* couler)

Action d'une chose sur un être ou sur quelque chose. *Influence d'un phénomène, d'une circonstance, du milieu.* Effet. Pression. Emprise. / *Influence de l'habitude.* Entraînement. / *Influence bienfaisante.* Bienfait. / *Influence néfaste.* Mal.

INFLUER (exercer une influence) [en parlant d'une chose]. Agir. Affecter. Modifier. Peser sur.

Action d'une personne sur une autre. *Influence intellectuelle, morale. Subir l'influence de quelqu'un.* Emprise. Empire. Ascendant. Pouvoir. Puissance. Domination. / Charme. Fascination. Séduction. / Crédit. Autorité. Importance. Prestige. Poids. / *Avoir de l'influence.* Jouer un rôle. Donner l'exemple. Donner le ton. Etre l'arbitre. Faire la pluie et le beau temps. Avoir le bras long (fam.).

INFLUENCER (exercer une influence) [en parlant d'une personne]. Déteindre sur. Agir sur. Entraîner. Diriger. Mener. Endoctriner. Persuader. Commander. Gouverner. Dominer. Avoir la haute main sur.

INFLUENT (qui a de l'influence). Important. Agissant. Fort.

INFLUENÇABLE (qui se laisse influencer). Impressionnable. Sensible. Suggestible.

informer

(du lat. *informare*)

Faire connaître quelque chose. *Informer quelqu'un d'une nouvelle, d'un événement.* Avertir. Renseigner. Instruire. Aviser. Prévenir. / Apprendre. Faire part de. Communiquer. Donner connaissance. Notifier.

S'informer. Se renseigner. Se mettre au courant. S'enquérir. Enquêter. Demander. Chercher à savoir. Se documenter. Interroger.

Etre bien informé. Etre documenté. Etre bien renseigné. Etre au courant. Savoir ce qui se fait. Etre dans la course (fam.). Etre dans le coup (fam.). Etre dans le mouvement. Suivre l'actualité.

INFORMATION. Nouvelle. Communiqué. Renseignement. Flash (information transmise par les procédés les plus rapides). Scoop (nouvelle importante ou exceptionnelle). / Informateur.

Sources d'informations. Témoignage. Indication. Indice. / Enquête. Interview. Recherches. / Reportage. Rapport. Dépêche. / On-dit. Bruit. Propos. Rumeur. Récit. Nouvelle. Bulletin d'informations. / *Agence d'information.* Bureau de renseignements. / *Moyens d'information.* Mass media ou media. Affiche. Placard. Avis. Publications. Journaux. Radiodiffusion. Journal parlé, télévisé. / Bibliothèque. Archives. Fiches. / Dictionnaire. Annuaire. / Catalogue.

ingrat

(du lat. *ingratus*)

Qui n'a pas de reconnaissance. *Un homme ingrat.* Oublieux (des bienfaits). / *Un fils ingrat.* Dénaturé.

INGRATITUDE. Manque de reconnaissance. Oubli.

Qui ne répond pas à la peine qu'on se donne. *Un sol ingrat.* Infertile. Infructueux. Infécond. Stérile. / *Un travail ingrat.* Difficile. Pénible. Ardu.

Qui manque de grâce, d'élégance. *Un visage ingrat.* Désagréable. Déplaisant. Laid. Disgracieux. Rébarbatif. / Age ingrat (celui de la puberté).

initier

(du lat. *initiare,* commencer)

Admettre à la connaissance d'une religion, d'un culte, de choses secrètes. *Initier à un rite secret.* Introduire. Affilier.

INITIATION. Introduction. Affiliation. / *Initiation aux mystères.* Mystagogie.

INITIATIQUE. Rite initiatique. / Esotérique (incompréhensible pour une personne non initiée). Hermétique. Sibyllin. / Esotérisme.

Apprendre à quelqu'un les premiers éléments d'une science, d'une technique. *Initier aux mathématiques, à un métier.* Enseigner. Instruire. Montrer. Débuter (fam.).

INITIATION. Apprentissage. Instruction.

INITIATEUR. Educateur. Maître.

injure
(du lat. *injuria,* injustice, tort)

Action, procédé qui offense gravement (littér.). *Venger une injure. Faire l'injure de* (et un infinitif). Affront. Outrage. Insulte. Camouflet. / *Injure publique.* Calomnie. Diffamation. Offense. / Offenser. Outrager. Insulter.

Parole, expression blessante. *Adresser, dire, proférer des injures. Accabler d'injures.* Insulte. Invective. Insolence. Attaque. / *Injure grossière.* Ordure. Gros mots. Horreurs.

INJURIER. Insulter. Invectiver. Attaquer. Attraper. Apostropher. Faire une scène. Engueuler (pop.). Chanter pouilles. Dire des sottises. Traiter de tous les noms. Dire des infamies. Traîner dans la boue. / Abreuver d'injures. Vomir des injures. / Débordement d'injures.

INJURIEUX. *Discours, écrit injurieux.* Blessant. Offensant. Insultant. Outrageant.

injuste
(du lat. *injustus*)

Qui agit contre la justice. *Un homme injuste.* Partial. Mauvais. Odieux. Tyrannique. Malhonnête. Déloyal.

INJUSTICE. Partialité. Méchanceté.

Qui est contraire à la justice. *Une loi, une décision injuste.* Arbitraire. Illégal. Abusif. Inique. Inadmissible. Odieux. / *Une critique injuste. Un châtiment injuste.* Immérité. / *Un partage injuste.* Léonin. Inéquitable.

INJUSTICE. Passe-droit. Exaction. Malversation. Usurpation. Iniquité. Malhonnêteté. Déloyauté. Illégalité. Abus.

innocent adj. et n.
(du lat. *innocens,* non coupable)

Qui n'est pas coupable. *Suspecter, condamner un innocent.* Irresponsable. / *Etre innocent.* Avoir la conscience nette.

INNOCENTER. Déclarer quelqu'un non coupable. Disculper. Blanchir. Absoudre. Réhabiliter. Donner gain de cause.

INNOCENCE. Disculpation. Réhabilitation. / *Démontrer son innocence.* Se justifier. Se disculper. S'expliquer.

Qui ignore le mal. *Un enfant innocent.* Candide. Pur. Ingénu. Blanc comme neige. Immaculé. Sans souillure.

INNOCENCE. Candeur. Pureté.

Qui est d'une naïveté trop grande. *Un jeune homme innocent.* Naïf. Crédule. Niais. Simple. / *L'innocent du village.* Idiot. Crétin. Demeuré.

INNOCENCE. Naïveté. Crédulité. Simplicité. Niaiserie.

Qui n'est pas blâmable. *Un plaisir innocent. Un jeu innocent.* Irrépréhensible. Anodin.

INNOCENCE. Innocuité.

INNOCEMMENT. Sans songer à mal.

inondation
(du lat. *inundatio*)

Débordement des eaux. Irruption, envahissement des eaux. Submersion. / *Causes des inondations.* Pluies. Pluies diluviennes, torrentielles. Fonte des neiges. Montée des eaux. Crue. Débordement d'un cours d'eau, d'un torrent. Rupture d'une digue. / Etale. Baisse des eaux. Décrue.

INONDER (couvrir d'eau). Submerger. Noyer. Dévaster. Ravager. / Cataclysme. Fléau. / Déluge. Cataractes du ciel.

inquiet
(du lat. *inquietus,* agité)

Qui est agité par la crainte, l'incertitude. *Une personne inquiète. Un caractère inquiet.* Anxieux. Soucieux. Troublé. Tourmenté. / *Très inquiet.* Angoissé. Affolé. Effrayé. Epouvanté.

INQUIÉTUDE. Appréhension. Peur. Crainte. Peine. Souci. Tourment. Tracas. Tintouin (fam.). / *Vive, forte inquiétude.* Angoisse. Anxiété. Epouvante. Affolement. Transes.

INQUIÉTER (rendre inquiet). Remplir d'inquiétude. Ennuyer. Chagriner. Emouvoir. Troubler. Tracasser. Alarmer. Tourmenter. Effrayer. Préoccuper. Affoler.

S'inquiéter. Se tracasser. Se soucier. S'alarmer. Se frapper (fam.). S'affoler. Se faire du souci. Se faire de la bile, du mauvais sang (fam.). Se mettre martel en tête. Etre dans les transes. Ne plus vivre. Se faire de la mousse (pop.). / *S'inquiéter d'un être, d'une chose.* Prendre soin de. Penser à. S'occuper de. Se préoccuper de.

INQUIÉTANT. *Situation inquiétante. Evénement inquiétant.* Préoccupant. Alarmant.

Menaçant. Grave. Affolant. Angoissant. / *Avenir inquiétant.* Sombre. Sinistre.

inscription

(du lat. *inscriptio,* action d'écrire dans ou sur)

Inscription sur des monuments. Inscription commémorative, votive. / *Déchiffrer une inscription.* Hiéroglyphes. Runes (inscriptions scandinaves). / *Inscription sur un édifice.* Epigraphe. / *Inscription sur une tombe.* Epitaphe. Inscription tumulaire ou sépulcrale. / *Inscriptions sur un mur.* Graffiti.
Etude des inscriptions. Epigraphie. Paléographie. Epigraphiste. Paléographe. / *Recueil d'inscriptions.* Corpus. / Académie des inscriptions et belles-lettres.
Monument qui porte une inscription. Stèle. Colonne. Cippe (colonne tronquée). / Inscription lapidaire (sur une pierre). Lapicide (celui qui grave une inscription sur une pierre).
INSCRIRE. *Inscrire sur de la pierre, du métal.* Graver. Ecrire.

Inscription sur des objets divers. *Inscription sur un écu.* Devise. Ame (paroles). Liston (bande portant la devise). / Cartouche (ornement destiné à recevoir une inscription). / *Ce qui porte une inscription.* Affiche. Placard. Ecriteau. Pancarte. Etiquette. Enseigne. Panonceau (d'huissier, de notaire). Poteau indicateur. Plaque indicatrice, etc.

Inscription sur des registres. Inscription sur un registre de l'état civil, sur une liste électorale. / Matricule (registre). / Immatriculer. Immatriculation. / Rôle (registre où sont inscrites les affaires d'un tribunal). Rôle d'impôt. / Rôle d'équipage. / *Inscription sur les rôles de l'armée.* Conscription. Conscrit. / Registre d'écrou (de prison). Ecrouer. Emprisonner. Incarcérer.
INSCRIRE. *Inscrire sur un registre.* Enregistrer. / *Inscrire sur un carnet, sur un cahier.* Noter. Ecrire.

S'inscrire. *S'inscrire à un parti, à un syndicat.* S'affilier. Entrer dans. Adhérer. / Inscription. Affiliation. Adhésion. / Adhérent. Membre. Affilié.

insecte

(du lat. *insectum,* divisé en parties ; en gr. *entomon*)

Animal articulé, généralement ailé, pourvu de six pattes. Arthropodes (embranchement). Classification des insectes (v. figure ci-contre). Coléoptères (deux élytres et deux ailes : coccinelle). Hyménoptères (quatre ailes membraneuses : abeille). Diptères (deux ailes et deux balanciers : mouche). Lépidoptères (quatre grandes ailes à écailles : papillon). Névroptères (quatre ailes membraneuses, grandes, presque égales : libellule). Orthoptères (deux ailes étroites recouvrant deux ailes larges mais pliées en long : sauterelle). Hémiptères (quatre ailes, un suçoir : punaise).
Insectes sociaux (vivent en colonies organisées) : abeille, fourmi, guêpe, termite, etc. / *Insectes utiles :* abeille, ver à soie, cochenille, kermès, cantharide, etc.; auxiliaires de l'agriculture : carabe, coccinelle, cicindèle, calosome, staphyllin, etc. / *Insectes nuisibles :* anophèle, charançon, chique, criquet, doryphore, eudémis, frelon, guêpe, hanneton, liparis, mite, mouche, mouche tsé-tsé, phylloxéra, pou, puce, puceron, punaise, stégomye, taon, termite, etc. Phytophages (s'attaquent aux parties vertes des plantes). Lignivores ou xylophages (creusent le bois). Parasite. Vermine.

Anatomie des insectes. Exosquelette. Chitine. Anneau ou segment articulé. Article (division des antennes, tarses, etc.).
Tête. Antennes (une paire). Yeux. Ocelles. Pièces buccales. Mâchoire. Lacinia (pièce de la mâchoire). Labre (lèvre supérieure). Mandibule. Pince. Maxille. Cardo. Stipe. Palpe. Labium (lèvre inférieure). Langue ou glosse. Languette. Paraglosse. Trompe. Suçoir.
Thorax (trois segments). Prothorax. Corselet (partie antérieure). Mésothorax. Métathorax. Cuilleron. Ecusson (pièce dorsale). Balancier ou épaulette (pièce en avant de l'aile). / Aile. Nervure. Ecaille. Elytre. Haltère (remplace les ailes postérieures). Aptérygote ou insecte aptère (sans ailes). Ptérygote (insecte ailé).
Abdomen. Pinces. Glande à venin. Aiguillon. Dard. Filière (pour sécréter les fils). Appareil stridulatoire (pour faire du bruit).
Pattes et appendices. Hanche. Trochanter. Fémur. Tibia. Tarse. Brosse (poils du tarse). / Crochet. Epine (tout prolongement pointu). Corne.
Systèmes circulatoire, digestif, respiratoire. Vaisseau abdominal ou cœur. Vaisseau thoracique, ou aorte. / Stomodaeum (intestin antérieur). Mésentéron (estomac). Proctodaeum (intestin postérieur). / Trachées (petits tubes qui portent l'air dans tous les organes). Stigmates (communiquent avec l'atmosphère).

Reproduction. Hétérogyne (la femelle présente des formes différentes).

Sexué. Neutre (stérile). / Reproduction ovipare, ovovivipare. Ovaire. Tarière ou oviscapte (pour enfouir les œufs). Œuf. Nid. Couvain (ensemble des œufs). Insecte hétérométabole (ressemble à l'adulte en sortant de l'œuf). Insecte holométabole (diffère de l'adulte et doit se métamorphoser). Métamorphose. Mue. Larvule. Larve. Chenille. Cocon. Coque. Nymphe ou chrysalide. Dépouille. Imago, ou insecte parfait.

Relatif aux insectes. Insectarium (élevage d'insectes). Insecticide. Insectifuge (éloigne les insectes). Insectillice (les attire). Insectivore (se nourrit d'insectes). Désinsectisation (destruction d'insectes nuisibles). Désinsectiser.
Entomologie (science des insectes). Entomologique. / Entomologiste : hémiptériste, coléoptériste, lépidoptériste, etc. Entomophage (se nourrit d'insectes). Entomophagie. Entomophile (plante pollinisée

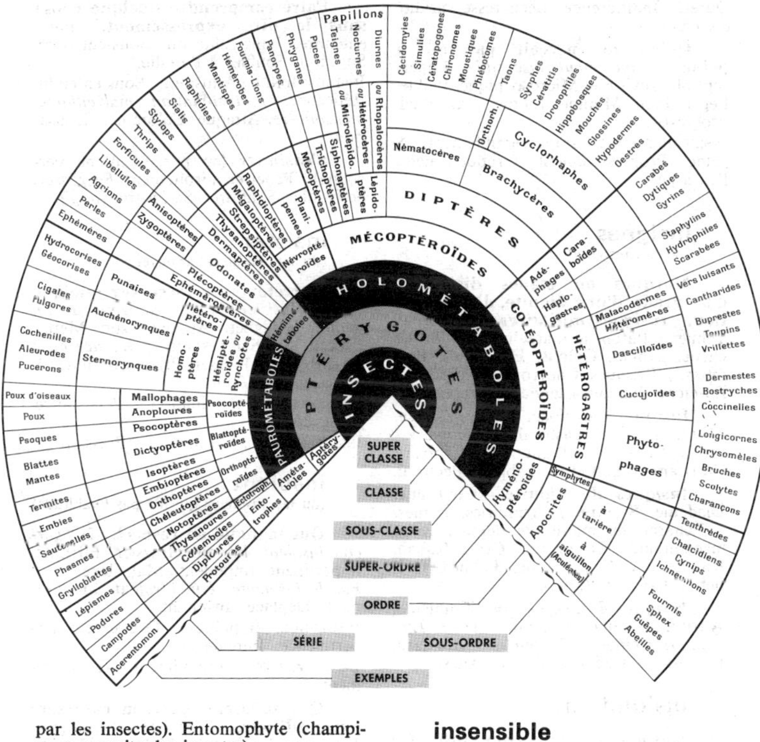

par les insectes). Entomophyte (champignon parasite des insectes).
Larvaire (relatif à la larve). Larvicide (produit pour tuer les larves). Larvicole (parasite des larves). Larvivore (se nourrit de larves).
Bourdonner. Broyer. Filer. Fourmiller. Grouiller. Parasiter. Piquer. Ramper. Ronger. Sauter. Térébrer (forer le bois). Voler. / Stridulation (bruit strident).

insensible

Qui n'éprouve pas de sensations. *Membre insensible à la douleur.* Paralysé. Engourdi. Gourd. Ankylosé.

INSENSIBILITÉ. Engourdissement. Ankylose. Paralysie. Léthargie.

INSENSIBILISER (rendre insensible). Anesthésier. Chloroformer.

INSENSIBILISATION. Anesthésie. Analgésie. Anesthésique. Analgésique. / Morphine. Chloroforme. Cocaïne. Stupéfiant.

Difficile à émouvoir. *Un homme insensible.* Indifférent. Froid. Glacial. Sec. Dur. Imperturbable. Egoïste. Endurci. Inhumain. Impitoyable. Implacable. Inexorable. Sans cœur. Sans entrailles. Cœur de granit, de pierre, de bronze. / *Rendre insensible.* Endurcir. Dessécher le cœur. Racornir.

INSENSIBILITÉ. Froideur. Détachement. Dureté. Indifférence. Sécheresse, aridité du cœur.

Qu'on ne perçoit pas ou à peine. *Mouvement insensible.* Imperceptible. Invisible. Microscopique. Faible. Léger. Petit. Minime. Infime. / Graduel. Progressif.

INSENSIBLEMENT. Imperceptiblement. A peine. Progressivement. Graduellement. Peu à peu.

insignes
(du lat. *insignia*)

Marques ou signes distinctifs d'un grade, d'une dignité, d'une fonction. ***Insignes militaires.*** Uniforme. Tenue. / Bâton de maréchal. Feuilles de chêne. Etoiles. Galons. Epaulettes. Barrettes. / Brisques. Chevrons. Macarons. / Enseigne. Fanion. Etendard. Drapeau.

Insignes religieux. Tiare. / Crosse. Mitre. Anneau pastoral, épiscopal. / Etole. Camail. / Pallium. / Croix. / Croissant. / Ephod (de rabbin). Pectoral.

Insignes de dignité. Couronne. Diadème. Sceptre. / Armoiries. Armes. / Echarpe de maire, de député. Bijou maçonnique. / Décoration. Croix. Ruban. Rosette. Cordon. Plaque. Palmes. Collier. / Crachats (pop.).

Insignes de profession. Emblème. Attribut. Plaque. / Toque. Toge. Epitoge. Hermine. / Couleurs. / Brassard. Cocarde. / Caducée. Ancre. Ailes.

insignifiant

Qui manque de personnalité. *Un homme insignifiant.* Inconsistant. Effacé. Quelconque. Terne. Falot. Fantoche. / *Personnage dont le rôle est insignifiant.* Comparse. / *Gens insignifiants.* Menu fretin. / Paltoquet (homme insignifiant et prétentieux).

Qui est sans importance. *Un détail insignifiant. Un événement insignifiant.* Négligeable. Mince. Minime. / ***Un*** *livre insignifiant.* Sans intérêt. Banal. Médiocre. Insipide. / *Une occupation insignifiante.* Futile. Vide. Vain.
Chose insignifiante. Bagatelle. Babiole. Bricole (fam.). Broutille. Vétille. Bêtise (fam.). Un rien. De la gnognot(t)e (fam.).

INSIGNIFIANCE. Inconsistance. Médiocrité.

insinuer
(du lat. *insinuare*)

Faire comprendre quelque chose sans le dire expressément. Faire entendre. Faire allusion. Sous-entendre. Suggérer. Souffler à l'oreille.

INSINUATION. Allusion. Sous-entendu. Réticence. / *Insinuation malveillante, mensongère.* Attaque. Calomnie. Accusation.

S'insinuer (en parlant d'une personne). Pénétrer adroitement. Se glisser. Se faufiler. S'infiltrer. Se fourrer (pop.).

insister
(du lat. *insistere*, appuyer sur)

S'arrêter avec force sur quelque chose. *Insister sur un problème, sur un détail.* Souligner. Appuyer sur. Mettre l'accent sur. S'appesantir. / *Insister pour* (et un verbe). Presser. Prier. Continuer à. Persister. Persévérer.

INSISTANCE. Obstination. Persistance. Persévérance.

INSISTANT. *Un ton insistant.* Pressant.

insolent
(du lat. *insolens*, qui n'a pas l'habitude)

Qui manque de respect. *Un garçon insolent.* Impoli. Grossier. Effronté. Impertinent. Impudent. Mal élevé.
Parole insolente. Ton insolent. Inconvenant. Déplacé. Insultant.

INSOLENCE. Impolitesse. Grossièreté. Impertinence. Impudence.

INSOLEMMENT. Impoliment. Grossièrement.

Qui surprend par son caractère extraordinaire. *Une chance insolente. Un succès insolent.* Inouï. Extraordinaire. Incroyable.

inspirer
(du lat. *inspirare*, souffler)

Faire naître dans l'esprit une idée, un sentiment. *Inspirer de la joie, de la tristesse. Inspirer de l'amour.*

Causer. Provoquer. / *Inspirer confiance.* Donner. / *Inspirer une action.* Conseiller. Suggérer. Insuffler. Persuader. / (Avec un sujet nom de chose.) Déterminer. Commander.
Etre bien, mal inspiré. Avisé. Avoir une bonne, une mauvaise idée.
INSPIRATION. Conseil. Suggestion. Instigation. Influence. / *Inspiration subite.* Illumination. Idée, trait de génie.
INSPIRATEUR, INSPIRATRICE (personne qui inspire). Conseiller. Instigateur. Egérie. Bon ange. Mauvais ange. Mauvais génie. Ame damnée. / Eminence grise. Gourou.

Faire naître dans l'esprit le souffle créateur. *Donner l'inspiration* (en parlant des Muses). *Suivre son inspiration.* Verve poétique, dramatique (vx). Enthousiasme, fureur poétique. Lyrisme. Veine, souffle poétique.
INSPIRATEUR. INSPIRATRICE. Muse. Egérie.

installer
(du bas lat. *installare*, mettre dans une stalle)

Mettre une personne dans un lieu. *Installer quelqu'un dans une maison.* Loger. Etablir. Caser (fam.).

S'installer. *S'installer dans un pays.* S'établir. Se fixer. Etablir sa demeure, sa résidence.

Mettre une chose en place. *Installer l'électricité, le téléphone.* Poser. Mettre. Placer. / *Installer un local.* Equiper. / *Installer un appartement, un magasin.* Aménager. Arranger. Agencer. Disposer.
INSTALLATION. Mise en place. Montage. / Aménagement. Arrangement. Agencement. / *Installation électrique, sanitaire.* Equipement. Matériel. Machines. Outillage. Appareils. / Installation toute simple, sommaire, rudimentaire. Installation confortable, luxueuse.

instinct
(du lat. *instinctus*, impulsion)

Tendance innée commune à tous les individus d'une même espèce et adaptée à un but. *Instinct de conservation.* Inclination. Désir. / *Instinct sexuel. Instinct génésique.* Appétence. Appétits. Amour. Procréation. / *Instincts des animaux.* Instinct grégaire. Instinct migratoire. Instinct de nidification (chez les oiseaux), de mellification (abeilles).
INSTINCTIF (qui naît de l'instinct, d'un instinct). Spontané. Inné. Irréfléchi. Inconscient. Machinal. Involontaire.
INSTINCTIVEMENT. Spontanément. Inconsciemment. Machinalement. Involontairement.

Faculté naturelle de sentir, de deviner. *Etre averti par un instinct.* Intuition. Inspiration. Pressentiment. Flair. / *D'instinct.* Naturellement. Spontanément. Sans réfléchir.

instituer
(du lat. *instituere*)

Établir d'une manière durable. *Instituer un ordre, une confrérie. Instituer une fête, des jeux.* Fonder. Créer. Instaurer. Eriger.
INSTITUTION. Fondation. Création. Instauration. Etablissement. / Institutionnel. / Institutionnaliser.

instruction
(du lat. *instructio*, action de construire ; en gr. *didaskalia*)

Action d'instruire, de former l'esprit. *L'instruction des enfants.* Formation. Education. / Instruction primaire, secondaire, technique. / *Instruction religieuse.* Catéchisme. / *Opposition à la diffusion de l'instruction.* Obscurantisme. Ignorantisme.
INSTRUIRE. *Instruire la jeunesse.* Former. Eduquer. / *Qui a pour but d'instruire.* Didactique.

Ensemble des connaissances. *Une solide instruction.* Culture. Connaissances. Savoir. Bagage (fam.).
INSTRUIT (qui a de l'instruction). Cultivé. Erudit. Calé (fam.). Fort. Ferré (fam.).

S'instruire. Etudier. Apprendre. Faire des études. Suivre des cours. Se cultiver. Acquérir des connaissances. Enrichir ses connaissances.
Autodidacte (qui s'est instruit lui-même).

Ensemble d'explications écrites ou orales. *Donner des instructions à une personne chargée d'une affaire.* Directives. Ordres. Consignes. Prescriptions. / (Au sing.) *Instruction ministérielle, préfectorale.* Circulaire. Note.

instrument
(du lat. *instrumentum*, ce qui sert à équiper)

Objet fabriqué dont on se sert pour un travail, pour une opération. *Instrument agricole, aratoire.* Machine. Engin. Outil. / *Instrument de physique, de chimie, d'optique. Instrument de mesure, de précision.* Appareil.

Instruments divers. *Instruments d'enregistrement* (suffixe *-graphe*). Chronographe. Sismographe. / *Instruments de mesure* (suffixe *-mètre*). Altimètre. Baromètre. Chronomètre. Goniomètre. Pluviomètre. Taximètre. Thermomètre. / *Instruments d'observation* (suffixe *-scope*). Gyroscope. Télescope. / *Instruments récepteurs du son* (suffixe *-phone*). Microphone. Téléphone.

intelligence

(du lat. ***intelligentia,*** de ***intelligere, intellectum,*** comprendre)

Faculté de connaître et de comprendre. *Développer son intelligence.* Esprit. Entendement. Intellect. Pensée.

INTELLIGENT. *Un être intelligent.* Pensant. Raisonnable.

Relatif à l'intelligence. Intellectuel. Spirituel. Mental. Cérébral. / Intellectuellement. Spirituellement. Mentalement. / Intellectualisme (prééminence de l'intelligence sur l'affectivité et la volonté). / Intelligentsia ou intelligentzia (ensemble des intellectuels). / Quotient intellectuel (rapport de l'âge mental à l'âge réel).

Qualité d'un être qui comprend vite ou s'adapte facilement à des situations nouvelles. *Avoir de l'intelligence. Agir avec intelligence.* Discernement. Jugement. Réflexion. Clairvoyance. Perspicacité. Sagacité. Pénétration. / Intelligence théorique, conceptuelle. / Intelligence pratique, intuitive.

INTELLIGENT (qui a, qui manifeste de l'intelligence). Perspicace. Sagace. Clairvoyant. Capable. Fort. Adroit. Habile. Malin. Ingénieux. Astucieux. / Aigle. As (fam.). Crack (fam.).

INTELLIGEMMENT. Habilement. Astucieusement.

Action de comprendre. *L'intelligence d'un texte, d'un récit.* Compréhension. Intellection. / *L'intelligence des affaires.* Sens. Notion.

INTELLIGIBLE (qui peut être connu, compris). Compréhensible. Accessible. Facile. Clair. Limpide. / *Rendre intelligible.* Eclaircir. Expliquer.

INTELLIGIBLEMENT. Clairement.

INTELLIGIBILITÉ. Clarté. Compréhensibilité.

ININTELLIGIBLE. *Langage inintelligible.* Incompréhensible. Confus. Abstrus. Nébuleux. Obscur. / *Texte inintelligible.* Indéchiffrable.

ININTELLIGIBILITÉ. Confusion. Nébulosité. Obscurité.

Le fait de s'entendre mutuellement. *Vivre en bonne intelligence.* Entente. Accord. Concorde. Harmonie. / *Etre d'intelligence avec quelqu'un.* Connivence. Complicité. Collusion.

intense

(du bas lat. ***intensus,*** tendu)

Qui dépasse la moyenne, la mesure ordinaire. *Un froid intense.* Vif. Grand. Fort. / *Un bruit très intense.* Extrême. / *Un désir intense.* Violent. Impérieux. Irrésistible.

INTENSITÉ. *L'intensité de la lumière, d'un son.* Degré de force, de puissance. / Amplitude. Force. / *L'intensité d'un regard.* Acuité. / *L'intensité d'un sentiment.* Véhémence. Violence.

INTENSÉMENT. Beaucoup. Fort. Enormément.

INTENSIFIER. Augmenter. Accroître. Renforcer.

INTENSIFICATION. Augmentation. Renforcement. Accroissement.

INTENSIF. Important. Considérable. Enorme.

INTENSIVEMENT. Considérablement.

intention

(du lat. ***intentio,*** action de tendre vers)

Le fait de se proposer un but. *Agir dans une certaine intention.* Dessein. But. Projet. Propos. Idée. / *Une intention secrète.* Arrière-pensée. Calcul. Disposition. / *Intention formelle, délibérée.* Résolution. Détermination.

Qui a de bonnes intentions. Bien intentionné. Bienveillant. / *Qui a de mauvaises intentions.* Malintentionné. Malveillant. Méchant.

Le but qu'on se propose. *S'opposer aux intentions de quelqu'un.* Visées. Objectif. Décision. Désir. Volonté.

INTENTIONNEL (qui est fait dans une certaine intention). Volontaire. Délibéré. Prémédité. Voulu. Conscient.

INTENTIONNELLEMENT. Exprès. Volontairement. Délibérément. A dessein. Avec intention. De propos délibéré.

intercepter

(du lat. *interceptare*)

Prendre au passage, par surprise. *Intercepter du courrier, un message.* Saisir. S'emparer de. Surprendre (vx).

Arrêter dans son cours. *Intercepter une communication.* Interrompre. Couper. / *Intercepter la lumière* (en parlant d'un obstacle). Cacher. Boucher. Eclipser. Voiler. Occulter.

INTERCEPTION. Interruption. / Intercepteur (avion).

interdire
(du lat. *interdicere*)

Ne pas permettre. *Interdire une chose à quelqu'un.* Défendre. Proscrire. / *Interdire par une mesure légale.* Prohiber. / *Interdire un livre, un film.* Censurer.

INTERDICTION. Défense. Prohibition. Tabou (interdiction de caractère religieux).

INTERDIT. Défendu. Illégal. Illicite. Prohibé. Tabou.

S'interdire. *S'interdire une chose.* Eviter. / *S'interdire de* (et un infinitif). Se défendre. S'empêcher de.

Priver quelqu'un du droit d'exercer ses fonctions. *Interdire un prêtre.* Frapper d'interdiction (lui défendre de célébrer les offices et d'administrer les sacrements). V. SUSPENDRE.

intérêt
(du lat. *interest,* il importe)

Somme due à son créancier par un emprunteur en plus du capital prêté. *Taux d'un intérêt.* Pourcentage. Tant pour cent. / Intérêt légal. / Intérêts simples. Intérêts composés. / Annuité (remboursement d'une somme et paiement des intérêts). / *Intérêt abusif, excessif.* Usure. / Usuraire. Prêter à usure. Usurier. / *Intérêt bancaire.* Agio. Escompte. Commission.

Ce que rapporte un capital placé. Rapport. Rente. / Dividende. Coupon de rente, d'action. / Produire des intérêts. Argent productif. Loyer de l'argent.

Ce qui est avantageux. Intérêt matériel, pécuniaire. Intérêt moral. / *Avoir intérêt à* (et l'infinitif). *Trouver son intérêt à, dans.* Avantage. Bénéfice. Profit. / *Intérêt commun, général.* Bien. Service. Utilité. Chose publique. / *Intérêt d'une découverte.* Utilité. Importance. Avantage. / *Agir dans l'intérêt de quelqu'un.* Aider. Servir. Appuyer. Soutenir. Favoriser. Avantager. / *Agir contre l'intérêt de quelqu'un.* Desservir. Nuire. Défavoriser. Désavantager. Porter préjudice. Faire tort. / *Défendre les intérêts de quelqu'un.* Plaider en faveur de. / *Réunion de personnes soutenant ensemble leurs intérêts.* Clan. Coterie. Chapelle. / *Agir par intérêt.* Egoïsme. Individualisme. Calcul. Avarice. Cupidité. / *Qui agit par intérêt, qui recherche un avantage personnel.* Intéressé. Egoïste. Individualiste. Avare. Cupide. / *Service, conseil intéressé.* Calculé. / *Qui n'agit pas par intérêt.* Désintéressé. Généreux. Bénévole. / Désintéressement. Générosité. Altruisme.

INTÉRESSER. *Intéresser quelqu'un à une affaire.* Associer. Faire participer.

INTÉRESSEMENT. Participation.

INTÉRESSANT. *Prix intéressant.* Avantageux. Profitable.

Attention favorable que l'on porte à quelqu'un ou à quelque chose. *Témoigner de l'intérêt à une personne.* Bienveillance. Sollicitude. Bonté. Indulgence. Compassion. / *Ecouter, lire avec intérêt.* Attention. Curiosité.

INTÉRESSER (en parlant d'une personne ou d'une chose). Exciter l'attention. Plaire. Charmer. Passionner. Toucher. Emouvoir. Toucher la corde sensible.

S'intéresser. *S'intéresser au sort de quelqu'un.* Se soucier. S'occuper de. Se préoccuper de. S'attacher à. / *S'intéresser à un art.* Aimer. Cultiver. S'occuper de. / Amateur. Curieux.

Ce qui retient l'attention. *L'intérêt d'une chose. L'intérêt d'un spectacle.* Attrait. Plaisir. Charme. / *L'intérêt d'une conversation.* Sel. Piquant.

INTÉRESSANT (qui retient l'attention). Attrayant. Attachant. Captivant. Passionnant. Palpitant.

ININTÉRESSANT. Sans intérêt.

intérieur adj. et n.
(du lat. *interior*)

Qui est au-dedans. *Partie intérieure d'une chose.* Interne. / Commerce intérieur. Politique intérieure. / *L'intérieur d'une chose.* Le dedans. Centre. Milieu. / *Un intérieur.* Chez-soi. Logement. Logis. Maison. Demeure. Intramuros (à l'intérieur de la ville).
Mettre à l'intérieur. Faire entrer. Introduire. Enfermer. Incorporer. Inclure. Amener dans. Rentrer.

Qui se rapporte à l'esprit. *Vie intérieure.* Vie morale. Vie psychique. Esprit. Ame. Conscience. Cœur. / Le for intérieur (la conscience, le fond de soi-même). / Introspection (observation d'une conscience par elle-même). / Introversion (attitude d'une personne attentive à sa vie intérieure et non au monde extérieur). Repliement sur soi. Egocentrisme. / Introverti. Replié sur soi. Egocentrique.

INTÉRIEUREMENT. En soi-même.

intermédiaire adj. et n.
(du lat. *intermedius,* de *medium,* milieu)

Qui est au milieu, qui sert de transition. *Une époque intermédiaire. Un ton intermédiaire entre deux couleurs.* Moyen. / *Un terme intermédiaire. Un état intermédiaire.* Milieu. Entre-deux. Moyen terme. Moyenne.

Le fait de servir de lien entre des personnes. *Par l'intermédiaire de quelqu'un.* Par l'entremise de. Par le canal de. Par le truchement de.

Personne qui sert de lien entre d'autres. *Un intermédiaire pour résoudre un conflit.* Médiateur. Interprète. / *Un intermédiaire entre le producteur et le consommateur.* Commerçant.

interpréter
(du lat. *interpretari*)

Expliquer ce qui est obscur. *Interpréter un document, un texte.* Expliquer. Commenter. Gloser. / *Interpréter tendancieusement un texte.* Torturer. Faire violence.

INTERPRÉTATION. Explication. Commentaire. Glose. Paraphrase. Exégèse. Herméneutique. / *Interprétation erronée.* Faux sens. Contresens. Non-sens.

INTERPRÈTE. Commentateur. Exégète.

Donner une signification à une chose. *Interpréter les paroles, la conduite de quelqu'un.* Comprendre. Expliquer. Entendre. Traduire. / *Interpréter en bien, en mal.* Tourner. Prendre. / *Interpréter les présages.* Deviner.

INTERPRÉTATION. *Interprétation d'un fait.* Version. / *Interprétation malveillante ou ironique des actions, des propos de quelqu'un.* Commentaire. Bavardage. Commérage. / Malentendu (différence d'interprétation).

Suffixe *-mancie.* Oniromancie (interprétation des rêves). Chiromancie (interprétation des lignes de la main). Ornithomancie (divination par le chant ou le vol des oiseaux). V. DIVINATION.

INTERPRÈTE (personne qui fait connaître les intentions de quelqu'un). Porte-parole. Intermédiaire. / Traducteur. / Interprétariat.

INTERPRÉTABLE. *Diversement interprétable.* Ambigu. Equivoque. Amphibologique.

Jouer d'une certaine façon. *Interpréter un rôle au théâtre, au cinéma.* Jouer. Incarner. / *Interpréter un morceau de musique.* Jouer. Chanter. Exécuter.

INTERPRÈTE. Acteur. Artiste. / Musicien. Chanteur. Exécutant. Instrumentiste.

INTERPRÉTATION. Jeu. Exécution.

interroger
(du lat. *interrogare*)

Poser des questions. *Interroger quelqu'un.* Questionner. Interpeller. Demander à. S'enquérir auprès de. S'adresser à. Prendre des renseignements. Se renseigner. Consulter. / Presser de questions. Mettre sur la sellette. Cuisiner (fam.). / *Interroger quelqu'un sur ses intentions.* Sonder. Pressentir. Tâter le pouls. Tirer les vers du nez (fam.). / *Interroger quelqu'un sur ses opinions, ses projets.* Interviewer. Interview.

INTERROGATION. Question. Demande. / Interrogatoire. / Enquête. Sondage d'opinion. Gallup. / Questionnaire. Formulaire. / *Interrogation scolaire. Interrogation écrite. Interrogation orale.* Colle (fam.). / Colleur (argot scolaire, professeur qui fait passer une colle). / Poser une colle (fam., une question difficile). Interrogation grammaticale. Interrogation directe, indirecte. / *Mots interrogatifs.* Qui? Quand? Comment? Pourquoi? Combien? / Où? Que? Quel? Lequel?

INTERROGATEUR. Examinateur.

interrompre
(du lat. *interrumpere*)

Faire cesser pour un temps la continuité de quelque chose. *Interrompre un travail, une séance, des représentations.* Arrêter. Suspendre. / *Interrompre une communication.* Couper. / *Interrompre un compliment, un discours.* Rengainer (fam.). / *Interrompre un entretien.* Changer de conversation. Rompre les chiens. Parler à bâtons rompus. / Propos interrompus. Coq-à-l'âne. / *Interrompre à plusieurs reprises.* Entrecouper.

INTERRUPTION. Arrêt. Suspension. Répit. Repos. Pause. Entracte. Relâche. / Coupure. Panne. / *Interruption entre deux choses qui se suivent.* Intervalle. Séparation. Interstice. Rupture. Intermittence. Vide. Hiatus. Solution de continuité. / *Interruption dans la douleur.* Répit. Rémission. / *Interruption des combats.* Trêve. Suspension d'armes. / *Sans interruption.* Sans arrêt. De suite. D'affilée. Consécutivement. Sans discontinuer. / Sans s'arrêter. D'une seule traite.

S'interrompre. *S'interrompre* (en parlant d'une personne ou d'une chose).

S'arrêter. Ne pas continuer. / *Qui s'interrompt* (en parlant d'une chose). Discontinu. Intermittent. Irrégulier. Temporaire. Momentané. / Discontinuité. Intermittence. Rémission. / Par intermittence. Par intervalles. Par instants. Par moments. Par accès. Irrégulièrement.

Empêcher quelqu'un de continuer. *Interrompre une personne dans son travail.* Déranger. Distraire. Importuner. Troubler. Ennuyer. / Interruption. Dérangement. / *Interrompre un orateur.* Couper la parole. Empêcher de parler. / Interrupteur (rare). Contradicteur.

intervalle
(du lat. *intervallum*)

Distance entre des êtres ou des choses. *Un intervalle entre deux objets, entre deux points.* Espace. Ecart. Ecartement. Etendue. Eloignement. / *Un petit intervalle.* Interstice. Interstitiel. / *Intervalle entre deux colonnes, entre deux lignes.* Entrecolonnement. Interligne. / *Par intervalles.* De loin en loin. De place en place. / *Laisser un intervalle entre des choses.* Interposer. Echelonner. Jalonner. Espacer.

Espace de temps entre deux moments, entre deux dates. *Un intervalle d'une année, d'un mois.* Période. Laps de temps. Espace de temps. / *Un court intervalle.* Moment. / *Intervalle entre deux actions.* Interruption. Temps d'arrêt. Pause. Répit. Rémission. / *Intervalle entre les parties d'un spectacle.* Entracte. Intermède. Interlude. / *Intervalle entre deux gouvernements, deux régimes.* Intérim. Interrègne. Régime transitoire, intermédiaire. / *Effectuer des paiements selon des intervalles.* Echelonner. Etaler. / *Dans l'intervalle.* Entre-temps. Sur ces entrefaites. / *Par intervalles.* De temps en temps. De temps à autre. Par moments. Par intermittence. / *Qui se reproduit à des intervalles réguliers.* Périodique. Périodiquement. / Périodicité.

intervenir
(du lat. *intervenire*)

Prendre part à quelque chose qui est en cours. *Intervenir dans une affaire.* S'entremettre. Prendre en main. Se charger de. / *Intervenir dans une querelle, dans une dispute.* S'interposer. Arranger un différend. Arbitrer. Mettre d'accord. Réconcilier.

INTERVENTION. Entremise. Arbitrage. Médiation. Bons offices. / Intermédiaire. Médiateur. Arbitre. Interprète. / Par l'intermédiaire de. Par l'entremise de. Par le truchement de. Par le canal de.

Intervenir en faveur de quelqu'un. Intercéder. Aider. Agir. Prendre fait et cause pour. Plaider la cause de. Défendre.

INTERVENTION. Intercession. Aide. Appui. Concours. / Intercesseur.

Intervenir dans les affaires d'autrui. Se mêler de. S'immiscer. S'ingérer. Fourrer son nez (pop.). / *Intervenir* (en parlant d'une force armée). Entrer en action.

INTERVENTION. Immixtion. Ingérence. Intrusion. / Politique d'intervention. Interventionnisme. / Interventionniste.

Avoir lieu. *Intervenir* (en parlant d'une chose). Se produire. Arriver. Survenir.

intestins
(du lat. *intestina,* viscères ; en gr. *entera*)

Partie du tube digestif qui fait suite à l'estomac et s'étend jusqu'à l'anus. *Intestin grêle.* Duodénum. Iléon. Jéjunum. / *Gros intestin.* Valvule iléo-cæcale. Cæcum. Côlon (côlon droit, côlon gauche, côlon sigmoïde). Rectum. Anus. / *Enveloppes.* Muqueuse. Tunique musculaire. Tunique conjonctive (mésentère). / Vaisseaux chylifères. Artère mésentérique. Veine porte. / Péritoine. Epiploon. / Circonvolutions, villosités intestinales.

Affections intestinales. *Troubles de l'intestin.* Gargouillement. Borborygme. Flatuosité. Ballonnement. Météorisme. Douleurs intestinales. / Colique. Dysenterie. Diarrhée. Constipation. / *Maladies de l'intestin.* Entéralgie. Hémorragie intestinale. / Occlusion intestinale. Invagination. / Colite. Mésentérite. Péritonite. Appendicite. / Entérite. Entérocolite. Gastro-entérite. / Obstruction intestinale. Eventration. Hernie. / Polype. Tumeur. Cancer. Tuberculose. / Proctite (inflammation de l'anus). Proctalgie. Hémorroïdes. / *Parasites de l'intestin.* Vers intestinaux. Cestodes. Nématodes. Helminthes. Oxyures. Ténia. Ascaris. / Colibacille. / Colibacillose.

Intestins des animaux. Boyaux. Tripes. Fraise. Tripaille (fam.).

Boyauderie. Triperie. Tripier. Boyaudier. Echaudoir. / Eventrer. Etriper. Habiller. Vider. / Dégraisser. Blanchir. Laver. Souffler.
Charcuterie en boyaux. Andouille.

Andouillette. Boudin. Crépinette. Saucisse. Saucisson.

Relatif aux intestins. *Ensemble des organes enfermés dans l'abdomen.* Entrailles. Viscères. / Mouvements péristaltiques. / Absorption intestinale. Digestion. / Bol fécal. Evacuation. Excréments. / Purgation. Lavement. / Laxatif. Drastique (purgatif très énergique). / Tubages duodénaux. Entérologie (étude des intestins). Gastro-entérologie. Entérographie. Entéroscopie. Splanchnologie (étude des viscères). Splanchnographie. Splanchnoscopie. Proctologie (partie de la médecine traitant des maladies du rectum et de l'anus). Proctologue. / Appendicectomie. Splanchnectomie. / Splanchnique. Viscéral.

intime
(du lat. *intimus,* intérieur)

Qui est au plus profond d'une personne. *Conviction intime. Sentiment intime.* Profond. / *Partie intime d'un être.* Conscience. Fond du cœur, de l'âme. Tréfonds. Le for intérieur. Les replis, les recoins du cœur.

INTIMEMENT. Profondément.

Qui est tout à fait privé. *Entretien intime.* Privé. Personnel. Particulier. / *Journal intime.* Secret. / *Vie intime.* Vie sentimentale. / *Réunion intime. Cérémonie intime.* Entre amis.

Se dit d'une personne étroitement unie avec une autre. *Un ami intime.* Inséparable. / *Un(e) intime.* Familier. Confident. / *Etre intime avec quelqu'un.* Fréquenter. Etre étroitement lié. Etre à tu et à toi (fam.). / (Spécialement.) *Relations intimes.* Rapports sexuels.

INTIMITÉ. Amitié. Familiarité. Liaison. Union. Fréquentation.

INTIMEMENT. Etroitement.

intrigue
(de l'ital. *intrigo*)

Action secrète pour faire réussir ce qu'on souhaite. *Former, tramer, ourdir, mener une intrigue.* Complot. Cabale. Conspiration. Brigue. Manœuvres secrètes. Menées sourdes. Machinations. Agissements. Manigance. Mic-mac (fam.). Tripotage (fam.). Grenouillage (fam.). Magouille (pop.). Magouillis (pop.).

INTRIGUER (mener une intrigue). Manigancer. Cabaler. Comploter. Grenouiller (fam.). Magouiller (pop.). / Conspirateur. Comploteur. Factieux. Agitateur. / *Faire partie d'une cabale.* Clique. Coterie. Ligue. Faction. Camarilla.

INTRIGANT (personne qui intrigue pour arriver à ses fins). Aventurier. Arriviste. Grenouilleur (fam.). Magouilleur (pop.). / *Agissements d'un intrigant.* Flagornerie. Flatterie. Rouerie. Bassesse. Courbettes. Salutations. / Manœuvrer. Flatter. Flagorner. Se pousser (fam.).

introduire
(du lat. *introducere*)

Faire entrer une personne dans un endroit, dans un milieu. *Introduire quelqu'un dans une maison, dans un lieu.* Conduire. Faire passer. Mener. / *Introduire une personne près d'une autre.* Présenter. Faire connaître. Faire faire connaissance. / *Introduire dans le monde.* Produire. / *Etre introduit dans une famille, dans une société.* Avoir ses entrées. Etre un familier. Etre reçu habituellement. / *Qui est introduit sans être invité.* Intrus. / Intrusion.

INTRODUCTION. Admission. Présentation.

S'introduire. *S'introduire quelque part.* Entrer. Pénétrer. Se glisser. Se faufiler. / *S'introduire de force.* Forcer la porte. / *S'introduire dans une affaire.* S'infiltrer. Se mêler. S'immiscer. S'ingérer. Intervenir. S'entremettre. Se fourrer (pop.). S'insinuer.

Faire entrer une chose dans une autre. *Introduire une clef dans une serrure.* Mettre dans. Engager. Rentrer. Glisser. Enfoncer. / *Introduire par la bouche.* Ingérer. Avaler. Absorber. / *Introduire un liquide dans l'organisme.* Injecter. Inoculer. Infuser. / *Introduire des marchandises dans un pays.* Importer. / Importation. / Importateur.

Faire entrer dans l'usage. *Introduire une mode.* Importer. Implanter. Faire adopter. / Introducteur.

intuition
(du lat. *intuitio,* action de voir)

Connaissance de ce qui n'existe pas encore. *Saisir, comprendre, sentir, découvrir par intuition.* Pressentiment. Inspiration. Prémonition. Instinct. / *Avoir de l'intuition.* Flair (fam.). Divination. / *Intuition divinatrice, prospective.* Sagacité. Perspicacité. / *Discerner par intuition.* Sentir. Pressentir. Deviner. Prévoir. Soupçonner. Flairer. Subodorer.

INTUITIF (qui a de l'intuition). Perspicace. Pénétrant. Clairvoyant. Sagace. / Esprit de finesse.

INTUITIVEMENT. Avec perspicacité. Avec sagacité.

inventer

(de *inventeur,* lat. *inventor,* de *invenire, inventum,* trouver)

Faire quelque chose de nouveau. *Inventer une machine, un instrument, un art, un système, une écriture, un procédé.* Créer. Trouver. Découvrir. Imaginer.

INVENTION. Création. Découverte. Trouvaille.

INVENTEUR. Créateur. Auteur. Découvreur.

INVENTIF (qui a le don d'inventer). Fécond. Fertile. / *Qui a l'esprit inventif.* Ingénieux. Créatif. Astucieux.

Imaginer une chose que l'on donne comme réelle. *Inventer une histoire, une excuse, un prétexte.* Forger. Fabriquer. Imaginer. Controuver. Fabuler. / *Inventer des détails en racontant.* Broder. Ajouter. Exagérer. Amplifier.

INVENTION. Mensonge. Fable (vx). Fabulation. Calomnie. / *Don d'invention.* Imagination.

inviter

(du lat. *invitare*)

Prier de venir en un lieu. *Inviter à une fête, à une cérémonie.* Convier. Réunir. / *Inviter quelqu'un à un repas.* Retenir. / Pique-assiette (personne qui se fait inviter à manger d'une manière habituelle). Ecornifleur. Parasite.

INVITATION. Réception. / Lettre, carte, billet d'invitation. Faire-part.

Demander avec autorité ou persuasion. *Inviter quelqu'un à faire quelque chose.* Demander de. Engager à. Exhorter à. Intimer.

INVITATION. Invite. Exhortation.

Engager à quelque chose. *Inviter à* (avec un sujet nom de chose). Inciter. Porter. Pousser. Solliciter. / Engageant. Séduisant.

INVITATION. Sollicitation. Attrait.

ironie

(du lat. *ironia;* du gr. *eirôneia,* action d'interroger)

Manière de plaisanter en disant le contraire de ce qu'on veut faire comprendre. *Une ironie fine, légère. délicate.* Plaisanterie. Humour. / *Une ironie amère, mordante.* Moquerie. Raillerie. Sarcasme. Persiflage. Satire.

IRONISER. Plaisanter. Se moquer. Blaguer (fam.).

IRONIQUE. Moqueur. Blagueur (fam.). Railleur. Narquois.

IRONISTE. Humoriste. Moqueur. Pince-sans-rire.

irrégulier

Qui n'est pas régulier dans son aspect, son rythme. *Une forme irrégulière. Un visage irrégulier.* Asymétrique. Biscornu. Dissymétrique. / *Un mouvement irrégulier.* Discontinu. Intermittent. Inégal. Saccadé. Déréglé. / *Un pouls irrégulier.* Capricant. Arythmique.

IRRÉGULARITÉ. Asymétrie. Dissymétrie. Discontinuité. Intermittence. Inégalité. Saccade. Arythmie.

Qui n'est pas conforme aux règles établies. *Une conjugaison irrégulière. Un verbe irrégulier.* Anomal. / *Une construction irrégulière. Une forme irrégulière. Un tour irrégulier.* Incorrect. Fautif. / Incorrection. Faute. Barbarisme. Solécisme. / *Une situation irrégulière.* Illégitime. / *Une vie irrégulière.* Dissipé. Dissolu. / Vie de bâton de chaise.
Une procédure irrégulière. Un acte irrégulier. Illégal. Arbitraire.

IRRÉGULARITÉ. Anomalie. / Ecart. Incartade. Faute. Dévergondage. Dissipation. / Illégalité. Abus. Passe droit

Qui n'est pas constant dans son travail, ses résultats. *Un élève irrégulier. Un travail irrégulier.* Inégal. Variable.

IRRÉGULARITÉ. Inégalité.

islàm ou islamisme

Religion fondée par Mahomet. Musulman (celui qui professe la religion de Mahomet). / Allah (Dieu). / Le Coran (livre sacré de 114 chapitres ou sourates). / Sunna (codification traditionnelle des paroles et des actes de Mahomet). / Les cinq piliers (obligations) de l'islām : la profession de foi, la prière rituelle (salat, cinq fois par jour), l'aumône (zakat), le jeûne (saum), le pèlerinage à La Mecque (hadj). / *Rites.* Ablutions. Circoncision. Le vendredi (jour où les musulmans se réunissent à la mosquée pour prier). Hafiz (qui sait le Coran par cœur). Hadji (pèlerin de La Mecque). / Giaour (infidèle). / Ciel. Houri (femme du paradis d'Allah). / Medersa (établissement d'enseignement religieux).
Fêtes. Ramadan. Baïram. Petit Baïram (ou Aïd al-Fitr). Grand Baïram (ou idul-Azha). Aïd el-Kébir.

Le Prophète. Abdallah (père). Abou Talib (oncle). Khadidja (première femme). Fatima (fille). / Hégire (622, date de la fuite de Mahomet de La Mecque).

Temples. La Mecque. Ka'ba. La pierre noire. / Mosquée. Minaret (tour). Mimbar (chaire). Mihrab (sanctuaire qui indique la direction de La Mecque).

Personnages religieux. Cheik ul Islam (sous le règne des sultans turcs, chef de la religion musulmane). / Mufti (théoricien et interprète du droit canonique). Grand Mufti de Jérusalem. Uléma (théologien musulman). Imam (directeur des prières dans une mosquée). Cheik (prédicateur principal d'une mosquée). Ayatollah. Mollah. / Moines. Fakir. Derviche. / Marabout (ermite ou saint homme). / Muezzin (fonctionnaire religieux qui récite l'azam [appel à la prière]).

Dignitaires. Khalife (titre porté par les successeurs de Mahomet). Commandeur des croyants. Emir. Mahdi (Messie). / Effendi (dignitaire civil ou religieux chez les Turcs).

isoler

(de *isolé,* ital. *isolato,* séparé comme une île [*isola*])

Séparer une chose des autres. *Isoler un objet d'un autre.* Ecarter. Eloigner. Détacher. Disjoindre. / *Isoler un mot dans une phrase.* Séparer. Considérer à part.

ISOLATION. Protection (contre le froid, la chaleur, le bruit).

Tenir un être éloigné des autres. *Isoler quelqu'un.* Mettre à part. Eloigner. Ecarter. Frapper d'ostracisme. Mettre en quarantaine. Boycotter.

ISOLEMENT. Délaissement. Abandon. Solitude. Séquestration. Claustration. Quarantaine.

ISOLÉ. Seul. Solitaire. Délaissé. Abandonné. Esseulé.

S'isoler. Se retirer. Se claustrer. / S'enfermer. Se terrer. / *S'isoler du monde extérieur.* Se replier sur soi. Concentrer son attention sur soi.

ISOLÉMENT. Individuellement. A part.

ISOLATIONNISME (isolement politique et économique d'un pays). Isolationniste.

ivoire

(du lat. *ebur, eboris*)

Matière fine, résistante qui constitue les défenses de l'éléphant ou les défenses et les dents de certains autres animaux. Ivoire vert (pris sur l'animal récemment abattu). Ivoire mort, bleu, fossile. / Dents de morse, d'hippopotame. Cornes de rhinocéros, de narval. Rohart (ivoire provenant de l'hippopotame ou du morse). / Eclat ivoirin. / Produit éburnéen. Noir d'ivoire. Ivoirine (matière plastique imitant l'ivoire). / Ivoire végétal (corozo).

Objets en ivoire. Marqueterie. Tabletterie. Echecs. Billes de billard. Statuettes. Bracelets. Colliers, etc. / Statue chryséléphantine (d'or et d'ivoire). / Diptyques. Triptyques. Retables. Crucifix. / Ivoirerie. Ivoirier.

ivre

(du lat. *ebrius*)

Qui a trop bu d'alcool. *Un homme ivre.* Soûl. Pris de boisson. Pompette (fam.). Noir. Entre deux vins. Aviné. Ivre mort. / *Termes pop.* Plein. Rond. Blindé. Bourré. Rétamé. Beurré. Paf. Brindezingue. Schlass. / *Légèrement ivre.* Gris. Eméché. Parti. Emoustillé. En goguette.

Etre ivre. Avoir bu. Avoir son pompon, son plumet (fam.). Avoir son compte. Etre en ribote (pop.). Avoir une cuite, une biture (pop.). Etre dans les vignes du Seigneur. / *Cesser d'être ivre.* Cuver son vin. Se dégriser. Se dessoûler.

IVRESSE. Ebriété. Excès de boisson. Soûlerie (fam.). Soûlographie (fam.). Beuverie. Intoxication éthylique. Alcoolisme. / Alcootest.

S'ENIVRER. Boire. Se soûler (fam.). Boire comme un trou. Prendre une cuite, une biture (pop.). Se piquer le nez. Biberonner (pop.). Pinter (pop.). Picoler (pop.). Faire carrousse (vx).

Qui a l'habitude de s'enivrer. Ivrogne. Buveur. Alcoolique. / *Termes pop.* Pilier de bistrot. Soiffard. Pochard. Sac à vin. Poivrot. Soûlard. Soûlographe.

IVROGNERIE. Intempérance. Alcoolisme.

ENIVRER. Monter à la tête. Porter à la tête. Soûler (fam.). Griser. / *Ce qui enivre.* Vin. Alcool. Liqueurs. Eau-de-vie. Cidre. Bière.

ENIVRANT (vieilli). Capiteux. Fort. Alcoolisé.

Effets de l'ivresse. Avoir la tête lourde. Indigestion. Vertige. Etourdissement. Vomissement. / Bredouiller. Voix de rogomme. / Démarche ébrieuse. Marcher de travers. Battre les murailles. Chanceler. Tituber. Flageoler. Trébucher. / Nez bourgeonné. Visage, teint couperosé. Visage enluminé. Trogne rouge. / Idées troubles. Folie. « Delirium tremens ». / Avoir le vin tendre, triste, gai.

J

jaloux

(du lat. pop. *zelosus ;* du gr. *zêlos,* émulation, zèle)

Qui est très attaché à une chose. *Jaloux de son autorité, de son indépendance.* Soucieux. / Tenir à.

Qui éprouve de l'envie devant les avantages d'autrui. *Jaloux des succès, de la fortune de quelqu'un.* Envieux.

JALOUSER. *Jalouser une personne.* Envier. Porter envie. Porter ombrage. Voir d'un œil jaloux.

JALOUSIE. Envie. Dépit. Rivalité. Haine.

Qui manifeste un attachement exclusif pour une personne et craint son infidélité. *Une femme jalouse. Un mari jaloux. Jaloux comme un tigre.* Défiant. Soupçonneux. Méfiant. Dévoré, rongé de jalousie.
Se montrer jaloux. Sécher de jalousie. Avoir des doutes sur la fidélité de quelqu'un. Surveiller. Espionner. Epier.

jambe

(du bas lat. *gamba ;* lat. class. *femur, -oris, crus, cruris*)

Membre inférieur de l'homme. *Parties de la jambe.* Cuisse. Genou. Jarret. Mollet. Cheville. Pied.
Os de la jambe : Fémur. Rotule. Tibia. Péroné. Astragale. Tarse. Métatarse. Calcanéum. / Trochanters. Condyles. Malléoles.
Muscles de la jambe : Biceps crural. Demi-tendineux. Demi-membraneux. Plantaire grêle. Adducteurs. Droits. Vastes Couturier. Jumeaux. Jambiers. Soléaire. Extenseur. Fléchisseur. Poplité. Péroniers. Tendon d'Achille.
Artères : Fémorale. Tibio-péronière. Poplitée. Péronière. Tibiale antérieure. Tibiale postérieure. / *Veines :* Fémorale. Poplitée. Saphène. / *Nerfs :* Sciatique. Tibial postérieur. Crural. Musculocutané.
Termes pop. ou argotiques. Guibolle. Gigue. Quille. Flûte. Gambette, etc.

État des jambes. Avoir la jambe bien faite, mal faite. Etre bien, mal jambé (vx ou plaisant). / Des jambes fines, longues, fuselées, galbées. / *Des jambes maigres, grêles.* Des allumettes. Des jambes de coq (fam.). / *De grandes jambes longues et maigres.* Des échalas (fam.). / *Des jambes courtes, grosses, énormes.* Des poteaux, des piliers (fam.). / Pataud (fam.). / Des jambes mal faites, arquées, cagneuses, tortes, tordues.
Avoir de bonnes jambes. Etre ingambe. Etre bien campé sur ses jambes. / *Etre mal assuré sur ses jambes.* Vaciller. Chanceler. Tituber. Flageoler. / *Avoir une marche inégale.* Boiter. Boitiller. Claudiquer. Clopiner (fam.). Se déhancher. Se dandiner. / Bancal. Boiteux. / Traîner la jambe. Avoir les jambes molles, lourdes. / *Amputé d'une jambe.* Unijambiste. / *Personne sans jambes.* Cul-de-jatte.

Mouvement des jambes. Allonger, tendre, fléchir la jambe. Plier la jambe. S'agenouiller. / Faire le grand écart. / Marcher. Courir. Galoper. Trotter. / Courir à toutes jambes. Prendre ses jambes à son cou. S'enfuir. / Gambader. Sauter. Danser. / Remuer les jambes. Gigoter (fam.). Se trémousser. / Enfourcher. Se mettre à califourchon.

Ce qu'on met aux jambes. Pantalon. Culotte. Caleçon. Slip. / Bas. Collants. Chaussettes. / Jambière. Molletière. Houseau. Guêtre. Leggins. Bottes. / Genouillère. / Appareils orthopédiques. Jambe artificielle, articulée. Pilon.

Locutions diverses. Rompre, couper bras et jambes (frapper d'étonnement, décourager). En avoir plein les jambes (être éreinté). Faire une belle jambe (ne servir à rien). Faire des ronds de jambes (faire des manières pour plaire). Faire quelque chose par-dessous la jambe (très mal, sans conscience). Tenir la jambe à quelqu'un (l'importuner). Tirer dans les jambes de quelqu'un (lui nuire par des moyens détournés). Un cautère sur une jambe de bois (un remède, un expédient inutile).

jardin
(du francique *gard; en lat. *hortus*)

Terrain où l'on cultive des végétaux utiles ou d'agrément. *Petit jardin.* Jardinet. / *Jardin d'agrément.* Jardin à la française (disposé symétriquement). Jardin anglais. Parc. / Jardin potager, maraîcher, légumier. Potager. / *Jardin fruitier.* Verger. / Jardin botanique. Jardin exotique. Jardins suspendus (en terrasse). Arboretum. Alpinum. / Jardin public. Square. / Jardin d'acclimatation. Zoo.

Éléments, disposition des jardins. Allée. Contre-allée. Bordure. / Cabinet de verdure. Berceau. Tonnelle. Pergola. Bosquet. / Terrasse. Pelouse. Parterre. Compartiments d'un parterre (losanges, croissants, etc.). Corbeille. Boulingrin. Tapis vert. Gazon. / Rond-point. Patte-d'oie. Etoile. Labyrinthe. / Pièce d'eau. Bassin. Jet d'eau. / Kiosque. Grotte. Rocaille. / Charmille. Haie. / Grille. Palissade. Treillage. Clôture./ Espalier. Treille. / Planche. Plate-bande. Ados. Carré. / Couche. Plant. Semis. / Serre. Orangerie.

Travail de la terre. Cultiver. Jardiner. Jardinage. / Labourer. Défoncer. Bêcher. Biner. Serfouir. Remuer la terre. Ameublir. / Fouir. Piocher. Creuser. Effondrer. / Emotter. Epierrer. / Semer. Planter. Ficher en terre. Piquer. Repiquer. Rouler (aplanir les allées). / Enfouir. Butter. Chausser. Blanchir (la chicorée). Clocher (mettre sous cloche). Couchage. Mise en jauge. / Fumier. Engrais. Couches. Amender. Fumer. Terreauter. Terreau. Terre de bruyère. / Ratisser. Sarcler. Echardonner. Echeniller. / Arroser. Arrosage. / Drainer. Drain. / Gazonner. / Empoter. Enserrer (mettre en serre). Encaisser. Ramer (des pois, des haricots).

Traitement des arbres. Planter. Déplanter. Replanter. Transplanter. / Arbre de plein vent. Arbre en espalier, en contre-espalier ou cordon. / Taille. Tailler. Etêter. Elaguer. / Enter (vx). Greffer. Greffe. Ecussonner. Œilletonner. / Marcotter. Marcottage. Provigner. Bouture. Plançon (branche replantée). Sevrer une branche. / Ebourgeonner. Eborgner. Pincer. Châtrer (ôter les fleurs ou les rejetons superflus). / Baguer. Scarifier l'écorce. Incision. / Tuteur. Cerner (creuser autour du pied). / Effeuiller. Emousser. / Traiter (pulvérisations).

Matériel de jardinage. Arrosoir. Dévidoir. Tuyaux d'arrosage. Lance. Rampe. Canons. Tourniquet. Pompe. / Bêche. Bêchoir. Binette. Houe. Serfouette. / Pioche. / Fourche. Râteau. Casse-motte. / Serpe. Serpillon. Serpette. Vouge (serpe au bout d'un long manche). / Déplantoir. Sarcloir. / Sécateur. Ciseaux. Tondeuse. / Traçoir. Cordeau. / Grattoir. Ecussonnoir. Emoussoir. / Rame. Echalas. / Caisse. Manne. Panier. Cueilloir. / Brouette. / Bâche. Brise-vent. Abri-vent. Paillasson. Natte. Cloche de verre. Châssis. Pots à fleurs, etc.

Art du jardinage. Jardinier. Horticulteur. Horticulture. / Arboriste. Arboriculture. Arboriculteur. Pépiniériste. Fleuriste. Culture maraîchère. Maraîcher. / Architecte paysagiste. / Ecoles d'horticulture. Etablissement horticole.

Relatif au jardin. Garden-party (réception, fête donnée dans un jardin, dans un parc). / Jeter une pierre dans le jardin de quelqu'un (l'attaquer indirectement). / Saint Fiacre (patron des jardiniers). / Priape (dieu des Jardins). Flore et Pomone (déesses).

jaune
(du lat. impérial *galbinus;* lat. class. *flavus;* en gr. *xanthos*)

Une des sept couleurs fondamentales du spectre solaire. ***Nuances de jaune.*** *Jaune d'or.* Doré. Blond. Cuivré. Fauve. Isabelle. / Jaunâtre. Nankin. Ocre. Orange. / *Jaune paille.* Safrané. Flavescent. Beige. Café-au-lait. / *Jaune serin.* Jaune pâle. Souci. Citron.

Colorants jaunes. *Origine minérale.* Jaune de chrome, de zinc, de cadmium. Jaune d'outremer. Terre de Sienne. Oxydes de fer jaunes. / *Origine végétale.* Bois jaune. Quercitron. Fustet. Gaude. Cachou. Gomme-gutte. / *Origine organique.* Jaune Lutétia. Jaune Hansa. / Laques. Jaune diazol. Jaune Mikado. / Jaune de quinoléine.

Qui est d'aspect jaune. *Fleurs jaunes.* Capucine. Chrysanthème. Genêt. Ficaire. Souci. Jonquille. Mimosa. Primevère. Tournesol, etc. / *Fruits jaunes.* Orange. Citron. Banane. Coing, etc. / *Pierres jaunes.* Chrysobéryl. Topaze. Diamant jaune. / Argile. Cire. Miel. Ambre. Jaune d'œuf. / Serin. Poussin. Canari, etc.

Relatif au jaune. *Rendre jaune. Devenir jaune.* Jaunir. / Jaunissage. Jaunissement. / Jaunisse. Ictère. Cholémie. / Rire jaune (rire forcé d'une personne mécontente). / *Race jaune.* Xanthoderme. / Xanthophylle (pigment jaune). Xanthochromie (coloration jaune).

jazz

Ensemble de styles et de genres musicaux créés par les Noirs des États-Unis. *Styles.* Nouvelle-Orléans. Dixieland. Middle jazz. Blues. Be bop (ou re bop). Free jazz. / *Genres.* Negro spirituals. Rag time. Gospel song. Folk song. Pop music. / *Interprétation.* Hot. Swing. / Improvisation. Arrangeur. / Batterie. Batteur. Percussionniste. Vibraphoniste. / Clarinettiste. Flûtiste. Guitariste. Pianiste. Saxophoniste. Tromboniste. Trompettiste. Violoniste, etc.

jeter

(du lat. pop. *jectare;* lat. class. *jacere*)

Envoyer au loin. *Jeter une pierre, une balle en l'air.* Lancer. Projeter. / *Jeter quelque chose à la tête de quelqu'un.* Envoyer. Balancer (fam.). Flanquer (pop.). / *Jeter des bombes, des obus.* Bombarder. Canonner. Marmiter (pop.). / Bombardement.

JET (action de jeter). Lancer. Projection. Lancement.

Jet de projectiles. Balistique. / *Armes de jet.* Arc. Arbalète. Baliste. Catapulte. Fronde. Javelot. Boomerang. / *Lancer des traits.* Décocher. / *Longueur d'un jet.* Trajectoire.

Jet de liquides. *Jet d'eau.* Geyser. Cascade. / *Sortir en jet puissant.* Jaillir. Gicler. Fuser. / Jaillissement. Giclement. / *Faire jaillir un liquide.* Eclabousser. Arroser. Asperger. / Eclaboussure. Arrosage. Aspersion. Brise-jet. / *Jet de salive.* Crachat. Cracher. / *Jet d'un liquide organique.* Emission. Ejaculation. / Emettre. Ejaculer. / *Introduire un liquide en jet dans l'organisme.* Injecter. / Injection. Lavement. Clystère. / Seringue.

Se débarrasser d'une chose gênante, inutile. *Jeter de vieilles affaires.* Se défaire de. Abandonner. Mettre au rebut. Mettre à la casse, à la ferraille. Bazarder (fam.). Balancer (fam.). / *Jeter au feu.* Brûler. Détruire.

Mettre rapidement ou sans soin. *Jeter un vêtement sur ses épaules.* Mettre, poser vivement. / *Jeter des papiers n'importe où.* Semer. Joncher. Parsemer. Déposer au hasard. / *Jeter des notes sur un papier.* Ecrire. Noter. Inscrire. Griffonner.

Faire mouvoir dans une direction. *Jeter les jambes en avant.* Lancer. Projeter. / Jeté (danse). / *Jeter vivement les pieds en arrière.* Ruer. Ruade. / *Jeter les bras autour du cou.* Embrasser. Accoler (vx). Accolade. Embrassade. Embrassement. / *Jeter un coup d'œil.* Regarder.

Faire sortir de soi. *Jeter un cri, des cris.* Proférer. / *Jeter son venin.* Emettre. / *Jeter des étincelles.* Etinceler. / *Jeter des feux.* Flamboyer. / *Jeter des flammes.* Flamber.

Jeter un sort. Ensorceler. Envoûter. / Ensorcellement. Envoûtement. / Jettatura (mauvais œil, en Italie du Sud). Jettatore.

Pousser avec force dans une direction. *Jeter quelqu'un dehors.* Chasser. Mettre à la porte. Econduire. Congédier. / *Jeter en prison.* Emprisonner. Enfermer. Ecrouer. Incarcérer.

Jeter quelqu'un par terre, à terre. Faire tomber. Renverser. Terrasser. / *Jeter bas une maison.* Abattre. Démolir. Raser.

Se jeter. *Se jeter dans une direction, dans un lieu.* Se précipiter. Se ruer. S'élancer. S'engouffrer. / *Se jeter à (dans).* Plonger. / *Se jeter sur quelqu'un.* Assaillir. Agresser. Sauter dessus. Prendre à la gorge, au collet. Tomber sur le paletot (pop.), sur le casaquin (pop.).

Mettre dans un certain état. *Jeter dans le chagrin.* Attrister. Affliger. Peiner. / *Jeter dans l'inquiétude, l'angoisse.* Inquiéter. Angoisser. Bouleverser. Affoler. Effrayer. / *Jeter dans la stupeur.* Stupéfier. Atterrer. Consterner.

jeune

(du lat. *juvenis*)

Qui est peu avancé en âge. *Un jeune garçon.* Gamin. Garçonnet. Gosse (fam.). / Adolescent. Ephèbe. / *Un petit jeune homme.* Jeunet (fam.). Jeunot (fam.). Béjaune. Blanc-bec (sans expérience et sûr de lui). Godelureau (fam.). Freluquet. Jouvenceau (vx et fam.). / *Le plus jeune d'une famille.* Benjamin. / *Jeune animal.* Chaton. Chevreau. Chiot. Lapereau. / Un arbre jeune. Une jeune plante. / *Un vin jeune.* Nouveau. Récent.

JEUNESSE. *La jeunesse.* Jeunes années. Matin, printemps de la vie. / *Jeune âge.* Le bel âge. Enfance. Adolescence. Le jeune temps (fam.). / Ecarts de jeunesse. Folies de jeunesse. Fredaines (fam.). / Jeter sa gourme. / *La jeunesse.* Les jeunes gens. Jeunes garçons. Jeunes filles. Jeunes hommes. Jeunes femmes. / Hippie (jeune homme, jeune fille qui rejette les valeurs sociales, culturelles de la société).

Qui a les caractères de la jeunesse. Etre jeune de corps, d'esprit, de caractère. / *Rester jeune.* Vert. Vaillant.

Vigoureux. Gaillard. / *Un visage jeune.* Frais. Rose. / *Eclat, charme de la jeunesse.* Beauté du diable. / *Qui a la grâce, la fraîcheur de la jeunesse.* Juvénile. / Juvénilité. / *Etre bien jeune. Se montrer jeune.* Naïf. Crédule. Ingénu. Innocent. Irréfléchi. / Naïveté. Crédulité. Ingénuité. Innocence. Irréflexion.

RAJEUNIR. *Rajeunir quelqu'un.* Rendre, faire paraître plus jeune. / *Rajeunir quelque chose.* Moderniser. Rénover. / *Rajeunir* (en parlant d'une personne). Redevenir plus jeune. Retrouver de la vigueur. / Rajeunissement.

Qui est nouveau dans un état, dans une occupation. *Un jeune marié.* Nouveau. / *Un jeune converti.* Néophyte. / *Etre jeune dans une profession.* Inexpérimenté. Commençant. Novice. Inexpert. Bleu (fam.).

Qui suffit à peine. *Un repas un peu jeune* (fam.). Insuffisant. Court. / Juste.

jeûne

(de *jeûner*, du lat. *jejunare*)

Abstinence volontaire d'aliments. *Un jeûne austère. Le jeûne des ascètes.* Austérité. / *Jeûne de dévotion, de pénitence, de mortification.* Carême. Ramadan (religion musulmane). Yom Kippour (religion juive). / Jeûne eucharistique. / Observer le jeûne. / Rompre le jeûne. *Jeûne médical.* Diète. S'abstenir de certains aliments. Régime alimentaire diététique. Suivre un régime.

JEÛNER. Se priver de nourriture. / Jeûneur.

Privation de nourriture. *Etre à jeun.* Avoir le ventre vide. Etre épuisé par manque de nourriture. Tomber d'inanition.

JEÛNER. Etre privé de nourriture. / *Faire jeûner quelqu'un.* Ne pas donner à manger. / Ne pas manger à sa faim.

joie

(du lat. *gaudium*)

Sentiment de complète satisfaction. *Eprouver de la joie.* Bonheur. Plaisir. Satisfaction. Contentement. Euphorie. / *Une grande joie. Une joie immense. Une joie indicible, inexprimable, ineffable.* Enchantement. Ravissement. Délice. Allégresse. Ivresse. Exultation. Jubilation. Délire. / *Joie collective.* Liesse. Réjouissance. Gaieté. / *Joie céleste.* Béatitude.

Ressentir de la joie. *Etre dans la joie. Nager dans la joie. Etre transporté de joie.* Exulter. Jubiler (fam.). / *Etre au comble de la joie.* Etre aux anges. Etre au septième ciel. / *Eprouver de la joie, de la satisfaction.* Se réjouir.

JOYEUX (qui éprouve de la joie). Gai. Heureux. Satisfait. Réjoui. Radieux. Rayonnant. Ivre de joie. Enchanté. Ravi. / *Joyeux luron. Joyeux compère. Joyeux drille.* Bon vivant.

Manifestations de la joie. Bondir, sauter de joie. Ne pas se posséder. Tressaillir de joie. Se pâmer de joie. Communiquer, épancher sa joie.

Participer à la joie. Féliciter. Complimenter. Congratuler. / Félicitations. Compliments. Congratulations. / Acclamer. Applaudir. Ovationner. Fêter. Faire une fête à. / *Cris de joie.* Acclamations. Applaudissements. Ovations. Vivats. Alleluia.

joindre

(du lat. *jungere, junctum*, unir)

Mettre des choses en contact. *Joindre les pieds, les mains.* Réunir. Rapprocher. Faire toucher. / *Joindre des éléments.* Assembler. Appliquer. Adapter. / Attacher. Lier. Accoler. Ajuster. Jumeler. Emboîter. Emmancher. / Agrafer. Coudre. Nouer. Relier. Clouer. Cheviller. / Coller. Souder. Sceller. Cimenter. / *Joindre en entrelaçant.* Episser. Epissure. / *Joindre bout à bout.* Abouter. Aboucher. / Aboutage. Abouchement. Anastomose. / *Joindre des routes, des voies de chemin de fer.* Relier. Raccorder. Faire communiquer. / *Joindre des choses semblables.* Appareiller. Apparier.

Être en contact. *Joindre, se joindre* (en parlant de choses). Se toucher. Adhérer. / *Qui est en contact.* Jointif. / *Endroit où deux choses se joignent.* Joint. / *Remplir les joints* (maçonnerie). Jointoyer / *Endroit où les os se joignent.* Jointure. Articulation. Attache.

JONCTION (action de joindre une chose à une autre). Assemblage. Réunion. Liaison. Conjonction. Adhérence. / Confluent (de deux cours d'eau).

Ajouter une chose à une autre. *Joindre une note à un texte.* Mettre avec. Adjoindre. Ajouter. Insérer. Inclure. / *Joindre une province à un pays.* Réunir. Rattacher. Annexer. Incorporer. / *Joindre l'utile à l'agréable.* Allier. Associer. / *Joindre des efforts.* Unir. Conjuguer. / Union. Conjonction. Conjugaison.

CI-JOINT. Ci-inclus.

Unir des personnes par un lien moral. *Joindre par les liens du mariage.*

Marier. Epouser. / Conjoints. / Mariage. Conjungo (fam.). / Union intime. Intimité. Amitié. Amour. Sympathie.

Se joindre. *Se joindre à un groupe.* S'unir. Se réunir. / *Se joindre à une organisation.* S'associer. S'agréger. Adhérer. / *Se joindre à une conversation.* Participer. Se mêler. S'associer. Prendre part.

Entrer en contact avec quelqu'un. *Joindre une personne.* Atteindre. Aborder. Rencontrer. Contacter (fam.). Toucher. Rejoindre. Rattraper. / Rencontre. Rendez-vous.

jouer

(du lat. *jocari,* plaisanter)

Se livrer à un divertissement. *Jouer à cache-cache, à la marelle. Jouer aux cartes, aux dominos, aux échecs.* Se distraire. Se divertir. Se récréer. S'amuser. / Activité ludique. / *Dire, faire quelque chose pour jouer.* Rire. Plaisanter. / *Jouer avec une poupée, avec des soldats de plomb.* S'amuser.

JOUET. Joujou (fam.). / Jouet en bois, en caoutchouc, en matière plastique. Jouet mécanique, scientifique, éducatif, etc.

JEU. Amusement. Distraction. Récréation. Passe-temps. / Partie. / *Jeux de poursuite.* Chat coupé. Chat perché. Barres. / S'ébattre. Batifoler. Folâtrer. / *Jeux d'adresse.* Boules. Billard. Croquet. / *Jeux sportifs.* Football. Tennis. Basket-ball. Volley-ball. Handball, etc.

Jeux de société. Devinette. Jeux à gages. Jeu des métiers. Jeu du portrait. / *Jeux de hasard et de calcul.* Cartes. Echecs. Dames. / *Jeux d'esprit. Jeux intellectuels.* Mots croisés. Rébus. Bouts-rimés. Scrabble. / *Jouer sur les mots.* Faire des équivoques. / *Jeux de mots.* Calembour. Contrepèterie. / Jeux éducatifs. Jeux radiophoniques, télévisés, etc.

Se conformer aux règles du jeu. Jouer le jeu. / *Etre beau joueur.* Accepter la défaite. / *Etre mauvais joueur.* Se fâcher de perdre. / Joueur honnête, loyal. Pratiquer le franc jeu. Fair play. / *Ne pas se conformer aux règles du jeu.* Tricher. Filouter. Carotter (fam.). / Tricherie. Filouterie. / Tricheur. Filou. Carotteur (fam.). / Gagner au jeu. Perdre au jeu. Prendre sa revanche. / Faire Charlemagne (se retirer après avoir gagné). / Associé. Partenaire. / Adversaire.

Se livrer à un jeu de hasard et d'argent. Jouer au baccara, au poker, à la roulette. / *Argent mis.* Mise. Enjeu. Cave. / *Mettre au jeu.* Miser. Ponter. / Banque. Banco. Martingale (miser le double de la perte du coup précédent). / *Maison de jeux.* Casino. Tripot (fam.). / Croupier. / Râteau. / Tapis vert. Galerie. / *Jouer gros jeu. Jouer un jeu d'enfer.* Risquer une grosse somme. / Perdre. Prendre une culotte (pop.). Se décaver (perdre sa mise). / *Se piquer au jeu.* Continuer à jouer malgré ses pertes. S'entêter. S'obstiner.

Jouer à la Bourse. Spéculer. Spéculation. Spéculateur. / Faire un coup de Bourse. / Boursicoter (faire de petites opérations). Boursicotage. Boursicotier. / *Jouer aux courses.* Miser. Parier. / Jouer à la loterie. / Tombola. / Billet. Numéro gagnant.

Représenter une scène au théâtre, au cinéma. *Jouer une comédie, une tragédie.* Représenter. Donner. / *Jouer un rôle.* Interpréter. / *Jouer un rôle le premier.* Créer. / Acteur. Comédien. / *Jouer dans un film.* Tourner. / Interprète. Acteur. Vedette. / *Manière de jouer.* Jeu. / Jeu de physionomie.

Tirer des sons d'un instrument de musique. Jouer du violon, du piano. / *Jouer un concerto, une sonate.* Interpréter. Exécuter. / Exécution. Interprétation.

Se mouvoir d'une certaine façon. *Jouer* (en parlant d'un mécanisme, d'une articulation). Fonctionner. Marcher. Aller. / Mouvement. Fonctionnement.

Jouer (en parlant du bois, d'un panneau). Se déformer. Se gondoler. Gauchir. Se voiler. Se fausser. Se bomber. Se gonfler. / Travailler.

JEU. *Donner du jeu à un mécanisme.* Desserrer. Relâcher. / *Avoir du jeu.* Etre desserré. Manquer de serrage.

jouir

(du lat. pop. *gaudire,* se réjouir)

Avoir du plaisir, de l'agrément d'une chose. *Jouir de la vie. Jouir du repos. Jouir d'un succès.* Profiter de. Goûter. Savourer. Se délecter de.

JOUISSANCE. Contentement. Satisfaction. Délice. Délectation. / *Jouissance des sens.* Euphorie. Bien-être. Volupté.

JOUISSEUR. Viveur. Epicurien. Sybarite.

Avoir la possession d'une chose. *Jouir d'une bonne santé. Jouir d'une belle fortune. Jouir d'une grande renommée.* Bénéficier de. Avoir. Posséder. / *Jouir d'un droit. Jouir d'un bien.* Avoir l'usage de.

JOUISSANCE. Usufruit (droit de jouissance d'une chose qui appartient à autrui).

jour

(du lat. pop. *diurnum ;* lat class. *dies;* en gr. *hêmera*)

Clarté que le Soleil répand sur la Terre. *Commencer à paraître* (en parlant du jour). Se lever. Poindre. / *Lever du jour. Point du jour. Petit jour.* Aube. Aurore. / Grand jour. Plein jour. / *Tombée du jour. Déclin du jour.* Crépuscule. Soir. / A la tombée du jour. A la brune (vx). / Tomber. Décliner.

Clarté qui permet de voir. *Etre placé vers le jour.* Lumière. / Faux jour. Contre-jour. / Jour tamisé. Demi-jour. / *Etaler au grand jour.* Publier. Divulguer.

Ce qui laisse passer la lumière. *Percer un jour dans un mur.* Ouverture. Baie. / *Jour dans une toiture.* Fente. / *Jour dans une clôture.* Claire-voie. / Jours d'une broderie. / *Percé, orné de jours.* Ajouré. / Ajour. Ajourer (du linge).
Se faire jour (en parlant d'une chose abstraite). Apparaître. Transparaître. Emerger. Se montrer. Devenir évident.

Espace de temps entre le lever et le coucher du soleil. *Le début du jour.* Matin. Matinée. / *Milieu du jour.* Midi. Après-midi. / *Fin du jour.* Coucher du soleil. Soir. Soirée. / Nuit. Minuit. / *Longueur des jours.* Allonger. Diminuer. Décroître. Raccourcir. / *De jour.* Pendant le jour.

Espace de vingt-quatre heures. Jour astronomique. Jour sidéral (durée d'une rotation complète de la Terre). / Jour intercalaire. Jour bissexte (des années bissextiles). / *Les sept jours de la semaine.* Lundi. Mardi. Mercredi. Jeudi. Vendredi. Samedi. Dimanche. / *Les dix jours du calendrier républicain.* Primidi. Duodi. Tridi. Quartidi. Quintidi. Sextidi. Septidi. Octivi. Nonidi. Decadi. / *Mois romain.* Calendes. Ides. Nones. / Jours pairs. Jours impairs. / *Numéro du jour dans le mois.* Quantième. / Semaine. Huitaine. Décade. Quinzaine. Mois. / Octave. Neuvaine (langue religieuse).

Indication du jour. Date. / Aujourd'hui. Demain. Après-demain. Hier. Avant-hier. Il y a huit jours, une semaine. / La veille, le lendemain. Le surlendemain. / *Un jour.* Une fois. / *Un de ces jours.* Bientôt. / *A jour* (en parlant de comptabilité). En règle, jusqu'au jour où l'on est.
Fixer, choisir un jour. Date. / *Renvoyer, remettre à une date ultérieure.* Ajourner. Ajournement. / Remettre, renvoyer une affaire, un débat *sine die* (sans fixer de date, de jour pour une autre réunion).

Locutions diverses. *Tous les jours. Chaque jour.* Journellement. Quotidiennement. / Jour après jour. De jour en jour. Un jour après l'autre. / Vivre au jour le jour (sans se soucier du lendemain). / *De nos jours.* Actuellement. Aujourd'hui. A notre époque. / *Les beaux jours.* Jeunesse. / *Les vieux jours.* Vieillesse.

Relatif au jour. *Qui ne dure ou qui ne vit qu'un jour.* Ephémère. / Ephéméride (liste des événements survenus le même jour à différentes dates). / *Qui a lieu le jour.* Diurne. / *Mettre au jour.* Sortir de terre. Déterrer. / Jour de travail. Jour ouvrable. / Journalier. / Jour de repos. Jour de fête. Jour férié. / *Jour du Seigneur.* Dimanche. Sabbat. / *Jour des Rois.* Epiphanie.

journal

(du bas lat. *diurnalem*)

Relation quotidienne de certains événements. *Tenir un journal. Journal intime. Ecrire son journal.* Mémoires. Souvenirs. Livre de raison (vx). Mémoires biographiques. Mémoires historiques. Chroniques. Annales. Commentaires. / *Auteur de Mémoires.* Mémorialiste. Chroniqueur. Annaliste.

Publication périodique donnant diverses informations. *S'abonner à un journal.* Périodique. / *Journal paraissant tous les jours* (quotidien), *tous les cinq jours* (bidécadaire), *toutes les semaines* (hebdomadaire), *deux fois par semaine* (bihebdomadaire), *tous les mois* (mensuel), *deux fois par mois* (bimensuel), *tous les deux mois* (bimestriel). / Journal politique, littéraire, scientifique, artistique, financier, sportif, humoristique, satirique. / Journal d'enfants. Journal de modes. / Journal illustré. Magazine. Illustré. / Journal d'information. / Journal d'un parti. Organe.

Organisation. Rédaction. Administration. / Directeur. Administrateur. Gérant. / Rédacteur en chef. Rédacteur. Secrétaire de rédaction. / Journaliste. / Reporter. Envoyé spécial. Correspondant. Echotier. Chroniqueur. Feuilletoniste. Courriériste. Critique. Pigiste (payé à la pige [à la ligne]).

Contenu du journal. Titre. Manchette. Colonnes. Pages. La une (première page). Rez-de-chaussée. Corps du journal. / Articles. Article de tête. Leader. Editorial. / Informations. Nouvelles. Scoop (nouvelle importante ou sensationnelle publiée en priorité). Faits divers. / Bulletin. Courrier. Critique. Chronique. Bloc-notes. / Reportage. Compte rendu. Interview. / Correspondances. Tribune libre. Courrier des lecteurs. Echos. Entrefilet. / Feuilleton. / Publicité. Réclame. Annonces. / Bandes dessinées. Dessins. *Rubriques.* Vie politique, sociale, économique. Tribunaux. Spectacles. Etranger. Bourse. Sports, etc. / Chronique littéraire, artistique, théâtrale, scientifique, grammaticale, etc. / Carnet mondain. Naissances. Fiançailles. Mariages. Nécrologie. / Rébus. Enigmes. Charades. Mots croisés. / Concours.

Fabrication et vente. Editeur. Imprimeur. Tirage. / Typographe. Linotypiste. Morassier. Metteur en pages. Fonctionnaire. Clicheur. Correcteur. Rotativiste. Conducteur. / Composition. Clichés. Epreuve. Morasse (dernière épreuve). / Rotative. Plieuse. / Numéro. Bande. / Publier. Lancer un journal. Service d'expédition. Messageries. Routage. / Porteur. Distributeur. Crieur. Vendeur. / Dépôt. Dépositaire. Kiosque. / Abonnement. Abonné. Lecteur. / Bouillon (fam.) [ensemble des invendus]. Bouillonner (fam.).

Relatif au journal. Journal parlé (radiodiffusé). Journal télévisé. Journal lumineux. / *Ensemble des journaux.* Presse. / Liberté de la presse. Campagne de presse. Délit de presse. / Censure. Anastasie. Censurer. Caviarder (fam.). / Suspendre. Suspension.
Journalisme. / Journalistique. / Lire dans (sur [fam.]) un journal. / Hémérothèque. / *Termes familiers.* Canard. Feuille de chou.

judaïsme

(du lat. ecclésiastique *judaismus,* religion juive)

Religion israélite hébraïque. Yahvé (Dieu d'Israël). Abraham et Moïse (fondateurs de la religion d'Israël). Décalogue (les dix commandements). Tables de la Loi. / Thora ou Torah (loi de Moïse). / Bible. Talmud (code de droit judaïque qui complète la Bible). Massora (recueil de commentaires sur la Bible hébraïque). / Kabbale (ensemble de doctrines occultes).

Sanctuaires. Temples de Salomon, de Jérusalem. Ziggurat (temple des anciens Babyloniens). / Saint des saints. Arche d'alliance. Autel des holocaustes. Autel des parfums. / Holocauste. Sacrifices expiatoires. / Grand prêtre. Lévites. / Synagogue. Rabbin. / Vêtements religieux. Ephod (pièce du vêtement portée sur la tunique). Pectoral. / Phylactère (petite boîte renfermant des bandes de parchemin sur lesquelles sont inscrits des versets de la Bible).

Actes du culte. Prière liturgique. Purification. Eau lustrale. / Sabbat. Néoménie (nouvelle lune). / Circoncision. *Fêtes anciennes.* Pâques et Azymes. Pentecôte ou fête des Semaines. Fête du Tabernacle ou des Tentes. Fête du Nouvel An ou Rosh Hashana. / *Fêtes postérieures.* Jour des Expiations ou Yom Kippour. Fête de la Hanoukha ou fête de la Dédicace. Fête de Pourim ou fête des Sorts.

Relatif aux juifs. Terre sainte. Terre promise. Hébreu. Israélite. / Diaspora (ensemble des communautés en dehors de la Palestine). Séphardim (juifs d'Europe orientale et méridionale). Askénazim (juifs allemands et polonais). / Juifs orthodoxes. / Juifs progressistes. Réformés. Libéraux.
Sémites. / Antisémitisme (attitude d'hostilité à l'égard des juifs). Antisémite. / Année sabbatique (tous les sept ans). / Ghetto (quartier juif). / Goy, goym, goyim (nom donné par les israélites aux personnes étrangères à leur culte).

juger

(du lat. *judicare*)

Décider en qualité de juge ou d'arbitre. *Juger une affaire, un accusé.* Prononcer un jugement. Statuer. Décider. Rendre la justice. / *Juger un différend.* Trancher. Arbitrer. Régler. Départager. Donner raison. Donner tort.

JUGEMENT. Décision. Sentence. Verdict. Arrêt. / Arbitrage. Règlement.

Émettre une opinion favorable ou défavorable. *Juger favorablement un être, une chose.* Apprécier. Estimer. Approuver. / *Juger défavorablement un être, une chose.* Blâmer. Désapprouver. Réprouver. Critiquer. Condamner. / *Juger d'un être, d'une chose.* Porter un jugement (favorable ou non).

JUGEMENT. Opinion. Avis. Point de vue. Sentiment. Façon de voir. / *Jugement sommaire.* Aperçu. / *Porter un jugement prématuré.* Préjuger de. / Opinion préconçue. Préjugé. / *Laisser, soumettre au jugement de quelqu'un.* Appréciation. / *Jugement, opinion favorable.* Approbation. / *Jugement, opinion défavorable.* Critique. Blâme. Réprobation. / Critère (ce qui sert de base à un jugement). / Jugement de réalité (énonce un fait). Jugement de valeur (énonce une appréciation). / *Jugement malveillant ou ironique sur quelqu'un.* Commentaire. Bavardage.

Avoir une certaine opinion. (Avec un adjectif.) *Juger bon, utile, nécessaire, etc.* Considérer. Regarder. Trouver. / *Ce que quelqu'un juge bon, ce qu'il lui plaît de faire, d'ordonner.* Bon plaisir. Bon vouloir. / *Juger que* (et l'indicatif). Estimer. Penser. Croire. Considérer. *Juger de* (et un nom). *Juger de la joie, de l'étonnement de quelqu'un.* Imaginer. Se représenter.

Discerner le vrai du faux, le bon du mauvais. *Etre capable, incapable de juger un être, une chose. Juger sainement.* Apprécier. Examiner. Peser. Critiquer (littér.). Commenter. Faire la critique de.

JUGEMENT. *Avoir du jugement. Manquer de jugement.* Discernement. Entendement. Intelligence. Bon sens. Sens commun. Jugeote (fam.). / *Droiture de jugement.* Rectitude. / *Erreur de jugement.* Aberration. / *Qui a du jugement.* Raisonnable. Sensé. / *Qui dénote du jugement.* Judicieux. Pertinent. / *Qui manque de jugement.* Ecervelé. Sot. Idiot. Stupide. Aveugle. / *Trouble du jugement.* Paranoïa.

jurer

(du lat. *jurare*)

Promettre solennellement ou par serment. *Jurer fidélité, attachement, obéissance.* Promettre. S'obliger à. / *Jurer de faire quelque chose.* S'engager à. Donner sa parole. Donner sa parole d'honneur. S'engager par serment. / Prêter serment. Faire serment. Déclarer sur la foi du serment. / Jurer sur la Bible, sur l'Evangile. Jurer, témoigner sur l'honneur. / Prestation de serment. Lever la main. / *Qui a prêté serment.* Assermenté. / *Serment judiciaire, professionnel, politique.* Engagement. / *Violer son serment.* Se parjurer. / Parjure. / *Jurer la mort de quelqu'un.* Décider.

Affirmer solennellement. *Jurer que* (et l'indicatif). Déclarer. Assurer. Certifier. / *Jurer de quelque chose.* Affirmer catégoriquement. / Il ne faut jurer de rien (proverbe).

Proférer des jurons, des imprécations. *Jurer comme un païen, comme un charretier.* Sacrer (fam.). Blasphémer. / *Jurer contre quelqu'un.* Crier. Pester. Maudire.

JURON (parole qui outrage la divinité). Blasphème. Parole blasphématoire. Jurement (vx). Imprécation. / Pousser, proférer des jurons. / *Juron employant ou déformant le nom de Dieu.* Tudieu (vx)! Bon Dieu! Parbleu! Corbleu! Morbleu! Ventrebleu! Cap de diou! Cadédis! Ma doué! / *Juron invoquant le diable.* Diantre (vx).
Exclamations n'évoquant pas le sacré. Bigre! Bougre! Fichtre! Foutre (pop.)! Fouchtra (auvergnat)! / *Jurons familiers.* Bon sang! Nom d'un chien! Saperlipopette! Sacristi. Sapristi. Scrogneugneu.

Produire une discordance. *Jurer* (en parlant de couleurs, de choses mal assorties). Détonner. Dissoner. Hurler. Aller mal avec. Ne pas s'accorder. Faire disparate. / Désaccord. Dissonance. Manque d'harmonie. Disparate.

juridiction

(du lat. *jurisdictio*, droit de rendre la justice)

Pouvoir de rendre la justice. *Juridiction pleine, entière.* Compétence. Circonscription. Ressort. Droit de connaître. / Juridiction contentieuse (décision à propos d'un litige). Juridiction gracieuse (en matière de succession, de tutelle, etc.). / Exercer une juridiction. / *Etre de la juridiction de.* Dépendre. Ressortir à. / Dépendance. Ressort. / *Conflit de juridiction.* Contestation de compétence. / Récuser. Décliner. Renvoyer.

Ensemble de tribunaux de même catégorie. *Juridiction compétente. Juridiction supérieure.* Cour. Chambre. Conseil. / *Degré de juridiction.* Instance. / Juridiction administrative, civile, de droit commun, commerciale. Juridiction d'exception. / Siège d'une juridiction, d'un tribunal (endroit où ils se réunissent pour rendre la justice).

juste

(du lat. *justus*)

Qui agit conformément à la justice. *Un homme juste.* Equitable. Impartial. Intègre. Incorruptible. Droit. Loyal. Honnête. Probe. Scrupuleux. Consciencieux.

JUSTICE. Equité. Intégrité. Impartialité. Probité. Droiture. Loyauté. Honnêteté.

Qui est conforme à la justice, au droit. *Un juste salaire. Un juste partage.* Equitable. Correct. Honnête. / *Une juste revendication.* Légitime. Admissible.

Fondé. Raisonnable. / *Juste récompense. Juste châtiment.* Mérité. / *A juste titre.* A bon droit. Avec juste raison.

JUSTEMENT. Légitimement. A bon droit.

Qui est conforme à une règle, à la réalité, à ce qu'il doit être. *Un calcul juste.* Exact. / *L'heure juste.* Précis. / *Conforme aux règles de la musique.* Voix juste. / *Chanter juste.* Dans le ton. / *Estimer à sa juste valeur, à son juste prix.* Convenable. Réel. Véritable. Vrai. / *Un mot juste.* Propre. Correct. Adéquat. Idoine.

JUSTESSE. Convenance. Adéquation.

Qui fonctionne, qui apprécie avec exactitude. *Balance juste. Coup d'œil juste.* Précis. / *Voir juste.* Avoir le compas dans l'œil (fam.). / *Viser juste.* Avec précision.

JUSTESSE. Exactitude. Précision.

Qui est conforme à la raison, au bon sens, à la vérité. *Un raisonnement juste.* Logique. Rationnel. Exact. / *Dire une chose juste. Une remarque juste.* Pertinent. Judicieux. / *Penser juste.* Comme il faut. Comme il convient.

JUSTESSE. Rectitude. Rigueur.

Qui n'a pas assez d'ampleur. *Une chaussure juste. Un vêtement juste.* Etroit. Court. Etriqué. Trop petit.

Qui suffit à peine. *Un repas un peu juste.* Insuffisant. Jeune (fam.). *Compter un peu juste.* Insuffisamment. / *Arriver juste.* Au dernier moment.

JUSTESSE. *Gagner de justesse.* De peu. Avec une légère avance.

justice
(du lat. *justitia*)

Pouvoir de faire régner le droit. *Exercer, administrer, rendre la justice.* Juger. Décider. Statuer. / *Décision de justice.* Jugement. Sentence. Arrêt. / *Envoyer devant la justice.* Déférer. Traduire. / *Se présenter devant la justice.* Comparaître. Comparoir (vx). / Comparution. / Défendre un accusé. Défenseur. Avocat. / Défense. / Témoigner. Témoin à charge. Témoin à décharge. / *Exercer un droit en justice.* Actionner. Défendre. Plaider. / *Soutenir une action en justice.* Ester. / Procédure (ensemble des règles d'organisation judiciaire, d'instruction des procès).

Justice civile. *Tribunaux de droit commun.* *Première instance.* Tribunaux de grande instance. Tribunaux d'instance (naguère justice de paix). / *Seconde instance.* Cour d'appel. Cour de cassation.

Tribunaux d'exception. Tribunaux de commerce. Conseils de prud'hommes. Tribunaux paritaires des baux ruraux. Commissions de la Sécurité sociale. Juridictions des loyers, de l'expropriation. Jurdictions des enfants, des tutelles.

Procès. *Parties principales.* Demandeur ou requérant (qui a formé une demande en justice). Défendeur (celui contre qui une demande a été formée). / *Conditions pour engager un procès.* Existence légale d'un droit. Utilité d'agir. Qualité pour agir. Capacité d'ester en justice.
Types d'actions. Actions personnelles, réelles, mixtes. Actions mobilières, immobilières. Actions pétitoires (protègent la propriété d'un droit). Actions possessoires (destinées à garantir le simple fait de la possession).
Demande d'introduction d'instance. Assignation ou exploit d'ajournement. / Placet (copie de l'acte d'introduction d'instance). Inscription sur un rôle. Dossier. Comparution du défendeur. / Instruction du procès. Débats.
Incidents de l'instance. Exceptions d'incompétence. Exception de litispendance (affaire engagée devant deux tribunaux également compétents). Exception de connexité. Exceptions de nullité. Fin de non-recevoir.
Incidents relatifs à la preuve. Vérification d'écriture. Expertise. / Incidents relatifs aux juges, aux affaires ministérielles, au contenu du procès.

Déroulement du procès. Exposé des faits par le président. Interrogatoire de l'inculpé. Audition des témoins. Débats oraux, publics, contradictoires. Observations de la partie civile. Réquisitoire du ministère public. Plaidoirie du défenseur. Délibération du tribunal. / Jury. Jurés. / Jugement. Acquittement (inculpé non reconnu coupable). Absolution (inculpé déclaré excusable). Condamnation. / *Voies de recours.* Opposition. Appel. Pourvoi en cassation. Pourvoi en révision.

Jugement. Arrêt (décision de cour d'appel, de cassation ou du Conseil d'Etat). Sentence (décision des arbitres et des conseils de prud'hommes). / *Sortes de jugements.* Jugement contradictoire et jugement rendu par défaut. Jugement rendu en premier et dernier ressort (non susceptible d'appel). Jugement avant dire droit (porte sur des questions qui ne constituent pas le fond du procès).
Elaboration du jugement. Lecture en audience publique. Motifs. Dispositif.

Minute du jugement rédigée par le greffier et signée par le président. Copie du jugement ou expédition. Grosse (expédition remise à la partie gagnante). Signification (acte d'huissier par lequel le jugement est communiqué à l'avoué de la partie adverse).
Voies de recours. Appel. Appel principal. Appel incident. Appel interjeté. Opposition. Tierce opposition. Pourvoi en cassation. / Requête civile.

Justice pénale. Tribunal de police (juge les simples contraventions). Tribunal correctionnel. Cour d'appel. Cour d'assises. Cour de cassation. / *Juridictions d'exception en matière pénale.* Juridictions spéciales pour mineurs de moins de 18 ans. Tribunal pour enfants. Cour d'assises des mineurs. Chambre spéciale de la cour d'appel. Tribunaux maritimes commerciaux. Tribunaux militaires. Cour de sûreté de l'Etat. Haute Cour de justice.

Procédure pénale. Instruction. Contrôle des preuves de l'infraction. Expertises. Enquêtes. Mandats. Mandat d'amener, d'arrêt, de dépôt. Mandat de comparution.

Conseil d'État. Tribunal administratif (juge les contentieux administratifs). Tribunal des conflits (décide des compétences en cas de conflit entre les différentes juridictions).

Personnel judiciaire. *Magistrats assis.* Juges. Juge-commissaire. Juge consulaire (tribunal de commerce). Juge d'instruction. Juge rapporteur. Juge suppléant. / *Magistrats debout.* Ministère public. Membres du parquet. Procureur de la République. Substitut auprès des tribunaux de grande instance. Procureur général et substituts généraux près d'une cour d'appel. Procureur général et avocats généraux près la Cour de cassation.

Auxiliaires de justice. Avocats. Greffier (secrétaire des tribunaux). / Officiers ministériels. Avoués. Avocat aux conseils (près la Cour de cassation et le Conseil d'Etat). Huissier. / *Ministère d'huissier.* Signification. Saisie. Expulsion. Constat. Exploit d'ajournement ou assignation.
Expert. Interprète. Traducteur juré. Arbitre rapporteur. Syndic. Agréé. Agent d'affaires.

justifier

(du lat. *justificare*)

Défendre quelqu'un d'une accusation. *Justifier une personne.* Disculper. Décharger. Excuser. Innocenter.

Se justifier. Prouver son innocence. Prouver son bon droit. Se disculper.

JUSTIFICATION. Défense. Décharge. Excuse.

Prouver le bien-fondé, la légitimité d'une chose. *Justifier une décision, une démarche, une demande, une critique.* Motiver. Expliquer. / *Justifier une action* (avec un sujet désignant une chose). Légitimer. Autoriser. / La fin justifie les moyens (proverbe).

JUSTIFICATION. Motivation. Explication. Raison. Argument. Bien-fondé. Légitimité.

JUSTIFIÉ. Fondé. Légitime. Motivé. Raisonnable.

JUSTIFIABLE. Défendable. Excusable.

INJUSTIFIABLE. Indéfendable. Inexcusable.

L

lac

(du lat. *lacus;* en gr. *limnê*)

Étendue d'eau assez vaste entourée de terre. Lac des Alpes, du Jura. / *Lac d'Ecosse.* Loch. / *Lac salé d'Algérie.* Chott. / *Petit lac d'eau de mer.* Lagon. / *Petit lac d'eau douce.* Etang. / Lac de cratère. / Lac artificiel. Lac de barrage-réservoir. Plan d'eau. / Eau dormante, stagnante. / Limnologie (étude des questions relatives aux lacs).

Sports nautiques sur un lac. Natation. Canotage. Voile. Ski nautique.

Entretien. Assainissement. Assèchement. Dragage. Dévasement. Drainage. Faucardage. / Assainir. Assécher. Draguer. Faucarder.

Flore des lacs. Roseau. Nymphéa. Jonc. Nénuphar. / Peuplier. Aune. Saule. Salicorne. / Peupleraie. Aunaie. Saulaie. Jonchaie.

Faune des lacs. Cygne. Flamant rose. Loutre. Ragondin. / *Poissons.* Carpe. Brochet. Omble chevalier. Perche. Tanche. Gardon.

LACUSTRE (relatif aux lacs). Habitation lacustre. Palafitte. Pilotis.

lâche

(de *lâcher,* du lat. pop. *laxicare*)

Qui n'est pas tendu, pas serré. *Une corde lâche. Un cordage lâche. Un ressort lâche.* Mou. Détendu. Desserré. Déraidi. Flasque. / Flaccidité. Relâchement.

RELÂCHER (rendre lâche ou plus lâche). Desserrer. Détendre. Déraidir. Donner du mou (terme de marine).

Se relâcher. Se détendre. Se desserrer.

Qui manque d'énergie, de courage. *Lâche devant quelqu'un. Lâche devant le danger.* Peureux. Poltron. Capon. Couard. Pleutre. Foireux (pop.). Dégonflé (pop.). Poule mouillée. Pied-plat.

LÂCHETÉ. Poltronnerie. Couardise. Pleutrerie. / *Faire preuve de lâcheté.* Ne pas avoir de sang dans les veines. Reculer devant le danger. Manquer de courage. Ne pas être un homme. Lâcher pied. Reculer. Demander grâce. Crier merci. / *Qui fuit par lâcheté.* Capitulard. Fuyard.

Qui manifeste de la bassesse. *Un homme lâche. Un lâche procédé.* Bas. Déloyal. Vil. Honteux. Méprisable. Indigne.

LÂCHETÉ. Bassesse. Déloyauté. Vilenie. Indignité.

lâcher

(du lat. pop. *laxicare,* relâcher)

Rendre moins tendu. *Lâcher une corde, sa ceinture.* Détendre. Desserrer. Relâcher. / *Lâcher un cordage.* Donner du mou (expression de marine). / Lâcher la bride à un cheval (le tenir moins serré). / Lâcher la bride à quelqu'un (lui donner plus de liberté).

Cesser de tenir, de retenir un être ou une chose. *Lâcher la main de quelqu'un. Lâcher quelqu'un.* Laisser partir. / *Lâcher sa proie. Lâcher un animal.* Laisser aller. Mettre en liberté. / *Lâcher des chiens, un oiseau de proie sur, après du gibier.* Lancer à la poursuite de.

Lâcher un objet. Laisser tomber. / *Lâcher des bombes.* Jeter. Lancer. / Bombarder. / *Lâcher les amarres.* Larguer. / Démarrer. / *Lâcher un mot.* Dire. Exprimer. Lancer. / *Lâcher le morceau, le paquet* (pop.). Avouer. Se mettre à table (pop.).

Abandonner une personne ou une chose. *Lâcher quelqu'un.* Quitter. Laisser. / Ne pas lâcher quelqu'un d'une semelle (le suivre, l'accompagner partout). / *Lâcher une femme, un amant.* Abandonner. Délaisser. Plaquer (pop.). Rompre des relations. / *Lâcher un métier, des études.* Cesser. Interrompre. Envoyer promener (fam.).

LÂCHAGE (fam.). Abandon. Délaissement. / Lâcheur (fam.).

laïc ou laïque
(lat. *laicus,* du gr. *leikos,* qui appartient ou qui est relatif au peuple)

Qui ne fait pas partie du clergé. *Juridiction laïque. Tribunal laïque.* Séculier. Temporel. / *Ensemble des laïcs.* Laïcat.
LAÏCISER (rendre à la vie laïque). Séculariser. / Laïcisation. Sécularisation.

Qui est indépendant de toute confession religieuse. *Enseignement laïque.* Public. Officiel.
LAÏCITÉ. Laïcisme. Neutralité. / Séparation de l'Eglise et de l'Etat.

laid
(du germanique *leid,* désagréable ; en lat. *turpis*)

Qui produit une impression désagréable par son aspect, sa forme, son manque d'harmonie. (En parlant d'un être ou d'une chose.) Vilain. Disgracieux. Affreux. Abominable. Horrible. Hideux. Monstrueux. Repoussant. Répugnant. Epouvantable. Moche (pop.). / *Un homme laid.* Mal fait. Malbâti. Tordu. / Dégingandé. Rabougri. Hirsute. / Laid à faire peur, à faire fuir. Laid comme un pou, comme un crapaud. Laid comme les sept péchés capitaux. / *Laid comme un singe.* Macaque. Sapajou. Magot. / *Une femme, une fille laide.* Guenon. Laideron. Maritorne. Repoussoir. / N'avoir pas figure humaine.
ENLAIDIR (rendre laid). Défigurer. Abîmer (fam.). Déformer. Déparer. / Enlaidissement.
LAIDEUR. Hideur. Mocheté (pop.). Monstruosité.

Qui inspire un sentiment de dégoût. (En parlant d'un acte.) Honteux. Bas. Dégoûtant. Ignoble. Sale. Vilain. Malhonnête. Indigne. Méchant. Odieux.
LAIDEUR. Turpitude. Bassesse. Abomination. Honte. Saleté. Horreur. Monstruosité. Vilenie. Infamie. Ignomimie.

laine
(du lat. *lana*)

Poil doux et frisé qui couvre la peau des moutons et de certains mammifères. Bêtes à laine : mouton, chèvre, lama, alpaga, vigogne, chameau, etc. / Lainage (toison). / *Laine indigène.* Laine de cachemire (des chèvres de l'Inde). Laine de chèvre angora (mohair).
Laines d'agneau. Laine mérinos. Laine métisse. Laine mère (de mouton adulte). / Laine brute, crue, en suint, grasse ou surge (non lavée). / Laine à dos (lavée à l'eau froide sur l'animal). Laine lavée à chaud. Riflard (la laine la plus longue). Laine frisée, ondulée, crépue. Laine plate ou lisse.
Brins. Mèches. Flocons. / Cœur (laine longue). Blousse (laine courte). / Déchets. Bourre. / Impuretés. Suint. Jarre. Lampourde. Nœuds. / Kératine (constituant principal de la laine).

Préparation. Tondre. Tonte. Tondaison. / Tonte à la main, à la machine. Forces (ciseaux). Tondeuse.
Délainage (des peaux d'abattoir). Trempage. Sabrage (élimination des impuretés). Fermentation. Raclage des poils.

Transformation. Dessuintage ou graissage. Blanchiment. Teinture. Essorage.
Laine cardée. Ensimage (graissage des fibres pour faciliter le travail). Echardonnage. Cardage. Voile de laine cardée. Voile divisé. Filage. / Carder. Cardeuse. Feuillet. Ploque.
Laine peignée. Voile de laine cardée. Voile boudiné. Peignage. Etirage. Filage. / Peigné.
Industrie lainière. Lainerie. Lainier. / Filature. Fileuse. Continu à filer. / Tisser. Tissu. / Lainage. Drap. Feutre. / Apprêter. Trier. Triage. Mise en balle.
Relatif à la laine. Lanifère. Lanigère. Laineux. Lanugineux.

laisser
(du lat. *laxare,* relâcher)

Ne pas garder, ne pas prendre avec soi. *Laisser sa femme, son mari, ses enfants, ses amis.* Abandonner. Quitter. Lâcher. Se séparer de. Planter là (fam.). Délaisser. / *Laisser une chose quelque part.* Déposer. Oublier. Egarer.

Faire entrer en possession. *Laisser une chose à quelqu'un.* Confier. Remettre. Donner. Céder. Vendre. / *Laisser un héritage.* Léguer. Transmettre.

Ne pas empêcher. *Laisser* (et un infinitif). *Laisser faire. Laisser dire.* Permettre. Consentir. Ne pas s'opposer à. Ne pas intervenir.
Se laisser faire. Ne pas résister. / *Se laisser aller.* S'abandonner. Se relâcher.

LAISSER-ALLER. *Affecter le laisser-aller.* Désinvolture. Abandon. / *Laisser-aller dans la tenue.* Négligé. Débraillé. / *Laisser-aller dans le travail.* Relâchement. *Laisser-aller dans les affaires publiques.* Incurie. Désordre.

Faire rester un être, une chose dans l'état où ils sont. *Laisser quelqu'un en liberté.* Maintenir. Tenir. / *Laisser quelqu'un indifférent.* Ne pas intéresser. / *Laisser tranquille.* Ne pas importuner. Laisser la paix. Fiche(r) [fam.], foutre (pop.) la paix.
Laisser des fautes dans un texte. Ne pas supprimer. Ne pas corriger.

lait
(du lat. *lac, lactis ;* en gr. *gala, galaktos*)

Liquide blanc sécrété par les glandes mammaires de la femme et des femelles des mammifères. *Composition du lait.* Eau. Protéines (caséine, lactalbumine, lactoglobuline). Lipides (globules de graisse). Glucides (sucre). Matières minérales (sels), etc.
Mesure de la densité du lait. Pèse-lait. Galactomètre. Lactomètre. Butyromètre.
Modifications du lait. Lait bourru (frais, encore chaud). Bleuir. Tourner. Aigrir. Se coaguler. Cailler. Se grumeler.

Aliment naturel. *Nourrir un enfant de son lait.* Allaiter. Donner le sein (vx). Allaitement. Nourrice. Nourrisson. / Colostrum (premier lait d'une accouchée). Flux de lait ou galactorrhée. / Lactation (sécrétion du lait). / Sucer le lait maternel. Téter. Tétée. / Allaitement naturel. Allaitement mixte. Allaitement artificiel. Nourrir au biberon. Lait maternisé (lait de vache auquel on ajoute du glucose). / Cesser d'allaiter. Sevrer. Sevrage. Ablactation. / Frère de lait. Sœur de lait. / Se nourrir de lait. Vivre de laitages. Suivre un régime lacté.

Commerce, industrie du lait. Lait de vache, de brebis, de chèvre. / *Recueillir le lait.* Traire. Traite ou mulsion. / Mamelle. Pis. Tétine. Trayon (bout du pis). / Traite à la main. Traite mécanique.
Ramassage du lait. Transport du lait. / Récipients. Bidon. Canne (vx). Pot à lait (ou au lait). / Coopérative laitière. Laiterie. Fruitière (dialectal). Laitier.
Vente du lait. Crèmerie. Crémier. / Lait stérilisé. Lait pasteurisé. Lait homogénéisé. Lait en poudre ou lait sec. Lait concentré sucré, non sucré. / Lait de beurre ou babeurre. Lait écrémé. / Petit-lait ou lait clair. / *Conditionnement du lait.* Lait en bouteille. Carafe. Lait en boîte, en tube. Berlingot (carton).
Falsifier le lait. Couper. Mouiller. Ecrémer. / Coupage. Mouillage. Ecrémage.

Produits du lait. Laitage. Lait fermenté. Lait caillé. Présure. Yaourt (ou yoghourt). Caillé. Caillebotte. Kéfir. Koumis (lait de jument fermenté). / *Enlever la crème du lait.* Ecrémer. Ecrémage. Ecrémeuse. / Battre la crème. Baratter. Beurre. Délaiter (enlever le petit-lait). Délaitage. Délaiteuse. / Fromage. / Caséine. / Galalithe.

Relatif au lait. Lait de poule (jaune d'œuf battu avec du lait). Lait d'amandes. Lait de beauté (pour le démaquillage). / Laitue. Laiteron. Latex. Laitance (glandes mâles des poissons). Laité (poisson qui a de la laitance). Lactaire (champignon). / Lactifère ou galactophore. Galactogène ou galactagogue (qui favorise la sécrétion du lait). Galactophage (qui se nourrit de lait). / Lacté. Lactique. Lactescent. / Agalactie. / Voie lactée ou galaxie.

langage
(de *langue*)

Moyen de communication de la pensée, des sentiments par des signes. *Exprimer par le langage.* Dire. Parler. / *Langage parlé.* Parole. Discours. / *Langage écrit.* Ecriture. Alphabet. / *Eléments du langage.* Signe vocal. Signe graphique. Lettre. Phonème. Son. Mot. / Langage visuel, tactile. Langage par signaux. / *Langage par gestes.* Mimique. Dactylologie. / *Langage chiffré.* Code. Chiffre. / *Traduire en clair un langage chiffré.* Déchiffrer. Décrypter. Décoder. / *Etude du langage.* Linguistique. / Linguiste.
Langage des animaux. Chant. Cris. Voix.

Manière de s'exprimer. *Langage d'une personne, d'un écrivain.* Langue. Style. / *Tenir, parler un certain langage.* Propos. Discours. / Langage courant, commun, habituel. / *Langage choisi, relevé, noble, académique.* Atticisme. / *Langage recherché, guindé.* Purisme. / *Langage affecté, maniéré, précieux, sophistiqué.* Maniérisme. Préciosité. Gongorisme. Euphuisme (à la mode en Angleterre sous Elisabeth Ire). / *Langage hyperbolique, prétentieux, grandiloquent, emphatique.* Grandiloquence. Emphase. / *Langage populaire, argotique, faubourien.* Argot. Langue verte. / *Langage cru, libre, truculent, grivois, grossier, poissard, trivial.* Crudité. Grivoiserie. Obscénité. Trivialité. / *Langage incompréhensible, obscur, amphigourique.* Galimatias. Charabia. Baragouin. Jargon. Amphigouri. Petit-nègre. / *Langage secret, abscons, ésotérique, hermétique.* Esotérisme. Hermétisme.
Langage administratif, technique, scientifique. / *Langage subtil. Subtilité de*

langage. Argutie. Ratiocination. / *Langage franc, direct.* Franc-parler. / *Langage embarrassé, compliqué.* Détour. Circonlocution. Périphrase. / *Langage de perroquet.* Psittacisme. / *Incontinence, intempérance de langage.* Loquacité. Verbomanie. Verbosité. Logorrhée.
Langage incorrect, impropre. Incorrection. Impropriété. / *Faute de langage.* Barbarisme. Solécisme.

Troubles du langage. Troubles du langage écrit, du langage parlé, du langage intérieur (écoute des voix, monologue, mouvements des lèvres).

Causes. *Troubles de l'audition.* Mutité. Audi-mutité. Surdi-mutité. / Malformations ou lésions des organes phonateurs (bec-de-lièvre, malformation du voile du palais). / Troubles mentaux. / *Lésions neurologiques.* Aphasie (perte de la fonction de la parole). Alexie (impossibilité de lire) ou cécité verbale. Agraphie (impossibilité d'écrire) ou surdité verbale. / *Troubles de l'articulation.* Dysarthrie (difficulté de parole résultant d'une paralysie des organes de la phonation). Bégaiement. Bradyphémie. Tachyphémie. Echolalie (répétition par le sujet de paroles prononcées devant lui). Palilalie (répétition d'un même mot ou d'une même phrase). / Neurolinguistique (étude des rapports entre les troubles du langage et les lésions cérébrales).

langue

(du lat. *lingua ;* en gr. *glôtta* ou *glôssa*)

Organe du goût et de la déglutition. Partie supérieure, inférieure de la langue. Face dorsale. Face inférieure. Base, bords de la langue. / *Pointe* ou *bout de la langue.* Apex. / Muqueuse. Replis. Filet. Frein. Sillon. / *Nerf.* Grand hypoglosse. / Papilles caliciformes, fongiformes, filiformes, foliées. / Muscles (17).
Etats de la langue. Langue rouge, nette, propre. / Langue sale, chargée, saburrale (recouverte d'une couche blanc jaunâtre). Langue pâteuse.
Maladies. Glossite (inflammation). Tumeur. Ulcération.

Actions, mouvements de la langue. Montrer, tirer la langue. Faire claquer sa langue. Claquement. / Goûter. Déguster. Savourer. / Gustation. Dégustation. Dégustateur. / *Boire en tirant la langue.* Laper. / *Passer sa langue sur quelque chose.* Lécher. Pourlécher.

Organe de la parole. *Avoir la langue bien pendue. Avoir la langue bien affilée. Ne pas avoir la langue dans sa poche.* Etre bavard. / *Avoir la langue trop longue. Ne pas savoir tenir sa langue.* Etre indiscret. / *Jeter, donner sa langue au chat.* Renoncer à deviner. / *Avoir avalé sa langue.* Se taire. / *Avoir une langue de vipère, une mauvaise langue.* Etre médisant. / *Coup de langue.* Médisance.

Système de signes servant à communiquer la pensée, les sentiments. Langue analytique, synthétique. / Une langue vivante. Une langue morte. / Langue maternelle. Langue étrangère. / *Langue propre à une communauté.* Idiome. / *Langue régionale.* Parler. Dialecte. Patois. / *Langue artificielle.* Espéranto. Volapük. / *Langue hybride.* Sabir. Bêche-de-mer ou bichlamar. / *Langue incompréhensible.* Baragouin. Charabia. Galimatias. Jargon. Amphigouri. / *Faute de langue.* Barbarisme. Solécisme.
Enrichir, appauvrir une langue. Epurer une langue. / *Souci excessif de la pureté d'une langue.* Purisme. Puriste. / *Introduction de mots nouveaux dans une langue.* Néologie. / Néologisme. / *Tournure propre à une langue.* Idiotisme : Gallicisme. Latinisme. Hellénisme. Anglicisme. Germanisme. Belgicisme. Helvétisme. Canadianisme. Américanisme, etc.
Comprendre, parler, savoir, connaître une, deux, trois, plusieurs langues. Etre monolingue, unilingue, bilingue, trilingue, polyglotte. / Monolinguisme. Bilinguisme. / *Faire passer un texte d'une langue dans une autre.* Traduire. Traduction. Traducteur. Interprète. / *Spécialiste d'une langue.* Franciste. Latiniste. Helléniste. Angliciste. Germaniste. Italianisant. Hispanisant, etc.
Langue de civilisation. Langue véhiculaire (sert de communication entre des peuples de langues différentes). Langue vernaculaire (propre à une région ; dialecte, patois). / Langue agglutinante ou holophrastique. Langue monosyllabique. Langue flexionnelle.

Principales familles de langues.
Langues indo-européennes. Hittite. / *Langues indo-iraniennes.* Sanskrit. Hindi. / Langues helléniques. / *Langues italo-celtiques* (langues romanes : roumain, français, italien, espagnol, portugais ; irlandais, breton, gaélique, etc.). / Langues germaniques. Langues slaves. / *Autres langues d'Europe.* Basque. Langues caucasiennes, etc.

Langues chamito-sémitiques. Arabe. Hébreu. Egyptien. Berbère. Ethiopien. Couchitique, etc.

Langues d'Afrique. Langues bantoues. Langues soudanaises, tchadiennes. Familles nilotique, nigéro-congolaise, etc.

Langues d'Asie. Langues ouralo-altaïques. Finnois. Hongrois. / Japonais. Chinois. Langues tibéto-birmanes, etc.

Langues des îles d'Asie et d'Océanie. Langues malayo-polynésiennes. Langues australiennes, papoues.

Langues d'Amérique. Langues d'Amérique du Nord. Algonquin. Aztèque. Esquimau. / Langues d'Amérique centrale et méridionale. Langues des Incas. Quichua. Tupi-guarani.

Ensemble de mots propres à un milieu, à un auteur, à une matière. Langue savante. Langue vulgaire. Langue commune, courante, habituelle. / Langue poétique. Langue littéraire. Langue écrite. Langue parlée. / *Niveaux de langue.* Langue de la conversation ou langue familière. Langue populaire. Langue argotique. / *Langue spéciale à un milieu, à une classe.* Argot. Jargon. / Jargonner. Argotiser. Argotisant. Argotiste. / Langue verte (langue de la pègre, du milieu). / Loucherbem (argot des bouchers). Largonji (argot formé par la substitution de la lettre *l* à la consonne initiale).
Langue d'un auteur, d'un écrivain. Vocabulaire. Lexique. Idiolecte (utilisation personnelle de la langue par une personne). Métalangue ou métalangage (langue qui sert à décrire une langue). / *Langue d'une science, d'une technique, d'un art.* Terminologie. Vocabulaire.

langueur
(du lat. *languor*)

État d'une personne dont les forces diminuent. *Maladie de langueur.* Dépérissement. Epuisement. Etisie (vx). Consomption (vx). Anémie. / *Etre plongé dans la langueur.* Abattement. Affaiblissement. Atonie. Apathie. Dépression. Asthénie. Psychasthénie. Neurasthénie.
LANGUIR. S'affaiblir. Dépérir. Décliner.

Manque d'énergie. *Tomber dans la langueur.* Nonchalance. Indolence. Apathie. Mollesse. Inertie.
LANGUISSANT. *Un air languissant.* Nonchalant. Indolent. Apathique. Mou. / *Un ton languissant.* Traînant. Mourant. Langoureux. Alangui.
LANGUIR. *Languir d'ennui.* Se morfondre. S'ennuyer. Sécher d'ennui. Se languir (dialectal).

lapin
(origine obscure ; en lat. *cuniculus*)

Petit mammifère rongeur. Lapine (femelle). Lapereau (petit). Bouquin (mâle). / Glapissement (cri). Glapir. / *Races de lapins.* Géant blanc du Bouscat. Géant normand. Géant de Vendée. Fauve de Bourgogne. Argenté de Champagne. Papillon français. Chinchilla. Angora, etc. / Léporidés (famille).

Lapin domestique. Cuniculiculture (élevage du lapin). Cabane. Cage. Clapier. Râtelier à fourrage. Mangeoire. Abreuvoir. / Bouquinage (époque du rut). Bouquiner (saillir). Lapiner (mettre bas). / Animal prolifique. Prolificité. Lapinisme (fécondité).
Maladies du lapin. Myxomatose. Coccidiose (maladie du gros ventre).
Fourrures. Angora. Chinchilla. / Feutre.

Lapin de garenne. Gîte. Terrier. Rabouillère.
Chasse. Chasse à l'affût. / Chasse au chien d'arrêt (cocker, welsh) ou au chien courant (basset, teckel). / Chasse au furet. Poches. Bourse. Filets. Collets. Colleter. / Tirer au déboulé.

Cuisine. Assaisonner en civet, en gibelotte. Faire mariner. / Rôtir. / Râble. / Pâté de lapin. Terrine de lapin.

large
(du lat. *largus,* abondant, généreux ; a remplacé *latus ;* en gr. *platus*)

Qui est étendu dans le sens opposé à la longueur. *Avoir le dos large.* Carré. Robuste. / *Un large trou.* Grand. Evasé. / *Un vêtement large.* Ample. / *Face la moins large d'un objet, et spécialement d'un parallélépipède.* Chant (d'une brique, d'une poutre).
LARGEUR. Ampleur. / *Largeur d'un trou, d'un arbre.* Diamètre. Grosseur. / *Largeur d'un tissu.* Laize. Lé. / *Dans le sens de la largeur.* En travers. / *Largeur des ailes d'un oiseau.* Envergure. / *Largeur des épaules.* Carrure.
ELARGIR (rendre large, plus large). Rélargir. Evaser. Dilater. Agrandir. Etendre.

Qui a de l'importance par le volume, l'extension. *Une pièce large. Un large espace.* Etendu. Vaste. Spacieux. / Etre au large (dans un espace vaste).
Faire une large concession. Dans une large mesure. Considérable. Important. Grand. / *Au sens large.* « Lato sensu ».
ELARGIR. *Elargir ses attributions.* Accroître. Augmenter. Etendre. / Ampleur. Extension. Accroissement. Expansion.

Largement. Amplement. Copieusement. Abondamment. / Dans les grandes largeurs (pop.). Grandement.

Qui n'est pas borné, étroit. *Etre large d'idées. Avoir l'esprit large.* Libéral. Compréhensif. / *Une conscience large* (sans rigueur morale). Laxiste.

Largeur. *Largeur d'idées, d'esprit.* Compréhension. / *Largeur de vues.* Ampleur. Elévation.

Qui ne se restreint pas dans ses dépenses. *Mener une vie large.* Facile. Aisée. / *Etre large* (fam.) *avec quelqu'un.* Généreux.

Largesse. Générosité. Libéralité. / *Faire des largesses.* Don. Cadeau. Présent. / Donner, distribuer généreusement.

laver

(du lat. *lavare,* nettoyer)

Nettoyer avec de l'eau ou avec un autre liquide. *Laver un enfant.* Débarbouiller. Faire la toilette de. Baigner. Doucher. / *Laver la vaisselle.* Nettoyer. / Lavette (linge, pinceau servant à laver la vaisselle). Evier. / *Eau de vaisselle.* Lavure. Rinçure. / *Laver des verres, des bouteilles.* Rincer. / *Laveur, laveuse de vaisselle dans un restaurant.* Plongeur. Plongeuse. Plonge (travail). / Lave-vaisselle. / *Laver un carrelage.* Brosser. Frotter. / *Toile à laver.* Wassingue (dialectal). Serpillière. / Laver du linge (v. linge).

Se laver. V. toilette.

Purifier. *Laver l'âme du péché.* Purifier. Purification. / Baptême. Eau lustrale. / *Laver d'un soupçon.* Disculper. Justifier. Blanchir. Innocenter.

légende

(du lat. médiév. *legenda,* ce qui doit être lu; en gr. *muthos*)

Récit populaire plus ou moins imaginaire. *Croire à une légende.* Mythe. Fable (vx). / Folklore (ensemble des traditions populaires).

Légendaire. Imaginaire. Mythique. Fabuleux (vx). / *Animaux légendaires.* Dragon. Loup-garou. (V. zoologie.)

Représentation de faits ou de personnages réels déformés par l'imagination ou la passion. *Détruire une légende.* Conte. Mythe.

Légendaire. *Personnages légendaires.* Tristan et Iseut. Don Quichotte. Roland. Faust, etc.

léger

(du lat. pop. *leviarius;* lat. class. *levis*)

Qui a peu de poids, de densité. *Un fardeau léger. Un bagage léger.* Peu lourd. Facile à porter. Maniable. / *Un métal léger.* Peu dense. / *Terre légère.* Meuble. / *Chose légère.* Plume. Bulle de savon. Flocon. Liège. Poussière. Feuille. Fumée. Vapeur, etc. / *Un aliment léger.* Digestible. Digeste.

(Au fig.) *Le cœur léger.* Allègre. Joyeux. Sans souci. Sans remords.

Alléger (rendre léger ou plus léger). Décharger. Délester (bateau).

Allègement. Déchargement. Délestage.

Légèrement. *Manger légèrement.* Frugalement. Sans excès.

Qui donne une impression de vivacité, d'aisance, de délicatesse, de grâce. *Une démarche légère. Un pas léger.* Souple. Leste. Vif. Aérien. Ethéré. / *Se sentir léger.* Guilleret. Alerte. Dispos. / *Une taille légère.* Mince. Svelte. Elancé. Fin. Gracieux. Elégant. Taille de guêpe. / Sylphide (femme mince et gracieuse).

Légèreté. Souplesse. Agilité. Aisance. Grâce. Délicatesse. Sveltesse. Elégance.

Qui n'appuie pas. *Une main légère. Un attouchement léger.* Doux. Délicat. / Caresse.

Légèreté. *Légèreté de main.* Douceur.

Légèrement. Doucement. Délicatement. Sans appuyer. En douceur. / *Toucher légèrement.* Effleurer. Caresser. Frôler. Câliner.

Qui a peu d'épaisseur, de consistance, de substance. *Un tissu léger.* Mince. Fin. Ténu. / *Une robe légère. Un voile léger.* Flou. Vaporeux. Arachnéen. / *Un café, un thé léger.* Peu concentré. Peu fort. / *Un vin léger.* Peu alcoolisé. / *Sommeil léger.* Peu profond.

Légèreté. *Légèreté d'une étoffe.* Finesse. Minceur. Ténuité.

Qui a peu de force, de gravité, d'importance. *Un bruit léger.* Faible. Peu perceptible. Imperceptible. / *Un léger malaise.* Peu important. / *Une blessure légère.* Sans gravité. / *Une douleur légère.* Supportable. Bénigne.

Une faute légère. Véniel. Excusable. Pardonnable. / *Une différence légère.* Imperceptible. Insensible. Peu sensible. / *Une nuance légère.* Infime.

Légèrement. A peine. Un peu.

Qui manque de sérieux, de profondeur, de constance. *Un garçon léger.* Frivole. Evaporé. Superficiel. Inconsistant. Insouciant. Instable. Sauteur. / *Etre léger dans ses propos, dans sa conduite.* Inconséquent. Irréfléchi. Imprudent. Ecervelé. Etourdi. Etourneau. Tête en l'air. Tête de linotte. Qui n'a pas de plomb dans la tête (fam.). Papillon. / *Une femme légère.* Volage. Facile. Inconstante. Infidèle. Coureuse. De mœurs légères. / *Une conduite légère. Une conversation légère.* Trop libre. Leste. Licencieux.

LÉGÈRETÉ. Frivolité. Instabilité. Insouciance. Imprudence. Inconséquence. Irréflexion. / *Légèreté des mœurs, de la conduite.* Inconduite. Frasques. Fredaines. Ecart de conduite. Incartade.

LÉGÈREMENT. *Parler, agir légèrement.* A la légère. Sans réfléchir. Inconsidérément. Avec insouciance.

légitime

(du lat. *legitimus,* de *lex, legis,* la loi)

Consacré par la loi. *Un gouvernement légitime.* Légal. / *Union légitime.* Mariage. / Père légitime. Enfant légitime.

LÉGITIMER (rendre légitime). Légitimer un enfant. / Légitimation.

Conforme à la justice. *Salaire légitime.* Juste. Equitable. / Légitime défense.

Justifié par le bon droit, le bon sens. *Revendication légitime.* Juste. Fondé. / *Excuse légitime.* Admissible. Raisonnable. Normal. Compréhensible.

LÉGITIMER. Justifier. Excuser. Faire admettre.

légume

(du lat. *legumen*)

Plante potagère dont certaines parties servent à l'alimentation humaine. Légumes verts. Légumes secs.

Feuilles. Salade. Laitue. Romaine. Scarole. Mâche. Barbe-de-capucin (chicorée frisée). Cresson. Chicorée. Endive. Pissenlit. Epinard. Tétragone. Estragon. Oseille. Chou. Chou de Bruxelles. Sarriette. / *Fines herbes.* Cerfeuil. Persil. Estragon.

Racines. Salsifis. Scorsonère (salsifis noir). Radis. Rave. Chou-rave. Céleri-rave. Betterave. Navet. Carotte. Chervis. Rutabaga.

Graines. Pois. Haricot. Lentille. Flageolet. Fève. Soja.

Tiges. Cardon. Asperge. Fenouil. Poireau. Céleri. Bette ou blette. / *Fines herbes.* Ciboule. Ciboulette.

Bulbes. Ail. Oignon. Echalote.

Tubercules. Pomme de terre. Topinambour. Patate. Igname. Truffe. Crosne. Cerfeuil bulbeux. Manioc.

Thalle. Champignon (v. ce mot).

Fleurs. Chou-fleur. Artichaut. / *Légumes-fruits.* Courge. Courgette. Pâtisson (sorte de courge appelée aussi « artichaut d'Espagne » ou « de Jérusalem »). Potiron. Citrouille. Pastèque. Melon. Concombre. Cornichon. Tomate. Aubergine. Piment. Poivron.

Production et vente. Plantes potagères. / Verduresse (vx). / Jardin potager. Jardin légumier. / Jardinage. Culture maraîchère. Culture vivrière. / Jardinier. Maraîcher.

Fruitier. Marchand des quatre-saisons. Epicier. Marchand de comestibles. / Halles. Marché. Etal. Carreau. / Vente au poids, à la botte.

Consommation. Légumes frais ou verts. Légumes secs. Légumes de conserve. Légumes déshydratés, surgelés. / Primeurs. Légumes de saison. / *Préparation.* Eplucher. Peler. Ecosser. Décortiquer. / Cuire. Assaisonner. / Purée. Fécule. Julienne. Jardinière. Ratatouille niçoise. Macédoine. Garniture. / Bouillon de légumes. Potage. / Végétalisme. Végétarisme (régime alimentaire qui exclut la viande de l'alimentation). Végétarien.

lent

(du lat. *lentus;* en gr. *bradus*)

Qui n'est pas rapide dans ses mouvements, dans ses actions. Lambin. Mou. Traînard. Musard. Flâneur. Indolent. Apathique. Nonchalant. / *Lent et lourd.* Lourdaud. Pataud.

Lent à agir. Long. / *Etre lent à faire quelque chose.* Tarder. / *Etre lent à se décider.* Tergiverser. Hésiter. / *Un geste lent et mesuré.* Calme. Tranquille. Posé. / *Un parler lent.* Traînant.

Lent à comprendre. Avoir l'esprit lent. Engourdi. Endormi. Lourd. Epais. Empoté.

LENTEUR (manque de rapidité, de vivacité). Apathie. Mollesse. Indolence. Nonchalance. / *Lenteur de l'esprit.* Lourdeur. Epaisseur. Torpeur.

Agir avec lenteur. Lambiner. Lanterner. Traîner. Traînasser. Flâner. Musarder. / Prendre son temps. Ne pas se presser. Laisser venir. / S'endormir. N'avancer à rien. Piétiner.

LENTEMENT. *Marcher lentement.* Doucement. A pas comptés. Pas à pas. Cahin-caha. Traîner le pas. Aller son petit bonhomme de chemin.

Qui s'accomplit après beaucoup de temps. *Une progression lente. Lent à produire son effet.* Long. Tardif (vx). / *Etre lent à se produire* (en parlant d'une chose). N'en pas finir. Tarder. Faire long feu (brûler trop lentement).
Préfixe *brady-*. Bradycardie (ralentissement des battements du cœur). Bradypepsie (digestion lente).
RALENTIR (rendre plus lent). Retarder. Freiner.
RALENTISSEMENT. Freinage. Décélération. / Ralentisseur.
LENTEMENT. Doucement. Petit à petit. Peu à peu. Pas à pas. Par degrés. En douceur (fam.).
Mouvements lents en musique. Adagio. Largo. Larghetto. Lento. Piano. Pianissimo.

lésiner

(de *lésine,* ital. *lesina,* alêne [par allusion à un ouvrage satirique dans lequel des avares réparaient eux-mêmes leurs chaussures])

Économiser avec avarice. *Lésiner sur tout.* Rogner. Liarder (vx). Regarder à la dépense. Donner à regret, au compte-gouttes. Dépenser parcimonieusement. Payer chichement, mesquinement. Mégoter (pop.). Rationner. Mesurer la nourriture. / *Ne pas lésiner.* Se montrer généreux. Faire bien les choses.
LÉSINE (littér.). LÉSINERIE. Epargne sordide. Sordidité. Mesquinerie. Ladrerie. Pingrerie. Mégotage (pop.).
LÉSINEUR (vieilli). Pingre. Liardeur (vx). Chiche. Parcimonieux. Ladre. Mégoteur (pop.).

leste

(de l'ital. *lesto*)

Qui se meut avec légèreté, souplesse. Agile. Vif. Léger. / *Un vieillard leste.* Allègre. Alerte. / *Avoir la main leste.* Etre prompt à donner des coups.
LESTEMENT. Agilement. Vivement. Prestement. Avec légèreté, souplesse. Allègrement.

Qui dépasse la mesure prescrite par les convenances. *Des propos lestes. Une plaisanterie leste. Un conte un peu leste.* Libre. Cru. Grivois. Gaulois. Hardi. Epicé. Egrillard. Licencieux.

lettre

(du lat. *littera ;* en gr. *gramma*)

Signe graphique de l'alphabet d'une langue. *Lettre majuscule.* Capitale. / Lettre minuscule. / Lettre initiale. Lettre finale. / Lettre double, géminée.
Mot de deux lettres, de trois lettres, de quatre lettres. Bilittère. Trilittère. Tétragramme. / Anagramme (mot obtenu par transposition de lettres). / Métathèse (interversion de lettres dans un mot). Prosthèse ou prothèse (addition d'une lettre à l'initiale d'un mot). Apocope (suppression d'une lettre ou d'une syllabe à la fin d'un mot). Aphérèse (suppression d'une lettre ou d'une syllabe au début d'un mot). Epenthèse (addition d'une lettre à l'intérieur d'un mot).

Signe gravé. Caractère. / Lettre ornée, enclavée, entrelacée, gothique, onciale. Lettre historiée. Miniature. / Lettrine (lettre ornée placée au début d'un chapitre). / Sigle (lettre initiale ou suite d'initiales servant d'abréviation). / Monogramme. Chiffre (entrelacement de lettres initiales). / Plein, délié, jambage, hampe d'une lettre. / Corps d'une lettre. (V. ÉCRITURE et IMPRIMERIE.)
LITTÉRAL. *Transcription littérale. Copie littérale.* Textuel. Exact. / Littéralité (conformité d'une traduction au texte). / *Prendre un mot, une expression à la lettre, au pied de la lettre.* Au sens littéral, strict. / Littéralement. Véritablement.

Alphabet. Les 26 lettres de l'alphabet français. / Consonnes. Voyelles. Semi-voyelles ou semi-consonnes (w, y [yod]). / *Lettres grecques fréquemment employées :* alpha, bêta, gamma, delta, iota, lambda, mu, nu, omicron, pi, sigma, oméga. / Idéogramme (signe qui représente une idée). / *Assembler des lettres.* Apprendre à lire. / *Aligner ses lettres.* Commencer à écrire.

Écrit adressé à une personne. *Ecrire, rédiger une lettre.* Missive (vx et fam.). Pli. Epître (ironique). / *Une courte lettre.* Mot. Billet. / *Lettre d'amour.* Billet doux. Billet galant. Poulet (vx et fam.).
Dater une lettre. Antidater. Postdater. / *Signer une lettre.* Signature. / Post-scriptum (ce qui est ajouté après la signature). / Clore. Fermer. Cacheter. / *Envoyer une lettre.* Expédier. Expédition. Expéditeur. / Destinataire. Adresse. Suscription.
Dicter une lettre. Secrétaire. Sténodactylo. Dactylo. / Texte. Teneur. / Taper une lettre. Double. Duplicata. / Papier à lettre. En-tête. / Brouillon. Net.
Recevoir une lettre. Ouvrir. Décacheter. Lire. Prendre connaissance. / Répondre.
Ensemble des lettres reçues ou envoyées. Courrier. Correspondance. Echange de lettres. Relations épistolaires. / *Personne qui écrit beaucoup de lettres.* Epistolier. /

Sortes de lettres. Lettre d'invitation. Lettre de faire part (ou faire-part). Lettre de félicitations. Lettre de condoléances. Lettre de recommandation. Lettre de remerciements.
Lettre adressée à plusieurs personnes. Circulaire. Pétition. / *Lettre papale, apostolique.* Encyclique. Bref. Bulle. / *Lettre épiscopale.* Mandement.

Service postal. V. POSTE.

levage et manutention

Levage (transport vertical d'une charge). *Appareils de levage.* Levier. Anspect, pied-de-biche, pied-de-chèvre, pince (gros leviers). / Cric. Fût (corps du cric). Crémaillère. Manivelle. Encliquetage. / Vérin (cric à vis sans fin). Vérin hydraulique.

Treuil. Tambour. Tourillons. Manivelle. / Bourriquet (treuil de maçon). Treuil différentiel. Treuil à bras, à moteur. / Cabestan (tambour vertical et barres horizontales). Cloche ou poupée (tambour). Barbotin (couronne à empreintes pour chaînes). / Guindeau (cabestan horizontal pour lever l'ancre). / Chèvre à haubans. Branches (pieds). Poulie. Treuil. Haubans. / Chèvre à trois pieds. Bigue (chèvre sans treuil).

Poulie (appareil). Réa ou poulie (roue cannelée). Caisse. Canal. Chape. Dé. Gorge. Engoujure (pour l'estrope). Rouet. Talon. Estrope (pour fixer l'appareil). Garant (brin d'où l'on tire). / Moufle (plusieurs poulies dans une chape). Caliorne, palan (appareil à plusieurs moufles). Palanquin (petit palan). / Palan à chaînes. Palans à engrenages, à vis sans fin, à rochet. Palan différentiel. Palan à bras, électrique, pneumatique.

Grue. Flèche ou volée (bras horizontal). Câble. Crochet. Elingue (filin pour accrocher l'objet). Portée (distance maximale de travail). / Sapine (grue sur pylône). Potence (grue pivotante fixe). Grue automotrice. Grue flottante. Bigue.

Ascenseur (pour personnes). Monte-charge (pour marchandises). / Ascenseur électrique. Cage ou gaine. Cabine. Treuil. Câble de suspension. Guide de cabine. Contrepoids. / Organes de sécurité. Parachute. Amortisseur. / Organes de manœuvre. Interrupteur d'étage. / Ascenseur hydraulique. Piston. Pont élévateur (pour voitures). Ascenseur ou élévateur à bateaux (tient lieu d'écluse). / Descendeur.

Élévateurs. Elévateurs à godets, à balancelles, à poussoirs. / Skip (benne sur châssis incliné). / Chevalement (des puits des mines). Machine d'extraction. Molette. Bigue. Câble d'extraction. Cage. / Escalator (escalier mécanique). Gerbeur, sauterelle ou transporteur-élévateur (appareil mobile, à courroie sans fin).

Transporteurs (appareils de transport sur des distances limitées). / Brouette (une roue). Diable (deux roues). / Chariot (quatre roues). Chariot à bras. Chariot tracteur (à moteur). Chariot porteur (remorqué). Chariot automoteur. / Chariot élévateur ou à levée (soulève les charges et les transporte). Chariot-grue (potence sur chariot). Transpalette. / Wagonnet. Benne. Berline. Camion de mine.
Convoyeur aérien. / Palan monorail. / Pont roulant (sur rails surélevés). Portique ou pont transbordeur (rails au sol). Semi-portique (un rail surélevé, l'autre au sol). / Transporteur aérien ou à câbles. Transporteur à courroie ou à bande, ou bande transporteuse. Transporteurs à tablier (ou à lattes), à raclettes, à godets, à rouleaux. / Transporteur à secousses, à inertie ou transporteur vibrateur. / Transporteur à vis, transporteur hélicoïdal ou hélice transporteuse. / Transporteur par gravité ou toboggan, glissière ou goulotte (la charge glisse sur une rampe). / Trottoir roulant. Chaîne de montage.
Transporteur pneumatique, hydraulique (marchandise en vrac entraînée par l'air ou par l'eau). / Transport funiculaire (v. TÉLÉPHÉRIQUE).

Relatif au levage et à la manutention. Charge. Décharge. Manutentionner. Manutentionnaire. / Charger. Lever. Hisser. Soulever. Transborder. / Magasin. Silo. / Emmagasinage. / Empilage. Empilement. / Pile. Tas.

lever
(du lat. *levare*)

Faire mouvoir de bas en haut. *Lever un fardeau.* Soulever. Elever. Hausser. / *Lever avec un appareil de levage.* Hisser. Enlever. Guinder. / *Lever l'ancre.* Appareiller. / *Lever la tête.* Dresser. Relever. Redresser. / *Lever les yeux.* Diriger vers le haut. Regarder en haut. / *Lever les épaules.* Hausser.
(En parlant d'une plante.) Sortir de terre. Pousser. / (En parlant de la pâte.) Se gonfler. Fermenter.

Se lever. *Se lever de son siège.* Se mettre debout. / Sortir de son lit. / *Se lever tôt.* Etre matinal. / *Se lever tard.* Faire la grasse matinée.

(En parlant d'un astre.) Apparaître à l'horizon. / (En parlant du vent.) Commencer à souffler. Fraîchir.

LEVER. *Lever du soleil. Lever du jour.* Matin. Aube. Aurore. / *Au lever.* A la sortie du lit. Au saut du lit.

LÈVE-TÔT (fam.). Matinal. Matineux (vx).

LÈVE-TARD (fam.). V. TARD.

Faire cesser. *Lever un obstacle, une difficulté.* Ecarter. Aplanir. / *Lever une punition, une interdiction.* Supprimer. / *Lever une séance.* Clore. Clôturer. / *Lever le camp.* Partir. Décamper. Déguerpir. Décaniller (fam.).

LEVÉE. *Levée d'une sanction.* Suppression.

lèvre

(du lat. *labrum ; en gr. kheilos*)

Partie charnue qui borde la bouche. Lèvre supérieure. Lèvre inférieure. / *Angle, coin des lèvres.* Commissure. / Lèvres minces, fines, bien dessinées. / Lèvres charnues, épaisses, sensuelles. / Lèvres rouges, vermeilles. Lèvres de corail. / Lèvres pâles. / Se mettre du rouge aux lèvres. / Lippe (lèvre inférieure pendante). Lippu (qui a de grosses lèvres). / Bec-de-lièvre (fissure de la lèvre supérieure). / *Maladies des lèvres.* Cheilite (inflammation). Aphtes. Herpès. Perlèche ou pourlèche.

Muscles des lèvres. Orbiculaire. Buccinateurs. Risorius. Grand zygomatique. Petit zygomatique. Releveur profond. Canin. Triangulaire des lèvres.

Action, mouvement des lèvres. Rire. Sourire. Pincer les lèvres. Serrer les lèvres. Remuer les lèvres. / *Appuyer, poser ses lèvres sur.* Embrasser. / *Froncer les lèvres.* Faire la moue. / *Aspirer avec les lèvres.* Sucer. Succion. Suceur.

Locutions diverses. Approuver, répondre, rire du bout des lèvres (avec réticence, à contrecœur). Manger du bout des lèvres (sans appétit). Ne pas desserrer les lèvres (ne pas parler). S'en mordre les lèvres (se repentir, regretter). Etre suspendu aux lèvres de quelqu'un (l'écouter avec une très grande attention). Avoir un mot sur les lèvres, sur le bord des lèvres (être tout près de le trouver).

libre

(du lat. *liber*)

Qui ne dépend de personne, d'aucune autorité arbitraire, tyrannique. *Un homme libre. Un pays libre.* Indépendant. Autonome. / *Etre libre.* Etre son maître. S'appartenir. Etre libre comme l'air (fam.).

LIBERTÉ. Indépendance. Autonomie. / *Priver de liberté.* Asservir. Assujettir. Enchaîner. / *Mettre un prisonnier en liberté.* Relâcher. Relaxer. Elargir. / Relaxe. Relaxation. Elargissement. Levée d'écrou.

LIBÉRER (rendre libre). *Libérer un esclave.* Affranchir. / *Libérer un pays.* Délivrer. Briser les chaînes de. / Libération. Délivrance. / Libérateur.

Libérer d'une obligation, d'un engagement. Dispenser. Délier. Exempter. Dégager. / *Se libérer d'une tutelle.* S'affranchir. S'émanciper. Secouer le joug.

Qui n'est pas lié par un engagement, une obligation, une occupation. *Un homme libre.* Non fiancé. Non marié. Célibataire. / *Etre libre tel jour, à telle heure.* Disponible. Non occupé.

Qui décide et agit sans contrainte (dans les limites de règles définies). *Libre arbitre.* Pouvoir de choisir. / *Esprit libre.* Exempt de préoccupation.

LIBERTÉ. Garder sa liberté. / Aliéner, perdre, sacrifier sa liberté. / *Agir en toute liberté.* Librement. / *Avoir toute liberté pour faire quelque chose.* Facilité. Latitude. Avoir carte blanche. Avoir les coudées franches. Avoir le champ libre. Avoir le feu vert. / *Donner la liberté de faire quelque chose.* Permission. Autorisation. Accord. / *Liberté de juger, de critiquer.* Droit. Libre examen. / Liberté individuelle. Liberté civile. Liberté de pensée, d'opinion. Liberté religieuse. Liberté de la presse. Liberté de réunion, d'association. Liberté du travail. / Liberté du commerce. Libre-échange.

LIBÉRAL (qui respecte les libertés individuelles). Libéralisme.

LIBÉRALISER (rendre plus libéral). Libéraliser un régime politique, économique. Libéralisation.

LIBERTAIRE (qui n'admet aucune limitation de la liberté individuelle). Anarchiste.

Qui agit sans contrainte à l'égard des autres. *Etre libre avec quelqu'un.* Familier. Hardi. A l'aise. / *Etre très libre.* Intime. Taper sur le ventre (fam.). / *Un air libre.* Dégagé. Aisé. Décontracté (fam.). / *Langage libre.* Franc-parler. / *Liberté de langage.* Franchise. Hardiesse.

LIBREMENT. *Parler librement.* Franchement. Carrément. Fermement. Catégoriquement. Nettement. Sans ambages.

LIBERTÉ. *Prendre des libertés avec quelqu'un.* En prendre à son aise. / *Prendre des libertés avec une femme.* Taquiner. Lutiner. / Privautés. Familiarités.

Qui agit sans souci des convenances. *Tenir des propos un peu libres.* Leste. Egrillard. Grivois. Graveleux. Osé. Licencieux. Libertin.

LIBERTÉ. *Liberté de manières, d'allure.* Désinvolture. Sans-gêne. Laisser-aller. Débraillé. / *Liberté excessive dans la conduite.* Libertinage. Dévergondage. Dérèglement. Licence. Débauche. Vice. / Libertin. Dévergondé. Dissolu.

Qui n'est pas occupé, qui ne présente pas d'obstacle. *Place libre.* Vide. Vacant. Disponible. / *Appartement libre.* Inoccupé. / *Temps libre* (que l'on peut employer librement). Loisir.
Voie libre. Route libre. Dégagé. / Feu vert.

lier

(du lat. *ligare*)

Entourer, serrer avec un lien. *Lier de la paille, de l'herbe en bottes.* Mettre en bottes. Botteler. Bottelage. Botteleur. Botteleuse. / *Lier des branchages en fagots.* Mettre en fagots. Fagoter. Fagotage. / *Lier avec une corde, une ficelle, une bande.* Corder. Ficeler. Bander. / *Lier une artère.* Ligaturer. / Ligature. Garrot.

LIEN (ce qui sert à lier). Liens d'osier, de jonc, de paille, de fibre, de raphia. / Corde. Cordelette. Ficelle. Bolduc. Ruban. Fil. / Lacet. Hart. Courroie. Lanière. / Bande. / Câble. Liure.

Assembler des choses. *Lier des briques, des pierres avec du ciment, du mortier.* Cimenter. Liaisonner. / Liant (composé qui durcit le mortier). / *Lier des lettres* (en écrivant). Joindre. / *Lier des mots en parlant.* Faire des liaisons. / *Liaison incorrecte.* Cuir. Velours. Pataquès (substitution d'un *t* final à un *s*, et inversement).
Lier, relier un appareil électrique à un circuit. Connecter. Rattacher. Brancher. / Branchement. Connexion. / Connecteur.

Unir par la logique, le raisonnement. *Lier des idées, des pensées.* Associer. Coordonner. Enchaîner. / *Liaison logique. Liaison d'idées qui s'accordent entre elles.* Cohérence. Suite. Association. Enchaînement. / Cohérent. Logique.
Lier les chapitres d'un livre, les parties d'un récit. Agencer. Ordonner. / *Lier les mots dans la phrase.* Rattacher. Unir. / Syntaxe. / *Mots de liaison.* Conjonctions. Prépositions. Copule (ce qui lie le sujet à l'attribut). Copulatif. / Asyndète (absence de liaison).

LIEN (ce qui lie, relie des idées entre elles). Liaison. Rapport. Relation. Corrélation. Correspondance. Affinité. Analogie. Connexion. / *Qui a des liens, des rapports étroits.* Lié. Connexe. Uni. Analogue. / *Etat d'un corps, d'un groupe dont les éléments sont bien liés.* Cohésion. Solidarité.

Unir des personnes par l'amitié, l'affection, les goûts, etc. *Lier des personnes* (en parlant d'un sentiment, d'un intérêt). Unir. Rapprocher. Réunir. / *Lier amitié.* Contracter un lien d'amitié. Devenir amis. Se fréquenter. S'attacher. Entretenir des relations. / *Etre lié avec quelqu'un.* Camarade. Ami. Familier. Intime. / *Qui se lie facilement.* Liant. Sociable. Aimable. Affable.

LIAISON. *Liaison de courte durée.* Caprice. Passade. Toquade (fam.). Béguin (fam.). / *Liaison sérieuse.* Engagement. Attachement.

LIEN. *Lien d'amitié.* Attachement. Camaraderie. Fréquentation. Familiarité. Intimité. / *Liens de parenté, de famille.* Attaches. Relations.

Imposer une obligation. *Lier* (en parlant d'un contrat). Obliger. Astreindre. Contraindre. Assujettir. / *Se lier par une promesse.* S'engager. Engager sa parole. Promettre. / *Avoir partie liée avec quelqu'un.* Etre engagé avec lui dans une affaire commune.

lieu

(du lat. *locus*; en gr. *topos*)

Partie déterminée de l'espace. *Etre dans un lieu.* Endroit. / *Chercher un lieu pour une chose.* Place. Emplacement. / *En tout lieu.* Partout. Ubiquité (possibilité d'être partout en même temps). / *En ce lieu.* Ici. Là. / *En un autre lieu.* Ailleurs. Autre part. / *En un lieu quelconque.* Quelque part. / *En aucun lieu.* Nulle part.
Représentation graphique d'un lieu. Topographie. Carte. / *Nom de lieu.* Toponyme. Toponymie (science des noms de lieux). Toponymiste.

Détermination des lieux. *Disposition d'un lieu.* Exposition. Orientation. Avoir vue sur. Donner sur. / Exposé. Orienté. / Position. Situation. Se trouver. Etre situé, sis. / *Un lieu agréable, charmant.* Site. / *Un lieu perdu.* Trou (fam.).

Coin (fam.). / *Limites d'un lieu.* Bord. Bordure. Lisière. / *Qui touche un lieu.* Voisin. / Jouxter. Joindre. / *Lieux proches, voisins.* Voisinage. Alentours. Environs. Parages. Secteur (fam.). / *Un lieu sûr.* Abri. Cachette. Planque (pop.). / *Lieu où l'on s'arrête.* Halte. Etape.
Lieu d'habitation. Domicile. Résidence. Localité. Ville. Canton. Quartier. Commune. Village. Hameau. / Habiter. Résider. Demeurer. Rester (vx). Vivre. / *N'avoir ni feu ni lieu.* Etre sans domicile fixe. Vagabond. Nomade.
Lieu où se passe un événement. Théâtre. Siège. Haut lieu (endroit célèbre par un événement historique). / Lieu saint.
LOCALISER (placer par la pensée en un lieu). Situer. Placer. Mettre. Déterminer. / Localisation. Situation. Détermination.

Locutions diverses. En premier lieu (au début). En dernier lieu (à la fin). En temps et lieu (au moment et à la place convenables). Au lieu de (à la place de). Au lieu que (alors que, tandis que). Avoir lieu (se produire, arriver, exister). Tenir lieu de (tenir la place de, remplacer, servir de). Avoir lieu de (et un inf.) [avoir des raisons pour]. Donner lieu à (fournir l'occasion, le prétexte de).

lièvre

(du lat. *lepus, leporis;* en gr. *lagos*)

Petit mammifère rongeur très rapide à la course. Hase (femelle). Levraut (petit). Bouquin (mâle). Capucin (fam.). / Vagissement (cri). Vagir.
Lièvre commun. Lièvre changeant ou variable (change de teinte selon les saisons). Lièvre d'Egypte. Lièvre tolaï du Tibet. Lièvre de Patagonie, des pampas ou *mara.* Lièvre doré ou *agouti.* / Léporidés (famille). Lagomorphes (ordre).

Chasse. Gîte. Lever un lièvre. Débusquer. Traquer. Forcer. / Débouler (détaler de son gîte). Tirer au déboulé. / Se motter (se cacher derrière une motte). Se flâtrer (s'arrêter et se coucher sur le ventre).
Chasse au chien d'arrêt (cocker, welsh). Chasse au chien courant (basset). Chasse en battue. Chasse à courre. Chasse aux filets.
Tularémie (maladie transmise à l'homme par le lièvre et les rongeurs sauvages).

Cuisine. Accommoder un lièvre en civet, en gibelotte, en daube. Pâté, terrine de lièvre.

Locutions diverses. Courir comme un lièvre. Peureux, poltron comme un lièvre. Avoir une mémoire de lièvre (être étourdi). Courir deux lièvres à la fois. Lever, soulever un lièvre (soulever une question embarrassante).

ligne

(du lat. *linea,* fil de lin)

Trait continu. Ligne géométrique. Ligne droite, courbe, mixte, brisée. / Ligne verticale, horizontale, oblique. / Ligne perpendiculaire, tangente, sécante. / Lignes parallèles, convergentes, divergentes. / Lignes trigonométriques. Tangente. Cotangente. Sinus. Cosinus. Sécante. Cosécante. / Axe. Vecteur. Segment. Demi-droite. Coordonnée. Directrice. Génératrice. Bissectrice.
Tirer, tracer une ligne. Régler. Rayer. Quadriller. Souligner. Fileter. / Trait. Tiret. Raie. Rayure. Réglure. Quadrillage. Soulignage. Soulignement. Filet. / Tire-ligne. Compas. / *Ligne creuse.* Sillon. Cannelure. Côte. Strie. / Ride. Fente. Fissure. Crevasse. Rainure. Rayure. / *Ligne ondée.* Marbrure. Moirure. Moire. Veine. Madrure (veine du bois). Jaspure. / Marbré. Moiré. Veiné. Jaspé. Madré. Rectiligne. Curviligne. / *Dessin linéaire.*

Ce qui forme une limite. *Ligne qui délimite un terrain.* Limite. Délimitation. / *Ligne qui délimite deux pays.* Frontière. Ligne de démarcation. / Ligne de l'horizon. Equateur. La ligne (l'équateur pour les marins). Méridien.

Contours d'une chose. *Lignes d'un édifice, d'un paysage. Ligne d'une voiture.* Forme. Dessin. / *Ligne du corps humain.* Contour. Galbe. Forme. Silhouette. / *Elégance d'une ligne. Avoir de la ligne* (fam.). Etre svelte, élégant. / *Ligne du visage.* Profil. Linéaments.

Direction déterminée. *En ligne droite.* Direct. Directement. Tout droit. Sans détour. / Ligne de tir. Ligne de visée, de mire. / *Ligne d'un projectile.* Trajectoire. / Ligne à plomb (verticale indiquée par le fil à plomb).
La ligne du devoir. Voie. Chemin. / *Ligne de conduite.* Règle. / *S'écarter de la ligne du bien, de la morale.* Se dévoyer. Mener une vie déréglée. / Dévoyé. Dévergondé. / Dévergondage. Libertinage. Licence. Immoralité. / *Se conformer à une ligne.* S'aligner.
Ligne d'une religion. Orthodoxie. / *Opinion qui n'est pas conforme à la doctrine.* Hérésie. Hétérodoxie. / Hérétique. Hétérodoxe. / Déviationnisme (le fait de s'écarter de la ligne d'un parti). Déviationniste.

Trajet d'un service de transport. Ligne de chemin de fer. Grande ligne. Ligne de banlieue. / *Ensemble de lignes.* Réseau ferroviaire. / Ligne d'autobus. Ligne du métropolitain. / Station. / Tête de ligne. Terminus.
Ligne de navigation maritime. / Ligne de navigation aérienne. Pilote de ligne.

Suite continue de personnes ou de choses. *Etre en ligne. Sur une ligne.* Rang. Rangée. File. / Ligne d'une équipe de football. / *Ligne d'arbres.* Haie. Allée. Ligne de fortification, de défense. / *Ligne de bataille.* Front. / Bâtiment, ou vaisseau, de ligne (combat en ligne, en escadre). / Ligne électrique. Ligne de force (d'un champ magnétique). Ligne d'image de télévision (alignement de points lumineux). / *Mettre sur une même ligne des personnes ou des choses.* Aligner. Alignement.
Ligne de parenté. Ligne directe ascendante. Ascendance. / Ligne directe descendante. Descendance. / Lignée. Postérité. / Ligne collatérale.
Hors ligne (en parlant du talent, des qualités). Supérieur. Exceptionnel. Hors de pair ou hors pair.

Suite de caractères imprimés ou manuscrits. Lignage (ensemble des lignes d'un texte). / Ligne pleine. Ligne creuse. / Alinéa (ligne en retrait par rapport aux autres). / Interligne (intervalle entre deux lignes). Aller à la ligne. / Lignomètre (règle servant à compter les lignes d'un texte).
Pige (mode de rétribution d'un journaliste payé à la ligne). Pigiste.

limite
(lat. *limes, limitis*)

Ce qui marque la fin d'une étendue, d'une période. *Les limites de la Terre.* Extrémités. / *Limite d'un Etat, d'un territoire.* Frontière. / Limite naturelle. Limite conventionnelle. / Ligne de séparation. Ligne de démarcation. / Confins (parties d'un territoire situées à son extrémité). / Confiner (toucher aux limites d'un pays).
Limites d'une propriété, d'un terrain. Extrémité. Bout. Bord. Lisière. Bordure. / Borne. Piquet. Poteau. / *Ensemble des limites.* Contour. Périmètre. Enceinte. / *Les limites d'une période.* Début. Commencement. Origine. / Fin. Terme.
LIMITER (établir, fixer, tracer des limites). Délimiter. Borner. Circonscrire.
LIMITROPHE (qui est situé aux limites d'un territoire, sur une frontière). Frontalier.
LIMITÉ (qui a des limites). Fini. / *Très limité.* Restreint.

Point que l'on ne peut ou ne doit dépasser. *Limite supérieure.* Maximum. Plafond. « Nec plus ultra. » / *Limite inférieure.* Minimum. / *La dernière limite.* Comble. Extrême. / *Limites d'un droit, d'une qualité.* Bornes. / *Limites d'une activité physique, intellectuelle.* Moyens. Possibilités. / *Dépasser les limites permises.* Outrepasser. Excéder. Transgresser. Exagérer. Aller au-delà de. / *Déterminer les limites d'un domaine, d'attributions.* Délimiter. Définir. Restreindre. / Délimitation. Restriction. / *Dans une certaine limite.* Jusqu'à un certain point. Dans une certaine mesure. / « Numerus clausus » (nombre limité d'une catégorie de personnes).
ILLIMITÉ (qui est sans limites). Absolu. Indéfini. Indéterminé. Infini.
LIMITER. *Limiter le pouvoir de quelqu'un.* Renfermer dans des limites. Assigner des limites à. Restreindre. / Limitation. / Limitatif. / *Se limiter.* Se modérer. S'imposer des limites.

linge
(du lat. *linius,* de lin)

Ensemble des tissus employés aux usages de l'habillement et du ménage. Linge fin. Gros linge. Linge blanc. Exposition de blanc. / Linge de couleur. / Linge à fleurs. Linge damassé. Linge uni, brodé.

Linge de corps. *Lingerie masculine.* Gilet de corps ou maillot (de corps). Chemise. Slip. Caleçon. Pyjama. Mouchoirs. / *Lingerie féminine.* Dessous. Soutien-gorge. Chemise. Combinaison. Culotte. Porte-jarretelles. Gaine. Collant. Chemise de nuit. Pyjama. Mouchoirs. / *Linge d'enfant.* Layette. Trousseau. Couches. Langes. Chemise. Bavoir.

Linge de ménage. *Linge de table.* Nappe. Napperon. Serviette (de table). Service à thé. Service de table. / *Linge de lit.* Draps. Taie d'oreiller. Alaise.

Linge de cuisine. Torchons. Essuie-mains. Touaille (essuie-mains [vx]. / *Toile à laver.* Serpillière. Wassingue (dialectal).

Linge de toilette. Serviette de toilette. Serviette-éponge, nid-d'abeille. / Gant de toilette. Fond de bain. Sortie de bain. Peignoir.

Confection. Tailler. Façonner. Ouvrer. Coudre. Piquer. Broder. Froncer. Ourler. Marquer.
Coutures. Piqûres. Broderies. Ourlets. Jours. Fronces. Festons. Chiffres. Entre-deux. / Bordure. Rayure. Liteaux. Liséré. Œil-de-perdrix. Nid-d'abeille. Tuyauté.
Tissus employés en lingerie. Fil. Coton. Soie. Nylon. Shirting. Linon. Batiste, etc.

Entretien. Changer de linge. Linge sale. / Blanchir. Faire tremper. Savonner. Essanger. Rincer. Essorer. Etendre. Sécher. / Blanchissage. Savonnage. Essangeage. Rinçage. Etendage. Séchage. / Repasser. Calandrer. Glacer. Plier. / Repassage. Calandrage. Glaçage. Pliage. / Racommoder. Repriser. Ravauder (vx). Mettre des pièces. / Raccommodage. Reprisage. Ravaudage (vx).
Personne qui entretient le linge. Laveuse. Lavandière (vx). Blanchisseuse. / Repasseuse. / Couturière. Brodeuse. / Lingerie (endroit où l'on range le linge dans une communauté). Lingère.

linguistique
(de *linguiste*)

Étude scientifique des langues. Linguistique générale. Linguistique française, anglaise, etc. Linguiste. / Phonétique. Phonologie. Morphologie. Syntaxe. Lexicologie. Sémantique. Stylistique. / Linguistique historique. Linguistique descriptive. / Grammaire. Philologie (critique des textes). Linguistique structurale. Linguistique distributionnelle. Linguistique générative, transformationnelle. / Psycholinguistique. Sociolinguistique. Ethnolinguistique. Neurolinguistique. / Etat de langue. Niveau de langue. Norme. / Langage. / Langue. Dialecte. Patois. Sabir. / Langue orale. Langue écrite. / Famille de langues. Langues isolantes, agglutinantes, flexionnelles.
Théorie de la communication. Code. Canal. Encodage. Décodage. / Capacité. Coût. Bit. Redondance. Bruit (interférences perturbatrices).
Signe. Signifiant. Signifié. Référent.

Structuralisme. Système de signes. Sous-systèmes. Macrostructures. Microstructures. / Langue (ou code). Parole (ou message). / Forme. Substance. / Structure de l'expression. Structure du contenu. / Synchronie (état de la langue à un moment donné). Diachronie (ensemble des phénomènes d'évolution de la langue).
Chaîne parlée. Segments. Phénomènes d'intonation. Accent. / Syntagme. Relations syntagmatiques. Axe syntagmatique ou horizontal. Classes syntagmatiques. / Paradigme. Relations paradigmatiques. Axe paradigmatique ou vertical. / Corpus. Occurrence. / Commutation. Substitution. / Théorie des niveaux. Analyse en constituants immédiats. Constituants discontinus.
Double articulation du langage. Première articulation (d'éléments significatifs). Deuxième articulation (d'éléments distinctifs, mais non significatifs).
Pertinence. Trait pertinent. Marque. Forme marquée, non marquée. Opposition pertinente ou significative. Variation. Variantes libres. Variantes conditionnées ou en distribution complémentaire. Variation combinatoire ou contextuelle. Neutralisation totale, partielle.

Linguistique générative et transformationnelle. Compétence (connaissance intuitive des règles d'une langue). Performance (actes de parole appliquant les règles du modèle de compétence). / Grammaticalité. / Créativité du langage. / Engendrer, générer une phrase. / Règles syntagmatiques ou de réécriture. Récursivité. Dérivation. Concaténation. Indicateur syntagmatique (ou arbre). / Ambiguïté. / Règles transformationnelles. / Transformation simple (ou unaire). Transformation négative, passive, interrogative, emphatique. / Transformation généralisée (ou binaire). Enchâssement. Nominalisation. Adjectivisation. Pronominalisation. / Effacement. Extraction.
Structures superficielles. Structures profondes. Phrase de base. Phrase nucléaire.

Phonétique et phonologie. Phonétique expérimentale ou instrumentale. / Phonétique acoustique. Kymographe. Oscillographe. Spectrogramme. Formants. / Phonétique articulatoire. Photographie. Radiographie. Linguogramme. Labiogramme. Palatogramme. Endoscope. Laryngoscope. / Synthèse de la parole.
Phonologie ou phonétique fonctionnelle. Phonème. Allophone. Archiphonème. / Assimilation. Dissimilation progressive. Dissimilation régressive. Harmonie vocalique. / Transcription phonétique, phonologique. Alphabet phonétique international.
Voyelles orales, nasales. Voyelles ouvertes, fermées. / Consonnes. Occlusives bilabiales (*p, b, m*) ; dentales (*t, d, n*) ; vélaires (*k, g*) ; labio-dentales ou fricatives (*f, v*) ; alvéolaires (*s, z*) ; prépalatales ou chuintantes (*ch, j*) ; vibrantes ou liquides (dentale : *l;* vélaire : *r*). / Semi-voyelle ou semi-consonne (*w, y*). / Diph-

tongue (fusion d'une voyelle et d'une semi-voyelle). / Triphtongue (fusion d'une semi-voyelle, d'une voyelle et d'une semi-voyelle). / Syllabe ouverte (terminée par une voyelle). Syllabe fermée (terminée par une consonne).

Morphologie et syntaxe. Morphosyntaxe. Morphophonologie. Flexion. Dérivation. / Radical. Préfixe. Suffixe. Affixe. Modalité. Morphème grammatical. Morphème lexical (ou lexème). Monème. / Thème. Formants. / Mot simple. Mot construit. Parasynthétique (mot à la fois préfixé et suffixé). / Allomorphe. Analyse morphématique, lexématique.
Syntagme. / Fonction syntaxique. Thème (ou sujet, ou topique). Prédicat (ou commentaire). / Subordination. Coordination. / Rection. Accord.

Lexicologie et sémantique. Champ lexical. / Champ sémantique. / Aire sémantique. Polysémie. / Synonymie. / Homonymie. / Traits sémantiques. Sémantème. Sémème. Analyse componentielle. / Statistique lexicale. Fréquence. Répartition. Disponibilité.

lion
(du lat. *leo, leonis ;* en gr. *leôn, leontos*)

Grand mammifère carnivore. Félidés (famille). Lionne (femelle). Lionceau (jeune lion). Tigron ou tiglon (hybride). Roi des animaux. / *Lion du Pérou.* Puma. Cougouar. / Robe. Crinière. / Rugissement (cri). Rugir. / Antre.

Relatif au lion. Lion de mer. Phoque. / Constellation du Lion. Léonides. / Partage léonin (dans lequel quelqu'un se réserve la plus grosse part). La part du lion. / Léontocéphale (à la tête de lion).

liquide adj. et n.
(du lat. *liquidus*)

Qui coule ou tend à couler. *Un corps liquide.* Fluide. / Liquidité. Fluidité. / *Faire passer à l'état liquide.* Liquéfier. Fondre. / Liquéfaction. Fusion. Surfusion. / *Passage de l'état liquide à l'état solide.* Solidification. Congélation. Coagulation. / Solidifier. Congeler. Coaguler. / *Plonger, immerger dans un liquide.* Baigner. Mouiller. Imbiber. Tremper. / *Décomposer, désagréger dans un liquide.* Dissoudre. Dissolution. Solution.

Liquides organiques. Lait. Larme. Sang. Sperme. Lymphe. Chyle. Suc gastrique, intestinal. Sueur. Salive. Bave. Ecume. Morve. Mucosités. Urine, etc.

Mouvement des liquides. Couler. S'écouler. Ruisseler. Dégoutter. Dégouliner. Suinter. Filtrer. / S'infiltrer. S'épancher. Se déverser. Déborder. / *Faire passer un liquide d'un lieu dans un autre.* Capter. Détourner. Dériver. / Soutirer. Transvaser.

lire
(du lat. *legere*)

Parcourir des yeux des caractères (écriture, lettres, chiffres, etc.) et comprendre ce qui est écrit. *Apprendre à lire.* Assembler des lettres. / *Commencer à lire.* Epeler. / *Lire couramment. Savoir lire.* Mettre l'accent, le ton. Faire les liaisons. / *Lire en détachant les mots.* Articuler. / Lire tout bas. Lire tout haut. Lire à haute voix. / *Lire difficilement.* Anonner. / *Personne qui ne sait ni lire ni écrire.* Analphabète. Illettré. Analphabétisme. / Alphabétiser (enseigner la lecture et l'écriture aux analphabètes). Alphabétisation.
Lire de la musique, une inscription. Déchiffrer. / *Lire un manuscrit difficile.* Déchiffrer. Débrouiller. / Déchiffrage. Déchiffrement. / *Lire un message chiffré.* Décoder. Décrypter. Déchiffrer. / Décodage. Décryptage.
Facile à lire. Lisible. Lisibilité. / Lisiblement. / *Difficile à lire.* Illisible. Indéchiffrable. Illisibilité. / Illisiblement.
LECTURE (action de lire, le fait de lire). *Lecture d'une partition.* Déchiffrage. / *Apprentissage de la lecture.* Méthode analytique et synthétique ou phonématique. Méthode globale. / *Troubles de lecture.* Dyslexie (difficulté d'apprendre à lire). / Dyslexique. / Alexie ou cécité verbale. / *Livre de lecture.* Syllabaire. Abécédaire. Abécé (vx).

Prendre connaissance du contenu d'un texte. Lire un journal, un roman. Lire pour s'instruire. / *Lire rapidement, à la hâte, en diagonale.* Parcourir un texte. Feuilleter un livre. Jeter les yeux sur. / *Lire un livre pour trouver un renseignement.* Consulter. Compulser. / *Lire beaucoup. Lire avec avidité.* Dévorer, avaler des livres. / *Lire avec plaisir. Aimer lire.* Bouquiner (fam.). / *Personne qui lit beaucoup.* Liseur. Dévoreur (de livres). / Se plonger dans la lecture. Avoir le nez dans les livres (fam.). / *Lire un livre en prenant des notes.* Dépouiller. / *Lire de nouveau.* Relire. Repasser. Revoir. / Relecture. Révision.

Faire connaître un texte écrit. *Lire un discours.* Prononcer. Dire. / *Lire* *des vers. Lire en mettant les intonations.* Réciter. Déclamer. Débiter. / Diction. Déclamation. Débit. / *Lire un texte en classe.* Expliquer. Explication. Lecture expliquée. / Lire une pièce de théâtre. Comité de lecture.

Connaître, par certains signes, ce qui est caché. *Lire l'avenir dans les lignes de la main, dans les astres.* Prédire. Deviner. / Prédiction. Divination. / Chiromancie. Astromancie. / *Lire un sentiment dans les yeux de quelqu'un.* Discerner. Découvrir. Pénétrer.

lit

(du lat. *lectus*)

Meuble destiné au coucher. *Parties d'un lit.* Tête. Chevet. Pied. Bâti. Cadre. Châssis. Châlit. Bois de lit. Fond. Traverses. Pieds. / Panneaux.

Garniture. (Anciennement.) Ciel de lit. Dais. Baldaquin. / Rideaux. Tenture. Cantonnière.
Matériel de couchage. Literie. Sommier. Paillasse. Matelas de laine, de crin, de crin végétal, de varech. Lit de plume ou couette (vx). Matelas de caoutchouc. Matelas à ressorts. Traversin. Polochon (pop.). Oreiller. Taie d'oreiller. / Edredon. / Couvre-pieds. Courte-pointe. Dessus de lit. Housse. / Drap de lit. Drap de dessous, de dessus. Alaise. / Couvertures. Couverture chauffante. / Moustiquaire.

Sortes de lit. Lit de camp. Lit de sangles (fait de bandes de toile fixées sur des montants). / Lit de bout, de milieu. Lits jumeaux. / Lit à colonnes. Lit clos ou lit breton. Lit bateau. Lit gondole. / Lit pliant. Lits superposables. Lit-cage. Lit escamotable. Lit gigogne. / *Lit d'enfant.* Berceau. Bercelonnette. Moïse. / Lit de bois, de cuivre, de fer. / *Lit de repos.* Divan. Canapé. Sofa. Cosy ou cosy-corner. / *Lit de table* (chez les Romains). Triclinium. / Hamac. Bat-flanc. / Lit d'hôpital. Lit mécanique. Lit orthopédique. Grabat (lit misérable).
Dénominations. Couche (vx ou poétique). Dodo (langage enfantin). / *Termes pop.* Pieu. Plumard. Pucier. Page. Pageot. Paddock, etc.

Usage. Monter, démonter un lit. / Garnir un lit. Faire un lit. Dresser un lit. Retaper un lit. / Bassiner un lit. Bassinoire. Chauffe-lit. Bouillotte.
Se coucher. Se mettre au lit. S'étendre. / Prendre le lit. S'aliter. Garder le lit. / Se reposer. Dormir. Faire un somme. Faire la sieste. / Le coucher. Le lever. / Se lever. Saut du lit. Se lever de bonne heure. Matinal. / Se lever tard. Faire la grasse matinée. / Etre bien couché. / Coucher tête-bêche. / Border. / Bercer. Lit de douleur. Etre cloué au lit. / Lit de mort. Lit de parade (sur lequel on expose un mort avant les funérailles). Mourir dans son lit (mort naturelle).

Qui concerne le lit. Chambre à coucher. Ruelle. Alcôve. Lit nuptial. Lit conjugal. / Enfant du premier, du second lit (mariage). / Chambrée. Dortoir. Wagon-lit. Voiture-lit. Voiture-couchette. / Matelassier. Tapissier.

littérature

(du lat. *litteratura,* enseignement des lettres)

Ensemble des œuvres littéraires d'une nation, d'une époque. La littérature grecque. La littérature latine. / Littérature française, anglaise, allemande, américaine, russe. / Littérature du Moyen Age, de la Renaissance. Littérature moderne, contemporaine. / Littérature universelle. / *S'intéresser à la littérature.* Belles-lettres (vx). Lettres.

Doctrines littéraires. *Ecoles littéraires.* Classicisme. Romantisme. Parnasse. Naturalisme. Réalisme. Symbolisme. Surréalisme. Dadaïsme. Vérisme. Populisme. Unanimisme. Nouveau roman.

Œuvres littéraires. *Genres littéraires.* PROSE. *Genre narratif.* Histoire. Mémoires. Journal. Roman. Conte. Nouvelle. / *Genre didactique.* Critique littéraire. Histoire littéraire. Essai. / *Genre épistolaire.* Lettres. Correspondance. / *Genre oratoire.* Discours. Conférence. Plaidoyer. Sermon. Homélie. Oraison funèbre. Panégyrique. / *Genre dramatique.* Tragédie. Drame. Comédie. Farce. Vaudeville. Mélodrame. / *Caractère littéraire d'un texte.* Littérarité.

POÉSIE. *Poésie lyrique.* Ode. Elégie. / *Poésie épique.* Epopée. / *Poésie didactique.* Satire. Epigramme. Fable. Epître.

Composition littéraire. Don. Génie. Talent. / Inspiration. Création. Imagination. Conception. / Sujet. Donnée. Matière à traiter. / Plan. Canevas. Sommaire. Documents. / Rédaction. Ecriture. / Action. Intrigue. Mouvement. Episodes. Couleur locale. / Personnages. / Idées. Sentiments. / Passion. Intérêt. Pathétique.
Décrire. Raconter. Narrer. / Exposer. Discuter. / Imiter. Contrefaire. Plagier. Compiler. / Imitation. Contrefaçon. Plagiat. / Récrire. Remanier. Retoucher.

Gens de lettres. Homme de lettres. Ecrivain. Auteur. Littérateur. / Poète. Poétesse. / Prosateur. Romancier. Romancière. Conteur. Nouvelliste. / Auteur dramatique. Dramaturge. Auteur comique. / Historien. Mémorialiste. Biographe. Epistolier. Moraliste. / Fabuliste. / Journaliste. Chroniqueur. Critique. Courriériste. / Compilateur. Polygraphe (auteur qui écrit sur des sujets variés). / Traducteur. Commentateur. Essayiste. / Femme de lettres. Bas-bleu (fam.). / *Mauvais écrivain.* Ecrivassier. Ecrivailleur (fam.).

Publication. Ouvrage. Livre. Opuscule. Fascicule. Recueil. / Œuvres complètes. / Œuvres choisies. Anthologie. Florilège. Mélanges. / Œuvre inédite. Œuvre posthume. / Œuvre anonyme. / Pseudonyme (nom pris par un auteur pour cacher son identité).

Relatif à la littérature. Vie littéraire. Milieu littéraire. Académie. Cénacle. Ecole. Groupe. Cercle. Salon. / Evénement littéraire. Prix littéraire. / Critique littéraire. / Langue littéraire. / Doué pour les lettres. Esprit littéraire. Talent littéraire. / Lettré. Cultivé. Erudit. Mandarin.

liturgie

(du lat. *liturgia;* en gr. *leitourgia,* service public)

Forme du culte d'une Église. *Liturgie de l'Eglise anglicane. Liturgie de l'Eglise catholique.* Culte. Cérémonial. Service divin. Rite.

Rites. *Liturgies occidentales.* Liturgie romaine. Liturgie ambrosienne (Eglise de Milan). Liturgie mozarabe (dans quelques villes d'Espagne). Liturgie lyonnaise. Liturgie dominicaine.
Liturgies orientales. Liturgie de saint Chrysostome (Grecs orthodoxes et Russes). Liturgie de saint Jacques, de saint Basile, des Arméniens, des nestoriens, des Coptes, des Ethiopiens, des maronites.

Actes liturgiques. *Rite romain.* Fête. Cérémonies. / Célébration de l'office. Célébrer. Officier. Officiant. Messe. / Baptême. Communion. Confirmation. Mariage. Enterrement.
Heures canoniales : Matines. Laudes. Prime. Tierce. Sexte. None. Vêpres. Complies.
Liturgie protestante. Chant des psaumes, des hymnes. Prédication. Lectures publiques. Prières et répons. Cantiques.

Livres liturgiques. Bréviaire. Missel. Rituel. Pontifical. Martyrologe. Cérémonial. Propres des offices et des messes. « Memoriale rituum ». La collection des décrets de la Congrégation des rites. Lectionnaire. Bref. Ordo (calendrier liturgique).

Chant liturgique. Plain-chant. Chant grégorien. / Psaume. Motet. Cantique. / Chantre. Organiste. Maîtrise. Manécanterie. Schola.

Substances liturgiques. Le pain. Le vin. L'huile (saint-chrême : huile d'olive et baume). L'eau. Le feu. La cire. Le sel. La terre. Les rameaux. Le lait. Le miel. L'encens.

Attitudes, gestes liturgiques. Génuflexion. Prostration. Attitude debout. Mains jointes. Imposition des mains. Bénédiction. Signe de croix. Baiser de paix. Procession.

Relatif à la liturgie. Liturgique. / Rituel. / Cérémoniel. Cérémoniaire. / Calendrier liturgique. / Liturgiste (spécialiste de liturgie).

livre

(du lat. *liber ;* en gr. *biblion*)

Assemblage de feuillets imprimés reproduisant le texte d'un auteur. *Acheter un livre.* Ouvrage. Ecrit. Volume. Bouquin (fam.). / *Petit livre.* Opuscule. Plaquette. / *Livre de classe, d'enseignement.* Livre classique. Manuel. Traité. Cours. Précis. Résumé. Abrégé. Aide-mémoire. Mémento. Epitomé. / Atlas. / Méthode de lecture. Cours de lecture. Abécédaire. / Livre d'histoire, de géographie, de géométrie, de sciences physiques, de sciences naturelles, de grammaire. / Dictionnaire. Lexique. Glossaire. Vocabulaire. / *Livre d'extraits.* Anthologie. Chrestomathie. Florilège (vx). / *Livre de renseignements.* Répertoire. Guide. Catalogue. Indicateur. / Annuaire. Agenda. / *Livres religieux.* Livres sacrés. Bible. Coran. Evangile. / *Livre de dévotion.* Livre de prières. Livre d'heures. Missel. Paroissien. Bréviaire.

Composition d'un livre. Feuillet. Folio. Page. / *Numéroter les pages.* Paginer. Pagination. Folioter. Foliotage. / Pliage (des feuilles). Plier. Pliure. Plieuse (ouvrière ou machine). Cahier (feuille pliée). / Assemblage (réunion des cahiers). Signature (numéro d'ordre des cahiers). / Piqûre (agrafage des cahiers). Couture (au fil de lin). Mise sous couverture (collage de la couverture). Emboîtage. Cartonnage. Brochure sans couture (feuillets collés par le dos). / Tranche. Tête (tranche supérieure). Queue (tranche

inférieure). Dos. Gouttière (opposée au dos). / Brochure.
Reliure. / *Eléments de la couverture*. Dos. Coiffe. Nerfs. Pièce de titre. Plat. Mors. Charnière. Coins. Tranchefile. / Signet. *Illustration*. Gravure. Enluminure. Vignette. Frontispice. Cul-de-lampe. Frise. Hors-texte. Planche.

Format d'un livre. In-plano (la feuille n'est pas pliée). In-folio (un pli, deux feuillets, quatre pages). In-quarto (deux plis). In-octavo (trois plis). In-seize (quatre plis). In-trente-deux (cinq plis). / Autres formats : in-six, in-douze, in-dix-huit, in-vingt-quatre. (V. PAPIER.)

Divisions d'un livre. Chapitre. Paragraphe. Alinéa. Colonne. / Titre. Intertitre. Intitulé. Faux titre. Titre courant. Garde. / Avant-propos. Avertissement. Avis au lecteur. Préface. Introduction. / Epigraphe. Dédicace. / Texte. Passage. Notes. Renvois. Postface. / Sommaire. Table des matières. Index. / Errata.

Édition. *Faire paraître un livre.* Publier. Publication. / Faire imprimer. Imprimer. Impression. Imprimatur (autorisation d'imprimer). / Tirer. Tirage.
Faire paraître par fascicules. / Tome. Volume. Exemplaire. Spécimen. / Prière d'insérer (petit texte joint aux exemplaires destinés à la critique). Service de presse. / Première édition. Dernière édition. / Edition princeps (première édition d'un livre rare). Edition originale. Incunable (ouvrage imprimé avant 1500). / Edition critique. Apparat critique (notes et variantes d'un texte). / Edition posthume. Edition à tirage limité (exemplaires numérotés). Edition de luxe. Edition populaire. Livre de poche. / Edition revue et corrigée. Edition « ne varietur » (définitive). / Edition épuisée. / Traduction. Nouvelle édition. Réédition. Réimpression. / Editeur. Editrice. Droits d'auteur. Copyright (droit de reproduction et de vente). Dépôt légal. / Censurer. Interdire la vente. / Mettre au pilon (détruire).

Diffusion. Mettre en vente. Librairie. Libraire. Kiosque. / Livre publié en volumes, par fascicules. / Catalogue de librairie. Livre de fonds. Livre d'assortiment. Livre de dépôt. / Rossignol (livre sans valeur). Best-seller (livre à grand succès). / Vente par souscription. Vente à domicile. / Bouquiniste (marchand de livres d'occasion).

Bibliothèque. Catalogue. Rayons. Casier. Vitrine. Tablette. / Livre relié, broché. Livre dépareillé. Livres anciens. Livres modernes. / Livres rares. Collection de livres. / *Personnes qui aime et recherche les livres rares.* Bibliophile. Bibliophilie. Bibliomane. Bibliomanie. / Rat de bibliothèque. Erudit. Chercheur. / Consulter, compulser un livre. Prendre des notes. Feuilleter, parcourir un livre. / Livre de chevet. Bible. / Dévorer un livre. Dévoreur. / Ex-libris (marque apposée sur un livre pour en indiquer le propriétaire). / Classer, ranger, recenser, inventorier des livres. / Couvrir un livre. Couverture. Jaquette. Liseuse.
Bibliothèque publique, municipale, universitaire. Bibliothèque nationale. / Cabinet de lecture. / Bibliothécaire. Bibliothécaire en chef. Conservateur.

livrer

(du lat. *liberare*, dégager, libérer)

Mettre au pouvoir de quelqu'un, soumettre à l'action de quelque chose. *Livrer quelqu'un à la justice.* Remettre. Déférer. Extrader (faire livrer un coupable qui est dans un pays étranger). / Extradition. / *Livrer un martyr aux bêtes.* Exposer (vx). / *Livrer un pays à des étrangers.* Mettre sous l'autorité de. Mettre sous la coupe de. / *Livrer quelqu'un à la mort, au supplice.* Faire périr. Supplicier. / *Livrer quelqu'un à la police.* Dénoncer. Donner (fam.). / *Livrer son pays.* Trahir. Trahison. / *Livrer son âme au diable.* Vendre. Donner.

Se livrer. *Se livrer aux mains de quelqu'un.* Se rendre. Se soumettre. / Se constituer prisonnier. / (En parlant d'une femme.) Se donner. Accorder ses faveurs. / *Se livrer à un ami.* Se confier. Faire ses confidences. / *Qui se livre facilement.* Communicatif. Expansif.
Se livrer à un travail, à un art. S'attacher. S'atteler. S'appliquer. Se consacrer. S'adonner. / *Se livrer à un sport.* Exercer. Pratiquer. / *Se livrer à un sentiment, à un plaisir.* Se laisser aller. S'abandonner. / *Se livrer au désespoir, à la douleur.* S'abandonner. Se plonger. S'abîmer (littéraire). S'enfoncer.

Confier quelque chose. *Livrer un secret.* Communiquer. Dévoiler. Confier.

Remettre à un acheteur. *Livrer une commande, un travail.* Fournir. Donner. Procurer. Remettre.
LIVRAISON. Remise. Fourniture. / Livreur. Porteur. / Livrable.

logement

Partie d'une maison, d'un immeuble où l'on habite. *Chercher, trou-*

ver un logement. Occuper un logement. Appartement. Duplex (appartement sur deux étages). Habitation. Demeure. Domicile. Chez-soi. Home. / Loge (logement de concierge). / *Petit logement.* Studio. Garçonnière. Chambre. Turne (pop.). Carrée (pop.). Piaule (pop.). Réduit. Cellule. / *Logement qu'on occupe en passant.* Pied-à-terre. / Hôtel. Hôtellerie. Auberge (vx). Auberge de jeunesse. Pension. / *Logement loué avec des meubles.* Garni (vx). Appartement meublé, ou meublé (n. m.).

Changer de logement. Déménager. Déménagement. / *S'installer dans un nouveau logement.* Emménager. Emménagement. / Pendre la crémaillère (fêter son installation). / Essuyer les plâtres (occuper un logement qui vient d'être terminé). / *Parties d'un logement.* Antichambre. Entrée. Hall. Vestibule. Couloir. Corridor. Passage. / Salle commune. Salle de séjour. Salle à manger. Salon. Bureau. Chambres. Salle de bains. Cuisine. Kitchenette. Office. Cabinet de toilette. Salle d'eau. Débarras. / Logement avec confort, sans confort. / Confortable. / Logeable.

Louer un logement. Location. Locataire. Bail. Loyer. / *Sous-louer un logement.* Sous-locataire. Sous-location.

LOGER. *Loger en un endroit.* Habiter. Vivre. Demeurer. Résider. Séjourner. Crécher (pop.). / Cantonner (loger en parlant des militaires). Cantonnement. Billet de logement. / Etre en camp volant.

Loger quelqu'un. Installer. Héberger. Caser. Mettre. / Loger à pied et à cheval (vx). / Hôtelier. Logeur. / *Loger gratuitement.* Recevoir. Donner l'hospitalité. Donner le vivre et le couvert. / Hospitalier. / *Etablissement où l'on loge les vieillards, les infirmes.* Hospice. Asile (vx).

logique n.

(du lat. *logica;* en gr. *logos,* raison)

Science qui a pour objet l'étude des conditions de la vérité. *Logique formelle.* Etude des concepts, des jugements, des raisonnements. / *Logique des termes.* Compréhension. Extension. Définition. Division. Genre. Espèce. Classe. / *Logique des propositions.* Affirmation. Négation. Sujet. Prédicat. Attribut. Copule. / *Logique déductive.* Raisonnement. Argument. Syllogisme. Déduction. Démonstration. Antécédent. Conséquent. Prémisses. Conclusion.

Manière de raisonner. *La logique d'une personne.* Raisonnement. Argumentation. Dialectique. / *Une logique implacable, parfaite, impeccable.* Cohérence. Suite cohérente d'idées.

Manière de raisonner rigoureuse. *Avoir de la logique.* Avoir de la suite dans les idées. Avoir l'esprit cartésien. Raisonner logiquement, correctement. / *Personne qui raisonne avec rigueur, suivant les lois de la logique.* Logicien. Dialecticien. / *Défaut de logique.* Illogisme. / *Manquer de logique.* Déraisonner. Divaguer. Raisonner comme une pantoufle (fam.). / *Manque de suite dans les idées.* Inconséquence. Irréflexion. Inattention. Etourderie.

logique adj.

Qui est conforme au bon sens. *Un argument logique. Un raisonnement logique.* Cohérent. Juste. Ordonné. Rationnel. Judicieux. / *Conséquence logique.* Naturel. Nécessaire.

ILLOGIQUE (qui n'est pas logique). Incohérent. Irrationnel.

ILLOGISME. Incohérence. Irrationalité.

Qui raisonne d'une manière cohérente. *Un esprit logique. Etre logique.* Conséquent. Raisonnable. Sensé. Qui a de la suite dans les idées.

LOGIQUEMENT. Rationnellement. Raisonnablement.

loi

(du lat. *lex, legis;* en gr. *nomos*)

Règle d'action établie par une autorité supérieure. Donner, imposer des lois à un peuple. / *Sortes de lois.* Loi positive. Loi civile, pénale, criminelle. Loi organique. Loi fondamentale. Loi politique. Loi sociale, fiscale. Loi de finance. Loi martiale. / *Ensemble des lois d'un pays, d'un Etat.* Législation. Droit. / *Recueil des lois.* Code. / Codifier. Codification. / Droit écrit. Droit coutumier. Coutume. / Ordonnance. Décret. Décret-loi. Loi-cadre.

Loi divine. Loi de Dieu. Commandements. / *Loi de Moïse, de l'Ancien Testament.* Décalogue. / Loi évangélique. Loi nouvelle. / Observance de la loi.

Observer une loi. Respecter une loi. Obéir à. Se conformer à. / Observation. Obéissance. Nul n'est censé ignorer la loi. / *Ne pas observer la loi.* Transgresser. Enfreindre. Violer. Contrevenir à. / Transgression. Infraction. Violation. / *Le fait de contrevenir, de déroger à une loi.* Contravention. Dérogation.

Homme de loi. Légiste. Conseiller d'Etat. Magistrat. Juge. Avocat. Avoué. Huissier.

Élaboration, vote, promulgation des lois. *Faire des lois.* Légiférer. Législation. Législateur. / Disposition législative. Projet de loi. Proposition de loi. Discussion. Délibération. Amendement. Adoption. Vote. / Promulgation. *Journal officiel.* / Application. Exécution. / *Supprimer une loi.* Abolir. Abroger. / *Parties d'une loi.* Article. Clause. Disposition.

LÉGAL (conforme à une loi). Légitime. Licite. / Légalité. Légitimité.

ILLÉGAL (contraire à la loi). Illégitime. Illicite.

Règle d'action imposée à l'homme par sa raison, sa conscience. Loi naturelle. / *Conformité à la loi naturelle.* Justice. Equité. / *Loi morale.* Obligation. Devoir. Règle. Précepte. Principe. / Universalité de la loi morale.

Énoncé constatant un rapport régulier entre des phénomènes. *Loi scientifique.* Principe. / Découvrir une loi. Etablir une loi. / Lois physiques. Lois de l'attraction, de la pesanteur. / Lois biologiques. / Lois sociologiques, économiques. / Lois phonétiques.

loin adv. et n.

(du lat. *longe ;* en gr. *tele*)

Dans l'espace. A une grande distance d'un lieu. / *Etre loin.* Eloigné. Lointain. Absent. Hors d'atteinte, de portée, de vue. / *Très loin.* Au bout du monde. Aux antipodes. Au fin fond de. / *Partir au loin.* S'éloigner. S'écarter. Prendre, gagner le large. Aller dans un pays lointain. / *Aller trop loin.* Dépasser. Déborder. / *Envoyer au loin.* Eloigner. Ecarter. Repousser. / *Répandre au loin.* Disperser. Disséminer. / *S'étendre au loin.* A perte de vue. / *Voir, apercevoir, regarder au loin.* Dans le lointain. A l'horizon. / *De loin* (fig.). De beaucoup. / *De loin en loin.* De place en place. Par intervalles. / *Loin de tout.* A l'écart. / *Pas loin de.* Près. Presque. A peu près.

Préfixe *télé- :* Télécommande. Télécommunication. Téléguider. Télégraphe. Télépathie. Téléphone. Télévision.

Dans le temps. A une grande distance du moment présent. / *Un événement loin dans le passé, dans l'avenir.* Lointain. / *Qui est loin dans le temps.* Ancien. Vieux. Reculé. Antique. / *Aller loin.* Durer longtemps. / *Ne pas aller loin* (en parlant d'un malade). Ne pas vivre longtemps. Ne pas faire de vieux os. / *Voir loin.* Etre perspicace. Avoir de la prévoyance. Prévoir. / *De loin en loin.* De temps en temps. / *Pas loin de.* Près de. A peu près. Presque.

loisir(s)

(du lat. *licere,* être permis)

Temps libre dont on dispose pour faire quelque chose. *Avoir le loisir de* (et un inf.). Possibilité. Liberté. Temps.

Temps dont on dispose librement en dehors de ses occupations. *Heures de loisirs.* Délassement. Repos. Détente. / *Moments de loisirs.* Temps libre. Moment de liberté, de répit. Vacances. Congé. Week-end. Fêtes. Jour férié. Jour chômé. Pont. / *Profiter de ses loisirs.* Se reposer. Se détendre l'esprit. Se relaxer. Souffler un peu.

Occuper ses loisirs. Se divertir. Se distraire. S'amuser. / Divertissement. Distraction. Amusement. / Lire. Ecouter de la musique. Faire de la musique. / Se promener. Voyager. / Faire du sport. Aller à la pêche, à la chasse. / Jouer aux cartes, aux échecs, aux dames. Faire des mots croisés. / Bricoler (fam.). Jardiner. Tricoter. Coudre. Broder. / Bricolage. Tricotage. Jardinage. / Aller au théâtre, au cinéma. Ecouter la radio. Regarder la télévision. / Faire de la peinture, de la sculpture, de la photographie. / *Occupation favorite à laquelle on consacre ses loisirs.* Passe-temps. Violon d'Ingres. Hobby.

Organisation des loisirs. Loisirs dirigés. Loisirs de masse. Maison de la culture. / Civilisation des loisirs.

long

(du lat. *longus ;* en gr. *makros*)

Dans l'espace. Etendu en longueur. / *Un long manteau. Un long cou.* Grand. / *Une taille longue.* Svelte. Elancé. / *Un peu long.* Longuet (fam.). / *Plus long que large.* Oblong. Barlong. / *Longues jambes.* Echasses (fam.). / *Homme qui a de longues jambes.* Grande perche (fam.). Grand flandrin (fam.). Grand échalas (fam.).

Préfixe *longi- :* Longiligne. Longimane. Longicorne. Longirostre.

Préfixe *macro- :* Macropode. Macrocéphale. Macroure.

LONGUEUR. Etendue. Distance. / *Dans le sens de la longueur.* En long. / Longitudinal. Longitudinalement.

ALLONGER (rendre plus long). Etendre. Etirer. Détirer. Distendre. / **Devenir plus** long. S'allonger. S'étirer. / *Qui peut être allongé, étiré.* Ductile. Ductilité. / *Ce qui sert à allonger.* Allonge. Rallonge.

ALLONGEMENT. Extension. Prolongement.

Dans le temps. *Qui dure longtemps. Qui peut durer longtemps.* Durable. Stable. Vivace. / *Qui dure très longtemps.* Eternel. Perpétuel. Impérissable. Indestructible. / *Trouver le temps long.* Interminable. Mortel. Sans fin. / S'impatienter. Perdre patience. S'énerver. / *Etre long à faire quelque chose.* Lent. Lambin. / Lambiner. Traîner. Traînasser. Mettre du temps. Mettre beaucoup de temps. / *Long à réaliser* (en parlant de quelque chose). Laborieux.

Un long moment. Longtemps. Indéfiniment. / *A la longue.* Après beaucoup de temps. / *Avec de longs intervalles.* De loin en loin. / Depuis longtemps. De temps immémorial. / *Longue durée de la vie.* Longévité. / *Parler longtemps, trop longtemps.* Pérorer. Palabrer. Laïusser (fam.).

LONGUEUR. Durée. / *A longueur de.* Tout au long de.

PROLONGER (rendre plus long). Prolongation. Délai.

ALLONGER (devenir plus longs, en parlant des jours). Rallonger. Allongement.

Dans l'expression. *Un long récit. Un long discours.* Prolixe. Diffus. Verbeux. Abondant. Copieux. Intarissable.

LONGUEUR. Délayage. Remplissage. Verbiage. Laïus (fam.). Périphrase. Circonlocution.

LONGUEMENT. Abondamment. Amplement. / *Traiter longuement un sujet.* Développer. / *Traiter trop longuement.* Délayer. S'étendre.

loterie

(de l'ital. *loteria,* de *lotto,* lot)

Jeu de hasard dans lequel les lots sont attribués à des billets. Roue de loterie. Mettre en loterie. / Loterie foraine. Loterie d'Etat. Loterie nationale. / Billet de loterie. Billet entier. Dixième. / Tranche. Série. / Tirer une loterie. Tirage. / Gros lot. Lot de consolation. / Numéro gagnant. / Loterie de société. Tombola. / Sweepstake (loterie dans laquelle l'attribution des lots dépend d'un tirage et d'une course de chevaux).

1. louer

(lat. *laudare,* de *laus, laudis,* louange)

Vanter les mérites de quelqu'un ou de quelque chose. *Louer une personne.* Faire l'éloge de. Vanter. Complimenter. Féliciter. Congratuler (vx ou plaisant). Louanger. Glorifier. Exalter. Elever, porter aux nues, au pinacle. / Dire du bien. Dire grand bien. Chanter les louanges. / *Louer sans mesure.* Flatter. Encenser. Couvrir de fleurs. Aduler.

Louer Dieu. Louer le Seigneur. Glorifier. Bénir.

LOUANGE (action de louer). Compliment. Eloge. Félicitation. Congratulation (vx ou plaisant). / Exaltation. Glorification. / *Louange outrée.* Flatterie. Flagornerie. / *Louange excessive, hyperbolique.* Dithyrambe. / *Discours à la louange de quelqu'un.* Panégyrique.

LOUABLE (qui mérite d'être loué). Estimable. Digne. Bien.

LOUANGEUR (personne qui a l'habitude de louer). Laudateur. Complimenteur. Encenseur. Adulateur. Flatteur. Flagorneur.

LAUDATIF (qui exprime des louanges). Elogieux. Louangeur.

2. louer

(du lat. *locare,* de *locus,* lieu)

Donner en location. *Louer une maison, un appartement.* Céder, donner à bail. / Contrat de location. Bail de 3, 6, 9 ans. Passer un bail. Clauses d'un bail. / Location verbale. / Entrer en jouissance. / Etre à fin de bail. / Renouveler. Renouvellement. Renouvellement par tacite reconduction. / Résilier. / Expiration du bail. Congé. / Donner, recevoir le congé. / Expulser. Chasser. Mettre à la porte.

Personne qui loue. Propriétaire. Bailleur. *Personne qui loue un meublé.* Logeur. Logeuse. / *Personne qui loue des voitures, des chevaux.* Loueur. / Cheval de louage. Voiture de louage (vx). / *Louer un bateau.* Fréter. / Fréteur. Armateur.

LOCATION. Location en meublé, en garni (vx). / Location annuelle, trimestrielle, saisonnière.

Prendre en location. *Louer un appartement, une maison.* Prendre à bail. / *Prix d'une location.* Loyer. / *Loyer d'une ferme.* Fermage. / *Echéance du loyer.* Terme. Quittance de loyer.

Personne qui loue un appartement, une maison. Locataire. Locataire principal. / Sous-louer. Sous-location. Sous-locataire. / *Louer un bateau.* Affréter. Noliser. Affrètement. / *Payer le fret.* Nolis. Nolisement. / Louer un cheval, une voiture.

Louer une place dans un train, au théâtre. Retenir. Faire réserver.

LOCATION. Réservation.

LOCATIF (relatif à la chose louée). Risque locatif. Valeur locative. Impôt locatif.

loup

(du lat. *lupus ;* en gr. *lykos*)

Mammifère carnivore, vivant dans les forêts d'Europe, d'Asie, d'Amérique. Louve (femelle). Louveteau ou louvart (jeune loup). / Chien-loup. Loup peint (lycaon). Loup aboyeur (coyote). Loup doré (chacal). Loup d'Abyssinie (cabéru). Loup-cervier (lynx). / Loup marin (phoque, bar).
Cri. Hurlement. Hurler. / Se flâtrer (se tapir sur le ventre). / Gîte. Liteau. Tanière. / Ligner (reproduire). Louveter (mettre bas). / Laisse (place à aiguiser les griffes). Déchaussure (place grattée). / Laissées (excréments).

Relatif au loup. Isengrin (dans le *Roman de Renart*). Fenris (dans la mythologie scandinave). / Louveterie. Louvetier. / Lupercales (fêtes de Pan). / Lycopode. Lycoperdon (vesse-de-loup). / Loup-garou ou lycanthrope.
Louve (appareil de levage). Dents-de-loup (feston). / Tête-de-loup (brosse). / Saut-de-loup. (fossé). / Louvet (roux). / A la queue leu leu.

lourd

(du lat. pop. *lurdus ;* lat. class. *gravis*)

Se dit d'une chose dont le poids, la densité sont élevés. *Un fardeau lourd. Un lourd bagage.* Pesant. Pénible à porter. Difficile à transporter. / *Une terre lourde. Un terrain lourd.* Compact. Bourbeux. Boueux. Détrempé.

ALOURDIR (rendre lourd). Surcharger.

ALOURDISSEMENT. Lourdeur. Appesantissement.

Difficile à supporter. *Une lourde tâche.* Pénible. Assujettissant. Accablant. / *Une lourde charge. De lourds impôts.* Ecrasant. / *Des frais très lourds.* Onéreux. Dispendieux. Coûteux.
Une chaleur lourde. Un temps lourd. Accablant. Oppressant. Etouffant. / *Un aliment lourd.* Indigeste. / *Avoir la main lourde.* Frapper fort. Châtier, punir sévèrement.

Qui donne une impression de pesanteur. *Un homme d'aspect lourd.* Corpulent. Trapu. Massif. Epais. Ramassé. / Un patapouf (fam.). Mastodonte. / *Une architecture lourde. Un édifice lourd.* Mastoc (fam.).
Avoir les jambes lourdes. Se mouvoir difficilement. Avoir de la peine à se déplacer. / *Avoir les yeux lourds de sommeil.* Avoir envie de dormir. / *Un sommeil lourd.* Profond.

Qui manque de finesse, de subtilité. *Un homme lourd.* Epais. Grossier. Balourd. Fruste. Lourdaud. Rustaud. Rustre. / *Un esprit lourd.* Obtus. Pesant. Borné. Lent.

LOURDEUR. Epaisseur. Pesanteur. Lenteur.

LOURDEMENT. Grossièrement.

Qui manifeste de la maladresse dans les mouvements, l'expression. *Un pas lourd. Un geste lourd.* Empoté. Lourdaud. Pataud. Lent. / *Un style un peu lourd.* Gauche. Embarrassé. Maladroit.

LOURDEMENT. Gauchement. Maladroitement.

lumière

(du lat. ecclés. *luminaria ;* lat. class. *lumen, luminis ;* en gr. *phôs, phôtos*)

Radiation émise par les corps incandescents ou luminescents et qui rend les objets visibles. *Une lumière vive, intense, étincelante, éblouissante, aveuglante.* Eclat. Splendeur. Embrasement. / Une lumière chaude, colorée. / *Une lumière douce, tamisée, filtrée, voilée.* Lueur. Clarté. Reflet. / *Affaiblissement de la lumière.* Clair-obscur. Obscurcissement. Assombrissement. / *Absence de lumière.* Obscurité. Ténèbres.

Sortes de lumière. Lumière solaire. / Lumière artificielle. Lumière froide (émise sans incandescence). / Lumière blanche (mélange de lumières de couleur). Lumière monochromatique (une seule couleur). / Décomposition de la lumière (par réfraction [prisme] ou par diffraction [réseau]). Spectre. Couleurs du spectre : violet, indigo, bleu, vert, jaune, orange, rouge. Radiations invisibles : infrarouge (au-delà du rouge) ; ultraviolet (au-delà du violet). / Lumière polarisée. Lumière réfléchie. Lumière réfractée. Lumière diffuse. / Lumière cohérente (celle du laser).

Émission de la lumière. Photon (grain ou quantum de lumière). Onde lumineuse. Faisceau lumineux.
Soleil. Aube. Aurore. Point du jour. / Crépuscule. Tombée du jour. / Lumière de la lune. Clair de lune. / Etoiles.
Incandescence. (v. ÉCLAIRAGE). / Phare. Feu. Foyer. Flamme. / Luminescence (émission de lumière par un corps non incandescent). Fluorescence (émission de radiations visibles sous l'influence d'autres

radiations). Phosphorescence (propriété que possèdent certains corps ou certains êtres vivants de dégager de la lumière dans l'obscurité). Photogène. Photoémetteur. / Noctiluque (protozoaire phosphorescent). Ver luisant ou lampyre. Luciole. Photobactérie. / Phosphore blanc.
Emettre, répandre, produire de la lumière. Eclairer. Briller. Luire. Illuminer. Resplendir. Flamboyer. Scintiller. / Luminance. Brillance. / S'allumer. Poindre. Jaillir. Croître. Baisser. Vaciller. S'éteindre. / Lumière fixe, constante. Lumière clignotante, papillotante, scintillante, tremblante, vacillante.

LUMINEUX. Brillant. Ardent. Clair. Etincelant. Phosphorescent. Luminescent. / *Cercle lumineux entourant la tête des représentations de Dieu, des anges, des saints.* Auréole. Nimbe. Gloire. Halo.

LUMINOSITÉ. Eclat. Brillance.

Propagation de la lumière. Radiation lumineuse. Rayonnement. Irradiation. Diffusion. / Déviation des rayons lumineux. Diffraction. / Réfraction. Réfringence. Lentille. Prisme. Spectrographe. Spectroscope. / Réflexion de la lumière. Reflet. Réverbération. Miroir. Réflecteur. Catadioptre. Photophore. Cataphote. / Interférence des ondes lumineuses. / Polarisation. Polariscope. / Filtre optique. Monochromateur.
Qui laisse passer la lumière. Translucide. Transparent. Diaphane. Clair. / *Qui ne laisse pas passer la lumière.* Opaque. Opacité.

Effets de la lumière. Aurore polaire. Halo. Arc-en-ciel. Feu follet. Feu Saint-Elme.
Rai (vx). Ombres portées. / *Jeux de lumière.* Scintillement. Chatoiement. Miroitement. Poudroiement. Brasillement. / Scintiller. Chatoyer. Miroiter. Poudroyer. Brasiller.
Photoconductivité. Photolyse (décomposition chimique). Photosynthèse (plantes). Photauxisme (croissance des plantes). Phototropisme (orientation des plantes). Phototactisme (mouvements des animalcules).
Insolation. Coup de soleil. Photodermatose. / Eblouissement. Aveuglement. / Photophobie.

Applications de la lumière. Astronomie. / Batterie solaire. / Illumination. Feux d'artifice. Laser. Optique. Photoélectricité. Photocellule ou cellule photoélectrique. Photochimie. Photographie. Photopile ou cellule photovoltaïque. Photothérapie. Solarium. Spectroscopie. Analyse spectrale.

Mesure de la lumière. Photométrie. Photomètre. Polarimètre. Spectromètre. Actinomètre. Bolomètre. Thermocouple. / *Unités de mesure de la lumière.* Candela (intensité). Lux (éclairement). Phot (10 000 lux). Lumen (flux lumineux). Nit (luminance ou brillance).

Ce qui éclaire l'esprit. *La lumière de la foi.* Illumination. / La lumière de la raison. / *Faire la lumière sur une question.* Apporter des éclaircissements. Donner des explications. / Expliquer. Elucider. Eclairer. / *Faire la lumière sur une affaire.* Tirer au clair. Clarifier. Eclaircir. / *Mettre en lumière.* Mettre en évidence, au grand jour. / Mettre la lumière sous le boisseau (cacher la vérité).

LUMINEUX (qui est d'une grande clarté). Clair. Lucide. Pénétrant.

Capacité intellectuelle. *Les lumières d'une personne.* Savoir. Connaissances. Intelligence. Science. / *Une lumière* (en parlant d'une personne). Savant. Sommité. Génie.

LUMINEUX. *Esprit lumineux.* Pénétrant. Perspicace. / *Idée lumineuse.* De génie. Génial.

Lune

(du lat. *luna*; en gr. *selênê*)

Astre satellite de la Terre. *Mouvements de la Lune.* Lever. Culminer. Coucher. Conjonction (Lune entre le Soleil et la Terre). Opposition (Terre entre le Soleil et la Lune). Révolution sidérale (retour au même point du ciel : 27 j 7 h 43 mn). Révolution synodique (cycle complet des phases : 29 j 12 h 44 mn). Libration (balancement apparent du globe autour d'une position moyenne). Jour, nuit, mois, année lunaire. Mois cave ou mois lunaire synodique (révolution synodique). Année cave (douze lunaisons).

Aspects de la Lune (vue de la Terre). *Phases de la Lune.* Lunaison (cycle des quatre phases). Nouvelle lune (l'astre est invisible). Premier quartier (moitié du disque éclairée formant un D). Pleine lune (tout le disque est éclairé). Dernier quartier (moitié du disque éclairée en forme de ☾). Disque lunaire. Croissant. Cornes. Terminateur (limite de la partie éclairée). / Syzygies (pleine et nouvelle lune). Quadratures (quartiers). Néoménie ou nouménie (nouvelle lune).

Déclin ou décroît (de la pleine lune jusqu'à la nouvelle Lune). Age de la Lune (jours écoulés depuis la nouvelle lune). Epacte (âge au 1er janvier). Lumière cendrée (due au clair de Terre sur la Lune). Clair de lune ou lune (clarté dispensée par la Lune). Halo. Lune rousse (lunaison, après Pâques, coïncidant avec des gelées nocturnes).

Exploration de la Lune. Point neutre (où l'attraction de l'engin par la Terre et la Lune est égale). Sondes automatiques lunaires : *Luna, Ranger, Surveyor, Zond, Lunakhod* (automobile lunaire). / Satellites artificiels de la Lune : *Luna, Lunar Orbiter, Apollo.* Satellisation. Orbite circumlunaire. Apolune ou aposélène (point le plus haut de l'orbite). Périlune ou périsélène (point le plus bas). / Vaisseau spatial Terre-Lune : *Apollo.* Module lunaire ou *L. E. M.* (angl. *Lunar Excursion Module*). Atterrissage sur la Lune. Alunissage. Alunir. (Voir aussi ASTRONAUTIQUE.)
Sélénographie (description du sol lunaire). / Coordonnées sélénographiques : latitude, longitude (ou degrés, comme pour la Terre). / Carte lunaire. Atlas photographique de la Lune. Hémisphère visible, invisible. / Equateur, parallèle, pôle lunaires.
Océan, mer, golfe, lac, marais (désignation des grandes plaines lunaires). / Montagne, mont, pic, dôme lunaires. / Vallée, crevasse, rainure (entailles du sol). / Cirque, cratère, craterlet. Rayonnements (longues traînées blanchâtres rayonnant d'un cirque). / Mascon (masse de roche très dense à l'intérieur du globe lunaire).

Relatif à la Lune. Lunaire. Lune (satellite en général). Luné (en croissant). Luni-solaire (qui a rapport à la Lune et au Soleil). Lunule (figure en forme de croissant). Lunulé (qui a cette forme). / Marée (v. MER). / Diane, Phœbé, Séléné (déesses de la Lune). Sélénite (habitant imaginaire de la Lune).

lutte

(du bas lat. *lucta*)

Opposition entre deux adversaires. *Lutte entre deux nations. Lutte armée.* Guerre. Hostilités. / *Une lutte ardente, violente.* Bataille. Combat. Attaque. Bagarre. Echauffourée. Mêlée. Corps à corps. / *Lutte sanglante.* Carnage. Massacre. / *Inciter à la lutte. Passer à la lutte.* Action. Agitation. Révolte. Résistance. / *Lutte politique, sociale, religieuse.* Conflit. Opposition. / *Lutte d'idées.* Rivalité. Controverse. Discussion. Débat. Différend. Démêlé. Antagonisme. / *Lutte d'intérêts.* Conflit. Collision. Désaccord. / *Lutte entre le bien et le mal.* Dualisme. Manichéisme.

LUTTER. Combattre. Se battre. S'affronter. Se mesurer. En venir aux mains.

Action énergique pour surmonter un obstacle. *Lutte contre la maladie. Lutte contre un fléau.* Défense. Résistance. Effort. / *Lutte pour la vie.* Struggle for life. Concurrence vitale.

LUTTER. Batailler. Militer. Se démener. Se dépenser.

LUTTEUR. Jouteur. / Militant. Militant de base (qui n'a pas de responsabilité particulière dans un parti). / Militantisme.

luxe

(du lat. *luxus*)

Manière de vivre caractérisée par de grandes dépenses et une abondance de biens superflus. *Aimer le luxe.* Faste. Magnificence. Pompe. Apparat. Ostentation. Vie mondaine. Mondanités. Somptuosité. Richesse. Opulence. / *Objet de luxe. Article de luxe.* Parure. Bijoux. Toilette. Fourrures, etc. / Produits de luxe.
Lois somptuaires (à Rome, lois restreignant le luxe). / Dépenses voluptuaires (consacrées aux choses de luxe).

LUXUEUX (qui reflète le luxe). Somptueux. Fastueux. Magnifique. Princier.

LUXUEUSEMENT. Somptueusement. Fastueusement. Princièrement.

Étalage du luxe. *Vivre dans le luxe. Avoir des goûts de luxe.* Mener grand train. Mener la grande vie. Faire de grandes dépenses. Vivre comme un seigneur, comme un prince, comme un pacha. / *Etaler son luxe.* Eclabousser.

Grande quantité de choses. *Un luxe de détails.* Abondance. Profusion. Multiplicité. Richesse.

LUXURIANT. *Végétation luxuriante.* Dense. Abondant. Exubérant.

LUXURIANCE. Abondance. Exubérance.

M

machine

(du lat. *machina,* en gr. *mêchanê,* invention, engin)

Ensemble de mécanismes combinés pour recevoir une forme d'énergie, la transformer et produire un effet donné. *Monter, démonter une machine. Faire fonctionner une machine.* Appareil. Engin (fam.). / *Organes d'une machine.* V. MÉCANIQUE. / *Machines diverses.* Machines agricoles. V. AGRICULTURE. Machines de bureau. Machine à écrire. V. BUREAU. Machines à calculer. V. CALCUL. Machine-outil. V. OUTIL. Machine à vapeur. V. VAPEUR. Etc. / Machines domestiques. Appareils électroménagers. Machine à laver, à coudre, à tricoter, etc.

MACHINISME (généralisation de l'emploi des machines).

MÉCANIQUE (mis en mouvement, exécuté par une machine). Escalier mécanique. Tissage mécanique.

MÉCANISER (remplacer par des machines le travail de l'homme). Automatiser. / Automatisation. Automation. Mécanisation.

mâchoire

(de *mâcher;* en lat. *maxilla,* en gr. *gnathos)*

Chacune des deux parties osseuses de la bouche, où sont implantées les dents. *Mâchoire supérieure* ou *maxillaire supérieur* (fixe). Apophyse palatine. Apophyse montante. Sinus maxillaire. Apophyse pyramidale. Apophyse zygomatique. / *Mâchoire inférieure* ou *maxillaire inférieur* (mobile). Articulation temporo-maxillaire. Apophyse coronoïde. Condyle. Ligaments latéraux. / Muscles élévateurs : masséter, ptérygoïdien interne, temporal. / Muscles abaisseurs : digastrique, mylo-hyoïdien, génio-hyoïdien. / Ptérygoïdiens interne et externe (permettant les mouvements latéraux).

Types de mâchoires. Prognathisme (saillie en avant des mâchoires). Prognathe. Orthognathisme (saillie peu prononcée). Orthognathe. Macrognathe. Agnathe (dépourvu de mâchoire). Rétrognathie.

MÂCHER (broyer avec les dents par les mouvements des mâchoires). Mastiquer. Mastication. Masticateurs (muscles). / Mâchonner, mâchouiller (mâcher lentement).

Maladies et accidents des mâchoires. Constriction des mâchoires ou trismus. Désarticulation. Se décrocher la mâchoire. Fracture. Luxation. Ostéite. Tumeurs.

maçon

(du francique *makjo)*

Ouvrier qui exécute des travaux de construction. Appareilleur. Plâtrier. Cimentier. Rocailleur. Badigeonneur. / Aide-maçon. Manœuvre. Goujat (vx). Gâcheur. Bardeur.

Manière de disposer les matériaux. Appareil réticulé, oblique, imbriqué, irrégulier, mixte. Appareil « opus incertum » (blocs de meulière ou moellons irréguliers). Assise de hauteur égale, de hauteur rythmée, de hauteur variée. Bossage. Boutisse. Carreau. Claveau. Délit. Ecoinçon. Imposte. Joint. Lancis. Lit. Parpaing. Pierre de refend. Parement. Recoupement. / Mettre une pierre de chant, sur chant (sur la face la moins large et dans le sens de la longueur).

Maçonnage. Bancher. Bétonner. Boucharder. Butter un mur. Carreler. Chaîne. Chemise. Ciselure. Clapée (jet de plâtre). Corroyer. Couler le plâtre, le béton. Crépir. Délarder une pierre. Encroûter. Enduire. Enlier. Enrochement. Rehausser, surélever un mur. Fouetter du plâtre. Gâcher. Gobeter. Hacher. Hourder. Jointoyer. Rejointoyer. Lambrisser. Latter. Liaisonner. Maçonner. Murer. Piquer une pierre. Plafonner. Plaquer. Plâtrer. Plâtrage. Poser. Pose. Raccorder. Ragréer. Ravaler. Ravalement. Recrépir. Recrépissage. Rustiquer. Rusticage. Sceller. Scellement. Smiller. Taille des pierres. Tailler.

Ouvrages. Badigeonnage. Banchée. Blocage. Briquetage. Cailloutage. Carrelage. Colombage. Corniche. Crèche. Crépi. Crossette. Culée. Douelle. Encorbellement. Fondations. Galandage. Garni. Gobetis. Hourdis. Jambage. Lambris. Légers. Maçonnerie. Massif. Moulure. Mur. Muraille. Gros œuvre. Orbe (se dit d'un mur qui n'a ni portes ni fenêtres). Ossature. Panneau. Pignon. Plafonnement. Plancher. Plate-forme. Platée. Raccord. Radier. Réparations. Replâtrage. Revêtement. Rudération. Sous-œuvre. Surélévation. Rehaussement. Voussoir. Voûte.

Outils, instruments de maçonnerie. Auge. Civière. Oiseau. / Marteau. Grelet. Batte. Boucharde. Décintroir. Laie. Maillet. Smille. / Truelle. Plâtroir. Taloche. Crochet. Riflard. Ripe. Fiche. Rondelle. Mirette. / Crépissoir. / Gâche. Bouloir. Rabot. / Calibre. Sabot. / Hache. Hachette. Scies. Pince.
Compas. Equerre. Niveau. Fil à plomb. Sauterelles.

Matériel. Echafaudage. Echafaud. Baliveaux. Boulins. Tendières. Ecoperches. Echelles. Cordages. / Echafauder. / Etai. Etançon. Chevalement. Etrésillon. Etayer. Etançonner. Etrésillonner. / Sapine. Grue. Treuil. Poulie. / Bétonnière. / Crible. Claie. / Etrier. Sellette. / Coffrage.
Voir MATÉRIAUX DE CONSTRUCTION.

magasin
(de l'ar. *makhazin*, dépôt)

Établissement de commerce où l'on vend des marchandises en gros et au détail. Maison de commerce. Fonds de commerce. Etablissement commercial. / Magasin d'alimentation. Magasin de chaussures, de vêtements, de modes, de nouveautés, etc.

Grand magasin. Hypermarché. Supermarché. Magasin à libre service. Magasin à prix unique. Bazar. Drugstore. Magasin à succursales multiples. / *Courir les magasins.* Faire des achats, des emplettes, des courses (fam.). Faire du shopping (fam.), du lèche-vitrines (fam.). / *Magasin bien (mal) achalandé.* Bien (mal) assorti, approvisionné.

Magasin d'importance moyenne. Boutique. / Boutique de marchand de légumes, de fruits, de fleurs. / Boulangerie. Pâtisserie. Confiserie. Boucherie. Charcuterie. Triperie. Epicerie. Crémerie. Droguerie. Herboristerie. Quincaillerie. Mercerie. Chemiserie. Parfumerie. Bonneterie, etc. / Boutique de marchand de couleurs, de marchand de journaux. *Petite boutique.* Echoppe. / *Boutique foraine.* Baraque. / *Boutique d'antiquités.* Bric-à-brac. Brocante.

Parties d'un magasin. Comptoir. Rayon. Etalage. Vitrine. Devanture. / Enseigne. Rideau. Store. / Arrière-boutique. Réserve.

Personnel. Directeur. Gérant. Vendeur. Vendeuse. Commis. Etalagiste. Caissier. Caissière.

Fonctionnement. Achat, vente de marchandises. Réassortiment. Réassortir. Marchandises. Stock. Fond de magasin. / Client. Acheteur. Clientèle.
Patente. Chiffre d'affaires. Marge bénéficiaire. / Cessation de commerce. Liquidation. Faillite.

magie
(lat. *magia*, du gr. *mageia*, religion et sortilèges des mages)

Art supposé de produire des phénomènes contraires aux lois de la nature. Magie blanche. Magie noire (qui tire sa puissance du diable). Occultisme. Cabale. / Alchimie. / Spiritisme. Nécromancie. Psychagogie (évocation des âmes). / Sorcellerie. Diablerie. Théurgie (magie qui tire sa puissance des dieux ou esprits bienfaisants).

Opérations. Pratiques secrètes. Ensorcellement. Envoûtement. Commerce avec le diable. / Charme. Contre-charme. Enchantement. / Conjuration. Invocation. Incantation. / Evocation. Apparition. Métamorphose. Fantasmagorie. / Fascination. Jettatura. Mauvais œil. / Sortilèges. Sorts. Maléfice. Magnétisme.

Magiciens. Alchimiste. Nécromancien. Cabaliste. Enchanteur. Devin. Devineresse. Sorcier. Sorcière. Thaumaturge. Spirite. Mage.

Êtres de pouvoir magique. Diable. Démon. Génie. Péri. Fée (Viviane. Morgane. Alcine. Mélusine. Urgèle. Urgande. Holda, etc.). / Esprits. Farfadet. Gnome. Lutin. Elme. Elfe. Korrigan. / Loup-garou. Vampire. Revenants. Fantômes. Ombres. Esprits frappeurs.

Choses de la magie. Baguette. Anneau magique. Cercle magique. Carré magique. Miroir magique. / Formules. Grimoire. Abracadabra. Abraxas. / Amulette. Talisman. Gri-gri. / Philtre. Poudre sympathique. Mandragore. / Sabbat. / Tables tournantes. / Manie (figure d'envoûtement). / Manche à balai (des sorcières).

MAGIQUE. *Vertu, pouvoir magique.* Occulte. Mystérieux. Cabalistique. Esotérique. Extraordinaire. Merveilleux. / Maléfique (occulte et néfaste).

magistrat
(du lat. *magistratus*)

Fonctionnaire ou officier civil investi d'une autorité administrative ou politique. *Premier magistrat de France.* Président de la République. / Conseiller d'Etat. Ministre. Préfet. Sous-préfet. Conseiller de préfecture. / *Magistrats municipaux.* Maire. Adjoint. / Commissaire de police.

Membre de l'ordre judiciaire. Magistrat assis, debout. (V. JUSTICE.)

France ancienne. Intendant. Surintendant. / Echevin. Capitoul. Jurat. / Lieutenant civil. Lieutenant criminel. Prévôt. / Bailli. Sénéchal. Viguier. Verdier.

Étranger. *Angleterre.* Lord-maire. Attorney. Alderman. Shérif. Coroner. Constable. / *Allemagne.* Bourgmestre. Landgrave. Graff. / *Italie.* Doge. Podestat. Provéditeur. Gonfalonier. Sages de Venise. / *Suisse.* Amman. Avoyer. / *Espagne.* Corrégidor. Alcade. / *Roumanie.* Voïvode. / *Pays arabes.* Caïd. Cadi, etc.

Antiquité. *Athènes.* Archonte. Prytane. Aréopagite. Thesmothète. Héliaste. / *Rome.* Consul. Censeur. Préteur. Edile. Questeur. Proconsul. Propréteur. Tribun. Triumvir. Centumvir. / *Sparte.* Ephore. Armoste. / Suffète (Carthage). / Nomarque (Egypte). / Vergobret (Gaule).

magnétisme
(du gr. *magnês, magnêtos,* aimant)

Ensemble des phénomènes découlant des propriétés des aimants. Magnétisme terrestre. Ferromagnétisme (intense, comme celui du fer). Paramagnétisme (de même sens, mais moins intense que celui du fer). Diamagnétisme (de sens inverse à celui du fer). / Attraction, répulsion magnétiques. / Pôle Nord ou pôle positif. Pôle Sud ou pôle négatif. / Champ magnétique. Force magnétomotrice. Lignes de force. / Perméabilité magnétique. / Electromagnétisme. / Magnétostriction.

Les aimants. Substance magnétique. Aimant naturel, pierre d'aimant, magnétite ou fer oxydulé. / Aimant artificiel. Aimant temporaire, permanent. / Aimanter ou magnétiser. Aimantation. Touche (aimantation par contact). Désaimantation. Aimantation rémanente. Ferrite. Aiguille aimantée. Barreau aimanté. Fer à cheval. Entrefer. Portant. Armature. / Electro-aimant. / Unités électromagnétiques. Gauss (induction). Maxwell (flux magnétique). Œrsted (champ magnétique).

Applications. Boussole. / Magnétophones. Magnétoscope (enregistre les images de télévision). Magnétochimie. Haut-parleur magnétodynamique (à aimant), électromagnétique (à électro-aimant). Machine magnéto-électrique (magnéto). Machine dynamo-électrique (dynamo). Sondeur ultrasonore à magnétostriction. Radio-électricité. Prospection magnétique. / Magnétomètre.

Relatif au magnétisme. Magnétique. / Magnétogène (qui produit les effets du magnétisme). Magnétisant. Magnétisation. Magnétiser. Magnétostatique.

magnifique
(du lat. *magnificus*)

Qui est d'une beauté pleine d'éclat, de grandeur. *Un édifice magnifique. Un spectacle magnifique.* Beau. Grandiose. Somptueux. Superbe. Admirable.

MAGNIFICENCE. Beauté. Somptuosité. Splendeur.

MAGNIFIQUEMENT. Somptueusement. Splendidement. Merveilleusement.

Qui est très beau. *Un temps magnifique. Un paysage magnifique.* Splendide. Merveilleux. Formidable (fam.). Superbe. / *Un résultat magnifique.* Remarquable. Admirable.

maigre
(du lat. *macer*)

Se dit d'une personne, d'un animal dont le corps n'a pas de graisse. Décharné. Efflanqué. Emacié. Etique. Squelettique. Sec. Sécot (fam.). / Maigre comme un clou, comme un hareng, comme un échalas. / *Etre très maigre.* N'avoir que la peau sur les os. Avoir la peau collée aux os. Pouvoir compter les côtes. / *Un peu trop maigre.* Maigrelet. Maigriot. Maigrichon. / *Maigre et chétif.* Rachitique. Fluet. / *Un petit homme maigre.* Gringalet. / *Une femme maigre.* Haridelle. Planche. / Une fausse maigre. / *Visage maigre.* Hâve. Emacié. Creusé. Tiré. Visage de parchemin. Joues creuses.

MAIGRIR. Fondre. Se dessécher. Décoller (pop.).

MAIGREUR. Emaciation.
AMAIGRIR. Emacier. Décharner. Creuser. / Amaigrissement. Emaciation. / Amaigrissant.

Qui ne contient pas de graisse. *Viande maigre.* Sans gras. / *Lait maigre. Fromage maigre.* Ecrémé.

Qui ne comporte ni viande ni graisse. Repas maigre. Bouillon maigre. / *Aliments maigres.* Poisson. Œufs. Légumes. Laitage.
Le maigre religieux. Faire maigre. Abstinence. Quatre-Temps. Carême.

Peu abondant. *Un maigre repas* (où il y a peu à manger). / *Un gazon maigre.* Clairsemé. Peu fourni. / *Un sol maigre.* Pauvre. Aride. Stérile.
MAIGREMENT. *Vivre maigrement.* Pauvrement. Chichement. Chétivement.

Peu important. *Un maigre salaire. Un maigre bénéfice.* Petit. Médiocre. Piteux. Dérisoire. Misérable. Minable (fam.).

main

(du lat. *manus ;* en gr. *cheir, cheiros*)

Partie du corps humain située à l'extrémité du bras et qui se termine par cinq doigts. Main droite. Dextre (vx). / Main gauche. Senestre (vx). / Une main douce, grasse, grassouillette. / Une main dure, calleuse, rugueuse. / *Une main de fer.* Poigne. / *Une grosse main.* Battoir (pop.). / *Une petite main.* Menotte (fam.). / Main bote (déformée). Main pote (enflée).
Termes pop. Patte. Paluche. Pince, etc.
Parties de la main. Dos de la main. Région dorsale. Dessus. Revers. / Creux de la main. Plat de la main. Paume. Face palmaire. / Eminence thénar (saillie formée sur la paume par les muscles du pouce). Eminence hypothénar. / Poignet. / *Doigts.* Pouce. Index. Médius. Annulaire. Auriculaire ou petit doigt.

Anatomie. Carpe. *Os.* Trapèze. Scaphoïde. Semi-lunaire. Pyramidal. Pisiforme. Os crochu. Grand os. Trapézoïde. / Métacarpe. Métacarpiens. / Phalanges. Phalangines. Phalangettes (sauf pour le pouce).
Muscles. Fléchisseur superficiel. Court abducteur du pouce. Court fléchisseur. Abducteur du petit doigt. Lombricaux.
Artères et veines. Artère radiale. Artérioles de la main. Veine radiale. Arcades palmaires.

Gestes de la main. Pronation (position de la main la paume en dessous et le pouce à l'intérieur). Supination (position contraire). Ouvrir, fermer, étendre la main. / Tendre la main. Serrer la main de quelqu'un. / *Toucher la main en signe d'accord.* Toper. / Joindre les mains. Lever les mains. Battre des mains. / Toucher. Tapoter. Palper. Tâter. Pétrir. Masser. / Caresser, effleurer de la main. / Flatter un animal de la main. Frapper. Gifler. Claquer. Souffleter. Taper. / Baiser la main. Baisemain. / *Prendre, tenir à une main, à deux mains.* Saisir. Empoigner. / S'agripper. S'accrocher.

Travail des mains. Manier. Maniement. Maniable. Remanier. Manuscrit. / Manipuler. Manipulation. Manutentionner. Manutention. / Manufacturer. Manufacture. Manœuvrer. Manœuvre. / Un manœuvre. Manouvrier.
Droitier. Gaucher. Ambidextre. Adresse. Dextérité. / Travail manuel. Jeu (d'un artiste). Doigté. Chirurgie. Chiropractie.

Maladies des mains. Abcès. Phlegmon. Mal blanc. Panaris. Blessures. Engelures. Crevasses. Gerçures, etc.

Chiromancie. Lignes de la main. Linéaments. / Ligne de vie, de cœur, de l'âge. / Ligne hépatique, saturnale, mensale, thorale. / Ligne de Mars, de Vénus. / Ligne naturelle, moyenne, du cerveau. / Ligne de prospérité.
Monts. Mont de Mars, de Jupiter, de Saturne, du Soleil, de Vénus, de Mercure, de la Lune.

Locutions diverses. Ne pas y aller de main morte (frapper rudement ; et, au *fig.*, agir ou parler avec énergie, violence). Avoir bien en main (tenir solidement ; être expert en quelque chose). Avoir la main heureuse (avoir habituellement de la chance). Avoir la main légère (ne pas appuyer lourdement la main en faisant quelque chose). Avoir la main leste (être prompt à frapper). Avoir les mains libres (avoir la liberté d'agir). Avoir la haute main (jouir de la principale influence). Coup de main (action militaire locale menée par surprise en vue d'obtenir des renseignements sur l'ennemi ; aide apportée à quelqu'un). Demander, obtenir la main de quelqu'un (demander, obtenir une personne en mariage). Donner la main à quelqu'un (l'aider, le servir). Forcer la main (contraindre). Homme de main (homme qui exécute pour le compte d'autrui des besognes basses ou criminelles). Mettre la main à quelque chose, à l'œuvre, à la pâte (entreprendre, commencer une chose, y prêter son concours). Mettre la dernière main à quelque chose (terminer quelque chose). Mettre la main sur quelque chose (s'en emparer ; trouver). Mettre la main sur quelqu'un (s'emparer de sa personne). Prendre en main (se charger de). Haut la main (rondement, facilement, vigoureusement). A pleines mains (abondamment, largement). De première main (directement, sans intermédiaire). En main propre (aux mains de la personne même). Se frotter les mains (se réjouir).

maintenir

Conserver dans le même état. *Maintenir la paix, l'ordre, l'équilibre.* Garder. Tenir. Entretenir. Faire durer. / *Maintenir une tradition.* Continuer. Faire subsister. / *Maintenir quelqu'un dans ses fonctions.* Conserver. Garder.

MAINTIEN. Conservation. Continuité.

Se maintenir. *Se maintenir dans un état.* Demeurer. Rester. Subsister. Durer.

Affirmer avec fermeté. *Maintenir que...* Assurer. Soutenir. Certifier.

Tenir dans une position fixe. *Maintenir quelque chose en équilibre stable. Maintenir une construction* (en parlant d'une chose). Retenir. Soutenir. Fixer. Attacher. / *Maintenir des choses ensemble.* Réunir. Assembler. Lier. / *Maintenir quelqu'un.* Tenir. Immobiliser. Empêcher de bouger. / *Maintenir une foule.* Contenir. Arrêter. / *Maintenir un animal.* Maîtriser. Retenir.

maïs

(de l'esp. *maïs*)

Céréale cultivée pour ses grains comestibles. Maïs corné, denté. Blé d'Inde, d'Espagne, de Turquie. Millette. / Maïs blanc, doré, jaune-roux, brun. / Panouil (épi).

Emploi. Grains de maïs. Farine de maïs. Maïzéna (nom déposé). / Bouillie de maïs. Gaude. Polenta. / Maïs grillé. Pop-corn.

maison

(du lat. fam. *mansio,* demeure ; lat. class. *domus ;* en gr. *oikos*)

Bâtiment destiné à servir d'habitation. *Bâtir, construire une maison.* Habitation. Construction. Bâtisse. Bâtiment. Logement. Résidence. / *Maison en construction.* Chantier.

Maison en bois, en brique, en pierre, en ciment, etc. Maison préfabriquée. / *Maison à plusieurs étages.* Immeuble. Gratte-ciel. Tour. Building. Grand ensemble. / *Groupe de maisons.* Pâté. Ilot. Coron.

Endroit où l'on habite. *Quitter sa maison. Regagner sa maison.* Domicile. Demeure. Chez-soi. Foyer. Pied-à-terre. Toit. Appartement. Logis (vx). Pénates (fam.). Home. / *Maison meublée.* Meublé (n. m.). / *Homme qui aime rester à la maison.* Casanier. Pantouflard. Pot-au-feu (fam.).

Maison bien tenue, confortable. Bonbonnière. / *Maison en désordre, mal tenue.* Bazar. Taudis. Bouge. Clapier.

Maître, maîtresse de maison. Patron. Patronne. / *Gens de maison. Employés de maison.* Personnel. Bonne. Servante (vx). Femme de ménage. Valet de chambre. Chauffeur. Femme de chambre. Cuisinier. Cuisinière. Lingère. Domestique (vieilli). Concierge. Gardien d'immeuble.

Tenir sa maison (s'occuper de la propreté, de l'aménagement, etc.). / *Soins de la maison.* Ménage.

Dénominations. *Maison riche, somptueuse.* Palais. Château. Manoir. Gentilhommière. Hôtel particulier. / *Maison de banlieue.* Pavillon. / *Maison rustique.* Chaumière. / *Maison à la campagne.* Ferme. Métairie. Mas (provençal). / *Maison de campagne.* Résidence secondaire. Pied-à-terre. Villa. Pavillon. Chalet. Cottage. Bungalow. Cabanon. Bastide. / *Maison de prêtres.* Presbytère. Cure. Maison paroissiale. Maison curiale. / *Maison de religieux.* Couvent. Monastère. Abbaye.

Petite maison. Maisonnette. / *Maison de mauvaise apparence.* Bicoque. Baraque. Cabane. / *Maison délabrée, croulante, en ruine.* Masure. Ruine.

Parties d'une maison. Gros œuvre. Fondations. Murs. Corps de logis. Aile. Devant. Façade. Pignon. Balcon. Perron. Derrière. / Toit. Terrasse. Toiture. Chéneau. Gouttière. Œil-de-bœuf. Lucarne. Chatière. Cheminée. Faîte. Corniche. / *Ouvertures.* Porte. Fenêtre. Porte fenêtre. Soupirail. / Grille. Portail. Porte.

Etage. Rez-de-chaussée. Entresol. Mezzanine (petit entresol entre deux étages).

Disposition des lieux. Etres. Sous-sol. Cave. Cellier. / Escalier. Cage d'escalier. Ascenseur. Palier. Marche. Contremarche. Rampe ou main courante. / Entrée. Vestibule. Couloir. Corridor. / *Pièces.* Salle à manger. Salle de séjour. Salon. Chambres. / Salle de bains. Salle d'eau. Cabinet de toilette. Cabinets. / Cuisine. Office.

Plafond. Parquet. Plancher. Mur de refend. Cloison. Lambris. Plinthe.

Relatif à la maison. Domestique. Economie domestique. Travaux

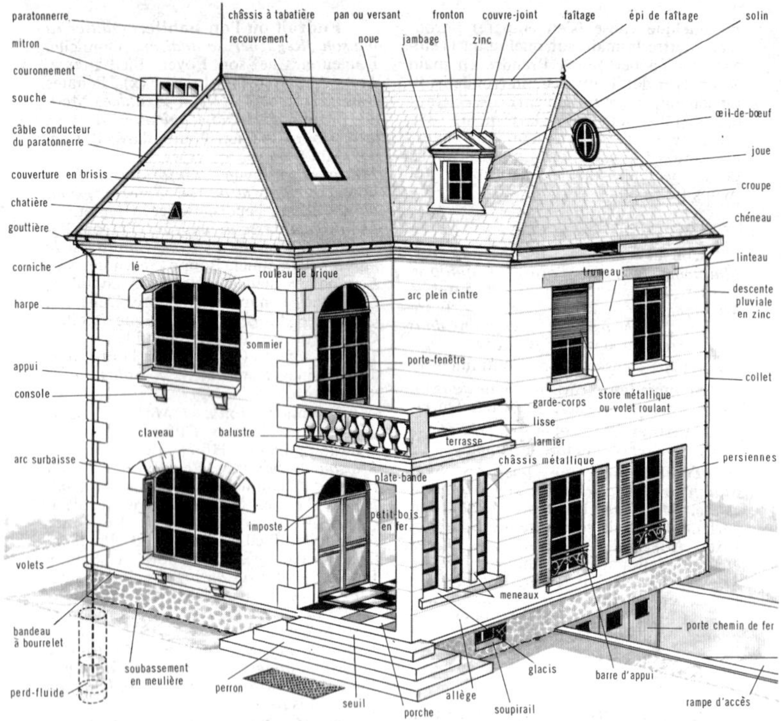
paratonnerre
châssis à tabatière
recouvrement
pan ou versant
noue
fronton
jambage
couvre-joint
zinc
faîtage
épi de faîtage
solin
mitron
couronnement
souche
câble conducteur du paratonnerre
couverture en brisis
chatière
gouttière
corniche
harpe
appui
console
arc surbaissé
volets
bandeau à bourrelet
perd-fluide
soubassement en meulière
lé
rouleau de brique
sommier
claveau
balustre
imposte
perron
seuil
porche
arc plein cintre
porte-fenêtre
garde-corps
lisse
terrasse
larmier
plate-bande
petit-bois en fer
châssis métallique
meneaux
allège
soupirail
glacis
œil-de-bœuf
joue
croupe
chéneau
linteau
trumeau
descente pluviale en zinc
collet
store métallique ou volet roulant
persiennes
porte chemin de fer
barre d'appui
rampe d'accès

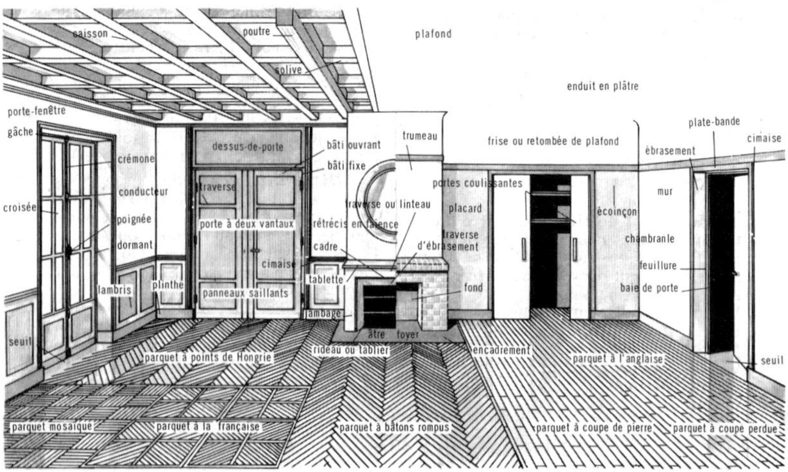
caisson
poutre
solive
plafond
enduit en plâtre
porte-fenêtre
gâche
crémone
conducteur
croisée
poignée
dormant
lambris
plinthe
seuil
dessus-de-porte
bâti ouvrant
bâti fixe
traverse
porte à deux vantaux
cimaise
panneaux saillants
trumeau
traverse ou linteau
rétrécis en faïence
cadre
tablette
jambage
âtre
foyer
rideau ou tablier
d'ébrasement
fond
encadrement
portes coulissantes
placard
traverse d'ébrasement
frise ou retombée de plafond
écoinçon
mur
plate-bande
cimaise
ébrasement
chambranle
feuillure
baie de porte
seuil
parquet à points de Hongrie
parquet à l'anglaise
parquet mosaïque
parquet à la française
parquet à bâtons rompus
parquet à coupe de pierre
parquet à coupe perdue

domestiques. Travaux d'entretien, de propreté. Etre propriétaire, copropriétaire, locataire, occupant. Louer. Sous-louer. Location. Sous-location. / Réparations locatives. / Impôts locatifs. Contribution foncière. Contribution mobilière. / Loyer scientifique. Loyer libre. (V. LOUER.)

Bâtiment servant à un usage particulier. *Maison de santé.* Clinique. / *Maison de cure.* Préventorium. Aérium. / Maison de repos. Maison de retraite. / *Maison d'aliénés, de fous* (vx). Asile (vx). Hôpital psychiatrique.

Maison d'éducation. Ecole. Pension. Institution. Pensionnat. Couvent. / Maison de la culture. Maison de jeunes.

Maison de jeux. Casino. Tripot (fam.).

Entreprise commerciale. *Maison de commerce. Maison de gros, de détail.* Etablissement. Firme. Magasin. Entreprise. / *Maison d'édition.* Librairie. / *Termes fam.* Boutique. Boîte.

maître

(du lat. *magister*)

Personne qui exerce son autorité, son pouvoir sur des êtres, sur des choses. *Maître, maîtresse de maison.* Patron. Patronne. / Amphitryon (littér.). Hôte. / Chef de famille. / *Maître de soi.* Libre. Indépendant. / *Se rendre maître d'un pays.* Conquérir. Occuper. / *Le Maître du monde, de la nature.* Dieu.

MAÎTRISE. *Maîtrise de soi.* Calme. Sang-froid. Contrôle. / *Maîtrise des mers.* Suprématie. Prépondérance. Domination. Empire. Hégémonie.

MAÎTRISER. *Maîtriser une personne.* Soumettre. Se rendre maître de. Réduire à l'impuissance. / *Maîtriser un animal.* Dompter. Dresser. / *Maîtriser un incendie.* Eteindre. Arrêter. Circonscrire. / *Se maîtriser.* Se dominer. Se contenir. Se contrôler. Prendre sur soi. Garder son sang-froid. / Se défouler (cesser de maîtriser ses désirs, ses impressions).

Personne qui possède un animal domestique, un bien et en dispose. *Le maître d'un cheval. Le maître d'une ferme.* Propriétaire. / *Le maître d'un domaine.* Possesseur.

Personne qui enseigne. *Maître, maîtresse d'école* (vx). Instituteur. Institutrice. / Professeur. Enseignant. Educateur. Précepteur. / Maître de conférences (personne qui enseigne dans une université). Maître assistant.

Personne qui excelle dans un art. *Un maître de la littérature.* Grand écrivain. / *Un maître de la peinture.* Célébrité. Grand nom.

Personne qui excelle en quelque chose. *Etre maître dans un métier.* Compétent. Expert. Adroit. Habile. / *Un maître à penser.* Gourou.

MAÎTRISE. Habileté. Maestria. Virtuosité. Perfection. Brio.

MAGISTRAL. Grand. Magnifique. Beau. Fort.

majesté

(du lat. *majestas*)

Caractère de grandeur qui impose le respect. *La majesté divine.* Gloire. Puissance. / La majesté d'un souverain. / Lèse-majesté (atteinte à la majesté du souverain).

Caractère de grandeur, de noblesse dans l'allure, l'aspect. *Une attitude pleine de majesté.* Dignité. Gravité. / *La majesté d'un monument, d'un paysage.* Beauté. Splendeur.

MAJESTUEUX. *Un air majestueux.* Imposant. Solennel. Noble. Grave. / *Un édifice majestueux.* Beau. Splendide. Grandiose. Magnifique.

mal adv. et adj.

(du lat. *male*)

D'une manière fâcheuse, défavorable, pénible. *Aller mal. Se porter mal.* Etre en mauvaise santé. Etre dans un état grave. / (En parlant d'une affaire, d'une situation.) *Tourner mal.* Se gâter. Péricliter. / *Parler mal* (ou *mal parler*) *de quelqu'un.* Calomnier. Médire. Diffamer. Critiquer. Dénigrer. / *Pas mal* (avec un verbe). Assez bien. Bien. / *Pas mal de* (avec un nom). Beaucoup de.

D'une manière défectueuse, insuffisante. *Travail mal fait.* Mauvais. Manqué. Raté. Saboté (fam.). Bâclé. Fait à la diable, n'importe comment, en dépit du bon sens. / *Parler mal une langue.* Incorrectement. / *Etre mal payé, mal nourri.* Insuffisamment. Médiocrement. / *Marcher mal.* Avec peine. Difficilement. Péniblement. / Tant bien que mal. Vaille que vaille.

D'une manière contraire à la loi morale. *Mal agir. Se conduire mal.* Incorrectement. Indécemment. Indignement. Déraisonnablement. / *Un bien mal acquis.* Malhonnêtement.

Adjectiv. *Se trouver mal.* Eprouver un malaise. Défaillir. S'évanouir. Avoir une défaillance. Avoir une syncope. Tomber en syncope. Perdre connaissance. Tomber dans les pommes (fam.). / *Etre mal, bien mal.* Etre malade. Etre mal en point. Etre dans un état grave. / *Etre mal. Se sentir mal.* Etre mal à l'aise. Etre dans une position inconfortable. / *Etre mal avec quelqu'un.* Etre en mauvais termes. Etre brouillé. / Désaccord. Mésentente. / *Pas mal* (fam.) [en parlant d'un être ou d'une chose]. Qui a un physique, une apparence agréable. Bien fait. Beau. Joli. Agréable. Plaisant. Charmant. / *Voilà qui est mal. C'est mal de mentir.* Laid. Honteux. Vilain.

mal n.m.

(du lat. *malum*)

Ce qui cause du dommage, de la peine. *Faire du mal à quelqu'un.* Nuire. Faire du tort. Léser. Causer un dommage, un préjudice. / *Rendre le mal pour le mal.* Œil pour œil, dent pour dent. / *Vouloir du mal à quelqu'un.* Etre méchant. Inhumain. Cruel. / *Dire du mal de quelqu'un.* Calomnier. Diffamer. Médire. Dénigrer. Critiquer. / *Mettre à mal.* Endommager. Détériorer. Abîmer (fam.). Saccager. Ravager.

Souffrance physique. *Un mal supportable. Un mal atroce.* Douleur. / *Un mal curable, incurable.* Maladie. Infirmité. / *Mal de tête.* Migraine. / *Mal au cœur.* Nausée. Envie de vomir. / *Se faire mal.* Se blesser. / *Prendre mal, du mal.* Tomber malade. Contracter une maladie.

Souffrance morale. *Endurer un mal, toutes sortes de maux.* Epreuve. Peine. Malheur. Affliction. Désolation. Tribulations. / *Etre en mal* (d'une chose). Souffrir du manque, de l'absence (d'une chose). / *Le mal du pays.* Nostalgie. / *Le mal du siècle.* Ennui. Mélancolie. Dégoût de vivre.

Ce qui est difficile, pénible. *Avoir du mal à* (et l'inf.). Peine. Difficulté. / *Se donner du mal pour* (et l'inf.). Faire des efforts. Se dépenser. Se démener. S'agiter. S'évertuer. Se remuer. Se décarcasser (fam.). S'échiner.

Ce qui est contraire à la loi morale. *Discerner le bien du mal.* Vice. Immoralité. Péché. / *Songer, penser à mal.* Avoir de mauvaises intentions. / *Induire, porter, encourager au mal.* Pervertir. Corrompre. Dépraver. Perdre. / Perversion. Corruption. Perdition. / *Etre enclin à faire le mal.* Pervers. Dépravé. Vicieux. Méchant. / *Goût pour le mal. Inclination au mal.* Perversité. Méchanceté. Dépravation.

maladie

(de *malade;* en lat. *morbus;* en gr. *nosos, pathos*)

Altération plus ou moins grave de la santé. *Etre atteint d'une maladie.* Affection. Mal. Etat morbide. / Maladie aiguë. / Maladie chronique. / Maladie grave, incurable, inguérissable, mortelle. / Maladie bénigne, légère, curable. / Maladie congénitale, héréditaire. Maladie typique, atypique. / *Maladie épidémique, sporadique.* Epidémie. / *Maladie endémique* (particulière à une région). Endémie. / Contracter, attraper (fam.), faire (fam.) une maladie. / *Aptitude à contracter une maladie.* Réceptivité. Allergie. / *Donner, communiquer une maladie.* Contaminer. Contagionner. Infecter. / Couver une maladie. Incubation.

Causes des maladies. *Agents mécaniques.* Traumatismes (choc, contusion, blessure, commotion, etc.). / *Agents physiques.* Chaleur. Froid. Pression atmosphérique. Radiations. / *Agents chimiques.* Caustiques (acide sulfurique, chlorhydrique, citrique, etc.). Toxiques ou poisons. Intoxications alimentaires, médicamenteuses. / *Agents infectieux.* Microbes. Toxines. Bactéries. Bacilles. Streptocoque. Staphylocoque. Virus. / *Tumeurs.* Tumeur bénigne. Adénome. Fibrome. Lipome. / Tumeur maligne. Cancer. Epithéliome. Sarcome.

Principales maladies. Maladies du cœur, des vaisseaux, du sang. Maladies de l'appareil respiratoire. Maladies du système nerveux. Maladies de l'appareil digestif. / Maladies des os et des articulations. Maladies des yeux. Maladies du nez, de la gorge, des oreilles. / V. CŒUR, SANG, RESPIRATION, NERF, etc. / Maladies infectieuses (V. INFECTION). / *Maladies mentales.* Névrose. Psychose (V. PSYCHOLOGIE).

Phases. Atteinte. Attaque. Accès. / Infection. Inoculation. Incubation. / Marche. Processus. Evolution. / Aggravation. Complication. Accélération. Progression. Progrès. / Exacerbation. Paroxysme. Crise. Période critique. / Métastase (déplacement du siège d'une maladie). Virulence. Acuité. / Périodicité. Périodes. Intermittence. Stade. Cours. / Déclin. Décours. Rémission. Rémittence. Résolution. / Rechute (réapparition d'une maladie au cours de la convalescence). Récidive (réapparition d'une maladie survenant après une guérison). Recrudescence. / Guérison. Convalescence. Mieux. Accalmie. / Séquelle. Reliquat.

Soins. Consultation. Visite. Intervention. Examen. Pronostic. Diagnostic. / Traitement. Cure. Régime. Ordonnance. Prescription. Médication. Remède. Médicament. / Chirurgie. Opération. Chiropractie. / Prophylaxie. Vaccination. Asepsie. Antisepsie.
Hôpital. Maison de santé. Clinique. Infirmerie. / Lazaret. Quarantaine. Cordon sanitaire. / Médecin. Chirurgien. Radiologue. Infirmier. Infirmière. Garde-malade.

Les malades. *Qui est souvent malade.* Maladif. Souffreteux. Egrotant (vx). Valétudinaire (vx). / *Malade qui est l'objet d'un examen médical, d'un traitement.* Patient.
Alcoolique. Aliéné. Apoplectique. Arthritique. Asthmatique. Ataxique. Bilieux. Cachectique. Cancéreux. Cardiaque. Catarrheux. Chlorotique. Cholérique Coxalgique. Diabétique. Diphtérique. Enrhumé. Epileptique. Fiévreux. Gâteux. Goutteux. Grippé. Hépatique. Hydropique. Hystérique. Ictérique. Impotent. Paralysé. Paralytique. Infirme. Lépreux. Malade mental. Psychopathe. Psychotique. Névrosé. Œdémateux. Pestiféré. Poliomyélitique. Rhumatisant. Syphilitique. Tuberculeux. Typhique. Varioleux. Vénérien, etc.

État des malades. Tomber malade. Etre pris, repris de. Rechuter. Garder le lit, la chambre. / S'affaiblir. Décliner. Dépérir. Baisser. Etre bas. Traîner. / Empirer. Etre à l'extrémité. Se mourir. / Se relever. Réchapper.
Mauvaise mine. Traits tirés. / Maigreur. / Avoir de la température. Fièvre. Délire. Tiraillements. Spasmes. / Oppression. Pesanteur. Lourdeur. Langueur. Insomnie. / Irritation. Nervosité. / Frisson. Tremblement. Sueurs, etc.
Affaibli. Faible. Fatigué. Epuisé. Exténué. Abattu. Languissant. Prostré. / Mal hypothéqué (fam.). Condamné. Désespéré. / Avoir une indisposition, un malaise. Etre mal en point. N'être pas à son aise. Ne pas se sentir bien. Etre patraque (fam.). Etre mal fichu (fam.). Se faire porter pâle (argot militaire). / Souffrant. Alité. / Oppressé. Congestionné. / Moribond. Mourant. Comateux.

Relatif à la maladie. Pathologie (partie de la médecine qui étudie les maladies). / *Signes cliniques d'une maladie.* Prodrome. Syndrome. Symptôme. / Sémiologie ou séméiologie (partie de la médecine qui étudie les signes des maladies). / Symptomatologie (étude ou ensemble des symptômes). Diagnostic (détermination d'une maladie d'après ses symptômes). Pronostic (jugement sur l'évolution d'une maladie). Diagnostiquer. Pronostiquer. / Diagnostiqueur. / Etiologie (étude des causes des maladies). Nosographie (description et classification des maladies). Thérapeutique (partie de la médecine relative au traitement des maladies). / Nosophobie ou pathophobie (peur de contracter une maladie). Zoonose (v. ZOOLOGIE).

maladresse

Maladresse physique. Inhabileté. Gaucherie. / *Faire preuve de maladresse.* S'y prendre mal. Ne pas savoir s'y prendre. Saboter. Massacrer. Gâcher. Charcuter. Bousiller (pop.). Cochonner (pop.). / Massacreur. Bousilleur (fam.).
MALADROIT. Gauche. Malhabile. Empoté. Empaillé. Godiche. Pataud. Lourdaud. Balourd. / *Etre maladroit.* Avoir la main malheureuse, peu sûre. Etre un(e) brise-tout. / *Ne pas être maladroit.* Ne pas être manchot.

Maladresse dans l'exercice d'une profession. Incompétence. Impéritie (littér.). Incapacité. / *Maladresse d'un apprenti.* Inexpérience. Inhabilité.
MALADROIT. Inexpérimenté. Inexpert (littér.). Inhabile. Incompétent. Incapable. Mazette (fam.).
Etre maladroit. Ne pas s'y connaître. N'y rien connaître. Ne pas être à la hauteur. N'y rien entendre. / *Devenir maladroit par manque d'entraînement.* Perdre la main. Se rouiller.

Maladresse dans les relations sociales. *Commettre une maladresse.* Faute. Erreur. Bévue. Bêtise. Bourde. Boulette (fam.). Bavure (fam.). Impair. Gaffe (fam.). Imprudence. Etourderie. / Se tromper. Se blouser (fam.). S'embrouiller. Faire un pas de clerc. Gaffer (fam.). Se laisser tirer les vers du nez. Manquer l'occasion.
MALADROIT. Balourd. Ballot (fam.). Benêt. Gourde. Godiche. Gaffeur. Imbécile. Croûte. Encroûté. Propre à rien. / Malavisé. Inepte. Imprudent. Etourdi. Irréfléchi.

mâle

(du lat. *masculus*)

Individu appartenant au sexe qui a le pouvoir de féconder. Le mâle et la femelle. / *Le mâle dans l'espèce humaine.* Homme. / *Un enfant mâle.* Garçon.

/ *Animal mâle destiné à la reproduction.* Géniteur. Reproducteur. / *Nom du mâle dans certaines espèces animales.* Bélier. Bouc. Etalon. Lièvre. Matou. Verrat. Singe. Taureau. Coq. Jars.
Union du mâle et de la femelle. Accouplement. Copulation. Coït. / Fécondation. Reproduction. Génération. / Gamète (cellule reproductrice sexuée). / *Gamète mâle.* Spermatozoïde. Anthérozoïde (végétal). / *Gamète femelle.* Ovule. Oosphère.
Priver un mâle des organes de la génération. Emasculer. Castrer. Châtrer. / Chaponner. / Castrat. Eunuque. / Hongre (cheval). Bœuf. Chapon (jeune coq).
Individu mâle et femelle. Androgyne. Hermaphrodite (ex. l'escargot, la sangsue, le ver de terre). Androgynie. Hermaphroditisme.
Fleur mâle. Etamine (organe mâle des phanérogames). [V. BOTANIQUE.]

Relatif au mâle, à l'homme. *Un air mâle.* Viril. Energique. Courageux. / Virilité. Vigueur. Energie. / Virilement. Courageusement. Energiquement. / Viriliser. Virilisation. / *Propre à l'homme.* Masculin. / Sexe masculin. / *Qualité d'homme, de mâle.* Masculinité.

malheur

(de *mal* et de l'anc. franç. *heur,* chance, sort [en lat. *augurium*])

Situation, condition pénible. *Accepter, supporter le malheur.* Infortune. Adversité. Affliction. Chagrin. Peine. Misère. Tribulations. / Porter sa croix.

Sort funeste. *Etre poursuivi par le malheur.* Malchance. Malédiction. Destin. Fatalité. Mauvais sort. Cruauté du sort. / *Jouer de malheur.* Echouer. Etre dans une mauvaise passe. Etre perdu, flambé. / *Porter malheur.* Avoir une influence néfaste. Désavantager. / Oiseau de malheur (de mauvais augure). / *Pour comble de malheur.* En plus. De surcroît. / *Par malheur.* Malheureusement.

Événement pénible qui affecte quelqu'un. *Un malheur épouvantable, affreux, horrible, terrible.* Accident. Catastrophe. Deuil. Perte. Désastre. Calamité. Cataclysme. Fléau. Guerre. Epidémie. Famine. Echec. Revers. / *Un petit malheur.* Ennui. Inconvénient. Désagrément.

malheureux

(de *malheur*)

Qui est dans le malheur. *Se sentir malheureux.* Misérable. Infortuné. Eprouvé. / *Secourir un malheureux.* Pauvre. Indigent. Miséreux.

Qui exprime le malheur. *Un air malheureux.* Triste. Pitoyable. Piteux.

Qui est marqué par le malheur. *Une existence malheureuse. Un temps malheureux.* Difficile. Rude. Dur.

Qui a des conséquences funestes. *Un projet malheureux.* Fâcheux. Regrettable. Déplorable. Désastreux.

Qui ne réussit pas. *Malheureux au jeu.* Malchanceux. Déveinard (fam.). Guignard (fam.).

Qui est sans importance, sans valeur. *Une malheureuse récompense. Un malheureux salaire.* Pauvre. Insignifiant. Misérable. Piètre. Méchant (littér.).

malicieux

(du lat. *malitiosus,* méchant)

Qui prend plaisir à faire de petites méchancetés. *Un enfant malicieux.* Espiègle. Taquin. Coquin. Malin. Farceur. Polisson. / *Un gamin spirituel et malicieux.* Titi. Gavroche. / *Un air malicieux.* Narquois. Railleur.
MALICE. Espièglerie. Taquinerie. Coquinerie. Gaminerie. Plaisanterie. Facétie.

malin

(du lat. *malignus,* méchant)

Qui a de la finesse et de la ruse. *Une femme maligne. Se montrer malin.* Astucieux. Finaud. Habile. Débrouillard. Roublard. Rusé. Futé. Déluré. Dégourdi.
Etre malin. S'y connaître. S'y entendre. Etre une fine mouche. / *Faire le malin.* Faire le faraud. Faire le mariol (pop.), le zigoto (pop.). / Lascar (homme malin ou qui fait le malin).

Qui dénote ou demande de la finesse, de l'adresse. (Surtout négativement.) *Ce n'est pas malin.* Difficile. Compliqué. Savant. Intelligent.

malveillance

Disposition à vouloir du mal à autrui. *Manifester sa malveillance à quelqu'un.* Animosité. Agressivité. Hostilité. Dureté. Méchanceté. Inimitié. Haine.
MALVEILLANT. Agressif. Hostile. Dur. Mauvais. Malfaisant. Méchant. Vindicatif. Haineux.

mammifères

(du lat. *mamma,* mamelle, et *ferre,* porter)

Classe des animaux vertébrés qui ont des mamelles. *Caractéristiques anatomiques.* Tétrapode. Quadrupède. Quadrumane (à quatre membres). Membres antérieurs, postérieurs. Queue. Poil. Robe (animaux domestiques). Pelage (animaux sauvages). / Cœur à quatre cavités. Dents différenciées. Larynx. Encéphale très développé. Mamelles, etc.

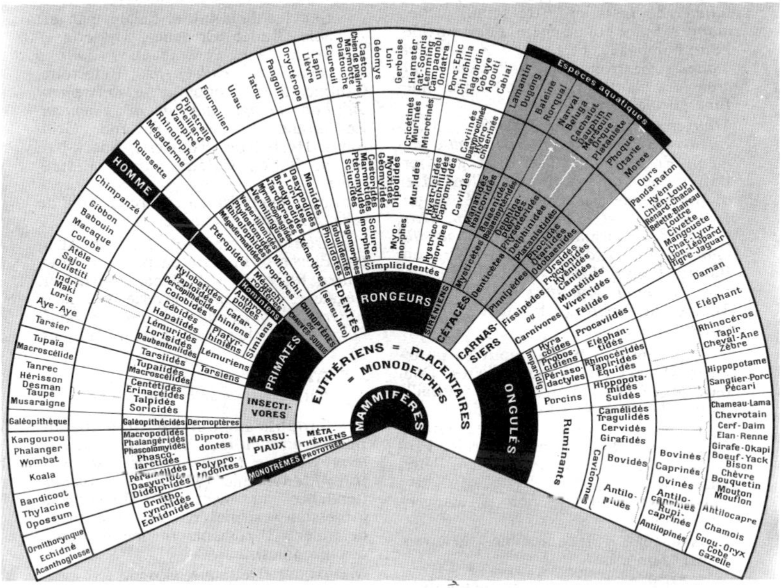

Caractéristiques physiologiques. Respiration par poumons. Circulation sanguine double et complète. Homéothermie (température fixe indépendante de celle du milieu). / Reproduction sexuée. Gestation dans l'utérus. Viviparité (développement des petits dans le corps de la mère). Allaitement.

Classification des mammifères. Voir tableau ci-dessus.

Relatif aux mammifères. Mammalogie (partie de la zoologie qui étudie les mammifères). Mammalogique. Mammalogiste. / Courir (chien), sauter (lapin), grimper (singe), voler (chauve-souris), nager (baleine). / Animaux à fourrure. Animaux de boucherie. Bétail. Bête de trait. / Carnassier. Prédateur. Herbivore. Insectivore. Omnivore. Rongeur.

manger

(du lat. pop. *manducare;* lat. class. *comestum, comedere*)

Mâcher et avaler un aliment pour se nourrir. *Manger de la viande, du poisson, des légumes.* Absorber. Prendre. Ingurgiter. Avaler. Consommer. Ingérer. / Absorption. Ingurgitation. Manducation. Consommation. Ingestion. / *N'avoir rien à manger.* Se mettre la ceinture (fam.). Danser devant le buffet (fam.). Mourir de faim. Claquer du bec (pop.). La sauter (pop.).

Suffixe *-phage* (qui mange d'une chose). Hippophage (qui mange du cheval). Ichtyophage (du poisson). Créophage (de la viande). Carpophage (des fruits). Omophage (des aliments crus). Anthropophage (mangeur de chair humaine).

(En parlant des animaux.) Brouter. Paître. Pâturer. Viander. Becqueter. Picorer. Broyer. Ronger.

Carnassier. Carnivore. Frugivore. Herbivore. Insectivore. Omnivore. Vermivore.

Façons de manger. *Manger pour vivre.* Se nourrir. S'alimenter. Bouffer (pop.). Becqueter (pop.). Boulotter (pop.). Casser la croûte, la graine (fam.). / *Manger sans appétit.* Mangeotter. Pignocher. Chipoter. Manger du bout des dents. /

Manger pour reprendre des forces. Se restaurer. Se sustenter. / *Manger rapidement.* Manger sur le pouce. Casser une croûte (fam.). / *Manger à sa faim, à satiété.* Se rassasier. Etre repu. / *Bien manger.* Faire bonne chère. Faire ripaille. Faire bombance. Festoyer. / *Art de bien manger.* Gastronomie. / *Personne qui aime bien manger.* Gourmet. Gastronome. Fine gueule (fam.).

Manger abondamment. Dévorer. / *Manger avec excès, avec voracité, gloutonnement.* Engloutir. Se gaver. Se goinfrer. Bâfrer. Se bourrer (fam.). S'empiffrer (pop.). Se goberger. Gueuletonner (pop.). / *Personne qui mange beaucoup.* Gros mangeur. Gourmand. / *Personne qui mange avec excès.* Goinfre. Glouton. Bâfreur (pop.). Vorace. / *Personne qui se contente d'une nourriture simple.* Frugal. Tempérant. Sobre. / Frugalité. Tempérance. Sobriété.

Ce que l'on mange pour se nourrir. Aliment (v. ce mot). Vivres. Denrées. Victuailles. Mangeaille. Boustifaille (pop.). Bouffe (pop.). Becquetance (pop.). / Viande. Poisson. Volaille. Gibier. Charcuterie. Œufs. Légumes. Fruits. Fromages. Salades. Epices. Riz. Pain. Pâtes. Pâtisserie, etc.

MANGEABLE (qui est bon à manger). Comestible.

IMMANGEABLE. Incomestible. Mauvais. Infect (fam.).

Aliments préparés et servis dans un repas. Mets. Plat. / *Eléments d'un repas.* Potage. Soupe. Hors-d'œuvre. Entrée. Viande ou poisson. Légumes. Pâtes. Fromage. Entremets. Dessert. / *Ensemble des mets d'un repas.* Menu. Menu touristique. Menu gastronomique. / Plat régional. Spécialité. / Plat garni (viande ou poisson et légume). / Plat de résistance (plat principal d'un repas).

Préparations diverses. Potage. / Bouilli. Pot-au-feu. Garbure. / Rôti. Grillade. / Ballottine. Escalope. Paupiette. Emincé. / Civet. Gibelotte. Fricassée. / Daube. Ragoût. Haricot. Salmis. Rata (fam.). / Croustade. Etouffade. / Persillade. / Miroton. / Hachis. Boulettes. Quenelles. Coquilles. / Pâtés. Brochettes. / Galantine. Chaud-froid. Suprême de volaille, de foie gras. / Fricandeau. Carbonnade. Crapaudine. / Bouillabaisse. Matelote. Bisque. Brandade. / Omelette. Soufflés. Ramequin. Fondue. / Couscous. Pilaf. Navarin. / Friture. Croquettes. / Jardinière. Julienne. Macédoine. / Purée. / Choucroute, etc.

Entremets. Desserts. Friandises. Gâteaux. Crèmes. Marmelades. Compotes. Confitures. / Gelées. Glaces. Soufflés. Charlottes. Biscuits. / Sucreries, etc.

Service de la table. Salle à manger. / Table. Buffet. Crédence. Desserte. / Mettre la table (v. TABLE). / *Salle à manger d'une collectivité.* Réfectoire. Cantine. Mess. Popote. / *Etablissement où l'on mange moyennant paiement.* Restaurant. Brasserie. Taverne. Grill-room. Hostellerie. Rôtisserie. Snack-bar. Motel. Buffet. Café-restaurant. Restauroute.

Maître d'hôtel. Serveur. Garçon. Fille de salle. Serveuse. Sommelier.

Donner à manger. Nourrir. Allaiter. Elever. / Prendre en pension. Ravitailler. Rassasier. / Sustenter. Restaurer. Régaler. / Tenir table ouverte (v. TABLE). / *Personne qui donne à manger pour de l'argent.* Hôtelier. Restaurateur. Traiteur.

manie

(du bas lat. *mania,* folie)

Trouble mental relatif à un domaine particulier. *Avoir la manie de la persécution.* Obsession. Idée fixe. Hantise. Monomanie (vx). / Mythomanie (tendance au mensonge). Erotomanie (obsession sexuelle). Kleptomanie (manie de voler). Pyromanie (manie d'allumer des incendies).

MANIAQUE. Détraqué. Obsédé.

Goût excessif, déraisonnable pour quelque chose. *La manie de collectionner des livres.* Bibliomanie. Bibliomane.

Habitude bizarre, ridicule. *Une manie de vieux garçon, de vieille fille.* Marotte. Dada. Tic. Bizarrerie. Toquade. / *La manie de l'ordre, du rangement. La manie du paradoxe, de la contradiction.* Maladie. Rage.

MANIAQUE. Bizarre. Original. / Méticuleux. Pointilleux. Vétilleux. Tâtillon.

MANIAQUERIE (fam.). Bizarrerie.

manière

(de l'anc. adj. *manier,* fait avec la main, pour la main)

Forme d'action, de pensée propre à une personne. *Manière de marcher.* Démarche. Allure. / *Manière de se tenir.* Attitude. Posture. Tenue. / *Manière de travailler, de fabriquer quelque chose.* Procédé. Technique. Méthode. Système. Mode. Façon. / *Agir à sa manière.* Guise. Habitude. Coutume. / *Manière* *d'agir à l'égard d'autrui.* Comportement. Conduite. Agissements. / *Manière habile de se tirer d'embarras.* Moyen. Truc (fam.). Astuce. / *Manière de s'exprimer.* Style. Tour. Tournure. Expression. Formule. / *Manière de penser, de juger.* Opinion. Jugement. Sentiment. / *Manière de parler, de prononcer.* Prononciation. Accent. / *Manière de composer d'un écrivain, d'un musicien.* Ecriture. Style. Facture. / *Manière de peindre, de sculpter.* Style. Genre. Technique. Patte (fam.).

Attitude d'une personne en société. *Des manières simples. De bonnes, de mauvaises manières.* Comportement. Tenue. Genre. / *Faire des manières.* Faire des cérémonies, des façons, des chichis, des mines, des simagrées, des singeries (fam.). Se faire prier. Cabotiner. / *Sans manières.* Simplement.

MANIÉRÉ. Affecté. Etudié. Compassé. Pincé. Cérémonieux. Guindé. Poseur. Bêcheur (fam.). Chichiteux (fam.). Sophistiqué. / *Avoir une attitude maniérée.* Minauder. S'étudier. S'écouter parler. / Minauderie. Mièvrerie. Mignardise. / *Femme maniérée.* Minaudière. Pimbêche. Pécore. Péronnelle. / Faire la sucrée, la renchérie. Prendre un air, un ton doucereux, mielleux.

MANIÉRISME. Affectation (v. ce mot). Sophistication. Cabotinage (fam.). / Maniériste.

manifestation

(du lat. *manifestatio*)

Démonstration collective et publique d'une opinion, d'une revendication. *Organiser une manifestation.* Rassemblement. Défilé. Marche. / Manifestation populaire. Manifestation pacifique, silencieuse. / *Manifestation bruyante, tumultueuse.* Bagarre. Echauffourée. Echange de coups. / *Manifestation brutale.* Trouble. Sédition. Révolte.

MANIFESTER. Se rassembler. Défiler. / Contre-manifester.

MANIFESTANT. / CONTRE-MANIFESTANT.

manifester

(du lat. *manifestare*)

Faire connaître, laisser apparaître d'une façon claire. *Manifester ses intentions, ses opinions.* Exprimer. Révéler. Déclarer. Proclamer. Publier. Découvrir. / *Manifester sa surprise, son mécontentement.* Montrer. Extérioriser. Laisser voir. Faire part de. / *Manifester son admiration.* S'extasier. S'émerveiller. / *Qui manifeste vivement ses sentiments.* Démonstratif. Expansif. Exubérant. *Manifester de l'impatience* (en parlant d'un geste, d'un mouvement). Traduire. Déceler. Dénoter. Indiquer.

MANIFESTATION. *Manifestation de joie, de mécontentement.* Marque. Témoignage.

Se manifester. *Se manifester* (en parlant d'une personne). Se montrer. Se faire voir. Se présenter. / *Se manifester* (en parlant d'une chose). Apparaître. Se déclarer. Survenir. Surgir. Eclater. Se dévoiler. Se révéler.

manœuvre

(du lat. pop. *manuopera,* de *manus,* main, et *opera,* travail)

Action ou manière de faire fonctionner un instrument, une machine. *La manœuvre d'un fusil. La manœuvre d'une pompe, d'une serrure.* Maniement.

MANŒUVRER. Manier. Utiliser. Faire fonctionner. / Maniable. Maniabilité.

Action ou manière de régler les évolutions d'un bateau, le mouvement d'un véhicule. *La manœuvre d'un navire.* Pilotage. Appareillage. Mouillage. Désappareillage. / *La manœuvre d'une voiture.* Conduite.

MANŒUVRER. *Manœuvrer un navire.* Gouverner. Piloter. / *Manœuvrer une automobile.* Conduire. Diriger.

Ensemble des moyens mis en œuvre pour atteindre un but. *Manœuvre adroite, subtile.* Ruse. Combinaison. / *Manœuvre secrète plus ou moins déloyale.* Manigance. Machination. Micmac (fam.). Intrigue. Manège. Agissements. Menées. / *Manœuvre frauduleuse.* Fraude.

MANŒUVRER (employer des moyens habiles). *Bien manœuvrer.* Combiner. / *Manœuvrer secrètement.* Manigancer. / Manœuvrier.

manquer

(de l'ital. *mancare;* du lat. *mancus,* manchot, défectueux)

Être absent, là où la présence serait nécessaire. *Manquer* (en parlant d'une chose). Faire défaut. Se faire rare. Devenir rare. / Etre en moins (dans un compte). / *Chose qui manque.* Omission. Lacune. / (En parlant d'une personne.) *Manquer à un cours, à une réunion.* Etre absent. Ne pas assister à. Sécher (fam.). / Absentéisme. Absentéiste.

MANQUE. *Manque d'une chose nécessaire.* Carence. Absence. Insuffisance.

MANQUANT. Absent.

Ne pas avoir une chose nécessaire. *Manquer de pain.* Etre dépourvu de. Etre démuni de. Etre sans. / *Manquer d'argent.* Etre sans argent. Etre à court d'argent. Etre dans le besoin. / *Ne manquer de rien.* Etre dans l'aisance. Avoir en abondance. Vivre dans le confort.

MANQUE. *Manque d'argent.* Dénuement. Besoin. Pauvreté. / *Manque de vivres.* Disette. Pénurie. Rareté. Restrictions. / *Manque de jugement.* Sottise. Bêtise. Stupidité. Inintelligence. / *Manque de naturel.* Affectation. / *Manque de mémoire.* Défaillance. Absence. Trou (fam.). / *Par manque de.* Faute de.

Être sur le point de faire ou d'être. *Manquer (de)* [et l'inf.]. *Manquer (de) tomber, (de) gagner.* Faillir. S'en falloir de peu. / *Ne pas manquer de.* Ne pas omettre. Ne pas oublier. Ne pas négliger de.

IMMANQUABLE (qui ne peut manquer d'arriver). Inévitable. Inéluctable. Fatal.

IMMANQUABLEMENT. Inévitablement. Infailliblement. Sûrement.

Ne pas se conformer à une obligation. *Manquer à une règle morale.* Enfreindre. Violer. Transgresser. / *Manquer à son devoir.* Se soustraire. Se dérober. / *Manquer à sa parole.* Se dédire. Trahir. Tromper. Faire faux bond. / *Manquer à l'honneur.* Déroger. Contrevenir.

MANQUEMENT (le fait de manquer à un devoir). *Manquement à un règlement, à une loi.* Délit. Infraction. Contravention. / *Manquement à la morale.* Faute. / *Manquement à la religion.* Péché.
Le fait de manquer à sa tâche, à ses obligations. Carence. Inaction. Incurie.

Ne pas atteindre son but. *Manquer une cible, un objectif.* Ne pas toucher. / *Manquer un travail.* Ne pas réussir. Rater (fam.). Louper (pop.). / *Manqué* (en parlant d'un projet). Abandonné. Tombé à l'eau (fam.). Fichu (fam.). Perdu. / *Manquer une personne.* Ne pas rencontrer. Ne pas voir. / *Manquer un train, un autobus.* Ne pas arriver à prendre. / *Manquer une occasion.* Laisser échapper. Laisser passer.

MANQUE. Manque à gagner (occasion qui échappe; argent qu'on aurait pu gagner).

marchandise

(de *marchand*)

Toute chose qui est l'objet d'un commerce. *Vendre, écouler, débiter une marchandise.* Produit. Denrée. Article. / *Personne qui vend des marchandises.* Marchand. Commerçant. Vendeur. / *Lieu de vente.* Magasin. Boutique. Bazar. Marché. / *Marchandise de mauvaise qualité.* Camelote (fam.). Pacotille (fam.). Rossignol (fam.). / *Marchandises vendues au rabais.* Soldes. / *Marchandises d'occasion.* Brocante.

Conservation, transport des marchandises. Entrepôt. Emmagasinage. Stockage. / Entreposer. Emmagasiner. Stocker.
Expédier des marchandises par bateau, par voie ferrée, par avion, par la route. / Exporter, importer des marchandises.

marché

(du lat. *mercatus*, de *merx, mercis*, marchandise)

Accord de deux ou plusieurs personnes portant sur la fourniture de marchandises. *Marché avantageux, désavantageux. Conclure un marché.* Affaire. Convention. Achat. Vente. Echange. / *Acheter, vendre (à) bon marché.* A un prix avantageux, intéressant. / *Marché noir.* Clandestin.

Lieu public où l'on vend toutes sortes de marchandises. *Marché aux bestiaux.* Champ de foire. Foirail. / Marché au poisson, à la viande. Marché aux fleurs. / Marché à ciel ouvert. / *Marché couvert.* Halle. / Halles (marché central de denrées alimentaires). Carreau des Halles. Mandataire. Commissionnaire. / Porteur ou fort des Halles. / Aller au marché (acheter des provisions).

Réunion périodique de commerçants. Marché quotidien, hebdomadaire. / Foire (grand marché public). / Braderie (marché annuel où l'on vend des soldes). / Forain (marchand qui vend sur les marchés et les foires).

Ensemble de transactions commerciales, financières. *Mettre un produit sur le marché.* Mettre en vente. / Etude, analyse de marché. / Marketing (ensemble des actions et des techniques ayant pour objet d'orienter l'activité des entreprises et de développer la vente des produits et des services).

marcher

(du francique **markôn*; en lat. *gradi, progredi, ambulare*)

Poser un pied dans ou sur quelque chose. *Marcher dans la boue.* Patauger. Barboter. / *Marcher dans* *l'herbe.* Fouler. / *Marcher sur les pieds de quelqu'un.* Piétiner. / *Marcher sur les traces de quelqu'un* (au fig.). Imiter. Suivre. / Marcher sur les brisées de quelqu'un (entrer en concurrence avec lui).

Se déplacer en posant un pied puis l'autre en avant. ***Manières de marcher.*** *Marcher à pas lents, péniblement.* Se traîner. Cheminer. / *Marcher en boitant.* Clocher. Clopiner. Aller clopin-clopant. / *Marcher avec ostentation.* Se pavaner. / *Marcher vite.* Courir. Galoper. Foncer (fam.). / *Marcher à petits pas rapides.* Trotter. Trottiner. / *Marcher plus vite.* Presser le pas, le mouvement. Accélérer. Se hâter. / *Marcher avec un balancement d'épaules.* Chalouper. / *Marcher en remuant les hanches.* Se déhancher. Se dandiner. / *Marcher de travers, en allant à droite et à gauche.* Zigzaguer.

MARCHE. *Aimer la marche.* Déambulation (vx). Promenade. / *Marche hygiénique.* Footing. / *Marche sportive.* Jogging (petit trot). / *Marche en avant.* Avance. Progression. / Marcheur.

Direction de la marche. Porter ses pas vers. Aller à. Se diriger vers. Se rendre à. Gagner. / *Marcher vers le haut.* Monter. / *Marcher vers le bas.* Descendre. / *Marcher de biais.* Obliquer. / *Marcher en arrière.* Reculer. Rétrograder. / *Marcher sans but.* Se promener. Errer. Déambuler. Flâner. Vagabonder.

Ordre de la marche. *Marcher devant.* Précéder. / *Marcher derrière.* Suivre. / *Marcher en file, en colonne.* Défiler. / Défilé. Cortège. Procession.

Donner son adhésion à quelque chose (fam.). *Marcher dans une affaire.* Consentir. Accepter. / Croire naïvement. Donner dans le panneau. / *Faire marcher quelqu'un.* Berner. Tromper.

Accomplir une fonction. *Marcher* (en parlant d'un mécanisme, d'une machine). Fonctionner. Aller. / *Marcher mal.* Cafouiller (pop.).

MARCHE. Fonctionnement. / *Arrêt de fonctionnement.* Panne. Dérangement.

Se déplacer d'un mouvement continu. *Marcher à telle vitesse* (en parlant d'un véhicule ou d'une personne). Rouler. Avancer.

Être dans tel état. *Marcher bien* (en parlant d'une affaire). Aller bien. Prospérer. Marcher comme sur des roulettes (fam.). Réussir. / *Marcher mal.* Echouer. Aller mal.

maréchal-ferrant

Artisan qui façonne et pose les fers à cheval. Maréchalerie. / Teneur de pied (aide-maréchal). Ferreur. / Ferrage. Ferrure. / Parure. Forgeage. Etampage. Brochage. Rivetage.

Outillage. Boutoir. Bute. Brochoir (marteau). Cure-pied. Etampe. Ferretier (marteau pour forger les fers). Mailloche. Mandrin. Paroir. Poinçon. Rénette. Repoussoir. Rogne-pied. Tricoises (tenailles). Travail (appareil de soutien des animaux). / Ferrière (sac à outils).

Fer à cheval. *Parties d'un fer.* Faces. / Bords ou rives : externe, interne. / Voûte. / Pince. Pinçon. / Mamelles. / Branches. / Eponges. Couverture (largeur du fer). / Epaisseur. / Etampures (trous de fixation). Contre-perçures. Mortaises à crampon. / Ajusture (façon donnée à la partie qui touche la corne). / Tournure (forme du pied). / Garniture (partie qui dépasse la paroi).

Sortes de fers. Fer couvert, demi-couvert, à pince couverte, pinçard. / Fer épais ou nourri, à la marchande. / Fer dégagé ou étroit. / Fer à pince tronquée (pour les chevaux qui forgent). / Fer à éponges réunies : à planche, à traverse rivée. / Fers à la turque (pour chevaux qui se coupent). / Fer désencasteleur à pantoufle. / Fer à tous pieds. / Fer sans clous : à sertissure, à courroies, à ressorts. / Fer à crampons fixes ou mobiles. / Fer à glace. Fer à patin, à plaques, à éclisses. / Locher (branler).

Clou ou broche. Tête. Frappe. Collet. / Lame. / Pointe. Grain-d'orge. Affilure. / Clous à glace. Clous à tête plate. / Rivet (extrémité tronquée et relevée d'un clou). / Mouche (petit crampon).

Pose des fers. Dessoler. Retailler. Rogner. Parer. Blanchir. Rénetter. / Forger. Marteler. Etamper. Ferrer à chaud, à froid. / Brocher (clouer). River. Râper. / Désergoter. / Déferrer. Désenclouer. / Referrer. Rasseoir (reclouer).

Accidents à la ferrure. Piqûre. / Enclouure. / Sole comprimée (par le fer). / Sole chauffée, brûlée. / Pied serré (par des clous). / Piquer. / Enclouer.

mariage

(de *marier ;* en lat. *matrimonium ;* en gr. *gamos*)

Union légitime d'un homme et d'une femme. Mariage d'amour, d'inclination, d'argent, de raison, d'intérêt, de convenance. / Mariage « in extremis ». / Mariage morganatique (mariage d'un prince et d'une femme de condition inférieure). / Hymen ou hyménée (vx ou littér.). « Conjungo » (fam.).

SE MARIER. Contracter un mariage. S'unir à. Epouser. Convoler (vx ou plaisant). / Prendre femme. / Se remarier. Secondes noces. / Se mésallier. Mésalliance.

Les fiancés. Célibataire. / Garçon. Fille. / Fiancé. Fiancée. Prétendant. Futur. Future. / Faire sa cour. / Demande en mariage. Promesse de mariage. / Fiançailles. Accordailles (vx).

Nubilité. Nubile. / Mariable. / Ne pas se marier. Rester garçon ou fille. Coiffer sainte Catherine. / Enterrer sa vie de garçon.

Les mariés. Marié. Mari. Epoux. Homme. / Mariée. Femme. Epouse. Moitié (fam.). Compagne. Dame. / Conjoints. Couple. Un jeune, un vieux ménage. / Noces d'argent (vingt-cinquième anniversaire). Noces d'or (cinquantième). Noces de diamant (soixantième). Noces de platine (soixante-cinquième).

Monogamie. Monogame. Bigamie. Bigame. Polygamie. Polygame. Polyandrie. / Veuf. Veuve. Viduité. Veuvage. / Lien conjugal. Devoir conjugal. Fidélité conjugale. Chasteté conjugale.

Entrer en ménage. Lune de miel. / Etre bien ou mal assortis. Faire bon ou mauvais ménage. / Porter la culotte. Porter la jupe. / *Etat d'un homme et d'une femme qui vivent ensemble sans être mariés.* Union libre. Faux ménage. Concubinage. Cohabitation. / Concubin(e).

Les parents. Père. Mère. / Beaux-parents. Beau-père. Belle-mère. / Gendre. Beau-fils. / Belle-fille. Bru. / Beau-frère. Belle-sœur.

Demander une jeune fille en mariage. Demander sa main. / Accorder la main de sa fille. Donner son consentement. Agréer la demande. Donner sa fille en mariage. / Conclure un mariage. / Doter une fille. Dot. / Etablir un jeune homme, une jeune fille. / Faire opposition.

Coutumes. Mariage civil. / *Conditions du mariage.* Publications civiles. Examen prénuptial. Certificat prénuptial. Consentement des époux. / Capacité matrimoniale. Sexe. Age. / Absence d'empêchement. / Empêchement dirimant. Bigamie. Inceste. / Délai de viduité.

Cérémonie du mariage. Noce. Epousailles (vx). / Faire-part. / Cortège nuptial. Garçon d'honneur. Demoiselle d'honneur. / Bouquet. Voile. Couronne.

Mariage religieux. Sacrement du mariage. / Publication des bans. Dispense. / Cérémonie nuptiale. Bénédiction nuptiale. Conduire à l'autel. / Chant nuptial. Epithalame.

Trousseau. Corbeille. Alliance. Cadeaux. Liste de mariage. / Voyage de noces.

Statut légal. Union légitime. / Registre d'état civil. Livret de mariage. Acte de mariage.

Effets du mariage. Pouvoirs du mari. Chef de famille. / Filiation légitime. / Obligations des époux. Devoir de fidélité, de secours, d'assistance. Devoir de vivre ensemble.

Communauté de biens. Biens communs. Biens propres. Biens réservés (acquis par la femme grâce aux gains et revenus d'une profession indépendante). Acquêts (biens acquis pendant le mariage par les époux). Contrat de mariage. Régime matrimonial primaire. Régime de la communauté légale. Régime de communauté réduite aux acquêts. Régime de la communauté universelle. Régime de la séparation de biens. Régime de la participation aux acquêts.

Rupture du mariage. *Annulation.* Nullité relative (vice du consentement, omission du consentement en cas de minorité). Nullité absolue (impuberté, bigamie, inceste, etc.). Mariage putatif.

Divorce. *Causes péremptoires.* Condamnation de l'un des époux à une peine afflictive et infamante. Adultère. Cocuage (fam.). Flagrant délit d'adultère. / *Causes facultatives.* Sévices. Injures graves. / Séparation de corps. Séparation de fait.

marin

(lat. *marinus,* de *mare,* mer)

Homme d'équipage. *Marin de l'Etat.* Engagé. Apprenti marin. Matelot de 1re ou 2e classe. / Col bleu (fam.). / Mataf (argot). / *Marin du commerce.* Mousse. Novice. Matelot léger. Matelot de pont.

Vêtements. Caban. Ciré. Vareuse. Bonnet. Pompon ou houppette. Col. Pantalon à pattes d'éléphant. Pont. Blouson et bonnet de mer. Parka.

Spécialités. Manœuvrier (bosco, gabier). Timonier. Missilier. Transmetteur. Détecteur anti-sous-marin (ASM). Sous-marinier. Mécanicien. Electricien. Fusilier. Electricien d'armes. Hydrographe. Secrétaire. Fourrier. Cuisinier. Charpentier. Commis aux vivres. Maître d'hôtel, d'équipage, de pont d'envol.

marine
(de *marin*)

Tout ce qui concerne la navigation sur mer. Marine nationale. Marine de guerre ou militaire. La Royale (vx). / Marine marchande. Marine de commerce, de pêche.

Marine nationale. *Forces navales et aéronavales.* Escadre. Flottille. Escadrille. Division. Flottille ou escadrille de l'aéronautique navale.
Préfecture maritime. Région maritime. Arrondissement maritime. Base navale. Arsenal. Base d'aéronavale. Etablissement de la marine hors des ports. / L'Ecole navale. La Baille. Le *Borda* (vx). Fistot (argot ; élève officier de première année).
Officiers généraux. Amiral. Vice-amiral d'escadre. Vice-amiral. Contre-amiral. / *Officiers supérieurs.* Capitaine de vaisseau, de frégate, de corvette. / *Officiers subalternes.* Lieutenant de vaisseau. Enseigne de vaisseau (1re et 2e classe). Aspirant. / *Officiers mariniers.* Maître principal. Premier maître. Maître. Second maître (1re et 2e classe). / *Equipage.* Quartier-maître de 1re et 2e classe. Matelot breveté. Apprenti marin.
Maistrance. Maître d'équipage. Capitaine d'armes. Bosco. Matelot de pont. Matelot léger, novice. Matelot mécanicien. Graisseur. Cuisinier ou coq.

Marine marchande et de pêche. Flotte de commerce. Flotte marchande. Tonnage. / Armer un navire. Armateur. Armement français. Compagnie de navigation. Pavillon. Pavillon de complaisance. Trafic. Shipping. Ligne régulière. Tramping.
Affréter un navire. Affrètement. Fret. Taux de fret. Cargaison. Charger. Embarquer. Décharger. Débarquer. Naviguer sur lest, lège ou à lège. Ballaster. / Papiers de bord. Acte de francisation. Rôle d'équipage. Connaissement.
Les affaires maritimes. Administrateur des affaires maritimes. Quartier maritime. Tribunal maritime. / Ecoles de la marine marchande.
Etat-major et équipage. Capitaine. Premier lieutenant. Second capitaine. Officier radio. Chef mécanicien. Pont. Machine. Capitaine ou lieutenant au long cours. Capitaine de la marine marchande. Capitaine de pêche. Patron de pêche. Marin-pêcheur. Lieutenant au bornage.

marque
(de l'anc. normand *merk,* marque)

Ce qui sert à reconnaître un être, une chose. *Mettre une marque sur une chose.* Signe. Repère. / *Faire une marque avec un objet coupant.* Trait. Entaille. Encoche. Cran. / Entailler. Encocher. Cocher. Créner. / *Faire une marque sur un arbre.* Marteler. / *Marque indiquant une limite.* Borne. Jalon. / (Autref.) *Marque sur la peau d'un condamné.* Flétrissure. Stigmate. / Stigmatiser (vx). / *Faire une marque sur un animal.* Ferrade (marque au fer rouge). Flâtrer un chien. *Marque sur un dossier.* Cote. Numéro. / *Marque sur une liste, à un mot.* Croix. Trait. Astérisque. Renvoi. Signe. / Signet (marque dans un livre pour retrouver la page). / *Marque d'un fabricant.* Estampille. Poinçon. Label. Etiquette.
MARQUER. Estampiller. Etiqueter. / *Marquer d'un poinçon.* Poinçonner. Insculper.
DÉMARQUER (enlever une marque). Démarquage.

Trace laissée par un être ou par une chose. *Marque de pas.* Trace. / *Marque de doigts.* Empreintes digitales. / *Marque de doigts sales.* Tache. Salissure. / *Marque de contusion, de coups.* Bleu. Ecchymose. Zébrure. Marbrure. Pinçon. / Marbrer. Zébrer. / *Marque de blessure, de maladie.* Couture. Cicatrice. Vergeture. Stigmate. / *Marque sur la peau.* Nævus. Envie (fam.). Grain de beauté.
MARQUER. Imprimer. Empreindre (rare). / *Marquer* (en parlant d'un événement). Laisser un souvenir durable. Faire date.
MARQUANT. *Evénement marquant.* Mémorable.

Ce qui distingue une personne. *Marque d'une dignité, d'un grade.* Signe. Symbole. Insigne. / Etoile. Galon. Chevron. Brisque. / *Personnage de marque.* Distinction. Qualité (vx).

Ce qui révèle une chose. *Marque d'affection, d'amitié. Marque de mépris.* Preuve. Témoignage. Signe. / *Marque de bon sens, d'intelligence.* Critère. Indice. Indication. Trait.
MARQUER. Indiquer. Montrer. Témoigner. Attester. Révéler. Signaler. Dénoter.

marteau
(du lat. pop. *martellus*)

Outil travaillant par choc directement ou en frappant un autre outil. *Parties du marteau.* Manche. Tête. Table (bout plat ou bombé). Panne (bout aminci). Biseau. Pince. Pointe. Taillant. Œil (trou pour le manche). Angrois (coin qui bloque le manche).

Sortes de marteaux. Martelet (petit marteau). Maillet (marteau à deux pannes, à deux têtes). Mail (petit maillet à manche long). Mailloche (maillet en bois). Masse (gros maillet). Massette (petite masse).
Pour le travail du bois. Marteau de charpentier, de menuisier. Marteau à dent (arrache les clous). Asse, utinet (de tonnelier). Patarasse (de calfat). Renard (de sabotier). Longuet (de luthier).
Pour le travail des métaux. Marteau à emboutir, à frapper devant (lourd, à forger), à main (1 à 2 kg), à planer, à plaquer, à sertir. / Marteau d'ajusteur, de bijoutier, de ciseleur, de fumiste, etc. / Brochoir et ferretier (de maréchal). Martoire (de serrurier). Piffre (de batteur d'or). Rabattoir (de chaudronnier). Rivoir (à river). Taillet (de forgeron).
Pour le travail de la pierre. Marteau de maçon, de carreleur. Marteau à briques. Laie. / Marteau de paveur. Marteau d'assiette. Couperet. Epinçoir. Hie. / Mail (de carrier). Marteau à pointes (entame la pierre). Marteline (de sculpteur). Marteau de minéralogiste. Pic. / Marteau-piolet (alpinisme).
Pour le travail d'autres matières. Bigorne (tanneur). Marteau de cordonnier. Marteau à battre le cuir. / Marteau aimanté. Marteau à garnir. / Marteau de couvreur. Aissette, asse, asseau, assette ou esse. Martelet. Marteau à ardoise. / Marteau d'électricien, de vitrier, etc. / Marteau pneumatique. Marteau piqueur (mines). Marteau perforateur. Marteau-pilon. Mouton. Presse.

Relatif au marteau. Martelage. Martèlement. Marteler. Marteleur (ouvrier). / Martellerie (atelier de forge). / Battre. Clouer. Forger. Frapper. Maillocher. Pilonner. / Ductile. Malléable.

martyr

(lat. chrét. *martyr;* du gr. *martur,* témoin)

Personne qui a souffert, qui est morte pour ses croyances religieuses. Témoin de la foi. Confesseur de la foi. Défenseur de la foi. Saint. / Premier martyr. Saint Etienne. / Martyrologe (liste des martyrs).

MARTYRE. *Souffrir le martyre.* Donner sa vie. / Baptême du sang. / Torture. Supplice. Lapidation. Décollation. / Crucifier. Exposer aux bêtes. Faire mourir sur le bûcher. Brûler vif.

MARTYRISER. Livrer au martyre. Persécuter. Torturer. Supplicier.

Personne qui souffre, qui meurt pour une cause. *Martyr de la liberté. Martyr de la science.* Héros. Victime.

Personne ou collectivité qui endure de mauvais traitements. *Un enfant martyr.* Souffre-douleur. / Un peuple martyr (qui souffre de la tyrannie, de la dictature).

MARTYRE. Douleur. Souffrance. Supplice. Tourment. Torture. Calvaire.

MARTYRISER. Torturer. Faire souffrir.

masse

(du lat. *massa,* amas, pâte)

Quantité relativement grande d'une matière, d'une substance sans forme précise. *Une masse de rocher.* Bloc. / *Une masse de pâte, de chair.* Tas. / *Une masse de beurre.* Motte.

MASSIF. Epais. Gros. Lourd. Mastoc. Pesant.

Grandeur physique. Masse atomique. Masse spécifique ou volumique. Masse critique (réactions nucléaires). Nombre de masse. Rapport de masse (fusées).

Réunion considérable de choses ou de parties de choses. *Une masse de cailloux, de minéraux.* Amas. Agrégat. Conglomérat. Magma. / *Une masse de documents.* Amas. Accumulation. Grande quantité. Tas. Pile. Montagne (fam.).

Ensemble d'êtres vivants formant un tout. *Une masse de touristes.* Groupe. Rassemblement. / *En masse.* En grand nombre. En foule. / *Une masse d'enfants.* Foule. Multitude. / *La masse des électeurs.* Le gros. Le grand nombre. / *La masse.* Le commun des hommes. Le grand public. « Vulgum pecus ». / *Les masses.* Le peuple. Les classes populaires. Les classes laborieuses. / Enseignement de masse. Culture de masse. Mass media (ensemble des moyens d'information qui s'adressent à la masse, aux masses).

MASSER. Rassembler. Réunir. Concentrer.

masser

(de l'ar. *mass,* toucher, palper)

Presser, en pétrissant, avec les mains ou avec un appareil divers points du corps. *Masser un membre.* Frotter. Frictionner. Malaxer.

MASSAGE. Pétrissage. Friction. Pincement. Pression. Tapotement. Vibration.

MASSEUR. Soigneur (masseur d'un sportif, d'une équipe). Kinésithérapeute.

matériaux de construction

Éléments de maçonnerie. Pierre. Agrégat (constituant inerte des bétons). Pierre concassée. Sable. Laitier. Mâchefer. / Liant hydraulique (poudre que l'on gâche pour agglomérer les agrégats). Chaux. Ciment. Plâtre. / Argile. / Liant bitumineux. Asphalte. Bitume. Goudron. / Bois de construction. / Fer. Acier. Aluminium et alliages légers. Zinc (toitures). Verre. Matières plastiques.

Pierre à bâtir. Ardoise. Arkose. Calcaire. Granit. Grès. Lave. Meulière. Porphyre. Quartzite. Trapp. Pierre tendre, dure. Pierre gélive (éclate à la gelée). Pierre non gélive. Pierre moulinée (se désagrège lors de sa manutention).
Pierre taillée. Pierre prétaillée (grossièrement équarrie). Pierre rustiquée (équarrie au marteau dentelé). Pierre nette (bien équarrie). Pierre de taille ou d'appareil (bien taillée aux dimensions).

Chaux (oxyde de calcium). Pierre à chaux. Calcaire. / Four à chaux ou chaufour. Chaufournerie (industrie). Chaufournier ou chaulier. / Calciner, cuire la pierre (transformer en chaux par chauffage). Calcination. Cuisson. Cuite. / Chaux vive ou chaux en roches. Chaux éteinte, ou hydratée. Chaux aérienne. Chaux hydraulique (fait prise sous l'eau). Chaux grasse (de calcaire pur), maigre (calcaire impur). Chaux au laitier (de haut fourneau).

Ciment (mélange cuit de calcaire et d'argile). Procédé sec. Prodécé humide. Four droit. Four rotatif. Pâte. Cuisson. Clinker (produit avant broyage). / Ciment naturel (marne cuite). Ciment artificiel (calcaire et argile mélangés). / Ciment alumineux (contient de la bauxite). Ciment blanc (sans oxyde de fer). Ciment expansif (augmente de volume). Ciment hydraulique (résiste à l'eau). Ciment métallurgique (contient du laitier). Ciment portland (trois parts de calcaire et une d'argile). Ciment prompt, ou à prise rapide. Superciment (à haute résistance).

Plâtre (gypse déshydraté par cuisson). Gypse (sulfate de calcium bihydraté). Cuisson en atmosphère sèche, en atmosphère humide. / Plâtre fin (à grain fin, pour finition). Gros plâtre (grossièrement moulu). Plâtre à haute résistance. Plâtre à mouler. Plâtre à plancher (cuit à haute température). Plâtre à staff et stuc (à mouler, très fin).

Matériaux préparés ou préfabriqués. ***Brique*** (pierre artificielle d'argile cuite). Briqueterie. Briquetier. / Argile. Dégraissant. Pâte. / Malaxage-humidification. Façonnage. Etireuse. Filière. / Appareil coupeur. Four. Chambres. Tunnels. Four continu. Briquetage. / Brique crue. Brique cuite. Brique pleine. Brique creuse. Brique ordinaire. Brique vitrifiée, émaillée. / Briques à rupture de joint. Brique de parement. Brique plâtrière. / Brique réfractaire, anti-acides, silico-calcaire, etc.

Tuile. Tuilerie. / Tuiles cornière, faîtière, gambardière, gauche, pendante. / Tuile canal, romaine, creuse ou ronde. Tuile flamande ou tuile panne (en S couché). Tuile plate. Tuile mécanique ou à emboîtement. Tuile vernissée.

Béton (masse d'agrégats agglomérés par du ciment). Béton aéré, alvéolaire, cellulaire (plus ou moins poreux). Béton ou ciment armé (enrobe des armatures métalliques). Béton asphaltique, bitumineux, goudronneux (lié par des hydrocarbures). Béton cyclopéen (à très gros agrégats). Béton léger (à ponce ou à pouzzolane). Béton manufacturé (préparé en usine, et non au chantier). Béton précontraint (comprimé par son armature). Béton réfractaire (résiste aux hautes températures). Usine à béton. Bétonnière (machine à préparer le béton).

Mortier (sable aggloméré par de la chaux ou du ciment). Pisé, torchis ou bauge (terre argileuse délayée avec de la paille).

Agglomérés (éléments moulés pour remplacer la pierre ou le métal). Pierre artificielle (béton moulé). Fibrociment (ciment armé par des fibres d'amiante). / Plastique moulé. Plastique expansé (très léger). Liège.
Bloc. Carreau. Carrelage. Dalle. Hourdis. Panneau. Parpaing. Plaque. Poteau. Poutre. Poutrelle. / Canalisation.

mathématiques

(lat. *mathematicus ;* gr. *mathematikos*)

Ensemble des disciplines fondées sur l'étude et les applications des nombres et des figures géométriques. Mathématiques pures. Mathématiques appliquées. / Mathématiques modernes. Mathématiques des structures. Théorie des ensembles.

Relatif aux mathématiques. Algèbre. Analyse. Arithmétique. Axiomatique. Calcul. Géométrie. Logique. Mécanique. Topologie.
Etre mathématique. / Algorithme. Chiffre. Nombre. Quantité. / Ensemble. Groupe.

Matrice. Quaternion. Série. Tenseur. / Ligne. Courbe. Figure. Plan. Surface. Corps solide. Volume. / Axiome. Corollaire. Loi. Postulat. Règle. Théorème. / Poser, résoudre un problème. Développement. Opération. Solution. Problème classique. Problème soluble, insoluble.

matière

(du lat. *materia ;* en gr. *hulê*)

Substance qui constitue les corps et qui est perçue par les sens. *Structure de la matière.* Atome. Molécule. Cellule. Noyau. Electron. Ion. / Désintégration de la matière. Antimatière. / *Etats de la matière.* Etat solide, liquide, gazeux. Plasma. / *Propriétés de la matière.* Masse. Affinité. Cohésion. Corporéité. Divisibilité. Elasticité. Etendue. Gravitation universelle. Inertie. Pesanteur. Résistance. Volume.
Matière pondérable, impondérable. / Matière organique. Matière première (non transformée par le travail). / Matière précieuse. / *Matière servant à construire.* Matériau.
MATÉRIEL (qui est de la nature de la matière). Physique. / Matériellement. Physiquement. / Matérialisme (doctrine selon laquelle toute la réalité se réduit à la matière). Matérialiste. / Hylozoïsme.

Ce qui constitue l'objet de l'activité de la pensée. *La matière d'un livre, d'une science.* Sujet. Contenu. Objet. Thème. Question. / *Traiter une matière à fond.* Approfondir. Epuiser un sujet. / *Traiter superficiellement.* Effleurer. / *Matière d'un examen.* Objet d'enseignement. Discipline. / *Compétence dans une matière.* Domaine. Terrain. Spécialité.
En matière de. En fait de. En ce qui concerne. / *Fournir matière à.* Objet. Occasion. Cause. Motif. Prétexte. / Donner lieu à.

matin

(du lat. *matutinum*)

Commencement du jour. *Le petit matin.* Aurore. Aube. Lever du jour. Point du jour. / *Dès le matin. De bon matin.* Dès potron-minet ou potron-jaquet (fam.). Au chant du coq.
MATINAL. MATINEUX (vx). / MATUTINAL.

Partie du jour comprise entre le lever du jour et midi. *Travailler le matin.* Matinée.

maudire

(du lat. *maledicere,* dire du mal)

Manifester sa haine, son exécration contre quelqu'un ou quelque chose. *Maudire un ennemi. Maudire la guerre.* Haïr. Honnir. Exécrer. Abominer. Vouer à tous les maux. Envoyer à tous les diables.
MALÉDICTION. Exécration. Imprécation.
MAUDIT. Exécrable. Haïssable. / *Fam.* Sale. Sacré. Damné. Satané. Peste.

Vouer à la damnation éternelle. *Maudire* (en parlant de Dieu). Condamner. Damner. Réprouver.
MALÉDICTION. Damnation. Peine du dam. / Enfer.

maussade

(de *mal* et de l'anc. franç. *sade,* du lat. *sapidus,* agréable, savoureux)

Qui laisse voir son mécontentement. *Se montrer maussade.* Désagréable. Grognon. Hargneux. Acrimonieux. Acariâtre. Revêche. / *Un air maussade.* Boudeur. Renfrogné. Rechigné. Chagrin.
MAUSSADERIE. Acrimonie. Mécontentement. Humeur désagréable.

Qui inspire du mécontentement, de l'ennui. *Un temps maussade.* Triste. Ennuyeux.

mauvais

(du lat. pop. *malifatius,* qui a un mauvais sort)

Qui fait du mal ou aime à faire du mal. *Un mauvais homme.* Malfaisant. Malveillant. Injuste. Dur. Cruel. Méchant. Vache (pop.). / *Mauvaise langue.* Langue de vipère. Médisant. Diffamateur. Détracteur. / *Mauvais garnement. Mauvais sujet.* Vaurien. Canaille. Crapule. / (Dans un sens faible.) Taquin. Malicieux. Railleur. Moqueur.
MAUVAISETÉ (vx ou littér.). Méchanceté.

Qui n'a pas les qualités nécessaires pour remplir une fonction. *Un mauvais médecin. Un mauvais ouvrier.* Maladroit. Inhabile. Malhabile. Inexpert. Lamentable (fam.). / *Un mauvais père.* Indigne. Abject. Méprisable. / *Un mauvais élève.* Paresseux. Nul. / Cancre.

Qui présente des défauts, des imperfections (en parlant des êtres ou des choses). *Un mauvais cheval.* Vicieux. Rétif. Récalcitrant. Rosse. Canasson (fam.). Tocard (fam.). / *Une mauvaise marchandise.* Défectueux. / *Un mauvais travail.* Qui laisse à désirer. Fait à la diable, sans soin, n'importe comment. Manqué. Raté. Bâclé. Saboté (fam.). Détestable. Déplorable. Désastreux. / *Un très mauvais* *livre.* Mal conçu. Mal écrit. Sans intérêt. Lamentable (fam.). Minable (fam.). / *Une mauvaise vue.* Déficient. Insuffisant. Faible. / *Du mauvais pain. Du mauvais vin.* Désagréable au goût. Immangeable. Imbuvable. Infect (fam.). Dégoûtant.

Contraire à la justice, à la morale. *Une mauvaise action.* Coupable. Malhonnête. Déloyal. Malpropre. Vilain. Crapuleux. Laid. Honteux. / *Mauvaise pensée.* Déshonnête. Impur. / *Mauvaises mœurs. Mauvaise conduite.* Immoral. Corrompu. Dissolu. Dépravé. Pervers. Vicieux. / *Une femme de mauvaise vie.* Femme vénale. Prostituée. Courtisane. Respectueuse (fam.).

Qui cause ou peut causer du mal. *Une mauvaise influence. Un mauvais exemple.* Néfaste. Nuisible. Funeste.

Qui cause du désagrément, des ennuis, de la peine. *Mauvais temps.* Affreux. Horrible. Abominable. Exécrable. / *Mauvais présage.* Funeste. Défavorable. / *Une mauvaise nouvelle.* Désagréable. Pénible. Affligeant. Désolant. / *Une très mauvaise situation.* Défavorable. Dangereux. Périlleux. Catastrophique. / *La trouver mauvaise* (fam.) [la situation, l'affaire]. Désagréable. Amer. Saumâtre.

mécanique

(du lat. *mechanicus;* en gr. *mêkhanicos,* de *mêkhanê,* machine)

Science des forces et de leurs actions. Mécanique rationnelle (théorique). Cinématique. Statique. Dynamique. / Mécanique des fluides. Hydrodynamique. Hydrostatique. Hydraulique. Aérodynamique. / Mécanique céleste. Mécanique ondulatoire. Mécanique relativiste.

Forces et actions mécaniques. Energie. Force accélératrice, ascensionnelle, axifuge, axipète, centrale, centrifuge, centripète, électromotrice, d'inertie, morte, motrice, retardatrice, de traction. / Gravité. Pesanteur. Force vive. / Attraction. Répulsion.
Système de forces. Forces composantes, conspirantes. Centre des forces. Décomposition des forces. Parallélogramme des forces. Résultante du système. Point d'application, direction, intensité d'une force. Origine. Centre de gravité. Axe.
Travail mécanique. Effort. Contrainte. Traction. Tension. Compression. / Action. Réaction. Résistance. Equilibre. Equilibre stable, instable, indifférent. / Composition de mouvement. / Résultante. / Puissance. / Rendement. / Oscillation. / Inertie. / Frottement. / Glissement. / Moment. / Trajectoire. / Excentration. / Automatisme.
Mouvement. Mobile. Mouvement uniforme, irrégulier, accéléré, retardé, périodique, constant, perpétuel (irréalisable). / Mouvement rectiligne, curviligne, ondulatoire, oscillatoire, pendulaire, de rotation, de translation, vibratoire. / Mouvement absolu, relatif. / Mouvement composé. / Transmission de mouvement. Quantité de mouvement. Vitesse. Mesure des forces et des mouvements. / Accéléromètre. Anémomètre. Compte-tours. Dilatomètre. Dynamomètre. Extensomètre. Frein de Prony. Pyromètre. Tachymètre.

Mécanique appliquée. Génie. Ingéniérie (angl. *engineering*). Construction mécanique. Bureau d'études. Prototype. Banc d'essai. Machinerie. Machine. Appareillage. Mécanisme. Dispositif mécanique, électromagnétique. Automatisme. Construction. Installation. Montage. Démontage. Entretien.
Organes et pièces mécaniques. Arbre. Articulation. Axe. Barre. Bâti. Bielle. Boulon. Butée. Came. Chaîne. Châssis. Clapet. Clavette. Cliquet. Courroie. Coussinet. Crémaillère. Déclic. Détente. Ecrou. Echappement. Enclenchement. Engrenage. Essieu. Excentrique. Frein. Galet. Glissière. Goupille. Levier. Manette. Manivelle. Palier. Pignon. Piston. Pivot. Poulie. Raccord. Ressort. Rivet. Rondelle. Rouage. Roue. Rouleau. Tambour. Tige. Tourillon. Transmission. Treuil. Vilebrequin. Volant, etc.
Constructeur. Ingénieur. Technicien. Mécanicien. Mécano (pop.). Monteur. Ajusteur. Electromécanicien.

Relatif à la mécanique. Mécanisation. Mécaniser. Mécanisé. Mécaniquement. / Electrification. Automatisation. Cybernétique. / Résistance des matériaux. / Outil. Outillage.

méchant

(part. présent de l'anc. franç. *meschoir,* tomber mal)

Qui fait du mal consciemment, délibérément. Malfaisant. Malveillant. Agressif. Malintentionné. Fielleux. Dur. Brutal. Dangereux. Haineux. Cruel. Sans-cœur. Odieux. Diabolique. Satanique. Démoniaque. Vindicatif. Rosse (fam.). / *Etre méchant* (en parlant d'un enfant). Insupportable. Désagréable. Turbulent. / *Faire le méchant.* Se mettre en colère. S'emporter. Proférer des menaces.

Termes fam. désignant une personne méchante. Méchante langue. Langue de vipère. Chameau. Charogne. Démon. Diable incarné. Suppôt de Satan. Harpie. Mégère. Chipie. Poison. Choléra. Peste. Scélérat. Bandit, etc.

MÉCHANCETÉ. Malveillance. Agressivité. Dureté. Brutalité. Cruauté. / *Faire une méchanceté.* Mauvais, sale, vilain tour. Entourloupette (fam.). Rosserie (fam.). Vacherie (pop.). / *Dire une méchanceté.* Médisance. Pique.

MÉCHAMMENT. Durement. Cruellement.

Qui n'a aucune valeur (littér.). [Placé avant le nom.] *Un méchant livre. Un méchant poète.* Mauvais. Insignifiant. Misérable. Malheureux. Pauvre.

méconnaître

Ne pas reconnaître une chose telle qu'elle est. *Méconnaître un bienfait. Méconnaître la réalité.* Oublier. Ignorer. Négliger. Laisser de côté.

MÉCONNAISSANCE. Ignorance. Incompréhension.

Ne pas estimer à sa juste valeur (une personne ou une chose). *Méconnaître un auteur. Méconnaître les mérites de quelqu'un.* Déprécier. Mésestimer. Sous-estimer. Méjuger.

médaille

(de l'ital. *medaglia;* en lat. *numisma*)

Pièce de métal frappée en l'honneur d'une personne illustre ou en souvenir d'un événement mémorable. Une médaille d'argent, de bronze. Une médaille gravée à l'effigie d'un héros.

Éléments d'une médaille. Avers (côté qui porte une figure) ou obvers (vx). Champ. Cordon ou listel. Corps. Devise. Disque. Effigie (tête ou figure). Empreinte. Exergue (espace où est gravée une inscription, une date, une devise). Face ou tête. Grènetis. Initiales. Inscription. Légende. Millésime. Module (diamètre). Monogramme. Nimbe. Patine. Revers. Symbole. Tranche.

Sortes de médailles. Médaillon. Pièce (de monnaie démonétisée).
Médaille bajoire (à deux têtes). Bractéate (à creux et relief). Contorniate (bord à rainure). Dentelée ou crénelée. Incuse (gravée en creux). Jetée (fondue en sable). Martelée (frappée d'un côté après coup). Moulée. Restituée (reproduction). Saucée (en cuivre couvert d'argent).
Médaille antique. Bilingue. Anépigraphe ou inanimée (sans inscription). / Laurée. Médaille fausse, imitée, contrefaite, padouane. / Médaille fourrée. / Médaille fruste (usée). Médaille à fleur de coin (bien conservée).

Frappe des médailles. Couler. Graver. Empreindre. Difformer. Tirer. Flan. / Matrice. Coin. Carré. / Poinçon. Marteau. / Balancier. / Médailleur (graveur de médailles). / Bronze. Grand bronze. Petit bronze.

Science des médailles. Numismatique. Numismate. Médailliste. / Collection de médailles. Médaillier. / Exemplaire. Ectype (copie). Epoque. Période.

Pièce de métal représentant des sujets divers. Médaille religieuse. / Bijou. Porte-bonheur.

Signe distinctif d'une récompense honorifique. *Médaille du travail. Médaille militaire.* Décoration.

MÉDAILLER (honorer d'une médaille). Décorer. / Médaillé.

médecine

(du lat. *medicina,* de *medicus,* médecin)

Science qui enseigne les moyens de conserver ou de rétablir la santé. Etudier la médecine. / Etudiant en médecine. Interne. Carabin (fam.). / Internat. / Thèse de médecine. Docteur en médecine. Médecin. / Agrégation de médecine. Professeur. Chef de clinique. Patron (fam.). Ecole, faculté de médecine. Centre hospitalo-universitaire (C.H.U.). Académie de médecine.

Divisions de la science médicale. Anatomie. Biochimie. Biologie. Physiologie générale. Bactériologie. Embryologie. Cytologie. Histologie. Hématologie. Pathologie. Neurophysiologie. Pharmacologie. Sémiologie, etc.
Spécialités. Anesthésie. Cardiologie. Chirurgie. Dermatologie. Neurologie. Obstétrique et gynécologie. Ophtalmologie. Oto-rhino-laryngologie. Pédiatrie. Psychiatrie. Rhumatologie. Stomatologie. Urologie. Médecine du travail. Médecine légale, etc.

Exercice de la médecine. Profession médicale. Médecin. Docteur. Toubib (pop.). / Femme médecin. Docteur. Doctoresse (fam.). / *Médecine préventive.* Prophylaxie. Asepsie. Antisepsie. / *Médecine curative.* Thérapeutique. Traitement. Médication. Médicament. Spécialité. Remède. Cure.
Cabinet de médecin. Médecin consultant. Consultation sur rendez-vous. Visite à

domicile. Médecin traitant. Médecin de famille. Soins. / Prescription. Ordonnance. Acte médical. Feuille de maladie. Honoraires. / Médecin conventionné.

Examen d'un malade. Auscultation. Palpation. Percussion. Mesure de la tension artérielle. Radiographie. Radioscopie. Analyses. Diagnostic. Diagnostiquer. / *Instruments.* Abaisse-langue. Stéthoscope. Sphygmomanomètre ou sphygmotensiomètre. Marteau à réflexes.

Médecin qui exerce. Praticien. Médecin des hôpitaux. Médecin-chef d'un établissement hospitalier. Patron. / *Médecin de médecine générale.* Médecin de quartier. Généraliste. Omnipraticien. / Médecin allopathe. Médecin homéopathe.

Médecin spécialiste. Chirurgien. Anesthésiste. Pédiatre. Psychiatre. Neurologue. Cardiologue. Rhumatologue. Radiologue. Gynécologue. Urologue. Oto-rhino-laryngologiste. Oculiste. Médecin légiste, etc. / Médecin militaire. Médecin du service de santé de la marine. / Ordre des médecins. Serment d'Hippocrate. Code de déontologie médicale (ensemble des devoirs professionnels du médecin). / Disciple d'Esculape (dieu de la Médecine dans la Grèce antique). / Caducée.

Mauvais médecin. Charlatan. Empirique (vx). Marchand d'orviétan (vx). / Médecin marron (qui exerce illégalement la médecine). Guérisseur. Rebouteux.

Auxiliaires médicaux. Infirmière. Pédicure. Masseur. Kinésithérapeute. Sage-femme. Aide-soignante.

médiocre

(du lat. *mediocris,* de *medius,* moyen)

Qui est au-dessous de la moyenne. *Un salaire, un revenu médiocre.* Petit. Modeste. Modique. Maigre. Faible. / *Un ouvrage (littéraire, scientifique ou artistique) médiocre.* Insignifiant. Faible. Peu intéressant. Dénué d'intérêt. Plutôt mauvais. Banal. Sans originalité. Fade. Plat. Manqué. Raté. Pas fameux (fam.). Un navet (fam.). *Un résultat très médiocre.* Piètre. Lamentable (fam.). Minable (fam.). Piteux (fam.).

Une vie médiocre. Terne. Morose. Fade. Plat. Etriqué. Obscur. / Mener une vie terre à terre. Vivoter. Végéter.

MÉDIOCRITÉ. Insuffisance. Faiblesse. Platitude. Banalité. Pauvreté.

MÉDIOCREMENT. Assez mal. / Très peu.

Qui a peu de capacités. *Un homme médiocre.* Insignifiant. Quelconque. Falot. Terne. Obscur. Inconnu. Piètre. Piteux (fam.). / *Elève médiocre.* Faible.

médire

(de *mé[s]* et de *dire*)

Dire le mal que l'on sait ou croit savoir sur le compte de quelqu'un. *Médire de son prochain.* Critiquer. Dénigrer. Décrier. Attaquer. Déblatérer sur (fam.). Jaser de. Cancaner. Clabauder. Débiner (pop.). Taper sur (fam.). Dauber sur. Ereinter. Déblatérer contre. Vitupérer. Casser du sucre sur le dos de. Bêcher (fam.). Faire le procès de. Déchirer à belles dents. Donner un coup de dent. Cracher son venin.

MÉDISANCE. Attaque. Critique. Dénigrement. Commérage. Cancan. Clabauderie. Racontars (fam.). Ragot (fam.).

MÉDISANT. Détracteur. Dénigreur. Méchante langue. Mauvaise langue. Langue de vipère. Langue d'aspic.

méditer

(du lat. *meditari,* s'exercer)

Penser profondément à quelque chose. *Méditer un projet.* Approfondir. Mûrir. Echafauder. Elaborer. Combiner. / *Méditer sur une question.* Réfléchir. Songer à. Rêver à.

MÉDITATION. Concentration d'esprit. Retour sur soi-même. Recueillement.

MÉDITATIF. Pensif. Rêveur. Préoccupé. Absorbé.

méfier (se)

Ne pas avoir confiance. *Se méfier de quelqu'un, de ses flatteries.* Se défier. Etre en garde. Se tenir sur ses gardes. Faire gaffe (pop.).

MÉFIANCE. Défiance. Suspicion.

MÉFIANT. Défiant. Ombrageux. Soupçonneux. Timoré.

mêler

(du lat. pop. *misculare;* en lat. class. *miscere, mixtum*)

Mettre ensemble des choses différentes de manière à former un tout. *Mêler des liquides.* Mélanger. / *Mêler de l'eau à du vin. Mêler du vin et de l'eau.* Couper. Etendre. Mouiller. Baptiser (fam.). / *Mêler des œufs et de la farine pour faire une pâte.* Battre. Malaxer. Brasser. Incorporer. Pétrir. / *Mêler des couleurs.* Combiner. Fondre. Panacher. Bigarrer. Barioler. Assortir. Nuancer. Nuer (vx).

MÉLANGE. Combinaison. Amalgame. / *Mélange de substances chimiques ou pharmaceutiques.* Préparation. Mixture. Mixtion. / *Mélange de boissons.* Cocktail.

/ *Mélange de morceaux de viande cuits ensemble.* Ragoût. Ratatouille (fam.). Salmigondis. Fricassée. Farce. Hachis. Miroton. / *Mélange de légumes.* Macédoine. Jardinière. / *Mélange de fruits.* Salade. Macédoine. / Ingrédient (élément qui entre dans un mélange).
Mélanges littéraires. Morceaux choisis. Miscellanées.
MISCIBLE (qui peut être mélangé). Miscibilité.
MIXEUR (appareil servant à mélanger des aliments). Malaxeur. Batteur.
MIXTE (formé d'éléments de nature différente). Complexe. / Mixtité.

Mettre en désordre. *Mêler des papiers, des dessins.* Brouiller. Embrouiller. / *Mêler des cheveux, des fils.* Emmêler. Entremêler. Enchevêtrer. / *Mêler les cartes.* Battre. / *Mêler une serrure.* Brouiller.
MÉLANGE. *Mélange confus, hétéroclite.* Fouillis. Désordre. Fatras. Méli-mélo (fam.). Pêle-mêle. Pagaille (fam.). Capharnaüm (fam.).

Mettre une chose avec une autre et les confondre. *Mêler l'utile à l'agréable.* Allier. Ajouter. Joindre. Associer. / *Mêler le réel et l'imaginaire.* Confondre. Mélanger.

Faire participer une personne à quelque chose. *Mêler quelqu'un à une affaire.* Associer. / *Mêler quelqu'un à un procès.* Impliquer. Compromettre. Mettre en cause.

Se mêler. *Se mêler à une foule, à une société.* Se joindre. S'associer. / Promiscuité (situation d'une personne qui se trouve mêlée à d'autres et soumise à un voisinage nombreux et désagréable). / *Se mêler à une cérémonie.* Prendre part. Participer à.
Se mêler des affaires des autres. S'occuper de. S'ingérer dans. S'introduire. S'immiscer. S'entremettre. Intervenir.
IMMIXTION. *Immixtion dans la vie privée, dans les affaires de quelqu'un.* Intervention. Ingérence.

membre
(du lat. *membrum;* en gr. *melos*)

Chacune des quatre parties du corps humain attachée au tronc par des articulations. *Membres supérieurs.* Bras. / *Membres inférieurs.* Jambes. / *Extrémité des membres.* Mains. Pieds. / Acromégalie (hypertrophie des extrémités).

État des membres. *Qui a des membres forts, faibles.* Bien, mal membré. Bien, mal conformé. Membru (qui a des membres vigoureux). / Macromélie (développement excessif des membres). Ectromélie (manque d'un membre).
Se démettre un membre. Luxer. Déboîter. / Luxation. Déboîtement. Entorse. / Rebouteux (personne qui remet les membres démis).
Enlever, couper un membre à quelqu'un. Amputer. Mutiler. Estropier. / Amputation. Mutilation. / *Personne à qui on a enlevé un membre.* Amputé. Estropié. Mutilé. Invalide. Blessé. Infirme. Manchot (qui est privé d'une main ou des deux mains, d'un bras ou des deux bras). Cul-de-jatte (qui n'a plus de jambes). Unijambiste. / *Personne sans membres.* Homme-tronc. Femme-tronc.

Personne, groupe qui fait partie d'une société, d'une union, d'une communauté. *Membre d'une association, d'un parti.* Affilié. Adhérent. Sociétaire. Inscrit. / *Etre membre.* Faire partie. Appartenir à. / *Devenir membre.* S'affilier. Adhérer. S'inscrire. Entrer dans. / *Membre d'une société commerciale.* Associé. Actionnaire.

mémoire
(du lat. *memoria;* en gr. *mnêsis*)

Faculté de conserver et de rappeler les souvenirs. *Avoir une bonne mémoire. Avoir de la mémoire.* Se souvenir. Se rappeler.

Acquisition et fixation des souvenirs. *Etudier pour fixer dans sa mémoire.* Apprendre par cœur. Répéter. Repasser. / Savoir par cœur. Savoir sur le bout du doigt. / Meubler, orner, enrichir sa mémoire. Graver, imprimer dans sa mémoire. Exercer, cultiver sa mémoire. Mémorisation (fixation méthodique des souvenirs). Mémoriser.
Spécialisation de la mémoire. Mémoire intellectuelle, auditive, olfactive, visuelle, tactile. Avoir la mémoire des noms, des lieux, des visages, des dates, etc.

Conservation et évocation des souvenirs. Avoir une mémoire fidèle, tenace, sûre, exacte. / *Avoir, garder dans sa mémoire.* Se rappeler une personne, une chose, un événement. Se souvenir de. / *Revenir à l'esprit, à la mémoire.* Se remémorer. Reconnaître. Remettre quelqu'un. Penser à. Se ressouvenir. Evoquer. Revivre. Revoir. / Dire de mémoire. Réciter par cœur.
Raviver la mémoire. Rafraîchir les idées (fam.). Rafraîchir la mémoire (fam.). /

Rappeler la mémoire, le souvenir d'une personne, d'un événement. Commémorer. Honorer. Célébrer. / Commémoration. Fête. Anniversaire. / Commémoratif. / Mémorial (monument commémoratif). / *Ce qui aide à se rappeler.* Mémento. Aide-mémoire. Abrégé. Agenda. Mémorandum.

MÉMORABLE. *Jour, événement mémorable.* Inoubliable. Historique. Fameux. / Apophtegme (parole mémorable ayant valeur de précepte).

Perte des souvenirs. Avoir la mémoire courte. Avoir une mémoire défaillante, déficiente, labile. Manquer de mémoire. / *Perdre la mémoire.* Ne plus se souvenir. Oublier. Sortir de la mémoire. Tomber dans l'oubli. Le Léthé (fleuve des Enfers dont les eaux faisaient oublier le passé). / *Défaillance de la mémoire.* Oubli. Absence. Lacune. Trou de mémoire.

Relatif à la mémoire. Mnémotechnique (qui facilite l'acquisition des souvenirs). Procédé, moyen mnémotechnique. Mnémotechnie. / Amnésie (perte de la mémoire). Hypermnésie (exaltation anormale de la mémoire). Paramnésie (illusion du déjà vu). Aphasie (perte de la fonction de la parole). / Agnosie (oubli de l'usage des objets).
Mnémosyne (déesse de la Mémoire). Les filles de Mémoire (les Muses).

menacer

(du lat. pop. *minaciare,* lat. class. *minari, minatum*)

Chercher à faire peur. *Menacer quelqu'un.* Intimider. Eclater en menaces. Se mettre en colère. Fulminer. Aboyer (fam.). Tonner. Tonitruer. Injurier.

MENACE. Avertissement. Intimidation. Défi. Provocation. Bravade. Chantage. / *Gestes de menace.* Montrer les dents, le poing. / *Paroles, formules de menaces.* Prenez garde à vous. Vous aurez affaire à moi. Vous aller voir. Vous ne perdez rien pour attendre.

MENAÇANT. *Un air menaçant.* Agressif. Méchant. / *Un ton menaçant.* Comminatoire.

Être sur le point de se produire. *Menacer quelqu'un* (en parlant d'un événement fâcheux). Mettre en danger. Laisser craindre un mal. Présager un malheur. Assombrir l'horizon. Risquer de se produire. Pendre au nez (fam.).

MENACE. Danger. Péril. Point noir.

MENAÇANT. Inquiétant. Dangereux.

mensonge

(du lat. pop. *mentionica,* de *mentiri,* mentir)

Affirmation contraire à la vérité. *Dire, échafauder un mensonge.* Contre-vérité. Inexactitude. Menterie (vx). Invention. Fabulation. Craque (pop.). / *Mensonge plaisant.* Blague (fam.). Bobard (fam.). Histoire. Conte. Fable (vx). / *Abuser, tromper quelqu'un par un mensonge.* Mystification. Farce. Canular (fam.). Bateau (fam.). / *Mensonge d'un vantard, d'un fanfaron.* Hâblerie. Fanfaronnade. / Mensonge officieux (fait pour rendre service). Pieux mensonge (pour éviter de la peine). / *Détester le mensonge.* Fourberie. Imposture. Duplicité. Hypocrisie. Dissimulation. / *Tendance au mensonge, à la fabulation.* Mythomanie.

Mentir. Altérer, déguiser la vérité. Inventer. Fabuler. Forger. Broder. Enjoliver. Amplifier. Exagérer. / *Mentir pour plaisanter.* Blaguer (fam.). Raconter, inventer des histoires. En faire accroire à. Mystifier. Bourrer le crâne (fam.).

MENTEUR. Hâbleur. Vantard. Imposteur. Calomniateur. Mythomane. Fabulateur.

MENSONGER. *Un récit mensonger.* Faux. Controuvé. Trompeur. Fallacieux. Calomnieux. / *Propos plus ou moins mensongers, pour persuader, séduire, tromper.* Boniment (fam.). Baratin (fam.). Bluff (fam.). / Bonimenter (fam.). Baratiner (fam.). Bluffer (fam.). / Bonimenteur (fam.). Baratineur (fam.). Bluffeur (fam.).

mentalité

(de *mental,* lat. *mentalis,* de *mens, mentis,* esprit)

Ensemble des dispositions psychiques ou morales. *La mentalité d'une personne, d'un groupe.* Etat d'esprit. Tournure d'esprit. Façon de voir, de juger. Moralité. Mœurs. Principes. Education. Conduite.

menuisier

(de *menuiser,* lat. pop. *minutiare,* couper menu)

Ouvrier ou artisan qui fabrique des meubles et exécute des travaux en bois pour le bâtiment. *Menuisier en meubles.* Ebéniste. / Menuisier en bâtiment. Menuisier d'agencement. / Gâte-bois (fam., mauvais menuisier).

Ouvrages, assemblages de menuiserie. Armoire. Bahut. Bâti. Boiserie. Cadre. Châssis. Cloison. Console. Contrevent. Corniche. Coulisse. Coulisseau.

Croisée. Epaulement. Fenêtre. Feuille de parquet. Feuillure. Flipot. Gousset. Huisserie. Lambris. Languette. Liteau. Meubles. Mortaise. Moulure. Noix. Noyure. Onglet. Pan ou panneau. Parement. Parquet. Persienne. Pied-de-biche. Placage. Placard. Plancher. Plinthe. Porte. Revêtement. Tablette. Tambour. Tampon. Taquet. Tasseau. Tenon. Tiroir. Traverse. Tympan, Vantail. Volet, etc.

Travail. Affourcher. Affourchement. / Amaigrir une pièce de bois. / Araser. Arasement. / Assembler. Assemblage à onglet, à tenon et mortaise, à languette, à rainure, à queue. / Blanchir (dégrossir) une pièce. / Chanfreiner. Chantourner. / Cheviller. Clouer. Coller. / Corroyer le bois. / Débiter une pièce. Débrutir une planche. Dégauchir. Dresser. Ebaucher. / Elégir (diminuer l'épaisseur). / Emboîter. Emmortaiser. / Façonner. Habiller. / Lambrisser. Mesurer. / Monter. / Parqueter. / Pousser (une moulure). / Profiler. Raboter. / Repérer. / Scier. / Tracer. Tringler. / Varloper.
Menuiserie dormante (parquetage, lambrissage, moulures, plinthes, chambranles). Menuiserie mobile (portes, fenêtres, châssis mobiles, volets, persiennes). / Menuiserie métallique.

Matériaux. Bois. Planche. Volige. Latte. Baguette. Moulure arrondie, plate. Contre-plaqué. Bois reconstitué. Panneaux en matière plastique. Stratifié.

Matériel. *Outils.* Bédane. Bouvet. Ciseau. Doucine. Empenoir. Entailloir. Feuilleret. Fer ou lame de rabot. Gorget. Gouge. Grattoir. Guide. Guillaume. Maillet. Marteau. Mouchette. Polissoir. Poussefiche. Racloir. Râpe. Riflard. Rabot. Scie. Tarabiscot. Tarière. Tenailles. Tournevis. Traceret. Trusquin. Varlope. Demi-varlope. Vilebrequin.

Machines-outils. *Machines à débiter.* Scie circulaire, alternative, à ruban. Tronçonneuse. Trancheuse. Dérouleuse. Massicot. / *Machines à corroyer.* Dégauchisseuse. Raboteuse. / *Machines pour assembler.* Mortaiseuse. Tenonneuse. Perceuse. / *Machines à façonner.* Tour. Toupie. Machine à trois et quatre faces. Moulurière. Défonceuse. / Machine à chanlatter. / *Machines de montage.* Appareil, presse à coller. Machine à assembler. / *Machines de finition.* Racleuse. Ponceuse. Plateau ponceur. Affleureuse. / Affûteuse.

Instruments. Boîte à onglets ou boîte à coupe. Châssis à coller, à plaquer. Compas. Crochet d'établi. Equerre. Fausse équerre. Etabli. Etau. Happe. Mâchoires. Mèches. Mètre. Mordache. Niveau. Pointe à tracer. Presse d'établi. Règle. Spatule. Serre-joint. Valet.

Accessoires. Badigeon. Chevilles. Clous. Pointes. Vis. / Colle. Encaustique. Vernis, etc.

mépriser

(de *mé[s]* et de *priser;* en lat. *contemnere, contemptum*)

Considérer une personne comme indigne de considération, d'estime. *Mépriser quelqu'un.* Dédaigner. Décrier. Bafouer. Regarder de haut. Regarder du haut de sa grandeur. Snober. Montrer du doigt. Narguer.

MÉPRIS. Indifférence. Dédain. Arrogance. Morgue. Hauteur.

MÉPRISANT. Dédaigneux. Distant. Hautain. Arrogant.

MÉPRISABLE. Dédaignable. Détestable. Vilain.

Considérer une chose comme indigne d'attention, d'intérêt. *Mépriser les honneurs, l'argent.* Négliger. Faire fi de. Se moquer de. Ne faire aucun cas de. Se fiche(r) de (fam.). Se désintéresser de. / *Mépriser les lois, les conventions.* Passer outre. Fouler aux pieds. / *Mépriser la mort, le danger.* Braver. Affronter. Ne pas craindre. / *Personne qui méprise quelque chose ou quelqu'un.* Contempteur. Dénigreur.

MÉPRIS. Dédain. Indifférence.

mer

(du lat. ***mare;*** en gr. ***thalassa, pelagos***)

Vaste étendue d'eau salée. Océan. Mer fermée, intérieure. Mer ouverte. Mer bordière. Mer continentale. / Haute mer. Le large. Les espaces marins. / Mer froide. Mer chaude. / Mer à marées. Mer sans marées. Bassin océanique.

Les fonds marins. Les profondeurs de la mer. Les fonds sous-marins. Le fond. Le talus continental. Le plateau continental. La zone néritique. Le domaine benthique. Le benthos. Les abysses. Fosses abyssales. Le drift. Les espaces pélagiques. Etage bathyal, abyssal, hadal.
Fond de vase. Les vases bleues. Les argiles rouges. Fond de sable, de galets, de coquillages, de marne. Plateau. Plaine ou vallée. Volcan sous-marin.

Faune marine. Zooplancton ou plancton. Polypiers. Madrépores. Mollusques. Coquillages. Crustacés. Poissons. Mammifères marins. Monstres et fauves marins. Oiseaux de mer (v. OISEAU).

Flore marine. Phytoplancton. Algues bleues, vertes, jaunes ou rouges. Fucus. Varech. Goémon. Sargasse.

Les côtes. Littoral. Rive. Rivage. Plage. Grève. / Falaise. Promontoire. Cap. Pointe. Dune. Côte accore, à pic. / Côte basse, inhospitalière. / Côte saine, malsaine. / Côte au vent, sous le vent. / Golfe. Baie. Rade. Havre. / Anse. Crique. Calanque. / Fjord. Aber. Ria. Passe. Manche. Chenal. Goulet. / Estuaire. Embouchure. Delta. / Rochers. Brisants. Ecueils. Haut-fond. Récif. Banc. Barre. Barrière de corail. / Alluvions. Atterrissements. Lais et laisses. / Cordon littoral. Lagon. Lagune. Polder. / Ile, îlot, îlet. Archipel. Atoll. / Presqu'île. Péninsule.

Exploration des océans. Bathyscaphe. Bathysphère. Cloche de plongée. Plongée profonde. Scaphandre. Scaphandre autonome. Maison sous-marine. Bouée. Laboratoire sous-marin de recherche. Soucoupe marine. / Sondeur. Sonde. Sondage. Isobathe. / Sonar. Carottage. Dragage. Prélèvement. Bouteille.

Exploitation des océans. Pêche. Chasse aux grands mammifères marins, à la baleine. Elevage marin. Ostréiculture. Conchyliculture. Mytiliculture. / Culture des algues. Aquaculture. Collecte des algues. Thalassoculture. / Dragage du sable, des galets, du corail. / Exploitation des ressources minérales. / Plates-formes pétrolières. Installations « off-shore ». Nodules de manganèse. / Marais salants. Iode. Brome. Sel.

Mouvements de la mer. Marée. Courbe de marée. Onde de marée. Contremarée. / Mer montante. Flux. Flot ou courant de flot. / Mer descendante. Reflux. Jusant ou courant de jusant. / Marée basse. Marée haute. Pleine mer. Basse mer. Mer étale ou l'étale. Etale de pleine mer, de basse mer. / Mi-marée. Vive-eau. Morte-eau. Niveau moyen. Marée d'équinoxe. Marée de syzygie (pleine lune et nouvelle lune). Coefficient de la marée. Annuaire des marées. Calcul des marées. / Monter. Baisser. Se retirer. Marner. / Marnage (amplitude entre basse et haute mer). / Couvrir. Découvrir. / Courants de marée. Contre-courant. Lit du courant. / Les grands courants océaniques. Gulf Stream. Labrador. Humboldt. / Flot. Vague. Vague déferlante. Vague pyramidale. Lame. Lame de fond. Lame déferlante. / Paquet de mer. Baleine. / Houle. Forte houle. Longueur, période, vitesse de la houle. / Clapot. Clapotis. Friselis. Remous. Ressac. Tourbillon. Creux. Barre. Mascaret. Raz de marée. / (En parlant de la mer.) Se lever. Se faire. Se former. Se gonfler. Se rider. Se creuser. / Forcir. Moutonner. Friser. Briser. Déferler. Ecumer. Blanchir. Bouillonner. Clapoter. Mollir. Tomber. Retomber. Battre (une côte). / Crête d'une lame. Creux d'une lame. Embruns. Moutons. Fetch. Ecume.

État de la mer. Beau temps. Embellie. Bonace. Calme. Calme plat. Mer plate. Mer d'huile. Mer belle, mer de demoiselle. / Mer peu agitée. Mer ridée, agitée, très agitée, formée, hachée, houleuse, creuse. Mer forte, très forte, grosse, très grosse, énorme. / Mer croisée, double, triple. Mer courte, longue. Mer maniable, peu maniable, difficile, dure, tumultueuse. / Mer démontée, furieuse, en furie, déchaînée. Coup de vent. Tempête. Ouragan. Cyclone. Typhon. / Frais. Grand frais. Mer du vent. Mer froide. Mer chaude. Mer vaseuse, trouble. Mer claire, limpide.

Sciences de la mer. Océanologie. Océanographie physique ou biologique. Bathymétrie. Courantographie. Hydrographie. Météorologie marine. Biologie et zoologie marines. Archéologie sousmarine.

Droit de la mer. Mer nationale. Mer territoriale. Eaux territoriales. Zone contiguë. Zone littorale. Eaux intérieures. / Haute mer. Zones de pêche réservées. Le droit du pavillon. Assistance. Remorquage. Sauvetage. No cure. No pay. Passage innocent. Arraisonnement. Déroutement. Embargo. Blocus. Pollution des mers. Marée noire (v. POLLUTION).

Mythologie et légendes de la mer. Neptune. Amphitrite. Téthys. Nérée. Protée. / Tritons. Néréides. Océanides. Sirènes.
Serpent de mer. / Jonas. / L'Atlantide. / La ville d'Ys. / Le vaisseau fantôme.

Relatif à la mer. Homme de mer. Gens de mer. Marin. Avoir le pied marin. S'amariner (s'habituer à la mer). Sens marin. / Mettre à la mer. Prendre la mer. Tenir la mer. En mer. Par mer. / Maritime. Nautique. Climat maritime. Navigation maritime. / Sous-marin. Bathyal. Pélagique. Océanique. / Thalassothérapie (v. BAIN). / Mal de mer. Nausée. / Rendre tribut à Neptune.

Expressions poétiques. Plaine liquide. Onde amère. Empire des ondes. Infini des océans.

mère
(du lat. *mater*)

Femme qui a mis au monde un ou plusieurs enfants. *Future mère.* Femme enceinte. / *Devenir mère.* Concevoir. Conception. Gestation. Grossesse. / Accoucher. Enfanter (littér.). Donner le jour à. Mettre au monde. / Femme féconde. / Femme stérile. Bréhaigne (vx). / Allaiter. Nourrir de son lait. Donner le sein. Nourrir au sein. / Allaitement. Tétée. Téter.
Grand-mère (mère du père ou de la mère de quelqu'un). Belle-mère (mère de l'un des conjoints; seconde femme du père, par rapport aux enfants). Fille mère ou mère célibataire.

Relatif à la mère. Maternel. Maternité. Materniser du lait (lui donner la qualité du lait de femme). / Matriarcat (régime donnant l'autorité légale à la femme).

mérite
(du lat. *meritum*)

Ce qui rend une personne digne d'estime, de récompense. *Avoir du mérite à* (et l'inf.). Vertu. / *Etre au mérite de quelqu'un* (en parlant d'une chose). Etre à l'honneur de.

Ensemble de qualités intellectuelles et morales dignes d'estime et d'éloge. *Apprécier le mérite de quelqu'un.* Valeur. Qualités. Capacités. / *Un homme de mérite.* Remarquable. Incomparable.

mériter
(de *mérite*)

Avoir droit d'obtenir un avantage. *Mériter une récompense.* Etre digne de. Avoir des titres à. / (En parlant d'une chose.) *Mériter réflexion, considération.* Demander. Réclamer. Avoir besoin de. / Valoir la peine de.

DÉMÉRITER (agir de manière à perdre l'estime). / DÉMÉRITE. Faute. Tort.

MÉRITANT. (En parlant de quelqu'un.) Digne. Vertueux.

MÉRITOIRE. *Acte méritoire.* Louable Digne. Vertueux. / Bonne œuvre.

Être exposé à subir un inconvénient. *Mériter un châtiment.* Etre passible de. Encourir. Etre blâmable, répréhensible, condamnable. Attirer sur soi.

MÉRITÉ. Juste. Ne pas l'avoir volé. / IMMÉRITÉ. Injuste.

merveille
(du lat. *mirabilia,* choses admirables)

Ce qui cause une vive admiration par sa beauté, par sa perfection. *Une merveille de la nature. Une merveille de l'art.* Enchantement. Ravissement. Prodige.
Les sept merveilles du monde. Les pyramides d'Egypte. Les jardins suspendus de Sémiramis à Babylone. La statue en or et ivoire de Zeus Olympien par Phidias. Le temple d'Artémis à Ephèse. Le mausolée d'Halicarnasse. Le colosse de Rhodes. Le phare d'Alexandrie.

EMERVEILLER. Frapper d'admiration. Eblouir. Enchanter. Fasciner. / *S'émerveiller.* Admirer. S'extasier. Etre ravi.

EMERVEILLEMENT. Eblouissement. Enchantement. Ravissement.

MERVEILLEUX. Remarquable. Admirable. Magnifique. Mirifique. Féerique. Extraordinaire. Prodigieux. Mirobolant (fam.). Sensationnel. Indicible. Inexprimable. Ineffable.

mesquin
(de l'ital. *meschino,* pauvre)

Qui manque d'élévation, de grandeur, de générosité. *Une personne mesquine. Un esprit mesquin.* Etroit. Bas. Etriqué. Petit. Attaché à la médiocrité. *Une mesquine histoire d'argent.* Sordide.

MESQUINERIE. Bassesse. Etroitesse d'esprit. Médiocrité. / Parcimonie. Lésinerie.

MESQUINEMENT. *Se conduire mesquinement.* Bassement. / *Donner mesquinement.* Parcimonieusement. Chichement.

mesure
(du lat. *mensura*)

Évaluation d'une grandeur par comparaison avec une autre de même espèce prise comme unité. *Mesure de la vitesse, de la chaleur.* Calcul. Estimation. Détermination.

MESURER. *Mesurer une distance.* Evaluer. Calculer. Estimer. Déterminer. Apprécier. / *Mesurer un volume.* Jauger. Cuber.

MESURABLE. Calculable. Evaluable.

IMMENSURABLE. Incommensurable.

MENSURATION (mesure du corps humain). Anthropométrie.

Quantité, grandeur déterminée par une évaluation. *Les mesures d'un objet, d'une pièce.* Dimension. Longueur. Largeur. Hauteur. / Taille.

Quantité servant d'unité de base pour évaluer les grandeurs de même espèce. Mesure de longueur, de superficie, de capacité (v. UNITÉ)

Division de la durée musicale en parties égales. *Battre la mesure. Jouer, chanter en mesure.* Cadence. Mouvement. Rythme.

Modération dans la manière d'agir. *Parler avec mesure.* Retenue. Réserve. Ménagement. Circonspection. / *Qui agit sans mesure, sans jugement.* Fanatique. Enragé. / *Ce qui dépasse la mesure ordinaire, permise.* Excès (v. ce mot).

MESURER. *Mesurer ses paroles, ses gestes.* Ménager. Compter.

MESURÉ. Modéré. Circonspect.

DÉMESURÉ. Excessif. Exagéré.

DÉMESURE. Outrance. Excès.

DÉMESURÉMENT. Exagérément.

Moyen employé pour atteindre un but précis. *Une mesure décisive, efficace.* Disposition. Décision. Acte. / Demi-mesure. Contre-mesure.

métal

(du lat. *metallum;* en gr. *metallon*)

Corps simple, brillant, généralement bon conducteur de la chaleur et de l'électricité. Métal ferreux, non ferreux. Métal léger. Métal blanc. Métal précieux. Métaux de la mine (métaux rares présents dans les minerais de platine). Métaux alcalins (combinés avec l'oxygène, donnent des alcalis). Métaux des terres rares.

Propriétés. Métalléité. Ductilité. Malléabilité. Ténacité. Conductibilité calorifique et thermique. Résistance à la compression, à la flexion, à la traction. Eclat métallique.

Métaux (pour les symboles, voir tableau ÉLÉMENTS CHIMIQUES). Aluminium. Argent. Baryum. Beryllium. Cadmium. Caesium ou césium. Calcium. Chrome. Cobalt. Cuivre. Dysprosium. Erbium. Etain. Europium. Francium. Gadolinium. Gallium. Germanium. Hafnium. Fer. Holmium. Indium. Iridium. Lanthane. Lithium. Lutécium ou lutétium. Magnésium. Manganèse. Mercure. Molybdène. Néodyme. Niobium. Nickel. Or. Osmium. Palladium. Platine. Plomb. Plutonium. Polonium. Potassium. Praséodyme. Prométhéum. Protactinium. Radium. Rhénium. Rhodium. Rubidium. Ruthénium. Samarium. Scandium. Sélénium. Sodium. Strontium. Tantale. Technétium. Terbium. Thallium. Thorium. Thulium. Titane. Tungstène. Uranium. Vanadium. Ytterbium. Yttrium. Zinc. Zirconium.

Alliages. Alpax. Duralumin. Alumag, etc. (aluminium). / Bronze, laiton, maillechort, cupro-nickel, etc. (cuivre). / Alliage blanc, alliage fusible, métal antifriction, soudure, etc. (étain). / Amalgame (mercure). / Ferro-nickel, invar, cupro-nickel, etc. (nickel). / Alliages d'imprimerie, métaux à bas point de fusion, soudure, cuproplomb (plomb).

Métallurgie. Extraction du métal. Minerai. Minerai pauvre, riche. Gangue. Nettoyage. Isolement. Concassage. Concentration. Broyage. Triage magnétique. Séparation par lavage, par ventilation, par flottation. / Voie sèche. Fusion. Calcination. Grillage. / Voie humide. Dissolution. Précipitation. Amalgamation. Volatilisation. Distillation. Condensation. / Electrométallurgie. Opérations électrothermiques. Electrolyse ignée ou électrométallurgie par voie humide. Affinage au four, au convertisseur.

Mise en forme des métaux. Fonderie. Coulée. Moule. / Traitement mécanique de déformation. Forge. Forgeage. Tréfilerie. Filage. Tréfilage. Profilage. Extrusion. Etirage. Laminage. Matriçage. Emboutissage. Estampage. / Métallurgie des poudres. Frittage. Métallocéramique. Soudage.

Métallisation. Métalliser. / Revêtement électrolytique. Chromage, cuivrage, nickelage, etc. Immersion à chaud : étamage, galvanisation. Fer-blanc. Métallisation au pistolet. Métallisation sous vide. Traitement thermochimique : cémentation, chromisation, etc.

Lingot. Barre. Barreau. Profilé. Poutre. Poutrelle. Rond. Cornière. Fil métallique. Laminé. Tôle. Bande. Métal déployé.

Relatif à la métallurgie. Métallurgiste. Métallo (pop.). Sidérurgiste. Fondeur. Lamineur. Métalliseur.

météorologie

(du gr. *meteôrologia,* étude des phénomènes célestes)

Science des phénomènes de l'atmosphère. Météorologie analytique (observation des éléments du temps). Météorologie dynamique (mouvements atmosphériques en rapport avec le temps). Météorologie synoptique (pour la prévision du temps). / Météorologie agricole, médicale, etc. / Aérologie (étude de la structure de l'atmosphère). Climatologie.

Phénomènes atmosphériques. Arc-en-ciel. Aurore polaire (boréale ou australe). Cyclone. Eclair. Foudre. Gelée. Halo. Mirage. Orage. Ouragan. Parhélie. Tempête. Tonnerre. Tourbillon. Trombe. Typhon. / *Précipitations aqueuses.* Vapeur d'eau. Nuée. Nuage (v. ce mot). Brouillard. Bruine. Crachin. Giboulée. Grêle. Neige. Pluie. Rosée.

Climat (ensemble de conditions météorologiques propres à une région). / Climatologie biologique, dynamique, médicale, agricole, aéronautique. / *Types de climats.* Climat chaud (équatorial, océanien, tropical). Climat froid (polaire, groenlandais, islandais). Climat tempéré (océanique, semi-océanique). Climat continental (fortes amplitudes thermiques : sibérien, ukrainien, chinois). Climat sec (aride, semi-aride). Climat d'altitude. Climat zonal, régional, local. Microclimat (d'une faible étendue).

Prévision du temps. Bureau, poste, station, frégate météorologiques. Ballon-sonde. Satellite météorologique. Observation. Enregistrement. / *Instruments.* Actinomètre. Anémomètre. Baromètre. Hygromètre. Girouette. Planche à neige. Pluviomètre. Thermomètre. / Météorographe (baromètre, thermomètre et hygromètre emportés par le ballon-sonde).
Circulation générale. Cellule polaire, tempérée, équatoriale. Front polaire. Ascendance. Courant froid, chaud. Courant jet (angl. *jet-stream*). Basses pressions. Hautes pressions. / Perturbation. Cyclone (dépression). Front froid. Front chaud. Occlusion. Anticyclone (haute pression). Gradient. Nébulosité. Pluviosité. Température. Pression. / Carte météorologique. Carte du temps. Ligne isotherme (points d'égale température). Ligne isobare (points d'égale pression). Bar, milibar (unités de pression).

État de l'atmosphère en un lieu donné, à un moment donné. *Un temps chaud, orageux. Un temps froid, sec.* Température. / *Un temps nuageux, couvert. Un temps clair.* Ciel. / *Un temps lourd, accablant, étouffant.* Air. / *Un gros temps* (en marine). Tempête. / Beau temps. Beau fixe. Variable. / Faire beau. Faire chaud. / Faire froid. Neiger. Grêler. / Eclaircie. Embellie. Accalmie. / Se mettre au beau, à la pluie.

Relatif à la météorologie. Météorologique. Météorologiste ou météorologue. Communiqué, bulletin météorologique. Prévisions à court terme, à long terme.

méthode

(du bas lat. *methodus;* du gr. *meta,* vers, et *hodos,* chemin)

Manière d'agir selon un plan, selon des principes déterminés d'avance. *Avoir de la méthode. Procéder avec méthode.* Ordre. Logique. Raisonnement.

MÉTHODIQUE. Logique. Rationnel. Réfléchi.

MÉTHODIQUEMENT. Logiquement. Rationnellement.

Ensemble de procédés employés pour parvenir à un résultat déterminé. *Méthode de travail. Méthode de production. Méthode de culture.* Système Mode. Moyen. Technique. Manière. Procédé. Procédure. Formule.

mettre

(du lat. *mittere,* envoyer, mettre)

Faire passer un être, une chose à une place déterminée. *Mettre quelqu'un dans un logement.* Installer. Loger. Caser (fam.). / *Mettre quelqu'un en prison.* Incarcérer. Emprisonner. Mettre sous les verrous. Ecrouer. / *Mettre une personne à la place d'une autre.* Changer. Remplacer.
Mettre une chose dans un endroit. Placer Poser. Caser (fam.). Flanquer (fam.). Coller (fam.). Fiche(r) (fam.). Fourrer (pop.). / *Mettre un vêtement.* Revêtir. Passer S'habiller. Se vêtir. Se couvrir. / Mis. Habillé. Vêtu. / *Mettre un chapeau* Porter.
Mettre auprès. Approcher. Rapprocher / *Mettre contre.* Accoter. Adosser. / *Mettre plus loin, au loin.* Eloigner. Ecarter. Isoler. / *Mettre sur.* Appliquer. Déposer. Couvrir. Etendre. / *Mettre des choses les unes sur les autres.* Entasser Empiler. Superposer. / *Mettre sous.* Cacher. Glisser. / *Mettre dans.* Introduire. Enfoncer. Insérer. / *Mettre avec, ensemble.* Joindre. Réunir. Assembler. Attacher. Fixer. / *Mettre entre.* Interposer Intercaler. / *Mettre en face.* Opposer. / *Mettre plus haut.* Elever. Lever. Monter. / *Mettre en bas, plus bas.* Baisser. Abaisser. Faire descendre. Descendre. / *Mettre droit.* Dresser. Planter. Eriger. / *Mettre à plat.* Coucher. Etendre.

MISE (action de mettre). Mise en place. / *Soigner sa mise.* Manière de s'habiller. Tenue. Habillement. Toilette.

METTABLE (que l'on peut mettre, en parlant d'un vêtement). Portable.

IMMETTABLE. Inutilisable.

Faire passer à une position déterminée. *Mettre un enfant au lit.* Coucher. / *Mettre une personne sur un siège.* Asseoir. / *Mettre quelqu'un debout.* Lever. / *Mettre par terre.* Renverser. Faire tomber. / *Mettre quelqu'un dans un service.* Affecter. Préposer. Nommer. / *Se mettre à table.* S'installer. S'asseoir. / *Se mettre au lit.* Se coucher.

Mettre des choses en ordre. Classer. Ranger. Ordonner. / *Mettre en désordre, sens dessus dessous.* Déranger. Déplacer. Bouleverser. Chambarder (fam.). / *Mettre une chose à une autre.* Ajuster. Adapter. Appliquer.

Faire passer à un état déterminé. *Mettre quelqu'un en colère, en rage.* Fâcher. Irriter. Enerver. Agacer. Crisper. Mettre hors de soi. Mettre à bout. Mettre en fureur. Faire rager. / *Mettre au désespoir.* Désespérer. Désoler. Attrister. / *Mettre de bonne humeur, en gaieté.* Réjouir. Egayer. Dérider. / *Mettre en fuite.* Faire fuir. / *Mettre dans l'embarras, dans la gêne.* Embarrasser. Gêner. / *Mettre à la torture.* Torturer.

Se mettre à (avec un nom ou un infinitif). Commencer. Se prendre à.

Mettre un appareil en marche. Faire fonctionner. Actionner. / *Mettre un texte étranger en français.* Traduire. / *Mettre un appartement en location.* Louer. / *Mettre en vente.* Vendre.

Mettre un champ en blé. Ensemencer. Emblaver. / *Mettre du foin en bottes, du blé en gerbes.* Botteler. Gerber. Engerber. / *Mettre une rivière, un bassin à sec.* Tarir. Assécher. / *Mettre un endroit à sac.* Saccager. Dévaster. Ravager. Piller.

meuble

(du lat. *mobilis,* qui peut être changé)

Objet mobile qui sert à aménager une maison, un local. Un meuble ancien, un meuble de style. Un meuble rustique. Un meuble moderne. / Un meuble pliant, escamotable, transformable. / Monter, démonter un meuble. / Mettre un meuble au garde-meuble. / Etre dans ses meubles. / *Ensemble des meubles.* Mobilier.

MEUBLER (garnir de meubles). Meubler une chambre. / Démeubler. Vider.

MEUBLÉ (se dit d'un local d'habitation loué avec ses meubles). Appartement meublé (ou meublé, n. m.). Vivre en meublé. Garni (vx).

Parties d'un meuble. Corps. Portes. ou vantaux. Montants. Pieds. Tiroirs. Planches, tablettes ou rayons. Corniche ou fronton. Serrure. Ferrures. Gonds. Pentures. Abattant.

Matériaux. Bois. Bois fruitier. Bois exotiques. / Chêne. Hêtre. Noyer. Orme. Poirier. Citronnier. Châtaignier. Buis. Tilleul. Acajou. Palissandre. Ebène. Marqueterie. Placage. Ecaille. Laque. Vernis. Peinture. Dorure. / Patine (dépôt qui se forme sur certains meubles anciens ; coloration ou vernis dont on recouvre des meubles pour les protéger ou leur donner un aspect ancien). / Cuivre. Aluminium. Fer.

Sortes de meubles. *Meubles de rangement.* Armoire. Coffre. Bahut. Chiffonnier. Penderie. Commode. Garde-robe. Etagère. Bibliothèque. Cartonnier. Casier. Vitrine. / *Meubles de salle à manger.* Table. Buffet. Crédence. Dressoir. Vaisselier. / *Meubles d'ornement.* Console. Guéridon. Glace. Psyché. / *Meubles d'angle.* Ecoinçon. Encoignure. / *Meubles de repos.* Lit. Divan. Canapé. Sofa. / *Meubles pour s'asseoir.* Siège (v. ce mot). / *Meubles divers.* Table (v. ce mot).

Fabrication et vente. *Menuisier en meubles.* Ebéniste. Ebénisterie. / *Marchand de meubles anciens.* Antiquaire. / *Marchand de meubles d'occasion.* Brocanteur.

microbe

(du gr. *micros,* petit, et *bios,* vie)

Nom donné à tout micro-organisme qui peut engendrer une maladie. *Examiner des microbes au microscope.* Germe. Bactérie. Virus. / *Substance toxique sécrétée par un microbe.* Toxine.

Bactéries. Cellules contenant de l'acide désoxyribonucléique (A. D. N.) et de l'acide ribonucléique (A. R. N.). Noyau formé d'un seul chromosome. / *Classification.* Eubactéries. Mycobactéries. Algobactéries. Protozoobactéries. / *Formes.* Eléments sphériques (coques) [pneumocoque], allongés (bacilles), incurvés (vibrions), spiralés (spirilles). Bactéries isolées (microcoques), groupées par deux (diplocoques), par quatre (tétrades), en chaîne (streptocoques), en masse sphérique (staphylocoques).

BACTÉRIOLOGIE (étude des bactéries). Examen direct au microscope, sans coloration, avec coloration. Culture. Milieu de culture. Inoculation aux animaux.

Virus. Microbes plus petits que les bactéries. Développement dans les cellules

vivantes. Contenant un seul acide nucléique (A. D. N. ou A.R.N.). / *Infections virales.* Variole. Varicelle. Herpès. Zona. Atteintes méningées, nerveuses, respiratoires, cardiaques, etc. Rage. Rougeole. Rubéole. Hépatite virale. Oreillons. Fièvre jaune. Dengue, etc.
Traitement des maladies à virus. Vaccins préventifs contre certaines viroses : rougeole, variole, grippe, fièvre jaune, poliomyélite, etc.

MICROBIOLOGIE. Bactériologie. Virologie. Mycologie. Parasitologie.

MICROBIOLOGISTE. Bactériologue. Virologue. Mycologue.

Lutte contre les microbes. *Moyens naturels.* Antigène. Anticorps. Antitoxine. Phagocytose. / *Moyens médicaux.* Antisepsie. Asepsie. Sérum. Vaccin. Pasteurisation. Substance microbicide. Antibiotiques. Immunisation, etc.

mieux et meilleur

(du lat. *melius ; melior*)

Ce qui est mieux. Meilleur. Préférable. Supérieur. / *Faire mieux de* (et un inf.). Avoir intérêt à. Avoir avantage à. / *Faire mieux que d'habitude.* Se surpasser. / *Aimer mieux.* Préférer. / *Valoir mieux* (impersonnellement). Etre préférable, meilleur.

Ce qui est le mieux. *Tout ce qu'il y a de meilleur.* « Nec plus ultra ». / *Le meilleur d'une société.* Elite. Fleur. Crème. Gratin (fam.). Le dessus du panier. / Perle. Phénix. / Perfection. Quintessence. / Etre au mieux avec quelqu'un (être en très bons termes avec lui). / *Etat le meilleur pour atteindre un résultat.* Optimum. Optimal.

Changer en mieux, rendre meilleur. *Améliorer une terre.* Amender. Fertiliser. / *Amender un produit.* Bonifier. Abonnir. / *Améliorer un texte, un travail.* Corriger. Retoucher. Remanier. Revoir Réviser. Rectifier. Perfectionner. / *Améliorer les mœurs.* Amender. Régénérer. Réformer. Civiliser. Epurer. / *Améliorer le sort de quelqu'un.* Adoucir. Rendre plus supportable.

AMÉLIORATION. Amendement. Bonification. Abonnissement. / Correction. Retouche. Révision. Rectification. Remaniement. Perfectionnement. / *Apporter des améliorations dans une maison.* Réparation. Restauration. Embellissement. / Réparer. Restaurer. Embellir.

AMÉLIORABLE. Amendable. Perfectible.

S'améliorer. Devenir meilleur. / (En parlant de la santé.) Aller mieux. Aller de mieux en mieux. Se remettre. Se rétablir. Guérir. / (En parlant du temps.) S'éclaircir. Devenir plus beau. S'arranger (fam.). / (En parlant d'un produit.) Se bonifier. S'abonnir. / (En parlant d'une situation.) Etre plus prospère. Aller mieux. Etre dans un état plus favorable.

AMÉLIORATION. Un mieux. Changement (en mieux). Progrès. Perfectionnement. / Eclaircie. Embellie.

mignon

Qui plaît par sa grâce, sa délicatesse. *Une petite fille mignonne. Un garçon mignon.* Gentil. Charmant. Gracieux. Joli. Adorable (fam.). Mignonnet. Croquignolet (fam.).

Qui témoigne de la gentillesse, de l'amabilité (fam.). *Etre mignon avec quelqu'un* (surtout en parlant d'un enfant, d'une femme). Aimable. Gentil. Complaisant. Chic (fam.).

milieu

(de *mi* et de *lieu* ; en lat. *medium*)

Partie d'une chose qui est à égale distance des deux extrémités. *Le milieu d'une rue.* Axe. / *Le milieu d'une place, d'une pièce.* Centre. / *Doigt du milieu de la main.* Médius. Majeur. / *Au milieu de.* Au centre de. Au sein de. Parmi. Dans. / *Au beau milieu.* En plein. / *Qui est au milieu.* Médian. Central. Intermédiaire. / Ligne médiane.
Préfixe *mi-*. A mi-corps. A mi-hauteur. A mi-jambe. A mi-chemin. / Mitoyen (qui est entre deux choses).

Moment situé à égale distance du commencement et de la fin d'une période de temps. *Le milieu du jour.* Midi. / *Le milieu de la nuit.* Minuit. / Médianoche [vx] (repas pris au milieu de la nuit).
Interlude (courte pièce située entre deux autres plus importantes). Intermède (ce qui sépare dans le temps deux choses de même nature). Interruption. Entracte. / *Qui est au milieu.* Intermédiaire.
Préfixe *mi-*. Mi-carême. Mi-temps. Mi-janvier. Mi-août.

Ce qui est éloigné des extrêmes, des excès. *Le milieu entre la sévérité et l'indulgence.* Intermédiaire. Entre-deux. / *Un juste milieu.* Moyenne. Mesure. Moyen terme.

Ensemble des conditions qui entourent et influencent un individu. *Vivre dans un certain milieu.* Entourage.

Environnement. Cadre. Climat. Atmosphère. Ambiance. Sphère. / *Milieu d'origine.* Classe sociale. Groupe social. / *S'adapter à un nouveau milieu.* S'acclimater. / Ecologie (étude des rapports entre les êtres vivants et leur milieu).

mince

(de l'anc. verbe *mincier,* couper en menus morceaux)

Qui a peu d'épaisseur. *Un morceau mince.* Fin. Menu. / Lichette. Languette. / *Mince et allongé.* Effilé. / *Un tissu mince.* Léger. / *Un fil mince.* Ténu. / *Un brin très mince.* Filiforme. / *Choses minces.* Feuille. Pellicule. Lame. Fil. Filament, etc.

MINCEUR. Ténuité. Légèreté.

AMINCIR. Amenuiser.

EMINCER (couper en tranches minces ou en petits morceaux).

Qui a des formes fines. *Une jeune fille mince.* Svelte. Gracile. Elancé. / *Un cou, un poignet mince.* Fluet. Frêle. Délié. / *Une jambe mince.* Grêle. / *Une taille mince.* Taille dégagée. Taille de guêpe. / Sylphide (femme mince et gracieuse).

MINCEUR. Sveltesse. Gracilité.

AMINCIR (rendre mince ou plus mince). Affiner. / *S'amincir.* Mincir (fam.). Devenir mince.

Qui a peu de valeur, d'importance. *Un mince profit.* Médiocre. Maigre. Négligeable. Insignifiant.

mine

Exploitation de matières minérales ou fossiles du sol ou du sous-sol. Prospection géologique. Prospection géophysique. Gravimétrie. Méthodes électrique et tellurique (courants électriques du sous-sol). Méthode sismique (propagation des ondes d'une explosion souterraine). Recherche de pièges stratigraphiques.
Minerais. Amas. Affleurement. Banc. Couche. Dépôt. Filon. Gisement. Gîte. Lit. Nid. Piège géologique. Poche. Rognon. Sable aurifère. Veine. Zone de minéralisation diffuse. / Gangue. Stérile. / Gaz des marais. Mofette. Grisou.
Gisement pauvre, riche, épuisé. Puissance ou ouverture (épaisseur de la couche).

Extraction des minerais. Concession. Mine. Minière. Carrière. Houillère. Charbonnage. Tourbière. Placer.
Exploitation à ciel ouvert. Fouilles. Découverte ou découverture du minerai. Gradin. Banquette. Front. Abattage. Trou de mine. Tir. Volée. Excavatrice.
Mine souterraine. Puits d'extraction. Machine d'extraction. Poulie. Koepe. Chevalet. Cage. Skip (élévateur incliné). Berline. Puits de service, d'aération, de retour d'air. Galerie horizontale. Bovette. Travers-banc. Recette (plate-forme devant le puits d'extraction). Galerie inclinée ou plan incliné. Galerie verticale ou bure.
Exploitation par taille cassante. Longue taille. Front de taille. Taille chassante. Galerie de tête. Toit. Mur de la couche. / Exploitation par taille rabattante, par taille montante, par tailles en dressant. Gradins renversés. Taille oblique. / Exploitation par chambres et piliers. Traçage. Chambre. Pilier. Dépilage. / Exploitation par tranches horizontales, inclinées, descendantes.
Abattage aux explosifs. Exploseur électrique. / Abattages au marteau piqueur, au rabot, au mineur continu. Havage. Haver. Haveur. Haveuse (déblaie le minerai abattu). Convoyeur (évacue le minerai vers les berlines). Foreuse ou perforatrice. Jumbo (appareil à foreuses multiples). Mèche. Trépan.
Boisage. Soutènement du toit. Etançon. Coffrage. Remblayage. / Foudroyage. Coup de toit. Chute de blocs.
Grisou. Coup de poussières. Explosif de sécurité. Lampe de sécurité. Equipement électrique antidéflagrant.
Carreau. Lavoir. Terril. Coron (cité ouvrière). Concentration ou préparation mécanique (du minerai). Lavage. Laverie. Atelier de triage. Triage à main. Triage magnétique. Triage ou concentration par flottation.

Relatif à la mine. Minéral. Minéralier (navire). Minéralisant. Minéralisateur. Minéralisation. Minéralisé. Minéralogiste. Minérographie. Minier.
Industrie minière. Ecole des mines. Ingénieur des mines. Porion (contremaître). Mineur de fond. Piqueur. Hercheur. Galibot. Mineur de jour (travaille à l'extérieur). Laveur. Trieur.

minéralogie

Étude des minéraux constituant les matériaux de l'écorce terrestre. Science annexe : cristallographie. / Cristallisation. Minéralisation.
Caractères. Couleur. Clivage. Eclat. Macles. Transparence. Dureté. / Gisement. Terrain métallifère.
Corps brut. Gangue. Druse. Grappe. Rognon.

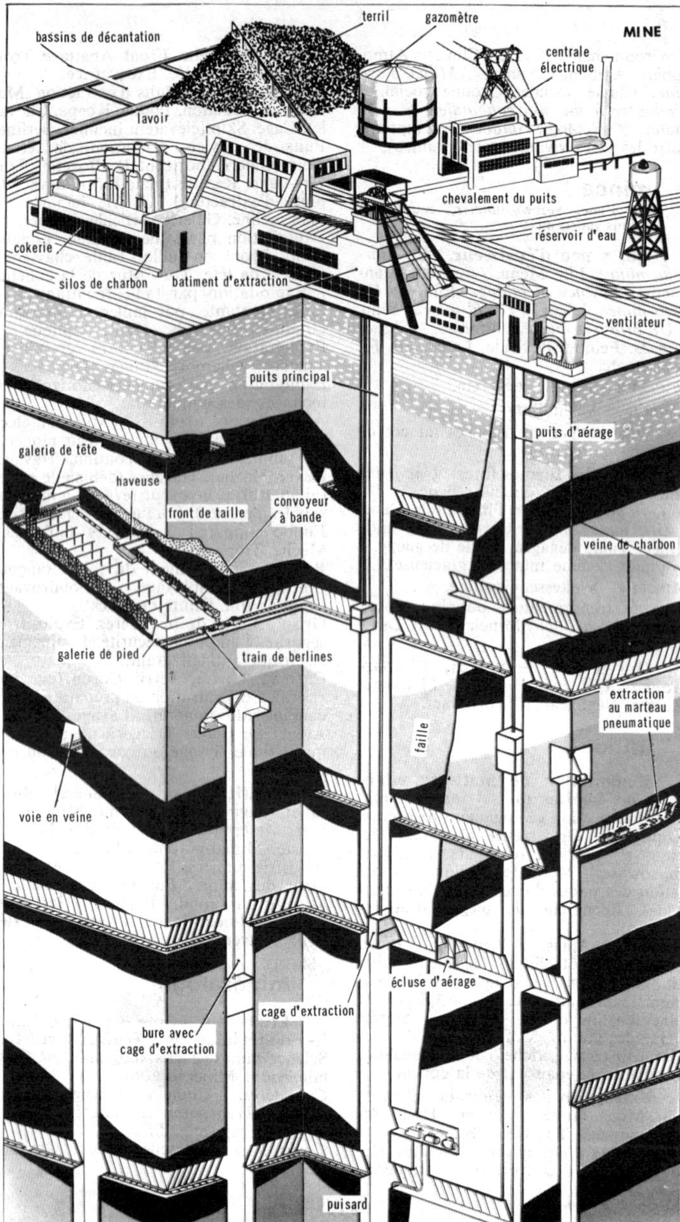
MINE
bassins de décantation
terril
gazomètre
centrale électrique
lavoir
chevalement du puits
réservoir d'eau
cokerie
silos de charbon
batiment d'extraction
ventilateur
puits principal
puits d'aérage
galerie de tête
haveuse
front de taille
convoyeur à bande
veine de charbon
galerie de pied
train de berlines
extraction au marteau pneumatique
faille
voie en veine
écluse d'aérage
cage d'extraction
bure avec cage d'extraction
puisard

Principaux minéraux. *Eléments natifs.* Métaux. Métalloïdes.
Sulfures et sulfosels. Pyrite. Marcassite. Bolende. Galène. / *Oxydes et hydroxydes.* Magnétite. Hématite. Cassitérite. Goethite. Hydrargillite. / *Halogénures.* Sel gemme. Fluorine. / *Carbonates.* Calcite. Aragonite. Dolomite. / *Phosphates.* Arséniates. Vanadates. / *Sulfates.* Anhydrite. Gypse. / *Silicates.* Silice (quartz, calcédoine). Feldspaths. Feldspathoïdes. Zéolites. Phyllites (argile, mica, chlorite). Amphiboles. Pyroxènes. Béryl. Tourmaline. Epidote. Grenats. Péridots.

ministre

(du lat. *minister,* serviteur)

Personne qui fait partie d'un gouvernement et qui est chargée de la direction d'un ensemble de services publics. Ministre des Affaires étrangères, de l'Education, des Finances, de l'Intérieur. / *Ministre de la Justice.* Garde des Sceaux. / Sous-secrétaire d'Etat.
Ensemble des ministres. Gouvernement. Cabinet. Ministère. / Premier ministre. Président du Conseil (vx). / Conseil des ministres. Conseil de cabinet.

MINISTÈRE. Portefeuille. Chef de cabinet.

MINISTÉRIEL. Cabinet ministériel. Département ministériel.

MINISTRABLE [fam.] (susceptible de devenir ministre).

minutie

(du lat. *minutia,* parcelle)

Soin attentif aux menus détails. *Faire preuve de minutie dans son travail.* Application. Scrupule. Conscience. Méticulosité. / *Décrire avec minutie.* Exactitude. Souci du détail. / *Travailler avec minutie.* Parfaire. Fignoler (fam.). Polir. Lécher (fam.). Peaufiner (fam.). / *Examiner avec minutie.* Regarder à la loupe. Eplucher. Passer au crible.

MINUTIEUX. *Un homme minutieux.* Méticuleux. Consciencieux. Scrupuleux. Soigneux. / *Trop minutieux.* Tatillon. Maniaque. Formaliste. Pointilleux. / *Un travail minutieux.* Soigné. Poli. Fignolé (fam.). Léché (fam.).

MINUTIEUSEMENT. Méticuleusement. Consciencieusement. Scrupuleusement.

miracle

(lat. *miraculum,* prodige ; en gr. *thauma*)

Fait inexplicable par les lois naturelles et que l'on attribue à une intervention divine. *Les miracles du Christ. Croire à un miracle.* Prodige. Signe. / Thaumaturge (personne qui fait des miracles). Thaumaturgie.

MIRACULEUX. Surnaturel. Prodigieux.

MIRACULÉ (guéri par un miracle).

Ce qui est extraordinaire. *Accomplir un miracle. Etre témoin d'un miracle.* Fait, événement extraordinaire. Merveille. Résultat étonnant, inattendu. / *Crier au miracle.* S'extasier. S'émerveiller. / *Par miracle.* Par bonheur. Par un heureux hasard. Miraculeusement.

MIRACULEUX. Etonnant. Prodigieux. Incompréhensible. Inexplicable.

misère

(du lat. *miseria,* de *miser,* malheureux)

État d'extrême pauvreté. *Etre dans la misère.* Besoin. Gêne. Indigence. Dénuement. Dèche (pop.). Purée (pop.).

MISÉRABLE. MISÉREUX (qui est dans la misère). Pauvre. Indigent. / Gueux. Va-nu-pieds. Pauvre diable. Traîne-misère. Mendiant. Clochard. / *Qui a une apparence misérable.* Miteux (fam.). Minable (fam.).

MISÉRABILISME (peinture des aspects les plus misérables de la vie). / Misérabiliste.

Événement malheureux, digne de pitié. *Les misères de la guerre. Les misères de la vie, de l'âge. Jours de misère.* Malheur. Infortune. Calamité. Adversité. Détresse. Peine. Chagrin.

MISÉRABLE (digne de pitié). *Une existence misérable.* Pénible. Triste. Déplorable. Lamentable. Pitoyable. Malheureux.

MISÉRABLEMENT. Péniblement. Tristement. Pitoyablement. Lamentablement.

mission

(du lat. *missio,* action d'envoyer)

Fonction dont on charge une personne ou un groupe de personnes. *Remplir une mission.* Charge. Mandat. Opération. Entreprise. Tâche. Commission. / *Charger quelqu'un d'une mission.* Déléguer. Expédier. Dépêcher. Détacher. / *Donner, confier une mission à quelqu'un.* Charger de. Appeler à. / *Personne chargée d'une mission.* Délégué. Envoyé. Représentant. Emissaire. Mandataire.

Ensemble de personnes chargées d'une fonction déterminée. *Envoyer une mission scientifique, culturelle à l'étranger.* Délégation. Commission. Légation. Députation. / Mission diplomatique. Ambassade. / Chargé de mission.

Institution de religieux chargée de propager une religion. Mission catholique, protestante. Mission bouddhiste. / Propagation de la foi.

MISSIONNAIRE. Missionnariat. Missiologie. Missiographie.

But auquel une personne est destinée. *La mission d'un savant. La mission civilisatrice d'un pays.* Rôle. Fonction. Vocation.

mode

(du lat. *modus,* manière)

Manière d'agir, de penser, de sentir propre à une collectivité. *La mode d'une époque, d'un pays.* Mœurs. Coutume. Habitude. Usage. Pratique. / A la mode (conforme aux goûts du jour). / *Un mobilier à la mode. Une chanson à la mode.* En vogue. En faveur. / *La mode en architecture, en peinture.* Style. Goût. *Personne qui adopte les manières, les opinions à la mode.* Snob. Snobinard (fam.). Snobinette (fam.). / Snobisme.

DÉMODÉ (qui n'est plus à la mode). Dépassé. Périmé. Suranné. Archaïque.

Manière de s'habiller propre à une collectivité, à une époque. La mode féminine, masculine, enfantine. / *La dernière mode.* Le dernier cri. Le grand chic. / *Lancer la mode.* Donner le ton. / *Un homme à la mode.* Dandy. Dandysme. / *La mode des jupes courtes, des manteaux longs.* Vogue. Succès. / *Etre à la mode* (en parlant d'un vêtement). Se porter. Se faire.

DÉMODÉ. Désuet. Suranné. Vieillot.

Se démoder. Cesser d'être à la mode. Passer de mode.

modèle

(de l'ital. *modello,* empr. au lat. pop. *modellus,* de *modus,* mesure)

Personne ou chose proposée à l'imitation. *Ce qui sert de modèle.* Archétype. / *Un modèle de dessin, d'écriture.* Exemple. / *Un modèle de conjugaison.* Paradigme. / *Un modèle de couture, de tapisserie.* Patron. Carton.

Prendre quelqu'un pour modèle. Imiter. / *Servir de modèle.* Edifier. Prêcher d'exemple. / *Une conduite modèle.* Exemplaire. Edifiant. / *Un employé modèle.* Parfait. Irréprochable. Perle (fam.).

MODELER. *Se modeler sur.* Suivre. Se régler sur. Régler sa conduite sur.

MODELEUR (sculpteur qui exécute des modèles).

Personne ou chose possédant au plus haut degré certaines caractéristiques. *Un modèle d'homme honnête.* Type. Parangon (vx). / *Un modèle de l'art roman.* Spécimen.

Objet destiné a être reproduit en série. *Premier exemplaire d'un modèle de mécanisme, de machine.* Prototype. / Modèle déposé. / *Modèle réduit* (représentation d'un objet plus grand). Miniature. Miniaturiser. Miniaturisation.

MODÉLISTE (personne qui dessine ou fabrique des modèles).

MODÉLISME (fabrication de modèles réduits). Aéromodélisme.

modération

(du lat. *moderatio,* de *modus,* mesure)

Qualité d'une personne qui s'abstient de tout excès. *Modération dans la conduite.* Retenue. Réserve. Mesure. Circonspection. Sagesse. Désintéressement. Simplicité. Patience. Calme. / *Modération dans le boire, le manger.* Tempérance. Frugalité. Sobriété. / *Modération dans la dépense.* Economie. Epargne. / *Modération dans les plaisirs.* Chasteté. Pureté. / *Modération dans le langage.* Réserve. Douceur. Ménagement. Discrétion. / Ménager, mesurer ses expressions. Ne pas insister.

MODÉRER. *Modérer ses désirs, ses ambitions.* Borner. Limiter. / *Modérer ses dépenses.* Economiser. Epargner. / *Modérer la brutalité d'une expression.* Atténuer. Adoucir. Affaiblir. Tempérer. / *Modérer sa vitesse.* Ralentir. Freiner. / *Se modérer.* Se retenir. Se contenir. S'assagir. Se calmer. / Etre maître de soi. Eviter les excès.

MODÉRÉ. *Modéré dans le boire, le manger.* Sobre. Frugal. Tempérant. / *Modéré dans ses dépenses.* Econome. / *Modéré dans ses désirs.* Sage. Modeste. Raisonnable. Pondéré. Equilibré. / *Prix modéré.* Moyen. Raisonnable. / *Parti politique modéré.* Conservateur. / Juste milieu. Modérantisme. Modérantiste.

MODÉRÉMENT. Raisonnablement. Mesurément.

moderne

(du bas lat. *modernus,* de *modo,* récemment)

Qui appartient au temps présent ou à une époque récente. *La vie moderne. Le monde moderne.* Contemporain. Actuel. / *Un mobilier moderne.* Nouveau. Récent.

MODERNISER. *Moderniser un mobilier, un magasin.* Transformer. Rajeunir. Rénover.

MODERNISATION. Transformation. Rajeunissement. Rénovation.

Qui se conforme à l'évolution, aux goûts de l'époque contemporaine. *Un jeune homme moderne.* Evolué. Qui est de son temps. / *Un peintre moderne.* Moderniste. / Modernisme. Modernité.

modeste

(du lat. *modestus,* de *modus,* mesure)

Se dit d'une personne qui a une opinion modérée d'elle-même. *Un homme modeste.* Effacé. Discret. Réservé. Simple. Humble. Sans prétention. Sans orgueil.

MODESTIE. Discrétion. Réserve. Retenue. Effacement. Simplicité. Humilité.

MODESTEMENT. Simplement. Discrètement. Humblement.

Qui est dépourvu, d'éclat, d'importance. *Un train de vie modeste.* Simple. / *Un salaire modeste.* Moyen. Modique. Faible. Petit. / *Etre d'une origine modeste.* Humble.

MODESTEMENT. *Vivre modestement.* Simplement. Humblement. Petitement. Sans faste.

mœurs

(du lat. *mores ;* en gr. *ethos*)

Habitudes d'un peuple, d'un individu relatives à la manière de vivre. *Adopter, emprunter les mœurs d'un pays, d'une époque.* Usages. Us. Coutumes. Traditions. / *Des mœurs barbares, grossières.* Barbarie. Grossièreté. / Barbare. Grossier. / *Des mœurs policées, raffinées.* Civilisation. Education. / *Evolution des mœurs.* Progrès. / *Les mœurs d'une personne.* Comportement. Conduite. Habitudes. Mentalité. Genre de vie.

Qui n'est plus conforme aux mœurs d'une société, d'une époque. Anachronique. Anachronisme. / Anachroniquement. / *Etude des mœurs d'un milieu, d'une époque.* Sociologie. Histoire. Ethologie ou éthographie (vx).

Habitudes d'un individu, d'une société relatives à la pratique du bien et du mal. *Bonnes mœurs.* Bonne conduite. Honnêteté. Intégrité. Probité. Bons principes. Bons sentiments. Moralité. / *Grande pureté de mœurs.* Rigorisme. Puritanisme. Austérité. / Se bien conduire. Dompter ses instincts, ses passions, ses mauvaises tendances. / *Contraire aux bonnes mœurs.* Immoral. Obscène. Licencieux. Impudique.

Attentat aux mœurs. Attentat à la pudeur. Viol. Adultère. Prostitution.

Mauvaises mœurs. Mœurs faciles. / *Relâchement des mœurs.* Libertinage. Licence. Dévergondage. Dérèglement. Décadence. / *Mœurs dissolues.* Débauche. Corruption. Dépravation. / *Mœurs spéciales.* Mauvais instincts. Mauvais penchants. Homosexualité.

moins

(du lat. *minus*)

Rendre moindre. *Rendre moins grand.* Amoindrir. Diminuer. Réduire. Amenuiser. / *Rendre moins vif.* Atténuer. Adoucir. Amortir.

MINORER. Diminuer. Sous-estimer. / Minoration. / Minoratif.

Locutions. Le moins. Le moindrement (avec une négation). Le moins du monde. / Au moins. Du moins. / De moins en moins. / A tout le moins. / Pour le moins. / En moins de rien. / Rien moins que (v. RIEN). / A moins que.

mois

(du lat. *mensis*)

Espace de temps adopté comme une des douze divisions de l'année. Mois lunaire (intervalle de temps entre deux conjonctions de la Lune et du Soleil). Mois embolismique (mois qu'on ajoutait aux douze mois lunaires tous les trois ans). V. CALENDRIER.

Relatif au mois. Quantième (désignation du jour du mois). Semaine. Quinzaine. / Mensuel. Mensuellement. Mensualité. Mensualiser. Mensualisation. / Toucher son mois (salaire correspondant à un mois de travail). / Bimensuel (qui a lieu deux fois par mois). Bimestriel (qui a lieu tous les deux mois). / Trimestre. Trimestriel. Trimestriellement. / Semestre. Semestriel. Semestriellement.

moitié

(du lat. *medietas,* milieu)

Une des deux parties égales ou à peu près égales d'un tout. *Une moitié de.* Demi. / *La moitié d'une heure.* Demie. / Diamètre (partage un cercle en deux moitiés). Rayon (moitié d'un diamètre). / Dichotomie (division par deux). / Métayage (mode d'exploitation agricole où l'on partage par moitié les fruits et les récoltes). / *A moitié.* A demi. / *Moitié-moitié.* Couci-couça (fam.). / *Faire un partage moitié-moitié.* Fifty-fifty.

Mots composés. Préfixe *mi-.* Michemin. Mi-corps. Mi-côte. Mi-jambe.

Préfixe *demi-*. Demi-cercle. Demi-journée. Demi-portion. Demi-tarif.
Préfixe *hémi-*. Hémisphère. Hémicycle. Hémistiche (moitié d'un vers). Hémiplégie (paralysie d'une moitié latérale du corps).
Préfixe *semi-*. Semi-voyelle. Semi-consonne. Semi-automatique. Semi-circulaire.
Préfixe *sesqui-*. Sesquialtère (qui est dans le rapport de 1,5 à 1). Sesquioxyde.

mollusques

(du lat. *mollusca* [*nux*], [noix] à écorce molle ; en gr. *malakos*)

Animal invertébré, à corps mou, qui vit dans l'eau ou dans les sols humides. ***Classes de mollusques.***
Amphineures ou *loricates*. Ordres : aplacophores ou solénogastres; polyplacophores. / Genres : chiton, néoménius.
Scaphopodes ou *solénoconques*. Genre : dentale.
Gastropodes, ou *gastéropodes,* ou *univalves* (v. COQUILLAGES). Prosobranches : ormeau, patelle, vigneau, porcelaine, buccin, atlante, etc. / Opisthobranches : lièvre de mer, doris, clio, etc. / Pulmonés : limnée, escargot, limace, etc.
Bivalves, ou *pélécypodes,* ou *lamellibranches,* ou *acéphales* (v. COQUILLAGES). Protolamellibranches ou polyodontes : nucule, arche, moule, huître, peigne, etc. / Eulamellibranches ou hétérodontes : anodonte, coque, couteau, pholade, hippurite, etc.
Céphalopodes. Dibranches. Décapodes (dix bras porteurs de ventouses) : seiche, bélemnite, calmar, encornet. Octopodes (huit bras) : poulpe ou pieuvre, argonaute, élédone. Ammonoïdes : clyménie, goniatite, cératite, amalthea, ammonite (fossile). Tétrabranches : nautile.

Relatif aux mollusques. Malacologie (partie de la zoologie relative aux mollusques). Coquille. Coquillage. Chiton. Chambre spiralée. Valve. Branchie. Manteau. Cornes. Radula (langue râpeuse). Bave. Pied. Tentacule. Larve nageuse. / Nacre. Pourpre. Sépia (encre). Perle. / *Elevage de mollusques.* Héliciculture (escargots). Mytiliculture (moules). Ostréiculture (huîtres).

moment

(du lat. *momentum*)

Espace de temps. *Un certain moment.* Temps. / *Un long moment.* Longtemps. / *Un moment de la semaine.* Jour. / *Un moment de la journée.* Heure. / *Un moment favorable.* Circonstance. Occasion. / *Moment où se produit un fait.* Epoque. Date. / *Un moment de la vie.* Période.
A tout moment. Continuellement. Sans cesse. / *En ce moment.* Maintenant. Actuellement. A présent. Présentement. / *Par moments.* Par intervalles. Par instants. / *Au moment où.* Lorsque. Quand. Comme. / *D'un moment à l'autre.* Incessamment.

Espace de temps qui dure peu. *Le plaisir d'un moment.* Instant. / *En un moment.* Rapidement. / *Dans un moment.* Dans peu de temps. Bientôt.
MOMENTANÉ (qui ne dure qu'un moment). Fugitif. Passager. Provisoire.
MOMENTANÉMENT. Provisoirement.

monde

(du lat. *mundus ;* en gr. *kosmos*)

Ensemble des choses qui existent. Univers. Cosmos (le monde considéré comme un tout organisé). / Chaos (état du monde avant la Création). / Cosmogonie (théorie expliquant la formation du monde). / Macrocosme (le monde par rapport à l'homme). / Microcosme (l'homme considéré comme un petit univers). / Cosmologie (science qui a pour objet les recherches relatives à l'univers). / Argument cosmologique (preuve de l'existence de Dieu à partir de l'existence du monde). Le monde physique. Le monde extérieur.

Ensemble formé par la Terre et les astres visibles. Pluralité des mondes. / Le monde terrestre. Le monde sublunaire (la Terre). / Système planétaire. Gravitation universelle. / Cosmographie (description des astres). / Cosmos (espace extra-terrestre). Espaces cosmiques. Espaces intersidéraux.

La Terre elle-même où vivent les hommes. *Les cinq parties du monde.* Continent. / *L'Ancien Monde* (Europe, Asie, Afrique). *Le Nouveau Monde* (Amérique). / *Faire le tour du monde.* Globe. Planète. / *Parcourir le monde.* Globe-trotter (celui qui parcourt le monde). / *Carte du monde.* Mappemonde. / *Citoyen du monde.* Cosmopolite (vx). Cosmopolitisme.
Le monde. Le monde d'ici-bas. La vie terrestre. / *Venir au monde.* Naître. / *Mettre un enfant au monde.* Donner la vie. / *Quitter le monde.* Mourir. / *Ne plus être de ce monde.* Etre mort.
L'autre monde. L'au-delà. Le ciel.
MONDIAL (relatif au monde, à la Terre

entière). International. Universel. Planétaire.

MONDIALEMENT. Universellement.

Ensemble des hommes vivant sur la Terre. *Bouleverser, changer le monde.* Humanité. Genre humain.

Groupement déterminé d'hommes ou d'animaux. *Un monde dur, cruel.* Gens. / *Le monde antique. Le monde contemporain.* Société. / *Le monde capitaliste. Le monde ouvrier. Le monde des affaires.* Milieu. / Le monde des abeilles, des fourmis.

Un certain nombre de personnes. *Beaucoup de monde. Peu de monde.* Gens. / *Un monde fou* (fam.). Foule. Multitude. / *Recevoir du monde.* Faire des invitations. Avoir des invités.

Vie des hommes en société. *Connaître, observer les usages du monde.* Bienséance. Savoir-vivre. Convenances. Décence. / *Aimer le monde.* Avoir des relations. Sortir. / *Fuir le monde.* Rester chez soi. / *Personne qui évite le monde.* Misanthrope. Solitaire. Insociable. Ours. / *Qui vit retiré du monde.* Reclus. Isolé. / (En termes de religion.) *Se retirer du monde. Renoncer au monde.* Vie séculière. Siècle. / Entrer dans les ordres. Entrer en religion. Embrasser la vie religieuse.

La classe la plus élevée de la société (caractérisée par sa naissance, ses richesses, ses usages, etc.). *Briller dans le monde. Aller dans le monde.* Haute société. / *Homme du monde.* Mondain. Gentleman. / *Femme du monde.* Mondaine. / *Personne qui fréquente le monde.* Mondain. Snob. / *Le grand monde.* Aristocratie. / *Le beau monde* (parfois ironique). Gratin (fam.). Tout-Paris.

MONDAIN (relatif à la haute société). Relations mondaines. Obligations mondaines.

MONDANITÉ(s). Vie mondaine.

monnaie

(du lat. *moneta,* qui avertit [surnom de Junon, dont le temple était aussi un atelier pour la frappe des monnaies])

Instrument légal de paiement et d'échange qui consiste en des billets et des pièces garantis par un État. *Monnaie fiduciaire* (qui repose sur la confiance). Monnaie de papier. Billets de banque. Pièces d'or, d'argent, de nickel, de bronze, d'alliage. / *Monnaie scripturale.* Chèques bancaires. Chèques postaux. Ordre de virement.

Monnaie métallique. Lingots. Barres. Pièces de métal. Bimétallisme (système monétaire dans lequel deux métaux servent de monnaie). Monométallisme. / *Pièce de monnaie.* Parties d'une pièce : Champ (milieu). Tranche (circonférence extérieure). Cordon (bord façonné). Cordonnet (marque sur la tranche). Listel (bande saillante sur le bord). Légende (inscription). Face ou avers (côté qui porte la figure). Revers (côté opposé). / Pile (revers) ou face.

Ensemble de pièces ou de billets de petite valeur. *Avoir de la monnaie. Petite monnaie. Monnaie divisionnaire. Menue monnaie.* Mitraille (fam.). / *Petit sac servant à mettre la monnaie.* Porte-monnaie. Bourse. / Porte-billets. Portefeuille.

Unité monétaire utilisée dans un pays. *Valeur d'une monnaie. Cours d'une monnaie.* Cours légal. Cours forcé. Change. / *Dévaluer une monnaie* (abaisser la valeur légale). Dévaluation. / Réévaluer. Réévaluation. / Monnaie flottante. Flottaison. / Circulation de la monnaie.

Fabrication de la monnaie. *Fabrication des pièces.* Fonderie. Préparation du métal (lingots, pièces démonétisées). Fusion au creuset. Coulée en lingotière. Lames ou lingots. Laminage à chaud, à froid. Découpage des lames. Flan (lame taillée en rond pour recevoir l'empreinte). Elimination des flans hors tolérance. / Recuit. Brillantage. Frappe à la presse. Vérification de l'aspect. Pesage des pièces. Comptage.

Transformer (un lingot) en monnaie. Monnayer. Monnayage. Monnayeur. / Battre monnaie. Hôtel des Monnaies.

Fabriquer de la fausse monnaie. Contrefaire. Contrefaçon. Contrefacteur. Faux-monnayeur.

Monnaies actuelles. Baht (Thaïlande). / Bolivar (Venezuela). / Boliviano (Bolivie). / Couronne (Danemark, Islande, Norvège, Suède, Tchécoslovaquie). / Cruzeiro (Brésil). / Dinar (Algérie, Irak, Jordanie, Tunisie, Yougoslavie). / Dirham (Maroc). / Dollar (Canada, Etats-Unis, Ethiopie). / Dong (Viêt-nam). / Drachme (Grèce). / Escudo (Chili, Portugal). / Florin (Pays-Bas). / Forint (Hongrie). / Franc (Belgique, France, Luxembourg, Suisse). / Guarani (Paraguay). / Lek (Albanie). / Leu ([plur. lei] Roumanie). / Lev ([plur. leva] Bulgarie). / Lire (Italie). / Livre (Australie, Egypte, Grande-Bretagne, Israël, Liban, répu-

blique d'Irlande, Syrie, Turquie, Union sud-africaine). / Mark (Allemagne). / Mark ou markka (Finlande). / Peseta (Espagne). / Peso (Argentine, Colombie, Cuba, Philippines, Mexique, Uruguay). / Rial (Iran). / Rouble (U. R. S. S.). / Roupie (Inde, Pakistan, Indonésie). / Schilling (Autriche). / Sol (Pérou). / Sucre (Equateur). / Yen (Chine, Japon). / Zloty (Pologne).
Monnaies divisionnaires. Dollar (100 cents). Florin (100 cents). Franc (100 centimes). Mark (100 pfennig). Livre (20 shillings). Rouble (100 kopecks). Schilling (100 groschen). Yen (100 sen).

Monnaies anciennes. *Monnaies grecques.* Drachme (unité monétaire). Mine (100 drachmes). Talent (6 000 drachmes). Statère (20 ou 25 drachmes). Obole (6e partie de la drachme).
Monnaies romaines. As. Denier (10 as). Quinaire (5 as). Sesterce (4 as).
Anciennes monnaies françaises. Livre parisis. Livre tournois. Louis. Napoléon. Pistole. Ecu. Sou. Liard. Agnel. Angelot.
Anciennes monnaies étrangères. Besant (monnaie byzantine). Darique (Perse). Picaillon (Piémont). Douro (Espagne). Maravédis, réal (Espagne). Ducat (Venise). Carlin (Italie).

Relatif à la monnaie. Monétaire. Masse monétaire. / Monnayer (convertir en argent liquide). Convertible. Inconvertible. / Démonétiser (retirer une monnaie de la circulation). Démonétisation.

Locutions diverses. Monnaie d'appoint (petite monnaie servant à compléter une somme). Faire l'appoint. Rendre la monnaie (rendre la différence entre la somme due et la coupure donnée en paiement). Faire de la monnaie (échanger une grosse coupure contre des petites coupures ou des pièces de moindre valeur). Rendre à quelqu'un la monnaie de sa pièce (se venger). Payer en monnaie de singe (faire des plaisanteries, des grimaces au lieu de payer).

monstre

(du lat. *monstrum;* en gr. *teras, teratos*)

Être fantastique et terrible. *Monstres des légendes.* Barbe-Bleue. Ogre. Ogresse. Croque-mitaine. Loup-garou. / Licorne. Catoblépas. Tarasque. Vampire. Strige. Lémure. Goule. / *Monstres de la mythologie.* Minotaure. Léviathan. Dragon. Griffon. Hydre de Lerne. Chimère. Centaure. Sphinx. Cerbère. / Grées. Harpies. Gorgones. Sirènes. / Pan. Egipan. Satyre. Faune. Sylvain.

Être présentant une conformation anormale. *Sortes de monstres.* Androgyne. Acéphale. Anencéphale. Bicéphale. Tricéphale. Bijumeaux. Frères siamois. / Phénomène (monstre que l'on exhibe dans les foires).
MONSTRUEUX. Gigantesque. Eléphantesque. Extraordinaire.
MONSTRUOSITÉ. Malformation. Difformité. / Tératologie (étude des monstruosités des êtres vivants).

Personne d'une méchanceté, d'une perversion extraordinaire. *Un monstre de cruauté.* Barbare. Criminel. Sanguinaire.
MONSTRUEUX. *Un crime monstrueux.* Affreux. Abominable. Horrible. Epouvantable.

montagne

(du lat. pop. *montanea;* en gr. *oros*)

Grande élévation du sol. Mont (littér.). Massif montagneux ou massif. Chaîne de montagnes. Sierra. / *Relief d'une montagne.* Sommet. Cime. Crête. Point culminant. / *Sommet pointu.* Aiguille. Pic. Piton. Dent. / *Sommet arrondi.* Ballon. Mamelon. / Versant. Adret (versant exposé au soleil). Ubac (exposé au nord). Pente. / Passage. Col. Brèche. Cluse. Combe. Défilé. Gorge. / Ravin. Gouffre. / Neige. Glacier. Névé. Torrent. / Chute de pierres. Avalanche. Eboulis. Eboulement.

Relatif à la montagne. Montueux. Montagneux. Accidenté. / Montagnard. Chalet de montagne. Buron. Alpage. Transhumance. / Montagnette (fam.). / Orographie. Orogenèse. Orogénie.
Alpinisme. Sports d'hiver. / Remonte-pente. Téléphérique. Crémaillère. Funiculaire.

monter

(du lat. pop. *montare;* lat. class. *ascendere*)

Aller du bas vers le haut. *Monter au haut d'une maison. Monter à un arbre, sur un arbre.* Grimper. / *Monter au sommet d'un pic.* Faire une ascension. / *Monter un escalier.* Gravir. Escalader.
Monter dans un avion, sur un bateau. Prendre. S'embarquer. / *Monter sur un cheval, sur une bicyclette.* Enfourcher. / Monter à califourchon. / *Monter à cheval, un cheval.* Chevaucher. Aller à cheval. / Monture. / Montoir.
Monter (en parlant d'un avion). S'élever. / *Monter* (en parlant d'une route). S'éle-

ver en pente. / *Chemin qui monte.* Côte. Montée. Raidillon. Grimpette (fam.). / *Monter* (en parlant de l'eau, de la mer). Gagner en hauteur. / *Monter* (en parlant des prix). Augmenter.

MONTÉE (action de monter). Escalade. Ascension. / *Montée des prix.* Augmentation. Hausse.

Porter vers le haut. *Monter un objet.* Hisser. / *Monter un fardeau avec une machine.* Guinder. Elever. Lever. / *Monter un cric d'un cran.* Hausser. Remonter. Relever.

Appareil servant à monter des marchandises, des objets. Monte-charge. Monte-sacs. Monte-plats. (V. LEVAGE.) / Monte-pentes ou remonte-pentes.

Mettre en état de fonctionner, de servir en ajustant les parties. *Monter une machine, un meuble.* Assembler. / Montage. / Monteur. / Monter un film (choisir et assembler les plans).

Monter une pierre sur une bague. Enchâsser. Sertir. / Monture. / *Monter une affaire.* Organiser. Etablir. Constituer. Créer. Fonder.

montrer

(du lat. pop. *monstrare;* lat. class. *ostendere*)

Faire voir. *Montrer un être, une chose.* Présenter. Mettre devant les yeux. Mettre en évidence. / *Montrer une personne. Montrer quelqu'un du doigt.* Indiquer. Désigner. / *Montrer une marchandise.* Développer. Déballer. Dérouler. Exposer. / Exposition. Salon. / Vitrine. Devanture. Etal. / *Montrer le chemin à quelqu'un.* Indiquer. / *Montrer le fonctionnement d'un appareil.* Expliquer. Enseigner. Indiquer.

Montrer une partie du corps. Dégager. Découvrir. Dénuder. Mettre à découvert. / *Montrer ses sentiments, sa joie, son émotion, sa surprise.* Laisser paraître. Manifester. Exprimer. Extérioriser. Témoigner. / Extériorisation. Manifestation. Expression. / *Montrer du courage. Montrer de l'adresse.* Faire preuve de. / *Montrer du zèle.* Déployer. / *Montrer ses richesses, ses avantages.* Exhiber. Etaler. Afficher. Déployer. / *Le fait de montrer avec complaisance un avantage.* Ostentation. Etalage. Parade. / *Que l'on cherche à montrer, par l'attitude, le comportement.* Ostensible. Apparent. / Ostensiblement. Manifestement.

MONTRABLE (que l'on peut montrer). Présentable.

MONTRE. *Faire montre de* (et un nom). Manifester. Montrer. Faire preuve de.

Se montrer. Se faire voir. Apparaître. Paraître. Surgir. Se présenter. / *Se montrer en public. Se montrer avec complaisance.* S'exhiber. S'afficher. S'exposer aux regards. Se produire. Se donner en spectacle. Se pavaner.

Se montrer (et un adjectif). Se révéler. Etre. Se rendre. / *Se montrer* (avec un sujet nom de chose). S'avérer.

Faire connaître. *Montrer son affection à quelqu'un.* Témoigner. Marquer. / *Montrer son mépris.* Afficher. / *Montrer ses intentions.* Déclarer. Dévoiler. / *Montrer ce qu'on est réellement.* Lever le masque. Se démasquer. Se montrer sous son vrai jour. / *Montrer un pays, une société* (en parlant d'un écrivain, d'un historien). Dépeindre. Peindre. Représenter. Décrire. Raconter. Faire imaginer.

Montrer que... Prouver. Etablir. Démontrer. Expliquer. Dire. Faire constater. Mettre en évidence. / *Montrer ses fautes à un élève.* Signaler. Souligner. / (Avec un sujet nom de chose.) Révéler. Dénoter. Indiquer. Annoncer. Attester.

moquer (se)

Tourner en ridicule une personne ou une chose. Railler. Tourner en dérision. Ridiculiser. Bafouer. Satiriser. Brocarder. Dauber sur. Chansonner. Persifler. Caricaturer. Blaguer. Chiner. Berner. Se gausser de. Se payer la tête de. Faire une farce. Monter un bateau (fam.). Mettre en boîte (pop.). Faire des gorges chaudes. Faire la nique. Rire au nez. Tirer la langue. Narguer. Gouailler. / Ricaner. Faire de l'ironie. Ironiser.

MOQUERIE. Raillerie. Plaisanterie. Satire. Ironie. Brocard. Sarcasme. Chanson. Lazzi. Farce. Persiflage. Quolibet. Ricanement. Impertinence. Mise en boîte (pop.). / *Etre digne de moquerie.* Ridicule. / *Etre un objet de moquerie, de dérision.* Etre la risée de. Prêter à rire. Servir de jouet. Etre la fable de. Etre en butte à.

MOQUEUR. Facétieux. Pince-sans-rire. Blagueur. Chineur. Railleur. Persifleur. Gouailleur. Mordant. Sarcastique. Caustique. / *Air moqueur.* Railleur. Narquois. Goguenard. Ironique. Sardonique.

Ne pas se soucier de quelque chose. *Se moquer d'une critique, d'un blâme, du qu'en-dira-t-on.* Se désintéresser. Se rire de. Mépriser. Ne faire aucun cas de. Ne faire aucune attention à. Etre indifférent à. Se fiche(r) de (fam.). S'en contrefiche(r) [fam.]. S'en battre l'œil (pop.). S'en foutre (pop.). S'en balancer (pop.). S'en tamponner le coquillard (pop.).

morale

(du lat. *moralis,* de *mores,* mœurs)

Ensemble des règles de conduite considérées comme universellement valables. *Morale théorique. Morale pratique.* Ethique. Science du bien et du mal. / *Les commandements, les impératifs de la morale.* Devoir. Déontologie. / *Difficulté sur un point de morale.* Cas de conscience. / Casuistique (partie de la théologie qui traite des cas de conscience). *Doctrines morales.* Stoïcisme. Epicurisme. Hédonisme (morale du plaisir). Eudémonisme (morale du bonheur). Utilitarisme, etc. / *Conscience morale.* Sens moral. / *Qui viole les principes de la morale.* Dépravé. Débauché. Corrompu. / *Qui exprime des sentiments, des opinions contraires à la morale, aux bienséances.* Cynique. Impudent. / Cynisme. Impudence.

MORAL (conforme à la morale). Bon. Honnête. Juste. Loyal.

MORALITÉ. Honnêteté. Loyauté.

IMMORAL (contraire à la morale). Malhonnête. Honteux. Malpropre. / Malsain. Licencieux. Obscène.

IMMORALITÉ. Dépravation. Corruption. Vice. / Obscénité.

IMMORALISME (scepticisme ou mépris à l'égard de la morale). Immoraliste.

AMORAL (qui est étranger à la morale, à la moralité, à la notion du bien et du mal). / Amoralisme. Amoraliste.

Ensemble des règles de conduite admises dans une société. *Une morale rigide, austère.* Rigorisme. Ascétisme. / Rigoriste. Ascète. / *Une morale relâchée.* Laxisme. Laxiste.

MORALISER. Faire la morale. Admonester. Sermonner.

morceau

(de l'anc. franç. *mors,* morsure)

Partie d'un aliment solide. *Un morceau de pain.* Bout. Entame. Quignon. Chanteau (vx ou régional). Lichette. Mouillette. / *Un morceau de viande, de saucisson.* Tranche. Rondelle. / *Un morceau de poisson.* Darne. / *Morceau de nourriture que l'on avale.* Bouchée. / *Manger, prendre un morceau.* Faire un léger repas. Casser la croûte (fam.).

Partie d'un corps solide (coupé, cassé, rompu). *Un morceau de bois.* Bout. Tronçon. Rondin. Planche. Bille. / *Un morceau de tissu.* Coupon. Echantillon. Lambeau. Chiffon. / *Un morceau de papier.* Feuille. Feuillet. / *Un morceau de terre.* Motte. / Pièce. Parcelle. Lopin. / *Morceau d'une chose brisée, cassée, rompue.* Débris. Fragment. Eclat. Miette. / *Mettre une chose en morceaux.* Casser. Briser. Rompre. Couper. Découper. Hacher. Pulvériser. Mettre en pièces, en miettes. / *Qui peut se réduire en menus morceaux.* Friable. / Friabilité. / *Fait de pièces et de morceaux.* Disparate. Hétérogène. Hétéroclite.

MORCELER (partager un terrain en plusieurs parties). *Morceler une propriété.* Lotir. Démembrer. / Lotissement.

Partie d'une œuvre littéraire, musicale ou considérée comme un tout. *Lire, réciter un morceau d'une pièce de théâtre.* Extrait. Passage. Scène. / *Recueil de morceaux choisis.* Chrestomathie. Anthologie. Analectes ou analecta. / Exécuter un morceau de piano.

mordre

(du lat. *mordere*)

Saisir et serrer avec les dents. *Mordre à belles dents dans un fruit.* Croquer. Déchiqueter. Entamer. / *Mordre à l'hameçon, à l'appât.* Saisir. / *Mordre légèrement.* Mordiller. Mâchonner. / *Mordre* (en parlant d'un animal). Blesser.

MORSURE. Blessure.

Blesser avec un bec, un crochet, un suçoir. *Mordre* (en parlant d'un oiseau, d'un serpent, d'un insecte). Piquer. Piqûre.

Entamer en usant, en creusant. *Mordre dans le métal* (en parlant d'un outil). Attaquer. Ronger. Détruire. User. / Mordacité (vx).

Aller au-delà d'une limite fixée. *Mordre sur une ligne.* Empiéter sur. Dépasser.

Prendre goût à quelque chose (fam.). *Mordre à un enseignement.* Se mettre à. Faire des progrès.

MORDU (fam.). Fanatique. Fou de (fam.).

mort

(du lat. *mors, mortis;* en gr. *thanatos*)

Cessation de la vie. Décès. Trépas. Fin. / *Mort apparente.* Catalepsie. Léthargie. / Mort relative ou clinique (suspension complète et prolongée de la circulation). Mort absolue. / Mort naturelle. / *Mort accidentelle.* Mort violente. Mort par asphyxie, pendaison, électrocution, hydrocution, noyade, empoisonnement. / *Mort subite.* Apoplexie. / *Mort volontaire.* Suicide. / Dernier jour. Der-

niers moments. Dernière heure. Dernier sommeil.
Une belle mort. Mort glorieuse. Mort héroïque. / *Mort endurée pour une cause, pour la religion.* Martyre.

Phases de la mort. Etre en danger de mort. Etre entre la vie et la mort. Etre à l'article de la mort. Etre sur son lit de mort. Etre mourant, moribond. Etre condamné, perdu. Le frisson de la mort. / Entrer dans le coma. / Agoniser. Agonie. Agonisant. Affres. Angoisse. / Râler. Hoqueter. Suffoquer. / Râle. Hoquet. / Mourir. Rendre son dernier soupir. Rendre l'âme. Exhaler son dernier souffle. Expirer. Cesser de vivre. S'éteindre. Finir ses jours. Décéder. Succomber. Trépasser. Passer de vie à trépas. Passer (vx ou régional). Etre emporté. Périr. S'en aller. Disparaître. / Mettre fin à ses jours. Se suicider. / Faire le grand voyage. Partir pour l'autre monde. Descendre dans la tombe, au tombeau. / Fermer les yeux. / Retourner en poussière. / Etre rappelé à Dieu. Paraître devant Dieu.
Assister quelqu'un au moment de sa mort. Recueillir son dernier souffle. Lui fermer les yeux, les paupières. / Derniers sacrements. Extrême-onction. Sacrement des malades. Administrer. / Toilette funèbre.

Après la mort. Défunt. Trépassé. Feu. / Cadavre. Corps. Rigidité cadavérique. / Dépouille mortelle. / Opérations funèbres (v. ENTERREMENT). / Incinération. Incinérer. Crémation. Four crématoire. Crématorium. Cendres. Urne funéraire ou cinéraire. Columbarium.
Repos éternel. Eternité. Immortalité. / Résurrection. / Métempsycose.

Relatif à la mort. Mortel. Fatal. Lugubre. Macabre. Funèbre. Funeste. / Mortalité. Létalité. Mortinatalité. Mort-né. Nécromancie (évocation des morts). Spiritisme. Nécromant. / *Symboles de la mort.* Colonne tronquée. Torche renversée. Tête de mort.
Faire mourir. Faire périr. Tuer. Assassiner. / Tueur. Assassin. Meurtrier.
Euthanasie (mort sans souffrance obtenue par l'emploi de substances calmantes). / Thanatologie (étude des différents aspects et des circonstances de la mort).
Enfant posthume (né après la mort de son père). Œuvre posthume (publiée après la mort de l'auteur). Décoration posthume, à titre posthume (donnée après la mort de quelqu'un).

Disparition d'une chose. *La mort d'une industrie. La mort de la liberté.* Ruine. Destruction. Fin. Anéantissement.

mot

(du bas lat. *muttum ;* en lat. class. *verbum ;* en gr. *lexis*)

Ensemble de sons ou de lettres désignant un être, un objet concret ou abstrait. *Un mot rare. Un mot courant.* Terme. Vocable. / Terme technique. Mot consacré. / *Ensemble des mots d'une langue.* Vocabulaire. Lexique. / *Ensemble des mots d'une science, d'une technique.* Nomenclature. Terminologie. / *Mot tombé en désuétude.* Archaïsme. / *Mot nouveau.* Néologisme. / Hapax (mot employé une seule fois). / *Groupe de mots formant une unité.* Locution. Expression. Syntagme. Phrase. Proposition. / *Dire, proférer un mot.* Parole.

Étude des mots. Espèces de mots (v. GRAMMAIRE). / Phonétique. Lettres. Voyelles. Consonnes. / Syllabes. / Accent d'intensité. / Ecrire. Orthographier. / Ecriture. Orthographe. Dictée. / *Groupe de mots.* Proposition. Membre de phrase. Phrase. / Ordre des mots. Syntaxe.
Lexicologie (science de l'étude des mots). Lexicologue. Lexicologique. / *Répertoire pour l'étude des mots.* Dictionnaire. Lexique. Vocabulaire. Glossaire. / Lexicographie (composition des dictionnaires).

Formation des mots. *Origine des mots.* Etymologie. / Mots simples. Mots composés. Monosyllabes. Dissyllabes. Polysyllabes. / *Composition des mots.* Racine. Radical. Terminaison. / Composition populaire (par coordination, subordination, préfixes). Composition savante (avec des éléments grecs ou latins). / Dérivation. Dérivation populaire. Dérivation savante. Formation parasynthétique (avec un préfixe et un suffixe). / Préfixe. Suffixe. Affixe. Infixe. / Acronyme (formé avec la ou les syllabes initiales d'un mot et la syllabe finale ou la totalité d'un autre mot [alcootest, héliport]). / Sigle (groupe de lettres initiales formant un mot. / Apocope (suppression d'une syllabe à la fin d'un mot). Aphérèse (suppression d'une syllabe au début d'un mot). Prosthèse ou prothèse (adjonction d'une lettre, d'une syllabe au début d'un mot). Epenthèse (adjonction d'une lettre à l'intérieur d'un mot). Métathèse (intervention, déplacement d'une lettre, d'une syllabe à l'intérieur d'un mot). / Mot hybride (formé d'éléments empruntés à des langues différentes).

Sens et valeur des mots. *Sens d'un mot.* Signification. Acception. / Sens littéral. Sens propre. Sens figuré. / Sens péjoratif. Sens défavorable. / Sens mélioratif. / Sémantique (étude du sens des mots). Sémantique synchronique, diachronique. / *Mot à double sens.* Ambigu. Equivoque. / Ambiguïté. Amphibologie. Equivoque. / *Jeu de mots.* Calembour. Contrepèterie. / Synonymes. Antonymes ou contraires. Homonymes. Homophones. Homographes. / Paronymes. / Synonymie. Antonymie. Homonymie. / Mot propre. Mot expressif, pittoresque. / Mot littéraire. Mot poétique. / Mot grossier, trivial. / Mot populaire, argotique. / Mot familier. / Valeur d'un mot (sens d'un mot limité ou précisé par le contexte). / Connotation (ensemble des valeurs particulières que peut prendre un mot).

moteur

(du lat. *motor;* de *movere,* mouvoir)

Système transformant une forme quelconque d'énergie en énergie mécanique. Moteur animé (force musculaire). Attelage. Manège. Noria. Bête de somme. Cabestan. Treuil. Poulie. Manivelle. Pédale. / Moteur inanimé ou machine motrice (fonctionne avec de l'énergie non animale). / Moteur à combustion interne (sans foyer séparé). / Moteur aérobie (ne peut fonctionner sans air). Moteur anaérobie (fonctionne sans air). Machine (à vapeur, électrique, hydraulique). Turbomachine. Propulseur. Energie calorifique, chimique, électrique, éolienne, géothermique, hydraulique, marémotrice, nucléaire, solaire. Propulsion. Traction. Entraînement. Rotation. Mouvement alternatif. / Alimentation. Combustible. Comburant. / Force motrice. Puissance. Poussée. / Rendement. Dyne. Watt. Newton. Cheval-vapeur. Tours ou révolutions par minute.

Moteur hydraulique (chute d'une masse d'eau). Roue hydraulique ou roue à eau. Roue à palettes. Moulin. Turbine hydraulique. Turbines à action, à réaction. Prise d'eau. Conduite forcée. Distributeur. Injecteur. Déflecteur. Roue. Aube ou auget. Aube directrice, mobile. Pale. Bâche (carter ou enveloppe). Canal d'évacuation. Turbiner (utiliser l'eau pour entraîner la turbine).

Moteur aérien ou aéromoteur (poussée du vent). Moulin à vent. Eolienne. Moteur à vent. Pylône. Tour. Aile. Pale à pas variable. Gouvernail.

Moteur à air comprimé (détente de l'air sous pression). Moteur pneumatique. Turbomoteur. Compresseur. Robinet de mise en marche. Distributeur. Turbine. Cylindre. Piston libre. Echappement.

Machine à vapeur (détente de la vapeur d'eau). Machine à mouvement alternatif. Machine à simple, à double effet. Machine compound (à plusieurs cylindres haute et basse pression). Chaudière. Chaudière tubulaire. Economiseur. Réchauffeur. Admission. Distributeur. Tiroir. Cylindre. Expansion de la vapeur. Piston. Tige du piston. Crosse. Glissière. Coulisseau. Bielle. Pied, tête de bielle. Manivelle. Maneton de la manivelle. Volant. Régulateur à boules. Echappement de la vapeur. Condenseur. Injecteur.
Turbine à vapeur (à mouvement rotatif). Turbines à action. Turbines à réaction. Turbine axiale, radiale, à contre-pression. Etage de haute pression, moyenne pression, basse pression. Distributeur. Injection. Admission. Régulation. Aubages fixes, mobiles. Roue à aubes ou à ailettes (mobile). Couronne d'aubes fixes. Echappement. Resurchauffe. Vapeur resurchauffée. Condenseur.
Turbine à gaz (la vapeur est remplacée par des gaz de combustion).

Moteur à réaction (propulsé sans intermédiaire mécanique). Turbopropulseur ou turbohélice (turbine à gaz entraînant une hélice). Turboréacteur (la turbine ne sert qu'à comprimer l'air). Statoréacteur et pulsoréacteur (sans turbine ni compresseur). Moteur-fusée ou fusée (anaérobie). Démarreur. Entrée d'air. Compresseur. Roue à aubes. Rotor. Stator. Chambre de combustion. Injecteur. Brûleur. Bougie d'allumage. Turbine. Roues de turbine. Ailette. Arbre de turbine. Réducteur. Double flux. Postcombustion. Diffuseur. Tuyère. Silencieux.

Moteur à explosion (les gaz de la combustion poussent des pistons). Cycle à quatre temps : admission, compression, explosion, échappement (en deux tours du vilebrequin). Cycle à deux temps (en un seul tour). / Pompe d'alimentation. Filtre à air. Carburateur. Cuve. Flotteur. Pointeau. Gicleur. Buse. Papillon. Ralenti. Starter. Mélange carburant. / *Admission.* Soupape. Culbuteur. Poussoir. Cames. Arbre à cames. Cylindre. Chambre de combustion. Piston. Segment. Bielle. Vilebrequin. Palier. / *Compression.* Allumage. Dynamo ou alternateur. Batterie. Delco. Allumeur. Distributeur. Bobine. Vis platinée. Bougie. Démarreur. Etincelle. / *Explosion.* Tubulure d'échappement. Soupape d'échappement. / Refroidissement. Radiateur. Antigel. Ventilateur.

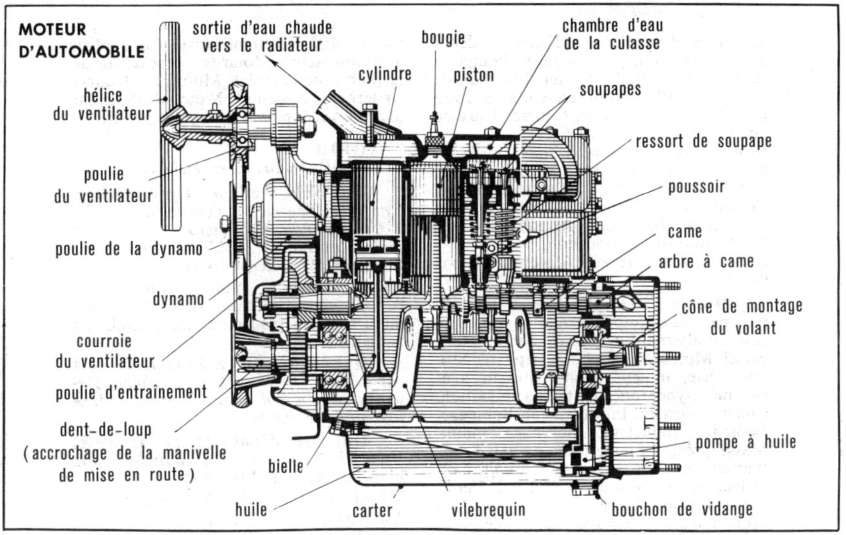
MOTEUR D'AUTOMOBILE
sortie d'eau chaude vers le radiateur
bougie
chambre d'eau de la culasse
cylindre
piston
soupapes
hélice du ventilateur
ressort de soupape
poulie du ventilateur
poussoir
came
poulie de la dynamo
arbre à came
dynamo
cône de montage du volant
courroie du ventilateur
poulie d'entraînement
dent-de-loup (accrochage de la manivelle de mise en route)
pompe à huile
bielle
huile
carter
vilebrequin
bouchon de vidange

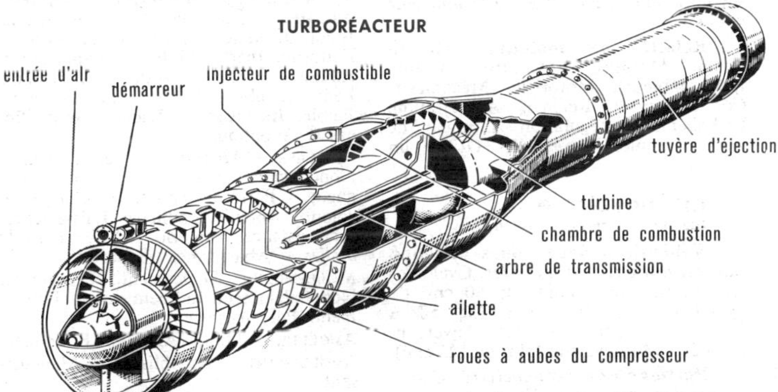
TURBORÉACTEUR
entrée d'air
démarreur
injecteur de combustible
tuyère d'éjection
turbine
chambre de combustion
arbre de transmission
ailette
roues à aubes du compresseur

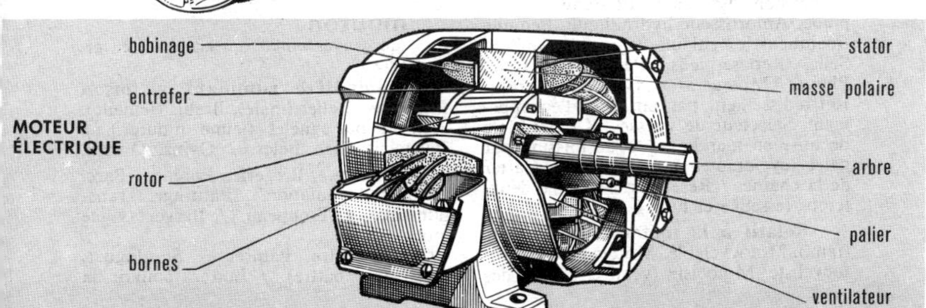
bobinage
stator
masse polaire
entrefer
MOTEUR ÉLECTRIQUE
arbre
rotor
palier
bornes
ventilateur

Courroie. Pompe à eau. Durit (n. déposé). Thermostat. / Graissage. Pompe à huile. Filtre à huile. Carter. Bouchon de vidange. / Bloc-cylindres. Culasse. Joint de culasse. / Cylindrée. Course. Taux de compression. Puissance fiscale.
Moteur Diesel, moteur à huile lourde ou moteur à injection sans carburateur ni système d'allumage (le mélange carburant s'enflamme de lui-même). Pompe d'alimentation. Injecteur. Antichambre ou préchambre de combustion.
Moteur à piston rotatif. Moteur à pistons libres.

Moteur électrique (forces développées par des champs tournants). Moteur à courant alternatif, à courant continu, universel. Moteur monophasé, triphasé. Moteur série, moteur shunt. Moteur synchrone, asynchrone, moteur à induction. Champ tournant. Enroulement. Bobinage. Bobinage inducteur. Bobinage induit. Masse polaire. Stator (partie fixe). Rotor (partie tournante). Cage d'écureuil. Collecteur. Balais. Carcasse. Culasse. Ventilateur. Bornes. Arbre.
Moteur linéaire (l'inducteur mobile glisse sur un induit linéaire fixe, de la longueur voulue).

Relatif aux moteurs. Motorisation. Motoriser. Motorisé. Moulin (pop. moteur). Motoriste. Mécanicien. Conducteur. / Régime. Accélération. Emballement. Régulation. Limiteur de vitesse. Couler une bielle. Griller un moteur.

motocyclette

(de *moteur* et de *bicyclette*)

Véhicule à deux roues actionné par un moteur. *Motocycles.* Cyclomoteur (à pédalier; moins de 50 cm³ de cylindrée). / Vélomoteur (de 50 à 125 cm³). Scooter (à cadre ouvert et caréné). / Motocyclette (plus de 125 cm³).

Parties d'une motocyclette. Cadre. Suspension oscillante. Fourche télescopique. Amortisseur hydraulique. Béquille (maintient le véhicule à l'arrêt). Guidon. Selle. Repose-pieds. Pédale de frein. Phare. / Moteur à deux, à quatre temps. Refroidissement par air. Pot d'échappement. Sélecteur de vitesses. Kick (pédale de mise en marche). / Transmission par galet (cyclomoteur), par chaîne. Carter de la chaîne. / Réservoir. Mélange deux-temps (essence et huile).

Relatif à la motocyclette. Moto (fam.). Motocyclable. Motocyclisme. Motocycliste. Motociste (vend et répare des motocycles). Cyclomotoriste (se déplace à cyclomoteur). Motard (motocycliste de la police, de l'armée). Motocross (course en terrain accidenté). Motoball. Side-car (nacelle accouplée à une motocyclette).

mou

(du lat. *mollis*; en gr. *malakos*)

Qui cède facilement au toucher. *Une substance molle.* Tendre. Malléable. / *Un sol mou.* Spongieux. / *Une pâte molle.* Plastique. / *Un coussin mou.* Moelleux. Douillet. Mollet.

AMOLLIR (rendre mou). Ramollir. / Amollissement. Ramollissement. / Ramollissant (en médecine, qui ramollit les tissus). Emollient.

Qui est dépourvu de rigidité. *Un câble mou. Un ressort mou.* Lâche. Détendu. / *Un col mou.* Souple. / *Une tige molle.* Flexible.

Qui est dépourvu de fermeté. *Une chair molle. Un muscle mou.* Flasque. Avachi. Mollasse.

MOLLESSE. Flaccidité. Avachissement.

AMOLLIR (s'). S'avachir.

Qui manque d'énergie, de vigueur morale. Apathique. Amorphe. Atone. Indolent. Nonchalant. Gnan-gnan (fam.). Endormi. Inerte. Mollasse. Languissant. Efféminé. Mollasson (fam.). / Paresseux. Lent. Lambin. / *Un caractère mou.* Faible. Inconsistant. Lâche. Veule. Bonasse. Aboulique.

MOLLESSE. Apathie. Atonie. Indolence. Nonchalance. Inertie. Somnolence. Langueur. / Paresse. Lenteur. / Manque de volonté. Aboulie. Faiblesse. Laisser-aller. Inconsistance. Veulerie. / *Vivre dans la mollesse.* Sybaritisme. / Sybarite.

MOLLEMENT. Doucement. Lentement. Nonchalamment. Indolemment. / Faiblement. Paresseusement.

AMOLLIR. Affaiblir. Alanguir. Efféminer.

AMOLLISSANT. Affaiblissant. Alanguissant.

mouton

(du gaulois *multo*; en lat. *ovis*; en gr. *krios*)

Mammifère ruminant à toison laineuse. Bélier (mâle). Brebis (femelle). Agneau ou agnelet (jeune mouton). / Bêlement (cri). Bêler. / Ovins. Ovidés.

Élevage. Bergerie. Parcage. Parc. Parquer. Stabulation. / Pâturage. Transhumance. / Troupeau. / Berger (v. ce mot).
Brouter. Paître. Pâturer. / Se doguer. Cosser (se battre). / Lutter (couvrir la

brebis). Lutte (accouplement). / Agneler. Agnelage.

Races. Race ovine. Flock-book (livre généalogique pour les moutons et les chèvres). / Mérinos de Rambouillet. / Southdown. Suffolk. Leicester. / Prés-salés. Chabin. / Race limousine, caussenarde, flamande, gasconne, berrichonne, solognote. / Race d'Ile-de-France (dishley-mérinos). Race mérinos précoce (champenoise). Race du Cotentin, des Pyrénées. Race du Texel.

Produits. Toison. Laine. Suint. / Peau. Parchemin. Basane. Maroquin. Peau de mouton chamoisée. / Lait. Fromage. Roquefort.

Viande. V. BOUCHERIE.

Relatif au mouton. Moutonner. Moutonnement. Moutonneux. / Moutonnier (qui imite sans discernement). Grégaire. Moutons de Panurge. / Moutons de la mer. / Le Bélier (constellation). / Criobole (sacrifice). / Divinité criocéphale (à tête de bélier).

mouvement

(de *mouvoir;* en lat. *motio, motus;* en gr. *kinêsis*)

Changement de position d'un être inanimé dans l'espace. *Mouvement d'un corps.* Déplacement. Course. Trajectoire. / *Communiquer, transmettre un mouvement.* Poussée. Impulsion. Traction. Transmission. Propulsion. / *Mouvement de véhicules, de navires.* Circulation. Trafic.

Mouvement de deux corps en contact. Glissement. Frottement. / Frotter. Glisser. / *Mouvement alternatif. Mouvement de bascule.* Balancement. Oscillation. Battement. Ballottement. Cahotement. Brimbalement. / Ondulation. Houle. Roulis. Tangage. Va-et-vient. Navette. Vibration. Tremblement. Tremblotement. / Mouvement continu, régulier, isochrone. / *Mouvement saccadé, violent.* A-coup. Choc. Saccade. Secousse. Soubresaut.

Mouvement de l'eau. Ecoulement. Courant. Flux. Flot. Remous.

Mouvement de l'écorce terrestre. Plissement. Glissement. Soulèvement. Mouvement sismique. / *Mouvement de terrain.* Accident. Vallonnement. Vallon.

Direction d'un mouvement. Sens. Orientation. / *Mouvement en avant.* Progression. Progrès. Avance. / *Mouvement en arrière.* Recul. Rétrogradation. Reflux.

Mouvement vers le haut. Mouvement ascendant. Ascension. Montée. Elévation. / *Mouvement vers le bas. Mouvement descendant.* Descente. Chute. Baisse. Affaissement. Dépression. Tassement. / *Mouvement rectiligne.* Translation. / *Mouvement circulaire, giratoire, curviligne.* Courbe. Révolution. Rotation. Tour. Circonvolution.

MOUVOIR (mettre en mouvement). Actionner. Faire fonctionner. Embrayer. Enclencher. Mettre en route. Pousser. Tirer.

MOBILE (qui peut être déplacé). Amovible. / Mobilité.

Changement de position d'un être animé ou de l'une de ses parties. Mouvements du corps humain.

Mouvement volontaire. *Mouvement du corps ou d'une partie du corps.* Position. Posture. Attitude. Geste. / *Mouvement de la tête, des épaules, des bras.* Hochement. Inclinaison. Haussement. Elévation. Rotation. Abduction. / *Mouvement de la main.* Pronation. Supination. / *Mouvement des yeux.* Clignement. Cillement.

Mouvement de déplacement, de locomotion. Marche. Pas. Course. Avancement. Recul. Allées et venues. / Marcher. Courir. Avancer. Reculer. Aller et venir. Changer de place. Se mouvoir. Remuer. Bouger. Circuler. Se promener. Glisser. Tomber. Entrer. Sortir. Passer. Partir. Revenir. / *Se donner du mouvement.* Exercice. / *Etre sans cesse en mouvement.* S'agiter. Etre actif. Etre remuant, turbulent. Ne pas tenir en place. / Agitation. Vivacité. Turbulence. Pétulance.

Mouvements exécutés sur place. Danser. Bondir. Sauter. Sautiller. Se trémousser. Trépigner. Piaffer. / S'agenouiller. Se baisser. Se courber. S'asseoir. Se lever. / Mouvement brusque, impétueux, vif. / Mouvement lent, mesuré.

IMMOBILE (qui ne se meut pas). Immobilité. / *Incapable de faire un mouvement.* Paralysé. Impotent. Paralysie. Impotence.

Mouvement involontaire, inconscient. Frémissement. Frisson. Contraction. Convulsion. Tremblement. Tressaillement. Soubresaut. Sursaut. Spasme. / *Mouvement instinctif, automatique.* Réflexe. Automatisme. / *Mouvements du cœur.* Battement. Pulsation.

Mouvement des animaux. *Mouvements des oiseaux.* Vol. Essor. / Voler. Planer. / *Mouvements des poissons.* Nage. Nager. / *Mouvements des reptiles.* Reptation. Ramper.

Déplacement d'un groupe de personnes. *Mouvement d'une troupe.*

Marche. Manœuvre. Evolution. / *Mouvement convergent, débordant, tournant.* Concentration. Débordement. Encerclement. / Concentrer. Déborder. Entourer. Encercler.
Mouvement d'une foule. Mouvement de la rue. Animation. Agitation. Cohue. Flot. Remous. Tumulte.

Expression du mouvement dans le langage, dans les arts. *Le mouvement d'une phrase, d'un récit.* Animation. Rapidité. Vivacité. / *Mouvement musical.* Rythme. Mesure. Tempo. (V. MUSIQUE.)

Modification de la sensibilité d'une personne. *Mouvement affectif.* Inclination. Tendance. Désir. Impulsion. Pulsion. Passion. Emotion. Sentiment. Sympathie. Antipathie. / *Mouvement de joie, d'enthousiasme. Mouvement de colère, d'impatience.* Réaction.

Évolution d'ordre intellectuel, politique, social, économique. *Le mouvement des idées. Le mouvement des réformes.* Progrès. Progression. / *Etre dans le mouvement.* Etre dans le vent (fam.). / *Mouvement insurrectionnel. Mouvement de révolte.* Emeute. Insurrection. Mutinerie. / *Le mouvement des prix.* Variation.

Organisation, groupement qui anime, soutient des actions visant à un changement. *Mouvement littéraire, artistique. Mouvement de jeunes. Mouvement syndical.* Association. Organisation. Fédération.

Relatif au mouvement. Moteur. Locomoteur. Locomotion. Motricité (fonction qui permet d'exécuter des mouvements). Motilité (faculté de se mouvoir). / *Troubles de la locomotion, de la motricité ou de la motilité.* Ataxie. Tabès. Paralysie agitante. Acinésie, etc. / Cinétique. Cinématique. Cinémomètre.

moyen adj.

(bas lat. *medianus,* qui tient le milieu)

Qui tient le milieu entre deux extrêmes. *Un prix moyen.* Modéré. / *Un enthousiasme moyen.* Mitigé. / *Le spectateur, le lecteur moyen.* Courant. Ordinaire. / *Le Français moyen* (personne représentant le type français le plus courant). L'homme de la rue.
MOYENNEMENT. *Moyennement intelligent.* Ni peu ni beaucoup. Passablement.

Qui n'est ni bon ni mauvais. *Un résultat moyen.* Passable. Honnête.

moyen n.

(de *moyen,* adj.)

Ce qui sert pour arriver à un but. *Chercher, imaginer, trouver un moyen pour.* Procédé. Méthode. Manière. Façon. Solution. Formule. Recette. Système. Invention. Voie. Ressource. Truc (fam.). Joint (fam.). Filon (fam.). / *Ensemble de moyens.* Plan. Tactique. Combinaison. / *Moyen provisoire.* Palliatif. Expédient. / *Moyen adroit.* Astuce. Ingéniosité. Habileté. / *Moyen détourné, artificieux.* Biais. Ruse. Ficelle. Manœuvre. Calcul. Stratagème. Subterfuge. / *Moyen déloyal, malhonnête.* Piège. Machination. Trucage. Mauvais tour. Entourloupette (fam.).
Moyen pour se tirer d'affaire. Echappatoire. Excuse. Prétexte. Détour. Porte de sortie. Porte de derrière. Dérobade. / *Moyen magique.* Sortilège. Charme. Incantation. / *Par tous les moyens.* A toute force. A tout prix. Coûte que coûte. Absolument. En dépit de tous les obstacles. / *Essayer tous les moyens.* Mettre tout en œuvre. Remuer ciel et terre.

Ce qui permet de faire quelque chose. *Chercher, trouver le moyen, les moyens de.* Possibilité. Pouvoir. Faculté. / *Avoir le moyen, les moyens de.* Etre capable de. Etre en mesure de. Etre à même de. / *Donner, fournir les moyens de.* Permettre. Mettre en mesure de. / *Trouver moyen de.* Parvenir à. Arriver à. / *Il n'y a pas moyen de moyenner* (pop.). Il est impossible de réussir.
Moyen de défense d'un pays. Armement. Equipement. Munitions. Matériel. Effectifs. / *Moyen de transport.* Véhicule. Avion. Bateau. (V. ces mots.)
Au moyen de. A l'aide de. Grâce à. Avec. Par. / *Par le moyen de.* Par l'intermédiaire de. Par l'entremise de. Par le truchement de. Par le canal de.
MOYENNANT. Avec. / En échange de. Contre.

Capacité physique, intellectuelle ou morale. *Avoir le moyen de.* Force. Possibilité. Facilité. Aptitude. Don. / *En possession de tous ses moyens.* En bonne forme physique ou morale.

Capacités pécuniaires. *Moyens d'existence. Acheter selon ses moyens.* Ressources. Revenu. Richesse.

muet

(du lat. *mutus*)

Qui n'a pas l'usage de la parole. Muet de naissance. Devenir muet. Sourd

et muet ou sourd-muet. / Aphasique (qui ne peut parler par suite de troubles du langage). Aphasie.
Rééducation des muets. Démutisation. Démutiser. / Dactylologie (langage à l'usage des sourds-muets). / Orthophonie.
MUTITÉ ou MUTISME (état d'une personne muette). / Surdi-mutité.

Qui est momentanément incapable de parler. *Muet d'admiration, de stupeur.* Coi. Stupéfait. Sidéré. Abasourdi. / *Rester muet.* Demeurer sans voix. En avoir le souffle coupé (fam.).

Qui ne veut pas parler. *Etre muet à une question.* Silencieux. Taciturne. / *Rester muet.* Se taire. S'abstenir de parler. Refuser de parler. Ne pas souffler mot. Faire la sourde oreille.
MUTISME. Silence.

Qui n'est pas exprimé par la parole. Une douleur muette. Un désespoir muet. / *Pièce muette.* Mimodrame. Pantomime.

multiplier
(du lat. *multiplicare*)

Augmenter le nombre des êtres ou des choses. *Multiplier des végétaux par des semis, des greffes, des boutures.* Semer. Greffer. Bouturer. / Bouturage. Marcottage. / *Multiplier les exemplaires d'un texte.* Polycopier. Reproduire. / *Multiplier un nombre par deux, trois, quatre, cinq, six, sept, huit, dix, cent.* Doubler. Tripler. Quadrupler. Quintupler. Sextupler. Septupler. Octupler. Décupler. Centupler. / *Multiplier des essais, des expériences.* Répéter. Recommencer. Refaire.
MULTIPLICATION. Augmentation. Accroissement. Prolifération. / Reproduction. / Multiplication (v. CALCUL).

Se multiplier. *Se multiplier rapidement, en abondance.* Proliférer. / Prolifique. Fécond.

municipal
(lat. *municipalis*, de *municipium*, cité)

Qui est relatif à l'administration d'une commune. *Election municipale.* Communal. / Conseil municipal. / Maire (premier magistrat municipal). Adjoint (au maire). Conseiller municipal. Edile. / Mairesse (fam., femme du maire). / Services municipaux. Voirie. Urbanisme. / *Taxes municipales.* Centimes additionnels.
MUNICIPALITÉ (ensemble des personnes qui administrent la commune). Mairie. Hôtel de ville (siège de l'administration municipale). Administration. Secrétariat.

mûr
(du lat. *maturus*)

Se dit d'un fruit, d'une graine qui a atteint son plein développement. *Etre mûr.* Etre bon à cueillir. Etre bon à manger. Se détacher de la branche. / *Un fruit trop mûr.* Blet. Avancé. / *Mûr avant la saison.* Hâtif. Précoce. Précocité. / *Mûr après la saison.* Tardif. Tardiveté.
MATURITÉ (état d'un fruit mûr). Maturation. / Véraison (maturation du raisin).
MÛRIR (rendre mûr ou devenir mûr). Mûrissage. Mûrissement. / Mûrisserie. / *Faire mûrir.* Forcer. Forçage. / Forcerie.

Se dit d'une personne ou d'une chose arrivée à un point où elle est prête pour quelque chose. *Un jeune homme mûr pour les affaires.* Préparé. Capable. Bon pour. / *Mûr pour le mariage.* Nubile. / *Esprit mûr.* Réfléchi. Raisonnable. Posé. / *Un projet mûr.* Réalisable. / *Un projet pas encore mûr.* Prématuré.

murmure
(du lat. *murmur*, bruit sourd)

Bruit sourd et confus de voix humaines. *Un murmure d'approbation, de désapprobation.* Chuchotement. Bourdonnement. Marmonnement. Marmottement. Susurrement.
MURMURER. Chuchoter. Bourdonner. Marmonner. Marmotter. Susurrer.

Plainte sourde. *Les murmures d'une foule mécontente.* Cris. Protestation. Grognement.
MURMURER. Se plaindre. Grogner. Ronchonner (fam.). Bougonner (fam.). Râler (fam.).

muscle
(du lat. *musculus ;* en gr. *mus, muos*)

Organe formé de fibres dont les contractions produisent les mouvements. Système musculaire (ensemble des muscles). / *Tissu musculaire.* Chair.
Muscle rouge ou strié. Muscle de la vie de relation. / Fusiforme. Ventre (partie élargie). Tendons. Ligaments. Aponévroses. / Circulaire. Sphincter (forme d'un anneau). / Fibre musculaire. Sarcolemme (membrane). Sarcoplasme.
Muscle blanc ou lisse. Muscle de la vie de nutrition.
Muscle cardiaque. (V. CŒUR.)

Propriétés des muscles. Elasticité. / Tonicité ou tonus musculaire. / Excitabilité. Excitants mécaniques (piqûre, pincement, choc, etc.). Excitants thermiques, chimiques, électriques. Excitant physiologique. / Contractilité. Myographe (instrument destiné à enregistrer la contraction musculaire). Tétanos physiologique.

Principaux muscles du corps. Ensemble des muscles (environ 400). Musculature (v. CORPS HUMAIN [illustration]).

Maladies des muscles. Atrophie (diminution du volume du muscle). Hernie musculaire. / Myopathie (dégénérescence des fibres musculaires). Myosite (inflammation des muscles). Myasthénie.

Relatif aux muscles. Intramusculaire. Intermusculaire. Musclé. Muscler. Myologie (partie de l'anatomie qui étudie les muscles). Myographie (description des muscles). Myotomie (incision d'un muscle). Myotonie (état de contracture des muscles). Adynamie (extrême faiblesse musculaire). Claquage.

Muse

(du lat. *musa ;* en gr. *mousa*)

Chacune des déesses qui présidaient aux arts libéraux. Les neuf sœurs. Les filles de Mémoire.
Les neuf Muses : Clio (histoire). Erato (élégie). Euterpe (musique). Polymnie (poésie lyrique). Calliope (épopée, éloquence). Terpsichore (danse). Uranie (astronomie). Melpomène (tragédie). Thalie (comédie).

Culte des Muses. Chœur des Muses. Apollon Musagète (conducteur des Muses). / Mnémosyne (mère des Muses). Euphémé (nourrice). / Hélicon. Parnasse. Pinde (monts habités par les Muses). / Nourrissons des Muses (poètes). / Laurier (arbre consacré aux Muses). / *Invoquer les Muses. Taquiner la muse* (fam.). S'adonner à la poésie.

musée

(du lat. *museum ;* en gr. *mouseion,* temple des Muses)

Édifice où sont rassemblées et présentées au public des collections d'objets ayant un intérêt historique, artistique, scientifique. Musée de sculpture. / *Musée de peinture.* Pinacothèque (en Allemagne, en Italie). / *Musée de pierres gravées.* Glyptothèque. / *Musée des arts et métiers.* Conservatoire. / *Musée d'histoire naturelle.* Muséum.

Organisation. Directeur. Conservateur. Assistant. Attaché. Chargé de mission. / Gardien. / Département. Salles. Vitrines. / Classement. Catalogue. / Exposition. / Muséologie.

musique

(du lat. *musica ;* en gr. *mousikê,* art des Muses)

Art de s'exprimer par l'intermédiaire des sons, en les combinant selon certaines règles. *Amateur de musique.* Mélomane. Mélomanie. / *Musique vocale.* Chant. Voix. / Musique instrumentale. / Musique tonale, polytonale, atonale. Musique modale. Musique sérielle, dodécaphonique, aléatoire, concrète.
Musique de chambre. / Musique d'église. Musique religieuse, sacrée. / Musique de scène. Musique dramatique. / Musique de film. / Musique de danse. Musique de jazz. / Musique classique, romantique, moderne. Musique populaire. Pop (fam.).

Solfège. ***Signes employés pour écrire la musique.*** *Portée.* Lignes horizontales et parallèles (5). Interlignes (4). Lignes supplémentaires. / *Notes* (7). Ut ou do, ré, mi, fa, sol, la, si. / *Clefs.* Clef de fa, d'ut, de sol. / *Valeurs des notes.* Ronde. Blanche. Noire. Croche. Double croche. Triple croche. Quadruple croche. / *Silences.* Pause. Demi-pause. Soupir. Demi-soupir. Quart de soupir. Huitième de soupir. Seizième de soupir. / Point. Note pointée. Double point. Triple point. / Liaison entre deux notes de même son.

Rythme. *Mesures.* Barre de mesure. Double barre. / *Temps.* Mesures simples (ou binaires) à deux temps, à trois temps, à quatre temps. Mesures composées (ou ternaires). / Temps fort. Temps faible. Syncope. Contretemps. Anacrouse.

Rapports des sons. Echelle musicale ou tonale. Degrés conjoints (deux degrés consécutifs). Degrés disjoints. Ton. Demi-ton diatonique ou chromatique. / *Signes d'altération.* Dièse. Bémol. Bécarre. Double dièse. Double bémol. / Notes synonymes. Enharmonie.

Gammes. Gamme montante. Gamme descendante. / *Degrés de la gamme.* Premier degré ou tonique, deuxième ou sus-tonique, troisième ou médiante, quatrième ou sous-dominante, cinquième ou dominante, sixième ou sus-dominante, septième ou sensible. / Accord parfait (tonique, médiante et dominante). / Gamme diatonique majeure. Gamme chromatique. Gamme pentatonique. Gamme par tons.

Tonalité. Armure ou armature (ensemble des dièses ou des bémols nécessaires à la formation de chaque tonalité).

Modalité. Mode majeur. Mode mineur. / Gamme majeure : deux tons, un demi-ton, trois tons, un demi-ton. / Gamme mineure : un ton, un demi-ton, deux tons, un demi-ton, un ton et demi, un demi-ton. / Gamme diatonique mineure. Gamme relative.

Mélodie (ligne musicale chantée ou jouée). Thème. Mélisme. Polyphonie. Polymélodie. Mouvement mélodique ou dessin mélodique.

Intervalles. Intervalle mélodique (entre deux sons émis successivement). Intervalle harmonique (entre deux sons émis simultanément). Seconde. Tierce. Quarte. Quinte. Sixte. Septième. Huitième ou octave. / Notes tonales. Notes modales. / Transposition. / Modulation.

Interprétation. Style (caractère de l'œuvre musicale). / *Phrase musicale.* Thème. Développement. Coda. / Phrasé (art de la ponctuation musicale). Accents. Silences. Liaisons. / *Mouvements.* Largo. Larghetto. Grave. Lento. Adagio. Andante. Andantino. Moderato. Allegro. Allegretto. Presto. Prestissimo. Vivace. / *Intensité.* Pianissimo. Piano. Dolce. Mezzo voce. Poco forte. Mezzo forte. Forte. Fortissimo. / Crescendo. Decrescendo. Diminuendo. Smorzando (en laissant éteindre le son). Rinforzando. Sforzando. Staccato. Legato. Rubato. / Point d'orgue. Point d'arrêt. / *Ornements.* Appoggiature. Pincé. Coulé. Mordant. Grupetto. Trille. Cadence. / *Caractère* (mouvement désiré par l'auteur). Gracioso. Amoroso. Affettuoso. Maestoso. Con fuoco. Con moto. Agitato. / Flebile. Lamentabile. Cantabile. / Scherzo. Scherzando. Louré.

Harmonie (disposition et enchaînement des accords). Accompagnement. Intervalle mélodique. Intervalle harmonique. Consonance. Dissonance. / Consonance parfaite (unisson, octave, quinte juste). Consonance imparfaite (tierce, sixte). / Accord. Accord plaqué. Arpège. / Renversement. / *Harmonie consonante* (accord de trois sons). Accord parfait majeur. Accord parfait mineur. Accord de quinte diminuée. / Mouvement mélodique ou dessin mélodique. / Mouvement harmonique : mouvement direct, mouvement contraire, mouvement oblique. / Renversement des accords de trois sons. / *Cadence.* Cadence parfaite. Cadence imparfaite ou interrompue. Cadence rompue. Cadence à dominante ou demi-cadence. Cadence plagale. Cadence évitée. / Modulations. Progression ou marche d'harmonie. / *Harmonie dissonante* (accord de quatre sons ou plus). / Altérations. Retards, suspensions ou retardements. / Pédale (note qui reste tenue). / Notes d'ornement. Anticipation. Appoggiature. Broderie. Echappée.

Contrepoint (superposition de dessins mélodiques). *Contrepoint simple.* Mouvements mélodiques permis : intervalles majeurs, mineurs et justes (jusqu'à la sixte mineure). / Contrepoint à deux, trois, quatre parties, à plus de quatre parties. / *Disposition contrapuntique.* Note contre note. Deux notes contre une. Quatre notes contre une. Syncopes. Contrepoint fleuri. / Contrepoint à double chœur. / Contrepoint renversable. / *Canon.* Canon direct, inverse, rétrograde. Canon par augmentation, par diminution, par valeurs contraires.

Fugue. Motifs. Sujet (thème principal). Contre-sujet (thème secondaire). Plan : exposition, développement, divertissement, stretto ou strette.

Formes musicales. Air. Aria. Ariette. Aubade. Ballade. Ballet. Barcarolle. Berceuse. Canon. Cantate. Canzone. Caprice. Cavatine. Chacone. Chanson. Chant. Chœur. Comédie lyrique. Concerto. Fandango. Fanfare. Fantaisie. Finale. Fugue. Gavotte. Hymne. Impromptu. Interlude. Lied. Madrigal. Marche. Mazurka. Mélodie. Mélopée. Menuet. Messe. Motet. Opéra. Opéra-comique. Opérette. Oratorio. Ouverture. Passacaille. Pastourelle. Pavane. Polonaise. Polka. Prélude. Récitatif. Rhapsodie. Rigaudon. Romance. Ronde. Rondeau. Sarabande. Sérénade. Sonate. Sonatine. Suite. Symphonie. Trio. Valse. Variations.

Instruments à cordes. *Instruments à cordes frottées* (ou à archet). Violon. Alto. Violoncelle. Contrebasse. / *Instruments anciens.* Pochette (petit violon). Viole d'amour. Viole de gambe. Vielle. Rebec.

A cordes pincées. Harpe. Balalaïka. Guitare. Banjo. Guzla. Mandoline. / *Instruments anciens.* Luth. Lyre. Théorbe. Cithare. Mandore.

A cordes frappées. Clavecin. Piano. Clavicorde. Epinette.

Instruments à vent. *Cuivres.* Clairon. Cornet à pistons. Bugle. Petit bugle. Saxhorn. Basse. Contrebasse. Hélicon. Trombone à coulisse, à pistons. Cor d'harmonie. Trompe de chasse. Trompette à clefs. Trompette droite. Saxophone. Tuba. Ophicléide. Sarrussophone. Guimbarde. Ocarina. Harmonica.

Bois. Flûte. Petite flûte. Fifre. Flageolet. / Hautbois. Cor anglais. Clarinette.

Basson. Pipeau. Chalumeau. Galoubet. Musette. Bombarde. Cornemuse. Biniou. Sifflet.
Instruments burlesques. Mirliton. Bigophone.
Parties d'un instrument à vent. Anche. Embouchure. Languette. Clefs. Pattes. Pavillon. Tuyaux. Pompe. Trous.

Instruments à clavier. Orgue. Harmonium. Célesta. Accordéon. Carillon. Ondes Martenot.

Instruments de percussion. Grosse caisse. Timbale. Tambour. Caisse claire. Caisse roulante. Tambourin. Tambour de basque. Cymbales. Triangle. Chapeau chinois. Xylophone. Crotales. Castagnettes. Sistre. Derbouka. Tam-tam. Gong. Carillon. Célesta. Vibraphone.

Instruments mécaniques. Orgue de barbarie (Barberi). Synthétiseur. Piano mécanique. Boîte à musique. / Phonographe. Appareils radiophoniques. Electrophone. Magnétophone. Tourne-disques. Chaîne à haute fidélité (v. SON). Stéréophonie. Musique électronique. Musique enregistrée. / Disques. Bande magnétique.

Exécution. Déchiffrer. Etudier. Répéter. / Exécuter. Jouer. Interpréter. Pincer. / Emboucher. Sonner (vx). / Pianoter. / Battre. Faire vibrer. / Lier. Détacher. / Jeu. Doigté. Technique. Brio. Sonorité. Virtuosité. / Métronome. Diapason.
Mauvais instrument. Crécelle. Crincrin. Sabot.

Musiciens. Artiste. Compositeur. Virtuose. / Soliste. Exécutant. Interprète. Accompagnateur. / Chanteur. Chanteuse. Cantatrice. Divette. / Maestro. Chef d'orchestre. Chef de musique. / Maître de chapelle. / Conservatoire. Académie de musique. / Ménestrel, jongleur (au Moyen Age).
Instrumentistes. Organiste. Pianiste. / Violoniste. Violoncelliste. Altiste. Contrebassiste. Flûtiste. Clarinettiste. Hautboïste. Harpiste. Corniste. Bassoniste. Timbalier. Cymbalier. Guitariste. Mandoliniste. Accordéoniste. Saxophoniste. Xylophoniste. Percussionniste. Batteur.

Ensembles musicaux. Orchestre. Philharmonie. / Trio. Quatuor. Quintette. Sextuor. Septuor. Octuor. / Chœur. Chorale. Orphéon. Maîtrise. Manécanterie. Psallette. / Clique. Fanfare.

Auditions musicales. Concert. Festival. Récital. Séance musicale. Audition. Auditorium. Salle de concert. Théâtre lyrique. Opéra. / Aubade. Sérénade. / Matinée. Soirée. / Fête. Parade. Défilé.

mutiler

(du lat. *mutilare*)

Enlever ou détériorer un membre ou une partie du corps. *Mutiler une personne, un animal.* Amputer. Blesser. Couper. Estropier. Echarper. / Essoriller (couper les oreilles). / Couper le nez, la langue, le poing.
MUTILATION. Amputation. Ablation. Détérioration. Blessure. / Castration (mutilation des organes génitaux).
MUTILÉ. Amputé. Blessé. Invalide. Infirme. Cul-de-jatte (mutilé des deux jambes). Manchot. / Castrat. / Mutilé de guerre. / *Mutilé de la face.* Gueule cassée. / Mutilé du travail. Infirme civil.

Causer des dégâts à quelque chose. *Mutiler un arbre, une statue.* Détériorer. Endommager. Dégrader. / *Mutiler un texte.* Altérer. Tronquer. Estropier. Dénaturer.
MUTILATION. Détérioration. Dégradation. Altération.

mystère

(du lat. *mysterium ;* en gr. *mustêrion,* de *mustês,* initié)

Dans l'Antiquité, rite secret réservé aux initiés. Les mystères d'Eleusis. / *Religion à mystères.* Esotérisme. / *Admettre quelqu'un aux mystères.* Initier. / Myste (celui qui a reçu l'initiation). Mystagogie. Initiation. / Mystagogue ou hiérophante (prêtre initiateur aux mystères sacrés).
MYSTÉRIEUX. *Rite mystérieux.* Esotérique. Cabalistique. Occulte.

Dogme chrétien révélé, inaccessible à la raison. Le mystère de l'Incarnation, de la Trinité. Chose surnaturelle.

Ce qui est incompréhensible ou très difficile à comprendre pour le plus grand nombre. Le mystère de l'âme, de la nature, de la matière. / *Les mystères de la science.* Arcanes. / *Percer, pénétrer un mystère.* Secret. Enigme. Obscurité. Problème. / *Faire mystère de quelque chose.* Cacher. Tenir secret. Voiler. Couvrir de voiles. / *Un homme plein de mystère.* Cachotier.
MYSTÉRIEUX. Obscur. Impénétrable. Enigmatique. Incompréhensible. Inexplicable. Secret. Sibyllin. / *Un signe mystérieux, incompréhensible.* Cabalistique.

mysticisme

(du lat. *mysticus,* mystique)

Ensemble des croyances et des pratiques ayant pour objet l'union intime de l'homme et de la divinité.

Mysticisme chrétien, bouddhiste. Contemplation. Extase. Ravissement. Communication. Dévotion fervente, intense.

MYSTIQUE. Dévot. Illuminé. Inspiré. Extatique.

mystifier

(de *mystère*)

Abuser de la crédulité de quelqu'un pour se moquer de lui. *Mystifier un naïf.* Berner. Duper. Leurrer. Faire marcher (fam.). Attraper (fam.). Monter un bateau (fam.). Mener en bateau (fam.). Faire monter à l'échelle (fam.).

MYSTIFICATION. Attrape. Farce. Galéjade. Fumisterie (vx). Tromperie. Mensonge. Canular (fam.).

MYSTIFICATEUR. Farceur. Fumiste (vx).

DÉMYSTIFIER. Détromper. / Démystification.

mythe

(du bas lat. *mythus ;* en gr. *muthos,* récit)

Récit d'origine populaire racontant les exploits des dieux ou des héros. *Les mythes grecs. Le mythe de Prométhée, d'Orphée.* Légende. Fable (vx).

MYTHOLOGIE. MYTHOGRAPHIE. / Mythologue. Mythographe.

Amplification et déformation par l'imagination populaire d'un personnage, d'un fait historique, d'un phénomène social. Le mythe de Faust. Le mythe napoléonien. Le mythe de l'argent. / *Détruire des mythes.* Démythifier. Démythification.

MYTHIQUE. *Héros, être mythique.* Légendaire.

Construction de l'esprit purement imaginative. *Le mythe de l'âge d'or, de la paix universelle.* Chimère. Illusion. Utopie. Idée vaine. Vue de l'esprit.

mythologie

(du gr. *muthologia,* de *muthos,* légende, récit, et de *logos,* science)

Ensemble des légendes propres à une civilisation, à un peuple, à une religion. Mythologie égyptienne, grecque, romaine, celtique, scandinave. Dieux. Déesses. Héros. Génies. / Panthéon (ensemble des divinités d'une mythologie).

Panthéon égyptien. Ptah (dieu suprême). Amon, identifié à Rê ou Râ (dieu solaire). Geb (dieu de la Terre). Nout (déesse du Ciel). Sou ou chou (dieu de l'Air). Tefnout (déesse de l'Humidité). Osiris (dieu des Morts). Isis (personnification du trône royal). Horus (protecteur de la monarchie). Seth (dieu du Désert et de la Violence). Thôt (dieu lunaire, de l'Ecriture). Anubis (dieu qui garde les morts). Hathor (déesse de la Musique et de la Joie). Maât (déesse de la Justice). Sekhmet (déesse de la Guerre). Atoum (Soleil du soir). Khnoum (créateur qui a modelé le monde sur son tour de potier).

Mythologie grecque et romaine. Zeus (dieu de l'Olympe, des phénomènes atmosphériques). Jupiter (dieu suprême, dieu de la Lumière du ciel). / Héra (déesse du Mariage). Junon (déesse de la Lumière nocturne, du Mariage). / Athéna (déesse des Arts, du Savoir). Minerve (déesse des Artisans et des Commerçants). / Poséidon (dieu de la Mer, des Sources). Neptune (dieu des Sources). / Hadès ou Pluton (dieu des Enfers). Dis pater (dieu des Morts). / Apollon ou Phoibos (dieu de la Musique, de l'Harmonie, protecteur des moissons). Apollon (identifié au dieu grec). / Artémis (déesse de la Lune, de la Nature sauvage). Diane (déesse de la Nature sauvage, déesse mère). / Hermès (messager des dieux). Mercure (dieu des Marchands, du Commerce). / Arès (dieu de la Guerre). Mars (dieu de la Terre à défendre et de la Guerre). / Aphrodite (déesse de l'Amour). Vénus (déesse des Jardins). / Héphaïstos (dieu du Feu souterrain, des Métaux). Vulcain (dieu du Feu). / Déméter (déesse mère, déesse des Récoltes). Cérès (identifiée à Déméter). / Perséphone ou Coré (déesse de la Végétation et des Enfers). Libera ou Proserpine (reine du monde des Enfers). / Dionysos ou Bacchos (dieu de la Vigne, du Vin). Bacchus ou Liber (dieu de la Fertilité et de la Fécondité). / *Les héros ou demi-dieux* (fils d'un dieu et d'une mortelle ou d'un mortel et d'une déesse). Héraclès ou Hercule. Thésée. Bellérophon. Danaos. Persée. Dioscures (Castor et Pollux). Cadmos. Méléagre. Atalante. Pélée. Achille. Orphée. Minos. Enée, etc.

Mythologie celtique. Esus. Taran (dieu du Tonnerre). Teutatès. Mercure. Ogmios (dieu de l'Eloquence). Sucellus (divinité de la Foudre). Cernunnos. Les Mères (protectrices des sources). Les Sulèves (déesses sylvestres). Epona (déesse protectrice des Chevaux, des Cavaliers).

Mythologie germanique. Les Ases (dieux de caractère guerrier). Les Vanes (divinités pacifiques). / *Ases.* Odin ou Wotan. Thor ou Donar. Tyr ou Tiuz. Loki. Heimdall. Balder. / *Vanes.* Njord. Freyr. / *Dieux secondaires.* Hœnir. Bragi. Vidar. Vali. Mull. Hod.

Esprits et génies. Elfes. Nixes (ou ondines). Nains. Kobolds. Trolls (géants).

N

naïf

(du lat. *nativus*)

Qui est sans détour, sans malice. *Le regard naïf d'un enfant.* Candide. Confiant. Droit. Franc. Innocent. Pur.

NAÏVETÉ. Candeur. Confiance. Droiture. Franchise. Innocence. Sincérité.

Qui est trop confiant. Crédule. Ingénu. Sot. Niais. Nigaud. Ballot (fam.). Gogo (fam.). Jobard (fam.). Poire (fam.). Facile à duper, à berner. Pigeon (fam.). / *Se montrer naïf.* Se faire duper, rouler (fam.), refaire (fam.), pigeonner (fam.). Gober (fam.). Avaler (fam.). Prendre des vessies pour des lanternes (fam.).

NAÏVETÉ. Crédulité. Ingénuité. Niaiserie.

NAÏVEMENT. Ingénument.

naître

(du lat. pop. *nascere ;* lat. class. *nasci*)

Venir au monde (en parlant d'un être animé). Voir le jour. Recevoir l'existence, la vie. / *Nouveau-né.* Bébé. / *Premier-né d'une famille.* Aîné. / Puîné (né après l'aîné). Cadet. / *Né de.* Issu de. / *Etre né de.* Descendre de. Appartenir à. Venir de. / Ascendants. Ancêtres. / Enfant légitime. / *Enfant naturel.* Bâtard. / *Enfant né après la mort de son père.* Posthume. / *Enfants nés du même père, de la même mère.* Consanguin. Utérin. / *Né avant terme.* Prématuré. / *Né pour.* Destiné à. / *Personne née dans le pays qu'elle habite.* Indigène. Autochtone. Aborigène.

NAISSANCE. Origine. Ascendance. Généalogie. Arbre généalogique. / *Donner naissance à.* Mettre au monde. Enfanter. Engendrer. / Acte de naissance. Etat civil. Extrait de naissance. / *Nombre des naissances.* Natalité. / *Contrôle des naissances.* Malthusianisme. Planning familial.

NATIVITÉ. Naissance du Christ. Noël. / Naissance de la Vierge, de saint Jean-Baptiste.

INNÉ (que l'on a dès la naissance). *Caractère inné.* Naturel. Congénital. Infus. Natif.

NATAL. *Pays natal.* Patrie.

Commencer à exister, à se manifester (en parlant d'une chose). *Naître* (en parlant d'une querelle). S'élever. Surgir. Eclater. Apparaître. Poindre. Prendre naissance. / *Faire naître.* Engendrer. Etre générateur de. Causer (v. ce mot).

natation

(lat. *natatio,* de *natare,* nager)

Action de nager considérée comme un exercice, comme un sport. / *Sortes de nages.* Brasse. Brasse papillon. Marinière. Crawl. Dos crawlé. Indienne ou over arm stroke. Trudgeon. Planche. Piscine. Plage. Plan d'eau. Baignade. Plongeoir. / Nager. Nageur.

Plongeon. Plongeon de tremplin. Plongeon de haut vol. Plongeon en avant, en arrière, retourné, renversé, en tire-bouchon. / Saut périlleux. Saut carpé. Saut de l'ange. Coup de pied à la lune. / *Faire un plongeon.* Se jeter à l'eau. Piquer une tête. Perdre pied. Boire la tasse (fam.).

Water-polo. Bassin. But. Poteaux. Ballon. Equipe (7 joueurs : gardien de but, 2 arrières, 1 demi, 3 avants).

nation

(du lat. *natio*)

Communauté humaine établie sur un même territoire, caractérisée par des traditions historiques et culturelles communes et soumise aux mêmes lois. *Une grande, une petite nation.* Pays. Puissance. Etat.

NATIONAL (relatif à la nation). Fête nationale. Assemblée nationale. / (Nom). Membre d'une nation déterminée.

NATIONALITÉ (état d'une personne membre d'une nation). / Apatride (personne dépourvue de nationalité). Heimatlos. /

Naturaliser (conférer à un étranger la nationalité du pays où il réside). Naturalisation.

NATIONALISME (attachement à la nation à laquelle on appartient). Patriotisme. Civisme. Chauvinisme.

NATIONALISTE. Patriote. Patriotard (fam.). Chauvin.

NATIONALISER. *Nationaliser une entreprise.* Etatiser.

NATIONALISATION. Etatisation.

INTERNATIONAL. *Commerce international.* Exportation. Importation.

nature

(du lat. *natura ;* en gr. *phusis*)

Ensemble des caractères qui définissent un être ou une chose. *La nature de l'homme. La nature de la matière.* Essence. / *Des objets de toute nature.* Catégorie. Classe. Ordre. / *Des ennuis de toute nature.* Sorte. Espèce. Genre. / *Par sa nature.* Essentiellement. En soi. Fondamentalement.

Ensemble des éléments innés d'une personne. *Une nature généreuse, affectueuse. Une nature froide.* Tempérament. Caractère. Naturel. / *Une nature délicate. Une nature robuste.* Constitution. Complexion. Idiosyncrasie.

NATUREL. *Disposition naturelle. Penchant naturel.* Inné. Natif. / *Geste naturel. Rire naturel.* Spontané. Sincère. Franc.

NATURELLEMENT. Spontanément. Sincèrement. Franchement.

Ensemble de tout ce qui existe, des choses créées. *Les merveilles de la nature.* Monde. Univers. / *Aimer la nature.* Monde physique. Campagne. Bois. Mer, etc.

NATUREL. *Sciences naturelles.* Histoire naturelle. Zoologie. Botanique. Entomologie. Minéralogie. Géologie. / Naturaliste. Zoologiste. Botaniste.

Principe d'organisation du monde. Les lois de la nature. L'ordre de la nature.

NATUREL. *Un phénomène naturel.* Normal. Régulier. Habituel. / *Les forces naturelles.* Les éléments. Air. Eau. Feu.

SURNATUREL (qui ne relève pas des lois de la nature). *Un pouvoir surnaturel.* Magique. / Magie (v. ce mot). / *Un être surnaturel.* Esprit. Génie. Fée. / *Un phénomène surnaturel.* Miracle. Prodige.

naufrage

(du lat. *naufragium,* de *navis,* bateau, et *frangere,* briser)

Perte totale ou partielle d'un bâtiment par suite d'un accident de navigation. *Faire naufrage.* Sombrer. Couler bas. Couler à pic. S'engloutir. Etre submergé. S'abîmer. / Faire côte. Se jeter sur un récif. S'échouer. Se briser. / Chavirer. Capoter. Cabaner. / S'entrouvrir. Etre défoncé. Faire eau. / Etre en détresse, en perdition. Signaux de détresse. S. O. S. / Se perdre. Etre perdu corps et biens. Perte. / Baraterie (naufrage volontaire pour toucher l'indemnité d'assurance).

Accidents de mer. Tempête. Coup de vent. Coup de mer. / Abordage. Echouage. Incendie. Voie d'eau. / Malheur. Sinistre. Désastre. / Avarie. Dégâts. Dégréement. Démâtage. / Etre désemparé. Désemparement. Aller à la dérive. Dériver. Epave. / Tomber à la mer. Périr en mer. Se noyer. Noyade. / Naufrageur (vx). Pilleur d'épaves.

Sauvetage. Sauveteur. Repêcher. / Canot de sauvetage. Bouée. Radeau. Fusée lance-amarre. Ligne de sauvetage. Va-et-vient. / Relever. Remettre à flot. Renflouer. Déséchouer / Sauvé. Rescapé. Réchappé d'un naufrage.

nautisme

(de *nautique*)

Ensemble des activités sportives pratiquées sur l'eau. ***Sports nautiques.*** Aviron ou rowing. / Canotage ou canoéisme. / Yachting à voile. / Yachting à moteur ou motonautisme. / Ski nautique. / Surfing. Planche à voile.

Aviron. Rame. Pagaie. / Parties d'un aviron : pelle, manche, poignée, olive. / Dame. Dame de nage. Engoujure. Tolet. / Aviron de godille ou godille. / Nager (ramer). Aller à la godille. Godiller. Godiller à plat. Godiller à culer. Godilleur. Nager en pointe (avec un seul aviron). Armer ou parer un aviron. Nager en couple (avec deux avirons). / Appuyer, souquer sur les avirons (nager vigoureusement).

Embarcations. Yole. Skiff. Double scull. Outrigger. Périssoire. Canadienne. Canoë. Kayak.

Equipages. Rameurs ou nageurs. Chef de nage. Brigadier (rameur d'avant). Barreur-skiff (un rameur en couple). Double scull (deux rameurs en couple).

Pair oar ou deux rameurs en pointe sans barre. Barrés (deux rameurs en pointe avec barreur). Quatre sans barreur. Quatre avec barreur. Huit avec barreur. Canoë français (un rameur de couple). Double canoë (deux rameurs de couple). Yole (deux, quatre ou huit rameurs de pointe avec barreur).
Manœuvres. Pivoter. Retourner. Redresser. Esquimautage. Descente de rivière. Slalom.

Yachting à voile. Navigation de plaisance ou plaisance. / Croisière. / Ecole de voile. Centre nautique. Ecole nationale de voile. Fédération française du yachting à voile.

Types de bâtiments. Dériveur. Dériveur lesté. Monotype. Catamaran. Trimaran. Quillard. Croiseur. Bateau de croisière. Bateau de compétition. Bateau de course-croisière. / Série internationale et nationale. Série olympique : Flying Dutchman. Star. Dragon. 5 m 50. Finn.

Termes particuliers à la navigation de plaisance. *Construction et accastillage.* Coque en forme, moulée, en contre-plaqué, en plastique, en béton, en ferrociment. Coque à quille fixe. Coque à bulbe. Dérive centrale. Puits de dérive. Dérive latérale. Caisson étanche. / Balcons. / Galeries. / Bôme. Vit de mulet. Halebas. / Tangon de foc ou de spinnaker. / Bras de spinnaker. Winch. / Coulisseau. / Taquet. Taquet coinceur. Mousqueton de sécurité. / Cadène. Cockpit (chambre). / Cockpit autovideur. / Trapèze. Rappeler. Rappel. / Annexe. Barre d'écoute. Stick. / Gouvernail automatique. Faveurs. Pennons.
Voiles. Spinnaker ou spi. / Foc génois, ou génois. Yankee. Foc ballon. / Latter une voile. Etre gréé en sloop, en cotre, en ketch, en yawl, en cat-boat.
Plaisancier. Port de plaisance, d'hivernage. Yacht Club. Régatier. / Permis de circulation.
Equipage. Skipper. Focquier. Equipier.
Compétition. Course-croisière. Régate. / Régater. / Classe. Temps réel. Temps compensé.

Manœuvres de voiles. Parer les voiles. Déferler. Ferler. Rabanter. Dérabanter. Rabans. / Carguer. Enverguer. Etablir. Hisser. Envoyer. Haler bas. / Déverguer. Affaler. Amener. Rentrer une voile. Serrer ou ramasser la toile. Capeler. Prendre, larguer un ris. Rouler, prendre un tour de rouleau. Porter beaucoup de toile. Sur-toiler. Etre sur-toilé. / Réduire la toile. Sous-toiler. Etre sous-toilé. Etre à sec de toile. / Brasser. Border. Choquer. Régler. Etarquer. Marquer. Faire porter.

Navigation à voile. Mettre à la voile. Etre bâbord ou tribord amures. / *Allure montante.* Remonter au vent. Lofer. Lofer dans la risée. Aulofée. Pincer ou serrer le vent. Mettre la barre dessous ou sous le vent. Virer de bord, vent devant ou vent debout. Tirer des bords. Louvoyer. Louvoyage. Gagner au vent. / *Allure portante.* Abattre. Laisser porter. Virer de bord vent arrière ou lof pour lof. Empanner. Mettre la barre au vent. / Etre au plus près, au près serré, au près, au près bon plein, au bon plein, vent de travers, au petit largue. Largue. Grand largue. Vent arrière. / Panne. Mettre en panne. Changer de panne. Faire servir. Prendre la cape ou mettre à la cape. Capeyer (vx). / Courir sous voile. Courir sur son erre. Culer. Etaler. Dériver. Gîter. Gîte. Enfourner. Sancir. Dessaler.

Yachting à moteur. Yacht à moteur intérieur ou runabout, à moteur extérieur ou hors-bord. Motonautisme de compétition. Tourisme motonautique.
Pneumatique. Bateau de course ou racer. Bateau de plaisance. Dinghy. Cabin cruiser. Motor yacht. Vedette. Chriscraft. Motor sailer. Canot automobile. Permis moteur. / Coque trois points. Pelle. Cigarette. / Déjauger. Planer.

Ski nautique. Aquaplane. Planche. Monoski. / *Figures.* Saut. Slalom.

navigation

Art de naviguer en mer. Navigation intérieure, côtière. Navigation au bornage, au cabotage. Navigation hauturière (en haute mer). Navigation au long cours.
Appareiller. Etre en partance. Etre appareillé. Manœuvrer. Prendre la mer ou le large. Mettre ou battre en avant, en arrière. Stopper. / Courir sur erre (vitesse). Avoir de l'erre en avant, en arrière, ou culer. Casser l'erre. / Faire route. Mettre en route. Filer (*x* nœuds). Mettre le cap sur... Gouverner au... (cap). Etre à la route. / Embarder. Faire des embardées. Naviguer mer de l'avant, du travers, de l'arrière. Naviguer debout, à la lame, à la mer, au vent. Gouverner à la lame. / Dériver. Etre drossé, dépalé. / Doubler un cap.
Rouler. Tanguer. Tosser. Un coup de roulis. Rouler bord sur bord. Gîte. Gîter. Coup de gîte. Prendre de la bande. Avoir

de la bande. Engager. Embarquer. La mer embarque. Toucher. Talonner. S'échouer. Se mettre au plein, au sec. / Aborder un autre navire. Collision. Accident de mer. Fortune de mer. / Chavirer. Cabaner. Faire eau. Sombrer. Couler. Se perdre corps et biens (v. NAUFRAGE).
Faire des signaux visuels, sonores de détresse.

Méthodes et instruments de navigation. Faire le point. Déterminer la position. / *Naviguer à l'estime.* Cap. Route. Variation. Déviation. Dérive. Compas magnétique. Compas gyroscopique. Pilote automatique. Compas d'embarcation. Vitesse. Loch. Table de point. / *Naviguer en vue de terre.* Taximètre. Compas de relèvement. Prendre un relèvement. Relever un amer. Suivre un alignement. Prendre des alignements. / Amer. Bouée. Balise. Phare. Signaux de brume. Point remarquable. Sondeur. Sonde à main. Ligne de sonde. Asdic. Sonar. Radar. / *Navigation astronomique.* Sextant. Ephémérides nautiques. Observer. Observation astronomique. Hauteur. Droite de hauteur. Méridienne. Point d'étoiles. / Loxodromie (droite de la carte). Orthodromie (arc de grand cercle). / Faire un périple, une circumnavigation, le tour du monde. / Navigation par satellite.

Documents de navigation ou nautiques. Carte marine. Plan. Carte de détail, d'atterrissage. Routier. Portulan (XVe s.). / Latitude. Longitude. Echelle. Mille marin ou nautique. Journal de bord ou de navigation. Instructions nautiques. Avis aux navigateurs.

Navigation fluviale. Descendre ou remonter une rivière, un chenal, un canal (v. ce mot). / Trémater (dépasser un bateau ou un train de péniches). Droit de trématage (droit que possèdent certaines catégories de bateaux de passer les premiers aux écluses).

Radionavigation (par des moyens radio-électriques). Radiocommande. Radioguidage. Radioguider. Autoguidage. / Radioroute (itinéraire). Radiobalise (matérialise l'itinéraire). Radiobalisage.
Systèmes de radionavigation. Consol, Decca, Loran. Radio-alignement. Radiophare directionnel, omnidirectionnel. Homing (méthode consistant à suivre la direction d'un radiophare). Radiocompas. Radiogoniomètre. Radiogoniométrie. / Radiolocation ou radiolocalisation. Radar. Radiothéodolite. Radio-altimètre. / Atterrissage aux instruments I. S. L. (Instrument Landing System). G. C. A. (Ground Controlled Approach). Tour de contrôle. Centre régional de la circulation aérienne. / Service radiomaritime. / Radariste. Radionavigant. Contrôleur de la navigation aérienne. Aiguilleur du ciel (fam.).

nécessaire

(du lat. *necessarius*)

Se dit d'un être ou d'une chose dont on ne peut pas se passer. *Un homme nécessaire.* Très utile. Indispensable. Irremplaçable. / *Nécessaire à la vie.* Essentiel. Vital. Primordial. De première utilité.
Etre nécessaire de, que. Falloir. Importer. / Etre un besoin absolu, impérieux.

NÉCESSITÉ. Obligation. Contrainte. Besoin.

NÉCESSITER. Requérir. Exiger. Commander. Réclamer.

NÉCESSITEUX (qui manque du nécessaire). Pauvre. Indigent. Miséreux.

Qui ne peut pas ne pas être. *Une conséquence nécessaire.* Inévitable. Inéluctable. Infaillible. Fatal. Forcé. / Logique. Automatique. Mathématique.

NÉCESSAIREMENT. Inévitablement. Inéluctablement. Infailliblement. Immanquablement. Fatalement. Logiquement. Automatiquement. Mathématiquement. A coup sûr. Forcément.

NÉCESSITÉ. Loi. / *Par nécessité.* Nécessairement.

négatif

(lat. *negativus,* de *negare,* nier)

Qui exprime la négation, le refus. *Réponse négative.* Refus. / *Préfixe négatif.* Privatif (v. ce mot).

Mots négatifs. Non. Non pas. Ne... pas. Ne... point. Ne... jamais. Ne... plus. Ne... nullement. Ne... guère. Ne... rien. Ne... goutte. Ne... aucun. Ne... personne. Ne... nul. / Pas du tout. Pas le moins du monde. Sans.

NÉGATIVEMENT. *Répondre négativement.* Dire non. Refuser.

Qui n'aboutit à rien. *Conclusion toute négative. Résultat négatif.* Vain. Stérile. Inopérant. Inefficace. Improductif. Nul.

négliger

(du lat. *negligere*)

Ne pas prêter l'attention voulue à quelque chose ou à quelqu'un.

Négliger une précaution. Omettre. Dédaigner. Oublier. / *Négliger un travail.* Remettre à plus tard. Se désintéresser. Bâcler. Se fiche(r) de (fam.). / *Négliger une personne.* Délaisser. Abandonner. Plaquer (fam.). Laisser tomber (fam.). Laisser choir (fam.). / S'en soucier comme de sa première chemise, comme de l'an quarante (fam.).

Se négliger. Ne pas avoir soin de sa toilette, de sa personne. Se laisser aller.

NÉGLIGÉ. Peu soigné. Mal tenu. Malpropre. Souillon. Débraillé. Dépenaillé. Relâché.

NÉGLIGENCE. Laisser-aller. Relâchement. Indifférence. Indolence. Mollesse. Nonchalance. / Oubli. Omission.

NÉGLIGENT. Insouciant. Indifférent. Oublieux. Dédaigneux de. Imprévoyant. Inattentif. Ecervelé. Tête en l'air. Paresseux. Indolent. Mou. Nonchalant. Sans soin.

NÉGLIGEMMENT. Indolemment.

NÉGLIGEABLE. *Un détail négligeable.* Peu important. Mince. Insignifiant.

négocier

(du lat. *negotiari*)

Discuter en vue d'un accord. *Négocier la paix, un traité. Négocier une augmentation de salaires.* Débattre. Traiter de. Discuter de.

NÉGOCIATEUR. Diplomate. Ambassadeur. Représentant. Interlocuteur valable. Porte-parole. Plénipotentiaire. / Délégation. Commission. / Bons offices. Médiation. Intermédiaire. / Table ronde. Tapis vert. Conférence. Concertation.

NÉGOCIATION. Discussion. / Faire des propositions, des contre-propositions. / Transiger. Composer. Couper la poire en deux (fam.). / Marquer un point. Arracher une concession. / Rabattre de ses exigences. Faire des concessions. Concéder. Céder. / Pourparlers. / Transaction. Tractations. / Plate-forme revendicative. Concessions. Compensations. / Manœuvres dilatoires. / Rupture, reprise des pourparlers. / Terrain d'entente. Préliminaires. Protocole d'accord. / Convention. Accommodement. Règlement pacifique. Accord. / Conclure un accord. Ratifier un accord. / Cessez-le-feu. Armistice. / Pacte. Traité. Concordat. / Clauses. Conditions. Stipulations. Actes diplomatiques (v. DIPLOMATIE).

neige

(du lat. *nix, nivis*)

Eau congelée qui tombe en flocons. Neige fraîche, poudreuse. Neige lourde, pourrie. / Neige fondue (pluie mêlée de neige). / Chute de neige. Flocons. Cristaux. / Congère (amas de neige entassée par le vent). Névé (masse de neige qui donne naissance à un glacier).

Relatif à la neige. Neiger. Enneiger. Enneigement. / Chasse-neige. / Sports d'hiver. Ski (v. ce mot). Raquettes. / Luge. Traîneau. / Fonte des neiges. Avalanche. / Neigeux. / Nival (relatif au régime de cours d'eau). Nivéal (relatif aux plantes). / Nivôse. / Boule de neige. / Perce-neige.

nerf

(du lat. *nervus ;* en gr. *neuron*)

Chacun des filaments qui mettent en communication les diverses parties du corps avec le cerveau. Nerfs moteurs ou centrifuges. Nerfs sensitifs ou centripètes. Nerfs mixtes. / Influx nerveux.

Structure des nerfs. Tissu nerveux. Cellule nerveuse. Prolongement cylindraxile, ou axone. Prolongements protoplasmiques, ou dendrites. Neurone (cellule nerveuse et ses prolongements). Fibre nerveuse. Cylindraxe. Myéline. Gaine de Schwann. Membrane ou névrilème. Arborisation terminale.

Système nerveux cérébro-spinal. Système nerveux central ou névraxe. Encéphale. Moelle épinière. / Substance grise (corps des cellules nerveuses). Substance blanche (fibres nerveuses recouvertes de myéline).

Système nerveux périphérique. *Nerfs crâniens* (douze paires). Nerf olfactif, optique, moteur oculaire commun, pathétique, trijumeau, moteur oculaire externe, facial, acoustique, glosso-pharyngien, pneumo-gastrique, spinal, hypoglosse.

Nerfs rachidiens (trente et une paires : huit paires cervicales, douze paires dorsales, cinq paires lombaires, cinq paires sacrées, une paire coccygienne). Moelle épinière. Racine antérieure, racine postérieure des nerfs. Ganglion spinal. Ramification. Plexus (entrelacement de plusieurs nerfs). Plexus cervical. / Plexus brachial. Nerfs des membres supérieurs. Nerf circonflexe, brachial, cutané interne, musculo-cutané, radial, cubital, médian. Plexus lombaire. Nerf crural, fémoro-cutané, génito-crural, obturateur. / Plexus sacré. Nerf sciatique. Nerfs fessiers.

Système nerveux sympathique. Fonction de la vie de nutrition. / Ganglions sympathiques. Sympathique cervical (trois paires de ganglions). Sympathique thoracique (douze paires de ganglions). Sympathique abdominal (quatre paires de ganglions). Sympathique sacré (quatre paires de ganglions).
Nerfs sympathiques. Anastomose ou plexus. Sympathique cervical. Plexus cardiaque. / Sympathique thoracique. Grand nerf splanchnique. Ganglions semi-lunaires. Petit nerf splanchnique. Plexus solaire. / Sympathique abdominal. Plexus mésentérique. / Sympathique sacré. Plexus hypogastrique.

Système nerveux parasympathique. Ganglion ophtalmique. Ganglion sphéno-palatin. Ganglion optique. / Corde du tympan. / Nerf pneumogastrique.

Maladies des nerfs. Compression. Contusion. Distension. Déchirure. Piqûres. Blessures. Coupures. Tumeurs. Gliomes. Fibromes. Névromes. / Névralgies : faciale, cervicale, cervico-brachiale, intercostale, crurale, sciatique. Névrites. / Attaques de nerfs. Névropathie.
Neurologie (partie de la médecine qui traite des affections nerveuses). Neurologue. Neuropsychiatrie. Neuropsychiatre. Neurochirurgie. Neurotomie.
NERVEUX. Agité. Excité. Irritable. Emotif. / Fébrile.
NERVOSITÉ. Enervement. Irritation. Excitation. Exaspération. / Fébrilité.

Locutions diverses. Donner, porter, taper (fam.) sur les nerfs (irriter, énerver). Avoir les nerfs en boule, en pelote (pop. ; être énervé). Etre à bout de nerfs (dans un état de surexcitation). Crise de nerfs (gestes désordonnés, cris, pleurs).

nettoyer
(de *net*)

Rendre propre, soigner le corps. *Nettoyer un enfant.* Faire sa toilette. Laver. Débarbouiller. Décrasser. Savonner. Frictionner. / *Nettoyer un cheval.* Bouchonner. Etriller. Panser.

Rendre propres des vêtements, l'ameublement, etc. *Nettoyer un costume, une jupe.* Brosser. Détacher. Dégraisser. / *Nettoyer du linge.* Blanchir. / *Nettoyer des chaussures.* Décrotter. Cirer. Faire briller, faire reluire. / Lessiver un mur. / Epousseter les meubles. Battre, dépoussiérer un tapis. / Balayer. Balayage. / Frotter, briquer les cuivres. Astiquer. Faire briller. / *Produits d'entretien.* Cire. Encaustique. / *Appareils ménagers.* Aspirateur. Cireuse. Balai mécanique.
NETTOYAGE. Blanchissage. / Nettoyage à sec. Dégraissage. / Teinturerie. Teinturier. Lessivage. Epoussetage.

Débarrasser des impuretés, des dépôts, etc. *Nettoyer un conduit.* Déboucher. Désobstruer. Dégager. / Vidanger. Curer un étang. Débourber. Draguer. Faucarder. / Ravaler un mur. / Ratisser des allées. / Racler. Récurer. Pâte à récurer. Récurage. Décaper. Décapage. Décapant. Décalaminer un moteur. / Dérouiller. Fourbir. / Sarcler une plate-bande. / Clarifier un liquide. Epurer. Purifier. Décanter. Filtrer. / Cribler. Vanner.
NETTOYAGE. Débouchage. / Dragage. Curage. Décalaminage.
NETTOIEMENT. *Nettoiement des rues.* Balayage. / Service du nettoiement. Eboueur. Boueur. Boueux (fam.). / *Nettoiement d'une terre.* Désherbage. Sarclage.

neuf
(du lat. *novem ;* en gr. *ennea*)

Le nombre neuf et ses dérivés. La preuve par neuf. / Neuvaine. / Neuvième. Neuvièmement. / Nonante (neuf dizaines [vx ou régional]). Nonantième (quatre-vingt-dixième). / Nonagénaire (qui est âgé de quatre-vingt-dix ans). / Ennéagone (polygone à neuf angles). Ennéagonal. / Ennéasyllabe.

nez
(du lat. *nasus ;* en gr. *rhis, rhinos*)

Partie saillante du visage, audessus de la bouche. *Anatomie.* Bout, base, arête, ailes du nez. Narines. / Fosses nasales. Sinus. Cornets. Cloison nasale. Vomer. Cartilage. Muqueuse rouge. Muqueuse jaune. Vibrisses (poils).

Formes du nez. Nez droit. Nez grec. Nez busqué, bourbonien, crochu, aquilin, camard, camus, épaté, pointu, retroussé, en trompette, en pied de marmite.
Dénominations populaires. Blair. Pif. Tarin. Blase. Nase, etc.
Nez d'animaux. Museau. Mufle. Groin. Naseaux. Trompe.

Le nez organe de la respiration et de la phonation. Respirer. Renifler. Reniflement. / Ronfler. Ronflement. Respiration stertoreuse. / Parler du nez. Nasiller. Nasillard. Nasillement. / Son nasal. Nasaliser. Nasalisation.

Le nez organe de l'odorat. Sentir. Flairer. Flair. Déceler une odeur, un relent. / Olfaction. Olfactif. Avoir le nez fin, sensible, délicat. / Se boucher le nez.

Physiologie et pathologie du nez. Se moucher. Eternuer. Eternuement. / Couler. Morve. Morveux. Mucosité. Roupie (fam.). Avoir le nez bouché, le nez pris. Etre enchifrené. Rhume de cerveau. Coryza. Rhume des foins. / *Inflammations.* Rhinite. Rhinopharyngite. Sinusite. / Saignement de nez. Epistaxis. / *Tumeurs.* Polypes. / Malformations de la cloison. Difformités nasales. / Rhinologie. Rhinoscopie. Rhinoplastie.

Locutions diverses. Faire quelque chose au nez de quelqu'un (devant lui, sans se cacher). Fermer la porte au nez de quelqu'un (ne pas le recevoir). A vue de nez (approximativement). Avoir quelqu'un dans le nez (avoir pour lui de l'antipathie). Sentir à plein nez (dégager une odeur très forte). Les doigts dans le nez (pop.; avec beaucoup d'aisance). Mener quelqu'un par le bout du nez (le faire agir à sa guise). Ne pas voir plus loin que son nez (n'avoir aucune perspicacité). Se bouffer le nez (pop.; se quereller vivement). Avoir un verre dans le nez (être ivre). Mettre le nez dehors (sortir). Fourrer le nez dans une affaire (s'en mêler indiscrètement). Avoir le nez creux, avoir du nez (être perspicace). Se trouver nez à nez avec quelqu'un (se rencontrer face à face avec lui). Se casser le nez (échouer). Tirer les vers du nez à quelqu'un (l'amener à livrer un secret).

niais

(du lat. pop. *nidax*, pris au nid)

Se dit d'une personne qui manifeste une certaine inexpérience, une certaine stupidité. *Se montrer niais.* Nigaud. Godiche. Naïf. Crédule. Jobard. Sot. Benêt. Jocrisse. Serin (fam.).

NIAISERIE. Naïveté. Crédulité. Jobarderie. Sottise. Stupidité.

DÉNIAISER. Dégourdir. Dégrossir. / Dessaler.

nier

(du lat. *negare, negatum*)

Affirmer que quelque chose n'existe pas. *Nier la véracité d'un récit.* Contester. Mettre en doute, en question. Rejeter. Repousser. Refuser. Récuser. Dénier toute valeur à. / Contredire quelqu'un. Démentir. Désavouer.

NÉGATION. Contestation. Désaccord. Démenti. Désaveu. / Dénégation. Protestation. / *Négation de la vérité morale.* Nihilisme.

NIABLE. Contestable. Discutable. Réfutable.

NÉGATEUR. Contestataire. Sceptique. Agnostique. Athée. Nihiliste.

NÉGATIF (v. ce mot).

INDÉNIABLE. Indiscutable. Certain.

niveau

(du lat. pop. *libellus*)

Degré d'élévation par rapport à un plan horizontal. *Niveau d'un liquide dans un récipient.* Elévation. Hauteur. / *Elévation d'un point par rapport au niveau de la mer.* Altitude.

NIVELER. *Niveler le sol.* Rendre uni. Aplanir. Egaliser. / *Mettre de niveau.* Araser. Affleurer. / A ras du sol. A fleur de terre. De plain-pied.

NIVELLEMENT. Egalisation. / Arasement. Affleurement.

Degré comparatif d'élévation. *Niveau mental, intellectuel.* Stade du développement intellectuel. Force. / *Niveau de l'échelle sociale.* Rang. Place. Echelon. Situation. Standing. Qualification. / Niveau de vie (quantité de biens ou de services que permet d'acheter le revenu national moyen ou le revenu moyen d'une catégorie de citoyens). / *Qui s'élève au-dessus du niveau moyen ou d'un niveau donné.* Supérieur. Transcendant. Sublime.

NIVELER. *Niveler les profits.* Egaliser.

NIVELLEMENT. Egalisation.

noble

(du lat. *nobilis*)

Qui appartient à la noblesse. *Un homme noble.* Titré. De haut rang. De haute naissance. De haut lignage. De haute extraction. De haute volée (fam.). / Aristocrate. Gentilhomme. Grand. Seigneur. / Hobereau (petit gentilhomme campagnard). Noblaillon. Nobliau. / Junker (hobereau allemand). Hidalgo (noble espagnol). Samouraï (guerrier noble japonais). / Ancien régime. Féodalité. Suzerain. Chevalier.

NOBLESSE. Aristocratie. Noblesse d'épée, de robe. Noblesse de vieille souche. Noblesse d'Empire. Petite noblesse. /

Titres de noblesse. Prince. Duc. Marquis. Comte. Vicomte. Baron. Chevalier. / Lettres de noblesse. / *Quartiers de noblesse.* Généalogie. Lignée. Branche aînée. Branche cadette. / Armoiries. Armes. Blason. Devise. Couronne.

ANOBLIR (conférer un titre de noblesse). Anoblissement.

NOBILIAIRE. Particule nobiliaire : de, van, von, mac, o', don, etc. / Nom à rallonge, à tiroir (fam.).

Qui a de l'élévation morale. *Des sentiments nobles. Un noble cœur.* Magnanime. Généreux. Chevaleresque. Désintéressé. Sublime. Auguste.

NOBLESSE. *Noblesse morale.* Magnanimité. Grandeur d'âme. Générosité. Désintéressement. Sublimité. / Honneur. Amour-propre. Fierté.

Qui suscite l'admiration, le respect. *Un air noble.* Distingué. Digne. Majestueux. Solennel. / *Un style noble.* Elevé. Soutenu. Grandiose. Eclatant. Prestigieux.

NOBLESSE. *La noblesse d'un geste.* Elégance. Distinction. Dignité. Majesté. Solennité.

NOBLEMENT. Dignement.

nœud

(du lat. *nodus*)

Entrelacement de rubans servant de parure. *Mettre des nœuds dans les cheveux.* Bouffette. Coque. Chou. Choupette (fam.). Fontange. Catogan.

Entrelacement de fil, de corde, de cordage qui fait arrêt ou qui réunit deux fils, deux cordages. *Nœud simple, double.* Bouclette. Boucle. / Nœud de cravate. / Nœud ordinaire, **nœud de** marque (sert à faire un point d'arrêt ou à raccourcir). / *Nœud coulant.* Collet. Lacet. Lasso.

NOUER. Lier. Serrer. Attacher. Lacer. Entrelacer.

DÉNOUER. Détacher. Délacer.

Nœuds de marine. Nœud de tournage sur une bitte, sur un espar. / Nœud d'ajut, d'amarrage, d'arrêt, de lestage, de raccourcissement. Nœud coulant. Nœud à œil ou à boucle. Epissure. Œil épissé. Nœud sur croc, sur œil, sur cosse. / Nœuds de la ligne de loch (nœuds de marque disposés sur cette ligne à des distances d'environ 14,60 m). Un nœud (= 1 852 mètres, vitesse d'un mille).

Partie du tronc d'un arbre, d'une tige où les fibres ligneuses prennent une direction nouvelle. *Nœud d'une planche de noyer, d'orme.* Loupe. Nodosité.

NOUEUX (qui a beaucoup de nœuds), en parlant du bois.

noir

(du lat. *niger;* en gr. *mélas*)

Se dit de la couleur la plus sombre. Noir comme du charbon, de l'ébène, de la poix, du jais. Noir comme un corbeau. / *Race noire.* Mélanoderme. / *Peau noire. Teint noir.* Basané. Bistré. Hâlé. / *Homme à la peau noire.* Noir. Noiraud. Nègre. Négrillon. Moricaud (fam.). Métis. Mulâtre. / *Cheval noir.* Moreau.

NÉGRITUDE (appartenance à la race noire).

Qui manque de lumière. *Une chambre noire. Un local noir.* Non éclairé. Obscur. Ténébreux. / *Nuit noire.* Obscurité. Ténèbres. / *Ciel noir.* Sombre. Couvert.

NOIRCIR. Assombrir. Obscurcir.

NOIRCISSEMENT. Assombrissement. Obscurcissement.

NOIRÂTRE. Enfumé. Fuligineux. Charbonneux. Sombre.

Qui est couvert de saleté. *Des mains noires. Du linge noir.* Sale. Crasseux.

NOIRCIR. Salir. Maculer. Tacher.

Symbole de la tristesse. *Un noir pressentiment.* Funeste. / *Avoir des idées noires. Broyer du noir.* Etre triste, chagrin, morose, mélancolique. / Tristesse. Mélancolie. Morosité. Cafard (fam.). / *Voir tout en noir.* Etre pessimiste.

Symbole du mal. *Un noir projet.* Sinistre. Atroce. Odieux.

NOIRCIR. *Noircir un adversaire.* Dénigrer. / Dénigrement.

NOIRCEUR. *La noirceur d'un crime.* Atrocité.

noix et noisette

(du lat. *nux*)

Fruit du noyer. Noix fraîche. Noix sèche. Cerneau (noix verte à coque tendre). Brou (enveloppe verte). / *Abattre des noix.* Gauler. Chabler (dialectal). Locher (dialectal). / *Casser des noix.* Cerner. Ecaler. / Coque. Coquille. Ecale. / Casse-noix. / Huile de noix. Liqueur de brou de noix. / Noix confite. / Noix de Grenoble. Noix du Sud-Ouest.

Fruits ressemblant à la noix. Noix de cajou, de kola. Noix de coco. Noix de muscade. Noix vomique.

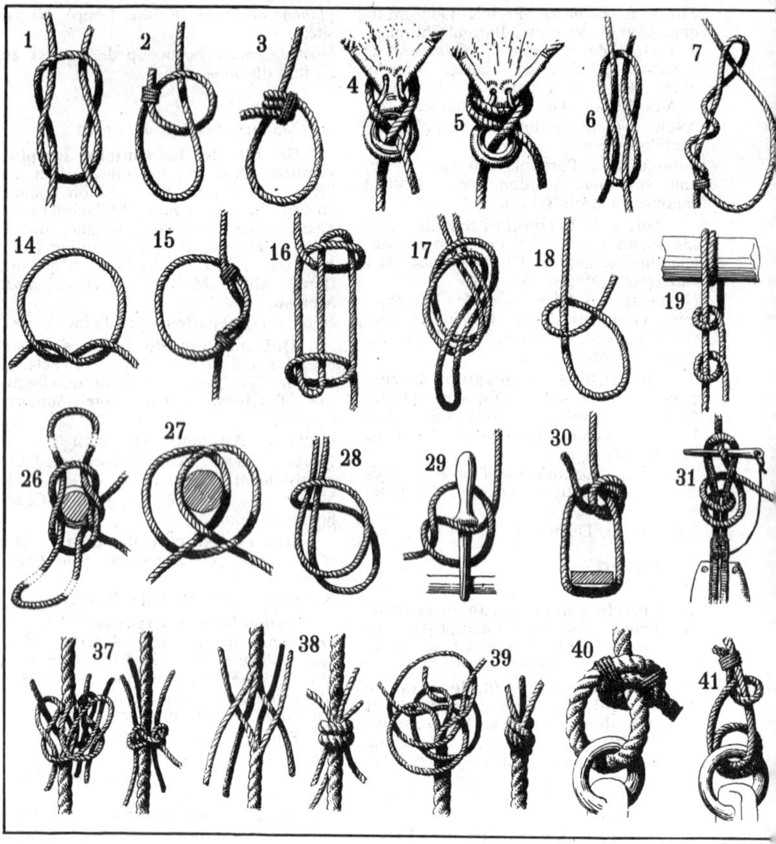

Nœuds : 1. Plat ; 2. De bouline simple ; 3. De bouline double ; 4. D'écoute simple ; 5. D'écoute double ; 6. De vache ou d'ajust ; 7. D'anguille ou de bois ; 8. De chaise simple ; 9 et 10. De chaise double ; 11. De chaise de calfat ; 12. D'agui ; 13. Laguis ; 14. Demi-nœud ; 15. Demi-nœud bridé ; 16. De jambe de chien ; 17. A plein poing ou de bec d'oiseau ; 18. Demi-clef ; 19. Tour mort avec demi-clefs ; 20. De griffe ; 21. De griffe double ; 22. De croc de palan ; 23. Gueule-de-raie ;

Noisette (fruit du noisetier). Aveline (noisette allongée). Casser des noisettes. Casse-noisettes.
Noisetier. Avelinier. Coudrier. / Noiseraie. Coudraie.

nom

(lat. *nomen ;* en gr. *onoma* ou *onuma*)

Mot par lequel on désigne un être, une chose. *Ignorer le nom d'un objet.* Appellation. Désignation. Dénomination. / *Ensemble des noms d'une science.* Nomenclature. Terminologie. Vocabulaire. / Nominalisme (doctrine philosophique selon laquelle les idées ne sont que des noms ou des mots).

NOMMER. *Nommer les pièces d'un appareil.* Dénommer. Désigner. Appeler. Enumérer. Indiquer. Citer.

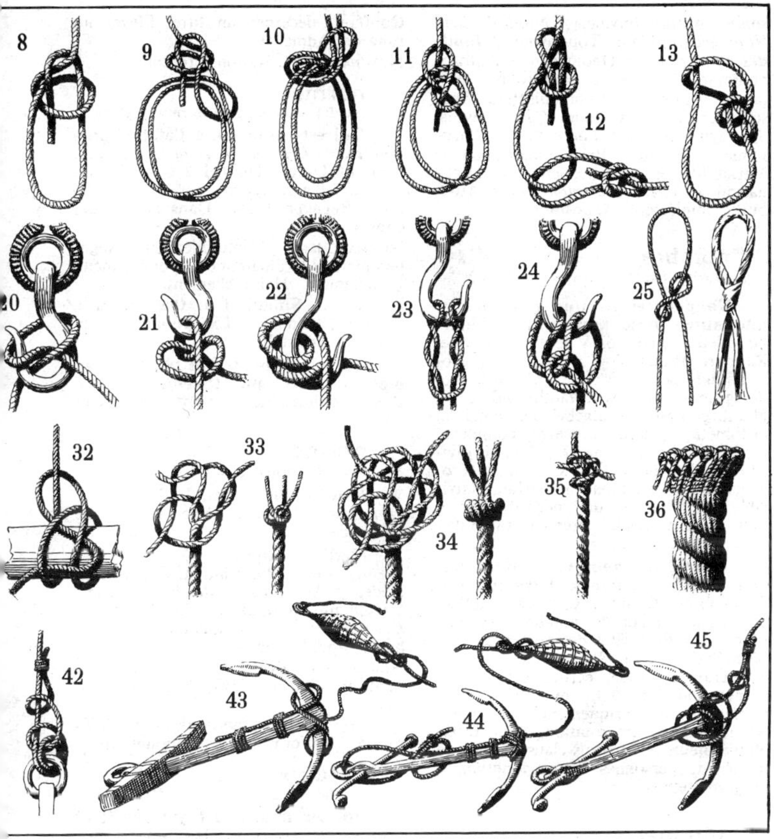

24. Gueule-de-loup ; **25.** De cravate ; **26.** De capelage ; **27.** Demi-clef à capeler ; **28.** Demi-clefs renversées ; **29.** D'étrésillon ; **30.** De drisse ou de batelier ; **31.** De drisse anglaise ; **32.** De drisse de bonnette ; **33.** Cul-de-porc simple ; **34.** Cul-de-porc double ; **35.** Tête-de-more ; **36.** Tête-d'alouette ; **37.** De hauban simple ; **38.** De hauban double ; **39.** De ride ; **40.** D'étalingure de câble ; **41.** D'étalingure de grelin ; **42.** D'étalingure de câblot ou nœud de grappin ; **43.** D'orin ; **44.** D'orin de petite ancre ; **45.** D'empennelage.

Noms de personnes. Nom de famille. Patronyme. Nom patronymique. / Eponyme (qui donne son nom à quelqu'un, à quelque chose). / Nom à particule. Titre. / Prénom ou petit nom (fam.). Nom de baptême. / Surnom. Sobriquet. / Nom d'emprunt. Nom de guerre. Nom d'auteur. Pseudonyme. / Nom commercial. / Prête-nom. / Anonyme. Anonymat. Incognito. / *Nom d'amitié.* Hypocoristique. Diminutif. Appel nominal. Etat nominatif. / Nominativement. Désigner quelqu'un nommément (par son nom).

En grammaire. Substantif. Nom commun. Nom propre. Nom collectif. / Nom simple, composé, dérivé, déverbal. / Nom d'agent, d'action. / *Nom de per-*

sonne. Anthroponyme. / *Nom de lieu. Nom géographique.* Toponyme. / *Etude des noms propres.* Onomastique. Anthroponymie. Toponymie. / Groupe, syntagme nominal. / Nominalisation. Substantiver. Substantivation. / Homonyme. Synonyme. Antonyme ou contraire. Paronyme. / Pronom. Pronominalisation. / Variabilité en nombre, en cas. Déclinaison. / *Fonctions du nom.* Sujet. Attribut. Complément. Apposition.

nombre

(du lat. *numerus ;* en gr. *arithmos*)

Rapport entre une quantité et une autre prise pour unité. Unité. Grandeur. Quantité. Valeur numérique. Rapport. Progression arithmétique, géométrique. Série. Groupe. Matrice. Loi des grands nombres. Quantité infinie. Nombre abstrait, algébrique, amiable, arithmétique, cardinal, carré, complexe, concret, cube ou cubique, décimal, divisible, entier, figuré, fractionnaire, hétérogène, homogène, impair, imparfait, indivisible, irrationnel, naturel, négatif, ordinal, pair, parfait, positif, premier, rationnel, rond, transcendant.

Relatif au nombre. Nombrable. Nombreux. Innombrable. Nombrer (vx). Dénombrer. Compte. Compter. Calcul. Calculer. / Nom de nombre. Adjectif numéral. / Propriétés des nombres. Numéraire. Numéral. Numérateur. Numération parlée, écrite. Système de numération décimal, binaire. Calcul numérique. Numériquement. / Numéro. Numérotage. Numérotation. Numéroter. Numéroteur. / Numerus clausus (nombre limité [de personnes à une fonction, à un grade, etc.]).

nommer

(du lat. *nominare*)

Désigner quelqu'un pour remplir une fonction, une charge. *Nommer à une fonction par voie de suffrage.* Elire. / *Nommer un fonctionnaire.* Affecter. Appeler à. / Décret, arrêté de nomination. Procès-verbal d'installation. / Bombarder quelqu'un directeur (fam.). / Promouvoir. Déléguer dans les fonctions de. Charger de mission. Préposer à un emploi.

NOMINATION. Désignation. Choix.

Investir quelqu'un d'une dignité. *Nommer quelqu'un chevalier de la Légion d'honneur.* Créer. Faire. Promouvoir. / Conférer, décerner un titre. Elever au rang de. Admettre.

NOMINATION. Elévation. Promotion.

normal

(du lat. *normalis,* de *norma,* règle)

Qui est conforme à l'état le plus général. *Un cas normal.* Ordinaire. Courant. Usuel. Habituel. / *Une réaction normale. Un comportement normal.* Naturel. Régulier. Prévu. Dans l'ordre des choses.

NORMALEMENT. Naturellement. Régulièrement. / Ordinairement. Couramment. Usuellement. Habituellement.

ANORMAL. Singulier. Extraordinaire. Bizarre. Etonnant. / Exceptionnel. Inhabituel. / Anomalie.

Qui est dans un état physique ou mental satisfaisant. *Un enfant normal.* Bien constitué. Bien portant. Sain. Equilibré.

norme

(du lat. *norma,* règle)

État le plus habituel. *S'écarter de la norme.* Moyenne. Type. Modèle de référence.

Modèle imposé. *Respecter les normes.* Règle. Prescription. Canon. Loi. Code. / *Les normes du bon langage.* Grammaire normative. Normativité. / *Les normes de la production.* Cote. Gabarit. Module. Etalon.

NORMALISER. Régler. Réglementer. Standardiser. Unifier. Uniformiser. Rationaliser.

NORMALISATION. Standardisation. Unification. Uniformisation. Rationalisation.

notaire

(du lat. *notarius*)

Officier ministériel qui reçoit et rédige les contrats, les actes, etc., pour leur donner un caractère d'authenticité. Tabellion (vx ou péjor.). / Office. Charge. Notariat. Chambre des notaires. Conseil supérieur du notariat. Conseil régional. / Etudes de droit. Diplôme d'études supérieures de notariat.

Fonctions notariales. Etude de notaire. Cabinet. Panonceau. / Clerc. Premier clerc. Clerc principal. Expéditionnaire.

Actes notariés. Acte passé par-devant notaire. Contrat. Testament. Vente aux enchères. Adjudication. / Minute. Grosse. Duplicata. Copie. Expédition. / Enregistrement. / Dresser un acte. Grossoyer un acte. Instrumenter. / Honoraires.

note
(du lat. *nota*)

Brève remarque sur un texte. *Note marginale. Note en bas de page.* Glose. Commentaire. « Nota bene ». Scolie. Observation. Notule. Explication.

ANNOTER (accompagner un texte de notes). Annotation. Exégèse. / Apparat critique (notes et variantes d'un texte). / Annotateur. Critique.

Information. *Note diplomatique.* Mémorandum. / *Note de service.* Avis. Notice. Communication. Communiqué.

NOTIFIER. Informer. Communiquer. Signifier. Faire part de.

Brève indication écrite. Des notes de cours. Consulter ses notes. / Carnet de notes. Cahier de notes. Calepin. Agenda. Carnet. Aide-mémoire. Mémento. Bloc-notes. Cahier de cours.

NOTER. Prendre note de. Prendre en note. Inscrire. Enregistrer. Marquer. Consigner. / Noter quelque chose sur ses tablettes.

Détail d'un compte à payer. *Acquitter, régler une note. Payer la note du restaurant.* Addition. Douloureuse (fam.). Facture. Mémoire. Compte. / Quart d'heure de Rabelais. / Quittance.

Appréciation chiffrée. Bonne note. Mauvaise note. Note éliminatoire. / Moyenne.

NOTER. Coter. / Notation. Cotation. / Notateur.

Signe de musique. *Les sept notes de la gamme.* Ut ou do. Ré. Mi. Fa. Sol. La. Si. / *Fausse note.* Canard (fam.). Couac. / Note sensible. Dominante. / Ronde. Blanche. Noire. Croche. Double, triple, quadruple croche. Note pointée. / Portée musicale. Partition. / Déchiffrer.

nourrir
(du lat. *nutrire*)

Nourrir des hommes. Donner à manger. Alimenter. Ravitailler. Sustenter. / Allaiter un bébé. / Entretenir. Faire vivre.

NOURRITURE. Aliment. Alimentation. Subsistance. / *Prendre de la nourriture.* Se nourrir. Manger. S'alimenter. / Ravitaillement. Provisions. Victuailles. Denrées. Comestibles. Mangeaille. Vivres. / Nourriture solide (qui se mange). Nourriture liquide (bouillon, potage, etc.). / *Termes populaires.* Bouffe. Becquetance. Boustifaille. Croûte.

NUTRITION. Absorption. Assimilation. Digestion. / Suralimentation. / Sous-alimentation. Malnutrition. / Dénutrition.

NOURRISSANT. Nutritif. Substantiel. Riche. Fortifiant.

Nourrir des animaux. Elever du bétail. Engraisser un porc. Gaver des oies. Embecquer un oiseau. / Elevage. Nourrissage. Nourrissement. / Eleveur. Nourrisseur.

NOURRITURE. Pâtée. Pâture. Fourrage. / Carnivore. Herbivore. Frugivore. Granivore. Insectivore. Omnivore.

nouveau
(du lat. *novellus ;* en gr. *neos*)

Qui existe depuis peu. *Mode nouvelle. Une nouvelle route. Livre nouveau.* Récent. Moderne. Contemporain. Actuel. Dernier-né. Dernier en date. De fraîche date. / *Mot nouveau.* Néologisme. / Néophyte. Novice. / *Un nouveau.* Un bleu (fam.). Bizuth.

NOUVELLEMENT. Récemment. Naguère. Préfixe *néo- :* néo-positivisme, néo-réalisme, etc.

NOUVEAUTÉ. Modernité. Modernisme. Actualité. / Misonéisme (hostilité, aversion à l'égard de la nouveauté, du changement). Traditionalisme. / Misonéiste. Traditionaliste.

Qui se distingue par son caractère récent. *Un spectacle d'un genre nouveau.* Original. Inédit. Inhabituel. Inaccoutumé. Sans précédent. / Au goût du jour. A la mode. A la page. Dernier cri. A la pointe du progrès. « Up to date ». Dans le vent (fam.). Révolutionnaire.

NOVATEUR. Innovateur.

NOUVEAUTÉ. Originalité. Innovation. Trouvaille.

INNOVER. Inventer. Trouver. Découvrir.

Qui n'est pas usagé. *Un costume nouveau.* Neuf. Battant neuf. Flambant neuf.

RÉNOVER. Rajeunir. Restaurer. Réparer. Retaper. Rafistoler (fam.).

RÉNOVATION. Rajeunissement. Restauration. Réparation. Rafistolage (fam.).

Qui s'ajoute. *Une nouvelle difficulté.* Autre. Supplémentaire. Accessoire. De plus. / De nouveau. Encore.

nouvelle
(du lat. pop. *novella,* choses récentes)

Première annonce d'un événement récent. *Une heureuse, une triste nouvelle. Publier une nouvelle.* Information. Avis. Communiqué. Message. / *Diffuser, propager, colporter une fausse nouvelle.* Bobard (fam.). Canard. Cancan. Potin. Papotage. Commérage. / *Nouvelle non confirmée.* Bruit. Echo. Rumeur. On-dit. / Il paraît. On dit que. Le bruit court que.

Renseignements sur les principaux faits récents. Nouvelles de l'étranger. Nouvelles politiques. / Journal. Bulletin d'informations. Actualités. Dernière heure. Flash. Journal télévisé, radiodiffusé. / Faits divers. / Dépêche. Message. Télégramme. / Télétype. Téléscripteur. / Presse du matin, du soir, hebdomadaire. Revue de presse. Rubrique.

Renseignements sur l'état d'une personne. *Donner de ses nouvelles.* Donner signe de vie. / Santé. Bulletin de santé.

Court récit de caractère littéraire. *Une nouvelle de Maupassant.* Conte. Anecdote. Historiette.

NOUVELLISTE. Conteur. Anecdotier.

novice

(du lat. *novicius*)

Qui manque d'expérience. *Un conducteur novice.* Inexpérimenté. Inhabile. Malhabile. Maladroit. / *Un vendeur novice.* Gauche. Emprunté. Qui n'est pas à la coule (fam.). / *Une maladresse de novice.* Inexpérience. Gaucherie. / *Initier un novice.* Un nouveau. Un nouveau venu. Débutant. Commençant. Apprenti. Stagiaire. / *Etre novice dans un emploi.* Débuter. Faire ses débuts. Faire ses premières armes. S'initier. Se former. Apprendre le métier. / Stage. Période probatoire.

Personne qui a pris récemment l'habit religieux. Maître des novices. / Noviciat. / Prise d'habit. / Prononcer ses vœux. / Profès.

noyer

(du lat. *necare,* tuer)

Faire mourir par asphyxie dans un liquide. *Noyer un animal.* Immerger. / *Se noyer.* Couler à pic. Boire la tasse (fam.).

NOYADE. Immersion. Hydrocution. Asphyxie. Congestion. / Sauvetage. Sauveteur. Bouée, gilet de sauvetage. Canot de sauvetage. / Secours aux noyés. Secourisme. Secouriste. Ranimer. Réanimation. Respiration artificielle. Bouche-à-bouche.

Recouvrir d'eau. *Noyer un village.* Submerger. Engloutir. Inonder. / Submersion. Engloutissement. Inondation.

Locutions diverses. Noyer son chagrin, ses remords (chercher l'oubli dans la boisson). Noyer le poisson (fatiguer l'adversaire par des manœuvres dilatoires). Noyer une révolte dans le sang (procéder à une répression sauvage). Se noyer dans un verre d'eau, dans un crachat (être incapable de surmonter de menues difficultés).

nu

(du lat. *nudus ;* gr. *gumnos*)

Sans vêtements. *Nu comme un ver, comme la main.* Dévêtu. Déshabillé. A poil (pop.). En costume d'Adam, d'Eve. Dans le plus simple appareil. / En tenue légère. Torse nu. / Tête nue. Nu-tête. Pieds nus. Nu-pieds. / *Mettre nu.* Déshabiller. Dénuder.

NUDITÉ. Un nu. Académie. Formes. Chair. Carnation.

NUDISME. Naturisme. Nudiste. Naturiste. Adamisme. Gymnosophistes. / Indécent. Indécence. Impudeur. Impudique.

Découvert, non garni (en parlant de quelque chose). *Un mur nu.* Sans ornement. / *Un local nu.* Non meublé. / *Epée nue.* Dégainé./ Sabre au clair.

Un crâne nu. Chauve. Dégarni. Déplumé (fam.). Pelé.

nuage

(de *nue ;* lat. *nubes ;* en gr. *nephelê*)

Amas de vapeur d'eau dans le ciel. Nuage de pluie, de grêle. / Nue (littér.). Nuée (littér.). / *Nuages supérieurs :* cirrus, cirro-cumulus, cirro-stratus. / *Nuages moyens :* alto-cumulus, alto-stratus, strato-cumulus. / *Nuages inférieurs :* stratus, nimbo-stratus. / *Nuages à développement vertical :* cumulus, cumulo-nimbus. / *Nuages à développement horizontal :* cirrus, cirro-stratus, alto-stratus. / *Nuages à développement mixte :* cirro-cumulus, alto-cumulus, nimbo-stratus.

Divers aspects des nuages. Moutons. Brume. Echarpe, traînée de brume. Vapeur. / Ciel couvert, gris, bas, nuageux, nébuleux, pommelé, moutonné. / Plafond de nuages. / Nébulosité. Visibilité. Eclaircie. / Nuages qui crèvent, qui se dissipent. / Le ciel s'assombrit, s'obscurcit, se couvre, se dégage. Le soleil se voile.

nuire
(du lat. *nocere*)

Faire du mal à quelqu'un. *Nuire à la santé* (en parlant d'un aliment, d'une boisson, d'un environnement, etc.). Rendre malade. Indisposer. Empoisonner. Intoxiquer. Ruiner, altérer, délabrer la santé. / *Incapable de nuire.* Inoffensif.

NUISIBLE (en parlant d'un aliment). Vénéneux. Dangereux. Mortel. / (En parlant d'un climat.) Malsain. Contraire. Débilitant. Insalubre. Pernicieux. Funeste.

NOCIF. *Gaz nocif.* Délétère.

NOCIVITÉ. Nocuité (vx). Malignité.

NUISANCE (ensemble des facteurs d'origine technique ou sociale [nuisances acoustiques (bruits), visuelles, olfactives, etc.] qui gênent, perturbent les conditions d'existence, l'environnement de l'homme). / Noxologie (étude des nuisances).

Faire du tort à quelqu'un. *Nuire aux intérêts, à la réputation de quelqu'un.* Léser. Désavantager. Porter préjudice à. Défavoriser. Compromettre. Porter atteinte à. / Discréditer. Desservir. Décrier. Déconsidérer. / Dénigrer. Noircir. Débiner (fam.). Déblatérer. Médire de. Ereinter (fam.). / Calomnier. Diffamer. Offenser. Déshonorer. / *Nuire à un rival.* S'en prendre à. Chercher noise à. Contrecarrer. S'opposer à. Harceler. Tourmenter. S'acharner contre. Se venger. / *Désir, intention, volonté de nuire.* Malfaisance. Hostilité. Inimitié. Méchanceté. Haine.

Faire du tort à quelque chose. *Nuire aux récoltes* (en parlant des intempéries). Abîmer (fam.). Endommager. Détériorer. / Dégât (v. ce mot).

nuit
(du lat. *nox, noctis ;* en gr. *nux, nuktos*)

Espace de temps entre le coucher et le lever du soleil. *Tombée de la nuit. La nuit tombante.* Crépuscule. Chute du jour. Entre chien et loup. / A la nuit close. Nuit avancée. / Nuit noire. / Soir. Soirée. Minuit. / Obscurité. / Lune. Clair de lune. Etoiles. Nuit étoilée.

Relatif à la nuit. Sommeil. Bonsoir. Bonne nuit. / Nuit blanche (sans sommeil). / Nuitée (nuit passée à l'hôtel). / Asile de nuit. / *Passer la nuit.* Veiller. / Veillée. Veille. Veilleur, gardien de nuit. Service de nuit. Equipe de nuit. / Couvre-feu. / Boîte de nuit. Fête de nuit. Médianoche. Souper. Réveillon. / Nuitamment (pendant la nuit, à la faveur de la nuit). / Nocturne. Noctambule. Nyctalope. Nyctalopie (faculté de distinguer les objets pendant la nuit). / *Oiseaux de nuit.* Hibou. Chouette. / Chauve-souris. / *Papillons de nuit.* Noctuelle.

Valeurs symboliques. La nuit du tombeau (la mort). La nuit des temps (une époque immémoriale). Etre dans la nuit (ne pas comprendre, ou être aveugle, ou être désespéré).

nymphe
(du gr. *numphê*)

Nom donné à des déesses qui fréquentaient les bois, les montagnes, les fleuves, la mer. *Noms généraux.* Camènes. Dryades. Hamadryades. Hespérides. Hyades. Naïades. Napées. Néréides. Océanides. Ondines. Oréades. / Nymphée.

Noms particuliers. Alcyone. Aréthuse. Callirhoé. Callisto. Calypso. Chloris. Clymène. Cyrène. Doris. Echo. Egérie. Eurydice. Galatée. Hébé. Io. Leucothoé. Néère. Orithyie, etc.

O

obéir
(du lat. *oboedire*)

Se conformer à des ordres. *Obéir à ses chefs. Obéir au doigt et à l'œil, sans réplique.* Ecouter. Exécuter, accomplir un ordre. Déférer à un ordre, à un vœu. Obtempérer. Observer, respecter un règlement. / Filer doux (fam.). S'incliner. Se plier à une décision. Plier. Céder. Se soumettre. Baisser pavillon. Courber la tête, l'échine. S'écraser (fam.). / *Ne pas obéir à une règle, à un règlement.* Contrevenir à. Manquer à. Enfreindre. Violer. Déroger à.

Obéissant. Docile. / Déférent. Discipliné. Malléable. Souple. Soumis.

Obéissance. Docilité. Déférence. Discipline. Malléabilité. Souplesse. Soumission.

Désobéir. Résister. Se rebeller. Se révolter.

Désobéissance. Indiscipline. Résistance. Insoumission. Insubordination. Rébellion.

Désobéissant. Indiscipliné. Indocile.

Se conformer à des lois naturelles. *Obéir à son instinct. Obéir aux lois physiques* (en parlant d'un phénomène). Suivre. Répondre à. Correspondre à. Etre conforme à.

objection
(du lat. *objectio*)

Ce qu'on oppose à une opinion, à une affirmation. *Une objection mal fondée. Une objection sérieuse, décisive, irréfutable.* Réplique. Réponse. Réfutation. Remarque. Observation.

Objecter (adresser, formuler, faire une objection). Répondre. Répliquer. Rétorquer. / Opposer des raisons, des arguments, une argumentation. Argumenter. Arguer. Faire remarquer. Faire valoir que. Mettre en avant. Exciper de.

Ce qu'on oppose à une proposition, à un projet. *Soulever une objection.* Protestation. Contestation. Opposition. / Rejeter une proposition. Attaquer, combattre, contrecarrer, repousser un projet. Opposer son veto. Présenter un contre-projet, une contre-proposition.

objet
(lat. *objectum*, ce qui est placé devant)

Tout ce qui est fabriqué pour un usage précis. *Toucher, manier un objet.* Chose. / *Un objet à usage professionnel.* Outil. Instrument. / Objet d'art (qui a une valeur artistique). / *Objet de cuisine.* Ustensile. / *Objet de toilette.* Brosse. Peigne, etc. / *Petit objet sans valeur.* Bagatelle. Broutille. / Gadget (petit objet original, amusant). / *Objet quelconque ou dont on ne se rappelle pas le nom.* Machin (fam.). Truc (fam.). Bidule (fam.).

Être ou chose qui est la cause d'un sentiment, d'une pensée, d'une attitude. *L'objet de la curiosité, de la convoitise.* Motif. Raison. / *Etre l'objet du dévouement, de la pitié.* Causer. Susciter. Attirer. Provoquer.

Ce vers quoi tendent la volonté, l'activité. *L'objet d'une démarche, d'une revendication.* But. Fin. Intention. Propos. / *L'objet d'une conversation, d'une étude.* Matière. Thème. Sujet. / *Avoir pour objet* (en parlant d'une chose). Concerner. Porter sur. Avoir rapport à.

En philosophie, ce qui existe en dehors de l'esprit, ce qui est perçu immédiatement par nos sens. *Le sujet s'oppose à l'objet.* Monde extérieur.

Objectif. Objectivité. V. Impartial.

obliger
(du lat. *obligare*, de *ligare*, lier)

Lier par une obligation d'ordre juridique ou moral. *Obliger quelqu'un* (en parlant de l'honneur, d'un devoir). Astreindre. Prescrire. Assujettir. Imposer.

Obligation. *Obligation d'honneur, de conscience.* Engagement. Promesse. Serment. / *Obligation morale.* Devoir. Impératif. Prescription. / *Obligations sociales, professionnelles.* Charge. Responsabilité. Fonction.

Mettre dans la nécessité de faire quelque chose. *Obliger quelqu'un à.* Forcer. Contraindre. Astreindre.

OBLIGATION. Nécessité. Exigence. Besoin. Contrainte. Astreinte. Coercition.

OBLIGATOIRE. Nécessaire. Indispensable.

Rendre service. *Obliger quelqu'un.* Aider. Secourir. Etre utile. Faire plaisir.

OBLIGEANCE. Complaisance. Bienveillance. Amabilité. Gentillesse. Bonté.

OBLIGEANT. Complaisant. Serviable. Prévenant. Bon. Brave. Gentil. Aimable.

OBLIGÉ. *Etre l'obligé de quelqu'un.* Devoir de la reconnaissance à. Etre redevable.

DÉSOBLIGEANT. Désagréable.

oblique

(du lat. *obliquus ;* en gr. *loxos*)

Qui s'écarte de la verticale. *Un pilier légèrement oblique.* Penché. Incliné. En porte à faux. / Déjeté. De guingois. De travers. Gauche. Gauchi. Faussé. / *Rendre oblique.* Pencher. Incliner. Fléchir. Infléchir. / Biseauter. Chanfreiner. Abattre un angle. / Biseau. Chanfrein.

OBLIQUEMENT. De biais. En biais. En diagonale. De côté. En sifflet.

OBLIQUITÉ. Inclinaison. Biais. Déviation.

OBLIQUER (aller, marcher en oblique). Dévier. Biaiser. S'écarter. Diverger. Dériver. / Déviation. Biaisement. Ecart. Divergence. Dérive. / Aller en zigzag. Louvoyer. Tirer des bordées. / Louvoiement. Loxodromie. Loxodromique.

obscène

(du lat. *obscenus,* de mauvais présage)

Qui blesse la pudeur par sa crudité ou sa trivialité. *Des propos obscènes. Un livre obscène.* Grossier. Dégoûtant. Immoral. Licencieux. Pornographique. Ordurier. Immonde. / *Un geste obscène.* Inconvenant. Indécent.

OBSCÉNITÉ. Grossièreté. Immoralité. Ordure. Indécence. Pornographie. / *Dire une obscénité.* Ordure. Saleté. Grossièreté. Cochonnerie (pop.).

obscur

(lat. *obscurus*)

Privé de lumière. *Un lieu obscur.* Sombre. Mal éclairé. Noir. Ténébreux.

OBSCURITÉ. Pénombre. Jour douteux. Demi-jour. Crépuscule. Ombre. / Noir. Nuit. Ténèbres. Black-out. / *Marcher dans l'obscurité.* A tâtons. A l'aveuglette.

OBSCURCIR. *Obscurcir le ciel* (en parlant des nuages). Assombrir. Couvrir. Embrumer. / *S'obscurcir* (en parlant du temps). Se couvrir. Se brouiller.

Difficile à comprendre, à saisir. *Langage obscur.* Confus. Embrouillé. Enchevêtré. Filandreux. Alambiqué. / Incompréhensible. Inintelligible. Mystérieux. Sibyllin. Hermétique. Esotérique. Cabalistique. Abscons. Abstrus. Abstrait. Enigmatique. Amphigourique.

OBSCURITÉ. *L'obscurité d'un discours.* Manque de clarté, d'intelligibilité. Ambiguïté. Hermétisme.

OBSCURCIR. *Obscurcir la raison, l'esprit.* Priver de lucidité, de discernement. Obnubiler (littér.). / *Etre obnubilé.* Etre hypnotisé. Etre obsédé.

Qui n'est pas net, qui est senti confusément. *Un pressentiment obscur.* Vague. Imprécis. Informulé. Subconscient. Inconscient.

OBSCURÉMENT. Vaguement. Inconsciemment. Confusément.

Qui n'est pas connu. *Vie obscure. Naissance obscure.* Humble. Modeste. Sans éclat. Terne. Dans l'ombre.

observer

(du lat. *observare*)

Considérer attentivement. *Observer un objet.* Examiner. Scruter. Fouiller. / *Observer le moindre indice.* Guetter. Epier. Faire le guet. / *Observer du coin de l'œil.* Lorgner. Guigner. Reluquer (fam.). / Espionner. Surveiller. / *Observer fixement.* Fixer. Dévisager. Suivre des yeux, du regard. Attacher ses yeux sur.

OBSERVATION. Examen. Scrutation. / *Poste d'observation, de guet.* Vigie. Belvédère. Mirador. / *Instruments d'observation.* Jumelles. Longue-vue. Lorgnette. Périscope. Lunette astronomique. Télescope. / Radar.

OBSERVATEUR. Guetteur. Espion. Surveillant. Témoin. / Doué pour observer.

Faire attention à quelque chose. *Observer un changement.* Constater. Apercevoir. Noter. Enregistrer. / *Faire observer que.* Signaler. Indiquer. Faire remarquer.

OBSERVATION. *Consigner ses observations.* Constatation. Remarque. Note. / *Faire une observation à quelqu'un.* Remarque. Critique. Avertissement. Rappel à l'ordre. Réprimande. Remontrance.

Suivre exactement ce qui est prescrit. *Observer le règlement, la loi.* Respecter. Suivre. Obéir. Se conformer à. Prendre en considération. Tenir compte de. S'en tenir à. Ne pas enfreindre. / *Observer le silence.* Rester en silence.

OBSERVATION. *L'observation des règles.* Respect. Obéissance. Conformité.

OBSERVANCE. *L'observance d'une loi religieuse.* Obéissance. Pratique.

obsession

(du lat. *obsessio*, de *obsidere*, assiéger)

Idée, image qui s'impose sans cesse à l'esprit. *L'obsession de la mort. Se délivrer d'une obsession.* Idée fixe. Hantise. Monomanie (vx). / *Obsession morbide, pathologique.* Crainte. Phobie. Psychose.

OBSÉDER. Hanter. Poursuivre. Harceler. Travailler. Tracasser. Tourmenter. Turlupiner (fam.).

OBSÉDANT. *Souvenir obsédant.* Lancinant.

OBSÉDÉ (en proie à une obsession). Obsédé sexuel.

obstacle

(du lat. *obstaculum*, de *obstare*, se tenir devant)

Ce qui s'oppose au passage, au mouvement. *Obstacles naturels ou artificiels.* Fossé. Mur. Barrière. Grille. Barrage. Ligne fortifiée. Réseau de barbelés. Saut-de-loup. Ecueil. Banc de sable. Rocher. Récif. / *Rencontrer un obstacle. Buter sur un obstacle.* Heurter. Achopper. Se heurter à. Cogner, se cogner contre. Donner dans. Se jeter sur. Accrocher. / S'ensabler. S'envaser. S'embourber.

Faire obstacle. Encombrer. Obstruer. Barrer, boucher le passage. Couper la route, le chemin. Empêcher l'accès. Empêcher, ralentir la circulation. Embouteiller. Embouteillage. Bouchon (fam.). Embarras (vx). / *Enlever, supprimer les obstacles.* Dégager. Débarrasser. Désobstruer. Désencombrer.

Ce qui s'oppose à l'accomplissement d'une action. *Etre arrêté par un obstacle.* Difficulté. Empêchement. Entrave. Pierre d'achoppement. Obstruction. Opposition. Contretemps. Anicroche (fam.). Problème (fam.).

Faire obstacle à une décision, à un projet. Contrarier. Contrecarrer. Entraver. Gêner. Empêcher. S'opposer. Susciter des difficultés. Mettre des bâtons dans les roues. / *Sans rencontrer d'obstacles.* Sans encombre. Sans peine. / *Echouer devant un obstacle.* Se casser le nez (fam.). / *Vaincre un obstacle.* Surmonter. Balayer. Franchir. Sauter. Venir à bout de. / *Supprimer un obstacle.* Aplanir des difficultés. / *Lutter contre les obstacles.* Aller contre vents et marées.

obtenir

(du lat. *obtinere*)

Réussir à avoir ce qu'on désire. *Obtenir un prix.* Gagner. Remporter. Emporter. Enlever. Recueillir. Décrocher (fam.). Avoir. / Se voir attribuer, décerner, accorder. / *Obtenir la confiance de quelqu'un.* Gagner. Se concilier. Se ménager. S'attirer. Capter / *Obtenir quelque chose d'une autorité compétente.* Impétrer. / *Personne qui a obtenu un diplôme.* Impétrant. / *Obtenir en payant.* Acquérir. Acheter. / *Obtenir par la force.* Prendre. Conquérir. Gagner de haute lutte. Arracher. Ravir. S'emparer de. Se saisir de. / *Obtenir de l'argent.* Se procurer. Toucher. Gagner. / *Obtenir satisfaction.* Avoir gain de cause. Etre exaucé. / *Obtenir un rabais.* Se faire consentir.

OBTENTION. *L'obtention d'un avantage.* Gain. Acquisition. / *L'obtention d'un titre.* Impétration.

Réussir à atteindre. *Obtenir un résultat.* Arriver à. Parvenir à. Réussir. Venir à ses fins. Venir à bout de. Réaliser. / Réussite. Succès. Réalisation.

occasion

(du lat. *occasio*, ce qui échoit)

Circonstance favorable. *Profiter d'une occasion. Une occasion inespérée.* Aubaine. Chance. Bonne fortune. Heureux hasard. Evénement favorable. Opportunité. Veine (fam.). / *Sauter sur l'occasion.* Saisir la balle au bond. / *Manquer l'occasion. Laisser passer l'occasion.* Manquer le coche. / *Trouver l'occasion de.* Possibilité. Moyen. Faculté. / *Une occasion unique, exceptionnelle.* Marché avantageux. / *Marchandise d'occasion. Voiture d'occasion. Livre d'occasion.* Qui n'est pas neuf. Qui a servi. / *Personne qui achète et vend des marchandises d'occasion.* Brocanteur. / Brocanter. Brocante. / Bouquiniste (marchand de livres d'occasion). Revendeur. / *A l'occasion. Si l'occasion se présente.* Le cas échéant. Eventuellement. S'il y a lieu.

Circonstance qui détermine quelque chose. *Une occasion de* (avec un nom ou un infinitif). Cause. Raison. Motif. Prétexte. Sujet. Matière.

OCCASIONNER (donner, fournir l'occasion de). Causer. Entraîner. Amener. Attirer. Susciter. Engendrer. Faire. Etre cause de. Etre générateur de.

Circonstance quelconque. *En pareille occasion.* Cas. Situation. Conjoncture. Evénement. Etat de choses. / En l'occurrence. En pareille occurrence. / *Par occasion.* D'aventure. / *En toute occasion.* A tout propos. A chaque instant. Pour un oui, pour un non.

OCCASIONNEL (qui résulte d'une occasion). Eventuel. Fortuit. Accidentel.

occulte

(du lat. *occultus,* caché)

Se dit de ce qui a un caractère caché et dont la cause ou l'explication sont inconnues. *Un pouvoir occulte.* Inconnu. Secret. Mystérieux. / *Sciences occultes.* Magie. Alchimie. Astrologie. Cartomancie. Chiromancie. Nécromancie. Télépathie. Spiritisme. Kabbale. / Parapsychologie (v. PSYCHOLOGIE).

OCCULTISME (ensemble des sciences occultes; croyance à l'existence des réalités supra-sensibles non reconnues par la science). Hermétisme. Esotérisme.

occuper

(du lat. *occupare*)

Occuper quelqu'un. *Occuper une personne* (en parlant d'un travail). Etre l'objet de l'activité. Prendre. / *Occuper beaucoup quelqu'un.* Absorber. Accaparer. / *Etre très occupé.* Surchargé. Submergé. Bousculé. Débordé. / *Occuper quelqu'un à une tâche.* Employer. Mobiliser. / *Occuper un enfant.* Intéresser. Amuser. Distraire.

OCCUPATION. Activité. Travail. Emploi. Charge. Mission. Tâche. Besogne. Ouvrage. Affaires. / Métier. Profession. Fonctions. / Distraction. Passe-temps.

S'occuper. *S'occuper de quelqu'un.* Prendre soin de. Veiller sur. / *S'occuper à quelque chose.* Employer son temps à. Travailler à. S'employer à. Se livrer à. Vaquer à. / *S'occuper d'une affaire.* Se charger de. Prendre en main. Entreprendre. Mettre en train, en route. S'atteler à. Se mettre à l'œuvre, à l'ouvrage. / *S'occuper de musique, d'un art.* Se consacrer à. S'adonner à. Cultiver. / *S'occuper de plusieurs choses à la fois.* Mener de front. / *S'occuper des affaires des autres.* Se mêler de (v. ce mot). / *S'occuper de politique.* S'intéresser à. / *Personne qui s'occupe de tout dans une maison.* Factotum. Intendant.

Occuper quelque chose. *Occuper un pays conquis.* Envahir. / *Occuper une maison, un logement.* S'installer. S'établir. Se fixer. Habiter. / *Occuper beaucoup de place.* Tenir. Remplir. / Squatter (personne sans abri qui s'installe dans un local inoccupé) / *Occuper son temps à quelque chose.* Employer. Passer. Consacrer.

OCCUPATION. Envahissement. Invasion.

OCCUPANT. Envahisseur.

odeur

(du lat. *odor;* en gr. *osmê*)

Émanation perceptible par l'odorat. *Une odeur agréable.* Parfum. Arôme. Fumet. Senteur (littér.). Fragance (littér.). / *Une odeur désagréable.* Puanteur. Pestilence. Relent. Mofette. Miasme. / *Une odeur quelconque.* Effluve. Emanation. Exhalaison. Bouffée. Vapeur. / *L'odeur d'un vin.* Bouquet. Arôme. / *L'odeur d'un rôti.* Fumet. / *Une odeur de moisi, de renfermé.* Remugle (vx ou littér.). / *Etre sensible aux odeurs.* Avoir le nez délicat, fin. / *Percevoir une odeur.* Sentir. Respirer. Aspirer. Humer. Renifler. Flairer. Subodorer. / *Répandre une odeur.* Exhaler. Dégager. Emettre. / *Répandre une odeur agréable.* Sentir bon. Embaumer. Fleurer. / *Répandre une odeur désagréable.* Empester. Puer. Empuantir. Prendre à la gorge. Suffoquer. / *Répandre une odeur capiteuse.* Entêter. Enivrer.

ODORANT. *Une fleur odorante. Un bouquet odorant.* Parfumé. Odoriférant.

Caractères des odeurs. Une odeur douce, suave, délicate, fraîche, subtile, volatile. / Odeur aromatique, balsamique, capiteuse, lourde, musquée. / Odeur pénétrante, persistante, tenace. / Odeur forte, suffocante, alliacée, sulfureuse, empyreumatique. / Odeur méphitique, pestilentielle, infecte, putride, fétide, nauséabonde, nauséeuse. / Odeur de renfermé, de moisi, de pourri, de faisandé, de rance. / Odeur de brûlé, de roussi. / Odeur de transpiration. / Odeur « sui generis » (propre à une chose, spéciale).

ODORAT (sens par lequel on perçoit les odeurs). Sens olfactif. Nerf olfactif. Appareil olfactif. Langage olfactif. Olfaction (fonction par laquelle les odeurs sont perçues). / Anosmie (diminution ou perte de l'odorat). / Osmologie (science des odeurs).

INODORE (qui ne dégage aucune odeur).

DÉSODORISER (enlever les mauvaises odeurs). Désodorisant. Déodorant.

œil

(du lat. *oculus;* en gr. *ophtalmos*)

Organe de la vue. Œil droit. Œil gauche. / Borgne (qui a perdu un œil).

Eborgner. / Bornoyer (regarder en fermant un œil). / Cyclope (géant qui n'avait qu'un œil au milieu du front). Argus (géant qui avait cent yeux).

Anatomie de l'œil. *Organes protecteurs.* Orbite. Paupières. Cils. Sourcils. Taroupe (touffe de poils entre les sourcils).
Globe oculaire. Enveloppes du globe. Conjonctive. Sclérotique. Choroïde. / Corps ciliaire. Muscle ciliaire. Procès ciliaire. Iris. Pupille ou prunelle. / Uvée (ensemble des formations pigmentées de l'œil : iris, corps ciliaire et choroïde).
Muscles moteurs. Droit supérieur. Droit inférieur. Droit interne. Droit externe. Grand oblique. Petit oblique. / Appareil lacrymal (sécrétion des larmes). Glandes lacrymales.
Milieux transparents de l'œil. Cornée. Humeur aqueuse. Cristallin. Humeur vitrée ou corps vitré. / *Appareils de perception et de transmission des images.* Rétine. Nerfs optiques.

Aspect. Yeux grands. Yeux petits, caves, enfoncés, bridés. / Yeux saillants, globuleux, à fleur de tête, exorbités. / Yeux noirs, bleus, marron, verts, pers, gris, roux, couleur de noisette. / Yeux à facettes (des insectes). / Yeux brillants, étincelants, pétillants, vifs, riboulants (fam.). / Yeux ternes, endormis.

Mouvements. Ouvrir, fermer les yeux. Tourner les yeux vers. Détourner les yeux. Lever, baisser les yeux. Coup d'œil. / Cligner. Clignoter des yeux. Clignement. Clignotement. Plisser les paupières. Ciller. Réflexe palpébral. Nictation. Paupière nictitante. Yeux qui papillotent. / Faire les gros yeux. Rouler des yeux. Ribouler des yeux (fam.; regarder en roulant les yeux d'un air stupéfait). Froncer les sourcils. Ecarquiller les yeux. / Faire de l'œil. Faire les yeux doux. Regarder en coulisse, en coin. Lancer des œillades. Jouer de la prunelle (fam.).

Vue. Unité visuelle. Dix dixièmes. Œil emmétrope (qui a une vision normale). Emmétropie. / *Troubles de la vision.* Myopie (l'image de l'objet se forme en avant de la rétine). Myope. / Hypermétropie (contraire de la myopie). Hypermétrope. / Presbytie (impossibilité de voir les objets rapprochés). Presbyte. Astigmatisme (anomalie due à une courbure inégale de la cornée). Astigmate. / Strabisme (défaut d'action des muscles de l'œil). Strabisme convergent, divergent. / *Etre atteint de strabisme.* Loucher. Bigler (fam.). Loucherie. Loucheur. Louchon (fam.). Bigleux (fam.). / Amblyopie (diminution de l'acuité visuelle). Diplopie (vue double). Dyschromatopsie (difficulté de distinguer les couleurs). Daltonisme. Achromatopsie. Cécité. Héméralopie (diminution de la vision quand l'éclairage est faible).
Correction des anomalies. Verres correcteurs. Verres convergents (pour presbytes et hypermétropes). Verres divergents (pour myopes). Nombre de dioptries. Phacomètre (instrument permettant de connaître par lecture directe le nombre de dioptries d'un verre de lunette). Lunettes. Bésicles (vx et plaisant). Monocle. Lorgnon. Face-à-main. Lunettes à double, à triple foyer. Lentilles de contact.

Maladies des yeux. *Maladie des paupières.* Blépharite. Chalazion (petite tumeur à l'intérieur de la paupière). Orgelet ou compère-loriot (sur le bord de la paupière). Ectropion (renversement des paupières en dehors). / Epicanthus (repli cutané à l'angle interne de l'œil). Conjonctivite (maladie infectieuse de la conjonctive). / Sclérite (inflammation de la sclérotique). Staphylome (dilatation anormale de la sclérotique). / Kératite (inflammation de la cornée). Taie ou leucome (opacification blanchâtre de la cornée). Cataracte (opacité du cristallin). Iritis (maladie de l'iris). Glaucome (trouble dans lequel le globe se durcit). / Rétinite. Décollement de la rétine. / Uvéite (inflammation de l'uvée).

Relatif à l'œil. Oculaire (lentille d'un instrument d'optique). Témoin oculaire (qui a vu de ses propres yeux). / *Médecin spécialiste des yeux.* Oculiste ou ophtalmologiste. Ocularlste (celui qui fabrique des pièces de prothèse oculaire). / Ophtalmologie (étude de l'œil du point de vue anatomique, physiologique). Ophtalmoscope (instrument servant à examiner le fond de l'œil). Ophtalmométrie (détermination de l'indice de réfraction des différents milieux de l'œil). Ophtalmomètre.

Locutions. Avoir quelqu'un à l'œil; avoir l'œil sur quelque chose (surveiller attentivement). Ouvrir l'œil (être vigilant, attentif; être sur ses gardes). Regarder de tous ses yeux (très attentivement). Ne pas fermer l'œil (ne pas dormir). A vue d'œil (très rapidement). En un clin d'œil (très vite). A l'œil nu (sans instrument d'optique). Regarder d'un bon, d'un mauvais œil (regarder favorablement, défavorablement). Avoir le mauvais œil (porter malheur par son regard).

Taper dans l'œil de quelqu'un (fam.; lui plaire). Tape-à-l'œil (bel aspect qui fait illusion). Tourner de l'œil (fam.; s'évanouir). Regarder quelqu'un droit dans les yeux (sans se laisser intimider). N'avoir pas froid aux yeux (être hardi). Entre quatre yeux (hardiment et sans témoins). Sauter aux yeux (être évident). N'avoir pas les yeux en face des trous (pop.; avoir la vue et les idées brouillées). Pour les beaux yeux de quelqu'un (fam.; pour plaire à quelqu'un; gratis). Coûter les yeux de la tête (être très coûteux). A l'œil (pop., gratuitement). Tenir à quelque chose comme à la prunelle de ses yeux (y tenir beaucoup). Se rincer l'œil (pop., regarder avec plaisir).

œuf

(du lat. *ovum;* en gr. *ôon*)

Corps arrondi que pondent les femelles des oiseaux et qui renferme le germe d'un être animé. Un œuf de poule, de pigeon, de cane, de dinde, de pintade. / *Parties d'un œuf.* Coquille. Membrane coquillère. Membrane vitelline. Chambre à air. Chalazes. Chorion. Jaune ou vitellus. Vitellin. Germe ou cicatricule. Blanc, albumen ou glaire.
Qui a la forme d'un œuf. Ovale. Ovaliser. Ovalisation. Ove. Ové. Ovoïde. Ovoïdal.

Produit des femelles ovipares. Œufs de poissons, de reptiles, de batraciens. / *Œufs d'insectes.* Couvain.

Production. Ovaire. Ovule. Ovulation. Ovisac. / Ovogenèse ou oogenèse. Oocyte. Oothèque. / Ovipare. Oviparité. Ovovivipare. Ovoviviparité. / Nid. Nidifier. Nicher. / Pondre. Ponte. Pondeuse. / Couver. Couvaison. Incubation. Couveuse artificielle. Incubateur. / Eclore. Eclosion. / Œuf couvé. Œuf clair (sans germe). Œuf hardé (sans coquille).

Alimentation. Œuf frais. Œuf du jour. Œuf de conserve. Poudre d'œuf. / Mirer un œuf. Mire. / Casser des œufs. Battre des œufs. Monter des blancs en neige. / Gober un œuf. / Œuf à la coque, mollet, sur le plat. Œuf dur. Œuf en gelée. Œufs brouillés, pochés, frits. Omelette. Œufs au lait. Œufs à la neige. Lait de poule. Meringue. / Coquetier. Coquetière.

Locutions. Plein comme un œuf (très plein). Vouloir tondre un œuf (être très avare). La poule aux œufs d'or (une source de grands profits). L'œuf de Christophe Colomb (une difficulté résolue ingénieusement). Avoir l'air de marcher sur des œufs (avancer avec beaucoup de précautions). On ne fait pas d'omelette sans casser des œufs (toute entreprise comporte des risques). Etouffer une affaire dans l'œuf (dès le début).

offense

(du lat. *offensa,* action de heurter)

Parole ou action qui blesse quelqu'un dans son honneur, dans sa dignité. *Oublier, pardonner une offense.* Insulte. Injure. Insolence. Impertinence. Affront. Camouflet. Outrage. Avanie. / *Offense à Dieu.* Péché. / *Ressentir une offense.* Blessure. Coup. / *Rendre une offense.* Se venger.

OFFENSER. Blesser. Froisser. Outrager. Vexer. Piquer au vif. Manquer de respect. Atteindre dans sa dignité. Faire de la peine. / *Offenser Dieu.* Pécher.

OFFENSANT. Blessant. Insultant. Outrageant. Injurieux. Impertinent.

OFFENSEUR. Insulteur.

officier

(du lat. médiéval *officiarius,* chargé d'une fonction [*officium*])

Titre et fonction d'un militaire qui a reçu mission et responsabilité de commandement dans les forces armées. *Catégories.* Officiers généraux. / Officiers supérieurs, subalternes. / Officiers d'active, de réserve. / Officiers d'état-major. Officiers de troupe. / Fonctionnaires militaires. / Ingénieurs militaires. / Contrôleurs des armées. / Cadres.

Dignité. Maréchal de France. / Amiral de France (vx).

Grades. *Armée de terre.* Général d'armée. Général de corps d'armée. Général de division. Général de brigade. Ingénieur général. Ingénieur militaire en chef. Ingénieur principal. Colonel. Lieutenant-colonel. Commandant. Chef de bataillon. Chef d'escadron. Capitaine. Lieutenant. Sous-lieutenant.
Marine. Amiral. Vice-amiral d'escadre. Vice-amiral. Contre-amiral. Capitaine de vaisseau. Capitaine de frégate. Capitaine de corvette. Lieutenant de vaisseau. Enseigne de vaisseau. Aspirant. Commissaire. Commissaire principal. Commissaire en chef. Commissaire général.
Armée de l'air. Général d'armée aérienne. Général de corps aérien. Général de division aérienne. Général de brigade aérienne. Colonel. Lieutenant-colonel.

Commandant. Capitaine. Lieutenant. Sous-lieutenant. Commissaire général. *Armement.* Ingénieur général. Ingénieur en chef. Ingénieur principal.

Emplois. *Etat-major.* Major général. Chef d'état-major. Sous-chef d'état-major. Chef de cabinet. Chef de bureau. Sous-chef de bureau. Chef de section. Sous-chef de section. Inspecteur. Commandant de région. Commandant de région aérienne. Commandant d'arrondissement maritime. Commandant de division militaire.
Terre. Commandant d'armée, de corps d'armée, de division, de brigade, de régiment. Chef de corps. Commandant de bataillon, de compagnie, d'escadron. Chef de peloton. Chef de section. Major de garnison. Commandant d'armes.
Air. Commandant de base. Commandant d'escadre. Commandant d'escadrille. Chef de patrouille.
Marine. Préfet maritime. Commandant d'escadre, de bâtiment. Commandant d'arrondissement. Second. Commandant de la marine. Capitaine de pavillon. Capitaine d'armes.

Positions. Activité de service. Non-activité. Disponibilité. Réforme. Retraite. Demi-solde. Honorariat. Congé. Dégagement des cadres.

offrir

(du lat. pop. *offerire ;* lat. class. *offerre, oblatum*)

Donner pour être agréable. *Offrir un cadeau. Offrir des fleurs, des bijoux.* Présenter. Envoyer. Adresser. / Envoi. Cadeau. Présent. Surprise. / *Offrir une œuvre littéraire, artistique.* Faire hommage de. Dédier. Dédicacer. / Dédicace. / Dédicatoire. / *Offrir à boire.* Payer. Régaler. / Tournée. / *S'offrir un voyage.* Se payer. / *S'offrir un bon repas.* S'envoyer (fam.). Se taper (fam.).

OFFRANDE. Don. Cadeau. Hommage.

Mettre à la disposition de quelqu'un. *Offrir sa vie.* Sacrifier. Vouer. Consacrer. / *Offrir des victimes aux dieux.* Immoler. Sacrifier. / *Offrir de l'argent. Offrir son aide. Offrir de* (et l'inf.). Proposer. / *Offrir ses hommages, ses meilleurs vœux.* Présenter. / *Offrir des avantages* (en parlant d'une situation). Présenter. Procurer. / *Offrir des denrées.* Proposer. Etaler. Montrer. Mettre en vente.

OFFRE. *Une offre d'emploi, de service.* Proposition. / *Une offre de paix.* Ouverture. / Oblation (action d'offrir quelque chose à Dieu. / Oblativité (générosité véritable, qui consiste à donner sans rien attendre en retour).

S'offrir. *S'offrir comme guide.* Se proposer. / *S'offrir à Dieu.* Se consacrer. / *S'offrir* (en parlant d'une chose). Se présenter. Se rencontrer.

OFFRANT. Adjuger au plus offrant (à celui qui offre le plus haut prix).

Mettre devant les yeux de quelqu'un. *Offrir une personne en exemple. Offrir des paysages variés* (en parlant d'une région). Présenter. Exposer à la vue. Montrer.

S'offrir. *S'offrir en spectacle. S'offrir aux regards.* Se montrer. Se produire. S'exhiber.

oiseau

(du lat. pop. *aucellus,* de *avicellus,* diminutif de *avis,* oiseau ; en gr. *ornis, ornithos*)

Vertébré ovipare couvert de plumes, généralement capable de voler. *Elever un oiseau.* Volatile (vx). *Nature des oiseaux.* Insectivore. Granivore. Carnassier. Aquatique. Domestique. Migrateur. / *Oiseaux de basse-cour.* Volaille (v. ce mot). / Oiseaux de passage. / *Oiseaux de mer.* Oiseaux exclusivement marins: manchots, albatros, puffins, pétrels, pingouins, macareux, mergules, frégates, fous, etc. Oiseaux de rivage (qui reviennent à terre pour passer la nuit) : mouettes, goélands, sternes, cormorans, etc. / *Oiseaux de proie* (ou prédateurs). Rapaces (v. ce mot). / Avifaune (ensemble des oiseaux d'une région).

Anatomie des oiseaux. Corps généralement fusiforme. Os creux, pneumatisés. / *Squelette.* Tête. Crâne. Bec. Mandibule supérieure, mandibule inférieure. Joues. Crête. Cire (peau recouvrant le bec). / *Formes du bec.* Bec aplati, large. Bec pointu, fin, recourbé. Bec long et grêle. Bec court, crochu, gros et court, robuste. Bec conique, en ciseaux, en scie, etc. / *Œil.* Membrane clignotante, nictitante. Peigne. / Gorge. Vertèbres cervicales. Poignet de l'aile. Aile. Humérus. Radius. Cubitus. Métacarpe. / Epaule. Clavicule. Omoplate. Vertèbres dorsales. Côtes. Sternum. Bréchet. Fourchette. Bassin. Coccyx. Croupion. / Fémur. Tibia. Péroné. Métatarse. Pieds. Doigts. Griffes.
Appareil digestif. Cavité buccale. Œsophage. Jabot. Ventricule succenturié.

Gésier. Foie. Duodénum. Intestin grêle. Gros intestin. Cloaque (où convergent le rectum, les uretères et les conduits génitaux).
Appareil respiratoire. Narines (sur la partie supérieure du bec). Trachée. Bronches. Syrinx (organe de la voix situé à la jonction de la trachée et des bronches). Poumons. Sacs aériens (5 paires dans la cage thoracique et la cavité abdominale).
Plumage. Duvet. Plumes de contour (rémiges, rectrices et ensemble des plumes recouvrant le corps). Filoplumes (ressemblent à des poils). Vibrisses.

Vie et mœurs des oiseaux. ***Nids.*** Nids fabriqués de matières diverses : branches, brindilles, feuilles, lichens, lambeaux d'écorce, racines, terre, poils divers, plumes, mousse, etc. Nids creusés, aménagés, maçonnés, tissés, etc. Nids de rencontre (creux d'un arbre, d'un rocher, rebord d'un toit, etc.). Nidifier. Nidification. / Parade nuptiale. Pariade ou appariade (accouplement). S'apparier. / Nicher. Pondaison. Ponte. Œufs. Couver. Couvaison. Incubation (d'autant plus longue que l'oiseau est plus gros). Eclosion. Couvée. Nichée. Oisillon. Oiselet. / Nourrir un oiseau. Abecquer. Abecquée. / Becqueter. Picorer. Picoter.

Manifestations vocales des oiseaux. Cri des oiseaux. Pépiement. Gazouillement (v. CRI). / Oiseaux imitateurs : geai, pie-grièche, étourneau, pie, perroquet, ménate, etc. / Chant (suite de notes émises avec une cadence définie). Oiseaux chanteurs : rouge-gorge, pinson, merle, grive musicienne, rossignol, etc. Ornithomélographie (science du chant des oiseaux).

Migration. Déplacements déterminés par des besoins alimentaires, par des nécessités de reproduction. Oiseaux migrateurs : oiseaux insectivores, oiseaux aquatiques.

Oiseaux de volière. Serins. Perruches. Tourterelles. Colombes. Diamants. Moineau du Japon. Bec-d'argent. Coucoupé. Veuves. Tisserins. Ignicolores. Capmoor. Astrilds (cordon-bleu, bec-de-corail, etc.). Bengalis. Spermètes. Munies. Moineaux africains. Cardinaux. Chanteurs de Cuba. Papes. Leiotrix (rossignol du Japon). Merles métalliques. Sharmah indien. Oiseaux-mouches. Souimangas, etc. / *Nourriture.* Graines : millet, alpeste, navette, chènevis, gruau d'avoine, etc. Pâtée. / Herbes : mouron, plantain, séneçon, feuille de salade, etc. / Os de seiche. Poudre de coquilles d'œufs, d'huîtres, etc. / *Matériel.* Volière. Cage. Mangeoire. Auget. Perchoir. Juchoir. Nichoir. Nid.

Classification des oiseaux (environ 8 600 espèces). ***Sous-classe des odontornithes*** (oiseaux fossiles). *Saururés* (ordre). Exemple : archéoptérix. / *Ornithurés.* Exemples : ichtyornis, hesperornis.

Sous-classe des impennes. Famille unique : sphéniscidés (manchot).

Sous-classe des ratites. *Aptéryx* ou *aptérygiformes* (ordre). Famille unique : aptérygidés (kiwi). / *Coureurs* ou *struthioniformes* (ordre). Familles : rhéidés (autruche, nandou), casuaridés (casoar, émeu).

Sous-classe des carinates. GALLINACÉS (super-ordre). *Galliformes* (ordre). Familles : tétraonidés (lagopède, tétras, gélinotte), cracidés (hocco), phasianidés (coq, faisan, paon, perdrix, dindon), mégapodidés (mégapode), opisthocomidés (hoazin). / *Tinamiformes* (ordre). Familles : tinamidés (tinamou).

PALMIPÈDES (super-ordre). *Pygopodes* (ordre). Familles : colymbidés (grèbe, plongeon). / *Alciformes* (ordre). Familles : alcidés (pingouin, macareux, guillemot). / *Procellariiformes* (ordre). Familles : procellariidés (pétrel, puffin, albatros). / *Lariformes* (ordre). Familles : laridés (goéland, mouette, sterne), stercorariidés (stercoraire). / *Pélécaniformes* ou *stéganopodes* (ordre). Familles : pélécanidés (pélican), sulidés (fou), phalacrocoracidés (cormoran), frégatidés (frégate, phaéton). / *Ansériformes* (ordre). Familles : anséridés (oie, canard, cygne), phœnicoptéridés (flamant), anhimidés (kamichi).

ECHASSIERS (super-ordre). *Charadriiformes* (ordre). Familles : charadriidés (pluvier, échasse, avocette, chevalier, bécasse, courlis, hoploptère, vanneau). / *Ralliformes* ou *gruiformes* (ordre). Familles : psophiidés (agami), gruidés (grue), rallidés (poule d'eau, râle), otitidés (outarde, canepetière). / *Ardéiformes* (ordre). Familles : plataléidés (ibis, spatule), ciconidés (cigogne, jabiru, marabout), balænicipitidés (balæniceps ou bec-en-sabot, bec-en-cuiller), ardéidés (héron, butor, bihoreau), scopidés (aigrette).

COLOMBINS (super-ordre). Familles : columbidés (pigeon, tourterelle), raphidés (dronte), ptéroclididés (ganga). / RAPACES (v. ce mot).

GRIMPEURS (super-ordre). *Perroquets* (ordre). Familles : psittacidés (cacatoès, perruche). / *Coucous* (ordre). Familles : culidés (coucou), musophagidés (musophage). / *Piciformes* (ordre). Familles : picidés (pic, torcol, indicateur), ramphastidés (toucan).

PASSEREAUX (super-ordre). *Coraciadiformes* (ordre). Familles : bucérotidés (calao), coraciadidés (rollier), alcédinidés (martin-pêcheur), méropidés (guêpier), hupudidés (huppe), momotidés (momot). / *Oligomyodés* (ordre). Familles : eurylaimidés (eurylaime), tyrannidés (tyran). / *Mésomyodés* (ordre). Familles : trachéophones (fournier), haplophones (cotinga). / *Passériformes* (ordre). Familles : corvidés (corbeau, corneille, pie), paradiséidés (paradisier), oriolidés (loriot), sturnidés (étourneau, sansonnet), fringillidés (pinson, serin, chardonneret, bouvreuil, bec-croisé, bruant, verdier), plocéidés (moineau, républicain, tisserin), nectariidés (bengali), alaudidés (alouette), motacillidés (bergeronnette, pipit), paridés (mésange), régulidés (roitelet), lamiidés (pie-grièche), turdidés (grive, merle, rossignol, rouge-gorge), muscicapidés (gobe-mouches), ménuridés (ménure ou oiseau-lyre), timaliidés (troglodyte), sylviidés (fauvette, hirondelle), certhiidés (tichodrome, grimpereau). / *Micropodiformes* ou *caprimulgiformes* (ordre). Familles : apodidés (martinet, salangane), caprimulgidés (engoulevent), trochilidés (colibri ou oiseau-mouche).
Vol des oiseaux. Déployer les ailes. Prendre l'essor. Voltiger. Voleter. Voler. Voler à tire-d'aile. Volée (distance parcourue). Vol ramé ou battu (battements des ailes rapides et continus). Vol plané (sans battement). Vol bourdonnant (comme celui des insectes). Oiseau volant (au vol régulier).

Relatif aux oiseaux. Ornithologie (science qui étudie les oiseaux). Ornithologique. Ornithologue. Ornithologiste. Ornithophile. Ornithothrophie (élevage). Oiselier (personne qui élève et vend des oiseaux). Oisellerie. Oiseleur (personne qui prend des oiseaux à la chasse). / Bande. Compagnie. Volée. / Ornithose (maladie transmise par les oiseaux). Psittacose (par les perroquets).

Mythologie et histoire. Aigle (oiseau de Jupiter). Paon (oiseau de Junon). Chouette (oiseau de Minerve). Colombe (oiseau de Vénus). / *Oiseaux fabuleux.* Alcyon, Phénix. Coquecigrue. Rock. / Augure. Présage. Ornithomancie.

oisif

(du lat. *otiosus,* qui est sans occupation)

Qui n'a pas d'occupation. *Un individu oisif.* Inoccupé. Inactif. Désœuvré. *Mener une vie oisive.* Ne rien faire. N'avoir rien à faire. Ne faire œuvre de ses dix doigts. Rester les bras croisés. Se tourner les pouces. Tuer le temps. Flâner. Muser. Musarder. Bavarder. Bayer aux corneilles. / Badaud. Fainéant.

OISIVETÉ. Désœuvrement. Inaction. Inoccupation. Farniente. / *Personne qui vit dans l'oisiveté, aux dépens des autres.* Parasite. / Parasitisme. / Vivre oisivement. / *Goût pour l'oisiveté.* Paresse.

ombre

(du lat. *umbra ;* en gr. *skia*)

Zone non éclairée où la lumière est interceptée par un corps opaque. *L'ombre d'un arbre.* Ombrage. Couvert. / *Donner de l'ombre.* Ombrager.

OMBRAGÉ. *Un sentier ombragé.* Abrité (par un ombrage).

OMBREUX. Un arbre ombreux (littér., qui donne de l'ombre).

Situation obscure, cachée. *Rester dans l'ombre. Laisser quelqu'un dans l'ombre.* Retiré. A l'écart. Inconnu. / *Travailler dans l'ombre.* Discrètement. Dans le secret. En cachette. Sournoisement. / *Ce qui se trame dans l'ombre.* Menées secrètes. Intrigues. Manœuvres sournoises. / *Laisser une question dans l'ombre.* Mystère.

Zone sombre produite par le contour d'un corps qui intercepte la lumière. *Les ombres dans un tableau.* Zone obscure. / *Les ombres et les clairs.* Contraste. Clair-obscur. / Ombre portée (projetée sur une surface). / Scialytique (appareil d'éclairage qui supprime les ombres portées). / Ombres chinoises (projection sur un écran de silhouettes découpées). / Ombromanie (art de faire des ombres avec les mains). Ombromane.

OMBRER. Ombrer un dessin, un tableau (les marquer de traits ou de couleurs).

Absence de lumière, de clarté. *Ombre partielle.* Demi-jour. Pénombre. / *Les ombres de la nuit. Tâtonner dans l'ombre.* Obscurité. Ténèbres. Noir.

Apparence fragile et vaine. *L'ombre d'un doute.* Soupçon. Trace. / *Lâcher la proie pour l'ombre.* Chimère. Idée creuse. Imagination. Simulacre. Fantôme.

onde

(du lat. *unda*, eau courante)

Ébranlement d'un milieu, qui se propage avec un mouvement oscillatoire. Source, émetteur, générateur d'ondes. / Amplitude. Longueur d'onde. Fréquence. Cycle. Période. Hertz. / *Propagation des ondes.* Front d'onde. Surface d'onde. Interférences, diffraction, réflexion, polarisation des ondes. / Réception. Détection. / Spectre, gamme, bande de fréquences.

Sortes d'ondes. Ondes amorties, entretenues, stationnaires. Ondes longitudinales, transversales. Onde directe, indirecte, réfléchie.
Ondes électromagnétiques. Ondes lumineuses. Ondes électriques, radio-électriques ou hertziennes. / Ondes acoustiques ou sonores. Onde de choc. Onde explosive. / Ondes séismiques. Ondes de pression (météorologie), de tempête (océanographie), musculaires (physiologie). / Ondes gravitationnelles. Houle. Vagues.

Relatif aux ondes. Ondé. Ondoiement. Ondoyant. Ondoyer. Ondulant. Ondulation. Ondulatoire. Ondulé. Onduler. Onduleux. Sinusoïdal. Périodique. Ondemètre. / *Les ondes.* La radiodiffusion. / Etre sur la même longueur d'onde (se comprendre, en parlant de deux personnes).

ongle

(du lat. *ungula ;* en gr. *onux, onuchos*)

Lamelle cornée située au bout des doigts et des orteils. Racine de l'ongle. Matrice. Lit. / Stries. Lunule. Taches blanches. / *Rayer, gratter avec l'ongle.* Egratigner. Egratignure. Griffer. / *Habitude de se ronger les ongles.* Onychophagie.

Affections, altérations des ongles. Envies (petits filets de peau autour des ongles). Panaris (inflammation d'un doigt ou d'un orteil près de l'ongle). Ongle incarné ou onyxis. Onychose. Onychomycose. Onychogryphose.

Soins des ongles. Se tailler, se couper, se faire les ongles. Se polir les ongles. / Onglier. Ciseaux à ongles. Coupe-ongles. Brosse à ongles. Lime à ongles. Polissoir. / Rouge à ongles. Laque. Vernis. Dissolvant. / Manucure. Pédicure.

Ongles des animaux. Griffes (des carnassiers). Serres (des rapaces). Ergots. Eperon. / Ongles rétractiles, semi-rétractiles. Gaine. / Sabot (des mammifères). Onglon. Corne. / Ongulés (mammifères dont les pieds sont terminés par des productions cornées). Onguligrades. Onguiculé. / Onglé (terme d'héraldique).

Locutions. Jusqu'au bout des ongles (extrêmement). Payer rubis sur l'ongle (avec une parfaite exactitude). Faire rubis sur l'ongle (vider si bien son verre qu'il n'y reste qu'une seule goutte qui tiendrait sur l'ongle sans s'écouler). Avoir bec et ongles (avoir des moyens de défense et d'attaque).

opération

(du lat. *operatio*, œuvre)

Action d'un pouvoir, d'une fonction qui produit son effet. *Les opérations des sens.* Activité sensorielle. / *Les opérations de l'esprit.* Activité mentale, psychologique, spirituelle. / *L'opération de la grâce* (vocabulaire religieux). Effet. Influence. / L'opération du Saint-Esprit (action mystique de l'Esprit-Saint par laquelle la Vierge Marie fut rendue mère). / Par l'opération du Saint-Esprit (fam., par un moyen mystérieux, inexplicable).

OPÉRANT. *Remède opérant.* Efficace.

INOPÉRANT. Inefficace.

OPÉRER. Produire un effet. Agir.

Action ou ensemble d'actions accomplies en vue d'obtenir un résultat déterminé. *Une opération toute simple. Une opération compliquée.* Action. Travail. / *Une opération commerciale.* Affaire. Entreprise. Réalisation. / *Une opération financière.* Combinaison. Spéculation. Coup de Bourse. / *Une opération publicitaire.* Campagne. Offensive. / *Une mauvaise opération. Une opération avantageuse.* Transaction. Marché. / *Une opération chimique, pharmaceutique.* Manipulation. Traitement.

OPÉRER. *Opérer un changement, une transformation.* Réaliser. Exécuter. Pratiquer. Faire. Procéder à. / *Opérer avec méthode.* Agir. Procéder. S'y prendre. Entreprendre. / *S'opérer* (en parlant d'une chose). Se produire. Avoir lieu.

Action mécanique exercée avec la main et avec des instruments en vue de modifier une partie du corps, de rétablir les fonctions d'un organe, etc. *Une opération grave. Une opération bénigne. Surbir une opération.* Intervention. (V. CHIRURGIE.) / Salle d'opération. / *Table d'opération.* Billard (fam.).

OPÉRER. *Opérer quelqu'un d'un bras,*

d'une jambe. Amputer. / *Opérer à chaud, à froid*. Intervenir. Pratiquer (une opération).

OPÉRATOIRE. Bloc opératoire (ensemble des salles, du matériel nécessaire pour la pratique des interventions chirurgicales).

Ensemble de manœuvres, de mouvements exécutés par des forces militaires dans une région déterminée, contre un objectif précis. *Opération stratégique, tactique. Les opérations d'une armée*. Combat. Bataille. Engagement. Offensive. Expédition. Campagne. / Théâtre d'opérations (zone où se déroulent des combats). / *Opérations terrestres*. Mouvement. Encerclement. Siège. Assaut. Invasion. Occupation. / *Opérations maritimes*. Bataille navale. Abordage, etc. / *Opérations aériennes*. Mission aérienne. Reconnaissance. Raid. Bombardement. Protection. Couverture. / Opération de diversion (faite dans l'intention d'attirer l'ennemi loin du terrain où l'on veut l'attaquer).

OPÉRATIONNEL (relatif à une opération militaire). Réserve opérationnelle. Base opérationnelle.

Calcul effectué sur des quantités connues pour trouver une ou plusieurs quantités inconnues. *Effectuer une opération. Les quatre opérations arithmétiques*. Addition. Soustraction. Multiplication. Division. (V. CALCUL.)

opinion

(du lat. *opinio ;* en gr. *doxa*)

Manière de penser, de juger. *Emettre, exprimer une opinion*. Avis. Jugement. Pensée. Idée. Sentiment. Appréciation. / Etre d'avis. Estimer. Juger. Croire. Penser. Opiner (vx). / *Adopter une opinion*. Se ranger à. Se rallier à. Se déclarer pour. Se prononcer pour. Opter pour. / *Partager une opinion*. Point de vue. Façon de voir. Vues. Thèse. / *Se former une opinion*. Se documenter. S'informer. Eclairer sa lanterne. / *Avoir une opinion arrêtée, ferme*. Etre convaincu, persuadé. Tenir pour certain. / *Avoir bonne, mauvaise opinion de quelqu'un*. Estimer. Mésestimer. / *Inculquer une opinion*. Convaincre. Persuader. Bourrer le crâne. Mettre en condition. / Propagande. Propagandiste. / *Changer souvent d'opinion*. Etre changeant, versatile, inconstant, fluctuant, instable, girouette (fam.). Retourner sa veste (fam.). Changer son fusil d'épaule. / *Brusque changement d'opinion*. Revirement. Volte-face. / *Partager l'opinion de quelqu'un*. Abonder dans le sens de. / *Divergence, différence d'opinion*. Dissentiment. Dissension. / *Opinion contraire à l'opinion communément admise*. Paradoxe. Singularité. / Paradoxal. Singulier. / *Opinion arrêtée, toute faite, systématique, préconçue*. Parti pris. Préjugé. Prévention. / *Ne pas vouloir démordre d'une opinion*. S'obstiner. S'entêter. S'opiniâtrer (littér.). Soutenir mordicus. / *Opinion toute personnelle, subjective*. Sentiment. Impression.

État d'esprit général. Opinion publique (ensemble des idées, des jugements d'une société à l'égard des problèmes politiques, moraux, philosophiques, religieux, etc.). / Sondage d'opinion (v. SONDER). / Braver l'opinion (ne pas tenir compte des idées, des jugements, des usages, etc., de la majorité d'un groupe social). Se moquer du qu'en-dira-t-on. / *Manière d'agir conforme, contraire à l'opinion, aux usages*. Conformisme, anticonformisme. / Conformiste. Bien-pensant. Anticonformiste. (V. CONFORME.)

Manière de penser dans un domaine déterminé. *Opinions philosophiques*. Théorie. Système. Thèse. / *Opinions politiques. Afficher ses opinions*. Idéologie. Convictions. / *Opinions avancées*. Progressisme. / *Opinions subversives*. Révolutionnaire. / *Opinions orthodoxes, hérérodoxes*. Orthodoxie. Hétérodoxie. / *Changement d'opinion*. Désaveu. Rétractation. Palinodie. / Se dédire. Se rétracter. / *Opinions religieuses*. Croyances. Foi. Credo. / *Liberté d'opinion, de pensée*. Tolérance. Tolérant. / Intolérance. Intolérant. Oppression. Sectarisme. Sectaire. / *Propager, répandre une opinion*. Endoctriner. Endoctrinement. / Délit d'opinion (consiste à exprimer une opinion jugée contraire à l'ordre public, aux lois).

opportun

(du lat. *opportunus* [de *portus*], qui conduit au port)

Qui convient dans un cas déterminé. *Arriver au moment opportun*. Favorable. Propice. Convenable. Bon. Bien choisi. / *Faire quelque chose en temps opportun*. Utile. / *Paraître opportun de* (et l'inf.). Expédient. Indiqué. / *Circonstance opportune*. Occasion.

INOPPORTUN. *Un moment inopportun*. Intempestif. Fâcheux. Mal choisi. Hors de propos. Hors de saison.

OPPORTUNÉMENT. *Se produire opportu-*

nément. Au bon moment. A point nommé. A propos. A pic (fam.).

OPPORTUNITÉ. *L'opportunité d'une décision, d'une mesure*. A-propos. Convenance. Pertinence. Expédience.

INOPPORTUNITÉ. *L'inopportunité d'une demande*. Inexpédience.

INOPPORTUNÉMENT. A contretemps.

OPPORTUNISME. (attitude d'une personne, d'une collectivité qui règle sa conduite selon les circonstances). Attentisme.

OPPORTUNISTE. Attentiste.

opposé

(du lat. *oppositus*)

Se dit de choses situées face à face, dos à dos. *Les côtés opposés d'un carré*. Symétrique. / Etre placé en face. Faire pendant. Etre vis-à-vis. / *Côtés opposés d'une feuille de papier, d'un tissu*. Recto, verso. Endroit, envers. / Antipode. A l'opposite (vx).

Se dit de choses tout à fait différentes. *Direction opposée*. Contraire. Inverse. / *Ranger en sens opposé*. Tête-bêche. / *Des goûts, des caractères opposés*. Dissemblable. Divergent. Incompatible. Inconciliable. Discordant. / *Des principes opposés*. Antinomique. Contradictoire. / *Des termes opposés*. Antithétique. / *L'opposé*. Le contraire. L'inverse. Le jour et la nuit.

Se dit d'une personne qui s'oppose à quelque chose. *Opposé à un projet*. Défavorable. Ennemi. Hostile. Adversaire. / *Opposé à tout progrès*. Conservateur. Réactionnaire. Immobiliste. Rétrograde. (V. PROGRÈS.)

opposer

(du lat. *opponere, oppositum*, de *ob*, devant, et *ponere*, placer)

Placer en face. *Opposer des objets, des couleurs*. Mettre vis-à-vis. Mettre en opposition, en contraste, en correspondance, symétriquement.

OPPOSITION. Contraste. Disparate. Discordance. / *Etre en opposition*. Trancher. Contraster.

Faire entrer en lutte. *Opposer deux pays* (en parlant d'un conflit). Dresser contre. Armer contre. Diviser. Elever contre. Exciter contre. / *Opposer la force à la force*. Riposter. Répondre. Résister.

OPPOSITION. Antagonisme. Lutte. Désaccord. Dissension. Heurt. Dissentiment. Rivalité. Hostilité. Conflit.

S'opposer. *S'opposer à quelque chose*. Contrecarrer. Contrarier. Faire obstacle. Gêner. Empêcher. Entraver. Etre contre. Aller contre. S'élever contre. Se dresser contre. Réagir contre. Se refuser à. Heurter de front. Mettre des bâtons dans les roues. Susciter des difficultés. Aller à l'encontre (de). Faire de l'obstruction.

OPPOSITION. Obstacle. Empêchement. Obstruction. Veto. Résistance. Désobéissance. Rébellion. / Désapprobation. Refus. / Contretemps. Difficulté. Complication. Ennui. Anicroche (fam.). Accroc. Aria (fam.).

OPPOSANT. Antagoniste. Adversaire. / *Les opposants à une politique*. Opposition. / Obstructionniste. Obstructionnisme.

Donner comme raison. *Opposer un argument*. Objecter. Prétexter. Rétorquer. Répondre. Répliquer.

OPPOSITION. Objection. Contestation. Protestation. Récrimination.

Mots d'opposition. *Termes adversatifs*. Mais. En revanche. Par contre. Au contraire. Pourtant. Cependant. Toutefois. Néanmoins. Tout de même. Malgré. En dépit de. Bien que. Quoique.

opprimer

(du lat. *opprimere, oppressum*)

Accabler par une autorité excessive ou par la violence. *Opprimer un peuple. Opprimer les faibles, les pauvres*. Asservir. Assujettir. Tyranniser. Ecraser. Persécuter. / *Opprimer les consciences, la liberté*. Etouffer.

OPPRESSION. Contrainte. Dépendance. Asservissement. Assujettissement. Joug. Coercition. Mesure coercitive.

OPPRESSEUR. Tyran. Dominateur.

OPPRESSIF. *Régime oppressif*. Dictature. Absolutisme.

optique

(du gr. *optikê tekhnê*, art de la vision)

Science des lois de la lumière et des phénomènes de la vision. Optique physique, géométrique, électronique, cristalline. Optique non linéaire. Optique des radiations infrarouges, ultraviolettes, des ondes courtes. Catadioptrique. Catoptrique. Dioptrique. Optoélectronique (relations entre la lumière et l'électronique). Optométrie. Photométrie. Polarimétrie. Réfractométrie. Spectrométrie. Stéréoscopie.

Rayon lumineux. Faisceau, pinceau de lumière. Rayons ultraviolets, infrarouges. Rayons X. / Déviation, convergence, dispersion, divergence des rayons. / Propagation de la lumière. / Ombre. Pénombre. / Image. / Axe optique. Chemin ou longueur optique. Centre optique. Foyer.

Phénomènes optiques. Aberration. Anamorphose. Astigmatisme. Décomposition de la lumière. Diffraction. Diffusion. Illusion d'optique. Interférence. Irisation. Polarisation. Réfractivité. Réfringence. Transmission. Transparence. Réflexion. Réfraction, double réfraction. / Rayon incident. Rayon dévié, réfléchi, réfracté. Plan d'incidence. Indice de réfraction. Pouvoir réfringent.

Instruments d'optique. *Miroir.* Miroir plan, concave (grossissant), convexe (rapetissant), cylindrique, sphérique, parabolique. / Réflecteur. Rétroviseur. Catadioptre ou photophore. Miroir ardent. / Réfléchir, renvoyer l'image. / Glace. Etamage. Tain. / Miroitier. Miroiterie.
Prisme. Déviation et décomposition des rayons lumineux. Faces. Arête réfringente. / Prisme à réflexion totale. Prisme de Nicol. Biprisme. Chambre claire. Spectre lumineux (v. LUMIÈRE). Analyse spectrale. Raies d'émission (brillantes). Raies d'absorption (noires).
Lentille. Dioptre (face sphérique). Lentille convergente ou à bord mince. Lentille divergente ou à bord épais. Lentille biconvexe, plan-convexe, biconcave, plan-concave. Ménisque convergent, divergent. Lentille à échelons ou de Fresnel. / Distance focale. Vergence (inverse de la distance focale). Points conjugués. Foyer. Image réelle. Image virtuelle. / Aberration d'astigmatisme, chromatique, de sphéricité. Coma. / Verre crown. Verre flint. Système à base de lentilles. / Lunettes (v. ŒIL). / Objectif simple, composite, grand angulaire. Téléobjectif. Objectif achromatique, anastigmatique. Objectif anamorphoseur (pour cinéma sur grand écran). / Oculaire positif, négatif, de Galilée.
Lunette terrestre. Longue-vue. Lunette d'approche. Jumelles. Jumelles à prismes. Périscope de tranchée, de marine. / Lunette de Galilée. Lunette astronomique ou réfracteur. / Télescope ou réflecteur. / Loupe. Compte-fils. Microscope. / Grossissement. Pouvoir de séparation.
Photographie (v. ce mot). Caméra photographique, cinématographique. Viseur. / Lanterne magique. Projecteur. Visionneuse. / Holographie. Hologramme. Stéréoscope. / Anamorphoseur.
Optique électronique. Canon électronique. Lentille électronique. Faisceau d'électrons ou faisceau cathodique. Plaques, bobines de déflexion. Ecran fluorescent. / Caméra électronique. Oscillographe, oscilloscope électronique. Laser.
Autres techniques et instruments. Bonnette. Filtre. Micrographie. Photocolorimétrie. Photo-élasticimétrie. Photogrammétrie. Photogravure. Photométrie. Photomicrographie. Photomitrailleuse. Phototélégraphie. Phototopographie. Phototypie. Polarimètre. Réfractomètre. Signalisation optique. Télégraphe optique. Télémètre. Télémétrie.

Relatif à l'optique. Caustique. Champ d'un instrument. Lame mince. Lunetier ou lunettier. Lunetterie. Microscopique. Monture. Œil. Ophtalmologie. Opticien. Optiquement. Optimétriste. Photomécanique. Réfractif. Réfractionniste. Réfringent. Réseau Réticule. Vision. / Optique de précision. / Tailler, polir une lentille, un miroir. Aluminure, aluminage d'un miroir.

or

(du lat. *aurum;* en gr. *chrusos*)

Métal précieux, jaune, inaltérable à l'air et à l'eau, très malléable et très ductile. Or natif, vierge (à l'état naturel). Or fin, affiné ou de coupelle (exempt d'impuretés). Or d'essai (très fin, qui a été essayé).

Extraction de l'or. Minerais. Roches aurifères. Filons. Pépites. / Alluvions aurifères (placers). / *Traitement des minerais.* Concassage, broyage des minerais. / Concasseur. Broyeur. Tables de lavage (tables à secousses) pour traiter la pulpe. Amalgamation. / *Traitement des alluvions.* Monitor (grosse lance à eau pour l'abattage des sables aurifères). Drague flottante dans le lit des rivières. Criblage des gros graviers. Lavage. Sluices (rigoles en planches). Tables à secousses. Amalgamation. Récupération de l'or dans l'affinage des métaux provenant d'autres ruines métalliques. / *Traitement chimique.* Distillation. Chloruration. Cyanuration. Coupellation.
Affinage. Affinage électrolytique. Electrolyse du chlorure d'or. / Or pur (24 carats). Or fin (99,5 p. 100).

Alliages d'or. Aloi. Titre (en millièmes d'or). Carat (vingt-quatrième d'or fin dans l'alliage). / Marque. Poinçon. Essai. Coupelle. Touche. Pierre de touche. Touchau. / Or anglais (de couleur blanche) [or, argent, cuivre]. Or gris (or, argent, cuivre, nickel, etc.). Or rouge (or, cuivre). Or vert (or, argent). Doublé. Plaqué. Vermeil (argent doré). Chrysocale (bronze imitant l'or). Similor (laiton).

Or battu. Battage d'or. Batteur. Orbatteur. / Lame. Feuille. Bractéole. / Marbre (table à battre). Coussin (planche à couper). / Feuillets à vélin, de baudruche. Moule. Caucher. Livret. Flanc. / Piffre. Couchoir. Compas brisé.

Or filé. Fileur. Tireur d'or. / Dégrossage. Argue. / Filière. Or trait. / Fils d'or. Cerceau. Frisure. Cannetille. Frange d'or. Galon d'or. Chamarrure. Oripeau. / Brocart. Brocatelle. Orfroi. Lamé. / Parfiler. Parfilage. Parfileur.

Dorure. Dorer. Doreur. Dorure sur bois, sur cuir, sur métaux, etc. Aurifier. / Dorer à la feuille, au trempé, au mercure. Surdorer. / Charger une pièce. Donner le mat. Brunir. Brunissage. Brunissoir. / Vernis doré. / Mandrin. Gril. Matoir. Couchoir. Catissoir. Blaireau.

Relatif à l'or. Etalon-or. Encaisse-or. Louis (monnaie). Lingot. / Aurate. Aurure. Sels d'or. / Orfèvrerie. Orfèvre. Bijouterie.
Orpaillage. Chercheur d'or. Orpailleur. Eldorado. Pactole. Toison d'or. Veau d'or. Le roi Midas. / Pont d'or. Pluie d'or. / Grand œuvre. Transmutation des métaux. / Eau régale. / Chryséléphantine (statue).

orage
(de l'anc. franç. *ore,* du lat. *aura,* vent)

Perturbation atmosphérique violente et caractérisée par des éclairs, du tonnerre, des rafales de vent, de pluie ou de grêle. *Signes d'orage.* Chaleur lourde, accablante. Ciel couvert, noir. Nuages bas, noirs.

Manifestations de l'orage. Phénomènes électriques : éclair, tonnerre, foudre (v. ce mot). Phénomènes pluviométriques : averse, grêle, grêlons. / Mer démontée, en furie. Coup de chien. Coup de tabac. / Menacer, approcher, gronder, éclater; cesser, s'apaiser, se dissiper (en parlant d'un orage).

ORAGEUX. *Temps orageux.* Lourd. Accablant. Etouffant.

orange
(de l'ar. *narandj*)

Fruit de l'oranger d'un jaune tirant sur le rouge. *Variétés d'oranges.* Navels : Thomson. Washington. / Blondes non tardives : Salustiana. Hameline. / Blondes tardives : Vernia. Valentia late. Jaffa. / Demi-sanguines et sanguines : Double fine. Washington sanguine. Maltaise demi-sanguine. Sanguinelli. Moro, etc. / Orange amère ou bigarade.

Préparations. Chinois (petite orange confite). Confiture. Gelée. Marmelade. Orangeat. Orangine. / Orangeade. Sangria. / Eau de fleur d'oranger. / Liqueur d'orange. Curaçao. / Néroli. Essence de Portugal. Essence de néroli.

Relatif à l'orange. Quartier d'orange. Tranche. Zeste. / Fleur d'oranger. / Orangeraie. Orangerie. / Orangette (petite orange amère cueillie avant maturité et utilisée en confiserie). / Orangé.

ordinaire
(du lat. *ordinarius,* rangé par ordre)

Qui est conforme à l'ordre normal des choses, qui ne se distingue pas du reste. *En temps ordinaire.* Habituel. Normal. / *Un langage ordinaire.* Courant. Usuel. / *Procéder selon l'usage ordinaire.* Classique. Régulier. Général. Traditionnel.

ORDINAIREMENT. D'ordinaire. Habituellement. Normalement. D'habitude. / Couramment. Usuellement. Familièrement. Quotidiennement.

Se dit d'un être ou d'une chose qui n'a aucune valeur, aucune qualité particulière. *Un homme ordinaire.* Moyen. / *Des gens ordinaires* (de condition sociale modeste). / *Un article de qualité ordinaire.* Standard. De série. Courant. Ni bon ni mauvais. Passable. / *Un film très ordinaire.* Quelconque. Commun. Terne. Banal.

ordre
(du lat. *ordo, ordinis;* en gr. *taxis*)

Disposition des choses dans un ensemble. *Ordre alphabétique. Ordre chronologique.* Place. Rang. / *L'ordre des mots dans une phrase.* Succession. Suite. Enchaînement. / Syntaxe (partie de la grammaire qui étudie les règles de l'ordre des mots dans les phrases). / *Mettre des choses dans un certain ordre.* Disposer. Placer. Ranger. Agencer. Aligner. / Ordre du jour (ensemble des questions qu'une assemblée doit examiner lors d'une séance). / Etre à l'ordre du jour (au fig., être d'actualité).

ORDONNANCE. *L'ordonnance d'un repas.* Suite (des plats). Organisation. /

L'ordonnance d'un appartement. Distribution (des pièces).

ORDINAL. Adjectif ordinal (qui exprime l'ordre, le rang).

Disposition régulière, harmonieuse. *Mettre de l'ordre dans un local. Mettre un local en ordre.* Ranger. Disposer convenablement. Faire le ménage. / *Mettre de l'ordre dans ses papiers.* Classer. / Classement. Classeur, / *Mettre de l'ordre dans ses idées.* Clarifier. Débrouiller. Démêler. / Remettre de l'ordre dans une affaire, dans une administration (remettre en bon état de fonctionnement). / Mettre bon ordre à quelque chose (remédier à une situation défectueuse). / *Absence d'ordre.* Désordre (v. ce mot).

ORDONNER. *Ordonner les divisions d'un ouvrage.* Classer. Ranger (méthodiquement). Coordonner. Structurer. Organiser. Harmoniser.

Qualité d'une personne qui sait ranger, organiser. *Avoir de l'ordre.* Soin. Méthode. Organisation. Minutie. / Une personne d'ordre (ordonnée, ennemie de la négligence, du laisser-aller).

ORDONNÉ. Soigneux. Méthodique. Organisé. Minutieux. Méticuleux.

DÉSORDONNÉ. Sans-soin. Négligent.

Organisation politique, sociale. *Respecter l'ordre établi.* Institutions. Lois. Règlements. Conventions. / L'ordre public (ensemble des dispositions légales destinées à assurer le bon fonctionnement des services publics, la sécurité de tous). / *Forces de l'ordre, du maintien de l'ordre.* Armée. Police. / Service d'ordre (ensemble des personnes chargées d'assurer le déroulement normal d'une cérémonie, d'une manifestation). / Partisan de l'ordre (de la stabilité sociale).

Conformité à une règle établie. *Rentrer dans l'ordre* (en parlant d'une situation). Calme. Paix. / Redevenir normal. / Rappeler quelqu'un à l'ordre (à ce qu'il doit faire). / *Rappel à l'ordre.* Admonestation. Réprimande.

Manifestation de la volonté, de l'autorité d'une personne. *Donner un ordre. Exécuter un ordre.* Commandement. Prescription. Injonction. / *Ordre impératif.* Oukase. / *Obéir à un ordre.* Obtempérer. / Mot d'ordre (consigne, résolution valable pour les membres d'un parti, d'une association). / Etre aux ordres de quelqu'un (à sa disposition). / Etre sous les ordres de quelqu'un (être son inférieur, son subordonné). / Jusqu'à nouvel ordre (jusqu'à ce qu'une nouvelle disposition intervienne ; en l'état actuel des choses). / *Annulation d'un ordre donné.* Contrordre.

ORDONNER. *Ordonner quelque chose à quelqu'un.* Commander (v. ce mot).

Catégorie d'êtres ou de choses considérés du point de vue de la nature, de la valeur, de l'importance. *Un ouvrage de second ordre.* Quelconque. Banal. / *Un problème du même ordre, d'un tout autre ordre.* Genre. Espèce. Domaine. Nature. Sorte. / *De tout ordre.* Varié. Divers. / Ordre de grandeur (catégorie d'importance).

Association de personnes soumises à des règles morales, religieuses, professionnelles. *Ordres de chevalerie.* Hospitaliers de Saint-Jean. Templiers. Chevaliers du Saint-Sépulcre. Ordre de Malte. Ordre de Calatrava, de la Toison d'or. / *Ordres militaires.* Légion d'honneur. Médaille militaire. Croix de guerre. Ordre de la Libération. / *Ordres civils.* Ordres du Mérite. Ordre des Palmes académiques. Ordre des Arts et des Lettres.
Grades. Chevalier. Officier. Commandeur. Grand officier. Grand-croix. Grand maître. Grand cordon. Chancelier. / *Insignes.* Décoration. Ruban. Rosette. Médaille. Croix. Crachat (fam.). Collier. Cordon.
Ordres professionnels. L'ordre des médecins, des avocats, des architectes, des experts-comptables, etc. Conseil de l'ordre.
Ordres monastiques. V. RELIGION.

ordure

(de l'anc. franç. *ord,* sale ; du lat. *horridus*)

Choses de rebut (au pluriel). *Ordures ménagères.* Déchets organiques. Débris. Résidus. Détritus. Epluchures. Raclures. Immondices. Balayures. Poussière. Saleté. / Pelle à ordures. Boîte à ordures. Poubelle. Vide-ordures. / *Mettre quelque chose aux ordures.* Jeter. Se débarrasser de.

Enlèvement des ordures. Service de voirie. Nettoiement. Balayeur. Eboueur ou boueux (fam.). / Balayeuse municipale. Arroseuse. / Benne. Camion à ordures. / Décharge publique. Dépotoir. Incinération des ordures. / Egout. Egoutier. / Tout-à-l'égout. Fosse. Vidange. Vidangeur. Epandage. / Curer. Curage.

Matières excrémentielles. *Faire ses ordures* (en parlant d'un animal). Faire ses besoins. / Crotte. Matière fécale. / Urine. Pisse. Pissat.

Ce qui est répugnant moralement. *Se rouler dans l'ordure* (littér.). Débauche. Abjection. Stupre (littér.). Fange (littér.). / *Dire des ordures.* Grossièreté. Obscénité. Cochonnerie (pop.).

ORDURIER. Grossier. Obscène.

Personne ignoble. *Une ordure de la pire espèce* (fam.). Salaud (pop.). Salopard (pop.). Crapule (pop.). / Traînée. Roulure. / Un moins que rien.

oreille

(du lat. *auricula ;* en gr. *ous, otos*)

Organe de l'audition et de l'équilibration. Oreille droite. Oreille gauche. Avoir de grandes, de petites oreilles.

Anatomie de l'oreille. *Oreille externe.* Pavillon. Hélix. Anthélix. Tragus. Antitragus. Lobe. Conque. Conduit auditif externe. Cérumen. Cérumineux. / Glandes parotides.
Oreille moyenne. Apophyse mastoïde. Caisse du tympan. Membrane du tympan. Fenêtre ovale. Fenêtre ronde. Trompe d'Eustache. / Osselets. Marteau. Os lenticulaire. Enclume. Etrier.
Oreille interne. Labyrinthe postérieur. Canaux semi-circulaires. Utricule. Saccule. Labyrinthe antérieur. Limaçon. Périlymphe. Endolymphe. Otolithes. Aqueduc cochléaire. / Lame spirale. / Rampe vestibulaire. Rampe tympanique. Canal cochléaire. Organe de Corti. Arcade de Corti. Membrane basilaire.

Maladies, accidents de l'oreille. Eczéma. Bouchons de sécrétion. Bouchons de cérumen. Abcès. Furoncles. Déchirure du tympan. Otite. Mastoïdite. Hémorragie ou otorragie. Otosclérose. Vertige de Ménière. Oreillons. Surdité. Sourd. Otalgie (douleur de l'oreille). Bourdonnement. Tintement.
Médecin spécialiste. Oto-rhino-laryngologiste. Auriste. Otologie (partie de la médecine qui étudie l'oreille). / Otoscope (instrument pour examiner l'oreille). / Otoplastie.

Audition. Percevoir les sons. Entendre. Ouïr (vx). Ecouter. Avoir l'oreille fine, délicate. Ouïe (vx). / Avoir de l'oreille. / Avoir l'oreille dure. Etre dur d'oreille. Etre dur de la feuille (argot). / Casser, déchirer les oreilles. / Ecorcher les oreilles. Retentir, sonner, tinter aux oreilles. / Audiométrie (calcul de l'acuité auditive). Audiogramme (courbe de la sensibilité de l'oreille).

Relatif à l'oreille. Auriculaire (petit doigt de la main). Témoin auriculaire (qui a entendu de ses propres oreilles). / *Ecourter l'oreille d'un animal.* Essoriller (chien). Bretauder (cheval). / Cure-oreille. Perce-oreille. / Myosotis (oreille-de-souris).

Locutions. Avoir les oreilles rebattues de quelque chose (être fatigué de l'entendre). Baisser l'oreille ; avoir l'oreille basse (être penaud, découragé). Dormir sur les deux oreilles (en toute tranquillité). Dresser, tendre l'oreille (se montrer attentif). Chauvir des oreilles (les dresser, en parlant du cheval, du mulet, de l'âne). Entrer par une oreille et sortir par l'autre (ne faire aucune impression). Etre tout yeux, tout oreilles (être très attentif). Faire la sourde oreille, se boucher les oreilles (faire semblant de ne pas entendre). Laisser passer, voir, percer le bout de l'oreille (laisser deviner ce qu'on voulait cacher). N'écouter que d'une oreille (être distrait). Prêter l'oreille (écouter favorablement). Se faire tirer l'oreille (résister longtemps, ne céder qu'avec peine). Echauffer les oreilles (irriter, mettre en colère). Venir aux oreilles de quelqu'un (à sa connaissance).

orfèvrerie

(de *orfèvre ;* lat. pop. *aurifaber,* de *aurum,* or, et *faber,* artisan)

Art de fabriquer des ouvrages en métal précieux ou à base de métal précieux; ouvrage orfévré. Monteur en orfèvrerie. Magasin d'orfèvrerie.

Catégories d'orfèvreries. Grosserie (pièces de formes importantes). Menuiserie (petites pièces, boîtes, écussons, chaînettes, etc.). Orfèvrerie de métaux précieux (or, argent, platine). Orfèvrerie de métal plaqué ou argenté. Orfèvrerie d'étain. Orfèvrerie d'acier inoxydable. Orfèvrerie fantaisie (ensemble de petites pièces fabriquées en grande série).

Matériaux. *Matériaux de base.* Or. Argent. Platine. / *Alliages.* Or avec le cuivre, le zinc, le nickel, le cadmium, l'aluminium, etc. Argent avec le cuivre (laiton, maillechort). Platine avec le palladium, le radium, le ruthénium, l'osmium, l'iridium, l'or, le cuivre.

Fabrication. *Emboutissage.* Feuille de métal. Rétreinte (modelage au marteau). Recuite du métal. / *Assemblage.* Soudure (à l'aide d'un alliage de cuivre et d'argent) des différentes parties (boutons, becs, pieds, anses, moulures, etc.), Assemblage à froid (à l'aide d'écrous et de rivets ou de tiges filetées).

Fabrication en métal argenté. Procédé électrolytique d'argenture ou de dorure.

Ornementation. Repoussé. Gravure (décor linéaire). Ciselure (relief fait de brassages et de creux légers). / Email (fusion à la surface du métal de compositions faites de sable, de silice et d'oxydes métalliques). Emaux champlevés. Emaux cloisonnés. Emaux de basse taille. / Nielle (pâte de couleur noire faite de poudre d'argent fin, de cuivre rouge, de plomb et de soufre lié à du borax et à de l'ammoniaque). / Effets du repercé et du filigrane. Dorure.

Personnes qui pratiquent l'art de l'orfèvrerie. Orfèvre. Orfèvre joaillier. Graveur. Tourneur. Estampeur. Planeur. Polisseur. Argenteur. / *Autres spécialistes.* Ciseleur. Guillocheur. Reperceur. Brunisseur. Graveur. Héraldiste. Tabletier, etc.

Pièces orfévrées. Surtout. / Vaisselle. Vaisselle plate (d'une seule pièce et sans soudure). Plats. Plateaux. Couverts. Fourchettes. Cuillers. / Vase. Coupe. Gobelet. Timbale. Tasse. Bol. / Soupière. Cafetière. Chocolatière. Théière. Aiguière. / Sucrier. / Coffret. Boîte. Drageoir. Bonbonnière. Tabatière. / Lampadaire. Candélabre. Flambeau. Torchère. Girandole. Chandelier. Lustre. / Accessoires de mobilier. Statuettes. / Accessoires de toilette. Bijoux.
Objets religieux. Ostensoir. Calice. Ciboire. Crosse. Patène. Châsse. Reliquaire.

Ornements. Incrustations de gemmes. Damasquinage. Ogives. / Flèches. Colonnettes. Rosaces. Cintres. / Bosse. Demi-bosse. Filet. Marli (filet sur le bord intérieur d'une assiette ou d'un plat). Godron (œuf allongé). Guillochis. Applique. Nœud. Ove. Rocaille. Feston. Fleuron. Guirlande. Arabesque. Entrelacs, etc.

Travail. Monter une pièce. Monture. / Enformer. Donner une chaude. Emboutir. Emboutissage. Recuire. Recuite. Dérocher. Ebarber. / Ecrouir. Marteler. Gironner. Planer. Dresser. Relever. / Rétreindre. Plaquer. Amatir. Brunir. Polir. / Godronner. Guillocher. Bretteler. Bosseler. Repousser. Estamper.
Argenter. Argenture. Dorer. Dorure. Emailler. Damasquiner. Nieller. Niellure. / Graver. Ciseler. / Poinçonner.

Outillage. Balancier. Bigorne. Bigorne à chantepleure. Bouterolle. Brunissoir. Burin. Cisaille à levier brisé. Ciselet. Coussin. Dé. Ebarboir. Echope. Emboutissoir. Estampe. Laminoir. Méplat. Mandrin rond, carré. Marteau à emboutir, à rétreindre, à planer, etc. Matoir. Onglet. Planoir. Résingle. Rifloir. Saie. Tas à canneler. Triboulet. Banc à étirer.

Législation. *Titres légalement autorisés.* Premier titre 950/1 000 (950 parties d'argent pour 50 de cuivre). Deuxième titre 800/1 000 (800 parties d'argent pour 200 de cuivre). / Essai du titre à la coupelle, au touchau (à l'aide de l'eau régale). / Insculpation des poinçons. Poinçon de maître. Poinçon de jurande. Poinçon de charge, de décharge (sous l'Ancien Régime). / Poinçon du fabricant ou poinçon de maître. Poinçons de l'Etat (depuis la loi du 19 brumaire an VI [9 novembre 1797]). Poinçons dits *de garantie :* tête de Minerve depuis 1838 pour l'argent, tête de chien depuis 1912 pour le platine et tête d'aigle depuis 1919 pour l'or.

organe
(du lat. *organum*)

Partie d'un être vivant qui remplit une fonction déterminée. *Les organes des sens.* Vue. Oreille. Nez. Langue. Peau. / *Les organes de la circulation, de la digestion, de la respiration.* Appareil circulatoire, digestif, respiratoire. / *Les organes masculins, féminins de la génération. Organes* (*génitaux*). Sexe. Parties (sexuelles). / *Transplantation d'organes.* Greffe. / *Organe mâle, femelle des plantes à fleurs.* Etamine. Pistil.

ORGANIQUE. Maladie, lésion, trouble organique (d'un organe).

ORGANISME. *L'organisme humain.* Corps. / *Organisme unicellaire, microscopique.* Micro-organisme.

organiser
(de *organe*)

Établir selon une certaine disposition. *Organiser des éléments en un tout cohérent.* Disposer. Agencer. Arranger. Combiner. Ordonner. Composer. / *Organiser le travail.* Coordonner. Distribuer. Répartir. Aménager. Régler.

S'organiser. *S'organiser* (en parlant d'une personne). Prendre ses dispositions, en vue d'un résultat. Agir avec méthode.

ORGANISATION. Disposition. Agencement. Arrangement. Combinaison. / Coordination. Distribution. Répartition. Aménagement. / *Projet d'organisation.* Plan. Planning. Organigramme. / *Manque d'organisation.* Laisser-aller. Négligence. Incurie. / *Organisation politique, syndicale.* Parti. Syndicat. Groupement. Association. / *Organisation de tourisme, de voyage.*

Organisme. / *Organisation secrète de malfaiteurs.* Mafia (ou maffia).

ORGANISATEUR (qui est apte à organiser). Administrateur. Esprit méthodique.

DÉSORGANISER. Déranger. Troubler.

Établir les conditions voulues en vue de réaliser quelque chose. *Organiser une réception, un voyage.* Préparer. Mettre sur pied. / *Organiser une entrevue.* Ménager. Arranger. / *Organiser un concours.* Créer. Instituer. / *Organiser un complot.* Monter. Tramer. Machiner.

orgue
(du lat. *organum*)

Instrument de musique à vent et à claviers composé d'un nombre plus ou moins grand de tuyaux. Un grand orgue. De belles orgues. / *Jouer de l'orgue.* Toucher (vx). / Organiste. / Facteur d'orgue ou organier. / *Musique d'orgue.* Choral. Fugue. Passacaille. Toccata. Canzone. Partita. Prélude, etc.

Extérieur. Façade. Buffet (ouvrage de menuiserie renfermant le mécanisme et la tuyauterie). Grand buffet. Petit buffet ou buffet de positif. Tuyaux de montre. Plate-face (partie plane de la façade groupant plusieurs tuyaux de montre). Tourelle (groupe de tuyaux disposés en faisceaux).

Soufflerie et mécanisme. Sommier (grande caisse dans laquelle l'air est envoyé sous pression). Laye (boîte qui renferme les soupapes). Soufflet. Porte-vent. Abrégé (mécanisme qui transmet le mouvement des touches aux soupapes). Registre (pièce que l'on tire pour faire jouer chaque jeu). Console (meuble qui comporte les claviers manuels et un clavier de pédales). Clavier de positif, de grand orgue, d'écho, de récit, de solo. Tirasse; combinaison, accouplements.

Équipement sonore. *Tuyaux entrant dans la composition d'un jeu.* Tuyaux à bouche. Tuyaux à anches battantes, à anches libres. / *Parties d'un tuyau.* Pied. Corps. Embouchure. Lèvre. Biseau. Noyau. Languette.
Jeux à bouche. Jeux de fond. Jeux ouverts. Trente-deux pieds. Seize pieds. Huit pieds. Quatre pieds. Deux pieds. Prestant. / Jeux bouchés. Bourdon de trente-deux pieds ou gros bourdon. Bourdon de seize pieds, de huit pieds. / Jeux de mutation. Jeux simples. Gros nasard. Nasard. Grosse tierce. Tierce. Larigot. Septième. / Jeux composés : Fourniture. Cymbale. Cornet. Plein jeu.
Jeux à anches. Jeux à anches battantes. Bombarde. Trompette. Clairon. Cromorne. Hautbois. Basson. Clarinette. Chalumeau. Voix humaine. / Jeux à anches libres. Cor anglais. Euphone.

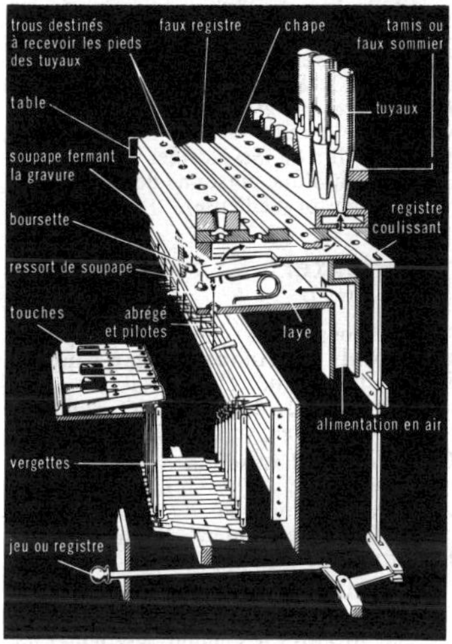

Autres orgues. *Orgue électrique.* Circuits électriques. Amplificateurs. Haut-parleurs. / *Orgue électronique.* Oscillateurs à lampes.
Orgue de Barbarie (altération de Barberi, nom d'un fabricant de Modène). Cylindre muni de pointes de cuivre. Soufflets (deux). Manivelle.

orgueil
(du francique **urgoli,* fierté; en lat. *superbia*)

Sentiment de supériorité. *Avoir de l'orgueil.* Contentement de soi. Suffisance. Présomption. Superbe (littér.). Outrecuidance. Immodestie. Prétention. Ambition. Mégalomanie. / Orgueil nobiliaire. Orgueil littéraire. Fierté. Vanité. Vaine gloire (littér.). Dédain. Gloriole. Fatuité. Infatuation. Impudence. / Etre pétri, enflé, bouffi d'orgueil. Etre pénétré de son importance. Ne douter de rien.

ORGUEILLEUX. Content, satisfait de soi. Suffisant. Présomptueux. Outrecuidant. Plein de soi-même. Impudent. Prétentieux. / Fier. Vaniteux. Fat. Infatué de soi-même, de sa personne. Vantard. Crâneur (fam.). Bêcheur (fam.).

Attitude orgueilleuse. *Regarder avec orgueil.* Regarder de haut. Toiser. Prendre de grands airs, des airs de grand seigneur, des airs de majordome. Prendre un air avantageux, un air conquérant. / *Se montrer avec orgueil.* S'afficher. Se pavaner. Se rengorger. Parader. Plastronner. Faire le faraud. Pontifier. Trôner. / *Parler avec orgueil.* Fanfaronner. Se vanter. Se targuer de. Se faire fort de. S'enorgueillir de. Se glorifier de. / Puant (fam., se dit d'une personne détestable par son attitude orgueilleuse).

orienter
(de *orient*)

Disposer une chose par rapport aux points cardinaux ou par rapport à une direction. *Orienter une maison au sud, à l'ouest.* Exposer. / *Orienter un appareil.* Tourner vers. Diriger.

ORIENTATION. Exposition. Situation. Position. Direction. / *Réaction d'orientation des plantes.* Tropisme. / *Orientation des plantes vers la lumière.* Phototropisme. Héliotropisme. / Orientable.

Montrer à quelqu'un la direction à suivre. *Orienter un voyageur égaré.* Guider. Montrer le chemin. / *Orienter un élève.* Aiguiller. Conseiller. / *Orienter des recherches.* Diriger. / Orienté (qui a une certaine tendance doctrinale, idéologique). Engagé. Tendancieux.

S'orienter. *Savoir s'orienter.* Déterminer sa position. Reconnaître son chemin. Se reconnaître. Se retrouver. Se repérer. / *S'orienter vers des recherches, des études.* Se tourner vers. Se porter vers.

ORIENTATION. *Instruments d'orientation.* Boussole. Carte. Compas. Table d'orientation. / Orientation pédagogique, professionnelle. Test. Tester. / *L'orientation d'une politique, d'un parti.* Tendance. Ligne. / *Modifier l'orientation, la direction de.* Infléchir.

ORIENTEUR. Conseiller d'orientation.

original
(du lat. *originalis*)

Qui est le modèle premier. *Document original.* Authentique. / *L'original d'un acte notarié.* Minute.

Qui ne ressemble à rien ni à personne d'autre, qui a sa marque propre. *Un procédé original.* Nouveau. Inédit. / *Idée originale. Projet original.* Personnel. Novateur. Hardi. / *Un artiste original.* Inventif. Créateur. Génial. Créatif.

ORIGINALITÉ. *L'originalité d'un auteur.* Personnalité. Créativité. Génie. / *L'originalité d'une œuvre.* Nouveauté. Hardiesse. Cachet.

Qui se fait remarquer. *Un homme original.* Bizarre. Singulier. Curieux. Etrange. Fantasque. Drôle. Cocasse. Excentrique. Farfelu. / Un numéro. Un phénomène. Olibrius.

ORIGINALITÉ. Bizarrerie. Singularité. Etrangeté. Excentricité.

origine
(du lat. *origo, originis*)

Conditions de la naissance. *Etre d'origine modeste, d'origine noble.* Famille. Milieu. Extraction (littér.). Naissance. Ascendance. Souche. Lignée. Filiation. / Arbre généalogique. / *Lieu d'origine d'une famille.* Berceau.

ORIGINAIRE. *Originaire de tel endroit.* Natif de. Né à.

Point de départ. *L'origine du monde.* Commencement. / *Le lieu d'origine d'une lettre.* Provenance. / *Déceler l'origine d'un mal.* Source. Racine. Germe. / *L'origine d'un mot.* Etymologie. Etymon. / *Les origines d'une révolution.* Naissance. Début. Commencement. Formation. Genèse. / *L'origine d'un conflit.* Cause. Motif. Mobile. Prétexte. / Etincelle. Déclenchement. / *Etre à l'origine de.* Causer. Provoquer. Produire. Favoriser. Susciter. Déclencher. Créer. Engendrer. / Motiver. Donner lieu à. Donner matière à. Etre prétexte à.

ORIGINEL. *Le sens originel d'un mot.* Initial. Premier. / *L'état originel de l'homme.* Primitif.

orner
(du lat. *ornare*)

Mettre en valeur par des éléments décoratifs. *Orner un jardin* (en parlant de fleurs, etc.). Embellir. Agrémenter. Parer. Egayer. / *Orner sa signature d'une boucle.* Enjoliver. / *Orner un livre de dessins, d'enluminures.* Illustrer. Enluminer. Historier. / *Orner un mur de peintures, de tapisseries.* Peindre. Tapisser. / *Orner une pièce d'orfèvrerie.* Ciseler. Guillocher. Incruster. Nieller. / *Orner un vêtement de broderies, de galons, de soutache.* Broder. Galonner. Garnir. Brocher (du tissu). / Repousser (du cuir). / *Orner* *son style de métaphores.* Rehausser. Relever. Colorer. Enrichir. Emailler. Parsemer.

ORNEMENT. *Ce qui sert à l'ornement d'un édifice.* Décoration. Décor. / *Ornement d'une toilette.* Broderie. Dentelle. Galon. Garniture. Frange. Nœud. Volant. Ruban. Pompon. / *Se parer d'ornements.* Atours. Bijoux. / *Ornements de coiffure, de tête.* Diadème. Aigrette. Plume. Pompon. / *Ornements voyants.* Clinquant. Colifichet. Chamarrure. Faux brillant. Falbalas. Fanfreluches.

ORNEMENTAL. *Plante ornementale. Motif ornemental.* Décoratif.

ORNEMENTATION. *L'ornementation d'un édifice.* Décoration.

ORNEMANISTE (dessinateur de motifs décoratifs en plâtre, en stuc).

os

(du lat. *os, ossis ;* en gr. *osteon, ostoun*)

Chacune des parties dures et solides qui forment la charpente du corps. *Les os de la tête, du tronc, des membres.* Squelette. Ossature. / *Qui n'a que les os et la peau.* Maigre. Maigreur. / *Qui a des os saillants.* Osseux. / *Qui a de gros os.* Ossu.

Forme des os. ***Types d'os.*** *Os longs.* Corps de l'os ou diaphyse. Extrémités ou épiphyses. Surfaces articulaires. / *Os larges ou plats.* Face concave. Face externe. Os du crâne, du thorax. / *Os courts.* Os de la main, du pied. Vertèbres. / *Eminence à la surface d'un os.* Apophyse. Saillie. Protubérance. Tubérosité./ Cartilage. Articulation. Jointure. / Ligaments. Tendons.

Composition des os. *Matière organique.* Osséine. Elastine. / *Substances minérales.* Phosphate. Carbonate de chaux. Chlorure de calcium. Fluorure de calcium.

Structure des os. Tissu compact. Moelle. / Tissu spongieux. Ostéoblaste (cellule osseuse). / Périoste (membrane qui recouvre les os).

Ensemble des os. Squelette (198 os). / Crâne (8). Face (14). Colonne vertébrale (24). Os hyoïde (1). Côtes et sternum (25). Sacrum et coccyx (2). Membres supérieurs (64). Membres inférieurs (60). / Os de la tête, du bras, de la jambe. (V. ces mots.)

Maladies et accidents. Ostéopathie (maladie des os). Ostéite (inflammation des os). Ostéomyélite (inflammation de la moelle des os). Ostéomalacie (décalcification d'origine minérale.) Ostéolyse (destruction progressive du tissu osseux). Nécrose (mort du tissu osseux). Gangrène. / Rachitisme. Exostose (tumeur osseuse). Périostite. Carie.

Accidents. Luxation. Entorse. Dislocation. Déboîtement. Fêlure. Fracture. / Esquille (petit fragment qui se détache d'un os fracturé ou carié).

Chirurgien. Rebouteur ou rebouteux (personne qui remet, par des moyens empiriques, les entorses, fractures, etc.).

Mots en « ostéo- » (v. plus haut). Ostéogenèse. Ostéoplastie. Ostéosynthèse. Ostéotomie. Ostéoporose.

Relatif aux os. Ossification (formation du tissu osseux). Ossifier. / Désosser. / Ossements. Ossuaire.

oublier

(du lat. pop. *oblitare*)

Ne plus se souvenir de quelque chose. *Oublier un mot, un nom.* Perdre le souvenir, la mémoire de. Ne plus avoir en tête. Ne plus savoir. Ne plus retrouver. / *Oublier une langue.* Désapprendre. / *Oublier une consigne.* Manger (fam.). / *Oublier de* (et l'inf.). Ne pas penser à. Omettre de. Négliger de. / ***Oublier ses*** *soucis.* Cesser de penser à.

OUBLI. Perte de mémoire. Trou de mémoire. Défaillance, défaut de mémoire. Absence. Lacune. / Tomber, sombrer dans l'oubli. / Souvenirs qui se brouillent, s'estompent, s'effacent. Mémoire qui se rouille. Amnésie.

INOUBLIABLE. Mémorable.

Ne pas avoir soin de quelqu'un, de quelque chose. *Oublier ses amis.* Délaisser. Négliger. Se désintéresser de. Se détacher de. Abandonner. Lâcher (fam.). Plaquer (fam.). Laisser tomber, laisser choir (fam.). / *Oublier un objet quelque part.* Laisser par inadvertance. Négliger de prendre.

OUBLI. *Commettre un oubli.* Omission. Négligence. Etourderie. Distraction. Inadvertance.

OUBLIEUX. *Oublieux de ses devoirs.* Négligent.

Ne plus tenir compte de quelque chose. *Oublier une offense.* Pardonner. Passer l'éponge. Excuser. / *Oublier un différend.* Enterrer. / *Oublier un bienfait reçu.* Etre ingrat. / *Oublier ses promesses.* Négliger. Manquer à. Renier. / *Oublier le règlement.* Ne pas observer. Enfreindre. / Inobservation. Infraction.

OUBLI. *Oubli des offenses.* Pardon. / *Oubli des bienfaits.* Ingratitude. Méconnaissance.

OUBLIEUX. *Oublieux d'un service rendu, d'un bienfait.* Ingrat.

ours

(du lat. *ursus*)

Mammifère carnivore, plantigrade, au corps lourd et massif, à museau pointu, à queue courte, à fourrure épaisse. *Divers genres d'ours.* Ours brun des Pyrénées et des Balkans. Ours gris d'Amérique, ou grizzly. Ours noir d'Amérique. Ours blanc (polaire). Ours des cocotiers (de Ceylan). / Ourse (femelle). Ourson (petit). Ursidés (famille). / *Animaux voisins de l'ours.* Prochile lippu (mammifère de l'Inde). Panda (mammifère de Chine).

Homme qui fuit la société. *Se conduire comme un ours.* Misanthrope. Sauvage. Rustre. Insociable. / Ours mal léché (individu mal élevé, grossier, d'aspect rébarbatif).

Locutions. Vendre la peau de l'ours (disposer d'une chose avant de la posséder). Pavé de l'ours (initiative bien intentionnée, mais qui produit un effet désastreux).

outil

(bas lat. *usitilium,* de *utensilia,* ustensiles)

Objet fabriqué servant à exécuter des travaux manuels. Instrument. / Machine-outil. Outil à fût (emmanché).

Outils de coupe (outils tranchants). Bédane à bois (avec manche), à métaux (sans manche). Burin. Cisaille. Ciseau à froid. Filière à fileter ; peigne de la filière. Marteau pneumatique. Œuvres blanches (gros outils tranchants de taillanderie). Percerette. Poinçon.
Burinage. Buriner. Ciselage. Ciseler. Couper. Découpage. Découper. Dégrossissage. Dégrossir. Entaille. Entailler. Filetage. Fileter. Mortaisage. Perçage. Poinçonnage. Poiçonner. Raboter. Saignée. Taraudage. Tarauder. Tranchage. Tronçonnage.

Outils travaillant par abrasion. Meule. Abrasif. Carborundum. Corindon. Emeri. Grade (dureté de la meule). / Pierre à aiguiser. Meule à main, à pédale, mécanique. Polissoire.
Lime (à métaux). Dents ou entailles. Taille (sens des dents). Taille simple, croisée. Ecoine (arêtes courbes). Lime à une taille, à deux tailles. Lime plate, carrée, ou carreau. Pilier (plate, étroite), à chants ronds. / Lime ronde, ou queue-de-rat, demi-ronde. / Lime triangulaire, ou tiers-point. Barrette (triangulaire, large). / Feuille de sauge (biconvexe). / Lime d'Allemagne (dégrossit). Lime à fendre (très mince). Riflard. Rifloir. Râpe (lime à bois). Rugine (de chirurgien). / Alésoir ébaucheur, finisseur. / Ponceuse.
Adoucir. Affûter. Aiguiser. Ajuster. Aléser. Blanchir. Dresser. Ebarber. Limer. Meuler. Mordre. Polir. Râper. Ruginer. Tailler. User.

Outils servant à percer. Aiguille. Poinçon. Emporte-pièce. / Vrille. Chignole. Perceuse. Mèche. Mandrin. / Forer. Percer. Découper.

Outils pour déformer la matière. Etampe. Poinçon. Matrice. Filière d'étirage, d'extrusion, de filage, de tréfilage. Ebauchoir. Repoussoir. Sertissoir. Cintreuse.
Cintrer. Déformation plastique. Etamper. Etirer. Extruder. Façonnage. Filer. Former. Laminer. Profiler. Refouler. Repousser. Sertir.

Outils divers. Clef anglaise. Clef à béquille, à chaîne, à douille, à ergot, à molette, à pipe, à trous. Clef plate, universelle.
Pince articulée, coupante, à couper et à dénuder, à couper les tubes, à gaz, plate, multiprises, ronde, à serrer, universelle, de vitrier. Tenaille. Tournevis.
Equerre. Niveau. Règle. Trusquin. / Pied à coulisse. Micromètre. Jauge.
Voir, en outre, l'outillage des principaux métiers et des principales techniques : agriculture, bijou, céramique, etc.

Machines-outils (travaillent les matières mécaniquement). *Généralités.* Banc. Bâti. Table. Montant. Lunette. Console. Commande à pied. Levier d'avance, de vitesse. / Porte-outil. Broche. Mandrin. Angle de coupe. Détalonnage. Arête coupante. Vitesse de coupe. Avance. Course. Aléseuse (agrandit, calibre et polit les trous). / Aléseuse-fraiseuse. Barre d'alésage. / Alésage. Lamage. Chambrage. Filetage. Dressage. / Aléseur (ouvrier).

Fraiseuse (outil rotatif à nombreuses arêtes tranchantes). Fraiseuse horizontale, verticale, universelle. Fraise (outil). Tête porte-fraise. Diviseur. / Fraisage. Fraiseur (ouvrier).

Perceuse. Perceuse radiale, monobroche, multibroche (fait plusieurs trous à la fois). Foreuse (pour trous profonds). Chignole (perceuse portative). Broche (tête). Mandrin. Foret. Mèche. Plaque de perçage. / Perceur (ouvrier).

Presse (déforme le métal par compression). Presse mécanique, hydraulique. Presse à simple effet, à double effet. Presse à excentrique, à col de cygne. / Presse à découper, à emboutir, à estamper, à extruder, à filer, à forger, à matricer. Marteau-pilon. Laminoir. / Découpage. Emboutissage. Estampage. Extrusion. Filage. Forgeage. Laminage. Matriçage. Pressage. / Volant. Excentrique. Coulisseau. Poinçon. Matrice.

Raboteuse (usine des surfaces parallèles). Etau-limeur. Mortaiseuse. Porte-outil de traverse. Porte-outil de montant. Fronton. / Rabotage. Chariotage (surface horizontale). Dressage (surface verticale ou inclinée). Mortaisage (l'outil se déplace verticalement).

Tour (sert à façonner des pièces en leur imprimant un mouvement de rotation). Tour en l'air (pour pièces très grandes). Tour à décolleter (petites pièces à partir d'une barre de métal). Tour parallèle. Tour à reproduire. Tour revolver (à plusieurs outils). Tour vertical. / Poupée fixe, mobile. Mandrin à mors. Lunette. Tourelle. Chariot porte-outil. Contre-pointe. Traînard. Banc. / Chariotage. Filetage. Perçage. Taraudage. Tournage. / Tourneur (ouvrier).

Relatif aux outils. Attirail. Nécessaire. Outillage. Trousse. / Manche. Poignée. Douille. Tête. Talon. Tige. Fût. Fer. Soie ou queue. Embase. Collet. Lame. Chanfrein. Biseau. Taillant. Tranchant. Fil. / Aiguiser. Affûter. Emmancher. / Mors (des pinces, clefs, etc.). / Taillandier. Taillanderie. Outilleur. Fraiseur-outilleur. Affûteur. / Acier à outils. Acier rapide. / Usinage. Usiner. Travail des métaux, du bois. Formage (des plastiques). Travail à chaud. Travail à froid. / Bavure. Copeau. Limaille. / Quincaillerie d'outillage. Quincaillier.

ouvrier

(du lat. *operarius*, de *opera*, travail)

Personne qui exécute un travail manuel ou mécanique et qui reçoit un salaire. Ouvrier qualifié (qui possède une formation professionnelle). / Ouvrier sans qualification. Ouvrier spécialisé (qui exécute des travaux ne nécessitant pas la connaissance d'un métier). Manœuvre.
Ouvrier du bâtiment. Maçon. Plâtrier. Stucateur. Staffeur. Peintre. / *Ouvrier métallurgiste.* Ajusteur. Tourneur. Fondeur. Lamineur. Emboutisseur. / *Ouvrier du bois.* Bûcheron. Menuisier. Charpentier. / *Ouvrier du cuir.* Tanneur. / *Ouvrier, ouvrière en confection.* Tailleur. Couturière. / *Ouvrier du textile.* Tisserand. Fileur. Peigneur. Ourdisseur. Retordeur. / *Ouvrier agricole.* Journalier. Valet de ferme. Vacher. Berger. / *Ouvrier saisonnier.* Moissonneur. Aoûteron. Vendangeur.
Chef d'une équipe d'ouvriers. Contremaître. Chef d'atelier. Conducteur de travaux. Chef de chantier.

Organisation du travail. Emploi. Plein emploi. Travail à plein temps. / *Engager des ouvriers.* Embaucher. Embauche. / Heures supplémentaires. / Sous-emploi. Morte-saison. Travail à temps partiel. / Chômage. Chômeur. / *Renvoyer des ouvriers.* Débaucher. Mettre à pied. Licencier. / Lock-out (fermeture d'une usine, d'un atelier décidée par un patron). / Rendement. Productivité. Cadence. Stakhanovisme. Taylorisme. Tayloriser. Taylorisation. / Travail aux pièces, à l'heure, à la journée, à la semaine, au mois. / Horaire (ouvrier qui travaille à l'heure). Journalier. Mensuel. / Travail à façon. Façonnier. / Travail à la tâche. Tâcheron. / Main-d'œuvre. Personnel. / *Lieu de travail.* Usine. Atelier. Chantier. Manufacture.

Condition ouvrière. Classe ouvrière. Monde ouvrier. Monde du travail. Les travailleurs. Salariat. Salarié. Prolétariat. Prolétaire. / Syndicalisme. Centrale syndicale. Syndicat. Syndiqué. Section syndicale. Délégué ouvrier. Comité d'entreprise. / Luttes, conquêtes syndicales. / Conventions collectives. / Conseil des prud'hommes. / Législation du travail. Lois sociales. Promotion ouvrière. Œuvres sociales. / Ouvriérisme. Ouvriériste.

ouvrir

(du lat. pop. *operire ;* lat. class. *aperire*)

Ôter, déplacer ce qui ferme. *Ouvrir une boîte.* Lever, soulever, retirer le couvercle. / *Ouvrir un peu, à peine.* Entrouvrir. Entrebâiller. / *Ouvrir une bouteille.* Déboucher. Décapsuler. / *Ouvrir une caisse.* Déclouer. / *Ouvrir la vitre d'une voiture.* Baisser. / *Ouvrir l'esprit de quelqu'un.* Eveiller. Cultiver. Dégrossir. Raffiner. / *Ouvrir son cœur.* S'épancher. Se confier. S'abandonner. / *Ouvrir l'appétit.* Mettre en appétit. / Apéritif. / Ouvrir les yeux de (ou à) quelqu'un (lui faire connaître ou comprendre quelque chose).

S'ouvrir. *S'ouvrir à quelqu'un.* Découvrir ses pensées, ses sentiments. S'épancher. / *S'ouvrir à quelque chose.* Devenir accessible, sensible.

OUVERTURE. *Ouverture de cœur.* Franchise. Sincérité. Abandon. / *Ouverture d'esprit.* Accessibilité (à des notions, des idées, des sentiments). Aptitude à comprendre.

OUVERT. *Un esprit ouvert.* Vif. Eveillé. Pénétrant. Intelligent. Compréhensif. / *Un visage ouvert.* Franc. Confiant. Communicatif. / *Ouvert à quelqu'un, à quelque chose.* Accueillant. Accessible à. Sensible à. Réceptif. Disponible. Large. Libéral.

Faire une coupure, une incision. *Ouvrir un abcès.* Inciser. Débrider. Percer. / *Ouvrir le bras, la jambe* (en parlant d'une blessure). Entailler. Entamer. Labourer. Balafrer. / Incision. Entaille. Plaie. Balafre. / *Ouvrir un fruit en deux.* Couper. Fendre. Partager. / *Ouvrir l'encolure d'une robe.* Echancrer. / Echancrure. / *S'ouvrir le ventre.* Faire hara-kiri.

Écarter des parties rapprochées ou appliquées les unes sur les autres. *Ouvrir une porte.* Pousser. Tirer. Déverrouiller. Entrebâiller (ouvrir à peine). / *Ouvrir par effraction.* Forcer. Crocheter. Enfoncer. Défoncer. / *Ouvrir un journal. Ouvrir un livre.* Déplier. Etaler. / *Ouvrir une lettre.* Décacheter. / *Ouvrir sa veste, son manteau.* Déboutonner. Dégrafer. / *Ouvrir un paquet.* Déballer. Défaire. Déficeler. / *Ouvrir des huîtres.* Ecailler. / *Ouvrir un robinet.* Tourner. Faire fonctionner. / Ouvrir l'eau, le gaz, l'électricité (fam., en permettre l'écoulement, la distribution par la manœuvre d'un dispositif [robinet, interrupteur]). / *Ouvrir un poste de radio, de télévision.* Faire fonctionner. / *Ouvrir la bouche.* Bâiller. Béer (littér.). / Bouche bée. / *Ouvrir les yeux.* Ecarquiller (ouvrir largement). / *Ouvrir les bras.* Ecarter. Etendre. / *Ouvrir ses ailes.* Déployer. Etendre.

S'ouvrir. *S'ouvrir* (en parlant d'une fleur). S'épanouir. Eclore. / *S'ouvrir en éclatant.* Eclater. Crever. / Sésame ouvre-toi (formule magique qui fait obtenir quelque chose). / *S'ouvrir* ou *ouvrir* (en parlant d'une porte, d'un magasin). Etre ouvert. / *S'ouvrir* ou *ouvrir sur* (en parlant d'une porte, d'une fenêtre). Donner accès sur. Avoir la vue sur.

Ménager un trou, un passage. *Ouvrir une brèche. Ouvrir un puits.* Percer. Forer. / *Ouvrir une tranchée, un canal.* Creuser. / *S'ouvrir un chemin dans les broussailles.* Se tailler. Se frayer. / *Ouvrir une fenêtre, une porte dans un mur.* Pratiquer.

OUVERTURE. *Ouvertures d'une construction, d'un édifice.* Accès, Entrée. Sortie. Issue. Passage. / *Ouvertures d'un bâtiment, d'un mur.* Baie. Porte. Fenêtre. Guichet. Jour. Judas. Lucarne. Œil-de-bœuf. Regard. Soupirail. Trappe. Vasistas. / *Ouverture d'un organe.* Orifice. / *Ouverture entre des collines, des montagnes.* Trouée. Echappée. / *Faire une ouverture.* Percer. Trouer. / *Agrandir une ouverture.* Elargir. Evaser.

Faire commencer. *Ouvrir une séance.* Inaugurer. / *Ouvrir des négociations.* Entamer. Amorcer. / *Ouvrir un crédit.* Accorder. Octroyer. Attribuer. / *Ouvrir une enquête.* Mettre en train. Lancer. / *Ouvrir une école. Ouvrir une succursale.* Fonder. Créer. Etablir. Instituer. Implanter.

OUVERTURE. *Ouverture d'une séance, d'une session.* Début. Commencement. / *Faire des ouvertures de conciliation, de négociation, de paix.* Avances. Propositions. Offres.

oxygène

(du gr. *oxus,* acide, et *gennân,* engendrer)

Corps simple gazeux, de numéro atomique 8. Oxygène libre. Oxygène liquide. Ozone (oxygène triatomique). / Composé oxygéné. / Oxyde. Eau. Eau oxygénée. Peroxyde. / Oxhydryle ou hydroxyle. Anhydride. Oxacide ou oxyacide.
Obtention de l'oxygène. Air liquide. Distillation fractionnée. / Eau. Electrolyse. / Chlorate de potassium. Hypochlorite. Décomposition. / Oxylithe. Oxygénite. Persel. Perborate. Permanganate.

Relatif à l'oxygène. Combustion (combinaison de l'oxygène avec un combustible). Réduction (élimination de l'oxygène d'un corps). Oxydoréduction. / Oxydation. Oxydant. Oxydabilité. Oxydable. Inoxydable. Oxyder. / Oxygénation. Oxygénable. Oxygéné. Oxygéner. / Oxydase. Oxygénase. Hémoglobine. Oxygénothérapie. / Gaz oxhydrique (mélange d'oxygène et d'hydrogène). Chalumeau oxhydrique. Oxycoupage.

P

page
(du lat. *pagina*)

Chaque côté d'une feuille écrite ou imprimée. *Première, deuxième page d'un cahier, d'un journal, d'un livre.* Recto. Verso. / Marge. Colonne. Ligne. / Paragraphe. Alinéa. / Mettre en pages. Mise en pages. Metteur en pages. / Commencer en belle page (sur une page impaire).

PAGINER (numéroter les pages). Pagination.

Feuille d'un livre. *Arracher une page.* Feuillet. Folio. / Feuille intercalaire. Encart. Onglet. / *Tourner les pages.* Feuilleter. Compulser. / Folioter (numéroter les folios). Foliotage. / Interfolier. Encarter.

Locutions. Etre à la page (être au courant de l'actualité). Tourner la page (passer à autre chose, en oubliant le passé).

paille
(du lat. *palea*)

Tige des céréales dont on a enlevé le grain. *Paille de blé, de seigle.* Chaume. Glui (dialectal). / *Brin de paille.* Fétu. / Chaume, éteule (partie de la tige qui reste en terre après la moisson). / Botte de paille. / Meule. Meulon. Pailler (tas de paille). / Chaumer. Déchaumer. / Botteler. Presser la paille. Presse.

Usages. Bouchon de paille. Bouchonner. / Paillon. Pailler une bouteille, un jeune arbre. / Toit de chaume. Chaumière. Paillote. / Torchis. Bousillage. Bauge. Pisé. / Chapeau de paille. Tresser la paille. / Siège de paille. Pailler, rempailler des chaises. Rempailleur. / *Empailler un animal.* Naturaliser. Empaillage. Empailleur. / Litière. Fourrage.

Locutions. Etre sur la paille (être dans la misère). Y trouver une paille (fam., y trouver un notable désavantage). Tirer à la courte paille (manière de s'en remettre au sort). Feu de paille (enthousiasme de courte durée). Homme de paille (celui qui sert de prête-nom, qui assume la responsabilité d'une affaire).

paître
(du lat. *pascere*)

Se nourrir d'herbe, de végétaux. *Mener paître un troupeau.* Brouter. Pâturer. / *Animaux qui paissent.* Herbivores. / *Lieux où les bêtes paissent.* Pâture. Pâturage. Pâtis. Pacage. Herbage. Alpage. Pré. Prairie. Champ. / *Faire paître.* Pacager. Garder les bêtes.

paix
(du lat. *pax, pacis*)

Absence de conflits armés. *La paix mondiale. Temps de paix.* Détente internationale. / *Paix armée.* Guerre froide. / Colombe, rameau d'olivier (symboles de la paix).

PACIFIER. *Pacifier une région.* Réduire, mater les révoltés. Rétablir l'ordre, la paix. / Pacification. Pacificateur.

PACIFISTE. Partisan de la paix. Non-violent.

PACIFISME (doctrine, attitude des pacifistes).

PACIFIQUE. Coexistence pacifique (tolérance réciproque). / Personne pacifique (qui aime la paix).

Cessation des hostilités. *Conclure la paix.* Armistice. / Drapeau blanc. / Pourparlers de paix. Négociations. Conférence de la paix. Bons offices. Médiation. Arbitrage. / Emissaires. Plénipotentiaires. Commission d'armistice. / Traité de paix.

Absence de querelles. *Vivre en paix avec ses voisins.* Bonne entente. Bonne intelligence. Concorde. Accord. Relations de bon voisinage. / *Faire la paix.* Se réconcilier. Réconciliation. Poignée de main. Embrassade.

PAISIBLE (qui aime vivre en paix). Sociable. Accommodant. Facile.

Absence de trouble moral. *Avoir la conscience en paix. Paix de l'âme.* Calme. Repos. Tranquillité. Quiétude. Sérénité. Ataraxie. Nirvâna. / *Qui est en paix.* Calme. Tranquille. Serein. / *La paix du soir.* Silence. Douceur. Recueillement. / Fiche(r) la paix à quelqu'un (fam., le laisser tranquille).

APAISER. Calmer. Rassurer. Tranquilliser. Rasséréner.

APAISANT. Calmant. Lénifiant.

APAISEMENT. Retour au calme, à la paix.

palais

(du lat. *palatium*)

Vaste et somptueuse résidence d'un souverain, d'un chef d'Etat, d'un grand personnage. *Palais royal, princier, ducal.* Château. / *Palais épiscopal.* Evêché. / *Parties d'un palais.* Grille. Parc. Jardins. Fontaines. Bassins. / Cours. Cour d'honneur. / Appartements royaux, princiers. Salles. Galeries. Colonnades.

Vaste édifice public. Palais de justice. Palais des expositions. Palais des sports. Palais de la Découverte.

Palais célèbres. *A Paris.* Palais du Louvre. Palais du Luxembourg. Palais Bourbon. Palais des Tuileries. Palais de l'Elysée. Petit Palais. Grand Palais. / *En France.* Palais de Versailles. Palais des Papes (Avignon). / *A l'étranger.* Palais des Doges (Venise). Vatican. Quirinal (Rome). Kremlin (Moscou). Escorial (Espagne). Alhambra (Grenade). Alcazar (Séville). Buckingham Palace (Grande-Bretagne), etc.

pâle

(du lat. *pallidus;* en gr. *chlôros*)

Qui a le teint peu coloré. *Visage pâle.* Pâlot. Pâlichon (fam.). / *Très pâle.* Blafard. Blême. Blanc. Livide. Hâve. Exsangue. Anémique. Anémié. Chlorotique. Blanc comme un linge. / Figure de papier mâché. Petite mine. / Peau diaphane. / Languissant. Languide.

PÂLEUR. Blancheur du teint. Anémie. Chlorose. / Langueur.

PÂLIR. Blanchir. Blêmir. Changer de couleur. / S'anémier.

Qui est d'une couleur peu intense. *Un coloris pâle.* Clair. Tendre. Doux. Léger. / Rosé. Bleuté. / Jaune coquille d'œuf. Gris tourterelle. Bleu ciel. / Blanchâtre. Grisâtre. Bleuâtre. Verdâtre. Rougeâtre. Jaunâtre.

Qui a peu d'éclat. *Lumière pâle.* Faible. Indécis. Voilé. Tamisé.

Qui a peu de vigueur, d'originalité. *Style pâle.* Sans éclat. Sans relief. Terne. Fade. Banal. Plat.

panier

(du lat. *panarium,* corbeille à pain)

Objet, ordinairement en vannerie, servant à transporter des provisions, des marchandises, des animaux, etc. Panier d'osier, de jonc. Panière (à deux anses). Corbeille. Corbillon. Cabas. Couffin. Hotte (de vendangeur, etc.). Bourriche, cloyère (d'huîtres, etc.). Manne (grand panier d'osier). Mannette. Mannequin (petit panier d'horticulteur). Banne. Bannette. / Panerée (contenu d'un panier).

Parties du panier. Anse. Bordure (renfort supérieur). Torche (renfort de base). Clôture (garnissage intermédiaire).

Fabrication. Vannerie (v. ce mot).

Objet servant à d'autres usages. Panier à salade (pour égoutter la salade). / Panier à papier. Corbeille. Jeter au panier. / Paneton (en boulangerie). / Panier de robe (sorte d'armature).

Locutions. Le dessus du panier (fam., la meilleure partie). Le fond du panier (fam., le rebut). Panier percé (fam., personne trop dépensière). Panier de crabes (fam., ensemble de personnes qui cherchent à se nuire mutuellement). Faire sauter (ou danser) l'anse du panier (prélever indûment un bénéfice sur des achats faits pour quelqu'un).

pape

(du lat. ecclésiastique *papa,* père)

Chef suprême de l'Église catholique. Vicaire de Jésus-Christ. Souverain pontife. Evêque universel. Successeur de saint Pierre. Pasteur suprême. Serviteur des serviteurs de Dieu. Evêque de Rome. Patriarche d'Occident. / Saint-Père. Sa Sainteté. / *Autorité papale.* Infaillibilité. / *Insignes du pape.* Tiare. Mitre. Soutane blanche. Anneau du pêcheur. Trône. Chaise gestatoire (vx). Sedia gestatoria.

Constitution papale. *Dignité de pape.* Papauté. Pontificat. Saint-Siège. / Election par scrutin. / Conclave. Conclaviste. / Intronisation. Couronnement. Chaire, clefs de saint Pierre. / Conciles.

Concile œcuménique. Concile de Nicée, de Trente, de Latran, du Vatican, etc. Pères conciliaires. / Consistoire. Consistorial. / Congrégation pour la Doctrine de la foi. Congrégations des Rites, du Clergé, des Evêques, des Sacrements, des Eglises orientales, des Religieux et Instituts séculiers, de l'Evangélisation des peuples, de l'Enseignement catholique. / Rote. Chambre apostolique.
Eglise romaine. Apostolicité. / Pouvoir temporel. Etats de l'Eglise. Etat du Vatican. Cité du Vatican. Gendarmes pontificaux. Garde suisse. Garde noble. Cour romaine.

Dignitaires pontificaux. Curie romaine. Dicastère. Sacré Collège. Cardinaux. Princes de l'Eglise. Eminences. La pourpre cardinalice. / Cardinal secrétaire d'Etat. Cardinal camerlingue. Cardinal doyen. Cardinal de curie. Cardinal-prêtre. Cardinal-évêque. Cardinal-diacre. / Cardinalat.

Ambassadeurs du pape. Nonce. Légat. Vice-légat. / Camérier. Protonotaire apostolique. Prélat de Sa Sainteté.

Actes pontificaux. Bénédiction papale. Bénédiction *urbi et orbi*. / Bref. Bulle. Béatification. Canonisation. / Concordat. / Décision *ex cathedra*. Décrétale. Encyclique. Excommunication. Indulgences. Indult. Mandat. *Motu proprio*. / Préconisation d'évêque. Promotion de cardinaux. Rescrit.

Relatif au pape. Papable (fam.). / Papalin (soldat). Papisme. Papiste. Papolâtre. Antipape. Papesse. / Ultramontanisme. Gallicanisme. Schisme. / Sainte-Marie-Majeure. Basilique Majeure. Saint-Paul-hors-les-Murs. Saint-Pierre de Rome. Saint-Jean-de-Latran. Castel Gandolfo.

papier

(du lat. *papyrus ;* gr. *papuros,* roseau d'Egypte)

Feuille mince de fibres végétales enchevêtrées et pressées. *Matières premières.* Cellulose de bois, de paille, d'alfa, de bambou, de canne à sucre. Chiffons. Vieux papiers. / Charge (pour épaissir, opacifier, etc.). Kaolin. Talc. Sulfate de baryum. Colle. / Pâte à papier. Pâte écrue. Pâte blanchie.

Fabrication de la pâte à papier. *Pâte mécanique.* Bois de défibrage (rondins façonnés). Ecorçage. Défibrage. Défibreur. Fibres. Classage. Epaississage.
Pâte chimique. Procédés au bisulfite de calcium, de sodium, de magnésium ou d'ammonium, au sulfate, au sulfite neutre de sodium. Déchiquetage. Déchiqueteur ou désintégrateur. Triage. Lessivage. Délignification (élimination de la lignine). Epuration. Trieur de nœuds. Epurateur. Blanchiment. Pile blanchisseuse. Raffinage. Pile raffineuse.
Pâte d'alfa et de végétaux naturels. Hachage. Lessive. Imprégnation de lessive. Lessivage. Blanchiment. Raffinage.
Pâte de chiffons. Dépoussiérage. Lessivage. Pile défileuse. Défilage. Blanchiment. Epaississage. Raffinage.
Pâte de vieux papiers. Pulpeur. Epurateur (sablier, cyclone). Epaississage. Trituration (raffineur conique).

Fabrication du papier. Machine à papier. Cuvier mélangeur. Distributeur de pâte. Epurateur. Table de fabrication. / Egouttage de la pâte. Caisses aspirantes. Presse humide. Presses coucheuses. Rouleaux compresseurs. / Séchage. Sécherie. Cylindres sécheurs (chauffés). / Apprêt. Rouleaux apprêteurs. Mouilleuse. Enrouleuse. Bobine de papier. / Finissage. Calandrage ou satinage. Calandre. / Coupeuse. / Défauts du papier. Bourdonné. Chantonné. Fronce (pli).
Papier à la cuve, à la forme ou à la main. / Cuve. Forme. Vergeure (chacun des fils métalliques formant toile). Filigrane. Mise en forme. Egouttage. Feutre. Vergeur. Pressage. Séchage. Collage. Lissage. Ebarbage.

Sortes de papiers. *Papiers traités.* Papier apprêté, bouffant, calandré ou satiné ou surglacé. Papier collé, contrecollé ou laminé (deux feuilles collées). Papier couché, crêpé, cristal (translucide), entoilé (renforcé par une toile), frictionné (une face glacée), glacé, goudronné (contrecollé avec bitume ou brai), lissé (deux faces glacées), paraffiné (imprégné de paraffine), sulfurisé (papier-parchemin), vergé. Papier adhésif, collant, gommé. Papier d'Arménie.
Papier destiné à l'impression, au dessin, à l'écriture. Papier journal. Papier magazine. Papier bible (mince, éditions de luxe). Papier pour billets de banque ou papier de sûreté. Papier charbon (héliogravure). Papier de Chine. Papier Japon. Papier vélin. Papier couché. / Papier à dessin. Papier calque. Papier Ozalid (pour la reproduction de dessins à partir de calques). Papier Canson. Papier carbone. Papier duplicateur. Papier écolier. Cahier. Bloc-notes. Papier à lettres, à musique. Papier pelure. Papier quadrillé, réglé. Papier bulle. Bristol.
Papiers pour d'autres emplois. Papier

d'emballage. Papier kraft. Papier de boucherie. Papier sulfuré, cristal. / Papier d'amiante. Papier-câble (isolant électrique). Papier-émeri. Papier de verre. Papier-filtre. Papier joseph. Papier mâché (réduit en pâte pour être moulé). Papier photographique ou papier sensible. Papier réactif (décèle des substances chimiques). / Papier de tenture ou papier peint (floqué, gaufré, métallisé, lavable, verni, papier cuir, papier vitrail [vitrauphanie]). / Ouate de cellulose (destinée à des articles d'hygiène). Papier à cigarettes.
Formats et conditionnement. Feuille. Cahier. Main (25 feuilles). Rame (500 feuilles). Bobine.
Grand monde. Grand aigle. Grand colombier. Grand soleil. Grand jésus. Jésus ordinaire. Petit jésus. Raisin. Petit raisin. Cavalier. Double cloche. Carré. Coquille. Ecu. Couronne. Tellière (ou papier ministre). Pot ou écolier. Cloche de Paris.

Cartons. Carton d'amiante (isolant). Carton blanchi. Carton bristol. Carton compact (plusieurs feuilles collées et pressées). Carton couché (verni). Carton duplex (deux feuilles collées). Carton dur (pressé à chaud, pour constructions). Carton gris (de vieux papiers). Carton ondulé. / Cartonnette (carton léger). Carton-paille. Carton-pâte (mélange de pâte et de plastique). Carton-pierre. Cartonnage. Cartonnier. Cartonneux.

Écrit, document de quelque importance. *Ecrire un papier pour un journal* (fam.). Article. / *Classer, ranger des papiers.* Notes Documents. / *Vieux papiers.* Paperasses. / Paperasser. Paperassier. / Papiers d'identité ou simplement papiers (pièces authentiques attestant le nom, l'état civil, la profession d'une personne). / Paperasserie (multiplication d'écritures considérées comme inutiles). Paperassier. / Papiers de bord (pièces, documents d'un navire, d'un avion). / Papier timbré (papier portant la marque du sceau de l'Etat, l'indication du coût et qui est obligatoire pour certains actes judiciaires). / Papier libre (par opposition à *papier timbré*).

Relatif au papier. Papeterie (manufacture et magasin). Papetier (fabricant et vendeur). / Papelard (pop., feuille de papier). / Classeur. Chemise. / Papier-monnaie. Papier d'affaires. Papier commercial. Papier bancable. / Avant le papier : tablette, papyrus, parchemin.

Locutions diverses. Mettre, jeter sur le papier (écrire). Rayez cela de vos papiers (ne comptez pas là-dessus). Figure, mine de papier mâché (visage pâle). Sur le papier (théoriquement, en projet). Etre dans les petits papiers de quelqu'un (être bien vu, estimé de lui).

papillon

(du lat. *papilio, -onis*)

Insecte à quatre ailes recouvertes d'écailles. Papillon diurne, ou de jour. Papillon nocturne, ou de nuit. / Lépidoptères (ordre). Noctuéliens (division des papillons nocturnes). Rhopalocères (groupe de papillons à antennes en massue, généralement diurnes).

Hétéroneures (sous-ordre). *Arctiidés* (famille). Ecaille. / *Attacidés.* Attacus. Bombyx de l'ailante. / *Géométridés.* Phalènes. Géomètre ou naïade. / *Lasiocampidés* ou *bombycidés.* Lasiocampe. Bombyx du mûrier, du prunier, du chêne, etc. / *Liparidés.* Liparis. Bombyx étoilé. Bombyx disparate. / *Lycénidés.* Lycènes. Adonis. Coryndon. / *Morphidés.* Morpho. / *Noctuidés.* Erèbe. Lichenée bleue. Noctuelle. Thysanie (le plus grand papillon : 30 cm). / *Notodontidés* ou *céruridés.* Notodonte. / *Nymphalidés.* Apatura. Mars. Morio. Nacré. Paon de jour. Tabac d'Espagne. Tortue. Vanesse. Vulcain. / *Papilionidés.* Apollo ou parnassien. Flambé. Machaon ou grand porte-queue. / *Piéridés.* Aurore. Coliade. Papillon du chou. / *Psychidés.* Psyché. / *Pyralidés.* Pyrale de la vigne. / *Saturniidés.* Saturnies. Paon de nuit. / *Satyridés.* Erebia ou satyre nègre. / *Sphingidés.* Sphinx. Tête-de-mort. / *Tinéidés.* Teignes. Mites. / *Tortricidés.* Tordeuses. / *Uraniidés.* Uranie Cydimon. / *Zygénidés.* Zygènes.

Homoneures (sous-ordre). *Hépialidés.* Hépiale. / *Microptérygidés.* Microptéryx. Eriocraniidés.

Relatif aux papillons. Métamorphose, chenille, chrysalide. / Lépidoptériste (entomologiste spécialisé dans l'étude des papillons). Filet à papillons. Etaloir. Boîte à collection. / Papillonner (voltiger). Papillonnage. / Ailes membraneuses. Ecailles microscopiques. Trompe. Antennes filiformes, en peigne, en massue (rhopalocères).

paralysie

(du gr. *paralysis,* relâchement des muscles d'un côté du corps)

Diminution ou perte de la possibilité d'effectuer des mouvements. *Paralysie d'une moitié du corps* (côté gauche ou côté droit). Hémiplégie. / *Paralysie des membres inférieurs.* Paraplégie. / *Paralysies partielles :* paralysie du nerf sciatique poplité externe, du nerf poplité interne, paralysie du grand sciatique. / Quadriplégie ou tétraplégie (paralysie des quatre membres). / Monoplégie (paralysie d'un seul membre). / *Paralysie des membres supérieurs.* Paralysie radiale, cubitale. Paralysie des muscles fléchisseurs de la main, du deltoïde. / Paralysie agitante (ancien nom de la maladie de Parkinson). / Parésie (affaiblissement de la contractilité musculaire).

Causes. Paralysies organiques (dues à une lésion du système nerveux). Paralysies fonctionnelles (dues à un phénomène d'inhibition entravant le fonctionnement du système nerveux).

PARALYSER. *Paralyser un membre.* Engourdir. Ankyloser. Immobiliser. / *Paralyser la marche, le mouvement.* Entraver. Bloquer.

PARALYSÉ. PARALYTIQUE. Impotent. Perclus. Hémiplégique. Paraplégique. Incapable de se mouvoir. / *Un membre paralysé.* Ankylosé. Engourdi. Inerte. Perclus.

Impossibilité d'agir, de fonctionner. *Paralysie d'une administration, d'un secteur économique.* Asphyxie. Inaction. Inertie. / *Paralysie momentanée de l'esprit, d'une activité psychique.* Inhibition. Engourdissement. Stupeur. / Inhibiteur.

PARALYSER. *Paralyser quelqu'un* (en parlant d'une douleur, d'une émotion). Figer. Stupéfier. Annihiler. Inhiber. / *Paralyser quelqu'un* (en parlant d'un être animé). Intimider. Glacer. / *Paralyser l'action de quelqu'un.* Gêner. Neutraliser. / *Paralyser une entreprise, une activité.* Frapper d'inertie. Rendre incapable d'agir. Empêcher le fonctionnement de. Asphyxier.

parasite
(du lat. *parasitus*)

Être vivant qui se nourrit aux dépens d'un autre sans le détruire. *Parasites animaux.* Ver (v. ce mot). Trypanosome. Filaire. Colibacille. / Pou. Morpion (pop.). Puce. Punaise. Acarien. Moustique Sangsue. Tique, etc. / Puceron. Doryphore. Chenille. Phylloxéra, etc. / *Parasites végétaux.* Cuscute. Gui. Champignon. Mildiou. Mousse, etc. / S'aprophyte. S'aprophytisme.

Personne qui se nourrit, qui vit aux dépens d'une autre. *Un parasite de la société.* Pique-assiette (fam.). Ecornifleur. Oisif. / *Vivre en parasite.* Ecornifler. Vivre aux crochets de quelqu'un (fam.). Attraper un repas. S'inviter.

Chose qui gêne, qui est superflue. Bruits parasites. Les parasites d'une émission de radio (perturbations qui gênent la réception d'une émission). / Perturbateur. Gênant. / Entreprises parasites.

Relatif aux parasites. Parasitisme. Commensalisme. Parasitologie. / Endoparasites. Ectoparasites. / Parasitaire. Maladie parasitaire ou parasitose. / Parasiter. Parasitique. / Antiparasite. Antiparasiter.

parcourir
(du lat. *percurrire, percursum*)

Traverser un espace en divers sens. *Parcourir un pays en touriste.* Visiter. / Excursionner. / *Parcourir les mers.* Sillonner. / Patrouiller. / *Parcourir les sentiers.* Battre. / *Parcourir une salle de long en large.* Arpenter. / Faire les cent pas.

Accomplir un trajet déterminé. *Parcourir vingt kilomètres à pied.* Franchir. Faire. / Marcher. / *Espace parcouru.* Parcours. Trajet. Itinéraire. Route. Chemin. / Course. Etape. Traite.

Regarder superficiellement à différents endroits. *Parcourir du regard, des yeux.* Embrasser du regard. Laisser errer son regard. / *Parcourir un livre.* Feuilleter. Lire en diagonale (fam.). Jeter un coup d'œil sur. / *Parcourir les faits essentiels d'une journée.* Passer en revue. Recenser. Survoler.

pardonner
(de *par* et *donner*)

Ne pas tenir rigueur d'une faute, d'une offense. *Pardonner un mensonge.* Oublier. Fermer les yeux sur. Passer l'éponge sur (fam.). Passer sur. / *Pardonner les péchés en confession.* Absoudre. Remettre. / *Pardonner à un coupable.* Excuser. Ne pas garder rancune. Tenir quitte. / Faire grâce. Gracier. Amnistier. Remettre une peine. Commuer une peine.

PARDON. Excuse. Oubli des offenses. / Grâce. Amnistie. Remise de peine. Commutation de peine. / Aman (en pays musulman). / Absolution (langue religieuse principalement).

PARDONNABLE. Excusable. Rémissible. Amnistiable.

IMPARDONNABLE. *Une faute impardonnable.* Inexcusable. Irrémissible.

Demander pardon. Implorer, solliciter son pardon. Présenter ses excuses. Exprimer ses regrets. Etre repentant. Faire amende honorable. Faire son autocritique. / Demander l'aman.

Qui pardonne. Clément. Indulgent. Accessible à la pitié. Sans rancune. Miséricordieux (langue religieuse principalement). / Clémence. Indulgence. Miséricorde.

Qui ne pardonne pas. Implacable. Inflexible. Intraitable. Impitoyable. Rigoureux. / Rancunier. Vindicatif. / (En parlant d'une chose). Qui a des conséquences fatales.

parent

(du lat. *parens,* de *parere,* engendrer)

Se dit d'une personne qui a des liens de consanguinité ou d'alliance avec une autre. *Proches parents.* Les miens. Les tiens. Les siens, etc. / *Parent éloigné.* Apparenté. Allié. / Parenté naturelle. Filiation. / Parenté légale. Adoption. / *Ascendants.* Aïeux. Ancêtres. Nos pères. / *Descendants.* Enfants. Postérité. Lignée. / Ligne directe. Ligne collatérale. Ligne ascendante. Ligne descendante. / Sang. / Degrés de parenté. / Côté paternel. Côté maternel. Parenté (ensemble des parents). Parentèle (vx).

Famille. Les parents. Père. Mère. / Les enfants. Fils. Fille. / Grands-parents. Grand-père. Grand-mère. / Petits-enfants. Petit-fils. Petite-fille. / Arrière-grands-parents. Arrière-grand-père. Arrière-grand-mère. / Arrière-petits-enfants. Arrière-petit-fils. Arrière-petite-fille. / Oncle. Tante. / Neveu. Nièce. / Grand-oncle. Grand-tante. / Petit-neveu. Petite-nièce. / Cousin. Petit-cousin. Arrière-petit-cousin. / Frère utérin. Frère consanguin. Cousin germain. / Avunculaire (relatif à un oncle, à une tante).

Parenté par alliance. Beaux-parents. Beau-père. Belle-mère. / Gendre ou beau-fils. Belle-fille ou bru. / Beau-frère. Belle-sœur. / *Parenté mal définie.* Parents à la mode de Bretagne. Parents de la main gauche (fam., par concubinage.). Bâtard.

Rapports familiaux. Autorité parentale. / Chef de famille. Mari. Femme. / Aîné. Cadet. Puîné. / Frère, sœur de lait. / S'allier, s'unir à. S'apparenter à. / Mariage. Alliance. / Cousiner. Cousinage.

paresse

(du lat. *pigritia*)

Répugnance au travail. *Vaincre sa paresse.* Fainéantise. Flemme (fam.). Cosse (pop.).

PARESSEUX. Paresseux comme un loir, comme une couleuvre, comme un lézard. Fainéant. Feignant (pop.). Flemmard (fam.). Cossard (fam.). Ramier (arg.). / Elève paresseux. Cancre. / Poids mort. / Un tire-au-flanc (fam.). Un tire-au-cul (pop.). / Fainéanter. Se dérober devant le travail. Ne pas en fiche(r) une rame, une secousse (fam.). Tirer, battre sa flemme (fam.). Tirer au flanc (fam.). Craindre sa peine. Avoir un poil dans la main (fam.). / Se croiser les bras. Se tourner les pouces.

Manque d'énergie, d'activité. *Avoir la paresse dans le sang.* Indolence. Nonchalance. Mollesse. Langueur. Atonie. Inertie. / Engourdissement. Torpeur. Apathie. / *Solution de paresse.* Facilité. / *La paresse de l'estomac.* Atonie. Lenteur. / *S'abandonner à la paresse.* Paresser. Se dorloter. Se laisser vivre. Se faire du lard (fam.). Se la couler douce (fam.). / Rêvasser. Flâner. Muser. Musarder. Bayer aux corneilles. Flemmarder (fam.). / Manquer de nerf, de ressort.

PARESSEUX. Indolent. Nonchalant. Négligent. Mou. Atone. Inerte. / Engourdi. Endormi. Apathique. Amorphe.

PARESSEUSEMENT. Mollement. Nonchalamment.

parfait

(du lat. *perfectus*)

Qui correspond exactement à un modèle. *Un cercle parfait.* Sans défaut. Exact. Impeccable. Rigoureux. Sans bavures (fam.). / *Une exactitude parfaite.* Strict. Absolu. / *Une politesse parfaite.* Exquis. Consommé. Accompli. Achevé. / *Une conduite parfaite.* Excellent. Irréprochable. Exemplaire. / *Une parfaite objectivité.* Total. Complet. Entier. / *Un parfait imbécile* (fam.). Fieffé. Fameux.

PARFAITEMENT. *Un calcul parfaitement exact.* Entièrement. Absolument.

PARFAIRE (rendre parfait). Parachever Polir. Lécher (fam.). / Fignoler (fam.). Raffiner. / Perler. Travail perlé. / Mettre la dernière main à. Donner le coup de fion à (pop). Peaufiner (fam.).

PERFECTION. Parachèvement. Finition. Le fini. Fignolage (fam.). Raffinement. Polissage.

Qui atteint au plus haut degré de la qualité. *Une joie parfaite. Un bonheur parfait.* Sans mélange. Pur. / Inexprimable. Indicible. Ineffable. / Insigne. Supérieur. Suprême. Souverain. Sublime. / Céleste. Divin. / *Beauté parfaite.* Admirable. Incomparable. Inimitable. Transcendant. Idéal. Merveilleux. Prodigieux. Hors de pair. Rare. Unique. / *Une exécution parfaite.* Magistral. Eblouissant. / *Un homme parfait.* Irréprochable. Sans défaut. / *Une employée parfaite.* Une perle.

PARFAITEMENT. *Savoir parfaitement une langue.* Admirablement. Supérieurement. A la perfection. Très bien. / Divinement. Excellemment. Merveilleusement.

PERFECTION. Le summum de la perfection. Le *nec plus ultra.* / Perle. Merveille.

PERFECTIONNER. *Perfectionner une technique.* Améliorer. / *Qui est très perfectionné.* Sophistiqué.

PERFECTIONNEMENT. Amélioration. Progrès. Sophistication.

PERFECTIBLE. Améliorable. / Perfectibilité.

parfum

(de l'ital. *perfumo*)

Odeur agréable. *Le parfum de la rose.* Arôme. Senteur. Fragrance (littér.).

Composition à base de substances agréablement odorantes. Parfum gras, liquide, pénétrant, sec, volatile, subtil. / Essence. Extrait. Parfum-crème.

Parfums d'origine végétale. Huiles essentielles ou essences de : amandes amères, anis, benjoin, bergamote, cachou, camphre, cardamome, cinamome, citron, citronnelle, coriandre, encens, frangipane, héliotrope, ilang-ilang, iris, jasmin, lavande, marjolaine, mélisse, menthe, myrrhe, néroli ou fleur d'oranger, œillet, opopanax, origan, patchouli, romarin, rose, santal, sauge, tabac, thym, tubéreuse, vanille, verveine, vétiver, violette.

Parfums d'origine animale (utilisés surtout comme fixateurs). Ambre (retiré de l'estomac du cachalot). Castoréum (sécrétion d'une glande du castor). Civette (sécrétion d'une poche glandulaire de cet animal). Musc (substance produite par les glandes abdominales d'un cervidé, le porte-musc).

Parfums synthétiques. Acétate de benzyle (odeur de jasmin). Aldéhyde benjoïque. Citral. Coumarine. Héliotropine. Ionone (sent la violette). Musc cétone (sent la fleur d'oranger). Musc nitré. Terpinéol. Vanilline.

Fabrication des parfums. Huile essentielle ou essence. Distillation. Alambic. Concentreur. Entraînement à la vapeur d'eau. / Disolution. Dissolvant volatil. / Expression (zestes d'agrumes). / Exsudation, Enfleurage (contact à froid avec un corps gras). / Macération. Infusion. Distillation.

Relatif aux parfums. Substance odorante, odoriférante. Produit aromatique. Cosmétique. Parfumerie. Parfumeur. Culture florale. / Parfumer. Imprégner de parfum. Pulvériser, vaporiser un parfum.

parier

(du bas lat. *pariare,* être égal)

Convenir d'un enjeu à donner ou à recevoir par la personne qui aura eu tort ou raison sur une chose contestée. *Parier un objet, une somme d'argent. Parier pour. Parier contre.* Gager (littér.).

PARI. Gagner un pari. Perdre un pari. / *Un pari jugé irréalisable.* Gageure (littér.). / *Fonder une politique sur un pari.* Coup de poker.

Engager une certaine somme sur le gagnant présumé d'une épreuve sportive. *Parier aux courses. Parier sur un cheval.* Jouer. Miser sur. / *Parier gros. Parier une forte somme.* Jouer gros jeu. Risquer. Hasarder.

PARI. Pari mutuel (le montant des enjeux est soumis à un prélèvement). Pari mutuel urbain (P.M.U.). / Pari simple. Pari couplé, jumelé (le parieur joue un cheval gagnant et un autre placé). Tiercé (pari sur trois chevaux). Tiercé dans l'ordre, dans le désordre. Quarté (pari sur quatre chevaux). / Parieur. Turfiste.

Affirmer une chose avec plus ou moins de certitude. *Parier que...* Etre sûr que. Soutenir que. Gager (littér.). / Il y a gros à parier que (il est à peu près certain que). Je parierais que (je suis à peu près certain que).

Parlement

(de *parler*)

Ensemble des assemblées législatives. *Réunir le Parlement.* Chambre des députés ou Assemblée nationale. Palais-Bourbon. / Sénat. Palais du Luxembourg. / *Renouvellement du Parlement.* Election législative. Suffrage universel. Electeur. Candidat. Campagne électorale. / Election sénatoriale. Suffrage restreint. Grands électeurs. / Députation. Mandat de député, de sénateur. Législature.

Parlementaire. Membre du Parlement. Député. Sénateur. Représentant du peuple.

Organisation parlementaire. Régime parlementaire. Parlementarisme. Antiparlementarisme. / Président de l'Assemblée nationale. Président du Sénat. Vice-président. Bureau. / Questeurs. Secrétaires. / Commission. Sous-commission. / Groupes parlementaires. Partis. Extrême gauche. Gauche. Centre gauche. Centre. Centre droit. Droite. Extrême droite. Non inscrit. / Salle des séances. Hémicycle. Tribune. Banc du gouvernement. Travées. Pupitres. Tribunes publiques. / Huissiers. / Sténographes. Sténotypistes. Compte rendu. Procès-verbal. / *Journal officiel.*

Vie parlementaire. Pouvoir législatif. Légiférer. / Convocation des assemblées. / Session parlementaire. / Ouverture, clôture d'une séance. / Ordre du jour. Orateurs inscrits. / Projet de loi. Déposer un projet de loi sur le bureau de l'Assemblée. Rapporteur. Débat. / Majorité. Opposition. / Intervention. Motion. Amendement. Rapport. Explication de vote. / Vote du budget. Vote bloqué. Vote par procuration. Pointage. / Interpellation. Question orale, question écrite à un ministre. / Question de confiance. Motion de censure. / Incident de séance. Rappel à l'ordre. Cloche du président.

parler

(du lat. ecclésiastique *parabolare ;* lat. class. *loqui, locutum ;* en gr. *legein, lalein*)

Émettre des paroles. *Laisser quelqu'un parler.* S'exprimer. / *Parler avec quelqu'un.* Converser. Causer. S'entretenir. Dialoguer. Discourir. / *Parler à quelqu'un.* Adresser la parole à. S'adresser à. / *Parler de quelque chose à quelqu'un.* Entretenir de. Dire un mot de. / *Parler d'une chose. Parler de politique* (ou *politique*). Discuter de. Disserter. Traiter de. / Interlocuteur (personne qui parle avec une autre). / Locuteur (personne qui parle). Sujet parlant. / *Parler beaucoup.* Etre bavard (v. ce mot). / *Ne pas parler.* Se taire (v. ce mot). / *Parler peu.* Etre silencieux, taciturne, renfermé. / *Commencer à parler* (en parlant d'un enfant). Gazouiller. Babiller.

Pouvoir s'exprimer au moyen de telle ou telle langue. Parler français, anglais, russe, italien, allemand. / *Parler mal une langue.* Baragouiner. Jargonner. / *Personne qui parle deux langues, trois langues, plusieurs langues.* Bilingue. Trilingue. Polyglotte.

Prononcer. *Parler distinctement* Articuler. Détacher, marteler ses mots, ses syllabes. / Articulation. / Orthophonie. Orthoépie. Orthophoniste (spécialiste qui corrige les prononciations défectueuses). / *Parler d'une manière confuse.* Bredouiller. Bafouiller. Balbutier. Marmotter. Marmonner. Grommeler. Baragouiner. / Bredouillement. Bafouillage. Balbutiement. Marmottement. Marmonnement. Grommellement.
Parler d'une manière défectueuse. Bégayer. Bléser. / *Parler de la gorge.* Grasseyer. / *Parler du nez.* Nasiller. Nasonner. / Zézayer. Avoir un cheveu sur la langue (fam.). Zozoter (fam.). Chevroter. / Bégaiement. Blèsement. Nasillement. Grasseyement. Zézaiement. Chevrotement.

Manières de s'exprimer. *Parler haut. Parler avec assurance.* Avoir le verbe haut. Claironner. Elever la voix. Hausser le ton. Apostropher quelqu'un. Avoir la parole brève, tranchante, coupante, sèche. / *Parler fort.* Crier. Gueuler (pop.). / *Parler avec emphase.* Prendre un ton dogmatique, un ton docte, sentencieux. Faire des phrases. S'écouter parler. Pérorer. / Phraseur. Hâbleur. / *Parler bas, à voix basse, à mi-voix.* Murmurer. Chuchoter. Susurrer. Glisser à l'oreille. / Parler à mots couverts, par allusions, par sous-entendus, par énigmes. User de circonlocutions, de périphrases, de précautions oratoires. / *Parler en plaisantant.* Badiner. Blaguer (fam.). / *Parler à tort et à travers.* Divaguer. / *Se répéter en parlant.* Rabâcher. Radoter. / *Parler tout seul.* Monologuer. Soliloquer. / *Manière de s'exprimer oralement.* Elocution. / Faconde (élocution abondante).

Parleur. Beau parleur (qui aime à faire de belles phrases). Phraseur.

parole

(du lat. pop. *paraula ;* lat. class. *verbum ;* en gr. *logos*)

Faculté de communiquer la pensée par un système de sons articulés; exercice de cette faculté. *Apprentissage de la parole.* Langage parlé. / *Perte de la parole.* Aphasie. / *Avoir la parole facile.* Etre éloquent, disert (littér.). / Demander, obtenir la parole (droit de parler dans une assemblée). / *Prendre la parole.* Commencer à parler. / *Couper la* *parole à quelqu'un.* Interrompre. Empêcher de parler. / Adresser la parole à quelqu'un (lui parler).

Élément du langage articulé. *Echanger des paroles.* Propos. / *Mesurer ses paroles.* Mots. Expressions. / Paroles en l'air (dites à la légère). / Boire les paroles de quelqu'un (l'écouter avec attention et admiration). / *Une parole d'un homme célèbre.* Phrase mémorable, historique. / *Qui se fait par le moyen de paroles, de mots.* Verbal. Oral. De vive voix. / Verbalement. Oralement. / Moulin à paroles (personne qui parle sans arrêt). / *Flux de paroles.* Incontinence verbale. Logorrhée. / *Abondance de paroles creuses.* Verbiage. Verbalisme. Logomachie. / *Paroles futiles, oiseuses.* Balivernes. / *Qui dit les choses en trop de paroles, en trop de mots.* Bavard. Verbeux. / Verbosité. Verbomanie.

Promesse verbale. *Donner sa parole, sa parole d'honneur.* Promettre. S'engager (sur l'honneur). Faire le serment de. / *Un homme de parole.* Sûr. Fidèle. Loyal. / *Reprendre, retirer sa parole.* Se dédire. Se rétracter. / *Manquer à sa parole. Ne pas tenir sa parole.* Etre déloyal, perfide. / *Croire sur parole.* Faire confiance. / Belles paroles (vaines promesses). / Prisonnier sur parole (lié par la promesse de ne pas s'évader).

part

(du lat. *pars, partis*)

Partie d'une chose distribuée à chacun dans un partage ou destinée à un emploi. *Une part de viande, de gâteau* Morceau. Portion. / *Recevoir sa part d'héritage.* Lot. Quotité. / *La part de chacun en période de restrictions.* Contingent. Attribution. / *Parts d'actionnaires.* Actions. / *Payer sa part d'un repas.* Quote-part. Ecot.

Locutions. La part du lion (la plus grosse part, prise d'autorité). Avoir part à quelque chose (y participer). Prendre part à quelque chose (y participer, s'y associer). Faire part d'une nouvelle (la communiquer). Faire part d'une naissance, d'un mariage (annoncer, faire savoir). A part entière (avec tous les avantages correspondants). Faire la part de quelque chose (en tenir compte dans une appréciation). Faire la part des choses (tenir compte des circonstances, des contingences). Faire la part du feu (abandonner quelque chose pour sauver le plus important). Pour une part (en partie, partiellement).

Partie d'un lieu (dans quelques locutions). De toute(s) part(s) [de tous côtés]. De la part de quelqu'un (en son nom, à sa place). A part (séparément; à l'écart; en particulier; excepté). De part en part (d'un côté à l'autre). D'autre part (par ailleurs, d'un autre point de vue). Autre part (ailleurs). Nulle part (en aucun lieu). Quelque part (en un certain lieu). Prendre quelque chose en bonne, en mauvaise part (y voir une intention favorable ou défavorable; interpréter en bien ou en mal).

partager

(de *partage,* de l'anc. franç. *partir,* partager)

Diviser en plusieurs parts. *Partager un gâteau.* Découper. Couper. Diviser. / *Partager en épaisseur.* Dédoubler. / *Partager en tronçons.* Tronçonner. / *Partager un quartier de viande.* Dépecer. Débiter. Détailler. / *Partager un domaine.* Morceler. Démembrer. Fragmenter. Lotir. Séparer. / *Partager son temps entre diverses occupations.* Répartir. Distribuer. Fractionner.

PARTAGE. Découpage. Division. / Partition. Morcellement. Démembrement. Dépècement. Lotissement. Fragmentation. Fractionnement. / Répartition. Distribution. Péréquation. / Dichotomie (partage d'honoraires entre un médecin et un confrère). / *Ligne de partage.* Limite. Frontière. Séparation.

PARTAGEUR. PARTAGEUX (fam., qui partage volontiers avec d'autres).

Être associé à quelque chose. *Partager les soucis, la peine de quelqu'un.* Participer à. Compatir à. Etre en communauté de sentiments. / *Partager un point de vue.* Adopter. Epouser. Embrasser. / *Partager la responsabilité d'un acte.* Se solidariser avec quelqu'un.

parti

(de l'anc. franç. *partir,* partager)

Solution que l'on adopte pour soi. *Choisir entre deux partis.* Décision. Résolution. / *Prendre parti.* Décider. Se décider. Choisir. Opter. / *Prendre son parti de quelque chose.* Accepter raisonnablement. Se résigner. Se faire une raison. S'accommoder. / *Parti pris.* Décision, choix arbitraire. / *Etre sans parti pris.* Impartial (v. ce mot).

PARTIAL. Exclusif. Injuste. / *Etre partial.* Avoir deux poids, deux mesures.

PARTIALITÉ. Favoritisme. Préférence. Faiblesse. Injustice.

Groupe organisé de personnes réunies par une communauté d'opinions politiques, d'intérêts. Parti républicain, démocrate, démocrate-chrétien, chrétien-démocrate, populaire, radical, socialiste, communiste. / Parti conservateur, modéré, indépendant. Parti de droite, de gauche, du centre. Parti gouvernemental. Parti d'opposition. Parti unique. Parti totalitaire. / *Adhérer, s'inscrire, s'affilier à un parti.* Rassemblement. Mouvement. Formation. Union. Association. Ligue. Organisation. Cartel. Front, etc. / Membre. Adhérent. Militant. Militantisme. / Sympathisant. Socialisant. Communisant. Crypto-communiste. / Militer. Sympathiser. S'allier. / *Journal d'un parti.* Organe. / *Chef d'un parti.* Leader. / *Organisation d'un parti.* Président. Vice-président. Secrétaire général. Trésorier. / Organe directeur. Bureau. / *Vie d'un parti.* Cellule. Section. Fédération. / Comité. Club. Permanence / Congrès. Meeting. Assises. Propagande. / Orthodoxie. Dissidence. Scission. Déviationnisme. / Orthodoxe. Dissident. Déviationniste. / Activité fractionnelle. / Epuration. Exclusion. Purge. / Opportunisme. Fractionnisme. Révisionnisme. Gauchisme. / Bipartite. Tripartite. Quadripartite. / Bipartisme. Tripartisme. Quadripartisme.

Ensemble de personnes défendant le même intérêt, les mêmes opinions. *Entrer dans un parti. Former un parti. Le parti des mécontents.* Coterie. Cabale. Ligue. Chapelle. Faction. Secte. / *Embrasser le parti de quelqu'un.* Cause. Prendre fait et cause. / *Esprit de parti.* Intolérance. Fanatisme. Sectarisme. / *Etre du même parti.* Du même bord.

participer
(lat. *participare,* de *particeps,* qui prend part)

Recevoir une part de quelque chose. *Participer aux bénéfices d'une entreprise.* Etre intéressé. / Etre partie prenante. Etre associé.

PARTICIPATION. Intéressement. / Actions. Parts. / Contrat d'association. / Métayage. / Commandite. Royalties.

PARTICIPANT. Actionnaire. / Associé. / Copropriétaire. / Commanditaire.

Prendre part à quelque chose. *Participer à un travail.* S'associer à. Collaborer à. Aider. Contribuer. Coopérer. / Apporter son concours. Donner la main. Prêter main-forte. Venir à l'aide, à la rescousse. Donner un coup de main. Se joindre. Joindre, unir ses efforts. / *Participer à un complot.* Etre mêlé à. Etre dans le coup (fam.). Etre complice. Etre de connivence, d'intelligence, de mèche. / Compère. Comparse. / *Participer aux frais.* Apporter sa contribution, sa quote-part. Payer son écot. Cotiser. Souscrire. / *Participer à la peine d'autrui.* Compatir.

PARTICIPATION. Collaboration. Concours. / Complicité. Connivence.

particulier adj. et n.
(du lat. *particularis*)

Qui est propre à une personne, à une chose. *Un genre de vie tout particulier.* Personnel. Propre.

PARTICULARITÉ. *Les particularités d'un événement.* Circonstances. Détails.

Qui ne concerne qu'un individu ou un petit groupe. *Opposer l'intérêt général à l'intérêt particulier.* Individuel. / *Un secrétaire particulier.* Privé. / Hôtel particulier (qu'on ne partage pas avec d'autres). / Leçon particulière (donnée à un seul élève ou à un groupe restreint). / *Discuter sur un point particulier.* Précis. Déterminé. / *Voir quelqu'un en particulier.* A part. En privé. En tête à tête. Seul.

Qui se distingue des autres êtres ou des autres choses. *Donner à chaque objet un nom particulier.* Distinct. Spécial. Spécifique. Défini. / *Le charme particulier d'une personne.* Caractéristique. / *Un style particulier à une époque.* Propre. Distinctif. / Avoir des mœurs particulières (anormales, spéciales, contre nature). / *Un cas particulier.* Spécial. Précis.

PARTICULIÈREMENT. *S'intéresser particulièrement à un art.* Principalement. Spécialement. Surtout. En particulier.

Personne quelconque. *Loger chez un particulier.* Personne privée (par opposition à HÔTELIER). / *Vendre des marchandises à des particuliers. Gens* (par opposition à COMMERÇANTS). / Vivre comme un simple particulier (par opposition à HOMME D'ETAT, HOMME PUBLIC).

PARTICULARISER. *Particulariser un être, un objet.* Individualiser. Personnaliser. / *Se particulariser.* Se singulariser.

PARTICULARISME (attitude d'une population qui veut conserver son autonomie à l'intérieur d'un Etat ou d'une fédération). / Particulariste. Autonomiste.

Qu'on remarque spécialement. *L'intérêt tout particulier d'une expérience.*

Remarquable. Notable. Singulier. Eminent. Exceptionnel. Insigne.

partie
(de l'anc. franç. *partir,* partager)

Élément d'un tout. *Réserver une partie de son temps à un sport.* Part. / *Partie d'un objet brisé, déchiré.* Morceau. Bout. Débris. Fragment. / *Partie d'une chose débitée.* Quartier. Tranche. Rondelle. Tronçon. / *Partie minuscule d'une substance.* Miette. Bribe. Particule. Molécule. Atome. / *Partie d'un domaine.* Parcelle. Pièce de terre. Lopin. / *Partie d'un territoire.* Région. Secteur. Coin. / *Les cinq parties du monde.* Continents. / *Partie d'une œuvre littéraire.* Livre. Chapitre. Paragraphe. Alinéa. / Acte. Scène. / Chant. / Strophe. / *Parties d'un chœur.* Voix. / *Partie d'une opération.* Phase. Stade. Temps. / *Faire partie de.* Appartenir à. Etre du nombre de. Etre parmi. Dépendre de.

PARTIEL. Incomplet. Fragmentaire. Parcellaire.

PARTIELLEMENT. Incomplètement. Fragmentairement.

Domaine d'activité. *Etre compétent dans sa partie.* Métier. Travail. Spécialité. Branche. / *Parties d'un service administratif.* Secteur. Rouage. Organisme. Organe.

Ensemble des coups à jouer, des points à obtenir pour gagner ou perdre dans un jeu. Une partie de cartes, d'échecs. / *Divisions d'une partie de tennis.* Jeu. Manche ou set.

Divertissement organisé entre plusieurs personnes. *Partie de campagne.* Promenade. Excursion. / Partie de chasse, de pêche. / *Partie de plaisir.* Amusement. Distraction.

Personne qui participe à un acte juridique, qui est engagée dans un procès. Partie plaignante (celle qui a porté plainte). Partie adverse (celle contre laquelle on plaide). Partie civile (celle qui demande réparation des dommages que lui a causés l'accusé.

Locutions diverses. Etre juge et partie (avoir à juger d'un cas où l'on a ses propres intérêts engagés). / Avoir affaire à forte partie (avoir un adversaire redoutable). / Prendre quelqu'un à partie (l'attaquer, le rendre responsable du mal qui est arrivé).

partir
(du lat. pop. *partire;* lat. class. *partiri,* partager)

Quitter un lieu. *Partir de chez soi.* S'en aller. S'éloigner. Prendre le large. Prendre la clef des champs. / Fuir. / *Partir de sa patrie.* S'expatrier. S'exiler. Emigrer. / *Partir momentanément.* S'absenter. Se déplacer. Faire une fugue, une escapade. / *Partir précipitamment.* S'enfuir. Se sauver. Détaler. Décamper. Déguerpir. Filer. / Battre en retraite. / *Partir discrètement.* S'éclipser. Disparaître. Déserter. Filer à l'anglaise. / *Partir d'un endroit clos.* Sortir. Prendre la porte. S'échapper. / *Partir de ce monde.* Mourir. Trépasser. Faire le grand voyage. / *Partir à bord d'un moyen de transport.* S'embarquer. S'envoler. / *Action de partir; moment où l'on part.* Départ.

Commencer soudain son mouvement. *Partir* (en parlant d'un moteur, d'un véhicule). Démarrer. / *Partir* (en parlant d'un projectile). Etre lancé. / *Partir* (en parlant d'un coup de feu). Exploser. Détoner. / *Partir* (en parlant d'un liquide). Jaillir. / *Partir subitement* (en parlant d'un rire, d'un cri). Eclater. Fuser. / *Partir en guerre, en campagne.* S'engager. Se lancer dans. Se mettre à.

Avoir pour origine. *Partir d'une certaine date* (en parlant d'une chose). Commencer. Débuter. Prendre effet. Entrer en vigueur, en application. / *Partir d'une source lumineuse, sonore.* Venir de. Emaner de. / *Partir d'un bon naturel* (en parlant d'une intention). Provenir de. Procéder de. / *Point de départ.* Commencement. Début. Origine. / *A partir de* (tel jour, tel moment). A compter de. A dater de. De. Depuis. Dès. / *A partir de maintenant.* Désormais. Dorénavant. A l'avenir.

Ne plus exister. *Partir* (en parlant d'une douleur, d'un mal). Disparaître. S'évanouir. Passer. Ne plus se manifester. / *Faire partir une tache.* Enlever. Effacer.

Commencer à partir. Se mettre en route. Prendre la route. / Etre en partance. Appareiller. Lever l'ancre (en parlant d'un bateau). / Démarrer. S'ébranler (en parlant d'un convoi, etc.). / *Faire partir un moteur, un véhicule.* Mettre en marche, en route (fam.).

DÉPART. *Départ d'un bateau.* Appareillage. / *Départ d'un avion.* Décollage. / *Départ d'un véhicule.* Démarrage. Mise en route. / Embarquement. Envol. / Donner le départ d'une course. / Starter.

Avoir pour origine. *Partir du sommet, de la base* (en parlant d'une décision, etc.). *Partir d'un bon naturel* (en parlant d'une impulsion). Provenir. Emaner. Procéder.

partisan

(ital. *partigiano,* de *parte,* parti)

Se dit d'une personne attachée à une idée, à une doctrine, à une théorie, à quelqu'un. *Etre partisan d'une réforme.* Etre favorable à, d'accord avec, gagné à. Etre pour, en faveur de. / *Partisan d'un courant de pensée, d'un philosophe,* etc. Adepte. Tenant. Sectateur. Zélateur. Prosélyte. / Fidèle. Disciple. / S'engouer pour une doctrine. Adopter, épouser une cause.

Se dit d'une personne attachée à un parti, à un groupement, à quelqu'un. *Etre partisan d'un régime politique.* Avoir des sympathies pour, des attaches avec. / Soutenir. Appuyer. Défendre. / *Recruter des partisans.* Sympathisant. Allié. Soutien. Appui. Défenseur. Militant. Propagandiste. / Recrue. Affilié Adhérent. / *Partisan d'un chef.* Affidé. Séide (péjor.). Sbire (péjor.). / *Partisan d'une équipe sportive.* Supporter.

Se dit d'un combattant n'appartenant pas à une armée régulière. *Armée, groupe de partisans.* Franc-tireur. Guérillero. Maquisard. / Résistance. Clandestinité. Maquis. / *Guerre de partisans.* Guérilla. / Embuscade. Coup de main. Commando.

Qui témoigne d'un parti pris, d'une opinion préconçue. *Haine partisane. Esprit partisan.* Partial.

parturition

(du lat. *parturitio,* de *parturire,* accoucher)

Accouchement naturel (v. ce mot). Parturiente (femme qui accouche). / Primipare (qui accouche pour la première fois). Multipare. / Gemellipare (qui accouche de jumeaux). Gemelliparité.

Mise bas des animaux. Agnelage. Agneler. Chatonnage. Chatonner. Chevrettage. Chevretter. Faonnage. Faonner. Poulinement. Pouliner. Vêlage. Vêler. / Ovipare (qui se reproduit par un œuf). Oviparité. Vivipare. Viviparité. Ovovivipare. Ovoviviparité.

passage

(de *passer*)

Lieu par où l'on passe. *Etre sur le passage de quelqu'un.* Trajet. Parcours. Itinéraire. Route. Chemin. Voie. / *Garder un passage.* Voie de communication. Rue. Ruelle. Sentier. Sente. Traboule (dialectal). / *Passage étroit ouvert à la navigation.* Passe. Goulet. Chenal. / *Passage entre deux sommets montagneux.* Col. Défilé. Gorge. / *Passage pour aller d'une pièce à une autre.* Couloir. Corridor. / *Passage souterrain, inférieur.* Tunnel. / *Passage supérieur.* Pont. Passerelle. / *Passage dans une clôture.* Porte. Portillon. Guichet. Poterne. / Ouverture. Brèche. / Chatière.

Fragment d'une œuvre littéraire, musicale. *Lire un passage d'un roman.* Extrait. Morceau.

passé

Temps écoulé. *Les événements du passé.* Temps révolu, accompli, disparu. / *Passé lointain.* Temps anciens. Temps reculés. Antiquité. La nuit des temps. Préhistoire. / De temps immémorial. A l'aube des temps. Depuis toujours. De mémoire d'homme. / Il y a longtemps. Autrefois. Jadis. Auparavant. / *Passé récent.* Evénement de fraîche date. / Récemment. Naguère. Ces temps-ci. Ces temps derniers. Hier. Avant-hier. La veille. Tantôt / *Qui appartient au passé.* Ancien. Antique. / *Evoquer le passé.* Vie passée. Enfance. Jeunesse. / Souvenirs. / *Qui se réfère au passé.* Rétrospectif. Rétroactif. / *Etre du passé.* Etre démodé, désuet, périmé, archaïque. Etre tombé dans l'oubli. / *Avoir le culte du passé.* Etre traditionaliste, conservateur, passéiste. / Passéisme (goût exclusif du passé).

Hommes du passé. Générations passées. Nos premiers parents. Ancêtres. Aïeux. Nos pères. Prédécesseurs. Devanciers. / Civilisations disparues. Primitifs.

Le passé en grammaire. *Les temps du passé.* Prétérit. / Passé défini. Passé simple. Passé indéfini. Passé composé. Passé antérieur. / Imparfait. Parfait. Plus-que-parfait. Aoriste.

passer

(du lat. pop. *passare,* de *passus,* pas)

Aller d'un lieu à un autre, d'une personne à une autre, d'un état à un

autre. *Passer dans la rue.* Circuler. Marcher. Déambuler. Défiler. Aller et venir. / *Passer dans une pièce voisine.* Entrer. S'introduire. / *Passer le long de.* Longer. / *Passer auprès de.* Côtoyer. Frôler. / *Passer devant.* Devancer. / *Passer après.* Suivre. / *Passer à distance.* Eviter. Contourner. Tourner. / *Passer sur.* Fouler. Ecraser. / *Passer par.* Traverser. / *Passer au travers de.* Pénétrer. / *Passer chez quelqu'un.* Se rendre. Se présenter. / *Passer par une agence.* Avoir recours à. *Passer* (en parlant d'un liquide). Couler. S'écouler. Traverser un filtre, un tamis. / *Passer* (en parlant d'un héritage, d'un droit, d'un pouvoir). Etre transmis. / *Passer de la crainte à l'espérance.* Eprouver tour à tour. / *Passer par de rudes épreuves.* Subir. Endurer. Supporter.

PASSANT. Rue passante (où il y a beaucoup de circulation). / (N.) Promeneur.

PASSAGE. Circulation. Marche. Course. Allées et venues. / Etre de passage en un lieu (ne faire que passer, ne pas rester longtemps).

PASSE. *Etre en passe de.* Sur le point de. / Etre dans une bonne, une mauvaise passe (dans une période favorable, défavorable).

Se trouver dans telle situation pendant une durée. *Passer ses vacances à la montagne.* Rester. Séjourner. / *Passer son temps à* (et un nom ou un inf.). Employer. Occuper. / *Pour passer le temps.* Pour s'occuper. Pour ne pas s'ennuyer. / *Passer son temps à des riens.* Gaspiller. Perdre.

Mettre à la disposition d'une personne. *Passer une chose à quelqu'un.* Donner. Transmettre. Remettre. / *Passer un coup de fil* (fam.). Téléphoner. / *Passer une personne à quelqu'un.* Mettre en communication téléphonique.

PASSATION. *Passation des pouvoirs.* Transmission.

Contenter quelque chose. *Passer une envie, un caprice.* Satisfaire. Assouvir.

Se passer. *Se passer de quelque chose.* S'abstenir de. Se priver de. Vivre sans.

Ne pas faire attention à quelque chose. *Passer un mot, une ligne en lisant, en écrivant.* Oublier. Omettre. Sauter. / *Passer quelque chose sous silence.* Ne pas parler de.

Perdre son intensité, son éclat. *Passer* (en parlant d'une douleur). Disparaître. Cesser. / *Passer* (en parlant d'une couleur). Pâlir. S'éclaircir. Se ternir. / *Passer* (en parlant des fleurs). Se flétrir. Se faner.

Aller, mener, transporter à travers un lieu ou d'un lieu dans un autre. *Passer une rivière.* Traverser. Franchir. / *Passer un mur.* Enjamber. Sauter. Escalader. / *Passer des touristes sur un bac.* Transborder. / Passeur. Batelier. / *Passer son doigt dans une fente.* Glisser. Introduire. Enfiler. Engager. / *Passer un liquide à travers un filtre.* Filtrer. Tamiser. / *Passer des marchandises en fraude.* Transporter. Faire traverser. / *Passer sa main sur.* Faire mouvoir. Promener. Caresser. / *Passer une chose sur une autre.* Etendre. Répandre.

Entrer dans un nouvel état. *Passer à l'opposition.* Rallier. Se rallier. Se ranger. / *Passer à l'ennemi.* Déserter. / Déserteur. Transfuge. / *Passer à l'attaque.* Commencer. Entreprendre. Se mettre à. Se lancer dans. / *Passer capitaine.* Devenir. Etre nommé, promu.

Se passer (en parlant d'une action, d'un événement). Avoir lieu. Arriver. Se produire. / S'écouler. Se dérouler.

Avoir une certaine durée. *Passer* (en parlant du temps). S'écouler. / *Passer vite.* S'enfuir. S'envoler. Filer (fam.). / *Laisser passer le temps.* Attendre.

PASSAGER. Transitoire. Ephémère. Court. Momentané. Fugace.

PASSAGÈREMENT. Pour peu de temps.

Se passer (en parlant d'une chose). Cesser. Finir. Prendre fin.

Locutions diverses. Passer à la postérité (survivre). Passer de mode (cesser d'être à la mode). Passer outre à quelque chose (ne pas en tenir compte). Passer pour (et un attribut, être considéré, regardé comme). Passer sur quelque chose (ne pas s'arrêter à, ne pas s'attarder à, pardonner). Laisser passer (ne pas s'opposer à, ne pas remarquer). Passer (en parlant d'un film, être projeté). La sentir passer (fam., subir un affront, une déconvenue; payer une note coûteuse). Y passer (en parlant d'une personne, subir une peine, une violence; [fam.] mourir; en parlant d'une chose, être dépensé, consommé, consacré à).
Passer son chemin (ne pas s'arrêter). Passer un examen (en subir les épreuves). Passer la nuit (veiller toute la nuit). Passer un film (projeter). Passer un marché, un contrat (conclure). Passer un vêtement (mettre rapidement, enfiler). Passer les limites, les bornes (aller trop loin).

passif
(du lat. *passivus,* de *pati,* souffrir, subir)

Qui ne manifeste aucune activité, aucune réaction. *Rester passif devant un événement.* Inactif. Inerte. Indifférent. Apathique.

PASSIVITÉ. Inactivité. Inertie. Apathie. Indifférence.

PASSIVEMENT. Sans réaction. Sans initiative.

passion
(du lat. *passio,* souffrance)

Inclination vive pour une personne. *Avouer, témoigner sa passion.* Amour. Adoration. / *L'objet de la passion.* Idole. / *Inspirer une passion à quelqu'un.* Ensorceler. Envoûter. Séduire. Tourner la tête (fam.). / *Passion subite et passagère.* Emballement (fam.). Caprice. Béguin (fam.). Passade. Toquade (fam.).

Inclination vive pour quelque chose. *La passion du jeu.* Emballement (fam.). Enthousiasme. Manie. Fureur. Rage. Frénésie. / Bibliomanie (passion des livres, de la lecture). / *La passion des richesses.* Avidité. Avarice. Convoitise.

PASSIONNANT. *Spectacle passionnant. Livre passionnant.* Attachant. Enthousiasmant. Empoignant. Excitant. Emballant (fam.).

PASSIONNER. Enthousiasmer. Emballer (fam.). Enflammer. Exciter. / *Se passionner.* Aimer éperdument, à la folie. S'enticher. S'éprendre. Raffoler. Se jeter à corps perdu dans.

PASSIONNÉ. Ardent. Enthousiaste. Fervent. Féru. Fanatique. Frénétique.

PASSIONNÉMENT. Ardemment. Fougueusement. Fanatiquement. Frénétiquement. A la fureur. A la folie. Follement.

Exaltation. *Discuter avec passion.* Ardeur. Fougue. Flamme. Emballement (fam.). Excitation.

PASSIONNER. *Passionner un débat.* Echauffer. Enflammer. Galvaniser. Fanatiser.

DÉPASSIONNER. Oter la passion.

Attachement aveugle, irraisonné. *Passion partisane. Passion politique, religieuse.* Fanatisme. Intolérance.

pâte
(du lat. *pasta*)

Substance plus ou moins consistante. Pâte à modeler. Pâte abrasive. Pâte à papier. Pâte de fruits (friandise faite de fruits). Pâte d'abricots, de coings, de marrons, de poires, de pommes, etc. Colle de pâte. / Pétrir, malaxer une pâte.

Substance alimentaire à base de farine. Pâte à pain (farine délayée avec de l'eau et additionnée de levain ou de levure). / *Travailler la pâte.* Pétrir. Malaxer. Laisser lever la pâte. / *Pâte à tarte.* Pâte feuilletée, brisée, sablée. / *Pâtes alimentaires.* Macaroni. Nouilles. Coquillettes. Spaghetti. Ravioli. Cannelloni. Vermicelle. / Couscous. / Pastification.

patience
(du lat. *patientia,* de *pati,* souffrir)

Qualité d'une personne qui supporte sans se plaindre les malheurs, les désagréments de la vie. *Faire preuve de patience.* Résignation. Courage. Force d'âme. Energie. Maîtrise de soi. / Stoïcisme. Impassibilité. Longanimité. / *Souffrir avec patience.* Supporter courageusement, stoïquement. / Se dominer. Maîtriser ses nerfs. / En prendre son parti. Etre philosophe. / Prendre son mal en patience (le supporter sans se plaindre).

PATIENT. Doux. Endurant (vx). Longanime (littér.).

IMPATIENT. Nerveux. Vif. Incapable de se contenir, de se maîtriser.

Qualité d'une personne qui ne se lasse pas, qui persévère dans une activité, qui sait attendre. *Admirer la patience de quelqu'un.* Flegme. Calme. Persévérance. Opiniâtreté. Obstination. Ténacité. / *Prendre patience. S'armer de patience.* Patienter. Attendre patiemment. Prendre son temps. / *Patience!* Chaque chose en son temps. Tout vient à point [à] qui sait attendre. / *Perdre patience.* S'impatienter.

PATIENT. Flegmatique. Calme. Persévérant. Entêté. Obstiné. Tenace.

IMPATIENT. *Impatient de* (et un inf.). Désireux de. Avide de.

IMPATIENCE. Fièvre. Fébrilité. Agitation. Inquiétude.

PATIEMMENT. *Attendre patiemment.* Calmement.

PATIENTER. Prendre patience. S'armer de patience. Savoir attendre.

IMPATIENTER (s'). Perdre patience. S'énerver.

pâtisserie
(de *pâtisser*)

Préparation à base de pâte sucrée, cuite au four et souvent garnie de fruits, de crème, etc. *Aimer la pâtisserie.* Gâteaux.

Sortes de gâteaux. Allumette. / Baba. Biscuit à la cuiller. Biscuit de Savoie. Brioche. Bûche. / Cake. Charlotte. Chausson. Clafoutis. Chou à la crème. Cornets à la crème. Couque. / Echaudé. Eclair. / Feuilleté aux amandes. Flan. / Galette des rois. Gâteau au chocolat, aux marrons, aux amandes, etc. Gaufre. Génoise. / Kougelof ou Kouglof. / Langues de chat. / Macaron. Madeleine. Massepain. Meringue. Millefeuille. / Nonnette. Pain d'épice. Palmier. Pavé au chocolat, aux fruits, au moka. Pet-de-nonne. Petit four. Pithiviers. Profiterole. Pudding ou pouding. / Quatre-quarts. / Religieuse. / Saint-Honoré. Sacristain. Savarin. / Tarte. Tartelette. Tuile. / Vacherin, etc. / Gâteaux secs. Petit-beurre. Sablé, etc.

Fabrication. Pâtisserie familiale. Fabrication commerciale. / *Opérations de pâtisserie.* Pâtisser (vx). Détrempe de la pâte. Fontaine. Abaisse. Pétrir. Travailler la pâte. Abaisser. Feuilleter. Fraiser. Rouler. Foncer. Dresser. Tourer. Beurrer. Glacer. / Feuilletage. Fraisage. Tourage. / Mettre au four. Enfourner.

Éléments des pâtes. Farine. Œufs. Beurre. Levure. Sucre. Fruits confits ou secs. Parfums. Liqueurs, etc. / *Pâtes diverses.* Pâte feuilletée, brisée, sablée. Pâte à brioche, à savarin, à baba. Pâte génoise. Pâte à chou.

Matériel. Planche. Rouleau. Raclette. Roulette. Moules. Plaques. Tourtière. / Fouet. Batteur. Mixeur. Malaxeur. Spatule.

Commerce et vente. Pâtissier. Boulanger-pâtissier. Confiseur-pâtissier.

patrie
(du lat. *patria*, pays du père)

Pays où l'on est né et auquel on appartient comme citoyen. *Défendre sa patrie.* Pays. Nation. / *Quitter sa patrie.* S'expatrier. Emigrer. / *Faire revenir quelqu'un dans sa patrie.* Rapatrier. / *Personne sans patrie.* Apatride.

PATRIOTISME (amour de la patrie). Civisme. Nationalisme. / *Patriotisme étroit, exagéré.* Chauvinisme. / *Qui affecte un patriotisme exagéré, exclusif.* Patriotard (fam.). Chauvin. Cocardier. / Patriotique.

PATRIOTE (qui aime sa patrie et la sert avec dévouement).

pauvre
(du lat. *pauper*)

Qui manque de ressources (en parlant d'une personne). Indigent. Nécessiteux. Economiquement faible. Ruiné. Désargenté. Démuni. Besogneux. / Fauché (fam.). Panné (pop.). Paumé (pop.). Miteux (fam.). Pouilleux (fam.). Minable (fam.). Purotin (fam.). / *Un pauvre.* Mendiant. Mendigot (fam.). Clochard. / Pauvre honteux. Pauvresse. / *Aide aux pauvres.* Bienfaisance. Charité. Aumône. Aide. Secours. / Asile. Hospice. Soupe populaire.

PAUVRETÉ. *Vivre dans la pauvreté.* Besoin. Gêne. Indigence. Misère. Dénuement. Impécuniosité (littér.). / *Termes pop.* Dèche. Mouise. Panade. Mouscaille. Pétrin. Purée, etc. / Etre à fond de cale (fam). Etre à sec (fam.). N'avoir pas le sou, pas un sou vaillant. Etre sans un (fam.). Etre en difficulté. Ne pas joindre les deux bouts. Tirer le diable par la queue (fam.).

PAUPÉRISME. Paupérisation. Sous-développement. Prolétariat.

Qui fournit peu (en parlant des choses). *Un sol pauvre.* Infertile. Stérile. Ingrat. Aride. Maigre. / *Un minerai pauvre.* D'une faible teneur.

Qui inspire la pitié (placé avant le nom). *Un pauvre homme.* Malheureux. Infortuné. Pitoyable.

payer
(du lat. *pacare*, apaiser, payer)

Acquitter une somme due, le plus souvent en versant de l'argent. *Payer une facture. Payer un achat.* Régler. Honorer. / *Payer son loyer.* Acquitter. / *Payer une rente, une pension.* Servir. Verser. / *Payer volontiers.* Débourser. Décaisser. Cracher (fam.). Les lâcher (pop.). / *Ne pas payer volontiers, facilement.* Etre dur à la détente, à la desserre (fam.). / *Payer sa part.* Quote-part. Ecot. Cotisation. / Contribuer à une dépense collective. Cracher au bassinet (fam.). / Collecte. Souscription. Quête. / *Payer une dette.* Rembourser. S'acquitter de. Se libérer de. Amortir. Eteindre. Liquider. / *S'engager à payer une certaine somme.* Souscrire. / *Payer ses créanciers.*

Rembourser. / *Etre, n'être pas en mesure de payer.* Etre solvable, insolvable. Etre failli. *En payant.* Moyennant finance. A titre onéreux. / *Sans payer.* Sans bourse délier. Gratuitement. Gratis. A l'œil (fam.). / *Obtenir quelque chose sans payer.* Resquiller (fam.).

PAIEMENT OU PAYEMENT. *Paiement d'une facture.* Acquittement. Règlement. / *Reconnaissance écrite d'un paiement.* Quittance. Acquit. Reçu. Décharge. / *Effectuer un paiement.* Versement. / Rançon. Tribut. / Remboursement. Libération. Versement libératoire. Amortissement. Extinction. / *Paiement partiel.* Acompte. A-valoir. Arrhes.

Verser de l'argent en échange de quelque chose (travail, services, objets, etc.). *Payer des employés.* Rétribuer. Rémunérer. / *Payer quelqu'un de ses frais, de ses services. Payer les frais de quelqu'un.* Défrayer. Dédommager. Indemniser. Rembourser. / *Payer des mercenaires, des hommes de main.* Soudoyer. Stipendier. / Avoir quelqu'un à sa solde (le payer pour qu'il vous serve). / *Personne à la solde de quelqu'un.* Mercenaire. Stipendié. / *Payer un verre, une tournée* (fam.). Offrir. Se fendre de (fam.). / *Payer à boire, à manger.* Régaler. / *Se payer un voyage.* S'offrir.

PAYE OU PAIE. *La paye d'un ouvrier. Toucher sa paye.* Rémunération. Rétribution. Salaire. / Feuille de paye.

Modes et conditions de paiement. Payer en espèces, en liquide, par chèque, par mandat. Payer en nature (en objets réels, non en argent). / *Payer comptant.* Payer cash (fam.). / *Payer à tempérament.* Par mensualités, par annuités, par traites. / Arrhes. Provision. Avance. / Caution. Cautionnement. Dédit. Garantie. / Payer quelqu'un à l'heure, au temps passé. Payer à la journée, à la semaine, à la quinzaine, au mois. / Payer au forfait. / Surpayer. Sous-payer.

PAYEUR (celui qui paye). Bon, mauvais payeur.

Locutions diverses. Payer d'audace (faire preuve de courage). Payer de sa personne (s'employer activement, s'exposer au danger). Payer cher une victoire, un succès (acheter). Payer pour quelqu'un (être puni à sa place, à cause de lui). Faire payer quelque chose à quelqu'un (se venger). Etre payé pour savoir quelque chose (en avoir fait l'expérience, l'avoir appris à ses dépens). Payer les pots cassés (réparer les dommages qui ont été faits). Ce n'est pas payé (l'effort est mal récompensé). Etre payé de sa peine (être récompensé). Se payer de mots (se contenter de vaines paroles). Vous nous le paierez (nous nous vengerons).

pays

(du bas lat. *page[n]sis*, bourg)

Territoire d'une nation, d'un peuple. *Un grand pays. Un petit pays. Un pays libre.* Puissance. Etat. Nation. Fédération. Confédération. République. Royaume. Duché. Principauté. / *Quitter son pays.* S'expatrier. Emigrer. S'exiler. / Emigration. Emigrant. Emigré. Exilé. / *Venir dans un pays.* Immigrer. / Immigration. Immigrant. Migrant. / *Habitant originaire d'un pays.* Indigène. Natif. Autochtone. Aborigène. / *Habitant non originaire d'un pays.* Etranger. Naturalisé. Allogène. / *Les habitants d'un pays.* Population. Peuple. / Citoyen (individu d'un pays déterminé). Citoyenneté. / Cosmopolite. Cosmopolitisme. / Naturaliser (v. NATION).

Pays natal. *L'amour du pays. Défendre son pays.* Patrie. Sol natal. / *Le mal du pays.* Nostalgie. / *Retourner dans son pays d'origine.* Village. Commune. Canton. Ville. Province. Petite patrie. / *Personne du même pays.* Compatriote. Concitoyen. Pays(e) [fam.].

Territoire considéré dans son aspect géographique, ses productions, etc. *Un pays chaud. Un pays froid. Pays de montagnes. Pays agricole, industriel.* Région. Contrée. / *Pays en voie de développement.* Tiers monde. / *Voir du pays.* / Voyager. / Pays de Cocagne (où tout est en abondance). / *Vin du pays.* Terroir. Cru.

Territoire considéré dans son étendue. *Habiter un petit pays.* Localité. Petite ville. Bourg. Village. Patelin (fam.). / *Pays perdu.* Bled (fam.). Trou (fam.).

Personnes qui habitent une nation, une région. *La volonté du pays. Consulter le pays.* Population. Peuple. Nation.

Relations entre pays. *Relations internationales.* Internationalisme. Internationaliser. / Politique étrangère. / Diplomatie. Ambassade. Consulat. / Organisation des Nations unies. / *Commerce international.* Exportation. Importation. / Exportateur. Importateur. / Exporter. Importer.

peau
(du lat. *pellis ;* en gr. *derma*)

Membrane qui recouvre le corps de l'homme et des animaux. ***Constitution de la peau.*** *Epiderme.* Couche cornée. Couche claire (forme la kératine). Couche granuleuse. Corps muqueux de Malpighi. Couche génératrice. / *Derme.* Derme superficiel (corps papillaire). Derme profond (chorion). / *Hypoderme.* Cellules graisseuses. Appareil nerveux dermique et hypodermique : corpuscules de Wagner-Meisner (tact), de Pacini (sensation de pression), de Krause (froid), de Rufini (chaleur). / *Enlever la peau du crâne.* Scalper. / *Oter la peau d'un animal.* Ecorcher. Dépouiller. Dépiauter (fam.). / *Traitement. Travail des peaux.* Pelleterie (v. CUIR). / *Changer de peau.* Muer. Mue. / *Sillons à la surface de la peau.* Rides. Patte-d'oie (fam.). Empreintes digitales.

Annexes de la peau ou phanères. Poils, ongles, cornes (v. ces mots). Plumes. Ecailles. Griffes. Glandes sébacées (produisent un liquide gras qui donnent de la souplesse aux poils). Glandes sudoripares (v. SUEUR).

Fonctions de la peau. Protection contre les agents mécaniques (chocs, frottements), chimiques, contre la chaleur, le froid, l'infection microbienne. Absorption des solutions aqueuses, graisseuses. Elimination de la sueur par les glandes sudoripares. Fonction de réserve (accumulation de la graisse dans le derme). Fonction de sensibilité (sensations tactiles, thermiques, douloureuses).

Enveloppe extérieure d'un fruit. *Enlever la peau d'une orange.* Peler. Eplucher. / Pelure. Epluchure.

Lésions de la peau. Egratignure. Ecorchure. Excoriation. Eraflure. Griffure. Avulsion ou arrachement. Scalp. Contusion. Plaie. Escarre. / Egratigner. Erafler. Griffer. Excorier. Arracher. Scalper. / *Petites lésions.* Pustule. Vésicule. Papule. Elevure (vx). Phlyctène. Ampoule. Cloque. Bouton. Tumeur (vx). Eruption. Bubon. Bulle. / Rougeur. Exanthème. Couperose. Plaque colorée. Vibices. / Squame farineuse, furfuracée ou pityriasique. Desquamation. / Desquamer.

Maladies de la peau. Dermatose (affection en principe non inflammatoire et atteignant surtout le derme). Génodermatose (maladie cutanée héréditaire). / / *Dermatoses réactionnelles.* Prurit ou démangeaison. Prurigo. Eczéma. Eczématides (ou parakératoses, séborrhéides, eczéma séborrhéique, taches rosées et squameuses). Urticaire. Erythème. Acné. / *Dermatoses microbiennes.* Dermites staphylococciques : folliculites superficielles, pemphigus, furoncle. Dermites streptococciques : impétigo (vulgairement *gourme*), dartre volante (impétigo sec), intertrigo, ecthyma, érysipèle, lèpre, perlèche ou pourlèche, charbon, tularémie, brucellose. Dermatites virales : maladies des griffes du chat, zona, herpès, verrues, nodule des trayeurs. / *Dermatoses dues à des champignons microscopiques.* Mycoses cutanées ou superficielles : pityriasis, dermatophyties, mycoses allergiques. Mycoses profondes : candidoses ou moniliases, aspergilloses, cryptococcoses, blastomycoses, phycomycoses, histoplasmoses. Mycoses sous-cutanées : mycétomes, sporotrichose. / *Dermites des agents physiques.* Engelures, brûlures, lucites, radiodermites. / *Dermatoses de causes mécaniques.* Durillons, cors, œils-de-perdrix. / *Dermatoses de causes chimiques.* Dermites de contact. Toxidermies. / *Dermatoses dues à l'anomalie d'un métabolisme.* Xanthome. Xanthomatoses. Xanthélasma. Xanthochromie palmo-plantaire. / *Dermatoses de cause inconnue.* Psoriasis. Lichen plan. Acrodermatite papuleuse, etc. / *Hématodermies.* Purpura. Reticuloses. Granulomatoses, etc. / *Dermatoses en rapport avec une atteinte du tissu conjonctif.* Lupus érythémateux. Ichtyose. Scléroses. Sclérodermies. / *Nævi* (taches ou lésions). Taches lenticulaires. Lentigines. Lentigo ou grain de beauté. Angiomes (taches de vin). Macules. / *Tumeurs de la peau.* Tumeurs bénignes : verrues séborrhéiques, adénomes sébacés, hidradénomes, kystes sébacés, kystes dermoïdes, cylindromes, chéloïdes, léiomyomes, lipomes. / Tumeurs malignes : épithéliomes, sarcomes cutanés, nævo-carcinomes ou mélanomes malins (v. TUMEUR).

Caractères de la peau. Peau délicate, fine, douce, veloutée. / Peau rèche, sèche, rugueuse, parcheminée, calleuse. / Peau grasse, huileuse. / Peau ridée, plissée. / Peau flasque, molle. / Peau blanche, lactée, nacrée, diaphane. / Peau brillante, satinée. / Peau mate. / Peau ambrée, basanée, bistrée, bronzée, cuivrée, café au lait, chocolat, noire, d'ébène. / Tatoué. Tatouage.

Locutions. N'avoir que la peau et les os (être très maigre). Faire peau neuve (changer complètement). Risquer, sauver sa peau (fam., sa vie). Avoir la peau de quelqu'un (pop., le tuer ou triompher de lui). Etre, se mettre dans la peau d'un personnage (adopter ses sentiments, son comportement). Peau de vache (pop., personne très sévère). Peau d'âne (fam., diplôme). Peau de chagrin (se dit d'un bien matériel ou moral qui rétrécit, s'amenuise). Etre bien, se sentir bien dans sa peau (être à l'aise, euphorique).

pêche

(de *pêcher,* lat. *piscari,* de *piscis,* poisson ; en gr. *halieutikos,* relatif à la pêche)

Art et manière de prendre des poissons. Halieutique (art de la pêche). / Pêche maritime. / Pêche en eau douce, en étang. Pêche fluviale. / Société de pêche. Droit de pêche. Lot de pêche. Garde-pêche. Ouverture, fermeture de la pêche. / Braconnier.

Pêche en mer. Grande pêche. Pêche hauturière. / Petite pêche. Pêche côtière. / Pêche au grand chalut, à la ligne, aux cordes. / Pêche au pied, littorale. Pêche aux étalières, à la senne, à la foëne, au surf-casting. / Bassier.
Appâts. Rogue (œufs de poisson). Strouille (poissons crus hachés). Stronk (en Bretagne). Broumet (en Méditerranée). / Boette, boëte ou bouette. Baluette. Fleurette. Gueulin (morceaux de peau servant d'appât).
Raligner. / Chaluter. / Harponner. / Relever (des casiers).

Pêche à la ligne. Pêche du bord, en bateau. / Barque. Bachot. Boutique. Ecope. Fiche. / Wading (pêche se pratiquant en entrant dans l'eau avec ou sans waders [pantalon en caoutchouc montant à mi-corps]). / Pêche à la ligne flottante. Au coup. A soutenir. A la longue coulée. Au fond. / A la volante. A la fouette ou à fouetter. A rôder. A la surprise. A la tirette. A la dandinette. A la traîne, au trimmer.
Pêche au lancer : ultra-léger, léger, lourd. Au coup à longue distance.
Pêche au grain. A la pomme de terre. Au sang. / Au ver. A la vermée ou à la houppe. A la pelote. / A la mouche : sèche, noyée. A la cuiller. A la perle.
Appâts. Amorce. Amorçoir. Esche. Ver. Asticot. Mouche. Sauterelle. Graines. Blé. Chènevis. Noquette. / Mouche artificielle.
Accessoires. Sonde. Grenouillère. / Grelot. Bâillon. Dégorgeoir. / Anneau à décrocher. / Aiguille à vif. / Buldo. / Plioir (à ligne). / Epuisette. / Bourriche. / Panier. Glène. / Tables solunaires.

Manières de pêcher. Amorcer. Appâter. Escher. / Poser une ligne. Tendre une ligne. Lever une ligne. / Lancer. Récupérer. / Soutenir. Ferrer. Ferrage. Noyer, fatiguer le poisson. / Mordre. Engamer. / Avoir des touches. / Accrochage. / Vrillage. Bouclage. Perruque.

Lignes. Canne. Canne télescopique. Gaule. Pied. Talon. Lance. Support. Brin. Scion. Virole. / Bambou. Fibre de verre. / Moulinet. Bobine. Cliquet. Pick-up. Anse-de-panier. Frein. / Traillet. / Fil Nylon. Soie. Crin (vx).
Corps de ligne. Corde. Cordelle. Crinelle. / Bas de ligne. Racine (vx). Empile. Chaînette (en acier). / Clipot. Emerillon. / Flotteur. Bouchon. Antenne. / Plombée. Grenaille. Plombs. / Hameçon. Palette. Œillet. Hampe ou tige. Courbure. Ardillon. Pointe. Hameçon double, triple. / Caoutchouc amortisseur, roubaisien. / Avançon. Ligne à la main. Ligne dormante. Ligne de fond. Ligne traînée. / Ligne à plusieurs hameçons. Libouret. Pater-noster. Palangre. Palangrotte. Mitraillette (à maquereaux). Turlutte.

Filets. *Filets de mer.* Filet maillant ou droit. Filet cernant ou tournant. / Chalut. Folle. Gangui. Haveneau ou havenet. Parc. Senne ou seine. Tartane. Truble, trouble ou troubleau.
Filets d'eau douce. Araignée. Balance. Bosselle. Carrelet, carreau ou échiquier. Epervier à bourses, à bague. Gille. Guideau. Louve. Nasse. Tambour. Tramail. Verveux.
Engins. Bricole. / Croc. Crochet. Foëne. Fourchette. Gaffe. Grappin. Harpon. Lance-harpon. Trident. Casier à homard. Gord. Madrague.
Leurres. Cuiller. Devon. Fantôme. Poisson : casqué, d'étain, mort, nageur. Tuediable (sorte de devon).

Relatif à la pêche. Pêcheur. Pêcheuse. Pêcheur en eau douce. Pêcheur en mer. Marin pêcheur. Pêcheur d'Islande. Morutier. Terre-neuvas.

péché

(du lat. *peccatum*)

Faute contre la loi divine, religieuse. *Commettre un péché.* Manquement. Offense à Dieu. / *Avouer ses péchés.* Se confesser. / *Aveu des péchés.* Confession. / *Regret des péchés.* Repentir. Contrition. / Péché mortel. Péché véniel. Péché originel. / *Péchés capitaux* (sept). Orgueil. Avarice. Luxure. Envie. Gourmandise. Colère. Paresse.

PÉCHER. Commettre un péché. Tomber dans le péché. Faillir. Succomber à la tentation. Manquer à ses devoirs. Faire le mal. Transgresser la loi divine. Désobéir à Dieu. Perdre la grâce.

PÉCHEUR. PÉCHERESSE. Pécheur endurci, invétéré.

Faute légère. *Péché mignon.* Petit défaut. Peccadille. / *Péché de jeunesse.* Faute excusable.

peine
(du lat. *poena*)

Activité qui fatigue. *Se donner de la peine.* Se donner du mal. / *Récolter le fruit de ses peines.* Fatigue. Effort. Travail. Labeur (littér.). / *Mourir à la peine.* Mourir à la tâche. / *Se donner beaucoup de peine.* Ne pas se ménager. Se dépenser. Se démener. S'escrimer. Se mettre en quatre. Remuer ciel et terre. Faire l'impossible. S'épuiser. S'user. Se décarcasser (fam.). Se crever (fam.). Se crever le tempérament (pop.). / *Prendre la peine de.* S'imposer de. Se contraindre à. Se faire un devoir, une obligation de. / *Ne pas être au bout de ses peines.* Difficultés (à surmonter). Tribulations.

PÉNIBLE. *Un travail pénible.* Rude. Dur. Accablant. Harassant. Epuisant. Crevant (fam.). Usant. Ereintant. Tuant.

PÉNIBLEMENT. Avec peine. A grand-peine. Difficilement. Laborieusement. Malaisément.

PEINER. Se fatiguer. Travailler dur, comme un forçat, un forcené, un galérien. Trimer (pop.). Donner un coup de collier. En baver (pop.). Ne pas plaindre sa peine.

Souffrance morale. *Eprouver une peine profonde.* Douleur. Chagrin. Souffrance. Tourment. Torture. Crève-cœur (littér.). Arrachement. / *Etre dans la peine.* Tristesse. Abattement. Affliction. Désolation. Détresse. / Malheur. Epreuve. Croix. / Peine de cœur. Chagrin d'amour. / *Une peine légère.* Déplaisir. Contrariété.

PEINER (causer de la peine). Chagriner. Faire souffrir. Tourmenter. Torturer. Crever, fendre, arracher le cœur. / Attrister. Abattre. Affliger. Désoler. / Eprouver. / Déplaire. Contrarier. Désobliger. Vexer.

PÉNIBLE. *Un moment pénible.* Douloureux. Triste. Affligeant. Eprouvant. Poignant. Cruel. Atroce. / *Un événement pénible.* Désolant. Consternant. / *Un incident pénible.* Déplaisant. Contrariant. Désobligeant. Vexant. Navrant.

Sanction prévue par la loi et appliquée pour une action jugée coupable. *Encourir une peine. Infliger, prononcer une peine.* Condamnation. Châtiment. / Commuer une peine (la changer en une moindre). / *Peine criminelle* (v. CRIME). / *Peine correctionnelle* (v. DÉLIT). / *Peine de police.* Emprisonnement. Amende. / *Peine afflictive et infamante.* Peine criminelle. / *Peine de mort.* Peine capitale. Décapitation. Pendaison. Electrocution. / *Peine privative de liberté.* Emprisonnement. Réclusion. Détention. Interdiction de séjour. Relégation. Déportation. / *Peine disciplinaire.* Blâme. Reproche. / *Peine pécuniaire.* Amende. Confiscation.

PÉNAL (relatif à la peine). Code, droit pénal. / Pénalité. / Pénologie.

Obstacle matériel, intellectuel, psychologique ou moral qui rend une chose pénible ou difficile. *Avoir de la peine à faire quelque chose.* Difficulté. Mal. / Avoir peine à [et l'inf.] (parvenir difficilement à). / Etre en peine, bien en peine de (être dans l'impossibilité de). / *Avec peine. A grand-peine.* Difficilement. Péniblement (v. ce mot). / *Sans peine.* Très facilement. Volontiers.

Locutions diverses. Homme de peine (qui fait des travaux pénibles). Ne pas plaindre sa peine (montrer une grande activité, ne pas se ménager). Perdre sa peine (se fatiguer inutilement). C'est peine perdue (c'est inutile, vain). En être pour sa peine (ne pas recueillir le fruit de ses efforts, en être pour ses frais [fam.]). Ce n'est pas la peine de [et l'inf.], que [et le subjonctif] (c'est inutile de, que). Valoir la peine, valoir la peine de [et l'inf.], que [et le subjonctif] (avoir une réelle importance, mériter qu'on fasse effort pour). Ne pas valoir la peine d'en parler (être négligeable, insignifiant). Pour la peine, pour votre peine (en compensation, en dédommagement; ironiquement : en guise de punition). Toute peine mérite salaire (récompense). Prendre la peine de (se donner le mal de, s'imposer de, se contraindre à). A peine (dans une évaluation quantitative : très peu, presque pas, tout juste; dans un sens temporel : depuis très peu de temps; avec un numéral : tout au plus).

peinture
(du lat. pop. *pinctura;* lat. class. *pictura*)

Art de représenter, de suggérer

des êtres ou des choses au moyen des couleurs. Peinture de chevalet. / Peinture murale. Peinture pariétale, rupestre. / Peinture figurative. Peinture non-figurative, abstraite.
Art pictural. Style. Manière. Facture. Métier. Touche. Patte (fam.). / Peindre. Représenter. Reproduire. Rendre. / Composer. Copier. Travailler d'après nature. Travailler en atelier. / Eclairage zénithal, latéral. Jour. / Séance. Pose. Modèle. Mannequin.

Procédés et techniques. Peinture à l'huile (de lin, de noix, d'œillette), à l'essence minérale, de térébenthine. / Peinture à l'eau. Détrempe (eau additionnée de colle). Tempera (eau avec de l'œuf). / Peinture à la cire, à l'encaustique. / Peinture à fresque. / Marouflage (procédé qui consiste à appliquer une toile peinte sur un mur ou sur un plafond avec de la colle très forte appelée *maroufle*). Sgraffito ou sgraffite (décoration murale en camaïeu).
Support ou *subjectile.* Bois, toile, ciment, pierre, céramique, métal, papier, parchemin, ivoire, soie, verre, etc.

Technique d'exécution. Dessin. Esquisse. Ebauche. Etude. / Ebaucher. Dessiner. Esquisser. / Sujet. Motif. / Perspective. Nombre d'or. Profondeur. Plan. Arrière-plan. Avant-plan. Animer une surface. Contours. / Fond. Horizon. Champ. Profondeur de champ. Masse. Volume. / Relief. Modelé. Glacis. Frottis. Sfumato (modelé vaporeux). Lumière. Distribution des lumières. Clair-obscur. Ombre. Ombre portée. Contraste. / Disposer les masses. Répartir les volumes. Accuser les traits. Fondre les contours.
Matériel de peinture. Palette. Pinceau. Brosse. Appui-main. Couteau. Blaireau. Amassette. Godet. Pincelier. Boîte de couleurs. Couleurs fines. Tubes.

Coloris. Couleurs. Tonalités. Nuances. Orchestrer les couleurs. Fondre les couleurs. Tons francs. Tons clairs, blafards, dégradés, estompés, etc. / Rappel de ton. Aplat. Teinte fondue. Demiteinte. Ton pur. / Repoussoir (élément au ton plus vigoureux qui met en valeur un autre élément). Retouche. Repentir. Repeint. Rehaut. Surcharge. / Carnation (couleur des chairs). Morbidesse (délicatesse dans le modelé des chairs).
Empâter (mettre les couleurs sur la toile). Empâtement. Etaler. Brosser. Estomper. Dégrader. Ombrer. Rehausser. / Lécher (fam.). Fouiller. / Historier. Enluminer. / Vernir. Vernissage.

Œuvre peinte. *Sujets de peinture.* Portrait. Autoportrait. Groupe. Figure. Caricature. Charge. / Académie. Nu. / Histoire. Batailles. / Intérieur. Scène de genre. / Paysage. Vue. Panorama. Sousbois. Marine. / Animaux. Fleurs. Nature morte. Trompe-l'œil. / Sujets religieux. Passion. Nativité. Annonciation. Crucifixion, etc. Pietà. Madone, etc.
Tableau. Toile. Diptyque (tableau pliant formé de deux volets). Triptyque. Polyptyque. Icône. / Kakémono. Makémono. / Fresque. Plafond. Trumeau. Panneau. Retable (panneau décoré placé derrière un autel). Prédelle. / Décor de théâtre.
Original. Copie. Réplique. Pochade (croquis en couleur exécuté rapidement). Enluminure. Miniature. / Maroufle. / Vitrail. Aquarelle. Gouache. Lavis. Camaïeu (peinture d'une seule couleur avec ses variations d'ombre et de lumière). / Mauvaise peinture. Barbouillage. Croûte (fam.).
Exposition de peinture. Cimaise. Salon. Vernissage. Rétrospective. / Biennale. Musée. Galerie. Pinacothèque.

Altération. Embu (aspect terne). S'emboire. Encrassement. S'encrasser. Ecaillement. S'écailler. / Gerçure. Craquelure. / Jaunissement, noircissement du vernis.

Restauration. Nettoyage. Rafraîchir, raviver les couleurs. Repiquage. Rentoilage. Marouflage.

Peintres. Artiste peintre. Rapin. / Ecole des beaux-arts. Maître. Elève. Prix de Rome. Hors concours. / Enlumineur. Miniaturiste. Animalier. Aquarelliste. / Peintre militaire, religieux. / Peintre d'histoire, de marines, de genre, de natures mortes. / Peintre verrier. / Fresquiste.

Écoles. Peinture antique (Egypte, Grèce, Rome). Peinture médiévale. Peinture de la Renaissance, classique, baroque, néo-classique, romantique, réaliste. Peinture contemporaine (XIXe et XXe siècle). Préraphaélisme. Impressionnisme. Les nabis. Néo-impressionnisme (pointillisme). Fauvisme. Cubisme. Futurisme. Art abstrait. Expressionnisme. Surréalisme. Les naïfs. Pop'art. Néo-réalisme. Hyperréalisme.

Peinture en bâtiment; peinture décorative; peinture industrielle. *Badigeon.* Chaux éteinte. Lait de chaux. Alun. Térébenthine. Suif. / *Détrempe* ou *peinture à la colle.* Colle de peau. / *Peinture grasse, à l'huile.* Liant. Solvant. Diluant. Plastifiant. Siccatif. Pigment ou couleur. Charge (épaissit). / Peinture cellulosique, acétocellulosique, nitrocellulosique, nitrosynthétique, glycérophtalique. Peinture anticorrosion. Peinture antirouille. / Email. / Vernis à l'huile, aux résines, à l'alcool; vernis cellulosique, bitumineux; vernis aux latex, aux caoutchoucs artificiels; vernis naturels (laques). Vernis-émail. Vernis-émulsion.

Fabrication. *Ingrédients.* Huile de ricin déshydratée. Huile de lin. Essence de térébenthine. White spirit. / Siccatifs. Dérivés métalliques : plomb, manganèse, fer, cobalt et zinc. / Résines synthétiques. Epoxydes. Silicones. Résines vinyliques, glycérophtaliques. / *Pigments blancs :* céruse (interdite), oxyde de zinc, lithopone, dioxyde de titane. / *Bleus :* d'outremer, de Prusse ou de Paris, de cobalt, de cuivre. / *Jaunes :* de chrome, de cadmium, de zinc; oxyde de fer jaune, terre de Sienne, ocres jaunes. / *Noirs :* noir animal, noir d'ivoire (os calcinés); noir de fumée, noir de gaz; ocres noires, oxydes de fer noirs, noir de houille. / *Rouges :* de chrome, de cadmium, de molybdène, de cobalt; minium, vermillon, mine orange (oxydes de fer); ocre rouge. / *Verts* directs : vert émeraude, oxyde de chrome vert; verts de cuivre, de cobalt, d'outremer; verts de mélange (de pigments jaunes et bleus). / *Violets :* de Bourgogne (ou de manganèse), de cobalt, d'outremer, de Mars (oxyde de fer); ocres violettes. / *Pigments métalliques* (dorure, etc.). / Préparation des liants. Incorporation des pigments et des matières de charge. Broyage des pigments. Malaxage. Laminage. Brassage. Réglage de la consistance.

Application des peintures. Pinceau ou brosse. / *Parties d'un pinceau.* Hampe. Bois. Manche. Ante. Virole. Soie. Poil / Pinceaux à badigeon, à lessiver, à lettre, à filet, à pocher. Brosse ronde, plate, à queue-de-morue. Rouleau. Pistolet. Torche-pinceau. Spalter (brosse utilisée pour faire les faux bois). / Camion.

Subjectile ou support (surface à peindre). Mise en état. Nettoyage. Ponçage. / Enduit. Couche d'impression. Couche adhésive ou d'apprêt. Couche intermédiaire. Couche de finition. / Oxydation de l'huile. Polymérisation. Film (couche sèche).

Qualités des peintures : séchage rapide, dureté, flexibilité, résistance aux agents chimiques, stabilité de la couleur. / Défauts : cloque ou boursouflure, écaillage. Boursoufler. Cloquer. Se fariner. S'écailler.

Appliquer de la peinture. Peindre. Peinturer (peindre d'une façon grossière et maladroite). Colorier. Enduire. Laquer. / Peinturlurer (peindre avec des couleurs criardes). / Ravaler. Repeindre. Teinter. Vernir. / Coup de pinceau. Raccord. Filet.

Peintre. Peintre en bâtiment. Peintre décorateur. Peintre au pistolet. Badigeonneur.

pencher

(du lat. pop. *pendicare;* lat. class. *pendere*)

Diriger vers le bas. *Pencher un objet.* Incliner. Abaisser. Coucher. Renverser. Basculer. Plier. Ployer. / *Pencher la tête.* Courber. Baisser.

Se pencher. Se courber. S'incliner.

PENTE. Déclivité. Inclinaison. Versant. / Plan incliné. Devers. Rampe. Glacis. Talus. / *Pente raide.* Grimpette. Raidillon. / Etre sur la mauvaise pente (au fig.), agir d'une façon contraire aux règles de la moralité.

Être ou devenir oblique. *Pencher* (en parlant d'un mur, d'un arbre). Ne pas être d'aplomb. Cesser d'être vertical. Déverser. / Etre de travers.

Avoir une préférence. *Pencher pour une chose.* Etre porté vers. Préférer.

PENCHANT. Inclination. Tendance (v. ce mot). / *Avoir un penchant pour, à quelque chose.* Etre porté à. Etre enclin à.

pendre

(du lat. *pendere, pensum*)

Fixer par le haut à une certaine distance du sol. *Pendre un lustre au plafond.* Accrocher. Appendre (vx). Suspendre. / *Ce qui sert à pendre.* Crochet. Portemanteau. Patère. Champignon. Penderie. Tringle. Anneaux. / Pendoir. Croc. / Crémaillère. Cran.

Être retenu par le haut à une certaine distance du sol. *Laisser pendre une corde.* Etre accroché. Etre suspendu. / Pendiller. Pendouiller (fam.). / *Pendre sur la nuque* (en parlant des cheveux). Tomber. Retomber. Descendre. Traîner. / *Jambes pendantes.* Ballantes. / *Ornements pendants.* Feston. Guirlande. Girandole. Gland. Grappe. Frange. / Pendants d'oreilles. Pendentif. Pendeloque.

Mettre à mort en suspendant par le cou. *Pendre un criminel. Pendre haut et court.* Passer la corde au cou. /

Se pendre (se suicider par pendaison). / *Un pendu.* Un gibier de potence. Un homme de sac et de corde (vx).

PENDAISON. Potence. Gibet. Fourches patibulaires (vx).

pénétrer

(du lat. *penetrare*)

Entrer profondément en traversant ce qui fait obstacle (sujet nom de chose). *Pénétrer dans les chairs* (en parlant d'une balle, d'un objet tranchant, etc.). Entrer. S'enfoncer. / Percer. Transpercer. Traverser. Perforer. / *Pénétrer dans une substance* ou *pénétrer une substance* (en parlant d'un liquide). Imbiber. Imprégner. / Filtrer. S'infiltrer.
Qui se laisse pénétrer. Perméable. Poreux. / *Qui ne se laisse pas pénétrer.* Imperméable. Etanche. / *Qui laisse pénétrer la lumière.* Transparent. Translucide. / *Qui ne laisse pas pénétrer la lumière.* Opaque.

PÉNÉTRANT. *Un froid pénétrant* (qui traverse les vêtements). Vif.

PÉNÉTRATION. Imbibition. Imprégnation. Infiltration. Osmose. Endosmose.

Entrer dans un lieu, dans un élément (sujet animé). V. ENTRER.

Parvenir à comprendre. *Pénétrer la pensée d'un philosophe.* Saisir. S'assimiler. Se familiariser avec. Découvrir. Analyser. / *Pénétrer un mystère.* Approfondir. Sonder. Creuser. Scruter. / Démêler. Elucider. Eclaircir. Percer. / *Pénétrer les intentions de quelqu'un.* Deviner. Pressentir.

PÉNÉTRANT. *Un regard pénétrant.* Perçant. Profond. / *Un esprit pénétrant.* Perspicace. Clairvoyant.

PÉNÉTRATION. Compréhension. Intelligence. Finesse. Subtilité. Acuité d'esprit.

pénitence

(du lat. *paenitentia,* de *paenitere,* se repentir)

Regret d'avoir péché. *Esprit de pénitence.* Contrition. Repentir. Remords. Componction (vx). Ferme propos (résolution de ne plus pécher).
Faire pénitence. Se mortifier. Mortifier sa chair. / Mortifications. Austérités. Macérations. Ascétisme. Jeûne. Abstinence. / Cilice. Haire. Discipline. / Réparer, racheter ses fautes. Expier. / Réparation. Rachat. Expiation. / Indulgences. / *Temps de pénitence.* Carême. Avent. Quatre-temps. Ramadan.

PÉNITENT. Pénitente. Pénitents blancs, pénitents noirs (confréries religieuses).

Sacrement par lequel les péchés sont pardonnés. Examen de conscience. Confession. Confession auriculaire. Confession publique. Cérémonie pénitentielle. Aveu des fautes. / Avouer, confesser ses péchés. S'accuser de. / Acte de contrition. / Entendre quelqu'un en confession. Confesser quelqu'un. Absoudre. Remettre les péchés. / Donner une pénitence (imposer un acte ayant valeur de rachat). / Secret de la confession. / Absolution. Rémission des péchés. / Confesseur. Directeur de conscience. Père spirituel. / Confessionnal. Tribunal de la pénitence.

penser

(du lat. *pensare,* peser, réfléchir)

Exercer une activité intellectuelle. *Apprendre à penser.* Former, combiner des idées, des jugements. Raisonner. Juger. Spéculer. / *Penser avant d'agir.* Réfléchir. / *Penser profondément.* Méditer. Se concentrer. Se recueillir. S'abstraire. Se plonger, se perdre, s'abîmer dans ses pensées. Cogiter (fam.). / *Penser un projet.* Concevoir. Imaginer. Inventer. Elaborer. / *Donner à penser.* Faire réfléchir. / Penser par soi-même (avoir des idées personnelles). / Maître à penser (écrivain, philosophe qui exerce une influence sur les idées de son époque).

PENSEUR. Esprit profond, pénétrant. / Philosophe.

PENSIF. Réfléchi. Méditatif. Concentré. / Songeur. Préoccupé. / Pensivement.

PENSABLE. Concevable. Imaginable.

PENSANT. *Un être pensant.* Intelligent.

PENSÉE. *L'activité de la pensée.* Activité psychique. / *Pensée conceptuelle, rationnelle, discursive.* Esprit. Intelligence. Entendement. Jugement. Raison. Imagination. Mémoire. Conscience, etc. / *Opérations de la pensée.* Connaissance. Compréhension. Abstraction. Jugement. Raisonnement. Analyse. Synthèse, etc. / *Une pensée banale, confuse. Une pensée fine, subtile, originale.* Réflexion. Observation. Remarque. / *Une pensée sentencieuse.* Maxime. Aphorisme. Sentence. Apophtegme (parole mémorable tirée d'un auteur ancien et ayant valeur de maxime). / *La pensée de quelqu'un.* Manière de penser. Capacité intellectuelle. / Se transporter par la pensée (par l'imagination). / *Transmission de pensée.* Télépathie. / *Etre absorbé dans ses pensées. Se plonger, se perdre, s'abîmer dans ses pensées.* Méditation. Réflexion. Rêverie (vieilli). Cogitation (fam.). / *La pensée d'un écrivain, d'un philosophe.* Doctrine. Philosophie. / *L'expression de la pensée.* Langage. Parole.

Tourner son esprit vers un être, vers une chose. *Penser aux autres. Penser à ses amis.* S'intéresser à. Se soucier de. Se préoccuper de. S'inquiéter de. / *Ne penser qu'à soi.* Etre égoïste. / *Penser à un absent.* Se souvenir de. Ne pas oublier. / *Penser à la mort.* Réfléchir à. Méditer sur. / *Penser à l'avenir.* Songer à. Envisager. / *Penser à un projet, à une proposition.* Examiner. / *Penser au passé.* Evoquer. Imaginer. Se rappeler. Revoir en pensée. / *Faire penser à* (en parlant d'un être ou d'une chose). Evoquer, rappeler par ressemblance. Suggérer. / *Penser vaguement à quelque chose.* Rêver à. / *Penser sans cesse à quelque chose.* Ruminer. Rouler, agiter dans sa tête. / *Faire quelque chose sans y penser.* Machinalement.

Avoir présent à l'esprit. *Penser à tout.* Faire attention à. Prévoir. / *Penser à une chose. Penser à* (et un infinitif). Ne pas oublier de. Se souvenir de. / *Faire penser quelqu'un à* (avec un nom ou un infinitif). Rappeler. Faire souvenir de. / Pense-bête (ce qui est destiné à rappeler ce que l'on a projeté de faire).

PENSÉE. *Une pensée affectueuse pour quelqu'un.* Souvenir.

Avoir telle ou telle opinion. *Penser qu'une chose est vraie.* Croire. Estimer. Juger. Considérer. Avoir la conviction que. Avoir l'idée que. / *Dire ce qu'on pense.* Donner son opinion, son sentiment. Etre franc. / *Ne savoir que penser d'une situation.* Imaginer. Supposer. / *Tu penses, vous pensez* (fam.). Bien sûr. Oui. En effet. Tu parles, vous parlez (fam.). / *Penses-tu, pensez-vous* (fam.). Pas du tout. Mais non. / *Penser* (avec un infinitif). Espérer. Compter. Projeter de. Croire. Avoir le sentiment de.

PENSÉE. *Dire sa pensée. Partager la pensée de quelqu'un.* Opinion. Avis. Sentiment. Façon de penser. Manière de voir. Point de vue. / *Dévoiler sa pensée.* Intention. Dessein.

PENSANT. Bien-pensant (qui a des opinions conformes à l'ordre établi, à un système de caractère religieux, social, politique). / Mal-pensant.

percer
(du lat. pop. *pertusiare*)

Faire un trou dans un objet. *Percer une tôle, une planche.* Trouer. Perforer. / *Percer de part en part.* Transpercer. Traverser. / *Percer une toile. Percer un pneu.* Déchirer. Crever. / Déchirure. Crevaison.

Blesser à l'aide d'une arme pointue. *Percer quelqu'un de coups.* Cribler. Transpercer. Larder. / *Percer avec une épée, une fourche.* Embrocher. Enfourcher.

PERÇAGE (action de percer). Le perçage du bois.

Instruments perçants. Pointe. Pointeau. Poinçon. Burin. / Epingle. Aiguille. Carrelet. Alène. / Emporte-pièce. / Broche. Brochette. Lardoire. / Mèche. Foret. Fraise. Vrille. Tarière. Cuiller. / Vilebrequin. Chignole. Drille. Perceuse. / Trépan. Sonde. Marteau piqueur. Perforatrice, etc.

Faire une ouverture dans une chose pour servir de passage. *Percer une porte dans un mur.* Pratiquer. Ménager. / *Percer un trou dans une galerie.* Forer. / *Percer un tunnel.* Creuser. / *Percer une route, une avenue.* Ouvrir.

PERCEMENT. *Percement d'un tunnel.* Creusement.

Traverser un milieu, un obstacle. *Percer la foule.* Se frayer un passage dans. / *Percer les nuages* (en parlant du soleil). Sortir de. / *Percer les oreilles* (en parlant d'un son). Déchirer. / *Percer un mystère.* Découvrir. Pénétrer.

PERÇANT. *Un cri perçant.* Aigu et fort. Déchirant. Strident. / *Une voix perçante. Un son perçant.* Eclatant. Criard.

percevoir
(du lat. *percipere, perceptum*)

Saisir par les sens. *Percevoir un bruit.* Entendre. Déceler. Capter. / *Percevoir une nuance entre deux teintes.* Voir. Apercevoir. / *Percevoir le froid, la chaleur, une douleur.* Sentir. Ressentir. Eprouver.

IMPERCEPTIBLE. Insensible. Invisible. Inaudible. / Minime. Infime.

PERCEPTION. Sensation. Impression. / Seuil de perception. / Acuité, finesse des sens.

PERCEPTIBLE. Sensible. Décelable. Observable. Audible. Visible.

Saisir par l'esprit. *Percevoir une analogie.* Remarquer. Noter. Observer. Distinguer. Discerner. Sentir.

IMPERCEPTIBLE. Insensible. Subtil. Léger. Ténu. Fin.

PERCEPTION. Prise de conscience. Connaissance. Intuition. Pénétration. Subtilité.

Recevoir de l'argent. *Percevoir un loyer, des intérêts, une pension.* Toucher. Encaisser. Empocher (fam.).

PERCEPTION. *La perception des impôts.* Recouvrement. Collecte. Rentrée. / Percepteur.

percher
(de perche, lat. *pertica*)

Se tenir sur un support (en parlant des oiseaux). *Percher sur un arbre.* Se percher. Jucher. Se jucher. Brancher. Se brancher. / Se poser. S'abattre. Grimper. / *Oiseau percheur* (qui a l'habitude de se percher). / Perchoir. Juchoir. Branche.

Mettre à un endroit élevé. *Percher un objet sur une armoire.* Placer. Poser. Nicher. Installer.

perdre
(du lat. *perdere, perditum*)

Être séparé d'un être par la mort. *Perdre ses parents* (en parlant d'un enfant). Devenir orphelin. / *Perdre un enfant.* Etre en deuil de. / *Perdre sa femme, son mari.* Devenir veuf, veuve.

PERTE. *La perte d'un être cher.* Disparition. Mort. / *Pertes civiles, militaires dans un conflit.* Morts. Disparus.

Être privé de la possession d'un bien matériel, d'un avantage moral. *Perdre sa fortune au jeu.* Dilapider. Dissiper. Croquer (fam.). Engloutir (fam.). / Se ruiner. / *Perdre de l'argent dans une affaire.* Manger (fam.). Boire un bouillon (fam.). Faire faillite. En être de sa poche (fam.). Laisser des plumes (fam.). / *Perdre sa place, sa situation.* Etre licencié. Etre mis à pied. Etre renvoyé. / *Perdre son autorité, son influence.* Etre en défaveur. Tomber en disgrâce. / Laisser perdre un droit (laisser [se] périmer).

PERTE. *Subir une perte matérielle ou morale.* Préjudice. Dommage. / Vendre à perte (à un prix inférieur au prix d'achat ou de revient). / Perte sèche (compensée par aucun bénéfice). / *Essuyer une perte au jeu.* Prendre une culotte (fam.). Se faire lessiver, nettoyer (fam.). / *Perte d'un droit.* Déchéance. Péremption.

Être privé d'une partie de soi-même, d'une faculté, d'une qualité propre à la personne. *Perdre un bras, une jambe.* Etre amputé de. / *Perdre la vue.* Devenir aveugle. / *Perdre ses cheveux.* Devenir chauve. Se déplumer (fam.). / *Perdre la mémoire.* Ne plus se souvenir. / *Perdre la parole.* Devenir muet, aphasique. / *Perdre la raison.* Devenir fou. / *Perdre connaissance.* S'évanouir. / *Perdre de ses forces.* S'affaiblir. / *Perdre la vie.* Mourir. / *Perdre ses feuilles* (en parlant d'un arbre). Se défeuiller. S'effeuiller.

PERTE. *Perte de la mémoire.* Amnésie. / *Perte de la parole.* Aphasie. / *Perte des forces.* Affaiblissement. Asthénie.

Cesser d'avoir une manière d'être, de sentir ou d'agir. *Perdre une habitude.* Se défaire de. Se débarrasser de. Se guérir de. Renoncer à. / Se déshabituer. / *Perdre toute retenue.* S'abandonner. Se laisser aller. / *Perdre courage, son enthousiasme.* Se décourager. / *Perdre tout espoir.* Se désespérer. / *Perdre sa liberté.* Aliéner. S'asservir. / *Perdre sa timidité, sa gaucherie.* S'enhardir. / *Perdre patience.* S'impatienter. / *Perdre contenance. Perdre ses moyens.* Se démonter. Se troubler. Etre déconcerté. Avoir le trac (fam.). / *Perdre le contrôle de sa voiture.* Ne plus être maître de. / Perdre la face (subir une atteinte à sa réputation, à sa dignité).

Ne plus avoir près de soi, à sa disposition, en sa possession un être, une chose. *Perdre quelqu'un dans une foule.* Ne plus voir. / *Perdre de vue quelqu'un, quelque chose.* Cesser d'apercevoir. Ne plus fréquenter. / *Perdre son portefeuille, sa montre.* Egarer. Paumer (pop.). / (Au fig.) *Perdre son chemin.* S'égarer. / *Perdre le fil de ses idées.* S'embrouiller. S'emmêler.

Se perdre. S'égarer. Se fourvoyer. Ne plus se retrouver. Faire fausse route. / *Etre perdu.* Etre désorienté. / *Se perdre dans des explications, des digressions. S'y perdre* (fam.). S'embrouiller. S'emmêler. S'empêtrer. / *Se perdre dans des détails.* Se noyer.

PERDU. *Un chien perdu.* Errant.

Causer la chute, la ruine d'une personne. *Perdre quelqu'un* (en parlant d'un défaut, d'une mauvaise tendance, de mauvaises fréquentations). Discréditer. Déconsidérer. Déshonorer. Mener à sa ruine, à sa perte. Compromettre sa situation (matérielle, morale), sa réputation. Pervertir. Corrompre. Jeter dans les dérèglements.

PERTE. *Perte de l'âme.* Damnation. /

Courir à sa perte. Ruine. Déchéance. Mort.

PERDITION. *Lieu de perdition*. Débauche.

PERDU. *Un malade perdu*. Incurable. Condamné. / *Un homme perdu*. Atteint (dans sa réputation, sa situation, son avenir, sa fortune). Fini. Flambé (fam.). Frit (fam.). Cuit (fam.). Fichu (fam.). Foutu (pop.). Paumé (pop.).

Se perdre. *Se perdre* (en parlant de récoltes, de denrées alimentaires). Se gâter. S'avarier. S'abîmer (fam.). Pourrir. Moisir. / *Se perdre* (en parlant d'un usage, d'une mode). Disparaître. Cesser d'être en vogue.

Ne pas réussir, être inférieur dans un combat, dans une compétition. *Perdre une bataille, un match*. Etre battu, vaincu, défait. Avoir le dessous. Fléchir. Plier. Céder. S'écraser (fam.). / Echouer. Manquer, rater son coup. Etre perdant. / *Perdre un procès*. Etre débouté. Etre condamné.

PERTE. *Perte d'un combat*. Défaite. Echec. Revers. Insuccès. Désavantage. / Déroute. Désastre.

Laisser échapper. *Perdre ses chaussures en courant*. Se trouver déchaussé. / *Perdre* (en parlant d'un récipient). Fuir. Ne pas être étanche.

PERTE. *Perte de gaz*. Fuite. / *Perte de sang*. Hémorragie.

Faire un mauvais usage de quelque chose. *Perdre son temps, son argent*. Gaspiller. Gâcher. Galvauder. Mal employer. / Perdre une occasion (ne pas en profiter).

PERTE. *Perte de temps*. Gaspillage. / *Perte d'énergie*. Déperdition. / *En pure perte*. Inutilement. Sans profit.

père

(du lat. *pater, patris*)

Celui qui a un ou plusieurs enfants. *Père de famille*. Papa. / Grand-père. / Procréateur. Géniteur (par plaisant.). L'auteur des jours (littér.). Le paternel (fam.). / Père putatif. Père adoptif. Père nourricier. Beau-père. Parâtre (vx). / *Père d'une lignée*. Ancêtre. Patriarche. Aïeul. Ascendant. / Patriarcal. / Engendrer. Procréer. Reconnaître un enfant. / Adopter. Adoption.

PATERNEL. Autorité paternelle. Puissance paternelle. / Traiter quelqu'un paternellement (avec la bienveillance protectrice d'un père).

PATERNITÉ. Recherche en paternité.

Paternité spirituelle (langue religieuse). Dieu le Père. / *La maison du Père*. Paradis. / Père spirituel. Directeur de conscience. / Père abbé. Le Saint-Père (le pape). / Les Pères de l'Eglise. / Père jésuite. Père dominicain, etc. Révérend Père.

permettre

(du lat. *permittere, permissum*)

Donner la liberté de faire quelque chose (sujet nom de personne). *Permettre à quelqu'un de partir*. Autoriser à. Consentir à. / *Permettre que*. Accepter. Admettre. Vouloir bien. Trouver bon. Approuver. Acquiescer, souscrire à une demande. Concéder une faveur. / Donner carte blanche. / *Permettre quelques caprices*. Passer. Tolérer. Fermer les yeux sur. Passer sur. / *Ne pas permettre*. Interdire. Défendre. S'opposer à. Empêcher.

PERMIS. Autorisé. Licite. Loisible. Légal. Légitime. Possible. Admissible. / Agir à sa guise. Librement. A son gré. A son goût. A sa fantaisie. A sa tête.

PERMISSIF. Tolérant. / Permissivité.

PERMISSION. Autorisation. Consentement. Acceptation. Approbation. Acquiescement. Concession. Dispense. Exemption. Décharge. / Laissez-passer. Sauf-conduit. Coupe-file. Passeport. / Passavant. Congé. Acquit-à-caution. / Permis de conduire, de construire. Permis de chasse, de pêche.

Se permettre. *Se permettre de* (et l'inf.). Prendre la liberté de. Oser. S'aviser de.

Donner la possibilité de faire quelque chose (sujet nom de chose). *Permettre plusieurs explications* (en parlant d'un fait). Admettre. Recevoir. Autoriser. Se prêter à. Donner lieu à. Etre l'objet de. / *Permettre des activités variées*. Etre propice à. Offrir. Fournir. / *Permettre des loisirs*. Laisser.

perroquet

(de *Perrot*, diminutif de *Pierre ;* en lat. *psittacus*)

Oiseau au plumage vivement coloré, capable d'imiter la parole humaine. *Principaux types*. Jacquot ou jaco. Ara. Cacatoès. Amazone. Lori. You-you, etc. / Perruche (perroquet de petite taille). Perruche de Caroline. Perruche ondulée. Perruche passerine. Inséparables. / Psittaciformes. Psittacidés. / Perchoir. Bâton de perroquet. Psittacisme (habitude de parler, de réciter comme un perroquet). / Psittacose (maladie).

persévérer
(du lat. *perseverare*)

Continuer à faire ou à être ce qu'on a décidé. *Persévérer dans un travail. Persévérer dans l'effort.* Persister. S'obstiner. Poursuivre. Insister. S'acharner. Soutenir son effort. Demeurer ferme, constant.

PERSÉVÉRANCE. Constance. Fermeté. Ténacité. Opiniâtreté. Obstination. Patience. Volonté. Acharnement. Courage. Energie.

PERSÉVÉRANT. Constant. Ferme. Obstiné. Patient. Fidèle. Opiniâtre.

personnalité
(lat. *personalitas*, de *personalis*, personnel)

Ce qui constitue la personne en général. *Avoir conscience de sa personnalité.* Moi. Etre. Nature. Individualité. Caractère. / *Maladies, troubles de la personnalité.* Psychose. Névrose. Dédoublement de la personnalité.

Ce qui distingue une personne de toutes les autres. *Développer sa personnalité. Avoir de la personnalité.* Caractère. Force morale. Volonté. Originalité.

Personne qui a un rôle social important par ses fonctions, son influence. *Une personnalité du monde politique, littéraire, scientifique, artistique.* Personnage. Notabilité. / Notable. Dignitaire. / *Termes familiers.* Manitou. Ponte. Gros bonnet. Grosse légume. Huile.

personne
(du lat. *persona*)

Être humain en général. *Une personne.* Quelqu'un. Un homme. Un monsieur. Une femme. Une dame. Une jeune fille. Une demoiselle. Un jeune garçon. / *Une grande personne* (par oppos. à un enfant). Un adulte. Un bonhomme (fam.). Une bonne femme (fam.). Un individu. Un particulier. Un quidam. Un type (fam.). Un gars (fam.). Un mec (pop.). / *Des personnes.* Des gens. Du monde. / *Tant par personne.* Tête. Tête de pipe (fam.). / *Une personne malade.* Un malade. / *Une personne âgée.* Un vieillard. / *Une personne importante.* Un personnage. Une personnalité. Une huile (fam.). / *Une personne éminente.* Sommité. / *Ensemble des personnes habitant un pays, un espace.* Population. / *Ensemble des personnes d'une catégorie particulière.* Population ouvrière, agricole.

PERSONNEL. *Intérêt personnel.* Particulier. Privé. / *Objet personnel.* Propre.

PERSONNIFIER (représenter sous les traits d'une personne). Personnification. Prosopopée.

Être humain considéré dans son corps. *Etre bien fait de sa personne.* Physiquement. / *En personne.* Moi-même. Toi-même. Lui-même. Soi-même. Sans intermédiaire. En chair et en os. / *Payer de sa personne.* Se dépenser. Ne pas plaindre sa peine.

PERSONNELLEMENT. *S'occuper personnellement d'une personne, d'une chose.* Soi-même. En personne.

Être humain considéré en lui-même, sur le plan de la vie mentale, de la liberté, des droits civiques, politiques. *Le respect de la personne humaine.* Individu. / *Content de sa personne, de sa petite personne* (de soi). Vaniteux. Orgueilleux. Infatué de soi-même. / *Trop attaché à sa propre personne.* Personnel. Egoïste. / Personne morale (groupe jouissant des mêmes droits qu'une personne).

PERSONNEL. *Souvenir personnel.* Individuel. Propre. Particulier. Intime. / *Idées personnelles. Style personnel.* Original. Neuf. Inédit.

PERSONNALISER. Individualiser. / Personnalisation. Individualisation.

PERSONNALISME (doctrine pour laquelle la personne est la valeur suprême).

perspective
(lat. *perspectiva* [*ars*], de *perspicere*, apercevoir)

Représentation des objets selon les différences d'aspect qu'y apportent l'éloignement et la disposition. Perspective linéaire ou conique (concerne la dimension des lignes, leurs directions).

Aspect général d'un paysage, d'un ensemble architectural. *Découvrir une belle perspective.* Vue. Tableau. Spectacle. Coup d'œil. Echappée. / *Perspective architecturale.* Alignement. Enfilade.

Manière d'envisager quelque chose. *Dans cette perspective.* Optique. Point de vue. Eclairage. Lumière. Sous cet angle.

Aspect sous lequel on se représente un événement plus ou moins éloigné. *La perspective d'une vie meilleure. Une perspective alléchante.* Espérance. Espoir. Eventualité. Probabilité. / *Découvrir de nouvelles perspectives.* Horizon. Domaine.

persuader
(du lat. *persuadere, persuasum*)

Amener à penser, à croire quelque chose. *Persuader quelqu'un de quelque chose.* Convaincre. Gagner à l'idée que. Faire croire. / Faire entendre raison. / *Persuader quelque chose à quelqu'un* (littér.). Inculquer. Graver dans l'esprit, dans la tête. / Prouver. Démontrer. / *Persuader trompeusement.* Induire en erreur. Nourrir d'illusions. Faire accroire. Bourrer le crâne (fam.). Monter la tête. Monter le coup (fam.). / Endoctriner. *Etre persuadé.* Convaincu. Sûr. Certain. Assuré. Pénétré. / Croire fermement. Croire dur comme fer. Etre gagné à une idée.

Se persuader. *Se persuader d'une chose. Se persuader que.* Se rendre certain. Se convaincre.

PERSUASION. Conviction. Certitude. Assurance. Croyance. Foi.

PERSUASIF. Convaincant. Probant. Irrésistible. Irréfutable. / Eloquent.

Amener à vouloir, à agir. *Persuader quelqu'un de faire quelque chose.* Décider. Déterminer. Faire franchir le pas. / *Persuader de ne pas faire.* Dissuader. Dissuasion. / Dissuasif.

peser
(du lat. pop. *pesare ;* lat. class. *pensare*)

Déterminer le poids d'un être, d'une chose. Peser un objet avec une balance, une bascule, un peson. / *Peser dans sa main.* Soupeser. / *Qui peut être pesé.* Pondérable.

PESÉE. La pesée d'un objet (action de peser).

PESAGE (détermination du poids). *Appareil de pesage.* Balance (v. ce mot).

Avoir tel poids. *Peser beaucoup.* Etre lourd, pesant. / *Peser peu.* Etre léger.

Être pénible à supporter. *Peser à quelqu'un* (en parlant d'une chose). Coûter. Ennuyer. Fatiguer. Importuner. / *Peser sur quelqu'un* (en parlant d'une chose). Accabler. Opprimer.

PESANT. *Un joug pesant.* Pénible. Assujettissant.

Exercer une pression physique ou morale. *Peser sur une chose.* Appuyer. Pousser, presser sur, contre. / *Peser sur une décision.* Influencer. Agir sur. Influer. / *Qui pèse, qui a plus de poids* (en parlant d'une chose). Prépondérant. Dominant.

Examiner avec attention. *Peser les avantages et les inconvénients dans une décision.* Considérer. Evaluer. Apprécier. Comparer. Mettre en balance. / *Peser ses mots.* Mesurer. / Tout bien pesé (examiné mûrement).

petit
(du lat. pop. **pittitus ;* en gr. *mikros*).

Se dit d'un être qui n'atteint pas les dimensions ordinaires (en hauteur, longueur, etc.). *Un homme petit, tout petit.* Minuscule. Nain. Nabot. Gringalet. Pygmée. Lilliputien. Avorton (fam.). Bout d'homme. Haut comme trois pommes. Au-dessous de la moyenne (quant à la taille). / *Une femme petite, toute petite.* Naine. Nabote. Un petit bout de femme. / (En parlant d'un animal.) Courtaud. Basset.

RAPETISSER (en parlant d'une personne). Se tasser. Se ratatiner (fam.). Se recroqueviller. Se rabougrir.

Se dit d'un être qui n'a pas atteint toute sa taille, qui est encore jeune. *Un petit enfant.* Bambin. Bébé. / *Un petit garçon.* Garçonnet. / *Une petite fille.* Fillette. / *Un petit.* Marmot. Petiot (fam.). Marmouset (vx). Moutard (pop.). Mioche (fam.).
Petit animal. Agneau. Aiglon. Anon, etc. (v. à chacun des noms d'animaux).

Se dit d'une chose dont les dimensions sont inférieures à la moyenne. *Un petit pied.* Mince. Menu. / *Un petit appartement.* Exigu. / *Un petit texte.* Court. Bref. Succinct. Sommaire. / *Tout petit* (en parlant d'une chose). Minuscule. Microscopique. Invisible. Imperceptible. Riquiqui (ou rikiki) [fam.].

PETITESSE. Exiguïté. Etroitesse.

RAPETISSER. *Rapetisser une robe.* Diminuer. Raccourcir.

PETITEMENT. *Etre petitement logé.* A l'étroit.

Qui est peu important en quantité, en qualité. *Un petit salaire.* Maigre. Modique. / *Un très petit bénéfice.* Dérisoire. Infinitésimal. / *La plus petite quan-*

tité. Le minimum. / *Un petit ennui.* Mince. / *Un tout petit avantage.* Infime. Minime. Sans intérêt.

Qui est au-dessous des autres par la condition, le rang, la qualité. *Un petit personnage.* Insignifiant. Piètre. / *Un petit employé. Un petit fonctionnaire.* Humble. Modeste. / Lampiste. / *Les petites gens. Les petits.* Les humbles. Menu fretin. / *Un petit esprit.* Borné. Etriqué. Bas.

PETITESSE. Mesquinerie. Etroitesse.

pétrir

(bas lat. *pistrire,* de *pistrix, pistor,* boulangère, boulanger)

Presser une matière pâteuse. *Pétrir de la farine.* Brasser. Travailler. / *Pétrir de l'argile.* Malaxer. Façonner. Modeler.

PÉTRISSAGE. Malaxage. / Pétrin. Pétrin mécanique. Pétrisseur. / Huche. Maie.

pétrole

(lat. médiév. *petroleum,* de *petra,* pierre, et *oleum,* huile)

Huile naturelle composée d'hydrocarbures. *Hydrocarbures gazeux.* Gaz naturel. / *Hydrocarbures liquides ou huileux.* Naphte ou pétrole. Asphalte. Bitume. Malthe ou bitume glutineux. / Elatérite ou caoutchouc naturel.
Gisement, champ pétrolifère. Terrain sédimentaire. Roche mère (le pétrole s'y est formé). Piège géologique (le pétrole s'y est accumulé). Anticlinal, dôme de sel, faille (pièges). Roche-magasin ou roche-réservoir (imbibée d'hydrocarbures). Roche bitumifère. Schiste bitumineux.

Exploitation des gisements pétrolifères. *Prospection.* Permis exclusif de recherches. Prospection géologique, gravimétrique, magnétique, sismique ou séismique. Sonder. Sondage. Sonde.
Forage. Forer. Foreur. Forage (en mer ou forage off shore). Plate-forme de forage. Battage ou forage par percussion (abandonné). Turboforage (trépan entraîné par une turbine au fond du puits). Forage rotary (v. planche ci-contre). Couronne (trépan annulaire). Carotte (échantillon de la roche). Carotter. Eruption. Puits éruptif.
Exploitation. Permis d'exploitation. Concession. Tubage du puits. Tuber. Puits en exploitation (v. planche ci-contre). Activation des puits : torpillage, fracturation, acidification, perforation (de la roche-magasin) ; injection d'eau, de gaz (pour refouler le pétrole). Colonne de production. Torche de gaz (brûle les gaz dégagés).

Transports et raffinage. Oléoduc ou pipe-line. Sea-line (sous-marin). Feeder. Navires-citernes : pétrolier, méthanier (gaz liquéfié), asphaltier ou bitumier. Camion-citerne. Wagon-citerne. Bouteille de butane, de propane.

Raffinerie. Pétrole brut. Raffiner. Distiller. Distillation fractionnée. Distillation atmosphérique ou topping (produits légers). Distillation sous vide. Craquage ou cracking (produits lourds). Craquage thermique. Craquage catalytique. Four. Tour ou colonne de distillation. / Produits du raffinage (v. schéma ci-contre). Fractions légères. Fractions lourdes.

Pétrochimie (science, technique et industrie des produits dérivés du pétrole). Matière de base : gaz naturel, gaz liquéfiés, éthane, distillats et résidus de raffinage. / *Pétrochimie aliphatique.* Ethylène. Ethane. Acétylène. Propane. Propylène. Butylènes. Butadiène. Produits finis : caoutchoucs, polyesters, solvants, réfrigérants, explosifs. / *Pétrochimie aromatique.* Benzène. Toluène. Xylènes. Naphtalène. Produits finis : adhésifs, peintures, résines, vernis, insecticides, textiles artificiels. / *Pétrochimie inorganique.* Ammoniac. Cyanure d'hydrogène. Noir de carbone. Soufre. Produits finis : alcools, résines, engrais.

Relatif au pétrole. Asphalter. Asphaltage. Asphalteux ou asphaltique. / Bitumage. Bitumé ou bituminé. Bitumer ou bituminer. Bitumineux. Bituminiser. / Pétrochimie. Pétrochimiste. / Pétrolage. Petrolatum (vaseline). Pétroleur. Pétroleuse. Pétrolier. Pétrolifère. Pétrolisme. / Fonds de soutien des hydrocarbures. / Royalties.

peu

(du lat. pop. *paucum*)

Une petite quantité. (Avec un nom au sing.) *Un peu de pain.* Bouchée. Miette. / *Un peu de vin.* Goutte. Larme. Doigt. / *Un peu de lait dans du café.* Nuage. Soupçon. / *Peu de chose.* Une bagatelle. Une misère (fam.). Un rien. Une petite chose. / *Dans peu de temps.* Bientôt. Incessamment. Dans un proche avenir. / (Avec un nom au plur.) *Peu de gens.* Un petit nombre. Guère de. / *En peu de mots.* Brièvement. Succinctement.

En petite quantité. (Avec un

PÉTROLE

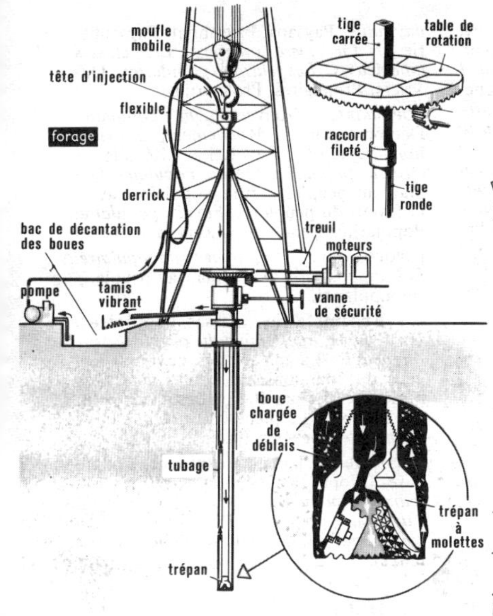

moufle mobile
tête d'injection
flexible
forage
derrick
bac de décantation des boues
pompe
tamis vibrant
tige carrée
table de rotation
raccord fileté
tige ronde
treuil
moteurs
vanne de sécurité
boue chargée de déblais
tubage
trépan à molettes
trépan

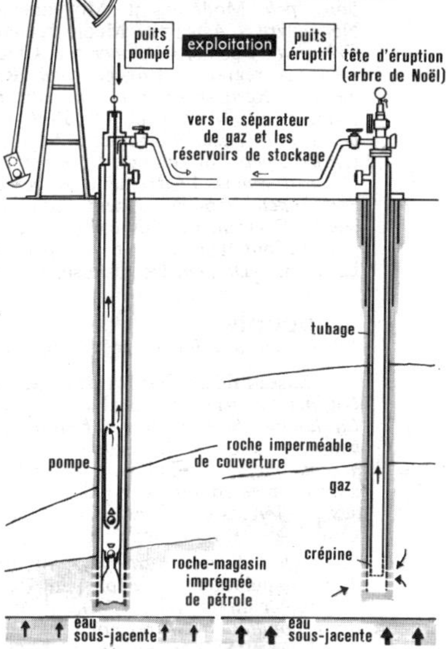

puits pompé
exploitation
puits éruptif
tête d'éruption (arbre de Noël)
vers le séparateur de gaz et les réservoirs de stockage
tubage
roche imperméable de couverture
pompe
gaz
crépine
roche-magasin imprégnée de pétrole
eau sous-jacente
eau sous-jacente

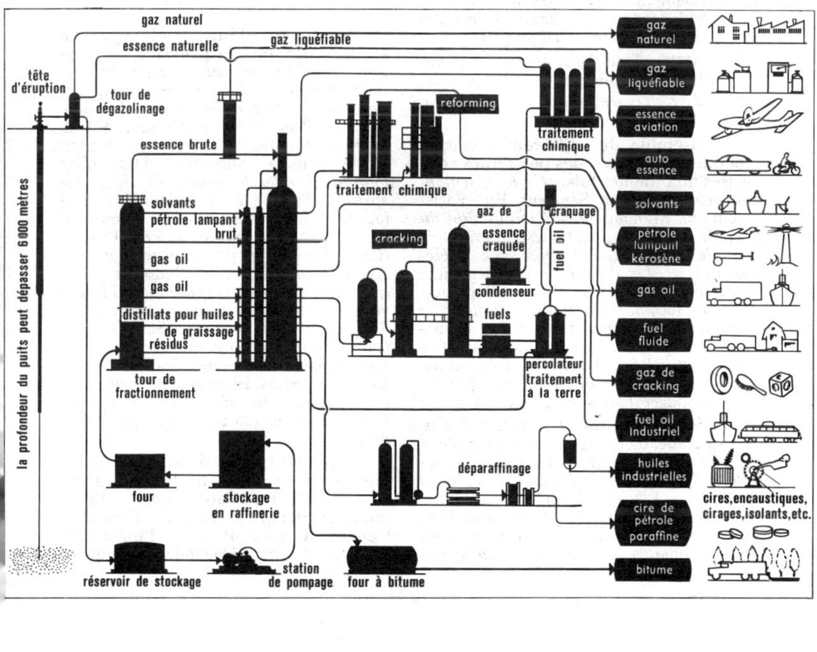

gaz naturel
essence naturelle
gaz liquéfiable
tête d'éruption
tour de dégazolinage
essence brute
reforming
traitement chimique
traitement chimique
solvants
pétrole lampant
brut
gas oil
gas oil
distillats pour huiles de graissage
résidus
tour de fractionnement
cracking
gaz de craquage
essence craquée
condenseur
fuels
fuel oil
percolateur traitement a la terre
four
stockage en raffinerie
déparaffinage
réservoir de stockage
station de pompage
four à bitume
la profondeur du puits peut dépasser 6000 mètres
gaz naturel
gaz liquéfiable
essence aviation
auto essence
solvants
pétrole lampant kérosène
gas oil
fuel fluide
gaz de cracking
fuel oil industriel
huiles industrielles
cire de pétrole paraffine
bitume
cires, encaustiques, cirages, isolants, etc.

verbe, un adjectif, un adverbe.) *Manger, boire peu.* Modérément. Moyennement. Ne... guère. / *Assez peu.* Médiocrement. / *Très peu.* A peine. / *Donner peu.* Chichement. A regret. / *Voyager peu.* Rarement. / *Résister un peu, un petit peu.* Faiblement. Mollement. / *S'intéresser peu à une chose.* Vaguement. / *Un peu. Un petit peu.* Un tantinet. / *Un peu plus. Un peu moins.* Légèrement. A peine. / *Peu à peu.* Progressivement. Graduellement. Doucement. Insensiblement. De jour en jour. Petit à petit. / *A peu près.* Environ. / *De peu.* De justesse. De près.

peuple

(du lat. *populus;* en gr. *dêmos, ethnos*)

Ensemble des habitants d'un pays. *Un peuple primitif.* Peuplade. Tribu. / *La langue, la littérature, l'histoire d'un peuple.* Nation. / *Le peuple des villes, des campagnes.* Population. / *Traditions d'un peuple.* Coutumes. Folklore. / *Etude des différents peuples.* Ethnographie. Ethnologie. Ethnographe. Ethnologue.

PEUPLER. Peupler un pays (pourvoir d'une population). / Peuplement (le fait de peupler un territoire). / *Etat d'un pays où la population est très nombreuse.* Surpeuplement. Surpopulation. / *Etat d'un pays qui perd ses habitants.* Dépeuplement. Dépopulation. / Dépeupler.

POPULAIRE. *Traditions, croyances populaires* (propres à un peuple). Folklore.

POPULEUX. *Quartier populeux.* Très peuplé.

Ensemble des différentes classes sociales d'un pays, des personnes soumises aux mêmes lois. *Un représentant du peuple.* Député. Sénateur. Elu. Parlementaire. Mandataire. / *Consultation du peuple au sujet d'une mesure proposée par le gouvernement.* Plébiscite. Référendum. / *La lie du peuple.* Canaille. Racaille. / *Le bas peuple.* Populace. Populo (pop.). / *Personne qui flatte le peuple.* Démagogue. Démagogie. Démagogique. / *Gouvernement du peuple.* Démocratie. République. / Démocrate. Démocratiser. Démocratisation. / *Répandre, propager dans le peuple.* Populariser.

Classes sociales. *Les hautes classes.* Aristocratie. Noblesse. Le grand monde. / *Les classes privilégiées.* La classe possédante. Capitalisme. Patronat. / *Les classes moyennes.* Bourgeoisie industrielle, intellectuelle, commerciale. Professions libérales. Commerçants. Artisans. Cadres. Fonctionnaires. Employés. / *La classe paysanne.* Paysans. Paysannat. Paysannerie. / *La classe ouvrière. Les classes laborieuses. Les classes populaires.* Ouvriers. Prolétaires. Prolétariat.

POPULAIRE. *Gouvernement populaire.* Démocratique. / *Mouvement, insurrection populaire.* Révolution. Révolte. / *Orateur populaire. Mesure populaire.* Qui plaît au peuple. / Etre populaire (avoir la faveur du peuple). / *Faveur populaire.* Popularité. Renommée. Renom.

IMPOPULAIRE. *Personnage impopulaire. Loi impopulaire.* Qui déplaît au peuple. / Impopularité.

Ensemble des classes populaires. *Un homme, une femme du peuple. Sortir du peuple.* La masse. Les ouvriers. Les gens du commun. Les petites gens. Les prolétaires. Le prolétariat. Les gagne-petit. Les humbles. La plèbe (vx)./ *Un homme du peuple.* Plébéien (littér.).

POPULAIRE. Langue, expression populaire (propre au peuple). / *Avoir des manières populaires.* Peuple (adj. invar.). *Littérature populaire.* Populisme. / Ecrivain populiste (qui peint les milieux populaires).

peur

(du lat. *pavor;* en gr. *phobos*)

Sentiment d'inquiétude éprouvé en présence ou à la pensée d'un danger. *Etre pris de peur.* Crainte. Inquiétude. Alarme. / *Peur vague.* Appréhension. / *Sursauter de peur.* Emotion. Emoi. / *Peur très vive.* Frayeur. Effroi. Terreur. Epouvante. Angoisse. Transes. Affres. Panique. Affolement. Désarroi. / *Peur d'affronter le public, de subir une épreuve.* Trac. / *Peur maladive.* Phobie (agoraphobie, claustrophobie, photophobie, etc.). / *Termes fam.* ou *pop.* Frousse (fam.). Trouille (pop.). Pétoche (pop.). *Avoir peur.* Craindre. Redouter. S'inquiéter. S'alarmer. Appréhender. S'émouvoir. / *Prendre peur.* S'effaroucher. S'effrayer. S'épouvanter. Se paniquer (fam.). S'affoler. Etre paniqué (fam.). / *Expressions pop.* Avoir les jetons, les foies, les grelots, les copeaux, la pétoche, la tremblote, les chocottes. Serrer les fesses. Avoir chaud aux fesses. Se dégonfler.

Qui est porté à la peur. *Un homme peureux.* Craintif. Inquiet. Froussard (fam.). Trouillard (pop.). / Poule mouillée (fam.). / Timoré. Timide. / Couard. Capon. Poltron. Pusillanime. Pleutre. Lâche. Dégonflé. Paniquard

(fam.). Péteux (fam.). Pétochard (pop.). / Alarmiste. Défaitiste. / *Un animal peureux.* Farouche.
Qui n'a pas peur. Brave. Hardi. Courageux. Audacieux. Intrépide. Impavide.

Inspirer de la peur. Faire peur. Inquiéter. Alarmer. / Intimider. Troubler. Décontenancer. Effaroucher. Apeurer. Effrayer. Effarer. Terroriser. Terrifier. Epouvanter. Affoler. Glacer d'effroi. / Angoisser. Paniquer (fam.).
Qui fait peur. Inquiétant. Alarmant. Redoutable. Terrible. Effrayant. Effroyable. Terrifiant. Epouvantable. Apocalyptique.

Manifestations de la peur. Sursauter. Tressaillir. Frissonner. Frémir. Trembler. Claquer des dents. Avoir la chair de poule. Avoir les cheveux qui se dressent sur la tête. / Avoir chaud. Transpirer. Avoir des sueurs froides. Etre glacé d'épouvante. Etre transi de peur. / Pâlir. Blêmir. Verdir. / Devenir blanc, blême, vert, bleu, livide de peur. / Avoir le visage hagard. Avoir les yeux égarés. Avoir les traits défaits, décomposés. Bégayer. Chevroter. Parler à mots hachés. Parler d'une voix blanche. / Etre saisi. Avoir le souffle coupé. Avoir la gorge sèche. Etre muet de terreur. Rester sans voix. Etre plus mort que vif. / Se cacher. Se terrer. Se tapir. / S'enfuir. Prendre ses jambes à son cou.

pharmacie

Science qui a pour objet l'étude et la préparation des médicaments. Etudiant en pharmacie. Internat. Doctorat d'université. Doctorat d'Etat. Agrégation. / Pharmacie allopathique. Pharmacie homéopathique.
Spécialisations. Pharmacologie. Pharmacodynamie (recherche de l'action exercée par les médicaments sur l'organisme). Bactériologie. Microbiologie. Galénique. Biologie. Biochimie. Toxicologie. Diététique. Hygiène. Hématologie. Virologie. Immunologie.

Profession. Pharmacien. Pharmacienne. Docteur en pharmacie. Apothicaire (vx). Préparateur. Préparatrice. Laborantin. Laborantine. / Officine. Laboratoire d'analyses médicales. Laboratoire pharmaceutique (fabrication de spécialités). / Ordre des pharmaciens. Inspecteurs en pharmacie. / Pharmacopée (liste et caractéristiques de certains médicaments). Codex (syn. anc. de *pharmacopée*). Formulaire national (recueil).

Le médicament. Substance curative ou préventive. / Substance vénéneuse (toxique, stupéfiant). / Spécialités pharmaceutiques. Placebo (substance inoffensive et inactive administrée à la place d'un médicament pour étudier son action réelle).

Nature. Produits d'origine végétale. Les simples, ou plantes médicinales. Fleur. Feuille. Tige. Racine. Fruit. Ecorce. Sommités fleuries. / Produits d'origine minérale. / Produits d'origine animale.
Alcoolat. Alcoolature. Eau. Essence. Nébulisation. Atomisation. Encapsulisation. Extrait mou, fluide, sec. Huile. Mucilage. Poudre. Soluté. Teinture. / Objet de pansement. Crin. Catgut. Fils. Cotser. Gaze.

Préparation. Magistrale (la formule est donnée par le médecin). Officinale (à formule fixe donnée par la pharmacopée). Industrielle. Extraction. Synthèse. / Excipient. Principe actif. Conservation. Péremption.
Doser. Manipuler. Peser. Broyer. Pulvériser. / Lixiviation. Décoction. Macération. Infusion. / Malaxer. Mélanger. Mélangeur. Agitateur. Emulsionner. Homogénéiser. Tamiser. Dissoudre. / Diluer. Concentrer. Edulcorer. Aromatiser. / Dessiccation. Etuve. Sécher. / Comprimer. Compacter. Dragéifier. Enrober. / Trier. Calibrer. / Lubrifier. Mouiller. Liant. / Conditionner. Remplisseuse. Encartonneuse. Fardeleuse. Surenveloppeuse. Etiquetteuse. / Distiller. Déminéraliser. Dégazéifier. / Filtrer. Stériliser. Mirer. Lyophiliser. / Imprimer. Stocker. / Dissolution. Suspension.

Mode d'action. Voie orale, sublinguale. Voie parentérale.
Voie externe. Baume. Cataplasme. Embrocation. Emplâtre. Liniment. Looch. Lotion. Onguent. Pâte dermique. Pommade. Crème. Crayons. Sparadrap. Coton.
Voie interne. Inhalation. Fumigation. Nébulisation. Collyre. Perle. Pilule. Granule. Capsule. Gelule. Cachet. Comprimé. Dragée. Pastille. Tablette. Collutoire. Elixir. Gargarisme. Gel oral. Gouttes. Potion. Pâte officinale. Julep. Limonade. Sirop. Tisane. Suppositoire. Lavement. Ovule. Ampoule. Injection intramusculaire, intraveineuse, intra-artérielle, hypodermique, intrapéritonéale, intrarachidienne. Perfusion.

Propriétés. Analgésique. Anesthésique. Anorexigène. Antalgique. Anthelminthique. Antiallergique. Antiasthmatique. Antibiotique. Anticoagulant. Antidépressif. Antiémétique. Antihémorragique. Anti-infectieux. Antinausée.

Antiphlogistique. Antiprurigineux. Antipyrétique. Antiseptique. Antispasmodique. Antithermique. Antivertigineux. / Bactéricide. Balsamique. Béchique. Bronchodilatateur. / Calmant. Cholagogue. Cicatrisant. Coagulant. Contraceptif. / Décongestif. Décontracturant. Dépuratif. Diurétique. / Emollient. Eupeptique. Expectorant. / Hémostatique. Hormonal. Hypotenseur. / Laxatif. Lipotrope. / Psychotrope. / Reminéralisant. Révulsif. / Sédatif. / Tonicardiaque. Tonique. Tranquillisant. / Vaso-dilatateur. Vitaminique.

Présentation. En vrac ou en dose unitaire. Boîte. Tube. Flacon. Pilulier. Aérosol. Ampoule. Seringue auto-injectable (prête à l'emploi). Compte-gouttes.

Laboratoire. *Matériel.* Eprouvette. Burette. Cristallisoir. Matras. Dessiccateur. Pipette. Capsule. Pissette. Ballon. Spatule. Réfrigérant. Trompe à vide. Fiole. Bec de chauffage. Entonnoir. Flacon. Alambic. Bain-marie. Creuset. Ampoule de décantation.
Microscope. Loupe. Lame. Lamelle. Microtome. Uréomètre. Viscosimètre. Thermomètre. Densimètre. Picnomètre. Cryoscope. Calorimètre. Spectrophotomètre. Titriscope. Polarimètre. Potentiographe. Chromatographe. Polarographe. Spectrographe. Appareil à électrophorèse.

philosophie

(du gr. *philosophia,* sagesse)

Ensemble des études ayant pour objet les principes fondamentaux de la connaissance, de la pensée et de l'action humaine. *Divisions de la philosophie.* Logique. Morale. Métaphysique ou ontologie. Psychologie. Esthétique. / Philosophie des sciences. Epistémologie. Méthodologie.

PHILOSOPHIQUE. *Notions philosophiques.* Absolu. Beau. Bien. / Ame. Dieu. Croyance. Néant. / Esprit. Pensée. Raison. Jugement. Conscience. / Homme. Monde. Univers. / Apparence. Réalité. Vérité. Relativité. / Essence. Existence. / Cause. Condition. / Espace. Temps, etc.

Ensemble des conceptions philosophiques propres à un penseur, à une société. *La philosophie de Descartes. La philosophie grecque.* Doctrine. Système. Théorie. Idées.

PHILOSOPHE. Penseur. Maître.

PHILOSOPHER. Raisonner. Discuter. Argumenter.

Doctrines générales. Agnosticisme. Associationnisme. Atomisme. Déterminisme. Empirisme. Essentialisme. Existentialisme. Finalisme. Intellectualisme. Matérialisme. Nominalisme. Positivisme. Pragmatisme. Probabilisme. Rationalisme. Scepticisme. Utilitarisme, etc.

Doctrines particulières. Ecole cyrénaïque, éléatique, ionienne, socratique, sophiste. Académisme. Aristotélisme. Cynisme. Epicurisme. Péripatétisme. Platonisme. Néo-platonisme. Pyrrhénisme. Phythagorisme. Stoïcisme. / Cartésianisme. Hégélianisme. Kantisme. Marxisme. Spinozisme. Monisme. Personnalisme, etc.

Fermeté d'âme. *Supporter un échec avec philosophie.* Résignation. Calme. Sagesse. Sérénité. Ataraxie. Impassibilité.

PHILOSOPHE. Sage. Résigné.

photographie

(du gr. *phôs, phôtos,* lumière, et *graphie,* enregistrement)

Procédé, technique qui permet de fixer l'image des objets par l'action de la lumière sur une substance sensible. Photographie en noir et blanc. Photographie en couleurs. Photographie aérienne, sous-marine, spatiale. / Phototype (image obtenue directement du sujet). Phototype négatif ou, simplement, négatif (sert à tirer des copies positives). Phototype positif (négatif traité par un bain qui le rend positif). Contretype (double d'un négatif ou d'un positif). / Photographie en relief. Stéréoscopie. Anaglyphes. Holographie (relief avec le laser). / Diapositive (image positive tirée sur un support transparent).

Applications de la photographie. Portrait. Photographie artistique. Photographie d'amateur. Carte postale. Reportage. / Impression photomécanique. Photocomposition. Photogravure. Photolithographie. Photocopie. / Reproduction. Photocalque. Photocopie. Phototeinture (photo sur tissus). Phototélégraphie (reproduction des photos à distance). / Projection de vues fixes. Cinématographie. Photographie astronomique. Spectrographie. Photogrammétrie. Phototopographie. / Macrophotographie. Microphotographie. Reprographie. Thermographie. Xérographie, etc. Photométallographie. Gammagraphie. Radiographie.

Matériel et techniques photographiques. Appareil ou chambre photographique. Chambre d'atelier. / Appareil rigide. Box. Appareil pliant, à soufflet. Appareil petit format, microformat. Appareil reflex à un, à deux objectifs. / Chambre noire. / Objectif (v. OPTIQUE). Téléobjectif. Bonnette d'approche. Filtre. Bague de mise au point. Parasoleil. / Obturateur d'objectif. Obturateur compur. Diaphragme. Bouton d'armement. Déclencheur. Déclencheur souple. / Viseur. Oculaire. Prisme de renvoi. Viseur reflex. Miroir escamotable. Verre dépoli. / Levier d'entraînement du film. Compteur d'images. / Accessoires incorporés ou couplés. Télémètre. Posemètre ou cellule. Flash. Lampe. Ampoule bleutée. Flash électronique. / Réglage. Mise au point. Exposition. Instantané. Pose à un, à deux temps. Temps de pose. / Trépied. Poignée.

Émulsions photographiques. Film ou pellicule. Bobine. Chargeur. Film rigide. Plaque. Châssis.

Support. Couche sensible. Emulsion. Gélatine. Bromure, iodure ou chlorure de potassium. Nitrate d'argent. Gélatino-bromure d'argent. Germe sensible. Germe impressionné. / Emulsions pour rayons infrarouges, ultraviolets, X. / Sensibilité chromatique. Degrés A. S. A. (American Standard Association), D. I. N. (Deutsche Industrie-Normen), Scheiner. / Contraste. Latitude d'exposition.

Laboratoire photographique. Eclairage inactinique. Lumière orangée, verte. / Bac. Cuve. Cuvette. Egouttoir. Pince. Presse. Châssis-presse. Tireuse. Banc de reproduction. Agrandisseur. Pupitre de retouche.

Développement. Bain révélateur. Révélateur rapide, lent, à grain fin. Photodose (révélateur dosé). / Image latente. Cliché sous-exposé, surexposé. / Argent réduit. Image visible. Renforcement (améliore le contraste). Rinçage. / Fixage (stabilise l'image). Bain fixateur. Hyposulfite de sodium. Additifs tannants. / Cliché doux, contrasté, dur.

Reproduction. Tirage. Epreuve photographique. Epreuve contact. Agrandissement. / Papier à image latente (au gélatino-bromure ou au gélatino-chlorure d'argent). Papier doux, normal, médium, vigoureux, contraste dur, extra-dur, polycontraste. / Papier à noircissement direct. Papier au citrate, autovireur ou isovireur. Papier à la celloïdine. Papier ferrotypique (au ferroprussiate), diazotypique. / Papier à la gomme bichromatée, au charbon. / Cisaille. Déchiqueteuse (pour bords dentelés). Montage, collage de l'épreuve. / Epreuve floue, nette, voilée.

Photographie en couleurs. Couleurs primaires (bleu, vert, rouge). Couleurs complémentaires (jaune, magenta [rose carmin], cyan [bleu-vert]). / Méthode additive (les couleurs de trois émulsions s'ajoutent). Emulsion négative (couleurs complémentaires de celles du sujet). Emulsion inversible (un traitement rend l'image positive). Emulsion pour lumière naturelle, artificielle. / Méthode soustractive (superposition sur un support unique de trois émulsions différentes). / Température de couleur. Photocolorimètre. Degré Kelvin. / Dominante (bleue, rose, jaune, etc. [couleur anormalement intense]).

Relatif à la photographie. Photographe. Reporter. Photostoppeur (opère dans la rue). Atelier. Studio. Spot. Projecteur. / Portrait. Photogénique. Cover-girl. Modèle. Reportage. Photographie publicitaire. Photographie d'amateur. Photomontage. / Photogramme (image d'un film cinématographique). Téléphotographie (prise avec le téléobjectif). Bélinographe (transmet les photos à distance). Bélinogramme. Astrographe, chambre de Schmidt (télescopes photographiques). / Album de photographies. Sous-verre. Photothèque. Iconographie.

Anciennes techniques photographiques. Chambre noire. Sténopé (petit trou placé dans une plaque métallique très mince faisant office d'objectif ; photographie obtenue de cette façon). Daguerréotype. Bitume de Judée. Collodion. Photopoudre, poudre éclairante ou poudre éclair (au magnésium). Virage (teinture). Plaque autochrome (diapositive en couleurs).

physique

(du lat. *physica,* emprunté au gr. *phusikê,* de *phusis,* nature)

Science qui étudie les propriétés générales de la matière. Physique atomique, nucléaire. Physico-chimie. Physique du globe, ou géophysique. Physique mathématique (traduit les lois par des équations). / Hypothèse, principe, loi de la physique. / Etats physiques : solide, liquide, gazeux. Corps vitreux et corps cristallisés (conception moderne). Etat colloïdal. / Théorie atomique, moléculaire. Théorie cinétique des gaz. Théories de la structure cristalline. / Phénomène physique. / Instrument de physique. Mesure des grandeurs. Métrologie. Unité. Etalon. Système cohérent d'unités.

Divisions de la physique. ***Pesanteur.*** Attraction terrestre. Equilibre des solides. Centre de gravité. Mouvement des corps pesants. Chute libre. Masse. Densité. Travail, puissance mécanique. Frottements et résistance de l'air. Champ de pesanteur. Gravitation universelle. (V. aussi AÉRODYNAMIQUE et MÉCANIQUE.)

Statique des fluides. Attraction moléculaire. Viscosité. Hydrostatique. Pression. Vases communicants. Syphon. Théorème d'Archimède. Equilibre des corps flottants. Pompes à liquides.

Statique des gaz. Pression atmosphérique. Baromètre. / Pression des gaz. Manométrie. / Aérostatique. / Compressibilité des gaz. Air comprimé. Vide. (V. aussi AIR, ATMOSPHÈRE, GAZ et MÉTÉOROLOGIE.)

Chaleur. Thermodynamique. Thermométrie. / Dilatation. Changements d'état : fusion, solidification, vaporisation, liquéfaction, sublimation. / Hygrométrie. / Solution. Solubilité. Osmose. / Quantité de chaleur. Calorimétrie. / Transformation de l'énergie mécanique. Equivalence. / Transformation de l'énergie électrique. Effet Joule. / Transformation de l'énergie chimique. Thermochimie. / Conservation de l'énergie. Conversion de la chaleur en travail. (V. aussi CHALEUR.)

Phénomènes périodiques. Mouvements vibratoires. Acoustique. / Onde. Propagation, réflexion, interférence des ondes. Fréquence. Amplitude. Longueur d'onde. / Son. Tuyau sonore. Corde vibrante. Infrason. Ultrason. (V. MUSIQUE et SON.)

Optique. V. LUMIÈRE et OPTIQUE.

Électricité et magnétisme. Electrostatique. Electrocinétique. Electromagnétisme. (V. ÉLECTRICITÉ, ÉLECTRONIQUE, MAGNÉTISME, RADIO-ÉLECTRICITÉ.)

Théories modernes. Relativité. Mécanique ondulatoire. Théorie des quanta. Quantum ou grain d'énergie. Non-parité. (V. ATOME, ASTRONOMIE et MÉCANIQUE.)

Physique du globe ou géophysique. V. ATMOSPHÈRE, MAGNÉTISME, MÉTÉOROLOGIE, TERRE, VOLCAN.

Relatif à la physique. Physicalisme. Physicien. Physicisme. Physicochimique. Physico-mathématique. Physico-mécanique. / Agent physique. / Essai. Expérimentation. Mesure.

piano

Instrument de musique à clavier et à cordes frappées. Piano droit. Piano à queue. Demi-queue. Quart de queue. Crapaud.

Éléments, mécanisme d'un piano. Châssis. Sommier. Table d'harmonie. Cordes. Chevalet. Sillet. Clavier. Touches (blanches, noires). Echappement. Etouffoir. Marteau. Pédale.

Construction. Facteur de pianos. Pleyel. Gaveau. Erard. Steinway (constructeurs célèbres).

Jeu. Jouer du piano. Jouer à deux mains, à quatre mains. Plaquer un accord / Doigté. Virtuosité. / Pianoter. / Accompagner.

PIANISTE. Exécutant. Accompagnateur.

Relatif au piano. Accorder un piano. Accordeur. Accordoir. / Pianistique. / *Ancêtres du piano.* Clavicorde. Epinette. Virginal. Clavecin. Pianoforte. / Piano mécanique (les marteaux sont actionnés par un mécanisme à bandes perforées).

pièce

Partie séparée d'un tout. *Conserver les pièces d'un objet brisé.* Morceau. Fragment. / *Mettre un objet en pièces.* Casser. Briser. Pulvériser. Déchiqueter. / Emporte-pièce (outil servant à découper et à enlever des pièces dans des feuilles de métal, de cuir, etc.).

Chacun des éléments d'un ensemble. *Les pièces d'une machine. Pièce détachée. Pièce de rechange.* Organe. Partie. / Les pièces d'un jeu d'échecs (v. ce mot). / Un costume trois pièces (veston, gilet, pantalon), un deux-pièces. / Pièce de charpente (v. ce mot). / Pièces d'assemblage (vis, boulons, écrous, chevilles, etc.). / *Pièce de bois, de charpente, de menuiserie.* Planche. Solive. Poutre. Montant. Traverse, etc.

Partie d'une maison, d'un apparment. *Un logement d'une pièce.* Studio. / Un logement de deux pièces ou un deux-pièces. / *Pièce où l'on mange.* Salle à manger. / *Pièce de réception.* Salon. / *Pièce où l'on couche.* Chambre. / *Pièce où l'on se retire pour travailler, pour converser en particulier.* Bureau. Cabinet. / *Petite pièce isolée.* Cellule.

Quantité déterminée formant un tout. *Une pièce de viande.* Morceau. Quartier. / Une pièce de gibier (animal capturé à la chasse). / Prendre une belle pièce (en parlant d'un pêcheur, pêcher un beau poisson).

Morceau de métal plat, générale-

ment circulaire et servant de valeur d'échange. Pièce d'or, d'argent, de nickel, d'aluminium, etc. / *Côtés d'une pièce de monnaie.* Face ou avers. Revers. / Donner la pièce à quelqu'un (un pourboire, une gratification). / *Payer en billets et en pièces.* Espèces.

Élément, morceau servant à réparer une déchirure, une coupure. *Mettre une pièce à un vêtement.* Raccommoder. Rapiécer.

Écrit servant à établir un droit, la réalité d'un fait. *Pièce justificative, authentique* Document. Acte. Titre. Diplôme. / *Relevé énumérant les pièces d'un compte, d'un inventaire.* Bordereau. / *Pièces d'identité* (carte d'identité, passeport, permis de conduire, etc.). Papiers. / Juger sur pièces (avec des documents, des preuves).

Ouvrage littéraire, musical. *Pièce de vers* Poème. Poésie. / *Une pièce de théâtre* (ou une pièce). Œuvre dramatique. / *Pièce gaie.* Comédie. Vaudeville. / Drame (pièce en vers ou en prose dont l'action, généralement tragique, s'accompagne d'éléments réalistes, comiques). / Mélodrame (drame populaire). / Sketch (petite pièce généralement comique). Saynète (syn. vieilli de *sketch*). / *Pièce tragique.* Tragédie. / *Pièce sans succès.* Four. / *Pièce à grand succès.* Tube (argot).

Locutions diverses. Pièce d'eau (bassin, étang). Pièce de vin (fût, barrique). Pièce d'artifice (fusée, pétard). Pièce d'artillerie (bouche à feu, canon). Etre payé à la pièce, aux pièces (en proportion du travail que l'on fait, non du temps que l'on passe). Rendre à quelqu'un la monnaie de sa pièce (lui rendre la pareille, user de représailles). Fait de pièces et de morceaux (se dit de ce qui manque d'unité, d'homogénéité, qui est fait de parties disparates). Inventer, forger de toutes pièces (inventer entièrement, sans preuves, par un acte de pure imagination). Etre tout d'une pièce (sans souplesse, sans grâce, raide dans son attitude). Faire pièce à quelqu'un (lui susciter des obstacles, s'opposer à lui).

pied

(du lat. *pes, pedis ;* en gr. *pous, podos*)

Extrémité de la jambe de l'homme. ***Anatomie du pied.*** Cheville. Cou-de-pied. Plante des pieds. Talon. Doigts de pieds ou orteils. Arpions (pop.). / *Os du pied.* Tarse. Arcade plantaire. Astragale. Calcanéum. Cuboïde. Scaphoïde. Cunéiformes. Métatarse. Phalanges.
Muscles du pied. Muscles pédieux. Thénar. Antithénar. Hypothénar. Parathénar. Ligaments. Tendons. Tendon d'Achille.

Maux de pied. Cor. Durillon. Œil-de-perdrix. Oignon. Ongle incarné. Verrue plantaire. / Pied bot. Valgus. Varus. / Pied plat. Affaissement de la voûte plantaire. / Goutte. Podagre (vx). / Pied gelé. / Boiter (v. ce mot). / Orthopédie. Orthopédique. Orthopédiste.

Pied des animaux. Pieds ongulés. Pieds fourchus. Ongles. Onglons. / Griffes. Serres. / Palme. Ambulacre. Pied des mollusques.
Bipède. Quadrupède. Pédimane. / Solipède. Fissipède. Palmipède. / Plantigrade. Digitigrade. / Polypode. Myriapode. Macropode. Apode. / Pataud. Pattu.

Mouvements des pieds. Aller à pied. Marcher. Courir. Trotter. Galoper. / Piéter (en parlant du gibier à plume). / Marche. Course. Trot. Galop. Marcheur. Piéton. Fantassin. Infanterie. Piétaille. / Pédestre. Pédestrement. / Coureur. / Pas. Trace. Empreinte. / Sauter. Sauter à pieds joints. Enjamber. / Saut. / Danser. / Danse. / Pédaler. / Piétiner. Trépigner. Fouler aux pieds. / Piétinement. Trépignement. / Piaffer. Ruer. / Piaffement. Ruade. / Achopper. Buter. / Marcher sur la pointe des pieds. / Avancer pied à pied. Pas à pas. A cloche-pied. / Donner des coups de pied. Botter le derrière à quelqu'un. / Faire un croc-en-jambe.

Relatif au pied. Podologie. Pédicure. / Chaussure. Sandale. Chausson. Botte. Guêtre. Sous-pied. / Chausser. / Chausse-pied. / Marchepied. Pédale. Cale-pied. Repose-pied. / Chaufferette. Chancelière. / Bain de pied. Pédiluve (vx). / Podomètre.

Pied des choses. *Le pied d'un arbre.* Racine. Souche. / *Un pied de vigne.* Cep. / *Le pied d'un champignon.* Pédicule. Tige. Queue. / *Le pied d'une fougère.* Stipe. / *Un pied de laitue.* Plant. / *Un pied de muguet.* Brin.
Pied d'une montagne. Base. / *Pied d'un mur.* Assise. Soubassement. / *Pied d'un monument.* Socle. Piédestal. Piédouche. / *Pied de meuble.* Pied droit. Pied galbé.
Pied d'appareil photographique. Trépied. Support. / Bipied (d'un fusil mitrailleur).

Locutions diverses. A pied (en marchant). Avoir bon pied, bon œil (être en bonne santé ; être encore agile). Avoir le pied marin (garder son équilibre sur un bateau, ne pas être malade malgré le roulis ou le tangage). Casser les pieds (pop., ennuyer). Etre bête comme ses pieds (être très bête). En pied (se dit d'un portrait qui représente une personne debout). Faire des pieds et des mains (employer tous les moyens). Lâcher pied (reculer, battre en retraite). Lever le pied (partir en emportant l'argent, en parlant d'un dépositaire de fonds; cesser d'accélérer ou diminuer l'accélération, en parlant d'un automobiliste). S'être levé du pied gauche (être de mauvaise humeur). Mettre quelqu'un à pied (le destituer de ses fonctions, le congédier). Mettre pied à terre (descendre d'une monture, d'un véhicule). Mettre sur pied une affaire (la monter, l'organiser). Mettre les pieds dans le plat (commettre une maladresse; parler avec une franchise brutale). Ne savoir sur quel pied danser (ne savoir quel parti prendre). Pied de nez (geste qui consiste à narguer quelqu'un en tenant la main grande ouverte, les doigts écartés et le pouce appuyé sur le bout du nez). Perdre pied (ne plus toucher le fond de l'eau; ne savoir comment se tirer d'affaire). Prendre quelqu'un au pied levé (lui demander une chose sans lui donner le temps de réfléchir). Remettre quelqu'un sur pied (le guérir). Sur le pied de guerre (en état de combattre). Sur pied (debout, levé, guéri). Retomber sur ses pieds (se tirer heureusement d'une situation difficile).

piège

(du lat. *pedica,* de *pes, pedis,* pied)

Dispositif pour attrapper des animaux. *Piège à rats, à souris.* Ratière. Souricière. / *Piège à oiseaux.* Trébuchet. Mésangette. Sauterelle. Raquette. Rejet. Reginglette. Lacet. Lacs. Tendelle. Filet. Tirasse. Panneau. Rets (vx). Gluau. / Miroir à alouettes. Appeau. Appelant. Chanterelle. / Pipée. / *Piège à fauves.* Fosse. Trappe. Chausse-trape. Traquet. Traquenard. / Piège à palette, à engrenage. Collet. / Nasse. Balance à écrevisses. / Attrape-mouches.

PIÉGER (tendre un piège). Oiseler. Colleter. Panneauter. Piper. / Braconner. Braconnier. / Piégeur. Trappeur. / Piégeage.

Moyen pour mettre quelqu'un en difficulté. *Tendre un piège à quelqu'un.* Embûches (littér.). Ruse. Machination. / Artifice. Feinte. Leurre. Attrape-nigaud. / Embuscade. Guet-apens. Traquenard. / Machine infernale. Mine. Rets. Souricière (piège tendu par la police à un malfaiteur). / *Qui a le caractère d'un piège.* Insidieux. Trompeur. / Insidieusement. / Donner, tomber dans un piège. Mordre à l'hameçon.

PIÉGER. Prendre par ruse. Tromper. Blouser (fam.). Faire tomber dans le panneau. Mettre dans l'embarras. Mettre dans une situation difficile.

pierre

(du lat. *petra;* en gr. *lithos*)

Matière minérale solide répandue à la surface et à l'intérieur de la Terre. *Bloc de pierre.* Rocher. Roc. Roche. Dalle. / *Fragment, éclat, morceau de pierre.* Caillou. Galet. Gravier. Gravillon. Rocaille. Pierraille. Cailloutis. / *Rempli de pierres* (en parlant d'un chemin). Pierreux. Rocailleux. / *Attaquer, tuer à coups de pierres.* Lapider. Lapidation. / *Pierres répandues sur le sol pour revêtir un chemin, une cour.* Cailloutis. Caillasse. Gravier. Gravillon. Empierrement. / Empierrer. Gravillonner. Paver.

Pierres siliceuses. Granit. Basalte. Schiste. Grès. Porphyre. Pierre ponce. Quartz. Silex. Meulière. Feldspath. Talc. Mica, etc. / Granitique. Basaltique. Schisteux. Gréseux. Porphyrique. Quartzeux. Feldspathique.

Pierres calcaires. Marbre. Brèche. Albâtre. Travertin. Tuf. Péperin. Gypse. Pierre à plâtre. Liais. Oolithe, etc.

Travail de la pierre. *Carrière de pierre.* Banc. Veine. Lit. Bousin. / *Extraction de la pierre.* Abattage à l'aide de marteaux pneumatiques, de haveuses, de trancheuses. Abattage à l'aide d'explosifs ou par la méthode du fil hélicoïdal. / Tailler. Déliter. Couper. Scier. Délarder. Equarrir. Dégauchir. Bûcher. Appareiller. Boucharder. / Carrier. Marbrier. Tailleur de pierre. Appareilleur. / *Outils de carrier.* Masse. Barre à mine. Massette. *Outils de tailleur de pierres.* Laie. Poinçon. Burin. Sciotte. Boucharde. Biveau. *Age de la pierre taillée.* Paléolithique. *Age de la pierre polie.* Néolithique. / Mégalithe. Monolithe. Peulin. Dolmen. Menhir. Cromlech. / Stèle. Obélisque. / Mégalithique. Monolithique.

Pierre à bâtir. Pierre dure, tendre. Pierre gélive (éclate sous l'effet du gel). / *Pierre de taille.* Moellon. Parpaing. Boutisse. Libage. Parement. Claveau. Clef de voûte. Vousseau ou voussoir. Corbeau. Ecoinçon. Sommier.

Pierres naturelles. Granit. Porphyre. Basalte. Lave. Marbre. Quartz. Quartzite. Phyllade. Grès. Schiste dur.

Calcaire dur ou froid (pierre à bâtir la plus employée). Meulière, etc.

Pierres artificielles (matériaux à base d'éléments concassés et assemblés au moyen d'un liant hydraulique). *Pierres reconstituées.* Béton compact. Béton fin. Calcaire dur. Marbre. Basalte. Granit à grain fin. / Types de pierres reconstituées : granito, terrazzo, lap, basaltine, etc. / *Agglomérés* (pleins, évidés, extra-creux). Briques, etc.

Concrétion qui se forme quelquefois dans certains organes de l'homme ou des animaux, dans certains fruits. *Pierre biliaire, rénale, vésicale.* Calcul. / Lithiase (maladie causée par des calculs). Gravelle (vx). Lithotritie. Lithotriteur. / Fruit pierreux. Graveleux.

Pierres de bijouterie. V. BIJOU.

Locutions. Construire pierre à pierre (progressivement). Ne pas laisser pierre sur pierre (détruire de fond en comble). Apporter sa pierre à l'édifice (fournir sa contribution). Marquer un jour d'une pierre blanche, noire (avoir un succès, un malheur qui marque dans la vie). Malheureux comme les pierres (très malheureux). Cœur de pierre (personne inaccessible à la pitié). Pierre de touche (ce qui sert à faire connaître la valeur d'une personne, d'une chose). Jeter la pierre à quelqu'un (accuser, attaquer, blâmer).

Relatif à la pierre. Pétrifier. Pétrification. Pétrifiant. / Stalagmite. Stalagtite. / Pétrographie. Minéralogie. / Inscription lapidaire. / Epierrer. Epierrage. Epierrement.

pigeon
(du bas lat. *pipionem*)

Oiseau au plumage varié, au bec droit. Pigeonne (femelle). Pigeonneau (jeune pigeon). / *Espèces de pigeons communs en France.* Biset ou pigeon de roche. Colombin. Ramier. / *Races de rapport.* Montauban. Cauchois ou maillé de Caux. Carneau. / *Races d'agrément.* Boulant. Capucin. Caronculé. Coquillé. Cravaté. Culbutant. Haut-volant. Pigeon paon. Pattu. / Colombe (pigeon ramier).

Relatif au pigeon. Colombophilie. Colombophile. / Pigeon voyageur (messager, voyageur belge). / Lâcher de pigeons. / Pigeonnier. Colombier. Fuie. Volet. Boulin. / Colombine (fiente). / Roucouler. Roucoulement.

piller
(de l'anc. franç. *peille*, chiffon)

Commettre des vols et des dégâts. *Piller un magasin.* Saccager. Mettre à sac. Razzier. Dévaster. Ravager. Dépouiller. / Ecumer. Brigander. Chaparder. Voler. Marauder. / Détruire. Ruiner. Incendier. Mettre à feu et à sang. / Envahir.

PILLAGE. Saccage. Razzia. Brigandage. Dévastation. Ravage. Chapardage. Maraude. Rapine. / Exaction. Déprédation. / Destruction. Ruine. Incendie. Sac. / Butin.

PILLARD. Brigand. Voleur. Maraudeur. Ravageur. Saccageur. Ecumeur. Pirate.

pin et conifères

Arbres résineux à feuilles persistantes. *Caractères généraux.* Ordre des gymnospermes. Feuilles en forme d'aiguilles. Fleurs groupées en cônes (sauf les cyprès et les genévriers). Cônes mâles. Cônes femelles. Strobile (inflorescence mâle). Grains de pollen disséminés par le vent. Plantes anémophiles.

Familles de conifères. Pinacées (pin, sapin, épicéa, araucaria, cèdre, mélèze, etc.). / Taxacées (if, ginkgo, séquoia ou wellingtonia, etc.). / Cupressacées (cyprès, genévrier, thuya, etc.).

Pins. *Principales espèces.* Pins à feuilles géminées (groupées par deux) : pin sylvestre, pin maritime ou pinastre, pin laricio d'Autriche ou pin noir, pin laricio de Corse, pin d'Alep, pin pignon ou pin parasol. / Pins à feuilles ternées (groupées par trois) : pin de Jeffrey, pin raide, pin remarquable, pin à bois lourd, pin à feuilles rigides. / Pins à feuilles quinées (groupées par cinq) : pin cembrot ou cembro, pin élevé, pin de lord Weymouth.

Sapins. *Principales espèces.* Sapin argenté. Sapin baumier. Sapin de Nordmann. Sapin pinsapo. Sapin touffu. Sapin de Fraser. Sapin concolor. Sapin canocarpe. Sapin de Webb. Sapin du Mexique. Sapin magnifique. Sapin noble. / Sapin de Douglas, ou pseudotsuga (appartient à un genre voisin du sapin).

Cèdres. *Principales espèces.* Cèdre de l'Atlas, du Liban, de l'Himalaya, etc.

Utilisation des conifères. Bois de mine. Bois de charpente. Coffrage. Montants d'échelles. Echafaudages. Mâts de bateaux. Poteaux télégraphiques. Perches à houblon. Traverses de chemin de fer. Bois pour la pâte à papier. Bois de

menuiserie. Boissellerie. Caisserie, etc. / Bourgeons de sapin (fournis par le pin sylvestre). / Arbre de Noël.
Gemmage (opération consistant à inciser les pins pour en recueillir la résine). Gemmer. Gemmeur. / Térébenthine. Galipot (térébenthine de Bordeaux). Baume du Canada (résine extraite du sapin baumier).

Relatif aux conifères. Bois résineux. Pitchpin (bois rouge-brun de plusieurs espèces de pins d'Amérique). Pigne ou pignon (petite graine de la pomme de pin). Pinède, sapinière, cédraie (plantation de pins, de sapins, de cèdres). Sapine. Sapinette. Sapineau.

pincer

Serrer avec les doigts ou avec un instrument. *Pincer le bras, la joue.* Presser. / *Pincer jusqu'au sang.* Meurtrir. Ecraser. Contusionner. Blesser. Froisser. / Pizzicato (manière de jouer en pinçant les cordes d'un instrument). / Pincement.

PINÇON (marque sur la peau). Bleu. Noir. Meurtrissure. Contusion. Pinçure.

PINCE. Pince à linge. / Pince à sucre. / Tenaille (v. OUTIL). / Pincette.

PINCÉE. Pincée de sel, de sucre (quantité que l'on peut prendre entre les doigts).

Serrer fortement. *Pincer la bouche.* Fermer. / *Pincer les lèvres.* Rapprocher.

PINCÉ. *Un air pincé.* Dédaigneux. Hautain. Prétentieux. Précieux.

piquer

(du lat. pop. **pikkare ;* lat. class. *pungere, punctum*)

Percer la peau avec une aiguille, une pointe, un objet pointu. *Piquer quelqu'un pour lui prendre du sang, pour lui injecter un médicament.* Faire une piqûre. / *Piquer quelqu'un pour lui injecter un vaccin.* Vacciner. / *Piquer un cheval avec un éperon.* Eperonner. / Piquer des deux [éperons] (partir au galop). / *Piquer des bœufs avec un aiguillon.* Aiguillonner. / Piquer un animal malade (le faire mourir au moyen d'une piqûre mortelle). / *Piquer* (en parlant d'un insecte, d'un serpent). Enfoncer un aiguillon, un crochet à venin. Sucer le sang.

PIQÛRE. *Piqûre sous-cutanée, intramusculaire.* Injection. / Prise de sang. / Ponction (piqûre destinée à retirer un liquide organique). Ponctionner. / Acuponcture (v. AIGUILLE). / *Piqûre de serpent.* Morsure.

Fixer une chose avec une aiguille, un objet pointu. *Piquer une carte au mur avec une épingle, un clou.* Epingler. Clouer. / *Piquer un vêtement à la main, à la machine.* Coudre.

PIQÛRE. Piqûre à petits points, à larges points (pour unir deux ou plusieurs tissus ou pour orner certaines parties d'un vêtement).

Parsemer de petits trous, de petites taches. *Piquer du bois* (en parlant des vers). Ronger. Attaquer. Trouer. / *Meuble piqué de vers.* Vermoulu. / *Piquer une glace, du papier* (en parlant de l'humidité). Piqueter. Tacheter.

PIQÛRE. *Piqûre de ver.* Vermoulure. / *Piqûres sur un miroir, sur un livre.* Rousseurs. Taches roussâtres.

Enfoncer une chose par la pointe. *Piquer un pieu en terre.* Ficher. Planter. / *Piquer une rose à sa boutonnière.* Fixer.

PIQUET. *Planter un piquet.* Pieu. Bâton d'alignement. Jalon. / Attacher un animal avec un piquet (pieu pointu en bois ou en fer).

Causer une sensation vive sur la peau, sur la muqueuse. *Piquer* (en parlant d'un tissu). Gratter. Etre rêche. / *Piquer* (en parlant d'un aliment, d'un condiment). Brûler. Emporter la bouche. / *Piquer* (en parlant du vin). Etre acide, aigre. / Eau qui pique (fam., eau gazeuse). / *Piquer les yeux* (en parlant de la fumée). Irriter. Picoter. / *Piquer* (en parlant du froid). Pincer.

PIQUANT. Saveur piquante (de la moutarde, du poivre, etc.). Sauce piquante (composée de vinaigre, de cornichons, etc.). / Eau piquante (fam., eau gazeuse, pétillante). / *Feuille, tige piquante* (qui présente des pointes acérées). Feuille du houx, du chardon, etc. / Feuille urticante des orties. / Urticaire (éruption passagère accompagnée d'une sensation de brûlure). Urtication. / (N. m.) *Les piquants des chardons, des châtaignes, des oursins.* Epine. Aiguillon. / *Un froid piquant.* Vif. Aigu.

PICOTEMENT. *Avoir des picotements dans la gorge, dans les jambes.* Chatouillement. Fourmi. Fourmillement.

Blesser l'amour-propre de quelqu'un. *Piquer une personne au vif.* Froisser. Vexer. Irriter. Offenser. Atteindre.

PIQUE. *Envoyer, lancer des piques.* Allusion, parole blessante. Méchanceté. Offense.

PIQUANT. *Un mot piquant.* Aigre. Acerbe.

Blessant. Mordant. Vexant. Satirique. Caustique. A l'emporte-pièce.

Faire une vive impression sur une personne. *Piquer la curiosité de quelqu'un.* Eveiller. Exciter. / Intriguer.

PIQUANT. *Un charme piquant.* Attrayant. Excitant. / *Une anecdote piquante.* Pittoresque. / *Un détail piquant.* Curieux. Original. / (N. m.) *Avoir du piquant* (en parlant d'une femme). Charme. Fascination. Séduction.

Locutions diverses. Piquer du nez (tomber la tête en avant). Piquer un cent mètres (partir rapidement). Piquer une tête (se jeter la tête la première). Piquer un somme (fam.), un roupillon (pop.) [dormir un moment]. Piquer un fard, un soleil (rougir vivement). Piquer (en parlant d'un avion, descendre brusquement). Se piquer au jeu (se laisser passionner, s'obstiner malgré les obstacles). Se piquer de littérature, de philosophie, etc. (se flatter de les connaître).

pire
(du lat. *pejor*)

Plus mauvais. *Un remède pire que le mal.* Plus nuisible. / *Un homme pire que son père.* Plus méchant. / *Echapper aux pires dangers.* Plus grave. Plus grand. / *Redouter un mal encore pire.* Plus pénible. Plus douloureux. / *Craindre le pire.* Etre pessimiste. Pessimisme. / Pis-aller (solution, moyen auquel on recourt faute de mieux). / Péjoratif (qui comporte une idée de mal, qui déprécie). Défavorable. Dépréciatif. / Tant pis. / Péjorativement. / Péjoration.

Devenir pire. Empirer. Aller de mal en pis. De pis en pis (vx). De pire en pire. Tomber de Charybde en Scylla. / Se détériorer (en parlant d'une situation). Se dégrader. Se gâter. S'aggraver. S'envenimer. / Tourner à l'aigre. Prendre mauvaise tournure. / S'altérer (en parlant de la santé). / Décliner (en parlant des forces). Décroître. Diminuer. Baisser. / Filer un mauvais coton.

Rendre pire. Empirer. / *Empirer une situation.* Aggraver. Dégrader. Détériorer. Envenimer.

pitié
(du lat. *pietas*)

Sentiment de sympathie à l'égard des souffrances d'autrui et désir de les soulager. *Eprouver de la pitié. Inspirer de la pitié.* Compassion. Commisération. Apitoiement. Attendrissement.

Avoir pitié. Plaindre. S'apitoyer. Compatir. S'émouvoir. S'attendrir. Se laisser toucher. / Pleurer. Verser des pleurs, des larmes. / Consoler. Apaiser la douleur de. / Partager la peine de quelqu'un. Prendre part aux malheurs de.

PITOYABLE (accessible à la pitié [vx]). Compatissant. Humain. Miséricordieux. Généreux.

IMPITOYABLE (qui n'éprouve pas de pitié). Insensible. Dur. Inexorable. Implacable. Cruel. Cœur de pierre.

Faire pitié. Emouvoir. Toucher. Attendrir. / Fendre l'âme. Briser le cœur. Prendre aux entrailles. Tirer, arracher des larmes.

PITOYABLE (digne de pitié). Misérable. Déplorable. Malheureux. Douloureux. Navrant. Emouvant.

place
(du lat. pop. *plattea;* lat. class. *platea*, place publique)

Partie d'un espace qu'occupe une chose. *Trouver une place pour un objet.* Emplacement. Lieu. Endroit. / *La place des mots dans une phrase.* Disposition. Ordre. / *Changer la place des lettres dans un mot, des mots dans une phrase.* Permuter. Intervertir. Transposer. / *Changer la place d'un meuble.* Déplacer. / *Mettre un objet en place.* Ranger. / *Remettre un objet à sa place.* Replacer. / *Mise en place.* Rangement. Installation. / *Avoir une place suffisante.* Espace. Dégagement.

DÉPLACER. V. CHANGER.

PLACER. *Placer des choses en ordre.* Ranger. Classer. Ordonner. / *Placer une chose dans un endroit.* Mettre (v. ce mot). / Ne pas pouvoir placer un mot (ne pas pouvoir parler en raison de l'abondance des paroles d'une personne). / Placer une marchandise (la vendre pour le compte d'un commerçant). Voyageur. Représentant de commerce. Placier.

Partie d'un espace qu'occupe un être. *Une place de théâtre, de cinéma.* Siège. Fauteuil. Loge. / *Prendre place.* Se placer. / *Prendre place à une table.* S'asseoir. S'installer. / Faire place à quelqu'un (se ranger, s'écarter pour le laisser passer). / *Une voiture, un avion à une place, à deux places, à plusieurs places.* Monoplace. Biplace. Multiplace. / *Rester à la même place.* Stationner. / *Rester sur place.* Immobile. / *Ne pas rester en place.* Bouger. Etre toujours en mouvement. / Faire du surplace (rester immobile, ne pas avancer).

PLACER. *Placer quelqu'un à table.* Installer. / *Personne qui place des spectateurs au cinéma, au théâtre.* Ouvreuse. / *Placer des sentinelles.* Poster.

SE DÉPLACER. *Se déplacer* (en parlant d'un être). Changer de place. Quitter sa place. Bouger. Circuler. Se déranger. / *Se déplacer difficilement.* Marcher. Se mouvoir. Aller. Venir. / *Aimer (à) se déplacer.* Voyager.

DÉPLACEMENT. Mouvement. Locomotion. / *Frais de déplacement. Etre en déplacement.* Voyage (professionnel). / Vie sédentaire (qui se passe dans un même lieu). Travail sédentaire (qui s'exerce sans aucun déplacement). Sédentarité.

Position d'un être dans un groupe, dans une hiérarchie, dans une compétition. *Avoir une bonne place dans un concours, dans une course.* Rang. Classement. / *Obtenir la première place.* Etre le premier.

PLACÉ. Personnage haut placé (qui occupe une situation élevée).

Charge, fonctions d'une personne. *Une place de directeur commercial.* Poste. Situation. Charge. / *Une place de secrétaire.* Emploi. / *Occuper la place de quelqu'un.* Remplacer. Succéder à. / *Prendre la place de quelqu'un.* Supplanter. Se substituer à. Chasser. Dégommer (fam.). / *Une place lucrative. Une bonne place.* Filon (fam.). Planque (fam.). / *Abandonner, quitter sa place.* Se démettre (de ses fonctions). / *Perdre sa place.* Etre licencié, renvoyé, mis à pied, mis à la porte.

PLACER. *Placer quelqu'un.* Procurer (un emploi). Caser (fam.).

PLACEMENT. Agence, bureau de placement (organisations ayant pour but de faciliter l'embauche des employés).

Espace découvert, généralement entouré de constructions. *Une grande place. Une petite place.* Esplanade. Rond-point. Parvis. Lieu public. / *Place d'une ville grecque, d'une ville romaine.* Agora. Forum. / *Petite place.* Placette.

Locutions diverses. A la place de quelqu'un, de quelque chose (en remplacement, en échange de, au lieu de). A votre place (si j'étais dans votre situation, si j'étais que de vous). Se mettre à la place de quelqu'un (imaginer que l'on est dans la situation où il se trouve). Homme en place (qui occupe une fonction qui lui donne de la considération). Remettre quelqu'un à sa place (le réprimander, le reprendre, le rappeler aux convenances, au respect). Etre en place (être à l'endroit prévu, prêt à entrer en action). Se tenir à sa place (observer les bienséances qu'exige sa condition, son état). Faire la place (se dit d'un représentant, d'un placier qui va chez les commerçants d'une ville pour leur proposer des marchandises).

plagier

(de *plagiaire,* lat. *plagiarius ;* en gr. *plagios,* oblique, fourbe)

Donner comme siens les travaux d'un autre. *Plagier un auteur.* Imiter. Piller. Faire des emprunts à. / *Plagier une œuvre.* Copier. Démarquer. Contrefaire. Puiser dans. Compiler.

PLAGIAT. Imitation. Copie. Copiage. Démarquage. Contrefaçon. Compilation.

PLAGIAIRE. Imitateur. Contrefacteur. Pilleur. Compilateur. Copieur.

plaie

(du lat. *plaga*)

Déchirure des chairs, des tissus. *Plaie profonde. Plaie superficielle.* Blessure. Coupure. Entaille. Balafre. Estafilade. Taillade. Boutonnière (fam.). / Ecorchure. Egratignure. Eraflure. Griffure. Morsure. Piqûre. Brûlure. Bobo (fam., petite plaie insignifiante). Excoriation. / Lésion. Crevasse. Gerçure. Ulcération. Ulcère.

État des plaies. Lèvres d'une plaie. Chairs à vif. / Perte de sang. Hémorragie. Saignement. / Saigner. S'extravaser (en parlant du sang). Plaie saine. / Plaie infectée. Rougeur. Inflammation. Infection. Suppuration. Purulence. Pus. Gangrène. Nécrose. Mortification. Escarre (croûte noirâtre formée par le tissu mortifié). / S'envenimer. S'enflammer. Suppurer. / Se fermer. Se cicatriser ou cicatriser. Cicatrisation. Cicatrice.

Traitement. Laver, nettoyer, désinfecter une plaie. / Panser. Aseptiser. Coudre. Suturer. Fermer. Recoudre. / Débrider. Raviver, rouvrir une plaie. Pansement aseptique. Suture. Agrafes. Fils de suture. / Thermocautère. / Antiseptiques. Antibiotiques. / Pommades.

plaindre

(du lat. *plangere*)

Avoir pitié de quelqu'un. *Plaindre un malheureux.* S'apitoyer sur. S'attendrir sur. Prendre en pitié. Compatir. / *Etre à plaindre.* Etre malheureux, misérable, pauvre.

plaindre (se)

Exprimer sa douleur par des gémissements, des pleurs. *Se plaindre sourdement.* Gémir. Geindre. Larmoyer. Soupirer. Pleurnicher. / *Se plaindre bruyamment.* Crier. Clamer ses malheurs. Se lamenter. Pleurer. Apitoyer les gens. / *Qui se plaint sans cesse.* Geignard (fam.). Pleurnicheur (fam.).

PLAINTE. Gémissement. Geignement. Larmoiement. Soupir. Lamentation. Jérémiade.

PLAINTIF. Gémissant. Geignard. Dolent.

Exprimer son mécontentement. *Se plaindre de quelque chose.* Maugréer. Grogner. Ronchonner. Grommeler. Pester. / Protester. Réclamer. Récriminer. Rouspéter (fam.). Râler (fam.). Revendiquer. Exposer ses doléances. / *Se plaindre de quelqu'un.* Etre mécontent de.

PLAINTE. Protestation. Réclamation. Récrimination. Rouspétance (fam.). Revendication. / Faire du ramdam, du raffut, du foin (fam.). / Porter plainte. Déposer une plainte. Porter une affaire devant les tribunaux. Faire appel à la justice. / Plaignant. Demandeur. Partie civile.

plaire
(du lat. *placere*)

Être agréable. *Plaire à l'esprit* (en parlant d'une chose). Agréer (littér.). Allécher. Captiver. Passionner. Emballer (fam.). Exalter. Enthousiasmer. Transporter. / *Qui plaît.* Plaisant. Agréable. Alléchant. Engageant. Affriolant. Captivant. Passionnant. Emballant (fam.). Exaltant. Enthousiasmant. Distrayant. Amusant. Récréatif. Délassant. / *Plaire à la vue, à l'ouïe.* Charmer. Ravir. Enchanter. Fasciner. Réjouir, flatter l'œil, l'oreille. / Plaisant. Charmant. Ravissant. Riant. Enchanteur. Fascinateur. / *Plaire au goût.* Flatter, réjouir le palais. Se régaler. Se délecter. / Délectable. Délicieux. Succulent. Appétissant. Excellent. / *Ce qu'il plaît à quelqu'un de faire, d'ordonner.* Bon plaisir. Bon vouloir.

Convenir. *Plaire* (en parlant d'une chose). Faire l'affaire. Contenter. Satisfaire. Donner satisfaction. Faire plaisir. Etre agréable. Enchanter. Ravir. Réjouir. Etre au goût de. Agréer (littér.). / Aller. Arranger. Botter (fam.). Chanter (fam.).

Exercer un attrait. *Plaire* (en parlant d'une personne). Attirer. Conquérir, gagner les cœurs. Faire des conquêtes. Eveiller l'amour. Tourner les têtes. Taper dans l'œil (fam.). Avoir une touche, la touche (fam.). / Exciter. Emoustiller. / Avoir du sex-appeal (fam.). Etre sexy (fam.). Avoir du chien (fam.). Etre la coqueluche de (fam.). / *Chercher à plaire.* Flatter. Flagorner. Aguicher. / *Plaire aux gens.* Etre populaire. Gagner la faveur, la sympathie de. / *Avoir l'art de plaire.* Etre aimable, charmant, gentil, prévenant.

Se plaire. *Se plaire à* (avec un verbe ou un nom). Prendre plaisir à. Se complaire. Trouver de l'agrément. Se trouver bien. / (En parlant des animaux, des plantes.) Prospérer. Se développer.

plaisanter
(de *plaisant*)

Faire ou dire des choses pour amuser ou faire rire. *Aimer à plaisanter.* S'amuser. Badiner. Blaguer (fam.). Galéjer (fam.). Gouailler. Bouffonner.

PLAISANTERIE. Facétie. Badinage. Boutade. Blague (fam.). Bon mot. Galéjade. Gaudriole. Farce. Canular. Mystification. Attrape. Poisson d'avril. Bouffonnerie. Clownerie. / Mauvais plaisant (celui qui cherche à faire des plaisanteries de mauvais goût).

PLAISANTIN. Facétieux. Farceur. Blagueur. Bouffon. Pitre. Clown.

plaisir
(anc. inf. du v. *plaire ;* en lat. *voluptas ;* en gr. *hêdonê*)

Satisfaction de l'esprit, du cœur. *Le plaisir de la lecture.* Agrément. Charme. / *Retirer du plaisir de la présence de quelqu'un, de quelque chose.* Contentement. Satisfaction. Jouissance. Délices. / *Faire plaisir. Faire un grand plaisir.* Plaire. Charmer. Ravir. Réjouir. / *Avoir le plaisir de.* Joie. Bonheur. Avantage. / *Avoir, prendre plaisir à.* Aimer. Se plaire à. Se complaire à. Se réjouir de. / *Faire à quelqu'un le plaisir de.* Grâce. Faveur. / Obliger. Rendre service. / *Faire plaisir à quelqu'un.* Etre agréable. Plaire. / *Avec plaisir.* De bon cœur. De bonne grâce. Bien volontiers. / *Bon plaisir* (v. PLAIRE). / *Qui dépend de la seule volonté, du bon plaisir de quelqu'un.* Arbitraire. / Arbitrairement.

Amusement. *Le plaisir des jeux.* Divertissement. Délassement. Détente. Récréation. / S'amuser. Se divertir. Se délasser. Se détendre. Se récréer. Jouer. Se distraire. S'égayer.

Satisfaction des sens. *Plaisir de la table.* Bonne chère. Gastronomie. / Festin. Banquet. Régal. Extra. Repas fin. Partie fine. / Gourmet. Fine gueule (fam.). Gastronomie. / Gueuleton (pop.). Ripaille. Bombance. Bombe (fam.). Orgie. / *Plaisirs de la chair. Plaisirs charnels. Plaisirs sensuels.* Sensualité. Erotisme. Volupté. Orgasme. Lubricité. Paillardise. / Erotique. Voluptueux. Lubrique. Paillard. / Lascivité. Salacité. Jouissance. / Lascif. Jouisseur. Salace. Satyre. / Concupiscence. Luxure. Fornication (péché de la chair [langue religieuse]).

Joyeuse vie. *Mener une vie de plaisirs.* S'amuser. Faire la fête, la noce (fam.), et *pop. :* la foire, la bringue, la nouba, la fiesta, la bamboula, la bamboche. / Faire les quatre cents coups. Mener une vie de bâton de chaise. Vivre dans le désordre, la débauche, le libertinage, le dévergondage. / Bon vivant. Joyeux compère. Joyeux luron. Joyeux drille.
Morale du plaisir. Hédonisme. Epicurisme.

plan

(variante orthographique de *plant,* dérivé de *planter*).

Ce qui sert de base à une réalisation. *Elaborer un plan.* Projet. / *Exécuter un plan.* Dessein. Combinaison. / *Le plan d'une œuvre littéraire.* Canevas. Esquisse. Ebauche.

Ensemble des mesures prises en vue de l'exécution d'un projet. *Un plan financier, économique.* Programme. / *Un plan de travail, de fabrication.* Planning.

PLANIFIER (organiser suivant un plan). / Planification. / Planificateur.

Représentation d'un ouvrage en projet ou réalisé. *Le plan d'une maison, d'un appartement.* Dessin. Schéma. / *Le plan d'une ville.* Carte.

planète

(du bas lat. *planeta ;* en gr. *planêtês,* errant)

Astre non lumineux par lui-même qui tourne autour du Soleil. Système solaire, planétaire. Règle de Bode (distance des planètes au Soleil). Planètes inférieures (entre la Terre et le Soleil). Planètes supérieures (extérieures à la Terre). Planètes telluriques (de nature rocheuse). Planètes joviennes (grosses planètes de nature gazeuse). Petites planètes, ou astéroïdes. Planétoïdes (planètes artificielles). Compagnon planétaire (planète d'une étoile autre que le Soleil). Planète secondaire, ou satellite.

Aspects et mouvements des planètes. Globe. Diamètre apparent, équatorial, polaire. Aplatissement. Ellipsoïde de révolution. Atmosphère. Albedo. Tache claire, sombre. Phase. / Masse. Densité.
Aspect. Conjonction. Opposition. Quadrature. Elongation. / Période. Rotation. Révolution sidérale, synodique, tropique. / Orbite. Orbe. Lois de Kepler. Ellipse. Foyer. Excentricité. Inclinaison (sur l'écliptique). Obliquité. Aphélie. Périphélie. / Ligne des apsides. Ligne des nœuds. Nœud ascendant, descendant. Ligne des équinoxes. Point vernal, ou point gamma. / Perturbation. Avance séculaire. Equation (erreur) annuelle.

Les planètes et leurs satellites. *Mercure* (la plus proche du Soleil). / *Vénus.* Etoile du matin, du soir, du berger. Vesper. Lucifer. / Vénusien (adj.). / La *Terre* (v. ce mot). / *Mars.* Arès. La planète rouge. Aréographie (géographie de la planète Mars). Taches claires, ou « déserts ». Taches sombres, ou « mers ». « Canaux » (alignements d'accidents du relief). Calottes polaires. Cirques, ou cratères. Satellites de Mars : Phobos et Deimos. / Martien (adj.). / *Jupiter.* Région polaire. Bande tempérée. Zone tempérée. Zone tropicale. Bande tropicale. Zone équatoriale. Bande équatoriale. Taches brillantes. Grande tache rouge. Satellites de Jupiter : Amalthée, Io, Europe. Ganymède, Callisto, VI, VII, X, XI, XII, VIII, IX. / Jovien (adj.). / *Saturne.* Région polaire. Bandes et zones tempérées, tropicales et équatoriales. Anneaux de Saturne : anneaux A, B et C (anneau de crêpe); divisions de Cassini et d'Encke. Satellites de Saturne : Janus, Mimas, Encelade, Téthys, Dioné, Rhéa, Titan, Hypérion, Japet. Phœbé. / Saturnien (adj.). / *Uranus.* Bandes équatoriales. Satellites d'Uranus : Miranda, Ariel, Umbriel, Titania, Obéron. / *Neptune.* Satellites de Neptune : Triton, Néréide. / Neptunien (adj.). / *Pluton.* / Petites planètes : Cérès, Vesta, Pallas, Hygiée, Eunomia, Davida, Junon, Hébé, etc. Eros, Adonis, Hermès (celles qui se rapprochent le plus de la Terre). Groupe des planètes troyennes.

Relatif aux planètes. Planétaire. Interplanétaire. Globe. Sphère. Mappemonde. Hémisphère. Planétarium. Pesanteur. Vitesses cosmiques. Vitesse de libération. Sonde automatique. Sonde interplanétaire.

plante

(du lat. *planta;* en gr. *botanê, phuton*)

Être vivant, généralement fixé au sol, caractérisé par ses fonctions de nutrition et de reproduction. *Ensemble des plantes d'une région.* Flore. Végétation. Végétaux. / *Parties d'une plante.* Racine. Tige. Feuille. Fleur. Fruit. Graine (v. ces mots). / *Substance d'une plante.* Chlorophylle. Sève. Suc. Cutine. Lignine. Subérine, etc. / *Plantes à fleurs.* Phanérogames. / *Plantes sans fleurs.* Cryptogames. / *Plantes à fruits.* Angiospermes. / *Plantes sans fruits.* Gymnospermes. / *Classification des plantes. Etude des plantes.* Botanique (v. ce mot). / *Mouvements des plantes.* Tropismes : géotropisme, héliotropisme, phototropisme.

Caractères des plantes. Plante acaule (sans tige). Plante naine, rampante. Plante arborescente, ligneuse, herbacée. / Plante bulbeuse, rhizomateuse. / Plante monocotylédone, dicotylédone. / Plante marine. Plante aquatile, fluviatile, amnicole. Plante rupestre, saxatile, rudérale. Plante sauvage. Plante cultivée. Plante parasite. Plante exotique. Plante vénéneuse, urticante. Plante carnivore (drosera, dionée). / *Plantes grasses* (tiges charnues en forme de raquettes, de colonnes cannelées). Cactus ou cactacées : opuntia, manillaria, échinocactus, cierge, etc. / *Plantes grimpantes.* Plantes volubiles, dextrovolubiles (enroulement de gauche à droite) : liseron, haricot, pois, volubilis, chèvrefeuille, etc.; sénestrovolubiles (enroulement de droite à gauche) : houblon, tamier, etc. Lianes. Plantes à racines adventives (crampons, petites pelotes) : lierre, vigne vierge, ampélopsis. Plantes se fixant par des vrilles : vigne bryone. Plante s'accrochant par le pétiole des feuilles : clématite, etc.

Vie des plantes. Plante annuelle, bisannuelle. Plante vivace, remontante. / Reproduction (v. ce mot). / Fécondation. Germination. Croissance. Pousse. Développement. / Germer. Croître. Pousser. Se développer. / Bourgeonnement. Floraison. / Bourgeonner. Fleurir. / Fructification. Maturation. / Fructifier. Mûrir. / Multiplication. Semence. Semis. Plant. Caïeu. Drageon. Bouture. Greffe. / Vie végétative. Endosmose. Expiration. / S'étioler. Dépérir. Se faner. Sécher sur pied. Se dessécher. Jaunir. Mourir.

Utilisation des plantes. Plantes alimentaires, potagères ou vivrières. Légumes (v. ce mot). / Plantes oléagineuses (qui contiennent de l'huile; v. HUILE.) / Plantes fourragères (v. FOURRAGE). / Plantes textiles : chanvre, coton, lin, raphia, jute, etc. / Plantes aromatiques : absinthe, angélique, anis, badiane, basilic, bétel, cannelle, cerfeuil, citronnelle, coriandre, cumin ou carvi, estragon, fenouil, genièvre, génépi, gingembre, giroflier, laurier, marjolaine ou origan, mélisse, menthe, moutarde, muscade, persil, poivrier, romarin, sarriette, sauge, thym, etc. / Plantes ornementales (cultivées pour la beauté de leurs fleurs, de leurs feuilles). Plantes d'appartement (plantes à feuilles toujours vertes qui peuvent croître à l'intérieur d'une maison). / Plantes médicinales ou simples. Phythothérapie (traitement des maladies par les plantes).

Plantes dangereuses. Aconit. Belladone. Ciguë. Colchique. Coloquinte. Cytise. Digitale. Ellébore. Ergot (de seigle). Hachisch. Ivraie. Peyotl. Tabac, etc.

Relatif aux plantes. Végétal. / Végétalisme, végétarisme (v. ALIMENT). / Jardin des plantes. Jardin botanique. Arboretum (parc planté de nombreuses espèces d'arbres en vue de les étudier). / Collection de plantes. Herbier. / Herboriser. Botaniser (v. BOTANIQUE). / Phytogéographie (géographie botanique). Phytopathologie (étude des maladies des plantes).

planter

(lat. *plantare*)

Mettre en terre des végétaux. Planter des arbres. / *Planter des salades, des poireaux.* Repiquer. / Plantoir. / Bouturer. Marcotter. Provigner. / Bouturage. Marcottage. Provignage ou provignement. / Habiller un plant. Praliner. Mettre en jauge, en butte. / Pralinage. / Défoncer le sol. Butter. / Déplanter. Dépoter. Transplanter. / Replanter. Repiquer. Rempoter. / Complanter. / *Planter un lieu d'arbres.* Boiser. Peupler. Reboiser. Repeupler.

PLANTATION. Pépinière. / Planteur. Pépiniériste. / Boisement. Reboisement. Peuplement. Repeuplement.

PLANT. Haute tige. Demi-tige. Basse tige. Scion. / Plant en motte, en pot, en arrachis. / Bouture. Marcotte. Provin. Plançon ou plantard.

Enfoncer. *Planter un pieu, un clou.* Piquer. Ficher. / *Planter un mât.* Dresser.

plastique
(du lat. *plasticus ;* en gr. *plastikos,* relatif au modelage)

Matière synthétique déformable par chauffage, moulage, pressage.

Classification suivant l'origine ou la constitution. *Matières plastiques naturelles* (corne, ambre, asphalte, cire, résines naturelles, etc.). / *Matières plastiques artificielles* (dérivées de la cellulose, du bois, du coton, dc la caséine durcie, etc.). / *Résines synthétiques* (matériaux tirés de la houille, du pétrole, etc.). Résines de condensation. Résines de polymérisation.

Classification suivant les caractéristiques d'emploi. Matière plastique thermodurcissable (ramollie par la chaleur, durcit si on la chauffe une deuxième fois). Matière thermoplastique (se ramollit chaque fois qu'on la chauffe).

Familles de plastiques. Aminoplastes. Phénoplastes. Plastiques cellulosiques. Polyéthylènes. Polystyrènes. Polyuréthannes. Résines acryliques. Résines vinyliques. Silicones. / Elastomères de synthèse (caoutchoucs artificiels).

Principaux plastiques. Acétates de cellulose et de vinyle. Bakélite. Celluloïd. Galalithe. Mélamine-formaldéhyde. Nitrile acrylique. Phénol formaldéhyde. Pexiglas (polyméthacrylate de méthyle). Polychlorures de vinyle et de vinylidène. Polyester. Polyéthylène. Polyméthylméthacryplate. Polypropylène. Polystyrène. Urée formaldéhyde.

Relatif aux plastiques. Monomère (molécule simple). Polymère (monomères soudés formant une chaîne). Haut polymère (chaîne longue, avec répétition d'un même motif). Polymérisation. / Façonnage par moulage, formage, extrusion, pressage. / Plastifiant. Plastifier. / Matériau expansé. / Plasticien. / *Usages.* Mobilier. Tabletterie. Revêtements. Tissus d'ameublement. Emballages, etc.

plat
(du lat. pop. *plattus ;* en gr. *platus,* large, étendu)

Sans relief, sans épaisseur. *Un sol plat.* Plan. Uni. Egal. Régulier. / *Une dalle bien plate.* Lisse. Poli. / *Terrain plat.* Nivelé. Egalisé. Aplani. Horizontal. / *Nez plat.* Epaté. Ecrasé. Camus. Camard. / *Une montre plate, extra-plate.* Mince. / Poisson plat (sole, limande, etc.). / Lime plate. Règle plate. / La planéité d'une surface. Le poli.

Rendre plat. Aplatir. Ecraser. Comprimer. / Aplatissement. Ecrasement. Compression. / Méplat. / Aplanir. Egaliser. Niveler. Araser. Ecrêter. / Aplanissement. Egalisation. Nivellement. Arasement. Ecrêtement. / Dégauchir. Raboter. Planer. / Dégauchissement. Rabotage. / Laminer. / Laminage. / *Mettre à plat.* Etendre. Etaler. Plaquer.

Choses plates. Table. Tableau. Planche. Plateau. / Disque. Palet. Pièce de monnaie. / Galet. Ardoise. / Plaque. Lame. Lamelle. Latte. Ruban.
Plaine. Rase campagne. Plage. Surface des eaux. / Aire. Esplanade. Terrasse.

Se dit d'une personne ou d'une chose qui manque de personnalité, d'originalité, d'élévation. *Un plat personnage.* Vil. Rampant. Obséquieux. Servile. / *Un style plat.* Banal. Fade. Froid. Prosaïque. Médiocre.

PLATITUDE. Bassesse. Servilité. Obséquiosité. / Banalité. Fadaise. Prosaïsme. Médiocrité.

PLATEMENT. Bassement. Servilement.

APLATIR. *S'aplatir devant quelqu'un.* S'humilier. Ramper.

Locutions. Plat comme une galette, comme une limande. Plat comme une affiche. / Plat comme une punaise (d'une humilité servile).

platine
(de l'espagnol *platina,* diminutif de *plata,* argent)

Métal précieux blanc grisâtre.

Préparation. Se trouve à l'état natif dans des sables, mélangé avec l'or et différents métaux du même groupe (ruthénium, palladium, rhodium, osmium, éridium), et accompagné de fer et de cuivre. Extraction sur place par une série de lavages des sables. Séparation de l'or par amalgamation. Mine de platine. / Elimination du fer et du cuivre par l'acide nitrique. Filtration. Traitement par l'eau régale (mélange d'acide chlorhydrique et d'acide azotique) qui dissout le platine, l'iridium et le palladium (sous forme de chlorures) et laisse un sable riche en osmiure d'iridium. Addition de chlorure d'ammonium pour précipiter le platine et l'iridium à l'état de chloroplatinate et de chloro-iridate d'ammonium. Calcination de ce mélange pour obtenir la mousse de platine qui est fondue au chalumeau oxhydrique dans un creuset en chaux. Alliage commercial platine-iridium. / Platine pur obtenu, après passage du mélange à l'état de nitrites complexes solubles, par précipitation sous forme de chlorure ammoniacal. / Extraction également du platine de résidus de minerais canadiens de cuivre et de métal, ainsi que des boues du raffinage électrolytique du cuivre.

Utilisations. Matériel de laboratoire ou d'industrie chimique (creusets, capsules, électrodes). Matériel électrique (contacts, couples thermo-électriques, électrodes de bougies). Prothèse dentaire. Matériel de physique de précision. Bijouterie. Joaillerie.

Alliages. Alliage avec l'or, l'argent, le cuivre, le rhodium (platine rhodié), l'iridium (platine iridié), le palladium et le tungstène.

Relatif au platine. Platiner. Platinage. Platineur. Platineux. Platinifère. Platinides. Platinite.

plein

(du lat. *plenus*)

Qui contient tout ce qu'il peut contenir. *Verre plein.* Rempli. A ras bord. Sans faux col (fam.). / *Sac plein, très plein.* Bourré. Plein à craquer. / *Compartiment plein.* Complet. Bondé. / *Salle pleine.* Comble. Archicomble. / *Avoir le ventre, l'estomac plein.* Etre rassasié. Repu. Gavé. Gorgé. Saturé. / Satiété. Répétion. Saturation. / *Rendre plein.* Remplir (v. ce mot). Emplir (vieilli). *Etre toujours plein* (en parlant d'un établissement commercial). Ne pas désemplir. / *Etre trop plein.* Déborder. Regorger. / Débordement. Trop-plein. Excédent. Excès. Surcharge. Surplus. / Pléthore.

Qui contient en abondance. *Un pré plein de fleurs.* Couvert. / *Etre plein de fruits* (en parlant d'un arbre). Abonder en. Regorger de. / *Rue pleine de voitures.* Encombré. / *Etre plein de santé, de joie.* Déborder. Eclater. / *Etre plein d'appréhension.* Rempli. Rongé. / *Etre plein d'argent.* Riche. Plein aux as (fam.). / *Etre plein d'admiration, de reconnaissance.* Pénétré. / *Etre plein de soi-même.* Imbu. Infatué. / *Un récit plein de sensibilité.* Imprégné de.

Se dit d'une femelle animale qui porte des petits. *Une chatte pleine.* En gestation. Gravide.

Se dit d'une chose dont la matière occupe tout le volume, toute la place. Une sphère pleine (par opposit. à CREUSE). / *Du bois plein.* Serré. Compact. Massif. / Une porte pleine (par opposit. à VITRÉE). / Une roue pleine (sans rayons). / *Un visage plein.* Rond. Dodu. Rebondi. Potelé.

Qui est entier, complet, dans toute son intensité. Un jour plein (24 heures). / Pleine lune (phase où la Lune apparaît éclairée tout entière). / Reliure pleine peau (entièrement en peau). / Plein-emploi ou plein emploi (situation réalisée lorsque la totalité de la main-d'œuvre a la possibilité de trouver un emploi). / *De (son) plein gré.* Volontairement. Volontiers. / *Une confiance pleine et entière. Donner pleine satisfaction. Un plein succès.* Total. Absolu. / Etre en pleine forme (en excellente condition physique).

PLEINEMENT. *Approuver pleinement.* Totalement. Absolument. Entièrement. / *Pleinement responsable.* Parfaitement.

PLÉNITUDE. *La plénitude de l'âge* (littér.). Force (de l'âge). Maturité. / *La plénitude d'un droit.* Totalité. Intégralité.

Locutions diverses. La pleine mer (le large). La mer est pleine (la marée est haute). Battre son plein (se dit de la mer étale qui bat le rivage; au fig., se dit d'une chose qui est à son point culminant, à son maximum). Faire le plein d'eau, d'essence (remplir entièrement un réservoir). En plein sur, dans (entièrement, exactement sur, dans). Tir de plein fouet (horizontal). Se heurter de plein fouet (se jeter l'un contre l'autre en ligne droite). A plein, à pleine [suivi d'un nom] (marque l'intensité de l'action). Prendre à pleine main (en tenant fermement). Puiser à pleines mains (en emplissant ses mains). Donner à pleines mains (largement, généreusement). Avoir de l'argent plein les poches (beaucoup). En avoir plein la bouche de quelqu'un, de quelque chose (en parler fréquemment). En mettre plein la vue (fam., éblouir, impressionner vivement). Avoir de la peinture plein les mains (partout sur). Tout plein [et un adj.] (fam., très). En plein, en pleine [suivi d'un nom] (au milieu de).

pleurer

(du lat. *plorare,* se lamenter)

Répandre des larmes. *Pleurer légèrement.* Pleurnicher. Sangloter. Larmoyer. / *Pleurer abondamment.* Fondre en larmes, en pleurs. Avoir le visage baigné, inondé de larmes. Pleurer à chaudes larmes, comme une Madeleine. Avoir le cœur gros, les yeux gonflés, rouges. / *Termes pop.* Chialer. Chigner (vx). / *Cesser de pleurer.* Sécher ses larmes, ses pleurs. / *Pleurer* (en parlant d'un jeune enfant). Crier. Brailler (fam.). / *Se retenir de pleurer.* Etouffer ses larmes.

PLEURARD (fam., qui pleure souvent). Pleurnicheur. Grognon. / *Ton pleurard.* Larmoyant. Geignard (fam.).

PLEURS. *Laisser couler ses pleurs.* Larmes. / *Etre suffoqué par les pleurs.* Gémissements. Cris. Sanglots. Plaintes. Lamentations. / *Sécher les pleurs de quelqu'un.* Consoler. Apaiser.

PLEURNICHER. (fam.). *Ne faire que pleurnicher.* Pleurer sans raison, à la manière des enfants. Larmoyer. Avoir toujours la larme à l'œil. / Pleurnicherie (fam.).

Éprouver du chagrin, de la peine. *Pleurer ses parents. Pleurer la mort de ses parents.* S'affliger. Se lamenter de. / *Pleurer ses jeunes années.* Regretter. S'apitoyer sur.

Locutions diverses. Pleurer misère (se plaindre). Pleurer toutes les larmes de son corps (pleurer abondamment). Pleurer sur quelqu'un, sur quelque chose (verser des larmes au sujet de quelqu'un, de quelque chose). Pleurer auprès de quelqu'un (l'implorer, le supplier). Pleurer après quelque chose (fam., réclamer avec insistance).

pli
(de *plier*)

Mise en double d'une matière souple faite en rabattant une partie contre une autre. Les plis d'une feuille de papier, d'une étoffe, d'un accordéon. / *Endroit où se forme un pli.* Pliure. / *Défaire les plis d'une étoffe.* Déplisser.

Mise en double d'un tissu maintenu par des points de couture ou par repassage. *Faire des plis à une jupe.* Plisser. / *Corsage à plis.* Plissé. / *Pli cousu à une étoffe afin de la raccourcir, de la border.* Ourlet. Rempli. Rabat. / *Les plis d'une jupe, d'une robe.* Fronce. Froncis. Bouillon. Pince. Smocks. Godet. / Pli couché. Pli plat. Pli creux. / *Pli rond, en forme de tube.* Godron. Tuyau.

PLISSER. *Plisser une jupe, un chemisier.* Froncer. / *Faire des plis tubulés.* Tuyauter. Godronner. / Plissage.

PLISSÉ (ensemble de plis non cousus). Plissé plat, creux, rond, accordéon, soleil.

Ondulation dans un tissu flottant. *Les plis d'un drapeau, d'une tenture.* Sinuosité. / *Disposer une étoffe de manière qu'elle forme des plis harmonieux.* Draper. / *Ensemble des plis formés par le tissu d'un vêtement.* Drapé.

Ondulation de l'écorce terrestre de forme et d'ampleur variables. *Types de plis.* Pli droit, déjeté, déversé, couché. Pli-faille. / *Pli convexe.* Anticlinal. / *Pli concave.* Synclinal. / *Eléments d'un pli anticlinal.* Noyau. Axe. Charnière.

PLISSEMENT (ensemble de plis). Plissement huronien, calédonien, hercynien, alpin.

Marque qui reste à l'endroit où une étoffe, une matière a été pliée. *Remettre un tissu dans ses plis.* Replier. / *Le pli d'un ourlet, d'une carte routière.* Pliure. / *Faire le pli d'un pantalon.* Repasser. / *Faux pli* ou *pli* (marque, pliure qui ne devrait pas exister). Grimace. / *Faire des plis* (se dit d'un vêtement mal ajusté, trop serré ou froissé). Grimacer. Grigner.

Endroit de la peau qui forme une sorte de saillie ou de sillon. *Les plis d'un menton.* Repli. Bourrelet. / *Les plis du cou d'un animal.* Fanons (bœuf, dindon, iguane). / *Pli musculaire dû à l'âge, à l'amaigrissement, au froncement de la peau.* Ride. / *Pli au coin des lèvres.* Commissure. / *Pli au coin des yeux.* Patte-d'oie (fam.). / *Pli du bras.* Saignée.

PLISSER. *Plisser les sourcils, le front, la peau du front.* Froncer. / Plisser les yeux (les fermer à demi).

Locutions diverses. Mise en plis (ondulation à froid effectuée sur des cheveux mouillés et séchés ensuite à l'air chaud). Ne pas faire un pli (fam., ne présenter aucune difficulté). Prendre un pli (en parlant d'une personne, acquérir une habitude). Pli cacheté ou pli (lettre, message).

plier
(du lat. *plicare*)

Mettre en double une ou plusieurs fois une chose souple en rabattant une partie l'une contre l'autre. *Plier un tissu en le mettant en rouleau.* Rouler. Enrouler. / *Plier une étoffe en accordéon.* Plisser. / *Plier une feuille de papier.* Replier. / Cocotte en papier (carré de papier plié de manière à représenter sommairement une poule). / *Plier le coin d'une carte de visite. Plier en forme de corne les pages d'un livre.* Corner. / *Plier ses affaires* (fam.). *Plier une tente.* Ranger. / Plier bagage (s'apprêter à partir ; partir).

PLIAGE (action de plier). Le pliage du linge. / Plieur (personne qui plie). / Plieuse (machine à plier).

PLIURE (endroit où se forme un pli). La pliure du bras, du genou.

Rabattre l'une sur l'autre les parties d'un ensemble articulé. *Plier un paravent, une chaise longue.* Replier. / *Plier les jambes, les genoux.* Fléchir.

PLIANT. Meuble, siège pliant (qui se plie). (N. m.) Siège articulé sans dossier.

Donner une forme courbe. *Plier une branche.* Courber. Recourber. Ployer (littér.). / *Etre plié en deux* (en parlant d'une personne). Courbé. Cassé. / *Plier le cou, la nuque.* Incliner. / *Qui se plie facilement.* Souple.

Soumettre quelqu'un à une influence, à une autorité, à une contrainte. *Plier une personne à une discipline, à une habitude.* Accoutumer. Adapter. Discipliner. / *Plier un peuple sous sa domination.* Assujettir. Opprimer.

Se plier. *Se plier à un régime, à un exercice.* S'adapter. S'accoutumer. Se soumettre (de gré ou de force). / *Se plier aux ordres, aux volontés de quelqu'un.* Se conformer. Se prêter. Obéir. Céder.

Se courber sous l'effet d'une pression, d'un poids. *Plier* (en parlant d'une branche). Fléchir. S'infléchir. / *Plier sous le poids d'une charge.* Ployer (littér.). S'affaisser. / (Au fig.) *Plier devant quelqu'un.* Faiblir. Mollir. Céder.

PLOIEMENT. Fléchissement. Affaissement.

plomb

(du lat. *plumbum*)

Corps simple de couleur gris-bleu, le plus lourd des métaux usuels. *Minerais plombifères.* Galène. Cérusite. Minerais associés à des minéraux : anglésite, pyromorphite, blende, pyrite, etc.

Métallurgie du plomb. *Première phase.* Grillage et agglomération du minerai. / *Deuxième phase.* Fusion réductrice. Addition d'un fondant (un peu d'oxyde de fer et du coke) au minerai grillé. Plomb d'œuvre. / *Troisième phase.* Affinage du plomb d'œuvre (procédé électrolytique ou procédé par voie sèche). Traitement de liquation. Traitement de décuivrage. Epuration. Désargentation. Dézingage. Débismuthage. Vérification finale. Coulée. Plomb doux.

Composés du plomb. Oxyde, sous-oxyde, hydroxyde de plomb. Protoxyde de plomb ou massicot ou litharge. Oxyde salin de plomb ou minium. Bioxyde de plomb ou « oxyde puce ». / Sels de plomb : chlorure, iodure, sulfure (qui constitue la galène), carbonate basique de plomb ou cérusite, céruse, dite aussi « blanc de plomb » ou « blanc d'argent ».

Utilisations du plomb. Revêtements divers (de plaques de tôle, de tubes d'acier, de cuivre, de réservoirs à essence, de câbles électriques, etc.). Eléments de couverture. Tuyauterie. Canalisations. Feuilles de plomb pour l'insonorisation. Blocs, plaques, feuilles de plomb dans les installations de radiographie ou de gammagraphie. / Fabrication des supercarburants (plomb tétraéthyle) pour augmenter l'indice d'octane. Fabrication des peintures et du cristal.
Alliages. Plomb et antimoine (imprimerie, accumulateurs). Plomb et arsenic (plomb de chasse). Plomb et étain (soudure, alliages à base de point de fusion). Plomb, étain et arsenic (objets coulés). Plomb et cuivre (cuproplomb) et autres métaux (antifrictions).

Relatif au plomb. Plomber. Plombage. Plombée. Plomberie. Plombier. Plombure (d'un vitrail). / Plomb fusible ou simplement fusible ou coupe-circuit. Fil à plomb. Composition d'imprimerie. Plombs de sonde, de lignes de pêche. / Coliques de plomb ou saturnisme (intoxication par des sels de plomb).

plonger

(du lat. pop. *plumbicare,* de *plumbum,* plomb)

Faire pénétrer entièrement. *Plonger sa main dans l'eau.* Tremper. Immerger. Baigner. / *Plonger son bras dans un sac.* Introduire. Enfoncer. Fourrer. Enfouir. / *Plonger son regard.* Scruter. Inspecter.

PLONGEANT. Vue plongeante, regard plongeant (dirigés vers le bas). / Décolleté plongeant (très profond).

Descendre brusquement, se jeter de haut en bas. *Plonger d'un pont dans la rivière.* Sauter. Piquer une tête. / *Plonger sur un objectif* (en parlant d'un avion). Piquer sur.

PLONGEON. Plongeon en avant. Plongeon en arrière. Plongeon en équilibre. Plongeon retourné. Coup de pied à la lune. Saut de l'ange. Saut carpé. Saut périlleux.

Descendre au fond de l'eau. *Plonger à la recherche d'une épave.* Evoluer sous l'eau.

PLONGEUR. *Plongeur qui pêche des perles.* Pêcheur. / Scaphandrier. Nageur de combat. Homme-grenouille.

Mettre une personne brusquement et complètement dans un état, dans une situation. *Plonger quelqu'un dans l'embarras, dans la misère.* Jeter. Précipiter.

Se plonger. *Se plonger dans la lecture.* S'absorber dans. Se perdre dans.

Plongée sous-marine. Plongée en apnée. / Plongée avec appareil inhalateur. Tuba. Scaphandre autonome. Bouteille. Mélangeur. / Scaphandre rigide. / Bathyscaphe. Bathysphère.
Equipement. Combinaison étanche. Palmes. Plombs. Lunettes. Caméra. Torche sous-marine. / Pêche sous-marine. Harpon. Fusil.
Accidents de plongée. Narcose. Ivresse des profondeurs. / Paliers à décompression. Caisson de décompression.

pluie
(lat. *pluvia*)

Eau qui tombe en gouttes des nuages sur la terre. *Etre surpris par la pluie.* Flotte (pop.). / *Recevoir la pluie.* Douche (fam.). Sauce (fam.). Saucée (fam.). Rincée (fam.). / Se faire asperger, doucher (fam.), saucer (fam.). / Etre mouillé, saucé (fam.), rincé (fam.), ruisselant, trempé, trempé jusqu'aux os, trempé comme une soupe (fam.).

Météorologie. Formation de la pluie à partir de la vapeur d'eau contenue dans l'atmosphère. Phase de saturation (l'air humide se refroidit jusqu'à la température du point de rosée). Phase de condensation (l'air saturé précipite sa vapeur d'eau sous forme de gouttelettes liquides). Phase de déclenchement.

Sortes de pluie. Petite pluie. Pluie fine. Crachin. Brouillasse. Bruine. Embruns. / Grosse pluie. Pluie battante, diluvienne, torrentielle. Rideau d'eau. / Averse. Grain. Ondée. Giboulée. / Pluie d'orage. Trombe. Déluge. / *Pluie qui tombe en grains ovoïdes.* Grêle. Grêlon. Grésil. / Temps pluvieux. Temps gris, humide. / Pluie artificielle (neige carbonique, iodure d'argent). Pluie de boues. Pluie de cendres.

Manières de pleuvoir. Il pleut. Il tombe des gouttes, des gouttelettes. La pluie tombe. Un nuage crève. / Pleuvoir à verse, à torrents, comme vache qui pisse (fam.). Pleuvoir des cordes, des hallebardes (fam.). / Bruiner. Brouillasser. Pleuviner. Pleuvasser. Pleuvoter. Crachiner. Grêler. / Cingler. Fouetter.

Protection contre la pluie. Parapluie. En-cas (vx). Imperméable. Ciré. Gabardine. / Bâche. Tente. / Toit. Toiture. Auvent. Marquise. Véranda. / Gouttière. Chéneau. Gargouille.
Réservoir destiné à garder l'eau de pluie. Citerneau. Citerne. Bassin. Impluvium (dans l'Antiquité romaine).

Relatif à la pluie. Météorologie. Baromètre. / Régime pluvial. Pluviosité. Pluviométrie. Pluviomètre. / Courbe pluviométrique. / Hygrométrie. Hygromètre. / Précipitation atmosphérique ou précipitation. Climat humide.

plus
(du lat. *plus,* davantage)

D'une manière supérieure en qualité, en quantité (avec un adjectif, un adverbe, un verbe). *Etre plus grand. Parler plus clairement. Travailler plus.* Davantage. / *Aimer quelque chose plus que tout.* Principalement. Surtout. / *Plus qu'il ne faut.* Trop. / *Plus de* (devant un nom ou un numéral). Un nombre plus élevé. Une quantité plus grande. / Précédé de l'article défini (le, la, les) ou d'un possessif, indique le degré extrême : être le plus grand, parler le plus clairement, travailler le plus. / *Le plus grand nombre.* La majorité. La plupart.

Locutions diverses. Au plus, tout au plus (au maximum). Bien plus, qui plus est (ce qui est plus étonnant). D'autant plus (proportionnellement plus). De plus (en outre). De plus en plus (toujours davantage, progressivement, graduellement). En plus (avec, également, pardessus le marché, en sus, en surplus). Des plus (très, extrêmement). Ni plus ni moins (exactement tel, de même que, comme). On ne peut plus (au plus haut point, extrêmement, tout à fait, beaucoup). Sans plus, sans rien de plus (sans rien dire ni faire d'autre). Tant et plus (beaucoup, à un haut degré). Ne plus (indique la cessation d'une action ou d'un état). Ne plus être (disparaître, mourir, cesser, être fini).

plusieurs

(du lat. pop. *plusiores ;* lat. class. *plures*)

Une pluralité indéterminée. *Plusieurs personnes.* Quelques. Un certain nombre de. / *Qui a plusieurs éléments.*

Complexe. / *En plusieurs endroits.* Maints. Différents. / *A plusieurs reprises.* Maintes. / *Faire quelque chose plusieurs fois.* Répéter. Renouveler. Recommencer. / *Réunir en sa personne plusieurs choses différentes.* Cumuler (des emplois, des fonctions, des traitements). Cumul. Cumulard (fam.). Cumulatif. / *Plusieurs* (et un verbe). Certains. Quelques-uns. D'aucuns.

PLURAL. Vote plural (celui où une personne peut disposer de plusieurs voix dans certaines conditions).

PLURALITÉ. *Une pluralité de personnes, de choses.* Multiplicité. Quantité.

PLURALISME (coexistence de plusieurs opinions, plusieurs tendances dans un même ensemble). Pluraliste.

Préfixe *pluri- :* pluridisciplinaire, plurivalent, etc.
Préfixe *poly- :* polygame, polyphonie, etc.

poésie

(lat. *poesis,* du gr. *poiêsis,* action)

Art de composer des ouvrages en vers. *Aimer, goûter la poésie.* Vers. / *Création poétique.* Inspiration. Imagination. Lyrisme. Souffle poétique. Veine poétique. / *Ecrire de la poésie.* Invoquer les Muses. Courtiser les Muses. Taquiner la muse (fam.). / *Facture poétique.* Rime. Rejet. Enjambement (v. VERS). Licence poétique (liberté prise avec les règles de la versification). Cheville (remplissage inutile, redondance). / Versifier. Rimer. Rimailler (fam.).

Poèmes. *Poèmes traditionnels.* Acrostiche. Bouts-rimés. Cantique. Chanson. Complainte. Epigramme. Epître. Epopée. Fable. Hymne. Impromptu. Madrigal. Ode. Odelette. Romance. Rondeau. Sonnet. Stances, etc. / *Poèmes du Moyen Age et de la Renaissance.* Ballade. Bergerie. Cantilène. Chanson de toile. Chant royal. Fabliau. Lai. Rondeau. Sirventès. Triolet. Villanelle. Virelai, etc. / *Poèmes antiques.* Bucolique. Dithyrambe. Eglogue. Elégie. Epithalame. Iambes. Idylle. Palinodie. Rhapsodie. / *Poèmes étrangers.* Canzone. Lied (plur. lieder). Pantoum, etc. / *Recueil de poèmes.* Anthologie. Florilège. / *Divisions dans un poème.* Strophe. Laisse. / *Poèmes à forme fixe.* Distique. Quatrain. Quintain (ou quintil). Sixain (ou sizain). Huitain. Dizain. Triolet. Rondeau. Ballade. Villanelle. Sonnet. / Poème en prose (courte composition en prose cadencée ou non, qui rappelle les vers).

Poètes. Femme poète. Poétesse. / *Poètes de l'Antiquité.* Aède. Rhapsode. Barde. / *Poètes du Moyen Age.* Troubadour. Trouvère. / Jongleur (chanteur ambulant qui récitait ou chantait des vers). / *Faiseur de vers.* Versificateur. Rimeur. Rimailleur (fam.). / Poétereau (mauvais poète).

Genres poétiques. Poésie épique, héroïque, héroï-comique. / Poésie dramatique, comique, tragique. / Poésie lyrique, élégiaque, dithyrambique. / Poésie légère, érotique. / Poésie bucolique, champêtre, pastorale. / Poésie satirique, épigrammatique. / Poésie burlesque, macaronique. / Poésie didactique, gnomique. / *Ecoles poétiques.* Poésie médiévale. Pléiade. Classicisme. Romantisme. Félibrige. Parnasse. Symbolisme. Surréalisme. Dadaïsme. / Concours poétique. Cours d'amour. Jeux Floraux.

Métrique et prosodie anciennes. *Vers.* Hexamètre. Pentamètre. Tétramètre. Trimètre. Distique. Sénaire. Septénaire. Octonaire. Asclépiade. Choliambe ou scazon. Choriambe. Glyconien. Phérécratéen. / Acatalectique. Alcaïque. Catalectique. Dochmiaque. Léonin. Logaédique. Saturnien.
Pieds. Dactyle. Spondée. Anapeste. Iambe. Trochée. Tribraque. Amphibraque. Molosse. Procéleusmatique. Pyrrhique. / Dactylique. Spondaïque. Iambique. Trochaïque. Crétique. / *Quantité syllabique.* Longue. Brève. Commune. / Scander. Scansion.
Mesure. Arsis (temps faible, levé). Thésis (temps fort, frappé). Anacrouse. Dochmios (ou dochmius).

Métrique moderne. V. VERS.

poids

(du lat. *pensum,* ce qui est pesé [et non de *pondus,* poids, par une fausse étymologie qui a entraîné la présence d'un *d* dans l'orthographe])

Force exercée par l'action de la pesanteur sur les corps matériels. Pesanteur (force qui entraîne les corps vers le centre de la Terre). Intensité de la pesanteur. Gravimétrie (mesure de l'intensité de la pesanteur). / Chute libre. Accélération de la pesanteur. Gal (unité d'accélération de la pesanteur). / Apesanteur (absence de pesanteur). / Poids spécifique ou volumique. Densité. / Poids atomique. / *Poids des liquides, des fluides.* Pression. / *Le poids d'un fardeau.* Pesanteur. Lourdeur. / *Supporter un poids.* Charge. / *Instruments de mesure.* Balance. Baromètre.

Mesure des corps pesants. *Le poids d'un être, d'une chose.* Masse. / Poids brut, poids total (celui d'une marchandise dans son emballage). Poids vif (celui d'un animal de boucherie vivant). Poids net (celui de la marchandise seule). / Poids mort (dans une machine, celui qui absorbe une partie de l'énergie; au fig., personnage ou élément inutile et encombrant). / Poids en fonte, en laiton (objet matériel servant à peser). / *Prendre du poids.* Grossir. / *Perdre du poids.* Maigrir.

PONDÉRABLE. Objet pondérable (qui a un poids mesurable).

IMPONDÉRABLE. Elément impondérable (qui ne peut être pesé).

PONDÉREUX. Objet pondéreux (qui pèse beaucoup).

PONDÉRAL. Valeur pondérale d'une monnaie (valeur relative à son poids de métal précieux).

Ce qui est pénible à supporter. *Le poids des ans.* Fardeau. Charge. / *Le poids du travail.* Fatigue. / *Le poids d'une entreprise.* Responsabilité.

Capacité d'exercer une influence décisive. *Le poids d'un argument.* Force. Valeur. Importance. / *Un homme de poids.* Influent. Remarquable. Eminent. Qui a de l'autorité. / Faire le poids (en parlant d'une personne, être capable de remplir un rôle, avoir la compétence nécessaire). / *Qui a plus de poids, d'autorité, d'influence.* Prépondérant. Supérieur.

Unités de poids. Gramme. Multiples : décagramme, hectogramme, kilogramme, tonne. / Sous-multiples : décigramme, centigramme, milligramme, microgramme. / Livre (500 g). Quintal (100 kg). / *Unités anciennes :* grain, gros, livre, marc, once, scrupule. / Etalon de poids. Bureau international des poids et mesures.

poil

(du lat. *pilus ;* en gr. *thrix, trichos*)

Production de la peau en forme de fil, apparaissant sur le corps des animaux et sur certaines parties du corps humain. *Parties d'un poil.* Bulbe. Racine. Tige. / *Matière des poils.* Kératine. Pigment. / Implantation. / Glande sébacée. Muscle arrecteur ou horripilateur. / Poil follet. Bourre. Duvet. Laine. Crin. Soie. Villosité. / Brosse (d'insecte). / *Couleur du poil des animaux.* Pelage. Robe. Livrée. / *Aspects du poil.* Poil soyeux, souple, lisse, fin. Poil raide, dur. Poil crépu, frisé. / Friser. Onduler. *Erection des poils.* Hérissement. Horripilation. Hérisser. Horripiler. / Sens du poil (celui dans lequel il est couché). / Rebrousser. Rebroussement. / A rebrousse-poil. A contre-poil.

Ensemble de poils. *Chez l'homme.* Pilosité. Système pileux. / Barbe. Moustache. / Cheveux. Chevelure. / Cils. Sourcils. Taroupe (touffe de poils entre les sourcils). Vibrisses (poils à l'intérieur des narines). / Touffe. Houppe.
Chez les animaux. Toison. Pelage. Fourrure. / Crinière. / Vibrisses. / Ægagropile (concrétion formée de poils, dans l'estomac de certains ruminants). / Trichobézoard.

POILU (qui a du poil). Velu. Duveté. Duveteux. Chevelu. Barbu. Moustachu. / *Développement excessif du système pileux.* Pilosisme. Hirsutisme. Virilisme pilaire (chez la femme). Hypertrichose.

Absence de poils. Calvitie. / Chauve. / Alopécie. Pelade. Mue. / Peler. Muer. / Glabre.
Couper les poils ras. Raser. / Rasage. Rasoir. / Tondre. / Tonte. Tondeur. Tondeuse. / Tonsure. Tonsurer. / *Arracher les poils.* Dépiler. Epiler. / Dépilatoire. Epilation.

Usages du poil des animaux. Brosserie. Brosse. Pinceau. / Tissu. Thibaude. Etamine. / Poil de chameau. Poil de castor. Castorine. / Feutre. Chapellerie. / Matelas, siège, coussin bourrés de crin. / Fourrure (v. ce mot).

Chacun des filaments très fins qui apparaissent sur les organes de certaines plantes. Poils absorbants. Poils sécréteurs. Poils glanduleux, urticants, brûlants. / *Poils de graines utilisés comme fibres végétales.* Coton. Kapok. / Poil à gratter (bourre piquante des fruits du rosier, de l'églantier). Gratte-cul.

Locutions diverses. Avoir un poil dans la main (fam., être paresseux). Etre de bon, de mauvais poil (fam., être de bonne, de mauvaise humeur). Reprendre du poil de la bête (reprendre des forces, se rétablir). Au poil (fam., à la perfection, très bien, très bon, excellent). S'en falloir d'un poil (à peu de chose près). Tomber sur le poil de quelqu'un (fam., l'attaquer).

point

(du lat. *punctum,* piqûre, point mathématique, de *pungere,* piquer)

Partie précise de l'espace. *Fixer un point. Viser un point.* Endroit. Lieu. / Point géométrique (la plus petite portion concevable de l'espace). / Point de repère (objet ou endroit qui permet de s'orienter, de se retourner). / Points cardinaux (v. ci-dessous). / Point de départ (endroit d'où l'on part). / *Point d'eau.* Source. Puits. / *Point culminant.* Sommet. Crête. / *Point le plus bas.* Fond. / Point de mire (endroit que l'on vise; au fig., personne ou chose sur laquelle se dirigent les regards, les convoitises, les railleries). / Faire le point (en marine, déterminer la position d'un bateau).

POINTER. *Pointer un doigt vers quelqu'un ou vers quelque chose.* Diriger. / *Pointer un fusil, un canon.* Braquer.

Partie précise et définie d'une durée. *Point de départ d'une chose.* Commencement. Début. Origine. / *Arriver à point, à point nommé.* Au moment opportun. A propos. A pic (fam.). / *Sur le point de.* Au moment de. / *Etre sur le point de* (et un inf.). Etre prêt à. Etre près de. / Point de repère (indice, détail qui permet de situer un événement dans le temps).

PONCTUEL. Opération ponctuelle (qui porte sur un point, qui vise un objectif déterminé).

État dans lequel se trouve un être ou une chose. *Etre toujours au même point* (en parlant d'une affaire). Situation. / *Etre mal en point.* En mauvais état physique. Malade. / *Atteindre un certain point.* Degré. Intensité. / *Le plus haut point.* Sommet. Faîte. Apogée. Summum. / Point de fusion, d'ébullition, de congélation (degré d'intensité). / *Au plus haut point.* Extrêmement. Eminemment.

Piqûre faite dans un tissu avec une aiguille, un crochet ou par l'entrelacement de fils noués. *Bâtir, coudre à grands points.* Faufiler. / *Point de tricot.* Maille. / Faire un point à un vêtement (le réparer sommairement).

Chaque unité de valeur attribuée à un joueur, à une équipe dans une partie. *Décompte des points au cours d'une partie, d'un match.* Marque. Score. / Marquer les points (les noter). / Compter les points (juger qui est vainqueur). / Marquer un point, des points (prendre l'avantage). / Rendre des points à son adversaire (lui concéder un avantage).

Unité de notation d'un travail scolaire, d'une épreuve de concours, d'examen. *Obtenir un certain nombre de points à un examen.* Note. / Bon point, mauvais point (marque favorable ou défavorable accordée à un écolier). / Bon point (image, petit carton correspondant à une note favorable).

Signe qui sert à marquer la fin d'une phrase ou qui surmonte les *i* et les *j*. Signes de ponctuation : point final, deux-points, point- (et) virgule. Points de suspension, d'exclamation, d'interrogation. / Mettre les points sur les *i* (fam., donner une explication claire et minutieuse). / Mettre un point final à une discussion (la terminer).

Élément d'un ensemble considéré ou traité séparément. *Approfondir, discuter un point d'histoire, de droit.* Question. Sujet. Matière. / *Les différents points d'une loi.* Article. / *Point important, capital d'une affaire.* Nœud. / *Un discours en trois points.* Partie. / *Un point de détail.* Secondaire. Accessoire.

Locutions diverses. Se faire un point d'honneur de (se faire une stricte obligation morale de). Faire le point (examiner avec rigueur les faits et les circonstances pour avoir une connaissance exacte d'une situation donnée). Mettre au point un appareil photographique (le régler de façon que l'image se forme à l'endroit convenable) ; mettre un mécanisme au point (assurer son réglage) ; mettre une affaire, un travail au point (les amener à l'état d'achèvement par des modifications, des rectifications successives). Mise au point (communication destinée à préciser l'exactitude des faits). Point mort (position relative des organes d'une machine où les forces se font équilibre ; dans une automobile, position de la commande du dispositif de changement de vitesse et de l'embrayage telle que le moteur ne puisse assurer la propulsion du véhicule ; au fig., dans une évolution, moment d'arrêt). Point chaud (lieu où un conflit risque de se produire). Point noir (ce qui laisse prévoir un événement fâcheux ; endroit où la circulation est difficile ou dangereuse). Jusqu'à un certain point (dans une certaine mesure, à un certain degré). Viande cuite à point (ni saignante ni bien cuite). Le point du jour (l'aube, le moment où le jour se lève). Point de vue (endroit d'où l'on peut apercevoir un ensemble étendu ; panorama ; au fig., manière de considérer les choses). Point de côté (douleur vive dans le côté).

pointe

(du bas lat. *puncta,* de *pungere, punctum,* piquer)

Extrémité aiguë ou allongée d'une chose qui va en s'amincissant. La pointe d'une aiguille, d'un crayon. / *La pointe d'une épine.* Piquant. / *La pointe d'une épée.* Estoc. / *La pointe d'un clocher.* Flèche. / *La pointe d'un cône.* Sommet. / *La pointe d'un arbre.* Cime. Faîte. / *Une pointe de terre avançant dans la mer.* Cap. Langue. / *Pointe rocheuse.* Aiguille. Dent. Pic. / *La pointe d'un soulier.* Bout. / *La pointe des pieds.* Extrémité. / Marcher sur la pointe des pieds (sans bruit). / *La pointe d'une boucle.* Ardillon. / *Enfoncer par la pointe.* Piquer. / *Fil de fer garni de pointes.* Barbelé.

POINTU. *Bout pointu d'une aiguille.* Aigu. Piquant. Acéré. Effilé. / *Nez pointu.* Mince. Fin.

Actions concernant les pointes. Aiguiser. Effiler. Affûter. Appointer ou appointir. Tailler en pointe. Denteler. / Epointer. Emousser. Ebarber. / Percer. Pénétrer. Trouer. Piquer. Poinçonner. / Travailler à la pointe. Graver. Buriner. Ciseler. Etamper. Echopper.

Objets pointus. Clou. / Aiguille. Carrelet. Epingle. / Aiguillon. / Epine. Arête. / Alène. Poinçon. Traçoir. / Flèche. Dard. Javelot. Lance. / Arme blanche. Epée. Stylet. Dague. Poignard. Fer de lance. Baïonnette. / Lancette. Scalpel. Trocart. / Burin. Etampe. Echoppe. / Croc. Griffe. Hameçon. Harpon. / Broche. / Pal. / Pic. Pioche. Piolet. / Pyramide. Obélisque, etc.

Objets garnis de pointes. Fourche. Fourchette. Bident. Trident. / Grappin. Ancre. Râteau. / Herse. / Hérisson. Etrille. Carde. / Scie. / Eperon, etc.

Outil servant à percer, à gratter, à tracer. *Pointe sèche* ou *pointe* (outil servant à graver les traits sur le cuivre). Burin. Ciseau.

Petite quantité d'un élément capable d'être perçu au goût, à l'odorat, de ce qui attire l'attention. *Une pointe d'ail, de moutarde.* Soupçon. Un rien. / *Une pointe de moquerie, de jalousie.* Once. Grain.

Allusion ironique, remarque blessante. *Lancer une pointe à quelqu'un.* Raillerie. Moquerie. Pique.

POINTU. *Un ton pointu.* Aigu. Désagréable.

Locutions diverses. Etre à la pointe d'un mouvement, d'un combat, du progrès, etc. (être à l'avant-garde). Industrie, secteur, technique, recherche, etc., de pointe (qui sont à l'avant-garde de l'évolution, du progrès). Heure de pointe, période de pointe, etc. (moments d'intensité maximale de trafic, de consommation, etc.). Pousser une pointe vers, jusqu'à tel endroit (prolonger sa course, son itinéraire jusqu'à). Pointe de vitesse (possibilité d'atteindre, par une accélération de brève durée, une vitesse élevée). Vitesse de pointe (vitesse maximale d'un engin mécanique).

points cardinaux

Points de repère qui permettent de s'orienter. *Les quatre points cardinaux.* Nord. Est. Sud. Ouest.

Nord (celui des quatre points cardinaux qui est situé dans la direction de l'étoile Polaire). *Aller, marcher vers le nord.* Septentrion (poétiq.). / *Vent du nord.* Bise. Mistral. Tramontane. Vents étésiens. / *Au nord de.* Au-dessus de. / *Perdre le nord.* Ne plus savoir que faire. Perdre la tête, la boussole (fam.), la tramontane. Etre affolé. / Le nord d'un pays, d'une région (ensemble géographique situé vers le nord). / Le Grand Nord (région du globe située près du pôle Nord). / Hyperboréen (qui est situé dans le Grand Nord).

ANORDIR (en parlant du vent, monter au nord).

NORDIQUE (qui est du nord de l'Europe). Langues nordiques : islandais, féroïen, norvégien, suédois, danois. / Norrois (nom donné parfois au nordique commun). / *Race nordique. Type nordique.* Scandinave.

• Adj. (qui est situé au nord, vers le nord). *Partie nord d'un pays.* Septentrional. / *Pôle Nord.* Arctique. / *Hémisphère Nord.* Boréal.

Points collatéraux. Nord-est (point intercalaire entre le nord et l'est, 45 degrés de la rose des vents). Nord-ouest. Nord-nord-est. Nord-nord-ouest. / Nordé (vent de nord-est). Noroît (vent du nord-ouest).

Est (celui des quatre points cardinaux qui est situé du côté où le Soleil se lève). *Se diriger vers l'est.* Levant. Orient (poétiq.).

• Adj. (situé à l'est, vers l'est). *Partie est d'un pays.* Oriental. / Levantin (originaire des côtes de la Méditerranée orientale).

Sud (celui des quatre points cardinaux qui est diamétralement opposé au nord). *Aller vers le sud. Un local exposé au sud.* Midi. / *Au sud de.* Au-dessous de. / *Vent du sud.* Siroco.

• Adj. (situé au sud, vers le sud). *Partie sud d'un pays.* Méridional. / *Pôle Sud.* Antarctique. / *Hémisphère Sud.* Austral.

Points collatéraux. Sud-est. Sud-ouest. Sud-sud-est. Sud-sud-ouest. / Suet (vent de sud-est). Suroît (vent du sud-ouest).

Ouest (celui des quatre points cardinaux qui est situé du côté où le Soleil se couche). *Aller vers l'ouest.* Couchant. Occident. Ponant (vx). / *Vent d'ouest.* Galerne (en Poitou, Saintonge, Berry). Ponant (en Méditerranée).

• Adj. (situé à l'ouest, vers l'ouest). *Côté ouest d'un pays.* Occidental.

OUESTIR (passer à l'ouest, en parlant du vent).

poire
(du lat. *pirus*)

Fruit du poirier, de forme généralement allongée. ***Variétés de poires.*** *Poires à couteau.* Poire de Saint-Jean. Doyenné de Juillet. Beurré Giffard. Docteur Guyot. Williams ou bon-chrétien. Beurré Hardy. Louise-bonne. Doyenné blanc. Duchesse d'Angoulême. Beurré Clairgeau. Beurré d'Aremberg. Bergamote d'automne. Doyenné du comice ou comice. Crassane. Passe-crassane. / Poires à cuire. Poires de curé. / Poires à poiré (ou cidre de poire).

Cuisine. Beignets de poires. Compote de poires. Tarte aux poires. Rabottes de poires ou poires en douillons.

Relatif aux poires. Poire fondante, juteuse. Poire cassante. Poire pierreuse. / Poirier. / Piriforme.

poison
(du lat. *potionem,* breuvage ; lat. class. *venenum ;* en gr. *toxikon*)

Substance capable d'interrompre ou de troubler gravement les fonctions vitales. Poison mortel, violent, foudroyant. Poison lent, subtil (vx). / *Poison mêlé à un aliment, à un breuvage.* Bouillon d'onze heures (fam.). / *Appât empoisonné donné à un animal.* Gobbe (vx). Boulette (empoisonnée). Mort-aux-rats.

Poisons d'origine minérale. Arsenic. Acide arsénieux. Acide chlorhydrique. Acide sulfurique ou vitriol. Acide cyanhydrique. Cyanure de potassium. Phosphore. Sels de cuivre (vert-de-gris). Sels de plomb. Mercure. Eau de Javel. Oxyde de carbone. Gaz de ville. Acétylène. Potasse. Soude, etc.

Poisons d'origine végétale. *Plantes vénéneuses.* Pavot (opium, morphine, codéine). Belladone (atropine). Aconit (aconitine). Colchique (colchicine). Datura (daturine). Ciguë (cicutine). Tabac (nicotine). Strophantus (ouabaïne). *Strychnos nux vomica* (noix vomique) [strychnine] ; *Strychnos curare, S. toxifera* (curare). Coca (cocaïne). Laurier-cerise (acide cyanhydrique). Champignons vénéneux (v. CHAMPIGNONS). Ergot de seigle, etc.

Poisons d'origine animale. *Animaux venimeux* (sécrètent du venin). Reptiles : serpents (cobra ou naja, crotale, trigonocéphale, etc.). Scorpions. Insectes piqueurs : abeilles, guêpes, taons, cantharides. Araignées. Tarentules. Méduses. Oursins. Poissons (pastenague, vive, synancée, etc.). Amphibiens (crapaud), etc. / Botulisme (intoxication provoquée par des viandes malsaines, avariées).

Poisons d'origine atmosphérique. Gaz délétères. Poussières métalliques, minérales, fumées, vapeurs des cheminées d'usines, vapeurs méphitiques (v. POLLUER).

Poisons d'origine aquatique. Détritus organiques. Déchets liquides, solides ou gazeux provenant des usines. Déversement d'eaux résiduaires. Détergents non biodégradables.

Effets des poisons. Intoxications alimentaires. Empoisonnements volontaires (gaz d'éclairage, barbituriques, etc.). Empoisonnements par les végétaux (voir ci-dessus). Empoisonnements professionnels (v. TRAVAIL). Empoisonnements médicamenteux, etc.

Remèdes contre les poisons. Contrepoison. Antidote. Alexipharmaque (vx). / Sérums antivenimeux, antivipérins. Irrigations intestinales. Lavage d'estomac. Vomitifs. Purgatifs, etc. / Mithridatisation ou mithridatisme (immunité acquise par l'accoutumance progressive aux poisons). Se mithridatiser. Immuniser. S'immuniser. Immunisation.

Relatif aux poisons. Toxique. Substance toxique. / *Gaz toxique.* Délétère. / Antitoxique. Toxicité. Toxicologie (étude et recherche des poisons). Toxicologue. Toxicomanie. Toxicomane (v. STUPÉFIANT). Toxine.

poisson

(du lat. *piscis ;* en gr. *ichthus*)

Animal aquatique, vertébré, respirant au moyen de branchies et pourvu de nageoires. Poisson de mer (littoral, pélagique, des grands fonds ou abyssal). Poisson de roche. Poisson migrateur. Poisson de passage. Banc de poissons. / Poisson d'eau douce (de rivière, d'étang, de lac). Poisson blanc (poisson d'eau à chair pâle, molle et fade). Blanchaille. / Poissons plats (raie, flet, flétan, sole, limande, turbot, cardine, barbue, etc.). / *Poissons électriques ou électrogènes.* Gymnote. Malaptérure. Mormyre. Torpille. Gymnarche. Certaines raies. / *Poissons d'aquarium.* Betta ou combattant. Chétodon. Gambusie. Guppy. Micropodes. Platys. Poisson rouge, carassin doré ou cyprin doré. Scalaires. Xiphophores, etc.

Anatomie. Tête. Museau. Bouche. Gueule (requins). Hure (esturgeon, saumon, brochet). Barbe. Narines. Yeux. Crête. Dents. / Tronc. Queue. Nageoire dorsale, pelvienne, pectorale, anale, caudale (hétérocerque : à lobes inégaux [requin]; homocerque : à lobes égaux). Squelette cartilagineux. Squelette osseux. Arêtes. Vertèbres. / Peau. Ecailles. / Appareil digestif, circulatoire. / Appareil respiratoire. Branchies. Fentes branchiales. Fentes operculaires. Ouïes. Opercules. / Vessie natatoire ou gazeuse (chez certains poissons). / Ligne latérale (organe sensoriel visible sur chaque flanc). Barbillon (organe de l'olfacto-gustation).

Classification (21 000 espèces). Chondrichtyens [anc. élasmobranches] (squelette cartilagineux). Ostéichtyens [anc. actinoptérygiens] (squelette cartilagineux plus ou moins ossifié).

Poissons cartilagineux ou chondrichtyens. SÉLACIENS (sous-classe). *Pleurotrèmes ou requins* (super-ordre). Hexanchiformes : perlon, griset ou requin à collerette. / Galéiformes : requin-tapis, requin de sable, requin à maquereaux, touille, requin blanc, renard marin, requin-baleine, requin pèlerin, roussette ou chien de mer, petite roussette, requin bleu, requin-tigre, milandre, émissole, requin-marteau. / Squaliformes : requin épineux, aiguillat, liche, laimargue, requin-scie, ange de mer. / *Hypotrèmes ou raies* (super-ordre). Raie bouclée, pocheteau, poisson-scie, pastenague, aigle de mer, mourine, mante ou diable de mer, torpille ou raie électrique.

HOLOCÉPHALES (sous-classe). Chimères.

Poissons osseux ou ostéichtyens. DIPNEUSTES (sous-classe). Protoptères d'Afrique occidentale. Cératodes d'Australie. Lépidosirènes d'Amérique du Sud.

CROSSOPTÉRYGIENS (sous-classe). Cœlacanthe.

ACTINOPTÉRYGIENS (sous-classe). *Chondrostéens* (super-ordre). Esturgeon. Bélouga.

BRACHIOPTÉRYGIENS (super-ordre). Polyptère. / HOLOSTÉENS (super-ordre). Lépisostée. Amie. / TÉLÉOSTÉENS (super-ordre représentant 99 p. 100 des 21 000 espèces de poissons). Ammodytidés : lançon, équille. / Anguilliformes (ordre) : anguille, murène, congre. / Béloniformes (ordre) : exocet ou poisson volant. / Clupéiformes (ordre) : saumon, hareng, tarpon, sardine, sprat, alose, truite. Clupéidés (famille) : hareng, sardine, pilchard. / Cypriniformes (ordre) : carpe, cyprins, piranha, gymnote, silure ou poisson-chat. Cyprinidés (famille) : carassin, barbeau, goujon, tanche, hotu, brème, gardon, rotengle, bouvière, ablette, chevaine, vairon. / Exocétidés (famille) : poisson volant, hirondelle de mer. / Gadidés (famille) : morue, cabillaud, églefin, tacaud, merlan, lieu, colin, lingue, merlu, capelan. / Gymnotidés (famille) : gymnote ou anguille électrique. / Lophiiformes (ordre) : baudroie. / Mugilidés (famille) : mulet ou muge. / Mullidés (famille) : rouget-barbet, surmulet. / Perciformes (ordre) : barracuda, perche, thon, maquereau, muge ou mulet, cabot, prêtre, dorade (ou daurade), rascasse, rémora. Percoïdes (sous-ordre) : perche d'Amérique, loup ou bar, serran, mérou, saurel ou chinchard. Percidés (famille) : grémille, sandre, apron. / Pleuronectiformes (ordre) : sole. Pleuronectoïdes (sous-ordre) : turbot, barbue. Pleuronectidés (famille) : plie ou carrelet, limande, flet, flétan. / Salmoniformes (ordre) : brochet. Salmonoïdes (sous-ordre) : saumon, tacon (jeune saumon). Salmonidés (famille) : truite d'Europe, truite arc-en-ciel, omble chevalier, lavaret, ombre, capelan, éperlan. / Scombroïdes (sous-ordre) : thon. Scombridés (famille) : maquereau, espadon, marlin. / Scorpénoïdes (sous-ordre) : rascasse. Scorpénidés (famille) : poisson-scorpion. / Siluridés (famille) : silure ou poisson-chat, malaptérure. / Sparidés (famille) : pagre, brème, sargue, sar, pageau, bogue. / Syngnathidés (famille) : hippocampe, syngnathe. / Tétrodontiformes (ordre) :

coffre, monacanthe ou poisson-lime, tétrodon ou poisson-globe, diodon ou poisson porc-épic, poisson-lune. Thunnidés (famille) : thon, bonite, germon, thonine. / Triglidés (famille) : trigle, rouget-grondin. / Zéidés (famille) : saint-pierre ou dorée ou zée, etc.

Principaux poissons de mer. Aiguillat. Alose. Anchois. Ange de mer. Anguille. Athérine ou abusseau, prêtre, faux éperlan, joel. / Bar. Barbue. Barracuda. Baudroie ou lotte. Bélouga. Blennie. Bonite. / Cabillaud. Capelan. Chaboisseau. Chimère. Chinchard. Cœlacanthe. Coffre. Colin. Colinot. Congre. / Dorade (ou daurade). / Eglefin (ou aiglefin). Eperlan. Epinoche. Equille. Espadon. Esturgeon. Exocet (ou poisson volant). / Flet. Flétan. / Girelle. Gobie. Gymnote. / Hareng. / Labre, vieille ou tourd. Lamproie. Lançon. Lieu (jaune, noir). Limande. Lotte. Loup. / Maigre, aigle, courbarine ou haut bar. Maquereau. Merlan. Merlu. Mérou. Morue. Mulet ou muge. Murène. / Orphie. / Pagel. Pastenague. Pélamide. Pilchard. Pilote. Plie ou carrelet. Poisson-chat ou silure. Poisson-lune. Poisson-perroquet. Poisson-scie. / Raie. Rascasse. Rémora. Requin ou squale (v. ci-dessus). Rouget ou grondin. / Saint-pierre ou dorée. Sar ou sargue. Sardine. Saumon. Saurel. Scare ou perroquet de mer ou poisson-perroquet. Sciène. Serron ou perche de mer. Silure. Sole. Sprat. Sterlet. Surmulet. Syngnathe ou vipère de mer. / Tacaud. Tacon (jeune saumon). Targeur. Grosse plie ou sole de rocher. Tarpon. Tétrodon. Thon. Torpille. Trigle. Turbot. / Uranoscope ou rascasse blanche. / Vive, etc.

Principaux poissons d'eau douce. Ablette. Anguille (petite anguille : civelle, piballe). / Barbeau. Barbillon. Brème. / Cabot. Carassin. Carpe. Chabot ou chaboisseau. Chevesne (ou chevaine). / Chondrostome. Corégone. / Féra. / Gardon. Goujon. Gravenche. Grémille. / Hotu. / Lavaret. / Meunier. / Omble chevalier. Ombre. / Perche. Piranha. Poisson-chat ou silure. / Sandre. / Tanche. / Truite. / Vairon. Vandoise, etc.

Reproduction. Poissons ovipares (le plus souvent). Poissons vivipares (exceptionnellement). Frai (ponte des œufs ; époque à laquelle elle se produit). Frayer. Frayère (lieu de frai). Montaison (des saumons). Remontée. Œufs. Œuvé. Laitance (glandes mâles). Nid. Poche incubatrice (hippocampe, syngnathe).

Élevage. Pisciculture. Salmoniculture (élevage des salmonidés : saumon, truite, omble, corégone). Carpiculture. Esociculture (brochet). Pisciculteur. Piscicole. Fécondation artificielle. Alevin (jeune poisson destiné au peuplement des rivières et des étangs). Nourrain. / Aleviner. Peupler. Repeupler. Empoissonner. / Alevinage. Peuplement. Repeuplement. Empoissonnement. / Vivier.

Commerce et industrie. Pêche (v. ce mot). Marée. Mareyeur. Marché au poisson. Marchand de poisson. Poissonnier. Harengère (vx). Ecailler. Poissonnerie.

Conserves de poisson. *Différents procédés.* Congélation. Surgélation. Poisson congelé, surgelé. Stérilisation en boîtes métalliques. / Séchage. Poisson séché (morue, églefin). / Saler. Salaison. Poisson salé. Stockfish (morue). / Saurissage (fumaison). Saurer. Saur (hareng, anguille, saumon). Saurisserie. Haddock (églefin fumé). / Marinade. Poissons marinés (au naturel, à l'huile, au citron, à la sauce tomate, etc.) en barils, en boîtes, en bocaux. Rollmops (filets de harengs marinés au vin blanc enroulés autour d'un cornichon). / *Œufs de poisson.* Caviar (œufs d'esturgeon ou de sterlet). Caviar rose (œufs de saumon). Poutargue (œufs de mulet ou muge).

Cuisine. *Préparation du poisson.* Faire dégorger, débourber les poissons des étangs ou des côtes fangeuses. Ecailler. Vider. / Découper en filets, en tranches ou darnes. / *Modes d'apprêt.* Matelote. Pauchouse. Soupe au poisson. Bouillabaisse. / Poisson braisé. Poisson cuit au bleu, à la meunière. Poisson poché (à court mouillement). Poisson poché ou bouilli (à grand mouillement ou court-bouillon). Poisson frit, grillé. / Brandade (de morue). Chaudrée. / *Récipients.* Poissonnière. Turbotière.

Composition de la chair de poisson. Teneur en protéines : 15 à 20 p. 100 (identique à celles de la viande). Teneur en glucides (à peu près nulle). Teneur en lipides (variable avec les espèces). / Sels minéraux. Potassium. Magnésium. Phosphore, etc. / *Poissons maigres.* Anchois. Brochet. Barbue. Colin. Cabillaud. Carpe. Daurade. Eglefin. Esturgeon Goujon. Grondin. Haddock. Limande. Merlan. Mulet. Perche. Raie. Sole. Turbot. Truite, etc. / *Poissons demi-gras.* Alose. Bonite. Carpe d'élevage. Congre. Hareng. Maquereau. Rouget. Sardine, etc. / *Poissons gras.* Anguille. Lamproie. Saumon. Thon, etc.

Relatif au poisson. Poissonnaille ou menuaille (petits poissons). Poissonneux. Pisciforme. Piscivore. / Ichtyocolle. Ichtyoïde. Ichtyol. Ichtyolithe. Ichtyologie. Ichtyologique. Ichtyologiste. Ichtyophage. Ichtyophagie. Ichtyose.

poitrine

(du lat. pop. *pectorina ;* lat. class. *pectus, pectoris ;* en gr. *thôrax, stêthos*)

Partie du corps humain qui s'étend des épaules à l'abdomen et qui contient les poumons et le cœur. *Une poitrine étroite, creuse. Une poitrine large. Bomber la poitrine.* Buste. Torse. Cage thoracique. / Tour de poitrine. / Sthétoscope (instrument servant à ausculter la poitrine). / *Poitrine d'une femme.* Gorge (littér.). Seins. / Globe (d'un sein). / *Bout d'un sein.* Pointe. Mamelon. Aréole (cercle). / *Termes pop.* Néné. Nichon. Robert. / *Aspects de la poitrine.* Une poitrine basse, tombante, molle. Seins en poire. / Une poitrine forte, opulente, généreuse, abondante. / Une poitrine plate. Des œufs sur un plat (fam.). / Ne pas avoir de poitrine. Etre plate comme une limande. / Une belle poitrine. Une poitrine ronde, pleine, ferme. Une poitrine haute, pigeonnante (fam.). / Soutien-gorge. Bonnets d'un soutien-gorge.

Anatomie. Côtes. Clavicule. Sternum. Appendice xiphoïde. Creux de l'estomac ou épigastre. Diaphragme. / Trachée-artère. Bronches. Poumons. Plèvre. Cœur. / Muscles pectoraux ou pectoraux.

Siège des voies respiratoires. *Respirer à pleine poitrine.* A pleins poumons. / *Etre délicat de la poitrine.* Avoir les poumons, les bronches fragiles. / *Etre malade de la poitrine.* Etre poitrinaire (vx), tuberculeux. S'en aller de la caisse (pop). / Fluxion de poitrine (v. RESPIRATION). / *Avoir la poitrine gênée, embarrassée.* Expectorer. Tousser. / Pâte pectorale. / Angine de poitrine (violente douleur au cœur). / Angor (douleur, oppression pouvant aller jusqu'à l'angoisse). Angoreux.

police

(lat. *politia,* du gr. *politeia,* de *polis,* ville)

Ensemble des services chargés du maintien de l'ordre public. *Différentes formes de police.* Police administrative. Police judiciaire.

Police administrative. Rôle préventif. / *Fonctions.* Faire respecter les lois et les règlements tendant au maintien de l'ordre, de la salubrité. / Police nationale (dépend du chef de l'Etat, du ministère de l'Intérieur, des préfets). Police municipale (dépend des maires, des commissaires de police). Police sanitaire (application du règlement de santé). Police rurale (police sanitaire, incendies, inondations, etc.).

Police judiciaire (abrév. fam. P. J.). Rôle répressif. / *Fonctions.* Constater les infractions à la loi pénale. Rechercher les auteurs des délits, des crimes. Enquêter. Rassembler les preuves de culpabilité ou de non-culpabilité. Déférer aux magistrats les personnes reconnues ou présumées coupables. / Police scientifique. Identité judiciaire. Etudes des empreintes. Anthropométrie. Bertillonnage. Photographie. Portrait-robot. Sommier de police technique. / Police internationale. Interpol (organisation internationale de police criminelle).

Organisation de la police. Ministère de l'Intérieur. Direction générale de la Sûreté nationale. Services centraux (direction de la réglementation, sécurité publique, police judiciaire, renseignements généraux ou police politique, police secrète, direction de la surveillance du territoire ou D. S. T. (contre-espionnage). / Police mondaine. Police des jeux. Police des mœurs, des stupéfiants. Police de la route, de la circulation. Police des ports, des aérodromes. / Direction départementale. Commissariats. / Brigades de police judiciaire. Brigades régionales. Brigades anti-gang. Services régionaux de police judiciaire. Compagnies de gardiens de la paix. Compagnies républicaines de sécurité. Gendarmerie nationale. / Police parallèle. / *Personne à la solde de la police pour la renseigner.* Indicateur. Dénonciateur. Mouton (fam.). Mouchard (fam.). / Car de police. Panier à salade (fam.).

Vêtement. Uniforme. Pèlerine. / Bâton blanc. / Bouclier.

Polices étrangères. Scotland Yard (Grande-Bretagne). / Tcheka. Guépéou (Russie). / Federal Bureau of Investigation (F. B. I., Etats-Unis). / Gestapo (Allemagne hitlérienne).

POLICIER (agent, inspecteur de police). Sbire (policier sans scrupule). / Policeman. Bobby (fam., Grande-Bretagne). Shérif (Etats-Unis). Alguazil (espagnol). Carabinier (italien). / Roman policier.

Polar (pop.). Enigme policière. Film policier. / Détective (personne chargée d'enquêtes policières privées).

Personnel. Préfet de police. Commissaire de police. Commissaire principal, divisionnaire. Chien du commissaire (fam., secrétaire). / Brigadier. Gardien de la paix. Sergent de ville (vx). Agent de police ou, simplem., agent. Contractuel. / Inspecteur de police. / Gendarme. C. R. S. / Garde champêtre. / *Appellations pop.* ou *argotiques.* Flic. Cogne. Poulet. Condé. Bourre. Argousin (vx). Barbouze (agent secret), etc.

Opérations. Service d'ordre. Barrage. / Surveillance. Circulation. / Bagarres. Bataille de rues. Charge de police. / Police-secours. / Contravention. Procès-verbal. Constatation. / Enquête. Perquisition. Visite domiciliaire. Descente de police. Rapport. / Filature. / Souricière. / Rafle. Contrôle d'identité. Arrestation. Coup de filet. Prise de corps. Appréhender. Mettre la main au collet. Mettre au bloc, au violon (fam.). Garder à vue. / Passer à tabac (pop.). / Pièces d'identité. Papiers. Passeports. Visas. / Casier judiciaire. Fiche signalétique. Sommier.

polir
(du lat. *polire*)

Rendre lisse et brillant. *Polir du marbre, du bois, du métal.* Egaliser. Aplanir. Unir. Dresser. Lisser. Planer. / Ebarber. Raboter. Varloper. Limer. Meuler. Poncer. Brunir. / Roder. / *Polir une glace.* Doucir. Egriser. / Polisseur. Polisseur-brunisseur.

POLISSAGE. Rabotage. Ponçage. / Brunissage. Rodage. / Polissage électrolytique.

POLISSOIR. Plane. Rabot. Varlope. Lime. Meule. Ponceuse. Brosse en fil d'acier, de laiton, etc.

LE POLI. Le brillant. Le lustre. La patine.

Produits à polir. Poudre, pâte, liquide à polir. Vernis. Laque. / Abrasif. Sablon. Ponce. Tripoli. / Papier de verre. Toile émeri. Egrisé.

politesse
(de l'anc. ital. *politezza,* de *polito,* poli)

Ensemble des règles relatives à la bonne tenue en société; observation de ces règles. *Observer la politesse.* Savoir-vivre. Bonne éducation. Usages. Civilité. Décence. Bienséance. Correction. / *Politesse dans les relations officielles.* Etiquette. Protocole. Décorum. Cérémonial. / *Etre d'une politesse exquise, raffinée.* Courtoisie. Déférence. Galanterie. Urbanité. Sociabilité. Amabilité. Gentillesse. Affabilité. Aménité. / Distinction. Tact. Raffinement. / *Démonstration outrée de politesse.* Obséquiosité. Salamalecs (fam.).

Personne polie. Homme du monde. Gentleman. Bien élevé. Bien éduqué. Distingué. Raffiné. De bonne compagnie. Sociable. Courtois. / Aimable. Affable. Gentil. Complaisant. Obligeant. Prévenant. / Complimenteur. Cérémonieux. Maniéré. Obséquieux. Plat. Rampant.
Qui n'est pas poli. Impoli. Mal élevé. Grossier. Malotru. Rustre. Pignouf (fam.). Goujat. Mal embouché.

Manifestations de politesse. Pluriel de politesse (vous). Conditionnel de politesse (voudriez-vous). / Bonnes manières. Bons procédés. Prévenances. Bon accueil. Egards. Empressement. Civilités. / *Faire des politesses à quelqu'un.* Félicitations. Compliments. Congratulations. / Condoléances / Remerciements. / Accepter, refuser poliment.
Saluer. Se découvrir. Rester tête nue. / S'incliner. Faire la révérence. / Serrer la main. / Baiser la main. Faire le baisemain. Donner l'accolade. / Se lever. Aller au-devant de quelqu'un. Accueillir. Faire les honneurs de. / Raccompagner. Reconduire. / Offrir le bras à une dame. / Céder le pas. S'effacer devant quelqu'un. Céder sa place.

Formules de politesse. Bonjour. Bonsoir. Bonne nuit. / Au revoir. Adieu. / S'il vous plaît. Je vous en prie. / Merci. Merci beaucoup. / Pardon. Excusez-moi. / Demander pardon. Se confondre en excuses. / Présenter ses hommages, ses respects, ses compliments, ses civilités. Se rappeler au souvenir de quelqu'un. / Voudriez-vous avoir l'obligeance de, être assez aimable pour. Je vous serais très obligé de. / J'ai l'honneur de. / Veuillez agréer, M., mes salutations empressées. Veuillez agréer, M., l'expression de. Veuillez croire, M., à l'assurance de. Sentiments distingués. Meilleurs sentiments. Sentiments respectueux. Sentiments dévoués. Parfait dévouement. Haute considération. Parfaite considération. Considération distinguée. / Respectueusement vôtre. Sincèrement vôtre. / Bien à vous.

politique n. et adj.
(du gr. *politikos,* de la cité)

Ensemble des affaires de l'État, du gouvernement. Faire de la politique (s'occuper des affaires publiques). / *Parler (de) politique. Discuter politique.* Politiquer (vx). Politicailler (fam.). Politicaillerie (fam.). Politicailleur (fam.). / *S'intéresser à la politique.* Actualité politique. / *Se destiner à la politique.* Carrière politique.

Manière de gouverner un État. *Politique intérieure.* Politique économique, sociale, financière, industrielle, commerciale, agricole. / Politique extérieure ou étrangère (v. ci-dessous). / Politique de droite, conservatrice, libérale. / Politique de gauche / Politique d'austérité. / Politique de grandeur, de prestige. / Politique d'expansion. / Pouvoir politique (pouvoir de gouverner). / *Pouvoir exécutif.* Gouvernement. Ministère. Gouvernants. Premier ministre. Ministre. Secrétaire d'Etat. Sous-secrétaire d'Etat. / Fonctionnaire d'autorité. Préfet.
Pouvoir législatif. Législation. Loi. Décret. Ordonnance. / Représentation nationale. Parlement (v. ce mot). Assemblée nationale. Chambre des députés. Sénat. / Parlementaire. Député. Sénateur. / Groupe parlementaire. Intergroupe. Commission.
Droits politiques. Droits civiques. Liberté politique. Citoyen. Civisme. / Institutions politiques. Constitution.

Opinions politiques. Idées politiques. Convictions. Couleur politique. / Eventail politique. Echiquier politique. / Parti politique (v. PARTI). / *Extrême droite.* Royaliste. Ultra. / *Droite.* Réaction. Droitier (fam.). Réactionnaire. Conservateur. Indépendant. / *Centre.* Centre droit. Centre gauche. Centriste. Modéré. / *Gauche.* Radical. Radical-socialiste. Progressiste. Marxiste. Socialiste. Communiste. Marxiste-léniniste. Socialisant. Communisant. Crypto-communiste. / *Extrême gauche.* Gauchiste. Gauchisant. Trotskiste. Anarchiste. Maoïste. Internationaliste.

Doctrines politiques. Monarchisme. Royalisme. / Conservatisme. Modérantisme. Républicanisme. Libéralisme. / Centrisme. Réformisme. / Radicalisme. Radical-socialisme. Progressisme. Etatisme. Socialisme. Marxisme. Egalitarisme. Communisme. Marxisme-léninisme. Collectivisme. Bolchevisme. Totalitarisme. / Extrémisme. Anarchisme. Gauchisme. Trotskisme. Maoïsme. Internationalisme. / Fascisme. Césarisme. Bonapartisme. / Opportunisme. Machiavélisme. / Hitlérisme. Stalinisme.

Manière d'agir, de conduire une affaire. *Une bonne, une mauvaise politique.* Tactique. Stratégie. / Pratiquer la politique de l'autruche (refuser de voir le danger).

Relatif à la politique. Apolitique (qui est en dehors de toute politique). Apolitisme. / Politiser (marquer d'un caractère politique). Politisation. Dépolitiser. Dépolitisation. / Politologie ou politicologie (science politique). / Homme politique. Politicien. Politicard (fam.). / Parti gouvernemental. Majorité. Opposition. Opposants. Minorité. / Bipartisme. Tripartisme. Quadripartisme.

Régimes politiques. Monarchie. Monarchie absolue, constitutionnelle. Absolutisme. Autocratie. Royauté. Empire. Aristocratie. Féodalité. Oligarchie. / Aristocrate. Oligarque. / Monarque. Autocrate. Roi. Empereur. / Régime totalitaire. Dictature. Despotisme. Tyrannie. / Régime représentatif. Régime constitutionnel. Démocratie. République. Démocratie populaire. / Démocrate. Républicain. / Changement de régime. Révolution. Insurrection. Coup d'Etat. Putsch. Pronunciamiento. / Junte (gouvernement d'origine insurrectionnelle en Espagne, en Amérique latine).

Vie politique. Consultation nationale. Suffrage universel, restreint. Elections législatives, cantonales, municipales. Référendum. Vote (v. ce mot).
Crise. Majorité. Opposition. / Projet de loi. Débat. Motion de censure. Question de confiance. Renversement du ministère. Démission du gouvernement. Dissolution de l'Assemblée.

Politique étrangère. Relations internationales. Affaires étrangères. Diplomatie. Diplomate. Mission diplomatique. Valise diplomatique. / Rompre, rétablir les relations diplomatiques. / Ambassade. Ambassadeur. / Négociations. Bons offices. Protocole. Accord. Traité. Convention. / Nations unies. / Neutralisme. Isolationnisme. Protectionnisme. Non-intervention. Non-ingérence. / Interventionnisme. / Colonialisme. / Impérialisme. / Autodétermination. Décolonisation.

polluer
(du lat. *polluere,* souiller)

Rendre malsain, dangereux. *Polluer l'air, l'atmosphère.* Vicier. Infecter. Empester. Empuanter. / *Polluer l'eau d'un cours d'eau.* Altérer. Souiller. Empoisonner.
POLLUTION. *Pollution atmosphérique.*

Infection. Viciation. Pestilence. Odeurs infectes, pestilentielles. Miasmes. Vapeurs méphitiques. Méphitisme (viciation de l'air par des vapeurs toxiques et puantes). Nuisances. / Pollution due aux procédés industriels (poussières de coke, d'oxyde de fer, fumées) des usines. Industries chimiques (fluorure, oxyde d'azote, etc.). Raffineries de pétrole, usines de pâte à papier (dioxyde de soufre). Cimenteries (poussières de ciment). Usines d'incinération d'ordures ménagères. Pollution atmosphérique par la radio-activité naturelle et artificielle. Pollution due aux combustibles, aux véhicules automobiles, etc. / *Pollution des eaux* (lacs et cours d'eau, nappes souterraines). Déversement des eaux résiduaires (eaux d'égout non épurées, eaux industrielles). Détergents non biodégradables. / *Pollution des mers.* Pollution pélagique (exploitation des fonds marins, déversement d'hydrocarbures des pétroliers). Marée noire. Pollution tellurique (apports des cours d'eau, rejets et dépôts à la côte). / *Pollution du sol et des terres.* Abus des engrais chimiques. Emploi intensif des herbicides, pesticides, insecticides, etc.

ANTIPOLLUTION (ensemble des moyens mis en œuvre pour supprimer ou diminuer la pollution). / Ecologie.

POLLUANT. *Un brouillard polluant. Un moteur polluant.* Infectant. Empestant. Puant.

POLLUEUR (n. et adj.). *Un bateau pollueur. Un pollueur de rivières.* Viciateur.

pomme
(du lat. *pomum*, fruit)

Fruit du pommier, de forme généralement ronde. *Variétés de pommes.* *Pomme à couteau ou de table.* Reinette grise. Reinette du Mans. Reinette franche. Reinette du Canada. Reine des reinettes. Calville blanche. Calville rouge. Golden. Reinette orange de Cox. Winter banana. Belle de Boskoop. Rambour. Reinette clochard, etc. / *Pommes à cidre* (v. CIDRE).

Cuisine. Beignets de pommes. Compote de pommes. Confiture de pommes. Gelée de pomme. Marmelade. Pâte de pommes. Tarte aux pommes. Rabotte de pommes ou douillon normand.

Relatif aux pommes. Pommier. Doucin (plant). Greffe. / Pommeraie. / Pomme douce, acide, amère, sure (vx ou dialectal). / Vide-pomme. Quartier. Trognon. / Eau-de-vie de pommes. Calvados. / Pomologie. Pomologique. Pomiculture.

pomme de terre

Plante dont le tubercule est comestible; ce tubercule employé comme aliment. Solanées (famille). Cultiver la pomme de terre. Plant de pomme de terre. Pied de pomme de terre; fanes.

Variétés. *Alimentaires.* Victor. Belle de Fontenay. Belle de juillet. Bintje. Early rose. Rosa. Marjolin hâtive. Eersterlingen. Etoile du Léon. Quarantaine de la Halle ou Hollande. Roseval. Saucisse. Vitelotte. Quenelle de Lyon ou ratte, etc. / *Fourragères et industrielles.* Géante bleue. Institut de Beauvais. Magnum bonum. Darésa. Maritta. Ultimus, etc. / *Formes :* longue, oblongue, ronde. / Couleur de la pulpe : jaune, blanche.

Culture. Sol bien ameubli. / *Engrais.* Fumier de ferme. Engrais verts. Goémon. Engrais azotés, potassiques, phosphatés. / *Travaux d'entretien.* Binage. Buttage. / *Maladies.* Mildiou. Maladies bactériennes. Maladies à virus. / *Parasites animaux.* Doryphore. Taupin ou ver fil de fer.

Utilisation. Fécule. Farine. Dextrine. / Alcool éthylique, butylique. Acétone. Alimentation de l'homme et des animaux.

Cuisine. Croquettes. Croustades. Pommes de terre à l'anglaise. Pommes de terre bouillies ou en robe de chambre (des champs). Pommes de terre à la boulangère (cuites dans la cendre). Pommes de terre Duchesse, maître d'hôtel. Pommes de terre frites. Pommes frites chips, paille. Purée. Pommes de terre au gratin, sautées, souflées, etc.

pompe
(du néerl. *pompe*)

Machine servant à élever ou à refouler des fluides (liquides ou gaz). *Sortes de pompes.* Pompe à bras, à main. Pompe à moteur (motopompe). / Pompe aspirante, foulante, mixte (aspirante et foulante). Pompe à piston. Pompe à membrane. Pompe à piston à mouvement alternatif. Pompe rotative, semi-rotative. pompe à palettes, à engrenages. Pompe centrifuge. Pompe hélicoïdale. Pompe à piston et à clapet pour grande profondeur. / Pompe à essence. Pompe volumétrique rotative. / Pompe à chapelet, à vis d'Archimède. Noria. / Pompe de circulation, de compression, d'extraction. /

Pompe à air. Compresseur. Pompe à pneumatique. / Pompe moléculaire, à vapeur de mercure, à diffusion, à condensation.
Parties d'une pompe. Bras. Balancier. Corps. Cylindre. Piston. Soupape. Clapet. Membrane. Tuyaux. Tige

Relatif aux pompes. Débit. Course. Jet. / Pomper. Pompage. Pompiste. / Amorcer une pompe (verser de l'eau dans la partie supérieure pour la faire fonctionner). Affranchir une pompe (la désamorcer).

ponctuation

(de *ponctuer,* lat. médiév. *punctuare,* de *punctum,* point)

Ensemble de signes servant à marquer les limites ou les rapports entre les éléments de la phrase. *Signes de ponctuation.* Point. Point-virgule. Deux-points. Virgule. / Points de suspension. Point d'interrogation. Point d'exclamation. / Guillemet. / Parenthèse. / Crochet. / Tiret. / Trait d'union. / *Mettre la ponctuation.* Ponctuer.

pont

(du lat. *pons, pontis*)

Ouvrage destiné à mettre en communication deux points séparés par un obstacle ou à permettre le passage sans croisement à niveau de deux courants de circulation. *Types de ponts.* Pont-route. Pont-rail, viaduc ou pont-viaduc. Pont-canal. / Pont dormant. Passerelle. Ponceau. / Pont en dos d'âne. Pont droit. Pont en biais. / *Pont mobile.* Pont basculant ou à bascule. Pont levant. Pont-levis. Pont à coulisse. Pont roulant. Pont volant. Pont tournant. Pont transbordeur. / *Pont provisoire.* Pont sur pilotis. Pont flottant. Pont de bateaux, de tonneaux. Autopont. / Pont militaire. Pont d'équipages. Pont de circonstance. Pont immergé (pour le dissimuler).

Parties d'un pont. *Pont en maçonnerie, en béton, en béton armé, en béton précontraint.* Fondations. Radier. / Appuis. Mur en retour. Aile. Bajoyer. Culée ou butée. Pied-droit (appui extrême). / Encaissement. Enrochement. Pile (appui intermédiaire). Arrière-bec. Brise-glace. Œil. Contre-garde (niche). Tympan. Arc. Arche. Arcade. Voûte. Voussoir. Travée. Aire. Tablier. Couchis. / Trottoir. Parapet. Garde-fou. / *Pont en bois.* Enracinement. Obstacle. Palée (pied-droit). Pieu. Pilotis. Chevalet. Solive. Platelage. / *Pont métallique.* Encorbellement. Portique. Contrepoids. Poutre. Poutrelle. Poutrelle enrobée. Montant. Entretoise. Contreventement. Cantilever (type de pont métallique dont les poutres principales se prolongent en porte à faux et supportent une poutre de portée réduite). / *Ponts mobiles.* Bascule. Bouteroue. Chaîne. Chariot. Flèche. Quart-de-cercle. Seuil. / *Pont suspendu* Massifs d'ancrage. Pylônes. Câbles porteurs. Suspentes. Travée. Poutres. Longerons. Dalle en béton armé. / *Pont de bateaux.* Supports flottants. Supports fixes. Corps morts (culées sommaires). Travure. Surface de roulement. Couche d'usure. Portière (tronçon venant tout prêt).

Relatif aux ponts. Portée. Longueur. Hauteur. / Poussée de la voûte. Charge admise. Charge d'essai (forte charge pour éprouver le pont). / Construire, jeter, lancer un pont. Cintre. Pontage (construction d'un pont militaire). / Enjamber, traverser (un cours d'eau, une route). / Travaux publics. Ponts et chaussées. Génie militaire. / Pontier. Pontonnier. / Pont aérien. / Péage.

porc

(du lat. *porcus*)

Mammifère domestiqué et élevé pour l'alimentation. Suidés (famille). Porcins (sous-ordre). Truie (femelle). Verrat (mâle). / *Jeune porc.* Porcelet. Cochonnet. Goret. / Cri. Grognement. Grogner. / *Animaux de la famille du porc.* Babiroussa. Pécari. Phacochère. Potamochère. Sanglier.

Races porcines. *Races de grande taille.* Race large-white (porc blanc du Yorkshire). Race craonnaise. Race de Bayeux. Race de Pietrain. / *Races locales.* Race flamande, boulonnaise, normande, bretonne, gasconne, bressane, basque, béarnaise. Race de Cazères. Race limousine, périgourdine, etc.

Élevage. *Alimentation.* Animal omnivore. Farine d'orge. Son. Pommes de terre. Glands. Châtaignes. Faines. Eaux grasses. Eaux de laiterie. Petit-lait, etc. / Etable. Porcherie. Toit à porcs. Soue. / Se vautrer. Fouiller le sol. / Groin. / Porcher (gardeur de porcs).

Relatif au porc. *Produits.* Porc frais. Porc salé, fumé (v. CHARCUTERIE). / Soies (poils longs et rudes). Couenne (peau flambée et raclée). Peau tannée. Cuir.

porcelaine
(italien *porcellana,* du lat. *porca,* coquille du type des buccins)

Substance translucide, le plus souvent recouverte d'un émail incolore, utilisée en céramique fine; ouvrage fait de cette matière. *Variétés de porcelaine.* Porcelaine dure. Porcelaine tendre ou porcelaine phosphatique (aujourd'hui abandonnée en France).

Fabrication de la porcelaine dure. *Matières premières.* Kaolin ou argile très blanche (élément plastique). Quartz, silex (élément dégraissant). Feldspath, phosphate de chaux ou fritte artificielle (élément fondant). / *Façonnage et cuisson* (v. CÉRAMIQUE). Montage, tournage ou coulage (en barbotine dans des moules de plâtre) de la pâte molle. Première cuisson. Application d'une couverte d'émail broyé. / Deuxième cuisson. Décoration à la main ou par report de décalcomanies. Colorants (oxydes fixes de cuivre, de cobalt, de manganèse, de chrome, etc.). / Troisième cuisson, à basse température. Lustres, peintures et dorures cuits au moufle à petit feu (porcelaine cuite sans émail). / Biscuit (porcelaine cuite sans émail).

Usages. *Porcelaine à feu.* Appareils de laboratoire (coupelles, tubes, etc.). / *Porcelaine de table.* Vaisselle (v. ce mot). / Objets de décoration (pots, potiches).

Relatif à la porcelaine. Porcelainier (fabricant, marchand de porcelaine). Porcelanique (qui a l'apparence de la porcelaine).

port
(du lat. *portus*)

Lieu de stationnement, de refuge, de chargement et de déchargement pour les navires. *Stationner, relâcher dans un port.* Havre (vx). Escale.

Types de ports. Port militaire, de guerre. Base navale. Port marchand, de commerce. Port d'escale ou de relâche. Port d'attache d'un bâtiment. Port de transit, de réparation. Port passager, pétrolier, minéralier. Port de pêche. Port de plaisance.

Genres de ports. Port de mer et port fluvial. Port artificiel et port naturel. Port en eau profonde. Port en marée. Port d'échouage. Port franc. Port ouvert ou fermé.

Organisation. Police du port. Port autonome. Capitaine de port. Bureau du port. Service de santé. Lazaret (vx). Quarantaine. Libre pratique. / *Navigation dans un port.* Lamanage. Pilotage. Pilote. Lamaneur. Service de manutention. Acconage. Ponton. Chaland. Allège. Citerne. Gabarre. Remorqueur pousseur. / Main-d'œuvre. Débardeur. Déchargeur. Docker. / Ravitailler un bâtiment ou avitailler. Avitailleur. Shipchandler. Faire de l'eau, du mazout, du charbon, des vivres. / Représentant d'une compagnie. Transitaire. Agence. Agent général. Consignataire. Douane. Douanier. Dédouaner. Embargo. / Droit de port. Droit de planche. Estarie. Surestarie.

Parties d'un port. Grand rade. Rade. Avant-port. Goulet. Chenal. Basse. Entrée. Jetée. Môle. Digue. Brise-lames. Musoir. Estacade. Bassin de marée. Bassin à flot. Bassin pétrolier. Darse. Aire de stockage. Entrepôt. Bassin de radoub, de carénage, de construction. Cale sèche. Cale. Slip. Ecluse. Sas. Porte-quai. Wharf. Appontement. Embarcadère. Epi. Duc-d'albe. / Débordoir. Radeau. Défense. Bitte. Bollard. / *Installations portuaires.* Hangars. Docks. Station de dégazage. Grues. Elévateur. Terminal. Portique. Poste à quai. Phare. Sémaphore. Balise. Bouée.

Trafic d'un port. *Mouvements.* Entrée. Sortie. Entrer. Sortir. Accoster. Se mettre à quai. Mouiller. S'amarrer. / Embarquer. Débarquer. Charger. Décharger. / Embarquement. Débarquement. Chargement. Déchargement. / Docker. Débardeur.

Manœuvres de port. Reconnaître. Tour de reconnaissance. Toucher terre. Atterrir. Atterrissage. Faire escale, relâche. Relâcher. Mouillage. / Quitter, relever, abandonner un mouillage. / Mouiller. Embosser. Culer. Pivoter. Faire tête. Eviter. Evitage. Crocher. Etre ancré. / Ancre. Grappin. Surpatter. Surjaler. Orin. Oringuer. Empanneler. Affourcher. Rappeler. Rappel. Chasser. Décrocher. Déraper. Etalinguer. / Chaîne. Filer de la chaîne. Remonter, haler, porter la chaîne. / Prendre, larguer un coffre, un corps mort ou tangon. / Bosse. Embossure. / Amarrer. S'amarrer. S'amarrer court, en double. Amarre. Frapper une amarre. Amarre avant, arrière, de pointe ou pointe. / Traversière. Garde. Aussière (ou haussière). Filer, border, embraguer une aussière. / Accostage. Accoster. S'accoster. Se mettre, être à couple. S'embosser. Déhaler. / Echouer. Echouage : à flanc, à quai, sur béquilles. Béquiller. / Quitter un quai. Appareiller. Etre appareillé.

porte

(du lat. *porta*)

Ouverture pratiquée dans un mur pour permettre le passage; assemblage mobile de bois, de métal, de verre servant à fermer cette ouverture. Percer une porte. Condamner, murer une porte. / *Diverses sortes de portes.* Porte d'entrée, de sortie. Porte de devant, de derrière. / *Porte d'un appartement, d'une maison.* Huis (vx). Lourde (pop.). / Porte cochère, charretière. / *Borne placée à l'angle d'une porte.* Bouteroue. Chasseroue. / *Porte de jardin, de parc.* Barrière. Grille. / Porte quadrangulaire, cintrée, ogivale. Porte à deux battants ou vantaux. Porte battante. Porte coupée (deux ou quatre vantaux coupés à hauteur d'appui). Porte-fenêtre. Porte coulissante. Porte à tambour. Portillon. Porte à claire-voie.

Maçonnerie. Baie. / *Partie inférieure.* Seuil. Pas de la porte. / *Partie supérieure.* Linteau. Traverse. Sommier. / *Parties latérales.* Piédroit. Jambage. Ebrasement. Embrasure (espace compris entre les parois du mur). / Imposte (partie vitrée située au-dessus d'une porte). / *Protection.* Auvent. Marquise.

Menuiserie. Huisserie. Chambranle. Encadrement. Feuillure. Couvre-joint. Châssis. Cadre. Lit de planches à plat joint ou assujetties sur des barres ou sur un châssis. Porte à panneaux. Porte à petit cadre, à grand cadre. / Porte plane (deux parois plaquées de chaque côté d'une ossature). / *Ouverture pratiquée dans une porte.* Judas. Guichet. Vasistas. Chatière.

Ferrure, fermeture et accessoires. Gond. Penture. Paumelle. Charnière. / Serrure. Loquet. Cadenas. Verrou. Loqueteau magnétique. / Poignée. Bec-de-cane. Béquille. Bouton. Clenche. Chaîne de sûreté. / Heurtoir. Marteau.

Mouvements et utilisation. Battre. Claquer. Ouvrir. Entrouvrir. Entrebâiller. Fermer. Fermer à double tour. Verrouiller. Cadenasser.

PORTIER. Portier d'hôtel. Concierge. Gardien. / Sœur portière. Sœur tourière.

PORTILLON (porte à battant plus ou moins bas).

Locutions diverses. Aimable, gracieux comme une porte de prison (désagréable, maussade). De porte en porte (de maison en maison). Faire du porte à porte (aller à domicile pour proposer des marchandises, quêter, etc.). Enfoncer une porte ouverte (se donner beaucoup de peine pour expliquer une chose évidente). Fermer sa porte à une personne (refuser de la recevoir). Forcer la porte de quelqu'un (entrer chez quelqu'un sans avoir son consentement). Frapper à la bonne porte (s'adresser à qui il convient). Mettre, flanquer (fam.), fiche(r) [fam.] quelqu'un à la porte (le renvoyer, le chasser). Mettre la clef sous la porte (partir furtivement). Prendre la porte, gagner la porte (partir). Trouver porte close (ne rencontrer personne à la maison où l'on se présente).

portée

(de *porter*)

Distance à laquelle une chose peut atteindre. *La portée d'un fusil, d'un arc. La portée d'un phare.* Rayon d'action. Champ. Puissance. / A portée de canon (dans la zone battue par l'artillerie). / *Hors de portée.* Hors d'atteinte. / *A portée de la main.* Sous la main. Accessible. Proche. Prêt. Disponible.

Capacité d'une personne. *Se mettre à la portée de son auditoire.* Niveau. Diapason. Registre. Ton. Longueur d'onde. / *Une lecture à la portée d'un enfant.* Accessible. Compréhensible. Adapté. / *Un article à la portée de toutes les bourses.* Dans les moyens de tous. Bon marché. A bas prix.

Conséquences d'une chose. *La portée d'un événement.* Importance. Influence. Incidence. Effet. Retentissement. Poids. / *Un incident sans grande portée.* Secondaire. Insignifiant. Négligeable.

porter

(du lat. *portare ;* en gr. *pherein*)

Supporter le poids d'un être, d'une chose. *Porter un enfant dans ses bras.* Tenir. Soutenir. / *Porter un fardeau sur son cou, sur son épaule.* Coltiner.

PORTAGE (transport à dos d'homme). *Instruments de portage.* Sac. Hotte. Banne. Oiseau (de maçon). Palanquin. Palanche.

PORTEUR. Commissionnaire. Débardeur. Docker. Coltineur. Déménageur.

PORT. Port de tête (manière de tenir sa tête).

Avoir sur soi. *Porter un costume neuf.* Etre vêtu de. / *Porter les armes.* Etre soldat. Etre militaire. / *Porter la robe* (en parlant d'un homme). Etre magistrat. / *Porter une décoration.* Arborer.

PORT. Port d'armes, de décorations.

PORTEUR. *Porteur de faux papiers.* Détenteur.

Prendre avec soi et déposer en un lieu. *Porter des bagages à la gare.* Transporter. Emporter. Trimbaler (fam.). Véhiculer. / *Porter un paquet à la poste.* Mettre. Déposer. / *Porter les lettres à domicile* (en parlant du facteur). Apporter. Distribuer.

PORT. *Le port d'une lettre.* Transport.

PORTATIF. Portable. Transportable.

Produire en soi. *Porter un enfant dans son sein* (en parlant d'une femme). Etre enceinte. / *Porter* (en parlant d'une femelle d'un animal). Etre en état de gestation. / *Porter des fruits* (en parlant d'un arbre). Produire. Rapporter. Donner.

PORTÉE. Une portée de chatons (ensemble des petits nés en une fois). / *Une portée de souris.* Potée.

Laisser paraître sur soi. *Porter un air de lassitude.* Avoir. / *Porter des empreintes* (en parlant d'une chose). Présenter. / *Porter la bonté sur son visage.* Laisser voir. Manifester. Respirer.

Avoir en soi. *Porter un grand amour dans son cœur. Porter un germe d'espérance* (en parlant d'une action). Contenir. Recéler.

Faire un geste, un mouvement dans une direction. *Porter la main à son front.* Mettre. Diriger. / *Porter le corps en avant.* Se pencher. / *Porter la main sur une personne.* Toucher. Frapper. / *Porter ses yeux sur quelqu'un.* Regarder.

Exercer une impulsion, une pression morale sur une personne. *Porter quelqu'un à* (et un nom ou un infinitif). Inciter à. Pousser à. Entraîner à. Encourager à. Attirer à. / *Etre porté à* (et un nom ou un infinitif). Etre enclin à, sujet à, prédisposé à. Avoir une propension à, un penchant à, une inclination à. Avoir tendance à. / *Etre porté sur.* Avoir un goût très vif pour. / *Etre porté sur la bouche.* Etre gourmand. / *Se porter à des excès.* Se laisser aller à. Se livrer à.

Avoir pour appui, pour base. *Porter sur* (en parlant d'une chose). Reposer sur. Appuyer sur. / Porter à faux (ne pas reposer directement sur un point d'appui). / *Porter sur* (en parlant d'une question, d'une discussion). Avoir pour objet, pour fondement. Concerner.

Toucher un objectif, un but. *Porter à telle distance* (en parlant d'une arme à feu). Avoir une portée de (v. ce mot). Tirer. / *Porter loin* (en parlant de la vue). S'étendre. / *Porter juste* ou simplement *porter* (en parlant d'un argument, d'une remarque). Avoir de l'effet.

Faire arriver à un état élevé. *Porter un homme au pouvoir, à la présidence.* Nommer. Elire. / *Porter plus loin les limites d'un territoire.* Agrandir. / *Porter quelque chose à un degré de perfection.* Elever. Pousser. Parfaire.

Suffixes *-fère, -phore :* conifère, aurifère, photophore, lampadophore, etc.

Locutions diverses. Porter assistance, secours (aider, secourir). Porter envie (envier). Porter témoignage (témoigner). Porter un jugement (exprimer, juger). Porter bonheur, malheur (avoir une influence favorable, défavorable). Porter quelqu'un aux nues (louer avec enthousiasme, exalter). Porter quelqu'un dans son cœur (avoir pour lui une vive affection, aimer, chérir). Porter la culotte (en parlant d'une femme, commander dans un ménage). Porter un coup, porter préjudice à (nuire à). Porter atteinte à la réputation de quelqu'un (attenter à). Porter une affaire devant un tribunal (soumettre à une juridiction, à un jugement). Porter à la tête (produire facilement l'ivresse, être capiteux, étourdir, griser). Porter sur les nerfs (irriter, agacer). Avoir une voix qui porte (qui s'entend au loin). Se porter candidat à une élection (se présenter). Se porter au-devant, à la rencontre de quelqu'un (aller, accourir, courir, s'élancer, se précipiter). Se porter bien, mal (être en bonne, en mauvaise santé).

portrait

Représentation d'une ou de plusieurs personnes par la peinture, la gravure, le dessin, la photographie. Galerie de portraits. / *Portrait grandeur nature. Portrait en buste, en pied. Portrait de face, de profil, de trois quarts.* Tableau. Peinture. Image. Effigie. / Médaillon. Camée. Miniature. / Dessin. Crayon. Pastel. Sanguine. / Poser pour un peintre. / Modèle. / *Portrait accusant des détails.*

Caricature. / *Portrait d'un artiste par lui-même.* Autoportrait.

PORTRAITISTE. Peintre. Photographe.

PORTRAITURER. Représenter. Peindre.

Description écrite ou orale d'une personne. *Portrait physique, moral de quelqu'un.* Peinture. / *Faire le portrait de quelqu'un.* Peindre. Décrire. / Jeu du portrait.

positif
(du lat. *positivus*)

Qui est établi par l'expérience. Connaissance positive (fondée sur l'expérience).

POSITIVISME. Empirisme. Associationnisme. Sensualisme.

POSITIVISTE. Empiriste. Associationniste. Sensualiste.

Qui est certain. *Un fait positif.* Etabli. Avéré. Attesté. Patent. Evident. Sûr. Indubitable. Indéniable. Authentique. / *Phénomène positif.* Réel. Objectif. Observable. / *Résultat positif.* Concret. Tangible. Matériel. Effectif.

Qui affirme. *Réponse positive.* Affirmatif. Catégorique. Péremptoire. / *Qui n'est pas positif.* Négatif. / *Engagement positif.* Formel. Ferme.

POSITIVEMENT. Affirmativement. Catégoriquement. Péremptoirement. Formellement. Expressément. Fermement.

posséder
(du lat. *possidere, possessum*)

Avoir en propriété. *Posséder une maison, une voiture.* Avoir. Etre propriétaire, possesseur de. / *Posséder une fortune considérable.* Etre à la tête de. Etre nanti de. Disposer de. Jouir de. / *Posséder un titre.* Détenir. / *Posséder abusivement.* Usurper. / *Cesser de posséder.* Aliéner. Céder. Vendre. Liciter.

POSSESSIF. Adjectif possessif (qui exprime la possession). / *Un homme possessif.* Avide de posséder. Accapareur. / Mère possessive (qui maintient sur son enfant une emprise qui fait obstacle à l'évolution normale de celui-ci).

DÉPOSSÉDER. Dépouiller. Exproprier. Frustrer.

DÉPOSSESSION. Expropriation. Frustration.

POSSESSION. Jouissance (d'un bien). Propriété. / Biens meubles, immeubles. / *Possession juridique.* Possession civile, naturelle. Envoi en possession. Entrer en possession. Maintenir en possession. Possession précaire. / Saisine. Ensaisinement. Ensaisiner. / Titre de propriété. / Nue-propriété. Usufruit. / Possession en indivision. / *Rentrer en possession.* Recouvrer. / *S'assurer la possession de quelque chose.* Se procurer.

POSSESSEUR. Propriétaire foncier, terrien. / Maître. Patron. / Détenteur.

POSSÉDANTS. Les riches. Les nantis.

Se posséder. Se dominer. / Ne plus se posséder de joie (ne plus se contenir).

S'emparer moralement d'une personne. *Posséder quelqu'un* (en parlant de l'ambition, de la jalousie). Dominer. Tenir. Subjuguer.

Avoir en propre une idée, un sentiment, une qualité, un avantage. *Posséder une excellente mémoire.* Etre doué de, doté de, pourvu de. / *Posséder une santé robuste.* Jouir de. / *Posséder un secret.* Etre dépositaire de. / *Posséder l'amour, le cœur d'une femme. Posséder une femme* (fam.). Jouir de ses faveurs.

POSSESSION. Etre en pleine possession de toutes ses facultés (être normal).

Avoir une connaissance sûre, approfondie d'une chose. *Posséder une langue étrangère.* Connaître. Savoir. Pratiquer. Parler.

Induire en erreur. *Posséder quelqu'un* (pop.). Tromper. Duper. Berner. Rouler (pop.). Avoir (fam.). Attraper (fam.). Refaire (fam.).

possible
(du lat. *possibilis*)

Qui peut se produire, qui peut être ou ne pas être. *Un fait possible.* Potentiel. Virtuel. / Envisageable. Probable. Prévisible. / Aléatoire. Hasardeux. Incertain. Douteux. / Contingent. Occasionnel. Accidentel.

À quoi rien ne s'oppose. *Une hypothèse possible.* Admissible. Concevable. Imaginable. / *Etre possible à quelqu'un de* (et l'inf.). Permis. Licite. Autorisé. Légal. Recevable.

IMPOSSIBLE. Inconcevable. Exclu.

Qui peut être réalisé. *Entreprise possible.* Réalisable. Faisable. Exécutable. Praticable. A la portée de.

POSSIBILITÉ. Eventualité. Risque. / *Avoir la possibilité de.* Pouvoir (v. ce mot).

IMPOSSIBILITÉ. Obstacle. Empêchement. / Interdiction. Défense.

poste(s)

Administration publique chargée du service de la correspondance ainsi que des télécommunications et d'opérations financières à l'usage du public. *Aller à la poste.* Bureau de poste. / La grande poste. Bureau central. / Bureau auxiliaire. / *Mettre une lettre à la poste.* Poster. / Postes et Télégraphes (en 1879). Postes, Télégraphes et Téléphones (P.T.T. en 1925). Postes et Télécommunications (P. et T. en 1959). Postes. Télécommunications et Télédiffusion (P. T. T. en 1980).

Services postaux. *Transport, acheminement du courrier officiel et privé.* Correspondance. Lettre. Lettre recommandée. Lettre chargée (qui contient des valeurs). Lettre exprès (remise au destinataire avant l'heure de la distribution ordinaire). Carte-lettre. Carte illustrée. Carte postale. Carte mignonnette. / Code postal. / Journaux et publications périodiques (revues, bulletins, etc.). Imprimés non périodiques (brochures, livres, circulaires, catalogues, etc.). Routage (groupage des imprimés en liasses et selon leur destination). / Envois chargés, recommandés. Envois contre remboursement, en port dû. / *Marchandises.* Petits paquets. Echantillons. / *Dépôt du courrier.* Remise de la correspondance au guichet ou dans des boîtes (boîtes aux lettres) placées sur la voie publique, dans des lieux publics. / Tri postal. Tri ambulant. / Cedex (courrier d'entreprise à distribution exceptionnelle).

Affranchissement. Timbre-poste ou timbre. Affranchir. Timbrer. Oblitérer (apposer un cachet). / Timbrage. Oblitération. Flammes d'oblitération ou flamme (marque apposée à côté du cachet et formée de filets ondés ou d'un dessin avec une légende). / Affranchissement en numéraire (concerne les journaux, imprimés et échantillons). Bandes ou étiquettes déposées au bureau expéditeur et frappées d'un timbre spécial. Empreinte de machine à affranchir. / Insuffisance d'affranchissement. Taxe. Surtaxe. / Franchise postale.
Transports postaux. Chemin de fer. Wagon-poste. Train-poste. / Bateau. Avion. Poste aérienne. Aéropostal. Poste automobile rurale. / Poste restante (indication que la correspondance est adressée à la poste même où le destinataire doit venir la chercher). / Poste aux armées. Secteur postal. / Vaguemestre (sous-officier responsable du service postal).

Service télégraphique. Dépêche télégraphique ou dépêche. Télégramme. Dépôt des télégrammes au guichet. Transmission par téléphone. / *Catégories de télégrammes.* Télégramme ordinaire, urgent, différé. Lettre-télégramme. Radiotélégramme. Radio-lettre. / Télégramme officiel. Télégramme de presse. / *Distribution.* Normale (par un porteur attaché au bureau distributeur). Par téléphone. Par exprès. En main propre. Avec accusé de réception.
Pneumatique (mode de correspondance écrite sur carte-lettre spéciale ou sur un papier mince et transmise par le moyen de canalisations à air comprimé d'un bureau de poste à un autre). Petit bleu (vx).

Service téléphonique. Communications locales, interurbaines, intercontinentales. Bureau central téléphonique. Central téléphonique. / Cabines téléphoniques (bureau de poste, lieux publics, voie publique). / Poste d'abonnement. Poste principal, poste supplémentaire. / Souscription d'abonnements. Abonnement ordinaire. Abonnement occasionnel. / Service des abonnés absents. Service de l'heure. Service du réveil. Messages téléphonés. / Taxe de communication. / Annuaire téléphonique.

Services financiers. Mandats (envois de fonds). Mandats ordinaires. Mandats-cartes. Mandats-lettres. Mandats télégraphiques. Mandats-contributions. Mandats-retraites. Mandats de versement à un compte courant postal. Mandats internationaux. / Paiement des mandats.
Chèques postaux. Compte courant postal. Versements ou par mandats de versements ou par mandats télégraphiques. / Retraits de fonds par chèque nominatif, d'assignation, au porteur. Virements (permettent de transférer une somme d'un compte à un autre). Mandats-lettres de crédit, etc.
Caisse nationale d'épargne. Placement des sommes déposées par l'intermédiaire de la Caisse des dépôts et consignations. Livret de caisse d'épargne. / Remboursements : partiel ou intégral au guichet, par télégraphe, par mandat-poste.
Opérations pour le compte du Trésor. Réception des souscriptions aux emprunts nationaux, aux bons du Trésor. Vente des billets de la Loterie nationale. Paiements des arrérages des pensions d'Etat. / *Opérations pour le compte des Administrations.* Recouvrement des contributions directes. Gestion de la Caisse nationale d'épargne, etc.

Personnel des Postes. Directeur. Inspecteur. Receveur. Postier (employé). Télégraphiste. Téléphoniste. Facteur ou préposé (du service de la distribution).

La poste d'autrefois. Grande poste (transport du courrier de ville à ville). Petite poste (transport du courrier dans la ville). Relais de poste. Malle-poste. Chaise de poste. Maître de poste. Postillon. / Courir la poste.

poterie
(de *pot,* lat. pop. *pottus*)

Fabrication d'objets en terre cuite; objet de terre ou de grès. *Sortes de poteries.* Poteries mates (non recouvertes d'un enduit, alcarazas, pots à fleurs, drains, etc.). Poteries vernissées.

Fabrication. *Matières premières.* Argile sableuse. Triage de l'argile, lavage et pourrissage dans un endroit humide. Addition de craie ou d'argile cuite et broyée (chamotte). Mélange. Broyage. Malaxage. Façonnage de la pâte par moulage (carreaux), filage (drains), tournassage. Séchage. Cuisson. / Revêtement d'émail, glaçure ou vernis. Décoration avec les oxydes habituels : oxyde de cobalt pour les bleus, de cuivre pour les verts, d'antimoniate de plomb pour les jaunes, de fer pour les brun-rouge, de bioxyde de manganèse pour les violets.

POTIER (celui qui fabrique et vend des objets en terre).

poudre
(du lat. *pulvis, pulveris,* poussière)

Substance solide réduite en particules très fines. *Aliments en poudre.* Farine. Semoule. Cacao. Sucre. Café. Lait. / Poudre de viande, de poisson, etc. / Poudres de toilette, de parfumerie. Poudre de riz. / Se poudrer. Poudrederizer (vx). Poudrier. Houppe. / Poudre de talc. / *Remèdes en poudre.* Poudre laxative. Poudre de rhubarbe. / Poudre de charlatan, de perlimpinpin (vendue autrefois comme un remède universel). Poudre à éternuer ou poudre sternutatoire. / Poudre insecticide, etc.

PULVÉRISER (réduire en poudre). Moudre. Broyer. Triturer. Léviger. Piler.

PULVÉRISATION. Mouture. Broyage. Trituration. Lévigation.

PULVÉRULENT (qui est à l'état de poudre). *Substance pulvérulente.* Sable. Cendre. Poussière. Sciure de bois, etc.

PULVÉRISABLE (qui peut être réduit en poudre ou en fines gouttelettes).

PULVÉRISATEUR. Vaporisateur. Atomiseur.

POUDRER (couvrir de poudre). *Poudrer de farine, de talc.* Fariner. Enfariner. Talquer. / Farinage. Enfarinage. Talquage.

SAUPOUDRER (couvrir d'une légère couche d'une substance pulvérulente). Saupoudrer de sel, de sucre.

Substance explosive pouvant être utilisée au lancement d'un projectile par une arme à feu ou à la propulsion d'un engin. Poudre de guerre, de chasse, de mine.

Fabrication. *Poudre noire.* Soufre. Salpêtre. Charbon. / *Préparation.* Broyage des constituants. Trituration (pour la poudre à grains fins). Galetage (agglomération par des meules). Tamisage. Lissage. Mélange. / Poudres sans fumée (à base de nitrocellulose). Poudre B (fabriquée à partir de cotons-poudres humides). Poudres S. D. (sans dissolvant). Poudres pyroxylées (Poudre T.).

Utilisations. Munitions. Cartoucherie. Pyrotechnie. Mine. Fusée. Pétard.

Relatif à la poudre. Poudrerie. Poudrière. Soute aux poudres.

pourrir
(du lat. *putrire ;* en gr. *sêpein*)

Se décomposer. *Laisser pourrir des fruits.* Se putréfier. Se corrompre. Se gâter. S'avarier. S'altérer. S'abîmer. Blettir. / *Faire pourrir* ou *pourrir* (en parlant de l'eau, de l'humidité). Décomposer. Abîmer (fam.). Avarier. Putréfier. Gâter.

POURRITURE. Putréfaction. Décomposition. Altération. / Putride (qui est en putréfaction). / Putridité. / Putrescible (qui est sujet à pourrir). / Imputrescible (qui ne pourrit pas). / Saprophage (qui se nourrit de matières en décomposition).

POURRISSAGE (opération technique). Pourrissoir.

Rester dans une situation pénible ou dégradante. *Pourrir en prison.* Croupir. Moisir (fam.).

Devenir de plus en plus mauvais. *Laisser pourrir une situation.* Se détériorer. Se dégrader. S'aggraver. Empirer.

POURRISSEMENT. Détérioration. Dégradation. Aggravation.

poursuivre
(du lat. *prosequi ; prosecutum*)

Suivre en cherchant à atteindre. *Poursuivre un malfaiteur.* Courir après. Traquer. Pourchasser. S'élancer aux trousses de.
Poursuivre une armée en retraite. Harceler. Serrer de près. Talonner. / Marcher sur les talons. Mettre l'épée dans les reins. Mener tambour battant. Tailler des croupières. Faire une conduite de Grenoble. / Bousculer. Fondre sur. Tomber sur. Charger.

POURSUITE. Chasse à l'homme. / Harcèlement. Charge. / Poursuivant.

Attaquer en justice. *Poursuivre quelqu'un devant un tribunal.* Intenter un procès. Porter plainte. Accuser. Citer à comparaître. Déférer devant un tribunal. Traîner devant les juges.

POURSUITES (judiciaires). Action. Procès.

Tenter d'obtenir les faveurs, les bonnes grâces de quelqu'un. *Poursuivre une personne de ses assiduités.* Harceler. Importuner. Relancer.

Continuer sans relâche. *Poursuivre sa route.* Aller de l'avant. Progresser. / *Poursuivre un objectif.* Viser. / *Poursuivre ses efforts.* Soutenir. Ne pas relâcher. Persévérer. S'obstiner. / *Poursuivre des recherches.* Pousser (plus avant).

POURSUITE. *La poursuite d'un travail, des efforts.* Continuation. Persévérance. Obstination. Ténacité.

pourvoir
(du lat. *providere*)

Mettre quelqu'un en possession de quelque chose. *Pourvoir quelqu'un de ce qui est nécessaire.* Fournir. Donner. Munir. Nantir. / *Pourvoir quelqu'un d'un emploi.* Procurer. Nommer à. Etablir.

POURVU. *Etre pourvu d'imagination, d'une bonne vue.* Etre doué, doté. Posséder. Avoir. / *Ne pas être pourvu.* Etre dépourvu, dénué, démuni, privé. Etre à court de (v. DÉPOURVU).

Ajouter, mettre à quelque chose. *Pourvoir un appareil d'un moteur.* Equiper. Installer. Monter. / Equipement. Installation. / *Pourvoir une arme de munitions.* Approvisionner. Ravitailler. Alimenter.

POURVOYEUR. Fournisseur. Ravitailleur.

pousser
(du lat. *pulsare*)

Exercer une pression sur un être, sur une chose et les mettre en mouvement, les déplacer. *Pousser quelqu'un dehors.* Chasser. Expulser. Mettre à la porte. Bouter hors (vx). Ejecter (fam.). Vider (pop.). / Expulsion. Mise à la porte. Vidage (pop.). / *Pousser quelqu'un dans un coin.* Serrer. / *Pousser une personne brutalement, par inadvertance.* Bousculer. Déséquilibrer. / *Pousser quelqu'un du coude, du genou.* Effectuer une pression (pour l'avertir). / *Pousser une brouette, une voiture d'enfant.* Faire rouler. / *Pousser un meuble.* Déplacer. Avancer. Reculer. / *Pousser un bateau* (en parlant du vent). Faire avancer. Gonfler les voiles. / *Pousser une porte.* Fermer. Ouvrir. / *Pousser un levier.* Agir sur. Peser sur. / *Pousser à fond un ressort.* Bloquer. Enfoncer.

Se pousser. *Se pousser dans une foule.* Jouer des coudes.

POUSSÉE. *La poussée d'une foule.* Pression. Bousculade. / Bourrade (poussée donnée à quelqu'un avec le poing, le coude). / *Exercer une poussée sur une porte.* Enfoncer. Forcer. Donner un coup d'épaule. / *Une poussée sur un levier.* Pression. Charge.

POUSSETTE. Petite voiture d'enfant généralement pliante. / Le fait de pousser un coureur.

PROPULSION (action de pousser en avant). *La propulsion d'une fusée.* Poussée.

PROPULSEUR. Propulseur à hélice (engin de propulsion).

PROPULSIF. Hélice, roue propulsive.

PROPULSER. *Propulser un engin.* Envoyer, projeter au loin.

Faire aller un être, une chose dans une certaine direction, jusqu'à un certain point. *Pousser un troupeau devant soi.* Conduire. Mener. Faire avancer. / *Pousser un ennemi à la mer.* Repousser. Rejeter. Refouler. Faire reculer. Acculer. / *Pousser plus loin.* Continuer son chemin.

Se pousser. *Se pousser pour laisser passer quelqu'un.* Se retirer.

Exercer une pression morale sur une personne. *Pousser quelqu'un à faire quelque chose.* Inciter. Engager. Encourager. Entraîner. Stimuler. Porter à. Solliciter à. Faire agir. Décider. / *Pousser quelqu'un dans une profession, dans une société.* Aider à réussir. Faciliter la réussite. Mettre en vue, en avant. Protéger. Favoriser. / *Pousser un élève.* Faire travailler activement, au maximum. Faire progresser. / *Pousser quelqu'un à bout.* Exaspérer.

POUSSÉE. *La poussée de l'instinct.* Impulsion. Pulsion.

Faire parvenir à un certain degré de développement, d'intensité. *Pousser ses études.* Poursuivre. Prolonger. / *Pousser un travail jusqu'à la perfection.* Parfaire. Perfectionner. Soigner les détails. Fignoler (fam.). / *Pousser une affaire. Pousser une enquête, un travail.* Faire avancer. Mener activement. Approfondir. / *Pousser un moteur.* Faire rendre le maximum. Améliorer la performance. / *Pousser trop loin la plaisanterie.* Exagérer. / *Pousser les choses au noir.* Dramatiser. Etre pessimiste.

POUSSÉE. *La poussée d'une force politique, d'un mouvement.* Progression. Progrès. Augmentation (des suffrages).

Faire entendre un son, un bruit. *Pousser des cris, des hurlements.* Proférer. Emettre. Jeter. / Crier. Hurler. / *Pousser un soupir.* Exhaler. / *Pousser une chanson* (fam.). *Pousser la romance* (fam.). Chanter.

Se développer. *Pousser* (en parlant d'une plante). Croître. Grandir. / *Commencer à pousser.* Pointer. / *Faire pousser des légumes.* Cultiver. / *Qui a mal poussé, qui ne s'est pas développé.* Rabougri.

POUSSE. *La pousse des feuilles.* Croissance. Développement. / *Une jeune pousse d'un arbre.* Bourgeon.

poussière

(du lat. pop. *pulvus;* lat. class. *pulvis, pulveris;* en gr. *kônis*)

Terre desséchée et réduite en particules très fines. Poussière des routes, des rues. / *Produire de la poussière* (en parlant d'une route). Poudroyer. / *Enlever la poussière d'un local.* Epousseter. Balayer. Dépoussiérer. Essuyer. / Aspirateur. Balai. Plumeau.

EMPOUSSIÉRER (couvrir de poussière).

POUSSIÉREUX (couvert de poussière). Poudreux (vx).

Matière réduite en particules très fines. *Poussière de charbon.* Poussier. / *Poussière radio-active.* Retombée. / Poussière de l'air. / *Maladie engendrée par des poussières.* Nosoconiose.

pouvoir v.

(du lat. pop. *potere;* lat. *class.* posse)

Avoir la possibilité de faire quelque chose. *Pouvoir* (et l'inf.). Avoir la force de. Avoir la faculté de. Avoir les moyens de. Avoir le loisir de. Etre en état de, en mesure de. Etre capable de. Etre apte à. Etre compétent pour. Etre à même de. Etre susceptible de. Avoir des chances de. / N'en pouvoir mais, n'en pouvoir plus (être dans un état extrême de fatigue, de souffrance).

Avoir le droit de faire quelque chose. *Pouvoir* (et l'inf.). Avoir la permission de. Avoir la capacité de. Etre habilité à. Etre autorisé à. Avoir l'autorisation de. Etre qualifié pour.

pouvoir n.

(du verbe *pouvoir;* en lat. *potentia;* en gr. *kratos*)

Possibilité pour quelqu'un d'agir. *Le pouvoir de faire quelque chose.* Moyen. Faculté. Don. Talent. / *Etre en son pouvoir.* A sa portée. A sa mesure. / *Pouvoir légal.* Droit. Capacité juridique. / *Pouvoir d'agir au nom de quelqu'un.* Procuration. Mandat. Délégation de pouvoir. / Mandater. Déléguer. Commissionner. / *Donner pouvoir à quelqu'un.* Donner carte blanche. Blanc-seing. / *Excéder ses pouvoirs.* Attributions. Mission. Charge. / *Fondé de pouvoir.* Représentant. Mandataire. / Plénipotentiaire.

Action que peut exercer une chose. *Le pouvoir absorbant d'un corps.* Propriété. Vertu. / *Le pouvoir évocateur de la musique.* Charme. Sortilège.

Droit de commander. *Exercer le pouvoir.* Autorité. Commandement. / Avoir la haute main sur, la direction de. Etre à la tête de. / *Soif, appétit de pouvoir.* Puissance. Domination. Grandeur. / *Pouvoir absolu.* Pleins pouvoirs. Toute-puissance. Omnipotence. / Souveraineté. Empire. / Hégémonie. Suprématie. Leadership. Prééminence. / *Représentant du pouvoir.* Gouvernement. / Pouvoir politique, exécutif, législatif, judiciaire. Séparation des pouvoirs. / Chef d'Etat. Souverain. Roi. Empereur. Monarque. Dictateur. Tyran. Potentat.

Possibilité d'agir sur une personne. *Exercer un pouvoir sur quelqu'un.* Influence. Emprise. Ascendant. Prestige. / Crédit / Avoir quelqu'un sous sa coupe, sous sa férule. Disposer de quelqu'un. Avoir quelqu'un à sa dévotion.

Etre influent. Avoir le bras long (fam.).
Suffixe *-cratie :* démocratie, aristocratie, ploutocratie, gynécocratie, gérontocratie, technocratie, etc.
Suffixe *-archie :* monarchie, oligarchie, dyarchie, anarchie, etc.

prairie
(de *pré,* lat. *pratum*)

Terrain couvert de plantes herbacées utilisées pour l'alimentation du bétail. Faire pâturer (manger l'herbe) une prairie. Faucher une prairie.

Diverses sortes de prairies. ***Prairie naturelle ou permanente.*** Prairie haute. Alpage. / Prairie moyenne, basse. Prairie de fauche ou pré-pâturage. Herbage. / *Plantes.* Graminacées : ray-grass, pâturin des prés, pâturin commun, vulpin, fléole, fromental ou avoine élevée, dactyle, fétuque, agrostis, alpiste, brome, flouve odorante, crételle, houlque. / Légumineuses : trèfle violet, blanc, hybride, incarnat, minette, luzerne, sainfoin, lotier corniculé. Autres plantes : cardamine, centaurée, plantain, colchique, renoncule, mélampyre, rhinanthe, jonc, carex, etc.

Prairie artificielle. *Plantes.* Légumineuses : luzerne, sainfoin, trèfle violet, trèfle blanc, trèfle incarnat, lupuline, trèfle hybride, lupin, vesce, gesse.

Prairie temporaire. Durée de 3 à 8 ans. / *Plantes.* Graminacées, légumineuses.

Préparation et entretien. Labour. / Fumure. Fumier. Engrais chimique. Compost. / Ensemencement des graines. / Hersage. Roulage. Destruction des mauvaises herbes. / Assèchement. Drainage. Irrigation. / *Récolte du fourrage.* Fenaison. (V. FOURRAGE.)

pratique n.
(du lat. *practice ;* en gr. *praktikos*)

Exercice d'une activité. *Passer de la théorie à la pratique.* Action. Actes. Application. Mise en œuvre. Exercice. / Technique. Procédé. Procédure. / *Avoir une longue pratique.* Expérience. Habitude. Entraînement. / Avoir du métier. Etre rompu à. Etre familier avec. Connaître les ficelles, les trucs (fam.) du métier, les tours de main. / *Des pratiques frauduleuses.* Agissements. Procédés. Comportement. Conduite. Méthodes. / *Pratique religieuse.* Fréquentation. Observance. / Culte. / Pratiquant.

PRATICIEN. Homme de l'art. Technicien.
Qui se réfère à la pratique. Empirique. Expérimental. Pragmatique. / Empirisme. Expérimentation. Pragmatisme.

PRATIQUER (mettre en pratique). *Pratiquer une méthode.* Appliquer. Expérimenter. User de. Mettre en application, en œuvre. Recourir à. / *Pratiquer un sport.* S'adonner à. Se livrer à.

pratique adj.
(bas lat. *practicus ;* du gr. *praktikos,* qui convient à l'action)

Qui se rapporte à l'action. *L'application pratique d'une théorie.* Pragmatique. / *Travaux pratiques.* Exercices d'application. / *Un procédé pratique.* Utile. Utilitaire.

Qui sait s'adapter à la réalité, à une situation concrète. *Avoir le sens pratique. Un homme pratique.* Positif. Réaliste. Pragmatique.

Qui est bien adapté à son but. *Un objet pratique.* Commode. Maniable.

précaution
(lat. *praecautio,* de *praecavere,* prendre garde)

Disposition prise pour éviter un mal. *Prendre des précautions contre une épidémie, contre une maladie.* Mesures. Dispositions / Prévention. Prophytaxie. / Mesures préventives. / Prévoyance. Prudence. / Assurance. / *Par précaution.* Pour plus de sûreté.

SE PRÉCAUTIONNER. Se prémunir. Se garantir. Se garder. Se préserver. Se défendre. / Se méfier. Se défier. / Se pourvoir du nécessaire. Se munir. Faire ses préparatifs. / Se mettre à couvert.

Manière d'agir prudente. *S'avancer avec précaution.* Circonspection. / Faire attention. Y regarder à deux fois. Tâter le terrain. Sonder. / Etre sur ses gardes. Se tenir à carreau. Jouer serré. Dresser ses batteries. Prendre des gants. Y mettre des formes. / *Précautions oratoires.* Détours. Circonlocutions.

PRÉCAUTIONNEUX. Prudent. Prévoyant. Avisé. Circonspect.

PRÉCAUTIONNEUSEMENT. Avec circonspection.

prêcher
(du lat. *praedicare, praedicatum*)

Répandre par la parole une doctrine religieuse. *Prêcher l'Evangile.* Evangéliser. Catéchiser. Convertir.

PRÉDICATION. Evangélisation. Apostolat. Catéchèse. Mission. / Catéchisme. / Eloquence sacrée ou de la chaire. / Sermon. Prône (vx). Prêche. Homélie. Conférence.

PRÉDICATEUR. Orateur sacré. / Missionnaire. / *Frères prêcheurs.* Dominicains.

Recommander vivement quelque chose par des paroles, par des écrits. *Prêcher l'union, la modération, l'indulgence, la fraternité.* Conseiller. Prôner. Préconiser.

précieux

(du lat. *pretiosus,* de *pretium,* prix)

Qui a beaucoup de prix. *Métal précieux.* Rare. Rarissime. Recherché. Coté. Apprécié. Estimé. / *Pierre précieuse.* Pierre fine. / Bijou. Joyau. / *Livre, tableau précieux.* D'une valeur inestimable. Qui n'a pas de prix (qui vaut plus que n'importe quel prix). / *Un secours précieux.* Appréciable. Important. Capital. Inappréciable (qui dépasse toute appréciation). / *Un conseil précieux.* Profitable. / *Un collaborateur précieux.* Irremplaçable.

PRÉCIEUSEMENT. *Conserver précieusement quelque chose.* Veiller jalousement sur quelque chose. Tenir à quelque chose comme à la prunelle de ses yeux.

précipiter

(du lat. *praecipitare,* tomber la tête en avant)

Faire tomber d'un lieu élevé. *Précipiter un être, une chose dans un gouffre.* Jeter. Lancer.

Se précipiter. Tomber. Piquer une tête (fam.). / *Se précipiter sur quelqu'un.* Se jeter sur. Se lancer sur. S'élancer sur. Assaillir. Foncer. Fondre sur. Se ruer sur. / *Se précipiter au-devant de quelqu'un.* Courir. Accourir.

PRÉCIPITATION. Ruée. Rush.

Faire avancer plus vite. *Précipiter un travail.* Hâter. Accélérer. / *Précipiter un départ.* Brusquer.

Se précipiter. Se hâter. Se dépêcher. S'empresser.

PRÉCIPITATION. Empressement. Grande hâte. Brusquerie. Impétuosité. Frénésie.

PRÉCIPITAMMENT. Rapidement. En grande hâte. A toute vitesse. Dare-dare (fam.). / Sans réfléchir. A la hâte. A la six-quatre-deux (fam.). Hâtivement.

précis

(lat. *praecisus,* de *praecidere,* couper ras, retrancher)

Qui ne comporte aucune incertitude. *Un renseignement précis.* Détaillé. Circonstancié. Clair. Net. Sans équivoque. / *Un ordre précis.* Exprès. Formel. Catégorique. / *Calcul précis.* Juste. Exact. Rigoureux. / *Un motif précis.* Particulier. Déterminé. Défini.

PRÉCISION. Justesse. Exactitude. Rigueur.

PRÉCISÉMENT. Exactement. Rigoureusement.

PRÉCISER. *Préciser les circonstances d'un fait.* Expliquer. Détailler. Circonstancier. / *Préciser ses intentions.* Indiquer. Fixer. Définir. Mettre au point. Déterminer. Souligner. Spécifier.

IMPRÉCIS. *Un souvenir imprécis.* Flou. Incertain. Vague.

IMPRÉCISION. Incertitude.

Qui correspond très exactement. *Un geste précis.* Sûr. Assuré. Ferme. / *Arriver à midi précis.* A midi sonnant, tapant (fam.). A midi pile (fam.). / Au poil, au quart de poil (pop.).

PRÉCISION. *Instrument de précision.* Balance. Chronomètre. Palmer. Vis micrométrique. Cathétomètre.

préférer

(du lat. *praeferre,* porter en avant)

Aimer mieux. *Préférer un être, une chose à d'autres.* Placer au-dessus. Faire plus de cas de. Juger meilleur. Faire passer avant. / Mettre au premier rang. Donner la palme. / Choisir. Sélectionner. / Avoir un faible, un penchant, une prédilection pour. Se déclarer, se prononcer pour. Prendre parti pour. Soutenir. Privilégier. Avantager. Favoriser. Donner la préférence, l'avantage à. Opter pour.

PRÉFÉRENCE. Favoritisme. Acception de personnes. Partialité. Cote d'amour. / Passe-droit. Mesure de faveur. / *Obtenir la préférence.* Avoir l'avantage. Emporter le morceau. Emporter la balance (littér.). L'emporter. / Prévaloir. Etre prépondérant. / Valoir mieux. Surpasser.

PRÉFÉRABLE. Meilleur. Plus avantageux.

PRÉFÉRENTIEL (qui établit une préférence). Tarif préférentiel. Vote préférentiel.

PRÉFÉRÉ (en parlant d'un être). Favori. Protégé. Chouchou (fam.).

préjuger
(du lat. *praejudicari*, juger d'avance)

Porter un jugement sans avoir les éléments d'information nécessaires. *Préjuger* (*d'*) *une situation,* (*d'*) *une décision.* Présumer. Prévoir. Présager. Conjecturer.

PRÉJUGÉ (jugement porté d'avance). Présomption. Idée « a priori » / *Préjugé ridicule. Préjugé de classe, de race.* Prévention. Opinion préconçue. Opinion toute faite. Idée reçue. Parti pris. Partialité. Esprit de système. Conformisme. Idée toute faite.

premier
(du lat. *primarius;* en gr. *prôtos*)

Qui vient avant les autres. *Le premier enfant.* Premier-né. Aîné. Le plus âgé. Le plus ancien. / Primogéniture. Droit d'aînesse. / *Lors d'un premier voyage.* Antérieur. Précédent. Préalable. / Antériorité. Priorité. / Devancier. Prédécesseur. / *Les premiers hommes.* Primitifs. Ancêtres. / *Aux premières heures du jour.* Tôt. De bonne heure. / *A la première occasion.* Prochain. / *Donner les premiers soins.* Urgent. / *Droit de passer le premier.* Priorité.

Qui commence. *Un premier versement.* Initial. / Initialement. Au début. D'abord. De prime abord. Au premier abord. En premier lieu. Premièrement. Primo. / Initiateur. Novateur. Pionnier. / *Premier modèle.* Prototype. / *Première présentation.* Inauguration. / Inaugurer. Etrenner. / Primeur. Prémices. / *Poser la première pierre.* Poser les premiers jalons. / *Faire ses premiers pas.* Débuter.

Qui est plus important, qui a plus de valeur. *Etre reçu premier.* Major. Cacique (argot scolaire). / Le numéro un. Chef. Patron. / Premier ministre. Premier président. / Primat. Primauté. Précellence. / Primer. Prévaloir. / Protagoniste (personne qui joue le premier rôle dans une affaire). / *De première importance.* Capital. Essentiel. Indispensable. Fondamental. Primordial. Principal. Prépondérant. / *De première qualité.* Le meilleur.

prendre
(du lat. *prehendere*)

Saisir directement ou avec un instrument. *Prendre fermement.* Empoigner. Agripper. Accrocher. / *Prendre en tendant le bras.* Atteindre. Attraper. / *Prendre en tirant.* Arracher. Extraire. Extirper. Retirer. Décrocher. Sortir. / Extraction. / *Prendre dans un ensemble.* Choisir. Cueillir. Grappiller. Piocher dans le tas (fam.). / *Prendre sur le sol.* Ramasser. Glaner. / *Prendre en serrant.* Etreindre. Embrasser. Saisir à bras-le-corps. Enlacer. / *Prendre avec les dents.* Mordre. Happer. / *Prendre avec un récipient.* Puiser. Recueillir. / *Faculté de prendre.* Préhension. / *Capable de prendre.* Préhensile, préhenseur (en parlant d'un organe).

PRISE (action, manière de prendre). *Lâcher prise.* Cesser de tenir. / Prise de catch, de judo.

Instruments pour prendre. Pince. Pincettes. Tenaille. / Crochet. Croc. Grappin. Griffe. / Fourche. Fourchette. / Pelle. Cuillère. Louche. / Seau. / *Partie par où l'on prend.* Poignée. Manche. Queue. Anse. Anneau. Oreille. Bouton.

S'emparer d'un être, d'une chose. *Prendre un fugitif.* Arrêter. Appréhender. Capturer. Maîtriser. Pincer (fam.). Poisser (fam.). Chopper (fam.). Coincer (fam.). Agrafer (fam.). / *Prendre des animaux.* Chasser. Pêcher. Braconner. Harponner. / *Prendre pour soi.* S'approprier. S'attribuer. S'adjuger. S'arroger. Se réserver. Accaparer. Prélever. Confisquer. / *Prendre ce qui appartient à quelqu'un.* Voler. Dérober. Subtiliser. Soutirer. Usurper. Escroquer. Détourner. Rafler. Rapiner. Chiper (fam.). Faucher (fam.). Piquer (fam.). Marauder. Déposséder. Dépouiller. / *Prendre de force.* Extorquer. Dévaliser. Piller. / *Prendre d'assaut.* Se rendre maître de. Enlever une place. Conquérir. Envahir. Occuper. / *Prendre quelqu'un* (en parlant d'un mal). Saisir. Frapper. *Qu'on ne peut pas prendre.* Imprenable. Inexpugnable.

PRISE. *La prise d'une ville.* Conquête. / *Une belle prise.* Butin. / *La prise du pouvoir.* Coup d'Etat. Putsch.

Se pourvoir d'une chose. *Prendre un parapluie, une valise.* Se munir de. Se procurer. Emporter. / *Prendre une chose moyennant de l'argent.* Acquérir. Acheter. / Acquisition. Achat. / Acquéreur. Acheteur. Preneur. / *Prendre un instrument.* Employer. Utiliser. User de. / *Prendre une certaine somme d'argent.* Se faire payer. Recevoir. Toucher. Encaisser. Demander. Exiger. Compter. Facturer. / *Prendre un aliment.* Absorber. Avaler. Consommer. Manger. Boire. / Se servir d'un plat.

S'adjoindre une personne. *Prendre à son service.* S'associer. S'attacher. Recruter. Enrôler. Engager. Embaucher. Employer.

Produire l'effet recherché. *Prendre* (en parlant du feu). Se mettre à brûler. / *Prendre* (en parlant d'une sauce, de confitures). Epaissir. Durcir. / *Prendre* (en parlant d'une mode, d'un usage). Réussir. Etre en vogue.

Locutions diverses. Prendre l'air (se promener). Prendre de l'âge (vieillir). Prendre du plaisir (éprouver). Prendre un siège (s'asseoir). Prendre froid (se refroidir). Prendre des notes (noter, inscrire). Prendre la porte (sortir). Prendre un renseignement, des nouvelles (s'informer). Prendre l'avis de quelqu'un (consulter). Prendre une route (emprunter [fam.], s'engager dans). Prendre à droite, à gauche (se diriger vers la droite, vers la gauche). Prendre un moyen de transport (utiliser). Prendre la mer (s'embarquer). Prendre le large (s'éloigner du rivage, s'enfuir). Prendre quelque chose à cœur (s'occuper sérieusement de). Prendre mal quelque chose (se fâcher). Prendre bien quelque chose (accepter, ne pas être susceptible). Prendre quelqu'un au mot (accepter d'emblée une proposition). Prendre quelque chose sur soi, sous sa responsabilité (se charger de, assumer). Prendre quelqu'un par la douceur (le traiter doucement). Savoir prendre quelqu'un (agir habilement avec lui pour obtenir ce qu'on veut). En prendre à son aise (ne pas se gêner, se montrer désinvolte). C'est à prendre ou à laisser (il faut accepter ou refuser). A tout prendre (somme toute, après tout, en définitive, tout bien considéré). C'est autant de pris (se dit d'un avantage que l'on a obtenu). Prendre du temps (être long à exécuter). Prendre son temps (agir lentement). Prendre quelqu'un pour [et un nom] (considérer comme, regarder comme, tenir pour). Prendre pour argent comptant (croire naïvement ce qui est dit ou promis). Prendre une personne, une chose pour une autre (confondre).
Se laisser prendre (se laisser tromper). Se prendre d'amitié (éprouver de l'amitié). S'y prendre (agir d'une certaine manière). S'en prendre à quelqu'un, à quelque chose (attaquer, critiquer, rendre responsable). Se prendre au sérieux (attacher une très grande importance à sa personne).

préparer
(du lat. *praeparare*)

Mettre une chose en état d'être utilisée. *Préparer une chambre.* Disposer. Aménager. Arranger. Ranger. Nettoyer. / *Préparer un repas.* Apprêter. Faire. Cuisiner. / *Préparer la table.* Dresser. Mettre. / *Préparer le sol.* Défricher. Défoncer. Façonner. / *Préparer le travail à quelqu'un.* Mâcher la besogne. Débrouiller une affaire. Dégrossir. Ebaucher.

PRÉPARATION. Apprêt. Arrangement.

PRÉPARATIFS. Dispositions. Aménagements. Apprêts.

Amener à sa réalisation. *Préparer un plan.* Concevoir. Echafauder. Combiner. Elaborer. Mettre au point. Mûrir. Calculer. / *Préparer une fête, une cérémonie.* Organiser. Mettre sur pied. Régler. Minuter. / *Préparer un cours, un discours.* Travailler à. / *Préparer un coup.* Préméditer. Machiner. Monter. / *Préparer minutieusement une farce, une plaisanterie.* Mijoter (fam.). Concocter (fam.).

PRÉPARATION. Conception. Elaboration. Maturation. / Préméditation. Calcul.

Se préparer. *Se préparer* (en parlant d'une chose). Etre proche, imminent. Etre sur le point de se produire.

Mettre quelqu'un dans des dispositions voulues. *Préparer quelqu'un à quelque chose.* Amener. Disposer. Prédisposer. Chambrer (fam.). Faire la leçon à. Catéchiser. / Précautions. Détours. Circonlocutions. Ménagements. Manœuvres d'approche. / *Préparer un élève à un examen.* Instruire. Chauffer (fam.). / *Préparer des ingénieurs, des savants.* Former.

PRÉPARATION. *La préparation à un examen.* Formation. Instruction. / Stage. / *Qui est rendu capable, grâce à une préparation.* Prêt (à, pour).

Se préparer. *Se préparer à quelque chose.* Se disposer à. Se mettre en état de, en mesure de. S'apprêter.

présent
(du lat. *praesens*)

Qui se trouve dans le lieu dont on parle. *Etre présent à son poste.* Etre là. Etre à sa place. / *Ne pas être présent.* Etre absent. Manquer. Etre défaillant. / *Etre présent au moment d'un incident.* Etre sur les lieux, sur place. Etre témoin. / *Etre présent à une cérémonie.* Assister à. Figurer. / *Etre présent peu de temps.* Faire acte de présence. Apparaître. Faire une apparition. Se montrer. / *Etre présent habituellement.* Etre assidu. Fréquenter. / *Etre présent sur* *convocation.* Comparaître. Comparoir (vx et de la langue juridique). Se présenter. / *Qui est présent partout.* Omniprésent. Ubiquiste.

Personnes présentes. Assistance. Assistants. Participants. Auditoire. Auditeurs. Spectateurs. Public. Salle. Foule. / Galerie. Badauds. Curieux. / Observateurs. / Figurants.

PRÉSENCE. *Présence régulière au lieu de travail.* Assiduité. / Omniprésence. Ubiquité. / *En présence de.* A la vue de. Sous les yeux de. Au vu et au su de. A la barbe de (fam.). Au nez de (fam.). / *En présence d'un notaire.* Par-devant.

présenter
(du lat. *praesentare*)

Mettre une personne devant une autre pour la faire connaître. *Présenter un ami à sa famille.* Amener. Faire connaître. Faire faire connaissance. / *Présenter quelqu'un dans une société.* Introduire. Faire adopter.

PRÉSENTATION. Introduction. Entrée.

Se présenter. *Se présenter chez quelqu'un.* Arriver. Passer. Se montrer. Paraître. S'amener (pop.). Se pointer (pop.). / *Savoir se présenter.* Avoir de l'allure. Présenter bien (fam.). / *Se présenter devant le tribunal.* Comparaître. Comparoir (vx). / *Se présenter à une élection.* Etre candidat. / *Se présenter à un examen.* Passer. Subir les épreuves.

Mettre une chose devant quelqu'un pour qu'il la voie, la prenne, l'examine, etc. *Présenter un bouquet.* Offrir. Donner. Remettre. / *Présenter ses papiers à un contrôleur.* Montrer. Faire voir. Exhiber. / *Présenter un projet.* Soumettre. Proposer. / *Présenter un nouveau modèle de machine.* Exposer. Montrer. Faire connaître.

PRÉSENTATION. Exposition. Salon.

Se présenter. *Se présenter* (en parlant d'une chose). Apparaître. Venir. Arriver. Se produire. / *Se présenter bien, mal.* Faire bonne, mauvaise impression.

Exprimer d'une certaine manière. *Présenter une théorie, une argumentation.* Exposer. Développer.

PRÉSENTATION. Développement. Exposé.

présider
(lat. *praesidere,* de *prae,* avant, devant, et *sedere,* s'asseoir)

Diriger une assemblée, une société. *Présider une séance.* Diriger les débats. / Ouvrir la séance. / Donner, retirer la parole. Rappeler à l'ordre, au règlement. Mettre aux voix une proposition. Proclamer les résultats. / Suspendre, lever, clore une séance.

PRÉSIDENCE. Direction des débats. Allocution. Discours d'ouverture. Rapport moral. Compte rendu de mandat.

PRÉSIDENTIEL. Bureau présidentiel.

PRÉSIDENT. *Election d'un président.* Renouvellement du mandat présidentiel. / Président d'honneur. Président en exercice. Président de la République. Président de la Chambre, du Sénat. / Premier président. Président à mortier. / Président d'une société. Président-directeur général (P.-D. G.).

presque
(de *près* et de *que*)

Pas tout à fait. *Un livre presque neuf.* A peu près. A peu de chose près. Quasi. Comme. Pour ainsi dire. Autant dire. Comme qui dirait. / *Maison presque détruite.* En grande partie. En partie. Aux trois quarts. A demi. A moitié. / *Atteindre presque son but.* S'en falloir de peu, d'un rien, d'un cheveu. Un peu plus, et... Faillir. Manquer de. Etre à deux doigts de. / *Etre presque en faillite.* Au bord de. A la limite de. / *Travail presque terminé.* Bientôt. Sur le point d'être. A la veille d'être. / Etre proche, imminent.

Peu différent de. *C'est presque un désert.* Une espèce de. Une sorte de. Un genre de. Une manière de. / Etre comme. Ressembler à. Rappeler. Faire songer à. Evoquer. Avoir un air, un faux air de. Tirer sur. Etre analogue à.

Presque blanc, bleu, etc. Blanchâtre. Bleuâtre, etc. / Bleuté. Rosé, etc. / *Presque en forme d'œuf, d'ellipse, etc.* Ovoïde. Ellipsoïdal, etc. / *Presqu'île.* Péninsule.

pressentir
(du lat. *praesentire,* sentir d'avance)

Prévoir d'une manière vague, par intuition. *Pressentir un événement.* Deviner. Sentir. Subodorer. Flairer.

PRESSENTIMENT. Prémonition. Intuition (v. ce mot).

presser
(du lat. *pressare*)

Serrer en appuyant fortement. *Presser sur un bouton.* Appuyer sur. Enfoncer. Peser sur. / *Presser entre ses* *doigts.* Serrer. Pincer. Froisser. / Pétrir. Malaxer. Agglomérer. Agglutiner. / *Presser des feuilles.* Comprimer. Serrer. Entasser. Empiler. / *Presser une plaque de métal.* Aplatir. Amincir. Laminer. / *Presser le sol.* Tasser. Piler. Fouler. Piétiner. Damer. / Imprimer ses pas. / Pilon. Dame. / *Presser des fruits.* Pressurer. Ecraser. Broyer. Extraire le jus. / *Presser une éponge, du linge.* Tordre. Egoutter. Essorer. / *Presser quelqu'un sur sa poitrine.* Etreindre. Embrasser. / Etreinte. Embrassement.

PRESSION. Pesée. Poussée. Compression.

PRESSE. Presse d'imprimerie. Impression. / Calandre. Cylindres. Rouleaux. / / Presse à métaux. Emboutisseuse. Laminoir.

PRESSOIR. Pressoir à vin, à cidre, à huile. / Presse-citron. Presse-fruits.

PRESSING. Repassage à la vapeur.

Pousser vivement à faire quelque chose. *Presser quelqu'un de* (et l'inf.). Inciter. Engager. Insister auprès de. / *Presser un animal.* Aiguillonner. Eperonner. / *Presser quelqu'un.* Bousculer. Brusquer. / *Presser un travail.* Activer. Hâter. Accélérer. / *Presser le pas.* Aller plus vite.

PRESSION. *Exercer une pression sur quelqu'un.* Influence. Contrainte. / *Groupe de pression.* Lobby.

PRESSANT. *Ordre pressant.* Impératif. Impérieux. / *Un désir pressant.* Ardent. / *Un besoin pressant.* Urgent.

PRESSÉ. *Etre pressé de* (et l'inf.). Avoir hâte de.

PRESSE (action de presser). *Moment de presse.* Coup de feu.

Se presser. Se dépêcher. Hâter le mouvement. Courir. / *Sans se presser.* Calmement. En prenant son temps.

présumer

(du lat. *praesumere, praesumptum,* supposer)

Donner comme probable. *Présumer un succès. Présumer que.* Conjecturer. Supposer. Estimer. Croire. Penser. / *Etre présumé coupable.* Supposé. Censé.

PRÉSOMPTION. Conjecture. Supposition. Hypothèse.

Avoir trop bonne opinion de quelqu'un, de quelque chose. *Trop présumer de ses forces, de ses capacités.* Compter trop sur. Etre trop confiant.

PRÉSOMPTION. Opinion trop avantageuse. Audace. Ambition. Prétention. Orgueil. Suffisance. Trop grande confiance en soi.

PRÉSOMPTUEUX. Trop confiant en soi. Audacieux. Ambitieux. Prétentieux.

prétendre

(du lat. *praetendere,* tendre en avant, présenter)

Aspirer à quelque chose. *Prétendre à un titre.* Demander. Revendiquer.

PRÉTENTION. *Une prétention légitime.* Revendication. Exigence. / *Les prétentions d'un vendeur.* Conditions.

PRÉTENDANT. *Un prétendant à une fonction.* Candidat. Postulant. / Un prétendant. Un prétendant à la main d'une femme (celui qui désire l'épouser).

Se croire capable de faire une chose, d'obtenir un résultat. *Prétendre* (et un infinitif). Vouloir. Se flatter de. Entendre. Avoir l'ambition de.

PRÉTENTION. Une *prétention à la supériorité dans une compétition, dans un art.* Ambition. Visée. Dessein ambitieux. / *Avoir la prétention de* (et un infinitif). Se flatter de. Se faire fort de. Se vanter de. / *Parler, agir avec prétention. Etre plein de prétention.* Confiance excessive en soi. Suffisance. Orgueil. Vanité. Fatuité. Arrogance. Outrecuidance. Vantardise. Hâblerie. / *Qui est détestable par sa prétention, sa vanité.* Puant (fam.). / *Rabattre de ses prétentions.* Déchanter (fam.). Changer de ton.

PRÉTENTIEUX. *Un jeune prétentieux.* Trop confiant en soi. Orgueilleux. Vaniteux. Suffisant. Outrecuidant. Poseur. Crâneur. Bêcheur (fam.). M'as-tu-vu (fam.). Ramenard (pop.). / *Une femme prétentieuse et sotte.* Pécore. Pimbêche. Péronnelle. Pecque (vx ou dialectal). / *Un air prétentieux.* Fier. Suffisant. Arrogant. Fat. / *Un luxe prétentieux.* Tapageur. Ostentatoire. Insolent. Provocant. / *Un style prétentieux.* Affecté. Guindé. Ampoulé. Pompeux. Emphatique. / *Parler d'une manière prétentieuse, avec emphase.* Pérorer. S'écouter parler. / Péroreur. / *Avoir une attitude prétentieuse.* Faire l'important. Faire des embarras. Etre plein de soi-même. Prendre des airs supérieurs. Se rengorger. Se pavaner. Se faire valoir. Se faire mousser (fam.). Se pousser du col (fam.). La ramener (pop.).

Affirmer avec force. *Prétendre* (et l'inf.). *Prétendre que.* Déclarer. Soutenir. Alléguer. / *Se prétendre* (et un nom ou un adj.). Affirmer que l'on est.

PRÉTENDU. *Un prétendu succès.* Supposé. Soi-disant. Faux.

PRÉTENDUMENT. Faussement. Soi-disant.

prêter

(du lat. *praestare*)

Mettre momentanément à la disposition de quelqu'un. *Prêter de l'argent.* Avancer. Dépanner (fam.). / Anticiper un paiement. / Procurer, fournir des fonds. Commanditer. / Créditer. Ouvrir un crédit. / *Prêter un objet.* Passer. Confier. Laisser disposer de.
Se faire prêter. Emprunter. / S'endetter. Contracter une dette. / Avoir une ardoise chez un commerçant (fam.).

PRÊT. Avance. Dépannage (fam.).

Conditions des prêts. Prêter sur hypothèque. Prêter sur gages. Prêter sans intérêts. Prêter à un taux élevé d'intérêt. Usure. / Paiement différé. Paiement à tempérament. / Facilités de paiement. / Garantie. Caution. / Reconnaissance de dette. Billet. Traite. / Prêt d'honneur. / Prêt usuraire. Taux d'intérêt.

Prêteurs. Créancier. Commanditaire. Bailleur de fonds. / Usurier. Vautour. Requin. / Banque (v. ce mot). / Organisme de crédit. Crédit foncier. Crédit municipal. Mont-de-piété (vx).

prétexte

(du lat. *praetextus*)

Raison alléguée pour cacher le véritable motif d'une action. *Chercher, trouver un prétexte.* Raison. Motif. Allégation. Argument. Excuse. Justification. Alibi. / Echappatoire. Faux-fuyant. Subterfuge. / *Sous prétexte de* (et un nom ou un inf.). Sous le couvert de. Sous couleur de. / *Sous prétexte que.* En alléguant que. Soi-disant. Prétendument. / *Sous aucun prétexte.* A aucun prix.

PRÉTEXTER. Alléguer. Prétendre. Faire valoir. Mettre en avant. Se retrancher derrière. S'excuser sur. Arguer de. Objecter. Opposer. / Simuler. Faire semblant de. Feindre de.

prêtre

(du lat. chrétien *presbyter;* lat. class. *sacerdos*)

Membre du clergé catholique qui a reçu le sacrement de l'ordre. *Consacrer un prêtre.* Ordonner. / Ordinand. Ordination. / Prêtre régulier (appartient à un ordre religieux). Prêtre séculier (celui qui vit dans le monde). / Prêtre habitué (vx). Prêtre libre. / *Membre du clergé séculier.* Abbé. Vicaire. Desservant. Chapelain. Aumônier. Curé. Doyen. Archiprêtre. / Prêtre-ouvrier. Missionnaire. / *Fonctions du prêtre. Pouvoirs sacerdotaux.* Ministère sacré. Service divin. Administration des sacrements. Célébration des offices, des cérémonies. Directeur de conscience. Médecin des âmes. / *Ensemble des prêtres d'une Eglise, d'un pays.* Clergé. / *Ensemble des prêtres d'une paroisse.* Communauté sacerdotale. / *Prêtre placé à la tête d'une paroisse.* Curé.

PRÊTRISE (dignité, fonction de prêtre). *Recevoir la prêtrise.* Sacerdoce.

PRESBYTÈRE. Cure. Maison paroissiale.

PRESBYTÉRAL. Conseil presbytéral (conseil des prêtres autour de l'évêque).

Autres prêtres modernes. Prêtre anglican. Pope (prêtre de l'église orthodoxe russe). Papas (prêtre de l'église grecque). Bonze (prêtre bouddhiste).

Prêtres anciens. *A Rome.* Pontifes. Augures. Aruspices. Saliens. Fétiaux. Galles. Flamines. Luperques. / Sacrificateur. Victimaire. / Prêtresse. Vestale. / *En Grèce.* Corybante. Hiérophante. / Prêtresse. Pythie. Pythonisse. Hiérophantide. / *En Gaule.* Druides (v. ce mot). / *Religion judaïque ancienne.* Grand prêtre. Prêtre. (V. JUDAÏSME.)

prévenir

(du lat. *praevenire,* venir en avant)

Faire savoir par avance une chose à quelqu'un. *Prévenir que... Prévenir une personne d'une décision.* Informer. Avertir. Aviser. Faire connaître. Annoncer. Dire. Mettre au courant de.

Prendre des dispositions pour empêcher une chose fâcheuse de se produire. *Prévenir une maladie, un incident.* Eviter. Détourner. Obvier à. Parer à. Faire obstacle à. / Mieux vaut prévenir que guérir (loc. prov.).

PRÉVENTION (ensemble des moyens pris contre certains risques). Prévention des accidents du travail. Prévention routière. Prévention civile.

PRÉVENTIF. Médecine préventive (pour empêcher le développement de certaines maladies). Prophylaxie. Vaccination. / Mesure prophylactique. Antisepsie. Asepsie. / Préventorium.

PRÉVENTIVEMENT. Se soigner préventivement (avant l'apparition de la maladie).

Prendre des dispositions pour hâter l'accomplissement d'une chose. *Prévenir les désirs de quelqu'un.* Devancer. Satisfaire à l'avance. Aller au-devant de.

PRÉVENANCE(S). *Un homme plein de prévenances.* Attentions. Délicatesses. Petits soins. Amabilités. Gentillesse. Obligeance. Complaisance. Empressement.

PRÉVENANT. Attentionné. Complaisant. Aimable. Gentil. Serviable. Empressé.

Mettre par avance dans une disposition d'esprit défavorable (surtout au passif). *Etre prévenu contre quelqu'un.* Influencé. Indisposé.

PRÉVENTION. *Examiner une affaire sans prévention.* Partialité. Parti pris. Méfiance. Hostilité. Opinion défavorable. Idée préconçue. Préjugé.

prévoir

(du lat. *praevidere*)

Considérer comme probable dans l'avenir. *Prévoir un changement de temps. Prévoir un résultat.* Prédire. Annoncer. Pronostiquer. / *Prévoir le pire.* Attendre. S'attendre à.

PRÉVISION. Prévision météorologique.

Se représenter ce qui doit arriver. *Prévoir l'avenir.* Deviner. Imaginer. Conjecturer. Entrevoir. Présager. Anticiper. Préjuger. Prophétiser. Pronostiquer. / *Prévoir les conséquences d'un fait.* Envisager. Calculer. Evaluer. Mesurer. Peser. / *Prévoir une chose par intuition.* Pressentir. Augurer. Flairer. Subodorer. / Impondérable (se dit d'une chose qui ne peut être calculée ni prévue).

PRÉVISION. Prédiction. Annonce. / Pronostic. Conjecture. Pressentiment. / Prospective (ensemble de recherches permettant de dégager des éléments de prévision).

PRÉVISIBLE. Probable. Vraisemblable. / Prévisibilité.

IMPRÉVISIBLE. Fortuit. Accidentel.

IMPRÉVU. Inattendu. Inopiné. Inespéré.

Prendre ses dispositions en vue de quelque chose. *Prévoir un prochain départ.* Envisager. Songer à. Projeter. Combiner. / *Prévoir une fête.* Organiser. Mettre sur pied. Programmer. / *Prévoir des provisions de bouche.* Préparer. Réserver. Mettre de côté.

PRÉVOYANT. Avisé. Perspicace. Sage. Prudent. Précautionneux. Calculateur.

PRÉVOYANCE. Sagesse. Perspicacité. Précaution. / Flair (fam.).

IMPRÉVOYANT. Insouciant. Négligent. Etourdi. / Ne pas voir plus loin que le bout de son nez.

IMPRÉVOYANCE. Insouciance. Négligence. Etourderie.

PRÉVISIONNEL. Calcul, plan prévisionnel.

prier

(du lat. *precari*)

Demander instamment. *Prier quelqu'un de* (et l'inf.). Supplier. Conjurer. Adjurer. Implorer. / Solliciter. Insister. Presser de. Inviter à. / Réclamer l'aide, les soins de. Recourir à. / Demander grâce. Crier merci (vx). / *Prier au nom de quelqu'un.* Intercéder. Intervenir pour. Plaider pour. Défendre la cause de. / *Se faire prier.* Se faire tirer l'oreille. Résister. Rester insensible, inflexible, inexorable. / *Ne pas se faire prier.* Agir de bonne grâce. Exaucer. Ecouter. Accéder à. Accorder.

PRIÈRE. *Prière instante, pressante.* Demande. Supplication. Adjuration. Sollicitation. / Réclamation. Recours. / Requête. Pétition. / Intercession. Démarche.

S'adresser à Dieu, à un saint. Invoquer. / Elever son âme. Se recueillir. / Faire oraison (vx). Faire ses dévotions. / *Prier à genoux, les mains jointes.* S'agenouiller. Se prosterner. Faire une génuflexion. / Prier oralement, mentalement. / *Prier du bout des lèvres.* Marmotter, marmonner des prières.

PRIÈRE. Prière d'adoration. Prière de demande. Prière d'action de grâces. / Elévation de l'âme. Recueillement. Contemplation. Extase. / Dévotion. Piété. Ferveur. Mysticisme. / Oratoire. Prie-Dieu. / Livre de prières. Livre de messe. Missel.

primates

(du lat. *primas, -atis,* qui est au premier rang)

Ordre de mammifères comprenant les lémuriens, les tarsiens, les simiens et les hominiens.

Sous-ordre des lémuriens. *Lorisiformes.* Loris grêle. Loris paresseux. Potto de Bosman. Agwantibo. Galago du Sénégal. / *Lémuriformes.* Maki mangoz. Maki brun. Maki catta. Maki macao. Phanère à fourche. Indri, etc. / *Daubentiformes.* Aye-aye.

Sous-ordre des tarsiens (maillon intermédiaire entre les lémuriens et les primates supérieurs). Une seule famille et un seul genre : tarsiens. / Tarsier spectre (vit en Indonésie).

Sous-ordre des simiens. V. SINGE.

Sous-ordre des hominiens. *Famille des oréopithécidés.* Genre oreopithecus. Oréopithèque. / *Famille des hominidés.* Deux genres : Australopithecus africanus, Australopithecus robustus. Australopithèques (connus par d'abondants fossiles découverts en Afrique du Sud). / Genre homo. Trois grands groupes : archanthropiens (sinanthrope, pithécanthrope) ; paléanthropiens (tous les fossiles humains du type de l'homme de Néandertal ; sous-espèces de la grande espèce *Homo sapiens*) ; néanthropiens (*Homo sapiens sapiens,* appelé aussi *homme du paléolithique supérieur*). Homme de Combe-Capelle. Homme de Cro-Magnon.

principe

(du lat. *principium,* commencement)

Cause première. *Rechercher le principe de la vie.* Source. Germe. Ferment. Agent. / *Le principe actif d'un médicament.* Substance. Matière. Essence. Quintessence. / Constituant. Composant. / *Réflexion sur les principes.* Philosophie. Métaphysique.

PRINCIPAL. Essentiel. Fondamental. Capital. Primordial. Premier.

Proposition fondamentale. *Le principe d'Archimède.* Axiome. Vérité première. / Hypothèse. Postulat. Prémisse. / Base. Fondement. Pierre angulaire. / *Principes élémentaires.* Eléments. Rudiments. ABC. / *En principe.* Théoriquement. / *Par principe.* Par une décision *a priori.*

Règle générale de conduite (au pluriel). *Inculquer de bons principes. Avoir des principes.* Morale. Conventions. Bienséances. Usages. Règles morales. Préceptes. Bonnes mœurs. Lois.

prison

(du lat. pop. *prensio,* action de prendre ; en lat. class. *carcer, carceris*)

Lieu de détention où sont gardées des personnes coupables de fautes plus ou moins graves. *Conduire, mener, jeter en prison.* Maison d'arrêt. Maison centrale ou centrale (n.f.). Etablissement pénitentiaire. Bagne (vx). Geôle (vx). / *Prison pour officiers.* Forteresse. / *Prison de police.* Dépôt. Violon (fam.). / *Prisons flottantes.* Galères. Pontons. / *Anciennes prisons françaises.* Bastille. Châtelet. Conciergerie. / Ergastule (prison à Rome). Latomies (carrières servant de prison en Grèce). Plombs (prison de Venise). / *Termes populaires.* Taule (ou tôle). Cabane. Trou. Gnouf.

EMPRISONNER. Enfermer. Ecrouer. Incarcérer. Détenir. Interner. Coffrer (pop.). Boucler (pop.). Mettre à l'ombre (fam.). Mettre sous les verrous.

EMPRISONNEMENT. Incarcération. Internement. Détention.

PRISONNIER. Détenu. Codétenu. / Prisonnier de droit commun. Prisonnier politique. Déporté. Relégué. Galérien (vx). Bagnard (vx). Forçat (vx). Prévenu. / Mouton (compagnon donné à un détenu avec mission de capter sa confiance et de rapporter ses confidences à la justice).

Personnel des prisons. *Personnel pénitentiaire.* Surveillants. Gardiens. Geôliers (littér.). Gardes-chiourmes (fam.). Educateurs (chargés des activités sociales éducatives : sports, ciné-club, etc.). Instructeurs techniques. Chefs de travaux. Personnel administratif. Personnel de direction. / *Personnel non pénitentiaire.* Médecins. Spécialistes. Psychiatres. Dentistes. Infirmiers. Assistantes sociales. Juge de l'application des peines.

Régime des prisons. Régime pénitentiaire. Régime carcéral. Régime cellulaire. Travaux forcés. / *Gardien de prison.* Geôlier (littér.). Garde-chiourme (fam.).

Relatif à la prison. Registre d'écrou. Murs d'enceinte. Grille. Barreaux. Cour. Cellule. Parloir. / Cachot. Mitard (pop., cachot). Cul-de-basse-fosse (cachot souterrain). Oubliettes. Paille humide des cachots. / Menottes. Fers. Voiture cellulaire ou panier à salade (fam.). Transfert. Transférer. Extrader. Extradition. / S'évader. Evasion. Cavale (argot). / Mutin. Mutinerie. / Relâcher. Libérer. Elargir. / Relâche. Libération. Elargissement.

privé

(du lat. *privatus*)

Où le public n'est pas admis. *Voie privée. Chemin privé.* Particulier. Réservé. / *En privé.* Seul à seul.

Qui n'appartient pas à la collectivité. *Propriété privée. Intérêt privé.* Individuel. Personnel.

PRIVATISER. *Privatiser un organisme public.* Confier au secteur privé. / Privatisation.

Qui n'intéresse pas les autres. *Vie privée.* Intime. Personnel. / *Dans le privé.* Dans l'intimité.

Qui ne dépend pas de l'État. *Enseignement privé.* Libre. Confessionnel. / Police privée (spécialisée dans les enquêtes, les renseignements confidentiels). / *Policier d'une police privée.* Détective. Limier.

priver
(du lat. *privare*)

Enlever à une personne la possession, la jouissance de quelque chose. *Priver quelqu'un d'un droit.* Frustrer. Déposséder. Dépouiller. Destituer. Déshériter. / Oter. Retirer. Prendre. Ravir.

PRIVATION. Manque. Absence. Défaut. Frustration. / *Privations.* Disette. Pénurie. Pauvreté. Indigence. Misère. Besoin. Gêne. Dénuement. / Manger de la vache enragée (fam., mener une vie de privations). Ascétisme. Renoncement. Dépouillement. Sacrifice. / Jeûne.

Se priver. S'imposer des privations, des sacrifices. Se mettre la ceinture (pop.). / *Se priver de quelque chose.* Se refuser. Se passer de. Renoncer à. S'abstenir volontiers de. / *Se priver de manger.* Jeûner.

PRIVÉ. *Privé de quelque chose.* Dépourvu. Dénué. Démuni.

PRIVATIF (qui marque la privation). Préfixe privatif : ***a-, an-.*** Amoral, amorphe, anormal, asocial, atonal, analgésie, analphabète, etc. / ***Dé-.*** Déboiser, décentraliser, déclasser, démoraliser, désaccoupler, déshabiller, désunir, dédoubler, etc. / ***Mé-.*** Mécompte, mésalliance, mésestimer, mésestime, mésentente, etc. / Peine privative de liberté.

prix
(du lat. *pretium*)

Ce que coûte quelque chose. *Le prix d'une maison.* Coût. Valeur. / *Le prix d'une denrée.* Cours. / Mercuriale. / *Le prix d'une réparation.* Tarif. Montant. / Frais. Dépense. / Facture. Note. Mémoire. Douloureuse (fam.). Total. / *Travailler pour un prix convenu.* Rémunération. Salaire. / Commission. Courtage. / *Prix de location.* Loyer. / *Prix prévu.* Devis. / *Prix d'achat d'une monnaie.* Cotation. Cote. Cours. Taux. / *Valoir tel ou tel prix.* Coûter. / Revenir à. Monter à. S'élever à. / *Mettre à prix.* Estimer. Evaluer. Apprécier. / *Discuter le prix.* Débattre. Marchander. / Couper la poire en deux. / Marchandage. Discussion de marchand de tapis.

Mode de détermination. Prix de gros. Prix de détail. Prix brut. Prix net. Prix d'achat. Prix de vente. Prix de revient. Prix coûtant. / Prix de fabrique. Prix marchand. / Prix imposé. Prix recommandé. Prix fixe.

Bas prix. Prix avantageux. Prix modéré. Prix réduit. Prix modique. Prix dérisoire. / Prix d'ami. Prix de faveur. / Bon marché. Economique. Avantageux. / *Baisser les prix. Casser les prix.* Diminuer. Rabattre. Faire un prix. Faire des conditions. / *Gâcher les prix.* Solder. Brader. Sacrifier. Liquider. Donner pour rien, pour une bouchée de pain. / Baisse. Diminution. Réduction. Rabais. Abattement. Remise. Discount. Réfaction.

Prix élevé. Prix exorbitant. Prix fou. / Prix fort. / Cher. Coûteux. Dispendieux. Onéreux. Ruineux. Hors de prix. / Coûter cher. Coûter les yeux de la tête. / *Hausser les prix.* Augmenter. Majorer. Doubler. Faire la culbute (vendre le double du prix de revient). Renchérir. / Corser, saler la note. Ecorcher le client. / Coup de fusil. / *Objet de grand prix.* De valeur. Précieux. Inestimable. Qui n'a pas de prix.

probable
(du lat. *probabilis*)

Qui a des chances de se produire. *Succès probable.* Vraisemblable. Plausible. Envisageable. Possible. / *Qui n'est pas probable.* Improbable. Douteux. Invraisemblable. Aléatoire. Incertain. / *Estimer probable.* Présumer. Supposer. Conjecturer. Envisager. S'attendre à. Se douter de.

PROBABLEMENT. Vraisemblablement. Peut-être bien. Selon toute probabilité.

PROBABILITÉ. Vraisemblance. Présomption. Supposition. Hypothèse. / Calcul des probabilités. / Probabilisme. / Probabiliste.

proche
(de *prochain,* lat. pop. *propeanus,* du lat. class. *prope,* près de)

Peu éloigné dans le temps. *Un jour proche de telle date.* Rapproché. Aux alentours de. Aux environs de. Vers. / *Proche dans le passé.* Récent. Tout frais. / Récemment. Naguère. Dernièrement. / *Proche dans le futur.* Prochain. Imminent. Immédiat. / Bientôt. Sous peu. Tout à l'heure. Sans tarder. / Au plus tôt. Incessamment. D'une minute à l'autre. Tout de suite. Immédiatement. A l'instant. Sur-le-champ. Aussitôt. Incontinent (vx). / Etre sur le point de, à deux doigts de, à la veille de. Etre prêt à. Etre près de (et l'inf.).

Peu éloigné sous le rapport de la conformité. *Un coloris, un son proche d'un autre.* Voisin. Approchant. Comparable. / *Un calcul proche de la vérité.* Approché. Approximatif. / Approximativement. Environ. A peu de chose près. / Approximation. Estimation. Evaluation.

Dont les liens de parenté sont étroits. *Un cousin proche.* Cousin germain. / *Les proches.* Parents. Entourage.

Peu éloigné dans l'espace. *Maison proche d'un lieu.* Voisin. Contigu. Attenant. / Près de. Auprès de. Contre. A côté de. Au bord de. Au contact de. Aux confins de. Côte à côte. Bout à bout. Bord à bord. / Nez à nez. Face à face. Tête à tête. / A portée de la main. Sous la main. / *Proche de.* A proximité de.

Lieux proches. Alentours. Environs. Voisinage. Entourage. Cadre. Environnement. Région.

Être proche. Toucher à. Jouxter (vx). Avoisiner. Confiner à. Border. Entourer. Longer. / Côtoyer. Raser. Frôler. Friser. Effleurer. / Accoster. Aborder. Contacter. / Serrer de près. Marcher sur les talons de. / Approche. Rapprochement. Juxtaposition. Proximité.

produire

(du lat. *producere, productum,* faire avancer)

Être la cause d'une chose. *Produire une émotion.* Causer. Susciter. Provoquer. Faire naître. Donner lieu à / *Produire des conséquences inattendues.* Entraîner. Engendrer. Amener. Déterminer. Occasionner. Etre générateur de.

PRODUIT. Résultat. Conséquence. Effet. Suffixe *-fère :* somnifère, carbonifère, etc. Suffixe *-gène :* hallucinogène, lacrymogène, etc.

Se produire. *Se produire* (en parlant d'un événement). Arriver. Survenir. Avoir lieu. Se passer. Se présenter. S'offrir. / *Se produire* (en parlant d'un changement). S'opérer. Se manifester. / *Qui va se produire dans très peu de temps.* Imminent.

Faire paraître, faire connaître un être ou une chose. *Produire des témoins en justice.* Faire comparaître, faire témoigner. / *Produire un certificat.* Fournir. Déposer. / *Produire un passeport, une carte d'identité.* Présenter. Montrer.

PRODUCTION. *La production d'une pièce d'identité.* Présentation.

Se produire. *Se produire sur une scène.* Paraître. Jouer. Chanter.

Créer des biens matériels. *Produire des machines.* Fabriquer. Faire. Construire. Sortir (fam.). / *Produire de nouveaux modèles.* Réaliser. Lancer. / *Produire une œuvre littéraire, artistique.* Elaborer. Composer. Ecrire. / *Produire du blé* (en parlant d'une terre). *Produire des intérêts* (en parlant de l'argent). Rapporter. Rendre. Donner. Fournir.

PRODUCTION. *La production d'instruments, d'appareils, de machines.* Fabrication. Construction. / *La production de nouveaux modèles.* Création. Réalisation. Lancement. / *Production agricole, artisanale, industrielle. Production de série.* Produits. / *Moyens, instruments de production.* Terre. Sol. Machines. / *Production élevée, importante.* Abondance. Accroissement. Rendement. / *Ralentissement, diminution de la production.* Stagnation. Récession. Marasme. Crise. / *Reprise de la production.* Relance. / Surproduction (production excessive). / *La production d'une œuvre littéraire, artistique.* Elaboration. Composition. Création. / *Une production d'un auteur, d'une époque. Production littéraire, artistique.* Œuvre. Ouvrage. / *Production cinématographique.* Film. Emission télévisée. / Superproduction (film réalisé à grands frais). / *Production scénique.* Spectacle.

PRODUIT. *Le produit d'une terre, du travail.* Rapport. Profit. Gain. Revenu. / Produit brut (avant déduction des taxes, des frais). Produit net (après déduction des taxes, des frais). / *Produit solide. Produit liquide.* Substance. / *Produits de la terre. Produits agricoles.* Productions. Céréales. Fruits. Récoltes. / Produits industriels. Produit manufacturé. Produit brut, fini, semi-fini. / *Produits alimentaires.* Denrées. / *Produit de consommation.* Article. Marchandise. Bien de consommation. / *Produit pharmaceutique.* Remède. Médicament. / *Produit de remplacement.* Succédané. Ersatz.

PRODUCTEUR. *Producteur agricole, viticole.* Agriculteur. Viticulteur. Vigneron. / Producteur de cinéma (celui qui assure le financement d'un film). / *Groupement de producteurs.* Coopérative. Trust. Cartel. Holding.

PRODUCTIF. *Sol productif.* Fertile. Fécond.

IMPRODUCTIF. *Travail improductif.* Stérile.

PRODUCTIVITÉ. (rapport du produit aux facteurs de production). Rendement.

profane
(du lat. *profanus,* hors du temple)

Qui n'est pas religieux. *Eloquence profane. Art profane.* Laïque. Séculier. Mondain.

Qui n'est pas connaisseur. *Etre profane dans un art, dans une science.* Incompétent. Ignorant. Etranger à. Non initié à. Fermé à. / Inculte. Rustre. Béotien.

profaner
(du lat. *profanare*)

Traiter sans respect ce qui est sacré. *Profaner un lieu de culte. Profaner une tombe.* Violer. Souiller. Salir. Déshonorer.

PROFANATION. Sacrilège. Viol. / Impiété. / Réparation. Cérémonie expiatoire.

profession
(du lat. *professio*)

Occupation dont on tire ses moyens d'existence. *Choisir une profession.* Métier. Situation. Emploi. Charge. Fonction. Travail. / Profession libérale (profession indépendante, d'ordre intellectuel). / *Etre compétent dans sa profession.* Spécialité. Partie. Art. / *La profession des armes.* Carrière.

PROFESSIONNEL. Conscience professionnelle. Obligations professionnelles. / Professionnellement. / *Qui n'est pas professionnel.* Amateur. Dilettante. / *Un professionnel.* Homme de métier. Homme de l'art. Praticien. Technicien. Spécialiste. / Interprofessionnel (qui concerne plusieurs professions).

Professions diverses. Fonctionnaire. Employé. Ouvrier. / Employeur. Patron. Directeur. / Commerçant. Négociant. / Artisan. Travailleur indépendant. / Exploitant. Agriculteur, etc.

Exercice de la profession. *S'engager dans une profession.* Embrasser une carrière, un métier. / S'établir. S'installer. Fonder une maison. Créer une entreprise. Ouvrir un commerce. / Apprendre un métier. Faire son apprentissage. Recevoir un enseignement professionnel. / *Exercer une profession.* Avoir un métier, un emploi. / Gagner sa vie à.

profit
(lat. *profectus,* de *proficere,* progresser)

Avantage matériel. *Le profit d'une opération commerciale.* Bénéfice. Gain. Revenu. / *La recherche du profit.* Appât du gain. Lucre. Intérêt. Enrichissement. / *Profit inattendu.* Aubaine. / *Les petits profits. Profits illicites.* Gratte. Retour de bâton. Pot-de-vin. Dessous-de-table. / *Le profit d'une cure thermale.* Bienfait. Bien. Mieux. Amélioration. Soulagement. / *Qui ne recherche pas le profit.* Désintéressé. Bénévole. / *Faire du profit* (fam.). Faire de l'usage. Etre avantageux. Durer.

PROFITER. *Profiter d'une circonstance favorable.* Exploiter. Faire valoir. / Tirer profit. Tirer parti. Bénéficier. Utiliser. / *Profiter d'une occasion.* Saisir.

PROFITEUR. Exploiteur. Spéculateur. Fricoteur.

Avantage moral. *Le profit d'une lecture.* Enrichissement. Fruit. / *Au profit de.* A l'avantage, au bénéfice de. A l'intention de. / *Sans profit.* En vain. Vainement. Inutilement. Pour rien.

PROFITABLE. Avantageux. Fructueux. Utile. Salutaire.

profond
(du lat. *profundus,* de *fundus,* fond ; en gr. *bathus*)

Se dit d'une chose dont le fond est loin de la surface, de l'ouverture. *Un puits profond.* Sans fond (par exagér.). / *Un trou profond.* Grand. / *Une couche profonde du sol.* Bas. Inférieur. *Qui n'est pas profond.* Superficiel.

PROFONDEUR. Fond. Creux. / *Mesurer la profondeur.* Sonder. / Bathymétrie (mesure des profondeurs marines). Bathymétrique. / Bathyscaphe. Bathysphère. / Benthos. Benthique. / *Grande profondeur marine.* Abysse (v. MER).

APPROFONDIR. Creuser. / Approfondissement. Creusage. Creusement.

Qui va au fond des choses. *Un esprit profond.* Pénétrant. Puissant.

APPROFONDIR. *Approfondir une question.* Creuser. Pousser à fond.

Qui est très grand en son genre. *Une joie profonde.* Intense. Extrême. / *Une conviction profonde.* Intime. Viscéral. / *Un profond mépris.* Total. Complet. / *Un amour profond.* Ardent.

PROFONDEUR. *En profondeur.* A fond. Aller au fond des choses.

PROFONDÉMENT. Intimement. Viscéralement. Foncièrement. / Fort. Beaucoup. Très. Extrêmement.

programme

(bas lat. *programma*, du gr. *programma*, ce qui est écrit à l'avance)

Présentation des diverses parties d'un spectacle, d'une cérémonie; feuille ou brochure imprimée indiquant ce qui est annoncé dans un programme. *Un programme affiché.* Affiche. / *Distribuer des programmes.* Prospectus. / *Un programme publié dans un journal.* Annonce. / Programme de radiodiffusion, de télévision (liste des émissions radiodiffusées, télévisées).

PROGRAMMER. Programmer un film, une émission (inscrire dans un programme). / Programmation. / Programmateur.

Ensemble des matières enseignées et sur lesquelles peuvent être interrogés les candidats à un examen, à un concours. Le programme d'une classe, le programme d'une agrégation (liste des auteurs, des questions à étudier).

Ensemble des actions que l'on se propose d'accomplir. *Un programme ambitieux. Réaliser un programme.* Dessein. Projets. / Emploi du temps.

Exposé des projets, des intentions d'une personne, d'un gouvernement, d'un groupe. *Un programme économique, financier.* Plan. / *Le programme de fabrication d'une entreprise.* Planning. / *Le programme d'un parti.* Plate-forme.

progrès

(du lat. *progressus*, action d'avancer)

Passage à un degré plus important. *Les progrès d'une épidémie.* Développement. Evolution. Progression. Propagation. Aggravation.

PROGRESSER. Evoluer. Se développer. Se propager. S'étendre. Se répandre. Gagner. Gagner du terrain. S'aggraver.

PROGRESSIF. Insensible. Graduel.

PROGRESSIVEMENT. Peu à peu. Pas à pas. De plus en plus. Insensiblement. Sans discontinuer. Graduellement. Petit à petit.

Passage à un état meilleur. *Les progrès de la science.* Essor. Bond en avant. Perfectionnement. Amélioration. Changement en mieux. / *Le progrès social.* Promotion. Elévation. Ascension. Montée.

PROGRESSER. Avancer. Se développer. Se perfectionner. S'améliorer. Franchir un pas. / *Ne pas progresser.* Stagner.

Acquisitions d'une personne, d'une collectivité. *Faire des progrès dans une science, dans un art.* S'instruire. Remporter des succès. Réussir. Devenir plus fort. / *Les progrès de l'humanité.* Humanisation. Civilisation. Culture. / *Auteur de progrès.* Novateur. Pionnier. Esprit avancé. Progressiste. / *Qui ne fait pas de progrès.* Stationnaire. Statique.

PROGRESSER. S'élever. Monter. Faire son chemin. Gravir les échelons. Réussir. / *Ne pas progresser.* Se scléroser.

Opposition au progrès. Conservatisme. Immobilisme. Statisme. Stagnation. Immuabilité. Obscurantisme. Négativisme. Inertie. Passivité. / *Opposé au progrès.* Arriéré. Conservateur. Réactionnaire. Rétrograde. Immobiliste. Obscurantiste. Négativiste.

projectile

(du lat. *projectus*, lancé en avant)

Corps lancé au moyen d'une arme ou à la main contre un objectif. *Diverses sortes de projectiles* (v. ARTILLERIE).

Projectile des armes à feu portatives. Balle de pistolet, de fusil, de mitrailleuse. / Balle de plomb. Chevrotine. / Balle d'acier. / *Parties d'une balle.* Enveloppe de laiton, de maillechort, d'acier. Noyau de plomb, d'acier. / *Sortes de balles.* Balle explosive. Balle dum-dum. Balle perforante. Balle traçante ou traceuse. Balle incendiaire. / Cartouche à balle, à percussion centrale, annulaire. / *Eléments d'une cartouche.* Douille. Culot. Amorce. Poudre. Bourre. Plomb de chasse. / Bourroir. Chargette.

Relatif aux balles. Calibre. / Moule à balles. / Obus à balles. Shrapnell. / Bande de mitrailleuse. Chargeur de fusil, de mitraillette. / Stand de tir. Cible. Mouche. / Armurerie. Armurier. / Munitions. Fondre des balles.

Effets des projectiles. Exploser. Eclater. / Explosion. Eclat. Eclatement. / Souffler. Souffle. / Ricocher. Ricochet. / Impact (endroit où le projectile vient frapper ; trace qu'il laisse). / Trou d'obus, de bombe. Cratère. Entonnoir.

Projectile lancé avec un arc ou une arbalète. Flèche. / *Eléments d'une flèche.* Fer. Pointe. Barbeau (partie du fer). / Flèche barbelée. Flèche à barbillons, à ardillons. / Pennes. Pennons. Empennons (plumes qui font virer la flèche). Empenner. Empennage. Flèche empennée. / Flèche empoisonnée. / *Flèches spéciales.* Carreau (à quatre pans). Vireton. Boncon (à bout arrondi). Falarique (flèche enflammée). Trait. Dard.

Armes servant à lancer des flèches. Arc (arme formée d'une tige de bois ou de métal que l'on courbe au moyen d'une corde fixée à ses extrémités). Cornes (branches de l'arc). / Carquois. Trousse. / *Arbalète* (arc d'acier monté sur un fût et qui se tendait avec un ressort). Fût. Noix. Poignée. Coche. Guindard (manivelle pour tendre l'arbalète). / Arbalète à jalet (pour lancer des pierres). / Baliste. Scorpion. / Arme neurobalistique (dont la force réside dans la tension d'une corde).

Maniement de l'arc, de l'arbalète. Tendre. Bander. Bandage. / Débander. Détendre. / Encocher. Décocher. / Tirer de l'arc. Grêle de flèches. Frissement (sifflement). / Cible. Butte. Estaque. Pavois. / Archer. Franc-archer. Albalétrier. Cranequinier. Sagittaire. Sbire (archer italien). Radar (archer persan). / Archer crétois, parthe, écossais, etc.

projet
(de *projeter*)

Ce qu'on a l'intention de faire. *Dévoiler un projet.* Dessein. But. Vue. Visée. Plan. Programme. Calcul. Idée. Conception. Propos. / *Projet en l'air.* Rêve. Rêveries. Songe creux. Chimère. Château en Espagne. / *Noir projet. Projet louche.* Machination. Complot. Conspiration. Manigance. Combine (fam.). Combinaison. Spéculation.

PROJETER. Prévoir. Envisager. Songer à. Combiner. Se proposer de. Méditer de. Compter. Décider.

Représentation prévisionnelle. *Un projet d'architecte.* Plan. Croquis. Maquette. / *Un projet de discours.* Canevas. / *Projet sommaire.* Ebauche. Esquisse.

promenade
(de *promener*)

Trajet que l'on fait pour l'agrément. *Faire une promenade à la campagne.* Tour. Tournée. Balade (fam.). Virée (pop.). Vadrouille (pop.). / Sortie. Echappée. / *Promenade lente.* Flânerie. / *Longue promenade.* Randonnée. Voyage. Circuit. / *Promenade touristique.* Excursion. Course en montagne. / Tourisme.

SE PROMENER. Prendre l'air. Changer d'air. Faire de l'exercice. Se dégourdir, se dérouiller les jambes. Se balader (fam.). Vadrouiller (pop.). / Flâner. Musarder. Muser (littér.). / Déambuler. Marcher. / Aller, marcher par monts et par vaux. Excursionner.

PROMENEUR. Passant. Flâneur. / Noctambule. / Excursionniste. Touriste.

Lieux de promenade. Mail. Cours. Allée. / Avenue. Chemin. Route. Sentier. / Parc. Jardin public. Square. / Cour. Préau. Promenoir. Cloître (pour les religieux). / Campagne. Bois.

promettre
(du lat. *promittere, promissum*)

Affirmer qu'on fera ou qu'on ne fera pas quelque chose. *Promettre de* (et l'inf.). S'engager à. Jurer. Assurer. Garantir. / Annoncer. Déclarer. / *Promettre une récompense.* Offrir. Faire espérer. / *Promettre monts et merveilles.* Faire miroiter. Faire briller. / *Promettre solennellement.* Engager sa foi, sa parole, son honneur. Jurer sur l'honneur. Faire serment de. Faire vœu de.

PROMESSE. Engagement. Assurance. Garantie. Foi. Parole. Protestation. Serment. / Contrat. Convention. Accord. / *Vaine promesse.* Belles paroles. Vent. Serment d'ivrogne. / *Promesse de mariage.* Fiançailles. / *Tenir sa promesse.* Respecter ses engagements. Honorer sa parole, sa signature. / *Rétracter sa promesse. Revenir sur sa promesse.* Se dédire. Se dégager. Se dérober. Manquer à sa parole, à ses engagements. Faire faux bond. *Formules de promesses.* Sans faute. Je n'y manquerai pas. Vous pouvez compter sur moi. Je m'en porte garant, etc.

proportion
(du lat. *proportio*)

Rapport de grandeur entre les parties d'une chose. *Echelle de proportion.* Mesure. Dimension. Cote. / *Proportions harmonieuses.* Harmonie. Equilibre. Régularité. Symétrie. Eurythmie. / *Les proportions d'un mélange.* Quantité. Volume. Poids. / *Proportions égales.* Partie. Part. / *En proportion de.* Par rapport à. Relativement à. En comparaison de.

Proportionnellement à. / *A proportion de.* Au prorata de. Selon. Suivant. A la mesure de.

PROPORTIONNER. Equilibrer. Mesurer. Régler. Doser. / Mettre en rapport. Adapter.

PROPORTIONNÉ. *Bien proportionné.* Bien fait. Bien tourné. Bien bâti. / Esthétique. Gracieux. Elégant. Harmonieux. Equilibré. Régulier. Symétrique. / En rapport avec. Adéquat à. / *Mal proportionné.* Mal fait. Malbâti. / Déséquilibré. Irrégulier. Dissymétrique. Difforme.

PROPORTIONNEL. Approprié. Convenable. / *Part proportionnelle.* Quote-part.

PROPORTIONNELLEMENT. Relativement. Toutes proportions gardées.

DISPROPORTION. Trop grande différence. Disparité. Inégalité.

DISPROPORTIONNÉ. Inégal.

proposer
(du lat. *proponere, propositum*)

Soumettre à délibération. *Proposer une motion, un projet de loi.* Présenter. Déposer sur le bureau. / Mettre aux voix. Mettre en discussion. / *Proposer un avis.* Donner. Exposer. Représenter que. Faire état de. / *Proposer un prix.* Enoncer. Avancer. / *Proposer de faire quelque chose.* Suggérer. Conseiller.

PROPOSITION. Proposition de loi. Projet de résolution, de motion. / Contre-proposition.

Mettre à la disposition de quelqu'un. *Proposer son aide.* Offrir. / *Proposer une promenade.* Inviter à. / *Se proposer de* (et l'inf.). Avoir l'intention de.

PROPOSITION. Offre. Invitation.

PROPOSABLE. Offrable. Présentable.

propre
(du lat. *proprius*)

Qui appartient spécialement à une personne, à une chose. *Tempérament propre.* Individuel. Personnel. / *Le caractère propre d'une chose.* Particulier. Distinctif. Spécifique. Original. Singulier. Afférent. / *Les propres paroles de quelqu'un.* Même. Textuel. / *Se rapporter en propre à.* Concerner. Intéresser. Regarder. Incomber à. Revenir à. Etre l'affaire de. / *Avoir quelque chose en propre.* A soi.

PROPRIÉTÉ. Le propre de. Caractéristique. Originalité. Singularité. / Caractère. Marque. Attribut.

Qui convient. *Employer le terme propre.* Approprié. Convenable. Juste. Exact. Rigoureux. « Ad hoc. » A propos.

IMPROPRE. *Mot impropre.* Inexact. Approximatif. Imprécis. Vague.

PROPRIÉTÉ. *La propriété du vocabulaire.* Exactitude. Justesse. Rigueur. Convenance.

PROPREMENT. A proprement parler (en nommant les choses exactement). / Proprement dit.

Qui n'est pas sali ou taché. *Avoir les mains propres. Du linge propre.* Net. Blanc. Immaculé. / *Rendre propre.* Laver. Blanchir. Nettoyer. / *Un homme propre.* Soigneux. Qui se lave souvent. Propret (fam.).

PROPREMENT. Soigneusement.

PROPRETÉ. Blancheur. Netteté.

Qui ne manque pas à la morale. *Un homme propre.* Honnête. Probe. Intègre.

propriété
(du lat. *proprietas*)

Droit de la personne qui possède. *Revendiquer la propriété d'un bien.* Possession légale. / Propriété mobilière, immobilière, foncière, industrielle, commerciale, littéraire, artistique. / Nue-propriété. Copropriété. / Usufruit. / Patrimoine.

PROPRIÉTAIRE. Possesseur (v. ce mot).

Propriété immobilière. Biens. Biens-fonds. Biens domaniaux. Biens commerciaux. Biens de mainmorte (appartenant à des communautés, à des établissements hospitaliers, etc.). / Terre. Pièce de terre. Parcelle. Fonds. Tènement. Domaine. Ferme. Métairie. / Immeuble. Maison. Villa. Pied-à-terre.

Propriété mobilière. Biens meubles. Avoir. Fortune. Richesse. / Valeurs mobilières. Billets. Actions. Obligations. Titres. Valeurs nominatives, au porteur. / Monnaie. Argent. Or. / Economies. Epargne. Pécule. / Capital. Magot. / Revenus. Rentes. / Meubles. Mobilier. / Bijoux. Œuvres d'art.

Modifications à la propriété. *Accéder à la propriété.* Acheter. Acquérir. Hériter. / S'agrandir. S'étendre. / S'enrichir. / Vendre. Se défaire de. Liquider. Réaliser. / Aliéner. / Morceler. Partager. / Hypothéquer. Mettre en gage. / Morcellement. Partage. / Hypothèque. / Aliénable. Inaliénable. / Insaisissable.

proscrire
(du lat. *proscribere, proscriptum*)

Interdire formellement. *Proscrire l'usage d'une chose.* Prohiber. Défendre. / *Proscrire un mot.* Condamner. Réprouver. Bannir. Rejeter. Blâmer.

PROSCRIPTION. Interdiction. Prohibition. Défense. Condamnation. Réprobation. Bannissement. / Rejet. Blâme.

prose
(du lat. *prosa*, discours qui va en ligne droite)

Manière de s'exprimer en utilisant le langage parlé ou écrit. .*Genres littéraires en prose.* Roman. Conte. Nouvelle. Histoire. Eloquence. Mémoires. Lettres. Journal. Genre narratif, didactique, épistolaire, oratoire, dramatique (v. LITTÉRATURE). / Prose poétique, lyrique. Poème en prose. Prose rythmée ou rythmique. Période. Rythme.

PROSATEUR. Romancier. Conteur. Nouvelliste. Epistolier (v. LITTÉRATURE).

prospère
(du lat. *prosperus*, favorable)

Qui connaît le succès. *Un commerce prospère.* Florissant. En plein essor. / *Récolte prospère.* Abondant. Ample. Fructueux.

PROSPÉRITÉ. Succès. Réussite. / Abondance. Richesse. Fortune. / Activité. Développement. Essor.

PROSPÉRER. Réussir. Bien marcher. / S'étendre. Se développer. Progresser. Fructifier.

Qui est en bon état. *Une santé prospère. Une mine prospère.* Heureux. Epanoui. Riche. Robuste. / Bonne santé. Bonne forme.

prosterner (se)
(du lat. *prosternere*, jeter à terre)

S'incliner profondément. *Se prosterner devant un autel.* Se courber. S'agenouiller. Fléchir le genou. / *Se prosterner aux pieds de quelqu'un.* Se jeter. S'étendre. Se coucher. Se jeter à plat ventre, la face contre terre. Ramper aux pieds de quelqu'un. Tomber aux pieds de quelqu'un.

PROSTERNEMENT. Agenouillement. Génuflexion. Révérence. Salamalec.

Sentiments exprimés. Adoration. Respect. / Supplication. / Humilité. / Repentir. / Soumission. Servilité.

protéger
(du lat. *protegere, protectum*)

Mettre à l'abri d'un danger. *Protéger quelqu'un contre une agression.* Défendre. Garder. Couvrir. Veiller sur. / Accompagner. Escorter. / Assister. Aider. Secourir. / *Protéger du froid.* Abriter. Préserver. Garantir. Prémunir contre. / *Protéger ses biens.* Sauvegarder. Garder. Sauver. / *Protéger contre les chocs, la saleté, etc.* Renforcer. Recouvrir. Blinder. Cuirasser. / Envelopper. Emballer. Gainer.

PROTECTION. Garde. Sauvegarde. Couverture. / Assistance. Secours. / Abri. / Préservation. Garantie.

Moyens de protection. Surveillance. Garde. Vigilance. / Garde du corps. Ange gardien. Gorille. Escorte. / Arme. / Gilet pare-balles. / Blindage. Revêtement. / *Vêtement de protection.* Imperméable. Tablier. Blouse. Masque. / Chaussures de sécurité (dans les usines). / Ceinture de sécurité (dans une voiture). / Couverture. Couvercle. Ecran. / Emballage. / Grillage. Grille. Clôture. Rideau. / Gaine. Fourreau. / Ouvrage fortifié. Place forte. Citadelle. Bastion. Retranchement. Glacis.

Apporter son soutien. *Protéger les artistes.* Soutenir. Aider. Patronner. Encourager. S'intéresser à. Favoriser. / *Protéger un débutant.* Appuyer. Epauler. Pousser. Recommander. Pistonner (fam.). / Intervenir en faveur de. S'entremettre pour.

PROTECTION. Appui. Soutien. Patronage. Encouragement. / Tutelle. Egide. Auspices. / Subvention. Mécénat. / Recommandation. Coup d'épaule. Piston (fam.). / Faveur. Passe-droit. / Favoritisme. Népotisme.

PROTECTEUR. Soutien. Bienfaiteur. Mécène. Providence. / Tutélaire.

protestantisme
(de *protester*)

Ensemble des doctrines religieuses et des Églises issues de la Réforme. Réforme (mouvement religieux qui, au XVIe siècle, voulait ramener le christianisme à sa forme primitive). Luther. Calvin.

Luthéranisme. Justification par la foi. Consubstantiation. Trois sacrements : baptême, communion, pénitence. / Repousse le culte de la Vierge et des saints. / Eglise luthérienne ou évangélique.

Calvinisme. Rejette toute croyance à la présence réelle. Doctrine de la prédestination. Election particulière. Rédemption particulière.

Presbytérianisme. Inspiration calviniste de langue anglaise. Confession de foi de Westminster. Presbyterium (corps mixte de pasteurs et de laïcs). Tribunal ecclésiastique.

Anglicanisme. Eglise officielle d'Angleterre. Haute Eglise. Basse Eglise. / Anglicans. Méthodistes. Puritains.

Églises protestantes non-conformistes. Baptistes (baptême administré aux seuls adultes ou croyants). Autorité divine de la Bible. Congrégationalistes ou indépendants. Quakers.

Institutions et coutumes. Culte. Temple. / *Ministre protestant.* Pasteur. Pastorat. Evêque (anglican). / Synode. Consistoire. / Prêche. Prédicant. / Mission. Missionnaire. / Fédération protestante de France. / Armée du salut. Huguenot (vx). Parpaillot (fam.).

Relatif au protestantisme. Guerres de Religion. Dragonnades. Saint-Barthélemy. Edit de Nantes. Révocation de l'édit de Nantes. Camisards.

protester
(du lat. *protestari*)

Exprimer son opposition. *Protester contre une décision.* Récriminer. Réclamer. Se plaindre. Maugréer. Désapprouver. S'élever contre. Contester. S'opposer. / Manifester son refus, son hostilité. Se rebiffer. Se rebeller. Regimber. Ruer dans les brancards. Grogner. Rouspéter (fam.). Râler (pop.). Rouscailler (pop.). Ronchonner (pop.). Gueuler (pop.). Faire du ramdam, du raffut, du foin (fam.).

PROTESTATION. Récrimination. Objection. Réclamation. Plainte. Rouspétance (fam.). Grogne (fam.). Rogne (fam.). / Opposition. Contestation. / Soulèvement. Rébellion. / Manifestation. Défilé. Cortège. / Meeting. Motion.

PROTESTATAIRE. Rouspéteur (fam.). Râleur (pop.). Contestataire. / Opposant.

prouver
(du lat. *probare*, éprouver)

Faire reconnaître quelque chose comme vrai. *Prouver son innocence, sa bonne foi.* Etablir. Démontrer. Faire constater. Mettre en évidence. / *Prouver par a + b.* Attester. Garantir. Convaincre. Persuader. / *Prouver par des arguments, par un raisonnement.* Arguer. Faire valoir. Mettre en avant. / *Ensemble de moyens employés dans une discussion en vue de prouver, de convaincre.* Argumentation. Raisonnement. Dialectique.

PREUVE. *Preuve matérielle.* Marque. Signe. Indice. Pièce à conviction. Pièce à l'appui. / *Document servant de preuve.* Attestation. Acte officiel. Procès-verbal. Constat. Certificat. / Registre. Quittance. Reçu. / *Recherche des preuves.* Enquête. Interrogatoire. Expertise. / Témoignage. Déclaration sous serment, sur l'honneur. / Authenticité. Crédibilité. / *Preuve logique.* Démonstration. Argument. Argumentation. Raisonnement. Syllogisme. Critère. Raison. Mise en évidence. / *Rejeter une preuve.* Réfuter. Récuser. Révoquer en doute. Infirmer, ruiner une argumentation.

PROBANT. *Argument probant.* Concluant. Convaincant. Décisif. Persuasif.

Faire voir d'une certaine manière. *Prouver sa reconnaissance.* Montrer. Témoigner. Exprimer. Manifester.

PREUVE. Gage. Témoignage. / *Faire preuve de.* Montrer.

Servir de preuve. *Prouver* (en parlant d'une chose). Indiquer. Révéler. Faire voir. Dénoter. Attester. Confirmer. Montrer. Démontrer. Plaider pour.

proverbe
(du lat. *proverbium ;* en gr. *paroimia*)

Pensée concise exprimant une vérité générale et traditionnelle. *Un proverbe français, étranger.* Maxime. Sentence. Dicton. Adage. Aphorisme. Apophtegme. / Sagesse des nations. / *Etude des proverbes.* Parémiologie. / Parémiographe.

PROVERBIAL. Locution proverbiale. / Proverbialement. / Proverbialiser.

providence
(du lat. *providentia*)

Sagesse divine gouvernant le monde. *Les voies de la Providence.* Dieu. Desseins de Dieu. Doigt de Dieu. / *S'en remettre à la Providence.* Grâce de Dieu. Garde de Dieu. Protection divine.

PROVIDENTIEL. Divin. / Tutélaire.

Personne qui veille, qui protège.

Etre la providence des malheureux. Soutien. Protecteur. Secours. / Soutenir. Protéger. Secourir.

PROVIDENTIEL. *Homme providentiel.* Sauveur. / *Secours providentiel.* Opportun. Inespéré.

PROVIDENTIELLEMENT. Par bonheur. Au bon moment. Par une chance inespérée.

province
(du lat. *provincia*)

Division territoriale d'un royaume, d'un État. *Les anciennes provinces de la France.* Normandie. Bretagne. Poitou. Provence. Dauphiné. Languedoc, etc.

Ensemble d'un pays, par opposisition à la capitale et à sa banlieue. *Une province agréable, fertile, hospitalière.* Région. / *Ensemble des traditions d'une province.* Folklore. / *Parler d'une province.* Dialecte. / *Petite ville de province.* Bourg. Bourgade.

PROVINCIAL. *Un usage provincial.* Régional. / *Une danse provinciale.* Folklorique. / *Une fête provinciale.* Assemblée. Ducasse. Kermesse. Vogue. / *Esprit provincial.* Particularisme. Esprit de clocher.

provision
(lat. *provisio,* de *providere,* pourvoir)

Réunion de choses en vue d'une utilisation ultérieure. *Une provision de charbon.* Réserve. Stock. Dépôt. Tas. / Matériel. Fournitures. Munitions. / *Provisions de bouche.* Ravitaillement. Vivres. Victuailles. Denrées. Provende (littér.). *Faire des provisions.* S'approvisionner. Se ravitailler. Se pourvoir de. Se munir de. Mettre en réserve. Mettre de côté. Amasser. Entasser. / Emmagasiner. Stocker. Entreposer. / Engranger. Ensiler.

Garde des provisions. Intendant. Econome. Fourrier. / Magasinier. Dépensier (dans un couvent). Cambusier. / Sommelier. Cellerier (dans un couvent). / Intendance. Economat. / Dépôt. Magasin. Cantine. Cambuse. / Cave. Cellier. Grenier. / Réserve. Office. Garde-manger. Réfrigérateur.

provoquer
(du lat. *provocare,* appeler dehors)

Pousser une personne à faire quelque chose. *Provoquer quelqu'un à la violence, à un acte illégal.* Entraîner. Inciter. Attaquer. Défier. Mettre au défi. Mettre au pied du mur. / *Provoquer un homme* (en parlant d'une femme). Exciter. Allumer (fam.). Agacer. Aguicher.

PROVOCATION. Incitation. Excitation. Défi. / Agacerie. / *Provocation en duel.* Cartel.

PROVOCANT. *Air provocant.* Agressif. / *Regard provocant.* Aguichant. / Œillade.

PROVOCATEUR. Meneur. Agresseur. / *Agent provocateur.* Fauteur de troubles.

PROVOCATRICE. Aguicheuse. Allumeuse (fam.). Frôleuse.

Etre cause de quelque chose. (V. CAUSE.)

prudent
(du lat. *prudens,* sage)

Se dit d'une personne qui agit de manière à éviter les dangers, les erreurs, les fautes. *Un homme prudent dans tout ce qu'il fait.* Réfléchi. Avisé. Averti. Circonspect. Sage. Vigilant. Prévoyant. Précautionneux. Minutieux. Méticuleux. / *Un conducteur prudent.* Attentif. Calme. Maître de soi. Pondéré. / *Exagérément prudent.* Timoré. Pusillanime. Temporisateur.
Se montrer prudent. Prendre garde. Etre sur ses gardes. Se méfier. Prendre ses précautions. Tâter le terrain. Avancer à pas comptés. / Surveiller son attitude, son langage. Mesurer ses gestes, ses paroles. Tourner sa langue sept fois dans sa bouche. Prendre des détours. User de circonlocutions. Préparer le terrain. / Répondre en Normand.

IMPRUDENT (qui n'est pas prudent). Irréfléchi. Imprévoyant. Insouciant. / Téméraire. Aventureux. Casse-cou.

PRUDENCE. Calme. Maîtrise de soi. Pondération. Attention. Vigilance./Réflexion. Prévoyance. / Précaution. Circonspection. Réserve. / *Prudence mêlée de méfiance et de ruse.* Cautèle (vx).

IMPRUDENCE. Inattention. Irréflexion. Imprévoyance.

prune
(du lat. *pruna*)

Fruit à noyau et à peau épaisse. *Principales variétés.* Prune d'Agen. Reine-Claude. Mirabelle. Quetsche. Sainte-Catherine. Perdrigon. Prune de Monsieur, etc. / Prunelle (petite prune bleu foncé de saveur âcre). / Brugnon (variété de pêche à peau lisse rappelant la prune).

PRUNIER. PRUNELLIER (prunier sauvage, épineux ou épine noire). / Prunelaie (terrain planté de pruniers).

Usages. Pruneau (prune séchée). Tarte. Confiture. Compote. Beignets. Prunes à l'eau-de-vie. / Eau-de-vie de prune. Mirabelle.

psychologie

(lat. *psychologia ;* du gr. *psychê,* esprit, et de *logos,* science)

Étude des phénomènes de la pensée, de l'esprit, de la vie mentale. *Psychologie subjective.* Introspection. Empirisme. Sensualisme. / *Psychologie objective. Psychologie du comportement ou de réaction.* Behaviorisme. / *Psychologie expérimentale ou empirique.* Psychométrie. Psychotechnique. / Test. / *Psychologie des groupes, des sociétés.* Sociologie. / Psychologie comparée des peuples, des classes sociales, de l'homme et des animaux. / Psychologie individuelle. / Psychologie physiologique ou psychophysiologie.

PARAPSYCHOLOGIE (étude ayant pour objet les phénomènes métapsychiques, qui dépassent les capacités du psychisme normal : télépathie, voyance, prophétie, occultisme, spiritisme, théosophie).

PSYCHOLOGIQUE. *Un fait, un état, un phénomène psychologique.* Psychique. Mental. / Psychisme (ensemble des faits psychiques). Vie psychique. Vie mentale. Psyché.

PSYCHOLOGIQUEMENT. Psychiquement. Mentalement.

PSYCHOLOGUE (spécialiste des études de psychologie). Psychologue clinicien (auxiliaire du psychiatre, du neuropsychiatre). Psychologue scolaire ou orienteur. Psychologue industriel ou psychotechnicien. / Psychanalyste. Psychiatre.

Classement des faits psychiques. *Vie affective.* Plaisir. Douleur. Emotion. Passion. Sentiment, etc. / *Vie active.* Tendance. Instinct. Habitude. Désir. Volonté, etc. / *Vie intellectuelle.* Sensation. Image. Perception. Intelligence. Idée. Concept. Abstraction. Association des idées. Mémoire. Jugement. Raisonnement. Raison. Imagination. Invention, etc.

Troubles de la vie psychique. Psychopathologie (étude des troubles mentaux). Psychopathe (malade mental).

Névroses (troubles fonctionnels sans atteinte de la personnalité). Névrose obsessionnelle. Idée fixe. Obsession. Névrose phobique. Phobie. Névrose hystérique. Névrose d'angoisse. Psychasthénie. Neurasthénie. Névrose d'échec. Anorexie mentale. Psychonévrose (affection où prédomine l'influence psychique). Névroses psychosomatiques. Névroses traumatiques (réactions névrotiques causées par un événement dramatique, un choc affectif violent et grave). / Névrosé (atteint de névrose). Psychasthénique. / *Traitement.* Psychothérapie. Psychanalyse. Chimiothérapie. Psychotropes. Psycholeptiques. Tranquillisants. Neuroleptiques. Hypnotiques. Antidépresseurs. Psychotoniques. Psychodysleptiques. Méthodes de relaxation. Pratique de certains sports, de la gymnastique, etc.

Psychoses (troubles affectant la personnalité). Psychoses aiguës : psychoses émotionnelles (causées par un choc affectif violent), psychoses puerpérales. Psychoses chroniques : délires paranoïaques, ou passionnels, délires hallucinatoires chroniques, schizophrénie, maladie mentale démentielle. Psychoses intermittentes: psychose maniaco-dépressive. / Malade psychotique. / *Traitement.* Psychothérapie. Chimiothérapie. Psychotropes. Electrochoc. Psychodrame. / Ergothérapie. Ergothérapeute, etc.

Psychiatrie (étude et traitement des maladies mentales). Neuropsychiatrie. Psychosomatique. Psychiatre. / Psychanalyste ou analyste. Psychanalyser. Psychanalytique.

Aptitude à connaître, à comprendre les sentiments, les pensées, les manières d'agir d'autrui. *Faire preuve de psychologie.* Intuition. Finesse. Perspicacité. Sagacité. Pénétration. Clairvoyance. Flair (fam.).

PSYCHOLOGUE. *Etre psychologue.* Intuitif. Perspicace. Sagace. Connaisseur d'hommes.

public adj. et n.

(du lat. *publicus*)

Qui concerne la collectivité. *Le bien public. L'intérêt public.* Commun. Général. Collectif. / *Les affaires publiques.* La politique. / *Homme public.* Politicien. / *Pouvoirs publics.* Gouvernement. Etat. / *Fonction publique. Services publics.* Administration. / *Employé de la fonction publique.* Fonctionnaire.

Qui est accessible à tous. *Jardin public. Lieu public.* Ouvert à tous. / *Voie publique.* Rue. Route. Place. / *Réunion publique.* Qui s'adresse à tous.

PUBLIQUEMENT. En public. Ostensiblement. Au grand jour.

Ensemble de personnes. *Informer le public.* Les gens. La masse. Le peuple. La foule. / *Le public d'un écrivain, d'un* *journal.* Clientèle. Lecteurs. / *Le public d'un musicien, d'un chanteur.* Auditeurs. / *Le public d'un conférencier.* Auditoire. Assistance. / *Le public d'une salle de cinéma.* Spectateurs. / *En public.* Devant tout le monde. Publiquement.

publicité
(de *public*)

Ensemble des moyens employés pour faire connaître un événement, une entreprise commerciale, industrielle, pour faciliter la vente d'un produit. *Faire de la publicité pour une marchandise.* Réclame. / *Une publicité tapageuse, massive.* Battage (fam.). Tam-tam (fam.). Bourrage de crâne (fam.). / *Formule de publicité.* Slogan. / *Faire connaître un produit par la publicité.* Lancer. / *Personne qui fait une annonce de publicité dans un journal.* Annonceur. / *Formes de la publicité.* Publicité collective. Publicité directe. Publicité de marque, de produit. / Publicité abusive. Publicité douteuse, déloyale, mensongère, clandestine. Affichage sauvage. Matraquage publicitaire. / Contre-publicité. Agence fictive. / Bureau de vérification de la publicité.

Campagne de publicité. Promotion des ventes. Marketing. Enquête. Sondage. Echantillon. Panel (type d'enquête où le même échantillon de personnes est soumis à des interviews répétés). Etude de marché. Etude de motivation. Etude de notoriété. Image de marque.

Agence de publicité. Conseil en publicité. Agent. Chef de publicité. Concepteur. Rédacteur. Concepteur-maquettiste. Affichiste. / *Service de publicité.* Régie. Courtier. Afficheur. / *Relations publiques.* Attaché de presse. Présentation à la presse.

Supports de la publicité. *Affichage.* Affiche. Placard. Affichette. Enseigne lumineuse. / *Média* ou *mass media.* Radio. Télévision. Message. Communiqué. / *Cinéma.* Film d'entracte. / Audience. Pénétration. Impact. / *Presse.* Publicité rédactionnelle. Insertion. Publireportage. Publi-information. Annonce. Texte. Logotype. / Bon à découper. Coupon-réponse. Encart. / Prière d'insérer. Justificatif. / Dossier de presse.

PUBLICITAIRE. *Edition publicitaire.* Plaquette. Brochure. Prospectus. Dépliant. Catalogue. Lettre de vente. Relance. / *Vente publicitaire.* Journées promotionnelles. Exposition-vente. Foire-exposition. Démonstrateur. Démonstratrice. Stand. Présentoir. / Soldes. / *Tournée publicitaire.* Caravane publicitaire. Voiture publicitaire. Jeu-concours. Podium. Animateur. / *Objet publicitaire.* Echantillon. Prime. Cadeau. Gadget. / *Argumentation publicitaire, propos pour vanter une marchandise.* Boniment (fam.). Baratin (fam.). / Sponsor (entreprise, secteur commercial qui apporte son aide à un sport dans un but publicitaire). / Sponsoring.

publier
(du lat. *publicare*)

Faire connaître au public. *Publier une information. Publier les résultats d'un examen.* Annoncer. Proclamer. Communiquer. / *Publier un arrêt, un décret.* Promulguer.

PUBLICATION. Proclamation. Annonce. Communication. / Promulgation.

Faire paraître en librairie. *Publier un livre* (en parlant d'un auteur). Ecrire. Donner (fam.). Faire. / *Publier un ouvrage* (en parlant d'un éditeur). Editer. Imprimer.

PUBLICATION. *Publication d'un livre.* Parution. Lancement. Edition. Sortie. Mise en vente. / *Publication périodique.* Revue. / *Publication illustrée.* Magazine. Illustré (n. m.).

pudeur
(du lat. *pudor,* honte)

Retenue à l'égard de ce qui peut blesser la décence. *Avoir de la pudeur. Rougir de pudeur.* Réserve. Décence. Pudicité (littér.). Modestie. Honnêteté (vx). / *Affectation de pudeur. Pudeur excessive.* Pudibonderie. Bégueulerie. Bégueulisme. / Pudibond. Prude. Bégueule.

PUDIQUE. Chaste. Sage. Irréprochable. Vertueux.

IMPUDIQUE. Obscène. Indécent.

Retenue à l'égard de ce qui peut choquer les autres. *Etaler son luxe sans pudeur.* Discrétion. Délicatesse. Tact. Vergogne. / Discret. Réservé. Délicat.

puer
(du lat. *putere*)

Sentir mauvais. *Puer l'œuf pourri.* Empester. Empoisonner. Infecter. Empuantir. / Asphyxier (fam.). / *Termes argotiques ou populaires.* Chlinguer. Cocoter. Fouetter.

PUANT. Malodorant. Fétide. Nauséabond.

Infect. Pestilentiel. Méphitique. / Punais. / Moisi. Rance. Putride. Pourri.

PUANTEUR. Mauvaise odeur. Infection. Pestilence. Méphitisme. Miasme. / Ozène. *Choses puantes.* Charogne. Pourriture. Putréfaction. Décomposition. / Odeurs corporelles.
Bêtes puantes. Blaireau. Putois. Fouine. Martre. / Bouc. / Punaise.

puissant
(anc. participe présent de *pouvoir*)

Qui a beaucoup d'influence, de pouvoir. *Un personnage puissant.* Influent. Considérable. Haut placé. / Tout-puissant. Pantocrator. / *Les puissants.* Les Grands.

PUISSANCE. Autorité. Pouvoir. Souveraineté. Influence. Crédit. Situation élevée. Toute-puissance. / Volonté de puissance.

Qui produit de grands effets. *Un remède puissant.* Efficace. Energique. Drastique. / *Un moyen puissant. Un puissant réconfort.* Grand. Immense. Important.

PUISSANCE. Force. Efficacité.

Qui a une grande force, une grande énergie. *Un animal puissant.* Fort. Costaud. Vigoureux. / Une machine puissante.

Qui a une grande importance économique, industrielle, militaire. *Un pays puissant.* Grand. Développé. Riche. Fécond. Opulent.

PUISSANCE. Potentiel. / Richesse. Opulence.

puits
(du lat. *puteus ;* en gr. *phréas, phréatos*)

Trou creusé dans le sol pour atteindre les eaux souterraines. *Puits foré.* Forage. Forer. Sonde. Tige creuse. Trépan. Tubage. / *Puits creusé.* Creuser à la pioche, aux explosifs. Boisage. Maçonnerie. Muraillement. Paroi. / Margelle (rebord extérieur). / Nappe aquifère. Nappe phréatique (eau souterraine). / / Tirer de l'eau. Puiser. Pomper. / Puits artésien (trou creusé jusqu'à une nappe d'eau souterraine jaillissante). / Seau. Corde ou chaîne. Poulie. Treuil. Noria. / Tarir. Etre à sec. / Curer. Curage.

Autres puits. Puits pleureur (recueille les eaux superficielles). Citerne. / Puits perdu ou puisard (égout vertical).

punir
(du lat. *punire*)

Frapper quelqu'un d'une peine, d'une sanction. *Punir un coupable, un criminel.* Condamner. Châtier. / *Punir un enfant.* Corriger. Mettre en pénitence. / *Punir un élève.* Consigner. Coller (fam.). Priver de sortie.

PUNITION. Châtiment. Peine. Sanction. Pénalité. / Correction. Pénitence. / *Punition scolaire.* Consigne. Colle (fam.). Retenue. Pensum. Piquet. / *Punition corporelle.* Correction. Coups. Fessée. Fustigation. Torture. Supplice. Fouet. Chat à neuf queues. Martinet. Knout. Schlague.

IMPUNI. Impunité. / Impunément.

Frapper une faute d'une sanction. *Punir une infraction, un délit.* Sanctionner. Réprimer. / Sévir. Faire un exemple.

pur
(du lat. *purus ;* en gr. *katharos*)

Qui est sans mélange, qui ne contient aucun élément de nature à altérer. *Un air pur.* Salubre. Non pollué. / *Un liquide pur.* Clair. Transparent. Limpide. / *Du vin pur.* Sans eau. / *Du café pur.* Noir. Nature. / *Un métal pur.* Sans alliage. / *Un ciel pur.* Sans nuages. Clair. Bleu. Serein (littér.). / *Une couleur pure. Un ton pur.* Franc. / *Un blanc pur.* Parfait. Net. Impeccable.

PURETÉ. *La pureté d'un liquide.* Limpidité. Clarté. Transparence. Netteté.

IMPURETÉ. Saleté. Souillure.

PURIFIER. *Purifier de l'eau.* Filtrer. Distiller. Epurer. Clarifier. / Epuration. Filtrage. Distillation. / *Purifier l'air.* Assainir. Désinfecter. / *Purifier le sang, l'organisme.* Dépurer. Purger. / Purge. Purgatif. Dépuratif.

Se dit d'une personne chez qui rien de bas, de corrompu n'altère les qualités morales. *Une jeune fille pure. Un jeune homme pur.* Innocent. Candide. Vertueux. Sage. Chaste. Vierge.

PURETÉ. Innocence. Candeur. Vertu. Sagesse. Chasteté.

PURIFIER. *Purifier un coupable, un pécheur.* Absoudre. Laver des fautes.

PURIFICATION. Absolution. / Eau lustrale (qui sert à purifier). Eau baptismale.

PURITAIN (personne d'une pureté morale scrupuleuse). Rigoriste. Austère.

PURITANISME. Rigorisme. Austérité.

Qui est sans défaut d'ordre esthétique. *Un visage pur.* Beau. Parfait. Impeccable. / *S'exprimer en un langage pur.* Correct. Châtié.

PURETÉ. *La pureté d'une langue.* Correction. Atticisme.

PURISME (souci excessif de la pureté d'une langue). Puriste.

pus

(du lat. *pus, puris ;* en gr. *puon)*

Liquide blanchâtre ou jaunâtre qui se forme aux points d'infection de l'organisme. *Le pus d'un abcès.* Sanie. Ichor. / Constitution du pus : sérum, leucocytes polynucléaires plus ou moins altérés, cellules provenant de tissus lésés, microbes, hématies. / Collection ou amas de pus. / *Inflammation remplie de pus.* Abcès. Phlegmon. Anthrax. Pustule. Bouton (fam.). Furoncle. Clou (fam.). Elevure (vx). / Bourbillon (masse filamenteuse blanchâtre au centre d'un furoncle). / Pus aseptique (ne contient aucun germe). / Agent, microbe pyogène (qui provoque la formation de pus : staphylocoque, streptocoque). / Pyurie (émission d'urine mélangée de pus).

PURULENCE (écoulement de pus). Suppuration. Pyorrhée. Pyorrhée alvéolaire.

PURULENT (qui contient du pus). Suppurant.

SUPPURER. *Suppurer* (en parlant d'une plaie). Laisser écouler du pus.

pyrotechnie

(du gr. *pur, puros,* feu, et *tekhnê,* art)

Préparation et emploi des produits explosifs. Artifices agricoles, industriels. Artifices de divertissement. Artifices de salon, de théâtre.

Feu d'artifice. Phases : annonce, coups de feu, intermèdes, bouquet, embrasement. / Feu blanc, vert, rouge, etc. Feu d'eau (monté sur un flotteur). / *Pièces ou artifices.* Ailes de moulin. Artichaut. Ballon. Boîte à feu. Bombe lumineuse. Bouquet. Cascade. Chandelle romaine. Chenille. Comète. Dard. Cordes ou lances. Etoile. Feu de Bengale. Fusée. Gerbe. Girandole. Gloire. Jumelles. Marron. Nappe de feu. Pétard. Pot à feu. Plongeon. Pluie de feu. Roue. Saxon. Serpenteau. Soleil fixe ou tournant. Soleil d'eau. Saucisson.

Éléments pyrotechniques. Ame de fusée. Amorce et bonnetage. Baguette. Mèche. Etoupille. Cartouche et garnissage. Chasse (charge). Verge. / Composition fusante. Pâtes lumineuses. Lycopode. Carcasse. Chevalet ou brin. Grille. / Colorants métalliques. Strontium (rouge). Magnésium (blanc). Baryum (vert), etc.

Relatif à la pyrotechnie. Fuser. Monter. Eclater. / Tourner. Vriller. / Artificier. Pyrotechnicien. Pyrophore (s'enflamme à l'air). Pyrophorique.

Q

qualité
(du lat. *qualitas*)

Manière d'être bonne ou mauvaise d'une chose. Une marchandise de bonne, de mauvaise qualité, de qualité moyenne. / *Un produit de qualité supérieure.* Excellent. Surfin. Extra-fin. De premier ordre. / *Une marchandise de qualité inférieure.* Pacotille. Camelote.

QUALIFIER. Nommer. Désigner. Déterminer. Appeler.

QUALIFICATIF. Adjectif. Epithète.

QUALITATIF (relatif à la qualité). / Qualitativement.

Manière d'être bonne. *Apprécier la qualité d'une marchandise. Préférer la qualité à la quantité.* Excellence. / *Un produit de qualité.* Supérieur. Excellent. De choix. / *Garantie de qualité.* Marque. Label. / Qualité de la vie (degré de bien-être dans l'existence humaine).

Élément de la nature d'un être. *Qualité naturelle. Qualité acquise.* Disposition. Aptitude. Don.

Ce qui rend un être meilleur, supérieur. *Montrer les qualités de quelqu'un.* Valeur. Mérite. Capacité. Supériorité. Perfection. / *Qui a toutes les qualités.* Parfait.

Condition sociale, civile, juridique. *Nom, prénom, qualité.* Titre. Fonction. Qualification. / *Avoir qualité pour.* Compétence. Droit. / *Etre qualifié pour.* Autorisé. Compétent.

quantité
(du lat. *quantitas*)

Caractère de ce qui peut être mesuré. *Quantité constante, invariable. Quantité variable.* Grandeur. Mesure. Nombre.

Nombre plus ou moins considérable de choses ou de personnes. *Une quantité de nourriture.* Part. Portion. Ration. Bouchée. Cuillerée. Assiettée. / *Une quantité de boisson.* Gorgée. Coup. / *Petite quantité d'un liquide.* Goutte. Larme. Doigt. Soupçon (fam.). / *Une grande quantité.* Abondance. Grand nombre. Multitude. Foule. Tas. Masse. Collection. Flopée (fam.). Foultitude (fam.). Flot. Ribambelle. Kyrielle.

QUANTITATIF (relatif à la quantité). / Quantitativement. Quantifier.

Expression de la quantité. *Adverbes de quantité.* Assez. Autant. Beaucoup. Plus. Moins. Peu. Combien. Trop. Tant. Tout, etc. / *Adjectifs de quantité.* Plusieurs. Quelques. Tout, etc.

quatre
(du lat. *quatuor;* en gr. *tettares*)

Idée de quatre. Quatrième. / Quatre-temps. / Quatrain. Quaterne. Quaternaire. Quatuor. Quartette. Quartidi. / Carré. Ecarteler. / Olympiade (quatre ans). / La quarte. / Fièvre quarte. / Quartanier (sanglier de quatre ans). / Quarté.

Quadrangulaire. Quadriennal. Quadrige. Quadrijumeau. Quadrilatère. Quadrilatéral. Quadrimoteur. Quadrirème. Quadrisyllabe. Quadrille. Quadrilobé. Quadripétale. Quadrupède. Quadrumane.

Tétracorde. Tétradactyle. Tétraèdre. Tétragone. Tétralogie. Tétramètre. Tétrapole. Tétrarchie. Tétrastyle. Tétrasyllabe, etc.

Idée de quart. Quatrième partie. Le quart. / Quarteron. Quarto. In-quarto. Quadrant. Quadriparti. Quartier.

Idée de quatre fois. Quarante. Quarantaine. Quarantième. / Quatre-vingts. Quatre-vingtième. / Octante. Octogénaire. / Quatre-vingt-dix. Quatre-vingt-dixième. / Nonante. Nonagénaire. / Quater. / Quadrupler. Quadruple. Quadruplés. Quadruplex (télégraphique).

querelle
(du lat. *querela,* plainte)

Désaccord qui se manifeste par des paroles ou des actes hostiles. *Allumer, provoquer, exciter une querelle.*

Apaiser, calmer une querelle. Différend. Discussion. Dispute (fam.). Démêlé. Conflit. Polémique. Dissension. Contestation. Bisbille (fam.). Brouille. Chamaillerie (fam.). Chamaille (fam.). Chamaillis (fam.). Altercation. Algarade. Prise de bec (fam.). Accrochage (fam.). Engueulade (pop.). / *Chercher querelle.* Chercher noise. Chercher chicane.

QUERELLER. Blâmer. Gronder. Houspiller. Disputer (fam.). Attraper (fam.). Faire une scène (fam.).

SE QUERELLER. Se chamailler (fam.). Se disputer (fam.). Discuter. Se battre. Se prendre aux cheveux. Se crêper le chignon (fam.). S'accrocher (fam.). S'engueuler (pop.).

QUERELLEUR. Batailleur. Agressif. Chamailleur (fam.). Discutailleur. Chicanier. Chicaneur. Mauvais coucheur.

question

(du lat. *questio,* recherche)

Ce qui est à examiner ou à discuter. *Aborder, soulever une question. Etudier une question.* Affaire. Sujet. Problème. Matière. Point. Controverse. Discussion. / *Mettre, remettre quelque chose en question.* Soumettre à une discussion. Remettre en cause. / *Etre question de.* S'agir de. Parler de. / *Question, discussion en litige.* Controversée. Discutée. / C'est toute la question (c'est là la difficulté essentielle, c'est le point litigieux). / Ce n'est pas la question (il ne s'agit pas de cela). / Il n'y a pas de question (c'est sûr, il n'y a pas de problème).

queue

(du lat. *cauda ;* en gr. *oura*)

Extrémité postérieure du corps de certains animaux. *Petite queue du lapin.* Couette (fam.). / *Extrémité de la queue d'un chien.* Fouet. Balai. / *Couper la queue à un chien, à un cheval.* Courtauder. Courtaud. / *Attacher les animaux l'un à la queue de l'autre.* Accouer. / *Queue d'un oiseau.* Croupion. Pennes. Rectrices. Glande uropygienne (glande cutanée à la base du croupion). / *Queue d'un poisson.* Nageoire caudale.

CAUDAL (relatif à la queue). Appendice caudal.

Partie d'un végétal qui l'attache à la branche, à la tige. *Queue de cerise, de pomme.* Pédoncule. / *Queue d'une feuille.* Pétiole. / *Couper la queue d'un fruit.* Equeuter. Equeutage.

Partie terminale. La queue d'un avion (arrière du fuselage). / La queue d'une lettre (trait vertical au-dessous de la ligne d'écriture). Hampe (d'un *p*). / *La queue d'un cortège, d'une classe.* Derniers rangs. Dernières places.

File de personnes qui attendent leur tour. *Faire la queue.* Prendre rang (à la file). Attendre. / *A la queue leu leu.* Les uns derrière les autres.

Relatif à la queue. *Animal à queue courte, à queue longue, sans queue.* Brevicaude, macroure, anoure. Oxyure (à queue en pointe). / Queue à tous crins, en balai, en catogan, de rat. / Queue basse. / Queue en trompette. Queue en l'air. / *Remuer la queue.* Quoailler. Fouetter.

R

race

(de l'ital. *razza;* en lat. *genus, generis;* en gr. *genos*)

Groupe humain ayant en commun des caractéristiques physiques héréditaires. *Race blanche. Race noire. Race jaune.* Groupe ethnique. / *Classement des races d'après la couleur de la peau.* Leucodermes (Blancs). Mélanodermes (Noirs). Xanthodermes (Jaunes). / *Classement des races d'après la forme du crâne.* Brachycéphales (crâne court). Dolichocéphales (crâne allongé). Mésocéphales ou mésaticéphales (crâne moyen). / *Etude des races, des groupes humains.* Anthropologie. Ethnologie. Ethnographie. / Anthropologue. Ethnologue. / Ethnographe. / *Croisement des races.* Métissage. / Métis. Mulâtre. Mulâtresse. Quarteron. Eurasien. Sang-mêlé. / *Amélioration d'une race.* Eugénisme. / *Anéantissement, extermination d'une race.* Génocide.

RACISME. Théorie des races supérieures. Raciste.

RACIAL (relatif à la race). Ethnique. / Discrimination raciale. Ségrégation raciale. Apartheid. / Ségrégationnisme. Ségrégationniste. / *Persécution raciale.* Pogrom. / Traite des Noirs.

Classification des races humaines. *Groupe australoïde.* Race australienne. Race vedda. / *Groupe leucoderme.* Race nordique, est-européenne, alpine, dinarique, méditerranéenne, anatolienne, touranienne, sud-orientale, indo-afghane, aïnou. / *Groupe mélanoderme.* Race mélano-africaine, éthiopienne, négrille, khoisan, mélano-indienne, négrito, mélanésienne. / *Groupe xanthoderme.* Race ouralienne, paléo-sibérienne, nord-mongole, sud-mongole, indonésienne, polynésienne, esquimaude, amérindienne.

Personnes ayant le même comportement, les mêmes goûts. *La race des usuriers, des avares.* Espèce. Engeance.

Subdivision d'une espèce animale. Animal de race pure. / Pedigree (extrait généalogique). Herdbook (livre généalogique pour les bovins). Studbook (livre généalogique pour les chevaux). Flockbook (livre généalogique pour les moutons). / *Qui est de race pure.* Racé. / *Croisement des races.* Métissage. Hybridation. / Hybride. / *Animal qui n'est pas de race pure.* Mâtiné. Métissé. Bâtard. / *Qui a perdu les qualités de sa race.* Dégénéré. / *Dégénérescence d'une race.* Abâtardissement. / Abâtardir.

racheter

(de *re* et de *acheter;* en lat. *redimere, redemptum*)

Obtenir le salut, la libération d'une personne au moyen d'une rançon, au prix d'un sacrifice. *Racheter des prisonniers.* Délivrer. / *Racheter les hommes par sa mort* (en parlant du Christ). Sauver (par la rédemption).

RACHAT. *Rachat des hommes par le Christ.* Rédemption. / Rédempteur. Sauveur.

Obtenir le pardon, l'oubli d'une mauvaise action, de ce qui fait du tort. *Racheter une faute.* Expier. / *Racheter les erreurs du passé.* Réparer. Effacer. Se faire pardonner. / *Racheter un défaut, un inconvénient.* Compenser. Faire oublier.

Se racheter. Retrouver sa dignité, la considération. Se relever moralement. Se réhabiliter. Se faire pardonner.

RACHAT. *Rachat d'une faute.* Expiation. Réparation.

racine

(du lat. *radix, radicis;* en gr. *rhiza*)

Partie d'une plante par laquelle elle est fixée au sol. *Parties d'une racine.* Base. Collet. Coiffe. Filament. Radicelles. Poils absorbants.
Forme des racines. Racine pivotante, traçante, fasciculée, adventive, fusiforme, tubéreuse, bulbeuse, tuberculeuse. / *Racine bulbeuse.* Bulbe. Oignon. Caïeu. / *Tige souterraine qui émet des racines.*

Rhizome (iris). Tubercule (pomme de terre). / *Tige rampante qui s'enracine.* Stolon (fraisier).

Racines comestibles. Betterave. Carotte. Céleri. Gingembre. Igname. Manioc. Navet. Radis. Raifort. Rutabaga. Salsifis. Scorsonère (salsifis noir).

Relatif aux racines. *Prendre racine.* S'enraciner. Pousser des racines. / *Arracher une plante avec ses racines.* Déraciner. Extirper. / Déracinement. Extirpation. / Motte. / Egravillonner (enlever la terre des racines d'un arbre qu'on transplante). / Coupe-racines. / Radicivore ou rhizophage (qui se nourrit de racines).

Partie par laquelle un organe est implanté dans un tissu. *Racine du nez.* Base. Naissance. / Racine d'une dent. / Dents à une racine (incisives, canines, prémolaires). Dents à deux racines (molaires inférieures). Dents à trois racines (molaires supérieures).

Origine d'une chose abstraite. *Les racines de l'orgueil.* Principe. Cause. Base. / *Supprimer le mal dans sa racine.* Détruire. Déraciner. Extirper. / *S'enraciner* (en parlant d'un abus, d'un défaut, d'une erreur). Se fixer. S'implanter. S'ancrer. / Enracinement. / Indéracinable.

raconter

(de *re* et de l'anc. français *aconter;* en lat. *narrare, narratum*)

Faire le récit de choses vraies ou imaginaires. *Raconter un événement, une aventure. Raconter ce qu'on a vu, entendu.* Rapporter. Relater. Retracer. Dire. Exposer. Narrer. Rendre compte. / Relation. Rapport. Récit. Exposé. Narration. Compte rendu. Procès-verbal. / Roman. Nouvelle. Journal. Mémoires. Souvenirs. Conte. Légende. Anecdote. Fable. Apologue. Historiette. / Conteur. Narrateur. / Racontable. Inracontable.

Manière de raconter. Aller droit au fait. Raconter à grands traits. Raconter brièvement, succinctement. / Raconter par le menu. Donner des détails. Etoffer. Illustrer d'exemples, de remarques personnelles. / Enjoliver. Broder. Agrémenter. Embellir. Amplifier. Exagérer. Corser. Ajouter de son cru (fam.). En remettre (fam.). / Transposer. Romancer. Donner une version personnelle. Travestir. / Affadir. Passer sous silence. / Avoir de la faconde, de la verve, du bagout (fam.). / *Art de raconter.* Tenir en haleine. Eveiller, susciter l'intérêt.

Dire à la légère. *Raconter des choses absurdes, des histoires.* Dire. Débiter. Sortir (fam.).

RACONTAR (ce qu'on raconte sur quelqu'un). Cancan. Bavardage. Commérage. Ragot (fam.). Histoire. Potin (fam.).

radio-électricité

Technique permettant la communication à distance de messages et de sons au moyen d'ondes électromagnétiques. *Techniques radio-électriques.* Radar. Radio-astronomie (V. ASTRONOMIE). Radiocommande. Radiodiffusion. Radioguidage. Radionavigation (V. NAVIGATION). Radiophonie. Radiosondage. Radiotéléphonie (V. TÉLÉPHONE). Télécommunications. Phototélégraphie. Télévision.

Radiotechnie ou radiotechnique. Station de télécommunications. Poste émetteur. / Poste récepteur, radiorécepteur, récepteur ou appareil de radio. Poste à piles, à secteur. / Poste à lampes, à transistors. Châssis. Prises d'antenne, de terre, de microphone, de tourne-disques, de haut-parleur. / Composants d'un poste (V. ÉLECTRONIQUE). / Antenne. Descente d'antenne. Terre. / Bouton de syntonisation ou d'accord. Syntonisation. Détection. Bonne, mauvaise réception. Evanouissement momentané du son ou fading. / Potentiomètre. Bouton de contrôle du volume.

Fréquence. Radiofréquence. Bande de fréquence. Canal. Très basses fréquences. Basses fréquences. Moyennes fréquences. Hautes fréquences. Très hautes fréquences. Ultra-hautes fréquences. Super-hautes fréquences.

Longueur d'onde. Ondes très longues. Ondes longues ou grandes ondes. Ondes moyennes ou petites ondes. Ondes courtes. Ondes métriques, décimétriques, centimétriques, millimétriques. Micro-ondes (de 1 mm à 1 m).

Propagation des ondes. Onde porteuse. Onde modulée. Modulation d'amplitude. Modulation de fréquence. Modulation de phase. Modulation à impulsion. / Emission. Onde directe ou onde de surface. Faisceau hertzien. Relais hertzien. Satellite-relais. Satellite de télécommunications. Mondovision. Eurovision.

Radiodiffusion. Chaîne. Réseau. Station. / Studio. Auditorium. Microphone. Présentateur. Présentatrice. Speaker. Speakerine. Journaliste. Animateur. Commentateur. / Régie. Prise de son. Tourne-disques. Magnétophone. / Pro-

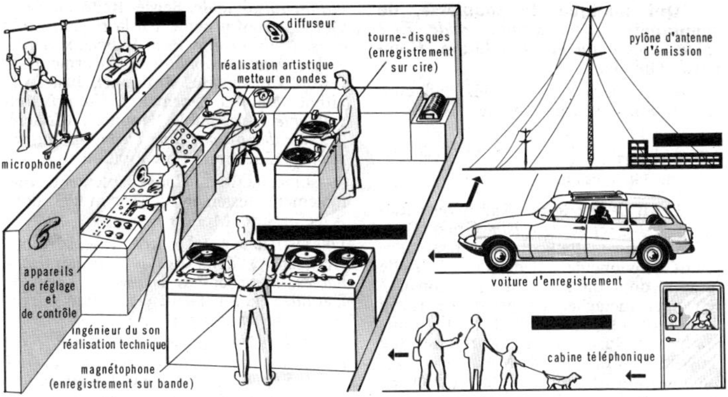

ducteur. Réalisateur. Technicien. Metteur en ondes (réalisateur artistique). Ingénieur du son (réalisateur technique). / Car de reportage. Voiture d'enregistrement. Radioreportage. Reporter. Perchman (tient le microphone). / Générateur d'ondes. Antenne d'émissions. / Emission en direct. Emission différée. Retransmission. / Emission d'actualités. Radio-journal. Journal parlé. / Emission culturelle. Emission de variétés, de jeux. Radiothéâtre. Dramatique.

Relatif à la radio-électricité. Radio-électrique. Radiophonique. Ondes hertziennes. Télégraphie sans fil ou T.S.F. / Radio-pirate. Radio clandestine. Guerre des ondes. Brouillage des émissions. Brouiller. Parasites. Antiparasiter. Union internationale des télécommunications. Service radiomaritime. / Station périphérique. / Auditionner. Enregistrer. Emettre. Transmettre. Diffuser. Radiodiffuser. / Capter. Détecter. / Auditeur.

raffiner
(de *re* et de *affiner*)

Débarrasser une substance de ses impuretés. *Raffiner du sucre.* Epurer. / *Raffiner du pétrole.* Distiller.

RAFFINAGE. Raffinage du sucre, du pétrole (v. ces mots). / RAFFINERIE. / RAFFINEUR.

Rendre une chose plus délicate, plus fine. *Raffiner son langage, son comportement* Alambiquer (vx). Subtiliser (vx). Fignoler (fam.). / *Raffiner sur l'ordre, sur l'élégance.* Rechercher avec excès.

RAFFINEMENT. *Raffinement dans le langage.* Préciosité. Marivaudage. Purisme. / *Raffinement dans les manières.* Affectation (v. ce mot). / *Raffinement dans la cruauté, la méchanceté.* Sadisme. Sadique. / *Raffinement dans les plaisirs de la vie.* Sybaritisme. Sybarite.

RAFFINÉ. *Un comportement raffiné.* Elégant. Gracieux. / *Une cuisine raffinée.* Recherchée. Très délicate. / *Un gourmet raffiné.* Connaisseur. Difficile. / *Un langage raffiné.* Précieux. / Un(e) raffiné(e) [personne de sentiments très délicats, d'une grande finesse de goût].

raide
(du lat. *rigidus*)

Qui est difficile à plier ou qui ne plie pas. *Un membre raide.* Ankylosé. Engourdi. Raidi. Dur. / *Un col raide.* Empesé. / Empeser. Empesage. / *Un muscle raide.* Fortement tendu. / *Un cordage raide.* Rigide. Etarque (marine).

RAIDEUR. Ankylose. Engourdissement. / Rigidité. Raidissement. Contraction. Tension.

RAIDIR (rendre raide). Tendre. Tirer. Bander. Contracter (en parlant des muscles). Etarquer (une manœuvre).

RAIDISSEUR. Tendeur.

Difficile à monter ou à descendre. *Un sentier raide.* Escarpé. Abrupt. / Raidillon (chemin en pente raide).

Qui manque de souplesse, de spontanéité. *Une attitude raide. Etre raide comme un échalas.* Grave. Compassé. Guindé.

RAIDEUR. Gravité. Attitude affectée. Affectation. / Sourire empesé.

raisin
(du lat. *racemus*)

Fruit de la vigne. Raisin vert. Raisin mûr. / *Grappe de raisin.* Grain. Baie. Pulpe. Pépins. Pellicule ou peau des grains. Pédoncule. Pédicelle. / Rafle (grappe dont on a enlevé les grains). / Egrapper (détacher les grains de raisin de la grappe). / Grappillon (partie d'une grappe). / Raisin frais. / Raisin sec (de Smyrne, de Corinthe, de Malaga).
Composition du raisin : sucre (glucose), acide tartrique, acide malique.

Variétés de raisins. *Raisin de table.* Chasselas doré de Fontainebleau, de Moissac. Chasselas Napoléon ou bicane. Chasselas rose. Chasselas Vibert. Frankental. Long noir d'Espagne. Madeleine royale. Muscat blanc, noir. Muscat de Hambourg. Black Alicante. Gros vert. Servant. Dattier. Alphonse Lavallée, etc. / *Raisin de cuve.* Cépage. (V. VIGNE.) *Récolte du raisin.* Vendange (v. ce mot).

Relatif au raisin. Vigne. Treille. / Vin. / Raisiné (confiture de raisin). / Cure uvale (à base de raisin). Station uvale.

raison
(du lat. *ratio*)

Faculté qui permet à l'homme de distinguer le vrai du faux, le bien du mal et de déterminer sa conduite d'après cette connaissance. *Faire appel à la raison.* Sagesse. Bon sens. Entendement. Discernement. Jugement.

Locutions diverses. Age de raison (à partir duquel on a conscience de ses actes). Avoir raison (être dans le vrai). Donner raison à quelqu'un (dire qu'il est dans le vrai). Entendre raison, se rendre à la raison (devenir raisonnable). Mariage de raison (décidé par des convenances sociales, par l'intérêt). Perdre la raison (devenir fou, insensé). Recouvrer la raison (redevenir lucide). Plus que de raison (plus qu'il n'est convenable). Se faire une raison (se résigner, prendre son parti).

RAISONNABLE. *Un être raisonnable.* Doué de raison. Intelligent. Pensant. / *Un enfant raisonnable.* Sensé. Réfléchi. Sage. Qui agit conformément à la raison. / *Un conseil raisonnable.* Bon. Judicieux. Sensé. / *Un acte raisonnable.* Conforme à la raison. Convenable. Rationnel. Juste. Légitime. Naturel. Normal. / *Un prix raisonnable.* Acceptable. Honnête. Modéré. / *Tenir des propos plus ou moins raisonnables.* Elucubrer. Elucubration.

RAISONNABLEMENT. Convenablement. Normalement. Justement. / Avec modération. Avec mesure. Modérément.

DÉRAISONNABLE. Absurde. Insensé. Fou. Irréfléchi. / *Tenir des propos déraisonnables.* Déraisonner. Divaguer. Radoter. Dérailler (fam.). Déménager (fam.). Travailler du chapeau (fam.).

Ce qui explique un fait, un acte. *La raison d'un phénomène, d'un événement.* Explication. Origine. Le pourquoi. / *La raison d'un acte, d'une attitude.* Motif. Mobile. Motivation. / *En raison de.* A cause de. Etant donné. Vu.

Ce qui permet de prouver ou de justifier une chose. *Une raison de croire, d'espérer.* Motif. Sujet. Justification. Fondement. / *Donner une raison pour.* Argument. Preuve. Prétexte. Excuse. Allégation. / *Opposer une raison pour répondre.* Réfutation. Objection. / *Avoir de bonnes raisons pour.* Etre fondé à. Etre motivé.

raisonnement
(de *raison*)

Suite de propositions qui s'enchaînent en vue d'une conclusion. Raisonnement analytique. Raisonnement synthétique. / Raisonnement « a priori » (fondé sur la raison). Raisonnement « a posteriori » (fondé sur l'expérience). / *Raisonnement par analogie.* Induction. / *Raisonnement déductif.* Syllogisme. Déduction.
Prémisses (les deux premières propositions). Majeure. Mineure. / Conclusion. / Dilemme (raisonnement dont la majeure contient une alternative). / *Raisonnement mathématique.* Démonstration. Déduction constructive. / *Base d'un raisonnement.* Principe. / Raisonnement qui repose sur une hypothèse, sur un axiome. / Raisonnement logique, conséquent, suivi. / *Raisonnement faux, décousu, vicieux.* Illogisme. Paralogisme. Cercle vicieux. / *Raisonnement spécieux, captieux.* Sophisme. / *Raisonnement pointilleux.* Argutie. / *Ensemble des moyens utilisés pour démontrer, convaincre.* Dialectique. Argumentation.

RAISONNER. *Raisonner par analogie, par induction.* Induire. / *Raisonner par déduction.* Déduire. Tirer une conséquence. Inférer. Conclure. / Raisonner juste, correctement, avec exactitude, selon les règles. / *Personne qui raisonne avec rigueur, avec méthode.* Logicien. / Raisonner faux. Raisonner mal. Raisonner comme une pantoufle, comme un tambour. / *Raisonner avec quelqu'un.* Discuter. / *Se perdre en des raisonnements interminables.* Ratiociner. Ergoter. Chicaner. / Ratiocination. Ergoterie. Chicane.

RAISONNEUR (qui a la manie de raisonner). Discuteur. Ergoteur. Chicanier.

ramasser

(de *re* et de *amasser*)

Prendre en différents endroits des êtres ou des choses pour les réunir. *Ramasser des écoliers.* Transporter (par car en classe). / *Ramasser du lait.* Collecter. / *Ramasser un vagabond* (en parlant de la police). Arrêter. Appréhender. Emmener. Cueillir (pop.).

RAMASSAGE. Ramassage scolaire. / *Ramassage du lait.* Collecte. / Ramasseur.

Prendre des choses éparses par terre. *Ramasser du bois mort.* Emporter. / *Ramasser du foin avec un râteau.* Râteler. / *Ramasser des épis après la moisson.* Glaner. / *Ramasser des champignons.* Cueillir. Récolter.

RAMASSAGE. Ramassage des coquillages. / Ramasse-miettes. Ramasse-monnaie.

RAMASSEUR. Ramasseur de pommes.

Prendre par terre un être, une chose. *Ramasser un enfant qui est tombé. Ramasser un blessé.* Relever. Remettre debout. / Ramasser un gant, un mouchoir.

rancœur

(du bas lat. *rancor,* aigreur)

Amertume profonde que l'on ressent après une déception, une injustice. *Eprouver de la rancœur.* Ressentiment. Aigreur. Rancune. / *Avoir de la rancœur contre quelqu'un.* En vouloir à quelqu'un. Tenir rigueur. Etre irrité, furieux contre.

rancune

(du bas lat. *rancura,* rancune)

Souvenir que l'on garde d'une offense, d'une injustice et qui peut s'accompagner d'un désir de vengeance. *Nourrir, entretenir de la rancune à l'égard de quelqu'un.* Ressentiment. Aigreur. Rancœur. Animosité. Hostilité. / *Avoir de la rancune contre quelqu'un.* Avoir une dent (fam.). En vouloir à. Garder à quelqu'un un chien de sa chienne (fam.).

RANCUNIER. Malveillant. Vindicatif.

rang

(du francique *hring,* anneau, cercle)

Suite de personnes ou de choses placées sur une même ligne. *Un rang de soldats, d'écoliers. Un rang de fauteuils.* Rangée. / *Un rang de spectateurs le long d'une rue.* Haie. Haie d'honneur. / *Un rang d'agents de police.* Cordon. / *Rompre un rang.* Se disperser. / *En rang d'oignons.* Sur une seule ligne. / *Serrer les rangs.* Se rapprocher.

RANGER (disposer en un ou plusieurs rangs). Aligner. Disposer. Ordonner.

Place occupée par une personne dans la hiérarchie sociale. *Tenir son rang.* Place. / *Fréquenter les personnes de son rang.* Classe. Condition. Situation. / *Elever à un rang supérieur.* Promouvoir. Promotion.

Position d'une personne physique ou morale, d'une chose dans un classement. *Rang le plus bas, le plus haut.* Echelon. Degré. / *Rang dans l'armée.* Grade. / *Le premier rang.* Prééminence. Primauté.

ranimer

(de *re* et de *animer*)

Ramener à un état normal de conscience. *Ranimer un noyé, un asphyxié, un électrocuté.* Faire revenir à soi. Faire reprendre conscience. (On dit aussi RÉANIMER.)

RÉANIMATION. Respiration artificielle. Tractions rythmiques. Massage du cœur. Bouche-à-bouche.

Rendre actif, plus vif. *Ranimer un feu, une flamme.* Activer. Attiser. Rallumer. / *Ranimer l'ardeur, l'enthousiasme.* Augmenter. Réchauffer. Exalter. Relever. / Encourager. Remonter le moral. Redonner de la vigueur, du nerf. / *Ranimer une douleur.* Raviver. Réveiller.

rapace

(lat. *rapax, rapacis,* de *rapere,* emporter)

Oiseau carnassier aux griffes et au bec recourbés. ***Rapaces diurnes.***

Falconiformes (ordre). Familles : falconidés, accipitridés, cathartidés, pandionidés, sagittariidés. / *Principaux rapaces diurnes :* aigle, aigle royal, aigle impérial, autour, autour des palombes, balbuzard ou aigle pêcheur, bondrée, busard, buse, circaète ou jean-le-blanc, condor, crécerelle, émerillon, épervier ou émouchet ou tiercelet, faucon pèlerin, gerfaut ou faucon blanc, gypaète, hobereau, milan, pygargue ou aigle de mer ou orfraie, sacre, serpentaire, vautour, vautour fauve ou griffon, urubu.

Rapaces nocturnes. Strigiformes (ordre). Familles : tytonidés (groupe des effraies), strigidés (hiboux [portent des aigrettes de chaque côté de la tête], chouettes [pas d'aigrettes]). / *Principaux rapaces nocturnes :* chevêche, chevêchette ou chouette-moineau, chouette commune, effraie, harfand des neiges, hibou brachyote, hibou grand duc, moyen duc, petit duc, hulotte ou chat-huant.

Relatif aux rapaces. Aire (nid). / Pennage (plumage). Cerceaux (plumes de l'aile). Balai (queue). Culottes (plumes sur le tarse). Aiglures, égalures, mailles (taches). Main (patte). Serres (ongles, griffes). / Gorge (nourriture). Gorge chaude (chair encore chaude donnée à l'oiseau). / Affaiter, duire (dresser). Leurre. Leurrer. Chaperon (coiffe de cuir pour aveugler les faucons). Chaperonner. Siller (coudre les paupières). Dessiller. / Charognard. Prédateur. / Fauconnerie.

rapide

(du lat. *rapidus,* de *rapere,* emporter ; en gr. *takhus*)

Qui parcourt beaucoup d'espace en peu de temps. *Un homme rapide. Un animal rapide.* Vite. Véloce (littér.). / *Marcher d'un pas rapide.* Allonger le pas. Forcer le pas. Aller bon train. Un train d'enfer. A fond de train. / Rapide comme l'éclair, comme la flèche. / *Une course rapide.* Effréné. Vertigineux.

RAPIDITÉ. Vitesse. Vélocité. Célérité.

RAPIDEMENT. Vite. A grande vitesse. A toute vitesse.

Qui agit avec promptitude. *Etre rapide dans son travail.* Vif. Expéditif. Prompt. Actif. Diligent. / *Rapide* (en parlant de l'esprit). Eveillé. Qui comprend vite.

RAPIDITÉ. Promptitude. Célérité. Prestesse. / *Rapidité excessive.* Hâte. Précipitation.

RAPIDEMENT. Promptement. Vivement. Prestement. Presto (fam.). Expéditivement. En un instant. En un moment. En un tour de main (fam.). En moins de deux. / *Mener rapidement une affaire.* Tambour battant. Abattre du travail, de la besogne. Aller vite en besogne. / / *Faire quelque chose rapidement et sans soin.* Bâcler. Expédier. Torcher (fam.). / *Trop rapidement.* A la va-vite. A la hâte. Hâtivement. Précipitamment. Dare-dare (fam.).

Qui s'accomplit en peu de temps. *Un récit rapide.* Bref. Court. / *Un geste rapide.* Preste. Prompt. / *Un coup d'œil rapide.* Furtif. / *Une lecture rapide.* Sommaire. / *Une décision trop rapide.* Brusque. / *Rendre un mouvement rapide.* Activer. Accélérer. Précipiter. / *Rendre moins rapide.* Retarder. Ralentir.

RAPIDITÉ. *Rapidité d'un geste.* Prestesse. Agilité. / *Rapidité de la parole.* Volubilité. / Volubile.

Élément ***tachy-***. Tachycardie. Tachyphagie. Tachymètre. Tachyphémie.

rapport

(de *rapporter*)

Lien entre deux ou plusieurs choses. *Les rapports du physique et du moral.* Dépendance. Correspondance. Liaison. Connexion. Connexité. / *Etablir un rapport entre deux événements.* Rapprochement. / Rapprocher. Rattacher. / *Termes d'un rapport.* Antécédent. Conséquent. / *Rapport mathématique.* Proportion. Mesure. Quotient.
Avoir un rapport avec une chose. Se rapporter. Concerner. Intéresser. Se rattacher. Avoir trait à. Toucher à. / *Qui se rapporte à une chose.* Relatif à. Concernant. / *Par rapport à.* Relativement à. Par comparaison.

Élément commun entre certaines choses. *Les rapports entre la poésie et la musique.* Ressemblance. Similitude. Analogie. Concordance. Affinité. Correspondance. / *Etre en rapport avec* (en parlant d'une chose). Convenir. Cadrer. S'accorder. / *Sans rapport avec.* Tout à fait différent.

Lien moral entre des personnes. *Les rapports entre deux familles, deux groupes.* Relations. Fréquentation. Contact. Commerce (vx). / *Relations sociales, professionnelles, politiques.* Accointances. / *Rapports d'une personne avec une autre.* Relation d'affection. Relations sentimentales. / *Rapports intimes.* Relations amoureuses. Liaison. / *Entretenir des*

rapports. Se voir. Se fréquenter. Avoir des accointances avec. Voisiner.
Mettre une personne en rapport avec une autre. Faire connaître. / *Se mettre en rapport avec quelqu'un*. S'aboucher. Faire la connaissance de. / *Etre en rapport avec quelqu'un*. Correspondre. Communiquer. / Relations épistolaires. Relations d'affaires. / *Entretenir de bons, de mauvais rapports*. Etre en bons, en mauvais termes. / *Personnes avec lesquelles on est en rapport*. Relations. Connaissances.

Exposé dans lequel on relate ce qu'on a vu ou entendu. *Dresser, rédiger, signer un rapport*. Compte rendu. Relation. Récit. Description. Analyse. Témoignage. / *Rapport indiscret, médisant*. Indiscrétion. Racontar (fam.). Dénonciation. Délation. Cafardage (fam.).

RAPPORTER. Raconter. Dire. Relater. Redire. Répéter. / Dénoncer. Cafarder (fam.). Moucharder (fam.).

RAPPORTEUR (personne chargée de faire un rapport). / Dénonciateur. Mouchard (fam.). Cafard (fam.).

Ce que produit un capital ou un travail. *Le rapport d'une propriété*. Revenu. / *Le rapport d'une terre*. Rendement. Produit. Fruit. / *Qui procure un rapport suffisant*. Rentable. Rentabilité. / *Le rapport d'une profession*. Gain.

RAPPORTER. Produire. Rendre. Payer.

rare
(du lat. *rarus*)

Qui est en très petit nombre. *Un objet très rare*. Introuvable. Précieux. Recherché. / *Un objet devenu très rare*. Unique. Curieux. Rarissime. / Curiosité. / (Au plur.) *Des oiseaux rares*. Peu nombreux. / *Devenir rare*. Se raréfier.

RARÉFIER (rendre rare). Raréfaction.

RARETÉ. Manque. Pénurie. Insuffisance. Disette.

Qui est peu fréquent. *Un cas rare*. Exceptionnel. Insolite. Accidentel. Inaccoutumé.

RARETÉ. Petit nombre.

RAREMENT. Peu fréquemment. Peu souvent. Quelquefois.

Qui est peu commun. *Une rare beauté. Un rare talent*. Remarquable. Etonnant. Extraordinaire. Singulier. Exceptionnel. Merveilleux. / *Un oiseau rare* (fam.). Phénix. Phénomène. Merle blanc.

RAREMENT. Exceptionnellement.

rassasier
(de *re* et du lat. médiév. *assatiare*, de *satis*, assez)

Satisfaire entièrement la faim. *Rassasier quelqu'un*. Apaiser, calmer la faim. Contenter. Donner son content. Donner, fournir, procurer à manger.

Se rassasier. Manger à sa faim. Manger à satiété.

RASSASIÉ. Repu. Gavé. Saturé (vx). Gorgé de nourriture.

RASSASIEMENT (état d'une personne rassasiée). Réplétion. Satiété.

INSATIABLE (que l'on ne peut pas rassasier). Vorace.

Satisfaire les désirs, les passions de quelqu'un. *Rassasier ses yeux d'un spectacle*. Contenter. / *Rassasié d'argent, de plaisirs*. Satisfait. Assouvi. Saturé.

INSATIABLE (qui ne peut être rassasié). Inapaisable. Inassouvissable. Insatisfait. Avide. Insatiablement.

INSATIABILITÉ. Insatisfaction. Avidité.

ratifier
(du lat. *ratificare*, rendre valable)

Approuver dans la forme requise ce qui a été fait ou permis. *Ratifier un contrat, un acte, une convention, un traité*. Confirmer. Entériner. Sanctionner. Homologuer.

RATIFICATION. Approbation. Confirmation. Sanction. Homologation.

ravir
(du lat. pop. *rapire* [lat. class. *rapere, raptum*], saisir)

Emmener de force ou par ruse. *Ravir un enfant à ses parents*. Enlever. Kidnapper. / (En parlant de la mort.) Arracher une personne à l'affection des siens. Emporter.

RAPT. Enlèvement. Kidnapping.

RAVISSEUR. Voleur. Kidnappeur.

Faire éprouver un vif sentiment d'admiration. *Ravir* (en parlant d'un être ou d'une chose). Plaire beaucoup. Enchanter. Charmer. Transporter. Enthousiasmer. Emballer (fam.). / *A ravir*. Admirablement. Merveilleusement.

RAVISSANT (en parlant d'une chose). Beau. Magnifique. Merveilleux. Superbe. Splendide. / (En parlant d'un être.) Beau. Joli. Charmant. Séduisant. Gracieux.

RAVI. Content. Comblé. Heureux. Enchanté. Charmé.

Ravissement. Admiration. Enthousiasme. Exaltation. Enchantement.

rayon
(du lat. *radius ;* en gr. *actis, actinos*)

Ligne qui part d'un centre lumineux. *Un rayon de soleil, de lune.* Trait. Rai (vx). Jet de lumière. / *Répandre des rayons lumineux.* Briller. Eclairer. Darder. / *Emission de rayons lumineux.* Irradiation. / *Rayon lumineux coloré.* Reflet. / *Se propager en rayonnement.* Irradier. Se diffuser. Rayonner.
Déviation des rayons lumineux. Réfraction. Réfracter. Angle de réfraction. / *Propriété de réfracter les rayons lumineux.* Réfringence. Réfringent. / *Rayons convergents.* Convergence. Converger. / *Rayons divergents.* Divergence. Diverger.

Émission de radiations. Rayonnement. Irradiation. / Rayonnement de la lumière. Rayonnement des astres. / Rayonnement de la chaleur. Rayonnement thermique. / Rayons X ou rayons Röntgen. / *Application des rayons X.* Radiographie. Radioscopie. Radiologie. Radiologue ou radiologiste. / Rayons ultraviolets. Rayons infrarouges. Radioactivités. Rayons α, β, γ. / Rayons cosmiques. / Rayons cathodiques. / Radiothérapie.
Actinométrie (mesure de l'intensité des radiations solaires). Actinomètre.

Élément qui part d'un centre. *Rayon d'un cercle.* Demi-diamètre. / *Rayon d'une roue.* Rai (vx). / *Qui présente une disposition en rayons.* Rayonnant. Radié. Radial. En étoile.

réagir
(de *re* et de *agir*)

Présenter une modification de l'organisme en réponse à une action extérieure. *Réagir à une excitation* (en parlant d'un organe). Répondre.

Réaction. Réponse. / Réaction visuelle, auditive, tactile. / *Réaction involontaire à une excitation.* Réflexe. Réflexe élémentaire. Réflexe conditionné. / Cuti-réaction. / *Ce qui produit une réaction.* Stimulus. Stimulant. Excitant.

Manifester un changement d'attitude. *Réagir à quelque chose* (en parlant d'une personne). Se comporter. Avoir un certain comportement. / *Réagir vivement.* Sursauter. Tressauter. Bondir. / *Ne pas réagir.* Rester indifférent, impassible.

Réaction. *Réaction automatique, machinale.* Réflexe. Automatisme. / Réflexologie (étude des réflexes). Réflexothérapie.

S'opposer à une action par une action contraire. *Réagir contre quelque chose.* Se défendre. Lutter. Résister. Ne pas se laisser abattre. Reprendre le dessus.

Réaction. Opposition. Résistance. Défense.

Réactionnaire (qui s'oppose au progrès politique et social). Conservateur. Rétrograde. Immobiliste.

Exercer une action réciproque. *Réagir sur quelqu'un, sur quelque chose.* Se répercuter. Influer.

Réaction. Répercussion. Contrecoup. Conséquence.

Interaction. Interdépendance. / Interaction de particules atomiques. Réaction nucléaire.

réaliser
(de *réel ;* en lat. *realis*)

Donner une existence effective à ce qui n'était que dans l'esprit. *Réaliser un rêve. Réaliser un projet, un plan.* Concrétiser. Actualiser. Mener à bonne fin. / *Réaliser ses promesses.* Remplir. / *Réaliser un idéal.* Atteindre.

Mettre une chose à exécution. *Réaliser des progrès. Réaliser des bénéfices, des économies.* Faire. Opérer. / *Réaliser une œuvre, un travail.* Accomplir. Mener à bonne fin.

Réalisation. Exécution. Opération. Accomplissement. Aboutissement. Achèvement. / Production. Œuvre. Création.

Réalisateur. Exécuteur. / Cinéaste. Metteur en scène.

Réalisable. Possible. Faisable. Exécutable.

Irréalisable. Impossible. Chimérique. Utopique.

Se représenter un fait dans sa réalité. *Réaliser l'importance d'une entreprise. Réaliser que.* Saisir. Comprendre. Concevoir. Percevoir. Voir. Discerner. Embrasser. Se rendre compte de (ou que).

récent
(du lat. *recens,* nouveau)

Qui s'est produit ou qui existe depuis peu de temps. *Un événement récent.* Nouveau. Frais. De fraîche date. Proche dans le passé. / *Un édifice récent.* Nouveau. Moderne.

Récemment. Depuis peu. Naguère. Dernièrement. Nouvellement. Fraîchement. Ces temps derniers. Ces temps-ci.

recevoir

(du lat. *recipere, receptum*)

Être mis en possession de ce qui est donné, envoyé ou transmis. *Recevoir un cadeau, un prix, une récompense.* Obtenir. / *Recevoir de l'argent.* Percevoir. Toucher. Encaisser. Empocher (fam.). Palper (fam.).

RÉCEPTION. *Réception d'une marchandise.* Livraison. / Accusé de réception. Avis de réception. / Réceptionner (vérifier une livraison lors de la réception). Réceptionnaire. / Recette (d'argent). Receveur.

REÇU. Quittance. Récépissé. Acquit.

Être l'objet d'une action que l'on subit. *Recevoir des coups, un châtiment.* Attraper (fam.). Prendre. Ecoper (fam.). Trinquer. / *Recevoir un affront.* Essuyer. Subir.

RÉCEPTIF (susceptible de contracter certaines maladies). / Réceptivité.

Laisser entrer une personne quelque part après certaines épreuves. *Recevoir un candidat à un concours.* Admettre. / *Ne pas recevoir quelqu'un à un examen.* Refuser. Recaler (fam.). Coller (fam.).

REÇU. Admis. / *Non reçu.* Refusé. Recalé (fam.). Collé (fam.).

Laisser une personne entrer chez soi, dans une société. *Recevoir un ami. Recevoir quelqu'un à sa table.* Inviter. Accueillir. Recueillir. Héberger. Loger. Abriter. Donner le vivre et le couvert. / Amphitryon (personne qui reçoit quelqu'un à sa table). / *Recevoir quelqu'un en lui faisant un bon ou un mauvais accueil.* Accueillir. Traiter. / *Recevoir à bras ouverts, chaleureusement.* Faire bon accueil. Faire fête. / *Recevoir mal, froidement.* Faire grise mine. Recevoir comme un chien dans un jeu de quilles. / *Recevoir des visiteurs.* Donner audience. / *Manière de recevoir quelqu'un.* Accueil. Traitement. / Accueil des voyageurs, des visiteurs. Organisation d'accueil. Centre d'accueil, d'hébergement. Foyer. Bureau d'accueil. / *Employé(e) à la réception.* Hôtesse d'accueil. Huissier. Appariteur. Réceptionnaire (dans un hôtel, dans une maison de commerce).

RÉCEPTION. Jour de réception. / *Réception mondaine.* Cocktail. Thé. Dîner. Lunch. Soirée. Surprise-partie. Surboum (fam.). / *Réception officielle.* Cérémonie. Gala. / Réception dans une compagnie. Réception à l'Académie française. Récipiendaire.

rechercher

(de *re* et de *chercher*)

Chercher avec soin à connaître, à découvrir. *Rechercher les causes d'un phénomène.* Etudier. Examiner. Approfondir. / *Rechercher des renseignements.* Enquêter.

RECHERCHE. *Recherche de renseignements.* Enquête. Investigation. Examen. Quête (vx). / *Recherche de gisements.* Prospection. / Prospecteur. / *Personne qui fait des recherches.* Chercheur. Savant. Scientifique. / *Etre à la recherche de.* En quête de.

RECHERCHÉ (en parlant de quelqu'un). Que l'on cherche à connaître, à fréquenter. Entouré.

Essayer d'obtenir quelque chose. *Rechercher la perfection dans un travail.* Viser à. Poursuivre. Chercher. / *Rechercher un avantage.* Ambitionner. Briguer. Courir après.

RECHERCHE. Poursuite. / *Recherche dans l'habillement.* Apprêt. Raffinement. / *Recherche dans le style, dans l'expression.* Préciosité. Affectation. Maniérisme.

RECHERCHÉ. Raffiné. Etudié. / *Trop recherché.* Affecté. Précieux. Maniéré.

récipient

(du lat. *recipiens,* de *recipere,* recevoir)

Objet creux servant à contenir un liquide, un gaz, une substance solide (granuleuse, pulvérulente, etc.). *Remplir un récipient.* Vase. Ustensile. / *Changer un liquide de récipient.* Transvaser.

Récipients divers. *Récipients à liquides.* Verre. Bol. Tasse, etc. (v. BOUTEILLE, BOIRE). / Récipients de cuisine (v. CUISINE). / *Récipient portatif.* Pot. Bidon. Bouteille. Broc. Seau. Jerrican. Vache à eau, etc. / *Vases anciens.* Amphore. Jarre. Outre. Cratère. Rhyton. / Vase sacré (v. ÉGLISE).

réciproque

(du lat. *reciprocus,* qui va en arrière comme en avant)

Qui a lieu entre deux personnes, deux groupes et qui marque une action équivalente. *Des sentiments réciproques. Une confiance réciproque.* Mutuel. / *Un amour réciproque.* Partagé. / *Un contrat réciproque.* Bilatéral. Synallagmatique.

RÉCIPROCITÉ. Corrélation. Correspondance. Solidarité.

RÉCIPROQUEMENT. Mutuellement. L'un l'autre. Les uns les autres. En retour. / Payer de retour. Rendre la pareille. Rendre la monnaie de sa pièce. / Donnant, donnant. « Vice versa. »

réclamer

(du lat. *reclamare*)

Demander avec insistance. *Réclamer du secours.* Solliciter. Implorer. / *Réclamer quelqu'un. Réclamer sa présence.* Demander après (fam.).

Demander avec insistance une chose due ou juste. *Réclamer de l'argent. Réclamer une augmentation de salaire.* Revendiquer. Exiger. / Faire valoir ses droits. Protester. Récriminer.

RÉCLAMATION. Revendication. Doléances. Desiderata. Plainte. / Revendicatif. / Revendicateur.

Avoir besoin de quelque chose. *Réclamer* (en parlant d'une chose). Demander. Exiger. Requérir.

récolte

(ital. *ricolta,* de *ricogliere,* recueillir).

Le fait de recueillir les fruits de la terre; produits recueillis. *Récolte du blé, des fourrages, du raisin, des fruits.* Moisson. Fenaison. Vendange. Cueillette. / *Récolte des pommes de terre.* Arrachage.

RÉCOLTER. Moissonner. Faner. Vendanger. Cueillir. Ramasser.

Ce qu'on recueille ou rassemble à la suite de recherches. *Une récolte de documents, d'observations.* Moisson. Collection. Butin.

RÉCOLTER. Recueillir. Glaner. Moissonner.

recommander

(de *re* et de *commander*)

Désigner une personne à la bienveillance, à la protection de quelqu'un. *Recommander un employé à un directeur.* Appuyer. Patronner. Pistonner (fam.). Parler pour. / *Recommander son âme à Dieu.* Implorer son secours.

RECOMMANDATION. Appui. Protection. Patronage. Piston (fam.).

RECOMMANDABLE. Estimable.

Se recommander. *Se recommander à quelqu'un.* Demander son appui, sa protection à. / *Se recommander de quelqu'un.* Se réclamer de quelqu'un. Invoquer son appui.

Désigner une chose à l'attention de quelqu'un. *Recommander la prudence, la modération.* Conseiller. / *Recommander un remède.* Préconiser.

Demander avec insistance. *Recommander la discrétion, le secret à quelqu'un.* Commander. Ordonner. / *Recommander de* (avec un infinitif). Exhorter à. Engager à. Avertir de. Prier de.

RECOMMANDATION. Conseil. Exhortation. Avis. Avertissement.

récompense

(de *récompenser;* lat. *recompensare*)

Ce qui est donné en reconnaissance d'un mérite, d'une bonne action. *Promettre, accorder une récompense.* Faveur. / *Une récompense scolaire, universitaire.* Prix. Accessit. Mention. Satisfecit. Diplôme. / *Récompense en argent.* Gratification. Prime. Pourboire. / *Récompense militaire.* Décoration. Médaille. Citation. / Palmarès (liste des récompenses). / Lauréat (celui qui a obtenu une récompense, un prix).

RÉCOMPENSER. Couronner. Décorer. Primer.

réconcilier

(du lat. *reconciliare,* rétablir)

Rétablir les liens d'affection et d'amitié entre des personnes fâchées. *Réconcilier un père avec son fils.* Remettre d'accord. Raccommoder (fam.). Rabibocher (fam.). Rétablir la concorde. Arranger les choses.

RÉCONCILIATION. Raccommodement (fam.). Rabibochage (fam.). / *Sceller la réconciliation.* Se donner la main. S'embrasser.

Se réconcilier. Oublier les torts, les griefs. Se pardonner. Passer l'éponge. Revenir à de meilleurs sentiments. Renouer amitié. Redevenir amis. Faire la paix.

reconnaissance

Souvenir d'un bienfait reçu. *Avoir de la reconnaissance envers quelqu'un.* Gratitude. Obligation. Mémoire du cœur. / Savoir gré. / *Témoigner sa reconnaissance.* Remercier. Dire merci. Payer de retour. / Remerciement. / *Témoignage de reconnaissance.* Récompense. Action de grâce. Ex-voto. « Te Deum ». / *Manque de reconnaissance.* Ingratitude.

RECONNAISSANT. *Se montrer reconnaissant.* Témoigner de la gratitude. Reconnaître un bienfait, un service.

reconnaître
(du lat. *recognoscere*)

Retrouver dans sa mémoire le souvenir d'une personne ou d'une chose. *Reconnaître un ami après une longue séparation.* Se remettre. Se souvenir. Se rappeler. / *Reconnaître deux jumeaux.* Distinguer. / *Reconnaître une écriture, un air de musique.* Identifier.
Ce qui permet de reconnaître quelque chose. Marque. Empreinte. Signe. Point de repère. Indice.

RECONNAISSABLE (que l'on peut reconnaître).

MÉCONNAISSABLE (que l'on ne peut pas reconnaître).

Se reconnaître. Se retrouver. S'orienter.

RECONNAISSANCE. *Signe de reconnaissance.* Marque. Repère. Particularité. Tache. Cicatrice. Tatouage. / Mot de passe, de ralliement.

Accepter, tenir pour vrai. *Reconnaître son erreur, ses torts.* Avouer. Confesser. Convenir de. Faire amende honorable. / *Reconnaître que.* Admettre. Convenir que. Tomber d'accord.

Se reconnaître. *Se reconnaître coupable.* Se tenir pour. Se considérer comme. S'avouer.

Chercher à déterminer la situation d'une région. *Reconnaître un pays inconnu.* Explorer. / *Reconnaître un lieu.* Battre la campagne.

RECONNAISSANCE. *Aller en reconnaissance. Mission de reconnaissance.* Exploration. Recherche. Inspection. Investigation. / *Aviation de reconnaissance.* Observation.

Admettre l'existence juridique d'un être, d'une chose. Reconnaître un pays (l'admettre parmi les puissances constituées, entretenir des relations avec lui). / Reconnaître un enfant (affirmer qu'on est son père, sa mère). / Reconnaître une dette, sa signature (admettre qu'on en est l'auteur).

RECONNAISSANCE. Reconnaissance d'un Etat, d'un gouvernement (acte par lequel leur légalité est reconnue). / Reconnaissance « de jure », « de facto ». / Reconnaissance de dette (acte, écrit par lequel une personne se reconnaît débitrice).

recouvrer
(du lat. *recuperare*)

Rentrer en possession de ce qu'on avait perdu. *Recouvrer la vue, la liberté.* Retrouver. , *Recouvrer la santé.* Guérir. Se rétablir. / *Recouvrer son bien.* Récupérer. Ravoir (fam.).

RECOUVREMENT. *Recouvrement des forces.* Guérison. Rétablissement. / *Recouvrement d'une chose perdue.* Récupération.

recueil
(de *recueillir*)

Ouvrage où sont réunis des écrits en prose ou en vers, des documents. *Un recueil de fables.* Fablier. Bestiaire. / *Un recueil de morceaux choisis.* Anthologie. Chrestomathie. Choix. Florilège. / *Un recueil de bons mots.* Ana. / *Un recueil de sottises.* Sottisier. / *Un recueil de mots.* Dictionnaire. Lexique. Vocabulaire. / *Un recueil de lois, de droit.* Code. Coutumier. Digeste. / *Un recueil de renseignements.* Répertoire. Annuaire. Catalogue.

recueillement
(de *recueillir*)

Action, état d'une personne qui concentre sa pensée sur la vie spirituelle. *Se plonger dans le recueillement.* Méditation. Contemplation. Prière. Oraison mentale. Réflexion spirituelle. / Récollection (retraite spirituelle).

Se recueillir. Prier. Méditer.

Action, état d'une personne qui concentre sa pensée sur la vie intérieure. *Avoir besoin de silence et de recueillement.* Concentration. Réflexion. Application de l'esprit. Méditation.

Se recueillir. S'abstraire. Se concentrer. Méditer. Réfléchir profondément. Se replier sur soi. S'isoler du monde extérieur.

recueillir
(lat. *recolligere*, rassembler)

Rassembler en ramassant. *Recueillir des dons, des aumônes.* Collecter. Faire la quête. / *Recueillir le pollen* (en parlant des abeilles). Butiner. / *Recueillir de l'eau dans une citerne.* Faire entrer. Capter.

Réunir ce qui est dispersé. *Recueillir des documents pour un ouvrage.* Rassembler. Colliger (vx). / *Recueillir des informations.* Obtenir. Enregistrer. / *Recueillir des voix dans une élection.* Obtenir. Rassembler sous son nom.

Tirer profit. *Recueillir le fruit de ses travaux.* Récolter. Retirer un bénéfice, un avantage.

Donner l'hospitalité. *Recueillir des personnes, des animaux.* Accueillir. Abriter. Loger. Héberger. / *Recueillir chez soi.* Donner le vivre et le couvert.

reculer

(de *re* et de *cul*)

Aller, se porter en arrière. *Reculer à une certaine distance.* Rétrograder. Aller, marcher à reculons. / *Reculer* (en parlant d'une troupe). Se replier. Décrocher. Battre en retraite. / *Forcer quelqu'un à reculer.* Repousser. Refouler.

RECUL. Repli. Retraite. Décrochage. Rétrogradation.

Renoncer en présence d'une difficulté. *Reculer devant un risque.* Abandonner. Céder. Se dérober. Faire machine (ou marche) arrière. Flancher (fam.). Caler (fam.). / *Ne reculer devant rien.* Etre prêt à tout faire.

Hésiter à faire une chose exigée ou désirée. *Ne plus pouvoir reculer.* Temporiser. Atermoyer. Tergiverser. / Reculer pour mieux sauter (hésiter devant une décision désagréable).

Ramener, porter en arrière. *Reculer un meuble.* Pousser. Déplacer. / *Reculer un mur.* Reporter plus loin.

Remettre à plus tard. *Reculer la date d'un paiement.* Retarder. Ajourner. Différer. / Délai. Moratoire.

récupérer

(du lat. *recuperare*)

Rentrer en possession de ce qu'on avait perdu ou confié pour un temps. *Récupérer ses forces, son souffle* ou (intransitiv.) *récupérer* (en parlant d'un athlète, d'un sportif). *Récupérer des livres prêtés à quelqu'un.* Recouvrer. Retrouver. Reprendre. Ravoir (fam.). / Récupérer une journée, une heure de travail (travailler une journée, une heure en remplacement de celles qui ont été perdues pour une cause quelconque).

Être de nouveau en présence d'êtres dont on était séparé (fam.). *Récupérer sa famille.* Retrouver. Revoir.

Réintroduire dans une activité professionnelle ou dans la vie sociale une personne qui en avait été éloignée. *Récupérer un accidenté de la route, du travail. Récupérer un malade mental.* Réinsérer (dans une activité). Récupération. Réinsertion. / Récupérable. / Irrécupérable.

Recueillir ce qui serait perdu ou inutilisé. *Récupérer de la ferraille, des emballages.* Ramasser. Réutiliser.

RÉCUPÉRATION. Réemploi. Réutilisation. / Chauffage par récupération. / Four à récupération. / Récupérateur.

rédiger

(du lat. *redigere, redactum,* ramener)

Écrire un texte selon une forme et un ordre voulus. *Rédiger un article de journal, de dictionnaire.* Composer. Formuler. Libeller. / *Rédiger un contrat.* Etablir. Dresser. Instrumenter.

RÉDACTION. *Rédaction d'un projet de contrat.* Elaboration. Composition. Libellé. Texte. / Ecriture. Expression. Elocution. Style.

RÉDACTEUR. *Rédacteur de journal.* Journaliste. / *Rédacteur de dictionnaire.* Lexicographe. / Rédacteur publicitaire.

réduire

(du lat. *reducere,* ramener)

Diminuer les dimensions, l'importance d'une chose. *Réduire la hauteur d'un mur.* Abaisser. / *Réduire des frais, des dépenses.* Restreindre. Economiser. / *Réduire la consommation de certaines denrées.* Rationner. / *Réduire un texte.* Raccourcir. Abréger. Condenser. / Modèle réduit (v. MODÈLE).

RÉDUCTION. Diminution. / *Réduction du prix, d'une somme.* Abaissement. Baisse. Abattement. Remise. Ristourne. Rabais. Discount. / *Réduction en matière d'impôt.* Dégrèvement.

Amener quelqu'un dans tel état, telle situation par force, par persuasion, par autorité. *Réduire à l'inaction.* Contraindre. Forcer. Obliger. / *Réduire au silence.* Faire taire. Clouer le bec (fam.). River son clou (fam.). Museler. / *Réduire à l'obéissance.* Dompter. Soumettre. Mater.

Transformer une chose en une autre. *Réduire une matière en poudre.* Pulvériser. Triturer. Broyer. Piler. / *Réduire du blé en farine.* Moudre. / *Réduire en cendres.* Brûler. Incinérer.

réel

(du lat. médiév. *realis,* de *res,* chose)

Qui a une existence effective. *Un fait réel.* Certain. Authentique. Historique. Indubitable. Incontestable. / *Un droit, un avantage réel.* Effectif. Positif. Tangible. / *Un réel progrès.* Notable. Perceptible. Sensible. Visible. Evident.

IRRÉEL. Imaginaire. Fictif. Faux. Utopique.

RÉELLEMENT. Vraiment. Véritablement. Authentiquement. Certainement. Assurément. Bel et bien. Effectivement. Objectivement.

RÉALITÉ. *La réalité d'un fait.* Vérité. Authenticité. Evidence. Matérialité. / *En réalité.* Réellement. En fait. Au fond. / *Une réalité.* Chose. Fait.

RÉALISME. Pragmatisme. / Réaliste. Pragmatiste.

Qui correspond à ce qu'il doit être. *La valeur réelle d'une chose. Le prix réel d'un objet.* Véritable. Juste. / *Le sens réel d'un mot.* Exact. Précis. Propre.

refaire

(de *re* et de *faire*)

Faire de nouveau. *Refaire un travail.* Recommencer. / *Refaire une expérience.* Répéter. / *Refaire une demande.* Réitérer. Renouveler.

Composés en « r- », en « re- » ou en « ré- ». Racheter. Rajouter. Ramener. Rapprendre, etc. Reblanchir. Relaver. Remeubler. Refermer, etc. Récrire. Réécrire. Rélargir, etc.

Recommencer en faisant quelque chose de nouveau, en transformant. *Refaire un ouvrage.* Refondre. Récrire. Remanier. / Refonte. Réécriture. Remaniement.

Remettre en état. *Refaire des peintures.* Réparer. Restaurer. / *Refaire ses forces.* Rétablir. Reprendre.

RÉFECTION. Réparation. Restauration.

Se refaire. Réparer ses forces. Se rétablir. Recouvrer la santé.

réfléchir

(du lat. *reflectere*)

Renvoyer dans une autre direction. *Réfléchir la lumière* (en parlant d'une surface). Refléter. / Surface réfléchissante. / Lumière réfléchie. Reflet. / *Réfléchir la chaleur.* Réverbérer.

RÉFLECTEUR (miroir qui renvoie la lumière). Réflecteur plan, parabolique. / *Petit réflecteur à l'arrière d'un véhicule.* Cataphote. Catadioptre.

RÉFLEXION. *Réflexion et diffusion de la lumière, de la chaleur.* Réverbération. / *Réflexion des ondes sonores.* Echo.

Penser attentivement à quelque chose. *Réfléchir à une question. Réfléchir sur quelque chose.* Examiner. Approfondir. Creuser. Etudier. Considérer. Peser. Ruminer. Ressasser. Remâcher. Se creuser la tête. Faire travailler sa matière grise (fam.). / *Réfléchir sur sa vie intérieure, sur sa conduite.* Méditer. Se replier. S'examiner. Se recueillir. / *Réfléchir avant d'agir.* Se concentrer. Calculer. Délibérer. Cogiter (fam.). Envisager le pour et le contre. Se tâter (fam.).

RÉFLEXION. *Un moment de réflexion.* Concentration. Méditation. Recueillement. / *Une réflexion.* Observation. Remarque. Critique. Pensée. Considération. Annotation. Note. / *Agir avec réflexion.* Circonspection. Pondération. Sagesse. Prudence. Sérieux. Discernement. / *Qui agit avec réflexion.* Réfléchi. Pondéré. Circonspect. Raisonnable. Sérieux. Sage. Posé. Prudent. Prévoyant. / *Qui agit sans réflexion.* Irréfléchi. Etourdi. Ecervelé. Imprudent. Imprévoyant. / *Qui est dit ou fait avec réflexion.* Réfléchi. Calme. Délibéré. Raisonné. / Irréfléchi. Inconsidéré. Déraisonnable.

IRRÉFLEXION. Etourderie. Inattention. Inconscience. Imprévoyance. Imprudence. Légèreté. Précipitation.

reflet

(de l'ital. *riflesso,* du bas lat. *reflexus*)

Lumière atténuée, colorée ou non, qui apparaît sur une surface réfléchissante. *Le reflet du soleil, de la lune sur la neige. Le reflet d'un éclairage.* Rayon. / *Etoffe à reflets changeants.* Moire.

REFLÉTER (produire des reflets). Briller. Miroiter. Chatoyer. Scintiller.

Représentation du caractère, des tendances d'une personne, d'un groupe. *Le reflet d'une société, d'une époque.* Reproduction. Image. Echo.

REFLÉTER. Reproduire. Représenter.

réformer

(du lat. *reformare*)

Changer en mieux. *Réformer une institution, une méthode de travail.* Modifier. Améliorer. Corriger. / Réformer un ordre religieux (le rétablir dans sa forme primitive). / *Réformer un abus.* Supprimer.

RÉFORME. *Réforme politique, économique, sociale.* Changement. Modification. Transformation. Amélioration. Progrès. Rénovation.

RÉFORMATEUR. Réformiste.

refuser
(du lat. pop. *refusare*)

Ne pas accepter ce qui est offert ou présenté. *Refuser un cadeau.* Repousser. / *Refuser une offre, une invitation.* Rejeter. Décliner. / Remercier. / *Refuser une marchandise.* Laisser pour compte. Ne pas prendre. / *Refuser collectivement d'acheter ou de vendre une marchandise.* Boycotter. / Boycottage.

Ne pas accorder ce qui est demandé ou désiré. *Refuser une permission. Refuser son consentement.* Dire non. Répondre par la négative. Rejeter une demande. / *Refuser sa porte à quelqu'un.* Fermer. Interdire. Ne pas laisser entrer. / *Refuser de* (et l'inf.). Ne pas consentir à. Regimber. Se rebiffer. Se rebeller. Se révolter. Etre récalcitrant.

Se refuser. *Se refuser à* (et l'inf.). Ne pas consentir à. / *Se refuser à quelqu'un* (en parlant d'une personne). Ne pas se donner à lui. / *Se refuser à l'évidence.* Ne pas vouloir reconnaître.

REFUS. Réponse négative. Rejet. Fin de non-recevoir. Veto. Opposition. / *Refus humiliant.* Rebuffade. / *Attitude de refus.* Négativisme.

Ne pas admettre quelqu'un. *Refuser un candidat à un examen.* Ajourner. Recaler (fam.). Coller (fam.). / *Refuser du monde à un spectacle.* Ne pas laisser entrer. Faire salle comble.

Ne pas vouloir reconnaître quelque chose. *Refuser une compétence à quelqu'un.* Dénier. Contester.

REFUS. Déni. Contestation.

réfuter
(du lat. *refutare*, repousser)

Repousser une opinion, une proposition. *Réfuter une assertion, une affirmation.* Détruire. Ruiner. Montrer, démontrer la fausseté de. Objecter. Répondre. Répliquer. Rétorquer. Contredire. S'opposer. Contester. / Opposer des arguments. Argumenter. Arguer. Faire observer que. Faire remarquer.

RÉFUTATION. Objection. Contradiction.

RÉFUTABLE. Attaquable. Faible.

IRRÉFUTABLE. Indiscutable. Indéniable. Irrécusable.

regarder
(de *re* et de *garder*)

Diriger les yeux sur une personne ou sur une chose. *Regarder quelqu'un fixement, avec insistance.* Dévisager. Fixer (fam.). Examiner. Inspecter. Ne pas quitter des yeux. Zieuter (pop.). Reluquer (pop.). / *Regarder avec avidité.* Manger, dévorer des yeux. / *Regarder avec envie.* Caresser des yeux. Jouer de la prunelle (fam.). / *Regarder d'un air sournois.* Guigner. Lorgner. / Regarder en face. Regarder droit dans les yeux. / *Regarder quelqu'un sous le nez.* Narguer. Braver. / *Regarder de travers, de haut, avec mépris, avec dédain, avec arrogance.* Toiser. / *Regarder une chose attentivement.* Examiner. Considérer. Scruter. Observer. / *Regarder rapidement.* Jeter un coup d'œil. Parcourir. / *Regarder un livre pour y chercher un renseignement.* Consulter. / *Regarder en arrière.* Se retourner. / *Regarder en l'air.* Lever les yeux.

REGARD (action, manière de regarder). *Jeter un regard sur. Parcourir du regard.* Examiner. Explorer. Scruter. / *Soustraire au regard.* Cacher. Couvrir. / *Maîtriser, immobiliser par le regard.* Fasciner. Hypnotiser. / *Menacer, foudroyer du regard.* Effrayer. Terrifier. / *Un regard rapide, furtif.* Clin d'œil. Coup d'œil. / *Nature du regard.* Un regard vif, brillant, étincelant, pétillant, lumineux. / Un regard inexpressif, hébété, morne, vague, vide, bovin (fam.). / Un regard profond, contemplatif, expressif, pénétrant, perçant, scrutateur. Un regard mauvais, méchant, menaçant, haineux, farouche, féroce, torve, sinistre. / Un regard furieux, courroucé, furibond, foudroyant, fulgurant. / Un regard affolé, angoissé, anxieux, désespéré. / Un regard mourant, languissant, éteint, atone. / Un regard amoureux, langoureux, câlin.

Donner toute son attention à quelque chose. *Regarder à ce qu'on dit, à ce qu'on fait.* Faire attention. Réfléchir. / *Regarder à la dépense.* Etre très économe, parcimonieux, regardant, pingre.

Avoir en vue. *Ne regarder que son intérêt.* Considérer. Rechercher. Envisager. / *Regarder quelque chose comme.* Estimer. Juger. Tenir, prendre pour.

Avoir un certain rapport. *Regarder quelqu'un* (en parlant d'une chose). Concerner. Intéresser. Toucher.

registre
(du bas lat. *regesta,* choses inscrites)

Tout livre, cahier public ou particulier sur lequel on inscrit des faits, des noms, des renseignements administratifs, juridiques. Registre de l'état civil. Registre des naissances, des morts. / *Registre mortuaire.* Obituaire. Nécrologe. / *Registre des contributions.* Rôle. Matrice. / *Registre cadastral.* Cadastre. / *Registre d'une prison.* Ecrou. / *Registre de comptabilité.* Journal.

ENREGISTRER (inscrire sur un registre). Mentionner. Immatriculer.

règle
(du lat. *regula ;* en gr. *nomos*)

Instrument allongé, à arêtes vives, qui sert à tracer des lignes droites. Une règle de bois, de métal, de matière plastique. / *Règle graduée. Règle à curseur.* Lignomètre. Typomètre. Réglette. / Règle en T. Equerre. / Règle à calcul.

RÉGLER (tracer ou imprimer des lignes droites). *Régler du papier.* Rayer. / *Etre réglé comme du papier à musique* (fam.). Avoir des habitudes régulières.

Ce qui est imposé ou adopté dans une société donnée. *Se conformer à une règle.* Usage. Habitude. Coutume. / *En règle générale.* Habituellement. Généralement. D'ordinaire. Normalement. Régulièrement.

Prescription qui émane d'un usage, d'une autorité. *Les règles de la politesse, de la bienséance.* Convenances. Bienséance. Etiquette. Protocole. / *Agir selon les règles.* Régulièrement.

Principe moral qui doit diriger la conduite. *Les règles de l'honneur. Se plier à une règle.* Prescription. Précepte. / *Une règle de conduite.* Ligne.

RÉGLER. *Régler sa vie sur quelqu'un.* Prendre pour modèle. Imiter.

RÉGLÉ (soumis à la discipline). *Une vie réglée.* Discipliné. Régulier.

DÉRÉGLÉ. *Vie déréglée.* Désordonné.

DÉRÈGLEMENT. *Dérèglement des mœurs.* Désordre. Licence. Dévergondage.

Ensemble des préceptes disciplinaires qui commandent la vie des religieux. *Observer la règle. Enfreindre la règle. La règle d'un couvent, d'un ordre.* Observance. Statuts.

RÉGULIER. Clergé régulier (qui appartient à un ordre religieux). / *Un régulier.* Moine. Religieux.

Principe, formule selon lesquels sont enseignés un art, une science. *Les règles de la grammaire, de la sculpture.* Norme. Canon.

RÉGULIER. *Construction régulière.* Habituel. Correct. / Verbe régulier. / Science normative (qui donne des règles, des préceptes). Grammaire normative.

IRRÉGULIER. Anomal.

Ensemble des conventions propres à un jeu, à un sport. Les règles du bridge, du tennis.

RÉGULIER (conforme aux règles). *Coup régulier.* Correct. Loyal.

RÉGULIÈREMENT. *Jouer régulièrement.* Correctement. Jouer le jeu. Etre « fair play ».

règlement
(de *régler*)

Décision d'une autorité administrative. *Règlement d'administration publique. Règlement de police municipale.* Arrêté. Ordonnance. Décret.

RÉGLEMENTER (assujettir à un règlement). Réglementer la circulation.

RÉGLEMENTATION. *Réglementation des prix.* Fixation. Taxation.

RÉGLEMENTAIRE. Régulier.

Ensemble des mesures prescrites auxquelles sont soumis les membres d'un groupe, d'une société. *Le règlement d'une association.* Statuts. / *Le règlement d'une maison d'éducation.* Discipline.

RÉGLEMENTAIRE (conforme à un règlement). Tenue réglementaire (d'un soldat).

regretter

Éprouver du chagrin, de la peine. *Regretter une personne disparue ou absente. Regretter sa jeunesse, son pays.* Pleurer. Avoir de la peine. Etre affligé. Etre inconsolable. Avoir le cœur brisé. Etre triste de la perte de.

REGRET. Chagrin. Peine. Pleurs. Soupirs. Lamentations. / Regrets éternels (inscription funéraire). / *Regret du pays natal.* Nostalgie.

Être mécontent d'avoir fait ou de ne pas avoir fait une chose. *Regretter une faute, une action.* Se repentir. Se mordre les doigts de. S'en vouloir. Se reprocher de. En avoir gros sur le cœur.

REGRET. Mécontentement. Remords. / *Regret d'une faute, d'un péché.* Repentir. Contrition. Attrition.

Être mécontent d'une situation, d'une action. *Regretter une décision. Regretter que...* Déplorer. Désapprouver.

REGRET. Déception. Déplaisir. / *Etre au regret de* (et l'inf.), *que* (et le subj.). Etre fâché, désolé, navré, contrarié, marri (vx). S'excuser. Présenter ses excuses. / *A regret.* Contre son gré. De mauvais gré. De mauvaise grâce. A contrecœur.

REGRETTABLE. Désagréable. Funeste. Déplorable. Fâcheux. Ennuyeux. Désolant. Navrant. / *Il est regrettable que.* Il est dommage, malheureux que. / *Une erreur regrettable.* Bavure (fam.).

régulier

(du lat. *regularis,* de *regula,* règle)

Qui est caractérisé par un mouvement qui ne varie pas. *Une vitesse régulière. Un rythme régulier.* Uniforme. Egal.

RÉGULARITÉ. Uniformité. / Régulateur. Régulation.

RÉGULIÈREMENT. Uniformément.

Qui a lieu à jour, à date fixe. *Un service de transport régulier.* Habituel.

RÉGULIÈREMENT. Habituellement.

Qui a des proportions harmonieuses. *Une forme régulière.* Géométrique. / *Un visage régulier.* Symétrique.

RÉGULARITÉ. Harmonie. Symétrie.

Qui fait preuve d'exactitude. *Un employé régulier dans son travail.* Ponctuel. Assidu. Exact.

RÉGULARITÉ. Ponctualité. Exactitude. Assiduité.

RÉGULIÈREMENT. Ponctuellement. Assidûment.

Qui est conforme aux dispositions constitutionnelles. *Un gouvernement régulier.* Légal.

RÉGULARISER (rendre conforme aux dispositions légales). Faire régulariser un passeport. / Régulariser sa situation (épouser la personne avec laquelle on vivait maritalement). / Régularisation.

réhabiliter

(de *re* et de *habiliter*)

Rendre ses droits, ses prérogatives à quelqu'un qui en était déchu par suite d'une condamnation. *Réhabiliter un condamné.* Innocenter. Disculper. Blanchir. Laver d'une accusation. Réintégrer dans ses droits. Rétablir dans ses prérogatives. / Révision, cassation d'un jugement.

RÉHABILITATION. Réparation d'honneur.

Faire recouvrer l'estime, la considération à quelqu'un. *Réhabiliter quelqu'un dans l'opinion publique.* Pardonner. Absoudre. Excuser. / *Se réhabiliter.* Se racheter.

rein et reins

(du lat. *renes;* en gr. *nephros*)

Organe sécréteur de l'urine. *Anatomie du rein.* Capsules surrénales. Artère rénale. Veine rénale. Hile. / *Structure.* Région ou substance corticale. Pyramides de Ferrein. Glomérules de Malpighi. Colonnes de Bertin. / Région ou zone médullaire. Pyramides de Malpighi. / Tube urinifère, urinaire, ou néphron : glomérule, capsule de Bowmann, tube contourné, anse de Henle, canal de Bellini. / Calices. / Papilles. Bassinet. Uretère. Vessie. Urètre.

Affections et maladies du rein. Cancer. Colique néphrétique. Calcul rénal. Néphrite aiguë, chronique. Pyélonéphrite. Rein mobile ou flottant. Tuberculose rénale. Urémie. / Rein artificiel. / Greffe du rein. / Néphrologie (étude des reins).

Partie inférieure du dos. Région lombaire. Lombes. / *Douleurs de reins.* Lumbago. Tour de reins (fam.). Lombalgie. / Mettre l'épée dans les reins (au *fig.* harceler sans répit). / Avoir les reins solides (au *fig.* être riche, puissant).

rejeter

(de *re* et de *jeter*)

Jeter en sens inverse. *Rejeter un poisson dans l'eau. Rejeter une balle.* Renvoyer. Relancer.

Faire reculer. *Rejeter un ennemi hors des frontières.* Repousser. Chasser.

Jeter hors de soi. *Rejeter des aliments.* Rendre. Vomir. / *Rejeter du sang.* Cracher. Evacuer.

Faire retomber. *Rejeter une faute sur quelqu'un.* Accuser. Incriminer. Rendre responsable. Mettre sur le compte de.

Ne pas admettre. *Rejeter une offre, une proposition.* Décliner. / *Rejeter un projet de loi.* Repousser. / *Rejeter un serment.* Refuser. / *Rejeter toutes les* *opinions, les conceptions précédemment admises.* Faire table rase de. / *Rejeter quelqu'un d'un groupe.* Ecarter. Eliminer. Exclure. Chasser. Bannir.

REJET. Refus. Abandon. Exclusion.

relever

(de *re* et de *lever*)

Remettre debout. *Relever un enfant qui est tombé.* Ramasser. / *Relever une statue, une colonne.* Redresser. Replacer verticalement. / *Relever un mur en ruine.* Reconstruire. Rebâtir.

RELÈVEMENT. *Relèvement d'une statue.* Redressement.

Remettre en bonne position. *Relever un pays.* Rendre la prospérité, la dignité. / *Relever le courage, le moral de quelqu'un.* Réconforter. Remonter.

RELÈVEMENT. *Relèvement d'une nation.* Rétablissement. Redressement.

Diriger vers le haut. *Relever la tête.* Redresser. / *Relever un store.* Remonter. / *Relever ses manches.* Retrousser. / *Relever des cheveux, des poils dans un sens contraire.* Rebrousser. / *Relever sa jupe, sa robe.* Se retrousser. / *Relever un plafond.* Rehausser. Surélever.

RELEVEUR. Muscle releveur.

Porter une chose à un degré, à un taux supérieur. *Relever le niveau de vie, les salaires.* Augmenter. Majorer. Hausser.

RELÈVEMENT. *Relèvement des impôts.* Augmentation. Majoration.

Donner plus de goût. *Relever une sauce, un mets.* Assaisonner. Epicer. Poivrer. Saler. Pimenter. Vinaigrer.

Faire remarquer. *Relever des fautes dans un texte.* Signaler. Souligner. Mettre en relief. / *Relever une parole blessante, une allusion.* Répondre, répliquer vivement à. / *Relever des marques, des empreintes sur une chose.* Constater. Découvrir.

Noter par écrit. *Relever une adresse, une date.* Copier. Inscrire. / *Relever un compteur de gaz, d'électricité. Relever le gaz, l'électricité* (fam.). Noter le chiffre indiqué.

RELEVÉ. *Relevé des dépenses.* Détail.

RELEVEUR. Releveur de compteurs.

Remplacer quelqu'un dans une occupation. *Relever une sentinelle, une équipe.* Relayer.

RELÈVE. Remplacement.

Libérer quelqu'un d'un engagement, d'une obligation. *Relever une personne d'un vœu.* Délier. / *Relever quelqu'un de ses fonctions.* Destituer. Révoquer. Limoger (fam.).

relief

(de *relever*)

Ce qui se détache sur une surface. *Le relief d'une sculpture.* Proéminence. Bosse. Ronde-bosse. Haut-relief. Bas-relief. / *Le relief d'une médaille.* Saillie. / *Qui est en relief.* Bosselé. Repoussé. Gaufré. / *Pierre taillée en relief.* Camée. / *Photographie en relief.* Stéréoscopie. Stéréoscope. / *Relief en musique.* Stéréophonie.

Apparence plus vive d'une chose qui naît de l'opposition du contraste. Le relief du style. / *Donner du relief à une expression.* Faire ressortir. Accentuer. Souligner. / *Mettre en relief.* En évidence.

Forme de la surface de la Terre. Relief majeur, mineur, microrelief. / *Forme des reliefs.* Relief structural. Relief d'érosion. / Modelé, aspect, configuration d'un relief. / Mouvement de terrain. Pli anticlinal, synclinal. Plissement. Accident de terrain. Altitude élevée, moyenne, basse. Dépression. Bas-fond. Cuvette. Cirque. Ravin. Gorge. Cañon. Vallée. Cluse. Combe. / Chaîne de montagnes. / Plaine. Pénéplaine. Plateau. / Mer. Littoral. Falaise. / *Etude du relief.* Géomorphologie. Géomorphologie structurale, climatique, appliquée. Géomorphologique. Géomorphologue.

religieux, religieuse

(du lat. *religiosus,* de *religio*)

Personne qui a prononcé des vœux et qui fait partie d'un institut religieux. *Devenir religieux, religieuse.* Entrer en religion. Entrer dans les ordres. Prendre l'habit. Prendre le voile. / *Religieux vivant seul.* Ermite. Anachorète. / Erémitisme. Anachorétisme. / *Religieux vivant en communauté.* Cénobite.

Institut religieux ou religion (société religieuse approuvée par l'autorité ecclésiastique compétente et dont les membres font des vœux publics, perpétuels ou temporaires). / Ordre (religion dans laquelle on prononce des vœux solennels). / Congrégation religieuse ou congrégation (religion dans laquelle on ne prononce que des vœux simples). / Congrégation religieuse cléricale. Congrégation religieuse laïque. / Congrégation ou société de vie commune, de droit pontifical, de droit diocésain. Institut séculier de droit pontifical, de droit diocésain. / Province (groupement de plusieurs maisons religieuses sous l'autorité d'un même supérieur). / Société religieuse (vie en commun, sans vœux publics ordinaires).

Vie religieuse. Monachisme. Vie monastique, monacale, claustrale, conventuelle. / Vie cénobitique. Vie érémitique. / Vie contemplative, active, mixte. / Règle de saint Basile, de saint Augustin, de saint Benoît, de saint François. *Admission en religion.* Postulat. Postulant. Postulante. / Noviciat. Novice. Prise d'habit. / Profession. Profession temporaire ou perpétuelle. Profession simple ou solennelle. Profès. Professe. / Frère. Père. Oblat. / Moniale (religieuse à vœux solennels). Sœur (religieuse à vœux simples). / Prononcer des vœux. / Vœux simples, solennels, temporaires, perpétuels. Vœu de pauvreté, de chasteté, d'obéissance. Relever d'un vœu. Commuer les vœux. / Cloîtrer. Clôture. Obédience. / Chapitre. Discipline.

Habits religieux. Tunique. Robe. Froc. Coule. Chape. / Scapulaire. Capuchon. Capuce. Cagoule. Chaperon. Cuculle. / Cilice. Cordon. / Mante. Voile. Béguin. Cornette. Guimpe. Barbette.

Titres et fonctions. Abbé primat. Abbé. Prieur. Supérieur général, provincial. / Aumônier. Trésorier. Tabulaire. Hebdomadier. Gardien. Cellérier. Portier. Econome. / *Frère convers, sœur converse* (personne qui, dans un monastère ou un couvent, est chargée des travaux manuels). / Abbesse. Supérieure. Mère.

Ordres monastiques. *Chanoines réguliers.* Chanoines réguliers de Saint-Augustin. Chanoines réguliers du Latran. Prémontrés, etc. / *Moines.* Bénédictins confédérés. Bénédictins camaldules, olivétains. Cisterciens non réformés. Cisterciens réformés ou Trappistes. Chartreux, etc.

Ordres mendiants. Dominicains ou Frères prêcheurs. / Franciscains : Frères mineurs conventuels. Frères mineurs capucins. Tiers ordre régulier. / Augustins. Carmes. Trinitaires. Frères hospitaliers de Saint-Jean-de-Dieu, etc.

Clercs réguliers. Théatins. Barnabites. Jésuites. Camilliens, etc.

Congrégations religieuses cléricales. Rédemptoristes. Passionnistes. Maristes. Marianistes. Montfortains. Assomptionnistes. Salésiens. Clarétains. Missionnaires du Sacré-Cœur. Oblats de Saint-François-de-Sales, de Saint-Joseph, etc.

Sociétés cléricales de vie commune (sans vœux publics). Oratoriens. Lazaristes. Sulpiciens. Société de l'Apostolat catholique, des Missions africaines. Pères blancs. Filles de la Charité, etc.

Congrégations religieuses laïques. Frères des Ecoles chrétiennes. Petits Frères de Marie. Frères du Sacré-Cœur. Frères de Saint-Louis-de-Gonzague, de Saint-François-Xavier, etc.

Instituts séculiers. Société du Cœur-de-Jésus. Prêtres ouvriers diocésains. Prêtres du Prado, etc.

Principaux instituts de religieuses. Annonciades. Bénédictines. Carmélites. Chanoinesses (Augustines, Prémontrées). Chartreuses. Cisterciennes. Compagnie de Marie. Dominicaines. Franciscaines. Mercédaires. Notre-Dame-de-la-Charité. Rédemptoristines. Sacramentines. Ursulines. Visitandines, etc.

Moines étrangers. Bonze (Chine et Japon). Caloyer (grec). Calender (persan). Fakir (indien). Nazaréen (juif). Santon (indien). Talapoin (indien). Gyrovague (indien). Thérapeute (juif). Jammabos (Japon).

Résidence. Monastère d'hommes. Monastère de femmes. Couvent. Moutier (vx). Prieuré. Communauté. / Abbaye. Archimonastère. Maison mère. / Béguinage. Salle capitulaire. Discrétoire. Chapelle. Bibliothèque. / Cloître. Préau. Cellules. Grilles. Tour. / Parloir. Réfectoire. Relatif au couvent. Conventuel.

religion

(du lat. *religio,* de *religare,* lier)

Ensemble de croyances et de pratiques ayant pour objet de rendre hommage à la divinité. Religion naturelle. Religion révélée. / *Eléments constitutifs d'une religion.* Article de foi. Croyance. Foi. Credo. Doctrine. Dogme. / *Propager, répandre une religion.* Evangéliser. Prêcher. Convertir. / Evangélisation. Conversion. Apostolat. / Catéchiste. Converti. Prosélyte. Néophyte. / *Ensemble des doctrines enseignées officiellement.* Dogme. Orthodoxie. / *Doctrine condamnée par l'Eglise catholique.* Hérésie. Hétérodoxie. Schisme. / Hérésiarque. Schismatique. / *Renier une religion.* Apostasier. Abjurer. / Apostasie. Abjuration. / Apostat. Renégat. / *Personne qui n'a pas de religion.* Athée. Incroyant. Non-croyant. Incrédule. Matérialiste. Indifférent. Agnostique. / *Groupe organisé de personnes au sein d'une religion.* Secte. / Adepte.

Religieux. *Instruction religieuse.* Catéchisme. Catéchèse.

Religions. *Religions primitives.* Fétichisme. Totémisme. Chamanisme. / *Religions polythéistes.* Religions de l'Antiquité, égyptienne, grecque, romaine, germanique. (V. mythologie.) *Religion celtique.* Druidisme. / *Religion monothéiste.* Judaïsme. Christianisme. Islamisme. / *Religions d'Orient.* Bouddhisme. Brahmanisme. Hindouisme. Confucianisme. Shintoïsme.

État de religieux, de religieuse. *Entrer en religion.* Devenir religieux, religieuse. Entrer dans les ordres. Prononcer des vœux. Prendre l'habit, le voile. / Nom de religion (celui que prennent un religieux, une religieuse).

Observation des dogmes et des pratiques. *Pratiques religieuses.* Culte. Culte catholique, protestant, musulman. / Liturgie. Rites. / Service divin. Office. Exercices de piété. Exercices spirituels. Prière. Prière vocale. Formules. / Prière mentale. Oraison. Méditation. / Bonnes œuvres. Œuvres pies.
Personne qui pratique une religion. Fidèle. Pratiquant. Croyant. / *Qui est attaché à une religion.* Dévot. Pieux. Fervent. / Faux dévot. Bigot. Cagot (vx). / Bigoterie. Bigotisme. Cagoterie (vx). / *Personne qui observe exactement les devoirs d'une religion.* Juste. Vertueux. Rigoriste. Saint. / *Demeure, séjour des justes.* Paradis. Ciel.

Associations pieuses de fidèles. Tiers ordres séculiers. Confréries. Archiconfréries. Tertiaires séculiers.

Édifices religieux. Eglise. Chapelle. Temple. Synagogue. Mosquée. / Ministre du culte. Prêtre. Pasteur. Rabbin.

reliure
(de *relier*)

Couverture dont on habille un livre pour le protéger ou pour l'orner. ***Reliure artisanale.*** *Diverses sortes de reliures.* Reliure pleine (dos et plats en cuir). Reliure à dos plein ou fixe (la peau qui recouvre le dos tient aux cahiers). Reliure à dos brisé (la peau n'adhère pas aux cahiers). Reliure à la Bradel (à dos brisé et tranche non rognée). Reliure à nervures (les nerfs font saillie sur le dos). Reliure à la grecque (les nervures ne sont pas apparentes). Reliure à l'anglaise ou reliure en toile. / Reliure à la fanfare (avec armoiries et devises des propriétaires).

Reliure industrielle. Couture sur carton, sur mousseline. Emboîtage.

Art de relier. *Travail du relieur.* Pliage des feuilles imprimées. Collationnement. Assemblage. Brochage. Couture des feuilles. Collage. Batture. Entailles ou grecques pour recevoir les nerfs. Grecquer. Grecquage. Coudre sur nerfs. Passer en carton. Endossure. Endosser. Rognure. Rogner. Ebarber. Faire la coiffe (attacher une tranchefile). Tranchefiler. / Dorer. Marbrer. Jasper. / Couvrir. Gaufrer.

Éléments de reliure. Feuilles. Carton. Cahier. Battée. Défets (feuilles dépareillées). / Dos. Tranchefile (petit bourrelet de fils placé dans le haut et dans le bas d'une reliure). Grecque (entaille pour cacher la ficelle). Nervures. Nerfs (cordelettes sur lesquelles les feuilles sont cousues). Plats. Gardes. Charnières. Tranche. Gouttière (de la tranche). / Fers. Coins. Filets. Fleurons. Bouquets. Travers. Onglet. Signet. / Couverture. Cuir. Basane. Chagrin. Maroquin. Toile.

Outillage. Scie à grecquer. / Machine à coudre. Cousoir. / Massicot à rogner. / Presse à tranchefiler. Presse à percussion. Presse à estamper. / Etau à endosser. / Fer à dorer. Fer à polir. Gaufroir. Grille à jasper. Roulette à filet. Couchoir (à or).
Reliure industrielle. Plieuse. Assembleuse. Couseuse. Machine à brocher. Rouleau.

remarquer
(de *re* et de *marquer*)

Faire attention à quelque chose. *Remarquer la présence, l'absence de quelqu'un.* Constater. Se rendre compte de. / *Remarquer une chose. Remarquer que.* Relever. Découvrir. Noter. / *Faire remarquer que.* Avertir. Signaler. Faire observer que.

Remarque. *Remarque à propos d'un texte.* Annotation. Note. Commentaire. / *Faire une remarque à quelqu'un.* Réflexion. Observation. Objection. Critique.

Distinguer une personne ou une chose parmi d'autres. *Remarquer quelqu'un dans une foule.* Voir. Apercevoir. Repérer. / *Se faire remarquer.* Attirer l'attention sur soi. Se signaler. Se singulariser. Se faire repérer.

Remarquable (digne d'être remarqué). *Un événement remarquable.* Marquant. Saillant. / (En parlant de quelqu'un.) Eminent. Brillant. Distingué. Rare. Excellent. Supérieur. Epatant (fam.). Formidable (fam.). As (fam.). Crack (fam.).

REMARQUABLEMENT. Très. Tout à fait. Parfaitement. Merveilleusement. Admirablement.

remédier

(lat. *remediare*, de *remedium*, remède)

Apporter une solution à quelque chose. *Remédier à un mal, à un abus. Remédier à une situation.* Parer. Pallier. Arranger. Obvier à.

REMÈDE. Solution. Moyen. Palliatif. Expédient. / *Un remède contre.* Antidote. Dérivatif. / *Remède universel.* Panacée.

RÉMÉDIABLE. Réparable. Arrangeable.

IRRÉMÉDIABLE. Irréparable. Insoluble. Sans remède. Sans secours.

IRRÉMÉDIABLEMENT. Irréparablement.

remercier

(de *re* et de l'anc. franç. *mercier*, de *merci*)

Exprimer sa reconnaissance. *Remercier un donateur, un bienfaiteur.* Dire merci. Rendre grâce à. Savoir gré. Exprimer sa gratitude. / *Remercier Dieu.* Louer. Bénir. / *Dieu merci.* Grâce à Dieu.

REMERCIEMENT. Reconnaissance. Gratitude. Action de grâces.

remettre

(de *re* et de *mettre* ou du lat. *remittere, remissum*, laisser, renvoyer)

Mettre de nouveau. *Remettre du sucre, du sel dans un liquide.* Ajouter. Rajouter. / Resucrer. Resaler. / *En remettre* (fig. et fam.). Exagérer. En rajouter.

Se remettre. *Se remettre à.* Recommencer.

Mettre un être, une chose là où ils étaient auparavant. *Remettre un enfant à l'école.* Ramener. Reconduire. / *Remettre un couteau dans sa poche.* Replacer. / *Remettre un vêtement.* Se revêtir. / *Remettre son chapeau.* Se recouvrir. / *Remettre un membre luxé.* Remboîter. Replacer. / Rebouteux. / *Remettre debout, d'aplomb.* Redresser.

Replacer une chose dans son état antérieur. *Remettre une machine en marche.* Arranger. Faire fonctionner. Dépanner. / *Remettre une chose en état.* Réparer. Raccommoder. Retaper. Restaurer.

REMISE. *Remise en état.* Réparation.

Mettre en la possession, au pouvoir d'une personne. *Remettre un enfant à sa famille.* Rendre. Redonner. / *Remettre un objet volé.* Restituer. / *Remettre une chose à son destinataire.* Donner. Livrer. / *Remettre une personne, une chose à la garde de quelqu'un.* Confier. Laisser.

REMISE. Restitution. Livraison. Don. Délivrance.

Ne pas exiger une obligation. *Remettre une dette à quelqu'un.* Faire grâce de. / *Remettre une peine à un condamné.* Gracier. / *Remettre les péchés.* Absoudre. Pardonner.

REMISE. *Remise de peine.* Grâce. Absolution. Pardon.

RÉMISSION. *Rémission des péchés.* Absolution. Pardon.

Renvoyer à plus tard. *Remettre une réunion, un voyage.* Ajourner. Différer. Surseoir. Retarder. Reporter. Reculer. / Atermoyer. / Procrastination (tendance à renvoyer les choses à plus tard).

Locutions diverses. Se remettre quelqu'un (reconnaître, se rappeler, se souvenir de). Se remettre d'une maladie ou, *absol.*, se remettre (recouvrer la santé, guérir, se rétablir). Se remettre d'une émotion, d'une peine (retrouver son calme. Se remettre (en parlant du temps, redevenir beau). S'en remettre à quelqu'un (faire confiance, se fier, se reposer sur).

remonter

(de *re* et de *monter*)

Suivre une direction contraire à celle du courant. *Remonter un fleuve.* Aller vers l'amont.

Mettre à un niveau plus élevé. *Remonter un mur.* Surélever. / *Remonter un tableau sur un mur.* Hausser. Rehausser. / *Remonter le col d'un vêtement.* Relever.

Redonner de la force, de la vigueur. *Remonter une personne défaillante.* Réconforter. Revigorer. Ragaillardir (fam.). Retaper (fam.).

REMONTANT. Fortifiant. Tonique. Reconstituant. Cordial.

Aller vers l'origine. *Remonter à une époque* (en parlant d'un fait). Dater. Partir de.

remords

Vive douleur morale causée par la conscience d'avoir mal agi. *Un re-*

mords cuisant, torturant. Remords d'une faute, d'un crime. Regret. Repentir. Chagrin. / *Le remords de la conscience.* Reproche. / La voix du remords. / *Remords d'avoir péché.* Contrition. Pénitence. Repentance (vx). / *Etre bourrelé, dévoré de remords. Etre rongé par le remords. Etre en proie au remords.* Regretter. Se repentir. Se reprocher de. Se mordre les doigts, les pouces de.

remplacer

(de *re* et de l'anc. franç. *emplacer,* mettre en place)

Mettre une personne, une chose à la place d'une autre. *Remplacer un employé.* Changer. Donner un remplaçant. Donner un successeur. / *Remplacer un objet usé, vétuste.* Changer. Renouveler. / *Remplacer un mot par un autre.* Substituer.

REMPLACEMENT. Changement. Renouvellement. / Substitution. / Objet de rechange. Roue de rechange. Solution de rechange.

Tenir, prendre la place d'une personne, d'une chose. *Remplacer quelqu'un dans ses fonctions.* Succéder. Représenter. Suppléer. / *Remplacer un soldat de garde.* Relever. Relève. / *Remplacer* (en parlant d'une chose). Tenir lieu de. Faire office de. Faire fonction de.

REMPLACEMENT. Suppléance. Intérim. / *Produit de remplacement.* Succédané. Ersatz.

REMPLAÇANT. Suppléant. Intérimaire. Supplétif (en parlant des troupes). Adjoint. Lieutenant. Substitut. / Doublure (au théâtre).

REMPLAÇABLE. Interchangeable. / Irremplaçable. Unique.

Se remplacer. Se relayer. Alterner.

remplir

(de *re* et de *emplir*)

Rendre plein. *Remplir un récipient.* Emplir (vieilli). / *Remplir un verre à ras bord.* Verser une rasade. / *Remplir un véhicule de transport.* Charger. / *Remplir complètement un bagage.* Bourrer. / *Remplir une salle de spectacle.* Faire salle comble. / *Remplir un espace.* Garnir. Occuper. / *Remplir un document, une fiche.* Compléter. / *Remplir un texte de citations.* Farcir. Truffer.

REMPLISSAGE. *Remplissage dans un texte.* Délayage. Redondance. Fioriture. Boursouflure. Superfluité. Digression.

Occuper entièrement l'esprit, le cœur d'une personne. *Remplir quelqu'un de joie, d'admiration.* Réjouir. Enthousiasmer. / *Remplir de fureur.* Exciter. / *Remplir de douleur, de chagrin.* Attrister. Affliger. Peiner.

REMPLI. *Un homme rempli de lui-même.* Imbu. Infatué.

Réaliser pleinement. *Remplir son devoir.* Accomplir. S'acquitter de. / *Remplir une fonction, un rôle.* Exercer. / *Remplir ses engagements.* Faire honneur à. / *Remplir une condition.* Satisfaire à.

remuer

(de *re* et de *muer,* lat. *mutare,* changer)

Changer la position d'une personne ou d'une chose. *Remuer un malade dans son lit. Remuer un meuble.* Déplacer. Bouger. Pousser. Tirer. Soulever.

REMUEMENT. *Le remuement d'un objet.* Déplacement. / Remue-ménage. Chahut. Branlebas. Désordre. Agitation.

Mouvoir une partie du corps. *Remuer la tête.* Branler. Hocher. / *Remuer les épaules, les hanches en marchant.* Rouler. Tortiller. / *Remuer les paupières.* Battre. Ciller. / *Remuer la tête, les bras, les mains en parlant.* Gesticuler. / *Remuer les jambes.* Gigoter (fam.).

Déplacer une chose formée de plusieurs parties. *Remuer de la terre.* Creuser. Retourner. / *Remuer la salade.* Tourner. Touiller (fam.). Fatiguer (fam.). / *Remuer de la pâte.* Pétrir. Malaxer. / *Remuer des objets en cherchant quelque chose.* Bouleverser. Farfouiller (fam.).

Agiter moralement une personne. *Remuer un auditoire.* Emouvoir. Attendrir. Toucher. Bouleverser.

Changer de position. *Etre toujours en train de remuer.* Bouger. S'agiter. Gesticuler. Se trémousser. Se tortiller. Gigoter (fam.). Se dandiner. Frétiller. / *Remuer* (en parlant d'une dent). Branler. / *Remuer d'un mouvement alternatif.* Se balancer. Tanguer Onduler. Chalouper.

REMUANT. Agité. Turbulent. Frétillant.

Se remuer. S'agiter. Se démener. Se dépenser. Se décarcasser (fam.). Se donner du mal. Se manier (pop.).

rémunérer

(du lat. *remunerare*, de *munus, muneris*, présent)

Donner de l'argent en contrepartie d'un travail, d'un service. *Rémunérer un employé, un collaborateur. Rémunérer un travail.* Rétribuer. Payer.

RÉMUNÉRATION. Rétribution. Appointements. Traitement. Emoluments. Honoraires. Solde. Paye. Prêt. Cachet. Vacations. Salaire (v. ce mot). / *Rémunération variable.* Commission. Prime. Jeton de présence. / Travailler au pair (sans rémunération).

RÉMUNÉRATEUR. Lucratif. Avantageux. Rentable (fam.).

renard

(de *Renart*, nom propre ; en lat. *vulpes* ; en gr. *alôpêx*)

Mammifère carnivore, à museau pointu, à queue longue et touffue. Renarde (femelle). Renardeau (petit). / Renardière (terrier). / *Parties d'un terrier.* Maire (entrée). Fosse (endroit où l'animal accumule ses provisions). Accul (habitation proprement dite). Fusées (galeries de communication).
Renard roux ou doré. Renard charbonnier (pelage parsemé de poils noirs). Renard argenté. Renard bleu ou isatis. Renard des sables ou fennec. / *Cri du renard.* Glapissement. Glapir.

Chasse au renard. Chasse à courre. Chasse à tir, à l'affût. Capture au piège.

Symbole de la ruse. *Un vieux renard. Un fin renard.* Finaud. Matois. Rusé. Retors. Cauteleux.

Relatif au renard. Goupil (nom ancien du renard). / Alopécie (chute des cheveux, des poils [par analogie avec la chute annuelle des poils du renard]).

rencontrer

(de *re* et de l'anc. verbe *encontrer*, venir en face)

Se trouver en présence d'une personne, par hasard ou d'une manière voulue. *Rencontrer quelqu'un fortuitement.* Voir. Apercevoir. Se trouver face à face, nez à nez. Tomber sur (fam.). Trouver sur son chemin. Croiser. / *Désirer rencontrer quelqu'un.* Voir. Joindre. Entrer en contact. Contacter (fam.). / *Rencontrer quelqu'un pour la première fois.* Faire la connaissance de.

RENCONTRE. *Rencontre concertée entre deux personnes.* Rendez-vous. Entrevue. / *Rendez-vous amoureux, secret.* Rencart ou rencard (pop.). Rencarder (pop.). / Poser un lapin (pop., ne pas venir à un rendez-vous qu'on a donné). / *Rencontre de plusieurs personnes.* Congrès. Réunion.

Se trouver opposé en compétition. *Rencontrer une équipe.* Matcher.

RENCONTRE. Match. Epreuve. / *Rencontre de boxe.* Combat.

Se trouver en présence d'une chose. *Rencontrer ce qu'on cherchait.* Trouver. / *Rencontrer une difficulté, de l'opposition.* Se heurter à.

RENCONTRE. *Rencontre de circonstances.* Coïncidence. Occasion. Conjoncture. / *Rencontre de deux cours d'eau.* Confluent. / Hiatus (rencontre de deux voyelles à l'intérieur d'un mot ou entre deux mots).

rendre

(du lat. pop. *rendere* ; lat. class. *redditum, reddere*)

Redonner un être, une chose à qui ils appartiennent. *Rendre un enfant à ses parents. Rendre des prisonniers.* Remettre. / *Rendre un livre prêté.* Redonner. / *Rendre de l'argent emprunté.* Rembourser. Remboursement. / *Rendre une somme volée.* Restituer. Restitution. / *Rendre un cadeau.* Renvoyer.

Rejeter par les voies naturelles. *Rendre le sang par la bouche.* Cracher. / *Rendre de la bile, son déjeuner.* Vomir. / Rendre tripes et boyaux (pop., vomir abondamment).

Faire devenir. *Rendre un homme célèbre.* Illustrer. / *Rendre meilleur.* Améliorer. / *Rendre plus grand.* Agrandir. Augmenter. / *Rendre plus petit.* Amoindrir. Diminuer. Rapetisser.

Avoir un certain rendement. *Rendre* (en parlant d'une terre, d'un arbre fruitier). Produire. Rapporter.

RENDEMENT. *Le rendement d'une terre.* Produit. Rapport. / *Augmenter le rendement d'une entreprise.* Production. Productivité.

rendre (se)

Abandonner le combat. *Se rendre* (en parlant de militaires). Capituler. Se soumettre. Rendre les armes. S'avouer vaincu.

REDDITION. Capitulation.

renier
(du lat. pop. *renegare*)

Ne plus reconnaître comme sien. Renier sa parenté, sa famille. / *Renier ses engagements, sa signature.* Désavouer. Se dérober à. Se rétracter.

RENIEMENT. Désaveu. Rétractation.

Renoncer à un attachement. *Renier sa religion, sa foi.* Abjurer. Apostasier. / *Renier une cause, un parti.* Abandonner. Déserter.

RENÉGAT (personne qui a renié sa religion, son parti, sa patrie).

RENIEMENT. Abjuration. Abandon. Désertion. Volte-face. Retournement de veste.

renoncer

(du lat. jurid. *renuntiare*, annoncer en réponse)

Abandonner définitivement quelque chose. *Renoncer à un droit.* Se départir de. Se désister de. Se priver de. Délaisser. / *Renoncer au pouvoir.* Abdiquer. / *Renoncer à un travail, à la pratique d'une profession.* Quitter. Lâcher. / *Renoncer à une fonction.* Résigner. Se démettre. Démissionner. Dételer (fam.).

RENONCIATION. *Renonciation à un droit.* Délaissement. Abandon. / *Renonciation au trône.* Abdication.

Ne plus avoir le désir de quelque chose. *Renoncer à un voyage, à un projet.* Dire adieu. Se passer de. / *Renoncer à une habitude.* Se désaccoutumer. Se déshabituer. Cesser de. / *Renoncer aux biens du monde.* Se détacher de. Se détourner de.

RENONCEMENT (relig.). *Renoncement aux plaisirs de la vie.* Abandon. Désintéressement. Détachement. / *Renoncement à soi-même.* Abnégation. Sacrifice.

renouveler

Mettre un être, une chose à la place d'autres. *Renouveler le personnel d'une entreprise. Renouveler le matériel d'une usine.* Remplacer. Changer.

RENOUVELLEMENT. Remplacement. / *Renouvellement de marchandises.* Réapprovisionnement.

Apporter des transformations profondes. *Renouveler un usage, une mode.* Rénover. Transformer. Rajeunir. / *Renouveler un sujet, une question.* Traiter d'une façon nouvelle.

RENOUVELLEMENT. Rénovation. Transformation.

Faire de nouveau. *Renouveler une demande, une offre.* Refaire. Réitérer. Recommencer. Répéter. Redire.

Remettre en vigueur dans les mêmes conditions. *Renouveler un contrat, un bail.* Prolonger. Proroger. Reconduire. / *Renouveler un passeport.* Prolonger la validité.

RENOUVELLEMENT. Prolongation. Prorogation. Reconduction.

renseigner
(de *re* et de *enseigner*)

Éclairer sur quelqu'un ou sur quelque chose. *Renseigner une personne.* Informer. Instruire. Avertir. Prévenir. Aviser. Documenter. Mettre au courant. Tuyauter (fam.). Mettre au parfum (pop.).

Se renseigner. S'informer. Se documenter. Chercher à savoir. Enquêter. S'enquérir. Consulter. Interroger. Questionner. Interviewer.

RENSEIGNEMENT. *Demander un renseignement.* Eclaircissement. Information. Indication. Communication. Avis. Donnée. Lumière. Tuyau (fam.). / *Agent de renseignements.* Agent secret. Espion.

renverser
(de *re* et de l'anc. verbe *enverser*)

Mettre à l'envers. *Renverser un objet.* Retourner. Mettre sens dessus dessous.

Disposer en sens inverse. *Renverser l'ordre des mots d'une phrase.* Intervertir. Inverser.

RENVERSEMENT. Interversion. Inversion. / *Renversement d'une situation.* Retournement.

Pencher en arrière. *Renverser la tête.* Incliner. Plier. Courber.

RENVERSE. *À la renverse.* Sur le dos.

Faire tomber. *Renverser une personne.* Jeter à terre. Etendre. Terrasser. Culbuter. / *Renverser son cavalier* (en parlant d'un cheval). Désarçonner. Démonter. / *Renverser un piéton* (en parlant d'un automobiliste). Faucher. Ecraser. / *Renverser une chose, un objet.* Abattre. Faire tomber. / *Renverser un liquide.* Répandre.

Détruire l'ordre moral ou politique. *Renverser un régime.* Supprimer.

/ *Renverser un ministère.* Faire démissionner.

RENVERSEMENT. *Renversement d'un régime, d'un gouvernement.* Chute. Ecroulement. Chambardement (fam.).

renvoyer
(de *re* et de *envoyer*)

Faire retourner quelqu'un où il est déjà allé, à son lieu de départ. *Renvoyer un enfant à l'école.* Envoyer de nouveau. / *Renvoyer des soldats dans leurs foyers.* Libérer. Démobiliser. / Libération. Démobilisation.

Faire repartir quelqu'un en le congédiant. *Renvoyer un importun, un visiteur.* Chasser. Econduire. Se défaire de. Envoyer promener. / *Renvoyer un employé.* Congédier. Remercier. Mettre dehors. Mettre à la porte. Donner son congé à. Signifier son congé à. / *Renvoyer des ouvriers, du personnel.* Licencier. Mettre à pied. / Licenciement. Mise à pied. / *Renvoyer un élève d'une école.* Exclure. Mettre à la porte. / *Renvoyer sa femme.* Répudier. / Répudiation.

RENVOI. Congédiement. Mise à la porte. Exclusion.

Faire remettre à quelqu'un une chose envoyée, oubliée ou qui n'est pas acceptée. *Renvoyer un cadeau. Renvoyer une lettre. Renvoyer un manuscrit.* Rendre. Retourner.

Envoyer en sens contraire. *Renvoyer une balle.* Relancer. / (En parlant d'une surface.) *Renvoyer la lumière.* Réfléchir. Refléter. / *Renvoyer le son.* Répercuter. / *Renvoyer la chaleur.* Réverbérer. Réverbération.

Remettre à plus tard. *Renvoyer une affaire. Renvoyer un débat à une date ultérieure.* Ajourner. Retarder. Différer. Reporter. Surseoir à. / Renvoyer aux calendes grecques (à un moment indéterminé qui risque de ne jamais arriver). / Procrastination (tendance à renvoyer les choses à plus tard).

RENVOI. Ajournement. Report. Remise. Atermoiement. Délai. Sursis.

répandre
(de *re* et de *épandre ;* en lat. *spargere*)

Laisser tomber des choses en les dispersant. *Répandre un liquide sur une surface.* Renverser. / *Répandre un liquide en forme de pluie.* Asperger. / *Répandre le sang.* Faire couler. / *Répandre des larmes.* Pleurer. / *Répandre çà et là. Répandre des graines.* Disséminer. Disperser. Eparpiller. Semer. Parsemer. / *Répandre du sable.* Etendre.

Se répandre. *Se répandre* (en parlant d'un liquide). Couler. S'écouler. Déborder. / *Se répandre* (en parlant d'une foule). Envahir.

Envoyer hors de soi. *Répandre de la lumière.* Emettre. Diffuser. / *Répandre une odeur.* Exhaler. Dégager. / *Répandre une odeur agréable.* Embaumer. Parfumer.

Faire naître un sentiment, une émotion. *Répandre la terreur.* Semer. Jeter. / *Répandre la joie.* Provoquer. Susciter.

Faire connaître une chose. *Répandre une doctrine, des idées.* Propager. Diffuser. / *Répandre une nouvelle.* Publier. Colporter. Divulguer. Crier sur les toits. / *Répandre une mode, un usage.* Lancer.

Se répandre. *Se répandre* (en parlant d'un bruit). Circuler. Courir. / *Se répandre* (en parlant d'une maladie). Se propager. S'étendre. Gagner.

réparer
(du lat. *reparare*)

Remettre en état ce qui est détérioré. *Réparer un meuble.* Arranger. Arrangement. / *Réparer un mur, une maison.* Remaçonner. Relever. Recrépir. Reprendre en sous-œuvre. / Remaçonnage. Relèvement. Recrépissage. / *Réparer une route.* Refaire. Réfection. / *Réparer un édifice, un objet d'art.* Restaurer. Restauration. / *Réparer un bateau.* Radouber. Caréner. Calfater. / Radoub. Carénage. Calfatage. / *Réparer une montre.* Rhabiller. Rhabillage. / *Réparer des chaussures.* Ressemeler. Remonter. / Ressemelage. Remontage. / *Réparer un vêtement, une déchirure.* Raccommoder. Rapiécer. Repriser. Recoudre. Stopper. Faire des reprises. Ravauder (vx). / Raccommodage. Rapiéçage. Stoppage. Ravaudage (vx). / *Réparer un objet sommairement.* Rafistoler. Retaper (fam.). Replâtrer. Rapetasser (fam.). / Rafistolage. Retapage (fam.). Replâtrage. Rapetassage (fam.). / *Réparer une chose de manière à la transformer.* Remettre à neuf. Moderniser.

RÉPARATEUR. *Réparateur de porcelaine.* Raccommodeur.

Agir de manière à faire disparaître une fâcheuse conséquence. *Réparer une faute.* Expier. Se racheter. /

Expiation. Rachat. / *Réparer une sottise.* Effacer. / *Réparer une erreur.* Corriger. Rectifier. / *Réparer un oubli, une négligence.* Remédier à. / *Réparer un tort, un dommage.* Compenser. Dédommager. / Dédommagement. Compensation. Indemnité. Dommages-intérêts. / Redresseur de torts. / *Réparer une offense.* S'excuser. Faire des excuses. Faire amende honorable. Donner satisfaction.

repas

(anc. franç. *repast,* nourriture, de *repaître ;* en lat. *prandium*)

Ensemble des aliments et des boissons pris chaque jour et à des heures réglées. *Repas du matin.* Petit déjeuner. / *Repas de midi.* Déjeuner. / Buffet, lunch (repas servis devant un buffet à la suite d'une cérémonie). / *Repas de l'après-midi.* Goûter. Thé. Collation. / Goûter dînatoire (qui sert de dîner). / *Repas du soir.* Dîner. Souper. / *Repas de nuit.* Réveillon. Médianoche (vx).

Ensemble d'aliments et de boissons pris en une fois. *Faire un repas. Prendre un repas.* Manger. / Repas simple, sans façons, à la fortune du pot, à la bonne franquette (fam.). / *Repas léger, frugal. Petit repas.* Dînette. / *Repas des premiers chrétiens.* Agapes. / *Repas de fête, d'apparat.* Banquet. Festin. / *Repas fin, délicat. Bon repas.* Régal. / *Offrir un repas.* Régaler. / Repas d'affaires. / *Repas somptueux, copieux, plantureux, pantagruélique.* Festin. Bombance. Ripaille. Gueuleton (pop.). / *Repas champêtre.* Pique-nique. / Pique-niquer. Saucissonner (fam.). / Pique-niqueur. Saucissonneur (fam.). / *Repas que l'on emporte avec soi.* Casse-croûte. Sandwich. En-cas. Panier-repas ou panier. / *Participation aux frais d'un repas.* Quote-part. Ecot. / *Restes d'un repas.* Reliefs. Rogatons (fam.). Miettes. / Post-prandial (qui a lieu après un repas). / *Etablissement public où l'on prend des repas moyennant paiement.* Restaurant. / Gargote (mauvais restaurant).

repentir (se)

(du bas lat. *repaenitere,* regretter)

Éprouver le regret d'une faute avec le désir de la réparer. *Se repentir d'un péché, d'une faute.* Regretter. Avoir des remords. Battre sa coulpe. Faire son mea-culpa. Demander pardon. Venir à résipiscence (reconnaissance de sa faute). / Faire pénitence.

REPENTIR. Regret. Remords. Contrition. Attrition. Componction (regret profond). Repentance (vx). / *Absence de repentir.* Impénitence. Endurcissement du cœur.

Regretter vivement d'avoir fait ou de n'avoir pas fait une chose. *Se repentir d'une action. Se repentir de* (et l'inf.). Se reprocher de. S'en vouloir de. S'en mordre les doigts, les pouces.

répéter

(du lat. *repetere,* chercher pour reprendre)

Dire de nouveau ce qu'on a déjà dit. *Répéter un mot, une question.* Redire. Réitérer. / *Répéter toujours les mêmes choses.* Rabâcher (fam.). Ressasser. Seriner (fam.). Rebattre les oreilles. Radoter (fam.). / Prêchi-prêcha (fam., radotage d'un sermonneur).

Se répéter. Dire à tout bout de champ. Chanter la même chanson, la même antienne.

RÉPÉTITION. Rabâchage (fam.). Ressassement. Radotage (fam.). / Refrain. Rengaine (fam.). Ritournelle. Scie (fam.). Resucée (fam.). / *Répétition inutile.* Redite. Pléonasme. Tautologie. Redondance. / *Répétitions littéraires. Répétition de mots.* Anaphore. Accumulation. Antanaclase. / *Répétition de consonnes, de syllabes initiales :* allitération ; *finales :* homéotéleute, assonance, paronomase. / *Répétition d'un son.* Echo. / *Répétition d'un motif, d'un thème.* Leitmotiv.

Dire ce qu'une autre personne a dit. *Répéter une nouvelle, un secret.* Raconter. Rapporter. Divulguer. Répandre. Ebruiter. / *Répéter en chœur.* Faire chorus. / Psittacisme (le fait de répéter sans comprendre, comme un perroquet).

Recommencer une action. *Répéter une expérience, un essai.* Renouveler. Refaire. Doubler. Tripler. Multiplier. / *Demander de répéter une chanson, une danse.* Bisser. / Bis. / Stéréotypé (se dit de ce qui est répété toujours de la même façon).

RÉPÉTITION. *Répétition des mêmes actes.* Habitude. Routine. / *Répétition d'une faute.* Récidive. / *Préfixe indiquant la répétition.* Itératif. Fréquentatif.

Dire ou faire en privé ce qu'on dira ou exécutera en public. *Répéter un rôle, une leçon.* Apprendre. Revoir. Repasser. / *Répéter un morceau de musique.* Etudier. / *Répéter une danse.* S'entraîner. S'exercer.

RÉPÉTITION. Répétition d'une pièce de théâtre. Répétition générale (celle à laquelle on convie la critique).

répondre

(du lat. *responsum, respondere*)

Faire connaître sa pensée, ses sentiments oralement ou par écrit, à la suite d'une question, d'une remarque. *Répondre quelque chose à un argument. Répondre que...* Objecter. Rétorquer. Réfuter. Répliquer. Repartir. / *Répondre du tac au tac.* Riposter. Se défendre. River son clou à quelqu'un. / *Répondre vertement à quelqu'un.* Rembarrer. Remettre à sa place. / *Répondre en Normand.* D'une manière équivoque. Ne dire ni oui ni non. / *Répondre à une lettre.* Accuser réception. Récrire. Donner une réponse. / *Répondre par retour du courrier.* Sans tarder. Immédiatement.

RÉPONSE. Repartie. Riposte. Réplique. Réfutation. / Réponse écrite, orale. Réponse prompte, rapide. Réponse brève, laconique. Réponse affirmative, catégorique. Réponse équivoque, évasive. Réponse brusque, sèche, du tac au tac.

RÉPONDEUR (qui a l'habitude de répondre).

Manifester à l'égard d'une personne une attitude semblable ou opposée à la sienne. *Répondre à un salut, à un sourire.* Rendre. / *Répondre à l'affection, à l'amour de quelqu'un.* Payer de retour. / *Répondre à la force par la force. Répondre à la haine par l'amour.* Opposer.

Être en accord avec une chose. *Répondre à la volonté, aux désirs de quelqu'un* (en parlant d'une chose). Convenir à. Correspondre. Etre proportionné à. Etre conforme à. / *Répondre à une attente.* Satisfaire.

Produire l'effet attendu. *Répondre à une excitation* (en parlant d'un organe). Réagir à.

RÉPONSE. Réaction. / *Réponse glandulaire, musculaire.* Réflexe.

Accepter la responsabilité des actes que peut accomplir une personne. *Répondre de quelqu'un.* Se porter garant de. S'engager pour. Cautionner. Prendre sous sa responsabilité. / Répondre des dettes de quelqu'un (s'engager à les payer).

RÉPONDANT. Responsable. Garant. Caution. / Avoir du répondant (fam., avoir de l'argent derrière soi).

reporter

(de *re* et de *porter;* lat. pop. *portare,* lat. class. *ferre*)

Porter un être, une chose à l'endroit où ils étaient auparavant. *Reporter un enfant dans son lit.* Remettre. / *Reporter un livre dans une bibliothèque.* Replacer. Remporter. Rapporter.

Se reporter. *Se reporter aux années de son enfance.* Se transporter (par la pensée). Evoquer. / *Se reporter à un texte.* Se référer à. Consulter. / Référence. Renvoi. / Référencer. / Ouvrage de référence (dictionnaire, bibliographie, etc.).

Remettre à plus tard. *Reporter une réunion.* Ajourner. Différer. Renvoyer. Retarder. Surseoir à.

REPORT. Renvoi. Ajournement. Sursis. Délai.

repos

(de *reposer,* en bas lat. *repausare ;* en gr. *pausis*)

Cessation d'un travail, d'une activité fatigante. *S'accorder du repos.* Délassement. Détente. Répit. Relâche. Récréation. Relaxation. Trêve. Farniente. / *Repos au cours d'un exercice, d'une marche.* Halte. Arrêt. Pause. / *Repos de l'après-midi.* Sieste. Méridienne (vx). / *Donner du repos.* Reposer. Délasser. Détendre. / *Qui repose.* Reposant. Délassant.

Prendre du repos. Se reposer. Se délasser. Se détendre. Se relaxer. Souffler un peu. S'arrêter. Se donner campos (fam.). Reprendre haleine. S'arrêter de travailler. Cesser toute activité. Prendre sa retraite. Se retirer.

Moments de repos. *Jour de repos.* Jour férié. Jour chômé. Jour de sortie. Jour de liberté. Jour de fermeture, de relâche. Pont (jour chômé entre deux jours fériés). Loisirs. / *Repos hebdomadaire.* Congé scolaire. Congé de fin de semaine. Week-end. / *Repos du dimanche. Repos dominical.* Dimanche. / Sabbat. / *Repos annuel.* Vacances. Congé. Congés payés. / *Personne en vacances.* Vacancier. Estivant. Hivernant. Villégiateur. / Repos à la mer, à la montagne, à la campagne. Villégiature. / Se mettre au vert. / Maison de repos. Cure de repos. Station d'altitude. Station climatique.

État d'une personne que rien ne trouble. *Laisser quelqu'un en repos. Troubler le repos de quelqu'un.* Tranquillité. Quiétude. Paix. Sérénité.

repousser

(de *re* et de *pousser;* en lat. *repellere, repulsum*)

Pousser un être, une chose en arrière. *Repousser quelqu'un qui s'avance.* Ecarter. Eloigner. / *Repousser un ennemi.* Refouler. Rejeter. Culbuter. / *Repousser un meuble.* Reculer.

Refuser d'accueillir ou mal accueillir une personne. *Repousser un indésirable.* Ecarter. Econduire. Chasser. Evincer. Rabrouer. Rembarrer. Ejecter (fam.). Envoyer promener (fam.). Envoyer sur les roses (fam.). Envoyer au diable (fam.). Remettre à sa place.

RÉPULSION. *Répulsion à l'égard d'un être.* Dégoût. Antipathie. Aversion. Ecœurement. Haut-le-cœur. Horreur.

REPOUSSANT. Désagréable. Antipathique. Répugnant. Dégoûtant. Hideux. Affreux. Laid. Horrible. Répulsif.

Refuser d'accepter quelque chose. *Repousser une demande.* Rejeter. Ne pas agréer. Dire non. / *Repousser un désir.* Refouler. / *Repousser une tentation.* Rejeter (de son esprit).

1. reprendre

(de *re* et de *prendre*)

Rentrer en possession de ce qu'on a donné ou perdu. *Reprendre un cadeau.* Remporter. / *Reprendre des forces.* Recouvrer. Récupérer. / Se rétablir. Se remettre. / *Reprendre ses esprits. Reprendre connaissance.* Revenir à soi. / *Reprendre son sang-froid.* Recouvrer.

Continuer une chose interrompue. *Reprendre son travail, ses études.* Recommencer. Se remettre à.

REPRISE. Recommencement. Continuation.

Avoir lieu de nouveau. *Reprendre* (en parlant d'une chose interrompue). Recommencer.

REPRISE. *Reprise des cours.* Rentrée.

Retrouver de la vigueur. *Reprendre* (en parlant d'une plante). Repousser. Reprendre racine. / *Reprendre* (en parlant du commerce, des affaires). Redevenir prospère.

Apporter des modifications à quelque chose. *Reprendre une œuvre littéraire.* Récrire. Recomposer. Réviser. / *Reprendre un tableau.* Retoucher.

2. reprendre

(du lat. *reprehendere,* blâmer)

Faire une remarque à quelqu'un sur ce qu'il a dit ou fait. *Reprendre quelqu'un sur une faute, sur une erreur.* Blâmer. Réprimander. Corriger.

RÉPRÉHENSIBLE. Blâmable. Condamnable.

IRRÉPRÉHENSIBLE. Irréprochable. Inattaquable.

Se reprendre. *Se reprendre* (en parlant). Rectifier (ses propos). Corriger (ce qu'on a dit par erreur ou par imprudence). Se rétracter.

représenter

(du lat. *repraesentare,* rendre présent)

Faire apparaître d'une manière concrète l'image d'une chose abstraite. *Représenter la justice par une balance.* Symboliser. Exprimer. / *Représenter l'amour sous les traits d'un enfant.* Peindre. Dépeindre. Evoquer. Décrire. Rendre. / *Représenter une classe de la société* (en parlant d'une personne). Incarner. Personnifier.

REPRÉSENTATION. Emblème. Symbole. Allégorie. / Tableau. Schéma. Graphique. Figure. / Description. Evocation.

Se représenter. Se figurer. S'imaginer. Concevoir. Former dans son esprit l'image de.

Faire apparaître un être, une chose au moyen d'un procédé graphique ou plastique. *Représenter un paysage, un personnage.* Peindre. Sculpter. Dessiner. Reproduire (à l'aide de la peinture, de la sculpture, de la photographie, etc.).

Montrer sur une scène. *Représenter une pièce.* Jouer. Interpréter. Donner.

REPRÉSENTATION. Représentation en soirée ou soirée. Représentation de gala ou gala. / *Représentation dans l'après-midi.* Matinée.

Tenir la place de quelqu'un. *Représenter une personne, un groupe.* Remplacer. Agir au nom de.

REPRÉSENTANT. Délégué. Mandataire. Porte-parole. / *Représentant en justice.* Avocat. Avoué. / *Représentant du peuple.* Elu. Député. Sénateur. Parlementaire. / *Représentant d'un pays auprès d'un autre.* Ambassadeur. Diplomate. Consul. Chargé d'affaires. / *Représentant du Saint-Siège.* Nonce. Légat.

réprimande
(de *réprimer*)

Remontrance que l'on fait à quelqu'un sur qui on a autorité. *Mériter une réprimande.* Observation. Blâme. Avertissement. Admonestation. Objurgation. Reproche. Semonce. Mercuriale. Sermon (fam.). Savon (fam.). Engueulade (pop.).

RÉPRIMANDER (adresser, faire une réprimande). Reprendre. Blâmer. Attraper (fam.). Houspiller. Gronder. Admonester. Tancer (littér.). Gourmander. Morigéner. Sermonner (fam.). Chapitrer. Faire la leçon. Faire la morale. Dire son fait. Disputer (fam.). Secouer les puces. Passer un savon. Laver, savonner la tête. Enguirlander (fam.). Engueuler (pop.).

réprimer
(du lat. *reprimere, repressum*)

Empêcher la manifestation d'un sentiment, d'une tendance. *Réprimer un désir, un mouvement d'impatience.* Contenir. Refouler. Refréner.

IRRÉPRESSIBLE (qu'on ne peut réprimer). Incoercible. / *Un rire irrépressible.* Fou rire.

Empêcher le développement d'une chose jugée condamnable. *Réprimer une révolte.* Etouffer. Arrêter. Juguler. / *Réprimer des abus, des excès.* Punir.

RÉPRESSION. Punition. Châtiment. Expiation. / Etouffement.

RÉPRESSIF. Loi répressive. / *Une action, une expédition de caractère répressif.* Punitif. / Représailles.

reproche
(de *reprocher;* lat. **repropriare,* rapprocher, mettre devant les yeux)

Jugement défavorable qui exprime le mécontentement. *Un reproche injuste, mal fondé. Un reproche grave, sévère.* Remontrance. Blâme. Critique. Grief. Admonestation. Objurgation. Rappel à l'ordre. Avertissement. Plainte. / *Un léger reproche.* Remarque. Observation.

REPROCHER (adresser, faire des reproches à quelqu'un). *Reprocher sa paresse, son ingratitude. Reprocher à quelqu'un de.* Critiquer. Blâmer. Faire grief. Faire honte. / *Reprocher une faute.* Accuser. Rendre responsable. Incriminer. Imputer.

Se reprocher. Regretter. / *Pour n'avoir rien à se reprocher.* Par acquit de conscience.

IRRÉPROCHABLE. Irrépréhensible. Inattaquable. Honnête. Impeccable. Parfait.

reproduction
(de *reproduire*)

Fonction par laquelle les êtres produisent d'autres êtres semblables à eux-mêmes. *Conservation, accroissement de l'espèce par la reproduction.* Génération. Procréation. Multiplication. Fécondation. Conception.

Reproduction sexuée. Gonades. Gamètes. Spermatozoïde (gamète mâle). Ovule (gamète femelle). / *Organes de la génération.* Organes génitaux. / Parthénogenèse (reproduction sans fécondation). Reproduction agame ou asexuée. Reproduction par bourgeonnement. Gemmiparité. / *Reproduction par division.* Scissiparité. Sporulation. / Génération spontanée (ancienne croyance). / *Inaptitude à la génération.* Agénésie. Castration. Stérilité. Impuissance. / Eunuque. Castrat. / Castrer (enlever les organes de la génération). Châtrer. Emasculer. / Castration. Emasculation. Ovariectomie. / Femme (ou femelle) féconde, prolifique. / Femme (ou femelle) stérile. Bréhaigne (vx).

Les hommes. Anthropogénie. Paternité. Maternité. / *Organes génitaux masculins.* Testicules. Scrotum (enveloppe). Vésicules séminales. Prostate. Membre viril, verge, pénis ou phallus. Gland. Prépuce. / Phimosis (étroitesse anormale de l'anneau du prépuce). Ectopie testiculaire ou cryptorchidie (absence, à la naissance, d'un ou des deux testicules dans le scrotum). / *Organes génitaux féminins.* Lèvres (grandes lèvres, petites lèvres). Clitoris. Vulve. Vagin. Utérus ou matrice. Trompes. Ovaires. / *Acte de la génération.* Erection. Coït. Copulation. Liquide testiculaire, prostatique. Ejaculation. Sperme. / Donner la vie. Procréer. Engendrer. Enfanter. / Procréation. Engendrement. Enfantement. / Grossesse. Gestation. Fœtus. / Interruption de la grossesse. Avortement. Fausse couche. / Parturition. Accouchement. / Enfant. Sexe masculin, féminin. / Métis. Mulâtre. Quarteron. Octavon. / *Ensemble des êtres qui descendent de quelqu'un.* Progéniture. Descendance. Enfants. Fils.

Méthodes anticonceptionnelles. Contraception. Limitation des naissances. Malthusianisme. Planning familial. Méthode de Knaus et Ogino (calendrier). Méthode des températures. Préservatif. Capote anglaise (pop.). Stérilet. Diaphragme. Contraception orale. Pilule contraceptive. Pommade anticonceptionnelle.

Les animaux. *Animal reproducteur.* Géniteur. / Etalon. Poulinière. / Haras. / Femelle en rut, en chaleur. Accouplement. Monte. Saillie. Appariade. / S'accoupler. S'apparier. Couvrir. Saillir. Monter. Servir. Lutter. Côcher. / Apparier. Sélectionner. Amélioration des races. Eugénésie. Pedigree. / Croisement. Métissage. / Mettre bas. Mise bas. Parturition (v. ce mot). / Portée. Petits. / Œufs. Naissain. Couvain. Frai. / Vivipare. Ovipare. Ovovivipare. / Insémination artificielle.

Les végétaux. Anthérozoïde (gamète mâle). Oosphère (gamète femelle). / Semer. Semence. Semis. Graine. / Propager. Propagation. Provigner. Provignement. Bouturer. Marcotter. Bouturage. Marcottage. / Pousses. Rejetons. / Dioïque. Monoïque. Polygame. Gamétophyte. / Fécondation artificielle. Hybridation.

Se reproduire. Se multiplier. Se propager. Se perpétuer. / *Se reproduire abondamment.* Proliférer.

reproduire

(de *re* et de *produire*)

Donner l'image exacte de quelque chose. *Reproduire la nature par la peinture, la sculpture, la littérature.* Représenter. Imiter. Evoquer. Dépeindre. Décrire. Peindre. / *Reproduire un son.* Rendre. Faire entendre.

REPRODUCTION. Représentation. Imitation. Evocation. Description. Peinture. Portrait.

Faire paraître une œuvre littéraire ou artistique au moyen de certaines techniques. *Reproduire un texte par un procédé graphique.* Imprimer. Polycopier. Lithographier. / *Reproduire par la photographie.* Photographier. / *Reproduire par le dessin.* Copier. Dessiner.

REPRODUCTION. *Procédés de reproduction.* Imprimerie. Gravure. Lithographie. Chromolithographie. Photocomposition. Photocopie. Photographie. Polycopie. / *Reproduction d'un texte.* Copie. Double. Duplicata. / *Reproduction d'un dessin, d'un tableau.* Copie. Réplique. Fac-similé.

réprouver

(du lat. *reprobare,* condamner)

Rejeter en condamnant ce qui révolte. *Réprouver une action, une attitude.* Blâmer. Critiquer. Désapprouver. Condamner. Détester.

RÉPROBATION. Blâme. Condamnation. Animadversion. Désapprobation. Improbation. Anathème.

RÉPROBATEUR. Désapprobateur. Improbateur.

reptiles

(du lat. *reptilis,* de *repere,* ramper ; en gr. *herpeton*)

Vertébrés à sang froid, revêtus d'écailles, dont certains sont apodes et avancent par reptation. Reptile terrestre, aquatique. Reptile carnivore, herbivore, insectivore, piscivore, ophiophage (mangeur de serpents). Reptile ovipare, ovovivipare.

Lacertiliens ou ***sauriens*** (ordre). *Reptiles lacertiformes.* Lézards. / *Agamidés.* Agame. Calote. Dragon volant. Margouillat. Moloch ou diable cornu. / *Amphisbaenidés.* Amphisbène, ou serpent à deux têtes. / *Anguidés.* Orvet, ou serpent de verre. / *Chamaeléonidés.* Caméléon. / *Geckonidés.* Gecko. Tarente. Tokay. / *Hélodermidés.* Héloderme. / *Iguanidés.* Amblyrhinque. Basilic. Iguane. / *Lacertidés.* Lézard des murailles. Lézard vert. Lézard ocellé, etc. / *Scincidés.* Scinque, ou seps. / *Téjidés.* Téju. / *Varanidés.* Dragon de Komodo. Varan. / *Zonuridés.* Zonure.

Rhynchocéphales (ordre). Sphénodon, ou hattéria.

Ophidiens (ordre). *Reptiles serpentiformes.* Serpents. / *Boïdés* (serpents constricteurs). Anaconda ou eunecte. Boa. Javelot. Python. / *Colubridés* (couleuvres). Bucéphale. Coronelle. Couleuvre à collier. Couleuvre d'Esculape. Couleuvre de Montpellier. Couleuvre vipérine, etc. Naja, cobra, ou serpent à lunettes. Serpent-arlequin, ou serpent-corail. Serpent-fouet. / *Typhlopidés* (serpents fouisseurs). Serpent aveugle, serpent-ver, ou typhlops. Serpent minute. / *Uropeltidés.* Uropeltis. / *Vipéridés.* Aspic. Bothrops, ou fer-de-lance. Céraste, ou vipère à cornes. Crotale, ou serpent à sonnette. Mocassin. Péliade. Vipère.

Crocodiliens (ordre). *Crocodilidés.* Crocodile américain. Crocodile des marais. Crocodile du Nil, etc. Alligator. Caïman. / *Gavialidés.* Gavial.

Chéloniens (ordre). Tortues. Thécophores (carapace soudée au squelette). / *Testudinidés* (tortues terrestres). Cistude, tortue bourbeuse, ou tortue des marais. Tortue commune, ou tortue grecque. Tortues éléphantine, étoilée, fouisseuse, mauresque, rayonnée, à soc, etc. Tortue diamant. / *Tortues marines.* Caouanne, ou caret. Tortue franche ou verte. Tortue imbriquée, ou à écaille. / Athèques (carapace non soudée au squelette). *Sphargidés.* Tortue-luth.

Relatif aux reptiles. Carapace (tortues). Dossière. Plastron. / Ecaille. Ecaillure. Mue. Dépouille. Os dermiques (crocodiles). / Bec corné (tortues). Crochet à venin. Morsure. Piqûre. Langue bifide ou fourchue, préhensile, vermiforme. / Anneaux. Enlacer. Serrer. Etouffer. / Colubriforme. Couleuvreau. / Serpentaire (rapace diurne qui se nourrit de serpents). / Serpenteau. / Vipereau, vipéreau ou vipériau. Vipérin. / Animal rampant. Reptation. / Ophidisme (intoxication par le venin de serpents). Ophiolâtrie. / Vaccin, sérum antivenimeux. Institut antiophidique. / Herpétologie ou erpétologie (partie de la zoologie qui étudie les reptiles). Herpétologiste. Herpétologique. / Charmeur de serpents. Psylle.

Reptiles fossiles. *Théromorphes* ou *Pélycosaures.* Dimétrodon. Cynognathe. / *Rhynchocéphales.* Sauravus. Homéosaure. Mosasaure. / *Ichtyosauriens.* Ichtyosaure. / *Sauroptérygiens.* Plésiosaure. Placodonte. / *Dinosauriens.* Théropodes : cératosaure, mégalosaure. Sauropodes : brontosaure, diplodocus. Ornithopodes : iguanodon, stégosaure, tricératops. / *Ptérosauriens.* Ptéranodon. Ptérodactyle. Rhamporhynque.

république
(du lat. *res publica,* chose publique)

Forme de gouvernement dans lequel le peuple exerce sa souveraineté. République démocratique, fédérale, populaire, progressiste, socialiste. / Etat égalitaire. Droits de l'homme et du citoyen. / Représentation populaire. Constitution. Chambres. Présidence. / Elections. Consultation nationale. Suffrage universel. Suffrage restreint. Référendum.

RÉPUBLICAIN. Républicanisme.

République française. Président de la République. / Président du Conseil. Premier ministre. / Bicamérisme. Assemblée législative. Chambre des députés. Assemblée nationale. / Sénat. Conseil de la République. / Gouvernement d'assemblée. Régime parlementaire. Régime représentatif. Régime présidentiel. / Drapeau tricolore. *La Marseillaise.* / Liberté. Egalité. Fraternité (devise de la République française). Marianne. Bonnet phrygien.
Première République (22 septembre 1792-mai 1804). / Deuxième République (25 février 1848 - 2 décembre 1852). / Troisième République (4 septembre 1870 - 10 juillet 1940). / Quatrième République (3 juin 1944 - 4 octobre 1958). / Cinquième République (5 octobre 1958).

répugnance
(du lat. *repugnantia,* opposition)

Manque d'ardeur, d'enthousiasme. *Répugnance au travail.* Paresse. / *Agir avec répugnance.* A regret.

RÉPUGNER À (et l'inf.). Rechigner. Renâcler. Se faire tirer l'oreille. Faire des difficultés. Faire de mauvaise grâce.

Dégoût (v. ce mot).

réputation
(du lat. impérial *reputatio,* évaluation ; en lat. class. *fama,* renommée)

Opinion favorable ou défavorable du public à l'égard d'une personne ou d'une chose. *Avoir une bonne, une mauvaise réputation.* Renommée. Renom. Estime. / *La réputation d'une femme.* Honneur. / *Ne pas avoir une bonne réputation.* Ne pas être en odeur de sainteté. / *Avoir la réputation de.* Passer pour. Etre réputé pour.

RÉPUTÉ (qui jouit d'une grande réputation). Renommé. Célèbre. Connu. Fameux (fam.). En vogue. / *Qui a mauvaise réputation.* Discrédité. Décrié. Déconsidéré. Perdu de réputation. Mal famé (surtout en parlant d'un lieu).

Bonne opinion du public à l'égard d'une personne ou d'une chose. (Employé sans épithète.) *Acquérir de la réputation. Soutenir sa réputation. Perdre sa réputation.* Renommée. Considération. Célébrité. Notoriété. Popularité. Faveur. Estime publique. Crédit. / *Attaquer, salir la réputation de quelqu'un.* Déshonorer. Discréditer. Diffamer. Décrier. Calomnier. Couvrir de boue. Traîner dans la boue. Noircir.

réserver
(du lat. *reservare*)

Mettre de côté quelque chose d'un tout. *Réserver une portion d'un mets pour quelqu'un.* Garder. Laisser. Mettre à part.

RÉSERVE. *Réserve d'argent.* Economies. Bas de laine. Magot (fam.). / *Réserve de nourriture.* Provisions. Stock. / *Mettre, tenir en réserve.* Garder. Amasser. Accumuler. Serrer (vx).

Faire mettre à part. *Réserver une place dans un avion, dans un train, dans un théâtre.* Retenir. Louer.

RÉSERVATION. Location.

Destiner une chose à une personne. *Réserver quelque chose à quelqu'un* (en parlant de l'avenir, du sort). Prédestiner. Destiner. Vouer. Ménager.

réservoir
(de *réserver*)

Ce qui sert à garder des choses en réserve. *Réservoir à eau.* Château d'eau. Bassin. Citerne. Cuve. Cuveau. Bac. Baquet. Auge. Abreuvoir. / Vivier. Aquarium (pour des poissons). / *Réservoir d'usine à gaz.* Gazomètre. / *Réservoir à grains, à fourrage.* Silo. / Ensiler. Ensilage.

résidu
(du lat. *residuum*)

Matière qui reste après une opération physique, chimique ou une transformation industrielle. *Résidu de combustion.* Cendre. Mâchefer. Brai. Scories. / Dépôt. Tartre. Calamine. Cadmie. / *Résidu d'une substance pressée.* Marc. Drèche.

Ce qui n'est pas utilisable d'une matière. Déchet. Débris. Copeau. Limaille. Ecume. / Rognure. Epluchure. Vidure.

RÉSIDUAIRE. Eaux résiduaires. Eaux-vannes.

RÉSIDUEL. Matière résiduelle.

résigner (se)
(du lat. *resignare,* annuler)

Supporter sans protester une chose pénible, désagréable. *Se résigner à son sort, à l'inévitable.* Accepter. Consentir. Se soumettre. S'incliner. Se résoudre. Plier. Céder. Ne pas résister. Baisser la tête. Prendre son parti. Prendre du bon côté. Se faire une raison. Ne pas se plaindre. Rester indifférent. Faire contre mauvaise fortune bon cœur. Ne pas se fâcher. S'armer de patience. Prendre avec philosophie.

RÉSIGNÉ. Soumis. Philosophe. Calme. Indifférent. Patient.

RÉSIGNATION. Acceptation. Soumission. Consentement. Renoncement. Sacrifice. Patience. / *Résignation par faiblesse.* Apathie. Fatalisme.

résister
(du lat. *resistere,* s'arrêter)

S'opposer par le moyen des armes. *Résister à une attaque.* Soutenir. Se défendre contre. Lutter. Riposter. Tenir bon. Tenir ferme. Tenir tête. Soutenir le choc.

RÉSISTANCE. Lutte. Riposte.

S'opposer à la volonté, aux désirs de quelqu'un. *Résister aux desseins d'une personne.* Repousser. Lutter contre. Se dresser contre. Ne pas céder. Ne pas se laisser faire. Se cabrer. Regimber. Se rebiffer. Econduire. Envoyer promener. Rembarrer. Se montrer inflexible, inexorable, intraitable, intransigeant, inébranlable, irréductible. Etre récalcitrant, rétif. Opposer la force d'inertie.

RÉSISTANCE. *Résistance passive.* Refus. Non-exécution. Non-violence. / *Résistance active.* Lutte. Insoumission. Insurrection. Rébellion. Sédition. Mutinerie. / Réseau de résistance. Maquis.

RÉSISTANT. Patriote. Maquisard. Franc-tireur. Insoumis.

Supporter sans faiblir, sans dommage, une chose pénible (en parlant d'une personne ou d'une chose). *Résister au froid, aux privations. Résister aux intempéries.* Souffrir. Endurer. Tenir bon. Tenir le coup (fam.).

RÉSISTANCE. *Résistance vitale.* Force. Endurance. Vitalité / *Résistance matérielle, mécanique. Résistance des matériaux.* Résistivité. Résilience.

RÉSISTANT (en parlant d'une personne). Dur. Fort. Solide. Robuste. Bâti à chaux et à sable. Costaud (fam.). Dur à cuire (fam.). Increvable (fam.). / *Résistant* (en parlant d'une plante). Vivace. Rustique. / *Résistant à la chaleur.* Ininflammable. Ignifugé. / Incassable. Inusable.

Lutter contre ce qui est jugé mauvais ou dangereux moralement. *Résister à la tentation, au péché.* Repousser. Ne pas succomber. Ne pas céder.

respect
(du lat. *respectus,* considération)

Sentiment qui porte à traiter un être avec considération. *Montrer, témoigner du respect à une personne, à ses parents.* Déférence. Estime. Egards. Vénération (respect mêlé d'admiration et d'affection). / *Inspirer le respect.* En imposer. / *Le respect de Dieu.* Adoration. Culte. / *Respect humain.* Crainte du jugement des autres.

RESPECTER. Honorer. Révérer. Avoir des égards. Rendre hommage. / *Respecter Dieu.* Adorer. Vénérer. / *Respecter une femme.* S'abstenir de privautés avec elle.

Attitude qui consiste à ne pas porter atteinte à quelque chose. *Respect de la parole donnée.* Loyauté. Fidélité.

RESPECTER. *Respecter les convenances, une tradition. Respecter ses engagements.* Observer. Obéir. Se conformer à.

RESPECTABLE. Estimable. Honorable. Digne. Vénérable.

RESPECTUEUX. Déférent. Attaché à.

IRRESPECTUEUX. Irrévérencieux.

RESPECTABILITÉ. Dignité. Honorabilité. Prestige.

respiration

(du lat. *respiratio,* de *respirare,* revenir à la vie)

Fonction par laquelle l'être vivant absorbe de l'oxygène et rejette du gaz carbonique et de l'eau. Respiration externe ou pulmonaire, interne ou cellulaire. / Respiration aisée, facile. / *Respiration difficile.* Etouffement. Oppression. Dyspnée. / *Respiration entrecoupée, précipitée, haletante.* Essoufflement. Anhélation. Suffocation. / *Respirer avec difficulté.* Haleter. Suffoquer. Etouffer. Anhéler (rare). Etre essoufflé, oppressé, haletant, pantelant. Avoir le souffle court. Etre vite essoufflé. Etre poussif. / *Respiration bruyante, sibilante, striduleuse.* Sifflement. / *Respiration stertoreuse* (bruyante, accompagnée de ronflement). / *Arrêter la respiration.* Asphyxier. Etrangler. Etouffer. / Asphyxie. Etranglement. Strangulation. Etouffement. / Apnée (arrêt de la respiration).

Appareil respiratoire. *Voies respiratoires.* Fosses nasales (v. NEZ). Pharynx ou gorge. Larynx (v. VOIX). Trachée-artère (tube constitué de demi-anneaux de cartilage). Bronches. / Poumons. Poumon gauche. Poumon droit (plus développé). Hile (point où pénètrent les bronches, les vaisseaux sanguins, lymphatiques, etc.). Bronchioles. Alvéoles pulmonaires. Lobules pulmonaires. / *Circulation pulmonaire.* Artère pulmonaire. Veines pulmonaires. / Plèvres (membranes qui entourent le poumon).

Mécanisme de la respiration. Inspiration (entrée de l'air dans les poumons). Augmentation du volume de la cage thoracique. Contraction du diaphragme. Relèvement des côtes. / Expiration (rejet de l'air). Diminution du volume de la cage thoracique. Relâchement du diaphragme, des muscles inspirateurs. / Aspirer (attirer l'air). Inspirer (faire entrer l'air). Expirer. / *Inspirations brusques.* Hoquet. Sanglot. / *Expirations brusques.* Toux. Eternuement. / Capacité pulmonaire (5 litres chez l'adulte). Spiromètre (appareil permettant de mesurer la capacité pulmonaire).

Maladies des organes respiratoires. Asthme. Pharyngite. Trachéite. Bronchite aiguë. Bronchite chronique. Dilatation des bronches ou bronchectasie. Broncho-pneumonie. Congestion pulmonaire. Embolie pulmonaire. Pneumonie. Pneumothorax spontané. Pleurésie sèche. Pleurésie purulente. Emphysème pulmonaire. Cancer du poumon. Tuberculose pulmonaire.

Soins. Bronchoscopie. Pneumographie. Trachéotomie. Pneumotomie. Pneumothorax artificiel. Respiration artificielle. Poumon d'acier. Réanimation. Bouche-à-bouche. / Phtisiologie. Oto-rhino-laryngologie.

responsable

(du lat. *responsum,* de *respondere,* répondre)

Se dit d'une personne qui doit accepter et subir les conséquences de ses actes ou de ceux d'autrui. *Responsable d'une faute.* Coupable. / *Responsable d'un accident.* Auteur.

Se dit d'une personne qui doit rendre compte de ses actes ou de ceux d'autrui. *Etre responsable de sa conduite.* Répondre de. / *Etre responsable de quelqu'un.* Etre garant de sa vie, de sa conduite. Cautionner. / *Rendre quelqu'un responsable d'un acte blâmable.* Imputer. Incriminer. Mettre sur le compte de, sur le dos de. Rejeter sur. Faire retomber sur. Accuser.

RESPONSABILITÉ. *Prendre la responsabilité d'une chose.* Assumer. Endosser. / *Prendre sous sa responsabilité.* Se charger de. S'occuper de. Prendre sur soi de. Prendre sur son compte. / *Rejeter, décliner toute responsabilité.* Se laver les mains. / Responsabilité civile, pénale. Responsabilité morale.

Personne qui a la charge d'une fonction, qui prend des décisions. *Le responsable d'un parti, d'un syndicat.* Dirigeant. Chef. Leader.

RESPONSABILITÉ. Direction.

ressource

(anc. franç. *resorce*, de *resourdre*, se relever)

Personne ou chose qui peut fournir un moyen de sortir d'embarras. *Utiliser sa dernière ressource. N'avoir d'autre ressource que de...* Recours. Secours. Expédient. Solution. Moyen de s'en sortir (fam.). Planche de salut. Moyen de fortune. Moyen du bord. / *En dernière ressource.* En désespoir de cause.

Moyens pécuniaires, matériels dont on dispose. *Augmenter les ressources d'une personne.* Fonds. Finances. Bien-être. / *Les ressources d'un pays.* Richesses du sol, du sous-sol. Mines. Minéraux. Gisements. Energie thermique. Culture. Commerce. Industrie, etc.

Réserves d'habileté, d'ingéniosité. *Les ressources de quelqu'un.* Dons. Aptitudes. Moyens. Possibilités. Facilités. / *Un homme de ressources.* Habile. Ingénieux. Astucieux. Fertile en expédients. Subtil. / Avoir plusieurs cordes à son arc. / *Ressources d'une langue.* Moyens d'expression.

rester

(du lat. *restare*)

Continuer à être dans un endroit. *Rester à la ville, à la campagne. Rester à l'étranger.* Séjourner. Vivre. / *Qui aime rester chez soi.* Sédentaire. Casanier. Pantouflard (fam.). Pot-au-feu (fam.). / *Rester longtemps au même endroit.* S'attarder. Moisir (fam.). S'éterniser. / *Rester à la même place.* Stationner. Attendre.

Continuer à être dans une position, dans un état. *Rester debout, assis.* Demeurer. / *Rester couché.* Rester au lit. Garder la chambre (en parlant d'un malade). / *Rester sans bouger.* Immobile. / *Rester immobile sans couler* (en parlant de l'eau). Stagner. Stagnation. / *Rester dans le même état.* Se maintenir. Subsister. / *En rester là.* Ne pas aller plus loin. Ne pas progresser. / *Rester dans l'ignorance.* Croupir. / *Rester à* (et l'inf.). *Rester à regarder, à bavarder.* Passer son temps à. / *Rester à ne rien faire.* Paresser. Fainéanter. Flemmarder (fam.). / Rester sur la bonne bouche (s'arrêter après quelque chose d'agréable). / Rester sur sa faim (ne pas manger à satiété). / Rester sur une impression (en conserver un souvenir durable). / *Qui reste dans le même état.* Stable. Stationnaire. / Stabilité. Stabiliser.

Résister à l'écoulement du temps. *Rester* (en parlant d'une chose). Durer. Subsister. Se maintenir. Se conserver. Se perpétuer. Tenir. / Durable. Permanent.
Rester à quelqu'un (en parlant d'une personne ou d'une chose). Demeurer la possession de.

Demeurer après disparition ou élimination de personnes ou de choses. *Ne rien rester d'une chose.* Subsister. Survivre.

RESTE. *Le reste d'une dette.* Reliquat. Restant. Solde. / *Le reste d'une somme d'argent.* Excédent. Surplus. Différence. / *Et le reste* (en fin d'une énumération). Et cetera (etc., en abrégé). / *Et tout le reste.* Bazar (fam.). Tremblement (fam.). Bataclan (fam.). / *Les restes d'un édifice détruit.* Ruines. Décombres. / *Les restes d'un repas.* Reliefs. Bribes. Débris. Rogatons. Graillons. / Détritus (restes qu'on jette). / *Avoir de beaux restes* (être encore belle, en parlant d'une femme d'un certain âge).
Les restes d'une personne morte. Ossements. Cendres. Dépouille mortelle. / Reliques (restes d'un saint). / Châsse. Reliquaire. Fierte (vx).

restreindre

(du lat. *restringere, restrictum,* resserrer)

Ramener à des limites plus étroites. *Restreindre l'autorité, la liberté d'une personne.* Diminuer. Réduire. Amoindrir. / *Restreindre le volume d'une chose.* Comprimer. Rendre plus petit. / *Restreindre l'emploi d'un mot.* Limiter. Borner.

Se restreindre. Réduire ses dépenses. Diminuer son train de vie.

RESTRICTION. *Restriction des naissances.* Limitation. Malthusianisme. Néo-malthusianisme. / *Restriction des dépenses.* Compression. Diminution. Economies. / *Restrictions* (au plur.). Mesures de rationnement. / *Sans restriction.* Entièrement. Pleinement. Sans arrière-pensée. Sans réticence. Sans réserve. / *Faire des restrictions.* Emettre des doutes. Faire des critiques. Faire des réserves.

RESTRICTIF. *Sens restrictif d'un mot.* Limitatif. Etroit. / Formule restrictive.

Formules de restriction. *Prép. et loc. prép.* Sauf. Excepté. Hormis. Hors. A part. Malgré. Nonobstant. A l'exception de. A la réserve de. A l'exclusion de. / *Loc. conj.* Sauf que. Excepté que. Hormis que. Si ce n'est que. Bien que. Quoique. Encore que. A moins que. /

Adv. et *conj.* Mais. Cependant. Pourtant. Toutefois. / *Loc. adverbiales.* Quand même. Malgré tout. Ne... que. Oui... mais.

résultat

(du lat. scolastique *resultatum,* de *resultare,* résulter)

Ce qui arrive à la suite d'une action, d'un événement, de l'application d'un principe, d'une opération mathématique. *Le résultat d'une démarche, d'une négociation.* Conséquence. Effet. Conclusion. Issue. Suite. / *Un heureux résultat. Un résultat positif.* Réussite. Succès. Chance. / *Obtenir un heureux résultat.* Réussir. Aboutir. / *Un résultat négatif.* Echec. Fiasco. Insuccès. Faillite. / Echouer. Faire fiasco. / *Résultat à un examen, à une compétition.* Admission. Réussite. Non-admission. Echec. / *Le résultat d'une opération.* Produit. Quotient. Somme. / *Le résultat d'un problème.* Solution.

RÉSULTER (être le résultat de quelque chose). Découler. S'ensuivre. Procéder de. Venir. Provenir. / (Impersonnellement). Se dégager de. Ressortir de. Apparaître.

résumer

(du lat. *resumere,* reprendre)

Rendre en peu de mots ce qui a été dit ou écrit. *Résumer un discours, une discussion.* Condenser. Récapituler. Raccourcir. Réduire. Ecourter. Abréger. / *Résumer point par point.* Analyser.

RÉSUMÉ. Condensé. Abrégé. Digest. Réduction. Compte rendu. Analyse. Sommaire. Compendium (vx). / *Résumé scolaire.* Aide-mémoire. Mémento. Epitomé. / *En résumé.* En abrégé. En bref. En un mot. Somme toute.

rétablir

(de *re* et de *établir*)

Faire exister de nouveau. *Rétablir un gouvernement.* Restaurer. / *Rétablir une communication.* Remettre en état. Réparer. / *Rétablir l'ordre, la discipline.* Ramener. Faire renaître. / *Rétablir une situation.* Redresser. Améliorer.

RÉTABLISSEMENT. Restauration. Réparation. Redressement. Amélioration.

Remettre en bonne santé. *Rétablir une personne.* Guérir. Rendre la santé. Sauver.

Se rétablir. Aller mieux. Se remettre. Reprendre des forces. Recouvrer la santé. S'en tirer (fam.). En revenir (fam.).

RÉTABLISSEMENT. Guérison. Convalescence. Retour à la santé.

retarder

(du lat. *retardare,* de *tardus,* tard)

Empêcher de partir, d'arriver, d'avoir lieu au moment fixé ou prévu. *Retarder une personne.* Mettre en retard. Retenir. / *Retarder un moyen de transport.* Faire partir, faire arriver en retard. / *Retarder l'avance de l'ennemi.* Entraver. Arrêter.

Se retarder. Se mettre en retard. S'attarder. Muser.

RETARD. *Etre en retard.* Etre à la traîne (fam.). Etre à la bourre (pop.).

RETARDATAIRE (qui est en retard).

RETARDEMENT. Engin à retardement (dont l'explosion est retardée et réglée par un mécanisme spécial). / Agir à retardement (après qu'il est trop tard). / Comprendre à retardement (être lent à comprendre, avoir l'esprit de l'escalier).

Faire agir plus lentement qu'il ne faudrait. *Retarder quelqu'un dans son travail.* Mettre en retard. Faire perdre du temps. / *Retarder un pays dans son développement.* Ralentir l'évolution de.

RETARDÉ. *Enfant retardé.* Attardé. Arriéré. / *Pays retardé.* Sous-développé. Insuffisamment développé.

Remettre à plus tard. *Retarder un départ.* Différer. Ajourner. Repousser. / *Retarder la date d'un voyage.* Reculer. Reporter. / Manœuvre, moyen dilatoire qui a pour but de retarder, de différer).

retenir

(du lat. *retinere*)

Ne pas laisser partir. *Retenir une personne près de soi.* Garder. Faire rester. Empêcher de s'en aller. / *Retenir quelqu'un à un repas.* Inviter. / *Retenir au lit* (en parlant d'une maladie). Immobiliser. Clouer. / *Retenir quelqu'un pour l'empêcher de tomber.* Saisir. Attraper. Tirer en arrière. / *Retenir un cheval.* Maintenir (pour ralentir son allure). Tenir. Contenir. Maîtriser.

Se retenir. *Se retenir à quelque chose pour ne pas tomber.* S'agripper. S'accrocher. Se cramponner. Se rattraper.

Ne pas laisser agir. *Retenir quelqu'un* (en parlant d'une personne ou d'une chose). Arrêter. Modérer. / *Retenir de* (et un inf.). Empêcher de faire, de dire. S'opposer à. Tenir en échec.

Se retenir. *Se retenir de* (et un inf.). Se contenir. Se maîtriser. S'empêcher de. S'abstenir de. / *Se retenir de parler.* Tenir, retenir sa langue.

RETENUE. Mesure. Modération. Discrétion. Réserve. Sagesse. Circonspection. Tact. Pudeur. Dignité. Modestie. Simplicité. Respect des convenances. Tenue. / *Langage sans retenue.* Débraillé. Débridé. Leste.

Maintenir en place. *Retenir un tableau avec un clou.* Fixer. Accrocher. / *Retenir ses cheveux avec une barrette, un ruban.* Attacher. Tenir. / *Retenir l'eau.* Ne pas laisser couler, s'écouler. / *Ce qui sert à retenir l'eau.* Barrage. Ecluse.

Garder dans sa mémoire. *Retenir un mot, une date, une chanson.* Se souvenir de. Se rappeler.

Faire garder une chose. *Retenir une place dans un train, dans un avion, au théâtre.* Louer. Faire réserver.

Empêcher de se manifester. *Retenir un fou rire.* Réprimer. / *Retenir ses larmes.* Contenir. Refouler. / *Retenir son souffle.* S'empêcher de respirer.

Prélever une somme d'argent. *Retenir une somme pour la retraite.* Déduire. Retrancher. Rabattre.

RETENUE. Prélèvement. Déduction. / Retenue à la source.

retirer

(de *re* et de *tirer;* en lat. *retrahere, retractum,* ramener en arrière)

Faire sortir un être, une chose d'un lieu. *Retirer un enfant d'une pension.* Enlever. / *Retirer un noyé de l'eau.* Repêcher. / *Retirer un blessé des décombres.* Dégager. / *Retirer de l'argent de la banque.* Prendre. Prélever. / *Retirer des plantes de terre.* Déraciner. Déterrer. Déplanter.

RETRAIT. *Retrait d'une somme d'argent.* Prélèvement.

Se retirer. *Se retirer d'un lieu.* Partir. S'esquiver. Disparaître. S'éclipser. / *Se retirer des affaires.* Quitter. Prendre sa retraite. Cesser une activité professionnelle. / *Se retirer à la campagne.* Prendre sa retraite à. Aller habiter à. / *Se retirer dans un couvent.* Se cloîtrer. / *Se retirer dans un lieu désert.* S'isoler. Se confiner. S'enterrer. S'exiler. / *Se retirer en un lieu pour trouver un refuge.* Se sauver. Se réfugier. S'expatrier. Emigrer. / Réfugié. Expatrié. Emigré. / *Lieu où l'on se retire pour échapper au danger, pour se mettre en sûreté.* Refuge. Abri. Retraite.

Ramener en arrière. *Retirer sa main, sa tête pour éviter un coup.* Reculer. Eloigner. Ecarter. Rétracter. / Rétraction musculaire, tendineuse. Raccourcissement. Contraction. / Rétractile (qui est susceptible de rétraction). Rétractilité.

Renoncer à présenter, à poursuivre, à soutenir. *Retirer une plainte, une motion.* Annuler. Supprimer. / Retirer sa candidature à une élection (ne plus se présenter, se retirer). / *Retirer ce qu'on a dit, sa promesse.* Changer d'avis, d'opinion. Se rétracter.

Enlever ce qui couvre, protège. *Retirer ses vêtements, ses chaussures à un enfant.* Déshabiller. Déchausser. / *Retirer ses gants.* Se déganter. / *Retirer son chapeau.* Se découvrir. Se décoiffer. / *Retirer un objet d'un emballage.* Déballer. / *Retirer un gâteau d'un moule.* Démouler.

Enlever ce qu'on avait donné, accordé. *Retirer une permission, une autorisation.* Oter. Supprimer.

RETRAIT. *Retrait du permis de conduire.* Suppression.

Obtenir pour soi. *Retirer un bénéfice.* Recueillir. Percevoir. Gagner.

retourner

(de *re* et de *tourner;* en lat. *reverti, reversum*)

Tourner en sens contraire, à l'envers. *Retourner un récipient.* Renverser. / *Retourner la terre.* Labourer. Bêcher. Piocher. / *Retourner la salade.* Remuer. Tourner. Touiller (pop.). Fatiguer (fam.).

Locutions diverses. Retourner un vêtement (mettre l'endroit à l'envers). Retourner une phrase (changer l'ordre des mots). Retourner une lettre (renvoyer à l'expéditeur, réexpédier). Retourner quelqu'un (faire changer d'avis, de parti). Retourner sa veste (changer d'opinion). Retourner un appartement (fam., mettre sens dessus dessous). Retourner une personne (fam., bouleverser).

RETOUR. *Le retour d'un colis.* Renvoi. Réexpédition.

RETOURNEMENT. Revirement. Changement brusque.

RETOURNAGE. Retournage d'un vêtement. / Réversible (se dit d'un vêtement ou d'un tissu qui n'a pas d'envers).

Se retourner. Changer de position. / Tourner la tête en arrière. / *Se retourner* (en parlant d'une voiture). Chavirer. Capoter. Faire un tonneau.

Aller de nouveau en un lieu. *Retourner à son domicile.* Regagner. Réintégrer. Revenir. Rentrer. / *S'en retourner.* Repartir.

RETOUR. *Le retour d'une personne.* Rentrée. / *Etre de retour.* Etre revenu. / *Etre sur le retour.* Etre près de repartir.

retraite

de l'anc. franç. *retraire,* se retirer)

Marche arrière d'une armée après des combats malheureux. *Protéger la retraite d'un bataillon.* Recul. Repli. Décrochage. / *Retraite qui se transforme en déroute.* Débandade. Débâcle. / *Battre en retraite.* Reculer. Décrocher. Lâcher pied. Abandonner le combat.

État d'une personne qui a cessé son activité professionnelle. Etre à la retraite. / *Professeur à la retraite.* Honoraire. Emérite (vx). / *Mettre un fonctionnaire à la retraite d'office.* Destituer. / Retraite des vieux travailleurs. / *Toucher sa retraite.* Pension.

RETRAITÉ (personne à la retraite).

Lieu où l'on se retire pour se réfugier ou se cacher (littér.). *Trouver une retraite à la campagne.* Maison. Toit. Habitation. Gîte. Logement. Refuge. Nid. / *Une retraite où l'on mène une vie calme, solitaire.* Thébaïde. Solitude (vieilli).

Lieu où certains animaux se retirent. Bauge (du sanglier). / Chambre ou fort (du cerf). / Gîte (du lièvre). / Tanière (des fauves). / Liteau ou louvière (du loup). / Terrier ou rabouillère (du lapin). / Taissonnière (du blaireau). / Taupinière. / Terrier et renardière (du renard). / Remise (de la perdrix). Nid et juchée (des oiseaux). / Couvert. Taillis. Trou. Repaire. Refuge. Abri. / Se blottir. Se tapir. Se gîter. Se motter. Se terrer. Se rembucher. Jucher.

Éloignement momentané du monde pour se recueillir, se préparer à un acte religieux. *Suivre une retraite.* Offices. Exercices religieux. Récollection.

RETRAITANT (personne en retraite).

retrouver

(de *re* et de *trouver*)

Découvrir un être qui avait disparu. *Retrouver un malfaiteur évadé. Retrouver un animal échappé.* Rattraper. Mettre la main dessus.

Trouver ce qui existe ailleurs. *Retrouver dans un enfant l'expression de sa mère.* Reconnaître. Revoir.

Être de nouveau en possession de ce qu'on avait perdu, égaré, oublié. *Retrouver un objet volé.* Récupérer. / *Retrouver la santé.* Recouvrer. / *Retrouver un emploi.* Ravoir. Retrouver son chemin. Savoir s'orienter.

Être de nouveau en présence de quelqu'un, de quelque chose. *Retrouver un ami. Retrouver son pays natal.* Revoir. / *Aller retrouver quelqu'un.* Etre de nouveau ensemble. Se rencontrer.

RETROUVAILLES. Réunion. Rencontre.

réunir

(de *ré* et de *unir;* en lat. *jungere, junctum*)

Mettre des choses en contact. *Réunir les deux bouts d'une corde.* Raccorder. Relier. Joindre. Abouter. / *Réunir les bords d'une plaie.* Rapprocher. / *Réunir des choses en attachant, en liant.* Attacher. Lier. Fixer. Epingler. Agrafer.

RÉUNION. Jonction. Rapprochement. Fixation. Ligature.

Mettre des choses ensemble pour former un tout. *Réunir des papiers pour un dossier.* Rassembler. Grouper. / *Réunir des fonds pour un cadeau.* Recueillir. Collecter. / *Réunir des documents.* Amasser. Accumuler. Entasser. Collectionner.

RÉUNION. *Réunion d'éléments, de faits, de preuves.* Rassemblement. Groupement. Collection. / Rapprochement. Synthèse. Union.

Mettre ensemble des êtres. *Réunir une province à un Etat.* Annexer. Rattacher. Incorporer. / *Réunir les membres d'une association.* Rassembler. Grouper. / *Réunir des amis chez soi.* Inviter. Convier.

Se réunir. Se rencontrer. Se retrouver. Se rejoindre. Se rassembler.

RÉUNION. *Réunion d'une province à un pays.* Annexion. Rattachement. Incorporation. / *Réunion de personnes pour former un groupe.* Rassemblement. Groupement. Assemblée. Communauté. Société. / *Réunion de personnes soutenant ensemble leurs intérêts.* Clan. Coterie. Chapelle. Secte. Tribu. Caste. / *Réunion de personnes peu estimables.* Ramassis. Clique. / *Réunion de spécialistes, de techniciens. Réunion pour l'étude de certaines questions.* Colloque. Congrès. Rencontre. Rencontre au sommet. Conférence. Conférence au sommet ou sommet. Séminaire. Symposium. Table ronde. Séance de travail. Forum. / *Réunion internationale de scouts.* Jamboree. / *Réunion d'ecclésiastiques, de cardinaux.* Chapitre. Synode. Concile. Conclave. / *Réunion mondaine.* Bal. Réception. Surprise-partie. Raout (vx). / *Réunion politique, syndicale.* Meeting. / *Réunion de personnes sur la voie publique.* Attroupement. Rassemblement.

réussir

(de l'ital. *riuscire,* ressortir)

Avoir un heureux résultat. *Réussir* (en parlant d'un projet). Aboutir. Se réaliser. S'accomplir. Bien tourner. / *Réussir* (en parlant d'une affaire, d'un commerce). Prospérer. Se développer. Etre prospère, florissant. Etre en expansion. Etre en plein essor. Bien marcher. / *Ne pas réussir.* Echouer (v. ce mot).

RÉUSSITE. Succès. Prospérité. Gain. / *Avoir du succès.* Etre à la mode, en vogue. / *Un succès de librairie.* Best-seller. / *Une chanson à succès. Un succès dans le spectacle.* Tube (argot).

Obtenir un heureux résultat. *Réussir dans une entreprise.* Arriver, parvenir à ses fins. Gagner. / *Réussir son coup* (fam.). Toucher le but. Atteindre son but. Venir à bout de quelque chose. Mener à bien quelque chose. Faire fortune. Avoir la main heureuse. Décrocher la timbale (fam.). S'en sortir heureusement (fam.). / *Réussir dans une profession, dans un milieu.* Briller. Etre célèbre. Etre lancé. Etre en vogue. Avoir le vent en poupe. Bien mener sa barque. Faire son chemin. Faire florès. / *Commencer à réussir.* Percer. / *Réussir à* (et l'inf.). Parvenir à. Arriver à.

RÉUSSITE. Succès. Bonne fortune. Chance. / Tour de force. Prouesse. Exploit. Performance. Triomphe. Gloire. Honneur. Victoire. Lauriers. / Succès mondains. / *Succès féminins.* Aventure amoureuse. Exploit galant.

rêve

(de *rêver;* en gr. *oneiros*)

Suite d'images qui se présentent à l'esprit pendant le sommeil. *Un rêve agréable, désagréable.* Songe (vx). / *Un rêve pénible, angoissant.* Cauchemar. / Cauchemarder. / Cauchemardesque ou cauchemardeux.

RÊVER (faire des rêves). *Rêver quelque chose. Rêver que.* Voir en rêve en dormant. / Rêver d'une personne, d'une chose (la voir en rêve).

Idée plus ou moins chimérique destinée à satisfaire un désir. *Caresser un rêve. Poursuivre un rêve.* Phantasme. Désir. / *Un rêve fou, irréalisable.* Chimère. Utopie. Château en Espagne. / *C'est le rêve. C'est un rêve* (fam.). Idéal.

RÊVER. *Rêver à quelque chose.* Songer à. Penser à. / *Rêver de* (et l'inf.). *Rêver d'une chose.* Souhaiter ardemment (de).

RÊVÉ. Idéal. Parfait.

RÊVEUR. Utopiste. Songe-creux. Chimérique.

Relatif au rêve. Onirologie (étude des rêves). Onirologue. Oniromancie (divination par les rêves). Onirocritique (interprétation des rêves; personne qui interprète les rêves). Onirisme (délire de rêve). Onirique.

révéler

(du lat. *revelare,* découvrir, de *velum,* voile)

Faire connaître ce qui était caché ou inconnu. *Révéler un secret.* Dévoiler. Divulguer. Communiquer. Trahir.

RÉVÉLATION. Divulgation. Communication. Indiscrétion. / Confidence. / Chantage (menace de révélation d'un scandale). / Maître chanteur (celui qui exerce un chantage).

Faire voir d'une façon manifeste. *Révéler une aptitude inconnue.* Déceler. Montrer. Manifester. Indiquer. Témoigner. Dénoter. Attester. Prouver.

RÉVÉLATEUR. *Un signe, un symptôme révélateur.* Significatif. Caractéristique.

revenir

(de *re* et de *venir*)

Aller, venir au lieu d'où l'on est parti, au point de départ. *Revenir dans son pays, dans son village natal.* Retourner à. Repasser. / *Revenir à son domicile.* Regagner. Rentrer à. Rejoindre. Réintégrer. Rappliquer (pop.). Se ramener (pop.). / *Revenir en arrière, sur ses pas.* Reculer. Rétrograder. Faire demi-tour. Tourner bride. / *Revenir au lieu de départ* (en parlant d'un projectile, d'un boomerang). Retomber. / *Faire revenir quelqu'un.* Rappeler. / *Le fait de revenir. Le moment de revenir.* Retour. / *Etre revenu.* Etre de retour.

Être retrouvé (en parlant d'une fonction, d'un état physique ou moral). *Revenir à quelqu'un* (en parlant de la parole, de la vue, de l'appétit). Etre recouvré. / *Revenir à quelqu'un* (en parlant d'un souvenir). Se présenter à la mémoire, à l'esprit. Se souvenir.

Reprendre une chose que l'on a abandonnée. *Revenir à des études.* Se remettre à. Recommencer. / *Revenir à un ancien projet.* Reconsidérer. Réexaminer. / *Revenir à d'anciens usages.* Retourner à.

Échoir à une personne. *Revenir à quelqu'un* (en parlant d'une chose). Etre dévolu. Incomber. Etre à l'avantage, au désavantage de (quelqu'un). / *Revenir de droit.* Appartenir. / Revenu (v. ce mot).

Équivaloir à telle chose. *Revenir à tel prix* (en parlant d'une chose). Coûter. Se monter à. Valoir. / *Revenir à une chose.* Aboutir à. Se réduire à. Se résumer à. / *Revenir au même.* Etre la même chose. Aboutir au même résultat.

REVIENT. Prix de revient (coût total d'un produit, d'une marchandise).

Locutions diverses. Revenir à soi (reprendre conscience après un évanouissement). Revenir à quelqu'un, aux oreilles de quelqu'un ([en parlant de propos] être dit, être rapporté, être raconté). Revenir à la charge (attaquer de nouveau, insister dans ses demandes). Il n'y a pas à y revenir (c'est bien décidé). N'y revenez pas (ne recommencez pas). Ne pas revenir à quelqu'un ([en parlant de l'air, des manières] ne pas plaire, ne pas inspirer confiance). Avoir une tête qui revient à quelqu'un ([fam.] être sympathique). Revenons à nos moutons (reprenons notre sujet de conversation). Revenir d'une maladie, en revenir (guérir). Revenir de loin (être guéri d'une grave maladie, avoir échappé à un grand danger). Ne pas revenir d'un étonnement, ne pas en revenir [fam.] (être très surpris). Etre revenu d'une chose (ne plus s'y intéresser). Etre revenu de tout (être blasé, désabusé, désillusionné). Revenir d'une erreur, d'une illusion (s'en dégager). Revenir sur une affaire, sur une question, sur un sujet, en revenir à (parler, examiner, traiter de nouveau). Revenir sur le tapis (être de nouveau un sujet de conversation). Revenir sur le passé (reparler de ce qui a été dit ou fait). Revenir sur ce qu'on a dit ou promis, sur ses engagements (changer d'opinion, ne pas tenir sa parole, se dédire, se rétracter).

revenu
(de *revenir*)

Somme annuelle perçue par une personne ou par une collectivité. *Régler sa dépense sur son revenu.* Gain. Pension. Bénéfices. Bénéfices industriels, commerciaux. Bénéfices non commerciaux. Fermage. Location. / *Revenu du travail.* Salaire (v. ce mot). / *Revenu périodique d'un capital.* Intérêt. Rente. Rente fermière. Rente viagère (payable pendant la vie d'une personne). / Constitution d'une rente. Crédirentier. Débirentier. / Revenus publics. Revenus de l'Etat. Revenu national brut. Revenu national net. / *Produire un revenu.* Rapporter. / *Qui produit un revenu, un bénéfice suffisant.* Rentable. Payant. / Rentabilité.

rêverie
(de *rêver*)

État de l'esprit qui s'abandonne à des images vagues. *Se laisser aller à la rêverie.* Rêve. Songerie (vx ou littér.).

RÊVER. RÊVASSER (s'abandonner à la rêverie). Etre distrait. Etre dans la lune, dans les nuages.

RÊVEUR. Songeur. Romanesque. Imaginatif.

RÊVEUSEMENT. Distraitement.

révolte
(de *révolter*, ital. *rivoltare*, retourner)

Soulèvement contre l'autorité établie. *Exciter, fomenter une révolte. Etouffer, réprimer une révolte.* Agitation. Insurrection. Sédition. Emeute. Rébellion. / *Révolte de paysans.* Jacquerie. Chouannerie. / Fronde. / Guerre civile. Guérilla. / Coup d'Etat militaire. Pronunciamiento. / Putsch. Complot. Conspiration. Subversion. Menées subversives.

Se révolter. Se soulever. S'insurger. Se rebeller. Se mutiner.

RÉVOLTÉ. Rebelle. Insurgé. Mutin.

Opposition violente à une autorité quelconque. *Un mouvement de révolte.* Désobéissance. Rébellion. Mutinerie. Contestation. Insubordination. Insoumission. / Révolte idéologique, sociale. / Levée de boucliers. Tollé de protestations.

Se révolter. Désobéir. Contester. S'opposer. Regimber. Se cabrer. Résister. Tenir tête. Brandir l'étendard de la révolte. Refuser, contester l'autorité. Refuser d'obéir. Se dresser contre. Se rebeller. Entrer en lutte.

RÉVOLTÉ. Contestataire. Agitateur. Activiste. Gauchiste. Fauteur de troubles. Perturbateur. Factieux. Meneur.

RÉVOLTER. Indigner. Ecœurer. Dégoûter.

RÉVOLTANT. Choquant. Dégoûtant. Ecœurant.

révolution

(du bas lat. *revolutio*, de *revolvere*, rouler, dérouler)

Changement brusque et important dans l'ordre économique, social, moral d'une société, d'un pays, d'une époque. *Révolution idéologique, culturelle. Révolution industrielle, artistique.* Bouleversement. Chambardement (fam.).

RÉVOLUTIONNER. *Révolutionner quelqu'un* (en parlant d'une émotion). Emouvoir. Agiter violemment. Bouleverser. / *Révolutionner une industrie.* Modifier profondément. Chambarder (fam.).

RÉVOLUTIONNAIRE. *Un mouvement révolutionnaire. Un(e) révolutionnaire.* Partisan de changements radicaux. / *Une technique révolutionnaire. Un procédé révolutionnaire.* Novateur.

Renversement d'un régime politique. Révolution sociale, bourgeoise, prolétarienne. / Emeute. Soulèvement. Guerre civile. / Tourmente. Soulèvement de la population. Appel aux armes. Troubles. Violences. / Etat de siège. Combats de rues. Barricades.

RÉVOLUTIONNAIRE. *Mouvement révolutionnaire.* Agitation. Effervescence. / Journées révolutionnaires. / Gouvernement révolutionaire. / Tribunal révolutionnaire.

rhétorique

(du lat. *rhetorica ;* en gr. *rhétôr,* orateur)

Art de bien parler ; ensemble des procédés, des moyens d'expression employés pour persuader, pour toucher. *Apprendre, enseigner la rhétorique.* Eloquence. Art oratoire. / Rhéteur (maître de rhétorique dans la Grèce ancienne). Sophiste (maître de rhétorique et de philosophie).

Divisions de la rhétorique. Invention. / Disposition. / Elocution.

Invention. Preuves. Arguments ou raisonnements. Syllogisme (trois propositions : majeure, mineure, conclusion). Enthymème (syllogisme à deux propositions). Dilemme (deux propositions dont l'une est nécessairement vraie si l'autre est fausse). Epichérème (syllogisme dans lequel chaque prémisse est accompagnée de sa preuve). Sorite (syllogisme composé de plusieurs propositions liées de telle façon que l'attribut de la première devient le sujet de la deuxième et ainsi de suite). Induction. Exemple. Argument personnel ou « ad hominem » (celui qui oppose à l'opinion d'un homme ses paroles ou ses actions).

Les lieux communs. La définition. L'énumération des parties. Le genre et l'espèce. La comparaison. Les contraires. Les circonstances. Les antécédents et les conséquents. La cause et l'effet.

Disposition. *Parties du discours.* Exorde. Proposition. Division. Narration. Confirmation. Réfutation. Péroraison.

Elocution. *Style.* Style simple, tempéré, sublime. Harmonie. Nombre ou rythme oratoire. Période. Figures (procédés littéraires employés pour rendre la pensée plus expressive).

Figures de rhétorique. FIGURES DE MOTS. Figure de construction ou de grammaire. Tropes (procédé par lequel un mot est détourné de son sens propre). / FIGURES DE PENSÉE.

Figures de construction. Ellipse (suppression d'un ou de plusieurs mots qui ne sont pas indispensables à la compréhension de la phrase). / Anacoluthe (changement brusque de construction). / Syllepse (accord selon le sens et non selon les règles grammaticales). / Inversion. Hyperbate (addition d'un épithète, d'un complément à une phrase qui paraissait terminée). / Conjonction ou polysyndète (répétition de particules conjonctives). / Disjonction ou asyndète (suppression des particules conjonctives). / Pléonasme (emploi simultané de plusieurs mots ayant le même sens). / Répétition. / Anaphore (répétition d'un mot au début de plusieurs membres de phase). / Anastrophe (renversement de l'ordre habituel des mots). / Antanaclase (répétition du même mot pris dans des sens différents). / Paronomase (emploi, l'un à côté de l'autre, de paronymes). / Conversion (répétition du même mot à la fin de plusieurs membres de phrase consécutifs). / Apposition. / Synonymie. / Expolition (répétition de la même idée en des termes différents).

Tropes. Métaphore. / Allégorie (métaphore prolongée). / Catachrèse (emploi d'un mot hors de son sens propre). Métonymie (procédé par lequel on exprime la cause pour l'effet, le contenant pour le contenu, le moral pour le physique, etc.). / Synecdoque (sorte de métonymie dans laquelle on remplace le genre par l'espèce, le singulier par le pluriel ou inversement, etc.). / Antonomase (figure qui consiste à remplacer un nom propre ou une périphrase par un nom commun ou inversement). / Hypallage (procédé par lequel on attribue à un mot de la phrase ce qui convient à un autre mot de la même phrase).

Figures de pensée. Apostrophe (figure par laquelle l'orateur interpelle une personne présente ou absente, une chose qu'il personnifie). / Exclamation. / Epiphonème (exclamation qui renferme une maxime générale ou une réflexion). / Interrogation. / Enumération. / Antithèse (figure par laquelle on oppose deux pensées, deux expressions, deux mots. / Chiasme (double antithèse). / Comparaison. / Gradation (procédé par lequel on assemble plusieurs expressions enchérissant les unes sur les autres). / Suspension (procédé par lequel l'orateur ou l'écrivain tient son auditoire, son lecteur en suspens). / Réticence ou aposiopèse (interruption brusque traduisant une émotion, une menace). / Obsécration ou déprécation (l'orateur interrompt son discours pour implorer celui qu'il veut fléchir ou toucher). / Périphrase. / Hyperbole (consiste à exagérer l'expression). / Litote (procédé par lequel on atténue sa pensée de manière à laisser entendre le plus en disant le moins). / Prétérition (figure par laquelle on attire l'attention sur une personne ou sur une chose en disant qu'on n'en parle pas). / Prosopopée (procédé consistant à prêter la vie à une personne morte ou absente, à une chose personnifiée). / Allusion. / Prolepse ou anticipation (consiste à prévenir une objection). / Ironie. / Euphémisme (consiste à adoucir par l'expression qu'on emploie ce que le mot propre pourrait avoir de déplaisant). Accumulation. / Correction ou épanorthose (on fait semblant de se reprendre pour renchérir sur ce qu'on dit). / Dubitation (l'orateur fait semblant d'hésiter sur la manière dont il doit interpréter quelque chose). / Emphase ou signification (consiste à donner à un terme une importance exagérée). / Alliance de mots ou oxymoron (sorte d'antithèse dans laquelle on joint deux mots contradictoires; ex. : « une obscure clarté »).

rhume

(du lat. *rheuma,* écoulement d'humeurs)

Affection caractérisée par une inflammation de la muqueuse du nez, de la gorge et des bronches. *Rhume de cerveau.* Coryza. Catarrhe (vx). Enchifrènement (vx). Rhinite. Sinusite. Laryngite. Pharyngite. Trachéite. / *Rhume des foins.* Asthme.

ENRHUMER (causer un rhume). *Etre enrhumé.* Etre enchifrené. / *S'enrhumer.* Prendre froid. Prendre un rhume.

Manifestations du rhume. Toux. Quinte de toux. Accès de toux. / Toux grasse. Toux sèche. / Tousser. Tousseur. / *Tousser légèrement.* Toussoter. Toussotement. / Etre enroué. Enrouement. Avoir un chat dans la gorge. / Extinction de voix. Aphonie. Aphone. / Eternuer. Eternuement. Sternutatoire (poudre). / Etouffer. Etouffement. / Se moucher. Mucosités. Morve. Morveux. / Cracher. Crachat.

Soins. Remède béchique (contre la toux). Pâte pectorale. Inhalations.

riche

(du francique **riki,* puissant)

Qui possède de la fortune. *Un homme riche.* Fortuné. Cossu. Opulent. / *Nouveau riche.* Parvenu. / *Très riche.* Richissime. Cousu d'or. Riche comme Crésus. Riche à millions. Millionnaire. Multimillionnaire. Archimillionnaire. Milliardaire. Capitaliste. Nanti. Possédant. Nabab. Ploutocrate.
Termes familiers ou populaires. Rupin. Richard. Plein aux as. Bourré de fric. / *Etre riche.* Rouler sur l'or. Nager dans l'abondance. Remuer l'argent à la pelle. Avoir un portefeuille bien garni, un bon compte en banque.

RICHESSE. Fortune. Avoir. Opulence. Argent. Capital. Moyens. Ressources. / Pactole (source de richesse).

ENRICHIR. *Enrichir quelqu'un.* Rendre riche. / *S'enrichir.* Faire fortune. Arrondir sa fortune. Gagner de l'argent. Faire des affaires. Economiser. Thésauriser. Entasser, accumuler de l'argent.

ENRICHISSEMENT (le fait de faire fortune).

Se dit de ce qui a des ressources abondantes et variées. *Un pays riche.* Fertile. Fécond. / *Un sol riche.* Plantureux. Généreux. / Une langue riche (abondante en mots, en moyens d'expression).

RICHESSE. Abondance. Fertilité. Fécondité.

Qui est d'un grand prix. *Un riche mobilier.* Somptueux. Luxueux. Magnifique. Fastueux.

RICHEMENT. Luxueusement. Somptueusement. Magnifiquement. Fastueusement.

RICHESSE. Somptuosité. Magnificence. Luxe.

ridicule adj. et n.

(du lat. *ridiculus,* de *ridere,* rire)

Se dit d'une personne ou d'une chose qui excite le rire, la moquerie. *S'habiller d'une manière ridicule.* Grotesque. Risible. Impayable (fam.). / *Un habillement ridicule.* Accoutrement. Affublement.

RIDICULISER. Tourner en ridicule, en dérision. Railler. Se moquer de. Bafouer. Caricaturer. Chansonner. Brocarder.

Se dit d'une personne ou d'une chose déraisonnable. *Etre ridicule en certaines occasions. Agir d'une manière ridicule.* Absurde. Insensé. Saugrenu. Grotesque. / Etre un objet de risée. / *Une somme, une quantité ridicule.* Dérisoire. Insignifiant.

Ce qui excite le rire, la moquerie. *Montrer les ridicules d'une personne, d'une société.* Travers. Défaut.

rien

(du lat. *rem,* chose)

Aucune chose. *Ne rien vendre. Ne rien acheter.* Nulle chose. Néant. / *Ne rien faire.* Fainéanter. Etre paresseux, fainéant. Paresser. / *Ne rien voir.* Etre aveugle. / *Ne rien entendre.* Etre sourd. / *Ne rien manger.* Jeûner. / *Ne rien dire.* Se taire. / *Ne rien entreprendre.* Etre inactif. / *Ne rien savoir.* Etre ignorant. / *Qui ne croit à rien.* Incroyant. Nihiliste. / *Ne servir à rien.* Etre inutile. / *Ne rien gagner. Ne rien obtenir.* Des clopinettes (pop.).

Locutions diverses. Pour rien (gratuitement; pour une somme modique; inutilement). Pour rien, pour rien au monde (pour aucune raison). Rien du tout (absolument rien). Rien que (uniquement, seulement). Rien moins que (bel et bien). Rien de moins que (littér., bel et bien, tout à fait). En rien (pas du tout, en aucune façon). En moins de rien (rapidement).

Peu de chose. *Se fâcher pour un rien.* Bagatelle. Vétille. / *Perdre son temps à des riens.* Babiole. Niaiserie. Futilité. Bêtise. / Muser. Musarder. Flâner.

Locutions diverses. En un rien de temps (rapidement, promptement). Un rien de (une petite quantité de). Un rien du tout (fam., une personne sans valeur morale, sociale).

rigueur

(du lat. *rigor,* dureté, rigidité)

Dureté extrême. *La rigueur d'une peine.* Sévérité. / *Tenir rigueur d'une chose à quelqu'un.* Ne pas pardonner. / *La rigueur de l'hiver.* Apreté.

RIGOUREUX. *Châtiment rigoureux.* Dur. Pénible. Cruel. / *Morale rigoureuse.* Austère. Rigide. Rigoriste. / *Hiver rigoureux.* Froid. Rude. Dur.

RIGORISME. *Le rigorisme d'une religion, d'une morale.* Rigueur. Rigidité. Austérité. Puritanisme.

RIGORISTE. Sévère. Austère. Intransigeant. Puritain.

Exactitude, précision dans l'ordre intellectuel. *La rigueur d'un raisonnement.* Logique. Exactitude. / *La rigueur du jugement.* Rectitude.

RIGOUREUX. *Analyse rigoureuse.* Mathématique. Précis. / *Logique rigoureuse.* Implacable. / *Observation rigoureuse d'une règle.* Strict. Etroit.

RIGOUREUSEMENT. *Observer rigoureusement un règlement.* Scrupuleusement. Etroitement. Strictement. / *Rigoureusement interdit.* Absolument. Formellement.

rire v. et n.

(du lat. *ridere*)

Manifester sa gaieté par un mouvement des muscles du visage accompagné d'expirations plus ou moins bruyantes. *Façons de rire.* *Rire légèrement, sans bruit.* Sourire. / Rire fort, bruyamment. Rire aux larmes, à gorge déployée, à perdre haleine, à se décrocher la mâchoire. Rire comme un bossu, comme une baleine (fam.). Eclater de rire. Pouffer de rire. Rire à ventre déboutonné. Se dilater la rate (fam.). Se payer une pinte de bon sang (fam.). Se pâmer de rire. Se tenir les côtes. Se tordre de rire. Mourir de rire. S'esclaffer. / *Termes populaires.* Rigoler. Se bidonner. Se marrer. Se gondoler. Se fendre la pêche, la pipe. Se poiler. / Rire de bon cœur, franchement. / Rire du bout des dents. Rire jaune (d'un rire forcé). / S'empêcher de rire. Réprimer un rire, un sourire. Se pincer, se mordre les lèvres.

Faire rire. Amuser. Divertir. Egayer. Dérider. Plaisanter. Déclencher l'hilarité.

Manifester de l'ironie, de la moquerie. *Rire de quelqu'un, de quelque chose.* Railler. Se moquer. Tourner en dérision, en ridicule. / Rire au nez de quelqu'un. / Faire des gorges chaudes (faire des plaisanteries malveillantes). Rire sous cape (malicieusement). / *Rire avec une intention méprisante.* Ricaner. Ricanement. Rictus. / *Faire rire de quelqu'un.* Ridiculiser. Caricaturer. Chansonner. Satiriser. Persifler.

Action de rire. *Un rire léger, silencieux.* Sourire. / *Un rire moqueur, narquois.* Ricanement. / *Une explosion de rires.* Hilarité. / *Provoquer la joie et le rire.* Gaieté.

Nature du rire. Léger. Silencieux. Etouffé. Gloussant. / Clair. Argentin. / Gracieux. Spirituel. / Bon enfant. Innocent. Franc. / Forcé. Contraint. / Bruyant. Eclatant. Retentissant. Enorme. Homérique. / Contagieux. Communicatif. Nerveux. Hystérique. Frénétique. Spasmodique. Convulsif. Sardonique. / Fou rire. Rire incoercible, irrépressible, inextinguible. / Canaille. Gros. Gras. Grivois. / Bête. Sot. Niais. Stupide. / Moqueur. Ironique. Méprisant. Narquois. Goguenard. Méchant. Sarcastique. Sardonique.

Personne qui fait rire. Boute-en-train. Amuseur. Farceur. Blagueur. Bouffon. Clown. Comédien. Arlequin. / Un comique. Baladin (vx). Guignol. Pantin. Pitre. Polichinelle. Un rigolo (pop.). / Personne spirituelle, pleine d'esprit. Humoriste. Plaisantin. Pince-sans-rire.

Chose qui fait rire. Bouffonnerie. Pitrerie. Clownerie. / Comédie. Divertissement. Arlequinade. Guignol. / Mot d'esprit. Mot pour rire. Plaisanterie. Badinerie. Facétie. Saillie. Humour. Gag. / Gaudriole. Gauloiserie. Grivoiserie. Paillardise. Chatouille (fam.).

RISIBLE. Qui fait rire. Qui prête à rire. Comique. Burlesque. Grotesque. Ridicule. Drôle. Impayable (fam.). Cocasse. Désopilant. Hilarant. Ebouriffant. / *Termes pop.* Rigolo. Marrant. Bidonnant. Gondolant. Tordant. Poilant. Crevant, etc.

RIANT. *Un visage riant.* Gai. Joyeux.

RIEUR (qui aime à rire). Gai. Enjoué. Joyeux.

Sourire. Sourire indécis, furtif, pincé. / Sourire attendri, doux, angélique, ingénu. / Sourire gracieux, charmant. / Faire risette, des risettes (faire des sourires, surtout en parlant des enfants). / Sourire spirituel, malicieux. / Sourire mystérieux, énigmatique. / Sourire condescendant, protecteur.

risque

(de l'ital. *risco*)

Danger, inconvénient plus ou moins prévisible. *S'exposer à un risque. Courir un risque.* Aléa. Péril. / *Prendre un risque, des risques.* S'exposer dangereusement. Faire preuve d'audace, de témérité. Se montrer audacieux, téméraire. Oser. / A ses risques et périls (en assumant sur soi la responsabilité d'une chose). / *Les risques du métier.* Inconvénient.

RISQUER. *Risquer sa vie.* Exposer à un risque. S'exposer. / *Risquer une somme d'argent.* Engager. Hasarder. / Risquer le paquet (fam., tenter une chose hasardeuse). / Risquer le tout pour le tout (s'exposer à beaucoup perdre en cherchant à gagner beaucoup). Jouer son va-tout. / *Risquer de* (et un inf.). Courir le risque de. S'exposer à. Etre exposé à. / *Risquer de tomber.* Manquer. Faillir.

RISQUÉ. Audacieux. Aventureux. Incertain. Aléatoire. Hasardeux. Hardi. Téméraire. Dangereux.

Préjudice, sinistre éventuel garanti par une compagnie d'assurances. *S'assurer contre le risque d'incendie.* Se garantir. / Une assurance tous risques, multirisque.

rival

(du lat. *rivalis,* de *rivales,* riverains qui tirent leur eau au même cours d'eau [*rivus*])

Personne ou collectivité qui lutte pour la possession ou la conservation d'une chose. *Supplanter, éliminer un rival.* Concurrent. Adversaire. Antagoniste. Compétiteur. Emule. / Rival en amour (qui dispute à d'autres l'amour d'une personne). / *Sans rival.* Inégalable.

RIVALITÉ. Antagonisme. Concurrence. Compétition. Lutte.

RIVALISER. Lutter. Concurrencer. / *Rivaliser d'esprit.* Faire assaut de. Disputer. Se piquer de.

riz

(de l'ital. *riso ;* en lat. *oryza*)

Céréale cultivée dans les pays humides et chauds. *Culture du riz.* Riziculture. Terrain marécageux. Rizière. / Semailles. Repiquage. Submersion. Récolte. Battage. Riz paddy (non décortiqué). / Blanchiment. Polissage. Glaçage. / Rizerie. / Riziculteur. Rizicole.

Usage. Riz au gras, au curry, au safran. Risotto. Pilaf. Croquettes de riz. / Entremets. Riz au lait. Flan ou tarte au riz. Gâteau de riz. Pudding au riz. / Eau de riz. / Arack (liqueur alcoolique tirée du riz fermenté). Saki ou saké (boisson alcoolisée obtenue par fermentation du riz).

roman

Œuvre d'imagination en prose. *Intrigue, action d'un roman.* Affabulation. / *Eléments d'un roman.* Canevas. Scénario. Thème. Trame. Construction. / Fil du récit. Description. Scène. Tableau. Détail. / Evénements. Péripéties. Episodes. / Coup de théâtre. Rebondissement. / Dénouement. Conclusion. / Personnages. / *Sortes de romans.* Roman psychologique. Roman d'amour, d'analyse. Roman d'aventures. Roman de cape et d'épée. Roman picaresque. Roman réaliste, naturaliste. Roman de mœurs. Roman d'anticipation ou de science-fiction. Roman noir ou d'épouvante. Roman policier. Polar (pop.). Roman-feuilleton. Roman-fleuve. / *Genres apparentés au roman.* Conte. Nouvelle.

ROMANESQUE. *Une aventure romanesque.* Extraordinaire. Epique. Fantastique. / *Une histoire romanesque.* Incroyable. Invraisemblable. Inimaginable. / *Un jeune homme romanesque.* Rêveur. Sentimental. Fleur bleue.

ROMANCER. Romancer une biographie (la présenter sous forme de roman).

ROMANCIER (auteur de romans).

rompre

(du lat. *rumpere, ruptum*)

Mettre en morceaux par effort ou par pression (en parlant d'objets étendus en longueur). *Rompre une branche, un bâton, une chaîne.* Casser. Briser. / *Rompre une digue* (en parlant de la mer, d'un cours d'eau). Enfoncer. Crever.

Se rompre. *Se rompre* (en parlant d'une chaîne, d'une branche). Céder. Craquer.

RUPTURE. *Rupture d'une poutre, d'un câble.* Cassure. Brisure. / *Rupture d'une veine, d'un tendon.* Déchirure.

Empêcher la continuation ou la réalisation d'une chose. *Rompre le silence.* Troubler. / *Rompre des fiançailles.* Mettre fin à. / *Rompre des relations diplomatiques, des négociations.* Interrompre. Cesser. / *Rompre un engagement.* Annuler. Se dégager. Déroger à. / *Rompre un traité.* Dénoncer.

RUPTURE. *Rupture d'un engagement.* Annulation. / *Rupture d'un traité.* Dénonciation.

Cesser d'être en relations d'amitié. *Rompre avec quelqu'un.* Se brouiller. Se séparer. Se quitter. Cesser de se voir, de se fréquenter.

RUPTURE. Séparation. Désaccord. Brouille.

rond adj. et n.

(du lat. *rotundus*)

Se dit d'une chose qui a la forme d'une sphère, d'un cylindre, d'un cercle ou d'un arc de cercle. *Une pomme ronde.* Sphérique. / *Un bâton rond.* Cylindrique. / *Un mollet bien rond.* Galbé. / *Une table ronde. Un plat rond.* Circulaire. / *Un dos rond.* Arrondi. Bombé. / *Une tuile ronde.* Convexe. / *Un ventre rond.* Rebondi. / *Un bras rond.* Potelé. Charnu.

RONDEUR. *La rondeur de la Terre.* Rotondité. Sphéricité.

ARRONDIR (rendre rond). Arquer. Courber. Cintrer. Voûter. Bomber.

Se dit d'un être gros et court. *Un homme tout rond.* Gros. Boulot (fam.). Rondouillard (fam.). / *Un peu rond.* Rondelet (fam.). Grassouillet.

RONDEUR. *La rondeur d'une taille.* Embonpoint. / Rondeurs (parties du corps rondes et charnues).

Ligne, figure circulaires. *Tracer un rond avec un compas.* Cercle. Circonférence. / *Rond de jambe* (mouvement de jambe qui décrit un cercle ou un demi-cercle). / *Faire des ronds de jambe* (fam.). Faire des politesses exagérées, des salamalecs. / *S'asseoir en rond.* En cercle. / *Mouvement en rond.* V. TOURNER.

Objet de forme circulaire. *Un rond de serviette.* Anneau. Coulant. / V. CERCLE.

ronger

(du lat. pop. *rodicare ;* lat. class. *rodere*)

Manger, détériorer à petits coups de dents. *Ronger du papier, des livres* (en parlant des rats, des souris). Grignoter. Déchiqueter. / *Manie de se ronger les ongles.* Onychophagie. Onychophage. / *Ronger son frein* (en parlant d'un cheval). Mordiller.

Attaquer, détruire lentement. *Ronger le bois* (en parlant des vers). Piquer. Mouliner (vx). / Bois vermoulu.

User, consumer peu à peu. *Ronger un métal* (en parlant d'un acide, de la rouille). Corroder. Attaquer. Entamer. Oxyder. Rouiller. / Corrosion. Corrosif. Caustique. / *Ronger une côte, une rive* (en parlant de la mer, d'un cours d'eau). Miner. Saper. Dégrader. Affouiller. Eroder. Désagréger. / Erosion. Affouillement. / *Ronger une personne* (en parlant d'une maladie). Miner. Gangrener. / Cancer. Ulcère. Ulcération. / *Ronger quelqu'un* (en parlant de soucis, de regrets). Tourmenter. Dévorer. Tracasser.

Classification des animaux qui rongent. *Lagomorphes* (ordre). *Léporidés* (famille). Lièvre. Lapin.

Rongeurs (ordre). *Sciuromorphes* (groupe). Ecureuil. Ecureuil volant, polatouche, taguan ou pétauriste. Marmotte. Castor. Chien des prairies. / *Myomorphes* (groupe). Rat noir. Rat des moissons. Rat d'égout ou surmulot. Rat musqué ou ondatra. Campagnol. Hamster. Lemming. Mulot. Souris. Musaraigne. Loir. Lérot. Lérotin. Muscardin. Gerboise (du désert). Gerbille (des champs). / *Hystricomorphes* (groupe). Porc-épic. Athérure. / *Caviomorphes* (groupe). Cobaye. Cabiai ou cochon d'eau. Agouti. Ragondin. Chinchilla. / Tularémie (maladie infectieuse transmise à l'homme par certains rongeurs, en particulier par le lièvre et le lapin de garenne).

rôtir

(du francique **raustjan*)

Faire cuire à feu vif à la broche, sur un gril ou au four. *Rôtir de la viande. Rôtir des tartines.* Griller. / *Pain rôti, grillé.* Toast. Rôtie. Biscotte.

RÔTISSOIRE (ustensile pour faire rôtir de la viande). Broche. Tourne-broche. Lèchefrite. Gril. Barbecue.

RÔTI. Rôt (vx). *Rôti de bœuf.* Rosbif.

RÔTISSERIE. / RÔTISSEUR. / RÔTISSAGE.

roue

(du lat. *rosta ;* en gr. *kuklos*)

Élément circulaire, tournant sur un axe, qui permet le mouvement des véhicules ou des organes mécaniques. *Diverses sortes de roues.* Roue de transmission. Roue motrice. Roue libre. Roue de friction. Poulie. Rouage (ensemble de roues). Engrenage. Roue dentée. Pignon. Couronne. / Roue d'angle. Roue de champ (dont les dents sont perpendiculaires à son plan). Roues hyperboliques (roues d'un engrenage dont les axes ne se rencontrent pas [par ex. roue et vis sans fin]). Roue maîtresse (la principale dans une machine). / Dent. Denture épicycloïde, hypoïde. / Roue à rochet. Cliquet. Galet. Roulette. Tambour. Volant. / Pivot (axe vertical). Tourillon. Coussinet. Roulement à billes.

Roues de véhicules. *Parties d'une roue.* Axe. Essieu. Fusée. Moyeu. / Boîte à graisse, à huile (roues de wagons). / Voile. Enjoliveur. Chapeau de roue (pièce qui protège le moyeu). Rayon. / Jante. Frette. Bandage. Pneumatique. Chambre à air. Enveloppe. Boyau. / Ecartement. Empattement. Pincement. Ouverture. / Roue directrice. Roue motrice. Roue indépendante. Roue de secours. / Roues chenillées. Roues couplées, jumelées. / *Roue en bois.* Roue pleine. Roue à rais (rayons [vx]). / Charron. Charronner. Charronnage. / Enrayer. Enrayage. Enrayure (montage des rais). / Fretter. Embattre. Embattage (fixation du bandage).

Roues hydrauliques ou roues à eau. Roues à aubes, à augets, à godets, à palettes, à sabots. Noria. / Roues en dessus, de poitrine, de côté, en dessous. Turbine (v. MOTEUR et POMPE).

Relatif aux roues. Rotation. Rotatif. Rotatoire. Rotacé (en forme de roue). / Centrage. Centrer. Equilibrage. Equilibrer. / Engrener. Embrayer. Débrayer. Tourner. / Gripper. Se voiler. Déjanter. / Frein. Sabot. Garniture de frein. / Véhicule à quatre roues. Véhicule à trois roues, ou tricycle. Véhicule à deux roues, ou bicyclette, ou (fam.) deux-roues. / Roulette (petite roue).

Locutions diverses. Pousser à la roue (aider quelqu'un à réussir). Faire la roue (en parlant d'un paon, déployer en rond les plumes de sa queue ; en parlant d'une personne, tourner latéralement sur soi, en s'appuyant alternativement sur les mains et sur les pieds).

rouge n. et adj.

(du lat. *rubeus,* rougeâtre ; en gr. *erythros*)

Une des sept couleurs fondamentales du spectre de la lumière; ce qui a la couleur du sang, du feu, etc. *Diverses nuances de rouge.* *Rouge vif et clair.* Carmin. Cerise. Cinabre. Coquelicot ou ponceau. Corail. Corallin. Ecarlate. Garance. Géranium. Incarnadin. Incarnat. Vermeil. Vermillon, etc. /

Rouge-orangé. Abricot. Tango. Capucine, etc. / *Rouge pâle*. Rose. Rosé. / Rosir. Rosissement. / *Rouge foncé*. Amarante. Bordeaux. Cramoisi. Grenat. Pourpre. / Rouge vineux. Rouge lie-de-vin.

Se dit d'un être ou d'une chose qui a l'aspect du rouge. *Teint rouge. Visage rouge*. Rougeaud. Rubicond. Haut en couleur. Sanguin. Congestionné. Empourpré. Enflammé. Enluminé. Couperosé. / *Fruits rouges*. Fraise. Framboise. Groseille. Cerise, etc. / *Pierres rouges*. Rubis. Porphyre. Cornaline, etc.

ROUGIR. Rougir de pudeur, de timidité. Rougir de honte. Rougir de colère. Rougir de plaisir, de bonheur. Devenir rouge comme un coq, comme une écrevisse, comme un coquelicot, comme une tomate. Piquer un fard. / Ereuthrophobie (crainte de rougir).

ROUGEUR. *Rougeur du visage*. Rougissement. Erubescence. / *Rougeur sur la peau*. Erythrodermie. Inflammation. Erythème. Exanthème. Couperose. / Rougeole. Rubéole. / Rubéfaction (congestion passagère de la peau). Rubéfier. / Rubéfiant. Sinapisme. Révulsif.

ROUGEÂTRE (légèrement rouge). Erubescent.

ROUGEOYER (devenir rougeâtre). Rougeoyant. Rougeoiement.

Colorants rouges. *Rouges minéraux*. Hématite. Cinabre. Sanguine. / Rouges de chrome, d'Andrinople, de cadmium, de molybdène, de cobalt. Oxydes de fer rouges : minium, vermillon, mine orange. / *Rouge végétal*. Orseille. / *Rouge animal*. Carmin (extrait de la cochenille). / *Rouges organiques*. Rouge para, de toluidine. Lithol. Fanal. Rouge C. / Laque d'alumine. / *Rouges synthétiques*. Alizarine. Fuchsine. Phaléine. Safranine. Azoïque rouge. Fluorescéine. Erythrosine. Eosine. Ponceau.

rouleau

(de *rouler*)

Cylindre de bois, de métal, etc., servant à différents usages. *Rouleaux à main.* *Rouleau à pâtisserie*. Bâton. / Rouleau de peintre en bâtiment. / *Rouleau armé de pointes*. Boucharde.

Rouleaux mécaniques. Rouleau brise-mottes. Rouleau plombeur (en bois, en fonte). Rouleau à disques dentés ou crosskill. Rouleau à disques tranchants. Rouleau compresseur. Rouleau à pneus. Rouleau à pieds de mouton.

Bande enroulée en forme de cylindre allongé. Rouleau de papier peint. / *Rouleau de pellicules photographiques*. Bobine.

rouler

(de *roue*)

Avancer en tournant sur soi-même. Rouler (en parlant d'une balle, d'une boule, d'une bille). / *Rouler dans un escalier* (en parlant d'une personne). Tomber. Dégringoler. Faire la culbute. Bouler. Faire un roulé-boulé.

Avancer au moyen de roues ou à l'aide d'un véhicule. *Rouler* (en parlant d'un véhicule). Se déplacer. Marcher (fam.). / *Rouler à telle vitesse* (en parlant d'une personne). Circuler.

ROULANT. Fauteuil roulant.

S'incliner d'un bord sur l'autre. *Rouler* (en parlant d'un bateau). Bourlinguer. Se balancer.

ROULIS. Balancement. Oscillation.

Produire un bruit sourd et prolongé. *Rouler* (en parlant du tonnerre). Tonner. Gronder.

ROULEMENT. *Roulement de tambours*. Batterie. Battement. / *Roulement des voitures*. Bruit.

Faire avancer une chose munie de roues, de roulettes ou en la faisant tourner sur elle-même. *Rouler une brouette. Rouler un tronc d'arbre*. Déplacer (en poussant).

Mettre en rouleau. *Rouler un câble, un cordage*. Lover. / *Rouler une chose sur une autre, autour d'une autre*. Enrouler. Enroulement. / *Enrouler du fil*. Bobiner. Bobinage. / *Rouler, enrouler finement le bord d'un tissu, d'un papier*. Roulotter. / Rouler une cigarette.

Se rouler. *Se rouler* (en parlant d'un serpent). Se lover. S'enrouler. / *Se rouler dans une couverture*. S'envelopper.

Imprimer à son corps ou à une partie de son corps un certain balancement. *Rouler les épaules*. Remuer. Onduler. / *Rouler les hanches en marchant*. Se déhancher. Se dandiner. / Rouler les yeux (les porter rapidement de côté et d'autre). / Se rouler les pouces ou (fam.) se les rouler (rester inactif).

Faire passer un rouleau sur quelque chose. *Rouler une terre labourée*. Ameublir. Emotter. / *Rouler un cours de tennis*. Aplanir.

ROULAGE. Aplanissage. Aplatissage. Emottage. / Rouleau (v. ce mot).

Tourner et retourner un être, une chose sur toute sa surface. *Rouler quelqu'un dans une couverture.* Enrouler. Envelopper. / *Rouler un fruit dans du sucre.* Enrober.

Se rouler. *Se rouler par terre.* Se tourner de côté et d'autre. Se vautrer.

route

(du lat. pop. [*via*] rupta, [*voie*] frayée ; lat. class. *iter, itineris*)

Voie de communication terrestre ouverte à la circulation publique. *Ensemble des routes d'un pays.* Réseau routier.

Sortes de routes. Route nationale, départementale, communale. Route à grande circulation. Route secondaire. Route à deux, à trois, à quatre voies, etc. / Rocade (voie de communication parallèle à une autre et utilisée comme dérivation). Route de dégagement. Déviation. / Grand itinéraire. Autoroute. Autoroute à péage. Route stratégique.
Chemin de terre. Chemin rural, vicinal. Chemin d'intérêt commun. / Chemin de traverse. / Chemin de halage. / Chemin forestier, d'exploitation. Chemin muletier. / Allée. Allée cavalière, forestière, cyclable. Contre-allée. Sentier. Piste.
Qualités d'une route. Route agréable, carrossable, automobilisable, dégagée, large, pittoresque, praticable, roulante. / Viabilité. Praticabilité.
Défauts d'une route. Route caillouteuse, dangereuse, défoncée, dégradée, étroite, glissante, impraticable, ravinée, sinueuse, tortueuse. Route en lacet. / Fondrière. Nid-de-poule. Ornière.

Structure d'une route. Plate-forme. Chaussée. / Couche de fondation. Hérisson. Libage (blocs de pierre ou moellons grossièrement équarris). / Couche d'usure. / Couche de roulement. Macadam. Tarmacadam. Macadam-mortier. Dalle de béton. / Voie matérialisée. Ligne continue. Ligne discontinue. Ligne discontinue accolée d'une ligne continue. Terre-plein central. Banquette. Glissière de sécurité. Accotement stabilisé, non stabilisé. Bas-côté. Bordure. Caniveau. Fossé. / Pont, viaduc, tunnel routier. Saut-de-mouton. Passage supérieur. Echangeur. Autopont. Toboggan.

Construction d'une route. *Tracé en plan* (alignements droits réunis par des courbes). Rayon des courbes. Tournant. Virage. Virage en épingle à cheveux. Lacet. Corniche (route dominant un à-pic). / Bifurcation. Bretelle. Carrefour. Croisement. Embranchement. Fourche. Patte-d'oie. Etoile. Rond-point. Trèfle. / *Profil en long.* Palier. Déclivité. Pente. Rampe. Côte. Montée. Raidillon. Descente. Dos d'âne. Cassis. / *Profil en travers.* Bombement. Largeur. Chaussée à deux, à trois, à quatre voies. Surlargeur (dans les virages). Terrassement. Déblai. Remblai. Encaissement. Dressage. Stabilisation du sol. Empierrement. Compactage. Gravillonnage. Asphaltage. Goudronnage. Cylindrage. Pavage. Pavement en mosaïque, en quinconce, en queue de paon. / Empierrer. Paver. Bitumer. Compacter. Cylindrer. Engraver. Goudronner. Macadamiser. / *Matériaux.* Pierraille. Caillasse. Gravillon. Sable. Macadam. Asphalte. Bitume. Goudron. Béton. Pavés. / *Machines.* Excavatrice. Bétonnière épandeuse. Niveleuse. Compacteur. Vibreur. Rouleau-compresseur. Goudronneuse. Finisseur. Balayeuse.

Entretien des routes. Rechargement. Gravillonnage. Stabilisation des accotements. / Recharger. Remblayer. / Service de la voirie. Ponts et Chaussées (service public chargé de la construction et de l'entretien des routes). Ingénieur des Ponts et Chaussées. Cantonnier (ouvrier qui travaille à l'entretien des routes). Travaux publics. Entrepreneur de travaux publics.

Circulation routière. Code de la route. / Panneaux de signalisation. Signaux d'obstacle, d'interdiction, d'obligation, de recommandation, de localisation. Flèche de signalisation. Itinéraire fléché. Poteau indicateur. Stop. Signaux lumineux, fixes, clignotants. / Bande blanche. Voie matérialisée. / Trafic. Comptage. Ecoulement. Heures de pointe. Embouteillage. Bouchon (fam.). Encombrement. / Sens interdit. Sens unique. Sens giratoire. Déviation. Dérivation. Barrière de dégel. / Circulation bloquée, difficile, intense, dangereuse. Brouillard. Enneigement. Verglas. / Circulation fluide, normale.
Prendre la route. Prendre le volant. Circuler. Rouler. Tenir sa droite. Respecter les limitations de vitesse. Serrer à droite. Observer les signaux. Rouler en file. Déboiter (sortir de la file). Doubler. Dépasser. / Céder le passage. Marquer l'arrêt. / Refuser la priorité. Brûler un feu rouge. Commettre une infraction. Perturber la circulation. Entrave à la circulation. Délit de fuite.

Relatif à la route. Prévention routière. Police de la route. Motard (fam.). / Automobiliste. Camionneur. Routier. Caravanier. Motocycliste. Cycliste. Cyclomotoriste. / Carte routière. Itinéraire. Trajet. Parcours. Borne kilométrique. / Pompe à essence. Station-service. Pompiste. / Etape. Relais routier. Restauroute. Motel. / Ranger. Garer. Parquer. Stationner. / Parc. Parking. Aire de stationnement.

roux

(du lat. *russus*)

Qui est d'une couleur plus ou moins vive entre le jaune et le rouge. *Poil roux. Chevelure rousse. Feuillage roux.* Fauve. Jaune-orangé. Rouge-orangé. Brun-rouge. / *Brun-roux.* Feuille-morte. / *Un cheval roux.* Alezan. Bai. / *Châtain-roux.* Auburn. / *Un roux, une rousse* (en parlant d'un homme, d'une femme). Rouquin, rouquine (fam.).

ROUSSÂTRE (légèrement roux). Fauve.

ROUSSIR. *Roussir du linge.* Brûler légèrement. / Devenir roux.

ROUSSEUR. *Tache de rousseur.* Ephélide. Tache de son.

ruban

(du moyen néerlandais *ringhband*, collier)

Bande de tissu étroite et mince servant d'ornement, d'attache. Ruban de soie, de laine, de coton, de velours. / *Ruban pour retenir les cheveux.* Catogan ou cadogan. / *Nœud de rubans.* Coque. Chou. Bouffette. Rosette. / *Ruban servant à border, à orner.* Galon. Liséré. Cordonnet. / *Ruban servant à garnir, à protéger.* Extra-fort. Talonnette.

RUBANERIE (fabrique, commerce de rubans). Rubanier.

ENRUBANNER (orner, garnir de rubans).

rude

(du lat. *rudis*, brut, inculte)

Qui est dur au toucher. *Une brosse rude. Une toile rude. Un poil rude.* Rêche. Rugueux. Râpeux.

RUDESSE. *Rudesse d'une surface.* Rugosité.

Qui cause de la fatigue. *Une rude tâche. Un rude métier.* Dur. Pénible. Ereintant (fam.).

Pénible à supporter. *Un hiver rude. Un climat rude.* Dur. Froid. Rigoureux. / *Une rude épreuve.* Cruel. Douloureux. / *Un rude combat.* Violent. Terrible. Farouche. Apre. Acharné.

RUDESSE. Dureté. Rigueur.

Difficile à vaincre. *Un rude adversaire.* Redoutable. Terrible. Tenace. Acharné.

Qui manque de douceur, d'amabilité. *Un homme rude. Un caractère rude.* Dur. Sévère. Austère. Brusque. Rébarbatif. Revêche. Bourru.

RUDESSE. Dureté. Sévérité. Austérité. Brusquerie.

RUDEMENT. *Parler rudement à quelqu'un.* Durement. Sans ménagement.

RUDOYER. Traiter rudement. Malmener. Maltraiter. Brutaliser. Molester. Rabrouer. Envoyer promener (fam.). Envoyer au diable (fam.).

Qui manque d'aisance. *Des manières rudes. Un comportement rude.* Gauche. Maladroit. Heurté. Malgracieux. Disgracieux. Rustre.

Qui mène une vie simple, dépourvue de raffinement. *Un rude paysan. Un rude montagnard.* Fruste. Rustique.

Remarquable en son genre (fam.). *Un rude appétit.* Fameux. Sacré (fam.).

RUDEMENT (fam.). Très. Drôlement (fam.). Diablement. Fameusement.

rue

(du lat. pop. *ruga*, sillon, chemin ; lat. class. *via*, voie)

Voie publique bordée de maisons dans une ville, dans un bourg. Artère (voie de communication). / *Grande rue bordée d'arbres.* Avenue. Boulevard. / *Allée bordée d'arbres servant de lieu de promenade.* Cours. Mail. / *Voie publique le long d'un cours d'eau.* Quai. / *Petite rue.* Ruelle. Venelle. / *Rue sans issue.* Impasse. Cul-de-sac.

Parties d'une rue. Chaussée. Chaussée goudronnée, pavée. Caniveau. Ruisseau. Bordure. Trottoir. / Refuge (abri) pour piétons. Passage clouté. Passage souterrain. / Bouche de métro. Arrêt d'autobus. / Bouches d'égout, d'incendie, d'arrosage. / *Aménagements souterrains.* Câbles électriques et téléphoniques. Conduites d'eau, de gaz de ville, d'air comprimé, de vapeur (chauffage urbain). / Egouts. Branchement. Egout élémentaire, secondaire. Grand collecteur. / Egoutier.

Circulation. Trafic. Voie express. Toboggan. Rue à sens unique. / Stationnement interdit. Stationnement réglementé. Stationnement unilatéral, bilatéral. / Parcmètre (compteur de stationnement). / Feux vert, orange, rouge, clignotant. / Agent de la circulation. Contractuel.

Voirie. Enlèvement des ordures ménagères. Eboueur. Boueux (fam.). Balayeur. Balayeuse.

Relatif à la rue. Rue animée, passante, commerçante. / Rue tortueuse. Dédale de rues. Coin de rue. / *Croisement de rues.* Carrefour.

Locutions diverses. Courir les rues ([en parlant d'une chose] être connu, très répandu, banal). L'homme de la rue (le citoyen moyen, le premier venu). Gamin des rues (enfant qui vagabonde dans les rues. Poulbot. Gavroche. Titi [parisien]). Fille des rues (prostituée). Etre à la rue (sans logis, dans le dénuement).

ruine

(du lat. *ruina,* de *ruere,* s'écrouler)

Chute, naturelle ou non, d'une construction. *La ruine d'une maison, d'un édifice.* Délabrement. Détérioration. Effondrement. Ecroulement. Vétusté. / *Tomber en ruine. Menacer ruine.* S'effondrer. Crouler. S'écrouler. / *Qui menace ruine.* Croulant. Délabré. / *Maison en ruine.* Masure. / Une ruine (construction en mauvais état). / *Ruines d'un édifice, d'une ville.* Décombres. Restes. Vestiges. / *En ruine.* Détruit. Démoli. Dévasté. Ravagé. / *Causer, semer la ruine.* Ravager. Dévaster. Piller. Saccager. Mettre à sac.

Acheminement vers la disparition. *La ruine d'une société, d'un Etat.* Chute. Décadence. Déliquescence. / *La ruine d'un espoir.* Fin. Anéantissement. / *Aller à la ruine.* Péricliter. Dépérir.

RUINER. *Ruiner sa santé.* Affaiblir. Miner. Détériorer. Endommager. / *Ruiner les espoirs, les illusions de quelqu'un.* Saper. Miner. Anéantir.

Perte des biens, de la fortune. *La ruine d'une entreprise.* Faillite. Banqueroute. Dégringolade. Effondrement.

RUINER. Perdre. Appauvrir. Mettre sur la paille (fam.).

RUINEUX. Coûteux. Dispendieux. Onéreux.

Se ruiner. Faire de mauvaises affaires. Faire la culbute (fam.). Faire des dépenses excessives.

RUINÉ. *Termes fam.* Fauché. Décavé. Ratissé. Nettoyé. A la côte.

ruminants

(de *ruminer*)

Mammifères qui possèdent un estomac leur permettant de ruminer. *Estomac des ruminants.* Quatre ventricules : panse, bonnet, feuillet, caillette. / Ruminer (mâcher de nouveau des aliments qui ont déjà pénétré dans l'estomac). Régurgiter. / Rumination. Régurgitation.

Principaux groupes de ruminants. *Ruminants à cornes creuses* (bovidés et bovinés). Bœuf (v. ce mot). Bison. Buffle. Yack. Zébu. Aurochs (en voie de disparition). / Mouton (v. ce mot). / Chèvre (v. ce mot). Bouquetin. Mouflon. Chamois ou isard. / Antilope. Gazelle. / *Ruminants à cornes pleines.* Cerf (v. ce mot). Elan. Renne. Chevreuil. Daim. / *Ruminants à cornes absentes ou nulles.* Girafe. Okapi. / Camélidés (estomac à trois poches, pas de feuillet). Chameau (v. ce mot). / Vigogne. Lama. Alpaga.

ruse

(de *ruser,* lat. *recusare,* refuser)

Art de dissimuler, de tromper. *Recourir à la ruse.* Rouerie. Dissimulation. Finasserie. Malice. Perfidie. Fourberie. Tromperie. Roublardise (fam.). / *Obtenir par la ruse.* Extorquer. Carotter (fam.). Jouer au plus fin. / Machiavélisme (emploi de la ruse en politique). Machiavélique. / *Employer la ruse et la force.* Coudre la peau du renard à celle du lion (littér.). / *Prudence mêlée de méfiance et de ruse.* Cautèle (vx).

RUSER. Manœuvrer. Finasser. Renarder. Tricher. Filouter.

Moyen habile employé pour tromper. *Déjouer une ruse.* Artifice. Feinte. Stratagème. Subterfuge. Machination. Manœuvre. Manigances. Piège. Truc (fam.). Attrape. Attrape-nigaud. Supercherie. Tour de passe-passe. / *Les ruses d'un métier.* Ficelles. Trucs (fam.).

RUSÉ. Malin. Retors. Roué. Matois. Madré. Futé. Astucieux. Finaud. Ficelle (fam.). Roublard (fam.). Cauteleux (vx). / Vieux renard. / *Un air rusé.* Chafouin. Sournois.

rythme

(lat. *rhythmus,* du gr. *rhuthmos,* mesure, cadence)

En musique, retour périodique des temps forts et des temps faibles; disposition régulière des sons du point de vue de l'intensité et de la durée. *Le rythme d'une phrase musicale.* Mouvement. Mesure. Consonance. / *Le rythme d'un morceau de jazz.* Tempo.

RYTHMIQUE. *Elément rythmique du jazz.* Swing.

En poésie, retour à intervalles réguliers des temps forts, des accents, des césures, etc. *Le rythme d'un sonnet, d'une strophe.* Cadence. Assonance. Nombre (vx). / *Marquer, souligner le rythme d'un poème.* Scander.

RYTHMIQUE. Versification rythmique (fondée sur l'accent tonique; vers anglais, allemand). / Rythmicien.

En prose, disposition symétrique des membres de phrase, répétition de sonorités, etc. *Le rythme d'une période.* Harmonie. Mouvement. Balancement. Nombre (vx). / Rythme binaire, ternaire, quaternaire.

RYTHMER. *Rythmer une phrase.* Cadencer.

RYTHMÉ. Harmonieux. Cadencé.

RYTHMIQUE. *Eléments rythmiques.* Allitération. Isométrie. Homophonie.

Succession plus ou moins régulière de mouvements, de gestes, d'événements. *Le rythme régulier, irrégulier des battements du cœur.* Eurythmie, arythmie. Eurythmique, arythmique. / *Le rythme des saisons.* Alternance. Retour périodique. / *Le rythme de la production d'une entreprise.* Cadence.

S

sable
(du lat. *sabulum*)

Matière pulvérulente résultant de la désagrégation de certaines roches. Sable jaune, blanc, rouge, gris, vert. / Sable argileux, calcaire, micacé, quartzeux. / Sable de mer, de rivière. Sable aurifère. Sable fossile ou fossilifère. / Sable coquillier ou falun. Sable corallien. / *Qui contient du sable.* Aréneux ou arénifère. / Sable boulant (très fin). Sables mouvants (humides et où l'on peut s'enliser). / *Plage de sable.* Arène (vx). / Dune (butte, colline de sable). Dune maritime, littorale. Dune continentale. Erg (dans le Sahara). / Grève (terrain formé de sable et situé au bord de la mer). / *Sable grossier.* Gravier. / Javeau (île de sable). Jard ou jar (banc de sable d'une rivière). / Tangue (sable vaseux sur le littoral de la Manche). Maerl ou merl (dépôt littoral formé de sable et d'algues). / *Echouer sur le sable.* S'ensabler. Engraver ou s'engraver. S'enliser. / Ensablement.

SABLEUX (qui contient du sable). Eau sableuse.

SABLONNEUX (constitué, couvert de sable). Terrain sablonneux.

SABLIÈRE. SABLONNIÈRE (carrière de sable).

ENSABLER (recouvrir, remplir de sable).

ENSABLEMENT. Ensablement d'un port.

Utilisation du sable. Sable pour la construction. Mortier. Cimenterie. Sable pour le ravalement. / Sable de fonderie. Moulage. Préparation des moules.

SABLER (revêtir de sable). Sabler des allées, des routes. Sablage. Sableuse. / Couler dans un moule de sable.

sabre
(de l'allemand Säbel)

Arme blanche, droite ou recourbée, qui ne tranche que d'un côté. *Parties d'un sabre.* Lame. Plat. Dos. Tranchant. / Poignée. Garde. Pommeau. Dragonne (cordon ou galon ornant la poignée).
Sortes de sabres. Sabre d'infanterie. Sabre-baïonnette. Sabre-poignard ou coupe-chou (fam.). Bancal (sabre court de la cavalerie légère). Sabre-briquet (sabre assez court et légèrement recourbé). Cimeterre (sabre turc, arabe, à lame large et recourbée). Latte (long sabre droit). Yatagan (sabre turc à lame recourbée). / Sabre d'abattis ou coupe-coupe (sabre assez court à large lame servant pour se frayer un chemin dans la brousse).
Traîneur de sabre (militaire qui affecte des airs belliqueux). Bravache. / Sabretache (petite sacoche suspendue au ceinturon à côté du sabre).

SABRER (frapper à coups de sabre). Tailler.

Maniement du sabre. *Escrime.* Sabre spécial (poids d'un fleuret). Coup de tranchant (utilisé pour les attaques et contre-attaques). Coup de pointe (utilisé pour les attaques et ripostes). Coup de manchette (coup donné sur le poignet de la main qui tient le sabre). Moulinets (maniements d'assouplissement spéciaux). / Attaques : à la tête, au corps, aux parties avancées (main, avant-bras, bras). Parades : tierce, quarte, quinte.

sac
(du lat. *saccus*)

Objet ouvert par le haut et servant à mettre, à transporter différentes choses. Sac de cuir, de caoutchouc, de toile, de filet, de papier, de jute, de matière plastique. / *Sac pour l'emballage, le transport de marchandises.* Poche. Enveloppe. / *Petit sac.* Sachet. Pochette. / *Sac à deux poches.* Bissac. Besace. / *Sac à provisions.* Cabas. Couffin. / *Sac d'écolier.* Cartable. Serviette. / *Sac de chasseur.* Gibecière. Carnassière. Carnier. Cartouchière. / *Sac de soldat.* Musette. Havresac (vx). / Sac d'alpiniste. Sac à dos. / *Sac pour mettre de l'argent.* Porte-monnaie. Bourse. Aumônière (vx). Sacoche (sac avec courroie) d'encaisseur. / Sacoche de bicy-

clette, de motocyclette. / Sac de voyage. Sac à ouvrage. / Sac à main (de dame). Pochette. Réticule (en tissu). / *Petit sac à tabac*. Blague.
Parties d'un sac. Fond. Double fond. Soufflet. Fermoir. Serrure. Poignée. Tirant. Courroie. Bandoulière. / Porter un sac à la main, sur la tête, sur le dos, en bandoulière / *Remplir un sac*. Bourrer.

ENSACHER. *Ensacher du grain, des bonbons*. Mettre dans un sac. / Ensachage.

sacré
(du lat. *sacer*, consacré)

Qui appartient à la religion, qui concerne le culte. *Un lieu sacré*. Saint. Consacré. / *Edifice sacré*. Temple. Sanctuaire. / *Un vase sacré*. Liturgique. / *La musique sacrée. Un chant sacré*. Religieux. / *Les livres sacrés*. Bible. Ancien et Nouveau Testament (pour les chrétiens). Coran (pour les musulmans). Mahawansa (livre sacré du bouddhisme). Veda, Purāna, Upanishad (livres du brahmanisme). / *Manque de respect à l'égard de ce qui est sacré*. Sacrilège. Profanation. Blasphème. / Simonie (trafic des choses sacrées, des biens spirituels).

Qui est digne d'un respect absolu. *Un droit sacré*. Inviolable. Intangible. Sacro-saint. / Tabou (qui est marqué d'un caractère sacré et interdit).

SACRALISER (attribuer un caractère sacré à un être ou à une chose). Sacralisation.

DÉSACRALISER. Désacralisation.

sacrement
(du lat. *sacramentum*, serment)

Signe sacré institué par Jésus-Christ pour produire la grâce. *Les sept sacrements de la religion catholique*. Baptême. Confirmation. Eucharistie. Pénitence. Extrême-onction ou sacrement des malades. Ordre. Mariage.
Sacramentaux (signes de sanctification adoptés par l'Eglise). Chapelet. Usage d'eau bénite, de cierges bénits, etc.

Conférer les sacrements. Administrer un sacrement. / Baptiser. Baptême. Fonts baptismaux. / Confirmer. Confirmation. Confirmand (chrétien qui va recevoir la confirmation). Saint chrême. Evêque. / Ordonner. Ordre. Ordinand. Ordination. / Marier. Mariage. Bénédiction nuptiale. / Confesser. Confession. / Administrer un malade. Saintes huiles. Viatique. / Imposition des mains. Oindre (toucher une partie du corps avec les saintes huiles). Onction (le fait d'oindre).

Recevoir les sacrements. Etat de grâce. / S'approcher des sacrements. / Se confesser. Communier.

SACRAMENTEL. Paroles sacramentelles. Rites sacramentels.

sacrifice
(du lat. *sacrificium*, de *sacrum facere*, faire un acte sacré)

Offrande faite à la divinité avec certaines cérémonies. Sacrifice expiatoire (pour apaiser la colère de la divinité). Sacrifice propitiatoire (pour obtenir la faveur de la divinité). / *Sacrifices d'animaux*. Hécatombe (de cent bœufs). Taurobole (d'un taureau). Criobole (d'un mouton.) / Prémices (chez les Grecs, les Romains, les Hébreux, premiers fruits de la terre, premiers animaux nés des troupeaux offerts à la divinité). / Bouc émissaire. / Victime. Holocauste (victime entièrement consumée). / Immolation. Libation. Eau lustrale.
Sacrifices humains. Sacrifice d'Abraham, de Melchisédech. / Sacrifice du Christ. Sacrifice de la Croix.

SACRIFIER. Offrir. Immoler. / Immolation. Oblation.

SACRIFICATEUR (celui qui était préposé aux sacrifices). Immolateur. Victimaire.

Renoncement volontaire ou forcé en vue d'une fin. *Faire le sacrifice de sa vie*. Don. Abandon. / *Esprit de sacrifice*. Abnégation. Dévouement. Désintéressement. / *Faire des sacrifices pour quelqu'un ou pour quelque chose*. Dépenser. Se sacrifier. / Privations.

SACRIFIER. *Sacrifier sa vie à la patrie*. Donner. / *Sacrifier une personne, une chose*. Abandonner. Perdre. Négliger (au profit d'un intérêt, d'un dessein). / *Sacrifier son temps à quelque chose*. Consacrer. / *Sacrifier à quelque chose, à la mode*. Se conformer à. Obéir à. Suivre.

Se sacrifier. S'offrir en sacrifice. Faire le sacrifice de sa vie. Se donner corps et âme. Se dévouer sans réserve. Faire don de sa personne. Donner, verser son sang.

sage
(du lat. pop. *sapius*; lat. class. *sapiens*)

Se dit d'une personne réfléchie et modérée dans sa conduite. *Agir en homme sage*. Avisé. Sensé. Circonspect. Raisonnable. / *Une jeune fille sage. Un jeune homme sage*. Sérieux. Réservé. Chaste.

SAGESSE. Circonspection. Discernement. Modération. / Retenue. Sérieux. Chasteté. Pudeur. Décence.

SAGEMENT. Raisonnablement.

Qui est calme et docile. *Un enfant sage. Sage comme une image* (fam.). Obéissant. Doux. Posé. Tranquille. Gentil.

SAGESSE. Docilité. Calme. Obéissance. Douceur. Gentillesse.

Qui est conforme aux règles de la raison et de la morale. *Un sage conseil.* Judicieux. Sensé. / *Une conduite sage.* Raisonnable.

saillie

(de *saillir ;* du lat. *salire,* sauter)

Ce qui dépasse un plan, un alignement. *Saillie à la surface d'une chose.* Aspérité. Bosse. Rondeur. Grosseur. Bourrelet. Crête. Dent. Protubérance. Relief. Arrêtoir. Lame. Butée. / *Saillie en architecture.* Angle saillant. Auvent. Corniche. Balcon. Chapiteau. Encorbellement. Entablement. Surplomb.

SAILLIR. Avancer. Sortir. Dépasser la ligne de l'aplomb. Surplomber. Dominer en surplomb. Déborder. Se détacher. Etre en saillie. Faire saillie. Avoir du relief.

SAILLANT. Avancé. Proéminent. Surplombant. En surplomb.

sain

(du lat. *sanus*)

Qui est favorable à la santé. *Un aliment sain.* Bon. / *Un air sain.* Salubre. Tonique. Salutaire. / Salubrité. / Mesures de salubrité. Hygiène. Assainissement.

SAINEMENT. Salubrement.

ASSAINIR (rendre plus sain). Désinfecter. Purifier.

MALSAIN. *Un climat malsain.* Insalubre. Insalubrité.

Qui est conforme à la raison, à l'équilibre intellectuel, à la morale. *Un jugement sain.* Normal. Droit. / *Un esprit sain.* Equilibré. Judicieux. « Mens sana in corpore sano. »

MALSAIN. *Un livre malsain.* Immoral. Pernicieux.

SAINEMENT. *Juger sainement.* Raisonnablement. Judicieusement.

saint

(du lat. *sanctus ;* en gr. *hagios*)

Se dit d'une personne qui, après sa mort, est reconnue par l'Église comme digne d'un culte public. *Les saints du ciel.* Bienheureux. Elus. La Sainte Vierge. Apôtres. Martyrs. Confesseurs. Vierges. Les saintes femmes, veuves et pénitentes. Servantes, serviteurs de Dieu. / Eglise triomphante. / Toussaint (fête catholique en l'honneur de tous les saints). / *Saint protecteur, sainte protectrice d'un pays, d'une corporation.* Patron. Patronne. / Patronage. / *Liste des saints.* Martyrologe. / *Récit de la vie d'un saint.* Hagiographie. Hagiographe. / *Cercle doré dont les peintres entourent la tête des saints.* Auréole. Nimbe. / Culte de dulie.

Vie et vertus des saints. Abnégation. Dévouement. Charité. / Ascétisme. Mortification. / Cilice. Haire. Discipline. / Apostolat. Evangélisation. Prosélytisme. / Charisme (don spirituel particulier conféré par la grâce divine). Charismatique. / Erémitisme. Ermite. Stylite (solitaire qui vivait au sommet d'une tour ou d'une colonne).

SAINTETÉ. *Proclamation de la sainteté d'une personne.* Introduction d'une cause. Vénérable (premier degré dans la procédure de canonisation). Bienheureux. Béatification. Béatifier. Procès de canonisation. Avocat du diable (celui qui est chargé de contester les mérites d'une personne dont la canonisation est proposée). Canoniser. Canonisation.

Personne qui mène une vie exemplaire. *Une sainte femme. Un saint homme.* Bon. Charitable. Vertueux. Pieux. Austère. Ascète. / Vie austère. Ascétisme. Abnégation. Dévouement. / Mourir en odeur de sainteté.

saisie

(de *saisir*)

Mesure par laquelle la justice ou une autorité administrative retire à une personne l'usage ou la possibilité de disposer d'un bien. *Saisie d'un journal.* Interdiction (de sa diffusion et de sa vente).

SAISIR. *Saisir des marchandises de contrebande.* Confisquer. Réquisitionner.

SAISISSABLE (qui peut être saisi). Insaisissable. Biens insaisissables.

SAISISSANT (qui fait opérer une saisie).

SAISI (qui fait l'objet d'une saisie).

Saisie mobilière. *Saisie des meubles corporels.* *Saisie-exécution.* Saisie-exécution de droit commun (saisie des meubles d'un débiteur en vue d'en opérer la vente publique). Saisie-brandon (saisie des fruits et des récoltes sur pied).

/ *Saisie conservatoire* (destinée seulement à empêcher l'aliénation ou la destruction d'un bien dont la propriété est contestée). Saisie-gagerie (effectuée par un propriétaire sur les biens d'un fermier ou d'un locataire). Saisie des rentes constituées. Saisie commerciale. Saisie-contrefaçon.

Saisie des créances. Saisie-arrêt (pratiquée par un créancier qui immobilise entre les mains d'un tiers des sommes ou des objets mobiliers appartenant à son débiteur). Saisie-arrêt des salaires, des traitements. / Mainlevée (acte qui met fin aux effets d'une saisie).

Procédures. Commandement de payer. Dessaisissement. Garde des objets saisis. Signification. Procès-verbal de saisie. Scellés. Vente aux enchères publiques. Concours des créanciers du saisi.

Saisie immobilière. *Biens susceptibles d'être saisis.* Immeubles par nature. Immeubles par destination.

Procédure. Commandement adressé au saisi. / Signification et publication de ce commandement. Rédaction et dépôt du cahier des charges au greffe du tribunal. Dires et observations des créanciers sur le cahier des charges. Publicité de l'adjudication par affiches et insertions. / Adjudication. / *Incidents.* Conversion de la saisie en vente volontaire.

saisir

(du bas lat. *sacire,* prendre possession; lat. class. *prehensum, prehendere*)

Mettre la main sur un être, sur une chose. *Saisir quelqu'un aux épaules, à bras-le-corps.* Empoigner. Agrafer. Harponner. Ceinturer. / *Saisir un cheval par la bride.* Attraper. / *Saisir une chose, un objet.* Prendre. Atteindre. S'agripper à. S'accrocher à. / *Action de saisir.* Préhension. / *Qui sert à saisir.* Préhenseur (organe). Préhensile (pince, queue).

Mettre une chose à profit. *Saisir une occasion.* Profiter de. Utiliser. Ne pas manquer. Ne pas rater (fam.).

Percevoir par les sens, par l'esprit. *Saisir par le regard l'ensemble d'une foule.* Embrasser. Apercevoir. / *Saisir le sens d'une explication.* Comprendre. Piger (fam.). / *Saisir les intentions de quelqu'un.* Concevoir. Discerner. Réaliser. Pénétrer.

Produire une vive sensation, une forte impression. *Saisir quelqu'un* (en parlant du froid). Transir. Glacer. / *Saisir quelqu'un* (en parlant d'une émotion). Frapper. Impressionner. Emouvoir.

SAISISSEMENT. Frisson. Tremblement. Tressaillement.

SAISISSANT. Impressionnant. Frappant. Surprenant. Emouvant. Palpitant.

saison

Chacune des quatre divisions égales de l'année. La succession, le renouvellement des saisons. Cycle des saisons.

Printemps. Renouveau. Réveil de la nature. Saison nouvelle. Saison des amours, des semailles. / Retour des hirondelles. / Primevère.

PRINTANIER (relatif au printemps). *Temps printanier.* Vernal. / Point vernal (équinoxe de printemps).

Été. Belle saison. Beaux jours. / Chaleur. Canicule. Caniculaire. / Grandes vacances. / Mousson d'été.

ESTIVAL (relatif à l'été). Tenue estivale (d'été). / Station estivale (fréquentée en été).

ESTIVER. Estiver des troupeaux (les faire passer l'été dans des pâturages de montagne). / Estiver à la campagne (passer l'été à la campagne).

ESTIVANT (personne qui passe l'été dans une station de villégiature).

Automne. Arrière-saison. Eté de la Saint-Martin. Brume. Brouillard. / Chute des feuilles. Vendanges. Chasse.

AUTOMNAL. Temps automnal.

Hiver. Mauvaise saison. / Hiver sec, rude. Hiver doux, pluvieux. / *Rigueurs de l'hiver.* Froid. Froidure. Frimas. Neige. Glace. Gel. Gelée blanche. Givre. / Hivernage. Quartiers d'hiver. / Sports d'hiver. / Mousson d'hiver.

HIVERNAL. *Sommeil hivernal. Froid hivernal.* Hiémal (littér. ou didactique). Hibernal (didactique).

HIBERNER (passer l'hiver dans un état d'engourdissement). / Hibernation.

HIBERNANT. *Animaux hibernants.* Loir. Marmotte. Chauve-souris. Hérisson. Tortue, etc.

HIVERNER. Hiverner des bestiaux (les faire passer l'hiver à l'étable). / Passer l'hiver à l'abri, quelque part (en parlant des personnes).

HIVERNANT (personne qui séjourne dans un lieu pendant l'hiver).

Relatif aux saisons. Solstice. Equinoxe. Saison sèche, pluvieuse. Morte-saison. / Vents saisonniers, périodiques. Travail saisonnier. Industrie saisonnière.

salade

(du provençal *salada*, mets salé)

Plante potagère herbacée consommée à l'état cru ou cuit. *Principales salades.* Chicorée. frisée. Barbe-de-capucin. Scarole. Laitues : batavia, blonde, brune, romaine. / Mâche, doucette ou boursette.

Culture. Semer. Planter. Replanter. Repiquer. Enchausser. Faire blanchir. / Pousser. Pommer. Monter en graine. / Pied. Cœur. Feuilles.

Cuisine. *Préparer la salade.* Eplucher. Laver. Essorer. Secouer. / Panier à salade. / Assaisonner. Assaisonnement. Huile. Vinaigre. Sel. Poivre. Moutarde. Fourniture (fines herbes ajoutées). / Remuer. Retourner. Fatiguer (fam.). / Saladier. Huilier. Couvert à salade.

salaire

(du lat. *salarium*, ration de sel, indemnité du soldat)

Somme d'argent versée régulièrement par un employeur en échange d'un travail. *Salaire payable à la semaine, à la quinzaine, au mois.* Rétribution. Rémunération (v. ce mot). / *Salaire d'un ouvrier.* Paye. / *Salaire d'un fonctionnaire.* Traitement. Emoluments. / *Salaire d'un employé.* Appointements. / *Salaire du soldat.* Prêt. / *Salaire d'un domestique.* Gages (vx). / *Haut salaire.* Haute paye. / Salaire modique. Bas salaire. Salaire de misère, de famine. / Prolétaire (personne qui ne possède que son salaire pour vivre). Prolétariat. / Travailler au pair (sans salaire). / *Donner un salaire.* Payer. Rémunérer. Rétribuer. / *Personne qui verse un salaire.* Employeur. Patron.

SALARIAL (relatif aux salaires). Masse salariale.

SALARIÉ (personne qui reçoit un salaire). Ouvrier. Employé. Fonctionnaire.

SALARIAT (ensemble des salariés).

Relatif au salaire. Salaire direct, indirect. / Salaire brut, net. / Présalaire. / Salaire social. Prestations familiales. Allocations familiales. Salaire unique. / Salaire de base. Minimum vital. Salaire minimum interprofessionnel de croissance. Salaire minimum agricole garanti. Echelle des salaires. Eventail des salaires. Grille d'indices. Zones de salaire. / Conventions collectives. / Bulletin de paye.

sale

(du francique * *salo*, terne, sale)

Se dit d'un être ou d'une chose couverts de crasse, de poussière, de taches. *Avoir la figure sale.* Malpropre. / *Avoir les mains sales.* Crasseux. Poisseux. Graisseux. / *Avoir des souliers sales.* Boueux. Crotté. Poussiéreux. / *Du linge sale.* Maculé. Souillé. Taché. / *Un être sale.* Mal tenu. Négligé. Répugnant. Dégoûtant. Sagouin. Sale comme un peigne, comme un goret, comme un pourceau. / *Une femme sale.* Souillon. Gaupe (vx). Maritorne. / *Un logement sale.* Sordide. Crasseux. / *Un lieu sale.* Bouge. Taudis. Galetas. Etable. Ecurie. Chenil. Souille. Porcherie. / Bourbier. Cloaque. Endroit infect, immonde. / *Termes pop.* Dégueulasse. Crado. Craspec. Cracra.

SALETÉ. Malpropreté. Crasse. Ordure. Salissure. Boue.

SALEMENT. *Manger salement.* Malproprement. Dégoutamment (fam.).

SALIR. Tacher. Graisser. Maculer. Abîmer (fam.). Barbouiller. Encrasser. Eclabousser. Crotter. Souiller. Poisser. Noircir.

SALISSANT. Travail salissant (qui salit). / Tissu salissant (qui se salit).

Se dit d'une chose qui blesse la pudeur. *Une histoire sale. Un propos sale.* Ordurier. Obscène.

SALETÉ. Ordure. Obscénité.

Se dit d'une personne méprisable. *Un sale individu.* Saligaud (pop.). Salaud (pop.). Salopard (pop.). / *Une sale femme.* Salope (pop.).

SALIR. *Salir la réputation de quelqu'un.* Déshonorer. Souiller (littér.). / Calomnier. Diffamer.

Se dit d'une chose qui cause du désagrément (fam.). *Un sale temps.* Désagréable. Vilain. Affreux (fam.). Abominable (fam.).

SALEMENT. *Etre salement embêté* (fam.). Très désagréablement.

SALETÉ. *Faire une saleté à quelqu'un.* Action indélicate. Crasse. Entourloupette (fam.). Vacherie (pop.). Saloperie (pop.). / Jouer un sale tour, un tour de cochon (fam.).

saluer

(du lat. *salutare*)

Donner une marque extérieure de politesse, de respect, d'honneur.

Façon de saluer. *Saluer une personne du geste, de la main.* Serrer la main. Présenter la main. / Présenter ses hommages (à une dame). / Lever, ôter son chapeau, sa coiffure. Rester découvert. / *Saluer bien bas.* Baisser, incliner la tête. S'incliner. Salutation profonde. Saluer jusqu'à terre. Se prosterner. / *Saluer un autel. Saluer le drapeau.* S'incliner. Faire la génuflexion. Se prosterner. / *Salut militaire.* Présenter les armes. Piquet d'honneur. Salve. Batterie. Sonnerie. / *Manière de saluer exagérée.* Salutation.

SALUT. *Geste, attitude de salut.* Poignée de main. Baisemain. / Inclination ou inclinaison (de tête). Révérence. Courbette. Génuflexion. Prosternation. / *Formules de salut.* Bonjour, bonsoir. Bonne nuit. / Bonne année. Bon séjour. Bon voyage. Bonne santé. / A bientôt. Au revoir. Au plaisir de vous revoir. Adieu. Good-bye. Ciao, etc.

Accueillir par des marques d'approbation ou d'hostilité. *Saluer quelqu'un par des applaudissements.* Applaudir. Ovationner. Acclamer. / *Saluer par des sifflets.* Huer. Conspuer. Siffler.

Manifester de l'estime, de l'admiration. *Saluer quelqu'un comme le précurseur d'un art, d'une science.* Proclamer. Honorer.

sanction

(du lat. *sanctio*, de *sancire, sanctum*, prescrire par une loi)

Approbation considérée comme nécessaire. *Obtenir la sanction du Parlement* (en parlant d'un projet). *Recevoir la sanction de l'Académie* (en parlant d'un mot). Ratification. Confirmation.

SANCTIONNER. Approuver. Ratifier. Entériner. Confirmer. Homologuer.

Mesure répressive infligée par une autorité pour l'inexécution d'un ordre, l'inobservation d'un règlement. *Exiger une sévère sanction pour une faute.* Châtiment. Peine. / *Décider des sanctions économiques à l'encontre d'un pays.* Rétorsion. Représailles. / *Une sanction à l'égard d'un élève.* Punition.

SANCTIONNER. Réprimer. Punir. Châtier.

sang

(du lat. *sanguis ;* en gr. *haima, -atos*)

Liquide rouge qui circule dans les diverses parties du corps et qui entretient la vie. *Composition du sang.* Globules. Hématies ou globules rouges (environ 5 millions par millimètre cube). Composition : globuline, hémoglobine. / Leucocytes ou globules blancs (environ 7 000 par millimètre cube). Mononucléaires. Polynucléaires. / Plaquettes ou thrombocytes. / Milieu liquide. Plasma. Fibrinogène. Fibrine. / Coagulation. Caillot. Sérum (globules et fibrine). Thrombine. Prothrombine.

SANGUIN. *Groupes sanguins.* Facteur Rhésus positif, négatif. Groupe A, B, AB (receveur universel), O (donneur universel). / Donneur de sang. Transfusion sanguine. Perfusion sanguine. Exsanguino-transfusion. / *Tempérament sanguin.* Violent. Emporté.

Épanchement, écoulement du sang. Saigner. Perdre du sang. Devenir exsangue. Saignement. Saignée. Flaque, mare de sang. / Flux, sang menstruel.

SANGUINAIRE. Féroce. Cruel. Bourreau. Vampire.

ENSANGLANTER. Verser, répandre le sang. / Effusion de sang. Carnage. Massacre.

SANGUINOLENT (teinté de sang). Expectoration sanguinolente.

Accidents de la circulation du sang. Flux de sang. Hémorragie. Hémorragie artérielle, veineuse, capillaire. Crachement de sang ou hémoptysie. Saignement de nez ou épistaxis. Hémorragie cérébrale. Apoplexie. Vomissement de sang ou hématémèse. Pissement de sang ou hématurie. / *Hémorragie sous-cutanée.* Hématome. Angiome. Ecchymose. / *Hémorragie cutanée.* Purpura. / Congestion. Embolie. Thrombose. / Hémostase (arrêt spontané ou artificiel d'une hémorragie). Médicament hémostatique. / Garrot.

Maladies du sang. Anémie. Leucémie. Hémophilie (prédisposition à des hémorragies). Hémophile. Polyglobulie. Leucocytose. Septicémie. / Hématologie (science des maladies du sang). Angiologie (étude des vaisseaux sanguins). Phlébologie (étude des veines). Phlébologue.

Vaisseaux sanguins. Artères (vaisseaux qui partent d'un ventricule). Artérioles. / Veines (aboutissent aux oreillettes). Veinules. / Capillaires (relient les artérioles et les veinules).
Vaisseaux nourriciers du cœur : artères coronaires, veines coronaires.
Principales artères. Aorte. Artère pulmonaire. Artère iliaque. Iliaque interne. Iliaque externe. Artère fémorale. Artères tibiale, péronière. Artères pédieuses.
Tronc brachio-céphalique. Carotide droite. Sous-clavière droite. Artère mammaire. Carotide gauche. Sous-clavière

gauche. Artère humérale, radiale, cubitale. Artères intercostales. Tronc cœliaque. Artère gastrique, splénique (rate), hépatique (foie). Artère mésentérique inférieure, supérieure. Artères rénales.
Circulation dans les artères. Centrifuge. / Elasticité artérielle. Contractilité artérielle. / Pression artérielle, ou tension artérielle. Hypertension. Hypotension. / Sphygmomanomètre (appareil pour mesurer la tension artérielle).
Maladies des artères. Athérome (lésion des artères). Artériosclérose (manque d'élasticité des artères). Artérite. Anévrisme (poche résultant de l'altération de la paroi de l'artère). / *Accidents des artères.* Hémorragies.
Principales veines. Veine coronaire. Veine cave supérieure. Tronc brachiocéphalique. Veines pulmonaires. Veines jugulaires. Veine sous-clavière. / Veine cave inférieure. Veines iliaques. Veines rénales. Veines sus-hépatiques. / Veine porte hépatique. Veine azygos. Veines intercostales. Veines humérales, radiales, cubitales. Veines fémorales. Veine tibiale, péronière. / Réseau cutané (ensemble des veines formant des renflements bleuâtres sous la peau).
Circulation dans les veines. Centripète. *Maladies des veines.* Varices. Phlébite. / Thrombophlébite. / *Accidents des veines.* Hémorragies.

Locutions diverses. Avoir du sang dans les veines (être énergique). Avoir le sang chaud (être ardent, fougueux, irascible). Avoir du sang bleu (être d'origine noble). Avoir une chose dans le sang (y être porté par une tendance profonde, héréditaire). Avoir du sang de poulet, de navet (être sans énergie). Bon sang ! Bon sang de bon sang ! (jurons marquant l'indignation). Buveur de sang (homme cruel, sanguinaire). Etre tout en sang (être couvert de sang). Impôt du sang (service militaire). Liens du sang, voix du sang (sentiment d'affection instinctive entre les membres d'une même famille). Mettre un pays, une ville à feu et à sang (les ravager, y commettre toutes sortes de cruautés). Se faire du mauvais sang (se faire du souci). Se ronger les sangs (pop., s'inquiéter).

sanglier

(du lat. [*porcus*] *singularis*, [porc] vivant seul)

Porc sauvage des forêts d'Europe. Une harde, une compagnie de sangliers. Laie (femelle). Laie suitée (suivie de ses petits). / *Tête du sanglier.* Hure. Ecoutes (oreilles). Boutoir (extrémité du museau ou groin). Dents : incisives, molaires, canines inférieures ou défenses, canines supérieurs ou grès. Mirettes (yeux). / Sanglier miré (dont les défenses sont usées et dont les grès s'allongent en se recourbant). / Soie (poil dur). Armure (peau au-dessus de l'épaule).

Vie du sanglier. Marcassin (jusqu'à six mois). Bête rousse (de six mois à un an). Bête de compagnie (de un an à deux ans). Ragot (de deux à trois ans). Tiers-an (trois ans). Quartanier (quatre ans). Solitaire (ne vit plus en compagnie). Bauge (endroit où le sanglier se couche). Souille (endroit où il se vautre). / Boutis (sol remué par places discontinues). Vermillis (sol remué par des sillons prolongés). / Se vautrer. Vermiller. / Porchaison (état d'un sanglier bon à manger).

Chasse au sanglier. *Chasse à courre.* Vautrait (équipage destiné à la chasse à courre). Coiffer un sanglier (en parlant des chiens, le saisir par les écoutes ou par les suites [testicules]). Curée ou fouaille. / *Chasse à tir ou à l'affût.* Chevrotine (gros plomb ou petite balle). / Chasse en battue. Rabatteurs.

santé

(du lat. *sanitas*, de *sanus*, sain)

État d'une personne dont l'organisme fonctionne régulièrement. *Conserver, ménager sa santé.* Forces. Vitalité. Vigueur. / Avoir de la santé (avoir une bonne santé). / *Respirer la santé.* Avoir bonne mine. Avoir le teint frais. / *Compromettre, ruiner sa santé.* Faire des excès, des imprudences. Se tuer (fam.). / *Recouvrer, retrouver la santé.* Guérir. Se rétablir. / *Bon pour la santé.* Sain. Salubre. Salubrité. / *Mauvais pour la santé.* Malsain. Insalubre. Insalubrité. / *Avoir soin de sa santé.* Se ménager. Ne pas abuser de ses forces.

État de l'organisme bon ou mauvais. *Une bonne santé.* Bonne constitution. Bon état général. / *Etre en bonne santé.* Aller bien. Etre bien portant. Se porter bien. Se porter comme un charme. Etre valide. Avoir bon pied, bon œil. Etre dispos, vigoureux, solide. / *Etre en mauvaise santé.* Aller mal. Etre maladif. / *Avoir une santé délicate, fragile, chancelante.* Etre faible, fragile, souffreteux, malingre, valétudinaire (vx). / *Etre en meilleure santé.* Aller mieux. Reprendre des forces. Se rétablir.

SANITAIRE (relatif à la santé et à l'hygiène). Législation sanitaire. / Cordon sanitaire (ensemble de postes de surveillance qui isolent une région où règne une épidémie).

satire
(du lat. *satira*)

Écrit ou propos dans lesquels on critique quelqu'un ou quelque chose. *Faire la satire d'une société, d'un milieu.* Critique. Charge. Caricature. / *Adopter le ton de la satire.* Raillerie. Moquerie. Dérision. Polémique.

SATIRIQUE. *Ecrit satirique.* Diatribe. Pamphlet. Epigramme. Libelle. Factum. / Chanson satirique. Chansonnier. / *Propos satirique.* Railleur. Moqueur. Mordant. Incisif. Aigre-doux. Aigre. Acide. Caustique. / *Auteur satirique.* Polémiste. Pamphlétaire. Folliculaire.

SATIRISER. Attaquer. Critiquer. Railler. Se moquer de. Ereinter (fam.).

satisfaire
(du lat. *satisfacere,* payer, s'acquitter)

Accorder à quelqu'un ce qu'il désire. *Satisfaire une personne.* Contenter. Combler. Plaire. Arranger. Etre agréable. Faire plaisir.

Se satisfaire. Satisfaire un besoin. Passer son envie.

SATISFAIT. Heureux. Content. Comblé. Ravi. Bien aise. / *Exagérément satisfait et calme, serein.* Béat.

INSATISFAIT. Mécontent.

SATISFACTION. Contentement. Plaisir. Joie. Bonheur. Euphorie. / *Témoignage de satisfaction.* Satisfecit. / *Obtenir satisfaction.* Gain de cause.

SATISFAISANT. Convenable. Correct. Acceptable. Honorable. Honnête.

AUTOSATISFACTION (satisfaction de soi-même). Vanité. Contentement de soi.

Contenter quelque chose. *Satisfaire un désir.* Assouvir. / *Satisfaire sa faim, sa soif.* Calmer. Apaiser. / Manger. Boire. Se désaltérer. / *Satisfaire un besoin pressant* (fam.). Se soulager. / Se défouler (satisfaire des désirs longtemps refrénés ou refoulés).

SATISFACTION. *Satisfaction d'un désir.* Assouvissement. Défoulement.

Faire ce qui est exigé. *Satisfaire à une obligation.* S'acquitter de. / *Satisfaire à un engagement, à une promesse.* Accomplir. Exécuter. / *Satisfaire à un paiement.* Payer. / *Satisfaire à une demande.* Répondre.

sauter
(du lat. *saltare,* danser)

S'élever de terre ou s'élancer d'un lieu à un autre par un ensemble de mouvements. *Sauter de bas en haut.* Bondir. S'élancer. / *Sauter de haut en bas. Sauter dans le vide.* Se jeter. Se lancer. / *Sauter comme un lièvre, comme un cabri.* Cabrioler. / *Marcher en faisant de petits sauts.* Sautiller. Gambader. / *Sauter un obstacle.* Franchir. Passer. Enjamber.

SAUT. Bond. Bondissement. Gambade. Cabriole. Culbute. Galipette (fam.). Pirouette. / Saut à la corde. / *Sauts athlétiques.* Saut en hauteur. Saut de haies, d'obstacles. Steeple-chase. Saut à la perche. Triple saut. Saut de face, en ciseaux, en rouleau. Saut latéral. / Saut périlleux. / Saut en parachute. / Plongeon. / *Sauts de gymnastique.* Saut de carpe. Saut de cheval-arçons. / Saut à cloche-pied. Saute-mouton.

SAUTEUR (qui fait des sauts acrobatiques). Saltimbanque. Acrobate. Bateleur.

SAUTOIR. Piste d'élan. Planche d'appel. Tremplin. / *Parties d'un saut.* Elan. Détente. Période de suspension. Réception. / Prendre son élan. Se recevoir.

Subir des secousses répétées. *Sauter sur les sièges d'une voiture.* Tressauter. Etre secoué. Etre ballotté.

SAUT. Soubresaut. Cahot. Secousse. Heurt.

Éprouver un sentiment qui se traduit par des mouvements brusques. *Sauter de joie.* Exulter. Tressaillir. / *Sauter de colère.* Trépigner. / *Sauter à la suite d'une émotion, d'une brusque surprise.* Sursauter. Tressauter. / Sursaut. Haut-le-corps. Frisson.

S'élancer vivement d'un lieu, d'une position, sur un être, sur une chose. *Sauter de son lit. Sauter d'un siège.* Descendre vivement. / *Sauter sur un cheval.* Monter rapidement sur. / *Sauter à la gorge, au collet de quelqu'un.* Assaillir. Attaquer. Agresser. / Assaut. Attaque. Agression.

Être déplacé, projeté brusquement, soudainement. *Faire sauter une porte, une serrure.* Enfoncer. Forcer. / *Sauter* (en parlant d'un bouchon). Partir.

Être détruit par une explosion. *Sauter* (en parlant d'une bombe, de ce qui est miné). Exploser. Eclater. Voler en éclats.

Locutions diverses. Sauter d'une idée à une autre, d'un sujet à un autre (passer vivement, sans liaison d'une chose à une autre). Sauter un mot, une ligne (les omettre, les oublier en lisant, en écrivant). Sauter une classe (passer d'une classe à une autre sans avoir suivi les cours de la classe intermédiaire). Sauter le pas, le fossé (prendre une décision énergique).

sauvage

(du bas lat. *salvaticus,* lat. class. *silvaticus,* de *silva,* forêt)

Qui vit en dehors des sociétés civilisées. *Un peuple sauvage.* Primitif. Qui vit à l'état de nature. / Peuplade. Tribu. / *Un sauvage.* Homme des bois. / *Une sauvage.* Sauvagesse (vx). / Anthropophage. Cannibale. / Anthropophagie. Cannibalisme.

SAUVAGEON. SAUVAGEONNE (se dit d'un enfant qui a grandi sans famille, sans instruction ni éducation).

Qui fuit la société des hommes. *Avoir un caractère sauvage.* Insociable. Misanthrope. Farouche. / *Vivre comme un sauvage.* Ours. Loup-garou. Hibou. Solitaire.

Qui est d'une nature rude, grossière, inhumaine. *Avoir quelque chose de sauvage dans ses manières.* Fruste. Mal dégrossi. / *Se montrer sauvage avec quelqu'un.* Barbare. Cruel. Féroce.

SAUVAGEMENT. Cruellement. Avec férocité.

SAUVAGERIE. Barbarie. Cruauté. Férocité.

Qui vit en liberté dans la nature. *Un animal sauvage.* Non apprivoisé. / *Bœuf sauvage.* Buffle. / *Oie sauvage.* Bernache. / *Porc sauvage.* Sanglier. / V. ÂNE, CANARD, CHAT, CHEVAL, CHIEN.

SAUVAGIN (propre à certains oiseaux sauvages). Odeur sauvagine.

SAUVAGINE (nom collectif des oiseaux de mer, de marais, de rivière).

Qui s'effarouche facilement. *Un oiseau sauvage.* Farouche. Craintif.

Qui pousse naturellement, sans culture. *Un arbre fruitier sauvage.* Non cultivé. Non greffé. / *Un rosier sauvage.* Eglantier. / *Un cerisier sauvage.* Merisier.

SAUVAGEON (jeune arbre qui a poussé sans être cultivé).

Qui est inculte, peu accessible. *Une région sauvage. Un site sauvage.* Désert. Inhabité.

Qui a lieu en dehors des règles établies, des usages. *Une grève sauvage.* Sans préavis. / Camping sauvage.

sauver

(du lat. *salvare,* de *salvus,* sauf)

Tirer une personne, une collectivité d'un grave danger, de la mort. *Sauver un malade.* Guérir. / *Sauver d'un malheur, de la misère.* Soustraire. Arracher. Faire échapper à. / *Sauver le genre humain* (en parlant du Christ). Racheter. Procurer le salut éternel. / *Sauver sa patrie.* Délivrer. Libérer.

SAUVEUR. Rédempteur. Messie. Christ. / Libérateur. Bienfaiteur.

Se sauver. Fuir (pour échapper à un danger). S'enfuir. / Sauve-qui-peut. Débandade. Panique. / *Fam.* Partir, se retirer promptement, rapidement.

Préserver quelque chose de la perte, de la destruction. *Sauver la vie de ou à quelqu'un. Sauver son honneur.* Sauvegarder. Garder. Conserver. / *Sauver un navire en péril.* Porter secours.

SAUVETAGE. Canot de sauvetage. Bouée, gilet de sauvetage.

SAUVETEUR (personne qui opère un sauvetage).

savant

(de savoir)

Se dit d'une personne qui possède des connaissances étendues dans les sciences mathématiques, physiques et humaines. *Un congrès de savants.* Scientifique. Homme de sciences. Erudit. Lettré. Humaniste. Philosophe. / *Un homme très savant.* Puits de science. Esprit encyclopédique. Omniscient. Homme universel. Sommité. / Omniscience. Erudition. Culture générale. / *Une assemblée de savants, de juges, de personnes très compétentes.* Aréopage.

Se dit d'une personne qui connaît très bien telle ou telle discipline. *Etre savant en mathématiques, en histoire, en géographie, en philosophie.* Instruit. Compétent. Fort. Versé dans. Maître dans. Calé (fam.). Trapu (fam.).

SAVAMMENT. *Parler savamment de quelque chose.* Doctement. Comme un livre.

Se dit d'une chose qui n'est pas accessible à tous. *Une explication savante. Un discours savant.* Difficile. Recherché. Compliqué. Ardu.

saveur
(du lat. *sapor*, de *sapere*, avoir du goût)

Sensation produite par certains corps sur l'organe du goût. *Une saveur douce. Une saveur forte.* Goût. / *Les quatre saveurs fondamentales.* Acide. Amer. Salé. Sucré.

SAVOUREUX (qui a une saveur agréable). Délicieux. Exquis. Succulent. Délectable.

SAVOURER. Goûter. Déguster. Siroter (fam., boire à petits coups en savourant).

SAPIDE (littér.). Qui a de la saveur.

SAPIDITÉ (littér.). Goût. Saveur.

INSIPIDE. Sans saveur. Sans goût. Fade.

INSIPIDITÉ. Manque de saveur, de goût.

Sorte de charme, de piquant. *La saveur d'une plaisanterie, d'un mot spirituel.* Sel. Piment. Piquant.

SAVOURER. Se délecter. Apprécier.

SAVOUREUX. Délicieux.

savoir
(du lat. *sapere*, connaître)

Avoir la connaissance de quelque chose. *Savoir sa leçon. Savoir son rôle. Savoir le nom de quelqu'un.* Connaître. Avoir présent à l'esprit. / *Savoir une nouvelle.* Etre informé de. / *Savoir ce qui se passe.* Etre au courant de. / *Faire savoir quelque chose.* Informer. Mettre au courant. / *Ne plus savoir que dire, que faire.* Etre désemparé, déconcerté (v. ce mot). / *Ne pas être sans savoir.* Ne pas ignorer. Connaître. / A l'insu de quelqu'un (sans qu'il le sache).

Avoir la possibilité, la capacité de faire quelque chose. *Savoir* (et l'inf.). *Savoir écrire, compter.* Etre capable de.

Avoir l'habileté pour faire quelque chose. *Savoir plaire. Savoir se défendre.* Etre apte à. Etre habile à.

savon
(du lat. *sapo, saponis*)

Produit obtenu par l'action d'un alcali sur un corps gras et servant au nettoyage. *Sortes de savons.* Savon animal (obtenu par la saponification de graisses animales et de lessive de soude). Savon amygdalin (obtenu par la saponification d'huile d'amandes douces et de lessive de soude). / Savon antiseptique, médicinal. Savon parasiticide, insecticide, anticryptogamique. / Savon transparent. Savon flottant. / Savon ponce ou savon minéral. Savon métallique (pour le graissage, en mélange avec les huiles minérales). / Savon en copeaux, en paillettes, en poudre. Savon liquide. / Savon de soude : savon blanc de Marseille. Savon de potasse : savon mou, savon noir.

Préparation industrielle du savon blanc. Matières premières : huile de qualité inférieure (arachide, colza, olive, etc.). Lessives de soude. / *Empâtage.* Lessive de soude portée à ébullition. Addition de l'huile. Brassage des mélanges. / *Relargage.* Expulsion de l'eau en excès. Formation de grumeaux. / *Cuisson.* Achèvement de la saponification. / *Liquidation.* Masse devenant de plus en plus liquide. Partie dissoute tombée au fond de la chaudière entraînant les impuretés. Purification. / *Coulage.* Extraction du savon par décantation. Coulage dans des compartiments. Découpage en plaque. *Savon de toilette.* Préparation à partir de savon blanc purifié. Débitage en copeaux. Addition de parfums, de colorants. / Savon à barbe. / Savonnette.

Préparation industrielle des savons mous. Matières premières : huile de lin, de chanvre, d'œillette, etc. Lessive de potasse. Mélange d'huile et de lessive faible. Ebullition. Brassage de la masse. Addition de lessive caustique. Cuisson. Produits obtenus généralement colorés.

Relatif au savon. Saponacé. Saponide. Saponifiable. Saponification. Saponifier. Saponine (glucoside extrait de certains végétaux dont la solution aqueuse mousse par simple agitation). / Savonnage. Savonner. Savonnerie. / Savonneux. Savonnier. / Bulle de savon. / Détergent. Pouvoir émulsionnant, dispersant, dissolvant, mouillant, moussant. / Lessive. Cristaux (fam., carbonate de sodium en cristaux). / Bois de Panama. Saponaire (plante contenant de la saponine). Saponite, ou pierre de savon. Savon naturel, argile smectique, ou terre à foulon.

scandale
(du lat. *scandalum ;* en gr. *skandalon*, obstacle)

Retentissement fâcheux d'une action, de paroles qui provoquent l'indignation. *Causer un scandale.* Eclat. Etonnement. Honte. / *Faire du scandale.* Esclandre. Bruit. Tapage. Barouf (pop.). Foin (pop.). / *Un scandale financier, judiciaire.* Affaire malhonnête, immorale.

SCANDALISER. Choquer. Blesser. Offenser. Offusquer. Indigner.

SCANDALEUX. Honteux. Déplorable. Indigne. Révoltant.

scie

(de *scier*, du lat. *secare*, couper)

Outil dont la lame dentée sert à couper, à diviser des matières dures. Scie à main. Scie à poignée. / Scie à monture. Montants. Corde de tension. Clavette d'arrêt. Sommier. Lame. / Scie mécanique. Scie à ruban. Scie circulaire. Table fixe, orientable. Chariot. / Scie à chaîne (pour l'abattage). / Lame. Dent. Denture. Pas. Angles d'attaque, de dépouille, de bec. Voie (largeur de l'entaille).

Types de scies et leurs utilisations. Scies de menuisier. Scies à araser (lame fixe), à chantourner (lame orientable), à chevilles (poignée au lieu de monture), à tenon, à refendre. Scie de débit, égoïne. Scies à guichet, à moulure, à placage. / Passe-partout (pour l'abattage du bois). Scie forestière. Scie à tronçonner, à bûches. Scie de long (lame perpendiculaire au plan de la monture). Scies de boucher. Scie à grecquer (reliure). Scie de tailleur de pierre, à tuiles. Scie à métaux.
Scie chirurgicale. Scie droite. Scie circulaire. Scie à lame tournante. Fil-scie.

Relatif aux scies. Trait de scie. / Débiter. Dédosser (dresser une pièce de bois à la scie). Refendre. Tronçonner. Tronçonnage. Scier à deux, à trois traits. / Sciage. Scier. Scierie. Scieur. Scieur en long. Tronçonneur. Moyer (scier une pierre en deux). / Affûter une scie. Avoyer, donner de la voie à une scie (écarter des dents à gauche et à droite pour élargir la voie).

science

(lat. *scientia,* de *scire,* savoir; en gr. *épistêmê*)

Le fait de savoir quelque chose (littér.). *La science du bien et du mal.* Connaissance. / *Avoir la science de l'avenir.* Prescience. / *Posséder la science universelle.* Omniscience. / Avoir la science infuse (être savant sans avoir étudié). / *La science de la stratégie. La science des couleurs.* Art. Technique. Savoir-faire. Compétence. / Un puits de science (une personne très savante).

Système de connaissances ayant un objet déterminé et une méthode propre. *Types de sciences.* Sciences exactes ou pures. Sciences mathématiques. / Sciences d'observation (géographie). Sciences expérimentales. / Sciences appliquées. Technique. Technologie. / Sciences physiques (physique, chimie). Sciences naturelles (botanique, zoologie, géologie, astronomie, etc.). Sciences humaines (psychologie, sociologie, etc.).

SCIENTIFIQUE (relatif à une science). Ouvrage scientifique. / *Méthode scientifique.* Méthode inductive, déductive. Intuition. Hypothèse. Observation. Expérimentation. Analyse. Synthèse. / Recherche scientifique. Chercheur. Savant. / Sommité (personne éminente dans une science).

Ensemble des disciplines où le calcul et l'observation ont une grande part. *Etre doué pour les sciences.* Mathématiques. Physique. Chimie. Sciences naturelles, etc.

SCIENTIFIQUE (personne qui étudie les sciences). Savant.

Ensemble des connaissances humaines sur l'univers, l'homme, la société, la pensée, etc., vérifiées par des lois. *Les progrès, les découvertes de la science.* Savoir. / *Branche de la science.* Discipline. Matière. Spécialité.

SCIENTIFIQUE (conforme à l'objectivité de la science). *Examen, travail scientifique.* Rationnel. Objectif.

SCIENTIFIQUEMENT. *Etudier scientifiquement une question.* Rationnellement.

SCIENTISME (doctrine selon laquelle la science fait connaître la nature intime des choses et permet de résoudre les problèmes philosophiques). Scientiste.

Relatif à la science. Recherche fondamentale. Epistémologie (étude critique des sciences). Méthodologie (étude des méthodes scientifiques). Systématique ou taxinomie (science des classifications des formes vivantes).

scrupule

(du lat. *scrupulum,* petit caillou)

Grande délicatesse de conscience. *Un homme plein de scrupule. Un homme dénué de tout scrupule.* Moralité. Honnêteté. Probité. Délicatesse.

SCRUPULEUX. Consciencieux. Honnête. Délicat. / Minutieux. Méticuleux. Soigneux.

SCRUPULEUSEMENT. Consciencieusement. Avec exactitude.

Incertitude de la conscience qui empêche d'agir. *Etre arrêté par un scrupule.* Doute. Hésitation. Cas de conscience. / Maladie du scrupule.

sculpture
(du lat. *sculptura*)

Art de créer des œuvres en relief dans des matières dures telles que le marbre, la pierre, le bronze, le bois, etc. *Sculpture de ronde-bosse* (objets représentés sous leurs trois dimensions). / *Sculpture en relief.* Bas-relief (relief peu saillant). Haut-relief (relief très saillant, intermédiaire entre le bas-relief et la ronde-bosse).

Genres de sculpture. ***Statuaire*** (reproduction des êtres animés). *Sculpture religieuse.* Personnages bibliques. Christ. Vierge à l'Enfant. Vierge de pitié, de miséricorde. Statues de saints. / *Sculpture funéraire.* Dalle gravée. Gisant (statue funéraire représentant un personnage étendu). Orant (à genoux). Tombeau. Sarcophage. Monument funéraire. Monument aux morts. / *Sculpture profane.* Sculpture mythologique, allégorique. Statue. Statuette. Buste. Tête. Hermès ou terme (statue de dieu sans bras ni jambes). / *Sculpture d'ornements ou décorative.* Chapiteau. Piédestal. Socle. Piédouche (petit piédestal). Festons. Arabesques (v. ARCHITECTURE). Statue-colonne : cariatide (femme), Atlante ou télamon (homme).

Travail. *Taille directe* (au ciseau, sans modèle). *Taille avec modèle* (en cire, en plâtre). Maquette. Modèle. Esquisse. Ebauche. / Pétrissage de l'argile. Modelage. Moulage. Estampage (remplissage du moule de terre à cuire). / Pétrir. Modeler. Mouler. Mettre aux points. Méthode des trois compas. Dégrossir ou épanneler. Tailler. Ciseler.

Coulage d'une statue en bronze. *Fonte à cire perdue.* Moule de cire. Modèle en cire. Noyau (de brique pilée, de plâtre). Events (conduits pour donner issue à l'air). Jets (conduits pour porter le métal fondu dans toutes les parties du moule). Tire-cire (conduits destinés à laisser s'écouler la cire). Chape (enveloppe de plâtre et de sable). Cuisson. Bassin ou écheneau. / *Fonte au sable.* Moule composé de pièces assemblées dans une chape. Moulage. Démoulage. / Patine (acides plus ou moins chauffés). Patiner.

Personne qui pratique l'art de la sculpture. Sculpteur. Statuaire. Bustier. Animalier. Ornemaniste. / *Auxiliaires du sculpteur.* Praticien (dégrossit le marbre). Bronzier. Fondeur. Mouleur.

Matières. Pierre. Marbre. Albâtre. Argile. Plâtre. Ciment. Bronze. Métal. Argent. Or. Porphyre (roche volcanique). Bois. Ivoire, etc. Sculpture chryséléphantine (d'or et d'ivoire), etc.

Matériel. Atelier. / Selle. Sellette. / Ciseau. Burin. Gouge (ciseau au tranchant creusé et taillé en biseau sur les bords). Mirette (outil servant à enlever la terre en excédent). Spatule. Poinçon. Fermoir. Ebauchoir. Gradine (ciseau dentelé). Grattoir. Ripe. Boucharde (marteau à deux têtes taillées à pointes de diamant). Boësse (outil pour enlever les bavures). Ebarboir. Râpe. Masse (gros marteau). / Réducteur. Compas. / Pointe. Repoussoir. / Mannequin. Machine à sculpter (pour le bois).

Techniques voisines de la sculpture. Glyptique (sculpture en pierres fines). Plastique (art de modeler des substances molles).

Styles de sculpture. Sculpture égyptienne, chinoise, assyrienne, grecque, romaine. / Sculpture romane, gothique, Renaissance, baroque, classique. / Sculpture moderne, figurative, cubiste, constructiviste, abstraite.

séance
(de *séant,* partic. présent de *seoir,* être assis)

Réunion des membres d'une assemblée qui délibèrent ou travaillent ensemble. *Les séances du Parlement.* Session. / *Séance d'un tribunal.* Audience. / *Tenir séance. Etre en séance.* Siéger. / *Ouvrir, commencer la séance.* Se réunir. / *Clore, terminer la séance.* Se séparer.

Temps passé à une occupation, à un divertissement avec d'autres personnes. Séance de gymnastique, d'entraînement. / Séance de pose chez un artiste. / *Séance récréative, de cinéma.* Spectacle. Représentation. / *Séance de l'après-midi, du soir.* Matinée, soirée.

sec
(du lat. *siccus ;* en gr. *xêros*)

Qui est dépourvu d'eau ou d'humidité. *Un sol sec. Un climat sec.* Aride. Aréique. / *Lieu, pays secs.* Désert. Causse. Garrigue. Lande. Maquis. / *Plantes xérophiles.* Cactées. Cactus, etc. Xérophytes.

SÉCHERESSE. Aridité. Aréisme. Siccité. / Absence de pluie.

Qui a perdu son humidité, sa fraîcheur. *Du bois sec.* Desséché. / *Du pain sec.* Rassis. / *Un légume sec.* Déshydraté. / *Peau sèche. Epiderme sec.* Desséché. Racorni.

SÉCHERESSE. Xérodermie (sécheresse de la peau). Xérophtalmie (sécheresse de la conjonctive).

SÉCHER (rendre sec). *Sécher ou faire sécher du linge.* Essorer. Essuyer. Eponger. / *Sécher des fruits, des légumes.* Dessécher. Déshydrater. Lyophiliser. / *Faire sécher à la fumée de la viande.* Boucaner. / *Faire sécher du poisson.* Saurir. Saurissage. / Saur. Saurisserie. Saurisseur.

DESSICCATION. Déshydratation. Lyophilisation.

SICCATIF (qui active la dessiccation des couleurs en peinture).

SÉCHAGE. *Séchage du linge.* Etendage. Essorage. / Séchoir. / Sécherie.

DESSÉCHER. *Dessécher des plantes* (en parlant du soleil, du climat). Faner. Flétrir. Racornir. Brûler. / Dessèchement.

ASSÉCHER. *Assécher un étang.* Mettre à sec. Vider. Tarir. Pomper l'eau. / *Assécher une région marécageuse.* Drainer. Assainir.

ASSÈCHEMENT. Drainage. Assainissement. Wateringue. / Polder (marais asséché).

Qui est comme desséché, sans graisse. *Une petite femme sèche. Un homme grand et sec.* Maigre. Décharné. Sécot (fam.).

Qui manque de douceur, de moelleux. *Un tissu sec.* Rêche. Rude. / Vin sec.

Qui manque de grâce, d'agrément. *Un style sec. Un livre sec et ennuyeux.* Austère. Etriqué.

SÉCHERESSE. *Sécheresse d'un texte, d'un roman.* Manque d'agrément, de charme.

SÈCHEMENT. *Ecrire sèchement.* Sans grâce. Sans charme.

Qui manque de douceur, de sensibilité. *Une personne sèche et égoïste. Un cœur sec.* Froid. Dur. Insensible. Indifférent. Désobligeant. / *Un ton sec.* Autoritaire. Brusque. Cassant. / Pète-sec (fam., personne autoritaire, qui commande sèchement).

SÉCHERESSE. *Sécheresse de cœur.* Froideur. Dureté. Indifférence. Insensibilité.

SÈCHEMENT. *Parler sèchement.* Durement. D'une manière autoritaire. Sans aménité.

secouer

(du lat. *succutere* ; en gr. *seiein* [*seismos*, tremblement de terre])

Remuer fortement à plusieurs reprises. *Secouer un tapis.* Agiter. / Secouage. / *Secouer un arbre fruitier.* Gauler. Locher (dialectal). / *Secouer du grain.* Vanner. / *Secouer la tête.* Hocher. Branler. / *Secouer des passagers* (en parlant d'un véhicule). Cahoter. Bringueballer. Ballotter. / Rouler, tanguer (en parlant d'un bateau). Roulis. Tangage.

SECOUSSE. Ebranlement. Soubresaut. Trépidation. Tremblement. / Tremblement de terre. Secousse tellurique. Séisme. / A-coup. Saccade. Cahot. Bringueballement. / Choc. Traumatisme.

Se débarrasser d'une chose par des mouvements vifs. *Secouer la poussière d'un vêtement.* Faire tomber. / (Au fig.) *Secouer sa paresse, sa torpeur.* S'activer. S'animer.

Se secouer. S'agiter fortement. S'ébrouer. / (Au fig.) Réagir. Ne pas se laisser abattre. Se décider à agir.

Donner une commotion physique ou morale. *Secouer une personne* (en parlant d'une mauvaise nouvelle, d'une maladie). Ebranler. Traumatiser. / *Secouer quelqu'un* (fam.). *Secouer les puces* (fam.). Réprimander. Houspiller. Harceler. Malmener. Inciter à l'effort.

secourir

(du lat. *succurrere, succursum,* courir vers)

Aider une personne en danger ou dans le besoin. *Secourir un blessé. Secourir un pauvre.* Assister. Porter secours à. Venir à la rescousse de.

SECOURS. Assistance. Aide / *Distribuer des secours.* Aide financière, matérielle. Subvention. Subsides. Dons. Aumône. / *Secours aux noyés, aux asphyxiés.* Sauvetage. / Poste de secours.

SECOURISME (ensemble des moyens pouvant être mis en œuvre pour secourir des personnes en danger). Secouriste.

secret adj. et n. m.

(du lat. *secretus,* séparé, secret ; en gr. *kruptos*)

Que l'on tient caché, qui n'est connu que d'un petit nombre de personnes. *Un renseignement secret.* Confidentiel. / *Une manœuvre secrète. Un projet secret.* Clandestin. / *Un rite secret.* Esotérique. Occulte. / *Langage secret.* Codé. Chiffré. / *Texte écrit en caractères secrets.* Message chiffré. Cryptogramme. / *Techniques permettant d'écrire en caractères secrets.* Cryptographie. / Cryptographier. Cryptographe. / Déchiffrer. Décrypter. / Déchiffrement.

Décryptement. / Déchiffreur. Décrypteur. / *Moyens permettant d'écrire ou de traduire un texte secret.* Code. Grille. Clef. / *Procédés de cryptographie.* Signes conventionnels. Chiffres (au lieu de lettres), etc. / *Organisation secrète.* Cabale. Complot. Conspiration. Conjuration. / *Personnes faisant partie d'une organisation secrète.* Coterie. Faction. Ligue. Clique. Mafia. Camarilla. Conspirateur. Conjuré. / *Entente secrète.* Collusion. Complicité. / Etre de connivence. Etre de mèche. / *Société secrète.* Franc-maçonnerie.

Qui ne se manifeste pas, qui n'est pas apparent. *Un charme secret.* Invisible. Mystérieux. / *Un secret pressentiment.* Enigmatique. / *Notre vie secrète.* Intime.

Qui ne fait pas de confidences, qui cache ses pensées, ses sentiments, ses actions (littér.). *Un homme secret.* Renfermé. Dissimulé. Silencieux. Taciturne. Replié sur lui. Introverti.

SECRÈTEMENT. *Agir secrètement.* En cachette. A la dérobée. Furtivement. En catimini. En tapinois. / Cacher son jeu. Ne faire semblant de rien. / *Vivre, séjourner secrètement.* Incognito. Anonymement. / *Désirer secrètement quelque chose.* Intérieurement. Sans manifester.

Ce qui doit être tenu caché, ce qu'il ne faut dire à personne. *Garder, tenir un secret.* Se taire. Rester muet, silencieux. Demeurer bouche cousue. / Sphinx. / *Capable, incapable de garder un secret.* Discret. Indiscret. / *Confier un secret.* Faire une confidence. Parler confidentiellement. / *Découvrir, pénétrer, percer un secret.* Découvrir le pot aux roses, le dessous des cartes. / *Dévoiler, divulguer, ébruiter, livrer, trahir, violer un secret.* Vendre la mèche. Faire des révélations. Avoir la langue trop longue. / Secret d'Etat (chose dont la divulgation nuirait aux intérêts de l'Etat). Secret de Polichinelle (faux secret, ce qui est connu de tous).

Connaissance réservée à quelques personnes. *Demander, promettre le secret.* Discrétion. Silence. / Secret professionnel. / *Etre dans le secret.* Confidence. Etre au courant. / *Mettre dans le secret.* Donner le mot. / *Dire quelque chose sous le sceau du secret.* Confidentiellement. Secrètement. / *Etre dans le secret des dieux* (fam., être au courant d'une affaire confidentielle).

Ce qu'il y a de plus caché, de plus intime. *Le secret des cœurs, de la conscience.* Tréfonds. Replis. / *Les secrets de la nature.* Arcanes. / *Le secret de la science.* Mystère.

Moyen caché pour réussir quelque chose, atteindre un but. *Le secret pour plaire.* Art. / *Le secret pour guérir une maladie.* Recette. Truc (fam.). / *Un secret de fabrication.* Procédé.

séduire

(du lat. *seducere,* mener à part, séparer)

Faire perdre sa vertu, son innocence à une femme, à une fille. *Tenter de séduire une femme.* Déshonorer. Abuser de. Suborner. Tomber (pop.). / *Se laisser séduire* (en parlant d'une femme). Fauter (fam.).

SÉDUCTION. Conquête. / Adultère.

SÉDUCTEUR. Enjôleur. Don Juan. Bourreau des cœurs (fam.). Homme à femmes (fam.). Tombeur de femmes (pop.).

Attirer d'une façon irrésistible. *Séduire un homme* (en parlant d'une femme). Conquérir. Enjôler. Embobeliner (fam.). Embobiner (fam.). Entortiller (fam.). / *Séduire quelqu'un* (en parlant de la grâce, de la beauté). Charmer. Fasciner. Envoûter.

SÉDUCTION. Attirance. Fascination. Ensorcellement. Magie. Envoûtement.

SÉDUISANT. Charmant. Enchanteur. Enivrant. / Agréable. Tentant.

sel

(du lat. *sal ;* en gr. *hals, halos*)

Substance cristallisée, composée de chlore et de sodium, principal assaisonnement culinaire et matière première industrielle. Sel de mer, de lac salé. Sel gemme (de mine). Sel ignigène ou raffiné (évaporation à chaud d'une saumure). Sel de flamme (obtenu par fusion du sel gemme). Cristaux de sel.

Obtention du sel. Marais salant. Salin. Varaigne (ouverture pour l'entrée de l'eau). Vasière. Jas (réservoirs). Canaux de marais. Rigole. Cunette. Bassins successifs. / Evaporation. Eaux mères. Cristallisation. / Graduation (passage sur fagots). Eaux graduées. / *Tas de sel.* Mulon. Pilot. Vache. Salorge.
Mine de sel. Terrain salifère. Sebkha (nappe d'eau sans profondeur et salée). Lac salé. Chott. / Saline (entreprise de production de sel à partir de sel gemme ou d'une saumure). Saumure brute. Poêle de récupération rectangulaire, rond. Chauffage. Précipitation des impuretés.

Eau saturée. Evaporation simple, lente. Gros sel. / Ebullition. Schlot (incrustation au fond du poêle). Schlotage ou schelotage (précipitation du schlot avec de la chaux). Cristallisation instantanée. Sel fin. / Four rotatif. Fusion. Précipitation des impuretés. Coulée. Lingotière. Cuve de granulation. Sel grené. Cristallisation.

Emplois du sel. Gros sel ou sel gris. Sel de cuisine (petits cristaux). Sel fin ou sel de table. Sel iodé. Sel épicé. Sel de céleri. / Saler. Salage. Saleur. Saloir. Salaison. / Salure. Saumure. / Salaisons. Viande salée. Poisson salé. Morue. Stockfish. / Assaisonner. Assaisonnement. Manger à la croque au sel, au gros sel. Demi-sel. / Saupiquet (sauce relevée, épicée). Salade. / Salière. Saleron. Saupoudrer. / Sursaler. Dessaler.

Applications industrielles du sel. Tannerie (salage des peaux). Production de chlore, de sodium, de soude. Epurateur d'eau. Fonte des neiges. Réfrigération.

Relatif au sel. Salinier. Paludier ou saunier (ouvrier). Saunage (extraction et commerce). Saunerie. / Gabelle (ancien impôt sur le sel). Grenier, chambre à sel. / Faux saunier (contrebandier de sel). Gabelou.

Sels chimiques (composés résultant de l'action d'un acide sur une base). Halographie (description des sels). Halogène (corps qui forme des sels avec les métaux). Base salifiable. Salifier (transformer en sel). Salification. / Haloïde (composé d'un halogène et d'un métal). Sel anhydre. Sel alcalin. Sel neutre. / Acétates. Carbonates. Chlorates. Chlorhydrates. Sulfates, etc.
Nitre (ancien nom du nitrate de potassium) ou salpêtre. Natron ou natrum (carbonate naturel de sodium cristallisé). / Sel d'Epsom (sulfate de magnésie). Sel ammoniac (chlorate d'ammoniaque). Sel de Saturne (acétate de plomb). Sel de Vichy (bicarbonate de soude). Sel d'oseille (bioxalate de potassium). Sel de Glauber (sulfate de sodium), etc.

semaine

(du lat. *septimana,* de *septem,* sept ; en gr. *hebdomas*)

Période de sept jours. *Les jours de la semaine.* Lundi. Mardi. Mercredi. Jeudi. Vendredi. Samedi. Dimanche. / Week-end (congé de fin de semaine).

Relatif à la semaine. Hebdomadaire (qui a lieu une fois par semaine). Bihebdomadaire (deux fois par semaine). Trihebdomadaire (trois fois par semaine).

semblable

(de *sembler,* lat. *similare,* de *similis,* semblable ; en gr. *homos, homoios*)

Se dit d'êtres ou de choses qui se ressemblent par la nature, la qualité, l'apparence. *Un objet semblable à un autre.* Pareil. Analogue. Similaire. Comparable. / *Quelque chose de semblable.* Tel. / *Tout à fait semblable.* Même. Identique. / *Qui exerce la même profession qu'un autre.* Confrère. Collègue. / *Qui a la même valeur.* Egal. Equivalent. « Ex aequo ». Homologue. / *Du même avis.* Unanime. / *Un autre moi-même.* « Alter ego ». / *Qui est toujours sur le même ton.* Monotone. Monocorde. / *Formé d'éléments semblables.* Homogène. Uniforme. Cohérent. / *La même chose.* « Idem ». / « Ibidem » (dans le même ouvrage [*ibid.*]). / *Qui suit la même direction, qui va dans le même sens.* Parallèle. / *Etre, individu semblable.* Congénère. Pareil. / *Nos* (*vos, ses,* etc.) *semblables.* Prochain. Autrui. / *Rendre semblable.* Assimiler. Assimilation. / *Assimiler des étrangers.* Incorporer. Amalgamer. / *Remettre ensemble des objets semblables.* Rappareiller. Réassortir ou rassortir. / *Progression semblable, évolution semblable et suivant la même direction.* Parallélisme.

Préfixes. *Homéo-.* Homéopathie (médecine qui consiste à soigner les maladies au moyen de remèdes capables de produire des symptômes semblables à ceux de la maladie). Homéopathe. / Homéotéleute (se dit de mots ayant la même finale). / *Homo-.* Homogène. Homogénéité. Homogénéiser. Homogénéisation. / Homonyme. Homonymie. / Homophone (qui a la même prononciation). Homophonie. / Homographe (qui a la même orthographe). Homographie.

SEMBLABLEMENT. Identiquement. Pareillement.

RESSEMBLANCE (rapport entre des personnes ou des choses semblables). Similitude. Identité. Analogie. Relation. Corrélation. Correspondance. Parallélisme. / *Ressemblance dans les goûts.* Affinité. Accord. Conformité. Concordance. Sympathie. / *Etablir des ressemblances et des différences.* Comparer. Rapprocher.

RESSEMBLER (avoir de la ressemblance). Correspondre. Etre pareil, semblable, analogue, voisin, approchant, ressemblant. / *Ressembler à ses parents* (en parlant d'un enfant). Tenir de. Avoir un air de famille. Rappeler. / *Se ressembler comme deux gouttes d'eau.* Etre le portrait de. Rappeler les traits de. / Sosie (personne ayant une parfaite ressemblance avec une autre). / *Chercher à ressembler à quelqu'un.* Imiter. Copier. Singer (fam.).

RESSEMBLANT. *Portrait ressemblant.* Exact. Tout craché (fam.).

sembler

(du bas lat. *similare,* de *similis,* semblable)

Avoir une certaine apparence, une certaine manière d'être. *Sembler* (et un adj. attribut). Avoir l'air. Paraître. / *Sembler bon* (en parlant d'une chose). Etre agréable. Plaire. / *Sembler* (et un inf.). Donner l'impression de. / (Impersonnellement). *Il me* (*te, lui*) *semble que.* Je crois que. Je pense que. J'ai l'impression que. / *Il semble que.* On dirait que.

SEMBLANT. *Un semblant de* (et un nom). Une apparence de. Un simulacre. Une manière de. / *Faux-semblant.* Illusion. Tromperie. / *Faire semblant de.* Donner l'apparence de. Faire comme si. Feindre.

semer

(lat. *seminare,* de *semen, seminis,* semence)

Mettre en terre des graines pour les faire germer. Semer des céréales, des légumes. / *Semer un champ de blé.* Ensemencer. Emblaver. / *Préparation des semences.* Chaulage. Sulfatage. Essais de germination. Printanisation ou vernalisation (traitement qui permet de semer au printemps des variétés de blé d'automne).

SEMAILLES (action de semer; période où l'on sème). *Semailles de printemps, d'automne.* Ensemencement. Semis.
Préparation du sol. Retourner la terre. Labour à bras (jardinage). Bêchage. Labour à la charrue. Hersage. / *Disposition des graines potagères.* Poquets (petits trous). Semis en lignes, à la volée. / Epandage des graines de céréales, de légumineuses, des plantes oléagineuses. Semis à la volée, à la main. Semoir. / Semeur. / Germer. Germination. Pousser. Croître.

Répandre çà et là. *Semer* (en parlant des oiseaux, du vent). Disséminer. Disperser. / Dissémination. Dispersion. / *Semer son argent.* Jeter. Etre prodigue.

sens

(du lat. *sensus,* action, manière de sentir)

Fonction par laquelle les êtres animés reçoivent une impression des objets extérieurs. *Les cinq sens.* Vue. Ouïe. Odorat. Toucher. Goût. / Sens kinesthésique (sens musculaire). Sens spatial. / *Tomber sous le sens.* Etre perceptible, visible, tangible, évident.

SENSORIEL. Nerf sensoriel. / *Organes sensoriels* ou *organes des sens.* Œil. Oreille. Nez. Peau. Langue.

SENSITIF. Nerf sensitif (V. NERF).

Ensemble des fonctions de la vie organique qui procurent du plaisir. *Eveiller, exciter les sens.* Sensualité. Concupiscence. / *Plaisir des sens.* Volupté. Jouissance. Plaisir physique, sexuel. Lubricité. Luxure. Libido.

SENSUEL. *Amour sensuel.* Physique. Charnel. / *Homme sensuel.* Lascif. Voluptueux. Luxurieux. Lubrique. Libidineux.

Faculté de connaissance immédiate, intuitive. *Avoir le sens de la mesure, du ridicule.* Notion. Discernement. Jugement./*Sens moral.* Conscience. / *Bon sens. Sens commun.* Raison. Sagesse. Jugement.

SENSÉ. *Un homme sensé.* Qui a du bon sens. Sage. / *Un projet sensé.* Raisonnable. Judicieux. Rationnel.

INSENSÉ. *Un homme insensé.* Déraisonnable. Ecervelé. Fou. Déboussolé (fam.). / *Un acte insensé.* Extravagant. Absurde.

Manière de comprendre, de juger. *Abonder dans le sens de quelqu'un.* Opinion. Sentiment. / Etre d'accord avec. / *En un sens. En un certain sens.* Point de vue. / *A mon sens.* Avis.

Manière dont une chose est comprise, interprétée. *Le sens d'un geste, d'un mot.* Signification. / *A double sens* (en parlant d'un mot). Ambigu. Equivoque. / *Sens propre.* Premier. Primitif. / *Sens figuré* (signification par image, comparaison). Métaphorique. Imagé. / Au sens large. Au sens strict. / *Langage dont le sens est caché.* Enigmatique. Sibyllin. Mystérieux. / Polysémie (caractère d'un mot qui a plusieurs sens). Polysémique. / Monosémie. Monosémique. / Sémantique (étude du langage considéré du point de vue du sens).

CONTRESENS (mauvaise interprétation d'un mot). Erreur. / *Interpréter, comprendre à contresens.* A l'envers.

FAUX SENS (interprétation erronée d'un mot).

NON-SENS. Absurdité. Aberration.

Orientation d'un mouvement. *Aller dans un sens. Aller dans le même sens que quelqu'un.* Direction. / *Sens d'un cours d'eau.* Fil. / *Dans le sens opposé.* A rebours. A contre-courant. A contresens. / Voie à sens unique, à double sens. Sens giratoire. / Sens interdit. / *Qui va dans le même sens, dans la même direction.* Parallèle. / *Donner un sens à quelque chose.* Orienter. Diriger. / *Changer le sens d'un mouvement.* Inverser. Inversion. / Mouvement réversible (qui peut se reproduire dans un sens inverse). Irréversible (contr.). Réversibilité. Irréversibilité.

Chacun des côtés d'une chose. Le sens de la longueur, de la largeur, de l'épaisseur. / *Tourner un objet dans tous les sens.* Position. / Sens dessus dessous (de façon que ce qui devrait être dessus ou en haut se trouve dessous ou en bas). / *Mettre un objet sens dessus dessous.* Retourner. Renverser. / Sens devant derrière (de façon que ce qui devrait être devant se trouve derrière).

sensation

(du bas lat. *sensatio*, perception ; en gr. *aisthêsis*)

Impression perçue par l'intermédiaire des sens. Sensation visuelle, auditive, gustative, olfactive, tactile. / Sensation musculaire, viscérale, thermique. / Sensations externes, superficielles. Sensations internes, profondes ou cénesthésie. / Synesthésie (relation subjective entre une perception et une image appartenant au domaine d'un autre sens [par ex. un parfum évoquant une couleur]). / *Siège des sensations.* Cerveau. / *Sensation agréable.* Plaisir. Euphorie. Bien-être. / *Sensation douloureuse, pénible.* Douleur. Malaise. Souffrance.

Vive impression produite sur quelqu'un. *Faire sensation* (en parlant d'une personne ou d'une chose). Surprise. Effet. Etonnement. / Surprendre. Etonner.

SENSATIONNEL. Etonnant. Remarquable. Extraordinaire. Exceptionnel. Fantastique. Stupéfiant. Impressionnant. Magnifique. Merveilleux. Mirobolant. Prodigieux. Formidable (fam.). Sensas (fam.).

sensible

(du lat. *sensibilis*, de *sentire*, sentir)

Se dit d'un être animé capable de percevoir une impression physique. *Etre sensible au chaud, au froid, à la douleur.* Sentir. / *Une oreille sensible. Un nez sensible.* Fin. Délicat.

SENSIBILITÉ. Excitabilité. Réceptivité. / Esthésiologie (partie de la physiologie dont l'objet est l'étude de la sensibilité).

SENSIBILISATION (modification produite dans l'organisme par un agent physique, chimique, biologique qui, antérieurement bien supporté, provoque des phénomènes d'intolérance). Allergie. Anaphylaxie.

SENSIBILISER (déterminer une sensibilisation).

Se dit d'une personne facilement émue, touchée par certains sentiments, certaines impressions. *Un homme sensible.* Emotif. Impressionnable. Tendre. / *Sensible à l'amitié.* Aimant. / *Sensible aux malheurs d'autrui.* Compatissant. Humain. Généreux. / *Sensible à la musique, à la poésie.* Accessible. Réceptif.

SENSIBILITÉ. Emotivité. Compassion. Humanité. Pitié. Attendrissement. Tendresse. Sympathie. Réceptivité. Accessibilité. / *Sensibilité aiguë, exacerbée.* Hyperémotivité. Hypersensibilité.

SENSIBILISER. *Sensibiliser quelqu'un à un problème.* Faire réagir à. Faire prendre conscience de. / Sensibilisation.

SENSIBLERIE. Sensibilité excessive. Affectation. / Avoir toujours la larme à l'œil.

Se dit d'une partie de l'organisme où la douleur est ressentie. *Un point, un endroit sensible.* Légèrement douloureux.

Se dit d'un être animé qui ressent facilement la douleur. *Un homme très sensible.* Douillet. / *Etre sensible de la gorge.* Fragile. Délicat.

Se dit d'une chose facilement perçue par les sens ou par l'esprit. *Un objet sensible à la vue.* Perceptible. Visible. / *Un son sensible à l'oreille.* Audible. / *Une différence tout à fait sensible.* Tangible. Palpable. Appréciable. Notable.

SENSIBLEMENT. *Un enfant sensiblement plus grand qu'un autre.* Notablement.

sentiment

(de *sentir*)

Connaissance plus ou moins claire (littér.). *Avoir le sentiment que.* Impression. Intuition.

Manière de penser, d'apprécier (littér.). *Faire connaître son sentiment* *sur quelqu'un ou sur quelque chose.* Opinion. Jugement. Idée. Point de vue.

Manifestation d'une tendance, d'un penchant. *Sentiments élevés, généreux, altruistes.* Bonté. Charité. Cordialité. Pitié. Sympathie. Compassion. Altruisme. / *Sentiments bas, égoïstes.* Envie. Jalousie. Haine. Vengeance. Mépris. Aversion. Antipathie. / *Sentiments de tendresse.* Amour. Affection. Attachement. Amitié. / *Manifester ses sentiments.* Communiquer. Exprimer. Extérioriser. / *Donner libre cours à ses sentiments.* S'épancher. Se confier. Se livrer. / Epanchement. Effusion.

Disposition à être ému, touché. *Etre capable, incapable de sentiment.* Sensibilité. Tendresse.

SENTIMENTAL. *Un attachement sentimental.* Affectif. Tendre. / Vie sentimentale. Vie amoureuse. / *Aventure sentimentale.* Amoureux. Galant. / *Un jeune homme sentimental.* Sensible. Rêveur. Romanesque. Fleur bleue. Romantique.

SENTIMENTALITÉ (caractère d'une personne ou d'une chose sentimentale). / Sentimentalisme (sentimentalité excessive)

SENTIMENTALEMENT. Tendrement.

sentir
(du lat. *sentire*)

Recevoir une impression physique par l'intermédiaire des sens. *Sentir la chaleur, le froid.* Percevoir. / *Sentir une odeur.* Flairer.

Répandre une odeur. *Sentir le moisi.* Exhaler. / *Sentir bon.* Embaumer. Fleurer (littér.). / *Sentir mauvais* ou (intransitiv.) *sentir.* Puer.

Connaître une chose par intuition. *Sentir sa force. Sentir sa faiblesse.* Avoir conscience de. Discerner. / *Sentir que* (et l'indicatif). Comprendre. Constater. Deviner. Pressentir. Subodorer. / *Faire sentir quelque chose à quelqu'un.* Faire éprouver. Faire comprendre. / *Se faire sentir* (en parlant d'une chose). Devenir sensible. Se manifester.

Se sentir. *Se sentir gai, triste.* Se trouver. Avoir l'impression d'être.

Éprouver un sentiment esthétique. *Sentir la beauté d'un paysage, d'une œuvre d'art.* Ressentir. Apprécier. Goûter.

séparer
(du lat. *separare,* en gr. *skhizein*)

Mettre à part des êtres ou des choses. *Séparer les bons d'avec les méchants.* Isoler. Eloigner. Tenir éloigné(s). / *Séparer deux animaux formant un couple.* Déparier. Désaccoupler. Découpler. / Séparer des combattants (interrompre leur combat). / *Séparer le bon grain d'avec le mauvais.* Trier. / *Séparer des questions pour les étudier.* Dissocier. Scinder. Considérer à part. Distinguer.

SÉPARATION. Isolement. Eloignement. Exil. / Mort. Perte. / *La séparation d'une province, d'une région.* Sécession. Dissidence. / Sécessionniste. Dissident. Autonomiste. / *La séparation des membres d'un groupe, d'un parti.* Scission. Dissidence. Schisme. / *Séparation des personnes d'origines ou de races différentes dans un même pays.* Ségrégation raciale. Discrimination raciale. Apartheid.

SÉPARATISME. Dissidence. Autonomie.

SÉPARATISTE. Autonomiste. Dissident.

SÉPARABLE. *Elément séparable.* Dissociable.

INSÉPARABLE. *Amis inséparables.* Compagnons.

SÉPARÉMENT. *Interroger des personnes séparément.* A part. Individuellement. / *Agir séparément.* Isolément.

Désunir les parties d'un tout. *Séparer une substance d'un corps.* Extraire. Distiller. / *Séparer l'écorce du bois d'un arbre.* Détacher. Décoller. / *Séparer d'un ensemble.* Désassembler. Disloquer. Démembrer. Dissocier. Disjoindre. Désagréger. Détacher. Enlever.

SÉPARATION. Dissociation. Disjonction. Désunion. Désagrégation. / Extraction. Distillation.

SÉPARATEUR (appareil destiné à séparer les composants d'un mélange).

Faire cesser les rapports affectifs, moraux existant entre des personnes. *Séparer des amis* (en parlant d'un désaccord). Brouiller. Désunir. Eloigner.

Se séparer. *Se séparer de quelqu'un.* Quitter. Laisser. Abandonner. / Partir. / *Se séparer* (en parlant d'époux). Divorcer. Vivre à part. Vivre séparé(s).

SÉPARATION. *Séparation de deux amants.* Rupture. / *Séparation d'époux.* Séparation de corps. Séparation de biens.

Être placé entre des personnes, des choses. *Séparer deux pièces* (en parlant d'un mur). Diviser. Partager.

SÉPARATION. *Séparation entre deux pays, deux régions.* Frontière. Démarcation. Limite. / *Ce qui établit une séparation.* Mur. Cloison. Haie. Clôture.

sept

(du lat. *septem ;* en gr. *hepta*)

Composés de « sept ». Dix-sept. / Septante (soixante-dix). / Septembre. / Septénaire. Septennal. Septennat. / Septentrion (nord). / Septidi. / Septolet. / Septuagénaire. / Septuor. / Septième. Septimo. / Septuple. / Semaine.

Composés de « hepta- ». Heptacorde. / Heptaèdre. / Heptagone. / Heptaméron. / Heptamètre. / Heptapétale. / Heptasyllabe. / Hebdomadaire.

sérieux adj. et n.

(du lat. *seriosus*)

Se dit d'une personne qui agit avec réflexion et attache de l'importance à ce qu'elle fait. *Un élève sérieux.* Appliqué. Soigneux. Diligent. / *Un homme sérieux.* Posé. Réfléchi. Pondéré.

Sérieux (n. m.). *Faire preuve de sérieux.* Application. Attention. Soin. Diligence.

SÉRIEUSEMENT. Soigneusement. Avec application. Avec soin. Diligemment. / *Qui ne fait rien sérieusement.* Fantaisiste. Amateur. Fumiste (fam.). Plaisantin. / Fumisterie (se dit d'une chose qui manque de sérieux).

En qui l'on peut avoir confiance. *Un employé sérieux.* Consciencieux. Sûr. Régulier. Ponctuel. / *Une amitié sérieuse.* Sincère. Véritable.

Sérieux (n. m.). Prendre quelqu'un au sérieux (lui accorder sa confiance).

Qui ne plaisante pas. *Un homme sérieux.* Grave. Froid. Sévère. Digne.

Sérieux (n. m.). *Garder son sérieux.* Gravité.

SÉRIEUSEMENT. *Parler sérieusement.* Sans rire. Sans plaisanter.

Qui ne fait pas d'écarts de conduite. *Un jeune homme sérieux.* Sage. Rangé (fam.). / *Une femme sérieuse.* Fidèle.

Qui est fait avec application. *Un travail sérieux.* Soigné. Fini. Léché (fam.). Minutieux.

Qui mérite réflexion, considération. *Une affaire sérieuse. Un projet sérieux.* Important. De conséquence.

Qui peut avoir des suites graves. *Une maladie sérieuse.* Grave. / *Une situation sérieuse. Un événement sérieux.* Critique. Inquiétant.

SÉRIEUSEMENT. Gravement. Dangereusement.

Qui n'a pas pour objet la distraction, l'amusement. *Une lecture très sérieuse.* Austère.

Qui est important par la quantité ou la qualité. *Un sérieux bénéfice.* Gros. Considérable. / *Un argument sérieux.* Fondé. Valable. / *Chose peu sérieuse, sans importance.* Bagatelle. Futilité. Rien. Rigolade (fam.).

serrer

(du lat. pop. *serrare,* de *serra,* serrure)

Maintenir fortement, fermement, vigoureusement. *Serrer un morceau de fer dans un étau.* Coincer. / *Serrer quelque chose avec des pinces.* Pincer. / *Serrer la gorge à quelqu'un.* Etrangler. / *Serrer la main à quelqu'un.* Prendre. Presser. / *Serrer quelqu'un contre soi.* Etreindre. Enlacer. / Etreinte. Enlacement.

SERREMENT. *Serrement de main.* Poignée de main.

Causer une forte émotion, une sorte d'oppression. *Serrer quelqu'un* (en parlant d'une sensation, d'un sentiment). *Serrer la gorge.* Etreindre. Etrangler. Angoisser.

SERREMENT. *Serrement de cœur.* Angoisse. Tristesse.

Rapprocher les uns des autres des êtres ou des choses. *Se serrer autour d'une table.* Se rapprocher. / *Se serrer contre quelqu'un.* Se blottir. / *Serrer les lèvres.* Contracter. Pincer. Crisper.

Exercer une pression sur une chose. *Serrer une vis, un écrou.* Visser. / *Serrer un frein.* Bloquer. / *Serrer une corde.* Tendre.

SERRAGE. Blocage. Tension.

DESSERRER. Relâcher. Détendre.

RESSERRER. Serrer de nouveau.

Réduire le volume d'une chose. *Serrer une gerbe, un fagot.* Lier. Attacher. / *Serrer sa taille.* Comprimer. / *Serrer les pieds* (en parlant de chaussures). Gêner. / *Serrer la taille* (en parlant d'un vêtement). Mouler. Epouser la forme de.

Pousser un être animé contre un obstacle. *Serrer quelqu'un dans un coin.* Coincer. Rencogner (fam.).

Passer tout près de quelque chose. *Serrer le trottoir* (en parlant d'un auto-

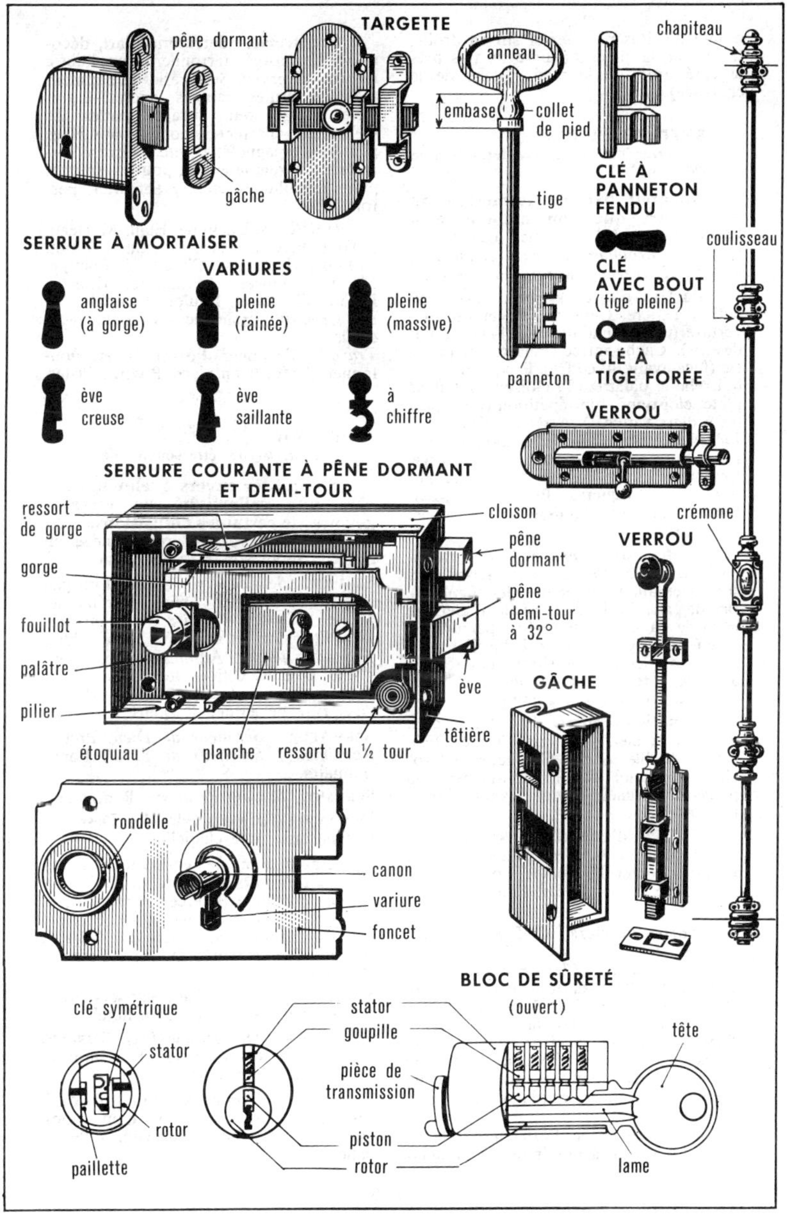
pêne dormant
gâche
SERRURE À MORTAISER
TARGETTE
anneau
embase
collet
de pied
tige
panneton
CLÉ À
PANNETON
FENDU
CLÉ
AVEC BOUT
(tige pleine)
CLÉ À
TIGE FORÉE
chapiteau
coulisseau
VARIURES
anglaise
(à gorge)
pleine
(rainée)
pleine
(massive)
ève
creuse
ève
saillante
à
chiffre
VERROU
SERRURE COURANTE À PÊNE DORMANT
ET DEMI-TOUR
ressort
de gorge
gorge
fouillot
palâtre
pilier
étoquiau
planche
ressort du ½ tour
cloison
pêne
dormant
pêne
demi-tour
à 32°
ève
têtière
crémone
VERROU
GÂCHE
rondelle
canon
variure
foncet
BLOC DE SÛRETÉ
(ouvert)
clé symétrique
stator
rotor
paillette
stator
goupille
pièce de
transmission
piston
rotor
tête
lame

mobiliste). Raser. / Serrer sur sa droite, serrer sur sa gauche (suivre de très près le côté droit ou le côté gauche de la chaussée).

serrure et clef

(de *serrer* [bas lat. *serrare*, fermer] et de *clavis*, clef)

Appareil fixe de fermeture ou d'ouverture que l'on manœuvre à l'aide d'une clef. Fermer, ouvrir une serrure. / *Brouiller une serrure.* Fausser. Mêler. / *Forcer une serrure.* Faire sauter.

Parties d'une serrure. Boîte ou coffre. Têtière. Cloison. Foncet ou couverture (plaque maintenue à l'arrière par des vis). Cache-entrée. Palâtre ou palastre (face avant du coffre). Etoquiau (pièce qui relie le palâtre à la cloison). / Gâche plate, cloisonnée, de répétition (pour portes à deux vantaux). Arrêt de pêne.
Pièces du mécanisme. Fouillot. Canon. Pêne dormant. Pêne demi-tour. Gorge. Ressort de gorge. Paillette de gorge. Pilier des gorges. Equerre. Bouterolle. Mentonnet. Bouton de coulisse. / Bec-de-cane. Clenche.

Sortes de serrures. Serrure à coffre apparent. Serrure à mortaiser. Sersure à entailler (fermeture des meubles). Bec-de-cane horizontal, vertical. Serrure bénarde (à clef non forée). Serrure de sûreté à gorges. Serrure à barillet et à goupilles. Serrure de sûreté horizontale à tirage, à foliot. Serrure de sûreté verticale à tirage, à foliot, à pompe.

Fonctionnement. Engager la clef. Tourner la clef. / Ouvrir. Fermer. Fermer à double tour. / Crocheter. / Crochet. Rossignol (fam.). Monseigneur ou pince-monseigneur (levier servant à forcer une serrure).

Parties d'une clef. Anneau. Balustre (ornement). Tige. Canon (partie creuse). Bouterolle (fente). Forure. Cloison ou panneton. Dents. Embase. Collet de pied.

Sortes de clefs. Clef bénarde (canon plein). / Clef forée. / Clef de sûreté. / Clef diamant. / Clef de coffre-fort. / Fausse clef. Passe-partout. Passe général. Passe partiel. / Clef de Berne (clef à tige carrée utilisée dans les chemins de fer). / Clef de contact. / Clef de barrage (composée d'une tige à évidement carré et d'une traverse mobile, et utilisée pour les bouches d'incendie, les plaques de regard d'égout).

Trousseau de clefs. Porte-clefs. Clavier (anneau servant à réunir plusieurs clefs).

Serrurerie. Serrurerie d'art, décorative (fer forgé, ferronnerie, appliques, ferrures diverses). Serrurerie de bâtiment (balcons, grilles, rampes, ancres, entretoises, fers pour vitrage, pattes de scellement, charnières, gonds, paumelles, pentures, espagnolettes, etc.). Grosse serrurerie (charpente en fer, poutres, solives, ponts métalliques, etc.). / Serrurier. Ferronnier.

Outillage. Enclume. Etau. Marteau. / Tour. Perceuse. Scie à métaux. Rabot. / Lime. Tranchet. Ciseau. / Etampe. Mandrin. Pinces. / Equerre. Esse. / Ecrou. Vis. Rivet. Boulon. Goupille. Piton. Crochet. Virole, etc. / Ferrière (sac à outils).
Travail. Façonner. Forger. River. Boulonner. / Mettre en place. Poser. Ajuster.

servir

(du lat. *servire*, être soumis, dévoué)

S'acquitter envers quelqu'un, envers une collectivité de certains devoirs, de certaines obligations. *Servir Dieu.* Honorer. Adorer. Rendre un culte. / Servir son pays, sa patrie.

SERVICE. *Service divin.* Culte. Liturgie. / *Service religieux.* Office. Cérémonie. Messe. / *Service militaire. Faire son service.* Etre sous les drapeaux. Etre soldat. / *Service public.* Administration. Organisme. Organe. Office. Bureau. / *Service de surveillance.* Garde. / *Etre de service.* Etre de garde, de quart.

SERVITEUR. *Serviteur de Dieu.* Prêtre. Religieux. / *Serviteur de l'Etat.* Fonctionnaire.

SERVANT. *Servant de messe.* Répondant.

DESSERVIR (faire le service de). Desservir une paroisse, une chapelle.

S'acquitter de certaines tâches envers une personne. *Servir quelqu'un comme chauffeur.* Exercer l'emploi de. / *Servir un client.* Approvisionner. Fournir des marchandises à. / *Servir à boire, à manger à quelqu'un.* Donner. Fournir. Présenter.

SERVICE. Libre-service. Self-service. / Service d'un restaurant, d'un hôtel.

SERVITEUR. Domestique (vx). Servante (vx). Bonne. Soubrette (fam.). / Employé de maison (v. ce mot).

SERVEUR. Garçon de restaurant, de café. Steward (à bord d'un navire, d'un avion). Barman. / Serveuse. Barmaid. Fille de salle.

Être utile. *Servir à quelqu'un* (en parlant d'une personne, d'une chose). Aider. Profiter. Favoriser.

SERVICE. *Rendre service.* Appuyer. Seconder. Secourir. Soutenir. Soulager. Prêter la main. Etre utile. Aider.

SERVIABLE. Complaisant. Bon. Brave.

SERVIABILITÉ. Complaisance. Bonté.

DESSERVIR. Nuire. Rendre un mauvais service.

Être utilisé en guise de, comme. *Servir de modèle.* Faire fonction de. Tenir lieu de. Tenir la place de. Remplacer.

Se servir (de). *Se servir d'une personne. Se servir d'une chose.* Utiliser. User de. Employer. Recourir à. Disposer de. Faire usage de. Mettre à contribution. Exploiter. / *Se servir d'un mets.* Prendre. Reprendre.

seul

(du lat. *solus;* en gr. *monos*)

Se dit d'une personne ou d'une chose qui n'est pas avec d'autres. *Vivre seul.* Isolé. Solitaire. Retiré. A part. Esseulé. Reclus. Délaissé. / *Etre seul dans la vie.* Ne pas avoir de famille, d'amis. Etre sans relations. / *Religieux qui vit seul.* Ermite. Anachorète. / Vie érémitique, anachorétique. Erémitisme. Anachorétisme. / *Parler seul.* Soliloquer. Monologuer. / *Seul à seul.* En tête à tête. / *Musicien qui joue seul.* Solo. Soliste.

SOLITUDE. *Vivre dans la solitude.* Isolement. Retraite. / *Sentiment de solitude morale.* Délaissement. Déréliction.

Se dit d'une personne ou d'une chose à l'exclusion de toute autre. *Un seul Dieu. Un seul homme.* Unique. / *Pas un seul.* Aucun. Nul. / *Pas une seule fois.* Jamais. / *La seule pensée de* (et l'inf.). Simple. / *Relatif à une seule personne.* Individuel. Personnel. Exclusif. Propre. Particulier. Singulier.

SEULEMENT. *Travailler seulement pour* (et un nom ou un inf.). Uniquement. Exclusivement. Simplement. Rien que.
Préfixe ***uni-*** (v. UN).
Préfixe ***mono-***. Monochrome. Monocle. Monocoque. Monocorde. Monoculture. Monocycle. Monogamie. Monologue. Monomoteur. Monorail. Monosyllabe, etc.

Se dit d'une personne ou d'une chose qui réalise l'action à l'exclusion des autres. *Faire un travail seul, tout seul.* Sans aide. Sans secours. / *Etre seul capable de* (et un nom ou un verbe). Exclusivement. Uniquement. / *Aller tout seul* (fam., en parlant d'une chose). Etre très facile.

sévère

(du lat. *severus*)

Qui est sans indulgence. *Un père sévère. Un professeur sévère.* Strict. Exigeant. Intransigeant. Rigoureux. Dur. Autoritaire. / *Un juge très sévère.* Impitoyable. Inexorable. Implacable. / *Un verdict sévère.* Salé (fam.).

SÉVÉRITÉ. Exigence. Intransigeance. Rigueur. Dureté.

SÉVÈREMENT. *Elever un enfant sévèrement.* Durement. Rigoureusement. A la baguette (fam.).

Qui blâme durement. *Une critique sévère. Un jugement sévère.* Aigre. Amer. Cinglant. Vache (pop.).

SÉVÉRITÉ. Ereintement.

Qui est dépourvu d'ornements, de recherche. *Une architecture sévère. Un style sévère.* Dépouillé. Austère. Sobre. Sec. Froid.

SÉVÉRITÉ. Austérité. Sobriété. Froideur.

sexe

(du lat. *sexus*)

Ensemble des caractères organiques qui permettent de distinguer l'homme de la femme, le mâle de la femelle. *Une personne du sexe masculin.* Homme. Garçon. / *Une personne du sexe féminin.* Femme. Fille. / *Individu qui possède les deux sexes.* Androgyne. Hermaphrodite. / Androgynie. Hermaphrodisme. / *Qui n'a pas de sexe.* Asexué. / Le sexe d'une fleur. Fleur unisexuée ou monoïque. Fleur bisexuée ou dioïque.

Ensemble des personnes du même sexe. *Le sexe faible. Le beau sexe.* Femme. / *Le sexe fort.* Homme. / *Union, conjonction des sexes. Acte sexuel.* Copulation. Coït. Fornication / Copuler (fam.). Coïter (fam.). Forniquer (fam.). / Fécondation. Génération. Procréation. Reproduction. / Hétérosexuel (qui éprouve une affinité sexuelle pour les personnes du sexe opposé). Hétérosexualité. / Homosexuel (qui éprouve une affinité sexuelle pour les personnes de son sexe). Inverti. Pédéraste. Sodomite. Tante (pop.). Pédé (pop.). Pédale (pop.). / Invertie. Lesbienne Gouine (pop.). / Homosexualité. Inversion. Pédérastie. Sodomie. Uranisme. Lesbianisme. Saphisme.

Organes de la génération. *Cacher, montrer son sexe.* Parties sexuelles. /

Organes génitaux externes de l'homme. Membre viril. Verge. Pénis. Phallus. Zizi (fam.). Testicules. Scrotum ou bourses. / *Organes génitaux externes de la femme.* Vulve. / Exhibitionnisme (obsession morbide qui pousse certains individus à montrer leurs organes génitaux).

Relatif au sexe. Sexuel. / Caractères sexuels. Différenciation sexuelle. Instinct sexuel. Education sexuelle. Vie sexuelle. / *Rapports sexuels.* Amour physique. / *Plaisir sexuel.* Erotique. Charnel. Physique. / Orgasme (le plus haut point du plaisir sexuel). / Libido (recherche instinctive du plaisir sexuel). Libidineux. / Erotomanie (obsession caractérisée par des préoccupations d'ordre sexuel). Erotomane. / Nymphomanie (exagération morbide des désirs sexuels chez la femme). Nymphomane. / Satyriasis (exagération pathologique des désirs sexuels chez l'homme). Satyre. / Exhibitionniste. Voyeur. / Masturbation (le fait de provoquer le plaisir sexuel par l'attouchement des parties génitales). Onanisme. / Masturber. / Impuissance sexuelle. Frigidité (absence de satisfaction sexuelle chez la femme). Frigide. / Sex-appeal (attrait physique). Sexy (fam., qui exerce un attrait physique). / Sexualité (ensemble des comportements relatifs à l'instinct sexuel). [En psychanalyse.] Stade oral, anal, génital de la sexualité. Sexologie (étude des problèmes relatifs à la sexualité). Sexologue. / Sexisme (attitude dominatrice des hommes à l'égard des femmes). Phallocratie (oppression abusive de la femme par l'homme). Phallocratisme. Phallocrate. Sexiste. Macho. Sadisme (perversion consistant à infliger des souffrances diverses à autrui au cours de l'acte sexuel). Masochisme (perversion par laquelle une personne ne peut éprouver le plaisir qu'en subissant des souffrances physiques). Sadomasochisme (sadisme uni au masochisme chez la même personne). / Inceste (relations sexuelles entre proches parents).

Maladies des organes génitaux. *Maladies des organes masculins.* Phlegmon du scrotum. Epididymite. Orchite. Prostatite. Cancer de la prostate. / *Maladies des organes féminins.* Vulvite. Ulcérations vulvaires (syphilis, herpès, aphtes). Cancer de la vulve, du vagin, de l'utérus. Eruptions vulvaires (érysipèle, eczéma, prurit, papillomes). Vaginite. Déviations utérines. Métrite. Fibromes. Salpingite. Ovarite. Kystes de l'ovaire. / *Maladies vénériennes.* Blennorragie ou chaudepisse (pop.). Syphilis ou vérole (pop.).

siège

(du lat. pop. ***sedicum,*** **de** ***sedere,*** **s'asseoir)**

Meuble, objet fabriqué pour qu'on puisse s'y asseoir. *Parties d'un siège.* Dossier. Siège. Pieds. Bâtons. Bras. Accotoir. Accoudoir.

Sortes de sièges. *Sièges de cuisine, de salle à manger.* Tabouret. Chaise. / *Sièges de salon.* Fauteuil. Bergère. Causeuse. Canapé. Divan. Sofa. Pouf. / *Sièges de jardin.* Banc. Chaise. / *Siège de voiture, de chemin de fer.* Banquette. / *Siège de chœur.* Stalle. Miséricorde (support placé sous l'abattant d'une stalle et qui permet de s'appuyer). / Strapontin (siège repliable). / *Siège pliant.* Chaise-longue. Pliant (n. m.). Transatlantique. / Rocking-chair (fauteuil à bascule).

Fabrication. Siège de tapisserie. Siège de paille, de rotin. Siège métallique. Siège rembourré, capitonné. Siège canné. *Matériaux.* Bois. Chêne. Palissandre. Acajou. Ebène. Thuya. Hêtre. Orme. Frêne. Châtaignier, etc. / Bois fruitier. Noyer. Poirier. Citronnier, etc. / Bois courbé. Rotin. Osier. / Métaux. Cuivre. Fer. Nickel. Aluminium. / Vernis. Laque. Peinture. Dorure. / *Garniture d'un siège, d'un fauteuil.* Sangles. Ressorts. Rembourrage. / Crin. Bourre. Kapok. Laine. / Paille. Jonc. / Pailler. Canner. / Paillage. Cannage. / Couvrir. Rembourrer. Matelasser. Sangler. / Assembler. Coller. / Réparer. Rempailler. Rembourrer. Recouvrir. / Réparation. Rempaillage. Rembourrage. Recouvrage. / Rempailleur. *Fabricant de sièges.* Ebéniste. Tourneur. Chaisier. Tapissier. Décorateur.

siffler

(du bas lat. *sifilare ;* lat. class. *sibilare*)

Produire un son aigu en laissant échapper l'air par la bouche ou à l'aide d'un instrument. Siffler pour appeler, pour avertir. / Siffler en dormant, en respirant. / *Siffler un animal* (appeler en sifflant). Hucher (vx). Frouer (vx). Piper (pour attirer les oiseaux). Chasse à la pipée. / Siffler un air, une chanson (les moduler en sifflant).

SIFFLET (instrument servant à siffler). Pipeau. Appeau. / Siffleur.

SIFFLEMENT (action de siffler). Bruit aigu.

SIFFLOTER (siffler légèrement). Sifflotement.

SIFFLANT. Consonne sifflante [*s, z*] (caractérisée par un bruit de sifflement). / Râle sibilant (qui produit un sifflement).

Produire un bruit aigu et prolongé. Siffler (en parlant d'une locomotive). / *Siffler* (en parlant d'un jet de vapeur). Chuinter.

SIFFLEMENT. Chuintement.

SIFFLANT. *Bruit sifflant.* Aigu. Strident. / Stridulation. Stridence.

Manifester sa désapprobation par des sifflements, des cris. *Siffler un auteur, un acteur.* Conspuer. Huer.

SIFFLETS. Désapprobation. Huées.

signal

(de l'anc. franç. *seignal* [bas lat. *signalis,* de *signum,* signe])

Signe convenu ou système conventionnel destiné à avertir, à donner une information. *Donner le signal du départ.* Ordre. / *Signal sonore.* Avertisseur. Klaxon. Sirène. Sifflet. Sonnerie. Cloche. / Signal d'alarme. / *Signal de détresse.* S. O. S. / *Signal de radioguidage.* Radiophare. / Signaux de brume. / *Signal lumineux.* Feu. Projecteur. Lanterne. Fanal. Voyant. / Feu rouge, vert, orangé. / Clignotant. Feu de position d'un véhicule. / *Signaux d'un navire.* Signes battants. Pavillons. Flammes. Triangles. / Signaux optiques ou visuels. Signaux sémaphoriques. / *Signaux de chemin de fer.* Feu. Disque. Sémaphore.

SIGNALISATION. Signalisation des voies de chemin de fer. Signalisation des ports, des routes. (V. ces mots.)

SIGNALISER (munir d'une signalisation). *Signaliser un port, une route, un aéroport.* Baliser. / Balisage. Balise.

SIGNALEUR (employé de chemin de fer, marin, soldat chargé de faire les signaux).

signature

(du lat. médiév. *signatura*)

Nom ou marque que l'on met au bas d'un écrit, sur une œuvre pour attester qu'on en est l'auteur ou qu'on en approuve le contenu. *Apposer sa signature.* Griffe. Paraphe (ou parafe). Seing (vx). / *Signature au bas d'une lettre, au dos d'un chèque.* Souscription. Endos. / *Signature au bas d'une feuille blanche.* Blanc-seing. / *Signature en marge d'un écrit.* Emargement. / *Signature abrégée.* Parafe (ou paraphe). Monogramme. Chiffre. Croix. / *Imiter une signature.* Contrefaire. / Contrefaçon. Faux en écriture. / *Ecrit sans signature.* Anonyme. / *Légaliser une signature.* Authentifier.

SIGNER (revêtir d'une signature). *Signer une lettre.* Parapher (ou parafer). / *Signer en marge.* Emarger. / *Signer un projet pour l'approuver.* Contresigner. Viser.

SIGNATAIRE. *Signataire d'un effet de commerce.* Emetteur. / Cosignataire (personne qui signe avec d'autres).

signe

(du lat. *signum ;* en gr. *sêma*)

Ce qui permet de connaître ou de reconnaître, de deviner ou de prévoir quelque chose. *Un signe distinctif.* Marque. Caractéristique. Particularité. / *Un signe extérieur de richesse.* Indice. Indication. / *Le signe d'une émotion, d'un sentiment.* Expression. Manifestation. Preuve. / *Le signe d'une maladie.* Symptôme. / *Signe avant-coureur, précurseur.* Prodrome. / *Signe prémonitoire.* Avertissement. / Un signe cabalistique, mystérieux, incompréhensible. / *Un bon, un mauvais signe.* Augure. Pronostic. Auspices. Présage. / *Etre le signe de. Etre un* (ou *le*) *signe que.* Dénoter. Indiquer. Montrer. Prouver. Annoncer. Révéler. Signifier.

Mouvement qui permet de communiquer avec quelqu'un. *Parler par signes.* Geste. / *Un signe de tête affirmatif, négatif.* Hochement (de haut en bas, de droite à gauche). / *Signe de connivence.* Clignement d'œil. / Dactylologie (moyen de communiquer à l'aide des doigts).

Représentation matérielle d'une chose ayant un caractère conventionnel. *Signe alphabétique, graphique.* Caractère. Lettre. Idéogramme. *Signes orthographiques.* Accent aigu, grave, circonflexe. Tréma. Apostrophe. Cédille. / Signe de ponctuation (v. ce mot). / Signe diacritique (destiné à distinguer des mots homographes : *a* et *à, du* et *dû, ou* et *où,* ou à modifier la prononciation de certaines lettres). / *Signe abréviatif.* Sigle. / Signe sténographique. / Signe positif, négatif d'un nombre. / Signe typographique. / Signe sonore, phonique, acoustique. / Signe usuel, gestuel. / Signe musical. / Sémiologie (science qui étudie le système des signes). Sémiotique (théorie générale des signes). / Sème (élément simple, dans l'analyse du sens d'un mot). Sémantique. / Polysémie. Monosémie.

signifier

(du lat. *significare,* de *signum,* signe)

Avoir un sens déterminé. *Signifier quelque chose* (en parlant d'un geste, d'une attitude). Indiquer. Dénoter. / *Ne rien signifier. Ne pas signifier grand-chose.* Ne pas avoir ou avoir peu de sens. / *Signifier telle chose* (en parlant d'un mot). Vouloir dire. Désigner. Avoir tel sens. / *Signifier que* (en parlant d'un présage). Annoncer. Prédire. Augurer.

SIGNIFICATION. *Signification d'un mot.* Sens. Acception. Contenu. / *Degrés de signification des adjectifs, des adverbes.* Positif. Comparatif. Superlatif.

SIGNIFICATIF. *Un mot, un fait, un geste significatif.* Expressif. Eloquent. Parlant. / Significativement.

Faire connaître d'une manière expresse ou par voie de justice, légalement. *Signifier son congé à quelqu'un.* Notifier. / *Signifier à quelqu'un de* (et l'inf.). Sommer. Ordonner. Enjoindre. Donner l'ordre de. Mettre en demeure de.

SIGNIFICATION. *La signification d'un jugement.* Notification.

silence

(du lat. *silentium ;* en gr. *siôpê*)

Le fait de ne pas parler ou de ne pas écrire, de ne pas exprimer une opinion, de ne pas manifester ses sentiments. *Un silence volontaire, involontaire. Un silence éloquent, approbateur, significatif.* Mutisme. / *Garder, observer le silence.* Se taire. / *Imposer le silence à quelqu'un.* Faire taire. / *Réduire quelqu'un au silence.* Bâillonner. Museler. / *Passer quelque chose sous silence.* Ne pas parler de. Se taire sur. / *Demander le silence à propos d'une affaire.* Secret. / *Entourer un projet de silence.* Mystère. / *Rompre le silence.* Parler. / *Obéir en silence.* Ne pas se révolter. / *Souffrir en silence.* Ne pas se plaindre. / *Silence !* Chut. Motus. / Aposiopèse (interruption d'une phrase par un brusque silence).

SILENCIEUX. Muet. Calme. Discret. Réservé. Taciturne.

SILENCIEUSEMENT. Sans parler. En secret.

Absence de bruit, d'agitation. *Le silence de la nuit. Travailler dans le silence.* Calme. Tranquillité. Paix.

SILENCIEUX. Calme. Tranquille. Paisible. / *Mouvement silencieux.* Feutré. Ouaté.

simple

(du lat *simplex, simplicis ;* en gr. *haplos*)

Qui n'est pas composé de plusieurs éléments. *Un corps simple.* Indécomposable. Indivisible. Irréductible. / Molécule (la plus petite partie d'un corps simple). Monade (chez Leibniz, substance simple, inétendue, indivisible).

Qui est facile à comprendre, à utiliser, qui n'est pas compliqué. *Un problème simple.* Compréhensible. Clair. Limpide. Elémentaire. Enfantin. / *Un mécanisme simple.* Commode.

SIMPLIFIER. Schématiser. / *Qui simplifie à l'excès, qui ne considère qu'un aspect des choses.* Simpliste.

SIMPLEMENT. Clairement. Aisément.

SIMPLIFICATION. Schématisation.

Qui est sans recherche, sans affectation, sans ornement. *Une cuisine simple.* Sans apprêt. / *Un style simple.* Familier. Naturel. Dépouillé. / *Qui est réduit à la forme, à l'état le plus simple.* Sommaire. Rudimentaire. Elémentaire.

SIMPLEMENT. *S'exprimer simplement.* Naturellement.

SIMPLICITÉ. Familiarité. Naturel. Dépouillement.

Qui est seulement ce que le nom indique. *Un simple citoyen.* Ordinaire. Sans fonctions officielles. / *Un simple soldat.* Sans grade. / *Le simple bon sens.* Seul.

Qui est d'une sincérité naturelle et spontanée. *Un homme simple.* Droit. Franc. Bon. Candide. Brave. Sans détours. Nature (fam.).

SIMPLEMENT. *Dire simplement la vérité.* Bonnement. Franchement.

SIMPLICITÉ. Droiture. Franchise. Bonté. Bonhomie.

Qui évite l'affectation, la fierté, l'ostentation, le luxe. *Un homme simple, qui a des goûts simples.* Modeste. Réservé. Sans façon.

SIMPLICITÉ. Modestie. Naturel.

SIMPLEMENT. *Recevoir simplement.* Sans cérémonie. Sans façon. A la bonne franquette. A la fortune du pot.

Qui a peu de finesse, d'intelligence. *Un jeune homme simple. Un peu simple.* Crédule. Naïf. Niais. Ingénu. / *Un simple d'esprit.* Simplet. Arriéré. Minus (fam.). Demeuré. / Débile mental.

SIMPLICITÉ. Naïveté. Ingénuité. Crédulité.

simuler

(du lat. *simulare,* sembler)

Faire paraître comme réelle une chose qui ne l'est pas. *Simuler un* *combat. Simuler une maladie, la douleur.* Contrefaire. Feindre. Faire semblant. Avoir l'air de. Imiter. Jouer. / *Qui est simulé.* Faux. Factice. Feint. Bidon (fam.).

SIMULATION. Feinte. Semblant. Ruse. Faux-semblant. Frime. Comédie. / Simulacre. Fausse apparence. Illusion.

SIMULATEUR. Contrefaiseur. Comédien (fam.).

simultané

(du lat. *simultaneus*, de *simul*, en même temps)

Se dit d'une chose qui arrive en même temps qu'une autre (en parlant d'un événement). Concomitant. Contemporain. / (En parlant d'un mouvement). Synchrone. / Synchroniser.

SIMULTANÉITÉ. Concomitance. Coïncidence. Correspondance. Contemporanéité. Synchronisme. / Synchronie.

SIMULTANÉMENT. En même temps.

singe

(du lat. *simius ;* en gr. *pithêkos*)

Animal primate, arboricole, aux quatre membres pourvus de mains. Simiens (sous-ordre des primates).

Singes du Nouveau Monde ou platyrhiniens (large cloison nasale ; queue souvent préhensile). *Famille des cébidés.* Atèles ou singes-araignées (à tête brune, à ventre blanc) / Singes laineux au lagotriches / Sajous ou sapajous ou singes capucins / Saïmiri-écureuil / Hurleurs. Hurleur roux ou alouate. Hurleur noir. / Singe de nuit. / Titi à fraise. / Callicèbe roux. Ouakari chauve. Ouakari à tête noire. / *Famille des callithricidés* ou *hapalidés.* Ouistitis. Ouistiti à toupet blanc. Ouistiti argenté. Ouistiti mignon. / Tamarins. Tamarin empereur. / Singes lions. Petit singe-lion. Singe-lion à tête dorée. / Pinchés. Pinché de Geoffroy.

Singes de l'Ancien Monde ou catarhiniens (cloison nasale étroite ; queue non préhensile, souvent courte, souvent absente).

SINGES CYNOMORPHES. *Famille des cercopithécidés.* Macaques. Magot. Macaque Rhésus (célèbre par la découverte du facteur Rhésus). / Papions ou babouins (encore appelés cynocéphales). Hamadryas. Drill. Mandrill. Gelada. / Mangobeys. / Cercopithèques ou singes verts. / Patas ou singes rouges.. / *Famille des colobidés.* Semnopithèques ou entelles. / Rhinopithèques. Doucs. / Nasique. / Colobes.

SINGES ANTHROPOMORPHES. *Famille des hylobatidés ou gibbons.* Siamangs. Gibbon noir. Gibbon lar ou à mains blanches. / *Famille des pongidés.* Orang-outan. / Chimpanzés. / Gorille.

Relatif aux singes. Anthropopithèque (genre hypothétique d'animaux fossiles intermédiaires entre le singe et l'homme ; animal de ce genre). Pithécanthrope (primate fossile présentant des caractères simiens et hominiens). / Simiesque (qui évoque le singe). / Quadrumane. Abajoue. Callosité fessière. Guenon (femelle). Singesse (femelle [vx]). Singerie.

Locutions diverses. Agile, laid, malin comme un singe. Faire le singe (faire des grimaces, des pitreries). Payer en monnaie de singe (par de belles paroles, par des promesses vaines). On n'apprend pas à un vieux singe à faire des grimaces (on n'apprend pas les ruses à un homme d'expérience).

situation

Position géographique d'une localité, d'un édifice. *La situation d'une ville.* Place. Site. / *La situation d'une maison.* Emplacement. Exposition. Orientation.

SITUÉ. Placé. Sis. Orienté. Exposé.

SITUER. *Situer une scène dans un endroit.* Localiser. Placer.

État d'une personne par rapport à son milieu social, à sa fortune, à ses intérêts. *Situation de famille.* Origine. Rang. Classe sociale. / *Etre dans une situation brillante, prospère. Se trouver dans une situation délicate, dangereuse.* Position. Circonstances. Etre dans une bonne passe. Etre en mauvaise posture. / Etre dans une situation intéressante (fam., être enceinte). / *Améliorer sa situation matérielle.* Condition. Sort. / *Songer à la situation de ses enfants.* Avenir.

Emploi rémunéré. *Chercher une situation.* Place. Occupation. Job (fam.).

État des affaires politiques, diplomatiques, financières d'une nation, d'un ensemble de pays. *Situation économique, sociale.* Conjoncture. Circonstances. Etat de choses. / *Situation difficile, critique.* Crise. Récession. Marasme.

six

(du lat. *sex ;* en gr. *hexa*)

Dérivés de « six ». Sixième. Sizain. Sixte. Sénaire. Soixante.

Composés de « sex ». Sexagénaire. Sextant. Sexte. Sextidi. Sextolet. Sextuor. Sextuple. Sextupler. Sexdigital. Sexdigitisme. Sexpartite.

Composés de « hexa ». Hexacorde. Hexaèdre. Hexagone. Hexagonal. Hexamètre. Hexapode. Hexaptère. Hexastyle.

ski

(du norvégien *ski*)

Long patin employé pour glisser sur la neige. Ski de saut, de randonnée, de fond. Ski court, à hauteur d'homme.

Structure du ski. Noyau de bois léger (okoumé, samba, sapin). Noyau creux métallique (alliage léger). Noyau creux de stratifié (fibre de verre et résine époxy et polyester). Remplissage d'expansé polyuréthanne ou phénolique. Noyau mixte bois-métal, bois stratifié. / Lame de métal, de satrifié verre-résine, de bois noble (hickory, frêne, azobé).
Parties du ski. Spatule. Talon. Semelle. Rainure. Carre débordante, cachée. / *Fixations.* Fixation avant à étrier, avec butée de sécurité. / Fixation arrière. Câble-ressort. Longue lanière. Talonnière pivotante. Double sécurité. Pivot arrière.
Qualités. Cambre. Rigidité. Souplesse. Glisse. Stabilité. / Défauts. Tuile (déformation transversale). Voile (symétrie imparfaite). Rainure en arc.
Entretien. Fartage à froid, à chaud, par lissage, au pinceau, par projection. Affûtage des carres. Mise sous presse.

Sport pratiqué à l'aide de skis. Faire du ski. Skier. / Aller aux sports d'hiver.

Équipement. *Vêtements.* Anorak. Blouson. Fuseau. Combinaison. Collant. Chandail. Gants. Moufles. Bonnet. Casque. Serre-tête. Lunettes filtrantes, antibrouillard. / *Chaussures.* A lacets. Double laçage. A crochets. Cuir cousu. Plastique moulé. Chausson intérieur. Mousse injectée. Tige haute. Chaussure de fond, de saut. / *Bâtons.* Canne (bambou, acier, alliage léger). Poignée. Dragonne. Rondelle.

Technique. Chausser. Déchausser. / *Ski de fond.* Randonnée. Peau de phoque. Pas alternatif. Stavute (un temps : deux pas alternatifs, une poussée sur les bâtons; deux temps : trois pas alternatifs, une poussée sur les bâtons). Statening (poussée sur les bâtons). Pas finlandais (trois petites foulées, poussée sur les bâtons). / *Saut.* Elan. Envol. Vol. Réception. / Tremplin. Piste d'élan. Plateau. Piste de réception. Point critique.
Ski alpin. Virage télémark. Pas tournant. Pas alternatif. Pas de montée (escalier, demi-escalier, ciseaux). Prise de carres. Trace directe. / Chasse-neige freinage, arrêt, en traversée. Virage chasse-neige aval. / Conversion. / Dérapage latéral, oblique, frein. / Stemchristiania. Fente. / Christiania parallèle ou pur. Appel-rotation. Contre-virage. Ruade. / Christiania léger (aval). Allégement. Anticipation. Projection - rotation. Flexion - extension. Planté de bâton. Dégagement. / Vissage-angulation (école autrichienne). / Pas des patineurs. / Feston simple, appui, arrondi. / Tournant sauté. Virage à grand rayon. Avalement. Jet-virage. / Godille classique, freinage, serrée, à grande vitesse. / Op-traken (saut anticipé). / Schuss. Recherche de vitesse (œuf, fusée). / Royale.

Compétition. *Saut* (combiné distance-style). Combiné nordique saut-fond. / *Fond.* En ligne. Individuel. Relais. Biathlon. / *Ski alpin.* Descente. / Slalom. Piquet. Porte simple verticale, horizontale, oblique. Double porte verticale, verticale décalée, oblique. Salvis. Chicane. Seelos. Porte en croix. Enfilade. Couloir coudé. Eventail. / Slalom géant. / Combiné alpin slalom-descente.

Station de ski. *Pistes.* *Etat de la neige.* Glacée. Verglacée. Dure. Damée. Profonde. Poudreuse. Sèche. Mouillée. Fraîche. Molle. De printemps. Fondante. Lourde. Légère. Soufflée. Croûtée. Gros sel (fam.). Qui botte (fam.). Skiable. / *Tracé.* Bosse. Couloir. Mur. Traversée. Dévers. Goulet. Schuss. / *Dangers.* Avalanche. Plaque à vent. Coulée. Crevasse. Brouillard. Tempête. Rochers. Arbres. Pylônes. / *Aménagement.* Nivellement. Traçage. Ouverture. Balisage. Damage. Pisteurs. Pisteurs-secouristes. Chenillette. / *Remontée mécanique.* Téléphérique (v. ce mot).
Sports dérivés du ski. Véloski. Miniski. Scooter des neiges. Vol à ski. Ski-bob. Ski jöring.

sobre

(du lat. *sobrius*)

Se dit d'un être qui mange et surtout qui boit avec modération. *Un homme sobre.* Tempérant. Modéré. Frugal.

SOBRIÉTÉ. Tempérance. Frugalité. Modération.

Se dit d'une personne qui garde la mesure, la modération en quelque

chose. *Sobre en paroles.* Discret. Réservé. Concis. Circonspect.

SOBRIÉTÉ. Concision. Circonspection.

Se dit de ce qui est simple, sans surcharge d'ornements. *Un vêtement d'une élégance sobre.* Discret. Classique. / *Style sobre.* Dépouillé.

SOBRIÉTÉ. Simplicité. Discrétion.

société

(lat. *societas,* association, de *socius,* compagnon)

Ensemble d'êtres unis par la nature ou vivant sous des lois communes. *Une société primitive.* Clan. Tribu. Peuplade. / *Une société moderne.* Collectivité. Groupe. / *Une société animale.* Colonie (d'abeilles, de castors).

Milieu humain dans lequel une personne est intégrée. *L'homme et la société. Travailler pour la société.* Communauté. Collectivité. Corps social. / *Les usages de la bonne société.* Convenances. Bienséances. / *La haute société* (les personnes les plus marquantes par le rang, la fortune, etc.). Aristocratie. Le grand monde. La haute (pop.). Le gratin (fam.).

Relatif à la société. Social. Collectif. Public. / *Classe sociale. Milieu social.* Condition. / *Du point de vue social.* Socialement. / Sociologie (science qui étudie les sociétés humaines, les faits sociaux). Sociologue. Sociologique. Sociologiquement. / Socialisme (doctrine qui vise à réformer la société par la suppression des classes sociales). / *Socialisme collectiviste.* Collectivisme. / *Socialisme d'Etat.* Etatisme. / *Socialisme scientifique.* Marxisme. / Socialiste. Socialisant (qui a des tendances socialistes). / Socialiser. Etatiser. Collectiviser. / Socialisation. Etatisation. Collectivisation.

Ensemble de personnes réunies pour converser, pour se distraire. *Une société choisie, distinguée.* Monde. Cercle. Club. / Jeux, talents de société (qui apportent de la distraction dans les réunions amicales, familiales, mondaines).

Relations habituelles avec certaines personnes. *Rechercher la société des gens honnêtes, cultivés.* Fréquentation. Compagnie.

Groupe de personnes soumises à un règlement commun et réunies pour un but commun. *Une société littéraire, scientifique.* Académie. Société savante. Corps savant. / *Une société sportive.* Association. / *Une société de bienfaisance.* Entraide sociale. / *Une société religieuse* (dans laquelle les membres vivent en commun sans vœux publics ordinaires). Oratoriens. Sulpiciens, etc.

Groupement de plusieurs personnes mettant des biens en commun en vue de partager les bénéfices. *Société financière, industrielle, immobilière.* Affaire. Entreprise. / *Constitution d'une société.* Capital. Statuts ou acte de société. Dépôt de l'acte au greffe du tribunal de commerce. Immatriculation au registre du tribunal de commerce. / *Groupement de plusieurs sociétés.* Consortium. / *Entreprise qui contrôle plusieurs sociétés.* Trust. Holding. / Société civile. Société commerciale.

Société civile. Opérations civiles. Opérations immobilières, agricoles. Société coopérative. Société mutuelle. Société de crédit agricole. Société de crédit immobilier.

Société commerciale. Opérations commerciales. / *Types de sociétés commerciales.* Société par intérêts (ou société de personnes). Société par actions (ou société de capitaux).

Société par intérêts. Société en nom collectif. Société en commandite simple. / Nomination d'un ou de plusieurs gérants. Raison sociale. Commanditaires ou bailleurs de fonds. Responsabilité des dettes sociales solidairement (commandités ou gérants) ou limitativement (commanditaires). Liquidation. Dissolution. Partage.

Société par actions. Action au porteur. Action nominative. Action de numéraire. Action d'apport. Action ordinaire. Action privilégiée. Action de capital. Action de jouissance. / Obligation convertible en action. Obligation échangeable.

Société en commandite par actions (même gestion que pour une société en commandite simple). Conseil de surveillance.

Société anonyme. Organe d'administration. Conseil d'administration. Président-directeur général. Directeur général. Directoire (cinq membres au plus). Conseil de surveillance. / Organe de délibération. Assemblée générale. Assemblée spéciale. / Organe de contrôle. Commissaires aux comptes.

Société à responsabilité limitée (type intermédiaire entre société par intérêts et société par actions). Administration. Nomination d'un ou de plusieurs gérants. / Associés. Assemblées générales. / Commissaires aux comptes.

soie
(du lat. *seta,* poil, crin du porc, du sanglier ; lat. class. *sericum,* soie)

Fil très ténu sécrété par des chenilles. *Chenilles séricigènes.* Ver à soie commun ou *Bombyx mori. Bombyx militta* et *Antherea Perny* (soies tussah, d'Extrême-Orient). Glande séricigène. Filières (orifices sécréteurs). Fibroïne et séricine, ou grès (composants de la soie).

Sériciculture. Magnanerie (élevage du ver à soie). Magnanier. Magnanarelle. Claie. Cabane (branchage où le ver fait le cocon). / Graine (œuf du ver). Grainage (obtention des œufs). Mûrier. / Mue. Frèze (période de voracité du ver). Coconner. Cocon. / *Maladies du ver à soie.* Pébrine ou maladie des corpuscules. Flacherie. Muscardine. Grasserie.

Filature de la soie. Déramer ou décoconner (récolter les cocons). / Cocon parfait. Cocon céladon (verdâtre). Cocon fondu (détérioré par la décomposition du ver). Chique (cocon mou, peu fourni). Cocon double (fait par deux vers). Ebouillanter. / Tirer la soie. Filage. Filière. Croisure (lissage du fil). Dévider. Dévidoir. Dévidage. Guindre (métier à doubler). Purge (épuration du fil). / Moulinage (assemblage et retordage des fils). Mouliner. Décreusage (élimination de la séricine ou grès). Décreuser ou décruer. *Sortes de soies.* Soie : en bottes (en paquet, non teinte), cortade (variété à coudre), crue (naturelle, mais teinte), cuite ou décreusée (sans grès), écrue (grège, non teinte), grège (telle qu'elle vient du cocon), sauvage ou tussah. / Filoselle ou bourre de soie. Bourrette (fil de bourre). Organsin (fil à deux brins tordus dans le même sens). Schappe (fil de déchets de soie). [Voir aussi FIL et TISSU.]

Relatif à la soie. Canut (personne travaillant dans l'industrie de la soie, à Lyon). Soierie. Soyeux. Route de la soie (ancienne piste caravanière). Soie artificielle (autref. la rayonne). / Soie (fil pour la pêche).

soif
(du lat. *sitis ;* en gr. *dipsê*)

Besoin de boire et sensation produite par ce besoin. *Apaiser, calmer, étancher sa soif.* Boire. Se désaltérer. Se rafraîchir. / Boisson. Rafraîchissement. Dipsomanie (besoin morbide de boire des liquides alcooliques). Dipsomane.

ASSOIFFER. Donner soif. Altérer.

SOIFFARD (fam.). Poivrot. Soulard (pop.). Soulaud (pop.). Boit-sans-soif. Ivrogne.

soigner
(du bas lat. *soniare,* empr. au francique *sunnjon,* s'occuper de ; lat. class. *curare ;* en gr. *therapeuein*)

S'occuper avec sollicitude d'un être, d'une chose. *Soigner un enfant.* Elever. Nourrir. Eduquer. Veiller sur. / *Soigner un invité, un client.* Choyer. / *Soigner des plantes.* Cultiver.

SOIN. *Avoir soin de.* S'occuper de. / *Prendre soin de quelque chose.* Entretenir. Conserver. / *Avoir soin de sa santé.* Se ménager. / (Au plur.) *Les soins d'une mère.* Attentions. Sollicitude. Empressement. Prévenance. / *Etre aux petits soins pour quelqu'un.* S'empresser autour de. Dorloter. Couver. Chouchouter (fam.). Choyer. Gâter. / Douceur. Gâterie.

SOIGNÉ. Bien tenu. Bien habillé. Net. Propre. Elégant. Coquet.

Apporter de l'application à quelque chose. *Soigner un travail.* Fignoler (fam.). Ciseler. Perler. Peaufiner. Lécher (fam.).

SOIN. Application. Minutie. Recherche. Délicatesse. Précaution. Sérieux. Exactitude. Conscience professionnelle. Scrupule. / *Manque de soin.* Négligence. Laisser-aller. Incurie. Insouciance. Désordre. / *Qui est sans soin.* Négligent. Désordonné. Insouciant.

SOIGNEUX. Appliqué. Minutieux. Consciencieux. Scrupuleux.

SOIGNEUSEMENT. Minutieusement. Consciencieusement. Scrupuleusement.

SOIGNÉ. *Un style soigné.* Etudié. Recherché.

S'occuper de rétablir la santé de quelqu'un. *Soigner un malade.* Traiter. S'efforcer de guérir.

SOINS. Traitement. Thérapeutique. Médication. Remèdes. Médicaments. Thérapie. / Cryothérapie (traitement par le froid). Electrothérapie. Ergothérapie (mode de traitement et de réadaptation d'un malade au moyen de l'apprentissage de travaux manuels). Héliothérapie. Hydrothérapie. Mécanothérapie. Métallothérapie. Opothérapie. Phytothérapie. Psychothérapie. Radiothérapie. Radiumthérapie. Sérothérapie. Thalassothérapie. Thermothérapie. Vaccinothérapie, etc. / Mise en observation. Diète. Cure de désintoxication. Régime. Rééducation, etc. / *Effets des soins.* Calmer, apaiser la douleur. Guérir. Sauver.

Lieux où l'on soigne. Etablissement hospitalier. Hôpital (v. ce mot). Clinique. Lazaret. Station thermale. Etablissement thermal. Etablissement de cure, de postcure. Sanatorium. Préventorium. Centre de dépistage. Dispensaire. Infirmerie, etc.

soir

(lat. *sero,* de *serus,* tardif)

Fin du jour. *La lumière du soir.* Crépuscule. Déclin du jour. Chute du jour. / La tombée de la nuit. Entre chien et loup. / *La fraîcheur du soir.* Serein. / *Offices du soir.* Vêpres. Complies. / Vespéral (relatif au soir). Crépusculaire.

Partie du jour comprise entre le coucher du soleil et minuit. *Repas du soir.* Dîner. / Souper (repas pris à la sortie du spectacle). / *Travailler le soir, après dîner.* Dans la soirée.

SOIRÉE. *Réunion de la soirée.* Veillée. / *Aller en soirée.* Réception. Fête. / *Soirée dansante.* Surprise-partie. Surboum (fam.).

sol

(du lat. *solum ;* en gr. *pedon*)

Partie superficielle de la terre considérée comme le lieu où nous vivons. *Creuser le sol.* Terre. / *Sol détrempé.* Boue. / *Vol à ras du sol.* Rase-mottes. / *Le sol natal.* Patrie. Pays.

Partie superficielle de la terre considérée quant à sa nature, à ses qualités productives. *Sol argileux, sablonneux, calcaire. Un sol aride, stérile. Un sol fertile.* Terrain. Terroir. / *Constituants des sols.* Eléments minéraux : sable, calcaire, argile, limon, des sels (carbonates, sulfates, chlorures), des oxydes de fer, de manganèse, d'aluminium. Composés organiques : résidus de micro-organismes, décomposition des débris végétaux, etc. / *Science des sols.* Pédologie. Pédologue.

soldat

(de l'ital. *soldato ;* en lat. *miles, militis*)

Homme qui sert dans une armée pour la défense d'un pays. Service national. Service militaire. Recrutement. Recensement. Sélection. Appel sous les drapeaux. Conscription. Epreuves psychotechniques. Etre déclaré bon pour le service. Etre déclaré inapte. Conseil de révision (vx). Ajourner. Exempter. Réformer. / Obtenir un report d'incorporation (naguère sursis). Sursitaire. / S'engager. Se rengager. / Incorporation. / Etre réfractaire. Objecteur de conscience. Insoumis.
Conscrit. Recrue. Bleu (fam.). Appelé. Engagé. Rengagé. Bidasse (pop.). / Affectation à un corps. Etre versé dans une arme.

État militaire. Etre sous les drapeaux. Faire son service. Faire son temps (fam.). / Livret militaire. Matricule. / Armée active. Service actif. / Réserve. Disponibilité. Réserviste.
Libération du service militaire. Etre libérable. Etre de la classe. Quille (argot, fin du service). Renvoyer les soldats dans leurs foyers. Quitter l'uniforme. Etre libéré des obligations militaires.

Arme. *Infanterie.* Fantassin. Biffin (pop.). Marsouin (pop.). Légionnaire. / Arme blindée-cavalerie. / *Artillerie.* Artilleur. Artiflot (fam.). / Gendarmerie. Gendarme. / *Transmissions.* Transmetteur. / *Aviation.* Aviateur. Parachutiste. / *Marine.* Marin. Col bleu (fam.). / *Génie.* Sapeur. Pontonnier. Pionnier. / *Train.* Trainglot (fam.). / *Service de santé.* Infirmier. Brancardier.

Équipement. Uniforme. Tenue d'exercice. Tenue de combat. Tenue de sortie. Tenue de cérémonie. / Capote. Tunique. Vareuse. Veste. Blouson. / Souliers. Bottes. Jambières. Molletières. / Buffleterie. Ceinturon. Baudrier. Cartouchière. Giberne (vx). / Casque. Képi. Shako. Béret. Casquette. Bonnet de police. / Epaulettes. Galons. Chevrons. Brisque. Aiguillettes. Fourragère. / Fourniment. Fourbi (pop.). Sac. Havresac (vx). Musette. Barda (argot). Paquetage (ensemble des effets pliés). / Gamelle. Quart. Gourde, etc.

Soldats d'autrefois. Arbalétrier. Archer. Argoulet. Carabin. Carabinier. Condottiere. Coutillier. Cuirassier. Dragon. Estradiot. Garde-française. Garde-suisse. Gendarme. Grenadier. Guide. Hallebardier. Homme d'armes. Hussard. Lancier. Lansquenet. Mousquetaire. Piquier. Voltigeur.
Anciens soldats de l'armée française d'Afrique. Goumier. Méhariste. Chasseur d'Afrique. Spahi. Tabor. Tirailleur. Turco. Zouave.

Soldats étrangers. Bachi-bouzouk (Turc). Bersaglier (Italien). Cipaye (Indien). Evzone (Grec [fustanelle, jupon court]). G. I. (Américain). Janissaire (Turc). Mamelouk (Egyptien). Palikare (vx ; Grec). Pandour (vx ; Hongrois). Reître (vx ; Allemand). Samy (Américain). Tommy (Anglais). / Lotta (volontaire féminine des armées finlandaises).

Soleil

(du lat. pop. *soliculum ;* lat. class. *sol, solis ;* en gr. *hêlios*)

Étoile qui est l'astre central de notre système planétaire. Astre d'aspect incandescent dispensant la chaleur et la lumière. Source d'énergie résidant dans les phénomènes thermonucléaires de transformation d'hydrogène en hélium. Température superficielle : 5 750 °C. / Aphélie (point de l'orbite d'une planète ou d'une comète le plus éloigné du Soleil). / Périhélie (point de l'orbite d'une planète ou d'une comète le plus près du Soleil). / *Rotations du Soleil* (25 jours dans la région de l'équateur, 34 jours au voisinage des pôles). / Ecliptique (cercle apparent décrit par le Soleil). Année tropique (temps mis à le parcourir). / Equinoxe (chacune des 2 périodes de l'année où, le Soleil passant par l'équateur, le jour a une durée égale à la nuit; équinoxe de printemps, équinoxe d'automne). Solstice (chacune des 2 périodes de l'année où le Soleil atteint son plus grand éloignement angulaire de l'équateur ; solstice d'hiver, solstice d'été). / Distance du Soleil à la Terre : 150 000 000 de kilomètres. / *Dimensions et masse du Soleil.* Rayon du globe solaire : 695 000 kilomètres (109 rayons terrestres). / Volume : 1 300 000 fois celui de la Terre. Masse : 333 432 fois supérieure à celle de la Terre.

Structure du Soleil. Noyau ou zone centrale (où se produisent les réactions thermonucléaires du cycle proton-proton). Atmosphère (constituée par les différentes couches qui affectent le rayonnement observable). Photosphère (surface lumineuse de quelques centaines de kilomètres d'épaisseur). Grains de riz (éléments de la photosphère ayant de 500 à 800 kilomètres de diamètre). Taches solaires (sortes de noyaux très sombres). Facules (régions très brillantes ramifiées). Chromosphère (partie extérieure, couche de gaz et de vapeur où se produisent des protubérances, immenses jets de gaz enflammés s'élançant à des centaines de milliers de kilomètres de hauteur). Couronne (au-dessus de la chromosphère, gaz d'électrons [couronne interne], poussières diffusantes [couronne externe]). / Vent solaire (flux de particules projetées vers l'espace). / Orage magnétique (perturbation du champ magnétique coïncidant avec les éruptions solaires et les aurores polaires).

Matériel, instruments d'observation. Tour solaire. Télescope. Spectrohéliographe. Coronographe. Héliographe ou héliostat. / Héliographie (description du Soleil).

Actions du Soleil. Répandre la lumière. Eclairer. Briller. Luire. Etinceler. Eblouir. / Brûler. Darder ses rayons. Griller. Taper (fam.). / Mûrir les fruits, les moissons. / Soleil ardent. Soleil de plomb. Temps clair, lumineux. Temps ensoleillé. Ensoleillement. / Soleil pâle, timide, voilé. / Lever du Soleil. Aube. Aurore. Point du jour. Matin. / Coucher du Soleil. Crépuscule. Soir.
Héliothérapie (traitement des maladies par le soleil). Solarium. Cure hélio-marine. Etablissement hélio-marin. / Bain de soleil. Bronzage. Brunissement. Hâle. Coup de soleil. Insolation.
Héliotropisme (orientation d'une plante vers le soleil). Plante hélioscope. Animal héliophile, héliofuge. / Lever, coucher héliaque d'un astre (l'astre se lève, se couche avec le Soleil).

Mythologie et histoire. Culte solaire. Amon-Ra ou Rê. Apollon. Phébus. Phaéton. Horus. Mithra. / Héliaste (juge ou juré athénien dont les audiences commençaient au lever du Soleil). / Le Roi-Soleil.

solennel

(du lat. *solemnis*)

Qui se fait avec un certain apparat. *Une fête solennelle.* Grande cérémonie. / *Un cortège solennel.* Pompeux.

SOLENNITÉ. *Solennité d'une fête.* Apparat. Pompe. Eclat. Magnificence.

SOLENNISER. *Solenniser un événement.* Fêter.

SOLENNELLEMENT. Avec pompe. En grande pompe. Avec apparat.

Se dit d'une personne qui a un air d'importance. *Un homme solennel.* Affecté. Guindé. Pontifiant. / *Un ton solennel.* Grave. Emphatique. Hiératique. Cérémonieux. Sentencieux.

SOLENNITÉ. Affectation. Gravité. Emphase. / *Parler avec solennité.* Pontifier.

solidaire

(du lat. jurid. *in solidum,* pour le tout)

Se dit d'une personne liée à une ou plusieurs autres par une responsabilité, des intérêts communs. *Etre solidaire de quelqu'un.* Responsable. Associé.

SOLIDARITÉ. Responsabilité. / *Solidarité professionnelle.* Esprit de corps. / *Liens de solidarité.* Fraternité. Camaraderie. Union. / *Organisation de solidarité.* Entraide. Association.

Se solidariser. S'unir. S'associer. Se grouper. Faire cause commune.

solide
(du lat. *solidus,* massif)

Se dit d'une chose qui a une certaine consistance. *Un aliment solide.* Dur. Consistant.

SOLIDIFIER. Durcir. Coaguler. Concréter (rare). / *Solidifier par le froid.* Figer. Congeler. Geler.

Se dit d'une chose capable de résister à l'usure. *Un meuble solide.* Robuste. Résistant. Incassable. / *Un tissu solide.* Indéchirable. Inusable.

SOLIDITÉ. *Solidité d'un objet.* Robustesse. Force. Résistance.

CONSOLIDER (rendre plus solide). Renforcer.

SOLIDEMENT. Fortement.

Qui a un fondement réel. *Un argument solide.* Sérieux. Positif. / *Une amitié solide.* Durable. Fidèle. Indéfectible. A toute épreuve.

Se dit d'une personne fortement constituée. *Un solide paysan.* Fort. Résistant. Vigoureux. Robuste. Râblé. En bonne santé. Bâti à chaux et à sable. Increvable (fam.).

Se dit d'une personne ferme dans ses opinions, ses sentiments. *Un solide partisan.* Résolu. / *Un ami solide.* Sincère. Fidèle.

SOLIDITÉ. Fermeté.

solution
(du lat. *solutio,* explication)

Réponse à un problème théorique ou pratique. *La solution d'une équation.* Résolution. / *La solution d'une énigme.* Clef. / *La solution d'une difficulté.* Issue. Dénouement. Conclusion. / *Préconiser une solution.* Moyen. Méthode. Combinaison. Remède. Palliatif. Expédient. / Solution de facilité, de paresse (qui ne demande aucun effort). / *Trouver une solution à une difficulté, à un embarras.* Résoudre. Solutionner (fam.). Dénouer. Trancher. / *Qui peut être résolu.* Soluble. Résoluble. / *Qui ne peut être résolu.* Insoluble. Impossible.

sombre
(peut-être du bas lat. *subumbrare,* faire de l'ombre)

Qui est peu éclairé. *Un lieu sombre.* Obscur. / *Un temps sombre.* Sans lumière. Bas. Couvert. Maussade.

ASSOMBRIR. Obscurcir.

Se dit d'une couleur qui se rapproche du noir. *Un coloris sombre.* Foncé. Noirâtre. Brun.

Se dit d'une personne dont l'attitude exprime la tristesse, l'inquiétude. *Un air sombre.* Morose. Triste. Chagrin. Mélancolique. Morne. Taciturne. Ténébreux. Renfrogné. Sinistre. / Morosité. Tristesse. Mélancolie.

Se dit de ce qui évoque la tristesse, l'inquiétude. *Des heures sombres. Un avenir sombre.* Inquiétant. Menaçant. Critique. Tragique. Sinistre.

ASSOMBRIR. *Assombrir* (en parlant d'une nouvelle, d'un événement). Attrister. Rembrunir.

sommeil
(du bas lat. *somniculus ;* lat. class. *somnus ;* en gr. *hypnos*)

État d'un être qui dort. *Avoir sommeil.* Envie de dormir. Bâiller. Fermer les yeux, les paupières. Papilloter. Le marchand de sable passe, est passé. *Tomber de sommeil.* Dormir debout. / *Etats voisins du sommeil.* Demi-sommeil. Somnolence. Assoupissement. Torpeur. / Sommeiller. Somnoler. S'assoupir. / *Sommeil nocturne.* De la nuit. / *Sommeil diurne.* Sieste. Somme. Repos. Méridienne (vx). Roupillon (pop.). / Sommeil profond, de plomb. / Sommeil léger, agité, inquiet.

Sommeil des animaux. Sommeil hiémal, hibernal. Hibernation. Hiberner. / *Animaux hibernants.* Marmotte. Loir. Hérisson. Chauve-souris. Tortue, etc.

Être dans l'état de sommeil. Dormir. / *Céder, succomber, s'abandonner au sommeil.* S'endormir. Tomber dans les bras de Morphée. / Endormissement. / Dormir profondément, à poings fermés. Dormir comme un loir, comme une marmotte, comme une souche. En écraser (pop.). / Dormir comme une toupie, comme un sabot. Ronfler. / Ronflement. Respiration stertoreuse. / *Ne pas dormir de la nuit.* Passer une nuit blanche. / Dormir d'un sommeil léger. Ne dormir que d'un œil. Dormir en gendarme. Etre sur le qui-vive. / Dormir en toute tranquillité. Dormir sur ses deux oreilles.

Termes fam. et enfantins. Faire dodo. Aller à dodo. / *Termes pop.* Pioncer. Roupiller.

INSOMNIE (absence anormale de sommeil). / Insomniaque ou insomnieux.

SOMNIFÈRE (médicament capable de produire le sommeil). Narcotique. Hypnotique. Bromure. Opium et ses alcaloïdes (chloral, véronal, etc.). Barbituriques. Morphine. Codéine, etc. / *Plantes narcotiques.* Belladone. Jusquiame. Datura. Pavot. Stramonium, etc.

Sommeil artificiel. Hypnose (par des moyens mécaniques, physiques ou psychiques). Hypnotisme. Hypnotiser. Hypnotiseur. Magnétisme. Magnétiseur. / Narcose (par des agents médicamenteux). / Cure de sommeil ou narcothérapie. / Anesthésie générale. / *Anesthésiques.* Chlorure d'éthyle. Protoxyde d'azote. Ether. Cyclopropane. Halothane. Penthiobarbital ou penthotal, etc.

États pathologiques. Catalepsie (suspension des mouvements). Léthargie. Narcolepsie (tendance irrésistible au sommeil). Somnambulisme. / Cataleptique. Léthargique. Somnambule. Etat comateux.

Maladie du sommeil. Trypanosomiase. Trypanosome (protozoaire transmis par la mouche tsé-tsé, ou glossine).

Tirer du sommeil. Réveiller. Faire sortir du lit. / Se réveiller. Sortir du sommeil. S'éveiller. Ouvrir les yeux. / Réveil.

sommet

(du lat. *summum,* le plus élevé)

Partie la plus élevée d'une chose verticale. *Le sommet d'une maison.* Haut. Faîte. Comble. / *Le sommet d'un arbre.* Cime. Extrémité. / *Le sommet d'une montagne.* Cime. Arête. Crête. / *Sommet pointu.* Pic. Dent. Aiguille. / *Sommet arrondi.* Dôme. Mamelon.

SOMMITÉ (extrémité d'une tige, d'une planche). Pointe.

Degré le plus élevé. *Le sommet d'une hiérarchie.* Pinacle. Faîte. / *Le sommet de la gloire, des honneurs.* Apogée. Summum. Zénith.

SOMMITÉ. Personne éminente. Savant. Erudit.

son

(du lat. *sonus ;* en gr. *phonê*)

Sensation auditive engendrée par les ondes acoustiques. *Production du son.* Vibration. Ebranlement de l'air. Onde sonore. / Fréquence (nombre de vibrations par seconde). Amplitude des vibrations. / Son pur (une fréquence régulière). Son complexe (même source, mais fréquences différentes). Son fondamental (fréquence principale d'un son complexe). / Harmoniques (fréquences qui accompagnent le son fondamental). Bruit (mélange de sons non harmoniques). Son de combinaison (interférence de deux sons différents). Son entretenu ou musical (celui du diapason). Son hululé (sa fréquence varie périodiquement). / *Succession, ensemble de sons.* Consonance.

Caractéristiques des sons. *Hauteur.* Son aigu (fréquence élevée). Son grave (basse fréquence). / *Intensité.* Amplitude. Son fort. Son faible. Seuil d'audibilité (amplitude minimale). Seuil de douleur (amplitude intolérable). / *Timbre* (mélange de fréquences permettant de reconnaître la source des sons).

Nature des sons. Son agréable, doux, moelleux. Son clair, argentin, cristallin, flûté. Son éclatant, sifflant, perçant, strident. Son puissant, ronflant. / *Son nasillard.* Canard. Couac. / *Son confus, discordant.* Cacophonie. Discordance. / *Son harmonieux, mélodieux.* Eurythmie.

Production des sons. *Produire un son.* Emettre. Faire entendre. Rendre. Retentir. Résonner. Tinter. Vibrer. Carillonner. Ronfler. / Echo (réflexion d'un son par un obstacle qui le répercute). / Résonance (prolongement ou amplification des sons). Amplifier. Amplificateur. Porte-voix. Microphone. Mégaphone. Haut-parleur. / Moduler. Modulation. Crescendo. Decrescendo.

Enregistrement des sons. *Enregistrement électromécanique sur disques.* Gravure d'un disque verni (constitué d'un flan, généralement d'aluminium, recouvert d'une laque cellulosique) au moyen d'un burin graveur. Tête graveuse ou pont de gravure. Disque original servant à fabriquer les matrices de pressage. Première galvanoplastie ou père, négatif. Deuxième galvanoplastie ou mère, positif. Moulage à chaud des disques en gomme laque ou en vinylite. / Supports de la gravure : cire, néocire, gomme, laque, résine vinylique, vinylite. / Graver un disque. Pas de la gravure. Gravure latérale. Sillon. Microsillon. / Disque 78 tours (par minute). Disque microsillon (16, 33, 45 tours). Disque monophonique (un seul canal d'amplification). Disque stéréophonique. Stéréophonie. / Discographie. Discothèque. Discophile. Discophilie. Disquaire.

Enregistrement optique (utilisé pour la réalisation de la ou des pistes sonores des films cinématographiques).

Enregistrement magnétique. Magnétophone. Plateau récepteur. Plateau débiteur. Tête d'enregistrement, de lecture, d'effacement. Compteur. Oscillateur Amplificateur. Préamplificateur. Correcteur. Prise de microphone, d'électrophone, de haut-parleur. Minicassette. / Pleurage (effet parasite produit au cours de l'enregistrement ou de la lecture). Effet Larsen (sifflement dû à la proximité du microphone).

Reproduction des sons. Machine parlante. Gramophone. Cylindre. Pavillon. Phonographe. / Tourne-disques. Electrophone. Chaîne (suite de dispositifs pour reproduire les sons). Chaîne à haute fidélité. / Pick-up ou lecteur électrique. Bras. Tête. Pointe de lecture (constituée naguère par une aiguille, aujourd'hui par un saphir ou un diamant). Pick-up piézo-électrique. Enceinte acoustique. Amplificateur. Tuner. Haut-parleur. Baffle. / Ecouter un disque. Mettre, passer un disque.

Sons du langage. Phonème (élément sonore du langage articulé). Phonation (production des phonèmes par les organes vocaux). Consonnes. Voyelles. Phonétique (étude des phonèmes). Phonétique générale (acoustique et physiologie). Phonétique descriptive. Phonétique expérimentale. Phonétique normative. Orthophonie. / Phonologie (étude des phonèmes du point de vue de la fonction linguistique). / Son ouvert, fermé. Son nasal, guttural. Accent tonique. Accent d'intensité, d'insistance. / Phonothèque (établissement où sont conservés les enregistrements de la parole). Archives de la parole. Sonothèque (archives où sont conservés des enregistrements sonores). / Phonogénie (qualité d'une voix ou d'un instrument qui se prête à de bons enregistrements, à de bonnes reproductions). Phonogénique.

Relatif aux sons. Acoustique. Bel, décibel (unités). Diapason. Résonateur. Sonomètre. / Audition. Organe de l'ouïe. Entendre. Ecouter. Surdité. Sourd. / Sonore. Sonorité. Sonoriser. Sonorisation. Acoustique architecturale. Bonne, mauvaise acoustique.
Vitesse du son. Subsonique. Transsonique. Supersonique. Onde de choc. Mur du son. Bang sonique. / Repérage par le son. Tir au son (artillerie). Générateur, détecteur d'ultrasons. Sondeur acoustique (navires). Sonar. Asdic.

sonder

(de *sonde,* anc. nordique *sund,* détroit, mer)

Déterminer la profondeur de l'eau au moyen d'une sonde. *Sonder un port, le lit d'un fleuve.* Mesurer. Calculer.

SONDAGE. *Sondage des profondeurs marines.* Bathymétrie.

SONDE. SONDEUR : à plomb, mécanique, à écho ou acoustique, sismique, ultrasonore. Asdic. Sonar. Générateur d'ultrasons. Hydrophone. / Sondographe.

Explorer la nature ou l'état interne de quelque chose. *Sonder le sous-sol.* Prospecter. / Sonder un jambon, un fromage (enfoncer dedans un instrument pour en prélever un morceau et s'assurer de leur qualité). / Sonder une pièce de métal (pour s'assurer de l'absence d'un défaut).

SONDE. Sonde à beurre, à fromage. / Sonde électronique ou microsonde (pour connaître la composition d'une substance). / Sonde à ultrasons. Gammagraphie. Radiographie. / Radiosonde. Ballon-sonde. / Sonde spatiale (v. ASTRONAUTIQUE).

SONDEUR (personne qui fait des sondages).

SONDEUSE (sonde pour forages peu profonds).

Explorer une cavité du corps, faire évacuer un liquide organique. Sonder une plaie. Sonder un malade. Sonder la vessie.

SONDAGE. Exploration. Evacuation.

SONDE. Sonde exploratrice. Sonde cannelée. / Sonde évacuatrice. Sonde œsophagienne. Sonde utérine, rectale, urétérale, urétrale. / Sonde pleine. Bougie. Cathéter. / Cathétérisme.

Chercher à connaître les opinions, les intentions d'une personne, d'une collectivité. *Sonder quelqu'un.* Interroger. Pressentir. Scruter. / *Sonder l'opinion publique.* Enquêter.

SONDAGE. *Sondage d'opinion.* Enquête. Recherche. / Questionnaire. Echantillonnage. Echantillon. Analyse. Interprétation des résultats. Probabilité. Prospective.

sortir

(du lat. pop. *sortire ;* lat. class. *exire*)

Aller hors d'un lieu. *Sortir d'un pays, d'une maison.* Quitter. S'en aller. S'absenter. Disparaître. Prendre la porte. / *Sortir discrètement.* Se retirer. S'esquiver. S'éclipser. Partir sur la pointe des pieds. / *Sortir précipitamment.* Détaler. Décamper. Déguerpir. Décaniller (fam.). S'enfuir. Se sauver. Filer. Prendre la poudre d'escampette (fam.). / *Faire sortir quelqu'un.* Expulser. Chasser. Mettre à la porte. Déloger. Vider (pop.).

Sortie. *Porte de sortie.* Issue. / Exit (indication scénique pour marquer la sortie d'un acteur). / *Sortie en masse d'une population.* Exode. Emigration. Fuite.

Sortant. Les sortants (les personnes qui sortent).

Quitter le lieu d'une réunion, d'une occupation, l'endroit où l'on a séjourné. *Sortir du spectacle, de l'usine. Sortir de prison.* Partir de. Quitter. S'en aller de. Sortir d'une école (y avoir fait ses études).

Aller hors de chez soi. *Sortir beaucoup. Sortir peu. Sortir le soir.* Aller au spectacle, en visite. Aller se promener.

Sortie. Promenade. Tour. Balade (fam.). Virée (pop.).

Sortable (fam.). Correct. / Insortable.

Cesser d'être dans tel état physique ou moral. *Sortir de maladie.* Guérir. / *Sortir sain et sauf d'un accident.* En réchapper. / *Sortir d'un mauvais pas. Sortir d'embarras.* Se tirer. S'en tirer (fam.). Se dépêtrer. / *Sortir de son calme.* Se départir. Abandonner. / *Sortir de ses gonds.* Se mettre en colère.

Se sortir (fam.). *Se sortir d'une situation délicate* (fam.). Se tirer. Reprendre le dessus. S'en sortir (fam.). / *Se sortir d'un travail difficile* (fam.). Venir à bout de. Se débrouiller. S'en tirer (fam.). En sortir.

Ne pas se tenir exactement à ce qui est fixé. *Sortir du sujet, de la question.* Faire des digressions. / *Sortir de la légalité.* Transgresser.

Avoir pour origine. *Sortir d'une famille honorable.* Etre né, issu de. / Se croire sorti de la cuisse de Jupiter (se croire issu d'une famille illustre ; être orgueilleux).

Franchir une limite. *Sortir de son lit* (en parlant d'un cours d'eau). Déborder. / *Sortir des rails* (en parlant d'une locomotive). Dérailler. / *Sortir d'un mur* (en parlant d'une pierre). Faire saillie. Saillir. Dépasser.

Se répandre au-dehors. *Sortir de terre* (en parlant de l'eau). Jaillir. Sourdre. / *Sortir des fleurs* (en parlant d'un parfum). S'exhaler. Emaner. Se dégager. / *Sortir d'un lieu* (en parlant de la fumée). S'échapper.

Commencer à paraître, à pousser. *Sortir de terre* (en parlant de plantes). Lever. / *Sortir* (en parlant des bourgeons). Pousser. Poindre. / *Sortir* (en parlant des dents). Percer.

Être présenté au public, être mis en vente. *Sortir* (en parlant d'un livre). Paraître. Etre publié.

Sortie. Parution. Publication. Mise en vente.

Accompagner quelqu'un au-dehors. *Sortir un enfant.* Promener. Mener à la promenade. / *Sortir sa femme.* Accompagner au spectacle, en visite.

Mettre dehors, tirer d'un lieu. *Sortir une voiture du garage. Sortir un cheval de l'écurie.* Conduire dehors. / *Sortir des blessés des décombres.* Dégager. Arracher. Extraire. Tirer. / *Sortir un animal.* Mener dehors. Faire sortir. / *Sortir les mains de ses poches.* Enlever. Oter.

Mettre en vente. *Sortir un livre.* Publier. Faire paraître. / *Sortir un nouveau produit.* Mettre dans le commerce.

Dire (fam.). *Sortir des boniments.* Raconter. Débiter. Proférer.

Sortie. *Faire une sortie contre quelqu'un* (fam.). Algarade. Invective. Scène.

souci

(de *soucier,* du lat. *sollicitare,* agiter)

Préoccupation relative à une personne ou à une chose qui occupe l'esprit au point de l'inquiéter. *Donner des soucis. Enlever un souci à quelqu'un.* Tracas. Tourment. Obsession. Inquiétude. Anxiété. Cassement de tête (fam.). Tintouin (fam.). Tracassin (fam.). / *Avoir des soucis financiers, familiaux.* Ennui. Difficulté. Embarras. Problème. Aria. Embêtement (fam.). Empoisonnement. / *Se faire du souci.* Se soucier. Se préoccuper. Etre inquiet (v. ce mot). / *Ne pas se soucier de.* N'avoir cure de.

Soucier (vx). Préoccuper. Ennuyer.

Soucieux. Préoccupé. Inquiet. / *Un air soucieux.* Pensif. Songeur. / *Soucieux de quelque chose.* Attentif à. Préoccupé de.

Insouciant. Sans-souci. Indifférent. Négligent. Imprévoyant. Indolent. Nonchalant. / *Etre insouciant.* Ne pas s'en faire (fam.). Se laisser vivre. Se la couler douce (fam.). Ne pas se faire de bile, de mousse (fam.). Ne pas se biler (fam.).

Insouciance. Indifférence. Négligence. Imprévoyance. Indolence. Nonchalance.

soudain

(du lat. *subitaneus,* subit)

Qui se produit tout à coup. *Une douleur soudaine. Un arrêt soudain.* Instantané. Brusque. Subit. Rapide. Brutal. / *Amour soudain.* Coup de foudre.

SOUDAINETÉ. Rapidité. Brusquerie.

SOUDAINEMENT. Brusquement. Subitement. Rapidement. Brutalement. Tout à coup. / Soudain. Aussitôt. Au même instant.

souder

(du lat. *solidare*, affermir, de *solidus*, solide)

Assembler deux pièces à chaud par fusion ou interpénétration des parties en contact. *Soudure par métal d'apport.* Brasage. Brasure. Soudure à l'étain. Désoxydant : borax, chlorhydrate d'ammonium, résine, stéarine. Fer à souder. Lampe à souder. / Braser. Rocher (saupoudrer de borax).
Soudure par fusion. Soudure autogène ou oxyacétylénique. Chalumeau. Aluminothermie. / Soudure électrique. Soudures par résistance, par arc, par points. Soudeuse ou machine à souder. / Soudure de forge. Soudure par ultrasons. / Soudage. / Soudabilité. Soudable.

SOUDEUR. Soudeur au chalumeau (lampe à souder), à l'arc électrique.

souffler

(du lat. *sufflare*, souffler sur)

Envoyer de l'air par la bouche ou par le nez. *Souffler sur le feu.* Activer. Attiser. / *Souffler une bougie.* Eteindre.

SOUFFLE. *Retenir son souffle.* Respiration. Haleine. / *Le dernier souffle d'un mourant.* Soupir. / *Rendre le dernier soupir.* S'éteindre. Mourir.

Agiter, déplacer l'air. *Souffler* (en parlant du vent). Venter. / *Souffler violemment, en rafale.* Balayer.

SOUFFLE. *Un souffle d'air.* Bouffée. Brise.

Respirer avec peine. *Souffler en marchant.* Haleter. Etre Essoufflé. S'essouffler. / Souffler comme un bœuf, comme un cachalot, comme un phoque (très fort, en faisant du bruit). / *Laisser souffler quelqu'un.* Laisser reprendre haleine. Laisser un peu de répit, de repos.

SOUFFLE. *Souffle saccadé.* Halètement. Essoufflement. / *Manquer de souffle.* Etre poussif. / Avoir du souffle (avoir une respiration qui permet de courir ou de parler longtemps).

Locutions diverses. Ne pas souffler mot (ne rien dire). Souffler quelque chose à quelqu'un, à l'oreille de quelqu'un (dire en confidence). Souffler un rôle (dire tout bas). Souffler une personne, une chose à quelqu'un (fam., la lui enlever, se l'approprier). Souffler un pion, une dame à un adversaire (les lui enlever quand il ne s'en est pas servi pour prendre). Souffler n'est pas jouer (le fait de souffler ne compte pas pour un coup). / Le souffle d'un auteur (inspiration). Manquer de souffle (manquer de l'inspiration suffisante). Couper le souffle à quelqu'un, en avoir le souffle coupé (fam., étonner vivement, être étonné au point d'en perdre la respiration). N'avoir plus qu'un souffle de vie (être très faible).

souffrir

(du lat. pop. *sufferire ;* lat. class. *sufferre,* de *ferre,* porter)

Supporter quelque chose de pénible. *Souffrir la faim, la soif.* Endurer. Subir. / *Souffrir le martyre.* Eprouver de grandes douleurs. / *Ne pas pouvoir souffrir la vue, la présence de quelqu'un* (ou *quelqu'un*). Supporter. Sentir. Tolérer. / *Qu'on ne peut souffrir* (en parlant d'une personne). Antipathique. Insupportable. Désagréable. Pénible (fam.).

Éprouver une douleur physique ou morale. *Souffrir d'une maladie.* Avoir mal. / *Souffrir de la faim, de la soif.* Etre privé de manger, de boire. / *Faire souffrir.* Faire mal. Etre douloureux. / Affliger. Tourmenter. Torturer. Martyriser.

SOUFFRANCE. Douleur. Affliction. Tourment. Torture. Martyre.

SOUFFRANT. Malade. / *Légèrement souffrant.* Fatigué. Indisposé.

Permettre quelque chose. *Ne pas souffrir que* (et le subj.). *Ne pas souffrir de* (et l'inf.). Admettre. Tolérer. Supporter.

Éprouver un préjudice, un dommage (en parlant d'une personne ou d'une chose). *Souffrir de* (et un nom ou un verbe). Pâtir. Etre victime de. Etre détérioré, endommagé.

SOUFFRE-DOULEUR (personne en butte aux tracasseries, aux mauvais traitements). Victime. Tête de Turc.

soufre

(du lat. *sulfur*)

Métalloïde solide de la famille chimique de l'oxygène. *Gisements de soufre.* Soufrière. Solfatare (terrain volcanique dégageant du soufre). / Gaz naturel. Soufre natif. Sulfures naturels.

Production. Calcarone (procédé de la meule pour charbon de bois). Fusion

du soufre. Four Grill (comme le calcarone, mais fonctionne en continu). Procédé Frasch. Injection de vapeur et d'air comprimé (par des trous de sonde). Fusion du soufre (dans le gisement). Emulsion dans l'eau. Remontée de l'émulsion (sous pression). / Hydrogène sulfuré. Combinaison avec l'éthanolamine. Chauffage. Désulfuration du gaz. Brûlage (de l'hydrogène). Conversion catalytique. Bac de recette. Soufre. / Soufre brut. Distillation (épuration). Solidification des vapeurs. Fleur de soufre. Liquéfaction. Coulée. Soufre en canon.
Soufre sublimé. Fleur de soufre. / Soufre lavé. / Soufre précipité. / Soufre mou. Soufre officinal. / Soufre octaédrique, prismatique, polymorphe, amorphe.

Composés. *Sulfures* (combinaison avec d'autres corps). Cinabre. Pyrite. Blende. Galène. Foie de soufre, etc. / *Sulfates* (sels ou esters). Gypse. Plâtre. Sulfate de soude, d'ammoniaque, de magnésie. Sulfate de fer ou couperose verte. Sulfate de zinc ou couperose blanche. Sulfate de cuivre ou couperose bleue, etc. / *Sulfites* (sels de l'acide sulfureux). Bisulfite. Hyposulfite. / Acides sulfurique, sulfhydrique (hydrogène sulfuré), sulfureux. Anhydride sulfureux. Vitriol.

Emploi. Soufrer un tonneau. Mécher. / Soufrer une vigne. Soufrage. Soufreuse. / Sulfater. Sulfatage. / Sulfiter. Sulfitage. Sulfitation. / Sulfurer. Sulfurage. / Sulfuriser. Sulfurisation. / Ensoufrer. Ensoufroir. / Vulcaniser. Vulcanisation. / Pommade soufrée.

souhaiter

(du gallo-romain **subtus-haitare* ; lat. class. *optare, optatum*)

Désirer pour autrui ou pour soi la possession, l'accomplissement d'une chose. *Souhaiter une bonne santé. Souhaiter que* (et le subj.). *Souhaiter de* (et l'inf.). Aspirer à. Rêver de. Espérer. Avoir envie de. Vouloir.

SOUHAIT. *Formuler des souhaits. Réaliser un souhait.* Désir. Envie. Aspiration. Vœu. / *Formules de souhait, formules optatives.* Ainsi soit-il. Puissé-je. Puisse-t-il. Dieu vous entende, vous bénisse. Plaise au ciel que. Fasse le ciel que, etc.

SOUHAITABLE. Désirable. Enviable.

soulager

(du lat. pop. *subleviare*, alléger)

Débarrasser d'une partie d'un fardeau. *Soulager une personne, un animal.* Alléger. Décharger.

Diminuer une souffrance physique ou morale. *Soulager un malade* (en parlant d'un remède). Calmer. Apaiser. / *Médicament qui soulage.* Calmant (v. ce mot). / *Soulager une douleur.* Endormir. / *Soulager un malheureux.* Secourir. Aider. Consoler.

SOULAGEMENT. *Eprouver du soulagement.* Apaisement. Adoucissement. Calme. Détente. Euphorie. Délivrance.

soumettre

(du lat. *submittere, submissum*)

Mettre sous l'autorité de quelqu'un. *Soumettre un pays à ses lois.* Assujettir. Asservir. Conquérir. Imposer son autorité. / *Soumettre des rebelles.* Dompter. Dominer. Maîtriser. Pacifier. Ramener à l'obéissance.

Se soumettre. *Se soumettre* (en parlant de rebelles). Se livrer. Se rendre. Abandonner le combat. Déposer les armes. Passer sous les fourches caudines. / S'incliner. Céder.

SOUMIS. Docile. Obéissant.

INSOUMIS. Indiscipliné. Révolté. Rebelle.

SOUMISSION. *Subir la soumission* (en parlant d'un peuple). Assujettissement. Asservissement. / *Soumission à la discipline.* Obéissance. Docilité.

Proposer à l'examen, à la critique de quelqu'un. *Soumettre un projet à un spécialiste.* Présenter. Remettre.

Faire subir quelque chose à une personne. *Soumettre un malade à un traitement.* Exposer à l'action de. Traiter par.

soupçon

(du bas lat. *suspectio* ; lat. class. *suspicio*)

Opinion désavantageuse, mais mal fondée sur une personne. *Un simple soupçon.* Conjecture. Supposition. / *Dissiper, détourner un soupçon.* Suspicion. Méfiance. Défiance.

SOUPÇONNER. *Soupçonner quelqu'un.* Suspecter. Incriminer. Mettre en cause. / Suspect. Douteux. Equivoque. / *Soupçonner quelque chose.* Pressentir. Flairer. Deviner. Se douter de. / *Soupçonner que.* Penser. Conjecturer.

SOUPÇONNEUX. Méfiant. Défiant. Enclin à soupçonner.

souple

(du lat. *supplex*, qui se plie en se prosternant)

Qui se plie parfaitement. *Une branche souple.* Flexible. Elastique. / *Du cuir souple. Un col souple.* Mou. / *Etre souple* (en parlant d'une personne). Agile. Leste. Décontracté. / *Une allure souple. Un pas souple.* Léger. Dégagé. Elastique.

ASSOUPLIR. *Assouplir des cuirs.* Façonner. Corroyer.

ASSOUPLISSEMENT. *Exercices d'assouplissement.* Gymnastique.

SOUPLESSE. Elasticité. Flexibilité. / Agilité. Légèreté.

Qui s'adapte facilement aux circonstances, aux volontés des autres. *Un caractère souple. Un homme souple.* Compréhensif. Docile. Obéissant. Malléable. Adroit. Habile. Diplomate.

SOUPLESSE. Compréhension. Docilité. Adresse. Habileté. Diplomatie. Doigté. Tact.

ASSOUPLIR. *Assouplir le caractère de quelqu'un.* Former. Plier.

source

(de *sours,* ancien participe passé du verbe *sourdre ;* en gr. *krênê*)

Eau qui sort de terre ; endroit d'où elle sort. *Eau de source.* Eau vive. Eau de roche. / *Capter, exploiter une source.* Nappe d'eau souterraine. / Débit, régime, qualité des eaux d'une source. / *Source vauclusienne.* Résurgence. / *Source thermale.* Eau minérale bicarbonatée, chlorurée, sulfatée, sulfurée, ferrugineuse. / *Couler* (en parlant d'une source). Sourdre. Jaillir. Bouillonner. / Crénothérapie (traitement par les eaux de source).

SOURCIER (personne qui possède ou prétend posséder le talent de découvrir des sources à l'aide d'une baguette ou d'un pendule). Baguettisant (fam.). Rabdomancien. Radiesthésiste. / Rabdomancie. Radiesthésie.

Origine d'une chose. *Une source de malheur. Une source de bonheur.* Cause. Point de départ. Germe. / *La source d'une doctrine.* Base. Fondement. / *La source d'une information.* Point de départ. / Tenir une nouvelle de bonne source (d'une personne bien informée). / *Les sources d'un historien.* Documents. Textes. / *Une source de profit.* Vache à lait (fam.).

sourd

(du lat. *surdus ;* en gr. *kophos*)

Se dit d'une personne qui ne perçoit pas ou perçoit difficilement les sons. *Sourd de naissance.* Malentendant. / Sourd et muet. Sourd-muet. / *Un peu sourd.* Dur d'oreille.

État d'une personne sourde. Surdité. Surdi-mutité. / Audiomètre (appareil destiné à l'étude et à la mesure de l'audition, ou *audiométrie*). Examen audiométrique. Audiogramme. / *Degrés de la surdité.* Sourd total. Demi-sourd grave. Demi-sourd léger. Hypoacoustique. Hypoacousie.

Formes de la surdité. *Surdité de transmission unilatérale ou bilatérale.* Lésions dans l'oreille interne ou moyenne. Causes : obstruction du conduit auditif externe, otites, tympanosclérose, otospongiose. / *Surdité de perception.* Lésions dans les voies cochléaires, les nerfs cochléaires. Causes : traumatismes, fractures du labyrinthe, etc. / Surdité mixte.

Traitement des surdités. *Traitement chirurgical.* Cophochirurgie. Tympanoplastie. / *Traitement médical.* Vaso-dilatateurs. Corticoïdes. / Prothèses auditives. Appareils électro-acoustiques. / *Education des sourds-muets.* Education auditive. Démutisation. Lecture sur les lèvres. Enseignement de la parole par des procédés pédagogiques spéciaux.

Se dit d'une personne qui refuse d'entendre, de connaître quelque chose. *Sourd à des discours, à des avis.* Indifférent. Insensible. / *Sourd à des prières.* Inexorable. / Faire la sourde oreille (faire semblant de ne pas entendre).

ASSOURDIR. Etourdir. Ahurir (fam.).

ASSOURDISSANT. Etourdissant. Ahurissant (fam.).

Se dit d'une chose peu sonore. *Un bruit sourd.* Etouffé. Mat. / *Une voix sourde.* Enroué. Voilé. Grave. Sépulcral.

ASSOURDIR. *Assourdir un bruit.* Amortir. Etouffer. / Insonoriser. / Sourdine (dispositif que l'on adapte à des instruments de musique pour amortir le son).

sournois

Qui cache ses pensées, ses sentiments véritables. *Un garçon sournois.* Dissimulé. Dissimulateur. Cachottier (fam.). Fourbe. Faux. Tartufe. Rusé.

SOURNOISERIE. Dissimulation. Duplicité.

Simulation. Singerie (fam.). Faux-semblant. Ruse.

SOURNOISEMENT. *Agir sournoisement.* Insidieusement. En cachette. Subrepticement. Furtivement. / Jouer double jeu.

soustraire
(du lat. *subtrahere*)

Enlever quelque chose par la ruse. *Soustraire de l'argent à quelqu'un.* Voler. Escroquer. Extorquer. / *Soustraire les pièces d'un dossier.* Détourner. Dérober.

Enlever quelqu'un à l'action d'une personne ou d'une chose. *Soustraire une personne à un danger.* Protéger. Préserver. Arracher. / *Soustraire quelqu'un à une influence.* Retirer.

Se soustraire. *Se soustraire à une obligation.* Esquiver. Fuir. Echapper.

Faire une soustraction. *Soustraire un nombre d'un autre.* Retrancher. Oter. Déduire.

SOUSTRACTION. Déduction. Diminution.

soutenir
(du lat. *sustinere, sustentum*)

Maintenir un être animé, une chose en position stable. *Soutenir un blessé.* Tenir. Empêcher de tomber. / *Soutenir un mur.* Appuyer. Consolider. Etayer. Etançonner. / *Soutenir une voûte* (en parlant d'un pilier). Supporter. Porter. / *Soutenir un navire en construction ou en réparation.* Accorer. Etançonner.

SOUTIEN. V. APPUI.

Empêcher de défaillir, de faiblir. *Soutenir* (en parlant d'un aliment, d'une boisson). Réconforter. Fortifier. Remonter. Sustenter (vx). / *Soutenir le moral, le courage.* Encourager. Réconforter. Aider. Stimuler.

Apporter son aide à une personne. *Soutenir quelqu'un.* Appuyer. Aider. Assister. Protéger. Epauler. Donner la main. Prêter main-forte. Patronner. Pistonner (fam.).

SOUTIEN. Appui. Aide. Assistance. Concours. Protection. Intervention. Piston (fam.). / (En parlant d'une personne.) *Soutien d'une doctrine, d'une cause.* Défenseur. Partisan. Pilier. Champion.

Affirmer avec force. *Soutenir une opinion.* Défendre. Discuter. Professer. / *Soutenir avec obstination, avec ténacité. Soutenir mordicus* (fam.). Assurer. Attester. Prétendre. Maintenir. Certifier.

souterrain
(du lat. *subterraneus*)

Qui est sous terre. *Galerie souterraine. Passage souterrain.* Tunnel. Souterrain (n. m.). / *Abri souterrain d'un animal.* Terrier. / *Construction souterraine.* Cave. Sous-sol. / *Cavité souterraine.* Grotte. Caverne. / *Cachot souterrain.* Basse-fosse. Cul-de-basse-fosse. Oubliettes. / *Chemin de fer souterrain.* Métropolitain.

souvenir (se)
(du lat. *subvenire,* se présenter à l'esprit)

Avoir dans l'esprit l'image d'une personne ou quelque chose qui se rattache au passé. *Se souvenir de quelqu'un.* Penser à. Evoquer. Remettre. Reconnaître. / *Se souvenir que.* Se rappeler. Retenir. Se remémorer. Ne pas oublier. Se ressouvenir.

SOUVENIR (n. m.). *Faire appel à un souvenir.* Evocation. Rappel. Remémoration. Souvenance (littér.). / *Un souvenir vague, imprécis.* Réminiscence. / *Ecrire ses souvenirs.* Mémoires. Journal. Autobiographie. / *Rappeler le souvenir d'une personne, d'un événement.* Commémorer. Honorer. Célébrer. / Commémoration. Fête. Anniversaire. / Commémoratif. / *Laisser un souvenir durable.* Marquer. Faire date.

souvent
(du lat. *subinde,* immédiatement après)

Un grand nombre de fois. (Avec un verbe, un adjectif, un adverbe). Plus d'une fois. Bien des fois. Maintes fois. Mille fois. / *Très souvent.* Fréquemment. A chaque instant. A tout bout de champ. A toute heure. Tous les jours. Journellement. Quotidiennement. / *Le plus souvent.* La plupart du temps. Généralement. Habituellement. Ordinairement. / *Qui arrive souvent.* Fréquent.

souverain adj. et n.
(du lat. médiév. *superanus ;* lat. class. *superus,* supérieur)

Se dit de ce qui atteint le plus haut degré. *La souveraine félicité. Le souverain bien.* Suprême. / *Une souveraine habileté.* Magistral. / *Un souverain mépris.* Extrême.

SOUVERAINEMENT. *Commander, décider souverainement.* En vertu du pouvoir suprême. / *Une décision souverainement injuste.* Extrêmement.

Souveraineté. *Exercer la souveraineté.* Pouvoir suprême. Autorité suprême.

Personne qui, dans un État monarchique, détient le pouvoir suprême. *Le souverain d'une nation.* Roi. Monarque. Empereur. Prince. Chah ou schah. Négus. / *La souveraine.* Reine. Impératrice. Chabana. / Tête couronnée. / *Titres donnés aux souverains héréditaires.* Majesté. Sa Majesté. Votre Majesté. Leurs Majestés. / *Titre donné aux princes et princesses du sang.* Altesse.

Le souverain, la souveraine et son entourage. Famille royale. Reine. Reine mère. Prince héritier. Dauphin. Infant (titre donné aux enfants puînés du roi d'Espagne). Prince consort (époux d'une reine quand il ne règne pas lui-même). Prince du sang. Prince légitimé. / Cour. Noble. Courtisan. / Chambellan. Dame d'honneur. Demoiselle d'honneur. / Page. Favori. Favorite. / Maison du roi. Garde royale. Gardes du corps. Maréchal de la Cour. Officiers de la Couronne. Conseiller aulique. / Résidence du souverain. Château. Palais. / Etiquette. Protocole.

Constitution, régime monarchique. Royauté. Monarchie. Empire. / Monarchie absolue. Absolutisme. / Monarchie constitutionnelle. Charte. / Couronne élective. Monarchie héréditaire. Dynastie. / Légitimité. Droit divin. Roi Très Chrétien (en France). Roi Très Catholique (en Espagne). / Loi salique (excluait les femmes de la succession à la couronne de France). Primogéniture. Droit d'aînesse. / Pouvoir royal. Prérogations royales. Droit régalien, ou régale (droit de percevoir les revenus des évêchés vacants). / Domaine de la Couronne. Liste civile.

Succession des souverains. Devenir roi. Devenir reine. Monter sur le trône. Régner. / Accession, élévation au trône. Avènement. Sacre. Couronnement. Ceindre la couronne. / Couronner. Sacrer. / *Attributs des souverains.* Couronne. Diadème. Bandeau. Sceptre. / Vacance de la royauté. Vice-roi. Vice-reine. / Régence. Régent. Régente. Interrègne. Minorité. / Déposer la couronne. Abdiquer. Abdication. / Détrôner. Découronner. Prononcer la déchéance.
Attachement à la monarchie. Royalisme. Monarchisme. / Royaliste. Camelot du roi. Monarchiste. Légitimiste.

spécial

(du lat. *specialis,* relatif à l'espèce)

Qui concerne une espèce, une catégorie de choses. *Des connaissances spéciales. Un travail spécial.* Particulier. Déterminé.

Se dit de ce qui est affecté à une personne, approprié à un objet, à un but. *Un uniforme spécial.* Particulier. Propre. / *Un appareil spécial.* Adéquat. Approprié.

Spécialement. Particulièrement. En particulier.

Spécialité. *Spécialité d'un service.* Branche. Division. Domaine.

Se spécialiser (choisir une spécialité). Spécialisation.

Spécialiste. *Spécialiste dans une science.* Savant. / *Spécialiste d'une technique.* Technicien. Compétent. Homme de l'art. / Médecin qui ne soigne qu'une catégorie déterminée de maladies.

Qui constitue une exception. *Un cas spécial.* Exceptionnel. Extraordinaire. / *Un goût spécial.* Singulier. / *Un public spécial.* Bizarre. Original. / Des mœurs spéciales (anormales, d'homosexuels).

spectacle

(du lat. *spectaculum,* de *spectare,* regarder)

Ce qui se présente au regard et qui est capable d'éveiller un sentiment. *Un triste spectacle. Un spectacle ravissant.* Scène. Tableau. / *Personne qui s'attarde devant un spectacle de la rue.* Badaud. Curieux. Flâneur. Gobe-mouches. / *Se donner en spectacle.* Se montrer. S'exhiber. S'afficher.

Spectateur. *Spectateur d'une scène de la rue.* Témoin. Observateur.

Représentation théâtrale, cinématographique, lyrique, chorégraphique, etc. ***Spectacles divers.*** Pièce de théâtre. Film. Danse. Ballet. Danses folkloriques. Opéra. Opéra-comique. Opérette. Concert. Récital. / Revue. Variétés. Tour de chant. Show. Strip-tease. / Marionnettes. Guignol. / Spectacle télévisé. / Manifestation sportive. Match. Combat de boxe, de catch. Corrida. Course de taureaux. / *Spectacles de plein air.* Défilé militaire. Revue. Parade. Cavalcade. Carnaval. Carrousel. Illuminations. Grandes eaux. Spectacle son et lumière. / Programme. Numéro. Répertoire.

Spectaculaire. *Match spectaculaire.* Beau. Magnifique. Agréable à regarder.

Établissements de spectacles. *Salle de spectacle.* Salle de théâtre (v. ce mot). Opéra. Opéra-comique. Salle de cinéma. Music-hall. Cabaret. Café-théâtre. Caveau de chansonniers. Night-club. /

Cirque (v. ce mot). / Palais des sports. Vélodrome. / Salle des fêtes. Salle de concert. Maison de jeunes. Maison de la culture. / Représentation. Séance. Matinée. Soirée. Spectacle permanent. / Contrôle. Contrôleur. Ouvreuse. Placeuse.

Artistes. Acteur. Mime. Chanteur. Cantatrice. Prima donna. Danseur. Danseuse. / Fantaisiste. Illusionniste. Prestidigitateur. Montreur de marionnettes. Marionnettiste. Strip-teaseuse. Effeuilleuse. / Show business (industrie du spectacle).

Spectateurs. Aller au spectacle. Courir les spectacles. Sortir. / Agence de spectacles. Louer, retenir sa place. Etre abonné. / Bureau de location. Guichet. Billet. Entrée de faveur. Billet à prix réduit. / Aller voir. Assister à. Voir jouer. / Applaudir. Bisser. Rappeler. / Siffler. Sifflets. / Jumelles de théâtre.

sphère

(du lat. *sphaera ;* en gr. *sphaira*)

Corps limité par une surface dont tous les points sont équidistants du centre. Petits et grands cercles. Zone limitée par deux plans parallèles. / Calotte sphérique. Segment sphérique. Secteur sphérique. Anneau sphérique. Triangle sphérique. Polygone sphérique. / Hémisphère. Hémisphérique. / Sphéricité. Sphéroïde. Sphéroïdal. / Sphéromètre.

Sphères diverses. Sphère céleste. Sphère armillaire (faite de cercles). Sphère terrestre, globe terrestre. Orbe. Ballon. Boule. Balle. Globule. Sphérolite.

spirale

(de *spire,* du lat. *spira;* en gr. *speira*)

Courbe dont le rayon croît (ou décroît) tant qu'il tourne dans le même sens. Spirale géométrique. Centres. Ligne spirale. / Spirale d'escalier. / Ressort spiral ou spiral (n.) d'une montre. / Spiroïde. Spiroïdal. / Volute. Voluté. Spire (tour complet d'une spirale). / Spirochètes. Spirogyre.

Hélice. Hélice géométrique. Spires. Pas. / Hélice d'avion, de bateau. Pales. / Hélicoïde. Hélicoïdal. Héliciforme. / Vis térébrale. Vrille (outil). Tire-bouchon. Tirebouchonner.

Enroulement. Anneaux. Annélides. / Boucle de cheveux. Bouclé. / Vrille. Circonvolution. / Cirre. Cirrifère. Cirral. Cirreux. / Volubilis. Dextrovolubile. Sénestrovolubile. / Ressort à boudin. / Coquille. Conchoïde. Conchoïdal. Cor. Hélicon. / S'enrouler. Serpenter. Lover.

spontané

(du bas lat. *spontaneus*)

Se dit d'une chose que l'on fait de soi-même, sans y être poussé ni forcé. *Un geste, un mouvement spontané.* Volontaire. Libre. Naturel. Instinctif.

Se dit d'une personne qui agit sans calcul, sans arrière-pensée. *Un garçon spontané.* Franc. Sincère. Direct. Primesautier.

SPONTANÉITÉ. Franchise. Sincérité. Naturel.

SPONTANÉMENT. Librement. Volontairement. Franchement. Sincèrement. Directement. Ouvertement. Sans détours.

sport

(mot angl. de l'anc. franç. *desport,* amusement)

Activité physique pratiquée sous forme de jeux individuels ou collectifs, en observant certaines règles. *Sports individuels.* Cyclisme. Golf. Equitation. Gymnastique. Tennis. Ski. Patinage. Natation. Automobilisme, etc. / *Sports d'équipes.* Football. Handball. Basket-ball. Volley-ball. Rugby, Hockey, etc. / *Sports athlétiques* (v. ATHLÉTISME). / *Sports nautiques* (v. NAUTISME). / *Sports d'hiver* (v. NEIGE). / *Sports mécaniques* (v. AUTOMOBILISME, CYCLISME, MOTOCYCLISME). / *Sports de combat* (boxe, lutte, etc.) [v. COMBAT].

Épreuve sportive. Compétition. Match. Rencontre. Tournoi. Critérium. Poule. Championnat. Coupe. / Jouer. Rencontrer. Matcher avec, contre. / Déclarer forfait. Abandonner. Jeter l'éponge (boxe). / Gagner. Vaincre. / Perdre. / Classement. Leader du classement. Goal-average (dans certains sports d'équipe, différence entre le nombre des buts et des points marqués et celui de ceux reçus et servant à départager les « ex aequo »). / Huitième de finale. Quart de finale. Demi-finale. Finale. / Course. / Challenge. / Jeux Olympiques.

Arbitre. Arbitrer. Arbitrage. Juge. Commissaire. / Chronométrer. Chronométrage. / Disqualifier. Disqualification. / Record. Homologuer un record. Homologation. Battre un record. Faire tomber un record. Pulvériser un record. Performance. / Contre-performance (résultat anormalement faible).

Pratique du sport. Association sportive. Equipe. Club. Fédération. / Senior. Junior. Cadet. Minime. / Amateur. Amateurisme. Professionnel. Professionnalisme. / Champion. Champion du monde. Recordman. Champion olympique. International. / Capitaine d'une équipe. Entraîneur. Moniteur. Professeur. Soigneur. Masseur. Manager. Sélectionneur. / Epreuves éliminatoires. Repêchage. / Faire partie d'une équipe. Etre sélectionné. / Supporter. / S'entraîner. Se doper. Doping ou dopage. / Terrain. Stade. Piste. Cendrée. Couloir. Virage. Ligne droite. / Piscine. Bassin. / Vélodrome. Autodrome. Circuit. Anneau de vitesse. / Salle. Gymnase. Palais des sports. / *Vêtements de sports* (v. VÊTEMENT). / *Equipement spécial.* Chaussures de football, de basket-ball, de volley-ball, d'alpinisme, de ski, de tennis. Chaussures à crampons. Chaussons (escrime). / Dossard. Genouillère. Protège-tibias. Gants. / Protège-dents. Coquille, etc.

Qualités sportives. Goût de l'effort. Volonté. Energie. Endurance. Persévérance. Mépris de la souffrance. / Esprit sportif. Esprit d'équipe. / Attitude sportive. Sportivité. Fair play. Loyauté. Accepter sportivement une défaite.

stérile

(du lat. *sterilis*)

Qui est inapte à la reproduction. *Une femelle stérile.* Bréhaigne (vx). / *Une fleur stérile.* Inféconde.

STÉRILITÉ. Infécondité. Agénésie.

STÉRILISER. Emasculer. Châtrer.

Qui ne produit pas. *Un sol stérile.* Improductif. Ingrat. Pauvre. Pouilleux. Maigre. Aride. Désertique.

STÉRILITÉ. Aridité. Pauvreté. Improductivité.

Qui est sans efficacité. *Un effort stérile.* Vain. / *Un débat stérile.* Inutile. Futile. Oiseux.

STÉRILITÉ. Inutilité. Inefficacité. Futilité. Inanité.

stimuler

(lat. *stimulare,* de *stimulus,* aiguillon)

Augmenter l'activité d'un être. *Stimuler un élève.* Encourager. Exhorter. Pousser à agir. Soutenir.

STIMULATION. Encouragement. Exhortation.

STIMULANT. Encourageant.

Augmenter l'activité d'une fonction organique. *Stimuler le système nerveux.* Activer. Exciter. Doper. / Redonner des forces. Réconforter. Remonter. Donner un coup de fouet (fam.). / *Stimuler l'appétit.* Aiguiser.

STIMULANT. Réconfortant. Fortifiant. Tonique. Dopant. / Stimulant cardiaque, respiratoire ou analeptique (caféine, camphre, etc.). Stimulant du système nerveux central ou psychotonique. Stimulant intellectuel et physique. Amines de réveil. Amphétamine. Anabolisant.

STIMULATEUR. Stimulateur cardiaque ou pacemaker.

structure

(du lat. *structura,* de *struere, structum,* construire)

Manière dont les différentes parties d'un ensemble concret ou abstrait sont disposées entre elles; ensemble dont les parties sont solidaires. *La structure du corps humain, d'une plante, d'un terrain.* Constitution. Contexture. Disposition. / *La structure d'une œuvre littéraire.* Composition. Ordonnance. Arrangement. / *La structure d'une société, d'un gouvernement.* Forme. Organisation.

STRUCTURER. Former. Arranger. Constituer. Composer. Ordonner. Organiser. / Structuration. / Restructurer. / Déstructurer.

STRUCTURAL. Linguistique structurale.

STRUCTURALISME. Structuraliste.

SUPERSTRUCTURE (partie d'une construction située au-dessus du sol).

INFRASTRUCTURE (partie souterraine d'une construction).

STRUCTUREL. Chômage structurel.

stupéfiant

(de *stupéfier ;* du lat. *stupefacere,* paralyser ; en gr. *toxikon*)

Substance toxique dont l'action sur le système nerveux se manifeste par un engourdissement de l'esprit et du corps, et qui est utilisée à faible dose pour le traitement des douleurs violentes. *Caractères des stupéfiants.* Poison sédatif ou hypnotique, euphorisant, analgésique. / Tableau B des substances vénéneuses. Carnet à souche du médecin et du pharmacien. / Toxicomanie (habitude morbide d'absorber des stupéfiants). Toxicophilie (attirance pour les substances hallucinogènes).

Stupéfiants naturels, d'origine végétale. Opium (suc des capsules d'un pavot, « papaver somniferum »). Dérivés galéniques : poudre, extrait, teinture, laudanum. Alcaloïdes : morphine, codéine, codéthyline, héroïne. / Feuilles de coca. Cocaïne. Poudre, extraits, teinture. /

Chanvre indien (haschich, kif, etc.). Chanvre américain ou marijuana.

Stupéfiants synthétiques. Analgésiques : péthidine, dextromoramide, méthadones, phénadones, etc.

Substances hallucinogènes ou psycho-dysleptiques. Mescaline (extraite du peyotl [cactus mexicain]). Psilocybine. Lysergamide ou L.S.D. (extrait de l'ergot de seigle), etc.

Effets des stupéfiants. Psychédélisme (état de rêve éveillé provoqué par l'absorption d'hallucinogènes). Etat psychédélique. / Etat de besoin. / *Intoxications.* Cocaïnisme. Cocaïnomanie. Haschichisme. Cannabisme. Morphinomanie, etc. / *Troubles psychosomatiques.* Psychoses délirantes. Affaiblissement intellectuel progressif. Troubles sexuels. Actes violents, etc. / *Personne qui utilise les stupéfiants.* Toxicomane. Cocaïnomane. Morphinomane. Fumeur d'opium, de marijuana. Drogué. Camé (argot).

Traitement des toxicomanies. Cure de désintoxication. Sevrage. Cure de sommeil. Utilisation de neuroleptiques, ou psycholeptiques (calmants), de psychotoniques (stimulants). Psychothérapie.

Relatif aux stupéfiants. Drogue (cocaïne, morphine, etc.). Drogue dure. Drogue douce. Se droguer. / *Termes familiers ou argotiques.* Hasch (haschisch). Cheval (héroïne). Came, coco (cocaïne). Prise (dose). Shilom (pipe). Pipe à eau. Piquouze (piqûre). Flash (sensation provoquée par l'injection). Voyage (effets d'une dose). Etre parti. S'envoler. Planer. Descente (fin des effets). Etre en manque (en état de besoin). Overdose (dose trop forte entraînant des accidents graves). Défoncer (provoquer l'hallucination recherchée). Se défoncer. Défonce. Flipper. Se shooter. Shoot. Shooteuse. Envapé. Ensuqué. Brown sugar. Schnouff(e) ou chnouff(e). Herbe. Marie-jeanne. Neige. Poudre. Reniflette. Joint, etc.

style

(du lat. *stylus,* poinçon servant à écrire)

Façon particulière d'exprimer sa pensée, ses sentiments. *Le style d'un écrivain. Soigner son style.* Ecriture. Expression. Elocution (vx).

Sortes de styles. *Style administratif, juridique, publicitaire, commercial, technique.* Terminologie. Phraséologie. / Style parlé, écrit. / Style télégraphique, lapidaire. / Style soutenu, noble, élevé. / Style familier, populaire, argotique, poissard. / Style didactique. / Style descriptif, narratif, historique. / Style comique, burlesque. / Style épique, lyrique, biblique. / Style oratoire, chaleureux, pathétique. / Style épistolaire. / Style pamphlétaire, incisif, mordant, à l'emporte-pièce. / Style figuré, imagé. Style poétique.

Qualités du style. Style simple, sobre. / Style concis, laconique. / Style naturel, facile, élégant. / Style vigoureux, énergique, nerveux, viril, enlevé. / Style imagé, coloré, brillant, pittoresque, à facettes. / Style harmonieux, coulant, cadencé. / Style clair, limpide, pur. / Style châtié, correct, etc.

Éléments du style. Rythme. Mouvement. Cadence. Harmonie. / Originalité. Force. Vigueur. Couleur. / Clarté. Simplicité. Aisance. / Propriété, précision des termes. Pureté. Atticisme.

Travail du style. Choix des mots. Mot heureux, juste, précis. / Tournure de phrase. Tour. Saillie. Trait. Expressivité. / Soigner, polir son style. Varier son style.

Défauts du style. Style plat, banal, monotone, languissant, sec, terne, prosaïque. / Style affecté, guindé, maniéré, recherché, étudié, alambiqué, tarabiscoté. / Style pompeux, prétentieux, emphatique, pompier, ampoulé, redondant. / Style rude, abrupt, rocailleux, heurté, haché, saccadé, embarrassé, décousu. / Style diffus, verbeux, prolixe. / *Mauvais style.* Charabia. Galimatias. Amphigouri. Pathos. / Verbiage. Digressions. Longueurs. Verbosité. / Platitude. Cliché. Lourdeur. / Redondance. Emphase. Maniérisme. Gongorisme.

STYLISTIQUE (étude des procédés de style). Stylistique historique, génétique, structurale. / Figure de style (v. RHÉTORIQUE). / Stylisticien.

STYLISME (recherche du style, de la forme). Styliste.

Manière d'exécuter propre à un artiste, à un genre, à une époque, à un pays. *Le style d'un peintre, d'un sculpteur.* Genre. Facture. Patte (fam.). / *Le style d'un musicien.* Ecriture. / Le style d'un édifice (v. ARCHITECTURE). / *Le style d'un mobilier.* Style Louis XIII. Louis XIV. Régence. Louis XV. Louis XVI. Directoire. Empire. Restauration. Charles X. Louis-Philippe. Second Empire ou Napoléon III. Modern Style ou 1900. / Style rustique, moderne. / Style anglais. Chippendale. Regency. Victorien, etc. / Meuble de style (qui appartient à un style caractérisé).

STYLISER (représenter un objet en le simplifiant pour lui donner un aspect décoratif). / Stylisation.

Façon personnelle de se comporter, de pratiquer un sport, d'exécuter un mouvement. *Avoir un certain style de vie.* Genre. Manière. / *Le style d'un coureur, d'un sauteur.* Allure. Attitude.

STYLER. Styler un employé de maison (l'habituer à exécuter certains gestes selon les règles). Un chauffeur bien stylé.

sublime

(du lat. *sublimis,* élevé dans les airs)

Qui est très élevé dans l'ordre moral, intellectuel, esthétique. *Un acte sublime.* Grand. Généreux. / *Une pensée sublime. Un esprit sublime.* Noble. Transcendant. / *Un paysage sublime.* Beau. Merveilleux. Extraordinaire. / *Un homme sublime d'abnégation, de dévouement.* Admirable. Surhumain. / Surhomme.

SUBLIMITÉ. Beauté. Grandeur. Générosité. Héroïsme.

SUBLIMER. Sublimer une tendance, une passion (les orienter vers un intérêt moral, une valeur sociale positive).

subtil

(du lat. *subtilis,* fin)

Se dit d'une personne capable de percevoir des distinctions, des nuances délicates. *Un esprit subtil.* Aigu. Fin. Perspicace. Sagace. Pénétrant. Perçant. Intuitif.

SUBTILITÉ. Finesse. Acuité d'esprit. Perspicacité. Sagacité. Pénétration. Intuition.

SUBTILISER (littér.). Finasser. Ergoter (fam.). Ratiociner (littér.). Jouer sur les mots. Couper, fendre les cheveux en quatre.

SUBTILEMENT. *Raisonner subtilement.* Finement. / *Se tirer subtilement d'une affaire délicate.* Habilement. Astucieusement.

Se dit d'une chose qui manifeste beaucoup de finesse. *Un raisonnement subtil.* Ingénieux. Astucieux. Difficile à saisir. / *Une argumentation un peu trop subtile.* Alambiqué. Quintessencié. Tiré par les cheveux (fam.).

SUBTILITÉ. *Discuter sur des subtilités.* Argutie. Artifice. Abstraction. Chinoiserie. Byzantinisme. Pointe d'aiguille. Vétille.

sucer

(du lat. pop. *suctiare,* de *succus,* suc)

Attirer dans sa bouche par aspiration. *Sucer le jus d'un fruit.* Avaler. Absorber. Boire. / Pomper (en parlant d'un animal).

SUCEUR. *Animaux suceurs.* Sangsue. Vampire. / Insectes suceurs. / *Suçoir* (trompe d'un insecte suceur).

SUCEMENT. Sucement d'une plaie.

Exercer une pression avec la langue, les lèvres sur un corps que l'on a dans la bouche. *Sucer son pouce.* Lécher. / *Sucer un bonbon, un médicament.* Faire fondre. / *Sucer longuement, délicatement.* Suçoter.

SUCEMENT. Sucement de doigt.

SUCCION. *Absorber par succion.* Téter.

SUCETTE (bonbon fixé à l'extrémité d'un bâtonnet).

SUÇON (marque faite sur la peau en la suçant). Bleu (fam.).

sucre

(italien *zucchero,* de l'arabe *sukkar;* en lat. *saccharum*)

Aliment de saveur douce et agréable extrait de divers végétaux, surtout de la canne à sucre et de la betterave. *Sortes de sucres.* Sucre brut (non raffiné). Sucre candi (formé de gros cristaux). Sucre raffiné. Sucre roux (constitué de cristaux enveloppés d'une pellicule de mélasse). / Sucre en morceaux. Sucre cristallisé, en semoule. Sucre glace.

Fabrication du sucre de betteraves. *Lavage et épierrage des betteraves.* Laveurs-épierreurs. Laveurs-rinceurs. / *Extraction du jus.* Découpage des betteraves par des coupe-racines. Cassettes (fines lamelles). Diffusion (opération consistant à verser les cassettes dans des diffuseurs contenant de l'eau pour en extraire le jus). Pulpes épuisées amenées à des presses. Résidu solide ou drèche. *Epuration du jus.* Addition de chaux au jus sucré (10 p. 100 de son poids) ou défécation. Première carbonatation. Chaudière à carbonater. Filtration. Seconde carbonatation et seconde filtration. *Concentration du jus.* Evaporation. Ebullition sous pression réduite. Sulfitation (épuration par l'anhydride sulfureux). *Cristallisation.* Cuite dans des chaudières. Grains (petits cristaux). Malaxage. Turbinage et clairçage. Séparation des cristaux blancs et de l'égout. Sucre de premier jet. Egout de premier jet soumis

à une nouvelle cuisson. Sucre de deuxième jet, de troisième jet. Mélasse.
Raffinage. Elimination des impuretés. Affinage des sucres roux. Fonte et clarification. Décoloration. Cuisson et stérilisation. Turbinage, azurage et clairçage. Mise en plaquettes, en morceaux. Sucre candi. / Mise en forme. Casson (pain informe). Cône. Pain de sucre.

Fabrication du sucre de canne. Débitage des cannes en tronçons. Défibrage. Défibreur. Broyage dans des moulins. Jus sucré ou vesou. Résidu fibreux ou bagasse. Addition d'eau et nouvelle pression. Chaulage (addition de chaux). Ebullition. Filtration. Sulfitation. Evaporation. Cuite du jus. Cristallisation. Séparation des cristaux de l'égout. / Cassonade (sucre brut de canne).

Chimie. Glucides (terme générique désignant les sucres et englobant les oses [sucres simples] et les osides [sucres complexes]). / *Origine des glucides.* Amidon (féculents). Glucose (se trouve dans de nombreuses substances animales ou végétales). Saccharose (sucre de betterave, de canne). Fructose, lévulose (sucres de fruits). Lactose (sucre de lait).

Physiologie. Diabète sucré (affection caractérisée par la présence de sucre dans le sang). Glucides (constituent les deux tiers de la ration d'entretien de l'homme). Glycémie (taux de glucose dans le sang). Hyperglycémie. Hypoglycémie. Glycogène (hydrate de carbone emmagasiné dans le foie et les muscles). Glycogenèse. Glycogénique.

Utilisations du sucre. Sucreries. Confiserie, pâtisserie (v. ces mots). Cuisine. Caramel. Caraméliser. Sucrer (une boisson, un gâteau, un entremets). / *Sucrer une tisane.* Edulcorer. / *Emploi en pharmacie.* Préparation des sirops, des granulés, des pâtes, des tablettes, des pastilles appelées *saccharolés.*

Relatif au sucre. Sucrerie (usine). Industrie sucrière. Sucrier (fabricant de sucre). / Sucre d'érable, de palmier. Plantation de cannes à sucre. Planteur.
Elément sacchar(o). Saccharase (diastase intestinale). Saccharate. Sacchareux. Saccharification. Saccharifier. Saccharimètre. Saccharimétrie. Saccharine. Sacchariné. Saccharoïde. Saccharolé. Saccharose.

sueur
(du lat. *sudor ;* en gr. *hidrôs*)

Liquide incolore, salé, d'une odeur particulière, qui suinte par les pores de la peau. *Etre trempé, ruisselant de sueur.* Transpiration. / *Sécher la sueur d'un cheval.* Bouchonner. / Hyperhidrose (sécrétion abondante de la sueur). Ephidrose.

SUER. *Suer à grosses gouttes. Suer sang et eau.* Transpirer. Etre en sueur. Ruisseler de sueur. Etre en eau. Etre en nage. Prendre, attraper une suée (fam.).

SUDATION (transpiration hygiénique, thérapeutique). Bains de sudation. Sauna.

SUDORIFIQUE (qui provoque la sécrétion de la sueur). *Plantes sudorifiques.* Bourrache. Tilleul. Sureau. Genévrier. Houx, etc. / *Médicament sudorifique* ou *diaphorétique.* Pilocarpine. Esérine.

SUDORIPARE (qui sécrète la sueur). Glandes sudoripares.

suffire
(du lat. *sufficere,* supporter, suffire)

Être en quantité satisfaisante. *Suffire* (en parlant de quelque chose). Etre assez considérable, assez important.

SUFFISANCE. Quantité assez grande. / *Avoir une chose à sa suffisance.* Avoir son content de. Avoir assez de.

SUFFISANT. *Résultat suffisant.* Satisfaisant. Honorable. Correct. Honnête.

SUFFISAMMENT. Assez (v. ce mot).

INSUFFISANCE. *Insuffisance organique.* Déficience. / *Insuffisance mentale, intellectuelle.* Lacune. Ignorance. / *Insuffisance d'une personne.* Médiocrité. Incapacité. / *Insuffisance de moyens.* Carence. / *Insuffisance de ressources.* Pauvreté.

INSUFFISANT. *Effort insuffisant.* Médiocre. Faible.

Être capable de fournir ce qui est nécessaire. *Suffire à une tâche.* Satisfaire à. / *Se suffire à soi-même.* Ne pas avoir besoin des autres.

suggérer
(du lat. *suggerere, suggestum,* inspirer)

Faire naître une chose dans l'esprit d'une personne. *Suggérer quelque chose à quelqu'un. Suggérer de* (et l'inf.). Conseiller. Proposer. Insinuer. Souffler. Persuader. / *Suggérer quelque chose* (en parlant d'une chose). Faire naître une idée, une image. Faire penser à. Evoquer. Susciter.

SUGGESTION. Conseil. Proposition. Inspiration. / Autosuggestion.

SUGGESTIONNER (faire penser ou agir par suggestion).

SUGGESTIF (qui suggère des idées, des sentiments, des images). *Une musique suggestive. Un livre suggestif.* Evocateur. / Suggestivité.

suivre

(du lat. pop. *sequere ;* lat. class. *secutum, sequi*)

Aller derrière un être animé ou une chose en mouvement. *Suivre quelqu'un.* Venir après. / *Suivre une personne de près.* Talonner. Emboîter le pas. Serrer de près. / *Suivre quelqu'un dans une course.* Poursuivre. / *Suivre quelqu'un* (en parlant d'un policier). Pister. Filer. Prendre en filature. Surveiller les faits et gestes.

Se suivre. *Se suivre à la queue leu leu.* Aller les uns derrière les autres.

SUITE. *Droit de suite.* Poursuite.

SUIVEUR. Les suiveurs d'une course.

Aller avec une personne qui se déplace. *Suivre quelqu'un dans ses voyages.* Accompagner. / Suivre quelqu'un (en parlant d'un subordonné). Escorter. / *Suivre quelqu'un partout.* Etre à la remorque, aux trousses de.

SUITE. *Suite d'un haut personnage.* Escorte. / *Une suite de personnes.* Ribambelle (fam.). File. Procession. Cortège. Défilé. Monôme. / *Suite de personnes qui attendent.* Queue.

Se trouver après, dans l'espace ou dans le temps. *Suivre une chose* (en parlant de quelque chose). Venir après. Etre placé après. Succéder. S'ensuivre.

SUIVANT. *Jour suivant.* Lendemain.

Se suivre (en parlant d'événements). Se succéder. S'enchaîner. / Successif. Consécutif. / Successivement. Consécutivement.

SUITE. *Suite de choses.* Série. Kyrielle (fam.). Litanie (fam.). / *Suite de mots, de noms.* Liste. Tableau. / *Liste détaillée.* Catalogue. Inventaire. / *Suite de cartes.* Séquence. / *Suite d'une action, d'un fait.* Conséquence. Résultat. Contrecoup. / *Suite logique.* Conclusion. Aboutissement. / *Suites d'une maladie.* Séquelles. / *Par la suite. Ensuite.* Plus tard. Postérieurement. Ultérieurement. / *De suite.* En se suivant. Sans interruption. D'affilée. / *Tout de suite.* Immédiatement. A l'instant. Sur-le-champ. Illico (fam.). / *Suite d'événements.* Succession. Enchaînement.

Aller dans une direction déterminée. *Suivre un chemin.* Prendre. Emprunter. / *Suivre un cours d'eau.* Longer. Descendre. Remonter. / *Suivre les traces de quelqu'un.* Imiter. Marcher dans le sillage de. / *Suivre son idée.* S'y tenir. / *Suivre son imagination, sa fantaisie.* S'abandonner à. Se laisser aller à. / *Suivre son cours* (en parlant d'une maladie). Evoluer normalement.

SUITE. *Esprit de suite. Suite dans les idées.* Opiniâtreté. Constance. Obstination. Ténacité.

Penser, agir comme quelqu'un. *Suivre l'exemple d'un homme de bien.* Imiter. / *Suivre quelqu'un dans une décision.* Approuver. Etre d'accord. Adopter les vues de. / *Suivre le mouvement* (fam.). Faire comme les autres. / *Suivre la mode.* Sacrifier à. / *Suivre sa classe* (en parlant d'un élève). Avoir les aptitudes nécessaires.

Se conformer à quelque chose. *Suivre les conseils de quelqu'un.* Ecouter. / *Suivre les préceptes de l'Evangile.* Observer. / *Suivre un mot d'ordre.* Obéir à. / *Suivre un traitement.* Prendre des remèdes régulièrement. / *Suivre une méthode.* Appliquer. / *Suivre un parti, une politique.* Adhérer à. Adopter.

Être attentif à quelque chose. *Suivre une affaire, un procès. Suivre l'actualité.* S'intéresser à. Observer l'évolution de. Se tenir au courant de. / *Suivre une affaire commerciale.* S'en occuper. / *Suivre un raisonnement.* Comprendre. / *Suivre en classe.* Ecouter attentivement.

sujet

(du lat. *subjectum,* ce qui est soumis)

Matière sur laquelle on parle, on écrit, on compose une œuvre littéraire, artistique, scientifique. *Le sujet d'une conversation.* Objet. Propos. / *Aborder un sujet.* Question. Point. Problème. / *Le sujet d'un livre.* Thème. Idée. Fond. Histoire. / *Le sujet d'une symphonie.* Motif principal. Leitmotiv.

Ce qui est l'occasion, la cause d'une action, d'un sentiment. *Le sujet d'une discorde.* Motif. Mobile. Raison. / *Avoir sujet de* (et l'inf.). Avoir lieu de. Avoir un motif légitime.

Être capable de pensée, considéré comme le siège de la connaissance. *Le sujet s'oppose à l'objet, au monde extérieur.* Esprit. Personne.

SUBJECTIF (qui dépend des goûts, des idées, des préjugés). *Un jugement subjectif.* Personnel. Individuel. / *Un compte rendu subjectif.* Partial.

SUBJECTIVEMENT. Partialement.

supérieur adj. et n.
(du lat. *superior,* qui est plus haut)

Qui est situé au-dessus. *Un étage supérieur d'un immeuble.* Elevé. / *Partie supérieure d'un arbre, d'une colline.* Cime. Sommet. / *Partie supérieure d'une maison.* Faîte.

Se dit d'un être ou d'une chose qui l'emporte sur les autres par sa valeur, son importance. *Supérieur à quelqu'un pour ses qualités.* Meilleur. Plus fort. / *Etre supérieur aux autres.* Surpasser. Valoir mieux. Dépasser. Dominer. Eclipser. Surclasser. Avoir le dessus. Prendre le dessus. Enfoncer (fam.). Damer le pion (fam.). Faire la pige (fam.). / *Doué d'une intelligence supérieure.* Transcendant. / *Un esprit supérieur.* Génie. Prodige. Hors de pair. / (Péjor.). *Un air supérieur.* Fier. Dédaigneux. Arrogant. Condescendant. / *Un produit de qualité supérieure.* Excellent. Extra (fam.). Surfin. Parfait. Nec plus ultra. Fameux (fam.). Incomparable.

SUPÉRIEUREMENT. Excellemment. Parfaitement. Eminemment. / *Un homme supérieurement doué.* Surdoué. Surhomme.

SUPÉRIORITÉ. Avantage. Suprématie. Prééminence. Prépondérance. / *Sentiment de supériorité.* Orgueil. / *Un air de supériorité.* Condescendance.

Se dit d'une personne ou d'une chose qui occupe un rang, un ordre plus élevé dans une hiérarchie. Un officier supérieur (v. ARMÉE). / *Classes supérieures de la société.* Aristocratie. Noblesse. Le grand monde (fam.). Dirigeants. / *Enseignement supérieur.* Université. Grandes écoles.
Obéir à un supérieur. Chef. Patron. Directeur. / *Supérieur d'un monastère, d'un ordre.* Abbé. Prieur. Général. / *La supérieure d'un couvent, d'un ordre.* Mère. Révérende mère.

superstition
(du lat. *superstitio*)

Déviation du sentiment religieux. *Confondre religion et superstition.* Idolâtrie. Fétichisme. Magie. Spiritisme. Occultisme.

SUPERSTITIEUX. Croyant superstitieux.

Croyance à divers présages tirés d'événements fortuits. La superstition du nombre 13, du sel renversé, etc. / Porter bonheur. Porter malheur. / Bénéfique. Maléfique.

SUPERSTITIEUX. Pratique superstitieuse.

supplice
(du lat. *supplicium*)

Peine corporelle infligée à un condamné. *Instruments de supplice.* Croix. Gibet. Roue. Pal. Bûcher. Poteau d'exécution. Guillotine. Echafaud. Chaise électrique. Chambre à gaz, etc. / Pilori. Carcan. Cangue (Chine). / *Infliger un supplice.* Crucifiement. Lapidation. Enervation. Ecorchement. Essorillement. Ecartèlement. Empalement. Décollation. Pendaison. Décapitation. Electrocution. / Fusillade. Peloton d'exécution. / Supplice chinois (cruel et raffiné).

SUPPLICIER (mettre à mort par un supplice). Crucifier. Pendre. Empaler. Ecorcher vif. Brûler vif. Lapider. Rouer. Ecarteler. Fusiller. Passer par les armes. Exécuter. Guillotiner. Décapiter. Electrocuter. / Supplicié (victime d'un supplice). / *Personne qui exécute les arrêts condamnant à une peine corporelle.* Bourreau. Exécuteur des hautes œuvres.

Violente souffrance physique ou morale. *Eprouver un supplice* (en parlant d'une douleur, d'un sentiment, d'une situation très pénible). Martyre. Calvaire. Tourment. Torture. / *Etre au supplice.* Souffrir beaucoup.

supporter
(du bas lat. *supportare*)

Subir avec courage, avec patience ce qui est pénible. *Supporter une épreuve, un malheur.* Accepter. Endurer. Souffrir. / *Supporter un affront, des vexations.* Eprouver. Essuyer. Encaisser (fam.). Digérer (fam.). / *Supporter les conséquences d'une mauvaise action.* Subir. Pâtir de. Payer. Ecoper (pop.). Trinquer (pop.). / *Supporter par faiblesse, par indulgence.* Admettre. Tolérer. Permettre. / *Ne pas pouvoir supporter quelque chose.* Avoir de l'aversion, du dégoût pour. Etre allergique à (fam.). Avoir bon, mauvais moral (disposition à supporter plus ou moins bien les difficultés, les dangers).

SUPPORTABLE. *Un mal supportable.* Tolérable.

INSUPPORTABLE. *Une douleur insupportable.* Atroce. Cruel. Intolérable.

Soutenir une chose de manière à l'empêcher de tomber. *Supporter une voûte* (en parlant d'un pilier). Maintenir. Recevoir le poids, la poussée de. Porter.

SUPPORT. *Support en architecture, en construction.* Appui (v. ce mot). Pilier. Colonne. Console. Base. Socle. / *Support de charpente* (v. ce mot). Poutre. Cintre.

Chantignole, etc. / *Support en menuiserie.* Tasseau. Coin, etc. / *Support d'une statue.* Socle. Piédestal. Piédouche. / *Support d'un véhicule.* Béquille. Chambrière. / *Supports divers.* Chevalet. Chèvre. Chevrette. Trépied. / Porte-couteau. Porte-savon. Porte-serviettes. / Repose-pieds, etc.

Avoir une charge, une obligation. *Supporter des frais, des dépenses. Supporter une responsabilité.* Assumer. / *Supporter des impôts.* Etre assujetti à.

Subir sans dommage. *Supporter la chaleur, le froid.* Résister à. / *Supporter le vin, l'alcool.* Tenir.

Tolérer la présence, la compagnie, l'attitude d'une personne. *Ne pouvoir supporter quelqu'un.* Souffrir. Admettre. / Avoir de l'antipathie, de l'aversion. Ne pas pouvoir sentir, blairer quelqu'un (fam.).

INSUPPORTABLE. *Un homme insupportable.* Agaçant. Enervant. Importun. Odieux. / *Un enfant insupportable.* Désagréable. Turbulent. Impossible (fam.). Infernal (fam.). Diable. Diablotin.

supposer

(du lat. *supponere, suppositum*)

Admettre une chose comme vraie ou comme vraisemblable. *A supposer que. On peut aisément supposer que.* Imaginer. Conjecturer. Présumer. Penser. / *Supposer que* (avec un sujet désignant une chose). Impliquer. Présupposer.

SUPPOSITION. Hypothèse. Conjecture. Présomption.

SUPPOSABLE. Conjecturable. Présumable. Hypothétique.

supprimer

(du lat. *supprimere*, enfoncer, étouffer)

Faire disparaître. *Supprimer une loi, une institution, un impôt.* Abolir. Annuler. Abroger. / *Supprimer une construction.* Abattre. Détruire. Démolir. / *Supprimer une publication, un écrit.* Empêcher de paraître. /*Supprimer la douleur.* Empêcher. Arrêter. / *Supprimer un passage dans un texte.* Retrancher. Enlever. Oter. Retirer. Amputer. Elaguer. / *Supprimer un mot, un nom dans une liste.* Rayer. Biffer. Effacer. / Deleatur (signe de suppression). / *Supprimer une chose à quelqu'un.* Retirer. Enlever. Priver de. / *Supprimer un être.* Tuer. / *Supprimer le chômage, l'inflation.* Résorber.

SUPPRESSION. Abolition. Annulation. Abrogation. / Démolition. Destruction. Disparition. Anéantissement. / Amputation. / Rayage. Biffure. / Privation.

sûr

(du lat. *securus*, exempt de souci)

Se dit d'une personne ou d'une chose en laquelle on peut avoir confiance. *Un ami sûr.* Fidèle. Véritable. Dévoué. Loyal. Sérieux. Eprouvé. / *Un homme sûr.* Un homme de parole. / *Sûr de soi.* Confiant. Plein d'assurance. Audacieux. Imperturbable. / *Etre sûr de quelqu'un.* Avoir confiance. Faire confiance. Avoir la certitude de pouvoir compter sur quelqu'un. / *Un moyen sûr.* Infaillible. Immanquable. / *A coup sûr.* Sans faute. Infailliblement.

SÛRETÉ. *Sûreté de la main.* Précision.

RASSURER. Tranquilliser. Remettre en confiance. Redonner confiance. Rasséréner. Sécuriser. Apaiser.

RASSURANT. Apaisant. Tranquillisant. Sécurisant.

Locutions diverses. Avoir la mémoire sûre (bien retenir ce qu'on a appris). Avoir la main sûre (avoir une main ferme, qui ne tremble pas). Avoir le coup d'œil sûr (évaluer avec exactitude une distance, le poids d'un objet, etc.). Avoir le goût sûr (savoir discerner les qualités ou les défauts d'une œuvre littéraire ou artistique).

Se dit d'une chose qui n'offre aucun danger, aucun risque. *Un lieu sûr.* Où il n'y a rien à craindre. Hors d'atteinte. Hors de danger. Protégé. Gardé. / Abri. Asile. / *Un matériel sûr.* Fiable.

SÛRETÉ. *La sûreté des routes.* Sécurité. / *La sûreté de fonctionnement d'un appareil.* Fiabilité. / Dispositif, appareil de sûreté (destiné à assurer une protection, à éviter un danger). / *Mettre en sûreté.* Mettre en lieu sûr. Cacher. Protéger. Mettre à l'abri du danger, des risques.

Se dit d'une personne qui considère une chose comme vraie ou d'une chose qui est considérée comme vraie. *Etre sûr que... Etre sûr de* (et un nom ou un infinitif). *Un renseignement sûr.* Certain (v. ce mot).

surface

(du lat. *superficies*)

Étendue extérieure d'un corps. *La surface de la Terre. La surface de* *l'eau.* Face apparente, visible. / Surface plane, courbe. / *Faire disparaître les inégalités d'une surface.* Aplanir. Egaliser. / *Apparaître à la surface d'une chose.* Affleurer. Emerger. / *Calculer la surface d'un lieu.* Superficie. Aire. / *Mesures de surface.* Mètre carré. Are. Centiare. Kilomètre carré, etc.

SURFACER (rendre unie une surface). Polir. Poncer. Raboter. / Surfaceuse (machine-outil).

SUPERFICIEL (qui n'existe qu'en surface). Blessure, plaie superficielle. / Superficiellement.

Aspect extérieur. *Ne considérer que la surface d'une chose.* Dehors. Extérieur. Façade. Dessus. Enveloppe.

SUPERFICIEL. *Esprit superficiel.* Léger. Frivole. Sans profondeur. Futile.

surprendre

(de *sur* et de *prendre*)

Prendre quelqu'un sur le fait. *Surprendre un voleur dans une maison.* Pincer (fam.). Arrêter. / *Surprendre quelqu'un en flagrant délit.* Prendre en faute. / *Surprendre une personne à faire quelque chose.* Trouver. Découvrir.

Trouver ce qu'une personne cache. *Surprendre un secret.* Découvrir. / *Surprendre une émotion chez quelqu'un.* Déceler. Apercevoir. Remarquer. Observer.

Se présenter à quelqu'un sans être attendu. *Surprendre une personne chez elle.* Arriver à l'improviste. / *Surprendre un ennemi.* Attaquer par surprise.

SURPRISE. *Une bonne, une mauvaise surprise.* Chose inattendue. / *Attaquer quelqu'un par surprise.* Sans qu'il s'y attende. Au dépourvu. A l'improviste. Subrepticement. / *Qui se fait par surprise.* A l'insu de quelqu'un. Subreptice. Furtif. Sournois. / Boîte à surprise, pochette surprise (qui contiennent un objet inattendu).

Frapper l'esprit par quelque chose d'inattendu. Etonner (v. ce mot).

surveiller

(de *sur* et de *veiller*)

Veiller avec attention et autorité sur une personne. *Surveiller des enfants, des prisonniers.* Veiller sur. Garder. Observer le comportement de. / *Surveiller quelqu'un de près.* Avoir à l'œil. Tenir à l'œil. / *Surveiller un suspect. Surveiller les allées et venues de quelqu'un.* Epier. Guetter. Espionner.

SURVEILLANCE. Garde. / *Surveillance attentive.* Vigilance. / *Surveillance militaire.* Guet. Patrouille. Ronde.

SURVEILLANT. Garde. / *Surveillant de prison.* Gardien. Garde-chiourme (fam.). Argousin (vx). / *Surveillant, surveillante d'étude, d'internat.* Maître d'internat. Pion (fam.). Pionne (fam.). / Vigile.

Faire attention à ce que l'on dit, à ce que l'on fait. *Surveiller ses paroles, sa tenue.* Etre attentif à. Observer la correction, la décence. / *Surveiller sa santé.* Prêter attention à. Prendre soin de.

Se surveiller. Etre attentif à ce qu'on dit, à ce qu'on fait. S'observer. Se contrôler.

Suivre attentivement. *Surveiller des travaux, des réparations.* Contrôler. Examiner. Inspecter. Conduire.

SURVEILLANCE. Contrôle. Inspection.

SURVEILLANT. *Surveillant de travaux.* Conducteur.

suspendre

(du lat. *suspendere, suspensum*)

Attacher une chose de manière qu'elle ne porte sur rien. *Suspendre un lustre à un plafond.* Fixer. / *Suspendre des vêtements à un portemanteau.* Accrocher.

Se suspendre. S'accrocher. S'agripper.

SUSPENSION. Appareil d'éclairage. Lustre.

Interrompre une chose pour quelque temps. *Suspendre une activité.* Arrêter momentanément. Faire cesser. / *Suspendre des paiements.* Cesser de payer.

SUSPENSION. *Suspension d'armes.* Trêve. Arrêt momentané (des combats). / *Suspension de paiement.* Moratoire. / *Suspension de séance.* Interruption.

EN SUSPENS. *Travail en suspens.* Inachevé. Interrompu. / *Projet en suspens.* Remis (à plus tard). En souffrance.

Interdire momentanément à quelqu'un d'exercer ses fonctions. *Suspendre un fonctionnaire.* Mettre à pied, destituer provisoirement.

SUSPENSION. Mise à pied (temporaire).

SUSPENS. *Prêtre suspens.* Interdit (momentanément).

symbole

(du lat. *symbolus,* signe de reconnaissance, empr. au gr. *sumbolon,* marque convenue)

Être ou objet qui représente une chose abstraite. *La colombe, symbole* *de la paix. La balance, symbole de la justice.* Emblème. Représentation. Attribut.

SYMBOLIQUE. *Signification symbolique. Objet symbolique.* Conventionnel. Emblématique. Allégorique. Figuratif. / Figure emblématique.

SYMBOLISER. Exprimer. Représenter. Figurer. Matérialiser.

SYMBOLISME. Symbolisme religieux, juridique (figuration par des symboles).

SYMBOLIQUE (n.). Symbolique des fleurs, des pierres précieuses (système de symboles).

Figures emblématiques. *Symboles consacrés ou conventionnels.* Abeille (travail, zèle, emblème du second Empire). Agneau (douceur, innocence, emblème de Jésus). Aigle (puissance, domination, génie, emblème de saint Jean). Bonnet phrygien (emblème de la République française). Caducée (paix, commerce, emblème des professions médicales). Chouette (nuit, effroi, emblème de Minerve et de la sagesse). Croissant (emblème de l'Islam). Croix (foi, résignation, emblème du christianisme). Lion (puissance, courage, majesté, signe de saint Marc). Serpent (symbole bénéfique : vertu thérapeutique, attribut d'Esculape ; symbole maléfique : esprit du mal, tentation). Taureau (force impérieuse de la nature, courage aveugle ; signe de saint Luc).

Signe conventionnel qui sert à représenter une grandeur, une unité, un corps simple. *Symbole algébrique.* Signe. / *Symbole chimique.* Lettre. Notation.

symétrie

(du lat. *symmetria,* empr. au gr. *sun,* avec, et *metron,* mesure)

Correspondance exacte de grandeur, de forme et de position entre les éléments d'un ensemble, entre deux ou plusieurs ensembles. *La symétrie de deux ailes de bâtiments. Des objets disposés avec symétrie.* Harmonie. Ordre. Régularité. Equilibre. Concordance. / *La symétrie des termes dans une phrase.* Balancement.

SYMÉTRIQUE. *Un arrangement symétrique.* Régulier. / Symétrique (en parlant de membres, d'organes). Semblable et opposé. / Symétriquement.

ASYMÉTRIE (absence de symétrie). / Asymétrique.

DISSYMÉTRIE (défaut de symétrie). / Dissymétrique.

sympathie

(du lat. *sympathia,* le fait d'éprouver les mêmes sentiments ; en gr. *sumpathia,* participation à la souffrance d'autrui)

Penchant naturel, instinctif qui attire deux personnes l'une vers l'autre. *Avoir, ressentir de la sympathie pour quelqu'un.* Inclination. Attirance. Attraction. Affinité. Conformité de goûts. Atomes crochus (fam.). / *Montrer, témoigner de la sympathie à quelqu'un.* Bienveillance. Cordialité. Gentillesse.

SYMPATHIQUE. Aimable. Plaisant. Agréable. Gentil.

SYMPATHIQUEMENT. Aimablement. Gentiment. / Agréablement. Chaleureusement. Favorablement.

SYMPATHISER. *Sympathiser avec quelqu'un.* S'entendre avec. S'accorder. Avoir les mêmes goûts, les mêmes idées. Se fréquenter. Etre en bons termes.

SYMPATHISANT. *Sympathisant d'un parti.* Partisan.

Participation à la joie ou à la peine d'autrui. *Témoignage de sympathie pour un deuil.* Condoléances. / Participer à la peine d'autrui. Prendre part. Compatir. Partager la peine.

syndicat

(de *syndic,* bas lat. *syndicus ;* du gr. *sundikos,* celui qui assiste quelqu'un en justice)

Association qui a pour but la défense d'intérêts communs. *Fonder un syndicat.* Groupement professionnel, corporatif. Fédération. Confédération. / *Syndicat patronal. Syndicat de producteurs.* Consortium. Comptoir d'achat. Chambre syndicale. / *Syndicat agricole.* Coopérative. / Syndicat ouvrier. Syndicat de fonctionnaires, d'employés.

SYNDICAL. *Centrale syndicale.* Confédération.

SYNDICALISME (action des syndicats ; activité exercée dans un syndicat). Syndicalisme ouvrier, patronal. Syndicaliste.

SYNDIQUER. *Se syndiquer.* S'associer. Adhérer (à un syndicat). / Syndiqué.

synthèse

(du gr. *sunthêsis,* réunion)

Opération intellectuelle par laquelle on réunit les divers éléments d'un ensemble en un tout organisé ; résultat de cette opération. *Un essai de synthèse historique.* Reconstitution.

Recomposition. / *Effort de synthèse.* Généralisation.

SYNTHÉTIQUE. Méthode synthétique. / Synthétiquement.

SYNTHÉTISER. *Synthétiser les éléments d'une théorie.* Réunir. Grouper. Associer.

Formation d'un corps à partir de ses constituants. *La synthèse de l'eau.* Reconstitution. Combinaison.

SYNTHÉTIQUE. Produit synthétique (fabriqué à partir d'une synthèse chimique).

système

(du gr. *sustêma,* assemblage, composition)

Ensemble d'idées, de principes coordonnés de façon à former un tout scientifique ou une doctrine. *Un système astronomique.* Cosmogonie. / *Un système philosophique.* Doctrine. Théorie. Corps de doctrine. Idéologie. Philosophie. / Esprit de système (tendance à agir, à penser, en partant d'idées préconçues).

Ensemble coordonné de méthodes, de procédés destinés à produire un résultat. *Un système d'éducation.* Méthode. Plan. / *Un système politique, social, économique.* Régime. / *Un bon système.* Moyen. Combinaison. Combine (fam.). Truc (fam.). / *Système D* (fam.; habileté à sortir d'embarras).

SYSTÉMATIQUE. *Un travail systématique.* Logique. Méthodique. / *Un soutien systématique.* Absolu. Inconditionnel. / *Etre trop systématique.* Dogmatique. Péremptoire.

SYSTÉMATISER. Systématiser des recherches relatives à une science (les réunir en un système). Systématisation.

SYSTÉMATIQUEMENT. D'une manière continue. Invariablement.

Combinaison d'éléments de même espèce ou de même fonction réunis de manière à former un ensemble autour d'un centre. Le système solaire (constitué par le Soleil, les planètes, les satellites, etc.). Le système planétaire. / *Système digestif, circulatoire.* Appareil. / *Le système* (fam.). Les nerfs. / *Taper sur le système* (fam.). Enerver. / *Système de signes.* Langue.

Appareil ou dispositif formé par des éléments agencés d'une manière plus ou moins compliquée. Un système d'éclairage, de signalisation.

T

tabac

(de l'espagnol *tabaco*)

Plante originaire d'Amérique, cultivée pour ses feuilles, qui sont fumées, mâchées ou prisées. ***Culture du tabac.*** *Variétés.* Paraguay (fabrication du scaferlati). Dragon-Vert (tabac à fumer ou à priser). Nijkerke (tabac à priser et à mâcher). / Semis en pépinière. Eclaircissage. Repiquage. Epamprement (suppression des feuilles de la base). Ebourgeonnement. Ecimage. / Récolte des feuilles. Séchage. Période du jaunissage, du brunissage. / Triage des feuilles. Mise en manoques (bottes de 25 à 50 feuilles). Mise en balles (100 ou 200 feuilles) ou en boucauts (tonneaux).

Produit manufacturé fait de feuilles de tabac séchées et préparées. ***Fabrication.*** *Tabac à priser* (ou *en poudre*). Mouillade des feuilles à l'eau salée. Hachage. Mise en masses. Fermentation. Pulvérisation ou râpage. Nouvelle mouillade. Nouvelle fermentation. Montant (odeur piquante). / Priser. Prise. Prendre, offrir une prise. Schnouff (argot et vx, tabac à priser). / *Tabac à chiquer* (ou *à mâcher*). Mouillade à l'eau salée. Ecôtage. / Filage (à l'aide d'un rouet mécanique). Trempage (dans du jus de tabac salé). Compression à la presse hydraulique. / Rôle (rouleau) menu-filé. Rôle ordinaire. Carotte. / *Tabac à fumer.* Feuilles écôtées ou feuilles écabochées (débarrassées des parties ligneuses). Mouillade des feuilles à l'eau salée ou à la vapeur. Capsage (alignement des feuilles de telle manière qu'elles sont coupées sans donner de bûches ou d'aiguilles). Hachage. Torréfaction (pour les tabacs noirs). Séchage à la vapeur (pour les tabacs blonds). Dénicotinisation.

Sortes de tabacs. Goût américain, anglais, oriental. Goût français. / *Tabac léger.* Tabac blond. Maryland. Virginie, etc. / *Tabac fort.* Tabac brun. Caporal. Caporal supérieur. Scaferlati. Saint-Claude. Havane, etc. / Tabac de troupe. Gros-cul (pop.).

Cigare et cigarette. *Parties d'un cigare.* Tripe ou intérieur (fragments de tabac). Sous-cape ou première enveloppe (demi-feuille écôtée ou pointe de feuille). Cape ou robe (lanière de tabac fin enroulée en spirale autour de la poupée [formée de la tripe et de la sous-cape]). / Cigarillos. Ninas. Senoritas. / Tabacs de La Havane, du Brésil, de Manille, de Java, de Sumatra, du Cameroun, etc.

Cigarette longue, courte. Cigarette avec ou sans filtre. / *Fabrication des cigarettes à la machine.* Assembleuse. Empaqueteuse. / Rouler une cigarette à la main. Papier à cigarettes. / *Appellations populaires.* Sèche. Cibiche. Pipe. / Mégot (pop.) ou clope (pop.) [bout de cigarette ou de cigare qu'on a fini de fumer]. / Allumer une cigarette. Tirer une bouffée. Avaler la fumée. Rejeter la fumée.

Vente du tabac. Bureau ou débit de tabac. Buraliste. Carotte rouge (enseigne des bureaux de tabac). Régie française des tabacs. S.E.I.T.A. (Société d'exploitation industrielle des tabacs et allumettes).

Accessoires de fumeurs. Porte-cigares ou étui à cigares. Porte-cigarettes ou étui à cigarettes. Fume-cigares. Fume-cigarettes. Coupe-cigares. / Blague à tabac. Moule à cigarettes. Filtre dénicotiniseur. / Cendrier. / Pipe en terre, en porcelaine, en bois, en écume. Bouffarde (pop.). Brûle-gueule (pop.). / Calumet. Houka. Chibouque. Narguilé ou narghileh. / Bourrer, fumer, culotter une pipe. Culottage. Culot. Pot à tabac. / Allumettes. Briquet. / Tabatière.

Relatif au tabac. Tabagie (endroit où l'on fume beaucoup). Tabagisme ou nicotinisme (intoxication par le tabac). Tabacomanie (usage excessif du tabac). Tabacomane. / Nicotine (alcaloïde du tabac, poison violent). Dénicotiniser. Dénicotiniseur. / Fumeur. Gros fumeur. / Cancer des fumeurs. / *Appellations familières ou anciennes.* Herbe à Nicot. Herbe à la Reine. Perlot. Pétun (vx).

table

(du lat. *tabula,* planche, tablette pour écrire; en lat. class. *mensa,* table pour les repas)

Meuble composé d'un plateau horizontal posé sur un ou plusieurs pieds. *Parties d'une table.* Dessus. Pieds. Abattant. Tiroir. Rallonges. / *Sortes de tables.* Table ronde, ovale, carrée, rectangulaire. Table haricot. Guéridon (table à un pied). / *Table à (pour) écrire. Table de travail.* Bureau. / *Table d'écolier.* Pupitre. / *Table de menuisier.* Etabli. / *Table de commerçant.* Comptoir. / *Table de boucher.* Etal. / Table à dessin. Table de jeu ou table à jouer. Table de Ping-Pong. Table de jardin. Table à ouvrage. Table à thé. Table de nuit ou table de chevet. Table roulante ou table servante. Table portefeuille (à deux abattants). Table gigogne (composée d'une série de tables qui s'emboîtent les unes dans les autres). / Table de bois, de marbre, de métal.

Meuble sur lequel on place les mets et les récipients nécessaires aux repas. Table de salle à manger, de réfectoire, de cuisine. Table à rallonges. Table à coulisses. Table à l'italienne (les rallonges se logent sous le plateau). / Dresser la table, mettre la table, mettre le couvert (placer sur la table ce qui est nécessaire pour le repas : nappe, assiettes, cuillers, fourchettes, couteaux, verres, serviettes). Se mettre à table (s'asseoir pour manger). Le haut bout de la table (la place d'honneur). Etre à table (en train de manger). Se lever, sortir de table (avoir fini de manger). Desservir la table (retirer les plats, les couverts, etc.). Tenir table ouverte (recevoir à sa table tous les amis qui se présentent). Des propos de table (tenus pendant les repas). / *Personne qui mange à la même table qu'une ou plusieurs autres.* Commensal. Convive. Invité. Hôte. / Vin de table (de bonne qualité courante). / *Linge de table.* Nappe. Sous-nappe. Napperon individuel. Set de table. Serviette.

TABLÉE (ensemble de personnes assises à une même table).

ATTABLER (s'). S'asseoir à table.

Service de table (ensemble d'objets utilisés pour servir les repas). ***Service de vaisselle*** (v. ce mot). / ***Service de verres.*** Verre à eau. Verre à vin. Verre à madère, à porto, à bourgogne, à bordeaux, à champagne. Carafes. / Service à apéritif : verres, flacon. / Service à cocktail : verres, gobelets, shaker, seau à glace, etc. / Service à eaux-de-vie : verre à dégustation ou verre ballon. / Service à rafraîchissements : gobelets, grand boc pour jus de fruits, sirops, etc. / *Sortes de verres.* Verre à pied. Verre sonore. Verre en cristal. Verre taillé, gravé, rehaussé de filets dorés ou de décors peints et émaillés. / Complément du service de table (v. VAISSELLE).

Service des couverts de table. Couverts. Cuillers et fourchettes. Couvert à poisson (pelle et fourchette). Couvert à dessert (cuiller et fourchette). Cuiller à café, à glace. Fourchettes à huîtres, à escargots, à homard, à gâteaux, à fruits. Louche. Cuillers à sauce, à sucre en poudre, à crème. Service à ragoût, à salade. Pelle à gâteaux. / Ménagère (ensemble de douze cuillers, de douze fourchettes, de douze cuillers à café et une louche).

Services accessoires. Service à fromage : plateau en bois, en céramique, en porcelaine; couteau spécial. / Service à pain : plateau de bois et couteau-scie.

Ensemble des mets servis sur une table. *Dépenser beaucoup pour la table.* Nourriture. / *Aimer la bonne table.* Bonne chère. / Gastronomie (art de la bonne table, cuisine, vins, etc.). / Se tenir bien à table (être bon mangeur).

tableau

(de table)

Ouvrage de peinture exécuté sur un panneau de bois, sur une toile, etc. *Sortes de tableaux.* Tableaux religieux. Tableaux d'histoire. Tableaux de genre : nature morte, scène d'intérieur, peinture d'animaux, de fleurs, paysages. / Portrait. Autoportrait. / *Faire un tableau.* Peindre. / Marchand de tableaux. Galerie. Collection de tableaux. / *Mauvais tableau.* Croûte (fam.). / *Petit tableau.* Tableautin.

Châssis de planches peintes en noir en usage dans les écoles. Ecrire au tableau avec de la craie. / *Subir une interrogation au tableau.* Plancher (argot scol.).

Liste contenant des informations, des renseignements, des noms. Tableau chronologique, synoptique. / *Tableau des départs, des arrivées des trains.* Panneau. Horaire. / Tableau d'honneur (liste des élèves les plus méritants d'une classe). / Tableau des avocats, des experts-comptables.

Évocation d'une chose soit écrite soit orale. *Brosser un tableau d'un événement.* Description. Peinture. Récit.

tache
(du francique *tekan ;* en lat. *macula*)

Marque naturelle sur le poil, les plumes des animaux. *Taches sur la peau d'un animal.* Raie. Rayure. Zébrure. / *Tache blanche aux pieds, au chanfrein d'un cheval.* Balzane. Liste. / *Taches au plumage d'un oiseau.* Aiglure. Maille. Ocelle.

TACHETÉ. (En parlant d'un cheval, d'un chien, d'un bovin.) Moucheté. Zébré. Truité. Tisonné. Bringé. Pommelé. / (En parlant d'un oiseau.) Maillé. Ocellé. Grivelé. Tiqueté.

TACHETURE. Moucheture. Tiqueture.

Altération de la coloration naturelle. *Taches de la peau de l'homme.* Marques. Rougeurs. Lentigo (taches pigmentaires au visage, aux mains). Grain de beauté. Lentiginose. Nævus. / *Tache de rousseur.* Ephélide. / *Tache venant d'un coup.* Ecchymose. Bleu (fam.).

Marque qui salit. *Une tache d'huile, de graisse.* Salissure. Souillure (rare). / *Une tache de boue.* Eclaboussure. / *Tache dans un dessin, dans l'écriture.* Bavure. Pâté (fam.). / *Tache dans une épreuve d'imprimerie.* Macule. Bavochure. Maculature. / *Qui est sans tache.* Propre. Net. Blanc. Immaculé.

TACHER. Salir. Souiller. Maculer. Graisser. Barbouiller. Eclabousser. Crotter. Abîmer (fam.).

DÉTACHER. Nettoyer. Dégraisser.

DÉTACHANT (produit servant à détacher).

DÉTACHEUR. Teinturier.

Souillure morale. *Une tache à la réputation d'une personne, d'une famille.* Déshonneur. Faute. Flétrissure. / *La tache originelle.* Péché. Impureté. / *Qui est sans tache, sans souillure.* Immaculé. Pur.

ENTACHER. *Entacher l'honneur, la réputation d'une personne.* Souiller. Salir. Flétrir. Ternir. Déshonorer.

tailler
(du lat. pop. *taliare,* de *taliare,* de *talea,* bouture, scion)

Couper, travailler une chose pour lui donner une forme déterminée. *Tailler en biseau.* Biseauter. Biseautage. / *Tailler en dents de scie.* Denteler. Dentelure. / *Tailler en croissant.* Echancrer. Echancrure. / *Tailler en pointe.* Appointer. Appointage. / *Tailler un diamant en brillant, à facettes.* Brillanter. Facetter. / *Tailler une pièce de bois.* Délarder. Débillarder. Equarrir. Chantourner. Chanfreiner. / *Tailler de la pierre.* Bretteler. Chanfreiner. Rustiquer. / *Tailler un vêtement, une robe.* Couper. / *Tailler un arbre, un arbuste.* Elaguer. Emonder. Ebrancher. Ecimer. Etêter. Ebourgeonner. Recéper (tailler près de terre).

TAILLE. *Taille de la pierre.* Brettelage. Chanfreinage. Rusticage. Stéréotomie.

TAILLEUR. *Tailleur de pierres.* Appareilleur. Ravaleur. / *Tailleur de pierres précieuses.* Lapidaire.

Taille des arbres fruitiers. *Taille de formation.* *Formes diverses.* Formes plates ou aplaties : palmette, cordon, candélabre. / Formes en volume ou arrondies : pyramide, quenouille, toupie, fuseau, gobelet.

Taille de fructification. *Taille d'hiver.* Recépage. Elagage. Ravalement (diminution de la longueur des branches charpentières). Arcure, bouclage (courbure de certains rameaux). Palissage. Dressage. Suppression d'yeux ou éborgnage. Entailles. Incisions. / *Taille d'été.* Eburgeonnement. Pincement. Taille en vert (suppression des pousses récentes jugées inutiles). Eclaircissage des fruits. Effeuillage. / Taille de la vigne (v. ce mot).

Taille des arbres d'ornement. *Formes diverses.* Rideau. Rideau surbaissé. Dôme. Fuseau. Quenouille. Pyramide. Cône.
Instruments de taille. Egoïne. Serpe. Croissant. Serpette. Sécateur. Cisaille, etc.

taire
(du lat. *tacere, tacitum*)

Ne pas dire. *Taire une chose.* Cacher. Dissimuler. Garder pour soi.

Se taire. S'abstenir ou cesser de parler. Garder le silence. Ne pas desserrer les dents. Demeurer bouche cousue. Se tenir coi. Ne pas dire un mot. Ne pas parler. Avoir avalé sa langue.

Ne plus se faire entendre. *Se taire* (en parlant d'une personne). Cesser de pleurer, de crier. Fermer sa boîte (pop.). La boucler (pop.). / *Se taire* (en parlant d'un animal, d'une chose). Cesser de faire du bruit. / *Faire taire.* Empêcher de parler, de pleurer, de crier. Imposer le silence. Réduire au silence. Fermer la bouche. Bâillonner. Clore le bec (fam.). Rabattre le caquet.

talent

(du lat. *talentum*)

Aptitude naturelle ou acquise à faire une chose, spécialement dans le domaine intellectuel ou artistique. *Le talent d'un écrivain, d'un peintre, d'un musicien.* Don. Disposition. Art. Brio. Virtuosité. Habileté. Facilité. Maîtrise.

TALENTUEUX. Doué. Fort. / Virtuose.

tamis

(du lat. pop. *tamisium*)

Instrument formé de tôles perforées ou d'un tissu en crin, en fil de soie ou de métal, fixé sur un cadre carré ou cylindrique et servant à passer des matières en poudre ou des liquides troubles. *Tamis à sable, à plâtre.* Crible. Sas. / *Tamis à farine.* Blutoir. Plan sichter. / *Tamis de cuisinière.* Passoire. Chinois.

TAMISER (faire passer par un tamis). *Tamiser de la farine.* Bluter. / *Tamiser du sable.* Cribler. Sasser. / *Lumière tamisée* (filtrée par un verre, un tissu, un nuage, etc.). Voilée. Douce.

TAMISAGE. Sassage. Criblage. Blutage.

TAMISEUR. / TAMISERIE. / TAMISIER. Boisselier.

tapis

(du gr. byzantin *tapêtion* [prononcé *tapision*], diminutif de *tapês, tapêtos,* couverture, tapis)

Tissu de laine, de soie, etc., destiné à être étendu sur le sol. Tapis de prière. / Tapis de foyer. / *Tapis mobile.* Carpette. Descente de lit. / *Tapis cloué.* Moquette. / *Tapis d'escalier, de couloir.* Chemin. / Thibaude (molleton de feutre que l'on met entre le sol et un tapis).

Parties d'un tapis. Frange. Bordure. / Champ intérieur. Motif central (médaillon ou cartouche souvent reproduit en secteur de quart aux 4 angles du tapis). / Décors à figures (personnages, animaux). Motifs floraux. Fleurage. Motifs géométriques. / Chaîne. Trame.
Matières premières. Laine. Coton. Soie. Lin. Chanvre. Jute. Fils d'or, d'argent, etc.

Fabrication des tapis. *Tapis exécutés à la main.* *Points noués* (trame de laine croisée à la main, nouée et coupée à chaque changement de laine). Métier horizontal ou basse lisse (pour petits ou moyens tapis). Métier vertical ou haute lisse. Métier à rouleaux (métier vertical modernisé). / *Nœuds :* ghiordès ou nœud turc ; senneh ou nœud persan ; jufti (sert à fixer les fils de velours ou de laine sur les fils de chaîne).

Tapis mécaniques. *Tapis à velours.* Tapis tissés. Moquette ou moquette tissée. Tapis chenille. Tapis rétracté (en fibres rétractiles). Tapis imprimé. / Tapis non tissés. Tapis à points noués mécaniques. Tapis tuftés, brodés, tricotés, nappés, floqués. / *Tapis sans velours* (apparence d'une grosse toile, trame de fibres dures : coco, sisal). Tapis unis ou jacquard à dessins géométriques.
Entretien d'un tapis. Dépoussiérer. Battre. Secouer. Brosser. Nettoyer. / Aspirateur. Brosse. Balai. Houssine.

Pièce de tissu servant à recouvrir un meuble, un siège. *Tapis de table.* Dessus-de-table. / Tapis d'une table de jeu. / Tapis de billard (drap vert qui recouvre la table).

Revêtement souple du sol à l'intérieur ou à l'extérieur d'un local. Tapis de caoutchouc. Tapis de linoléum ou linoléum. / *Tapis de sparterie.* Natte (de jonc, d'alfa, etc.). / *Tapis-brosse* (à fibres végétales dures). Paillasson.

Surface qui ressemble à un tapis par son aspect. *Tapis de verdure, de gazon.* Pelouse. / Tapis de feuilles, de fleurs, de mousse.

TAPISSIER (personne qui exécute à la main des tapis). Lissier Haute-lissier. Basse-lissier. / Personne qui vend ou qui pose des tapis, les tissus, les cuirs employés dans la fabrication et la décoration de certains meubles.

tapisserie

(de tapis)

Œuvre d'art en tissu destinée à la décoration murale. *Sortes de tapisseries.* Tapisserie à histoires ou historiée. Tapisserie à fleurs, à ramages ou verdures. Tapisserie à écriteaux, à semis, aux armes. / Sujets chevaleresques, religieux, allégoriques, commémoratifs de prouesses guerrières, cynégétiques, etc. / Tenture (ensemble de tapisseries composées sur un certain thème).

Fabrication d'une tapisserie. Carton (œuvre d'art d'après laquelle une tapisserie est exécutée). Métier (deux rouleaux parallèles, ou ensouples, entre lesquels sont tendus les fils parallèles de la chaîne). Métier vertical ou de haute lisse (chaîne tendue verticalement). Métier horizontal ou de basse lisse (chaîne tendue horizontalement). Lisses (cordelettes servant à pincer et à soulever de deux en deux les fils de la chaîne par un méca-

nisme de baguettes dépendant de pédales appelées *marches*). Trame (faite en lançant une navette chargée de laine colorée dans l'espace formé entre une nappe de fils stationnaires et la nappe de fils soulevés par les lisses).
Matières employées. Coton, laine ou lin (pour la chaîne). Laine ou soie, laine mêlée de soie (pour la trame).

Ouvrage de dame à l'aiguille exécuté sur du canevas. Couvre-pieds de tapisserie. / *Faire de la tapisserie* (des travaux à l'aiguille sur un canevas). Broderie. / Canevas uni tissé fil à fil. Canevas Pénélope (fils tissés deux à deux). / *Matières.* Laine. Coton. Laine mêlée de soie. / *Matériel.* Aiguille émoussée ou épointée; chas large et long.
Points. Point de croix simple, demi-point de croix, point du diable, petit point, point des Gobelins, point de Hongrie, point de mosaïque, d'arête, de natte, de fougère, etc. Points de fantaisie : passé plat, point de tricot, le jacquard, point noué, la chaînette, etc.

TAPISSER. *Tapisser un mur.* Revêtir de tapisserie, de tenture, de papiers peints.

taquin
(du moyen néerlandais *takehan*)

Se dit d'une personne qui s'amuse à contrarier dans de petites choses. *Un enfant taquin.* Malicieux. Espiègle. Plaisantin. Moqueur. Blagueur (fam.). Farceur. Asticoteur (fam.).

TAQUINER. Agacer. Asticoter (fam.). Faire enrager. Lutiner (une femme). Se moquer. Blaguer (fam.). Plaisanter.

TAQUINERIE. Facétie. Plaisanterie. Blague (fam.). Moquerie. Espièglerie. Gaminerie. Malice. Agacerie. Asticotage (fam.).

tard
(du lat. *tarde,* lentement)

Après le moment habituel ou normal. *Se lever tard, se coucher tard.* A une heure avancée de la matinée, de la soirée. / Lève-tard, couche-tard (personne qui se lève, se couche tard). / *Rentrer très tard.* A une heure indue. / *Arriver sur le tard.* A une heure avancée de la journée. / *S'apercevoir sur le tard de son erreur.* Vers la fin de sa vie.

Locutions diverses. Il est tard, il se fait tard (l'heure est avancée). Remettre à plus tard (retarder, ajourner, différer, atermoyer). Au plus tard (dans l'hypothèse [de temps] la plus éloignée).

TARDIF. *Regret tardif.* Qui vient tard. / *Repas tardif.* Qui a lieu tard dans la journée. / *Heure tardive.* Avancée. / *Fruit tardif.* Qui mûrit après les autres (de la même espèce).

TARDIVETÉ (rare). Tardiveté d'un fruit.

TARDIVEMENT. *Rentrer tardivement.* A une heure tardive. / *Commencer des études tardivement.* A une période (de sa vie) tardive. Assez tard.

TARDILLON (fam.). Enfant né longtemps après les autres.

TARDER. *Tarder à* (et un inf., sujet nom de personne). Attendre longtemps de. Différer. / Tarder à (et un inf., sujet nom de chose). Etre lent à. / *Sans tarder.* Immédiatement. Sans délai. Tout de suite. / *Tarder à quelqu'un* (impersonnel et un inf.). Attendre avec impatience. / *Ne pas tarder.* Ne pas se faire attendre.

S'ATTARDER. *S'attarder chez quelqu'un, quelque part.* Rester longtemps. / *S'attarder en chemin.* Traîner. Flâner. Musarder. / *S'attarder sur un sujet.* S'arrêter. S'étendre. S'appesantir. Insister.

tas
(du francique *tas*)

Accumulation de choses mises ensemble et les unes sur les autres. *Un tas de papiers, de ferraille.* Amas. / *Un tas de gerbes de blé, de foin.* Meule. Meulon. Veillote (dialectal). / *Un tas de bois.* Pile. Pyramide. / *Un tas de déblais* (au voisinage d'une mine). Terril. / *Tas de scories des hauts fourneaux.* Crassier.

TASSER. *Tasser du foin, de la paille.* Comprimer. Serrer. / *Tasser de la terre.* Fouler. Pilonner. Damer. / *Tasser du tabac dans une pipe.* Bourrer. / *Etre tassés dans un moyen de transport, dans un local* (en parlant d'êtres animés). Etre serrés, comprimés, compressés, entassés.

ENTASSER. ENTASSEMENT. V. ENTASSER.

Grande quantité d'êtres ou de choses (fam.). *Un tas de gens.* Foule. Multitude. Grand nombre. Nombre de. Armée. Légion. Flopée (pop.). / *Un tas d'objets.* Masse. Quantité. Abondance. Foultitude (fam.).

technique adj. et n.
(lat. *technicus,* du gr. *tekhnikos,* de *tekhnê,* art, métier)

Qui appartient à un art, à un métier, à une science. *Un terme technique.* Spécial.

TECHNICITÉ. *Technicité d'un mot.* Spécialité.

Qui concerne l'application d'une science. *Développement technique.* Matériel. / *Enseignement technique.* Professionnel.

Ensemble des procédés d'un art, d'un métier employés pour produire une œuvre ou pour obtenir un résultat déterminé. *La technique d'un peintre.* Manière. Facture. Coup de patte (fam.). / *La technique d'un romancier.* Méthode. Ecriture. Style. / La technique du cinéma.

TECHNOLOGIE (étude des techniques).

TECHNICIEN. Spécialiste. Professionnel.

TECHNOCRATE (haut fonctionnaire ou homme politique exerçant son autorité dans le domaine de l'économie, de l'industrie et du commerce en fonction de sa formation technique). Technocratie.

Application pratique des connaissances scientifiques dans le domaine de la production. *Les progrès de la technique.* Industrie.

teindre

(du lat. *tingere, tinctum*)

Imprégner une chose d'une substance colorante. Teindre un vêtement. Teindre ses cheveux.

TEINT (manière de teindre). Tissu grand teint, bon teint.

TEINTURE (action, manière de teindre). Teinture par imprégnation mécanique. Teinture par imprégnation chimique. / *Opérations de teinture.* Teinture par colorants directs. / Teinture pour mordant. / Teinture de cuve. / Teinture par oxydation. / Teinture dans la masse.

TINCTORIAL. *Produit tinctorial.* Colorant.

Matières colorantes. ***Couleurs naturelles*** (extraites autrefois d'animaux ou de végétaux). Cochenille. Bois du Brésil. Campêche. Quercitron. Orseille. Curcuma. Fustet. Nerprun. Gaude. Rocou. Garance. Henné. Indigo. Sumac. Cachou. Pastel. Santal. Pourpre. Tournesol, etc. / *Substances minérales.* Oxydes de chrome (vert), de manganèse (bistre). Chromate de plomb (orangé). Bleu de Prusse, etc. / *Principes synthétiques des colorants naturels.* Alizarine. Murexide. Fuchsine. Aniline. Fluorescéine, etc.

Colorants artificiels (fixés soit directement, soit par un mordançage au tannin). Colorants basiques. Colorants acides. Colorants substantifs ou directs (teignent toutes fibres au bain salin). Colorants pour mordants. Colorants de cuve. Colorants au soufre.

télécommunications

(de *télé* et de *communications*)

Ensemble des procédés de transmission d'informations à distance au moyen des ondes électro-magnétiques. Administration des Postes et Télécommunications (v. POSTE(S). / Télécommunications en duplex, en multiplex. / Réseau de télécommunications (v. TÉLÉGRAPHE, TÉLÉPHONE, TÉLÉVISION). / Satellite artificiel de télécommunications. / *Informations transmises par les télécommunications.* Renseignements de toute nature. Documents écrits ou imprimés. Images fixes. Images mobiles. Signaux visibles ou audibles. Musique. Paroles, etc.

télégraphe

(du gr. *têle,* loin, et *graphein,* écrire)

Dispositif assurant la transmission rapide et à distance de textes écrits ou de documents graphiques. Télégraphes Morse, de Wheatstone, de Hughes, de Baudot. Télégraphe aérien. Télégraphe Chappe. / Télégraphe optique. Héliographe (par réflexion et occultation des rayons solaires). Phototélégraphe. Bélinographe (transmission de photographies, fac-similés, etc.).

TÉLÉGRAPHIE. Télégraphie sans fil, ou radiotélégraphie. ou T. S. F. (voir RADIOÉLECTRICITÉ). Télégraphie optique. Phototélégraphie. Télétypie (transmission de textes dactylographiés).

DÉPÊCHE TÉLÉGRAPHIQUE. Câble (acheminé par câble sous-marin). Télégramme. Télégramme avec accusé de réception, multiple (même texte, plusieurs destinataires), officiel, de presse, à remettre par exprès (livraison rapide), de service, urgent. Mandat télégraphique. Bélinogramme. Phototélégramme (transmission de documents graphiques).

Appareils télégraphiques. Station, bureau télégraphique. Ligne télégraphique. Retour (par la terre). Source de courant. / Télégraphe manuel. Alphabet ou code Morse (à base de points et de traits). Transmetteur ou manipulateur. Récepteur. Télébande (bande de papier). Mouvement d'horlogerie. Electro-aimant. Molette imprimante. Siphon. / Télé-imprimeur, téléscripteur ou télétype (appareil télégraphique permettant l'envoi d'un texte datylographié et son inscription au poste de réception sous forme de caractères d'imprimerie). Code à cinq moments. Bande perforée. Emetteur. Clavier. Collecteur. Récepteur. Roue porte-caractères. Traducteur Baudot. Distributeur Baudot. Système duplex (dépêches transmises simultanément dans les deux sens par un même fil). Système multiplex (plusieurs dépêches simultanées par un même fil). Service ou réseau télex (téléscripteurs à domicile). / Bélinographe. Emetteur. Récepteur. Moteur. Cylindre porte-image. Exploration de l'image. Source ponctuelle de lumière. Micro-objectif (explorant l'image). Cellule photo-électrique.

Relatif au télégraphe. *Transmettre par télégraphe. Expédier un télégramme.* Télégraphier. Câbler. / Communication. Transmission. Réception. / Code télégraphique (des maisons de commerce). Dictionnaire télégraphique (des marins). Style télégraphique (texte abrégé). / Télégraphiste. Télégraphiquement.

téléphérique

(du gr. *têle,* loin, et *pherein,* porter)

Moyen de transport constitué par un ou plusieurs câbles aériens supportant une cabine ou une benne. Téléphérique monocâble (câble à la fois porteur et tracteur). Téléphérique à deux câbles. Câble porteur. Câble tracteur. Pylône. Ancrage des câbles. Contrepoids. Train de galets à gorge. Treuil de commande. Cabine. Benne à mâchoires. / *Téléphérique pour skieurs.* Télébenne. Télécabine. Télésiège. Remonte-pente ou téléski. Tire-fesses (fam.).

TÉLÉPHÉRAGE (transport par téléphérique).

téléphone

(du gr. *têle,* au loin, et *phônê,* voix)

Dispositif qui permet la conversation entre deux personnes éloignées. Téléphone manuel, semi-automatique, automatique. Téléphone à tube ou acoustique. / Radiotéléphonie (système de liaison téléphonique entre deux correspondants au moyen des ondes électromagnétiques).
Poste, appareil téléphonique. Poste fixe, mobile, mural. Interphone (à haut-parleur). Portier d'immeuble (appareil permettant de communiquer entre un appartement et la porte de l'immeuble). / Combiné. Microphone. Ecouteur ou récepteur. Commutateur (supporte le combiné). Cadran d'appel. Disque mobile. Sonnerie d'appel. / Centre, central téléphonique. Standard (dispositif employé dans une administration, dans une entreprise pour établir les communications téléphoniques entre le réseau urbain et les divers postes intérieurs).
Abonné. Annuaire. Numéro d'appel. Lignes groupées (pour un même abonné). / Décrocher, raccrocher l'appareil. Tonalité. Appel téléphonique. Allô. Appeler un abonné, un correspondant. Composer le numéro. Libre, pas libre. Etablir la communication. Interrompre une communication. Couper. Rupture de communication. / Téléphone public. Cabine. Taxiphone. / Jeton.

Services téléphoniques. Liaison téléphonique. Ligne. Câble coaxial. Câble sous-marin. Pupinisation (amplification du signal atténué par la distance). Fil. Faisceau hertzien. Relais. Satellite de télécommunications. Station de télécommunications. Canal (chacune des voies offertes par le satellite). / Réseau manuel, automatique. Réseau urbain, interurbain, international. Circonscription. Zone manuelle, automatique. / Opératrice. Communication avec préavis, avec avis d'appel, à heure fixe. Communication urgente. Communication avec des navires. Télégramme téléphoné. / Informations téléphonées, financières, météorologiques, touristiques. Horloge parlante. Réveil téléphonique. / Services d'abonnements, de renseignements, de réclamations, d'abonnés absents.

Relatif au téléphone. *Communiquer, transmettre par téléphone.* Téléphoner. / Donner, passer un coup de fil (fam.), de bigophone (pop.). / Téléphonique. Téléphoniquement. Téléphoniste. Standardiste. Téléphonomètre (compteur des conversations taxées). Taxe, redevance téléphonique. / Téléphonage (transmission de télégrammes par téléphone). Message téléphoné.

télévision

(du gr. *têle,* loin, et du lat. *visio,* action de voir)

Transmission par ondes électriques des images d'objets fixes ou mobiles; ensemble des activités et des services assurant, par des techniques de transmission des images et des sons, la diffusion d'émissions d'information, de spectacles, de reportages, etc. Télévision cathodique ou,

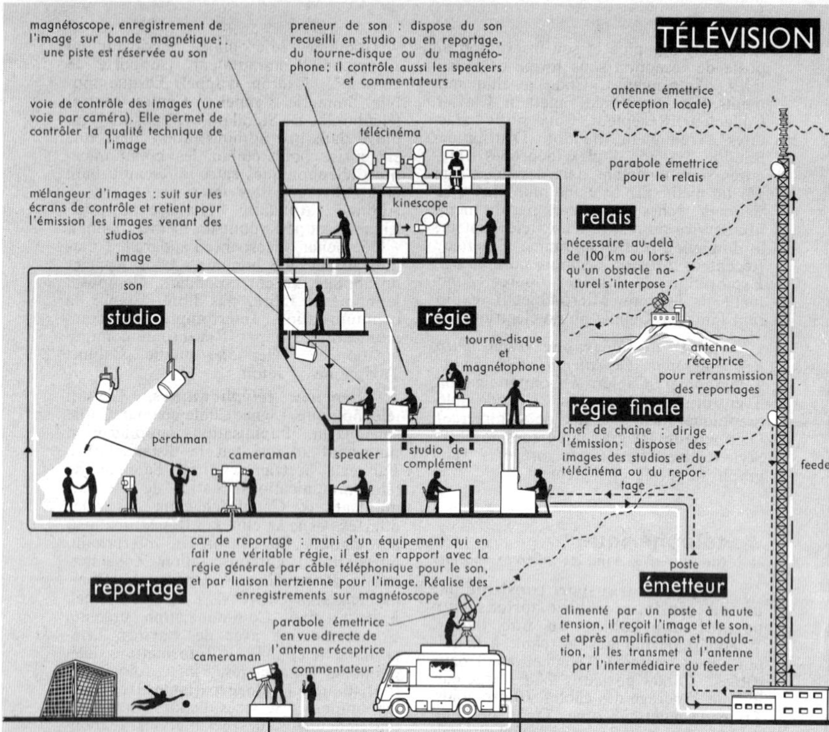
TÉLÉVISION
magnétoscope, enregistrement de l'image sur bande magnétique; une piste est réservée au son
preneur de son : dispose du son recueilli en studio ou en reportage, du tourne-disque ou du magnétophone; il contrôle aussi les speakers et commentateurs
antenne émettrice (réception locale)
voie de contrôle des images (une voie par caméra). Elle permet de contrôler la qualité technique de l'image
télécinéma
parabole émettrice pour le relais
mélangeur d'images : suit sur les écrans de contrôle et retient pour l'émission les images venant des studios
kinescope
relais
nécessaire au-delà de 100 km ou lorsqu'un obstacle naturel s'interpose
image
son
studio
régie
tourne-disque et magnétophone
antenne réceptrice pour retransmission des reportages
régie finale
chef de chaîne : dirige l'émission; dispose des images des studios et du télécinéma ou du reportage
perchman
cameraman
speaker
studio de complément
feeder
car de reportage : muni d'un équipement qui en fait une véritable régie, il est en rapport avec la régie générale par câble téléphonique pour le son, et par liaison hertzienne pour l'image. Réalise des enregistrements sur magnétoscope
reportage
poste
émetteur
alimenté par un poste à haute tension, il reçoit l'image et le son, et après amplification et modulation, il les transmet à l'antenne par l'intermédiaire du feeder
parabole émettrice en vue directe de l'antenne réceptrice
cameraman
commentateur

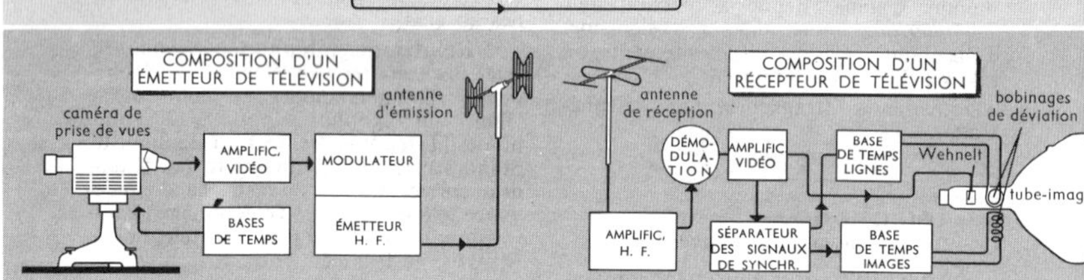
COMPOSITION D'UN ÉMETTEUR DE TÉLÉVISION
caméra de prise de vues
antenne d'émission
AMPLIFIC. VIDÉO
MODULATEUR
BASES DE TEMPS
ÉMETTEUR H. F.
antenne de réception
COMPOSITION D'UN RÉCEPTEUR DE TÉLÉVISION
bobinages de déviation
DÉMODULATION
AMPLIFIC VIDÉO
BASE DE TEMPS LIGNES
Wehnelt
tube-image
AMPLIFIC. H. F.
SÉPARATEUR DES SIGNAUX DE SYNCHR.
BASE DE TEMPS IMAGES

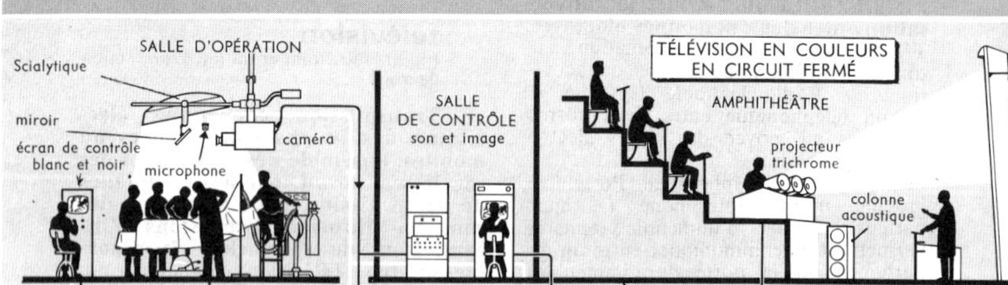
SALLE D'OPÉRATION
Scialytique
miroir
écran de contrôle blanc et noir
microphone
caméra
SALLE DE CONTRÔLE son et image
TÉLÉVISION EN COULEURS EN CIRCUIT FERMÉ
AMPHITHÉÂTRE
projecteur trichrome
colonne acoustique

simplement, télévision. Télévision en couleurs. Télévision en circuit fermé (images transmises par fil, à courte distance). Télévision industrielle, médicale, scolaire, sous-marine. / Eurovision (diffusion d'un programme par plusieurs pays européens). Mondovision (diffusion dans plusieurs continents).
Réseau, chaîne de télévision. Première, deuxième, troisième chaîne. Téléspectateur. Télévisuel. / Télégénique (qui fait un bel effet à la télévision).

Matériel et installations. Définition ou standard (caractéristiques propres des images transmises par une chaîne). Images par seconde (25 en Europe, 30 en Amérique). Lignes par image : basse définition, 405 lignes (Grande-Bretagne); 525 lignes (Etats-Unis); standard européen de 625 lignes; haute définition de 819 lignes (première chaîne française).

Caméra de télévision ou caméra électronique. Tube-image. Iconoscope et orthicon (anciens modèles). Super-iconoscope. Image-orthicon. Vidicon. Objectif. Image optique. Mosaïque photo-électrique. Canon à électrons. Faisceau cathodique. Balayage (de la mosaïque par le faisceau). Analyse ou exploration de l'image. Analyse par points et par lignes de points. Analyse par lignes entrelacées : trames des lignes impaires, des lignes paires. Courant, signal video.

Poste émetteur. Signaux de synchronisation. Base lignes. Base images. Signal son. / Amplification. Modulation. Feeder (alimente l'antenne). Antenne d'émission. / Relais hertzien. Antenne ou parabole réceptrice. Amplification. Retransmission. Antenne ou parabole émettrice. Satellite de télécommunications.

Poste récepteur. Antenne de réception. Trombone (antenne proprement dite). Elément réflecteur. Elément directeur. Antenne collective. Descente d'antenne. Câble coaxial. / Téléviseur. Amplification. Démodulation. Séparation des signaux de synchronisation. Courant video (ou canon d'électrons). Bases de temps lignes et images (aux bobinages de déviation). Tube cathodique ou tube-image. Wehnelt ou canon à électrons. Faisceau électronique. Ecran fluorescent. Phosphores (substances fluorescentes). Spot lumineux.

Télévision en couleurs. Systèmes SECAM (français), PAL (allemand), NTSC (américain). Trichromie. Couleurs fondamentales : rouge, bleu, vert. Caméra trichrome. Filtre-image (pour sélectionner les couleurs). Tube-image à masque perforé (téléviseur). Signaux rouge, bleu, vert. Canons focalisateurs (un par couleur). Ecran trichrome. Pastilles de lumiphore (gouttelettes fluorescentes des trois couleurs). / Compatibilité. Système compatible (l'émission en couleurs peut être reçue en noir et blanc).

Programmes et émissions. Studio de télévision. Emission en direct. Reportage télévisé. Car de reportage. Réalisateur. Prise de vues. Caméraman. Prise de son. Ingénieur du son. Perchman (tient le microphone hors du champ de la caméra). / Emission différée. Magnétoscope (images enregistrées sur ruban magnétique). Vidéocassette. Vidéodisque. Kinescope (cinématographie sur un écran de téléviseur). Télécinéma (films cinématographiques). / Régie. Monitor (chacun des téléviseurs montrant les images disponibles). Mélangeur d'images (sélectionne les images). Preneur de son. / Speaker, présentatrice, commentateur, journaliste. Régie finale. Chef de chaîne (dirige les émissions). / Emission dramatique, de variétés. Emission sportive, musicale, médicale, scientifique, scolaire, etc. Télé-enseignement. Journal, magazine télévisé. Actualité télévisée.

témoigner

(du lat. pop. *testimoniare*, de *testimonium*, témoignage)

Certifier la vérité ou la véracité d'un fait. *Témoigner que l'on a vu. Témoigner avoir vu.* Attester. Affirmer. / *Témoigner en justice.* Comparaître.

TÉMOIGNAGE. *Invoquer, alléguer un témoignage.* Attestation. Affirmation. Relation. Rapport. / *Témoignage de bonne conduite.* Certificat. / Faux témoignage (témoignage de quelqu'un de mauvaise foi).

TÉMOIN. Témoin oculaire. Témoin auriculaire. Témoin direct. Témoin indirect. / *Témoin d'un événement.* Spectateur. Auditeur. / *Etre témoin de.* Voir. Assister à. Entendre. / *Prendre à témoin.* Invoquer le témoignage de. / Témoin à charge. Témoin à décharge. / *Déclaration, déposition d'un témoin.* Preuve testimoniale.

Faire connaître ou faire paraître quelque chose par ses paroles, par ses actions. *Témoigner sa reconnaissance. Témoigner de la froideur à quelqu'un* Manifester. Montrer. Marquer. Laisser paraître.

TÉMOIGNAGE. *Témoignage d'affection.* Marque. Preuve. Manifestation. / *Témoi-*

gnage de respect. Hommage. / *Témoignage de sympathie dans un malheur.* Condoléances.

Être le signe, la preuve de quelque chose (avec un sujet désignant une chose). *Témoigner d'une surprise* (en parlant d'une attitude). Dénoter. Révéler. Indiquer. Montrer. Signifier.

TÉMOIGNAGE. Preuve. Marque. Signe.

tempérament

(du bas lat. *temperamentum,* juste proportion)

Constitution physiologique d'un être. *Un tempérament faible, délicat. Un tempérament robuste. Un tempérament sanguin. Un tempérament lymphatique.* Organisme. Complexion. Idiosyncrasie. / *Tempérament amoureux. Tempérament froid, frigide.* Nature. / Avoir du tempérament (fam., être sensuel).

Ensemble des tendances d'une personne qui conditionnent ses réactions, son comportement. *Un tempérament violent, impulsif. Un tempérament calme, équilibré.* Nature. Naturel. Idiosyncrasie. / Un tempérament explosif (porté à des réactions très violentes).

température

(du lat. *temperatura*)

Degré de chaleur d'un corps. *Elever la température d'un solide, d'un liquide.* Chauffer. Echauffer. Réchauffer. / *Abaisser la température d'un corps.* Refroidir. Réfrigérer. / *Température d'ébullition, de fusion d'un corps.* Point. / *Echelle des températures.* Echelle Celsius, Kelvin, Fahrenheit. / *Instrument servant à mesurer la température.* Thermomètre (v. ce mot). / *Instrument servant à mesurer les températures élevées.* Pyromètre. / Pyrométrie. Pyrométrique.

Degré de chaleur du corps d'un être animé. Température buccale, axillaire, rectale. / Courbe de température ou courbe thermique. / *Avoir, faire de la température* (fam.). Fièvre. Hyperthermie. / *Médicament qui abaisse la température.* Antithermique. Antipyrétique. / *Etre humain, animal à température constante.* Homéotherme (mammifères, oiseaux). Homéothermie. / *Animal à température variable.* Poïkilotherme (invertébrés, animaux à sang froid). / Thermorégulation (fonction régulatrice propre aux mammifères et aux oiseaux). / Hypothermie (abaissement de la température au-dessous de la normale).

Degré de chaleur ou de froid de l'atmosphère en un lieu. Température douce, clémente. Température élevée. Température basse. Température froide, glaciale. / *Variations de la température.* Adoucissement. S'adoucir. / Réchauffement. Se réchauffer. / Abaissement. Baisse. S'abaisser. Baisser. / *Température inférieure à zéro degré* (0 °C). Gel. Gelée. / Evolution de la température. Courbe de température. Isothermes (courbes d'égale température à un moment pour une durée donnée). Isallothermes (courbes d'égale variation thermique). Iso-amplitudes (courbes d'amplitude thermique égale). Climatisation (maintien de l'atmosphère d'un lieu à une température constante). Salle climatisée. Climatiseur. Climatiser. Air conditionné. Conditionnement.

temps

(du lat. *tempus, temporis;* en gr. *khronos*)

Durée marquée par la succession des jours. *Division du temps.* Année. Mois. Semaine. / *Unités de temps.* Jour. Heure. Minute. Seconde. / *Mesure du temps.* Chronométrie. / *Instruments à mesurer le temps.* Chronomètre. Horloge. Montre. Pendule. / *Instruments anciens.* Clepsydre. Sablier. / Temps sidéral. Temps solaire. Temps universel.

Partie de la durée. *Espaces de temps.* Laps de temps. Instant. Moment. Intervalle. Période. Epoque. Ere / *Succession du temps.* Passé. Présent. Futur. / Chronologie. Antiquité. Moyen Age. Temps modernes. / Ecoulement, fuite du temps. Le temps passe, file (fam.), fuit. / *Bien choisir son temps.* Moment favorable. / *Un temps d'arrêt.* Pause. Suspension. / *Le temps des vendanges, de la moisson.* Saison. / *Le temps d'une course. Le temps du vainqueur.* Durée chronométrée. / *Qui se produit au moment favorable, à propos.* Opportun. Propice. / *Qui arrive, qui a lieu à contretemps.* Intempestif. Inopportun.

TEMPORAIRE (qui ne dure qu'un temps limité). *Emploi temporaire.* Momentané. Provisoire. Transitoire. Passager.

TEMPORAIREMENT. Pour un temps. Momentanément. A titre temporaire.

Relatif au temps. Temporel (par opposition à « spatial »). Temporellement. Temporalité. / Atemporel. Intemporel. / Contemporain (qui est du même temps qu'un autre). Contemporanéité. / Temporiser (attendre un moment plus favorable pour agir). Temporisation. Temporisateur.

Chronique (se dit d'une maladie, d'une chose nuisible qui dure). Chronicité. / Anachronisme (confusion de dates). Anachronique. / Isochrone (se dit d'une chose dont la période a une durée constante). Isochronisme. / Synchronisme (concordance de mouvements, d'événements). Synchrone. Synchroniser. Synchronisation. / Synchronie (caractère des faits linguistiques observés à un stade donné, indépendamment de leur évolution dans le temps). / Diachronie (caractère des faits linguistiques considérés dans leur évolution). / Chronologie (succession des événements dans le temps).

Expression du temps. *Temps grammaticaux.* Temps simples, composés, surcomposés. Emploi des temps. Valeurs des temps. Concordance des temps.
Conjonction de temps. Alors que. Lorsque. Avant que. Après que. Pendant que. Aussitôt que. Comme. Depuis que, etc.
Adverbes et locutions adverbiales de temps. Aujourd'hui. Actuellement. Pour le moment. Demain. Après-demain. Plus tard. Un de ces jours. Hier. En même temps. Une fois. Quelquefois. Déjà. Bientôt. Autrefois. Jadis. Naguère. Jamais. Longtemps. Tôt. Tard. Tout de suite, etc.

État de l'atmosphère à un moment donné. V. MÉTÉOROLOGIE.

Locutions diverses. A temps (assez tôt, au moment fixé). De temps en temps, de temps à autre (parfois). De tout temps (toujours). En peu de temps (rapidement). Dans peu de temps (prochainement). Il est temps de (c'est le moment de). N'avoir qu'un temps (durer peu de temps). La nuit des temps (le temps le plus éloigné). Remettre à un autre temps (retarder, différer). Rattraper le temps perdu (compenser une perte de temps en redoublant d'activité). Être de son temps (penser, agir selon les idées de son époque). Prendre, se donner du bon temps (s'amuser, mener joyeuse vie). Perdre son temps (ne pas l'employer utilement, musarder, muser, lanterner). Tuer le temps (faire quelque chose uniquement pour échapper à l'ennui). Prendre son temps (ne pas se presser). Passer son temps à [et l'inf.] (l'employer à telle occupation). Passer le temps (se distraire, s'occuper en attendant l'heure marquée pour quelque chose). Il est temps que (il est maintenant nécessaire que). Il était temps (il s'en est fallu de peu). Par le temps qui court (dans la conjoncture actuelle). Signe des temps (ce qui caractérise l'époque où l'on vit). Temps mort (temps pendant lequel un arbitre arrête un match et qui s'ajoute à la durée totale; au fig., temps d'inactivité).

tenace
(du lat. *tenax, tenacis,* de *tenere,* tenir)

Se dit d'une chose difficile à faire disparaître. *Une odeur tenace. Un parfum tenace.* Fort. Persistant. Qui ne s'évapore pas. / *Une haine tenace.* Durable. Implacable. Mortel. Invétéré. / *Un mal tenace.* Constant. Rebelle. Chronique.

TÉNACITÉ. Constance. Persistance.

Se dit d'une personne qui persévère dans ses résolutions. *Un caractère tenace.* Opiniâtre. Ferme. Persévérant. Résolu. Déterminé. Volontaire. Inflexible. Accrocheur (fam.). / *Un travailleur tenace.* Appliqué. Acharné. Régulier. / *Se montrer tenace.* S'acharner. Persévérer. Persister. S'accrocher (fam.).

TÉNACITÉ. Persévérance. Constance. Opiniâtreté. Fermeté. Résolution. Détermination. Acharnement. Assiduité. Régularité.

tendance
(de *tendre*)

Force qui oriente l'activité de l'homme vers certaines fins. *Tendance naturelle à faire une chose.* Penchant. Inclination. Propension. Prédisposition. Disposition. Mouvement. Pulsion. Impulsion. Attirance. Atavisme (habitudes héréditaires). Instinct. Désir. Appétence. Faible (n.). / *Tendance refoulée.* Refoulement. / *Tendance perverse.* Mauvais penchant. / *Avoir tendance à* (et l'inf.). Etre porté à. Etre enclin à.
Classification des tendances. Tendances personnelles ou égoïstes. Tendances altruistes ou sociales. Tendances supérieures ou désintéressées.

Orientation commune à des personnes. *Tendance politique.* Opinion. Idée. / Faire à quelqu'un un procès de tendance (le juger sur ses intentions sans attendre ses actes).

TENDANCIEUX (qui manifeste une orientation, un parti pris). Partial.

TENDANCIEUSEMENT. Partialement. Avec partialité.

Évolution d'une chose dans un même sens. *Tendance d'un art, d'une science. Tendance intellectuelle, artistique, littéraire.* Orientation. Direction. Sens. / *Tendance des prix à la hausse, à la baisse.* Mouvement. / *Tendance des événements.* Tournure.

tendre adj.
(du lat. *tener*)

Qui se laisse facilement entamer, couper. *Du bois tendre.* Mou. / *De la viande tendre.* Facile à mâcher. / *Avoir la peau tendre.* Fragile. Délicat.

TENDRETÉ (spécialement en parlant de la viande, des légumes).

ATTENDRIR. *Attendrir de la viande.* Faire mariner. / Attendrisseur.

Qui est accessible à la sensibilité, à l'affection. *Un homme tendre.* Sensible. Doux. Humain. Compatissant. / Affectueux. Aimant. Sentimental.

TENDREMENT. Affectueusement. Amoureusement.

TENDRESSE. Sensibilité. Douceur. Bonté. Cœur. / Affection. Attachement. Amitié. / *Avoir de la tendresse.* Aimer. Chérir. Préférer.

ATTENDRIR. Emouvoir. Toucher. Apitoyer. Fléchir. Faire céder.

ATTENDRISSEMENT. Emotion. Compassion. Commisération. Apitoiement.

ATTENDRISSANT. Emouvant. Touchant.

Qui manifeste de l'affection. *Regard tendre.* Doux. Caressant. Câlin. Langoureux. / *Dire des propos tendres.* Conter fleurette. Roucouler.

tendre v.
(du lat. *tendere*)

Tirer sur une chose et l'allonger. *Tendre un câble, une corde. Tendre ses muscles.* Raidir. / *Tendre un arc.* Bander.

DÉTENDRE. *Détendre un ressort.* Desserrer. Relâcher.

TENSION. Raidissement. Raideur.

TENDEUR. Tenseur. Raidisseur.

Disposer en allongeant dans tous les sens. *Tendre une peau.* Etirer. Etendre. / *Tendre une voile.* Déployer.

TENSION. Gonflement. Ballonnement.

DISTENDRE (augmenter les dimensions, le volume par la tension). Etirer. Dilater. Gonfler.

DISTENSION. Etirage. Etirement. Dilatation. Gonflement.

Porter en avant. *Tendre la main.* Allonger. Avancer. Présenter.

Avoir tel but. *Tendre à un idéal, à la perfection.* Aspirer à. Viser à. Travailler à. S'attacher à. / (En parlant des choses.) Avoir tendance à. Evoluer de façon à. Avoir pour fin. S'orienter vers. Conduire à. Mener à.

TENDANCE. (Voir ce mot.)

tenir
(du lat. pop. *tenire ;* lat. class. *tenere*)

Avoir, garder un être, une chose dans une certaine position, dans un certain état. *Tenir un enfant par la main. Tenir un cheval par la bride.* Maintenir. Retenir. / *Tenir quelqu'un dans ses bras.* Etreindre. Embrasser. / *Tenir quelqu'un en passant son bras autour de sa taille.* Enlacer. / *Tenir un objet en l'air.* Soutenir. Supporter. Porter. / *Tenir une porte fermée.* Garder. Faire rester.

TENU. *Un enfant bien tenu.* En bon état de propreté. Soigné. / *Un appartement mal tenu.* En désordre. Mal arrangé.

Empêcher de s'en aller, de tomber, etc. *Tenir un bateau* (en parlant d'une amarre). Retenir. / *Tenir un liquide* (en parlant d'un récipient). Ne pas fuir.

Avoir en sa possession, sous sa domination, sous son autorité. *Tenir quelqu'un sous son charme.* Fasciner. Envoûter. / *Tenir entre ses mains le sort de quelqu'un.* Détenir. Posséder. / *Tenir une qualité, un défaut de quelqu'un.* Avoir reçu. Etre redevable. / *Tenir une nouvelle de quelqu'un.* Savoir. Connaître. Avoir appris.

Remplir une fonction, une activité. *Tenir un rôle, un emploi.* Exercer. / *Tenir un hôtel, un café, un commerce.* Gérer. Avoir sous sa direction.

Observer fidèlement. *Tenir ses promesses, ses engagements.* Remplir. / *Tenir sa parole.* Etre loyal.

Avoir une certaine étendue, une certaine capacité. *Tenir un certain espace* (en parlant d'une personne ou d'une chose). Remplir. Occuper. / *Tenir une certaine capacité* (en parlant d'un récipient). Contenir. Jauger.

Être attaché à un être, à une chose. *Tenir à quelqu'un.* Avoir de l'affection, de l'amitié. / *Tenir à quelque chose.* Avoir de l'attachement pour. Etre intéressé par. / *Ne tenir à personne ou à rien.* Etre détaché de tout. / *Tenir à* (et l'inf.). Vouloir. Désirer. / *Tenir à une chose* (en parlant d'une chose). Etre fixé. Etre assujetti à. / *Tenir fortement à quelque chose* (en parlant d'une chose). Adhérer. Coller. Etre adhérent. / Adhérence. Adhésif.

Avoir pour cause. *Tenir à une chose* (en parlant d'une chose). Provenir. Résulter de.

Avoir une certaine ressemblance. *Tenir de son père, de sa mère.* Ressembler. Rappeler les traits de.

Se tenir. *Se tenir à quelque chose.* S'agripper. S'accrocher. S'appuyer. Se cramponner. Se retenir. / Etre dans une certaine attitude. / *Se tenir debout. Se tenir couché.* Rester. Demeurer. / *Se tenir bien. Se tenir mal.* Avoir une bonne, une mauvaise attitude; se conduire en personne bien élevée, mal élevée. / *Se tenir* (absol.). Se bien tenir. / *Se tenir* (en parlant d'une chose). Avoir lieu. Etre quelque part. / *S'en tenir à quelque chose.* Se borner à. Se limiter à. Ne pas aller plus loin.

TENUE. *Une bonne, une mauvaise tenue.* Attitude. Contenance. Maintien. Posture. / *Manquer de tenue. Avoir de la tenue.* Manière de se conduire. Décence. Correction. Distinction. / *Une tenue débraillée. Une tenue correcte.* Manière de s'habiller. / *Tenue de sport, de voyage. Tenue de soirée.* Costume. Habillement. / *La tenue d'une maison.* Entretien. Ordre. Organisation.

TENABLE. Supportable. Tolérable.

INTENABLE. Insupportable. Intolérable. / (En parlant d'un enfant.) Mal élevé. Turbulent. Indiscipliné. Infernal (fam.).

Locutions diverses. Tenir sa langue (être discret). Tenir un langage, des propos (s'exprimer de telle manière). Tenir compagnie (rester auprès de quelqu'un). Tenir une assemblée (se rassembler). Tenir compte de (accorder de l'importance, prendre en considération). Tenir rigueur de (ne pas pardonner, garder rancune). Tenir en respect (dans une soumission forcée, en montrant sa force, en menaçant d'une arme). Tenir en estime (estimer). Tenir tête (résister). Tenir ferme, tenir bon (ne pas céder). Tenir le coup (fam., résister à la fatigue, à des attaques, à des soucis). Ne plus pouvoir tenir (être au comble de l'impatience, hors de soi; être à bout). Tenir le bon bout (être près de réussir). Mieux vaut tenir que de courir (il vaut mieux avoir effectivement quelque chose que d'entretenir des espoirs). Un tiens vaut mieux que deux tu l'auras (il vaut mieux avoir réellement un bien que la promesse de deux). Tenir le vin (être capable de boire beaucoup sans être ivre). Tenir un rhume (fam., être enrhumé). En tenir une couche (fam., être bête, stupide). Tenir sa droite, sa gauche (circuler en suivant bien le côté droit, le côté gauche d'une voie). Tenir une personne, une chose pour [et un adj. ou un nom] (considérer comme). Savoir à quoi s'en tenir (être fixé, renseigné). Se le tenir pour dit (se regarder comme averti, ne pas insister). Ne pouvoir se tenir de (ne pouvoir s'empêcher de).

tenter

(du lat. *temptare,* toucher, examiner)

Chercher à faire réussir une chose. *Tenter une expérience, une démarche.* Essayer. Risquer. / Tenter le tout pour le tout (risquer de tout perdre pour tout gagner). / *Tenter de* (et l'inf.). S'efforcer de. Chercher à. S'évertuer à.

TENTATIVE. Essai. Démarche. Recherche.

Chercher à séduire une personne. *Tenter quelqu'un pour de l'argent.* Corrompre. Soudoyer. Entraîner au mal. Solliciter au mal.

TENTATION. Sollicitation. Mal. Péché.

TENTATEUR. *Esprit tentateur.* Démon.

Éveiller l'envie, le désir. *Tenter quelqu'un* (en parlant d'une chose). Attirer. Allécher. Plaire. Faire envie. Dire (fam.). Captiver.

TENTATION. Désir. Envie. Attrait. Attirance.

TENTANT. Attirant. Alléchant. Séduisant. Captivant.

terne

Qui manque d'éclat ou qui a perdu son éclat. *Un coloris terne.* Passé. Délavé. Fané. Sale. Embu. Défraîchi. Blanchâtre. Grisâtre. Jaunâtre. Verdâtre. / *Un teint blanc et terne.* Pâle. Blême. Blafard. Terreux. Exsangue. / *Un regard terne.* Inexpressif. Eteint. Vitreux.

TERNIR. Altérer. Décolorer. Faner. Flétrir. Faire passer. / Ternissure. / *Ternir la réputation de quelqu'un.* Tacher. Entacher. Salir. Flétrir. / Diffamer.

Qui manque d'intérêt, de caractère. *Une vie terne.* Monotone. Morne. Morose. / *Un style terne.* Froid. Incolore. Plat. / *Une conversation terne.* Fade. Insipide. / *Un personnage terne.* Insignifiant. Falot. Sans personnalité.

Terre

(du lat. *terra ;* en gr. *gê*)

Notre planète, la troisième dans l'ordre des distances au Soleil. Globe terrestre ou simplement le globe. Notre monde. Géoïde (globe conventionnel, lisse, obtenu au niveau des mers).

Sciences de la Terre. Géochimie. Géodésie (science qui a pour objet la forme et la mesure des dimensions de la Terre). Géographie. Géologie. Géophysique. Géothermie (science qui a pour objet la chaleur interne de la Terre). Aérologie. Aéronomie. Météorologie. Océanographie. Sismologie. Géocentrisme.

Longitude. Méridien. / Latitude. Equateur. Parallèle. Cercle polaire. Tropique du Cancer, du Capricorne. / Régions, zones polaires, tempérées, tropicales, équatoriales. Pôles Nord et Sud. Pôles magnétiques. / Axe de la Terre. / Nutation (oscillation périodique de l'axe de rotation de la Terre autour de sa position moyenne).

Structure de la Terre. Noyau central, barysphère ou nife (de *ni*ckel et de *fe*r). Manteau ou sima (de *si*lice et de *ma*gnésie). Lithosphère, écorce, croûte terrestre ou sial (de *si*lice et *al*umine). / Mers, océans. Continents, terres émergées. Isostasie (état d'équilibre des différents segments de l'écorce terrestre). Dérive des continents (ils s'éloignent de la zone où ils n'en faisaient qu'un seul). / Pesanteur. Géomagnétisme. Volcanisme. Séismicité. / *Dimensions.* Rayon équatorial : 6 378 km. Circonférence de l'équateur : 40 076 km. Surface de la Terre : 510 101 $\times$ 10^3 km^2. Volume de la Terre : 1 083 320 $\times$ 10^6 km^3.

Mouvements de la Terre. Rotation de la Terre sur elle-même en 23 h 36 min 4 s. Translation de la Terre autour du Soleil. Révolution ou année sidérale, tropique, synodique de 365 j 6 h 9 min 9 s.

Partie du globe, surface sur laquelle se tiennent, se déplacent les êtres vivants. *Jeter un être à terre, par terre.* Renverser. Faire tomber. Terrasser. / *Mettre, poser quelque chose à terre, par terre.* Déposer. / *Etendre par terre.* Coucher. / *Mettre pied à terre. Sauter à terre.* Descendre du lit, de cheval, de voiture, etc. / *Raser la terre* (en parlant d'un oiseau). Sol. / Coucher par terre (sur le sol, sur la dure). / *Armée de terre.* Infanterie (par opposition à la marine, à l'armée de l'air). / *Toucher terre.* (En parlant d'un bateau). Accoster. Aborder. Débarquer. (En parlant d'un avion) Atterrir. / *La terre ferme.* Continent. Le plancher des vaches (fam.). / *Tremblement de terre.* Séisme. Secousse tellurique. / *Ligne qui semble séparer le ciel de la terre ou de la mer.* Horizon. / *Découvrir une terre lointaine.* Contrée. Région. Territoire. Zone. / *Les terres habitées.* Œkoumène (ou écoumère). / *Terre natale.* Pays. / Terre sainte (pays où vécut le Christ). / Terre promise (la Palestine). / Pays dans les terres (loin de la côte, de la mer).

TERRESTRE. Animal, plante terrestre (qui vivent sur la surface émergée du globe). / Extra-terrestre.

TERRIEN. Habitant du globe terrestre.

TERRE À TERRE OU TERRE-À-TERRE. *Esprit terre à terre.* Matériel. / *Projet terre à terre.* Peu élevé.

ENTERRER. *Enterrer un mort.* Déposer en terre. Inhumer. / Enterrement (v. ce mot). / Exhumer (retirer de la sépulture).

SE TERRER. Se cacher dans un lieu souterrain. / Se blottir contre terre.

TERRIER (trou, galerie servant d'abri à certains animaux). V. LAPIN, RENARD.

Séjour des vivants, milieu où vit l'humanité. *Espérer le bonheur sur (la) terre.* Ici-bas. Dans ce monde (des vivants). / *Les biens de la terre.* Du monde. / *Etre sur terre.* Vivre. / *Quitter la terre.* Mourir. / *Civiliser la terre, toute la terre.* Monde. Humanité. Univers. / *La terre entière.* Tous les hommes.

TERRESTRE (relatif à la vie sur la terre). *Bonheur terrestre.* Matériel. Temporel. / Extra-terrestre, supraterrestre (qui est en dehors de la vie sur la terre).

Surface du globe, couche superficielle où poussent les végétaux. *Remuer, creuser la terre.* Sol. / *Elévation de terre.* Monticule. Levée. Remblai. / *Enlever des terres.* Déblayer. / *Terre végétale et produits de décomposition.* Terreau. Humus. / *Terre fertile. Terre inculte.* Terrain. / *Enrichir une terre au moyen d'engrais.* Engraisser. Fertiliser. Amender. Composter. / *Culture de la terre.* Agriculture. / *Terre cultivée.* Culture. / *Terre labourée.* Labour. / *Terre labourée et non ensemencée.* Guéret. / Jachère (terre labourable laissée temporairement en repos). / Retour à la terre (aux activités agricoles, à la culture).

TERREUX (qui est de la nature de la terre). Goût terreux. / *Couleur terreuse.* Brunâtre. Jaunâtre. / *Visage terreux.* Blafard.

TERRASSE. *Terrasse d'un jardin, d'un parc.* Levée de terre (ordinairement soutenue par une maçonnerie).

TERRASSEMENT. *Travaux de terrassement.* Excavation. Creusement. Fouilles. / Matériel de terrassement (excavateur, pelle mécanique, bulldozer, etc.).

TERRASSIER (ouvrier employé à des travaux de terrassement). / Outils de terrassier (pelle, pioche, marteau piqueur).

ENTERRER. *Enterrer une plante.* Mettre en terre. Planter.

DÉTERRER. *Déterrer un arbre.* Retirer de terre. Arracher. Déplanter.

Étendue de surface cultivable appartenant à une personne. *Acheter, vendre une terre.* Propriété. Exploitation agricole. Ferme. Domaine. / *Petite surface de terre.* Lopin, parcelle de terre.

TERRIEN (propriétaire d'une ou de plusieurs terres). Propriétaire foncier. Culterreux (fam.). / *Ascendance terrienne.* De la campagne. / *Un terrien.* Campagnard. Paysan.

Matière pulvérulente utilisée pour fabriquer des objets. Terre à porcelaine (argile grenue qui forme le kaolin). Terre à poterie (argile utilisée en céramique). Terre anglaise (mélange d'argile plastique et de quartz). Terre de pipe (terre anglaise additionnée de chaux). / Terre cuite (argile façonnée et mise au four; objet fabriqué de cette façon).

Nom donné à différents colorants. Terre d'ombre (ocre brun rougeâtre). Terre de Sienne (argile renfermant des oxydes de fer et de manganèse). Terre verte (silicate de magnésium, calcium, aluminium, potassium et sodium renfermant du fer).

Locutions diverses. Courir ventre à terre (très vite). Remuer ciel et terre (s'affairer, s'agiter). Mettre quelqu'un plus bas que terre (traiter avec mépris, dénigrer). Avoir les pieds sur terre (être réaliste).

terreur

(du lat. *terror, terroris*)

Très grande peur. *Etre muet, glacé de terreur.* Epouvante. Effroi. Frayeur. Horreur.

TERRIFIER (frapper de terreur). Effrayer Affoler. Epouvanter. Terroriser.

TERRIFIANT. Epouvantable. Effrayant. Effroyable. Horrible. Terrible.

TERRIBLE. *Un air terrible.* Effrayant. Terrifiant. / *Un danger terrible.* Affreux. Epouvantable. Tragique. Catastrophique. / *Un vent, un froid terrible* (fam.). Violent. Extraordinaire. Formidable (fam.). / *Une envie terrible.* Féroce. / *Un enfant terrible* (fam.). Insupportable. Intenable. Turbulent. Indiscipliné. Entêté.

TERRIBLEMENT (fam.). Extrêmement. Excessivement. Enormément. Etrangement. Formidablement (fam.).

TERRORISER (frapper de terreur). Effrayer. Epouvanter. Terrifier.

TERRORISME. Actes de violence. Destructions. Attentats. Prises d'otages. / Terroriste. / Contre-terrorisme (lutte contre le terrorisme).

testament

(du lat. *testamentum*, pacte, convention)

Acte par lequel une personne déclare ses dernières volontés et lègue les biens qu'elle laissera à sa mort. *Mettre, coucher quelqu'un sur son testament.* Instituer légataire. Inscrire comme légataire.

Diverses formes de testaments. *Testament olographe* (rédigé, daté et signé de la main du testateur; établi en deux exemplaires dont l'un est confié à un notaire). / *Testament public ou authentique* (reçu par deux notaires ou par un notaire en présence de deux témoins et signé par le testateur). / *Testament mystique ou secret* (écrit ou au moins signé par le testateur et remis par lui clos et scellé à un notaire en présence de deux témoins). / *Testaments dits privilégiés* (testaments des militaires, ceux qui sont faits en pays étranger, sur mer, etc.).

Divers types de legs. *Legs universel* (le testateur lègue à une ou plusieurs personnes la totalité de ses biens). / *Legs à titre universel* (le testateur lègue une partie de ses biens). / *Legs particulier* (le testateur lègue un ou plusieurs objets à telle ou telle personne). / *Bénéficiaire d'un legs.* Légataire. Héritier.

TESTAMENTAIRE. Exécuteur testamentaire (personne désignée par un testateur pour exécuter ses dernières volontés).

TESTATEUR. TESTATRICE (auteur d'un testament).

TESTER (faire un testament). Tester en faveur de quelqu'un.

tête

(du bas lat. *testa;* lat. class. *caput, capitis;* en gr. *kephalê*)

Extrémité supérieure du corps humain. *Anatomie de la tête.* Crâne. Face. / *Sommet de la tête.* Sinciput (vx). Vertex. / *Arrière de la tête.* Occiput. / *Os du crâne.* Frontal. Occipital. Sphénoïde. Ethmoïde. Temporaux (écaille, rocher, apophyse mastoïde, apophyse zygomatique). Pariétaux. / *Os de la face.* Maxillaires supérieurs. Os jugaux ou malaires. Os lacrymaux. Os palatins.

Cornets inférieurs. Vomer. Maxillaire inférieur.
Arcade sourcilière. Pommettes. Joues. Menton. Yeux. Oreilles. Nez. Bouche. / Cheveux. Barbe.

Muscles de la tête. Muscles masticateurs. Elévateur de la mâchoire inférieure. Masséter. Temporal. / Abaisseur de la mâchoire. Digastrique. / Divaricateurs (permettent les mouvements latéraux et antéropostérieurs de la mâchoire). / *Muscles peauciers ou de l'expression.* Frontal. Sourcilier. Orbiculaire des paupières. Grand zygomatique. Petit zygomatique. Orbiculaire des lèvres. Triangulaire des lèvres. Buccinateur (élargit la bouche).

Forme de la tête. Dolichocéphale (crâne allongé). Brachycéphale (crâne court, arrondi). Acrocéphale (crâne élevé, en pain de sucre). Macrocéphale (grosse tête). Microcéphale (petite tête). / Indice céphalique.
Termes pop. désignant la tête. Caboche. Citron. Cassis. Carafon. Margoulette. Cafetière. Coloquinte. Cabèche, etc.

Expression du visage. *Une tête antipathique. Une sale tête. Une tête sympathique. Une bonne tête.* Figure. Visage. / *Termes pop.* Bouille. Binette. Bille. Tronche. Gueule. Poire, etc.

Mouvements de la tête. Faire un signe de la tête. Lever. Baisser. Incliner. Pencher. Remuer. Hocher (remuer de haut en bas ou de gauche à droite). Secouer. Dodeliner. Branler. Tourner. / Piquer une tête. Plonger la tête la première. / Nutation (balancement continuel de la tête).

Locutions diverses. Avoir de la tête (avoir du jugement, du sang-froid). Avoir la tête dure (comprendre difficilement). Avoir une bonne tête (être sympathique). Avoir (toute) sa tête (avoir sa raison). Avoir la tête près du bonnet (être coléreux). Avoir la tête sur les épaules (être réaliste). Casser la tête (assourdir, importuner). Coup de tête (décision irréfléchie). En avoir par-dessus la tête (être excédé). Faire (en faire) une tête (manifester sa stupéfaction, son dépit). Faire la tête (fam.; bouder, être de mauvaise humeur). Homme, femme de tête (capable et énergique). Mauvaise tête (personne indisciplinée). Monter à la tête (étourdir, griser). Monter la tête à quelqu'un (échauffer son imagination, l'exciter contre quelqu'un). Se mettre en tête de (prendre la décision de). En faire (n'en faire qu') à sa tête (n'agir qu'à sa guise, être capricieux). Ne pas avoir de tête (oublier ce qu'il faut faire). Perdre la tête (perdre son sang-froid, s'affoler). Etre tombé sur la tête (fam.; ne pas avoir sa raison). Tenir tête (résister). Tête de Turc (personne en butte aux railleries; souffre-douleur). La tête d'une classe (les meilleurs élèves). Payer tant par tête (par personne). Se casser la tête à quelque chose (travailler avec acharnement à quelque chose). Ne pas se casser la tête (fam., ne pas se fatiguer). Se payer la tête de quelqu'un (se moquer de lui).

Relatif à la tête. Têtu. Entêté. Entêtement. / Peine capitale. Décapiter. Décapitation.
Cranioscopie. Craniologie. Craniographie. Craniotomie ou craniectomie. Craniométrie. Cranioplastie. / Phrénologie (étude du caractère d'après le crâne). Phrénologue.
Maux de tête. Céphalée. Céphalalgie. Migraine. Névralgie faciale. Mal de crâne (fam.). Gueule de bois (pop.).

Partie antérieure du corps d'un animal. Tête de cheval, de poisson. / *La tête d'un sanglier.* Hure. / *Tête et thorax d'un animal.* Céphalothorax. / *Monstre sans tête.* Acéphale. / *Une tête de bétail.* Animal (d'un troupeau).

Partie supérieure d'une chose. *La tête d'un arbre.* Cime. Sommet. / *Couper la tête d'un arbre.* Etêter.

texte

(du lat. *textus,* tissu, de *texere,* tisser)

Ensemble des mots qui constituent un écrit. *Le texte d'une œuvre.* Original. / *Le texte d'une loi, d'une constitution.* Teneur. / *Le texte d'un acte.* Libellé. / *Personne qui publie le texte d'un écrivain.* Editeur. / *Le texte d'une chanson.* Paroles. / *Le texte d'une dissertation, d'un devoir.* Sujet. Enoncé.

TEXTUEL (conforme à un texte). *Citation textuelle.* Authentique. / *Copie textuelle.* Littéral.

TEXTUELLEMENT. *Recopier textuellement.* Littéralement. Mot à mot.

thé

(du malais *teh*)

Arbuste cultivé pour ses feuilles aromatiques. *Arbre à thé.* Thé ou théier. / *Thé du Brésil.* Maté.

Feuilles de thé préparées pour faire une infusion. *Sortes de thés.* *Thés noirs.* Le pekoe orange. Le pekoe souchong. Le souchong. Le congou. / *Thés verts.* Le hyson-schoutong. Le grand-perlé. Le poudre-à-canon. Le hyson-junior. Le hyson-skin. Le tonkay. / *Préparation du thé noir.* Flétrissage des feuilles à l'air. Fermentation. Séchage au feu. Triage. / *Préparation du thé vert.* Torréfaction des feuilles (sans fermentation ni noircissement). Enroulement. Triage. / Théine (alcaloïde extrait des feuilles de thé ou de graines de café). Théobromine (alcaloïde extrait du cacao et qui existe aussi dans le thé).

Infusion de feuilles de thé. Thé au lait, au citron, à la menthe. / Préparer du thé. Théière. Passoire à thé. Passe-thé. Boire du thé. / Théisme (intoxication provoquée par l'abus du thé).

Repas léger, réunion où l'on sert du thé. Etre invité à un thé. Salon de thé. / *Le thé de 5 heures.* Five o' clock.

théâtre

(lat. *theatrum,* du gr. *theatron*)

Édifice destiné à la représentation de spectacles dramatiques, lyriques ou chorégraphiques. Un grand théâtre. Un petit théâtre.

Parties d'un théâtre. ***Salle.*** Entrée. Hall. Foyer du public. Promenoir. Orchestre. Parterre (vx). Fosse d'orchestre. Fauteuils d'orchestre. Premier balcon ou mezzanine. Baignoire. Loge. Corbeille. Loge d'avant-scène. Second balcon. Amphithéâtre ou galerie. Second amphithéâtre. Paradis (fam.). Poulailler (fam.). / Magasin des costumes, des accessoires. Loges des artistes. Foyer des artistes. Entrée des artistes. Issues de secours. Vestiaire.

Scène. Plateau. Trou ou boîte du souffleur. Avant-scène. Manteau d'Arlequin. Rampe. Coulisses. Cantonade (vx). Côté cour (côté droit par rapport aux spectateurs). Côté jardin (côté gauche). Rue (espace entre deux coulisses). Trappillons. Fermes (décors montés sur des châssis). Costières (rainures pour laisser passage aux mâts des décors). Toile de fond. Lointain (mur du fond). Dessous. Dessus ou cintres. Gril (plancher à claire-voie sur lequel est installée la machinerie : tambours, treuils, contrepoids, fils, moufles, crochets pour la mise en place des décors, etc.). / *Décor.* Rideaux. Châssis de coulisses. Frises. Plafonds. Praticables (fragments de décor en charpente). / Planter un décor. / *Sources lumineuses.* Luminaire de scène. Rampes. Herses (rampes mobiles). Portants. Projecteurs. Boîtes à lumière.

Entreprise de spectacles dramatiques, lyriques ou chorégraphiques. *Théâtre national.* Comédie-Française. Théâtre de l'Opéra, de l'Opéra-comique. / Théâtre subventionné. Théâtre privé.

Sortes de spectacles. *Pièce de théâtre.* Comédie (v. ce mot). Saynète. Sketch. Lever de rideau. Drame. Mélodrame. Mélo (fam.). Mimodrame. Pantomime. Tragédie (v. ce mot). Trilogie. Tétralogie. / Improvisation. Psychodrame. Sociodrame. / Théâtre du boulevard (comique léger). / *Drame lyrique.* Opéra. Opéra-ballet. Opéra-comique. Opéra bouffe. Opérette. / Ballet. Chorégraphie (v. DANSE). / Théâtre de marionnettes. Guignol.

THÉÂTRAL. *Représentation théâtrale.* Dramatique.

Personnel d'un théâtre. Directeur. Régisseur. Comité de lecture. / Metteur en scène. / Troupe. Compagnie. Artiste dramatique. Acteur. Actrice. Comédien. / Artiste lyrique. Chanteur. Chef d'orchestre. / Maître de ballet. Danseur. / Décorateur. Costumier. Habilleuse. Maquilleuse. / Machiniste. Accessoiriste. Electricien. Bruiteur. Souffleur. / Ouvreuse. Placeuse. / Engagement d'un artiste. Audition. Auditionner. / Contrat. Cachet. / Sociétaire, pensionnaire de la Comédie-Française.

Activité théâtrale. Créer, monter un spectacle. Donner, jouer une pièce. Distribuer les rôles. / Mettre en scène. / Répéter. Répétition. Répétition des couturières. Répétition générale ou générale. / Création. Nouveauté. Reprise. Représentation. Première. Dernière. Clôture. Relache. / Répertoire. Programme.

Art dramatique. *Se destiner au théâtre.* Etudier l'art dramatique. Préparer le conservatoire. / *Faire du théâtre.* Monter sur les planches, sur les tréteaux.

Interprétation. Rôle comique. Bouffon. Rôle tragique. Comédien. Comédienne. Tragédien. Tragédienne. Amoureux. Amoureuse. Jeune premier. Jeune première. Confident. Confidente. Suivante. Soubrette. Ingénue. Coquette. Duègne. Père noble. Valet. / Utilités (emploi subalterne). Doublure. Bouche-trou (fam.). / Rôle muet. Comparse. Figurant. Figuration. / Vedette. Avoir la tête d'affiche. / *Interpréter un rôle.* Jouer. Incarner un personnage. / Déclamer. Déclamation. Donner la réplique. / Gestes. Attitudes. Jeu de physionomie. / Entrer en scène. Paraître sur la scène. Manquer son entrée. / Sortir. Fausse sortie.

Éléments d'une pièce de théâtre. Sujet. Action. Intrigue. Dénouement. / Acte. Scène. Tableau. / Exposition. Prologue. Récitatif. Chœur. Stances. / Episode. Péripétie. Coup de théâtre. Rebondissement. / Règle des trois unités. / Personnages. Dialogue. Réplique. Monologue. Aparté. Tirade.
Auteur dramatique. Auteur comique. Vaudevilliste. Auteur tragique. Dramaturge. / Dramaturgie.

Ensemble d'œuvres dramatiques. Le théâtre antique, grec, romain. / *Le théâtre religieux du Moyen Age.* Mystère. Miracle. / Le théâtre classique, romantique. / Théâtre chinois, japonais. No (drame japonais). / *Le théâtre d'un auteur.* Œuvres.

théologie

(du gr. *theologia,* de *theos,* Dieu, et *logos,* science)

Science qui a pour objet les questions relatives à la religion et spécialement à Dieu. Théologie naturelle ou rationnelle (étude de Dieu à la lumière de la raison humaine). Théologie révélée ou théologie biblique. Théologie patristique. Théologie catholique, protestante. Théologie dogmatique. Théologie morale. Théologie pastorale. Théologie missionnaire ou kérygmatique. / Apologétique (partie de la théologie qui a pour objet de réfuter les attaques dirigées contre la religion). / *Théologie au Moyen Age.* Scolastique. Thomisme. Saint Thomas. / Ecole de théologie. Séminaire. Faculté de théologie. / Eschatologie (partie de la théologie qui étudie les fins dernières de l'homme et du monde).

THÉOLOGIQUE. Etudes théologiques.

THÉOLOGIEN (spécialiste de théologie). Docteur. Casuiste.

théorie

(lat. *theoria,* du gr. *theôria,* observation)

Ensemble d'idées, de notions relatives à un domaine déterminé. *Une théorie politique. Une théorie artistique, littéraire.* Doctrine. Conception. Thèse. / *La théorie* (par opposition à la pratique). Spéculation. / Esprit spéculatif (qui s'attache à la théorie sans se soucier de la pratique). / *En théorie.* D'une manière abstraite. En principe. Théoriquement.

THÉORIQUE. *Egalité théorique.* Hypothétique. / *Jugement théorique.* Spéculatif.

THÉORIQUEMENT (par la théorie). Spéculativement. / Sans tenir compte de la réalité. En principe.

Ensemble de règles, de lois, systématiquement organisées, qui servent de base à une science et qui donnent l'explication d'un grand nombre de faits. *Théorie mathématique, physique.* Système.

THÉORIQUE. *Rendement théorique.* Idéal.

THÉORICIEN. Savant. Spécialiste.

thermomètre

(du gr. *thermon,* chaleur, et *metron,* mesure)

Instrument servant à mesurer les températures. *Thermomètre à liquide.* Réservoir ou cuvette. Tube. Mercure. Alcool, etc. Tablette. / *Echelles thermométriques.* Fahrenheit (chez les Anglo-Saxons); centésimale; Kelvin (part du zéro absolu = — 273,15 °C). Degré Fahrenheit (°F), centésimal (°C); kelvin (K). / Thermomètre à gaz (hydrogène, hélium, azote).
Thermomètre à maxima et à minima (indique les extrêmes atteints par la température). / *Thermomètre enregistreur.* Thermographe. Thermométrographe (fournit une courbe des températures). Thermomètre de Richard. Tube déformable (par la dilatation ou la contraction du liquide). Aiguille. Stylet. Cylindre porte-papier. Thermogramme (courbe enregistrée). Mouvement d'horlogerie. / Thermomètre médical (échelle de 32 à 44 °C en dixièmes de degré). Température axillaire (dans le creux de l'aisselle), buccale (dans la bouche, sous la langue), rectale (dans le rectum). Thermomètre de bain. / *Thermomètres électriques.* Thermomètre à thermistance, à résistance de platine. Pyromètre optique. / *Thermomètres à couples thermo-électriques.* Thermomètre différentiel de Leslie. Bolomètre (pour les mesures très précises). / Thermomètres à vapeur d'hélium, à désaimantation adiabatique (pour la mesure des très basses températures). / *Thermomètres à solides* (bilames dont les métaux constituants ont des coefficients de dilatation très différents). Thermoscope (indique un changement de température, sans le mesurer). / Thermostat (règle la température entre deux limites).

Relatif au thermomètre. Thermométrie. Température (v. ce mot).

tiède

(du lat. *tepidus*)

Qui est d'une température intermédiaire entre le chaud et le froid. *Un bain tiède.* Ni chaud ni froid. / *Une* *boisson un peu tiède.* Tiédasse (fam.). / *Faire tiède* (fam., en parlant du temps). Doux.

TIÉDEUR. Chaleur modérée. Tépidité (vx).

TIÉDIR. ATTIÉDIR. TIÉDISSEMENT. ATTIÉDISSEMENT.

Qui manque d'ardeur, de zèle. *Un tiède partisan d'une doctrine.* Mou. Nonchalant. / *Un accueil tiède.* Mitigé.

TIÉDEUR. Manque d'ardeur, de zèle. Nonchalance. Indifférence.

TIÈDEMENT. Mollement. Nonchalamment. Sans enthousiasme. Sans ardeur.

TIÉDIR. ATTIÉDIR. Tempérer. Modérer. Affaiblir. / TIÉDISSEMENT. ATTIÉDISSEMENT.

tige
(du lat. *tibia ;* en gr. *kaulos*)

Partie d'une plante qui s'élève verticalement de la racine et qui porte les feuilles, les fleurs et les fruits. *Parties d'une tige.* Collet. Nœud. Entrenœud. Bourgeon axillaire. Bourgeon terminal. / *Structure primaire de la tige.* Epiderme. Stomates. Ecorce, ou parenchyme cortical. Endoderme. Cylindre central. Péricycle. Moelle. Faisceaux de bois et de liber. / *Formations secondaires.* Liège. Phelloderme. Liber secondaire. Bois secondaire.

Divers aspects des tiges. Tige aérienne, ascendante, dressée, flexueuse. / *Tige souterraine.* Rhizome. Tubercule. / *Tige rampante.* Stolon. / Tige grimpante, sarmenteuse, dextrovolubile (liseron, haricot, chèvrefeuille), sénestrovolubile (houblon, tamier). / *Tige ligneuse des arbres.* Tronc. / *Tige des céréales.* Paille. Chaume. Glui (dialectal). / Tige adventive. / *Plante à tige peu apparente.* Acaule (fraisier, primevère). / *Plante à longue tige.* Longicaule.

Partie ou pièce allongée d'une chose. *Tige d'une colonne.* Fût. / *Tige d'une pompe.* Barre. Tringle. / Tige d'une clef (partie comprise entre l'anneau et le panneton).

tigre
(du lat. *tigris*)

Grand mammifère au pelage jaune-roux et marqué de grandes rayures noires. Tigresse (femelle). Félidés (famille). Cri du tigre : feulement, râlement, rauquement. Feuler. Râler. Rauquer. / Tigron ou tiglon (produit du croisement d'une lionne et d'un tigre).

TIGRÉ. *Cheval tigré.* Tacheté. Moucheté. Marqué de taches rondes. / *Chat tigré.* Rayé. Zébré. Marqué de bandes foncées.

timide
(du lat. *timidus,* de *timere,* craindre)

Qui manque d'aisance et d'assurance. *Un enfant, un garçon timide.* Embarrassé. Gauche. Gêné. Hésitant. Confus. Mal à l'aise.

TIMIDITÉ. Embarras. Gaucherie. Gêne. Confusion.

TIMIDEMENT. Gauchement. D'un air embarrassé.

timoré
(du lat. *timoratus,* de *timor,* crainte)

Qui est incapable de prendre une décision. *Se montrer timoré par crainte du risque, de la responsabilité.* Indécis. Hésitant. Pusillanime. Timide. Craintif. / Ne pas oser entreprendre.

tirer
(peut-être de l'anc. franç. *martirier ;* en lat. *trahere, tractum*)

Exercer un effort sur une chose de manière à la tendre. *Tirer une corde, un câble. Tirer ses bas, ses chaussettes.* (On dit aussi *tirer sur.*) Tendre. Raidir. Etirer. Allonger. / *Tirer un métal.* Etirer. / Ductile (facile à étirer).

Faire aller dans une direction en exerçant une action sur un être, sur une chose. *Tirer quelqu'un par la manche.* Amener à soi. Attirer. Faire venir. / *Tirer un tiroir.* Ouvrir. / *Tirer un verrou.* Ouvrir. Fermer. / *Tirer une porte derrière soi.* Fermer. / *Tirer des rideaux.* Faire mouvoir (latéralement). / *Tirer une voiture.* Traîner. Faire avancer. / *Tirer un bateau, une remorque.* Haler. Remorquer. Touer. / *Action de tirer.* Traction. / *Traction animale.* Attelage. / *Traction mécanique.* Remorquage. Remorque. / Tracteur (véhicule destiné à tirer un ou plusieurs véhicules ou des instruments, des machines agricoles). / *Véhicule tracté.* Remorque. Semi-remorque.

TIRAILLER (tirer dans tous les sens).

Allonger, étendre dans une direction, en écrivant, en dessinant. *Tirer une ligne.* Tracer. / Trait (marque allongée). Ligne. / Tiret (petit trait). Trait d'union.

Faire cesser d'être dans un lieu, dans une situation, dans un état.

Tirer quelqu'un de prison. Libérer. / *Tirer une personne d'embarras, d'une situation difficile.* Faire sortir. Délivrer. Dépêtrer. Dégager. / *Tirer quelqu'un du sommeil, du lit.* Réveiller. Faire lever. / *Tirer du doute, de l'erreur.* Détromper. Désabuser. Ouvrir les yeux.

Se tirer. *Se tirer d'une difficulté.* Sortir. Se dépêtrer. Se débrouiller (fam.). Se sortir (fam.). Se dépatouiller (fam.). / *S'en tirer* (fam.). En réchapper. Sortir sain et sauf, indemne. S'en sortir (pop.). / *Se tirer d'une tâche.* S'acquitter de. / *Se tirer d'affaire.* Se comporter habilement. Se débrouiller (fam.). Savoir y faire (fam.). / *Se tirer d'un lieu.* S'enfuir. / *Se tirer en douce* (pop.). Partir. Se sauver.

Obtenir une chose d'une personne ou d'une chose. *Tirer de l'argent d'une personne, d'un capital.* Percevoir. Retirer. Soutirer. Extorquer. / *Tirer un renseignement de quelqu'un.* Recueillir. / *Tirer son origine, la source de.* Descendre. Venir de. / *Tirer la morale d'une situation.* Dégager. / *Tirer un mot d'une langue.* Emprunter. / *Tirer une conclusion.* Déduire. Inférer. Conclure. / *Tirer avantage, parti d'une situation.* Profiter. Bénéficier. Utiliser. Saisir une occasion. / *Tirer vanité de ses succès.* Se vanter.

Faire sortir une chose d'une autre. *Tirer le charbon d'une mine.* Extraire. / *Tirer un mouchoir, un sac de sa poche.* Prendre. Sortir. / *Tirer de l'eau à une source.* Puiser. / *Tirer un numéro. Tirer une carte d'un jeu.* Choisir. / *Tirer le lait des mamelles des vaches, des chèvres, des brebis, etc.* Traire. / Traite manuelle, mécanique. Mulsion (action de traire). / Trayeur. Trayeuse. / Trayon.

Enlever un vêtement, un ornement. *Tirer son chapeau.* Oter. Se découvrir. / *Tirer son chapeau à quelqu'un.* Saluer.

Lancer un projectile au moyen d'une arme à feu. *Tirer un coup de fusil.* Décharger. / *Tirer dans toutes les directions.* Tirailler. Mitrailler. Canarder (fam.). Arroser (fam.).

TIR. TIREUR. (V. ARTILLERIE, FUSIL.)

Locutions diverses. Tirer à sa fin (être près de finir). Tirer à conséquence (être important). Tirer à la ligne (allonger exagérément un texte que l'on rédige). Tirer sur la ficelle (fam. ; exagérer). Tirer sur (en parlant d'une couleur, s'approcher de). Tirer au flanc (essayer d'échapper à un travail). Se faire tirer l'oreille (se faire prier). Tirer la jambe (marcher péniblement). Tirer les cartes (prédire l'avenir au moyen des cartes). Tirer les rois (distribuer les parts de la galette dans laquelle se trouve une fève, une figurine et qui fait roi celui qui la trouve dans sa part).

tisser
(du lat. *texere, textum*)

Entrelacer des fils textiles pour former un tissu. Tisser de la laine, du coton, etc. / *Tisser en passant des fils d'or.* Brocher.

Métiers à tisser. *Métier à bras.* Métier à hautes lisses. Métier à basses lisses. Métier à mailles, à marches (leviers actionnés avec les pieds), à la tire, etc. / *Parties, éléments d'un métier.* Bâti. Cadre. Montants. Traverses. Battant. Ensouple (cylindre sur lequel la chaîne est enroulée). Ensoupleau (rouleau horizontal fixé à l'avant du bâti et sur lequel s'enroule le tissu fabriqué). Lames (cadres rectangulaires portant les lisses). Lisse (cordelette en forme d'anneau portant une maille ou œillet dans lequel passe un fil de chaîne). Peigne. Canette. Navette. Poitrinière (traverse du métier à hauteur de la poitrine). Sautereaux (bâtons qui attachent les lames). Temple (double barre pour tendre l'étoffe). Tire-lisses (tringles pour abaisser les lisses). Tirelles (petites cordes). Foule (bois pour tenir écartées les jumelles du peigne).

Métier mécanique. Métier Jacquard. Bâti supérieur. Cartons perforés. Aiguilles verticales à crochets. Griffes. Diaphragme. Presse. Prisme cubique. Fouet. Planche à collets. Planche d'arcade. Porte-fils. Baguette de treille. Mécanique d'armure : à levée simple, à levée double. Sabre (lame étroite et coupante autour de laquelle s'enroule la boucle de laine ou de soie destinée à être coupée). Remisse ou harnais, etc. / Levée automatique du fil de la chaîne. / Métier à changement de canette, à changement de navette, à aiguilles volantes, à boîtes revolver.

Tissage (entrecroisement de fils parallèles). *Principes du tissage.* Chaîne (ensemble des fils parallèles disposés dans le sens de la longueur d'un tissu). Trame (ensemble des fils passés au travers des fils de chaîne dans le sens de la largeur). Duite (longueur d'un fil de la trame, d'une lisière à l'autre).

Opérations préliminaires. Bobinage (opération consistant à enrouler les

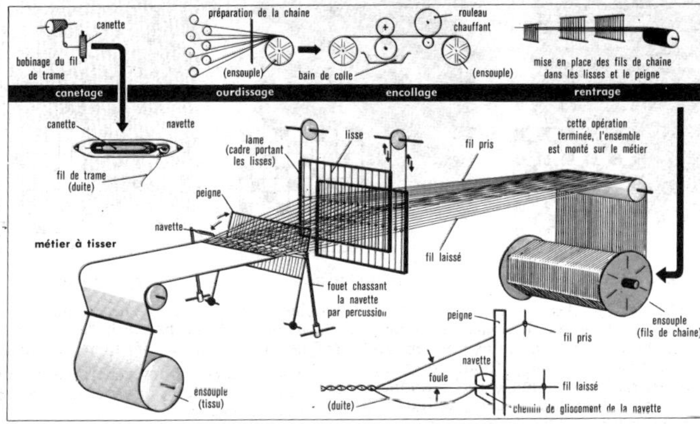

fils de chaîne sur les bobines du métier). Ourdissage (opération consistant à former les chaînes en assemblant parallèlement un certain nombre de fils d'égale longueur). Parage (action d'enduire superficiellement de colle les fils de chaîne destinés au lissage). Canettage (enroulement des fils de trame sur la canette).

Tissage proprement dit. Fils de chaîne disposés parallèlement par l'ourdissage. Chaîne tendue de l'ensouple à la poitrinière. Fils séparés en pairs et impairs par la baguette d'envergure, ensuite en deux nappes par les harnais ou remisses. Passage de la navette au-dessus de tous les fils pairs et au-dessous de tous les fils impairs ou inversement. Remisse (constituée par deux lames parallèles entre lesquelles sont tendus les fils, ou cordelettes, appelés *lisses*). Rentrage (opération par laquelle on fait passer les fils dans les maillons placés au milieu des lisses). Piquage en peigne (passage des fils de chaîne à travers les dents du peigne).

Armures (mode d'entrecroisement des fils de chaîne et de trame). *Armures fondamentales.* Armure toile. Armure sergé. Armure satin.
Armure toile (obtenue en soulevant alternativement fils pairs et impairs de la chaîne, pour laisser passage au fil de trame [duite]). Tissu sans endroit ni envers : percale, taffetas, etc.). / Armure dérivée de la toile : cannelé par trame (toile à voile, reps d'ameublement) ; cannelé par chaîne (popeline, épinglé, etc.) ; armure toile dérivée en surface (natté), natté irrégulier (grain de poudre).
Armure sergé (constituée à partir d'un certain nombre de fils de chaîne et d'un nombre égal de fils de trame). Tissu à côtes obliques avec endroit et envers. / Armure dérivée du sergé : sergé à nervures composées (croisé, finette, etc.) ; armures multiples, armures façonnées.
Armure satin (un seul fil levé pour le passage de chaque duite). Tissu uni. Linge de table damassé. Armures dérivées du satin : satinés.
Armures composées. Armure dérivant du cannelé et du sergé : tissus à diagonales. Armure dérivant d'un croisé : chevron à branches égales et à branches inégales. / Armures à éléments multiples (une chaîne, deux trames, deux chaînes, une trame, etc.). / Velours.

Opérations diverses. *Blanchiment* (pour modifier la teinte naturelle du textile) par élimination des matières étrangères (corps gras, etc.). / *Teinture.* Teinture en bourre (avant la filature). Teinture en flotte (après la filature). Teinture en pièces (sur le tissu). / *Impression* (mode de décoration à l'aide de matières colorantes). Impression à la planche (gravure en relief produite sur des blocs de bois). Impression à la lyonnaise (planches remplacées par des cadres). Impression au rouleau (cylindre gravé en creux). / Séchage du tissu. Fixation des colorants. *Apprêt* (ensemble de traitements ayant pour but de donner aux tissus l'apparence la plus favorable). Opérations

armure toile

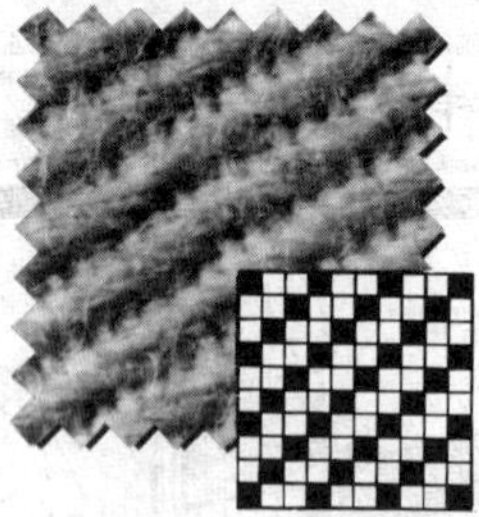

armure sergé

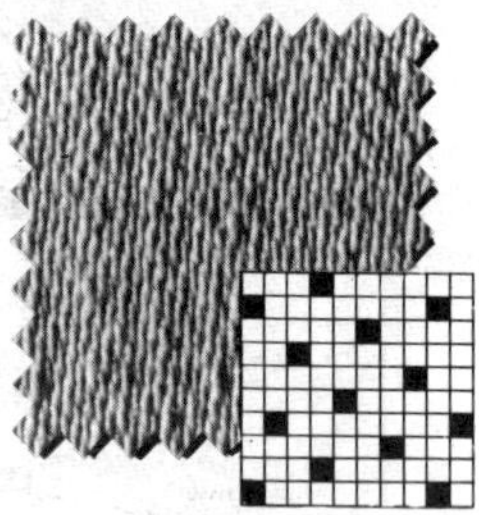

armure satin

visant à nettoyer les tissus, à éliminer les duvets : grillage ou flambage, éventuellement tondage. / Opérations pour modifier les tissus : foulage (pour resserrer les tissus de laine), lainage (pour donner un aspect laineux), brossage, veloutage, ratinage (pour modifier l'aspect), mercerisage (pour donner un brillant aux tissus de coton). / Opérations de fin de traitement : décatissage (pour rendre les tissus plus moelleux), calandrage (pour donner aux tissus de coton plus de brillant), moirage, gaufrage. / Apprêts proprement dits (dépôt de substances destinées à affermir, à raidir les tissus). Traitements pour les rendre infroissables, irrétrécissables.

Relatif au tissage. Tisserand (ouvrier qui tisse ou qui surveille un métier à tisser). Tisseur (ouvrier sur métier à tisser). Lissier. Haute-lissier. Basse-lissier.

tissu

(participe passé de *tistre,* forme ancienne de *tisser*)

Matière souple obtenue par l'assemblage de fils textiles entrelacés. *Acheter, vendre du tissu.* Etoffe. / *Tissu de lin, de chanvre.* Toile. / *Tissu de laine.* Lainage. Drap. / *Tissu de coton.* Cotonnade. / *Tissu de soie.* Soierie. / *Tissu à base de poils d'animaux.* Cachemire, mohair (poil de chèvre). / Tissu à poils de chameau, de lama.

Aspect des tissus. Tissu uni. Tissu broché, bigarré, chiné, cloqué, crêpé, damassé, fil-à-fil, gaufré, granité, jersey, mille-raies, moucheté, pied-de-poule, suédine. Tissu satiné, soyeux, pelucheux. Tissu imprimé. Tissu à raies, à rayures ou rayé. Tissu à carreaux, à pois, à fleurs, à ramages. Tissu écossais. Tissu à côtes ou côtelé. Tissu brillant, à reflets, moiré, gorge-de-pigeon. Tissu pékiné (à rayures brillantes et mates). Tissu léger, transparent, vaporeux, arachnéen. Tissu doux, moelleux. Tissu sec, rèche, raide. Tissu lourd, qui a du corps, de la tenue. Tissu fragile, qui passe (un déjeuner de soleil).

Cotonnades (nom générique donné aux tissus de coton pur ou mélangé à d'autres fibres).

CLASSIFICATION COMMERCIALE. *Cotonnades* dites « tissus de blanc ». Batiste. Calicot. Cellular. Cotonnette. Coutil. Cretonne. Linon. Madapolam. Mousseline. Percale. Plumetis. Shirting. Toile, etc. / *Cotonnades légères ou de fantaisie* (dites aussi « indiennes »). Cloqué. Crêpe. Crêpon. Eponge. Fileté. Grain de poivre. Organdi. Oxford. Roumacla. Toile de Vichy. Toile nationale. Voile. Zéphyr, etc. / *Cotonnades épaisses ou feutrées.* Duvetine. Finette. Flanelle. Molleton. Ouatine. Pilou. Piqué. Tennis. Veloutine. Zénana, etc. / *Doublures de coton.* Broché coton. Lustrine. Percaline. Satin de Chine. Satinette. Sergé, etc.

Lainages (nom générique des tissus de laine).

CLASSIFICATION COMMERCIALE. *Lainages relativement légers.* Mousseline de laine. Taffetas de laine. Moire de laine. Etamine. Crêpe. Crêpon. Grenadine. Flanelle. Cheviotte, etc. / *Draperie pour dames.* Gabardine. Serge. Drap amazone. Velours de laine divers. Granité. Grain-de-poudre. Tweed, etc. / *Draperie pour hommes.* Drap lisse (pour habits de cérémonie). Drap de fantaisie : peigné, tweed, homespun, loden, ratine, taupeline, diagonale, etc. / Drap commun (fait d'effilochés de chiffons de laine). Teddy-bear. Drap militaire.

Soieries (nom donné aux tissus entièrement faits de fils de soie ou dont les fils de soie constituent la matière principale). *Soieries armure toile.* Taffetas. Poult-de-soie. Faille. Moire. Mousseline. Organdi. Voile. Crêpe anglais. Toile de soie. Douppion. Pongé. Shantung. Tussor. Crêpe. Crépon, etc. / *Soieries armure sergée.* Diagonale. Foulard. Surah. Twill, etc. / *Soieries armure satin.* Satin. Crêpe satin, etc. / *Soieries armures spéciales* (dites aussi « tissus armurés »). Reps. Piqué. Royale (pour cravates). Ottoman. Velours. Peluches. Gazes. Tulles. Soieries façonnées ou jacquards : brochés, brocarts, lamés, damas, cloqués, etc. / Tissus composés : pékiné, bayadère, double-face, etc. / *Soieries d'ameublement.* Brochés. Brocarts et brocatelles. Damas et damassés. Droguet. Lampas. Velours, etc.

Toiles (anciennement tissus faits de fils de lin ou de chanvre). *Classification des toiles.* Toile de coton, de laine, de soie. Toile d'Irlande. Toile nationale. Toile d'avion. Toile à matelas. Toile à peindre. Toile à bâches. Toile d'emballage, à sacs. Toile à voiles. Toile cirée. Toile métallique, etc.

Velours (tissu ras d'un côté et couvert de l'autre de poils dressés, très serrés). Velours de coton. Velours de soie, de rayonne, de Nylon, etc. Velours de coton, de rayonne (pour ameublement).

Matières textiles. *Nature des matières textiles.* Naturelles (végétales, animales, minérales). Artificielles (cellulosiques, protéiques, minérales). Synthétiques (polyamides, polyesters, acryliques, vinyliques).

Textiles naturels. *Fibres végétales.* Constituées par la cellulose localisée sous l'écorce (fibres libériennes, lin, chanvre); dans les feuilles (crin végétal, alfa, sisal); dans les gousses, autour des graines (coton, kapok); dans les fruits (coco). / *Fibres animales.* Constituées par le poil de certains animaux (laine du mouton, poils de la chèvre, de la vigogne, du lama, du lapin, etc.); par la bave de certains vers et insectes qui donnent la soie. / *Fibres minérales.* Amiante. Tourbe textile, etc.

Textiles artificiels. *Fibres cellulosiques.* Rayonnes (viscose, acétate, rayonne au cuivre). Fibranne. / *Fibres protéiques.* Fabriquées à partir de matières naturelles protéiques (caséine du lait, amandes d'arachides, etc.). / *Fibre minérale.* Verranne (fibre de verre coupée).

Textiles synthétiques (produits de réactions chimiques successives). *Polyamides.* Nylon. Rilsan. Perlon, etc. / *Polyesters.* Térylène. Dacron, etc. / *Fibres acryliques.* Orlon. Dynel, etc. / *Fibres vinyliques.* Rhovil. Thermovyl, etc.

Passementerie (garnitures diverses). *Passements pour vêtements.* Ganse. Tresse. Galon. Effilé. Frange. Motifs perlés et brodés. Soutache. Cordelière. Colifichets à la mode : collerettes, boucles, etc. / *Passementerie pour ameublement.* Galon. Cordelière. Ganse. Frange et gland. Houppe. Capiton. Embrasse, etc.

titre

(du lat. *titulus,* inscription, titre d'honneur)

Désignation exprimant une distinction de dignité, de rang. *Titre de noblesse.* Nobiliaire. / *Titres de souverains, de hauts fonctionnaires qui gouvernent.* Roi. Empereur. Emir. Shah ou Chah. Prince. Président. / *Titres ecclésiastiques.* Pape. Patriarche. Archidiacre. Métropolite. Archevêque. Archiprêtre, etc. / Saint-Père. Eminence. Eminentissime. Excellence. Excellentissime. / Sa Sainteté. Son Eminence. Son Excellence. / Père. Révérend. Révérendissime. Frère. Sœur. / Mon père. Ma mère. / Titres militaires et grades (v. ARMÉE). / *Appellation d'une personne qui a un titre.* Majesté. Altesse. Sire. Monseigneur. / Maître. Docteur. / Monsieur. Madame. Mademoiselle, etc.

TITRÉ (qui possède un titre de dignité, de noblesse). Une femme titrée.

Désignation de fonction, de charge. Le titre de président, de ministre, de député. Le titre de magistrat, de professeur. / *Conférer un titre.* Nommer. / Titre universitaire (v. UNIVERSITÉ). / En titre (se dit d'une personne qui a le titre de la fonction qu'elle exerce).

TITULAIRE (se dit d'une personne qui possède un emploi, une charge, une fonction pour lesquels elle a été nommée, en vertu d'un titre). Professeur titulaire (par opposition à suppléant, stagiaire).

TITULARISER. *Titulariser un fonctionnaire.* Rendre titulaire.

Qualité de gagnant dans une compétition. *Détenteur d'un titre sportif.* Champion. Recordman. / Challenge (épreuve sportive dans laquelle le vainqueur détient un titre jusqu'à ce qu'un concurrent l'en dépossède). Challenger ou challengeur (celui qui cherche à enlever son titre à un champion).

Qualification donnée à une personne. *Recevoir le titre de bienfaiteur, de libérateur.* Nom. Dénomination. / *Donner le titre de.* Appeler. Nommer. Désigner.

Écrit, document établissant le droit d'une personne à une désigna-

tion honorifique, à une charge, à une fonction ou à un droit social. *Titre de noblesse.* Brevet. Parchemin. / *Titre qui confère un grade.* Diplôme. Certificat. / *Titre de propriété.* Document. Pièce. / *Titre de rente.* Valeur. Action. Obligation. Part de fondateur. / *Titre de transport.* Billet. Ticket. Carte. Coupon.

TITULAIRE. Titulaire d'une carte (personne qui la possède selon un droit).

Désignation de la proportion d'or ou d'argent dans un alliage, de la teneur en telle matière d'un corps composé. *Titre légal d'une monnaie, d'une pièce d'orfèvrerie.* Aloi (vx). Fin.

TITRER. *Titrer un alliage.* Déterminer le titre de. / *Titrer* (en parlant d'une liqueur). Avoir tant de degrés (pour titre).
TITRAGE. *Titrage d'un alcool.* Degré.

Désignation du sujet d'un livre, d'une œuvre littéraire, musicale, cinématographique, d'une chanson, d'une émission radiodiffusée, télévisée, etc. *Donner un titre à un roman.* Intituler. / Page de titre (celle qui porte le titre entier, le sous-titre, le nom de l'auteur). / Faux titre (titre abrégé imprimé sur le feuillet qui précède la page de titre et sans nom d'auteur ni d'éditeur). / Titre courant (ligne en gros caractère placée en haut des pages d'un livre).

SOUS-TITRE. Sous-titre d'un livre (titre placé après le titre principal et destiné à le compléter). / Sous-titre d'un film (traduction résumée d'un film et projetée en bas de l'image).

SOUS-TITRER. *Sous-titrer un film.* Intercaler des sous-titres. / SOUS-TITRAGE.

TITREUSE (machine utilisée pour la composition des titres).

Texte en gros caractères présentant un article de journal ou placé en tête d'une affiche, d'un prospectus. *Titre en première page, à la une.* Manchette.

TITREUR. Titreur d'un journal (celui qui rédige ou compose les titres).

Locutions diverses. A juste titre (à bon droit, avec raison). A ce titre, à quel titre (pour cette raison, pour quelle raison). A titre de (en tant que, comme).

toilette
(de *toile*)

Ensemble des soins de propreté du corps. *Faire sa toilette.* Faire ses ablutions (fam.). Se laver. Se débarbouiller (fam.). Prendre un bain, une douche. Se baigner. Se doucher. / Se raser. Se faire la barbe. / Se frictionner. Se parfumer. Se peigner. Se coiffer. Se faire les ongles. / Se maquiller. Se pomponner. Se bichonner (fam.). / Faire une grande toilette. / Faire une toilette de chat (fam.). Faire une toilette rapide. Se laver le bout du nez.

Objets et produits de toilette. *Linge de toilette.* Serviette. Gant, main de toilette. Gant de crin. Peignoir. Sortie de bain. / Fond de bain. / *Nécessaire de toilette.* Trousse. Brosses. Brosse à cheveux. Brosse à dents. Peigne. / Lime à ongles. Onglier. Coupe-ongles. Pince à épiler. / Rasoir électrique. Rasoir à lames. / Crème. Blaireau. Savon à barbe. Savonnette. / Fard. Poudre. Crème adoucissante, hydratante. Rouge à lèvres, à joues. Bâton. / Crayons pour les yeux. Fond de teint. Lotion démaquillante. Poudrier. Houppette. / Cosmétique. Pommades. Talc. Dé(s)odorant. Coton. Parfums. Eau de toilette. / Fer à friser. Bigoudis. Rouleaux. Laque, etc.

Mobilier de toilette. Cabinet de toilette. Salle de bains. Salle d'eau. / Installation sanitaire. Baignoire. Tub. Appareil à douche. Bidet. / Pot à eau. Cuvette. Lavabo. Séchoir. Porte-serviettes. / Coiffeuse. Glace. Miroir. Psyché. / Flacons à parfum. Vaporisateur. Atomiseur.

Le fait de s'habiller et de se parer (en parlant d'une femme). *Aimer la toilette.* Habillement. Parure. / *Parler toilette.* Chiffons (fam.).

Vêtement féminin. *Une toilette de mariée. Une toilette de bal.* Robe.

toit
(du lat. *tectum,* de *tegere,* protéger)

Partie supérieure d'une construction et qui la protège des intempéries. *Réparer un toit.* Toiture. Couverture. / *Parties d'un toit.* Faîte. Versant. Noue (angle formé par la rencontre des surfaces inclinées de deux combles). / *Formes de toit.* Toit pointu. Toit incliné, en pente. Toit horizontal. Terrasse. Toit en coupole, en dôme. / *Eléments d'un toit.* Charpente. Couverture. Accessoires.

Charpente. Faîtage. Ferme. Panne. Panne faîtière. Panne sablière. Chevron. Chevron d'arêtier. Arbalétrier. Echantignole. Poinçon. Enrayure. Entrait. Lien. Contre-fiche. / Lattis. Latte. Volige. Chanlatte. / Comble. Comble à surfaces planes, à surfaces courbes. Comble simple. Comble brisé, comble à la Mansart ou comble à la française (deux plans à inclinaison différente sur le même versant). Comble à bât d'âne. Comble retroussé. Comble en sheds (pour les bâtiments industriels). / *Construction formée d'un toit reposant sur des supports.* Hangar. Halle. Kiosque. / *Toit adossé et supporté par des poteaux.* Appentis.

Couverture. *Matériaux.* Tuile. plate. Tuile mécanique. Tuile ronde romaine. / Ardoise. Zinc. Cuivre. Plomb. Tôle plane. Tôle ondulée. Aluminium. / Ciment. Tuile en ciment armé, en ciment non armé. Amiante-ciment. / Verre. Pavé de verre. / Paille. Chaume. Glui (dialectal).

Accessoires. *Partie saillante.* Auvent. Avant-toit. / Chéneau (conduit qui longe un toit et recueille les eaux de pluie). / Crapaudine (plaque ou grille qui arrête les ordures à l'entrée d'une gouttière). / Tuyau de descente. Gouttière. Larmier. Gargouille. / Lucarne. Chien-assis. Châssis à tabatière. Œil-de-bœuf. / Girouette. Paratonnerre.

tolérance

(du lat. *tolerantia*, patience)

Respect de la liberté d'autrui, de ses manières de penser et d'agir, et particulièrement de ses opinions religieuses, philosophiques, politiques. *Faire preuve de tolérance à l'égard de quelqu'un.* Compréhension. Largeur d'esprit.

TOLÉRANT. *Se montrer tolérant.* Avoir l'esprit large.

INTOLÉRANCE. Sectarisme. Intransigeance. Etroitesse d'esprit. Fanatisme.

INTOLÉRANT. Sectaire. Intransigeant. Fanatique. / *Rendre fanatique.* Fanatiser.

tolérer

(du lat. *tolerare*, supporter)

Laisser se produire ou subsister une chose que l'on n'approuve pas. *Tolérer un abus.* Permettre. Autoriser. Supporter. / *Tolérer un défaut, une négligence.* Excuser. Pardonner. Fermer les yeux sur. Passer. / *Tolérer la présence d'une personne.* Supporter. Admettre à contrecœur.

TOLÉRANCE. Non-interdiction. Permission. / *Tolérance grammaticale, orthographique.* Liberté de ne pas appliquer une règle. Licence.

TOLÉRANT. *Un mari tolérant.* Facile. Débonnaire. Indulgent.

TOLÉRABLE. *Une négligence, une faute tolérable.* Excusable. Pardonnable.

INTOLÉRABLE. Inadmissible. Inexcusable. Impardonnable.

Subir sans dommage apparent certains effets chimiques ou physiques. *Tolérer un médicament* (en parlant de l'organisme). Supporter. / *Tolérer un aliment.* Digérer facilement.

TOLÉRANCE. Tolérance à certains remèdes (capacité de les supporter).

INTOLÉRANCE. *Intolérance à des médicaments.* Sensibilisation. Allergie.

INTOLÉRANT. Allergique.

tomber

(du francique **tumon ;* en lat. *cadere*)

Être entraîné vers le sol par son propre poids ou par une impulsion. *Tomber par terre, à terre* (en parlant d'un être). Choir (vx). Faire une chute. Chuter (fam.). Perdre l'équilibre. Dégringoler (fam.). S'abattre. S'affaisser. S'effondrer. / *Express. fam.* Se casser la figure. Se flanquer, se fiche(r) par terre. Prendre un billet de parterre. Mordre la poussière. / *Express. pop.* Ramasser une bûche, un gadin, une pelle. Aller dinguer, valdinguer. Se casser la gueule. / *Tomber dans un gouffre, dans un ravin.* Rouler. Dévaler. / *Tomber de tout son long.* S'étaler. S'aplatir. S'allonger. Tomber les quatre fers en l'air (fam.). / *Tomber à la renverse, sur le dos.* Faire la culbute. Culbuter. Basculer. / *Tomber à l'eau, dans l'eau.* Plonger. Piquer une tête (fam.). / *Se laisser tomber dans, sur quelque chose.* S'affaler. / *Manquer de tomber.* Faire un faux pas. Trébucher. Chanceler. Achopper (littér.). Buter contre. Vaciller. Broncher (en parlant d'un cheval). / Trébuchement. Achoppement. / *Faire tomber quelqu'un.* Faire un croc-en-jambe, un croche-pied. Jeter à terre. Renverser. Terrasser. Culbuter. Plaquer.
Tomber (en parlant d'une chose). S'écrouler. S'affaisser. S'ébouler. S'effondrer. / *Tomber* (en parlant d'un avion). S'abattre. Piquer. / *Tomber en mer.* S'abîmer (littér.). / *Tomber* (en parlant de la pluie, de la neige, de la grêle). Pleuvoir. Neiger. Grêler. / *Tomber goutte à goutte.* Goutter. Dégoutter. Dégouliner (fam.). / *Tomber* (en parlant des feuilles, des fruits). Se détacher. / (Au fig.) *Tomber* (en parlant d'un obstacle, d'une objection). Disparaître. S'effondrer.
Le fait de tomber (en parlant d'un être). Chute. Dégringolade (fam.). / (En parlant d'une chose). Eboulement. Effondrement. Affaissement. Avalanche. Glissement de terrain. / Chute de pluie, de neige, de grêle.

Perdre la vie. *Tomber au champ de bataille, au champ d'honneur.* Mourir. Périr. Etre tué. Etre mortellement blessé.

Perdre le pouvoir. *Tomber* (en parlant d'un ministère). Etre renversé. Démissionner. Se démettre. / *Le fait de tomber* (pour un gouvernement). Chute. Renversement. Démission.

Être en décadence. *Tomber bien bas* (en parlant d'une personne, d'une société). Déchoir. Dégénérer. S'abâtardir. / *Le fait de tomber, de déchoir.* Chute. Déchéance. Décadence. Abâtardissement. Ecroulement. Ruine.

Perdre de sa force, de son intensité, de sa valeur. *Tomber* (en parlant du vent). S'affaiblir. Faiblir. S'apaiser. Se calmer. Calmer. / *Tomber* (en parlant de la fièvre). Baisser. Diminuer. / *Tomber* (en parlant du jour). Décliner. Décroître. / *Tomber* (en parlant d'un prix, d'un cours). Baisser. Dégringoler (fam.).

TOMBÉE. *Tombée du jour.* Crépuscule.

TOMBANT. *A la nuit tombante.* Le soir.

S'abaisser en certaines parties. *Tomber du plafond* (en parlant d'un lustre). Pendre. / *Tomber sur les épaules* (en parlant des cheveux). Retomber. / *Tomber jusqu'à terre* (en parlant d'une robe). Traîner.

TOMBANT. Epaules tombantes.

Se trouver soudainement dans une situation fâcheuse, dans un certain état. *Tomber aux mains de l'ennemi.* Etre fait prisonnier. / *Tomber dans un piège.* Etre pris. / *Tomber d'un excès dans un autre.* Passer. / Tomber de Charybde en Scylla (tomber d'un mal dans un plus grave). / *Tomber malade.* Devenir malade subitement. / *Tomber dans la misère.* Etre malheureux. / *Tomber amoureux.* S'éprendre.

Arriver, par une certaine coïncidence. *Tomber à telle date, tel jour.* Survenir. Echoir. Se produire.

Arriver à tel endroit ou à tel moment par l'effet du hasard. *Tomber sur quelqu'un, sur quelque chose.* Rencontrer, trouver à l'improviste. / *Tomber bien. Tomber à point, à pic* (fam.), *à propos* (en parlant d'une personne ou d'une chose). Avoir de la chance. Arriver à un bon moment. / *Tomber mal* (en parlant d'une personne ou d'une chose). Ne pas avoir de chance. Arriver à un mauvais moment.

Locutions diverses. Laisser tomber quelque chose (laisser échapper volontairement ou non). Laisser tomber quelqu'un, quelque chose (fam., abandonner, ne plus s'occuper de, ne plus s'intéresser à). Tomber sous la main de quelqu'un (en parlant d'une chose, se trouver à sa disposition). Tomber sous la main, sous la coupe de quelqu'un (en parlant d'une personne, se trouver sous sa dépendance, à sa merci). Tomber sous le sens (être clair, évident). Tomber sur quelqu'un (se précipiter sur; critiquer violemment). Tomber à l'eau (en parlant d'un projet, échouer). Ne pas tomber dans l'oreille d'un sourd (être relevé, remarqué, saisi).

ton

(lat. *tonus*, du gr. *tonos*)

Degré d'élévation et d'abaissement de la voix. *Parler, chanter sur un ton aigu, sur un ton grave.* Note. / *Changement de ton.* Inflexion.

Manière de parler, de s'exprimer dans un écrit. *Un ton de voix naturel, simple.* Intonation. Expression. Elocution. Accent. / *Le ton d'une lettre.* Style. Forme. / Un ton aimable, agréable, amical, paternel, familier. Un ton froid, indifférent. Un ton oratoire, noble, sublime, grave, solennel, emphatique. Un ton doctoral, professoral, magistral, dogmatique, sentencieux. Un ton autoritaire, aigre, sec, rogue, impérieux, impératif, péremptoire, tranchant, cassant, dictatorial. / *Hausser le ton.* Avoir le verbe haut. Parler fort. Le prendre de haut. / *Baisser le ton.* Se montrer moins agressif, moins arrogant. / *Faire baisser le ton.* Rabattre le caquet (fam.). / *Changer de ton.* Déchanter. Rabattre de ses prétentions.

Manière de parler, de se comporter particulière à une société, à une époque. *Le ton d'une plaisanterie.* Genre. Goût. / *De bon ton.* Honnête. Correct. / *Le bon ton.* Politesse. Bonnes manières. Bienséances. Convenances.

Degré de l'échelle des sons. Demi-ton. Quart de ton. / Ton majeur. Ton mineur.

Gamme dans laquelle un morceau de musique est écrit et qui est désignée par sa note initiale. Ton de *ré* majeur. Ton de *sol* mineur. / *Passage d'un ton à un autre.* Modulation.

TONIQUE (note fondamentale caractéristique de la gamme dans laquelle un morceau est écrit).

TONAL (relatif au ton). Système tonal. / Musique tonale (dans laquelle on doit respecter le ton principal).

ATONAL. Musique atonale dodécaphonique.

TONALITÉ. Caractère d'un air, d'un chant qui est écrit dans un ton déterminé (*ré* majeur, *ré* mineur, etc.). / Organisation des sons musicaux selon une gamme fixe.

En peinture, couleur considérée dans son intensité. *Ton pur. Tons fondus. Ton froid. Ton chaud.* Teinte. Nuance.

TONALITÉ (impression qui se dégage de l'ensemble des couleurs, de leur rapport). Tonalité vive, gaie, terne d'un tableau.

tondre

(du lat. *tondere*)

Couper à ras la laine, le poil des animaux; les tiges, les pousses des végétaux. *Tondre un mouton, un chien.* Dépouiller de sa laine, de ses poils. / *Tondre quelqu'un* (fam.). Couper les cheveux très courts. / *Tondre une haie.* Tailler. / *Tondre une pelouse.* Couper (l'herbe) à la tondeuse.

TONTE (action de tondre). Tonte des moutons. / *Tonte d'un cheval.* Tondage. / *Epoque de la tonte.* Tondaison.

TONDEUR. Tondeur d'animaux.

TONDEUSE (petite faucheuse). Tondeuse mécanique, tondeuse à moteur. / Tondeuse de coiffeur. / Cisaille (pour les arbustes).

tonneau

(du bas lat. *tonna;* lat. class. *dolium*)

Grand récipient en bois de forme cylindrique fermé par deux fonds et servant à contenir des liquides ou certaines marchandises. *Un tonneau de vin, de cidre, de bière.* Fût. Futaille. / Caque (baril de harengs salés). / *Petit tonneau.* Tonnelet. Barrique. Baril. Feuillette. Quartaut. Pièce. / *Grand tonneau.* Tonne. Foudre. / *Parties d'un tonneau.* Fond, fonçailles ou enfonçures. Douves, douvelles (planches un peu courbées qui occupent la longueur d'un tonneau). Jable (rainure faite aux douves pour arrêter les fonds). Traversin (pièce du fond). Bouge, panse ou ventre (partie renflée). Cercles. / Cercler. Recercler. Rebattre. Relier. / Cerclage. Recerclage. Reliage. / Enjabler. Foncer. / Bonde (trou par lequel on remplit un tonneau. / Bonde ou bondon (morceau de bois rond pour boucher ce trou). / *Verser un liquide dans un tonneau.* Entonner. Enfûtailler. Enfûter. / Mettre un tonneau en perce. / Fausset (petite cheville de bois pour boucher le trou fait avec un foret). / *Maintenir un tonneau plein.* Ouiller. Rembouger (dialectal). / *Ce qui reste au fond d'un tonneau.* Baissière, fond de tonneau ou lie. / Chantier (support sur lequel on place un tonneau dans une cave). / Poulain (pièces de bois assemblées pour descendre les tonneaux à la cave). / *Bois à tonneaux.* Chêne. Merrain (bois de chêne débité en planches). / Marquer ou rouanner. / Rouanne (sorte de compas servant aux agents des contributions pour marquer les tonneaux).

Manutention des tonneaux. Rouler. Engerber (superposer). Mettre sur chantier.

TONNELIER (artisan, ouvrier qui fabrique ou répare les tonneaux). / *Outils du tonnelier.* Aisseau ou aissette (petite hache). Herminette (hache recourbée). Assette (marteau). Jabloire. Hutinet ou utinet (petit maillet). Compas. Davier. Colombe (grande varlope). Doloire.

TONNELLERIE (métier du tonnelier; objets fabriqués par le tonnelier).

topographie

(du gr. *topos,* lieu, et *graphein,* écrire, dessiner)

Technique de la représentation des formes d'un terrain et de ses détails naturels et artificiels. Arpentage (mesure de la superficie des terres). Géodésie (science des dimensions et de la forme de la Terre). / Topométrie (ensemble des opérations effectuées sur un terrain pour la détermination des éléments d'une carte). Photogrammétrie. Aérophotogrammétrie. Stéréophotographie. / Satellite géodésique. Astronomie géodésique. / Gravimétrie (mesure de la pesanteur). Bathymétrie (mesure de la profondeur des mers). / Altitude. Azimut. Cote. Courbe de niveau. Point, ligne, polygone géodésiques.

Technique topographique. *Instruments topographiques.* Alidade (règle mobile autour d'un point fixe et servant à déterminer une direction ou à mesurer un angle). Alidades nivélatrice, holométrique. Borne. Boussole. Chaîne d'arpentage (ruban d'acier de 10, 20, 50 mètres). Décamètre. Déclinatoire. Eclimètre. Equerre optique. Fiche. Géodimètre. Goniomètre. Graphomètre. Jalon. Mire. Niveau. Nivelette. Planchette. Règle à éclimètre. Stéréocomparateur. Tachéomètre. Telluromètre. Théodolite.

Opérations. Altimétrie (représentation du relief du sol). Nivellement (mesure de l'altitude des points). / Planimétrie (représentation conventionnelle des

objets d'un terrain). Cultellation (projection des points sur un plan). Triangulation. / Arpenter. Bornage. Bornoyer. Chaînage. Chaîner. Cheminement. Levé du canevas, des détails. Lever le plan. Report sur la planchette.
Plan. Carte. Cartographie. Dresser un plan, une carte. / Géoïde. Ellipsoïde de référence. Canevas topographique. / Signes conventionnels. Relief. Orographie. Réseau hydrographique. / Echelle. Projections de Laborde, de Lambert, de Mercator, de Mollweide. Projections conforme, équivalente, orthographique ou orthogonale, perspective, polyédrique, stéréographique.

Relatif à la topographie. Arpenteur. Cartographe. Chaîneur. Géodésien. Géomètre. Topographe. / Cadastre. Cadastrer. Cadastrage. / Géodésique. Topographique. Topométrique. / Institut géographique national.

tordre

(du lat. *torquere, torsum*)

Exercer sur l'une des extrémités d'une chose un mouvement de rotation, l'autre étant fixe ou soumise à un mouvement de sens contraire. *Tordre un câble, une corde.* Câbler. Cordeler. Retordre. / Fil tors. Soie torse. / Tordre du linge (pour l'essorer). / *Tordre le cou à un animal.* Etrangler. Tuer. / *Se tordre le pied.* Se faire une entorse, une foulure, une luxation.

TORSION (action de tordre). Torsion d'un fil. / *Torsion d'un membre.* Entorse.

TORTILLER (tordre à plusieurs reprises). Tortiller ses cheveux. / DÉTORTILLER.

TORTILLON (chose tortillée). Tortillon de papier.

TORSADE (chose tordue). Torsade de cheveux. / Torsader.

DÉTORDRE (faire disparaître une torsion). Détordre un écheveau. / Fil détors.

Déformer en pliant. *Tordre un bâton, une barre de fer.* Courber. Gauchir. Fausser.

Se tordre. *Se tordre de douleur.* Se tortiller. / *Se tordre la bouche.* Faire la grimace. / *Se tordre de rire.* Rire très fort. / Tordant (pop.).

DISTORDRE (déformer par une torsion). / Distorsion (de la bouche).

TORSION. *Torsion d'un branche.* Déformation. Courbure. Pliure. / *Torsion de la bouche.* Contraction. Contorsion.

TORDEUR (de clefs, de barres de fer).

tort

(du lat. pop. *tortum,* ce qui est tordu *par opposition* à ce qui est droit)

État d'une personne qui n'est pas dans son droit, qui n'a pas raison. *Avoir tort de* (et l'inf.). *Avoir tort.* Se tromper. Etre dans l'erreur. / *Donner tort.* Désapprouver. Blâmer. / *A tort.* Par erreur. Faussement. Pour de fausses raisons. Injustement. Indûment. / *A tort ou à raison.* Sans motifs ou avec de justes motifs. / *A tort et à travers.* Sans discernement. Inconsidérément. A la légère. / *Etre dans son tort. Etre en tort* (fam.). Avoir commis une action blâmable. Etre coupable.

Action, attitude blâmable. *Reconnaître ses torts.* Faute. Erreur. Culpabilité.

Dommage causé à quelqu'un. *Obtenir, demander réparation d'un tort.* Préjudice. Lésion (terme de droit). / *Faire tort, faire du tort à quelqu'un.* Porter préjudice. Léser. Nuire (v. ce mot). / *Qui cause du tort* Dommageable (v. DOMMAGE). / Redresseur de torts (celui qui veut corriger les abus et les injustices).

torture

(du bas lat. *tortura*)

Actes de violence exercés à l'égard d'une personne. *Infliger la torture à quelqu'un.* Question (vx). Sévices. Tourment (vx). / *Instruments de torture.* Poire d'angoisse (vx). Brodequins (vx). Fouet. Knout. Tenailles. Estrapade. Roue. / Coups. Flagellation. Brûlures. Arrachements. Torsions. / Lavage de cerveau. / Eau. Huile bouillante. Courant électrique, etc.

TORTURER (faire subir la torture). Martyriser. / *Torturer* (en parlant d'un mal, d'un sentiment). Tenailler. Tourmenter. / *Personne qui torture.* Tortionnaire. Bourreau.

tôt

(du lat. pop. *tostum,* part. passé de *torrere,* griller, brûler)

Avant le moment habituel ou normal. *Se lever tôt.* De bonne heure. A la première heure. Au petit matin. Au petit jour. Dès l'aurore. / *Un fruit qui mûrit tôt.* Précoce. Hâtif. / Précocité. / *Tôt ou tard.* Un jour ou l'autre. Inévitablement. Immanquablement. / *Etre trop tôt pour* (et un inf.). Prématuré. / *Au plus tôt.* Dans un délai aussi bref que possible.

toucher
(du lat. pop. *toccare ;* lat. class. *tangere, tactum*)

Entrer en contact avec un être ou avec une chose. *Toucher la main de quelqu'un.* Serrer. Prendre. / Poignée de main. / *Toucher tendrement.* Caresser. Câliner. Chatouiller. / *Toucher légèrement en passant.* Frôler. Effleurer. / *Toucher plus ou moins rudement.* Heurter. Cogner. / *Toucher avec un projectile.* Atteindre. Blesser. / *Toucher terre.* Atterrir. / *Toucher au but, au port.* Arriver. Etre près d'arriver. / *Toucher un objet* ou *toucher à un objet. Toucher à tout.* Mettre la main sur. Manier. Manipuler. Tâter. Palper. Tripoter (fam.). / *Toucher à la nourriture.* Manger. Prendre. / Intact (se dit de ce à quoi l'on n'a pas touché). Entier.

TOUCHER (n. m.). *Doux au toucher.* Attouchement. Contact. / Le toucher (un des cinq sens).

TANGIBLE (que l'on peut connaître en touchant). Perceptible. Palpable. Concret. Matériel. / Tangibilité.

INTOUCHABLE (à qui, à quoi l'on ne peut toucher). Inviolable. Sacré. Sacro-saint.

Apporter des changements à quelque chose. *Toucher à un texte.* Changer. Modifier. Corriger.

INTANGIBLE (à quoi l'on ne peut pas toucher). Sacré. Inviolable. / Intangibilité.

Entrer en relation avec quelqu'un. *Toucher une personne.* Joindre. Atteindre. Rencontrer. Contacter (fam.).

Se trouver en contact. *Toucher une chose* (en parlant de choses). Etre tout près, tout proche. Etre contigu, voisin, attenant. Etre limitrophe. Jouxter (littér.). / *Qui touche une ligne, une surface.* Tangent. Tangentiel.

Se toucher. *Se toucher* (en parlant des personnes ou des choses). Se trouver en contact.

Entrer en possession d'une chose. *Toucher son salaire.* Percevoir. Recevoir. / *Toucher une redevance.* Encaisser. / *Toucher un traitement.* Emarger.

Faire une impression. *Toucher quelqu'un* (en parlant d'une situation, d'un événement). Emouvoir. Attendrir. Impressionner. Affecter. Intéresser. / *Ne pas toucher quelqu'un.* Laisser indifférent, insensible.

TOUCHANT. Emouvant. Attendrissant.

tour
(de *tourner*)

Ligne, partie qui limite une surface plus ou moins circulaire. *Le tour d'une piste.* Contour. Pourtour. Périphérie. Périmètre. / *Faire le tour de quelque chose.* Parcourir. Contourner. / Faire le tour du propriétaire (faire une inspection des lieux que l'on possède).

Mouvement, exercice qui demande de l'habileté, de la pratique. *Tour d'un acrobate, d'un clown.* Acrobatie. Clownerie. / *Tour de prestidigitateur.* Escamotage. Passe-passe. Illusion. Trucage (ou truquage). Tour de cartes. / Tour de force (action difficile à exécuter). Tour de main (adresse d'une personne experte dans un travail). / *En un tour de main* ou *en un tournemain.* Rapidement. Très vite.

Action ou moyen qui suppose de la ruse, de la malice. *Connaître plus d'un tour.* Truc (fam.). Stratagème. Malice. Combine (pop.). / *Jouer un tour à quelqu'un.* Farce. Niche. Plaisanterie. Mystification. / *Un vilain tour. Un tour pendable.* Crasse. Entourloupette (fam.). Vacherie (pop.).

Dans une série de mouvements, d'actions, moment auquel une personne fait quelque chose. *Jouer, parler chacun (à) son tour.* L'un(e) après l'autre. / *Tour de faveur.* Priorité. / *Tour à tour.* Alternativement. Successivement.

tourisme
(de l'anglais *tourism*)

Le fait de voyager pour son plaisir. *Formes de tourisme.* *Tourisme en automobile, en caravane.* Caravaning. Car de tourisme. / *Tourisme à bicyclette.* Cyclotourisme. Camping itinérant. / *Tourisme nautique.* Navigation de plaisance. Croisière. Nautisme. / Tourisme culturel. Séjour culturel. Séjour linguistique.

Ensemble des activités, des industries, du commerce ayant pour but de faciliter le séjour, les déplacements des touristes. Office du tourisme. Syndicat d'initiative (vx). Agence de tourisme. Agence de voyages. Touring-club. / Voyage individuel. Voyage collectif. / Centre d'accueil. Auberge de jeunesse. Camping. Village de vacances. Hôtel. Location meublée. / Excursions. Villes touristiques. Villes d'art. Châteaux. Eglises. Musées. Paysages. Panoramas. Sites touristiques. / Visites commentées. / Guide. Cicérone. / Artisanat régional. Art local.

TOURISTE. Voyageur. Vacancier. Villégiateur. Cyclotouriste. Caravanier.

TOURISTIQUE. Voyage touristique. / *Région touristique.* Pittoresque. / Guide touristique. Menu touristique. Prix touristique.

tourmenter

(de *tourment,* lat. *tormentum,* de *torquere,* tordre)

Faire souffrir. *Tourmenter quelqu'un par des railleries, des taquineries.* Agacer. Molester. Tarabuster (fam.). Houspiller. Ennuyer. Taquiner. Lutiner (fam.). / *Tourmenter quelqu'un de questions.* Assaillir. Harceler. Importuner. Embêter (fam.). / *Tourmenter quelqu'un* (en parlant d'une pensée). Obséder. Angoisser. Préoccuper. Tracasser. Troubler. Turlupiner (fam.). / *Tourmenter quelqu'un* (en parlant d'un sentiment, du remords, etc.). Tenailler. Torturer. Ronger. Bourreler.

Se tourmenter. Eprouver de l'angoisse, de l'inquiétude. Se faire du souci, des soucis. S'inquiéter.

TOURMENTÉ. *Un être tourmenté.* Angoissé. Anxieux. Soucieux. Inquiet. / *Une vie tourmentée.* Agité. Tumultueux.

TOURMENT (littér.). Angoisse. Souci. Inquiétude. Tracas. Tribulations. Torture.

tourner

(lat. *tornare,* tourner ; en gr. *gureuein*)

Imprimer à une chose un mouvement circulaire. *Tourner une roue, une manivelle.* Faire mouvoir circulairement. / *Faire tourner une chose autour d'une autre ou sur une autre.* Rouler. Enrouler. / *Tourner la salade.* Remuer. Retourner. Touiller (pop.). Fatiguer (fam.). / *Tourner en déformant.* Tordre. Tortiller. / *Se tourner les pouces.* Rester inactif.

Mouvement en rond. Mouvement circulaire, giratoire, rotatoire, gyrostatique, gyroscopique. / Tour. Demi-tour. Quart de tour. Pirouette. / Révolution. Rotation. Orbite. / Tournoiement. Virevolte. Volte-face. Valse. Ronde. / Remous. Tourbillon. / Caracole. Volte. / Virage. Flexion. Conversion. / Roulement. Enroulement. Torsion. / Circonvolution. Involution. Volute. / *Qui agit en tournant.* Rotatif. Rotatoire. Pivotant. Tourbillonnant. Tournoyant. Volubile. Voluté. / *Qui tourne vers la droite, vers la gauche.* Dextrogyre, sénestrogyre.

Choses qui tournent. Roue. Tour. Turbine. Volant. Dynamo. Manivelle. Vilebrequin. / Moulin. Meule. / Tourniquet. Girouette. / Toupie. Toton. Sabot. Cerceau. / Roulette. Tournebroche. Vireton. / Hélice. Spirale. Gyroscope. Gyrocompas. Gyrostat. Gyrophare. / Satellite. / Tornade. Tourbillon, etc.

Être animé d'un mouvement de rotation. *Tourner autour du Soleil* (en parlant de la Terre). Graviter. / *Tourner* (en parlant d'un moulin, d'une machine). Fonctionner. Marcher. / *S'élever en tournant* (en parlant de la fumée, de choses légères). Tourbillonner. Tournoyer.

TOUR. *Tour de la Terre sur elle-même en 24 heures.* Rotation. / *Tour de la Terre autour du Soleil.* Révolution.

Décrire une courbe, un cercle. *Tourner autour d'une piste.* Evoluer. / *Tourner sur ses talons.* Pivoter. Pirouetter. Virevolter. Tournoyer.

Passer autour d'une chose, d'un être. *Tourner un obstacle.* Contourner. Faire le tour de. Eviter (en tournant). / *Tourner autour de quelque chose, de quelqu'un.* Tournailler (fam.). Tournicoter (fam.). Tourniquer (fam.). Papillonner. / *Tourner autour d'une femme* (fam.). Courtiser. Flirter.

Donner une certaine direction à une chose, à un être. *Tourner un objet vers quelqu'un.* Orienter. Diriger. Présenter. Pointer. / *Tourner les roues d'un véhicule.* Braquer. / *Tourner les yeux vers quelqu'un ou vers quelque chose.* Regarder. / *Tourner le dos à quelqu'un.* Refuser de voir. Mépriser.

Se tourner. *Se tourner vers quelqu'un.* Se diriger. / *Ne pas savoir de quel côté se tourner.* S'orienter. Diriger ses pas. Avoir recours à.

Changer de direction, d'état, d'aspect. *Tourner à droite, à gauche.* Virer. Obliquer. / *Tourner au chaud, au froid* (en parlant du temps). Passer. / *Tourner à tout vent* (en parlant d'une personne). Changer. Etre versatile, inconstant, variable. / *Tourner bien, tourner mal* (en parlant d'une chose). Evoluer de telle ou telle façon. Avoir une issue favorable ou défavorable. Réussir. Echouer. Se gâter. / *Tourner mal* (en parlant d'une personne). Avoir une conduite répréhensible, condamnable.

TOURNURE. *Tournure des événements.* Evolution. Cours. Direction. Tour.

TOURNANT. *Tournant de la vie.* Moment important, décisif.

Mettre à l'envers, en sens inverse. *Tourner les feuillets d'un livre.* Retourner. Feuilleter. / *Tourner la tête en arrière.* Se retourner.

Interpréter d'une certaine manière. *Tourner tout en plaisanterie.* Comprendre. Prendre. / *Avoir l'esprit mal tourné.* Donner aux choses un sens défavorable, scabreux.

Exprimer d'une certaine manière. *Tourner une lettre, un compliment.* Ecrire. Rédiger. Composer. Formuler.

TOUR. TOURNURE. Expression. Formule. Construction. / *Tour de phrase.* Style. / *Tournure propre à une langue.* Idiotisme.

Locutions diverses. Tourner la tête à quelqu'un (en parlant du vin, étourdir, griser; en parlant d'une personne ou d'une chose, inspirer une passion violente). Avoir la tête qui tourne (avoir le vertige, être étourdi). Tourner autour du pot (hésiter, ne pas se décider à dire ce qu'on veut dire). Tourner (en parlant d'une entreprise, être en activité). Tourner rond (en parlant d'une machine, d'un mécanisme, fonctionner bien, convenablement). Ne pas tourner rond [fam.] (en parlant d'une personne, être un peu fou, déraisonner). Tourner et retourner une question, un problème (les examiner sous tous les aspects). Tourner une difficulté (l'éluder). Tourner à l'aigre, ou simplement tourner (en parlant du vin, du lait, etc., devenir aigre, s'altérer). Tourner à l'aigre (en parlant d'une discussion, dégénérer en propos vifs, blessants). Table tournante (table autour de laquelle prennent place plusieurs personnes qui y posent leurs mains et dont les mouvements sont censés répondre aux questions posées aux esprits).

tout

(du lat. *totus;* en gr. *pas, pantos*)

• (Adj.) **Exprime la totalité, l'universalité, la périodicité, l'unicité.** (Devant un nom avec ou sans article, un possessif, un démonstratif). *Tout le pays. Tout un jour.* Entier. Complet. / *Qui s'applique à toutes les personnes, à toutes les choses.* Universel. / *Tout le temps.* Toujours. / *Tout le monde. Toute la terre.* Univers. / *Remède pour tous les maux.* Panacée. / *Tous les autres.* Tutti quanti. / *En toute simplicité.* Simplement. / *En toute franchise.* Franchement. / *En tout lieu.* Partout. / Ubiquité (possibilité d'être présent partout). / *Dépenser tout son argent.* La totalité de. / (Précédé de *pour.*) *Avoir un sac pour tout bagage.* Unique. Seul. / *A tout âge. En toute occasion. Tous les jours. Tout homme qui...* Chaque. Quelconque. Un quelconque. N'importe quel. / *Toute personne.* Tous. Tous les gens. Tous les hommes. Tout le monde.

• (Pronom.) **Représente un ou plusieurs noms ou pronoms déjà exprimés, équivaut à un collectif.** *Au nom de tous.* Tous les hommes. Tout le monde. / *Le temps détruit tout.* Toutes les choses. / *Capable de tout.* N'importe quoi. / *Qui sait tout.* Omniscient. / Omniscience. Encyclopédie. / *Qui peut tout.* Omnipotent. Tout-puissant. Pantocrator. / Omnipotence. Toute-puissance. / *Avoir de tout.* Regorger. Abonder. / *Manquer de tout.* Etre indigent, misérable.

• (N. m.) **L'ensemble des choses.** *Former un tout.* Ensemble. Unité. Total. Totalité. / *Elément d'un tout.* Partie composante. Morceau. / *Comprendre, réunir dans un tout.* Englober. / *Décomposer un tout en ses éléments.* Analyser. / *Changer du tout au tout.* Totalement. Fondamentalement. Radicalement.

• (Adv.) **D'une manière absolue.** *Parler tout bas. Tout seul.* Complètement. Tout à fait. Totalement. Pleinement.

Locutions diverses. Avant tout, par-dessus tout (d'abord, principalement). Après tout (en définitive, tout bien considéré). En tout (au total). En tout et pour tout (uniquement, seulement). C'est tout (il n'y a rien d'autre). Pas du tout, (par ellipse) du tout (nullement, aucunement). Rien du tout (absolument rien). Un être, un objet de toute beauté (très beau). Comme tout (au plus haut degré, extrêmement). De toute éternité (depuis toujours). Malgré tout (pourtant, quoi qu'on dise). A tout prendre (en somme, en considérant bien les circonstances). En tout bien, tout honneur (avec des intentions pures). Tout yeux tout oreilles (très attentif). Ce n'est pas le tout (cela ne suffit pas, il faut faire autre chose). Avoir tout de (ressembler entièrement à). Tout à coup (subitement). Tout d'un coup (en une fois (vx); subitement). Tout de même (cependant, néanmoins). Somme toute (au total, en résumé). Pour tout dire (en somme, en conclusion).

trace

(de *tracer*)

Suite de marques laissées par le passage d'un être ou d'un objet; chacune de ces marques. *Les traces d'un fuyard, d'un évadé.* Empreintes. / *Les traces d'un animal à la chasse.* Voie. Pas. Allures. Passée. / Foulées (empreintes laissées par le grand gibier). Abattures (du cerf). Regalis (du chevreuil). / Brisées (branches rompues par le veneur pour marquer les traces d'un animal). / *Traces laissées par les roues d'une voiture.* Ornière. / *Traces que laisse un bateau à la surface de l'eau.* Sillage.

Marque laissée par une action quelconque. *Traces de doigts.* Empreintes digitales. / *Trace d'une brûlure.* Cicatrice. / *Déceler les traces du passé dans un monument.* Vestiges. Restes. / *Découvrir des traces de poison dans un liquide.* Petite quantité. Parcelle.

tracer

(lat. pop. *tractiare,* du lat. class. *trahere,* tirer, traîner)

Marquer l'emplacement d'une voie par des lignes, des jalons. *Tracer une route, une piste.* Ouvrir. Frayer.

Indiquer au moyen de traits, de lignes la forme, la direction d'une chose. *Tracer une figure géométrique.* Dessiner. Représenter. / *Tracer une ligne.* Tirer. Mener. / *Tracer des lettres.* Ecrire. / *Tracer en creux sur une matière dure.* Graver. Buriner. / *Tracer au crayon.* Crayonner. / *Tracer le(s) contour(s) d'un objet.* Délinéer. / *Tracer un canevas.* Ebaucher.

TRAÇAGE (action de tracer). Traçage à l'aide de la règle, du compas, etc.

TRACÉ (ensemble des lignes représentant un ouvrage à exécuter). *Le tracé d'un plan.* Dessin. Graphique. / *Tracé, trait qui indique le contour d'un objet.* Délinéament.

TRAÇOIR (poinçon servant à faire des tracés sur le bois, sur le métal, etc.).

TRACEUR (personne qui exécute des tracés).

tradition

(du lat. *traditio,* de *tradere, traditum,* remettre, transmettre)

Ensemble de doctrines, de pratiques religieuses ou morales, de légendes, de coutumes, transmises par la parole ou par l'exemple. *Une vieille tradition.* Croyance. / *La tradition juive.* Kabbale. / *Une tradition populaire.* Légende. Mythe. / *Science, ensemble des traditions populaires d'un pays.* Folklore.

Manière d'agir ou de penser transmise de génération à génération. *Une tradition familiale, scolaire, universitaire.* Coutume. Habitude. Usage. Mode. Règle.

TRADITIONNEL. Habituel. Classique. Courant.

TRADITIONNELLEMENT. Habituellement. Régulièrement.

TRADITIONALISME. Conformisme. Routine. / Traditionaliste. Conformiste.

traduire

(du lat. *traducere, traductum,* faire passer)

Faire passer un texte, un discours d'une langue dans une autre. *Traduire de l'anglais en français.* Transposer. Rendre. Mettre (fam.). / *Traduire un auteur.* Expliquer. / *Traduire en clair.* Déchiffrer. / *Traduire à livre ouvert.* Comprendre. / *Traduire en s'écartant du texte.* Interpréter.

TRADUCTION. Version. / *Traduction libre.* Interprétation. Adaptation. / *Erreur faite dans une traduction.* Faux sens. Contresens. Non-sens.

TRADUCTEUR. Interprète.

TRADUISIBLE. Un texte traduisible.

INTRADUISIBLE. Un auteur intraduisible.

Exprimer d'une certaine façon. *Traduire quelque chose* (en parlant d'une chose). Déceler. Manifester. Montrer. Laisser paraître. Trahir.

tragédie

(lat. *tragoedia*)

Pièce de théâtre destinée à provoquer la terreur ou la pitié. Tragédie grecque. Eschyle. Sophocle. Euripide. / Trilogie (trois tragédies). / Tragédie de Jodelle, de Garnier, de Montchrestien, de Corneille, de Racine, de Voltaire, etc.

TRAGIQUE. Auteur tragique.

Événement ou suite d'événements malheureux. *Une tragédie affreuse, épouvantable.* Drame. Catastrophe.

TRAGIQUE. Dramatique. / *Situation tragique. Evénement tragique.* Grave. Dangereux. Sérieux. Critique. Inquiétant. Angoissant. Alarmant. / *Présenter quelque chose sous un aspect tragique.* Dramatiser. Exagérer. Amplifier.

trahir

(du lat. pop. *tradire, traditum,* livrer)

Abandonner une personne, une collectivité en manquant à la fidélité qu'on leur doit. *Trahir un ami.* Livrer. Dénoncer. Donner (fam.). / *Trahir son mari, sa femme.* Tromper. Etre infidèle. Manquer à sa parole. / *Trahir sa patrie.* Déserter. Passer à l'ennemi.

TRAHISON. Abandon. Désertion.

TRAÎTRE. Délateur. Judas. Félon. Perfide. Renégat. Parjure. Fourbe.

TRAÎTREUSEMENT. Perfidement.

Faire connaître ce qui était tenu caché. *Trahir un secret.* Révéler. Divulguer.

Révéler d'une certaine façon. *Trahir une émotion* (en parlant d'un geste). Manifester. Déceler. Montrer. Etre le signe de. Traduire. Dénoter.

traîner

(du lat. pop. *traginare;* lat. class. *trahere, tractum,* tirer)

Tirer derrière soi. *Traîner une voiture.* Faire avancer. / *Traîner des wagons* (en parlant d'une locomotive). Remorquer. Tracter. / *Traîner un meuble, un fardeau.* Déplacer (en tirant). / *Traîner quelque chose par terre.* Laisser frotter. / Traîner les pieds (marcher sans les soulever). / *Traîner la jambe.* Boiter.

TRAÎNEAU. Bobsleigh. Luge. / *Traîneau russe.* Troïka.

Amener, porter avec soi (fam.). *Traîner une personne partout où l'on va.* Emmener. Mener. / *Traîner des objets avec soi* (fam.). Emporter. Trimbaler (fam.).

Supporter une chose pénible qui dure. *Traîner une existence misérable, une maladie.* Subir. Endurer.

TRAÎNE-MISÈRE. TRAÎNE-MALHEUR. Miséreux. Malheureux. Gueux (vx).

Se traîner. *Se traîner par terre.* Avancer en rampant. / *Se traîner* (en parlant d'un malade, d'un infirme). Marcher difficilement. Avancer avec peine.

Rester en arrière; aller trop lentement. *Traîner à la suite d'un groupe. Traîner en chemin.* Flâner. Musarder. / *Traîner dans un travail.* Etre lent. Etre long, lambin (fam.)

TRAÎNAILLER. TRAÎNASSER. Agir lentement. Lambiner (fam.).

TRAÎNARD. Lanterne rouge (fam.). Lambin (fam.).

Aller à l'aventure ou rester longtemps en un lieu. *Traîner dans les rues, dans les cafés.* Errer. Vagabonder. Traînailler. Traînasser.

TRAÎNEUR. Traîneur de rues, de bars.

TRAÎNÉE (fam.). Prostituée.

Durer trop longtemps. *Traîner* (en parlant d'une affaire, d'une maladie). Se prolonger. S'éterniser. N'en pas finir. / *Faire traîner les choses en longueur.* Prolonger. Allonger.

TRAÎNANT (en parlant d'un son). Prolongé.

Pendre à terre. *Traîner sur le sol* (en parlant d'une robe). Balayer.

TRAÎNE (bas d'un vêtement qui traîne). *Traîne d'une robe de mariée.* Queue.

Être en désordre. *Laisser traîner des objets.* Négliger. Ne pas ranger.

TRAÎNE. *A la traîne.* A l'abandon. Sans soin. En désordre.

traiter

(du lat. *tractare, tractatum,* toucher)

Agir envers quelqu'un de telle ou telle manière. *Bien traiter une personne.* Accueillir avec empressement. Faire bon accueil. Recevoir à bras ouverts. Se montrer aimable, affable, gentil, galant, complaisant. / *Traiter avec beaucoup d'attentions.* Mignoter (fam.). Dorloter. Choyer. / *Traiter avec respect.* Respecter. Avoir des égards. Montrer de la déférence. Ménager. / *Bien traiter un invité.* Faire bonne chère. Etre hospitalier, accueillant. / *Traiter quelqu'un durement, rudement.* Maltraiter. Rudoyer. Malmener. Brusquer. Brutaliser. Molester. Tarabuster (fam.). / *Traiter de haut, avec mépris.* Mépriser. Dédaigner. Snober.

TRAITEMENT. *Traitement réservé à une personne.* Accueil. Réception. / *Mauvais traitements à l'égard d'un être.* Coups. Sévices. Brutalité. Rudoiement.

Donner tel ou tel nom à une personne. *Traiter quelqu'un de paresseux.* Appeler. Qualifier. / *Traiter quelqu'un de tous les noms.* Injurier. Insulter.

Soumettre à un traitement médical. *Traiter quelqu'un pour une maladie. Traiter une maladie.* Soigner.

TRAITEMENT (ensemble de moyens thérapeutiques employés pour guérir). *Traitement curatif.* Médication. Remèdes. Soins (v. SOIGNER). / *Traitement chirurgical.* Opération. Intervention.

TRAITANT. Médecin traitant.

Exposer par écrit ou oralement. *Traiter une question à fond.* Développer. Epuiser. / Exhaustif (qui traite à fond un sujet). Exhaustivement. / *Traiter superficiellement un problème.* Effleurer. / *Traiter d'une matière, d'un sujet.* Parler. Disserter. Expliquer. Etudier. Examiner.

TRAITÉ. Cours. Livre.

Régler les conditions d'une négociation commerciale ou diplomatique. *Traiter une affaire.* Négocier. Régler. Conclure. / *Traiter beaucoup d'affaires.* Brasser. / Brasseur d'affaires. Businessman.

TRACTATIONS. Pourparlers. Négociation.

TRAITÉ. Accord. Convention. Pacte. Alliance. Entente. Engagement. Protocole. Union. Charte. Concordat.

trancher

(du lat. pop. *trinicare,* couper en trois)

Séparer, diviser d'une manière nette, d'un seul coup avec un instrument coupant. *Trancher un nœud.* Couper. / *Trancher la tête à quelqu'un.* Décapiter. Guillotiner. / *Trancher la gorge à un animal.* Egorger.

TRANCHAGE (découpage en plaques minces du bois destiné au placage).

TRANCHET (outil servant à couper le cuir). Tranchet de cordonnier, de sellier.

TRANCHANT. *Instrument tranchant.* Coupant. Acéré. / (N. m.) *Le tranchant d'un couteau, d'une lame.* Coupant.

TRANCHE. *Tranche de pain.* Tartine. / *Tranche mince.* Lichette (fam.). / *Tranche de gâteau.* Part. Portion. / *Tranche de viande de bœuf, de veau.* Bifteck. Escalope. / *Tranche de saucisson.* Rondelle. / *Tranche de poisson.* Darne.

Prendre une décision. *Trancher une question.* Résoudre. Décider. / *Trancher un différend.* Arbitrer. Juger.

TRANCHANT. *Un homme tranchant.* Affirmatif. Dogmatique. / *Un ton tranchant.* Cassant. Incisif. Péremptoire.

Former une vive opposition, un contraste. *Trancher sur un fond clair* (en parlant d'une couleur foncée). Contraster. Ressortir. Se détacher. / *Trancher d'une manière désagréable.* Détonner. Faire disparate.

TRANCHÉ. *Couleur tranchée. Ton tranché.* Net. Franc.

tranquille

(du lat. *tranquillus*)

Se dit d'une personne qui éprouve un sentiment de paix, de sécurité. *Avoir la conscience, l'esprit tranquille. Etre tranquille.* Rassuré. Serein. Confiant. Placide. Remis. Apaisé. Sans inquiétude. Sans souci. Peinard (fam.). / *Laisser quelqu'un tranquille.* Laisser en paix. Ne pas ennuyer, importuner. Ne pas inquiéter, tourmenter. Fiche(r) la paix (fam.).

TRANQUILLISER. Rassurer. Rasséréner. Apaiser. Sécuriser. Délivrer de l'inquiétude.

TRANQUILLISANT. Rassurant. Sécurisant. / Tranquillisant (n. m., médicament pour calmer l'angoisse, l'anxiété). Euphorisant.

TRANQUILLITÉ. Paix de l'âme, de la conscience. Quiétude. Sérénité. Sécurité. Nirvana. Ataraxie. Absence de souci.

TRANQUILLEMENT. Paisiblement. Calmement. Impassiblement.

Se dit de ce qui n'est pas agité, troublé. *Un endroit tranquille.* Calme. Paisible.

transmettre

(du lat. *transmittere, transmissum*)

Faire passer d'un être à un autre. *Transmettre la vie.* Donner. Engendrer. Perpétuer. / *Transmettre un héritage, un bien.* Léguer. Donner. Céder. / *Transmettre un pouvoir à quelqu'un.* Déléguer. Passer. / *Transmettre un message, une information.* Communiquer. Faire parvenir. Faire connaître. / Ecrire. Téléphoner. Télégraphier. / *Transmettre une allocution par la radio.* Diffuser. Retransmettre. Radiodiffuser. / *Transmettre une maladie.* Propager. Inoculer. / Contaminer. Infecter.

Se transmettre. *Se transmettre* (en parlant d'une maladie). Se propager. Se répandre.

TRANSMISSION. *Transmission d'un bien.* Cession. Donation. Dévolution. / *Transmission par succession.* Héritage. / *Transmission de pouvoirs.* Passation. Délégation. / *Transmission de caractères.* Hérédité. / *Transmission de pensée.* Télépathie. / *Transmission d'une information.* Communication.

Faire passer d'un lieu à un autre (en parlant d'une chose). *Transmettre un mouvement.* Communiquer. / *Transmettre le son, l'électricité.* Conduire. / *Elément ou système pouvant être transmis par un signal.* Message. Information.

Se transmettre. *Se transmettre* (en parlant du son, de la chaleur). Se propager. Rayonner.

TRANSMISSION. *Transmission de la lumière.* Propagation. Rayonnement. / *Transmission d'ondes sonores.* Emission. Diffusion. / *Transmission de signaux, d'informations à distance.* Radiocommunication. Télécommunication. Téléphone. Télégraphe. Télévision. / *Organes de transmission du mouvement dans une ma-*

chine. Arbre. Arbre à cames. Chaîne de transmission. Embrayage. Engrenage. Cardan. / Commande. Câble. Courroie. Pédale. Poulie. / Transmetteur (appareil servant à transmettre des signaux).

TRANSMISSIBLE. Communicable. / (En parlant d'un mal.) Contagieux.

transparent

(du lat. médiéval *transparens*, de *parere*, paraître)

Se dit d'un corps qui laisse passer la lumière et à travers lequel les objets sont nettement distingués. *Un verre transparent.* Clair. / *Une eau transparente. Un diamant transparent.* Limpide. / *Un tissu transparent.* Vaporeux. / *Une porcelaine transparente* (fam.). Translucide (se dit d'une substance qui laisse passer la lumière, mais à travers laquelle on ne distingue pas les objets). Diaphane.

TRANSPARENCE. Clarté. Limpidité. / *Faible transparence. Demi-transparence.* Translucidité. Diaphanéité.

Corps transparents. Eau. / Cristal. Diamant. Verre. / Mica. Papier-calque, etc. / *Corps translucides.* Verre dépoli. Vitrail. Pierreries. Porcelaine, etc.

Se dit de ce qui se laisse aisément comprendre ou deviner. *Une allusion transparente. Un mot transparent.* Clair. Evident.

transport

(de *transporter*, lat. *transportare*, de *trans*, au-delà, et de *portare*, porter)

Le fait de porter des êtres ou des choses d'un lieu à un autre. *Organisation de transports.* *Transport de voyageurs.* Transports publics, privés. / Transports en commun (transport de voyageurs dans des véhicules publics). / *Transports urbains, métropolitains.* Autobus. Trolleybus. Métropolitain. Métro (abrév. fam.). / *Titres de transport.* Billet. Ticket. Coupon. Carte. / *Transport de troupes.* Convoi. / *Transport de prisonniers.* Transfert. / *Transport de marchandises à grande vitesse* (par bateau, chemin de fer, voiture). Messageries. / *Transport de marchandises au domicile du destinataire.* Factage. / Lettre d'avis. Lettre de voiture (v. LETTRE). / *Prix du transport.* Port. Fret. / *Transport de marchandises vers un pays étranger, venant d'un pays étranger.* Exportation. Importation. / *Transport des lettres, du courrier.* Poste. / *Transport d'objets d'une habitation dans une autre.* Déménagement. / Moyen de transport (matériel utilisé pour transporter des êtres ou des choses).

Modes de transport. *Transport par voie de terre.* *Transport ferroviaire.* Voie ferrée. / Voiture de chemin de fer. Wagon. / Transport en caisses (ou containers), en cadres. Transport en vrac. / *Transport routier.* Camionnage. Zone longue, zone courte de camionnage. / *Transport de fardeaux à dos d'homme.* Portage. Coltinage. Débardage. / Transport à dos d'animal (bête de somme, chameau). / Service régulier. Relais. Etape. / *Véhicules.* Automobile. Car ou autocar. Camion. Camion-citerne. Poids lourd. Remorque. Semi-remorque.

Transport par voie d'eau. *Transport fluvial. Navigation fluviale.* Voie navigable. Batellerie (v. BATEAU). Batelier. Marinier. Marin d'eau douce (fam.). / *Transport maritime.* Bateau de commerce (v. BATEAU). Affréter (louer) un bateau. Affréteur. Affrètement (v. MARINE).

Transport par air. Aviation commerciale (v. ce mot). Opérations aéroportées. Pont aérien. Héliportage.

Transports par câbles aériens. Téléphérage. / Téléphérique (v. ce mot). / Transports funiculaires.

TRANSPORTER. *Transporter une personne dans un lieu.* Emmener. Conduire. Emporter. / *Transporter le courrier.* Acheminer. Acheminement. / *Transporter sa marchandise avec soi.* Colporter. Porter. / Colportage. Colporteur. Camelot. / *Transporter avec un véhicule.* Véhiculer. / *Transporter par camion, en chariot.* Camionner. Charrier. Charroyer. / Charroi. / *Transporter ses meubles, ses affaires.* Déménager. / *Transporter ses affaires, ses bagages avec soi.* Emporter. Trimballer (pop.). Transbahuter (fam.). / *Se transporter.* Aller. Se rendre. Se déplacer.

TRANSPORTEUR. Entrepreneur de transports. Roulier (vx). Voiturier (vx). Commissionnaire (intermédiaire). Camionneur.

TRANSPORTABLE (en parlant d'un objet). Portable. Portatif.

travail

(de *travailler*, lat. pop. **tripaliare*, torturer ; lat. class. *labor ;* en gr. *ergon*)

Activité d'une personne, d'un groupe de personnes déployée en vue d'un résultat utile. *Aimer le travail.* Action. / *Entreprendre un travail. Terminer un travail.* Tâche. Œuvre. Ouvrage. Besogne. Labeur (vx ou régional).

/ *Commencer un travail.* Mettre en chantier. Se mettre à. / *Plan de travail.* Programme. Planning. / *Avoir du travail.* Etre occupé. Avoir du pain sur la planche (fam.). / *Avoir beaucoup de travail.* Etre débordé, surchargé, submergé de travail. Ne pas savoir où donner de la tête.

Nature, forme du travail. Travail manuel, physique. / Travail intellectuel, cérébral. Travail de l'esprit. / *Publier un travail.* Etude. Ouvrage. Livre. Traité. Essai. Ecrit. / Travail aisé, facile, agréable, intéressant, passionnant. / Travail ardu, difficile. Travail de Romain (long et difficile). / Travail de bénédictin (travail intellectuel long et minutieux). / Travail absorbant, astreignant, contraignant, assujettissant. / Travail rude, pénible, fatigant, épuisant. / Travail ennuyeux, fastidieux, ingrat. / *Entreprise, exercice qui demande beaucoup de travail.* Difficile. Laborieux. / *Travail qui exige un effort soutenu.* Casse-tête (fam.). Cassement de tête (fam.). / *Travail interminable.* Travail de Sisyphe, de Pénélope. / *Travail scolaire.* Etudes. Devoirs. Leçons. Examens. Concours. / Travail collectif. Travail individuel. / *Travail fait à tour de rôle par les membres d'une communauté, par des hommes de troupe.* Service. Corvée.
Travaux des champs. Travaux agricoles. / Travaux domestiques, ménagers. / *Travaux de dames.* Tricot. Ouvrage. Couture. Broderie. / *Petits travaux d'entretien, de réparation.* Bricolage. Bricoler. Bricoleur. / Travaux de réparation, de transformation. Travaux de réfection. / Travaux publics. / Surveiller, conduire des travaux. Conducteur. / *Travaux d'une assemblée.* Discussions. Délibérations. / *Se consacrer avec ardeur à un travail.* S'appliquer à. S'attacher à. / *Remplacer quelqu'un dans un travail continu.* Relayer. / *Se remettre au travail.* Reprendre son activité. Reprendre le collier (fam.).

Manière dont une chose est exécutée. *Admirer, apprécier le travail d'un objet.* Façon. Facture. / *Faire un travail avec soin. Soigner un travail.* Fignoler (fam.). Parfaire. Lécher (fam.). Peaufiner (fam.). S'appliquer. / *Faire un travail sans soin, à la va-vite, à la six-quatre-deux* (fam.). Bâcler. Saloper (fam.). Torchonner (fam.). Saboter (fam.). Sabrer. Massacrer.

TRAVAILLER. *Travailler le bois, la pierre, le métal.* Façonner. Ciseler. Sculpter. Ouvrer (vx). / *Travailler à un ouvrage.* Exécuter. / *Travailler la terre.* Cultiver. / *Travailler à une œuvre littéraire.* Ecrire. Composer. / *Travailler la musique.* Apprendre. Etudier. / *Travailler à un discours.* Préparer. Rédiger. / *Travailler une matière scolaire.* Apprendre. Bûcher (fam.). Potasser (fam.). Piocher (fam.). Chiader (argot). / *Travailler à une œuvre commune.* Collaborer. / *Travailler pour une cause, pour le bien d'une collectivité.* Œuvrer (littér.). / *Travailler à* (et l'inf.). Tendre à. S'efforcer de. / *Travailler avec acharnement, d'arrache-pied.* Prendre de la peine. Abattre de la besogne. En mettre un coup (fam.). Bûcher (fam.). Bosser (pop.). Boulonner (pop.). / *Travailler comme un mercenaire, comme un forçat, comme un galérien.* S'éreinter. Se surmener. Se tuer. / *Faire un travail pénible. Travailler durement.* Peiner. Trimer (pop.). Turbiner (pop.). Marner (pop.). Bosser (pop.). / *Travailler lentement.* Lambiner (fam.). Traînasser (fam.). / *Travailler doucement, mollement.* Travailloter (fam.). / *Ne pas travailler.* Ne rien faire. Paresser. Fainéanter. Flemmarder (fam.). Se battre les flancs (fam.).

TRAVAILLEUR. *Un garçon travailleur.* Actif. Energique. Courageux. Appliqué. Studieux. / *Un grand travailleur.* Bûcheur (fam.). Bourreau de travail. Bosseur (pop.).

Activité professionnelle rémunérée. *Avoir du travail. Chercher du travail.* Emploi. Occupation. Gagne-pain. Boulot (pop.). Job (pop.). Turbin (pop.). / *Travail facile et bien rémunéré.* Sinécure. Planque (fam.). Filon (fam.). Fromage (fam.). / *Etre sans travail.* Etre au chômage. Chômage saisonnier, structurel, sectoriel, technique. Chômeur. / *Engager quelqu'un pour un travail.* Embaucher. Embauchage. Embauche. / *Fournir du travail à des ouvriers, à des employés.* Employer. Faire travailler.

Conditions du travail. *Lieu de travail.* Usine. Atelier. Chantier. Magasin. Bureau. Officine. Laboratoire. Ecole. Lycée. Collège. Université, etc. / Travail à domicile. / Travail artisanal. / Travail continu. Travail à plein temps. Travail à mi-temps, à temps partiel. / Travail payé à l'heure, aux pièces, à la pige. / Travail à la machine, à la chaîne. / Travail autorisé, légal. Travail noir (soustrait à la législation sociale et fiscale). / Contrat de travail. Certificat de travail. / Convention collective de travail. Législation du travail. / Ministère du Travail. Bourse du Travail. Conseil des prud'hommes. Corporation. / Rendement. Production. Productivité. Taylorisme. Stakhanovisme.

Médecine du travail. *Maladies professionnelles.* Saturnisme (maladie causée par le plomb). Hydrargyrisme (par le mercure). Benzolisme (par le benzène). Phosphorisme (par le phosphore). Intoxication causée par l'action des rayons X ou des substances radio-actives. Lésions causées par l'action des ciments. Maladies causées par le brai de houille, par l'arsenic et ses dérivés oxygénés et sulfurés. Silicose (poussières de silice). Lésions osseuses provoquées par l'air comprimé. Asbestose (provoquée par l'inhalation de poussières d'amiante). Nosoconioses (maladies causées par les poussières), etc.

Interruption du travail. Accident du travail. Maladie. Congé. Convalescence. / Jours fériés. Jours chômés. Semaine anglaise. Week-end (congé de fin de semaine). Repos hebdomadaire. Congés payés. / Arrêt de travail. Grève. Débrayage (fam.). / Grève sur le tas (avec occupation du lieu de travail). Grève perlée (ralentissement concerté du travail). Grève du zèle (application stricte des consignes qui ralentit l'activité). Grève surprise. Grève tournante. Grève générale, partielle. Grève sauvage (sans préavis). / Lock-out (fermeture d'usine, d'atelier décidée par un patron). Mise à pied. Licenciement. / Jaune (briseur de grève). / Gréviculteur. / Gréviculture.

TRAVAILLEUR. *Travailleur manuel.* Ouvrier. Paysan. Artisan. Employé. / *Travailleur intellectuel.* Etudiant. Enseignant. Journaliste. Rédacteur. Homme de lettres (v. LITTÉRATURE). Lexicographe. Correcteur. Secrétaire, etc. / Travailleur indépendant, autonome. / *Les travailleurs.* Salariés. Monde du travail. Classes laborieuses.

traverser

(du lat. pop. *traversare ;* lat. class. *transversare*)

Passer à travers un milieu. *Traverser une substance, un corps.* Percer. Transpercer. Pénétrer de part en part. / *Traverser une foule.* Se frayer un passage à travers. / Perméable (qui se laisse traverser par un fluide, par l'eau). Perméabilité. Imperméable. Etanche. / Imperméabilité. Etanchéité.

Aller d'une extrémité, d'un bord à l'autre d'un espace. *Traverser un pont.* Franchir. Passer. / *Traverser une région.* Parcourir. / *Traverser un pays dans tous les sens.* Sillonner. / *Traverser un espace* (en parlant d'une chose). Etre, s'étendre au travers de. / *Traverser une région* (en parlant d'un cours d'eau). Arroser. Baigner. / *Traverser un espace* (en parlant d'une voie de communication). Couper. Croiser.

TRAVERSÉE. Passage. Franchissement. Parcours. / Trajet. Voyage.

TRAVERSABLE. Franchissable. Guéable (traversable à gué). / Gué (endroit où l'on peut traverser un cours d'eau à pied). / *Traverser à gué.* Guéer.

TRAVERSE (barre, pièce de bois, etc., disposée en travers). / *Chemin de traverse.* Raccourci.

TRANSVERSAL (qui traverse une chose). Chemin transversal. Coupe transversale.

Aller d'une extrémité à l'autre d'un espace de temps. *Traverser une période, une époque.* Passer par. Vivre. / *Traverser une crise.* Subir. Supporter.

trembler

(du lat. *tremulare*)

Être agité de petits mouvements musculaires vifs, convulsifs. *Trembler de peur.* Frémir. Frissonner. / *Trembler de froid.* Grelotter. Claquer des dents. / *Trembler légèrement.* Trembloter (fam.). / *Trembler* (en parlant de la voix). Chevroter. / Voix chevrotante. Chevrotement. Trémolo.

TREMBLEMENT. *Tremblement léger.* Frémissement. Frisson. Tremblotement. / *Tremblement convulsif, violent.* Convulsion. Claquement de dents. Spasme. Soubresaut. Trémulation. Tremblote (fam.). Delirium tremens (délire accompagné de tremblement particulier aux alcooliques).

TREMBLANT. Chancelant. Tremblotant (fam.).

Être agité de petits mouvements rapides et répétés. *Trembler* (en parlant d'une chose). Remuer. S'agiter. Frémir. / *Trembler* (en parlant d'une lumière). Papilloter. Vaciller. Scintiller.

TREMBLEMENT. *Tremblement d'une feuille.* Frémissement. / *Tremblement d'une lumière.* Papillotement. Scintillement.

Être agité par une série d'oscillations. *Trembler* (en parlant de la Terre). Etre ébranlé. / *Trembler* (en parlant d'une construction). Remuer. Vibrer. / *Faire trembler.* Ebranler. Secouer.

TREMBLEMENT. Vibration. Ebranlement. Trépidation. Secousse. / *Tremblement de terre.* Séisme. Secousse tellurique. Foyer ou hypocentre. Epicentre (point où la secousse est le plus intense). Sismographe. Sismographie. Sismologie. Sismologue. Sismique. Sismicité. Raz de marée.

Éprouver une violente émotion. *Trembler devant quelqu'un.* Avoir peur. Redouter. / *Trembler à la pensée de...* Appréhender.

TREMBLEMENT. Peur. Crainte. Angoisse. Tremblote (fam.).

TREMBLANT. Craintif. Peureux. Tremblotant (fam.).

très

(du lat. *trans,* au-delà)

A un haut degré (devant un adjectif, un adverbe ou une locution verbale [avec *faire* ou *avoir*]. *Très grand. Très fortement. Faire très chaud. Avoir très froid, très faim.* Bien. Absolument. Complètement. Entièrement. Parfaitement. Totalement. Tout. Tout à fait. Tout plein (fam.). On ne peut plus. Au dernier degré. Au dernier point. Au superlatif. Superlativement (vx et fam.). Extrêmement. Excessivement. Affreusement. / Fort. Fortement. Gravement. Sérieusement. / Hautement. Enormément. Etonnamment. Merveilleusement. Prodigieusement. Formidablement (fam.). / Infiniment. Follement. Rudement (fam.). Terriblement (fam.). Diablement. Drôlement (fam.). Bigrement (fam.). Fichtrement. Bougrement (pop.). Vachement (pop.), etc.

Préfixes « archi-, extra-, super-, sur-, hyper-, ultra- ». Archifou, archimillionnaire. / Extra-fin, extra-fort, extralucide. / Superfin, superfluide. Surfin, suraigu. / Hyperémotif, hypersensible. / Ultra-moderne, ultra-chic, etc.

trésor

(lat. *thesaurus,* du gr. *thêsauros*)

Ensemble de choses précieuses réunies en un lieu et généralement cachées. Découvrir un trésor (objets d'art, pièces de monnaie, pierres précieuses, bijoux, vases, etc.). / *Personne qui trouve un trésor.* Inventeur. / Trésor d'une église (ensemble d'objets précieux, de reliques, de livres, etc., conservés dans un endroit attenant à une église). / (Au fig.) *Un trésor de bonté, de patience* (en parlant d'une personne). Source. Réserve.

Grandes richesses monétaires, artistiques. *Amasser un trésor.* Fortune. Biens. Magot (fam.). / Les trésors artistiques d'un pays (œuvres d'art, peintures, etc.).

THÉSAURISER. Accumuler. Economiser. Epargner. Capitaliser.

THÉSAURISEUR. Avare.

Ensemble des ressources financières d'un État; administration chargée de leur gestion. *Trésor public.* Caisse de l'Etat. / Direction du Trésor. Direction du ministère des Finances. Service des budgets. Services départementaux du Trésor. / Bons du Trésor (titres de dette à court terme offerts aux particuliers voulant faire un placement).

TRÉSORERIE. *Trésorerie publique.* Finance. Trésor de l'Etat. / *Moyens de trésorerie.* Emprunts. Emissions de bons. / Administration, services du Trésor.

TRÉSORIER. Trésorier-payeur général (fonctionnaire chargé de la gestion du Trésor public dans un département).

tresse

(probablement du lat. pop. *trichia,* du gr. *thrix, trichos,* cheveu)

Assemblage de trois mèches de cheveux entrelacées. *Une tresse noire. Une longue tresse blonde.* Natte. / *Petite tresse.* Cadenette. Couette (fam.). / Macaron (natte de cheveux roulée sur l'oreille).

Cordon fait de fils entrelacés. *Appliquer une tresse sur un vêtement.* Soutache. Galon. / *Tresse de chapeau.* Bourdalou. / *Petite tresse.* Cordonnet.

TRESSER. *Tresser du fil, de la soie.* Cordonner. / *Tresser du jonc, de la paille.* Entrelacer. Croiser. Natter. / Scoubidou (petit objet fait de fils électriques tressés).

TRESSAGE. *Tressage de la paille.* Nattage.

triangle

(du lat. *triangulus,* qui a trois angles)

Polygone à trois côtés. *Eléments d'un triangle.* Côté. Base. Hypoténuse. Angle. Sommet. Bissectrice. Hauteur. Médiane. / Aire du triangle. Centre de gravité (rencontre des trois médianes). Centre du cercle inscrit (rencontre des trois bissectrices). Centre du cercle circonscrit (rencontre des trois médiatrices). Orthocentre (rencontre des trois hauteurs). / *Propriétés du triangle.* Théorèmes du sinus, du cosinus, de Pythagore, de Thalès.

Sortes de triangles. Triangle rectiligne (côtés droits), curviligne (côtés courbes), sphérique (délimitant une surface sphérique). Triangle acutangle (trois angles aigus). Triangle équiangle (trois angles égaux). Triangle équilatéral (trois côtés égaux). Triangle isocèle (deux côtés ou deux angles égaux). Triangle obtusangle (un angle obtus), rectangle (un angle droit). Triangle scalène (trois côtés inégaux). Triangles semblables (qui ont les angles correspondants égaux).

Relatif au triangle. Triangulaire. Triangulairement. Triangulation (ensemble des opérations géodésiques ayant pour objet de fixer la position d'un certain nombre de points par la détermination des triangles dont ils sont les sommets). Trianguler. Triangulateur (fait des triangulations). / Trigone (qui a trois angles). Trigonométrie. Trilatéral. Résolution des triangles. Triangle arithmétique de Pascal. / Triangles (objets ayant cette forme géométrique), de l'écu (héraldique), de la franc-maçonnerie (attribut), de montage (électricité), de musique (instrument), de signalisation (chemins de fer, marine).

tribunal

(du lat. *tribunal,* de *tribunus,* tribun)

Magistrat ou ensemble de magistrats exerçant une juridiction. *Tribunal civil, correctionnel* (v. JUSTICE). / *Séance d'un tribunal.* Audience. Débats. Huis clos. / *Jugement d'un tribunal.* Acquittement. Condamnation. / *Magistrats siégeant dans un tribunal.* Juge. Procureur. / *Affaire portée devant un tribunal.* Procès. / *Personnes en différend devant un tribunal.* Partie. / *Convoquer quelqu'un devant un tribunal.* Citer. Assigner. Traduire. / *Se présenter devant un tribunal.* Comparaître. Comparoir (vx). / *Tribunal d'Athènes.* Aréopage.

Lieu où l'on rend la justice. *Aller au tribunal.* Palais de justice. / *Parties d'un tribunal.* Barre. Parquet. Greffe.

tricher

(du bas lat. *tricare,* chicaner)

Ne pas respecter les règles du jeu. *Tricher aux cartes.* Filouter. Maquiller, truquer (les cartes). Arnaquer (pop.). / Piper (des dés).

TRICHERIE. Filouterie. Triche (fam.). Arnaque (pop.).

TRICHEUR. Filou. Maquilleur (de cartes). Arnaqueur (pop.).

Ne pas respecter certaines règles, certains usages, certaines conventions. *Tricher aux examens.* Copier. Se servir de notes, de documents interdits, etc. / *Tricher sur la qualité, sur le poids* (en parlant d'un commerçant). Frauder. Escroquer.

TRICHERIE. Fraude. Escroquerie.

TRICHEUR. Escroc. Fripouille (fam.).

tricot

(de *triquot,* bâton, du francique *strikan,* frotter)

Tissu formé de mailles entrelacées et fait soit à la main, soit à la machine. *Sortes de tricot.* Tricot plat (exécuté avec 2 aiguilles). Tricot rond (exécuté avec 3 ou 4 aiguilles). / Maille (boucle formée par le fil, la laine, etc.). Maille à l'endroit. Maille à l'envers. Rang (série de mailles enfilées à la suite sur une ou plusieurs aiguilles). Point (résultat d'une ou plusieurs combinaisons de mailles répétées à intervalles réguliers).

TRICOTER. Faire du tricot. / TRICOTEUSE.

TRICOTAGE (action, manière de tricoter). Tricotage à la main, à la machine.

Matières textiles. *Animales.* Laine. Mohair (poil de chèvre d'Angora). Cachemire. Soie. / *Végétales.* Coton. Lin. Raphia. / *Minérales.* Fils d'or, d'argent. / *Fils mélangés.* Laine et mohair. Laine et cachemire, etc. / *Matières synthétiques.* Rayonne. Fibranne. Nylon. Orlon, etc.

Technique du tricot. Montage des mailles. Montage à l'anglaise. / *Lisières.* Lisière chaînette. Lisière perlée. / Augmentation (addition d'une ou de plusieurs mailles). Diminution (suppression d'une ou de plusieurs mailles). / *Jetés.* Jeté simple ou augmentation. Jeté compensé ou jour. Trou-trou. Dents-de-chat. / Compensation sans jeté. Biais. Chevron. / Finition. / *Sortes de mailles.* Mailles torses. Mailles torses à l'endroit, à l'envers. Mailles glissées, allongées, lâchées, relevées, croisées. Plusieurs mailles en une. Torsades. Maille double ou détricotée. / Assemblage. Coutures. / Remailler. Remaillage.

Sortes de points. Jersey à l'endroit. Jersey à l'envers. Point mousse. Grain de blé. Côtes 2-2. Côtes de cheval. Point demi-toile. Point de grille. Point damier. Point de la trinité. Nid d'abeilles. Point de vannerie. Torsade cordée. Point de Hongrie. Semis ajouré. Sauge des prés. Côtes anglaises. Campanella. Point de fourrure, etc.

Instruments et accessoires. Dévidoir. Bobinoir. Boîtes à pelotes. / Jeux d'aiguilles. Jauges. Affiquets. / Arrête-mailles. Etuis, boîtes ou trousses (pour ranger les aiguilles). Sac à ouvrage.

Machines à tricoter. Tricoteuse. Appareils à clous. Appareils à aiguilles.

Tricot au crochet. Chaînette (suite de boucles exécutées toujours dans le même sens). / *Points de crochet.* Maille serrée au crochet de Bosnie, sous une boucle, au point de rose. Bride. Demi-bride. Bride double, triple. Point de marguerite. / Crochet tunisien.

trier
(probablement du bas lat. *tritare,* broyer)

Faire un choix parmi des êtres, des choses en éliminant ceux qui ne conviennent pas. *Trier des hommes pour une tâche. Trier des fruits.* Choisir. Sélectionner. / *Trier des graines sur un crible.* Cribler. / *Trier des lentilles.* Nettoyer. Emonder. / Trier sur le volet (au fig., choisir des personnes avec le plus grand soin).

TRI. *Le tri des invités à une réunion.* Choix. Sélection.

TRIAGE OU TRI. Triage des graines.

TRIEUR, TRIEUSE (personne qui trie). Trieur de légumes. / (Machine.) Trieur électronique de minerai. Trieur de céréales.

Répartir des choses en plusieurs groupes. *Trier des lettres.* Classer. Ranger (selon la destination). / *Trier des fruits selon leur grosseur.* Calibrer.

TRIAGE. *Le triage des fruits.* Calibrage. / Gare de triage (où l'on sépare et regroupe des wagons pour former des convois).

TRI. Le tri des lettres, des paquets.

TRIEUR-CALIBREUR (pour les fruits).

TRIEUSE. Trieuse de cartes perforées.

triomphe
(du lat. *triumphus*)

Victoire éclatante. *Le triomphe d'une cause.* Succès. Réussite.

TRIOMPHER. Remporter une victoire. L'emporter. Gagner la partie. Dominer. Etre supérieur. Etre le plus fort. / *Triompher de quelqu'un.* Vaincre. / *Triompher d'une difficulté.* Surmonter. Venir à bout de.

TRIOMPHANT. Victorieux.

TRIOMPHATEUR. Vainqueur.

TRIOMPHALISME (attitude, mentalité d'une personne, d'une collectivité satisfaite d'elle-même). Triomphaliste.

Approbation enthousiaste. *Obtenir un triomphe.* Ovations. Acclamations. Apothéose. / Porter quelqu'un en triomphe (le porter sur les épaules au milieu des acclamations).

TRIOMPHANT. Ravi. Radieux.

TRIOMPHAL. *Succès triomphal.* Eclatant.

TRIOMPHALEMENT. En triomphe.

triste
(du lat. *tristis*)

Se dit d'un être qui éprouve du chagrin, une douleur particulière. *Se sentir triste.* Abattu. Affligé. Découragé. Chagriné. Malheureux. Peiné. Déçu. Déprimé. Nostalgique.

TRISTESSE. Peine. Chagrin. Affliction. Abattement. Dépression. Découragement. Amertume. Nostalgie. / *Tristesse morbide.* Neurasthénie. / *Ce qui cause de la tristesse.* Malheur. Ennui. Déception. Désappointement. Solitude. Misère.

ATTRISTER. Affliger. Peiner. Consterner. Chagriner.

Se dit d'une personne qui par nature n'est pas gaie. *Un homme triste. Un caractère triste.* Mélancolique. Morose. Taciturne. Cafardeux (fam.). Hypocondriaque. Pessimiste. Désabusé. / *Un air triste.* Malheureux. Maussade. Sombre. Rembruni. Funèbre. Eploré. / Triste comme un bonnet de nuit, comme une porte de prison. / Rabat-joie. Trouble-fête. Pisse-froid (fam.).

TRISTESSE. Mélancolie. Morosité. Spleen. Hypocondrie. Ennui. Vague à l'âme. / *Sombrer dans la tristesse.* Broyer du noir. Avoir le cafard (fam.). Avoir la mort dans l'âme.

TRISTEMENT. *Regarder tristement.* D'un air triste. / *Vivre tristement.* Misérablement.

Se dit d'une chose qui cause du chagrin, de la douleur. *Une triste nouvelle. Un événement triste.* Douloureux. Pénible. Affligeant. Cruel. Attristant. Chagrinant. Navrant. Désolant. Déchirant. Consternant. Affreux. Tragique.

ATTRISTER. Désoler. Navrer. Désespérer.

Se dit d'une chose qui inspire de l'ennui, de la morosité. *Une atmosphère triste. Un endroit triste.* Morne. Lugubre. Ennuyeux. Sinistre. / *Un triste temps.* Mauvais. Maussade. / *Une couleur triste.* Terne. Sombre.

TRISTESSE. *Tristesse d'une époque.* Grisaille. Monotonie.

Se dit d'une personne ou d'une chose dont la médiocrité, la mauvaise qualité ont quelque chose d'affligeant, de méprisable. *Un triste individu.* Misérable. Piètre. Sinistre. / *Une triste époque.* Déplorable. Lamentable. Pitoyable.

Attristant. / *Un triste résultat.* Médiocre. Minable (fam.). Mauvais. Miteux (fam.).

trois

(du lat. *tres ;* en gr. *treis*)

Dérivés de trois. Troisième. / Trois fois. Ter. / Trois quarts. / Treize. Treizaine. / Tiers. Tiercer. Le tiercé. / Tertiaire (au troisième rang). Tertio. / Terne (trois numéros). Ternes (deux trois). / Terné (trois par trois). Ternaire. / Tripler. Triple. Triplice. / Trio. Triade. Trinité. / Tercet. / Trèfle. / Trépied. / Trente. Trentaine. Trentième.

Composés en « tri- ». Triangle. Tricéphale. Triclinium. Tricolore. Tricuspidé. Trident. Trièdre. Triennal. Trifide. Trilatéral. Trilobé. Trilogie. Trimestre. Trimestriel. Trinôme. / Triparti ou tripartite. Tripartition. Tripartisme. Triphasé. Triplés. Triptyque. Trirème. Trisaïeul. Trisannuel.

tromper

Induire en erreur par mensonge, par ruse ou par dissimulation. *Tromper quelqu'un.* Duper. Berner. Leurrer. Circonvenir. En faire accroire. / *Termes fam.* Attraper. Avoir. Feinter. Mettre, fiche(r) dedans. Refaire. Dorer la pilule. Entortiller. Monter le coup. / *Termes pop.* Empaumer. Posséder. Rouler. Blouser. Bourrer le mou. / *Tromper quelqu'un dans une affaire.* Voler. Duper. Escroquer. / *Termes fam.* Dindonner. Pigeonner. / *Termes pop.* Entôler. Empiler. Estamper. Rouler. / *Personne facile à tromper.* Naïf. Niais. Simple. Gogo. Dupe. Pigeon (fam.). / *Se laisser tromper.* Se laisser berner, duper, abuser. Donner dans le panneau. Mordre à l'hameçon.

Se tromper. V. ERREUR.

TROMPERIE. Duperie. Farce. Fourberie. Piperie. Attrape. Bluff (fam.). Feinte. Mensonge. / *Tromperie en affaires.* Escroquerie. Dol. Fraude. Falsification. Supercherie. Abus de confiance. Maquignonnage. / *Tromperie au jeu.* Tricherie.

TROMPEUR. Fourbe. Déloyal. Hypocrite. Perfide. Faussaire. Carotteur (fam.). Aigrefin. Filou. Bluffeur (fam.). Démagogue. Imposteur.

Être infidèle à l'égard de quelqu'un. *Tromper sa femme. Tromper son mari.* Manquer à sa parole. Manquer à ses engagements. Violer la foi conjugale. Donner un coup de canif dans le contrat (fam.). Cocufier (pop.). / Infidélité. Adultère. Cocufiage (pop.). / *Mari trompé.* Cocu (pop.). Cornard (pop.). / *Femme trompée.* Cocue (pop.).

Faire tomber dans une erreur. *Tromper quelqu'un* (en parlant d'une chose). Abuser (littér.). Surprendre.

TROMPEUR. *Discours, argument trompeur.* Mensonger. Fallacieux. Insidieux. Spécieux. Artificieux.

tronc

(du lat. *truncus*)

Partie d'un arbre comprise entre les racines et les premières grosses branches. *S'appuyer au tronc d'un chêne.* Fût. / *Tronc d'un arbre non équarri, avec l'écorce.* Grume. Bille. / *Partie d'un tronc d'arbre débité.* Planche. Madrier. Poutre.

TRONÇON (partie coupée en long). Billot.

TRONÇONNER (couper en tronçons circulaires). Scier. / Tronçonnage.

TRONÇONNEUSE (machine-outil servant à tronçonner).

Partie du corps humain à laquelle sont fixés la tête et les membres. *Partie supérieure du tronc.* Buste. Torse. / *Partie inférieure du tronc.* Bassin.

trop

(du francique *throp,* tas, entassement)

Plus qu'il ne faut (avec un adjectif, un adverbe, un verbe). *Un logement trop petit. Payer trop cher. Boire trop.* Excessivement (vx). Démesurément. Avec excès. A l'excès (v. ce mot). / *Par trop* (littér.). Vraiment trop. / Préfixes *outre, ultra, super, sur, hyper* (v. EXCÈS).

Plus qu'il n'en faut (avec un nom). *Avoir trop d'argent.* En quantité excessive. / *Avoir des bagages, de la nourriture de trop, en trop.* En excédent. En surplus. En surnombre. / *Qui est en trop.* Superflu. Superfétatoire. / *Etre de trop* (en parlant d'une personne). Etre importun, indésirable. Gêner par sa présence.

A un haut degré (avec un adjectif, un verbe). *Etre trop aimable, trop bon* (dans des locutions de politesse ou exprimant la tendresse). Très. Beaucoup. Fort. Extrêmement. Infiniment. Excessivement (fam.). / *Ne pas trop savoir.* Pas bien. Guère.

trophée

(bas lat. *trophaeum,* en lat. class. *tropaeum,* du gr. *tropê,* fuite)

Objet attestant une victoire, un succès. *Un trophée d'armes, de dra-*

peaux. Faisceau d'armes. Panoplie. Butin. / *Trophée d'un sportif.* Médaille. Coupe. / *Trophée de chasse.* Massacre (tête naturalisée, bois d'un animal).

trou

(du lat. pop. **traucum* ; bas lat. *cavitas,* de *cavus,* creux)

Creux naturel ou artificiel à la surface d'une chose. *Trou à la surface du sol.* Cavité. Excavation. Affaissement. Effondrement. Crevasse. Fossé. (V. CREUX.) / *Trou dans un chemin.* Ornière. Fondrière. Nid de poule. / *Un trou pour abriter des personnes, des animaux.* Tranchée. Tranchée-abri. Terrier. Tanière. / *Trou pour enterrer un mort.* Fosse. / *Trou d'obus.* Entonnoir.

Ouverture qui traverse une surface ou un corps. *Trou d'une aiguille.* Chas. / *Trou dans une haie, dans une clôture.* Trouée. Brèche. / *Trou percé dans la paroi d'une bateau.* Dalot. / *Trou d'aération d'un toit.* Chatière. / *Trou percé dans un mur pour l'écoulement des eaux.* Souillard. / *Trou dans un tissu.* Accroc. Déchirure. Piqûre. / *Trou de cigarette.* Brûlure. / *Trou qui fait communiquer une cavité naturelle ou artificielle avec l'extérieur.* Orifice. Méat.

TROUER (faire un trou). Percer. Perforer. Forer. / *Trouer un vêtement.* Déchirer. Accrocher. Brûler.

Orifice anatomique. *Trou de nez* (fam.). Narine. / *Trou du fondement. Trou du cul* (pop.). Anus. Troufignard ou troufignon (pop.). / Trou obturateur (ou trou ischiopubien, situé à la partie inférieure de l'os iliaque). / Bouche. Cavité buccale. / Orbite. / Méat.

trouble

(du lat. pop. *turbulus*)

Se dit d'un liquide qui n'est pas limpide. *Une eau trouble. Un vin trouble.* Brouillé. Opaque. Terne. Vaseux. Boueux.

TROUBLER. Altérer la transparence de. Brouiller. Obscurcir. Rabouiller (troubler l'eau pour pêcher plus facilement).

Qui n'est pas net. *Avoir la vue trouble.* Avoir la vue brouillée. / *Un souvenir trouble.* Confus. Obscur. Nébuleux. Vague.

troubler

(du lat. pop. *turbulare ;* lat. class. *turbare*)

Interrompre le cours, le fonctionnement de quelque chose. *Troubler le repos, la tranquillité de quelqu'un. Troubler l'ordre public.* Perturber. Déranger. Bouleverser. Semer le désordre. Mettre sens dessus dessous. Renverser.

TROUBLE. *Jeter le trouble dans une famille.* Agitation. Bouleversement. Effervescence. Désordre. Perturbation. Tumulte. Confusion. / *Troubles politiques, sociaux.* Emeute. Soulèvement. Manifestation. Bagarre. Insurrection. Sédition. Complot. / *Fauteur de troubles.* Agitateur. Perturbateur. Trublion. Excitateur. Semeur de discorde, de désordre. / *Trouble pathologique.* Dérangement. Dérèglement. Désordre. Perturbation. Choc. Commotion. Intoxication. Etourdissement. Vertige. / *Trouble psychophysiologique.* Désordre mental (V. PSYCHOLOGIE).

Priver une personne de lucidité, de présence d'esprit, de sang-froid. *Troubler quelqu'un.* Bouleverser. Affoler. Inquiéter. Toucher. Impressionner. Embarrasser. Démonter. Désarçonner. Frapper. Gêner. / *Que rien ne peut troubler.* Imperturbable. Calme. Impassible. / *Etat d'une personne que rien ne trouble.* Ataraxie. Impassibilité. Sérénité. Quiétude.

Se troubler. Perdre sa lucidité. S'affoler. S'embrouiller. Perdre contenance. Se démonter. Perdre la tête, la boule (fam.). Perdre les pédales (fam.). Rester interdit, interloqué, abasourdi, ahuri (fam.).

TROUBLÉ. Affolé. Désemparé. Décontenancé. Eperdu. Perplexe. Retourné. Remué. Tourneboulé (fam.).

TROUBLANT. Inquiétant. Bouleversant. Déconcertant. Affolant.

TROUBLE. Affolement. Agitation. Désarroi. Effroi. Inquiétude. Egarement. Folie. Aveuglement. Embarras. Perplexité. Indécision. Emotion. Emoi.

troupe

(du francique *throp,* trop, entassement)

Groupement de militaires. *Les troupes d'un pays.* Armée. Forces armées. / *Lever des troupes.* Mobiliser. Recruter. / *Eléments d'une troupe.* Détachement. Patrouille. Commando. Peloton. Escorte. / *Homme de troupe.* Simple soldat. / *Mouvements de troupes.* Marche. Manœuvre. Avance. Progression. Recul. Repli. Retraite. Fuite. Déroute. / *La troupe.* Les soldats. Les militaires. La force armée.

TROUPIER (vx). Homme de troupe. Soldat. Tourlourou (vx ou plaisant). Troufion (pop.). Bidasse (pop.).

troupeau

(du francique *throp*, tas, troupeau ; en lat. *grex, gregis*)

Groupe d'animaux domestiques élevés et nourris ensemble. Troupeau de gros bétail (bœufs, vaches, etc.). Troupeau de petit bétail (moutons, chèvres, etc.). / *Troupeau de vaches, de taureaux en Camargue.* Manade. / *Endroit où l'on mène paître des troupeaux.* Pâturage. Pacage. Prairie. Herbage. Pâture. Champ. Pré. Alpage. / *Faire paître, faire pâturer des troupeaux.* Pacager. / *Personne qui conduit un troupeau.* Berger.

Groupe d'animaux de même espèce qui vont ensemble. *Un troupeau de gazelles, de zèbres, d'éléphants.* Bande. Troupe (littér.). / *Un troupeau de cerfs, de biches.* Harde. Harpail.

Relatif au troupeau. Grégaire. / Instinct grégaire. / Grégarisme (tendance à vivre en groupes).

trouver

(du lat. pop. *tropare*, inventer ; lat. class. *invenire, inventum*)

Voir, apercevoir un être, une chose que l'on cherchait ou par hasard. *Trouver quelqu'un chez lui, sur son chemin.* Rencontrer. Tomber sur. Surprendre. Croiser. / *Aller trouver une personne.* Se rendre auprès de. Aller voir. Contacter. Joindre. / *Trouver un emploi.* Obtenir. Avoir. / *Trouver un gisement pétrolifère.* Détecter. Déceler. / *Trouver un objet rare.* Dénicher (fam.). Dégoter (fam.). Mettre la main sur. / *Trouver un trésor.* Découvrir. Déterrer. Mettre au jour. / *Trouver une chose inattendue.* Pêcher (fam.). / *Trouver un obstacle.* Rencontrer. Etre en face de, en présence de. / *Personne qui trouve* (un objet perdu, un trésor). Inventeur.

Se trouver. *Se trouver en un endroit, en un état.* Etre. Demeurer. Figurer. Etre situé. / *Il se trouve.* Il y a. Il existe. / *Il se trouve que.* Il arrive que. Il se fait que. / *Si ça se trouve* (pop.). Il est possible que. Il peut arriver que.

TROUVABLE. Découvrable.

INTROUVABLE. Rare. Rarissime. Précieux.

Arriver à connaître ce qui était caché ou ignoré. *Trouver la clef d'une énigme.* Deviner. Percer. Elucider. / *Trouver la solution d'un problème.* Découvrir. Résoudre. / *Trouver quelque chose de nouveau.* Inventer. Imaginer. Innover. / *Trouver la cause d'une maladie.* Déceler. / *Eurêka* (j'ai trouvé). / *Faire des efforts pour trouver.* Se torturer l'esprit. Se casser la tête (fam.).

TROUVAILLE. Découverte. / Création. Idée. Invention. / Astuce (fam.). Illumination. Trait de génie, de lumière.

Éprouver telle sensation, tel sentiment. *Trouver du plaisir, de la joie auprès de quelqu'un, dans une occupation.* Ressentir. Connaître. Goûter.

Se trouver. *Se trouver bien.* Se plaire. Eprouver du bien-être. / *Se trouver bien de quelque chose.* Etre content. / *Se trouver mal.* Etre mal à l'aise. S'évanouir.

Rencontrer un être, une chose dans tel ou tel état, sous tel ou tel aspect. *Trouver quelqu'un malade, au lit.* Voir. / *Trouver quelqu'un en train de commettre une mauvaise action.* Surprendre. Prendre sur le fait. / *Trouver des qualités, des défauts à une personne.* Découvrir. Reconnaître. Remarquer. Attribuer.

Considérer une personne, une chose de telle ou telle manière. *Trouver quelqu'un aimable. Trouver une chose désagréable.* Juger. Estimer. Regarder comme. Tenir pour. / *Trouver le temps long.* S'ennuyer. / *Trouver bon que.* Approuver. / *Trouver mauvais que.* Désapprouver. / La trouver mauvaise, saumâtre (fam., juger mauvais le procédé, le résultat). / *Trouver que* (et l'ind.). Estimer. Penser. Croire. / *Trouver à redire.* Critiquer. Blâmer.

truquer

(de *truc*, du provençal *trucar*, cogner)

Modifier l'apparence d'une chose pour tromper. *Truquer des cartes.* Maquiller. / *Truquer des dés.* Piper. / *Truquer un dossier.* Falsifier. / *Truquer un meuble.* Faire paraître plus ancien. / Election truquée (dont le résultat est faussé).

TRUQUAGE OU TRUCAGE. *Truquage d'un produit.* Contrefaçon. Dénaturation. / *Truquage d'un texte.* Altération. / Truquage (au cinéma, moyen employé pour créer une illusion).

TRUQUEUR. Tricheur. Filou.

tuer

(origine incertaine ; en lat. *occidere*)

Faire mourir une personne de mort violente. Donner la mort. Oter la vie. Assassiner. Blesser mortellement. Expédier, envoyer « ad patres » (fam.). Trucider (fam.). Occire (vx). / *Express.*

pop. Etendre. Descendre. Zigouiller. Liquider. Crever la peau, la paillasse. / *Tuer en asphyxiant.* Etrangler. Etouffer. Noyer. Jeter à l'eau. / *Tuer avec du poison.* Empoisonner. / *Tuer avec un couteau, avec un poignard.* Poignarder. Egorger. / *Tuer avec un pistolet.* Brûler la cervelle. / Achever un blessé. / *Tuer à coups de pierres.* Lapider. / *Tuer avec une épée.* Pourfendre. Passer au fil de l'épée. / *Tuer un criminel.* Exécuter. Supplicier. / *Tuer un grand nombre de personnes.* Décimer. Exterminer. Massacrer. Anéantir. / *Lieux où l'on tue.* Coupe-gorge. Champ de bataille. Camp de concentration. Chambre à gaz. Four crématoire, etc.

Action de tuer volontairement un être humain. Meurtre. Assassinat. / *Mots à élément* « -cide ». Homicide. Infanticide. Parricide. Fratricide. Génocide. Régicide, etc.

Se tuer. Se donner la mort. Attenter à sa vie. Se suicider. Se supprimer (fam.). Mettre fin à ses jours. Abréger ses jours. Faire hara-kiri. Se faire sauter, se brûler la cervelle (fam.). / *Se tuer les uns les autres.* S'entre-tuer. / Mourir accidentellement. Etre victime d'un accident mortel.

TUEUR. Meurtrier. Assassin. Criminel. Etrangleur. Empoisonneur. / Tueur à gages (personne payée pour commettre un meurtre).

TUERIE. Carnage. Massacre. Boucherie. Hécatombe. Extermination.

Faire mourir des animaux. *Tuer des bêtes à l'abattoir, à la chasse.* Abattre. Saigner. Egorger. / Tordre le cou.

TUEUR. Boucher. Saigneur. Sacrificateur.

Causer la mort, la disparition d'un être, d'une chose. *Tuer des insectes.* Détruire. / *Tuer un commerce. Tuer la liberté.* Faire disparaître. Faire cesser. Supprimer.

TUE-MOUCHES (papier imprégné d'une substance qui tue les mouches). / *Mots à élément* « -cide ». Insecticide. Herbicide. Liberticide.

Accabler physiquement ou moralement. *Tuer quelqu'un* (*par exagér.*, en parlant d'une chose désagréable, pénible). Epuiser. Ereinter (fam.). Exténuer. User. Anéantir.

TUANT (fam.). Accablant. Ereintant (fam.). Esquintant (fam.). Exténuant. Usant. Epuisant.

Se tuer. *Se tuer de travail, au travail.* S'éreinter (fam.). S'exténuer. User ses forces. / *Se tuer à* (et un inf.). S'échiner à. Se donner beaucoup de mal.

tumeur

(lat. *tumor*, de *tumere*, enfler)

Augmentation de volume d'un tissu, d'un organe, d'une partie du corps d'origine généralement pathologique (sens encore fréquent dans la langue courante, mais abandonné par le langage médical, qui lui préfère *tuméfaction, enflure, grosseur, gonflement, tumescence, intumescence*). *Petite tumeur à la surface de la peau.* Bouton. Pustule. Vésicule. Elevure (vx). / *Tumeur formée par une inflammation. Tumeur purulente.* Abcès. Anthrax. Bubon. Furoncle. Orgelet. Phlegmon. / *Tumeur formée par un épanchement de liquide.* Hématome. / *Tumeur sous-cutanée formant une excroissance indolore.* Kyste sébacé. Loupe.

Production pathologique d'un tissu de nouvelle formation résultant d'une multiplication anormale des cellules. *Evolution des tumeurs.* Prolifération des cellules. Infiltration des tissus environnants. Gonflement. Hypertrophie.

Sortes de tumeurs. *Tumeur bénigne.* Limitée par une capsule. N'envahit pas les tissus voisins. Ne donne pas de métastase (apparition en un autre point de l'organisme d'une lésion de même structure que le foyer initial). Ne récidive pas après ablation. / *Tumeur maligne ou cancer.* Mal limitée ou absence de limite. Envahit les tissus environnants. Donne des métastases. Récidive fréquente après ablation.

Classification des tumeurs. *Tumeurs des revêtements malpighiens* (muqueuse et peau). Bénignes : papillomes, condylomes. Malignes : carcinomes ou épithéliomas malpighiens. / *Tumeurs des revêtements cylindriques et des parenchymes glandulaires.* Bénignes : adénomes. Malignes : adénocarcinomes ou épithéliomas cylindriques ou glandulaires. / *Tumeurs du tissu conjonctif et de ses dérivés.* Bénignes : fibrome, myxome, myome, lipome, ostéome, chondrome, angiome, lymphangiome. Malignes : fibrosarcome, myxosarcome, myosarcome, liposarcome, ostéosarcome, chondrosarcome, angiosarcome. / *Tumeurs du tissu hémopoïétique.* Lymphosarcome. Myélosarcome. / *Tumeurs nerveuses.* Méningiomes. Tumeurs du cerveau (v. ce mot). / *Tumeurs pigmentaires.* Tumeurs bénignes : mélanomes. Tumeurs malignes : mélanosarcome. / *Tumeurs embryonnaires.* Tératomes.

Soins et traitements des tumeurs. *Soins des tumeurs bénignes.* Ablation chirurgicale. Electrocoagulation. Enucléation. Résection. / *Soins des tumeurs malignes.* Biopsie. Etude cytologique. Chirurgie d'exérèse. Chirurgie curative radicale. Electrocoagulation. Radiothérapie. Traitement par les isotopes radioactifs. Cobaltothérapie. / Chimiothérapie.

Relatif aux tumeurs. Tumoral. / Cancéreux. Cancérigène. Cancérologie ou carcinologie (vx).

tuteur

(lat. *tutor,* de *tueri,* protéger)

Personne chargée de veiller sur un mineur ou sur un interdit et de gérer ses biens. Pupille (orphelin mineur en tutelle). Conseil de famille (assemblée de six membres qui nomme le tuteur). / Interdit (personne incapable de remplir des actes juridiques). / Tuteur légal, tutrice légale (ascendant, père, mère). Tuteur datif (nommé par le conseil de famille). Tuteur testamentaire (désigné par testament par le survivant des parents). Subrogé tuteur (personne choisie par le conseil de famille pour surveiller la gestion du tuteur et représenter les intérêts du pupille). / Emanciper un mineur (affranchir de la puissance paternelle ou de la tutelle). Curateur (personne chargée d'assister un mineur émancipé). Curatelle.
Charge, fonction de tuteur. Tutelle. / Tutelle des enfants légitimes, des enfants naturels, des interdits. Tutelle légale du père et de la mère.

TUTÉLAIRE. Gestion tutélaire.

Appui fixé en terre pour soutenir les plantes. Rame (pour pois, haricots). Echalas, hautin ou hautain (pour la vigne). Perche (pour les arbres fruitiers).

TUTEURER. *Tuteurer des haricots.* Ramer. / *Tuteurer la vigne.* Echalasser.

type

(lat. *typus,* modèle, du gr. *typos,* marque, caractère d'écriture)

Être ou objet réunissant les caractères essentiels communs à des êtres, à des choses de même nature. *Un type de beauté.* Canon. / *Le type de l'avare.* Personnification. Représentant. Modèle. / *Type primitif ou idéal qui sert de modèle.* Archétype. Original. / *Type premier d'une machine qui sert de modèle de fabrication.* Prototype.

TYPÉ (qui présente à un haut degré les caractères d'un type). Personnage typé.

TYPIQUE. *Exemple typique.* Caractéristique. Remarquable. Original.

Ensemble des caractères distinctifs d'une catégorie d'êtres ou de choses. Les types humains (considérés du point de vue ethnique, mental, esthétique, sexuel, etc.). / *Type de société.* Genre. Catégorie. Espèce.

TYPIQUE. *Exemple typique.* Spécifique.

ATYPIQUE. Anormal. Aberrant. Irrégulier.

TYPIQUEMENT. Spécifiquement.

TYPOLOGIE (science des types humains, de l'élaboration de certains types). *Typologie des caractères.* Caractérologie.

Individu quelconque (fam. ou pop.). *Un brave type. Un sale type.* Garçon. Gars (fam.). Bonhomme (fam.). Bougre (fam.). Zèbre (fam.). Zigue (pop.). Mec (pop.). Gonze (pop.).

TYPESSE (pop.). Femme. Fille. Gonzesse (pop.). Nana (pop.).

tyran

(lat. *tyrannus,* du gr. *turannos,* maître)

Celui qui exerce le pouvoir suprême d'une manière oppressive. *Un tyran cruel, féroce.* Autocrate. Dictateur. Despote. Oppresseur. Maître absolu.

TYRANNIE. Despotisme Absolutisme. Pouvoir absolu, arbitraire, oppressif. Dictature. Oppression. Asservissement.

TYRANNEAU (fam., petit ou jeune tyran).

TYRANNIQUE. *Régime tyrannique.* Despotique. Dictatorial. Aboslu. Autocratique. Oppresseur. / *Exercer le pouvoir d'une manière tyrannique.* Opprimer. Persécuter. Asservir.

TYRANNICIDE (meurtre d'un tyran; personne qui tue un tyran)

TYRANNIQUEMENT. Despotiquement.

Personne qui abuse de son autorité, de son pouvoir. *Etre tyran* (en parlant d'un père, d'une mère, etc.). Despote. Dominateur.

TYRANNIE. Abus de pouvoir. Autorité oppressive. Domination.

TYRANNIQUE. Autoritaire. Oppressif. Absolu. Impérieux.

TYRANNISER. Abuser de son pouvoir. Contraindre. Imposer sa volonté. Harceler. Importuner. Molester.

U

un
(du lat. *unus*)

Exprime l'unité. *Un être. Un objet.* Unique. Un seul. / *Pas un.* Aucun. Nul. / *Plus d'un.* Plusieurs. Quelques.

UNITÉ (caractère de ce qui est un, unique). L'unité et la pluralité.

UNICITÉ (caractère de ce qui est unique). L'unicité d'un cas, d'un modèle.

UNIÈME (après une dizaine). Vingt et unième. Trente et unième. Cent unième. Préfixe ***uni***. Unicolore. Uniflore. Unifolié. Unijambiste. Unilatéral. Unilingue. Unipare. Unisexué. Unisexualité, etc.

UNIFIER (ramener à l'unité). *Unifier des races.* Mêler. / *Unifier des classes sociales.* Niveler. / *Unifier des régions.* Fusionner. / *Unifier des programmes.* Uniformiser.

UNIFICATION. Intégration. Fusion. / Unificateur.

uniforme
(du lat. *uniformis,* de *unus,* un seul, et de *forma,* forme)

Se dit d'une chose dont les éléments sont semblables. *Un mouvement uniforme. Un pas uniforme.* Régulier. Egal. / *Une vie uniforme.* Monotone. Qui ne varie pas.

UNIFORMÉMENT. Régulièrement. Egalement.

UNIFORMITÉ. *L'uniformité d'un mouvement.* Régularité. Egalité. / *L'uniformité des jours.* Monotonie.

Se dit d'une chose qui ressemble beaucoup aux autres. *Une couleur uniforme. Un ensemble uniforme d'objets.* Identique. Pareil. Le (la) même. Similaire. Standard. Stéréotypé.

UNIFORMITÉ. *L'uniformité des rues.* Similitude. Ressemblance.

UNIFORMÉMENT. Identiquement. Pareillement.

UNIFORMISER. *Uniformiser des couleurs.* Unifier. / *Uniformiser la fabrication de certains objets.* Standardiser.

unir
(du lat. *unire*)

Mettre ensemble des choses concrètes ou abstraites. *Unir deux planches* (emploi assez rare). Réunir. Abouter. Joindre. / *Unir ses efforts à ceux de quelqu'un.* Associer. Mettre en commun. Mêler.

S'UNIR. *S'unir* (en parlant de choses). Se joindre. Se mêler. Se fondre.

UNION. *Union entre les éléments d'un tout.* Jonction. Liaison. Assemblage. Réunion. Fusion. Mélange. Cohérence. / *Union entre des éléments hétérogènes.* Amalgame.

DÉSUNIR. Disloquer. Disjoindre.

Associer par des liens sentimentaux, sociaux. *Unir des personnes* (en parlant d'un sentiment). Rapprocher. Lier. Réunir. Rassembler. / *Unir deux jeunes gens* (en parlant d'un maire, d'un prêtre). Marier. / *Sentiment qui unit des êtres.* Attachement. Affection. Amitié. Amour. / *Ce qui unit.* Lien. Affinité. Rapport.

UNION. *Union entre des personnes.* Entente. Accord. Harmonie. Camaraderie. Amitié. / *Union entre les hommes.* Fraternité. Paix. Concorde. Solidarité. / *Union conjugale. Union légitime.* Mariage. / *Union libre.* Concubinage (fam.). Collage (pop.). / *Union charnelle.* Coït. Copulation. Relations sexuelles. Fornication. / Coïter. Copuler. Forniquer.

S'UNIR. *S'unir en vue d'une action commune.* S'associer. Se solidariser. Faire cause commune. Faire bloc. S'allier. Prêter son concours. Se concerter.

DÉSUNIR. Brouiller. Semer la zizanie. Diviser. Opposer.

DÉSUNION. Brouille. Brouillerie. Discorde.

Associer par un lien politique, économique. *Unir une province à un pays.* Réunir. Rattacher. Annexer. / *Unir deux pays, deux Etats.* Allier. Fédérer.

UNION. *Union d'Etats.* Fédération. Confédération. / Alliance. Coalition.

S'UNIR. S'allier. S'associer. Se coaliser. / Se fédérer.

Mettre en communication. *Unir des mots pour former des phrases.* Assembler. Agencer. Réunir. / *Unir des pays* (en parlant des transports). Relier. Desservir. Faire communiquer.

Faire exister ensemble des choses différentes. *Unir en soi la bonté et la rudesse.* Mêler. Allier. Joindre.

UNION. Mélange. Alliance.

unité

(lat. *unitas,* de *unus,* un)

Caractère de ce qui forme un tout unique. *L'unité d'un pays, d'un parti. L'unité d'un plan, d'un mouvement.* Cohésion. Homogénéité. Ensemble. / *L'unité des points de vue, des opinions.* Accord. Unanimité. / *L'unité d'une œuvre.* Harmonie. Régularité. Equilibre.

UNITAIRE (qui vise à l'unité). Une politique unitaire. / Unitarisme.

Élément d'un ensemble. *Unité administrative.* Département. Arrondissement. Canton. Commune. / *Collection d'unités arithmétiques.* Nombre. / *Ensemble de dix, vingt, cent unités.* Dizaine. Vingtaine. Centaine. / *Division, partie d'une unité.* Fraction.

Formation militaire permanente. Unité administrative. Unité de combat. / *Rejoindre son unité.* Corps de troupes.

Grandeur choisie pour en mesurer d'autres de même espèce. Unités de base ou unités fondamentales (sur lesquelles est fondé tout un système). Unités principales. Unités secondaires (dérivées des unités principales). / *Système d'unités.* Système métrique. Systèmes M.T.S. (mètre, tonne, seconde), C.G.S. (centimètre, gramme, seconde), S.I. ou système international d'unités (mètre, kilogramme, seconde, ampère, kelvin, candela). / Métrologie. Étalon. Instrument de mesure.

université

(du lat. juridique *universitas,* communauté)

Ensemble des maîtres de l'enseignement public et de l'administration dépendant du ministère de l'Education. Enseignement du premier degré, du second degré. Enseignement technique. Enseignement supérieur. Académies. Corps enseignant. / Grand maître de l'Université. Ministre de l'Education.

UNIVERSITAIRE. *Etablissement universitaire.* Lycée. Lycée technique. Collège d'enseignement secondaire. Collège d'enseignement technique. Ecole normale. / *Diplômes universitaires.* Baccalauréat. Licence. Maîtrise. Agrégation. Doctorat. / Bachelier. Licencié. Agrégé. Docteur. / *Un universitaire.* Professeur. Maître. Enseignant.

Établissement d'enseignement supérieur. *Facultés.* Lettres et sciences humaines. Droit, sciences juridiques et sciences économiques. Sciences. Médecine. Pharmacie. / Comité consultatif des universités. Conseil d'université. Conseil scientifique. / Unité d'enseignement et de recherche (U. E. R.). Institut universitaire de technologie (I. U. T.). Centre hospitalo-universitaire (C. H. U.). Centre national de la recherche scientifique (C. N. R. S.). Institut. Département.

Personnel. Recteur. Président d'université. Doyen. Directeur d'U.E.R., d'institut, de département. / Professeur avec chaire, sans chaire. Professeur associé. Maître de conférences. Chargé d'enseignement. Maître assistant. Assistant. Chargé de cours. Moniteur. Lecteur. / Chef de travaux. Préparateur. / Maître de recherches. Attaché de recherches. Chercheur. / Secrétariat. Appariteur.

Études et diplômes. Premier cycle. Deuxième cycle. Troisième cycle. Unité de valeur. Certificat. Examen. Contrôle continu des connaissances. Diplôme d'études universitaires générales (D. E. U. G.). Diplôme universitaire de technologie (D. U. T.). Licence. Maîtrise (anciennement diplôme d'études supérieures). Mémoire et certificat.

Préparation aux carrières de l'enseignement. Agrégation. C.A.P.E.S. (certificat d'aptitude à l'enseignement secondaire). C. A. P. E. T. (certificat d'aptitude à l'enseignement technique). I. P. E. S. (Institut pédagogique de l'enseignement secondaire). / Agrégatif. Capésien. / Agrégé. Certifié. / Doctorat de troisième cycle. Doctorat d'Etat. Thèse. Directeur ou patron de thèse. Soutenance. / Licencié. Docteur.

Enseignement. Enseignement pluridisciplinaire, interdisciplinaire. / Cours magistral. Travaux dirigés. Travaux pratiques. Séminaire de recherches. Cours de recyclage. Cours d'éducation permanente. Cours radiodiffusé. Cours polycopiés.

Vie de l'étudiant. Campus. Cité universitaire. Restaurant universitaire. Amphithéâtre. Salle de cours. Bibliothèque. Atelier de travail. / Mutuelle. Syndicats. / Œuvres sociales. / Bourses d'enseignement.

urgent

(lat. *urgens,* de *urgere,* presser)

Qui ne peut être remis à plus tard. *Un travail urgent.* Pressé. A faire sans délai. Qui ne peut être différé. / *Un besoin urgent.* Pressant.

URGENCE. *Etat d'urgence.* Nécessité. / *Venir d'urgence.* Sans délai. En toute hâte. Immédiatement.

URGER (fam.). Etre urgent. Presser. Ne pas pouvoir attendre.

urine

(du lat. *urina;* en gr. *ouron*)

Liquide sécrété par les reins et éliminé par les voies urinaires. *Une urine claire. Une urine trouble.* Pipi (fam. ou langue enfantine). Pisse (pop.).

Composition de l'urine. *Urine normale.* Eau (930 à 945 grammes par litre). Sels minéraux : chlore, sodium, potassium, phosphore. Déchets azotés : urée, acide urique. Différents acides : acides citrique, lactique, oxalique, etc. / *Urine pathologique.* Eléments anormaux : albumine, glucose (dans le diabète). Pigments et sels biliaires. Cristaux : urates, oxalates, phosphates, sels de calcium.

Appareil urinaire. Rein (v. ce mot). / *Uretère* (canal conduisant l'urine du rein à la vessie). / *Vessie* (réservoir musculo-membraneux où s'accumule l'urine), placée entre les uretères et l'urètre. Capacité vésicale : 250 grammes environ chez l'homme, un peu plus chez la femme. / *Urètre* (canal allant de la vessie au méat urinaire).

URINER. Faire pipi (fam.). Pisser (pop.). / *Action d'uriner.* Miction. / *Envie d'uriner.* Besoin. / *Vase pour uriner.* Urinal. Bassin. Vase de nuit. Pot de chambre (fam.). / *Qui fait uriner.* Diurétique. / *Substances, médicaments diurétiques.* Eaux. Eaux minérales pures, lithinées. Sels de lithine. Tisanes. Bouillons.

URINOIR. Vespasienne. Pissotière (pop.).

URINIFÈRE. Tube urinifère.

UROLOGIE (partie de la médecine relative aux maladies de l'appareil urinaire des deux sexes et de l'appareil génito-urinaire de l'homme. / Urologue.

Affections, maladies et traitements de l'appareil urinaire. *Affections de la vessie.* Calculs. Lithiase vésicale. Hernie ou cystocèle. Tumeurs (fibrome, sarcome, myome, papillome, épithéliome). Cystite (inflammation de la paroi de la vessie). / Cystographie (radiographie de la vessie). / Cystoscopie (examen de la vessie). / Calculs de l'uretère. Colique néphrétique. Urétérotomie. Urétérectomie. / Urétrite (infection de l'urètre). Urétrotomie. / Urographie (radiographie du système urinaire). Rétention d'urine. Anurie (absence d'urine dans la vessie). Incontinence d'urine ou énurésie. Dysurie (difficulté d'uriner). Pollakiurie (besoin fréquent d'uriner). Urémie (maladie provoquée par l'accumulation de l'urée dans le sang).

Relatif à l'urine. Pisseux (fam., se dit d'une couleur jaunie, passée, de ce qui est de cette couleur). Pissat (urine des animaux). Lisier (liquide provenant du mélange des urines et des excréments des animaux). Pisse-froid ou pisse-vinaigre (homme triste, ennuyeux). / Laisser pisser le mérinos [pop.] (attendre, ne pas brusquer les événements).

usage

(du lat. *usus,* emploi)

Le fait de se servir de quelque chose. *L'usage d'un outil, d'un appareil. L'usage d'un mot, d'une expression.* Emploi. Utilisation. / *L'usage du tabac, de l'alcool.* Consommation. / *Un usage excessif de quelque chose.* Abus. / *Hors d'usage.* Inutilisable. Usé. / *Qui n'est plus en usage* (en parlant d'un mot). Déseret. Obsolète.

USUEL. Habituel. Courant.

USITÉ. *Un mot usité.* Courant. Usuel.

USER (de). *User de quelque chose.* Se servir de. Utiliser. Employer. Faire usage de. Consommer.

ABUSER (faire un usage excessif). *Abuser de son autorité.* Outrepasser.

MÉSUSER (faire mauvais usage). *Mésuser de sa fortune.* Dilapider. Gaspiller.

USAGER. *L'usager d'un service public.* Utilisateur.

USAGÉ. Vêtement usagé (qui a beaucoup servi).

Ensemble d'habitudes sociales. *Un usage ancien. Conserver un usage.* Coutume. Habitude. Tradition. / *Les usages d'un pays, d'une société.* Mœurs. Pratiques. Us. Manières. / *Respecter les usa-*

ges. Les bonnes manières. Les convenances. La bienséance. / *Conforme aux usages.* Normal. Courant. Classique. / *Contraire aux usages.* Incorrect. Inconvenant. / *Etre en usage.* Etre pratiqué.

user

(du lat. pop. *usare,* de *uti,* se servir de)

Détériorer une chose par l'usage que l'on en fait. *User des vêtements.* Endommager. Elimer. / *User une pointe.* Emousser. Epointer. / *User en frottant.* Limer. Roder. Polir. Frayer (vx). / *Un vêtement usé.* Elimé. Eraillé. Défraîchi. Déformé. Avachi. Déchiré. Troué. Percé. / *Usé jusqu'à la corde.* Râpé. Limé. / Hors d'usage. Bon à jeter. / Fruste (se dit d'une médaille, d'une monnaie usée par le temps).

USURE. Détérioration. Déprédation.

Diminuer les forces de quelqu'un. *User sa santé au travail.* Epuiser. Miner. / Etre usé (en parlant d'une personne). Epuisé. Anéanti.

usine

(du lat. *officina*)

Établissement industriel destiné à la fabrication d'objets ou de produits, à la production d'énergie. *Bâtir, créer, monter une usine.* Fabrique. Manufacture. Industrie. / *Usine de produits textiles.* Filature. Tissage. / *Usine de métallurgie.* Fonderie. Haut fourneau. Aciérie. Aluminerie. / *Usine de produits alimentaires.* Conserverie. Féculerie. Malterie. Rizerie. Saurisserie. Chocolaterie. Biscuiterie. Laiterie. Cidrerie. Distillerie, etc. / *Usine pour la transformation des grains en farine.* Minoterie. Moulin. / *Usine pour la production d'énergie.* Usine à gaz. Centrale électrique, hydroélectrique. Centrale thermique, nucléaire. / Usine pilote (destinée à l'essai de fabrications, de méthodes nouvelles). Usine de pointe. Usine de prototypes.

Installations et services d'une usine. ***Ateliers.*** Ateliers d'usinage, de fabrication, d'assemblage, de montage, de polissage, de peinture. Chaîne de montage, de production. Poste de travail. Outil. Machine-outil.

Services techniques. Bureau d'études. Laboratoire de recherches. Service des méthodes. / Centrale. Poste de transformation. Chaufferie. Station d'épuration des eaux. Entretien. / Bureau d'achats. Réception. Aire de stockage. Magasin. Manutention. Emballage. Expédition.

Services auxiliaires et administratifs. Bâtiments administratifs. Bureaux. Services commerciaux. Bureau du personnel. Bureau d'embauche. Service social. Cantine. Infirmerie. Vestiaires. Parc à voitures, à bicyclettes. Poste de protection contre les incendies.

Opérations faites dans les usines. Production en petite, en grande série. Usinage. Fabrication. Elaboration. Traitement. Raffinage. Finition. Conditionnement. Emballage. / Usiner. Fabriquer. Elaborer. Traiter. Finir. Produire. Confectionner. Raffiner. Emballer.
Automatisation. Mécanisation. Recherche. Planification. Planning, programme de fabrication. Organigramme. Productivité. Rendement. Taylorisation. Normes. Temps opérationnel. Cadence de production. Chronométrage. Contrôle de la qualité. Essais. Tolérances.

Personnel d'une usine. Industriel. Fabricant. Directeur d'usine. Ingénieur en chef. Ingénieur. Cadre technique. Chef d'atelier, de groupe, d'équipe. Contremaître. Agent de maîtrise. Technicien. Agent technique. Agent technico-commercial. Usineur (ouvrier sur machine-outil). Ouvrier spécialisé (O.S.). Contrôleur. Manœuvre. Personnel administratif. Pointeau.

Relatif à l'usine. Matière première. Semi-produit. Produit industriel. Produit transformé, fini. / Usinier. Manufacturier. Artisanal. Engineering ou ingénierie (étude d'un projet industriel sous tous ses aspects, techniques, financiers, sociaux). / Gestion. Reconversion.

usurper

(du lat. *usurpare*)

S'attribuer par la force ou par la ruse une chose sans y avoir droit. *Usurper un titre, un pouvoir.* S'approprier. S'arroger. S'emparer de. S'adjuger.

USURPATION. *Usurpation de pouvoir, de fonctions.* Appropriation. Attribution.

USURPATEUR. Imposteur.

utile

(du lat. *utilis,* de *uti,* se servir de)

Se dit d'un être dont l'activité est avantageuse pour les autres. *Un homme utile à la société.* Précieux. Nécessaire. Indispensable. Bienfaisant. Dévoué. / *Se rendre utile, être utile à quelqu'un.* Aider. Assister. Seconder. Secourir. Dépanner. Etre de secours. Rendre service. Obliger. Se mettre à la disposition de.

INUTILE. *Un être inutile.* Qui ne sert pas.

Se dit d'une chose dont on tire un avantage. *Un renseignement utile. Un conseil utile.* Bon. Propice. Salutaire. Efficace. Expédient. Profitable. / *En temps utile.* Opportun. Convenable.

UTILITÉ. *Un objet d'une grande utilité.* Secours. / *Une chose d'utilité publique.* Intérêt. Bien. / *Pour son utilité personnelle.* Convenance. / *Avoir son utilité.* Fonction.

UTILEMENT. Avec profit. Avec intérêt.

INUTILE. *Un objet inutile.* Qui ne sert pas.

INUTILEMENT. En vain. Vainement.

INUTILITÉ. *L'inutilité d'une action.* Vanité (littér.).

UTILITAIRE. *Un esprit utilitaire.* Positif. Pratique. Pragmatique. / *Calcul utilitaire.* Intéressé.

UTILITARISME (doctrine selon laquelle l'intérêt est la règle de nos actions).

UTILISER. *Utiliser une personne. Utiliser les compétences de quelqu'un.* Employer. Tirer parti de. Tirer profit de. Exploiter. / *Utiliser une chose.* Se servir de. User de. Pratiquer. / *Utiliser une denrée.* Consommer.

UTILISATEUR. *L'utilisateur d'un appareil, d'une machine.* Usager.

utopie

(lat. *utopia,* du gr. *ou,* non, et *topos,* lieu [= en aucun lieu])

Conception ou projet qui semble impossible à réaliser. *Une utopie politique, économique.* Chimère. Illusion. Rêve. Mirage.

UTOPIQUE. *Système utopique.* Chimérique. Irréalisable. Impossible. Imaginaire. Illusoire.

UTOPISTE. Rêveur. Visionnaire. Irréaliste.

V

vague adj. et n.

(du lat. *vagus*, errant)

Qui est mal déterminé. *Un terme vague. Un vague projet.* Imprécis. Confus. Indéfini. Indéterminé. Flou. Obscur. Nébuleux. Ambigu. Equivoque. / *Le vague à l'âme.* Mélancolie.

Qui est perçu d'une manière confuse. *Un reflet vague.* Flou. Indistinct. Incertain. Vaporeux. / *Une tristesse vague.* Indéfinissable.

VAGUEMENT. *Apercevoir quelque chose vaguement.* Confusément. Indistinctement. Faiblement. / *Etre vaguement ému.* Un peu.

Ce qui n'est pas déterminé. *Rester dans le vague.* Imprécision. Indétermination. Indécision. Confusion.

vain

(du lat. *vanus*, vide, creux)

Qui est sans effet, sans efficacité. *Une vaine lutte. Un vain effort.* Inutile. Inefficace. Infructueux. / *Chose vaine.* Coup d'épée dans l'eau. Cautère sur une jambe de bois. Poudre de perlimpinpin.

VANITÉ (littér.). *La vanité des luttes.* Inutilité. Inefficacité. Inanité.

EN VAIN. *Agir en vain.* Vainement. Inutilement. Sans efficacité. Sans succès. Sans résultat. En pure perte. Pour rien. Pour des prunes. Pour le roi de Prusse. / Tirer sa poudre aux moineaux (agir en vain). / *Parler en vain.* Parler en l'air. Prêcher dans le désert. Avoir beau dire. Perdre son temps.

VAINEMENT. En vain (voir plus haut).

Qui est dépourvu de valeur, de sens (littér.). *Un vain mot* (en parlant de la gloire). Futile. Frivole. Insignifiant. / *Une vaine parole.* Faribole.

VANITÉ. *La vanité des choses humaines.* Futilité. Insignifiance. Vide. Néant.

Qui n'a pas de fondement raisonnable, sérieux. *Un vain espoir.* Chimérique. Illusoire. Faux.

vaincre

(du lat. *vincere, victum*)

Remporter un avantage dans une bataille, dans une guerre. *Vaincre un ennemi.* Battre. Défaire (littér.). Anéantir. Ecraser. Culbuter. Mettre en fuite. Tailler en pièces.

Etre vaincu. Battre en retraite. Lâcher pied. Reculer. Fuir. Etre battu. Etre écrasé. Etre battu à plate couture. / Capituler. Se rendre. Mettre bas les armes. / Défaite. Echec. / *S'avouer vaincu.* Baisser les bras.

VICTOIRE. Succès. Avantage. Conquête. / Crier, chanter victoire (se glorifier d'une réussite).

VAINQUEUR. Victorieux. Conquérant.

INVINCIBLE. Imbattable. Indomptable. / Invincibilité. Invinciblement.

Remporter un avantage dans une lutte, dans une compétition. *Vaincre un adversaire.* Battre. L'emporter sur. Etre supérieur. Etre le plus fort. Avoir le dessus. Triompher. Dominer. Supplanter. Gagner la partie.

VICTOIRE. Succès. / *Victoire sportive.* Exploit. Record. Performance.

VAINQUEUR. Gagnant. Champion. Premier.

Faire disparaître un obstacle. *Vaincre la résistance de quelqu'un. Vaincre sa timidité.* Surmonter. Dominer. Venir à bout de. Triompher de.

VICTOIRE. Triomphe. Avantage.

vaisselle

(du lat. pop. *vascella*)

Ensemble des récipients qui servent à présenter la nourriture, à manger. *Service de vaisselle.* *Service de table.* Assiettes creuses. Assiettes plates. Assiettes à dessert. Saucière. Soupière. Saladier. Légumier. Huilier. Burettes. Beurrier. Moutardier. Salière. Service de verres (v. TABLE). / Compotier. Plat à gâteaux. Rince-doigts. / *Meuble où l'on* *range la vaisselle.* Buffet. Crédence. Vaisselier. Dressoir.

Compléments du service de table. *Service à hors-d'œuvre.* Plats à compartiments. Raviers assortis. / *Service à poisson.* Assiettes plates. Plateaux allongés. Saucière. / *Service à huîtres.* Assiettes avec alvéoles. / *Service à escargots.* Assiettes avec alvéoles. / *Service à salade.* Petites assiettes en forme de croissant. / *Service à gâteaux.* Assiettes (plus petites que les assiettes ordinaires). Plat. Coupe pour la crème. / *Service à fruits.* Petites coupes. / *Service à glace.* Grande coupe. Petites coupes. / *Service à café, à thé, à chocolat.* Tasses avec soucoupes. Cafetière. Théière. Chocolatière. Verseuse (récipient avec une poignée droite). Sucrier. Pot à lait. Pot à crème. Tête-à-tête (deux tasses à thé, à café, ou déjeuners).

Matières. Faïence. Porcelaine. Verre. Matière plastique. / Vaisselle métallique. Vaisselle d'argent, d'or. Vaisselle plate (vaisselle de métal précieux).

valeur

(du lat. *valor*)

Ensemble des qualités d'une personne dans le domaine intellectuel, moral, professionnel. *Valeur personnelle. Reconnaître la valeur de quelqu'un.* Mérite. / *Valeur morale.* Moralité. Fermeté d'âme. Trempe. / *Valeur technique et morale.* Capacité. Envergure. Classe. Etoffe. / *Homme de valeur, de grande valeur.* Exceptionnel. Hors pair. Hors ligne. / *Un homme de peu de valeur.* Médiocre. / *Un homme qui n'a aucune valeur.* Nullité. Zéro (fam.). Nullard (fam.).

DÉVALORISER. *Dévaloriser un homme, une doctrine.* Enlever de sa valeur, de sa réputation à. Dévaluer. Déprécier. Discréditer.

DÉVALORISATION. Diminution de crédit, d'efficacité. Dévaluation. Dépréciation. Discrédit.

Ce que vaut un être, une chose en tant qu'objet d'échange. *La valeur d'un cheval. La valeur d'une propriété. Valeur vénale. Valeur marchande.* Prix. Coût. / *Déterminer la valeur d'un être, d'une chose.* Evaluer. / *Estimer un être, une chose au-dessus de sa valeur.* Surestimer. Surévaluer. Surfaire. Exagérer (le prix). / *Estimer un être, une chose au-dessous de sa valeur.* Sous-estimer. Sous-évaluer. / *Objet de peu de valeur.* Babiole (fam.). Bricole (fam.). Bagatelle. Pacotille. De la gnognot(t)e (fam., une chose sans valeur). / La valeur de la monnaie. Valeur conventionnelle. Valeur officielle. / *Avoir la même valeur qu'une autre* (en parlant d'une chose). Equivaloir. / *Mettre en valeur un bien, un capital.* Faire valoir. Faire produire. Faire rapporter. Faire fructifier. / *Mettre une personne, une chose en valeur.* Montrer à son avantage. Mettre en évidence, en relief. Mettre en vedette. Faire ressortir (en parlant d'une chose). / *Maintenir la valeur de la monnaie par la stabilisation des prix.* Pouvoir d'achat. / *Diminution de la valeur d'une chose, de l'argent.* Dépréciation. Dévalorisation. Dévaluation. / Plus-value (augmentation de la valeur d'une chose). / *Ad valorem* (se dit de droits proportionnels à la valeur d'une marchandise).

VALORISER. Augmenter la valeur, le prix de. / Valorisation.

DÉVALORISER. Faire perdre de sa valeur à. / Dévalorisation.

REVALORISER. Rendre sa valeur à. / Revalorisation.

DÉVALUER. Abaisser la valeur légale d'une monnaie; modifier le taux de change. / Dévaluation.

Titre coté ou non en Bourse. *Acheter, vendre des valeurs.* Action. Obligation. (V. BOURSE.)

Qualité d'une chose, de ce qui mérite plus ou moins d'estime. *Juger une chose au-dessus de sa valeur.* Surestimer; *au-dessous de sa valeur.* Sous-estimer. Déprécier. Méjuger (littér.). / Jugement de valeur (v. JUGEMENT). / *La valeur d'une méthode.* Efficacité. Utilité. / *Qui est sans valeur* (en parlant de quelque chose). Insignifiant. Médiocre. Nul. / *Qui a une grande valeur.* Remarquable. Inestimable. Inappréciable.

Caractère de ce qui est important. *La valeur d'un témoignage, d'un document.* Importance. Portée. Poids.

Importance d'une chose du point de vue moral, social. La valeur d'un acte (contenu moral). / *Valeurs morales* (ce qui est bon, beau, vrai, conformément au jugement d'une personne ou d'une société). Morale. Moralité.

Mesure conventionnelle. La valeur d'une carte (nombre de points). Valeur d'une note de musique (durée relative).

vallée

(de *val,* lat. *vallis*)

Dépression allongée généralement parcourue par un cours d'eau. *Ver-*

sants d'une vallée. Adret (versant exposé au soleil. Ubac (versant exposé au nord). Thalweg (partie la plus basse d'une vallée). / Vallée alluviale. Vallée en berceau. Vallée en V. / *Vallée large, profonde.* Combe. / *Vallée étroite, encaissée.* Cluse. Gorge. / *Petite vallée.* Val (vx, usité surtout dans la locution *par monts et par vaux,* en tous lieux, çà et là).

VALLON (petite vallée). Un vallon étroit.

VALLONNEMENT (ondulation du sol).

VALLONNÉ. *Pays vallonné.* Parcouru de vallons.

VALLEUSE (petite vallée aboutissant à la mer).

valoir

(du lat. *valere*)

Avoir une certaine valeur marchande. *Valoir tel prix.* Coûter. Correspondre à. Etre estimé. Etre évalué. Se vendre. / *Valoir cher. Valoir son pesant d'or.* Etre une chose de prix. Etre inestimable.

VALABLE. *Monnaie valable.* Qui a cours. Qui peut être acceptée.

Avoir certaines qualités physiques, intellectuelles, morales. *Valoir quelque chose* (en parlant d'un athlète). Avoir des capacités. Etre fort.

VALABLE. *Un écrivain valable* (fam.). Bon. Intéressant. / *Un interlocuteur, un témoin valable.* Qui a les qualités requises.

Avoir des qualités, de l'intérêt, une certaine utilité, une certaine efficacité. *Valoir quelque chose* (en parlant d'un ouvrage littéraire, artistique, d'une chose concrète ou abstraite). Etre bon, bien fait. / *Ne rien valoir.* Etre médiocre, mauvais, nul. / *Valoir le voyage, le déplacement* (en parlant d'un pays, d'un spectacle). Mériter. / *Ne plus rien valoir* (en parlant d'une chose). Etre inutilisable.

VALABLE (qui a les conditions requises pour produire son effet; qui n'est entaché d'aucune cause de nullité). *Un contrat valable. Un passeport valable.* Valide. / *Un argument valable. Un motif valable.* Admissible. Acceptable. Recevable. Bon. / Valider (rendre valide). Valider un acte juridique. / Validation. / Validité. / *Qui n'est plus valable.* Périmé.

Avoir les mêmes qualités, le même intérêt, la même utilité. *En valoir un(e) autre* (en parlant d'un être ou d'une chose). Etre égal. Etre comparable. Equivaloir. / L'un vaut l'autre (n'est pas meilleur que l'autre).

Se valoir **v. pr.** *Se valoir* (en parlant d'un être ou d'une chose). Etre équivalent. Etre aussi bon, aussi mauvais.

Avoir telle valeur conventionnelle. *Valoir tant* (en parlant d'une monnaie, d'une note de musique, d'une figure aux cartes). Compter pour. Equivaloir.

Faire obtenir quelque chose à quelqu'un. *Valoir une certaine réputation, des critiques à une personne* (en parlant d'une œuvre). Procurer. Attirer. Avoir pour conséquence.

Locutions diverses. A valoir (se dit d'une somme d'argent à déduire; acompte). Faire valoir un bien, un capital (faire rapporter, faire fructifier). Faire valoir un droit (exercer). Faire valoir un argument (employer, mettre en avant). Faire valoir sa marchandise (mettre en évidence, faire ressortir, étaler). Se faire valoir (se montrer à son avantage, se faire mousser [fam.]). Ne rien valoir à quelqu'un (être contraire, nuisible, néfaste). Ne rien faire qui vaille (qui soit utile, important). Vaille que vaille (tant bien que mal, passablement). Valoir mieux (être préférable, meilleur, mieux). Valoir la peine, valoir le coup [fam.] (v. PEINE).

vanité

(du lat. *vanitas,* de *vanus,* vain, vide)

Satisfaction de soi-même. *Flatter la vanité de quelqu'un.* Fatuité. Suffisance. Infatuation. Prétention. Présomption. Orgueil. Jactance. Fierté. Gloriole. / *Qui est détestable par sa prétention, sa vanité.* Puant (fam.).

VANITEUX. Satisfait de soi. Plein de soi. Suffisant. Infatué. Fat. Prétentieux. Présomptueux. Orgueilleux. Fier.

VANITEUSEMENT. Avec vanité.

vannerie

(de *vanner,* lat. pop. *vannare*)

Fabrication d'objets tressés à l'aide de tiges fines et flexibles, de fibres végétales. ***Sortes de vannerie.*** *Grosse vannerie.* Emballages pour produits agricoles et industriels. Paniers à provisions. Corbeilles de toutes sortes. Nasses. Casiers à poissons. Hottes de vendangeur. Clisse, claie d'osier pour faire égoutter les fromages.

Vannerie fine. Paniers pour la pêche. Corbeilles à pain. Paniers à argenterie. Clissage de flacons et de bouteilles. / *Vannerie artistique.* Meubles de jardin, de terrasse. Fauteuils. Chaises. Tables, etc. / *Vannerie de fantaisie.* Corbeilles à ouvrage. Objets de conditionnement : paniers, corbeilles. Vannerie de confiseurs.

VANNIER (celui qui fabrique de la vannerie). Vannier rotinier.

Matières utilisées. Osier (brut ou décortiqué). Rotang (palmier). Rotin (partie de la tige des branches du rotang). Bois. Paille. Raphia. Sorgho. Bambou. Jonc. Roseau. Sisal. Nylon. Baguettes de châtaignier, de noisetier, etc.

Travail. Ecorçage et fendage de l'osier. Façonnage. Courbage du bois de siège. Tressage. Nattage. Cannage. / Ecorcer. Fendre. Courber. Tresser. Natter. Canner.

vanter

(du lat. ecclésiastique *vanitare*, de *vanus*, vain)

Parler d'un être, d'une chose en des termes élogieux. *Vanter quelqu'un.* Louer. Exalter. Glorifier. Dire du bien de. Dire grand bien de. Chanter les louanges de. Faire le panégyrique de. / *Vanter une chose.* Préconiser. Prôner.

Se vanter. *Se vanter de* (avec un nom ou un inf.). Se flatter de. Se piquer de. S'enorgueillir de. Se targuer de. Tirer vanité de. Se prévaloir de. Prétendre. / (Absol.). Fanfaronner. Faire le fanfaron. Faire de l'esbroufe (fam.). Faire de l'épate (fam.)., des embarras (fam.). Esbroufer (fam.). Bluffer (fam.). En mettre plein la vue (fam.). Faire du chiqué, du fla-fla ou des fla-flas (fam.). Cravater (pop.).

VANTARD. Hâbleur. Esbroufeur. Bluffeur. Crâneur. Fanfaron. Bravache. Capitan (vx). Olibrius. Fier-à-bras. Matamore. Tranche-montagne. Enfonceur de portes ouvertes. Cravateur (pop.).

VANTARDISE. Fanfaronnade. Exagérarion. Bluff (fam.). Esbroufe (fam.). Crânerie. Forfanterie. Hâblerie. Jactance. Outrecuidance. Bravade. Gasconnade. Rodomontade.

vapeur

(du lat. *vapor*)

Amas de fines gouttelettes d'eau en suspension dans l'air. *Vapeur qui s'élève de la surface d'un cours d'eau.* Brume. Brouillard. Fumée. / *Un local rempli de vapeur.* Buée. / Embué.

VAPORISER. *Vaporiser un parfum.* Projeter en fines gouttelettes. Pulvériser.

VAPORISATION. Pulvérisation. Fumigation.

VAPORISATEUR. Pulvérisateur. Atomiseur.

EVAPORER (s'). *S'évaporer* (en parlant de la brume). Se dissiper. Disparaître.

Substance gazeuse produite par l'évaporation d'un liquide ou la sublimation d'un solide. Vapeur saturante (dont la pression cesse de croître). Pression. Pression de saturation. / Vapeur sèche (sans son liquide générateur). / *Production de la vapeur.* Chauffage. Chauffe. Vaporisation. Gazéification. Distillation (v. ce mot). Volatilisation. Sublimation (passage d'un corps de l'état solide à l'état gazeux). Produit volatil. / Vapeur d'eau ou vapeur (eau à l'état gazeux).

Utilisation de la vapeur. Machine à vapeur (v. MOTEUR). / *Chaudière à vapeur.* Générateur de vapeur. / Chaudière à bouilleurs, multitubulaire, à tubes d'eau. / Chaudière tubulaire. Brûleur. Ecran d'eau. Cendrier. Collecteur tubulaire. Vaporisateur. Surchauffeur. Vapeur surchauffée. Désurchauffeur. Rechauffeur d'air. Economiseur. / Chaudière à basse pression, à haute pression. / Indicateur de niveau. Manomètre. Circulation naturelle, forcée. / Soupape de sûreté. / Timbre. / *Chaudière de locomotive.* Boîte à feu. Foyer. Ciel du foyer. Siphon. Faisceau tubulaire. / Tubes à fumée. Plaque tubulaire. Boîte à fumée. Dôme de prise de vapeur. Régulateur. Echappement.
Bain de vapeur. Sauna. / Chauffage central. Etuve. Autoclave. Autocuiseur. Cocotte-minute (marque déposée).

VAPORISER (faire passer à l'état de vapeur). Gazéifier. Distiller. Volatiliser. Sublimer.

EVAPORER (s'). Se vaporiser. Se gazéifier.

VAPORISAGE. Vaporisage des textiles (fixation du colorant).

Émanation de corps solides ou liquides qui se répand dans l'atmosphère. *Des vapeurs d'encens, d'essence, de pétrole.* Gaz. Fumée. Exhalaison.

Locutions diverses. Faire quelque chose à toute vapeur (rapidement, à la hâte). Renverser la vapeur (la faire agir sur l'autre face du piston pour changer le sens de la marche d'une machine à vapeur ; au fig., changer totalement sa façon d'agir). Avoir des vapeurs (des malaises, des bouffées de chaleur). Etre dans la vape, dans les vapes (pop.. être étourdi, inconscient à la suite d'un choc, d'un malaise, d'une anesthésie).

varier

(du lat. *variare*, de *varius*, divers, changeant)

Donner des aspects, des changements successifs à une ou plusieurs choses. *Varier ses occupations, ses lectures. Varier sa nourriture.* Diversifier. Changer de.

VARIÉ. *Un travail varié.* Diversifié. / *Un destin varié.* Mêlé. Diversiforme Hétéroclite. / *Qui a des couleurs variées.* Bigarré. Diapré. Chatoyant. / *Les éléments variés d'une œuvre.* Divers.

VARIÉTÉ. *Une grande variété de lectures, de loisirs.* Diversité. / *La variété des couleurs.* Bigarrure. Diaprure. / Spectacle de variétés (composé d'attractions, de numéros sans lien entre eux).

Présenter des changements, des aspects successifs. *Varier* (en parlant du temps, d'une couleur). Changer. Se modifier. / *Varier* (en parlant des goûts, des opinions). Différer. Diverger. / *Varier* (en parlant des prix). S'échelonner. Passer. / *Varier d'opinion* (en parlant d'une personne). Changer de. Se dédire. Se rétracter.

VARIATION. *Variation continue, progressive.* Evolution. Changement. / *Variation brusque.* Mutation. / *Variation de température.* Changement. Modification. / *Variation d'humeur.* Saute. Fluctuation. / *Variation de prix.* Ecart.

VARIABLE. *Temps variable.* Incertain. Instable. / *Humeur variable. Caractère variable.* Changeant. Fluctuant. Capricieux. Fantasque. Versatile.

VARIABILITÉ. *Variabilité du temps.* Incertitude. Instabilité. / *Variabilité des goûts.* Changement. Fluctuation. Versatilité.

INVARIABLE. Immuable. Constant. Fixe.

INVARIABILITÉ. Immutabilité. Constance. Fixité. Continuité.

vaurien

(de *valoir* et de *rien*)

Personne sans moralité, capable de toutes sortes de méfaits, de mauvais tours. *Se conduire comme un vaurien.* Chenapan. Mauvais garnement. Sacripant. Mauvais sujet. Galapiat. Canaille. Dévoyé. Voyou. Gouape. Frappe. Mauvais garçon. Fripouille (fam.). Loulou (pop.). Loubar (pop.).

végétation

(du lat. *vegetatio*)

Ensemble des espèces végétales existant dans un lieu. Végétation rare, clairsemée, discontinue. Végétation dense, épaisse, touffue, luxuriante. Flore.

Types de végétation. Brousse (formation forestière mélangée de broussailles, d'arbustes, de lianes). Forêt (v. ce mot). Fruticée (formation d'arbustes et d'arbrisseaux). Garrigue (végétation broussailleuse). Jungle (forêt tropicale de pénétration difficile à cause des lianes). Mangrove (association végétale des régions littorales de la zone tropicale formée de forêts impénétrables). Maquis (formation dense de buissons et d'arbustes). Lande (formation dense d'arbrisseaux ou de sous-arbrisseaux [bruyères, genêts] et de plantes herbacées [fougères, ajoncs, etc.]). Marécage. Prairie (v. ce mot). Savane (vaste étendue de hautes graminées parsemées d'arbres, d'arbrisseaux ou d'arbustes). Steppe (vaste étendue plate, à la végétation pauvre et herbeuse). Taïga (forêt claire de conifères). Toundra (formation végétale constituée de mousses, de lichens, d'arbres nains).

Zones de végétation. Végétation alpine (au-dessus de 1 800 m, plantes courtes, rabougries, à racines souvent très développées, à fleurs grandes et de couleurs vives). Végétation aquatique (halobenthos [plantes marines fixées]; limnobenthos [plantes d'eau douce fixées]; haloplancton [marin]; limnoplancton [eau douce]. Végétation arctique (toundra). Végétation désertique (plantes xérophiles). Végétation forestière (v. FORÊT). Végétation halophile ou littorale (végétation de sol salé, plantes grasses ou courtes). Végétation hygrophile (qui aime l'humidité). Végétation marine (v. MER). Végétation orophile (montagne, alpage, etc.). Végétation rupestre ou rupicale (des roches). Végétation subarctique (forêt d'épicéas, mélèzes, pins sylvestres, bouleaux). Végétation tropicale (forêt dense, savane, etc.).

véhicule

(lat. *vehiculum*, moyen de transport, de *vehere*, transporter)

Moyen de transport terrestre le plus souvent muni de roues. ***Sortes de véhicules.*** *Véhicule automobile*, V. AUTOMOBILE. / *Véhicule à une roue.* Monocycle. / *Véhicule à deux roues*, V. BICYCLETTE. / *Véhicule à trois roues.* Tricycle. Triporteur. / Cyclecar (voiturette automobile à trois ou quatre roues).

/ *Véhicule tracté.* Remorque. / *Véhicule utilitaire.* Autocar. Camion. Poids lourd. Camionnette. Semi-remorque. / *Véhicule hippomobile.* Voiture à cheval. / *Véhicules militaires.* Caisson. Fourgon. Prolonge. Véhicule tout terrain. Half-track. Chenillette, etc.

Véhicules pour le transport de fardeaux, les transports agricoles. Charrette. Carriole. Tombereau. Banne ou benne. Camion. Bétaillère. Gerbière. Voiture à foin. Fourgon. Binard. Guimbarde. Haquet. Fardier. Triqueballe ou éfourceau. Diable, etc. / Voiture de livraison. Livreuse. Tapissière. Fourgon de déménagement. / *Petit véhicule pour le transport de fardeaux.* Voiture à bras. Brouette. Chariot. Voiturette. Cabrouet.

Ancienne voiture publique pour le transport de voyageurs. Coche. Diligence. Patache. Omnibus. Tramway. Coucou. Diligente. Citadine. Malle-poste. Chaise de poste, etc.
Voiture de louage, de place ou de remise. Vinaigrette. Fiacre. Coupé.

Ancienne voiture particulière. Carrosse. Calèche. Char à bancs. Charrette anglaise. Cab. Cabriolet. Boguet (autres formes : boghei, boghey, boggey, buggy). Break. Derby. Victoria. Tilbury. Dog-cart. Drag. Mail-coach. Milord. Phaéton. Berline. Landau. Landaulet. Tandem. Tonneau. / Briska. Telega. Araba. / *Voiture de saltimbanques.* Roulotte. / Tape-cul (voiture mal suspendue).

Parties d'une voiture à cheval. Arrière-train. / Avant-train. Timon. Volée. Flèche. Brancarts. Bras. Limonière. Limon. Palonnier. Cheville ouvrière. Chambrière. / Roues (v. ce mot). Essieux. Ressorts. / Caisse. Carrosserie. Plancher. Caisson. Coffre / Sièges. Coussins. Housses. Capitonnage. Strapontin. / Panneaux. Fond. Custodes. Glaces. Stores. / Portières. / Impériale. / Capote / Marchepied. Garde-boue. Garde-crotte. / Frein. Sabot (d'enrayage).

Utilisation d'une voiture à cheval. Aller en voiture. Monter en voiture. Descendre de voiture. / Charger. Décharger. / Conduire. Virer. Tourner. / Dia (cri du charretier pour tourner à gauche). Hue, huhau (pour tourner à droite ou seulement pour exciter les chevaux). / Filer. Brûler le pavé. / Capoter. Verser. Accrocher. / Ralentir. Enrayer (empêcher les roues de tourner. Désenrayer.

Sortes d'attelages. Attelage en flèche ou en tandem (deux chevaux placés l'un devant l'autre). Attelage à quatre (deux de timon et deux de volée). Attelage à la Daumont (quatre chevaux montés par des postillons). Attelage en arbalète (trois chevaux [deux de timon et un de volée] ou 5 chevaux [deux de timon et trois de volée]).

Personne qui s'occupe de voitures à cheval. Carrossier. Charron. Forgeron. Peintre en voitures. Loueur de voitures. / Messager. / Valet de pied. Postillon. / *Conducteur de voiture.* Cocher. Patachon. Roulier. Charretier. Phaéton. Voiturier.

Relatif aux véhicules. Remise. Ecurie. Hangar. Charretterie. / Voiturée. Charge. Convoi. Lettre de voiture. / Circulation. Encombrement. Panne. / Véhiculer. Transporter. / Voyageurs. Bagages. Colis. Messageries.

veiller
(du lat. *vigilare*)

Rester volontairement éveillé pendant le temps destiné au sommeil. *Veiller une partie de la nuit, toute une nuit.* Ne pas se coucher. Ne pas fermer l'œil. Ne pas dormir. Rester debout. / Veiller un malade (rester auprès de lui pour le soigner).

VEILLE. Nuit blanche.

VEILLEUR. Soldat de garde. Sentinelle. Guetteur. / Veilleur de nuit. Vigile.

Prêter grande attention à une personne, à une chose. *Veiller sur un enfant.* Garder. Surveiller. Entourer de soins. / *Veiller sur la santé de quelqu'un.* Prendre soin de. Se charger de. / *Veiller à quelque chose.* S'occuper activement de. / *Veiller à sa réputation.* Se soucier de. / *Veiller à ce que* (et le subjonctif). Prendre garde que. S'appliquer à. Faire en sorte que.

VIGILANCE. Surveillance attentive.

VIGILANT. Attentif.

vendange
(lat. *vendemia*)

Récolte du raisin pour faire le vin. Maturité du raisin. Véraison (maturation du raisin). / Contrôle de maturation. / Surmaturité. Pourriture noble. / Cueillir le raisin. Cueillette. Cueillaison. / Couper le raisin. Serpe. Serpette. Sécateur. Ciseaux. / Grappiller (cueillir les grappes qui restent après la vendange).
Récipients de bois, d'osier pour la vendange. Hotte. Balonge. Baquet. Bénaton. Benne. Caque. Comporte. Panier. Pastière. Seau. Vendangeoir.

Travail au cellier. Encuver. Encuvement. / Vinification. Egrappage. Foulage. Pressurage. / Vinifier. Egrapper. Fouler. Presser. Pressurer. (V. VIN.)

Relatif aux vendanges. *Saison des vendanges.* Automne. Vendémiaire (1er mois du calendrier républicain, 22 septembre-21 octobre). / Vendanger. Vendangeur. / Vignoble. Vigneron. Viticulteur. Vinée (récolte du raisin).

vendre

(du lat. *vendere ;* en gr. *polein*)

Laisser un être, une chose à la disposition d'une personne en échange d'une somme d'argent. *Vendre un animal, un objet.* Céder. / *Vendre des livres, des meubles.* Faire le commerce de. / *Vendre à bas prix.* Donner. / *Vendre en solde, au rabais.* Solder. Brader. Liquider. Sacrifier. / *Vendre des choses dont on ne veut plus.* Se débarrasser de. Bazarder (fam.). Se défaire de. / *Vendre à tel prix.* Faire (fam.). / *Vendre au détail.* Débiter. Détailler. / Vendre en gros. / *Vendre des objets d'occasion.* Brocanter. / *Vendre à l'étranger.* Exporter. / *Privilège exclusif de fabriquer ou de vendre certaines choses.* Monopole. / Oligopole (marché où quelques vendeurs ont le monopole de l'offre).

Se vendre. Se vendre (en parlant d'une marchandise). S'écouler. / *Se vendre facilement, très bien.* S'enlever. / *Se vendre* (en parlant d'une personne). Aliéner sa liberté. / *Se vendre. Vendre ses faveurs* (en parlant d'une femme). Se prostituer. / *Qui se vend à quelqu'un* (en parlant d'une personne). Vénal. / Vénalité. Vénalement.

VENDU. *Fonctionnaire vendu.* Corrompu.

VENDABLE. Cessible. / Invendable.

VENDEUR. Commerçant. / *Vendeur ambulant.* Camelot. Marchand forain.

Sortes de ventes. *Vente régulière, continue.* Ecoulement. Débit. / *Diminution des ventes. Vente insuffisante.* Mévente. Récession. Crise. / *Mettre en vente.* Commercialiser. / Vente en gros, en demi-gros, au détail. / *Vente à bas prix, au rabais.* Solde. Braderie. Liquidation. / *Vente d'objets d'occasion.* Brocante. / *Faire une première vente.* Etrenner. / Promotion des ventes (développement par la publicité, les expositions, etc.). Vente promotionnelle (faite à des conditions exceptionnelles). / Vente au comptant (l'acquéreur paie immédiatement). / Vente à crédit. Vente à terme, vente à tempérament (formes de vente à crédit). / Vente forcée. Vente après saisie. Vente judiciaire (par autorité de justice). / Vente volontaire, libre. Vente à réméré (faite avec possibilité de rachat). / Rescision d'une vente (annulation).
Vente publique. Vente par adjudication. Vente aux enchères, à la criée, à l'encan (vx). Vente à la chandelle. / Expertise. Garantie. Certificat. Caution. / Mise à prix, au feu des enchères. / *Vendeur.* Commissaire-priseur. Notaire. Huissier. / Palais de justice. Hôtel des ventes. Salle des ventes. / *Opérations de ventes.* Ouvrir les enchères. / *Mettre une enchère. Couvrir une enchère.* Enchérir. Dire mieux. Enchérisseur. Surenchère (enchère plus élevée). Surenchérir. Surenchérisseur. / Le plus offrant. Vente au plus offrant. Adjuger. Coup de marteau. / Vu et entendu? Personne ? Une fois, deux fois, trois fois. J'adjuge. Adjugé ! / Honoraires. Pourcentage. Frais en sus.

Trahir dans un intérêt quelconque. *Vendre un complice.* Dénoncer. Livrer. Donner (pop.).

VENDU. Traître. Homme sans honneur.

Se vendre. *Se vendre à un ennemi, à un parti.* Se mettre à son service (pour de l'argent).

venger

(du lat. *vindicare, vindicatum,* réclamer en justice)

Obtenir réparation d'une mauvaise action en châtiant son auteur. *Venger quelqu'un d'un affront.* Dédommager moralement. / *Venger un crime.* Châtier l'auteur de.

Se venger. *Se venger de quelqu'un, de quelque chose.* Châtier. Punir. Demander, exiger réparation. Prendre sa revanche. Exercer des représailles. Ne pas faire grâce. Revaloir. Rendre la pareille. Rendre le mal pour le mal.

VENGEANCE. *Tirer vengeance d'une offense, d'une trahison, d'un meurtre.* Punir, châtier l'auteur. / *Préférer le pardon à la vengeance.* Punition. Châtiment. Réparation. Représailles. / *Esprit de vengeance.* Animosité. Haine. / *Désir de vengeance.* Rancune. / Vendetta (en Corse, poursuite d'une vengeance jusqu'au meurtre). / Loi du talion. Œil pour œil, dent pour dent. / Vindicte publique (poursuite d'un crime au nom de la société).

VENGEUR. VENGERESSE (personne qui venge).

VINDICATIF (porté à se venger). Rancunier. Haineux. Revanchard (fam.).

venir

(du lat. *venire, ventum*)

Aller dans le lieu où se trouve la personne qui parle, à qui l'on parle (se dit d'un être ou d'une chose). *Venir dans un endroit.* Se rendre. S'amener (pop.). Rappliquer (pop.). / *Venir d'un endroit.* Arriver. / *Venir auprès de quelqu'un, de quelque chose; vers quelqu'un, vers quelque chose.* Approcher. Se rapprocher. Avancer. Aborder. Accoster. / *Venir en courant.* Accourir. / *Venir avec quelqu'un.* Accompagner. / *Venir voir quelqu'un.* Rendre visite. / *Faire venir quelqu'un.* Appeler. Demander. Convoquer. Mander (vx). / *Faire venir quelque chose.* Commander. Faire livrer.

REVENIR (venir de nouveau). V. ce mot.

VENUE. *La venue d'une personne, d'une chose.* Arrivée. / *La venue du Messie.* Avènement.

VENU. *Le premier venu.* La première personne qui se présente. N'importe qui. / *Etre bien venu.* Bien accueilli. / Bienvenue. Bon accueil. / *Se faire bien venir.* Se faire bien accueillir, bien voir. / *Etre mal venu de* (et l'inf.). Etre mal fondé à. Ne pas avoir de raison de.

VENANT. *A tout venant.* A tout le monde. A chacun. Au premier venu.

Atteindre un certain niveau, une certaine limite. *Venir à telle hauteur* (en parlant d'une chose). Monter. / *Venir jusqu'à tel endroit* (en parlant d'une surface). S'étendre.

Avoir pour origine, pour cause. *Venir de tel pays* (en parlant d'une personne). Etre originaire de. / *Venir d'une autorité* (en parlant d'un ordre). Emaner de. / *Venir de telle direction* (en parlant du vent). Souffler. / *Venir de* (en parlant d'un mot). Dériver de. / *Venir de* (en parlant d'une circonstance, d'un événement). Provenir de. Découler de. Procéder de.

Arriver. *Venir après quelqu'un à une charge, à un emploi.* Succéder. Suivre. Remplacer. / *Venir* (en parlant d'une chose, d'un événement). Advenir. Survenir. Se produire. Se présenter. / *Etre long à venir* (en parlant d'une personne ou d'une chose). Tarder. Se faire attendre. / *L'année qui vient. Le mois qui vient.* Suivant. Prochain. / *Venir à une forme de gouvernement.* Parvenir. Aboutir à. / *Venir après* (dans l'espace, dans le temps, en parlant d'une personne ou d'une chose). Suivre. / *Venir les uns après les autres* (en parlant d'êtres, de choses). Se succéder. Se suivre. Alterner. / *Succession répétée dans l'espace ou dans le temps.* Alternance. / *Le temps à venir.* Futur. Avenir.

REVENIR. *Revenir* (en parlant d'une chose). Avoir lieu de nouveau. Reparaître. Réapparaître. / *Le fait de revenir.* Retour. / *Retour à intervalles réguliers.* Cycle. / *Qui revient à des intervalles réguliers.* Périodique. Cyclique. Récurrent.

Se développer. *Venir* (en parlant d'une plante). Croître. Pousser. Réussir. / *Lent à venir* (en parlant d'un végétal, d'un fruit). Tardif.

VENUE. Croissance. Développement.

Locutions diverses. Ne faire qu'aller et venir (être toujours en mouvement; s'absenter pour peu de temps). Voir venir quelqu'un (deviner ses intentions). Voir venir les événements, voir venir, laisser venir (attendre prudemment). Venir à l'idée (fam.), à l'esprit (se présenter; penser, concevoir, imaginer). Faire venir l'eau à la bouche (mettre en appétit). Venir, en venir à une question, à un sujet (aborder, parler de, examiner). En venir à (et l'inf., indique le point extrême d'une situation, d'une évolution). En venir aux mains (se battre). Venir à (et l'inf., exprime une éventualité). Venir de (et l'inf., exprime un passé récent).

vent

(du lat. *ventus*; en gr. *anemos*)

Mouvement de l'air qui se déplace plus ou moins rapidement. *Sentir le vent dans un local.* Air. Souffle. Bouffée d'air. / Vent coulis (qui se glisse par les ouvertures). Courant d'air. / *Un vent doux, faible, léger, modéré.* Brise. Zéphyr (poétique). / *Un vent fort, violent, impétueux. Coup de vent.* Rafale. Bourrasque. Vent à décorner les bœufs (fam.). / *Vent violent accompagné de pluie, d'orage.* Ouragan. Tourmente. Tempête. / *Vent très violent soufflant en tourbillon.* Cyclone. Tornade. Typhon. Trombe. / Vent chaud, brûlant, desséchant, aride. / Vent froid, aigre, glacial, cinglant, piquant, qui pince. / Vent doux, humide.

VENTÉ (où il y a du vent). *Pays venté.* Venteux (rare). Eventé.

Étude des vents. Masse d'air. Perturbation atmosphérique. Mouvement d'amplitude à l'intérieur d'une masse d'air. Haute pression. Basse pression. Centres d'actions : anticyclones, dépressions. Turbulence (due au frottement contre les aspérités terrestres et à l'instabilité verticale). / Direction du vent.

Rose des vents (étoile à 32 divisions donnant les points cardinaux et collatéraux, représentée sur le cadran d'une boussole, sur les cartes marines). Rhumb ou aire de vent (quantité angulaire comprise entre deux des 32 aires de vent du compas et égale à 11°15'). / Force ou vitesse du vent. Anémomètre (instrument pour mesurer la vitesse du vent). Anémographe (anémomètre enregistreur). Anémogramme (courbe inscrite par l'anémographe). / Vent géostrophique. Force du vent. Force du gradient. Force de Coriolis. Force cyclostrophique. Vent laminaire (à vitesse constante).

Vents réguliers, constants. Vents périodiques. Vents alizés (vents réguliers soufflant toute l'année sur la partie orientale du Pacifique et de l'Atlantique). Mousson (vent tropical régulier soufflant 6 mois de la mer vers la terre [mousson d'été] et 6 mois de la terre vers la mer [mousson d'hiver]). / Vents étésiens (vents du nord qui soufflent dans la Méditerranée orientale pendant la canicule). / Action éolienne. Erosion éolienne. Eolisation. Eoliser.

Le vent et la navigation. Côté du vent, lit du vent (côté d'où il souffle). / Vent arrière, debout (contraire), largue (oblique par rapport à la direction suivie), grand largue, petit largue ou travers, portant (favorable). Au vent (dans la direction du vent). Sous le vent (direction opposée).

Allure(s) (direction de la route d'un bateau par rapport à celle du vent; disposition de la voilure). Allure courante (faisant route) : allures portantes, vent arrière, grand largue, largue, petit largue, allure traversière, sur quartier. Louvoyage : bon près, plus près, près et plein, plus près serré. Serrer, pincer, chicaner le vent (gouverner au plus près serré). / Allures non courantes (immobiles ou presque) : cape, cape courante, cape sèche, panne. Etre encalminé (immobilisé faute de vent). / Gagner au vent. S'élever au vent. Monter au vent. / Tâter le vent (se rapprocher du lit du vent). / Vent régulier. Vent variable, tournant. / Saute de vent (changement subit dans la direction du vent). / Risée (augmentation subite et passagère de la force du vent). Vent frais. Rafale. Grain. Coup de vent. Coup de tabac, de torchon (fam.). / Etaler un coup de vent (le subir sans dommage. / Adonner (changer de direction de façon à placer un voilier sous une allure plus portante). Refuser (contraire).

VENTER (souffler, en parlant du vent). Faire du vent. Se lever. Fraîchir. Forcir. Bouffer. Souffler dur, en tempête. Faire rage. / Vent d'orage. Vent de tempête. / Sauter. Tourner. / Se faire. S'établir. Etre établi. S'apaiser. Mollir. Se calmer. Calmir. Tomber. Se mourir. Etre tombé. / Monter. Remonter. Anordir (du sud-est à l'est). / Descendre. Redescendre. Tomber. Avaler. / Calme plat. Accalmie. Eclaircie. Embellie. Bonace.

Vitesse, force du vent. Echelle (de) Beaufort : 0 (calme, mer lisse); 1 (très légère brise; petites rides); 2 (légère brise; friselis de quelques centimètres); 3 (petite brise; petits moutons isolés); 4 (jolie brise; moutons nombreux); 5 (bonne brise; moutons serrés); 6 (vent frais; traînées d'écume); 7 (grand frais; traînées très nettes); 8 (coup de vent; brisants en forme de grands rouleaux); 9 (fort coup de vent; visibilité diminuée); 10 (tempête); 11 (violente tempête); 12 (ouragan).

Noms des vents. Vent du nord. Bise. Nordé (vent du nord-est). / Vent d'est. Suet (vent du sud-est). / Vent du sud. Suroît (vent du sud-ouest). / Vent d'ouest. Noroît (vent de nord-ouest). / Vents bas (du secteur sud). Vents hauts (du secteur nord). / *Vent d'amont.* Vent de terre. Brise de terre. / *Vent d'aval.* Vent de mer Vent du large. Brise de mer.

Noms régionaux. Galerne (vent d'ouest nord-ouest en Saintonge, Poitou, etc.). Cers (vent du bas Languedoc). Vaudaire (souffle de la vallée du Rhône sur le Léman). / En Méditerranée : mistral, tramontane, montagnère, levant, poulain, sirocco, autan, largade, ponant, labé. / Fœhn (en Suisse, nom d'un vent sec et chaud). / Khamsin (vent d'Egypte analogue au sirocco). Harmattan (en Afrique occidentale, vent très chaud et sec qui souffle de l'est). Simoun (vent violent, très chaud et sec qui souffle sur les régions désertiques de l'Arabie, de l'Iran et du Sahara). Pampéro (en Argentine, vent violent qui souffle du sud et de l'ouest). Blizzard (vent du Grand Nord). Bora (vent des régions septentrionales de l'Adriatique).
Noms mythologiques. Borée (vent furieux du nord). Euros (vent du sud-ouest). Notos (vent du sud). Zephyros (brise modérée). / Eole (dieu des vents).
Noms poétiques. Aquilon (vent du nord froid et violent). Zéphyr (doux et agréable). Les autans (vents impétueux). / *Terme pop.* Zeph.

Actions du vent. Souffler. Chasser. Balayer. Renverser. Emporter. S'engouffrer. Soulever la poussière. Fouetter, cingler, piquer, glacer le visage. Faire claquer, trembler les portes. Faire vibrer les vitres. / *Bruit du vent.* Siffler. Gémir. Murmurer. Mugir. Rugir. Hurler. *Protection contre le vent.* Abat-vent. Coupe-vent. Abrivent. Brise-vent. Paillasson. / Bourrelet. Calfeutrage. Tenture. / Contrevent. Persienne.

Production et utilisation du vent. Soufflerie. Soufflante. Soufflet. / Ventilateur. Ventilation. Ventiler. / Eventail. S'éventer. / Moulin à vent. / Navigation à voile. / Roue éolienne ou éolienne. Harpe éolienne. / Manche à air. Biroute (pop.). Coq de clocher. Girouette.

Locutions diverses. En plein vent (dans un endroit qui n'est pas abrité, exposé au vent). Aller comme le vent, fendre le vent (aller très vite). Passer en coup de vent (très rapidement). Contre vents et marées (en dépit de tous les obstacles). Aller le nez au vent (faire le badaud). Prendre le vent, observer le vent, regarder de quel côté vient le vent (observer la tournure des événements). Tourner à tous les vents (être instable, versatile, inconstant). Avoir le vent en poupe (être favorisé par les circonstances, être poussé vers le succès). Etre dans le vent (fam., suivre la mode, être dans la tendance générale de son époque). Avoir du vent dans les voiles (fam., être un peu ivre, ne pas marcher droit). Avoir vent d'une nouvelle (en être plus ou moins informé). Quel bon vent vous amène (quelle est la cause de votre venue). Autant en emporte le vent (se dit de promesses, de menaces auxquelles on ne croit pas). Etre du vent, n'être que du vent (des paroles creuses). Qui sème le vent récolte la tempête (celui qui pousse à la révolte, à la violence s'expose à de graves dangers).

ventre

(du lat. *venter ;* en gr. *gastêr, gastros*)

Partie inférieure du tronc. *Se coucher sur le ventre.* Abdomen. / Nombril (citratrice placée sur la ligne médiane du ventre). / Bas-ventre (partie inférieure du ventre au-dessous du nombril). / Aine (partie du corps située entre le haut de la cuisse et le bas-ventre). Inguinal (relatif à cette partie). Région inguinale. Hernie inguinale. Eventration. / Périnée (partie comprise entre l'anus et les parties génitales).

VENTRAL. *Région ventrale.* Abdominal. / Muscles abdominaux. / Ceinture abdominale.

EVENTRER (ouvrir le ventre). *Eventrer un animal.* Etriper. / *Eventrer* (en parlant d'une personne). Crever la panse, la bedaine, la paillasse (pop.). / *S'éventrer* (fam., en parlant d'une personne). Faire hara-kiri.

Structure du ventre. Trois parties : Epigastre. Région ombilicale. Hypogastre.

Limites osseuses. Colonne vertébrale. Partie inférieure de la cage thoracique. Bassin.

Muscles des parois. *Paroi supérieure.* Diaphragme (sépare le ventre de la poitrine). / *Paroi antérieure et latérale.* Grand et petit obliques, transverses et grands droits. / *Paroi postérieure.* Muscles spinaux. Grand oblique et grand dorsal ; petit dentelé inférieur, petit oblique. Psoas iliaque. Carré des lombes.

Organes contenus dans l'abdomen. *Organes digestifs.* Terminaisons de l'œsophage. Estomac. Foie. Pancréas. Intestins. / *Organes sanguins.* Rate. Aorte abdominale. Veine cave inférieure. Veine porte. / Organes lymphatiques. Citerne de Pecquet. Partie initiale du canal thoracique. / Péritoine (membrane qui entoure les organes digestifs). / *Organes urinaires.* Reins. Uretères. Vessie. / *Glandes à sécrétion interne.* Glandes surrénales. / Organes génitaux.

Maladies de l'abdomen. *Douleurs de ventre.* Coliques. Colite. / Ballonnement. V. INTESTIN.

Partie inférieure du corps des animaux (par opposition au dos). Le ventre d'un cheval, d'un chien, d'un poisson. / *Sangle qui passe sous le ventre d'un cheval.* Sous-ventrière.

Partie du corps qui reçoit les aliments. *Se remplir le ventre.* Estomac. Panse (fam.). / Manger. Boire. / *Avoir le ventre creux.* Avoir faim. / *Avoir le ventre plein.* Etre rassasié. / Avoir les yeux plus grands que le ventre (prendre plus de nourriture qu'on en peut manger). / *Se brosser le ventre* (fam.). Etre privé de manger. Se mettre la ceinture (fam.). / Bouder contre son ventre (refuser de manger par colère). / *Rire, manger à ventre déboutonné.* Sans retenue. Avec excès. / *Personne qui fait un dieu de son ventre.* Gastrolâtre. / La reconnaissance du ventre (gratitude à l'égard d'une personne qui vous a donné à manger). / Ventre affamé n'a pas d'oreilles (une personne pressée par la faim n'écoute rien).

Ventrée (fam., quantité abondante de nourriture). *Une ventrée de ragoût.* Platée.

Partie du corps où s'accomplit la gestation (chez la femme et les femelles des mammifères). *Se retourner dans le ventre de sa mère* (en parlant d'un enfant). Sein. / *Sortir du ventre de sa mère.* Naître.

Ventral. Poche ventrale ou marsupiale (repli abdominal des femelles des marsupiaux où leurs petits achèvent leur développement embryonnaire). / Principaux marsupiaux : Kangourou. Sarigue. Opossum. Loup de Tasmanie. Koala, etc.

Proéminence formée par la paroi antérieure de l'abdomen. *Rentrer le ventre.* Bedon (fam.). Bedaine (fam.). Bide (pop.). Bidon (pop.). / *Avoir du ventre, un gros ventre.* Embonpoint. Brioche (fam.). / *Prendre du ventre.* Bedonner (fam.).

Ventru (fam.). Ventripotent (fam., qui a un gros ventre). Pansu (fam.). Obèse. Gros. Gras. Bedonnant (fam.).

Partie renflée de certaines choses. *Le ventre d'une cruche.* Panse. Renflement. / *Le ventre d'une commode.* Galbe. Cintrage. Arrondi. / *Le ventre d'un bateau.* Partie bombée. Bombement.

Ventru. *Un objet ventru.* Pansu. Galbé. Bombé. Renflé.

Locutions diverses. Se mettre à plat ventre devant quelqu'un (s'abaisser d'une manière servile). Taper sur le ventre à quelqu'un (être très familier avec lui). Marcher, passer sur le ventre de quelqu'un (le renverser, l'éliminer pour parvenir à son but). Faire mal au ventre (fig. et fam., écœurer, indigner). Mettre, remettre, redonner du cœur au ventre (redonner du courage, de l'énergie). Avoir quelque chose, en avoir (fam.) dans le ventre (avoir de la volonté, de l'énergie). Ne rien avoir dans le ventre (manquer de moyens, d'énergie). Chercher à savoir ce que quelqu'un a dans le ventre (vouloir connaître ses intentions ; le sonder).

ver

(du lat. *vermis ;* en gr. *helmins, helminthos*)

Animal de forme allongée complètement dépourvu de pattes ou ne possédant que des pattes réduites. Vers terrestres. Vers aquatiques. Vers intestinaux.

Classification des vers. *Annélides* (corps séparé en anneaux). Polychètes (ordre des errants et des sédentaires). Oligochètes (limicoles [vivant en eau douce], terricoles [vers de terre, ou lombrics]). Achètes ou hirudinées (sangsues à trompes ou à mâchoires). / *Némathelminthes* (vers ronds). Nématodes. Gordiacés. Acanthocéphales. / *Plathelminthes* ou *platodes* (vers plats). Turbellariés. Trématodes. Cestodes. Némertes.

Vermiculaire (qui a la forme d'un ver). / Vermiforme. Vermiculé.

Larve d'insecte, de papillon. Ver blanc ([dialectal : man, turc], larve du hanneton). Ver de farine (larve du ténébrion). Ver du fromage (larve de diverses mouches). Ver luisant (nom donné aux lampyres et aux lucioles). Ver à soie. / *Ver de la viande, des fromages.* Asticot. / *Action des vers.* Piquer. Ronger. Ramper. Serpenter. Se tortiller. Grouiller.

Véreux. Fruit véreux (gâté par les vers).

Vermoulu (rongé par les vers). / *Un bois vermoulu.* Piqué. Artisonné (vx).

Vermoulure (trace de vers). Piqûre.

Parasites de l'homme et des animaux. ***Helminthes*** (terme désignant un certain nombre de groupes de vers). *Plathelminthes.* Trématodes : douves, bilharzies ou schistotomes. Cestodes : ténia (du bœuf) ou ver solitaire, ténia (du porc). Ténia échinocoque. Bothriocéphale. / *Némathelminthes* ou *nématodes :* trichine, filaires, parasites intestinaux (ascaris, oxyure, trichocéphale, anguillule, ankylostome). / Helminthiase (maladie causée par les vers). Distomatose hépatique, intestinale (causée par les douves). Bilharziose. Téniasis ou téniase. Cysticercose ou ladrerie. Echinococcose. Bothriocéphalose. Trichinose. Filariose lymphatique, filariose conjonctive et oculaire. Ascaridiose. Oxyurose. Trichocéphalose. Anguillulose. Ankylostomiase ou ankylostomose. / Helminthologie (partie de la médecine traitant des vers parasites). Helminthophobie (peur morbide des vers).

Vermifuge (médicament utilisé pour provoquer l'expulsion des vers parasites). Ténifuge. Anthelminthique.

Vermicide. Helminthicide.

verbe

(du lat. *verbum,* parole)

Mot qui, dans une proposition, exprime l'action ou l'état du sujet. *Sortes de verbes.* Verbe transitif (verbe ayant un complément d'objet). Verbe intransitif (pas de complément d'objet).

Verbe transitif indirect (complément d'objet uni au verbe par une préposition [à, de]). Verbe pronominal (réciproque, réfléchi, à sens passif). / Verbe abstrait, copule ou copulatif. Verbe concret. / Verbe actif, passif. Verbe auxiliaire, semi-auxiliaire. / Verbe régulier, irrégulier. Verbe défectif. Verbe impersonnel, unipersonnel. / Verbe d'action, d'état, de mouvement, de perception, d'opinion. Verbe attributif, causatif, déclaratif, désidératif, factitif, inchoatif, itératif.

Structure du verbe. Radical ou base. Verbe à plusieurs radicaux ou bases. Désinences ou flexions. Système flexionnel. Groupes. Nombre. Personnes. Forme ou voix active, passive, pronominale. / Aspect momentané, duratif, inchoatif, itératif, progressif, perfectif, imperfectif.

VERBAL (relatif au verbe). Syntagme verbal. Phrase verbale. Syntaxe verbale. / Locution verbale (formée d'un verbe et d'un nom ; ex. : avoir faim, faire grâce). / Adjectif verbal (participe présent adjectivé ; ex. : apaisant, fatigant).

Modes et temps. V. GRAMMAIRE.

vérifier

(du bas lat. *verificare,* de *verus,* vrai, et de *facere,* faire)

Soumettre une chose à un examen pour s'assurer de son exactitude. *Vérifier une nouvelle, un renseignement.* Contrôler. Examiner. / *Vérifier un texte, un manuscrit avec l'original.* Collationner. Confronter. Comparer. / *Vérifier un compte.* Apurer. / *Vérifier un inventaire.* Récoler. / *Vérifier si une chose est réelle, exacte.* S'assurer. Voir.

VÉRIFICATION. *Vérification d'un compte.* Apurement. / *La vérification d'un inventaire.* Récolement. / *Vérification d'un témoignage.* Examen. / *Vérification d'un document, d'un texte.* Collationnement.

Examiner une chose pour s'assurer de sa justesse, de son bon fonctionnement. *Vérifier un poids, une mesure.* Etalonner. / *Vérifier l'aplomb, la verticalité d'un mur.* Plomber. / *Vérifier la pression d'un appareil.* Contrôler.

VÉRIFICATION. *Vérification d'un appareil.* Contrôle. Essai.

VÉRIFICATEUR. *Vérificateur des poids et mesures, des douanes.* Contrôleur.

Démontrer l'exactitude d'une chose. *Vérifier une hypothèse.* Prouver. Expérimenter. / *Vérifier une prédiction* (en parlant d'un événement). Confirmer. Justifier. / *Se vérifier* (en parlant d'un présage). S'avérer exact, juste.

vérité

(du lat. *veritas,* de *verus,* vrai)

Caractère d'une chose vraie, conforme à la réalité. *La vérité d'un récit, d'un témoignage.* Exactitude. Authenticité. Véracité. Véridicité. / *Admettre, reconnaître la vérité.* Avouer. Confesser. Convenir. Etre d'accord. Acquiescer. Se rendre à l'évidence. / *Altérer la vérité.* Mentir. Inventer. Tromper. / *Dire, proclamer la vérité.* Ne pas mentir.

Ce qui mérite un assentiment. *Une vérité première, absolue.* Conviction. Certitude. Croyance. / *Un accent de vérité.* Sincérité. Franchise. / *Une vérité de La Palisse.* Lapalissade. Truisme. Evidence.

verre

(du lat. *vitrum ;* en gr. *hualos*)

Corps solide transparent obtenu par la fusion d'éléments vitrifiants. ***Classification des verres.*** *Verres silico-calciques* (à base de soude et de chaux). Verres communs. Verres blancs : verres à vitres, à glaces, à bouteilles, verres pour gobeleterie, flaconnage. / *Verres potassico-calciques* (à base de potasse et de chaux). Verres très limpides. Verres dits « de Bohême », « de Venise », « de Baccarat ». / *Verres potassico-plombeux* (à base de potasse et d'oxyde de plomb). Cristal ordinaire. Strass. Flint-glass. / *Verres pour l'optique.* Crown-glass (à base d'alcali et de chaux ou à base de silice, d'acide borique et de baryte). Flint-glass (indice de réfraction très élevé). / *Verres boro-silicatés.* Fausses pierres. Verroterie. Email de poterie.

Sortes de verres. Verre athermane (arrête les rayons calorifiques). Verre cathédrale (caractérisé par des creux et des reliefs imprimés sur les faces). Verre coloré. Verre coulé (glace mince et brute). Verre dépoli (translucide). Verre double (verre à vitre d'épaisseur comprise entre 3 et 3,5 mm). Verre incassable. Verre moulé (obtenu par coulage et moulage dans un moule). Verre neutre (forte teneur en silice et acide borique). Verre opale (translucide). Verre organique (matière plastique transparente ; Plexiglas [marque déposée]). Verre Pyrex ([marque déposée], très résistant aux chocs thermiques). Verre sandwich (feuille de matière plastique collée entre deux glaces ; ex. : verre Triplex [marque déposée]). Verre de sécurité (qui ne doit pas causer de coupures graves en cas de bris). Verre armé (obtenu en incorporant du fil de

fer). Verre blindé (grand nombre de couches alternées de verre et de matière plastique). Verre trempé (refroidi brusquement par de violents jets d'air). Verre de silice (de quartz fondu).
Verres plats. Vitres. Verres coulés. Glaces. / *Verres creux.* Bouteillerie. Gobeleterie. Flaconnage. Ampoules. Briques et pavés. / *Fibres de verre.* Fibres textiles. Rayonne de verre. Fibranne de verre. Verranne. Vitranne. / *Fibres non textiles.* Verrofibre. Soie de verre. Laine de verre. Ouate de verre.

Composition du verre. *Eléments d'un mélange vitrifiable.* Vitrifiants : silice, sable quartzeux, acide ou anhydride borique, acide phosphorique, baryte. / Bases : potasse, soude, chaux, baryte. / Eléments divers : oxyde de plomb (minium), alumine (kaolin, feldspath), anhydride phosphorique, spath fluor, cryolithe, bioxyde de manganèse, acide arsénieux, oxydes de cuivre, de cobalt, etc. / Eléments additionnels : déchets de verre, groisil ou calcin.

Propriétés du verre. Amorphe. Dur. Cassant. Fragile. Transparent.

Fabrication du verre. *Préparation du mélange vitrifiable.* Séchage des matières premières. Broyage. Mélange. Fritte (mélange prêt pour être vitrifié). Pesage. Enfournement. / *Phases de la fusion.* Fonte. Affinage. Braise. / *Façonnage.* Cueillage (opération consistant à prendre le verre fondu avec une canne ou un instrument analogue pour le travailler). Coulage. Laminage. Moulage. Paraison (opération consistant à tourner et retourner une masse de verre pâteux au bout d'une canne). Paraisonner. Soufflage (à la bombe [ancien procédé], avec des machines à air comprimé) et moulage. Etirage. / Recuisson. / *Travaux de finition.* Découpage. Doucissage. Polissage. Décoration. Taille. Gravure.
Fabrication des verres plats. Etirage (vitres). Coulée, laminage et recuisson (verres coulés et glaces). Surfaçage (pour obtenir la planéité et le parallélisme des glaces). Trempe (pour augmenter la résistance aux chocs). / *Fabrication des verres creux.* Moulage pressé-soufflé. Montage par soufflage (bouteillerie, flaconnage, ampoules). Montage pressé (briques et pavés, gobeleterie [ou l'un des trois procédés]).
Travail des verres d'optique. Préparation (moulage en pièces ou plateaux sciés et coupés au diamant). Dégrossissage (à l'aide de bassins, d'abrasifs). Ebauchage. Doucissage. Polissage. Vérification. Centrage.

Matériel. Four à creusets ou pots. Four à cuve ou bassin. Cuve de verre fondu. Puits d'étirage vertical. Etenderie. Rouleaux étireurs. Table. Laminoir. Mandrin rotatif. Four-filière. Tambour d'étirage (pour fibres de verre). Machines à bouteilles, à ampoules, etc. Canne ou felle (tube à souffler le verre). Ciseaux. Pinces (pour travailler la masse). Disque d'acier. Meule. Molette. Cristallière.
VERRERIE (fabrication du verre). Vitrerie. Miroiterie. Gobeleterie. Optique. / Objets en verre.
VERRIER (fabricant de verre). *Ouvrier verrier.* Cueilleur. Souffleur. Paraisonnier.
VERRIÈRE. Grand vitrail. / Toit vitré. / Véranda (galerie vitrée contre une maison).
VERRÉ. Papier verré (saupoudré de verre en poudre).
VERROTERIE. *Bijou en verroterie.* Pacotille. Clinquant.

Relatif au verre. Vitre. Carreau. / Vitrine. / Vitrier. / Vitrer (garnir de vitres). Vitré. Vitreux. / Vitrifier. Vitrification. / Vitrage. Vitrail (v. ce mot). / Quartz hyalin (qui a la transparence du verre). Hyalithe (variété d'opale).

vers

(du lat. *versus,* sillon, vers ; en gr. *stichos*)

Suite de mots rythmés et mesurés suivant le nombre des syllabes et formant une unité. *Différentes sortes de vers.* *Vers de une, deux, trois, quatre, cinq, six syllabes* (rares). Monosyllabe, dissyllabe, trisyllabe, tétrasyllabe, pentasyllabe, hexasyllabe. / *Vers de sept, huit, neuf, dix, onze, douze syllabes.* Heptasyllabe, octosyllabe, ennéasyllabe, décasyllabe, hendécasyllabe, dodécasyllabe ou alexandrin. / Vers libres (en poésie classique, vers réguliers à rime variée mais de longueur inégale ; depuis les symbolistes, vers libérés du compte des syllabes et de la rime). Vers-librisme. Vers-libriste. / Vers blancs (sans rimes). / Coupe ou césure (pause, repos à l'intérieur du vers). Enjambement (rejet au vers suivant d'un ou de plusieurs mots nécessaires au sens du premier vers). Hémistiche (moitié du vers).

Rime (retour du même son à la fin de deux ou plusieurs vers). Assonance (répétition de la voyelle accentuée, mais non des consonnes qui la précèdent ou la suivent). Rime masculine (terminée par une syllabe tonique : enfant, fleur, aimer). Rime féminine (terminée par une syllabe muette : tête, appelle). Rime vocalique (fil, oubli) et rime consonantique (luth, flûte). Rimes riches (celles dont la voyelle est précédée d'une même consonne d'appui : image et hommage). Rimes très riches (deux syllabes identiques moins une consonne : heureux, peureux). Rime léonine (rime très riche avec deux syllabes homophones complètes (railleur et ferrailleur, sultan et insultant). Rime pauvre (la voyelle seule est semblable : ami et défi). Rimes plates, ou suivies (aa, bb, cc). Rimes croisées, ou alternées (abab). Rimes embrassées (abba).

VERSIFIER. *Versifier un texte.* Mettre en vers. / Faire des vers. Rimer. Rimailler (fam.).

VERSIFICATION. Prosodie. Métrique.

VERSIFICATEUR. Rimailleur (fam.).

verser
(du lat. *versare,* renverser)

Faire tomber ou tomber sur le côté. *Verser des céréales* (en parlant de la pluie, d'un orage). Renverser. Coucher. / *Verser dans un fossé* (en parlant d'un véhicule). Tomber. Culbuter. Chavirer. Capoter. Basculer.

VERSOIR (partie d'une charrue qui jette la terre de côté). Oreille.

Faire couler des liquides, des graines, des substances pulvérulentes. *Verser de l'eau, du vin à quelqu'un.* Donner. Offrir. Servir. / *Verser un liquide d'un récipient dans un autre.* / Transvaser. / *Verser du vin, du cidre dans un tonneau.* Entonner. / *Verser un liquide sur quelque chose.* Arroser. / *Verser un médicament goutte à goutte.* Instiller. / *Verser des larmes.* Pleurer. / *Verser le sang de quelqu'un.* Faire couler (en tuant, en blessant). Répandre. / *Verser de la farine, des lentilles dans un sac.* Mettre. Ensacher. / *Verser du sable dans une allée.* Répandre. Déverser.

VERSEUSE (récipient muni d'une poignée droite pour servir le café).

Remettre de l'argent à une personne, à un organisme. *Verser une somme à quelqu'un, à une caisse.* Payer. Donner.

VERSEMENT. *Faire un versement.* Paiement.

vert n. et adj.
(du lat. *viridis;* en gr. *chlôros*)

Une des sept couleurs du spectre solaire, située entre le bleu et le jaune et qui peut être obtenue par la combinaison du bleu et du jaune. *Nuances de vert.* *Vert clair.* Vert vif, jaune, acide. Vert amande, tilleul. Vert céladon (vert pâle). Vert émeraude. Vert Véronèse. / *Vert foncé, sombre.* Vert épinard, pomme, bouteille, mousse, pistache, olive. / Sinople (un des émaux héraldiques, de couleur verte).

Se dit d'une personne ou d'une chose qui a l'aspect du vert. *Teint vert. Etre vert de peur, de froid.* Blême. Pâle. / *Pierres vertes.* Emeraude. Jade. Chrysoprase. Olivine. Péridot. Smaragdite. / *Colorants verts.* Pigments verts minéraux directs : terre verte, vert oxyde de chrome, vert émeraude, vert de cuivre, vert d'outremer, vert de cobalt. / *Pigments verts de mélange :* verts de chrome, verts de zinc, verts Victoria. / Chimie : vert d'alizarine, vert anglais, vert malachite, vert minéral, vert Véronèse.

VERDÂTRE. *Bleu verdâtre.* Glauque (couleur de l'eau de mer). / *Teint verdâtre.* Olivâtre.

VERDIR. *Verdir de peur.* Blêmir.

VERDOYER. *Verdoyer* (en parlant de végétaux). Devenir vert. / Verdoyant. Verdoiement.

VERDURE. *Aimer la verdure.* Plantes. Végétation. Arbres. Feuilles. Feuillage.

Se dit des végétaux qui ne sont pas secs, qui ont encore de la sève. *Fourrage vert. Thé vert.* Non séché. / *Légumes verts.* Haricots verts. Pois verts. Artichauts. Salades. Céleris. Tomates, etc. / *Café vert.* Non torréfié.

VERDURE (plantes potagères consommées crues). Crudités.

Se dit des fruits qui ne sont pas mûrs. *Une pomme verte. Un abricot vert.* Acide. Sur, suret (dialectal).

VERDEUR. *Verdeur d'un fruit.* Acidité.

Se dit d'une personne qui a de la vigueur malgré un âge avancé. *Un vieillard encore vert, bien vert.* Vigoureux. Vif. Alerte. Vaillant. Gaillard.

VERDEUR. Vigueur. Bonne santé.

Se dit de ce qui a une certaine force, une certaine rudesse, un certain réalisme. *Une verte semonce.* Rude. Fort. Violent. / *Langue verte.* Argot. / En dire des vertes et des pas mûres (fam., des choses choquantes, licencieuses).

VERDEUR. *La verdeur d'un langage.* Liberté. Réalisme. Crudité. Truculence.

VERTEMENT. *Réprimander quelqu'un vertement.* Rudement. Sans ménagement.

Relatif au vert. Vert-de-gris (dépôt verdâtre sur le cuivre, le bronze). Vert-de-grisé. Erugineux.

Élément « chloro ». Chlorophylle. Chlorophyllien. Chlorose (anémie caractérisée par un teint verdâtre). Chlorotique.

vertige

(du lat. *vertigo, vertiginis*)

Sensation d'un manque d'équilibre. *Avoir un vertige.* Etourdissement. Eblouissement. / *Etre pris de vertige.* Etre étourdi. Voir tout tourner. Avoir la tête qui tourne.

VERTIGINEUX. *Un immeuble vertigineux.* Très haut. Très élevé. / *Une vitesse vertigineuse.* Très grande. Fantastique. Formidable (fam.). Terrible (fam.). / *Une descente vertigineuse.* Très rapide.

VERTIGINEUSEMENT. *Edifice vertigineusement haut.* Très.

État d'un personne dont l'esprit est troublé, égaré. *Le vertige de la gloire.* Fumée. Ivresse. Egarement. Trouble.

vertu

(du lat. *virtus,* mérite de l'homme)

Disposition à faire le bien. *Pratiquer la vertu.* Devoir. Loi morale. Règle morale. / *Une personne de grande vertu.* Générosité. Bonté. Abnégation. Dévouement. Austérité.

VERTUEUX. Méritant. Edifiant. Exemplaire. / *Acte vertueux.* Méritoire.

Disposition morale particulière. *La générosité est une vertu de la jeunesse.* Qualité. / *Les quatre vertus cardinales.* Courage. Justice. Prudence. Tempérance. / *Les trois vertus théologales.* Foi. Espérance. Charité.

Chasteté d'une femme. *Une femme d'une vertu irréprochable. Garder, conserver sa vertu.* Pureté. Sagesse. Honneur. Pudeur. / *Une femme de petite vertu* (fam. ou ironiq.). De mœurs légères. Facile.

VERTUEUSE. Chaste. Pure. Sage. Rosière (jeune fille vertueuse).

VERTUEUSEMENT. Chastement. Purement.

vêtement

(lat. *vestimentum,* de *vestire,* habiller)

Ce qui sert à couvrir le corps de l'homme. *Acheter des vêtements. Ranger ses vêtements.* Affaires. Habits. Effets (vx ou militaire). Costume. Hardes (vx). Fringues (pop.). Frusques (pop.). Nippes (pop.). / Vêtement léger, d'été. Vêtement chaud, d'hiver. Vêtement de demi-saison. / *Etat des vêtements.* Vêtement neuf. Vêtement déjà porté. Vêtement usé, fatigué (fam.)., élimé, éraillé, qui montre la corde (fam.). / *Vêtements déchirés, usés.* Guenilles. Haillons. Loques. Oripeaux. / *Vêtements ridicules.* Affublement. Accoutrement. / *Ensemble des vêtements d'une personne.* Garde-robe. / *Meuble pour ranger les vêtements.* Armoire. Penderie. Garde-robe. / Portemanteau. Cintre. Valet. / Housse.

VESTIMENTAIRE (relatif aux vêtements). Dépense vestimentaire.

Vêtements de femmes. Manteau. Robe longue. Robe courte. Robe étroite, collante. Fourreau. / Robe décolletée. Robe montante. Robe de grossesse. / Robe de ville, d'après-midi, de cocktail. Robe du soir. Robe de bal. Robe à traîne. Robe de mariée, etc. / Robe de laine, de soie, de satin, de toile, etc. / Tailleur. Deux-pièces. Jupe. Mini-jupe. Pantalon. Tunique. Corsage. Chemisier. Bustier. / Robe de chambre. Déshabillé. Peignoir. / *Vêtements de dessous ou dessous* (n. m.). Chemise. Chemisette. Combinaison. Soutien-gorge. Culotte. Slip. Ceinture. Gaine. Gaine-culotte.
Accessoires. Bas. Collant. Panty. / Jarretelles. / Foulard. Echarpe. Fichu. Pointe. / Gants.

Vêtements d'hommes. Complet. Pardessus. Manteau. Veste. Veston. Vareuse. Blazer. Veste d'intérieur. Robe de chambre. / Pantalon. Culotte. Blue-jean. *Vêtements de cérémonie.* Habit à queue. Jaquette. Frac. Queue-de-pie. Queue-de-morue. Redingote. Smoking. / Chemise (v. ce mot). / *Sous-vêtements.* Gilet de santé. Maillot de corps. Slip. Caleçon.
Accessoires. Cravate. Foulard. Cache-col. Cache-nez. Pochette. Ceinture. / Chaussettes. Socquettes. Mi-bas. Fixe-chaussettes. Support-chaussettes.

Vêtements de sports. Anorak. Blouson. Culotte de golf. Knickers. Short. Bermuda. Fuseau. Culotte de cheval. Survêtement. Maillot. Maillot de bains. Tee-shirt. Sweat-shirt, etc.

Vêtements contre le froid. Vêtement doublé, fourré, matelassé, ouatiné.

/ Manteau de fourrure. Pelisse. Pèlerine. Canadienne. Parka. Duffle-coat. Caban, etc. / Chandail. Pull-over. Gilet. Cardigan. Spencer, etc.

Vêtements contre la pluie. Imperméable. Ciré. Gabardine. Trench-coat.

Vêtements des pays étrangers et exotiques. Kilt. Fustanelle. / Djellaba. Gandoura. Burnous. Kimono. Paréo. Poncho. Sari. Pagne. Boubou, etc.

Vêtements de travail. Tablier. Blouse. Bleu. Blue-jean. Salopette. Combinaison. Cotte.

Vêtements militaires. Uniforme. Manteau. Capote. Cape. / Tunique. Dolman. Veste. Vareuse. Blouson. Bourgeron. Treillis.

Vêtements d'enfants. Layette. Brassière. Langes. Chemisette. Guimpe. Barboteuse. Burnous. Nid-d'ange, etc.

Parties d'un vêtement. Devant. Revers. Retroussis. Dos. Manche. Poignet. Encolure. Emmanchure. Entournure. / Fond de culotte, de pantalon. Entrejambe. Poches. Gousset. Braguette. Ceinture. / Corps (d'une robe). Empiècement. Décolletage. Parement. Col. / Basque. Pan. Biais. Patte. Pince. Pli. Rabat. Volant. / Bordure. Liséré. Passepoil.

Accessoires. *Garnitures.* Ornements. Broderies. Dentelles. Brandebourgs. Bouillons. Smocks. Falbalas. Fanfreluches. Rubans. / Galon. Frange. Effilé. / *Fournitures.* Doublure. Ouate. Toile. Bougran. Rembourrage. / Agrafe. Boucle. Bouton. Bouton pression. Fermeture à coulisse. Fermeture à glissière. Fermeture Eclair (nom déposé).

Fabrication, commerce du vêtement. Vêtements sur mesure. / Vêtements de confection. Prêt-à-porter.
Haute couture. Maison de couture. Couturier. / Collection d'été, d'hiver. Modéliste. Styliste. Présentation des modèles. Défilé. Mannequin. / Ouvrière. Première main. Petite main. Apprentie. Arpette (fam.). Midinette. Cousette (fam.).
Couture artisanale. Couturière. Tailleur pour hommes, pour dames. Coupeur. Coupeuse. Culottière. Giletière. Essayeur. Essayeuse. Pompier (celui qui fait les retouches). / Pompe.
Travail. Prendre les mesures. Tailler. Couper. / Faufiler. Bâtir. Essayer. Ajuster. Mettre à la mesure. Retoucher. Monter. Coudre. Piquer. Doubler. Ourler. / Border. Galonner. Plisser. Froncer. Repasser. / Mesure industrielle. Confectionneur. Confection.
Magasin de nouveautés, de modes. Boutique de couturier. Boutique de tailleur. Maison de confection. / Fripier. Friperie.

Forme des vêtements. Vêtement fermé, droit, croisé. Vêtement ample, vague. Vêtement ajusté, cintré, serré, collant. Vêtement plissé, drapé. / Etre à l'aise dans un vêtement. Etre serré, gêné, engoncé, empêtré, boudiné (fam.).

Entretien des vêtements. Brosser. Nettoyer. Détacher. Laver. Repasser. / Réparer. Rénover. Raccommoder. Repriser. Stopper.

Emploi des vêtements. Mettre, revêtir, porter un vêtement. / *Mettre un vêtement à quelqu'un.* Habiller (v. ce mot). / Passer, enfiler, endosser un vêtement. / *Changer de vêtements, ses vêtements.* Se changer. Vêtement de rechange. / *Remettre de l'ordre dans ses vêtements.* Se rajuster. / *Mettre ses plus beaux vêtements.* S'endimancher (vx). Se mettre sur son trente et un (fam.). Revêtir ses plus beaux atours (vx, en parlant d'une femme). / *Couvrir, envelopper quelqu'un de vêtements chauds.* Emmitoufler.

Vêtements divers. Habit vert d'académicien. Robe d'avocat. Toge de magistrat, de professeur (épitoge : bande d'étoffe fixée à l'épaule gauche et garnie d'hermine). / Livrée de valet de pied, de portier, de chauffeur, de groom, de chasseur, etc. / Uniforme de militaire, de haut fonctionnaire, de policier, d'infirmière de la Croix-Rouge, d'hôtesse, etc.

Vêtements anciens (Grèce). *Vêtements masculins.* Chitôn (tunique). Tribôn (manteau court). Chlaina (gros manteau de laine). Chlanide (manteau d'étoffe légère). Chlamyde (manteau court de cavaliers, de chasseurs). / *Vêtements féminins.* Chitôn. Péplos (pièce d'étoffe qui se portait par-dessus les autres vêtements). Himation (manteau sans manches). / (Latins.) *Vêtements masculins.* Tunique. Toge prétexte, virile. Angusticlave. Laticlave. Dalmatique. Pallium. / *Vêtements féminins.* Tunique. Stola (robe). Péplum (manteau), etc. / (France.) *Vêtements d'hommes.* Braies. Chausses. Hauts-de-chausses. Trousses. Grègues, etc. / Casaque. Bliaut. Blouse. Sarrau. Sayon. Cotte. Surcot. Souquenille. Justaucorps. Pourpoint. Soubreveste. Carmagnole. Paletot. Houppelande. Carrick. Macfarlane. Raglan. Pelisse. Limousine, etc. / *Vêtements de femmes.* Casaquin. Canezou. Caraco. Simarre. Boléro. Crinoline, etc.

vétérinaire

(lat. *veterinarius*, de *veterinum*, bête de somme)

Personne qui soigne les animaux et spécialement les animaux malades. *Différentes sortes de maladies des animaux.* Maladies traumatiques (plaie, choc, écrasement, etc.). Maladies dues aux agents physiques (chaleur, froid, etc.). Maladies toxiques (poisons minéraux ou végétaux). Maladies parasitaires, infectieuses, à virus filtrant. Maladies nerveuses. Maladies dues à des vices de nutrition, etc. / Epizootie (maladie infectieuse qui frappe tous les animaux d'une même région). Enzootie (maladie qui atteint seulement les animaux d'une localité ou d'une exploitation). / Hippiatrie ou hippiatrique (art de soigner les chevaux). Hippiatre. / Zoothérapie. Zoopathologie. / Anthropozoonose.

Principales maladies des animaux. ***Maladies des équidés*** (cheval, âne, mulet). *Appareil digestif.* Stomatite. Lampas ou fève (inflammation de la muqueuse du palais). Coliques. Tranchées (coliques violentes). Occlusion intestinale. Strongylose (entérite chronique). Congestion intestinale. / *Appareil respiratoire.* Laryngite. Angine. Pneumonie. Pleurésie. Bronchite. Gourme. Congestion pulmonaire. Emphysème pulmonaire. Pousse. Poussif. Cornage chronique (l'air à chaque mouvement respiratoire produit un bruit). / *Appareil circulatoire.* Hypertrophie du cœur. Angine de poitrine. Péricardite. Myocardite. / *Maladies de la nutrition.* Ostéomalacie (ramollissement des os). Arthrite. Synovite. Rhumatisme. Hémoglobinurie ou myoglobinurie. / *Maladies infectieuses.* Morve. Tétanos. Ganglions de l'auge. Anémie infectieuse. Variole équine. Dourine (inflammation de la vulve et du pénis). / *Système nerveux.* Coup de chaleur. Congestion cérébrale. Tics (v. CHEVAL). / *Système locomoteur.* Boiterie. Claquage. Echauffement du tendon. Effort du boulet. Fracture. Entorse. Luxation. Embarrure (contusion à la face interne du membre postérieur). Couronnement (plaie circulaire au genou). Cheval couronné. Courbatures. Paraplégie infectieuse. Paralysie. / *Maladies du pied.* Bleime (contusion du talon). Seime (fissure longitudinale du sabot). Sole foulée, battue ou ecchymosée. Encastelure (déformation évolutive du sabot). Fourbure (inflammation des tissus du pied). Etonnement du sabot (contusion du tissu feuilleté). Maladie naviculaire. / *Accidents du pied dus à la ferrure*, v. MARÉCHAL-FERRANT. / *Maladies des yeux.* Fluxion périodique. Taie. Blastomycose des voies lacrymales (chez l'âne). / *Maladies de la peau.* Verrues. Dartres. Eczéma. Dermite (inflammation du derme). Gale. Teigne. Boutons hémorragiques. Tumeurs mélaniques (taches ou lésions de la peau). Loupe.

Maladies des bovins. *Appareil digestif.* Stomatite. Obstruction intestinale. Coliques. Dysenterie des veaux. Météorisation. Coccidiose (entérite grave). / *Appareil circulatoire.* Péricardite traumatique. / *Appareil respiratoire.* Bronchite. Pneumonie. Péripneumonie. Laryngite. Sinusite. Coryza gangreneux. / *Appareil génital.* Métrite. Cystite hémorragique. Mammite ou coup de sang. Nymphomanie. Vulvo-vaginite. Stérilité. Frigidité. / *Appareil locomoteur.* Rachitisme. Cachexie osseuse. Fracture des cornes. Ladrerie du bœuf. / *Maladies infectieuses.* Fièvre aphteuse. Charbon bactéridien. Peste bovine. Tuberculose. Listériose. Anaplasmose. Rhumatisme. / *Maladies de la peau.* Eczéma. Teignes. Tiques. / *Déséquilibre de l'état général.* Fièvre vitulaire. Fièvre de lait ou éclampsie. Tétanie de nutrition.

Maladies du porc. *Appareil gastrique.* Gastro-entérite. Entérotoxémie. Hépatite infectieuse. Ulcères gastriques. Echinococcose. / *Appareil respiratoire.* Angine. Broncho-pneumonie. Congestion pulmonaire. / *Appareil locomoteur.* Ladrerie. Trichinose. Cachexie osseuse. / *Maladies infectieuses.* Rouget. Entérite infectieuse. Salmonellose. Peste porcine. Fièvre aphteuse. Tuberculose. Variole. / *Maladies de la peau.* Gales. Eczéma. Urticaire.

Maladies du mouton et de la chèvre. *Appareil digestif.* Stomatite. Distomatose. Coccidiose. Bradsot (inflammation de la muqueuse de la caillette). Météorisation. Cysticercose. Entérotoxémie. / *Appareil respiratoire.* Broncho-pneumonie. Sinusite parasitaire. / *Appareil circulatoire.* Lymphadénie. Piroplasmose. / *Système nerveux.* Cénurose ou tournis. Prurigo lombaire ou tremblante. Nécrose du cortex. / *Maladies contagieuses.* Clavelée. Charbon bactéridien. Fièvre aphteuse. Piétin. Mélitococcie. Fièvre de Malte ou brucellose (chèvre). Tétanos. Septicémie hémorragique. / *Maladies de la peau.* Gale. Phtiriase.

Maladies des oiseaux de basse-cour. *Appareil respiratoire.* Bronchite infectieuse. Coryza infectieux. Laryngotrachéite infectieuse. Maladie respiratoire chronique. Ver rouge de la trachée. / *Système nerveux et appareil locomoteur.*

Encéphalomyélite aviaire. Encéphalomyélite de nutrition. Rachitisme. Goutte articulaire. Arthrite. Avitaminose B. Pérose. Neurolymphomatose ou paralysie de Marek. / *Maladies parasitaires.* Coccidiose. Ascaridiose. Capillariose. Téniase. Muguet. Aspergillose. Histomonose et trichomonose. Gales. Teignes. / *Maladies contagieuses générales.* Pullorose. Choléra ou pasteurellose. Maladie de la poulette, ou monocytose. Typhose. Paratyphose. Tuberculose. Variole. / *Maladies diverses.* Leucoses. Maladie hémorragique. / Picage (habitude vicieuse de s'arracher les plumes).

Maladies du chien. *Maladies infectieuses.* Maladie de Carré ou du jeune âge. Rage. Tuberculose. Hépatite infectieuse. / *Maladies parasitaires.* Gale sarcoptique, démodécique ou folliculaire, otodectique. Teigne. Ténia. Ascaridiose. Ankylostomiase. Piroplasmose (transmise par les tiques). Leishmaniose. Filariose. Strongylose. Leptospirose. Toxoplasmose. Eczéma. / Parasites du chien : puces, poux, tiques.

Maladies du chat. *Maladies infectieuses.* Gastro-entérite. Leucopénie. Coryza contagieux. Angine infectieuse. Péritonite virale. Congestion pulmonaire. Rage. Tuberculose. / *Maladies parasitaires.* Toxoplasmose. Gale de l'oreille. Eczéma. Teigne. Névrodermites. Mycose. Téniasis. Ascaridiose. / Parasites du chat : puces, tiques.

Maladies légalement contagieuses. Rage. Tuberculose. Peste bovine. Charbon. Péripneumonie. Anaplasmose. Clavelée. Mélitococcie. Fièvre aphteuse. Gale. Anémie infectieuse, morve, dourine (chez les équidés). Fièvre charbonneuse. Rouget, peste, salmonellose et pasteurellose (pour l'espèce porcine). / Ornithose, psittacose (pour les oiseaux). / Myxomatose (pour le lapin). / Tularémie (pour le lièvre). / Loque, acariose, nosémose (pour les abeilles).

Traitements des maladies. Vaccination. Sérothérapie. Bactériothérapie. / Parasiticides (anthelmintiques, vermifuges, etc.). Antiseptiques généraux. Médicaments chimiothérapiques (antibiotiques, etc.). Médicaments modificateurs des grandes fonctions physiologiques (respiration, digestion, circulation, nutrition, système nerveux, sécrétions). Médicaments agissant sur la peau et sur les muqueuses (corps gras, emplâtres, topiques, révulsifs, caustiques, vésicants, vésiculants). Physiothérapie (héliothérapie, hydrothérapie, kinésithérapie, radiumthérapie, etc.). / Diététique.

Interventions. Castration. Ecornage. Fouille rectale. Massage d'ovaires. Mise bas (agnelage, biquetage, poulinage, vêlage). Névrotomie. Ponction, etc.

Appareils utilisés par les vétérinaires. Agrafes. Brûle-corne. Casseaux. Pince à castration. Coupe-queue. Embryotome. Feuille de sauge. Flamme. Herniotome. Râpe à dents. Irrigateur avec sonde en bois. Sonde œsophagienne. Sonde trayeuse. Soufflerie d'Evers (pour le traitement de la fièvre de lait). Spéculum. Trocarts. Seringue à injection. Vêleuse. Trayonotome, etc. / Appareils de contention : travail, tord-nez, entravons, morailles, plate-longe, anneau nasal, etc.

Relatif au vétérinaire. Enseignement vétérinaire. Ecoles nationales de Maisons-Alfort, Lyon, Toulouse. / Docteur vétérinaire. / Services vétérinaires. Contrôle sanitaire des denrées d'origine animale.

vexer

(du lat. *vexare,* tourmenter)

Blesser une personne dans son amour-propre. *Vexer quelqu'un par une parole, une attitude désobligeante.* Contrarier. Déplaire. Froisser. Heurter. Humilier. Offenser. Piquer. Molester. Brimer. Mortifier.

VEXATION. Humiliation. Offense. Molestation. / Affront. Avanie. Insulte. Rebuffade. Pique. Méchanceté. / *Vexation humiliante.* Camouflet.

VEXATOIRE. *Epreuve vexatoire.* Brimade. Bizutage (fam.).

VEXANT (en parlant d'une personne ou d'une chose). Désagréable. Blessant. Piquant. Cinglant. Humiliant. Mortifiant. / Contrariant. Ennuyeux. Irritant. Rageant. Enrageant.

Se vexer. Se froisser. Se formaliser. Se fâcher. Se piquer. Avoir l'épiderme sensible. / *Qui se vexe facilement.* Susceptible. Ombrageux. Chatouilleux. / Susceptibilité.

viande

(lat. *vivenda* [de *vivere*], ce qui sert à la vie ; en gr. *kreas, kreôs* ou *kreatos*)

Chair des animaux employée par l'homme pour sa nourriture. *Viande de boucherie.* Bœuf. Veau. Mouton. / *Viande de charcuterie.* Porc. / Gibier. Volaille.

Sortes de viandes. Viande noire : gibier ou venaison (sanglier, chevreuil, lièvre, bécasse, etc.). / Viande rouge :

bœuf, vache, taureau, mouton, cheval, âne, mulet, etc. / Viande blanche : animaux jeunes (veau, agneau, chevreau), volaille, lapin, etc. / Viande de porc (intermédiaire entre viande rouge et viande blanche par sa coloration). / Viande grasse. Viande maigre. Viande entrelardée. Viande persillée (parsemée d'infiltrations de graisse). / Viande fraîche. / Viande de conserve. / Viande marinée. Marinade (mélange de vin, de vinaigre, de sel, d'épices, etc., dans lequel on met de la viande avant la cuisson). Mariner. Faire mariner. / Mortifier. Faisander. / Viande tendre. / *Viande dure, filandreuse, nerveuse, tendineuse.* Barbaque (pop.). Carne (pop.). Bidoche (pop.). Semelle (fam.). / *Viande trop cuite.* Charpie (fam.). / Viande creuse (qui n'est pas nourrissante).

Caractères d'une viande normale. Consistance. Couleur. Odeur. Grain (caractérise la finesse de la viande). Saveur. Succulence (plus ou moins grande quantité de jus qui s'écoule du morceau de viande). Tendreté (dépend de l'âge de l'animal, de l'état d'engraissement, du morceau).

Composition de la viande. Eau, environ 70 p. 100. Protides (ou protéines), 20 p. 100. Graisses, 9 p. 100. Sels minéraux, 1 p. 100. Pas de glucides.

Viandes conservées. *Viande enrobée* (conservée après cuisson dans de la graisse d'oie ou de porc ou enrobée dans de la gélatine). Confit d'oie, de canard, de dinde, de porc. / *Viande séchée.* Déshydratation à l'air libre. / *Viande salée* (conservée dans de la saumure). / *Viande fumée.* Procédés divers. Boucanage (dessiccation de la viande à l'air libre). Viande salée et fumage. / *Conservation par le froid.* Réfrigération (conservation de 15 jours au moins). Congélation (conservation de longue durée). / *Conservation par la chaleur.* Stérilisation (par chauffage à haute température) de la viande enfermée dans des récipients métalliques hermétiquement clos. Corned-beef.

vice

(du lat. *vitium,* défaut, vice)

Mauvais penchant. *Avoir un vice. Avoir tous les vices.* Défaut grave. / *Source des vices.* Egoïsme. Orgueil. Vanité. Envie. Jalousie. Paresse. Oisiveté. Avarice. Luxure. / *Vice contre nature.* Homosexualité. Pédérastie. Perversion sexuelle.

VICIEUX. Pervers. Cochon (pop.). Vicelard (argot).

Dérèglement dans la conduite. *Vivre dans le vice. Croupir dans le vice.* Libertinage. Dévergondage. Perversion. Immoralité. Débauche (v. ce mot).

Mauvaise habitude. *Le vice du fumeur, du gourmand.* Défaut habituel. Manie. Faiblesse. Faible (n. m.).

victime

(du lat. *victima*)

Être vivant offert en sacrifice à la divinité. *Immoler une victime.* Offrir. Sacrifier. / *Victime entièrement consumée.* Holocauste. / Victime propitiatoire. Victime expiatoire. / Aruspice (devin qui examinait les entrailles des victimes pour en tirer des présages).

VICTIMAIRE (prêtre qui sacrifiait les victimes). Sacrificateur.

Personne qui souffre des agissements, des mauvais traitements d'autrui, des conséquences fâcheuses des événements. *Etre victime des moqueries de quelqu'un.* Etre en butte à. / Souffre-douleur. Tête de Turc. / *Victime de la malhonnêteté de quelqu'un.* Dupe. Proie. / *Victime d'une machination, d'une mystification.* Jouet. / *Victime des intempéries, d'une inondation.* Sinistré. / *Victime d'un régime politique.* Persécuté. Martyr.

Personne tuée ou blessée. *Victime d'une catastrophe, de la guerre.* Mort. Tué. Disparu. Blessé. / *Victime d'un accident de la route.* Accidenté.

vide adj.

(du lat. pop. *vocitus ;* lat. class. *vacuus*)

Se dit d'une chose qui ne contient rien. *Un récipient vide.* Sans contenu. A sec. / *Pratiquer un espace vide dans un objet.* Evider. / Evidage. Evidement. / *Avoir l'estomac, le ventre vide.* Creux. / Etre affamé. Avoir faim. / *Une pièce vide. Un local vide.* Non meublé. / *Un porte-monnaie vide.* Dégarni. / *Un espace vide entre deux choses.* Trou. Intervalle. Interstice. Fente. Lacune. Vide (n. m.). / *Mot vide de sens.* Dépourvu de. Sans. / *Circuler à vide* (en parlant d'un véhicule). Sans voyageurs. Sans rien contenir. / Bateau lège (vide). / Terrain vague (vide de constructions et de culture).

Se dit d'une chose qui n'est pas occupée. *Une place vide. Un siège vide.* Libre. Disponible. Inoccupé. Vacant. / Vacance (d'une chaire de faculté). / *Un* *appartement vide.* Inhabité. / *Avoir la tête vide* (fig.). Sans idées. Sans souvenirs. / *Cœur vide.* Sans affection.

Se dit de ce qui manque d'occupation, d'intérêt. *Une journée vide. Un temps vide.* Inemployé. / *Des propos vides. Un discours vide.* Creux. Insignifiant. Futile. / Verbiage. Bavardage. Logomachie.

vide n.

Espace qui n'est pas occupé. *Boucher les vides dans un mur.* Trou. Ouverture. Cavité. Fente. Fissure. / *Un vide entre deux choses.* Intervalle. Espace. / *Un vide dans une série.* Manque. Solution de continuité. / *Parler dans le vide.* Sans auditoire. / *Etourdissement causé par la peur du vide.* Vertige. / *Un vide dans une composition typographique.* Blanc. Lacune. / *Faire le vide autour de soi.* Faire fuir les gens. / *Faire le vide autour de quelqu'un.* Isoler.

Espace où l'air, les gaz sont plus ou moins supprimés. *Faire le vide en aspirant l'air.* Pomper. / Production du vide (par des machines pneumatiques).

Sentiment de privation, d'absence, de manque. *Faire un grand vide* (en parlant de la disparition de quelqu'un). Absence. / *Le vide de l'existence.* Néant. / *Le vide d'une conversation.* Absence d'intérêt. Futilité. Vacuité.

vider

(du lat. pop. *vocitare ;* lat. class. *vacuare*)

Enlever, retirer d'une chose son contenu. *Vider une bouteille.* Boire. / *Termes pop.* Ecluser. Etouffer. Se taper. S'envoyer. / *Vider un verre d'un trait.* Faire cul sec (pop.). / *Vider un récipient dans un autre.* Transvaser. Transvider. / *Vider un étang.* Assécher. Mettre à sec. / *Vider une fosse, un réservoir.* Vidanger. / *Vider une volaille, un poisson.* Enlever les entrailles. / *Vider une chambre, un appartement.* Débarrasser. Enlever les meubles. Déménager. / *Vider un hôpital, une prison.* Faire évacuer. / *Vider les lieux.* Evacuer. Abandonner. Partir. S'en aller. Faire place nette. / *Vider les arçons, les étriers.* Perdre. / Etre désarçonné. Etre démonté.

VIDAGE. *Le vidage d'un canal.* Mise à sec.

VIDANGE (action de vider). Vidange d'un réservoir.

VIDURE. Vidure de volailles, de poisson (ce qu'on enlève en vidant).

VIDE-POCHES (coupe, corbeille dans laquelle on dépose de menus objets).

Se vider. *Se vider* (en parlant d'un réservoir). Se déverser. Couler. S'écouler.

Mettre fin à une affaire. *Vider une querelle.* Résoudre. Régler. Terminer.

Faire sortir quelqu'un d'un lieu, d'une situation (fam.). *Vider une personne indésirable* (fam.). Mettre à la porte. Chasser. Expulser. Déloger. Renvoyer. Congédier. Déboulonner (fam.). Virer (fam.). Dégommer (fam.). / *Vider son cavalier* (en parlant d'un cheval). Désarçonner. Démonter.

VIDEUR (fam., celui qui est chargé d'expulser les indésirables d'un dancing, d'un café).

Enlever, retirer le contenu d'une chose. *Vider l'eau d'un lac.* Evacuer. Retirer. / *Vider l'eau d'une barque.* Ecoper. / *Vider l'huile d'un réservoir.* Vidanger.

VIDE-ORDURES (installation servant à jeter les ordures).

vie

(du lat. *vita ;* en gr. *bios*)

Activité spontanée propre aux êtres organisés, qui évoluent de la naissance à la mort. *Donner la vie à quelqu'un.* Existence. Etre. Jour. / Enfanter. Procréer. Mettre au monde. / *Transmission de la vie.* Fécondation. Reproduction. Procréation. Génération. / *Oter la vie.* Tuer. / *Quitter la vie. Perdre la vie.* Mourir. / *Faire revenir à la vie.* Ranimer ou réanimer. Réanimation. / Théories sur la vie. V. BIOLOGIE. / Vie végétative (ensemble des activités physiologiques involontaires).

VITAL (relatif à la vie). *Fonction vitale.* Biologique. / *Instinct vital. Force vitale.* Propre à la vie.

VIVRE. Etre en vie. Exister. / *Ceux qui ont vécu avant nous.* Ancêtres. Prédécesseurs. / *Ceux qui vivent en même temps que nous.* Contemporains. / *Ceux qui vivront après nous.* Successeurs. Postérité.

VIVANT. *Un être vivant.* Doué de vie. Animé.

SURVIVRE. *Survivre à une personne.* Vivre après sa mort. Demeurer en vie après elle. / *Survivre à une chose.* Continuer à vivre après sa disparition. / *Survivre à un accident.* En réchapper. / Se survivre dans ses enfants, dans ses ouvrages (laisser après soi des enfants, des ouvrages qui perpétueront son souvenir).

SURVIE. Le fait de survivre. Prolongement de l'existence. / *Croire à la survie de l'homme.* Vie future.

SURVIVANT. *Survivant d'un accident, d'une catastrophe.* Rescapé.

REVIVRE (en parlant d'une personne). Revenir à la vie. Ressusciter. Renaître. / Résurrection. / *Faire revivre quelqu'un.* Ressusciter. / *Se sentir revivre.* Reprendre des forces, de l'énergie. / Faire revivre un personnage (redonner une sorte de vie par l'imagination). / Revivre ses jeunes années (les revoir dans son esprit). / Revivre une émotion (la ressentir de nouveau).

Apparence animée. *Un enfant plein de vie, débordant de vie.* Vitalité. Vigueur. Santé. / *Mettre de la vie dans une réunion.* Entrain. Gaieté. Ambiance. / *La vie d'un quartier.* Animation. Mouvement.

VIVANT. *Quartier vivant.* Animé.

Espace de temps compris entre la naissance et la mort. *Une longue vie.* Existence. / Longévité (longue durée de la vie; durée de la vie). / *Les âges de la vie de l'homme.* Enfance. Adolescence. Age mûr. Vieillesse. / Vie active (celle pendant laquelle une personne travaille). / Rente viagère (qui doit durer la vie d'une personne). Viager.

Ensemble des circonstances, des occupations au milieu desquelles on vit. *Cours de la vie.* Fil des jours. Trame des jours. / *C'est la vie.* Destin. Destinée. Sort. Cours des choses humaines, des événements. / *Vie privée. Vie publique. Vie familiale.* Etat. Etat civil. / *Vie professionnelle.* Occupation. Profession. Métier. / Curriculum vitae (ensemble des indications relatives à l'état civil, aux occupations). / *Embrasser la vie religieuse.* Entrer dans les ordres. / *Ecrire, raconter la vie de quelqu'un.* Biographie. / *Ecrire sa propre vie.* Autobiographie. Mémoires. / Biographe. Autobiographe. / *Voir la vie en rose.* Etre optimiste. / *Voir la vie en noir.* Etre pessimiste. / *Aspects de la vie.* Vie intérieure, morale, sentimentale. Activité intellectuelle, scientifique, littéraire, professionnelle, etc.

VIVRE. *Vivre avec quelqu'un.* Cohabiter.

VIVABLE (fam.). Supportable. Tolérable.

INVIVABLE (fam.). Insupportable. Intolérable.

Manière de vivre. *Une vie laborieuse. Une vie facile.* Genre de vie. Style de vie. / *Une vie d'ascète.* Austère. / *Changer de vie.* Conduite. Mœurs. Habitudes. / *Mener joyeuse vie.* S'amuser. Faire la fête (fam.). Dolce vita. Vie de bohème (vie vagabonde, sans souci du lendemain). / *Vie dissipée. Vie de bâton de chaise, de patachon.* Débauche. / *Femme de mauvaise vie.* De mœurs faciles. Prostituée. / *Faire la vie* (pop.). Mener une vie de débauche.

VIVEUR. Noceur. Fêtard (fam.).

VIVANT. Bon vivant (homme de bonne humeur, qui aime la bonne table, qui prend la vie du bon côté).

Moyens de subsistance. *Coût de la vie. Gagner sa vie.* Nourriture. Alimentation. Bifteck (pop.). Croûte (pop.). / *Mener la grande vie.* Faire de grandes dépenses. / Niveau de vie (v. NIVEAU). Standard de vie. Train de vie.

VIVRE. *Vivre de pain.* Se nourrir de. Consommer. / *Vivre pauvrement, chichement.* Végéter. Vivoter (fam.). / *Avoir de quoi vivre.* Ressources. Fortune. Aisance. / Vivre bien (ne se priver de rien). / *Faire vivre quelqu'un.* Subvenir à ses besoins.

VITAL. *Minimum vital.* Indispensable. / *Question vitale. Problème vital.* Essentiel. Fondamental. Capital.

Durée d'une chose. *La vie d'une institution, d'une civilisation. La vie d'une doctrine, de la liberté.* Existence.

VIVRE. *Vivre* (en parlant d'une chose). Durer. Exister. / *Vivre dans la mémoire* (en parlant d'un souvenir). Demeurer. Subsister.

SURVIVRE. *Survivre à une personne, à une chose* (en parlant d'une chose). Exister après. Subsister. Continuer à exister.

SURVIVANCE. *Survivance d'un état ancien.* Reste. / *Survivance de l'âme.* Immortalité.

REVIVRE. *Faire revivre une institution, une mode.* Faire renaître. Renouveler.

REVIVISCENCE. Reviviscence d'un souvenir (sa réapparition dans la mémoire).

Locutions diverses. Faire (ou mener) la vie dure à quelqu'un (le malmener, le harceler). Une vie de chien (existence dure et misérable). Devoir la vie à une personne (avoir été sauvé par elle). Avoir la vie dure (en parlant d'une personne ou d'une chose, opposer une longue résistance à la mort, à la disparition). Etre sans vie (être inanimé, mort). Entre la vie et la mort (dans un danger de mort imminent). Passer de vie à trépas (mourir). Donner signe de vie (donner de ses nouvelles). Se laisser vivre (ne pas se faire de soucis). Personne facile à vivre (qui a un caractère facile). Vivre sa vie (agir à sa guise). Apprendre à vivre à quelqu'un (le réprimander, le corriger, le faire repentir de ses torts). Savoir vivre (avoir la connaissance des usages du monde). Vivre pour quelqu'un ou pour quelque chose (en faire l'objet de son unique préoccupation).

vierge

(du lat. *virgo, virginis*)

Se dit d'un être qui n'a pas eu de rapports sexuels. *Rester vierge.* Chaste. Pur. / *Une fille vierge.* Pucelle (fam.). / *Un garçon vierge.* Puceau (fam.). / Hymen (membrane qui obstrue partiellement l'orifice du vagin d'une femme vierge). / Rosière (jeune fille à qui on remettait une récompense pour sa réputation de vertu).

VIRGINITÉ. *Faire vœu de virginité.* Chasteté. Continence. / *Perdre sa virginité.* Pucelage (fam.). / *Faire perdre sa virginité à quelqu'un.* Déflorer. Dévirginiser (littér.). Dépuceler (pop.).

VIRGINAL (propre à un être vierge). / *Candeur virginale.* Chaste. Pudique. / *Pudeur virginale.* Candide.

Se dit de ce qui n'a pas été touché, utilisé. *Une feuille vierge. Un cahier vierge.* Intact. / *Un film vierge.* Non impressionné. / *Cuivre vierge.* Brut. / *Terre vierge.* Non exploitée. Inculte. / Forêt vierge (qui n'a pas été exploitée).

Vierge

Vierge Marie. La Sainte Vierge Marie. Mère de Dieu, de Jésus-Christ. Mère des Sept Douleurs. Notre Dame. La Madone. La Bonne Mère (fam.).

Culte marial (rendu à la Vierge Marie). Culte d'hyperdulie. / *Fêtes de la Vierge.* Nativité. Annonciation. Visitation. Présentation au temple. Purification ou chandeleur. Immaculée Conception. Assomption. / *Prières.* Angélus. Salutation angélique. Ave Maria. Magnificat. Salve Regina. Stabat Mater, etc. / Litanies : Reine des anges. Refuge des pêcheurs. Rose mystique. Etoile du matin. Etoile de la mer. Tour de David. Miroir de justice, etc.
Mois de Mai. Mois de Marie. Chapelet. Rosaire. Mystères joyeux, douloureux, glorieux. / Vouer un enfant au blanc et au bleu. / Dormition (dernier sommeil de la Vierge). / Marialogie ou mariologie (partie de la théologie catholique relative à la Vierge Marie).

vieux adj. et n.

(du lat. pop. *vetulus,* vieux [pour les personnes et les choses] ; lat. class. *senex, senis* [pour les personnes] ; en gr. *gerôn, gerontos* [pour les personnes], *archaios, palaios* [pour les personnes et les choses])

Se dit d'un être avancé en âge. *Une vieille femme. Un vieil homme. Un vieux cheval.* Agé. / *Très vieux.* Vieux comme Hérode, comme Mathusalem. / *Se sentir vieux.* Sénile. Décrépit. / *Prendre un coup de vieux* (fam.). Vieillir brusquement. / *Un vieil homme* (termes familiers et péjor.). Une vieille barbe. Une vieille baderne. Un vieux bonze. Un vieux birbe. Un vieux schnock (pop.). / *Une vieille femme.* Une vieille rombière. Une vieille sorcière. Une vieille toupie. Un vieux tableau. / *Un vieux cerf.* Un vieux dix-cors. / *Un vieux sanglier.* Solitaire. *Un vieux. Une vieille. Un petit vieux. Une petite vieille.* Personne âgée. Personne du troisième âge. Vieillard. / Un vieux de la vieille. / *Les vieux* (pop.). Les parents. Le père et la mère. Les personnes âgées.

VIEILLARD (pas de fém.). Un vieux. Une vieille. Septuagénaire. Octogénaire. Nonagénaire. Centenaire. / Un croulant (pop.). Un son et lumière (pop.). / *Un vieillard impotent, décrépit.* Une ruine. Un débris. / *Un vieillard qui fait le jeune homme.* Un vieux beau. Roquentin (vx). / *Un vieillard crédule, ridicule.* Géronte (vx). / Gérontocratie (gouvernement des vieillards). / Gériatrie (médecine des personnes âgées). Gériatre. Gériatrique. / Gérontologie (étude de la vieillesse en médecine, en sociologie). Gérontologue. / *Une maison de vieillards.* Asile. Hospice. Maison de retraite.

VIEILLESSE. Dernière période de la vie. Déclin. La fin, le terme de la vie. Le soir de la vie. Les vieux jours. / *Infirmités de la vieillesse.* Affaiblissement des facultés mentales. Diminution des réflexes psychomoteurs. Amnésie. / Se répéter. Rabâcher. Radoter. Déraisonner. Dérailler (fam.). Déménager (fam.). / Etre gâteux, gaga (fam.). Cacochyme (vx). Impotent. Courbé. Cassé. Voûté. Valétudinaire (vx, personne dont la santé est précaire).

VIEILLIR. Devenir vieux. Prendre de l'âge. Avancer en âge. Etre sur le retour. S'affaiblir. Décliner. Perdre de son acuité visuelle, auditive. Se décatir (fam.). Se courber. Se voûter. / Savoir vieillir (s'adapter aux conditions de son âge).
Vieillir quelqu'un (en parlant d'un vêtement, d'une coiffure). Faire paraître plus

vieux. / Vieillir une personne (lui attribuer un âge supérieur à son âge réel).

VIEILLISSEMENT (le fait de vieillir; ensemble des phénomènes qui caractérisent la vieillesse). Sénescence (phénomène biologique de vieillissement). Sénilité (affaiblissement progressif de l'activité physique ou psychique). / Sénile.

Qui est depuis longtemps dans un état, dans une situation. *Un vieux marié. Un vieil ami.* Ancien. / *Un vieux marin.* Un vieux loup de mer. / *Un vieux célibataire.* Endurci. / *Un vieux soldat.* Vétéran. / *Un vieux fumeur.* Invétéré. / *Une vieille fille.* Célibataire. / Un vieux routier (homme qui a une longue expérience).

Se dit de ce qui existe depuis longtemps. *Un vieux meuble.* Ancien. / *Un vieux château.* Historique. / *Une vieille coutume. Un vieil usage.* Antique. Ancestral. / *Une vieille maison.* Vétuste. / *Un vieux vêtement.* Usé. Fatigué. / *Un vieux défaut.* Invétéré. / *Une vieille mode. Un vieux procédé.* Archaïque. Dépassé. Démodé. Suranné. Vieillot.

VIEILLERIE. *Un tas de vieilleries.* Antiquités. Antiquaille (fam.). / *Marchand d'antiquités.* Antiquaire.

Se dit de ce qui a existé autrefois. *Le vieux français.* Ancien. / *Le vieux temps. Le bon vieux temps.* Révolu. / *Un vieux mot.* Archaïsme. / Archéologie (science des choses anciennes). Archéologue. / Archives (collection de documents anciens). / Archiviste. Archiviste-paléographe. Chartiste. / Paléographie (étude et connaissance des écritures anciennes). Paléographe. Paléographique.

vif adj. et n.

(du lat. *vivus*)

Se dit d'un être qui est en vie. *Etre brûlé vif. Etre plus mort que vif.* Vivant. / Pêcher au vif (avec un appât vivant).

Locutions diverses. Haie vive (faite d'arbrisseaux enracinés). Angle vif (nettement saillant). Eau vive (eau courante). Air vif (frais et pur). De vive voix (par la parole, non par l'écrit). Une plaie à vif (dont la chair est à nu). Tailler, couper dans le vif (dans la chair; au fig., prendre des mesures énergiques). Etudier sur le vif (dans la réalité même). Prendre sur le vif (imiter d'après nature). Entrer dans le vif du sujet, du débat (le point le plus important, l'essentiel). Blesser, piquer au vif (d'une manière très sensible).

vif adj.

Se dit d'un être (ou de son comportement) **prompt dans sa manière d'agir ou de réagir.** *Un vieillard encore vif.* Actif. Alerte. Agile. Leste. Gaillard. Ingambe. Fringant. Rapide. Pétulant. Qui a de l'entrain. Dynamique (fam.). / *Vif et plaisant.* Sémillant. / Vif-argent (personne très vive). / *Un enfant vif.* Eveillé. Remuant. Espiègle. Diable. Diablotin. Lutin. / *Un œil vif. Un regard vif.* Brillant. Emerillonné. / *Un geste vif. Un mouvement vif.* Rapide. Preste.

VIVACITÉ. Activité. Agilité. Rapidité. Entrain. Ardeur. Pétulance. / *Vivacité de mouvements.* Promptitude. Prestesse.

VIVEMENT. *Réagir vivement.* Promptement. Rapidement. Vite. Presto (fam.). / *Mener vivement une affaire.* Tambour battant. Avec entrain.

Se dit d'une personne (ou de son comportement) **prompte à s'emporter.** *Un tempérament un peu vif.* Emporté. Brusque. Bouillant. Impétueux. Fougueux. Nerveux. Coléreux. Irascible. Irritable. Violent. / *Un vif reproche.* Mordant. Dur. Blessant. Violent.

VIVACITÉ. *Répondre avec vivacité.* Emportement. Brusquerie. Fougue. Précipitation. Nervosité. Colère. Violence.

VIVEMENT. *Répliquer vivement. Reprocher vivement.* Vertement. Rudement. Violemment.

Se dit d'une personne qui comprend, imagine rapidement. *Un esprit vif.* Brillant. Eveillé. Algu. Pénétrant. Fin. Déluré. Dégourdi. Ouvert. Pétillant. Intelligent. Qui comprend à demi-mot.

VIVACITÉ. *Vivacité d'esprit.* Acuité. Finesse. Pénétration. Intelligence.

Se dit de ce qui a une grande intensité. *Une couleur vive. Un ton, un coloris vif.* Eclatant. Voyant. Gai. / *Un teint vif.* Coloré. / *Une lumière vive.* Intense. Cru. / *Un feu vif.* Ardent. / *Un soleil vif.* Brûlant. / *Un froid vif.* Piquant. Apre. Mordant. / *Une vive douleur.* Aigu. Cuisant. / *Un vif désir.* Ardent. Fou (fam.). / *Un goût très vif pour quelque chose.* Fort. Net. Marqué. / *Un vif souvenir.* Durable. Eternel. / *Un vif regret.* Amer. / *Une vive discussion. Un vif débat.* Animé. / *De vifs applaudissements.* Chaleureux. / De vive force (par la violence).

VIVEMENT. *Regretter vivement. Désirer vivement.* Beaucoup. Fort. Fortement. Intensément. Grandement. Profondément.

AVIVER. *Aviver le feu.* Attiser. Activer. Raviver. Ranimer. Stimuler. / *Raviver une blessure.* Augmenter. Réveiller. / *Raviver une querelle.* Envenimer. Exciter. Attiser. Aggraver. Exacerber.

vigne

(du lat. *vinea* ou *vitis;* en gr. *ampelos*)

Arbrisseau qui produit le raisin. *Vigne sauvage.* Lambruche. / Vigne cultivée. / *Pied de vigne.* Cep ou souche. Rameau. Sarment. Pampre. Vrilles. / Treille (vigne que l'on fait pousser contre un support).

Culture de la vigne. *Action du climat.* Milieu viticole. Région tempérée. / *Action du sol.* Terrain calcaire, schisteux, silico-graveleux, silico-granitique ou gréseux. / *Composition du sol à vigne :* argile, calcaire, silice, oxyde de fer, etc.

Établissement d'un vignoble. Labour profond. Désinfection du sol. / Labour de surface. Nivellement du sol. *Plantation des ceps.* Disposition en carré, en rectangle, en quinconce. Alignement des plants. / Traitement contre les parasites des feuilles et des racines.

Procédés de multiplication. Semis. Bouturage. Marcottage. / Bouture. Marcotte. / Greffage. Sujet ou porte-greffe. Greffon. / Greffe en fente simple, en fente double. Greffe en fente pleine. Greffe en fente anglaise.

Développement du fruit. Bourgeonnement ou débourrement. Feuillaison. Mouvaison. / Véraison (travail de maturation du raisin). / Maturation. Surmaturation ou passerillage. Aoûtement. / Défeuillaison (chute du feuillage).

Soins à donner à la vigne. Labours superficiels. Labour de printemps. Labour d'automne. Binage (deuxième labour). / Charrue vigneronne. / Cavaillon (bande de terre que la charrue ne peut atteindre). / Sarclage. / Fertilisants. *Taille.* Taille de formation. Taille d'entretien. / *Disposition.* Gobelet (tronc ramifié en plusieurs bras disposés symétriquement autour de l'axe vertical). Cordon (tronc vertical ou courbé à angle droit). Espalier (disposition de deux ou de plusieurs bras disposés symétriquement). / Taille courte (1, 2 ou 3 yeux au plus). Cot. Court bois. Courson (sarment taillé à deux ou trois yeux). / Taille longue (sept ou huit yeux). / Taille mixte. / Taille d'hiver ou taille sèche. Taille en vert. / Epamprage ou ébourgeonnage. Pincement. Rognage (enlèvement de parties importantes de sarments feuillus). Effeuillage. Evrillage. Ciselage des grappes. Incision annulaire. *Support.* Echalas. Hautin (ou hautain). / Echalasser. Palisser. Accoler. / Echalassage. Palissage. Accolage.

Protection de la vigne. Lutte contre les intempéries. Gelée printanière. Grêle. / Canon paragrêle.
Maladies physiologiques. Coulure. Millerandage (fécondation incomplète des fleurs de la vigne, qui donne des raisins très petits, dépourvus de pépins). Grillage (causé par un soleil trop ardent avant la véraison). Brunissure. Flavescence. Chlorose.
Parasites de la vigne. Insectes : Phylloxéra. Noctuelle. Altise. Pyrale. Ephippigère (grande sauterelle du Midi). Barbitiste (ou boudrague). Eumolpe (ou gribouri, ou écrivain). / Larves du hanneton. / Vers de la grappe : Cochylis. Eudémis.
Maladies cryptogamiques. Pourriture grise. Mildiou. Oïdium. Black-rot. Anthracnose. / *Moyens de lutte.* Soufre. Sels de cuivre, de fer. Sulfate de fer, de cuivre. Bouillie arsenicale. Bouillie bordelaise. Soufrage. Sulfatage.

Cépages à vin rouge. Alicante. Aramon. / Bouschet. / Cabernet franc (appelé *bouchet* ou *gros bouchet* [Saint-Emilion et Pomerol], *breton* [Touraine]). / Cabernet-sauvignon (appelé *petit cabernet* [Médoc et Graves], *petit bouchet* [Saint-Emilion et Pomerol]). / Carignan. César. Cinsault. Clairette rouge. Cot. / Fer (Mansois dans l'Aveyron). / Gamay. Grenache. / Jurançon noir. / Malbec ou Pressac. Merlot. Mondeuse noire. Mourvèdre. Muscat. / Négrette. / Œillade. / Pécanitouar. Petit-verdot. Pineau d'Aunis ou chenin noir. Pinot noir. Poulsard. / Syrah. / Tannat. Terret noir. Tressot.

Cépages à vin blanc. Aligoté. Altesse. / Chardonnay. Chasselas. Chenin blanc. Clairette. Courbu. / Daucillon. / Gros-plant ou folle-blanche (pays nantais). / Knipperlé. / Manseng. Petit-manseng. Gros-manseng. Marsanne. Mauzac. Melon de Bourgogne. Mondeuse blanche. Muscadelle. / Pascal blanc. Picpoul. Pineau de la Loire. Pinot blanc. Pinot gris. / Roussanne. Roussillon. Roussette. / Sacy. Sauvignon. Savagnin. Sémillon. / Sylvaner. / Traminer. / Ugni blanc. / Viognier.

Relatif à la vigne *Culture de la vigne.* Viticulture. Viticulteur. Vigneron. /

Plantation de vignes. Vignoble. / Viticole. / Cru. Climat. Château. Clos. Domaine. / Encépagement (ensemble des cépages qui composent un vignoble). / Noé (planta le premier la vigne). / Ampélographie (étude de la vigne). / Ampélographe. / Ampélophage (se dit des parasites mangeurs de la vigne). / Ampélidacées (famille de plantes dont la vigne est le type). Ampélopsis (vigne vierge).

vil

(du lat. *vilis,* à bas prix)

Se dit d'une personne qui manque de dignité, de courage, de loyauté (littér.). *Un vil flatteur.* Bas. Abject. Ignoble. Méprisable. Misérable. Indigne. Servile. Rampant. / *Action vile.* Vilenie. Infamie. Bassesse. Crasse (fam.). Saleté (fam.).

VILIPENDER (littér.). Bafouer. Traiter avec mépris. Décrier.

AVILIR. Déshonorer. Discréditer. Déconsidérer. Abaisser. Faire déchoir. Rabaisser. / *S'avilir.* Déchoir. Se déclasser. Se ravaler à. S'encanailler.

AVILISSANT. Déshonorant. Infamant. Dégradant. Abaissant. Indigne. Honteux.

AVILISSEMENT. Déshonneur. Discrédit. Déconsidération. Déchéance. Abjection. Abaissement. Platitude. Servilité.

Se dit de ce qui est sans valeur. *Acheter quelque chose à vil prix.* Très bas. Très bon marché.

village

(du bas lat. *villagium,* de *villa,* domaine rural)

Groupe d'habitations à la campagne. *Village important. Gros village.* Bourg. Bourgade. / *Petit village.* Hameau. Ecart. Lieu-dit. / Le coq du village (l'homme le plus admiré des femmes).

VILLAGEOIS. Paysan. Cultivateur. Campagnard. / *Danse villageoise.* Folklorique.

ville

(du bas lat. *villa,* ferme, maison de campagne; lat. class. *urbs, civitas;* en gr. *polis*)

Agglomération d'une certaine importance où la majorité des habitants sont occupés par le commerce, l'industrie ou l'administration. *Une grande ville. Une petite ville.* Agglomération. Cité. / *Ville qui occupe le premier rang dans un Etat, une province.* Capitale. Métropole.

Sortes de villes. *Chef-lieu de département.* Préfecture. / *Chef-lieu d'arrondissement.* Sous-préfecture. / Chef-lieu de canton. / Ville commerçante, industrielle. / Ville résidentielle. / Ville universitaire. / Ville de garnison. / Ville d'eau(x). Station thermale. / Ville-champignon (qui se développe très vite). Ville tentaculaire (qui se développe dans toutes les directions). / Ville nouvelle (créée à proximité d'une grande agglomération). / Cité-dortoir (agglomération habitée par des personnes qui ont leurs occupations dans une grande ville voisine). / Ville cosmopolite (peuplée de personnes de tous les pays).

Parties d'une ville. La vieille ville. / La ville nouvelle. / La ville basse. / La ville haute. Acropole (dans les anciennes cités grecques). Citadelle. Casbah. / Ilot. Pâté de maisons. Bloc. Grand ensemble. Résidence. / Quartier administratif. / Quartier commercial ou commerçant. Quartier des affaires. / Quartier industriel. / Quartier central. Le centre. / Quartier des Ecoles. Quartier latin (à Paris). / Quartier ouvrier, populeux. / Les bas quartiers. / Quartier réservé. / Quartier résidentiel, chic. Les beaux quartiers. / Enceinte. Mur d'enceinte. Murs. Intra muros (à l'intérieur des murs). Extra muros (à l'extérieur des murs). Remparts. Porte. Périphérie. Faubourg (quartier périphérique). Boulevard périphérique. / Ceinture verte (ensemble des parcs et des jardins disposés autour d'une agglomération). / Zone (ensemble des terrains des anciennes fortifications sur lesquels vivait une population misérable). / Bidonville (quartier où les habitants sont logés dans des baraquements faits de matériaux divers). / Banlieue (ensemble des agglomérations qui entourent une grande ville).

Fonctions d'une ville. *Administration.* Préfecture. Sous-préfecture. Hôtel de ville. Mairie. Municipalité. / Tribunal. Palais de justice. Commissariat de police. Gendarmerie. / Postes et télécommunications. / Caserne. / Recette-perception. / *Services médicaux.* Hôpital. Clinique. Dispensaire. / *Services sociaux.* Crèche. Caisse de sécurité sociale. Maison de retraite. / *Etablissements scolaires et universitaires.* Ecoles. Lycées. Collèges. Université. / *Edifices du culte.* Cathédrale. Eglise. Chapelle. Temple. Synagogue. Mosquée. / *Etablissements commerciaux.* Magasins. Boutiques. Galeries d'art. / Hôtels. Restaurants. Cafés. Marchés. / *Salles de spectacles.* Théâtre. Cinéma.

Aménagement et organisation des villes. Urbanisme. Code de l'urbanisme. Urbaniser. Urbanisation. / Agglomération urbaine. Concentration urbaine. Centre urbain. Conurbation (agglomération formée d'une ville et de ses banlieues, ou de villes voisines réunies). / District urbain. Plan d'aménagement. Schéma directeur. Planification urbaine. Zone d'aménagement différé (Z.A.D.). Zone à urbaniser par priorité (Z.U.P.). Plan d'occupation des sols. Morphologie urbaine (étude de la décomposition de la ville en quartiers).

Espace urbain. Zonage (division de la ville en zones d'activité). Zone industrielle. Zone commerciale. Zone résidentielle. / Environnement. Site classé, protégé. / Espaces verts (parc, jardin, square). Esplanades. Places. Monuments. / Equipements, services socioculturels : théâtre, maison des jeunes et de la culture. / Equipements sportifs : stade, piscine, terrain de jeux. / Transports. Gare de chemin de fer. Gare routière. Port. Aéroport. / Transports en commun. Réseau de surface : autobus, trolleybus. Réseau souterrain : chemin de fer métropolitain ou (fam.) métro. / Circulation. Voies urbaines : avenue, boulevard, rue. Sens unique. Zone bleue. Parcmètre. Parc de stationnement ou parking. / Service d'hygiène. Voirie. / Réseau d'eau, de gaz, d'électricité, d'air comprimé, de chauffage urbain, de lignes téléphoniques. Réseaux d'égouts. / Rénovation, reconstruction d'un vieux quartier, d'un îlot insalubre. Expropriation. Procédure d'expropriation. / Urbaniste. Architecte. Architecte-paysagiste.

Habitants d'une ville. Citadin. Banlieusard. / Population active. Ouvrier. Employé. Fonctionnaire. Artisan. Commerçant. Membre du clergé, de la magistrature, des professions libérales, etc. Préfet. Sous-préfet. Maire. Bourgmestre (en Belgique, Allemagne, Suisse, Pays-Bas). Lord-maire (à Londres). / Commissaire de police. Agent.

Relatif à la ville. Urbain. Faubourien. Interurbain (qui assure les communications entre deux ou plusieurs villes). Suburbain (qui est près d'une grande ville ; qui est relatif à la banlieue). / Ville forte, fortifiée (protégée par une forteresse). Bastille. / Ville ouverte (qui n'est pas défendue militairement). / Ville jumelée (associée à une autre d'un pays étranger par des liens culturels). Jumelage de villes. / Villes saintes : Jérusalem. La Mecque. Médine. Rome. Bénarès. / La Ville éternelle : Rome. La Ville-lumière : Paris.
Se promener en ville (à l'intérieur de la ville). / Manger en ville (hors de chez soi, être invité). / Vêtements, costume, toilette de ville (que l'on porte dans la journée, par opposition à « tenue de soirée »).

vin

(du lat. *vinum ;* en gr. *oinos*)

Boisson provenant de la fermentation du jus de raisin frais. *Sortes de vins.* Vin rouge. Vin blanc. Vin rosé. Vin gris (rosé à peine teinté).

Couleurs du vin ou robe. Vin rouge vif, cerise, pelure d'oignon, rubis, grenat, pourpre, violacé. / Vin blanc, blanc vert, jaune clair, tilleul, jaune, jaune doré, jaune paille, jaune ambré. / Vin rosé, gris, rosé vif, rosé safrané, rosé tuilé.

Goût du vin. Bouquet (ensemble des sensations olfactives). Arôme. Fumet. / Vin bouqueté. Vin fruité. / Odeur végétale (violette, rose, tilleul, lilas, etc.). Odeur fruitée (framboise, cassis, pêche, abricot, etc.). / Vin nouveau. Vin jeune. Vin bourru (non fermenté). Vin vert, verdelet. / Vin aigre, aigrelet, acide. Reginglard (vx). Ginguet (vx). / Vin âpre, dur, râpeux. / Vin doux, sucré, moelleux. / Vin liquoreux. / Vin sec, demi-sec, très sec. / Vin léger. Piccolo (pop.). Petit vin. Piquette (fam.). / Vin plat. Vinasse (mauvais vin). / Gros vin. Pinard (pop.). Picrate (pop.). Rouquin (pop).

Qualités du vin. *Vin qui a du corps.* Corsé. Etoffé. Charpenté. Vin généreux, chaud. Vin capiteux. / Vin coulant, gouleyant. Vin velouté. / Vin complet, équilibré (bouquet, finesse, élégance).

Catégories de vins. Vin à appellation d'origine contrôlée. Vin délimité de qualité supérieure. Vin à appellation simple. Vin de consommation courante. Vin de pays. Vin de coupage. Vin importé. / Vin de table. Vin de dessert. / Grand vin. Petit vin. / Vin mousseux (Anjou. Arbois. Blanquette de Limoux. L'Etoile. Montlouis. Saumur. Touraine. Vouvray, etc.). / Vin doux naturel (Banyuls. Muscat. Rivesaltes. Côtes-d'Agly, etc.).

Transformation du raisin en vin ou vinification. ***Vinification en rouge.*** Foulage (écrasement des raisins). Egrappage (éventuellement). / Correction des moûts (éventuellement). Chaptalisation (addition de sucre). Acidification (addition d'acide tartrique). Tanisage (addition de tanin). / Cuvage ou cuvaison (de deux ou trois jours à trois semaines). Cuve ouverte ou cuve fermée. / Fermentation alcoolique (sans l'action des levures). Introduction facultative d'un pied de cuve (moût préparé avec des raisins de choix). Réchauffement ou réfrigération des moûts. Formation du chapeau (masse flottante constituée par les pépins, les pellicules, les rafles). / Sulfitation (aseptisation au moyen d'anhydride sulfureux). Levurage (addition de levures sélectionnées). / Décuvaison ou décuvage. Séparation du vin fermenté et du marc. Vin de goutte (celui qui s'écoule des cuves). Pressurage du marc. Vin de presse. Assemblage (mélange des deux vins). Fermentation malolactique. / Elevage. Maturation ou affinage. Ouillage (opération consistant à tenir les fûts constamment pleins). Débourbage (premier soutirage). Soutirages. / Collage (sang de bœuf défibriné, caséine, gélatine, colle de poisson). / Filtration. Mise en bouteilles.

Vinification en blanc ou en rosé. Foulage sans égrappage. Egouttage. Mise dans des récipients de débourbage. Moût de goutte. / Pressurage rapide (immédiatement après le foulage). Moût de presse. Mélange des deux moûts. / Débourbage. Addition d'anhydride sulfureux ou sulfitage. Repos de six à douze heures. Mise en fûts neufs. Levurage. Fermentation alcoolique (de deux à trois semaines). Remise en fûts. Soutirage. Collage. Filtration. Mise en bouteilles.

Méthode champenoise. Epluchage des raisins. Pressurage. Rebêche (dernier jus de pressurage). Débourbage (séparation du moût des matières en suspension). Moût de cuvée. Moût de taille. Correction des moûts. Fermentation. Soutirage. Assemblage. Liqueur de tirage. Mise en bouteilles. Entreillage. Seconde fermentation. Mise sur pointe (sur des pupitres). Remuage. / Dégorgement. Liqueur d'expédition (mélange de vieux champagne, de sucre de canne, de cognac). Dosage : brut, extra-dry, sec, demi-sec, doux. Bouchage. Habillage. Expédition.

Conservation du vin. *Lieux où l'on garde le vin.* Cave. Chai. Entrepôt. / Elevage du vin. Mise en fût. Mise en bouteilles. / Futaille. Tonneau. Fût. Foudre. Cuve en bois, en ciment, en acier. Maître de chai. Caviste. / Pipette. Tastevin. / *Travail de cave.* Mécher un fût. Entonner. Bonder. Mettre en perce. Forer. Fausset. / *Tirer du vin.* Siphon. Robinet. Cannelle. Chantepleure. / Baissière (reste de vin au fond d'un fût).
Maladies du vin. Acescence (le vin aigrit). Amertume. Graisse (le vin devient huileux). Mannite (le vin est aigre et douceâtre à la fois). Tourne (aspect trouble, goût à la fois aigre et fade).

Commerce du vin. *Négociant en vins.* Pinardier (fam.). Coopérative. Entrepôt. / Courtier. Courtier gourmet-piqueur de vins. / *Mettre en fût.* Enfûter ou enfutailler. / *Mettre en cave.* Encaver. / Vin nu. Vin en fût. Vin en cercle. / *Récipients pour le transport.* Barrique ou pièce (environ 220 litres). Feuillette (environ 120 litres). Muid (environ 600 litres dans le Midi, 250 litres ailleurs). Tierçon (environ 230 litres dans le Languedoc). Quartaut (vx ou régional, environ 60 litres).
Transport du vin en foudres, par wagons-citernes, par bateaux (pinardiers). / Congé pour le transport.
Débit de boissons. Marchand de vin. Buvette. Troquet (fam.). Mastroquet (fam.). Bistrot (pop.). / *Couper du vin.* Falsifier. Frelater. Mouiller. Baptiser (fam.).

Consommation du vin. *Récipients pour servir le vin.* Bouteille. Carafe. Pichet. Pot à vin. Fiasque. Litre. Litron (pop.). Kil (argot). / Verre. Canon. Setier. / Déguster, siroter son vin. Dégustateur. Connaisseur. Gourmet. / Boire du vin pur. / *Mettre de l'eau dans du vin.* Baptiser (fam.). / Sangria (boisson faite d'oranges, de citrons et de vin).
Chambrer le vin rouge. Rafraîchir du vin blanc. Frapper du champagne, du vin mousseux. Sabler le champagne. / Vin d'honneur. / Aimer le vin. Tenir bien le vin. / *Etre pris de vin.* Etre ivre. / / Cuver son vin. Avoir le vin gai, triste. / Fumées du vin.
Personne chargée du service des vins. Sommelier. Echanson (vx). Bouteiller (vx).

Principaux crus français. *Bordeaux.* Médoc : Margaux. Pauillac. Saint-Julien. Saint-Estèphe. Listrac. Moulis. / Graves. / Sauternes. / Fronsac. / Saint-Emilion. / Pomerol. Lalande-de-Pomerol. / Barsac. / Entre-deux-Mers, etc.

Bourgogne. Chablis. / Côte de Nuits : Gevrey-Chambertin. Morey-Saint-Denis. Chambolle-Musigny. Musigny. Vosne-Romanée. Vougeot. Nuits-Saint-Georges. / Côte de Beaune : Aloxe-Corton. Pernand-Vergelesses. Savigny-lès-Beaune. Beaune. Pommard. Volnay. Meursault. Puligny-Montrachet.

Chassagne-Montrachet. Santenay, etc. / Côte chalonnaise : Rully. Mercurey. Givry. Montagny, etc. / Mâconnais : Pouilly-Loché. Pouilly-Fuissé, etc. / Beaujolais : Juliénas. Saint-Amour. Moulin-à-Vent. Fleurie. Chiroubles. Morgon. Brouilly. Côte de Brouilly, etc.

Côtes du Rhône. Châteauneuf-du-Pape. Hermitage. Tavel. Côte-Rôtie. Gigondas. Côtes du Ventoux. Côtes du Luberon. Costières-du-Gard, etc.

Languedoc et Roussillon. Corbières. Blanquette de Limoux. Frontignan. Muscats. Banyuls. Rivesaltes, etc.

Provence et Corse. Cassis. Palette. Bandol. Bellet. Côtes-de-Provence, etc. / Corse : Patrimonio, etc.

Sud-Ouest. Monbazillac. Bergerac. Gaillac. Jurançon. Vins de l'Aveyron (Estaing, Marcillac), etc.

Savoie. Seyssel. Crépy. Roussette de Frangy, etc. / ***Jura.*** Côtes-du-Jura. Arbois. L'Etoile et Château-Chalon (vins jaunes), etc. / ***Alsace.*** Sylvaner. Riesling. Traminer. Gewurztraminer. Edelzwicker. Zwicker, etc. / ***Lorraine.*** Vins de la Moselle. Côtes de Toul, etc.

Vins de la Loire. Nivernais et Berry : Pouilly fumé. Sancerre. Quincy. / Touraine : Bourgueil. Vouvray. Chinon. Montlouis. / Anjou : Saumur. Côteaux de la Loire. Côteaux du Layon. Savennières. / Pays nantais. Muscadet. / ***Vins de la Loire et de l'Allier.*** Saint-Pourçain, etc.

Vins de Champagne. Montagne de Reims : Beaumont-sur-Vesle. Verzenay. Mailly. Sillery. Petite Montagne. Hermonville. Saint-Thierry. Côte de Bouzy. Ambonnay. Lomois. Tours-sur-Marne, etc. / Vallée de la Marne : Aÿ. Mareuil-sur-Aÿ. Avenay. Cumières. Damery. Hautvillers, etc. / Côte des blancs (sud-est d'Epernay) : Cramant. Avize. Oger. Le Mesnil-sur-Oger. Vertus, etc. Vignobles de l'Aube. Les Riceys. Polisot, etc.

Principaux vins et vignobles étrangers. ***Afrique du Nord.*** Algérie : Mascara. Miliana. Sahel. / Tunisie. / Maroc. / ***Afrique du Sud.*** Le Cap. / ***Allemagne.*** Vins du Rhin. Johannisberg. / Vins de Moselle. / ***Amérique du Sud.*** Argentine. Mendoza. San Juan. / Chili. / ***Bulgarie.*** Régions : Vallée des Roses (Kazanlyk). Sud-Ouest (Kjustendil). La Thrace. Rives du Danube. Littoral de la mer Noire. Région de Tirnovo. / ***Espagne.*** Xérès. Alicante. Malaga. Tarragoua-Manzanilla. Montilla. Régions de Rioja, de Valdepeñas. La Catalogne. / ***Etats-Unis.*** Californie (80 p. 100 du vignoble américain). Etat de l'Ohio, de Washington. / ***Grèce.*** Régions : Attique. Péloponnèse. Crète. Epire. Thrace. Corfou. Iles de la mer Egée. / ***Hongrie.*** Région des montagnes. Vin de Tokay. Bikaver. Région des collines ou Badacsony. / ***Italie.*** Région des Pouilles. Le Piémont (Barolo, Asti Spumante). La Sicile (Marsala). La Toscane (Chianti). La Vénétie. La Campanie (Falerne, Lacryma-Christi). / ***Portugal.*** Porto. Madère. Vinho verde (Vin vert). / ***Roumanie.*** Régions : la Dobroudja (Murfatlar). La Moldavie. La Munthénie. L'Olthénie. Le Banat. La Transylvanie. / ***Suisse.*** Cantons du Valais, de Neuchâtel, de Vaud et du Tessin. / ***Tchécoslovaquie.*** Régions : Bohême (Melnik). Moravie. Partie occidentale de la Slovaquie. / ***U. R. S. S.*** Régions : Géorgie. Moldavie. Ukraine. Azerbaïdjan. République soviétique fédérative socialiste de Russie. Arménie. / ***Yougoslavie.*** Régions : Serbie. Dalmatie. Slovénie. Macédoine. Monténégro.

Relatif au vin. Vignoble. Vigneron. Viticulteur. Vinée (récolte du raisin). Vinicole. / Vineux (se dit d'un vin riche en alcool). Vinosité. / Vinifier (traiter le raisin pour en faire du vin). / Cru. Château. Climat. Domaine. Clos.
Œnologie (science de la fabrication et de la conservation du vin). Œnologue. Œnologique. / Œnophile (amateur de vin). Œnophilie. Œnophobe. Œnophobie. Œnotechnie ou œnotechnique (technique de la fabrication du vin). Œnothèque (magasin spécialisé dans la vente de vins de cru).

vinaigre

(de *vin* et de *aigre ;* en lat. *acetum*)

Liquide obtenu par la fermentation acétique du vin ou d'un autre produit alcoolique. Vinaigre blanc, rosé, rouge. / Vinaigre de vin, d'alcool, de cidre, de grains saccharifiés, etc. / « Mycoderma aceti » ou acétobacter (champignon du vinaigre). Mère de vinaigre.

Fabrication du vinaigre. *Procédé d'Orléans* (acétification en tonneaux appelés *mères* ou *montures* placés les uns au-dessus des autres). / Ensemencement avec du vinaigre à 8°, remplissage avec du vin jusqu'à 5 centimètres au-dessous de l'œil (trou du tonneau). / Après quinze jours, soutirage du vinaigre.
Méthode allemande ou méthode de Schützenbach (employée surtout pour la

fabrication du vinaigre d'alcool). Cuves verticales en chêne remplies de copeaux de hêtre. A la partie supérieure, arrivage du vin ou de la dilution alcoolique. Ensemencement avec un vinaigre riche en acétobacter. Soutirage du vinaigre à la partie inférieure.
Méthode des cultures immergées. Acétification par barbotement d'un fort courant d'air dans un mélange de vinaigre et d'alcool.

VINAIGRIER (celui qui fait du vinaigre).

VINAIGRERIE (industrie du vinaigre).

Emplois du vinaigre. Vinaigre à l'échalote, à l'estragon, etc. Condiment. Moutarde. Conserves de câpres, de cornichons, d'oignons, etc. Pickles (petits légumes, graines et fruits aromatiques confits dans du vinaigre).

VINAIGRETTE (sauce froide préparée avec du vinaigre, de l'huile).

VINAIGRER (assaisonner avec du vinaigre).

VINAIGRIER (récipient, burette servant à mettre le vinaigre). Acétabule (vx).

Relatif au vinaigre. Acéteux. Acétification. Acétifier. Acétique.

Locutions diverses. Tourner au vinaigre (mal tourner). Faire vinaigre (fam., se dépêcher). On ne prend pas les mouches avec du vinaigre (on ne réussit pas par la dureté).

vingt

(du lat. *viginti* ; en gr. *eikosi*)

Deux fois dix. Quatre-vingts. Quinze-vingts (300). Six-vingts (120). / Vingtaine. Vingtième. Vicésimal. Vicésimo. / Vincennal (de vingt ans). / Icosaèdre (corp solide qui a vingt faces planes). Icosagone (qui a vingt angles ou vingt côtés).

violence

(du lat. *violentia,* abus de la force)

Force brutale exercée contre une personne ou une collectivité. *Violence physique.* Brutalité. Dureté. / *Actes de violence.* Mauvais traitements. Sévices. Voies de fait. Torture. Agression. Attentat. Viol. / *Violence morale.* Contrainte. Oppression. Coercition. Sujétion. Assujettissement. Asservissement. / *Agir dans la violence.* Agitation. Emeute. Révolte. / *Régime de violence.* Dictature. Tyrannie. Terrorisme. / *Prendre quelque chose par la violence.* Usurper. Extorquer. / *Exercer la violence contre quelqu'un.* Contraindre brutalement. Maltraiter. Punir. Brutaliser. Tyranniser. / *Faire violence à une femme.* Violer.
Se faire violence. Se contenir. Se maîtriser. Réprimer ses désirs. / Se faire une douce violence ([ironique], accepter après avoir fait semblant de refuser).

VIOLEMMENT. *Réagir violemment.* Brutalement. Rudement. Durement. Vivement.

VIOLENTER. *Violenter une femme.* Prendre de force. Violer.

NON-VIOLENCE (doctrine et attitude des personnes qui refusent le recours à la violence en toute circonstance). Pacifisme. Objection de conscience.

NON-VIOLENT. Pacifiste. Objecteur de conscience.

Disposition naturelle à s'emporter ; manifestation de cette disposition. *Discuter, critiquer avec violence.* Animosité. Apreté. Agressivité. Démesure. Emportement. Véhémence. Fougue. Impétuosité. Virulence. / *Parler avec violence.* S'emporter. Se déchaîner. S'emballer (fam.). Eclater. Fulminer (fam.). Ne plus se connaître. Monter sur ses grands chevaux. / *Violence verbale* (qui s'exprime par des mots). Invective. Injure. Vitupération. / Invectiver. Vitupérer. Injurier.

VIOLENT. *Un caractère violent. Un tempérament violent.* Emporté. Agressif. Irascible. Fougueux. Impétueux. Belliqueux. Qui agit, s'exprime sans retenue. Excessif. Extrême. Véhément. Brutal. / *Un mouvement violent.* Agitation. Révolte. / *Un discours violent.* Virulent. / *Une critique violente.* Acerbe. / Ereintement.

Grande intensité d'une chose. *La violence d'un orage.* Force. Intensité. Fureur. / *La violence d'un combat.* Apreté. Acharnement. Furie. / *La violence d'un désir, d'une passion.* Ardeur. Frénésie. Exaltation. Déchaînement.

VIOLENT. *Un vent violent.* Très fort. Déchaîné. Apre. Furieux. Impétueux. Terrible (fam.). A décorner les bœufs (fam.). / *Un combat violent.* Acharné. Furieux. Féroce. / *Un mouvement violent de colère.* Animosité. Emportement. Véhémence. Fureur. / *Un désir violent.* Très grand. Frénétique. / *Une douleur violente.* Aigu. Suraigu. Insupportable. Intolérable. / *Un éclairage violent.* Très intense. Eblouissant. Aveuglant. / *Un exercice violent.* Qui demande de la force, de l'énergie.

VIOLEMMENT. *Souffler violemment* (en parlant du vent). Fortement. Très fort. Furieusement. Terriblement (fam.). / *Dé-*

sirer violemment. Ardemment. Intensément.

violer
(du lat. *violare*)

Porter atteinte à ce qu'on doit respecter. *Violer une loi, une constitution.* Transgresser. Enfreindre. Contrevenir à. / *Violer une règle.* Ne pas obéir à. Manquer à. Déroger à. / Violer un traité (ne pas en respecter les clauses). / *Violer le lieu d'un culte.* Profaner. / *Violer un domicile.* Pénétrer de force dans.

VIOLATION. *Violation d'une loi.* Infraction. / *Violation d'un droit.* Dérogation. / *Violation d'un temple, d'une église, d'une sépulture.* Profanation.

VIOLATEUR. Profanateur.

Agir de force sur quelqu'un. *Violer une femme.* Prendre de force. Posséder contre sa volonté. Violenter. Abuser de. Outrager (littér.).

VIOL. Attentat aux mœurs. Derniers outrages (littér.). / Violeur.

violet
(de *violette*)

Une des sept couleurs fondamentales, située à l'extrémité du prisme et qui peut être obtenue par le mélange du bleu et du rouge. *Violet foncé.* Aubergine. Lie-de-vin. Prune. / *Violet rougeâtre.* Violine. Zinzolin. / *Violet pâle.* Mauve. Lilas. / Ruban violet (d'officier d'Académie). Palmes académiques.

VIOLACÉ (qui tire sur le violet). Violâtre.

violon
(de l'italien *violone,* grosse viole)

Instrument de musique à quatre cordes que l'on fait vibrer à l'aide d'un archet. *Parties d'un violon.* Caisse. Partie supérieure ou table d'harmonie. Partie inférieure, appelée *dos* ou *fond.* Eclisse (partie intermédiaire qui réunit la table et le fond). Chevalet (petite pièce de bois soutenant les cordes). Ouïes (ouverture en forme de S à la table d'harmonie). Cordier (partie où s'attachent les cordes). Manche. Coquille, appelée aussi *crosse* ou *volute* (extrémité du manche dont le profil s'enroule en spirale). Chevilles (servent à tendre les cordes). Touche (planche d'ébène faisant saillie sur le manche). Chevillier (partie où sont placées les chevilles). Sillet (petite pièce de bois collée sur le manche pour empêcher les cordes d'appuyer sur la touche). Ame (petit morceau de bois cylindrique placé à l'intérieur au-dessous du chevalet pour soutenir la table d'harmonie). / Cordes : **sol, ré, la, mi** ou chanterelle. Etendue de quatre octaves. / Un bon violon. Un violon signé. / Un mauvais violon. Crincrin (fam.).

Archet (baguette de bois dur [pernambouc] munie d'une mèche de crins de cheval enduite de colophane). Tête ou pointe. Talon (hausse mobile coulissant sur la baguette au moyen d'une vis). / Archetier (fabricant d'archets).

Autres instruments à archet. *Alto* (dimensions plus grandes, s'accorde une quinte plus bas). **Ut, sol, ré, la.** Etendue de trois octaves. / Altiste (instrumentiste qui joue de l'alto). / *Violoncelle* (son plus grave accordé en quinte, à l'octave inférieure de l'alto : **do, sol, ré, la.** / Violoncelliste. / *Contrebasse* (le plus grave des instruments à archet). Quatre cordes accordées de quarte en quarte et partant du *mi* de la quatrième corde. / Contrebassiste. / *Instruments anciens.* Rebec. Vielle. Viole d'amour. Viole de gambe, etc.

Jeu. Accorder. Coups d'archet : staccato (en détachant les notes), sautillé, legato (sans détacher les notes), vibrato, etc. Pizzicato (manière de jouer en pinçant les cordes). / Démancher (rapprocher la main du chevalet pour produire les sons les plus aigus). / Racler du violon (en jouer mal).

VIOLONISTE (personne qui joue du violon). / Violoneux (violoniste de campagne). Ménétrier.

Lutherie (fabrication des instruments à cordes). *Opérations.* Ebauchage des contours des tables. Façonnage des tasseaux, des éclisses, du fond. Filetage des contours. Collage du fond au pourtour des éclisses. Façonnage de la table. Dessins des ouïes. Collage de la table. Façonnage du manche et de la tête. Collage de la touche sur la partie antérieure du manche. Vernissage. / Montage. Confection du chevalet. Pose des cordes, de l'âme.

Matières utilisées. Bois indigènes : chêne, hêtre, érable, poirier, orme, sapin, peuplier, tilleul. Bois exotiques : acajou, courbaril, cèdre, bois de fer, etc. / Vernis à l'alcool, à l'huile, etc. Colle. *Instruments et outils.* Moules. Scie à chantourner. Gouges. Rabots. Limes. Traçoir à fileter. Canif, etc.

Luthier (facteur de violons). Ecole allemande : les Tieffenbrucker, Jakob Stainer, les Klotz, etc. / Ecole italienne : Amati, Stradivarius, Guarnerius, les Ruggieri, les Bergonzi, etc. / Ecole française : les Lupot, les Chanot, les Vuillaume, les Bernardel, etc.

Locutions diverses. Accorder ses violons (se mettre d'accord). Aller plus vite que les violons (plus rapidement qu'il ne serait nécessaire). Violon d'Ingres (activité artistique, culturelle, etc., exercée en dehors d'une profession).

vis

(du lat. *vitis,* vigne, vrille de la vigne)

Tige cylindrique de métal, de matière plastique, à cannelure spirale, que l'on enfonce dans une pièce par un mouvement de pression et de rotation. *Parties d'une vis.* Tête. Noyau. Filet ou cannelure. / Pas de vis (distance entre deux filets). / *Vis destinée à recevoir un écrou.* Boulon. / *Vis terminée par un crochet ou un anneau.* Piton. / *Vis à tête carrée.* Tirefond.

Sortes de vis. *Vis d'assemblage :* vis à bois ; vis à métaux, vis Parker (pour tôles minces). / Vis cruciforme. Vis à tête fraisée, à tête ronde, en goutte de suif, à tête cylindrique. Vis sans tête. Vis pointeau. Vis micrométrique.

VISSER. *Visser une pièce de bois, de fer.* Assujettir, fixer (avec des vis). / Vissage. / Revisser. Revissage. / Dévisser. Dévissage.

Pièce cylindrique filetée en hélice servant à transformer un mouvement. Vis de pressoir. Vis sans fin. Vis d'Archimède.

Relatif aux vis. Ecrou. Ecrou à ailettes ou papillon. / Tire-bouchon. Tournevis. / Visserie (fabrique de vis, d'écrous). Décolletage. Tour à fileter. Filière. Taraud. / Foirer (en parlant d'une vis, tourner sans mordre).

visage

(de l'anc. franç. *vis,* du lat. *visus,* aspect, apparence)

Partie antérieure de la tête de l'homme. *Cacher son visage.* Figure. Face. / *Visage jeune, agréable, mignon, éveillé, délicat.* Minois. Frimousse (fam.).

Formes du visage. Visage allongé, anguleux, chevalin, prognathe, menton en galoche (fam.), taillé à la serpe, en lame de couteau. / Visage à pommettes saillantes. / Visage large, rond, en pleine lune (fam.). / Visage ovale. / Visage fin, à traits réguliers. Visage régulier, symétrique. Visage poupin. / Visage irrégulier, asymétrique. / *Lignes du visage.* Traits. Linéaments. / *Relief du visage.* Modelé. Bosse. Méplat. Fossette. Pommettes. Rides. / Visage négroïde, mongol, asiatique. / Visage simiesque. / *Connaissance du caractère d'après la forme du visage.* Physiognomonie.

Aspects du visage. Faciès. Mine. / Visage osseux, maigre, émacié, décharné. Visage ridé, fané, plissé, parcheminé. / Visage bouffi, joufflu, mafflu, empâté, adipeux. Visage vultueux (congestionné et gonflé). Avoir des poches sous les yeux (fam.). / Visage fatigué, chiffonné, crispé, tiré, défait, ravagé, décomposé. Avoir mauvaise mine. Avoir le masque (se dit d'une femme enceinte dont le teint est légèrement brun, surtout au front). / Visage reposé, détendu, frais. Avoir bonne mine.

Couleurs du visage. Teint. Carnation. Mine. / Visage rose, frais, coloré. / Visage rouge, rubicond, empourpré. Visage couperosé. Visage en feu, enluminé. / Visage blanc, pâle, blême, blafard, livide, terne, cendreux, cireux, terreux, bilieux, plombé. Visage de papier mâché. / Visage jaune, jaunâtre, olivâtre, verdâtre. / Visage bruni, bronzé, basané, tanné, cuivré, pain d'épice.

Expressions du visage. Air. Physionomie. / Visage expressif, mobile. Visage immobile, de bois. / Visage aimable, souriant, avenant, éveillé, ouvert, sympathique. Bonne tête. / Visage heureux, radieux, rayonnant. / Visage fermé, hermétique, impénétrable. / Visage déplaisant, désagréable, antipathique. Tête à claques (fam.). / Visage maussade, mélancolique. Visage mécontent, furieux, boudeur. Faire la moue. Faire la tête (fam.). Faire la gueule (pop.). / Visage chafouin, sournois, rusé. / *Changer de visage.* Rougir. Pâlir. Changer d'expression. / *Faire bon visage à quelqu'un.* Etre aimable. Faire bonne mine. / Faire grise mine (accueillir avec froideur). / Faire triste mine (avoir l'air déçu).

Soins du visage. Se laver. Se débarbouiller (fam.). Se raser. S'épiler. / Crème à raser. Lotion d'avant-rasage, d'après-rasage. / Se maquiller. Se farder. Se faire, se refaire une beauté (fam.). / Maquillage. Fond de teint. Crèmes. Fard à cils, à paupières. Faux cils. Crayon à sourcils. Crayon pour les yeux. Poudres. Rouge à joues. Rouge à lèvres. Lotions rafraîchissantes, hydratantes, astringentes, nourrissantes. / Démaquillage.

Soins esthétiques. Massage. Masque (application d'une crème, d'une pâte, d'un gel ou d'un liquide qu'on laisse sécher afin de nettoyer la peau, d'en resserrer les pores). Modelage (manipulations de l'épiderme à sec ou à l'aide d'une crème). Désincrustation (nettoyage de la peau à l'aide d'un produit appliqué par massages circulaires). Pulvérisation (dispersion sur le visage d'un liquide aromatisé ou de vapeurs ozonisées pour nettoyer la peau ou pour la stimuler). Peeling cosmétique (légère desquamation des assises superficielles de la couche cornée par l'application de produits capables de supprimer les rides). Peeling médical (exfoliation artificielle de l'épiderme). Lifting facial ou rhytidomectomie (pour supprimer les rides). Traitement antirides. Résection (suppression des poches palpébrales [poches sous les paupières]). Rhinoplastie (opération qui a pour but de corriger un nez disgracieux).

Ce qui cache le visage. *Masque.* Masque moulé, sculpté, peint. / Masque de théâtre en bois, en cuir. / Masque nègre. / Masque de carnaval, de mardi gras, de la mi-carême. Mascarade (déguisement; défilé de personnes déguisées). Chienlit (vx). / Loup (demi-masque de satin ou de velours). Cagoule (capuchon pointu percé à l'endroit des yeux). / *Voile.* Litham, tchador (voiles dont les musulmanes se couvrent le visage). / Voile de deuil. Crêpe. / Voile d'apiculteur. / Voilette (petit voile que les femmes portent à leur chapeau). / *Se couvrir le visage d'un voile.* Se voiler.

visiter

(du lat. *visitare*)

Aller voir quelqu'un par charité, pour le soigner. *Visiter des pauvres, des prisonniers. Visiter des malades.* Se rendre auprès de. Aller chez.

VISITE (le fait d'aller voir quelqu'un par amitié, politesse, charité). *Une visite préparée.* Rencontre. Entrevue. / *Visite inattendue.* Surprise. / Carte de visite (petit carton portant son nom que l'on laisse si l'on ne trouve pas la personne que l'on vient voir). Déposer sa carte. / *Faire une visite, rendre visite à quelqu'un.* Aller voir. Passer chez. Aller saluer. / Rendre sa visite à quelqu'un (aller voir quelqu'un qui est venu vous voir précédemment). / *Avoir une visite, des visites.* Recevoir. / Visite à domicile d'un médecin (le fait de se rendre chez un malade).

VISITEUR (personne qui fait une visite).

Aller dans un lieu et le parcourir en examinant. *Visiter un pays.* Voir. Faire (fam.). / *Le fait de visiter un pays, une région.* Tourisme (v. ce mot). / *Visiter un pays inconnu.* Explorer.

VISITE. *Visite touristique.* Tour. Excursion. Promenade.

VISITEUR. *Visiteur d'une ville, d'une région.* Touriste. Voyageur.

Procéder à une inspection, à un examen, à des constatations. *Visiter un établissement scolaire.* Inspecter. / *Visiter un bateau.* Arraisonner. / *Visiter des bagages* (en parlant des douaniers). Fouiller.

VISITE. *Visite d'un inspecteur de l'enseignement.* Inspection. / *Visite d'un diocèse par l'évêque.* Tournée épiscopale. / *Visite des malades dans un hôpital.* Consultation. / *Visite d'un expert.* Expertise. / *Visite de surveillance.* Ronde. / *Visite domiciliaire.* Perquisition. / *Visite de la douane.* Fouille (des bagages). / *Visite d'un bateau.* Arraisonnement.

VISITEUR. Visiteur, visiteuse des douanes (employé[e] chargé[e] de la visite des bagages).

vitesse

(de *vite*)

Le fait de parcourir un grand espace en peu de temps. Course de vitesse. / *Coureur de vitesse.* Sprinter. / *Aimer la vitesse.* Vélocité. Célérité. / Vitesse vertigineuse, affolante. / *Aller à toute vitesse. Aller vite. Aller très vite.* Filer. Foncer. Voler. Fendre l'air. / *Aller plus vite.* Accélérer. / *Courir vite.* Au galop. A bride abattue. Ventre à terre. A fond de train. / *Rouler vite.* A toute vitesse. A toute allure. A pleins gaz. A tombeau ouvert. A toute vapeur. A toute pompe (pop.). A tout(e) berzingue (pop.). Mettre les gaz (pop.). Mettre la gomme, toute la gomme (pop.). Filer comme un bolide. Gazer (fam.). Prendre les virages sur les chapeaux de roue (fam.).

Rapidité dans l'action. *Faire quelque chose en vitesse.* Vite. En peu de temps. Promptement. Rapidement. Rondement. Vivement. Prestement. Presto (fam.). En un tour de main (fam.). En un moment. En un instant. Dare-dare (fam.). En moins de deux. En deux temps trois mouvements. En cinq sec. En quatrième vitesse. / *Faire vite.* Se presser. S'activer. Se dépêcher. Se hâter. Se précipiter. Se grouiller (pop.). Se manier (ou se magner). Se manier (ou se magner) le train (pop.), le popotin (pop.). Faire vinaigre (fam.). Faire fissa (pop.). / *Aller trop vite.* Se précipiter. / *A la va-vite.* A la six-quatre-deux (fam.). Sans réfléchir. Précipitamment. Sans soin. / *Faire un travail trop vite.* Expédier. Bâcler. Torcher (fam.). / *Partir à toute vitesse.* Brusquement. Rapidement. Précipitamment. / *Gagner quelqu'un de vitesse.* Devancer. Aller plus vite.

Le fait d'aller plus ou moins vite ; distance parcourue ou travail fourni dans l'unité de temps. *La vitesse de la marche, de la course.* Allure. Train. / *La vitesse d'un véhicule.* Rapidité. / *Augmenter la vitesse.* Accélérer. / *Diminuer la vitesse.* Ralentir. / La vitesse d'un avion. Vitesse sonique (dans l'air, 341 m/s à 15 °C). Nombre de Mach (rapport de la vitesse d'écoulement d'un fluide à la vitesse locale du son; un avion volant à Mach 1 au voisinage du sol, à 15 °C, vole à 1 225 km/h). / Vitesse supersonique (supérieure à la vitesse du son). / Vitesse transsonique (comprise entre les nombres Machs 0,8 et 1,2 environ, soit, à 15 °C, entre 980 et 1 470 km/h). Vitesse hypersonique (correspondant à un nombre de Mach supérieur à 5, soit, à 15 °C, environ 6 000 km/h). / *Vitesse de rotation d'un moteur.* Régime. / *Appareils pour mesurer la vitesse de rotation.* Tachymètre. Compte-tours. Machmètre. / *Appareils pour mesurer la vitesse de la marche.* Podomètre. Odomètre.

Rapport entre la vitesse de rotation de l'arbre moteur d'une automobile et la vitesse de rotation des roues. Changement de vitesse. Changer de vitesse. Première, seconde, troisième, quatrième, cinquième vitesse. / Boîte de vitesses (ensemble d'engrenages interposés entre l'arbre moteur et l'arbre de transmission et dont le rapport des différentes combinaisons a pour objet d'assurer la variation de la vitesse). / Vitesse moyenne, vitesse de croisière (moyenne horaire d'un véhicule pendant un assez long parcours).

vitrail

(de *vitre,* lat. *vitrum*)

Panneau de verres colorés assemblés et maintenus par une armature. *Vitrail d'une église.* Verrière. Rose. Rosace. / Vitrail gothique, Renaissance, moderne.

Art du vitrail. Composition d'un carton (dessin colorié grandeur d'exécution). Calque sur papier rigide. Pose sur un châssis transparent. Calibres (découpages selon les diverses colorations). Découpage de plaquettes de verres de couleurs reproduisant celles du carton. Enchâssement des plaquettes dans des baguettes de plomb à rainures. / Mise en place provisoire. Reproduction au pinceau par un peintre verrier des traits du carton. Démontage de la mise en plomb provisoire. Mise au four des verres pour fixer la couleur. Défournement. Mise en place définitive. Soudage des baguettes de plomb.

Matériel et outillage. Armature (assemblage de lames de fer). Barlotière (tringle soutenant de loin en loin les plaques de verre). Email (couleur mêlée à un fondant servant à peindre sur le verre). Fondant (matière fusible). Grisaille (peinture vitrifiable).
Putois, blaireau (brosses de poils de putois, de blaireau). Pinceau pour étendre la couleur. Tournette pour couper le verre en rond. Diamant. Grugeoir (lame de fer bordée d'entailles). Pinces. Ciseaux. Marteau. Limes. Couteaux (à plomb, à lame double pour calibrer). Fer à souder, etc.

vœu

(du lat. *votum*)

Promesse faite à une divinité, à Dieu, à un saint. *Faire (le) vœu de quitter le monde et d'entrer en religion.* Promettre de. S'engager religieusement à. / Engagement religieux. / *Faire (le) vœu d'être à Dieu.* Se vouer à. Se consacrer à. / Vœux de religion : vœux de pauvreté, de chasteté, d'obéissance. / Vœux simples. Vœux solennels (déclarés tels par le Saint-Siège). Vœux perpétuels (par lesquels on s'engage pour toujours). Vœux temporaires (on s'engage pour un temps). / Prononcer des vœux. Profession de foi (acte par lequel un religieux, une religieuse prononce ses vœux). / Profès, professe (se dit d'un religieux, d'une religieuse qui a prononcé ses vœux).

VOUER. *Vouer un enfant à la Vierge.* Consacrer. / Vouer un enfant au blanc, au bleu (promettre par un vœu qu'il sera habillé de blanc, de bleu).

EX-VOTO (objet placé dans un sanctuaire en accomplissement d'un vœu, en remerciement d'une grâce obtenue).

VOTIF (qui commémore l'accomplissement d'un vœu). Offrande votive.

Ce que l'on souhaite voir s'accomplir. *Vœux de bonne santé, de bonheur. Le vœu général.* Souhait. Désir. / *Faire des vœux en buvant.* Boire à. Porter un toast. / *Adresser ses vœux de bonne année.* Souhaiter (la bonne année).

voie
(du lat. *via*, voie, chemin)

Espace qui se prolonge dans une direction. *Se frayer une voie.* Passage. Chemin. / *Suivre une voie.* Direction. / *Perdre la voie, la bonne voie.* Dévier. / Déviation.

Espace aménagé pour aller d'un lieu à un autre. *Tracer une voie. Construire une voie.* Route. Chemin. / *Voie urbaine.* Artère. Avenue. Boulevard. Rue. Autoberge (route construite sur la berge d'un cours d'eau pour la circulation automobile). / *Voie sans issue.* Impasse. Cul-de-sac. / Voie rapide. Voie express. / Voie d'évitement (contourne une agglomération). / Voie publique (route, rue du domaine public ouverte à la circulation, ainsi que les squares, les places dans les villes). Voie privée. / Route à deux voies, à trois voies, à quatre voies (route à deux, trois, quatre chaussées de la largeur d'un véhicule). / Voie sacrée (route commémorant un itinéraire religieux ou militaire). / Voie ferrée (ligne de chemin de fer). Voies navigables (les fleuves, les canaux). / *Voies de communication d'un pays.* Routes. Chemins de fer. Canaux. / Via (avec un nom de lieu, ex. : De Paris à Londres *via* Le Havre (en passant par). / Viabilité (état d'une voie où l'on peut passer). Praticabilité. / Praticable. Carrossable.

Moyen de communication, de transport. *Par la voie maritime.* Par bateau. Par mer. / *Par la voie aérienne.* Par avion. Par air. / *Par la voie ferrée.* Par le train. Par fer. / Par la route.

Direction suivie par le gibier et marquée par les traces qu'il a laissées. *Suivre la voie.* Piste. Trace. / *Détourner de la voie.* Fourvoyer. / Mettre à la voie (amener les chiens sur le chemin suivi par le gibier). / Doubler la voie (se dit de la bête qui ruse et cherche à mettre les chiens en défaut). / Emporter la voie (se dit des chiens qui suivent facilement le train de la bête). / Etre à bout de voie (se dit des chiens qui ont perdu le train du gibier). / Voie chaude, vive, fumante (celle où le gibier vient de passer).

Direction suivie pour atteindre un but. *Avancer, marcher dans la bonne, dans la mauvaise voie.* Route. Chemin. Ligne de conduite. / *Préparer la voie* ou *les voies à quelqu'un.* Aplanir les difficultés. Supprimer les obstacles. / *Tracer, ouvrir la voie.* Etre l'initiateur. Montrer la direction à suivre.

Manière d'agir, de procéder. *Obtenir quelque chose par la voie de négociation, de conciliation.* Moyen. Façon. / *Par la voie hiérarchique.* Par l'intermédiaire de. Par le truchement de. / Voies de fait (actes de violence).

Locutions diverses. En voie de [suivi d'un nom ou d'un infinitif] (en train de, en passe de). Etre dans la bonne voie [en parlant d'une personne], en bonne voie [en parlant d'une chose] (être en bonne passe, en train de réussir). Chercher, trouver sa voie (manière d'agir, conduite qui convient). Voie de passage (route, chemin de communication). Voie de garage (partie d'une voie ferrée où sont garées les rames de wagons). Mettre, laisser quelqu'un ou quelque chose sur une voie de garage (mettre, laisser de côté une personne ou une chose dont on ne veut plus s'occuper). Voie d'eau (ouverture accidentelle dans la coque d'un bateau). Mettre quelqu'un sur la voie (aider à trouver, à deviner, donner des indications). Les voies de Dieu (ses desseins). Par voie de conséquence (en conséquence).

voir
(du lat. *videre*)

Percevoir par la vue. *Voir une personne, une chose distinctement.* Discerner. Distinguer. / *Voir à demi.* Entrevoir. Entr'apercevoir. / *Voir au loin.* Apercevoir. Découvrir. / *Ne plus voir.* Etre aveugle. Perdre la vue. / *Ne voir que d'un œil.* Etre borgne. / *Ne voir que de près, que de loin.* Etre myope, presbyte. / *Voir très loin.* Avoir une vue perçante. Avoir des yeux de lynx. / *Empêcher de voir* (en parlant du soleil, d'un objet). Aveugler. Cacher. Masquer. / *Faire voir.* Montrer. Présenter. Faire apparaître. / *Laisser voir.* Dévoiler. Découvrir. Laisser paraître. / *Se faire voir.* Paraître. Se montrer.

Se voir. *Se voir* (en parlant d'une chose). Etre visible. Etre évident. Sauter aux yeux. / Arriver. Survenir. Se produire. Se présenter. Se rencontrer.

VUE (action de voir). *Porter sa vue sur quelqu'un, sur quelque chose.* Regard. / *Fatiguer la vue.* Les yeux. / *Perdre la vue.* Devenir aveugle. / *A première vue.* Au premier regard. De prime abord. / *A vue d'œil.* De façon visible. Très vite. / *A vue de nez* (fam.). Approximativement. / *Garder quelqu'un à vue.* Surveiller étroitement. / Piloter à vue (sans visibilité, à l'aide d'instruments). / Tirer à vue (sur un objectif visible). / Avoir une vue d'un endroit (étendue de ce qu'on peut voir). / Point de vue (endroit d'où l'on voit quelque chose; panorama). / A perte de vue (aussi loin que l'on peut voir; [au fig.], interminablement). / En mettre plein la vue (fam., éblouir).

VISION (perception par la vue). Vision nette, distincte. Vision binoculaire. / Troubles de la vision (v. ŒIL).

VISUEL (relatif à la vue). Sensation visuelle. Image visuelle. Mémoire visuelle. / Champ visuel (espace embrassé par les yeux). Méthode visuelle (méthode basée sur la vue). Audio-visuel. / Visuel (nom). Personne chez qui les sensations de la vue prédominent

VISIBLE (qui peut être vu). *Un objet visible.* Perceptible. Observable. Apercevable. Discernable. Distinct. / *Un signe visible.* Apparent. Manifeste. / *Un effort visible.* Evident. Manifeste. Ostensible. Flagrant.

VISIBLEMENT. Manifestement. Evidemment. Ostensiblement.

VISIBILITÉ (possibilité de voir). Bonne, mauvaise visibilité. / Pilotage sans visibilité (à l'aide d'instruments). [P.S.V.].

INVISIBLE. *Un objet invisible.* Imperceptible. Microscopique.

Être spectateur, témoin d'une chose. *Voir une pièce de théâtre.* Assister à. / *Voir un accident.* Etre témoin de. / *Voir un pays.* Visiter. Parcourir.

VUE (le fait de voir). *La vue d'une scène.* Spectacle.

Se trouver en présence de quelqu'un, de quelque chose. *Voir une personne.* Rencontrer. Recevoir. / *Voir un avocat, un médecin.* Consulter. / *Aller voir quelqu'un.* Rendre visite. S'adresser à. / *Aller voir les pauvres.* Visiter. / *Voir souvent quelqu'un.* Fréquenter. Entretenir des relations avec. Avoir des rapports. / *Voir un objet quelque part.* Trouver. Rencontrer.

Se voir. Se fréquenter. Se faire des visites. Se rencontrer.

VUE. Perdre quelqu'un de vue (ne plus le voir, cesser d'avoir des relations avec lui). / Connaître quelqu'un de vue (le connaître pour l'avoir déjà vu). / Etre en vue [en parlant de quelqu'un] (être en vedette).

VU. *Bien vu, mal vu.* Apprécié. Estimé.

Regarder attentivement. *Voir des fautes dans un texte.* Découvrir. / *Voir les défauts, les qualités de quelqu'un.* Remarquer. Observer. Se rendre compte de. Prêter attention à. / *Voir le dossier d'une affaire.* Examiner. Etudier. / *Refuser de voir quelque chose.* Fermer les yeux.

Saisir par la pensée. *Voir son erreur. Voir la réalité telle qu'elle est.* Se représenter. Concevoir. Comprendre. Réaliser. Discerner. / *Manière, façon de voir.* Point de vue. Opinion. Optique. / *Voir que* (et l'indicatif ou le subjonctif). Constater. Se rendre compte que. / *Voir si* (et l'indicatif). Examiner. Essayer. / *Voir les choses en bien, en mal.* Apprécier d'une certaine façon. Etre optimiste, pessimiste. / *Faire voir.* Montrer. Prouver. Démontrer.

VUE. Double vue (faculté de connaître, de deviner ce qui se passe hors de la vue ; voyance). / *Une vue personnelle. originale.* Idée. Conception. / *Un échange de vues.* Entretien. Conférence. / *Vue d'ensemble.* Aperçu. / *Point de vue.* Opinion. / *Une vue de l'esprit* (position théorique sans appui sur la réalité; idée chimérique). / *Entrer dans les vues de quelqu'un.* Dessein. Projet. Intention. / *En vue de* (et l'inf.). Dans l'intention de. A l'effet de. Pour. Dans le but de. Afin de. / *Avoir en vue de.* Se proposer de. Viser à. / Avoir des vues sur une personne (penser, songer à elle pour quelque chose). / Avoir des vues sur quelque chose (se proposer de l'obtenir).

VISION. *Vision de l'avenir.* Pressentiment. / *Vision réaliste, utopique d'une situation.* Représentation. Manière de voir, de comprendre. / *Evoquer la vision d'une chose.* Image. / *Une vision obsédante.* Obsession. Hantise.

Locutions diverses. Ne pas pouvoir voir une personne (ne pas pouvoir la supporter, la souffrir). En faire voir de toutes les couleurs, en faire voir à quelqu'un (lui causer des tourments, lui mener la vie dure). Avoir quelque chose à voir avec une personne, avec une chose (avoir quelque chose à faire avec elle, être concerné par elle). N'avoir rien à voir avec ([en parlant d'une chose]), être tout différent, ne rien avoir de commun avec).

voisin

(du lat. pop. *vecinus ;* lat. class. *vicinus*)

Qui est à peu de distance. *Un pays voisin.* Proche. Limitrophe. / *Un bâtiment voisin d'un autre.* Contigu. Attenant. Adjacent. Avoisinant. / Parler à son voisin (personne qui habite tout près). Etre voisins (habiter porte à porte).

VOISINAGE. *Etre connu dans son voisinage.* Ensemble des voisins. / *Les habitants du voisinage.* Environs. Parages. Alentours.

VOISINER. Fréquenter ses voisins.

AVOISINER. Etre à proximité de.

Se dit d'une chose qui ressemble à une autre. *Un véhicule voisin de l'automobile.* Semblable à. Ressemblant. Approchant.

voix

(du lat. *vox, vocis;* en gr. *phônê*)

Ensemble de sons émis en parlant. *Une voix d'enfant.* Babil. Gazouillement. / *Une voix de femme.* Féminine. / *Une voix d'homme.* Masculine. Mâle.

Caractères de la voix. Hauteur. Intensité. Timbre. Etendue. Ampleur. Volume. Accent. Intonation. Inflexion. / Une grosse voix. Une voix forte, puissante, retentissante, tonitruante. Voix de Stentor, de tonnerre. / Une voix sonore, vibrante, résonante, ample, pleine, qui porte loin. / Une petite voix. Une voix faible, menue, fluette, frêle, grêle, éteinte, sénile. / Une voix sourde, étouffée, voilée. / Une voix chevrotante, tremblante, cassée. / Une belle voix. Voix chaude, harmonieuse, moelleuse, bien timbrée, souple. / Une voix claire, pure, fraîche. Voix de cristal, cristalline, argentine, légère. Voix de rossignol. / Une voix aiguë, aigre, aigrelette, sèche, criarde, glapissante, perçante, stridente, suraiguë. Voix de clairon, de crécelle. Voix de fausset. / Une voix nasillarde, grêle, nasonnante. / Voix grave, gutturale, profonde, caverneuse, sépulcrale. / Voix enrouée, voilée. / Une voix rauque, éraillée, grasseyante. Voix pâteuse, grasse, empâtée. Voie de rogomme (fam.), de mêlé-cass(e) (pop.). / *Altération de la voix.* Enrouement. Empâtement. Extinction. / *Modification de la voix.* Mue. / Muer. / *Perte de la voix.* Aphonie. / *Etre, rester sans voix.* Aphone. Muet. / *Rééducation de la voix.* Phoniatrie. / Phoniatre. / Orthophonie (étude et traitement des troubles du langage). Orthophoniste.

VOCAL. Organes vocaux (qui produisent la voix). / Phonation (production des sons, des phonèmes par les organes vocaux).

Expression de la voix. Ton. / Une voix douce, tendre, caressante, cajoleuse, câline, enchanteresse. / Une voix flatteuse, doucereuse, onctueuse, insinuante. / Une voix triste, plaintive, mourante, lugubre, éplorée, larmoyante. / Une voix émue, bouleversée par l'émotion, déchirante, entrecoupée de sanglots. Avoir des larmes dans la voix. / Une voix suppliante, tremblante, pathétique. / Une voix autoritaire, impérieuse, cassante, sèche. / Une voix ironique, railleuse, mordante, sarcastique. / *Parler à haute voix.* Fort. / *Parler à mi-voix.* Mezza voce. / *Parler à voix basse.* Chuchoter. Murmurer. Susurrer. / *Parler, appeler d'une voix forte.* Crier. / Couvrir la voix de quelqu'un (parler plus fort que lui). / *Dire quelque chose de vive voix.* En parlant. Oralement. Verbalement. / *Encourager quelqu'un de la voix.* Parole.

Ensemble de sons émis en chantant. *La voix d'une personne qui chante.* Organe. / *Etendue de la voix.* Registre. Tessiture. / Voix de tête ou voix de fausset. / Voix de poitrine, voix naturelle (qui s'appuie sur le diaphragme). / Cultiver, exercer sa voix. / Travailler sa voix (l'entretenir par des vocalises). Vocaliser. / Une belle voix. Une voix pleine, ample, riche, bien timbrée. / Une voix faible. Un filet de voix. Voix d'eunuque (fam.). / Voix de femme. Voix d'homme (V. CHANT). / *Chanter d'une voie douce, à mi-voix,* mezza voce. / *Chanter d'une voix très forte, à tue-tête.* Crier. Brailler (fam.). S'égosiller. Beugler (fam.).

VOCAL. Musique vocale (écrite pour être chantée).

Production de la voix. Larynx (organe de la phonation, situé en avant du pharynx, au-dessus de la trachée).

Anatomie du larynx. *Cartilages du larynx.* Cartilage cricoïde. Cartilages aryténoïdes. Apophyse vocale (prolongement des cartilages aryténoïdes et qui donne insertion aux cordes vocales). Apophyse musculaire. Cartilage thyroïde. Pomme d'Adam (saillie formée par les deux plaques du cartilage thyroïde). Epiglotte. Cartilages accessoires de Santorini, de Morgagni. / Cordes vocales (replis latéraux de la muqueuse intérieure du larynx). Cordes vocales supérieures. Cordes vocales inférieures. Glotte (orifice triangulaire ouvert ou fermé sous l'action de certains muscles). / *Muscles du larynx.* Muscles tenseurs des cordes vocales : crico-thyroïdiens et thyro-aryténoïdiens. Muscles constricteurs de la glotte : crico-aryténoïdiens latéraux et interaryténoïdien. Muscles dilatateurs de la glotte : crico-aryténoïdiens postérieurs. / *Vaisseaux du larynx.* Artère laryngée supérieure, inférieure et postérieure. / *Nerfs.* Laryngé supérieur. Laryngé inférieur. / *Fonctions du larynx.* Fonction respiratoire. Fonction phonatoire (émission des sons). Fonction de protection (des voies aériennes inférieures).

Affections du larynx. *Signes des affections du larynx.* Dyspnée laryngée. Dysphonie (trouble vocal). / *Lésions traumatiques.* Plaies. Fracture du larynx. / *Lésions infectieuses.* Syphilis du larynx. Tuberculose laryngée. / *Affections d'origine nerveuse.* Paralysie laryngée. Spasme de la glotte. Spasme du larynx ou laryngo-spasme. / *Tumeurs.* Tumeurs bénignes (nodule des cordes vocales, kystes, chondromes). / Tumeur maligne ou cancer. / *Inflammation de la muqueuse du larynx.* Laryngite aiguë catarrhale, œdémateuse. Laryngite chronique catarrhale, hyperplasique, atrophique. / Laryngoscopie (examen du larynx). Laryngoscope. / Laryngectomie (ablation partielle ou totale du larynx). Laryngotomie ou (plus souvent) thyrotomie (ouverture du larynx).

Cri de certains animaux. *La voix d'un chien.* Aboiement. / *Donner de la voix.* Aboyer. / *La voix de l'hyène.* Hurlement. / *La voix de l'ours.* Grondement. / *La voix des oiseaux. La voix du rossignol.* Chant. / La voix du perroquet.

Expression de l'opinion de chacun dans une assemblée, dans une élection. *Perdre, gagner des voix. Donner sa voix à quelqu'un.* Suffrage. Vote. / *Vox populi, vox Dei* (voix du peuple, voix de Dieu). / Avoir voix au chapitre (dans une affaire, pouvoir donner son opinion).

Mouvement intérieur qui pousse à faire quelque chose ou qui en détourne. *La voix du sang, de la nature. La voix de la conscience, de la raison.* Appel. Impulsion. Inspiration. Avertissement.

volaille

(du lat. *volatilis*)

Ensemble des oiseaux de basse-cour élevés pour leurs œufs ou leur chair. *Elevage des volailles.* Aviculture. / *Gallinacés.* Poule. Coq. Poulet. Dinde. Dindon. Dindonneau. Pintade. Pintadeau. / *Palmipèdes.* Canard (v. ce mot). Oie. Jars (mâle). Oison (petit).

Poules. *Principales races.* Bresse. Leghorn. Gâtinaise. Bourbonnaise. Wyandotte blanche. Marans. Rhode Island rouge. Sussex. Faverolles, etc.

Dinde. *Races principales.* Mammouth ou bronzé d'Amérique. Dindon noir de Sologne, etc.

Oie. *Principales races.* Oie commune. Oie de Toulouse. Oie d'Embden. Oie d'Alsace, du Bourbonnais, de Bresse.

Élevage des volailles. *Logement.* Poulailler en bois, en maçonnerie. Poulailler mobile ou arche. / Perchoirs. Mangeoires. Abreuvoirs. Litière (copeaux, rafles de maïs, etc.). Planche à déjections. Fosse à déjections. / Pondoirs.

Nourriture. Grains de céréales : maïs, orge, avoine, sarrasin. / Verdure : herbe, choux, salade, trèfle, orties, oseille, etc. / Pâtée : tourteaux, lait, farine de sarrasin, de maïs, d'orge, d'avoine, etc. / Matières minérales : coquilles d'huîtres broyées, poudre d'os, sel marin, etc. Vitamines. / Engraissement : nourriture riche en farineux. Gavage des oies. / Poularde (jeune poule qui a subi un engraissement intensif). Chapon (jeune coq châtré engraissé pour la table).

Reproduction. Incubation naturelle. / Incubation artificielle. Couveuse artificielle (capacité de 60 à 600 œufs). Température de 40 degrés. Incubateur (capacité de 1 000 à 24 000 œufs). Température de 37 degrés. / *Durée de l'incubation.* Canard, de 25 à 30 jours. Dindon, de 28 à 30 jours. Oie, de 27 à 30 jours. Poule, 21 jours.
Maladies des volailles (v. VÉTÉRINAIRE).

Cuisine. *Préparation d'une volaille.* Plumer. Flamber. Vider. Trousser (disposer les membres pour la cuisson). Brider (assujettir les membres avec de la ficelle). Barder. Farcir. / Poulet rôti. Poulet farci et truffé. Poulet à l'estragon. Poulet en gelée. Poulet sauté. Fricassée de poulet. Poulet au blanc, en cocotte. Poulet au curry, etc. / Poule au riz, au blanc. Poule au riz façon braisée, etc. / Canard rôti. Canard farci. Canard à l'orange, aux navets, aux olives, aux petits pois, etc. / Oie rôtie. Oie aux navets, aux marrons. Oie en ragoût, etc. / Dinde rôtie. Dinde aux marrons. Dinde truffée. / Pintade rôtie. Pintade aux choux. Pintade en cocotte à la crème.

volcan

(espagnol *vulcán,* du lat. *Vulcanus,* dieu de feu)

Montagne formée par l'accumulation de laves et de projections issues de l'intérieur de la Terre. *Parties d'un volcan.* Socle. Cheminée. Cône. Cratère. Rim (lèvre supérieure d'un cratère). Pit (lèvre inférieure). Cratère égueulé (dont une partie a été emportée par une explosion). / *Types de volcans.* Volcan hawaïen ou volcan-bouclier (cône

formé par la superposition de coulées de laves fluides). Volcan strombolien ou strato-volcan (constitué par l'alternance de coulées de lave et de nappes de scories). Volcan vulcanien (simple cône de scories). Cumulo-volcan (dépourvu de cratère, en forme de dôme ou de coupole). Volcan gazeux (n'a jamais émis de produits pyroclastiques [qui se brisent sous l'action du feu]). Volcan écossais (effondrement de la partie centrale). Volcan sous-marin
Activités des volcans. Volcan éteint. Volcan actif. / *Types d'états pour un volcan actif.* Repos total. Phase solfatarienne. Activité permanente modérée. Eruption.

Éruption volcanique. *Phase préé-ruptive.* Mouvements du sol. Apparition de fumerolles (émanations de vapeur et de gaz pouvant atteindre jusqu'à mille degrés). / Phase paroxysmale (éruption proprement dite). / Phase post-éruptive. / *Types d'éruptions.* Eruption fissurale (lave très liquide s'écoulant par de longues fissures); hawaïenne (grand lac de lave bouillonnante); péléenne (nuée ardente [nuage de cendres, de vapeurs à haute température], projection de lave); strombolienne (projection de scories et coulée de lave); vulcanienne ou vésuvienne (peu de lave, violentes explosions). / *Matières projetées.* Laves. Lave basique, fluide, visqueuse. Scories. Conglomérats. Brèches. Cendres. Bombes. Solfatare (émisison gazeuse s'accompagnant de dépôts de soufre). Lapilli (petites pierres poreuses).

VOLCANIQUE. *Relief volcanique.* Dôme. Cônes de cendres ou de scories. Caldeira (cratère évasé par une explosion, occupé par un lac). / *Roches volcaniques ou vulcanites.* Roches magmatites ou ignées. Basalte. Lave. Trachite. Ignimbrite. Andésite. Dacite. Porphyre. Ponce ou pierre ponce. Rhyalithe. Basanite. Phonolithe. Obsidienne. Tuf. / Rocher, aiguille volcanique. Colonne basaltique. Orgue basaltique. Chaussée des géants.

VOLCANISME (ensemble des phénomènes liés à l'activité des volcans). Magmatisme. Volcanisme terrestre. Volcanisme sous-marin.

VOLCANOLOGIE (étude des phénomènes volcaniques). Vulcanologie (vx). / Volcanologue. Vulcanologue (vx).

Relatif aux volcans. Magma (masse silicatée en fusion dans les zones profondes de l'écorce terrestre). Hypomagna (magma profond). Epimagma (magma supérieur). Colonne magmatique. Pyromagma. / Event d'émission.

1. voler

(du lat. *volare ;* en gr. *kleptein*)

Prendre par ruse ou par force un être ou une chose qui appartiennent à quelqu'un. *Voler un enfant.* Enlever. Kidnapper. Ravir (littér.). / *Voler un animal. Voler de l'argent, des marchandises.* Dérober. S'emparer de. Extorquer. S'approprier. Emporter. Enlever. Emmener. / *Termes fam.* Chiper. Chaparder. Faucher. Rafler. Faire. Subtiliser. / *Termes pop.* Barboter. Choper. Ratiboiser. Piquer. Calotter. Carotter. Soulever. / *Voler à main armée, avec effraction.* Cambrioler. Forcer, crocheter une serrure. / *Voler des fruits, des légumes dans les jardins, dans les fermes.* Marauder. Truander. / *Manie qui pousse certaines personnes à voler.* Cleptomanie. / Cleptomane.

VOL. *Vol d'un enfant.* Rapt. Kidnapping. Enlèvement. / *Vol peu important.* Larcin. Chapardage (fam.). / *Vivre de vols. Etre accusé de vol.* Brigandage. Pillage. Rapine. Maraude. Maraudage. / *Vol à main armée.* Hold-up. Attaque. / *Vol avec effraction. Vol à l'escalade.* Cambriolage. Casse (pop.). Fric-frac (pop.). / *Outils pour forcer une serrure.* Pince-monseigneur. Crochet. Rossignol (fam.). Passe-partout ou passe. / Vol à l'étalage. Vol à la tire (en tirant quelque chose de la poche, du sac de quelqu'un). / Vol domestique (commis par un employé). / Vol à l'américaine (consiste à proposer l'échange d'un objet contre un autre paraissant plus avantageux, alors qu'il n'a aucune valeur). / Vol à l'esbroufe (pratiqué tandis que la victime est bousculée par un voleur ou ses compères). / Vol qualifié (accompagné de circonstances aggravantes définies par la loi : effraction, violences, armes, etc.). Vol simple (sans circonstances aggravantes). / *Dispositifs contre le vol.* Antivol. Barre, chaîne de sécurité. Verrou de sécurité. Sirène d'alarme.

VOLEUR. *Voleur d'enfant.* Ravisseur, Kidnappeur. / *Voleur de petites choses.* Chapardeur (fam.). / *Voleur à la tire.* Pickpocket. Escamoteur. Tire-laine (vx). / *Voleur de grand chemin.* Brigand. Malandrin. Détrousseur. Truand. Vide-gousset. Coupeur de bourse. / *Voleur appartenant à une bande.* Gangster. Bandit. Malfaiteur. / *Voleur par effraction.* Cambrioleur. Monte-en-l'air. Casseur (pop.). Perceur de coffres-forts. / *Voleur, voleuse qui dévalise les clients dans les hôtels.* Rat, souris d'hôtel (fam.). / *Voleur de fruits dans les jardins.* Maraudeur. / *Monde des voleurs.* Milieu. Pègre. / Racket (bande de malfaiteurs qui extorquent des fonds par chantage, intimidation). Racketteur. Maître chanteur.

Dépouiller une personne de ce qui lui appartient. *Voler quelqu'un.* Détrousser. Dévaliser. Cambrioler. Escroquer. Spolier. Gruger. Rançonner. Délester (fam.). Entôler (pop.). Entuber (pop.). Demander la bourse ou la vie.

VOL. Cambriolage. Escroquerie. Spoliation. Entôlage (pop.). Entubage (pop.).

VOLEUR. Escroc. Spoliateur. Entôleur (pop.).

Ne pas donner, ne pas payer ce qu'on doit. *Voler le fisc, l'Etat, une administration.* Frauder. Détourner des fonds. Falsifier des écritures. Filouter. Resquilleur (fam.). Arnaqueur (pop.).

VOL. Fraude. Détournement de fonds. Péculat (détournement de deniers publics). Faux en écritures. Filouterie. Grivèlerie (petite escroquerie consistant à consommer sans payer, dans un restaurant, dans un café, dans un hôtel). Resquille (fam.). Contrebande.

VOLEUR. Fraudeur. Faussaire. Filou. Resquilleur (fam.). Arnaqueur (pop.).

Être indélicat, malhonnête en affaires. *Voler un client.* Estamper (fam.). Escroquer. Etriller (fam.). Ecorcher (fam.). Gruger. Empiler (fam.). Entôler (pop.). Blouser (pop.). Flouer (fam.). Rouler (fam.). Avoir (fam.). Posséder (fam.). / Rabioter (fam.). Tromper sur la qualité, le poids d'une marchandise. Faire payer trop cher. Gratter sur les prix. Arnaquer (pop.). Faire danser l'anse du panier (majorer le prix d'un achat, en parlant d'un employé, du responsable d'une collectivité). Emporter la caisse.

VOL. Abus de confiance. Carambouillage ou carambouille (escroquerie consistant à vendre une marchandise non payée). Stellionat (fraude consistant à vendre ou à hypothéquer un même bien à plusieurs personnes, ou à vendre un bien dont on n'est pas propriétaire. / Coup de fusil (fam.). Estampage (fam.). Entôlage (pop.).

VOLEUR. Aigrefin. Chevalier d'industrie. Carambouilleur. Pirate. Requin. Faisan (pop.). Escroc. Fripon. Fripouille (fam.).

2. voler
(du lat. *volare*)

Se soutenir et se déplacer dans l'air au moyen d'ailes ou d'organes analogues. *Partir en volant.* S'envoler. / *Voler haut.* Monter. S'élever. / *Voler en rond.* Tournoyer. / *Voler bas, très bas.* Raser le sol. / *Voler à tire-d'aile.* Très vite. / *Voler à petits coups d'aile.* Voleter. Voltiger. / *Se soutenir en l'air sans remuer les ailes.* Planer. / Animaux capables de voler : Oiseaux. Insectes. Quelques mammifères (chauves-souris).

VOL. *Prendre son vol.* Essor. Envol. / Vol ramé (à battements rapides). Vol plané. / Oiseaux de haut vol (qui volent haut) : faucon, gerfaut, crécelle, émerillon, hobereau. Oiseaux de bas vol : vautour, épervier. / Grand voilier (oiseau qui a de longues ailes). / Un vol d'oiseaux (groupe d'oiseaux qui volent ensemble). / A vol d'oiseau (en ligne droite).

VOLANT. *Poisson volant.* Exocet. / *Mammifère volant.* Chauve-souris. / *Ecureuil volant.* Polatouche.

Se soutenir et se déplacer dans l'atmosphère au moyen d'appareils plus lourds que l'air. *Voler au-dessus d'un lieu* (en parlant d'un avion, d'un pilote, d'un passager). Survoler. / Voler à haute altitude, à basse altitude.

VOL. Vol horizontal. Vol en palier. Vol en montée, en descente. / Phases du vol, vol acrobatique (v. AVIATION). / Vol à voile (sport aérien consistant à évoluer dans l'air au moyen d'un planeur, en utilisant la force des courants aériens). / Lancement d'un planeur au moyen d'un treuil, au Sandow, par remorquage. / Vélivole (qui pratique le vol à voile ; relatif au vol à voile).

VOLANT. Matériel volant. / Soucoupe volante. / Objet volant non identifié ou OVNI. / *Personnel volant.* Navigant.

volonté
(du lat. *voluntas,* en gr. *boulêma*)

Faculté, pouvoir de vouloir, de décider librement quelque chose. *Influencer la volonté de quelqu'un.* Libre arbitre. Liberté de décision, de détermination. / *Acte de volonté.* Volition. / *Maladie de la volonté.* Aboulie.

VOLONTAIRE. *Acte volontaire.* Libre. Délibéré. Voulu. Intentionnel. / *Un(e) volontaire.* Personne bénévole (qui agit sans obligation). / Bénévolat.

VOLONTAIREMENT. Délibérément. Intentionnellement. Exprès. Sciemment.

INVOLONTAIRE. *Mouvement, geste involontaire.* Machinal. Automatique. Réflexe. / *Un acte involontaire.* Irréfléchi. Forcé.

INVOLONTAIREMENT. Sans le vouloir. Sans intention. Inconsciemment.

Qualité d'une personne ferme dans sa détermination. *Avoir de la* *volonté.* Energie. Caractère. Fermeté. Ténacité. Opiniâtreté. Détermination. Cran (fam.). / *Personne qui est sans volonté.* Aboulique. Faible. Apathique. Mou. Velléitaire. Pusillanime. Timoré. / *Manque de volonté.* Aboulie. Apathie.

VOLONTAIRE. Décidé. Résolu. Ferme. Energique. Tenace. Opiniâtre.

Ce que veut une personne. *Respecter la volonté de quelqu'un.* Intention. Détermination. Résolution. Dessein. Désir. Vœu. / *Volonté faible, hésitante.* Velléité. / *Acte de dernière volonté.* Testament. / *Faire les quatre volontés de quelqu'un* (fam.). Caprice. Fantaisie. / *Agir selon sa volonté.* Gré. Choix. Bon vouloir. Bon plaisir. / A loisir. A sa guise. / *Avoir quelque chose à volonté.* Autant qu'on veut. A discrétion. / *Bonne volonté.* Disposition à bien faire, à faire de son mieux. Bonne grâce. / *Manifester sa bonne volonté.* Agir de plein gré, avec plaisir, volontiers, de gaieté de cœur. / *Mauvaise volonté.* Disposition à mal faire, à désobéir, à résister. Désobéissance. Refus. / *Manifester sa mauvaise volonté.* Désobéir. Résister. Agir à contre-cœur. Refuser. Faire la sourde oreille. Rouspéter (fam.). Envoyer promener (fam.). Rechigner. Renâcler (fam.). / *Qui dépend de la seule volonté, du bon plaisir de quelqu'un.* Arbitraire.

vomir

(du lat. pop. *vomire*)

Rejeter par la bouche des matières solides ou liquides. *Vomir son déjeuner, son dîner.* Rendre. Dégobiller (pop.). Dégueuler (pop.). Mettre le cœur sur le carreau (pop.). / *Vomir de la bile, des glaires.* Evacuer. Expulser. / *Vomir du sang.* Cracher. / *Vomir abondamment.* Rendre tripes et boyaux (pop.). / *Vomir par-dessus bord.* Donner à manger aux poissons (fam.). / *Envie de vomir.* Nausée. Haut-le-cœur. / *Donner envie de vomir.* Soulever le cœur. Etre dégoûtant.

VOMISSEMENT (action de vomir). / *Vomissement en jet, en fusée.* Evacuation.

VOMI. VOMISSURE (matières vomies). Dégueulis (pop.).

VOMITIF (médicament qui fait vomir). Emétique. / Noix vomique. Ipéca.

vote

(anglais *vote,* du lat. *votum,* vœu)

Opinion exprimée par chacune des personnes qui participent à une élection, à une délibération. *Vote favorable. Vote défavorable.* Voix. Suffrage. / Droit de vote. Suffrage universel. Suffrage restreint.

Acte par lequel les membres d'une assemblée, les citoyens d'un pays expriment leur opinion. *Prendre part à un vote.* Election. Consultation électorale. / *Nommer, désigner par un vote.* Elire. / Election législative, sénatoriale. Election cantonale, municipale. Election présidentielle.

Campagne électorale. Siège à pourvoir. Siège vacant. / Etre candidat. Eligible. Eligibilité. Inéligible. Inéligibilité. / Se présenter. Faire acte de candidature. / Candidat sortant. Candidat officiel. / Programme. Plate-forme électorale. Propagande. Affichage. Affiches. Colleurs d'affiches. Panneaux. / Réunion électorale. Meeting. Débat. Discussion. Porter la contradiction. Contradicteur. / Promesses électorales. Cuisine électorale (fam.). Démagogie.

Organisation du scrutin. Corps électoral. Electorat. Electeur. Electrice. / Liste électorale. Inscription sur les listes. Inscrit. / Bureau de vote. Président du bureau. Assesseurs. Secrétaire. / Carte d'électeur. Bulletin de vote. Vote personnel. Vote par procuration, par correspondance. Isoloir. Urne. Dépôt du bulletin dans l'urne. / Ouverture des urnes. Dépouillement du scrutin. Scrutateurs. Bulletin blanc. Bulletin nul. Proclamation des résultats. Procès-verbal. / Verdict populaire. / Etre élu. Etre vainqueur. / Etre en ballottage. / Etre battu. Etre mis en minorité. Etre blackboulé. / Remporter une veste (fam.). / Se retirer. Se désister. Désistement. / Valider une élection. Validation. / Annuler une élection. Invalider. / Annulation. Invalidation.

VOTER. Aller aux urnes. / *Refuser de voter.* S'abstenir. / *Refus de voter.* Abstention. / Abstentionnisme. Abstentionniste. / *Voter pour quelqu'un.* Choisir. / *Voter une loi, des crédits.* Adopter. Ratifier. / Votant (personne qui vote).

Manière selon laquelle les membres d'une assemblée, les citoyens d'un pays expriment leur choix. *Vote secret. Vote à main levée.* Scrutin. / *Sortes de scrutins.* Suffrage direct. Suffrage indirect (l'électeur désigne un délégué). / Scrutin d'arrondissement. Scrutin départemental. / Scrutin uninominal (l'électeur vote pour un seul représentant). Scrutin de liste (pour plusieurs représentants). Liste bloquée (impossibilité de la modifier). Panachage (choix de candidats sur des listes différentes). Vote préférentiel (possibilité de modifier l'ordre de présentation des candidats). Apparentement (les listes concurrentes sont autorisées à réunir les voix qu'elles ont obtenues).

Système majoritaire. Majorité relative (est élu le candidat ou la liste qui a réuni le plus grand nombre de suffrages). Majorité absolue (est élu le candidat ou la liste qui a réuni plus de la moitié des suffrages). / Système majoritaire à deux tours. / Représentation proportionnelle. Quotient électoral. Représentation proportionnelle intégrale. Représentation des minorités. Répartition des restes selon le procédé des plus forts restes, de la plus forte moyenne.

vouloir

(du lat. pop. *volere;* lat. class. *velle*)

Avoir telle volonté, telle intention ou simplement tel désir. *Vouloir* (et l'inf.). Tenir à. Etre décidé à. Se mettre dans la tête, dans l'idée de (fam.). / *Vouloir que.* Exiger. Ordonner. Commander. / (Au conditionnel.) Aimer à. Désirer. Souhaiter. Avoir envie de. Aimer bien. Chercher à. / *Ne pas vouloir.* Refuser. / *Ne pas vouloir que.* Interdire. Défendre. / *Ne pas savoir ce qu'on veut.* Etre indécis, irrésolu.

VOULU. *Un acte voulu.* Volontaire. Délibéré. Intentionnel. / C'est voulu (fam., ce n'est pas le fait du hasard).

Avoir l'intention déterminée d'obtenir quelque chose pour soi, de procurer quelque chose à quelqu'un. *Vouloir tel prix d'un objet.* Demander. Désirer. Faire (fam.). / *Vouloir quelque chose de quelqu'un.* Attendre. Compter sur. / *Vouloir du bien à quelqu'un.* Souhaiter. Etre favorable. Etre altruiste.

Donner son accord à quelque chose. *Vouloir, vouloir bien* (et un inf.). Accepter. Consentir. Acquiescer. Etre d'accord. Permettre.

Avoir besoin de quelque chose. *Vouloir de l'humidité, de la lumière* (en parlant d'une plante). Demander. Réclamer. Exiger.

Se prêter à une action. *Vouloir brûler* (en parlant du bois). *Vouloir démarrer* (en parlant d'un moteur). Se prêter à. Se mettre à.

Locutions diverses. Sans le vouloir (involontairement, par mégarde, par inadvertance). Vouloir de quelqu'un, de quelque chose (être intéressé par une personne, par une chose; accepter de les prendre). Vouloir dire (signifier, avoir tel sens). En vouloir à quelqu'un (avoir de la rancune, du ressentiment contre quelqu'un). S'en vouloir de [et l'inf.] (regretter, se repentir de). En vouloir à quelque chose (avoir des visées sur une chose). Veuillez agréer, veuillez croire (formules de politesse épistolaire). En veux-tu, en voilà (fam., en abondance, à profusion).

voyage

(du lat. *viaticum*)

Déplacement d'une personne hors de sa région ou de son pays. *Un petit voyage.* Excursion. / Un grand, un long voyage. Un voyage autour du monde. / *Voyage d'affaires. Voyage professionnel.* Tournée. / *Voyage d'agrément.* Tourisme. / *Voyage d'études. Voyage scientifique.* Mission. Exploration. / *Voyage d'exploration autour d'une mer.* Circumnavigation. Périple. / Voyage au long cours. / *Voyage par mer.* Croisière. / Voyage interplanétaire. / *Voyage religieux. Voyage pour rendre hommage à un lieu, à un grand homme que l'on vénère.* Pèlerinage. / *Voyage circulaire pour visiter un pays.* Circuit. Périple. / *Voyage mouvementé, plein d'aventures.* Odyssée. / *Voyages, déplacements incessants en de nombreux endroits.* Pérégrinations. / Voyage individuel. Voyage collectif. Voyage organisé par une agence. / *Préparatifs de voyage.* Bagages (v. ce mot). Papiers. Passeport. Chèques de voyage.

Moyens de transport. Voyage à pied. Auto-stop. Faire du stop (fam.). Auto-stoppeur. / Bicyclette. Motocyclette. / Automobile. Caravane. Car de tourisme. / Avion. Avion de tourisme. Charter. / Bateau. Paquebot. Transatlantique. Bateau de plaisance. Ferry-boat. Car-ferry. / Chemin de fer. Train. Billet à tarif réduit. Billet de groupe. Billet touristique. Billet de congés payés. / Cheval. / Chameau. Caravane. / *Arrêts au cours d'un voyage.* Etape. Halte. Escale. Restaurant. Hôtel. Auberge de jeunesse. / Caravansérail.

VOYAGER. Etre en voyage. Faire un voyage. Faire des voyages. Se déplacer. Visiter un pays. Voir du pays. / *Voyager beaucoup.* Naviguer. Parcourir le monde. Rouler sa bosse (fam.). Bourlinguer (fam.).

VOYAGEUR. Touriste. Globe-trotter (personne qui parcourt le monde). Bourlingueur (fam.). Explorateur. / Passager (d'un bateau, d'un avion). / *Voyageur de commerce.* Commis-voyageur. Représentant de commerce. / Marmotte de commis-voyageur (mallette à échantillons).

vrai
(du lat. *verus*)

Qui est conforme à la vérité, à la réalité. *Une histoire vraie. Un récit vrai.* Authentique. Exact. Réel. Certain. Véritable. Véridique. Historique. / *Qui est établi comme vrai.* Avéré.

S'AVÉRER. Etre confirmé, avéré. / *S'avérer juste, exact* (en parlant d'un récit). Apparaître. Se révéler. Paraître.

VRAIMENT. Certainement. Réellement. Véritablement. Assurément. Sûrement.

VRAISEMBLABLE (considéré comme vrai). Plausible. Croyable. Possible. Probable.

VRAISEMBLANCE. Probabilité. Possibilité. Crédibilité.

VRAISEMBLABLEMENT. Probablement.

INVRAISEMBLABLE. Incroyable. Impensable. Inimaginable. / Etonnant.

Qui est conforme à son apparence, à sa désignation. *Un vrai diamant.* Authentique. Véritable. / *Un vrai héros.* Digne de ce nom.

Qui est le plus important. *Le vrai motif d'une décision.* Principal. Essentiel. Unique.

vulgaire
(du lat. *vulgaris*, qui est du commun)

Qui manque de distinction, de raffinement, d'élévation morale. *Un homme vulgaire. Un esprit vulgaire.* Commun. Bas. Ordinaire. Terre à terre. Quelconque. Béotien. Fruste. Rustre. Rustaud. / *Des goûts vulgaires. Un langage vulgaire.* Banal. Prosaïque. / *Vulgaire et grossier.* Trivial. / *Parole, expression vulgaire et grossière.* Trivialité.

VULGARITÉ. Prosaïsme. Banalité. Manque de distinction. Rusticité.

VULGAIREMENT. *S'exprimer vulgairement.* Platement. Banalement. / *Un terme employé vulgairement* (par opposit. à *scientifique*). Ordinairement. Communément.

VULGARISME (expression vulgaire).

Z

zèle
(bas. lat. *zelus ;* du gr. *zêlos,* ardeur)

Vive ardeur mise au service d'une personne ou d'une chose. *Récompenser le zèle de quelqu'un.* Empressement. Dévouement. Soin. Application. Attention. Assiduité. Bonne volonté. Diligence. Emulation. / *Manifester du zèle.* Enthousiasme. Ardeur. Fanatisme. Feu sacré. Ferveur. Vigilance. / *Zèle déployé pour répandre la foi, pour recruter des adeptes.* Prosélytisme. Apostolat. / *Faire du zèle.* Fayotter (arg. milit.). Fayottage. / Grève du zèle (v. TRAVAIL).

ZÉLÉ. Actif. Appliqué. Assidu. Dévoué. Enthousiaste. Empressé. Soigneux. Vigilant. / Fayot (arg. milit., qui fait du zèle).

zinc
(de l'allemand *Zink*)

Métal blanc bleuâtre, peu altérable. *Minerais zincifères.* Blende. Calamine.

Procédés d'extractions. *Voie sèche ou thermique.* Oxyde de zinc (obtenu par décomposition de la calamine par chauffage à température modérée ou grillage de la blende vers 900 °C). Réduction de l'oxyde de zinc par le charbon. Raffinage dans un four à réverbère ou par distillation fractionnée. / *Voie humide ou électrolytique.* Broyage du minerai. Mise dans une solution d'acide sulfurique. Electrolyse de la solution (le zinc se dépose sur des cathodes en aluminium). Fusion. Coulée en lingots.

Composés du zinc. Oxyde de zinc (employé en peinture, dans l'industrie des pneumatiques, en pharmacie). Chlorure de zinc (employé comme déshydratant, galvanisation, etc.). Sulfate de zinc (désinfectant, eau d'Alibour). Phosphure de zinc, valérianate de zinc (sédatifs).

Alliages de zinc. *Alliages de cuivre et de zinc.* Laiton. Tombac. / *Alliages de cuivre, d'étain, de zinc.* Bronzes spéciaux. Bronzes d'art ou d'imitation. / *Alliages de cuivre, de zinc et de nickel.* Maillechorts. / Alliages du type Zamak (aluminium, cuivre, traces de magnésium).

Utilisations du zinc. Galvanisation du fer. / Recouvrement des toitures. Gouttières. Chénaux. Tuyaux de descente. Ornements (dômes, campaniles, épis). / Photogravure. Zincogravure. / Protection des constructions en acier enterrées ou immergées.

ZINGAGE. Protection par immersion dans un bain de zinc fondu (galvanisation), par dépôt électrolytique (shérardisation), par pulvérisation au pistolet (métallisation).

ZINGUER. *Zinguer une toiture, une pièce mécanique.* Couvrir de zinc. Galvaniser. / ZINGUERIE.

ZINGUEUR. Zingueur de bâtiment. Zingueur galvaniseur. Plombier zingueur.

ZINCOSE (maladie causée par l'inhalation de poussières zinciques).

zoologie
(du gr. *zôon,* animal, et de *logos,* science, étude)

Partie de l'histoire naturelle qui a pour objet l'étude des animaux. *Parties de la zoologie.* Physiologie animale. Anatomie. Embryologie. Histologie. Génétique. Zoogéographie (étude de la répartition des animaux à la surface du globe). Ethologie ou sociologie animale (étude des relations des animaux entre eux). Paléozoologie ou paléontologie (étude des fossiles). / *Disciplines particulières.* Mammalogie (mammifères). Ornithologie (oiseaux). Entomologie (insectes). Conchyliologie (coquillages). Carcinologie (crustacés). Ichtyologie (poissons). Herpétologie ou erpétologie (reptiles). Malacologie (mollusques). Helminthologie (vers, parasites), etc.

Systématique ou taxinomie (classification). Clade (très grand groupe). Sous-clade. Embranchement. Sous-embranchement. Classe. Sous-classe. Ordre. Sous-ordre. Famille. Genre. Espèce. Race. Variété. Type. Clone. Sous-espèce.

Caractères propres aux animaux. Annelé, articulé. / Vertébré, invertébré. / Artiodactyle. Isodactyle. Périssodactyle. Didactyle. Tridactyle. Tétradactyle. / Arboricole. Cavernicole. Terricole. Limnicole. Marin. Aquatique. Dulçaquicole. Amphibie. Terrestre. / Bipède. Quadrupède. / Fissipède. Solipède. Palmipède. Ongulé. / Digitigrade. Plantigrade. Onguligrade. / Echinoderme. Pachyderme. / Anoure. Macroure. / Apode. / Vivipare. Ovipare. Ovovivipare. / A sang chaud. A sang froid. Homéotherme. Poïkilotherme. / Hibernant. / Grégaire. Solitaire. / Carnassier. Carnivore. Herbivore. Insectivore. Omnivore. Piscivore. Radicivore. / Ichtyophage. Rhizophage. / Chasseur. Prédateur. Fouisseur. Térébrant. Grimpeur. Nageur. Rongeur. Coureur. Sauteur. Migrateur. / Utile. Nuisible. Inoffensif Parasite. / Venimeux. / Apprivoisé. Dressé. Dompté. Domestique. Sauvage. Féroce, etc.

Traitement des animaux. Elevage. Nourriture. Engraissement. / Elever. Nourrir. Engraisser. / Dresser. Apprivoiser. Dompter. Domestiquer. / Domestication. Dressage. / Accoupler. Croiser. Métisser. Sélectionner. / Châtrer. Castrer. Hongrer.

Animaux domestiques. Ane. Mulet. Cheval. Chameau. Chat. Chien. Vache. Bœuf. Taureau. Veau. Mouton. Brebis. Bélier. Agneau. Chèvre. Bouc. Lapin. Porc. Volaille, etc.

Animaux sauvages. Antilope. Bison. Buffle. Caribou. Chacal. Cerf. Chamois. Chevreuil. Daim. Eléphant. Gazelle. Girafe. Guépard. Hippopotame. Hyène. Jaguar. Léopard. Lièvre. Lion. Loup. Lynx. Mouflon. Ours. Panthère. Puma. Renard. Rhinocéros. Sanglier. Singe. Tigre. Zèbre. Zébu, etc.

Animaux fabuleux, légendaires. Alcyon. Catoblépas. Centaure. Chimère. Dragon. Faune. Gorgone. Griffon. Harpie. Hippogriffe. Hydre. Lamie. Licorne. Loup-garou. Minotaure. Pégase. Phénix. Sirène. Sphinx. Strige. Tarasque. Vampire, etc.

Relatif aux animaux. Animalité. Animalier (peintre, sculpteur). Animalcule (animal microscopique). / Parc zoologique, ou zoo. Zoologiste. Zootechnie (étude scientifique de l'élevage des animaux utiles à l'agriculture). Zootechnique. Zootechnicien. Vétérinaire. / Zoophile. Zoophilie. Zoolâtrie. Zoolâtre. / Zoomorphisme (métamorphose en animal). Epizootie (maladie contagieuse). Zoonose, zooanthroponose ou anthropozoonose (maladie transmissible de l'animal à l'homme). Naturaliser (empailler des animaux morts que l'on veut conserver). Naturalisation. Empaillage. Taxidermie. / Naturaliste. Empailleur. Taxidermiste.

INDEX ►

A

abaissement, abaisser
abandon, abandonner
abaque, architecture
abasourdir, abasourdissant, bruit
abâtardir, diminuer
abat-jour, lumière
abats, boucherie
abat-son, cloche
abattage, abattre
abattant, meuble
abattement, abattre
abattis, volaille
abattoir, boucherie
abbaye, religieux
abbé, prêtre, religieux
abbesse, religieux
abcès, plaie
abdication, souverain
abdiquer, abandonner
abdomen, abdominal, ventre
aberrant, aberration, absurde
aberration, astronomie
abêtir, bête
abhorrer, horreur
abîme, gouffre
abîmer, détériorer, sale
abject, abjection, vil
abjuration, abjurer, abandonner
ablation, chirurgie
ablette, poisson
ablution, laver
abnégation, sacrifice
aboiement, cri, chien
abois, chasse
abolir, abolisseur, abolition, annuler
abominer, horreur
abondamment, abondant, abondance
abonder, abondance
abonné, abonnement, journal
abord, rencontrer
abordage, combat
aborder, attaque
aboulie, aboulique, volonté
aboutir, réussir
aboutissants, dépendre
aboyer, chien
abracadabrant, bizarre
abrégé, livre
abrègement, abréger
abreuver, bétail
abreuvoir, eau
abréviation, abréger
abricot, fruit
abriter, abri
abroger, annuler
abrupt, raide
abruti, abrutir, bête
absentéisme, absence
absenter (s'), manquer
abside, église
absolution, pardonner
absolutisme, absolu
absorber, absorption, manger, boire
absorber (s'), attention
absoudre, pardonner
abstention, vote
abstinence, abstenir (s')
abstraction, abstrait
absurdité, absurde
abus, abusif, excès
abuser, tromper
abuser (s'), erreur
abyssal, abysse, fond, mer
acacia, arbre
académique, académie
acajou, meuble
acanthe, architecture
accablement, accabler
accalmie, calme, maladie
accaparer, acheter
accastillage, bateau
accéder, arriver, venir
accélérateur, automobile
accent, parler
accentuation, accentuer, grammaire, parler
acceptable, acceptation, accepter
acception, mot, signifier
accès, maladie, attaque, fureur, fièvre
accessible, près, facile
accession, arriver, souverain
accessit, récompense
accidenté, inégal
accidentel, accidenter, accident
acclamation, acclamer, joie, applaudir
acclimatation, acclimater, adapter
accointance, fréquenter
accolade, architecture
accoler, joindre
accommodant, agréable
accommodation, adapter, œil
accommodement, accord
accommoder (s'), adapter
accompagnateur, piano
accompli, parfait, passé
accomplissement, accomplir
accordéon, musique
accorder, attribuer, piano
accorder (s'), accord
accordeur, piano
accoster, approcher
accotement, route
accoucher, parturition
accouplement, accoupler, deux, sexe
accourir, venir
accoutrement, accoutrer, habiller
accoutumance, accoutumer, habitude
accréditer, diplomatie
accroc, déchirer
accrochage, accrocher, choc
accrocher, pendre
accroire, croire
accroître, augmenter
accueil, accueillir, recevoir, traiter
accueillant, aimable
acculer, arrière, pousser
accumulateur, automobile
accumuler, amas
accusé, accuser, accusation
acéphale, tête
acescence, acescent, acide
acéteux, acétique, acide
acétylène, gaz
achalandage, achalander, commerce
acharnement, poursuivre
acharner (s'), persévérer
achat, acheter
acheminer, poste
acheteur, acheter
achevé, parfait
achèvement, achever, finir
achoppement, achopper, obstacle
achromatopsie, couleur
acidifier, acidité, acide
acidulé, acide
acier, fer, métal
aciérie, fer
acné, peau
acolyte, catholicisme
acompte, payer
acoustique, oreille
acquéreur, acheter
acquêt, mariage
acquiescement, acquiescer, accord
acquisition, acquérir
acquit, acquitter, payer
acquittement, acquitter, justice
acre, acreté, goût, aigre
acrimonie, hargneux
acrobate, acrobatie, acrobatique, aviation
acrostiche, poésie
acte, action, théâtre
acteur, théâtre, cinéma
actionnaire, participer
activer, accélérer
activité, action
actuaire, assurances
actualisation, actualiser, actuel
actualité, actuel
acuité, aigu, maladie
acuponcture, aiguille
adage, proverbe
adagio, musique
adaptation, adapter
additif, ajouter
addition, calcul, ajouter
additionner, plus, ajouter
adducteur, jambe
adepte, partisan
adéquat, propre
adhérence, tenir, toucher
adhérent, partisan
adhérer, adhésion, croire, association

adhésif, tenir, colle
adieu, saluer
adipeux, adiposité, gras
adjacent, angle
adjectif, grammaire
adjoindre, plus, joindre
adjoint, remplacer, inférieur
adjonction, ajouter
adjudant, armée
adjudication, vendre
adjurer, prier
admettre, croire, approuver
administrateur, administrer
administratif, administration, administrer
admirable, beau
admiratif, admiration, admirer
admis, admissible, vrai, possible, recevoir
admission, recevoir
admonestation, admonester, avertir
admonition, conseil
adolescence, adolescent, âge, jeune
adorateur, aimer
adoration, adorer
adosser, dos, opposé
adoucir, adoucissement, doux, diminuer
adresse, lettre, habile, art
adresse, adresser, poste
adret, montagne, vallée
adroit, habile
adulateur, adulation, aduler, flatter
adulte, âge, grand
adultère, mariage, infidèle
advenir, arriver
adverbe, grammaire
adverse, opposé
adversité, malheur
aérage, aération, aérer, air
aérobie, air
aérodrome, aviation
aérogare, aviation
aérologie, air
aéronaute, aérostation
aéronef, aéronautique
aérophagie, estomac
aéroport, aviation
aérostat, aérostation
aérostier, soldat
aérotechnique, aéronautique
affabilité, affable, aimable
affabulation, roman
affaiblir, affaiblissement, faible, épuiser
affaissement, tomber
affaisser (s'), tomber
affamé, affamer, faim
affectif, sentiment
affectueux, affection
affermir, dur
affichage, publicité
affiche, annoncer
afficher, montrer
affiliation, affilier, association, participer
affinage, affiner, pur
affinité, rapport, accord
affirmatif, positif
affirmation, affirmer
affleurement, affleurer, surface, niveau
affliction, affliger, malheur, chagrin
affligeant, triste
affluence, foule
affluent, cours d'eau
affluer, foule
affolement, affoler, peur
affranchir, affranchissement, libre, poste
affres, mort
affréter, affréteur, commerce, transport
affront, injure, honte
affrontement, choc
affronter, audace
affubler, habiller
affût, chasse, artillerie
affûtage, affûter, aiguiser
agacement, agacer
agence, agent
agencement, agencer, ordre, arranger
agenda, registre
agenouiller (s'), genou
agglomérat, presser
agglomération, agglomérer, centre, ville
aggloméré, charbon
agglutination, agglutiner, presser
aggravation, aggraver, grave, pire, augmenter
agir, action, effet
agissements, action
agitateur, agitation, agiter
agneau, mouton
agneler, mouton
agnosticisme, philosophie
agonie, mort
agrafe, agrafer, fermer
agrandir, agrandissement, plus, grand
agréer, recevoir, plaire, approuver
agrégat, agrégation, chimie
agrégation, agrégé, université
agrément, plaisir
agresser, agresseur, agression, attaque
agressif, menaçant, violent
agreste, campagne
agricole, agriculteur, agriculture
aguerrir, dur
aguicher, agacer
ahurir, ahurissant, ahurissement, hébété
aide, ouvrier
aider, intervenir, défendre
aïeul, parent, famille
aiglon, aigle
aigrefin, ruse, escroc
aigreur, aigrir, acide
aiguière, eau
aiguillette, volaille
aiguillon, pointe, piquer
aimanter, attirer, fer
aine, ventre
aîné, âge, enfant
aînesse, âge
aire, superficie
aisance, fortune, élégance
aise, bien-être
aisé, facile, fortune
aisément, facile
aisselle, bras, épaule
ajourer, broderie
ajournement, ajourner, retarder
ajout, ajouter
ajuster, but, adapter
akène, fruit
alambic, distiller
alambiqué, affectation, style
alangui, alanguissement, langueur
alarmant, critique, grave
alarme, danger, peur
albâtre, blanc
albatros, oiseau
albinos, blanc
album, dessin, collection
albumen, graine
albumine, œuf
albuminurie, urine
alchimie, alchimiste, magie, chimie
alcoolique, alcool
alcoolisme, boire
alcôve, lit, chambre
aléa, risque
aléatoire, hasard, doute
alêne, chaussure
alentours, entourer
alerte (adj.), vif
alerte (n.), peur
alésage, aléser, percer
alevin, poisson
alexandrin, poésie
alezan, cheval
algarade, querelle
algèbre, mathématiques
algue, mer
alibi, accusation
aliénation, aliéner, propriété, vendre
aliéné, fou
alignement, aligner, ligne, droit
alinéa, ligne, écrire
alité, aliter (s'), lit, maladie
alizé, vent
allaitement, allaiter, lait, mère
alléchant, allécher, plaire, appétit
allée, jardin, forêt
allégation, affirmer
allégement, alléger, léger, diminuer, consoler
allégorie, image
allègre, vif, entrain

allégresse, joie
alléguer, affirmer, prétexte
alléluia, joie
allergie, allergique, maladie, sensible
alliage, chimie, métal
alliance, association, bijou
allié, parent
allier, allier (s'), famille
alligator, reptiles
allitération, rythme
allocation, aide
allocution, discours
allongement, long
allonger, étendre
allopathe, allopathie, médecine
allouer, attribuer
allumage, automobile
allumette, feu, pâtisserie
allusion, entendre
alluvion, géologie
almanach, calendrier
aloi, or, argent
alopécie, poil, cheveu
alors, temps
alose, poisson
alouette, oiseau
alourdir, lourd, poids
alpage, paître, montagne
alphabet, alphabétique, lettre, lire
alpiniste, alpinisme
altération, changer
altercation, querelle
alternance, rythme
alternatif, électricité
alternative, embarras
alterner, remplacer
altesse, souverain
altimètre, alpinisme
altiport, aviation
altitude, haut
altruisme, bon
alunir, alunissage, Lune
alvéole, abeille
amabilité, grâce, aimable
amadouer, apprivoiser
amaigrir, amaigrissement, maigre, diminuer
amalgame, argent
aman, pardonner
amanite, champignon
amant, amante, amour
amarre, amarrer, cordage, bateau, port
amasser, amas
amateur, aimer
amateurisme, sport
amaurose, œil
amazone, équitation
ambassade, ambassadeur, diplomatie
ambiance, atmosphère
ambidextre, main
ambigu, ambiguïté, indécis
ambitieux, ambition
amble, allure
amblyopie, œil
ambre, électricité
ambulance, automobile
ambulant, poste
amélioration, améliorer, mieux, progrès, corriger
aménagement, aménager, arranger
amende, condamner
amendement, amender, mieux, changer
aménité, politesse
amenuiser, diminuer
amerrir, aviation
amer, navigation
amertume, amer
améthyste, pierre
ameublement, meuble
ameublir, agriculture
ameuter, exciter
ami, amitié, familier
amical, amitié
amincir, mince, diminuer
amiral, officier, marine
amirauté, marine
ammoniac, chimie
amnésie, mémoire, oubli
amnistie, amnistier, grâce
amoindrir, amoindrissement, moins, diminuer
amollir, mou
amonceler, amas
amont, cours d'eau
amorce, amorcer, commencer, pêche, pompe
amorphe, forme, mou
amortir, amortissement, annuler, payer, dette
amouracher (s'), amour
amourette, amour
amoureux, amour
amour-propre, dignité
amovible, enlever
ampélopsis, vigne
amphibie, deux, vie
amphibologie, obscur
amphigourique, confus
amphisbène, reptiles
amphitryon, hôte
amphore, récipient
ample, ampleur, grand, large
amplificateur, son
amplification, augmenter
amplitude, astronomie
ampoule, éclairage, peau
ampoulé, emphase
amputation, amputer, couper, membre, chirurgie
amure, cordage, bateau
amusement, amuser, plaisir, distraire
amusette, bagatelle
amygdale, amygdalite, gorge
an, année
anachorète, désert
anachronique, anachronisme, temps
anagramme, lettre
analogue, semblable
analphabète, ignorant
analyser, analyse
anarchie, commander
anastigmatisme, optique
ancêtre, vieux, parent
anche, flûte, orgue
anchois, poisson
ancien, ancienneté, vieux, passé, âge
ancillaire, amour
ancre, bateau
andante, musique
andouille, charcuterie
andouiller, cerf
androphobie, homme, haine
anecdote, anecdotique, nouvelle, histoire
anémie, anémique, langueur, sang, faible
anémomètre, vent
anémone, fleur
anesthésie, anesthésique, insensible
anesthésier, chirurgie
anévrisme, sang
anfractuosité, creux
angine, gorge
angiologie, anatomie
anglicisme, langue
angoisser, angoisse
anguille, poisson
angulaire, angle
anguleux, angle
anhydre, eau
anicroche, obstacle
animadversion, haine
animalier, sculpture, peinture
animisme, âme
animosité, malveillance
anis, anisette, plante, alcool
ankylose, articulation, raide
annales, histoire
anneau, rond, bijou
anneaux, gymnastique
annexe, annexer, annexion, dépendre, réunir
annihiler, anéantir
anniversaire, année, fête
annonce, annoncer
annotation, annoter, note
annuaire, calendrier
annuel, année
annuité, année, intérêt
annulaire, doigt
annulation, annuler
anoblir, noble
anodin, innocent, douleur
anomal, anomalie, rare
anonner, parler, prononcer
anonyme, nom, secret
anorexie, appétit
anormal, normal
anoure, queue
anse, mer, cloche
antagonisme, opposé
antan, année, avant
antécédent, avant, rapport
antédiluvien, vieux
antenne, insecte, télévision
antépénultième, dernier
antérieur, avant, passé
antériorité, avant

anthère, fleur
anthologie, recueil, poésie
anthracite, charbon
anthrax, pus
anthropormorphisme, homme
anthropophage, sauvage
anthropopithèque, singe
anthropozoonose, vétérinaire
antibiotique, microbe
antichambre, maison
anticipation, anticiper, avancer
anticlinal, géographie
anticyclone, météorologie
antidate, antidater, date
antidote, poison
antienne, chant
antinomie, antinomique, opposé, contraire
antipode, opposé
antiquaire, vieux, meuble
antique, antiquité, passé
antisémitisme, judaïsme
antisepsie, panser
antiseptique, plaie
antithèse, rhétorique
antonyme, contraire
antre, creux
anxiété, anxieux, inquiet
aorte, cœur, sang
août, calendrier
apache, bandit
apaisement, apaiser, paix, calme, consoler
apanage, avantage
aparté, seul, théâtre
apathie, apathique, langueur, mollesse
apatride, patrie, étranger
aperçu, apercevoir
apéritif, boisson
aphasie, langage
aphélie, Soleil
aphone, aphonie, voix
aphorisme, proverbe
aphrodisiaque, sexe
aphte, bouche
apiculteur, apiculture, abeille
apitoyer, pitié, plaindre
aplanir, plat, niveau
aplatir, plat, presser
aplomb, assurance, cheval
apocryphe, faux, Bible
apode, pied, poisson
apogée, distance, succès
apologétique, théologie
apologie, défendre, louer
apologiste, discours
apologue, fable
apophtegme, proverbe
apoplexie, attaque
apostasie, apostat, religion, renier
apostolat, prêcher
apostolicité, apostolique, pape, catholicisme
apostrophe, apostropher, injure, appeler
apothéose, gloire
apothicaire, pharmacie
apôtre, Christ, prêcher
apparat, luxe
apparaux, bateau
appareil, maçon, chirurgie
appareillage, appareiller, partir, navigation
apparent, apparaître
apparier, reproduction
apparition, apparaître
appartement, logement
appartenance, appartenir
appas, plaire, femme
appât, pêche
appâter, attirer
appauvrir, appauvrissement, pauvre
appeau, chasse, sifflet
appel, appeler
appelant, chasse
appellation, nom
appendice, long
appentis, toit
appesantir, lourd
appétissant, plaire, attirer
application, attention, soin
appointements, appointer, payer, salaire
apport, donner, apporter
apposer, appliquer
apposition, grammaire
appréciable, appréciation, apprécier
appréhender, peur, prendre
appréhension, peur
apprenti, apprentissage, apprendre, profession
apprêt, apprêter, préparer
approbateur, approbatif, approbation, approuver
approchant, semblable
approche, approcher
approfondir, profond
approprier, adapter
approvisionnement, approvisionner, provision
approximatif, approximation, presque
appui, soutenir, faveur
âpre, apreté, dur
apte, capable, propre
aptitude, capable
aquaculture, mer
aquarelle, peinture
aquarium, eau
aquatinte, gravure
aquatique, eau, animal
aqueduc, canal
aqueux, humide, eau
aquilin, aigle, nez
ara, perroquet
arabesque, architecture
arable, terre
arachide, huile
arachnéen, fin, léger
arachnoïde, cerveau
araser, niveau
aratoire, charrue
araucaria, pin
arbalète, arme, projectile
arbitrage, arbitrer, arbitre
arbitraire, volonté
arborer, porter
arborescent, arbre
arboriculteur, arboriculture, arbre, jardin
arbrisseau, arbuste, arbre
arc, courbe, cercle, arme, architecture
arcade, architecture
arcane, secret
arcature, architecture
arc-boutant, architecture
arceau, cercle, architecture
arc-en-ciel, météorologie
archaïque, archaïsme, vieux
archange, ange
arche, pont
archéologie, archéologue, vieux, histoire
archet, violon
archétype, modèle
archevêque, évêque
archipel, île, mer
archiprêtre, catholicisme
architecte, architecture
architectural, architecture
archives, archiviste, histoire, vieux
arçon, selle
arctique, géographie
ardemment, ardeur
ardent, vif, ardeur
ardillon, boucle
ardoise, pierre
ardu, difficile
are, surface
arène, cirque
aréopage, juger, tribunal
arête, angle
argenter, argent
argenterie, vaisselle
argentifère, argentin, argenture, argent
argile, terre, céramique
argot, langue
arguer, objection
argument, raison
argutie, raisonnement
aria, ennui
aride, aridité, sec, stérile
ariette, chant
aristocrate, noble
aristocratie, aristocratique, peuple, classe
arithmétique, calcul
arithmologie, nombre
arithmomancie, divination
armateur, marine
armature, charpente
armement, marine, arme
armer, garnir, fusil
armistice, guerre, cesser
armoiries, héraldique
armorial, héraldique
armurier, fusil
arnaque, arnaquer, arnaqueur, tricher
aromate, aromatiser, odeur, épice

aromatique, plante
arôme, odeur
arpège, musique
arpentage, arpenteur, topographie
arqué, cheval, courbe
arquer, courber
arrachage, arracher
arraisonner, visiter
arrangement, arranger
arrérage, Bourse
arrestation, arrêter
arrêt, arrêter, ordre
arrêté, ordre
arrhes, payer
arriéré, dette
arrière-garde, garde
arrière-goût, goût
arrière-main, cheval
arrière-pensée, intention
arrimage, arrimer, port, charger, attacher
arrivage, arriver
arrivée, voyage
arriviste, ambitieux
arroger (s'), usurper
arrondir, rond, courbe
arrondissement, diviser
arrosage, arroser
arroseuse, arroser
arrosoir, jardin
ars, cheval
arsenal, armée, marine
artère, artériel, sang
artério-sclérose, sang
artérite, sang
arthrite, arthritisme, articulation
arthrologie, anatomie
arthrose, articulation
artichaut, légume
article, grammaire, loi, commerce, journal
articulaire, articulation
articuler, parler
artificier, pyrotechnie
artificieux, ruse
artilleur, artillerie
artimon, bateau
artisan, artisanal, artisanat, entreprise
artistique, artistiquement, art
as, cartes
ascendance, parent
ascendant, influence
ascenseur, levage, maison
ascension, ascensionnel, astronomie, montagne
ascète, ascétique, ascétisme, austère, saint
aseptie, aseptiser, plaie
asile, logement, charité
asperge, légume
asperger, arroser
aspérité, saillie
aspersion, aspersoir, arroser
asphaltage, asphalte, asphalter, route
asphyxie, asphyxier, mort, respiration
aspic, reptiles
aspirant, officier
aspirateur, nettoyer,
aspiration, aspirer, attirer, respiration, désir
assaillant, assaillir, attaque, poursuivre
assainir, hygiène, sain
assaisonnement, assaisonner, épice, goût
assassin, assassinat, assassiner, crime, tuer
assaut, guerre, escrime
assécher, sec
assemblage, joindre
assemblée, société, politique
asséner, battre
assentiment, approuver
asseoir, mettre, place
assertion, affirmer
asservir, asservissement, esclave
assesseur, justice, vote
assiégé, assiégeant, assiéger, entourer
assiette, vaisselle
assignation, assigner, attribuer accusation
assimilation, assimiler, semblable, apprendre
assise, base, maçon
assises, justice
assistance, secours
assistant, présent, université
assister, protéger, spectacle, présent
associé, association
associer (s'), commun
assombrir, sombre
assommer, battre, ennui
Assomption, Vierge
assorti, assortiment, assortir, choisir, accord
assouplir, cuir, souple
assourdir, sourd, étourdir
assouvir, assouvissement, satisfaire, rassasier
assujettir, assujettissement, soumettre
assumer, charge, supporter
assurément, certain
assurer, assureur, confirmer, assurance
astaciculture, crustacés
astérisque, marque
astéroïde, astre
asthénie, faible
asthmatique, asthme, respiration
asticoter, agacer
astigmatisme, optique
astiquer, polir, nettoyer
astragale, architecture, jambe
astral, astre
astreindre, astreinte, contrainte, obliger
astrolabe, astronomie
astrologue, astrologie
astronaute, astronautique
astronome, astronomie
astuce, astucieux, ruse, malin, habile
asymétrie, asymétrique, inégal, symétrie
ataraxie, calme
atavisme, parent
atelier, ouvrier, peinture
atermoiement, atermoyer, attendre, délai
athée, athéisme, croire
athlète, athlétisme
atlante, architecture
atlas, géographie, dos
atone, atonie, paresse, mou, mollesse
atout, carte
âtre, cheminée
atrophie, atrophier, faible, paralysie
attachant, attacher
attache, attacher
attachement, attacher (s'), aimer, fidèle
attaquant, attaquer, attaque
attarder (s'), rester
atteinte, toucher, nuire
attelage, atteler, véhicule, harnais
attendrir, attendrissement, pitié, toucher
attentat, attentatoire, attenter, attaque, crime, nuire.
attente, attendre, patience, complot
attenter, violer
attentif, attention
attentionné, complaisant
attentisme, attentiste, opportun
atténuatif, atténuation, atténuer, diminuer, excuse
atterré, atterrer, bouleverser, consterner
atterrir, atterrissage, port, aviation
attestation, attester, témoin, affirmer
attifer, habiller
attirail, bagage, outil
attirance, attirer, penchant
attiser, feu, ranimer
attouchement, toucher
attraction, attirer
attrait, plaire, attirer
attrape, ruse, attraper
attrayant, attirer
attribut, grammaire
attribution, attribuer
attrister, triste
attroupement, foule
aubade, chant
aubaine, hasard, bonheur
aube, matin
aubépine, épine
auberge, hôtel, voyage
audible, entendre
audience, visite, recevoir
audiogramme, oreille
audio-visuel, enseignement

auditeur, public
auditif, oreille
audition, entendre, oreille
auditoire, public, présent
augmentation, augmenter
augure, divination, prêtre
augurer, signifier
aujourd'hui, actuel, jour
aumône, charité, pauvre
aumônier, prêtre
auréole, cercle, saint
auriculaire, doigt
aurifère, or
aurore, matin, lumière
auscultation, ausculter, médecine, examiner
auspices, divination
aussière, bateau
aussitôt, soudain
autan, vent
autel, église
auteur, produire, cause, littérature
authenticité, authentique, certain, réel
autochtone, pays, naître
autocrate, autocratie, tyran, absolu, pouvoir
autodafé, supplice, feu
autodidacte, instruction
autodrome, automobile
autographe, écrire
automate, automatique, automatisme
automitrailleuse, artillerie
automne, saison
automobilisme, automobiliste, automobile
automotrice, autorail, chemin de fer
autonome, autonomie, libre, disposer
autopsie, cadavre
autorisation, autoriser, permettre, approuver
autoritaire, autorité
autoroute, route
autosatisfaction, satisfaire
autre, différent, opposé
autruche, oiseau
autrui, semblable
auvent, toit, abri
auxiliaire, secours, verbe
aval, avaliser, banque, garantir
aval, cours d'eau
avalanche, montagne, neige
avaleur, avaler
avance, avancer
avancée, avant
avancement, fonctionnaire, officier
avances, cajoler, payer
avanie, humilier, vexer
avantager, avantage
avantageux, avantage
avant-bras, bras
avant-dernier, dernier
avant-garde, garde
avant-goût, goût
avant-hier, jour
avant-main, cheval
avant-port, port
avant-propos, livre
avant-scène, théâtre
avarice, avare
avarie, dommage, naufrage
avarier, gâter, altérer
avènement, souverain, venir
aventureux, risque
aventurier, aventure
avenue, ville, rue
avéré, avérer, vrai
avers, médaille, face
averse, pluie
aversion, dégoût
avertissement, avertisseur, avertir
aveu, avouer
aveuglement, aveugler, aveugle, erreur
aviateur, aviation
aviculteur, aviculture, oiseau, volaille
avilir, avilissement, vil
aviné, vin, ivre
aviron, bateau, nautisme
avisé, habile
aviser, avertir, prévenir
aviso, bateau
aviver, vif
avoine, céréales
avoir (v.), posséder, attraper
avoir (n.), propriété, riche
avortement, avorter, accouchement, échouer
avorton, laid, petit
avoué, défendre
avril, calendrier
avulsion, arracher
avunculaire, parent
axe, milieu, géométrie
axillaire, épaule
axiome, mathématiques
axis, cerf, dos
azalée, fleur
azimut, astronomie
azote, gaz
azur, bleu
azyme, boulangerie, catholicisme

B

baba, pâtisserie
babeurre, lait
babil, babiller, enfant
babine, chien
babiole, bagatelle
bâbord, bâbordais, gauche, bateau
babouche, chaussure
babouin, singe
bac, bateau
baccalauréat, université
bacchanal, bruit
bâche, couverture
bachelier, université
bachot, bateau
bacille, microbe
bâcler, rapide, gâcher
bacon, charcuterie
bactérie, microbe
bactériologie, microbe
badaud, oisif, curieux
badigeon, badigeonner, peinture, étendre
badin, léger
badinage, badiner, plaisanter
badine, bâton
bafouer, moquer
bafouiller, obscur, parler
bâfrer, bâfreur, manger
bagarreur, bagarre
bagout, bavard
bague, bijou
baguette, bâton
baguettisant, source
bahut, coffre, menuisier
bai, brun, cheval
baie, fruit, mer, fenêtre
baignade, bain
baigner, bain, natation
baigneur, bain
baignoire, bain, toilette
bail, logement, louer
bâillement, bâiller, bouche, respiration
bâillon, bâillonner, silence
bain-marie, cuisine
baïonnette, arme, fusil
baïram, islamisme
baisemain, politesse
baisement, baiser, bouche, lèvre
baisse, prix, baisser
bajoue, visage
bal, danse
balafre, balafrer, plaie, couper
balai, balayette, balayer
balancement, balancer
balancier, horloge
balayage, balayer
balayeuse, balayer
balayures, balayer
balbutiement, balbutier, prononcer, embarras
balcon, maison
baleine, baleinier, pêche
baleinière, bateau
balise, baliser, navigation
balistique, artillerie
baliveau, arbre
baliverne, futile
ballade, poésie
ballast, chemin de fer
ballerine, danse
ballet, danse, théâtre
ballonnement, flatulence
ballot, papier, bête
ballottage, vote
ballottement, ballotter, secouer
balnéaire, bain
balourd, balourdise, lourd, âne
balustrade, architecture
balustre, architecture
balzane, cheval
bambin, enfant
banane, fruit

banc, siège, couche
bancal, boiter, sabre
bandage, bande
bandagiste, bande
bandeau, bande, cheveu
bander, bandage, tendre
banditisme, bandit
bandoulière, bande
banlieue, ville
banneton, panier, coffre
bannière, drapeau, église
bannir, bannissement, chasser
banqueroute, faillite
banquet, banqueter, fête
banquier, banque, finance
banquise, glace
baptiser, baptême, nom
baptismal, baptême
baptistère, baptême
bar, café, poisson
baragouin, parler
baraque, maison
baraquement, camp
baratin, baratiner, baratineur, bavard, discours
baratte, baratter, beurre
barbarie, barbare
barbarisme, faute
barbecue, cuisine
barboter, boue, canard
barbouillage, barbouiller, écrire, peinture
barbouilleur, peinture
barbu, barbe
barcarolle, chant
barde (m.), poésie, druide
barde (f.), charcuterie
barder, cuisine, armure
baril, barillet, tonneau
bariolage, barioler, varié, couleur
barman, servir
baromètre, météorologie
baron, baronnie, noble
baroque, bizarre
barque, bateau
barquette, pâtisserie
barrage, eau
barreau, avocat
barrer, barre, fermer
barreur, nautisme
barricade, barricader, fermer, abri
barrière, clôture, porte
barrique, tonneau, vin
baryton, chant
bas, vêtement
basane, cuir
basané, brun
bas-bleu, femme, littérature
bas-côté, église, route
bascule, balance
basculer, renverser
baser, base
bas-fond, cours d'eau
basilique, église
basket-ball, basketteur, balle, jouer
bas-relief, sculpture
basse, chant, voix
basse-cour, volaille
bassesse, bas
basset, chien
bassin, eau, port
bassine, cuisine
basson, musique
bastide, maison
bastion, fortification
bastonnade, bâton
bas-ventre, ventre
bataille, guerre
batailler, battre, résister
batailleur, bagarre
bataillon, armée
bâtard, enfant
bateleur, sauter
batelier, passer
batellerie, bateau
bat-flanc, étable
bathymétrie, fond, mer
bâti, charpente, presse
batifoler, jouer
bâtiment, bateau, architecture
bâtir, construire
bâtisse, maison
bâtisseur, construire
bâtonnier, avocat
battage, battre, graine
battant, porte, fenêtre, cloche
battement, cœur, pendule
batterie, artillerie, cuisine
batteuse, céréales
battre (se), combat
battue, chasse
baudet, âne, bétail
baudrier, bande, épée
baudroie, poisson
bauge, retraite, sanglier
baume, pharmacie
bauxite, aluminium
bavardage, bavarder, parler, nouvelle
bave, cracher
baver, bouche
bavure, tache, erreur
bazar, commerce
béant, ouvert
béat, satisfaire
béatification, saint
béatitude, saint
beaupré, bateau
beauté, beau, femme
beaux-arts, art
bébé, enfant, âge
bec, oiseau, bouche
bêche, bêcher, jardin
becqueter, oiseau
bedaine, ventre
bedeau, église
bedon, ventre
bégaiement, bégayer, parler, embarras
bègue, prononcer
bégueule, affectation
béguin, amour
beige, jaune
beignet, pomme
bêlement, bêler, mouton
bélier, mouton
bélinogramme, télégraphe
bellâtre, beau
bellicisme, belliciste, guerre
belligérant, guerre
belliqueux, guerre
bélouga, poisson
bémol, musique
bénarde, serrure
bénédictin, religieux
bénédiction, bénir
bénéfice, gagner
bénéficiaire, acquérir
bénéficier, jouir
benêt, bête, niais
bénévole, volonté
bénin, maladie
bénitier, coquillage, église
benjamin, dernier
benne, téléphérique
béquille, bâton
bercail, foyer
berceau, lit, enfant
bercer, balancer, lit
béret, coiffure
berge, bord
bergerie, berger
berline, automobile
berlingot, confiserie
berlue, voir, erreur
bernard-l'ermite, crustacés
berne, drapeau
berner, moquer, tromper
béryl, pierre
besogne, action, travail
besogneux, besoin, pauvre
bestial, bestialité, bête
bestiole, bête
bêtise, erreur
béton, bétonner, bétonnière, ciment, maçon
bette, légume
betterave, légume
beuglement, beugler, bovins
bévue, erreur
biais, biaiser, oblique
bibelot, bagatelle
biberon, lait
bibliophile, livre
bibliothécaire, livre
bibliothèque, armoire
biceps, bras
biche, cerf
bicolore, couleur
bicoque, maison
bidet, cheval, bain
bidule, objet
bief, canal
bielle, automobile
bienfaisance, charité
bienfaisant, bienfait, utile
bienfaiteur, bienfait
bien-fondé, justifier
bien-fonds, fonds
bienheureux, saint
biennal, année
bienséance, bienséant, politesse
bienvenu, bienvenue, venir
biffer, effacer
bifteck, boucherie

bifurcation, bifurquer, deux, route
bigame, mariage
bigarreau, cerise
bigarrer, bigarrure, couleur
bigorne, orfèvrerie
bigorneau, coquillage
bigot, bigoterie, religion
bigoudis, cheveu
bilan, compte
bilatéral, réciproque
bile, foie, amer, humeur
biliaire, foie
bilingue, langue
bille, boule, bois, billard
billet, banque, voyage
billot, boucherie
bimane, deux, homme
binage, biner, agriculture
binôme, calcul
biographe, biographie, vie, histoire
bipartition, atome
bipède, deux, pied
bis, bisser, applaudir
bisannuel, année, deux
bisbille, querelle
biscornu, bizarre, corne
biscotte, boulangerie
biscuit, pâtisserie, porcelaine
bise, vent, froid
biseau, oblique, angle
bissextile, année
bistouri, chirurgie
bistre, brun
bistrot, café
bitume, pétrole
bitumer, route
bivouac, bivouaquer, camp, alpinisme
blafard, pâle, blanc
blague, blaguer, blagueur, plaisanter
blâmable, blâme
blanc-bec, jeune
blanchaille, poisson
blanchâtre, blanc, pâle
blancheur, blanchiment, blanc, blanchir
blanchissage, blanchisserie, blanchisseur, blanc, linge
blanquette, vin, boucherie
blasé, indifférent
blason, héraldique
blasphème, blasphémer, jurer
blatérer, chameau
blême, blêmir, blanc
blende, zinc
blennorragie, infection
blépharite, œil
blessant, vexer
blesser, blessure
blet, mûr
bleuâtre, bleu
bleuir, bleu
blindage, blinder, abri
bloc, masse, automobile
blocage, serrer, arrêter
blocus, guerre
blond, blondin, blondinet, cheveu
blondir, beurre
bloquer, arrêter
blottir (se), boule
blue-jean, vêtement
bluff, bluffer, bluffeur, exagérer
blutage, bluter, farine
blutoir, tamis
boa, reptiles
bobine, bobiner, fil
bobo, plaie, douleur
bocage, arbre, forêt
bocal, pharmacie
bock, bière
bœuf, bovins
bogie, chemin de fer
bogue, enveloppe
boisage, boiser, boiserie, menuisier
boiterie, boiteux, boiter
bol, vaisselle
bolée, cidre
boléro, danse
bolet, champignon
bombance, manger
bombarde, artillerie
bombardement, bombarder, avion, artillerie
bombe, arme
bombé, bomber, courbe
bôme, bateau
bonace, mer, calme
bonasse, bon, céder, mou
bonbon, confiserie
bonbonnière, boîte
bond, sauter
bondé, plein
bondir, bondissement, mouvement, réagir
bonhomie, simple
bonhomme, vieux
bonification, bonifier, mieux
boniment, bonimenteur, discours, publicité
bonjour, saluer
bonnet, coiffure
bonneterie, bonnetier, gant, lingerie
bonnette, bateau
bonsoir, saluer
bonté, bon, charité
boomerang, arme
boqueteau, forêt
borborygme, bruit
bordée, oblique
bordel, débauche, désordre
border, bord, coudre
bordure, bord
boréal, géographie
borgne, œil
borne, marque, limite
borné, bête
borner, limite
bornoyer, œil
bosquet, arbre
bosselage, bosseler, bosse, orfèvrerie
bossoir, bateau
bossu, bosse
boston, danse
bot, pied, main
botaniser, botaniste, botanique
botteler, paille, fourrage
bottier, chaussure
bottine, chaussure
bouc, chèvre, barbe
boucan, bruit
boucaner, boucanier, viande, fumée
bouché, bête
bouchée, pain, morceau
boucher, boucherie
bouchon, boucher
bouchonner, frotter
boucler, fermer
bouclette, boucle
bouclier, armure
bouddhisme, religion
boudin, porc, charcuterie
bouée, bateau
boueur, boueux, balayer
boueux (adj.), boue
bouffée, souffle, fumée
bouffer, gonfler
bouffi, bouffissure, gras, gros
bouffon, rire, comédie
bouffonnerie, drôle
bougie, éclairage
bougon, bougonner, hargneux, murmure
bouillabaisse, poisson
bouillant, bouillir, vif
bouillie, bouillir, pâte
bouilloire, bouillir
bouillon, bouillir, journal
bouillonnement, bouillonner, bouillir
bouillotte, lit
boulanger, boulangerie
bouleau, arbre
bouledogue, chien
boulette, boule, poison
boulevard, ville
bouleversement, bouleverser
boulimie, faim
boulon, boulonner, assembler, travail
bouquet, fleur, pyrotechnie
bouquetin, chèvre
bouquin, bouquiner, livre
bourbier, sale
bourbillon, pus
bourde, erreur
bourdon, bâton, cloche, imprimerie
bourdonnement, bourdonner, bruit, insecte
bourg, bourgade, pays, village
bourgeois, bourgeoisie, classe, peuple
bourgeon, feuille, fleur
bourgeonner, plante
bourlinguer, voyage
bourrasque, vent
bourre, laine, soie
bourreau, supplice
bourrée, bois, danse
bourrelier, bourrellerie, harnais

bourrer, battre, remplir
bourriche, panier
bourricot, bourrique, bourriquet, âne
boursicoter, jouer
boursier, Bourse
boursoufler, boursouflure, gonfler
bousculade, bousculer, pousser, foule
bouse, excréments
bousiller, démolir
boutade, plaisanter
bout-dehors, boute-hors ou **boute-dehors,** bateau
boute-en-train, vif, gai, cheval
boutique, magasin
boutiquier, commerce
boutoir, sanglier
boutonner, boutonnière, bouton
boutonneux, bouton
bouture, bouturer, plante
bouvier, berger, chien
bouvreuil, oiseau
box, cheval, automobile
box-calf, cuir
boxe, boxer, boxeur, combat
boyau, intestins, abri
boyauderie, boyaudier, intestins
boycotter, exclure, refuser
bracelet, bijou, bras
brachial, bras
brachycéphale, tête
braconner, braconnier, piège, chasse, pêche
bradypepsie, digestion
brahmanisme, religion
brailler, cri
braiment, braire, âne
braise, braiser, charbon, feu, cuire
brame, bramer, cerf
brancard, véhicule, porter
branchage, branche, arbre
branchement, canalisation
brancher, lier, percher
branchies, poisson
brandir, agiter, épée
brandon, paille
branlant, fragile, remuer
branle, cloche, impulsion
branle-bas, agiter
branler, secouer, balancer
braquer, diriger, dresser
braser, souder
brasero, feu, chauffer
brasier, feu, brûler
brasiller, briller
brassard, bras, insignes
brasse, bois, natation
brasser, agiter, mêler
brasserie, brasseur, bière
bravache, vanter
bravade, fanfaron
braver, mépriser, hardi
bravo, applaudir
bravoure, brave
break, automobile
brebis, mouton
brèche, casser, trou
bréchet, oiseau
bredouille, échouer
bredouiller, parler
bref, brièveté, court
bréhaigne, stérile
breloque, bijou
brème, carte, poisson
bretelle, courroie, route
breuvage, boisson
brevet, breveter, certifier
bribe, rester, partie
bric-à-brac, désordre
bricolage, bricoler, bricoleur, travail
bricole, courroie, harnais
bride, harnais, cheval,
brider, cuisine, harnais
bridge, carte, dent
bridon, équitation
brigade, armée
brigadier, police
brigand, brigandage, bandit, pillage
brigue, briguer, intrigue, chercher
brillant (n.), bijou
brillant (adj.), briller
brillanter, briller, bijou
brimade, brimer, vexer
brin, petit, paille
bringé, chien, bovins
bringuebaler, secouer
brio, vif, musique
brioche, pâtisserie
brique, pierre
briquet, feu, sabre
briqueterie, céramique
brisant, mer
brise, vent
brisement, bris, briser
brisure, briser, fente
brocante, brocanteur, commerce, occasion
brocard, brocarder, moquer
brocart, or, broder
broche, rôtir, pointe, bijou
brocher, assembler, livre
brochet, poisson
brochure, livre
brodequin, chaussure
broder, broderie
broncher, tomber, cheval
bronches, poitrine
bronchite, respiration
bronzage, bronzer, Soleil
bronze, cuivre
brosser, brosse, frotter
brosserie, brosse, poil
brou, noix, envelopper
brouette, porter
brouhaha, bruit
brouillasser, brouillard, pluie
brouille, fâcher, querelle
brouiller, désordre, trouble
brouillon, écrire, étourdi
broussailles, forêt
brousse, végétation
brouter, paître
broutille, bagatelle
broyage, broyeur, broyer
bru, mariage
brugnon, prune
bruine, bruiner, bruineux, brouillard, pluie
bruissement, bruit
brûleur, four
brûlure, brûler, plaie
brumasser, humide
brume, brouillard
brumeux, brouillard, obscur
brune, brunet, brunette, brun, femme
brunir, brunissage, brunisseur, peau, polir
brusquement, brusquer, brusquerie, brusque
brutal, brutalité, méchant, violence
buccal, bouche
bûche, bois, cheminée
bûcher, travail
bûcheron, bois
bucolique, poésie, berger
budget, budgétaire, finance, impôt, dépense
buée, vapeur
buffet, armoire, orgue
buffle, bovins
bugle, musique
buis, plante
buissson, buissonneux, buissonnier, arbre, forêt
bulbe, bulbeux, plante, racine, cerveau
bulle, boule, bouillir
bulletin, vote
buraliste, bureau, tabac,
bureaucrate, bureaucratie, bureau
burin, buriner, gravure, ciseau
burlesque, rire
burnous, vêtement
buron, berger
busqué, nez
buste, sculpture, corps
buté, entêté
buter, arrêt, cheval
butin, pillage, guerre
butiner, abeille
butoir, chemin de fer
butor, oiseau, grossier
butte, haut
butter, jardin
butyreux, butyrique, beurre
buvable, boire
buvard, papier
buveur, buvoter, boire

C

cabale, magie, complot
cabalistique, magie
caban, vêtement
cabane, abri
cabanon, maison, prison
cabaret, spectacle
cabas, panier
cabestan, bateau
cabillaud, poisson

cabine, bain, bateau
cabinet, chambre, bureau
câble, corde, télégraphe
câbler, télégraphe
caboche, clou, tête
cabotage, caboter, caboteur, bateau
cabotin, cabotinage, charlatan, comédie
cabrer (se), cheval
cabri, chèvre
cabriole, cabrioler, saut
cabriolet, véhicule
cacao, chocolat
cacatoès, perroquet
cacatois, bateau
cache, cache-cache, cacher
cachemire, tissu
cachet, poste, pharmacie
cacheter, fermer, bouteille
cachette, abri, cacher
cachot, punition, prison
cachotterie, cachottier, cacher, secret
cacophonie, son, bruit
cadastre, propriété
cadavéreux, cadavérique, cadavre
cadeau, donner, fête
cadenas, cadenasser, serrure, fermer
cadence, rythme, style
cadet, âge, enfant, sport
cadran, horloge
cadrer, accord, aller
caduc, vieux, fragile
caducée, insignes
cafard, ennui, noir
caféine, café
cafetier, café
cafetière, café, vaisselle
cage, oiseau, mine
cageot, panier, emballage
cagibi, chambre
cagneux, genou
cahier, papier, écrire
cahot, cahoter, secouer
caïeu, fleur, plante
cailler, lait, épais
caillette, bovins, bavard
caillot, sang
caillou, caillouteux, pierre
caisse, coffre, emballer, automobile, commerce
caissier, commerce
cajolerie, cajoleur, cajoler
cake, pâtisserie
calamiteux, calamité
calandre, automobile
calcaire, géologie
calcaneum, pied
calcination, calciner, feu, brûler
calcium, métal
calculateur, réfléchir
calculer, économie, calcul
cale, port, bateau
caleçon, bain, vêtement
calembour, mot, jouer
calendes, calendrier
caler, fixer
calfater, bateau, boucher
calfeutrer, boucher
calibrage, calibre, fusil, artillerie
calibrer, trier
calice, eucharistie, fleur
calicot, tissu
califourchon, jambe
caligineux, brouillard
câlin, câliner, câlinerie, caresser
calisson, confiserie
calleux, dur
calligraphe, calligraphie, calligraphier, écrire
callipyge, beau
callosité, peau, dur
calmant, calmer
calomnier, calomnie
calorie, feu
calorifère, chauffer
calorifique, chaleur
calotte, coiffure, cloche, battre
calque, calquer, dessin
calvados, pomme
calvaire, Christ
calville, pomme
calvitie, cheveu
camaïeu, gravure, peinture
cambrer, courbe
cambrioler, cambrioleur, bandit, voler
cambrure, chaussure, dos
cambuse, bateau
camée, pierre, gravure
caméléon, reptiles, changer
camélia, arbre, fleur
camelot, vendre, chèvre
camelote, marchandise
caméra, optique, cinéma
camerlingue, pape
camion, automobile
camionnage, camionner, transport
camionnette, automobile
camoufler, cacher
camouflet, offense
campagnard, campagne
campanile, cloche, église
campement, camp, armée
camper, camping, camp
camphre, parfum
camus, nez
canaille, vaurien
canapé, siège, lit
canardière, fusil
canari, oiseau
cancan, indiscret
cancaner, bavard
cancer, zodiaque
cancer, cancéreux, cancérologie, tumeur
cancre, ignorant
candeur, pur, innocent
candi, sucre
candidat, candidature, vote, demander
candide, naïf, innocent
cane, canette, canard
caneton, canard
canette, bouteille, bière
canevas, broderie
caniche, chien
canicule, chien, saison
canif, couteau
canin, chien
canines, dent
caniveau, canalisation
cannage, canner, siège
canne, pêche, sucre, bâton
cannelure, creux
cannibale, sauvage
canoë, nautisme
canon, arme, fusil, artillerie
canoniser, saint
canonnade, artillerie
canonnier, artillerie
canot, canotage, canoter, nautisme
canqueter, canard
cantate, musique
cantatrice, chant,
cantine, manger
cantine, bagage
cantique, chant, liturgie
canton, pays, forêt
cantonal, pays, vote
cantonnement, cantonner, camp, armée
cantonnier, route
canulant, canuler, importun
canular, plaisanterie
cap, pointe, géographie
capacité, capable, pouvoir
capharnaüm, désordre
capillaire, capillarité, cheveu, foie
capilliculteur, cheveu
capitaine, officier
capital (adj.), important, tête
capital (n.), **capitaliser,** finance, commerce
capitale, ville, pays
capitalisme, capitaliste, classe
capiteux, alcool, vin
capitonner, garnir
capitulation, guerre
capituler, céder, paix
capon, lâche
caporal, armée, tabac
capot, automobile, carte
capote, soldat, voiture
capoter, automobile
capricieux, caprice
capricorne, zodiaque
caprin, chèvre
capter, obtenir
captif, vaincu, esclave
captiver, attirer, intérêt
captivité, esclave, prison
capturer, prendre
capuchon, religieux
caquet, caqueter, bavard
car, voiture, voyage
carabine, fusil
caracoler, équitation
caractériser, caractère
caractéristique, propre
carafe, carafon, bouteille
caramel, sucre
carapace, tortue, crustacés

carat, or, bijouterie
caravane, chameau, camp
caravaning, camp
caravansérail, voyage
carbone, charbon
carboniser, brûler
carburant, moteur
carburateur, automobile
carcasse, charpente, volaille, coiffure, cadavre
carcéral, prison
cardan, automobile
carde, feuille, fil
cardiaque, cœur, maladie
cardinal (n.), pape, oiseau
cardinal (adj.), important
cardinalat, dignité
cardiologie, cœur
cardiopathie, cœur
carême, jeûne
carence, manquer
carène, bateau
caressant, caresse, caresser
cargaison, charge
cariatide, architecture
caricature, caricaturer, moquer, charge
caricaturiste, dessin
carie, carier, gâter, dent, os, blé
carillon, carillonner, cloche, son
carlingue, avion, bateau
carme, carmélite, religieux
carminatif, flatulence
carnage, combat
carnassier, chair, manger
carnassière, sac
carnation, chair, peau
carnet, écrire
carnivore, manger
carotide, gorge
carotte, légume, tabac
carpe (m.), main
carpe (f.), poisson
carpelle, fruit
carpette, tapis
carreau, vitre, mine, carte
carrefour, route
carrelage, carreler, maçon
carrelet, poisson, pêche, ciseau
carrément, franc
carrer, carré
carrier, pierre
carrière, pierre, profession
carrosser, carrosserie, carrossier, véhicule
carrousel, équitation
carrure, corps, large
carter, automobile
cartilage, articulation, os
cartographie, géographie
cartomancie, cartomancien, avenir, divination
carton, papier, dessin
cartouche, projectile
cartulaire, église
casanier, maison, rester
cascade, eau, couler
case, abri, diviser
caséine, lait, fromage
casemate, fortification
caser, mettre
caserne, armée
casher, boucherie
casino, jouer
casque, soldat
casquette, coiffure
cassant, casse, casser
cassation, annuler, justice
casse, imprimerie
casserole, cuisine
casseur, bois, casser
cassis, fruit, route
cassonade, sucre
cassure, casser, fente
caste, classe
castor, fourrure
castrat, mutiler
cataclysme, catastrophe
catafalque, enterrement
catalepsie, cataleptique, paralysie
catalogue, recueil, livre
catalyse, chimie
catamaran, bateau
cataracte, œil, aveugle
catéchèse, catéchisme, religion
catéchumène, baptême
catégorie, espèce, classe
catégorique, positif
caténaire, chaîne
cathédrale, église, évêque
cathéter, cathétérisme, sonde
catholicité, catholique, catholicisme, église
catimini (en), secret
catogan, nœud, cheveu
cauchemar, rêve
caudal, queue
causal, causalité, cause
causer, faire, produire
causer, causeur, parler
causerie, discours
causticité, caustique, acerbe, moquer
caustique, brûler, ronger
cautère, feu, brûler
cautérisation, cautériser, brûler, chirurgie
caution, cautionnement, cautionner, garantir
cavalcade, équitation, spectacle
cavalier, équitation, danse
cave, maison, vin
caveau, souterrain, église
caverne, abri, grotte
caviar, poisson
cavité, creux, vide
cécité, œil, aveugle
cédille, grammaire
cèdre, pin
ceindre, entourer
ceinture, bande, courroie
ceinturer, entourer
ceinturon, soldat
célébration, fête
célébrer, gloire
célébrité, célèbre
celer, cacher
célérité, rapide
céleste, ciel
célibat, célibataire, mariage
cellule, chimie, prison, avion
cendre, résidu, feu
cène, Christ
cénobite, religieux
cénotaphe, enterrement
censé, censément, présumer
censeur, enseignement
censure, censurer, blâme
centaine, cent
centaure, monstre
centenaire, âge
central, milieu, téléphone
centralisation, centraliser, centre
centrifuge, mécanique
centripète, mécanique
cep, cépage, vigne
cèpe, champignon
céphalalgie, céphalée, tête, maladie
céphalopodes, mollusques
céramiste, céramique
cerbère, enfer
cerceau, cercle
cercopithèque, singe
cercueil, mort
cérébral, cerveau
cérémonial, cérémonie
cérémonieux, cérémonie
cerfeuil, légume
cerisier, cerise
cerne, cercle, œil
cerneau, noix
cerner, entourer
certificat, prouver
certitude, certain
céruléen, bleu
cérumen, oreille
céruse, plomb
cervaison, cerf
cervelas, charcuterie
cervelet, cerveau
cervelle, boucherie
cervical, cou
cervidé, cerf
cervoise, bière
césarienne, chirurgie
cessation, cesse, cesser
cessible, céder
cession, cessionnaire, céder
césure, vers
chaconne, danse
chafouin, ruse
chagriner, chagrin
chahut, chahuter, bruit
chaînette, chaîne
chaînon, chaîne
chaire, église, éloquence
chais, vin
chaise, siège
chaland, bateau, commerce
chalcographie, gravure
chalet, maison, berger
chaleureux, chaleur, vif
châlit, lit

challenge, challenger, sport, adversaire
chaloupe, bateau
chalumeau, souder
chalut, chalutier, pêche
chamailler, chamailleur, chicane, querelle
chamarrer, chamarrure, orner, broderie
chambarder, changer
chambouler, bouleverser
chambranle, porte, fenêtre
chambrée, chambre
chambrer, préparer, vin
chamelier, chameau
chamelle, chamelon, chameau
chamois, chèvre, corne
chamoiser, cuir
champ, campagne, optique
champêtre, campagne
champignonnière, champignon
champion, titre, vaincre
championnat, sport
chancelant, faible
chanceler, tomber
chancellerie, diplomatie
chanceux, chance
chandelier, éclairage
chandelle, éclairage
chanfrein, cheval, angle
change, monnaie
changeant, couleur, varier
changement, changer
chanoine, dignité
chansonnier, chanson
chantage, menacer
chanter, chant, voix
chanterelle, violon, champignon
chanteur, chant
chantier, ouvrier, bois
chantourner, découper
chanvre, corde, fil
chaos, désordre
chapardage, chaparder, chapardeur, voler
chapeau, coiffure
chapeauter, coiffure
chapelain, église
chapelet, Vierge, prier
chapelier, coiffure
chapelle, église
chapiteau, architecture
chapitre, diviser, livre
chapitrer, réprimande
char, blindés
charabia, langage
charade, divination
charbonnage, charbon
charbonnier, charbon
charcuter, couper
charcutier, charcuterie
chargement, charge
charger, charge, fusil, combat, port
chargeur, fusil
chariot, voiture, bagage
charisme, grâce
charitable, charité
charivari, bruit
charmant, charmer, charme, plaire
charmille, jardin
charnel, chair, sexe
charnière, coffre, porte
charnu, chair
charogne, cadavre
charpentier, charpente
charrette, véhicule
charrier, transport, exagérer
charron, véhicule, roue
charte, diplomatie
charter, aviation
chas, aiguille
châsse, coffre, église
chasselas, raisin
chasse-neige, neige
chasseur, chasse
châssis, menuisier, peinture, automobile
chaste, chasteté, pur
châtaigne, fruit
châtaigneraie, châtaignier, arbre
châtain, cheveu
châtelain, château
chat-huant, rapace
châtier, corriger
châtiment, peine, supplice
chaton, chat, fleur
chatouiller, caresse, rire
chatouilleux, vexer
chatoyer, briller, reflet
châtrer, mâle, couper
chatterie, cajoler
chaud, chaleur, zèle
chaudière, vapeur,
chaudron, cuisine
chauffage, feu, brûler
chauffe, chauffer
chauffe-bain, chauffer
chaufferie, bateau, four
chauffeur, automobile, chemin de fer
chaume, paille, blé
chaumière, paille, maison
chaussée, route, rue
chausser, chausseur, chaussure
chausson, chaussure
chauve, cheveu
chauvir, oreille
chaux, matériaux de construction
chavirer, renverser
chef-d'œuvre, parfait
chef-lieu, ville
chelem, carte
chemin, route
chemineau, errer
cheminement, cheminer, marcher
cheminot, chemin de fer
chemisette, chemise
chemisier, chemise
chênaie, chêne
chenal, canal
chenapan, bandit, vaurien
chéneau, toit, pluie
chenet, cheminée
chenil, chien
chenille, papillon
cheptel, bétail, ferme
chèque, chéquier, banque
chercheur, chercher
chéri, chérir, aimer
cherté, cher, prix
chérubin, ange
chétif, fragile, délicat
chevaleresque, noble
chevalet, peinture
chevalier, noble
chevauchée, équitation
chevaucher, monter
chevelu, cheveu
chevelure, cheveu
chevet, église, lit
chevillard, boucherie
cheville, articulation, menuisier
cheviller, charpente
chevreau, chèvre, cuir
chèvrefeuille, fleur
chevrette, chevreuil
chevrier, chèvre
chevron, charpente
chevroter, trembler, prononcer
chevrotine, fusil, sanglier
chicaner, chicaneur, chicanier, chicane
chiche, avare
chicorée, salade
chicot, dent
chier, excréments
chiffonner, chiffon
chiffonnier, chiffon
chiffrage, chiffre, chiffrer, calcul, nombre
chignole, percer
chignon, cheveu
chimère, chimérique, imagination, monstre
chimique, chimie
chimiste, chimie
chimpanzé, singe
chinchilla, fourrure
chiper, voler
chipie, acariâtre
chipoter, chicane
chiqué, affectation
chiquenaude, doigt
chiquer, tabac
chiromancie, chiromancien, main, divination
chirurgical, chirurgie
chirurgien, chirurgie
chistera, balle
chiure, excréments
chlore, chimie
chlorophylle, vert, plante
chlorose, pâle
chocolatier, chocolat
chocolatière, vaisselle
chœur, chant, église
choir, tomber
choix, choisir
choléra, infection
chômage, chômer, chômeur, travail, emploi
chope, bière
choper, voler
chopper, équitation
choquant, grossier, cru
choquer, choc, déplaire

choral, chant
chorégraphie, danse
choriste, chant
choroïde, œil
chou, légume
choucas, corbeau
chouchou, chouchouter, faveur, préférer
choucroute, manger
chouette, rapace
choyer, traiter
chrême, sacrement
chrestomathie, recueil
chrétien, chrétienté, Christ
chrisme, Christ
chromatique, musique, couleur
chromatisme, couleur
chrome, chimie
chronique (adj.), temps
chronique, chroniqueur, histoire, nouvelle, journal
chronologie, chronologique, date, histoire
chronomètre, horloge
chrysalide, insecte
chrysanthème, fleur
chuchotement, chuchoter, parler, murmure
chuintement, chuinter, bruit, cri
chute, chuter, tomber
chyle, chylifère, digestion
cible, but, projectile
ciboire, église
cicatrice, cicatriser, blessure, plaie, marque
cidrerie, cidre
cierge, église
cigare, cigarette, tabac
cigogne, oiseau
ciguë, plante, poison
cil, œil
cilice, religieux, chemise
cimaise, peinture
cime, montagne, sommet
ciment, matériaux de construction
cimenter, cimentier, joindre, maçon
cimetière, enterrement
ciné-club, cinéphile, cinéma
cinématique, mécanique
cinématographe, cinématographie, cinéma, photographie
cingler, frapper, pluie
cinquantaine, cinquante, cinquantenaire, cinq
cintre, cintrer, courbure, architecture
cirage, chaussure
circonférence, cercle
circonflexe, écrire
circonlocution, langage
circonscrire, limite
circonspect, circonspection, prudence
circonstanciel, circonstance
circonstancier, détail
circonvolution, cerveau
circuit, voyage
circulaire, lettre, rond
circulation, circuler, mouvement, sang, marcher
cire, abeille
cirer, cireur, briller
cirrhose, foie, alcool
cirrus, nuage
cisaille, cisailler, ciseau
ciseler, ciseleur, ciselure, orner, orfèvrerie, gravure, bijou
citadin, ville
citation, exemple, citer
cité, ville
citer, appeler, tribunal
citerne, pluie, réservoir
citoyen, citoyenneté, pays, politique
citronnade, citron
citronnier, citron
civet, lapin, lièvre
civière, porter
civil, droit
civilisation, civiliser
civilité, politesse
civique, civisme, politique
clabauder, parler, médire
clafoutis, pâtisserie
claie, fromage
clairière, forêt
clair-obscur, lumière, peinture
clairon, musique
claironner, annoncer
clairsemé, rare, clair
clairvoyance, clairvoyant, intelligence, discernement
clamer, annoncer, haut
clameur, cri, bruit
clan, famille, partisan
clandestin, clandestinité, secret, cacher
clapier, lapin
clapoter, clapotis, bruit, mer
claquant, claquer, fatiguer
claque, applaudir, battre
claquemurer, enfermer
claquer, bruit, battre, main
clarifier, pur, nettoyer
clarine, cloche
clarinette, musique
clarté, clair, lumière
classement, classer, ordre, hiérarchie
classicisme, classique, littérature, art
classification, classifier, classe, ordre
claudication, boîter
clause, convention
claustration, claustrer, enfermer
claustrophobie, enfermer, peur
clavecin, musique
clavicule, épaule
clavier, orgue, piano
clef, serrure, fermer
clémence, clément, pardon, pitié, généreux
clémentine, agrumes
clenche, serrure
clepsydre, horloge
cleptomanie, voler
clerc, église, notaire
clergé, prêtre, église
clérical, prêtre
clichage, cliché, clicher, imprimerie, photographie
client, clientèle, commerce, acheter, vendre
clignement, cligner, œil
climat, météorologie
climatisation, climatiser, air, température
clin d'œil, regard
clinique, hôpital
clinquant, broderie
clique, accord, intrigue
cliqueter, cliquetis, bruit, escrime
clivage, cliver, fendre
cloaque, oiseau, sale
clocher, église, cloche
clocheton, cloche
clochette, cloche
cloison, séparer
cloître, cloîtrer, enfermer, religieux
cloque, brûler
clore, entourer, finir
clos, closerie, campagne
clôturer, clôture
clouage, clouer, clou, fixer
cloutage, clouter, clou
clown, clownerie, cirque
cloyère, huître
club, société, association
coagulation, coaguler, sang, fromage
coaliser, coalition, association, complot
cobra, reptiles
cocasse, rire
coccyx, dos
cochon, cochonner, cochonnerie, porc, sale, gâcher
cochonnet, boule
cocktail, boisson
cocon, coconner, soie
cocu, cocufier, infidèle
code, langage, secret
codex, pharmacie
coefficient, calcul
coercition, contrainte
coffret, boîte
cogitation, cogiter, penser
cognac, alcool
cognée, hache
cogner, battre, choc
cohérence, cohérent, logique
cohésion, chimie, lier
cohue, foule
coiffe, coiffure
coiffer, coiffure
coiffeur, cheveu

coincement, coincer, coin, serrer
coïncidence, coïncider, circonstance, simultané
coing, fruit
coït, unir, sexe
coke, charbon
col, vêtement, montagne
coléoptère, aile, insecte
coléreux, colère
colibri, oiseau
colique, ventre
colis, envoyer, chemin de fer, poste
collaborateur, collaboration, collaborer, association, participer, travail
collant, colle, étroit
collatéral, famille
collation, collationner, vérifier, repas
collecte, collecter, recueillir
collectif, public, commun
collectionner, collection
collectivisme, commun
collectivité, ensemble
collège, enseignement
collégiale, église
collègue, semblable
coller, colle, joindre, tenir
collier, cou, harnais, bijou, barbe, chien
colliger, recueillir
colline, géographie
collision, choc, accident
colloque, parler, réunir
collusion, accord, secret
collutoire, gorge
collyre, œil
colmater, boucher
colombage, maçon
colombe, pigeon
colombier, pigeon
colombophile, pigeon
colon, colonie
colonel, officier
colonial, colonialisme, colonie
colonisateur, colonisation, coloniser, colonie
colonnade, architecture
colonne, architecture
colophane, violon
coloration, colorer, couleur
colorier, couleur
coloris, peinture
colossal, extraordinaire
colosse, géant, force
colporter, colporteur, commerce, transport
coltiner, porter
coma, comateux, maladie, sommeil
combatif, combativité, combat
combattant, guerre
combattre, battre, opposé
combinard, combiner, combinaison
comble (n.), charpente
comble (adj.), complet
combler, abondance
combustible, feu, brûler
combustion, brûler
comédien, théâtre
comestible, manger
comique, rire, théâtre
comité, association
commandant, officier
commande, commander
commandement, commander, ordre
commanditaire, commanditer, finance
commémoratif, commémoration, commémorer, mémoire, cérémonie
commençant, commencement, commencer
commensal, table
commentaire, commenter, expliquer
commérage, raconter
commerçant, commercer, commerce
commercial, commercialiser, commerce
commère, bavard
commettre, accomplir
comminatoire, menace
commis, agent, bureau
commisération, pitié
commissaire, police, arbitre
commissariat, police
commissionnaire, commission, agent, commerce
commissure, angle, lèvre
commode, facile, meuble
commodité, bien-être, convenir
commotion, commotionner, choc, trouble
commuer, changer, peine
communal, municipal
communauté, association, participer, commun
commune, municipal
communément, habitude
communicatif, confiance, communiquer
communication, transmettre, annoncer
communiant, communier, communion, eucharistie
communiqué, nouvelle
communisme, communiste, commun, politique
commutateur, électricité
compact, épais, consistance
compagne, compagnon, amitié, camarade, mariage
compagnie, association, société, armée, fréquenter
comparable, comparer
comparaison, comparer, rapport, semblable
comparaître, tribunal
comparatif, grammaire
comparse, théâtre, participer
compartiment, diviser, chemin de fer
comparution, justice
compas, dessin, boussole
compassé, grave, raide
compassion, pitié
compatibilité, compatible, accord
compatir, compatissant, sympathie, pitié
compatriote, pays
compensation, compenser
compétiteur, compétitif, compétition, rival
compilateur, compilation, compiler, recueillir, plagiat
complainte, chant
complaire (se), plaire
complaisant, bon, aimable, servir, galant
complément, complémentaire, complet, grammaire
compléter, ajouter
complexe, complexité, compliqué
complication, compliqué
complice, complicité, participer, accord
compliment, complimenter, complimenteur, louer, féliciter
compliquer, compliqué
comploter, comploteur, complot
componction, grave
comporter, contenir
composite, architecture
compositeur, musique
composition, composer
compote, fruit
compréhension, compréhensif, comprendre
compression, presser
comprimé, pharmacie
comprimer, presser, serrer
compromis, compromission, convention, concession
comptabilité, compte
comptable, agent, bureau
comptage, compter, compte
compteur, automobile, électricité, gaz
comptine, chanson
comptoir, magasin, café
compulser, lire, page
comte, comtesse, noble
concasser, concasseur, broyer
concave, concavité, courbure, creux, optique
concéder, concession
concentration, attention, effort, camp, chimie
concept, pensée, idée
conception, mère, théorie
concerner, rapport, propre
concert, musique
concertation, concerter (se), discuter, accord
concerto, musique
concevable, comprendre

concevoir, penser, imagination, mère
conchyliologie, coquillage
concierge, garder, maison
concile, religion, pape
conciliabule, conversation
conciliant, conciliation, concilier, arranger, accord
concis, concision, court
concitoyen, pays
conclave, pape
conclure, arrêter, arranger
concocter, préparer
concombre, légume
concomitance, concomitant, simultané
concordance, accord, symétrie, temps
concorde, accord, paix
concorder, correspondre
concourir, concours, participer, aide
concrétion, corps, cristal
concrétiser, concret
concubinage, mariage
concupiscence, désir
concurrence, concurrent, compétition, rival
condamnation, condamner, justice
condensation, pluie
condenser, résumer
condescendance, condescendre, permettre
condiment, épice
condisciple, camarade
conditionnel, dépendre, grammaire
conditionnement, conditionner, emballage
conditionner, condition
condoléance, sympathie
condor, rapace
conducteur, diriger, électricité, voiture
conduit, canalisation
condyle, articulation
cône, géométrie
confection, confectionner, faire, vêtement
confédération, association
conférence, conférencier, discours, prêcher
conférer, attribuer, discuter
confesser, confesseur, confession, avouer, pénitence, péché
confiant, confiance
confidence, secret
confident, ami
confidentiel, confier
configuration, forme
confiner, limite, retirer
confins, limite
confire, conserver
confirmation, confirmer, sacrement
confiscation, saisie, peine
confiseur, confiserie
confisquer, prendre, saisie
confiture, confiserie, fruit
conflagration, guerre
conflit, choc, lutte, querelle
confluent, cours d'eau
conformation, forme, corps
conformer (se), obéir
conformisme, conformiste, conforme
conformité, semblable, accord, analogie
confort, confortable, bien-être, agréable
confrère, semblable
confrérie, religion
confrontation, confronter, comparaison, vérifier
confusion, confus
congé, absence, repos
congédier, renvoyer
congélation, congeler, conserver, glace
congénère, espèce, semblable
congénital, naître, maladie
congère, neige
congestion, maladie, sang, respiration
conglomérat, masse
congratulation, congratuler, éloge, politesse
congréganiste, congrégation, religion
congrès, diplomatie, réunir
conifère, pin
conjectural, conjecture, supposer, présumer
conjecturer, préjuger
conjoint, mariage
conjonction, joindre, grammaire, astrologie
conjonctive, conjonctivite, œil
conjoncture, rencontre, événement, circonstance
conjugaison, grammaire
conjugal, mariage
conjuguer, grammaire, joindre
conjuration, conjuré, complot
conjurer, prier
connaissance, science, connaître
connaisseur, compétent
connecter, lier
connexe, connexion, connexité, rapport, lier
connivence, secret, accord
conquête, conquérir
consanguin, parent
consciencieux, conscience
conscient, conscience
conscription, conscrit, soldat
consécration, consacrer
consécutif, suivre
conseiller, conseil
consensus, accord
consentement, consentir
conséquent, logique
conservateur, parti
conservation, conserver
conservatoire, danse, musique
conserves, fruit, légume
considérable, important
considération, considérer, estime, respect
consigne, garde, bagage, punition
consigner, constater, punir
consister, constituer
consolateur, consolation, consoler
console, meuble, appui
consolider, soutenir, solide
consommateur, consommation, consommer
consonance, rythme
consonne, lettre
conspirateur, conspiration, conspirer, intrigue, complot
conspuer, cri, huer
constamment, continu
constance, constant
constat, constater
constatation, constater
constellation, constellé, étoile, ciel
consternation, consterner
constipation, constiper, intestins, excréments
constitutif, constituer
constitution, santé, corps, politique
constitutionnel, politique
constriction, contraction
constructeur, construction, construire
consul, consulat, diplomatie
consultation, consulter, renseignement, demander, lire, médecine, voir, vote
consumer, brûler
contagieux, contagion, épidémie, transmettre
container, emballage
contaminer, communiquer, transmettre, épidémie
contemplation, contempler, regarder, mysticisme
contemporain, contemporanéité, temps, actuel
contempteur, mépris
contenance, attitude, contenir, quantité
contenter, content
contention, contenir
conter, conteur, conte
contestable, contestataire, contestation, contester
contexte, circonstance, texte
contigu, contiguïté, toucher, côté, contact
continence, continent, chaste, vierge
continent, continental, Terre, géographie
contingence, événement

contingent, quantité, part, armée
continuation, continuer
continuité, continu
contorsion, tordre, grimace
contour, cercle, limite
contourner, tourner
contraceptif, contraception, reproduction
contracter, convention
contracter, contractile, contraction
contradicteur, contradiction, contradictoire, contraire, chicane
contraindre, contrainte
contrariété, contrarier
contraste, contraster, désaccord, trancher
contrat, convention
contravention, police, faute
contre, opposé, escrime
contrebande, contrebandier, douane
contrecarrer, contrarier
contrecoup, conséquence
contredire, chicane, réfuter, objection
contrefaçon, contrefaire, imiter, copie, faux
contrefait, difforme
contremaître, chef
contrepartie, compenser
contrepoids, balance
contrepoison, poison
contresens, erreur
contretemps, empêcher
contrevenir, violer, manquer
contrevérité, mensonge
contribuable, impôt
contribuer, contribution, dépense, participer
contrit, contrition, pénitence, regret
contrôle, contrôler, bijou, impôt
contrôleur, contrôler
contrordre, annuler
controverse, controverser, discuter, question
contusion, contusionner, plaie, blessure
convaincant, convaincre, persuader, prouver
convalescence, convalescent, guérir, maladie
conventionnel, convention
conventuel, religieux
convergence, converger, optique, centre
converser, conversation
conversion, religion, changer, tourner
convertir, religion, changer
convexe, convexité, courbe, optique
conviction, croire, foi
convier, inviter, appeler
convive, manger
convocation, appel
convoi, transport, enterrement
convoiter, convoitise, désir, passion
convoler, mariage
convoquer, appeler
convulsif, convulsion
coopération, coopérer, action, commun, participer
coopérative, commerce
cooptation, académie
coordination, ordre, organisation, grammaire
coordonnée, géométrie
coordonner, disposer, lier
copain, camarade
cophochirurgie, sourd
copie, écrire, imprimerie
copieux, abondance
copiste, copier
copulation, copuler, unir, sexe
copule, logique
coq, volaille
coque, bateau, crustacés
coquetterie, plaire
coquille, imprimerie, épée
coquin, malicieux
cor, pied, musique
Coran, islamisme
corbeille, panier
corbillard, enterrement
cordage, corde
cordeau, jardin
cordée, alpinisme
cordial (n.), boisson
cordial, cordialité, cœur, sympathie
cordon, attacher
cordonnerie, cordonnier, chaussure
coriace, dur
cormoran, oiseau
cornage, cheval
cornée, œil
corneille, corbeau
cornet, musique, pâtisserie
corniche, architecture
cornichon, légume
cornu, corne
cornue, chimie, distillation
corolle, fleur
coron, mine
corporal, catholicisme
corporation, association
corporel, corps
corpulence, corpulent, gros, corps
corpuscule, atome, grain
correct, correctement, bien, convenable
correcteur, correction, corriger
correctionnel, justice
corrélatif, corrélation, rapport, analogie
correspondance, rapport, symétrie, écrire, poste, chemin de fer
correspondant, correspondre, journal
corridor, passage, maison
corroborer, confirmer
corrosif, corrosion, brûler, acide
corrupteur, corruptible, corrompre
corruption, corrompre
cors, cerf
corsage, vêtement
corsaire, aventure
corselet, armure, insecte
corset, vêtement
cortège, suite, cérémonie
corvée, travail, peine
corvette, bateau
cosinus, angle
cosmétique, cheveu
cosmique, monde
cosmogonie, monde
cosmographie, astronomie
cosmonaute, astronautique
cosmopolite, cosmopolitisme, monde, étranger
cosmos, astre, astronautique
cosse, enveloppe, paresse
cossu, riche
costal, côte
costaud, force, puissance
costume, vêtement
cotation, Bourse
coteau, campagne, hauteur
côtelette, boucherie, barbe
coter, prix, Bourse
coterie, partisan, intrigue
cotisation, cotiser, payer, participer
cotonnade, coton, tissu
cotonneux, coton, doux
cotonnier, coton, arbre
côtoyer, côté, passer
cotylédon, graine
couard, lâche
couchage, coucher, lit
couchant, points cardinaux
coucherie, coucher
couches, accouchement
coucou, oiseau
coude, bras, articulation
cou-de-pied, pied
couder, courber
couenne, porc
couffin, panier
coulage, verre, perte
coulant, cou, rond
coulé, musique, billard
coulée, métal, cloche
couleuvre, reptiles
coulisse, théâtre
coulisser, glisser
couloir, passage
coup, choc, plaie, carte
coupable, faute
coupe, forêt, carte, sport, orfèvrerie, coupe
couperet, hache, cuisine, boucherie
coupeur, vêtement
couple, coupler, deux
couplet, chanson, poésie
coupon, Bourse, morceau
coupure, plaie, papier, banque, couper

cour, maison, souverain
courageux, courage
courant, mer, cours d'eau, électricité
courbature, fatigue
courbure, rond, fléchir
coureur, courir, débauche
courge, légume
courgette, légume
courrier, poste, correspondre
cours, cours d'eau, commerce, université
coursive, bateau
court (n.), balle
courtage, commerce
courtaud, court
courtier, commerce
courtisane, débauche
courtiser, galant, assidu
courtois, courtoisie, politesse, galant, élégance
couscous, manger, farine
cousin, parent, famille
coussin, dentelle
coût, prix, payer
coutelas, couteau
coutelier, coutellerie, couteau, aiguiser
coûter, coûteux, prix, cher, dépense
coutil, tissu
coutume, coutumier, habitude, ordinaire
couture, coudre
couturière, vêtement
couvain, insecte
couvée, oiseau
couvent, religieux
couver, œuf, chaleur, préparer, soin
couvercle, couvrir
couvert, vaisselle, table
couverture, couvrir, lit, livre, garant, garde, aile
couveuse, œuf, volaille
couvreur, toit
coxalgie, articulation
crabe, crustacés
crachat, crachement, cracher
crachin, brouillard, pluie
crack, force
craie, géologie
craindre, peur, menacer
crainte, craintif, peur, timoré
cramoisi, rouge
crampe, contraction
crampon, cramponner, clou, attacher, importun
cran, entaille, audace
crâne (n.), tête, cerveau
crâne (adj.), courage
crâner, crânerie, crâneur, vanter
crânien, craniologie, nerf, tête
crapule, crapuleux, vil, mauvais, vaurien
craque, mensonge
craquelé, craquelure, fente
craquement, craquer, bruit, rompre
crasse, crasseux, sale
cratère, volcan
craticulation, dessin
cravache, cravacher, équitation, punition
cravate, cou
crawl, natation
crayon, crayonner, dessin, écrire
créance, croire, confiance, dette, prêter
créancier, prêter
créateur, création, créer, imaginer, produire
créatif, créativité, créer
créatophage ou **créophage,** viande
créature, exister
crédibilité, crédible, croire, vrai
crédit, confiance, influence, commerce, finance, banque
créditer, créditeur, banque
crédule, crédulité, croire, confiance, naïf
crémaillère, cheminée, dent, pendre
crémation, crématoire, brûler
crème, lait, pâtisserie
crémerie, crémier, lait, magasin
crénothérapie, eau
crêpe (m.), caoutchouc, tissu
crêpe (f.), farine
crépir, maçon
crépitement, crépiter, bruit, feu
crépu, poil, cheveu
crépuscule, soir, nuit
cresson, légume
crête, oiseau, sommet
crétin, crétinisme, bête
creusement, creuser
creuset, chimie
crevant, épuiser, rire
crevasse, creux, fente, plaie
crever, mort, fatiguer, percer
crevette, crustacés
criailler, cri
criard, cri, aigu, couleur
crible, cribler, tamis
cric, levage
criée, vendre, Bourse
crier, cri, plaindre (se)
crieur, journal
criminel, crime, bandit
crin, crinière, poil, cheval
crique, abri, mer
crispation, crisper, contraction, grimace, convulsion, colère, serrer
crissement, crisser, bruit, aigu
cristallin, cristal, clair, œil
cristallisation, cristalliser, chimie, cristal, sel
critère, base, juger
critérium, compétition
croasser, corbeau
croc, pendre, prendre, dent, chien
crochet, dent, dentelle, tricot, détour
crocheter, serrure
crochu, courbe
crocodile, reptiles
croisée, fenêtre, barre
croisement, croiser, croix, traverser, rencontre, route, entrelacer, espèce
croiseur, bateau
croisière, nautisme, voyage
croisillon, charpente
croissance, croître
croissant, Lune, boulanger, symbole
croquer, mordre, dessin
croquet, boule
croquignole, pâtisserie
croquis, dessin, décrire
cross-country, athlétisme
crotte, crotter, boue, sale, tache, ordure
crottin, excréments
crouler, ruine
croupe, cheval, corps
croupion, oiseau
croupir, paresse, rester, pourrir
croustillant, appétit
croûte, pain, peau, peinture
croûton, boulangerie
croyable, croire
croyance, opinion, religion
croyant, religion
cru, vin, pays
cruauté, cruel
cruche, cruchon, bouteille
crucial, croix, critique
crucifier, crucifixion, croix, supplice
crucifix, croix, église
cruciforme, croix
crudité, cru, langage
crue, inondation
cryothérapie, froid
crypte, église
cryptogame, botanique
cryptogramme, cryptographie, écrire, secret
cube, géométrie
cueillette, fruit, récolte
cueillir, prendre, détacher
cuiller, vaisselle, café, pêche
cuirasse, armure, poitrine
cuirasser, protéger
cuisinier, cuisinière, cuisine
cuisse, jambe, volaille
cuisseau, boucherie
cuisson, cuire
cuissot, chevreuil
cuistre, affectation

cuite, sucre, céramique, ivre
cuivrer, cuivrerie, cuivre
cul, fond, corps
culasse, fusil, artillerie, automobile
culbute, culbuter, sauter, tomber, renverser
culinaire, cuisine
culminant, dominer
culmination, astronomie
culot, architecture, audace
culotte, jambe, vêtement
culotté, audace
culpabiliser, culpabilité, faute
cultivateur, agriculture
cultiver, culture
cultuel, culte
cultural, culturel, culture
cumul, cumuler, plusieurs
cumulus, nuage
cunéiforme, coin, écriture
cupide, cupidité, avide
curable, guérir
curatif, médecine
cure, médecine, repos
curé, église, prêtre
curée, chasse
curer, nettoyer, boue
curiosité, curieux
curseur, règle
curviligne, courbe
custode, boîte, automobile
cutané, peau
cuve, réservoir
cuver, ivre, vin
cuvette, laver
cyanose, bleu
cyanure, bleu, poison
cyclamen, fleur
cycle, cyclique, cercle, automatisme
cyclisme, cycliste, bicyclette
cyclomoteur, bicyclette
cyclone, vent
cygne, oiseau
cylindre, rouleau, géométrie, automobile
cylindrer, route
cylindrique, rond
cymbale, musique
cynégétique, chasse
cynique, cynisme, morale
cynocéphale, singe
cynodrome, chien
cyphose, bosse
cyprès, arbre
cyprin, poisson
cystite, urine
cytise, arbre, fleur

D

dactylographe, dactylographie, dactylographier, doigt, écrire, bureau
dada, caprice
dadais, bête
daguet, cerf
dahlia, fleur
daigner, condescendre
daim, gibier, cuir
dallage, pierre, route
dalle, pierre
daltonisme, couleur, œil
damasquinage, damasquiner, argent, orfèvrerie
damasser, dessin, linge
dame, femme, carte
dames, jouer
damier, échecs
damnation, damner, péché, enfer
dancing, danse
dandinement, dandiner (se), balancer, jambe
dandy, dandysme, élégance
dangereux, danger
danser, danseur, danse
dard, armes, pointe
darder, rayon
darne, trancher, morceau
dartre, peau
datte, dattier, arbre, fruit
daube, cuisine
dauber, critiquer
daurade ou **dorade,** poisson
davantage, plus
davier, pince, dent
dé, doigt, coudre
déambuler, promenade
débâcle, fuir, cours d'eau
déballage, déballer, déballeur, montrer, ouvrir
débandade, fuite, désordre
débander, disperser, projectile
débarbouiller, visage
débarcadère, port, chemin de fer
débardage, débarder, débardeur, transport, porter
débarquement, débarquer, arriver, port, guerre
débarras, débarrasser
débat, débattre, discuter, politique, négocier
débattre (se), résister
débaucher, séduire, renvoyer
débile, débilité, faible, fragile
débine, pauvre
débit, parler, lire, pompe
débitant, commerce
débiter, discours, diviser
débiteur, débitrice, dette
déblai, route
déblatérer, critiquer
déblayer, débarrasser
déboire, ennui, chagrin
déboisement, déboiser, bois, forêt, enlever
déboîtement, déboîter, articulation, disloquer, automobile
débonnaire, débonnaireté, bon, faible
débordement, inondation, excès
déborder, plein, sortir, couler, dépasser
débouché, commerce
déboucher, bouteille, sortir
débours, débourser, dépense, payer
debout, dresser, lever
déboutonner, bouton
débraillé, négliger
débrayage, débrayer, automobile, travail
débris, briser, résidu
débrouillard, malin
débrouiller, expliquer
débrouiller (se), arranger (s')
débusquer, chasser
début, débutant, débuter, commencer, origine
décacheter, lettre, ouvrir
décade, dix, calendrier
décalogue, judaïsme
décalquer, dessin
décamper, camp, partir
décantation, décanter, verser, pur, chimie
décaper, nettoyer
décapitation, décapiter, tête, couper, supplice
décathlon, athlétisme
décatir, tisser
décéder, mort
déceler, montrer
décembre, calendrier
décennal, dix, année
décennie, année, dix
décent, décence
déception, décevoir
décerner, attribuer
décès, mort
déchaîner, dégager, exciter, violence
déchanter, ton
décharge, électricité, artillerie
déchargement, port, chemin de fer, enlever
décharger, enlever
décharné, chair, maigre
déchéance, décadence
déchet, résidu, ordure
déchiffrer, lire, traduire
déchiqueter, déchiqueture, déchirer, mordre
déchirant, aigu, cruel
déchirement, déchirer
déchirure, déchirer
déchoir, déchu, tomber, honte
décibel, son
décimal, dix, calcul
décimer, tuer, détruire
décisif, décider, dernier
décision, décider
déclamation, déclamer, emphase, théâtre
déclaration, déclarer, discours, guerre
déclenchement, déclencher, commencer

déclic, mécanique
déclin, âge, vieux
décliner, faible, baisser
déclivité, oblique, pencher
décocher, projectile
décoction, boisson
décodage, décoder, lire, traduire
décollation, cou, supplice
décoller, séparer, partir
décolletage, décolleter, cou, poitrine
décoloration, décolorer, couleur, effacer, pâle
décombres, démolir, ruine
décommander, annuler
décomposition, diviser, décomposer
décompte, calcul
déconfiture, faillite, ruine
déconseiller, conseil
déconsidérer, perdre
déconvenue, ennui, échouer
décorateur, décoratif, orner, décorer
décoration, décorer
décortiquer, graine
décorum, politesse, cérémonie
découler, conséquence
découpure, découper
découragement, décourager, courage
découverte, trouver
décrépit, vieux
décrépitude, décadence
décret, décréter, ordre, loi, décider
décrier, dénigrer
décrocher, détacher, obtenir
décrue, inondation
décryptage, décrypter, lire, langage
décubitus, coucher
décuple, décupler, dix
dédaigner, dédaigneux, mépriser, orgueil
dédale, détour
dedans, intérieur
dédicace, dédier, offrir, livre
dédommagement, dédommager, compenser, réparer, payer
déductible, soustraire
déduction, déduire, conclusion, soustraire
déesse, mythologie
défaillance, défaillir, faible, absence
défaite, combat, échouer
défaitisme, défaitiste, peur, guerre
défalquer, enlever
défécation, excréments
défection, manque
défectueux, défectuosité, défaut, mauvais
défense, guerre, fortification, défendre
défenseur, avocat, partisan
défensif, défensive, combat
déferler, mer
défi, menacer, provoquer
défiance, méfier (se)
défiant, soupçon
déficit, compte, perdre
défier, provoquer
défini, précis
définitif, dernier
définition, définir
déflagration, explosion
déflorer, vierge
défoncer, défonçage, défoncement, fond, percer, agriculture
déformation, déformer, forme, difforme, altérer
défrayer, payer
défrichement, défricher, agriculture, arracher
défunt, mort
dégager, débarrasser, odeur
dégaine, allure
dégarnir, enlever
dégel, dégeler, glace
dégénérer, dégénérescence, décadence
dégingandé, difforme
déglinguer, détériorer
déglutir, déglutition, avaler
dégommer, destituer
dégonfler, diminuer
dégoûter, dégoût
dégoutter, couler, goutte
dégradation, dégrader, abaisser, destituer
dégressif, diminuer
dégrèvement, dégrever, diminuer, dégager
dégringoler, tomber
déguerpir, fuir, partir
déguisement, déguiser
dégustation, déguster, goût, boire
déhiscence, déhiscent, fente, fruit
dehors, extérieur, apparence
déjection, excréments
déjeuner, repas
déjouer, complot, empêcher
délabré, délabrement, délabrer, ruine, détériorer
délaisser, abandon, oublier
délassement, délasser, repos, distraire
délateur, délation, espion, dénoncer
délectation, délecter (se), plaire, délice
délégation, délégué, déléguer, mission, nommer
délétère, poison, nuire
délibération, délibérer, examen, discuter
délicatesse, délicat
délictueux, délit
délimiter, limite
délinquance, délinquant, délit
déliquescence, fondre
délirer, délire
délivrance, délivrer, libre, dégager, accouchement
déluge, inondation, pluie
déluré, vif, malin
démagogie, démagogue, peuple, politique
demande, demander
demandeur, demanderesse, demander, justice
démangeaison, démanger, piquer, gratter
démarcation, limite
démarche, allure, action
démarrage, démarrer, partir, commencer
démêlé, lutte, querelle
démêler, cheveu
démembrer, partager
déménagement, déménager, logement, partir
démence, dément, folie
démener (se), actif
démenti, démentir, nier
démesuré, excès
demeure, habiter
démission, démissionnaire, démissionner, fonction, renoncer
démocrate, démocratie, démocratique, politique, république, peuple
démodé, mode
démographie, homme
demoiselle, fille
démolition, démolir
démoniaque, diable
démonstratif, grammaire
démonstration, expliquer, raisonnement
démontrer, montrer, expliquer, prouver
démoralisation, démoraliser, décourager
démystifier, mystification
démythifier, mythe
dénaturer, changer, altérer
dendrologie, arbre
dénégation, nier
déni, refuser
dénicher, enlever, trouver
dénigrement, dénigrer
dénombrement, dénombrer, nombre, calcul
dénomination, dénommer, nom, qualifier
dénonciation, dénoncer
dénouement, dénouer, nœud, théâtre, solution
denrée, marchandise, provision
dense, densité, épais, chimie
dentaire, dent
dental, linguistique
denteler, découper

dentellière, dentelle
dentier, dent
dentifrice, nettoyer, dent
dentiste, dentisterie, dent
denture, dent, scie
dénuder, dégager, nu
dénué, dénuement, manquer, besoin, pauvre
déontologie, devoir
départ, partir, disparaître, commencement
départager, égal
département, diviser
départir, attribuer
dépêche, poste, nouvelle
dépeindre, représenter, raconter
dépendance, dépendre
dépenser, dépense
dépensier, gaspiller
dépérir, dépérissement, langueur, maladie
dépêtrer, dégager
dépeuplement, peuple
déplacé, inconvenant
déplacement, déplacer, changer, place
déplaisir, déplaire
déploiement, guerre, escrime
déplorable, triste
déplorer, regretter
déployer, étendre
dépopulation, peuple
déportation, peine, camp
déporter, chasser
déposant, banque
dépositaire, commerce
déposition, témoin
déposséder, dépossession, prendre, priver
dépôt, déposer
dépouille, peau, cadavre
dépouillement, vote
dépouiller, prendre, priver
dépravation, dépraver, vice, corrompre, perdre
dépréciatif, dépréciation, déprécier, dénigrer, diminuer, valeur
déprédation, pillage
dépressif, déprimer
dépression, creux, météorologie, déprimer
dépuceler, vierge
dépuratif, médicament
députation, député, peuple, parlement
déraciner, racine, arbre
dérailler, sortir, délire
déraison, déraisonnable, déraisonner, raison
déraper, glisser
dérèglement, excès, débauche
dérégler, règle, déranger
dérider, rire
dérision, moquer, satire
dérisoire, maigre, petit
dérivation, détour, linguistique
dérive, navigation
dériver, détour, navigation
dermatologie, peau
dermatose, peau
derme, dermique, peau
dérober, voler
dérogation, déroger, exception, manquer
déroute, combat, fuite
dérouter, égarer, embarras
derrière, arrière
derviche, islamisme
désabuser, erreur
désagrément, ennui
désaltérer, satisfaire, soif
désappointement, désappointer, décevoir
désapprouver, désapprobation, blâme
désarçonner, équitation
désarmement, désarmer, arme
désarroi, désordre, peur
désastre, malheur, ruine, calamité
désavantage, inconvénient
désavantager, nuire
désavouer, désaveu, renier, blâmer
desceller, dégager
descendance, descendant, enfant, famille
descente, descendre
description, descriptif, décrire
désemparer, déconcerter
déséquilibre, équilibre
déserter, déserteur, désertion, abandon, trahir
désertique, désert
désespérer, désespoir, abattre, détresse
déshabiller, nu
déshabituer, habitude
déshériter, priver, héritage
déshonneur, honte
déshonorer, nuire, réputation
design, esthétique
désignation, désigner, montrer, nomination
désillusion, décevoir
désinfecter, désinfection, pur, épidémie
désintéressement, désintéresser, intérêt
désinviter, annuler
désinvolte, gêner
désinvolture, libre
désirer, désir, vouloir
désistement, vote
désobéir, résister, obéir
désobligeant, obliger
désodorant, odeur
désœuvré, désœuvrement, oisif, paresse
désolant, désolation, désoler, chagrin
désopilant, rire
désordonné, désordre
désorganiser, désordre
désorienter, égarer, trouble
despote, despotisme, despotique, tyran
desquamation, peau
dessaler, sel
dessèchement, dessécher, sec
dessein, but, intention
desserrer, lâcher
dessert, fruit, manger
desservant, desservir, prêtre
desservir, débarrasser, intérêt, nuire
dessiccation, sec, conserver
dessinateur, dessin
dessiner, dessin, tracer
dessous, inférieur, linge
dessus, supérieur
destinataire, envoi
destination, destiner
destinée, destin
destitution, destituer
destruction, détruire
désuet, désuétude, oubli, mode
désunion, désunir, séparer, désaccord
détachement, détacher
détaillant, détail
détailler, séparer, vendre
détecter, détection, trouver
détecteur, détection, électronique
détective, police
déteindre, couleur, influence
détendre, lâche, repos
détenir, garder
détente, gaz, fusil
détenteur, posséder
détention, prison, peine
détenu, prison
détérioration, détériorer
détermination, volonté
détersif, blanchir
détestable, détester
détonation, détoner, explosion
détonner, faux, trancher
détourner, égarer, conseil
détracteur, dénigrer
détraquer, détériorer
détremper, lourd
détritus, ordure, rester
détroit, géographie
détromper, éclairer
deuil, mort
dévaler, descendre
dévaliser, voler
dévaloriser, valeur
dévaluer, monnaie
devancer, avant, premier
devancier, passé, premier
devant, avant, vêtement
devanture, magasin
dévastateur, dévastation, dévaster, détruire, ruine, pillage
déveine, chance
développement, développer, photographie

devenir, évolution
dévergondage, dévergondé, débauche, vice
déviation, détour, oblique
dévier, détour, écart
devin, divination
deviner, devinette, trouver, découvrir
devis, architecture, prix
dévisager, regarder
devise, inscription
dévisser, vis, dégager, alpinisme
dévoiler, révéler, expliquer
dévolu, choisir
dévolution, transmettre
dévorer, manger, lire
dévot, religion, mysticisme
dévotion, zèle, prier
dévouement, dévouer (se), zèle, généreux
dévoyé, vaurien
dextérité, habile
diabète, diabétique, urine, foie
diablerie, diable
diablesse, diablotin, diable
diabolique, méchant
diacre, prêtre
diagnostic, diagnostiquer, médecine
diagonale, oblique
dialecte, langue
dialectique, raisonnement
dialogue, conversation
dialoguer, parler
diamant, pierre, bijou
diamètre, cercle
diapason, son, musique
diaphane, transparent
diaphragme, poitrine, photographie
diarrhée, intestins
diastole, cœur
diatribe, satire
dichotomie, partage
dicotylédones, botanique
dictateur, dictature, absolu, politique, tyran
diction, prononcer, lire
dicton, proverbe
didactique, instruction
dièdre, angle
dièse, musique
diète, jeûne
diététicien, diététique, aliment
diffamation, diffamer, accusation, réputation
différence, différent
différencier, différent
différend, querelle
différer, délai, retarder
difficulté, difficile, embarras
difficultueux, difficile
difformité, difforme
diffus, bavard
diffuser, diffusion, répandre, radio-électricité
diffuseur, éclairage
digérer, estomac
digeste, léger
digestif, alcool
digital, doigt
digitale, plante
digitigrade, pied
digne, bon
dignitaire, dignité
digression, écarter
digue, port
dilapidation, dilapider, gaspiller, dépense
dilatation, dilater, chaleur, gaz
dilatoire, délai, chicane
dilemme, raisonnement
dilettante, fantaisie
diligence, diligent, zèle
diluer, dilution, pharmacie
diluvien, inondation
dimension, mesure
diminutif, diminution, diminuer
dinde, dindon, volaille
dîner, repas
diocèse, évêque
dioptrie, optique
diphtongue, linguistique
diplomate, diplomatie
diplôme, université
dipsomanie, soif
diptyque, peinture
direct, droit, grammaire
directeur, diriger, chef
direction, diriger, conduite
directive, indiquer
dirigeant, gouverner
dirigisme, économie
discernement, discerner
disciple, doctrine, partisan
discipliné, discipline
discontinuité, interrompre
discordant, désaccord
discorde, haine, désaccord
discourir, discours
discrédit, discréditer, réputation, dénigrer
discret, discrétion
discrimination, séparer, race
disculper, innocent
discussion, discuter
disert, éloquence
disette, faim, manque
disgrâce, faveur
disgracieux, laid
disjoindre, disjonction, séparer, disloquer
dislocation, disloquer
disparate, différent
disparité, différent
disparition, disparaître
dispendieux, prix, dépense
dispensaire, soigner
dispense, faveur, mariage
dispersion, disperser
disponibilité, disponible, libre
dispos, santé
dispositif, ordre
disposition, disposer
disproportion, inégal
dispute, querelle
disqualifier, sport
disque, cercle, son
dissection, cadavre
dissemblable, dissemblance, différent
disséminer, disperser
dissension, opposer, haine
dissentiment, désaccord
disséquer, anatomie
dissertation, disserter, traiter
dissidence, dissident, séparer, hérésie
dissimilitude, différent
dissimulation, dissimuler, cacher, secret
dissipation, inattention
dissiper, distraire
dissiper (se), disparaître
dissocier, séparer
dissolu, débauche, vice
dissolution, chimie, liquide, Parlement
dissolvant, fondre
dissonance, dissonant, accord, musique
dissoudre, fondre
dissuader, dissuasif, dissuasion, conseil
distancer, distance
distant, orgueil
distendre, distension, tendre
distillateur, distiller, distillation
distillerie, distiller
distinct, différent
distinctif, distinguer
distinction, distinguer
distingué, distinction
distraction, distraire, inattention
distrait, oubli, étourdi
distribution, distribuer
dithyrambe, dithyrambique, louer, excès
diurétique, urine
diurne, jour
divagation, divaguer, errer, délire
divergence, diverger, rayon, désaccord
divers, diversifier, différent, varier
diversion, détour, opération
diversité, plusieurs, varier
divertir, distraire
divin, Dieu, parfait
diviniser, Dieu
diviseur, divisible, calcul
division, diviser, armée, calcul
divorce, divorcer, mariage, annuler
divulgation, divulguer, dire, révéler, secret
djellaba, vêtement
docile, docilité, obéir
dock, garder, port
docker, port, porter
doctorat, doctoresse, docteur

doctrinal, doctrine
document, documentation, documenter, renseignement, informer
dodécagone, douze
dodeliner, balancer
dogmatique, absolu
dogmatisme, système
dogme, religion, doctrine
dogue, chien
doigté, musique, habile
doigtier, doigt
doléance, plainte
dolichocéphale, tête
dollar, monnaie
dolmen, pierre, druide
dolorisme, douleur
domaine, domanial, propriété, matière
dôme, église, sommet
domestique, maison, employé
domicile, domicilier, habiter, logement
domification, astrologie
dominant, général
dominateur, domination, dominer
dominicain, religieux
don, donner, offrir, bienfait, art, habile
donataire, donateur, donation, donner
donne, carte
donnée, circonstance, question, calcul, idée
donneur, sang, chirurgie
dopage, dopant ou **doping, doper,** stimuler, exciter
dorer, or, orner
dorique, architecture
doris, bateau
dorloter, cajoler
dormeur, dormir, sommeil
dorsal, dos
dortoir, chambre
dorure, orfèvrerie
dosage, dose, doser, chimie, proportion
dossier, siège, renseignement
dot, dotal, doter, fille, mariage, avantage
douanier, douane
double, deux, copier
doubler, augmenter, remplacer, dépasser
doublure, vêtement, théâtre
douceâtre, fade
doucereux, manière
douceur, doux, modération
douche, doucher, bain, pluie
douillet, sensible
douillette, fourrure
douter, douteux, doute
douve, tonneau, ver
doyen, prêtre, université
doyenné, poire
draconien, cruel, sévère
dragée, confiserie
drageon, rejeton
drague, draguer, boue, nettoyer
draguer, dragueur, errer
dramatique, théâtre
dramatiser, exagérer
dramaturge, dramaturgie, littérature, théâtre
drame, théâtre
drap, laine, tissu, lit
draper, pli
draperie, drapier, tissu
drastique, puissant
dressage, dresser
dressoir, meuble, vaisselle
drisse, cordage, bateau
drogue, droguer, stupéfiant
droite, politique, main, géométrie
droitier, main, bras
droiture, droit, juste
drolatique, drôlerie, rire, bizarre, original
dromadaire, chameau
dru, épais
drugstore, magasin
drupe, fruit
dryade, nymphe, forêt
dû, dette
dualisme, deux
dubitatif, doute
duc, ducal, noble
ductile, ductilité, étendre
duel, duelliste, deux, honneur
dulie, culte
dune, sable, amas
dunette, bateau
duo, musique
duodécimal, douze
dupe, duper, tromper
duplicata, deux, copie
duplicité, mensonge
durabilité, durable, solide, constant
durcir, dur
durée, temps
dureté, dur, insensible
durillon, pied
duvet, poil
dynamique, actif
dynamisme, actif, énergie
dynamite, poudre
dynamo, électricité
dysenterie, intestins
dyslexie, lire
dyspepsie, digestion
dyspnée, respiration
dysurie, urine

E

eau-de-vie, alcool
eau-forte, gravure
ébahi, étonnement
ébattre (s'), jouer
ébauche, ébaucher, commencer, préparer
ébauchoir, sculpture
ébène, bois, noir
ébéniste, ébénisterie, menuisier, meuble
éberluer, éblouir
éblouissant, éblouir, beau
éblouissement, vertige, éblouir
éboueur, nettoyer, rue
ébouillanter, bouillir
éboulement, éboulis, tomber, ruine, démolir
ébouler (s'), tomber
ébrancher, couper, branche
ébranlement, ébranler, secouer, bouleverser
ébrasement, fenêtre, porte
ébrécher, casser
ébriété, boire, ivre
ébrouement, ébrouer (s'), bruit, respiration, équitation
ébruiter, public, répéter
ébullition, bouillir
éburnéen, ivoire
écaille, poisson, peau, insecte
écailler (s'), fente, peinture
écale, noix
écarlate, rouge
écarquiller, ouvrir
écart, écarter, faute, carte
écarté, carte
écarteler, écartèlement, quatre, supplice
écartement, écarter
ecchymose, plaie, blessure, sang
ecclésiastique, prêtre
écervelé, inattention
échafaud, supplice
échafaudage, échafauder, maçon, préparer
échalas, vigne, tuteur
échalote, légume
échancrer, échancrure, entaille, creuser
échange, échanger, changer, réciproque
échantillon, modèle, morceau, publicité
échappatoire, excuse, prétexte, éviter
échappée, bicyclette, perspective
échappement, automobile, horloge
écharpe, bande, vêtement, insignes
échasse, bâton
échassier, oiseau
échauffement, échauffer, température, colère
échauffourée, bagarre
échéance, date, payer
échec, échouer
échelon, échelle, rang
échevelé, cheveu
échine, dos, boucherie
échiner (s'), peine
échiquier, échecs
écho, son, répétition, nouvelle

échoir, arriver, date
échoppe, magasin, gravure
échouage, échouement, échouer
éclabousser, éclaboussure, boue, jet, tache
éclair, foudre, pâtisserie
éclaircie, nuage, ciel
éclaircir, tailler, expliquer
éclairer, éclairage
éclaireur, avant, cavalerie
éclatant, éclat
éclatement, éclater, briser, projectile, colère
éclectique, éclectisme, choisir
éclipse, obscur
éclipser, supérieur
éclipser (s'), disparaître
éclisse, fromage, panier, chemin de fer
éclopé, infirme, boîter
éclore, éclosion, fleur, œuf, ouvrir
écluse, port, canal
écœurer, dégoût
écoinçon, angle, meuble
école, enseignement, éducation, art
écolier, garçon
écologie, milieu
éconduire, repousser
économe (adj.), économie
économe (n.), enseignement, hôpital
économique, économiser, économie
économiste, économie
écope, pelle, pêche
écoper, recevoir, supporter
écorce, enveloppe, bois
écorcer, vannerie
écorcher, écorchure, déchirer, peau, voler
écornifleur, parasite
écosser, légume
écot, part, dépense, payer
écoulement, écouler, couler, passer, vendre
écourter, couper, abréger
écoute, corde, écouter
écouteur, téléphone, écouter
écoutille, bateau
écran, cinéma, télévision
écrasement, écraser
écrémer, lait, enlever
écrémeuse, lait
écrevisse, crustacés
écrier (s'), dire
écrin, boîte
écrit, écrire, livre
écriteau, inscription
écriture, écrire, style
écrivailleur, littérature
écrivain, littérature
écrou, vis, prison
écrouer, enfermer, prison
écroulement, tomber
écru, brut, fil
écu, héraldique, monnaie
écueil, mer, danger, obstacle
écume, résidu
écumer, cuisine, colère, piller
écumoire, cuisine
écurie, cheval, ferme
écussonner, greffe
écuyer, équitation, cirque
eczéma, peau, oreille
éden, délice
édenté, édenter, dent, casser
édifiant, édification, édifier, modèle, vertu
édifice, architecture
édification, édifier, construire
édile, édilité, municipal
éditer, éditeur, édition, livre, imprimerie, publier
éditorial, journal
éducateur, éducatif, éducation
édulcorer, doux, sucre
éduquer, éducation
effacement, effacer
effarer, troubler
effaroucher, peur
effectif (adj.), réel
effectif (n.), nombre, troupe
effectuer, faire, accomplir
efféminer, femme, mou
effervescence, trouble
effeuiller, feuille
efficace, efficacité, effet, force, utile
efficient, cause, effet
effigie, médaille, portrait
effiler, cheveu, pointe
efflanqué, maigre
effleurer, toucher, caresser
effluve, odeur, vapeur
effondrement, ruine
effondrer (s'), tomber
effondrilles, résidu
efforcer (s'), effort
effraction, casser, briser
effraie, rapaces
effrayer, peur, horreur
effriter, ruine
effroi, peur, horreur
effronté, effronterie, hardi, grossier, insolent
effroyable, peur, affreux
effusion, répandre, confier
égailler (s'), disperser
égaler, égal
égaliser, égal, niveau
égalitaire, égalité, égal
égards, respect, politesse
égarement, trouble, folie, erreur, égarer (s')
égayer, animer, orner
églantine, fleur
égocentrisme, égoïsme
égoïne, scie
égorger, égorgeur, gorge, tuer, boucherie
égout, ville, canalisation
égoutter, goutte, couler
égouttoir, cuisine
égrapper, raisin, arracher
égratigner, égratignure, déchirer, ongle
égrener, graine, grain
éhonté, honte
éjaculation, éjaculer, jeter, reproduction
éjecter, éjection, jet, chasser, pousser
élaboration, élaborer, préparer, travail, usine, penser
élaguer, arbre, tailler, abréger
élan, impulsion
élancé, mince
élancement, douleur
élancer (s'), sauter, précipiter (se)
élargir, élargissement, large, étendre, prison
élasticité, élastique, étendre, souple
électeur, élection, vote
électriser, exalter, passion
électrocardiogramme, cœur
électrocuter, électrocution, accident, supplice
électron, matière, atome
élégant, élégance
élémentaire, élément
élévateur, agriculture, port
élévation, haut, messe
élève, enseignement
élever, construire, grand, supérieur
éleveur, élevage
éligibilité, éligible, vote
élimé, usé
éliminer, écarter, exclure
élire, choisir, nommer
élite, supérieur, choisir
ellipse, elliptique, courbe, grammaire
élocution, parler, exprimer
élogieux, éloge
éloignement, loin
éloquent, éloquence
élucider, expliquer
élucubration, élucubrer, raison, égarer
éluder, détour, éviter
élytre, aile, insecte
émacié, maigre
émail, couleur, vernis, porcelaine, orfèvrerie
émailler, orner
émanation, vapeur, odeur, dégager
émancipation, émanciper, esclave, libre
émaner, sortir, venir
émarger, signature
émasculer, mâle
émaux, orfèvrerie, héraldique
emballement, emballer, enthousiasme, passion
emballer, emballeur, emballage
embarcadère, port
embarcation, bateau
embardée, automobile

embargo, commerce
embarquement, embarquer, port, partir, navigation
embarrassant, embarrasser, embarras
embauche, embaucher, employer, engager
embauchoir, chaussure
embaumement, embaumer, mort, enterrement
embaumer, odeur
embellir, embellissement, beau, orner, décorer, mieux
emberlificoter, circonvenir
embêtant, embêtement, embêter, ennui, agacer
emblaver, emblavure, agriculture, semer
emblème, symbole
embobeliner, embobiner, circonvenir, enjôler
emboîtage, reliure
emboîtement, emboîter
embolie, sang
embonpoint, gros, ventre
embouchure, cours d'eau, musique
embourber, boue, obstacle
embouteillage, boucher, route
emboutir, bijou, choc
embranchement, route, espèce
embrasement, embraser, feu, passion
embrassade, paix
embrassement, embrasser, bras, caresse
embrasure, fenêtre
embrayage, embrayer, automobile, transmettre
embrouillamini, confus
embrouiller, mêler
embrun, mer, pluie
embryologie, embryon, biologie, graine
embûche, piège, danger
embuscade, piège, guerre
émeraude, pierre
émerger, apparaître
émérite, fonctionnaire, retraite
émerveillement, émerveiller, merveille
émétique, vomir
émettre, dire, répandre, radio-électricité
émeute, émeutier, trouble, révolte
émigrant, émigré, étranger, pays
émigrer, partir, patrie
éminence, haut, saillie
éminent, supérieur
émissaire, mission
émission, banque, radio-électricité, télévision
emmanchure, vêtement
emmêler, désordre, mêler
emménagement, emménager, logement, meuble
emmener, conduire, enlever
emmitoufler, couvrir
émolument, salaire, fonctionnaire, gagner
émondage, émonder, tailler, branche
émotivité, émotion
émoudre, aiguiser
émoustillé, gai
émoustiller, exciter, plaire
émouvoir, émotion
empailler, paille
empan, doigt
emparer (s'), prendre
empâtement, empâter, épais, peinture, gros, gras
empattement, base, automobile
empaumure, cerf, gant
empêchement, empêcher
empeigne, chaussure
empennage, avion
empereur, souverain
empester, puer
empêtrer, embarras
emphatique, emphase
empierrer, pierre, route
empiétement, empiéter, mordre, dépasser
empiffrer (s'), manger
empiler, entasser
empire, autorité, État
empirer, pire, maladie
empirique, empirisme, empiriste, pratique, expérience, philosophie
emplacement, place
emplâtre, pharmacie
emplette, acheter, commission
employeur, employer
empocher, recevoir, gain
empoigner, main, saisir
empoisonnement, empoisonner, poison, tuer, crime, ennui, harceler
empoissonner, poisson
emporté, emportement, vif, colère, violence
emporte-pièce, percer
emporter, porter, ravir, transport
emporter (s'), colère
empoté, maladresse
empoutrerie, cloche
empreinte, marque, gravure, médaille
empressé, empressement, empresser (s'), zèle, complaisant, dévoué, soigner
emprise, influence
emprisonnement, emprisonner, prison, enfermer
emprunt, emprunter, emprunteur, prêter, imiter
émulation, émule, rival, zèle, compétition
émulsion, émulsionner, pharmacie, photographie
encablure, cordage
encadrement, cadre
encaisser, recevoir
en-cas, manger, pluie
encastrer, emboîter
enceinte (n.), entourer, clôture, fortification
enceinte (adj.), mère
encens, parfum, liturgie
encenser, encensoir, église, louer, flatter
encéphale, cerveau
encercler, entourer
enchaînement, rapport, dépendre, ordre
enchaîner, chaîne, lier
enchantement, enchanter, enchanteur, magie, bonheur, attirer, charme
enchâsser, emboîter
enchère, enchérir, enchérisseur, augmenter, prix, vendre
enchevêtrer, entrelacer
enchifrené, nez, rhume
enclave, géographie
enclin, penchant, tendance
enclos, campagne
enclume, forge, oreille
encoche, entaille
encoignure, coin
encollage, encoller, colle
encolure, cou, cheval, chemise, vêtement
encombrement, encombrer, obstacle, gêner
encorder, corde, alpinisme
encourager, courage
encourir, mériter
encrasser, sale
encre, écrire, imprimerie
encroûté, habitude
encyclique, lettre, pape
encyclopédie, encyclopédique, dictionnaire
endetté, dette
endive, légume
endoctriner, doctrine
endommager, dommage
endormir, sommeil, émousser
endosser, dos, banque, vêtement
endroit, lieu, place
enduire, enduit, étendre, couvrir, couche, peinture
endurance, patience
endurcir, endurcissement, dur, habitude
endurer, souffrir, supporter
énergétique, énergique, énergie
energumène, diable, fureur
énervant, énervement, énerver
enfance, enfant, âge
enfanter, mère, accouchement
enfantillage, futile

enfantin, enfant
enfilade, suite
enfiler, aiguille, vêtement
enflammer, feu, passion, allumer, exalter
enfler, enflure, gonfler, gros
enfoncement, angle, creux
enfoncer, fond, pousser
enfouir, cacher, enterrer
enfourcher, monter
enfourner, four, boulangerie
enfreindre, violer, loi
enfuir (s'), fuir, partir
enfumage, enfumer, fumée
engageant, plaire, engager
engagement, engager, convention, guerre, escrime
engeance, espèce, race
engendrer, reproduction, produire, créer
engin, instrument, artillerie, arme
englober, contenir, tout
engloutir, engloutissement, fond, avaler, naufrage
engoncement, engoncer, épaule, gêner
engorgement, engorger, boucher
engouement, engouer (s'), enthousiasme
engourdir, engourdi
engrais, fertile
engraissement, engraisser, gras, bétail
engrenage, engrener, dent, roue, transmettre
engueuler, injure
énigmatique, enigme, obscur, secret, divination
enivrement, enivrer, ivre, étourdir, odeur
enjambée, allure
enjamber, passer, sauter, pied
enjeu, pari, jouer
enjoindre, ordre, commander
enjôleur, enjôler
enjoliver, orner, décorer, raconter, faux
enjoué, enjouement, gai
enlacement, enlacer, bras, caresser, serrer
enlaidir, laid, gâter
enlèvement, enlever
ennéagone, neuf
ennuyer, ennuyeux, ennui
énoncé, texte
énoncer, dire, exprimer
enorgueillir, orgueil
énormité, énorme
enquérir (s'), question, chercher, renseignement
enquête, interroger, examen, justice
enquêter, enquêteur, examiner, rechercher
enquiquiner, importun
enraciner, racine, habitude
enrager, colère
enrayer, arrêter, roue
enregistrement, enregistrer, registre, cinéma, radio-électricité, son
enrhumé, rhume
enrichir, enrichissement, riche, gain, fortune
enroué, enrouement, gorge, rhume, voix
enroulement, enrouler, spirale, rouler, tourner
ensablement, ensabler, sable, cours d'eau
ensanglanter, sang
enseigne, drapeau, magasin
enseignant, enseigner, apprendre, instruction
ensevelir, ensevelissement, enterrement
ensorceler, magie, séduire, envoûter, enjôler
ensuite, suite, après
entablement, architecture
entacher, tache
entailler, entaille, ciseau
entame, entamer, couper, commencer, ouvrir
entassement, entasser
entendement, intelligence, raison, compréhension
entente, amitié, association, convention, accord
entériner, confirmer, approuver
entéralgie, entérite, intestins
entêtement, entêté
entêter, tête, odeur
enthousiasmer, enthousiaste, enthousiasme
enticher (s'), amour
entité, exister
entomologie, entomologiste, insecte
entonner, verser, chant
entonnoir, bouteille
entorse, tordre, articulation
entortiller, envelopper
entourage, bord, atmosphère, cadre
entourloupette, tour
entracte, théâtre, intervalle
entraide, entraider (s'), aide, bienfait
entrailles, ventre, intestins
entrain, ardeur, vie
entraînement, entraîneur, entraîner
entrave, entraver, obstacle, gêner, contrarier
entrechat, danse
entrecôte, boucherie
entrée, entrer, ouvrir
entrefilet, journal
entregent, habile
entrelacer, nœud, tresse
entrelacs, architecture
entremets, pâtisserie
entremetteur, débauche
entremise, intervenir
entrepont, bateau
entreposer, entrepôt, marchandises, garder
entrepreneur, entreprise
entresol, maison
entrevoir, voir, apercevoir
enucléation, enucléer, chirurgie, fruit, tumeur
énumération, énumérer, dire, rhétorique
envahissement, envahisseur, envahir
envaser, boue
enveloppe, envelopper
envenimer, haine, infection, plaie
envergure, aile, large, valeur
envers, arrière, opposé, renverser, côté
envier, envieux, envie
environnement, atmosphère, milieu
environner, entourer
environs, lieu, proche
envoi, envoyer
envoler (s'), voler, disparaître
envoûtement, envoûter
épagneul, chien
épaisseur, épaissir, épais, consistance
épanchement, sentiment
épandage, épandre, ordure, semer, répandre
épanouir (s'), épanouissement, ouvrir, fleur, joie
épargne, épargner, économie, éviter, modération
éparpiller, disperser, répandre
épatant, remarquer
épaté, plat, nez
épater, éblouir, étonner
épauler, soutenir
épave, naufrage
épeler, épellation, mot, lire
éperlan, poisson
éperon, éperonner, équitation
épervier, rapace, pêche
éphèbe, jeune
éphémère, court, passer
éphémérides, calendrier
épi, fleur, graine, charpente
épicer, épice, cuisine
épicerie, épicier, magasin, épice
épidémique, épidémie
épiderme, peau, enveloppe, feuille, tige
épier, surveiller, espion
épierrer, enlever, pierre
épigramme, boucherie, satire
épigraphe, épigraphie, inscription
épilatoire, poil, arracher

épilepsie, épileptique, convulsion
épilation, épiler, arracher, poil
épilogue, conclusion, finir
épiloguer, chicaner
épineux, épine, difficile
épingler, épingle, piquer
épiscopal, épiscopat, évêque
épiscope, blindés
épisode, épisodique, événement, roman, théâtre
épisser, épissure, entrelacer
épistémologie, science
épistolaire, épistolier, lettre, correspondre
épitaphe, inscription
épithalame, chant, mariage
épithélium, peau
épithète, mot, qualité
éplucher, légume, enlever, cuisine, examiner
épluchure, résidu
épointer, pointe, émousser
épopée, littérature, poésie
époque, temps, moment
époumoner (s'), cri
épouser, mariage, partisan
épousseter, poussière, nettoyer
époustouflant, extraordinaire
épouvantail, horreur
épouvante, épouvanter, peur, horreur
époux, mariage
éprendre (s'), amour
épreuve, essai, éprouver, examiner, imprimerie, gravure, photographie
éprouvette, chimie, pharmacie
épuisement, épuiser
épuration, épurer, pur, eau, sucre, parti
épure, dessin, architecture
équarrir, équarrissage, carré, tailler, dresser
équateur, terre, géographie
équation, calcul
équatorial, géographie
équerre, règle, dessin
équestre, cheval
équilatéral, côté, triangle
équilibrer, égal, balance, compenser, équilibre
équilibriste, cirque
équinoxe, saison
équipage, bateau, aviation, chasse
équipe, ouvrier, sport
équipement, équiper
équipier, nautisme
équitable, juste, impartial
équité, juste, droit
équivalence, équivalent, valoir, égal
équivaloir, valoir, correspondre
érable, arbre, violon
éradication, arracher
érafler, éraflure, déchirer, peau, blessure
éraillé, usé, voix
ère, temps, géologie
érection, construire, reproduction
éreintement, éreinter, fatiguer, accabler
érémitique, religieux
ergot, ongle, chien, champignon
ergotage, ergoter, ergoteur, chicane, discuter
ergothérapie, soigner
ériger, construire
ermite, seul, religieux
éroder, érosion, ronger, géologie
érotique, érotiser, érotisme, amour
errant, errer
errata, faute, livre
errements, habitude
erroné, erreur
éructation, flatulence
éruption, fièvre, volcan
érysipèle, peau
esbroufe, esbroufer, esbroufeur, vanter
escabeau, échelle
escadre, escadrille, marine, aviation
escalade, escalader, échelle, monter
escale, port, arrêt
escalier, maison, degré
escamotage, escamoter, escamoteur, disparaître
escapade, fuite, absence
escargot, mollusques
escarmouche, combat
escarpé, raide
escarpin, chaussure
escarpolette, balancer
escarre, plaie, peau
esche, escher, pêche
esclaffer (s'), rire
esclandre, scandale
esclavage, esclave
escompte, escompter, commerce, banque, attendre, espérer
escorte, escorter, accompagner
escroc, voleur
escroquerie, escroquer
ésotérique, ésotérisme, secret, mystère
espacer, écarter, intervalle
espadon, épée, poisson
espadrille, chaussure
espagnolette, fenêtre
espérance, espérer
espiègle, malicieux
espionner, espion
espoir, espérer
esquif, bateau
esquinter, détériorer
esquisse, esquisser, projet, commencer, dessin
esquiver, éviter
essai, essayer
essaim, essaimer, abeille
essence, nature, principe, parfum, pétrole
essor, voler, oiseau, progrès
essoriller, oreille, couper
essoufflement, essouffler, respiration, souffle
essuyer, frotter, nettoyer, poussière, supporter
est, points cardinaux
estafilade, plaie, entaille
estampe, gravure, image
estamper, orfèvre, escroquer
esthéticien, esthétique
estimable, estimer
estimation, apprécier
estime, estimer, respect
estival, estivant, saison
estoc, épée, pointe
estomaquer, étonner
estompe, estomper, dessin, peinture
estropier, mutiler
estuaire, mer, cours d'eau
esturgeon, poisson
étable, bétail, ferme
établi, menuisier
établissement, établir
étage, maison, géologie
étai, soutenir, maçon
étain, métal
étal, boucherie, légume
étalage, étaler, montrer, étendre, affectation
étale, mer, inondation
étalon, mâle, cheval, norme
étamer, couvrir, étain
étambot, bateau
étamine, fleur, mâle
étanche, étancher, arrêter, boucher
étançon, charpente
étançonner, soutenir
étang, eau, lac
étape, distance, arrêter
étatisme, économie, État
état-major, armée
étau, outil, serrer
étayer, soutenir
été, saison, chaleur
éteignoir, éteindre
étendage, étendre, sec
éternel, éterniser, durer, long
éternité, vie, mort
éternuement, éternuer, nez, rhume
éthéré, léger
éthique, morale
ethnie, ethnique, peuple, race, pays
ethnographie, ethnologie, géographie, peuple
étincelant, étinceler, briller, lumière, éblouir
étincelle, feu
étioler (s'), plante, faible
étiologie, cause
étique, maigre

étiquette, marque, inscription, règle, cérémonie, politesse
étirage, étirer, étendre, tirer, métal
étoffe, tissu
étoffer, garnir, raconter
étonnant, étonnement, étonner
étouffement, étouffer, respiration, chaleur
étourderie, étourdi
étourdissement, étourdir
étourneau, oiseau, étourdi
étrange, étrangeté, bizarre, extraordinaire
étrangler, cou, serrer
étrave, bateau
être (n.), vie, personne
être (v.), exister, vie
étreindre, étreinte, serrer, presser, caresse
étrenne, étrenner, commencer, donner, premier
étrier, équitation, alpinisme
étrille, brosse
étriller, frotter, battre
étriqué, étroit, petit
étroitesse, étroit
étudiant, université
étudier, apprendre, rechercher, voir
étui, boîte
étuve, chaleur, bain
étymologie, étymologique, mot, origine
eugénisme, race
eunuque, mâle
eupepsie, digestion
euphémisme, doux, rhétorique
euphonie, euphonique, harmonie
euphorie, bien-être
eurythmie, rythme, accord
euthanasie, mort
évacuation, abandonner, rejeter, intestins
évader (s'), échapper
évaluation, évaluer, estimer, valeur
évangéliser, prêcher
évangile, Christ, Bible
évanouissement, évanouir (s')
évaporation, évaporer (s'), vapeur, disparaître
évaser, ouvrir, large
évasif, vague
évasion, échapper
évêché, évêque
éveil, attention
éveillé, vif, rapide
éveiller (s'), sommeil
évent, sculpture, volcan
éventaire, vendre
éventé, acide
éventer, secret
éventrer, ventre
éventualité, éventuel, événement, possible
évertuer (s'), effort
éviction, exclure
évidence, évident
évider, creuser
évier, vaisselle, laver
évincer, exclure, écarter
évitable, éviter
évocation, évoquer, magie
évoluer, évolution
évolutionnisme, évolution
évulsion, arracher
exacerber, aviver, exciter
exaction, fonctionnaire, piller
exactitude, exact
exagération, exagérer
exaltation, exalter
examen, examiner
exaspération, exaspérer, colère, énerver
exaucer, satisfaire
excavation, creux
excédent, excès
excéder, agacer, dépasser
excellence, excellent, titre, diplomatie
exceller, excellent
excentricité, excentrique, bizarre, cercle
excepter, exception
exceptionnel, exception
excessif, excès
excipient, pharmacie
excitabilité, sensible
excitation, excitant, exciter
exclamation, exclamer (s'), cri
exclusif, seul
exclusion, exclure
excommunication, excommunier, catholicisme
excoriation, excorier, déchirer, peau
excrétion, couler
excroissance, chair, gros
excursion, excursionner, voyage, promenade, tourisme
excusable, excuser, excuse
exécrable, abominable
exécration, exécrer, maudire, haine, détester
exécuter, faire, obéir, accomplir, musique
exécutif, politique
exécution, action, travail, supplice, saisie
exégèse, exégète, expliquer, Bible, interpréter
exemplaire (adj.), bon, parfait
exemplaire (n.), modèle, livre
exempter, exemption, exempt, dispenser
exercice, exercer, mouvement, pratique
exhalaison, exhaler, odeur, répandre
exhaustif, complet
exhiber, exhibition, montrer, spectacle
exhortation, exhorter, conseil, inciter
exhumer, terre
exigeant, exigence, exiger
exigible, exigibilité, banque, dette
exigu, exiguïté, petit
exil, exiler, chasser, pays
existence, exister, vie
exode, sortir, Bible
exonération, exonérer, impôt, dispenser
exorbitant, excès, prix
exorciser, diable
exorde, discours, commencer
expansif, communiquer
expansion, étendre, large
expatrier, étranger
expectative, attendre
expectorer, expectoration, poitrine, cracher
expédient, ressource, moyen
expédier, expéditeur, envoyer, marchandise
expéditif, actif, rapide
expédition, bagage, guerre, envoyer
expérimental, expérimenter, expérience
expert (adj.), habile
expert (n.), **expertise, expertiser,** arbitre, estimer
expiation, expiatoire, expier, peine, réparer
expiration, respiration, finir
expirer, respiration, mort, finir
explication, expliquer
explicite, clair
expliciter, expliquer
exploit, action, fait, guerre
exploitation, exploiter
exploration, explorer
exploser, explosif, explosion
exportation, exporter, transport, étranger
exposé, décrire, raconter
exposer (s'), danger
exposition, exposer
express, chemin de fer
expressif, expression, exprimer
exproprier, posséder
expulser, expulsion, chasser, exclure
exquis, délicat, délice
exsangue, pâle, sang
extase, extasier (s'), admirer, merveille, prier
extenseur, extensif, extension, étendre, gymnastique
exténuer, épuiser
extérioriser, extérieur
exterminer, anéantir

extinction, feu, éteindre
extirpation, extirper, arracher, racine
extorquer, prendre, voler
extraction, tirer, arracher
extrader, extradition, livrer, étranger
extraire, extrait, tirer, arracher, abrégé
extravagance, extravagant, caprice, bizarre
extrémisme, politique
extrémité, extrême
exubérance, exubérant, fougue
exulter, joie, délire
ex-voto, vœu, reconnaissance

F

fabrication, fabriquer, faire, construire, produire
fabrique, industrie, usine
fabulateur, fabulation, fabuler, inventer, mensonge
fabuleux, fantastique
fabuliste, fable
façade, maison, architecture, apparence
facétie, facétieux, rire, malicieux
fâché, fâcherie, fâcher
fâcheux, désagréable
facial, visage
faciès, visage
facilité, faciliter, facile
façon, travail, manière, art, cérémonie, forme
faconde, parler, éloquence
façonner, faire, préparer
facteur, agent, poste, calcul, piano, orgue
factieux, agiter
faction, complot, parti
factionnaire, garde
facture, manière, faire
facture, facturer, compte
facultatif, faculté
fada, fou
fadaise, futile, plat
fadeur, fade
fagot, branche, bois
fagoter, fagot, habiller
faible (n.), tendance
faiblesse, faible, faute
faiblir, céder, diminuer
faïence, faïencier, céramique, vaisselle
faillible, faillir, faute, erreur, péché
fainéant, fainéanter, fainéantise, paresse, oisif, rien
fair play, jouer, sport
faisable, possible, facile
faisan, oiseau
faiseur, aventure
faîtage, toit, charpente
faîte, sommet, toit
falaise, mer, relief
falloir, devoir
falot, insignifiant
falsification, falsifier, faux, altérer
famélique, faim, pauvre
fameux, excellent, parfait
familial, famille
familiariser, familiarité, familier
famine, faim
fanal, éclairage
fanatiser, fanatisme, fanatique
fanfare, musique
fanfaron, fanfaronnade, fanfaronner, vanter
fanfreluche, vêtement
fange, fangeux, boue
fantaisiste, fantaisie, spectacle
fantasmagorie, fantôme
fantasque, bizarre
fantassin, infanterie
fantoche, insignifiant
faon, cerf
farandole, danse
faraud, fier, malin
farce, farcir, cuisine
farceur, farce
fard, farder, toilette, visage
fardeau, charge
farfelu, bizarre
faribole, futile
farineux, farine
farniente, oisif, repos
farouche, sauvage, rude
fascicule, livre
fascination, fasciner, éblouir, plaire, attirer
fascisme, politique
faste, éclat
fastidieux, désagréable
fastueux, luxe, riche
fat, affectation, orgueil
fatalisme, fataliste, fatal
fatigant, fatigue, fatiguer
fatras, amas, désordre
fatuité, orgueil, vanité
faubourg, ville
faucon, chasse, rapace
faufiler, coudre
faufiler (se), pénétrer
faune, monstre
faussaire, faux, altérer
fausser, faux, courber
fausseté, faux, erreur
fauter, faute
fauteuil, meuble, siège
fauteur, trouble, faveur
fautif, faute
fauve, bête, roux
fauvette, oiseau
favorable, faveur
favori, faveur, barbe
favoriser, faveur, protéger
favoritisme, faveur
fébrifuge, fièvre
fébrile, fébrilité, fièvre
fécal, fèces, excréments
fécondation, féconder, fécond, reproduction
fécondité, fécond
fédération, association
fée, magie
feindre, simuler
feinte, artifice, ruse
feinter, tromper
fêler, fêlure, fente
félicitation, féliciter
félicité, bonheur
félidés, chat
fêlure, fente
féminin, femme, grammaire
féminisme, féministe, femme
fémoral, jambe
fendiller, fente
fendre, fente
fer-blanc, métal
férié, jour, repos
fermage, ferme
ferment, chimie
fermentation, fermenter, pâte, gâter, acide
fermeté, volonté, ferme
fermeture, fermer
fermier, ferme
fermoir, fermer
féroce, férocité, cruel
ferrer, fer, maréchal-ferrant, pêche
ferreux, fer
ferronnerie, ferronnier, fer, serrure
ferronnière, bijou
ferroviaire, chemin de fer
ferrure, fer, maréchal
fertiliser, fertilité, fertile
féru, passion
fervent, ferveur, chaleur, religion
fesse, dos, corps
festin, manger
festival, fête, musique
festivité, fête
festoyer, fête, excès
fêter, fête
fétiche, bonheur
fétichisme, fétichiste, religion, superstition
fétide, fétidité, puer
feuillage, feuille
feuillet, page, livre
feuilleton, journal
feutre, poil, coiffure
fève, légume
février, calendrier
fiabilité, fiable, sûr, confiance
fiançailles, promettre
fiancé, fiancée, mariage
fiasco, échouer
fiasque, bouteille
fibre, bois, papier, tisser
fibreux, fibrille, fibre
fibrine, sang
ficeler, ficelle, corde
fiche, électricité
ficher, fixer, planter
fiche(r) (se), moquer (se)
fichier, bureau
fichu (adj.), perdre
fichu (n.), cou, vêtement
fictif, imaginer

fiction, imagination
fidélité, fidèle
fiel, foie, amer
fielleux, amer
fiente, excréments
fier (se), confiance
fierté, fier
fiévreux, fièvre
fignoler, soigner
figue, fruit
figuier, arbre
figurant, théâtre, cinéma
figure, visage, image, style, rhétorique, danse
figurer, représenter
filament, fil, électronique
filandreux, dur
file, suite, ligne
filer, fil, courir, vitesse
filet, pêche, chasse, cheveu, balle
filiation, origine, parent
filière, fil, soie
filigrane, papier, bijou
filin, corde
fillette, fille, enfant
filleul, filleule, baptême
film, filmer, cinéma
filon, mine, place
filou, filouter, filouterie, voler, tricher
fils, enfant
filtre, filtrer, passer, eau, café
fin, final, finir
finale (m.), musique
finale (f.), sport
financer, payer
financier, banque
finasser, finasserie, ruse, subtil
finaud, ruse, malin
finesse, fin
finissage, finisseur, finition, finir
fiole, bouteille
firmament, ciel
firme, commerce
fisc, fiscal, fiscalité, impôt, finance
fissile, fente, explosion
fission, atome
fissuration, fissure, fissurer, fente
fixatif, fixation, fixer
fixité, fixe
flaccidité, mou, lâche
flacon, bouteille
flageller, battre
flageoler, trembler
flagorner, flagornerie, flagorneur, flatter
flagrant, évident
flair, flairer, nez, chien, sentir, intuition, pressentir
flamber, feu, brûler
flamme, feu, lumière
flammèche, feu
flan, pâtisserie, médaille
flanc, côté, aile
flancher, reculer
flâner, flânerie, flâneur, marcher, lent, promenade
flanquer, accompagner, appliquer
flash, informer, photographie
flasque, mou, lâche
flatterie, flatteur, flatter
flatuosité, flatulence
flavescent, jaune
fléau, balance, malheur, battre, céréales
flèche, architecture, projectile
fléchissement, fléchisseur, fléchir, muscle
flegmatique, flegme, impassible, calme
flemmard, flemme, paresse
flétrir, flétrissure, honte, blâme
fleuret, escrime
fleurir, plante, fleur
fleuriste, fleur, jardin
fleuve, cours d'eau
flexible, flexion, fléchir
flirt, flirter, flirteur, amour, fréquenter, galant
flocon, laine, neige
floraison, plante, fleur
floral, floriculture, fleur
flore, plante, botanique
florilège, fleur, choisir
florissant, prospère
flot, mer, quantité
flottaison, bateau
flotte, marine
flottement, indécis
flotter, liquide, pluie
flottille, marine
flou, léger, vague
flouer, tromper
fluctuation, varier
fluet, mince, faible
fluide, fluidité, liquide
flûtiste, flûte
fluvial, eau, cours d'eau
flux, mouvement, mer, sang
foc, bateau
focquier, nautisme
fœtal, fœtus, accouchement
foin, fourrage
foire, marché, fête
foison, foisonner, abondance
folâtrer, plaisir, jouer
folklore, folklorique, légende, tradition, province
folie, fou
folio, page, livre
foliole, feuille, fleur
fomentateur, fomentation, fomenter, agiter
foncer, couleur, foncé, précipiter
foncier, fonds
fonctionnement, fonctionner
fondamental, essentiel
fondant, confiserie
fondateur, créer
fondation, base, créer
fondement, base, principe
fonder, créer, instituer
fonderie, industrie
fondrière, creux, route
fondue, fromage
fongicide, champignon
fongosité, champignon
fonte, fondre, fer
fonts, baptême
football, balle, sport
footing, marcher
forage, pétrole, puits
forcené, fureur
forcer, force, contrainte
forclore, forclusion, annuler
forer, creuser, puits
forestier, forêt
forfait, faute, abandonner
forfaiture, faute, fonctionnaire
forger, forgeron, forge
formaliser (se), vexer
formalisme, formaliste, forme
formalité, forme, cérémonie
format, livre
formation, former, géologie, armée,
formel, formellement, forme, positif, rigueur
formidable, extraordinaire
formuler, formule
fornication, forniquer, femme, plaisir
fort (n.), fortification, abri
fort (adj.), force, compétent, savant
fort (adv.), **fortement,** très
forteresse, fortification
fortifier, force, augmenter
fortuit, hasard
fortuné, fortune
fosse, mer, gouffre
fossé, creux, route
fossile, géologie
foudroyer, foudre
fouetter, battre
fougueux, fougue
fouille, fouiller, chercher, visiter
fouillis, désordre
foulard, cou, vêtement
foulée, chasse, équitation
fouler, presser, vendange
foulure, blessure
fourbe, fourberie, mensonge, ruse, hypocrite
fourbi, bagage
fourbir, frotter
fourbu, fatiguer
fourche, pointe, dent
fourchette, table
fourgon, chemin de fer, automobile
fourmi, insecte, piquer
fourmillement, fourmiller, piquer, foule
fourneau, four, cuisine
fournée, boulangerie

fournil, four, boulangerie
fourniment, soldat, bagage
fournisseur, fourniture, fournir
fourreau, protéger, vêtement
fourrer, garnir, mettre, fourrure
fourreur, fourrure
fours, pâtisserie
fourvoyer, égarer, erreur
foyer, cheminée, optique, théâtre, famille
fracas, fracasser, bruit, casser, explosion
fraction, calcul
fractionnaire, calcul
fractionnement, fractionner, partager
fracture, fracturer, blessure, briser, os
fragilité, fragile
fragment, briser, diviser, morceau
fragmentation, fragmenter, diviser
frai, poisson, reproduction
fraîcheur, frais, éclat
fraîchir, vent
frais, dépense
fraise, fruit
framboise, fruit
franchir, passer, sauter
franchise, franc
franc-maçon, franc-maçonnerie
franc-parler, franc
franc-tireur, armée
frangipane, pâtisserie
frappe, monnaie
frasque, fou
fraternel, frère
fraterniser, amitié
fraternité, accord, charité, république
fratricide, crime
frauduleux, fraude
frayer, poisson, fréquenter
frayeur, peur
fredaine, plaisir, folie
fredonner, chant
frégate, bateau, oiseau
frein, freiner, automobile, diminuer
frelater, altérer
frêle, mince, fragile, délicat
freluquet, jeune
frémir, frémissement, trembler, peur, colère
frêne, arbre
frénésie, frénétique, passion, enthousiasme, fougue
fréquence, fréquent
fréquentatif, répéter
fréquentation, fréquenter
fresque, peinture
fret, fréter, transport, marine
frétiller, agiter (s')
fretin, poisson, insignifiant
friable, poussière
friand, friandise, gourmand, pâtisserie
friction, frictionner, frotter, cheveu
frigide, frigidité, froid, sexe
frigorifique, conserver, glace
frileux, froid
frime, apparence, simuler
fringale, faim
fringant, vif, cheval
friper, pli, chiffon
friperie, fripier, vêtement, commerce
fripon, friponnerie, enfant, voler
fripouille, vaurien
frire, cuire, cuisine
frise, architecture
friser, poil, cheveu, proche
frison, frisure, cheveu
frisson, frissonner, trembler, froid, fièvre
friture, cuire, gras
frivole, frivolité, futile
froideur, froid, grave
froissement, froisser, pli, fâcher, vexer
frôlement, frôler, toucher, passer, proche
fromagerie, fromage
fronce, coudre, papier
froncement, froncer, pli, contraction, linge
frondaison, feuille
fronde, arme
front, tête, guerre
frontal, tête, harnais
frontière, pays, limite
frontispice, architecture, livre
fronton, architecture, balle
frottement, frotter
frottis, peinture
fructifier, fruit, développer
fructueux, prospère
frugal, frugalité, manger, modération, sobre
fruiterie, fruit
fruitier, arbre
fruste, médaille, rude
frustrer, priver
fugace, court
fugitif, fuir, court
fugue, disparaître, musique
fuite, fuir, perdre
fulguration, foudre
fulminer, foudre, colère
fumage, conserver, viande
fumer, cheminée, tabac, charcuterie, agriculture
fumerolle, volcan, fumée
fumet, goût, odeur, vin
fumeur, tabac
fumeux, confus, vague
fumier, excréments
fumigation, pharmacie
fumiste, fumisterie, cheminée, fantaisie
fumivore, cheminée, feu
funambule, cirque
funèbre, mort
funérailles, enterrement
funéraire, enterrement
funeste, nuire, malheur
funiculaire, chemin de fer
fureter, chercher
furibond, fureur
furie, fureur, enfer
furieux, fureur, violence
furoncle, pus, tumeur
furtif, furtivement, cacher, rapide, secret
fuselage, avion
fuselé, doigt, jambe
fuser, pyrotechnie, partir
fusible, fondre, électricité
fusilier, infanterie, marin
fusillade, fusil
fusiller, supplice, arme
fusion, fondre, liquide
fusionner, association
fustiger, battre, punir
fût, tronc, tonneau
futaie, forêt
futé, malin, habile
futilité, futile
futur, avenir, grammaire
futurologie, avenir
fuyard, fuir

G

gabarit, modèle, vérifier
gabegie, désordre, gaspiller
gabelou, douane
gabier, marin
gabion, fortification, chasse
gâche, serrure
gâchette, fusil
gâchis, boue, désordre
gadget, publicité
gadoue, gadouille, boue
gaffe, bateau, pêche
gaffe, gaffer, gaffeur, maladresse
gag, cinéma
gage, garantir, prêter
gager, gageure, pari
gagne-pain, emploi
gaieté, gai
gaillard, gaillardise, jeune, grivois
gain, gagner
gaine, envelopper, vêtement
gala, cérémonie, fête
galanterie, galant
galaxie, étoile
galbe, courbure, forme, élégance, ligne
galéjade, galéjer, plaisanter, exagérer
galère, bateau, prison
galetas, sale
galette, pâtisserie
galhauban, cordage
galimatias, langage, obscur
galipette, sauter
gallicisme, langue
gallinacé, volaille

galon, bande, insignes
galop, allure, équitation
galoper, courir, équitation
galopin, vaurien, enfant
galvaniser, zinc, fer, exalter
galvauder, gaspiller
gambader, jambe, sauter
gamin, enfant
gamme, musique
ganache, machoire, bête
gang, gangster, bandit
ganglion, glande
gangrène, gangréneux, ronger, plaie
ganter, gantier, gant
garage, abri, automobile
garance, teindre, rouge
garant, garantie, garantir
garcette, bateau, cordage
garçonnet, garçon
garde (m.), garder, soldat
garde (f.), garder
garde-fou, fenêtre, pont
garderie, enfant
garde-robe, armoire
gardeur, garder
gardien, garder, surveiller
gardon, poisson
gare, chemin de fer
garer, abri
gargariser (se), gargarisme, gorge, pharmacie
gargote, manger
gargouille, toit
gargouillement, gargouiller, flatulence
garnement, enfant
garnison, garde, armée
garniture, garnir
garrigue, végétation
garrot, cheval, presser
gars, homme, individu
gaspillage, gaspiller
gastéropodes ou **gastropodes,** mollusques
gastralgie, gastrite, estomac
gastrologie, estomac
gastronome, gastronomie, manger, cuisine
gâteau, pâtisserie
gâterie, gâter
gâteux, gâtisme, faculté
gaucher, gauche, main
gaucherie, maladresse
gauchir, gauchissement, gauche, tordre
gauchisme, gauchiste, politique
gaufre, pâtisserie
gaufrer, gaufrure, pli, reliure
gaule, bâton, pêche
gauler, secouer, fruit
gausser (se), moquer
gave, cours d'eau
gaver, volaille, rassassier
gazette, nouvelle, journal
gazeux, gazier, gaz
gazomètre, gaz
gazon, gazonner, herbe
gazouiller, gazouillis, oiseau, enfant, bruit
geai, oiseau
geindre, geignard, plaindre (se)
gel, gelée, geler, froid
gelinotte, gibier
géminé, deux, lettre
gémir, gémissement, douleur, plaindre (se)
gênant, gêner
gencive, bouche
gendarme, gendarmerie, armée, police
gendre, mariage, parent
gêne, gêné, gêner
gène, génétique, biologie
généalogie, généalogique, naître, famille
généraliser, généralité, général
généraliste, médecine
générateur, électricité, son, onde
génération, âge, reproduction, famille
générique, cinéma, genre
générosité, généreux
génésique, instinct
genêt, arbre, fleur
généthliologie, astrologie
gêneur, gêner
génial, génie
genièvre, alcool, plante
génital, reproduction
génocide, anéantir, race
genouillère, jambe
gens, individu, monde
gentilhomme, noble
gentillesse, gentil
génuflexion, saluer, prosterner (se)
géodésie, Terre
géographe, géographique, géographie
geôle, geôlier, prison
géologique, géologue, géologie
géomètre, géométrie
gérance, gérant, agent, magasin, hôtel
gercer, gerçure, fente, peinture, plaie
gérer, administrer
gerfaut, rapace
gériatre, gériatrie, vieux
germe, origine, source
germer, germination, plante
gérontocratie, vieux
gérontologie, vieux
gestation, reproduction, mère
gesticuler, geste, agiter
gestion, gestionnaire, administrer
ghetto, juif
gibbon, singe
gibecière, sac, chasse
gibelotte, lapin, lièvre
giboulée, pluie
giboyeux, gibier
gicler, couler
gifle, gifler, battre, main
gigantesque, immense
gigantisme, géant
gigot, boucherie
gilet, vêtement
girafe, ruminants
giratoire, tourner
girolle, champignon
girouette, toit, changer
gisant, sculpture
gisement, mine, pétrole
gîte, abri, retraite
givre, froid, brouillard
glabre, poil, barbe
glacer, glace, cuisine
glacial, froid
glacier, glace, montagne
glaçon, glace
gland, chêne
glane, glaner, glaneur, glanure, céréales, ramasser
glapir, glapissement, cri, aigu, renard, chien, lapin
glauque, vert
glissade, glissement, glissoire, glisser
glisser (se), pénétrer
glissière, glisser
global, globalement, tout
globe, boule, sphère, œil
globule, sang
glorieux, gloire, orgueil
glorifier, gloire, louer
gloriole, vanité
glossaire, dictionnaire
glotte, voix
glouton, gloutonnerie, gourmand, avaler
glu, colle
gluant, gras, colle
glucose, sucre
gluten, farine
glyptique, glyptothèque, musée, gravure
gnan-gnan, mou
gnognot(t)e, valeur
gnosticisme, gnostique, philosophie, hérésie
gobelet, boire
gober, avaler, croire
goder, pli
godiche, maladresse
godille, godiller, nautisme, ski
goélette, bateau
goémon, mer
goguenard, moquer
goinfre, goinfrerie, manger, gourmand
golfe, creux, mer
gomme, colle, caoutchouc,
gommer, effacer
gond, porte, meuble
gondole, gondolier, bateau
gondoler, courber
gonflement, gonfler
goniométrie, angle
gorgée, boire
gorille, singe
gosier, gorge, boire
gothique, architecture

gouaille, gouailler, gouailleur, moquer
goudron, distillation
goudronnage, goudronner, route
goujat, grossier
goujon, poisson
goulet, étroit, port
gouleyant, cidre, vin
goulot, bouteille
goulu, gourmand
goupillon, brosse, église
gourbi, habiter
gourde, bouteille, bête
gourdin, bâton
gourmandise, gourmand
gourmé, grave, emphase
gourmet, cuisine
gousse, envelopper
goûter, goût
gouttière, toit
gouvernail, bateau, avion
gouverne, avion, conduite
gouvernement, gouverner
grabat, grabataire, lit, infirme
grâces, reconnaissance
grâcier, pardonner
gracieux, grâce
gracile, gracilité, mince
gradation, degré, rhétorique
grade, armée
graduation, degré, diviser
graduer, degré
graffiti, inscription
graillonner, cracher
grainetier, graine
graissage, gras, huile
graisser, gras, tache
graisseux, gras, sale
graminacées ou **graminées,** herbe, prairie
grammairien, grammaire
grammatical, grammaire
gramme, poids
grandeur, grand
grandiloquence, grandiloquent, affectation
grandiose, magnifique
grandir, grand
grand-mère, grand-père, parent, famille
granit, pierre
granivore, oiseau
granule, granuleux, grain, pharmacie
graphie, écrire
graphique, lettre
graphologie, graphologue, écrire, caractère
grappe, raisin, fleur
grappiller, arracher
grappillon, raisin
grasseyer, grasseyement, parler
grassouillet, gras
gratifier, attribuer
gratin, cuisine
gratis, gratuit
gratitude, reconnaissance
grattage, gratter
gratte-papier, employé
grattoir, couteau
gratuité, gratuit
gravats, démolir
graveleux, grivois
gravement, gravité, grave
graver, graveur, gravure
gravier, sable
gravillon, gravillonner, pierre
gravir, monter
gravitation, attirer, astronomie
graviter, tourner
gré, volonté, reconnaissance
gréement, gréer, bateau, équiper
greffer, greffe
greffier, justice
grégaire, grégarisme, troupeau, groupe
grège, soie, brut
grêle (adj.), mince
grêle (n.), **grêlon,** pluie
grelot, cloche
grelotter, trembler
grenade, fruit, projectile
grenat, rouge
grenier, ferme
grenu, grain
grès, pierre
grésil, glace, pluie
gressin, boulangerie
grève, travail, cesser
grever, accabler
gribouillage, gribouiller, gribouillis, écrire
grief, reproche
grièvement, danger
griffe, ongle, signature
griffer, griffure, ongle
griffonnage, griffonner, écrire
grignoter, manger, ronger
grigou, avare
gril, rôtir, cuisine
grillade, charcuterie
grillage, clôture
grille, clôture, cheminée
griller, chaleur, brûler, rôtir, cuire
grimacer, grimace
grimper, monter
grimpeur, oiseau
grincement, grincer, bruit, dent, aigu
grincheux, hargneux
gringalet, petit
grippe, infection
grisaille, gris
grisâtre, gris, terne
griser, griserie, ivre
grisonner, blanc
grisou, gaz, mine
grive, oiseau
grivèlerie, délit
grog, boisson
grognement, grogner, porc, murmure, protester
grognon, hargneux, bourru
groin, porc
grommeler, grommellement, hargneux, parler
grondement, gronder, bruit
gronder, gronderie, réprimande
groom, employé, hôtel
gros (n.), vendre
groseille, fruit, acide
groseillier, arbre
grossesse, mère, accouchement
grosseur, gros
grossièreté, grossier
grossissement, grossir, augmenter, gros
grossiste, commerce
grotesque, bizarre, rire
grouillement, grouiller, abondance, foule
grouper, groupe
grue, levage, port, oiseau
grume, bois, tronc
grumeau, épais
gruyère, fromage
gué, traverser
guenilles, vêtement
guenon, singe
guépard, chat
guêpe, abeille
guéridon, table
guérilla, guerre
guérison, guérisseur, guérir
guerrier, guerre
guet, attendre, surveiller
guetter, guetteur, espion, surveiller
gueule, bouche, gourmand
gueuler, cri, protester
gueuleton, manger, plaisir
gueux, pauvre, misère
guide (m.), diriger, accompagner
guides (f.), harnais
guider, diriger, conduire
guidon, bicyclette
guigner, regarder, désir
guillemet, ponctuation
guilleret, vif, léger, gai
guillocher, guillochis, orfèvrerie
guillotine, guillotiner, supplice
guindant, bateau, drapeau
guindé, raide
guindeau, bateau
guingois (de), oblique
guinguette, danse
guirlande, fleur, couronne
guise, volonté, manière
guitariste, guitare
gustation, goût, langue
gymnase, gymnastique
gymnaste, gymnastique
gymnospermes, plante
gynécée, femme
gynécologie, gynécologue, femme, médecine

H

habiliter, pouvoir
habillage, habillement, habiller
habilleur, vêtement
habilleuse, cinéma, théâtre
habit, vêtement
habitant, habiter
habitat, habiter
habitué, fréquenter
habituel, habitude
habituer, habitude
hâblerie, hâbleur, vanter
hacher, couper, hache
hachure, dessin, gravure
hagard, horreur, peur
hagiographie, saint
haie, clôture, arbre
haillon, chiffon, vêtement
haïr, haine
halage, cours d'eau
hâle, hâlé, brun, Soleil
haleine, souffler
haler, corde, tirer
halètement, haleter, respiration, souffler
hallali, chasse
halle, marché
hallucination, illusion
halte, arrêter, repos
haltère, gymnastique
hamadryade, nymphe
hameau, village
hameçon, pêche
hampe, drapeau, fleur
hanche, corps, articulation
hand-ball, balle
handicap, inconvénient
handicaper, nuire
hangar, abri, port, bateau
hanneton, insecte
hanter, fréquenter
hantise, idée, manie
happer, prendre, attraper
harangue, haranguer, harangueur, discours
haras, cheval
harasser, fatiguer
harcelant, harcèlement, harceler
harem, femme
hareng, poisson
hargne, hargneux
haricot, légume
harmoniser, harmonie
harnachement, harnacher, harnais
harpail, chasse, cerf
harpe, harpiste, musique
harpie, monstre
harpon, pêche
harponner, saisir
hasarder, hasardeux, hasard
haschish ou **hachisch,** stupéfiant
hâte, hâter, accélérer
hâtif, mûr, tôt
hauban, bateau, cordage
hausse, hausser, augmenter
hausser, haussement, dresser, relever
hautain, arrogance
hautbois, hautboïste, musique
hauteur, haut
hâve, pâle
havage, haver, haveur, mine
hebdomadaire, sept, semaine, journal
hébergement, héberger, hôte
hébétement, hébétude, hébété
hébreu, hébraïque, judaïsme
hégémonie, pouvoir
hégire, islam
héler, appeler
hélice, spirale, bateau
héliciculture, mollusques
hélicoptère, aéronautique
héliogravure, imprimerie
héliothérapie, soigner
héliotrope, fleur
héliotropisme, Soleil
héliport, aviation
helminthe, ver
hématite, fer, rouge
hématologie, sang
hémicycle, cercle
hémiplégie, paralysie
hémisphère, sphère, géographie, cerveau
hémoglobine, sang
hémophile, sang
hémorragie, sang, couler
hémostase, hémostatique, sang, pharmacie
henné, cheveu, teindre
hennir, hennissement, cri
hépatique, hépatite, foie
hépatologie, foie
herbage, herbager, herbe, prairie, agriculture
herbicide, herbe
herbier, botanique
herbivore, paître
herboriser, botanique
herboriste, herbe
herchage, hercheur, mine
herd-book, bovins
hère, cerf
héréditaire, hérédité, transmettre, famille
hérétique, hérésie
hérisser, poil, droit
hériter, héritier, héritage
hermaphrodite, sexe
hermétique, abstrait, obscur, fermer
hermine, fourrure
herniaire, hernie, hernieux, intestins, ventre
héroïque, brave
héroïsme, courage
héron, oiseau
héros, brave, grand
herpétologie, reptiles
hersage, herse, herser, agriculture, céréales
hésitant, hésitation, hésiter
hétaïre, débauche
hétéroclite, bizarre
hétérosexuel, sexe
heurt, choc
heurter, choc, frapper
hévéa, caoutchouc
hiatus, rencontre, interrompre
hibernant, hibernation, hiberner, sommeil
hibou, rapace
hideux, laid, affreux
hiémal, saison
hier, jour
hiératique, grave
hilare, hilarité, rire
hile, fruit, graine
hippique, hippisme, cheval
hippodrome, courses de chevaux
hippologie, cheval
hippophagie, hippophagique, boucherie
hirsute, cheveu, poil
hisser, lever
historien, histoire
historier, orner
historiette, histoire
historique, histoire
hiver, saison
hivernal, saison
hivernage, hivernant, hiverner, habiter, saison
hobereau, noble
hocher, secouer, tête
hold-up, attaque
holocauste, sacrifice
homard, crustacés
homélie, prêcher
homéopathe, homéopathie, semblable, médecine
homicide, tuer, crime
hommage, honneur
homogène, homogénéité, chimie, semblable
homologation, homologuer, confirmer, sport
homonyme, homonymie, semblable, nom
homophone, homophonie, son, rythme
homosexuel, sexe
hongre, cheval, mâle
honnêteté, honnête
honorabilité, honorable, honnête, honneur, estimer
honoraire, fonctionnaire
honoraires, rémunérer
honorer, honneur, respect
honorifique, honneur
honteux, honte
hoquet, hoqueter, respiration
horaire (adj.), heure
horaire (n.), chemin de fer, tableau
horde, barbare
horizon, ciel, astronomie
horloger, horloge

I

impensable, penser
impératif, ordre, verbe
imperceptible, percevoir
impérialisme, impérialiste, politique, colonie
impérieux, absolu
impérissable, durer
impéritie, incapable
imperméable, pénétrer, vêtement
impertinence, impertinent, audace, incorrect
imperturbable, imperturbabilité, impassible
impétigo, peau
impétrant, impétrer, obtenir
impétueux, impétuosité, fougue, ardeur
impitoyable, insensible
implacable, dur, cruel
implanter, introduire
implicite, exprimer
impliquer, supposer, mêler
imploration, implorer, prier, demander
impoli, impolitesse, politesse
impondérable, poids
importance, important
importateur, importation, importer, commerce, étranger
importer, important
importuner, importun
importunité, importun
imposable, impôt
imposant, grave, noble, impression
imposer (en), impression
impossibilité, impossible
imposte, fenêtre, porte
imposteur, imposture, tromper, mensonge, hypocrisie
impotent, infirme
imprégnation, imprégner, humide, pénétrer
impresario, artiste
impressionner, impression
imprévoyance, imprévoyant, prévoir
imprimer, imprimeur, imprimerie
improbable, doute
improductif, produire
impropre, impropriété, propre
improvisateur, improvisation, improviser, discours, éloquence
imprudence, prudent
impudence, impudent, audace, insolent
impudicité, impudique, obscène, débauche
impuissance, impuissant, incapable, faible
impunément, impunité, punir
impur, impureté, mauvais, air, tache
imputation, imputer, attribuer, accusation
imputrescible, pourrir
inabordable, cher, hargneux
inaccessible, difficile
inactif, inaction, inactivité, oisif, passif
inadmissible, tolérer
inadvertance, inattention
inamovible, fixe
inanimé, immobile
inanité, vain
inanition, faim, jeûne
inaptitude, incapable
inattentif, inattention
inaudible, percevoir
inauguration, inaugurer, commencer, cérémonie
incandescence, incandescent, lumière, feu
incantation, magie
incapacité, incapable
incarcération, incarcérer, prison
incarnat, rouge
incarnation, incarner (s'), chair, mystère
incartade, écarter
incendiaire, allumer
incendie, incendier, brûler, feu
incertitude, incertain
incessamment, proche
incessant, continu
incidence, conséquence
incident, événement
incinération, incinérer, brûler, feu
inciser, couper
incisif, trancher
incision, ouvrir, couper
incisive, dent
incitation, inciter
inclinaison, pencher
inclination, tendance
incliner, pencher
incliner (s'), saluer
inclure, inclus, joindre
incognito, inconnu
incohérence, incohérent, illogisme, absurde
incomber, revenir
incombustible, brûler
incommensurable, mesure
incommode, gêner
incomparable, parfait
incompatibilité, incompatible, exclure, opposé
incompétence, incompétent, incapable,
incompréhensible, comprendre
inconcevable, imagination
inconduite, débauche
inconscience, inconscient, conscience
inconséquence, inconséquent, inattention
inconsistant, insignifiant
inconstance, inconstant, changer, infidèle
incontestable, incontesté, certain, réel
inconvenance, inconvenant, incorrect
incorporation, incorporer, joindre, soldat
incorrection, incorrect
incrédule, incrédulité, croire, doute
incriminer, incrimination, accusation, blâme
incroyable, extraordinaire
incroyant, croire
incrustation, orner
incubation, œuf
incube, diable
inculpation, inculpé, accusation, justice
inculquer, persuader
inculte, culture
incurable, guérir
incurie, négliger
incursion, attaque
incurvé, courbe
indécence, indécent
indécision, indécis
indéfectible, solide
indéfini, limite
indélébile, effacer
indélicat, délicat
indemne, danger
indemniser, indemnité, compenser
indéniable, certain
indépendance, indépendant, libre, résister
index, doigt, livre
indicateur, agent, chemin de fer
indication, indiquer
indice, calcul, marque
indicible, dire
indifférence, indifférer, indifférent
indigence, indigent, pauvre
indigène, pays
indigeste, indigestion, digestion
indigne, bas, vil
indigner, indigner (s'), indignation
indignité, honte
indigo, bleu, teindre
indiscipline, discipline
indiscrétion, indiscret
indiscutable, certain
indispensable, nécessaire
indisposé, indisposition, maladie
indisposer, déplaire
individualisme, individu
individuel, individu
indivis, partage
indolore, douleur
indubitable, doute
induction, induire, raisonnement
induration, dur
industriel, industrie
inédit, nouveau
ineffable, dire, merveille
inégalité, inégal

inéluctable, fatal
inepte, ineptie, bête
inépuisable, épuiser
inerte, inertie, immobile
inespéré, prévoir
inévitable, éviter
inexact, faux
inexorable, dur, cruel
inexpérience, inexpérimenté, expérience
inexpugnable, prendre
inextinguible, éteindre
infaillibilité, infaillible, pape, parfait, sûr
infamant, infamie, honte
infâme, bas, honte
infantile, enfant
infarctus, cœur
infatigable, fatigue
infatuation, infatué, orgueil, vanité
infect, puer, dégoûtant
infecter, infectieux, infection
inférer, raisonnement
infériorité, inférieur
infernal, enfer
infidélité, infidèle
infiltration, infiltrer (s'), pénétrer
infime, petit
infini, limite, immense
infinitésimal, petit
infirmer, affaiblir
infirmier, hôpital, maladie
infirmité, infirme
inflammable, feu
inflammation, plaie
inflation, monnaie
infléchir, plier, courber
inflexible, fléchir
inflexion, voix
infliger, appliquer
influencer, influence
influent, influer, influence
information, informer
informatique, automatisme
infortune, malheur
infraction, faute, violer
infuser, pénétrer
infusion, boisson
ingambe, jambe, vif
ingénieur, industrie, cadre
ingénieux, ingéniosité, intelligence, habile
ingénu, ingénuité, innocent, naïf
ingérence, ingérer (s'), intervenir, indiscret
ingérer, ingestion, avaler
ingratitude, ingrat
ingrédient, mêler
inguérissable, guérir
ingurgiter, avaler
inhérent, appartenir
inhiber, inhibiteur, inhibition, paralysie
inhumain, cruel
inhumation, inhumer, enterrement
inimitié, haine, nuire
inique, iniquité, injuste
initial, commencer
initiateur, initiation, initier
initiative, entreprendre
injecter, injection, introduire, piquer
injonction, ordre
injurier, injurieux, injure
injustice, injuste
inné, innéité, naître
innocence, innocent
innocenter, blanc
innocuité, nuire
innombrable, nombre
innovation, innover, nouveau
inoculation, inoculer, introduire, communiquer
inodore, odeur
inoffensif, incapable
inonder, inondation
inopérant, effet
inopiné, brusque, prévoir
inouï, extraordinaire
inquiétant, inquiéter, inquiétude, inquiet
inquisiteur, curieux
inquisition, rechercher
insanité, folie, absurde
insatiable, rassasier
inscrire, inscription
insecticide, insectifuge, insecte
insectivore, insecte
insémination, reproduction
insensé, fou, absurde
insensibiliser, insensibilité, insensible
insérer, insertion, mettre, entrer
insidieux, ruse, piège
insinuation, insinuer
insipide, insipidité, fade
insistance, insister
insociable, sauvage
insolation, Soleil
insolence, insolent
insolite, extraordinaire
insoluble, solution
insolvable, payer
insomnie, sommeil
insonoriser, bruit
insouciance, insouciant, insoucieux, souci
insoumis, insoumission, soumettre
inspecter, inspecteur, inspection, surveiller
inspirateur, inspiration, inspirer
instabilité, instable, changer, fragile
installation, installer
instance, prier, juridiction
instant, temps, court
instantané, immédiat, photographie
instantanéité, instantanément, immédiat
instauration, instaurer, instituer, établir
instigateur, cause
instigation, inciter
institut, université, académie, enseignement
instituteur, enseignement
institution, instituer, établissement
instruire, instruction
instrumental, musique
instrumentiste, musique
insubordination, insubordonné, révolte
insuccès, échouer
insulaire, insularité, île
insulte, insulter, injure, attaque
insurgé, insurrection, troubler, révolte
intact, entier
intangible, toucher
intégral, intégralité, complet, entier
intègre, intégrité, juste, impartial
intégrisme, intégriste, catholicisme
intellect, intelligence
intelligent, intelligence
intelligibilité, intelligible, intelligence
intempérance, intempérant, excès
intempérie, froid
intempestif, opportun
intendance, armée
intendant, agent
intenter, accusation
intercaler, ajouter
interception, intercepter
intercession, intervenir
interdiction, interdire
interdit, embarras
intéressant, intéresser, intérêt
intérim, intérimaire, remplacer, intervalle
interjection, grammaire
interligne, ligne
interlocuteur, parler
interlope, équivoque
interloquer, embarras
intermède, intervalle
interminable, durer
intermittence, intermittent, interrompre
internat, médecine
international, pays
interne, intérieur
internement, interner, enfermer
interpellation, interpeller, appeler, interroger
interposer, mettre
interprétation, interpréter
interprète, intermédiaire
interrogateur, interrogation, interroger
interrogatoire, justice
interrupteur, interruption, interrompre
intersection, couper
interstellaire, étoile
interstice, fente, vide

interurbain, ville
intervention, intervenir
interversion, intervertir, renverser
interview, interviewer, interroger
intestinal, intestins
intimer, dire, ordre
intimider, peur, menacer
intimité, intime
intolérable, supporter
intolérance, intolérant, fanatique, tolérance
intonation, ton, voix
intoxication, intoxiquer, poison
intraitable, résister
intrépide, intrépidité, ferme, brave
intrigant, intrigue
intriguer, intrigue, piquer
introduction, introduire
intronisation, introniser, fonction, évêque, pape
introspection, attention
intrus, intrusion, entrer, indiscret
intuitif, intuition
intumescence, intumescent, gros, gonfler
inutile, inutilité, utile
invalide, infirme
invalidation, invalider, invalidité, annuler
invariable, varier
invasion, envahir
invective, invectiver, injure, attaque
inventaire, état, commerce, compte
inventeur, invention, inventer
inverse, inverser, inversion, renverser, opposé
investigation, rechercher
investir, investissement, entourer, fonds
invétéré, tenace, vieux
invincible, vaincre
invitation, inviter
invocation, invoquer, prier
involontaire, volonté
invraisemblable, vrai
invulnérable, blessure
ion, atome
irascibilité, irascible, colère
iris, œil, fleur
irisation, irisé, couleur
irradiation, irradier, lumière, rayon
irréalisable, réaliser
irrécusable, réfuter
irréel, réel
irréfléchi, réfléchir
irréflexion, inattention
irrégularité, irrégulier
irréparable, réparer
irrépréhensible, innocent
irréprochable, parfait
irrévérence, respect
irrévocable, fixe
irrigation, irriguer, arroser
irritabilité, irritable, colère, humeur
irritation, irriter, colère
irruption, attaque
isabelle, cheval
isard, chèvre
isolation, isolement, isoler
isotherme, chaleur
israélite, judaïsme
issu, origine, descendre
issue, sortir
isthme, géographie
itinéraire, voyage
ivoirin, ivoire
ivresse, ivre
ivrogne, ivrognerie, ivre

J

jabot, oiseau
jacasser, pie, bavard
jacinthe, fleur
jactance, vanité
jade, bijou, vert
jaguar, chat
jaillir, jaillissement, couler, partir
jais, noir
jalon, bâton, marque
jalonnement, jalonner, intervalle
jalouser, jalousie, jaloux
jambière, jambe
jambon, jambonneau, charcuterie, porc
jamboree, réunir
jante, roue
japper, chien
jardinage, jardiner, jardinier, jardin
jardinière, légume, enfant
jargon, jargonner, langage, parler
jarre, récipient
jarret, jambe
jarretelle, vêtement
jars, mâle
jaser, pie, bavard
jaseran, armure, chaîne
jasmin, fleur
jaspe, bijou
jaspé, varié, fil
jaunâtre, jaune
jaunir, jaune
jaunisse, foie
javelot, arme
Jéhovah, Dieu
jérémiade, plaindre (se)
jersey, tricot
Jésus, Christ
jet, couler, jeter
jetée, port
jeton, jouer
jeu, jouer
jeun (à), jeûne
jeûner, jeûneur, jeûne
jeunesse, jeune, âge
joaillerie, joaillier, bijou
job, situation
jobard, jobardise, naïf
jockey, courses de chevaux
jocrisse, niais
joint, joindre, moyen
jointoyer, maçon, boucher
jointure, articulation, os
joli, joliesse, beau
jonc, bâton, vannerie
joncher, couvrir
jonction, joindre
jongler, jongleur, cirque
jonque, bateau
jonquille, fleur
joue, tête
jouet, jouer
joueur, jouer
joufflu, gros
jouissance, jouir
jouisseur, jouir
joujou, jouer
journalier, jour
journalisme, journaliste, journal
journée, jour
journellement, jour
jouvenceau, jeune
jovial, jovialité, gai
jouxter, proche, lieu
joyau, bijou
joyeux, joie
jubé, galerie
jubilation, jubiler, joie
jucher, juchoir, percher
judas, porte
judiciaire, justice
judicieux, juger, bon
judo, combat
juge, justice, arbitre, loi
jugement, juger
jugulaire, courroie
juguler, arrêter
juif, judaïsme
jumeau, enfant, deux
jumeler, joindre
jumelle, optique
jument, cheval
jungle, végétation
junte, politique
jupe, jupon, vêtement
juré, justice
jurement, jurer
juridique, droit
juriste, droit
juron, jurer
jury, examiner
jus, fruit
justesse, juste
justification, justifier
juteux, fruit
juvénile, jeune
juxtaposer, approcher

K

kabbale, occulte
kakémono, peinture
kaki, brun
kamikaze, avion
kaolin, céramique
karaté, combat
karting, automobile

képi, coiffure
kermesse, fête
kérosène, pétrole
kibboutz, ferme
kidnapper, enlever
kilt, vêtement
kinésithérapeute, masser
kiosque, toit
kippour, jeûne
kirsch, cerise
kiwi, oiseau
Klaxon, avertir
knock-out, combat
kobold, esprit
kola, noix
kopeck, monnaie
korrigan, esprit
kouglof, pâtisserie
krach, Bourse
kriss, arme
kummel, alcool
kyrielle, suite
kyste, tumeur

L

label, qualité
labeur, travail
laborantin, pharmacie
laboratoire, chimie, pharmacie
laborieux, difficile
labour, labourage, labourer, agriculture
labyrinthe, détour, oreille
lacet, lier, chaussure
lâcheté, lâche
laconique, laconisme, court, style
lacrymal, glande, œil
lacrymogène, gaz
lactation, lait
lacté, lactique, lait
lactose, sucre
lacune, manque, vide
lad, courses de chevaux
ladre, avare
ladrerie, porc, avare
lagune, mer, île
laïciser, laïcité, laïc
laideron, femme, laid
laideur, laid
laie, sanglier
lainage, lainerie, laineux, laine
laisse, courroie, chien
laisser-aller, négliger
laitage, lait
laitance, laite, poisson
laiterie, lait, fromage
laiteux, lait
laitier, lait
laiton, cuivre, zinc
laitue, salade
lamaneur, port
lambeau, déchirer, morceau
lambin, lambiner, lent
lambourde, charpente
lambris, lambrisser, menuisier, maçon
lame, bois, couteau, mer
lamentation, lamenter (se), plaindre (se)
laminage, laminer, presser, métal
lampadaire, éclairage
lampe, éclairage
lampée, lamper, boire
lampion, illuminer
lampiste, lampisterie, chemin de fer, petit
lance, arme, arroser
lancement, jeter, publicité
lancer, jeter, chasse, pêche
lancinant, obsession
lançon, poisson
landau, landaulet, automobile, véhicule
lande, végétation, sec
lange, enfant, vêtement
langoureux, langueur
langouste, crustacés
languir, langueur, attendre
languissant, langueur
lanière, bande, courroie
lanterne, éclairage
lanterner, lent
lapalissade, évident
laper, boire, langue
lapidaire, pierre, bijou
lapidation, lapider, pierre, supplice
lapis-lazuli, bijou, bleu
lapsus, faute, inattention
larcin, voler
lard, porc, gras
lardon, charcuterie
largesse, généreux
largeur, large, mesure
larguer, lâcher, nautisme
larigot, orgue, flûte
larme, pleurer
larmoyer, pleurer, œil
larron, voleur
larve, ver, insecte
laryngite, gorge
larynx, gorge
las, fatiguer
lascif, lascivité, plaisir
laser, lumière
lasser, lassitude, ennui
lassitude, fatiguer
latent, cacher
latéral, côté
latex, caoutchouc, lait
latitude, géographie, libre
latte, charpente, sabre
laudatif, louer (1)
lauréat, récompense
laurier, arbre, couronne
lavabo, laver, toilette
lavage, laver
lavande, plante, parfum
lave, volcan
laveur, laveuse, blanchir
lavis, dessin
laxatif, intestins
laxisme, laxiste, large, morale
layette, linge, enfant
lazaret, port
lazzi, moquer
lé, tissu
leader, chef, parti
lécher, langue, parfait
leçon, enseignement, réprimande
lecteur, lire, automatisme
lecture, lire
légal, légalité, loi
légaliser, confirmer
légat, pape, diplomatie
légataire, héritage
légendaire, légende
légèreté, léger
législateur, législatif, parlement, loi
législation, loi
législature, Parlement
légiste, loi
légitimité, légitime
legs, léguer, donner
lendemain, avenir
lénifier, doux, calmer
lenteur, lent
lentille, optique, œil
léonin, lion
lépidoptère, papillon
léporidés, lièvre, lapin
lèpre, épidémie, peau
léser, nuire, tort
lésine, lésiner
lésion, blessure
lessive, lessiver, blanchir, linge, nettoyer
lest, aérostation
let, balle
léthargie, sommeil
lettré, érudit
lettres, littérature
lettrine, lettre
leucémie, sang
leucocyte, sang
leurre, rapace
leurrer, tromper
levain, boulangerie
levant, points cardinaux
levée, poste, carte
lever, matin, Soleil
levier, barre
levraut, lièvre
lévrier, chien
levure, boulangerie, bière
lexicographe, lexicographie, dictionnaire
lexicologie, lexicologue, mot, linguistique
lexique, langue
lézard, reptiles
lézarde, fente
liane, végétation
libation, boire, sacrifice
libeller, rédiger
libellule, insecte
libéral, libéralité, généreux
libéral, libéralisme, libre, politique, économie
libérateur, libération, libérer, libre, sauver
liberté, libre, faculté
libertin, libertinage, débauche
libidineux, débauche, sexe
libido, chair, sexe
libraire, librairie, livre
licence, libre, université

licenciement, licencier, emploi, renvoyer
licencieux, obscène
licite, loi, possible
lie, fond
liège, chêne, tige
lien, lier, rapport
lierre, plante
liesse, joie
lieu, place, point
lieutenant, officier
ligament, articulation
ligature, ligaturer, chirurgie, lier, bande
lignée, origine
ligneux, bois, plante
ligoter, attacher
ligue, liguer, association
lilas, fleur, arbre
lilial, blanc
lilliputien, petit
limande, poisson
limbe, bord
lime, outil
limer, polir
limier, chasse, police
limitation, restreindre
limiter, limite
limitrophe, limite
limnologie, lac
limonade, boisson
limogeage, limoger, destituer, casser
limpide, limpidité, pur, transparent, clair
linceul, mort
linéaire, ligne
linéament, ligne, visage
lingère, lingerie, linge
lingot, métal, or
linguiste, langage
linotype, imprimerie
linteau, charpente
lionceau, lion
lipectomie, gras
lipizzan, équitation
lippu, lèvre
liquéfaction, liquéfier, liquide
liqueur, alcool
liquidation, faillite
liquider, vendre
liquoreux, doux
lire, monnaie
lis, fleur
liseron, plante
liseur, lisible, lire
lisière, bord, forêt
lisse (adj.), doux, plat
lisse (n.), tapisserie, tisser
lisser, lissoir, polir
liste, état, vote
litanie, Vierge
literie, lit
lithographe, lithographie, gravure
litige, litigieux, affaire, contester
litote, rhétorique
litre, bouteille
littéraire, littérature
littéral, lettre, texte
littérateur, littérature
littoral, bord, mer
liturgique, liturgie
livide, pâle
lividité, cadavre
livraison, livrer
livre, poids, monnaie
livret, banque, danse
livreur, livrer
lob, lober, balle
local, pièce
localiser, lieu
localité, lieu
locataire, locatif, location, louer (2)
lock-out, travail
locomotion, mouvement
locomotive, chemin de fer
locution, parler, mot
loge, théâtre, portier, franc-maçon
loger, logement, hôte
logicien, logique
logis, maison, retraite
logistique, guerre
logogriphe, divination
logomachie, creux, discours
logorrhée, bavard
lointain, loin
loisible, permettre
lombaire, reins
lombalgie, dos
lombes, dos, ventre
lombric, ver
longanimité, patience
longe, courroie, boucherie
longer, côté, bord
longévité, vie, long
longitude, Terre
longueur, long, mesure
longue-vue, optique
lopin, partie
loquace, loquacité, bavard
loque, vêtement
lordose, dos
lorgner, regarder
lorgnette, lorgnon, œil
losange, géométrie
lot, part, loterie
lotion, cheveu, visage
lotir, lotissement, diviser
louable, mériter
louage, louer (2)
louange, louanger, louangeur, louer (1)
louche (n.), cuisine
louche (adj.), équivoque
loucher, œil
loulou, chien
loup-garou, loup
lourdaud, lourd, grossier
lourdeur, lourd
loustic, drôle
louveteau, loup
louvoyer, oblique
lover, corde, rouler
loxodromie, navigation
loyal, loyauté, juste, fidèle
loyer, louer (2)
lubie, caprice
lubricité, lubrique, plaisir, sens
lubrifiant, lubrifier, huile
lucarne, toit
lucide, lucidité, lumière
luciole, lumière
lucratif, lucre, gagner
luette, gorge
lueur, lumière
lugubre, mort
luire, briller, éclairer
lumbago, dos
lumignon, éclairage
luminaire, éclairage, église
lumineux, lumière
lunaire, lunaison, Lune
lunatique, bizarre, caprice
lunette, optique, astronomie
lunule, ongle, cercle
lupanar, débauche
luron, joie, gai
lustre, éclairage, année, gloire
lustrer, nettoyer
luth, guitare
luthéranisme, luthérien, protestantisme
lutherie, luthier, violon
lutin, lutiner, vif, taquin
lutter, lutteur, lutte, combat
luxation, luxer, blessure, os, disloquer
luxueux, luxe, riche
luxure, luxurieux, débauche, plaisir, sens
luxuriance, luxuriant, luxe, abondance
luzerne, fourrage
lycée, lycéen, enseignement
lyncher, battre
lyrisme, poésie, prose

M

macabre, mort, cadavre
macadam, macadamiser, route
macaque, singe, laid
macaron, pâtisserie
macaroni, pâte
macération, macérer, conserver, pénitence
mâchefer, résidu, charbon
mâcher, mâchoire, broyer
machiavélique, machiavélisme, ruse, politique
machinal, automatisme
machination, machiner, manœuvre, intrigue
machinerie, théâtre
machiniste, théâtre
mâchonner, mâchoire
maçonner, maçonnerie, maçon
maçonnique, franc-maçon
macropode, long, pied
macroure, queue
maculer, tache, sale
madame, femme

mademoiselle, femme
Madone, Vierge
madré, ruse
madrier, charpente
madrigal, poésie
mafflu, visage, gros
magasinage, magasinier, provision
magazine, journal
mage, magicien, magie
magique, magie
magistral, beau, parfait
magistrature, justice
magma, masse, volcan
magnan, magnanarelle, magnanerie, soie
magnanime, magnanimité, grand, généreux
magnat, important
magnétique, magnétiser, magnétisme
magnéto, électricité
magnificence, éclat, luxe
magot, singe, trésor
mai, calendrier
maie, coffre, pétrir
maigrelet, maigrichon, maigriot, maigre
maigreur, maigrir, maigre
mail, promenade
maille, chaîne, tricot
maillechort, cuivre
maillet, marteau
maillon, chaîne
maillot, vêtement, bain
main-d'œuvre, travail
mainmise, dominer, prendre
maint, beaucoup
maintenant, actuel
maintien, maintenir
maire, mairie, municipal
maisonnée, maison
maistrance, marine
maîtresse, aimer, femme
maîtrise, maître, église, université
maîtriser, maître
majestueux, majesté
majeur, enfant, grand, doigt, carte
major, premier, armée
majorer, prix, augmenter
majorité, âge, politique
majuscule, lettre, écrire
malacologie, mollusques
malade, maladie
maladif, santé
maladroit, maladresse
malaise, disposition, mal
malaisé, difficile
malandrin, bandit
malappris, grossier
malavisé, maladresse
malaxage, malaxer, presser, pétrir
malbâti, difforme
malchance, chance
maldonne, carte
malédiction, maudire
maléfice, maléfique, astrologie, nuire
malencontreux, désagréable
malentendant, sourd
malentendu, désaccord, erreur
malfaçon, défaut
malfaisant, méchant
malfaiteur, crime, bandit
malfamé, réputation
malhonnête, honnête
malice, malicieux
malingre, faible
malintentionné, intention
malle, coffre, bagage
malléable, mou, souple
mallette, bagage, coffre
malmener, secouer, battre
malnutrition, nourrir
malotru, grossier
malpropre, malpropreté, sale, ordure
malsain, santé, sain
malt, maltage, bière
maltraiter, traiter, battre
malveillant, malveillance
malversation, injuste, fonctionnaire
maman, femme
mamelle, lait
mamelon, poitrine, montagne
manche (m.), couteau, violon, outil
manche (f.), vêtement, partie, carte, balle
manchette, chemise, journal
manchot, mutiler, bras
mandat, poste, Parlement, mission
mandataire, agent, marché
mandater, diplomatie
mandement, évêque
mander, appeler, pouvoir
mandibule, mâchoire, insecte, oiseau
mandoline, musique
mandragore, magie
manécanterie, chant
manège, équitation, manœuvre
mânes, âme, mort
mangeaille, manger
mangeoire, ferme
mangeur, manger
mangeure, ver
maniable, pratique
maniaque, manie
manichéisme, diable
maniement, manier, main, toucher
maniéré, maniérisme, affectation, manière
manifestant, manifestation
manifeste, certain, évident
manigance, manigancer, intrigue, projet
manioc, farine, racine
manipulation, manipuler, main, pharmacie
manitou, personnalité
manivelle, tourner
manne, panier, jardin
mannequin, vêtement
manœuvrer, manœuvre
manque, manquer, absence
manquement, manquer
mansarde, toit
mansuétude, indulgence
manteau, vêtement, cheminée
manuel (n.), livre
manuel (adj.), main
manufacture, industrie
manuscrit, écrire
manutention, levage
mappemonde, géographie
maquereau, poisson
maquette, projet
maquignon, commerce, cheval
maquignonnage, tromper
maquillage, maquiller, toilette, théâtre
maquis, végétation
maquisard, partisan
marabout, islamisme, oiseau
marais, eau
marasme, crise, produire
maraude, marauder, errer, piller, voler
marbre, pierre
marc, résidu, alcool
marcassin, sanglier
marchand, commerce
marchander, discuter
marche, degré
marcheur, marcher
marécage, marécageux, eau, végétation
maréchalerie, maréchal
marée, poisson, mer
marelle, jouer
mareyeur, poisson
margarine, gras
marge, page, bord
marginal, bord
marguerite, fleur
mari, marié, mariage
marinade, mariner, conserver, cuisine
marinier, transport
marionnette, automate, spectacle
maritime, mer, marine
marketing, publicité
marmaille, enfant
marmelade, fruit
marmonner, murmure
marmot, enfant
marmotte, ronger
marmotter, murmure
maronner, colère
maroquin, maroquinerie, cuir, chèvre
marotte, manie
marouflage, maroufle, maroufler, peinture
marquant, important
marquer, marque
marqueterie, meuble
marquis, noble
marquise, abri, noble
marraine, baptême
marron, brun, confiserie

marteler, marteau
martinet, hirondelle
martyre, martyr
marxisme, politique
mascaron, architecture
masculin, mâle, grammaire
masochisme, douleur
masque, visage, déguiser
masquer, couvrir, cacher
massacre, massacrer, tuer, combat, gâcher
massage, masseur, masser
masser, masse
massicot, reliure
massif (adj.), masse, épais
massif (n.), montagne
massue, bâton, arme
mastic, masticage, mastiquer, colle, boucher
mastication, mastiquer, mâchoire
mastoc, épais, lourd
mastodonte, énorme
mastoïde, tête, oreille
masturbation, masturber, sexe
masure, maison, ruine
mat (adj.), peau, son
mat (n.), échecs
mât, bateau, cirque
matamore, vanter
match, compétition, sport
matelot, marin
mater, dompter
matérialisme, philosophie
matériau, construire
matériel (adj.), matière, grossier
matériel (n.), équiper
maternel, mère
maternité, accouchement, enfant, hôpital
mathématicien, mathématique, mathématiques
matinal, matineux, matin
matinée, jour, spectacle
matois, ruse
matou, chat
matraque, bâton
matricule, inscription, soldat
matrimonial, mariage
maturation, mûr, fruit
mâture, bateau
maturité, mûr, âge
maugréer, protester
mauve, fleur, violet
maxillaire, mâchoire, os
maximal, maximum, degré, limite
maxime, proverbe
mazette, incapable
mazout, pétrole
méandre, détour, boucle
mécanicien, mécanique
mécanisation, macaniser, automatisme
mécanisme, machine
mécanographie, bureau
mécanothérapie, soigner
mécène, protéger, artiste
méchanceté, méchant
mèche, cheveu, outil, chirurgie, éclairage
mécompte, calcul, erreur
méconnaissable, reconnaître
mécontent, mécontentement, mécontenter, content
mécréant, religion
médaillon, bijou, architecture
médecin, médecine
médersa, islamisme
médiateur, médiation, intervenir, arbitre
médical, médecine
médicament, pharmacie
médication, soigner
médicinal, plante
médiocrité, médiocre
médisance, médire
méditation, méditer
méduser, frapper
meeting, réunir, parti
méfait, faute
méfiance, méfiant, méfier (se)
mégalithique, pierre
mégalomane, magalomanie, grand, ambition
mégarde, inattention
mégère, acariâtre
mégisserie, cuir
méhari, chameau
mélancolie, mélancolique, noir, déprimer
mélange, mélanger, mêler
mélasse, sucre, distillation
mélèze, pin
mellification, melliflu, abeille
mélodie, mélodieux, mélodique, musique
mélodrame, théâtre
mélomane, musique
mélopée, chant
membrane, envelopper
membré, membru, membre, force
membrure, bois, bateau
même, égal, semblable
mémoire (m.), compte, état, histoire, littérature
mémorable, mémoire
mémorandum, diplomatie
mémorial, mémoire
menaçant, menace, menacer
ménage, maison
ménagement, ménager, soigner, modération, conserver, économie
ménagère, femme
ménate, oiseau
mendiant, mendicité, mendier, demander, charité
mener, diriger, conduire
meneur, entraîner
menhir, druide, pierre
méninge, cerveau
menotte, main
menottes, chaîne
mensonger, mensonge
mensualité, mensuel, mensuellement, mois
mensuration, mesure
mental, esprit, raison, psychologie
menteur, mensonge
mention, récompense
mentir, mensonge
menton, tête
mentor, conseil
menu (n.), manger
menu (adj.), mince, petit
menuiserie, menuisier
méphitique, odeur, puer
méplat, plat, visage
méprendre (se), erreur
mépris, méprisable, mépriser
méprise, erreur
mercantile, mercantilisme, commerce, avare
mercenaire, aventure, payer
mercerie, coudre, magasin
merci (m.), politesse, reconnaissance
merci (f.), dépendre
merde, excréments
méridien, géographie
méridional, points cardinaux
mérinos, mouton
merise, cerise
méritant, mériter
mérite, qualité, valeur
méritoire, mériter
merlan, poisson
merle, oiseau
merlin, hache
mésange, oiseau
mésaventure, aventure
mésentente, désaccord
mésestimer, estimer
message, messager, annoncer, envoyer, discours
messe, catholicisme
Messie, Christ
mesurer, mesure
métairie, ferme
métallique, métal
métallurgie, métallurgiste, métal
métamorphose, changer
métaphore, rhétorique
métaphysique, philosophie
métathèse, lettre
métayer, ferme
métempsycose, âme
météore, météorologie
métèque, étranger
méthodique, méthode
méticuleux, minutie
métier, profession, dentelle, broderie, tisser
métis, espèce
métonymie, rhétorique
métope, architecture
mètre, poésie, unité
métronome, musique

métropole, métropolitain, ville, important
métropolitain (n.), chemin de fer
mets, manger
meubler, meuble
meuglement, meugler, bovins, cri
meule, broyer, polir
meulière, pierre
meunier, farine
meurtre, meurtrier, crime, bandit
meurtrir, meurtrissure, blessure, frapper, pincer
meute, chien, chasse, bande
mévente, vendre
mezzanine, maison
mezzo-soprano, chant
miasme, gaz, polluer
miauler, cri, chat
microbien, microbiologie, microbe
microcéphale, tête
microphone, son, téléphone
microscope, optique
microscopique, petit
miction, urine
midi, jour, heure
mie, boulangerie
miel, miellée, abeille
mielleux, doux
miette, pain, morceau
mièvre, mièvrerie, affectation, manière
mignoter, cajoler
migraine, tête
migrateur, migration, passer, oiseau
mijaurée, femme, manière
mijoter, cuire, préparer
mildiou, vigne
militaire, soldat, armée
militant, militer, partisan, lutte, parti
mille-feuille, pâtisserie
millénaire, année
millésime, date
millionnaire, riche
mime, mimer, copier, spectacle
mimétisme, imiter
mimique, geste, imiter
minable, pauvre, triste
minaret, islamisme
minauder, minauderie, affectation, manière
mincir, mince
mine, visage, apparence
mine, miner, détruire
minerai, mine
minéral, minéralogie
minet, chat, élégance
mineur, mine, enfant
miniature, lettre, peinture
miniaturiste, peinture
minière, mine
minimal, minimum, degré
minime, petit, insignifiant
ministère, ministériel, ministre
minium, plomb, rouge
minois, visage
minorité, âge, tuteur
minotaure, monstre
minoterie, minotier, farine
minuit, heure, nuit
minus, simple
minuscule, lettre, petit
minute, heure, court, degré
minutieux, minutie
mioche, enfant
mirabelle, prune
mirage, météorologie, illusion, désert
mire, but, fusil, topographie
mirer, œil, pharmacie
mirifique, merveille
mirliton, musique
mirobolant, merveille
miroir, optique, toilette
miroiter, reflet, éblouir
misaine, bateau
misanthrope, misanthropie, haine, homme
mise, mettre, jouer
misérable, pauvre, malheureux
miséreux, misère
miséricorde, miséricordieux, pitié, pardonner
misogyne, misogynie, femme, haine
missel, livre, liturgie
missile, fusée
missionnaire, mission
missive, lettre
mistral, vent
mite, insecte
miteux, misérable
mitigé, moyen, tiède
mitiger, peine
mitonner, cuire, bouillir
mitoyen, mitoyenneté, commun, milieu, deux
mitrailler, artillerie
mitrailleuse, arme
mitron, boulangerie
mixage, mixer, cinéma
mixeur, pâtisserie
mixte, mêler
mixtion, mixture, mêler
mnémotechnie, mnémotechnique, mémoire
mobile (adj.), **mobilité,** mouvement
mobile (n.), mécanique, cause
mobilier, meuble
mobilisation, mobiliser, appeler, classe, guerre
mocassin, chaussure
moche, laid, désagréable
modalité, circonstance, forme, manière
modelage, sculpture
modeler, modèle, pâte, pétrir
modéliste, dessin, vêtement
modérantisme, modération, politique
modéré, modération, politique
modérer, diminuer, calmer
moderniser, moderne
modestie, modeste
modification, modifier, changer, corriger
modique, médiocre, bas
modiste, coiffure
modulation, moduler, chant, musique, radioélectricité, son
module, médaille, norme
moelle, os, bois
moelleux, mou, doux
moellon, pierre, maçon
moignon, mutiler, bras, branche, aile
moindre, moins, inférieur
moine, religieux
moineau, oiseau
moire, moiré, tissu, reflet
moisir, moisissure, gâter, acide, pourrir
moisson, céréales, récolte
moite, moiteur, humide, chaleur
moka, café, pâtisserie
molaire, dent
moléculaire, molécule, chimie, atome, partie
molester, tourmenter, rude, vexer
mollesse, mou, paresse
mollet (adj.), mou, œuf
mollet (n.), jambe
molleton, tissu
mollir, mou, céder, plier
monacal, religieux
monarchie, monarque, politique, souverain
monastère, monastique, religieux
monceau, amas, tas
mondain, mondanité, monde, plaisir, profane
mondial, monde
monétaire, monétiser, monnaie, banque
moniteur, entraîner
monition, monitoire, avertir
monochrome, couleur
monogamie, mariage, seul
monographie, description
monolithe, pierre
monologue, parler, seul
monôme, calcul, suivre
monoplan, avion
monopole, monopoliser, commerce, vendre
monosyllabe, mot, seul
monothéisme, Dieu
monotone, monotonie, ennui, uniforme
monseigneur, titre, évêque
monstrueux, monstruosité, monstre
montage, monter
montagnard, montagneux, montagne
montant, charpente, prix
monte, cheval

montée, monter
monticule, bosse, haut
montre, horloge, montrer
monture, cheval, optique
monument, monumental, sculpture, grand
moquerie, moquer
moquette, tapis
moqueur, moquer
moral, morale
moralité, morale, mœurs
moratoire, délai
morbide, maladie
morbidesse, peinture
morceler, morcellement, morceler, diviser
mordant, moquer, acerbe
mordiller, mordre
mordoré, brun
morfondre (se), ennui
morgue, orgueil, arrogance
moribond, mort, maladie
morille, champignon
morne, triste, sombre
morose, sombre, triste
morphine, morphinomane, stupéfiant
morphologie, forme, linguistique, grammaire
morsure, mordre
mortadelle, charcuterie
mortaise, entaille
mortalité, mort
mortel, mort, péché
mortier, construction, artillerie
mortification, mortifier, abaisser, humilier, saint
mortuaire, enterrement
morve, morveux, nez, vétérinaire
mosaïque, assembler, varié
mosquée, islamisme
motel, hôtel
motet, chant
motif, cause, raison
motion, proposer, politique
motivation, motiver, justifier, raison, cause
motoculteur, agriculture
motocycliste, motocyclette
motrice, moteur
mouchard, espion, police, dénoncer
moucharder, dénoncer
mouche, insecte
moucher, nez, rhume
moucheter, tache
mouchoir, linge
moudre, broyer, poudre
moue, lèvre, grimace
mouette, oiseau
moufle, gant, levage
mouillage, abri, port
mouiller, humide, arroser, cuisine, vin, port
mouillette, boulangerie
moulage, sculpture
moule (m.), confiserie, pâtisserie, cuisine
moule (f.), mollusques
mouler, mouleur, sculpture, bois, serrer
moulin, broyer, farine
moulinet, pêche
moulure, architecture, bord
mourant, langueur, mort
mourir, mort, disparaître, finir
mousqueton, fusil, alpinisme, nautisme
mousse (m.), marin
mousse (f.), bière, chocolat
mousseline, tissu
mousser, bière
mousseron, champignon
mousson, vent
moustache, barbe, poil
moustiquaire, lit
moustique, parasite
moût, vin, cidre
moutarde, épice, vinaigre
moutonner, mer, nuage
moutonnier, mouton
mouture, farine
mouvementé, agiter
mouvoir, mouvement
moyenne, milieu
moyeu, roue
mucosité, nez, cracher
mue, muer, changer, poil, peau, voix
muezzin, islamisme
mufle (n.), bovins
mufle (adj.), **muflerie,** grossier
mufti, islamisme
mugir, mugissement, cri, bovins
muguet, fleur, bouche
mulâtre, mulâtresse, noir, race
mule, âne, chaussure
mulet, âne, poisson
mulot, ronger
mulsion, lait, tirer
multicolore, varié, couleur
multiforme, varié, forme
multipare, parturition
multiple, calcul
multiplication, multiplier
multiplicité, foule
multitude, beaucoup, foule
municipalité, municipal
munificence, généreux
munir, pourvoir
munition, armée, fusil, provision, projectile
mur, muraille, maçon, clôture, fortification
mûre, fruit
murer, fermer, boucher
mûrier, soie, arbre
mûrir, mûr, fruit, préparer
murmurer, murmure
musaraigne, ronger
musarder, lent, traîner
musc, parfum
muscade, épice, noix
muscat, raisin, vin
musclé, muscler, muscle
musculaire, musculature, muscle
museau, nez
museler, muselière, chien, cheval, silence
musette, berger, sac
musical, musicien, musicologie, musique
musoir, port
musqué, odeur
musulman, islamisme
mutant, biologie
mutation, biologie, changer
muter, changer, fonctionnaire
mutilation, mutilé, mutiler, infirme
mutin, mutinerie, révolte,
mutité, muet
mutisme, silence
mutuel, mutuellement, réciproque
mycologie, mycologue, champignon
myocarde, cœur
myopathie, muscle
myope, myopie, œil
myosotis, fleur, oreille
mystérieux, mystère
mystification, mystifier
mystique, mysticisme
mythologique, mythologie
mythomane, mensonge
mytiliculture, mollusques
myxomatose, lapin

N

nabab, riche
nabot, petit
nacelle, aérostation
nacre, huître, coquillage
nadir, astronomie
nage, nager, nageur, natation
nageoire, poisson
naguère, récent
naïade, nymphe, eau
nain, nanisme, petit
naissain, poisson, huître
naissance, naître
naïveté, naïf
naja, reptiles
nana, femme
nantir, nantissement, posséder, garantir
naphte, pétrole
nappe, linge, eau, géologie
narcisse, fleur
narcissisme, amour
narcotique, sommeil
narguer, moquer, mépriser
narine, nez
narquois, moquer, ironie
narrateur, narratif, raconter
narration, narrer, raconter, conte, dire, décrire
narthex, église
nasal, nasalisation, nez, linguistique
naseau, nez, cheval
nasiller, nez, parler
nasse, panier, pêche

natal, natalité, naître
natatoire, poisson
natif, naître
national, nationalisme, nationaliste, nation
nationalité, pays
natte, entrelacer, tapis
natter, tresse, vannerie
naturalisation, naturaliser, pays, étranger, zoologie
naturalisme, littérature
naturaliste, zoologie, botanique
naturel (adj.), nature, simple, franc, spontané
naturel (n.), tempérament, caractère, humeur
naturisme, nu
naufragé, naufrage
nauséabond, odeur, puer
nausée, nauséeux, dégoût, digestion, vomir
nautique, nautisme
naval, marine
navet, légume
navette, mouvement, tisser, broderie, dentelle
navigable, cours d'eau
navigateur, marine, aviation
naviguer, navigation
navire, bateau
navrant, navrer, désoler, regretter, consterner
néant, rien, vide
nébuleux, nuage, confus
nébulosité, météorologie
nécessaire (n.), coudre, toilette
nécessité, nécessaire
nécessiter, nécessaire
nécessiteux, pauvre
nécrologie, mort
nécromancien, nécromant, magie, cadavre
nécropole, enterrement
nécrose, os, plaie
nectar, boisson
nef, église, bateau
néfaste, malheur, contraire
négatif (n.), photographie
négation, nier, grammaire
négligé, sale
négligence, négligent, négliger
négoce, négociant, commerce
négociateur, négociation, négocier
nègre, négritude, noir
neigeux, neige
nénufar ou **nénuphar,** fleur
néologisme, nouveau, langue
néophyte, religion, nouveau
néphrétique, néphrite, rein, urine
néphrologie, rein
népotisme, parent, faveur
néroli, orange
nerveux, nervosité, nerf
nervure, feuille, reliure
net, pur, prix, propre
netteté, propre
nettoiement, nettoyage, nettoyer
neurasthénie, neurasthénique, psychologie, triste
neurologie, neurologue, médecine, nerf
neurone, nerf, cerveau
neutraliser, compenser, paralyser
neutralité, neutre, impartial, guerre, laïc
neutron, atome
névé, neige
neveu, parent, famille
névralgie, nerf
névrite, nerf
névropathie, nerf
névrose, psychologie
niable, nier
niaiserie, niais
niche, abri, chien
nichée, nicher, oiseau
nicotine, tabac
nickel, métal, monnaie
nid, oiseau
nidoreux, puer
nièce, parent, famille
nielle, blé
nieller, niellure, bijou, orfèvrerie, orner
nigaud, niais, naïf
nihilisme, nihiliste, philosophie, nier, rien
nippes, vêtement
nitroglycérine, explosion
niveler, nivellement, niveau, plat, topographie
nobiliaire, noble
noblesse, noble, classe
noce, mariage, débauche
noceur, débauche, vie
nocif, nocivité, nuire
noctambule, promenade, nuit
nocturne, nuit
nodosité, nœud, os
nodule, mer
Noël, Christ
noirâtre, noiraud, noir
noirceur, noir
noircir, noir, accusation
noise, querelle
noisette, noix
noliser, louer (2)
nomade, errer
nombreux, beaucoup
nombril, ventre
nomenclature, nom, mot
nominal, nominatif, nom
nomination, nommer
nonagénaire, neuf, âge
nonante, neuf
nonce, pape, diplomatie
nonchalance, nonchalant, paresse, lent
nonciature, diplomatie
non-sens, absurde
nord, points cardinaux
normaliser, norme
normatif, grammaire
noroît, vent
nosophobie, maladie
nostalgie, nostalgique, pays, ennui
notabilité, notable, important, personnalité
notarial, notariat, notarié, notaire
notation, note, chimie
noter, note, écrire, relever
notice, note, expliquer
notification, notifier, note, dire, informer
notion, connaître, idée
notoire, connaître
notoriété, réputation
nouer, nœud, attacher
noueux, nœud, arbre
nougat, confiserie
nouilles, pâte
nourrice, enfant, lait
nourricier, père
nourrissage, nourrisseur, bétail, nourrir
nourrisson, enfant
nourriture, nourrir
nouveauté, nouveau
nouvelliste, nouvelle
novateur, nouveau
noviciat, novice, religieux
noyade, accident
noyau, fruit, plante
noyer, noix, bois
nuageux, nuage
nuance, nuancer, couleur, différent, peinture, ton
nubile, nubilité, mariage
nucléaire, atome
nudisme, nudité, nu
nue, nuée, nuage, exalter
nuisance, nuisible, nuire, contraire
nuitée, nuit, hôtel
nul, nullité, annuler, ignorant, négatif, valoir
numéraire, nombre, poste
numéral, numération, numérique, nombre
numéro, nombre, marque, journal, spectacle, jouer
numérotage, numéroter, ordre, nombre
numerus clausus, limite
numismate, médaille
nuptial, mariage
nuque, cou
nurse, enfant, garder
nutritif, aliment
nutrition, biologie
nyctalope, nuit
nymphéa, lac
nymphomanie, sexe

O

oasis, géographie
obédience, religieux
obéissance, obéissant, obéir
obélisque, pierre
obérer, dette, charge

obèse, obésité, gros, gras, ventre
objecter, objection
objectif (adj.), impartial
objectif (n.), point, but, intention
objurgation, réprimande
oblation, sacrifice, offrir
obligation, obligatoire, obliger
obligeance, obligeant, complaisance, obliger
obliquer, obliquité, oblique
oblitération, oblitérer, poste, lettre, effacer
oblong, long
obnubiler, obsession
obole, monnaie, charité
obscurcir, obscur
obscurité, obscur, ombre
obsédant, obsédé, obséder, obsession
obsèques, enterrement
obséquieux, obséquiosité, cérémonie, politesse
observance, observer, règle
observateur, observation, observer
observatoire, astronomie
obstétrique, médecine, accouchement
obstination, obstiné, entêté, poursuivre
obstiner (s'), persévérer
obstruction, obstruer, obstacle, Parlement
obtempérer, obéir, céder
obtention, obtenir
obturateur, photographie
obturation, obturer, boucher, dent
obtus, angle, bête
obus, artillerie
obvier, opposé, remédier
occasionnel, occasion
occasionner, occasion, créer
occident, occidental, points cardinaux
occipital, tête
occire, tuer
occlusion, boucher
occultation, cacher
occultisme, occulte, psychologie
occupant, occupation, occuper, possession
occurrence, circonstance
océan, océanique, mer
océanographie, océanologie, mer
ocre, jaune
octant, astronomie
octante, huit, quatre
octave, huit, musique
octogénaire, huit, vieux
octosyllabe, huit, vers
octroyer, donner, attribuer
oculaire (adj), œil
oculaire (n.), optique
oculiste, médecine, œil
ocularíste, œil
ode, odelette, poésie
odieux, haine, bas, honte, dégoûtant
odontologie, dent
odorat, odeur, nez, sens
odorant, odoriférant, odeur
œcuménisme, église
œdème, tumeur, gonfler
œil-de-bœuf, toit
œillade, regard, provoquer, œil
œillère, harnais, cheval
œillet, fleur, chaussure
œnologie, œnologue, œnophile, vin
œsophage, gorge
œuvre, faire, conduite, travail, charité, créer
offenser, déplaire, offense
offensive, combat, attaque
office, liturgie, servir
officiant, officier, liturgie
officiel, public, certitude, autorité
officieux, autorité, garantir
officine, pharmacie, préparer, travail
offrande, offrir, vœu
offre, commerce, offrir
offusquer, déplaire
oflag, camp
ogive, architecture, artillerie
ogre, ogresse, monstre
ohm, électricité
oie, volaille
oignon, légume
oiseleur, oiselier, oiseau
oiseux, vain, inutile
oisiveté, oisif
oléagineux, oléicole, oléiculture, huile
oléoduc, pétrole
olfactif, nez, odeur
olibrius, bizarre
oligarchie, politique
olivâtre, teint, vert
olive, fruit, architecture
olivier, arbre, bois
olympiade, année, quatre
olympique, sport
ombilical, ventre
ombrage, ombre
ombrageux, caractère, vexer
ombrer, dessin, peinture
omelette, œuf, manger
omettre, négliger, oublier
omission, oubli, absence
omnipotence, omnipotent, tout, pouvoir
omniprésence, omniprésent, présent
omniscience, omniscient, tout, savant
omnivore, manger, zoologie
omophage, omophagie, manger, cru
omoplate, épaule, os
onagre, âne, artillerie
once, poids
oncle, parent, famille
onction, bénir, huile
onctueux, doux, gras
onde, eau, optique, musique, électricité
ondée, pluie
on-dit, informer, nouvelle
ondulation, onduler, mouvement, boucle, pli
onduleux, onde, balancer
onéreux, cher, prix
onglée, froid, engourdi
onguent, pharmacie, plaie
onirique, onirologie, onirologue, rêve, expliquer
oniromancie, divination
onomastique, nom
onomatopée, mot
onychophage, onychophagie, ongle
opacité, opaque, épais, lumière, pénétrer
opéra, théâtre, chant, danse, musique
opéra-comique, théâtre
opérateur, travail, cinéma
opérer, faire, chirurgie
opérette, théâtre
ophiologie, reptiles
ophtalmologie, ophtalmologiste, œil, médecine
opiniâtre, opiniâtreté, volonté, persévérer
opistographe, écrire
opportunisme, opportun
opposant, adversaire
opposition, opposer
oppresser, angoisse
oppresseur, oppressif, opprimer, pouvoir
oppression, opprimer, respiration
opprobre, honte
optatif, souhaiter
opter, choisir, décider
opticien, œil, optique
optimisme, optimiste, assurance, heureux
option, choisir
opulence, opulent, riche
opuscule, livre
oracle, divination
oraison, prier, religion
oral, bouche, parole
orangeade, boisson
oranger, orangeraie, orangerie, orange
orant, sculpture
orateur, discours, éloquence
oratorien, religieux
oratorio, musique
orbe, orbiculaire, cercle, rond, astronomie
orbital, astronautique
orbite, œil, astronomie
orchestration, musique
orchestre, musique, théâtre
orchidée, fleur
orchite, sexe
ordinal, ordre, nombre

ordinand, prêtre
ordinant, évêque
ordinateur, calcul, électronique
ordination, évêque, prêtre
ordonnance, ordre, arranger, distribuer, médecine
ordonnateur, enterrement
ordonné, ordre, logique
ordonner, ordre, arranger, commander, organiser
ordurier, ordure
orée, bord, forêt
oreiller, lit
oreillette, cœur
orfèvre, orfèvrerie
organique, corps, organe
organisateur, organisation, organiser
organisme, organe, vie
organiste, orgue
orgasme, sexe, plaisir
orge, céréales
orgelet, œil, tumeur
orgie, débauche, plaisir
orgueilleux, orgueil
orient, oriental, points cardinaux
orientable, orienter
orientation, orienteur, orienter
orifice, trou, ouvrir
oriflamme, drapeau
originaire, origine
originalité, original
originel, origine, péché
ornement, ornemental, ornementation, orner
ornière, creux, route, trou
ornithologie, ornithophile, oiseau
orogénie, orographie, géologie, montagne
oronge, champignon
orphelin, enfant
orphelinat, charité
orteil, pied, doigt
orthodoxe, orthodoxie, vrai, opinion, religion, église, parti
orthodromie, navigation
orthogonal, droit, angle
orthographe, orthographier, écrire, grammaire
orthopédie, orthopédiste, droit, bande
orthophonie, orthophoniste, voix, parler
ortolan, oiseau, gibier
orvet, reptiles
oscillation, osciller, balancer, mouvement
osé, hardi, libre
oseille, légume, argent
oser, audace
osier, vannerie, panier
osmologie, odeur
osmose, biologie, pénétrer
ossature, os
osselet, os, doigt, oreille
ossement, cadavre, mort
osseux, ossification, ossifier, os
ossuaire, os, cadavre
ostensible, ostensiblement, apparaître
ostensoir, eucharistie
ostentation, ostentatoire, montrer, affectation
ostéologie, ostéotomie, anatomie, os, chirurgie
ostéomyélite, ostéopathie, os, maladie
ostracisme, exclure
ostréiculteur, ostréiculture, huître, mollusques
otage, garant, terreur
otalgie, oreille
oter, retirer, enlever
otite, tête, oreille
oto-rhino-laryngologie, oto-rhino-laryngologiste, oreille, gorge, respiration
otoscopie, oreille
ouate, ouater, coton
oubli, oublier, mémoire
oubliettes, prison, château
oublieux, oublier
oued, cours d'eau
ouest, points cardinaux
ouï-dire, entendre
ouïe, sens, entendre
ouïes, poisson, violon
ouistiti, singe
oukase, ordre
ouragan, vent, tempête
ourdir, tisser, machiner
ourlet, coudre, bord
outillage, outiller, outilleur, outil, équiper
outrage, outrager, injure, offense, violer
outrance, excès
outré, colère, indignation
outrecuidance, outrecuidant, hardi, orgueil, affectation, prétendre
outrepasser, dépasser
outrer, charge, excès
outsider, courses de chevaux
ouvert, ouvertement, ouvrir, caractère, franc
ouverture, ouvrir, offrir
ouvrable, travail, jour
ouvrage, travail, fortification, art, livre
ouvrager, orner
ouvreuse, spectacle
ouvroir, charité
ovaire, œuf, fleur, glande, reproduction
ovale, œuf, courbe
ovation, ovationner, triomphe, applaudir
ove, architecture, orfèvrerie
ovins, mouton
ovipare, œuf, parturition
ovoïde, œuf
ovovivipare, parturition
ovulation, ovule, œuf, reproduction
oxygéner, oxygène
oxyure, intestins, ver
ozone, gaz

P

pacage, pacager, berger, paître, troupeau
pachyderme, animal, épais
pacificateur, pacification, pacifier, paix, calme, soumettre
pacifique, pacifisme, pacifiste, paix,
pacotille, marchandises, qualité, valeur
pacte, pactiser, convention, accord
pactole, or, riche
paddock, courses de chevaux, lit
pagaie, nautisme
pagaille, désordre
paganisme, religion, Dieu
pagination, paginer, page
pagne, vêtement
pagure, crustacés
paiement, payer, financer
paillard, paillardise, plaisir, rire, grivois
paillasson, tapis, natte
paillette, métal, broderie
paillon, paille
pain, manger, boulangerie
pair, égal, jour, nombre
paire, deux
paisible, paix, calme
palabre, palabrer, palabreur, discours, bavard
palace, hôtel
palan, corde, bateau, levage
palanche, porter
palanquin, porter
palatal, bouche
palefrenier, équitation
paléographie, paléographique, inscription
paléolithique, âge, pierre
paléontologie, géologie
palette, peinture
pâleur, pâlir, pâle
palier, degré, maison, route
palimpseste, écrire
palinodie, changer, opposé, opinion
palissade, clôture
palissandre, meuble, bois
palliatif, pallier, moyen, remédier
palmarès, récompense
palme, feuille, pied, plonger
palmé, feuille, pied
palmier, plante, huile, bois
palmipède, pied, oiseau
palombe, pigeon
palourde, coquillage
palpable, concret, évident

palpation, palper, toucher, main, examiner
palpitant, intérêt
palpitation, palpiter, cœur, mouvement
paludéen, épidémie
paludisme, infection
pâmoison, convulsion
pampa, végétation
pamphlet, satire
pamplemousse, pamplemoussier, agrumes
pampre, vigne, branche
panacée, remède, tout
panachage, panacher, mêler, vote
panache, orner, coiffure,
panaché, varié,
panade, pain, pauvre
panaire, boulangerie
panard, cheval
panaris, doigt, ongle
pancarte, inscription
pandémonium, diable, désordre
panégyrique, panégyriste, discours, louer
panetière, boulangerie
paneton, panier
panifiable, farine
panification, boulangerie
panique, paniquer, peur
panne, arrêt, charcuterie
panneau, tableau, meuble, indiquer, piège
panneton, clef
panonceau, inscription
panoplie, trophée, armes
panorama, panoramique, voir, peinture, cinéma
pansage, panser, cheval
panse, ventre, ruminants, cloche, bouteille
pansement, panser, soin, bande, chirurgie
pansu, ventre
pantalon, vêtement, jambe
pantelant, respiration
panthéisme, Dieu
panthère, chat, fourrure
pantois, étonner
pantomime, geste, théâtre
pantoufle, chaussure
paon, oiseau, papillon
papa, père
papal, papauté, pape
papegai, perroquet
paperasse, paperasserie, papier, écrire
papeterie, papetier, papier
papilles, langue, goût
papillonner, tourner, papillon
papillotage, papilloter, éblouir, trembler
papillote, cheveu
papotage, papoter, bavard
papule, peau
papyrus, papier, écrire
Pâque, judaïsme
paquebot, bateau
Pâques, christianisme
paquet, bagage, poste
paquetage, soldat
parabole, Christ, image
parabole, parabolique, courbe
parachever, parfait
parachutage, parachuter, guerre
parachute, parachutiste, aviation
parade, garde, escrime, montrer, spectacle
parader, orgueil, important
paradigme, modèle
paradis, Dieu, ciel, théâtre, bonheur, délice
paradoxal, paradoxe, opinion, bizarre
paraffine, éclairage, gras
parage, lieu, voisin
paragraphe, division, livre, page
paraître, apparaître, livre, publier, sembler
parallèle, semblable, géométrie, comparaison, géographie
parallélépipède ou **parallélipipède,** géométrie
parallélisme, accord, géométrie
parallélogramme, angle
paralyser, paralysie, arrêter
paralytique, paralysie
parapet, clôture, port, fortification, pont
paraphe ou **parafe, parapher** ou **parafer,** signature, diplomatie
paraphrase, paraphraser, expliquer, interpréter
paraplégie, paralysie
parapluie, abri, pluie
parasitaire, parasitisme, parasite
parasol, abri
paratonnerre, foudre, toit
parc, bétail, huître, jardin, promenade
parcelle, partie, propriété
parchemin, peau, écrire
parcimonie, parcimonieux, avare, économie
parcmètre, ville, rue
parcours, parcourir, route
pardessus, vêtement
pardon, pardonner, fête
pare-brise, pare-chocs, automobile
pareil, égal, semblable
parement, vêtement
parémiologie, proverbe
parenchyme, feuille, tige
parenté, parent
parenthèse, ponctuation
parer, orner, préparer, cuisine, éviter, escrime
paresser, paresseux, paresse
parfaire, parfait
parfaitement, affirmer
parfumer, parfumeur, parfum
parhélie, Soleil
pari, parier
pariétal, tête, peinture
parjure, nier, trahir, mensonge, infidèle
parking, automobile
parlementaire, parlementarisme, Parlement
parlementer, négocier, discuter
parloir, attendre, enseignement, religieux, prison
parlote, parler, avocat
parodie, parodier, imiter, moquer
parodontologie, parodontose, dent
paroi, alpinisme, puits
paroisse, paroissial, paroissien, église, prêtre
parolier, chanson
paronyme, nom
parotide, oreille
paroxysme, paroxystique, degré, extrême
parpaing, maçon
parquer, enfermer, route
parquet, maison, tribunal
parrain, parrainage, baptême, appuyer, soutenir
parricide, crime
parsemer, répandre
partage, partager
partance, partir
partenaire, association, camarade, jouer
parterre, jardin, théâtre
parthénogenèse, reproduction
partial, partialité, faveur
participant, participation, participer
participe, verbe
particularité, particulier
particule, grammaire, atome, noble
particulièrement, particulier
partiel, partiellement, partie
partition, musique, partager
partout, tout, lieu
parturiente, parturition.
paruré, élégance, toilette
parution, publier
parvenir, but, atteindre
parvenu, succès, riche
parvis, place, église
pas, marcher, allure, équitation, danse, spirale, pied
pascal, Pâque(s)
passable, passablement, ordinaire, moyen
passade, caprice, amour
passager (n.), voyage, port, aviation
passager (adj.), **passagèrement,** passer, court
passant, passer
passation, transmettre

passe, passage, mer, circonstance, arme, balle, jouer
passe-droit, faveur
passéisme, passé
passementerie, tissu
passe-partout, clef, gravure, scie, bois
passe-passe, habile, ruse
passeport, police, voyage
passereau, oiseau
passerelle, pont, bateau, passage
passe-temps, occuper, distraire, jouer
passeur, passer, cours d'eau
passible, mériter
passif (n.), compte, commerce, dette, grammaire
passionnant, passionné, passionnément, passion
passionnel, passionner, passion
passivité, passif
passoire, cuisine, tamis
pastel, pastelliste, dessin, peinture
pasteur, protestantisme
pasteurisation, pasteuriser, lait, cidre
pastiche, pasticher, pasticheur, imiter
pastille, pharmacie, confiserie
pastoral, berger
pastorat, protestantisme
patapouf, lourd, gros
pataquès, lier, faute
pataud, lourd, gros, lent, chien, pied
patauger, boue, embarras, marcher
pâté, pâtisserie, charcuterie
pâtée, nourrir, bétail, volaille
patelin, pays
patène, église
patent, évident, positif
patente, patenté, commerce, impôt
patère, pendre
paternel, père, bon
paternité, enfant, père
pathétique, toucher, éloquence, style
pathologie, maladie
pathos, emphase, discours
patient (adj.), patience
patient (n.), maladie
patienter, patience
patin, chaussure, blindés
patinage, patiner, patineur, patinoire, glace
patine, meuble, sculpture, polir
pâtir, souffrir
pâtissier, pâtisserie
patois, langue
patraque, maladie
patrimoine, patrimonial, famille, fortune, bien
patron, chef, saint, profession, entreprise, modèle
patronage, bienfait, aide, charité
patronal, patronat, employer, chef
patronner, protéger, appuyer, recommander
patronnesse, charité
patronyme, patronymique, nom, famille
patte, pied, jambe, main
pattu, pied
pâturage, pâture, pâturer, bétail, prairie, herbe
paturon, cheval, pied
paume, main, balle
paupérisme, pauvre
paupière, œil
pause, arrêter, repos
pauvresse, pauvre
pauvreté, besoin, pauvre
pavage, pavé, paver, paveur, pierre, route
pavane, danse
pavaner (se), orgueil
pavillon, maison, oreille, drapeau
pavoiser, fête, orner, drapeau
payable, payant, payeur, payer
paye ou **paie,** salaire, payer
paysage, peinture
paysagiste, peinture, dessin, jardin
paysan, paysannat, paysannerie, campagne, classe
peaufiner, soigner, parfait
peausserie, peau
pécari, porc
péccadille, péché, faute
pêche, fruit
pécher, pécheur, pécheresse, péché, faute
pêcher, pêcheur, pêche
pécore, affectation, femme, prétendre
pectine, fruit
pectoral, poitrine, croix
pécule, prison
pécuniaire, intérêt
pédagogie, pédagogue, enfant, enseignement, éducation
pédale orgue, automobile, bicyclette
pédant, pédantisme, affectation, emphase
pédéraste, sexe
pédestre, pied, marcher
pédiatre, pédiatrie, enfant, médecine
pédicule, pied, queue
pédicure, pied, ongle
pedigree, race
pédologie, pédologue, sol
pédoncule, fleur, fruit, queue
pègre, classe, voler
peigne, peigner, cheveu
peignoir, vêtement, bain
peinard, tranquille
peindre, peinture
peiner, peine, fatigue
peintre, peinture
peinturlurer, peinture
péjoratif, péjoration, péjorativement, pire
pékinois, chien
pelade, cheveu, peler
pelage, poil, peau
pélagique, mer
pêle-mêle, désordre
peler, enlever, peau, poil, fruit, légume
pèlerin, pèlerinage, vœu, voyage
pèlerine, vêtement
pélican, oiseau
pelle, pelletée, pelleter, jardin, four, cheminée
pelleterie, peau, fourrure
pellicule, peau, cheveu, photographie, cinéma
peloter, caresser
peloton, boule, fil, armée, bicyclette
pelouse, herbe, jardin, courses de chevaux
peluche, pelucher, pelucheux, poil
pelure, peau, fruit
pénal, pénaliser, pénalité, peine, balle
penalty, balle
pénates, maison
penaud, embarras, confus
penchant, tendance
pendaison, pendre
pendant, bijou, symétrie
pendeloque, bijou, pendre
pendentif, bijou, cou
penderie, armoire
pendiller, pendouiller, pendre
pendule, horloge
pêne, serrure
pénétration, pénétrer
pénible, péniblement, peine
péniche, bateau
péninsule, île, mer
pénitent, pénitence
pénitentiaire, prison
pénitentiel, pénitence
pénombre, ombre, obscur
pensée, penser, fleur
penseur, penser, philosophie
pensif, penser, inquiet
pension, hôtel, retraite
pensionnaire, enseignement, hôtel
pensionnat, maison, éducation
pentagone, cinq, géométrie
pentathlon, athlétisme
pente, côte, pencher
penture, porte, fenêtre
pénultième, dernier
pénurie, manquer, pauvre
pépie, vétérinaire, soif
pépier, bruit, oiseau, cri

pépin, fruit
pépinière, pépiniériste, arbre, planter, jardin
pépite, or
pepsine, digestion
perçage, percement, percer
percale, tissu
perçant, percer, aigu, cri
percée, forêt, entrer
percepteur, impôt
perceptible, perceptif, perception, percevoir, psychologie
perceuse, percer, outil
perche, barre, athlétisme
perchoir, percher, volaille
perclus, paralysie, infirme
percussion, médecine, musique, fusil
percuter, frapper
percuteur, fusil
perdant, perdre, vaincu
perdition, mal, naufrage, débauche, perdre
perdrix, oiseau, gibier
pérégrination, voyage
péremption, annuler
péremptoire, péremptoirement, décider, positif
pérennité, durer
péréquation, égal
perfectible, parfait
perfection, perfectionnement, perfectionner, parfait, mieux, progrès
perfide, perfidie, tromper, trahir, infidèle, ruse
perforation, perforer, percer, trou
performance, réussir
péricarde, péricardite, cœur
péricarpe, fruit, envelopper
péricliter, danger, ruine
périgée, astronomie
périhélie, planète
péril, périlleux, danger
périmé, périmer (se), annuler, délai, passé
périmètre, entourer, limite
période (m), planète
période (f.), temps, date, durer, éloquence
périodique, journal, onde
péripétie, événement, roman, théâtre
périphérie, périphérique, entourer, ville
périphrase, détour
périple, voyage, navigation
périr, mort, disparaître
périscope, optique
périssable, fragile
périssoire, nautisme
péristyle, entourer, galerie
péritoine, ventre, intestins
péritonite, intestins
perle, coquille, bijou
perler, parfait
permanence, permanent, constant, continu, durer
perméable, traverser
permis, permissif, permissivité, permettre
permission, permettre
permissionnaire, soldat
permutation, permuter, changer, fonctionnaire
pernicieux, nuire
péronnelle, femme, affectation
péroraison, discours, finir, conclusion
pérorer, péroreur, parler, long, emphase
perpendiculaire, géométrie, droit
perpétration, perpétrer, faire, accomplir
perpétuel, perpétuité, continu, durer
perpétuer, conserver, continuer, transmettre
perplexe, perplexité, doute, embarras, hésitant
perquisition, chercher, police
perron, maison
perruche, perroquet
perruque, cheveu
pers, bleu
persécuter, persécution, poursuivre, tourmenter
persécuteur, tyran
persévérance, persévérant, persévérer
persienne, fenêtre
persiflage, persifler, persifleur, moquer
persil, légume
persillé, viande
persistance, persistant, persister, continuer
personnage, personne, théâtre, important, briller
personnalisation, personnaliser, personne
personnel (adj.), **personnellement,** personne
personnel (n.), employé, industrie, maison
personnification, personnifier, personne
perspicace, perspicacité, intelligence, psychologie
persuasif, persuasion, persuader
perte, perdre, dommage
pertinent, rapport, juste
perturbateur, perturbation, perturber, troubler, bouleverser
pervenche, fleur
pervers, perversité, mal, méchant, mauvais, vice
perversion, pervertir, corrompre, perdre, vice
pesage, poids, peser, courses de chevaux
pesant, épais, lourd
pesanteur, matière, physique
pesée, balance, peser
pessimisme, pire, confiance
peste, épidémie, infection
pester, colère
pestiféré, épidémie
pestilentiel, puer, odeur
pet, péter, bruit, flatulence
pétale, fleur
pétanque, boule
pétarade, pétarader, bruit, explosion
pétard, pyrotechnie
pétaudière, désordre
pétillant, pétiller, briller, bruit, vif
pétiole, feuille, queue
petitesse, petit
pétition, pétitionnaire, demander, lettre
pétoncle, coquillage
pétrification, géologie
pétrifier, pierre, horreur
pétrin, boulangerie, pétrir
pétrographie, pierre
pétrolier, bateau, pétrole
pétulance, pétulant, ardeur, fougue, vif
peuplade, peuple, sauvage
peuplement, peupler, peuple, forêt, poisson
peuplier, arbre
peureux, peur, trembler
phalange, phalangette, phalangine, doigt
phalène, papillon
phallocrate, phallocratie, phallus, sexe
phanérogames, botanique
phantasme ou **fantasme,** fantôme, rêve
phare, automobile, bicyclette, navigation
pharmaceutique, pharmacien, pharmacie
pharmacopée, pharmacie
pharynx, pharyngite, gorge, bouche
phase, état, degré, partie, Lune, planète, électricité
phénix, oiseau, extraordinaire, zoologie
phénoménal, énorme, fantastique
phénomène, fait, monstre, rare, original
philantrope, philantropie, homme, bon, amour
philatélie, philatéliste, collection
philologie, linguistique
philosophe, philosopher, philosophie
philtre, magie
phlébite, veine
phlébologie, phlébotomie, sang, chirurgie
phlegmon, tumeur, pus
phlogistique, chaleur, feu
phobie, peur, obsession
phonation, son, voix
phonème, langage

phonétique, son, linguistique
phoniatre, phoniatrie, voix
phonographe, son, musique
phoque, mammifères
phosphore, briller, lumière
phosphorescence, phosphorescent, lumière
photocomposeuse, photocomposition, imprimerie
photocopie, photocopier, bureau,
photogénique, photographie
photographe, photographier, photographie
photogravure, imprimerie
photométrie, optique
photon, atome
phrase, linguistique
phraséologie, creux
phraser, phraseur, affectation, bavard
phréatique, eau, puits
phrénologie, caractère
phylactère, judaïsme
phylloxéra, vigne, parasite
physicien, physique
physiologie, physiologiste, corps, biologie
physionomie, visage, apparence, aspect
physique (m.), visage, aspect, corps
phytothéraphie, plante, soigner
piaffement, piaffer, pied, mouvement, équitation
piailler, cri
pianiste, piano, musique
piaulement, piauler, cri
pic, pointe, montagne, marteau, sommet, oiseau
pichenette, doigt
pichet, bouteille
picorer, manger, oiseau
picotement, picoter, piquer, oiseau
pictural, peinture
pie (adj.), cheval, bovins
pie (n.), oiseau
pied-à-terre, logement
piédestal, base, pied
piédouche, balustre, base
piédroit ou **pied-droit,** architecture, cheminée
piéger, piège
pierraille, pierre, culture
pierreries, bijou
pierreux, pierre, fruit
piété, religion, prier, amour
piétinement, piétiner, pied, marcher, presser
piéton, pied, marcher
piètre, médiocre, petit
pieu, appuyer, piquer, pont
pieux, religion, croire
pige, pigiste, ligne
piger, comprendre
pigment, pigmentation, peau, poil, couleur
pignocher, manger, appétit
pignon, maison, mécanique, dent, pin
pignouf, grossier
pilastre, architecture
pile, amas, électricité, pont, monnaie, côté, atome
piler, broyer, réduire
pileux, poil, cheveu
pilier, soutenir, charpente
pillage, pillard, piller
pilon, broyer, presser, livre
pilonner, artillerie
pilori, supplice, accusation
pilosisme, pilosité, poil
pilotage, pilote, piloter, conduire, manœuvre, avion, automobile, bateau
pilule, boule, pharmacie
pimbêche, affectation, femme, prétendre
piment, pimenter, épice
pimpant, élégance
pinacle, toit, louer, sommet, église
pinacothèque, musée
pinaillage, pinailler, pinailleur, chicane
pince, outil, pincer, prendre, coudre, cheval, crustacés
pincé, affectation
pinceau, brosse, peinture, colle, dessin
pincée, doigt, pincer
pincement, tailler, pincer
pincette, cheminée, pincer
pinçon, pincer
pinède, forêt, pin
ping-pong, balle
pin-up, femme
pingre, pringrerie, avare
pinson, oiseau
pintade, volaille
pintadine, huître
pioche, piocher, terrassier, travail, étude
piolet, alpinisme
pion, échecs, enseignement
pionnier, soldat, progrès
pipe, tabac
pipeau, flûte, sifflet
pipée, chasse, piège
pipe-line, canalisation
piper, piperie, piège, tricher, truquer
piquant, piquer, intérêt, vexer, vif
pique (m.), carte
pique (f.), arme, drapeau, piquer, pointe, vexer
pique-assiette, parasite
pique-nique, pique-niquer, pique-niqueur, manger
piquet, carte, bâton, piquer
piquette, vin, cidre
piqueur, chasse, mine
piqûre, piquer
pirate, piraterie, bandit
piriforme, poire
pirogue, bateau
pirouette, danse, tourner
pis, bovins, lait
pis-aller, pire
piscicole, pisciculteur, pisciculture, poisson
piscine, eau, bain, natation
pisser, urine, évacuer
pisseux, urine
piste, cirque, sport
pistil, femelle, organe
pistolet, arme, dessin, peinture
piston, moteur, pompe, aide, appui
pistonner, recommander
pitance, nourriture
pitchpin, pin, bois
piteux, maigre, malheureux, honte
pithécanthrope, singe
piton, clou, montagne
pitonnage, pitonner, alpinisme
pitoyable, pitié
pitre, cirque, plaisanter
pittoresque, beau
pivot, base, dent, roue, mécanique
pivoter, tourner
placage, appliquer, bois
placard, armoire, imprimerie, informer, publicité
placebo, pharmacie
placement, placer, finance, emploi, place
placide, placidité, calme
placier, commerce
plafond, maison, limite
plafonner, aviation, maçon
plafonnier, éclairage
plage, mer, sable
plagiaire, plagiat, plagier
plaider, défendre, avocat
plaidoirie, plaidoyer, discours, avocat
plaignant, plaindre (se)
plain-chant, chant
plaine, géographie, plat
plainte, plaindre (se)
plaisance, plaisancier, nautisme
plaisant, plaire, agréable
plaisanterie, plaisantin, plaisanter
plan, planéité, plat
planche, planchette, bois, dessin, jardin
plancher, maison, véhicule, menuisier
plancton, mer
planer, voler, polir, plat
planétaire, planète
planétoïde, astronautique
planeur, aéronautique
planification, planifier, plan
planisphère, géographie
planning, plan
planquer, abri, cacher
plansichter, farine
plant, plante, planter
plantation, planter, forêt
plantigrade, pied, zoologie
plantureux, abondance

plaque, plat, photographie, pâtisserie, indiquer
plaqué, bijou, argent, or
plaquer, garnir, appliquer, abandonner
plaquette, livre, sang, publicité
plasma, matière, sang
plastic, plastiquage, plastiquer, explosion
plastique, plasticité, art, mou
plastronner, orgueil
plat (n.), vaisselle, main, épée, reliure, cuisine
platane, arbre
plat-bord, bateau
plateau, vaisselle, balance, montagne, cinéma
plate-forme, base, chemin de fer, pétrole, programme
platiné, blanc
platement, platitude, plat
platonique, amour
plâtre, plâtrer, plâtrier, matériaux de construction
plausible, probable, vrai
play-boy, élégance
plèbe, plébéien, peuple
plébiscite, vote
plénipotentiaire, diplomatie, négocier, paix
plénitude, plein
pléonasme, grammaire
pléthore, pléthorique, abondance, excès
pleur, regretter, pleurer
pleurard, pleurer
pleurnicher, pleurnicherie, pleurnicheur, pleurnichard, pleurer
pleutre, pleutrerie, peur
pleuvasser, pleuvoir, pleuvoter, pluie, humide
plèvre, respiration, poitrine
plexus, nerf
pliage, pliure, plier
plie, poisson
plinthe, architecture, menuisier
plissage, plisser, pli
ploiement, plier
plombage, plomber, plomberie, plombier, plomb
plonge, laver, cuisine
plongée, plonger
plongeoir, plongeon, plonger, sauter, natation
plongeur, plonger, cuisine
ploutocrate, ploutocratie, riche, pouvoir
ployer, céder, courber, fléchir, pencher, plier
plume, aile, léger, orner, dessin, écrire
plumer, volaille, arracher
plumitif, écrire
plupart (la), plus
plural, pluralisme, pluralité, plusieurs
pluridisciplinaire, discipline
pluriel, nombre, grammaire
plurivalent, plusieurs
plus-value, valeur
plutonium, métal
pluvial, pluvieux, pluviomètre, pluviosité, pluie
pneumatique, air, caoutchouc, gaz, roue, poste
pneumologie, respiration
pneumonie, poitrine
pochard, ivre
poche, sac, vêtement, emballage, chasse
pochette, sac, vêtement
podium, cirque, publicité, sport
podologie, pied
poêle (m.), feu
poêle (f.), cuisine
poème, poétique, poésie
poète, poétesse, poésie
pogrom, race
poignant, peine, détresse
poignard, arme
poigne, main, force
poignée, prendre
poignet, main, bras
poilu, poil, guerre
poinçon, poinçonner, pointe, marque, broderie, outil, orfèvrerie, percer
poinçonneuse, bureau
poindre, apparaître
poing, main
pointage, marque, artillerie, Parlement
pointeau, moteur, percer
pointer, diriger, but, artillerie, contrôler, point
pointiller, dessin
pointilleux, chicane
pointu, pointe, aigu
pointure, chaussure, gant
poiré, cidre
poireau, légume
poirier, poire
pois, légume
poisser, poisseux, colle
poissonnaille, poissonnerie, poissonneux, poissonnier, poisson
poitrail, cheval
poivre, poivrer, poivrière, épice, cuisine
polaire, géographie, étoile
polarisation, polariser, optique, lumière, onde
polatouche, voler (2)
polder, mer, sec
pôle, astre, terre, électricité, magnétisme, extrême
polémique, polémiquer, polémiste, querelle
polémologie, guerre
polenta, bouillir, maïs
poli, polir, politesse
policer, civiliser
polichinelle, bosse, rire
policier, police
poliomyélite, infection
polissage, polisseur, polissoir, polir
polisson, polissonner, polissonnerie, enfant, vaurien, grivois
politicailler, politicaillerie, politicailleur, politicard, politique
politicien, politologie, politologue, politique
politisation, politiser, politique
polka, danse
pollen, fleur, abeille
polluant, pollueur, pollution, polluer
polo, chemise, équitation
poltron, poltronnerie, peur, lâche
polyandrie, mariage
polychrome, couleur
polycopie, polycopier, copier, bureau
polyculture, agriculture
polyèdre, géométrie
polygamie, mariage
polyglotte, langue
polygone, géométrie, angle, artillerie
polynôme, mathématiques
polype, intestins, nez
polyphonie, chant
polysémie, sens
polysyllabe, mot
polythéisme, religion
pommade, pommader, toilette, plaie, cheveu
pommeau, épée, équitation
pommelé, nuage, cheval
pommette, tête
pommeraie, pommier, pomme
pomologie, pomme, fruit
pompage, pomper, pompe
pompeux, emphase
pompier, feu, éteindre
pompiste, pompe, route
pomponner, élégance, toilette
ponce, pierre
ponceau, pont, rouge
ponçage, poncer, ponceuse, frotter, polir
poncif, banal, commun, dessin
ponction, ponctionner, piquer
ponctualité, assidu, exact
ponctuel, exact, point
ponctuer, ponctuation
pondaison, pondre, oiseau, œuf
pondérable, pondéral, poids, peser
pondération, pondéré, modération, équilibre, harmonie
pondéreux, poids
poney, cheval
pongé, tissu
pongiste, balle
ponte (m.), carte, grand, personnalité

ponte (f.), œuf, oiseau
pontet, épée, fusil
pontife, pape, évêque
pontifiant, pontifier, orgueil, emphase
pontificat, pape, dignité
ponton, bateau, port
pontonnier, pont, soldat
pope, prêtre
popeline, tissu
populace, populo, peuple
populaire, peuple, plaire
popularité, réputation, célèbre, peuple
population, pays, peuple
populeux, peuple
populisme, populiste, littérature, peuple
porcelainier, porcelaine
porcelet, porc, bétail
porc-épic, épine, ronger
porchaison, sanglier
porche, architecture, église
porcher, porcherie, porc
porcin, porc
pore, peau, sueur, champignon
poreux, porosité, fuir, pénétrer
porion, mine
pornographie, obscène
portable, porter
portage, porter
portail, porte, église
portance, aérodynamique
portant, théâtre
portatif, porter, transport
porte-avions, bateau
porte-billets, monnaie
porte-cartes, carte
porte-drapeau, drapeau
portefeuille, banque, monnaie, assurances, ministre
portemanteau, pendre
porte-monnaie, monnaie
porte-parole, négocier, interpréter
porte-plume, écrire
porteur, porter, bagage, banque, livrer
porte-voix, son
portier, porte, garder, hôtel, religieux
portière, porte, automobile, véhicule
portillon, porte, passage
portion, part, diviser
portique, galerie, gymnastique, cirque
portraitiste, portrait
portrait-robot, police
portulan, navigation
pose, peinture, attitude
posé, calme, sage
poser, mettre, appliquer, disposer, installer
poseur, maçon, affectation
positif (n.), photographie, cinéma, orgue
position, lieu, situation, attitude, banque
possédant, riche
possédé, diable
possesseur, possession, propriété, posséder
possessif, grammaire, posséder
possibilité, possible, moyen, occasion
postal, poste
postdate, postdater, après, date
poste, fonction, garde, armée, place, affecter
poster, mettre, poste
postérieur, postériorité, après, temps, arrière
postérieurement, après
postérité, enfant, famille
posthume, après, mort
postiche, faux, cheveu
postier, poste
postillon, poste, cracher
post-natal, accouchement
postscolaire, enseignement
post-scriptum, lettre
postulant, religieux, prétendre
postulat, principe, mathématiques
postuler, demander
posture, allure, attitude
pot, vaisselle, poterie
potable, boire, eau
potage, bouillir, manger
potager, jardin
potamologie, cours d'eau
potasse, chimie, verre
potasser, apprendre
pot-au-feu, boucherie
pote, amitié, camarade
poteau, charpente
potelé rond, gras
potence, charpente, pendre, bicyclette
potentat, important, pouvoir
potentiel, possible, électricité
potiche, porcelaine
potier, pot, poterie
potin, indiscret
potion, boire, pharmacie
pot-pourri, musique
pou, insecte, parasite
poubelle, boîte, ordure
pouce, doigt, mesure
poudrer, poudre, visage
poudrerie, poudre
poudreux, poussière, neige
poudrière, poudre
pouffer, rire
poulailler, volaille, théâtre
poulain, cheval, tonneau
poularde, poule, volaille
poule, volaille, compétition
poulet, poule
pouliche, cheval
poulie, cordage, levage
pouliner, parturition
poulpe, mollusques
pouls, cœur, sang
poumon, respiration
poupe, bateau, arrière
poupée, jouet
poupon, enfant, âge
pourboire, gratification
pourceau, porc, sale
pourcentage, intérêt, cent
pourchasser, poursuivre
pourparler, négocier
pourpre, rouge
pourriture, pourrir
poursuite, poursuivant, poursuivre
pourtour, entourer, tour
pourvoi, appel, justice
pourvoyeur, pourvoir
pousse, plante, branche, pousser, respiration
poussée, pousser
poussette, pousser, enfant
pousseur, bateau
poussier, charbon
poussiéreux, poussière
poussif, respiration
poussin, poule
poussoir, pousser, bouton
poutre, poutrelle, charpente, gymnastique, pont
pragmatique, pratique
pragmatisme, philosophie
praire, coquillage
praline, confiserie
praticable, possible, voie
praticien, pratique
pratiquant, religion
pratiquer, pratique
pré, prairie
préalable, avant, premier
préambule, commencer
préau, galerie, abri
préavis, avertir, avant
précaire, précarité, faible, fragile
précautionner (se), précautionneux, précaution
précédent, avant, dernier
précéder, avant, aller
précepte, formule, règle, principe
précepteur, éducation
prêche, prêcher, discours, protestantisme
prêcheur, prêcher
préciosité, langage, raffiner, affectation
précipice, gouffre, creux
précipitamment, précipiter
précipitation, accélérer, précipiter météorologie
précisément, préciser, précision, précis
précoce, précocité, avant, mûr
préconiser, recommander
précurseur, avant, initier
prédateur, rapace, zoologie
prédécesseur, passé, avant, premier
prédestiner, réserver
prédicat, linguistique, logique
prédicateur, prédication, prêcher, discours

prédiction, prédire, avenir, divination, prévoir
prédilection, préférer
prédisposer, prédisposition, préparer, tendance, porter
prééminence, pouvoir, supérieur, rang
préemption, acheter
préexistence, préexister, avant, exister
préface, commencer, livre, catholicisme
préfectoral, préfecture, administrer, ville
préférable, préférence, préférer, goût, parti
préféré, aimer, préférer
préfet, magistrat
préfixe, avant, linguistique
préhenseur, préhensile, préhension, prendre
préhistoire, histoire.
préjudice, préjudiciable, nuire, perdre, dommage
préjugé, opinion, préjuger
prélasser (se), mou
prélat, prélature, évêque
prélèvement, prélever, avant, prendre, banque
préliminaire, préparer
prélude, commencer, musique, orgue
prématuré, avant
préméditation, préméditer, préparer
prémices, premier
premier-né, âge
prémisses, raisonnement
prémonition, prémonitoire, avertissement
prémunir, précaution
prenable, prendre
prénatal, accouchement
preneur, acheter
prénom, nom
prénuptial, avant, mariage
préoccupation, préoccuper, souci, tourmenter
préparateur, chimie, pharmacie
préparatifs, préparer
préparation, préparatoire, préparer
prépondérance, prépondérant, supérieur
préposé, employé, poste
préposition, grammaire
prérogative, avantage
près, proche, approcher
présage, avertir, signe
présager, annoncer
presbyte, presbytie, œil
presbytère, prêtre
presbytérianisme, presbytérien, protestantisme
prescience, prescient, divination, science
prescription, prescrire, ordre, annuler, obliger, médecine
présence, présent
présentable, montrer
présentateur, radio-électricité, télévision
présentation, présenter
préservatif, reproduction
préservation, préserver, protéger, défendre
présidence, président, présider, fonction
présidentiel, présider
présomption, supposer, présumer, orgueil
présomptueux, orgueil
presqu'île, île
pressant, presser
presse, presser, imprimerie, journal, foule, menuisier, reliure, outil
pressé, presser
presse-fruits, presser
pressentiment, pressentir
presser (se), accélérer
pressing, presser
pression, presser, contrainte, météorologie
pressoir, presser
pressurer, presser, impôt
pressurisation, avion
prestance, allure
prestation, impôt, salaire
preste, prestement, leste, rapide, vif
prestidigitateur, prestidigitation, doigt, habile, illusion, spectacle
prestige, influence, pouvoir, grandeur
prestigieux, beau, briller
présupposer, supposer
présure, lait, fromage
prêt (adj.), préparer
prêt (n.), prêter
prétendant, prétendre
prétendu, faux, prétendre
prétendument, prétendre
prétentaine, courir
prétentieux, prétention, orgueil, prétendre
prêter (se), permettre, plier (se)
prêteur, prêter
prétexter, prétexte
prêtrise, prêtre
preuve, raison, prouver
prévaloir, supérieur
prévaloir (se), vanter (se)
prévenance, prévenant, complaisance, prévenir
préventif, préventivement, avant, prévenir
prévention, préjuger, prévenir, opinion, accident
prévenu (n.), accusation
prévisible, prévision, prévoir
prévoyance, prévoyant, prudence, prévoir
prière, culte, prier
prieur, religieux
prieuré, église
primaire, premier, géologie
primat, évêque,
primauté, premier, rang
prime, récompense, assurance, escrime, gratification, publicité
primer, récompense
primesautier, spontané
primeur, primeurs, premier, fruit, légume
primevère, fleur
primipare, parturition
primitif, premier, origine, sauvage
primordial, essentiel
prince, princesse, noble
principal, important, essentiel, premier
principalement, particulier
principauté, prince, pays
printanier, printemps, saison, commencer
priorité, premier, avant, automobile
prise, prendre, conquérir, alpinisme, automobile, électricité, son
prise, priser, priseur, tabac
priser, apprécier
prismatique, prisme, optique, lumière
prisonnier, prison, guerre
privatif, négation, priver
privation, besoin, sacrifice, priver
privatiser, privatisation, privé
privauté, familier
priver (se), économie, abstenir (s'), passer (se)
privilège, privilégié, privilégier, faveur, avantage, exempt
probabilisme, probable
probabilité, probable, calcul, perspective
probablement, probable
probant, probatoire, prouver
probe, probité, juste, honnête, droit, conscience
problématique, incertain
problème, question, affaire, mathématiques, obstacle
procédé, moyen
procédé, billard
procéder, faire, moyen, partir, venir
procédure, chicane, justice, droit, méthode
procédurier, chicane
procès, affaire, justice, poursuivre, accusation
procession, cérémonie, marcher, suivre
processus, évolution
procès-verbal, arbitre, raconter, prouver
prochain, semblable, proche
proclamation, proclamer, discours, publier, annoncer, déclarer

procrastination, délai, remettre
procréation, procréer, reproduction, sexe, vie
proctologie, proctologue, intestins
procuration, pouvoir, vote
procurer, donner, apporter, fournir, pourvoir
procureur, magistrat, justice, tribunal
prodigalité, prodigue, dépense, excès
prodige, prodigieux, extraordinaire, étonnant
prodigieusement, très
prodiguer, donner, distribuer
prodrome, maladie, signe
producteur, produire
productif, fertile, fécond
production, produit, produire, travail, réaliser
productivité, produire
produire (se), arriver
proéminence, proéminent, relief, saillie
profanateur, profanation, profaner, violer
proférer, dire
professer, dire, montrer
professeur, professorat, enseignement, maître
professionnel, profession
profil, côté, aérodynamique
profitable, profiter, profit
profiteur, profit, exploiter
profondeur, profond
profusion, abondance
progéniture, enfant
prognathe, mâchoire
progresser, progression, progrès
progressif, progressivement, degré, progrès
prohiber, prohibition, proscrire, interdire
prohibitif, prohiber, prix
proie, prendre, victime
projecteur, éclairage
projection, dessin, cinéma, topographie
projeter, projet, jeter, passer
prolégomènes, avant, livre
prolétaire, prolétariat, ouvrier, pauvre, classe, salaire, peuple
prolifération, proliférer, multiplier
prolifique, fécond
prolixe, prolixité, parler, excès, bavard, long
prologue, commencer
prolongation, prolonger, continuer, délai
prolongement, prolonger, continuer, augmenter, pousser, long
promener (se), promeneur, promenade.
promenoir, galerie, théâtre
promesse, promettre
promiscuité, mêler, voisin
promoteur, cause, action, créer, construire
promotion, choisir, rang, progrès, publicité, vendre
promouvoir, nommer, rang
prompt, promptement, promptitude, rapide
promulgation, promulguer, loi, publier
pronation, main
prôner, vanter
pronom, pronominal, grammaire, nom, verbe
prononcer, parler, dire
prononcer (se), choisir, décider
prononciation, langage
pronostic, pronostiquer, avenir, prévoir
pronunciamiento, complot
propagande, opinion, publicité, parti, vote
propagandiste, partisan
propagation, propager, répandre, transmettre
propension, penchant, tendance, disposition
prophète, prophétie, Bible, Christ, islamisme, avenir
prophétique, prophétiser, annoncer, prévoir
prophylaxie, maladie, médecine, prévenir
propice, utile, opportun
propitiatoire, victime
proportionnel, proportionnellement, proportionner, proportion
propos, parole, langage, volonté, but
proposition, proposer, grammaire
propreté, propre
propriétaire, propriété
propulser, propulseur, propulsif, pousser
propulsion, pousser, mouvement, aérodynamique
prorata, partage, proportion
prorogation, proroger, délai, long
prosaïque, prosaïsme, style, plat, vulgaire
prosateur, prose
proscription, proscrit, proscrire, chasser
prose, chant
prosecteur, anatomie
prosélyte, prosélytisme, partisan, religion, zèle, foi
prosodie, vers
prosopopée, rhétorique
prospecter, prospecteur, prospection, explorer, rechercher
prospective, prévoir
prospectus, commerce, publicité, annoncer
prospérer, prospérité, réussir, prospère
prosternation, prosternement, prosterner (se)
prostituée, prostitution, débauche
prostituer (se), vendre
prostration, prostré, abattement, anéantir
protagoniste, théâtre, agent
prote, imprimerie
protecteur, protection, protéger
protectionnisme, protectionniste, commerce
protestant, protestantisme
protestataire, protestation, protester
prothèse, chirurgie, dent
prothèse ou **prosthèse,** lettre, mot
protides, aliment
protocolaire, protocole, diplomatie, cérémonie, convention, politesse
proton, électricité
prototype, modèle
protubérance, saillie
proue, bateau
prouesse, fait, réussir
provenance, origine.
provenir, origine, venir
proverbial, proverbe
providentiel, providence
provincial, province
proviseur, enseignement
provisoire, temps
provocant, provocateur, provocation, provoquer
proxénète, proxénétisme, prostitution
proximité, proche
prude, pudeur, affectation
prudence, prudent
prud'homme, arbitre
pruine, fruit
pruneau, prune
prunelle, prune, œil
prurit, peau
psaume, chant
pseudonyme, faux, nom
psittacisme, psittacose, perroquet
psychanalyse, psychanalyser, psychanaliste, analyse, conscience
psyché, toilette
psychiatre, psychiatrie, médecine, cerveau
psychique, psychisme, conscience, esprit
psychologue, psychologie
psychose, obsession
puant, puanteur, puer
pubère, puberté, âge, fille, garçon
publication, livre, publier
publicitaire, publicité
publiquement, public
puce, insecte, parasite
puceau, pucelle, vierge
puceron, parasite

pudding, pâtisserie
pudibond, pudibonderie, affectation, pudeur
pudique, pudeur, décence
puériculture, enfant
puéril, puérilité, enfant, futile
puerpéral, fièvre, accouchement
pugilat, pugiliste, battre
pugnacité, combat
puîné, âge, parent
puisatier, puits, source
puiser, puits, fontaine, prendre
puissance, pouvoir, force, portée, puissant, pays
pull-over, vêtement
pullulement, pulluler, abondance, foule
pulpe, fruit, broyer
pulsation, cœur
pulsion, impulsion, pousser
pulvérisateur, vigne, agriculture
pulvérisation, pulvériser, vapeur, poudre
pulvérulence, pulvérulent, poudre, poussière
puma, chat
punaise, insecte, parasite
punch, boisson
punissable, punisseur, punition, punir
punitif, réprimer
pupille, enfant, tuteur, œil
pupitre, écrire, table
purée, pomme de terre
pureté, pur, esthétique, grâce
purgatif, purge, intestins, excréments
purgatoire, ciel
purger, pur, dégager
purification, purifier, pur
purisme, puriste, langage, affectation, pur
puritain, puritanisme, affectation
purpurin, rouge
purulence, purulent, pus
pusillanime, pusillanimité, lâche, timoré
pustule, pustuleux, pus, bouton, peau
putain, débauche
putatif, père, mariage
putréfaction, putréfier, gâter, décomposer, pourrir
putrescible, pourrir
putride, putridité, pourrir, odeur
putsch, complot
puzzle, assembler
pygmée, petit
pyjama, linge, nuit
pylône, architecture, téléphérique
pylore, estomac
pyorrhée, pus, dent
pyramide, géométrie, pointe, entasser
pyrite, argent, minéralogie
pyrogravure, gravure, feu
pyrolâtre, feu
pyromane, allumer
pythie, divination
python, reptiles
pythonisse, divination

Q

quadragénaire, âge, quatre
quadrangulaire, quatre
quadrant, cercle
quadrature, cercle, carré, planète
quadriennal, quatre
quadrilatéral, quadrilatère, côté, quatre
quadrillage, quadriller, carré, ligne
quadrille, danse
quadrumane, singe
quadrupède, mammifères, zoologie, pied
quadruple, quadrupler, quatre
quadruplés, accouchement
quai, port, chemin de fer
qualificatif, qualification, qualifier, appeler, nom, qualité,
qualifié, capable, compétence
qualitatif, qualitativement, qualité
quantième, date, jour
quantitatif, quantitativement, quantité
quarantaine, quatre, âge, isoler, épidémie
quarante, quatre
quart, quatre, garde
quartaut, tonneau, vin
quarte, quatre, escrime, musique
quarteron, quatre, cent, race, reproduction
quartier, quatre, ville, Lune, armée, noble
quartier-maître, marine
quarto, quatre
quartz, pierre, minéralogie
quasi (adv.), presque
quasi (n.), veau, boucherie
quatrain, poésie
quatre-vingts, quatre
quatre-vingt-dix, quatre
quatuor, musique
quelconque, banal
quelqu'un, personne
quémander, quémandeur, demander
quenotte, dent
quereller, querelleur, colère, dispute, querelle
quérir, chercher
questionnaire, interroger
questionner, questionneur, interroger
quête, quêter, charité, chasse, chercher, chien
quetsch, prune
quidam, individu, personne
quiétude, calme, paix
quignon, morceau, pain
quille, boule, bateau
quincaillerie, quincaillier, serrure, fer
quinconce, arbre, jardin
quinquagénaire, âge, cinq
quinquennal, cinq
quintal, cent, poids
quinte, rhume, respiration, musique, escrime, carte
quintessence, constituer, principe, mieux
quintette, cinq, musique
quinteux, caprice
quintuple, quintupler, cinq
quintuplés, accouchement
quinzaine, jour, mois
quiproquo, erreur
quittance, payer, note
quitter, abandonner, laisser, partir
qui-vive, garde
quolibet, moquer
quorum, nombre
quote-part, proportion, dépense, part
quotidien, jour, journal
quotient, calcul, rapport
quotité, nombre, quantité

R

rabâchage, rabâcher, répéter, apprendre
rabais, diminuer, prix
rabaisser, abaisser, humilier, mépris
rabat-joie, triste
rabatteur, chasse
rabattre, baisser, coudre, chasse
rabbin, culte, judaïsme
rabdomancie, bâton, source
rabibocher, réconcilier
râble, lapin, dos, feu
râblé, épais
rabot, rabotage, raboter, raboteuse, polir
raboteux, inégal
rabougri, arbre, difforme
rabrouer, traiter, brusque
racaille, vil
racommodage, raccommoder, réparer, linge
raccommodement, réconcilier, accord
raccommoder (se), réconcilier, accord
raccord, maçon, canalisation, peinture
raccordement, raccorder, arranger, joindre
raccourcir, court, couper, abréger
raccroc, hasard, gain
raccrocher, téléphone
racé, race
rachat, racheter, libre

rachidien. rachis, dos, cerveau, nerf
rachitique, rachitisme, difforme, maigre
racisme, raciste, race, étranger
raclée, battre
racler, nettoyer, gratter
raclette, raclure, gratter
racolage, racoler, attirer
racontar, raconter
racornir, contraction, sec
radar, navigation, observer
radariste, artillerie, aviation, navigation
rade, mer, abri, port
radeau, bateau
radian, angle
radiateur, automobile, chauffer
radiation, rayon, chaleur, lumière
radiation, radier, exclure
radical, mot, politique
radicalisme, politique
radieux, beau, joie, bonheur, briller
radin, avare
radiner, arriver
radio-actif, radio-activité rayon, atome
radiodiffuser, radiodiffusion, radio-électricité, transmettre
radiographie, radiographier, médecine
radioguidage, radioguider, artillerie, navigation
radiologie, radiologue, rayon, médecine
radionavigation, navigation
radiophonie, radiophonique, radio-électricité
radioscopie, médecin
radiotélégraphie, télégraphe
radiotéléphonie, téléphone
radiothérapie, rayon, soigner
radis, légume
radium, métal
radius, os, bras
radoter, dire, répéter
radoub, radouber, réparer, bateau
rafale, vent
raffermir, dur, ferme
raffinage, raffinerie, raffiner
raffiné, raffinement, délicat, élégance, minutie
raffoler, adorer
rafler, prendre, acheter, enlever, gagner
rafiot, bateau
rafistoler, réparer
rafraîchir, rafraîchissement, frais, boisson
ragaillardir, force
rage, vétérinaire
rage, rager, rageur, colère, hargneux
ragondin, lac, fourrure
ragot, sanglier
ragot, indiscret, raconter
ragoût, manger, mêler
ragoûtant, appétit, plaire
ragréer, maçon
raid, guerre, attaque
raideur, raide, affectation
raidir, raide, tendre
raie, ligne, bande, cheveu, poisson
rail, chemin de fer
railler, raillerie, railleur, moquer, rire, ironie, satire
rainure, creux, entaille
raisonnable, raison
raisonner, raisonnement
raisonneur, raisonnement
rajeunir, jeune, moderne
rajouter, ajouter
râle, râler, respiration
ralentir, ralentissement, lent, diminuer, allure
râler, râleur, protester
rallier, ralliement, gagner
rallonge, table, ajouter
rallonger, augmenter, long
rallumer, feu, ranimer
rallye, automobile
ramadan, islamisme, jeûne
ramage, oiseau
ramassage, ramasser
ramassé, court
ramasseur, balle
ramassis, réunir
rambarde, bateau
ramdam, bruit
rame, papier, chemin de fer, jardin, nautisme
rameau, branche, division
ramener, diriger, rétablir
ramequin, fromage, cuisine
ramer, rameur, nautisme, jardin
ramier, pigeon
ramification, ramifier (se), étendre, branche
ramollir, mou
ramonage, ramoner, ramoneur, cheminée
rampe, maison, artillerie, astronautique, théâtre
ramponneau, battre
ramper, mouvement
ramure, brancher, cerf
rancart, débarrasser
rance, goût, puant
rancidité, rancir, rancissement, beurre, huile
rançon, racheter
rançonner, exploiter
rancunier, rancune
randonnée, promenade
rangée, ligne, rang
rangement, ranger, mettre, trier, rang
ranimation, ranimer
rapace, rapacité, avare
rapatrier, patrie
râpe, râper, frotter
râpé, usé, pauvre
rapetasser, réparer
rapetisser, diminuer
rapiat, avare
rapide (n.), cours d'eau, chemin de fer
rapidement, rapidité, rapide
rapine, voler
rappareiller, rapparier, semblable
rappel, rappeler, avertir, applaudir, mémoire, évoquer, alpinisme
rappeler (se), mémoire, souvenir (se)
rappliquer, arriver
rapporter, rapport, raconter, dire, rendre, annuler
rapporteur, rapport, dessin, angle
rapprochement, rapprocher, rapport, comparer, approcher
rapt, enlever, ravir
raquette, paume, balle, neige
raréfaction, raréfier, rare
rarement, rareté, rare
ras, niveau, court
rasade, boire
rasage, raser, couper, barbe, poil, détruire
rasant, importun
raseur, ennui, gêner,
rasoir, barbe, toilette
rassasiement, rassasier
rassemblement, rassembler, réunir, centre
rasséréner, calmer
rassis, calme, pain, sec
rassortir, semblable.
rassurant, rassurer, sûr, tranquille
rat, ronger, avare, danse
ratafia, alcool
ratatiné, contraction
raté, rater, manquer
râteau, dent, jardin
râtelier, étable, fourrage, dent, fusil
ratification, ratifier, approuver, confirmer
ration, part, manger
rationalisation, rationaliser, norme
rationnel, raison, juste
rationnement, rationner, lésiner, réduire
râtissage, râtisser, jardin, chercher
rattachement, rattacher, joindre, réunir
rattraper, atteindre
rature, raturer, corriger
rauque, voix, bruit
rauquer, cri, tigre
ravage, ravager, pillage, bouleverser, détruire
ravalement, ravaler, maçon, gratter
ravaler, abaisser

ravigoter, ranimer
ravin, cours d'eau, creux
ravissant, ravissement, ravir
ravisseur, crime
ravitaillement, ravitailler, ravitailleur, nourrir, fournir
raviver, ranimer, vif
ravoir, recouvrer
rayé, raie, ligne
rayer, annuler
rayonnant, beau, briller, joie
rayonnement, rayon, chaleur, lumière
rayonner, voyage
rayure, bande, ligne
razzia, attaque, pillage
réacteur, atome, moteur
réaction, effet, mécanique, chimie, avion, moteur, réagir
réaction, réactionnaire, politique
réalisateur, cinéma, radio-électricité
réalisation, réaliser
réalisme, réaliste, littérature, art, cru
réalité, exister, réel
réanimer, ranimer
réassortiment, réassortir, magasin
rébarbatif, rude, hargneux, ingrat, ennui
rebattu, banal
rebelle, rebeller (se), rébellion, révolte
rebiffer (se), résister
reboisement, reboiser, planter, forêt, arbre
rebond, balle
rebondi, rond, gros, gras
rebondir, sauter
rebord, bord
rebouteur ou **rebouteux,** guérir
rebrousser, arrière
rebuffade, bourru, refuser
rébus, devinette, difficile
rebut, résidu, débarrasser
rebutant, rebuter, déplaire, désagréable
récalcitrant, résister
recaler, examen, refuser
récapituler, résumer
recel, recéler, recéleur, cacher
récemment, récent
recensement, recenser, appeler, compte
recéper, tailler
récépissé, recevoir
réceptacle, fleur, fruit
récepteur, radio-électricité
réceptif, réceptivité, recevoir, sensible
réception, recevoir, traiter, inviter, fête
réceptionnaire, hôtel
réceptionner, recevoir
récession, crise
recette, recevoir, bureau, cuisine, secret, moyen
recevable, accepter
receveur, recevoir, impôt, agent
rechange, remplacer
réchapper, sortir, guérir, échapper
rêche, dur, inégal, sec
réchauffer, ranimer, température
recherche, rechercher, affectation, élégance
recherché, rechercher
rechigné, grimace, bouder
rechigner, répugnance
rechute, rechuter, péché, maladie,
récidive, récidiver, faute, répéter, maladie
récidiviste, punition, crime
récif, écueil, danger, mer
récipiendaire, académie, recevoir
réciprocité, réciproque
récit, raconter, conte, histoire, décrire
récital, musique, danse
récitation, réciter, dire, mémoire, discours
réclamation, réclamer
réclame, publicité
reclus, isoler, monde, seul
réclusion, condamner
recoin, coin, angle, intime
récollection, retraite
récolter, récolte, gagner
recommandation, recommander
recommencer, refaire
récompenser, récompense
réconciliation, réconcilier
reconduction, reconduire, louer (2)
reconduire, accompagner
réconfort, réconforter, consoler, force, ranimer
reconstituant, remonter
reconstruction, reconstruire, relever
record, recordman, sport
recoudre, réparer, plaie
recourber, courber
recourir, moyen, ressource
recours, garant, appeler, banque, justice, ressource
recouvrage, couvrir, siège
recouvrement, recouvrer, impôt
recouvrir, couvrir, envelopper
récréatif, récréation, repos, distraire
récrimination, récriminer, protester
recroqueviller, contraction
recrudescence, augmenter, maladie
recrue, soldat, armée
recrutement, recruter, armée, appeler, engager
recta, exact
rectangle, rectangulaire, angle, carré, géométrie
recteur, université
rectification, rectifier, corriger, droit, distillation
rectiligne, droit, ligne
rectitude, juger, droit
recto, côté, page
rectoral, rectorat, enseignement
rectum, intestins
recuire, recuite, verre, sucre
recul, arrière, reculer
reculade, lâche, arrière
reculé, loin
récupération, récupérer
récurer, nettoyer
recyclage, recycler (se), université
rédacteur, rédaction, rédiger, bureau, journal, dictionnaire
reddition, rendre
rédempteur, rédemption, Christ, sauver, racheter
redevable, reconnaissance, impôt
redevance, dette, impôt
rédhibitoire, annuler, défaut
redire, redite, répéter
redondance, redondant, linguistique, répéter, excès
redonner, rendre
redoublement, redoubler, deux, croître, répéter
redoutable, danger, rude
redouter, peur, trembler
redressement, redresser, droit, corriger, attitude, nautisme
réductible, réduire
réduction, réduire, prix
réduit, logement
rééditer, réédition, livre
réfection, réparer, refaire
réfectoire, manger
référence, référencer, renseignement, reporter
référendum, vote
référer, reporter
réfléchi, réfléchir
réflecteur, réfléchir, éclairage, cinéma
refléter, réfléchir, briller
réflexe, mouvement, réagir
réflexion, réfléchir
reflux, mer, baisser
réformateur, réforme, réformiste, réformer
refoulement, refouler, chasser, repousser
réfractaire, résister, céramique, chaleur, soldat
réfracter, réfraction, lumière, rayon
refrain, chanson, répéter
refréner, contenir
réfrigérant, froid

réfrigérateur, réfrigération, réfrigérer, cuisine, glace, conserver
réfringence, réfringent, rayon, lumière
refroidir, refroidissement, froid, rhume, fâché
refuge, abri, retraite
réfugié, étranger
refus, refuser
réfutation, réfuter
regagner, revenir
regain, fourrage, plus
régal, manger, plaisir
régalade, boire
régaler, plaisir, manger
régaler (se), aimer, apprécier
regard, regarder
regardant, économie
régate, régater, régatier, nautisme
régénérer, ranimer, mieux
régenter, diriger
régicide, tuer
regimber, résister, révolte
régime, politique, maladie, cours d'eau, fruit, moteur
régiment, armée
région, régional, pays
régir, diriger, administrer
régisseur, agent, théâtre, cinéma
réglé, régler, règle
réglementaire, réglementation, réglementer, règlement
réglisse, confiserie
règne, pouvoir, souverain
régner, souverain, exister
regorger, abondance
régression, arrière
regret, regrettable, regretter
régularité, régulier
régulateur, automatisme
régurgitation, digestion
régurgiter, ruminants
réhabilitation, réhabiliter
rehausser, augmenter, remonter, orner, peinture
reine, souverain
reine-claude, prune
reinette, pomme
réintégration, réintégrer, revenir, retourner, réhabiliter
réitérer, répéter
rejet, branche, chirurgie, refuser, rejeter
rejeton, branche, enfant
rejoindre, atteindre
réjoui, joie, gai
réjouir, plaire, joie
réjouissance, joie, fête
relâche, théâtre, repos
relâchement, indifférent, paresse
relais, arrêter, automatisme, route, remplacer
relancer, poursuivre, chasse, animer, renvoyer
rélargir, large
relater, relation, dire, raconter
relatif, relativement, rapport
relation, analogie, rapport, correspondre, fréquenter
relativité, rapport
relaxation, relaxer, prison, libre
relaxation, relaxer (se), loisir
relayer, remplacer, relever
reléguer, écarter
relent, odeur
relève, relever, remplacer
relevé, relever, dessin
relèvement, relever, nautisme
relier, joindre, reliure
relieur, reliure, livre
reliquaire, coffre, église
reliquat, rester, compte
reliques, cadavre, rester, saint
reluire, briller
reluquer, regarder
remaillage, remailler, tricot, réparer
remake, cinéma
remaniement, remanier, changer, corriger, arranger
remarquable, remarquer
remarque, note, objection, observation, remarquer
rembarrer, répondre, brusque, repousser
remblai, chemin de fer
remblayage, remblayer, boucher, route
rembourrage, rembourrer, garnir, siège
remboursement, rembourser, rendre, payer
rembrunir (se), sombre
remède, pharmacie, remédier
remembrement, agriculture
remémoration, remémorer, mémoire, évoquer
remerciement, remercier
réméré, acheter
remettre (se), guérir
réminiscence, mémoire
remise, abri, commerce, remettre, diminuer
remiser, véhicule
rémission, cesser, maladie, interrompre, remettre
rémittence, maladie
remmaillage, remmailler, tricot, réparer
remontage, réparer, horloge
remontant, remonter
remonte-pente, téléphérique
remontrance, avertir, blâme, réprimande
remorquage, remorquer, tirer, traîner, navigation
remorque, tirer, suivre
remorqueur, bateau
rémouleur, aiguiser
remous, agiter, eau
rempaillage, rempailler, rempailleur, paille, siège
rempart, fortification
remplaçant, remplacement, remplacer
rempli, remplier, coudre
remplissage, remplir
remporter, obtenir, reporter, reprendre
remuant, remuement, remuer
remue-ménage, agiter
remugle, odeur
rémunération, rémunérer
renâcler, répugnance
rénal, rein
renchérir, renchérissement, augmenter, cher
rencontre, rencontrer
rendement, rendre, gagner, rapport, travail
rendez-vous, entrevue, joindre, rencontrer
renégat, renier, trahir
rênes, courroie, harnais
renfermer, contenir
renflé, renflement, courbe, ventre
renflouer, naufrage, aide
renfoncement, creux
renforcement, renforcer, augmenter
renfort, armée
renfrogné, grimace, bouder
rengaine, répéter
rengorger (se), gorge, important, affectation
reniement, renier, nier
renifler, nez, odeur
renom, renommée, gloire, réputation, honneur
renoncement, renonciation, renoncer
renouer, réconcilier (se)
renouveau, saison
renouvellement, renouveler
rénovation, rénover, nouveau, changer
renseignement, renseigner, nouvelle
rentabilité, rentable, rapport, avantage, revenu
rente, rentier, revenu
rentrant, angle, creux
rentrée, rentrer, entrer, retourner, revenir
renverse, tomber, dos
renversement, renverser
renvoi, renvoyer, flatulence
repaire, retraite, abri
repaître, rassasier (se)
répandu, commun
réparation, réparer
repartie, repartir, répondre

répartir, répartiteur, répartition, partager, distribuer
repassage, repasser, aiguiser, linge, mémoire, lire, revenir
repasseur, aiguiser
repasseuse, blanchir, linge
repêcher, naufrage, retirer, examen
répercussion, répercuter, conséquence, réagir
repérage, artillerie
repère, repérer, marque, apercevoir, découvrir
répertoire, recueil, théâtre, danse, spectacle
répétition, répéter
repiquer, jardin, riz, agriculture
répit, interrompre, repos
replâtrage, replâtrer, réparer, réconcilier
replet, gros, gras
réplétion, rassasier
repli, repliement, replier (se), retraite, reculer, réfléchir
réplique, répliquer, répondre, objection
réplique, copier
répondant, garantir
répondeur, répondre
réponse, répondre
report, reporter, compte, Bourse
reportage, reporter (n.), journal, informer
reposer, appuyer, repos
reposer (se), repos, calme, confiance, sommeil
repoussant, dégoûtant
repoussoir, ciseau, sculpture, laid
répréhensible, reprendre (2)
représailles, venger, guerre, sanction
représentant, représenter
représentation, commerce, représenter
répressif, répression, réprimer
réprimander, réprimande
reprisage, repriser, réparer, linge, vêtement
reprise, théâtre, danse, escrime, équitation, automobile, reprendre, réparer
réprobation, réprouver
reprocher, reproche
reproducteur, mâle, bétail
reproduire (se), reproduction, biologie, sexe
reprographie, bureau, imprimerie
reptation, reptiles
repu, rassasier
républicain, république
répudiation, répudier, mariage, renvoyer
répugnant, dégoûtant, sale
répulsif, répulsion, repousser
réputé, réputation
requérir, requête, demander, justice
requin, poisson
réquisition, réquisitionner, demander, saisie
réquisitoire, justice, discours
rescapé, catastrophe, échapper
rescousse, secourir, aide
réseau, chemin de fer, électricité, téléphone, entrelacer
résection, réséquer, chirurgie, cœur
réservation, réserver
réserve, économie, armée, réserver, modération, décence, discrétion, magasin, chasse, forêt
réservé, discrétion, modération
résidence, résident, résider, habiter, maison
résignation, résigner (se)
résiliation, résilier, annuler, louer (2)
résine, résineux, bois
résistance, résister, électricité, lutte, guerre
résistant, dur, résister
résistivité, électricité
résolu, résolument, déterminer, tenace, courage
résolution, décider
résonance, résonateur, résonner, son
résorber, résorption, disparaître
résoudre, solution
résoudre (se), décider
respectabilité, respectable, respect
respecter, respectueux, respect
respirable, respirer, respiration, air, souffler
respiratoire, respiration
resplendir, briller
responsabilité, garantir, devoir, responsable
resquille, resquiller, resquilleur, fraude
ressasser, répéter
ressemblance, ressembler, semblable, analogie
ressemelage, ressemeler, réparer, chaussure
ressentiment, rancœur
ressentir, sentir, éprouver
resserré, étroit
resserrement, resserrer, serrer, contraction, court
ressort, spirale, compétence, juridiction
ressortir, saillie, apparaître, relief, trancher
ressortir (à), juridiction, compétence, dépendre
ressortir (de), résultat
ressusciter, vie, ranimer
restaurant, manger
restaurateur, cuisine
restauration, restaurer, réparer, arranger, peinture, manger
restauroute, route
reste, calcul, rester
restituer, restitution, rendre
restrictif, restriction, diminuer, restreindre
resucée, répéter
résulter, résultat
résumé, résumer
retable, église
rétablissement, guérir, rétablir, gymnastique
retaper, réparer, arranger
retard, retardé, tard, lent, horloge, retarder
retardement, retarder
rétention, urine
retentir, retentissant, son, bruit
retentissement, conséquence, effet
retenue, retenir, modération, discrétion, punition
réticence, réticent, silence, hésiter, détour
rétif, cheval, mauvais, refuser, résister
rétine, œil
retombée, équitation, fusée, conséquence
retomber, tomber, appuyer, revenir
rétorquer, répondre
retors, fil, ruse, fin, renard
rétorsion, sanction
retouche, retoucher, corriger, mieux, arranger, photographie
retour, arrière, retourner
retourne, carte
retournement, retourner
retracer, décrire
rétractation, rétracter, renier, annuler, promettre
rétractile, rétraction, contraction, retirer
retrait, retirer
retraitant, retraité, retraite
retranchement, abri, fortification, camp, défendre
retrancher, ôter, couper, enlever
retransmettre, retransmission, transmettre
rétrécir, rétrécissement, étroit, diminuer
rétribuer, rétribution, salaire, rémunérer
rétro, billard
rétroactif, rétroactivité, action, arrière
rétrocéder, rendre
rétrograde, arrière
rétrograder, marcher, mouvement, arrière
rétrospectif, arrière, passé
retrousser, relever

retroussis, botte, bord, coiffure
retrouvailles, retrouver
rétroviseur, automobile, bicyclette, motocyclette
rets, piège
réunion, réunir
réussite, réussir, carte
revaloir, venger
revanche, compenser, carte, jouer
rêvasser, rêve
revêche, hargneux, acariâtre, aigre, bourru
réveil, réveiller, ranimer, sommeil
réveille-matin, horloge
réveillon, manger, nuit
révélateur, photographie, révéler
révélation, révéler, religion, Bible, divination
revenant, fantôme
revendicatif, revendication, revendiquer, réclamer
rêver, rêveur, sommeil, rêve, souhaiter, vain
réverbération, réverbérer, chaleur, lumière, réfléchir
réverbère, éclairage
révérence, saluer, prosterner (se), courber, danse
révérer, respect, honneur
revers, arrière, côté, vêtement, balle, main, médaille, malheur, échec
réversible, retourner
revêtement, revêtir, couvrir, couche
revigorer, force
revirement, retourner
réviser, révision, revoir, corriger, vérifier
reviviscence, vie, ranimer
revivre, mémoire
révocation, révoquer, destituer
revoir, retrouver, répéter
révoltant, révolté, révolter, révolte
révolu, âge, finir
révolutionnaire, révolutionner, révolution
rez-de-chaussée, maison, niveau
rhabdomancie, bâton
rhabillage, rhabiller, réparer, horloge
rhapsodie, musique
rhéostat, électricité
rhinologie, rhinopharyngite, rhinoplastie, nez
rhizome, racine
rhododendron, fleur
rhomboédrique, cristal
rhubarbe, amer, botanique
rhum, alcool
rhumatismal, rhumatisme, maladie, articulation
rhumatologie, rhumatologue, médecine
ribambelle, bande, foule
ricanement, ricaner, rire
richard, riche
richesse, riche, fortune
richissime, riche
ricocher, ricochet, oblique, renvoyer
rictus, rire, contraction
ride, creux, peau, pli
rideau, fenêtre, arbre, théâtre, cheminée, magasin
ridiculiser, ridicule
rieur, rire, gai
riflard, menuisier
rigaudon, danse
rigide, rigidité, raide, contraction, austère
rigolade, rigoler, rigolo, rire, drôle
rigole, arroser, canalisation
rigorisme, rigoriste, rigueur
rigoureusement, rigueur
rigoureux, exact, austère, rude, rigueur
rillettes, charcuterie
rimaye, alpinisme
rime, rimer, rimeur, vers
rincer, laver, linge
ripaille, ripailler, ripailleur, manger, gourmand
riposte, riposter, répondre, défendre (se)
ris, boucherie
ris, risée, bateau, nautisme
risée, rire, moquer
risette, rire
risible, rire, drôle
risotto, riz
risqué, risquer, risque
risque-tout, audace
rissoler, cuire
ristourne, assurance, réduire
rite, règle, culte
ritournelle, répéter
rituel, cérémonie, formule
rivage, bord, mer
rivaliser, rivalité, rival
rive, cours d'eau, mer
river, clou, assembler
riverain, bord, cours d'eau
rivet, rivetage, riveter, clou, fixer
rivière, cours d'eau
rixe, bagarre, battre
rizerie, rizicole, riziculture, rizière, riz
robe, vêtement, cheval
robinet, canalisation
robot, automatisme
robuste, robustesse, force
roc, pierre
rocade, route
rocaille, jardin
rocailleux, inégal
rocambolesque, drôle
roche, rocheux, pierre
rocher, pierre, montagne
rock, danse
rocking-chair, siège
rococo, art, architecture
rodage, roder, frotter, user, automobile
rôder, rôdeur, errer
rodomontade, vanter
rogatons, manger, rester
rognage, rogner, diminuer, reliure, lésiner
rogne, acariâtre, hargneux
rognon, boucherie
rogomme, ivre
rogue (adj.), arrogance
rogue (n.), pêche
roi, souverain, carte
roitelet, oiseau
rôle, registre, impôt, théâtre, fonction, justice
romain, église, imprimerie
romaine, balance, salade
roman, architecture, art, langue
romance, chanson
romancer, raconter, roman
romancier, roman
romanesque, imagination, roman
romanichel, errer
romantique, romantisme, littérature
romarin, fleur
romsteck, boucherie
ronchonner, hargneux
rond-de-cuir, bureau
rond-de-jambe, danse
ronde, tourner, garde, chanson
ronde-bosse, sculpture
rondelet, gros, gras
rondelle, cercle, trancher
rondeur, rond
rondouillard, rond
rond-point, route, forêt
ronflant, emphase
ronflement, ronfler, bruit, nez, sommeil
rongeur, ronger
ronron, ronronnement, ronronner, bruit, chat
roof, bateau
roquefort, fromage
roquet, chien
roquette, arme, fusée
rosace, architecture, rond
rosaire, Vierge
rosbif, rôtir, boucherie
rose, fleur, bijou, architecture, guitare, rouge, vent
rosé, rouge, vin
roseau, botanique
rosée, eau, météorologie
rosette, nœud, décorer
rosier, plante, épine
rosir, rosissement, rouge
rosse, cheval, méchant
rossée, rosser, battre
rosserie, méchant
rossignol, oiseau, clef, livre, marchandise
rot, roter, flatulence, digestion

sandwich, manger
sang-froid, calme, ferme, assurance
sanglant, sang
sangle, sangler, sanglon, bande, courroie, harnais, équitation
sanglot, sangloter, respiration, douleur
sangsue, sang, sucer
sanguin, sang, rouge
sanguinaire, cruel
sanguine, rouge, dessin, bijou
sanguinolent, sang
sanitaire, santé, sain, hygiène
sans-cœur, méchant
sans-gêne, indiscret
santal, bois
sapajou, singe
saper, détruire
sapeur, soldat, armée
sapeur-pompier, éteindre
saphène, jambe
saphir, pierre, bijou
saphisme, sexe
sapin, pin, arbre, bois
sapine, levage
sapinière, pin, forêt
saponaire, saponine, fleur, savon
saponification, saponifier, savon
saprophytes, champignon
sarabande, danse
sarcasme, sarcastique, moquer, acerbe, ironie
sarcelle, canard, gibier
sarcler, nettoyer, jardin, agriculture
sarcome, chair, tumeur
sarcophage, enterrement
sardane, danse
sardine, poisson
sardinier, bateau
sardoine, pierre, bijou
sardonique, rire, moquer
sarment, vigne, branche
sarrasin, céréales
sas, tamis, canal
satan, diable, enfer
satané, maudire
satanique, satanisme, diable
satellisation, astronautique, fusée
satellite, astre, astronautique
satiété, rassasier
satin, tissu
satiné, doux
satirique, satiriser, satire
satisfaction, satisfaisant, satisfait, satisfaire
satisfecit, récompense
saturation, saturer, chimie, assez, rassasier
saturnisme, plomb, travail
satyre, monstre, forêt
satyriasis, sexe
sauce, cuisine
saucière, vaisselle
saucisse, saucisson, charcuterie
saucissonner, manger
sauf, exception
sauf-conduit, diplomatie
saugrenu, bizarre
saule, arbre
saumâtre, amer
saumon, poisson
saumure, sel, conserver
sauna, bain
saupoudrer, sel, poudre, cuisine
saur, saurer ou **saurir,** fumée, poisson
sauriens, reptiles
saurissage, saurisserie, saurisseur, fumée, sec
saut, athlétisme, natation, sauter, équitation
saute, vent, caprice
sauterelle, insecte
sauterie, danse
sauteur, athlétisme, sauter
sautillement, sautiller, allure, sauter
sautoir, chaîne, bijou, sauter
sauvagement, sauvage
sauvageon, greffe, arbre, sauvage
sauvagerie, sauvage
sauvagine, gibier, sauvage
sauvegarde, sauvegarder, protéger, défendre
sauve-qui-peut, fuir
sauver (se), fuir, disparaître
sauvetage, sauveteur, sauver, naufrage, secourir
sauveur, sauver, Christ
savamment, savant
savane, végétation
savate, chaussure
savoir (n.), science, culture, érudit
savoir-faire, habile, art, artiste, compétence
savoir-vivre, politesse, convenance, éducation
savon, réprimande
savonnage, savonner, blanchir
savonneux, savonnier, savon
savourer, savoureux, saveur, délice
saxophone, saxophoniste, musique
scabreux, décence
scalène, inégal
scalpel, couteau, anatomie
scandaleux, scandaliser, scandale
scander, poésie, rythme
scaphandre, scaphandrier, plonger, mer
scapulaire, épaule, religieux
scarificateur, agriculture, chirurgie
scarifier, couper
scarlatine, infection
scarole, salade, légume
scatologie, scatophagie, excréments
sceau, marque
scélérat, crime, bandit
scellement, sceller, fixer, maçon
scellés, saisie
scénario, scénariste, cinéma
scène, théâtre, cinéma, querelle
scénique, théâtre
scepticisme, sceptique, philosophie, doute
sceptre, insignes, bâton
schelem, carte
schéma, dessin, abréger
schématisation, schématiser, simple
schilling, monnaie
schismatique, schisme, séparer, religion, hérésie
schiste, schisteux, fente, géologie
schizophrène, fou
schlittage, schlitte, bois
sciage, scier, scie, couper
scialytique, chirurgie, éclairage
sciatique, jambe
scientifique, scientisme, scientiste, science, rechercher
scierie, scieur, bois
scinder, séparer, diviser
scintillation, scintillement, scintiller, briller, feu, lumière, étoile
scion, arbre, pêche
scission, séparer, diviser
sciure, poudre, emballage
scléreux, foie
sclérose, dur, immobile
sclérotique, œil
scolaire, scolarité, enseignement
scoliose, dos
sconse, fourrure
scooter, motocyclette
score, balle, sport
scorie, résidu
scorpion, insecte, artillerie
scorsonère, légume
scottish, danse
scout, scoutisme, éducation
scout-car, blindés
scribouillard, bureau
script-girl, cinéma
scriptural, monnaie, banque
scrotum, sexe
scrupuleux, scrupuleusement, scrupule
scruter, observer, sonder
scrutin, vote, Parlement
sculpter, sculpteur, sculpture
sculptural, beau
séant, bien, convenable
sébacé, glande
sébile, charité

séborrhée, cheveu
sébum, glande
sécante, couper, géométrie, cercle
sécateur, ciseau, jardin
sécession, séparer
séchage, sèchement, sécher, sécheresse, sec
séchoir, sec, blanchir
second, deux, après, remplacer, aide
secondaire, enseignement, accessoire
seconde, degré, temps, court, heure, escrime
seconder, aide, secourir
sécot, sec, maigre
secouage, secouer
secourable, généreux
secourisme, secouriste, secourir
secours, secourir
secousse, secouer, choc
secrétaire, secrétariat, bureau, employé, écrire
sécréter, sécrétion, liquide, couler
sectaire, sectarisme, intolérant, fanatique
secte, hérésie, religion
secteur, cercle, sphère
section, diviser, part, géométrie, armée
sectionner, couper
séculaire, cent, année
sécularisation, séculariser, profane, laïc
séculier, prêtre, mondo
sécuriser, tranquille, sûr
sécurité, sûr, assurance
sédatif, calmer
sédentaire, sédentarité, fixe, rester, place
séditieux, révolte
sédition, complot, agiter, troubler, révolte
séducteur, séduire, galant
séduction, séduisant, attirer, charme, séduire
segment, cercle, sphère
ségrégation, ségrégationnisme, ségrégationniste, séparer, race
séguedille, danse
seigle, céréales
sein, poitrine, lait, milieu
séisme, trembler, secouer
séjour, séjourner, habiter, rester, logement
sélect, sélectif, choisir, élégance
sélection, sélectionner, choisir, trier
sélénite, Lune
selle, harnais, équitation, sculpture, excréments
sellerie, sellier, harnais
sellette, harnais, sculpture, interroger
semailles, semer
sémantique, mot, sens
sémaphore, signal
semblant, sembler
semelle, chaussure
semence, graine, bijou, reproduction, semer, clou
semestre, mois, année
semeur, semer
semi-consonne, semi-voyelle, lettre
sémillant, vif
séminaire, catholicisme, réunir, théologie
séminariste, catholicisme
sémiologie, sémiotique, médecine, signe
semis, semer
semnopithèques, singe
semonce, avertir, réprimande
semoule, farine
sempiternel, continu
sénat, sénateur, sénatorial, Parlement
sénescence, âge, vieux
sénestre, gauche
sénile, sénilité, vieux
senior, sport
sensationnel, sensation
sensé, raison, sage, sens
sensibilisation, sensibiliser, sensible
sensibilité, sensible
sensiblerie, sensible
sensitif, sensoriel, sens
sensualité, sensuel, sens
sentence, juger, décider
sentencieux, emphase
senteur, odeur
sentier, route, étroit
sentimental, sentimentalisme, sentimentalité, sentiment, roman
sentinelle, garde
sépale, fleur
séparation, séparer
séparatisme séparatiste, séparer, politique
sépia, dessin, couleur, mollusques
septante, sept, Bible
septennal, septennat, année, sept
septentrion, septentrional, Nord, géographie
septicémie, sang
septuagénaire, âge
septuor, musique
septuple, septupler, sept
septuplés, accouchement
sépulture, enterrement
séquelle, après, maladie
séquence, après, catholicisme, cinéma, suivre
séquestration, séquestrer, enfermer, isoler
séquestre, saisie
séquoia, arbre
sérac, alpinisme, glace
sérail, femme
séraphin, séraphique, ange
serein, sérénité, calme, doux, tranquille
sérénade, chant, musique
serfouette, serfouir, jardin
sériciculture, soie
série, suivre, billard
serin, oiseau, jaune, bête
seriner, répéter
seringue, pompe, arroser
serment, jurer, engager
sermon, sermonner, prêcher, réprimande
serpe, jardin, tailler
serpent, reptiles
serpentaire, rapace
serpenteau, reptiles, pyrotechnie.
serpenter, détour, spire
serpentin, distillation
serpette, tailler, couteau
serpillière, laver
serrage, serrer, imprimerie
serre, abri
serré, dur, économie
serrement, presser, main
serres, aigle, rapace
serrurerie, serrurier, serrure, forge
sertir, sertisseur, sertissure, emboîter, bijou
sérum, sang, microbe
servage, esclave, dépendre
serveur, serveuse, balle, manger, hôtel
serviabilité, serviable, complaisance, dévoué
service, bienfait, fonction, soldat, cérémonie, servir
serviette, linge, bagages
servile, servilité, esclave, bas, vil, plat
serviteur, servir
servitude, esclave
sésame, graine, huile
session, séance, Parlement, justice
set, balle, table
séton, blessure
setter, chien
seuil, porte, commencer
sève, plante, arbre, bois
sévèrement, sévérité, dur, sévère
sévices, battre, violence
sévir, punir
sevrage, sevrer, lait, enfant
sexagénaire, soixante, six
sex-appeal, sexe, charme
sexennal, six
sexisme, sexologie, sexy, sexe
sextant, astronomie, cercle, angle
sextuor, musique
sextuple, sextupler, six
sextuplés, accouchement
sexualité, sexuel, sexe
shampooing, cheveu
sherpa, alpinisme
shilling, monnaie
shopping, magasin
sibylle, sibyllin, devin
siccatif, siccité, sec
side-car, motocyclette

sidéral, astre, étoile, jour
sidérer, muet, étonner
sidérurgie, fer
siècle, cent, année, monde
siéger, séance, tribunal
sieste, sommeil, repos
sifflant, sifflement, sifflet, siffloter, siffler
siffleur, siffler, oiseau
sigillographie, histoire
sigisbée, accompagner, galant
sigle, lettre, abréger, mot
signalement, signalétique, décrire, police
signaler, avertir, montrer, dénoncer
signalisation, signaliser, indiquer, feu, route, signal
signataire, signer, signature, accord
signet, reliure
significatif, signification, signifier
silencieux, silence
silex, pierre, fusil
silhouette, dessin
sillage, trace
sillet, guitare
sillon, charrue, ligne
sillonner, traverser
silo, réservoir
simagrée, cérémonie, grimace, manière
simiesque, singe
similaire, similitude, analogie, semblable, rapport
simili, imiter, bijou
simoun, vent, désert
simplement, simplet, simpliste, simple
simplicité, simplification, simplifier, simple
simulacre, apparence, sembler, simuler
simulateur, simulation, simuler
simultanéité, simultanément, simultané
sincère, sincèrement, sincérité, franc, droit
sinécure, fonction, emploi
singer, imiter, copier
singerie, grimace, manière
singularité, exception, bizarre
singulier, seul, rare, grammaire, bizarre, curieux
singulièrement, particulier, spécial, beaucoup
sinistre (n.), accident, assurance
sinistre (adj.), triste, sombre
sinueux, sinuosité, détour, courbe, boucle
sinus, cercle, angle, creux
sinusite, nez, rhume
sinusoïde, courbe
siphonné, fou
sirène, monstre, bruit, signal
sirocco, vent, désert
sirop, boisson, confiserie
siroter, boire
sirupeux, épais, doux, gras
sismicité, sismique, sismologie, trembler
sismographe, météorologie, trembler
site, lieu, cadre, situation
situer, placer, situation
sixte, escrime, musique
sketch, théâtre
skier, skieur, ski
skipper, nautisme
slalom, ski
slip, linge, vêtement
slogan, publicité
smash, smasher, balle
snob, snobisme, imiter, affectation, copier, monde
snobinard, snobinette, imiter
sobriété, sobre
sobriquet, nom
soc, charrue
sociable, aimable, agréable
social, socialisation, socialiser, société
socialisme, socialiste, commun, société
sociétaire, membre, société, théâtre
sociodrame, théâtre
sociologie, sociologique, sociologue, société
socle, base, architecture
socquette, vêtement
sœur, frère, religieux
sofa, siège, lit
soierie, soie, tissu
soigné, soigneux, soigner
soigneur, sport, masser
soigneusement, sérieux
soin, attention, soigner
soirée, soir
soixante, six
soja, légume, huile
solaire, Soleil
soldatesque, soldat
solde (f.), gagner, armée
solde (m.), compte, commerce, rester, banque
solder, vendre
sole, cheval, charpente, four, poisson
solécisme, faute, grammaire
solennité, solennel, fête, cérémonie
solfège, solfier, chant
solidarité, solidaire
solidification, solidifier, solide, consistance
solidité, solide, force
soliloquer, seul
soliste, seul, musique
solitaire, seul, sanglier, bijou
solitude, seul, désert, retraite
solive, soliveau, charpente, bois
sollicitation, solliciter, demander, inviter
solliciteur, demander
sollicitude, soin, intérêt
solo, musique, chant, seul
solstice, Soleil, saison
solubilité, soluble, dissoudre, chimie, solution
solutionner, solution
solvabilité, solvable, payer, dette, confiance
somatique, corps
sombrer, naufrage, disparaître
sommaire (adj.), court
sommaire (n.), livre, résumer
sommation, sommer, ordre, commander, exiger
somme (m.), sommeil
somme (f.), nombre, calcul
sommeiller, sommeil
sommelier, hôtel
sommier, lit, charpente, architecture, police
sommité, sommet
somnambule, somnambulisme, sommeil
somnifère, sommeil
somnolence, somnoler, sommeil, engourdi
somptuaire, dépense, luxe
somptueux, somptuosité, luxe, briller, riche
sonate, sonatine, musique
sondage, sonder, géologie
sonde, chirurgie
songer, penser, idée
songeur, rêverie, souci
sonner, appeler, heure, cloche, étourdir
sonnerie, cloche, horloge, appeler, signal
sonnet, poésie
sonnette, cloche, appeler
sonneur, cloche
sonore, son, clair
sonoriser, son
sonorité, son, musique
sonothèque, son
sophistication, sophistiqué, affectation, artificiel, perfectionner
soporifique, sommeil, ennui
soprano, voix, chant
sorbet, sorbetière, confiserie, boisson
sorcellerie, magie
sorcier, sorcière, divination, conte
sordide, sordidité, sale, avare
sorgho, céréales
sornette, discours, futile
sort, hasard, destin, magie
sortable, sortir
sorte, espèce, nature
sortie, attaque, sortir
sortilège, magie
S.O.S., détresse
sosie, semblable
sot, bête, incapable, naïf
sottise, absurde, erreur, bête, injure

sou, monnaie
soubassement, base
soubresaut, sauter, brusque, trembler
soubrette, servir
souche, arbre, famille
soucier (se), inquiet
soucieux, inquiet, souci
soudaineté, soudain
soudeur, soudure, souder
soudoyer, payer, acheter
soufflage, verre
souffle, respiration, vent, souffler
soufflé, enflé, manger, étonner
soufflerie, forge, orgue
soufflet, feu, cheminée, battre, chemin de fer, sac
souffleter, battre, main
souffleur, théâtre, cheval
souffrance, souffrir
souffrant, maladie
souffre-douleur, souffrir
souffreteux, faible
soufrage, soufrer, vigne
soufrière, soufre
souhait, souhaiter, espérer
souhaitable, désir
souiller, sale, détériorer
souillon, sale, femme
souillure, sale, tache
soûl, boire, assez
soulagement, soulager
soûlard, soûler, soûlerie, ivre
soulèvement, soulever, exciter, agiter, révolte, trouble, levage
soulier, chaussure
soulignage, ligne
souligner, attention, montrer
soûlographie, ivre
soumis, soumission, obéir, soumettre
soupape, vapeur, automobile
soupçonner, soupçon
soupçonneux, méfiant, soupçon
souper, manger, soir
soupeser, peser
soupir, souffler, regretter, douleur, musique
soupirail, maison
soupirer, désir, amour
souplesse, agile, souple
sourate, islamisme
sourcier, source
sourcil, œil, poil
sourdine, violon
sourd-muet, sourd
sourdre, source, couler
souricière, police
sourire, rire, content
souris, ronger
sournoiserie, sournois
souscripteur, souscription, souscrire, banque
souscrire, approuver
sous-emploi, emploi
sous-entendre, sous-entendu, entendre
sous-locataire, sous-location, louer (2)
sous-marin, bateau
sous-marinier, marine
sous-œuvre, base
sous-officier, armée
sous-préfet, magistrat
sous-sol, souterrain, maison
sous-titrage, sous-titre, sous-titrer, cinéma
soustraction, soustraire
sous-ventrière, harnais, courroie
soutache, tresse
soutane, catholicisme
soute, bateau, avion, bagages
soutenance, université, docteur
soutènement, appuyer
souteneur, débauche
soutien, soutenir
soutien-gorge, linge, vêtement
soutirer, tirer, escroquer
souvenance, souvenir, mémoire, souvenir (se)
souveraineté, souverain
soyeux, soie, doux
spacieux, étendue, grand
sparterie, tapis, tresse
spartiate, austère
spasme, spasmodique, convulsion, contraction
spatial, espace, astronautique
speaker, radio-électricité
spécialiste, spécial
spécialité, spécial, médecine, manger
spécieux, raisonner
spécificité, spécifique, espèce
spécifier, déterminer, précis
spécimen, modèle, livre
spectaculaire, spectacle
spectateur, voir, spectacle
spectre, fantôme, optique, lumière, astronomie
spectroscope, spectroscopie, astronomie
spéculation, spéculer, commerce, Bourse, théorie, philosophie, penser
spéculateur, affaire, Bourse, jouer
speech, discours
spéléologie, grotte
spermatozoïde, mâle
sperme, reproduction
sphéricité, sphérique, boule, sphère, rond
sphincter, contraction, muscle
sphinx, papillon, monstre
sphygmomanomètre, médecine, sang
spinal, dos, nerf
spinnaker, nautisme
spire, spirale, architecture, coquille
spirite, spiritisme, esprit, âme, divination, magie
spiritualisme, âme, esprit
spirituel, esprit, rire, intelligence
spiritueux, boisson, distillation, alcool
spiromètre, respiration
spleen, dégoût, noir, ennui
splendeur, splendide, briller, beau, luxe, admirer, lumière
spoliateur, spoliation, spolier, voler
spongieux, mou
sponsor, publicité
spontanéité, spontanément, spontané
sporadique, irrégulier
spore, champignon
sportif, sportivement, sportivité, sport, jouer
sprint, sprinter, accélérer
squale, poisson
square, jardin, ville
squelette, anatomie
squelettique, maigre
stabilisation, stabiliser, équilibre, astronautique
stabilité, stable, fixe, solide, durer
stabulation, étable, bétail
stade, gymnastique, degré, sport
staff, matériaux de construction
stage, stagiaire, novice
stagnant, eau, immobile
stagnation, stagner, immobile, rester
stakhanovisme, travail
stalactite, stalagmite, cristal, grotte
stalag, camp
stalle, siège, église, ferme
standard (adj.), uniforme
standard (n.), **standardiste,** téléphone
standardisation, standardiser, norme
standing, niveau
staphylocoque, microbe
star, cinéma, artiste
starlette, cinéma
starter, moteur, athlétisme
station, arrêter, attitude, attendre, chemin de fer, radio-électricité
stationnaire, fixe, immobile
stationner, attendre, arrêter (s'), rester
station-service, automobile
statique, équilibre
statistique, état, nombre
stator, moteur, électricité
statoréacteur, moteur
statuaire, sculpture, art
statue, sculpture
statuer, juger

statu quo, état
stature, corps
statut, statutaire, règle, société, association
stayer, bicyclette, course
steak, boucherie
stéarine, gras, éclairage
stéatose, gras
steeple-chase, équitation, sauter
stèle, architecture
stellaire, étoile
sténodactylo, bureau
sténographe, sténographie, sténographier, écrire, abréger
sténose, étroit
sténotype, sténotypie, sténotypiste, abréger
stentor, force
steppe, désert, végétation
stère, bois
stéréométrie, bois
stéréophonie, musique
stéréoscopie, relief
stéréotypé, banal
stéréotypie, imprimerie
stérilet, reproduction
stériliser, chirurgie, conserver, stérile
stérilité, stérile
sterling, monnaie
sternum, poitrine, côte
sternutatoire, rhume, gaz
stéthoscope, cœur
stewart, aviation, servir
stigmate, marque, fleur
stigmatiser, blâme, honte
stimulant, stimuler
stipendier, payer
stipulation, stipuler, convention, précis
stock, stocker, magasin, provision
stock-car, automobile
stoïcien, stoïcisme, philosophie, austère
stoïque, stoïquement, dur, impassible
stomacal, estomac
stomatite, bouche
stomatologie, bouche
stop, automobile
stopper, réparer, arrêter
store, fenêtre
strabisme, œil
strangulation, gorge, cou
strapontin, siège
strass, bijou
stratagème, ruse, artifice
strate, couche, géologie
stratège, stratégie, stratégique, armée, guerre
stratification, couche
stratifié, menuisier
stratigraphie, géologie, mine
strato-cumulus, stratus, nuage
stratosphère, atmosphère
streptocoque, microbe
strict, autorité, dur, étroit
stridence, strident, strideur, bruit, aigu, siffler
stridulant, stridulation, striduler, aigu, insecte
strie, strié, ligne, fente
strophe, diviser, chant
structural, structuralisme, structure
structurel, structure
structurer, structure
strychnine, poison, amer
stuc, plâtre, marbre, factice
studieux, étude
studio, logement, cinéma
stupéfaction, stupéfait, étonner, muet
stupéfiant (adj.), **stupéfier,** étonner, surprendre
stupeur, étonner
stupide, stupidité, bête
stupre, débauche
styler, style
stylet, arme, cnirurgie
stylisation, styliser, style, idéal
stylisme, styliste, stylistique, style
stylite, saint
stylobate, architecture, base
suaire, enterrement
suave, suavité, doux
subalterne, inférieur
subconscient, obscur
subdiviser, diviser
subir, souffrir, accepter
subit, subitement, brusque, soudain
subjectif, subjectivité, personne, sujet
subjonctif, grammaire
subjuguer, conquérir, dominer
sublimation, sublimer, chimie, distillation
sublimer, sublimité, sublime, admirer
submerger, noyer, inondation, envahir
submersible, bateau
submersion, noyer
subodorer, pressentir
subordination, inférieur, grammaire.
subordonné, subordonner, inférieur, dépendre
suborner, suborneur, corrompre, séduire
subreptice, subrepticement, cacher, secret
subséquemment, subséquent, après
subside, aide, secourir
subsidiaire, accessoire
subsistance, armée, nourrir
subsister, rester
substance, matière
substantiel, nourrir
substantif, substantivation, substantiver, grammaire, nom
substituer, substitution, remplacer, changer
substitut, justice, magistrat
subterfuge, ruse, artifice
subtiliser, subtil, voler
subtilement, subtilité, subtil
subvenir, subvention, donner, aide, secourir
subversif, subversion, renverser
suc, liquide, digestion
succédané, remplacer
succéder, après, suivre, remplacer
succès, réussir
successeur, remplacer
successif, successivement, suivre
succession, héritage
succinct, succinctement, court
succomber, céder, mort
succube, diable
succulence, succulent, goût, bon, délicat, délice
succursale, magasin, banque, commerce
sucement, succion, sucer
sucette, suçon, sucer
suçoir, suçoter, sucer
sucrer, sucre, café
sucreries, sucre, confiserie
sucrier, vaisselle, sucre
sud, points cardinaux
sudation, sueur
sudorifique, sueur
sudoripare, glande
suée, peur, sueur
suer, sueur, couler, effort
suffisamment, assez
suffisance, suffisant, assez, orgueil, suffire
suffixe, grammaire
suffocant, gaz, étonner
suffocation, suffoquer, respiration, gorge
suffrage, vote
suggestif, suggestivité, suggérer, évoquer
suggestion, suggestionner, suggérer
suicide, suicider (se), tuer
suie, cheminée
suif, gras
suint, mouton, laine
suintement, suinter, humide, couler
suite, suivre
suiveur, suivre
sujétion, dépendre
sulfatage, sulfater, vigne
sulfuriser, soufre
sulky, courses de chevaux
sultan, sultanat, chef
summum, extrême
sunna, islamisme
superbe, beau, admirer
supercherie, tromper
superfétatoire, ajouter
superficie, surface
superficiel, surface, léger
superflu, excès, trop

T

taire (se), taire
taler, fruit
talion, venger
talisman, magie
talmud, judaïsme
taloche, talocher, battre
talon, pied, chaussure, carte, arrière, couteau
talonner, poursuivre, harceler, échouer, importun
talonnette, ruban
talonnière, aile, ski
talus, pente, fortification
talweg, géographie
tamaris, arbre
tambourin, musique
tamiser, tamis, lumière
tampon, chemin de fer, chirurgie
tamponnement, accident
tamponner, boucher, choc
tam-tam, bruit
tan, cuir, chêne
tanche, poisson, lac
tandem, bicyclette
tangage, tanguer, balancer, mouvement
tangence, tangent, toucher, contact, géométrie
tangente, ligne, cercle
tangible, toucher, concret
tango, danse
tangue, sable
tanière, retraite, abri, trou
tan(n)in, cuir, bois
tannage, tanner, tannerie, cuir
tannant, bois, importun
tante, parent, famille
tapage, bruit, scandale
tapageur, bruit
tape, taper, battre, lettre
tapette, bavard
tapinois (en), cacher
tapir (se), cacher
tapisser, tapisserie
tapissier, tapis, lit, siège
tapotement, tapoter, main, masser
taquet, menuisier, bateau, imprimerie
taquinerie, taquin
tarabiscot, menuisier
tarabiscoté, affectation
tarabuster, tourmenter, harceler, agacer
tarasque, monstre
tarauder, percer
tarder, tardif, tard, lent
tardillon, enfant
tardiveté, mûr
tare, tarer, balance
tare, taré, défaut
tarentelle, danse
targette, serrure
targuer (se), vanter
tarière, percer, charpente
tarif, tarifer, prix
tarir, épuiser, sec
tarots, carte
tarse, pied, jambe
tarte, tartelette, pâtisserie, fruit
tartine, beurre, pain
tartre, dent, résidu
tartuf(f)e, hypocrite
tasse, vaisselle, café
tasseau, appuyer
tasser, presser, tas
tâter, toucher, expérience
tâte-vin, boire
tâtillon, minutie
tâtonnement, tâtonner, chercher, précaution
tatouage, tatouer, peau, marque, reconnaître
taudis, maison, désordre
taule, chambre
taureau, bétail, bovins
taurin, bovins
tauromachie, bovins, courses de taureaux
taux, intérêt, banque
taverne, manger
taxation, taxer, prix
taxe, impôt, droit
taxi, automobile, avion
taxidermie, zoologie
taxinomie, science
taxiphone, téléphone
taylorisation, taylorisme, travail, usine
technicien, technicité, technique
technologie, technique
teck, arbre, bois
teckel, chien
teigne, teigneux, cheveu
teillage, teiller, fil
teint, teindre, visage
teinte, teinter, couleur
teinture, teinturier, teindre, nettoyer
télébenne, téléphérique
télécommande, télécommander, distance
télégénique, télévision
télégramme, télégraphe
télégraphie, télégraphier, télégraphique, télégraphe
téléguidage, téléguider, loin
télémètre, artillerie
téléostéens, poisson
téléphérage, téléphérique
téléphonage, téléphoner, téléphone
télescopage, télescoper, accident, choc
télescope, astronomie
téléscripteur, bureau
téléspectateur, télévision
télévisuel, télévision
tellurique, terre
téméraire, témérité, hardi, audace, risque
témoignage, témoigner
témoin, accusation, justice, témoigner, athlétisme
tempe, tête
tempérance, tempérant, modération, sobre
tempérer, doux, tiède, modération
tempête, météorologie
tempêter, bruit
temple, religion, culte
temporaire, temps, court
temporal, os, tête
temporel, temps
temporisation, temporiser, temps, attendre
ténacité, ferme, tenace
tenaille, arracher
tenailler, tourmenter
tenancier, café
tenant, partisan, doctrine
tendeur, tendre
tendon, muscle, os
tendrement, tendresse, affection, tendre
ténèbres, ténébreux, obscur, sombre
teneur, contenir, texte
ténia, ver
tennis, tennisman, balle
tenon, menuisier, charpente
ténor, voix, chant
tension, tendre, attention, effort, crise, électricité
tentant, tenter
tentateur, tentation, tenter, désir, séduire, attirer
tentative, essayer, tenter
tente, camp, abri.
tenture, tapisserie, décorer
ténu, ténuité, mince, léger
tenue, attitude, tenir
tépidité, tiède
tératologie, monstre
tercet, trois, poésie
térébrant, insecte, douleur
Tergal, fil, tissu
tergiversation, tergiverser, hésiter, détour
terme, finir, extrême, limite, louer (2), but, mot
terminaison, finir, dernier, mot, grammaire
terminal, extrême, finir
terminer, finir, cesser
terminologie, nom
terminus, chemin de fer
ternir, terne, accusation
terrain, terre, sol
terrasse, maison, terre, toit
terrassement, terrassier, terre, terrasser, renverser
terre-à-terre, médiocre
terreau, jardin
terre-plein, fortification, route
terrer (se), retraite, cacher, isoler
terrestre, terre
terreux, terre
terrible, affreux, atroce, rude, excès
terriblement, beaucoup, très
terrien, terre
terrier, retraite, lapin, trou, abri, souterrain
terrifier, horreur, terreur
terril, mine, tas

terrine, charcuterie
territoire, terre, pays
terroir, pays, campagne, sol
terroriser, terrorisme, terroriste, terreur
tertiaire, trois, géologie
tertre, haut, terre
tesson, briser
test, tester, essayer
testamentaire, testament
testateur, tester, testament
testicule, glande, reproduction, sexe
tétanos, infection
têtard, arbre
tête-bêche, renverser
tétée, téter, lait, mère, enfant, sucer
tétralogie, théâtre
têtu, entêté
textile tissu
textuel, exact, mot, texte
texture, structure
thalassoculture, mer
thalassothérapie, mer, bain, soigner
thallophyte, champignon
thaumaturge, miracle
théâtral, théâtre, emphase
thébaïde, retraite
théière, vaisselle, cuisine
thématique, thème, matière, astrologie, roman, idée, centre
thénar, main
théobromine, thé
théocratie, Dieu
théodolite, astronomie, topographie
théologal, Dieu
théologien, théologie
théorème, mathématiques
théoricien, théorique, théorie
thérapeute, thérapie, thérapeutique, médecine, soigner
thermal, thermalisme, eau, bain, chaleur
thermie, thermique, chaleur, feu
thermométrie, thermométrique, thermomètre
thermonucléaire, atome
thermorégulation, chaleur, température
thermostat, four
thermothérapie, chaleur, soigner
thésauriser, thésauriseur, trésor, avare
thèse, opinion, question, doctrine, théorie, docteur
thibaude, tapis
thon, poisson
thora, judaïsme
thoracique, respiration
thorax, poitrine, côte
thrombine, sang
thrombose, cœur
thuriféraire, église, flatter
thuya, arbre, bois
thym, fleur
thyrhoïde, thyroïdien, gorge, glande
tiare, pape, couronne
tibia, os, jambe
tic, manie, geste, habitude
ticket, chemin de fer
tic tac, moulin, horloge
tiédasse, tiédeur, tiède
tierce, trois, degré, carte, musique, escrime, liturgie
tiercé, courses de chevaux
tiercelet, rapace
tiers, trois
tignasse, cheveu
tigré, tigre
tigron, lion, tigre
tilbury, véhicule
tilleul, arbre, bois, boisson
timbale, boire
timbre, poste, voix, son, cloche, bicyclette
timbré, papier, fou
timbrer, poste, lettre
timidement, timidité, timide
timon, véhicule
timonerie, timonier, bateau, marine
tinctorial, teindre
tintamarre, bruit
tintement, tinter, son cloche
tintinnabuler, cloche
tintouin, inquiet
tique, vétérinaire, bovins
tiquer, tiqueur, cheval
tir, artillerie, chasse, fusil
tirade, discours, théâtre
tirage, imprimerie, journal, Bourse, loterie, cheminée
tiraillement, estomac, désaccord
tirailler, fusil, tirer
tirant, chaussure, bateau
tiré, chasse, banque
tire-bouchon, bouteille
tire-d'aile (à), aile
tire-fond, chemin de fer
tire-larigot (à), beaucoup
tirelire, boîte, économie
tiret, ligne, ponctuation
tireur, artillerie, banque
tire-veille, bateau
tiroir, meuble
tisane, boisson
tison, feu, cheminée
tissage, tisserand, tisser
titillation, titiller, caresser
titrage, titrer, titre
titré, noble
tituber, ivre, jambe
titulaire, titre, fonction
titularisation, titulariser, titre
toast, boire, discours
toboggan, levage
toc, imiter, faux
tocade, caprice
tocard, mauvais
tocsin, cloche,
toge, vêtement
tohu-bohu, bruit, désordre
toile, tissu
toiser, regarder
toison, laine, mouton
toiture, maison, couvrir
tôle, métal
tolérable, tolérer
tolet, nautisme
tollé, cri, huer
tomate, légume
tombal, tombe, tombeau, enterrement, sculpture
tombée, tomber
tombereau, véhicule
tombeur, séduire
tombola, loterie, jouer
tome, diviser, livre
tomme, fromage
tonal, tonalité, ton, couleur, musique
tondeur, tondeuse, tondre
tonifier, tonique (m.), force, remonter
tonique (f.), musique
tonitruant, tonitruer, cri
tonnage, bateau
tonne, tonneau, poids
tonnelier, tonnellerie, tonneau, bois
tonnelle, jardin, arbre
tonner, foudre, discours
tonnerre, orage
tonte, tondre, laine
tonus, énergie, muscle
topaze, pierre, jaune, bijou
toper, accord, main
topinambour, légume
topographe, topographie
toponyme, toponymie, toponymiste, nom, lieu
toquade, caprice
toque, coiffure
toquer (se), amour
torche, éclairage
torcher, nettoyer, rapide
torchère, éclairage
torchis, paille
torchon, linge
torchonner, gâcher
tordant, drôle, rire
tordu, difforme, courbe
tore, architecture, base
toréador, toréer, torero, courses de taureaux
tornade, tourner, vent
toron, corde
torpeur, sommeil, engourdi
torpille, arme, poisson
torpilleur, bateau
torréfaction, torréfier, brûler, café
torrent, torrentiel, cours d'eau, couler
torride, chaleur
torsade, tordre, tricot
torsader, corde, cheveu
torse, corps, tronc
torsion, tordre, tourner
torticolis, cou
tortillard, arbre, bois, chemin de fer

tortiller, tortillon, tordre
tortionnaire, torture, cruel
tortue, reptiles, avancer
tortueux, détour, courbe
torturer, torture
torve, regard
total, totalement, complet
totaliser, totalité, tout, calcul
totalitaire, totalitarisme, autorité, absolu
touer, tirer, bateau
touchant, toucher
touche, peinture, pêche, musique, balle, magnétisme, escrime, allure
touffe, amas, cheveu
touffu, épais
touiller, remuer
toundra, végétation
toupet, cheveu, audace
toupie, jouer, tourner
tour (f.), fortification, château, église
tourbe, boue, charbon
tourbillon, eau, fumée, tourner, cours d'eau, météorologie
tourbillonner, tourner
tourelle, abri, blindés
tourillon, charpente
touriste, touristique, tourisme
tourment, tourmenter
tourmente, vent, révolution
tourmentin, bateau
tournage, tourner, cinéma
tournant, tourner, route, angle
tourné, tourner, aigre
tourne-disques, musique
tournée, voyage, boire
tournesol, bleu, jaune, huile
tourneur, outil, ouvrier
tournevis, vis
tourniquet, tourner, treuil
tournis, mouton
tournoi, balle, carte, échecs, sport
tournoiement, tournoyer, tourner
tournure, manière, style, apparence, forme, évolution, tendance, tourner
tourteau, crustacés, bétail, huile
tourterelle, pigeon
tourtière, cuisine, pâtisserie
tousser, toussoter, rhume, poitrine
tout-puissant, pouvoir, puissant, tout
toux, rhume
toxicologie, toxique, poison, gaz
toxicomane, toxicomanie, stupéfiant, poison
toxine, poison, microbe
trac, peur
tracas, ennui, souci
tracasser, tourmenter
tracé, tracer, dessin
trachée, trachée-artère, trachéite, gorge
tract, écrire
tractation, négocier
tracter, traîner
tracteur, agriculture
traction, tirer, chemin de fer
traditionalisme, traditionnel, tradition
traducteur, traduction, traduisible, traduire
trafic, commerce, route, marine, aviation
trafiquant, trafiquer, commerce
tragédien, théâtre
tragique, tragédie
trahison, trahir, faute
train, allure, armée, chemin de fer
traînard, lent, dernier
traîneau, véhicule, neige
traintrain, habitude
traire, traite, lait, bovins
trait, ligne, visage, harnais, bois, barre, marque
traitable, doux, familier
traite, commerce, dette
traité, convention, diplomatie, livre, accord
traitement, traiter, soigner, gagner, salaire
traiteur, manger
traître, traîtrise, trahir
trajectoire, mouvement, ligne, artillerie, mécanique
trajet, course, distance
trame, tisser, tapisserie, imprimerie, roman
tramer, complot, intrigue
tramontane, vent
tramway, chemin de fer
tranchant, trancher, couteau, ciseau, aiguiser
tranche, division, viande, livre, découper, morceau, médaille, loterie
tranchée, creux, fortification, abri
tranchet, chaussure
tranquillisant, tranquilliser, tranquille
tranquillité, tranquille
transaction, négocier, affaire, marché, arranger
transatlantique, bateau, siège
transbordement, transborder, bateau, passer
transbordeur, chemin de fer, levage
transcendant, sublime, supérieur
transcription, transcrire, écrire, copier
transe, peur, angoisse
transept, église
transférer, transfert, transport, changer, banque
transfiguration, transfigurer, changer
transformateur, électricité
transformation, transformer, forme, changer
transfuge, abandonner
transfuser, transfusion, sang, chirurgie
transgresser, transgresseur, trangression, violer, loi, faute
transhumance, transhumer, paître, loin, mouton
transiger, concession
transir, engourdi, froid
transistor, électronique
transit, douane, passer
transition, passer, changer
transitoire, court, passer
translation, mouvement
translucide, transparent
transmission, transmettre
transmutation, changer
transparaître, apparaître
transparence, transparent
transpercer, percer, traverser
transpiration, transpirer, couler, sueur
transplanter, planter, jardin, changer
transporter, transport, exalter, ravir
transporteur, transport
transposer, transposition, changer, renverser, musique, raconter
transsonique, son
transsubstantiation, eucharistie
transvaser, couler
transversal, traverser
trapèze, géométrie, gymnastique, cirque, nautisme
trapéziste, cirque
trappe, piège, chasse
trappiste, religieux
trapu, court, gros, difficile
traquenard, danger, piège
traquer, poursuivre
traumatiser, traumatisme, traumatologie, choc, blessure
travailler, travailleur, travail
travée, architecture, église
travelling, cinéma
travers, oblique, large, défaut
traverse, charpente, chemin de fer, traverser
traversée, voyage, mer
traversière, flûte
traversin, lit
travesti, travestir, travestissement, déguiser
trayeur, trayeuse, trayon, bovins, lait
trébucher, tomber
trébuchet, piège, balance

tréfilage, tréfilerie, fil, métal, étendre
trèfle, fourrage, carte, architecture, route
tréfonds, fond, intime
treillage, treillager, entrelacer, clôture
treille, vigne, jardin
treize, trois
tréma, ponctuation
tremblant, tremblement, trembler
tremblotement, trembloter, trembler
trémolo, trembler
trémousser (se), agiter
trempe, acier, aiguille
tremper, humide, arroser, acier
tremplin, gymnastique, sauter, natation
trémulation, trembler
trentaine, trente, trois
trépan, percer
trépanation, trépaner, chirurgie
trépas, trépasser, mort
trépidation, trembler
trépignement, trépigner, mouvement, colère
trépointe, chaussure
trésorerie, trésorier, trésor
tressaillement, tressaillir, convulsion, sauter
tressauter, sauter, réagir
tresser, tresse, couronne
treuil, corde, levage, téléphérique
trêve, interrompre, repos
tri, triage, trier
triade, trois
triangulaire, triangle
tribord, droit, côté, bateau
tribu, société, sauvage
tribulation, éprouver
tribun, éloquence
tribune, discours, journal, église
tricher, tricherie, tricheur, jouer, fraude
tricolore, couleur, trois
tricotage, tricoter, tricot
triennal, année, trois
trieur, trieuse, trier
trille, musique, chant
trilogie, théâtre
trimaran, bateau
trimarder, errer
trimbaler, transport
trimer, travail, fatiguer
trimestre, mois, année
tringle, barre, tige
trinité, trois, Dieu, Christ
trinquer, boire, supporter
trinquette, bateau
trio, trois, musique, chant
triomphal, triomphalisme, triomphateur, triompher, triomphe
triperie, tripes, tripier, intestins
triple, tripler, trois
triplés, accouchement
tripotage, tripoter, toucher, caresser, intrigue
triptyque, peinture
trique, bâton
trisaïeul, famille
trisannuel, année
tristement, tristesse, triste
trituration, triturer, broyer
trivial, trivialité, grossier, langage, vulgaire
troc, changer
trocart, chirurgie
troène, arbre
troglodyte, grotte
trogne, visage
trognon, pomme
troïka, traîner
trois-mâts, bateau
troll, esprit, mythologie
trombe, pluie
tromblon, fusil
trombone, musique
trompe, chasse, insecte
trompe-l'œil, peinture, apparence
tromperie, trompeur, tromper
trompeter, aigle, cri
trompette, musique
tronçon, tronçonner, tronçonneuse, tronc
tronquer, mutiler, abréger
tropical, tropique, géographie, astronomie
troquer, changer
trot, trotter, trotteur, allure, cheval, courir
trotteuse, aiguille, horloge
trottinement, trottiner, marcher, équitation
trottoir, rue, pavé
troubadour, poésie
troublant, trouble, troubler
trouble-fête, triste
trouée, trouer, trou
trousse, outil, bagage, boîte, toilette
trousseau, linge, vêtement
trousser, cuisine, faire
trouvaille, trouver
trouvère, poésie
truand, bandit
trublion, désordre, troubler
truc, artifice, ruse
truchement, intermédiaire
trucider, tuer
truelle, maçon
truffe, champignon
truie, porc
truisme, évident
truite, poisson
trumeau, fenêtre
trust, truster, société
tub, bain
tuba, musique
tubage, puits, intestins
tube, artillerie, canalisation, éclairage, télévision
tubercule, racine, légume, cerveau
tuberculeux, tuberculose, maladie, respiration
tubulaire, chaudière, moteur
tubulure, chimie
tuerie, combat, détruire
tue-tête (à), cri, force
tueur, tuer, boucherie
tuile, tuilerie, toit, matériaux de construction
tularémie, lièvre
tulipe, fleur
tulle, tissu
tuméfaction, tuméfié, chair, gonfler
tumescence, tumescent, gros, gonfler
tumulaire, inscription
tumulte, tumultueux, bruit, désordre
tumulus, druide
tunique, vêtement
tunnel, souterrain, chemin de fer, galerie, route
turban, coiffure
turbine, vapeur, moteur
turbiner, travail
turbopropulseur, turboréacteur, moteur
turbot, poisson
turbotrain, chemin de fer
turbulence, turbulent, mouvement, vif, agiter
turf, turfiste, courses de chevaux
turgescence, turgescent, gros, augmenter, gonfler
turlupiner, tourmenter
turne, chambre
turpitude, honte
turquin, bleu, foncé
turquoise, pierre, bijou
tutélaire, tutelle, tuteur
tutu, danse
tuyau, canalisation, indiquer
tuyauté, dentelle
tuyauterie, canalisation
tuyère, moteur, fusée, forge
tympan, oreille, architecture, église
typhoïde, épidémie
typhon, vent
typhus, épidémie, infection
typique, type
typographe, typographie, imprimerie
tyrannie, tyrannique, tyranniser, tyran
tyrolienne, alpinisme

U

ubac, montagne, vallée
ubiquité, présent
ulcération, plaie, ronger
ulcère, estomac, plaie
ulcérer, colère
uléma, islamisme

ultérieur, après, suivre
ultimatum, menace, diplomatie, dernier
ultime, dernier, extrême
ultraviolet, couleur
ululer, cri
unanime, unanimité, accord, général
undécimal, onze
uni, égal, couleur, niveau
unicité, un
unification, unifier, un
uniformiser, uniformité, uniforme
unilatéral, côté
union, accord, unir
unique, seul, rare, un
uniquement, seul, exclure
unisexué, fleur
unisson, chant, musique
unitaire, unité
univers, monde, nature
universalisation, universaliser, général
universalité, universel, tout, monde
universitaire, université
uppercut, combat
uranium, métal
urbain, ville
urbanité, politesse
urée, urine, chimie
urémie, rein
uretère, rein, urine
urètre, rein, urine
urgence, urger, urgent
urinaire, urine
uriner, urinoir, urine
urne, vote, mort
urologie, urologue, urine
us, mœurs, usage
usagé, usage
usager (n.), usage
usé, usage, user
usinage, usiner, usine
usité, usage
ustensile, récipient, instrument
usuel, usage, habitude
usufruit, possession, jouir
usuraire, intérêt
usure, user, frotter
usure, usurier, prêter, intérêt, avare
usurpateur, usurpation, usurper
utérin, frère
utérus, reproduction
utilement, utilité, utile
utilisation, utiliser, utilitaire, utile
utopique, utopiste, utopie
uval, raisin

V

vacance, cesser, vide
vacances, vacancier, repos, loisir
vacant, vide, libre
vacarme, bruit
vacation, rémunérer
vaccin, vacciner, microbe, piquer
vache, bovins, lait
vacher, vacherie, bétail, garder
vaciller, trembler, indécis
vacuité, vide
vadrouille, vadrouiller, promenade, errer
vagabond, vagabondage, vagabonder, errer
vagir, vagissement, cri, enfant, lièvre
vague (n.), mer
vaguement, vague
vaillance, vaillant, brave
vaincu, vaincre, échec
vainement, vain
vainqueur, vaincre
vaisseau, bateau, église
vaisselier, vaisselle, meuble
val, vallée
valable, validité, valoir
valence, chimie
valet, employé, menuisier
valétudinaire, santé
valeureux, brave, courage
validation, valider, confirmer, valoir, vote
valide, force, santé
valise, bagages
vallon, vallonné, vallonnement, vallée
valoriser, valeur
valse, valser, danse
valve, coquille, électronique
valvule, cœur
vamp, cinéma
vampire, chauve-souris, cruel
van, panier, tamis, courses de chevaux
vandale, vandalisme, barbare, détruire
vanesse, papillon
vanille, épice, parfum
vaniteux, vanité
vanne, canal
vanneau, oiseau
vanner, secouer, céréales
vannier, vannerie
vantail, porte, meuble
vantard, vantardise, affectation, vanter
vaporeux, léger, vague
vaporisateur, vaporiser, poudre, goutte, vapeur
vaquer, repos, occuper
varappe, varapper, varappeur, alpinisme
varech, mer, botanique
vareuse, vêtement
variabilité, variable, changer, varier
variante, différent, imprimerie
variation, changer, varier
varice, sang
varié, variété, varier
variole, infection
varlope, menuisier
vasculaire, sang
vase (m.), récipient
vase (f.), **vaseux,** boue
vaseline, gras
vasistas, porte, ouvrir
vasque, fontaine
vassal, vasselage, chef
vaste, grand, immense
Vatican, pape
vaticinateur, vaticination, vaticiner, divination, destin
vaudeville, vaudevilliste, comédie, pièce
vautour, rapace, avare
vautrer (se), porc, sanglier, étendre
veau, bovins, boucherie
vedette, bateau, artiste
végétal, plante
végétalisme, aliment
végétarien, végétarisme, légume, plante
végéter, médiocre, vie
véhémence, véhément, chaleur, fougue, violence
véhiculer, porter, véhicule
veille, veiller, passé, jour
veillée, soir
veilleur, veiller
veilleuse, éclairage
veinard, chance
veine, corps, sang, mine, bois, pierre, chance
veinule, sang
vêlage, vêler, bovins, parturition
vélaire, linguistique
vélin, papier, cuir
vélivole, aviation, voler
velléitaire, faible, volonté
velléité, volonté
vélocipède, bicyclette
vélocité, rapide, vitesse
vélodrome, bicyclette
vélomoteur, bicyclette
velours, tissu
velouté, doux, cuisine
velu, poil
venaison, viande
vénal, vénalité, vendre
vendanger, vendangeur, vendange
vendetta, venger
vendeur, vendre
vendredi, jour
venelle, étroit
vénéneux, poison, nuire
vénérable, respect, franc-maçonnerie
vénération, vénérer, respect, adorer, culte
vénerie, chasse, bête
vénérien, maladie, sexe
veneur, chasse, chien
vengeance, venger, haine
véniel, faute, péché, léger
venimeux, zoologie
venin, poison, reptiles
vente, vendre, marché
venter, venteux, vent
ventilateur, ventilation, ventiler, air, automobile

ventral, ventrée, ventre
ventriculaire, ventricule, cœur, cerveau
ventriloque, voix, cirque
ventripotent, ventru, ventre, gros, gras
vénusté, élégance, beau
vêpres, heure, liturgie
véracité, vrai, vérité
véranda, verre, abri
verbal, parole, verbe
verbalisme, creux, parole
verbeux, verbosité, bavard, parole, long
verbiage, bavard, creux
verbomanie, parole
verdâtre, verdeur, vert
verdict, juger
verdir, verdissement, vert
verdoiement, verdoyant, verdoyer, vert
verdure, vert, jardin
véreux, ver, fruit
verge, reproduction, sexe
verger, jardin, fruit
verglas, froid, glace
vergogne, honte, pudeur
vergue, bateau
véridique, exact, vrai
vérificateur, vérification, vérifier
vérin, levage, charpente
véritable, véritablement, vrai, juste, sûr
verjus, vin, acide
vermeil, rouge, argent, or
vermiculure, architecture
vermifuge, ver
vermillon, rouge, briller
vermine, insecte
vermoulu, vermoulure, ver, ronger, bois, piquer
vernir, polir, peinture
vernis, briller
vernissage, peinture
vérole, maladie
véronique, fleur
verrat, porc
verrerie, verre
verrière, verre, vitrail
verroterie, bijou, verre
verrou, verrouiller, serrure, fermer
verrue, peau
versant, montagne, pencher
versatile, versatilité, changer, varier
versement, payer, verser
verset, Bible
verseuse, café, verser
versicolore, couleur
versificateur, versification, versifier, vers
version, expliquer, traduire, cinéma, interpréter
verso, page, côté, arrière
vertèbre, os, dos
vertébré, zoologie
vertement, vert, vif
vertical, verticalement, verticalité, droit
vertigineux, vertige
vertueux, vertu
verve, éloquence, esprit
verveine, plante, boisson
vesce, prairie
vésicule, foie, bouton, peau
vespasienne, urine
vespertilion, chauve-souris
vesse, vesser, flatulence
vessie, urine
vestale, vierge, chasteté
veste, vêtement
vestiaire, théâtre
vestibule, entrer, logement
vestige, trace, ruine
vestimentaire, vêtement
veston, vêtement
vétéran, vieux
vétille, vétilleux, bagatelle, détail
vêtir, habiller, couvrir
vétuste, vétusté, vieux
veuf, mariage, mort
veule, veulerie, mou, faible
veuvage, mariage
vexant, vexation, vexatoire, vexer
viabilité, route, voie, construire
viable, vie
viaduc, pont, chemin de fer, route
viager, vie
viatique, eucharistie
vibration, vibratoire, vibrer, trembler
vibrisse, nez, poil
vicaire, vicariat, prêtre
vicennal, vingt
vicésimal, vingt
viciateur, viciation, vicier, polluer
vicieux, vice, raisonnement
vicinal, route
vicissitude, événement
vicomte, vicomtesse, noble
victoire, succès, vaincre
victorieux, vaincre
victuailles, provision
vidange, vidanger, vider
vidéo, vidéo-cassette, vidéo-disque, télévision
viduité, mariage
vidure, vider
vieillard, vieillerie, vieillesse, vieillir, vieillissement, vieux
vieillot, vieux, mode
vigilance, vigilant, veiller, surveiller, attention
vigile (m.), veiller
vigneron, vigne, vin
vignette, gravure, image, automobile
vignoble, vigne, vin
vigoureux, vigueur, force, santé, énergie
vilain, laid, affreux, désagréable, abominable
vilebrequin, percer, automobile, tourner
vilenie, bas, vil
vilipender, dénigrer, vil
villa, maison, propriété
villageois, village
villégiateur, villégiature, repos, tourisme
vinaigrer, vinaigrette, vinaigrier, vinaigre
vindicatif, venger
vindicte, venger
vinée, vin, vendange
vineux, vin, couleur
vinicole, vin
vinification, vinifier, vin
viol, violence, violer
violacé, violâtre, violet
violateur, violation, violeur, violer
viole, musique
violemment, violent, violence
violenter, violer, violence
violette, violet
violoncelle, musique
violoniste, violon
vipère, reptiles
virage, tourner, route, courbe
virago, femme
vire, alpinisme
virée, promenade
virement, banque
virer, tourner, changer
virginal, virginité, vierge, blanc
virgule, ponctuation
viril, virilité, homme, mâle, énergie
viriliser, mâle
virole, anneau, couteau
virologie, microbe
virtualité, virtuel, capable
virtuose, musique, talent
virulence, virulent, acerbe, violence
virus, microbe
visa, signature, vérifier
vis-à-vis, opposé
viscéral, profond
viscère, ventre, intestins
viscose, tissu
viscosité, huile
visée, but, projet, ambition, intention
viser, fusil, but, artillerie, chercher, poursuivre
viseur, optique
visibilité, visible, voir
visiblement, évident
vision, œil, voir, image, illusion
visionnaire, utopie
visionner, visionneuse, cinéma, optique
visite, visiteur, visiter
vison, fourrure
visqueux, colle, épais, gras
visser, vis, fixe

W, X, Y

Z

ACHEVÉ D'IMPRIMER EN JUIN 1995 PAR HÉRISSEY POUR LE COMPTE DE FRANCE LOISIRS
123, BD DE GRENELLE, 75015 PARIS - N° D'ÉDITION 26565 - N° D'IMPRESSION 69511
DÉPÔT LÉGAL : AOÛT 1995 – IMPRIMÉ EN FRANCE *(Printed in France)*